Herren der Tore

Ernst Werner Schneider / Klaus Bartlewski

Ernst Werner Schneider Verlag

Das vorliegende Werk wurde sorgfältig erarbeitet. Es können jedoch aufgrund der umfangreichen Daten oder im Quellenmaterial einige Fehler entstanden sein. Wir bitten diese Fehl-Informationen zu entschuldigen.

Herren der Tore

Ernst Werner Schneider (Hg.)
Texte: Ernst Werner Schneider, Bad Windsheim
Klaus Bartlewski, Blumberg

1.Auflage: 2013

Satz: Ernst Werner Schneider
Druck: KDD GmbH, Nürnberg
Einband: Ernst Werner Schneider
Abbildungen: Archiv Ernst Werner Schneider
Archiv Klaus Bartlewski
Pressebilderdienst Horst Müller GmbH

ISBN: 978-3-9814383-1-4

Vorwort 6

Paulino Alcantara 8
Victor Hugo Antelo 12
Joe Bambrick 15
Werner Baßler 19
Bebeto 24
Harry Bedford 29
Ferenc Bene 32
Carlos Bianchi 38
Josef Bican 42
Franz Binder 53
Steve Bloomer 64
Jared Borgetti 69
Raymond Braine 75
Manfred Burgsmüller 80
George Camsell 85
José Cardozo 87
Evanivaldo Castro 92
Osvaldo Castro 95
Giorgio Chinaglia 98
Johan Cruyff 104
Ferenc Deak 112
William Dean 116
Karl Decker 122
Albert de Cleyn 131
Robert Dienst 135
Alfredo di Stefano 140
Arsenio Erico 148
Eusebio 152
Jacques Fatton 158
Laszlo Fazekas 162
Glenn Ferguson 165
Hughie Ferguson 171
Klaus Fischer 174
Andreas Franz 181
Arthur Friedenreich 191
Hughie Gallacher 199
Ruud Geels 206
Fernando Gomes 210
Jimmy Greaves 215
Dave Halliday 221
Otto Harder 225
Erwin Helmchen 235
Carlos Hermosillo 242
Jupp Heynckes 246
Jimmy Jones 253
Mario Kempes 257
Ulf Kirsten 262
Sandor Kocsis 267
Hans Krankl 272
Angel Labruna 278
Isidro Langara 284
Henrik Larsson 289
Abe Lenstra 294
Marc Lloyd-Williams 301
Wlodzimierz Lubanski 304
Majed Abdullah 308
Oscar Mas 311
Ally McCoist 316
Jimmy McGrory 320
David McLean 325
Robert McPhail 328
Giuseppe Meazza 332
Jef Mermans 339
Lionel Messi 343
Fernando Morena 349
Max Morlock 353
Gerd Müller 363
Tamagnini Nené 371
Gunnar Nordahl 373
Delio Onnis 382
Pele 386
Fernando Peyroteo 396
Pinga 403
Silvio Piola 407
Juan Carlos Plata 413
Ferenc Puskas 416
Raul 424
Roberto Dinamite 429
Fred Roberts 434
Romario 436
Arthur Rowley 443
Karl-Heinz Rummenigge 447
Hugo Sanchez 454
György Sarosi 458
Hans Schäfer 466
Imre Schlosser 472
Uwe Seeler 479
Alan Shearer 488
Joe Smith 494
Hakan Sükür 498
Gyula Szilagyi 502
Ferenc Szusza 505
Jozsef Takacs 509
Trevor Thompson 514
Geza Toldi 516
Ruud van Nistelrooy 521
Bernard Voorhoof 527
Fritz Walter 530
Ottmar Walter 540
Victor „Vic“ Watson 545
Ernst Wilimowski 549
Telmo Zarra 555
Zico 562
Gyula Zsengeller 568

Spielerübersicht 572

Quellenverzeichnis 576

Lasst Tore sprechen!

Der beste Fußballer aller Zeiten? – Pele, Diego Maradona, Franz Beckenbauer, Johan Cruyff, Lionel Messi, Romario oder etwa doch Gerd Müller? Für die Nostalgiker vielleicht lieber Lew Jaschin, Ferenc Puskas, Fritz Walter, Ricardo Zamora oder Alfredo di Stefano? Einer der Genannten war es sicher, wobei die Liste auffallend wenige Torleute und Abwehr-Asse, sondern weit mehr die Kreativen der Zunft benennt, die im Laufe ihre Karrieren immer dann ihre größten Sternstunden erlebten, wenn das Runde im Eckigen gelandet ist!

Wer erinnert sich nicht an Diego Maradonas legendäres Tor im WM-Viertelfinale 1986 gegen England, als er im Aztekenstadion von Mexico City aus der eigenen Hälfte Anlauf nahm, die gegnerischen Abwehrspieler wie Slalomstangen umkurvte, um schließlich auch Torhüter Peter Shilton zu überwinden, nachdem diesem drei Minuten zuvor schon die Hand Gottes erschienen war. Wackelige Schwarz-Weiß-Bilder zeugen hingegen von Peles großartigem 3:1 im WM-Finale von 1958. Mit katzengleicher Geschmeidigkeit beförderte der erst 17 Jahre alte Brasilianer die Lederkugel über die Köpfe der hölzern wirkenden schwedischen Verteidiger hinweg, legte sich diese selbst vor, um sich in der 52. Minute im Stockholmer Rasundastadion ein bleibendes Denkmal zu setzen. Unvergessen und in Stein gemeißelt ist auch der Treffer des Ungarn Ferenc Puskas am 25. November 1953 gegen England im Wembley-Stadion, den er per elegantem Absatzkick gegen den nach dem Ball grätschenden Verteidiger Billy Wright selbst vorbereitete. Schon in diesem Moment waren sich seine Mitspieler über Puskas' fußballhistorische Heldentat einig und trugen den Kapitän der „Aranycsapat" im Triumphzug zurück in die eigene Hälfte. Ein Mann der „kleinen Tore" war dagegen der Münchner Gerd Müller, der neben den Bayern-Fans auch jene der deutschen Nationalelf erfreute, was besonders am 7. Juli 1974 der Fall war, als er in für ihn typischer Manier im Münchner Olympiastadion die Bundesrepublik nach 20 Jahren wieder zum Weltmeister machte.

Doch egal, ob nun Jahrhunderttore, kleine Tore oder Tore, die einen Weltmeistertitel besiegelt haben. Die Momente, in denen das Spielgerät die Linie überschreitet, sind zweifelsohne die Höhepunkte eines jeden Fußballspiels und genau genommen dessen eigentlicher Zweck, weshalb es auch nicht überrascht, dass zu den besten Fußballern aller Zeiten so viele Torjäger zählen. Selbst eine noch so spektakuläre Parade eines Keepers oder eine noch so gelungene Mustervorlage eines Regisseurs können derartige Jubelstürme auslösen wie ein eher profaner Torerfolg. So hallt etwa der Torschrei von Radioreporter Herbert Zimmermann nach dem 3:2 durch Helmut Rahn am 4. Juli 1954 in Bern hierzulande bis heute nach.

Den wesentlichen Protagonisten der Fußballgeschichte – den Torschützen also – möchten die Verfasser mit „Herren der Tore" ein schriftliches Denkmal setzen. Dabei haben sie der Frage nachzugehen versucht, wer denn nun der beste Goalgetter aller Zeiten gewesen ist. Die ersten diesbezüglichen Torstatistiken wurden von der Fachwelt in den späten Sechzigern erstellt, als Pele kurz davor stand, seinen 1.000. Treffer zu erzielen. Besonders die 1.000-Tore-Marke hatte es den Zeitgenossen angetan, die zum Beispiel auch vom Prager Josef Bican übertroffen worden sein soll, wobei man dem „schönen Pepi" gar bis zu 5.000 Torerfolge zuschrieb. Eine Zahl, die nach Lage der Dinge freilich einigermaßen übertrieben ist.

Anscheinend hatte man im Fall Bicans versucht, sämtliche Karrieretreffer zu erfassen, einerlei ob diese nun in Freundschaftsspielen, Jugendteams, der Meisterschaft oder gar im Training erzielt worden sind. Ein nahezu aussichtsloses Unterfangen, welches zudem derart viele Fehlerquellen beinhaltet, dass am Ende der Phantasie fast keine Grenzen gesetzt sind. Der Blick auf Pepi Bican verweist darüber hinaus auf ein weiteres Problem. Während nämlich in jüngerer Vergangenheit weitestgehend „wasserdichte" Spielerstatistiken zur Verfügung stehen, sieht dies gänzlich anders aus, je länger man in der Historie des Fußballs zurückgeht. In Deutschland beispielsweise liegen über die Gauligajahre nur sehr spärliche Informationen vor, weshalb aus jener Epoche mehrere Lücken nicht zu schließen waren. Ein Sachverhalt, der sich europaweit nicht zuletzt auf die unmittelbare Nachkriegszeit erstreckt. Während der englische Fußball – zumindest, was den Profibereich anbetrifft – schon früh zum Eldorado für Statistikfreaks wurde, sind die Torerfolge südeuropäischer oder lateinamerikanischer Spieler vor dem Zweiten Weltkrieg ebenfalls nur unzureichend dokumentiert. Ganz zu schweigen von Afrika, wo man Spielerdaten erst in jüngster Vergangenheit lückenlos zu erfassen versucht.

All den genannten Schwierigkeiten zum Trotz hat der Weltverband FIFA den Brasilianer Arthur Friedenreich mit angeblich 1.329 Torerfolgen zum besten Goalgetter aller Zeiten erklärt. – Eine Bestmarke, die freilich allein in Deutschland schon von Gerd Müller überboten wird, dem alles in allem stattliche 1.445 Treffer zugeschrieben werden. Es erscheint also wenig sinnvoll, dem Ansatz der FIFA zu folgen, die bei der Erstellung ihrer Bestenliste nicht nur die Tore in Pflichtspielen, sondern auch jene in Freundschaftspartien herangezogen hat, deren Dokumentation wohl eher einem Glücksspiel gleicht.

Nur fünf Spieler dürften mit einiger Sicherheit im Verlauf ihrer Karrieren unter Berücksichtigung der Freundschaftsspiele die Marke von 1.000 Toren erreicht haben, wobei die FIFA einem sechsten Spieler – dem Brasilianer Romario – diesen Status abspricht, weil 98 seiner Torerfolge im Jugendbereich verortet werden, womit der Weltmeister von 1994 auf „nur" 902 Karrieretreffer käme.

1. Josef Bican	1.468 Tore
2. Gerd Müller	1.445
3. Arthur Friedenreich	1.329
4. Pele	1.284
5. Franz Binder	1.006

Weit ernstzunehmender ist da schon der Versuch der Statistik-Organisation IFFHS, ausnahmslos die Erstligatreffer zu berücksichtigen. Der „Rangliste der besten 318 Erstligatorschützen" zufolge, war keiner besser als Pele, dem die 1984 in Leipzig gegründete IFFHS 541 Tore in 560 Einsätzen nachgewiesen hat. Aber auch diese Statistik bleibt nicht ohne Macken. Denn während bei Pele auch die Treffer aus der brasilianischen Regionalmeisterschaft berücksichtigt werden, fallen die Torerfolge zu Zeiten der bundesdeutschen Oberliga vor 1963 und der Gauliga ohne jegliche Angabe von Gründen unter den Tisch. Sehr zum Nachteil deutscher Spielerlegenden wie Fritz Walter, Uwe Seeler oder Max Morlock, die gerade vor Gründung der Bundesliga ihre stärkste Zeit hatten. Weshalb aber die Staatsmeisterschaft von São Paulo einen höheren sportlichen Wert gehabt haben soll als zum Beispiel die Oberliga Süd konnte sich den Verfassern nicht wirklich erschließen! Der Perspektive der IFFHS fiel so auch der Cottbusser Erwin Helmchen zum Opfer, der – wenngleich längst nicht alle Tore zu eruieren waren – sich im Rahmen der Recherchen immer weiter „nach vorne gearbeitet" hat.

Gleichwohl sollen im Folgenden auch die besten zehn Erstligatorschützen der IFFHS genannt werden:

1. Pele	541 Tore
2. Josef Bican	518
3. Ferenc Puskas	511
4. Romario	489
5. Roberto Dinamite	470
6. Imre Schlosser	417
7. Gyula Zsengeller	416
8. Jimmy McGrory	410
9. Zico	406
10. Gerd Müller	405

Anders als die IFFHS unternimmt „Herren der Tore“ den Versuch, die Treffer-Statistiken in der Regel auf sämtliche Pflichtspiele auszuweiten, egal ob es sich nun um Begegnungen der obersten Spielklasse oder einer unterklassigen Liga handelte. Ebenso flossen auch die in den nationalen und internationalen Pokalwettbewerben erzielten Treffer in die Wertung ein, was die getroffene Auswahl an Spielern ergeben hat. Selbstverständlich konnten auch hier nicht alle Lücken geschlossen werden. Und natürlich erweist es sich immer auch als Problem, Spieler gänzlich unterschiedlicher Epochen miteinander zu vergleichen. Ganz zu schweigen von der Tatsache, dass manch einer Torerfolge von Akteuren der walisischen oder nordirischen Liga per se „minderwertiger“ einschätzen dürfte als solche in England, Deutschland oder Spanien.
Und gänzlich unbestritten spielt es auch eine Rolle, wie viele Begegnungen ein Torjäger benötigt hat, um auf seine Trefferzahl zu kommen. Als in der Bundesligasaison 2008/09 der Wolfsburger Grafite mit 28 Treffern die Torjägerkanone des „Kicker“ gewann, wurde dieser von einigen Experten wie das achte Weltwunder gefeiert, was in der absolut fragwürdigen Wahl zu Deutschlands Fußballer des Jahres gipfelte. Nicht nur, dass der Brasilianer den Allzeit-Rekord von Gerd Müllers von 40 Treffern aus der Saison 1971/72 klar verfehlt hatte. In Grafites insgesamt 107 Bundesligaspielen zwischen 2007 und 2011 kam dieser für den VfL auf gerade einmal 59 Torerfolge, was einen Schnitt von 0,55 je Einsatz entspricht, den man doch eher als bieder bezeichnen muss.
„Santo subito“ hallte es beim Requiem für Papst Johannes Paul II. über den Petersplatz! – Gleich, hier, jetzt und sofort möge der Vatikan dem verstorbenen Nachfolger auf dem Stuhl Petri heilig sprechen. Einer Forderung, der der inzwischen emeritierte Papst Benedikt XVI. natürlich nicht nachkam, sondern erst das dem Kirchenrecht gemäße Seligsprechungsverfahren einleitete, welches in der katholischen Kirche jeder Heiligsprechung vorgeschaltet ist. – Ein wenig die Luft anhalten würde auch der Sportpresse gut zu Gesicht stehen, wenn es darum geht, die Leistungen gegenwärtiger Spieler richtig einzuschätzen. Ob ein Goalgetter wie etwa Grafite wirklich zu den Besten seiner Zunft gehört, kann nämlich nicht im Überschwang des Augenblicks bestimmt werden, sondern bedarf doch viel mehr der Reflexion, weshalb der Zeitgeist auch schon so manchen Superstar geboren hat, der in einigen Wochen längst wieder vergessen war.
Gleichwohl soll in dem von den Verfassern gewählten Ansatz die Trefferquote nur eine untergeordnete Rolle spielen, ebenso wie die Frage, ob es sich nun um ein Tor in einem WM-Finale oder einem Zweitligaspiel gehandelt hat. Grundsätzlich muss die Lederkugel doch erst einmal über die Linie bugsiert werden, was in Anbetracht des ein oder anderen legendären Fehlschusses keinesfalls immer so einfach ist, wie es auf den ersten Blick erscheint. Denn schlussendlich standen die Abwehrspieler auch schon vor Jahrzehnten in der abgelegensten Provinz den gegnerischen Angreifern genauso – wenn nicht noch mehr – auf den Füßen herum wie in den überdimensionierten Fußballarenen der Gegenwart, weshalb in „Herren der Tore“ eben auch hierzulande fast unbekannte Spieler gewürdigt werden wie der Ungar Ferenc Deak, der in der Saison 1945/46 im Trikot des damaligen Vizemeisters AC Szentlörinc mit 66 Torerfolgen in 44 Spielen einen bis heute gültigen Europarekord aufgestellt hat.
Manch einer musste dagegen ausgetretene Pfade verlassen, um fernab der Heimat nach längerer Anlaufzeit sein fußballerisches Glück doch noch zu finden. So wie beispielsweise Giorgio Chinaglia, der über Wales nach Italien kam, um erst in der US-amerikanischen Operettenliga bei Cosmos New York in die Kategorie „Torfabrik“ aufzusteigen. Oder José Cardozo, dessen Wechsel in die Schweiz seine Karriere in jungen Jahren fast schon zerstört hatte, ehe der gebürtige Chilene im mexikanischen Toluca mit 50 Saisontreffern jenseits der Dreißig zum gefeierten „Tore-Teufel“ avancierte. Raymond Braine hingegen zog es 1930 aus Antwerpen nach Prag, um bei Sparta der erste belgische Fußballprofi überhaupt zu werden, was seiner Torgefahr nicht im Geringsten geschadet hat.
Das gewählte Motto, allein die absolute Zahl der erzielten (Pflichtspiel-)tore sprechen zu lassen, hat zu einer Auswahl an Torjägern geführt, die natürlich die allseits bekannten Weltstars wie Pele, Gerd Müller, Romario, Johan Cruyff, Ferenc Puskas oder Alfredo di Stefano berücksichtigt, aber eben auch so manchen, dem Leser zuvor vermutlich nur wenig oder überhaupt nicht bekannten „Exoten“, was den folgenden Seiten zusätzliche Würze verleiht.
Natürlich mag der eine oder andere Leser ob der erstellten Bestenliste die Nase rümpfen und vielleicht sogar beklagen, dass sein Lieblingsspieler ein wenig zu schlecht wegkommt, was dieser verzeihen möge, mit der Bitte, mit den Verfassern nicht allzu beckmesserisch umzugehen. Schließlich hinkt jeder Vergleich. Oder, um den dänischen Philosophen Sören Kierkegaard zu bemühen: „Das Vergleichen ist das Ende des Glücks und der Anfang der Unzufriedenheit.“ Insofern soll niemand davon abgehalten werden, auch weiterhin seine eigenen Favoriten zu bevorzugen, da der Zweck der „Herren der Tore“ doch nicht zuletzt darin bestehen soll – zu unterhalten! Und gerade diese Absicht dürfte durch die getroffene Spieler-Auswahl durchaus erfüllt worden sein. Ohnedies ist das letzte Wort bei der Suche nach dem erfolgreichsten Torschützen noch lange nicht gesprochen. Denn wie anderswo auch, wird die Geschichte des Fußballs durch neue Erkenntnisse immer wieder umgeschrieben werden müssen.

Über die Verfasser

Nach der Verlagsgründung 1999 begann Ernst Werner Schneider (Bad Windsheim) mit der Veröffentlichung seiner ersten Bücher über den europäischen Vereinsfußball wie „Vom Challenge Cup zur Champions League“, das mittlerweile in dritter Auflage erscheint. In Zusammenarbeit mit Co-Autor Klaus Bartlewski (Blumberg) wurde ab 2005 mit der Bearbeitung des auf inzwischen fünf Bände angewachsenen Klublexikons „Die Top 100 Vereine der Europäischen Union“ begonnen, bevor man mit „Der weite Weg zur Europaliga“ neue Wege beschritt, indem der reine fußballhistorische Bereich um mögliche Zukunftsperspektiven für den kontinentalen Spielbetriebs erweitert wurde.

Paulino Alcantara
Selbst das Tornetz hatte keine Chance

In der Frühzeit des spanischen Fußballs zählte er ohne Frage zu den Exoten im Land des amtierenden Weltmeisters: Der am 7. Oktober 1896 in Iloilo City geborene Paulino Alcantara Riestra gilt bis heute als der erfolgreichste und beste philippinische Fußballer aller Zeiten, obwohl – oder gerade weil – er die meiste Zeit seines (fußballerischen) Lebens in Spanien verbracht hat. Auf den Philippinen ist das Interesse am Fußball naturgemäß eher gering, während der von den US-Amerikanern eingeführte Basketball als Volkssport hohes Ansehen genießt. Daher überrascht es auch nicht, dass Alcantara selbst in seiner Heimat nur ausgemachten Insidern ein Begriff ist. Aber nicht nur dort, selbst in Europa ist der legendäre Spieler des FC Barcelona nahezu völlig unbekannt. Derweil Alcantaras Mutter ebenso wie dieser selbst aus Iloilo stammte, kämpfte sein Vater als Offizier während der Philippinischen Revolution (1896 bis 1898) auf spanischer Seite gegen die USA, die im Spanisch-Amerikanischen Krieg die Einheimischen unterstützte.

Erste Gehversuche in Barcelona

Noch im Kindesalter zog der kleine Paulino mit seinen Eltern nach Barcelona, wo er anfangs für den FC Galeno kickte. Hier wurde sein Talent von Barca-Gründer Joan Gamper entdeckt, der ihn zum FC Barcelona lotste, für den er zwischen 1912 und 1916 seine ersten fußballerischen Gehversuche unternahm.

► **EINWURF**
Im zarten Fußballeralter von 15 Jahren, vier Monaten und 18 Tagen – so haben es die Statistiker auf den Punkt gebracht – bestritt Paulino Alcantara am 25. Februar 1912 sein erstes Spiel in der Kampfmannschaft des FC Barcelona. Beim 9:0 über den SC Catala im Campionat de Catalunya zeigte er sich sogleich in allerbester Torlaune und brillierte als dreifacher Torschütze. Bis zum heutigen Tag ist Alcantara damit nicht nur der jüngste Spieler, sondern auch der jüngste Torschütze in der glorreichen Vereinshistorie der Katalanen.

Drei Tore beim Debüt gegen den SC Catala im Februar 1912 waren damals aber noch längst keine Garantie auf einen Stammplatz. Vielmehr musste Alcantara über ein Jahr auf seine nächste Chance warten. Im Rahmen der spanischen Endrunde machte er die nächsten beiden Spiele, in denen ihm jedoch keine weiteren Treffer gelangen, weshalb es bis zum 8. Juni 1913 dauerte, ehe er abermals eingesetzt wurde. Im Endspiel um den Pyrenäen-Pokal fertigte Barca den französischen Vertreter Comète Simot Bordeaux auch dank zweier Alcantara-Treffer mit 7:2 ab. Nicht zum Einsatz kam der gebürtige Filipino hingegen im Rahmen der katalonischen Regionalmeisterschaft, die der FC Barcelona als Sieger beendete.
Die Rolle als Mitläufer vermochte Paulino Alcantara auch in der Spielzeit 1913/14 nicht abzuschütteln. Von acht Ligaspielen bestritt er lediglich drei, wobei ihm bei der 1:2-Niederlage gegen International Barcelona der einzige Treffer glückte. Auch sein Verein hatte nicht viel Grund zur Freude. Titelverteidiger FC Barcelona war deutlich hinter den Erwartungen zurückgeblieben und auf einen enttäuschenden vierten Platz mit sechs Zählern Rückstand auf Stadtrivale Espanya abgerutscht. Anschließend konnte Alcantara beim 5:0 über CS Sabadell im Viertelfinale des Pyrenäen-Pokals immerhin noch einen weiteren Torerfolg verbuchen.
In den zehn regionalen Ligaspielen der Spielzeit 1914/15 kam Alcantara sechsmal zum Einsatz, wobei beachtliche vier Tore auf sein Konto gingen. Noch besser als der inzwischen 19-Jährige waren seine Teamgefährten Segarra und Gabriel Bau mit jeweils sechs Saisontreffern. Im Vergleich zur enttäuschenden Vorsaison präsentierte sich Barca indes deutlich stabiler und lag nach Abschluss der regulären Runde mit nur einer Niederlage gleichauf mit Espanyol an der Tabellenspitze, verpasste die Meisterschaft aber nach einer deutlichen 0:4-Pleite im notwendig gewordenen Entscheidungsspiel.

Scheibenschießen gegen Real

Als Stammspieler konnte sich Paulino Alcantara dann zum ersten Mal in der Spielzeit 1915/16 fühlen, nachdem er in seinen zehn Einsätzen im Campionat de Catalunya 20 Treffer erzielt hatte und damit vor Vincent Martinez (19 Tore) zum besten Barca-Goalgetter avanciert war. Dank seines überragenden Sturmduos war die Mannschaft in der Regionalmeisterschaft nicht zu bremsen und schloss dieses bei 64:12 Toren verlustpunktfrei mit dem Titelgewinn ab. Immer wieder stellte der schussgewaltige Alcantara seine Qualitäten vor dem gegnerischen Kasten unter Beweis. So etwa zum Saisonauftakt, als er beim 5:0 gegen den FC Internacional zweimal erfolgreich war. Nicht weniger als ein halbes Dutzend Treffer schenkte er am 7. November 1915 dem SC Universitary beim 12:2-Sieg ein, derweil er gegen den FC Badalona (11:1) sowie CS Sabadell (5:0) zwei Dreierpacks bejubeln konnte. Alcantara legte seine Torgefahr jedoch nicht nur bei Kantersiegen gegen weitestgehend überforderte Gegner an den Tag. In der Partie gegen den Tabellendritten Espanyol Barcelona avancierte er zum allseits umjubelten Matchwinner, nachdem ihm der Treffer zum 3:2-Sieg gelungen war.

Der schussgewaltige Paulino Alcantara in Aktion. Die meiste Zeit seiner Vereinskarriere verbrachte der gebürtige Filipino beim FC Barcelona, für den er – die Freundschaftsspiele miteingerechnet – 357 Partien absolvierte und dabei ebenso viele Treffer erzielen konnte.

Wichtigster nationaler Wettbewerb war seinerzeit die Copa del Rey, für die sich die regionalen Meister qualifizierten. Der Gewinner des heutigen Pokalwettbewerbs galt bis zur Einführung der Primera Divisíon als inoffizieller Landesmeister, wobei sich der FC Barcelona bis dato dreimal

(1910, 1912 und 1913) in die Siegerliste eingetragen hatte. Als Katalanischer Meister bekam es Barca in der Vorschlussrunde mit dem FC Madrid und mithin dem heutigen Erzrivalen Real zu tun, der seinen königlichen Namen freilich erst seit dem 29. Juni 1920 trägt. Im Hinspiel am 16. April 1916 behielt Barcelona vor heimischer Kulisse mit 2:1 die Oberhand, nachdem das Sturmduo Alcantara und Martinez je einmal erfolgreich gewesen war. Weniger gut lief es eine Woche später, als es in der Hauptstadt eine 1:4-Abfuhr setzte. Glücklicherweise spielte die Tordifferenz aber keine Rolle, so dass ein drittes Duell notwendig wurde, das am 25. April ebenfalls in Madrid über die Bühne ging und aufgrund des packenden Spielverlaufs sicher seinen Teil zum Entstehen der heutigen Rivalität zwischen beiden Vereinen beitrug. Nach 120 Minuten hatten die Zuschauer auf dem Campo O'Donnell nicht weniger als zwölf Tore gesehen, die sich gerecht auf beide Seiten verteilten. Von den sechs Treffern der Katalanen waren die Hälfte auf das Konto Alcantaras gegangen, der mit seiner Mannschaft zweimal kurz vor dem Sieg gestanden hatte. Bis zur 87. Minute führten die Blau-Roten mit 3:2, ehe Belaunde für Madrid zum Ausgleich traf. Und auch in der Verlängerung lag Barca mit 6:5 vorne, doch gelang es diesmal dem legendären Santiago Bernabeu, den Ausgleich und damit ein viertes Spiel zu erzwingen, welches Real nur 24 Stunden später nach Verlängerung mit 4:2 für sich entschied und damit Paulino Alcantaras Traum vom ersten großen Titelgewinn seiner Karriere zunichte machte.

Philippinisches Intermezzo

Ausgerechnet nachdem Paulino Alcantara bei Barca den Durchbruch geschafft hatte, kehrte er dem Verein im Laufe des Jahres 1916 den Rücken. Seiner Mutter zuliebe zog die Familie auf die Philippinen, wo Alcantara in Manila ein Medizinstudium aufnahm, sich aber auch weiterhin dem Fußball widmete. Für die kommenden zwei Jahre schloss er sich dem Bohemian Sporting Club Manila an, mit dem er 1917 und 1918 Meister wurde. Der Verein zählte damals zu den Topadressen des Landes, was zehn Meistertitel zwischen 1912 und 1927 beweisen. Mehr als die Tatsache, dass Alcantara für den Hauptstadtverein aktiv gewesen ist, lässt sich aufgrund der dürftigen Quellenlage jedoch leider nicht mehr sagen, womit auch die Anzahl der Torerfolge in seinem Geburtsland im Dunklen bleibt.

► **EINWURF**

Fünfmal kam Paulino Alcantara Anfang der zwanziger Jahre für die spanische Nationalelf zum Einsatz und erzielte dabei sechs Treffer. Aber auch für die Philippinen kam er zu mehreren – vermutlich zwei – Länderspieleinsätzen, die in das Jahr 1917 fielen. Im Mai nahm sein Geburtsland an den Fernostspielen in Tokio teil und traf dabei im ersten Spiel auf Gastgeber Japan, der mit 15:2 zerlegt wurde. Wie viele Tore Alcantara zum bis heute höchsten philippinischen Länderspielsieg aller Zeiten beigesteuert hat, ist leider nicht überliefert. Mit Sicherheit keinen weiteren Treffer verbuchte er im zweiten Spiel gegen Goldmedaillengewinner China, das nur einen Tag später auf der Agenda stand. An jenem 8. Mai 1917 hatten die Chinesen schon drei Treffer erzielt, als sie auch noch einen Elfmeter zur 4:0-Führung verwandelten. Der philippinische Keeper verlor daraufhin die Nerven und verpasste dem verdutzten Elfmeterschützen eine ordentliche Tracht Prügel, was als logische Konsequenz zum Spielabbruch führte.

Sein großes fußballerisches Talent war auf den Philippinen natürlich vergeudet. Dass Alcantara auf dem grünen Rasen nicht wirklich ausgelastet war, ist unstrittig, da er nebenher auch als – durchaus erfolgreicher – Tischtennisspieler in Erscheinung trat. Beim FC Barcelona vermisste man Paulino Alcantara dagegen an allen Ecken und Enden. Nach dem Erfolg in der Saison 1915/16 hatte man in den kommenden beiden Jahren in der Regionalmeisterschaft Espanya (1916/17) bzw. Espanyol (1917/18) den Vortritt lassen müssen, weshalb die Vereinsbosse auch nichts unversucht ließen, um ihren Wunschspieler zur Rückkehr zu bewegen. Da dieser nach damaligem Gesetz jedoch noch minderjährig war, bedurfte es die Zustimmung der Eltern, die von dem Ansinnen aus Barcelona zunächst nichts wissen wollten. Erst als sich ihr Sprössling mit Malaria infiziert hatte, kam die Wende. Der angehende Mediziner weigerte sich, sich von einem philippinischen Arzt behandeln zu lassen und die verordneten Medikamente zu nehmen, so dass die Eltern schließlich nachgaben und einer Rückkehr Paulinos nach Spanien zustimmten.

Stürmer mit eingebauter Torgarantie

Bald nach seinem Comeback avancierte Paulino Alcantara zu einem der großen Stars im Team des FC Barcelona, an dem die Fans nicht nur dessen legendäre Schusskraft, sondern auch das exotische Äußere faszinierte. „El Romperedes" („Der, der das Netz zerreißt") zählte in den „Goldenen Zwanzigern" neben Samitier, Zamora und Sagi-Barba zu den absoluten Leistungsträgern im Team, für das er in 357 Spielen ebenso viele Treffer erzielte und damit bis heute eine klubinterne Bestmarke hält. Mit Alcantara gewann Barca zwischen 1918 und 1927 viermal die Copa del Rey und darüber hinaus achtmal das Campionat de Catalunya.

Nur zu Anfang hatte es einige Irritationen gegeben, nachdem ihn Trainer Jack Greenwell zum Verteidiger umfunktionieren wollte, da der Angriff mit Vincent Martinez, Sagi-Barba und Lakatos bereits exzellent besetzt war. Schon in der Vorbereitung erwies sich dies jedoch als Fehler, so dass Alcantara im ersten Ligaspiel am 20. Oktober 1918 wieder im Sturm auflief, um beim Sieg über CS Sabadell sogleich für den 2:0-Endstand zu sorgen. Nicht zuletzt dank Rückkehrer Alcantara, dem beim 8:0 im Rückspiel über Sabadell ein Dreierpack gelungen war, sicherte sich Barca nach zwei Jahren Abstinenz wieder die katalanische Regionalmeisterschaft und durfte damit auch wieder an der Copa del Rey teilnehmen.

Hier wurde die Auftakthürde Real Sociedad San Sebastián (6:0, 3:1) locker genommen, wobei Alcantara im Hinspiel zweimal erfolgreich gewesen war. Drei weitere Tore erzielte Barcas schussgewaltiger Angreifer in den beiden Halbfinal-Duellen mit dem FC Sevilla, aus denen die Katalanen nach einem knappen 4:3 vor eigenem Publikum schließlich auch im Rückspiel von Madrid als 3:0-Sieger hervorgingen. Im Finale am 18. Mai gab die Mannschaft von Arenas de Guecho zwar lange Contra, musste sich in der Verlängerung allerdings mit 2:5 geschlagen geben. Paulino Alcantara, der in 16 Einsätzen auf dem Weg ins Endspiel 17 Treffer bejubeln durfte, war in der Partie gegen die Basken ohne weiteren Torerfolg geblieben.

Im Spieljahr 1919/20 absolvierte er zwar nur zwölf Begegnungen, brachte es bei einer Ausbeute von 18 Treffern aber auf einen Schnitt von 1,5 Toren pro Spiel. Schon im Campionat de Catalunya hatte Alcantara in neun Einsätzen 15 Treffer auf dem Konto, wobei er insbesondere gegen CS Sabadell geglänzt hatte, als ihm beim 4:0 sämtliche Treffer gelungen waren. Im Königspokal ließ der Goalgetter zwar nur noch drei Tore folgen, die allerdings spielentscheidenden Charakter besaßen. Schon im Halbfinal-Hinspiel war ihm bei Real Union Irun der Treffer des Tages geglückt, ehe im Rückspiel vor eigenem Publikum sein Tor zum 4:4 den Einzug ins Finale gegen Athletic Bilbao bescherte. Nachdem Barca hier durch Martinez in Führung gegangen war, blieb es schließlich Paulino Alcantara vorbehalten, sein Team in der 80. Minute zum Meistertitel zu schießen.

► EINWURF

Inklusive der Freundschaftsspiele hat Paulino Alcantara für den FC Barcelona zwischen 1912 und 1927 in 357 Spielen ebenso viele Treffer erzielt, was bis heute unübertroffener Rekord ist. Der Mann mit der eingebauten Torgarantie war aber auch in den Pflichtspielen zur Stelle. In Copa del Rey und der katalonischen Meisterschaft wurde Alcantara 126-mal aufgeboten und glänzte mit einer Gesamttrefferzahl von 133, womit er in der ewigen Bestenliste nur von Cesar Rodriguez, der zwischen 1942 und 1955 insgesamt 195-mal ins Schwarze getroffen hat, sowie Barcas gegenwärtigem Superstar Lionel Messi (324 Tore in 411 Pflichtspielen) überboten wird.

Da Alcantara nicht nur auf den Fußball fixiert war, sondern parallel auch für sein Medizinstudium paukte, um sich nach seiner aktiven Zeit als Arzt niederlassen zu können, kam es immer wieder vor, dass er seinem Verein wegen wichtiger Prüfungen nicht zur Verfügung stand. So bestritt er etwa 1920/21 lediglich sieben Regionalligaspiele, in denen er mit sieben Treffern seine Torgefährlichkeit freilich abermals herausstrich. Auch der FC Barcelona blieb in Katalonien weiterhin das Maß aller Dinge und verteidigte mit vier Zählern Vorsprung auf Europa und Espanyol seinen Vorjahrestitel.

Sogar noch deutlicher fiel die Überlegenheit der Blau-Roten in der Saison 1921/22 aus, wovon die Torbilanz von 63:8 im Campionat de Catalunya ein beredtes Zeugnis liefert. Lediglich gegen Europa Barcelona (1:1) hatte das Team einen Zähler abgeben müssen. Kaum zu stoppen war Paulino Alcantara, der mit 19 Toren in acht Regionalligaeinsätzen die Stürmer der Gegenwart deutlich in den Schatten stellte. Seine besten Leistungen zeigte „El Romperedes“ gegen Espanyol Barcelona, indem er zu den beiden Kantersiegen (9:0 und 10:0) jeweils drei Tore beisteuerte. Noch besser lief es am letzten Spieltag beim 8:1 gegen Unió Esportiva Sant Andreu, als Paulino Alcantara sogar viermal erfolgreich war. In den abschließenden drei Einsätzen in der Copa del Rey traf der Barca-Torjäger satte achtmal ins Schwarze, was eine Torquote von 2,66 je Spiel bedeutet. Unter dem Strich hatte Paulino Alcantara damit in elf Pflichtspielen nicht weniger als 27 Tore feiern dürfen, was einem sensationellen Schnitt von 2,45 entspricht! Gar keine Frage, dass die beste Saison seiner Laufbahn für den FC Barcelona mit dem Gewinn der spanischen Pokalmeisterschaft in die Annalen einging. Nach dem 1:0 zum Auftakt beim FC Sevilla wurden die Andalusier im Rückspiel in Barcelona mit 7:1 frisch gemacht, was Alcantara zu einem ersten Dreierpack inspiriert hatte. Danach kam Barcelona bei Sporting Gijon nicht über ein 1:1 hinaus, wofür sich die Mannschaft allerdings vor eigenem Publikum revanchierte und auch dank des erneut dreifachen Torschützen Alcantara mit 7:2 die Oberhand behielt. Und auch im Finale am 14. Mai 1922 zeigte sie sich in allen Belangen überlegen und fertigte Real Union Irun mit 5:1 ab, wobei Barca-Bomber Alcantara seine letzten beiden Saisontreffer erzielte.

Paulino Alcantara betrieb während seiner aktiven Zeit ein Medizinstudium und arbeitete später als Arzt.

Das Barca-Team in den zwanziger Jahren. Links neben Paulino Alcantara (Zweiter von rechts oben) ist Josep Samitier zu sehen, der ab 1919 an der Seite Alcantaras spielte. Samitier – genannt „El Magia“ (der Magier) – bereitete als technisch versierter Außenstürmer zahlreiche Treffer Paulino Alcantaras vor.

In der Saison 1922/23 gehörte die Überlegenheit des FC Barcelona in der Regionalliga der Vergangenheit an. Nach zehn Runden lag der Titelverteidiger gleichauf mit Europa an der Tabellenspitze, so dass der katalanische Teilnehmer an der Copa del Rey in einem Entscheidungsspiel ermittelt werden musste, das in Gerona mit 0:1 verloren ging. Auch Paulino Alcantara reichte nicht an die Galaform des Vorjahres heran und musste sich mit für ihn mäßigen sieben Treffern in acht Spielen begnügen. Den wichtigsten erzielte er im Hinspiel gegen Titelrivale Europa, als er den 2:0-Endstand für sein Team besiegelte.

► EINWURF

Nach zwei Jahren auf den Philippinen war Paulino Alcantara erst zu Beginn der Saison wieder nach Barcelona zurückgekehrt, als er im Frühjahr 1919 in den Spielen um die Copa del Rey erstmals seine legendäre Schusskraft demonstrierte. Zum Auftakt der Pokalmeisterschaft traf der FC Barcelona zu Hause auf Real Sociedad San Sebastián, das mit 6:0 aus dem La Escopidora gefegt wurde. Einer der Scharfschüsse Alcantaras hatte das gegnerische Tor nur ganz knapp verfehlt, erfasste allerdings einen zufällig im Weg stehenden Polizisten, der von der Wucht der Lederkugel erfasst und zusammen mit dieser ans Außennetz geschleudert wurde.

Über den Zenit hinaus

Obwohl der gebürtige Filipino erst 27 Jahre alt war, schien er seinen Zenit bereits überschritten zu haben. Auch in der Saison 1923/24 lief es zunächst nicht wirklich rund. Im Campionat de Catalunya blieb Alcantara deutlich hinter den Erwartungen zurück und traf in sieben Ligaspielen nur fünfmal, was freilich nichts an der Tatsache änderte, dass Barca verlustpunktfrei Stadtrivale Europa als Regionalmeister ablöste. Nachdem der Angreifer in der Vergangenheit immer wieder seine Kameraden mitgerissen hatte, ließ sich dieser im anschließenden Königspokal nun ausnahmsweise einmal von den Spitzenleistungen seiner Mitspieler inspirieren. Vor allem in den beiden Erstrundenspielen gegen Stadium Saragossa – dem heutigen Real – präsentierte er sich wie zu besten Zeiten und ließ seinen vier Treffern im Hinspiel (8:1) beim 9:0-Rückspielsieg drei weitere folgen. Nachdem er im Viertelfinale gegen Sporting Gijon ebenso wie im ersten Vorschlussrundenspiel bei Real Union Irun (0:1) ohne weiteren Treffer geblieben war, erzielte er im Rückspiel im Les Corts (2:0) sein achtes Endrundentor, was allerdings sein letztes bleiben sollte, da es im Entscheidungsspiel eine böse 1:6-Klatsche setzte.

Der Star und sein Entdecker. Vereinsgründer Joan Gamper (rechts) war ganz entscheidend daran beteiligt, dass der auf den Philippinen geborene Paulino Alcantara zum FC Barcelona wechselte, wo dieser dank seiner Schusskraft zum ersten „Star" in der Vereinsgeschichte avancierte.

Nach drei Jahren Wartezeit durften die Fans dank eines 2:0-Erfolges über Arenas de Guecho am 10. Mai 1925 endlich wieder den Gewinn der Copa del Rey bejubeln. Wenngleich Paulino Alcantara im Endspiel von Sevilla in der Anfangsformation gestanden hatte, war die Saison für ihn überaus enttäuschend verlaufen, da ihm erstmals im Barca-Trikot kein einziger Treffer gelungen war.

► EINWURF

Während der FC Barcelona in der Saison 1924/25 als Regional- und Pokalmeister glänzte, hatte der einstige Toptorjäger Paulino Alcantara wenig Grund zur Freude. Vor allem nach dem Derby gegen Espanyol am 23. November 1924 hätte der Scharfschütze dem Verein am liebsten den Rücken gekehrt. Nicht nur, dass er von seinem Gegenspieler Ricardo Saprissa übel gefoult worden war, was eine mehrwöchige Verletzungspause nach sich zog. Nach dem Skandalspiel, das wegen Ausschreitungen auf dem Spielfeld und Zuschauerrängen abgebrochen werden musste, beklagte er sich bei der Vereinsführung lauthals darüber, von seinen Mitspieler auf dem Platz geschnitten zu werden. Dem von Alcantara erwogenen Vereinswechsel schob das Präsidium allerdings unverzüglich einen Riegel vor.

Hinter den Kulissen wurde gemunkelt, der spürbare Leistungsabfall Alcantaras sei darauf zurückzuführen, dass er sich nicht mit Trainer Jesza Poszony verstand. Zumindest dieses Alibi konnte in der Saison 1925/26 nicht mehr gelten, da der Ungar durch Ralph Kirby ersetzt worden war. Und wirklich ging es unter dem aus England stammenden Kirby in Anbetracht von insgesamt sieben Treffern in 20 Spielen wieder spürbar bergauf. Freilich war Alcantara als teaminterner Toptorjäger längst von Josep Samitier abgelöst worden, derweil mit Sagi-Barba und Arnaud noch zwei weitere Mitspieler mehr Tore auf dem Konto hatten. Wie wichtig „El Romperedes" für seine Mannschaft aber nach wie vor sein konnte, sollte sich am 16. Mai 1926 zeigen, dem Tag, an dem Barca in Valencia im Endspiel um die Copa del Rey auf Atlético Madrid traf. Im Estadio Mestalla lieferten sich beide Teams einen offenen Schlagabtausch, der beim Stand von 2:2 in die Verlängerung ging. Hier war es Paulino Alcantara, der in der 112. Minute zur Stelle war und seine Farben mit seinem Treffer zum 3:2-Endstand zur erfolgreichen Titelverteidigung schoss.

In Regionalliga und Copa del Rey kam Alcantara 1926/27 lediglich noch zu sieben Einsätzen, in denen er drei Treffer erzielte. Nach dem erneuten Gewinn des Campionat de Catalunya erreichte der FC Barcelona in der nationalen Pokalrunde immerhin wieder die Vorschlussrunde, um hier nur knapp an Arenas de Guecho (3:4) zu scheitern. Insgesamt viermal war Paulino Alcantara in der Copa del Rey zum Einsatz gekommen. Seine letzten beiden Pflichtspieltreffer waren ihm dabei am 17. April 1927 geglückt, als die Blau-Roten im Hinspiel des Viertelfinales einen klaren 4:1-Sieg über Betis Sevilla feiern konnten. Nach seinem letzten offiziellen Einsatz beim Halbfinal-Aus gegen Arenas bestritt Barcas bester Torjäger aller Zeiten noch vier Freundschaftsspiele, ohne dabei einen erneuten Torerfolg zu verbuchen.

Zu Alcantaras Abschiedsspiel am 5. Juli 1927 gab sich die spanische Nationalmannschaft die Ehre, die im Les Corts mit 2:1 die Oberhand behielt. Den Treffer für Barcelona konnte Reservespieler José Sastre erzielen. Sofort nach seiner aktiven Karriere begann Paulino Alcantara in seinem erlernten Beruf als Arzt zu arbeiten, um aber auch weiterhin dem Fußball treu zu bleiben. So konnte ihn der FC Barcelona zwischen 1931 und 1934 als Klub-Direktor gewinnen. Darüber hinaus betreute er im Laufe des Jahres 1951 für drei Spiele die spanische Nationalmannschaft, die er zu einem 6:3-Sieg über die Schweiz sowie zwei Unentschieden gegen Belgien (3:3) und Schweden (0:0) führte. Paulino Alcantara verstarb am 13. Februar 1964 im Alter von 67 Jahren in seiner zweiten Heimat Barcelona.

► ZAHLEN UND FAKTEN

Vereine:	1912-1916	FC Barcelona
	1916-1918	Bohemian Sporting Manila
	1918-1927	FC Barcelona
Tore:	38 Spiele Copa del Rey (37 Tore)	
	88 Spiele Campionat de Catalunya (96 Tore)	
	3 Spiele Pyrenäen-Pokal (3 Tore)	
	6 Tore in diversen Pokalwettbewerben	
	228 Freundschaftsspiele (215 Tore)	
	5 Länderspiele (6 Tore)	
	6 Spiele Katalonien-Auswahl (4 Tore)	
gesamt	368 Spiele (367 Tore)*	
	** nur bekannte Spiele und Tore*	
Erfolge:	Spanischer Pokalsieger 1913, 1920, 1922, 1925, 1926	
	Philippinischer Meister 1917, 1918	
	Regionalmeister Katalonien 1913, 1916, 1919, 1920, 1921, 1922, 1924, 1925, 1926, 1927	

In der Nationalmannschaft:
Schon bald nach seinem Wechsel zum FC Barcelona wurde Paulino Alcantara in die katalanische Auswahlmannschaft berufen, die seit 1912 existierte. Bis anno 1924 notierten die Chronisten mindestens sechs Berufungen, in denen vier Treffer auf sein Konto gingen.
Acht Jahre nach der Auswahl Kataloniens sollte auch die spanische Selección zu ihrem Debüt kommen. Anlässlich der Olympischen Spiele hatte der Verband ein Team nach Antwerpen entsandt, das nach nur einer Niederlage gegen Gastgeber Belgien die Silbermedaille holte. Neben Ricardo Zamora und Josep Samitier hätte eigentlich auch Paulino Alcantara an der Expedition teilnehmen sollen. Da er aber justament vor wichtigen Prüfungen für sein Medizinstudium stand, sagte der beste spanische Angreifer jener Zeit kurzerhand ab.

► **EINWURF**
Man schrieb den 30. April 1922, als Paulino Alcantara bei seinem dritten Länderspieleinsatz gegen Frankreich zu seinem legendären Spitznamen „El Romperedes“ kam. Beim 4:0 über die Equipe Tricolore bekam der Platzwart jede Menge Arbeit, da er nach zwei „Bombenschüssen“ Alcantaras das Tornetz auf die Schnelle wieder zusammenflicken musste. Für den Barca-Star waren dies die letzten zwei von sechs Länderspieltreffern, die ausnahmslos in die Saison 1921/22 fielen. In der mit Abstand erfolgreichsten Spielzeit seiner Laufbahn waren ihm zuvor bereits 27 Treffer im Vereinsdress gelungen.

So dauerte es bis zum 7. Oktober 1921, ehe der damals 25-Jährige zu seinem ersten offiziellen Länderspieleinsatz kam. In Bilbao wurde Belgien mit 2:0 in Schach gehalten, wobei Alcantara beide Treffer erzielte. Auch bei den anschließenden Erfolgen über Portugal (3:1) und Frankreich (4:0) glänzte „El Romperedes“ mit je zwei Treffern, womit er sein Pulver jedoch verschossen hatte. Noch zweimal durfte er für Spanien ran, blieb dabei allerdings ohne weiteren Torerfolg. Letztmalig streifte er das Nationaldress am 16. Dezember 1923 in Sevilla beim 3:0 gegen Portugal über und musste mit ansehen, wie José Luis Zabala von Espanyol Barcelona als dreifacher Torschütze glänzte.

Saison	Lsp.		Liga*		Pokal*	
	Sp.	T.	Sp.	T.	Sp.	T.
1911/12			1	3		
1912/13			0	0	2	0
1913/14			3	1		
1914/15			6	4		
1915/16			10	20	4	6
1916/17						
1917/18						
1918/19			12	12	5	5
1919/20			9	15	3	3
1920/21			7	7		
1921/22	3	6	8	19	3	8
1922/23	1	0	8	7		
1923/24	1	0	7	5	7	8
1924/25			3	0	1	0
1925/26			11	2	9	5
1926/27			3	1	4	2

* Unter „Liga“ sind Spiele und Tore in der Regionalmeisterschaft, unter „Pokal“ Spiele und Tore in der Copa del Rey aufgeführt

Victor Hugo Antelo
Tore auf höchstem Niveau

Bolivien. – Der Andenstaat hat im internationalen Fußball eher bescheidene Erfolge vorzuweisen. In die Schlagzeilen gerät die Nationalmannschaft zumeist nur dann, wenn sie auf dem durchschnittlich 3.600 m hoch gelegenen Altiplano in der WM-Qualifikation die südamerikanische Konkurrenz empfängt und dieser – wie in der Vergangenheit des Öfteren geschehen – so manch unerwartete Niederlage zufügt, die man in Brasilien oder Argentinien zumeist mit der „dünnen Luft“ zu erklären versucht. Bezeichnenderweise gelang „La Verde“ im Jahr 1963 mit dem Gewinn der Copa America der größte Erfolg ihrer Geschichte, als die Südamerika-Meisterschaft in La Paz und Cochabamba ausgetragen worden war.
Rund ein Jahr später – genauer am 2. November 1964 – erblickte in Santa Cruz Victor Hugo Antelo Barba das Licht der Welt, der später zu einem der treffsichersten Torjäger Südamerikas avancieren sollte. Im Alter von zehn Jahren schloss sich „Tucho“ in seiner Heimatstadt der Jugendabteilung von Club Universidad an, der er bis 1982 angehörte. Im Spieljahr 1983 – in Bolivien wurde bis 2003 die Meisterschaft im Ganzjahresrhythmus ausgetragen – sollte er bei Oriente Petrolero einen ersten Profivertrag unterschreiben. Für den Verein aus seiner Heimatstadt blieb er für die kommenden sechs Spielzeiten aktiv und erzielte in 221 Einsätzen in der Primera División 144 Treffer. Die größten Erfolge mit den Albiverdes, die ihre Heimspiele traditionell im Estadio Tahuichi Aguilera austragen, waren der dreimalige Gewinn der Vizemeisterschaft (1983, 1986 und 1987) sowie 1988 das Erreichen des Viertelfinales in der Copa Libertadores, wo die Weiß-Grünen gegen die kolumbianische Elf von America Cali (1:1, 0:2) das Aus ereilte. Victor Hugo Antelo wurde gerade 20 Jahre alt, als er 1984 mit 38 Saisontreffern zum ersten Mal in seiner Karriere Torschützenkönig der LFPB – so der Name der bolivianischen Profiliga – werden konnte. Auch in der kommenden Saison führte er mit 37 Treffern abermals die Torschützenliste an, was ihm die ersten Berufungen in die bolivianische Nationalelf eintrug. Trotz seiner großen Erfolge auf Vereinsebene sollte er für sein Heimatland aber nur elfmal zum Einsatz kommen.

Jedes Jahr ein neuer Verein!
In Santa Cruz, das nicht auf dem unter südamerikanischen Fußballern so berüchtigten Altiplano, sondern im nordöstlichen Tiefland auf lediglich rund 440 m Höhe liegt, liefern sich traditionell die beiden Erzrivalen Oriente Petrolero und Blooming im „Clasico“ Jahr für Jahr heiße Derbys, wobei ein direkter Wechsel in den Augen der einheimischen Fußballanhänger in etwa so brisant ist, wie ein Wechsel innerhalb der Glasgower Old Firm. Als sich Victor Hugo Antelo zur Saison 1989 entschloss, die Albiverdes zu verlassen, war Blooming ein absolutes Tabu, so dass er beim kleinen Ortsrivalen Real anheuerte. Obwohl dieser im Titelrennen keine Rolle spielte, überzeugte „Tucho“ mit 22 Toren in 31 Ligaspielen, mit denen er sich bereits zum dritten Mal die nationale Torjägerkrone sicherte. Insgesamt führte der Mann mit den so literarisch klingenden Vornamen siebenmal die Torschützenliste der LFPB an, womit er eine bis heute unerreichte Bestmarke setzte.
Rekordverdächtig ist freilich auch, dass Victor Hugo Antelo in den acht Spielzeiten zwischen 1989 und 1996

mindestens einmal pro Jahr den Verein wechseln sollte! Nachdem Blooming Santa Cruz vor Jahresfrist als neuer Arbeitgeber noch ausgeschlossen war, heuerte er im Spieljahr 1990 bei den Millionarios an, bestritt für den Verein, der sich mit Oriente Petrolul das Estadio Tahuichi Aguilera teilt, aber nur elf Spiele, da während der laufenden Saison das Ausland lockte.

► EINWURF
Professioneller Fußball wird in Bolivien erst seit 1977 gespielt, als die „Liga de Fútbol Professional Boliviano" (LFPB) gegründet wurde. Bis zu diesem Zeitpunkt wurde Fußball nur auf Amateurbasis betrieben, wobei in La Paz seit 1914 eine Amateurliga eingerichtet war. Der mit Abstand erfolgreichste Torjäger der LFPB ist Victor Hugo Antelo, der von 1983 bis 2000 für sechs verschiedene Klubs aus La Paz, Oruro und Santa Cruz 350 Treffer in der Primera División erzielen konnte. Auf ihn folgen Juan Carlos Sanchez (263 Tore) und Luis Fernando Salinas (201).

Es war der japanische Zweitligist Fujita Kogyo aus der direkt am Pazifik gelegenen Stadt Hiratsuka, der „Tucho" für die Saison 1990/91 unter Vertrag nahm. Im Unterbau der damaligen „Japan Soccer League", die von 1965 bis 1992 als Vorläufer der heutigen „J. League" existierte, bestritt er 26 Spiele und traf dabei 19-mal ins Schwarze. Der Tabellendritte sollte den Aufstieg allerdings knapp verfehlen. Somit kehrte Victor Hugo Antelo im Spieljahr 1991 wieder zu Blooming zurück, um in 29 Einsätzen in der Primera División weitere 16 Treffer zu erzielen.
In Bolivien war „Tucho" bislang ausnahmslos bei Vereinen aus seiner Geburtsstadt Santa Cruz unter Vertrag gestanden. Im Spieljahr 1992 wechselte er dann aber erstmals nach La Paz, um seine Tore fortan auch in Heimspielen auf höchstem Niveau zu erzielen. Der Regierungssitz des Andenstaates liegt auf dem Altiplano am Fuße des 6.439 m hohen Illimani, dem zweithöchsten Berg des Landes. Allerdings schien auch Victor Hugo Antelo Probleme mit der ungewohnten Höhenluft zu haben, da er für seinen neuen Verein, Club Bolivar, in nur 16 Einsätzen lediglich dreimal ins Schwarze traf. Somit hatte er auch nur einen geringen Anteil am Gewinn der Meisterschaft, dem ersten Titel seiner Laufbahn.
Daraufhin heuerte der 1,77 m große Angreifer in der Saison 1993 bei Club San José im südlicher gelegenen Oruro an, um hier deutlich besser zurecht zu kommen. Mit 20 Toren in 33 Ligaeinsätzen führte er abermals die Torschützenliste der Primera División an. Außerdem ging er mit den „Santos" wieder in der Copa Libertadores an den Start, um beim Vorrunden-Aus weitere seiner insgesamt 46 Spiele in diesem Wettbewerb zu bestreiten. Im Äquivalent zur europäischen Champions League erzielte „Tucho" 21 Tore, womit er hinter Luis Fernando Salinas (24 Tore in 42 Einsätzen für Club Bolivar) der erfolgreichste bolivianische Angreifer ist. Auch 1994 blieb Victor Hugo Antelo seiner Linie treu und wechselte den Arbeitgeber. Seine zweite Dienstzeit bei Club Bolivar verlief deutlich besser als die erste. Nicht nur, dass er in 28 Ligaspielen 12 Tore erzielte. Zum zweiten Mal konnte er mit den Celestes den Meistertitel feiern und zog außerdem ins Viertelfinale der Copa Libertadores ein, wo diese an Olimpia Asuncion (0:1, 0:2) scheiterten.
Nach drei aufeinanderfolgenden Jahren auf dem Altiplano wechselte er zu Beginn des Jahres 1995 wieder zurück nach Santa Cruz, um zum zweiten Mal bei Real anzuheuern, wo er weitere 14 Ligatreffer erzielte. Noch einmal erklomm er daraufhin die bolivianische Hochebene, um nach Club Bolivar auch für den zweiten großen Verein aus La Paz auf Torejagd zu gehen. Für The Strongest absolvierte „Tucho" 1996 weitere 36 Einsätze und trat dabei 14-mal als Torschütze in Erscheinung.

Zwei Meistertitel im dritten Frühling

Victor Hugo Antelo war inzwischen 32 Jahre alt, so dass er seine beste Zeit eigentlich schon hinter sich zu haben schien, als er für die Saison 1997 noch einmal bei Blooming anheuerte. Tatsächlich sollte er im Dress der Millionarios in den kommenden vier Jahren aber die erfolgreichste Zeit seiner Laufbahn verleben, was nicht zuletzt die 106 Treffer beweisen, die er in 123 Erstligaspielen erzielte. 1998 und 1999 hatte er je 31 Saisontreffer auf dem Konto, die ihn abermals die nationale Torschützenliste anführen ließen und darüber hinaus für sein Comeback in der Nationalelf sorgten. Während „Tucho" bei seinen beiden Meistertiteln mit Club Bolivar noch sehr wenig Glanz versprühte, hatte er nun maßgeblichen Anteil an den Erfolgen mit Blooming. In herausragender Verfassung präsentierte er sich zwischen dem 7. Mai und dem 6. September 1998, als ihm nicht weniger als 18 Torerfolge in zwölf aufeinander folgenden Ligaspielen gelangen, womit er die bisherige Bestmarke von Juan Carlos Sanchez auslöschte. Spätestens nach den Meistertiteln 1998 und 1999 zählte er in seiner Heimatstadt Santa Cruz nicht nur bei Oriente Petrolero, sondern auch bei dessen Erzrivale Blooming zu den Vereinslegenden. Die Statistik besagt, dass er im „Clasico" im Verlauf seiner Karriere für Oriente Petrolero zehn und für Blooming sechs Tore erzielen konnte.

Die Kulisse ist weit eindrucksvoller als der Fußball, der im Andenstaat Bolivien gespielt wird. Eingebettet in die malerische Bergwelt des Altiplano liegt das Nationalstadion von La Paz, in dem die beiden Ortsrivalen Club Bolivar und The Strongest ihre Heimspiele bestreiten. Nachdem Victor Hugo Antelo 1992 und 1994 schon für Club Bolivar gekickt hatte, heuerte er 1996 bei The Strongest an.

Nach weiteren 20 Treffern in der Spielzeit 2000 und einem letzten, freilich schon nach der Gruppenphase beendeten Start in der Copa Libertadores, erklärte einer der torgefährlichsten Stürmer Südamerikas seine aktive Laufbahn nach 18 Jahren für beendet, um sich fortan seiner Trainerkarriere zu widmen, die ihn bislang zu sechs verschiedenen bolivianischen Vereinen führte, darunter auch Oriente Petrolero, wo er 2001 gleich auf Anhieb mit dem Meistertitel seinen größten Erfolg feierte.

„Tuchos" Wirken als Trainer

Seinen Einstand auf der Trainerbank gab Victor Hugo Antelo im Spieljahr 2001 damit also in seiner Heimatstadt

Santa Cruz just bei jenem Verein, bei dem er 18 Jahre zuvor auch seine Spielerkarriere begonnen hatte. Unter seiner Obhut lieferte sich Oriente Petrolero mit Club Bolivar schon in der Apertura-Meisterschaft einen packenden Zweikampf, musste im Finale am 27. Juni in Cochabamba allerdings eine knappe 0:1-Niederlage verkraften. Dafür gingen die Albiverdes aus der Vierendrunde der „Clausura" als hochüberlegener Sieger hervor, womit sie für das Meisterschaftsfinale qualifiziert waren, das Mitte Dezember den krönenden Saisonabschluss bildete. Im ersten Spiel hatte Apertura-Champion Club Bolivar Heimrecht und nutzte dies zu einem deutlichen 4:1-Erfolg. Zum Glück spielte die Tordifferenz keine Rolle, womit die Weiß-Grünen durch ihren 4:3-Heimsieg ein drittes Spiel erzwangen. Der ehemalige Angreifer Victor Hugo Antelo dürfte sich besonders am Auftritt von José Alfredo Castillo erfreut haben, der als vierfacher Torschütze zum Mann des Spiels avanciert war. Fünf Tage vor Heiligabend 2001 standen sich die beiden Teams in Cochabamba somit erneut gegenüber. Und abermals war es José Alfredo Castillo, der sich in bestechender Form präsentierte und beide Treffer zum 2:0-Erfolg der Albiverdes beisteuerte.
Nach dem umkämpften Titelrennen 2001 war die bolivianische Meisterschaft im darauf folgenden Jahr eine eindeutige Angelegenheit zugunsten von Club Bolivar, der sich nach der Spitzenposition in der „Apertura" auch jene der „Clausura" sicherte, womit kein Meisterschaftsendspiel nötig wurde. Das Reglement sah hingegen vor, dass stattdessen der zweite Rang ausgespielt werden musste, nachdem in der Hinrunde The Strongest und in der Rückserie Victor Hugo Antelos Oriente Petrolero hinter Club Bolivar klassiert waren. Nach dem knappen 1:0 der Albiverdes in Santa Cruz sowie der 1:2-Pleite in La Paz ging die wichtige, weil zur Teilnahme an der Copa Libertadores berechtigende Vizemeisterschaft an die Schützlinge Victor Hugo Antelos, da diese nach torlosen 120 Minuten im Elfmeterschießen mit 3:1 die Oberhand behalten hatten.
Nachdem „Tucho" schon als Spieler sowohl für Oriente Petrolero als auch Blooming aktiv gewesen war, wechselte er nun auch als Trainer innerhalb seiner Heimatstadt die Fronten und heuerte zwischen 2002 und 2003 bei den Blau-Weißen an, mit denen er allerdings nicht an die Erfolge als Spieler anknüpfen konnte.
Danach übersiedelte er nach La Paz, um im Spieljahr 2004 Titelverteidiger The Strongest zu trainieren. Da seine Mannschaft aber über alle Maßen enttäuschte und im Torneo Apertura 2004 nur den zehnten Platz belegte, wurde „Tucho" vorzeitig entlassen, um in der Rückrunde den Zweitligavertreter Club Destroyers aus Santa Cruz zu übernehmen, den er schlussendlich zum Aufstieg führte. Als ihm anschließend ein neues Angebot von Oriente Petrolero ins Haus flatterte, zögerte er keine Sekunde und übernahm die Albiverdes zum zweiten Mal. Mit einem Titelgewinn wie bei seinem ersten Engagement sollte es allerdings nichts werden. Nach Rang sechs in der „Apertura" 2006 führte er sein Team im Torneo Clausura immerhin auf den dritten Platz. Da die Weiß-Grünen damit jedoch endgültig die Teilnahme an einem der kontinentalen Klubwettbewerbe verpasst hatten, war für Victor Hugo Antelo abermals vorzeitig Schicht.
Freilich zählte „Tucho" im bolivianischen Trainergeschäft mittlerweile längst zu den etablierten Größen, so dass er keine Mühe hatte, 2007 einen neuen Verein zu finden. Bei Club Bolivar lief es mit der Vizemeisterschaft in der Hinrunde dann auch recht gut, doch rutschte er mit seinem Team in der zweiten Saisonhälfte ins untere Tabellendrittel ab, womit auch die sechste Trainerstation in sieben Jahren ein frühzeitiges Ende fand. Das nächste Engagement führte Victor Hugo Antelo 2008 zu Aufsteiger Guabira Montero, der allerdings nie eine Chance auf den Klassenerhalt besaß, weshalb dem einstigen Goalgetter wiederum vorzeitig der Stuhl vor die Tür gesetzt wurde. Es folgte die dritte Anstellung bei Oriente Petrolero, welche in der Clausura-Meisterschaft 2008 zunächst das knappe Verpassen der Play-off-Runde der besten Vier brachte. Nach dem anschließenden vierten Rang in der „Apertura" 2009 schaffte seine Mannschaft in der „Clausura" diesmal die Semifinal-Qualifikation, um hier jedoch knapp am kommenden Rückrundenmeister Blooming zu scheitern. Die vorerst letzte Station in seinem Nomadenleben als Trainer führte Victor Hugo Antelo seit dem Spieljahr 2010 abermals zu Club Destroyers, dessen Präsident Pedro Rivero mal wieder den Versuch unternahm, den kleinen Verein aus Santa Cruz in die Erstklassigkeit zu führen. Nachdem „Tucho" dieses Kunststück 2004 bereits einmal gelungen war, erhofften sich die Anhänger eine Wiederholung. Die ambitionierte Mannschaft kam jedoch sowohl 2010 als auch 2011 nicht über Platz fünf hinaus, so dass der Aufstiegstraum weiterhin auf seine Verwirklichung wartet.

► ZAHLEN UND FAKTEN

Vereine:	1983-1988	Oriente Petrolero Santa Cruz
	1989	Real Santa Cruz
	1990	Blooming Santa Cruz
	1990	Fujita Kogyo
	1991	Blooming Santa Cruz
	1992	Club Bolivar La Paz
	1993	Club San José Oruro
	1994	Club Bolivar La Paz
	1995	Real Santa Cruz
	1996	The Strongest La Paz
	1997-2000	Blooming Santa Cruz

Tore: 554 bolivianische Erstligaspiele (350 Tore)
26 japanische Zweitligaspiele (19 Tore)
46 Spiele Copa Libertadores (21 Tore)
11 Länderspiele (2 Tore)
gesamt 637 Pflichtspiele (392 Tore)

Erfolge: Bolivianischer Meister
1992, 1994, 1998, 1999

Bolivianischer Torschützenkönig 1984, 1985, 1989, 1993, 1997, 1998, 1999

In der Nationalmannschaft:
Obwohl Victor Hugo Antelo der bolivianischen Nationalelf zwischen 1985 und 2000 anderthalb Jahrzehnte angehörte, kam er für den Andenstaat lediglich elfmal zum Einsatz. Auch die Zahl von zwei Länderspieltreffern nimmt sich äußerst bescheiden aus. Zum ersten Mal traf er am 25. Januar 1993 beim im indischen Madras verlorenen Freundschaftsspiel gegen die Vereinself von Lokomotive Moskau (1:2), das in den Statistiken des bolivianischen Verbandes FBF als offizielles Länderspiel geführt wird. In jener Zeit bereitete sich die Nationalelf auf die Qualifikation für die Weltmeisterschaft in den USA vor, für die sie sich sensationell als Gruppenzweiter – nur einen Zähler hinter dem kommenden Weltmeister Brasilien – qualifizierte. Aber obwohl „Tucho" 1994 mit Club Bolivar den nationalen Meistertitel gewonnen hatte, wurde er von Nationaltrainer Xabier Azkargorta nicht in den WM-Kader berufen.

► **EINWURF**
Der erfolgreichste bolivianische Ligatorschütze aller Zeiten ist in seiner Nationalelf nur ein kleines Licht und wird mit seinen elf Länderspielen und zwei Treffern in den Rekordlisten lediglich unter ferner liefen geführt. Die meisten Einsätze für das Andenland verzeichnen derzeit die Verteidiger Luis Cristaldo und Marco Sandy, die auf je 93 Berufungen kommen. Vermutlich kam ihnen zugute, dass beide für kurze Zeit in Spanien unter Vertrag standen, derweil der Rekordtorschütze von „La Verde" auf mehrere Jahre Auslandserfahrung in Mexiko und Argentinien blicken kann: Joaquin Botero absolvierte bis 2009 insgesamt 48 A-Länderspiele, in denen er 20-mal ins Schwarze traf.

Sein einziges großes Turnier bestritt dieser somit am Ende seiner Laufbahn, als er 1999 an der Copa America in Paraguay teilnahm. Inzwischen hatte der ehemalige argentinische Nationalspieler Hector Viera die Leitung der Nationalelf übernommen, der Anfang der achtziger Jahre noch selbst mit Victor Hugo Antelo bei Oriente Petrolero zusammengespielt hatte. Viera kannte also die Fähigkeiten des mittlerweile 34 Jahre alten Angreifers, der in der abgelaufenen Saison im Trikot von Blooming Santa Cruz brilliert hatte, aus dem Effeff, weshalb dessen Nominierung nicht wirklich überraschend kam. In der Vorbereitung auf die Copa traf Bolivien am 28. April 1999 in Cochabamba auf Chile, wo Victor Hugo Antelo beim 1:1 den Treffer für die Gastgeber erzielte. In Paraguay kam er vor der Pause im ersten Gruppenspiel gegen den Gastgeber (0:0) zum Einsatz, um beim Seitenwechsel für Etcheverry ausgewechselt zu werden, nachdem seine auffälligste Aktion ein Foul gewesen war, für das er die gelbe Karte gesehen hatte. Nachdem er bei der 0:1-Niederlage gegen Peru gefehlt hatte, durfte er im letzten Vorrundenspiel gegen Japan über die gesamten 90 Minuten sein Glück versuchen, erzielte beim 1:1 aber erneut keinen Treffer. Damit stand Boliviens Ausscheiden bereits nach der Vorrunde fest.

Saison	**Internat.**		**Liga**		**Lsp.**	
	Sp.	T.	Sp.	T.	Sp.	T.
1983			?	?		
1984			?	38		
1985	?	?	?	37		
1986			?	?		
1987	?	?	?	?		
1988	?	?	?	?		
= 1983-88			*221*	*144*		
1989			31	22		
1990			11	5		
1990/91			26	19		
1991			29	16		
1992	?	?	16	3		
1993	?	?	33	20		1
1994	?	?	28	12		
1995			26	8		
1996			36	14		
1997			?	24		
1998			?	31		
1999	?	?	?	31		1
2000	?	?	?	20	1	0
= 1997-00			*123*	*106*		

Joe Bambrick
„Head, Heel or Toe, Slip it to Joe!"

Noch heute zählt er zu den treffsichersten Torjägern, die der nordirische Fußball je hervorgebracht hat: Joseph Gardiner Absolom Bambrick – im Volksmund ganz einfach nur „Joe" genannt – wurde am 3. November 1905 in der Burnaby Street von Belfast geboren. Im Alter von fünf Jahren zog er gemeinsam mit seinen Eltern in die Roden Street, wo er bis zu seinem Tod lebte. Schon in früher Jugend schloss sich Bambrick ortsansässigen Nachwuchsteams wie Rockville, Bridgemont oder Broadway United an, ehe er 1925/26 für die Ulster Rangers spielte. Seine dort gezeigten Leistungen machten endlich auch die großen Vereine aus Belfast auf ihn aufmerksam, wobei zunächst der FC Glentoran den Zuschlag erhielt. Bis kurz nach dem Zweiten Weltkrieg sind es vor allem drei Klubs, die den nordirischen Fußball dominierten. Neben Glentoran waren dies noch der heutige Rekordmeister FC Linfield sowie das nach Ende der Saison 1948/49 aufgelöste Celtic Belfast. Während Glentoran und Linfield protestantisch geprägte Klubs sind, war Celtic das Sammelbecken der von Großbritannien unterdrückten katholischen Bevölkerungsschicht.

EXKURS: Ursprünge des nordirischen Fußballs

Bevor sich 1921 die 26 südlichen Provinzen der Grünen Insel als Republik Irland von der britischen Krone lossagten (während der Norden weiterhin bei Großbritannien blieb), beschränkte sich der Association Football nahezu ausschließlich auf die Region um Belfast. In den anderen Landesteilen wurde dieser wegen seines englischen Ursprungs weitestgehend abgelehnt. Stattdessen genoss der altertümliche „Gaelic Football" hohes Ansehen. Der 1890/91 ins Leben gerufenen „Belfast and District League" (direkter Vorläufer der heutigen, nordirischen IFA Premiership) gehörten anfangs ausnahmslos Belfaster Vereine an. Bis zur Teilung gelang es lediglich Bohemians Dublin und dem FC Shelbourne ins „gesamtirische" Oberhaus aufzusteigen. Dass Nordirland in Sachen Fußball die weitaus größere Tradition besitzt, zeigt auch ein Blick auf die beiden Nationalmannschaften. Immerhin hatte jene der nordirischen „Irish Football Association" bereits dreimal an einer WM teilgenommen (1958, 1982 und 1986), ehe die Auswahl der „Football Association of Ireland" 1988 bei der Europameisterschaft in Deutschland ihr erstes großes Turnier spielte. Schon die Bezeichnung der beiden Verbände IFA (Nord) und FAI (Eire) zeigt, dass die Terminologie mitunter verwirrend ist, da man auch nach der Teilung in Belfast immer noch den Begriff „irisch" verwendete, wenn eigentlich „nordirisch" gemeint war. Und auch wenn etwa davon die Rede ist, der FC Linfield habe in der Saison 2010/11 seinen 50. nordirischen Meistertitel gewonnen, ist dies nicht wirklich korrekt, da es Nordirland vor 1921 ja noch gar nicht gab, so dass die Erfolge bis dahin streng genommen „gesamtirische" waren. Anderseits geht die Zählweise aber auch in Ordnung, da die alte „Belfast and District League" in historischer Kontinuität zur heutigen IFA Premiership steht.

In seiner ersten Saison musste sich Joe Bambrick mit Glentoran zwar mit dem vierten Platz begnügen, konnte sich aber dank 28 Treffern in 22 Liga-Einsätzen mit dem Gewinn der Torjägerkrone trösten. Ohnehin hätte sich der neue Mittelstürmer im Dress der „Glens" besser kaum einführen können: Als die Mannschaft am 25. September

1926 im heimischen Oval den späteren Tabellensechsten FC Larne klar mit 6:2 abfertigte, erledigte Bambrick mit je einem Hattrick vor und nach der Pause den Gegner im Alleingang. Insgesamt hatte er in 37 Pflichtspielen stolze 44 Tore geschossen, weshalb sich auch bald Glentorans heutiger Erzrivale FC Linfield für Joe Bambrick zu interessieren begann, der damals noch einem „normalen" Beruf in einem Gaswerk nachging.

Kultspieler des FC Linfield

Der Wechsel von einem zum anderen Belfaster Spitzenverein im August 1927 kam durchus einem kleinen Politikum gleich, sollte sich für den Spieler aber freilich auszahlen. Bis zu seinem Lebensende wurde der FC Linfield dessen fußballerische Heimat, wobei Bambricks Trefferquote wirklich erstaunlich war. Bis 1935 bestritt er für die „Blues" 183 Spiele in der Irish League (so der damals gebräuchliche Name für die nordirische Fußballliga), in denen er sensationelle 286 Tore erzielte. Die Zuschauer im Windsor Park waren von Bambrick hellauf begeistert: „Head, Heel or Toe, Slip it to Joe" (Ob Kopf, Absatz oder Zehe, gib einfach ab auf Joe) lautete bald ein geflügeltes Wort seiner immer zahlreicher werdenden Fans. Dieses war im Übrigen von seinem Mitspieler Eddie Matthews geprägt worden. Als Matthews sich schwer am Knie verletzt hatte, rief er mit schmerzverzerrtem Gesicht für alle Umstehenden deutlich vernehmbar, dass seine Kameraden nicht ihm, dem schachmatt Gesetzten, sondern Joe Bambrick den Ball zuspielen sollten („Slip it to Joe!"), woraus die Fans alsbald den beliebten Reim machten.

Joe Bambrick erzielte für Glentoran Belfast, den FC Linfield und Chel-sea London 348 Tore in 269 Erst-ligapartien, was einer spektakulären Quote von 1,29 je Spiel entspricht.

Den konnten sie in nahezu jedem Spiel anstimmen. Bambrick verfügte über das, was man gemeinhin etwas martialisch „Killerinstinkt" nennt. Wenn der athletisch gebaute Stürmer einmal auf den gegnerischen Kasten zustürmte, war er kaum vom Leder zu trennen. Zudem war er ausgesprochen kopfballstark und außerdem beidfüßig, was bei Fußballern nicht allzu oft vorkommt. Bereits in der Saison 1927/28 zeigte er mit insgesamt 81 Saisontreffern (36 davon in der Liga), was in ihm steckte. Im Jahr darauf sollte er sich mit 43 Treffern in 25 Partien dann zum zweiten Mal die Torjägerkrone abgreifen.

Allein auf den Gewinn seines ersten Meistertitels musste Joe Bambrick bis zur Spielzeit 1929/30 warten. Viermal hintereinander war Celtic Belfast Meister geworden, ehe Linfield dank eines entfesselten Joe Bambrick diese Serie durchbrach und nach sieben Jahren Pause wieder den Platz an der Sonne eroberte. Insgesamt hatten die „Blues" 94 Saisontreffer erzielt, wovon allein 50 auf das Konto ihres Mittelstürmers gegangen waren, was bei 26 Einsätzen einem Schnitt von 1,92 je Spiel entspricht.

Das beste Jahr seiner Karriere konnte Bambrick im Endspiel um den „Irish Cup" krönen, als er sämtliche Treffer zum 4:3-Erfolg über Ballymena United erzielte und damit den Rekord egalisierte, den Bob Hill anno 1892 beim 7:0-Sieg des FC Linfield im Cupfinal gegen The Black Watch Limerick aufgestellt hatte. Gleich mehrere Tore in einem Spiel zu erzielen, gehörte ohnehin zu Bambricks Spezialität. Nicht weniger als fünfmal traf er in einem Ligaspiel der „Blues" sogar fünfmal ins Schwarze – vom erwähnten Sechserpack im Dress der „Glens" bei seinem Debüt gegen Larne einmal ganz abgesehen. Dank seiner Tore gewann Linfield 1929/30 auch den Co. Antrim Shield (nach einem 3:1-Erfolg im Endspiel über Glentoran Lurgan) sowie den New Charity Cup.

In der Spielzeit 1930/31 geriet Joe Bambricks Karriere dann allerdings ins Stocken. Wegen einer Handverletzung konnte er nur in 14 von 26 Ligaspielen auflaufen, wobei er mit 20 Treffern aber erneut seine Torgefahr unterstrich. Hinter dem neuen Meister Glentoran mussten sich die „Blues" diesmal mit der Rolle des Kronprinzen zufrieden geben. Auch auf das Pokalfinale, aus dem sein Team als 3:0-Sieger gegen den FC Ballymena hervorging, hatte der immer noch nicht wieder genesene Angreifer verzichten müssen. Was Bambrick aber ebenfalls gewurmt haben dürfte, war Glentorans Mittelstürmer Fred Roberts, der seinen letztjährigen Torrekord auslöschte und sogar 55-mal ins Schwarze getroffen hatte.

In den folgenden Jahren konnte Joe Bambrick noch drei Meistertitel (1932, 1934 und 1935) sowie einen Cupsieg (1934 durch ein 5:0 über den FC Cliftonville) erringen. Zudem führte er auch in der Spielzeit 1932/33 die Torschützenliste der Irish League mit 40 Treffern an. Zu den genannten Erfolgen gesellten sich weitere Titel in regionalen Wettbewerben wie Gold Cup (1931), City Cup (1929), New Charity Shield (1933, 1934 und 1935) oder dem Co. Antrim Shield (1932, 1933 und 1934), die ausschließlich den Vereinen aus Belfast und der näheren Umgebung offen standen. Da Belfast und Nordirland freilich nicht der Nabel der Fußballwelt waren, zögerte Joe Bambrick keine Sekunde, als dem mittlerweile knapp 30-Jährigen im Herbst 1934 ein Angebot des FC Chelsea ins Haus flatterte, um sich künftig in der wesentlich stärkeren englischen Liga zu beweisen.

► EINWURF

Im Dezember des Jahres 1930 hing die Fortsetzung der Karriere von Joe Bambrick für einige Zeit am seidenen Faden. Der Kultspieler des FC Linfield war in der Umkleidekabine des Windsor Park beim Duschen gestürzt und mit der Hand gegen eine Glasscheibe gefallen. Zum Glück gelang es den Chirurgen, Bambricks Hand wiederherzustellen, so dass dieser seine Karriere fortsetzen konnte. In der Saison 1930/31 konnte er allerdings nur 14 Spiele bestreiten und dabei 20 Tore erzielen, weshalb der Doublegewinner des Vorjahres deutlich an der Titelverteidigung scheiterte. Der neue Meister Glentoran Belfast hatte neun Zähler Vorsprung auf Verfolger FC Linfield, dessen Trefferquote gegenüber dem Vorjahr von 94 auf 73 zurückgegangen war.

An der Stamford Bridge

Die Londoner ließen sich die Dienste des nordirischen Sturmtanks stattliche 2.500 £ kosten, wobei ein Teil der Ablösesumme – 750 £, um genau zu sein – als Handgeld Joe Bambrick selbst zufloss. Bei seinem Heimatverein FC Linfield dürfte es dem volksnahen Angreifer wohl niemand verübelt haben, dass er für sein außergewöhnliches Talent im Herbst seiner Karriere nun ein für damalige Zeiten durchaus üppiges Salär kassierte, für das sich heutige Topstars freilich vermutlich nicht einmal umziehen würden. Auch der FC Chelsea war damals im Gegensatz zu heute keinesfalls eine Topadresse auf der Insel. Stattdessen gurkten die „Pensioners" im anonymen Tabellenmittelfeld herum, pendelten in Bambricks vier Spielzeiten an der Stamford Bridge zwischen den Rängen 8 und 13 der englischen First Divison. Zumindest was die Trikotfarben betraf, brauchte sich Joe Bambrick nicht umzustellen, schließlich trugen die Londoner ebenso wie „sein" FC Linfield traditionell blaue Jerseys. Trotz der nicht unbedingt günstigen Voraussetzungen vermochte der Nordire zumindest in seinen ersten beiden Spielzeiten an der Stamford Bridge durchaus zu überzeugen und bewies damit, dass die atemberaubende Torquote in seiner Belfaster Zeit kein bloßer Zufall war.

► EINWURF

Von großer Tragik begleitet war das Ligaspiel, das der FC Chelsea am 1. Februar 1936 im Roker Park von Sunderland bestritt. Zunächst schien bei widrigsten äußeren Bedingungen alles auf einen Sieg des gastgebenden AFC hinauszulaufen, der nach der Herausstellung von Chelseas nordirischem Läufer Billy Mitchell schon mit 3:1 in Führung lag. Sunderlands Schlussmann Jimmy Thorpe hatte jedoch einige Schwächen gezeigt, weshalb die Chelsea-Angreifer um Mittelstürmer Joe Bambrick seinen Kasten nun verstärkt ins Visier nahmen. Mit einem fulminanten Weitschuss erzielte Bambrick zunächst den Anschlusstreffer, ehe Thorpe wenig später einen harmlosen Rückpass durch die Arme gleiten ließ. Joe Bambrick fasste die Lage am schnellsten auf und stürmte in den gegnerischen Strafraum. Reaktionsschnell drosch er das Leder in das verwaiste Tor und rettete seinem dezimierten Team somit einen unverhofften Punktgewinn. Nachdem man den Nordiren zunächst noch als Held des Tages feierte, wurde bekannt, dass bei AFC-Keeper Thorpe im Krankenhaus eine schwere Gehirnerschütterung sowie mehrere Rippenbrüche diagnostiziert worden waren. Da Thorpe zudem seit Jahren an Diabetes litt und außerdem einen schweren Herzfehler hatte, schwebte er in Lebensgefahr. Die Freude bei Joe Bambrick über seine beiden Tore im Roker Park war endgültig verflogen, als am 9. Februar 1936 die Nachricht vom Tod Jimmy Thorpes bekannt wurde. Thorpe war gerade 22 Jahre alt geworden und hinterließ seine Ehefrau und einen kleinen Sohn.

Zunächst schienen selbst die harten englischen Verteidiger kein Mittel gegen Bambrick zu finden. Nur kurze Zeit nach seiner Ankunft an der Themse erledigte er die Elf von Manchester City beim 4:2-Ligasieg mit vier Treffern im Alleingang. Und auch beim 7:1 über Leeds United glänzte er am 16. März 1935 als vierfacher Torschütze. Allerdings stellten sich seine Gegenspieler danach deutlich besser auf ihn ein, so dass Bambrick im restlichen Verlauf der Saison 1934/35 nur noch weitere acht Treffer erzielte. Am Ende hatte er in 26 Spielen somit 16 Tore auf dem Konto, eine Quote, die er im nächsten Spieljahr mit 15 Toren in 25 Einsätzen bestätigte. Zudem zeigte er auch im Pokal seine Extraklasse, als ihm am 15. Januar 1936 beim 3:1 über Norwich City ein Hattrick gelang. In den nächsten beiden Jahren kam der Nordire an der Stamford Bridge jedoch nur noch sporadisch zum Zug, weshalb er im März 1938 seinen Wechsel zum FC Walsall bekannt gab.

Für den Verein aus den westlichen Midlands erzielte er in 35 Einsätzen in der Third Division nochmals 15 Tore, obwohl er in der Spielzeit 1938/39 nicht über einen enttäuschenden vorletzten Platz hinauskam. Den stärksten Auftritt für die „Saddlers" hatte er am 26. November 1938, als ihm im Erstrundenspiel des FA-Cups gegen Carlisle United (4:1) drei Tore glückten.

Im Alter von 33 Jahren kehrte Joe Bambrick im Mai 1939 in seine Heimatstadt Belfast zurück. Gerne wäre er für die „Blues" auch wieder aufs Spielfeld zurückgekehrt, doch wurde ihm vom nordirischen Verband zunächst keine Spielgenehmigung erteilt. Lediglich im regionalen Charity Cup durfte er nach Saisonende als Gastspieler mitwirken. Nach Kriegsausbruch betreute er den FC Linfield dann eine Zeitlang als Trainer, bevor er in der Spielzeit 1942/43 doch noch einmal ins Trikot der „Blues" schlüpfte. Im Rahmen des Co. Antrim Shield bestritt er seine vier letzten Spiele und erzielte dabei den letzten offiziellen Treffer seiner Laufbahn. Danach sollte Joe Bambrick von seiner großen Popularität profitieren, die er bei den Anhängern des FC Linfield nach wie vor genoss. Immer wieder fungierte er als Trainer, aber auch als Scout, der seinem Verein zu manch hoffnungsvollem Talent verhalf. Bis heute wird der erfolgreichste Mittelstürmer der Vereinsgeschichte in Belfast von den Fans des Rekordmeisters über alle Maßen verehrt.

Joe Bambrick, der zu den wenigen Fußballern gehört, die – rechnet man die Freundschaftsspiele mit ein – nach eigener Aussage im Laufe ihrer Karriere mehr als 1.000 Tore erzielt haben, verstarb in seiner Heimatstadt am 13. Oktober 1973 im Alter von 73 Jahren. Den großen Beliebtheitsgrad hatte er jedoch nicht nur seiner sensationellen Treffsicherheit zu verdanken, sondern mindestens ebenso sehr der Tatsache, dass er immer „einer von uns" blieb. Der Sportredakteur des „Belfast Telegraph", Malcolm Brodie, der Bambrick nach dessen Karriereende persönlich kennen lernte, kleidete es in folgende Worte: „Er hat nie den Superstar früherer Tage heraushängen lassen. Dabei war es seinerzeit durch die geringere Medienpräsenz viel schwerer, sich als Fußballer einen Namen zu machen. Dennoch blieb Bambrick stets zurückhaltend und bescheiden und begegnete jedem mit großer Freundlichkeit."

► ZAHLEN UND FAKTEN

Vereine:	1925-1926	Ulster Rangers
	1926-1927	FC Glentoran Belfast
	1927-1935	FC Linfield Belfast
	1935-1938	FC Chelsea London
	1938-1939	FC Walsall

Tore:	205 Spiele Irish League (314 Tore)
	59 engl. First-Division-Spiele (34 Tore)
	35 engl. Third-Division-Spiele (15 Tore)
	187 verschiedene Pokalspiele (252 Tore*)
	13 FA-Cup-Spiele (10 Tore)
	12 Ligaauswahl-Spiele (9 Tore)
	11 Länderspiele (12 Tore)
gesamt	522 Pflichtspiele (646 Tore)
	** davon 31 Tore im Irish Cup*
Erfolge:	Nordirischer Meister 1930, 1932, 1934, 1935
	Nordirischer Pokalsieger 1930 1934
	Nordirischer Torschützenkönig 1926/27, 1928/29, 1929/30, 1932/33

In der Nationalmannschaft:
Kurz nach seinem Wechsel zu Glentoran Belfast wurde Joe Bambrick erstmals in die Amateurauswahl des nordirischen Verbandes berufen. Am 6. November 1926 setzte es in England eine 0:3-Niederlage. Sämtliche elf A-Länderspiele, die der Mittelstürmer zwischen 1928 und 1938 bestritt, fanden im Rahmen der British Home Championship statt. Angesichts der Treffsicherheit, die Bambrick als Spieler des FC Linfield an den Tag legte, erscheint die Zahl seiner Berufungen ins Nationalteam eher gering, zumal er gleich bei seinem ersten Einsatz am 22. Oktober 1928 einen starken Eindruck hinterlassen hatte. Im Goodison Park des FC Everton reihte er sich nur wenige Tage vor seinem 23. Geburtstag in die Torschützenliste ein, als er nach einer halben Stunde gegen die vermeintlich übermächtigen Engländer den zwischenzeitlichen 1:1-Ausgleichstreffer der Gäste markiert hatte. Die Partie ging schließlich nur knapp mit 1:2 verloren, was man in Belfast durchaus als Erfolg werten konnte.
Die Tatsache, dass Bambrick in seinen elf Länderspielen lediglich dreimal als Sieger den Platz verlassen konnte, beweist, dass die Vertretung die „Irish Football Association" zu den schwächeren der vier britischen Nationalverbänden zählte. Einen ersten Punktgewinn konnte Joe Bambrick am 2. Februar 1929 verbuchen, als es in Wrexham gegen Wales zu einem 2:2 reichte, bei dem er selbst allerdings ohne Treffer geblieben war. Es folgten eine 3:7-Heimpleite gegen Schottland – bei der Bambrick als zweifacher Torschütze glänzte – sowie im Oktober 1929 ein weiteres 0:3 in England, ehe am 1. Februar des kommenden Jahres sein größter Auftritt im nordirischen Nationaltrikot folgen sollte.

Die Saison 1929/30 war die mit Abstand stärkste in Joe Bambricks torreicher Karriere. Nicht nur, dass er mit seinem Verein FC Linfield Meisterschaft und Pokal gewann. Alles in allem erzielte der Goalgetter nicht weniger als 96 Saisontore, wobei sechs davon auf den Länderkampf vom 2. Februar 1930 gegen Wales entfielen. Das Foto zeigt die nordirische Nationalelf, die ihren Gegner im Celtic Park mit 7:0 überrollte. Rekordtorschütze Joe Bambrick posiert in der vorderen Reihe als Vierter von links.

In der Arena des amtierenden Meisters Celtic Belfast trafen die Nordiren auf Wales, dessen Team man im Gegensatz zu England und Schottland in Augenhöhe begegnen konnte. Insgesamt zwölf Treffer gingen in elf Länderkämpfen auf Bambricks Konto, wobei allein sechs aus der Partie im Celtic Park resultierten. Gleich mit 7:0 wurden die bedauernswerten Waliser an jenem Tag aus dem Stadion gefegt. Als der gegnerische Schlussmann hinterher resignierend zu Protokoll gab, sämtliche sechs Torschüsse des nordirischen Mittelstürmers seien in seinem Kasten gelandet, meinte Bambrick trocken: „Stimmt nicht. Einen Treffer habe ich mit dem Kopf erzielt!" In jedem Fall hat kein britischer Nationalspieler die sechs Länderspieltore Bambricks in nur einem einzigen Spiel jemals toppen können. Für den Mittelstürmer aus Belfast fiel sein Bravourstück im Nationaldress in das stärkste Jahr seiner Karriere. Zur Erinnerung: Für die „Blues" schoss er in der Saison 1929/30 sage und schreibe 50 Ligatore, während ihm im nationalen Pokalfinale gegen Ballymena alle vier Treffer gelungen waren. Einschließlich der Freundschaftsspiele standen für ihn in jener Spielzeit insgesamt 96 Tore zu Buche! Nach dem Sechserpack gegen Wales hatte die Popularität Joe Bambricks ihr Allzeithoch erreicht. Ein lokaler Getränkehersteller machte sich diese zunutze, indem er ein Produkt namens „Joe six" auf den Markt brachte.

► EINWURF
In Zeiten, da sich der internationale Spielverkehr auf der Insel auf nur wenige Länderspiele pro Jahr beschränkte, waren es nicht zuletzt die Duelle der vier britischen Liga-Auswahlteams, die für Spieler und Fans von durchaus beachtlicher Bedeutung waren. Neben seinen elf Länderspielen bestritt Joe Bambrick auch zwölf Auswahlspiele für die Irish League, in denen er neun Treffer erzielen konnte. Bei nur zwei Siegen und einem Remis musste er dabei allerdings neunmal als Verlierer den Platz verlassen. Wie auf Länderspielebene setzte es vor allem gegen England und Schottland regelmäßige Niederlagen, die mitunter auch sehr deutlich ausfielen.

Seinen nächsten Länderspieltreffer erzielte Bambrick am 5. Dezember 1931 abermals gegen Wales, das diesmal in Belfast mit 4:0 in Schach gehalten wurde. Fast dreieinhalb Jahre musste der Goalgetter auf seine nächste Berufung in die Nationalelf warten. Bambrick war inzwischen ins Trikot des FC Chelsea geschlüpft, als er im März 1935 sein Comeback gab. Abermals ging es in Wrexham gegen die Waliser – und abermals erzielte Bambrick einen Treffer. Diesmal sollte die Partie jedoch mit einer 1:3-Pleite in die Statistik eingehen. Im selben Jahr folgten zwei Niederlagen gegen England (1:3) und Schottland (1:2), bevor Joe Bambrick erneut eine über zweieinhalbjährige Länderspielpause einlegen musste. Kurz nach seinem Wechsel zum FC Walsall durfte der Oldie dann ein letztes Mal für sein Heimatland ran, wobei er am 16. März 1938 in Belfast gegen seinen Lieblingsgegner Wales den einzigen Treffer des Tages erzielte. Sämtliche drei Länderspielsiege hatte Bambrick somit gegen Wales feiern dürfen.

Saison	Lsp.		Liga		Pokal	
	Sp.	T.	Sp.	T.	Sp.	T.
1926/27			22	28		
1927/28			25	36		
1928/29	3	3	25	43		2
1929/30	3	6	26	50		7
1930/31			14	20		
1931/32	1	1	25	33		
1932/33			25	40		
1933/34			24	35		
1934/35	1	1	19	29		
			21	16	1	1
1935/36	2	0	25	15	5	3
1936/37			10	2	1	1
1937/38	1	1	3	1	0	0
1938/39			35	15	6	5

Werner Baßler
Der Brecher mit dem gewaltigen Bums

Wohl, weil er nie ein Länderspiel bestritten und infolgedessen auch nicht wie fünf seiner Mannschaftskameraden vom 1. FC Kaiserslautern zu den „Helden von Bern" gezählt hat, ist der Bekanntheitsgrad eines der erfolgreichsten Angreifers in der Geschichte der Roten Teufel deutlich geringer als jener von Fritz Walter & Co. Dabei hat Werner Baßler als langjähriger wichtiger Bestandteil der legendären Walter-Elf in 215 Oberligaeinsätzen für diese 221-mal ins Schwarze getroffen und auch bei seinen anderen Stationen immer wieder für Gefahr vor dem gegnerischen Tor gesorgt, weshalb seine „Nichtbeachtung" in der deutschen Fußballgeschichtsschreibung seinen starken Leistungen auf dem Platz hohnspricht.

„De Baas" erblickte am 2. Oktober 1921 in Trippstadt das Licht der Welt, einer kleinen, 3.000 Seelen zählenden Gemeinde rund zehn Kilometer Luftlinie von Kaiserslautern entfernt. Bereits als Neunjähriger trat er in der Schülermannschaft von FV Phönix Kaiserslautern – dem späteren FCK – in Erscheinung und spielte an der Seite der fast gleichaltrigen Richard Schneider und Fritz Walter. Obwohl er von kräftiger Statur war (weshalb er von seinen Teamgefährten auch nur „Dicker" genannt wurde), verfügte er über eine ungemeine Tempohärte, die sein Spiel stets auszeichnete. Zu Baßlers Vorzügen gehörten aber auch ein immens harter Schuss sowie eine glänzende Spielübersicht. Mit zentimetergenauen Vorlagen vermochte er fast jede gegnerische Abwehr in erhebliche Schwierigkeiten zu bringen. Darüber hinaus war Werner Baßler ein echtes sportliches Multitalent, das auch als Handballer, Leichtathlet und Radsportler in Erscheinung trat.

Einer der erfolgreichsten Goalgetter in der Geschichte der Roten Teufel: Werner Baßler erzielte zwischen 1945 und 1957 in 215 Oberligaspielen beachtliche 221 Treffer.

Erste Schritte auf Gauliga-Ebene

Werner Baßlers Debüt in der ersten Mannschaft des 1. FC Kaiserslautern fiel in die Saison 1939/40, als die Pfälzer als Aufsteiger in die Südwest-Gauliga eine imponierende Leistung ablieferten und vor der punktgleichen Elf von Borussia Neunkirchen auf Anhieb die Staffelmeisterschaft der Saarpfalz einheimsten. Unter Trainer Karl Berndt begann sich dabei bereits die später so erfolgreiche Walter-Elf abzuzeichnen, da neben Baßler auch Ernst Liebrich und der kommende 54er-Weltmeister Werner Kohlmeyer ihre ersten Pflichtspiele auf dem Betzenberg absolvierten, während Fritz Walter nach seinem Debüt in der Vorsaison mit 30 Toren in nur 15 Gauligaspielen schon eine echte Führungsrolle bekleidete. Durchaus zufrieden mit seiner ersten Saison im Seniorenbereich durfte aber auch Werner Baßler sein, nachdem er sich mit sieben Treffern als absolute Bereicherung im Lauterer Sturmzentrum erwiesen hatte. Allein den Einzug in die Endrunde um die Deutsche Meisterschaft sollte der 1. FC Kaiserslautern noch verpassen: Im Endspiel um die Gaumeisterschaft setzte es gegen Main-Hessen-Meister Kickers Offenbach nach einem 1:1 in Kaiserslautern im Rückkampf am Bieberer Berg eine deutliche 3:6-Niederlage.

Auch 1940/41 durfte Werner Baßler sieben weitere Gauligatore bejubeln. In der Saarpfalz-Staffel mussten sich die Roten Teufel diesmal allerdings mit der Vizemeisterschaft zufrieden geben, da der FV Saarbrücken in der Endabrechnung vier Zähler mehr auf dem Punktekonto verbucht hatte. Der endgültige Durchbruch sollte schließlich in die Saison 1941/42 fallen. Im Sog des 39-fachen Torschützen Fritz Walter steigerte „de Baas" seine Torquote auf 21, so dass der Gauligatitel für den FCK nur Formsache war. Bei 73:26 Toren und 26:6 Punkten wurde der ärgste Verfolger FC Metz um sechs Zähler auf Distanz gehalten. Nicht miteingerechnet sind übrigens die Tore aus den beiden Spielen gegen FK Pirmasens. Nach einem 8:2 in der Hinrunde behielten die Lauterer im Rückspiel am 15. März 1942 auf dem Betzenberg mit sage und schreibe 26:0 die Oberhand, was freilich darauf zurückzuführen war, dass Pirmasens nur eine Notelf entsendet hatte, da die meisten Stammspieler auf Fronteinsatz waren, woraufhin die Mannschaft vom Spielbetrieb zurückgezogen wurde.

Dagegen durfte der 1. FC Kaiserslautern als westmärkischer Gaumeister anschließend erstmals an den Spielen um die „Deutsche" teilnehmen. Auftaktgegner am 10. Mai 1942 war der SV Waldhof, der vor 10.000 Zuschauern auf dem „Betze" mit 7:1 demontiert wurde. Lediglich nach dem 1:1 durch Erb nach 16 Minuten durften die Mannheimer kurzzeitig hoffen. Nach der erneuten Führung durch Baßler nur drei Minuten später war der Sturmwirbel der Walter-Elf dann aber nicht mehr zu stoppen, so dass man sich in der Pfalz auch vor dem Achtelfinale einige Hoffungen machte, obwohl mit Schalke 04 die damals stärkste Mannschaft des Reichsgebiets wartete. Die Knappen machten am 24. Mai allerdings kurzen Prozess und zeigten den aufmüpfigen Newcomern aus der Pfalz mit 9:3 deutlich die Schranken auf.

Bei den Kieler Störchen

Während des Zweiten Weltkriegs wurde Werner Baßler im Jahr 1942 zur Marine eingezogen und besuchte im niederrheinischen Wesel zunächst die Marineschule. Später verschlug es ihn in den hohen Norden, wo er in der Saison 1942/43 – an der Seite von Ottmar Walter – mit Holstein Kiel Gaumeister von Schleswig-Holstein wurde. Dank den beiden Lauterer „Leihgaben" hatten die Störche im Saisonverlauf nur zwei Punkte abgegeben und Vizemeister OrPo Lübeck um acht Zähler distanziert. Stolze 94 Tore konnten sie in nur 18 Spielen erzielen, von denen mindestens elf (zahlreiche Partien sind statistisch nicht erfasst) auf das Konto Werner Baßlers gegangen waren. Anders als Ottmar Walter weilte Baßler nicht mehr in Kiel, als die Störche Ende April 1943 in die nationale Endrunde starteten, wo der Deutsche Meister von 1912 dank eines abschließenden 4:1-Sieges über die First Vienna einen starken dritten Platz belegte.

Verständlicherweise war man in der Pfalz alles andere als glücklich, dass gleich mehrere wichtige Eckpfeiler dem Team nicht zur Verfügung standen. Nachdem sich sogar der Kaiserslauterer Bürgermeister Richard Imbt zum Fürsprecher gemacht hatte, durfte zumindest Werner Baßler an den Wochenenden in seine pfälzische Heimat reisen, um mit den Roten Teufeln in der Gauliga anzutreten. Zu Beginn der Saison 1943/44 hatte der

Torjäger allerdings zunächst noch einige Ligaspiele für Holstein bestritten, in denen er fünf Tore markieren konnte. Es folgten weitere acht Gauligatreffer im Dress des FCK, der wegen der kriegsbedingten Spielerabsenzen jedoch derart geschwächt war, dass er in der Gauliga Westmark auf den letzten Platz abrutschte. Somit stand Werner Baßler im Frühjahr 1944 in den Endrundenspielen um die Deutsche Meisterschaft wieder dem Kieler SV Holstein zur Verfügung, wo zum Auftakt ein 3:2-Verlängerungssieg über den SV Dessau gelang, den „de Baas" mit seinem Siegtreffer nach 99 Minuten sichergestellt hatte. Es war einer von drei weiteren Endrundentreffern, den er nach dem Achtelfinal-Ausscheiden gegen Hertha BSC Berlin (2:4) vorzuweisen hatte. Bald darauf geriet der in Holstein stationierte Torjäger in Kriegsgefangenschaft, aus der er im Juli 1945 entlassen wurde, um danach sofort wieder nach Kaiserslautern zurückzukehren.

Mitglied der Lauterer Torfabrik

Endlich konnte sich Werner Baßler nun wieder voll auf den Sport konzentrieren. Er war mit 24 Jahren im besten Fußballeralter, als der 1. FC Kaiserslautern am 13. Januar 1946 in seine erste Nachkriegssaison startete. Vor eigenem Publikum wurde Phönix Ludwigshafen mit 10:0 abgefertigt, wobei sich der „Dicke" als dreifacher Torschütze ausgezeichnet hatte. In der Endabrechnung mussten sich die Roten Teufel in der Oberliga Saarpfalz um nur einen Zähler dem 1. FC Saarbrücken geschlagen geben, derweil Werner Baßler immerhin der Trost geblieben war, mit 33 Saisontreffern in gerade einmal 18 Ligaeinsätzen die Torjägerkrone abgegriffen zu haben.

► EINWURF

Nachdem Werner Baßler zu Gauligazeiten die Elf von Holstein Kiel ab 1942 schon einmal verstärkt hatte, sollte ihn der Ruf der Störche auch nach dem Krieg erneut ereilen. Im Anschluss an die Ligasaison sollte im norddeutschen Raum im Hochsommer 1946 im Rahmen einer K.O.-Runde unter Einbeziehung aller Regional- und Stadtmeister ein Titelträger ermittelt werden. In einer vorgeschalteten Qualifikationsrunde führte Lauterns Toptorjäger Holstein Kiel zu einem 4:2-Erfolg über den Eckernförder SV, der allerdings – wie später die gesamte norddeutsche Meisterrunde – von den britischen Militärbehörden annulliert wurde.

Zur Spielzeit 1946/47 kam es zur Einrichtung der zunächst zweigleisigen Oberliga Südwest, die von der immer stärker werdenden Walter-Elf in den kommenden Jahren praktisch nach Belieben dominiert wurde. Schon bei der Premiere waren die Roten Teufel nicht zu bremsen und gewannen mit sechs Zählern Vorsprung auf Wormatia Worms in überlegener Manier die Nordstaffel. Vor allem auf dem Betzenberg mussten sich die Gegner warm anziehen, da Kantersiege an der Tagesordnung waren. Unvergessen das 20:0 über den bedauernswerten Tabellenletzten FSV Trier-Kürenz, zu dem „de Baas" einen Hattrick beigesteuert hatte. Dementsprechend wurde auch die Torjägerliste von Lauterer Akteuren dominiert. Allerdings musste sich der letztjährige Toptorschütze mit „nur" 14 Saisontreffern hinter Fritz Walter (24) und Ottmar Walter (22) mit dem dritten Platz begnügen.

Obwohl Werner Baßler seine Quote im kommenden Jahr verdoppeln sollte, war es abermals nichts mit dem Gewinn der Torjägerkanone im Südwesten. Gleich drei Spieler waren noch erfolgreicher, darunter die beiden Walter-Brüder Ottmar (51 Saisontore) und Fritz (31) sowie Erich Leibenguth (39) von Borussia Neunkirchen. Insgesamt hatte die Pfälzer Angriffsreihe 151 Tore erzielt, so dass die Titelverteidigung praktisch nie in Gefahr geraten war. Und auch in der anschließenden Endrunde um die erste deutsche Nachkriegsmeisterschaft gaben die Lauterer eine gute Figur ab. Durch zwei 5:1-Erfolge über TSV 1860 München und TuS Neuendorf erreichten sie das Endspiel gegen den 1. FC Nürnberg, das in Köln-Müngersdorf nur knapp mit 1:2 verloren ging. Auch auf Werner Baßler war weiterhin Verlass, da er sich nach einem Doppelschlag gegen die Löwen auch im Halbfinale gegen Neuendorf in die Torschützenliste eintrug.

In der Besetzung Willi Hölz – Rudolf Huppert, Werner Kohlmeyer – Ernst Liebrich, Werner Liebrich, Heinz Klee – Günther Grewenig, Fritz Walter, Ottmar Walter, Werner Baßler (Zweiter von rechts oben), Hans Christmann trat der FCK am 8. August 1948 im ersten deutschen Nachkriegsendspiel gegen den 1. FC Nürnberg (1:2) an.

Oberliga-Rekordtorschütze

Nach der Vizemeisterschaft 1948 startete der FCK auch in die kommende Oberligasaison als Titelfavorit. Zu keiner Zeit geriet der Meisterschaftshattrick im Südwesten ernsthaft in Gefahr, was nicht zuletzt an Werner Baßler lag, der 1948/49 „die" Saison seiner Karriere spielte. Im Vorjahr schien Ottmar Walter mit 51 Saisontoren bereits den Vogel abgeschossen zu haben. Diese sensationelle Bestmarke konnte der „Dicke" nun aber noch einmal steigern, da er nach 24 Runden sogar drei Treffer mehr auf dem Konto hatte. Keinem anderen deutschen Oberligaspieler sollte es bis zur Gründung der Bundesliga gelingen, den Rekord Werner Baßlers von 54 Saisontreffern auszulöschen. In Anbetracht von 142:22 Toren war die Lauterer Offensivabteilung auch sonst wieder prächtig in Schuss. Hinter „de Baas" belegten Ottmar (32) und Fritz Walter (30) in der Torschützenliste erneut die nächsten beiden Plätze.

Gleich viermal konnten die Pfälzer, angeführt von ihrem unersättlichen Innenstürmer, zweistellige Siege bejubeln. So wurde etwa der VfL Neustadt an der Weinstraße auswärts mit 10:1 in die Schranken gewiesen. Nachdem Baßler am 3. Oktober 1948 mit einem Hattrick den Torreigen eröffnet hatte, teilten sich die Walter-Brüder die restlichen sieben Treffer auf. Schon zum Saisonauftakt hatte Werner Baßler gegen den SV Andernach (7:1) als dreifacher Torschütze geglänzt, während er auch beim 7:1 im Rückspiel gegen Neustadt auf dem Betzenberg dreimal einnetzte. Vier Treffer waren ihm beim 7:1-Erfolg gegen den FSV Mainz 05 geglückt.

Damit aber nicht genug: In den Partien gegen ASV Oppau (12:0) und den FSV Trier-Kürenz (9:1) hatte er mit einem Fünferpack aufwarten können, derweil er beim 13:0 über Schlusslicht SG Gonsenheim das halbe Dutzend voll machte. Seine saisonalen Bestleistungen zeigte Werner Baßler in den Spielen gegen Eintracht Trier (14:0) und die

SG Weisenau Mainz (16:1), als ihm jeweils sieben Treffer gelangen. In nur vier Ligaspielen hatte er sich nicht in die Torschützenliste eintragen können.
Dem lockeren Spaziergang zur Oberliga-Meisterschaft folgte in der nationalen Endrunde die ernstzunehmende Bewährungsprobe. Erst im Wiederholungsspiel konnte im Viertelfinale der FC St. Pauli mit 4:1 ausgeschaltet werden, nachdem der erste Vergleich noch 1:1-unentschieden geendet hatte. Und auch in der Vorschlussrunde gegen Borussia Dortmund gab es nach den ersten 120 Minuten keinen Sieger, da im Grünwalder Stadion beide Keeper ihren Kasten sauber gehalten hatten. Eine Woche später stieg vor 60.000 Zuschauern in Köln die Neuauflage, die von den Dortmundern letztlich klar mit 4:1 gewonnen wurde, wobei Werner Baßler in der 50. Minute für den Lauterer Ehrentreffer gesorgt hatte. Zum Abschluss besiegten die Roten Teufel im Spiel um Platz drei die Offenbacher Kickers nach Verlängerung mit 2:1, womit sie nach der Vizemeisterschaft im Vorjahr erneut ihre Klasse unter Beweis gestellt hatten.

Werner Baßlers Meisterstück

In Anbetracht der zahlreichen Torerfolge, die Werner Baßler gegen teilweise gänzlich überforderte Gegner in der südwestdeutschen Oberliga erzielte, konnte man leicht den Überblick verlieren. Zum Glück war der Pfälzer aber ein echter Statistikfreak, der seine erzielten Treffer minutiös protokollierte. Baßler war, wie viele andere FCK-Spieler auch, beim ortsansässigen Nähmaschinenhersteller Pfaff angestellt, wo der Konstruktionsmechaniker jeden Montag die Mittagspause dafür nutzte, um über seine Trefferzahl Buch zu führen. Die Aufzeichnungen besagen, dass der schussgewaltige Lauterer im Laufe seiner Karriere nicht weniger als 1.388 Treffer erzielt hat.

► EINWURF
Nachdem Werner Baßler in der ersten Nachkriegssaison dank 33 Treffern erstmals die Torschützenliste der südwestdeutschen Oberliga angeführt hatte, war dies auch in den Spielzeiten 1948/49 und 1949/50 der Fall. Seine 1948/49 erreichte Rekordmarke von 54 Toren wurde später weder in der Oberliga Südwest noch in einer der anderen vier bundesdeutschen Oberligen je wieder erreicht. In der Saison 1949/50 teilte er sich die Spitzenposition mit seinem Teamkollegen Ottmar Walter, der wie Baßler insgesamt dreimal bester Goalgetter im Südwesten war. Öfter als „de Baas" und „Ottes" konnte sich kein anderer Stürmer als bester Goalgetter der Oberliga Südwest auszeichnen.

Natürlich profitierte Werner Baßler davon, dass die Gegner im südwestdeutschen Oberliga-Alltag mitunter Kanonenfutter waren. Aber auch gegen solche Gegner wollen Tore erst einmal erzielt sein, zumal es sicherlich nicht ganz leicht gewesen sein dürfte, Konzentration – und nicht zuletzt auch Motivation – über mehrere Spielzeiten aufrecht zu erhalten. Umso höher ist es einzuschätzen, dass Baßler nach seinem Rekordjahr 1948/49 auch in der kommenden Oberligasaison nicht nachließ und mit 45 Treffern abermals die Torschützenliste im Südwesten anführte. Seine dritte Torjägerkanone musste er sich allerdings mit seinem Mannschaftskameraden Ottmar Walter teilen, der genauso oft ins Schwarze getroffen hatte.
Die Pfälzer Torfabrik konnte im Saisonverlauf mit insgesamt 157 Oberligatreffern einen Ewigkeitsrekord aufstellen, was besonders der VfR Kirn (12:3), ASV Landau (10:0), FV Engers (13:0) und FSV Trier-Kürenz (18:0) zu spüren bekamen, die auf dem Betzenberg zweistellige Niederlagen kassierten. Lediglich Vizemeister Wormatia Worms vermochte den Roten Teufeln in Anbetracht von nur drei Zählern Rückstand das Wasser zu reichen, zumal dieser auch im direkten Vergleich mit einem 1:1 in Worms und einem durchaus als sensationell zu bezeichnenden 2:1-Sieg in Kaiserslautern die Nase vorn hatte.

► EINWURF
Mit seinen insgesamt 221 Treffern ist Werner Baßler der drittbeste Oberligatorschütze des 1. FC Kaiserslautern. Um auf diese Zahl zu kommen, musste der „Dicke" in zehn Oberligaspielzeiten zwischen 1945 und 1957 lediglich 215 Spiele bestreiten, womit er bei jedem Einsatz für einen Treffer gut war. Noch besser als Baßler waren nur die beiden weltmeisterlichen Walter-Brüder. Während Fritz für seine 277 Tore 320 Oberligaeinsätze brauchte, hält Ottmar mit 307 Treffern in nur 275 Spielen den Vereinsrekord.

In der Endrunde um die Deutsche Meisterschaft bekam es der FCK dann zum Auftakt mit Rot-Weiss Essen zu tun. Nachdem es in Karlsruhe nur zu einem 2:2 nach Verlängerung gereicht hatte, lagen die Pfälzer im Wiederholungsspiel von Köln zur Pause schon mit 0:2 hinten, ehe Werner Baßler mit seinem einzigen Endrundentreffer aus der 55. Minute die Aufholjagd einleitete, die nach je einem Treffer der Walter-Brüder mit einem 3:2-Verlängerungssieg der Roten Teufel endete, die im anschließenden Viertelfinale gegen den kommenden Meister VfB Stuttgart allerdings deutlich mit 2:5 ihre Grenzen aufgezeigt bekamen.
Am Ende der Spielzeit 1950/51 durfte Werner Baßler dann aber endlich den Gewinn der Salatschüssel feiern. In gewohnt überlegener Weise hatte der 1. FC Kaiserslautern mit einem Sieben-Punkte-Polster auf Wormatia Worms das Titelrennen in der Südwest-Oberliga für sich entschieden, so dass die einzig wirklich spannende Frage darin bestand, welcher Lauterer Spieler diesmal die Torschützenliste anführen würde. Es war Ottmar Walter, der nach 26 Spieltagen mit 29 Treffern die Nase vorn hatte und damit Werner Baßler auf Rang zwei verwies, der „nur" auf 25 Tore gekommen war.

Zum Höhepunkt des deutschen Fußballjahres feiern Fans im Berliner Olympiastadion am 30. Juni 1951 die beiden Endspielteilnehmer aus Kaiserslautern und Münster.

In den Gruppenspielen um die Deutsche Meisterschaft war auf Baßler dann weiterhin Verlass. Mit sechs Toren sorgte er dafür, dass der FCK seinen hartnäckigsten Konkurrenten FC Schalke 04 auf Distanz hielt und zum zweiten Mal nach 1948 das Endspiel erreichte. Die wichtigsten beiden Treffer waren ihm am 3. Juni 1951 im Fürther Ronhof geglückt, nachdem er gegen die gastgebenden Kleeblätter nicht nur in der 19. Minute den Führungstreffer erzielt, sondern mit seinem 3:1 aus der 63. Minute auch den Schlusspunkt gesetzt hatte. Im Finale am 30. Juni bekamen es die Roten Teufel im Berliner Olympiastadion mit Preußen Münster zu tun, das im Vorfeld vor allem mit dem legendären „100.000-Mark-Sturm“ für Furore gesorgt hatte. Nach 90 Minuten hatten allerdings nicht die Preußen, sondern nur noch Werner Baßler und seine Lauterer Grund zum Jubeln, nachdem sie durch zwei Treffer von Ottmar Walter das Münsteraner Führungstor Gerritzens ausgeglichen hatten und somit erstmals als Meister in die Annalen eingingen.

Beim VfR Mannheim

Ausgerechnet nach dem ersten Meistertitel der Klubgeschichte begann es in der „Liebesbeziehung“ zwischen Werner Baßler und „seinem“ FCK zu kriseln. Ursprünglich hatte die Vereinsführung dem schussgewaltigen Angreifer in Aussicht gestellt, ihm bei der Übernahme einer Toto-Lotto-Annahmestelle behilflich zu sein. Die versprochene Unterstützung war jedoch ausgeblieben, weshalb Baßler nach 199 Oberligatreffern für die Pfälzer im Sommer 1951 bekannt gab, den amtierenden Deutschen Meister in Richtung VfR Mannheim zu verlassen.

Natürlich war die Konkurrenz in der Oberliga Süd deutlich stärker als im Südwesten. Vor allem die Abwehrspieler gingen nicht gerade zimperlich zu Werke, was den Angreifern das Toreschießen erheblich erschwerte. Werner Baßler konnte sich dennoch im Sturmzentrum des VfR behaupten und mit 22 Toren auf Anhieb Platz drei in der Torschützenliste belegen. Von Seriensiegen auf Oberligaebene konnten die Kurpfälzer anders als der 1. FC Kaiserslautern freilich nur träumen. So waren sie in der Spielzeit 1951/52 bei 32:28 Punkten als Fünfte von der Qualifikation für die „Deutsche“ meilenweit entfernt.

► EINWURF

Kurz nach seiner Ankunft in Mannheim bezog Werner Baßler im Vorort Neuostheim eine Wohnung. Das wäre eigentlich noch nichts Besonderes, wenn diese später nicht auch von Ernst-Otto Meyer und Rudolf Bast bewohnt worden wäre, die Baßler nach seiner Rückkehr zum 1. FC Kaiserslautern beim VfR Mannheim als Mittelstürmer beerben sollten. „Ötti“ Meyer ging für den Deutschen Meister von 1949 zwischen 1953 und 1960 auf Torejagd und erzielte dabei 134 Oberligatreffer, wobei er 1954/55 und 1955/56 sogar zweimal zum besten Goalgetter der Oberliga Süd avancierte. Rudolf Bast, der von 1959 bis 1963 das Sturmzentrum der Rasensportler belebte, kam in 118 Oberligaeinsätzen auf immerhin 57 Torerfolge. Spätestens, nachdem auch Rudolf Bast das erwähnte Domizil in Neuostheim bezogen hatte, war bei den VfR-Fans nur noch von der „Mittelstürmer-Wohnung“ die Rede.

In seinem zweiten Jahr in Nordbaden konnte sich der „Dicke“ trotz regelmäßiger Einsätze nur noch viermal als Torschütze auszeichnen. Zudem schwebte der VfR Mannheim lange Zeit in akuter Abstiegsgefahr und konnte sich bei 27:33 Punkten erst auf den letzten Drücker als Dreizehnter in Sicherheit bringen. Insofern verwundert es nicht, dass Werner Baßler nach der Saison 1952/53 die Gelegenheit beim Schopfe packte, um wieder in die Pfalz zurückzukehren, nachdem in insgesamt 58 Oberligaspielen für die Rasensportler weitere 26 Treffer auf sein Konto gegangen waren.

Plötzlich Verteidiger!

Die Verhältnisse, die Baßler beim FCK nach seiner Rückkehr vorfand, hatten sich jedoch entschieden geändert. Trainer Richard Schneider hatte im Verbund mit Fritz Walter als dessen verlängerter Arm auf dem Platz das Offensivspiel stärker auf Mittelstürmer Ottmar Walter zugeschnitten, weshalb Baßler nach anfänglichem Experimentieren zum rechten Verteidiger umfunktioniert wurde. Als Vollblutstürmer dürfte er dies als Degradierung empfunden haben, doch stellte er sich schließlich in den Dienst der Mannschaft und nahm die Entscheidung der sportlichen Leitung klaglos hin. Erstmals war Baßler auf der neuen, ungeliebten Position am 13. Dezember 1953 beim 8:2-Erfolg über den 1. FC Saarbrücken zum Einsatz gekommen. Nur, weil er zuvor noch im Angriff gespielt hatte, standen nach dem erneuten Feststehen der Oberligameisterschaft für die Roten Teufel für ihn noch einmal 13 Saisontreffer zu Buche.

Keinen Treffer konnte Baßler dagegen in der wegen der bevorstehenden WM in der Schweiz verkürzten nationalen Endrunde erzielen. Natürlich galt der Titelverteidiger aus der Pfalz vor dem Finale am 23. Mai 1954 im Hamburger Volksparstadion gegen Hannover 96 als haushoher Favorit. Bekanntlich aber erwischte die Walter-Elf kurz vor dem legendären Berner Fußballwunder einen rabenschwarzen Tag und kassierte ein böses 1:5-Debakel. Nur in der Anfangsphase war sie ihrer Favoritenrolle zunächst gerecht geworden und durch Horst Eckel nach 13 Minuten in Führung gegangen. Danach aber kamen die Hannoveraner immer besser ins Spiel und erspielten sich mehrere gute Ausgleichschancen. Zweimal hatte der rechte Verteidiger Baßler noch in höchster Not retten können. Sekunden vor dem Pausenpfiff aber gelang Tkotz der Ausgleich, ehe das Schicksal in der zweiten Hälfte nach einem Eigentor Werner Kohlmeyers aus der 47. Minute seinen Lauf nahm. Obwohl Werner Baßler keine direkte Schuld an den fünf Gegentoren besaß, gehörte die derbe Abfuhr im Volksparkstadion dennoch zu seinen schwärzesten Stunden im Dress der Roten Teufel. Dagegen ist es Teil des geschichtlichen Mythos' des deutschen Fußballs, dass fünf seiner Lauterer Teamgefährten nur wenige Wochen später in der Schweiz sportlichen Heldenstatus erlangten.

► ZAHLEN UND FAKTEN

Vereine:	1939-1942	1. FC Kaiserslautern
	1942-1943	Holstein Kiel
	1943-1944	1. FC Kaiserslautern
	1944-1945	Holstein Kiel
	1945-1951	1. FC Kaiserslautern
	1951-1953	VfR Mannheim
	1953-1957	1. FC Kaiserslautern
	1958-1960	VfR Kaiserslautern

Tore: 59 Gauliga-Tore
295 Oberliga-Spiele (258 Tore)
28 Zweitliga-Tore
40 Endrunden-Spiele DM (18 Tore)
5 DFB-Pokalspiele (1 Tor)
gesamt 340 Pflichtspiele* (364 Tore)
** nur bekannte Spiele*

Erfolge: Deutscher Meister 1951
Oberliga-Meister 1947, 1948, 1949, 1950, 1951, 1954, 1955, 1956, 1957
Gauliga-Meister 1942, 1943

Oberliga-Torschützenkönig 1946, 1949, 1950

In seinen letzten drei Spielzeiten für den 1. FC Kaiserslautern sollte Werner Baßler als Verteidiger dann nur noch acht Oberligatore erzielen. Vor allem trat er dabei als Elfmeterschütze in Erscheinung, wie auch am 11. Juni 1955, als die Pfälzer in der nationalen Endrunde im letzten Vorrundenspiel einen 10:0-Kantersieg über Viktoria Berlin feierten und der „Dicke“ in der 76. Minute einen Strafstoß zum sechsten Lauterer Tor verwandelte. Auch im Finale am 26. Juni gegen Rot-Weiss Essen konnte Baßler in der 72. Minute einen Elfer zum 3:3-Ausgleichstreffer verwandeln, mit dem sich sein Team, das bereits mit 1:3 in Rückstand gelegen hatte, wieder ins Spiel zurückkämpfte. In der 85. Minute überwand dann der Essener Franz Islacker Lauterns Keeper Willi Hölz, womit die Pfälzer zum zweiten Mal hintereinander ein Finale verloren hatten.

Die entscheidende Szene im Meisterschaftsfinale von 1955: Essens „Penny“ Islacker überwindet mit einem Kopfball Lauterns Schlussmann Willi Hölz zum 4:3-Endstand. Die Pfälzer wähnten den Torschützen klar im Abseits, weshalb sie hinterher auch beim DFB – natürlich erfolglos – protestierten. Während Werner Baßler (2) die Hand hebt, kann Verteidigerkollege Kohlmeyer (3) nur bestürzt zusehen.

Die letzten Spiele für den 1. FC Kaiserslautern absolvierte Werner Baßler im Rahmen der deutschen Endrunde 1956/57. Die Walter-Elf hatte mittlerweile ihren Zenit überschritten, weshalb sie in den Gruppenspielen hinter dem kommenden Meister Borussia Dortmund und den Offenbacher Kickers auch nicht über den dritten Platz hinauskam. Baßler selbst kam nur noch beim 14:1-Auftaktsieg über Hertha BSC Berlin sowie am 9. Juni 1957 in Hannover gegen Borussia Dortmund zum Einsatz. Bei der 2:3-Niederlage verteidigte er gegen den 23-jährigen Helmut Kapitulski, der in der 72. Minute den dritten Dortmunder Treffer erzielte.

Neue Herausforderung auf dem Erbsenberg

Nach seinem Abschied beim FCK wollte sich Werner Baßler ursprünglich nur noch um seine Toto-Lotto-Annahmestelle kümmern, die er inzwischen in Kaiserslautern eröffnet hatte. Dennoch war er mit dem Fußball so eng verwachsen, dass er 1958 im Alter von 38 Jahren noch einmal ein Comeback wagte, als ihn der Ruf des VfR Kaiserslautern ereilte. Der „kleine Bruder“ der Roten Teufel war nach einer überaus schwachen Saison gerade in die Zweitklassigkeit abgestiegen und wollte dieses Missgeschick mit Spielertrainer Werner Baßler nun so schnell wie möglich korrigieren. Auf dem Erbsenberg zeigte „de Baas“ auch nach einem Jahr Pause, dass er immer noch nichts verlernt hatte. Der Sturmführer erzielte in der Saison 1958/59 beachtliche 28 Zweitligatreffer, mit denen er den Grundstein für die sofortige Rückkehr des VfR in die Oberliga Südwest legte. In seinem letzten Jahr als aktiver Fußballer ließ Werner Baßler in 22 Oberligaeinsätzen noch einmal elf Tore folgen, die allerdings nichts daran änderten, dass der VfR 1959/60 als Vorletzter abermals absteigen musste. Wenngleich seiner Mannschaft in der Endabrechnung nur ein Zähler zum Klassenerhalt fehlte, hatte diese nur selten so überzeugt wie beim höchsten Saisonsieg auf dem Erbsenberg gegen den Ludwigshafener SC (7:0). Endgültig Abschied vom aktiven Fußball sollte Werner Baßler dann am 24. April 1960 nehmen. Nach einem 2:2 beim FSV Mainz 05 durfte er anschließend die letzten beiden Treffer in seinem Notizbuch vermerken.

Leben nach dem Fußball

Mitte der sechziger Jahre versuchte sich Werner Baßler für kurze Zeit im Trainergeschäft. Noch einmal schloss er sich dem VfR Kaiserslautern an, der nach Gründung der Bundesliga in die zweitklassige Regionalliga Südwest eingestuft worden war. Anfangs hatte Baßler auf dem Erbsenberg durchaus Erfolg, da es ihm in der Saison 1963/64 immerhin gelang, seine Mannschaft auf einen achtbaren siebten Platz zu führen. Von den Tipps des ehemaligen FCK-Stürmers profitierten u.a. Robert Jung und Dietmar Schwager. Jung, der bis 1966 beim VfR kickte, schloss sich danach dem FK Pirmasens an, um für „die Klub“ 250 Spiele zu bestreiten. Später schlug der gelernte Gymnasiallehrer die Trainerlaufbahn ein und betreute zahlreiche Vereine im Amateurlager. Einen noch größeren Bekanntheitsgrad als Robert Jung sollte Dietmar Schwager erlangen. Zur Spielzeit 1964/65 heuerte Schwager beim FCK an, für den er in zwölf Jahren 320 Bundesligaspiele bestritt. Die Auftritte des knochenharten Verteidigers waren indes nicht unwesentlich dafür verantwortlich, dass die Roten Teufel lange Zeit als „Kloppertruppe“ verschrieen waren. Ohne Dietmar Schwager geriet der VfR Kaiserslautern in der Saison 1965/66 in arge Bedrängnis und stürzte als Vorletzter in die drittklassige Amateurliga Südwest ab, womit der endgültige Niedergang des Vereins begann. Werner Baßler bekam die üblichen Konsequenzen zu spüren und wurde nach dem Abstieg entlassen, um sich fortan endgültig ins Privatleben zurückzuziehen. Allein „seinem“ 1. FCK hielt er weiterhin die Treue. Bis zu seinem Tod am 21. Oktober 1999 wurde Werner Baßler regelmäßig bei den Heimspielen auf dem Betzenberg gesichtet.

Saison	ER DM		Liga		Pokal	
	Sp.	T.	Sp.	T.	Sp.	T.
1939/40			?	7	0	0
1940/41			?	7		
1941/42	2	1	?	21	0	0
1942/43			?	10		
1943/44	2	3	?	14		
1945/46			18	33		
1946/47			?	14		
1947/48	3	3	26	28		
1948/49	5	2	24	54		
1949/50	3	1	30	45		
1950/51	7	6	?	25		
1951/52			29	22		
1952/53			29	4		
1953/54	3	0	27	13	1	0
1954/55	7	2	?	5	3	0
1955/56	6	0	?	3	1	1
1956/57	2	0	?	1		
1958/59			?	28		
1959/60			22	11		

Bebeto
Wiegenlied eines Torjägers

José Roberto Gama de Oliveira erblickte am 16. Februar 1964 in Salvador, der Hauptstadt des im Nordosten Brasiliens gelegenen Bundesstaates Bahia, das Licht der Welt. In Fußballerkreisen wurde der stets jungenhaft – und mitunter auch etwas weinerlich – wirkende Angreifer nur Bebeto gerufen, als er seine große Karriere im Jahr 1981 in der Jugendabteilung des ortsansässigen Topvereins Vitória begann. Schon ein Jahr später gehörte er dem Profikader an, wenngleich sein Durchbruch noch auf sich warten ließ. Erst, als er 1983 zu Flamengo Rio de Janeiro wechselte, wurde Bebeto einem breiteren Publikum bekannt. Als 19-Jähriger stand er mit dem von Ex-Weltmeister Carlos Alberto betreuten Team im Endspiel um die „Brasileirão", der brasilianischen Landesmeisterschaft, wo es „Fla" mit dem FC Santos zu tun bekam. Bebeto wurde im Hinspiel im Estadio do Morumbi für Julio César eingewechselt und half so mit, eine knappe 1:2-Niederlage über die Runden zu bringen. Im Rückspiel schmorte die neue Sturmhoffnung Flamengos freilich die gesamten 90 Minuten auf der Bank, da Bebeto zu jener Zeit noch klar im Schatten Zicos stand, der im Maracana den ungefährdeten 3:0-Erfolg bereits in der Auftaktminute einleitete.

► EINWURF

Nachdem Bebeto in seiner brasilianischen Heimat schon seit längerer Zeit mit starken Leistungen auf sich aufmerksam gemacht hatte, begannen sich auch die Scouts finanzkräftiger Klubs aus Europa für den brasilianischen Supertechniker zu interessieren. So war er etwa auch bei zwei Bundesligisten im Gespräch. Es wurde kolportiert, dass Rekordmeister FC Bayern München im Sommer 1989 rund fünf Millionen D-Mark für Bebeto zahlen wollte. Da das angedachte Transfergeschäft jedoch platzte, versuchten es die Münchner mit dem schottisch-jugoslawischen Sturmduo Alan McInally und Radmilo Mihajlovic, das jedoch nur bei seinem ersten Auftritt überzeugte, als es zum Saisonauftakt beim 3:2 über den 1. FC Nürnberg alle drei Treffer erzielte. Drei Jahre später war Bebeto dann auch bei Borussia Dortmund im Gespräch. Der Stürmer sollte sich vor der Saison 1992/93 aber nicht für die Westfalen, sondern bekanntlich für Deportivo La Coruña entscheiden.

Wenig später wechselte der „weiße Pele" in die Serie A zu Udinese Calcio, derweil Bebeto beim brasilianischen Titelträger als dessen legitimer Nachfolger galt. Allerdings sollte das Spieljahr 1984 nicht wie erhofft verlaufen. In sportlicher Hinsicht musste sich der Titelverteidiger in der nationalen Meisterschaft schon im Viertelfinale gegen Corinthians São Paulo (2:0, 1:4) verabschieden. Und auch mit nur fünf Treffern in elf Ligaeinsätzen konnte Bebeto nicht unbedingt glücklich sein. Weitaus tragischer war jedoch der Tod seines Bruders Nilton, der bei einem Flugzeugabsturz am 30. November 1984 ebenso wie sein Teamgefährte Figueiredo ums Leben kam, was dem Flamengo-Star lange Zeit zu schaffen machte.

Nachdem Zico 1985 wieder aus Europa zurückgekehrt war, konnte sich Flamengo im darauf folgenden Jahr vor Vasco da Gama die Staatsmeisterschaft von Rio de Janeiro sichern. Auf Seiten des Finalgegners zauberte übrigens Romario, der Bebeto als Torschützenkönig des Campeonato Carioca ein wenig die Schau stahl. Bebeto hatte in der regionalen Liga 22 Partien bestritten, in denen neun Tore auf sein Konto gegangen waren. Der Gewinn der Staatsmeisterschaft ließ Flamengo in die anschließende „Brasileirão" mit einigem Rückenwind starten. Allerdings war im Viertelfinale gegen Atletico Mineiro (1:1, 0:1) nach zwei hartumkämpften Duellen Endstation.

Das Aus war umso überraschender gekommen, weil seinerzeit Flamengo über eine ausgesprochen starke Mannschaft mit erfahrenen Akteuren wie Leandro, Edinho und Zico sowie den aufstrebenden Talenten Leonardo, Jorginho (den Bundesliga-Fans als Spieler von Bayer Leverkusen und Bayern München bestens bekannt) und eben Bebeto verfügte. Tatsächlich vermochte diese in der kommenden Saison ihre Qualitäten unter Beweis zu stellen, indem sie das nationale Meisterschaftsfinale gegen Internacional Porto Alegre für sich entschied. Schon beim 1:1 vor fremdem Publikum hatte der überragende Bebeto seine Farben nach einer halben Stunde in Führung gebracht, um am 13. Dezember 1987 im Maracana in der 16. Minute das Tor des Tages zu erzielen. Lediglich im Campeonato Carioca hatte sich Flamengo der Elf von Vasco da Gama geschlagen geben müssen.

Auch 1988 setzte es in der Staatsmeisterschaft gegen Vasco de Gama eine Niederlage. Die Endresultate lauteten 1:2 und 0:1, wobei Bebeto den einzigen Treffer für „Fla" erzielt hatte. Insgesamt 17 Torerfolge konnte dieser auf regionaler Ebene verbuchen, womit er erstmals die Torschützenliste anführte. Einmal mehr folgte auf das Hoch im Campeonato Carioca in der „Brasileirão" ein Dämpfer, als die Mannschaft in der Runde der letzten Acht an Gremio Porto Alegre (0:0, 0:1) scheiterte.

Über Vasco da Gama nach Europa

Auch im Juni 1989 musste sich Flamengo in der Staatsmeisterschaft mit der Rolle des Kronprinzen begnügen, als es gegen Stadtrivale Botafogo nach einem 0:0 im ersten Duell im Rückspiel eine knappe 0:1-Niederlage setzte. Wenigstens konnte Bebeto mit 18 Saisontreffern seinen Titel als Torschützenkönig erfolgreich verteidigen. Kurze Zeit später herrschte dann unter den Fans am Zuckerhut Aufruhr, als bekannt wurde, dass der Flamengo-Angreifer ausgerechnet zu Vasco da Gama wechseln würde. Während Rekordmeister Flamengo finanziell angeschlagen war, schwammen die Vascainos geradezu im Geld, nachdem ihr Superstar Romario im Jahr zuvor für fünf Millionen Dollar nach Europa gewechselt war. Schlappe 2,4 Millionen Dollar wechselten im Sommer 1989 den Besitzer, als der schmächtige Bebeto vom beliebtesten Verein des Landes zu Vasco überlief, wo er die nächsten dreieinhalb Jahre unter Vertrag stand.

Schnell sollte sich zeigen, dass die Verantwortlichen mit der Verpflichtung Bebetos goldrichtig lagen. Als Nachfolger des zu Portuguesa São Paulo abgewanderten Altstars Roberto Dinamite führte er seinen neuen Verein durch einen 1:0-Erfolg im Entscheidungsspiel über den FC São Paulo zum zweiten nationalen Titelgewinn nach 1974. Auf Klubebene stand Bebeto dank seiner starken Leistungen, aber auch in der Nationalmannschaft – mit der Seleção sicherte er sich im Sommer den Sieg in der Copa America – in seiner Heimat hoch im Kurs, was in seiner Wahl zu Südamerikas Fußballer des Jahres 1989 zum Ausdruck kam.

Die nächsten Jahre hinkte er mit Vasco im nationalen Titelrennen den Erwartungen dann allerdings hinterher. Besser lief es im Campeonato Carioca, wo es 1990 zur Vizemeisterschaft nur einen Zähler hinter Botafogo reichte.

Das Titelrennen war erst am letzten Spieltag entschieden worden, nachdem Vasco den direkten Vergleich bei Botafogo mit 0:1 verloren hatte. In der Torschützenliste konnte Bebeto mit neun Treffern immerhin den vierten Platz belegen.
Im nächsten Jahr sollte der Hoffnungsträger der Vascainos seine Trefferquote auf 15 Tore steigern, mit denen er hinter Flamengos Gaucho (17 Treffer) den zweiten Platz in der Torjägerliste des Campeonato Carioca belegte. Die Achillesferse bei Vasco war allerdings die Abwehr. Und so kam die Mannschaft sowohl in der Taça Guanabara als auch der Taça Rio nicht über einen mäßigen vierten Platz hinaus, womit die gegnerischen Fans wieder allen Grund hatten, ihren Schlachtruf „Ela, ela, ela – silencio na favela" anzustimmen.

EXKURS: In den Favelas herrscht Ruhe

Da Flamengo der mit Abstand populärste Verein Brasiliens ist, fällt die Freude der Konkurrenz über Niederlagen „Flas" traditionell groß aus. Dabei stimmen die gegnerischen Anhänger gerne den Schmähgesang „Ela, ela, ela – silencio na favela" an, was ins Deutsche übertragen „In den Favelas herrscht Ruhe" bedeutet. Gerade in den Favelas, also den Armenvierteln Rios, hat der Verein traditionell die meisten Fans. Damit hebt sich Flamengo von Stadtrivale Fluminense ab, dem seit jeher der Hauch des Elitären anhaftet. Schon die Gründung der Fußballabteilung Flamengos im Jahr 1911 war ein Protest gegen die als autoritär empfunden Verhältnisse bei „Flu", derweil die ersten großen Stars des Vereins dunkelhäutige Akteure wie Leonidas oder Zizinho waren, die sich aus bescheidenen Verhältnissen emporgearbeitet haben. Große Brisanz umgibt daher das Stadtderby „Fla" gegen „Flu", das am 7. Juli 1912 mit einem 3:2-Sieg Fluminenses seine Premiere hatte.

In der Spielzeit 1992 durfte sich Vasco dann endlich wieder Hoffnungen auf den dritten Gewinn der „Brasileirão" machen, was nicht zuletzt an Bebeto lag, der mit 18 Treffern die Torschützenliste anführte. In der Finalrunde ging der Mannschaft allerdings ein wenig die Luft aus. Einen Zähler hinter Staffelsieger Flamengo reichte es nur zu Rang zwei, womit das angepeilte Meisterschaftsendspiel verpasst worden war. Zuvor hatten die Vascainos jeweils ungeschlagen die Taça Guanabara sowie die Taça Rio für sich entschieden.
Obwohl Bebeto in Brasilien sein Können schon seit Jahren unter Beweis gestellt hatte, war ein Transfer nach Europa bislang noch nicht zustande gekommen, was durchaus erstaunlich war, da vor allem in der italienischen Serie A Goldgräberstimmung herrschte und Topklubs wie der AC Mailand, Inter Mailand oder Juventus Turin bereit waren, für ausländische Superstars riesige Summen auf den Tisch zu blättern. Allein an Bebeto zeigten sie kein Interesse, doch sollte auch dieser im Sommer 1992 den Weg über den Großen Teich antreten. Es war allerdings keine wirkliche Topadresse, bei der er zur Saison 1992/93 anheuerte. Vielmehr war sein neuer Arbeitgeber Deportivo La Coruña erst ein Jahr zuvor in die spanische Primera División aufgestiegen und hatte nur mit Mühe den sofortigen Wiederabstieg vermieden. Nicht zuletzt dank seines brasilianischen Neuzugangs sollte es für Depor in den kommenden Jahren zu einer deutlichen Leistungssteigerung reichen. Neben Bebeto hatte der Verein, der bis dato noch auf einen großen Titelgewinn wartete, im defensiven Mittelfeldspieler Mauro Silva noch einen weiteren brasilianischen Akteur unter Vertrag genommen, der in den kommenden Jahren ebenso zum Aufschwung im Estadio Riazor beitragen sollte.

► EINWURF
Insgesamt vier Spielzeiten sollte der Brasilianer Bebeto das Trikot von Deportivo La Coruña tragen. Zwischen 1992 und 1996 bestritt er für den Verein aus Galicien 131 Spiele in der Primera División und erzielte dabei 86 Tore, mit denen er bis heute Rekordtorjäger ist. Seine ärgsten Verfolger sind der Niederländer Roy Makaay (79 Tore) sowie Diego Tristan (77). Besonders stark präsentierte sich Bebeto in seiner Premierensaison 1992/93, als er mit 29 Treffern die Torschützenliste anführte. Diesen noch heute gültigen Saisonrekord konnte Roy Makaay exakt zehn Jahre später einstellen, als er ebenfalls 29 Saisontreffer erzielte, ehe er in der Bundesliga bei den Münchner Bayern anheuerte.

In der Saison 1992/93 konnte Deportivo unter seinem walisischen Trainer John Toshack nicht nur das Abstiegsgespenst vertreiben. Vielmehr freuten sich die Fans in Galicien darüber, dass ihre Mannschaft in die oberen Tabellenregionen vorstoßen und zur Überraschung vieler Experten lange sogar dem FC Barcelona und Real Madrid die Stirn bieten konnte. Der dritte Platz in der Endabrechnung öffnete dem Verein erstmals das Tor zur europäischen Fußballbühne. Wichtigster Garant für den Höhenflug war natürlich Neuzugang Bebeto. Der Brasilianer erzielte 29 Tore in 37 Ligaspielen und avancierte damit als erster Spieler im Deportivo-Dress zum besten Torschützen des Landes.
Seinen Einstand im UEFA-Pokal gab Deportivo La Coruña am 14. September 1993 gegen Aalborg AB. Die gastgebenden Dänen erwiesen sich als unerwartet robust und schickten den Debütanten mit 0:1 nach Hause. Im Riazor demonstrierte die Mannschaft dann jedoch ihre enorme Heimstärke. Schon allein Bebeto stellte die Gäste vor unüberwindbare Probleme, wobei dessen drei Tore die Weichen für einen klaren 5:0-Erfolg stellten. In der zweiten Runde überraschten die Galicier auch Aston Villa mit einer taktisch starken Leistung und erreichten durch ein 1:1 vor eigenem Publikum und ein 1:0 in Birmingham – freilich ohne einen weiteren Treffer Bebetos – das Achtelfinale, wo gegen den Bundesligisten Eintracht Frankfurt nach zwei 0:1-Niederlagen Endstation war.
In der Primera División knüpfte Deportivo 1993/94 an die starken Leistungen des Vorjahres an und sicherte sich die Vizemeisterschaft, obwohl Bebetos Torquote in Anbetracht von 16 Saisontreffern deutlich zurückging. Vor allem in den ersten Wochen ließ der Brasilianer die Form aus der vergangenen Spielzeit vermissen. Es dauerte bis zum 7. Spieltag, ehe ihm sein erster Treffer gelang, als er in der 52. Minute gegen Titelverteidiger FC Barcelona das Tor des Tages erzielte. Der sich anschließende Zweikampf mit den Katalanen sollte erst in der letzten Runde auf dramatische Weise entschieden werden. Bei einem Sieg über den FC Valencia, der am 14. Mai 1994 im Riazor gastierte, wäre die erste Meisterschaft der Vereinsgeschichte in trockenen Tüchern gewesen. Im Estadio Camp Nou musste der FC Barcelona dagegen unbedingt gewinnen, um seine letzte Chance zu wahren, was mit dem 5:2-Erfolg über den FC Sevilla auch souverän gelang. In La Coruña aber wollte das erlösende Tor partout nicht fallen, obwohl die Gastgeber nichts unversucht ließen und ihren Gegner teilweise minutenlang in der eigenen Hälfte einschnürten. Die Fans versuchten das Leder schier ins gegnerische Gehäuse zu schreien. Kurz vor Schluss erhielten die Gastgeber dann einen Strafstoß zugesprochen. Da der ursprünglich für Elfmeter vorgesehene Donato schon

ausgewechselt war, hätte eigentlich Bebeto schießen sollen. Der Brasilianer fühlte sich jedoch nicht sicher genug, weshalb Miroslav Dukic die Verantwortung übernahm, der allerdings verschoss. Durch das 0:0 war Deportivo zwar punktgleich mit Barca, das jedoch auf Grund des besseren Torverhältnisses seine 22. Meisterschaft feiern durfte.

Pokalsieger mit Depor

In der Spielzeit 1994/95 kassierte Deportivo zum Auftakt des UEFA-Pokals ohne den frischgebackenen Weltmeister Bebeto eine 0:1-Niederlage bei Rosenborg Trondheim. Das Rückspiel im Riazor war dann nichts für schwache Nerven. Die Norweger agierten aus einer sicheren Abwehr heraus und hielten bis in die Schlussphase hinein ihren Kasten sauber. Erst mit seinem Tor in der 81. Minute erzwang der in die Anfangsformation zurückgekehrte Bebeto eine Verlängerung, die für die Hausherren mit einem Schock begann, da Brattbakk nur drei Minuten nach deren Beginn den Ausgleich für die Norweger markierte. Aber wie so oft erwies sich Bebeto auch an jenem Abend als Matchwinner. Nach seinem Führungstor in der 99. Minute und dem dritten Depor-Treffer durch Donato besiegelte der alles überragende Mann auf dem Platz mit dem 4:1 fünf Minuten vor dem Abpfiff das Weiterkommen. Nicht ganz so spannend verlief das Rückspiel gegen den FC Tirol Innsbruck, obwohl die Galicier diesmal im Riazor sogar ein 0:2 aufholen mussten. Nach 90 Minuten hatten die Gastgeber mit 4:0 die Oberhand behalten. Und das, obwohl Bebeto nicht seinen besten Tag erwischt hatte und ohne Torerfolg geblieben war. In der dritten Runde trafen die Galicier auf Borussia Dortmund, dessen Team im Riazor durch ein Bebeto-Tor nach 23 Minuten mit 1:0 geschlagen werden konnte. Der Brasilianer fehlte allerdings im Rückspiel im Westfalenstadion, womit zumindest einer der Gründe für die 1:3-Verlängerungsniederlage und das damit verbundene Ausscheiden genannt wäre.

In der Primera División lieferte Deportivo La Coruña wieder eine gute Leistung ab, musste sich schließlich aber erneut mit der Vizemeisterschaft – diesmal hinter Real Madrid – begnügen, wobei Bebeto wie im Vorjahr auf 16 Saisontreffer gekommen war. Am 24. Juni 1995 war der Brasilianer im Bernabeu-Stadion dann ebenfalls mit von der Partie, als Depor Anlauf auf den ersten Titelgewinn der Vereinsgeschichte nahm. Doch das Finale der Copa del Rey gegen den FC Valencia musste nach 80 Minuten beim Stand von 1:1 abgebrochen werden. Drei Tage darauf fand die Neuauflage statt, bei der die Zuschauer wieder eine kampfbetonte Partie geboten bekamen, die das 2:1 des eingewechselten Alfredo in der 80. Minute zugunsten der Galicier entschied. Nur wenige Wochen später gewann Bebeto durch zwei Siege über Meister Real Madrid (3:0, 2:1) auch noch den nationalen Supercup.

Nach zwei Vizemeisterschaften hatte die Mannschaft 1995/96 als Neunte nichts mehr mit dem Titelgewinn in der Primera División am Hut. Allerdings sollte Bebeto seine Trefferquote in dessen letztem Jahr im blau-weißen Depor-Trikot noch einmal auf 25 Saisontore schrauben und mit sechs Europacuptreffern außerdem dazu beitragen, dass die Spanier ihr bislang bestes Abschneiden auf internationaler Ebene realisieren konnten. In den Wettbewerb der Pokalsieger waren diese ohne Bebeto mit einem blamablen 0:0 auf Zypern gegen Apoel Nikosia gestartet, für das sie sich jedoch mit einem 8:0-Rückspielsieg rehabilitierten, zu dem Bebeto drei Treffer beigetragen hatte. Ohne Gegentor nahmen die Blau-Weißen anschließend die Hürde gegen Trabzonspor (1:0, 3:0), wobei der Brasilianer im Rückspiel im Riazor weitere zweimal eingenetzt hatte. Ein besonderer Leckerbissen wartete dann im Viertelfinale. Im spanischen Prestige-Duell wurde Real Saragossa durch ein Tor von David aus der 70. Minute im Riazor mit 1:0 in die Knie gezwungen. Im Rückspiel konnte der Titelverteidiger das Ergebnis zunächst ausgleichen. Doch in der 63. Minute war wieder einmal Bebeto zur Stelle und markierte mit seinem 1:1 nicht nur für den Ausgleich, sondern sorgte damit auch für das erstmalige Vordringen in ein Europacup-Halbfinale. Im Riazor lief gegen Paris St. Germain im ersten Vergleich alles auf ein 0:0 hinaus, ehe Djorkaeff in der letzten Minute mit seinem Treffer die Galicier doch noch aus allen Wolken riss. Im Rückspiel fand Depor nie die geeigneten Mittel, um das Ergebnis zu egalisieren. Ein Tor von Loko für die Gäste besiegelte in der 59. Minute das Ausscheiden, womit auch Bebeto den Traum von einem Triumph im Europacup zu den Akten legen musste.

Aus Bebeto wird ein Wandervogel

Der 32-Jährige kehrte im Sommer 1996 wieder in seine brasilianische Heimat zurück und ging ein halbes Jahr für Flamengo auf Torejagd. Der enttäuschende 13. Platz in der nationalen Meisterschaft stand jedoch exemplarisch dafür, dass der schmächtige Angreifer seine beste Zeit eindeutig hinter sich hatte. In den kommenden Jahren geriet er weniger wegen der Auftritte auf dem grünen Rasen, sondern weitaus mehr wegen seiner permanenten Vereinswechsel in die Schlagzeilen. Einem kurzen Intermezzo beim FC Sevilla in der Rückrunde 1996/97 – Bebeto blieb in fünf Einsätzen ohne Torerfolg – folgte die Rückkehr in seine Heimatstadt Salvador, die von einem brasilianischen Bankhaus gesponsert wurde. In der Staatsmeisterschaft von Bahia bestritt er im Frühjahr 1997 seine ersten Pflichtspiele für Vitória, das mit weiteren namhaften Verstärkungen wie Tulio sowie dem Serben Petkovic nicht nur die Meisterschaft, sondern auch die Copa de Nordeste gewann, an der sich die Klubs aus den nordöstlichen brasilianischen Bundesstaaten beteiligten. In der nationalen Meisterrunde war es mit der Herrlichkeit freilich wieder vorbei, da Vitória als Neunter den Einzug ins Viertelfinale klar verpasste.

Im Dezember 1997 wurde Bebeto dann von Cruzeiro Belo Horizonte eigens für das Weltcupfinale gegen Champions-League-Sieger Borussia Dortmund unter Vertrag genommen, das in Tokio mit einer 0:2-Niederlage endete. Danach wechselte er wieder nach Rio, wo er nach Flamengo und Vasco da Gama nun bei Botafogo und damit dem dritten Großklub der alten Hauptstadt anheuerte. Während es in der Staatsmeisterschaft allerdings nur zu Rang sechs und in der „Brasileirão“ gar nur zu Rang 14 reichte, konnte Bebeto mit dem Gewinn des in den neunziger Jahren wiederbelebten Torneio Rio-São Paulo den letzten großen Titel seiner Karriere feiern. Im Finale war zunächst ein 3:2-Auswärtssieg beim FC São Paulo gelungen, ehe der Erfolg nach einem 2:2-Unentschieden im Maracana in trockenen Tüchern war.

In den verbleibenden vier Jahren seiner aktiven Laufbahn stand Bebeto dann bei fünf Klubs in vier verschiedenen Ländern unter Vertrag. In den letzten Monaten des Jahres 1999 absolvierte er acht Einsätze für Toros Neza (ein Verein aus einem östlichen Vorort von Mexiko-Stadt), wobei ihm bei seinem Kurzgastspiel in der mexikanischen Primera División zwei Treffer gelangen. Unmittelbar nach der Jahrtausendwende bestritt er dann weitere acht Spiele für die Kashima Antlers. Der japanische Erstligist wurde von seinem ehemaligen Teamgefährten Zico betreut, der sich für Bebetos Wechsel in die J. League stark gemacht hatte. Im Herbst 2000 folgte ein weiteres Kurzengagement bei seinem Heimatverein Vitória, ehe er sich 2001 nochmals Vasco da Gama anschloss, um im Rahmen der nationalen Meisterschaft bei acht Einsätzen zweimal ins Schwarze zu treffen. Die letzten fünf Pflichtspiele seiner Karriere bestritt Bebeto 2002 für Al-Ittihad aus dem saudi-arabischen Jiddah. In Anbetracht von nur einem einzigen Torerfolg dürfte allerdings auch dem letzten seiner Anhänger klar geworden sein, dass Bebeto nur noch ein Schatten seiner selbst war. Im darauf folgenden Jahr scheiterte ein geplanter Wechsel zum schottischen Erstligisten FC St. Mirren, weil die Verantwortlichen des in Paisley beheimateten Vereins Zweifel an seiner körperlichen Fitness hatten.

Nach längerer Fußballpause trat Bebeto am 16. Dezember 2009 seine erste Trainerstelle an, die ihn zum Zweitligaverein America Rio de Janeiro führte. Nach nur drei Siegen in acht Spielen wurde er im Februar 2010 jedoch nach nicht einmal drei Monaten im Amt wieder gefeuert. Seit 2010 vertritt der mit Denise Oliveira verheiratete Ex-Stürmer die Demokratische Arbeiterpartei im Parlament des Bundesstaates Rio de Janeiro.

► ZAHLEN UND FAKTEN

Vereine:	1982	Vitória Salvador da Bahia
	1983-1989	Flamengo Rio de Janeiro
	1989-1992	Vasco da Gama Rio de Janeiro
	1992-1996	Deportivo La Coruña
	1996	Flamengo Rio de Janeiro
	1997	FC Sevilla
	1997	Vitória Salvador da Bahia
	1997	Cruzeiro Belo Horizonte
	1998-1999	Botafogo Rio de Janeiro
	1999	Toros Neza
	2000	Kashima Antlers
	2000	Vitória Salvador da Bahia
	2001-2002	Vasco da Gama Rio de Janeiro
	2002	Al-Ittihad Jiddah

Tore:	184 brasilianische Erstligaspiele (88 Tore)
	195 Staatsmeisterschafts-Spiele (105 Tore)
	136 Spiele Primera División (86 Tore)
	8 Sp. Primera División de Mexico (2 Tore)
	8 Spiele J. League (1 Tor)
	5 Spiele Saudi League (1 Tor)
	12 Europacup-Spiele (13 Tore)
	1 Weltcup-Spiel (0 Tore)
	75 A-Länderspiele (39 Tore)
	13 Olympiaauswahl-Spiele (13 Tore)
gesamt	637 Pflichtspiele (348 Tore)

Erfolge:	Brasilianischer Meister 1983 1987 1989
	Staatsmeister Rio de Janeiro 1986
	Staatsmeister Bahia 1997
	Sieger Torneio Rio-São Paulo 1998
	Spanischer Pokalsieger 1995
	Spanischer Supercupsieger 1995
	Weltmeister 1994
	Konföderationen-Pokalsieger 1997
	Sieger Copa America 1989
	Brasilianischer Torschützenkönig 1992
	Spanischer Torschützenkönig 1993
	Südamerikas Fußballer des Jahres 1989

In der Nationalmannschaft:

Der Beginn von Bebetos Länderspielkarriere gestaltete sich alles andere als erfolgreich. Im Gegenteil: In den ersten sechs Begegnungen, die er im Frühjahr 1985 für sein Heimatland bestritt, erzielte er nicht einen einzigen Treffer. Schon die Premiere gegen Peru am 28. April in Brasilia musste in Anbetracht einer 0:1-Niederlage als misslungen angesehen werden, womit es auch nicht überraschte, dass Bebeto nach seinem sechsten torlosen Einsatz im Juni gegen Chile (3:1) für die nächsten Jahre aus dem Blickfeld des jeweiligen Auswahltrainers geriet und auch nicht für die Weltmeisterschaft im kommenden Sommer in Mexiko nominiert wurde.

Durchbruch im Nationaltrikot

Erst nach der Olympiateilnahme in Seoul durfte sich Bebeto wieder Hoffnungen auf Einsätze in der Nationalelf machen. Am 15. März 1989 gab er gegen Ecuador (1:0) nach fast vier Jahren sein Comeback in der Seleção, blieb allerdings ebenso ohne Torerfolg wie rund einen Monat später gegen Paraguay (2:0). Erst in seinem neunten Länderspiel durfte der Flamengo-Angreifer gegen Peru (4:1) den ersten Treffer feiern. Und nachdem er auch beim klaren 4:0 über Portugal in Rio des Janeiro zu den Torschützen gezählt hatte, berief ihn Nationaltrainer Sebastiao Lazaroni in den Kader für die anstehende Copa America, die zwischen dem 1. und 16. Juli 1989 in Brasilien stattfand.

Erster Gruppengegner der Gastgeber war Außenseiter Venezuela, wobei die Partie für Bebeto allein schon deswegen einen hohen Stellenwert besaß, weil sie in dessen Geburtsstadt Salvador da Bahia stattfand. Keine zwei Minuten waren absolviert, da hatte Bebeto schon Grund zum Jubeln. Mit seinem frühen 1:0 leitete er den am Ende ungefährdeten, wenngleich nicht wirklich spektakulären 3:1-Erfolg der Seleção ein. Tatsächlich vermochte der Turnierfavorit auch in den kommenden beiden Gruppenspielen nicht zu überzeugen und kam gegen Peru und Kolumbien nur zu zwei torlosen Unentschieden, weshalb die festeingeplante Teilnahme an der Viererendrunde vor dem letzten Duell mit Paraguay ins Wanken geriet. Auch in Recife taten sich die Brasilianer zunächst überaus schwer. Zur Pause stand es immer noch 0:0, ehe Bebeto zwei Minuten nach dem Wiederanpfiff endlich den Gordischen Knoten zerschlug und den 2:0-Sieg einleitete, den er mit seinem zweiten Torerfolg nach 82 Minuten endgültig unter Dach und Fach brachte.

In der Endrunde ging es zum Auftakt am 12. Juli vor über 100.000 Zuschauern im Maracana gegen den Erzrivalen Argentinien. Auch an jenem Tag blieb es Brasiliens neuem Publikumsliebling Bebeto vorbehalten, kurz nach der Pause den Sieg einzuläuten, den diesmal sein kongenialer Sturmpartner Romario nur wenig später mit dem Treffer zum 2:0-Endstand besiegelte. Gleich zweimal traf Bebeto im Duell mit Paraguay (3:0), wobei er die Seleção in der 16. und 52. Minute abermals auf Siegkurs gebracht hatte, ehe Romario mit dem dritten Treffer nach 58 Minuten den Schlusspunkt setzte. Für den abschließenden 1:0-Sieg über Uruguay zeichnete Romario verantwortlich, womit das brasilianische Angriffsduo zum richtigen Zeitpunkt seine Bestform gefunden hatte. Bebeto durfte freilich nicht nur die angepeilte vierte Südamerikameisterschaft für sein Land feiern. Mit sechs Turniertreffern führte er darüber hinaus auch die Torschützenliste an.

So erfolgreich die Copa America auch gelaufen war. Bald schon sollte sich herausstellen, dass diese aus Sicht Bebetos nur ein Strohfeuer darstellte. Nach zwei Treffern im WM-Qualifikationsspiel gegen Venezuela (4:0) konnte der Angreifer in den darauf folgenden 14 Länderkämpfen nicht einen einzigen Torerfolg bejubeln. Auch seine erste WM-

Teilnahme 1990 wurde zu einer Riesenenttäuschung. In Italien bestritt er nur ein einziges Spiel, als er am 16. Juni in der zweiten Vorrundenpartie gegen Costa Rica (1:0) sieben Minuten vor dem Abpfiff für Careca eingewechselt wurde. Seine Torflaute in der Seleção beendete Bebeto am 15. April 1992, als er in seinem 34. Länderspiel gleich zweimal ins Schwarze traf. Kurze Zeit später wechselte er nach Europa, wobei ein erfolgreiches Engagement bei Deportivo La Coruña auch seiner Nationalmannschaftskarriere neuen Schwung verlieh.

► **EINWURF**
Bebeto vertrat sein Heimatland Brasilien nicht nur in der A-Nationalelf, wo er mit 39 Länderspieltoren nach Pele (77), Ronaldo (62), Romario (55) und Zico (52) in der ewigen Bestenliste den fünften Rang belegt, sondern auch in verschiedenen anderen Auswahlmannschaften. So durfte er schon früh in seiner Karriere den Gewinn der U 20-Weltmeisterschaft feiern, als Brasilien im Jahr 1983 in Mexiko das Endspiel gegen Erzrivale Argentinien mit 1:0 für sich entschied. Allerdings wurde Bebeto, der im Viertelfinale gegen die CSSR (4:1) seinen einzigen Turniertreffer erzielt hatte, von Trainer Jaire Perreira erst nach 82 Minuten für Santos eingewechselt. Sogar zweimal erzielte Bebeto seine Tore im Zeichen der olympischen Ringe. Zunächst war dies 1988 der Fall, als er in Seoul die Silbermedaille gewann (1:2-Finalpleite gegen die UdSSR). Nachdem er in Südkorea allerdings klar im Schatten von Torschützenkönig Romario gestanden hatte, gehörte er acht Jahre später im reifen Fußballeralter zu den Stützen im brasilianischen Team. Der 30-Jährige erzielte in Atlanta sechs Treffer und führte gemeinsam mit dem argentinischen Youngster Hernan Crespo die Torschützenliste an. Nach dem Aus im Halbfinale gegen den kommenden Turniersieger Nigeria (3:4 n.V.) war Bebeto besonders im Spiel um Platz 3 nicht zu halten, als er zum 5:0-Sieg über Portugal nach der Pause einen lupenreinen Hattrick beisteuerte.

Mit sechs Treffern in der WM-Qualifikation sorgte Bebeto dafür, dass der dreimalige Weltmeister nicht, wie nach der ersten Niederlage in einem Qualifikationsspiel gegen Bolivien am 25. Juli 1993 befürchtet, erstmals die Endrundenteilnahme verpasste, sondern den Weg in die USA antreten konnte. Nachdem er auch in den Vorbereitungsspielen gegen Honduras (8:2) und El Salvador (4:0) zu den Torschützen gezählt hatte, stand fest, dass er bei der anstehenden WM gemeinsam mit Romario das Angriffsduo der Seleção bilden würde, welches in der Tat blendend harmonierte.

Weltmeister!

Stolze 24 Jahre wartete man in Brasilien inzwischen auf den Gewinn des vierten Weltmeistertitels nach 1958, 1962 und 1970, was angesichts des eigenen Selbstverständnisses mehr als nur eine Ewigkeit war. Vor der WM in den USA hatte sich Nationaltrainer und Disziplinfanatiker Carlos Alberto Parreira mit Bebetos Sturmpartner Romario angelegt und diesen sogar zeitweise aus der Nationalelf verbannt, um ihn kurz vor Turnierbeginn dann doch zu begnadigen. Zudem gab es die gewohnt heftigen Diskussionen um die Spielweise des Teams, die Kritikern – darunter Pele – mal wieder als viel zu wenig „brasilianisch" erschien. Kurz und gut: Die Stimmung im Lager der Seleção war alles andere als positiv, als sich der Tross auf in die Vereinigten Staaten machte.

Der größtmögliche Erfolg – sprich der ersehnte vierte WM-Triumph – führte am Ende aber doch dazu, dass selbst die größten Verfechter des „brasilianischen" Stils in die Jubelgesänge um die Nationalmannschaft einstimmten. Was blieb ihnen auch anderes übrig? Allerdings hatten sich auch die Bedenken ob des wenig prickelnden Auftretens der Ballkünstler vom Zuckerhut bestätigt. Freilich verfügte Brasilien immer noch über die gewohnt spielstarken Individualisten, wofür schon Namen wie Romario oder eben Bebeto sprachen, der in den letzten beiden Jahren in La Coruña einiges dazugelernt hatte. Carlos Alberto Parreira stülpte seinem Team aber ein taktisches Konzept über, das kaum Platz für Überraschungsmomente bot. Schon in der Vorrunde zeigte die Seleção wenig Beeindruckendes: Den 2:0-Auftaktsieg über Russland hatte man vor allem zwei herausragenden Einzelaktionen Romarios zu verdanken, derweil das 3:0 über Kamerun weniger der eigenen Stärke, als vielmehr dem schwachen Auftritt der Schwarzafrikaner zuzuschreiben war. Immerhin hatte Bebeto nach 73 Minuten Grund zum Jubeln, als er gegen die „lions indomptables" seinen ersten WM-Treffer erzielte. Ein biederes 1:1 gegen Schweden sicherte den Einzug ins Achtelfinale, wo Brasilien am 4. Juli 1994 in San Francisco auf die USA traf. Am amerikanischen Unabhängigkeitstag zeigten die Brasilianer sich dem Gastgeber zwar deutlich überlegen, wirklich überzeugt hatten sie über die 90 Minuten allerdings wieder nicht. Nach der Pause mussten sie sogar mit nur noch zehn Mann spielen, weil Leonardo wegen eines Ellbogenchecks in der 42. Minute an Tab Ramos vorzeitig zum Duschen geschickt worden war. Die biederen US-Boys schienen sogar schon von einer Verlängerung träumen zu dürfen, als Romario eine Viertelstunde vor Schluss zu einem unnachahmlichen Dribbling ansetzte und den lauernden Bebeto bediente, der schließlich keine Mühe hatte, das Leder im gegnerischen Gehäuse unterzubringen.

► **EINWURF**
Wie ist der Kleine doch schon groß geworden! – Über 19 Jahre ist es inzwischen her, dass Bebeto beim WM-Viertelfinalerfolg über die Niederlande in den USA die Geburt seines Sohnes Matheus feierte. Dass dieser ganz nach dem Papa kommt, zeigte sich im Oktober 2011, als der damals 17-jährige Stammhalter seinen ersten Profivertrag bei Flamengo Rio de Janeiro unterzeichnete.

In der Runde der letzten Acht wartete mit den spielstarken Niederländern ein deutlich gefährlicherer Gegner. In einem ansehnlichen Spiel wechselten beide Teams beim Stand von 0:0 die Seiten. Die Torblockade wurde nach 52 Minuten gelöst, als Romario die „Kanarienvögel" in Führung brachte. Acht Minuten später folgte dann eine „der" Szenen dieser Weltmeisterschaft: Nachdem der gerade zum dritten Mal Vater gewordene Bebeto den zweiten brasilianischen Treffer erzielt hatte, feierte er seinen Torerfolg, indem er symbolisch seinen neugeborenen Stammhalter Matheus in den Schlaf wiegte, wobei seine Mitspieler Romario und Mazinho diese Geste spontan imitierten. Weniger Freude am 2:0 hatten freilich die Spieler der Elftal, die sich lauthals beklagten, dass Romario deutlich im Abseits gestanden habe. Wohl davon angestachelt kamen sie durch Bergkamp (65.) und Winter (77.) zum nicht mehr für möglich gehaltenen Ausgleich, ehe Branco in der 82. Minute mit dem dritten brasilianischen Tor das schon sichergeglaubte Weiterkommen besiegelte. Der gemeinsame Torjubel von Romario und Bebeto war indes nicht wirklich selbstverständlich, wurde den beiden außerhalb des Platzes schließlich nicht gerade das beste Verhältnis nachgesagt. Zumindest jetzt hatten sich die beiden Sturmpartner aber ganz doll lieb, wobei deren gegenseitige Zuneigung wohl mehr einer zeitlich begrenzten Zweckgemeinschaft entsprochen haben dürfte. Diese dauerte zumindest noch bis zum Endspiel am 17. Juli an, das Brasilien durch ein 1:0 über Schweden (Torschütze Romario) erreicht hatte. Im Rose-Bowl-Stadion von Pasadena wurde nach 120 torlosen Minuten der neue Weltmeister schließlich im Elfmeterschießen gekürt. Bebeto zählte hier allerdings nicht zu den vier brasilianischen Schützen, die Italien einen 3:2-Sieg abrangen.

Verpasste Titelverteidigung

Nachdem beim Gewinn des Konföderationen-Pokals 1997 Brasiliens neuer „Ro-Ro-Sturm" (Romario und Ronaldo) für Furore gesorgt hatte und Bebeto nur zweimal in der Vorrunde eingesetzt worden war, schien dessen Zeit in der Seleção schon abgelaufen. Nur, weil sich Romario kurz vor der WM 1998 verletzte, wurde er von Nationaltrainer Mario Zagallo nachnominiert, wobei er in Frankreich seine letzten sieben Länderspiele absolvierte. Den beiden Treffern in der Vorrunde gegen Marokko (3:0) und Norwegen (1:2) ließ Bebeto am 3. Juli 1998 im Viertelfinale gegen Dänemark (3:2) sein 39. und letztes Länderspieltor folgen, als er nach elf Minuten auf Zuspiel Ronaldos das zwischenzeitliche 1:1 erzielte. In der Vorschlussrunde, die für die Seleção mit einem Sieg im Elfmeterschießen gegen die Niederlande endete, wurde Bebeto in der 79. Minute für Denilson ausgewechselt. Was folgte, war der letzte Länderspieleinsatz am 12. Juli 1998: Im Pariser Stade de France hätte ein Sieg über Gastgeber Frankreich seine Laufbahn eigentlich krönen sollen. Der Titelverteidiger enttäuschte jedoch über alle Maßen und unterlag nach unterirdischer Leistung sang- und klanglos mit 0:3.

Saison	Europacup		Liga		Lsp.	
	Sp.	T.	Sp.	T.	Sp.	T.
1983			2	0		
1984			11	5		
1985			22	9	6	0
1986			17	5		
1987			14	6		
1988			14	9		
1989			12	6	18	10
1990			8	1	3	0
1991			8	3	5	0
1992			25	18	4	3
1992/93			37	29	5	4
1993/94	4	3	34	16	19	15
1994/95	3	4	26	16	1	2
1995/96	5	6	34	25	2	1
1996			15	7		
1996/97			5	0		
1997			8	8	3	1
1998			17	9	9	3
1998/99			8	2		
2000			8	1		
			3	0		
2001			8	2		
2002			0	0		
2002/03			5	1		

Harry Bedford
Erster Nationalspieler des FC Blackpool

Der am 15. Oktober 1899 in Grassmoor in der Grafschaft Derbyshire geborene Henry „Harry" Bedford begann seine Profilaufbahn bei Nottingham Forest, das ihn 1919 gegen Zahlung eines Handgelds von zehn Pfund unter Vertrag nahm. Bei seinem Heimatverein Grassmoor Ivanhoe war Bedford in der Jugend zumeist im rechten Innensturm zum Einsatz gekommen, um schon bald ins Angriffszentrum zu rücken. Für den unscheinbaren Zweitligisten aus dem Sherwood Forest war der Youngster in der Saison 1919/20 in 13 Einsätzen fünfmal erfolgreich gewesen und hatte im kommenden Spieljahr drei weitere Tore in fünf Partien auf dem Konto, als im März 1921 der ambitionierte Ligarivale FC Blackpool auf ihn aufmerksam wurde. Die Seasiders, die bis dato noch nie auf erstklassigem Niveau gespielt hatten, wollten unter dem neuen Manager Bill Norman unbedingt aufsteigen, was sie mit Hilfe Harry Bedfords zu tun beabsichtigten, für den die Klubbosse eine Ablöse von 900 £ hinblätterten.

Ahnherr legendärer Blackpool-Stürmer

Um es gleich vorweg zu nehmen: Den Aufstieg schaffte der Verein trotz Harry Bedford, der vor seiner Fußballerkarriere für kurze Zeit als Bergmann gearbeitet hatte, nicht. Gleichwohl sollte dieser den Beginn einer großen Stürmertradition bei den Seasiders markieren. Sein direkter Nachfolger im Sturmzentrum war Jimmy Hampson, mit dem in der Saison 1929/30 der angepeilte Aufstieg endlich realisiert werden konnte. In den fünfziger Jahren hatte man es schließlich dem legendären Angriffsduo Mortensen / Matthews zu verdanken, dass der FC Blackpool sogar zu Titelehren im FA-Cup kam. Manager war in jener Zeit übrigens Joe Smith, ein weiterer legendärer Mittelstürmer der englischen Fußballgeschichte.

Obwohl die Mannschaft bei Bedfords Debüt am 12. März 1921 eine 0:1-Niederlage beim FC South Shields kassierte, waren viele Experten von seinen Fähigkeiten überzeugt. Allgemein wurde die Auffassung vertreten, die Offensivabteilung der Mannschaft sei mit Bedford entschieden besser aufgestellt als ohne ihn. Dennoch wurde der Aufstieg als Vierter am Ende um deutliche acht Zähler verfehlt. Den ersten von insgesamt sieben Saisontreffern (bei elf Einsätzen) hatte Harry Bedford am 25. März erzielt, als Stoke City mit 3:2 an der Bloomfield Road in die Schranken gewiesen wurde.

Zu Beginn der Saison 1921/22 schien der Neuzugang der Seasiders seine Topform bestätigen zu können und reihte sich in den ersten acht Begegnungen jeweils in die Torschützenliste ein. Vollkommen unerwartet geriet Harry Bedford danach jedoch in eine lang anhaltende Formkrise, was für seine Mannschaft schmerzhafte Konsequenzen hatte. Diese landete in der Abschlusstabelle auf einem desillusionierenden 19. Platz und konnte – anstatt wie erhofft vom Aufstieg zu träumen – froh sein, dem drohenden Absturz in die Drittklassigkeit knapp entgangen zu sein. Obgleich Harry Bedford wegen seiner Formschwäche nur 32 Spiele bestritt, war er mit elf Treffern dennoch bester Torschütze seines Teams.

Nicht zuletzt, weil Harry Bedford wieder zu seiner Form fand, zählten die Seasiders in den kommenden Jahren zu den Aufstiegskandidaten. Allerdings wurde sowohl in der Saison 1922/23 (als Fünfter) als auch 1923/24 (Vierter) der Sprung in die First Division verpasst. Mit 32 bzw. 34

Treffern avancierte Harry Bedford dafür nicht nur zum Torschützenkönig der zweiten Liga, sondern hatte in beiden Jahren auch mehr Treffer auf dem Konto als der jeweils beste Angreifer des nationalen Oberhauses. Vor allem in den spielfreien Sommermonaten hielt sich Bedford in der Mannschaft des Blackpool Cricket Club fit. Seine Leistungen in dieser Sportart wurden von den Zeitgenossen als durchaus beachtlich beschrieben.

Begründete beim FC Blackpool die Ära großer Stürmer: Harry Bedford, schoss für die „Seasiders" von 1921 bis 1925 in 170 Ligaspielen 114 Tore. Zu seinen Nachfolgern an der Bloomfield Road zählten die Mittelstürmer Stan Mortensen und Blackpools Rekordtorjäger Jimmy Hampson (248 Ligatreffer) sowie der unvergessene Dribbelkünstler Sir Stanley Matthews.

Ein derart talentierter Stürmer wie Harry Bedford musste aber natürlich das Ziel verfolgen, sein Können endlich auch auf höchsten Niveau zu zeigen, zumal er im Mai 1923 als erster Spieler des FC Blackpool in der englischen Nationalelf zum Einsatz gekommen war. Die Seasiders fielen jedoch in der Saison 1924/25 trotz 24 Bedford-Treffern auf den 17. Platz zurück und waren somit lange Zeit in den Abstiegskampf verwickelt, weshalb der knapp 26-Jährige im Herbst 1925 nicht lange zögerte, als ihm ein Angebot von Derby County ins Haus flatterte, dessen Team vor dem Start der Spielzeit 1925/26 zu den heißen Aufstiegsanwärtern in die First Division zählte. Was sicher ebenfalls für einen Wechsel zu den Rams sprach, war die Nähe zu seiner Geburtsstadt Grassmoor. Am 24. September 1925 wurde bekannt, dass Harry Bedford gegen Zahlung einer Ablöse in Höhe von 3.250 £ künftig im Baseball Ground auf Torejagd gehen und damit in die Fußstapfen des legendären Steve Bloomer treten würde.

Bevor sich Harry Bedford aber in Richtung Derby verabschiedete, sollte er den Fans der Seasiders zu Beginn des Jahres 1925 noch einen denkwürdigen Pokalnachmittag bescheren. Bereits in der Vorsaison hatten Bedford & Co. für eine faustdicke Überraschung gesorgt und in der Auftaktrunde mit Sheffield United einen Topklub aus dem Oberhaus ausgeschaltet. Im Achtelfinale des diesjährigen FA-Cups bekam es Blackpool mit West Ham United nun abermals mit einem ambitionierten Erstligisten zu tun, dem die Mannschaft am 21. Februar an der Themse ein 1:1-Unentschieden abrang. Nur vier Tage später fand an der Bloomfield Road die Neuauflage statt, die bei äußerst widrigen Witterungsverhältnissen immerhin 15.193 zahlende Zuschauer verfolgen wollten. Diese freilich hatten ihr Kommen nicht zu bereuen brauchen, da die Seasiders um ihren wie entfesselt spielenden Mittelstürmer Harry Bedford eine weitere waschechte Pokalsensation auf das durchweichte Grün zauberten. Bereits nach sieben Minuten waren sie in Führung gegangen, nachdem Hammers-Verteidiger Billy Henderson den Halt verloren hatte und Außenstürmer Jack Meredith die Gunst der Stunde nutzte, um den Außenseiter in Führung zu bringen. Zwei dicke Ausgleichschancen der Londoner vor der Pause konnte Len Crompton im Kasten der Seasiders zunichte machen. Nach dem Wiederanpfiff sollte die Partie endgültig zugunsten der Gastgeber kippen, als Harry Bedford in der 52. Minute aus kurzer Distanz einnetzte. Und schließlich war es erneut Bedford, der kurz vor dem Schlusspfiff bei einem Konterstoß von Meredith in Szene gesetzt wurde und zum 3:0-Endstand vollendete. Obwohl die Seasiders anschließend bei den Blackburn Rovers eine knappe 0:1-Niederlage kassierten, konnten sie gleichwohl zufrieden sein, da sie zum ersten Mal in ihrer Vereinsgeschichte im FA-Cup in die Runde der letzten Acht eingezogen waren.

Endlich in der ersten Liga!

Für seinen neuen Klub Derby County sollte Harry Bedford bis Dezember 1930 in 186 Ligaspielen zum Einsatz kommen und dabei 133 Treffer – davon 106 in der First Division – erzielen. Unter Manager George Jobey erfüllte sich bereits nach dem ersten Jahr bei den Rams der Traum von der Erstklassigkeit. Die Offensivabteilung, zu welcher außer Bedford mit Jimmy Gill und George Mee zwei weitere Neuzugänge zählten, war in Anbetracht von 77 Zweitligatoren in der Saison 1925/26 prächtig aufgelegt und damit wesentlich für den zweiten Platz hinter Sheffield Wednesday verantwortlich. Bester teaminterner Angreifer war Harry Bedford mit 27 Treffern.

> **► EINWURF**
> *Zählt man alle offiziellen Wettbewerbsspiele zusammen, hat Harry Bedford für Derby County in 201 Einsätzen 143 Treffer erzielt, womit er in der ewigen Bestenliste hinter Steve Bloomer (332 Tore in 525 Spielen), Kevin Hector (201 / 589) sowie Jack Bowers (183 / 220), der in Bedfords Zeit im Baseball Ground zu dessen Teamgefährten gezählt hat, heute den vierten Platz belegt.*

Nach fünf Jahren zweiter Liga fand im Baseball Ground in der Saison 1926/27 somit wieder erstklassiger Fußball statt. Abermals war es Harry Bedford, der als 22-facher Torschütze ex aequo mit Jimmy Gill die meisten Saisontreffer auf dem Konto hatte, was für ihn einen gelungenen Einstand in der First Division bedeutete. Insgesamt standen 86 Torerfolge für die Rams zu Buche. Da die Mannschaft aber auch 73 Gegentreffer zugelassen hatte, reichte es am Ende „nur" zum zwölften Rang, der für den Neuling aber immerhin die beste Ligaplatzierung seit 14 Jahren bedeutete. Einen seiner stärksten Auftritte im schwarz-weißen Trikot hatte Harry Bedford am 8. Januar 1927 in der dritten Runde im FA-Cup-Spiel gegen Bradford City, als ihm beim 6:2-Auswärtssieg vier Treffer gelungen waren. Dieser Klubrekord konnte erst 1984 von Kevin Wilson eingestellt werden. Weniger Grund zur Freude hatten Bedford und seine Rams dann in der nächsten Runde, als sie sich zu Hause gegen Drittligist FC Millwall bis auf die Knochen blamierten und mit 0:2 unterlagen.

Nach dem Erreichen der Ränge vier (1927/28) und sechs (1928/29) ballerte Harry Bedford die Rams mit 30 Treffern in der Spielzeit 1929/30 zur zweiten Vizemeisterschaft der Vereinsgeschichte nach 1895/96. Vom Gewinn der Torjägerkanone war Bedford allerdings weit entfernt. Bester Angreifer der First Division war Vic Watson, der für West Ham United 41-mal ins Schwarze getroffen hatte. Dennoch hatte Harry Bedford die stärkste Saison seiner Laufbahn hinter sich gebracht, weshalb es umso mehr verwundert, dass er schon im Dezember 1930 für 4.000 £ zu Ligakonkurrent Newcastle United wechselte, der die Spielzeit 1930/31 auf einem nur wenig inspirierenden 17. Platz abschließen konnte. Schon im kommenden Jahr kam Bedford im Dress der Magpies, für die er insgesamt 30 Spiele bestritt und 17 Treffer erzielte, nur noch sporadisch zum Zuge, weshalb sich eine neuerliche Luftveränderung abzeichnete. Im Januar 1932 zog er weiter zum AFC Sunderland, wo er die letzten sieben seiner 191 Erstligaspiele bestritt. Dass Bedford, der mittlerweile zumeist im rechten Innensturm eingesetzt wurde, den Zenit seines Könnens langsam aber sicher überschritten hatte, zeigen die mickrigen zwei Treffer, die er für Sunderland erzielen konnte.

Unspektakuläres Karriereende

Immerhin war Harry Bedford dem Zweitdivisionär Bradford Park Avenue im Juni 1932 eine Ablösesumme von 3.000 £ wert. Doch auch hier sollte der Stürmer das Mittelmaß, das ihn in seiner Karriere zumeist begleitet hatte, nicht verlassen können. Die Elf aus West Yorkshire konnte mit dem achten Rang lediglich eine Platzierung im gehobenen Mittelfeld realisieren. Auch Bedford hatte viel von seinem einstigen Torinstinkt vermissen lassen, war er in 33 Ligaeinsätzen doch lediglich zu 15 Treffern gekommen. Nicht ganz unerwartet wurde ihm kein neues Vertragsangebot unterbreitet. Und so entschied er sich im Sommer 1933 in seine Heimat Derbyshire zurückzukehren, wo er sich dem FC Chesterfield anschloss, der im Vorjahr in die Drittklassigkeit abgestürzt war. Fast wäre der Mannschaft der postwendende Wiederaufstieg geglückt. Als Vizemeister wurde dieser allerdings knapp verpasst, so dass für Bedford, der noch einmal zwölf Tore feiern durfte, das erhoffte Happyend ausgeblieben war. Damit war die Profilaufbahn Harry Bedfords im Alter von knapp 35 Jahren unspektakulär zu Ende gegangen. Noch ein weiteres Jahr schnürte er für den Non-League-Club Heanor Town die Fußballschuhe, um hier auch seine Trainerkarriere zu beginnen. Im Oktober 1937 kehrte er nach Newcastle zurück, um bei den Magpies für kurze Zeit im Betreuerstab mitzuarbeiten. Eine ähnliche Funktion sollte Bedford später auch bei Derby County ausüben. Mitte der fünfziger Jahre fungierte er schließlich zweimal als Klubmanager. Nachdem das einstige Idol 1954/55 Belper Town in der Central Alliance First League übernommen hatte und als Fünfter im abgeschlagenen Feld gelandet war, heuerte er im Jahr darauf nochmals bei Heanor Town an. Mit dem Ligarivalen beendete er wiederum als Fünfter die Saison und konnte Belper nur aufgrund des besseren Torkoeffizienten auf Rang sechs verweisen. Danach zog sich der Ex-Stürmer endgültig aus dem Fußballgeschäft zurück. Harry Bedford, der 23 Jahre bei der Werksfeuerwehr des Automobilherstellers Rolls-Royce beschäftigt war, verstarb am 24. Juni 1976 in Derby.

► ZAHLEN UND FAKTEN

Vereine:
1919-1921 Nottingham Forest
1921-1925 FC Blackpool
1925-1930 Derby County
1930-1932 Newcastle United
1932 AFC Sunderland
1932-1933 Bradford Park Avenue
1933-1934 FC Chesterfield

Tore:
191 First-Division-Spiele (125 Tore)
253 Second-Division-Spiele (164 Tore)
25 Third-Division-Spiele (12 Tore)
22 FA-Cup-Spiele (18 Tore)
2 Ligaauswahl-Spiele (5 Tore)
2 Länderspiele (1 Tor)
gesamt 495 Pflichtspiele (325 Tore)

In der Nationalmannschaft:
Im Verlauf der Saison 1922/23 wurde in den englischen Medien eifrig für das Länderspieldebüt Harry Bedfords geworben. Dieser spielte zwar noch in der zweiten Liga, sollte aber in der laufenden Saison stolze 32 Treffer für den FC Blackpool erzielen und damit zum besten Ligatorschützen im Vereinigten Königreich avancieren, da Charlie Buchan von Erstligist AFC Sunderland auf zwei Treffer weniger kam. Nachdem Bedford damit unstrittig zu den besten Goalgettern des englischen Fußballs gehörte, durfte er auch endlich das Nationaltrikot überstreifen: Der Mittelstürmer der Seasiders stand am 21. Mai 1923 in Stockholm gegen Schweden in der Anfangsformation, konnte beim 4:2-Erfolg gegen die Skandinavier allerdings keinen Treffer erzielen.

Die Mannschaft, mit der England am 21. Mai 1923 im Olympiastadion von Stockholm gegen Schweden mit 4:2 gewann. Vor dem Anpfiff posiert das Team mit Neuling Harry Bedford (Dritter von links) auf der Torlinie.

Besser machte er es in seinem zweiten Länderkampf, der am 22. Oktober desselben Jahres vor 25.000 Zuschauern im Goodison Park von Liverpool gegen Nordirland mit 3:1 gewonnen wurde, als er sich nach exakt einer Stunde in die Torschützenliste eintrug. Obwohl Harry Bedford nach seinem Wechsel zu Derby County auch als Erstligatorschütze überzeugte, sollte es bei lediglich zwei Länderspieleinsätzen bleiben, was in erster Linie an starken Konkurrenten wie William „Dixie" Dean, Tom „Pongo" Waring, George Camsell oder auch Jimmy Hampson lag, der sein Nachfolger in Blackpool geworden war.

Saison	Lsp.		Liga		Pokal	
	Sp.	T.	Sp.	T.	Sp.	T.
1919/20			13	5		
1920/21			5	3	1	1
			11	7		
1921/22			32	11	1	1
1922/23	1	0	42	32		
1923/24	1	1	35	34	1	1
1924/25			40	24	2	4
1925/26			10	6		
			32	27	4	1
1926/27			33	22	2	4
1927/28			38	27	3	1
1928/29			41	27	3	3
1929/30			42	30	3	1
1930/31			23	12	2	1
1931/32			7	5		
			7	2		
1932/33			33	15		
1933/34			25	12		

Ferenc Bene
Der Ballermann vom Balaton

Am 17. Dezember 1944 erblickte mit Ferenc Bene einer der treffsichersten Stürmer des ungarischen Fußballs in der kleinen Ortschaft Balatonujlak am Südostufer des Plattensees das Licht der Welt. Der Balaton bildet die Nordgrenze der Region Südtransdanubien mit dem Hauptort Kaposvar, wo Ferenc Bene ab 1954 seine ersten Gehversuche als Fußballer unternahm. Schon bald sollten auch die Talentspäher aus der 186 Kilometer entfernten Hauptstadt Budapest auf Bene aufmerksam werden; allen voran jene des Traditionsvereins Dozsa Ujpest, dem sich „Ferike" im Laufe des Jahres 1961 anschloss.

EXKURS: Dozsa Ujpest Budapest

Der bereits 1885 als „Ujpesti Torna Egylet" (Ujpester Turnverein) gegründete Klub widmete sich anfangs ausschließlich dem Turn- und Fechtsport, um 1899 auch eine Fußballabteilung ins Leben zu rufen. Beheimatet ist er am linken Donauufer im heutigen Budapester Stadtteil Ujpest (Neu-Pest) im IV. Bezirk der ungarischen Kapitale, der bis 1950 eigenständig war. Ihre erste Glanzzeit hatten die Violetten unmittelbar vor dem Zweiten Weltkrieg, als sie mit Spielern wie György Szücs, Antal Szalay, Jenö Vincze und Gyula Zsengeller zwischen 1930 und 1939 fünf nationale Meisterschaften errangen und mit zwei Siegen im Mitropa-Cup sowie dem Gewinn des Europacup-Vorläufers „Coupe des Nations" in Genf 1930 auch international von sich reden machten. Ab 1957 trat der Verein dann unter der Bezeichnung „Ujpesti Dozsa Sport Club" in Erscheinung, womit der Polizeiklub der kommunistischen Ära dem 1514 gestorbenen Bauernführer György Dozsa die Ehre erwies. Heimstadion ist traditionell das heute rund 13.500 Zuschauer fassende Megyeri ut, das im Oktober 2003 offiziell in Ferenc-Szusza-Stadion – nach dem populärsten Spieler der Vereinsgeschichte – umbenannt wurde.

Für die „Lilak" (Violetten) erzielte der bullige Angreifer – Ferenc Bene brachte bei nur 1,71 Meter Körpergröße stattliche 70 Kilogramm auf die Waage – zwischen 1961 und 1978 in 417 Erstligaspielen 303 Treffer und hatte somit maßgeblichen Anteil an den acht Meistertiteln, die sich der Verein zwischen 1969 und 1978 sicherte. Unvergessen bleiben die sieben aufeinanderfolgenden Titelgewinne ab 1969, für die vor allem die legendäre Sturmformation mit Fazekas, Göröcs, Bene, Dunai II und Zambo verantwortlich zeichnete. Ferenc Bene wurde dabei zumeist im Sturmzentrum, wegen seiner enormen Grundschnelligkeit mitunter jedoch auch als Verbindungsstürmer eingesetzt.

Starkes Debüt auf internationalem Parkett

Im zarten Fußballeralter von noch nicht einmal 17 Jahren sollte „Ferike" im Spieljahr 1961/62 zum Stammspieler im Trikot der Violetten avancieren. Toptorjäger im Team des Vizemeisters waren freilich noch Janos Göröcs und Bela Kuharszki, derweil Ferenc Bene in 22 Einsätzen lediglich sechs Treffer erzielt hatte. Dafür durfte er sich auf Anhieb über einen großen internationalen Erfolg freuen. Im noch jungen Europapokal der Pokalsieger verkauften sich die Magyaren erstaunlich stark und scheiterten erst im Halbfinale an Titelverteidiger AC Florenz. Fünf Treffer sollte Bene auf dem Weg dorthin erzielen, wobei er seine internationale Torpremiere beim Debüt am 27. September 1961 feierte, als der maltesische Vertreter FC Floriana La Valetta im Megyeri ut mit 10:2 abgefertigt wurde und „Ferike" in der 43. Minute zum zwischenzeitlichen 4:1 einnetzte. Nachdem er auch in der nächsten Runde mit seinem Treffer den 3:1-Heimerfolg über Ajax Amsterdam eingeleitet hatte (das Rückspiel in den Niederlanden ging mit 1:2 verloren), folgte im Viertelfinale gegen Dunfermline Athletic eine echte Galavorstellung. Allerdings war das Hinspiel in Budapest zunächst überhaupt nicht nach Wunsch verlaufen, da die schottischen Gäste nach nur acht Minuten schon mit 2:0 führten. Die vom legendären Jock Stein betreuten „Pars" bekamen dann aber die Qualitäten des jungen Ferenc Bene zu spüren, der damals noch nicht in der Sturmmitte, sondern auf Rechtsaußen wirbelte und mit seinem Doppelschlag aus der 29. und 30. Minute für den Ausgleich sorgte. Nach 90 Minuten gewannen die Ungarn sogar mit 4:3, so dass sie mit einem knappen Vorsprung im Gepäck die Reise nach Schottland antreten konnten, welche sich freilich als echte Tortur entpuppte, da sich das Ujpest-Team nicht bequem mit dem Flugzeug, sondern quer durch den ganzen Kontinent per Bahn in Richtung Norden des Vereinigten Königreiches aufmachte. Trotz der immensen Reisestrapazen erwiesen sich die Gäste am 20. Februar 1962 im East End Park als hellwach, was wieder einmal in erster Linie auf Ferenc Bene zutraf, der nach einer Freistoßvorlage nach 51 Minuten aus kurzer Distanz das Tor des Tages erzielte. Nach dem Schlusspfiff zollte Jock Stein dem gegnerischen Flügelstürmer höchsten Respekt und prophezeite diesem eine große Karriere.

Stammspieler bei Dozsa Ujpest

Unter der Leitung seines neuen Trainers Gyula Szücs rückte „Ferike" in der Saison 1962/63 in die Sturmmitte, was ihm zu 23 Torerfolgen in 26 Spielen und dem erstmaligen Gewinn der Torjägerkanone verhalf. Trotzdem reichte es für die Violetten nicht zum Titelgewinn, da in der Endabrechnung die beiden Stadtrivalen Ferencvaros und MTK die Nase vorn hatten. Anschließend stellte der ungarische Verband die nationale Meisterschaft vom Herbst-Frühjahrs-Rhythmus auf die Ganzjahresrunde um, weshalb im Herbst 1963 nur eine Übergangsmeisterschaft ausgetragen wurde, die Dozsa Ujpest als enttäuschender Sechster beendete. Auch Mittelstürmer Ferenc Bene war in Anbetracht von lediglich sechs Ligatreffern hinter den Erwartungen zurückgeblieben.

► **EINWURF**

Kaum war Ferenc Bene 1962/63 zum Mittelstürmer befördert worden, sollte er alsbald die Richtigkeit der Maßnahme seines neuen Trainers Gyula Szücs unterstreichen. Am 21. Oktober 1962 gewann Dozsa Ujpest bei Haladas Szombathely locker mit 6:0, wobei sämtliche Gästetreffer auf das Konto des neuen Sturmführers der Violetten gegangen waren, der damit den gültigen Vereinsrekord von Gyula Zsengeller und Lajos Varnai egalisiert hatte.

Besser lief es im Spieljahr 1964, das Dozsa Ujpest bei acht Zählern Rückstand auf Meister Ferencvaros auf dem vierten Tabellenplatz abschließen konnte. Bene hatte seine Trefferquote auf 20 in 26 Ligaspielen gesteigert, wobei er sich im Kampf um die Torjägerkrone allerdings deutlich Lajos Tichy (28 Tore) von Honved Budapest geschlagen geben musste. Auf internationaler Ebene gaben die Violetten im Spieljahr 1963/64 ihre Visitenkarte im Messe-Pokal ab. In den ersten beiden Runden gegen den SC Leipzig (3:2, 0:0) und Lokomotive Plovdiv (0:0, 3:1) war jeweils ein Treffer auf Benes Konto gegangen, ehe dieser auch im Viertelfinal-Hinspiel beim FC Valencia (2:5) das zweite Gästetor erzielte. Als „Ferike" im Rückspiel vor eigenem Publikum bereits in der 11. Minute das 1:0 schoss, hofften die Fans der Violetten noch auf das Weiterkommen. Am Ende reichte der 3:1-Erfolg allerdings nicht aus, um ein durchaus mögliches Entscheidungsspiel gegen die favorisierten Spanier zu erzwingen.

Im Bild: Ferenc Bene in Aktion.

Im Spieljahr 1965 konnte sich Dozsa Ujpest in der heimischen Liga auf den dritten Platz vorarbeiten. In der Torjägerliste reichte es für Ferenc Bene mit 20 Torerfolgen bei 25 Einsätzen abermals lediglich zum zweiten Platz, nachdem Florian Albert von Ferencvaros mit 27 Saisontreffern nicht zu schlagen war. Für Bene gehörte es mittlerweile zum guten Ton, regelmäßig die Marke von 20 Saisontreffern zu knacken. Die gegnerischen Schlussleute überwand er 1966 sogar 24-mal, wobei er in der Torschützenliste erneut nicht über den zweiten Platz hinauskam, da Janos Farkas von Meister Vasas Budapest noch einmal öfter ins Schwarze getroffen hatte. Obwohl die Violetten wie der neue Titelträger 67 Saisontreffer erzielt hatten, reichte es in der Endabrechnung abermals nur zum dritten Tabellenplatz.

► **EINWURF**

Seit 1964 wird in Ungarn regelmäßig ein Fußballer des Jahres gekürt, wobei diese Auszeichnung gleich bei der Premiere Ferenc Bene zuteil wurde, was vor allem an dessen starken Leistungen beim olympischen Fußballturnier in Tokio lag, wo Bene die Magyaren mit sensationellen zwölf Treffern in gerade einmal fünf Einsätzen zur Goldmedaille schoss. Auch seine zweite Wahl zu Ungarns Fußballer des Jahres (1969) war wesentlich auf Benes Glanztaten auf internationalen Parkett zurückzuführen, nachdem er für Dozsa Ujpest im Messe-Pokal 1968/69 auf neun Saisontreffer gekommen und erst im Finale an Newcastle United gescheitert war.

Vermutlich waren es die erneut starken Auftritte im Messe-Pokalwettbewerb, die den Violetten ein wenig die Konzentration für den Ligaalltag geraubt hatten. Schon zum Auftakt waren sie gegen den FC Everton mit 3:0 erfolgreich gewesen, als das gefährliche Sturmtrio Solymosi, Kuharszki und Bene je einen Treffer erzielt hatte. Nach der 1:2-Niederlage im Goodison Park folgte im Achtelfinal-Hinspiel ein knappes 2:3 beim 1. FC Köln, ehe Ferenc Bene beim 4:0-Rückspielsieg in Budapest nach dem Seitenwechsel weitere zwei Treffer erzielen konnte. Erst in der Runde der letzten Acht sollten sich die Magyaren an Leeds United die Zähne ausbeißen, wobei der Ujpest-Mittelstürmer sowohl beim 1:4 in Leeds als auch beim 1:1 im Megyeri ut ohne Torerfolg geblieben war.

Allmählich begann die magische Sturmformation von Dozsa Ujpest Konturen anzunehmen, nachdem seit 1965 auch Antal Dunai – in den Statistiken in der Regel als Dunai II verzeichnet – für Belebung im Angriff sorgte. Mit 36 bzw. 31 Saisontreffern sollte sich Ferenc Benes Teamgefährte nach 1967 auch 1968 die Torjägerkanone im ungarischen Ligafußball sichern, derweil „Ferike" bei 22 bzw. 26 Ligatoren wieder einmal „nur" zweitbester Torschütze seines Landes wurde. Insgesamt erhöhte sich die Trefferzahl der Violetten von 89 im Spieljahr 1967 auf 102 in der kommenden Saison, wenngleich es (noch) nichts mit dem ersten Meistertitel seit 1960 werden sollte. Nachdem 1967 der Rückstand auf Titelträger Ferencvaros noch deutliche acht Punkte betragen hatte, war dieser 1968 auf lediglich einen einzigen verringert worden. Und so begann sich die zweite große Ära der Vereinsgeschichte seit den glorreichen dreißiger Jahren mehr und mehr abzuzeichnen...

Bester Goalgetter im Messe-Pokal

In der Saison 1968/69 nahmen die Ungarn zum insgesamt fünften Mal am Messe-Pokal teil, wo sie zunächst über die Landesgrenzen hinaus eindrucksvoll unter Beweis stellten, welch großes Potential in der Mannschaft steckte. Nach einem Freilos zum Auftakt bekam es Dozsa Ujpest in der zweiten Runde mit Aris Thessaloniki zu tun, das nach einem schwer erkämpften 2:1-Erfolg in Griechenland, den Bene in der siebten Minute mit dem 1:0 eingeleitet hatte, im Rückspiel im Megyeri ut mit 9:1 in seine Einzelteile zerlegt wurde. Mittelstürmer Ferenc Bene, der nach 25 Minuten den vierten ungarischen Treffer erzielt hatte, stand dabei deutlich im Schatten von Dunai II, der als vierfacher Torschütze brilliert hatte. Auch beim Achtelfinalerfolg über Legia Warschau (1:0, 2:2) hatte vor allem Antal Dunai als Schütze sämtlicher Treffer der Violetten zu überzeugen vermocht. Nachdem Ferenc Benes Sturmpartner auch das einzige Tor beim Viertelfinal-Hinspielsieg bei Leeds United erzielt hatte, konnte sich „Ferike" im Rückspiel mit dem Treffer zum 2:0-Endstand nach 75 Minuten dann endlich zum dritten Mal in die Torschützenliste eintragen. In der Vorschlussrunde traf Dozsa Ujpest auf die Elf von Göztepe Izmir. Schließlich ließ es Bene gegen diese so richtig krachen: Schon im Hinspiel in der Türkei erwiesen sich die Violetten als haushoch überlegen und gewannen auch dank zweier Bene-Tore aus der 12. und 32. Minute mit 4:1. Beim anschließenden 4:0-Erfolg von Budapest konnte sich der Ujpest-Mittelstürmer dann sogar als dreifacher Torschütze auszeichnen, womit er den überforderten Gegner fast im Alleingang erledigt hatte.

In den Endspielen gegen Newcastle United wollten es die Violetten dann Ferencvaros gleichtun, das 1965 durch einen 1:0-Finalerfolg über Juventus Turin als erster ungarischer Vertreter den Messe-Cup gewonnen hatte. Die Engländer wurden allerdings im Hinspiel im heimischen St. James' Park ihrer Favoritenrolle vollauf gerecht und behielten deutlich mit 3:0 die Oberhand. Vor dem Rückspiel, das nicht im Megyeri ut, sondern im wesentlich größeren Nepstadion ausgetragen wurde, rechneten sich die Fans der Gastgeber daher auch nur wenige Chancen auf den großen Coup auf. Doch sollten die 37.000 Zuschauer eine engagierte Heimelf erleben, die nach den Treffern von Bene (29.) und Göröcs (44.) drauf und dran war, das Ergebnis zu egalisieren. Unmittelbar nach dem Seitenwechsel genügte aber ein Doppelschlag der Magpies, um den Widerstand der Ungarn zu brechen. Nach einem weiteren Treffer durch Foggon in der 74. Minute ging Newcastle sogar noch als 3:2-Sieger vom Platz, so dass Ferenc Bene lediglich der Trost blieb, mit neun Torerfolgen bester Goalgetter des diesjährigen Messe-Pokalwettbewerbs geworden zu sein.

Sieben auf einen Streich

Betreut wurden die Violetten seit 1967 von Lajos Baroti, unter dem sie bereits in den vorangegangenen zwei Spielzeiten in der heimischen Liga deutliche Fortschritte gezeigt hatten. Das Team war inzwischen gefestigt genug, um auch die Strapazen der zahlreichen Europacupauftritte zu verkraften, so dass 1969 der Weg zum zehnten Meistertitel der Vereinsgeschichte frei wurde, wobei Verfolger Honved Budapest nach 30 Runden um vier Zähler distanziert worden war. Im Alter von 24 Jahren befand sich Sturmführer Ferenc Bene im Zenit seiner Laufbahn. Zum sechsten Mal in Folge hatte er mehr als 20 Ligatreffer auf dem Konto (diesmal waren es 27), mit denen er sich nach mehreren vergeblichen Anläufen nun endlich auch zum zweiten Mal die nationale Torjägerkrone sicherte. Erfolgreich war Dozsa Ujpest auch im nationalen Pokal, der nach einem 3:1-Finalsieg über Honved ebenfalls an die Violetten ging. Da Bene, der gegen Honved kurz vor der Pause zum 2:0 getroffen hatte, mit seinen starken Auftritten im Messe-Cup vor allem aber auch international auf sich aufmerksam gemacht hatte, verwundert es nicht, dass er zum zweiten Mal nach 1964 zu Ungarns Fußballer des Jahres gekürt wurde.

Der Gewinn der Meisterschaft 1969 war freilich nur der Auftakt zu einer Serie von sieben aufeinander folgenden Titelgewinnen, die sich die Violetten bis 1975 sichern konnten. Der zweite Erfolg fiel in den Frühsommer 1970, nachdem die ungarische Ligameisterschaft ab der Saison 1970/71 wieder zum mitteleuropäischen Herbst-Frühjahrs-Rhythmus übergehen sollte. Zum Abschluss der Übergangsrunde ermittelten die Gewinner der beiden Achtergruppen im Juni in zwei Finalspielen den Landesmeister, aus denen Titelverteidiger Dozsa Ujpest gegen Ferencvaros durch ein 3:2 im Megyeri ut sowie ein 1:1 im Nepstadion als Sieger hervorging. Nach den Glanzleistungen der Vorsaison stand der 10-fache Saisontorschütze Bene allerdings nicht nur in den beiden Finalspielen – in denen er ohne Torerfolg geblieben war – im Schatten von Antal Dunai, der mit 14 Treffern Torschützenkönig wurde.

► EINWURF

Die sieben aufeinander folgenden Meistertitel zwischen 1969 und 1975 hatte Dozsa Ujpest besonders seiner magischen Sturmformation mit Laszlo Fazekas, Janos Göröcs, Ferenc Bene, Antal Dunai und Sandor Zambo zu verdanken. Den Violetten gelang dabei übrigens eine echte Punktlandung, da sie im genannten Zeitraum exakt 500 Ligatreffer erzielen konnten, von denen allein 147 auf das Konto von Ferenc Bene gegangen waren.

Während es im Pokal durch ein 3:2 im Endspiel am 20. August 1970 über Komloi Banyasz zu einem weiteren Erfolg reichte, war im Messe-Cup diesmal bereits nach drei Runden Endstation. Schon Partizan Belgrad (1:2, 2:0) war vom Vorjahresfinalisten nur mit großer Mühe aus dem Weg geräumt worden, wobei Bene im Rückspiel nach 61 Minuten den Treffer zur 1:0-Führung erzielt hatte. Da es beim FC Brügge anschließend eine 2:5-Niederlage setzte, schien das vorzeitige Aus schon beschlossene Sache. Doch rafften sich die Violetten vor eigenem Publikum noch einmal auf und bliesen nach der Pause zur Aufholjagd, die nach einem weiteren Bene-Treffer aus der 58. Minute einen 3:0-Sieg und damit doch noch das Weiterkommen bescherte. Im Achtelfinale hatten die Ungarn gegen Carl Zeiss Jena allerdings nichts zu bestellen und verabschiedeten sich mit zwei Niederlagen (0:1, 0:3) aus dem Wettbewerb.

Im Megyeri ut trägt Dozsa Ujpest Budapest traditionell seine Heimspiele aus. Im Oktober 2003 wurde die Arena offiziell in Ferenc-Szusza-Stadion umbenannt. Torjäger Ferenc Bene feierte im Megyeri ut acht Meisterschaften.

Mit 24 Saisontreffern drang Ferenc Bene 1970/71 wieder in gewohnte Dimensionen vor und landete in der Torschützenliste nur knapp hinter Mihaly Kozma von Honved (25 Tore) auf Rang zwei. In der Liga konnten die Violetten ihr Titel-Abo dagegen verlängern und Ferencvaros um zwei Zähler abhängen. Allein das Comeback im Europacup der Landesmeister nach zehn Jahren verlief nicht nach Wunsch, da die Mannschaft bereits in der Auftaktrunde über Roter Stern Belgrad (2:0, 0:4) gestolpert war.

Nachdem Dozsa Ujpest zunächst also noch Lehrgeld bezahlt hatte, erweisen sich die Überflieger des ungarischen Fußballs in den kommenden drei Jahren als gereift und vermochten auch im Wettstreit der kontinentalen Meister zu überzeugen, indem sie jeweils mindestens ins Viertelfinale einzogen. In der Saison 1971/72 scheiterten sie in der Runde der letzten Acht knapp an Celtic Glasgow (1:1, 1:2), nachdem sie zuvor Malmö FF und den FC Valencia ausgeschaltet hatten. Ferenc Bene hatte sich allein zum Auftakt gegen Malmö in der Torschützenliste verewigt, als er den Schweden nach dem Führungstreffer von Antal Dunai dreimal eingeschenkt hatte. Seine Torerfolge hatte sich der Ballermann vom Balaton für die nationale Meisterschaft aufgehoben, wo er mit 29 Treffern in 30 Einsätzen seine persönliche Bestmarke setzte und zum dritten Mal Torschützenkönig wurde.

In der Saison 1972/73 sicherte sich das Ujpest-Team den fünften Meistertitel in Serie, derweil auch Ferenc Bene mit 23 Ligatreffern seinen Spitzenplatz in der Torschützenliste behaupten konnte. In den europäischen Meistercup waren die Violetten mit einem 2:0 über den FC Basel gestartet, um trotz einer 2:3-Rückspielniederlage – bei der Bene beide Treffer der Ungarn erzielt hatte – ins Achtelfinale einzuziehen. Hier zeichnete „Ferike" schon beim 1:2 im Hinspiel gegen Celtic Glasgow für den wichtigen Anschlusstreffer in Parkhead verantwortlich. Und auch im Rückspiel von Budapest legte er mit einem Doppelpack die Basis für einen ungefährdeten 3:0-Erfolg. Im Viertelfinale traf Dozsa Ujpest schließlich auf Juventus Turin, von dem man sich im Piemont zunächst mit einem torlosen Remis trennte. Zu Hause legten die Ungarn dann los wie die Feuerwehr und gingen schon in der ersten Minute dank Benes sechstem Europacuptreffer der laufenden Saison mit 1:0 in Führung. Nach Toths 2:0 aus der 12. Minute träum-

ten die Fans schon von der Vorschlussrunde, doch erkämpften sich die Gäste am Ende ein 2:2-Unentschieden, womit die Magyaren aufgrund der Auswärtstorregel am späteren Finalisten gescheitert waren.
Als einer der erfahrendsten Akteure im Team war Ferenc Bene längst zum Mannschaftskapitän aufgestiegen. Als solcher führte er die Violetten in der Spielzeit 1973/74 auch unter dem neuen Übungsleiter Pal Varhidi zum obligatorischen Meistertitel, wenngleich seine Trefferzahl auf für ihn mickrige 14 zurückgegangen war. Ausgerechnet im Jahr des größten Erfolgs im Meistercup – Dozsa Ujpest scheiterte erst im Halbfinale an den Münchner Bayern – durchlitt Bene eine für Torjäger nicht ganz untypische Krise, da er auch in seinen acht Europacupeinsätzen lediglich einen einzigen Treffer erzielen konnte.
So richtig zu glänzen vermochte der mittlerweile 30-Jährige dann noch einmal in der Saison 1974/75, als er mit 20 Torerfolgen zum fünften Mal zum besten Goalgetter des ungarischen Ligafußballs avancierte. Weniger gut lief es im Europacup der Landesmeister, wo diesmal bereits im Achtelfinale Leeds United (1:2, 0:3) zum Stolperstein geworden war. Während Bene gegen die Engländer torlos blieb, hatte er zu den beiden Auftakterfolgen über Levski-Spartak Sofia (4:1, 3:0) drei Treffer beigesteuert. Vor allem im Pokalfinale wurde jedoch deutlich, dass „Ferike“ über den Zenit seiner Karriere allmählich hinaus war. Vor dem Duell mit Haladas Szombathely hatte er verletzungsbedingt passen müssen, was den Violetten nur scheinbar zum Nachteil gereichte, da sie unerwartet mit 0:2 in Rückstand gerieten. Nach der Pause aber schlug die große Stunde des defensiven Mittelfeldspielers Jozsef Horvath, der mit einem Hattrick zwischen der 62. und 70. Minute das Fehlen von Kapitän Ferenc Bene kompensierte und den Meister auch zum Pokalsieg schoss.

Im Land der tausend Seen

Während Dozsa Ujpest 1975/76 in der ungarischen Liga erstmals seit sieben Spielzeiten den Titelgewinn verpasste und Ferencvaros den Vortritt lassen musste, begann der Stern Benes nun spürbar zu sinken. Kam dieser 1975/76 und 1976/77 zusammengerechnet immerhin noch auf 30 Spiele, in denen er elf Tore erzielte, wurde er im Meisterjahr 1977/78 in Anbetracht von nur noch drei Liga-Einsätzen (zwei Tore) endgültig zum Reservespieler degradiert. Einen seiner letzten großen Auftritte für die Violetten hatte er am 5. November 1975, als es im Achtelfinale des kontinentalen Meisterpokals galt, vor heimischem Publikum eine 2:5-Hinspielniederlage gegen Benfica Lissabon wettzumachen. Nachdem Bene schon in der 3. Minute getroffen hatte, erhöhte er nach 54 Minuten auf 2:0, so dass nach dem 3:0 von Nagy (65.) sogar wieder der Einzug ins Viertelfinale im Bereich des Möglichen lag. Erst nach dem Gegentreffer von Manuel Nene nach 74 Minuten musste sich „Ferike“ gemeinsam mit den rund 8.300 Zuschauern im Megyeri ut mit dem Europacup-Aus abfinden.
Im Sommer 1978 heuerte der bei Dozsa Ujpest ausrangierte Mittelstürmer für eine Spielzeit bei Zweitligist FC Volan Budapest an, dem dank der Hilfe des 76-fachen Nationalspielers erstmals in der Vereinsgeschichte der Aufstieg gelang. Dies schien der ideale Augenblick, um sich nach 18 Jahren endgültig vom aktiven Fußball zu verabschieden. Rund anderthalb Jahre nach seinem offiziellen Abschiedsspiel mit der Nationalmannschaft im September 1979 sollte Bene aber noch einmal auf den Fußballplatz zurückkehren und ein sensationelles Comeback wagen. Der Olympiasieger von 1964 betätigte sich als Entwicklungshelfer für den international drittklassigen finnischen Fußball und schloss sich Anfang 1981 dem Provinzverein Sepsi-78 Seinäjoki an, der gerade erst in die oberste Spielklasse aufgestiegen war. Im Land der tausend Seen wurde Bene nicht mehr im Sturm, sondern im Mittelfeld eingesetzt, wobei er im Spieljahr 1981 mit vier Treffern in 19 Ligaspielen seinen Teil dazu beitrug, dass der Underdog mit 20:24 Punkten und 21:30 Toren als Neunter locker den Klassenerhalt schaffte. Auch in der nächsten Saison traf Bene in 20 Einsätzen weitere sechsmal ins Schwarze. In der Endabrechnung fehlte Sepsi-78 jedoch ein Zähler zum Klassenerhalt, womit die finno-ugrische Liaison für den Torjäger a.D. mit dem ersten Abstieg seiner Karriere endete.
Zurück in seiner ungarischen Heimat schloss sich Ferenc Bene wieder dem FC Volan an, der nach der Spielzeit 1983/84 in die Zweitklassigkeit abstieg. Da der Oldie allerdings nur selten zum Zug kam, wechselte er während der laufenden Saison weiter zum Budapester Viertligisten VOSE Soroksar, um auf dem achten Platz im gesicherten Mittelfeld die Ziellinie zu passieren. Im Alter von mittlerweile 40 Jahren heuerte er 1984/85 schließlich beim SC Kecskemet an, um bei 42:18 Punkten denkbar knapp den Aufstieg in die zweite Liga zu verpassen. Nach dem Gastspiel in Zentralungarn war dann allerdings endgültig Schluss: Ferenc Bene erklärte im Sommer 1985 seine Laufbahn als Fußballer unwiderruflich für beendet.

Zwischen Frauenfußball und Beachsoccer

Gleich nach dem Ende seiner Spielerkarriere begann die ungarische Stürmerlegende als Trainer zu arbeiten. Bis 1991 widmete er sich vornehmlich der Jugendarbeit bei Dozsa Ujpest und förderte in dieser Funktion das ein oder andere vielversprechende Talent. Bei den Violetten gehörte Ferenc Bene quasi zum lebenden Inventar. Wenn Not am Mann war, half er auch bei der ersten Mannschaft aus, wie etwa im Zeitraum von 1986 bis 1989, als er unter seinem ehemaligen Teamgefährten Janos Göröcs sowie Istvan Varga als Co-Trainer fungierte. Die Rolle als Assistenz-Coach bekleidete Bene auch bei der ungarischen U21, die 1996 an den Olympischen Spielen in Atlanta teilnahm. Antal Dunai hatte sich an seinen ehemaligen Sturmpartner erinnert und diesen mit in die USA genommen, wo die Magyaren allerdings enttäuschten und ohne Punktgewinn nach der Vorrunde ausschieden.
Wenig Fortune hatte Ferenc Bene auch in der Saison 1992/93, als er bei seinem Ex-Verein zum einzigen Mal in die Rolle des Cheftrainers schlüpfte. Nach dem Fall des Eisernen Vorhangs war der Namenszusatz „Dozsa“ gestrichen worden, was freilich nichts daran änderte, dass der FC Ujpest zu Beginn der Neunziger eine Durststrecke durchlief und nach dem 19. Meistertitel der Saison 1989/90 in den kommenden beiden Jahren nur die Ränge neun und acht belegte. Umso höhere Erwartungen setzte das Präsidium in Ferenc Bene, unter dem das Team aber noch weiter abrutschte und bei gerade einmal vier Saisonsiegen mit Ach und Krach den Klassenerhalt schaffte, was für den Ex-Stürmer zur vorzeitigen Entlassung führte.
Irgendwie gehört Ferenc Bene jener Kategorie Fußballer an, die nach einer erfolgreichen Spielerkarriere als Trainer mehr und mehr zur Karikatur ihrer selbst verkamen. Nach seinem Rauswurf bei den Violetten versuchte er sich 1994 kurzzeitig in der nahe Budapest gelegenen Kleinstadt Fot als Amateurtrainer, um mit weiteren Engagements als Übungsleiter der Frauen- und später der Beachsoccer-Nationalelf endgültig zum ungarischen Lothar Matthäus zu mutieren. Ferenc Bene, der nur 65 Jahre alt wurde, erlag am 27. Februar 2006 in Budapest den Folgen eines Sturzes.

► ZAHLEN UND FAKTEN

Vereine: 1961-1978 Dozsa Ujpest Budapest
1978-1979 FC Volan Budapest
1981-1982 Sepsi-78 Seinäjoki (FIN)
1983-1984 FC Volan Budapest
1984 VOSE Soroksar
1985 SC Kecskemet

Tore: 417 ungarische Erstligaspiele (303 Tore)
39 finnische Erstligaspiele (10 Tore)
69 Europacup-Spiele (40 Tore)
76 A-Länderspiele (36 Tore)
13 Olympiaauswahl-Spiele (24 Tore)
gesamt 614 Pflichtspiele (413 Tore)

Erfolge: Ungarischer Meister 1969, 1970, 1971, 1972, 1973, 1974, 1975, 1978
Ungarischer Pokalsieger 1969, 1970, 1975
Olympiasieger 1964

Ungarischer Torschützenkönig 1962/63, 1969, 1971/72, 1972/73, 1974/75
Ungarns Fußballer des Jahres 1964, 1969

In der Nationalmannschaft:
Nach dem Ungarn-Aufstand 1956 und dem damit verbundenen Ende der legendären „Aranycsapat“ mit Spielern der Extraklasse wie Ferenc Puskas, Sandor Kocsis oder Zoltan Czibor, versuchte der ungarische Fußballverband zu Beginn der sechziger Jahre eine neue schlagkräftige Nationalelf zu formieren. Neben Akteuren wie Lajos Tichy (Honved) oder Florian Albert (Ferencvaros) zählte auch Ferenc Bene, der am 14. Oktober 1962 bei der 0:1-Pleite gegen Jugoslawien in Budapest sein Debüt gegeben hatte, zu den Hoffnungsträgern einer neuen Generation, die mit dem dritten Rang bei der Europameisterschaft 1964 eine Kostprobe ihres Könnens ablieferte.
Schon im dritten A-Länderspiel konnte „Ferike“ seinen ersten Treffer erzielen. Im EM-Achtelfinale mussten die Ungarn am 19. Oktober 1963 in Ost-Berlin gegen die DDR antreten, wobei Bene vor 33.000 Zuschauern in der 18. Minute einen 2:1-Auswärtssieg einleitete. Auch beim 3:3 im Rückspiel im Nepstadion eröffnete er nach nur sieben Minuten den Torreigen, um sich auch noch beim 2:1 im Viertelfinale gegen Frankreich in die Torschützenliste einzutragen. Als Gastgeber der Viererendrunde im Juni 1964 hatten die Organisatoren Spanien ausgeguckt, das zum Auftakt des Mini-Turniers im Bernabeu-Stadion auf Ungarn treffen sollte. Die Aufgabe, ausgerechnet gegen die Heimelf antreten zu müssen, erschien für die Magyaren umso undankbarer, weil ihnen mit Rakosi und Göröcs zwei wichtige Stammspieler fehlten, was dem 19 Jahre alten Ujpest-Angreifer Ferenc Bene erst zur Nominierung verhalf. Nachdem die Spanier weite Teile des Spiels dominiert hatten und seit der 35. Minute in Führung lagen, stellten die Gäste sieben Minuten vor Schluss das Spiel auf den Kopf, als Bene einen zu kurz abgewehrten Ball Iribars im gegnerischen Kasten versenkte und eine Verlängerung erzwang. Nach deren Ende war schließlich wieder alles im Lot, da Spanien durch Amancio doch noch den hoch verdienten Siegtreffer erzielen konnte. So blieb den Ungarn das Spiel um den dritten Platz, das sie in Barcelona gegen Dänemark nach Verlängerung mit 3:1 für sich entschieden. Das kleine Finale im Camp Nou blieb freilich nicht wegen des ungarischen Erfolges – und auch nicht wegen Benes Führungstreffer nach elf Minuten – in Erinnerung. Es waren gerade einmal handverlesene 3.869 Besucher, die sich in der Riesenschüssel des Camp Nou verloren hatten, womit die ganze Sinnhaftigkeit der Veranstaltung in Frage gestellt worden war.

Vier Spiele – vier Tore

Dennoch durften die Ungarn mit dem Verlauf des Fußballjahres 1964 absolut zufrieden sein, da nach dem dritten Platz bei der EM später auch noch die Goldmedaille bei Olympia heraussprang, an der nicht zuletzt Ferenc Bene maßgeblichen Anteil hatte. Entsprechend hoch waren daher auch die Erwartungen vor der WM in England, für die sich die Magyaren als souveräner Gruppensieger vor der DDR und Österreich qualifizierten. Obwohl Bene in allen vier Qualifikationsspielen mit von der Partie war, hatte er sich lediglich beim 1:1-Auftaktremis in der DDR als Torschütze auszuzeichnen vermocht, was auch an Lajos Tichy lag, mit dem er einen starken Konkurrenten auf der Mittelstürmerposition besaß, der in seinen 72 Länderspielen zwischen 1955 und 1971 auf 51 Tore kommen sollte.

► EINWURF

Den vielleicht größten Erfolg seiner Karriere konnte Ferenc Bene 1964 feiern, als er mit der ungarischen Olympiaelf bei den Spielen von Tokio die Goldmedaille gewann. Beim Turnier in Japan befand sich Bene in der Form seines Lebens und traf bei den fünf Spielen auf dem Weg zum Olymp stolze zwölfmal ins Schwarze, womit er auch bester Torschütze des Turniers wurde. Ohnehin liest sich seine Bilanz im Schatten der fünf Ringe grandios: Rechnet man die Vorbereitungs- und Qualifikationsspiele mit ein, hat Bene in 13 Einsätzen für das Olympiateam 24 Tore erzielt, was einer Quote von 1,85 je Spiel entspricht. Zehn Jahre nach der Berner Fußballkatastrophe und zwölf Jahre nach dem Olympiasieg von Puskas & Co. in Helsinki hatten die Magyaren bei der damals noch inoffiziellen Europameisterschaft in Spanien den dritten Platz belegt, so dass sie mit breiter Brust die Olympiaexpedition antraten, die am 11. Oktober mit einem fulminanten 6:0 über Marokko begann. Die völlig überforderten Nordafrikaner bekamen vor allem Mittelstürmer Bene zu keiner Zeit in den Griff, da dieser sämtliche Treffer für sein Team erzielte. Nach zwei Toren vor der Pause brachen zwischen der 70. und 87. alle Dämme, als „Ferike“ den Marokkanern gleich viermal einschenkte. Beim anschließenden 6:5 über Jugoslawien traf der ungarische Mittelstürmer lediglich einmal, derweil er beim 2:0-Viertelfinalerfolg über Rumänien torlos blieb. Erst in der Vorschlussrunde nahm er wieder Fahrt auf und erhöhte sein Trefferkonto gegen Ägypten (6:0) um weitere vier Tore, ehe am 23. Oktober im Tokioter Olympiastadion die Krönung folgte. Im sozialistischen Bruderkampf mit der CSSR gefielen beide Teams mit technisch brillantem Fußball, wobei die Ungarn nach 90 Minuten mit 2:1 die Nase vorn hatten. Das zwischenzeitliche 2:0 nach exakt einer Stunde war dabei auf das Konto des erst 19-jährigen Bene gegangen, der mit einem unaufhaltsamen Alleingang durch die gegnerische Abwehr spazierte, um schließlich auch Torhüter Schmucker aus halbrechter Position zu überwinden. Für Bene hatte sich damit sein Trikot mit der Nummer 13 endgültig als Glücksbringer erwiesen.

In England sollte Verbandskapitän Lajos Baroti dann allerdings dem Ujpest-Mittelstürmer den Vorzug geben, der bei seiner ersten und einzigen Endrundenteilnahme mit vier

Toren in vier Spielen – in jedem eines – zu den auffälligsten ungarischen Akteuren zählte. Seinen Stammplatz dürfte sich Bene nicht zuletzt mit einer Galavorstellung im letzten Vorbereitungsspiel gegen die Schweiz erkämpft haben, als er beim 3:1 im Budapester Nepstadion gleich zweimal erfolgreich gewesen war.

Im ersten Gruppenspiel bekam es Ungarn am 13. Juli 1966 im Old Trafford mit den hocheingeschätzten Portugiesen zu tun, die mit Eusebio einen der großen Superstars der bevorstehenden Weltmeisterschaftstage in ihren Reihen hatten. Doch während sich die Abwehrspieler auf Benficas „Schwarze Perle“ konzentrierten, ließen sie vor allem dessen Nebenmann Augusto außer Acht, der zwei der drei portugiesischen Treffer erzielen konnte. Da nutzte es auch nichts, dass Ferenc Bene in der 59. Minute zur Stelle war und nach einem kapitalen Fehler des schwachen Torhüters Carvalho zum zwischenzeitlichen 1:1 abstaubte. Während Verbandskapitän Baroti mit der 1:3-Auftaktniederlage haderte, ließ Ferenc Puskas, der als Radiokommentator in England weilte, am viel zu defensiven ungarischen Spiel keinen guten Faden und beklagte besonders, dass seine Landsleute mit Doppelstopper, aber nur zwei echten Stürmern – Bene und Farkas – angetreten waren.

► EINWURF

Sowohl in Sachen Länderspieleinsätze als auch -tore ist Ferenc Bene in den ewigen Bestenlisten des zweifachen Vizeweltmeisters unter den besten Zehn platziert. Mit 76 A-Länderspielen belegt er gemeinsam mit Laszlo Balint und Mate Fenyvesi den neunten Platz, womit er allerdings deutlich hinter Rekordnationalspieler Jozsef Bozsik liegt, der von 1947 bis 1962 insgesamt 101-mal für Ungarn aufgelaufen ist. Treffsicherster Angreifer der Magyaren ist der unvergleichliche Ferenc Puskas, dem in 89 A-Länderspielen 84 Tore gelungen sind. Mit immerhin 37 Torerfolgen rangiert Ferenc Bene auf Platz sieben.

Entsprechend tief waren auch die Erwartungen vor dem zweiten Auftritt gegen Titelverteidiger Brasilien angesiedelt, der drei Tage später an der Liverpooler Anfield Road über die Bühne ging. Während die Südamerikaner auf den angeschlagenen Pele verzichten mussten, hatten die Magyaren aus dem Portugal-Spiel die Konsequenzen gezogen und überzeugten von Beginn an mit erstaunlich forschem Spiel. Von der deutlich offensiveren Ausrichtung profitierte vor allem Ferenc Bene, der nach nur 90 Sekunden eine Traumkombination zur 1:0-Führung abschloss. Zwar mussten die Ungarn in der 14. Minute den Ausgleichstreffer durch Tostão schlucken. Das Eckenverhältnis von 10:2 bis zum Seitenwechsel weist allerdings deutlich deren spielerisches Übergewicht aus. Nachdem Bene zu Beginn der zweiten Hälfte eine Großchance vergeben hatte, unterstrich er nach einer guten Stunde seine Hochform, als er mit einem gekonnten Zuspiel den lauernden Janos Farkas in Szene setzte, der aus vollem Lauf zum 2:1 vollendete. Und auch am dritten ungarischen Treffer war der überragende Ujpest-Mittelstürmer beteiligt, als er in der 72. Minute im gegnerischen Strafraum von Altair umgesäbelt wurde und damit einen Strafstoß erzwang, den Meszöly zum 3:1-Endstand in den brasilianischen Kasten nagelte. Mit einem Mal sprach die Fußballwelt voller Hochachtung vor den zuvor noch so arg gescholtenen Ungarn, die durch einen abschließenden 3:1-Sieg über Bulgarien die Teilnahme am Viertelfinale festzurrten. Nach der starken Vorstellung an der Anfield Road reihte sich Bene in der 53. Minute mit einem Kopfballtreffer zwar auch in Manchester in die Torschützenliste ein. Dennoch musste sich der Held des Brasilien-Spiels hinterher einiges anhören, weil er vor allem nach dem 3:1 mehrere Hochkaräter kläglich versiebt hatte.

Zum Viertelfinale am 23. Juli gegen die Sowjetunion musste die Mannschaft in den Roker Park des AFC Sunderland übersiedeln, wo nachmittags um drei der Anpfiff erfolgte. Gegen die Sbornaja schienen die Ungarn aber besonders vor der Pause wie gelähmt und konnten froh sein, nur einen Gegentreffer kassiert zu haben. Als zwei Minuten nach dem Wiederanpfiff auch noch das 2:0 für die Sowjets gefallen war, schien die Sache endgültig durch, ehe die ungarischen Angriffsbemühungen in der 58. Minute endlich Früchte trugen: Nachdem Meszöly durch die gegnerische Abwehr getanzt war, zeigte sich erneut Ferenc Bene auf der Höhe des Geschehens, als er mit einem platzierten Schrägschuss den chancenlosen Lew Jaschin überwand. In der restlichen Spielzeit belagerten Bene & Co. dann zwar förmlich die gegnerische Hälfte. Doch ein großartig aufgelegter Jaschin sowie Pech und Unvermögen der ungarischen Angreifer machten sämtliche Hoffnungen auf den Ausgleichstreffer zunichte.

Das Pulver ist verschossen

Nach einem weiteren Torerfolg in der EM-Qualifikation gegen Dänemark (6:0) im September hatte Ferenc Bene 1966 mit acht Treffern in zehn Einsätzen sein bestes Länderspieljahr hinter sich gebracht, wobei sich auch seine Gesamtbilanz sehen ließ: Beim Viertelfinal-Aus gegen die UdSSR hatte er in seinem 21. A-Länderspiel zum 14-mal getroffen, was durchaus aller Ehren wert war. Mit seinen starken Darbietungen bei der EM 1964, der WM 1966 sowie beim olympischen Fußballturnier von Tokio hatte Ferenc Bene im Alter von noch nicht einmal 22 Jahren allerdings schon die beste Zeit seiner Nationalmannschaftskarriere hinter sich, obwohl diese noch weitere neun Jahre andauern sollte. Während Ferenc Bene bei der erfolgreichen Verteidigung der olympischen Goldmedaille in Mexiko nicht mehr mit von der Partie war, scheiterte die A-Nationalmannschaft 1970 und 1974 an der WM- sowie 1968 an der EM-Qualifikation, so dass der Ujpest-Star nur noch 1972 an einem großen Turnier teilnehmen sollte. Aber auch „Ferikes“ Trefferquote ging nach dem WM-Aus in England spürbar zurück: Bis zu seinem vorletzten Länderspiel am 14. Juni 1975 gegen Wales absolvierte er für Ungarn zwar weitere 54 Einsätze, traf dabei allerdings „nur“ noch 22-mal ins Schwarze. Da Ferenc Bene die hochgesteckten Erwartungen auf internationalem Parkett nach seinen ersten verheißungsvollen Auftritten also nur noch bedingt erfüllte, haftete ihm nicht nur in seiner ungarischen Heimat der Ruf des ewigen Talents an.

Im Rahmen der WM-Qualifikation für Mexiko erlebte Bene mit sechs Toren in sieben Spielen ein kurzes Zwischenhoch. Seinen stärksten Auftritt verzeichnete er am 22. Oktober 1969 gegen Dänemark, als ihm beim 3:0 in Budapest einer von fünf Doppelpacks im Nationaltrikot gelang. Nach sechs Spielen lagen die Ungarn punktgleich mit der Tschechoslowakei an der Spitze ihrer Qualifikationsgruppe, so dass der WM-Teilnehmer in einem Entscheidungsspiel ermittelt werden musste, wo Bene & Co. einen rabenschwarzen Tag erwischten und am 3. Dezember 1969 in Marseille mit 1:4 unterlagen.

Nach einem weiteren Doppelpack am 4. April 1971 in Wien gegen Österreich in der Schlussphase, welcher den Ungarn einen 2:0-Erfolg über den Erzrivalen sichern half, verblüffte Bene seine Kritiker am Ende des Jahres, als er zu den drei Länderspielsiegen über Frankreich (2:0), Norwegen (4:0) und Malta (2:0) fünf der insgesamt acht

Treffer beisteuerte. Mit den überzeugenden Auftritten gegen Frankreich und Norwegen hatte sich die Mannschaft für das Europameisterschafts-Viertelfinale qualifiziert, wo im Frühjahr 1972 Rumänien aus dem Weg geräumt wurde. Mit einem mageren 1:1 war man zunächst im Budapester Nepstadion auseinandergegangen, ehe man sich in Bukarest ebenfalls 2:2 unentschieden trennte. Am 14. Mai hatte Mittelstürmer Ferenc Bene seine beste Aktion nach nur fünf Minuten, als er das Spielgerät mit einem wuchtigen Schuss an die Latte knallte, ehe Szöke zur frühen 1:0-Führung abstauben konnte. Ohne Torerfolg war Bene auch im Entscheidungsspiel von Belgrad (2:1) geblieben, was gleichermaßen auf das Halbfinale gegen die Sowjetunion zutraf, welches am 14. Juni in Brüssel mit 0:1 verloren ging. Der nach einer Stunde für Antal Dunai ausgewechselte Mittelstürmer war vor der Minuskulisse von 1.659 Zuschauern im Parc Astrid nur einmal wirklich gefährlich vor dem gegnerischen Kasten aufgetaucht, als er in der 24. Minute knapp über die Latte zielte.
Ohnehin musste sich Ferenc Bene in den letzten Jahren seiner Länderspiellaufbahn vermehrt mit der Rolle des Ein- oder Auswechselspielers begnügen, was seine mageren drei Torerfolge in 22 A-Länderspielen zwischen 1972 und 1975 erklärt. Letztmalig trat er für sein Heimatland am 31. März 1974 im 68. Einsatz in Zalaegerszeg gegen Bulgarien (3:1) als Torschütze in Erscheinung. Bis zu seinem 75. und vorerst letzten Länderspiel am 16. Juni 1975 gegen Wales (1:2) in Budapest durfte Bene noch sechsmal das ungarische Nationaltrikot überstreifen, wobei dies auch am 17. April 1974 der Fall war, als die Magyaren in Dortmund vom kommenden Weltmeister Deutschland mit 5:0 abgestraft wurden. Nachdem Bene im Sommer 1979 das Ende seiner Karriere bekannt gegeben hatte, bekam er vom Verband am 12. September ein offizielles Abschiedsspiel gegen die CSSR (2:1) geschenkt, wo er nach zwölf Minuten unter großem Applaus der Fans den Platz verließ.

Saison	Europacup		Liga		Lsp.	
	Sp.	T.	Sp.	T.	Sp.	T.
1961/62	6	5	22	6		
1962/63	5	2	26	23	2	0
1963			13	6	3	2
1964	6	4	26	20	3	3
1965			25	20	6	2
1966	6	3	26	24	10	8
1967			30	22	6	3
1968			26	22	0	0
1969	10	9	29	27	8	6
1970	6	2	16	10	3	1
1970/71	2	0	28	24	6	3
1971/72	6	3	30	29	14	6
1972/73	6	6	30	23	3	0
1973/74	8	1	29	14	6	2
1974/75	4	3	28	20	5	0
1975/76	2	2	18	7		
1976/77	1	0	12	4		
1977/78	1	0	3	2		
1978/79			?	?	1	0
1981			19	4		
1982			20	6		
1983/84			?	?		
1984/85			?	?		

Carlos Bianchi
Erfolgreich als Spieler und Trainer

Als Kind hatte der am 26. April 1949 in Buenos Aires geborene Carlos Bianchi immer davon geträumt, das Dress von Velez Sarsfield tragen zu dürfen. Der Verein aus dem Stadtteil Liniers war am 1. Januar 1910 gegründet worden und trug seine Heimspiele im nach dessen langjährigen Präsidenten benannten Estadio José Amalfitani aus, das sich nicht weit von Carlos Bianchis Zuhause befand. Der spätere Stürmer-Star wohnte in Villa Real, das ebenso wie Liniers am westlichen Stadtrand von Buenos Aires liegt. Bianchi stammte aus bescheidenen Verhältnissen. Sein Vater betrieb einen kleinen Kiosk, in dem der fußballbegeisterte Sohnemann in seiner Jugend immer wieder aushelfen musste. Freilich nur so lange, bis ihn der Ruf seines Lieblingsklubs ereilte. Als Carlos Bianchi am 23. Juli 1967 im Ligaspiel gegen Boca Juniors (1:1) im Alter von 18 Jahren sein Debüt in der ersten Elf von Velez Sarsfield gab, schien sich der Traum von einer großen Fußballerlaufbahn zu erfüllen.
Zu Beginn kam Bianchi jedoch nur sporadisch zum Einsatz. Im Verlauf des Jahres 1967 bestritt er lediglich drei Ligaspiele, in denen er ohne erzielten Treffer blieb. In der ersten Jahreshälfte 1968 kam er im „Campeonato Metropolitano“ immerhin schon zweimal zum Einsatz. Am 7. Juli konnte Bianchi in der Partie bei den Argentinos Juniors (4:2) dann den ersten Pflichtspieltreffer seiner Karriere erzielen. Der Durchbruch kam schließlich im darauf folgenden Herbst: Auch dank seiner sieben Saisontreffern konnte sich Velez Sarsfield erstmals in der Klubhistorie den Landesmeistertitel sichern.

EXKURS: Modus der argentinischen Liga

Nach Einführung des Profifußballs im Jahr 1931 kam es in Argentinien zur Gründung einer auf Buenos Aires beschränkten Stadtliga, deren Sieger bis 1966 offiziell als Argentinischer Meister galt. Erst 1967 wurde das „Campeonato Metropolitana“ durch das „Campeonato Nacional“ ergänzt, an dem nun auch die Klubs aus den übrigen Landesteilen teilnehmen durften. Während die Metropolitana zumeist im Frühjahr ausgetragen wurde, fand die Nacional im Herbst statt. Kurz nach dem Ende von Bianchis aktiver Karriere wurde das argentinische Ligasystem dann grundlegend reformiert: Mit Beginn der Spielzeit 1985/86 ging man auf den in Europa üblichen Herbst-Frühjahrs-Rhythmus über und kürte – bei gleichzeitiger Einstellung der Metropolitana – nur noch einen Meister. Ab der Saison 1991/92 machten sich die Verantwortlichen dann wieder südamerikanische Traditionen zueigen und teilten die Saison in eine separate Herbst- („Apertura“) und Frühjahrsmeisterschaft („Clausura“) ein. Auf europäische Verhältnisse bezogen, würde dies bedeuten, dass in jeder Halbserie ein eigenständiger Titelträger gekürt würde.

Was damals noch niemand ahnte: Mit dem Erfolg im „Campeonato Nacional“ hatte Carlos Bianchi, der inzwischen seinen ersten Profivertrag besaß, den einzigen großen Titel seiner aktiven Karriere gewonnen. Für Velez Sarsfield, das traditionell hinter den Topklubs Independiente und Boca Juniors hinterherhinkte, wurde Bianchi freilich immer wichtiger. Bis Sommer 1973 lief er für den Stadtteilklub in 165 Ligaspielen auf und glänzte dabei mit 121 Toren. Zweimal führte er auch die Torschützenliste an. Zunächst war dies im Campeonato Nacional des Jahres 1970 der Fall, als er in 20 Spielen 18-mal einnetzen konnte.

Unvergessen bleiben seine 36 Torerfolge (in 36 Spielen) im Campeonato Metropolitano, die ihm im Frühjahr 1971 geglückt waren. Lange Zeit hatte Velez Sarsfield damit im Titelrennen Independiente Paroli geboten, das in der Endabrechnung lediglich einen Zähler mehr auf dem Konto hatte. Für den torgefährlichen Argentinier stand damit der Weg nach Europa offen.

Torflut in der D1 dank „El Goleador“

Es war das Verdienst von Henri Germain, dass Carlos Bianchi im Sommer 1973 bei Stade Reims anheuerte. Der Vereinspräsident hatte den Altmeister aus der Champagne bei dessen Rückkehr in die D1 zur Saison 1970/71 übernommen und fand in Carlos Bianchi den idealen Nachfolger für den ebenfalls aus Argentinien stammenden Mittelstürmer Delio Onnis, der nach zwei Spielzeiten für die „Rouge et Blanc“ nach Monaco gewechselt war.

► **EINWURF**

Seit 1972 ist Carlos Bianchi mit Margaret Mary Pilla verheiratet, mit der er zwei Kinder (Mauro Carlos und Brenda) hat. Brenda ist mit Eduardo Rodrigo Dominguez liiert, der ebenso wie sein Schwiegervater bei Velez Sarsfield die Profilaufbahn einschlug. Danach war Dominguez als Verteidiger für mehrere Klubs in Argentinien und Kolumbien aktiv. Seit 1996 absolvierte er in der argentinischen Primera División über 170 Spiele.

Gleich in seiner ersten Saison konnte „El Goleador“ die in ihn gesetzten Erwartungen erfüllen. In 33 Ligaeinsätzen in der Spielzeit 1973/74 traf er 30-mal ins gegnerische Gehäuse und setzte sich damit erstmals die französische Torjägerkrone auf. Dank Carlos Bianchi konnten die Rot-Weißen mit dem sechsten Rang auch die beste Platzierung seit ihrer Rückkehr ins Oberhaus realisieren. Lediglich an Meister AS Saint-Etienne, dem damals alles überragenden Team in der Division 1, führte kein Weg vorbei. Auch im Semifinale der Coupe de France zeigte ASSE seine Klasse und warf die Stadistes mit einem 1:0-Sieg aus dem Wettbewerb.

Der Verlauf der Saison 1974/75 sollte eindrucksvoll unter Beweis stellen, wie wichtig der Argentinier für seine Mannschaft war. Im Oktober zog sich dieser in einem Freundschaftsspiel gegen den FC Barcelona bei einem Zusammenprall mit Gallego einen doppelten Beinbruch zu und fiel damit für die kommenden fünf Monate aus. Ohne den „Goleador“ fiel Stade Reims bald aus der Spitzengruppe zurück und musste sich am Ende mit einem mäßigen elften Platz zufrieden geben.

Nach Bianchis Rückkehr ging es im kommenden Jahr wieder deutlich aufwärts. Der fünfte Platz, den die „Rouge et Blanc“ 1975/76 erreichten, konnte seitdem nie mehr wiederholt werden. Der argentinische Mittelstürmer hatte mit 34 Torerfolgen großen Anteil am erfolgreichen Saisonverlauf. Der Torschützenkönig vermochte auch in der Spielzeit 1976/77 (mit 28 Treffern) seinen Titel zu verteidigen. Zwar fiel sein Verein in der Liga auf den elften Platz zurück. Dafür wurde das nationale Pokalfinale erreicht, wobei Bianchi auf dem Weg dorthin zehn Treffer bejubeln durfte. Allein im Endspiel gegen AS Saint-Etienne konnte er ebenso wie Verteidiger Laraignée nicht mitwirken, was sicher einer der wesentlichen Gründe für die knappe 1:2-Niederlage war. So musste sich Bianchi mit dem freilich nur zweitklassigen Alpenpokal trösten, den Stade Reims durch ein 3:1 über SC Bastia gewonnen hatte. Addiert man Bianchis acht Zweitligatore in der Saison 1984/85 hinzu, hat der Argentinier in der Meisterschaft für die Stadistes 116 Treffer auf dem Konto und wird in dieser Hinsicht nur noch von Pierre Sinibaldi (143) und Just Fontaine (122) übertroffen. Nach dem Wechsel Carlos Bianchis zu Paris Saint-Germain begann auch der Stern des sechsfachen Französischen Meisters schnell zu sinken. Dieser stieg 1979 aus dem nationalen Oberhaus ab.

Vor der Saison 1977/78 hatte sich Bianchi dem Pariser Retortenklub PSG angeschlossen, der erst seit 1975 in der D1 spielte. Trotz seines neuen Torgaranten kam der Hauptstadtverein jedoch nicht über Platzierungen im anonymen Mittelfeld hinaus. Zu den wenigen Lichtblicken in einer ansonsten durchschnittlichen Mannschaft zählten freilich die Auftritte des „Goleadors“, der in seinen beiden Jahren an der Seine jeweils die Torschützenliste anführte. Damit war Carlos Bianchi das Kunststück gelungen, in seinen sechs bisherigen Spielzeiten seit 1973 im französischen Oberhaus fünfmal bester Torjäger geworden zu sein. Fünfmal Torschützenkönig wurden lediglich noch Delio Onnis und Jean-Pierre Papin, die dazu allerdings deutlich mehr Anläufe benötigten als Bianchi.

Der schloss sich im Sommer 1979 Racing Straßburg an, das im Vorjahr unter Gilbert Gress sensationell Meister geworden war. Wirklich glücklich wurde der Argentinier im Elsass jedoch nicht. In 22 Ligaspielen konnte er sein Torkonto um gerade einmal acht weitere Treffer erhöhen. Immerhin kam er an der Ill zu seinen einzigen drei Einsätzen im Europapokal, in denen er drei Tore erzielte. Die eher schwächere Saison war für Bianchi Grund genug, wieder in seine argentinische Heimat zurückzukehren. Obwohl er in der D1 nie zu Titelehren kam, ist er in Frankreich unvergessen. Nicht nur seine insgesamt 179 Treffer bleiben in Erinnerung. In mehreren Spielen traf Bianchi darüber hinaus gleich mehrfach: Während er in zwei Begegnungen je viermal erfolgreich war, traf der neuntbeste französische Ligatorschütze aller Zeiten in je einer Partie gar fünf- bzw. sechsmal ins Schwarze.

► **EINWURF**

Laut offiziellen Angaben der FIFA ist Carlos Bianchi mit 385 Treffern der erfolgreichste argentinische Erstligatorschütze aller Zeiten. Mit seiner beeindruckenden Torquote stellt er Alfredo di Stefano (376) und Delio Onnis (352) in den Schatten.

Back to the Roots

Zurück in der Primera División bewies der inzwischen 32-Jährige, dass er noch nichts verlernt hatte. Für seinen Heimatverein Velez Sarsfield bestritt er bis Sommer 1984 weitere 159 Spiele und war dabei 85-mal erfolgreich. Im Campeonato Nacional wurde er im Herbst 1981 mit 15 Toren in 17 Spielen ein letztes Mal Torschützenkönig. Und auch in den nächsten beiden Jahren zählte Bianchi mit 29 bzw. 24 Treffern nach wie vor zu den besten Torschützen des Landes. In der Spielzeit 1984/85 erklärte sich der „Goleador“ bereit, noch einmal bei seiner „alten Liebe“ Stade Reims auszuhelfen. Natürlich waren die Hoffnungen groß, die die Fans des mittlerweile biederen Zweitligisten aus der Champagne in Carlos Bianchi setzten. Der Saisonverlauf zeigte jedoch, dass dieser viel von seiner einstigen Torgefahr eingebüßt hatte. Ganze neunmal traf er in 18 Einsätzen für die „Rouge et Blanc“ ins Schwarze. Diese waren darüber hinaus meilenweit von einer Rückkehr in die D1 entfernt und schlossen die Tabelle als enttäuschende Zwölfte ab. Damit ging die lange Zeit schillernde Karriere von Carlos Bianchi auf eher unspektakuläre Weise zu Ende. Auch Verletzungen und

Krankheiten machten ihm immer mehr zu schaffen. Eine hartnäckige Schambeinentzündung zwang ihn im Frühjahr 1985 endgültig zum Rücktritt.

► **ZAHLEN & FAKTEN** Carlos Bianchi als Spieler

Vereine:	1967-1973	Velez Sarsfield
	1973-1977	Stade Reims
	1977-1979	Paris Saint-Germain
	1979-1980	Racing Straßburg
	1980-1984	Velez Sarsfield
	1984-1985	Stade Reims

Tore:	324 Spiele arg. Primera División (206 Tore)
	218 französische D1-Spiele (179 Tore)
	18 französische D2-Spiele (9 Tore)
	26 französische Pokalspiele (30 Tore)
	3 Europacup-Spiele (3 Tore)
	14 Länderspiele (7 Tore)
gesamt	603 Pflichtspiele (434 Tore)

Erfolge:	Argentinischer Meister (Nacional) 1968
	Alpenpokalsieger 1977
	Argentinischer Torschützenkönig 1970 (Nac.), 1971 (Met.), 1981 (Nac.)
	Französischer Torschützenkönig 1973/74, 1975/76, 1976/77, 1977/78, 1978/79

Titelhamster und „Vizekönig"

Während die Spielerkarriere von Carlos Bianchi vor allem mit zahlreichen Toren gepflastert war, entwickelte er sich in seiner im Anschluss eingeschlagenen Trainerlaufbahn zum wahren Titelhamster und damit einem der am meisten dekorierten Übungsleiter des Weltfußballs. 2001 und 2003 wurde er sogar jeweils zum „Weltklubtrainer des Jahres" gekürt. Sein Bekanntheitsgrad in Europa hält sich aber trotzdem einigermaßen in Grenzen. Einzige Ausnahme ist Frankreich, wo Bianchis Torerfolge natürlich immer noch unvergessen sind. Da er sämtliche seiner 15 Titel als Coach jedoch in seiner argentinischen Heimat feierte, gerieten diese Leistungen auf dem alten Kontinent schnell in Vergessenheit. Zudem waren seine beiden Kurzengagements in Italien und Spanien von Misserfolgen geprägt, was ein Übriges dazu beitrug, dass Carlos Bianchi diesseits des Atlantiks nur eine sehr begrenzte Wertschätzung entgegengebracht wird.

Noch während seiner aktiven Laufbahn begann Carlos Bianchi ab Herbst 1984 als Spielertrainer bei Stade Reims zu arbeiten. Unter seiner Obhut landete der Altmeister zunächst als Zwölfter im anonymen Zweitliga-Mittelfeld. Auch in den kommenden Jahren vermochte der Verein nicht annähernd an vergangene Erfolge anzuknüpfen. Zwar verbesserte sich Reims 1985/86 auf den vierten Rang, hatte aber bei einem Rückstand von 13 Zählern auf Spitzenreiter Racing Paris mit dem Aufstieg nichts am Hut. Genauso war es 1986/87, als die Schützlinge Carlos Bianchis zwar Platz vier bestätigen konnten, auf Staffelsieger Chamois Niort jedoch abermals einen deutlichen Rückstand von zwölf Zählern aufwiesen. Als die Stadistes am Ende der Spielzeit 1987/88 die Ziellinie als enttäuschende Siebte überquerten, musste der Argentinier nach vier Spielzeiten in der Champagne die Koffer packen. Während Bianchi der angepeilte Aufstieg ins Oberhaus verwehrt geblieben war, hatte sich sein Team zumindest als Pokalschreck erwiesen und war nach 1986/87 auch 1987/88 ins Semifinale der Coupe de France eingezogen.

In der Saison 1989/90 nahm Bianchi ein Engagement bei OGC Nizza in der höchsten französischen Liga an, wo er nach einem schwachen 18. Platz aber nach nur einem Jahr die Segel strich. Dabei mussten die Fans an der Côte d'Azur lange um den Klassenerhalt bangen, den sich die Mannschaft erst in der nachgeschalteten Relegation gegen Racing Straßburg nach einer 1:3-Pleite im Elsass sowie einem 6:0-Kantersieg in Nizza gesichert hatte.

Einen ersten größeren Erfolg als Trainer sollte Carlos Bianchi dann in der Saison 1991/92 bei einem weiteren Ex-Klub feiern. Mit Paris Saint-Germain landete er in der D1 auf dem dritten Platz und führte den ambitionierten Verein von der Seine damit zurück ins internationale Geschäft. Trotzdem verabschiedete er sich danach aus Europa und ging zurück nach Argentinien, um seinen Heimatverein Velez Sarsfield zu betreuen. Hier sollte er gleich auf Anhieb durchschlagenden Erfolg haben. Zunächst errang er 1993 die Clausura-Meisterschaft, um 1994 seine ersten beiden internationalen Titel einzufahren. Bis dato war der Klub aus dem Stadtteil Liniers in der Copa Libertadores noch ohne Erfolg geblieben. Entsprechend heiß waren die Anhänger, es endlich den Stadtrivalen Independiente, River Plate oder Boca Juniors gleichzutun, die sich allesamt bereits in die Siegerliste des Äquivalents zur europäischen Champions League eingetragen hatten. Nach dem 1:0-Sieg im heimischen Estadio Amalfitani und der anschließenden 0:1-Niederlage beim FC São Paulo, musste ein Elfmeterschießen die Entscheidung über Sieg und Niederlage bringen, wo sich die Truppe von Carlos Bianchi mit 5:3 durchsetzte. Für Velez Sarsfield sollte dies bis heute der einzige Erfolg in der Copa Libertadores bleiben.

Nach dem zwischenzeitlichen Triumph in der Copa Interamericana führte Bianchi sein Team am 1. Dezember 1994 durch ein 2:0 über den AC Mailand auch noch zum Gewinn des Weltcups, so dass ihm die Fans endgültig zu Füßen lagen. Es war der Sportjournalist Victor Hugo Morales, der Bianchi im Überschwang als „Viceroy" (Vizekönig) bezeichnete und damit ganz tief in die historische Mottenkiste griff. Der Stadtteil Liniers, in dem der nunmehrige Copa-Libertadores-Sieger Velez Sarsfield beheimatet ist, wurde benannt nach Santiago de Liniers, dem zehnten Vizekönig des zwischen 1776 und 1814 existierenden Vizekönigreichs Rio de la Plata.

Vizekönig Carlos Bianchi machte auch in den nächsten Jahren seinem Namen alle Ehre und führte Velez Sarsfield 1995 (Apertura) und 1996 (Clausura) zu zwei weiteren Meisterschaften. Damit schien die Zeit reif, sich auch bei einem europäischen Spitzenverein durchzusetzen, weshalb Bianchi zur Saison 1996/97 zum AS Rom wechselte. Am Tiber lief jedoch fast gar nichts zusammen. Im UEFA-Cup war für den Vorjahres-Fünften der Serie A bereits in der zweiten Runde gegen den Karlsruher SC Endstation, während die Mannschaft in der Meisterschaft den eigenen Ansprüchen weit hinterherlief, was Bianchi nach zehn Monaten vorzeitig den Job kostete.

Folglich kehrte der Argentinier abermals in seine Heimat zurück, wo er den Maradona-Klub Boca Juniors übernahm. Und wieder einmal zeigte sich, dass Carlos Bianchi ganz offenkundig mit der südamerikanischen Mentalität besser zurecht kam, da er auch seine neue Mannschaft – wie schon jene von Velez Sarsfield – wieder von Erfolg zu Erfolg führen sollte. Nachdem Bianchi mit Boca zwischen 1998 und 2000 zunächst drei Meistertitel gewonnen hatte, folgte im Jahr 2000 der erste Triumph in der Copa Libertadores. Die größten Hürden hatten dabei in Viertel- und Halbfinale Stadtrivale River Plate (1:2, 3:0) sowie Club America (4:1, 1:3) dargestellt. Besonders im Halbfinalrückspiel von Mexico City musste Carlos Bianchi bis zum Schlusspfiff um sein Team bangen, ehe dieses die

Endspiele gegen Palmeiras São Paulo erreicht hatte, die nach einem 2:2 im La Bombonera sowie einem torlosen Remis in Brasilien durch ein abschließendes 4:2 im Elfmeterschießen gewonnen wurden.
Am 30. November 2000 bewies der Boca-Trainer erneut, dass er ein absoluter Spezialist in Sachen Weltpokal war. In Tokio wurde Real Madrid mit 2:1 in die Schranken gewiesen, wobei sein Team wie die Feuerwehr gestartet war und nach fünf Minuten durch zwei Tore von Martin Palermo schon mit 2:0 führte. Neben Palermo zählten auch Oscar Cordoba und der junge Juan Roman Riquelme zu den Stützen seiner Mannschaft, die im kommenden Jahr ihre Erfolgsserie fortsetzte. Wieder war diese ins Finale der Copa Libertadores vorgedrungen. Und erneut bedurfte es eines Elfmeterschießens, um Cruz Azul aus Mexico City in die Schranken zu weisen. Natürlich wollte auch Bianchi anschließend den Weltpokal verteidigen. Bei seiner dritten Finalteilnahme erwiesen sich diesmal die Münchner Bayern als die stärkere Elf, die durch einen Kuffour-Treffer in der Verlängerung die Nase vorn hatte. Nach dem Schlusspfiff zeigten sich die Bayern-Verantwortlichen vor allem von der Spielweise der Südamerikaner wenig angetan. Insbesondere Manager Uli Hoeneß beklagte sich über zahlreiche Schauspieleinlagen der Bianchi-Schützlinge.

► EINWURF
Mit 206 Toren ist Carlos Bianchi heute der beste Allzeit-Torschütze von Velez Sarsfield. Auf dem zweiten Platz rangiert mit 111 Treffern Juan José Ferraro, der ebenso wie der drittplatzierte Norberto Conde (108) zu seinen Vorgängern auf der Mittelstürmerposition zählte.

Im Jahr 2002 zog sich Carlos Bianchi dann von seinem Cheftrainer-Posten zurück, um nach einem Sabbatjahr gleich wieder mit einem Titel zurückzukommen. Dem Gewinn der Apertura-Meisterschaft 2003 mit den Boca Juniors drei Zähler vor CA San Lorenzo folgte ein weiterer Triumph in der Copa Libertadores. Dieser sollte lediglich im Achtelfinale in Gefahr geraten, als es gegen den brasilianischen Vertreter SC Paysandu eine unerwartete 0:1-Heimpleite setzte, die mit einem 4:2-Erfolg im Rückspiel wettgemacht werden konnte. Im Viertel- und Halbfinale folgten vier Siege über CD Cobreloa (2:1, 2:1) und America Cali (2:0, 4:0), welche den Weg in die Endspiele ebneten. Nachdem Carlos Bianchi für seine bisherigen drei Triumphe in der Copa Libertadores jeweils ein Elfmeterschießen bemühen musste, gab es am diesjährigen Erfolg nichts zu rütteln. Nach einem 2:0-Heimsieg behielt Boca auch im Rückspiel beim FC Santos klar mit 3:1 die Oberhand, so dass die Argentinier mit Rückenwind ins Weltcupfinale gegen den AC Mailand gingen, das am 14. Dezember 2003 nach einem 1:1 nach Verlängerung mit einem weiteren Sieg im Elfmeterschießen (4:2) in die Annalen einging. Damit hatte eine von Carlos Bianchi betreute Mannschaft den dritten von vier Vergleichen mit dem europäischen Champions-League-Sieger für sich entschieden! Mit vier Erfolgen im südamerikanischen „Pokal der Befreier" war Bianchi ohnehin schon der erfolgreichste Trainer aller Zeiten. Im Sommer 2004 peilte er dann einen fünften Titelgewinn an, doch sollte sich dieses Mal die Elf von Once Caldas (0:0, 1:1) knapp durchsetzen. Während das Elfmeterschießen bis dato eine Domäne seiner Mannschaften gewesen war, behielten die kolumbianischen Außenseiter nun mit 2:0 die Nase vorn. Nach insgesamt neun Titeln bei Boca Juniors in sechs Jahren erklärte Carlos Bianchi 2004 seinen Rücktritt, den er mit mangelnden sportlichen Perspektiven begründete. Noch einmal versuchte er in der Spielzeit 2005/06 in Europa Fuß zu fassen, wo er bei Atlético Madrid nach nur sechs Monaten und neun sieglosen Spielen in Serie – darunter sieben Unentschieden – im Januar 2006 wieder vorzeitig entlassen wurde.

► ZAHLEN & FAKTEN Carlos Bianchi als Trainer

Vereine:	1984-1988	Stade Reims
	1989-1990	OGC Nizza
	1991-1992	Paris Saint-Germain
	1993-1996	Velez Sarsfield
	1996-1997	AS Rom
	1998-2002	Boca Juniors Buenos Aires
	2003-2004	Boca Juniors Buenos Aires
	2005-2006	Atlético Madrid
	Seit 2012	Boca Juniors Buenos Aires

Erfolge: Argentinischer Meister 1993 (Cl.), 1995 (Ap.), 1996 (Cl.), 1998 (Ap.), 1999 (Cl.), 2000 (Ap.), 2003 (Ap.)
Sieger Copa Libertadores 1994, 2000, 2001, 2003
Weltcupsieger 1994, 2000, 2003

In der Nationalmannschaft:
Obwohl Carlos Bianchi zu den erfolgreichsten Torjägern seines Landes zählte, kam er in der Albiceleste nie richtig zum Zug. Zwischen 1970 und 1972 bestritt er unter Juan Pizzuti 14 Länderspiele und erzielte dabei sieben Treffer. Die ersten beiden Länderspieltore schoss Bianchi am 21. Juli 1971, als er den Gauchos im Rahmen der Copa Carlos Dittborn in Santiago de Chile gegen den Gastgeber ein 2:2-Unentschieden rettete. Zum Mann des Tages avancierte er am 22. Juni 1972 mit drei Toren gegen Kolumbien (4:1) im brasilianischen Salvador de Bahia, wo sich die Albicelste anlässlich der 150-Jahr-Feier der Unabhängigkeit des nördlichen Nachbarn von Portugal an einem Turnier beteiligte. Nach seinem Wechsel nach Europa wurde Carlos Bianchi dann nicht mehr nominiert, womit er auch den ersten argentinischen WM-Titel im Jahr 1978 verpassen sollte.

Saison	Europacup		Liga		Pokal	
	Sp.	T.	Sp.	T.	Sp.	T.
1967			3	0		
1968			18	9		
1969			27	17		
1970			23	20		
1971			46	42		
1972			37	27		
1973			11	6		
1973/74			33	30	8	8
1974/75			16	15		
1975/76			38	34	5	5
1976/77			37	28	7	10
1977/78			36	37	3	2
1978/79			36	27	3	5
1979/80	3	3	22	8	0	0
1980			9	5		
1981			44	21		
1982			50	29		
1983			39	24		
1984			17	6		
1984/85			18	9		

Josef Bican
Keiner traf öfter als der „schöne Pepi“

Wenngleich die Quellenlage einige Unsicherheiten beinhaltet und nicht in allen Fällen wirklich eindeutig ist, spricht doch vieles dafür, dass er tatsächlich „der Beste unter den Besten“ gewesen ist: Josef – genannt „Pepi“ – Bican ist es in seiner 28 Jahre dauernden Laufbahn gelungen, mit 849 Treffern so viele Pflichtspieltore wie kein anderer Stürmer der Fußballgeschichte zu erzielen, womit er selbst Legenden wie Pele, Gerd Müller oder Romario in den Schatten stellt. Geradezu schwindelerregende Dimensionen nimmt die Zahl seiner Torerfolge an, wenn man noch jene aus Freundschaftsspielen hinzu addiert, die Statistiker mit 663 errechnet haben wollen, was für Bican 1.225 Treffer in lediglich 950 Einsätzen bedeuten würde und einem Schnitt von 1,29 je Spiel entspräche. Auch die IFFHS (International Ferderation of Football History & Statistics) sieht in Bican den treffsichersten Spieler der Fußballgeschichte und zeichnete ihn dementsprechend auch 1997 als besten Torjäger des 20. Jahrhunderts aus.
Geboren wurde Josef Bican am 25. September 1913 als Sohn böhmischstämmiger Eltern. Während seine Mutter Ludmila in Wien das Licht der Welt erblickt hatte, stammte sein Vater Frantisek aus dem südböhmischen Sedlice. Schon in seiner Kindheit wurde der kleine Pepi an seine Wurzeln erinnert, da er die Sommerferien zumeist bei den Großeltern in Böhmen verlebte und in Wien die tschechische Comenius-Schule besuchte. Die Wohnung der Familie Bican befand sich in der Quellenstraße im Arbeiterbezirk Favoriten, der bis zum Ersten Weltkrieg zur neuen Heimat vieler Zuwanderer aus den Habsburger Kronländern geworden war. In entsprechend ärmlichen Verhältnissen lebte die dortige Bevölkerung, die von den Einheimischen abschätzig als Ziegelböhmen bezeichnet wurde, weil viele der Neubürger in den Ziegeleien von Favoriten ihr karges Auskommen gefunden hatten. An ein reichhaltiges Freizeitangebot wie in unserer heutigen Wellness- und Wohlfühlgesellschaft war damals nicht im Entferntesten zu denken. Und während die Politiker der Gegenwart den festen Glauben hegen, dem Kindeswohl mit staatlich geförderter Rundumbetreuung am meisten zu dienen, waren Pepi Bican und seine Altersgenossen zumeist auf sich allein gestellt. Da auch derart segensreiche Erfindungen wie iPhone oder iPad noch nicht gemacht waren, jagte die heranwachsende Jugend von Favoriten aus Lumpen gefertigten, ballähnlichen Spielgeräten hinterher, was den Wiener Vereinen, die sich langsam dem Profitum zuzuwenden begannen, zu einer Generation waschechter Straßenfußballer verhalf.

Josef Bican, mit 849 Pflichtspieltreffern weltbester Torschütze der Fußballgeschichte, schaffte seinen Durchbruch Anfang der dreißiger Jahre bei Rapid Wien, um später bei Slavia Prag für Furore zu sorgen.

Anfänge bei Hertha Wien

Der immer populärer werdende Import aus England bot vielen darüber hinaus eine hochwillkommene Gelegenheit, sich gesellschaftlich emporzuarbeiten. Auch Bicans Vater Frantisek sollte sein Glück mit dem Fußballspielen versuchen, als er unverletzt von den Schlachtfeldern des Ersten Weltkrieges zurückgekehrt war und sich dem ASV Hertha anschloss. Freilich spielten die in Favoriten beheimateten Herthaner in der Wiener Liga nur eine Nebenrolle, doch reichte es nicht zuletzt dank Angreifer Frantisek Bican zu einigen Achtungserfolgen. Speziell in der Saison 1920/21 hatte sich die Mannschaft als Tabellenfünfter gut verkauft, wenngleich Rapid Wien als überlegener Meister weit enteilt war.

► **EINWURF**

Die Quellenstraße im 10. Wiener Gemeindebezirk Favoriten war nicht nur die Heimat Josef Bicans, sondern auch noch eines weiteren überragenden Akteurs des österreichischen Fußballs. Nicht weit von den Bicans entfernt wohnte Matthias Sindelar mit seiner Familie, der als Mittelstürmer des legendären Wunderteams Anfang der Dreißiger weltweiten Ruhm erlangen sollte. Obwohl „Pepi“ den „Motzl“ schon seit Kindertagen kannte, herrschte zwischen den beiden nie ein freundschaftliches Verhältnis. Der Grund für die große Rivalität dürfte schon darin begründet liegen, dass Sindelar bei der Wiener Austria Karriere machte, derweil Pepi Bican sein Durchbruch bei Erzrivale Rapid gelang.

Ausgerechnet in einem Spiel gegen die Hütteldorfer sollte das Schicksal auf grausame Weise zuschlagen: Bei einem Foulspiel war Frantisek Bicans Niere schwer in Mitleidenschaft gezogen worden. Nachdem dieser sich geweigert hatte, sich einer Operation zu unterziehen, erlag er seinen Verletzungen kurz darauf im Alter von gerade einmal 30 Jahren, womit sein achtjähriger Sohn Pepi zum Halbwaisen geworden war. Die ohnehin schon große wirtschaftliche Not der Familie wurde dadurch noch dramatischer. Das Geld, das die Mutter als Küchenhilfe verdiente, reichte hinten und vorne nicht, so dass Pepi Bican oft barfuß Fußball spielte, weil er sich keine Schuhe leisten konnte. Dies freilich führte dazu, dass der spätere Weltrekordtorjäger sich eine glänzende Technik aneignete. Im Alter von zwölf Jahren trat er in die Schülermannschaft der Hertha ein, wobei ein Gönner jeden seiner Torerfolge mit einem Schilling entlohnte, mit dem das Familieneinkommen aufgebessert wurde.
Obwohl diese „Nebeneinkünfte“ natürlich gern genommen wurden, war damals noch nicht absehbar, dass Bican später sein Geld als Fußballprofi verdienen sollte. Auch nicht, als er seit 1928 im Firmenteam von „Schustek & Farbenlutz“ in Erscheinung trat, für das in den kommenden drei Jahren seine ersten offiziellen 71 Treffer registriert wurden. In der Werksmannschaft aus dem 10. Gemeindebezirk kickte der Lehrjunge zusammen mit vielen älteren Spielern, von denen er sich immer wieder wertvolle Anregungen holte, womit seine Klasse – noch unbeobachtet von der Öffentlichkeit – weiter heranreifte. In jener Zeit eignete sich Pepi Bican die Grundlagen für sein späteres Spiel an. Der 1,78 Meter große Stürmer verfügte über eine ungeheure Grundschnelligkeit und lief die 100 Meter in 10,8 Sekunden, womit er auch bei den Leichtathleten zu den Schnellsten

der damaligen Zeit gehörte. Seine Tempohärte war gepaart mit seiner Beidfüßigkeit und nicht zuletzt einem ungeheuren Durchsetzungsvermögen, welches er vor dem generischen Tor an den Tag legte.

Wechsel nach Hütteldorf

Bican war gerade 17 Jahre alt, als man bei Rapid Wien auf sein Talent aufmerksam wurde. Als erster war es Roman Schramseis, der von Bicans überragenden Fähigkeiten überzeugt war, nachdem der Rapid-Verteidiger den Jungspund bei dessen torreichen Auftritten in der Firmenmannschaft von „Schustek & Farbenlutz“ beobachtet hatte. Da Schramseis von 1922 bis 1925 ebenfalls für Hertha gespielt hatte und Bican daher persönlich kannte, versuchte er den Angreifer zu einem Wechsel nach Hütteldorf zu überreden, was nach anfänglich vergeblichen Versuchen schließlich gelang. Nachdem Schramseis auch „Sektionsleiter“ Dionys Schönecker weichgeklopft hatte, trat Pepi 1931 in die Nachwuchsmannschaft von Rapid ein, wo er zusammen mit ein bis zwei Jahre älteren Kameraden spielte. Schon beim ersten Einsatz war der Neuzugang aus Favoriten nicht zu halten, wobei ihm die Quellen fünf oder sogar sechs Torerfolge zuweisen.

Drei Monate war Josef Bican in der Rapid-Jugend aktiv, ehe er auf Geheiß von Dionys Schönecker erstmals in die zweite Mannschaft aufrückte. In der Reserve bildete er mit den späteren Rapid-Stars Kirbes, Kaburek, Binder und Pesser eine unwiderstehliche Angriffsformation und stellte dabei in der Saison 1931/32 nicht zuletzt den um knapp zwei Jahre älteren Franz Binder in den Schatten. In 13 Einsätzen konnte der Goalgetter stolze 24 Bälle im gegnerischen Netz versenken, was einer bemerkenswerten Quote von 1,85 Treffer pro Spiel entspricht.

Schon nach den ersten Auftritten in der zweiten Mannschaft der Grün-Weißen gerieten die zahlreichen Wiener Fußballfans ob der Leistungen Pepi Bicans ins Schwärmen. Dass dieser in den Café-Häusern als „größtes Talent des österreichischen Fußballs“ gelobt wurde, wollte schon etwas heißen, da man sich an der Donau just zu dieser Zeit an den glanzvollen Darbietungen des Wiener Wunderteams erfreute. Als vor dem zweiten Spieltag der Saison 1931/32 die Meldung die Runde machte, Bican sei für sein Debüt in der Kampfmannschaft Rapids nominiert worden, ließ selbst der größte Kaffeeliebhaber seinen Einspänner links liegen. Am 6. September 1931 trafen die Austria und Rapid im Wiener Derby aufeinander, womit ein echter „Kampf der Generationen“ vor seiner Entscheidung stand. Während also Pepi Bican seinem Debüt bei den Grün-Weißen entgegenfieberte, setzte die Austria auf die Erfahrung des zehn Jahren älteren Matthias Sindelar, der vor dem Anpfiff natürlich davon überzeugt war, seinem Gegenüber die Grenzen aufzuzeigen. Der Rapid-Debütant ließ sich aber nicht beirren und bewies mit einem Hattrick in der ersten Hälfte sowie einem vierten Treffer nach dem Seitenwechsel, dass mit ihm in Zukunft zu rechnen sein würde. Müßig zu erwähnen, dass die Hütteldorfer als strahlende 5:3-Sieger den Platz verließen.

Besonders die Freunde des gepflegten Offensivfußballs träumten im Herbst 1931 von einer großen Zukunft der Rapid-Elf, da dieser neben Bican schon seit einem Jahr der etwas ältere Franz Binder angehörte, den Pepi in der Spielzeit 1931/32 mit zehn Treffern in nur acht Einsätzen übertrumpfen konnte, derweil „Bimbo“ lediglich auf sechs Saisontreffer gekommen war. Beide durften sich in Anbetracht ihrer Jugend freilich noch nicht als echte Stammspieler betrachten und mussten sich immer wieder mit Einsätzen in der Rapid-Reserve begnügen.

Am 14. Februar 1932 trafen die beiden Mittelstürmer für einmal sogar als Gegner aufeinander, als im Pokal die erste gegen die zweite Rapid-Elf gelost worden war. Auf der Pfarrwiese feierte die Kampfmannschaft einen standesgemäßen 8:1-Sieg, zu dem Franz Binder zwei Tore beigesteuert hatte. Aber auch Bican konnte trotz der Kanterniederlage seine Klasse untermauern, indem er den Ehrentreffer für die Reserve erzielte. Im weiteren Verlauf des Wettbewerbs, aus dem sich Rapid erst im Semifinale gegen Admira verabschiedete, sollte Bican auch noch in zwei Einsätzen für die erste Mannschaft als zweifacher Torschütze in Erscheinung treten.

Nur in den Anfangsjahren kreuzten sich bei Rapid Wien ihre Wege: Während Franz Binder (links) den Hütteldorfern bis zu seinem Karriereende 1949 treu blieb, zog es Josef Bican 1937 zu Slavia Prag, womit er nach 19 Länderspielen für Österreich ab 1938 auch zu 14 Berufungen für die Tschechoslowakei kam. Am 27. Oktober 1946 standen sich die beiden Mittelstürmer zum zweiten Mal in einem Länderkampf gegenüber. Beim 4:3-Auswärtserfolg der CSSR in Wien erzielte Bican einen Treffer, derweil Binder sogar zweimal erfolgreich war.

In der Saison 1932/33 kam Pepi Bican in 16 Ligaspielen zum Einsatz und erzielte weitere elf Treffer. Einen seiner stärksten Auftritte hatte er allerdings im Pokal, als ihm beim 17:2-Scheibenschießen gegen den SC Neubau in der Auftaktrunde vier Tore gelangen. Gemeinsam mit Franz Binder bildete er ein unschlagbares Sturmduo, da „Bimbo“ sogar fünfmal ins Schwarze getroffen hatte. Doch obwohl die beiden Rapid-Angreifer im anschließenden Achtelfinale mit jeweils zwei Treffern aufwarteten, kassierten die Grün-Weißen gegen die Austria eine 4:6-Niederlage und verabschiedeten sich frühzeitig aus dem Wettbewerb.

Bereits als 20-Jähriger zählte Bican zu den Großverdienern bei Rapid und erfreute sich über ein monatliches Salär von 600 Schilling. Zum Vergleich: Ein einfacher Arbeiter verdiente damals etwa 20 bis 25 Schilling. In der Saison 1933/34 zahlte Bican Rapid das erhaltene Gehalt mit 28 Toren in 22 Liga-Spielen zurück und avancierte damit erstmals in seiner Laufbahn zum Torschützenkönig. Dennoch reichte es nicht zum Gewinn der Meisterschaft, da Admira in der Endabrechnung zwei Zähler mehr auf dem Konto hatte. Die Auftritte Josef Bicans waren gleichwohl sehenswert. Während dieser bei den Siegen über den SC Wacker (6:3) und den Wiener AC (10:0) jeweils drei Treffer erzielte, zeigte er seine stärkste Leistung gegen den SC Hakoah, als ihm beim 5:2-Erfolg vor der Pause ein Viererpack gelang. Dank seiner fünf Torerfolge waren die Hütteldorfer auch ins Pokalfinale vorgedrungen, wo Bican jedoch eine der schwärzesten Stunden seiner Karriere erlebte, als es gegen Meister Admira eine böse 0:8-Abfuhr setzte.

Von dieser Pleite zeigte sich Rapid in der Spielzeit 1934/35 erstaunlich gut erholt. In der Liga waren die Grün-Weißen das Maß aller Dinge, die sich nach fünf Jahren wieder die Meisterschaft sicherten. Auch Pepi Bican war die Pleite gegen Admira in Anbetracht von vier Treffern an den ersten drei Spieltagen nicht mehr anzumerken. Dennoch sollte er beim torlosen Remis am 16. September 1934 gegen die First Vienna auf der Pfarrwiese zum letzten Mal das Rapid-Trikot getragen haben. Wenig später kam es nämlich zum Zerwürfnis zwischen ihm und dem allmächtigen Sektionsleiter Dionys Schönecker *(Bild)*, weshalb Bican in hohem Bogen aus dem Kader flog. In Schöneckers Augen war der „schöne Pepi" ein echter Hallodri, der zuweilen jeden Einsatz vermissen ließ. Bican selbst sah die Sache naturgemäß anders: Als feiner Techniker fühlte er sich in Hütteldorf nie recht wohl, da seine Spielweise eher zu jener der Wiener Austria als zu Rapid passte, wo nicht zuletzt Dionys Schönecker in erster Linie bedingungslosen Kampf einforderte. Ein Wechsel des Mittelstürmers zu den Violetten kam indes nicht in Frage, weil dort an Matthias Sindelar kein Weg vorbeiführte, weshalb Bican nach Absitzen einer Sperrfrist im Frühjahr 1935 bei der Admira anheuerte.

► EINWURF

Obwohl Pepi Bican nur etwas mehr als drei Jahre für die erste Rapid-Mannschaft spielte, zeigte er sich ausgesprochen torhungrig. Rechnet man die Freundschaftsspiele mit ein, hat er in 145 Einsätzen 183 mal ins Schwarze getroffen. Aber auch Bicans 53 Ligatreffer (in 49 Partien) sowie seine 13 Pokaltore (in nur neun Spielen) sind fraglos aller Ehren wert.

Die genauen Beweggründe für Bicans plötzliches Karriereende bei Rapid liegen indes im Dunkeln. Es wurde gemunkelt, Bican sei schon damals ein Angebot von Slavia Prag unterbreitet worden, an dem der Rapid-Angreifer großes Interesse gezeigt hatte. Im Gegensatz zum kampfbetonten Auftreten Rapids war Slavia ebenso wie die Wiener Austria für deren technisch versierte Spielweise bekannt, die Bican sehr entgegenkam. Als dieser an seinen Wechselabsichten immer noch festhielt, nachdem ihm die Hütteldorfer einen besser dotierten Vertrag vorgelegt hatten, zeigte sich Dionys Schönecker eingeschnappt und verweigerte seinem Mittelstürmer a.D. die Freigabe.

Mit den Gedanken woanders

Doch nicht nur der Wechsel an die Moldau sollte an Schöneckers Veto scheitern. Über seinen Onkel hatte Bican Kontakte zum Ortsrivalen Admira geknüpft, wo er zu Beginn des Jahres 1935 einen Vertrag unterschrieb. Der Rapid-Sektionsleiter erwirkte allerdings eine Verlängerung der Sperre um weitere neun Monate, so dass Bican erst Mitte November 1935 – nach 14 Monaten – auf den Fußballplatz zurückkehren konnte. Kurioserweise durfte der Angreifer für die Nationalelf weiterhin auflaufen, weil sich die Sperre lediglich auf die Vereinsebene beschränkte.

Obwohl die Admiraner in ihrer „Goldenen Ära" mit Vogl, Stoiber, Schall und Hahnemann schon über herausragende Angreifer verfügten, hatte Bican nach Ablauf seiner Sperre keine Mühe, einen Platz im Team zu erobern. Als die Jedleseer am 10. Spieltag die First Vienna mit 2:1 schlugen, steuerte der Ex-Rapidler in der 81. Minute den ersten Treffer im Trikot seines neuen Arbeitgebers bei. Inzwischen konnte Bican vom Fußball ganz gut leben, weshalb er auch keiner anderen Beschäftigung nachgehen musste. An jene Summen, die ihm die Slavia-Verantwortlichen geboten hatten, war bei Admira freilich nicht zu denken. Doch weil das Interesse der Rotsterne – insbesondere von Seiten ihres Trainers Jan Reichert – an Pepi Bican nicht abriss, stockten diese ihm jeden Monat das Admira-Gehalt auf, was der gegenseitige Zuneigung sicherlich nicht abträglich gewesen sein dürfte...

In Anbetracht von acht Treffern in 15 Einsätzen reichte der „schöne Pepi" im ersten Jahr bei den Jedleseern allerdings nicht an seine Bestform heran, was vor allem an einer länger anhaltenden Torflaute lag, die nach seinem zweiten Saisontreffer beim 4:2 über den FC Wien zum Ende der Vorrunde einsetzte. Diese war erst beendet, als er am 1. März gegen den Favoritner AC (8:3) als zweifacher Torschütze in Erscheinung trat. Bester Angreifer im Kader der meisterlichen Admira war Willy Hahnemann mit 23 Treffern. Gleich vier davon waren Hahnemann am 16. Februar 1936 geglückt, als Bicans Ex-Klub Rapid mit 6:5 in die Schranken gewiesen worden war.

Auch in seinem zweiten Admira-Jahr durfte Josef Bican den Gewinn der Meisterschaft feiern. Irgendwie hatten die Fans jedoch das Gefühl, der Angreifer sei nicht ganz bei der Sache, wofür allein die erneut mäßige Torausbeute von lediglich zehn Treffern in elf Einsätzen sprach. Selten hatte Bican so zu überzeugen vermocht wie in den Ligaspielen gegen die First Vienna (3:0) oder den SC Wacker (3:0), wo ihm jeweils ein Doppelpack gelungen war. Da er weiterhin mehr oder weniger unverhohlen mit einem Wechsel nach Prag kokettierte, fiel er beim Präsidium der Jedleseer zunehmend in Ungnade, was immer wieder zu vereinsinternen Sperren führte.

Das Tischtuch war dann endgültig zerschnitten, als Bican im Frühjahr 1937 einseitig das Arbeitsverhältnis kündigte. Was dann folgte war eine regelrechte Schlammschlacht der beteiligten Parteien, die durchaus an gegenwärtige Verhältnisse erinnert. Zunächst setzte das Admira-Präsidium gegen Bican eine Monstersperre von vier Jahren durch, die quasi einem Berufsverbot gleichkam. Da den Funktionären aber besonders der Wechsel ins Ausland ein Dorn im Auge war, wurde die längste je ausgesprochene Sperre im österreichischen Fußball nach Einbehaltung des Reisepasses auf zwei Jahre verkürzt. Die Machtdemonstration reichte aber nur so weit, bis sich die Slavia-Verantwortlichen vehement für ihren Wunschspieler einzusetzen begannen. Ein als Unterhändler nach Wien entsandter Rechtsanwalt erwirkte nicht nur die sofortige Herausgabe des Reisepasses, sondern wenig später auch die Freigabe Bicans, wobei die Zustimmung der Admira durch eine nicht unbeträchtliche Transferentschädigung erkauft worden war. Bereits im April 1937 kehrte Bican seiner Geburtsstadt Wien den Rücken, um im Land seiner Vorfahren seine Zelte aufzuschlagen.

► EINWURF
Die kurze Zeit, in der Josef Bican als Spieler von Admira Wien tätig war, kann sicher nicht als dessen glücklichste angesehen werden, was allein schon damit zusammenhing, dass er mit seinen Gedanken stets bei seinem Lieblinsverein Slavia Prag zu sein schien. Seine Torgefahr stellte Bican freilich auch bei den Jedleseern unter Beweis. Alles in allem absolvierte er für die Admira 85 Einsätze, in denen er 120-mal ins Schwarze traf. Auch seine 22 Pflichtspieltreffer (bei 31 Einsätzen) können sich durchaus sehen lassen. Zwei davon hatte er im Juni 1936 beim 3:2-Erstrundensieg über SK Prostejov im Mitropa-Cup erzielt. Der Erfolg in der böhmischen Provinz konnte freilich auch nicht die peinliche 0:4-Hinspielpleite kaschieren, die sich die Admira zuvor im Praterstadion eingefangen hatte.

An der Moldau

Mit Slavia Prag hatte Josef Bican endlich seine fußballerische Heimat gefunden. Die Spielweise der Rotsterne passte hervorragend zum „schönen Pepi“, der über herausragende technische Fähigkeiten verfügte. Angesichts seiner an der Moldau produzierten Torflut dürfte sich Rapid-Sektionsleiter Dionys Schönecker zumindest insgeheim ein wenig geärgert haben, dass er Bican aus dem Tempel gejagt hatte. Der neutrale Anhänger kann diese Entscheidung auch im Nachhinein allerdings nur begrüßen. Denn während Bican im Slavia-Team, das einen ähnlichen Stil pflegte wie die Wiener Austria, erst so richtig aufblühte, konnten die Qualitäten von Rapid-Stoßstürmer Binder in Hütteldorf nun erst so richtig zur Geltung kommen. Während „Bimbo“ also zum Dreh- und Angelpunkt im Rapid-Angriff wurde, entpuppte sich Pepi Bican in Prag als Titelhamster und gewann neben fünf Landesmeisterschaften 1938 auch den prestigeträchtigen Mitropa-Cup.

Das Ligadebüt beim amtierenden Tschechoslowakischen Meister ging freilich gründlich daneben, da es am 27. August 1937 bei SK Kladno eine unerwartete 0:1-Niederlage setzte. Danach sollte es Trainer Jan Reichert aber problemlos gelingen, seinen Wunschspieler als neuen Superstar des Teams zu etablieren. Speziell nach der WM 1938 wurde Bican für die Rotsterne immer wichtiger, da mit Schlussmann Frantisek Planicka und Torjäger Antonin Puc zwei Eckpfeiler im Slavia-Team abgesprungen waren. Bereits am 2. September ließ es der Neuzugang so richtig krachen, indem er im Derby bei Bohemians Prag (7:1) als vierfacher Torschütze brillierte, um auch drei Tage später im Heimspiel gegen SK Nachod (4:1) viermal einzunetzen. Unter dem Strich traf Bican in 19 Ligaspielen 22-mal ins Schwarze, womit er auf Anhieb bester Torschütze der Tschechoslowakei geworden war. Lediglich mit dem Meistertitel wurde es nichts, da sich die Mannschaft äußert launenhaft präsentierte und nicht weniger als sieben Mal als Verlierer den Platz verließ. Als Kronprinz hinter dem neuen Meister Sparta Prag waren auch die beiden direkten Vergleiche mit 1:5 bzw. 1:2 verloren gegangen.

Wir holen den Mi-Mitropa-Cup!

Während in späteren Jahren die Europacupwettbewerbe die Fans in ihren Bann zogen, war es in der Zwischenkriegszeit der Mitropa-Pokal, welcher sich bei Spielern und Publikum gleichermaßen großer Beliebtheit erfreute. Nachdem Lokalrivale Sparta bei der Premiere 1927 und auch drei Jahre später ein weiteres Mal erfolgreich gewesen war, schauten die tschechoslowakischen Vertreter seither in die Röhre. Der bis dahin größte Erfolg der Rotsterne datierte aus dem Jahr 1929, als diese im Endspiel an Ujpest Budapest gescheitert waren. Zur Vorbereitung auf die zwölfte Auflage im Sommer 1938 hatte der amtierende Vizemeister ein Freundschaftsspiel mit Preston North End verabredet und dabei den Ligadritten aus England mit 6:1 vermöbelt. Auch Pepi Bican hatte sich als zweifacher Torschütze für das Erstrundenduell mit BSK Belgrad in Stellung gebracht.

Das Hinspiel am 26. Juni 1938 fand im Übrigen nur eine Woche nach dem WM-Finale statt, das Italien als 4:2-Sieger über Ungarn gesehen hatte. In Belgrad legte die Slavia-Elf einen Blitzstart hin und führte schnell mit 3:0, musste sich nach 90 Minuten aber mit einem nur knappen 3:2 zufrieden geben. Im Rückspiel vor eigenem Publikum durfte Josef Bican beim 2:1-Erfolg nach einem verwandelten Elfmeter seinen ersten Treffer bejubeln. Gleich viermal hatte er am 11. Juli Grund zum Jubeln, als Slavia die Elf von Ambrosiana-Inter Mailand an der Moldau mit 9:0 demütigte. Vor 20.000 begeisterten Fans hatte Bican eines seiner besten Spiele gezeigt, in dem er außer am 3:0 an allen Treffern der wie entfesselt spielenden Gastgeber beteiligt war. Nach einer bedeutungslosen 1:3-Niederlage in Mailand ging auch das Halbfinal-Hinspiel bei Genua 1893 mit 2:4 verloren. Doch abermals war auf Mittelstürmer Pepi Bican Verlass, der die Pleite an der ligurischen Küste mit vier Treffern im Rückspiel ausbügelte und die Rotsterne damit quasi im Alleingang zu einem 4:0-Sieg schoss. In den Endspielen bekamen es die Prager mit Ferencvaros Budapest zu tun, wobei die Ungarn um Kapitän Dr. György Sarosi natürlich besonders vor Josef Bican gewarnt waren. Dennoch vermochten sie diesen in der 36. Minute nicht zu halten, als er vor eigenem Publikum den 0:1-Rückstand durch Kemeny egalisierte. Allerdings gelang dem Slavia-Sturmführer kein weiterer Treffer, so dass die Gäste aus Ungarn mit dem 2:2 am Ende durchaus zufrieden sein konnten. Auch im Budapester Rückspiel gelang es den Fradi-Angreifern, den gefürchteten Mittelstürmer der Rotsterne an die Leine zu legen.

Dafür aber erzielten Vytlacil und Simunek zwei Treffer für die Gäste-Elf, die nach ihrem 2:0-Erfolg schließlich den begehrten Siegespreis in Empfang nehmen durfte.

Die Elf, mit der Slavia Prag 1938 gegen Ferencvaros Budapest den begehrten Mitropa-Cup gewann. Zum 2:0-Rückspielsieg traten die Rotsterne in der Besetzung Alexej Boksay – Antonin Cerny, Ferdinand Daucik (Kapitän) – Karel Prucha, Otokar Nozir, Vlastimir Kopecky – Ladislav Simunek, Bedrich Vacek, Josef Bican, Vojtech Bradac, Rudolf Vytlacil an. Bester Torschütze des Wettbewerbs war Pepi Bican (oben links) mit zehn Treffern.

Schützenkönig bei den Rotsternen

In der Liga musste sich Slavia Prag freilich auch in der Saison 1938/39 erneut mit der Vizemeisterschaft hinter Sparta zufrieden geben. Zum besten Torschützen war abermals Pepi Bican avanciert, der in 20 Spielen 29 Treffer erzielt hatte. Der Rekordtorschütze der Rotsterne ließ es auch in den kommenden Jahren krachen und sicherte sich bis zur kriegsbedingten Unterbrechung des Spielbetriebs siebenmal hintereinander die Torjägerkrone. Nachdem die Liga 1938/39 noch unter der Bezeichnung „Tschechoslowakei" gestartet war, wurde nach dem Einmarsch der deutschen Wehrmacht am 15. März 1939 die Spielzeit unter dem Dach des neu geschaffenen Reichsprotektorats Böhmen & Mähren zu Ende geführt. Als einziges Team, das nicht aus dem tschechischen Landesteil stammte, war SK Bratislava der slowakischen Liga beigetreten, womit die Saison mit elf Vereinen beendet worden war.

Kurz nach Saisonende kam es am 1. Mai 1939 zum Wiedersehen mit Bicans ehemaligem Verein Rapid Wien, der Slavia zu einem Freundschaftsspiel eingeladen hatte. Durch zwei Tore von Bican führten die Rotsterne zur Pause bereits mit 4:2 Toren. Nach dem Seitenwechsel wurden jedoch die Grün-Weißen von „Bimbo" Binder angetrieben, so dass die Partie noch kippte und mit einer 4:7-Schlappe für die Prager in die Annalen einging, die hinterher vor allem dem schwachen Slavia-Keeper Bures angekreidet wurde. Vier Wochen später konnten die Rotsterne den Spieß jedoch umdrehen und an der Moldau einen 5:2-Sieg feiern, bei dem sich auch Pepi Bican erwartungsgemäß in die Torschützenliste eingetragen hatte. Der politische Wandel war gleichbedeutend mit der Abschaffung des Profifußballs, weshalb Bican eine Anstellung in einer Stahlfabrik annahm. Natürlich hätte der Goalgetter auch zu einem Topklub aus dem Reichsgebiet wechseln können. Bei Slavia konnte er seine Torgefahr aber geradezu optimal zur Entfaltung bringen, so dass er den Rotsternen treu blieb. Mit diesen konnte er 1939/40 zum ersten Mal den Gewinn der Meisterschaft feiern, wobei er seine Trefferquote nochmals mächtig steigerte. Nach gerade einmal 20 Einsätzen standen für Bican nicht weniger als 50 Tore zu Buche, was einem Schnitt von 2,5 Treffern pro Begegnung entspricht. Nur einmal hatte Slavia den Platz als Verlierer verlassen, derweil sich auch Bicans Nebenleute in Anbetracht von insgesamt 107 Saisontoren nicht lumpen ließen.

Unter der Leitung von Trainer Emil Seifert konnten die Rotsterne in der Saison 1940/41 ihren Vorjahrestitel erfolgreich verteidigen. Zum ärgsten Widersacher war SK Pilsen avanciert, der allerdings um deutliche sechs Zähler distanziert wurde. Auch im direkten Duell hatte Slavia dem Kontrahenten aus der Bierstadt deutlich die Grenzen aufgezeigt und vor heimischem Publikum mit 12:1 die Oberhand behalten. Klar, dass Bican angesichts des Torhungers der Slavia-Offensive ebenfalls zu seinem Recht kam und mit 38 Ligatreffern erneut Torschützenkönig wurde. Gekrönt wurde die Saison mit dem Gewinn des Pokalwettbewerbs, der nach einer 2:3-Niederlage im Hinspiel gegen Sparta Prag durch ein 6:3 im zweiten Vergleich unter Dach und Fach gebracht werden konnte.

► **EINWURF**

Mit 433 Toren in 243 Ligaspielen ist Pepi Bican bis heute unerreichter Rekordtorschütze bei den Prager Rotsternen, die für ihn immer eine Herzensangelegenheit waren. Im Schnitt war er an der Moldau pro Spiel für 1,78 Treffer gut. Seine Saisonbestleistung stammt aus der Spielzeit 1943/44, als ihm in 23 Spielen exorbitante 57 Tore glückten, mit denen er die 50 Treffer aus der Saison 1939/40 noch einmal steigerte. Trotzdem war Bican vor allem bei seinen Mitspielern nie ganz unumstritten. Wegen seiner zahllosen Tore stand er natürlich immer sehr im Mittelpunkt, was schnell so etwas wie Futterneid aufkommen ließ. Besonders aber schmerzte es Bican, wenn er als „österreichischer Bastard" bezeichnet wurde, obwohl er sich immer stark zu seinen tschechischen Wurzeln hingezogen fühlte. Allein die Vereinsfunktionäre wussten, was sie an Pepi Bican hatten, so dass sie ihm bei etwaigen Schmähungen stets zur Seite standen.

In der Saison 1941/42 konnte sich die Slavia-Mannschaft zum dritten Mal in Folge den Ligatitel von Böhmen & Mähren sichern. Dabei hatte man nicht nur Vizemeister SK Prostejov einen üppigen Neun-Punkte-Rückstand aufgebrummt, sondern auch exakt die Marke von 100 Toren erreicht, wobei allein 45 Treffer auf das Konto des gewohnheitsrechtlichen Torschützenkönigs Pepi Bican gingen. Tatsächlich stellten die Rotsterne die Mannschaft der Stunde, was sie auch durch die Titelverteidigung im Pokal unterstrichen, die nach einem Finalerfolg über Bohemians Prag (5:2 und 5:5) feststand.

In Anbetracht eines Punktepolsters von lediglich drei Zählern auf Vizemeister Sparta Prag fiel die Dominanz beim vierten aufeinander folgenden Titelgewinn in der Spielzeit 1942/43 nicht mehr ganz so deutlich aus. Auch die magische 100-Tore-Marke war um einen Treffer knapp verfehlt worden, wenngleich die Rotsterne nach wie vor den mit Abstand besten Angriff der Liga stellten. Fast ist der Verfasser geneigt, Toptorjäger Pepi Bican angesichts einer gegenüber dem Vorjahr um sechs Tore zurück gegangenen Trefferzahl eine kleine Krise anzudichten, was bei immer noch 39 Toren in 22 Spielen dann wohl doch etwas übertrieben scheint. In Freundschaftsspielen bekamen die Slavia-Stürmer immer wieder die Gelegenheit, sich für den Ligaalltag einzuschießen, was sie besonders in der Partie gegen SK Klasterec ausgiebig taten, als sie ihren hoffnungslos überforderten Gegner mit 28:0 demütigten. Allein Josef Bican hatte sich neunmal in die Torschützenliste eintragen können.

Die wohl beste Saison seiner Karriere spielte Bican 1943/44, als ihm in der letzten Auflage der Ligameisterschaft von Böhmen & Mähren schier unglaubliche 57 Treffer in 23 Spielen gelangen. Insgesamt erzielte Slavia 131 Saisontreffer, die allerdings nur zum zweiten Platz reichten, weil der ungeschlagene Titelträger Sparta um drei Zähler enteilt war. Anschließend ruhte der Spielbetrieb für etwa ein Jahr, ehe im Sommer 1945 nach der Wiedereinrichtung der Tschechoslowakei der Ball wieder zu laufen begann. Der erste Nachkriegswettbewerb war der Befreiungspokal („Pohar Oslobodenia"), in dem Josef Bican dort weitermachte, wo er vor Kriegsende aufgehört hatte. Sechsmal kam er in jenem einmalig zur Austragung gelangten Wettbewerb zum Einsatz und konnte dabei insgesamt 20-mal als Torschütze glänzen. Nach zwei Treffern im Semifinale gegen Sparta Prag rettete er die Rotsterne im Endspiel gegen SK Rakovnik vor einer Blamage und erzwang mit seinem Ausgleichstreffer zum 1:1 eine Wiederholung, die Slavia vor 45.000 Zuschauern mit 5:2 für sich entschied und bei der sich Pepi Bican abermals in die Torschützenliste eintrug.

► EINWURF
Es entbehrt nicht einer gewissen Tragik, dass die besten Jahre in Pepi Bicans Karriere ausgerechnet in die Zeit des Zweiten Weltkriegs fielen. Man übertreibt sicher nicht, wenn man den gebürtigen Wiener als den weltbesten Stürmer in der ersten Hälfte der vierziger Jahre bezeichnet. In den Spielzeiten 1939/40 bis 1943/44 absolvierte er in der höchsten Spielklasse des Reichsprotektorats Böhmen & Mähren 105 Einsätze, in denen ihm 229 Treffer gelangen. Unvergessen die Saison 1943/44, aus der Bican als 57-facher Torschütze hervorgegangen war. Natürlich führte er im genannten Zeitraum jeweils auch die Torjägerliste an. Mehr noch: Josef Bican war nicht nur fünfmal in Serie bester Torschütze der böhmisch-mährischen, sondern sämtlicher europäischer Ligen, was seine Leistungen noch weiter aufwertet. Der tschechische Fußballhistoriker Radovan Jelinek bringt es auf den Punkt: „Bican hatte das riesige Pech, dass er gerade zu einer Zeit auf dem Höhepunkt seiner Karriere angelangt war, in der wegen des Krieges weder 1942 noch 1946 die turnusgemäße Weltmeisterschaft stattfand. Wenn zum Beispiel jene im Jahre 1942 ausgetragen worden wäre, dann wäre er ganz sicher auch weltweit noch populärer geworden, um nicht zu sagen, er hätte ebenso berühmt wie Pele werden können."

Ärger mit den Kommunisten

Schon von den Nationalsozialisten hatte sich Josef Bican nicht vereinnahmen lassen, als diese ihm das Angebot unterbreitet hatten, für die deutsche Nationalmannschaft aufzulaufen. Auch den Beitritt in die NSDAP hatte er stets abgelehnt. Das mutige Bekenntnis zu seinen tschechischen Wurzeln war in Prag aber keineswegs honoriert worden. Vielmehr wurde Bican selbst von seinen Teamgefährten bei Slavia dessen „ostmärkische" Herkunft vorgehalten, was ihm zahlreiche Anfeindungen eintrug. Nun könnte man meinen, sein passiver Widerstand gegen die Nazis hätte ihm wenigstens später geholfen. – Aber weit gefehlt: Da sich Josef Bican standhaft weigerte, in die kommunistische Partei der CSSR einzutreten, wurde letztendlich sein Privatvermögen eingezogen, was den einstigen Gutverdiener auf einen Schlag zum „armen Mann" machte. Dabei hätte Bican sogar die Möglichkeit besessen, einen gut dotierten Vertrag bei Juventus Turin zu unterschreiben. In der Spielzeit 1945/46 war in der CSSR der Spielbetrieb mit einer zweigleisigen Liga wieder aufgenommen worden. Als Staffelsieger waren die Rotsterne für die Endspiele gegen Sparta qualifiziert, die allerdings beide – mit 2:4 und 0:5 – verloren gingen. Allein Josef Bican zeigte sich mit 31 Ligatreffern in nur 16 Einsätzen torgefährlich wie eh und je, was zum erwähnten Vertragsangebot aus Turin führte, das Bican jedoch ablehnte, weil er befürchtete, die Kommunisten könnten auch in Italien die Macht an sich reißen.

► EINWURF
Neben drei Erfolgen im Pokalwettbewerb von Böhmen & Mähren (1941, 1942 und 1945) konnte Pepi Bican ebenso oft im traditionsreichen „Stredocesky Pohar" reüssieren, der zum ersten Mal 1918 ausgespielt wurde und damals mit dem Sieg Sparta Prags geendet hatte. Wörtlich übersetzt bedeutet „Stredocesky Pohar" Mittelböhmischer Pokal, womit schon gesagt ist, dass die Teilnahme auf die Klubs aus dem Großraum Prag beschränkt blieb. Auch in diesem Wettbewerb untermauerte Pepi Bican seine Torgefahr mit 58 Treffern in nur 22 Einsätzen, mit denen er den Rotsternen zwischen 1942 und 1944 zum Titelhattrick verhalf.

So blieb er weitere zweieinhalb Jahre den Rotsternen treu, die er als erneuter Torschützenkönig in der Saison 1946/47 zum erstmaligen Titelgewinn in der jungen CSSR führte. Von den 101 Saisontreffern waren wieder einmal stolze 43 auf das Konto Pepi Bicans gegangen, obwohl dieser mit 33 Jahren nicht mehr zu den Jüngsten gehörte. In der kommenden Spielzeit musste sich Slavia mit der Vizemeisterschaft hinter dem punktgleichen Stadtrivalen Sparta begnügen. Wenn man die kriegsbedingt ausgefallene Spielzeit 1944/45 ausklammert, war Josef Bican im Vorjahr zum neunten Mal hintereinander als Toptorschütze seiner jeweiligen Liga hervorgegangen, so dass es nun ein echtes Novum zu vermelden gab: Bei 20 Treffern in 13 Spielen musste Josef Bican in der Saison 1947/48 dem Spartaner Jaroslav Cejp den Vortritt lassen, der einmal öfter ins Schwarze getroffen hatte.
Zum vorläufig letzten Mal sollte der Mittelstürmer im Herbst 1948 das Slavia-Trikot überstreifen. Der Verband hatte beschlossen, die Meisterschaft auf den Ganzjahresrhythmus umzustellen, weshalb in der zweiten Hälfte des Jahres eine Übergangsrunde ausgespielt wurde, welche die Rotsterne nach 13 Spieltagen als Meister vor Viktoria Pilsen abschlossen. Noch einmal hatte Bican sein Trefferkonto um 21 Tore aufgestockt, mit denen er erneut die Torjägerliste anführte.

In der tschechischen Provinz

Um weiteren Repressalien durch die kommunistische Partei zu umgehen, entschied sich Josef Bican im Frühjahr 1949 schweren Herzens, sein geliebtes Slavia zu verlassen und in die Provinz umzusiedeln. Von 1949 bis 1951 spielte er zunächst bei Zelezarny Vitkovice, einem Vorortverein aus dem an der Grenze zu Polen gelegenen Ostrau, der damals freilich nur in der zweiten Spielklasse kickte. Der Verein – Zelezarny Vitkovice bedeutet wörtlich übersetzt „Witkowitzer Hüttenwerke" – war ein waschechter Arbeiterklub, der Bican an seine Kindertage im Wiener Stadtteil Favoriten erinnerte, so dass er sich auch in der Zweitklassigkeit auf Anhieb zurechtfand. Dank Bican, der mit 32 Treffern wieder einmal Torschützenkönig wurde, gelang der sofortige Aufstieg ins Oberhaus, wo Zelezarny im

Spieljahr 1950 einen beachtlichen vierten Platz belegte. Wie sehr der Mittelstürmer seinem alten Verein fehlte, zeigte sich nicht zuletzt in den direkten Vergleichen. Dynamo Prag – wie Slavia seit 1949 offiziell hieß – musste sich Zelezarny Vitkovice sowohl an der Moldau (2:3) als auch in Ostrau (1:3) geschlagen geben und beendete die Saison sechs Zähler hinter dem Liganeuling auf einem enttäuschenden siebten Platz. Dagegen wurde der 37-jährige Josef Bican im Herbst 1950 mit 23 Ligatreffern in 22 Spielen zum zwölften (und letzten Mal) als Torschützenkönig einer nationalen ersten Liga geehrt, was weltweit bis heute unerreicht geblieben ist.

Auch 1951 konnte Bican mit Vitkovice die Meisterschaft auf dem vierten Platz beenden. Indes wurde deutlich, dass auch er nicht die ewige Jugend gepachtet hatte, da er in 18 Ligaeinsätzen auf für ihn magere acht Torerfolge kam. Weiterer Ärger mit den kommunistischen Machthabern führte dazu, dass sich Bican 1952 dem Zweitligisten Sokol Hradec Kralove anschloss. In Königgrätz bestritt er neun Spiele, in denen er 19 Tore bejubeln durfte. Dennoch war es ihm nicht vergönnt, mit Sokol noch einmal in die tschechoslowakische Eliteklasse aufzusteigen.

► EINWURF

Bicans kurze Ära bei Sokol Hradec Kralove nahm am 1. Mai 1952 ein ausgesprochen abruptes Ende. Die örtliche kommunistische Partei hatte zum Tag der Arbeit eine Parade organisiert, an der nach Meinung der Funktionäre auch Josef Bican – der keineswegs in dem Ruf stand, ein „strammer Kommunist" zu sein – unbedingt teilnehmen sollte. Um es sich nicht noch weiter mit den Machthabern zu verscherzen, willigte er schließlich ein. Als aus den installierten Lautsprechern aber der Ruf „Lang lebe Präsident Zapotocky!" ertönte und die am Straßenrand stehende Bevölkerung den populären Fußballer erblickte, kam es zum Eklat: Anstatt dem erst seit März amtierenden neuen Staatspräsidenten Antonin Zapotocky zu huldigen, skandierten die Menschen „Lang lebe Bican!", was die Parteioberen vor Wut kochen ließ. Sie zitierten den ohnehin als unsicheren Kantonisten verschrieenen Fußballstar in die Parteizentrale, wo sie ihn aufforderten, die Stadt unversehens zu verlassen. Bican blieb also nichts anderes übrig, als seine Koffer zu packen und sich in Begleitung zweier Parteimitglieder in Richtung Bahnhof zu begeben. Die ganze Aktion blieb natürlich nicht unbeobachtet. Mehrere Arbeiter wollten Bican zur Seite springen und fragten ihn, ob denn alles in Ordnung sei, was dieser bejahte. Eine vermutlich äußerst kluge Entscheidung, da seine Helfer verlauten ließen, ansonsten in den Streik zu treten. Einen solchen hätten die Kommunisten Bican vermutlich richtig krumm genommen, stand auf Anstiftung zum Streik doch eine Gefängnisstrafe von mindestens 20 Jahren...

Rückkehr zu Slavia

Zwischen 1953 und 1955 gehörte Josef Bican schließlich nochmals dem Kader von Slavia Prag an. Seit seinem Weggang hatte sich der einstige Topklub aus der Spitzengruppe der tschechoslowakischen Liga verabschiedet und dümpelte nur noch im anonymen Mittelfeld herum. Kein Wunder also, dass sich Trainer Emil Reichert dafür stark gemacht hatte, den bei den Kommunisten in Ungnade gefallenen Angreifer zurückzuholen. In seinen letzten 31 Ligaspielen, die er für die Rotsterne absolvierte, kam er nochmals auf 22 Tore, um sich anschließend auf seine Trainerlaufbahn zu konzentrieren. Bereits bei seiner Ankunft hatte man beschlossen, dass Bican nach dem Rückzug von Emil Reichert ab Juli 1953 zunächst als Spielertrainer arbeiten sollte. Als solcher fungierte er bis einschließlich des Spieljahres 1955, um im kommenden Jahr die Geschicke der Mannschaft schließlich nur noch von der Seitenlinie aus zu leiten.

Sein offizieller Amtsantritt als Spielertrainer hätte spektakulärer nicht sein können: Am 1. Juli 1953 gastierten die Rotsterne bei Sparta Prag, um gegen den Titelverteidiger mit 3:1 die Oberhand zu behalten. Der Erfolg war nicht zuletzt Pepi Bican zu verdanken, der neben einem verwandelten Strafstoß auch einmal aus dem Spiel heraus getroffen hatte. Trotz einer für sein fortgeschrittenes Alter immer noch beachtlichen Torausbeute steckte Slavia Prag auch weiterhin im tabellarischen Niemandsland fest und belegte nach Rang acht im Spieljahr 1953 im Jahr darauf ebenfalls nur einen enttäuschenden siebten Platz. 1955, dem letzten Jahr von Bicans aktiver Karriere, sollte es dann immerhin wieder zum fünften Platz reichen. Als der treffsicherste Torjäger aller Zeiten seine Fußballschuhe endgültig an den Nagel hängte, war er mit 42 Jahren der älteste Spieler der tschechischen Liga. Wann genau Pepi Bican sein letztes Pflichtspiel bestritt, kann heute nicht mehr zweifelsfrei gesagt werden. Er selbst berichtete davon, beim 7:2-Auswartssieg gegen Jistra Liberec (heute Slovan) im Spieljahr 1955 zum letzten Mal für sein geliebtes Slavia aufgelaufen zu sein, wobei er sich seinen Abschied mit vier Toren versüßte. Seine letzte nachgewiesene Partie für die Rotsterne fand Ende 1956 statt, als Slavia Prag aus einem Freundschaftsspiel bei den Stuttgarter Kickers als 3:2-Sieger hervorging.

Als Trainer lange nur mäßig erfolgreich

Da Josef Bican nie bereit war, sich mit den kommunistischen Machthabern zu arrangieren, konnte er nach seiner aktiven Zeit nicht die in sozialistischen Ländern für Sportler durchaus üblichen Privilegien genießen und lebte in ausgesprochen ärmlichen Verhältnissen. Seine Ehefrau Jarmila berichtete nach dem Fall des Eisernen Vorhangs davon, wie die Familie ganz offensichtlich geschnitten wurde: „Wir verloren unsere Freunde. Das Telefon klingelte nicht. Wir bekamen keine Post." Dabei war Bican dank seiner Erfolge auf dem Fußballplatz lange ein hochangesehener Mann und wurde an der Moldau zur gehobenen Gesellschaft gezählt. So war beispielsweise der Schauspieler Vlasta Burian – der kurzzeitig auch beim Lokalrivalen Sparta das Tor hütete – sein Tennispartner. Aber auch der Schauspieler und Dramatiker Jan Werich sowie die Filmdiva Adina Mandlova gehörten in den frühen vierziger Jahren zu seinen Bekanntschaften.

Einzig die Begeisterung für den Fußball verschaffte Pepi Bican Abwechslung vom zumeist tristen Alltag. Nach zweieinhalb Jahren als Spielertrainer beschränkte er sich 1956 erstmals ausschließlich auf das Coaching. Die weiterhin unter dem Namen Dynamo firmierenden Rotsterne mussten bis zum Schluss bangen, um sich mit letzter Kraft als Tabellenzehnte den Klassenerhalt zu sichern. Dem Absturz in die Zweitklassigkeit war Bican mit seinem Team nur deshalb entgangen, weil der erste Absteiger Dynamo Zilina zwar punktgleich war, aber das schlechtere Torverhältnis aufwies. Zur Ehrenrettung der Slavia-Mannschaft sei jedoch erwähnt, dass speziell die Traditionsvereine von den kommunistischen Funktionären eher stiefmütterlich behandelt wurden. Während also der sportliche Erfolg arg zu wünschen übrig ließ, konnte sich

Bican immerhin als Förderer vielversprechender Talente profilieren. So reiften unter seiner Ägide Jiri Hildebrandt oder Jan Lala zu Spitzenspielern. Im Winter 1956 sollte Josef Bican dann endgültig von seiner großen sportlichen Liebe Abschied nehmen. Er begleitete die Slavia-Mannschaft auf deren Tournee durch Südafrika, wo es gegen Transvaal Johannesburg (0:2) und Portuguesa São Paulo (1:2) zwei Niederlagen setzte.
Wenig später heuerte der ehemalige Torjäger bei Slovan Liberec an, wo er die Mannschaft ein halbes Jahr in Freundschaftsspielen fit für die neue Saison machte. Im Frühjahr 1957 war der gesamte Spielbetrieb in der CSSR zur Ruhe gekommen, weil man beschlossen hatte, ab der Spielzeit 1957/58 wieder zu dem in Mitteleuropa üblichen Herbst-Frühjahrs-Rhythmus überzugehen. Zum Start der neuen Saison stand Pepi Bican beim Drittligisten Spartak Brünn auf der Kommandobrücke, mit dem er allerdings den angepeilten Aufstieg in die zweite Liga verpasste. Die Tatsache, dass Bican bei den Kommunisten alles andere als wohlgelitten war, wird auch durch die Liste der von ihm betreuten Klubs widergespiegelt. Besonders tief gesunken war er in der Saison 1958/59, als er mit Banik Pribram einen Verein übernehmen musste, der in den Niederungen des einheimischen Fußballs ein Mauerblümchendasein fristete. Erst in der Spielzeit 1959/60 ließ Bican wieder etwas aufhorchen, als er mit TJ SONP Kladno den Aufstieg in die höchste Spielklasse der CSSR schaffte. Allerdings musste er den Verein trotz seiner erfolgreichen Arbeit nach nur einem Jahr wieder verlassen, wobei an dieser Stelle nur gemutmaßt werden kann, ob nicht erneut stramme kommunistischen Parteisoldaten ihre Finger im Spiel gehabt hatten.

„Fußballwunder light" in der belgischen Provinz

Nach zweijähriger Pause durfte sich Josef Bican 1962/63 nochmals als Trainer in Kladno versuchen und schaffte mit seinem Team, das bei 24:28 Zählern den elften Platz belegte, den Erstligaverbleib. Sein nächstes Engagement führte ihn 1963/64 zurück nach Königgrätz, wo er mit Spartak Hradec Kralove als Vorletzter in die zweite Liga abstieg. Im Anschluss schlug er seine Zelte noch bei FK Vitkovice und Skoda Pilsen auf, ehe er seine Trainerkarriere vorläufig beendete. Dem Fußball – und vor allem seinem Lieblingsverein Slavia Prag – blieb Bican freilich nach wie vor verbunden und bestritt für die Rotsterne mehrere Altherrenspiele. Eines davon gegen den belgischen KSK Tongeren aus der Provinz Limburg, der Ende der sechziger Jahre den Versuch startete, die Niederungen des belgischen Amateurfußballs zu verlassen. Zu diesem Zweck war der KSK erst im Juni 1968 mit der Fusion von Cercle und Patria aus der Taufe gehoben worden, und für die Funktionäre galt es als beschlossene Sache, dass die Prager Stürmerlegende die langgehegten Aufstiegsträume des Viertligisten in die Tat umsetzen sollte. Wäre da nicht die allgegenwärtige Staatsmacht der CSSR gewesen, die auf Bican seit jeher nicht gut zu sprechen war. Schließlich aber ließen sich die Kommunisten erweichen, so dass Bican zwischen 1969 und 1972 den Trainerposten in Tongeren übernehmen konnte.
In Limburg gelang es dem einstigen Mittelstürmer dann tatsächlich, eine Euphoriewelle loszutreten. Für die Spieler war Bican mit seiner großen Praxiserfahrung ein echtes Vorbild, dem sie bereit waren, quasi blind zu folgen. Die Folge war zumindest ein kleines Fußballwunder, mit dem der bis zu diesem Zeitpunkt völlig unbekannte Klub die Fachwelt verblüffte. Nachdem die „Eburonen" 1969/70 auf Anhieb in die dritte Liga aufgestiegen waren, gelang ihnen im Jahr darauf der direkte Durchmarsch in die Zweitklassigkeit, wo sie im Spieljahr 1971/72 als Neunte den Klassenerhalt schafften. Obwohl Pepi Bican danach wieder nach Prag zurückkehrte, hatte er mit seiner Aufbauarbeit doch die Basis für die erfolgreichste Periode des Provinzvereins gelegt, die ihre Höhepunkte mit dem Einzug ins Pokalfinale 1974 (als Zweitligist) und dem Aufstieg in die oberste Spielklasse 1981 erreichen sollte.

► ZAHLEN UND FAKTEN

Vereine:	1928-1931	Schustek & Farbenlutz Wien
	1931-1935	Rapid Wien
	1935-1937	Admira Wien
	1937-1948	Slavia Prag
	1949-1951	Zelezarny Vitkovice
	1952	Sokol Hradec Kralove
	1953-1955	Dynamo (Slavia) Prag

Tore:
75 österreichische Erstligaspiele (71 Tore)
134 böhm.-mähr. Erstligaspiele (274 Tore)
150 tschechosl. Erstligaspiele (189 Tore)
31 tschechosl. Zweitligaspiele (51 Tore)
11 österreichische Pokalspiele (15 Tore)
15 böhm.-mähr. Pokalspiele (30 Tore)
4 tschechosl. Pokalspiele (4 Tore)
22 Spiele Stredocesky Pohar (58 Tore)
6 Spiele Pohar Oslobodenia (20 Tore)
16 Mitropa-Cup-Spiele (15 Tore)
21 Stadt- / Regionalauswahl-Spiele (22 T.)
43 Firmenauswahl-Spiele (71 Tore)
34 Länderspiele (29 Tore)
gesamt 562 Pflichtspiele (849 Tore)

Erfolge:
Österreichischer Meister 1935, 1936, 1937
Böhmisch-Mährischer Meister 1940, 1941, 1942, 1943
Tschechoslowakischer Meister 1947
Tschechischer Pokalsieger 1941, 1942, 1945
Stredocesky-Pokalsieger 1941, 1942, 1943
Mitropa-Cup-Sieger 1938

Österreichischer Torschützenkönig 1934
Tschechoslowakischer Torschützenkönig 1938, 1946, 1947, 1948 (Herbst), 1950
Böhmisch-Mährischer Torschützenkönig 1939, 1940, 1941, 1942, 1943, 1944

Pele? Schön und gut! – Aber was ist mit Bican?

Zurück an der Moldau betätigte sich Josef Bican noch eine Zeitlang als Nachwuchstrainer von Slavia Prag. Später ließ er sich immer wieder gerne auf der Ehrentribüne des Eden-Stadions im Stadtteil Vrsovice blicken, wo die Rotsterne seit 1948 ihre angestammte Heimat hatten. Obwohl ihn die Fans stets begeistert empfingen, schien Bican doch ein wenig mit seinem Schicksal zu hadern. Sein permanenter Ärger mit den kommunistischen Machthabern hatte den einstigen „Hallodri" zu einem in sich gekehrten Menschen gemacht, der auf andere verbittert wirkte. Immerhin wurde ihm nach dem Fall des Eisernen Vorhangs 1989 wenigstens etwas Genugtuung zuteil, als er zumindest einen Teil seines konfiszierten Vermögens zurückerhielt.
Auch seine Nachfolger rangen Bican nur ein mitleidiges Lächeln ab: „Wenn man sieht, was die heutigen Stürmer für große Chancen haben. Allein vor dem Tor – und der Ball geht an die Eckfahne! Das ist mir nie passiert. Wenn ich in einem Spiel fünf Chancen hatte, habe ich fünf Tore gemacht. Und wir haben gewonnen – 5:0!" Was zunächst vielleicht etwas anmaßend klingt, wird beim Blick auf die

nackten Zahlen zur Untertreibung! Schließlich hat der weltbeste Stürmer der Fußballgeschichte in seiner glanzvollen Karriere insgesamt 562 Pflichtspiele absolviert und dabei sage und schreibe 849-mal ins Schwarze getroffen! Pro Einsatz war er damit statistisch gesehen für 1,51 Tore gut. Und welcher Angreifer kann dies schon von sich behaupten? Trotzdem genießt Bican nicht annähernd jene Wertschätzung, wie sie etwa Pele entgegengebracht wird. Erst als der Brasilianer am 19. November 1969 das 1.000. Tor seiner Karriere erzielte, begann man sich an den ehemaligen Sturmführer der Rotsterne zu erinnern. „Bimbo" Binder, zu Rapid-Tagen dereinst Bicans Sturmpartner und selbst einer der Besten seines Fachs, war einer der Ersten, der die Experten auf den „schönen Pepi" aufmerksam machte, indem er diesem alles in allem sogar 5.000 Treffer zuschrieb, was nach Lage der Dinge – und auch nach unseren Recherchen – dann aber doch etwas zu hoch gegriffen sein dürfte.

► EINWURF
„Ich bin der Auffassung, dass Torjäger in jeder Epoche der Fußballentwicklung das Wichtigste waren, egal in welchem System gespielt wurde. Im Fußball gilt es, Tore zu schießen. Und Josef Bican erfüllte diese Aufgabe voll und ganz." (Josef Masopust, Vizeweltmeister 1962 mit der CSSR)

Der kinderlos gebliebene Bican verstarb am 12. Dezember 2001 im Alter von 88 Jahren, nachdem er die letzten Monate seines Lebens wegen schwerer Herzprobleme im Krankenhaus verbracht hatte. Bis zu seinem Tod hatte er gehofft, das bevorstehende Weihnachtsfest noch einmal gemeinsam mit seiner Ehefrau Jarmila verbringen zu dürfen. Bei der Beerdigung auf dem Vysehrader Friedhof erwiesen ihm zahlreiche Prager Fußballanhänger die letzte Ehre.

In der Nationalmannschaft:
Der Wiener Fußball stand gerade im Begriff, sich an den einzigartigen Darbietungen seines „Wunderteams" zu berauschen, als im September 1931 bei Rapid ein hochtalentierter 17-Jähriger debütierte, der aufgrund seiner technischen Fähigkeiten bestens in die von Verbandskapitän Hugo Meisl zusammengestellte Jahrhundertmannschaft des österreichischen Fußballs passen würde. Bis Josef Bican jedoch erstmalig das Trikot des ÖFB trug, sollten noch gut zwei Jahre vergehen. Und auch der Glanz des Wunderteams war inzwischen etwas verblasst, als sich die fußballerische Elite der Alpenrepublik Ende November 1933 in Richtung Glasgow aufmachte, um sich im Hampden Park mit den besten Spielern Schottlands zu messen.
Obwohl der „schöne Pepi" am 29. November keinen Treffer erzielen konnte, durfte er zwei Monate nach seinem 20. Geburtstag mit der Leistung beim Debütantenball in der Fußballhochburg am Clyde trotzdem mehr als zufrieden sein. Nicht nur, dass er die schottischen Abwehrspieler mit seinen Vorstößen regelmäßig vor Höchstschwierigkeiten stellte. Zudem bereitete er die beiden österreichischen Tore von Toni Schall und Karli Zischek vor, die dem rot-weiß-roten Team ein 2:2-Unentschieden sicherten. Keine zwei Wochen später, am 10. Dezember 1933, krönte Bican seine erneut starke Vorstellung mit dem ersten Länderspieltreffer: In Amsterdam wurde er in der 48. Minute von Schall gekonnt in Szene gesetzt, so dass er keine Mühe hatte, dem niederländischen Schlussmann van der Meulen das Tor des Tages einzuschenken.
Schnell sollte sich der junge Rapid-Mittelstürmer im Nationalteam unentbehrlich machen. Obwohl ihm im Februar 1934 beim 4:2 gegen Italien in Turin kein weiterer Treffer gelang, überzeugte er doch mit zwei Torvorlagen. Darüber hinaus war in der 55. Minute ein eigentlich reguläres Tor Bicans wegen angeblicher Abseitsstellung vom schweizerischen Referee Mercet nicht anerkannt worden. Dafür revanchierte er sich in den nächsten Einsätzen im WM-Jahr gegen die Schweiz (3:2) und Ungarn (5:2) mit seinen beiden ersten Doppelpacks im Nationaltrikot, womit die Nominierung des Rapidlers für die zweiten Welttitelkämpfe in Italien eigentlich reine Formsache war.

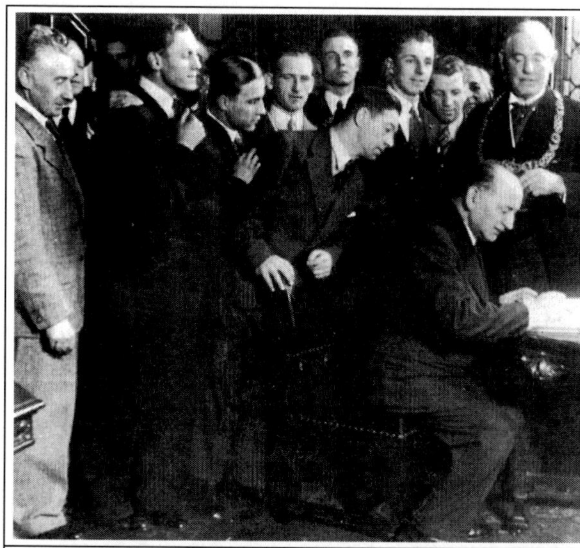

Vor dem Länderkampf am 29. November 1933 im Hampden Park (2:2) wird die österreichische Nationalelf im Rathaus von Glasgow von Bürgermeister Alexander Swan (oben rechts mit Amtskette) empfangen. Die Wiener Delegation mit Trainer Jimmy Hogan, Länderspieldebütant Pepi Bican, Franz Wagner, Georg Braun, Anton Janda, Karl Sesta, Peter Platzer, Toni Schall und Verbandskapitän Hugo Meisl (von links nach rechts) beim Eintrag ins Goldene Buch.

WM-Vierter 1934
Allein die Tatsache, dass Bican bei den grün-weißen Hütteldorfern unter Vertrag stand, schien gegen dessen WM-Teilnahme zu sprechen, weil Hugo Meisl ein Faible für Spieler der Austria nachgesagt wurde. Da Bican seinem Naturell nach aber ohnehin mehr den technischen feinen Stil der Violetten als das kampfbetonte Auftreten der Rapidler verkörperte, hatte der „schöne Pepi" beim Verbandskapitän trotz seiner „falschen" Vereinszugehörigkeit einen Stein im Brett. Und so war es für Meisl schließlich auch keine Frage, ihn mit auf die Italien-Expedition zu nehmen, während dessen Rapid-Teamgefährte Franz Binder daheim bleiben musste. Allerdings musste Bican von der Mittelstürmer- auf die Rechtsverbinderposition ausweichen, da im Sturmzentrum Matthias Sindelar gesetzt war. Diese Umstellung fiel ihm freilich nicht schwer, da er sich auch bei Rapid mit Franz Binder immer wieder als Mittelstürmer abwechselte, wobei Binder als echter Stoßstürmer und technisch weniger versiert als Bican häufig den Vorzug erhielt.
Bei seiner einzigen Weltmeisterschaftsteilnahme machte der 21-jährige Rapidler sämtliche vier Spiele der Österreicher mit, die das Turnier schließlich auf dem vierten Platz beendeten. Seinen einzigen WM-Treffer erzielte er in der Auftaktpartie gegen Frankreich (3:2 n.V.), als er in der siebten Minute der Verlängerung einen Lattenknaller Sindelars aufnahm und an Schlussmann Alexis Thépot

vorbei zur zwischenzeitlichen 3:1-Führung ins Netz setzte. Insgesamt lief Bican – wie fast die gesamte Mannschaft – in Italien seiner Bestform ein wenig hinterher. Nach einem harterkämpften 2:1 im Viertelfinale über Erzrivale Ungarn – hier hatte Bican nach der Pause den zweiten österreichischen Treffer durch Zischek vorbereitet – folgte in der Vorschlussrunde das Duell mit Gastgeber Italien, aus dem die Azzurri durch einen höchst umstrittenen Treffer von Guaita als 1:0-Sieger hervorgingen. Die Österreicher besaßen in der zweiten Hälfte die größte Chance zum Ausgleich, als Bican mit einem Gewaltschuss nur die Latte traf. Da Matthias Sindelar verletzungsbedingt passen musste, konnte Bican im abschließenden kleinen Finale gegen Deutschland erstmals als Mittelstürmer auflaufen. In Neapel überzeugten die Deutschen aber mit einem kampfbetonten Auftritt und verwiesen die österreichischen Profis durch ihren 3:2-Sieg auf Rang vier.

Im WM-Achtelfinalspiel am 27. Mai 1934 gegen Frankreich tat sich Österreichs Fußball-Elite lange schwer und siegte erst in der Verlängerung mit 3:2. Das Foto zeigt den dritten österreichischen Treffer aus der 97. Minute, bei dem Torhüter Alexis Thépot vergeblich versucht, den Schuss von Pepi Bican (nicht im Bild) zu erreichen.

Bei seiner einzigen WM-Teilnahme erreichte Pepi Bican 1934 in Italien mit Österreich den vierten Platz. Im Bild die österreichische Elf vor dem kleinen Finale gegen Deutschland in Neapel (2:3) mit (von links) Sesta, Platzer, Urbanek, Viertl, Cisar, Braun, Horvath, Bican, Wagner sowie (vorne kniend) Smistik und Zischek.

Die Halbfinalpleite gegen Italien war im Übrigen Bicans erste Niederlage im neunten Länderspieleinsatz gewesen. Wegen des Theaters um seinen Wechsel zur Admira dauerte es bis zum 14. April 1935, ehe ihn seine nächste Berufung ereilte. Für den auf Vereinsebene immer noch gesperrten Angreifer reichte es aber weder gegen die Tschechoslowakei in Prag (0:0) sowie rund einen Monat später in Budapest gegen Ungarn (3:6) zu einem weiteren Länderspieltreffer. In den anschließenden fünf Berufungen zwischen Oktober 1935 und April 1936 gingen dann allerdings stolze acht Tore auf sein Konto, wobei besonders jene drei am 6. Oktober 1935 gegen Ungarn (4:4) sowie der Doppelpack bei der 3:5-Niederlage gegen denselben Gegner vom 5. April 1936 hervorzuheben sind.

► EINWURF

Josef Bican bestritt für die österreichische Nationalmannschaft 19 A-Länderspiele und erzielte 14 Tore.

29.11.33	*Schottland (in Glasgow)*	*2:2*	
10.12.33	*Holland (in Amsterdam)*	*1:0*	*1 Tor*
11. 2.34	*Italien (in Turin)*	*4:2*	
25. 3.34	*Schweiz (in Genua)*	*3:2*	*2 Tore*
15. 4.34	*Ungarn (in Wien)*	*5:2*	*2 Tore*
25. 4.34	*Bulgarien (in Wien)***	*6:1*	
27. 5.34	*Frankreich (in Turin)* n.V.*	*3:2*	*1 Tor*
31. 5.34	*Ungarn (in Bologna)**	*2:1*	
3. 6.34	*Italien (in Mailand)**	*0:1*	
7. 6.34	*Deutschland (in Neapel)**	*2:3*	
14. 4.35	*Tschechoslowakei (in Prag)*	*0:0*	
12. 5.35	*Ungarn (in Budapest)*	*3:6*	
6.10.35	*Ungarn (in Wien)*	*4:4*	*3 Tore*
19. 1.36	*Spanien (in Madrid)*	*5:4*	*1 Tor*
26. 1.36	*Portugal (in Porto)*	*3:2*	*1 Tor*
22. 3.36	*Tschechoslowakei (in Wien)*	*1:1*	*1 Tor*
5. 4.36	*Ungarn (in Wien)*	*3:5*	*2 Tore*
6. 5.36	*England (in Wien)*	*2:1*	
8.11.36	*Schweiz (in Zürich)*	*3:1*	

* *Weltmeisterschaft 1934 in Italien*
** *WM-Qualifikation*

Anschließend kam Pepi Bican für sein Geburtsland Österreich noch gegen England (2:1) und am 3. November 1936 gegen die Schweiz (3:1) zum Einsatz. Doch trotz starken Zusammenspiels mit Matthias Sindelar in der Partie gegen die Engländer in Wien sowie zahlreicher Torchancen in Zürich gegen die Schweiz sollte Bican ein weiterer Torerfolg verwehrt bleiben, so dass er für Österreich auf 14 Treffer in 19 Länderspieleinsätzen kommt.

Bicans zweite Länderspielkarriere

Mit knapp 25 Jahren war Pepi Bican im Sommer 1938 im besten Fußballeralter, als die WM in Frankreich anstand. Nach seinem Wechsel zu Slavia Prag hatte er zwar inzwischen die tschechoslowakische Staatsbürgerschaft angenommen. Für die Nationalelf spielberechtigt war er allerdings noch nicht, so dass er die Teilnahme an der WM verpasste, die für sein neues Heimatland mit dem Gewinn der Vizeweltmeisterschaft endete. Erst im August trug er erstmalig das Nationaltrikot der Tschechoslowakei und erzielte beim 6:2 in Schweden drei Treffer. Nach einem weiteren Torerfolg gegen Jugoslawien (3:1) netzte er am 4. Dezember 1938 gegen Rumänien gleich viermal ein und hatte somit großen Anteil am 6:2-Erfolg seines Teams.
Durch die Gründung des Reichsprotektorats Böhmen & Mähren wurde die „Rest-Tschechei" de facto Teil des Deutschen Reiches. Die „Nationalmannschaft" von Böhmen & Mähren trat am 12. November 1939 zu ihrem einzigen offiziellen Länderkampf gegen die Vertretung des Deutschen Reiches an und trotzte der Herberger-Elf im schlesischen Breslau ein erstaunliches 4:4-Unentschieden ab, bei dem Pepi Bican als dreifacher Torschütze den gegnerischen Verteidigern das Fürchten gelehrt hatte. Vor 35.000 Zuschauern hatte es anfangs sogar danach ausgesehen, als ob die Deutschen ein echtes Debakel hinnehmen müssten, nachdem die Prager wie die Feuerwehr gestartet waren und nach nur 13 Minuten bereits mit 3:0 in Führung lagen. Dabei hatte sich Pepi Bican zweimal und Antonin Puc, der mittlerweile für Viktoria Ziskov spielte, einmal in die Torschützenliste eingetragen. Erst jetzt wachten die Gastgeber, in deren Reihen nach dem Anschluss

Österreichs auch mehrere Akteure aus der „Ostmark“ standen, auf. Allen voran war es Josef Bicans ehemaligem Rapid-Sturmpartner Franz Binder zu verdanken, dass die Herberger-Elf wieder in die Spur zurückfand. Nach dessen Doppelschlag aus der 30. und 35. Minute stand es nur noch 2:3, ehe Bican den Wiener Raftl zum dritten Mal überwinden konnte. Nach dem 3:4-Anschlusstreffer durch Binder (53.) mussten die Prager aber schließlich ihrem hohen Tempo vor der Pause Tribut zollen und fünf Minuten vor dem Abpfiff durch einen von Hahnemann verwandelten Strafstoß noch das Ausgleichstor hinnehmen, das die hochfavorisierten Reichsdeutschen vor einer peinlichen Blamage bewahrte.

► EINWURF

Für die Nationalmannschaft der Tschechoslowakei absolvierte Josef Bican von 1938 bis 1949 insgesamt 15 Länderspiele und traf dabei 15-mal ins Schwarze.

7. 8.38	*Schweden (in Stockholm)*	*6:2*	*3 Tore*
28. 8.38	*Jugoslawien (in Zagreb)*	*3:1*	*1 Tor*
12. 4.38	*Rumänien (in Prag)*	*6:2*	*4 Tore*
12.11.39	*Deutschland (in Breslau)**	*4:4*	*3 Tore*
7. 4.46	*Frankreich (in Paris)*	*0:3*	
14. 9.46	*Schweiz (in Prag)*	*3:2*	
30. 9.46	*Jugoslawien (in Belgrad)*	*2:4*	
27.10.46	*Österreich (in Wien)*	*4:3*	*1 Tor*
11. 5.47	*Jugoslawien (in Prag)*	*3:1*	*1 Tor*
31. 8.47	*Polen (in Prag)*	*6:3*	*2 Tore*
18. 4.48	*Polen (in Warschau)*	*1:3*	
29. 8.48	*Bulgarien (in Sofia)*	*0:1*	
10. 4.49	*Ungarn (in Prag)*	*5:2*	
22. 5.49	*Rumänien (in Prag)*	*3:2*	
4. 9.49	*Bulgarien (in Prag)*	*1:3*	

** Länderspiel für Böhmen & Mähren*

Was wäre gewesen, wenn...?

Neben diesem einzigen Länderkampf für Böhmen & Mähren absolvierte Bican für das Reichsprotektorat noch zwei weitere Auswahlspiele gegen Jugoslawien (7:3) sowie die „Ostmark“ (5:5), die allerdings keinen offiziellen Länderspielcharakter besaßen. Da er es ablehnte, fortan für Deutschland auf Torejagd zu gehen, die böhmisch-mährische Elf ab 1940 jedoch von der Bildfläche verschwand, sollte es bis 1946 dauern, ehe Bican – nun für die CSSR – erneut zu Länderspielehren kam. Allein der Blick auf die nackten Zahlen beweist, dass dem damals weltbesten Torjäger die äußeren Umstände einen ganz erheblichen Strich durch die Rechnung gemacht hatten. Nachdem dieser für die WM 1938 noch gesperrt gewesen war, zeigte er in den nächsten vier Länderspielen mit sensationellen elf Treffern, in welch bestechender Form er sich befand. Nicht zu vergessen, dass er mit Slavia kurz nach den Titelkämpfen in Frankreich den begehrten Mitropa-Cup gewann und dabei mit zehn Treffern in acht Spielen ebenfalls seine Extraklasse unter Beweis stellte. Hätte vier Jahre später wie zunächst angedacht die vierte Weltmeisterschaft in Deutschland stattgefunden, Josef Bican hätte glänzende Aussichten besessen, der große Superstar des Turniers zu werden. Im Alter von knapp 29 Jahren befand sich der Prager im Sommer 1942 in der Form seines Lebens, nachdem er in den vorangegangenen 62 Ligaeinsätzen seit 1940 nicht weniger als 133-mal ins Schwarze getroffen hatte, womit er statistisch gesehen für 2,15 Tore pro Spiel gut gewesen war. Anstatt aber sein Können auf der großen Bühne des Weltfußballs zeigen zu können, nahmen außerhalb des Reichsprotektorats nur wenige von seinen Klasseleistungen Notiz, weil der Spielverkehr über dessen enge Grenzen hinaus von den deutschen Machthabern nahezu gänzlich unterbunden worden war.

Nach Kriegsende – auch die WM-Chance im Jahr 1946 war ihm geraubt worden – sollte der Slavia-Star, der seinen Zenit inzwischen überschritten hatte, noch elfmal für die CSSR zum Einsatz kommen und dabei vier Treffer erzielen. Am 7. April 1946 reisten die Tschechoslowaken zum ersten Nachkriegsländerspiel nach Paris, wo auch Pepi Bican eine schmerzhafte 0:3-Niederlage nicht verhindern konnte. Dennoch durfte er am 27. Oktober desselben Jahres sein Team erstmals als Kapitän aufs Feld führen, als in Wien das Prestigeduell mit Österreich anstand. An der Donau kam es zum erneuten Wiedersehen mit seinem alten Rapid-Sturmpartner Franz Binder, der als zweifacher Torschütze zumindest im direkten Vergleich der beiden Oldies die Nase vorn hatte, da Bican lediglich einen Treffer erzielen konnte, was allerdings nichts daran änderte, dass die Gäste nach 90 Minuten mit 4:3 gewonnen hatten. Ohnehin hatte Bican in seiner alten Heimat einen guten Tag erwischt, da er Cejp und Zacher zwei weitere Treffer auflegte. Nachdem er in den nächsten beiden Spielen gegen Jugoslawien (3:1) und Polen (6:3) insgesamt dreimal erfolgreich gewesen war, blieb er in seinen letzten fünf Einsätzen ohne Torerfolg. Am 4. September 1949 hatte er bei der überraschenden 1:3-Heimpleite gegen Bulgarien in Prag letztmals das Nationaltrikot tragen dürfen. Summa summarum hatte Bican damit für Österreich, Böhmen & Mähren sowie die Tschechoslowakei 34 Länderspiele bestritten, in denen dem gebürtigen Wiener 29 Torerfolge gelungen waren. Darauf, dass für den „schönen Pepi“ deutlich mehr drin gewesen wäre, ist bereits in aller Deutlichkeit hingewiesen worden...

Saison	Mitropa-C.		Liga		Pokal	
	Sp.	T.	Sp.	T.	Sp.	T.
1931/32			8	10	2	2
1932/33			16	11	2	6
1933/34	4	1	22	28	5	5
1934/35			3	4	0	0
1935/36	2	2	15	8	3	2
1936/37			11	10	0	0
1937/38	8	10	19	22		
1938/39	2	2	20	29		
1939/40			20	50		
1940/41			22	38	?	?
1941/42			20	45	?	?
1942/43			20	39	?	?
1943/44			23	57	?	?
1944/45			9	16		
1945/46			16	31		
1946/47			23	43		
1947/48			13	20		
1948			7	21		
1949			22	32		
1950			23	22		
1951			18	8	?	?
1952			9	19	4	4
1953			9	7		
1954			14	11		
1955			8	4		

Franz Binder
„Weltrekordler“ und Schalke-Schreck

Mit Statistiken ist das ja immer so eine Sache. Je nach „Auftraggeber“ fördern diese schnell mal ein gewünschtes Ergebnis zutage, das der eigenen Auffassung von der Wirklichkeit entspricht und diese dann flugs zur scheinbar objektiven Wahrheit werden lässt. Was etwa in der Politik tagtäglich zu beobachten ist, trifft auch auf die „schönste Nebensache der Welt“ zu, die sich das Prinzip „Traue keiner Statistik, die du nicht selber gefälscht hast“ ebenfalls bereitwillig zueigen gemacht hat. Schon die Frage, wer denn nun der treffsicherste Fußballer aller Zeiten gewesen sei, kann zu gänzlich unterschiedlichen Ergebnissen führen, je nachdem, ob man beispielsweise lediglich die Zahl der in Pflichtspielen erzielten Treffer oder aber auch jene aus Freundschaftsspielen als Berechnungsrundlage heranzieht. Ganz zu schweigen von der Tatsache, ob denn auch tatsächlich alle je bestrittenen Begegnungen eines Spielers von frühester Jugend an bis hin zur Altherrenmannschaft überhaupt erfasst worden sind, ist neben der reinen Trefferzahl natürlich auch die Trefferquote ein nicht unbedeutender Gradmesser für die Qualität eines Angreifers. Und gerade in dieser Hinsicht sind sich die Parteigänger von Rapid Wien schnell einig: Der beste Stürmer aller Zeiten muss „Bimbo“ Binder gewesen sein, weil ihm die Rapid-Statistiken alles in allem 1.006 Treffer in 756 Einsätzen zuweisen, womit der am 1. Dezember 1911 im niederösterreichischen St. Pölten geborene Mittelstürmer selbst ausgewiesene Weltstars wie Pele, Gerd Müller oder Romario in den Schatten stellt, war Binder rein statistisch gesehen damit doch für 1,33 Treffer pro Spiel gut gewesen. Ganz anders sieht es dagegen aus, wenn man die Torquote in Erstligaspielen heranzieht, wo der Prager Josef Bican (1,49 Tore je Einsatz) den Wiener Franz Binder (1,21) deutlich aussticht. Dementsprechend bezog die Fußballstatistik-Organisation IFFHS auch klar Stellung zugunsten von Pepi Bican, als sie diesen 1997 noch zu Lebzeiten als weltbesten Angreifer aller Zeiten ehrte. Auch unser, allein auf die absoluten Zahlen fokussierter Ansatz lässt Binders 422 Pflichtspieltreffer nicht als Topwert gelten, was aber freilich die Rapid-Anhänger auch nicht davon abhalten dürfte, ihren „Bimbo“ Binder als den „Weltrekordler“ unter den Torjägern zu betrachten...

Mit dem Motorrad nach Hütteldorf

In seiner Heimatstadt St. Pölten bewohnte Franz Binder in seiner Kindheit gemeinsam mit den Eltern eine Werkswohnung der Kunstseidefabrik „Erste Österreichische Glasstoff-Fabrik AG“ am Mühlweg. Die Lebensbedingungen im sog. „Glasscherbenviertel“ waren äußerst bescheiden, was besonders auf die Jahre des Ersten Weltkriegs zutraf, als die Maschinen wegen fehlender Rohstofflieferungen oft Monate lang nicht in Betrieb waren. Der Krieg war noch nicht lange vorbei, als Binders älterer Bruder Karl an der Gründung des ASV (Arbeitersportverein) Sturm St. Pölten beteiligte war, dessen sportliches Debüt am 7. September 1919 mit einer deutlichen 1:6-Niederlage gegen den ortsansässigen Sportclub endete.
Wegen fehlender Alternativen war es quasi eine Selbstverständlichkeit, dass sich auch Franz Binder dem ASV Sturm anschloss. Mit gerade einmal zwölf Jahren trat er dem Klub bei, für den er schon als 15-Jähriger sein Debüt in der ersten Mannschaft gab. Selbst der Bürgermeister der heutigen niederösterreichischen Landeshauptstadt war von Binder so angetan, dass er ihm 1926 eine komplette Ausrüstung samt Fußballschuhe schenkte, mit der Rapids späterer „Weltrekordler“ dem jungen Verein zum Aufschwung verhalf.
Man schrieb das Jahr 1930, als der ASV den amtierenden Landesmeister Rapid Wien mit Stars wie Franz Weselik, Josef Smistik und Matthias Kaburek empfing, wobei Meistertrainer Edi Bauer und Sektionsleiter Dionys Schönecker vor allem vom Auftritt des gegnerischen Mittelstürmers beeindruckt waren, den sie am liebsten sofort mit nach Hütteldorf genommen hätten. Wäre da nicht Binders Vater gewesen, der einen Wechsel zu den Grün-Weißen für ein bloßes Hirngespinst seines Sohnes hielt. Erst, nachdem die Rapid-Bosse im Glasscherbenviertel persönlich vorgesprochen hatten, ließ sich Vater Binder erweichen und stimmte dem Rapid-Angebot zu, allerdings unter der Voraussetzung, dass sein Sohn weiterhin in St. Pölten wohnen bleiben sollte.

Franz Binder im Trikot von Rapid Wien, das er zwischen 1930 und 1949 trug. Hinter Robert Dienst liegt er mit 267 Ligatreffern gemeinsam mit Hans Krankl in der vereinsinternen Rekordliste auf dem zweiten Platz.

Daher musste Binder anfangs noch mit einem geliehenen Motorrad zwischen St. Pölten und der Hütteldorfer Pfarrwiese hin und herpendeln, wobei er diese Strapazen gerne auf sich nahm. Nach 13 Testspieltreffern war er reif für sein Ligadebüt. Am 6. Spieltag der Saison 1930/31 gelang der Rapid-Elf ein 4:1-Sieg über Slovan Wien, wobei weniger der Erfolg über den später abgeschlagenen Tabellenletzten in Erinnerung blieb, als vielmehr das Debüt des 18 Jahre alten Franz Binder, der in den letzten zehn Minuten der Partie vom 12. Oktober 1930 seine ersten beiden Pflichtspieltore erzielte. Noch zweimal durfte der Youngster in jener Spielzeit ran, doch sollte er in den Pokalspielen gegen Slovan (2:1) und auf der Hohen Warte gegen den Sport-Club (2:3) ohne Torerfolg bleiben.
Auch zu Beginn der Spielzeit 1931/32 kam Binder noch nicht über eine Reservistenrolle hinaus. Nach einer schwachen Leistung am 5. Spieltag beim Brigittenauer AC (0:2) geriet er zunächst aus dem Blickfeld von Trainer Edi Bauer, der ihn auch im Freundschaftsspiel gegen Vasutas Sopron nicht aufstellte. Nach seiner Einwechslung zur zweiten Hälfte nutzte er an jenem 29. November 1931 aber seine Chance und steuerte fünf Tore zum 11:3-Sieg bei, was ihm letztlich zum Durchbruch verhalf. In der Rückrunde bestritt er weitere sieben Ligaspiele, in denen ein halbes Dutzend Tore auf sein Konto gingen. Besonders gut aufgelegt zeigte er sich am 6. März 1932 beim SK Slovan, als er die Grün-Weißen mit einem Hattrick nach der Pause

zu einem 3:2-Erfolg schoss. Stark präsentierte sich Binder auch in den Pokalspielen gegen Landstraße Wien (10:3) und die Rapid-Amateure (8:1), wo ihm vier bzw. zwei Tore gelangen.

Erstmals Torschützenkönig

Noch vermochte der lange Schlaks – Franz Binder maß stattliche 1,90 Meter – vom Fußball nicht zu leben. Nach wie vor wohnte er in der elterlichen Wohnung in St. Pölten, wo die Verhältnisse dermaßen beengt waren, dass er zeitweise sogar mit seinem Bruder in einem Bett schlafen musste. Die Folgen der Weltwirtschaftskrise waren immer noch mit voller Wucht zu spüren, als der Sturmhoffnung im Verlauf der Spielzeit 1932/33 zumindest der Aufstieg zum „local hero“ gelang. Besonders im Glasscherbenviertel erzählte man sich wahre Wunderdinge von Binders Auftritten auf der Pfarrwiese, weshalb sich die Arbeiter in Scharen mit der Eisenbahn und dem Fahrrad auf nach Hütteldorf machten, um sich selbst von dessen Ausnahmeklasse zu überzeugen.

In der Saison 1932/33, die Rapid mit drei Zählern Rückstand als Vizemeister hinter der First Vienna abschloss, hatte Binder in 20 Einsätzen 25-mal ins Schwarze getroffen, womit er erstmals in seiner Laufbahn Torschützenkönig geworden war. Seinen ersten starken Auftritt hatte „Bimbo“ am 2. Spieltag gegen die Vienna, als es auf der Pfarrwiese zwar eine 2:3-Niederlage gegen den kommenden Meister setzte, Binder aber für beide Treffer der Gastgeber verantwortlich war. Nach einem weiteren Doppelpack am 9. Oktober 1932 gegen den Sport-Club (5:3) folgte am 30. Oktober ein denkwürdiges Spiel gegen Vorjahresmeister Admira im Praterstadion. Vor 16.000 begeisterten Zuschauern feierten die Grün-Weißen einen 7:4-Erfolg, bei dem nicht weniger als sechs Treffer auf das Konto des aufstrebenden Rapid-Mittelstürmers gingen. Der hatte damit auch die letzten Skeptiker überzeugt, die vor allem deshalb an Binder zweifelten, weil dieser ob seiner Körpergröße immer ein wenig hüftsteif wirkte. Tatsächlich war er in technischer Hinsicht etwas limitiert, was er jedoch mit seinem kraftvollen Auftreten kompensieren konnte. Binder, der über einen strammen Schuss verfügte, war das, was man gemeinhin einen „Brecher“ nennt. Als Stoßstürmer passte er damit haargenau zur Spielweise von Rapid Wien, wo – im Gegensatz zur Austria – stets der Kampf und nicht das feine Florett bevorzugt wurde.

In der Rückserie brillierte Binder zunächst mit einem Dreierpack gegen den SC Hakoah (4:0), derweil er eine Woche später seine Kämpferqualitäten unterstrich, als er mit zwei Treffern Rapid zu einem knappen 2:1 über den FC Wien führte. Immer mehr wurde deutlich, dass man den Mittelstürmer keine Sekunde aus den Augen lassen durfte, was auch die Spieler des Floridsdorfer AC zu spüren bekamen, die am 21. Spieltag auf der Hohen Warte bis zur 83. Minute mit 1:0 führten. Binder, der bis dahin nicht zum Zug gekommen war, nutzte in der Schlussphase zwei Patzer der gegnerischen Verteidigung und drehte mit zwei späten Toren den Spieß noch um.

Klatsche gegen Admira und vier Tore gegen Bologna

Auch die Spielzeit 1933/34 sollte Rapid Wien „nur“ als Vizemeister beenden. Obwohl Binder in 22 Ligaeinsätzen auf alles andere als enttäuschende 20 Treffer kam, musste er sich in der Torschützenliste hinter seinem Teamgefährten Josef Bican (28) sowie Matthias Sindelar und Karl Zischek (jeweils 22) mit dem vierten Platz begnügen. Neben seinen fünf Doppelpacks blieben besonders die drei Treffer in Erinnerung, die er am 20. Spieltag beim 8:1 über den SV Donau Wien erzielen konnte. Mit Binder und dem rund zwei Jahre jüngeren Pepi Bican verfügte Rapid in jener Spielzeit im Angriff über ein echtes Traumduo, das sich geradezu ideal zu ergänzte. Denn während Binder als typischer Brecher im Sturmzentrum auf die sich ihm bietende Gelegenheit lauerte, erwies sich Bican dank seiner großartigen Technik für jede Abwehr als ständiger Gefahrenherd. Auch im Pokalwettbewerb, der traditionsgemäß im Anschluss an die Liga-Meisterschaft ausgetragen wurde, harmonierten die beiden prächtig und ballerten die Hütteldorfer mit zusammen zwölf Treffern ins Endspiel. Sieben davon waren auf das Konto Franz Binders gegangen, der am 10. Mai 1934 auf den ersten großen Titel seiner Laufbahn hoffen durfte.

In den Vorschauen auf das Pokalfinale konnten sich die Experten auf keinen Favoriten einigen, da mit Rapid und Admira die beiden aktuell besten Teams der Liga aufeinander trafen. Folglich ging man davon aus, dass allein die Tagesform über Sieg und Niederlage entscheiden könne. Nach Spielende musste aber selbst der eingefleischteste Rapid-Anhänger zugeben, dass diese an jenem Donnerstagnachmittag eindeutig für den Gegner gesprochen hat! 30.000 Zuschauer hatten eine unerwartet einseitige Partie erlebt, in der Meister Admira Vizemeister Rapid mit sage und schreibe 8:0 gedemütigt hatte. Warum die Grün-Weißen – genau wie deren hochgelobtes Sturmduo Binder und Bican – derart von der Rolle waren, dass sie sich zwischen der 24. und 28. Minute die Gegentreffer gleich im Minutentakt einfingen, bleibt auch heute noch ein Rätsel.

Mit vollem Einsatz: Nach einer 1:6-Hinspielniederlage im Mitropa-Cup des Jahres 1934 gegen den FC Bologna versucht Rapid-Sturmführer Franz Binder im Rückspiel im heimischen Praterstadion alles, um den Spieß noch umzudrehen. In dieser Szene werfen sich Bologna-Keeper Gianni und ein italienischer Abwehrspieler dem hünenhaften Binder entgegen, der das Ausscheiden trotz vier Treffern mehr nicht verhindern kann.

Im Sommer 1934 bot sich den Hütteldorfern die Gelegenheit, sich für die peinliche Pleite im Pokalfinale zu rehabilitieren. Nach dem Auftakterfolg über Slavia Prag (3:1, 1:1) bekamen sie es im Viertelfinale mit dem FC Bologna zu tun, gegen den es im Hinspiel in

Italien bei sengender Hitze allerdings eine weitere böse Pleite setzte. Im Verlauf der 90 Minuten hatte Rapid-Schlussmann Raftl gleich sechsmal hinter sich greifen müssen, womit die Wiener nach einer 1:6-Niederlage bereits so gut wie ausgeschieden waren. Der Ehrentreffer vor 18.000 Zuschauern im Stadio del Littoriale war nach 40 Minuten auf das Konto Franz Binders gegangen, der einen Strafstoß zum zwischenzeitlichen 1:2 verwandelt hatte.

► EINWURF
Seinen Spitznamen „Bimbo" erwarb der Alpenbomber, als er sich gemeinsam mit seinen Teamgefährten in Frankreich den Kinofilm „Der Wirbelsturm" ansah, in dem ein afrikanischer Schauspieler eine große Ähnlichkeit mit Binder gehabt haben soll. Eine andere Version besagt, dass er diesen weghatte, als sich der lange Schlacks, der mit einer Körpergröße von 1,90 Meter auf dem Platz immer etwas ungelenk wirkte, zu Fasching als Afrikaner kostümierte, so dass seine Mitspieler – in Unkenntnis gegenwärtiger „political correctness" – in ihm einen „Bimbo" sahen.

Nicht zuletzt dank Rapids Alpenbomber sollte es im Rückspiel, das am 8. Juli 1934 im Praterstadion über die Bühne ging, dann aber nochmals spannend werden. Schon in der 2. Minute waren die meisten der 21.000 Zuschauer aus dem Häuschen, als der glänzend aufgelegte Mittelstürmer der Grün-Weißen die 1:0-Führung erzielte. Als Reguzzoni kurz vor der Pause jedoch den Ausgleich besorgte, schien die Sache endgültig gelaufen. Aber kurz bevor die Zuschauer die berühmte Rapidviertelstunde einzuklatschen begannen, keimte wieder neue Hoffnung auf, nachdem Binder einen Elfer zum 2:1 verwandelt hatte. In der 79. Minute zeigte Schiedsrichter Zenisek aus der Tschechoslowakei dann abermals auf den Punkt. Und erneut schnappte sich der lange Binder den Ball und versenkte diesen zum 3:1 in den Maschen. Jetzt war Binder von den italienischen Abwehrspielern endgültig nicht mehr unter Kontrolle zu bringen. Immer wieder warf er sich ins Getümmel, ehe er in der 85. Minute erneut zur Stelle war und das Score auf 4:1 schraubte. Der immer hektischer werdende Spielverlauf griff spätestens jetzt auch auf das Publikum über, das schon während der gesamten zweiten Hälfte die Gästespieler aus Bologna in übelster Weise beschimpft hatte. Flaschen flogen auf das Spielfeld, so dass die letzten Minuten der Partie im Chaos zu versinken drohten. Allein, es blieb beim 4:1, womit sich Rapid trotz seines wie entfesselt aufspielenden Sturmführers aus dem Wettbewerb verabschieden musste.

Immer besser in Fahrt

Gleich zu Beginn der Saison 1934/35 sollte Rapids Traumsturm gesprengt werden, da Josef Bican beim gestrengen Sektionsleiter Dionys Schönecker in Ungnade fiel und aus dem Kader flog, womit das Angriffspiel der Grün-Weißen mehr und mehr auf Binder zugeschnitten wurde. Dennoch musste er auch 1934/35 nicht den Alleinunterhalter mimen, weil sich sein Nebenmann Matthias Kaburek ebenfalls in glänzender Form präsentierte und mit 27 Treffern an der Spitze der Torjägerliste stand, derweil Binder mit immerhin noch 21 Treffern den zweiten Platz belegte. Insgesamt kam Rapid auf 95 Saisontore, mit denen sich die Hütteldorfer erstmals seit fünf Jahren wieder die Meisterschaft sichern konnten. Lange sah es sogar danach aus, als ob dem ersten Titelgewinn in Binders Karriere im Landespokal gleich noch ein zweiter folgen würde. Dass es am Ende aber doch nicht reichte, lag keineswegs am Rapid-Mittelstürmer, der mit 13 Torerfolgen in sechs Einsätzen das Soll ohne Zweifel erfüllt hatte. Auch in der Vorschlussrunde gegen den WAC war Binder mit einem Doppelpack zur Stelle gewesen. Da im Gegensatz zur Offensivabteilung die Abwehrreihe jedoch einen schwarzen Tag erwischt hatte, war der erhoffte Einzug ins Pokalfinale nach einer 4:5-Niederlage verpasst worden. Ebenfalls nicht nach Wunsch lief die Saison 1935/36, was einmal daran lag, dass Titelverteidiger Rapid in der Liga bei einem erklecklichen Rückstand von elf Punkten auf Admira die Ziellinie nur als Tabellendritter passierte. Aber auch Mittelstürmer Binder lief seiner Bestform hinterher und verpasste erstmals seit drei Jahren mit 17 Saisontoren wieder die 20-Tore-Marke. So hoffte man im Juni auf Wiedergutmachung durch einen starken Auftritt im Mitropa-Cup, wo das Los mit Italiens Vizemeister AS Rom allerdings einen starken Auftaktgegner bescherte. Im Hinspiel an der Donau zeigte sich Franz Binder endlich wieder von seiner besten Seite und legte mit seinen Treffern aus der 30. und 62. Minute die Basis für einen 3:1-Erfolg der Gastgeber, die im Rückspiel jedoch völlig von der Rolle standen und nach 50 Minuten bereits mit 0:5 in Rückstand lagen. Zu allem Überfluss hatte sich Binder auch noch an der Hand verletzt, weshalb er nicht im Vollbesitz seiner Kräfte war. Trotz seines Handicaps sollte er in der 89. Minute aber den Ehrentreffer der Gäste erzielen, die damit freilich dennoch gescheitert waren.

► EINWURF
Nachdem Franz Binder in der Saison 1932/33 mit 25 Treffern erstmals in seiner Laufbahn österreichischer Torschützenkönig geworden war, konnten ihn die gegnerischen Verteidiger ab der Spielzeit 1936/37 nicht mehr bremsen, da er gleich fünfmal in Serie zum besten Goalgetter Österreichs avancierte. In 87 Ligaspielen in jenem Zeitraum traf er nicht weniger als 123-mal ins Schwarze, was einem Schnitt von 1,41 Treffern je Partie gleichkommt. Seine sechs Torjägerkronen sind in der Alpenrepublik bis heute unerreicht. Am nächsten kamen dem Rapidler noch Toni Schall (Admira) und Ernst Stojaspal (Austria), die beide je fünfmal die Torschützenliste anführten.

Im Sommer 1936 wurde der langjährige Trainer Edi Bauer von Leopold Nitsch abgelöst, der mit dem fünften Rang 1936/37 einen denkbar schlechten Einstand erwischte. Eigentlich war die gesamte grün-weiße Mannschaft eine einzige Enttäuschung gewesen – außer Franz Binder, der mit 29 Saisontreffern zum zweiten Mal in seiner Laufbahn zum Torschützenkönig avanciert war und damit weit über die Hälfte aller Rapid-Treffer (51) erzielt hatte. Nicht auszudenken, was den Hütteldorfern geblüht hätte, wäre Binder nicht immer wieder mit seiner Torgefahr zur Stelle gewesen. So wie beispielsweise am 8. Spieltag, als er beim 6:1 über den SC Wacker vier Treffer erzielen konnte. Ebenfalls viermal traf er beim 6:2 über den Post SV auf der Pfarrwiese sowie an selber Stätte beim 5:0 über den FC Wien in die Maschen. In der vorletzten Runde sollte sich allerdings zeigen, dass die Nerven der Rapid-Spieler ob des schwachen Saisonverlaufs ein wenig blank lagen. Bei einem üblen Geholze im Derby gegen die Austria wurde Binder in der 62. Minute als einer von insgesamt fünf Grün-Weißen vom Platz gestellt, so dass diese mit einem Mal nur noch zu sechst auf dem Rasen standen, was den Abbruch des Skandalspiels zur Folge hatte. Obwohl „Bimbo" damit nicht gerade vorbildlich gehandelt hatte, war ihm von Leopold Nitsch dennoch das Kapitänsamt

übertragen worden. Mit 25 Jahren war der Rapid-Sturmführer nicht nur im besten Fußballalter, sondern mittlerweile auch zur zentralen Figur im Team gereift.
Die Saison 1937/38 – die letzte vor dem „Anschluss" Österreichs an Nazi-Deutschland – endete für Binder mit dem Gewinn seines zweiten Meistertitels. Trotz des mannschaftlich wesentlich geschlosseneren Auftretens als in der Vorsaison blieb Franz Binder der unumstrittene Kopf der Grün-Weißen, der mit 22 Treffern in nur 17 Ligaspielen seinen Titel als Torschützenkönig verteidigte. Vor allem in der Hinrunde war der Rapid-Kapitän mit spielentscheidenden Toren zur Stelle. So sicherte er seinem Team mit zwei Treffern einen hartumkämpften 2:1-Auswärtssieg beim Floridsdorfer AC, während ein Doppelpack gegen die Admira den Grundstein zu einem 5:3-Heimerfolg auf der Pfarrwiese legte. Und auch bei der 2:1-Derbyrevanche in der 8. Runde gegen die Austria war Binder nach einer Viertelstunde mit dem Führungstreffer zur Stelle.

Schneewalzer in Berlin

Mit der Einführung der Gauliga Ostmark zur Saison 1938/39 wurden die vormals österreichischen Vereine in das Ligensystem des Deutschen Reiches integriert. Natürlich hofften die Grün-Weißen als Meister des vergangenen Jahres auf die Teilnahme an der Endrunde zur „Großdeutschen Meisterschaft", doch reichte es in der Endabrechnung nur zum dritten Rang hinter der Admira. Während die Liga ein neues Gewand trug, blieb eines beim Alten: Mit 27 Saisontreffern lag der baumlange Rapid-Mittelstürmer wie gewohnt an der Spitze der Torjägerliste, wobei er dafür gerade einmal 17 Einsätze benötigt hatte. Allein sieben Treffer waren am 12. März 1939 auf Binders Konto gegangen, als Absteiger Wacker Wiener Neustadt vor 2.500 Zuschauern auf dem eigenen Herbstfestplatz mit 13:1 zerlegt worden war.
Indes rückte die Meisterschaft in jener Saison etwas ins zweite Glied, da Rapid Wien um die Jahreswende nach dem Pokalsieg griff. Während der erste Deutsche Meister nach dem „Anschluss" erst im Frühjahr 1939 ermittelt wurde, stand der erste Pokalsieger schon früher fest, weil der Tschammer-Pokal nicht parallel zur Meisterschaftssaison, sondern um ein halbes Jahr versetzt ausgetragen wurde, wobei das Pokalfinale 1937/38 erst im Januar 1939 stattfand. Da die „Ostmark" während der laufenden Pokalsaison „heim ins Reich" gekehrt war, mussten die Veranstalter den Austragungsmodus auf die Schnelle anpassen. Lediglich die besten acht Klubs des ehemaligen Österreich sollten sich am Tschammer-Pokal beteiligen, die am 6. November 1938 in einem gesonderten Viertelfinale gegeneinander antraten. Hier hatten die Grün-Weißen keine Mühe, um sich durch einen 5:1-Erfolg über Austria-Fiat Wien, zu dem Franz Binder zwei Tore beigesteuert hatte, für die Runde der letzten Acht des Gesamtreichs zu qualifizieren. Auch dort konnte sich „Bimbo" nach 35 Minuten in die Torschützenliste eintragen und mit der 1:0-Führung einen 3:2-Erfolg der Wiener einleiten. Ohne Treffer blieb er in der Vorschlussrunde beim 2:0 über den 1. FC Nürnberg, mit dem Rapid das Finale erreichte, das am 9. Januar 1938 auf schneebedecktem Boden im Berliner Olympiastadion über die Bühne ging. Nur 36.000 Besucher wollten der Partie „Altreich" (FSV Frankfurt) gegen „Ostmark" (Rapid Wien) bei Temperaturen knapp über dem Gefrierpunkt beiwohnen, wobei die Zuschauerzahl auch deshalb so gering ausgefallen war, weil die oberen Ränge von Schnee bedeckt und deshalb gesperrt waren. Unter derart unwirtlichen Bedingungen erwischte der Außenseiter vom Bornheimer Hang den deutlich besseren Start und ging in der 17. Minute per Kopfball durch Dosedzal in Führung. Mitte der zweiten Hälfte kippte die Partie jedoch zugunsten der Grün-Weißen, nachdem der Frankfurter May verletzt ausscheiden musste. Mit Beginn der Rapidviertelstunde kam die numerische Überlegenheit dann richtig zum Tragen, als Schors (80.), Hofstätter mit einem fulminanten Weitschuss (85.) und schließlich der unvermeidliche Binder (90.) für einen 3:1-Erfolg der Grün-Weißen beim Berliner Schneewalzer sorgten.

FSV-Spielführer Armbruster (links) sowie „Bimbo" Binder (Zweiter von rechts) warten darauf, dass Schiedsrichter Rühle das Pokalfinale vom 9. Januar 1939 freigibt.

Im Spieljahr 1939/40 erkämpfte sich Rapid dann zum ersten Mal den Gauligatitel, der heute als 13. Landesmeisterschaft in den Statistiken geführt wird. Zum wiederholten Male war Franz Binder der Schlüssel zum Erfolg, was schon dessen 50 Pflichtspieltore beweisen, die er in 29 Einsätzen erzielt hatte. Natürlich konnte der Alpenbomber mit 18 Treffern auch in der Gauliga zum vierten Mal hintereinander zum Torschützenkönig avancieren, wobei er seine stärkste Leistung beim 9:2-Derby über die Austria mit vier Torerfolgen abgeliefert hatte.

► EINWURF

Der baumlange und schlaksige „schwarze Husar aus St. Pölten" war berühmt und gefürchtet für seine gewaltigen und präzisen Freistöße aus großen Distanzen, die gemeinhin als „Kanonen" bezeichnet wurden und in schöner Regelmäßigkeit auch im gegnerischen Tor einschlugen. So etwa am 30. April 1939, als die Rapid-Elf im Pokal bei den Münchner Bayern antrat und Binder beim 5:2-Erfolg das Tornetz im Grünwalder Stadion derart malträtierte, dass dieses bei einem seiner drei Treffer zerfetzt wurde. Die Bayern zeigten sich einigermaßen beeindruckt und ließen das Corpus Delicti seinem Zerstörer nach dem Schlusspfiff als „Jagdtrophäe" zukommen. Es war die Präzision seiner Freistöße, die Ernst Happel einmal zu der ehrfurchtsvollen Feststellung veranlasste, „der Binder war der einzige Fußballer mit an' Radar im Fuß."

Dass Franz Binder indes nicht nur der beste ostmärkische Angreifer, sondern auch einer der torhungrigsten im gesamten Reich war, zeigte er in den Endrundenspielen im Kriegssommer 1940, die Rapid bis ins Halbfinale führten. Nach dem abschließenden Erfolg im kleinen Finale über den SV Waldhof Mannheim hatte der Wiener in neun Einsätzen 14-mal ins Schwarze getroffen, womit er auch zum Torschützenkönig der Endrunde gekürt wurde. Im Tschammer-Pokal musste sich Titelverteidiger Rapid diesmal ebenfalls im Semifinale verabschieden, als gegen den späteren Sieger 1. FC Nürnberg Endstation war. Ausgerechnet bei der 0:1-Niederlage gegen den Club hatte der Rapid-Sturmführer sein Pulver verschossen, nachdem er in den Runden zuvor elfmal erfolgreich gewesen war. Immer wieder hatte er dabei seine gefürchtete Schusskraft bei Freistößen oder Elfmetern unter Beweis gestellt, wie zum Beispiel in der regionalen Qualifikationsrunde gegen Jahn Regensburg, als er beim 4:2-Erfolg gleich zwei Freistöße in die gegnerischen Maschen hämmerte.

► **EINWURF**
*Egal in welchem Wettbewerb Franz Binder auch an den Start ging, auf seine Torgefahr war stets Verlass. In dieser Hinsicht unterscheidet er sich gravierend von jener Spezies aktueller deutscher Nationalspieler, die wie zum Beispiel Miroslav Klose die eigentümliche Fähigkeit entwickelt haben, es bei Länderspielen auf durchaus beachtliche Trefferzahlen (wohlgemerkt Treffer*zahlen, *nicht* -quoten*!) zu bringen, während sie bei ihren Vereinen wochen- oder gar monatelang jegliche Torgefahr vermissen lassen. Von einer „Torallergie" konnte bei Binder dagegen weder im Vereins- noch im Nationaltrikot die Rede sein. Mit seiner Pflichtspielquote von 422 Toren in 347 Partien für Rapid (d.h. 1,21 Treffer je Einsatz) hält er noch heute den vereinsinternen Rekord. Seine 267 Torerfolge in 242 Liga-Spielen zwischen 1930 und 1949 bedeuten ex aequo mit Hans Krankl hinter Robert Dienst Rang zwei in der ewigen Rapid-Bestenliste, wobei nicht unerwähnt bleiben darf, dass die Torquote je Spiel bei Dienst knapp schlechter war.*

Großdeutscher Meister 1941

Mit dem Gewinn des Tschammer-Pokals 1938 sowie dem starken Abschneiden in Meisterschaft und Pokal in der Saison 1939/40 hatten Binder und seine Rapidler untermauert, dass sie zu den stärksten Mannschaften des Reiches zählten. Auch in der Spielzeit 1940/41 zeigte sich der Alpenbomber in der Gauliga Ostmark wie gewohnt torhungrig und führte seine Kameraden mit 27 Saisontreffern zum Meistertitel vor Admira, gegen die er schon beim 6:1-Erfolg am 1. Spieltag als zweifacher Torschütze geglänzt hatte. Immer wieder feierten die Grün-Weißen Schützenfeste wie kurz vor Weihnachten bei Schlusslicht Linzer ASK, als sie nicht zuletzt dank vier Binder-Treffern mit 9:0 die Nase vorn hatten. Auch beim 11:3-Wettschießen gegen die Oberösterreicher in der Rückrunde zeigte sich der Rapid-Mittelstürmer angesichts von fünf Treffern erneut in blendender Verfassung. Binder war jedoch immer wieder auch für die entscheidenden Treffer verantwortlich. So geschehen am 23. Februar 1941, als seine beiden Tore den Grün-Weißen ein 2:2-Unentschieden gegen den Sport-Club retteten. Und auch am letzten Spieltag sorgte er vor 10.000 Zuschauern auf der Pfarrwiese mit vier Treffern quasi im Alleingang für einen hartumkämpften 5:4-Erfolg über den Floridsdorfer AC.
Nachdem sich in der anschließenden Endrunde die Gruppengegner als bessere Sparringspartner erwiesen hatten, entpuppte sich im Halbfinale der Dresdner SC als erster echter Prüfstein, der vor 30.000 Zuschauern im Hindenburg-Stadion von Beuthen mit 2:1 niedergerungen wurde. Garant für den Finaleinzug war natürlich Franz Binder, der in der 9. und 55. Minute für die beiden Rapid-Treffer verantwortlich zeichnete. Im Endspiel am 22. Juni 1941 – jenem Tag, an dem mit dem deutschen Überfall auf die Sowjetunion der „totale Krieg" einsetzte – trafen die Hütteldorfer im mit 95.000 Zuschauern vollbesetzten Berliner Olympiastadion auf die Elf von Schalke 04, welche als klarer Favorit angesehen wurde, nachdem die Knappen nicht nur die letzten beiden Meistertitel gewonnen, sondern vor zwei Jahren auch Rapids Stadtrivale Admira mit 9:0 gedemütigt hatten.
Entsprechend wenig traute man den Grün-Weißen vor dem Anpfiff zu. „Die Rapidmannschaft spielt zu weich, sie kann nicht kämpfen", mutmaßte etwa der „Fußball". Allein Spielführer Binder hielt dagegen und meinte unter Bezug auf die Admira-Pleite zwei Jahre zuvor: „Wir werden Wiens Fußballehre wieder herstellen." Doch zunächst schienen die Skeptiker Recht zu behalten, da das berühmte Schalker Kreiselspiel den Westfalen schon in der Anfangsphase durch Treffer von Hinz und Eppenhoff ein 2:0 bescherte. Zudem zeigte auch Alpenbomber Franz Binder ungekannte Schwächen, als er vor der Pause einen Strafstoß vergab. Als dann auch noch Hinz Rapid-Keeper Raftl nach einer Stunde ein drittes Mal überwand, schien das Schicksal endgültig seinen Lauf zu nehmen.

Der 4:3-Sieg im Finale um die Deutsche Meisterschaft gegen FC Schalke 04 zählte zu den absoluten Höhepunkten in Franz Binders Karriere. Das Bild oben zeigt die Rapid-Elf vor dem Anpfiff am 22. Juni 1941 im Berliner Olympiastadion mit (von links) Franz Wagner, Hans Pesser, Hermann Dworacek, Stefan Skoumal, Willy Fitz, Stefan Wagner, Heribert Sperner, Leopold Gernhardt, Georg Schors, Franz Binder und Rudolf Raftl. Unten: Rapids dreifacher Torschütze „Bimbo" Binder in Aktion.

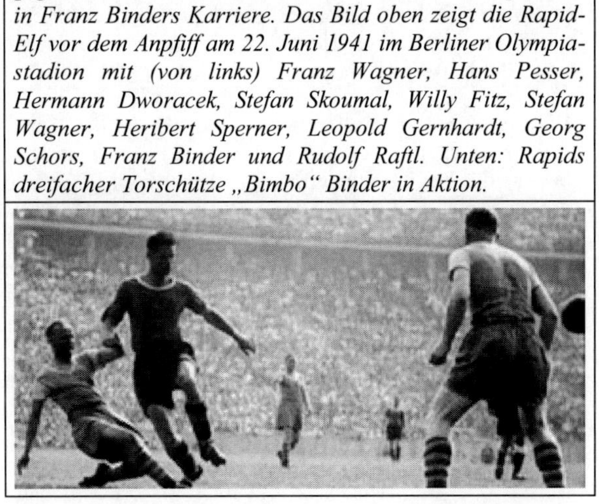

Doch die Schalker waren ihrer Sache wohl zu sicher, derweil die Grün-Weißen ihren Kritikern zeigten, dass sie sehr wohl kämpfen konnten. Vor allem Binder sollte einmal mehr seinen Wert für Rapid unter Beweis stellen: In der 62. Minute setzte er Schors mustergültig in Szene, der auf 1:3 verkürzte. Lediglich eine Minute später konnte „Bimbo" von Tibulski nur noch durch Klammern und Halten gebremst werden. Den fälligen Freistoß setzte er aus 35 Metern mit gewohnter Präzision ins Dreieck. Die Schalker waren dann endgültig von der Rolle, als Binder in der 65. Minute einen von Schweißfurth an Schors verursachten Elfmeter zum 3:3 verwandelte. Schließlich war es in der 71. Minute ein weiterer Binder-Freistoß, der die allzu siegessicheren Schalker aus ihren Träumen riss.

Während die Rapid-Fans ihren Torjäger feierten, war das Binder-Festival in Berlin den Nazis ein Dorn im Auge. Bisher war „Bimbo" stets von Fronteinsätzen verschont geblieben, ehe er nun nur wenige Tage später – genau wie seine Teamgefährten Raftl und Pesser – den Marschbefehl an die Ostfront erhielt. So erlebte er mit der zweiten Wiener Panzerdivision die Kesselschlachten in der Gegend um Smolensk und Orel. Gleichzeitig nutzte die NSDAP seinen Einsatz als Frontsoldat zu Propagandazwecken und ließ Postkarten mit seinem Konterfei drucken, was Binder notgedrungen über sich ergehen lassen musste. Im Herbst 1942 kam er nach einer Blinddarmentzündung ins Lazarett, so dass ihm der Gang nach Stalingrad erspart blieb. Das Schalke-Spiel aber war für Binder der gleichzeitige Höhe- und Wendepunkt seiner Laufbahn. Auch nach seiner Rückkehr aus dem Krieg sollte er die Torquoten seiner Glanzzeit nie wieder erreichen können.

Wenn Rapid-Legende Franz Binder auf Fronturlaub war, wurde er von weiblichen wie männlichen Anhängern umlagert und um Autogramme gebeten. Dabei standen selbst spätere Rapid-Stars Schlange. Das Foto zeigt in der Bildmitte den jungen Ernst Happel, wie er auf ein Autogramm von „Bimbo" Binder wartet.

Wegen seiner Fronteinsätze fehlte Franz Binder den Hütteldorfern an allen Ecken und Enden. In der Saison 1941/42 bestritt der Kapitän immerhin noch acht Gauligaspiele, in denen er sechsmal ins Schwarze traf, so dass es für Rapid wenigstens zum dritten Platz reichte. Im Sommer 1941 absolvierte er außerdem noch zwei Pokalspiele, in denen ihm gegen den FC Wien (4:3) und die Admira (3:5) fünf weitere Tore gelangen. Danach kam er bis Kriegsende aber nur noch in drei Gauligaspielen zum Einsatz, in denen er mit fünf Treffern seine Torgefahr wie gewohnt unterstrich. Ohne Binder fiel Rapid nach dem sechsten Rang 1942/43 im Jahr darauf gar auf den siebten Platz zurück. In der Saison 1944/45 konnte er schließlich auf keinen einzigen Einsatz blicken, nachdem er in den letzten Kriegsmonaten in französische Gefangenschaft geraten war.

Nach dem Krieg noch zweimal Meister

Unter der sportlichen Leitung von Ex-Spieler Hans Pesser nahm Rapid Wien im September 1945 den Spielbetrieb in der wiederhergestellten österreichischen Staatsliga auf, wo es nicht zuletzt dank eines glänzend aufgelegten Franz Binder auf Anhieb zum Titelgewinn reichte. Der mittlerweile 34-jährige Kapitän bewies mit seinen 17 Ligatreffern in nur 13 Einsätzen, dass er noch immer nichts verlernt hatte. Nachdem er sich bei seinem Comeback in der 8. Runde gegen den SC Helfort (4:1) noch nicht in die Torschützenliste eingetragen hatte, erzielte er eine Woche später im Heimspiel gegen den FC Wien nach vier Minuten das Tor des Tages. An seine besten Zeiten erinnerte Binder beim 9:0 über den Floridsdorfer AC am 11. November, als ihm vor 6.000 Zuschauern auf der Pfarrwiese nach dem Seitenwechsel vier Tore gelangen. Dennoch schien der Meistertitel drei Runden vor Schluss schon an die Austria vergeben zu sein, als die Veilchen eine überraschende 2:3-Niederlage gegen die First Vienna kassierten. Vor dem Derby gegen die Austria hatte Rapid den Rückstand auf den Erzrivalen damit von drei auf nur noch einen Zähler verkürzt, womit die Entscheidung im direkten Duell fallen sollte. Am 25. Mai 1946 wurden 40.000 Zuschauer im Praterstadion Zeugen einer Galavorstellung der Rapidler, die nach nur zehn Minuten durch die Tore von Alfred Körner und Franz Binder mit 2:0 führten. Noch hatten die Grün-Weißen ihren Gegner aber nicht im Sack, da Stojaspal den Anschlusstreffer erzielen konnte. Danach aber spielte „Bimbo" seine ganze Erfahrung aus und sorgte mit seinem zweiten Treffer kurz vor der Pause wieder für klarere Verhältnisse. Nach dem Seitenwechsel schenkte er Austria-Keeper Spale noch zwei weitere Male ein, womit Rapid – das auch sein letztes Saisonspiel am 2. Juni in Floridsdorf klar mit 4:0 für sich entschied – den ersten Nachkriegstitel unter Dach und Fach gebracht hatte.

Etwas überraschend hatte Binder gegen den FAC nur einen Treffer erzielt und für einmal den Löwenanteil am Sieg seinem Sturmpartner Harry Aurednik überlassen müssen, der gleich dreimal erfolgreich gewesen war. Dies war umso erstaunlicher, da Binder nur fünf Tage nach seinem Viererpack gegen die Austria mit einer weiteren Glanzleistung brilliert hatte. Im Halbfinale des Landespokals trafen die Grün-Weißen auf den FC Wien, gegen dessen Elf er sein Team als dreifacher Torschütze zu einem ungefährdeten 4:0-Sieg schoss. Im Endspiel am 20. Juni bekamen es die Hütteldorfer dann mit der First Vienna zu tun, gegen die dem erneut glänzend aufgelegten Rapid-Kapitän nach seinem ersten Torerfolg in der Anfangsphase fünf Minuten vor Schluss auch der 2:1-Siegtreffer gelang.

► EINWURF

Obwohl Franz Binder nach dem Zweiten Weltkrieg seine besten Jahre als Fußballer längst hinter sich hatte, war er beim Publikum immer noch ausgesprochen beliebt. Zwischen 1946 und 1949 wurde der Rapidler von den Lesern des „Sportfunk" gleich viermal hintereinander per Briefwahl zum populärsten Fußballer des Landes gekürt. Allein 1947 hatte die Wahl ausfallen müssen, weil im Land akuter Papiermangel herrschte. Dennoch wurde ihm im Nachhinein vom „Sportfunk" auch diese Auszeichnung zugesprochen, weil Binder sich nach Ansicht der Redakteure in derart blendender Verfassung befand, dass seine Wahl ohnehin reine Formsache gewesen wäre.

Nach dem Doublegewinn in der ersten Nachkriegssaison musste sich Rapid im Spieljahr 1946/47 mit der Vizemeisterschaft hinter dem SC Wacker zufrieden geben. Mit nur noch zwölf Treffern blieb auch Binder deutlich hinter seinen saisonalen Bestmarken zurück, um gleichwohl immer wieder mit spielentscheidenden Toren aufzuwarten. So sah etwa am 3. Spieltag gegen die First Vienna alles nach einer Niederlage aus, ehe „Bimbo" in der 88. Minute zum 2:2 ausglich. Auch in der nächsten Runde gegen den SC Wacker rüttelte er seine Kameraden mit dem 1:2-Anschlusstor wach, so dass Rapid noch mit 3:2 die Oberhand behielt. Mit wichtigen Treffern war der Alpenbomber aber auch bei den knappen Erfolgen über den Sport-Club

(2:1), den FC Wien (4:3) und den WAC (2:1) zur Stelle. Richtig krachen ließ er es noch einmal im letzten Heimspiel am 1. Juni 1947, als er auf der Pfarrwiese beim 5:1-Erfolg über den Sport-Club gleich dreimal erfolgreich war. Mit der Meisterschaft 1947/48 konnte Franz Binder dann den letzten großen Titel seiner glanzvollen Karriere feiern, zu dem er immerhin noch einmal elf Tore in 17 Spielen beigesteuert hatte. Seine besten Leistungen waren ihm mit jeweils zwei Toren gegen den SC Wacker (4:2) und die Austria (7:2) gelungen, während er beim 6:0-Kantersieg über die Admira am 9. Mai 1948 sogar dreimal erfolgreich gewesen war.
In der Saison 1948/49 kam Binder, der bereits seit 1945 auch als Rapid-Sektionsleiter fungierte, dann nur noch sporadisch zum Einsatz. Lediglich sechsmal streifte er in der Liga das grün-weiße Trikot über, wobei ihm am 10. Oktober 1948 gegen den FC Wien (5:1) und eine Woche später gegen die Admira (2:3) seine beiden letzten Treffer gelangen. Das letzte Pflichtspiel überhaupt absolvierte Franz Binder am 21. November im Rahmen des Pokals, wo er sich mit zwei Toren über die Elf des SK Feuerwehr (4:1) von den Zuschauern auf der Pfarrwiese verabschiedete. In seiner Funktion als Sektionsleiter hatte er freilich bereits für einen adäquaten Nachfolger gesorgt und im Sommer 1948 dem Stadtrivalen Admira den erst 20 Jahre alten Robert Dienst vom Floridsdorfer AC vor der Nase weggeschnappt, obwohl dieser bei den Jedleseern schon einen Vorvertrag unterschrieben hatte. Letztendlich hatte sich Rapids späterer Rekordtorjäger für den Wechsel nach Hütteldorf entschieden, weil man ihm dort eine Anstellung bei der Bahn in Aussicht gestellt hatte.
Im Rahmen einer Brasilientournee sollte Binder am 9. Juni 1949 sein offizielles Abschiedsspiel im Rapid-Trikot bestreiten. Auf ausdrücklichen Wunsch des Präsidiums stand er gegen Vasco da Gama noch einmal auf dem Platz, doch war er nach seiner kläglichen Leistung bei der 0:5-Packung hinterher derart erzürnt, dass er seine Schuhe vor lauter Wut aus dem Hotelzimmer feuerte.

Sektionsleiter bei Rapid

Mit seinem Dienstantritt als Sektionsleiter gleich nach der Rückkehr aus der Kriegsgefangenschaft im Oktober 1945 verfügte Franz Binder bei Rapid über eine immense Machtfülle. Zum einem, weil er als Kapitän der Mannschaft immer noch direkten Einfluss auf dem Spielfeld nehmen konnte. Vor allem war er als Sektionsleiter die bestimmende Figur im Vereinsgetriebe, da dem Präsidenten laut Satzung mehr repräsentative als gestaltende Aufgaben zukamen. Seine Bedeutung für die Hütteldorfer war nicht zuletzt in der Verpflichtung von Robert Dienst zum Ausdruck gekommen, der in den fünfziger Jahren eine tragende Rolle in der neuen Rapid-Elf einnahm, welche Binder gemeinsam mit Trainer Hans Pesser aufbaute. Mit Pesser verstand sich Binder auch privat ganz ausgezeichnet. Oft wurden die beiden ehemaligen Teamgefährten, selbstverständlich in Begeleitung ihrer Ehefrauen, in den Wiener Café-Häusern oder Gaststätten gesichtet, wo sie die Geschicke der Mannschaft diskutierten. Binder war somit nicht unwesentlich am Aufbau des grün-weißen Erfolgsteams beteiligt, welches damals als eines der besten auf dem gesamten Kontinent galt und das sich zwischen 1951 und 1960 sechs von zehn möglichen Landesmeisterschaften sicherte.
Nachdem Rapid in der Saison 1949/50 erst am letzten Spieltag den Meistertitel gegenüber Erzrivale Austria verspielt hatte, konnte Sektionsleiter Binder im Jahr darauf den großen Durchbruch der von ihm entscheidend mitgeprägten Mannschaft feiern. Für den ehemaligen Stürmer Binder dürfte es eine wahre Wonne gewesen sein, seine Nachfolger beim Toreschießen zu beobachten: Immer wieder waren diese in Anbetracht von sensationellen 133 Saisontreffern (in 24 Runden, was einem Schnitt von 5,54 je Spiel entsprach) nicht zu bremsen. Vor allem die Teams von Sturm Granz (12:1), des Linzer ASK (11:2) und Elektra Wien (11:0) hatten dies bei zweistelligen Niederlagen zu spüren bekommen. Und auch Binders Nachfolger Robert Dienst gelang in der Saison 1950/51 der Durchbruch, als er sich mit 37 Treffern erstmals in seiner Karriere die nationale Torjägerkrone sichern konnte.

► EINWURF

Als Sektionsleiter zeigte sich Franz Binder immer als besonders versiert, wenn es darum ging, die Interessen von Rapid Wien zu vertreten. Schon bei der Verpflichtung von Robert Dienst hatte er alle Register gezogen, als er diesen Ortsrivale Admira abspenstig machte. Nicht anders verhielt es sich bei Gerhard Hanappi (Bild), der wie Robert Dienst zu den Schlüsselspielern im Erfolgsteam der Fünfziger gerechnet wurde. Der Architekt und Namensgeber des heutigen Rapid-Stadions hatte seine Laufbahn beim SC Wacker begonnen, der seinen Topspieler unter gar keinen Umständen abgeben wollte, als der Rapid-Sektionsleiter im Sommer 1950 anklopfte. Erst als Hanappi auf Geheiß von Franz Binder für einige Zeit abgetaucht war, konnte er – weil er nun offiziell als „vereinslos“ galt – einen Vertrag bei Rapid unterschreiben. Das Verhältnis zwischen den beiden Klubs galt daher lange Zeit als belastet. Entsprechend aufgeheizt war die Atmosphäre, als ein Jahr nach Hanappis Wechsel zu Rapid beide Mannschaft im Endspiel des Zentropa-Cups aufeinander trafen. Nachdem die Meidlinger den Grün-Weißen „ewige Feindschaft“ geschworen hatten, war es beim knappen 3:2-Sieg Rapids 90 Minuten lang kernig zur Sache gegangen.

Seinen Ruhm verdankte Rapid in jener Saison aber auch mehreren starken Auftritten auf internationaler Ebene. Bereits am 15. November 1950 hatte die Elf von Atletico Mineiro aus dem brasilianischen Belo Horizonte ihr Kommen angekündigt, was die Wiener Fußballanhänger in helle Aufregung versetzte. Von den südamerikanischen Ballzauberern erzählte man sich wahre Wunderdinge, weshalb das Spiel auch nicht auf der Pfarrwiese, sondern im deutlich geräumigeren Praterstadion über die Bühne gehen sollte. Die Verlegung stellte auch ein nicht unbeträchtliches Wagnis dar, weil man sich so kurz nach dem Krieg keineswegs sicher sein konnte, die Ränge auch tatsächlich zu füllen. Viele Einwohner Wiens kämpften schlicht ums nackte Überleben und mussten daher jeden Groschen gleich zweimal umdrehen. An jenem Mittwochabend aber pfiffen 61.000 Fußballfans auf ihrer Alltagssorgen. So viele waren es nämlich, die ins Praterstadion strömten, um einem der fußballerischen Höhepunkte des Jahres beizuwohnen, der aus Rapid-Sicht mit einem glanzvollen und so im Vorfeld niemals erwarteten 3:0-Sieg endete.
Leider sollte die Premiere des Europacups erst in der

Saison 1955/56 steigen, so dass die vielleicht beste Rapid-Mannschaft aller Zeiten ihre internationale Klasse auch im Frühsommer 1951 lediglich im heute nahezu vergessenen Zentropa-Cup unter Beweis stellen konnte, der just in jenem Jahr von den Organisatoren des Mitropa-Cups als dessen Nachfolgewettbewerb ins Leben gerufen worden war. Nachdem die Hütteldorfer im Halbfinale Lazio Rom mit 5:0 überrollt hatten, konnten sie im Endspiel am 9. Juli in einem überaus emotional geführten Duell Lokalrivale SC Wacker mit 3:2 bezwingen. Nur wenige Monate später – im Oktober 1951 – trat Binder dann von seinem Posten als Rapid-Sektionsleiter zurück. Dem „Kanonier von Hütteldorf" blieb es damit versagt, den Erfolgsweg der neuen Rapid-Generation mit Spielern wie Walter Zeman, Ernst Happel, Gerhard Hanappi, Robert Dienst oder Erich Probst weiter zu begleiten. Nachdem er den Grün-Weißen über zwei Jahrzehnte angehört hatte, dürfte „Bimbo" sicher die eine oder andere Träne verdrückt haben, als er seiner großen sportlichen Liebe für die kommenden gut zehn Jahre Lebewohl sagte.

Rekordtrainer beim Club

Zunächst heuerte Binder bei Schwarz-Weiß Bregenz an, wo er dank des besseren Torkoeffizienten gegenüber Polizei SV Innsbruck den Meistertitel der Arlbergliga feiern konnte. Allerdings verpasste er mit seinem Team den angestrebten Aufstieg in die Nationalliga B, nachdem die Aufstiegsspiele gegen Tauernliga-Meister Salzburger AK (1:3, 3:2) denkbar knapp verlorengegangen waren.

Ab Herbst 1952 betreute er den SSV Jahn Regensburg, den er auf Anhieb in die süddeutsche Oberliga führte. Mit einem eingespielten Team um Torhüter Adolf Niemann, Heinrich Beyerlein, Oswald Effenhauser, Georg Gehring und Sturmführer Josef Hubeny verkaufte sich der Neuling in der Saison 1953/54 prächtig und realisierte mit Oberliga-Rang sechs das beste Abscheiden der Vereinsgeschichte. Besonders stark hatte sich die Binder-Truppe gegen die Spitzenteams der Offenbacher Kickers und des Karlsruher SC verkauft, gegen die vier Siege gelungen waren.

Nichts zu bestellen hatte der Jahn freilich in den Spielen gegen den 1. FC Nürnberg, die mit 0:3 und 0:4 klar verloren gegangen waren. Dennoch zeigte man sich beim Club nur mäßig zufrieden mit dem vierten Platz, den die Mannschaft im WM-Jahr belegt hatte, weshalb das Präsidium um Ludwig Franz dem einstigen Rapid-Goalgetter das Angebot unterbreitete, die ambitionierte Club-Elf um Weltmeister Max Morlock wieder auf Vordermann zu bringen. Obwohl es gerade zu Anfang nicht besonders rund lief, sollte Binder an der Noris sechs Jahre am Stück verweilen, was für Nürnberger Verhältnisse schon etwas heißen mag. Dort, wo in späteren Jahren dem Begriff Schleudersessel in ganz erheblichem Maße zum Durchbruch verholfen wurde, ist Binder bis heute unerreichter Rekordtrainer.

Dass es in der Saison 1954/55 nur zum enttäuschenden neunten Platz reichte, lag vor allem daran, dass mit Schlussmann Edi Schaffer, Conny Winterstein, vor allem aber Maxl Morlock drei Stammkräfte über mehrere Monate ausgefallen waren. Immer wieder gingen die Fans wegen der mäßigen Darbietungen der Mannschaft auf die Barrikaden, wie beispielsweise nach der peinlichen 2:3-Heimpleite gegen Aufsteiger Schwaben Augsburg, als sogar Eisbrocken und andere Wurfgeschosse in Richtung Spieler segelten. Besonders nach der 0:6-Packung beim ansonsten ebenfalls enttäuschenden Vorjahresmeister VfB Stuttgart – der „Sportkurier" hatte ein „Altherrenspiel" gesehen – dürften ernsthafte Zweifel an der Verpflichtung Franz Binders laut geworden sein. Hatte man die Qualitäten des einstigen Alpenbombers als Trainer nach dessen erfolgreichem Engagement bei Jahn Regensburg schlicht und ergreifend überschätzt?

Nachdem es auch 1955/56 wieder nur zum siebten Platz reichte und in den Kassen zudem gähnende Leere herrschte, begann sich beim Serienmeister der zwanziger Jahre allmählich eine Sinnkrise Bahn zu brechen. Die örtliche Presse setzte zum verbalen Rundumschlag an: „Stellt Kerle auf den Rasen, die Torbalken zu Spreißelholz zusammenschießen, dann rennen die Massen wieder auf den Sportplatz", wetterten die „Nürnberger Nachrichten", um gleichzeitig aber entnervt zu konstatieren: „Woher nehmen, wenn nicht stehlen?" Erstaunlicherweise hielt Präsident Ludwig Franz dennoch an seinem Übungsleiter fest, der sich von der explosiven Stimmung im Frankenland gleichermaßen nicht unterkriegen ließ.

Schon als Spieler galt der „Kanonier von Hütteldorf" als die Ruhe selbst, dessen Abgebrühtheit auf dem Platz ein wichtiger Garant für seine zahlreichen Torerfolge war. Als Binder noch zu Rapid-Zeiten mit dem Team im kolumbianischen Cali weilte, wurde die Region von einem Erdbeben erschüttert. Gemeinsam mit Max Merkel bewohnte er ein Hotelzimmer im 14. Stock, als seine Teamgefährten in Panik auf den Flur eilten und mit dem Fahrstuhl die schwindelerregenden Höhen verlassen wollten. „Bimbo" aber beruhigte seinen Kameraden und meinte: „Hearst Maxl, waun des wirklich a Erdbeben is, samma ohne Lift schnöller unten." Cool wie Binder eben war, zeigte er am nächsten Tag für Rapid eine tadellose Leistung und erzielte seinen obligatorischen Treffer.

Die Geduld des Nürnberger Präsidiums zahlte sich in der Saison 1956/57 aus, als die kontinuierliche Aufbauarbeit des österreichischen Trainers endlich Wirkung zeigte. Mit 21 Siegen und 47:13 Punkten war der Club in der Oberliga Süd das Maß aller Dinge und marschierte in souveräner Manier zur ersten Oberligameisterschaft seit sechs Jahren. Nur einmal waren die Fans des angehenden Südmeisters von ihrem jungen Team bitter enttäuscht, als dieses am heimischen Zabo ausgerechnet im 175. Franken-Derby gegen die SpVgg Fürth mit 2:7 eine böse Pleite kassiert hatte. Als überlegener Oberliga-Champion rechneten sich die Nürnberger in der nationalen Endrunde dann natürlich gute Chancen aus, doch sollte die Binder-Elf in ihren drei Gruppenspielen gegen den 1. FC Saarbrücken (2:2), den Hamburger SV (1:2) und den Duisburger Spiel Verein (1:2), ohne einen Sieg gefeiert zu haben, als Tabellendritter sang- und klanglos scheitern.

In der kommenden Spielzeit machte sich der Club-Trainer gemeinsam mit Jugendleiter Andreas Weiß daran, den Kader radikal zu verjüngen und vielversprechende Talente wie Nandl Wenauer, Heinz Strehl, Helmut Hilpert oder Gustl Flachecker an die Mannschaft heranzuführen. Auch der langjährige Schlussmann Edi Schaffer war durch Roland Wabra ersetzt worden, der mit seinen Paraden Garant einer erneut starken Saison der Franken war, die nur einen Zähler hinter dem KSC Vizemeister wurden. Der Aufschwung trug auch dazu bei, dass das zuletzt dürftige Zuschauerinteresse deutlich anstieg, so dass im Schnitt 18.500 Fans zu den Spielen in den Zabo pilgerten. Wie schon vor Jahresfrist bekamen die Clubberer allerdings in der nationalen Endrunde ihre Grenzen aufgezeigt, wo sie in den Gruppenspielen keine Chance gegen den Hamburger SV hatten, der verlustpunktfrei das Endspiel erreichte.

Dank eines überragenden Max Morlock schafften es die Nürnberger auch in der Saison 1958/59, sich in der Spitzengruppe der Oberliga Süd festzusetzen, wobei es am

Ende für den Tabellendritten dennoch nicht zur Teilnahme an der Endrunde um die „Deutsche“ reichte. Immerhin war die Handschrift des ehemaligen Stürmers Franz Binder deutlich zu erkennen, da sein Team mit 80 Saisontreffern die Angriffsreihen von Oberligameister Eintracht Frankfurt und Vize Kickers Offenbach klar übertrumpft hatte. Nachdem Morlock mit 18 Treffern wieder einmal bester Club-Torjäger geworden war, machte eine Verletzung dem WM-Helden von Bern in der nächsten Saison dann erheblich zu schaffen. Über fünf Monate mussten die Franken ohne Morlock auskommen, was sicher nicht unwesentlich dafür verantwortlich war, dass diese nach den Topplatzierungen der letzten drei Jahre diesmal lediglich als Sechste die Ziellinie passierten. Nach dem Ausfall des etatmäßigen Mittelstürmers schlug indes die große Stunde des erst 22 Jahre alten Heinz Strehl, den Binder kurzerhand als Morlock-Ersatz ins Sturmzentrum beorderte. Strehl, mit 76 Toren noch heute erfolgreichster Bundesligatorschütze des Club, machte seine Sache ausgezeichnet und avancierte mit 30 Saisontreffern zum besten Oberliga-Torjäger.

Via Eindhoven zurück zu Rapid

Nach sechs durchaus erfolgreichen Jahren beim damaligen deutschen Rekordmeister wechselte Binder im Sommer 1960 in die niederländische Eredivisie, um in den kommenden beiden Spielzeiten den PSV Eindhoven zu betreuen. Zwar gehörte die Philips-Elf damals noch nicht zu den europäischen Topadressen, dafür genoss sie in den Niederlanden durchaus schon einen guten Ruf. Herausragender Akteur des Teams war Sturmlegende Coen Dillen, der nach der Spielzeit 1960/61 und 288 Toren in 328 Ligaspielen seine Karriere beenden sollte.

Nachdem der PSV im Vorjahr noch einen starken dritten Platz belegt hatte, lief im ersten Jahr unter Binder nicht viel zusammen. In Anbetracht von 16 Zählern Rückstand auf Meister Feyenoord Rotterdam hatte das Team als Siebter mit dem Titelrennen nichts am Hut, wobei mit 74 Saisontreffern wenigstens die Sturmspitzen in guter Form waren. Zudem hatten die Rot-Weißen in den direkten Duellen mit Meister Feyenoord unter Beweis gestellt, dass mit ihnen in Zukunft durchaus zu rechnen sein würde. Nicht nur vor eigenem Publikum, auch im De Kuip hatte sich die Binder-Elf durchgesetzt, die im kommenden Spieljahr gar zu einem echten Herausforderer der Rotterdamer avancierte. Bis zum letzten Spieltag blieb sie dem Titelverteidiger auf den Fersen, so dass die Fans bereits von der ersten Meisterschaft seit 1951 träumen durften. Obwohl Coen Dillen vor der Saison seine Laufbahn beendet hatte, überzeugte abermals vor allem die Offensivabteilung mit nun sogar 85 Ligatreffern. In der Endabrechnung fehlte dem PSV lediglich ein einziger Zähler zum Titelgewinn, nachdem dieser auch im Pokal erst im Semifinale gescheitert war. Die Chance auf Binders ersten großen Titelgewinn als Trainer war allerdings etwas leichtfertig verspielt worden, da die Mannschaft gegen DHC Delft und damit einen Zweitligisten verloren hatte.

Für Franz Binder war damit die Zeit gekommen, um nach einem Jahrzehnt Auslandserfahrung wieder als Sektionsleiter zu Rapid zurückzukehren. In seiner zweiten Amtsperiode führte „Bimbo“ die Grün-Weißen gemeinsam mit Trainer Robert Körner zu einem weiteren Meistertitel. Da diese – anders als noch zu Beginn der fünfziger Jahre – international bestenfalls noch die „zweite Geige“ spielten, zehrte man in Hütteldorf viel vom Ruhm vergangener Tage. Während vor dem Zweiten Weltkrieg noch mehrere Vereine um die Vormachtstellung in der heimischen Liga wetteiferten, hatte sich in der Zwischenzeit die Austria zum Hauptrivalen im Kampf um die Vorherrschaft im österreichischen Fußball entwickelt, der Rapid mit seinem jüngsten Titelhattrick gar etwas den Rang abgelaufen hatte. Umso mehr gierten die Fans danach, die Violetten in der Spielzeit 1963/64 endlich wieder als Meister abzulösen, was nach anfänglichen Schwierigkeiten dank einer Serie von 15 Spielen ohne Niederlange letztlich auch souverän gelang.

Während Binders einstiger Teamgefährte Robert Körner in erster Linie für die Leitung der Trainingseinheiten zuständig war, kann Binders Tätigkeit als Sektionsleiter mit jener späterer Manager verglichen werden. Dabei legte der Alpenbomber a.D. wie schon während seiner ersten Amtszeit ein außerordentliches Gespür für viel versprechende Talente an den Tag, wobei er sich wie schon bei der Verpflichtung von Robert Dienst oder Gerhard Hanappi auch jetzt nicht scheute, es mit der Konkurrenz aufzunehmen. Im Sommer 1965 schlich er sich sogar ins Trainingslager der Austria ein, das diese gerade im burgenländischen Eisenstadt abhielt. Dort war er auf den jungen August Starek aufmerksam geworden, den die Violetten zum Probetraining geladen hatten. Der spätere Deutschland-Legionär stand eigentlich noch beim 1. SC Simmering unter Vertrag, wobei er sich vom Interesse gleich beider Wiener Großklubs verständlicherweise geschmeichelt fühlte. „Warum net?“, soll der Gustl geantwortet haben, als Binder bei ihm persönlich vorsprach.

Dreimal – deutet Franz Binder auf dem rechten Bild an – hatte er im deutschen Meisterschaftsendspiel 1941 gegen den FC Schalke 04 getroffen, bis die Viktoria in den Besitz von Rapid Wien gelangte, dessen Spieler die Trophäe stolz präsentieren.

Letztendlich kam der Transfer auch deshalb zustande, weil die Austria-Verantwortlichen es schlicht verpennt hatten, die Ablösesumme von 100.000 Schilling zu überweisen, während Binder neben dem geforderten Geld den Simmeringern als Dreingabe auch noch einige aussortierte Rapid-Akteure in Aussicht gestellt hatte.

Dennoch fiel der Sektionsleiter beim Präsidium in Ungnade, nachdem die Mannschaft schon in der Saison 1964/65 auf geradezu fahrlässige Weise die Titelverteidigung verspielt hatte, als diese an den letzten beiden Spieltagen einen Drei-Punkte-Vorsprung noch aus den Händen gab und damit den Linzer ASK als ersten nicht aus Wien stammenden Klub zum Meister machte. Als es auch im kommenden Jahr nichts mit dem angepeilten Titel zu werden schien, wurde Binder auf Betreiben der beiden einflussreichen Präsidiumsmitglieder Heinz Holzbach und Fritz Grassi im Februar 1966 der Stuhl vor die Tür gesetzt. Wie schon nach seinem Rücktritt 1951 blieb es ihm damit verwehrt, die Früchte seiner Arbeit zu ernten, da die von ihm geformte Mannschaft sowohl 1967 als auch 1968 den Meistertitel an Land ziehen konnte.

Als Nothelfer bei den Münchner Löwen

Der schmachvolle Rauswurf bei seinem Lieblingsverein hatte Binder ein wenig den Spaß am Fußball genommen. Aber so ganz konnte er sich mit seinem Dasein als Frührentner auch nicht anfreunden, als ihn im Sommer 1967 ein Angebot aus Regensburg erreichte. Der Jahn war gerade von der Landesliga über die Bayernliga direkt in die Regionalliga Süd durchmarschiert, so dass es für Binder als durchaus reizvolle Aufgabe erschien, der jungen Mannschaft in der Saison 1967/68 zum Klassenerhalt zu verhelfen. Obwohl der Aufsteiger angesichts von nur acht Siegen nicht gerade glänzte, reichte es dennoch zum angepeilten Ligaverbleib, womit auch Trainer Binder sein Soll erfüllt hatte.

Weit mehr als die Auftritte in der Liga blieb allerdings das Erstrundenspiel im DFB-Pokal vom 27. Januar 1968 in Erinnerung, als der Jahn keinen Geringeren als den Titelverteidiger und Europacupsieger Bayern München zu Gast hatte. Franz Binder hatte seine Mannen glänzend auf die Rothosen eingestellt, die lange trotz ihrer ganzen Armada an Stars keinen Stich gegen den massiven Deckungsverbund der Regensburger bekamen. Vor 25.000 Zuschauern lag sogar die Sensation in der Luft, als Braun in der 58. Minute Sepp Maier den 1:0-Führungstreffer einschenkte. Die Pokalblamage blieb den Bayern allerdings erspart, weil Gerd Müller nur sechs Minuten später den Ausgleich erzielte und dem Jahn in der Verlängerung etwas die Puste ausging, so dass der Favorit schließlich doch noch deutlich mit 4:1 den Kopf aus der Schlinge zog.

Im Spätherbst 1969 stand Binder bei Schwarz-Weiß Bregenz, das damals in der zweitklassigen Regionalliga West in Richtung Titelgewinn marschierte, unter Vertrag, als er noch einmal in die deutsche Bundesliga zu den stark abstiegsbedrohten Münchner Löwen wechselte. Nach dem Meistertitel unter Max Merkel im Jahr 1966 hatten diese inzwischen abgewirtschaftet und rangierten unter Trainer Fritz Langer auf dem letzten Platz. Anders als Langer, der den Trainingsplatz ganz offenbar mit einem Strafgefangenenlager verwechselte, fand der leutselige Binder schnell Zugang zu den Spielern, die es ihm mit einer unerwarteten Aufholjagd dankten. Auch die Anhänger, die sich zuvor noch mit Grausen von ihrer Mannschaft abgewendet hatten, trauten ihren Augen nicht, da unter Binder plötzlich wieder so etwas wie Spielkultur Einzug hielt. Sogar Lokalrivale FC Bayern bekam die Aufbruchstimmung bei den Sechz'gern zu spüren und fing sich eine unerwartete 1:2-Watsch'n. Allein, der deutliche spielerische Aufschwung unter Binder sollte am Ende auch nicht zum gewünschten Ergebnis führen. Nach 34 Spieltagen fehlten dem Team drei Zähler zum rettenden Ufer, womit Binder allein die Freude blieb, am Durchbruch des späteren Nationalstürmers Klaus Fischer mitgewirkt zu haben, der mit 19 Saisontreffern bester Löwen-Torschütze geworden war.

Nach einem Intermezzo als Amateurtrainer beim 1. FC Nürnberg (1972/73) trat Franz Binder in der Spielzeit 1975/76 nochmals bei Rapid Wien in Erscheinung. Nachdem die mäßigen Leistungen des Teams zur Entlassung von Trainer Josef Pecanka geführt hatten, setzte die Vereinsführung für den Rest der Saison auf die beiden alten Haudegen Franz Binder – als eine Art Sektionsleiter, nachdem diese Funktion offiziell seit Jahren unbesetzt geblieben war – und Trainer Robert Körner, die den Rapid-Fans tatsächlich das ersehnte Happyend bescherten. Der Ligadritte hatte sich mit Siegen gegen Eisenstadt, Villach und VÖEST Linz ins Pokalfinale gemogelt, wo durch einen hart erkämpften Erfolg über Wacker Innsbruck der neunte Cupsieg der Vereinsgeschichte gelang.

Anschließend zog sich Binder im Alter von knapp 65 Jahren ein für alle Mal vom Fußball zurück. Natürlich blieb er seinem Stammverein bis zu seinem Tod am 24. April 1989 stets eng verbunden und besuchte regelmäßig die Rapid-Spiele im Hanappi-Stadion, wo die Hütteldorfer seit 1977 beheimatet sind. Dass der Name Binder bei den Grün-Weißen nach wie vor einen guten Klang besaß, zeigte sich 1979, als „Bimbos" gleichnamiger Sohn von Geschäftsführer Heinz Holzbach in den Vorstand geholt wurde. Die Grabstätte eines der besten österreichischen Fußballer aller Zeiten befindet sich auf dem Baumgartner Friedhof im 14. Wiener Gemeindebezirk Penzing.

► ZAHLEN UND FAKTEN

Vereine:	1926-1930	ASV Sturm St. Pölten
	1930-1949	SK Rapid Wien
Tore:	242 österreichische Erstligaspiele (267 Tore)	
	17 Endrunden-Spiele DM (26 Tore)	
	33 österreichische Pokalspiele (60 Tore)	
	19 Tschammer-Pokalspiele (33 Tore)	
	8 Mitropa-Cup-Spiele (10 Tore)	
	28 Länderspiele (26 Tore)	
gesamt	347 Pflichtspiele (422 Tore)	
Erfolge:	Österreichischer Meister 1935, 1938, 1940, 1941, 1946, 1948	
	Deutscher Meister 1941	
	Österreichischer Pokalsieger 1946	
	Deutscher Pokalsieger 1938	
	Österreichischer Torschützenkönig 1933, 1937, 1938, 1939, 1940, 1941	

In der Nationalmannschaft:

Franz Binder kam zwischen 1933 und 1947 in 28 Länderspielen zum Einsatz, in denen er mit 26 Treffern seine Torgefahr unterstrich. Die ganz große Karriere im Nationaltrikot blieb ihm jedoch versagt, da er sowohl 1934 wie 1938 die Teilnahme an der Weltmeisterschaft verpasste. Gerade zu Beginn der dreißiger Jahre verfügte Österreich über eine Vielzahl an Klassestürmern, die Binder den Platz im „Team" – wie die Nationalelf in Österreich traditionell genannt wird – streitig machten. Neben seinem Rapid-Kameraden Franz Weselik sowie Karl Zischek vom SC

Wacker war es vor allem Matthias Sindelar, der unter Verbandskapitän Hugo Meisl gesetzt war. Der „Papierene", der so unendlich gern „scheiberlte", hatte dem legendären „Wiener Wunderteam" zu Ruhm verholfen, weshalb an ihm kaum ein Weg vorbei führte. Ohnehin wurde Hugo Meisl eine Vorliebe für das technisch feine Austria-Spiel nachgesagt, weshalb ein Stoßstürmer wie Binder eher schlechte Karten besaß.

Bei seinem Debüt am 11. Juni 1933 stellte der 21-jährige Rapidler beim 4:1-Erfolg über Belgien dennoch unter Beweis, dass auch er eine Alternative für den Verbandskapitän sein könnte, nachdem ihm als Verbindungsstürmer neben dem im Sturmzentrum gesetzten Sindelar in der 39. und 52. Minute zwei Treffer gelungen waren. Auch beim prestigeträchtigen 4:2 im Februar 1934 in Turin über den kommenden WM-Gastgeber Italien konnte er einen weiteren Torerfolg feiern, was allerdings nichts daran änderte, dass Meisl ihn nicht für den WM-Kader nominierte und stattdessen Binders Rapid-Sturmpartner Pepi Bican den Vorzug gab, der mit seiner Spielanlage besser in das Konzept des Verbandskapitäns passte.

Nachdem Binder im ersten Länderspiel nach der WM gegen die Tschechoslowakei in Wien (2:2) seinen vierten Treffer erzielt hatte, blieb er 1935 jeweils gegen Polen in Wien (5:2) und Warschau (0:1) ohne Torerfolg. Entschieden besser verkaufte er sich im kommenden Jahr bei seinen drei Einsätzen gegen Spanien (5:4), Portugal (3:2) und die Schweiz (3:1) mit vier Treffern, derweil er sich auch im ersten Länderkampf des Jahres 1937 in Paris gegen Frankreich in der 83. Minute als Schütze des 2:1-Siegtreffers profilieren konnte. Keinen Monat nach dem Spiel an der Seine verstarb Verbandskapitän Meisl im Alter von nur 55 Jahren nach einem Herzschlag, was den österreichischen Fußballsport im Vorfeld der Welttitelkämpfe 1938 in arge Nöte brachte. Unter Einbeziehung der Spitzenklubs rief der ÖFB einen „Zehner-Ausschuss" ins Leben, der das Team für Frankreich fit machen sollte. Im einzigen WM-Qualifikationsspiel traf Österreich am 5. Oktober 1937 in Wien auf Lettland, wobei sich die unerwartet spielstarken Balten vor nur 11.000 Zuschauern als harte Nuss entpuppten und in der Anfangsphase sogar in Führung gingen. Nach dem Ausgleichstreffer von Camillo Jerusalem war allerdings Mittelstürmer Binder in der 34. Minute im richtigen Moment zur Stelle und sicherte seinem Team einen knappen 2:1-Erfolg, der den Weg nach Frankreich ebnete.

Mit der WM-Teilnahme wurde es für Österreich nach dem „Anschluss" an Hitler-Deutschland aber bekanntermaßen nichts. Obwohl Binder zu den seinerzeit stärksten Angreifern zählte, verzichtete Reichstrainer Herberger darauf, ihn für das „großdeutsche" Aufgebot zu nominieren, womit „Bimbo" immerhin die Schmach des frühen Ausscheidens gegen die Schweiz erspart blieb. Den ersten Einsatz unter Sepp Herberger verzeichnete somit der „Kanonier von Hütteldorf" erst am 25. Januar 1939 gegen Belgien in Brüssel. Sein Deutschland-Debüt hätte indes besser nicht verlaufen können, nachdem der Wiener bereits in der 12. Minute einen 4:1-Erfolg eingeleitet hatte. Bis Juni 1941 durfte Binder unter Herberger in insgesamt zehn Länderspielen ran, in denen er seinen bisherigen elf Toren für Österreich neun weitere für Deutschland hinzufügte. Besonders stark präsentierte er sich beim 4:4 gegen Böhmen & Mähren am 12. November 1939, als er im Stürmerduell mit seinem alten Kumpel Pepi Bican, der mittlerweile für Slavia Prag spielte, gleich dreimal erfolgreich war. Ebenfalls einen Dreierpack konnte Binder auch zwei Wochen später beim 5:2-Erfolg von Berlin über Weltmeister Italien verzeichnen. Nach zwei weiteren Torerfolgen bei der 2:3-Rückspielniederlage in Mailand im Mai 1940 blieb Binder in den letzten beiden Einsätzen für Deutschland gegen Dänemark (1:0) und Rumänien (4:1) ein Treffer verwehrt.

In seinem vorletzten Länderspiel am 14. September 1947 glänzte „Bimbo" Binder im Wiener Praterstadion gegen Erzrivale Ungarn (4:3) als zweifacher Torschütze.

Nach dem Krieg schlüpfte der Alpenbomber nochmals in das österreichische Nationaltrikot, um bis 1947 in fünf Länderspielen mit fünf Toren seine Treffsicherheit trotz fortgeschrittenen Alters auch weiterhin unter Beweis zu stellen. Wie zu besten Zeiten präsentierte sich Franz Binder am 27. Oktober 1946 gegen die Tschechoslowakei in Wien, doch vermochten selbst seine beiden Tore die 3:4-Niederlage nicht zu verhindern. Besser lief es da schon am 14. September 1947 in Wien gegen Ungarn, wo er mit abermals zwei Treffern aus einem 2:3-Rückstand noch einen 4:3-Sieg über den Erzrivalen machte. Sein letztes Länderspiel für Österreich bestritt er schließlich drei Wochen später in Prag gegen die CSSR. Im 19. Einsatz für Österreich traf er zwei Minuten vor dem Seitenwechsel zum zwischenzeitlichen 1:1-Ausgleich, doch konnte auch sein 16. Torerfolg für die Alpenrepublik die knappe 2:3-Niederlage zum Abschluss seiner Länderspielkarriere nicht verhindern.

Saison	Mitropa-C.		Liga		Pokal	
	Sp.	T.	Sp.	T.	Sp.	T.
1930/31			1	2	2	0
1931/32			8	6	2	6
1932/33			20	25	2	7
1933/34	4	6	22	20	5	7
1934/35	2	1	22	21	6	13
1935/36	2	3	20	17	2	4
1936/37			22	29	4	8
1937/38			17	22	1	0
1938/39			17	27	4	4
1939/40			13	18	7	18
1940/41			18	27	5	6
1941/42			8	6	2	5
1942/43			1	1		
1943/44			2	4		
1944/45			-	-	1	0
1945/46			13	17	3	7
1946/47			15	12	2	4
1947/48			17	11	3	2
1948/49			6	2	1	2

Steve Bloomer
Milchgesicht und erster englischer Superstar

In Cradley, einer kleinen Gemeinde in der Grafschaft Worcestershire in den westlichen Midlands, wurde Stephen Bloomer am 20. Januar 1874 geboren. Noch in Kindertagen zog er mit seinen Eltern nach Derby, wo sich der schmächtig wirkende Junge bald für den immer populärer werdenden Association Football zu begeistern begann. Nachdem er bis 1888 zunächst für die Schulmannschaft der St. James' School in der „Derbyshire Minor Football League“ gekickt hatte, schloss er sich den Derby Swifts an, für die er drei Jahre aktiv blieb. Hier erwarb er sich bald einen Ruf als gefürchteter Torjäger, der es in einem Spiel sogar fertig brachte, 14 Treffer zu erzielen.
Im Jahr 1892 entschied sich Bloomer im Alter von 18 Jahren, Profi zu werden. Der heute zweifache Englische Meister Derby County war Gründungsmitglied der erst vier Jahre zuvor ins Leben gerufenen Football League und suchte händeringend nach Verstärkungen, nachdem man bis dato über Platzierungen im Tabellenkeller nicht hinausgekommen war. Immerhin hatte man das Brüderpaar John und Archie Goodall in seinen Reihen, wobei besonders der ältere Bruder John auf eine für damalige Verhältnisse beeindruckende Vita blicken konnte. Mit Preston North End hatte er sich die beiden Premierentitel der Football League gesichert und darüber hinaus in der Saison 1888/89 das Double geholt, weshalb sein Wort bei den Klubbossen der „Rams“ einiges Gewicht hatte.

Ärger beim Wechsel zu Derby County

Die Herren im Präsidium waren zunächst aber nicht gerade begeistert, als John Goodall ihnen die Verpflichtung Bloomers ans Herz legte. Dem Augenschein nach wirkte dieser nämlich als nicht wirklich fußballtauglich. Der Klubsekretär beschrieb ihn als „blass, viel zu dünn, irgendwie durchgeistigt und kränklich wirkend“. Die wenig schmeichelhafte Einschätzung schien sich zu bestätigen, als Steve Bloomer zum ersten Mal das Dress der „Rams“ überstreifte. Vor dem Kick der Reservemannschaft rieb sich das Publikum verwundert die Augen, als das Milchgesicht den Rasen betrat. Sogar vereinzeltes Gelächter war aus den Zuschauerreihen zu vernehmen. Sollte etwa John Goodall jeglicher Sachverstand verlassen haben, als er so von den Fähigkeiten Bloomers geschwärmt hatte?
Nach Ablauf der 90 Minuten sah sich Goodall freilich mehr als bestätigt. Gleich vier Tore hatte Milchbubi Bloomer dem gegnerischen Team von Darley Dale eingeschenkt, was die County-Verantwortlichen schnell umschwenken ließ. In alter Währung boten sie Bloomer ein wöchentliches Salär von sieben Shilling und sechs Pence, womit dieser zum Topverdiener aufstieg. Tatsächlich sollte der Neuzugang schnell beweisen, dass er sein Geld in jeder Hinsicht wert war. Mit 313 Toren in 535 Erstliga-Spielen ist er heute hinter Jimmy Greaves (357), aber noch vor Dixie Dean (310) zweitbester Torjäger im englischen Oberhaus. Seine Trefferzahl ist umso bemerkenswerter, da er diese noch in der Zeit vor der Reform der Abseitsregel im Jahr 1925 realisierte, als das Toreschießen für die Angreifer noch deutlich erschwert war. Nicht zu Unrecht gilt Steve Bloomer daher als der erste „Star“ des englischen Fußballs. Obwohl Bloomer mit Derby County nie einen Titel gewinnen konnte, ist er auch gegenwärtig noch der beste Torjäger der Klubgeschichte und stellt seine Nachfolger Jack Bowers (167 Ligatreffer) und Kevin Hector (147) klar in den Schatten. Gleich fünfmal führte Bloomer im Verlauf seiner Karriere die Torschützenliste an.
So schmächtig Steve Bloomer beim ersten Anblick auch wirkte. Zumindest, wenn es um Fußball ging, war er kein Kind von Traurigkeit und passte damit so gar nicht in die prüde viktorianische Ära. Sein überschäumendes Temperament führte dazu, dass ihn die Vereinsführung gleich mehrfach wegen Undiszipliniertheiten verwarnte. Außerdem stand er nicht gerade für Trainingsfleiß und blieb des Öfteren den Übungseinheiten der „Rams“ fern, was der Vereinsführung überhaupt nicht schmeckte. Einen regelrechten „Skandal“ hatte es bei seinem Wechsel gegeben, da Bloomer, obwohl schon bei seinem neuen Arbeitgeber im Wort stehend, noch ein lokales Pokalspiel für Tutbury Hawthorn bestritt. Gegner Gresely Rovers legte Protest gegen die 2:7-Niederlage ein, weil Bloomer nicht einsatzberechtigt gewesen war. Die Organisatoren ordneten eine Wiederholung an, die ohne die Mitwirkung Bloomers remis endete, so dass sich die beiden Klubs den Titel teilten. Während das Vergehen des künftigen County-Stars damals trotz allem wohl mehr eine Schmonzette war, wären in unser heute überregulierten (Fußball-)welt vermutlich gleich mehrere Gerichte bemüht worden.

Vergebliche Titeljagd mit dem „Rams“

Von Beginn an sollte sich Steve Bloomer als die erhoffte Verstärkung für seinen neuen Verein erweisen. Schon in seiner ersten Saison erzielte er elf Tore und wurde damit, wie auch in den kommenden 13 Spielzeiten, teaminterner Toptorjäger. Den ersten Treffer überhaupt konnte er beim 1:1 im Ligaspiel am 24. September 1892 gegen West Bromwich Albion verbuchen. Schnell ging es mit Derby County bergauf. Zwar hatte es 1892/93 zunächst wieder nur zu Rang 13 gereicht. Im Jahr darauf konnte die Mannschaft aber nicht zuletzt wegen der 18 Saisontreffer ihres Sturmführers mit dem dritten Platz zum ersten Mal ein Spitzenresultat erzielen.

► EINWURF

„Steve Bloomer's Watchin'“. „Steve Bloomer wacht über Derby County“. – Mit diesen Zeilen werden die Fans der „Rams“ auf die Heimspiele im neuen Pride Park Stadium eingestimmt. Am 2. Weihnachtsfeiertag, dem „Boxing Day“ des Jahres 1997, wurde die offizielle Klubhymne damals noch im Baseball Ground erstmals über die Lautsprecheranlage eingespielt, wobei das anschließende Ligaspiel mit einem 1:0 über Newcastle United endete. Es musste also etwas dran sein, dass der Ahnvater aller Derby-Stars die Hand über seinen Verein hielt, weshalb sich die Tradition, „Steve Bloomer's Watchin'“ vor dem Anpfiff zu intonieren, bis zum heutigen Tage hielt. Freilich gibt es weit ältere Klubhymnen. Und auch eine Büste des Rekordstürmers vor dem Pride Park wurde erst am 17. Januar 2009 enthüllt. Dass sich die Derby-Fans aber noch am Ende des 20. Jahrhunderts für eine derartige Hymne begeistern ließen, die an einen Mann erinnert, den keiner der im Stadion Anwesenden je hatte spielen sehen, beweist deren tiefe Verwurzelung in der Tradition des eigenen Vereins, die trotz zweier Meistertitel in den Siebzigern und dem FA-Cup-Sieg von 1946 zuallererst von Steven Bloomer begründet wurde.

Im Spieljahr 1895/96 durften die Fans zeitweise sogar vom Meistertitel träumen, doch reichte es vier Zähler hinter Aston Villa schließlich lediglich zur Vizemeisterschaft. Zumindest an Steve Bloomer hatte es nicht gelegen, nachdem dieser mit 22 Treffern in 25 Einsätzen erstmals die Torjägerliste anführte. Am Beginn der Saison waren die „Rams“ nach Streitigkeiten mit dem Eigentümer vom Racecourse Ground an den fünf Jahre zuvor fertig gestellten Baselball Grund umgezogen. Im ersten Spiel am 14. September 1895 gelang ein 2:0-Erfolg über den FC Sunderland, bei dem Steve Bloomer beide Treffer erzielte. In der Saison 1896/97 vermochte er seine Trefferquote gegenüber dem Vorjahr auf 24 zu steigern, was seinem Team in der Liga zu Rang drei und ihm selbst zum erneuten Gewinn der Torjägerkanone reichte. Im besten Jahr seiner Laufbahn erzielte der Goalgetter – die Pokalspiele mitgerechnet – 31 Saisontore und außerdem fünf Hattricks. Darüber hinaus konnte er seine Fans zwischen dem 14. November 1896 und dem 5. April 1897 in 20 Spielen mit 21 Torerfolgen begeistern.

► EINWURF

Das im Jahr 1884 gegründete Derby County trug seine Heimspiele ab 1895 für die kommenden 103 Jahre im „Baseball Ground“ aus, was in Anbetracht des traditionsbewussten englischen Fußballs fast als Sakrileg erscheint. Wenn es wenigstens ein „Cricket Ground“ gewesen wäre, dachten sich auch die Zeitgenossen, als der Industrielle Francis Ley den Bau der neuen Anlage in Auftrag gab. Der Besitzer der Gießerei „Ley's Malleable Castings Vulcan Ironworks“ hatte sich aber in den Kopf gesetzt, dass seine Angestellten als Ausgleich für die schwere körperliche Arbeit sich dem aus den USA stammenden Ableger des einheimischen Cricket widmen sollten, nachdem er auf einer Amerikareise gesehen hatte, wie gut diese Praxis in der neuen Welt funktionierte. Mit 50.000 Quadratmetern war das Gelände jedoch groß genug, um neben den Baseballern auch den Cricket-Spielern genügend Platz zu lassen, so dass die Traditionalisten schnell besänftigt waren. Auch Steve Bloomer arbeitete eine Zeitlang in Leys Fabrik und versuchte sich neben seiner Fußballerkarriere auch als Baseballspieler. Gleich nach dessen Gründung 1890 trat er dem Derby County Cricket Club bei, mit dem er drei Britische Meisterschaften (1895, 1897 und 1898) errang. In seiner „Hauptsportart“ Fußball sollte ihm der Gewinn eines Titels auf Vereinsebene dagegen verwehrt bleiben. Während die Baseballer den Spielbetrieb unmittelbar nach ihrem letzten Meistertitel einstellten, blieben die Fußballer dem Baseball Ground während des gesamten 20. Jahrhunderts treu. Auf dem Bild unten ist Steve Bloomer, der sich zeitweise auch als Cricket-Spieler versuchte, links sitzend als Mitglied der Baseballmannschaft von Derby County zu erkennen.

Nach drei Top-Platzierungen in der Liga fiel Derby County 1897/98 auf den zehnten Platz zurück. Dafür gelang erstmals der Einzug ins FA-Cupfinal, wo am 16. April 1898 der Vergleich mit Lokalrivale Nottingham Forest anstand. Vor dem East Midlands Derby im Crystal Palace galten die Schwarz-Weißen als Favorit, da sie auf dem Weg ins Endspiel nicht nur die beiden Vorjahresfinalisten Aston Villa (1:0) und FC Everton (3:1) ausgeschaltet, sondern eine Woche zuvor auch die „Tricky Trees“ aus Nottingham in der Meisterschaft mit 5:0 gedemütigt hatten. Diesmal freilich behielt Forest mit 3:1 die Nase vorn, wobei die aus Derby mitgereisten Fans nur kurz Hoffnung schöpfen konnten, als Steve Bloomer in der 31. Minute zum zwischenzeitlichen 1:1-Ausgleich eingeköpft hatte. Auch vor seinem Finaltreffer hatte sich Bloomer gewohnt torhungrig gezeigt. Nachdem er schon bei 5:1-Sieg über den FC Liverpool in der Runde der letzten Acht zweimal erfolgreich gewesen war, war er auch in der Vorschlussrunde gegen Everton mit einem Doppelpack zur Stelle.
Der große Traum von einem Titelgewinn sollte sich für den Mittelstürmer der „Rams“ auch im kommenden Jahr nicht erfüllen, da es in einem weiteren Pokalfinale gegen Sheffield Wednesday eine 1:4-Niederlage setzte. Und das, obwohl Derby County im Vorfeld erneut die besseren Karten zu besitzen schien. Das Ligaspiel gegen „The Wednesday“ hatte am 21. Januar 1899 mit einem 9:0-Heimsieg geendet, wobei Bloomer mit sechs Toren einen persönlichen Rekord aufstellen konnte. Und vier Wochen vor dem Cupfinal war es ebenfalls Bloomer gewesen, der Stoke City beim 3:1-Halbfinalsieg als dreifacher Torschütze quasi im Alleingang aus dem Wettbewerb befördert hatte. Erst bei ihrer dritten Teilnahme am Pokalendspiel am 18. April 1903 waren Bloomer & Co. dann gänzlich chancenlos, nachdem sie gegen den FC Bury gleich mit 0:6 untergegangen waren. Sein einziger Treffer war dem Goalgetter beim Zweitrundensieg über die Blackburn Rovers (2:0) gelungen.

Mit 292 Treffern in 474 Spielen ist Steve Bloomer (in der Mitte des Bildes sitzend) heute vor Jack Bowers (167 Tore in 203 Spielen) und Kevin Hector (147 / 486) bester Ligatorschütze von Derby County. Das Mannschaftsfoto der „Rams“ stammt aus der Saison 1903/04, in der der damals 30 Jahre alte Bloomer auch als Kapitän fungierte.

Anders als im Pokal war mit den „Rams“ nach der Jahrhundertwende in der Liga kein Staat zu machen. Schon in der Saison 1900/01 war die Mannschaft auf den zwölften Rang abgerutscht, um im Jahr darauf immerhin wieder auf Platz sechs zu klettern. Auf Rang neun in der Spielzeit 1902/03 folgte schließlich ein enttäuschender 14. Platz, mit dem Derby County gerade noch so den Abstieg aus der höchsten Spielklasse vermied. Verlass war in der Saison 1903/04 damit einzig und allein auf Mittelstürmer Steve Bloomer, der mit 20 Treffern in 29 Einsätzen zum fünften Mal in seiner Karriere die Torjägerliste anführte und damit einen neuen Rekord im englischen Profifußball aufstellte. Ebenso wie Bloomer selbst war bislang nur der Schotte

John Campbell (AFC Sunderland und Aston Villa) viermal zum besten Saisontorschützen in England gekürt worden. Noch zwei weitere Jahre sollte Steve Bloomer danach für die „Rams“ auf Torejagd gehen, die mit den Rängen 11 (1904/05) und 15 (1905/06) abermals enttäuschten. Auch Bloomer schien seinen Zenit überschritten zu haben, da er in den letzten 52 Ligaeinsätzen für Derby County lediglich 25 weitere Treffer erzielen konnte.

Vier Jahre bei „Boro“ und Rückkehr nach Derby

Bereits Anfang 1906 hatten die Verantwortlichen des FC Middlesbrough vorgesprochen, um sich die Dienste des mittlerweile 32-jährigen Nationalspielers zu sichern. Da der Verein seit Jahren seinen Ansprüchen hinterherlief, hatte man schon im Jahr zuvor zur Großoffensive auf dem Spielermarkt angesetzt und Alf Common für die Rekordsumme von 1.000 £ verpflichtet. Auch den Toptorjäger der „Rams“ ließ man sich stolze 750 £ kosten. Zu den Mitspielern Bloomers zählte in Middlesbrough außerdem Fred Pentland, der in den zwanziger Jahren als Trainer ein wichtiger Aufbauhelfer im spanischen Fußball werden sollte. Trotz seines fortgeschrittenen Alters vermochte Steve Bloomer auch bei seinem neuen Klub zu überzeugen und erwies sich mit 59 Toren in 125 Erstligaeinsätzen als die erhoffte Verstärkung.

► **EINWURF**

Wie populär Steve Bloomer in seiner Karriere war, zeigt eine Episode aus dem Jahr 1898. Kurz zuvor hatten sich die englischen Profis zu einer Spielergewerkschaft zusammengeschlossen, wobei sich Bloomer beharrlich weigerte, dieser beizutreten. Daher fehlte er auch bei einem Einlagespiel zwischen englischen und schottischen Gewerkschaftsspielern. Die Partie am 28. April entpuppte sich als großer Flop, da diese wegen Bloomers Abwesenheit nur wenige Zuschauer sehen wollten.

Die „Smoggies“ steckten mitten im Abstiegskampf, als Bloomer in der Schlussphase der Saison 1905/06 in Middlesbrough eintraf. Noch neunmal lief er für seinen neuen Verein auf und trug mit sechs Treffer einen großen Teil dazu bei, dass dieser noch den Kopf aus der Schlinge zog und sich als Drittletzter dank des besseren Torverhältnisses den Ligaverbleib sicherte. Dank seines neuen Mittelstürmers blieb Boro in der Spielzeit 1906/07 dann ohne Abstiegssorgen und passierte mit 36:40 Punkten als Elfter die Ziellinie. Bloomer selbst hatte mit 18 Saisontreffern ebenfalls seine Torjägerqualitäten unter Beweis gestellt und zählte zu den besten fünf Goalgettern der höchsten englischen Spielklasse.

Obwohl Bloomer in 34 Ligaspielen in der Saison 1907/08 lediglich zwölfmal einnetzten konnte, verbesserte sich der FC Middlesbrough auf den sechsten Rang, was das bis dahin beste Abschneiden der Vereinsgeschichte bedeutete. Dabei bestritt er am 5. Januar 1907 sein wohl denkwürdigstes Spiel im Dress der „Smoggies“, als er zum 5:3-Erfolg über Woolwich Arsenal vier Tore beisteuerte.

Trotz der immer noch beachtlichen Trefferquoten des Stürmer-Oldies sollte es Boro nicht gelingen, sein Image als graue Maus des englischen Ligafußballs abzulegen. In der Saison 1908/09 fiel die Mannschaft bei 37:39 Zählern wieder auf Platz neun zurück, wobei Steve Bloomer mit 14 Treffern in 28 Spielen in jedem zweiten Einsatz für einen Torerfolg gut gewesen war. Da den Angreifer in fortgeschrittenem Fußballeralter mittlerweile das ein oder andere Zipperlein plagte, konnte er in der Spielzeit 1909/10 nur noch 20 Mal auflaufen, was sein Team wieder tiefer in den Tabellenkeller abrutschen ließ. Auch, weil Bloomer nur noch neun Torerfolge feiern konnte, dauerte es bis zum letzten Spieltag, ehe sich die „Smoggies“ als Siebzehnte den Klassenerhalt gesichert hatten.

Derweil man an der Teesside mit dem neu zusammengestellten Team um Steve Bloomer lange einen merklichen Aufschwung verzeichnen konnte, war es bei Derby County ohne seinen Rekordstürmer schnell bergab gegangen. Schon in der Saison 1906/07 stieg das Gründungsmitglied der Football League in die Zweitklassigkeit ab, ehe zwei vergeblich Anläufe folgten, ins Oberhaus zurückzukehren. Insofern war man froh, den nunmehr 36-Jährigen 1910 zum Comeback im schwarz-weißen County-Trikot überredet zu haben. Mit ihm kehrten die „Rams“ zwei Jahre darauf wieder in die First Division zurück, womit Bloomer seine lange und glanzvolle Karriere standesgemäß auf erstklassigem Niveau abschließen konnte.

Zunächst war der Rückholaktion freilich noch nicht der erwünschte Erfolg beschieden, da Derby County in der Spielzeit 1910/11 als Sechster den Aufstieg klar verpasste, woran auch Bloomers 18 Torerfolge nichts ändern konnten. Im kommenden Jahr zeigte sich dann aber nicht nur Bloomer mit 20 Saisontreffern weiter verbessert. Aus einem packenden Dreikampf mit FC Chelsea und dem FC Burnley ging die Mannschaft nach 38 Spieltagen als Sieger hervor, womit Derby County nach fünf Jahren wieder ins englische Fußballoberhaus aufgestiegen war.

In der Spielzeit 1912/13 kam Bloomer noch einmal auf 29 Erstligaspiele, in denen er 13 Tore schoss. Dank seiner be-

Nach Ausbruch des Ersten Weltkriegs geriet Steve Bloomer in deutsche Kriegsgefangenschaft und wurde in Berlin-Ruhleben interniert, wo er zusammen mit weiteren englischen Kriegsgefangen in einem Team spielte. Die Aufnahme stammt aus dem Jahr 1918 und zeigt Bloomer als Zweiten von links gemeinsam mit Fred Pentland (ganz links), Samuel Wolstenholme (Fünfter von links) und Edwin Dutton (Dritter von rechts). Der gebürtige Engländer Dutton lebte lange in Deutschland, wo er als Rechtsaußen für Britannia 92 und Preußen Berlin aktiv war. Zudem kam er 1909 sogar zu einem Länderspieleinsatz für die deutsche Nationalmannschaft (3:3 gegen Ungarn), was ihn freilich auch nicht vor der Kriegsgefangenschaft bewahren konnte.

währten Treffsicherheit schienen sich die „Rams" als Siebte wieder in der First Division zu etablieren, doch mussten sie bereits im kommenden Jahr als abgeschlagenes Schlusslicht den erneuten Weg in die Zweitklassigkeit antreten. Sein letztes Tor hatte Steve Bloomer am 6. September 1913 bei der 3:5-Pleite gegen Sheffield United erzielt. Letztmals auf dem grünen Rasen stand er am 31. Januar 1914 in der Partie gegen den FC Burnley (1:5) – im Alter von 40 Jahren und elf Tagen!

Als Trainer Pokalsieger

Nach seiner aktiven Zeit kehrte Steve Bloomer seiner Heimat England zunächst den Rücken, um in Deutschland als Trainer von Britannia Berlin zu wirken. Nach Ausbruch des Ersten Weltkriegs geriet er jedoch in Gefangenschaft und wurde im Kriegsgefangenenlager in Berlin-Ruhleben zusammen mit rund 5.500 Insassen inhaftiert, von denen viele im Fußball eine willkommene Ablenkung fanden. Man gründete die „Ruhleben Football Association" unter Vorsitz von Fred Pentland, den Bloomer noch aus gemeinsamen Zeiten in Middlesbrough kannte. Pentland war zuvor damit beauftragt worden, eine deutsche Auswahl auf die Olympischen Spiele 1916 in Berlin vorzubereiten und dann ebenfalls in Gefangenschaft geraten. Der spätere Meistermacher von Athletic Bilbao organisierte als „Höhepunkt" seiner Tätigkeit im Gefangenenlager die „Coupe des Allies", an der sich eine britische, eine französische und eine belgische Auswahl beteiligten, die aus Häftlingen der drei Nationen zusammengesetzt waren. Außerdem fand unter durchaus beachtlichem Publikumsinteresse eine Pokalrunde statt, in der Stars wie Samuel Wolstenholme, Fred Spiksley oder eben Steve Bloomer die teilnehmenden Mannschaften anführten, die nach berühmten englischen Klubs benannt waren. Im November 1914 konnte Bloomer mit seinem „Tottenham Hotspur" genannten Team gegen „Oldham Athletic" den Pokalsieg erringen.

> **► EINWURF**
> *In seiner langen Karriere wurde Steve Bloomer nur ein einziges Mal vom Platz gestellt. Darüber war er allerdings so erbost, dass er handschriftlich ein vierseitiges Protestschreiben an die FA verfasste, in dem er sich vehement verteidigte. Es nutze jedoch nichts: Der Verband blieb hart, so dass Bloomer seine angeordnete Zwei-Spiele-Sperre abbrummen musste.*

Als Trainer arbeitete Bloomer nach Kriegsende für kurze Zeit beim niederländischen Klub Blauw-Wit Amsterdam, um danach Fred Pentland nach Spanien zu folgen. „El Bombin" hatte beim baskischen Spitzenklub Athletic Bilbao angeheuert, den er 1923 erstmals zum Gewinn der Copa del Rey führte. Pentland, der die Spiele seines Teams vorwiegend elegant gekleidet und gut „behütet" mit einer Melone vom Spielfeldrand aus verfolgte, gilt in Bilbao als erster großer Trainer der Vereinsgeschichte. Seine Tätigkeit hatte Vorbildwirkung auf mehrere englische Ex-Profis, die den bis dato wenig erfahrenen spanischen Spielern das Einmaleins des Fußballs beibrachten.

Steve Bloomer heuerte im benachbarten Irun an, wo ihm mit Real Union in der Saison 1923/24 etwas gelingen sollte, was ihm in seiner aktiven Zeit stets versagt geblieben war: Durch einen 1:0-Finalsieg über Real Madrid konnte er die Copa del Rey und mithin den einzigen großen Vereinstitel seiner Laufbahn gewinnen. Zuvor hatte Bloomer sein Team bereits zur Meisterschaft der Provinz Guipuzkoa geführt. Nach diesem Triumph genoss er bei den Real-Anhängern regelrechten Heldenstatus. Diese bezeichneten ihn ehrfurchtsvoll als „Saint Steve", während er die Spieler liebevoll seine „Spanish Boys" nannte. Die konnten die Provinzmeisterschaft im Jahr darauf zwar nicht erfolgreich verteidigen. Dafür feierten sie bei Real Madrid einen sensationellen 7:0-Sieg und schlugen außerdem die Boca Juniors aus dem argentinischen Buenos Aires auf deren Europa-Tournee mit 4:0, was die Popularität von „Saint Steve" im Baskenland nur noch weiter erhöhte.

Im Jahr 1925 kehrte Bloomer nach einer kurzen Stippvisite als Coach in Kanada nach England zurück. Hier betreute er mehrere Jahre die Reservemannschaft von Derby County, für die er vor seinem Spanien-Aufenthalt kurzzeitig noch selbst gespielt hatte. Zudem arbeitete er als Kommentator für mehrere Zeitungen und als Platzwart im Baseball Ground. In den dreißiger Jahren musste sich Steve Bloomer jedoch vom Fußballplatz zurückziehen, da es um seine Gesundheit nicht zum Besten stand. Hinzu kamen Alkoholprobleme, die sich negativ auf seine Asthmaerkrankung auswirkten. Die „Rams" versuchten ihrem verdienten Ex-Spieler zu helfen, wo es nur ging. Als sich sein Gesundheitszustand immer mehr verschlechterte, bezahlte Derby County ihm Anfang 1938 sogar eine Kreuzfahrt nach Australien, die jedoch nicht die gewünschte Wirkung erzielte. Drei Wochen, nachdem er von seiner Weltreise zurückgekehrt war, erlag er am 16. April 1938 seinem Leiden. Unter großer Anteilnahme der Bevölkerung und zahlreicher prominenter Sportler wurde er am 20. April auf dem städtischen Friedhof von Derby an der Nottingham Road beigesetzt. Bereits drei Jahre zuvor war seine Ehefrau Sarah Walker gestorben, mit der er seit 1896 verheiratet war und vier Töchter hatte. Eine davon war mit Profispieler Alf Quantrill verheiratet, der genau wie Steve Bloomer für Derby County und die englischen Nationalelf spielte.

► ZAHLEN UND FAKTEN

Vereine:	1892-1906	Derby County
	1906-1910	FC Middlesbrough
	1910-1914	Derby County
Tore:	535 First-Division-Spiele (313 Tore)	
	64 Second-Division-Spiele (38 Tore)	
	58 FA-Cup-Spiele (39 Tore)	
	23 Länderspiele (28 Tore)	
gesamt	680 Pflichtspiele (418 Tore)	
Erfolge:	Englischer Torschützenkönig 1896, 1897, 1899, 1901, 1904	

In der Nationalmannschaft:

Die Karriere von Steve Bloomer fand in einer Zeit statt, in der es weder Welt- noch Europameisterschaften gab und sich der internationale Spielbetrieb auf Nationalmannschaftsebene auf bis zu drei Länderspiele pro Jahr beschränkte. Alle Länderspiele, die der Rekordtorschütze von Derby County zwischen 1895 und 1907 bestritt, fanden im Rahmen der „British Home Championship" statt, wo die Verbände von England, Schottland, Wales und Irland Jahr für Jahr ihren Meister ermittelten. Da Länderspiele im Gegensatz zu heute ein rares Gut waren, sind die 28 Treffer, die Bloomer in seinen nur 23 Einsätzen erzielte, nicht hoch genug einzuschätzen.

Sein Länderspieldebüt feierte Bloomer am 9. März 1895 als 21-Jähriger in seinem „Heimstadion" in Derby, wobei er gegen Irland beim 9:0-Erfolg auf Anhieb als zweifacher Torschütze brillierte. Rund einen Monat später durfte er auch in Liverpool gegen Schottland ran und erzielte beim 3:1 abermals ein Tor. Speziell gegen den Erzrivalen wirkte

Steve Bloomer im Dress der „Three Lions", für die er in 23 Länderspielen stattliche 28 Tore erzielte.

Bloomer immer besonders motiviert, weshalb ihm die Presse den Beinamen „Hammer of the Scots" verlieh. Eines der kuriosesten Tore sollte ihm ebenfalls gegen die Breavehearts gelingen. In seinem letzten Länderkampf – einem von zwei in seiner Zeit als Boro-Spieler – überwand er in Newcastle am 6. April 1907 beim 1:1 den schottischen Keeper mit einem Schuss von der Mittellinie. Ausgerechnet in jenem Jahr sollte Bloomer der Gewinn der Home Championship versagt bleiben. Freilich durfte er sich über mangelnden Erfolg in diesem Wettbewerb nicht beschweren. Insgesamt achtmal (1895, 1898, 1899, 1901, 1903, 1904, 1905 und 1906) trug er mit England den Sieg davon.

► EINWURF

In den Jahren vor dem Ersten Weltkrieg galt der englische Fußball im kontinentaleuropäischen Ausland als führend, woran weder im Mutterland des Fußballs selbst noch außerhalb jemand ernsthaft zweifelte. Wenn englische Vereinsteams sich zu Gastspielen „auf dem Kontinent" herabließen, hagelte es zumeist hohe Niederlagen. Die Nationalelf trat anfangs ausschließlich gegen die drei anderen britischen Verbände an, ehe sie am 6. Juni 1908 erstmals gegen eine nichtbritische Mannschaft spielte. Österreich wurde in Wien locker mit 6:1 in die Schranken gewiesen. Bis zum Ersten Weltkrieg traten die „Three Lions" nur siebenmal gegen ein Team an, das nicht von der Insel stammte. Mitte der zwanziger Jahre begann die Vormachtstellung allerdings nach und nach zu bröckeln. Dies lag vor allem daran, dass sich namhafte englische Ex-Profis der ersten Stunde im Ausland als Entwicklungshelfer verdingten, wo die Lehrer ihren wissbegierigen Schülern halfen, taktische und technische Defizite zu beheben. Unter ihnen war nicht zuletzt County-Star Steve Bloomer, der im baskischen Irun Schrittmacherdienste für den spanischen Fußball leistete. Dass diese von Erfolg gekrönt waren, zeigte sich am 15. Mai 1929 auf für die Engländer schmerzhafte Weise, als die Nationalelf in Madrid gegen Spanien antrat und mit 3:4 verlor. Der in Irun hochverehrte „Saint Steve" hatte in den Jahren zuvor durch seine Trainertätigkeit mit dazu beigetragen, dass die spanischen Schüler mit einem Mal besser als die englischen Lehrmeister waren. Diese unangenehme Erkenntnis sollte das Mutterland des Fußballs in den kommenden Jahren gleich mehrfach ereilen...

Besonders in den ersten Jahren seiner Nationalmannschaftskarriere konnte der Mittelstürmer der „Rams" auf eine sensationelle Quote verweisen. In jedem seiner ersten zehn Länderspiele zählte er zu den Torschützen, wobei er insgesamt 19-mal ins Schwarze traf. Seinen größten Tag im Dress der „Three Lions" hatte er am 16. März 1896, als er in Cardiff beim 9:1 gegen Wales fünf Tore erzielte. Immerhin viermal war er am 18. März 1901 gegen denselben Gegner erfolgreich, als England vor eigenem Publikum einen lockeren 6:0-Sieg davontrug.

Es war daher nur eine Frage der Zeit, bis Steve Bloomer den Torrekord der englischen Nationalmannschaft erobern würde. Tinsley Lindley hatte 1891 seinen 14. Länderspieltreffer erzielt und damit die neue Bestmarke gesetzt. Am 2. April 1898 war es soweit: England besiegte Schottland mit 3:1, und der zweifache Torschütze Bloomer war alleiniger Rekordhalter. Wie schon erwähnt datiert dessen letzter Länderspieltreffer aus dem Jahr 1907, mit dem er seinen Rekord auf 28 Tore ausbaute. Dieser hielt immerhin vier Jahre, ehe Vivian Woodward ihn im März 1911 mit zwei Treffern gegen Wales überholte. Woodward profitierte davon, dass die englische Mannschaft seit 1908 nicht mehr nur jeweils drei jährliche Länderspiele im Rahmen der Home Championship bestritt, sondern seither auch sporadisch gegen Teams vom „Kontinent" antrat, die allerdings derart unterlegen waren, dass Lehrmeister England in der Regel hoch gewann, was Bloomers Nachfolger natürlich zugute kam. Trotzdem rangiert er in der ewigen Bestenliste der „Three Lions" noch heute unter den Top Ten. Während Bobby Charlton mit 49 Treffern vor Gary Lineker (48) und James Greaves (44) freilich deutlich enteilt sind, liegt Rang fünf immerhin noch in Reichweite. Auf diesem liegen ex aequo Tom Finney, Nat Lofthouse und Alan Shearer, die trotz deutlich mehr Einsätzen – bei Finney waren es gar 76 – lediglich zweimal öfter als der Milchbubi aus den Midlands ins Schwarze getroffen haben. Mit seinem 23. Einsatz gegen die Schotten hatte Steve Bloomer zudem einen neuen Länderspielrekord markiert, der allerdings schon zwei Jahre später durch Bob Crompton von den Blackburn Rovers ausgelöscht wurde.

Saison	Lsp.		Liga		Pokal	
	Sp.	T.	Sp.	T.	Sp.	T.
1892/93			28	11	0	0
1893/94			25	18	2	0
1894/95	2	3	29	10	1	0
1895/96	2	6	25	22	5	5
1896/97	3	4	29	24	4	7
1897/98	1	2	23	15	3	5
1898/99	3	4	28	24	5	6
1899/00	1	1	28	19	2	0
1900/01	2	5	27	24	5	2
1901/02	3	0	29	15	7	3
1902/03			24	12	2	1
1903/04	1	1	29	20	5	3
1904/05	3	1	29	13	1	0
1905/06			23	12	3	0
			9	6		
1906/07	2	1	34	18	2	0
1907/08			34	12	1	0
1908/09			28	14	0	0
1909/10			20	9	2	1
1910/11			28	20	4	4
1911/12			36	18	2	1
1912/13			29	13	1	1
1913/14			5	2	1	0

Jared Borgetti
„Wüstenfuchs“ mit tödlichem Torinstinkt

„Sollte jemand mich fragen, welches wohl der traurigste und langweiligste Ort der Erde ist, so würde ich, ohne mich lang zu besinnen, antworten: Guaymas in Sonora, dem nordwestlichsten Staat der Republik Mexiko.“ So und nicht anders beschrieb Karl May – alias Old Shatterhand – im ersten Band der Trilogie „Satan und Ischariot“ jene Gegend, aus der einer der torgefährlichsten Stürmer des mexikanischen Fußballs stammt: Jared Borgetti – mit vollständigem Namen Jared Francisco Borgetti Echavarria – wurde am 14. August 1973 in Culiacancito geboren, einem Vorort von Culiacán, der Hauptstadt von Sinaloa, das im Norden an den erwähnten Bundesstaat Sonora grenzt, in dem sich Old Shatterhand dereinst so gelangweilt haben will. Die namensgebende Sonora-Wüste gilt als eine der größten zusammenhängenden Wüstenregionen weltweit und war mit dafür verantwortlich, dass Borgetti den Spitznamen „El Zorro del Desierto“, was übersetzt soviel wie „Wüstenfuchs“ bedeutet, erhielt. Darüber hinaus war dem Rekordtorjäger der mexikanischen Nationalelf in dem ebenfalls wüstenreichen Bundesstaat Coahuila, wo er lange Jahre für Santos Laguna aus der Stadt Torreón auf Torejagd ging, der Durchbruch gelungen.

Missglückter Einstand

Schon früh waren die Talentspäher Mexikos auf den schlaksigen Kopfballspezialisten aus dem Norden des Landes aufmerksam geworden, allen voran jene des traditionsreichen Atlas Guadalajara, die den gerade 20-jährigen Borgetti in der Saison 1993/94 unter Vertrag nahmen. In Anbetracht einer 1:3-Niederlage in seinem ersten Ligaspiel gegen Club América aus Mexico City am 6. März 1994 sowie insgesamt nur zwei torlosen Einsätzen konnte allerdings von einer erfolgreichen Debütsaison keine Rede sein. Besser lief es da schon in der Spielzeit 1994/95, als Borgetti für sein Team bei 28 Berufungen immerhin 13 Tore erzielen konnte, die allerdings auch nichts daran änderten, dass Atlas die Endrunde um zwei Zähler knapp verpasste. Diesen Lapsus konnte die Mannschaft, die ihre Heimspiele im Estadio Jalisco bestritt, im kommenden Jahr korrigieren und als Zweiter hinter Club Nexaca in die Play-off-Runde einziehen. Dort wiederum lieferte sie sich im Viertelfinale ein umkämpftes Duell mit Tiburones Rojas de Veracruz (1:1, 2:2) und musste nur wegen der beiden vor eigenem Publikum kassierten Gegentore ausscheiden.
Allein Jared Borgetti waren in 31 Saisoneinsätzen 1995/96 nur noch acht weitere Treffer gelungen, weshalb er von den Klubbossen auf die Transferliste gesetzt wurde. Ohne einen bleibenden Eindruck hinterlassen zu haben, zog Borgetti im Herbst 1996 weiter zu Santos Laguna, jenem angesprochenen Verein aus Torreón, der bis zu diesem Zeitpunkt im mexikanischen Fußball keine Bäume ausgerissen hatte. Vielmehr waren die „Albiverdes“ (die Weiß-Grünen) erst im September 1983 aus der Taufe gehoben worden und warteten seither auf einen Titelgewinn, nachdem es 1993/94 immerhin zur Vizemeisterschaft gereicht hatte.

Die Angst der Anderen

In den kommenden acht Jahren sollte sich Santos Laguna aber nicht zuletzt dank der Treffer seines Wüstenfuchses schnell zu einer der Topadressen der Primera División de Mexico mausern. Borgetti erwischte einen Auftakt nach Maß und schlug bei seinem neuen Verein auf Anhieb voll ein. Die Mannschaft von Trainer Alfredo Tena mit den Mittelfeldakteuren Miguel España, Benjamin Galindo sowie Vorlagengeber Gabriel Caballero machte aus dem kleinen, nur 20.000 Zuschauer fassenden Estadio Corona eine für Gästeteams geradezu uneinnehmbare Festung, was den engen Hexenkessel zur „Casa del dolor ajeno“ – d.h. zur Heimat der Angst der Anderen – werden ließ.

EXKURS: Der Titelkampf in Mexiko

Just zur Saison 1996/97 war die Meisterschaft vom mexikanischen Verband einer Modusänderung unterzogen worden, indem die Organisatoren die Ganzjahresrunde durch die in Lateinamerika übliche Zweiteilung ersetzten. Bis zur Spielzeit 2001/02 kam es zur Austragung einer Winter- und Sommermeisterschaft („Invierno“ und „Verano“), ehe sich ab 2002/03 die gängigere Bezeichnung „Apertura“ und „Clausura“ durchzusetzen begann. Traditionsgemäß wird im Anschluss an die in Gruppenspielen ausgetragene Vorrunde der Meister im Rahmen von Play-Offs ermittelt, für die sich die besten Teams qualifizieren. Die Orientierung an der in Südamerika üblichen Saisoneinteilung hatte auch den Vorteil, dass die mexikanischen Klubs fortan problemlos an der Copa Libertadores, dem wichtigsten Vereinswettbewerb der südamerikanischen CONMEBOL, teilnehmen konnten. Um die beiden mexikanischen Qualifikanten zu ermitteln, wurde im Jahr 2004 eigens die sog. „InterLiga“ eingeführt, für die die besten acht Mannschaften der abgelaufenen Apertura-Meisterschaft qualifiziert waren.

Schon in der Vorrunde des Torneo Invierno hatte Borgetti geglänzt, um in den anschließenden Play-Offs endgültig zur Hochform aufzulaufen, so dass er mit insgesamt 16 Treffern ex aequo mit Carlos Muñoz aus Puebla die Torschützenliste anführte. Durch Erfolge über seinen ehemaligen Verein Atlas Guadalajara (1:1, 3:1) und Toros Neza (2:0, 3:2) erreichten die Albiverdes das Meisterschaftsfinale gegen Club Nexaca. Nachdem das Hinspiel nur knapp mit 0:1 verlorengegangen war, bereiteten die Zuschauer im Estadio Corona den Nexaca-Spielern einen heißen Empfang und trieben ihr Team vehement nach vorn. Dieses lag mit 3:2 in Führung, als Neuzugang und Wüstenfuchs Borgetti im entscheidenden Moment zuschnappte und mit dem vierten Treffer die Elf aus Torreón zum ersten Meistertitel der Vereinsgeschichte schoss. Bei aller Freude der Albiverdes darf allerdings nicht verschwiegen werden, dass Borgetti beim Siegtor in stark abseitsverdächtiger Position gestanden hatte.
Im Torneo Verano konnte Jared Borgetti die gute Form aus der ersten Saisonhälfte dann nicht bestätigen und blieb mit nur fünf Treffern hinter den Erwartungen zurück. Nachdem Santos Laguna als ungefährdeter Gruppensieger erneut die K.O.-Phase erreicht hatte, legte die Mannschaft gleich zum Auftakt nach einem 1:1 vor eigenem Publikum im Rückspiel bei CD Guadalajara eine böse 0:5-Bruchlandung hin. Und auch im Spieljahr 1997/98 kam Borgetti nicht wie erhofft zur Entfaltung. Mit jeweils sieben Treffern in beiden Halbserien war der Kopfballspezialist allerdings immer noch bester Torschütze der Albiverdes, die indes besonders im Torneo Invierno enttäuscht hatten, wo sie schon nach den Gruppenspielen ausgeschieden waren. Deutlich besser lief es dann in der Sommer-Runde, als mit einem Zwei-Punkte-Polster auf Toros Neza wieder der Einzug in die Play-Offs gelang. Hier traf die Mannschaft auf Nexaca, von dem man sich im Estadio Corona mit einem torlosen Remis trennte, ehe im Rückspiel nach einer 1:2-Niederlage Endstation war.

Nachdem die Albiverdes in der Hinrunde 1998/99 sang- und klanglos als Gruppenletzte gescheitert waren, wurden die Fans langsam ungeduldig. Dass der Titelgewinn im Winter 1996 jedoch kein Zufallsprodukt gewesen war, zeigte sich im anschließenden Torneo Verano, wo Santos Laguna zwar erneut nur Gruppendritter wurde, dank eines Erfolges über Tecos UAG aber den Sprung ins Play-off-Viertelfinale schaffte. Nachdem Borgetti schon beim 4:1-Heimsieg erfolgreich gewesen war, hatte er sich auch bei der 3:4-Rückspielniederlage in Guadalajara in die Torschützenliste eintragen können. In der Runde der letzten Acht zeigte sich dann erneut, warum die Reise in den mexikanischen Norden für die Gegner alles andere als ein Vergnügen war. Wieder einmal spielten die Albiverdes im Estadio Corona mit Club América einen Gegner an die Wand und fertigten diesen mit 3:0 ab. Auch Jared Borgetti – mit 13 Treffern erneut bester Torschütze seines Teams – war nach knapp einer halben Stunde mit der zwischenzeitlichen 2:0-Führung zur Stelle. Gleichwohl musste die Mannschaft im Rückspiel von Mexico City lange zittern, ehe nach der 0:2-Niederlage die Vorschlussrunde erreicht war, wo sie gegen Club Toluca antreten musste, gegen den es im Hinspiel vor eigenem Publikum aber nur zu einem mäßigen 1:1-Unentschieden reichte.

Ohne das eigene Publikum im Rücken schien Santos Laguna indes nur die Hälfte wert, weshalb man auch mit gemischten Gefühlen nach Toluca reiste, wo die Albiverdes vor allem zu Beginn über sich hinauswuchsen und nach einem Treffer Borgettis in der 15. Minute mit 2:1 in Führung lagen. Gerade bei den Spielen im Landesinneren machte dem Team jedoch die ungewohnte Höhenlage zu schaffen. Denn während Torreón nur 1.122 Meter über dem Meeresspiegel liegt, befindet sich das nahe der Hauptstadt gelegene Toluca auf 2.638 Metern über Normalnull, so dass es nicht verwunderte, dass der Elf aus dem Norden mit zunehmender Spieldauer mehr und mehr die Puste ausging. Dennoch stemmte sie sich auch nach dem Ausgleich in der 25. Minute bis zum Anbruch der Schlussviertelstunde gegen die Angriffswellen des Heimteams, dem nach 76 Minuten durch Alfaro aber schließlich doch der Siegtreffer gelang.

► **EINWURF**

Klublegende Jared Borgetti führt bei Santos Laguna nicht nur die ewige Torschützenliste an, sondern ist auch der Spieler mit den meisten Einsätzen. Während der Wüstenfuchs für die Albiverdes summa summarum 311 Spiele – davon 295 in der Liga – bestritten hat, weist der Chilene Rodrigo Ruiz 293 Einsätze auf. Dritter der Rangliste ist Carlos Cariño (251 Spiele). Als bester Ligatorschütze des Klubs kommt Borgetti auf 189 Treffer, derweil der Argentinier Vicente Matias (94 Tore) und der schon erwähnte Rodrigo Ruiz (59) mit weitem Abstand die nächsten Plätze belegen.

Auch in der Spielzeit 1999/2000 war auf den torhungrigen Wüstenfuchs angesichts von 22 Toren in 39 Spielen wie gewohnt Verlass. Für die verpasste Play-off-Teilnahme in der Winterrunde konnte sich die Mannschaft im Torneo Verano rehabilitieren und sogar wieder nach dem Titel greifen. Der Weg ins Endspiel musste sich allerdings hart erkämpft werden, was schon auf den Viertelfinalerfolg über Monarcas Morelia zutraf, der trotz eines 3:2-Auswärtssieges – Borgetti war nach 28 Minuten für die Gäste erfolgreich gewesen – vor eigenem Publikum noch einmal in Gefahr geriet, da die Albiverdes nach dem Gegentor von Ramon Morales fast eine Stunde lang am Abgrund taumelten, ehe sie dank ihrer drei Hinspieltreffer doch in die Vorschlussrunde einziehen konnten. Auch dort entpuppte sich das Duell mit Pumas UNAM als echter Krimi, der nach einem 1:1 in Mexico City erst in der 83. Minute des Rückspiels entschieden wurde, als Jared Borgetti mit dem Tor des Tages das Estadio Corona zum Erbeben brachte. Nichts zu bestellen hatte die Mannschaft allerdings in den Endspielen gegen Toluca, wo diese nach der 0:2-Pleite zu Hause vor allem im mit 1:5 verlorenen Rückspiel teures Lehrgeld zahlen musste.

Gipfelsturm im Mai 2001

Das erfolgreichste Jahr auf Vereinsebene durchlebte der Goalgetter im Spieljahr 2000/01, das seinen Höhepunkt mit dem zweiten Meistertitel im Dress der Albiverdes erreichen sollte. Schon in der Winter-Runde zählten diese zu den besten Teams und scheiterten erst im Halbfinale denkbar knapp am späteren Champion Monarcas Morelia (0:0, 2:3). 19-mal hatte Jared Borgetti das Leder im gegnerischen Kasten versenkt, womit er zum zweiten Mal in seiner Karriere die Torjägerkrone eroberte, um darüber hinaus auch erstmals zu Mexikos Fußballer des Jahres gekürt zu werden. Im Torneo Verano setzte der Wüstenfuchs dann gar noch einen drauf und steigerte seine Trefferquote auf 22, so dass er mit weitem Abstand die Torjägerliste anführte. Zum Vergleich: Die zweitplatzierten Alberto Garcia Aspe, Ivan Zamorano und José Saturino Cardozo hatten jeweils nur elf Tore auf dem Konto.

Nach 13 Toren in 17 Vorrundenspielen war Jared Borgetti dann vor allem in den sechs Play-off-Spielen nicht zu bremsen, als er sich mit einer Ausnahme immer in die Torschützenliste eintragen konnte. Zwei Treffern in der Auftaktpartie in Guadalajara bei Tecos UAG (3:2) ließ er im Rückspiel zwei weitere folgen, die einen deutlichen 4:0-Sieg im Estadio Corona besiegelten. Am 10. Mai 2001 bekamen die mexikanischen Fußballanhänger dann ein denkwürdiges Halbfinalhinspiel in Puebla mit neun Toren geboten. Herausragender Akteur auf dem Platz war Kopfballspezialist Jared Borgetti, der in der 21., 24. und 59. Minute gleich dreimal erfolgreich war, was Santos Laguna zu einer nur knappen 4:5-Niederlage verhalf, die dem Team von Trainer Fernando Quirarte vor dem nur zwei Tage später in Torreón stattfindenden Rückspiel alle Chancen offen hielt. Für einmal sollte der Beutezug Borgettis dort ohne (Tor-)Erfolg bleiben. Da aber Rodrigo Ruiz und Johan Rodriguez für ihren Mittelstürmer in die Bresche sprangen, behielten die Albiverdes mit 2:1 die Oberhand, was diesen zum Finaleinzug reichte.

In den Endspielen kam es schließlich zum Duell mit CF Pachuca, was insofern problematisch war, als damit wieder eine Reise ins Landesinnere anstand, wo das Hinspiel auf 2.400 Metern über dem Meer angepfiffen wurde. Besonders, nachdem Pachuca im heimischen Estadio Hidalgo nach nur vier Minuten in Führung gegangen war, musste man für die Albiverdes Schlimmstes befürchten. Wäre da nicht Jared Borgetti gewesen, der nur eine Minute später zur Stelle war und mit seinem achten Endrundentreffer den 1:1-Ausgleich erzielte. Bis zur 85. Minute stemmten sich die Schützlinge des einstigen WM-Helden Fernando Quirarte erfolgreich gegen die Angriffswellen der Gastgeber, ehe diesen schließlich doch noch der Siegtreffer gelang. Vor dem Rückspiel am 20. Mai 2001 herrschte im Lager von Santos Laguna aber trotzdem große Zuversicht. In gewohnter Höhenlage war man sich sicher, den Gegner wieder zu „erden“ und von seinen hochfliegenden Meisterplänen abbringen zu können, wofür auch die heiße Atmosphäre im Estadio Corona sorgen sollte, die schon so manchen Gegner auf den Boden der Tatsachen geholt hatte. Und dann war da ja auch noch Jared Borgetti, der sich in der Form seines Lebens befand und auf den im bisherigen Saisonverlauf stets Verlass war. Vom Anpfiff weg schnürten die Albiverdes ihren Gegner ein und erarbeiten sich mehrere gute Torchancen. Die größte hatte Wüstenfuchs Borgetti in der 19. Minute, als sein Drehschuss nur am linken Torpfosten landete. Fünf Minuten später war es dann so weit: Der Chilene Rodrigo Ruiz hatte mit einem präzisen Zuspiel Mariano Trujillo in Szene gesetzt, der das Spielgerät weiter in Richtung Borgetti leitete. Dieser schraubte sich zum Kopfball hoch und setzte den Ball vorbei an Schlussmann Miguel Calero in die Maschen des gegnerischen Tores. Am Ende hieß es schließlich 3:1 für die Elf von Santos Laguna, die damit unter großem Jubel ihrer Fans zum zweiten Mal in der Vereinsgeschichte den silbernen Meisterpokal in Empfang nehmen durfte. Als überragender Akteur des neuen Titelträgers wurde Jared Borgetti erneut zu Mexikos Fußballer des Jahres gewählt.

Der „Wüstenfuchs" auf Wanderschaft

Mit 23 Treffern in 31 Ligaspielen ging die Torquote des Angreifers 2001/02 spürbar zurück. Und auch mit einem weiteren Vereinstitel sollte es nichts werden. Nachdem der Titelverteidiger im Torneo Invierno im Viertelfinale an Tigres UANL (1:1, 0:3) aus dem Bundesstaat Nuevo Leon gescheitert war, reichte es in der Sommer-Runde dann immerhin wieder zum Einzug ins Halbfinale, wo sich die Albiverdes allerdings an Club Nexaca (0:0, 0:1) die Zähne ausbissen. Auch in der Apertura-Meisterschaft 2002 drang Santos Laguna abermals ins Semifinale vor, um dort trotz zweier Borgetti-Tore an Club Toluca (3:5, 1:2) zu scheitern. Eine Enttäuschung erlebten die Fans in der Rückrunde, als der zweifache Champion schon in den Gruppenspielen ausschied. Zumindest Jared Borgetti hatte mit 27 Treffern in 39 Ligaspielen wie gewohnt zu den besten Torjägern des Landes gezählt. In seinem letzten Jahr für die Albiverdes erzielte deren Rekordtorjäger in 35 Ligaspielen nochmals 22 Tore. Nachdem es in der „Apertura" immerhin für das Viertelfinale gereicht hatte, wo CF Atlante (1:3, 2:2) das Stoppzeichen setzte, ereilte Borgetti & Co. in der Clausura-Meisterschaft schon in der Gruppenphase das Aus, was sicher auch daran gelegen hatte, dass Santos Laguna erstmals an der südamerikanischen Copa Libertadores teilnehmen durfte, wo der durchaus überraschende Einzug ins Achtelfinale gelang.

Trotz des starken Auftritts im „Pokal der Befreier" kehrte der Wüstenfuchs dem Verein nach acht überaus erfolgreichen Jahren den Rücken, um einen Einjahresvertrag bei Dorados de Sinaloa zu unterschreiben. Der Aufsteiger aus seiner Geburtsstadt Culiacán, für den Borgetti in 14 Spielen achtmal erfolgreich sein sollte, verpasste die Play-off-Runde der „Apertura" 2004 als Gruppenfünfter allerdings deutlich, weshalb der kopfballstarke Angreifer zur Rückrunden-Meisterschaft bei CF Pachuca anheuerte, was er vor allem damit begründete, dass er seine Teilnahme an der kommenden WM in Deutschland nicht gefährden wollte. Aber auch mit Pachuca war schon nach der Vorrunde Endstation, derweil Borgetti mit acht Toren in 16 Ligaspielen ebenfalls nur mäßig überzeugt hatte.

So war es seinen starken Auftritten beim Confed-Cup in Deutschland im Juni 2005 mit der Nationalelf zu verdanken, dass dem inzwischen 32-Jährigen mit den Bolton Wanderers ein englischer Erstligist ein Vertragsangebot unterbreitete. Zuvor hatten mit Hertha BSC Berlin und Eintracht Frankfurt auch zwei Bundesligisten bei Borgetti angefragt, ehe dieser mit den Trotters handelseinig wurde. Aber wie so oft, wenn sich lateinamerikanische Profis in Europa versuchen, bleiben diese deutlich hinter den in sie gesetzten Erwartungen zurück, was auch auf den Mexikaner zutraf, der für den Achten der Premier League aus Bolton in der Saison 2005/06 in 19 Spielen zum Einsatz kam und lediglich zwei Tore erzielen konnte. Nachdem ihm am 24. August 2005 mit einem Tor beim 2:0-Heimsieg über Newcastle United noch ein verheißungsvolles Debüt gelungen war, sollte er in der Liga lediglich noch in der Partie gegen Manchester City (2:0) einen Treffer erzielen können. Zumindest etwas besser lief es in den Pokalwettbewerben, wie zum Beispiel im Auftaktspiel des UEFA-Cups, als er den Trotters nach seiner Einwechslung mit einem Treffer kurz vor Schluss noch zum knappen 2:1-Sieg über Lokomotive Plovdiv verhalf, der den Grundstein zum Einzug in die Gruppenphase legte, wo der erste Mexiko-Legionär des englischen Fußballs zum Auftakt bei Besiktas Istanbul ein 1:1 sichern half. Neben einem Treffer im FA-Cup (beim 3:0 über den FC Watford) war Borgetti auch bei den zwei Erfolgen im Liga-Cup über West Ham United (1:0) und Leicester City (2:1 n.V.) zur Stelle. Da man letztlich aber auch auf Pokalebene die Torausbeute des Wüstenfuchses buchstäblich an den fünf Fingern abzählen konnte, verwundert es nicht, dass ihm die Trotters im Sommer 2006 die Freigabe erteilten.

► EINWURF

Nachdem Jared Borgetti mit den Albiverdes 1997 bereits einmal an der Copa de Campeones der CONCACAF teilgenommen hatte, durfte er 2004 sein Können erstmals auch im Rahmen der deutlich prestigeträchtigeren Copa Libertadores zeigen. Für das südamerikanische Gegenstück zur europäischen Champions League hatte sich sein Verein durch den Gewinn der InterLiga im Januar 2004 qualifiziert, der nach einem Finalerfolg im Elfmeterschießen über Borgettis Ex-Klub Atlas Guadalajara feststand. In der Copa Libertadores blieben die Mexikaner in den Gruppenspielen ungeschlagen und zogen als Zweite hinter Cruzeiro Belo Horizonte ins Achtelfinale ein. Borgetti hatte seinen größten Auftritt im Heimspiel gegen Cruzeiro, als ihm in der 56. Minute das Tor des Tages gelang. Vier Treffer hatte er in den sechs Gruppenspielen erzielt, um im Achtelfinale gegen River Plate nach 180 Minuten dann aber keinen weiteren Torerfolg feiern zu dürfen. Das Duell mit dem argentinischen Hauptstadtklub musste nach einem 1:0-Hinspielsieg im Estadio Corona und der 1:2-Niederlage in Buenos Aires schließlich im Elfmeterschießen entschieden werden, wo die Mexikaner mit 2:4 unterlagen. An Jared Borgetti, der am 11. Mai 2004 eines seiner letzten Spiele im Dress der Albiverdes bestritt, lag es freilich nicht, nachdem er den ersten Elfmeter seines Teams im gegnerischen Kasten versenkt hatte.

Daraufhin heuerte Jared Borgetti bei Al-Ittihad im saudiarabischen Jiddah an, wo er am 9. September 2006 mit zwei Toren gegen Al Ta'ee (3:2) erneut einen gelungenen Einstand feierte, sich im Dezember aber trotz immerhin zehn Treffern in 15 Ligaspielen dennoch wieder in Richtung Heimat verabschiedete. Als Grund gab er an, dass er und seine Familie große Schwierigkeiten hatten, sich an die landesüblichen Sitten anzupassen, weshalb der Wüstenfuchs dem wüstenreichen Saudi Arabien nach nur wenigen Monaten wieder den Rücken kehrte. Obwohl angeblich auch Vereine aus Frankreich, England und Spanien großes Interesse gezeigt hatten, zog es Jared Borgetti vor, nach seinen beiden missglückten Integrationsversuchen im Ausland lieber wieder in der für ihn gewohnten mexikanischen Umgebung seine Zelte aufzuschlagen.

Nur noch ein Schatten vergangener Tage

Fast wäre er wieder bei Santos Laguna gelandet. Da sich der Rekordtorjäger der Albiverdes mit dem Verein aber nicht über letzte vertragliche Details einig werden konnte, heuerte er im Dezember 2006 für ein Jahr bei CD Cruz Azul an. Spätestens dort sollte sich aber zeigen, dass Borgetti den Zenit seiner Laufbahn inzwischen überschritten hatte, da er in seinen 26 Ligaeinsätzen für den Hauptstadtklub nur mickrige sieben Tore erzielen konnte.

Der drittbeste Torschütze aller Zeiten in der Primera División de Mexico erfreute sich aber immer noch großer Popularität. Am 21. Dezember 2007 verkündete die Vereinsführung von CF Monterrey ganz offiziell, dass Jared Borgetti in der anstehenden Clausura-Meisterschaft 2008 für ein halbes Jahr das Trikot der „Rayados" (der Gestreiften) tragen würde. Dank der Erfahrung des Wüstenfuchses, der in 16 Ligaspielen immerhin achtmal ins Schwarze traf, zog Monterrey mühelos in die Endrunde ein, wo im Viertelfinale zunächst CD Guadalajara (4:1, 4:4) aus dem Weg geräumt wurde. Vor allem im Hinspiel hatte sich Borgetti in Topform präsentiert und als dreifacher Torschütze geglänzt. Auch in der Vorschlussrunde gegen seinen ehemaligen Arbeitgeber Santos Laguna konnte er sich beim 2:2-Remis im Estadio Corona in die Torschützenliste eintragen, wobei das Resultat nach einem 1:1 im Hinspiel von Monterrey eigentlich zum Finaleinzug gereicht hätte, hätten die Organisatoren nicht kurz zuvor das Reglement geändert. Demnach gab nämlich nicht mehr die größere Zahl der erzielten Auswärtstore den Ausschlag, sondern die Platzierung nach der Vorrunde, die eindeutig zugunsten der Albiverdes sprach, welche sich durch einen Erfolg über Cruz Azul schließlich auch den Meistertitel sicherten. Jared Borgetti durfte sich aber immerhin über eine Vertragsverlängerung für ein weiteres halbes Jahr freuen, die ihm seine ansprechenden Leistungen eingetragen hatten. In der Apertura-Meisterschaft 2008 erzielte er jedoch nur noch zwei Tore, was ein längeres Verbleiben des Stürmer-Oldies in Monterrey ausschloss.

Drei Tage, nachdem sich CD Guadalajara am 11. Januar 2009 durch einen Erfolg im Finale der InterLiga über Monarcas Morelia für die kommende Copa Libertadores qualifiziert hatte, wurde Borgettis Wechsel in die zweitgrößte Stadt des Landes bekannt gegeben. Dort hinterließ dieser allerdings keinen bleibenden Eindruck, da er weder in seinen sieben Liga-Einsätzen noch in den sechs Partien in der südamerikanischen Champions League einen Torerfolg verbuchen konnte. Auch beim FC Puebla, für den der Wüstenfuchs im Herbst 2009 auf Torejagd ging, lief es in Anbetracht von fünf Toren in 15 Einsätzen nur unwesentlich besser, wobei Borgetti lange unter einer Verletzung am Brustkorb litt, die er sich in einem Testspiel vor Beginn der Saison zugezogen hatte.

Seine letzten 15 Begegnungen in der Primera División de Mexico sollte der Wüstenfuchs im Rahmen der Clausura-Meisterschaft 2010 im Trikot von Monarcas Morelia absolvieren und mit dem Klub aus der Hauptstadt des Bundesstaates Michaocan immerhin bis ins Halbfinale vordringen. Mit dem ersten seiner letzten vier Ligatreffer am 13. Februar gegen Atlas Guadalajara – seinem 249. insgesamt – holte er José Saturnino Cardozo in der ewigen Torschützenliste der mexikanischen Liga ein, den er am 24. April endgültig von Rang drei verdrängte, als er gegen CF Monterrey kurz vor der Pause einen Elfmeter verwandelte.

In der Endrunde sollte sich für den Wüstenfuchs der Kreis dann schließen. Im Halbfinale traf Monarcas auf dessen langjährigen Klub Santos Laguna, gegen den Jared Borgetti in der 34. Minute des Hinspiels seinen 252. und letzten Treffer in der ersten mexikanischen Liga erzielte. Immerhin hatte es an jenem 12. Mai 2010 gegen die Albiverdes zu einem 3:3-Unentschieden gereicht. Im letzten Erstligaeinsatz drei Tage später kassierte Borgetti in der alten Heimat jedoch eine 1:7-Klatsche, die den Traum vom dritten Meistertitel seiner Karriere jäh zerstörte.

Ursprünglich wollte Jared Borgetti, der heute für ESPN Desportes als TV-Experte arbeitet, nach seinem Engagement bei Monarchas Morelia seine Karriere beenden, doch ließ er sich im Herbst 2010 kurzfristig überreden, zum Zweitligisten Club Leon zu wechseln, für den er in 16 Spielen die letzten sieben Karrieretreffer erzielte. Nachdem er den angepeilten Aufstieg jedoch knapp verpasst hatte, gab er am 5. Dezember 2010 den endgültigen Rücktritt vom aktiven Fußball bekannt.

► ZAHLEN UND FAKTEN

Vereine:	1994-1996	Atlas Guadalajara
	1996-2004	Club Santos Laguna
	2004	Dorados de Sinaloa
	2005	CF Pachuca
	2005/06	Bolton Wanderers
	2006	Al-Ittihad Jiddah
	2007	Cruz Azul (Mexico City)
	2008	CF Monterrey
	2009	CD Guadalajara
	2009	FC Puebla
	2010	Monarcas Morelia
	2010	Club Leon

Tore:	476 Sp. Primera División de Mexico (252 T.)
	4 mexikanische InterLiga-Spiele (4 Tore)
	16 mexikanische Zweitligaspiele (7 Tore)
	19 Spiele Premier League (2 Tore)
	15 Spiele Saudi League (10 Tore)
	8 Spiele Copa Mexico (5 Tore)
	4 FA-Cup-Spiele (1 Tor)
	2 englische Liga-Cup-Spiele (2 Tore)
	7 UEFA-Cup-Spiele (2 Tore)
	20 Spiele Copa Libertadores (7 Tore)
	89 Länderspiele (46 Tore)
gesamt	660 Pflichtspiele (338 Tore)

Erfolge: Mexikanischer Meister
1996 (Invierno), 2001 (Verano)
Sieger CONCACAF Gold Cup 2003

Mexikanischer Torschützenkönig
1996, (Inv.), 2000 (Inv.), 2001 (Ver.)
Mexikos Fußballer des Jahres 2000, 2001

In der Nationalmannschaft:

Gerade zu Beginn seiner Laufbahn war es für Jared Borgetti sicher ein Problem, nicht für einen der großen mexikanischen Vereine aktiv zu sein. Freilich hatte ihn der damalige Nationaltrainer Bora Milutinovic auf dem Zettel, als der Wüstenfuchs nach seinem Wechsel zu Santos Laguna auf Anhieb den Durchbruch geschafft hatte. Und so durfte Borgetti beim Testspiel am 5. Februar 1997 in Mexico City gegen Ecuador ran, um beim 3:1-Erfolg auch gleich seinen ersten Treffer zu erzielen. Im Vorfeld der Weltmeisterschaft in Frankreich sollten seine Leistungen im Vereinsdress jedoch stagnieren, weshalb die Titelkämpfe 1998 auch ohne ihn stattfanden.

Erst vor der nächsten Weltmeisterschaft in Südkorea und Japan geriet er wieder ins Blickfeld, nachdem er bei seinem Comeback am 20. September 2000 in San Diego abermals gegen Ecuador (2:0) eingenetzt und zudem bei Santos Laguna mit Toren am Fließband brillierte hatte. Bis zur ersten WM in Fernost hatte Borgetti für die „Tri" 30 Länderspiele bestritten und dabei 13-mal ins Schwarze getroffen. Allein die Teilnahme an der Weltmeisterschaft war für die Mexikaner lange am seidenen Faden gehangen, nachdem diese im Juni 2001 gegen Costa Rica (1:2) und Honduras (1:3) ihre ersten WM-Qualifikationsspiele auf heimischem Boden verloren hatten.

► **EINWURF**
Mit 46 Länderspieltreffern in 89 Einsätzen ist Jared Borgetti gegenwärtig erfolgreichster Torschütze der „Tri". Ihm am nächsten kommen Cuauhtemoc Blanco mit 39 Torerfolgen sowie Carlos Hermosillo und Luiz Hernandez, die jeweils 35-mal für die mexikanische Nationalmannschaft erfolgreich waren.

Wenig später wurde deshalb Nationaltrainer Enrique Meza durch Javier Aguirre ersetzt, der das Team schließlich doch zur WM führte und seinen ersten großen Auftritt bei der Copa America in Kolumbien hatte. Auch Jared Borgetti sollte nach dem Trainerwechsel mit wichtigen Treffern seine Qualitäten unterstreichen, nachdem dieser noch für den schwachen Auftritt in der erwähnten Partie gegen Honduras heftig kritisiert worden war. Am 1. Juli 2001 war dann aber alles wieder gut: Vor 110.000 Zuschauern im Aztekenstadion hatte Jared Borgetti mit seinem Tor nach einer Viertelstunden den wichtigen 1:0-Sieg der „Tri" über die USA unter Dach und Fach gebracht und die Weichen wieder in Richtung WM-Teilnahme gestellt. Und auch die anstehende Copa America sollte für ihn – genau wie für sein Heimatland – zum vollen Erfolg werden.
Zum Auftakt traf Mexiko in Cali auf Brasilien, das Borgetti mit seinem frühen Treffer in der 5. Minute schockte, welcher letztendlich zum Sensationserfolg über den Rekordweltmeister reichte und Rückenwind für den weiteren Turnierverlauf verlieh. Im Halbfinale trafen die Schützlinge von Javier Aguirre auf Uruguay, das auch dank des zweiten Turniertreffers von Jared Borgetti mit 2:1 geschlagen werden konnte. Erst im Endspiel am 29. Juli 2001 wurden die Mexikaner von Gastgeber Kolumbien gestoppt, der nach umkämpften 90 Minuten durch einen Treffer von Ivan Cordoba Mitte der zweiten Hälfte knapp die Nase vorn hatte.
Ein knappes Jahr später startete die „Tri" als ungeschlagener Gruppensieger vor Italien in die WM-Endrunde und ließ damit die holprige Qualifikation vergessen. Nachdem Jared Borgetti bereits beim 2:1 gegen Ecuador nach einer knappen halben Stunde den 1:1-Ausgleich erzielt hatte, dürfte er sich besonders über seinen Kopfballtreffer in der 34. Minute im letzten Vorrundenspiel am 13. Juni 2002 in Oita gegen Italien gefreut haben. Zwar konnten die Italiener durch del Piero in der Schlussphase noch ausgleichen. Da aber Jared Borgetti italienische Vorfahren hat, war das Duell mit den Azzurri für ihn eine besondere Herzensangelegenheit. Dank ihrer starken Auftritte in den Gruppenspielen galten die Mexikaner vor dem Achtelfinalduell mit den USA als Favorit. Doch konnten sich die US-Boys in einer auf spielerisch schwachem Niveau stehenden Partie am Ende mit 2:0 durchsetzen.
Jedes Jahr ein großes Turnier. – Unter diesem Motto setzte sich auch 2003 die Nationalmannschaftskarriere Borgettis fort, als er in den Kader für den Gold Cup der CONCACAF berufen wurde. Zum Auftakt bekam es die „Tri" im Aztekenstadion mal wieder mit Brasilien zu tun. Und wie schon bei der Copa America zwei Jahre zuvor, war es abermals Borgetti, der mit seinem Torerfolg in der 70. Minute einen 1:0-Sieg sicherstellte. Nachdem er in Viertel- und Halbfinale gegen Jamaika (5:0) und Costa Rica (2:0) ebenfalls je einmal eingenetzt hatte, blieb er beim 1:0-Verlängerungssieg im Endspiel über seinen Lieblingsgegner Brasilien ausnahmsweise ohne Treffer.

Starker Auftritt beim Confed-Cup

Einem wenig berauschenden Auftritt bei der Copa America 2004 folgte im Jahr darauf seine wohl beste Turnierleistung beim Confed-Cup in Deutschland. Bereits im Vorfeld der Mini-WM hatte der Wüstenfuchs Witterung aufgenommen und mit wichtigen Treffern in der WM-Qualifikation geglänzt. Besonders torhungrig zeigte er sich am 6. Oktober 2004, als ihm in Pachuca gleich vier Treffer beim 7:0-Erfolg über die überforderten Kicker aus dem karibischen Inselstaat St. Vincent gelangen, mit denen er einen persönlichen Rekord aufstellte. Auch im letzten Qualifikationsspiel vor dem Probelauf für die kommende Weltmeisterschaft hatte sich Borgetti in die Torschützenliste eintragen können und beim 2:0 über Trinidad & Tobago in Monterrey seinen zwölften Treffer in der laufenden WM-Qualifikation erzielt.

► **EINWURF**
Mit ihrem 1:0-Vorrundensieg am 19. Juni 2005 in Hannover gegen den amtierenden Weltmeister Brasilien, den Borgetti mit einem Kopfballtreffer in der 59. Minute besiegelte, hatte die „Tri" beim Confed-Cup in Deutschland ein Ausrufezeichen gesetzt. Der Erfolg über die Südamerikaner hätte durchaus deutlicher ausfallen können, was vor allem an einer kuriosen Szene vor der Pause festgemacht werden kann. Ohne nähere Begründung hatte die FIFA kurzfristig den tunesischen Unparteiischen Mourad Daami durch den Italiener Roberto Rosetti ersetzt, der nach einer halben Stunde einen denkwürdigen Auftritt hatte. Hauptleidtragender des Elfmeterdramas in drei Akten war Jared Borgetti, der auf den Schiri nach dem Schlusspfiff alles andere als gut zu sprechen war. Dabei hatte es eigentlich ganz harmlos angefangen: Mexikos Mittelstürmer war im gegnerischen Sechzehner von Verteidiger Roque Junior umgemäht worden, was den folgerichtigen Strafstoß nach sich zog. Borgetti, der nicht nur als Kopfballspezialist, sondern auch als nervenstarker Elfmeterschütze bekannt war, schnappte sich das Leder und setzte dieses an Torhüter Dida vorbei in die Maschen. Allein Signore Rosetti erwies sich als Spielverderber. Weil angeblich ein mexikanischer Angreifer zu früh in den Strafraum eingedrungen war, ließ er den Penalty wiederholen, wobei Borgetti diesmal allerdings lediglich die Latte traf. Schon in der Partie zwischen Argentinien und Tunesien (2:1) hatte sich Roberto Rosetti als großer Elfmeter-Fan geoutet und gleich dreimal auf den Punkt gezeigt. Und da er jetzt einen Brasilianer zu früh in den Strafraum starten gesehen hatte, durfte sich Jared Borgetti noch ein drittes Mal versuchen, um bei der Tragikkomödie von Hannover diesmal – und nun endgültig – an Brasiliens Dida zu scheitern.

Mexiko sollte beim Gipfeltreffen der Kontinentalverbände in seinen drei Gruppenspielen als amtierender Meister der nord- und mittelamerikanischen CONCACAF auf Welt- und Südamerikameister Brasilien, Asienmeister Japan sowie Europameister Griechenland treffen. Schon im ersten Spiel gegen Japan konnte Jared Borgetti seinen Ruf als einer der weltbesten Kopfballspieler untermauern, als er in der 58. Minute mit einem wuchtigen Kopfstoß nur den Pfosten traf. Obwohl sich die Japaner als harter Brocken erwiesen, konnte Mexiko auch ohne einen Treffer des Wüstenfuchses nach 90 Minuten mit 2:1 die Oberhand behalten.

► EINWURF
Während Jared Borgetti bei Weltmeisterschaftsendrunden lediglich zwei Treffer erzielen konnte, erwies er sich als absoluter Spezialist für Torerfolge in der WM-Qualifikation, wo er in 24 Einsätzen 23-mal ins Schwarze traf. Seine beste Quote wies er im Rahmen der Qualifikation für Deutschland 2006 auf, als ihm in 14 Spielen für die „Tri" ebenso viele Treffer gelangen, wobei ihm kein anderer Stürmer das Wasser reichen konnte. Am dichtesten auf den Fersen waren ihm John Stern (Trinidad & Tobago) mit zwölf Toren, derweil der Portugiese Pauleta und Emmanuel Adebayor aus Togo immerhin je elfmal trafen.

So ging die „Tri" mit Rückenwind in ihr zweites Spiel gegen Brasilien, das drei Tage später ebenfalls in Hannover stattfand und bei dem sich abermals zeigte, dass die Südamerikaner zu Borgettis absoluten Lieblingsgegnern zählten. Ohne Zweifel war der Mittelstürmer auffälligster Akteur im Team von Trainer Ricardo La Volpe, welches sich nach dem umjubelten 1:0-Sieg vor 43.677 Zuschauern als erstes für das Halbfinale qualifiziert hatte. Nachdem Borgetti in der 30. Minute noch mit einem Elfmeter gescheitert war, drang er in der 59. Minute gefährlich in den brasilianischen Strafraum ein, um im letzten Moment noch von Lucio gestört zu werden. Nach dem fälligen Eckball überwand Borgetti Brasiliens Dida mit einem wuchtigen Kopfball zum 1:0-Führungstor, das die „Tri" bis zum Schlusspfiff erfolgreich verteidigte.
Nachdem die Mexikaner im bedeutungslosen dritten Gruppenspiel gegen Otto Rehhagels Griechen ohne Borgetti nicht über ein torloses Remis hinausgekommen waren, sollten sie im Halbfinale gegen Argentinien im Elfmeterschießen scheitern, wobei Borgetti den dritten Elfer für die „Tri" sicher verwandeln konnte. Nicht viel hatte gefehlt und der Wüstenfuchs hätte schon in der regulären Spielzeit den Sieg seiner Mannschaft besiegelt, doch konnte der argentinische Keeper Lux in der 77. Minute mit einer Reflexbewegung eine Großchance des mexikanischen Angreifers in letzter Sekunde zunichte machen. Dieser sollte im kleinen Finale von Leipzig gegen Gastgeber Deutschland dann mit zwei weiteren Kopfballtreffern in der 59. und 85. Minute zur Stelle sein, welche die knappe 3:4-Verlängerungsniederlage gegen die Klinsmann-Truppe jedoch auch nicht verhinderten. Dennoch hatte Borgetti mit seinem starken Auftritt beim Confed-Cup zahlreiche europäische Vereine auf sich aufmerksam gemacht, wobei schließlich die Bolton Wanderers den Zuschlag bekamen.

Rekordtorjäger mit fatalem Eigentor

Mit seinem 36. Länderspieltreffer beim 2:0-Erfolg im WM-Qualifikationsspiel gegen Costa Rica am 17. August 2005 hatte Borgetti Carlos Hermosillo als bisherigen Rekordtorschützen Mexikos überholt. Nach seinem starken Auftritt beim Confed-Cup 2005 reiste er mit großen Hoffnungen zur WM im kommenden Jahr, die allerdings schon beim ersten Auftritt gegen den Iran (3:1) in Nürnberg einen erheblichen Dämpfer erhielten, nachdem der Mittelstürmer der „Tri" in der 52. Minute verletzt vom Platz musste.
Erst vor dem Achtelfinalduell am 24. Juni 2006 in Leipzig war Jared Borgetti soweit wiederhergestellt, dass ihn Trainer La Volpe gegen Argentinien aufbieten konnte. Zunächst lief für die Mexikaner noch alles nach Wunsch, als diese durch Kapitän Marquez bereits in der 6. Minute in Führung gingen. Vier Minuten später sollte dann auch Kopfballspezialist Borgetti seinen großen Auftritt haben, als er eine Ecke ins Tor verlängerte. Freilich war der Schuss diesmal nach hinten losgegangen, da der Wüstenfuchs – bedrängt vom Argentinier Hernan Crespo – die Hereingabe von Riquelme ins eigene Tor geköpft hatte. Mit Wut im Bauch scheiterte Borgetti in der 25. und 53. Minute mit zwei Großchancen am gegnerischen Schlussmann Abbondanzieri, ehe Rodriguez mit seinem Siegtreffer in der Verlängerung das lateinamerikanische Bruderduell zugunsten der Albiceleste entschied.
Nach der WM in Deutschland trat Borgetti in Absprache mit dem Verband in der Nationalelf etwas kürzer, um den Weg frei für den Nachwuchs zu machen. Wenn er gebraucht wurde, war auf ihn aber stets Verlass, wie etwa im Freundschaftsspiel gegen Paraguay am 25. März 2007, als er für Omar Bravo eingewechselt wurde und kurze Zeit später innerhalb von nur vier Minuten die „Tri" mit einem Doppelschlag zum 2:1-Sieg führte. Nach dem zweiten Platz beim Gold Cup im Sommer 2007 – und zwei weiteren Torerfolgen – bestritt Borgetti Mitte Juni 2008 seine letzte beiden Länderspiele im Rahmen der WM-Qualifikation für Südafrika gegen Belize und trug sich zunächst im Hinspiel beim 2:0 mit seinem 44. Länderspieltreffer in die Torschützenliste ein. Zum letzten und insgesamt 89. Mal streifte er das Trikot der „Tri" am 22. Juni 2008 in Monterrey über, um auch beim 7:0-Kantersieg über einen restlos überforderten Gegner zweimal ins Schwarze zu treffen, womit er seinen bis heute gültigen Torrekord auf 46 Treffer schraubte.

Saison	Internat.*		Liga		Pokal	
	Sp.	T.	Sp.	T.	Sp.	T.
1993/94			2	0		
1994/95			28	13		
1995/96			31	8	3	1
1996/97	?	0	41	21		
1997/98			29	14		
1998/99			38	19		
1999/00			39	22		
2000/01			43	41		
2001/02	0	0	31	23		
2002/03			39	27		
2003/04	8	4	35	22	5	4
2004/05			14	8		
			16	8		
2005/06	7	2	19	2	4	1
2006/07			15	10		
			17	5		
2007/08			9	2		
			16	8		
2008/09			11	2		
	6	0	7	0		
2009/10			15	5		
	6	3	15	4		
2010/11			16	7		

* Copa de Campeones de la CONCACAF 1996/97, 2001/02; Copa Libertadores 2003/04, 2008/09, 2009/10; UEFA-Cup 2005/06

Raymond Braine
Erster Profifußballer Belgiens

Am 28 April des Jahres 1907 wurde Raymond Braine in der flämischen Diamantenhochburg Antwerpen geboren. Wie sein sechseinhalb Jahre älterer Bruder Pierre entdeckte er früh seine Leidenschaft für den Fußball und schloss sich dem Antwerpener Stadtteilverein AC Beerschot an, bei dem er den Großteil seiner Karriere verbrachte.

EXKURS: AC Beerschot

Beerschot ist eine schon lange nicht mehr gebräuchliche Bezeichnung für den südlichen Antwerpener Stadtteil „Het Kiel“, wo am 3. September 1899 der AC Beerschot aus der Taufe gehoben wurde. Ihre größten Erfolge feierten die „Mauve et Blanc“ (die Lila-Weißen) vor dem Zweiten Weltkrieg, als sie zwischen 1922 und 1939 sieben Meistertitel errangen und damit eine der erfolgreichsten Mannschaften jener Zeit stellten. Nach dem Krieg wurde es um den Verein merklich ruhiger. Zu den seltenen Höhepunkten gehören die beiden Cupsiege 1971 und 1979. Um wieder auf die nationale Spitze aufschließen zu können, ging man 1999 eine Fusion mit dem 1920 gegründeten Vorortklub Germinal Ekeren ein, der 1997 mit dem Landespokal seinen einzigen Titel errungen hatte. Als Germinal Beerschot sicherte sich der Verein in der Spielzeit 2004/05 den Pokal, ehe die Verantwortlichen zur Saison 2011/12 beschlossen, mit der Rückbenennung in AC Beerschot die alten Traditionen wieder aufleben zu lassen. Traditionsreich ist auch die Spielstätte: In der im Süden Antwerpens gelegenen Arena wurden 1920 die Spiele der VII. Olympiade der Neuzeit ausgetragen. Im Volksmund wird das Olympiastadion oftmals auch „Beerschot-Stadion“ oder „Kiel-Stadion“ (in Anlehnung an den Stadtbezirk „Het Kiel“) bezeichnet.

Der Name Braine taucht in den Aufstellungen des AC Beerschot seit 1919 auf, jenem Jahr, in dem Pierre in der Läuferreihe sein Debüt in der ersten Mannschaft gab. Auch Pierre Braine konnte auf eine durchaus beachtliche Karriere als Fußballer blicken. Als dieser nach der Saison 1932/33 seine Laufbahn beendete, hatte er für die Lila-Weißen 293 Erstligaspiele bestritten, in denen er 53 Treffer erzielen konnte. In der Saison 1921/22 lieferte sich die Mannschaft ein packendes Titelrennen mit Union Saint Gilloise, bei dem die Antwerpener das bessere Ende für sich hatten. Aus einem notwendigen Entscheidungsspiel waren sie als 2:0-Sieger hervorgegangen, womit der Verein ebenso wie Pierre Braine ihren ersten Meistertitel unter Dach und Fach gebracht hatten.

Als sich im kommenden Spieljahr abzuzeichnen begann, dass der bis dahin siebenmalige Landesmeister aus Brüssel den Spieß umdrehen würde (Beerschot musste sich fünf Zähler hinter Union mit der Vizemeisterschaft begnügen), fand der Trainer Zeit zum Experimentieren und setzte am 11. Februar 1923 im Ligaspiel gegen Daring Club Brüssel den erst 15-jährigen Raymond Braine ein, dessen Debüt mit einer 0:3-Niederlage allerdings gründlich daneben ging. Kaum einer der Zuschauer hatte an jenem tristen Februartag geahnt, einen der besten Spieler der belgischen Fußballgeschichte gesehen zu haben.

Serienmeister

Im weiteren Saisonverlauf kam Raymond Braine noch dreimal zum Einsatz, wobei er mit vier Treffern seine später vielgerühmte Torgefahr durchaus eindrucksvoll unter Beweis stellte. Noch gehörte er anders als sein älterer Bruder allerdings nicht zur Stammformation, was auch auf das Meisterjahr 1923/24 zutraf, als er in nur sieben Spielen auflaufen durfte und dabei zwei Treffer erzielte. Der Durchbruch sollte Raymond Braine erst 1924/25 gelingen. In 24 von 26 Spielen war der am Saisonende 18-Jährige mit von der Partie und trug mit seinen elf Torerfolgen zur erfolgreichen Titelverteidigung bei. Deutlich abgehängt hatte man übrigens Lokalrivale RFC Antwerpen, der mit sechs Zählern Rückstand auf Rang zwei gelandet war. „The Great Old“ stand zu Zeiten Raymond Braines also deutlich im Schatten der Lila-Weißen.

Nach der Saison 1925/26 konnten die „Mauve et Blanc“ ihren Titelhattrick in souveräner Manier komplettieren, indem Standard Lüttich um sieben Zähler distanziert wurde. Mittlerweile zählte Raymond Braine zu den anerkannten Leistungsträgern im Team und kam in allen 26 Ligaspielen zum Einsatz, in denen er 25-mal ins Schwarze getroffen hatte. Allein mit dem Gewinn der Torjägerkrone war es (noch) nichts geworden, da Laurent Grimmonprez (RC Gent) drei Treffer mehr auf dem Konto hatte.

Zwei Zähler hinter dem neuen Titelträger Cercle Brügge mussten sich die Lila-Weißen in der kommenden Spielzeit mit der Vizemeisterschaft begnügen. Für das Verpassen des vierten Titelgewinns in Serie war nicht zuletzt die schwächere Offensivleistung verantwortlich (nach 80 Treffern im Vorjahr brachten die Stürmer des AC Beerschot diesmal nur noch 53 zustande), wobei Raymond Braine mit 20 Toren in 24 Spielen nach wie vor bester Goalgetter seines Teams war.

Die Meistermannschaft des AC Beerschot aus der Saison 1927/28. Vorne in der Mitte Torschützenkönig Raymond Braine, links daneben sein älterer Bruder Pierre.

Den letzten gemeinsamen Meistertitel sollte das Brüderpaar Pierre und Raymond Braine dann in der Saison 1927/28 feiern, als Vizemeister Standard Lüttich um mehr als deutliche elf Punkte distanziert worden war. Obwohl AC-Mittelstürmer Raymond Braine während der Saison unter einigem Verletzungspech zu leiden hatte und deswegen in nur 18 Partien zum Einsatz kam, war er in Anbetracht von 35 Treffern, die ihn erstmals zum belgischen Torschützenkönig machten, nicht zu bremsen. Auch im kommenden Jahr kämpften die „Mauve et Blanc“ um den Meistertitel. Am Ende mussten sie sich allerdings Ortsrivale RFC beugen, der dank eines 2:0-Erfolges im Entscheidungsspiel erstmals in seiner Geschichte reüssierte. Raymond Braine blieb allein die Genugtuung, mit 30 Saisontreffern seinen Titel als Torschützenkönig erfolgreich verteidigt zu haben.

Der Wechsel zu Sparta

Schon 1924 war Raymond Braine zum Nationalspieler avanciert, so dass er in Belgien längst als echter „Star“ galt.

Mit Fußball war in unserem Nachbarland seinerzeit aber noch nichts zu verdienen, weil sich die Funktionäre strikt dem Amateurideal verpflichtet fühlten. Die Geschichte mit den nicht vorhandenen Verdienstmöglichkeiten war freilich nur die halbe Wahrheit. Die Klubs hatten nämlich schon längst Mittel und Wege gefunden, ihren Spielern den „einen oder anderen Franc“ an den Statuten vorbei zukommen zu lassen. Die unerlaubten Prämienzahlungen hatten Braine bislang von einem Wechsel ins Ausland abhalten können, wobei diese natürlich nicht an die Profigehälter in anderen Ligen heranreichten. Die findigen Klubbosse suchten daher nach weiteren Möglichkeiten, ihre Leistungsträger zum Bleiben zu bewegen. Seit einiger Zeit war es zur gängigen Praxis geworden, dass zahlreiche belgische Spieler ein Café eröffneten, um sich ein zweites Standbein neben dem Fußball zu schaffen. Auch Raymond Braine wollte seinen Bekanntheitsgrad nutzen und eröffnete im Dezember 1929 mit Unterstützung seines Vereins ein Café, was schließlich die Puristen im belgischen Verband auf den Plan rief. Der KBVB verbot seinen Spielern strikt, nebenher ein solches zu betreiben, was der Karriere Raymond Braines bei den „Mauve et Blanc“ ein abruptes Ende bereitete. Nachdem ihm nicht nur die Spielerlaubnis entzogen, sondern er auch nicht mehr in die Nationalmannschaft berufen wurde, war ein Wechsel ins Ausland beschlossene Sache. Anfangs liebäugelte der Belgier, der in der Saison 1929/30 für Beerschot bis dato in 13 Spielen 14 Tore erzielt hatte, mit der englischen Football League, doch kam der angestrebte Transfer zu Drittligist Clapton Orient nicht zustande, weil Braine von den Behörden keine Arbeitserlaubnis erhielt.

Raymond Braine spielte in seiner belgischen Heimat für den AC Beerschot, bevor er von 1930 bis 1936 für Sparta Prag in insgesamt 281 Spielen 300 Tore erzielen sollte.

Bereits 1925 war in der Tschechoslowakei das Profitum eingeführt worden, was die Liga zu einer der beliebtesten in Kontinentaleuropa werden ließ. Hinzu kam der seit 1927 ausgetragene Mitropa-Cup, der den Vereinen zusätzliche Einnahmemöglichkeiten und den Aktiven attraktive Spiele auf internationalem Niveau bescherte. Besonders Sparta Prags schottischer Trainer John Dick hatte schon seit einiger Zeit ein Auge auf den Mittelstürmer des AC Beerschot geworfen. Als dessen Wechsel nach England gescheitert war, setzte er alle Hebel in Bewegung, um seinen Wunschspieler an die Moldau zu holen. Erst drei Tage, bevor Sparta im heimischen Letna-Stadion zum Viertelfinalhinspiel des Mitropa-Cups gegen die First Vienna antreten musste, waren die letzten Vertragsdetails geklärt. Dem Wechsel des ersten belgischen Profifußballers nach Prag stand nichts mehr im Wege!

Denkwürdiges Debüt an der Moldau

Der Wechsel in die Goldene Stadt sollte sich für Raymond Braine ohne Zweifel auszahlen. In den sechseinhalb Jahren, die er für die „Rudi“ (die Roten) aktiv war, erzielte er in 281 Einsätzen – die Freundschaftsspiele eingerechnet – 300 Tore, gewann zwei Meisterschaften, wurde ebenso oft Schützenkönig und gewann außerdem 1935 den Mitropa-Cup. Als Ausländer wurde Braine zwar offiziell nie zum Spielführer bestimmt. Dank seiner herausragenden Leistungen galt er gleichwohl lange als heimlicher Kapitän, was in erster Linie an seinem dominanten Auftreten auf dem Rasen lag. An der Moldau wurde Braine nämlich nicht allein für seine einzigartigen Vollstreckerqualitäten gerühmt. Dank seiner technischen Fähigkeiten glänzte er immer öfter auch als Stratege und bereitete seinen Sturmpartnern so manchen Treffer mustergültig vor. Das alles trug dazu bei, dass Raymond Braine bei den Fans überaus beliebt war. Der belgische Goalgetter schaffte es sogar, dass ihn die Anhänger gleich nach seinem ersten Auftritt im Sparta-Dress auf den Schultern vom Platz trugen. – Was war geschehen? Lange hatte es im Mitropa-Cup-Spiel gegen die First Vienna nach einem Remis ausgesehen, ehe sich der Neuzugang gegen die Wiener Abwehrspieler behauptete und den wichtigen 2:1-Sieg sicherstellte. Spätestens, nachdem er auch im Rückspiel einen Treffer zum 3:2-Sieg beigesteuert hatte, war er aus dem Team nicht mehr wegzudenken. Durch einen Halbfinalerfolg über Ambrosiana-Inter Mailand (2:2, 6:1) – mit dem zweifachen Torschützen Braine – erreichte Sparta das Endspiel, wo die Mannschaft im November gegen Rapid Wien nach dem zweiten Mitropa-Cup-Sieg nach 1927 griff. Allerdings setzte es für die Prager mit einer 0:2-Niederlage vor heimischem Publikum zu Anfang einen herben Dämpfer, ehe es im Rückspiel auf der Hohen Warte zwar noch zu einem 3:2, nicht aber zum erneuten Titelgewinn reichte. An der Donau war ausnahmsweise nicht Raymond Braine, sondern dessen Sturmpartner Josef Kostalek als dreifacher Torschütze zum Mann des Tages auf Seiten der Gästeelf avanciert.

► EINWURF

So beliebt Raymond Braine bei den Prager Fans auch war. Der Belgier stand mindestens ebenso sehr in dem Ruf, ein knallharter Profi zu sein, der seine Haut stets so teuer wie möglich verkaufte, wovon vor allem die Sparta-Bosse ein Lied zu singen wussten. Die Vertragsgespräche mit dem Mittelstürmer gestalteten sich oft zäh und waren erst dann beendet, wenn Braine seine Vorstellungen durchgesetzt hatte. Seine Kritiker unterstellten ihm, auf dem Platz nur dann alles aus sich herauszuholen, wenn er unbedingt musste. Aber auch außerhalb des grünen Rasens hatte Raymond Braine einen ausgeprägten Geschäftssinn, betrieb er doch einen gut gehenden Handel mit Kaffeebohnen aus dem Kongo. Als Musterprofi war es für ihn auch keine Frage, sofort nach seinem Wechsel in die Goldene Stadt Tschechisch zu lernen, das er bald fließend beherrschte. Einmal jedoch sollte das Herz den Verstand besiegen. Kurz vor der Weltmeisterschaft 1934 bot man ihm 100.000 Kronen, wenn er die tschechoslowakische Staatsbürgerschaft annehmen und in Italien für die CSR spielen sollte, was der 54-fache belgische Nationalspieler allerdings mit Verweis auf seine Familie ablehnte. Bekanntlich wurde die Tschechoslowakei in Italien Vizeweltmeister...

Erfolgreiche Legionärszeit

In den sechs vollen Spielzeiten, die Raymond Braine für die Spartaner aktiv war, landeten diese immer auf einem der ersten beiden Plätze. Größter Rivale im Titelrennen war Stadtrivale Slavia, der sich im genannten Zeitraum gleich viermal die Meisterschaft sichern konnte. So auch in der Spielzeit 1930/31, als die Rotsterne Raymond Braine und seine Spartaner um drei Zähler auf den zweiten Rang verwiesen. Wenigstens stellten diese mit 59 Treffern den besten Angriff, dem mit Josef Silny (18 Tore) und Raymond Braine (14) auch die besten Saisontorschützen angehörten. Erstmals zur Meisterschaft reichte es für den belgischen Legionär dann in der Saison 1931/32, als Slavia um deutliche fünf Punkte distanziert worden war. Auch für Raymond Braine war das Jahr hervorragend gelaufen, konnte er die Neunerliga mit 16 Treffern doch erstmalig als Torschützenkönig abschließen.

Erstmals Meister mit Sparta Prag wurde Raymond Braine in der Saison 1931/32. Neben dem Torschützenkönig (obere Reihe Vierter von links) standen außerdem noch folgende Spieler im Team. Oben von links: Josef Ctyroky, Kapitän Jaroslav Burgr, Erich Srbek, Josef Silny, Jan Madelon. Unten von links: Karel Podrazil, Karel Sokolar, Antonin Ledvina, Oldrich Nejedly, Josef Kostalek.

Ebenso wie im Jahr zuvor reichte es auch in der Spielzeit 1933/34 lediglich zur Vizemeisterschaft. Dafür führte Raymond Braine zum zweiten Mal die Torschützenliste an, nachdem er im Saisonverlauf 18-mal ins Schwarze getroffen hatte. Und auch im Mitropa-Cup konnte er sich beim Erstrundenkrimi gegen MTK Budapest (1:2, 5:4 und 5:2) gleich dreimal in die Torschützenliste eintragen und damit wieder an seinen glanzvollen Einstand im Sparta-Dress erinnern, nachdem ihm in den beiden vorangegangen Jahren nicht ein einziger Treffer geglückt war.

Insgesamt bestritt Raymond Braine in der tschechoslowakischen Profiliga 106 Spiele, in denen er beachtliche 128 Tore erzielte. Den zweiten Meistertitel sollte der heimliche Sparta-Kapitän schließlich in der Saison 1935/36 feiern, als der punktgleiche Dauerrivale Slavia dank des besseren Torverhältnisses endlich wieder überflügelt worden war. Neben seinen beiden Meistertiteln konnte Raymond Braine mit den Spartanern auch drei Erfolge im Stredocesky-Pokal (1931, 1934, 1936) feiern, der als inoffizieller Vorläufer des nationalen Pokalwettbewerbs betrachtet werden kann. Den vielleicht besten Auftritt im „Mittelböhmischen Pokal“ hatte der Belgier in seinem ersten Endspiel am 27. September 1931, als er beim 3:1 über Slavia die „Rudi“ mit seinem Führungstreffer auf die Siegerstraße brachte.

Auf dem internationalen Höhepunkt seiner Laufbahn war Raymond Braine schließlich im September 1935 angelangt, als er mit den Spartanern den Gewinn des Mitropa-Pokals bejubeln durfte. Durch Erfolge über die First Vienna (1:1, 5:3) und den AC Florenz (7:1, 1:3) waren diese ins Semifinale vorgedrungen, wo schließlich auch Juventus Turin ausgebootet wurde. In einem notwendig gewordenen dritten Spiel konnte die „Vecchia Signora“ klar mit 5:1 geschlagen werden. In der Partie, die am 28. Juli auf dem Basler Rankhof stattfand, hatte Braine als zweifacher Torschütze einen nicht unwesentlichen Anteil am dritten Finaleinzug der Vereinsgeschichte.

Im Hinspiel am 8. September 1935 gab die ungarische Elf von Ferencvaros Budapest im heimischen Stadion Üllöi ut zunächst den Ton an und führte zur Pause vor 34.000 Zuschauern durch die Treffer von Toldi und Kiss mit 2:0. Erst nach dem Seitenwechsel fanden die mittlerweile von Ferenc Szedlacsek trainierten Prager besser ins Spiel. Raymond Braine, der im laufenden Wettbewerb bislang vier Tore erzielt hatte, sorgte in der 71. Minute für den wichtigen Anschlusstreffer. Nur eine Woche später wurde an der Moldau das Rückspiel ausgetragen. Schauplatz war das neu erbaute Masaryk-Stadion des Lokalrivalen Bohemians, das 56.000 Zuschauern Platz bot und damit deutlich größer war als das Letna-Stadion. Die Anwesenden sollten ihr Kommen nicht bereut haben, was nicht zuletzt an der Galavorstellung Raymond Braines lag, die dieser an jenem 15. September ablieferte. Vom Anpfiff weg übernahmen die Gastgeber das Kommando und gingen in der 26. Minute verdient in Führung, als Außenstürmer Ferdinand Facsinek Fradi-Schlussmann Hada zum ersten Mal überwand. Schon acht Minuten später erhöhte Raymond Braine auf 2:0, ehe der Belgier in der 69. Minute auch für den 3:0-Endstand zuständig war, womit sich die Spartaner zum zweiten Mal nach 1927 den Titelgewinn sicherten. Nach dem Schlusspfiff wurde der zweifache Torschütze mit Lob überhäuft. Selbst der englische Referee Albert Fogg verzichtete auf die gebotene Unparteilichkeit und meinte bewundernd, dass keine englische Mannschaft derzeit einen besseren Mittelstürmer als Raymond Braine in ihren Reihen habe. Insgesamt waren in dessen neun Einsätzen im Mitropa-Cup sieben Tore auf sein Konto gegangen, womit er den vierten Platz in der Torschützenliste belegte.

► EINWURF

Mit 19 Mitropa-Cup-Treffern rangiert Raymond Braine in der ewigen Torschützenliste gemeinsam mit dem Rumänen Stefan Auer (Ujpest Budapest und Rapid Bukarest) auf dem siebten Platz. Uneinholbar ist Mitropa-Cup-Toptorjäger Dr. György Sarosi, der für Ferencvaros Budapest nicht weniger als 49 Mitropa-Cup-Tore erzielen konnte. Auch mit seinen insgesamt 40 Einsätzen zählt der gebürtige Belgier in der ewigen Mitropa-Cup-Bestenliste zu den Top 10 und belegt ex aequo mit Gyula Polgar (Ferencvaros) den neunten Platz. Das Ranking wird von seinem Teamgefährten Jaroslav Burgr angeführt (50 Spiele), auf den mit Josef Ctyroky (45) und Josef Kostalek (44) zwei weitere Spartaner folgen.

Im nächsten Jahr sollte der Belgier die Titelverteidigung und damit die zweite internationale Trophäe seiner Laufbahn nur ganz knapp verpassen. Seine vier Mitropa-Pokal-Treffer gelangen ihm in den beiden Halbfinals gegen Ambrosiana-Inter Mailand, wo er sich jeweils als zweifacher Torschütze auszeichnen konnte. Bereits im Hinspiel von Mailand hatte sein Tor zum 2:0 einen wichtigen Schritt in Richtung Endspiel markiert, ehe Braines zweiter Treffer zum 4:3 nach 72 Minuten den Widerstand der Lombarden endgültig brach, welche schließlich mit 3:5 unterlagen. Im Rückspiel im Letna-Stadion behielten die Spartaner – für die Raymond Braine den ersten und letzten Treffer des

Tages erzielt hatte – ohne wirklich geglänzt zu haben, dann erwartungsgemäß mit 3:2 die Oberhand.

Überraschende Rückkehr in die Heimat

Damit waren diese abermals in das Mitropa-Cup-Finale eingezogen, um dort jedoch in zwei umkämpften Partien gegen die Wiener Austria (0:0, 0:1) Mitte September 1936 zu unterliegen. Obwohl Raymond Braine gegen das Verteidigerpaar Karl Andritz und Karl Sesta diesmal keinen Stich bekommen hatte, deutete rein gar nichts auf dessen baldigen Abschied aus der Goldenen Stadt hin. Schließlich war der Belgier erst 29 Jahre alt, weshalb man mit Fug und Recht davon ausgehen konnte, dass er an der Moldau noch einige Jahre für Furore sorgen würde. Somit kam es auch nicht überraschend, als er im Dezember 1936 seinen Vertrag um weitere zwei Jahre verlängerte, nachdem er mit zwei Treffern im Ligaspiel gegen SK Nachod kurz zuvor beste Werbung in eigener Sache betrieben hatte.

Durch den Erfolg über Ferencvaros Budapest (1:2, 3:0) durfte Raymond Braine mit Sparta 1935 den Mitropa-Cup-Sieg feiern.

Das Weihnachtsfest verbrachte Raymond Braine in seiner belgischen Heimat bei den Eltern, wobei die Rückkehr nach Prag für den Neujahrstag 1937 vorgesehen war. An der Moldau sollte man jedoch vergeblich auf die Rückkehr des Legionärs warten. Zunächst hieß es, Braine sei ins Krankenhaus eingeliefert worden, ehe nach und nach durchsickerte, er habe sich ganz offenbar wieder seinem Heimatverein AC Beerschot angeschlossen, für den er im Frühjahr 1937 trotz seiner Vertragsunterschrift bei Sparta wieder in der belgischen Liga mitwirkte. Seine Auftritte waren derart erfolgreich, dass er kurzerhand beschloss, in der alten Heimat zu bleiben. Natürlich waren die Prager Verantwortlichen alles andere als erfreut über diesen plötzlichen Sinneswandel. Nur mit Mühe – und gegen die Zahlung einer üppigen Ablöse – ließen sie sich von der Vorstellung überzeugen, dass Raymond Braine künftig wieder in Belgien kicken würde. Auch der belgische Verband, der Braine einst wegen verdeckten Profitums noch aus der Nationalelf verbannt hatte, sah inzwischen ein, dass ein international hochangesehener Spieler der heimischen Liga nur gut tun würde und beteiligte sich sogar an der Ablösesumme.

Über die genauen Gründe von Braines überstürzter Rückkehr nach Antwerpen kann nur spekuliert werden. Folgte er vielleicht einfach dem Luther'schen Motto „Hier stehe ich, ich kann nicht anders"? Von einer Trennung im Groll konnte jedenfalls keine Rede sein. In einem Interview am Rande des Europapokalauftritts von Sparta Prag in Lüttich im Jahr 1972 räumte er zwar ein, wie sehr er sich in seiner belgischen Heimat wohlfühle. Gleichwohl sei er im Herzen aber auch immer ein „Eiserner Spartaner" gewesen, wozu nicht zuletzt der begeisternde Empfang beigetragen habe, den ihm das Prager Publikum nach dem Siegtreffer bei seinem Debüt im Mitropa-Cup-Spiel gegen die First Vienna bereitet hatte.

In sportlicher Hinsicht machte Raymond Braine beim AC Beerschot dort weiter, wo er in Prag aufgehört hatte. In der Rückrunde der Saison 1936/37 traf er in neun Spielen 16-mal ins Schwarze und besaß somit großen Anteil daran, dass sein Verein mit einem Zähler Rückstand auf Daring Club Brüssel nur denkbar knapp am Titelgewinn vorbei schrammte. In den nächsten beiden Spielzeiten konnten sich die „Mauve et Blanc" dann ihre letzten zwei Meistertitel sichern. Raymond Braine zählte nach wie vor zum Stammpersonal und brachte in saisonübergreifenden 49 Begegnungen 34 Tore auf sein Konto. 1937/38 belegte er dabei mit 23 Treffern den fünften Platz in der Torschützenliste, übrigens direkt hinter Henrik Isemborghs, der als sein legitimer Nachfolger beim AC Beerschot 26-mal in die gegnerischen Maschen getroffen hatte.

Noch bis zur Spielzeit 1942/43 sollte Braine für den AC Beerschot auf Torejagd gehen. In jenem Jahr traf er bei 28 Einsätzen allerdings nur noch viermal ins Schwarze, weshalb er im Sommer 1943 den Verein verließ, um bei Aufsteiger RCS La Forestoise anzuheuern. Für den Brüsseler Vorortklub absolvierte er 1943/44 auf der Verteidigerposition die letzten 21 Spiele, um danach seine aktive Laufbahn zu beenden.

Bald darauf arbeitete Raymond Braine als Trainer und betreute u. a. die Vereine Mol Sport, Stade Kortrijk und FC Beringen. Zudem betrieb der mehrfache Belgische Meister im Eisschnelllauf und Fechten in Antwerpen ein Sportartikelgeschäft. Raymond Braine blieb seiner Heimatstadt bis zu seinem Tod am 25. Dezember 1978 im Alter von 71 Jahren treu.

► ZAHLEN UND FAKTEN

Vereine:	1922-1930	AC Beerschot
	1930-1936	AC Sparta Prag
	1936-1943	AC Beerschot
	1943-1944	RCS La Forestoise

Tore:	276 belgische Ligaspiele (210 Tore)
	106 tschechoslowak. Ligaspiele (128 Tore)
	40 Mitropa-Cup-Spiele (19 Tore)
	54 Länderspiele (26 Tore)
gesamt	476 Pflichtspiele (383 Tore)

Erfolge: Belgischer Meister
1924, 1925, 1926, 1928, 1938, 1939
Tschechoslowakischer Meister
1932, 1936
Stredocesky-Pokalsieger 1931, 1934, 1936
Mitropa-Cup-Sieger 1935

Belgischer Torschützenkönig
1927/28, 1928/29
Tschechoslowakischer Torschützenkönig
1931/32, 1933/34

In der Nationalmannschaft:

Raymond Braine ist mit 26 Länderspieltoren in 54 Spielen noch heute der fünftbeste Torschütze der Roten Teufel, was umso erstaunlicher ist, weil er seine Treffer in einer Zeit erzielt hat, als in Belgien der Fußball noch unter reinen Amateurbedingungen betrieben wurde und die Nationalelf daher zu den Leichtgewichten in Europa zählte. Sein Debüt bestritt er am 15. März 1925 rund anderthalb Monate vor seinem 18. Geburtstag. Im Olympiastadion von Antwerpen – und mithin der Heimat seines Vereins AC Beerschot – setzte es gegen die Niederlande eine knappe 0:1-Niederlage. Braine sollte auch in den nächsten Länderkämpfen eingesetzt werden, wobei er am 13. Dezember 1925 beim 3:4 gegen Österreich in Lüttich seinen ersten Treffer erzielte. Sogar als zweifacher Torschütze glänzte er am 2. Mai 1926 in Amsterdam, als die Niederlande im Nachbarschaftsduell vor eigenem Publikum mit 5:1 gedemütigt wurde. Eine denkwürdige Leistung lieferte der Mittelstürmer aber auch am 24. Mai 1926 ab, als die belgische Nationalelf in den Genuss kam, gegen England antreten zu dürfen. Es galt in jenen Jahren als Tradition, dass die englischen Profis im Anschluss an die kräftezehrende Ligasaison „auf den Kontinent" reisten, um dort die staunenden Fußballfans von ihren Fähigkeiten zu überzeugen. Natürlich feierte das Mutterland des Fußballs auch an jenem Frühlingstag in Antwerpen einen standesgemäßen Sieg. Doch während der englischen Sturmreihe die erwarteten fünf Treffer gelungen waren, hatten auch die Belgier dreimal ins Schwarze getroffen, wobei nach dem Schlusspfiff vor allem der 19-jährige Raymond Braine für dessen sensationellen Doppelpack gefeiert wurde.

Eines seiner besten Länderspiele bestritt Raymond Braine am 5. Mai 1929 gegen die Niederlande, als ihm beim 3:1 zwei Tore gelangen. Gerade hat Braine (Bildmitte im dunklen Trikot und mit dunkler Hose) einen Elfmeter gegen den niederländischen Schlussmann Gejus van der Meulen verwandelt. Das Prestigeduell wurde im Antwerpener Olympiastadion von 1920 im Stadtbezirk „Het Kiel" ausgetragen, wo auch Raymond Braines Heimatverein AC Beerschot traditionell beheimatet ist.

Und noch ein Tor gegen die Elftal: Beim 1:1 am 3. Mai 1936 im Brüsseler Heyselstadion überwindet Raymond Braine – damals in Diensten von Sparta Prag – Hollands Keeper Adri van Male aus kürzester Distanz und sichert den Roten Teufeln damit das Unentschieden.

Genau wie sein am 26. Oktober 1900 geborener Bruder Pierre, der zwischen 1922 und 1930 als Außenläufer 46 Länderspiele für Belgien absolvierte und dabei vier Treffer schoss, zählte auch Raymond in den kommenden Jahren zum Stammpersonal. Die beiden Brüder nahmen im Frühsommer 1928 gemeinsam an den Olympischen Spielen in Amsterdam teil, wo die Roten Teufel durch einen 5:3-Erfolg über Luxemburg das Viertelfinale erreichten. Nachdem Raymond im Auftaktspiel zwei Treffer erzielt hatte, traf er auch bei der empfindlichen 3:6-Niederlage gegen den späteren Silbermedaillengewinner Argentinien ins Schwarze.

Da Braine seinerzeit als der beste belgische Fußballer galt, schien auch einer Teilnahme an der WM-Premiere in Uruguay zwei Jahre darauf nichts im Wege zu stehen. Weil ihn der Verband nach der Eröffnung eines Kaffeehauses jedoch wegen „Ausnutzung seiner Popularität" mit einer Sperre belegte, gingen die Titelkämpfe am Rio de la Plata ohne Raymond Braine über die Bühne, so dass allein sein Bruder Pierre an den beiden Vorrundenspielen gegen die USA (0:3) und Paraguay (0:1) beteiligt war.

Für Raymond hingegen sollte nach seinem Einsatz am 26. Mai 1929 in Lüttich gegen Frankreich (4:1) eine fast sechsjährige Länderspielpause folgen. Zu diesem Zeitpunkt hatte er in 30 Einsätzen 18 Treffer auf dem Konto. Es dürfte die Verbandsoberen besänftigt haben, dass Braine als Profi von Sparta Prag ein gut dotiertes Angebot ausgeschlagen hatte, an der WM 1934 für die Tschechoslowakei teilzunehmen. Jedenfalls wurde der erste belgische Berufsfußballer noch während seiner Prager Zeit begnadigt und wieder in die belgische Auswahl berufen, die am 14. April 1935 gegen Frankreich 1:1-unentschieden spielte. Damit konnte der Mittelstürmer im Jahr 1938 als mittlerweile 31-Jähriger doch noch an einer Weltmeisterschaft teilnehmen. In ihrem Achtelfinale trafen die Belgier am 5. Juni ausgerechnet auf Gastgeber Frankreich, der sich erwartungsgemäß mit 3:1 durchsetzte. Obwohl sich der Pariser „Football" im Vorfeld vor allem vor dem belgischen „Strategen und Scharfschützen" Braine gefürchtet hatte, ging der Ehrentreffer der Roten Teufel auf das Konto von Henrik Isemborghs, der als einer von sechs Spielern des AC Beerschot den Kader verstärkte. Seinen letzten Länderspieleinsatz verzeichnete Raymond Braine am 27. Mai 1939 gegen Polen (3:3) in Lodz, bei dem er auch seinen 26. und letzten Treffer im Nationaltrikot erzielte.

Saison	Mitropa-C.		Liga		Lsp.	
	Sp.	T.	Sp.	T.	Sp.	T.
1922/23			4	4		
1923/24			7	2		
1924/25			24	11	4	0
1925/26			26	25	7	5
1926/27			24	20	6	2
1927/28			18	35	8	7
1928/29			26	30	5	4
1929/30	6	4	13	14		
1930/31	6	1	12	14		
1931/32	2	0	?	16		
1932/33	4	0	?	?		
1933/34	6	3	?	18		
1934/35	9	7	?	?	2	0
1935/36	7	4	?	22	1	1
1936/37			?	?	7	1
			9	16		
1937/38			24	23	8	3
1938/39			25	11	6	3
1939/40			8	4		
1940/41			?	?		
1941/42			19	11		
1942/43			28	4		
1943/44			21	0		

Manfred Burgsmüller
Erst „Schlitzohr", dann „Oldie but Goldie"

„Sie haben oft Angst, verstecken sich in der Masse, wollen nicht auffallen." Das Urteil, welches Manfred Burgsmüller in einem „Spiegel"-Artikel des Jahres 1986 über seine damaligen Berufskollegen abgab, gilt heute in noch weit verschärfter Form. Wie sehr wünscht sich der Fan – wohl weniger der Kunde oder Konsument in einer der modernen Spaßgesellschaft affinen „Arenen" – Fußballer mit Ecken und Kanten zurück, die, ohne auf die Wirkung ihrer Aussagen in den Medien des Mainstreams zu achten, ganz einfach sagen, was sie denken! Typen, wie „Manni" Burgsmüller eben, die zwar nicht immer beliebt bei ihren Kollegen, Trainern oder auch den gegnerischen Fans waren, die aber immer wieder für das Besondere sorgten, für das, woran man sich auch Jahrzehnte später noch erinnert. Zu den Fans Burgsmüllers, den Max Merkel als „lustig, nett, ein bisserl verschlagen" charakterisierte, zählte gewiss Otto Rehhagel. Als der Werder-Trainer im Herbst 1985 händeringend nach einer Verstärkung für seinen von Verletzungen geplagten Bundesliga-Kader suchte, fiel seine Wahl zur Überraschung vieler ausgerechnet auf den gebürtigen Essener, der seine besten Jahre eigentlich schon hinter sich zu haben und sich bei Rot-Weiß Oberhausen in der 2. Bundesliga auf ein Dasein als Fußball-Pensionär vorzubereiten schien. Es gab nicht wenige, die Otto Rehhagel insgeheim für verrückt erklärten. Der alte Fuchs aber zeigte sich begeistert von dem „Zocker, der das Außergewöhnliche probiert" und meinte ob dessen Eskapaden: „Ein Spieler, der mir keine Schwierigkeiten macht, macht auch dem Gegner keine."

Straßenfußballer und „Kind der Bundesliga"

Genau wie sein späterer, ebenfalls aus Essen stammender Trainer Otto Rehhagel kann auch der am 22. Dezember 1949 geborene Manfred Burgsmüller als „Kind der Bundesliga" bezeichnet werden. Zudem gehörte er jener Spezies an, die schon seit Längerem ausgestorben ist: Burgsmüller war das, was man früher einen echten Straßenfußballer nannte. Nach der Schule rannte er in den Häuserschluchten von Essen zusammen mit seinen Kameraden einer Lederkugel hinterher, wobei er sich seine technischen Fertigkeiten aneignete. Das Talent Burgsmüllers war schon damals nicht zu verkennen. Da es ihm immer wieder gelang, die teils wesentlich älteren Mitspieler wie Slalomstangen stehen zu lassen, bekam er von den Genarrten auch schon mal eine Tracht Prügel erteilt.
Nachdem „Manni" zunächst für den VfB 08 Rellinghausen gekickt hatte, wurde er im Jahr 1967 von seinem Bruder überredet, zu Rot-Weiss Essen zu gehen. Die Elf von der Hafenstraße war 1969 zum zweiten Mal in die Bundesliga aufgestiegen, wo sie sich allerdings nur zwei Jahre halten konnte. Burgsmüllers Profidebüt sollte am 27. September 1969 folgen. Die Rot-Weißen empfingen im Georg-Melches-Stadion den VfB Stuttgart, als sich Verteidiger Werner Kik in der Anfangsphase verletzte. Essens Trainer Herbert Burdenski wechselte für Kik in der 17. Minute den damals knapp 20-jährigen Burgsmüller ein, der somit auf einer für ihn eher ungewohnten Position ran musste. Zunächst lief es für die Gastgeber ausgesprochen gut, da sie nach einer halben Stunde dank Treffern von Weinberg, dem unvergessenen „Ente" Lippens sowie Beer mit 3:0 in Führung lagen. Da die Schwaben bis zur Pause aber auf 2:3 herankamen, was nicht zuletzt dem wenig überzeugenden Burgsmüller angekreidet wurde, erhielt dieser die „Höchststrafe": Trainer Burdenski wechselte ihn zur Pause für Helmut Littek aus, der den 3:3-Ausgleich durch Willi Entemann allerdings auch nicht verhindern konnte.
Sein Bundesligadebüt kann damit ebenso wenig als gelungen bezeichnet werden wie seine gesamte erste RWE-Zeit. Manni Burgsmüller bestritt in zwei Jahren an der Hafenstraße lediglich zehn Spiele (zumeist in der Verteidigung) und erzielte dabei keinen einzigen Treffer. Nach dem Abstieg der Westfalen heuerte er bei Bayer 05 Uerdingen an, das gerade erst in die zweitklassige Regionalliga West aufgestiegen war. Bei den Krefeldern sollte ihm endlich der ersehnte Durchbruch gelingen. Unter Trainer Klaus Quinkert fehlte er in den 102 Regionalligaspielen von 1971/72 bis 1973/74 nur ein einziges Mal und trug mit seinen starken Leistungen nicht nur dazu bei, dass sich die Mannschaft schnell im Bundesliga-Unterhaus etablierte, sondern sogar vom Aufstieg träumen durfte. Anders als Herbert Burdenski schätzte Quinkert Burgsmüllers Qualitäten im Angriff. Bereits in der Spielzeit 1971/72, die Aufsteiger Bayer Uerdingen als guter Siebter beendete, zählte der Blondschopf mit 22 Saisontreffern zu den besten Angreifern der Liga und konnte somit in einem Atemzug mit seinen ehemaligen Essener Teamgefährten Peter Dahl und Günter Fürhoff genannt werden, die jeweils 25-mal in die Maschen getroffen hatten.

► **EINWURF**
Als Manni Burgsmüller nach dem DFB-Pokalfinale 1990 mit Werder Bremen das Ende seiner aktiven Laufbahn bekannt gab, wäre wie bei vielen seiner Berufskollegen eine Trainer- oder Managerkarriere die logische Folge gewesen. Burgsmüller tauchte für die nächsten Jahre jedoch ab – um später mit Pauken und Trompeten zurückzukehren. Er wechselte mit inzwischen 46 Jahren die Sportart, um bei Düsseldorf Rhein Fire in der NFL Europe um den World Bowl zu kämpfen. Tatsächlich zeigte Burgsmüller auch im American Football starke Leistungen und konnte zweimal (1998 und 2000) den World Bowl gewinnen. Als ältester Spieler aller Zeiten beendete er schließlich im Jahr 2002 mit 51 seine aktive Sportlerlaufbahn, um dem American Football allerdings weiter treu zu bleiben. Gemeinsam mit Schalke 04 wollte er ein schlagkräftiges Football-Team aufbauen, um eine größere Auslastung der neuen Arena zu erzielen. Als die NFL Europe 2007 jedoch ihren Spielbetrieb einstellte, war auch das „Pott Steelers" genannte Projekt gescheitert.

In den beiden nächsten Spielzeiten traf Burgsmüller jeweils 29-mal ins Schwarze, was ihm jeweils den Titel des Torschützenkönigs eintrug. Nicht zuletzt dank seiner Treffer ging es mit der Mannschaft steil bergauf. So durfte diese in der Saison 1972/73 zeitweise sogar vom Aufstieg in die Bundesliga träumen, ehe die Krefelder als Dritte letztendlich doch knapp an der Teilnahme an der Aufstiegsrunde vorbeischrammten.

„Burgsknüller" statt „Murksmüller"

Als erneuter Tabellendritter der Saison 1973/74 hatte Bayer keine Mühe, sich für die neugegründete Nordgruppe der 2. Bundesliga zu qualifizieren. Ein derart torgefährlicher Angreifer wie Manfred Burgsmüller war aber längst reif für die erste Liga, wobei nationale wie internationale Topadressen bei ihm anklopften. Sogar Titelaspirant Borussia Mönchengladbach wollte ihn unter Vertrag nehmen, während aus Belgien der RSC Anderlecht und Italien der

FC Bologna lockten. Manni Burgsmüller, der in seiner Karriere nie den leichten Weg wählte, entschied sich allerdings aus „privaten Gründen“ wieder zurück nach Essen zu gehen. Ein Schritt, den er zwar nicht wirklich zu bereuen hatte, da er an der Hafenstraße schnell zum gefeierten „local hero“ aufstieg, der für den Verein aus dem Bundesligamittelfeld in 74 Ligaeinsätzen beachtliche 32 Treffer erzielte, wofür er von den einheimischen Medien, die ihn vor Jahren noch als „Murksmüller“ verspottet hatten, nun als „Burgsknüller“ gefeiert wurde.

► **EINWURF**
Lediglich sechs Spielzeiten lang war Rot-Weiss Essen in den sechziger und siebziger Jahren in der Bundesliga vertreten. Es verwundert daher nicht, dass sich die vereinsinternen Rekorde in der Eliteliga im Gegensatz zu anderen Klubs eher bescheiden ausnehmen. In der ewigen Bundesligatorschützenliste des RWE liegt der gebürtige Essener Manni Burgsmüller mit seinen 32 Torerfolgen in 74 Einsätzen gegenwärtig auf dem dritten Platz und wird dabei lediglich von Horst Hrubesch (38 Tore / 48 Spiele) sowie dem legendären Willi „Ente“ Lippens (79 / 172) übertroffen. Da Burgsmüller in Essen sein endgültiger Durchbruch gelang, erwarb er sich in seiner Zeit an der Hafenstraße bei seinen Gegenspielern auch den Ruf als „Strafraum-Plage“.

Ein Wechsel nach Mönchengladbach oder Brüssel hätte ihm freilich aber auch überregional einen deutlich höheren Bekanntheitsgrad beschert und damit seine mehr als schleppend verlaufene Nationalmannschaftskarriere vorangetrieben. Während Burgsmüller in Essen 1974/75 als teaminterner Toptorjäger mit 18 Treffern gefeiert wurde, strebte beispielsweise die Gladbacher Borussia in der Bundesliga dem Titelhattrick entgegen, derweil der RSC Anderlecht zwischen 1976 und 1978 zweimal den Europacup der Pokalsieger gewann und ein weiteres Mal das Endspiel erreichte. Mit etwas mehr Hausmacht im Rücken wäre wohl auch die Lobby beim zaudernden Bundestrainer Helmut Schön größer gewesen...

Allerdings hatte auch an der Essener Hafenstraße nicht viel zum Gewinn eines großen Titels gefehlt. Schon in der Liga hatten sich die Rot-Weißen im zweiten Jahr nach ihrem Aufstieg gut verkauft und als Zwölfte sicher den Klassenerhalt geschafft. Noch besser lief es im DFB-Pokal, wo die Mannschaft – unterstützt durch das nötige Losglück – bis in die Vorschlussrunde vorgedrungen war. Vier Treffer waren Burgsmüller auf dem Weg dorthin gelungen, wobei er lediglich im Drittrundenspiel im Essener Uhlenkrug gegen Stadtrivale Schwarz-Weiß (2:1) sowie beim knappen 1:0-Erfolg im Viertelfinale über Fortuna Düsseldorf torlos geblieben war. Im Halbfinale traf RWE schließlich auf Titelverteidiger Eintracht Frankfurt, der mit den beiden Weltmeistern Hölzenbein und Grabowski am 30. April 1975 im heimischen Waldstadion natürlich haushoher Favorit war und diese Rolle mit dem Führungstreffer von Beverungen Mitte der zweiten Hälfte auch untermauerte. In der Schlussphase warf der Außenseiter aus dem Ruhrpott dann noch einmal alles nach vorne und durfte tatsächlich wieder von der Sensation träumen, als Manni Burgsmüller in der 85. Minute seinen Ruf als „Strafraum-Plage“ bestätigte, indem er Eintracht-Keeper Wienhold überwand und seinem Team damit die Verlängerung rettete. Auch hier verkauften sich die kampfstarken Essener ausgezeichnet und durften bereits von einer Neuauflage an der Hafenstraße träumen, ehe Beverungen und Lorenz mit späten Toren für die Eintracht alle Hoffnungen zunichte machten.

Sieben Jahre in Dortmund

Als Burgsmüller im Frühjahr 1976 einen neuen Vertrag bei Bayer 05 Uerdingen unterzeichnete, konnte er noch nicht ahnen, dass sein Ex-Klub am Ende der Spielzeit 1975/76 als Absteiger in die 2. Bundesliga feststehen würde. So wurde ihm bald klar, auf das falsche Pferd gesetzt zu haben, weshalb er die Grotenburg-Kampfbahn nach nur sieben Saisonspielen fluchtartig verließ, um sich von Bundesliganeuling Borussia Dortmund für 700.000 D-Mark anheuern zu lassen. Von späteren Höhenflügen waren die Westfalen in den siebziger Jahren meilenweit entfernt, so dass sich Burgsmüller auch weiterhin mit Platzierungen im Mittelfeld begnügen musste. Lediglich am Ende seiner BVB-Karriere konnte sich die Mannschaft für den UEFA-Cup qualifizieren (1981/82).

Zwischen 1976 und 1983 absolvierte Manni Burgsmüller für die Borussia 224 Bundesligaspiele und erzielte insgesamt 135 Tore, wobei er in schöner Regelmäßigkeit vordere Platzierungen in der Torschützenliste belegte, die begehrte Torjägerkanone des Fachmagazins „Kicker“ aber nie gewinnen konnte. Lediglich zweimal – 1980/81 (27 Tore) und 1981/82 (22) – konnte der Stürmer den zweiten Platz erreichen. In seiner Dortmunder Zeit, wo er zu Anfang wie schon in Essen mit Willi Lippens zusammen spielte, sollte er endgültig seinen Ruf als Rebell und Quertreiber festigen. Burgsmüller zeigte sich einfach nicht bereit, mit seiner Meinung hinterm Berg zu halten. Als er Ende 1977 nach mehreren vergeblichen Anläufen in die Nationalelf berufen worden war, legte er sich bald mit dem Bundestrainer an, um sich die ersehnte Teilnahme an der WM 1978 endgültig zu verbauen, nachdem er die Vergabe an Argentinien wegen der dort herrschenden Militärdiktatur heftigst kritisierte hatte.

Manfred – genannt Manni - Burgsmüller gehörte fraglos zu den schillerndsten Figuren der Bundesligageschichte. Fast kein Fettnäpfchen durfte da ausgelassen werden.

Trotz spürbarer Leistungsschwankungen hatte Manni Burgsmüller mit 14 Saisontreffern in 24 Bundesligaspielen großen Anteil daran, dass der BVB als Neuling in der Saison 1976/77 einen guten achten Platz belegte, dem im kommenden Jahr Rang elf folgte. Mit 20 Treffern hatte er dabei über ein Drittel aller 57 Dortmunder Saisontore erzielt, was in der Torschützenliste zu Rang vier reichte. Der eigenwillige Blondschopf stand auch im letzten Saisonspiel auf dem Rasen, das die Borussia im Düsseldorfer Rheinstadion gegen ihren Namensvetter aus Mönchengladbach sage und schreibe mit 0:12 verlor. Wenige Jahre nach dem Bundesligaskandal kamen natürlich schnell Gerüchte auf, wonach die Partie gegen den Titelanwärter verschoben gewesen sei, die Burgsmüller aber vehement zurückwies: „Wir waren absolut nicht darum bemüht, Gladbach den Titel zu ermöglichen. Das ist eine böse Legende."

„Hier bleibe ich nicht mehr!"

Das Gladbach-Spiel begleitete den BVB bis in die nächste Saison. Trainer Rehhagel wurde gefeuert und durch Karl-Heinz Rühl ersetzt, unter dem die Dortmunder nahezu die gesamte Spielzeit im anonymen Tabellenmittelfeld feststeckten. Als es zu Beginn der Rückserie eine 0:4-Packung gegen die Bayern aus München setzte, rebellierte die Mannschaft gegen den ungeliebten Trainer Rühl, wobei „Quertreiber" Manfred Burgsmüller als Rädelsführer galt. „Der Mann war nichts für uns – eine Null! Fachlich gab es nichts zu lernen, menschlich kam auch kein Draht zustande." – Burgsmüller nahm wie immer kein Blatt vor den Mund! Bei der Öffentlichkeit machte sich der Blondschopf mit derartigen Aussagen nicht wirklich beliebt, zumal seine sportlichen Leistungen – in 33 Spielen schoss er nur 15 Tore – ebenfalls zu wünschen übrig ließen. „Da wurde eine Kampagne gegen mich losgetreten, die auch beim Publikum ankam. Ich war der Sündenbock, weil ich es gewagt hatte zu sagen, was los ist und wie es geändert werden müsste." Der letzte Spieltag am 9. Juni 1979 schien das Fass zum Überlaufen zu bringen. Der neue Trainer Uli Maslo hatte Burgsmüller in der Partie gegen Arminia Bielefeld (2:0) nicht von Beginn an eingesetzt, was Burgsmüller darauf zurückführte, dass Maslo „von irgendwelchen Leuten gesteckt wurde, mich zu ‚disziplinieren'". Dennoch wollte ihn der Trainer später einwechseln, was ein wütendes Pfeifkonzert von der Südtribüne allerdings verhinderte. „Das war eine Demütigung. Das Ende eines Kesseltreibens gegen mich. Die sollen mir einen anderen Verein besorgen, dann gehe ich sofort. Obwohl ich noch zwei Jahre Vertrag habe. Hier bleibe ich nicht mehr!" Dass Burgsmüller den Bettel dennoch nicht hinwarf und weiter für den BVB auf Torejagd ging, war in erster Linie dem neuen Präsidenten Reinhard Rauball zu verdanken, der weit mehr als sein Vorgänger Günthers auf die Belange der Profis einging.

> ► **EINWURF**
> *Manfred Burgsmüller ist mit seinen 135 Toren für den BVB heute erfolgreichster Bundesliga-Goalgetter der Vereinsgeschichte und liegt damit vor Rekordspieler Michael Zorc (131) und Lothar Emmerich (115). Mit 213 Bundesligatreffern für Rot-Weiss Essen, Borussia Dortmund, den 1. FC Nürnberg und Werder Bremen reiht er sich in der ewigen Torschützenliste der deutschen Eliteliga hinter Gerd Müller (365), Klaus Fischer (268) und Jupp Heynckes (220) auf dem vierten Platz ein.*

Nach Rang 12 ging es mit dem BVB in der Saison 1979/80 dann wieder deutlich bergauf. Als Sechster wurde die UEFA-Cup-Qualifikation nur knapp verpasst. Auch Manni Burgsmüller blühte wieder auf und versöhnte sich dank 20 Saisontreffern mit dem Publikum. Ebenfalls ansprechend hatten sich die Dortmunder im DFB-Pokal verkauft, wo sie wie im Vorjahr erst im Semifinale scheiterten. Burgsmüller hatte in sechs Spielen neunmal ins Schwarze getroffen und war damit neben dem Düsseldorfer Klaus Allofs der erfolgreichste Torschütze in diesem Wettbewerb. Allein fünf Treffer waren ihm in der Erstrundenpartie gegen den Bremer SV (7:0) geglückt.

Im Alter von 30 Jahren sollte Manfred Burgsmüller in der Saison 1980/81 dann das erfolgreichste Jahr seiner Karriere durchleben. Zwar verpasste seine Mannschaft auf dem siebten Platz abermals das Europacupgeschäft. Burgsmüller, der nie als klassische Sturmspitze agierte, sondern immer auch Spielmacherqualitäten entwickelte, erzielte mit 27 Treffern aber so viele Bundesligatore wie nie zuvor und nie danach in seiner Laufbahn. Allein Nationalmannschaftskapitän Karl-Heinz Rummenigge war in der Torschützenliste vor dem gebürtigen Essener platziert, der auch im kommenden Jahr mit 22 Treffern zweitbester Bundesliga-Goalgetter (hinter Horst Hrubesch) wurde. Dass Burgsmüller in Dortmund trotz seiner zwischenzeitlichen Abwanderungsgedanken mittlerweile zum Publikumsliebling avancieren konnte, war auch auf das Konto von Udo Lattek gegangen, der seit 1979 als Borussen-Coach tätig war und dem es gelang, den exzentrischen Goalgetter weitestgehend zu domestizieren.

„Oma Frieda wird über achtzig"

In der Saison 1982/83 durfte Burgsmüller dann seine ersten Europapokalspiele bestreiten, nachdem die Borussen im Vorjahr den sechsten Platz belegt hatten. Allerdings setzte es im UEFA-Cup schon in der Auftaktrunde gegen die Glasgow Rangers (0:0, 0:2) das Aus. Nach weiteren 17 Bundesligatreffern für den BVB verließ der Blondschopf den Kohlenpott, freilich nicht ohne noch einmal für ein „Schmankerl" gesorgt zu haben: Am 6. November 1982 fegten die Schwarz-Gelben Arminia Bielefeld mit 11:1 aus dem Westfalenstadion, wobei Burgsmüller als fünffacher Torschütze beim höchsten Sieg der BVB-Bundesligahistorie geglänzt hatte. Als die Gastgeber in der 88. Minute einen Strafstoß zugesprochen bekamen, überließ er die Ausführung seinem Teamgefährten Lothar Huber und verpasste damit die Einstellung des Bundesligatorrekords des Kölners Dieter Müller, den dieser mit sechs Treffern in der Saison 1977/78 aufgestellt hatte. Dennoch lagen „Manni" Fans und Medien nach dem Schlusspfiff zu Füßen. Das ZDF wollte ihn als Gast im Samstagabendlichen „Sportstudio" begrüßen, was Burgsmüller aber ablehnte. Wichtiger als der Auftritt vor großem Publikum war ihm seine Oma Frieda, die an jenem Tag „über achtzig" wurde.

Die Spielzeit 1983/84 führte Manfred Burgsmüller, zu dessen Markenzeichen stets ein unordentlich über die Hose hängendes Trikot zählte, zum 1. FC Nürnberg. Auch an der Noris gehörte er schnell wieder zu den Führungsspielern und schoss zwölf Tore in 34 Partien. Wirklich glücklich wurde der Goalgetter im Frankenland jedoch nicht, was vor allem daran lag, dass der Club als abgeschlagenes Schlusslicht mal wieder aus der Bundesliga absteigen musste. Die Karriere des blonden Esseners schien sich damit dem Ende entgegenzuneigen. Sein neuer Arbeitgeber Rot-Weiß Oberhausen kickte in der 2. Bundesliga und schloss die Saison 1984/85 auf einem mäßigen zwölften Platz ab. Immerhin hatte „Manni" noch einmal zu überzeugen gewusst und war im vermeintlichen Spätherbst seiner Laufbahn mit 29 Treffern überlegener Zweitligaligaschützenkönig geworden. Auch sein Trainer Jupp Elting freute sich über die Verstärkung und meinte: „Juwelen funkeln auch im Alter!"

Der Ruf von „König Otto"

Zu jenen Trainern, die von der Qualität älterer Spieler überzeugt waren, zählte seit jeher auch Otto Rehhagel, unter dessen Führung sich Werder Bremen in den Achtzigern fast unmerklich zum Titelanwärter gemausert hatte. Als amtierender Vizemeister starteten die Werderaner auch in die Saison 1985/86 mit ernsthaften Titelambitionen, die allerdings einen empfindlichen Dämpfer bekamen, als Nationalstürmer Rudi Völler in der Partie gegen den FC Bayern München böse gefoult wurde und monatelang ausfiel. Als Rehhagel nach einem Völler-Ersatz suchte, erinnerte er sich an Manfred Burgsmüller, mit dem er einst in Dortmund zusammengearbeitet hatte. Viele dachten freilich an einen verspäteten April-Scherz, als im Spätherbst 1985 dessen Wechsel von Oberhausen nach Bremen für eine Ablösesumme 150.000 D-Mark publik wurde.

► EINWURF
Nur keine Langeweile aufkommen lassen! – Ein Lebensmotto, welches Manfred Burgsmüller auch nach seiner Karriere beherzigte. Wie schon zu seiner aktiven Zeit ging er dabei nie den geraden Weg und versuchte sich auch in „artfremden" Disziplinen, was etwa seine zweite Karriere als Football-Spieler bei Düsseldorf Rhein Fire bewies. Burgsmüller, der auch als Repräsentant für mehrere Firmen in Erscheinung trat, hatte stets seine Außenwirkung im Blick. So trat er in einem Internet-Werbespot grinsend und mit feschem Kinnbart mit dem Slogan „Als ehemaliger Nationalspieler weiß ich natürlich, was der Fan will" in Erscheinung. In Anbetracht von nur drei Länderspielberufungen hatte er damit aber auch seine Fähigkeit zur Selbstironie bewiesen.

Immerhin wurde Burgsmüller Ende des Jahres schon 36, derweil er auch in der laufenden Zweitligasaison mit sieben Toren in 15 Einsätzen für RWO nicht wirklich geglänzt hatte. Manni Burgsmüller sollte jedoch schon bald seine zahlreichen Kritiker Lügen strafen. Der Oldie bestritt unter Rehhagel in den kommenden viereinhalb Jahren weitere 115 Bundesligaspiele, in denen er 34 Tore erzielen konnte. Bis zu seiner Bremer Zeit hatte der Blondschopf noch nie einen großen Titel gewinnen können, woran sich ebenfalls etwas ändern sollte, da er mit den Nordlichtern in der Saison 1987/88 Deutscher Meister wurde. Neben seinen sportlichen Erfolgen – Burgsmüller wurde in Bremen außerdem einmal Vizemeister und erreichte zweimal das Pokalfinale – machte er freilich auch seinem Ruf als „Schlitzohr" alle Ehre.

Ein Rempler erregt die Gemüter

In der Saison 1985/86 bestritt Manfred Burgsmüller im grün-weißen Werder-Trikot 20 Spiele und markierte 13 Tore, womit er seinen Teil dazu beitrug, dass seine Mannschaft trotz Verletzungssorgen den Bayern bis zum letzten Spieltag Paroli bot, am Ende aber nicht zuletzt wegen des berühmten Pfostenkrachers von Michael Kutzop aus elf Metern den ganz großen Coup verpasste. Die Tore, die er in seinem ersten Werder-Jahr erzielte, waren selten gewöhnlich und standen für seine Schlitzohrigkeit. Als etwa dem Düsseldorfer Keeper Jörg Schmadtke ein Abschlag missriet, war der lauernde „Manni" zur Stelle und setzte das Leder ins gegnerische Tor. Doch während er nach diesem Treffer für seine Reaktionsschnelligkeit noch allenthalben bewundert wurde, schlug ihm nach einer denkwürdigen Aktion im Spiel gegen Kaiserslautern harsche Kritik entgegen.
Was war passiert? Im Freitagabendspiel der 28. Runde taten sich die Bremer vor eigenem Publikum lange schwer und gingen beim Stand von 0:0 in die Kabine. In der 55. Minute hatte Lauterns Schlussmann Gerry Ehrmann den Ball nach einem Bremer Angriff schon unter Kontrolle, als ihn „Schlitzohr" Burgsmüller von hinten anrempelte, so dass Ehrmann die Kugel fallen ließ. Der Bremer Angreifer zögerte keine Sekunde und brachte den Ball im gegnerischen Kasten unter. Schiedsrichter Markus Weber sah keine Regelwidrigkeit und erkannte den Treffer an, der den Bremer 2:0-Sieg einleitete.
Es waren vor allem zahlreiche seiner Kollegen, die sich über diese Aktion ereiferten. Dass Dieter Hoeneß von Titelkonkurrent Bayern München schäumte und forderte, „die größte Unsportlichkeit" müsse betraft werden, war durchaus noch verständlich. Es waren aber auch Spieler von Vereinen, die mit dem Ausgang der Meisterschaft nichts am Hut hatten, die Burgsmüllers Tor vom 21. März 1986 heftig kritisierten. So meinte beispielsweise der Schalker Ex-Nationalspieler Bernard Dietz, der Rempler gegen Ehrmann sei „nicht pfiffig, sondern unsportlich" gewesen. Und Klaus Fischer setzte noch einen drauf, indem er zu Protokoll gab: „Es ist Burgsmüllers Absicht, sich unfair zu verhalten." Manfred Burgsmüller selbst kümmerte sich freilich nie darum, was die Öffentlichkeit von ihm hielt und ging schnell zur Tagesordnung über. Er habe „korrekt gerempelt" und schließlich sei der Treffer ja anerkannt worden, so sein lapidarer Kommentar. Wie heißt es doch so schön: Was kümmert es den Laternenpfahl, wenn der Hund ihn anpinkelt...

Spätes Meisterglück

Natürlich ging die Trefferquote von Manfred Burgsmüller im Vergleich zu seinen besten Jahren spürbar zurück. Nachdem ihm in der Spielzeit 1986/87 immerhin noch acht Treffer geglückt waren, erzielte er im Meisterjahr 1987/88 lediglich deren sechs. Da er allerdings in 26 Bundesligaspielen mitgewirkt hatte (wenngleich auch nicht immer über die vollen 90 Minuten), war er trotz seiner mittlerweile 38 Lenze ein vollwertiger Teil der Bremer Meisterelf. In der Saison 1987/88 wurden die Nordlichter aber nicht nur Deutscher Meister, sondern erreichten auch das Halbfinale des UEFA-Cups. Dabei setzten sie sich in der zweiten Runde nach einer 1:4-Hinspielpleite gegen Spartak Moskau durch und gewannen das Rückspiel in der Verlängerung mit 6:2. Burgsmüller war im Weserstadion nach 73 Minuten für Günter Hermann eingewechselt worden und erzielte in der 110. Minute den sechsten Bremer Treffer. Es sollte sein einziges Europapokaltor bleiben.

► EINWURF
Um die Gesundheit des getrennt lebenden dreifachen Familienvaters Manfred Burgsmüller ist es heute nicht zum Besten bestellt. Burgsmüller leidet unter starker Arthrose, die er auf seine Bundesligazeit bei Rot-Weiss Essen zurückführt. Im Spiel gegen den FC Bayern bekam er im Jahr 1975 – angeblich von Katsche Schwarzenbeck – einen Tritt gegen den Knöchel, der nicht richtig behandelt wurde. „Es war nicht so wie heute, dass bei jedem Wehwehchen sofort der Doc da ist und ein Kernspin gemacht wird. Damals zählten nur glatte Brüche." Heute vermutet Burgsmüller, dass er sich einen Bänderriss zugezogen hatte und außerdem ein Stück des Knochens abgesplittert ist. Gleichwohl stand er nach zwei Wochen wieder auf dem Platz.

Zu Beginn der neuen Saison griffen sich die Werderaner auch den nationalen Supercup ab und schlugen DFB-Pokalsieger Eintracht Frankfurt mit 2:0. Es war der zur Pause eingewechselte Burgsmüller, der in der Schlussminute den zweiten Bremer Treffer erzielte. In seinen letzten beiden Spielzeiten zog er dann zweimal ins DFB-Pokalfinale ein, das jeweils gegen einen Außenseiter verloren ging. Am 24. Juni 1989 führte sein ehemaliger Arbeitgeber Borussia Dortmund schon mit 4:1, als „Manni" nach 77 Minuten für Gunnar Sauer eingewechselt wurde. Das Finale am 19. Mai

1990 im Berliner Olympiastadion gegen den 1. FC Kaiserslautern war gleichzeitig Burgsmüllers letztes Spiel. Auch hier lagen die Pfälzer schon mit 3:0 in Front, als mit seiner Einwechslung in der 52. Minute die Aufholjagd begann. Nach dem 1:3 durch Neubarth (54.) sorgte der 40-Jährige in der 72. Minute selbst für das Anschlusstor, um in der Schlussphase eine todsichere Chance zu vergeben. Es wäre der krönende Abschluss unter seine schillernde Karriere gewesen!

Nur einmal sollte Burgsmüller später eine Mannschaft als Trainer betreuen. Zwischen 2004 und 2006 coachte er den Kreisligisten SSV Hacheney, wobei seine Arbeit beim Dortmunder Stadtteilverein in sportlicher Hinsicht nicht wirklich der Rede wert war. Der Verein spielte nämlich in der Kreisliga C und damit der untersten Spielklasse überhaupt, wobei Burgsmüller im zweiten Anlauf immerhin der Aufstieg in die B-Klasse gelang. Strenggenommen war das Engagement beim SSV aber mehr ein Fall von „Big Brother“ oder „Dschungelcamp“, da die „Mission Aufstieg“ vom TV-Sender „Kabel Eins“ dokumentiert wurde.

► ZAHLEN UND FAKTEN

Vereine: 1968-1971 Rot-Weiss Essen
1971-1974 Bayer 05 Uerdingen
1974-1976 Rot-Weiss Essen
1976 Bayer Uerdingen
1976-1983 Borussia Dortmund
1983-1984 1. FC Nürnberg
1984-1985 Rot-Weiß Oberhausen
1985-1990 Werder Bremen

Tore: 447 Bundesligaspiele (213 Tore)
57 Zweitligaspiele (37 Tore)
103 Regionalligaspiele (80 Tore)
45 DFB-Pokalspiele (40 Tore)
1 DFB-Supercupspiel (1 Tor)
12 Europacup-Spiele (1 Tor)
3 A-Länderspiele (0 Tore)
8 B-Länderspiele (8 Tore)
gesamt 676 Pflichtspiele (380 Tore)

Erfolge: Deutscher Meister 1988
Deutscher Supercupsieger 1988

Regionalliga-Torschützenkönig 1973, 1974
Zweitliga-Torschützenkönig 1985

In der Nationalmannschaft:

„Manni für Deutschland!“ – Der gebürtige Essener hatte bereits sieben seiner acht B-Länderspiele auf dem Buckel, als die Dortmunder Südtribüne Bundestrainer Schön im Vorfeld der WM 1978 in Argentinien nachdrücklich aufforderte, Manfred Burgsmüller endlich auch in der A-Elf einzusetzen. Am 16. November 1977 war es schließlich so weit: Der amtierende Weltmeister trat in Stuttgart gegen die Schweiz an und Burgsmüller war erstmals mit von der Partie. Während seinem Teamgefährten Klaus Fischer per Fallrückzieher das „Tor des Jahrhunderts“ gelang, blieb Burgsmüller ohne Treffer, was aber keineswegs an dessen Selbstbewusstsein nagte. Auf die Frage nach dem Verlauf seines Debüts gab er den wartenden Journalisten zur Antwort: „Ich weiß nicht, wie Sie mich gesehen haben, ich habe mich gut gesehen.“ Dieses derart offensiv zur Schau getragene Selbstbewusstsein missfiel allerdings dem Bundestrainer, der den Dortmunder ermahnte, doch bitte „auf dem Teppich zu bleiben“, woraufhin dieser keck konterte: „Ich dachte, wir spielen auf dem Rasen!“

Das Verhältnis zwischen Schön und dem Dortmunder Angreifer war damit von Beginn an gestört. Zwar durfte Burgsmüller auch im Dezember gegen Wales (1:1) das Nationaltrikot überstreifen, derweil er am 22. Februar 1978 im Münchner Olympiastadion gegen England (2:1) noch einmal eingewechselt wurde. Die erhoffte Teilnahme an der bevorstehenden Weltmeisterschaft fiel jedoch ins Wasser, weil Helmut Schön den 29-jährigen Manni Burgsmüller nach offizieller Lesart als „zu alt“ betrachtete, was angesichts von dessen Hang zu Extravaganzen freilich nur die halbe Wahrheit gewesen sein dürfte. Da nach der WM-Pleite in Argentinien ein personeller Neuanfang unumgänglich schien, war Burgsmüllers kurze DFB-Karriere nach nur drei Länderspielen beendet, obwohl dieser noch über ein Jahrzehnt zu Deutschlands Toptorjägern zählte.

So kann „Manni“ auf der Habenseite lediglich die erwähnten acht Einsätze in der B-Nationalmannschaft vorweisen, die er zwischen 1975 und 1978 absolvierte und in denen er mit acht Treffern seine Torgefahr unter Beweis stellte. Gleich bei seinem Einstand am 25. April 1975 waren dem Blondschopf zwei Treffer beim 6:0-Sieg über Finnland in Offenbach gelungen. Es dauerte fast auf den Tag genau zwei Jahre, ehe er am 26. April 1977 in Aachen zu seinem nächsten Einsatz gegen Belgien kam, um beim 2:1-Erfolg abermals ins Schwarze zu treffen. Auch in den nächsten vier B-Länderspielen des Jahres zählte Burgsmüller zu den Torschützen, wobei sein Treffer am 14. Juni 1977 zum 1:1 in Kingston gegen Jamaika eine Blamage verhinderte und er am 7. September in Nürnberg gegen die Tschechoslowakei (1:0) das Tor des Tages erzielte. Nachdem er im November gegen die Schweiz endlich auch zu seinem ersten „richtigen“ Länderspieleinsatz gekommen war, durfte er kurz vor der WM in Argentinien noch einmal für die B-Elf ran, um am 18. April 1978 in Norrköping gegen Schweden für das siegbringende 1:0 zu sorgen.

Saison	Europacup		Liga		Pokal	
	Sp.	T.	Sp.	T.	Sp.	T.
1968/69			2	0	0	0
1969/70			8	0	0	0
1970/71			2	0	0	0
1971/72			34	22		
1972/73			33	29		
1973/74			34	29		
1974/75			34	18	5	5
1975/76			30	14	1	0
1976/77			7	1	2	3
			24	14	1	0
1977/78			34	20	2	1
1978/79			33	15	5	5
1979/80			34	20	6	9
1980/81			33	27	3	1
1981/82			34	22	3	4
1982/83	2	0	32	17	4	3
1983/84			34	12	1	0
1984/85			35	29	1	1
1985/86			15	7	1	2
			20	13		
1986/87	1	0	30	8	2	0
1987/88	8	1	26	6	2	0
1988/89	1	0	28	6	4	4
1989/90	0	0	11	1	2	2

George Camsell
Viele Tore, aber keine Titel

Das Runde muss ins Eckige! – Auf kaum einen Fußballer trifft diese Aussage wohl so haargenau zu wie auf den am 27. November 1902 in Framwellgate Moor bei Durham im englischen Nordosten geborenen George Henry Camsell. Heute ist Camsell der fünftbeste englische Ligatorschütze aller Zeiten – allein einen großen Titel konnte er trotz seiner zusammen addiert 325 Erst- und Zweitligatreffer nie gewinnen. Es ging in der Karriere des Boro-Spielers eben immer nur um das eine: Tore, Tore, Tore! Nachdem George Camsell *(Bild links)* seine Laufbahn bei den Provinzklubs Esh Winning und Tow Law Town begonnen hatte, schloss er sich 1924 dem Drittligisten Durham City an, wo er mit seiner Torgefahr erstmals ein größeres Publikum erfreute. Zwar machte der 22-Jährige nur die Hälfte aller 42 Spiele mit. Dafür erzielte er 20 der insgesamt 50 Saisontore der Citizens. Wie sooft in Camsells Karriere fiel der Blick auf die Abschlusstabelle ernüchternd aus. Als Dreizehnter landete seine Mannschaft in der Third Division North im hinteren Tabellenmittelfeld. Sein großes Talent hatte jedoch die Verantwortlichen des FC Middlesbrough auf ihn aufmerksam gemacht, die Camsell Anfang Oktober gegen die Zahlung einer Ablöse in Höhe von 500 £ unter Vertrag nahmen. Auch Boro kickte nur in der zweiten Liga und kam in der Saison 1925/26 nicht über einen neunten Rang hinaus, derweil Neuzugang Camsell in lediglich vier Partien eingesetzt wurde, in denen er aber immerhin dreimal ins Schwarze traf.

Nur „Dixie" war besser!

Für seinen neuen Verein sollte George Camsell – nach der erwähnten kurzen Eingewöhnungszeit – zum absoluten Glücksfall werden. Zwar kam dieser auch nach dem zweiten Aufstieg 1929 nur selten über Platzierungen im anonymen Mittelfeld hinaus. Dass der Fahrstuhlverein der zwanziger Jahre sich am Ende des Jahrzehnts aber wieder dauerhaft im Oberhaus der Football League etablieren konnte, lag nicht zuletzt an seinem torhungrigen Mittelstürmer, der ab der Saison 1926/27 für zehn Spielzeiten die teaminterne Torschützenliste anführte.

Der große Durchbruch in der Karriere George Camsells erfolgte in dessen zweitem Jahr im Boro-Dress. Bei seinen insgesamt 63 Saisontoren – vier davon erzielte er im FA-Cup – kam ihm die 1925 erfolgte Änderung der Abseitsregel zugute, wonach sich statt bisher zwei, nur noch ein Abwehrspieler zwischen Tormann und vorderstem Angreifer aufhalten musste. Diese Regeländerung führte zu einer wahren Torflut, von der der Angriffsführer der „Smoggies" in der Spielzeit 1926/27 als einer der ersten profitierte. Seine 59 Ligatreffer markierten den bisherigen Rekord im englischen Fußball (bezogen auf alle Spielklassen), der für die Zeitgenossen ein Rekord für die Ewigkeit zu sein schien. Bekanntlich wurde die Bestmarke aber schon im Jahr darauf überboten, als der legendäre „Dixie" Dean im Trikot des angehenden Meisters FC Everton 60 Treffer erzielte. Insgesamt hatte die Elf des FC Middlesbrough 122 Tore auf dem Konto, was für den Zweitligameister den Aufstieg bedeutete. Besonders zur Saisonmitte hatte sich Camsell in blendender Torlaune gezeigt. In den zwölf Ligaspielen zwischen dem 16. Oktober 1926 und dem Neujahrstag 1927 war er in jeder Begegnung erfolgreich gewesen, hatte in jenem Zeitraum sage und schreibe 29-mal ins Schwarze getroffen. Dreimal hatte er sogar vier Treffer erzielen können, derweil er in der Partie am ersten Weihnachtstag gegen Manchester City beim 5:3 an der Maine Road sogar fünfmal traf.

► **EINWURF**
Bevor sich George Camsell Durham City anschloss, spielte er zwei Jahre in der Northern League für Tow Law Town, wo er nach einem achten Rang in der Saison 1922/23 im Jahr darauf die Meisterschaft gewann. Die 1890 in der Kleinstadt Tow Law nahe Durham gegründeten „Lawyers" konnten nach lediglich 36 Toren in der Spielzeit 1922/23 ihre Trefferquote im Meisterjahr auf 61 steigern, was nicht zuletzt an ihrer neuen Sturmhoffnung George Camsell gelegen hatte.

So sensationell die 59 Treffer aus der Saison 1926/27 auch waren. Natürlich besaßen sie den Makel, dass es sich „nur" um Zweitligatore handelte. Und so gab es nicht wenige, die vor der neuen Spielzeit die Meinung vertraten, Camsell würde seine Leistung aus dem Aufstiegsjahr nicht ansatzweise wiederholen können. Tatsächlich muss der Verlauf der Saison 1927/28 aus Sicht des Boro-Mittelstürmers einmal mehr als einigermaßen ambivalent bezeichnet werden. Einerseits kann man nun wirklich nicht behaupten, dieser habe seine Vorjahresquote angesichts von 33 Ligatoren nicht bestätigt. Und auch die Angriffsabteilung des FC Middlesbrough hatte überzeugt und für stolze 81 Tore gesorgt. In der Endabrechnung landete die Mannschaft jedoch mit elf Siegen, 15 Unentschieden und 16 Niederlagen sowie 88 Gegentoren auf dem letzten Platz und stand damit als postwendender Absteiger fest!

Die späten Zwanziger waren aufgrund der geänderten Abseitsregel die Hochzeit der „Torfabriken", welche die zahlende Kundschaft in den Stadien mit ihren Treffern am Fließband erfreuten. Zu ihnen zählte neben George Camsell auch der bereits erwähnte William Dean, der seinen FC Everton mit 60 Saisontoren 1928 zum Meistertitel geballert hatte. Am zweiten Spieltag war es im Ayresome Park von Middlesbrough zum Duell der beiden Rekordtorjäger gekommen, das die Gastgeber mit 4:2 für sich entschieden. Großer Triumphator an jenem Tag war George Camsell, auf dessen Konto sämtliche Treffer seines Teams gegangen waren. Den späteren Abstieg hatten diese freilich auch nicht zu verhindern gemocht...

Wie erwähnt kam Boro trotz Camsells weiterhin zahlreich bleibenden Torerfolgen nur selten über mittelmäßige Platzierungen hinaus. Immerhin gelang 1928/29 der sofortige

Wiederaufstieg, zu dem der Mittelstürmer 30 Tore beigesteuert hatte. Da konnte er es gut verkraften, dass Jimmy Hampson (40) vom FC Blackpool die Torschützenliste der zweiten Liga anführte.

Diese Spieler holten für den FC Middlesbrough 1928/29 die Zweitligameisterschaft: Miller, Jarvis, Mathieson, Freeman, Peacock (hinten von links). Pease, Carr, Camsell, Bruce, Williamson, Ferguson (vorne von links).

In den kommenden beiden Erstligajahren konnte Camsell mit 29 bzw. 32 Toren weiter überzeugen. Und auch sein Team hatte sich nach Rang 16 in der Saison 1929/30 im Jahr darauf als Siebter deutlich zu steigern vermocht.
In den nächsten fünf Spielzeiten sollten die „Smoggies" dann allerdings nie über ein zweistelliges Resultat hinauskommen. Obwohl George Camsell stets die mannschaftsinterne Torschützenliste anführte, konnte er erst 1935/36 mit 28 Treffern in der Liga wieder nah an die 30-Tore-Marke herankommen. Wie trist es im Ayresome Park des Öfteren zugegangen sein muss, beweisen Camsells mickrige 14 Ligatore aus der Saison 1934/35, die ihn gleichwohl als gefährlichsten Boro-Angreifer auswiesen. Ein absolutes Karrierehighlight war das Ligaspiel am 9. September 1935 bei Aston Villa. Beim furiosen 7:2-Auswärtserfolg hatte George Camsell zum zweiten Mal in seiner Laufbahn gleich fünf Tore erzielen können.

► EINWURF

Die meisten Vereinsrekorde, die George Camsell im Verlauf seiner Karriere aufgestellt hat, sind bis heute unerreicht geblieben. Dies gilt für seine 325 Ligatore ebenso wie für die 20 Treffer, die Camsell im FA-Cup erzielt hat. Natürlich konnte auch keiner seiner Nachfolger die Saisonbestmarke von 59 Toren aus dem Spieljahr 1926/27 überbieten. Oftmals hatte Camsell für Boro gleich mehrmals in einem Spiel ins Schwarze getroffen. Mindestens drei Treffer erzielte er in 24 Partien, was klubintern genauso unerreicht geblieben ist, wie die neun Dreierpacks in der Aufstiegssaison 1926/27. Diese Marke konnte sogar englandweit nie überboten werden.

Zum ersten Mal seit dem Rekordjahr 1926/27 wurde Camsell in der Saison 1936/37 von Micky Fenton als bester Torschütze abgelöst. Nachdem es in jener Saison bereits zum siebten Platz gereicht hatte, steigerte sich Boro 1937/38 auf Rang fünf, um die Saison 1938/39 gar als Vierter abzuschließen. Mit diesem Topresultat sollte George Camsells Karriere, bedingt durch den Ausbruch des Zweiten Weltkriegs, zu Ende gehen. Dabei hatte es der Boro-Sturm, zu dem neben dem inzwischen 36 Jahre alten Camsell und Micky Fenton auch der starke linke Innenstürmer Wilf Mannion zählte, in Anbetracht von 93 Saisontreffern noch einmal so richtig krachen lassen. Camsell selbst bestritt sein letztes Ligaspiel am 10. April 1939 gegen Leicester City. Den 3:2-Sieg im Ayresome Park hatte die Klublegende mit seinem Treffer zum 1:0 eingeläutet. Nach dem Ende seiner aktiven Zeit stellte sich Camsell immer wieder in den Dienst „seines" FC Middlesbrough. Zunächst arbeitete er als Trainer, um später auch als Talentsichter und stellvertretender Klubsekretär in Erscheinung zu treten. Drei Jahre nach seinem Rückzug bei Boro verstarb George Camsell am 7. März 1966 im Alter von 63 Jahren.

► ZAHLEN UND FAKTEN

Vereine:	1924-1925	Durham City
	1925-1939	FC Middlesbrough
Tore:	337 First-Division-Spiele (233 Tore)	
	83 Second-Division-Spiele (92 Tore)	
	21 Third-Division-Spiele (20 Tore)	
	35 FA-Cup-Spiele (20 Tore)	
	1 Ligaauswahl-Spiel (1 Tor)	
	9 Länderspiele (18 Tore)	
gesamt	486 Pflichtspiele (384 Tore)	

In der Nationalmannschaft:
Die Länderspielkarriere George Camsells begann am 9. Mai 1929 in Paris, als der Mittelstürmer des feststehenden Zweitligaaufsteigers FC Middlesbrough in der Partie zwischen England und Frankreich zum Einsatz kam. An jenem Tag konnte der Debütant in der 59. und 86. Minute gleich zwei Treffer zum klaren 4:1-Sieg der „Three Lions" beisteuern. Der Erfolg von Paris war übrigens der 100. in der englischen Länderspielgeschichte. Zwei Tage später reisten die Engländer dann nach Brüssel, um hier gleich mit 5:1 die Oberhand zu behalten. Und wieder war es George Camsell von Aufsteiger Middlesbrough, der den fehlenden Dixie Dean vergessen machte und gleich vier Treffer erzielte. Die Partien in Frankreich und Belgien dienten der Vorbereitung auf den mit Spannung erwarteten Länderkampf gegen Spanien, das mit seinem legendären Schlussmann Ricardo Zamora zu den besten Teams des Kontinents gerechnet wurde. Ausgerechnet im „Spiel des Jahres" wurde Camsell jedoch nicht berücksichtig, worüber er angesichts der 3:4-Niederlage – der ersten gegen ein kontinentaleuropäisches Team – im Nachhinein gar nicht so traurig gewesen sein dürfte.
Im Herbst 1929 wurde er dann allerdings wieder für die beiden Partien gegen Nordirland (3:0) und Wales (6:0) nominiert, die im Rahmen der Home Championship stattfanden. Abermals untermauerte George Camsell seine herausragenden Vollstreckerqualitäten und erzielte nach zwei Treffern gegen die Nordiren sogar deren drei gegen Wales. In seinen ersten vier Einsätzen im Nationaldress war Camsell damit auf nicht weniger als elf Tore gekommen, weshalb man eigentlich vermutet hätte, dass er auch in den kommenden Begegnungen berücksichtigt wird. Da Camsell in Dixie Dean sowie Jimmy Hampson aber über zwei mindestens ebenso torgewaltige Rivalen auf der Mittelstürmerposition verfügte, dauerte es bis zu seinem nächsten Länderspieleinsatz vier Jahre.
Erst am 4. Dezember 1933 war er dann wieder mit von der Partie und steuerte zum 4:1 gegen Frankreich in London abermals zwei Tore bei. Nach einem weiteren Doppelpack im Dezember 1935 gegen Deutschland folgten im Verlauf des Jahres 1936 die Länderspiele sieben bis neun. Sowohl gegen Schottland (1:1), Österreich (1:2) als auch Belgien

(2:3) konnte George Camsell sich abermals je einmal in die Torschützenliste eintragen. Weil seine Torquote im Vereinsdress danach allerdings spürbar zurückging, sollte das Länderspiel am 9. Mai 1936 in Brüssel das letzte in seiner Karriere bleiben.

Das Bild zeigt, wie George Camsell im Länderspiel gegen Deutschland (3:0) am 4. Dezember 1935 an der Londoner White Hart Land einen seiner beiden Treffer erzielt. Während der Torschütze der in dunklen Trikots spielenden „Three Lions" selbst nicht zu erkennen ist, müssen die deutschen Verteidiger ebenso wie der am Boden liegende Schlussmann Hans Jakob tatenlos mit ansehen, wie das Leder die Torlinie bereits überschritten hat.

Quotenkönig der „Three Lions"

George Camsell kann damit auf neun Länderkämpfe zurückblicken, in denen er nicht weniger als 18 Treffer erzielt hat, was statistisch gesehen zwei je Einsatz bedeutet. In jedem seiner Länderspiele konnte er sich damit in die Torschützenliste eintragen. Zudem hat Camsell in neun aufeinander folgenden Einsätzen immer mindestens einen Treffer markiert, was in der englischen Länderspielgeschichte allein Steve Bloomer gelungen ist. Mit seiner Trefferquote von zwei Toren je Länderspieleinsatz stellt Camsell zudem alle englischen Nationalspieler in den Schatten, die mehr als nur einen Einsatz auf ihrem Konto haben. Auf den Quotenkönig folgen Vivian Woodward mit 1,26 Toren pro Spiel sowie der schon angesprochene Steve Bloomer, der zwischen 1895 und 1907 in 23 Länderspielen 28-mal ins Schwarze getroffen hat, was einer Erfolgsquote von 1,21 Toren je Einsatz entspricht.

Saison	Lsp.		Liga		Pokal	
	Sp.	T.	Sp.	T.	Sp.	T.
1924/25			21	20		
1925/26			4	3	0	0
1926/27			37	59	3	4
1927/28			40	33	3	4
1928/29	2	6	42	30	3	3
1929/30	2	5	34	29	4	2
1930/31			37	32	2	0
1931/32			37	20	2	0
1932/33			31	17	4	1
1933/34	1	2	36	23	2	1
1934/35			26	14	2	0
1935/36	4	5	38	28	4	4
1936/37			23	18	1	0
1937/38			24	9	3	1
1938/39			11	10	2	0

José Cardozo
Der Tore-Teufel von Toluca

José Saturnino Cardozo Otazu wurde am 19. März 1971 in Nueva Italia geboren, das im dicht besiedelten Zentral-Departement von Paraguay liegt. In der nahegelegenen Hauptstadt Asunción schloss sich der 1,83 Meter große, heutige Rekordstürmer seines Nationalteams dem Zweitligisten River Plate an, für den er zwischen 1988 und 1990 in 26 Ligaspielen zum Einsatz kam und dabei seine ersten zehn Tore erzielte.

Auf der Suche nach der Form

Im Sommer 1990 hielten die Verantwortlichen des schweizerischen Erstligisten FC St. Gallen Ausschau nach einem Ersatz für Torschützenkönig Ivan Zamorano, der nach zwei Jahren die Schweiz in Richtung Spanien verließ, wo er sich zunächst dem FC Sevilla und später Real Madrid anschloss, um in der Saison 1994/95 mit den Königlichen Meister zu werden und die Torjägerkanone zu erobern.

Als der chilenische Kopfballspezialist zwei Jahre zuvor nach St. Gallen gekommen war, hatten sich die Auguren zunächst nur wenig begeistert von dem südamerikanischen Neuzugang gezeigt, dem kaum einer den Durchbruch zugetraut hatte. Da Zamorano aber völlig unerwartet zum Glücksgriff avanciert war, der die Zuschauer im Stadion Espenmoos mit sensationellen Leistungen erfreut hatte, war man jetzt der festen Überzeugung, in José Cardozo den passenden Ersatz gefunden zu haben.

Die großen Hoffnungen, mit denen der Paraguayer bei seiner Ankunft in der Ostschweiz empfangen wurde, vermochte dieser jedoch nie wirklich zu erfüllen. In 30 Einsätzen in der Nationalliga A sollte er lediglich zwölfmal ins Schwarze treffen, was die Begeisterung für südamerikanische Spieler-Importe doch erheblich dämpfte. Auch die Mannschaft des FC St. Gallen zeigte einen spürbaren Abwärtstrend, nachdem sie im Vorjahr dank Ivan Zamorano noch zu den Titelanwärtern gezählt hatte. In der Saison 1990/91 konnte sie sich hingegen erst in der Relegationsrunde den Klassenerhalt sichern, derweil sie im Jahr darauf zwar die Meisterrunde erreichte, dort aber nur den letzten Platz belegte.

Unter Trainer Heinz Bigler wurde im Verlauf der Spielzeit 1991/92 immer offensichtlicher, dass die Tage von José Cardozo in der Schweiz gezählt waren. Der Edelreservist kam in lediglich zwölf weiteren Ligaspielen zum Einsatz, in denen er beim 2:0-Erfolg über die Berner Young Boys seinen einzigen Treffer erzielte. Anders als bei Vorgänger Ivan Zamorano weinten sie in St. Gallen José Cardozo im Frühjahr 1992 keine Träne nach, als sich dieser wieder gen Südamerika verabschiedete.

Hier wechselte er zunächst nach Chile, wo er für den Hauptstadtklub Universidad Católica 35 Spiele absolvierte, in denen ihm allerdings wiederum nur magere elf Treffer gelangen. Obwohl er damit erneut schwer enttäuscht hatte, durfte er sich in der Primera División de Chile sowohl 1992 als auch 1993 über den dritten Platz freuen. Den größten Erfolg konnte Cardozo freilich im Mai 1993 verbuchen, als er mit Universidad nach dem Sieg in der Copa Libertadores griff. Im laufenden Wettbewerb wurde er dabei in 13 von 14 Spielen eingesetzt, um allerdings lediglich beim 4:2-Auswärtssieg im Gruppenspiel gegen den bolivianischen Vertreter Club San José zu einem Treffer zu kommen. Nach einem hart erkämpften Halbfinalerfolg über América Cali trafen die Chilenen in den

Endspielen auf den FC São Paulo, der allerdings schon im Hinspiel für eine Vorentscheidung sorgte und vor eigenem Publikum klar mit 5:1 die Oberhand behielt. Daher wollten das Rückspiel im Nationalstadion von Santiago de Chile auch nur 20.000 Zuschauer verfolgen, die jedoch eine engagiert spielende Heimelf sahen, die nach einer Viertelstunde durch Tore von Lunari und Almada schon mit 2:0 führte. Im weiteren Spielverlauf wollte Universidad jedoch kein weiterer Treffer mehr gelingen, womit die Copa Libertadores erwartungsgemäß an die favorisierten Brasilianer ging.

Nachdem José Cardozo bereits in der Schweiz gescheitert war, stand er auch bei Universidad Católica längst wieder auf dem Abstellgleis und mutierte in den entscheidenden Spielen mehr und mehr zum Edelreservisten. Während er das erste Finalduell gegen den FC São Paulo über die gesamten 90 Minuten von der Ersatzbank aus verfolgt hatte, wurde er auch im Rückspiel von Trainer Ignacio Prieto erst nach der Pause eingewechselt, so dass es nicht wirklich überraschend kam, als der Rechtsfuß im kommenden Jahr in seiner Heimat Paraguay bei Olimpia Asunción anheuerte.

Speziell im ersten Jahr im Dress des Rekordmeisters hatte Cardozo mit 19 Ligatreffern (in 31 Spielen) endlich einmal seine Qualitäten vor dem gegnerischen Tor unter Beweis stellen können, wenngleich er sich mit Olimpia im Titelrennen Ortsrivale Cerro Porteño geschlagen geben musste. Schon im kommenden Jahr war es mit der Herrlichkeit aber wieder vorbei, da „Pepe“ 1995 in lediglich acht weiteren Ligaspielen zum Einsatz kam, um dabei zwei mickrige Treffer zu erzielen. Sein Anteil am 34. Meistertitel der Vereinsgeschichte fiel dementsprechend auch nur sehr gering aus.

Aus Pepe wird doch noch ein Großer

Mangelndes Talent konnte man José Cardozo nun wirklich nicht unterstellen. Nicht von ungefähr war er bereits 1991 als 20-Jähriger in die Nationalelf berufen worden und hatte an der Copa America teilgenommen, so dass man ihn zu den großen Hoffnungsträgern im paraguayischen Fußball zählte. Es war stattdessen wohl vor allem sein Wechsel nach Europa, der sich negativ auf seinen Karriereverlauf ausgewirkt hatte, weil dem jungen Mann fernab der Heimat schlicht und ergreifend die Nestwärme fehlte, was in St. Gallen zu stark nachlassenden Leistungen geführt hatte. Man kann Cardozo damit getrost jener Kategorie falsch beratener lateinamerikanischer Profis hinzurechnen, die anstatt im gewohnten Umfeld zu reifen, viel lieber dem schnellen Geld hinterherlaufen, das es im europäischen Fußball selbst in den kleineren Ligen zu verdienen gibt. Damit steckte die Karriere Cardozos in der Sackgasse fest, nachdem er – mittlerweile schon 24 – auch im zweiten Jahr bei Olimpia Asunción „durchgefallen“ war und somit auf dem besten Wege schien, als Namenloser ein Schattendasein im Haifischbecken Profifußball fristen zu müssen.

Es dürfte daher nicht zuletzt die pure Verzweiflung gewesen sein, die Pepe im Herbst 1995 dazu getrieben hatte, ein Angebot von Deportivo Toluca anzunehmen, um beim mexikanischen Erstligisten vielleicht doch noch den Durchbruch zu schaffen. Dabei war es vor allem der neue Vereinspräsident Sergio Peláez Farell, der sich für einen Wechsel Cardozos, der inzwischen wieder dem Nationalmannschaftskader angehörte, in die Primera División de Mexico stark gemacht hatte. Und was keinesfalls selbstverständlich war, sollte in Toluca dann tatsächlich eintreten. In der mexikanischen Höhenluft wehte dank José Cardozo alsbald ein frischer Wind, der letztendlich dazu beitragen sollte, dass die Fans in Toluca nach fast zweieinhalb Jahrzehnten Wartezeit wieder den Gewinn der Meisterschaft feiern durften. Die anfangs noch überschaubaren, später aber immer zahlreicher werdenden Torerfolge Cardozos machten diesen zu einem gefeierten Star, der wahlweise als „El Principe Guarani“ (mit den Guarani ist die indianische Urbevölkerung Paraguays gemeint) oder „El Diabolo Mayor“ verehrt wurde.

► EINWURF

Im eine Autostunde von der Hauptstadt Mexico City gelegenen Toluca gehört der Paraguayer José Cardozo zu den absoluten Lieblingsspielern der Fans, was vor allem der Tatsache zu verdanken ist, dass er nahezu sämtliche Torrekorde des zehnfachen Landesmeisters Deportivo hält. Nicht nur, dass Pepe mit 244 Treffern vor Vicente Pereda Mier (119) und dem Uruguayer Vicente Sanchez (85) der mit weitem Abstand erfolgreichste Ligatorschütze der „Rojos“ ist. Auch seine 41 Tore in der Liguilla sowie deren neun in den Meisterschaftsendspielen sind sogar landesweit unerreicht. In der ewigen Torschützenliste der Primera División de Mexico belegt er darüber hinaus den vierten Rang, derweil „El Principe Guarani“ als vierfacher Torschützenkönig eine weitere vereinsinterne Bestmarke hält.

Wie angedeutet benötigte der große Tore-Teufel von Toluca auch in Mexiko einige Zeit, um sich zu akklimatisieren. Nachdem er in der Saison 1996/97 zu lediglich drei torlosen Einsätzen gekommen war, absolvierte er im nächsten Spieljahr unter Trainer Manuel Alvarez 23 Spiele, in denen er seine ersten zehn mexikanischen Ligatreffer erzielen konnte. Dabei hatten die „Rojos“ in der erstmalig zweigeteilten Meisterschaft vor allem in der Torneo Invierno genannten Winterrunde überzeugt und die Play-off-Runde erreicht, wo sie allerdings gleich zum Auftakt am FC Puebla (1:2, 0:0) scheiterten.

Endspielkrimi in der Bonbonschachtel

In der Frühjahrsrunde 1998 sollte José Cardozo schließlich der endgültige Durchbruch gelingen. Seit der Saison 1974/75 warteten die Fans mittlerweile sehnsüchtig auf den vierten Meistertitel der Klubhistorie, woran sich in Anbetracht des frühen Ausscheidens in der Gruppenphase im Torneo Invierno 1997 auch so bald nichts zu ändern schien. Unter ihrem neuen Trainer Enrique Meza zeigte sich die Mannschaft dann allerdings wie verwandelt und zog als bestes Vorrundenteam in die Play-off-Runde ein, wo durch Erfolge über die Hauptstadtklubs Atlante und América der Finaleinzug gelang. Mittelstürmer Cardozo präsentierte sich dabei in blendender Verfassung und führte mit 18 Saisontreffern erstmalig die Torschützenliste an. In den beiden Endspielen am 7. und 10. Mai bekamen es die „Rojos“ in Necaxa mit einem dritten Vertreter aus Mexico City zu tun, der im Hinspiel vor eigenem Publikum knapp mit 2:1 die Oberhand behielt. Eigentlich eine gute Ausgangslage für das Rückspiel im heimischen La Bombonera, wo die Fans fest mit dem Titelgewinn rechneten. Das 1954 errichtete Estadio Nemesio Diez besaß nämlich das Zeug zum Hexenkessel, da es zwar nur 27.000 Zuschauern Platz bot, die dafür aber eng am Spielfeldrand saßen, was der Arena ein typisch englisches Gepräge sowie die landläufige Bezeichnung „La Bombonera“ verlieh. Die Anfangsphase in der Bonbonschachtel von Toluca hätte dann auch dramatischer nicht verlaufen können. In den ersten zwei Minuten hatten sich Gastgeber gleich zwei Gegentore eingefangen, ehe Antonio Taboada in der 3.

Minute mit dem Anschlusstreffer wieder für neue Hoffung sorgte. Immerhin gelang es Deportivo bis zur Pause auszugleichen, ehe der Meisterschaftsexpress nach dem 3:2 durch Abundis (52.) Fahrt aufnahm. Die Zuschauer standen schließlich Kopf, als Schützenkönig Cardozo das Score nach knapp einer Stunde auf 4:2 und bei einem Konterstoß in der Schlussphase auf 5:2 schraubte. Beflügelt vom fünften Meistertitel der Vereinsgeschichte zogen die „Rojos" Mitte August auch in das Finale des Meistercups der CONCACAF ein, wo sie an Washington DC United nur knapp mit 0:1 scheiterten.

Meisterliche Jahre

Etwas überraschend war der Titelverteidiger im Torneo Invierno 1998 im Play-off-Viertelfinale gegen Atlas Guadalajara (2:1, 0:2) ausgeschieden, wobei auch die Torfabrik José Cardozo mit „nur" 13 Treffern etwas ins Stocken geraten war. Pepe hielt sich aber nicht lange mit Jammern auf hohem Niveau auf, sondern startete im Frühjahr 1999 zum gepflegten Gegenschlag, indem er sich zunächst mit insgesamt 20 Treffern in regulärer Meisterschaft und anschließender Liguilla wieder die Torjägerkrone aufsetzte. In die Play-off-Runde startete Deportivo mit einem 3:1-Auswärtssieg bei Necaxa, den Cardozo mit seinem Treffer nach 63 Minuten besiegelte. Da Toluca aber im La Bombonera nach einer Stunde mit 0:2 in Rückstand lag, war das Weiterkommen noch einmal in ernsthafte Gefahr geraten – bis Tore-Teufel Cardozo in der 69. Minute den wichtigen Anschlusstreffer erzielte. Der Paraguayer hatte sich auch im Halbfinal-Hinspiel bei Santos Laguna (1:1) in die Torschützenliste eintragen können, um beim 3:2-Erfolg in Toluca ausnahmsweise einmal ohne Treffer zu bleiben. Nachdem schon das Vorjahresfinale nichts für schwache Nerven gewesen war, ging es auch jetzt in den beiden Endspielen gegen Atlas Guadalajara ausgesprochen eng zu. Lediglich im ersten Duell am 3. Juni 1999 im Estadio Jalisco sah es in der Anfangsphase nach einem Spaziergang für die „Rojos" aus, die durch Cardozo bereits in der 8. Minute mit 2:0 in Führung gingen. Beim Abpfiff hieß es immerhin noch 3:3, was zwar wie vor Jahresfrist gegen Necaxa eine gute Ausgangsbasis zu bedeuten schien, die die Mannschaft aber erneut leichtfertig verspielte, indem sie sich in den ersten 60 Sekunden einen Gegentreffer einfing. Da es nach der regulären Spielzeit 2:2-unentschieden stand, musste der neue Meister schließlich im Elfmeterschießen gekürt werden, wo die Gastgeber – für die José Cardozo den vierten Elfer versenkte – mit 5:4 die Oberhand behielten, so dass in Toluca innerhalb eines Jahres die zweite Meisterfeier steigen konnte.

Ein weiteres Jahr darauf sollten die Schützlinge des kommenden Nationaltrainers Enrique Meza sogar zum dritten Mal als Titelträger in der Primera División feststehen. Nachdem sie im Torneo Invierno 1999 wieder einmal im Viertelfinale an Pachuca (0:1, 2:2) gescheitert waren, präsentierten sie sich in der anschließenden Frühjahrsrunde von Beginn an hochkonzentriert und zogen als das mit weitem Abstand beste Team der Vorrunde in die Liguilla ein. Auch hier wurden der FC Puebla (2:0, 7:0) und CD Guadalajara (4:1, 2:2) in Viertel- und Halbfinale klar beherrscht, ehe schließlich im Finale mit Santos Laguna (2:0, 5:1) ebenfalls kurzer Prozess gemacht werden sollte. Erwartungsgemäß zählte auch José Cardozo in der Gesamtsaison 1999/2000 mit 21 Ligatreffern in 29 Einsätzen nach wie vor zu den besten Torjägern Mexikos.

In der Winterrunde 2000 erreichte Toluca unter seinem neuen Trainer Ricardo Ferrero dann erneut das Meisterschaftsfinale. Nachdem Cardozo in der Hauptrunde in Anbetracht von nur vier Treffern wenig überzeugt hatte, fand er in den Liguilla-Spielen als achtfacher Torschütze zu gewohnter Form zurück. Auch in den Endspielen gegen Monarcas Morelia (1:3, 2:0) traf er zweimal ins Schwarze und sicherte seinem Team somit das Elfmeterschießen, welches im heimischen La Bombonera mit 4:5 verloren ging. Wenig erfreulich gestaltete sich der Verlauf des anschließenden Torneo Verano, wo die „Rojos" in ihrer Gruppe mit gerade einmal drei Siegen den letzten Platz belegten und die Play-Offs klar verpassten. Cardozo nutzte die spielfreie Zeit, um einen Leihvertrag bei Cruz Azul zu unterschreiben, mit dem er im Sommer 2001 ausgesprochen erfolgreich an der Copa Libertadores teilnahm.

► EINWURF

Obwohl José Cardozo von 1995 bis 2005 bei Deportivo Toluca unter Vertrag stand, wurde er zweimal kurzzeitig an einen anderen mexikanischen Verein ausgeliehen, um die Primera División an der prestigeträchtigen Copa Libertadores zu repräsentieren. So bestritt er im Sommer 2001 zwölf Spiele für Cruz Azul, in denen er fünf Tore zum Finaleinzug des Hauptstadtklubs besteuerte, wo dieser gegen den argentinischen Favoriten Boca Juniors erst im Elfmeterschießen den Kürzeren zog. Weniger gut verlief die Stippvisite 2005 bei CF Pachuca. Nicht nur, dass diesmal bereits im Achtelfinale gegen Ligarivale CD Guadalajara Endstation war. Leiharbeiter Cardozo war darüber hinaus ohne auch nur einen einzigen Torerfolg geblieben.

Obwohl Deportivo zur Spielzeit 2001/02 mit Ricardo La Volpe einen der ganz Großen des mexikanischen Trainergeschäfts anheuerte, sollte der Mannschaft kein weiterer Finaleinzug gelingen. Nachdem in der Winterrunde im Halbfinale gegen CF Pachuca (1:1, 2:4) Endstation gewesen war, setzte in der zweiten Saisonhälfte Necaxa (0:1, 0:2) bereits im Viertelfinale das Stoppzeichen.

Der 50-Tore-Mann

In den 30 Ligaspielen der Saison 2001/02 waren José Cardozo gute, aber keinesfalls überragende 19 Tore gelungen. Genau genommen hatte er damit lediglich den Schnitt bestätigt, den er seit seiner Ankunft in Mexiko stets vorweisen konnte. Zu Beginn der Spielzeit 2002/03 war daher keinesfalls zu erwarten, dass der inzwischen schon 31 Jahre alte Paraguayer vor „der" Saison seiner Karriere schlechthin stehen sollte, in der es ihm gelang, echten Legendenstatus zu erlangen.

Nach eigenen Angaben hatte er anfangs selbst nicht damit gerechnet, seine bisherigen saisonalen Trefferquoten mehr als verdoppeln zu können. Erst als die 50-Tore-Marke immer deutlicher am Horizont aufzog, begann er an diesem historischen Ziel zu arbeiten, wobei er nie den mannschaftlichen Erfolg aus den Augen verlor. „Ohne die vielen Stunden im Training und die Hilfe meiner Mannschaftskameraden hätte ich das nie geschafft. Das Team gab mir die Unterstützung, die ich brauchte, so dass ich mich lediglich darauf konzentrieren musste, zur richtigen Zeit am richtigen Ort zu sein. Selbst als der 50. Treffer ins Netz ging, war mein erster Gedanke an den Meistertitel. Erst später wurde mir klar, dass das 50. Tor für mich persönlich die Krönung eines großartigen Jahres darstellte."

Schon im Auftaktspiel der Apertura-Meisterschaft 2002 zeigte sich, dass die Anhänger Cardozos in diesem Jahr auf Großes hoffen durften, da Pepe gegen Necaxa nach der Pause mit einem Hattrick innerhalb von 16 Minuten einen

3:0-Sieg sicherstellte. Nachdem er an den ersten fünf Runden immer mindestens einmal ins Schwarze getroffen hatte, gelangen ihm gegen den FC Puebla (5:0) und Aufsteiger Jaguares de Chiapas (5:1) zwei weitere Dreierpacks. Sogar viermal war der Mann mit der Nummer 9 beim 5:1 über CF Pachuca erfolgreich, derweil er am 11. Spieltag mit einem späten Treffer gegen América – den er selbst als einen seiner wichtigsten bezeichnete – einen 2:1-Auswärtssieg sicherstellte. Natürlich war Deportivo dank seines glänzend aufspielenden Mittelstürmers erneut in die Liguilla eingezogen, wo der Tore-Teufel aus Paraguay nach 29 Treffern in der Hauptrunde weitere sechsmal zuschlug und dem Team des argentinischen Trainers Alberto Jorge damit zum Gewinn der Meisterschaft verhalf. Besonders in den Halbfinalduellen mit Santos Laguna (5:3, 2:1) hatte er mit jeweils zwei Toren brilliert, um auch im Finalrückspiel gegen Monarcas Morelia (0:1, 4:1) nach 50 Minuten „seinen" Treffer zu erzielen.

Zur Ermittlung des Torschützenkönigs werden in der Primera División de Mexico traditionell nur die in der Hauptrunde erzielten Treffer herangezogen, während jene in den Play-Offs unberücksichtigt bleiben. Den bisherigen Rekord hielten Roberto Aballay und Isidro Langara, die kurz vor Ende des Zweiten Weltkriegs noch zu Zeiten der Ganzjahressaison jeweils 40 Saisontore auf ihr Konto gebracht hatten. Schnell wurde im Verlauf der Clausura-Meisterschaft 2003 deutlich, dass José Cardozo die Rekordmarke geradezu pulverisieren würde. Letztlich stand sogar die 50-Tore-Marke im Raum, die im letzten regulären Ligaspiel am 17. Mai 2003 tatsächlich fallen sollte. Allerdings taten sich die „Rojos" in der Bonbonschachtel von Toluca gegen Santos Laguna lange schwer, obwohl Schützenkönig Cardozo in der 4. und 25. Minute seine Saisontreffer 48 und 49 erzielt hatte. Es stand 3:3, als in der 72. Minute der historische Moment nahte, in dem Pepe unter ohrenbetäubendem Jubel der Kulisse endgültig das halbe Hundert voll machte. Wen interessierte es da schon, dass Deportivo im anschließenden Play-off-Viertelfinale unerwartet an Tigres UANL (1:2, 2:2) scheitern sollte?

In jedem Fall sollte sich auch Deportivo Toluca bald über das frühzeitige Aus in der Meisterschaft hinwegtrösten, da im Herbst 2003 durch einen Finalerfolg über Ligakonkurrent Monarcas Morelia (3:3, 2:1) der Meisterpokal des Kontinentalverbandes CONCACAF gewonnen werden konnte. Zum krönenden Abschluss der mit Abstand besten Saison seiner Laufbahn wurde José Cardozo von der in Uruguay erscheinenden Tageszeitung „El Pais" schließlich zu Südamerikas Fußballer des Jahres gekürt. Eine Auszeichnung, die ihm erst als zweitem Paraguayer nach Torhüter José Luis Chilavert zuteil wurde.

Karriereende am Rio de la Plata

Noch zwei Jahre ging Pepe in Mexiko auf Torejagd, wobei er mit 24 bzw. 17 Treffern in der regulären Meisterschaft wieder unter den „normalen Sterblichen" weilte. In der Spielzeit 2003/04 konnten sich die „Rojos" zweimal für das Halbfinale qualifizieren. Nachdem sie in der „Apertura" an Tigres UANL (1:0, 0:2) gescheitert waren, mussten sie sich in der „Clausura" CD Guadalajara (1:0, 0:2) geschlagen geben. In der Herbstrunde hatte Cardozo in Anbetracht von 18 regulären und Play-off-Toren nochmals die Klasse aus seinem Rekordjahr aufblitzen lassen, während seine Schlagzahl im Frühjahr 2004 bei lediglich elf Toren merklich zurückgegangen war.

Es folgten 14 Treffer in der Apertura-Meisterschaft 2004, die das Scheitern im Play-off-Viertelfinale gegen CF Atlante (2:4, 3:4) freilich auch nicht verhindern konnten. Dass der Südamerikaner seinen Zenit mittlerweile überschritten hatte, zeigte sich schließlich im Frühjahr 2005, als diesem nur noch fünf magere Treffer gelangen. Nach dem Vorrunden-Aus von Toluca schloss sich Cardozo kurzzeitig CD Guadalajara an, um noch einmal in der Copa Libertadores antreten zu können. Nachdem er aber ohne Torerfolg schon im Achtelfinale ausgeschieden war, kehrte er dem mexikanischen Fußball endgültig den Rücken.

Die letzte Station seiner aktiven Karriere war der argentinische Erstligist San Lorenzo de Almagro. Der Verein aus der Hauptstadt Buenos Aires zeigte sich in der Spielzeit 2005/06 allerdings nur wenig ambitioniert und belegte nach Rang neun in der Apertura-Meisterschaft auch in der Frühjahrsrunde lediglich den achten Platz. Cardozo hatte in der Hinrunde vier Tore erzielt, ehe er am 10. Februar 2006 im Heimspiel gegen Olimpia Bahia Blanca beim 2:0-Erfolg seinen letzten Pflichtspieltreffer bejubeln durfte. Eigentlich wollte sich der 35-Jährige im Juli 2006 nochmals Olimpia Asunción anschließen, als dessen großer Fan er sich geoutet hatte. Der Wechsel kam jedoch nicht zustande, weil die Transferfrist in Paraguay bereits abgelaufen war.

Held von Toluca und Trainer in Asunción

Auch mit dem uruguayischen Traditionsverein Peñarol war Pepe kurzzeitig in Verbindung gebracht worden. Da aber die Vertragsverhandlungen in Montevideo ebenfalls bald ins Stocken gerieten, wandte sich Cardozo im November 2006 schließlich der Trainerlaufbahn zu, als er bei seinem erklärten Lieblingsklub Olimpia Asunción die Nachfolge des gefeuerten Oscar Paulin antrat. Großen Erfolg sollte er beim kriselnden Rekordmeister freilich auch nicht haben. Schon die Apertura-Meisterschaft hatte sein Team lediglich als Sechster abgeschlossen. Und als es auch in der „Clausura" 2007 wiederum nur zum enttäuschenden sechsten Platz reichte, war für den Tore-Teufel a.D. nach nicht einmal einem Jahr im Amt Schicht.

Derweil die Trainerkarriere José Cardozos in seinem Geburtsland nicht richtig in Schwung kommen wollte, erfreute er sich in seiner zweiten Heimat Mexiko weiterhin über einen ausgesprochen guten Ruf. Besonders in Toluca erinnerte man sich gerne an seine Glanzleistungen, die im legendären 50-Tore-Jahr 2002/03 ihren Gipfelpunkt erreicht hatten. Allein der Abschied im Frühjahr 2005 war wenig würdevoll verlaufen und eher einer durch die Hintertür gewesen, so dass man nun nach einer geeigneten Möglichkeit suchte, wie sich die Anhänger im La Bombonera von ihrem Rekordtorschützen gebührend verabschieden konnten. Vor ausverkauftem Haus fand im Juni 2008 ein von der Stadt Toluca organisiertes Abschiedsspiel statt, in dem Cardozo zum letzten Mal das rote Deportivo-Dress überstreifte und mit zwei Treffern noch einmal das tat, was er am besten konnte: Tore schießen!

Als im November 2009 der Cheftrainerposten bei Olimpia durch den Rücktritt von Carlos Kiese abermals vakant geworden war, heuerte Pepe zum zweiten Mal in Asunción an. Seit dem Jahr 2000 warteten die Anhänger in der paraguayischen Kapitale mittlerweile auf den 39. Meistertitel, womit auf dem neuen Trainer ein immenser Druck lastete. Nach zwölf Monaten war jedoch klar, dass es auch José Cardozo nicht gelungen war, den Rekordmeister – für den er Mitte der neunziger Jahre selbst aktiv gewesen ist – zurück auf den Meisterthron zu führen. Am stärksten hatte sich sein Team noch in der Frühjahrsrunde 2010 verkauft, als es hinter Club Guarani und Cerro Porteño zum dritten Platz gereicht hatte. Da die Mannschaft im Herbst 2010 jedoch auf Rang fünf zurückfiel, entpuppte sich der Trainersessel bei Olimpia mal wieder als Schleudersitz, womit sich Pepe erneut einen neuen Arbeitgeber suchen musste. Diesen fand er Anfang 2011 im mexikanischen Erstligisten FC Queretaro, mit dem er in der Herbstrunde den größten Erfolg feierte, als er mit seinem Team die Liguilla erreichte, um im Viertelfinale nur knapp an CD Guadalajara (1:2, 0:0) zu scheitern.

► ZAHLEN UND FAKTEN

Vereine: 1988-1990 River Plate Asunción
1990-1992 FC St. Gallen
1992-1993 Universidad Católica
1994-1995 Olimpia Asunción
1995-2005 Deportivo Toluca
2005-2006 San Lorenzo de Almagro

Tore: 41 paraguayische Erstligaspiele (21 Tore)
26 paraguayische Zweitligaspiele (10 Tore)
30 schweizerische Erstligaspiele (12 Tore)
7 schweizerische Pokalspiele (3 Tore)
35 chilenische Erstligaspiele (11 Tore)
270 Sp. Primera División de Mexico (203 T.)
62 Sp. mexikanische Liguilla (41 Tore)
23 argentinische Erstligaspiele (5 Tore)
25 Spiele Copa Libertadores (6 Tore)
83 A-Länderspiele (25 Tore)
5 Olympiaauswahl-Spiele (5 Tore)
gesamt 607 Pflichtspiele (342 Tore)

Erfolge: Paraguayischer Meister 1995
Mexikanischer Meister 1998 (Cl.), 1999 (Cl.), 2000 (Cl.), 2002 (Ap.)
Mexikanischer Supercupsieger 2003
Sieger Copa Campeones CONCACAF 2003

Mexikanischer Torschützenkönig 1998 (Cl.), 1999 (Cl.), 2002 (Ap.), 2003 (Cl.)
Paraguays Fußballer des Jahres 2000, 2002, 2003
Südamerikas Fußballer des Jahres 2002

In der Nationalmannschaft:
Der heutige Rekordtorschütze der wegen ihrer weiß-rot gestreiften Hemden „Albirroja" genannten Nationalelf Paraguays kam als eines der damals hochgehandeltsten Talente seines Landes im Sommer 1991 als 20-Jähriger zu seinen ersten fünf Länderspieleinsätzen, die ihm sogleich zur Teilnahme an der Copa America verhalfen. In Chile gelang José Saturnino Cardozo am 12. Juli bei der 1:4-Pleite gegen den späteren Sieger Argentinien mit dem Ehrentreffer in der 79. Minute sein erstes Länderspieltor.
Nicht nur, weil Paraguay nach der Vorrunde ausgeschieden war, sollte für Cardozo anschließend eine fast vierjährige Länderspielpause eintreten. Vielmehr war seine Karriere durch den Wechsel zum FC St. Gallen erheblich ins Stocken geraten, weshalb er erst im Juni 1995 zu seinem sechsten Einsatz kommen sollte. In der Zwischenzeit wurde er in die Olympia-Auswahl berufen, die Anfang 1992 durch ihren Sieg in der Südamerika-Qualifikation das Ticket für Barcelona buchte. Der in St. Gallen aufs Abstellgleis geratene Cardozo hatte auch bei diesem Anlass nicht zu überzeugen vermocht, weshalb das olympische Fußballturnier schließlich ohne ihn über die Bühne ging.
Das Comeback unter dem 68-jährigen Trainer-Oldie Ladislao Kubala fiel in die Vorbereitungsphase auf die bevorstehende Copa America in Uruguay, die am 9. Juni 1995 mit einem torlosen Remis in Asunción gegen Bolivien begann. Nach seinem zweiten Länderspieltreffer gegen Neuseeland, sollten Cardozo dann auch bei der Südamerikameisterschaft zwei Tore gelingen. Nachdem er schon beim 2:1-Auftaktsieg gegen Mexiko getroffen hatte, konnte er sich auch beim 3:2 im letzten Vorrundenspiel gegen Venezuela nach 35 Minuten in die Torschützenliste eintragen. Allerdings musste er zur Pause verletzungsbedingt ausgewechselt werden, weshalb er auch das Viertelfinale gegen Kolumbien (5:6 n.Elf.) verpasste.

Unter Ladislao Kubala, der in den Fünfzigern in Barcelona Weltruhm erlangte, feierte José Cardozo 1995 bei der Copa America in Uruguay sein Comeback in der paraguayischen Nationalelf. Für den 68-jährigen Kubala war die Albirroja die letzte Trainerstation seiner Laufbahn. „Ein solches Durcheinander bin ich nicht gewohnt", so Kubala, als er nach nur wenigen Monaten Paraguay entnervt verließ.

Nach seinem Wechsel ins mexikanische Toluca zählte Pepe bis 2006 zum Stammpersonal der Nationalelf, was ihm zu zwei WM-Teilnahmen verhelfen sollte, die jeweils im Achtelfinale gegen einen der späteren Finalisten endeten. Sowohl in Frankreich unter dem Brasilianer Paulo Cesar Carpegiani als auch in Südkorea und Japan unter dem ehemaligen Milan-Verteidiger Cesare Maldini fiel die Albirroja jedoch weniger durch eine starke Offensive, als vielmehr durch ausgeprägtes Sicherheitsdenken auf, weshalb auch keiner der Stürmer, sondern Schlussmann José Luis Chilavert der Star des Teams war, der mit seinen berühmten Ausflügen wenigstens für etwas Unterhaltung sorgte. Der einzige WM-Treffer gelang Cardozo am 24. Juni 1998 im letzten Gruppenspiel gegen Nigeria, als er in der 86. Minute den 3:1-Sieg sicherstellte. Nichts Zählbares sprang hingegen bei seinen beiden Achtelfinaleinsätzen gegen Frankreich (1998) und Deutschland (2002) heraus, die jeweils mit 0:1 in die Annalen eingingen.

► EINWURF
José Cardozo ist mit 25 Länderspieltreffern gemeinsam mit dem ehemaligen Bayern-Profi Roque Santa Cruz gegenwärtig Rekordtorschütze der paraguayischen Nationalelf, für die er am 14. Juni 1991 in Bolivien (1:0) den ersten von insgesamt 83 Einsätzen absolvierte. Deutlich hinter Rekordhalter Carlos Gamarra rangiert Pepe damit in der ewigen Bestenlsite auf Rang acht. Mehrere Treffer in einem Länderspiel blieben für den Mexiko-Legionär die Ausnahme. Nur zweimal traf er öfter als einmal ins Schwarze. Nachdem er im September 2001 gegen Bolivien (5:1) zwei Tore erzielt hatte, steuerte er zwei Jahre später zum 4:1-Sieg über Uruguay drei Treffer bei. Beide Partien hatten im Übrigen im Rahmen der WM-Qualifikation stattgefunden.

Während die Auftritte an Weltmeisterschaftsendrunden also eher dürftig verlaufen waren, sah es in Anbetracht von insgesamt 14 Torerfolgen in WM-Qualifikationsspielen deutlich besser aus. Nachdem José Cardozo auch in der Südamerika-Qualifikation für Deutschland 2006 sieben

Treffer geglückt waren, sah bereits alles nach einer dritten WM-Teilnahme aus. Wegen einer Verletzung in der Vorbereitung musste ihn Nationalcoach Anibal Ruiz allerdings kurzfristig aus dem Kader streichen, derweil Dante Lopez seinen Platz einnahm.

► EINWURF

José Cardozo war bereits 33 Jahre alt, als er beim olympischen Fußballturnier 2004 einen späten Höhepunkt seiner Laufbahn erlebte. Neben dem gleichaltrigen Verteidiger und Rekordnationalspieler Carlos Gamarra zählte Pepe zu den erfahrenen Akteuren, die die U23-Auswahl Paraguays bei ihrer Olympiaexpedition nach Athen anführten, welche mit dem überraschenden Gewinn der Silbermedaille zu Ende ging. Gemeinsam mit dem 22-jährigen Fredy Bareiro bildete er das Angriffsduo der Albirroja, auf dessen Konto neun der insgesamt zwölf Turniertore gingen. Mit fünf Treffern in fünf Einsätzen belegte Cardozo in der Torschützenliste hinter dem überragenden Argentinier Carlos Tevez (acht Treffer) den zweiten Rang. Seine stärkste Turnierleistung zeigte der Mittelstürmer von Deportivo Toluca im Semifinale gegen den Irak, als er in der 17. und 34. Minute nicht nur die beiden ersten paraguayischen Treffer erzielte, sondern nach der Pause noch den 3:1-Endstand durch Bareiro vorbereitete. Zweimal hatte Cardozo schon beim 4:3-Auftakterfolg über Japan eingenetzt, derweil ihm beim hart erkämpften 3:2 im Viertelfinale gegen Südkorea ein weiteres Tor gelang. Umso bedauerlicher, dass er im Endspiel gegen Argentinien – dem ersten rein südamerikanischen seit 1928, das Carlos Tevez mit seinem Tor des Tages für die Albiceleste entschied – wegen einer Verletzung nicht mitwirken konnte.

Sein letztes Länderspiel hatte José Saturnino Cardozo mithin unmittelbar vor dem WM-Turnier in Deutschland bestritten, ohne es gewusst zu haben. Am 6. Mai 2006 erreichte Paraguay in Aarhus gegen Dänemark ein achtbares 1:1-Unentschieden, bei dem Pepe für den Treffer des Gästeteams gesorgt hatte.

Saison	Lsp.		Liga		M ER**	
	Sp.	T.	Sp.	T.	Sp.	T.
= 1988-90			*26*	*10*		
1990/91	5	1	18	11		
1991/92			12	1		
1992			23	4		
1993			12	7		
1994			33	19		
1995	9	3	8	2		
1995/96	2	1	3	0		0
1996/97	10	1	23	10		0
1997/98	11	2	28	20		5
1998/99	2	0	34	28		5
1999/00	3	1	29	21		7
2000/01	8	3	28	14		8
2001/02	11	3	30	19		2
2002/03	3	1	37	50		7
2003/04	7	5	32	24		5
2004/05	8	3	26	17		2
2005/06	4	1	23	5		

* M ER = Play-off-Runde Primera División de Mexico

Evanivaldo Castro

Brasilianischer „Offizier“ auf Torejagd in Mexiko

Von seinen zahlreichen Anhängern wurde Evanivaldo Castro zumeist nur „Cabinho“ gerufen, was ins Deutsche übersetzt Korporal oder Unteroffizier bedeutet und mit der großen Vorliebe zusammenhing, die der Torjäger während seiner Karriere für militärische Tarnkleidung an den Tag legte. Geboren wurde Cabinho am 28. April 1948 in Salvador de Bahia an der brasilianischen Atlantikküste. Vom Nordwesten des Landes zog es ihn rund 20 Jahre später in Richtung Süden, um sich dem SC Americano, einem kleinen Verein in São Paulo, anzuschließen. Im Campeonato Paulista, der Ligameisterschaft des Bundesstaates São Paulo, gab Ende der sechziger Jahre der FC Santos mit Jahrhundertfußballer Pele den Ton an, derweil Americano, für das Cabinho zwischen 1968 und 1969 insgesamt 13 Treffer erzielte, nur eine unbedeutende Statistenrolle einnahm. Über eine solche kam Cabinho während seiner gesamten Zeit in Brasilien nicht hinaus, weshalb er auch nie in die Seleção berufen wurde. Seine beste Zeit im Land des fünffachen Weltmeisters durchlebte er noch bei Portuguesa, wo er nach zwei kurzen Stippvisiten bei Flamengo sowie Ferroviaria Araraquara erstmals im Januar 1971 anheuerte.

Der geteilte Meistertitel

Im Campeonato Paulista erzielte er 1971 immerhin weitere zwölf Tore, wenngleich es für Portuguesa in der Endabrechnung nur zum fünften Platz reichte. In der zweiten Jahreshälfte stand die erste offizielle brasilianische Landesmeisterschaft auf dem Programm, wo Portuguesa in einer von zwei Vorrundengruppen gleichsam nur Neunter wurde und damit vorzeitig scheiterte. Immerhin konnte sich Cabinhos Trefferquote von sieben Torerfolgen in 19 Einsätzen einigermaßen sehen lassen. Im Herbst 1972 stand Evanivaldo Castro einige Monate bei Atletico Mineiro Belo Horizonte unter Vertrag, um Anfang des nächsten Jahres wieder nach São Paulo zurückzukehren. Hier sollte er mit dem Gewinn der Staatsmeisterschaft den einzigen Titel in seinem Heimatland erringen. Dabei war der Verlauf des Meisterschaftsendspiels zwischen Portuguesa und dem FC Santos reif fürs Kuriositätenkabinett: Beim Stand von 0:0 ging die Partie ins Elfmeterschießen, wo der Pele-Klub mit 2:0 führte. Schiedsrichter Armando Marques erklärte den FC Santos daraufhin zum Sieger, obwohl Portuguesa noch zwei Versuche zustanden. Erst später erkannte der Unparteiische seinen Regelverstoß, so dass letztlich der Fußballverband von São Paulo eine Entscheidung treffen musste. Diese fiel salomonisch aus, da neben dem FC Santos nun auch Portuguesa zum Titelträger erklärt wurde.

Wie gewohnt war Angreifer Evanivaldo Castro in Anbetracht von lediglich sechs Toren kaum in Erscheinung getreten, woran sich auch in der anschließenden nationalen Meisterrunde mit weiteren sechs Treffern nichts änderte. Nachdem Cabinhos erste „Dienstzeit“ bei Portuguesa im Spieljahr 1971 durchaus noch vielversprechend verlaufen war, stagnierten dessen Leistungen im Frühjahr 1974 mit nur drei Treffern merklich. Es konnte mit Fug und Recht behauptet werden, dass die Karriere des mittlerweile 26-Jährigen in einer Sackgasse steckte. Dass Cabinho trotzdem noch zu einem der 100 besten Torjäger des Weltfußballs avancieren sollte, dürfte er zu jener Zeit wohl selbst nicht geglaubt haben...

Auf zu neuen Ufern!

Erst mit dem Wechsel in die Primera División von Mexiko bekam der Karriereverlauf des Brasilianers eine ungeahnte Wendung. Am 19. Juli 1974 unterschrieb er einen Vertrag bei Pumas de la UNAM in Mexiko-Stadt, wo er in den kommenden fünf Spielzeiten für Furore sorgte und mit 155 Treffern in 198 Ligaspielen zum erfolgreichsten Torschützen der Vereinsgeschichte avancierte. Als Cabinho bei den Pumas anheuerte, hatten diese noch keinen Titel gewonnen. Das beste Abschneiden datierte aus der Saison 1967/68 mit dem Gewinn der Vizemeisterschaft. An diesem Zustand änderte sich auch in der Spielzeit 1974/75 nichts, als das vom Ungarn Arpad Fekete betreute Team als Staffelvierter das Meisterschaftsendspiel deutlich verpasste. Auch Neuzugang Cabinho hätte mit 16 Ligatoren in 34 Spielen keinen wirklich überragenden Einstand gefeiert, wäre da nicht die Copa Mexico gewesen, die die Pumas in jenem Jahr zum ersten und einzigen Mal gewannen, was nicht zuletzt an den 15 Toren lag, die Cabinho im laufenden Wettbewerb erzielt hatte.

EXKURS: Fußball in Mexiko

Der moderne Fußball kann in Mexiko auf eine lange Tradition blicken. Von der Hauptstadt ausgehend verbreitete er sich alsbald in den zentral gelegenen Städten Guadalajara, Toluca, Veracruz und Pachuca, die – neben Mexiko City – auch heute noch die meisten Spitzenklubs beherbergen. Bereits in der Saison 1902/03 wurde mit Orizaba Charleston (noch auf Amateurbasis) der erste Landesmeister ermittelt. Zur Saison 1943/44 wurde die Profiliga eingeführt, die zunächst eingleisig war. Im WM-Jahr 1970 hatten die Organisatoren die Vereine dann erstmals auf zwei Staffeln verteilt, so dass der Meister im Anschluss in einem Finale ermittelt wurde. Zur Saison 1975/76 wurden schließlich die lange Zeit üblichen vier Gruppen eingeführt, wobei sich die besten acht Teams für die Play-off-Runde – „Liguilla" genannt – qualifizierten, nachdem sie zuvor nicht nur innerhalb ihrer Gruppen, sondern auch gruppenübergreifend gegeneinander angetreten waren. Die Gründe für die Einführung der Liguilla waren in erster Linie finanzieller Natur, weil die zusätzlichen Spiele den teilweise sehr ruinös wirtschaftenden Klubs höhere Einnahmen garantierten. – Anders als in vielen lateinamerikanischen Ländern erfreute sich in Mexiko auch der Pokalwettbewerb einer langen Tradition. Nach ersten Versuchen in der Pionierzeit kam die Copa Mexico seit 1932/33 regelmäßig zur Austragung. In den siebziger Jahren hatte das Interesse der Fans allerdings stark nachgelassen, ehe die Einführung der Liguilla zum Scharfrichter wurde. Zwei K.O.-Wettbewerbe waren den Zuschauern schlicht nicht mehr zu vermitteln, so dass die Copa Mexico bis 1987 pausierte. Aber auch der Wiederbelebungsversuch zur Saison 1987/88 entpuppte sich als Flop, was 1997 zur nunmehr endgültigen Einstellung führte. Die Abschaffung des Pokalwettbewerbs ging einher mit der zeitgleich vollzogenen Einführung der Apertura- und Clausura-Runde, die der Copa Mexico vollends das Wasser abgegraben hatte. Da dem Pokalwettbewerb schon lange eine relativ geringe Bedeutung beigemessen wurde, liegen dementsprechend auch nur sehr spärliche Detailinformationen vor. Als die Pumas, angeführt von ihrem 15-fachen Torschützen Cabinho, die Copa 1975 gewannen, hatten die Funktionäre noch einmal alle Register gezogen, um den Wettbewerb zu retten, indem sie den Sieger nicht in einem pokaltypischen Endspiel (dieses gab es ja bereits in der Meisterschaft), sondern in einer Endrunde ermitteln ließen, die Pumas de la UNAM vor Universidad de Guadalajara gewann.

Der endgültige Durchbruch sollte Evanivaldo Castro dann in der Saison 1975/76 gelingen. Die Pumas hatten keine Mühe, um als überlegener Gruppensieger in die erstmals ausgetragene Liguilla einzuziehen, was vor allem an Cabinho lag, der in 38 Ligaspielen 29-mal ins Schwarze getroffen hatte und damit erstmals Torschützenkönig der Primera División de Mexico geworden war. Richtig krachen ließ er es am 16. Mai 1976, als er Tecos UAG gleich viermal einschenkte. Der 9:0-Erfolg gegen die Elf aus Guadalajara markierte den höchsten Sieg der Vereinsgeschichte. Natürlich ging man in der Hauptstadt davon aus, sich auch im anschließenden Play-off-Viertelfinale gegen Underdog Unión de Curtidores durchsetzen zu können. Allerdings setzte es im Hinspiel von Leon eine peinliche 0:3-Niederlage, der die Pumas vor eigenem Publikum nur einen knappen 2:1-Erfolg entgegenzusetzen hatten, womit das unerwartet frühe Aus besiegelt war.

In der Saison 1976/77 gab der junge Hugo Sanchez sein Profidebüt, der im Verlauf seiner Karriere zum wohl besten mexikanischen Fußballer aller Zeiten avancierte. Die ersten drei Jahre seiner Laufbahn sollte Sanchez an der Seite des erfahrenen Cabinho die Angriffsreihe der Pumas beleben, wobei der spätere Star von Real Madrid stets im Schatten des Brasilianers stand. So auch in jenem Jahr, als der Verein durch einen knappen Erfolg im Finale über Universidad Guadalajara (0:0, 1:0) seinen ersten nationalen Meistertitel unter Dach und Fach brachte. Schon in der regulären Runde waren Torschützenkönig Cabinho in 34 Spielen 35 Tore geglückt, denen er in der Liguilla weitere sechs (in sieben Spielen) folgen ließ. Gleich fünfmal hatte er mit einem Dreierpack für Furore gesorgt, während am 14. April 1977 im Duell mit Santos Laguna (4:2) sämtliche vier Treffer auf sein Konto gegangen waren. Auch als der angehende mexikanische Champion am 29. Mai zum Prestigeduell gegen Real Madrid (2:3) antrat, zählte Cabinho zu den Torschützen.

► ZAHLEN UND FAKTEN

Vereine:	1968-1969	SC Americano São Paulo
	1969	Flamengo Rio de Janeiro
	1970	Ferroviaria Araraquara
	1971-1972	Portuguesa São Paulo
	1972	Atl. Mineiro Belo Horizonte
	1973-1974	Portuguesa São Paulo
	1974-1979	Pumas UNAM (Mexico City)
	1979-1983	CF Atlante (Mexico City)
	1983-1985	Club Leon
	1985	Paysandu SC Belem
	1986-1987	Tigres UANL (Monterrey)

Tore: 439 Sp. Primera División de Mexico (317 T.)
68 brasilianische Erstligaspiele (19 Tore)
41 Staatsmeisterschafts-Tore
15 Tore Copa Mexico
gesamt 507 Pflichtspiele* (393 Tore)
** nur Erstligaspiele*

Erfolge: Mexikanischer Meister 1977
Mexikanischer Pokalsieger 1975
Staatsmeister São Paulo 1973

Mexikanischer Torschützenkönig 1976, 1977, 1978, 1979, 1980, 1981, 1982, 1985

Tore bis ins reife Fußballeralter

Dank Cabinho und Nachwuchshoffnung Hugo Sanchez zählten die Pumas auch in den nächsten beiden Spielzeiten zu den stärksten Teams des Landes, mussten sich aber jeweils mit der Vizemeisterschaft begnügen. Nachdem sie 1977/78 Tigres UANL (0:2, 1:1) unterlegen waren, mussten sie sich in der Spielzeit 1978/79 Hauptstadtrivale Cruz Azul (0:2, 1:1) beugen. Cabinho blieb somit lediglich der Trost, dass er sich mit 33 bzw. 26 Saisontreffern zwei weitere Male als bester Torschütze auszeichnen konnte, wobei er sich diesen Titel im Frühjahr 1979 mit Hugo Sanchez teilen musste. Seine letzten Ligatreffer für die Pumas datieren vom 17. Juni 1979, als er die Elf von CD Zacatepec (2:1) im Alleingang erledigt hatte.

► EINWURF

Der gebürtige Brasilianer Cabinho ist bis heute der erfolgreichste Goalgetter des mexikanischen Ligafußballs. Mit insgesamt 317 Torerfolgen führt er die ewige Bestenliste vor Carlos Hermosillo (294) und Jared Borgetti (252) an. Fast noch bemerkenswerter als die Gesamtzahl seiner Treffer ist allerdings die Tatsache, dass er nicht weniger als achtmal Torschützenkönig werden konnte. Nachdem dies erstmalig in der Saison 1975/76 der Fall war, konnte er diesen Erfolg in den kommenden sechs Jahren wiederholen. Seine Bestmarken datieren aus den Spielzeiten 1976/77 und 1981/82 mit jeweils 35 Treffern. Bevor er 1979 zu CF Atlante wechselte, hatte er sich die Torjägerkrone 1978/79 mit Hugo Sanchez, der ebenfalls für die Pumas spielte, teilen müssen. Zum letzten Mal Torschützenkönig wurde Cabinho 1984/85, als er im Alter von 36 Jahren 26 Treffer im Trikot von Club Leon erzielte. Seinem Rekord am nächsten kommt übrigens Adalberto „Dumbo" Lopez, der zwischen 1946 und 1954 immerhin fünfmal bester Torschütze des mittelamerikanischen Landes geworden war.

Nach fünf überaus erfolgreichen Jahren im Dress der Pumas wechselte Brasilien-Import Cabinho zur Saison 1979/80 innerhalb der Hauptstadt die Fronten, um in den kommenden vier Jahren für CF Atlante auf Torejagd zu gehen. Schon damals zählte der 1916 gegründete Verein zu den Sorgenkindern des Hauptstadtfußballs, dessen erfolgreichste Zeit lange zurücklag. Nach dem Gewinn des dritten Meistertitels in der Saison 1946/47 setzte ein schleichender Niedergang ein, der letztendlich zu einem immensen Fanrückgang führte. Die Anhänger wandten sich mehr und mehr den erfolgreicheren Vereinen América, Cruz Azul und Pumas UNAM zu, während die Heimspiele von Atlante immer schlechter besucht waren. Seit 1989 versuchte man dem Zuschauerschwund Rechnung zu tragen, indem man aus dem Traditionsklub einen „Wanderverein" machte, der seither mehrmals in eine andere Stadt umzog. So trug Atlante seine Heimspiele 1989/90 beispielsweise im nördlich von Mexiko-Stadt gelegenen Queretaro aus, kickte später zeitweise im Vorort Nezahualcoyotl, um 2007 zum bislang letzten Mal in den Badeort Cacun im Süden des Landes umzuziehen.

Es war nicht zuletzt den stetigen Torerfolgen Cabinhos zu verdanken, dass es für Atlante zu Beginn der achtziger Jahre zeitweise wieder bergauf ging. So konnte sich die Mannschaft 1979/80 lange Zeit Hoffnungen auf den Finaleinzug machen, um schließlich im Play-off-Halbfinale knapp am späteren Champion Cruz Azul zu scheitern. Obwohl Evanivaldo Castro das weiße Dress der Pumas gegen das blau-rote Atlante-Trikot getauscht hatte, änderte sich nichts an seiner Torgefahr, da er mit 30 Saisontreffern zum fünften Mal hintereinander die Torjägerkanone abgriff. Einen echten Sahnetag hatte er am 3. Mai 1980 erwischt, als ihm beim 7:0 über Tigres UANL gleich fünf Treffer gelangen. Auch in den Spielzeiten 1980/81 und 1981/82 führte der Brasilianer mit 29 bzw. 35 Treffern die Torschützenliste der Primera División an, womit ihm dieses Kunststück siebenmal in Serie geglückt war. Auch der Gewinn des Meistertitels lag im Bereich des Möglichen. Vor allem in der Saison 1981/82 waren die „Potros de Hierro" (Scharfschützen) ganz nah dran und mussten sich in den Endspielen gegen Tigres UANL (1:2, 1:0) erst im Elfmeterschießen mit 1:3 geschlagen geben.

Eine schwere Verletzung hatte zur Folge, dass Cabinho 1982/83 mehrere Monate ausfiel und auf für ihn mickrige elf Saisontreffer kam. Es folgte der Wechsel zu Club Leon, wo der Goalgetter nach 17 Treffern in der Spielzeit 1983/84 im Jahr darauf trotz seiner inzwischen 36 Lenze wieder zur Hochform auflief und mit 26 Treffern in 41 Ligaeinsätzen nochmals Torschützenkönig wurde. Ohnehin war die Saison für das vom ungarischen Trainer Arpad Fekete betreute Team gut verlaufen, nachdem in der Meisterschaft erst im Halbfinale gegen Cabinhos Ex-Verein Pumas UNAM Endstation war.

Danach begann sich die Laufbahn Cabinhos langsam, aber sicher ihrem Ende entgegenzuneigen. Wegen der bevorstehenden WM in Mexiko wurde die Ligameisterschaft im Land der Azteken 1985/86 nur auf Sparflamme gekocht, was Castro dazu bewog, es noch einmal in seiner brasilianischen Heimat zu versuchen. Im Herbst 1985 stand er beim Paysandu SC aus Belem unter Vertrag, ohne allerdings einen nachhaltigen Eindruck zu hinterlassen. 1986/87 schloss er sich Tigres UANL an, wo er in seinen letzten 35 Einsätzen in Mexikos oberster Spielklasse neun Tore erzielen konnte. Nach Ende seiner aktiven Karriere wurde Evanivaldo Castro in seiner neuen Heimat Mexiko ansässig, um sogar die mexikanische Staatsbürgerschaft anzunehmen. Im Laufe des Jahres 2002 betreute er für kurze Zeit den Zweitligisten Lobos de la BUAP Puebla.

Saison	Staatsm.*		Liga		M ER**	
	Sp.	T.	Sp.	T.	Sp.	T.
1968	?	4				
1969	?	9				
	6	1				
1970	?	6				
1971	?	12	19	8		
1972	?	3				
			13	2		
1973	?	6	24	6		
1974			12	3		
1974/75			34	16		
1975/76			38	29		
1976/77			34	35	7	6
1977/78			34	33	6	2
1978/79			37	26	8	8
1979/80			33	30	6	5
1980/81			37	29		
1981/82			43	35		
1982/83			15	11		
1983/84			31	17		
1984/85			41	26		
1985			0	0		
1986/87			35	9		

* Staatsm.= Meisterschaft der brasilianischen Bundesstaaten
** M ER = Play-off-Runde Primera División de Mexico

Osvaldo Castro
Chiles gefürchtete „linke Klebe“

Ein anderer Castro erblickte am 17. Oktober 1948 in Copiapó das Licht der Welt. Der chilenische Bergbauort in der Atacama-Wüste erlangte im Herbst 2010 traurige Berühmtheit, als 33 Bergleute bei einem Grubenunglück in der Kupfer- und Goldmine San José in mehreren hundert Metern Tiefe eingeschlossen wurden und erst nach über zwei Monaten aus ihrer Gefangenschaft befreit werden konnten. Weit weniger bekannt ist hierzulande, dass aus Copiapó mit Osvaldo Castro Pelayos auch einer der erfolgreichsten chilenischen Torjäger stammt, der in 583 Erstligaspielen in Chile und Mexiko 345-mal ins Schwarze getroffen hat.

Schneller Reifeprozess in der Provinz

Über die Jugendjahre des Stürmers konnte im Rahmen der Recherchen leider nichts in Erfahrung gebracht werden. Fest steht jedoch, dass Castro, dessen Markenzeichen eine starke linke Klebe war, sich schon 1965 im Alter von 16 Jahren Unión La Calera anschloss, wo er bis 1968 in 95 Ligaspielen 71 Tore erzielte und damit zu einem der erfolgreichsten Angreifer des Vereins aus der zentralchilenischen Region Valparaiso avancierte.

Die 1954 gegründeten „Rojos“ zählten in Chile freilich zu den Underdogs und entgingen im Spieljahr 1965 als Vorletzte nur knapp dem Abstieg. Dank Neuverpflichtungen wie Abel Gonzalez und Manuel Saavedra steigerte sich Unión in der kommenden Saison auf den zehnten Rang, um sich 1967 als Vorletzter mit 27:41 Zählern jedoch abermals erst auf den letzten Drücker in Sicherheit zu bringen. Allein die beständigen Torerfolge des immer stärker werdenden Osvaldo Castro dienten dem Abstiegskandiaten als Lebensversicherung.

Zur Spielzeit 1968 warteten die Organisatoren dann mit einer Modusänderung auf, wonach die bisherige 18er-Liga zweigeteilt wurde. Grund für die Neuausrichtung der Landesmeisterschaft waren die immensen geographischen Entfernungen im „längsten Land der Welt“, dessen Nord-Süd-Ausdehnung zwischen der nördlichsten Stadt Arica und dem südlichen Feuerland rund 4.300 Kilometer beträgt. Während die acht Teams aus der Hauptstadt Santiago am „Torneo Metropolitano“ teilnahmen, kickten die restlichen Klubs aus den übrigen Regionen – so auch Unión La Calera – fortan im „Torneo Provincial“. Für die „Rojos“ änderte sich erwartungsgemäß nichts. Abermals mussten sie bis zum Schluss um den Ligaverbleib bangen, den sie sich als Tabellensiebte mal wieder nur mit Hängen und Würgen gesichert hatten.

Deutlich besser war es für die Elf von Deportes Concepción gelaufen, die als Aufsteiger völlig überraschend das Torneo Provincial gewonnen hatte. Der erst 1966 aus der Taufe gehobene Verein suchte für das Spieljahr 1969 nach weiteren Verstärkungen und nahm schließlich Osvaldo Castro unter Vertrag, der bei Unión La Calera trotz seiner erst 20 Jahre bereits zum 13-fachen Nationalspieler gereift war. Allerdings wurde die erste Spielzeit in Concepción für Castro zu einer riesigen Enttäuschung, da die Mannschaft weit von ihren starken Leistungen aus dem Vorjahr entfernt war und bei 15:21 Zählern lediglich als Vorletzter über die Ziellinie trudelte, womit der drohende Abstieg um nur drei Zähler vermieden worden war. Besonders ärgerlich, dass Castros Ex-Klub Unión La Calera als Fünfter nicht nur deutlich besser klassiert war, sondern auch die beiden direkten Vergleiche mit 3:1 und 1:0 für sich entschieden hatte. In Anbetracht von 13 Saisontreffern hatte Neuzugang Osvaldo Castro aber zumindest nicht enttäuscht und war sogar zum teaminternen Toptorjäger avanciert.

Nachdem sich die „Leones“ mit Haroldo Peña und Mario Osben weiter verstärkt hatten, fanden sie im Spieljahr 1970 wieder zu ihrer Form zurück und feierten den zweiten Gewinn des Torneo Provincial. Auch Osvaldo Castro zeigte sich weiterhin torhungrig, was in 36 Saisontreffern zum Ausdruck kam, die ihn erstmals in seiner Karriere zum Torschützenkönig machten. Bereits zum Auftakt am 4. April präsentierte er sich in Topform, als er beim 3:2-Auswärtssieg über CD Green Cross alle drei Tore erzielte. Die Elf aus Temuco blieb Concepción bis zum letzten Spieltag auf den Fersen. Daher mussten die „Leones“ ihre Partie beim in Viña del Mar beheimateten CD Everton unbedingt gewinnen, um den ersehnten Titelgewinn einzufahren, was mit einem 1:0-Sieg auch gelang, den Linksfuß Castro mit dem Tor des Tages unter Dach und Fach gebracht hatte. Die anschließende nationale Endrunde schloss Deportes immerhin als Fünfter ab, derweil Osvaldo Castro als herausragender Akteur seines Teams später zu Chiles Fußballer des Jahres gekürt wurde.

► EINWURF

Obwohl Osvaldo Castro zu den besten Ligatorschützen Chiles zählt, ist er in der Primera División de Chile nicht unter den Top 10 zu finden, was vor allem daran liegt, dass er lediglich sieben Jahre lang in seinem Heimatland aktiv war, ehe er 1971 nach Mexiko wechselte. Da er bis zu diesem Zeitpunkt in 204 Einsätzen für Unión La Calera und Deportes Concepción schon 132-mal ins Schwarze getroffen hatte, gehört nicht viel Phantasie dazu, um davon auszugehen, dass er bei längerer Verweildauer im chilenischen Oberhaus Allzeit-Rekordtorjäger Francisco Valdes locker überboten hätte, da dieser für seine 215 Erstligatreffer zwischen 1961 und 1982 nicht weniger als 478 Einsätze benötigt hatte. Mit seinen 61 Torerfolgen ist „Pata Bendita“ freilich bis heute Rekordtorschütze von Deportes Concepción, derweil auch seine 36 Saisontreffer aus dem Jahr 1970 fast unerreicht sind. Lediglich Luis Hernan Alvarez von Colo Colo hatte sieben Jahre zuvor mit einem Treffer mehr die Torschützenliste der chilenischen Primera División angeführt.

In der Spielzeit 1971 – der letzten in seiner chilenischen Heimat – konnte Osvaldo Castro abermals den fünften Platz belegen, nachdem sämtliche 18 Vereine des Landes wieder in einer Liga zusammengefasst worden waren. Im Vergleich zum Vorjahr war die Mannschaft allerdings deutlich defensiver ausgerichtet, was nicht zuletzt in einem negativen Torverhältnis (40:41) zum Ausdruck kam. Entsprechend blieb Osvaldo Castro deutlich hinter seiner überragenden Trefferquote aus dem Vorjahr zurück. Erst am 3. Spieltag durfte er beim 2:1-Sieg über Hauptstadtklub CD Magallanes das erste Saisontor bejubeln. Mit lediglich zwölf Ligatreffern war an den Gewinn der Torjägerkrone nicht mehr zu denken, die sich diesmal der Paraguayer Eladio Zarate von Vizemeister Universidad de Chile mit 25 Treffern gesichert hatte. Gleichwohl schwärmten die Fußballanhänger des Landes von den Vollstreckerqualitäten Osvaldo Castros in den höchsten Tönen, weshalb sie ihm auch den Beinamen „Pata Bendita“ verliehen hatten. Trotz seines „gesegneten linken Fußes“ spielte der Goalgetter aber immer noch in der Provinz, weshalb allenthalben der Wechsel zu einem der Großklubs in der Hauptstadt

Santiago de Chile diskutiert wurde. Doch weder für Colo Colo noch Universidad de Chile oder Universidad Catolica sollte „Pata Bendita" in Zukunft auf Torejagd gehen.

Pokalsieger im Land der Azteken

Stattdessen heuerte Osvaldo Castro während der Saison 1971/72 bei Club América in Mexico City an, für den er in den nächsten dreieinhalb Jahren aktiv bleiben sollte. Anders als heute wurde der Titelträger der Primera División damals noch in einer Ganzjahresrunde ermittelt. Die teilnehmenden Vereine waren auf zwei Neunerstaffeln verteilt, wobei die besten Zwei jeder Gruppe ins Play-off-Halbfinale einzogen. Gleich nach seiner Ankunft in Mexiko hatte sich Castro glänzend eingeführt und beim 6:1 über Club San Luis Potosi auf Anhieb in die Torschützenliste eingetragen. Nach Abschluss der Hauptrunde rangierte Club América hinter Cruz Azul auf dem zweiten Platz und stand somit in der Vorschlussrunde, wo CF Monterrey nach zwei umkämpften Duellen (1:0 und 1:2) im Entscheidungsspiel von Leon mit 3:1 geschlagen wurde. Erst im Finale, das im Aztekenstadion von Mexico City stattfand, behielt Stadtrivale Cruz Azul mit 4:1 die Oberhand.
Nachdem „Pata Bendita" in seiner ersten Saison im Land der Azteken mithin nur knapp am großen Coup gescheitert war, hinkte América in den kommenden drei Jahren den Erwartungen hinterher. Nur in der Saison 1972/73 hätte es fast wieder zur Play-off-Teilnahme gereicht, die die Mannschaft als Staffeldritter aber um zwei Punkte verpasste. In den Spielzeiten 1973/74 war für die Blau-Gelben in Anbetracht zweier vierter Plätze dann allerdings schon frühzeitig Endstation. Dennoch sollte sich für Osvaldo Castro seine Stippvisite in Mexico City nicht nur wegen seiner insgesamt 49 Ligatreffer, die er in 88 Einsätzen erzielt hatte, gelohnt haben. Besonders im Spieljahr 1973/74 zeigte er sich glänzend aufgelegt, was zum einen im Gewinn der Torjägerkrone nach 26 Toren in 32 Spielen zum Ausdruck kam. Vor allem jedoch durfte er sich durch den Gewinn der Copa Mexico über den zweiten großen Mannschaftstitel seiner Karriere freuen, welcher nach einem Erfolg im Finale über Cruz Azul feststand. Schon auf dem Weg dorthin hatte Castro seine herausragende Form bestätigt und neun Tore erzielt. Und auch im Hinspiel behielt América dank eines weiteren Treffers des Chile-Legionärs mit 2:1 die Oberhand, derweil Mittelfeldspieler Roberto Hodge für den zweiten Torerfolg der Blau-Gelben gesorgt hatte. Diese standen nach einem 1:1 im Rückspiel schließlich zum sechsten Mal in ihrer Vereinsgeschichte als Sieger des heute nicht mehr ausgetragenen Wettbewerbs fest.

► EINWURF

Mit 213 Toren in 379 Einsätzen ist Osvaldo Castro heute fünftbester Torschütze des mexikanischen Oberhauses. Gleichwohl konnte er nur ein einziges Mal (1973/74) den Gewinn der Torjägerkrone feiern. Sein Pech war, dass mit seinem aus Brasilien stammenden Namensvetter Evanivaldo Castro quasi zeitgleich ein noch torgefährlicher Goalgetter in Mexiko spielte, der zwischen 1976 und 1985 gleich achtmal die Torschützenliste anführte. Die meisten seiner mexikanischen Ligatreffer (91) erzielte Osvaldo Castro für Club Jalisco Guadalajara, welche ihn als vereinsinternen Toptorjäger ausweisen.

Obwohl es Osvaldo Castro in seiner Zeit bei América auf keine schlechte Trefferquote gebracht hatte, wurde er 1975 im Tausch mit dem Brasilianer Alcindo Freitas an Club Jalisco Guadalajara verkauft. Der erst 1970 aus der Taufe gehobene Verein stand in der zweitgrößten mexikanischen Stadt allerdings klar im Schatten der beiden Topklubs CD Guadalajara und Atlas, die traditionell die meisten Fans rekrutieren. Dank der 91 Treffer, die „Pata Bendita" bis 1979 in 130 Ligaspielen erzielte, konnte sich aber auch Jalisco in der Erstklassigkeit behaupten.
Gleich in seiner ersten Saison schoss sich die chilenische Goalgetter mit 26 Treffern in 32 Partien in die Herzen der Fans. Bei einem Torverhältnis von 59:62 belegte Jalisco (benannt nach dem Bundesstaat Jalisco, dessen Hauptstadt Guadalajara ist) in seiner Gruppe allerdings nur den fünften Platz und hatte somit nicht den Hauch einer Chance, sich für die erstmalig ausgetragene Liguilla zu qualifizieren. Deutlich besser war es für Castros alten Verein América gelaufen, der sich nach fünf Jahren wieder den Landesmeistertitel gesichert hatte.
In der Spielzeit 1976/77 passierte Jalisco dann immerhin auf dem dritten Gruppenplatz die Ziellinie, obwohl Toptorjäger Castro nur 24 der 38 Ligaspiele bestritt, in denen er 17-mal ins Schwarze getroffen hatte. Die angestrebte Teilnahme an den Play-Offs war dennoch abermals deutlich verpasst worden. Im kommenden Jahr durfte Jalisco dann jedoch lange von der erstmaligen Teilnahme an der Liguilla träumen. Nach 38 Spielen hatte die Mannschaft allerdings vier Zähler weniger auf dem Konto als Tigres UANL, so dass für den Vorrundendritten erneut frühzeitig Endstation war. Wie immer Verlass war auf Osvaldo Castro, der seinen bisherigen 43 Treffern für Jalisco weitere 24 hinzugefügt hatte.
Und auch in der Spielzeit 1978/79 sollten dann nochmals 24 Torerfolge auf das Konto des Linksfußes gehen, womit dieser so ziemlich die einzig positive Erscheinung in einem ansonsten gnadenlos enttäuschenden Team war. Jalisco hatte nämlich nur acht seiner 38 Saisonspiele gewonnen und damit als Tabellenfünfter wiederum deutlich die Play-off-Teilnahme verpasst. Wie sehr die „Azucareros" von den Treffern Osvaldo Castros abhängig waren, sollte sich in der kommenden Saison zeigen, als diese ohne ihren chilenischen Torgaranten sang- und klanglos aus der Primera División absteigen mussten.

Wenig spektakulärer Karriereherbst

Osvaldo Castro hatte sich im Sommer 1979 in Richtung Deportivo Neza verabschiedet, einem Verein aus der Mexico City einverleibten Trabantenstadt Nezahualcoyotl, für den er in den kommenden zwei Jahren aktiv sein sollte und in 73 Ligaspielen weitere 40 Tore erzielte. Obwohl auch die „Coyotes" nicht zu den Topklubs zählten, konnte sich „Pata Bendita" mit diesen 1979/80 endlich für die Liguilla qualifizieren. Zwischenzeitlich waren die K.O.-Spiele bis zum Finale durch zwei Vierergruppen ersetzt worden, wobei Deportivo lange vom Finaleinzug träumen durfte. Erst am vorletzten Spieltag war die Entscheidung gefallen, als es beim späteren Meister Cruz Azul eine knappe 0:1-Niederlage gesetzt hatte. An jenem Tag war auch der 23-fache Saisontorschütze Osvaldo Castro ohne Torerfolg geblieben. Zwar ging die Trefferquote des Südamerikaners in der Saison 1980/81 auf 17 in 35 Spielen zurück. Dennoch konnten sich die „Coyotes" erneut für die Play-off-Runde qualifizieren, wo sie als Gruppenzweite hinter Pumas UNAM allerdings die Finalteilnahme verpassten, womit sie wie im Vorjahr am späteren Meister gescheitert waren.
Osvaldo Castro war mittlerweile 33 Jahre alt, als er in der Spielzeit 1981/82 im Trikot von Atlético Potosino zum letzten Mal seine gewohnte Torgefahr ausstrahlen konnte, indem er für den Klub aus San Luis in 36 Einsätzen 24

Tore erzielte. Lange schien sogar eine Qualifikation für die Play-Offs im Bereich des Möglichen zu liegen, da sich sein neues Team mit Universidad Guadalajara, Deportivo Neza und Cruz Azul einen spannenden Kampf um einen der ersten zwei Gruppenplätze lieferte, aus dem Atlético am Ende aber als unglücklicher Vierter hervorging.
Nachdem „Pata Bendita“ seit dem Weggang von AmérIca im Sommer 1975 ausnahmslos bei Vereinen unter Vertrag gestanden hatte, die der Kategorie „Mitläufer“ angehörten, schloss er sich in den letzten beiden Jahren seiner aktiven Laufbahn nochmals einem der mexikanischen Topklubs an. Bei Pumas de la UNAM sollte er in die Fußstapfen des im Jahr zuvor nach Spanien abgewanderten Hugo Sanchez treten – die ihm freilich um mindestens eine Nummer zu groß waren. Noch zwei Jahre ging der Chilene in Mexiko-Stadt auf Torejagd, wobei ihm in seinen 53 Einsätzen lediglich neun weitere Treffer glückten. Und auch der Traum von einem Titelgewinn sollte sich nicht erfüllen. Besonders enttäuschend war die Saison 1982/83 verlaufen, in der die Pumas als Vorrundendritte die festeingeplante Teilnahme an der Liguilla verpassten. Besser lief es dagegen 1983/84, als die Mannschaft mit Leistungsträgern wie Manuel Negrete, Raul Servin und Luis Flores durch einen Erfolg über Tigres UANL (0:1, 3:0) das Play-off-Halbfinale gegen CD Guadalajara erreichte, wo sie nach einem 1:2 in fremden Gefilden sowie einem 2:1 im heimischen Olympiastadion erst im Elfmeterschießen (3:5) die Segel streichen musste.

► ZAHLEN UND FAKTEN

Vereine:	1965-1968	Unión La Calera
	1969-1971	Deportes Concepción
	1972-1975	Club América (Mexico City)
	1975-1979	Club Jalisco Guadalajara
	1979-1981	Deportivo Neza
	1981-1982	Atlético Potosino
	1982-1984	Pumas UNAM (Mexico City)

Tore: 204 chilenische Erstligaspiele (132 Tore)
379 Sp. Primera División de Mexico (213 T.)
18 Tore Copa Mexico
28 Länderspiele (7 Tore)
gesamt 611 Pflichtspiele* (370 Tore)
** nur bekannte Spiele*

Erfolge: Chilenischer Meister (Provincial) 1970
Mexikanischer Pokalsieger 1974

Chilenischer Torschützenkönig 1970
Mexikanischer Torschützenkönig 1973/74
Chiles Fußballer des Jahres 1970

In der Nationalmannschaft:
Anders als im Vereinsdress, wo Osvaldo Castro in seiner chilenischen Heimat sowie in Mexiko für seine Arbeitgeber Tore wie am Fließband produzierte, nimmt sich die Erfolgsbilanz im Trikot der chilenischen Nationalmannschaft in Anbetracht von nur sieben Toren in 28 Länderspieleinsätzen ausgesprochen bescheiden aus. Sein Debüt im Dress der „Roja“ gab „Pata Bendita“ im Spätherbst des Jahres 1966, als das Nationalteam nach dem Vorrunden-Aus bei der Weltmeisterschaft in England vor dem Umbruch stand.
Im Rahmen der Qualifikation für das Campeonato Sudamericano im kommenden Januar trafen die Chilenen am 30. November im Nationalstadion von Santiago auf Kolumbien, das mit 5:2 deutlich in die Schranken gewiesen wurde. Herausragender Akteur auf dem Rasen war der gerade 18 Jahre alt gewordene Osvaldo Castro, dem vor 80.000 Zuschauern auf Anhieb zwei Treffer geglückt waren. Damit kam er auch bei sämtlichen fünf Spielen im Rahmen der Kontinentalmeisterschaft in Montevideo zum Einsatz, die Chile hinter Gastgeber Uruguay und Argentinien als achtbarer Dritter abschloss. Allein einen weiteren Treffer hatte Castro nicht verbuchen können.
Erst in seinem zehnten Länderspiel am 13. Dezember 1967 gegen Ungarn (4:5) sollte er sich zum dritten Mal in die Torschützenliste eintragen. Nachdem Castro zwischenzeitlich zu Deportes Concepión gewechselt war, durfte er seine nächsten Treffer in den Freundschaftsspielen gegen Brasilien (1:2) und Paraguay bejubeln, wobei ihm am 14. Juli 1971 beim 3:2 über die „Albirroja“ zum zweiten Mal ein Doppelpack gelang.
Damit freilich hatte er sein Pulver schon fast verschossen, da er in den elf noch folgenden Länderspielen nur noch ein einziges Mal ins Schwarze treffen sollte. Im Rahmen der WM-Qualifikation für Argentinien traf Chile am 20. März 1977 auf Ecuador, als der Mexiko-Legionär beim 3:0-Sieg sein siebtes Länderspieltor erzielte. Sechs Tage später streifte Osvaldo Castro dann letztmals das Dress der „Roja“ über, die nach einer 0:2-Niederlage in Lima gegen Peru die WM-Teilnahme verpasst hatte.
Dass der Torjäger aus Copiapó über einen längeren Zeitraum nur sporadisch zum Einsatz kam, lag sicher auch daran, dass er als Auslandsprofi etwas aus dem Blickfeld des jeweiligen Nationaltrainers geraten war. Dafür hatte er 1974 WM-Luft schnuppern dürfen, als ihn Luis Alamos mit in die Bundesrepublik genommen hatte. Nachdem Castro in den Qualifikationsspielen gegen Peru (0:2, 2:0) und auch im Vorbereitungsspiel gegen Irland (1:2) mitgewirkt hatte, musste er jedoch sämtliche drei Gruppenspiele gegen Australien, die DDR und die gastgebende Bundesrepublik von der Bank aus verfolgen.

Saison	Lsp.		Liga		Pokal	
	Sp.	T.	Sp.	T.	Sp.	T.
1965			?	?		
1966	2	2	?	?		
1967	9	1	?	?		
1968	2	0	?	?		
= 1965-68			*95*	*71*		
1969			?	13		
1970	3	1	?	36		
1971	5	2	?	12		
= 1969-71			*109*	*61*		
1971/72			?	?		?
1972/73	2	0	?	?		?
1973/74	1	0	32	26		10
1974/75			?	?		?
= 1972-75			*88*	*49*		*18*
1975/76			32	26		
1976/77	4	1	24	17		
1977/78			37	24		
1978/79			37	24		
1979/80			38	23		
1980/81			35	17		
1981/82			36	24		
1982/83			32	6		
1983/84			20	3		

Giorgio Chinaglia
Entwicklungshelfer des Soccer

Obwohl für Cosmos New York Weltstars wie Franz Beckenbauer oder Pele gekickt haben, war es doch nicht zuletzt dem Italiener Giorgio Chinaglia zu verdanken, dass der Verein aus dem Big Apple in den späten Siebzigern zum Aushängeschild der schillernden US-amerikanischen Operettenliga wurde. Gleich viermal konnte Chinaglia mit Cosmos die NASL-Meisterschaft gewinnen und sich außerdem fünfmal als deren bester Goalgetter auszeichnen. Mit 243 Toren in 254 Einsätzen hat er darüber hinaus so viele Treffer wie kein Zweiter erzielt. Es sollte allerdings nicht verschwiegen werden, dass die USA damals wie heute nicht gerade der Nabel der Fußballwelt waren. Vielmehr war die zwischen 1968 und 1984 existierende „North American Soccer League" (NASL) der letztlich gescheiterte Versuch, dem europäischen Import in der Neuen Welt zu größerer Popularität zu verhelfen. Die Amerikanisierung des Regelwerks führte etwa zur Einführung von „artfremden" Play-off-Spielen oder des dem Eishockey entlehnten Penaltys, der den Strafstoß in gewohnter Form ersetzte. Zudem betrachtet man in den Vereinigten Staaten den Sport anders als in Europa seit jeher weit mehr als Show, was zwar nicht heißen soll, dass Chinaglia seine Tore geschenkt bekam. Dennoch erscheint seine famose Trefferquote in der NASL in einem anderen Licht, wenn man diesen die 77 Torerfolge in 175 Serie-A-Spielen oder seine mageren vier Länderspieltore (in 14 Einsätzen) entgegensetzt. Kurz gesagt würde Giorgio Chinaglia wohl nicht unbedingt zu den besten 100 Torjägern des Weltfußballs zählen, wenn er seine Spieler-Laufbahn 1976 nicht bei Cosmos, sondern bei Lazio Rom fortgesetzt hätte.

Über Wales in die Ewige Stadt

Der Karriereverlauf des am 24. Januar 1947 im toskanischen Carrara geborenen Giorgio Chinaglia ist freilich außergewöhnlich und beweist, dass man mit Geduld und dem richtigen Riecher auch über Umwege zum Ziel gelangen kann. Denn eines kann man Giorgio Chinaglia trotz des Makels, die meisten seiner Tore in der amerikanischen Operettenliga erzielt zu haben, nicht absprechen: Ein „Star" war er auf seine Weise ganz gewiss!

Im Alter von acht Jahren siedelte Giorgio Chinaglia zusammen mit Vater Mario, Mutter Giovanna und seiner Schwester Rita in die walisische Hauptstadt Cardiff um, nachdem sein Vater in Italien keine Arbeit gefunden hatte. Schnell begriff der kleine Giorgio, dass man im Leben nichts geschenkt bekommt. Mario Chinaglia hatte sich als Metallarbeiter verdingt und lebte mit seiner Familie in ausgesprochen bescheidenen Verhältnissen – sprich in einem einzigen Raum. Damit waren die Voraussetzungen geschaffen, dass aus Giorgio ein waschechter Straßenfußballer wurde. Dem runden Leder nachzujagen, war praktisch sein einziger Zeitvertreib, was er in den Straßen Cardiffs ausgiebig tat. Viel lieber als mit Gleichaltrigen kickte er jedoch mit Kindern, die drei oder vier Jahre älter waren. Der Ehrgeiz, immer besser zu werden, wurde schließlich belohnt. Gerade hatte Giorgio Chinaglia in einer Schülerauswahl von Cardiff einen Hattrick erzielt, als er im Alter von 13 Jahren von Trevor Morris angesprochen wurde, ob er nicht Lust habe, in die Jugendabteilung von Swansea Town einzutreten, dessen Profiteam in der dritten englischen Liga spielte. Für Chinaglia war das Angebot von Trevor Morris ein Wink des Schicksals. Zudem betrachtete er es pragmatisch: Sein Vater hatte nämlich inzwischen genügend Geld zusammengespart, um ein Restaurant eröffnen zu können. Der Fußball bot Giorgio Chinaglia die willkommene Ausrede, sich vor der ungeliebten Küchenarbeit zu drücken! Im Alter von 15 Jahren unterschrieb der gebürtige Italiener einen Profivertrag, der ihm ein wöchentliches Honorar von sieben Pfund eintrug.

Obwohl Trevor Morris zu Anfang von Chinaglias Fähigkeiten in höchsten Tönen geschwärmt hatte, zeigte er sich später nur noch wenig begeistert. Die Karriere des hoffnungsvollen Talents entwickelte sich nämlich ausgesprochen schleppend. Nach seinem Debüt am 14. Oktober 1964 gegen Rotherham United (2:2) im Liga-Cup kam er in der Saison 1964/65 in der Meisterschaft nur noch im Februar gegen den FC Portsmouth (0:0) zum Zug. Auch in der kommenden Spielzeit setzte ihn Morris im Drittligateam von Swansea Town lediglich vier weitere Male ein, wobei Chinaglia am 24. August 1965 bei der 1:2-Niederlage in Bournemouth seinen einzigen Treffer erzielte. Somit blieb der Sieg im sportlich unbedeutenden West Wales Senior Cup, den die Mannschaft im Frühjahr 1965 durch einen 3:0-Finalerfolg über Llanelli AFC aus der Amateurliga errungen hatte, wobei Chinaglia im Endspiel zu den Torschützen zählte.

Warum Chinaglias Entwicklung stagnierte, lag nach Meinung seines Trainers vor allem an dessen mangelnder Einstellung. Morris sah in dem späteren Soccer-Star ein echtes „Enfant terrible", der sich statt auf dem Trainingsplatz lieber in Pubs aufhielt und dort dem Alkohol zusprach, sich am Glückspiel erfreute oder sich mit schönen Frauen umgab. Seine zahlreichen Disziplinlosigkeiten führten schließlich dazu, dass Chinaglia bei Swansea gefeuert wurde. Sein Ruf auf der Insel war derart ruiniert, dass ihn kein anderer Verein unter Vertrag nehmen wollte. So traf es sich ausgezeichnet, dass er in seinem Geburtsland Italien zum Militärdienst einberufen wurde. Zusammen mit seinen Eltern kehrte der mittlerweile 19-Jährige in die toskanische Heimat zurück, um in der Saison 1966/67 bei US Massese anzuheuern, das in der Serie C beheimatet war.

► **EINWURF**
Mannigfaltige Undiszipliniertheiten führten im Verlauf des Jahres 1966 zum Rauswurf Giorgio Chinaglias bei Swansea Town. Angeblich soll er seinen Trainer Trevor Morris sogar mit der Axt attackiert haben, als dieser ihn wegen seiner Eskapaden zur Rede stellte. Dieses Gerücht wurde von Chinaglia selbst freilich immer dementiert.

Den Eintritt in die Armee bezeichnete Chinaglia später als großen Glücksfall. „Ansonsten", meinte er, „wäre ich vermutlich in Wales in irgendwelchen Pubs versumpft." In der italienischen Armee gab es eine spezielle Abteilung für Sportler, die sich hier praktisch ausnahmslos dem Training widmen konnten und ansonsten vom Militärdienst befreit waren. Da Chinaglia im Ausland gespielt hatte, war ihm vom italienischen Verband untersagt worden, für die nächsten drei Jahre bei einem Serie-A-Verein zu unterschreiben, weshalb er zunächst auf Vermittlung seines Vaters Mario in Massa landete, das in der Nähe seiner Geburtsstadt Carrara liegt. Die Niederungen des italienischen Fußballs waren für einen Mittelstürmer jedoch alles andere als ein Zuckerschlecken, was vor allem am damals auf dem Apennin sakrosankten Catenaccio lag, der auch in den unteren Ligen – und dort vermutlich auf seine hässlichste Art – praktiziert wurde. Entsprechend

selten traf Chinaglia bei US Massese ins Schwarze. In der B-Staffel bestritt er 1966/67 zwar 32 von 34 Spielen, erzielte aber gerade einmal fünf Treffer.
Im Sommer 1967 wechselte er zu Internapoli, das ebenso wie US Massese in der Serie C kickte. Der 21-Jährige sorgte mit seinen starken Leistungen am Fuße des Vesuvs endlich dafür, dass eine breite Öffentlichkeit auf ihn aufmerksam wurde. In 66 Einsätzen in zwei Spielzeiten traf er immerhin 24-mal ins Schwarze, was Internapoli nach Rang neun in der Saison 1967/68 im Jahr darauf auf einen ansprechenden dritten Platz klettern ließ. 1969 durfte Chinaglia schließlich zu einem Erstligaklub wechseln, nachdem der Bann, den die FIGC nach seiner Rückkehr in die alte Heimat ausgesprochen hatte, aufgehoben war. Daraufhin unterschrieb Giorgio Chinaglia einen Vertrag bei Lazio Rom.

Ereignisreiche Jahre am Tiber

Für die Laziali sollte Giorgio Chinaglia sieben Jahre spielen, wobei er am Tiber sämtliche Aufs und Abs – von Abstieg bis Meistertitel – erlebte. Der Hauptstadtverein war in der Saison 1968/69 nach zwei Jahren Abstinenz gerade wieder ins Oberhaus zurückgekehrt und befand sich in einer in finanzieller Hinsicht traditionell prekären Lage. Selten waren die Biancocelesti in ihrer bisherigen Geschichte über das Mittelmaß hinausgekommen. Lediglich einmal (1958) durften sie mit dem Gewinn der Coppa Italia einen großen Titel feiern. Entsprechend kämpfte man am Tiber ums sportliche Überleben. Es war die Regel, dass man talentierte Eigengewächse immer wieder verkaufen musste, um mit den Ablösesummen die größten Löcher zu stopfen. Teure Topstars konnte man sich ebenfalls nicht leisten, weshalb die Verpflichtung des wenig bekannten, dafür aber umso talentierteren Mittelstürmers Chinaglia fast wie der Hauptgewinn in einer Lotterie erschien.

Wer nicht liebt Wein, Weib und Gesang. – Nach diesem Motto lebte der am 1. April 2012 verstorbene Giorgio Chinagliga zu Beginn seiner Karriere.

Giorgio Chinaglia war bei Lazio jedoch nicht nur auf dem Platz eine wichtige Größe. Bald wurde er auch ins Management des Vereins eingebunden und beriet das Präsidium, wenn es darum ging, Spieler zu verpflichten oder zu verkaufen. Nicht zuletzt verdankte man es seinen Ratschlägen, dass der bisherige Chaos-Klub Lazio bald über ein schlagkräftiges Team verfügte, das 1973/74 gar die Italienische Meisterschaft einfahren konnte. Freilich trug sein immenser Einfluss auch dazu bei, dass er bei seinen Mitspielern nicht immer sonderlich beliebt war, da diese etwa bei Vertragsverhandlungen auf seine Fürsprache bauen mussten. Chinaglia wurde aber nicht nur von seinen Berufskollegen, sondern auch den Tifosi kontrovers diskutiert. Während ihn die einen geradezu vergötterten, wurde er von den anderen abgrundtief gehasst. Dies alles hatte zur Folge, dass der Lazio-Mittelstürmer mitunter keine ruhige Minute hatte. Sein Privatleben wurde in den römischen Gazetten bis ins Kleinste durchgehechelt. Chinaglia: „Nichtssagende Interviews, die ich mit Journalisten geführt habe, wurden am nächsten Tag auf der ersten Seite abgedruckt. Nachrichten über den Papst erschienen auf Seite 3!"
Die Popularität, die Chinaglia in der Ewigen Stadt genoss – und die zur Gründung zahlreicher Fanclubs führte –, lag auch in dessen Spielweise begründet, die so ganz anders war als jene, wie sie die Fans auf dem Stiefel bis dato gewohnt waren. Wohl, weil er das Fußballspielen im Vereinigten Königreich erlernt hatte, hielt er sich nicht lange bei wenig effektiven Dribblings auf, sondern suchte oft sofort den direkten Weg zum Tor. Seine Erfahrungen im Mutterland des Fußballs sowie seine Körpergröße trugen ihm in Rom alsbald den Namen „Long John" ein.

► EINWURF
Giorgio Chinaglia ist mit 98 Ligatoren in 209 Spielen (Serie A und B) noch heute einer der erfolgreichsten Torschützen der Biancocelesti. Übertroffen wird er lediglich von Silvio Piola (148 Tore) sowie Giuseppe Signori, der zwischen 1992 und 1998 am Tiber 107 Treffer erzielen konnte

Allein die Anfänge seiner Lazio-Zeit waren eher bescheiden. Immerhin zeigte sich die Mannschaft unter Trainer Juan Carlos Lorenzo in der Saison 1969/70 gegenüber den Vorjahren deutlich verbessert und belegte einen starken achten Platz. Und auch Neuzugang Giorgio Chinaglia wurde schon bald von den römischen Tifosi ins Herz geschlossen: Am 3. Spieltag schoss er sein Team dank seines Tores aus der 62. Minute vor 70.000 Zuschauern im prall gefüllten Stadio Olimpico zu einem 1:0-Sieg über den AC Mailand. Unterm Strich standen für „Long John" in dessen erstem Lazio-Jahr zwölf Tore in 28 Spielen zu Buche, was zwar auf den ersten Blick nicht wirklich überragend klingt, in Anbetracht der mageren 33 Saisontreffern, welche die Catenaccio-verseuchten Laziali im gesamten Spieljahr erzielt hatten, jedoch in einem anderen Licht erscheint.
„La Lazio di Chinaglia conquista la Coppa" – Chinaglias Lazio erobert den Pokal! Die Überschrift des „Corriere dello Sport" vom 26. Juni 1971 schien von einem großen Triumph der Laziali zu künden. Was war passiert? Hatte der Verein nach 1958 etwa zum zweiten Mal den Landespokal gewonnen? Oder wurde gar erstmals in der Vereinsgeschichte der Scudetto erobert? Nun, Lazio hatte sogar einen internationalen Wettbewerb für sich entscheiden können. Zum ersten Mal durfte sich die Mannschaft im Spieljahr 1970/71 an einem der drei „großen" Europacup-Wettbewerbe beteiligen und wurde von den Organisatoren zum Messe-Pokal eingeladen. Noch im Vorjahr hatte man sich im Pausenfüller Mitropa-Cup bis auf die Knochen blamiert und war im Achtelfinale an Honved Budapest (1:1, 1:2) gescheitert. Nun wollte man es unbedingt besser machen, wobei es die Losfee beim Debüt auf der großen internationalen Bühne nicht wirklich gut mit den Biancocelesti meinte. Mit den Londoner Gunners hatte sie diesen nämlich ein englisches Topteam beschert. Arsenal zeigte sich am 16. September 1970 im Olympiastadion von Rom dann auch als der erwartet dicke Brocken und ging kurz nach der Pause dank eines Doppelschlags von Radford (52. und 56. Minute) mit 2:0 in Führung. Die Gastgeber gaben jedoch nicht auf und kämpften sich in einer packenden Schlussphase zurück. In der 85. und 89.

Minute glänzte Giorgio Chinaglia mit einer weiteren „Doppietta" und schenkte seinen Farben für den Rückkampf wieder etwas Hoffnung. In Highbury gab sich Arsenal vor den Augen von FIFA-Präsident Sir Stanley Rous jedoch keine Blöße und kickte Lazio mit 0:2 aus dem Wettbewerb.

► **EINWURF**

Obwohl Chinaglia mit Lazio nur äußerst selten die Gelegenheit bekam, sein Können über die Landesgrenzen hinaus zu zeigen, ist seine Bilanz im Europacup beeindruckend. Nur neunmal lief er für die Biancocelesti in Messe- und UEFA-Pokal auf, erzielte aber elf Treffer. Seinen ersten beiden Torerfolgen gegen Arsenal London 1970/71 folgte im Hinspiel der ersten UEFA-Cup-Runde 1973/74 gegen den FC Sion (3:0) vor der Pause ein lupenreiner Hattrick zwischen der 2. und 25. Minute. Ebenfalls drei Treffer gingen im Zweitrunden-Rückspiel gegen Ipswich Town auf Chinaglias Konto. Das 4:2 bedeutete nach der 0:4-Pleite im Hinspiel allerdings das Aus, was die Zuschauer derart erzürnte, dass sie nach einer strittigen Schiedsrichterentscheidung Gegenstände auf das Spielfeld warfen, weshalb der Verein von der UEFA für die kommende Saison aus dem Europacup verbannt wurde. Dies war auch der Grund, weshalb sich „Long John" nach dem Meistertitel 1974 nicht in der kontinentalen Königsklasse beweisen durfte. Erst im Spieljahr 1975/76 konnte Lazio wieder am UEFA-Pokal teilnehmen, wo in der Auftaktrunde Tschernomorez Odessa aus der Sowjetunion wartete. Nach einer 0:1-Hinspielniederlage am Schwarzen Meer roch es am 1. Oktober 1975 im Stadio Olimpico lange nach einem torlosen Remis, ehe Chinaglia seine Kameraden mit einem Elfmetertor aus der 89. Minute in die Verlängerung rettete, wo er mit einer „Doppietta" den 3:0-Sieg und das Weiterkommen sicherte. Damit hatte der Sturmführer der Biancocelesti elf Europacuptreffer erzielt, mit denen er noch heute in der vereinsinternen Bestenliste hinter Simone Inzaghi (20) und Pavel Nedved (11) den dritten Platz belegt.

Ihren internationalen Lorbeer musste die Mannschaft im Sommer 1971 so in einem weiteren Pausenfüller ernten. Zwischen 1962 und 1987 spielten Vereine aus Frankreich, Deutschland, der Schweiz und Italien in der meisterschaftsfreien Zeit den Alpenpokal aus, wobei Lazio am 25. Juni 1971 im Endspiel gegen den FC Basel stand. Gegen die Schweizer stand es zur Pause 1:1, ehe Giorgio Chinaglia mit einem erneuten Doppelpack in der Schlussviertelstunde den Sieg der Römer sicherstellte. In seinen insgesamt vier Einsätzen hatte er siebenmal ins Schwarze getroffen, so dass er auch die Torjägerliste anführte. Ach ja: Seinen ersten (und einzigen) „Triumph" auf internationaler Ebene hatte Chinaglia als bereits feststehender Absteiger in die Serie B gefeiert. Nach katastrophalen Darbietungen und nur fünf Saisonsiegen war Lazio 1970/71 zum dritten Mal in den vergangenen zehn Jahren in die Serie B abgestürzt. Auch „Long John" hatte sich mit mageren neun Saisontoren an das schwache Niveau seiner Kameraden angepasst.

Unter dem neuen Trainer Tommaso Maestrelli glückte 1971/72 der sofortige Wiederaufstieg in die Serie A. Quasi aus dem Stand machte der ehemalige Spieler der Roma aus dem belächelten Fahrstuhlklub Lazio einen ernstzunehmenden Titelkandidaten, der in Chinaglia seinen wichtigsten Akteur besaß, welcher mit 21 Treffern Zweitligatorschützenkönig geworden war. Im Fußball-Oberhaus Italiens verkaufte sich die Mannschaft nach ihrer Rückkehr so gut, dass sie auf Anhieb Dritter wurde und sich erstmals für den UEFA-Cup qualifizierte. Dabei konnte man sich vor allem auf die Verteidigung verlassen, die sich den Namen Betonabwehr in dieser Spielzeit mit Fug und Recht verdiente. Dank lediglich 16 Gegentoren verfügten sie in Rom über die mit weitem Abstand beste Deckungsreihe der Liga. In der Offensive sah es in Anbetracht von 33 Torerfolgen nicht ganz so gut aus. Dafür hatte man im zehnfachen Saisontorschützen Giorgio Chinaglia einen Knipser in seinen Reihen, auf den im entscheidenden Moment Verlass war.

Meister mit Lazio

Ein erfreulicher Zustand, an dem sich in der kommenden Spielzeit nichts ändern sollte. Denn auch 1973/74 machten die Biancocelesti weiterhin positiv auf sich aufmerksam. Erstmals landete der Scudetto in der Vitrine der Laziali, die damit endlich aus dem Schatten der großen Vereine des Nordens traten. Am vorletzten Spieltag gastierte im Olympiastadion die Elf von US Foggia, gegen die sich Lazio mit einem 1:0-Sieg zwei Jahre nach dem Aufstieg den Titel sichern konnte. Die Partie kulminierte kurz vor der 60. Minute, als Renzo Garlaschelli in den gegnerischen Strafraum eindrang und das Leder weiterleiten wollte. Foggias Verteidiger Scorsa sprang der Ball bei einer Abwehraktion an die Hand, so dass Schiedsrichter Panzino auf den Punkt zeigte. Die bestürzten Gästespieler bestürmten daraufhin den Unparteiischen und redeten vehement auf ihn ein, weil für sie beim Handspiel keine Absicht vorlag. Natürlich blieb Panzino bei seiner Entscheidung. Nach minutenlangen Tumulten schnappte sich Giorgio Chinaglia die Kugel und behielt in der aufgeheizten Atmosphäre die Nerven. Cool verlud er Torhüter Trentini in die andere Ecke und netzte flach zum alles entscheidenden 1:0-Siegtreffer ein. Nach dem Schlusspfiff um 17 Uhr 45 kannte der Jubel keine Grenzen. Die Tifosi stürmten auf den Rasen und feierten ihre Helden voller Enthusiasmus. An der Spitze der Meistermannschaft stand – nicht nur wegen seines verwandelten Strafstoßes gegen Foggia – Giorgio Chinaglia. Er hatte mit seinen 24 Saisontreffern nicht nur entscheidend zum Erfolg des Teams beigetragen, sondern war auch zum Torschützenkönig der Serie A avanciert.

► **EINWURF**

Dass Elfmeter zur Spezialität von „Long John" gehörten, bewies dieser vor allem im Saisonfinale 1973/74, als sein verwandelter Strafstoß gegen Foggia den Biancocelesti zum ersten Meistertitel verhalf. In seiner Lazio-Zeit verwandelte Giorgio Chinaglia insgesamt 35 Elfer, mit denen er lange Zeit den Vereinsrekord vor Bruno Giordano (24) hielt. Erst in den neunziger Jahren wurde seine Bestmarke von Giuseppe Signori gebrochen. „Beppegol" war vom ominösen Punkt aus 38-mal erfolgreich.

Als Baumeister der Erfolgself um Kapitän Pino Wilson betrachteten die Experten Trainer Maestrelli, wobei Giorgio Chinaglia als dessen Lieblingsschüler galt. Nach dem Titel träumte man am Tiber schon von einer großen Zukunft, als im Februar 1975 die Nachricht von einer ernsthaften Erkrankung des Meistertrainers die Runde machte. Die Spekulationen schossen ins Kraut: Mal wurde von einem Burnout-Syndrom gesprochen, mal hieß es, der Lazio-Coach strebe eine Karriere als Verbandstrainer an. Die

Wahrheit war weitaus dramatischer: Tommaso Maestrelli war unheilbar an Krebs erkrankt, was besonders Giorgio Chinaglia erschütterte. Als er von der Erkrankung seines Mentors erfuhr, soll er in Tränen ausgebrochen sein. Nachdem die Biancocelesti 1974/75 die Saison noch als guter Vierter beendet hatten, fielen sie im kommenden Jahr auf Rang 15 zurück. Erst am letzten Spieltag konnten sie durch ein hart erkämpftes 2:2 in Como den Klassenerhalt sichern. Maestrelli, der trotz seines schlechten gesundheitlichen Zustands zum Saisonende noch einmal auf die Trainerbank zurückgekehrt war, wurde von den 10.000 mitgereisten Lazio-Anhängern nach dem Schlusspfiff begeistert gefeiert. An 2. Dezember 1976 verstarb Tommaso Maestrelli im Alter von nur 54 Jahren.
Zur Beerdigung war auch Giorgio Chinaglia angereist, nachdem dieser noch vor Ende der Saison 1975/76 seinen Wechsel in die North American Soccer League vollzogen hatte. Die letzte Partie im Lazio-Dress hatte „Long John" am 25. April 1976 bestritten, als es für den Abstiegskandidaten vom Tiber im heimischen Olympiastadion zu einem 1:1-Unentschieden gegen Torino Calcio reichte.

Im Land der begrenzten Fußball-Möglichkeiten

Giorgio Chinaglia hatte sich mit Connie Eruzione verheiratet, die er seit 1970 kannte. Schließlich folgte er seiner Frau in ihre amerikanische Heimat, wo er an der Seite von Pele und Franz Beckenbauer im Soccer-Entwicklungsland Aufbauarbeit leistete. Chinaglias Bilanz in den USA liest sich beeindruckend. Bis 1983 kam er für Cosmos New York 254-mal zum Einsatz und erzielte dabei 243 Tore. Dass er dem Fußball in den Vereinigten Staaten gleichwohl nicht zum Durchbruch verhalf, steht auf einem anderen Blatt. Nach wie vor huldigten sie zwischen New York und Los Angeles viel lieber den Stars des Basketballs, des Baseballs oder aber des Eishockeys, was auch Giorgio Chinaglia nicht verborgen geblieben sein dürfte. Seine Ehefrau war nämlich die Schwester des legendären Mike Eruzione, der bei den Olympischen Winterspielen 1980 in Lake Placid mit den Vereinigten Staaten die Goldmedaille gewann. Dabei avancierte Eruzione zum Helden, als er im entscheidenden Spiel der Systeme gegen die scheinbar unschlagbare sowjetische Sbornaja den Siegtreffer für die amerikanischen College-Boys erzielte. Legitimer Nachfolger Chinaglias bei Lazio wurde indes Bruno Giordano, der zwischen 1975 und 1985 für die Biancocelesti 203 Spiele bestritt und 86 Tore erzielte.

► EINWURF

Schon bei Lazio Rom war der dreifache Familienvater Giorgio Chinaglia dafür bekannt, auf dem Spielfeld den Hang zum Unkonventionellen zu besitzen, weshalb er bestens zum US-amerikanischen Soccer passte, der immer auch von unterhaltsamen Showeinlagen lebte. „Chinagliata" – so wie Chinaglia – schwärmten die Lazio-Anhänger, wenn der schillernde Publikumsliebling die Massen mal wieder mit einem seiner Geniestreiche verzaubert hatte.

Giorgio Chinaglia kam die Spielweise in der nordamerikanischen Operettenliga sehr entgegen. Im Gegensatz zu den Gepflogenheiten in Italien wurden die Stürmer jenseits des Großen Teichs längst nicht so eng gedeckt, was sich in der Trefferquote des Catenaccio-erprobten „Long John" ausdrückte. Außerdem profitierte der Goalgetter davon, in Pele, Franz Beckenbauer, Carlos Alberto oder Johan Neeskens Mitspieler der Extraklasse neben sich zu wissen, die ihm so manchen Treffer gekonnt auflegten. Cosmos New York, das seine Heimspiele im Giants Stadium austrug, wurde schnell zum Aushängeschild der NASL und dabei voller Enthusiasmus gar als „the most glamorous team in world football" bezeichnet. Trotz seiner prominenten Mitspieler war es dennoch Dauerbrenner Giorgio Chinaglia, der den nachhaltigsten Eindruck hinterließ, was sicher zuallererst daran lag, dass er in seinen acht Spielzeiten zum erfolgreichsten Torjäger des nordamerikanischen Profifußballs avancierte, was ihm im Jahr 2000 die Aufnahme in die „National Soccer Hall of Football" eintrug. Giorgio Chinaglia sollte im Übrigen bis in die Gegenwart von seinem Bekanntheitsgrad in den USA profitieren. So arbeitete er etwa während der Weltmeisterschaft 2002 in Südkorea und Japan als Experte für den TV-Sender „ABC".

EXKURS: Die Scorerliste der NASL

Fünfmal (1976, 1978 und 1980 bis 1982) konnte Giorgio Chinaglia Topscorer der NASL werden, was nicht heißt, dass er damit auch die meisten Tore erzielt hat. Die Amerikanisierung des Fußballs hatte nämlich zur Folge, dass wie im Eishockey die Scorerliste nicht nur auf der Basis der Torerfolge, sondern zuzüglich der Vorlagen (Assists) errechnet wurde. Die Gesamtpunktzahl kommt durch die Verdopplung der Trefferzahl zustande, der die Assists hinzuaddiert werden. Mit 19 Toren (38 Punkte) und 11 Vorlagen (11 Punkte) kam Chinaglia 1976 auf 49 Scorer-Punkte, so dass er Derek Smethurst von den Tampa Bay Rowdies hinter sich ließ, weil diesem neben 20 Toren (40 Punkte) nur fünf Vorlagen gelungen waren, was unterm Strich 45 Scorer-Punkte ergab. Torschützenkönig nach traditionellem europäischem Muster wäre Giorgio Chinaglia lediglich viermal (1978 bis 1981) geworden. Die Auszeichnung als Topscorer musste er sich 1982 übrigens mit Karl-Heinz Granitza teilen, der in der Geschichte der NASL als einziger Deutscher diese Wertung anführte. Der 1951 in Lünen geborene Granitza spielte zwischen 1978 und 1984 für Chicago Sting, wo er in 199 Einsätzen auf 128 Tore kam. Der ehemalige Bundesligaprofi von Hertha BSC Berlin erwarb sich in Illinois jedoch vor allem einen hervorragenden Ruf als Hallenspezialist, nachdem er für Chicago in der „Major Indoor Soccer League" in 238 Spielen stolze 314-mal ins Schwarze treffen konnte.

Bereits die erste Saison in der NASL wurde für Chinaglia zum großen Erfolg. Bei seiner Premiere gegen die Los Angeles Aztecs (mit George Best) steuerte er zum 6:0-Sieg zwei Treffer bei, um diesen in der Regular Season 17 weitere folgen zu lassen, womit „Long John" auf Anhieb zum Topscorer avancierte. Im kommenden Spieljahr (1977) sollte der Italien-Import die Torjägerkrone zwar verpassen, dafür aber reichte es durch einen 3:1-Sieg im Play-off-Finale gegen die Seattle Sounders zum Titelgewinn. Das Spiel um die „Soccer Bowl" vor der für US-amerikanische Verhältnisse stolzen Kulisse von 35.000 Zuschauern im Civic Stadium von Portland stand lange Zeit 1:1, ehe Chinaglia mit einem Kopfballtreffer den Sieg von Cosmos unter Dach und Fach brachte.
In der nächsten Saison musste der Klub aus dem Big Apple den Weggang von Pele verkraften, was zwar einen bedeutenden Glamour-Faktor kostete, dem sportlich positiven Saisonverlauf indes keinen Abbruch tat. Besonders Mittelstürmer Chinaglia kam ohne den dreifachen brasilianischen Weltmeister noch besser zur Geltung. Schon in der Regular Season war er nicht zu bremsen und erfreute die Fans zwischen Freiheitsstatue und Golden Gate Bridge mit 34 Toren in 30 Spielen, eine Marke, die in der Historie der NASL nie mehr erreicht wurde. Der Toptorschütze führte Cosmos so praktisch im

Alleingang in ein weiteres Finale, das vor 74.901 Zuschauern im Giants Stadium mit einem 3:1-Erfolg über die Tampa Bay Rowdies endete, an dem auch Chinaglia mit einem Treffer beteiligt war.
Nach einjähriger Pause konnte Chinaglia die „Soccer Bowl" im Jahr 1980 dann zum dritten Mal erobern. Cosmos hatte am 21. September keine Mühe, um in Washington die Elf der Ford Lauderdale Strikers (mit Gerd Müller) deutlich mit 3:0 in die Schranken zu weisen. Während der ehemalige Bayern-Spieler im RFK Stadium wirkungslos blieb, glänzte Giorgio Chinaglia als zweifacher Torschütze. Bereits in der Regular Season waren ihm 32 Treffer geglückt, mit denen er zum dritten Mal die Scorerliste der nordamerikanischen Operettenliga anführte, was ihm auch in den beiden kommenden Jahren gelingen sollte. Zwar unterlag Cosmos 1981 im Finale den Chicago Sting mit 0:1. Trotzdem wurde Chinaglia von den Organisatoren danach als MVP („Most Valuable Player") der Saison ausgezeichnet.
Zu Beginn der achtziger Jahre begann die Euphorie rund um den Soccer merklich abzuebben. Immer weniger europäische Stars machten sich auf den Weg über den Großen Teich, so dass das ambitionierte Projekt NASL 1984 eingestellt wurde. Bis zur Weltmeisterschaft zehn Jahre später kochte der Fußball in den USA nur noch auf Sparflamme. Wie sehr das Publikumsinteresse an der Sportart abgenommen hatte, zeigte das Spiel um die „Soccer Bowl" 1982, das gerade einmal 22.634 Fans verfolgen wollten. Für Giorgio Chinaglia nahm die Partie freilich einen positiven Verlauf, da sein Treffer des Tages gegen die Seattle Sounders dem Cosmos-Team nochmals den Titelgewinn sicherte. Aber auch die Karriere des mittlerweile 35-Jährigen begann sich allmählich dem Ende entgegenzuneigen. In der Regular Season waren ihm in 32 Spielen nur noch 20 Treffer gelungen. 1983 ging seine Trefferquote gar auf 18 zurück, womit er erstmals in seiner Cosmos-Zeit nicht mehr teaminternen Toptorjäger war. In Anbetracht von nur noch 17 Einsätzen machte sich zudem eine gewisse Verletzungsanfälligkeit bemerkbar, weshalb Giorgio Chinaglia seine Laufbahn im Herbst 1983 für beendet erklärte.

► EINWURF
Nicht immer war Chinaglia während seiner Laufbahn in den USA trotz seiner Treffsicherheit sonderlich beliebt, weil „Long John", der das Rampenlicht liebte, nie ein Blatt vor den Mund nahm und selbst die Superstars von Cosmos mit kritischen Worten bedachte. „Es gab Zeiten" so Chinaglia, „da wurde ich im Giants Stadium ausgebuht. Die Italo-Amerikaner hassten mich, weil ich Italien verlassen hatte. Die Deutschen, weil ich Beckenbauer kritisiert habe. Und auch die Südamerikaner konnten mich nicht ausstehen, weil ich gesagt habe, ihre Spieler seien faul. Aber all diese Dinge waren wahr. Sollte ich einfach nur schweigen? Pele und Beckenbauer haben nie etwas Kritisches geäußert. Immer nur: ‚Alles ist gut, wunderbar.' Dass ich nicht lache!"

Als Funktionär ohne Fortune

Unmittelbar nach seiner Fußballerkarriere kehrte „Long John" nach Rom zurück, wo er zur Freude seiner immer noch zahlreichen Anhänger für drei Jahre das Präsidentenamt bei Lazio übernahm. Nach ihrem Zwangsabstieg 1980 waren die Biancocelesti im Frühjahr 1983 im dritten Anlauf wieder in die Serie A zurückgekehrt, so dass unter den Tifosi Aufbruchsstimmung herrschte. Die Entscheidung, die Vereinsführung zu übernehmen, hatte Chinaglia aus dem Bauch heraus getroffen. Im Mai 1983 weilte der Noch-Legionär in seiner italienischen Heimat und lauschte der Radioübertragung des Liga-Spiels zwischen Lazio und dem AC Mailand, das für die Römer mit einer bösen 1:5-Klatsche endete. Die angepeilte Rückkehr ins Oberhaus war damit akut gefährdet, weshalb Chinaglia Kontakt zum bisherigen Vorsitzenden Gian Chiarion Casoni aufnahm, um mit diesem die Lage zu sondieren. Der Amtsinhaber erklärte sich bereit, dem populären Ex-Spieler den Vorsitz zu überlassen, was schnell die Runde machte. Der „Corriere dello Sport" griff die Meldung auf, was im nächsten Heimspiel gegen Atalanta Bergamo zu einem unglaublichen Publikumsansturm führte: 55.000 Zuschauer wollten das Ligaspiel im Olympiastadion verfolgen, nur weil Chinaglia auf der Tribüne saß. Nachdem Lazio als 2:1-Sieger feststand und damit wieder Kurs in Richtung Serie A nahm, war dessen Amtsübernahme nur noch Formsache. Die große Euphorie um den vermeintlichen Heilsbringer war nach nur zwei Spielzeiten jedoch schon wieder verflogen, da Lazio nach einem echten Katastrophenjahr im Sommer 1985 abermals in die Zweitklassigkeit abstürzte. Giorgio Chinaglia warf schließlich ein Jahr später entnervt das Handtuch, weil die Mannschaft in der Serie B im Frühjahr 1986 gerade einmal den zwölften Platz belegt hatte.

Im Fadenkreuz der Justiz

Nach seinem Rückzug aus dem Lazio-Präsidium wurde es um den dreifachen Familienvater, der als Aktiver eine so überaus schillernde Karriere hingelegt hatte, zunehmend ruhiger. Chinaglia kehrte in die Vereinigten Staaten zurück, wo er ein Restaurant eröffnete. Schließlich übernahm er in den neunziger Jahren für kurze Zeit den Vorsitz von US Foggia, ohne dort allerdings bleibende Eindrücke zu hinterlassen.
Im Jahr 2007 sollte Giorgio Chingalia dann in Konflikt mit der italienischen Justiz geraten. Wie eigentlich fast immer stand Lazio Rom auch damals finanziell mit dem Rücken zur Wand, weshalb zahlreiche Tifosi hocherfreut waren, als die Meldung kolportiert wurde, wonach ein Pharmakonzern aus Ungarn den notorisch klammen Verein aufkaufen wolle. Da der bevorstehende Deal zudem von Chinaglia bestätigt wurde, träumten viele Anhänger schon von einer kräftigen Finanzspritze. Die Lazio-Aktie machte an der Mailänder Börse Jubelsprünge, ehe bekannt werden sollte, dass an dem vom einstigen Lazio-Star gestreuten Gerücht rein gar nichts dran war. Polizei und Justiz nahmen die Ermittlungen auf und beschuldigten Giorgio Chinaglia, die Kursentwicklung der Lazio-Aktie manipuliert zu haben. Doch nicht nur wegen Kursmanipulation war Chinaglia ins Visier der italienischen Justiz geraten. Dem Vernehmen nach soll er Lazio-Boss Claudio Lotito bedroht und zum Verkauf seines Aktienpakets gedrängt haben. Letztendlich wurde Giorgio Chinaglia zur Zahlung einer Geldstrafe von 4,2 Mio. Euro verurteilt.
Da die italienische Justiz gegen den einstigen Star weitere Ermittlungen wegen Mitgliedschaft in einer kriminellen Vereinigung eingeleitet hatte, setzte sich Chinaglia wieder in die Vereinigten Staaten ab, wo er sich in Napels (Florida) niederließ. Ende März 2012 machte die Nachricht die Runde, dass der 65-Jährige einen Herzinfarkt erlitten hatte und sich im Krankenhaus einer Operation unterziehen musste. Diese schien er bereits glücklich überstanden zu haben, ehe er am 1. April in seiner Wohnung in Napels verstarb.

► ZAHLEN UND FAKTEN

Vereine:	1964-1966	Swansea Town
	1966-1967	US Massese
	1967-1969	Internapoli Neapel
	1969-1976	Lazio Rom
	1976-1983	Cosmos New York
Tore:	175 Serie-A-Spiele (77 Tore)	
	34 Serie-B-Spiele (21 Tore)	
	98 Serie-C-Spiele (30 Tore)	
	5 Third-Division-Spiele (1 Tor)	
	254 NASL-Spiele (243 Tore)	
	28 Spiele Coppa Italia (12 Tore)	
	9 Europacup-Spiele (11 Tore)	
	4 Alpenpokal-Spiele (7 Tore)	
	14 Länderspiele (4 Tore)	
gesamt	621 Pflichtspiele (406 Tore)	
Erfolge:	Italienischer Meister 1974	
	US-Meister 1977, 1978, 1980, 1982	
	Alpenpokalsieger 1971	
	Torschützenkönig Serie A 1974	
	Torschützenkönig NASL 1976, 1978, 1980, 1981, 1982	
	Most Valuable Player NASL 1981	

In der Nationalmannschaft:
Gleich nach seinem Wechsel zu Lazio Rom wurde Giorgio Chinaglia mit der Squadra Azzurra in Verbindung gebracht. Als Nationaltrainer Ferruccio Valcarreggi den Kader für die Weltmeisterschaft 1970 in Mexiko zusammenstellte, fiel des Öfteren auch der Name des aufstrebenden Mittelstürmers der Biancocelesti, doch verzichtete Valcarreggi schließlich auf dessen Berufung in den 22er-Kader. Da der Nationaltrainer allerdings große Stücke auf ihn hielt, durfte „Long John" als Begleiter mit nach Mexiko reisen, um im Umfeld der Nationalelf wichtige Erfahrungen zu sammeln.

Erster Zweitligaspieler im Dress der Azzurri

Da die Laziali im Frühjahr 1971 wieder in die Serie B abstiegen, geriet Chinaglia zunächst etwas in Vergessenheit. Dank starker Leistungen im Aufstiegsjahr 1971/72, in dem Chinaglia ja bekanntlich die Torschützenliste der zweiten Liga anführte, wurde er für den Nationaltrainer des amtierenden Vizeweltmeisters jedoch wieder interessant, so dass er ihn zum Freundschaftsspiel am 21. Juni 1972 in Sofia gegen Bulgarien einlud. Die 16.500 Zuschauer im Lewski-Stadion sahen vor der Pause eine wenig inspirierte italienische Elf, die in der 42. Minute nicht unverdient in Rückstand geriet, nachdem Bonev Albertosi überwunden hatte. Insbesondere Mittelstürmer Anastasi von Juventus Turin war ein Totalausfall gewesen, so dass sich Valcarreggi gezwungen sah, personell umzustellen. Nach dem Seitenwechsel schickte er für den enttäuschenden Anastasi seinen 25 Jahre alten Hoffnungsträger Giorgio Chinaglia auf den Platz, der damit als erster Zweitligaspieler im Dress der italienischen Nationalmannschaft auflaufen durfte. Und tatsächlich sollte „Long John" einen Einstand nach Maß erleben. Er war gerade einmal fünf Minuten mit von der Partie, als er mit einem unwiderstehlichen Solo in Richtung bulgarisches Tor stürmte und mehrere gegnerische Verteidiger wie die Slalomstangen stehen ließ. Allein vor dem Kasten stehend scheiterte er zunächst an Schlussmann Goranov, um reaktionsschnell den Abpraller aufzunehmen und diesen volley in die Maschen zu hämmern. Wieder einmal hatten die Zuschauer ein Tor der Marke „chinagliata" gesehen, das allerdings der einzige Höhepunkt in einer ansonsten ereignisarmen zweiten Hälfte bleiben sollte.
Im Herbst 1972 bestritt Giorgio Chinaglia zwei weitere Länderspiele gegen Jugoslawien (3:1) und Luxemburg (4:0), in denen er jeweils ein Tor erzielte, so dass er im Dress der Azzurri vor einer großen Karriere zu stehen schien. Den nächsten Höhepunkt im Nationaltrikot erlebte Chinaglia dann am 14. November 1973. Italien, das bis dato noch nie in England gewonnen hatte, trat im Wembley-Stadion gegen das Fußball-Mutterland an, wobei es bei Anbruch der Schlussphase immer noch 0:0-unentschieden stand. In der 86. Minute sollten auch die englischen Fans begreifen, was es bedeutet, wenn in Italien in jener Zeit so oft von „chinagliata" die Rede war. Mit einem seiner berühmten Energieanfälle drang Giorgio Chinaglia in den gegnerischen Strafraum ein, ließ England-Verteidiger Bobby Moore stehen und passte den Ball quer auf den freistehenden Fabio Capello, der keine Mühe hatte, zum Tor des Tages zu vollenden, das freilich zu einem großen Teil auf das Konto Chinaglias ging, der sich auf diese Weise für die Ausbootung bei Swansea Town Jahre zuvor gerächt hatte.

Peinlich, peinlich!

Drei Tore in den ersten drei Länderspielen hatten Appetit auf mehr gemacht. Bis zur WM in der Bundesrepublik bestritt Giorgio Chinaglia insgesamt vier weitere Länderspiele, in denen er allerdings ohne Torerfolg blieb. Als amtierender Torschützenkönig der Serie A galt er vor den Titelkämpfen im Sommer 1974 bei Ferruccio Valcarreggi gleichwohl als gesetzt. Dennoch rumorte es im Kader, weil der Nationalcoach neben Chinaglia mit Wilson und Re Cecconi nur noch zwei Akteure von Meister Lazio mit nach Deutschland genommen hatte. Giorgio Chinaglia nahm denn auch kein Blatt vor den Mund: „Ich werde nie verstehen, wieso Lazio als amtierender Champion nur drei Spieler stellt. Verrückt!" Aber nicht nur Chinaglia zeigte sich mit der Zusammensetzung des Kaders unzufrieden. Juliano vom SSC Neapel beklagte sich vehement, dass aus dem Mezzogiorno wieder nur die wenigsten Akteure in die Nationalelf berufen wurden, während die Spieler aus Turin und Mailand gewohnt stark vertreten seien. Der alte Nord-Süd-Konflikt hatte den italienischen Fußball also wieder einmal erreicht! In gewittriger Atmosphäre steuerte der amtierende Vizeweltmeister somit auf seine erste Vorrundenpartie in München gegen Haiti zu, wobei die biederen Kicker aus dem Karibikstaat trotz allem kein ernsthaftes Hindernis darstellen sollten. Doch schon die erste Halbzeit war aus Sicht des haushohen Favoriten eine Riesenenttäuschung. Haiti hatte den Italienern ein torloses Remis abgetrotzt, was nicht zuletzt daran lag, dass Lazio-Mittelstürmer Chinaglia lediglich physisch anwesend schien. Bald nach dem Wiederanpfiff dann der Schock: Sanone brachte die wackeren Haitianer sehr zur Freude der neutralen Zuschauer unter dem olympischen Zeltdach sensationell mit 1:0 in Führung. Würde die Squadra Azzurra wie acht Jahre zuvor in England gegen Nordkorea wieder eine Schmach erleiden? Nun, diesmal vermochten die Italiener das Blatt noch zu wenden und führten 20 Minuten vor Schluss knapp mit 2:1. Allerdings blieb Chinaglia ein Totalausfall, weshalb ihn Valcarreggi gegen Pietro Anastasi austauschte. Wutschnaubend verließ der Ausgebootete den Platz, gestikulierte und schimpfte wie wild in Richtung Trainer. Zum Glück stand auf der Laufbahn damals keine Werbetrommel, an der sich der

Lazio-Stürmer wie rund 23 Jahre später ein gewisser Jürgen Klinsmann abreagieren konnte! In der Umkleidekabine mussten allerdings einige Wasserflaschen dran glauben, weshalb Chinaglia kurz vor dem Rauswurf aus der Nationalelf stand.

► **EINWURF**
Trotz Pele oder Franz Beckenbauer hielt sich Giorgio Chinaglia für den besten Spieler, der je in den Vereinigten Staaten Fußball gespielt hat. Seine simple Begründung: „Zahlen und Fakten. Ich habe mehr Meistertitel gewonnen als alle anderen. Ich bin Topscorer. Was wollen Sie sonst noch wissen? Seien wir realistisch. Zahlen lügen nicht. Zwei und zwei ist vier." Und dieser schlichten Erkenntnis kann nun wirklich nichts entgegengesetzt werden...

Es war allein Lazio-Trainer Tommaso Maestrelli zu verdanken, der sich mit dem Flugzeug ins Quartier der italienischen Mannschaft aufmachte, um beschwichtigend auf die Protagonisten einzuwirken. Nachdem sich Chinaglia in einer Pressekonferenz beim Nationaltrainer für sein Verhalten entschuldigt hatte, durfte er in Deutschland bleiben. Allerdings blieb der Goalgetter im zweiten Gruppenspiel gegen Argentinien (1:1) gesperrt, bevor er in der entscheidenden Begegnung gegen Polen wieder mit dabei war. Schon ein Remis hätte zum Weiterkommen genügt. Nach der 1:2-Pleite von Stuttgart war die WM-Mission der Italiener jedoch frühzeitig beendet, wobei der allzu aufmüpfige Giorgio Chinaglia im Nachhinein als einer der Sündenböcke herhalten musste. Seine Länderspiellaufbahn hatte sich somit praktisch erledigt. Im Jahr 1975 wurde er vom neuen Nationaltrainer Fulvio Bernardini noch dreimal in die Squadra Azzurra berufen, bevor sein Wechsel in die USA sämtlichen Ambitionen auf weitere Länderspieleinsätze ein Ende bereitete. Sein viertes und letztes Länderspieltor hatte Chinaglia am 5. Juni 1975 beim 1:0 in Helsinki über Finnland im Rahmen der Europameisterschaftsqualifikation erzielt.

Saison	Europacup		Liga		Pokal	
	Sp.	T.	Sp.	T.	Sp.	T.
1964/65			1	0		
1965/66			5	1		
1966/67			32	5		
1967/68			35	14		
1968/69			31	10		
1969/70			28	12	1	0
1970/71	2	2	30	9	3	3
1971/72			34	12	7	4
1972/73			30	10	4	1
1973/74	4	6	30	24	8	4
1974/75			30	14	4	0
1975/76	3	3	27	8	1	0
1976*			19	19		
1977			24	15		
1978			30	34		
1979			27	26		
1980			32	32		
1981			32	29		
1982			32	20		
1983			17	18		

* Spiele und Tore in der NASL (1976 bis 1983) beziehen sich auf die Regular Season (ohne Play-offs)

Johan Cruyff
König des „totalen Fußballs"

Wer hätte am 25. April 1947 schon gedacht, dass an jenem Tag in Amsterdam ein echter König das Licht der Welt erblickt hatte? Freilich keiner aus dem Hause Oranien-Nassau, der dazu prädestiniert gewesen wäre, die Nachfolge der herrschenden Monarchin, Königin Juliane, anzutreten. Mit Hendrik Johannes Cruijff (im Folgenden wird die im Deutschen übliche Schreibweise „Cruyff" benutzt) war den Niederlanden vielmehr ein Fußballkönig geboren worden, der es in seiner glanzvollen Karriere mit den Besten der Welt aufnehmen sollte! Sein Entdecker war Rinus Michels, dessen späterer Aufstieg als Trainer eng mit dem Namen Johan Cruyff verbunden war. Noch am Ende seiner Spielerlaufbahn war Michels auf das Talent von Cruyff aufmerksam geworden. Dessen Mutter arbeitete auf dem Ajax-Trainingsgelände als Putzfrau, während der kleine Johan gekonnt mit dem runden Leder jonglierte. Dieser trat bald darauf in der Jugendmannschaft von Ajax in Erscheinung, für die er von 1959 bis 1964 aktiv war.

Titelhamster mit Ajax

Zu Beginn der Saison 1964/65 waren die Ajacieden, deren letzter Meistertitel vier Jahre zurücklag, völlig von der Rolle und kassierten gegen Heracles Almelo eine böse 1:4-Pleite. Bis Anfang Dezember hatte das von Vic Buckingham betreute Team nur zwei Siege eingefahren und schwebte in akuter Abstiegsgefahr. Tiefpunkt war das 4:9-Debakel im De Kuip gegen Feyenoord Rotterdam. Der neu gewählte Präsident Jaap van Praag ging danach volles Risiko, als er seinen erfahrenen Trainer Vic Buckingham durch den bis dato völlig unbekannten Rinus Michels ersetzte, unter dem sich die Mannschaft in der Rückrunde stabilisierte und schließlich auf dem 13. Platz den Klassenerhalt schaffte. Dabei bekamen die Anhänger erste Kostproben des unter Michels praktizierten „Totaalvoetbal" geboten, was besonders auf die Partien gegen ADO Den Haag (5:1), MVV Maastricht (9:3) oder den PSV Eindhoven (5:0) zutraf. Noch unter Buckingham war der zukünftige Weltstar Johan Cruyff zu seinem Debüt gekommen. Am 15. November 1964 unterlag Ajax bei GVAV Groningen zwar mit 1:3. Dafür hatte der erst 17 Jahre alte „Cruyffie" seine Visitenkarte abgegeben, indem er den Ehrentreffer der Gäste markierte. In seiner ersten Saison kam der Torjäger und Spielgestalter in zehn Partien zum Einsatz und traf dabei viermal ins Schwarze.

Trotz seines gelungen Einstandes sollte es also noch einige Monate dauern, ehe Cruyff unter dem neuen Cheftrainer Michels zum Stammspieler avancierte. Seinen Durchbruch schaffte er in der Saison 1965/66 im Derby gegen DWS Amsterdam, als er beim 2:1-Erfolg für beide Treffer verantwortlich war. Mit dem Gewinn des Meistertitels wurde in jenem Jahr die „Goldene Ära" des Vereins eingeläutet. Der Titelgewinn stand endgültig fest, als durch die Treffer von Piet Keizer und Johan Cruyff ein 2:0-Sieg bei FC Twente Enschede gelungen war. Auf das Konto des einzigartigen Technikers waren in 19 Spielen bereits 16 Treffer gegangen.

Charakteristisch für den von Ajax praktizierten totalen Fußball war, dass von den Spielern eine größtmögliche taktische Flexibilität erwartet wurde. Für dieses System war die geborene Führungspersönlichkeit Johan Cruyff geradezu prädestiniert. Schon im nächsten Jahr gewann Ajax erstmals das begehrte Double, während Cruyff mit 33

Treffern als bester Torschütze der Ehrendivision ausgezeichnet wurde. Im weiteren Karriereverlauf konnte Johan Cruyff – auch weil er vor allem als Regisseur in Erscheinung trat – die Torjägerkanone lediglich noch 1971/72 gewinnen, als er mit 25 Saisontoren seine zweitbeste Trefferquote im Ajax-Dress realisierte.

► **EINWURF**
*Der große Förderer und Mentor Johan Cruyffs, Rinus Michels (*9. Februar 1928), begann seine Laufbahn 1940 in der Jugend von Ajax. Nach dem Zweiten Weltkrieg gelang ihm der Sprung in die Ligaelf, für die der kopfballstarke Angreifer zwischen 1946 und 1958 in 265 Begegnungen 123 Tore erzielte. Obwohl Michels damit noch heute zu den erfolgreichsten Goalgettern bei Ajax zählt, kam er in der Elftal nur zu fünf Einsätzen, was auch daran gelegen haben dürfte, dass der spätere Rekordmeister in jener Zeit eher als Mitläufer galt. – Rinus Michels wäre außerhalb seiner Heimatstadt wohl in Vergessenheit geraten, wenn er nicht als Trainer eine Weltkarriere hingelegt hätte, die ihn 1974 bis ins Endspiel der Fußballweltmeisterschaft führte. Nach seiner aktiven Zeit studierte der spätere Bondscoach zunächst Sportwissenschaften und ließ sich zum Krankengymnast ausbilden. Nebenher hatte Michels zwar schon im Amateurbereich erste Trainererfahrungen gesammelt, doch erst als der KNVB in den sechziger Jahren Trainerlehrgänge durchführte, widmete er sich ernsthaft seiner Karriere als Übungsleiter. Auf Bitten von Präsident Jaap van Praag stieg er 1965 als Ajax-Coach ein. In der Saison 1964/65 steckte die Mannschaft mitten im Abstiegskampf, woran sich auch unter Michels – in dem viele wohl eher eine Übergangslösung gesehen hatten – zunächst nichts ändern sollte. Für den neuen Ajax-Trainer war klar, dass es so nicht weitergehen konnte. Knallhart ging er gegen die Disziplinlosigkeiten im Team vor und schickte mehrere Stammspieler aufs Altenteil. Dafür baute er junge Talente wie Sjaak Swart, Piet Keizer, Wim Suurbier und natürlich allen voran Johan Cruyff in sein System ein, das als „Totaalvoetbal" in die Annalen des Fußballs einging. Nachdem der Disziplinfanatiker 1965 den Klassenerhalt erreicht hatte, führte er diesen in den kommenden sechs Jahren an die Weltspitze. Da der „General" nach dem ersten Triumph im Meistercup 1971 beim FC Barcelona anheuerte, sollte Stefan Kovacs seinen Weg weiterführen und den Ajacieden bis 1973 zum Titelhattrick in der kontinentalen Königsklasse verhelfen. Natürlich erwarteten die Katalanen von Michels ähnliche Erfolge wie mit Ajax, zumal er mit Johan Cruyff auch seinen Ziehsohn ins Camp Nou holte. Zu mehr als einem Meistertitel (1975) und einem Pokalsieg (1978) reichte es allerdings nicht. Neben seiner Tätigkeit in Barcelona arbeitete er 1974 als Trainer der Nationalelf, die er ins WM-Endspiel von München führte, wo Cruyff & Co. Gastgeber Deutschland mit 1:2 unterlagen. Bei vielen Experten galt die Elftal trotz der Finalniederlage gleichwohl als die beste Mannschaft des Turniers, die mit ihrem bis heute charakteristischen Offensivstil den Sprung an die Weltspitze schaffte.*

Der wichtigste Protagonist des „Totaalvoetbal" gewann mit Ajax Amsterdam in seiner ersten, bis 1973 dauernden „Dienstzeit" alles, was es zu gewinnen gab. Sechsmal wurde er Landesmeister, viermal sicherte er sich den KNVB-Pokal, je einmal den Weltpokal sowie den damals noch inoffiziellen kontinentalen Supercup, derweil der Hattrick im Europapokal der Landesmeister (1971 bis 1973) den unbestrittenen Höhepunkt seiner Vereinskarriere darstellte. Zwischen 1964 und 1973 bestritt „König Johan" für Ajax Amsterdam 239 Ligaspiele, in denen er 190 Treffer erzielte.

Hattrick im Europacup

Höhepunkt in Cruyffs erster Ajax-Zeit war, wie gesagt, der dreifache Gewinn des Europacups der Landesmeister. Bereits 1969 hatten die Niederländer ihren ersten Anlauf auf den kontinentalen Fußballthron genommen, waren allerdings am Catenaccio des AC Mailand gescheitert. Zwei Jahre später war die Mannschaft im Londoner Wembley-Stadion gegen Panathinaikos Athen dann klarer Favorit und wurde dieser Rolle auch gerecht, nachdem am 2. Juni 1971 vor 83.000 Zuschauern dank einem Treffer Van Dijks sowie einem Eigentor der Hellenen ein ungefährdeter 2:0-Erfolg zu Buche stand. Obwohl Johan Cruyff in jener Saison lediglich ein Europacuptor erzielt hatte, galt er dennoch als Dreh- und Angelpunkt des Teams, was schließlich seine erstmalige Wahl zum besten Fußballer Europas zur Folge hatte.

► **EINWURF**
Mit 204 Treffern in 273 Einsätzen in der Eredivisie wird Johan Cruyff klubintern lediglich von Piet van Reenen übertroffen, der zwischen 1929 und 1942 in der Liga in 237 Spielen 273-mal eingenetzt hat. Vermutlich hätte Cruyff den legendären „Goaltjes-Piet" in den Schatten gestellt, wenn er zwischenzeitlich nicht für den FC Barcelona und in der NASL auf Torejagd gegangen wäre. Den dritten Rang in der ewigen Torschützenliste des Rekordmeisters belegt Sjaak Swart. „Mister Ajax" erzielte zwischen 1956 und 1973 beachtliche 175 Ligatreffer, für die er allerdings 463 Einsätze benötigte.

Auch in der Spielzeit 1971/71 sollten Cruyff & Co. ins Finale vordringen. Die Partie im Rotterdamer De Kuip entwickelte sich abermals zum „Wettkampf der Systeme", da der totale Fußball der Holländer es erneut mit dem italienischen Catenaccio zu tun bekam. Am 31. Mai 1972 wurde die Serie A von Inter Mailand repräsentiert. Der Riegel der Nerazzurri hielt jedoch nur vor dem Seitenwechsel. Nach dem Wiederanpfiff führte der überragende Johan Cruyff seine Farben mit zwei Treffern zu einem 2:0-Erfolg, wobei anzumerken wäre, dass der zwischenzeitlich nach Barcelona abgewanderte Rinus Michels durch Stefan Kovacs ersetzt worden war.

Als Europacupsieger trat Ajax Amsterdam anschließend auch im Weltpokal an, wo es im Hinspiel zu einem 1:1 bei Independiente Buenos Aires reichte. Erst in der Schlussphase war es den gastgebenden Argentiniern gelungen, den Führungstreffer von „König Johan" zu egalisieren. Vor eigenem Publikum feierte die Kovacs-Elf am 28. September 1972 schließlich einen klaren 3:0-Sieg, der sie zumindest auf den nominell höchsten Gipfel des Vereinsfußballs vordringen ließ. Anfang 1973 wurde dann zum ersten Mal auch der kontinentale Supercup ausgespielt. Der Sieger der Landesmeister, Ajax Amsterdam, bekam es zunächst am 16. Januar im Ibrox Park mit den Glasgow Rangers zu tun, die mit 3:1 in die Schranken gewiesen wurden. Auch Johan Cruyff hatte sich kurz vor dem Seitenwechsel in die Torschützenliste eingetragen. Acht Tage später verfolgten 40.000 Zuschauer im altehrwürdigen De Meer, wie sich beide Mannschaften ein packendes Duell lieferten, bei dem die schottischen Gäste zweimal in Führung gingen, das nach dem 3:2 durch Cruyff in der 79. Minute jedoch erneut mit einem Erfolg der Ajax-Elf endete.

In der Saison 1972/73 wollte die damals herausragende Vereinself des Kontinents ihren Hattrick im Europapokal unbedingt vollenden. Im Viertelfinale stand der Vergleich mit den Münchner Bayern an, welcher für Johan Cruyff insofern von besonderer Brisanz war, weil er dort auf Franz Beckenbauer traf, der sein großer Gegenspieler im Kampf um die Vormachtstellung im Weltfußball war. Bei der Wahl zum Fußballer Europas hatte „Kaiser Franz" „König Johan" im Vorjahr ausgestochen, nachdem er mit dem DFB in beeindruckender Weise Europameister geworden war. Nachdem Ajax in den vorangegangenen beiden Spielzeiten reüssiert hatte, wollten Beckenbauers Bayern in diesem Jahr nun endlich auch den europäischen Fußballthron besteigen. Am 7. März 1973 erlebte der Deutsche Meister in Amsterdam jedoch eine denkwürdige 0:4-Pleite, welche der einmal mehr überragende Regisseur Johan Cruyff mit seinem Treffer in den Schlussminuten besiegelte. Nach diesem prestigeträchtigen Triumph über den bayerischen Antipoden war die Kovacs-Elf nicht mehr aufzuhalten und stand nach zwei Siegen über Real Madrid (2:1, 1:0) in der Vorschlussrunde durch einen 1:0-Finalerfolg über Juventus Turin schließlich zum dritten Mal als Gewinner der „großen Vase" fest. Nicht zuletzt dank der eindrucksvollen Demonstration gegen den FC Bayern München wurde Johan Cruyff nach der Saison zum zweiten Mal zu Europas Fußballer des Jahres gekürt.

Das ehrwürdige „De Meer" war von 1934 bis 1996 die Heimstätte von Ajax Amsterdam. In der im namensspendenden Stadtteil Watergrafsmeer gelegenen Anlage begann in der Saison 1964/65 auch Johan Cruyffs unaufhaltsame Entwicklung zum Weltstar. Während die Ajacieden ihre Ligaspiele in der Regel im De Meer austrugen, wichen sie für die Spitzenspiele und Europapokalschlachten in das wesentlich größere und modernere Olympiastadion aus.

Meister von Camp Nou

Wie schon erwähnt hatte Cruyffs Entdecker Rinus Michels Ajax Amsterdam im Sommer 1971 in Richtung FC Barcelona verlassen. Seit 1960 warteten die Katalanen auf den Gewinn des Meistertitels. Und so schien Michels dank seiner mit Ajax gefeierten Erfolge der richtige Mann, um Barca endlich wieder auf Kurs zu bringen. Da dies in den ersten beiden Jahren allerdings nicht gelang, stand Michels im Sommer 1973 schon auf der Abschussliste, als ihm mit der Verpflichtung seines Lieblingsschülers Johan Cruyff ein großer Coup gelang, der ihn vermutlich vor der Entlassung bewahrte. Barca hatte sich die Dienste des Weltstars umgerechnet fast sechs Millionen D-Mark kosten lassen, wobei sich dieser heute vergleichsweise läppische Betrag mehr als auszahlen sollte. Von Beginn an avancierte Cruyff in Katalonien zum Publikumsliebling. In einem Interview erklärte er, den FC Barcelona dem ungeliebten Real Madrid vorgezogen zu haben, weil er nicht bei einem Verein spielen wolle, der mit dem faschistischen Diktator Franco in Verbindung gebracht wurde. Zudem benannte er seinem am 7. Februar 1974 geborenen Sohn nach dem katalanischen Schutzheiligen Jordi, was bei den Barca-Fans ebenfalls gut ankam. Für Johan Cruyff wurde der FC Barcelona neben Ajax somit schnell zu seiner zweiten sportlichen Heimat. Nachdem er zwischen 1973 und 1978 in fünf Spielzeiten in 143 Einsätzen in der Primera División 48 Mal ins Schwarze getroffen hatte, sollte er in der ersten Hälfte der Neunziger als Trainer zum Baumeister des „Dream Teams" avancieren.

► EINWURF

Gleich in seiner ersten Saison konnte Johan Cruyff in Barcelona die in ihn gesetzten hohen Erwartungen erfüllen, indem er die Katalanen nach 14 Jahren wieder zum Meistertitel führte. Dabei gingen 16 Tore auf das Konto des niederländischen Weltstars, von denen besonders das am 22. Dezember 1973 in Erinnerung blieb. An jenem vorweihnachtlichen Abend empfing Tabellenführer FC Barcelona im heimischen Camp Nou Verfolger Atlético Madrid. Nachdem Cruyff & Co. in den vorangegangenen neun Spielen ungeschlagen geblieben waren, rechneten die Fans fest mit einem weiteren Erfolg. Die Gastgeber taten sich jedoch zunächst schwer, sodass alles bereits auf ein 0:0 zur Pause hinauszulaufen schien, als eine hohe Flanke in den Madrider Strafraum segelte. Der Flankenball war jedoch etwas zu weit geraten. Mit einer artistischen Einlage kam der lauernde Johan Cruyff allerdings doch noch an das Leder und brachte dieses im Kasten von Miguel Reina unter. Einem Kunstturner gleich hatte sich Cruyff in die Höhe geschraubt und in der Luft schwebend mit dem Absatz den Ball im Atlético-Tor versenkt. Dass die Partie am 15. Spieltag schließlich mit einem 2:1-Sieg für den kommenden Meister endete, war eigentlich nebensächlich. Weitaus mehr blieb Cruyffs sensationeller Treffer in Erinnerung, der als „Phantomtor" oder „das unmögliche Tor" in die Annalen einging.

Nur in den ersten Spielen der Saison 1973/74 hatte Johan Cruyff Mühe, sich in das Team zu integrieren. Nach einem Fehlstart mit 1:5 Zählern lagen die Katalanen dank ihrer enormen Heimstärke – von 17 Auftritten im Camp Nou gewannen sie 15 und spielten zweimal remis – schon bald auf Titelkurs. Den absoluten Höhepunkt stellte der sensationelle 5:0-Erfolg am 22. Spieltag bei Real Madrid dar, der für den Erzrivalen eine nie für möglich gehaltene Demütigung bedeutete. Der historische Sieg, zu dem auch Johan Cruyff einen Treffer beigesteuert hatte, stand bereits nach 69 Minuten fest. Den neunten Meistertitel der Vereinsgeschichte konnten die Schützlinge von Rinus Michels fünf Runden vor Schluss durch ein 4:2 bei Sporting Gijon unter Dach und Fach bringen. Neuzugang Cruyff hatte in seinem ersten Jahr meisterhaft Regie geführt und in 26 Spielen 16 Tore erzielt.

Mit dem FC Barcelona konnte „König Johan" in der Saison 1977/78 durch einen 3:1-Finalsieg über UD Las Palmas außerdem noch die Copa del Rey gewinnen. Ansonsten schrammte er an weiteren Trophäen knapp vorbei. Während er zwischen 1976 und 1978 dreimal in Serie Vizemeister wurde, erreichte er ebenso oft die Vorschlussrunde im Europapokal. Nachdem Barca im Spieljahr 1974/75 im Meistercup an Leeds United gescheitert war, musste man sich 1975/76 im UEFA-Cup dem FC Liverpool sowie 1977/78 dem PSV Eindhoven geschlagen geben.

► **EINWURF**
Mit der Gründung des Retortenklubs Paris Saint-Germain wurde zu Beginn der siebziger Jahre der Versuch unternommen, den großen Fußball endlich auch wieder in der „Stadt des Lichts" zu etablieren. Vor allem, als Modezar Daniel Hechter dem Verein im Sommer 1973 seine finanzielle Unterstützung zusagte, hofften die Anhänger auf eine bessere Zukunft. Vom Europapokal war PSG nach dem Aufstieg in die Erstklassigkeit 1974 freilich noch weit entfernt, und so nahm man es dankbar an, als in jenen Jahren das „Tournoi de Paris" wiederbelebt wurde, dessen Organisation der PSG 1975 übernahm. An diesem Saisonvorbereitungsturnier beteiligten sich neben dem Gastgeber drei international renommierte Teams, wobei Daniel Hechter nichts unversucht ließ, um möglichst viele Weltstars an die Seine zu locken. Immerhin hatten bereits Fluminense Rio de Janeiro, Sporting Lissabon und der FC Valencia ihre Zusage gegeben, als Daniel Hechter seine Beziehungen spielen ließ und Johan Cruyff als temporäre Verstärkung für den PSG gewinnen konnte. Der Niederländer galt als glühender Verehrer von Hechters Modekollektionen, so dass er den Franzosen gerne den Gefallen tat. Das zweite und letzte Spiel im PSG-Dress endete für Johan Cruyff mit einer 0:1-Niederlage im Endspiel gegen den FC Valencia.

In der North American Soccer League

Der Gewinn der Copa del Rey schien für Johan Cruyff, der sich zudem aus der niederländischen Elftal verabschiedet hatte, der ideale Augenblick, seine Fußballschuhe an den Nagel zu hängen. Eigentlich wollte Cruyff sein Geld fortan in der freien Wirtschaft verdienen, als er sich 1979 doch entschied, wieder auf den grünen Rasen zurückzukehren. Zunächst hieß es, der 32-Jährige würde für Cosmos New York spielen, wo er erstmals gemeinsam mit seinem deutschen Antipoden Franz Beckenbauer in einer Mannschaft gekickt hätte. Der Wechsel nach New York kam indes nicht zustande. Und so zog es den Niederländer an die amerikanische Westküste zu den Los Angeles Aztecs, die von seinem Mentor Rinus Michels betreut wurden. Mit den Aztecs erreichte Cruyff 1979 immerhin die Play-offs, um hier in der zweiten Runde an den Vancouver Whitecaps zu scheitern. Angesichts von 14 Treffern in 27 Spielen in der Regular Season hatte der reaktivierte Superstar jedoch gezeigt, welch herausragender Spieler er immer noch war, was mit der Auszeichnung zum „MVP" der US-amerikanischen Operettenliga belohnt wurde.
Weniger erfolgreich verlief das Spieljahr 1980, als Johan Cruyff zehn Treffer für die Washington Diplomats erzielte. Anfang 1981 begann sich die Rückkehr nach Europa abzuzeichnen, nachdem Cruyff im Januar drei Freundschaftsspiele für den FC Dordrecht absolvierte. Der Wechsel in sein Heimatland ließ sich aber ebenso wenig realisieren, wie jener zu Leicester City, so dass im März schließlich der spanische Zweitdivisionär UD Levante Valencia den Zuschlag erhielt. Verletzungsbedingt bestritt Cruyff in der Segunda División allerdings nur zehn Spiele und blieb damit hinter den Erwartungen zurück. Obwohl der Aufstieg verpasst worden war, verhandelten die Klubchefs mit dem Niederländer über einen Anschlussvertrag, der jedoch nicht zustande kam, weshalb Johan Cruyff kurzzeitig wieder nach Washington zurückkehrte.

Zurück zu den Wurzeln

Dessen Heimatverein Ajax Amsterdam war unspektakulär in der Saison 1981/82 gestartet und lag im Dezember bereits fünf Punkte hinter Tabellenführer PSV Eindhoven zurück, als es Cruyff wieder an seine alte Wirkungsstätte zog. Schon im Vorjahr sollte der Vizeweltmeister von 1974 ins Venedig des Nordens wechseln, doch scheiterten die Bemühungen der Führungsetage zunächst noch am Veto seines Arbeitgebers Washington Diplomats. Lediglich als „Technischer Berater" von Trainer Leo Beenhakker hatte sich Cruyff ab dem 30. November 1980 betätigen dürfen. Zu jenem Zeitpunkt rangierte Ajax auf einem enttäuschenden achten Platz. Doch allein Cruyffs Anwesenheit neben dem Platz schien die Mannschaft zu beflügeln, die sich bis zum Ende der Spielzeit 1980/81 noch auf den zweiten Platz vorkämpfte.

Rinus Michels, von 1946 bis 1958 selbst Spieler von Ajax Amsterdam, gilt als Entdecker und größter Förderer von Johan Cruyff.

Mit 273 Torerfolgen in 237 Spielen kann nur Piet van Reenen auf mehr Ligatreffer im Ajax-Dress als „König Johan" verweisen.

Nach der Rückkehr ins Ajax-Team zur Mitte der Saison 1981/82 war das Medieninteresse kaum zu überbieten. Gleichwohl standen zahlreiche Experten dem Comeback des alternden Superstars mit einiger Skepsis gegenüber: Würde Cruyff überhaupt körperlich in der Lage sein, auf erstklassigem Niveau mitzuhalten? Aber noch viel schneller als erwartet konnten die Kritiker mundtot gemacht werden, nachdem „König Johan" in seinem ersten Spiel gegen Haarlem ein Einstand gelang, wie er glanzvoller nicht sein konnte. In der 20. Minute erzielte er mit einem sehenswerten Heber die 1:0-Führung und führte seine Mannschaftskameraden in gewohnter Souveränität zu einem klaren 4:1-Sieg. Die junge Elf ließ sich auch fortan vom immer noch außergewöhnlichen Können Cruyffs inspirieren und gewährte der Konkurrenz nicht den Hauch einer Chance. Ohne weitere Niederlage spazierte sie regelrecht zum Titelgewinn, hatte in der Endabrechung fünf Punkte mehr auf der Habenseite als Vize-Champion PSV Eindhoven und wies darüber hinaus mit 117:42 Toren eine Trefferbilanz wie zu allerbesten Zeiten auf.
Auch im Verlauf der Spielzeit 1982/83 zeigte sich, in welchem Maße die Mannschaft von ihrem Führungsspieler abhängig war. Als der wegen einer Verletzung für längere Zeit passen musste, gerieten die Ajacieden ins Straucheln, mussten beispielsweise beim PSV Eindhoven eine 0:4-Klatsche einstecken, um erst nach der Genesung Cruyffs

wieder in Tritt zu kommen. Am Saisonende stand der Meistertitel schließlich mit vier Punkten Vorsprung auf Feyenoord fest. Hinzu kam der Erfolg im Landespokal nach zwei 3:1-Siegen im Hin- und Rückspiel ausgetragenen Finalduell mit NEC Nijmegen.

► EINWURF
Der für seine kuriosen und spektakulären Tore bekannte Johan Cruyff schoss auch in seiner letzten Ajax-Saison den Vogel ab, als er am 5. Dezember 1982 vor heimischem Publikum gegen Helmond Sport zu seinem einzigen Elfmeter im Dress der Ajacieden antrat. Zum Entzücken der Fans spielte er zunächst einen Doppelpass mit Jesper Olsen, ehe er den Ball am verdutzten Keeper Otto Versfeld vorbei ins leere Tor schob. Da Ajax das Spiel klar mit 5:0 für sich entschied, konnte sich Cruyff dieses Kabinettstückchen gefahrlos leisten. Johan Cruyff hatte mit diesem „Zwei-Mann-Elfmeter" übrigens den belgischen Nationalspieler Rik Coppens imitiert, der im Juni 1957 im WM-Qualifikationsspiel der Roten Teufel gegen Island (8:3) als erster einen Strafstoß auf diese Weise verwandelt hatte.

Ein Streit mit der Vereinsführung beendete wenig später die Ära des Ajax-Spielers Cruyff. Der wechselte 1983/84 ausgerechnet zum großen Rivalen Feyenoord Rotterdam, wo er zum Abschluss seiner Laufbahn noch einmal Meisterschaft und Pokal gewann. An der Seite des 37-Jährigen gab im Team des belgischen Trainers Thijs Libregts übrigens der junge Ruud Gullit sein Debüt, der zu einem der kommenden Superstars des niederländischen Fußballs avancieren sollte. Mit dem erneuten Doublegewinn hätte die glanzvolle Karriere Johan Cruyffs standesgemäßer nicht enden können, wenn es nicht die peinliche 2:8-Niederlage gegen seinen Ex-Klub Ajax Amsterdam gegeben hätte. Natürlich versuchten die Verantwortlichen um Präsident Kerkum alles, um Johan Cruyff weiter an den Verein zu binden. Doch die Ajax-Ikone war partout nicht zu einer Verlängerung seines Vertrags zu bewegen. Am 13. Mai 1984 wurde „König Johan" exakt um vier Minuten nach vier im letzten Saisonspiel gegen PEC Zwolle (2:1) unter dem frenetischen Beifall des Publikums ausgewechselt. Eine Ära war zu Ende gegangen! Auch wenn dieser in den Niederlanden natürlich zuallererst mit Ajax Amsterdam in Verbindung gebracht wird, dürfte an jenem Nachmittag auch so mancher Zuschauer im De Kuip die eine oder andere Träne verdrückt haben.

► EINWURF
Seine große Popularität brachte Johan Cruyff zahlreiche Ehrungen ein. So wurde 1996 etwa der niederländische Supercup in „Johan-Cruyff-Schaal" umbenannt. Auch von den beiden wichtigsten Klubs seiner Karriere wurde der dreimalige europäische Fußballer des Jahres geehrt: Während ihn der FC Barcelona 2010 zum Ehrenvorsitzenden ernannte, entschieden die Verantwortlichen von Ajax Amsterdam, Cruyffs Trikotnummer 14 nicht mehr zu vergeben. Dieser Beschluss wurde im April 2007, aus Anlass seines 60. Geburtstags, gefasst.

Obwohl Cruyff Ajax 1983 im Unfrieden verlassen hatte, zeigte er sich nicht nachtragend und nahm vor der Saison 1985/86 ein Angebot seines Ex-Vereins an, als Trainer zu arbeiten. Zwar feierte der Niederländische Rekordmeister unter Cruyffs Regie keinen Meistertitel, dafür gelang endlich wieder der Sprung an die kontinentale Spitze. Mit dem Gewinn des KNVB-Bekers 1986 (3:0 im Endspiel gegen RBC Roosendaal) war die Qualifikation für den darauf folgenden Europapokalwettbewerb der Pokalsieger verbunden. Hier startete Ajax mit zwei Siegen gegen Bursaspor (2:0, 5:0), setzte sich in den nächsten Runden auch gegen Olympiakos Piräus (4:0, 1:1) sowie Malmö FF (0:1, 3:1) durch und schaffte gegen Real Saragossa (2:3, 3:0) schließlich den Finaleinzug. Ein von Taktik dominiertes Spiel bescherte an jenem 13. Mai 1987 im Athener Olympiastadion den Ajacieden einen glanzlosen 1:0-Sieg über DDR-Vertreter Lokomotive Leipzig, wobei Marco van Basten in der 21. Minute als Schütze des goldenen Tores zum Helden des Abends avancierte. Zu den Eckpfeilern im Team des Europacupsiegers, das auch im nationalen Pokal seinen Titel durch einen 4:2-Verlängerungssieg über den FC Den Haag verteidigte, zählten neben van Basten auch Rijkaard, Verlaat und Wouters. Lange sah es in der nächsten Spielzeit danach aus, als könne Ajax seinen Europacupsieg wiederholen, doch setzte es im Endspiel im Mai 1988 gegen den KV Mechelen eine unerwartete 0:1-Niederlage.

Johan Cruyff feierte mit Ajax Amsterdam zwischen 1971 und 1973 den Hattrick im Europacup der Landesmeister, um 1974 mit den Niederlanden Vizeweltmeister zu werden.

Schöpfer des „Dream Teams"

Nachdem es abermals zu Unstimmigkeiten mit der Vereinsführung gekommen war, schloss sich der dreifache Familienvater, der seit 1968 mit Danny Costers verheiratet ist, dem FC Barcelona an. Seine zweite, bis 1996 dauernde Trainerstation sollte für „König Johan" noch erfolgreicher verlaufen. Mit dem legendären „Dream Team" gewann er 1989 erneut den Wettbewerb der Pokalsieger, 1990 die Copa del Rey, zwischen 1991 und 1994 viermal in Serie die Spanische Meisterschaft sowie 1992 durch einen 1:0-Verlängerungssieg über Sampdoria Genua erstmals den Europapokal der Landesmeister. Die offensiv ausgerichtete Spielweise der Katalanen erinnerte stark an den „Totaalvoetbal" von Cruyffs Lehrmeister Rinus Michels. Trotz der sportlichen Erfolge hatte Johan Cruyff in Katalonien nicht nur gute Zeiten. So musste dem notorischen Kettenraucher, der bis zu 80 Zigaretten täglich verschlang, im Lauf des Jahres 1991 ein Bypass gelegt werden, was diesen schließlich zur Aufgabe seines Lasters bewegte. Nicht zuletzt wegen seiner angeschlagenen Gesundheit trat Johan Cruyff nach seinem Rauswurf bei Barca 1996 lange keinen weiteren Trainerjob an. Im

Fußball-Business blieb er gleichwohl omnipräsent. So sind beispielsweise seine Analysen im niederländischen Fernsehen gleichermaßen geliebt wie gefürchtet. In jüngerer Vergangenheit wurde immer wieder über eine Rückkehr Cruyffs in eine verantwortliche Position diskutiert. Sein Engagement als Technischer Direktor von Ajax Amsterdam scheiterte im Jahr 2008 jedoch wegen „unüberbrückbarer Differenzen“ mit Trainer Marco van Basten. Stattdessen betreut Johan Cruyff seit November 2009 die inoffizielle katalanische Nationalelf.

► ZAHLEN UND FAKTEN

Vereine:	1964-1973	Ajax Amsterdam
	1973-1978	FC Barcelona
	1979	Los Angeles Aztecs
	1980	Washington Diplomats
	1980-1981	UD Levante Valencia
	1981	Washington Diplomats
	1981-1983	Ajax Amsterdam
	1983-1984	Feyenoord Rotterdam

Tore:	308 Spiele Eredivisie (215 Tore)
	143 Spiele Primera División (48 Tore)
	10 Spiele Segunda División (2 Tore)
	59 NASL-Spiele (26 Tore)
	47 KNVB-Pokal-Spiele (40 Tore)
	7 Spiele Copa del Rey (1 Tor)
	88 Europacup-Spiele (37 Tore)
	4 Weltcup- / ESC-Spiele (3 Tore)
	48 Länderspiele (33 Tore)
gesamt	714 Pflichtspiele (405 Tore)

Erfolge: Niederländischer Meister 1966, 1967, 1968, 1970, 1972, 1973, 1982, 1983, 1984
Niederländischer Pokalsieger 1967, 1970, 1971, 1972, 1983, 1984
Spanischer Meister 1974
Spanischer Pokalsieger 1978
Europacup der Meister 1971, 1972, 1973
Weltcupsieger 1972
Europäischer Supercupsieger 1972

Torschützenkönig Eredivisie 1967, 1972
Europas Fußballer des Jahres 1971, 1973, 1974
Most Valuable Player NASL 1979

In der Nationalmannschaft:

„Johan war der bessere Spieler, aber ich bin Weltmeister!“ Diese von Franz Beckenbauer stammende Aussage resümiert die unvollendete Nationalmannschaftskarriere des Oranje-Stars auf treffendste Weise. Für viele galten die Niederländer bei der WM 1974 in der Bundesrepublik als das beste Team, das durch eine 1:2-Niederlage am 7. Juli im Münchner Finale gegen die von „Kaiser Franz“ angeführte DFB-Elf seine Krönung allerdings verpasste. Zwar wurde Cruyff hinterher von der FIFA zum besten Turnierspieler gewählt. Und auch die Zeitschrift „France Football“ zeichnete ihn nach 1971 und 1973 zum dritten Mal als besten Spieler Europas aus. Derartige Ehrungen haben jedoch immer auch etwas von Trostpreis an sich, wovon zum Beispiel auch Oliver Kahn nach seinem folgenschweren Patzer im WM-Finale von 2002 ein Lied singen konnte. Wie gerne hätte der „Titan“ den goldenen Weltmeisterschaftspokal gegen die Wahl zum besten Turnierspieler eingetauscht...

Erster Feldverweis in der Elftal

Zwischen September 1966 und Oktober 1977 bestritt Johan Cruyff für die niederländische Elftal 48 Spiele, in denen er auf für einen offensiven Mittelfeldmann mehr als beachtliche 33 Tore kam. Sein Debüt fiel auf den 7. September 1966, als er im EM-Qualifikationsspiel gegen Ungarn im Rotterdamer De Kuip gleich einen Treffer zum 2:2 beisteuerte. Geschichte – wenngleich auf unrühmliche Weise – schrieb Johan Cruyff dann in seinem zweiten Länderspieleinsatz am 6. November 1966 gegen die Tschechoslowakei. Als sich in Amsterdam eine 1:2-Niederlage gegen den zweimaligen Vizeweltmeister abzuzeichnen begann, leistete sich der als impulsiv geltende Cruyff in der 76. Minute ein böses Foulspiel, weshalb er von Schiedsrichter Rudi Glöckner (DDR) vorzeitig zum Duschen geschickt wurde. Der Feldverweis ist vor allem deswegen so bemerkenswert, weil Johan Cruyff damit der erste Akteur war, der im holländischen Nationaldress vom Platz gestellt wurde. Der KNVB verhängte über den knapp 20-jährigen „Cruyffie“ eine fast einjährige Länderspielsperre, in deren Verlauf die Nationalelf die Teilnahme am EM-Viertelfinale durch Niederlagen in der DDR und in Ungarn so gut wie verspielte. Erst im Rückspiel gegen die DDR-Auswahl kehrte Johan Cruyff am 13. September 1967 wieder in die Anfangsformation zurück, wobei er die Bedeutung für das Team durch den siegbringenden Treffer in der Anfangsphase eindrucksvoll unterstrich.

Vor der Weltmeisterschaft 1970 in Mexiko machten sich die niederländischen Fußballanhänger große Hoffnungen auf die erste Endrundenteilnahme seit 32 Jahren, was nicht zuletzt an den starken Auftritten von Ajax Amsterdam in der Ehrendivision und in der Saison 1968/69 auch erstmals im Europacup (1:4-Finalniederlage gegen den AC Mailand) lag. Bulgarien, Polen und Luxemburg schienen zudem machbare Qualifikationsgegner zu sein, doch kassierte die Elftal bereits beim zweiten Auftritt in Sofia ohne den verletzten Cruyff eine unerwartete 0:2-Niederlage. Am Ende mussten sich die Holländer mit dem dritten Platz hinter WM-Qualifikant Bulgarien und Polen zufrieden geben, was nicht zuletzt daran lag, dass Johan Cruyff nur in den beiden Partien gegen Luxemburg (4:0) und in Polen (1:2) zum Einsatz gekommen war. Gegen den kleinen Nachbarn Luxemburg war ihm am 26. März 1969 immerhin sein dritter Länderspieltreffer geglückt.

Im Freundschaftsspiel gegen Rumänien am 2. Dezember 1970 in Amsterdam war es Cruyff zum ersten Mal gelungen, gleich zwei Länderspieltreffer zu erzielen, womit der 2:0-Erfolg zum Großteil auf sein Konto gegangen war. Obwohl die Elftal mit Jugoslawien und der DDR zwei schwere Gegner in der EM-Vorrundengruppe 7 zugelost bekommen hatte, schien die Zeit dennoch endlich reif für einen starken internationalen Auftritt, weil nicht nur Ajax Amsterdam auf Kurs in Richtung ersten Meistercupsieg lag. In Feyenoord Rotterdam hatten die Ajacieden einen erfolgreichen Vorgänger, der durch einen 2:1-Sieg nach Verlängerung über Celtic Glasgow im Frühjahr 1970 erster niederländischer Europapokalsieger geworden war. Doch was auf Vereinsebene so prächtig klappte, ließ sich zumindest noch nicht auf die Länderelf übertragen. Schon zum Auftakt hatten sich die Holländer vor eigenem Publikum zu einem schmeichelhaften 1:1 gegen Jugoslawien gemüht, bevor auch das zweite Spiel gegen die DDR in Dresden 0:1 verloren ging. Da Johan Cruyffs Frau kurz vor der Entbindung stand, hatte Nationalcoach Dr. Franz Fadhronc auf die Dienste seines Superstars verzichten müssen. Auch im Rückkampf gegen Jugoslawien war Cruyff nicht mit von der Partie, womit nach dem 0:2

von Split das Aus so gut wie feststand. Während die Elftal in ihren drei Qualifikationsspielen ohne Johan Cruyff nur zu 1:5 Punkten gekommen war, konnten sämtliche drei Begegnungen mit dem Ajax-Star mit einem Sieg beendet werden. Derweil Johan Cruyff beim 3:2-Heimsieg über die DDR nicht unter den Torschützen war, erzielte er in den beiden Begegnungen gegen Sparringspartner Luxemburg (6:0, 8:0) zwei resp. drei Treffer.

Der Weg nach Deutschland

Vor vier Jahren war die erste WM-Teilnahme nach 1938 noch kläglich verpasst worden. Natürlich war es nun für die Schützlinge des tschechoslowakischen Bondscoachs Fadrhonc das erklärte Ziel, im Sommer 1974 in der Bundesrepublik unbedingt dabei zu sein, wofür eigentlich so ziemlich alles sprach. Ajax Amsterdam war mit seinem Europacuphattrick (1971 bis 1973) in die Fußstapfen von Real Madrid getreten, was sich endlich auch auf die Nationalelf übertrug. Diese startete nicht zuletzt dank zweier Treffer von Cruyff mit einem 9:0-Kantersieg über Norwegen schwungvoll in die Qualifikation, um im zweiten Spiel bei Erzrivale Belgien in Antwerpen ein wichtiges 0:0-Unentschieden zu erreichen. Im Ajax-Stil wurden völlig überforderte Isländer anschließend mit 5:0 und 8:1 vom Platz gefegt, ehe in der vorletzten Begegnung in Norwegen ein 2:1-Erfolg gefeiert werden konnte.

► EINWURF

Mit einem Sieg im WM-Endspiel am 7. Juli 1974 über Gastgeber Deutschland in München wollte Johan Cruyff seine glanzvolle Karriere krönen. Befragt nach den Siegchancen vor dem Anpfiff, antwortete er selbstbewusst, aber doch skeptisch: „Die können gegen uns nicht gewinnen, aber wir können gegen sie verlieren." – Wie recht er doch hatte...

Mit insgesamt sieben Toren hatte Johan Cruyff entscheidenden Anteil am erfolgreichen Auftreten seines Teams gehabt. Von den gegnerischen Abwehrreihen war der bei 1,80 m Körpergröße nur 67 kg schwere Ajax-Stürmer dank seiner enormen Schnelligkeit, grandiosen Technik und zähen Kämpfernatur kaum zu bremsen. Allein der Wechsel zum FC Barcelona im August 1973 hätte den zweiten WM-Auftritt der Niederländer um ein Haar verhindert. Als der KNVB sein Veto einlegte, drohte Cruyff mit dem Rückzug aus dem Nationalteam – was die Verbandsoberen schließlich gefügig machte. Cruyff durfte nach Spanien wechseln und verstärkte auch weiterhin die Elftal, deren Qualifikation am 12. September 1973 dennoch ins Wanken geriet. Im vorletzten Spiel stand es in Oslo gegen Norwegen bis kurz vor Schluss nur 1:1 – für den Treffer der Gäste hatte natürlich Johan Cruyff verantwortlich gezeichnet –, als der kantige Ajax-Verteidiger Barry Hülshoff seine Farben in der 88. Minute doch noch zu einem 2:1-Sieg köpfte.

Vor dem letzten Qualifikationsspiel gegen Belgien lagen die Niederlande punktgleich mit den Roten Teufeln an der Tabellenspitze. Da sie jedoch über das deutlich bessere Torverhältnis verfügten, reichte ihnen vor 70.000 Zuschauern im brechend vollen Amsterdamer Olympiastadion schon ein Unentschieden, um bei der WM antreten zu können. Es waren bewegte Zeiten, in denen dieses historische Länderspiel stattfand. Bedingt durch die Ölkrise hatte die Regierung ein Fahrverbot verhängt, welches die Fußballanhänger freilich nicht daran hindern konnte, in Scharen ins Stadion zu pilgern. Auch den Wechsel nach Barcelona hatten die Ajax-Fans „König Johan" längst verziehen. Ohnehin hätte die Elftal ihre orangefarbenen Hemden an jenem Tag eigentlich auch gegen die rot-weißen Ajax-Trikots eintauschen können, da Franz Fadrhonc Johan Cruyff nicht weniger als sieben seiner ehemaligen Mitspieler zur Seite stellte. Ausgerechnet Ajax-Kapitän Piet Keizer war jedoch nicht mit von der Partie, so dass der damit endgültig unumstrittene „König Johan" erstmals auch die Kapitänsbinde überstreifte.

Ganz so einfach, wie sich die niederländischen Anhänger den Weg nach Deutschland vorgestellt hatten, sollte sich dieser aber nicht gestalten. Im Gegenteil: Die Roten Teufel erwiesen sich als hartnäckiger Gegner, der die prestigeträchtige Begegnung bis in die Schlussphase offen hielt. Die 89. Minute war gerade angebrochen, als der sowjetische Schiedsrichter Kasakow auf Freistoß für die Belgier entschied. Van Himst hob das Leder gefühlvoll vor den von Schrijvers gehüteten holländischen Kasten, der nichts gegen den Kopfball Verheyens ausrichten konnte. Als der Ball im Netz zappelte, herrschte für kurze Zeit lähmendes Entsetzen im weiten Stadionrund. Glücklicherweise entschied der Referee jedoch auf Abseits, so dass das Olympiastadion nach dem Schlusspfiff trotz einer Nullnummer in ein orangefarbenes Fahnenmeer getaucht wurde.

Brasilianischer als Brasilien!

Immer wieder hatten Skandale und Zwistigkeiten unter den Stars möglichen Erfolgen der Holländer im Weg gestanden. Auch die Akteure der beiden Erzrivalen Ajax und Feyenoord waren sich nie sonderlich grün, weshalb die Auftritte der Elftal nicht ansatzweise so stark wie jene der Topklubs ausfielen. Um endlich auch mit der Nationalelf erfolgreich zu sein, hatte der KNVB im Vorfeld der WM Bondscoach Franz Fadrhonc (der Tschechoslowake war zum „Assistenten" degradiert worden) durch den 46-jährigen Rinus Michels ersetzt, der mit eisernem Besen kehrte und die fraglos glänzenden Individualisten zu einer schlagkräftigen Mannschaft zusammenfügte. Natürlich baute Michels das Team um seinen Lieblingsschüler Johan Cruyff auf, den er einst bei Ajax groß gemacht hatte und mit dem er nun beim FC Barcelona erfolgreich zusammen arbeitete. Dank des eingespielten Tandems Rinus Michels / Johan Cruyff konnte der totale Fußball jetzt auch in der holländischen Nationalmannschaft Einzug halten.

► EINWURF

Kurz bevor Juan Laporta den Klubvorsitz niedergelegt hatte, ernannte er den Ex-Spieler und Ex-Trainer Johan Cruyff im März 2010 zum Ehrenpräsidenten des FC Barcelona. Laportas Nachfolger Sandro Rosell stellte allerdings fest, dass die Satzungen ein derartiges Amt gar nicht vorsahen, weshalb er die Ernennung im Juli zurückzog. Immerhin stellte er eine entsprechende Satzungsänderung in Aussicht. Johan Cruyff verzichtete allerdings freiwillig auf den Ehrenvorsitz, weil er für den Verein „kein Problem darstellen wolle".

Angeführt von ihrem überragenden Dirigenten Johan Cruyff spazierten die Holländer durch die Vorrunde. Dem 2:0-Auftaktsieg über den zweimaligen Weltmeister Uruguay folgten ein torloses Remis gegen die starken Schweden sowie ein lockeres 4:1 über Bulgarien, wobei die Auftritte in Hannover und Dortmund angesichts von jeweils über 30.000 Zuschauern (vornehmlich aus Holland) zu echten Heimspielen geworden waren. Schon jetzt wurde die Michels-Elf zu den Mitfavoriten gerechnet, wenngleich diese in der Zwischenrunde, die Kapitän Cruyff als „Neubeginn der Weltmeisterschaft" bezeichnete, mit dem kommenden WM-Gastgeber Argentinien und Titelverteidiger Brasilien auf zwei absolute Hochkaräter traf.

Es war der überzeugende 4:0-Erfolg über Argentinien, der die Elftal am 26. Juni bei den Londoner Buchmachern anstelle des gastgebenden DFB endgültig zum neuen WM-Favoriten stempelte. Im Gelsenkirchener Parkstadion wurde die Albiceleste regelrecht in ihre Einzelteile zerlegt, so dass Michels-Assistent Fadrhonc nach dem Schlusspfiff im Gelsenkirchener Parkstadion feststellte: „Wir hätten zweistellig gewinnen können." Auch „König Johan" führte auf meisterhafte Weise Regie, wobei er sich anders als in der Vorrunde in der 12. und 90. Minute auch in die Torschützenliste eintrug. Vier Tage darauf stellte die DDR-Vertretung erwartungsgemäß keine große Hürde dar und wurde mit 2:0 in die Schranken gewiesen, ehe am 3. Juli auch der dreifache Titelträger Brasilien entzaubert werden konnte. Während die Südamerikaner ohne ihren zurück getretenen Jahrhundertspieler Pele eher wie die Holzfäller auftraten (und die Partie nach dem Platzverweis gegen Luis Pereira in der 84. Minute nur zu zehnt beendeten), präsentierten sich die Niederländer als die wahren Ballartisten, die an jenem regnerischen Abend im Dortmunder Westfalenstadion einen 2:0-Sieg errangen, den Johan Cruyff in der 65. Minute mit seinem dritten Turniertreffer besiegelte.

Auch im Finale am 7. Juli 1974 im Münchner Olympiastadion lief gegen die von Cruyffs Antipoden Franz Beckenbauer angeführte Mannschaft der Bundesrepublik zunächst alles nach Plan, als der holländische Kapitän in der Anfangsphase nach einem Hoeneß-Foul durch den Strafraum segelte, so dass Neeskens die favorisierten Niederländer per Elfmeter in Führung brachte. Die spielstarken Oranjes versuchten danach aber zu sehr ihren Vorsprung zu verwalten, derweil sich die Deutschen ins Spiel zurückkämpften und zur Pause ein 2:1 herausschossen, bei dem es trotz zahlreicher Chancen der Holländer in der zweiten Hälfte auch bis zum Schlusspfiff bleiben sollte. Wie sehr der Spielverlauf an Johan Cruyff nagte, zeigte sich beim Gang in die Halbzeitpause, als er sich mit Schiedsrichter Taylor anlegte, der ihm daraufhin die gelbe Karte unter die Nase hielt. Trotz glänzender Auftritte während des Turniers hatte „König Johan" die Krönung seiner glanzvollen Laufbahn unter dem olympischen Zeltdach verpasst. Wie in Stein gemeißelt ist damit der von Franz Beckenbauer stammende Satz in die Geschichte des Fußballs eingegangen: „Johan war der bessere Spieler, aber ich bin Weltmeister!"

Die unvollendete Karriere bleibt unvollendet

Unter dem neuen Nationaltrainer George Knobel sollten im Verlauf der anstehenden Europameisterschaftsqualifikation die alten teaminternen Querelen wieder zu Tage treten. Ausgerechnet Johan Cruyff kam dabei eine unrühmliche Rolle zu. Anstatt als Mittler der Interessen zu fungieren, ekelte der Kapitän vor dem Gruppenspiel in Polen (1:4) die beiden Eindhovener Jan van Beveren und Willy van der Kuylen regelrecht aus der Mannschaft und degradierte Bondscoach Knobel damit de facto zur Marionette. Die sportlichen Leistungen Cruyffs waren hingegen eher wechselhaft. Allein zu Beginn der Qualifikation hatte er mit jeweils zwei Toren gegen Finnland (3:1) und Italien (3:1) zu überzeugen gewusst, um in den nächsten Gruppenspielen keine weiteren Treffer zu erzielen. Erst im Viertelfinale zeigte sich der Vizeweltmeister gegen Erzrivale Belgien wieder von seiner Schokoladenseite und führte die Elftal am 25. April 1976 im Rotterdamer De Kuip zu einem glanzvollen 5:0-Sieg, mit dem der Grundstein für das Erreichen der Viererendrunde in Jugoslawien gelegt wurde.

Hier entpuppten sich die Oranjes jedoch als große Enttäuschung, was in besonderem Maße auf Johan Cruyff zutraf, der vor dem Turnier in Belgrad und Zagreb sein Team noch vollmundig zum Titelanwärter Nummer 1 erklärt hatte. Im Semifinale gegen die CSSR lieferten die Niederländer eine pomadige Leistung ab und erreichten nur dank eines Eigentores von Ondrus die Verlängerung, wo sie schließlich mit 1:3 verloren. Cruyff, der zumeist lustlos über das vom Regen durchweichte Spielfeld des Zagreber Gradski Stadions geschlichen war, zeigte allein in der 76. Minute einen unerwarteten Energieanfall, als Johan Neeskens nach einem bösen Foul an Nehoda vom Platz gestellt wurde. Wie eine Furie war Cruyff auf Schiedsrichter Thomas losgestürmt und hatte diesen auf übelste Weise beschimpft, woraufhin er die gelbe Karte erhielt. Es war schon seine zweite im Turnierverlauf – und so musste der niederländische Kapitän das Spiel um Platz drei gegen Jugoslawien (2:3 n.V.) von der Tribüne aus verfolgen.

Zu Beginn der Qualifikation für die Weltmeisterschaft 1978 in Argentinien konnte Johan Cruyff noch einmal als zweifacher Torschütze glänzen. Zunächst verhinderte er mit seinem Treffer in Rotterdam gegen Nordirland (2:2) eine Blamage des amtierenden Vizeweltmeisters, ehe er in Antwerpen einen 2:0-Erfolg über Erzrivale Belgien sicherstellen half und dabei seinen letzten Treffer für die Elftal erzielte. Das letzte seiner 48 Länderspiele sollte Cruyff dann am 26. Oktober 1977 beim 1:0-Sieg im WM-Qualifikationsspiel gegen Belgien in Amsterdam absolvieren. An den Welttitelkämpfen in Argentinien im darauf folgenden Sommer nahm Johan Cruyff trotz zahlreicher Überredungsversuche des neuen Nationaltrainers Ernst Happel aus Protest gegen die Menschenrechtsverletzungen der seit zwei Jahren herrschenden Militärjunta unter Jorge Videla dann jedoch nicht teil. Nach seinem freiwilligen WM-Verzicht stand unwiderruflich fest, dass seine Karriere in der Nationalelf ohne den erhofften Titelgewinn bleiben sollte.

Saison	Europacup		Liga		Pokal	
	Sp.	T.	Sp.	T.	Sp.	T.
1964/65	0	0	10	4	0	0
1965/66	0	0	19	16	4	9
1966/67	6	3	30	33	5	5
1967/68	3	2	33	25	5	6
1968/69	10	6	29	24	3	3
1969/70	8	4	33	23	5	6
1970/71	6	1	25	21	6	5
1971/72	9	5	32	25	4	3
1972/73	6	3	26	16	0	0
1973/74	0	0	2	3	0	0
	0	0	26	16	0	0
1974/75	8	0	30	7	0	0
1975/76	9	2	29	6	0	0
1976/77	7	5	30	14	0	0
1977/78	10	5	28	5	7	1
1979			27	14		
1980			27	10		
1980/81	0	0	10	2	0	0
1981			5	2		
1981/82	0	0	15	7	0	0
1982/83	2	0	21	7	2	0
1983/84	4	1	33	11	4	1

Ferenc Deak
Europarekordler für die Ewigkeit

Ferenc Deak erblickte am 16. Januar 1922 in Budapest das Licht der Welt. Seine Familie lebte in einer Wohnung in der Violastraße im IX. Stadtbezirk der ungarischen Kapitale am Ostufer der Donau, der auch den Namen Franzenvorstadt – Ungarisch: Ferencvaros – trägt. Obwohl Deak später ausgesprochen erfolgreich für Fradi auf Torejagd gehen sollte, kam er erst auf Umwegen zum heutigen Rekordmeister. Da die Familie in äußerst bescheidenen Verhältnissen lebte, musste Ferenc als ältestes von sieben Geschwistern schon in jungen Jahren zum Lebensunterhalt beitragen. Mit 13 Jahren begann er eine Bäckerlehre, was den großen Vorteil mit sich brachte, dass bei Familie Deak damit jeden Morgen frische Brötchen auf dem Tisch standen.

„Bamba" von Bozsik „deppert" geschossen

Die Bäckerei, in der Ferenc Deak arbeitete, lag im Stadtteil Pestszentlörinc (Pest-Sankt-Lorenz) im äußersten Nordosten von Budapest und damit in unmittelbarer Nähe zu Stadion und Trainingsgelände des 1908 gegründeten AC Szentlörinc, dem er sich kurzerhand anschloss. Der später

so überragende Torjäger begann seine Laufbahn jedoch nicht im Angriff, sondern zwischen den Pfosten. Auch hier zeigte er in der Jugend des SZAC durchaus beachtliche Leistungen, freilich nur, bis zu jenem Tag, als ihn der Schuss eines Gegenspielers – der Legende nach soll es Jozsef Bozsik gewesen sein – bis zur Bewusstlosigkeit niederstreckte. Diese Begebenheit dürfte dem damals 14-Jährigen auch den Spitznamen „Bamba" eingetragen haben, was ins Deutsche am trefflichsten mit „bedeppert" übersetzt werden kann, wie sich Ferenc Deak wohl gefühlt haben dürfte, als er seine sieben Sinne wieder beieinander hatte. Dass Ferenc Deak danach überhaupt weiter Fußball spielen sollte, war allein der Fürsprache von Elemer Berkessy zu verdanken. Der später auch im Ausland erfolgreiche Trainer und siebenfache ungarische Internationale hatte das Talent des jungen Deak erkannt und wollte partout nicht akzeptieren, dass ihm seine Eltern nach dem K.O. auf dem Platz das Kicken verboten hatten. Mit Engelszungen redete er auf diese ein, bis sie endlich nachgaben. Natürlich nur unter der Bedingung, dass „Ferike" nicht mehr das Tor hüten musste, was Berkessy hoch und heilig versprach. „Nicht mehr der Kopf Ihres Sohnes wird in Gefahr sein", so Berkessy, „sondern das Tor der gegnerischen Elf."

Als Ferenc Deak in der Saison 1940/41 sein Debüt im Seniorenbereich gab, kickte Szentlörinc noch in den Niederungen der dritten Liga, doch sollte die Mannschaft dank ihres neuen Sturmführers alsbald den Sprung in die oberste Spielklasse schaffen. Viel lässt sich über die Anfangsjahre seiner Karriere nicht mehr in Erfahrung bringen. Chroniken berichten davon, dass „Bamba" bei seinem Drittligadebüt mit sechs Treffern auf Anhieb für Furore gesorgt hat, um bis zum Aufstieg in die erste Liga insgesamt 108 Treffer zu erzielen. Nachdem Szentlörinc zunächst als Achter der Westgruppe den Aufstieg noch deutlich verfehlt hatte, errang man im Spieljahr 1941/42 die Vizemeisterschaft. Wie sehr der erst 20-Jährige die Angriffsreihe belebt hatte, beweisen 104 Saisontreffer, die Zweitliga-Aufsteiger SZAC in 30 Ligaspielen zustande brachte.

Nach einem sechsten Platz 1942/43 durfte sich Ferenc Deak im kommenden Jahr über den Gewinn der Meisterschaft in der Oststaffel und damit dem Aufstieg ins nationale Oberhaus freuen. Die fortschreitenden Kriegshandlungen führten indes dazu, dass die Saison 1944/45 zur Farce wurde. Die ursprünglich geplante Runde unter Einbeziehung sämtlicher Teams des Landes musste nach nur drei Spieltagen abgebrochen werden, was sehr zum Leidwesen von „Ferike" und seinem SZAC geschah, der mit 13:5 Toren und 6:0 Zählern an der Spitze des Klassements lag. Weniger gut lief es dann in der ersatzweise ausgetragenen Herbstrunde 1944, an der nur noch die Budapester Vereine teilnahmen. Von elf Spielen hatte Szentlörinc nur eines gewonnen, aber neun verloren, womit man Tabellenschlusslicht war. An Ferenc Deak hatte es freilich nicht gelegen, da dieser in den ersten acht offiziellen Erstligaspielen seiner Laufbahn 14-mal ins Schwarze getroffen hatte.

Aus „Szentlörinc" wird „Szentferenc"

Der endgültige Durchbruch sollte Deak dann in der Saison 1945/46 gelingen, wobei der Begriff „endgültiger Durchbruch" dessen sensationelle Auftritte genaugenommen jedoch nicht ansatzweise korrekt wiedergibt. In 44 Ligaspielen (26 in der Westgruppe sowie 18 in Meisterrunde) erzielte „Ferike" nicht weniger als 66 Tore, womit er einen bis heute gültigen Saisonrekord für Europa aufstellte und den Weltrekord des US-Amerikaners Archibald McPherson Stark, den dieser 1925/26 im Trikot von Bethlehem Steel markiert hatte, lediglich um einen Treffer verfehlte. Trotz seiner geradezu explosionsartigen Leistungen vor dem gegnerischen Tor, besaß sein Verein nie eine echte Chance auf die Meisterschaft. In der ersten Nachkriegssaison waren die Teams zunächst auf eine Ost- und eine Westgruppe verteilt, wobei Szentlörinc in der Weststaffel mit 30:22 Punkten und 96:72 Toren den vierten Platz belegte. In der anschließenden Meisterrunde reichte es bei lediglich zu sechs Siegen, 50:75 Toren und 15:21 Punkten dann gerade noch zum achten Rang, was die Leistungen von Ferenc Deak jedoch in keiner Weise schmälert. Im Gegenteil: Der AC Szentlörinc war zu Zeiten Deaks eine echte One-Man-Show, was dazu führte, dass man in der Budapester Peripherie bereits nicht mehr von „Szentlörinc" (Sankt Lorenz), sondern von „Szentferenc" (Sankt Franziskus) sprach. Während heutzutage selbst die auf dem Spielfeld abgespulten Kilometer der Herren Messi & Co. mit bestaunenswerter Akribie nachgemessen werden (was vermutlich bald auch auf die durchschnittliche Schrittlänge zutreffen dürfte), nahm man so kurz nach dem Krieg von den Torerfolgen des neuen Budapester Säulenheiligen nur wenig Notiz. Wenngleich detaillierte Spielstatistiken aus jener Zeit nicht vorliegen, steht in Anbetracht mehrerer Tore-Festivals wie gegen Köbanyai Baratsag Budapest (13:0), VSC Debrecen (9:5) oder Ferencvaros Budapest (7:3) ziemlich sicher zu vermuten, dass es „Golkiraly" (Torschützenkönig) Ferenc Deak das eine oder andere Mal ganz ordentlich hatte krachen lassen.

In der Spielzeit 1946/47 lief „Bamba“ dann noch für ein weiteres Jahr im Trikot des SZAC auf und erzielte in 30 Spielen weitere 49 Treffer, mit denen er seinen Titel als Torschützenkönig erfolgreich verteidigte. Mit der Meisterschaft hatte sein Team, das mit 30:30 Punkten als Siebter die Ziellinie passierte, jedoch abermals nichts zu tun. Wie sehr Szentlörinc von seiner nimmermüden Torfabrik abhängig war, beweist die Tatsache, dass lediglich 21 von 70 Saisontreffern nicht auf Deaks Konto gegangen waren.

► EINWURF

Mit 66 Saisontreffern hat Ferenc Deak 1945/46 einen Europarekord aufgestellt, der bis heute unerreicht geblieben ist. Weltweit hat lediglich Archibald McPherson Stark mehr Treffer (67 in der Saison 1925/26 für Bethlehem Steel) erzielen können. Im Folgenden werden die besten zehn europäischen Ligatorschützen aller Zeiten aufgelistet:

Spielername	*Sp.*	*T.*
Ferenc Deak (Szentlörinc) 1945/46	*44*	*66*
Dixie Dean (FC Everton) 1927/28	*39*	*60*
Refik Resmja (Partiz. Tirana) 1951	*23*	*59*
Ferenc Deak (Ferencvaros) 1948/49	*30*	*59*
George Camsell (Middlesb) 1926/27	*37*	*59*
Josef Bican (Slavia Prag) 1943/44	*23*	*57*
Gyula Zsengeller (Ujpest) 1938/39	*26*	*56*
Fred Roberts (Glentoran) 1930/31	*26*	*55*
Werner Baßler (Kaisersl.) 1948/49	*24*	*54*
Max Morlock (Nürnberg) 1942/43	*20*	*54*

Dank seiner 59 Treffer in der Saison 1948/49 ist „Ferike“ zudem der einzige Spieler, der in den Top Ten sogar zweimal vertreten ist. Berücksichtigt man die Tore aus allen Klubwettbewerben, können in Europa noch Gerd Müller (67 Tore in der Saison 1972/73 für Bayern München) und Lionel Messi (72 Tore in der Saison 2011/12 für den FC Barcelona) mehr Torerfolge vorweisen. Während Deutschlands „Bomber der Nation“ und der Argentinier Messi aber zusätzlich zur nationalen Meisterschaft noch im Landespokal sowie im Europacup auf Torejagd gehen konnten, blieb diese Möglichkeit Ferenc Deak seinerzeit noch verwehrt.

Natürlich war das Talent des Mittelstürmers bei einem kleinen Verein wie dem AC Szentlörinc vergeudet. Dessen „Stadion“ (Gerely utca, auch SZAC-Feld genannt) im XVIII. Stadtbezirk glich eher einem Dorfanger und verfügte nicht einmal über eine echte Zuschauertribüne. Es verwundert daher nicht, dass „Ferike“ im Sommer 1947 die Gelegenheit beim Schopf ergriff, um sich mit Ferencvaros einem der großen Vereine des Landes anzuschließen, wo er endlich die Chance erhielt, in das Rennen um die Meisterschaft einzugreifen. Der AC Szentlörinc, der 1950 mit Postas Budapest fusionierte, konnte sich zunächst auch ohne Deak in der Erstklassigkeit behaupten und die Saison 1948/49 gar auf dem sechsten Platz abschließen. Allerdings sollten die Auftritte im Gerely utca erheblich an Unterhaltungswert einbüßen. Während die Mannschaft im letzten Jahr mit „Ferike“ noch auf 70 Treffer gekommen war, erzielten dessen Nachfolger in den kommenden beiden Spielzeiten nur noch 38 bzw. 39 Tore.

Meister mit „Fradi“

Durch seinen Wechsel zu Rekordmeister Ferencvaros kehrte Ferenc Deak in den IX. Stadtbezirk zurück, wo er 1922 geboren wurde. Auch in sportlicher Hinsicht sollte sich dieser Schritt auszahlen, da die Elf aus Franzenvorstadt (nach Kaiser Franz-Josef) zu den heißen Titelanwärtern zählte. Unter Trainer Antal Lyka kämpfte diese bereits 1947/48 lange um die Meisterschaft, musste sich in der Endabrechung jedoch mit dem dritten Rang zufrieden geben. Obwohl Deak anders als bei Szentlörinc nicht mehr unangefochten im Mittelpunkt stand, kann von Eingewöhnungsschwierigkeiten keine Rede sein. Wenngleich er in der Torschützenliste von Honved-Major Ferenc Puskas (50 Treffer) überboten wurde, können sich auch seine 41 Saisontore in 30 Einsätzen absolut sehen lassen.

Im Jahr ihres 50-jährigen Bestehens waren die grün-weiß gekleideten Franzenstädter in der NB I („Nemzeti Bajnoksag“) – so die Bezeichnung für die höchste ungarische Spielklasse – dann das Maß aller Dinge, was einmal mehr auch auf deren ausgesprochen torhungrigen Sturmführer zutraf. Von den 140 erzielten Treffern in der Spielzeit 1948/49 gingen allein 59 auf das Konto Ferenc Deaks, der damit zum dritten Mal zum „Golkiraly“ avanciert war. Bei 30 Spielen war er im Schnitt für fast zwei Tore pro Einsatz gut gewesen. Nachdem die Mannschaft immer wieder Schützenfeste wie beim 13:0 im Üllöi ut über ETO Györ gefeiert hatte, belief sich der Vorsprung auf Vizemeister MTK Budapest auf deutliche elf Zähler.

Ferenc Deak oder – wie es im Ungarischen, wo der Familienname dem Rufnamen vorangestellt wird, korrekt heißt – Deak Ferenc musste sich in der Saison 1949/50 sodann mit dem zweiten Rang hinter dem von den Kommunisten favorisierten Honved begnügen. Zudem ging seine Trefferzahl auf für ihn bescheidene 21 zurück, was auch an dem siebeneinhalb Jahre jüngeren Sandor Kocsis lag, der ihm seine Mittelstürmerposition bei Ferencvaros streitig machte. Insgesamt hatte „Bamba“ damit aber in 83 Punktspielen für Fradi nicht weniger als 121-mal ins Schwarze getroffen, was einem Schnitt von 1,46 Toren je Spiel entspricht.

Ins Gefängnis oder lieber zu Ujpest?

Leicht hatte man es als Fußballer in Ungarn damals nicht. Seinen Wechsel zu Ferencvaros hatte Ferenc Deak auch deswegen vollzogen, weil er sich erhofft hatte, mit der höheren Gage ein gerade erst gekauftes Häuschen in Budapest schneller abzahlen zu können, als ihm das neue kommunistische Regime unter Matvas Rakosi in die Quere kam und 1947 den Profifußball untersagte. Aus diesem Grund erwog Deak Anfang 1949 auch einen Wechsel ins Ausland, nachdem ihm der italienische Serienmeister AC Turin ein gut dotiertes Angebot unterbreitet hatte. Fortan hatten die Kommunisten Deak auf dem Kieker. 1950 war dieser mit einigen seiner Teamgefährten von Fradi verbotenerweise zum Kurzurlaub nach Siofok an den Plattensee gereist, als die Staatsmacht endgültig zuschlug. Der Geheimdienst griff Deak auf und führte ihn zum Verhör ab. Unverblümt wurde ihm klar gemacht, dass es für ihn nur zwei Möglichkeiten gebe: Entweder er wechselt ab sofort zu Dozsa Ujpest – oder aber er kommt ins Gefängnis. Sämtliche Pläne, im blühenden Fußballeralter von 28 Jahren für gutes Geld bei einem ausländischen Topverein auf Torejagd zu gehen, waren damit hinfällig. Natürlich hatte es auch sein Gutes, dass der Wechsel zum AC Turin nicht zustande gekommen war, nachdem „Il Grande Torino“ am 4. Mai 1949 beim Flugzeugabsturz bei Superga ein jähes Ende gefunden hatte...

Dennoch befand sich „Bamba“ beim Polizeiverein aus dem IV. Budapester Stadtbezirk auf dem Abstellgleis. Wegen seiner „Verfehlungen“ war er für die Nationalmannschaft ein für allemal erledigt, derweil im ungarischen Vereinsfußball in den frühen Fünfzigern die große Zeit des Armeesportklubs Honved aus dem Stadtteil Kispest anbrach, wo die Machthaber nahezu sämtliche Topspieler des Landes zusammenzogen. Auch wenn der Fußball in erheblichem Maße von der Politik gelenkt wurde, besaß der Vereinswechsel auch in sportlicher Hinsicht einige Brisanz, da schon damals zwischen Deaks Ex-Klub Ferencvaros und Dozsa Ujpest eine große Rivalität herrschte. Nachdem Fradi zunächst lange mit MTK um die Vorherrschaft gerungen hatte, avancierten die „Lilak“ aus dem Norden Budapests in den dreißiger Jahren zum großen Widersacher der Franzenstädter, womit „Ferike“ fortan ausgerechnet für deren Erzrivalen auf Torejagd ging.

In den kommenden dreieinhalb Jahren bestritt Deak 77 Ligaspiele, in denen er immerhin auf weitere 52 Torerfolge blicken konnte, was einem Schnitt von 0,68 je Einsatz entsprach. Damit freilich war er von seinen besten Zeiten weit entfernt, nachdem er derartige Quoten einst innerhalb einer einzigen Spielzeit noch locker übertroffen hatte. Der ungarische Ligabetrieb wurde damals übrigens auf das Ganzjahressystem umgestellt, womit sich die Funktionäre dem großen Bruder UdSSR anpassten. In Herbst 1950 fand daher nur eine einfache Runde statt, aus der die Violetten als Dritte hervorgingen. Weniger gut war es für Ferencvaros gelaufen, das lediglich auf dem zehnten Platz die Ziellinie überquerte und auch das Prestigeduell mit Dozsa Ujpest 0:1 verlor. Gerade Fradi hatte unter einem erheblichem personellen Aderlass zu leiden, weil es nicht nur den in Ungnade gefallenen Deak verloren hatte, sondern zur nächsten Saison zudem auch auf seinen jungen Hoffnungsträger Sandor Kocsis verzichten musste, der zu Honved delegiert wurde.

Derweil es für die Honved-Armee im Spieljahr 1951 dennoch nur zur Vizemeisterschaft reichte, belegten die Violetten abermals den dritten Platz. Nachdem Ferenc Deak in der Vorsaison in 14 Spielen immerhin noch zwölfmal ins Schwarze getroffen hatte, womit er in der Torschützenliste auf dem vierten Platz rangierte, durfte er 1951 nur noch fünf Tore in elf Einsätzen feiern, was vermutlich auch auf die eine oder andere Verletzung zurückzuführen war. Wegen seiner rückläufigen Treffer-zahl kam „Bamba“ bei Dozsa Ujpest lediglich eine Nebenrolle zu. Star des Teams war Ferenc Szuzsa, der mit 22 Treffern wie so oft bester Saisontorjäger der Violetten war. Der Beliebtheitsgrad Szuzsas kam auch darin zum Ausdruck, dass das Stadion Megyeri ut seit 2003 dessen Namen trägt.

Der mit 493 Erstligatreffern in 462 Spielen erfolgreichste Goalgetter der Vereinsgeschichte konnte auch im Spieljahr 1952 Ferenc Deak in der teaminternen Torjägerliste abhängen. Während Szuzsa 19-mal ins Schwarze getroffen hatte, erreichte „Bamba“ mit 15 Saisontreffern immerhin seine beste Quote im violetten Dress. Ohne Meister Honved jemals ernsthaft in Gefahr zu bringen, wurde Dozsa Ujpest abermals Ligadritter.

In der kommenden Saison reichte es dann lediglich noch zum vierten Platz, was vor allem daran lag, dass Ferenc Szuzsa eine Formkrise durchlief, womit Deak mit elf Toren erstmals bester Ujpest-Torschütze werden konnte. Schon im Spieljahr 1954 wurde allerdings die alte Hackordnung wieder hergestellt. Ferenc Szuzsa war mit 16 Treffern erneut bester Torschütze der Violetten, während es Ferenc Deak in 13 Spielen nur auf neun Toren brachte. Auch mannschaftlich war es in Anbetracht eines mäßigen fünften Platzes für Dozsa Ujpest nicht gut gelaufen, so dass man sich für Europarekordler Deak im Herbst 1954 beileibe einen besseren Ausstand im Trikot der „Lilak“ hätte vorstellen können.

Abschied in der zweiten Liga

Warum genau Ferenc Deak seine Zelte im Megyeri ut abbrach – resp. ob er diese wegen seiner „politischen Unzuverlässigkeit“ abbrechen musste, liegt im Bereich der Spekulation. Immerhin wurde „Bamba“ im Januar 1955 erst 33, womit er eigentlich durchaus noch das Zeug besaß, um einige Zeit auf erstklassigem Niveau auf Torejagd zu gehen. Dagegen kickte „Ferike“ für die nächsten vier Jahre in der zweiten Liga, wobei er sich zunächst Vörös Meteor Egyetertes anschloss. Allerdings sollte er im Spieljahr 1955 mit dem Hauptstadtklub den angepeilten Aufstieg ins Oberhaus verpassen, so dass ein Wechsel innerhalb der Budapester Stadtmauern zu Spartacus folgte, für das Deak jedoch auch nur eine Saison lang die Fußballschuhe schnürte. Genau wie Egyetertes zählt auch Spartacus nicht gerade zu den ungarischen Traditionsvereinen. Anders als im Fußball kann der damalige Zweitligist allerdings in anderen Sportarten wie Handball oder Schach auf durchaus beachtliche Erfolge verweisen.

Nachdem Ferenc Deak Jahre zuvor noch bei einem nicht genehmigten Kurzurlaub am Plattensee von der allgegenwärtigen Staatsmacht in die Schranken gewiesen worden war, durfte der Offizier des Innenministeriums ausgerechnet im Jahr des Ungarn-Aufstands nun legal seine Zelte am Balaton aufschlagen, als er 1956 für Banyasz Siofok auf Torejagd ging. In der Frühjahrsrunde 1957 – Mitte des Jahres wurde vom Verband wieder der traditionelle Herbst-Frühjahrs-Rhythmus eingeführt – wechselte Deak noch einmal zurück zu Vörös Meteor Egyetertes Budapest, bevor er mit 35 Jahren seine aktive Laufbahn beendete. Wie viele Treffer er in jener Zeit genau erzielte, kann leider nicht mehr gesagt werden. Nach Lage der Dinge müssen es in seinen letzten vier Zweitligajahren jedoch noch einmal über 100 gewesen sein, was beweist, dass der Mittelstürmer trotz seiner fortgeschrittenen Fußballeralters noch nichts verlernt hatte.

Kein Erfolg als Trainer

Bereits 1955 – also noch während seiner aktiven Zeit – absolvierte Ferenc Deak einen Trainerlehrgang, so dass der Zweitligaspieler quasi „nebenher“ auch als Übungsleiter arbeiten konnte. Von nennenswertem Erfolg sollte die „Karriere nach der Karriere“ indes nicht gekrönt sein. Schon die erste Anstellung als Interimstrainer von Ferenvaros war nach nur kurzer Zeit beendet, ehe er anschließend als Assistenzcoach bei Dozsa Ujpest agierte. Später arbeitete der ehemalige Mittelstürmer noch für seine beiden Ex-Klubs Banyasz Siofok und AC Szentlörinc, ohne freilich auch dort viel zu bewirken.

Danach zog sich Deak endgültig vom Fußball zurück. Von 1966 an leitete er bis zu seiner Pensionierung 1973 im Auftrag des Innenministeriums das Sport-Erholungszentrum „Boglarlellei“ der Polizei-Akademie. Deaks herausragende Leistungen als Torjäger – besonders sein einmaliger Europarekord aus der Saison 1945/46 – gerieten allmählich in Vergessenheit. Erst ein Jahr vor seinem Tod am 18. April 1998 begann sich der Fußball wieder an Ferenc Deak zu erinnern. Im Münchner Hotel „Bayerischer Hof“ wurden von der Statistik-Organisation IFFHS im Rahmen der „World Football Gala“ am 20. Januar 1997 die besten Goalgetter des ausgehenden 20. Jahrhunderts geehrt. Neben Größen wie Gerd Müller, Josef Bican oder Ferenc Puskas erhielt auch Ferenc Deak einen Erinnerungspokal überreicht, den er in seiner Budapester Wohnung neben zahlreichen anderen Trophäen in Ehren hielt. Posthum wurde ihm im Jahr 2000 von Staatspräsident Arpad Göncz die ungarische Verdienstmedaille verliehen.

► **ZAHLEN UND FAKTEN**

Vereine:	1940-1947	AC Szentlörinc (Budapest)
	1947-1950	Ferencvaros Budapest
	1950-1954	Dozsa Ujpest Budapest
	1954	VM Egyetertes Budapest
	1955	Spartacus Budapest
	1956	Banyasz Siofok
	1957	VM Egyetertes Budapest

Tore: 242 ungarische Erstligaspiele (303 Tore)
148 ungar. Zweit- / Drittligaspiele (215 Tore)
20 Länderspiele (29 Tore)
gesamt 410 Pflichtspiele (547 Tore)

Erfolge: Ungarischer Meister 1949
Balkan-Pokalsieger 1947
Gerö-Cup-Sieger 1953

Ungarischer Torschützenkönig
1945/46, 1946/47, 1948/49

In der Nationalmannschaft:

Gelungener hätte ein Einstand in der Nationalelf nicht verlaufen können, als jener von Ferenc Deak am 6. Oktober 1946 in Budapest. Nach 90 Minuten im Stadion Üllöi ut von Ferencvaros hatten die Magyaren Erzrivale Österreich mit 2:0 besiegt – und der 24-jährige, noch für Szentlörinc spielende Debütant in der 13. und 32. Minute beide Treffer erzielt. Genau in diesem Stil sollte es in den nächsten Länderspielen weitergehen. „Bamba“, damals auf dem Zenit seiner Karriere und bei Szentlörinc in jedem Spiel für zwei Tore gut, ballerte auch im Nationalteam drauf los und ließ dem Doppelpack gegen Österreich in den nächsten drei Einsätzen gegen Luxemburg (7:2), Bulgarien (9:0) und Albanien (3:0) acht weitere Treffer folgen. Die Partien gegen Bulgarien und Albanien waren Teil des 1947 zum achten Mal ausgetragenen Balkan-Pokals, den die ungarische Mannschaft dank weiterer Erfolge über Jugoslawien und Rumänien (ohne die Mitwirkung Deaks) verlustpunktfrei gewann. Nachdem „Ferike“ beim Kantersieg gegen Bulgarien einen Vierpack geschnürt und gegen Albanien ebenfalls einen Treffer erzielt hatte, führte er schließlich auch die Torjägerliste des Wettbewerbs an. Erst im fünften Länderspiel, dem letzten des Jahres 1947, blieb er dann erstmals ohne Torerfolg. Am 14. September unterlag Ungarn in Wien nach großem Kampf mit 3:4, wobei der torhungrige „Bamba“ nach seiner Auswechslung zur Pause nur eine Hälfte mitgewirkt hatte.

Die ungarische Nationalelf mit (von links) Ferenc Szusza, Gyula Grocsics, Sandor Balogh, Janos Borzsei, Nandor Hidegkuti, Matyas Toth, Bela Egresi, Ferenc Rudas, Jozsef Zakarias, Ferenc Deak und Jozsef Bozsik gewann am 19. September 1948 gegen Polen in Warschau deutlich mit 6:2. In der 67. Minute erzielte Deak das vierte ungarische Tor.

Der inzwischen zu Ferencvaros gewechselte Mittelstürmer setzte seine Erfolgsstory im Nationalteam im Laufe des Jahres 1948 fort, als er in sieben weiteren Länderkämpfen achtmal ins Schwarze traf. Die ersten drei Spiele gegen die Schweiz (7:4), Österreich (2:3) und die Tschechoslowakei (2:1) gehörten zum über einen Zeitraum von sechs Jahren ausgetragenen Gerö-Cup, an dem sich die stärksten Mannschaften aus Mitteleuropa beteiligten und den Ungarn schließlich vor den Tschechoslowaken gewann. Seine stärksten Auftritte verzeichnete „Bamba“ an der Seite der beiden späteren Vizeweltmeister von 1954 Puskas und Kocsis in der schon erwähnten Partie gegen die Schweiz sowie Ende Oktober gegen Rumänien (5:1), als er jeweils zwei Tore erzielte. Nachdem er sich in sechs Länderspielen 1948 jeweils in die Torschützenliste eingetragen hatte, blieb er lediglich bei der 0:1-Niederlage in Bulgarien am 7. November ohne Torerfolg.

► **EINWURF**

Europarekordler Ferenc Deak stellte auch in der Nationalmannschaft seine Torgefahr unter Beweis und erzielte in 20 Länderspielen für Ungarn stolze 29 Tore. Mit der durchschnittlichen Trefferquote von 1,45 je Spiel hält er in dieser Kategorie sogar einen Weltrekord, den allein der Franzose Just Fontaine mit 30 Toren in 21 Länderspielen – das sind im Schnitt 1,43 – in Gefahr bringen konnte.

Das Jahr 1949 brachte für den ungarischen Fußball eine entscheidende Zäsur. Tibor Gallowich wurde von Guzstav Sebes als Verbandskapitän abgelöst, der um Ausnahmekönner wie Puskas, Kocsis oder Czibor jene Nationalmannschaft aufzubauen begann, die als „Goldene Elf“ in die Annalen einging. Anfangs hatte auch noch Ferenc Deak seinen Platz sicher, obwohl er am 10. April in Prag gegen die CSSR (2:5) kurz vor Schluss vom Platz gestellt worden war. Nachdem er schon in der nächsten Partie gegen Österreich (6:1) wieder zweimal getroffen hatte, spielte er vor allem am 10. Juli beim 8:2 über Polen als vierfacher Torschütze den gegnerischen Abwehrspielern den einen oder anderen Knoten in die Beine. Auch in seinen letzten drei Länderspielen gegen Österreich (4:3), Bulgarien und Schweden (jeweils 5:0) konnte er sich jeweils in die Torschützenliste eintragen, womit das abrupte Ende seiner Nationalmannschaftskarriere zunächst überrascht. Da er es sich allerdings mit den kommunistischen Machthabern verscherzt hatte, weshalb er zu Dozsa Ujpest „abgeschoben“ wurde, war für Deak in der von linientreuen Honved-Spielern dominierten „Aranycsapat“ fortan kein Platz. Sportlich hätte es für „Bamba“ allemal noch gereicht...

Saison	Lsp.		Liga*		Pokal	
	Sp.	T.	Sp.	T.	Sp.	T.
1944/45			8	14	-	-
1945/46			44	66		
1946/47	2	5	30	49		
1947/48	6	9	30	41		
1948/49	9	11	30	59		
1949/50	3	4	23	21		
1950			14	12		
1951			11	5		
1952			20	15		
1953			19	11		
1954			13	9		

* Nur Erstligaspiele. Detaillierte Saisonstatistiken für die Einsätze in der zweiten u. dritten Liga (1940-44, 54-57) liegen nicht vor.

William Dean
„Dixie" bittet zum Tanz!

William Ralph Dean wurde am 22. Januar 1907 in der Laird Street von Birkenhead, einer Hafenstadt an der Mündung des Flusses Mersey geboren. Birkenhead liegt in unmittelbarer Nachbarschaft zu Liverpool, wohin seit 1886 eine U-Bahn-Linie führt. Seit frühester Kindheit war der Fußballsport Deans große Leidenschaft. Oft schwänzte er die Schule, um lieber mit Freuden in den Straßen seiner Heimatstadt dem runden Leder nachzujagen. Nachdem er im Alter von 14 Jahren die Schule ohne Abschluss verlassen hatte, heuerte er bei der „Wirral Railway" an, einer Liverpooler Eisenbahngesellschaft, bei der auch sein Vater William Sr. beschäftigt war. Auch Großvater Ralph Brett hatte Eisenbahnerblut in den Adern. Dieser war sogar als Lokführer beim englischen Königshaus unter Georg V. tätig gewesen. Bei der „Wirral Railway" übernahm Dixie am liebsten die Nachtschichten, weil er dann am Tag genügend Zeit hatte zu kicken.
Größter Fußballklub des heute rund 84.000 Einwohner zählenden Birkenhead sind die Tranmere Rovers, die seit 1921 in der Third Division North beheimatet waren. Nach ihrem Aufstieg machten sich die bis dahin weitgehend unbekannten Rovers vor allem als Talentschmiede einen Namen. So wagten mit „Nibbler" Ridding und „Pongo" Waring in den Zwanzigern zwei Eigengewächse den Sprung in den erstklassigen Fußball, um als Spieler von Manchester City bzw. Aston Villa für Furore zu sorgen. Ihr Wegbereiter war jedoch Dixie Dean, der 1923 im zarten Alter von 16 Jahren von Rovers-Manager Jack „Dump" Lee entdeckt und in der ersten Mannschaft eingesetzt worden war. Nachdem er in seiner ersten Spielzeit in drei Einsätzen torlos geblieben war, gelang ihm in der Saison 1924/25 mit 27 Treffern in ebenso vielen Spielen der Durchbruch. Seit frühester Kindheit war Dean ein glühender Fan des FC Everton, so dass sich für ihn ein Traum erfüllte, als ihm die Toffees 1925 einen Profivertrag anboten. Für eine Ablösesumme von 3.000 £ wechselte der Mittelstürmer daraufhin den Verein.

► EINWURF
Während William Ralph Dean von seiner Familie stets nur „Bill" oder „Billy" gerufen wurde, führte der Fußballer Dean den Beinamen „Dixie". Darüber, wie er zu diesem gekommen ist, kann nur spekuliert werden. Die wohl gängigste Version besagt, dass er ihn seinem dunklen Teint und seiner dunklen Haarpracht zu verdanken habe, womit sein Aussehen stark an einen US-amerikanischen Südstaatler erinnerte. Aus dieser Gegend stammt auch der Dixieland, eine Stilrichtung des Jazz', kurz „Dixie" genannt. Möglicherweise war „Dixie" aber auch eine lautmalerische Anpassung an „Digsie", wie Dean in Kindertagen von seinen Spielkameraden gerufen wurde. Er hatte die Angewohnheit, beim Fangen spielen die Mitspieler mit der Faust auf den Rücken zu schlagen („to dig"), weshalb er in den Straßen seiner Geburtsstadt Birkenhead recht bald nur „Dig-sie" gerufen wurde.

Ursprünglich hatte Evertons Klubmanager Thomas H. McIntosh dem jungen Dean ein Handgeld von 300 £ in Aussicht gestellt, das er seinen Eltern weiterreichen sollte. Die erhielten jedoch nur ein Zehntel der Summe, nachdem es geheißen hatte, dies sei die von der FA erlaubte Höchstgrenze. Eine offizielle Beschwerde beim englischen Fußballverband wurde gnadenlos abgeschmettert.

Aus für den Kopfballspezialisten?
Trotz dieser unschönen Begleitumstände war Dixie über das Angebot aus Everton mehr als glücklich. Als die Toffees ihren heutigen Rekordtorjäger zu Vertragsverhandlungen in ein Liverpooler Hotel einluden, konnte er es kaum erwarten und ging die vier Kilometer von Birkenhead zu Fuß, um sich mit den Everton-Offiziellen zu treffen. Verständlich, wenn man bedenkt, dass der Verein seiner Träume für ihn unerreichbar schien. Erst ein einziges Mal hatte er die Mannschaft im Goodison Park vor Ort spielen sehen, als sein Vater den Achtjährigen kurz nach Ausbruch des Ersten Weltkriegs mit ins Stadion genommen hatte. Seit dem letzten Meisterjahr vor Anbruch der „Dean-Ära" wünschte er sich nichts sehnlicher, als irgendwann einmal selbst, umjubelt von den Massen, in die traditionsreiche Arena einlaufen zu können. Und so hatten auch Arsenal London und Newcastle United keine Chance, als sie dem begehrten Mittelstürmer der Tranmere Rovers ebenfalls gut dotierte Angebote unterbreiteten.

Mit 349 Ligatoren ist „Dixie" Dean unerreichter Toptorjäger der „Toffees". Weit abgeschlagen folgen Graeme Sharp (111) und Bob Latchford (106).

Als William Dean zu den „Royal Blues" wechselte, verfügten diese bestenfalls über eine Durchschnittsmannschaft. Die beiden Meistertitel (1891 und 1915) sowie der bis dato einzige FA-Cup-Sieg (1906) lagen schon längere Zeit zurück. Und obwohl auch jetzt immer wieder ernüchternde Resultate zu Buche standen, brachen dank Dean endlich spektakuläre Zeiten an. Gleich in seiner ersten Saison erzielte der 18-Jährige 32 Ligatore, mit denen er nur knapp den bisherigen Vereinsrekord von Bert Freeman verfehlte. Der Ex-Mittelstürmer hatte in der Saison 1908/09 sechsmal häufiger ins Schwarze getroffen. Insgesamt brachte es der beste Evertonian aller Zeiten auf beeindruckende 349 Liga-Tore für den Verein, die auch heute noch unübertroffen sind. Darüber hinaus konnte der Liebling der Massen in der Nationalmannschaft bei 18 Treffern in nur 16 Länderspielen ebenfalls auf eine herausragende Quote verweisen.
Dabei sah es schon danach aus, als ob Dixie Dean seine Karriere früh beenden müsste. Man schrieb den 10. Juni 1926, als die jugendliche Sturmhoffnung bei einem Motorradunfall im Norden von Wales schwer verletzt wurde. Die Ärzte stellten die düstersten Prognosen und befürchteten, dass der am Schädel verletzte Dean nie mehr gegen einen Ball treten könne. Gegen den ausdrücklichen Rat seiner Ärzte aber kehrte der Vollblutstürmer auf den Fußballplatz zurück und erfreute die Fans auch weiterhin mit seinen Toren am Fließband. Gleich beim Comeback im Reserveteam erzielte er im Oktober 1926 einen Kopfballtreffer, was bestens zur Legendenbildung taugte!
Im Kontrast zum Torhunger des unumstrittenen Superstars standen für Everton in den Spielzeiten 1925/26 und 1926/27 dagegen die Plätze 11 und 20 in der Liga. Denn obwohl Dean seine Tore wie am Fließband produzierte,

war die Abwehr für Gegentreffer ausgesprochen anfällig, was im ersten „Dixie-Jahr" 1925/26 mit einem Torverhältnis von 72:70 deutlich zum Ausdruck kam. Die Torflut hing freilich auch mit der in jener Zeit eingeführten neuen Abseitsregel zusammen. Auch in der Spielzeit 1926/27 hatte sich der Deckungsverbund noch nicht auf die neue Situation eingestellt und ließ sogar 90 Gegentreffer zu. Da der Angriff eine Zeitlang auf seinen verunglückten Sturmführer verzichten musste, ging auch die Zahl der erzielten Treffer auf 64 zurück (von diesen gingen immerhin 21 auf das Konto des wiedergenesenen Dixie), was die Blues in arge Abstiegsnöte brachte. Am Ende konnte Leeds United als bester Absteiger allerdings noch um vier Zähler distanziert werden.

Das Rekordjahr 1927/28

Die Mannschaft, zu deren Stützen auch Kapitän Warney Cresswell, Ted Critchley, Alec Troup und nicht zuletzt der unverwüstliche Schlussmann Ted Sagar zählten, kassierte im Spieljahr 1927/28 wieder einmal 66 Tore. Eigentlich entschieden zu viele, um in die Spitzengruppe vorzustoßen. Wäre da nicht Evertons einzigartiger Goalgetter, der seine ohnehin schon beachtliche Quote aus den Vorjahren auf schier unglaubliche 60 Saisontore schraubte, womit die Blues auf insgesamt 102 Treffer kamen, die die zahlreichen Gegentore kompensieren halfen und dem Verein zum dritten Mal die Meisterschaft bescherten. An den ersten neun Spieltagen zeigte sich Dean in Topform und erzielte in jedem Spiel mindestens einen Treffer, beim 5:2-Heimsieg über Manchester United sogar alle fünf. Nachdem er im Stadtderby gegen den FC Liverpool wieder sämtliche drei Tore zum 3:3 beigesteuert hatte, folgte eine Durststrecke von vier Spielen, in denen Dixie ohne Torerfolg blieb. Dabei wurde seine Bedeutung für das Team besonders deutlich, weil dieses keinen einzigen Treffer erzielen, geschweige denn einen Sieg verbuchen konnte. Auch für Dean schien die Rekordjagd damit beendet zu sein. Neun Spieltage vor Saisonende benötigte er noch 17 Treffer, um die neue Bestmarke aufzustellen, was ein Ding der Unmöglichkeit darstellte. Der Kopfballspezialist lief jetzt allerdings erst so richtig heiß. In den Spielen gegen Derby County, die Blackburn Rovers, Sheffield United und Aston Villa erzielte er je zwei Treffer, bevor er beim 5:3-Auswärtssieg über Abstiegsaspirant FC Burnley gar viermal erfolgreich war.

Nachdem der mannschaftliche Erfolg bereits feststand – im Endklassement rangierte Everton zwei Zähler vor Huddersfield Town sowie drei weitere vor Leicester City – drehte sich vor dem letzten Heimspiel gegen Arsenal alles um die Frage: Schafft es William Dean, den erst ein Jahr alten Tore-Rekord von George Camsell aus Middlesbrough zu übertreffen? 59 Saisontore waren Camsell in der Vorsaison in der zweiten Liga gelungen, womit Dean gegen die Chapman-Elf noch zwei Treffer brauchte, um den Rekord einzustellen, und drei, um als neuer Rekordhalter in die Annalen einzugehen. Allerdings hatte sich der Goalgetter just in der Woche zuvor im Turf-Moor-Stadion von Burnley eine kleinere Verletzung zugezogen, so dass er angeschlagen in die finalen 90 Minuten gehen musste. Mit dem Anpfiff aber war die Blessur vergessen, die Tormaschine Dean funktionierte wie eh und je. Durch einen Kopfballtreffer und einen Elfmeter hatte er bald die Bestmarke Camsells egalisiert, als in der Schlussphase nach Zuspiel von Troup auch noch der historische 60. Treffer *(im Bild unten links)* gelang, der die legendäre und bis heute gültige Rekordmarke besiegelte. Einschließlich der Treffer in FA-Pokal- und Freundschaftsspielen hat Dixie in der Saison 1927/28 sogar die 100-Tore-Marke geknackt! Obwohl der Torjäger im Londoner Higbury gegen den FC Arsenal als zweifacher Torschütze in Erscheinung trat, musste sich sein Team mit einer 3:4-Niederlage schon in der Runde der letzten 32 aus dem FA-Cup verabschieden.

► EINWURF

Laktatmessungen gehören zum guten Ton. Ernährungsphysiologen diktieren dem Mannschaftskoch den Speiseplan. Jede Kalorie wird auf der Goldwaage höchstpersönlich seziert. Nichts scheint im heutigen Fußball absurd genug, um der staunenden Öffentlichkeit nicht als dringend notwendiger und unverzichtbarer Bestandteil einer akribischen Vorbereitung auf das nächste Spiel verkauft werden zu können. Dixie Deans Präliminarien vor dem Anpfiff waren dagegen urtümlich und naturnah: Nachdem er sich zur besseren Einstimmung schon mal gern eine gepflegte Zigarette genehmigt hatte, mixte er sich anschließend für gewöhnlich seinen ganz eigenen Cocktail, der aus einem Glas Cherry mit zwei rohen Eiern bestand.

Achterbahnfahrt mit den Toffees

Die anhaltenden Defensivprobleme führten dazu, dass die Mannschaft in der Tabelle schon bald wieder abrutschte. Zunächst reichte es 1928/29 mit 38:46 Punkten und 63:75 Toren nur zu Rang 18, was auch daran lag, dass sich Deans Trefferzahl mehr als halbierte. Bei seinen 29 Einsätzen in der Liga, traf er lediglich noch 26-mal ins Schwarze. Im kommenden Jahr ging Deans Quote auf 23 Tore in 25 Spielen weiter zurück. Ununterbrochene 38 Spielzeiten hatte das Gründungsmitglied FC Everton der Football League angehört, ehe nach der Saison 1929/30 der Status der Erstklassigkeit abrupt endete. Als Tabellenschlusslicht musste der Verein trotz 80 erzielter Treffer (aber 92 Gegentoren) zum ersten Mal in seiner Geschichte absteigen. Allerdings hatte der beste Nicht-Absteiger Sheffield United nur einen Zähler mehr auf dem Konto.

Der Abstiegs-Fauxpas konnte sodann auch umgehend korrigiert werden, nachdem nicht zuletzt dank der 39 Saisontore Dixie Deans der sofortige Wiederaufstieg glückte. Souverän sicherten sich die Toffees die Zweitligameisterschaft und hatten bei 61:23 Zählern sieben Punkte Vorsprung auf Vizemeister West Bromwich Albion sowie deren zehn auf den ersten Nicht-Aufstiegsplatz, den Tottenham Hotspur als Dritter belegte. Der von Dixie Dean angeführte Sturm vermochte auch in der Second Division als Ganzes zu funktionieren und ließ die Anhänger über stolze 121 Treffer jubeln. Müßig zu erwähnen, dass der Sturmführer aus Birkenhead inzwischen längst das Kapitänsamt bei seinem Verein übernommen hatte.

Die Berg- und Talfahrt hatte sich mit dem Aufstieg also nahtlos fortgesetzt, was auch in der Saison nach der Rückkehr ins Oberhaus der Fall sein sollte. Die Angriffsreihe des Aufsteigers war abermals nicht zu bremsen, kam auf 116 Tore, von denen allein 45 auf Deans Konto gingen, der damit zum zweiten Mal in seiner Laufbahn bester Angreifer der First Division geworden war. Und das, obwohl er die ersten fünf Spieltage ohne Torerfolg blieb. Erst am sechsten Spieltag kehrte der Goalgetter zu alter Stärke zurück, als ihm beim 3:1 im Derby an der Anfield Road binnen 21 Minuten alle drei Treffer zum 3:1-Sieg seiner Elf über die Reds gelangen. Im Herbst führte Dixie seine Mannschaft dann zu mehreren Katersiegen über Sheffield Wednesday (9:3), Newcastle United (8:1), Chelsea London (7:2) und Leicester City (9:2) und nährte damit aufkommende Titelhoffnungen. Größter Widersacher war Vorjahresmeister Arsenal, der beim Gastspiel am Mersey-Fluss Anfang Februar beide Punkte entführte und 3:1 gewann. Nach einer weiteren Niederlage in Blackpool (0:2) zeigten die Toffees Nehmerqualitäten und blieben die kommenden zehn Spiele ungeschlagen. Zwar konnten sie an den letzten vier Runden nur noch gegen die Bolton Wanderers einen doppelten Punktgewinn einfahren, doch reichte der zwischenzeitlich erworbene Vorsprung, um sich den vierten Meistertitel vor den Gunners zu sichern.

Triumph im FA-Cup

Traditionell wird die neue Saison in England mit dem Spiel um den Charity Shield (heute Community Shield) eingeläutet. Im Spieljahr 1932/33 fand der Vergleich zwischen Meister und Pokalsieger allerdings zu einem Zeitpunkt statt, als der Ligabetrieb schon längst in vollem Gange war. Die Partie zwischen den Toffees und Cupsieger Newcastle United wurde auch nicht in Wembley ausgetragen, sondern im St. James' Park von Newcastle, womit der Gegner klar im Vorteil war. Doch selbst dies nutzte den gastgebenden „Magpies“ nichts, weil Everton am 12. Oktober 1932 einmal mehr einen glänzend aufgelegten Dixie Dean in seinen Reihen hatte, der die Blues als vierfacher Torschütze quasi im Alleingang zum 5:3-Sieg schoss.

► EINWURF

Die „1“ für den Torwart, die „10“ für den Regisseur, die „5“ für den Libero. Auch zu Zeiten, da die Trikotnummern aus marketingstrategischen Gründen noch nicht für jede Saison fest vergeben waren, wurden mit diesen feste Positionen assoziiert. Besonders verehrt wird bei den Fans seit jeher der Träger des Trikots mit der Rückennummer „9“, die traditionell dem Mittelstürmer vorbehalten ist. Der erste „Neuner“ überhaupt war mit „Dixie“ Dean einer der besten seines Fachs. Beim Cupfinal 1933 hatte die FA bestimmt, die Spieler zur besseren Kenntlichmachung erstmals mit Rückennummern zu versehen, wobei die Akteure der Toffees mit 1 bis 11 und jene von Gegner Manchester City mit 12 bis 22 durchnummeriert worden waren.

In der Meisterschaft musste man sich freilich mit dem elften Platz zufrieden geben. Der Titelverteidiger wies mit 41:43 Punkten gar eine negative Bilanz auf und hatte auf Meister Arsenal einen beträchtlichen Rückstand von 17 Zählern. Einen denkwürdigen Verlauf nahm das Stadtderby am 11. Februar 1933 an der Anfield Road: Die gastgebenden Reds behielten mit 7:4 die Oberhand und revanchierten sich so für ihre 1:3-Pleite aus der Vorrunde. Mehr Treffer als die elf in jener Saison, waren in keinem der „Merseyside Derbys“ in dessen mehr als 110-jähriger Geschichte gefallen. In beiden Duellen mit den Reds war Dean standesgemäß jeweils als zweifacher Torschütze in Erscheinung getreten. Dessen insgesamt 24 Saisontreffer stellten aus seiner Sicht freilich lediglich Mittelmaß dar. Doch noch einmal zurück zum Derby: Zwischen 1925 und 1937 konnte Dixie hier 19 Torerfolge verbuchen, womit er bis heute der erfolgreichste Derby-Schütze der Blues ist. Auf Rang zwei in dieser internen Rangliste folgt „Sandy“ Young, der von 1901 bis 1911 immerhin zwölfmal gegen die Reds eingenetzt hatte.

Einer der stolzesten Momente seiner Laufbahn: Mit dem FA-Cup in Händen begibt sich Everton-Kapitän William Ralph Dean nach dem 3:0-Finalsieg über Manchester City am 29. April 1933 gemeinsam mit den Mitspielern im Londoner Wembley-Stadion auf die Ehrenrunde. Im Bild unten präsentiert die siegreiche Mannschaft den Pokal.

Dem mäßigen Abschneiden in der Liga zum Trotz, sollte die Saison für den Everton-Kapitän dennoch einen weiteren Karrierehöhepunkt bereithalten. Bereits zwei Jahre zuvor war Dean kurz vor dem Einzug ins FA-Cupfinal gestanden, nachdem er die Blues mit neun Treffern in vier Spielen in die Vorschlussrunde geballert hatte, wobei er gegen Crystal Palace (6:0) in London sowie vor heimischer Kulisse gegen den FC Southport (9:0) als jeweils vierfacher Torschütze geglänzt hatte. Im Halbfinale gegen den kommenden Sieger West Bromwich Albion war das Tor jedoch wie vernagelt, so dass eine 0:1-Niederlage den großen Wembley-Traum vorerst zerstörte. Am 29. April 1933 durfte sich Dixie dann erneut versuchen: 92.900 Zuschauer erlebten in der Gralsburg des Fußballs gegen Manchester City eine einseitige Begegnung, in der die Elf aus Liverpool jederzeit Herr der Lage war. Durch die Treffer von Jimmy Stein (41.), dem unvermeidlichen Dixie Dean (52.) sowie James Dunn (80.) fuhren die Toffees einen souveränen 3:0-Erfolg ein, der dem Klub den zweiten Pokalsieg nach 1906 bescherte. Besonders der Treffer Deans hatte Seltenheitswert. Dieser ging mindestens zur Hälfte auf das Konto von Cliff Britton, der mit einer Musterflanke über die gesamte City-Abwehr hinweg seinen Mittelstürmer bediente. Dean allerdings stand mit dem Rücken zum Tor, und so beförderte er – in bester Uwe-Seeler-Manier – das Leder mit dem Hinterkopf in die

Maschen. Was von diesem Endspiel außerdem noch hängen blieb, war die Tatsache, dass beide Teams zum ersten Mal mit Rückennummern aufgelaufen waren.

► **EINWURF**

Bis heute elektrisiert das Stadtderby zwischen Everton und dem FC Liverpool die Fußballfans an der Merseyside und mündet in einer teils unerbitterlichen Rivalität. Eine solche herrschte auch zwischen William Dean und Elisha Scott (rechts), die auf dem

Foto ihre beiden Teams als Kapitäne aufs Feld führen. Ebenso wie „Dixie" bei den Toffees war „Lisha" bei den Reds ein Idol, hütete der in Belfast geborene Scott doch 22 Jahre lang als Stammkeeper den Kasten an der Anfield Road. Speziell dort zeigte sich Dean immer ganz besonders motiviert, was an einem Vorfall bei einem der zahlreichen Derbys lag. Vor dem Anpfiff hatte Scott den Everton-Mittelstürmer provoziert und behauptet, dieser würde kein einziges Tor gegen ihn schießen. Dixie hielt dagegen: „Wenn ich heute kein Tor gegen Dich mache, arbeite ich wieder bei der Eisenbahn." Tatsächlich hatte Dean den Schlussmann der Reds nach neun Minuten schon dreimal überwunden, was Scott dermaßen in Rage versetzte, dass er Dixie mit wüsten Schimpftiraden überzog. Die Wortwahl war sogar Liverpool-Verteidiger Jackson derart peinlich, dass er Dean versprach, er würde gegen ihn nie mehr vor diesem Torhüter verteidigen. – Seit diesem Tag war es für Dixie immer ein besonderes Vergnügen, wenn er im Stadion des Erzrivalen ins Schwarze traf. Seine Torerfolge feierte er vor der Fantribüne „The Kop" wie ein Matador. Sehr zur Freude von Lisha Scott, von dem das Gerücht die Runde machte, er würde immer gleich zur Torwartparade ansetzen, wenn er dem Mittelstürmer der Blues auf der Straße begegne. Neben dem Platz herrschte zwischen den beiden Antipoden dennoch großer Respekt. So bezeichnete Dean den Nordiren Scott, ohne lange nachzudenken, als den besten Torhüter, den er je gesehen habe.

Der Sieg im Pokalfinale von 1933 stellte in der Karriere des Everton-Mittelstürmers einen Wendepunkt dar. Obwohl er zum Zeitpunkt des Erfolgs über Manchester City gerade einmal 26 Jahre alt war, machte sich sein kräftezehrendes Spiel allmählich bemerkbar. Auch Deans Gegenspieler hatten nichts unversucht gelassen, dessen Torgefahr mit aller Macht zu unterbinden. Nach einem Torerfolg wies ihn ein Verteidiger des gegnerischen Teams darauf hin, ein weiteres Tor würde er „nicht mehr überleben". Natürlich ließ sich Dixie von einem derartigen Einschüchterungsversuch nicht stoppen und erzielte bald darauf einen zweiten Treffer. Sein Gegenspieler verpasste ihm daraufhin einen üblen Tritt in die Weichteile, dass Dean einen Hoden einbüßte.

Von beeindruckenden Trefferquoten wie im Meisterjahr 1928 blieb Dixie fortan jedenfalls meilenweit entfernt. Wegen einer Verletzung musste er in der Saison 1933/34 längere Zeit aussetzen, so dass er nur zwölf Ligaspiele absolvieren konnte und dabei neun Tore erzielte. In die Schlagzeilen geriet Dean an Weihnachten 1933, nachdem er bei einem Einbruch in sein Haus in der Caldy Road bestohlen wurde. In der „Times" schaltete er daraufhin eine Anzeige, in der er die unbekannten Diebe bat, ihm eine entwendete goldene Uhr zurückzugeben, die er als Andenken an einen Länderspieleinsatz erhalten hatte.

Im FA-Cupfinal 1933 gegen Manchester City gelang Dixie Dean sieben Minuten nach Wiederanpfiff mit einem spektakulären Kopfballtreffer das vorentscheidende 2:0. Während der Torschütze selbst nicht im Bild zu sehen ist, streckt sich City-Keeper Len Langford (22) vergeblich nach dem Leder, das bereits im Netz zappelt.

Noch einmal konnte William Ralph Dean in der Spielzeit 1934/35 seine Torgefährlichkeit mit 26 Treffern in 38 Partien andeuten und die Toffees auf Rang acht führen. In den beiden kommenden Jahren steckten diese allerdings im Tabellenkeller fest, während für Dean nach der Verpflichtung von Tommy Lawton Anfang 1937 das Karriereende nahte. In seiner letzten kompletten Spielzeit im Goodison Park (1936/37) schoss der mittlerweile 30-Jährige immerhin noch 24 Tore. Am 11. Dezember 1937 gab er beim 1:1 gegen Birmingham City vor heimischem Publikum seinen Ausstand, um im weiteren Verlauf der Saison 1937/38 seine Karriere bei Notts County fortzusetzen. Der älteste, heute noch existierende Fußballverein der Welt aus Nottingham kickte damals in den Niederungen der Third Division South, wo es in jenem Jahr lediglich zum elften Platz reichte. Für Dean war das Abenteuer im Sherwood Forest alles andere als eine Erfolgsstory. Für die Schwarz-Weißen kam er in acht Begegnungen zum Einsatz und erzielte dabei nur einen mickrigen Treffer.

Wechsel nach Irland

Dixie war gerade 32 Jahre alt geworden, als er im Januar 1939 von Notts County zu den Sligo Rovers in die „League of Ireland" wechselte. Fast die ganze Stadt war auf den Beinen, als die Liverpooler Fußballlegende auf dem Bahnhof eintraf. Im Nordwesten der Grünen Insel konnte der verletzungsanfällige Angreifer anders als in Nottingham durchaus noch einmal zeigen, was ihn einst zu einem absoluten Ausnahmekönner gemacht hat. Zwar lief er für die Rovers in der Meisterschaft insgesamt nur siebenmal auf. Zehn Tore waren aber aller Ehren wert. Besonders zwei Spiele im Dress des irischen Klubs blieben nachhaltig in Erinnerung: In der Ligapartie gegen den FC Waterford steuerte Dean fünf Treffer zum 7:1-Sieg bei, derweil er im Cupfinal gegen den FC Shelbourne beim 1:1 ebenfalls erfolgreich war und seinem Klub damit ein Wiederholungsspiel bescherte, das jedoch knapp mit 0:1 verloren ging. Auch in der Liga musste sich Dixie mit der Vizemeisterschaft begnügen.

► EINWURF

In den letzten Friedensjahren neigte sich die Laufbahn William Deans langsam aber sicher dem Ende entgegen, was den Verantwortlichen zunehmend Sorgen bereite, zu sehr schienen die Toffees abhängig von ihrem Goalgetter zu sein. Im Januar 1937 nahte die Rettung in Person von Tommy Lawton (Bild links), der es mit seinen starken Auftritten schaffte, seinen Vorgänger zumindest anfangs adäquat zu ersetzen. Lawton hatte seine Karriere 1935 beim Zweitdivisionär FC Burnley gestartet und wechselte nun für 6.500 £ Ablöse an die Merseyside. Es wird kolportiert, Dean habe seinen Nachfolger sogar persönlich bei dessen Ankunft am Bahnhof „Lime Street Station" abgeholt und somit quasi symbolisch den Staffelstab weitergereicht. Tatsächlich hatte Dean immer schon administrative Aufgaben im Verein übernommen, so sehr war er mit diesem verwachsen. Bereits im Cupfinal 1933 war nicht Manager McIntosh, sondern Dixie Dean für Aufstellung und Taktik gegen Manchester City verantwortlich gewesen. Der kopfballstarke Tommy Lawton spielte für die Blues indes nur zweieinhalb Jahre in der First Division, wobei er 87 Spiele bestritt, in denen er 65 Tore erzielte. Sowohl 1937/38 als auch 1938/39 konnte er sich als Torschützenkönig profilieren. Nach dem Krieg kam er jedoch nie wieder richtig in Fahrt und wechselte 1945 zum FC Chelsea, um anschließend auch für Notts County, FC Brentford und Arsenal London aktiv zu sein. Es war eben doch nicht so leicht, einen geeigneten Nachfolger für den besten Spieler der Klubgeschichte zu finden.

Zu Beginn der Saison 1939/40 sollte William Dean dann noch zweimal im Trikot von Ashton United in Erscheinung treten, das in der „Cheshire County League" – einer regionalen Spielklasse vor den Toren Liverpools – kickte. Der erste Auftritt gegen Stalybridge Celtic zeigte allerdings, dass Dean mittlerweile vor allem von seiner Legende lebte. 5.600 Zuschauer bescherten dem Provinzverein am 1. September 1939 eine noch nie da gewesene Rekordkulisse, die jedoch bitter enttäuscht den Kampfplatz verließ. Der Hoffnungsträger war nur noch ein Schatten früherer Tage und wurde bei der 0:4-Pleite von der gegnerischen Abwehr weitgehend zum Statisten degradiert. Die so großartige Karriere des William Ralph Dean hatte damit einen ausgesprochen unwürdigen Abschluss gefunden.

Nach der Karriere

Obwohl Dean von seinen Gegenspielern immer wieder hart attackiert wurde, zählte er selbst zu den fairsten Spielern. So wurde er in seiner Karriere kein einziges Mal vom Platz gestellt oder auch nur verwarnt. Es passt daher zu seiner Persönlichkeit, dass er sich schon 1931 den Freimaurern anschlossen hat, die sozialverträgliches Verhalten in den Mittelpunkt ihres alltäglichen Handelns stellen.

Spiele gegen Dixie Dean waren für jeden Abwehrspieler eine besondere Herausforderung. Im Bild oben nimmt Arsenal-Verteidiger Herbie Roberts Evertons Torfabrik in Obhut. Bild unten: Zu heißen Duellen kam es aber auch im Trikot der Nationalelf. In dieser Szene klärte Spaniens Wundertorwart Ricardo Zamora am 9. Dezember 1931 gegen den heranstürmenden Mittelstürmer. Beim 7:1 von Highbury erzielte Dean das letzte seiner 18 Länderspieltore.

Nach seiner aktiven Zeit blieb Dean seiner Heimat treu und eröffnete in dem nahe Liverpool gelegenen Chester eine Kneipe, die er über Jahrzehnte hinweg betrieb. In den siebziger Jahren begann ihm allmählich seine Gesundheit zu schaffen zu machen. 1972 wurde er nach einer Lungenentzündung ins Krankenhaus eingeliefert. Vier Jahre später musste ihm in Folge einer Thrombose das rechte Bein amputiert werden. Nur noch selten war der bei den Everton-Fans nach wie vor äußerst beliebte Ex-Mittelstürmer in seinem „Wohnzimmer" Goodison Park zu sehen. Als er diesen am 1. März des Jahres 1980 anlässlich eines Stadtderbys doch noch einmal aufsuchte, erlitt er während des Spiels einen Herzinfarkt, an dem er wenig später im Alter von 73 Jahren verstarb. Unter großer Anteilnahme der Bevölkerung wurde er in seiner Heimatgemeinde Birkenhead beigesetzt. An den größten Spieler der Vereinsgeschichte erinnert heute eine von Tom Murphy geschaffene überlebensgroße Statue vor dem Stadion. Das größte, von ihm selbst errichtete Monument sind freilich die 60 Tore, welche er in der Spielzeit 1927/28 erzielt hat. Angesprochen darauf, ob ein anderer Spieler diese jemals erreichen kann, antwortete er: „Ich glaube schon, dass es jemandem gelingen kann. Allerdings muss derjenige gleichzeitig in der Lage sein, über das Wasser zu gehen. Wenn er das kann, wird er sicher auch meinen Tore-Rekord verbessern können.“

► ZAHLEN UND FAKTEN

Vereine:	1923-1925	Tranmere Rovers
	1925-1937	FC Everton
	1938-1939	Notts County
	1939	Sligo Rovers
	1939-1940	Ashton United
Tore:	362 First-Division-Spiele (310 Tore)	
	37 Second-Division-Spiele (39 Tore)	
	39 Third-Division-Spiele (30 Tore)	
	7 Spiele League of Ireland (10 Tore)	
	2 Spiele Cheshire County League (1 Tor)	
	38 FA-Cup-Spiele (28 Tore)	
	4 FAI-Cup-Spiele (1 Tor)	
	16 Länderspiele (18 Tore)	
gesamt	505 Pflichtspiele (437 Tore)	
Erfolge:	Englischer Meister 1928, 1932	
	FA-Cup-Sieger 1931	
	Charity-Shield-Sieger 1928, 1932	
	Englischer Torschützenkönig 1928, 1932	

In der Nationalmannschaft:
Zur Zeit Dixie Deans waren Auftritte der englischen Fußballnationalmannschaft noch eine echte Rarität. Allein die „British Home Championship“, an der neben England auch Schottland, Wales und (Nord-)Irland teilnahmen, galten im Jahresprogramm als fester Bestandteil, während Spiele gegen Teams aus „Kontinentaleuropa“ die Ausnahme blieben. Bis 1930 ließ sich das Mutterland des Fußballs lediglich dazu herab, nach Ende der Vereinssaison im Mai einige Spiele gegen Festlandteams zu bestreiten, wie etwa 1930, als in Berlin der erste (aus FA-Sicht) offizielle Vergleich zwischen Deutschland und England stattfand, der mit einem 3:3-Remis in die Annalen einging. Erst 1931 durfte mit Spanien zum ersten Mal ein nichtbritischer Gegner auf der Insel gastieren, der trotz Wundertormann Zamora ein böses 1:7-Debakel erlebte. Als Profis waren die Engländer von Olympia ohnehin von vorneherein ausgeschlossen, derweil sie auf die Teilnahme an den 1930 zum ersten Mal ausgetragenen Weltmeisterschaften freiwillig verzichteten. Der wahre Weltmeister stammte ja sowieso aus England! – Das glaubte man zumindest!
Es verwundert also nicht, dass William Deans Länderspielkarriere nur 16 Auftritte im Nationaltrikot umfasst. Insgesamt konnte er dabei zehn Siege feiern, denen ein Unentschieden und fünf Niederlagen gegenüberstanden. In acht Länderspielen gehörte Dixie zu den Torschützen, was für die Three Lions mit einer Ausnahme (beim 3:3 gegen Wales) stets einen Sieg bedeutete. Auch die Bilanz von insgesamt 18 Länderspieltreffern liest sich einigermaßen beeindruckend, wenngleich zu bedenken ist, dass er nicht weniger als zwölf davon bei seinen ersten fünf Auftritten im Nationaltrikot erzielte.
Die Länderspielkarriere Deans ist somit auch ein Spiegelbild seiner Vereinslaufbahn. Vor allem in jungen Jahren stellte er seine außergewöhnlichen Vollstreckerqualitäten unter Beweis, ehe Verletzungen ihn später zunehmend daran hinderten. Sein England-Debüt feierte er am 12. Februar 1927 mit gerade einmal 20 Jahren. Im zweiten Spiel der „Home Championship“ reichte es in Wrexham dank zweier Dean-Treffer zu einem 3:3-Remis gegen Wales. Beim nächsten Auftritt war Dixie am 2. April im Glasgower Hampden Park dann wiederum zweimal erfolgreich und bescherte seinen Farben gegen Schottland einen prestigeträchtigen 2:1-Sieg, der gleichsam den Gewinn der britischen Meisterschaft nach sich zog. Außerdem wurde der blutjunge Everton-Sturmführer als Torschützenkönig geehrt. Im Mai begab sich die Profi-Auswahl der Football League auf die inzwischen traditionelle Festland-Tournee, wobei Dean in allen drei Auftritten gegen Belgien, Luxemburg und Frankreich zum Zug kam. Am 11. Mai 1927 fertigten die Engländer Belgien in Molenbeek gleich mit 9:1 ab. Hier glänzte Dean ebenso wie beim anschließenden 5:2-Erfolg in Luxemburg als dreifacher Torschütze, womit das staunende Publikum voll auf seine Kosten gekommen war. 6:0 hieß es am 26. Mai in Paris gegen Frankreich, zu dem der Mittelstürmer ebenfalls zwei Treffer beigesteuert hatte.
In den kommenden drei Länderspielen im Rahmen der „Home Championship“ blieb Dean – ausgerechnet im Jahr seines historischen Tore-Rekords in der Liga – jeweils ohne Treffer. Sämtliche Spiele endeten mit einer Niederlage, wobei insbesondere jene gegen Schottland (1:5) am 31. März 1928 in Erinnerung blieb. Die wie entfesselt aufspielenden Bravehearts gingen hinterher als „Wembley Wizzards“ in die Annalen ein. Für diese denkwürdige Pleite konnte sich Dean bei der anschließenden Europa-Tournee gegen Frankreich (5:1) und Belgien (3:1) als jeweils zweifacher Torschütze immerhin teilweise rehabilitieren. Damit freilich hatte er sein Pulver im Nationaldress weitestgehend verschossen. Seinen letzten Länderspieltreffer konnte er am 9. Dezember 1931 beim schon angesprochenen 7:1 gegen Spanien erzielen, derweil er in seinem finalen England-Einsatz am 17. Oktober 1932 gegen Nordirland (1:0) in Blackpool torlos blieb.

Saison	Lsp.		Liga		Pokal	
	Sp.	T.	Sp.	T.	Sp.	T.
1923/24			3	0		
1924/25			27	27	3	0
			7	2		
1925/26			38	32	2	1
1926/27	5	12	27	21	4	3
1927/28	5	4	39	60	2	3
1928/29	3	1	29	26	1	0
1929/30			25	23	2	2
1930/31	1	0	37	39	5	9
1931/32	1	1	38	45	1	1
1932/33	1	0	39	24	6	5
1933/34			12	9	0	0
1934/35			38	26	5	1
1935/36			29	17	0	0
1936/37			36	24	4	3
1937/38			5	1	0	0
			3	0		
1938/39			6	3	0	0
			7	10	4	1
1939/40			6	2		

Karl Decker
Die Rückrunde war seine Domäne

Karl Decker – der wohl größte Spieler der First Vienna – erblickte am 5. September 1921 in Wien das Licht der Welt und begann 1934 seine Spielerkarriere als 13-Jähriger in der Schülermannschaft des Ottakringer SC. Aus dem 16. Gemeindebezirk wechselte er wenige Monate später ins benachbarte Penzing, wo er sich dem SC Schwarz-Weiß anschloss. Schwarz-Weiß fusionierte im August 1936 mit dem ursprünglich in Meidling ansässigen SC Weiße Elf Wien, der dem Fusionsprodukt auch seinen Namen gab, während die Heimspiele fortan im Stadion von Schwarz-Weiß ausgetragen wurden. Die Weiße Elf kickte damals immerhin in der zweithöchsten Spielklasse, wo der junge Decker in der Saison 1936/37 sein Debüt im Seniorenbereich gab. Der talentierte Youngster trug dazu bei, dass die Mannschaft in der Nordstaffel Siebter wurde und damit die Qualifikation für die in der kommenden Spielzeit nur mehr eingleisige zweite Liga schaffte.

Rekordtorjäger auf der Hohen Warte

Hier mussten sie in Penzing freilich bereits ohne ihren „Karli" auskommen, nachdem dieser im Sommer 1937 bei der First Vienna angeheuert hatte. Die Konsequenzen waren dementsprechend: Der SC Weiße Elf enttäuschte mit 19:37 Zählern auf der ganzen Linie und verabschiedete sich als Vorletzter in die Drittklassigkeit. Umso mehr durfte man sich dafür auf der Hohen Warte über seinen Neuzugang freuen. Nachdem der damals 16-Jährige schon im Herbst 1937 seinen Einstand im blau-gelben Dress des ältesten Wiener Fußballvereins gegeben hatte, sollte ihm im Spieljahr 1938/39 der Durchbruch gelingen, als er in 14 Ligaspielen gleich zehnmal in die Maschen traf.

Just in jener Saison war die bisherige Nationalliga als Gauliga Ostmark in den großdeutschen Spielbetrieb eingegliedert worden. Nachdem die Vienna aus ihren ersten zwei Spielen lediglich 1:3 Punkte geholt hatte, platzte am 3. Spieltag der Knoten, als bei einer der damals sehr beliebten Doppelveranstaltungen der Grazer SC auf dem Admira-Platz mit 2:1 in die Knie gezwungen wurde. Dabei waren die Blau-Gelben dank eines Eigentores des Grazers Allmer in der 24. Minute in Führung gegangen, ehe „Karli" Decker *(Bild)* nur sechs Minuten später mit dem Treffer zum 2:0 seine Torpremiere im Trikot der Vienna feierte.

Auch in der nächsten Runde war Decker zur Stelle. Beim kommenden Vizemeister SC Wacker erwiesen sich die Döblinger vor 9.000 Zuschauern als absolut gleichwertiger Gegner und erreichten dank eines Decker-Treffers aus der 56. Minute ein achtbares 1:1. Endgültig angekommen auf der Hohen Warte war der Halbstürmer spätestens am 20. November, als ihm im Heimspiel gegen Wacker Wiener Neustadt beim 3:0-Erfolg kurz vor der Pause ein Doppelschlag gelang. Trotz Deckers guter Leistungen gaben in der Gauliga Ostmark andere Teams den Ton an. Während Rapid Wiens „Bimbo" Binder mit 27 Treffern die Torschützenliste anführte, sicherte sich Admira zwei Zähler vor dem SC Wacker die Gaumeisterschaft, derweil es für die Vienna in der Endabrechnung bei 22:14 Toren lediglich zu Rang fünf reichte.

Anders als Rapid-Stoßstürmer Franz Binder galt Karl Decker als typischer Vertreter der alten „Wiener Schule", der durch eine glänzende Technik und überaus stilvolle Ballbehandlung gefiel. Dennoch war der rechte Verbindungsstürmer keiner, der „in Schönheit starb". Vielmehr verfügte er vor dem gegnerischen Tor über einen beachtlichen Killerinstinkt, der ihn mit 248 Treffern in 231 Ligaspielen zum erfolgreichsten Vienna-Torjäger aller Zeiten werden ließ. Dabei teilte sich Decker auf der Hohen Warte das Toreschießen mit dem fünf Jahre älteren Richard Fischer sowie anfangs auch mit dem einstigen Wunderteam-Spieler Fritz Gschweidl. Gemeinsam erreichte das Angriffstrio in der Saison 1939/40 in der ostmärkischen Gauliga den vierten Platz, wobei der Abstand zu Meister Rapid lediglich vier Punkte betrug. Wenngleich Decker mit abermals zehn Saisontreffern in 14 Ligaspielen seine Torgefahr bestätigen konnte, sollte er in jenem Jahr auch seinen Ruf als „Mann der Rückrunde" begründen. Nachdem ihm in der ersten Saisonhälfte nämlich nur bei der 1:3-Niederlage gegen die Austria ein Treffer gelungen war, zeigte er sich in der Frühjahrsrunde mit neun Toren in sieben Spielen wesentlich torhungriger. Richtig krachen ließ es der „Karli" am 31. März 1940, als er beim 3:2-Erfolg über die Austria sämtliche drei Treffer erzielte, so dass die 30.000 Zuschauer im Wiener Praterstadion ihr Kommen nicht zu bereuen brauchten, wenngleich die Mehrzahl von ihnen wohl vor allem am anschließenden Pokal-Halbfinale von Rapid gegen den 1. FC Nürnberg interessiert waren, nachdem die Organisatoren mal wieder eine Doppelveranstaltung angesetzt hatten.

Etwaige Hoffnungen auf einen Erfolg im Tschammer-Pokal hatten die Blau-Gelben zu diesem Zeitpunkt schon längst begraben müssen. Nachdem sie sich durch Siege über Wacker Wiener Neustadt (2:1) und Wacker Wien (7:2) für den Hauptwettbewerb qualifiziert hatten, bekamen sie es dort auf der Hohen Warte mit dem sächsischen BC Hartha zu tun, gegen dessen Elf nach dem 2:0 durch Decker in der 62. Minute schon alle Messen gesungen schienen. Anschließend sollte jedoch der gegnerische Mittelstürmer Kurt Männer zum Alptraum der Wiener avancieren, da dieser nicht nur in der 82. und 89. Minute für den Ausgleich sorgte, sondern mit seinem dritten Treffer in der Verlängerung die Vienna letztlich auch noch aus dem Wettbewerb ballerte.

Obwohl Karl Decker nicht ausschließlich für das Toreschießen zuständig war, konnte der 19-Jährige in der Saison 1940/41 mit zwölf Treffern in 15 Einsätzen einen neuen persönlichen Rekord markieren. Punktgleich mit Vizemeister SC Wacker – aber wiederum vier Zähler hinter Gaumeister Rapid – hatten sich die Blau-Gelben auf den dritten Rang vorgepirscht. Ihren Rückstand hatten sie sich wieder einmal in der Hinserie eingefangen, in die sie mit zwei Niederlagen gestartet waren. Böse unter die Räder kamen die Döblinger auch am 8. Spieltag, als es beim kommenden Gau- und Deutschen Meister aus Hütteldorf eine 0:7-Packung setzte. Aber auch Rechtsverbinder Decker litt vor der Winterpause erneut unter Ladehemmung, da er lediglich am 15. September 1940 wirklich brillieren konnte, als ihm beim 8:1-Kantersieg über den

Linzer ASK ein Viererpack gelang. Danach dauerte es bis zur 11. Runde, ehe sich Decker mit dem Führungstreffer gegen den Wiener Sportclub (3:2) endlich wieder in die Torschützenliste eintragen konnte. Damit aber war der Knoten geplatzt, was vor allem beim 4:1 am drittletzten Spieltag über den Grazer SC deutlich wurde, als Decker in der 16., 58. und 66. Minute gleich dreimal einnetzte.

Erfüllte und zerplatzte Titelträume

Fast unbemerkt hatte sich die Vienna in den frühen Vierzigern nicht zuletzt dank „Karli" Decker zu einem Topteam in der ostmärkischen Gauliga gemausert. Ausgerechnet in den letzten Kriegsjahren war die Mannschaft damit auf dem Zenit ihres Könnens angelangt, was zum einen im Gewinn des Titelhattricks auf Gauebene von 1942 bis 1944 zum Ausdruck kam, womit sich auch die Meisterträume Karl Deckers endlich erfüllten. Aber auch auf Reichsebene gelang es den Blau-Gelben, zur absoluten Spitze aufzuschließen. Dass mit den Mannschaften aus dem ehemaligen Österreich zu rechnen war, hatte sich bereits in der Saison 1940/41 gezeigt, als Rapid Wien völlig überraschend und dank einer sensationellen Aufholjagd im Endspiel den favorisierten Schalker Knappen die Deutsche Meisterschaft vor der Nase weggeschnappt hatte.
Eben jene Rapid-Elf besaß in der Gauligasaison 1941/42 keine Chance und musste sich mit sechs Zählern Rückstand auf die Vienna mit dem dritten Platz begnügen. Da auch der ärgste Widersacher FC Wien einen Vier-Punkte-Rückstand aufgebrummt bekommen hatte, durften die Fans im Naturstadion auf der Hohen Warte nach elf Jahren Pause endlich wieder den Meistertitel feiern. Offiziell waren die Blau-Gelben zwar „nur" Gaumeister geworden, doch wurde der Titel nach dem Zweiten Weltkrieg zur Landesmeisterschaft aufgewertet. Einmal mehr war auf das bestens harmonierende Angriffsduo Decker / Fischer Verlass gewesen, auf dessen Konto summa summarum 28 der insgesamt 51 Saisontreffer gegangen waren. Mit jeweils 14 Torerfolgen teilten sich die beiden Vienna-Spieler in der Torschützenliste hinter Ernst Reitmaier (Wacker Wien) und Franz Jelinek (Wiener SC) – diese hatten je 20-mal ins Schwarze getroffen – den dritten Platz.

► **EINWURF**

Wenngleich Karl Decker in seiner Karriere „nur" zweimal die Torschützenliste in Österreich anführte, kann er sich dennoch einer einmaligen Rekordmarke rühmen. Seit Gründung der Wiener Liga in der Saison 1911/12 ist der Rechtsverbinder der Vienna nämlich der einzige, dem es innerhalb einer einzigen Spielzeit gelungen ist, durchschnittlich mehr als zwei Treffer je Einsatz zu erzielen. In der Gauligasaison 1943/44 traf er in 16 Ligaspielen stolze 33-mal ins Schwarze, was einem Torschnitt von 2,06 je Partie entspricht. Ihm am nächsten kommt übrigens sein langjähriger Teamgefährte Richard Fischer, dem in der nach neun Runden vorzeitig abgebrochenen Gauligasaison 1944/45 insgesamt 15 Tore und damit durchschnittlich 1,67 Treffer gelungen sind. Zum Vergleich: In der Spielzeit 2011/12 teilten sich die Torjägerkrone der österreichischen Bundesliga die beiden Red-Bull-Salzburg-Spieler Stefan Maierhofer und Jakob Jantscher mit jeweils 14 Treffern. Während Maierhofer dafür 29 Einsätze benötigte, musste Jantscher immerhin nur 27-mal Anlauf nehmen. Der Schnitt von 0,48 bzw. 0,51 Toren je Begegnung beweist jedoch eindrucksvoll, warum die österreichische Eliteliga seit Jahrzehnten nicht zu Unrecht als „Operettenliga" belächelt wird.

In der zwischen dem 10. Mai und dem 4. Juli 1942 ausgetragenen deutschen Endrunde hatten die Wiener darunter zu leiden, dass sie viele ihrer stärksten Akteure zum Kriegsdienst abstellen mussten. Trotzdem legten sie einen erstaunlichen Selbstbehauptungswillen an den Tag, der sie schließlich bis ins Endspiel vordingen ließ. Zu verdanken war dies in ganz besonderem Maße den Glanzleistungen Karl Deckers, der sich – obschon er im September erst 21 Jahre alt wurde – mit seinen drei Endrundentreffern ins Notizbuch von Reichstrainer Herberger schoss, zu dessen Lieblingsschülern er fortan zählte. In den ersten beiden Runden erkämpfte sich die inzwischen von Fritz Gschweidl betreute Vienna zwei 1:0-Siege gegen die Außenseiterteams des LSV Olmütz und von Germania Königshütte, die Decker mit seinen beiden Torerfolgen praktisch im Alleingang sicherstellte, ehe es in der Runde der letzten Acht vor 25.000 Zuschauern im Praterstadion gegen den Planitzer SC gehen sollte. Doch obwohl die Partie in heimischen Gefilden über die Bühne ging, tat sich die Mannschaft ausgesprochen schwer und geriet durch zwei Treffer von Heyne und Breitenstein bis zur 63. Minute mit 0:2 in Rückstand. Glücklicherweise gelang Karl Bortoli in der 66. Minute der Anschlusstreffer, ehe der Außenstürmer nach 73 Minuten sogar den Ausgleich erzielte. Jetzt endlich machte sich die größere Klasse der Wiener bemerkbar, die schließlich dank des 3:2-Siegtores von Decker (76.) in der Vorschlussrunde standen. Auch dort musste lange gezittert werden, ehe ein

Das 1921 eröffnete Stadion Hohe Warte galt mit einem Fassungsvermögen von 80.000 Zuschauern zeitweise als das modernste und größte Stadion des Kontinents. Die Anlage mit ihrer imposanten Naturtribüne (schmiegt sich links im Bild an den letzten Ausläufer des Wienerwalds) verdankt ihren Namen der „Zentralanstalt für Meteorologie", die ihren Sitz auf der Hohen Warte im 19. Wiener Gemeindebezirk hat. Das Heimstadion der Vienna war auch Schauplatz vieler Spiele des legendären Wiener Wunderteams.

3:2-Sieg über Blau-Weiß Berlin feststand, zu dem Karl Decker ausnahmsweise einmal keinen Treffer beigesteuert hatte. Da die Vienna im Semifinale einen Berliner Vertreter eliminiert hatte, waren zahlreiche Finalzuschauer im Olympiastadion zunächst unsicher, ob sie es nun mit dem hohen Favoriten FC Schalke 04 oder dem Außenseiter aus Wien halten sollten. Diese Frage freilich beantwortete sich nach wenigen Minuten von selbst, da die Vienna-Elf ein glanzvolles Spiel aufzog und mit ihren technisch feinen Aktionen vom Anpfiff weg das Kommando übernahm. Nachdem schon im Vorjahr Rapid Wien den Schalkern eine schmerzvolle 3:4-Niederlage beigebracht hatte, lag auch diesmal ein derartiger Spielausgang im Bereich des Möglichen. Da aber Schalkes neuer Keeper Heinz Flotho über sich hinauswuchs und die Wiener Angriffsformation um Decker, Bortoli und Lechner mit seinen Glanzparaden mehrfach zur Verzweiflung brachte, reichten den Westfalen zwei erfolgreiche Konterschläge von Kalwitzki und Szepan vor der Pause, um als äußerst glücklicher 2:0-Sieger vom Platz zu gehen.

Tschammer-Pokalsieger

Als Vizemeister ging die Vienna naturgemäß als klarer Favorit in die neue Gauligasaison. Und tatsächlich hatten die Döblinger auch keinerlei Mühe, diese Rolle zu bestätigen, da sie die Überraschungself von Aufsteiger Wiener AC als ärgsten Verfolger um fünf Zähler distanzierten und damit ihren Meistertitel aus dem Vorjahr problemlos verteidigten. Beeindruckend sicher auch die 87 erzielten Saisontreffer, von denen 29 auf das Konto des immer stärker werdenden Karl Decker gegangen waren, der aber trotz seiner durchschnittlich 1,45 Tore pro Einsatz in der Torjägerliste Karl Kerbach vom Floridsdorfer AC (31 Treffer) den Vortritt lassen musste.

Abermals unterstrich der Verlauf der Saison 1942/43, dass Karl Decker stets etwas Anlauf nehmen musste, um endlich richtig in Fahrt zu kommen, da ihm bis zum 10. Spieltag lediglich drei Ligatreffer gelungen waren, womit sich die Blau-Gelben bei Sturmpartner Richard Fischer bedanken konnten, dass das Unternehmen „Titelverteidigung" nicht vorzeitig zu den Akten gelegt werden musste. Erst am letzten Hinrunden-Spieltag fand Decker zu seiner Topform, als er am 8. November 1942 im Praterstadion zwei Treffer zum fulminanten 9:2-Kantersieg über Austria Wien beisteuerte. Aber auch Richard Fischer zeigte sich gegen die Violetten glänzend aufgelegt und besiegelte mit einem Hattrick zwischen der 81. und 88. Minute das Endresultat. Ein denkwürdiges Spiel sollten die Vienna-Fans dann am 15. November gegen den Floridsdorfer AC erleben. Nach einem munteren, eher an Feldhandball denn an Fußball erinnernden Scheibenschießen lagen die Gastgeber nach einer Stunde mit 4:6 zurück, ehe Karl Decker den Turbo zündete und mit seinen beiden Torerfolgen in der 66. und 73. Minute zunächst zum 6:6 ausglich. Dem Angriffsschwung der Döblinger hatten die Verteidiger des FAC nun nichts mehr entgegenzusetzen, so dass Richard Fischer nur eine Minute nach dem Ausgleich das 7:6-Führungstor erzielte, dem Sturmpartner Karl Decker in der 86. Minute noch einen achten Treffer folgen ließ.

Spätestens jetzt war der rechte Halbstürmer nicht mehr zu bremsen. Sowohl beim 4:2 über den FC Wien als auch dem 6:4 gegen Rapid überzeugte er als dreifacher Torschütze, während er am 28. März zum Schrecken der Abwehrspieler von Sturm Graz avancierte. Vor dem Seitenwechsel hatte es bei einer weiteren Doppelveranstaltung auf dem WAC-Platz zunächst noch nach einem „normalen" Spiel ausgesehen, da die Vienna dank zweier Decker-Tore sowie einem Gegentreffer von Welle lediglich mit 2:1 in Führung lag. Nach dem Wiederanpfiff aber setzte „Karli" das Runde noch fünf weitere Male ins Eckige, womit sich das Publikum nach einem weiteren Vienna-Treffer durch Artmann sowie zwei Grazer Gegentoren über einen 8:3-Erfolg der Wiener freuen durfte.

Diese standen damit erneut in der Endrunde um die Deutsche Meisterschaft, wo sie sich wie im Vorjahr Hoffnungen auf die Endspielteilnahme machen durften. Nachdem Decker beim Auftaktsieg über den Militär SV Brünn (5:2) zwei Tore erzielt hatte, fehlte er beim klaren 8:0-Erfolg über LSV Reinecke Brieg, um im Viertelfinale gegen den TSV 1860 München mit einem verwandelten Strafstoß in der 60. Minute einen 2:0-Sieg zu besiegeln. Im Semifinale setzte es für die Schützlinge von Fritz Gschweidl dann aber eine knappe 1:2-Niederlage gegen den FV Saarbrücken (heute 1. FC), bevor auch das kleine Finale gegen Holstein Kiel mit 1:4 verloren ging.

Im Herbst des Jahres 1943 wurde sodann die Hauptrunde des Tschammer-Pokals ausgetragen, an der die Vienna zum zweiten Mal nach 1938/39 teilnehmen durfte, nachdem sie im Wiederholungsspiel das Pokalfinale des „Sportgaus Donau / Alpenland" gegen den Floridsdorfer AC mit 5:4 für sich entschieden hatte. Einem lockeren 14:0-Aufgalopp bei NSTG Brüx aus dem annektierten Sudetenland folgte im Achtelfinale ein hart erkämpftes 6:5 über die SpVgg 02 Breslau, bei dem die Hälfte aller Vienna-Tore auf das Konto Karl Deckers gegangen war. In Viertel- und Halbfinale sollten sich die Wiener dann in die Rolle des

In der Besetzung Franz Holeschofsky, Richard Dörfel, Rudi Noack, Franz Widhalm, Gottfried Gröbel, Karl Decker, Richard Fischer, Ernst Sabeditsch, Karl Bortoli, Hans Schwarzer und Otto Kaller (von links nach rechts) gewann die Vienna am 31. Oktober 1943 in Stuttgart durch einen 3:2-Verlängerungssieg über den Luftwaffen SV Hamburg den Tschammer-Pokal. Trainiert wurden die Wiener vom einstigen Wunderteam-Spieler Fritz Gschweidl.

Favoriten für das Endspiel Ende Oktober spielen, da sie mit dem 1. FC Nürnberg (3:2) und dem FC Schalke 04 (6:2) die beiden ruhmreichsten Vertreter der damaligen Zeit aus dem Wettbewerb warfen. Während Decker gegen den Club ohne Torerfolg geblieben war, sollte er den Sieg über die Knappen mit seinem Treffer aus der 10. Minute einläuten. So deutlich, wie es das 6:2-Endergebnis glauben machen könnte, war der Halbfinalsieg freilich nicht. Zur Pause hieß es in Frankfurt noch 2:2-unentschieden, als der glänzend aufgelegte Decker zwei Minuten nach Wiederanpfiff die Wiener abermals in Führung brachte. Die Schalker wollten sich danach jedoch immer noch nicht in die sich abzeichnende Niederlage fügen, doch hatten sie das Pech, dass ihnen Schiedsrichter Multer in der 70. Minute einen eigentlich korrekten Treffer wegen einer angeblichen Abseitsstellung aberkannte und Noack im Gegenzug den vierten Treffer der Vienna erzielte, was den Widerstand der Gelsenkirchener endgültig brach. Und so war der zweifache Torschütze Decker hinterher bester Laune: „Das Spiel gegen Schalke war eines meiner stärksten überhaupt", gab er zu Protokoll, um darüber hinaus auch seinen Trainer in höchsten Tönen zu loben: „Zu verdanken habe ich alles unserem Trainer Fritz Gschweidl, der hat mich zu dem gemacht, der ich heute bin."

Dicke Luft im Strafraum des LSV Hamburg. Hamburgs Keeper Willy Jürissen (im schwarzen Torwart-Dress) und Karl Deckers langjähriger Sturmpartner Richard Fischer (Zweiter von links) blicken dem Ball nach, der an Freund und Feind vorbei das Tor der Hanseaten verfehlt.

Wegen der immer zahlreicher werdenden Luftangriffe auf die Reichshauptstadt musste das Pokalfinale kurzfristig von Berlin nach Stuttgart verlegt werden, wo es die Vienna mit dem erst am 8. Dezember 1942 aus der Taufe gehobenen Luftwaffen SV Hamburg zu tun bekam. Kurios: Während beim LSV mit dem ehemaligen St.-Pauli-Spieler Karl Miller nur ein gebürtiger Hamburger kickte, standen mit den HSV-„Leihspielern" Richard Dörfel und Rudi Noack gleich zwei Akteure aus der Hansestadt im Team der Vienna, das vor der Pause kein Rezept gegen die stark spielenden Norddeutschen fand, welche mit einer verdienten 1:0-Führung in die Halbzeit gingen. Vier Minuten nach Wiederanpfiff bekamen die Blau-Gelben aber einen schmeichelhaften Handelfmeter zugesprochen, den Karl Decker zum 1:1 in die Maschen des von Jürissen gehüteten Hamburger Tores einschob. Völlig unerwartet gingen die Wiener in der 53. Minute durch Noack sogar in Führung, ehe Gornick (70.) der Soldaten-Elf die Verlängerung rettete. Hier sollte vor 45.000 Zuschauern in der Adolf-Hitler-Kampfbahn die Entscheidung fallen, als Noack in der 113. Minute den dritten Treffer für die Vienna erzielte, womit der Ex-HSVer genau wie Karl Decker im laufenden Pokalwettbewerb zehn Treffer auf dem Konto hatte.

► EINWURF

Wie bei vielen seiner Zeitgenossen lässt sich auch im Falle Karl Deckers die exakte Zahl seiner Torerfolge nur erahnen, was vor allem daran liegt, dass nicht alle Treffer jener Jahre hinreichend dokumentiert sind. So liegen zum Beispiel von den Qualifikationsrundenspielen im Tschammer-Pokal ausschließlich die Endergebnisse vor, weshalb die Chronisten zwischen 1938/39 und 1943/44 zwar 78 Vienna-Treffer in 17 regionalen Ausscheidungsspielen eruieren konnten, nicht jedoch, wie viele der Tore – und es dürften vermutlich einige gewesen sein – auf das Konto Karl Deckers gegangen sind! Zudem hatte der Angreifer der Vienna in der Saison 1943/44 einen „Torraub" der besonderen Art zu beklagen, weil die Mannschaft des SK Amateure Steyr vom laufenden Spielbetrieb zurückgezogen wurde. Da Decker auch bei den zwei klaren Siegen (7:1 und 7:2) – wie eigentlich fast immer in jenem Jahr – zu den Torschützen zählte, fallen fünf von ihm reguläre Treffer schlicht und einfach unter den Tisch und tauchen in keiner offiziellen Statistik auf. Dies ausgerechnet in einer Spielzeit, in der er mit 33 Torerfolgen ohnehin kaum zu bremsen war und einen in Österreich bis heute ungebrochenen Saisonrekord markierte, welcher mit den Treffern gegen Steyr sogar noch um eine Spur außergewöhnlicher ausgefallen wäre.

Nach dem Pokalfinale zwischen der Vienna und dem LSV Hamburg wurde das Kapitel Tschammer-Pokal nach neun Jahren praktisch geschlossen. Zwar wurde der Wettbewerb in der Saison 1943/44 auf Regionalebene nochmals aufgenommen, später aufgrund der immer weiter fortschreitenden Kriegshandlungen jedoch abgebrochen. Als der DFB-Pokal zur Saison 1952/53 als Nachfolgewettbewerb aus der Taufe gehoben wurde, befand sich die Trophäe noch im Besitz der First Vienna, die diese wieder an den Deutschen Fußball-Bund herausgab. 1969, also über ein Vierteljahrhundert nach dem Pokalsieg, wurden die Vienna-Spieler um Karl Decker von Alt-Bundestrainer Sepp Herberger und Präsident Hermann Gösmann mit der goldenen DFB-Medaille nachträglich geehrt.

Sieben auf einen Streich

Anders als der Pokal konnte die Meisterschaft in der Spielzeit 1943/44 noch einmal halbwegs regulär zu Ende gebracht werden. Auf Gauligaebene erwiesen sich die Blau-Gelben weiterhin als das Maß aller Dinge und vollendeten mit einer Bilanz von 27:5 Punkten und 76:27 Toren den Meisterschaftshattrick. Herausragender Akteur war einmal mehr Rechtsverbinder Karl Decker, der mit 33 Treffen in 16 Spielen erstmals in seiner Laufbahn Torschützenkönig wurde. Bei einem Schnitt von mehr als zwei Treffern je Einsatz avancierte er des Öfteren zum Schrecken der gegnerischen Verteidiger, was kurioserweise nicht automatisch einen Sieg bedeutete. So zu beobachten am 12. September 1943 beim Wiener AC, als Decker zwar als dreifacher Torschütze glänzte, die Vienna aber dennoch als 4:5-Verlierer den Platz verließ. Weitere Dreierpacks gelangen „Karli" in den Partien gegen den FAC (4:1), den Sportclub (5:0) sowie die Austria (4:1), wobei es in diesen Fällen jeweils zu einem klaren Erfolg reichte.

Seine beste Saisonleistung lieferte der Torschütze vom Dienst indes am 24. Oktober 1943 ab, als es vor 20.000 Zuschauern im Praterstadion gegen ein freilich stark ersatzgeschwächtes Rapid ging. Den Hütteldorfern sollte schon vor der Pause Hören und Sehen vergehen, als Decker seine

Farben mit einem lupenreinen Hattrick zwischen der 7. und 30. Minute auf die Siegesstraße brachte und Noack nach 35 Minuten auf 4:0 erhöhte. Kurz nach Wiederanpfiff schraubte Holeschofsky das Ergebnis auf 5:0, ehe der wie entfesselt agierende Decker nach 55 Minuten mit seinem vierten Torerfolg zur Stelle war. Nachdem sich zwischenzeitlich auch die Rapidler Roth (64.) und Dvoracek (66.) in die Torschützenliste eingetragen hatten, erzielte Decker in der 70. und 75. Minute seine Treffer sechs und sieben, womit er vollends zum Mann des Tages avanciert war. Da anschließend auch noch Fischer und Lechner für die Vienna trafen, konnte der kommende Gaumeister das Spielfeld als hochüberlegener 10:2-Sieger verlassen.
In der anschließenden Endrunde zogen die Wiener via Militär SV Brünn (6:3) und STC Hirschberg (5:0) ins Viertelfinale ein, um dort vor 45.000 Zuschauern im Ostragehege am gastgebenden Dresdner Sportclub knapp mit 2:3 zu scheitern. Der 1:0-Führungstreffer nach fünf Minuten gegen den kommenden Deutschen Meister war Deckers letztes von insgesamt elf Endrundentoren, die in zwölf Einsätzen auf sein Konto gegangen waren.
Obwohl die Kriegshandlungen immer weiter voranschritten, konnte in der Ostmark der Spielbetrieb 1944/45 zunächst noch aufrechterhalten werden, wenngleich lediglich die Hinrunde ordnungsgemäß über die Bühne gebracht wurde. Rein sportlich gesehen war das Titelrennen eine Farce, so dass die Nennung des dritten Platzes der Vienna – jeweils einen Zähler hinter Rapid und Wacker – Chronistenpflicht bleibt. Bester Torschütze der Döblinger war diesmal Richard Fischer mit 14 Treffern, während es Karl Decker in acht Partien immerhin auf zehn Torerfolge brachte. Seine letzten Treffer vor Kriegsende erzielte er am 18. März 1945 beim später annullierten Rückrundenauftakt gegen den Floridsdorfer AC, als ihm beim 3:3-Remis ein Doppelpack gelang. Keine zwei Monate später gehörte das Kapitel „Ostmark" dann der Vergangenheit an. Der im DFB aufgegangene Österreichische Fußball-Bund wurde von den Besatzern wieder anerkannt und übernahm ab der kommenden Saison die Organisation des Spielbetriebs.

Äpfel, Birnen und ein „Jausengegner"

An die Stelle der Gauliga trat die wiederbelebte Wiener Liga, die zur Spielzeit 1945/46 mit zwölf Klubs an den Start ging. Ins Titelrennen vermochte die First Vienna jedoch nicht einzugreifen, sondern musste sich mit einem deutlichen Acht-Zähler-Rückstand auf Rapid mit dem fünften Platz begnügen. Obwohl der rechte Halbstürmer Karl Decker in nur 20 Einsätzen 30 der 82 Saisontreffer erzielt hatte, führte er erstaunlicherweise nicht die Torjägerliste an, weil Austrias Ernst Stojaspal noch viermal öfter eingenetzt hatte. Vermutlich hätte es dennoch zum Gewinn der Torjägerkrone gereicht, wenn Decker nicht wie so oft in seiner Karriere eine gewisse Anlaufzeit gebraucht hätte, um richtig in Fahrt zu kommen. Erst beim 8:0-Kantersieg am 3. Spieltag gegen Rapid Oberlaa platzte der Knoten, als der „Karli" mit drei Treffern – ebenso wie sein Sturmpartner Richard Fischer – zur Stelle war. Stark präsentierte sich der nun auch österreichische Nationalspieler besonders in den Spielen gegen Vizemeister Austria Wien, als ihm sowohl beim 4:3 Ende November als auch beim 3:2 am drittletzten Spieltag ein Doppelpack gelang.
Und dann wären schließlich noch die beiden Vergleiche mit der Elf des SC Ostbahn XI Wien zu nennen, in denen die First Vienna nicht weniger als 30 und Karl Decker im Alleingang 13 Tore erzielte. Der im 11. Gemeindebezirk Simmering beheimatete SC Ostbahn (daher die römische Zahl im Vereinsnamen) kickte lediglich dieses eine Jahr in der höchsten österreichischen Spielklasse, erwies sich dabei jedoch als komplett überfordert. In Anbetracht eines geradezu verheerenden Torverhältnisses von 11:157 sowie 21 Niederlagen, aber nur einem einzigen Saisonsieg gegen Mitabsteiger SC Oberlaa, dürfen die Ostbahner mit vollem Recht in einem Atemzug mit der Berliner Tasmania genannt werden, die in der Saison 1965/66 zur Lachnummer der deutschen Bundesliga wurde.
Passenderweise trafen die Vienna und der SC Ostbahn XI in der Hinrunde just zum Faschingsauftakt am 11. November 1945 aufeinander, wobei die Truppe aus Simmering in der Woche zuvor gegen den SC Wacker für ihre Verhältnisse durchaus stark gespielt und beim 1:9 – wenn auch nur knapp – die übliche zweistellige Klatsche vermieden hatte. Diesmal aber setzte es mit 0:18 allerdings die höchste Saisonniederlage, die es Karl Decker gestattete, als achtfacher Torschütze seine bisherige Bestmarke von sieben Treffern aus dem Spiel gegen Rapid in der Spielzeit 1943/44 noch einmal zu überbieten. Auch zum saisonalen Kehraus ließen es die Blau-Gelben noch einmal so richtig krachen und verpassten den überforderten Ostbahnern eine weitere 0:12-Packung, bei der sich Karl Decker immerhin fünf Tore gönnte.
In Anbetracht derartiger „Jausengegner" muss an dieser Stelle dringend eine Lanze für die Angreifer der Gegenwart gebrochen werden, die im Regelfall die Trefferquoten vergangener Tage deutlich verfehlen, weil das Leistungsgefälle in den Topligen nicht ansatzweise so groß ausfällt wie anno dazumal, was Schützenfeste wie sie Karl Decker & Co. „im Vorbeigehen" gefeiert haben, heute geradezu unmöglich macht. Freilich läuft der Vergleich verschiedener Spielergenerationen immer auch auf jenen zwischen Äpfeln und Birnen hinaus. Lediglich zwei Tage, bevor die Döblinger den Ostbahnern gleich im Dutzend einschenken sollten, hatten sie es in der Vorschlussrunde des Pokalwettbewerbs nämlich mit dem Floridsdorfer AC zu tun bekommen, was für heutige Vereinsfunktionäre wohl Anlass zu dem einen oder anderen verbalen Amoklauf wäre, derweil den überbezahlten Profis die Wade – oder was auch immer – vermutlich schon allein beim Gedanken an zwei Spiele innerhalb von 48 Stunden zumachen würde. Damals nahmen es die Akteure von der Hohen Warte sportlich und fegten auch gleich noch den FAC mit einem 13:3-Sieg vom Platz, zu dem Karl Decker drei und Richard Fischer gar sechs Treffer beigesteuert hatte. Am 20. Juni 1946 sollte im Endspiel im mit 50.000 Zuschauern bestens besetzten Praterstadion dann das Gipfeltreffen mit Meister Rapid Wien steigen, der dank zweier Tore von Franz Binder mit 2:1 die Oberhand behielt, nachdem Karl Decker für die Vienna nach 65 Minuten den zwischenzeitlichen 1:1-Ausgleich erzielt hatte.

Nochmals Torschützenkönig

Durch den Abstieg der Ostbahner ging die Trefferzahl der Blau-Gelben in den nächsten Jahren spürbar zurück. Hatten diese 1945/46 noch 81-mal ins Schwarze getroffen, war dies in der kommenden Spielzeit lediglich 51-mal der Fall. Ebenso wie die Zahl der Gesamttore war auch jene von Karl Decker rückläufig. Gleichwohl waren seine 15 Torerfolge in 17 Einsätzen immer noch aller Ehren wert und verhalfen der Mannschaft zu einem achtbaren dritten Platz. Eines freilich änderte sich nicht: Die Form von Viennas Rechtsverbinder wurde auch 1946/47 immer besser, je länger die Saison dauerte. Um seinen ersten Treffer zu erzielen, bedurfte es am 6. Spieltag gegen den WAC gar eines Strafstoßes, ehe Decker in der 9. Runde gegen den Sportclub (3:4) endlich auch aus dem Spiel heraus traf.

Den zweiten Platz in der Torschützenliste hinter Ernst Stojaspal sicherte er sich somit erst am letzten Spieltag, als er beim 8:3 gegen Schlusslicht Post SV einen Viererpack schnürte.
In den nächsten beiden Spielzeiten war die First Vienna als Siebter (1947/48) und Sechster (1948/49) dann nicht mehr in der Spitzengruppe der Wiener Liga vertreten. Aber auch Karl Decker hatte sich mit 13 bzw. 17 Treffern lange nicht mehr so torhungrig wie zu seinen besten Zeiten gezeigt. Anders in der Saison 1949/50, als die Wiener Liga dank der Aufnahme von Vorwärts Steyr, Sturm Graz und SV Gloggnitz zu einer gesamtösterreichischen Spielklasse erweitert wurde. Bereits am 1. Spieltag bewies der mittlerweile 29-Jährige sein ganzes Können, als er beim 6:1 über Neuling Sturm Graz zwei Tore erzielte. Ohnehin gelang es Karl Decker endlich einmal, das Vorurteil zu widerlegen, nur in der Rückrunde auf Topniveau spielen zu können. Nachdem er schon am 6. Spieltag gegen den Sportclub (3:1) einen weiteren Doppelpack geschnürt hatte, ließ er sich auch eine Woche später gegen Slovan Wien (4:1) nicht lumpen, als ihm kurz nach dem Wiederanpfiff innerhalb von nur neun Minuten ein Hattrick glückte. Abermals drei Treffer erzielte der Halbstürmer beim harterkämpften 3:2-Erfolg beim niederösterreichischen SV Gloggnitz, bevor er mit zwei Torerfolgen in der letzten Runde bei Rapid Oberlaa (3:1) und damit insgesamt 23 Saisontreffern zum zweiten Mal in seiner Karriere die Torjägerliste anführte.

► EINWURF
In Anbetracht von 266 Toren in ebenso vielen Ligaspielen war Karl Decker in der Alpenrepublik statistisch gesehen in jedem Einsatz für einen Treffer gut. Eine sensationelle Leistung, die umso höher zu bewerten ist, weil „Karli" als rechter Halbstürmer in der Vorbereiterrolle mindestens ebenso wichtig war wie als Goalgetter. In der ewigen Bestenliste rangiert die Klublegende der First Vienna damit auf dem vierten Rang und wird nur von Hans Krankl (320 Tore / 427 Spiele), Robert Dienst (316 / 349) und Franz Binder (267 /242) übertroffen.

Danach sollte Karl Decker noch zwei Jahre für „seine" Vienna auf Torjejagd gehen. In 19 Einsätzen in der Saison 1950/51 traf er zunächst weitere 19-mal ins Schwarze, womit er allerdings deutlich hinter Robert Dienst (Rapid Wien) zurückblieb, der als bester Goalgetter Österreichs 37 Treffer vorweisen konnte. Lediglich zwölf Tore sollte Decker dann in der Spielzeit 1951/52 verbuchen, so dass er sich im Sommer nach insgesamt 605 Toren in 609 Spielen (damit sind sämtliche Einsätze, einschließlich der Freundschaftsspiele gemeint) von der Hohen Warte verabschiedete. Letztmals hatte er das blau-gelbe Dress am 15. Juni 1952 übergestreift, als der 1. Simmeringer SC in der Liga mit 2:1 niedergerungen wurde. Standesgemäß war Decker dabei nach 75 Minuten als Schütze des Siegtores in Erscheinung getreten.

Spielertrainer bei Sturm Graz und in Grenchen

Durch die Ausweitung des Spielbetriebs auf ganz Österreich konnten auch die Klubs aus der „Provinz" allmählich zu den Wiener Vereinen aufschließen. Als sich Karl Decker nach seinem Abschied aus Döbling dazu entschloss, als Spielertrainer beim steirischen Sturm Graz anzuheuern, hatte dies freilich noch eine ganze Menge mit Entwicklungshilfe zu tun, da die „Provinzler" den Hauptstadtvereinen nach wie vor weit hinterherhinkten. Immerhin war es Sturm gelungen, sich seit der Saison 1949/50 erfolgreich im Oberhaus zu etablieren, wenngleich das Abstiegsgespenst in der „Gruabn" ein ungern gesehener Stammgast war. Karl Decker führte die unerfahrene Grazer Mannschaft um ihren Star Ludwig Durek auch 1952/53 auf dem neunten Platz zum Ligaverbleib, der freilich erst am vorletzten Spieltag nach einem 6:2-Auswärtssieg in Floridsdorf feststand. Wie immer war Decker erst spät in Fahrt gekommen und hatte sich bis zum 15. Spieltag Zeit gelassen, um beim 2:1 über Lokalrivale Grazer SC den ersten Saisontreffer zu erzielen. In 13 Einsätzen war der Spielertrainer schließlich sieben Mal erfolgreich, nachdem er sich beim entscheidenden 6:2 gegen den FAC gleich zweimal in die Torschützenliste eingetragen hatte.
Sogar elfmal traf Decker in 22 Ligaspielen in der Saison 1953/54 ins Schwarze, was jedoch auch nichts daran ändern konnte, dass Sturm Graz nach fünf Jahren Zugehörigkeit zum Oberhaus den Gang in die Zweitklassigkeit antreten musste. Der gebürtige Wiener bekam daraufhin die unvermeidlichen Mechanismen des Fußballgeschäfts zu spüren, indem sein Vertrag als Spielertrainer aufgelöst wurde. Den letzten Treffer in der Staatsliga erzielte er am 7. März 1954 im Derby gegen den Grazer AK, als er seinem Team in der heimischen „Gruabn" elf Minuten vor Schluss wenigstens ein 3:3-Remis rettete.
Im Alter von 33 Jahren wechselte Decker im Herbst 1954 ins Ausland, um sich zunächst für zwei Jahre dem FC Sochaux anzuschließen. Unter Trainer Gaby Dormois bestritt er insgesamt 37 Erstligaspiele und stellte dabei mit 15 Treffern seine Torgefahr unter Beweis. Nachdem es in der Saison 1954/55 für den zweifachen Französischen Meister immerhin zu Rang fünf gereicht hatte, fiel dieser im kommenden Spieljahr auf den elften Platz zurück. Für Karl Decker ganz offensichtlich Grund genug, Sochaux Adieu zu sagen und beim schweizerischen Zweitligisten FC Grenchen anzuheuern, für den er zwischen 1956 und 1958 abermals in die Rolle des Spielertrainers schlüpfte. Dies tat er überaus erfolgreich, führte er die Uhrenstädter aus dem Kanton Solothurn in der Saison 1956/57 doch auf Anhieb in die Nationalliga A und erreichte im kommenden Jahr den für einen Neuling sehr beachtlichen fünften Rang. Der Mittdreißiger hatte sich inzwischen vor allem auf das Coachen verlegt und streifte selbst nur noch selten das Trikot über. Nach einigen nicht dokumentierten Zweitligaeinsätzen im ersten Jahr, lief er nach dem Aufstieg nur noch einmal auf, um danach seine aktive Karriere zu beenden. In der Saison 1958/59 – Decker hatte inzwischen die Leitung der österreichischen Nationalmannschaft übernommen – sollte sich dann zeigen, dass der Wiener in Grenchen mit seiner Trainingsarbeit die Basis für größere Erfolge gelegt hatte, da die Uhrenstädter unter seinem Nachfolger Franz Linken 1958/59 nicht nur die Vizemeisterschaft in der Nationalliga A, sondern durch ein 1:0 im Finale über Servette Genf darüber hinaus auch noch den Pokalsieg und mithin den bis heute größten Erfolg ihrer Vereinsgeschichte errangen.

Schöpfer des „zweiten Wunderteams"

Nachdem die Nationalmannschaft der Alpenrepublik bei der Weltmeisterschaft in Schweden in einer allerdings schweren Gruppe mit Brasilien, der Sowjetunion und England schon nach der Vorrunde die Heimreise antreten musste, galt es für den ÖFB, sich auf die Suche nach einem geeigneten Nachfolger für das Trainerduo Argauer / Molzer zu begeben. Das Casting war im Spätherbst 1958 abgeschlossen, als der 25-fache Alt-Internationale Karl Decker nach seiner erfolgreichen Arbeit in Grenchen das vakante Amt des „Bundeskapitäns" antrat. Besonders der Beginn der Decker-Ära sollte von beachtlichen Erfolgen gepflastert sein: Gleich bei seinem Debüt am 19. November 1958 trotzten die Österreicher dem großen Bruder Deutschland im Berliner Olympiastadion ein 2:2-Unentschieden ab, dem weitere vier Siege – darunter zwei im EM-Achtelfinale gegen Norwegen (1:0 und 5:2) – folgten. Zwar musste man sich danach im Viertelfinale deutlich dem WM-Dritten Frankreich (2:5 und 2:4) geschlagen geben. Nach einer weiteren 0:4-Niederlage in Prag gegen die CSSR legten die Decker-Schützlinge jedoch eine Serie von zehn Spielen mit nur einer Niederlage hin, so dass Fans und Medien schon ein „zweites Wunderteam" am Horizont aufziehen sahen.

Wie beim legendären Vorgänger aus den dreißiger Jahren begann auch die Erfolgsgeschichte der Decker-Schützlinge mit einem Sieg in Wien gegen Schottland. Und wie damals stand die Mannschaft in Anbetracht von vier vorangegangenen Niederlagen mit dem Rücken zur Wand, weshalb Karl Decker diese spürbar verjüngte und mit den Rapidlern Rudi Flögel, Walter Glechner und „Schani" Skocic gleich drei Neulinge einsetzte. Zudem stellte er den erfahrenen Walter Zeman anstelle von Kurt Schmied zwischen die Pfosten, während der Rekordinternationale Gerhard Hanappi im Sturm statt in der Läuferreihe agierte. Die Maßnahmen erwiesen sich als voller Erfolg und bescherten Österreich am 29. Mai 1960 einen deutlichen 4:1-Sieg, welcher gerade zur rechten Zeit gekommen war, da im Herbst die Qualifikationsspiele für die bevorstehende Weltmeisterschaftsendrunde in Chile begannen. Allerdings scheute der ÖFB das finanzielle Risiko des Südamerika-Abenteuers und zog kurzerhand seine Meldung zurück. Ein Schritt, der sich alsbald jedoch als gravierender Fehler erweisen sollte.

Dem 2:1-Erfolg im norwegischen Oslo folgte am 4. September eine glänzende Vorstellung gegen den frischgebackenen Europameister UdSSR, der vor 80.000 Zuschauern in Wien zur Pause zwar mit 1:0 führte, dank des forsch aufspielenden Einwechselspielers Helmut Senekowitsch nach dem Seitenwechsel aber mit einer 1:3-Pleite die Heimreise antreten musste. Neben „Seki", der wie einst Karl Decker bei der Vienna kickte, zählten noch Karl Stotz, Erich Hof, Horst Nemec sowie mit Karl Koller und Hans Buzek zwei weitere Vienna-Spieler zu den Stützen des Teams, das es bis Oktober 1961 mit der Haute-Volée des europäischen Fußballs aufnahm und sicherlich beste Chancen gehabt hätte, sich für Chile zu qualifizieren. Unvergessen der 3:0-Erfolg am 30. Oktober 1960 über Spanien, als im Praterstadion mit 90.726 Zuschauern ein bis heute ungebrochener Besucherrekord für Länderspiele in Österreich aufgestellt wurde. Nach dem 0:2 gegen Ungarn gelangen weitere, auch im Ausland viel bestaunte Triumphe in Italien (2:1), der UdSSR (1:0), zu Hause in Wien gegen England (3:1) – den Sieg über den Lehrmeister hatte man damit sogar dem „echten" Wunderteam voraus – sowie zweimal gegen Ungarn (jeweils 2:1), bevor es am 19. November 1961 in Zagreb gegen Jugoslawien mit 1:2 die nächste Niederlage setzte.

Damit freilich hatten die Nachfolger von Sindelar, Gschweidl & Co. ihr Pulver bereits verschossen. Den Tiefpunkt der so hoffnungsvoll begonnenen Decker-Ära stellte die 0:6-Klatsche am 16. September 1962 gegen die Tschechoslowakei dar, nach deren Feststehen sich die Befürworter der Absage der Chile-Expedition bestätigt sahen. Sportjournalisten-Obmann Strabl meinte: „Das heutige Spiel hat bewiesen, dass die österreichische Nationalmannschaft bei der großen Prüfung der Weltmeisterschaft nicht in der Lage gewesen wäre, einen halbwegs ebenbürtigen Gegner abzugeben."

In jedem Fall konnte sich die Mannschaft vom Rückschlag gegen den Vizeweltmeister nicht mehr erholen. Bis zum Ende der Decker-Ära sollte sie nur noch ein einziges Mal – am 24. April 1963 ausgerechnet gegen die Tschechoslowakei (3:1) – als Sieger den Platz verlassen, bevor nach einer Serie von sechs Spielen ohne Sieg Karl Decker als Teamchef freiwillig den Hut nahm. Letztmals hatte dieser am 12. Dezember 1963 bei der 0:1-Niederlage in Turin gegen die Squadra Azzurra die österreichische Nationalmannschaft betreut, die er in 36 Spielen zu 16 Siegen, drei Remis und 17 Niederlagen geführt hatte.

► EINWURF
Von November 1958 bis Dezember 1963 hat Karl Decker die österreichische Nationalmannschaft in 36 Länderspielen betreut, womit er zu den Dauerbrennern als ÖFB-Teamchef zählt. Häufiger als Decker haben nur noch Hugo Meisl (in 128 Länderspielen), Herbert Prohaska (51), Leopold Stastny (49) und Walter Nausch (47) für die Aufstellung der rot-weiß-roten Elf verantwortlich gezeichnet.

Interimstrainer in Hütteldorf

Ein halbes Jahr nach Ende seines Engagements beim ÖFB übernahm Karl Decker die Mannschaft des Wiener Sport-Clubs, den er zunächst zweimal auf einen guten vierten Rang führte. Vor allem in der Saison 1964/65 besaßen die Schwarz-Weißen realistische Titelchancen, belief sich der Rückstand auf Überraschungsmeister Linzer ASK im Abschlussklassement doch auf lediglich drei Zähler. Nachdem es jedoch 1966/67 nur noch zu Platz fünf gereicht hatte, ging Decker angeschlagen in die neue Spielzeit, wo er trotz eines guten Starts mit 8:4 Punkten im Oktober 1967 vorzeitig entlassen wurde.

► EINWURF
Kaum mehr bekannt ist, dass Karl Decker in jungen Jahren der Spitzname „Juderl" begleitete. Seine gebogene Nase ähnelte nach Ansicht der Zeitgenossen der eines Juden, weshalb sie den „Karli" aus Wien bald dementsprechend titulierten. Die Koseformen zur Zeit des Nationalsozialismus' waren ohnehin nicht kompatibel mit der gegenwärtigen „political correctness". So wurde beispielsweise „Juderl" Deckers Teamgefährte in der „großdeutschen" Nationalmannschaft, Willy Hahnemann, wegen seiner dunklen Gesichtsfarbe mit dem Beinamen „Zigeuner" bedacht.

Obwohl Decker erst 46 Jahre alt war, begann er sich langsam auf ein geruhsames Dasein als Fußballpensionär einzustellen. Ab 1969 widmete er sich ausschließlich seiner ehrenamtlichen Aufgabe als Präsident des „Bundes Österreichischer Fußballlehrer", was ihm 1980 das „Goldene Verdienstzeichen der Republik Österreich" eintrug. Zuvor war er allerdings noch einmal für kurze Zeit auf die Trainerbank zurückgekehrt. Eigentlich war es bis dato gang und gäbe gewesen, dass bei Rekordmeister Rapid Wien ausschließlich ehemalige Spieler als Übungsleiter fungierten. So wie Rudolf Vytlacil, der in den dreißiger Jahren das grün-weiße Trikot getragen hatte und nun seit 1966 die Hütteldorfer betreute. Allerdings musste sich Vytlacil im Herbst 1968 einer längst fälligen Operation unterziehen, was die Rapid-Verantwortlichen in arge Bedrängnis brachte. Schließlich stand justament zu diesem Zeitpunkt das Europacupduell mit Real Madrid auf der Agenda, weshalb man sich händeringend auf die Suche nach einem Vertreter machte. Da man mit Karl Decker einen ganz

Prominenten seiner Zunft als Interimscoach gewonnen hatte, konnte man es leicht verkraften, dass zum ersten Mal ein Nicht-Rapidler auf der Trainerbank Platz nehmen sollte. Nicht zuletzt auch deswegen, weil das Kurzengagement des ehemaligen „Bundeskapitäns" einen ausgesprochen erfolgreichen Verlauf nehmen sollte.
Die Premiere von Karl Decker am 16. November gegen Sturm Graz war mit einem klaren 5:2-Erfolg auf der Pfarrwiese in die Annalen eingegangen, dem in der nächsten Runde gar ein 5:0 bei WSG Wattens folgte. Dementsprechend erwartungsfroh verfolgten im Praterstadion am 29. November 50.000 Zuschauer das Achtelfinalhinspiel gegen die Königlichen, das für die Gastgeber nach einem Treffer von Kaltenegger in der 55. Minute mit 1:0 gewonnen wurde. Freilich entpuppte sich das Rückspiel nur fünf Tage später im Bernabeu-Stadion als ganz harte Nuss, zumal die Madrilenen kurz vor der Pause durch Velasquez mit 1:0 in Führung gingen. Anscheinend aber fand Karl Decker in der Kabine die richtigen Worte, um seinen Spielern Mut zuzusprechen. Diesen gelang es jedenfalls, die siegessichere Real-Elf vier Minuten nach dem Wiederanpfiff zu schocken, als Bjerregard den Ausgleich erzielte. Der Däne hatte sich auf der Rechtsaußenposition durchgekämpft, eine Lücke erspäht und das Leder ins kurze Eck gehämmert. Madrid konnte durch Pirri in der Schlussphase zwar noch den 2:1-Siegtreffer erzielen, der wegen des Auswärtstreffers der Österreicher aber zu wenig war. Damit durfte sich Karl Decker rühmen, an einem der größten Europacup-Triumphe der Rapid-Geschichte beteiligt gewesen zu sein.
Nach seinem Ausscheiden bei den Hütteldorfern wurde es um einen der erfolgreichsten Stürmer des österreichischen Fußballs bald merklich ruhiger. Karl Decker verstarb am 27. September 2005 im Alter von 84 Jahren in seiner Heimatstadt Wien, wo er unter großer Anteilnahme der Fußballprominenz in einem Ehrengrab auf dem Zentralfriedhof beigesetzt wurde.

► ZAHLEN UND FAKTEN

Vereine:	1934	Ottakringer SC
	1934-1936	Schwarz-Weiß Wien
	1936-1937	SC Weiße Elf Wien
	1937-1952	First Vienna Wien
	1952-1954	SK Sturm Graz
	1954-1956	FC Sochaux-Montbéliard
	1956-1958	FC Grenchen

Tore:	266 österreichische Erstligaspiele (266 Tore)
	12 Endrunden-Spiele DM (11 Tore)
	37 französische Erstligaspiele (15 Tore)
	1 schweizerisches Erstligaspiel (0 Tore)
	6 Tschammer-Pokalspiele (11 Tore)
	12 ÖFB-Pokalspiele (21 Tore)
	33 Länderspiele (27 Tore)
gesamt	367 Pflichtspiele (351 Tore)
Erfolge:	Österreichischer Meister 1942, 1943, 1944
	Tschammer-Pokalsieger 1943
	Österreichischer Torschützenkönig 1943/44, 1949/50

In der Nationalmannschaft:
Der Wiener Karl Decker war gerade 20 Jahre alt geworden, als er dank seiner starken Leistungen im Trikot der First Vienna auch für die „großdeutsche" Nationalmannschaft interessant wurde. Zehn Begegnungen sollte das DFB-Team im Laufe des Jahres 1942 bestreiten, ehe eine achtjährige Pause ohne Länderspielbetrieb einsetzte. Reichstrainer Sepp Herberger sah in Karl Decker einen seiner Lieblingsschüler, weshalb dieser auch in acht der zehn Länderspiele zum Einsatz kam.

Zwei historische Bilddokumente vom Länderspieldebüt Karl Deckers am 18. Januar 1942 im kroatischen Zagreb. Das Foto oben zeigt beide Teams beim Einlauf ins Stadion, während diese unten auf schneebedecktem Boden auf den Anpfiff warten. Die Herberger-Elf behielt nach 90 Minuten mit 2:0 die Oberhand, wobei Debütant Decker zwanzig Minuten vor Schluss den zweiten deutschen Treffer schoss.

Gleich bei seinem Debüt am 18. Januar vor 20.000 Zuschauern auf schneebedecktem Boden im kroatischen Agram (dem heutigen Zagreb) konnte sich der Wiener in die Torschützenliste eintragen, als ihm in der 70. Minute gegen „Bündnispartner" Kroatien der Treffer zum 2:0-Endstand glückte. Der Rechtsverbinder erwies sich auch in seinen nächsten beiden Einsätzen als Torgarant und trug sich sowohl beim 1:2 gegen die Schweiz im Februar sowie Mitte April gegen Spanien (1:1) im Berliner Olympiastadion in die Torschützenliste ein. Nachdem Decker in seinem vierten Länderspiel in Budapest gegen Ungarn (5:3) ausnahmsweise einmal nicht erfolgreich gewesen war, sollte er am 19. Juli in Sofia gleich zwei Treffer zum 3:0-Erfolg über Bulgarien beisteuern.
Weitere Torerfolge durfte der Vienna-Youngster beim 7:0-Kantersieg über Rumänien in Beuthen sowie der 2:3-Niederlage in Berlin gegen Schweden bejubeln, ehe am 23. November sein letzter Treffer im Dress der „großdeutschen" Auswahl folgte. Diese traf in Pressburg auf die Slowakei und führte vor 12.000 Zuschauern bereits mit 4:2, als Decker in der 83. Minute das letzte deutsche Tor vor der nun folgenden achtjährigen Länderspielpause schoss. Als „Pendant" zu Herbert Burdenski hatte der Wiener damit in acht Einsätzen ebenso viele Tore auf dem Konto.

Decker für Rot-Weiß-Rot

Schon Mitte August 1945 kehrte die österreichische Nationalelf aufs internationale Parkett zurück und bestritt unter Teamchef Karl Zankl binnen 24 Stunden gegen den Erzrivalen Ungarn die ersten Länderspiele seit knapp acht Jahren. Vienna-Star Karl Decker zählte bis 1952 zu den Stützen des rot-weiß-roten Teams, für das er in 25 Einsätzen weitere 19 Tore erzielen sollte. Während er in den Partien am 19. und 20. August (0:2 und 2:5) seiner Bestform noch hinterherlief und lediglich bei der 2:5-Niederlage einen Treffer erzielt hatte, knüpfte er in den nächsten Länderspieleinsätzen wieder nahtlos an die starken Leistungen vor Kriegsende an.

► **EINWURF**
Vienna-Legende Karl Decker zählt bis heute zu den erfolgreichsten Nationalspielern der Vereinsgeschichte. In Anbetracht von 33 Einsätzen (für Deutschland und Österreich) wird er in dieser Hinsicht nur von vier Akteuren übertroffen. Lediglich Karl Koller (86 Länderspiele), Pepi Blum (51), Fritz Gschweidl (44) und Kurt Schmied (38) kommen auf mehr Länderspiele für die Blau-Gelben als Karl Decker, der mit 27 Treffern unangefochten vereinsinterner Länderspielrekordtorjäger ist.

Am 6. Dezember 1945 traf Österreich vor der stattlichen Kulisse von 60.000 Zuschauern auf Frankreich, das deutlich mit 4:1 in die Schranken gewiesen werden konnte. Der anwesende FIFA-Präsident Jules Rimet zeigte sich nach dem Abpfiff vor allem von Karl Decker begeistert, der die Franzosen als dreifacher Torschütze quasi im Alleingang überwältigt hatte. Und auch bei seinem nächsten Einsatz konnte Decker seine Topform in der ersten Nachkriegssaison bestätigen, indem er im April weitere zwei Treffer zum 3:2 über Ungarn beisteuerte.

Gegen Ende seiner Karriere durfte der 33-fache Internationale Karl Decker die österreichische Nationalmannschaft insgesamt viermal – wie hier 1950 gegen Ungarn – als Kapitän aufs Feld führen. Rechts neben Decker ist der ungarische Spielführer Ferenc Puskas zu erkennen, hinter ihm Torhüter Walter Zeman und Ernst Ocwirk.

In seinen kommenden sechs Einsätzen für die Alpenrepublik litt der Vienna-Stürmer allerdings unter Ladehemmung und erzielte nicht einen einzigen Treffer. Für Österreich kein gutes Omen, schließlich gingen fünf der sechs Partien verloren, ehe erst im September 1947 wieder ein 4:3-Sieg über Ungarn folgen sollte. Die schwächeren Leistungen im Nationaltrikot hatten dazu geführt, dass Decker rund anderthalb Jahre zu keiner weiteren Berufung kam. Erst am 20. März 1949 durfte er unter Teamchef Walter Nausch wieder ran, als die Türkei in Wien mit 1:0 geschlagen wurde, wobei „Karli“ für das Tor des Tages verantwortlich gezeichnet und mithin den angepeilten Sieg im 100. Heimspiel der österreichischen Länderspielgeschichte besiegelt hatte.

► **EINWURF**
Karl Decker, der die österreichische Nationalmannschaft in 36 Spielen betreut hatte, trat am 24. Februar 1964 nach einer Niederlagenserie freiwillig von seinem Posten als „Bundeskapitän“ zurück, nachdem in den Medien bereits tagelang wild über seinen Rauswurf diskutiert worden war.

Unter Nausch zählte Decker in den nächsten Monaten dann wieder zum Stammpersonal, wobei er das Vertrauen seines Trainers vor allem im Herbst 1949 rechtfertigte, als er zunächst in den Partien gegen die Tschechoslowakei (3:1) und Ungarn (3:4) jeweils zwei sowie am 13. November in Belgrad gegen Jugoslawien (5:2) sogar drei Treffer erzielen konnte. Seinen letzten großen Auftritt im rot-weiß-roten Dress hatte der Halbstürmer am 14. Mai 1950 in Wien, als die angehende ungarische Jahrhundert-Elf um Ferenc Puskas in einem begeisternden Spiel mit 5:3 geschlagen wurde und Karl Decker als zweifacher Torschütze geglänzt hatte. In der Partie gegen die Magyaren hatte Decker die österreichische Nationalmannschaft als Spielführer auf den Platz geführt, was insgesamt noch drei weitere Male der Fall sein sollte.

Nachdem er beim 7:2-Kantersieg am 8. Oktober 1950 in Wien gegen Jugoslawien schließlich seinen 18. Länderspieltreffer für die Alpenrepublik verbucht hatte, blieb er in den darauf folgenden fünf Einsätzen jedoch abermals ohne Torerfolg. Ab 1951 wurde Decker ohnehin nur noch sporadisch berücksichtigt, um schließlich am 22. Juni 1952 letztmals für Österreich aufzulaufen. In Genf trennte man sich von der benachbarten Schweiz mit 1:1, wobei sich Karl Decker, der kurz vor seinem Wechsel von der Vienna zu Sturm Graz stand, mit einem Torerfolg aus dem Nationalteam verabschiedete.

Saison	Lsp.		Liga		Pokal	
	Sp.	T.	Sp.	T.	Sp.	T.
1938/39			14	10	1	1
1939/40			14	10	0	0
1940/41			15	12	0	0
1941/42	4	3	14	15	0	0
1942/43	4	5	17	29	5	10
1943/44			16	33		
1944/45			8	10		
1945/46	5	6	20	30	5	7
1946/47	4	0	17	15	2	6
1947/48	1	0	17	13	1	0
1948/49	2	1	17	17	4	8
1949/50	6	10	23	23		
1950/51	4	1	19	19		
1951/52	3	1	20	12		
1952/53			13	7		
1953/54			22	11		
1954/55			22	9		
1955/56			15	6		
1956/57			?	?		
1957/58			1	0		

Albert de Cleyn
Fast vergessener belgischer Toptorjäger

Es kann nun wirklich nicht behauptet werden, die in der Provinz Antwerpen liegende 76.000 Einwohner zählende Stadt Mechelen sei der Nabel der Fußballwelt. Selbst in Belgien ist der große Fußball weit eher in Brüssel (mit Rekordmeister RSC Anderlecht), Lüttich oder Brügge zu Hause als in der flämischen Provinzstadt an der Dijle, wo sich die beiden 1904 gegründeten Ortsrivalen Racing und KV auf zumeist bescheidenem Niveau duellieren. Auch gegenwärtig stellt sich die Situation eher trist dar. So waren die Racing-Anhänger nach der Saison 2010/11 schon froh, die sofortige Rückkehr in die dritte Liga feiern zu dürfen, der ihr Verein seit 1994/95 ununterbrochen angehört hatte. Zumindest etwas besser läuft es bei den Gelb-Roten des KV Mechelen, die sich von ihrem Lizenzentzug und dem damit verbundenen Zwangsabstieg in die Drittklassigkeit mittlerweile erholt haben und seit 2007/08 wieder auf höchstem nationalem Niveau kicken.

Die Zeiten, da die Fußballer der Stadt durch Titelgewinne auf sich aufmerksam machen konnten, liegen ebenfalls schon längere Zeit zurück. Die Elf des KV Mechelen war zwischen 1987 und 1994 sechsmal in Folge im Europapokal vertreten und sorgte dabei besonders 1987/88 für Furore, als sie unter dem späteren Werder-Trainer Aad de Mos völlig unerwartet den Europacup der Pokalsieger (durch einen 1:0-Finalsieg über Ajax Amsterdam) gewann. Im Jahr darauf gelang zudem der Gewinn des ersten Meistertitels nach 41 Jahren, womit freilich schon der Anfang vom Ende der kurzen Erfolgsära eingeläutet war. Nachdem Trainer De Mos nach dem Meistertitel zu Rekordmeister RSC Anderlecht gewechselt war, ging es mit den Gelb-Roten schnell wieder bergab.

Erste Schritte

Während die letzte große Ära der Vereinsgeschichte des KV Mechelen also eng mit dem Namen des Trainers verknüpft ist, war es in den vierziger Jahren vor allem ein Spieler, der für die ersten großen Triumphe des Klubs wesentlich verantwortlich war. Als Albert (oder einfach nur „Bert") de Cleyn, der am 28. Juni 1917 in Mechelen unter dem vollständigen Namen Albert Antonio Gustaaf de Cleyn das Licht der Welt erblickt hatte, seine Fußballerkarriere bei den Gelb-Roten begann, lag deren letzter Aufstieg in die Division d'Honneur erst wenige Jahre zurück. Bis zu jenem Aufstieg 1928 hatte die Mannschaft lediglich drei Jahre in der höchsten Spielklasse gekickt und war dabei jeweils postwendend wieder abgestiegen.

EXKURS: Kleine Namenskunde

Als der heutige KV Mechelen im Oktober 1904 aus der Taufe gehoben wurde, führte dieser den schlichten Namen „FC Malinois Malines". Rechtzeitig zum 25. Jahrestag seiner Gründung durfte dem Vereinsnamen der Zusatz „Royal" beigefügt werden, wobei die französische Form „Royal FC Malinois Malines" bis in das Jahr 1953 beibehalten wurde. Im Karriereherbst Bert de Cleyns wurde schließlich die niederländisch-französische Mischform „Koninklijke FC Malinois Malines" gebräuchlich, ehe erst 1970 die heute gängige Fassung „Koninklijke Voetbalklub (KV) Mechelen" eingeführt werden sollte.

Die Fußballprovinz bot für Albert de Cleyn den idealen Nährboden, um schnell auf höchsten Niveau Fuß zu fassen. Das Eigengewächs des KV Mechelen gab in der Saison 1932/33 im Alter von knapp 16 Jahren sein Debüt in der Kampfmannschaft, für die er in seinen beiden ersten Einsätzen auch gleich zwei Tore erzielte. Bereits in seiner zweiten Saison sollte ihm dann der Durchbruch gelingen. Der beste Torjäger der Vereinsgeschichte und gleichzeitig beste Goalgetter des belgischen Ligafußballs aller Zeiten trug mit 22 Treffern in 26 Spielen nicht unwesentlich dazu bei, dass die Gelb-Roten die Saison 1933/34 als Neunte im gesicherten Tabellenmittelfeld abschlossen. Berauschende Fußballfeste erlebten die Anhänger im gelb-roten Lager beim 8:1 über Altmeister Racing Club Brüssel sowie beim munteren Scheibenschießen gegen Standard Lüttich, das mit 10:5 im heimischen Stadion Achter de Kazerne als torreichstes Spiel der Vereinsgeschichte einen Ehrenplatz in den Annalen einnimmt.

Der am 28. Juni 1917 geborene Bert de Cleyn verbrachte die gesamte Laufbahn bei seinem Heimatverein KV Mechelen, für den er zwischen 1933 und 1955 in 510 Liga-Spielen 440 Tore erzielte, womit er bei den Gelb-Roten bis heute Rekordspieler und -torschütze ist. Zudem ist der zwölffache Internationale (neun Tore) auch Rekordtorschütze in der höchsten belgischen Spielklasse.

Zwar fiel das Team im kommenden Jahr auf den elften Rang zurück. Dennoch zeigte sich die neue jugendliche Sturmhoffnung erneut in bester Torlaune. De Cleyn hatte in der Endabrechnung zum ersten Mal in seiner Laufbahn mehr Treffer (27) als Spiele (24) auf dem Konto. Fast wäre ihm damit auch der Gewinn der Torjägerkanone gelungen, wenn Konkurrent Marius Mondelé vom drittplatzierten Daring Club Brüssel nicht noch einmal öfter ins Schwarze getroffen hätte. Seinen stärksten Saisonauftritt verzeichnete Mechelens Toptorschütze im Ligaspiel gegen den TSV Lyra Lierse. Beim 12:2-Kantersieg im Achter de Kazerne hatte er die Hälfte aller Tore zum höchsten Sieg der Vereinsgeschichte beigesteuert.

In der Saison 1935/36 sollte Albert de Cleyn mit „nur" 14 Treffern in 25 Partien eine kleine Atempause einlegen. Trotz der Torflaute ihres besten Goalgetters verbesserte sich die Mannschaft bei 56:55 Toren und 30:22 Punkten auf den sechsten Platz. In den anschließenden drei Spielzeiten bis zum Zweiten Weltkrieg konnten sich die Gelb-Roten dann jedoch wieder voll auf ihren Mittelstürmer verlassen. In der Saison 1936/37, die der KV Mechelen auf Rang fünf beendete, war De Cleyn in jedem seiner 16 Einsätze für einen Treffer gut.

Freilich zählten die Gelb-Roten noch lange nicht zu den Spitzenteams im belgischen Fußball. So konnten sich diese etwa in der Spielzeit 1937/38 als Drittletzte nur mit großer Mühe in Sicherheit bringen, was nicht zuletzt dem wieder einmal in Hochform agierenden Albert de Cleyn zu verdanken war, der mit 23 Torerfolgen in 25 Ligaeinsätzen die bis zu diesem Zeitpunkt zweitbeste Trefferquote seiner Laufbahn aufzuweisen hatte.

In der Saison 1933/34 gelang Bert de Cleyn mit 22 Toren im Alter von gerade einmal 16 Jahren der Durchbruch beim KV Mechelen. Auf dem Bild posiert die erste Mannschaft mit (hinten von links): Trainer (?), Verschaeren, Verstraeten, Patteet, Truyts, Hellemans, Bourgeois. Vorne von links: Verbiest, Noëth, De Cleyn, Van de Mert und Van Campenhout. De Cleyns Sturmpartner Gabriël Noëth war vor diesem Rekordtorjäger der Gelb-Roten, die er in den erfolgreichen Vierzigern als Trainer betreute.

Herausragendes Resultat unter der Obhut von Trainer Maxwell (1936 bis 1940) war schließlich der vierte Rang in der Saison 1938/39, an dem wie gewohnt auch Bert de Cleyn mit 24 Toren in 27 Spielen einen großen Anteil hatte. Zwar besaß die Mannschaft bei einem Rückstand von neun Zählern auf den Antwerpener Stadtteilverein AC Beerschot keine realistische Chance auf den Meistertitel, dafür verzeichnete sie das bis dato beste Ergebnis der Vereinsgesichte. Ihre stärksten Leistungen zeigten die Gelb-Roten beim 8:3 im Achter de Kazerne über Standard Lüttich sowie beim 6:1-Auswärtssieg gegen den heutigen Rekordmeister RSC Anderlecht.

Titelpremiere in schweren Zeiten

Kurz nach dem Beginn des Zweiten Weltkriegs strebte der RFC dann seiner ersten Blütezeit entgegen. In der Kriegsjahren und der unmittelbaren Nachkriegszeit feierte der Klub große Erfolge und konnte mit den führenden Teams aus Brüssel und Lüttich erstmals wirklich konkurrieren. Auf nationaler Ebene waren es sogar die erfolgreichsten Jahre, die der Verein durchlebte und die – wie gesagt – eng mit dem Namen Albert de Cleyns verknüpft waren. Erst nach dem Gewinn der drei Meistertitel in den Jahren 1943, 1946 und 1948 sollte die große Zeit des RSC Anderlecht beginnen, derweil es um den Verein aus der Provinz Antwerpen nach der Vizemeisterschaft von 1954 wieder still zu werden begann. Nur ein Jahr später beendete Bert de Cleyn seine Karriere. Und wiederum nur ein Jahr darauf mussten die Gelb-Roten nach 28 Jahren Zugehörigkeit zur Division d'Honneur in die Zweitklassigkeit absteigen. Erst lange Zeit nach dem Karriereende des Rekordtorschützen sollte der KV Mechelen in den späten achtziger Jahren wieder für Furore sorgen.

Trotz des Ausbruchs des Zweiten Weltkrieges wurde im Herbst 1939 die neue Saison angepfiffen. Allerdings musste nach zehn Wochen der Spielbetrieb vorzeitig eingestellt werden. Zu jenem Zeitpunkt hatte der RFC acht Begegnungen ausgetragen und rangierte als Siebter im Mittelfeld der Tabelle. Mittelstürmer De Cleyn war zwar lediglich in fünf Spielen zum Einsatz gekommen, doch hatte er dabei mit sieben Treffern seine Torgefahr wie gewohnt unter Beweis gestellt, was auch auf die Einsätze in der kriegsbedingt eingerichteten regionalen Überbrückungsrunde zutraf, wo er in 16 Spielen 13-mal ins Schwarze getroffen hatte. In der Spielzeit 1940/41 war die höchste Spielklasse sodann in zwei Gruppen zu jeweils zehn Teams aufgeteilt worden. Außerdem wurde nur eine einfache Runde ausgetragen. Die bestplatzierten vier Teams jeder Gruppe qualifizierten sich für das Viertelfinale. Am 15. Juni 1941 kassierten die Gelb-Roten dort eine 0:4-Abfuhr gegen den Racing Club in Brüssel und standen somit vor dem vorzeitigen Aus. Eine Woche später erlebten die Zuschauer im Achter de Kazerne jedoch eine denkwürdige Partie, als die Elf aus der Hauptstadt dank eines wie entfesselt aufspielenden Bert de Cleyn mit 7:0 vom Rasen gefegt und somit doch noch aus dem Wettbewerb befördert werden konnte. Sämtliche Treffer des Tages waren auf das Konto des RFC-Mittelstürmers gegangen. Im Halbfinale schieden die Gelb-Roten nach einer 1:3-Niederlage vor heimischer Kulisse gegen White Star Woluwe allerdings aus dem Wettbewerb aus. Grund zum Jubeln hatte damit vor allem Albert de Cleyn, der mit 19 Saisontoren erstmals in seiner Zeit Karriere zum besten Torjäger Belgiens gekürt wurde.

► EINWURF

Albert de Cleyn war in der Saison 1940/41 nicht nur der erste Torschützenkönig in der Geschichte des KV Mechelen, sondern sollte bis heute auch der einzige bleiben. Besonders seine 40 Treffer aus der Spielzeit 1945/46 verdienen Beachtung, da in der Geschichte des belgischen Ligafußballs die 40-Tore-Marke nur noch zweimal geknackt wurde. Ebenso exakt 40 Treffer hatte Alphonse Six von Cercle Brügge in der Saison 1910/11 erzielen können. Gar 41 – der immer noch gültige Rekord – gingen 1942/43 auf das Konto des Duos Jules van Craen (Lierse SK) und Arthur Ceuleers (AC Beerschot). Wenn man bedenkt, dass Romelu Lukaku vom RSC Anderlecht im Spieljahr 2009/10 schon mickrige 15 Treffer zum Gewinn der Torjägerkrone ausreichten, wird dem Betrachter erst so richtig bewusst, welche Qualitäten der vielleicht beste belgische Torjäger aller Zeiten besessen haben muss. Ganz abgesehen von den vielen Millionen, die De Cleyn im heutige Profifußball scheffeln könnte...

Obwohl Bert de Cleyn auch in der Spielzeit 1941/42 mit 34 Treffern erneut Torschützenkönig wurde, rutschte die Mannschaft im Abschlussklassement auf den zehnten Rang ab. Wie wichtig der Mittelstürmer für sein Team in jener Saison war, wird besonders deutlich, wenn man bedenkt, dass dieses insgesamt lediglich 61 Tore erzielt hatte, womit mehr als die Hälfte aller RFC-Treffer auf De Cleyns Konto gegangen waren. Vor allem in der Abwehr lief es bei 67 Gegentoren in 26 Spielen alles andere als rund. Abstiegsgefahr bestand freilich zu keiner Zeit, da die höchste Spielklasse Belgiens zur Saison 1942/43 von 14 auf 16 Teams aufgestockt wurde.

In der neuen Spielzeit zeigte sich der RFC dann wieder deutlich verbessert und kämpfte gemeinsam mit dem AC Beerschot um den Titel. Betreut wurden die Gelb-Roten in jenen Jahren von Ex-Spieler Gabriël Noëth, der als ehemaliger Stürmer großen Wert auf die Offensive legte. Noëth hatte zwischen 1926 und 1939 in 181 Erstligaeinsätzen 104 Tore erzielt und war damit Toptorjäger der Gelb-Roten, bevor er von seinem jetzigen Spieler Bert de Cleyn überholt wurde. Insbesondere im heimischen Achter de Kazerne zeigten sich De Cleyn & Co. zumeist blendend aufgelegt, was Kantersiege wie gegen Eendracht Aalst (8:0), Cercle Brügge (6:0) und Racing Club Brüssel (7:1) unter Beweis stellten. Dennoch sollten sich Arthur Ceuleers und Jules van Craen (je 41 Treffer) die Torjägerkanone in Belgiens höchster Spielklasse sichern. Dies dürfte De Cleyn den Rivalen allerdings durchaus gegönnt haben, da die Fans im gelb-roten Lager am Saisonende die erste Meisterschaft der Klubgeschichte bei einem Vorsprung von zwei Punkten auf Beerschot bejubeln konnten.

Auf dem Zenit der Karriere

In der nächsten Saison hatte der Titelverteidiger mit dem Ausgang der Meisterschaft nichts zu tun. Zu Hause leistete sich dieser drei Niederlagen, so dass man sich letztlich mit dem fünften Schlussrang begnügen musste. Das Abrutschen in der Tabelle war nicht zuletzt auf die „Ladehemmung“ von Sturmführer De Cleyn zurückzuführen, der seinen 34 Treffern aus dem Meisterjahr in der Spielzeit 1943/44 „nur“ 20 weitere folgen ließ, womit auch die Torquote des RFC von 83 auf 60 zurückging.
Nach 17 Spieltagen musste der Spielbetrieb 1944/45 wegen der Invasion der Alliierten in der Normandie sowie der Verlagerung der Kampfhandlungen in den Ardennen eingestellt werden. In sportlicher Hinsicht waren die Auswirkungen für Bert de Cleyn beträchtlich. Bis zum Abbruch der Meisterschaft hatte er schon 25 Treffer erzielt und führte damit unangefochten die Torschützenliste an. Auch die Gelb-Roten lagen an der Spitze der Tabelle und steuerten somit auf ihren zweiten Meistertitel zu, der ihnen freilich verwehrt bleiben sollte.
Zunächst, jedenfalls! Nach dem Waffenstillstand kam der RFC im Spieljahr 1945/46 von allen Vereinen nämlich am besten aus den Startlöchern. Vor allem das heimische Achter de Kazerne wurde zum Bollwerk, obwohl es wiederum drei Heimniederlagen setzte. Wenn der Ball aber erst einmal rollte, konnten die gegnerischen Abwehrreihen den Angriffsaktionen von De Cleyn & Co. oft nur bewundernd zusehen. So wurde etwa White Star Woluwe mit 8:1 überrollt. Auf Rekordsiegkurs befand sich die Mannschaft beim 10:2 gegen Lierse SK. Entscheidend an Boden auf dem Weg zur zweiten Meisterschaft gewann das Team gegen die direkten Titelrivalen. Während beim RFC Antwerpen immerhin ein 2:2-Unentschieden gelang, wurden der RSC Anderlecht (4:1) und Racing Club Brüssel (5:1) auf eigenem Platz richtiggehend demontiert. Am Ende der Saison hatte die Mannschaft dank ihrer enormen Auswärtsstärke die Konkurrenz um sechs Punkte distanziert. Das Paradestück der Gelb-Roten war wie so oft der Angriff mit 108 Toren, wobei Torjäger und Mannschaftskapitän Bert De Cleyn mit 40 Treffern eine neue vereinsinterne Rekordmarke aufgestellt hatte.
Nach dem erfolgreichsten Jahr seiner Karriere reichte es für den frischgebackenen Nationalspieler, der nie unter Profibedingungen spielte, in der Saison 1946/47 immerhin wieder zum dritten Rang, wobei der Rückstand auf den neuen Champion – dieser hieß erstmals RSC Anderlecht – fünf Zähler betrug. Die Sturmformation um den 31-fachen teaminternen Toptorjäger Albert de Cleyn war vor allem in den Partien gegen White Star Woluwe (9:2), SK Sint Niklaas (6:0) sowie bei den vier 5:0-Siegen, die die Fans im Saisonverlauf feiern durften, zur Hochform aufgelaufen.

Seinen persönlichen Torerekord in einem einzigen Spiel stellte Albert de Cleyn am 22. Juni 1941 auf, als er beim 7:0-Kantersieg über Racing Club Brüssel sämtliche Treffer für seine Mannschaft erzielen konnte. In dieser Szene kann der Brüsseler Keeper einen weiteren erfolgversprechenden Schussversuch De Cleyns gerade noch abblocken.

Bild oben: Die Haupttribüne des Stadions „Achter de Kazerne“, wo der KV Mechelen seit seiner Gründung im Jahr 1904 traditionell seine Heimspiele austrägt. Das untere Bild aus der Saison 1946/47 zeigt, dass sich das Stadion tatsächlich einmal „hinter der Kaserne“ befand. Die Mauer jenseits der Hintertortribüne begrenzt den örtlichen Kasernenhof, derweil die in der Stadt stationierten Soldaten das Ligaspiel zwischen den Gelb-Roten und dem angehenden Meister RSC Anderlecht interessiert verfolgen.

Vom Mittelstürmer zum Strategen

Noch war der heutige Rekordchampion RSC Anderlecht nicht so gefestigt wie in späteren Jahren, weshalb die Meisterwürde 1947/48 wieder auf den RFC übergehen konnte.

Am torhungrigsten zeigte sich die Mannschaft in ihren Auswärtsspielen gegen die beiden Abstiegskandidaten RSC Charleroi (6:1) und Uccle Sport Brüssel (7:3), so dass diese in der Endabrechnung mit einem klaren Fünf-Punkte-Vorsprung ihren dritten Titel erkämpfte. Bemerkenswert war dabei eine zwischenzeitliche Serie von 17 Spielen ohne Niederlage, welche der RFC den Klasseleistungen von Bert De Cleyn, Rik Coppens und Victor „Torreke" Lembrechts zu verdanken hatte. Spielführer De Cleyn hatte mit 19 Toren in 29 Spielen abermals eine gute Leistung geboten. Dennoch offenbarten die Auftritte des mittlerweile 30-Jährigen konditionelle Schwächen, die in den nächsten Jahren noch deutlicher zutage treten sollten.

Schon in der Saison 1948/49 verfehlte der Goalgetter mit neun Toren in 24 Meisterschaftsspielen deutlich die herausragenden Trefferquoten seiner Glanzzeit. Auch seine Nebenleute vermochten De Cleyns fehlende Spritzigkeit vor dem gegnerischen Tor nicht wirklich zu kompensieren, was in der Endabrechnung einen mäßigen siebten Platz zur Folge hatte. In den kommenden Jahren wurde dann endgültig klar, dass die erste Spitzenmannschaft der Vereinsgeschichte ihren Zenit überschritten hatte. Zwar landeten die Gelb-Roten in der Spielzeit 1949/50 mit 36:24 Zählern immerhin wieder auf dem fünften Rang. Albert de Cleyn war mit 15 Toren jedoch erneut nur ein Schatten seiner selbst. In der Saison 1950/51 reichte es für den dreifachen Meister dann sogar nur zum zehnten Rang, womit zeitweise der Abstieg gedroht hatte.

Dass es dennoch nicht zum Äußersten kam, lag auch an Albert de Cleyn, der mit seinen 33 Lenzen zwar nicht mehr über die Torgefahr vergangener Tage verfügte. Mit seiner Erfahrung verlieh er der Mannschaft aber dennoch die notwendige Stabilität, so dass diese noch den Kopf aus der Schlinge ziehen konnte. Wie viele ehemalige Torjäger schlüpfte auch De Cleyn im Herbst seiner Karriere in die Rolle des Strategen, was vor allem deshalb möglich war, weil er nach wie vor über eine bemerkenswerte Fitness verfügte. Nachdem er schon in der Saison 1949/50 sämtliche 30 Partien bestritten hatte, war dies auch jetzt wieder der Fall, wobei De Cleyn angesichts von zwölf Torerfolgen zumindest andeuten konnte, einmal ein gelernter Torjäger gewesen zu sein.

Auch in den kommenden zwei Spielzeiten gönnte sich der Toptorjäger der belgischen Liga nur wenige Pausen. In der Saison 1951/52, welche die Gelb-Roten als Fünfte beendeten, bestritt De Cleyn 26 Spiele und erzielte dabei erneut zwölf Tore, während er 1952/53 im Alter von 35 Jahren nochmals alle 30 Saisonspiele absolvierte, um für den Ligasechsten 15-mal einzunetzen. Erst in den letzten beiden Jahren seiner großartigen Laufbahn wurde Albert de Cleyn zunehmend verletzungsanfälliger. Nachdem er schon 1953/54 beim überraschenden Gewinn der Vizemeisterschaft nur noch 14-mal mitgewirkt hatte, gab er nach den letzten sechs Einsätzen in der Saison 1954/55 im Alter von 37 Jahren sein Karriereende bekannt.

Dafür, dass der Name De Cleyn in Mechelen nicht in Vergessenheit geraten sollte, sorgte Alberts Sohn Willy, der allerdings nicht annähernd über das Talent des Vaters verfügte und es nur auf wenige Erst- und Zweitligaeinsätze brachte. Bereits ein Jahr nach dem Karriereende Albert de Cleyns war der KV Mechelen aus dem belgischen Oberhaus abgestiegen. Nach der ersten Erfolgsära wurde es lange still um den Provinzklub, ehe in den späten achtziger Jahren eine neue Generation Geschichte schrieb. Zwei Jahre nach dem legendären Europacuptriumph über Ajax Amsterdam verstarb Albert de Cleyn am 13. September 1990 im Alter von 72 Jahren.

► ZAHLEN UND FAKTEN

Vereine: 1933-1955 KV Mechelen

Tore: 525 belgische Ligaspiele (425 Tore)
38 Spiele Kriegsmeisterschaft (35 Tore)
12 Länderspiele (9 Tore)
gesamt 575 Pflichtspiele (469 Tore)

Erfolge: Belgischer Meister 1943, 1946, 1948

Belgischer Torschützenkönig 1940/41, 1941/42, 1945/46

In der Nationalmannschaft:

Gemessen an seinen starken Leistungen im Verein hätte Albert de Cleyn auf deutlich mehr als nur zwölf Länderspieleinsätze kommen müssen. Kriegsbedingt bestritt Belgien zwischen 1940 und 1945 jedoch nur vier Spiele, was die wenigen Berufungen erklärt. Sein Debüt feierte De Cleyn als 29-Jähriger am 19. Januar 1946 im Wembley-Stadion gegen England, das mit einer 0:2-Niederlage gegen das Mutterland endete. Rund einen Monat später hatte er im Heimspiel gegen Luxemburg seinen stärksten Auftritt, indem er zum 7:0-Sieg fünf Treffer beisteuerte. Zwei weitere folgten beim 3:6 in den Niederlanden am 12. Mai 1946, womit er die stärkste Saison seiner Karriere, in der er bereits Meister und überlegener Torschützenkönig geworden war, standesgemäß krönte. Bis zu seinem letzten Länderspiel am 28. April 1948 im Glasgower Hampden Park gegen Schottland (0:2) war De Cleyn noch zweimal als Torschütze erfolgreich: Zunächst erzielte er am 1. Juni 1947 beim 2:4 gegen Frankreich einen Treffer, um am 21. September 1947 im Heimspiel gegen England (2:5) sein siebtes und letztes Länderspieltor zu feiern.

Saison	Lsp.		Liga		Regional*	
	Sp.	T.	Sp.	T.	Sp.	T.
1932/33			2	2		
1933/34			26	22		
1934/35			24	27		
1935/36			25	14		
1936/37			16	16		
1937/38			25	23		
1938/39			27	24		
1939/40			5	7	16	13
1940/41			12	19	22	22
1941/42			25	34		
1942/43			30	34		
1943/44			30	20		
1944/45			17	25		
1945/46	5	7	36	40		
1946/47	4	1	36	31		
1947/48	3	1	29	19		
1948/49			24	9		
1949/50			30	15		
1950/51			30	12		
1951/52			26	12		
1952/53			30	15		
1953/54			14	3		
1954/55			6	2		

* In den Spielzeiten 1939/40 und 1940/41 wurde die Meisterschaft kriegsbedingt abgebrochen und durch regionale Runden ersetzt

Robert Dienst
Rekordtorschütze von Hütteldorf

Am 1. März 1928 erblickte Robert Dienst in der Deublergasse im nördlichsten Wiener Gemeindebezirk Floridsdorf das Licht der Welt. Ganz in der Nähe der elterlichen Wohnung befand sich das Stadion des renommierten Floridsdorfer AC, gegen dessen offizielles Nachwuchsteam im Jahr 1942 eine zusammengewürfelte „Gassenmannschaft" aus dem Stadtviertel antrat, der auch der 14-jährige Robert Dienst angehörte. Die „Etablierten" des FAC hatten sich nach 90 Minuten bis auf die Knochen blamiert und waren mit 0:6 vom Platz gefegt worden, was den Vorstand veranlasste, die siegreichen Straßenfußballer ohne Ausnahme in den FAC aufzunehmen; womit Robert Dienst fortan für die Blau-Weißen auf Torejagd gehen sollte. Damit war gleichsam eine Entscheidung gegen Lokalrivale Admira gefallen, der genau wie der FAC in Floridsdorf – genauer gesagt im Bezirksteil Jedlesee – beheimatet ist.

Schon im kommenden Jahr gab Robert Dienst in einem Spiel gegen Rapid als Mittelläufer seinen Einstand in der Kampfmannschaft, die die Saison 1943/44 hinter der First Vienna als Vizemeister der Gauliga Ostmark abschloss. In der Spielzeit 1944/45 musste der Ligabetrieb dann kriegsbedingt nach etwas mehr als der Hälfte der Saison abgebrochen werden, wobei die Elf von der Galvanigasse zum Zeitpunkt des Abbruchs bei lediglich drei Zählern Rückstand auf Tabellenführer Rapid auf dem vierten Platz rangierte. Da der junge Robert Dienst wie erwähnt noch nicht im Angriff, sondern in der Läuferreihe zum Einsatz kam, konnte er noch nicht die Torgefahr späterer Jahre versprühen. Gleichwohl vermochte er von Anfang an zu überzeugen. Das erste offizielle Tor seiner Karriere erzielte er am 24. September 1944. An jenem Sonntag rang der FAC im eigenen Stadion den FC Wien vor 8.000 Fans in der Gauliga mit 1:0 nieder, wobei der Treffer des Tages durch den späteren Nationalspieler bereits in der dritten Minute gefallen war. Im nächsten Spiel feierte Floridsdorf ein 3:1 über Rapid Oberlaa, an dem Dienst als zweifacher Torschütze erneut entscheidenden Anteil hatte.

Gehörten die Blau-Weißen in den letzten Kriegsjahren noch zu den Spitzenmannschaften der ostmärkischen Gauliga, wurden sie nach Wiedereinführung der Wiener Liga im Klassement sukzessive nach unten durchgereicht. Nachdem sie 1946/47 immerhin noch Fünfte geworden waren, mussten sie im kommenden Spieljahr bis zum Schluss um den Ligaverbleib zittern. Beim Abstiegskandidaten aus dem 21. Wiener Gemeindebezirk war Robert Dienst zumeist mit Defensivaufgaben betraut, weshalb er bis zu seinem Weggang 1948 nur noch zwei weitere Treffer in der Liga erzielen konnte. Den letzten davon in der drittletzten Runde der Saison 1947/48: Im vorentscheidenden Spiel im Kampf um dem Ligaverblieb musste der FAC beim Tabellenschlusslicht Wiener AC antreten, das unbedingt einen Sieg brauchte. Nachdem der WAC aber bereits in der siebten Minute durch Kandler in Führung gegangen war, standen Dienst & Co. so richtig unter Druck. Jetzt riss der Mittelläufer das Ruder an sich und sorgte nur vier Minuten später für den Ausgleich, ehe in der Schlussphase sogar noch der wichtige Siegtreffer durch Franek fiel. Nach 18 Runden stand der Klassenerhalt als Vorletzter fest, wobei die Zahl von nur neun Punkten doch arg enttäuschte. Der Verein hatte angesichts derart schlechter Resultate keine Argumente mehr, um seine stärksten Spieler zum Bleiben zu bewegen.

Rapid-Torschütze vom Dienst

Als Robert Dienst im Sommer 1948 ein Angebot von Rapid unterbreitet bekam, nutzte der 20-Jährige die Gunst der Stunde und heuerte für eine Ablösesumme von 30.000 Schilling bei den Hütteldorfern an, wo er bis 1962 unter Vertrag stand. In 14 Spielzeiten avancierte der Stürmer mit 307 Toren in nur 284 Spielen zum besten Liga-Torschützen der Vereinsgeschichte und stellte damit sogar den legendären „Bimbo" Binder, mit dem er selbst noch in seiner ersten Saison auf der Pfarrwiese zusammengespielt hatte, in den Schatten. Als Sektionsleiter hatte Binder auch dafür gesorgt, dass Dienst nicht zur Admira gegangen war, die sich ebenfalls um ihn bemüht hatte. Dabei hatte Dienst schon einen Vorvertrag bei den Jedleseern unterschrieben, nachdem diese ihm sogar einen Arbeitsplatz in Aussicht gestellt hatten. Bis der Vereinswechsel unter Dach und Fach war, setzte ein regelrechtes Katz- und Mausspiel ein. Damit die Admira nur ja keinen weiteren Kontakt mit seinem Wunschspieler aufnehmen konnte, versteckte Binder Robert Dienst eine Woche lang in Gmunden, ehe er den Wechsel als perfekt vermeldete.

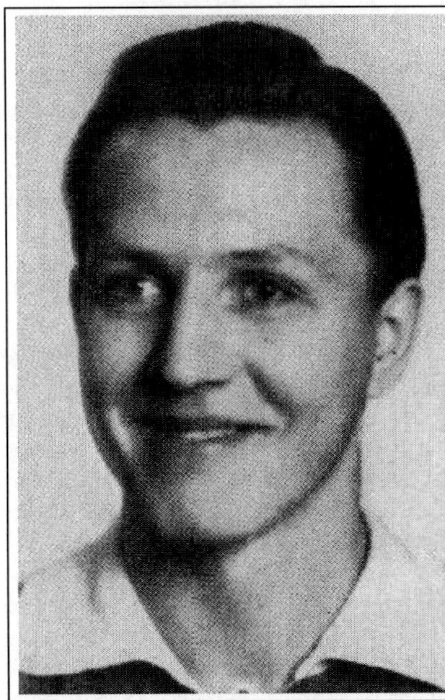

*Robert Dienst (*1. März 1928, †13. Juni 2000) hatte im Trikot von Rapid Wien fast immer gut lachen. In 284 Einsätzen in der Liga erzielte er 307 Tore, mit denen er Franz Binder als besten Torjäger von Hütteldorf verdrängte. Für Österreich bestritt der WM-Dritte von 1954 insgesamt 27 Länderspiele und kam dabei auf zwölf Tore.*

Gleich nach seinem Wechsel an die Pfarrwiese wurde Dienst von Rapid-Trainer Hans Pesser zum Stürmer umfunktioniert. Da er in der Spielzeit 1948/49 noch mit Binder konkurrieren musste, war er zumeist nur Ersatz. Mit zwölf Treffern in nur acht Einsätzen konnte der Neuzugang indes andeuten, was in ihm steckte. Die ersten beiden Tore im grün-weißen Rapid-Leiberl gingen ausgerechnet in der Partie bei seinem Ex-Klub Floridsdorfer AC auf sein Konto. Vor 6.500 Zuschauern wurde der FAC locker mit 8:2 abgefertigt, wobei Robert Dienst an jenem 13. März 1949 in der 16. und 60. Minute erfolgreich war. Während Floridsdorf als Achter wieder im Tabellenkeller feststeckte, konnte sich Dienst bei seinem neuen Klub gleich über die Vizemeisterschaft freuen.

In der Spielzeit 1949/50 steuerte Robert Dienst zur erneuten Vizemeisterschaft 19 Treffer in 20 Einsätzen bei, mit denen er nach dem Rückzug Binders erstmals die teaminterne Torjägerliste anführte. Gleich zum Saisonstart zeigte sich der neue Sturmführer der Grün-Weißen auf der Höhe. Vor eigenem Publikum tat sich die Mannschaft gegen Aufsteiger SK Slovan beim Stand von 2:2 lange schwer, ehe Dienst explodierte und mit einem Doppelschlag in der 60. und 67. Minute doch noch den erwartet klaren Auftaktsieg – am Ende hieß es 5:2 – einleitete. Der Youngster sorgte indes nicht nur für positive Schlagzeilen: In einem turbulenten Derby gegen die Austria (4:4) hatte er am 23. Oktober zwar abermals als zweifacher Torschütze geglänzt. Dafür war er nach einem Foulspiel vom Platz gestellt und danach für ein Spiel gesperrt worden.

► **EINWURF**
Noch heute ist Robert Dienst mit seinen 307 Ligatreffern Rekordtorschütze von Rapid und stellt damit Franz Binder und Hans Krankl in den Schatten, die je 267-mal für die Hütteldorfer erfolgreich waren. Die insgesamt 316 Tore bedeuteten überdies lange Zeit auch die Rekordmarke in der ersten österreichischen Liga. Doch hat sich mittlerweile Hans Krankl als 320-facher Torschütze an die Spitze gesetzt.

Der endgültige Durchbruch sollte Robert Dienst dann in der Spielzeit 1950/51 gelingen. In jenem Jahr erlebten die österreichischen Fans eine unglaubliche Torflut. Während Vizemeister SC Wacker exakt 100-mal ins Schwarze traf, glänzten die Grün-Weißen beim 17. Meistertitel ihrer Vereinsgeschichte mit sagenhaften 133 Treffern. Einen sensationellen Lauf hatte auch Torschützenkönig Robert Dienst, auf dessen Konto 37 Treffer in 23 Spielen gingen. Eine derartige Quote konnte er im Verlauf seiner Karriere nie wieder erreichen. Nachdem sich der Mittelstürmer beim 11:2-Auftaktsieg über den Linzer ASK noch mit einem einzigen Treffer zufrieden gegeben hatte, kam er in den kommenden Wochen immer besser in Form. Seinen ersten Sahnetag erwischte er am 17. September 1950 gegen die Austria, als er mit einem Doppelpack ein furioses 7:5 besiegelte. Erfolge gegen die Violetten waren für die Rapid-Anhänger eben schon immer etwas Besonderes. So gesehen gingen seine drei Torerfolge beim 12:1-Scheibenschießen gegen Sturm Graz eine Woche später fast ein wenig unter. Umso mehr lagen die Fans in Hütteldorf ihrem „Torschützen vom Dienst" am 1. Oktober 1950 zu Füßen, als die First Vienna im Praterstadion mit 9:0 abgeschossen wurde und der kommende Torschützenkönig gleich viermal eingenetzt hatte. Mit den Döblingern hatte man ohnehin noch eine Rechnung offen gehabt, nachdem diese Rapid in der Saison 1943/44 eine böse 2:10-Schmach zugefügt hatten. Spätestens jetzt war Robert Dienst der „Liebling von Hütteldorf", eine Rolle, die er mit einem weiteren Viererpack gegen den Floridsdorfer AC (5:2) sowie jeweils drei Treffern in den Partien gegen den Sportclub (6:3) und beim Saisonfinale gegen den 1. SC Wiener Neustadt (7:1) untermauerte.

Weltklassetor gegen gefürchtete Gunners

Nicht wenige Experten bescheinigten den Hütteldorfern, dass sie in jener Saison die beste Mannschaft auf dem Kontinent gestellt hatten. Besonders die Sturmformation war hochgeachtet. Neben Robert Dienst gehörten der Rapid-Angriffsreihe außerdem noch Erich Probst, Johann Riegler und die beiden Körner-Brüder – Robert (Körner I) und Alfred (Körner II) – an. Hansi Riegler sollte 1958 übrigens Schlagzeilen schreiben, indem er als erster Spieler überhaupt direkt von Rapid zur Austria wechselte. Doch zurück ins Jahr 1951. Leider sollte die Premiere im Europacup erst in der Saison 1955/56 steigen, so dass die Rapidler ihre internationale Klasse seinerzeit nur im Zentropa-Cup unter Beweis stellen konnten, der just in diesem Jahr von den Initiatoren des Mitropa-Pokals als dessen Nachfolgewettbewerb ins Leben gerufen worden war. Nachdem die Hütteldorfer im Halbfinale die Elf von Lazio Rom mit 5:0 überrollt hatten, konnten sie im Endspiel auch Stadtrivale SC Wacker mit 3:2 bezwingen. Während Diensts Sturmpartner Erich Probst in beiden Partien viermal getroffen hatte, konnte er selbst allerdings keinen Treffer erzielen.

Durch einen 3:2-Erfolg am 3. Juli 1951 im Endspiel über den SC Wacker gewann Rapid mit seinem Mittelstürmer Robert Dienst den Zentropa-Cup. Das Foto zeigt, wie Rapid-Kapitän „Poldl" Gernhardt von Bundesminister Dr. Felix Hurdes die begehrte Trophäe in Empfang nimmt. Da zu Saisonbeginn Gerhard Hanappi unter denkwürdigen Umständen von Wacker zu Rapid gewechselt war, war das Finale von großer Emotionalität geprägt gewesen.

Eine der stärksten Partien im Rapid-Dress bestritt Robert Dienst am 24. Mai 1953 gegen Arsenal. Dabei waren die Vorzeichen vor dem Duell mit den Londoner Gunners alles andere als gut. Schließlich lagen die Hütteldorfer in der laufenden Saison in der Meisterschaft nur auf Rang drei und hatten die angepeilte Titelverteidigung längst verpasst, weshalb die Auguren den Verein in der Krise wähnten. Die Klubführung reagierte und ersetzte Trainer Pesser durch die einstige Stürmer-Legende Pepi Uridil. Unter dessen Führung begab sich die Mannschaft auf eine Frühjahrstournee, um vier Spiele gegen internationale Gegner zu bestreiten. Wegen ihrer schlechten Leistungen in der Liga galten die Grün-Weißen vor dem Anpfiff der Partie im Jan-Breydel-Stadion von Brügge als krasse Außenseiter. Während die Experten von den Fähigkeiten der Gunners schwärmten, dachte Trainer Uridil anders: „Burschen, braucht's ka Angst ham, i hab' denen zuagschaut beim Gaberln, de ham ka Gfühl. Flach spieln und schiaßen – de haut's eini!" Und tatsächlich behielt Josef Uridil mit seiner Einschätzung recht. Seine Mannschaft spielte wie aufgezogen und fegte die Engländer mit 6:1 aus dem Stadion. Zwei Treffer waren dabei auch auf das Konto von Mittelstürmer Robert Dienst gegangen. Beim ersten in der 44. Minute brauchte er nur den Fuß hinzuhalten, um einen „Stangerlpass" (so wird in Österreich eine scharfe Hereingabe, parallel zur Torlinie, bezeichnet) von Robert Körner über die Linie zu drücken. Sein zweiter Treffer nach 63 Minuten, ebenfalls nach Körner-Vorlage, wird in den Chroniken hingegen als „Weltklassetor" bezeichnet, mit dem der „Torschütze vom Dienst" einmal mehr seine Ausnahmequalitäten unter Beweis gestellt hatte.

Titel am laufenden Band

Auf nationaler Ebene eilte Robert Dienst mit seinem Klub von Erfolg zu Erfolg. In den zwölf Spielzeiten zwischen 1948/49 und 1959/60 war er am Saisonende nie schlechter als auf Rang drei klassiert, wobei nach dem ersten Titel-

gewinn von 1951 noch fünf weitere Meisterschaften heraussprangen. Allerdings konnte er nur noch zweimal die Torjägerkrone der österreichischen Staatsliga erobern, was an starken Konkurrenten wie dem Austrianer Ernst Stojaspal lag. Nur noch in den Meisterjahren 1954 und 1957 führte Robert Dienst mit 25 bzw. 32 Saisontreffern die österreichische Torschützenliste an. Hingegen reichten jeweils 29 Tore in den Spielzeiten 1952/53 und 1954/55 sowie 30 Treffer in der Saison 1957/58 für den besten österreichischen Ligatorschützen der fünfziger Jahre nicht zum Gewinn der Torjägerkanone.
Obwohl die Hütteldorfer 1951/52 bei ihrer erfolgreichen Titelverteidigung mit 107 Treffern erneut die 100-Tore-Marke knackten, blieb Robert Dienst mit „nur“ 18 Saisontreffern hinter den Erwartungen zurück, womit sich seine Torquote gegenüber dem Vorjahr mehr als halbiert hatte. Zum Glück jedoch war der Rapid-Sturm „breit aufgestellt“, so dass Erich Probst mit 28 Toren als teaminterner Toptorjäger in die Bresche sprang, derweil auch Allrounder Gerhard Hanappi 15-mal erfolgreich gewesen war. Besser als sämtliche Rapidler war indes Ernst Stojaspal von Vizemeister Austria, der mit 31 Treffern bereits zum vierten Mal zum Toptorjäger der österreichischen Staatsliga avanciert war.

In der Saison 1953/54 gewann Rapid Wien mit dem vielleicht am besten besetzten Kader der gesamten Vereinsgeschichte die Meisterschaft. Für Rekordtorjäger Robert Dienst, der mit 25 Saisontreffern auch Torschützenkönig wurde, war es bereits der dritte in seiner Laufbahn. Hinten von links: Masseur Ulrich, Happel, Körner I, Dienst, Merkel, Gießer, Riegler, Kapitän Gernhardt. Mitte von links: Kaffka, Golobic, Körner II, Trainer Uridil, Hanappi, Probst, Halla. Vorne liegend von links: die beiden Torsteher Zeman und Pflug.

Auch im kommenden Jahr konnte „Stoissi“ mit 30 Torerfolgen die Konkurrenz aus Hütteldorf distanzieren, wobei ihm Robert Dienst mit 29 Treffern am nächsten gekommen war. Aber auch die Meisterschaft sollte diesmal an die Violetten gehen. Nachdem Rapid mit 13:1 Zählern ausgezeichnet in die Saison gestartet war, hatte es in der Endabrechnung hinter der Austria und dem SC Wacker lediglich zum dritten Rang gereicht. Mit dem Rückenwind des 6:1-Erfolges über die Gunners, die die Grün-Weißen nach Aussage ihres Verteidigers Max Merkel „wie ein Hühnchen“ zerlegt hatten, startete die Mannschaft mit starken Leistungen in die Saison 1953/54, in der sie unter ihrem neuen Übungsleiter Pepi Uridil auf den Meisterthron zurückkehrte. Neben Torschützenkönig Robert Dienst (25 Tore in 26 Einsätzen) hatte auch Gerhard Hanappi zu überzeugen vermocht, nachdem der „Gschropp“ als zweitbester Rapid-Goalgetter ebenfalls stattliche 21 Treffer auf dem Konto hatte. Einmal mehr hatte sich gezeigt, dass die große Stärke der Hütteldorfer in der große Ausgeglichenheit ihrer Offensivabteilung lag, die für jeden Gegner nur schwer in den Griff zu bekommen war. Und so konnte sich selbst Toptorjäger Dienst den ein oder anderen schwächeren Tag erlauben, ohne dass die Erfolgsaussichten des Teams deswegen erheblich geschmälert wurden.
Die hervorragend besetzte Offensive war auch in der Spielzeit 1955/56 der wesentliche Grund dafür, dass Rapid nach einjähriger Pause wieder den Meisterthron bestieg. Da Gerhard Hanappi statistisch gesehen in jedem seiner 25 Ligaeinsätze für einen Torerfolg gut war, spielte es überhaupt keine Rolle, dass Mittelstürmer Robert Dienst diesmal „nur“ 17-mal ins Schwarze traf und damit teamintern fast noch von Robert Körner und Hansi Riegler eingeholt worden wäre, die jeweils 15 Saisontreffer vorweisen konnten. Noch einmal ganz groß in Fahrt kam Robert Dienst 1956/57 mit 32 Toren in nur 21 Punktspielen, womit der Torschützenkönig einen wesentlichen Beitrag zur erfolgreichen Titelverteidigung geleistet hatte. Rapid war mit einem mageren 1:1 auf der Pfarrwiese gegen den 1. Simmeringer SC gestartet und stand damit vor der Auswärtspartie bei Admira eine Woche später schon etwas unter Druck. Aber auch gegen die Jedleseer lief es zunächst überhaupt nicht nach Wunsch, da Karl Gießer nach 25 Minuten ins eigene Tor traf, nachdem der Außenläufer bereits beim Saisonauftakt gegen Simmering Rapid-Keeper Gartner mit einem Schuss, der nach hinten losging, zur Verzweiflung gebracht hatte. Nach 90 Minuten dürfte sich der Unglücksrabe umso mehr bei Robert Dienst bedankt haben, der vor 8.000 Zuschauern nicht nur zehn Minuten später den Ausgleich, sondern in der Schlussphase auch noch den 2:1-Siegtreffer erzielt hatte. Mit seinem Doppelpack hatte Dienst bewiesen, im Sturmzentrum am besten aufgehoben zu sein, nachdem ihn sein ehemaliger Mitspieler Max Merkel, der zu Saisonbeginn die Leitung des Trainings übernommen hatte, im Auftaktspiel noch als Mittelläufer aufgeboten hatte. Auf seiner Lieblingsposition trug sich Dienst auch in den kommenden vier Runden in die Torschützenliste ein, wobei er beim 6:1 über Austria Salzburg auf der Pfarrwiese sogar mit einem Dreierpack zur Stelle war. Auch wegen der ein oder anderen Blessur musste Dienst das Toreschießen zwischenzeitlich seinen Mitspielern überlassen, ehe er in der End-

phase der Saison wieder seine Bestform fand, so dass der ärgste Verfolger Vienna schließlich mit einem Zähler auf Distanz gehalten werden konnte. Vor allem zwischen der 21. und 24. Runde waren die Grün-Weißen nicht zu bremsen und fegten nacheinander den Kremser SC (12:1), Grazer AK (5:1), FC Stadlau (9:1) und Sturm Graz (5:1) vom Platz. Nachdem Robert Dienst gegen Krems mit vier Treffern zur Stelle gewesen war, traf er gegen Schlusslicht Stadlau sowie gegen GAK und Sturm jeweils dreimal ins Schwarze. Gegen Stadlau hatte Hansi Riegler gar fünfmal eingenetzt, womit auch der 25-fache Saisontorschütze seinen Teil dazu beigetragen hatte, dass die Anhänger von Meister Rapid in der Spielzeit 1956/57 abermals 100 Tore bejubeln durften.
In der nächsten Saison verpassten die Hütteldorfer die magische 100-Tore-Marke um sieben Treffer, derweil sich auch Robert Dienst trotz 30 Torerfolgen in der Torjägerliste Horak vom Sportclub geschlagen geben musste. Auch im Titelrennen hatte der WSC den Grün-Weißen das Wasser abgegraben und diese auf den zweiten Rang verwiesen. Als Vizemeister hinter dem Sportclub sollte Rapid dann auch in der Spielzeit 1958/59 die Ziellinie überqueren. Obwohl Dienst mit 28 Toren in 24 Ligaspielen erneut überzeugt hatte, war ihm abermals im Kampf um die Torjägerkrone gegen einen Konkurrenten des Sportclubs das Nachsehen geblieben, da der spätere Nationalcoach Erich Hof noch viermal öfter in die Maschen getroffen hatte. Zweitbester Goalgetter bei Rapid war übrigens Peter Reiter mit 24 Toren. Reiter war im Sommer 1958 von Vorwärts Steyr nach Wien gekommen und hatte Hansi Riegler ersetzt, der mit seinem Wechsel zur Austria für einen ungeheuerlichen Tabubruch gesorgt hatte.
Neben den sechs Meistertiteln konnte Robert Dienst mit dem Gewinn des Landespokals 1960/61 sowie dem Erreichen des Halbfinales im Europacup der Landesmeister im gleichen Jahr weitere große Erfolge auf Vereinsebene verbuchen. Im nationalen Pokalfinale gelang am 22. Juni 1961 gegen die Vienna ein 3:1-Erfolg, derweil die Grün-Weißen im Semifinale des Meistercups gegen den angehenden Sieger Benfica Lissabon (0:3, 1:1) das Aus ereilte. Der 33 Jahre alte Robert Dienst hatte inzwischen allerdings spürbar an Treffsicherheit eingebüßt. Während er im Meisterjahr 1959/60 mit 25 Toren in 25 Spielen noch einmal seine Qualitäten unter Beweis gestellt hatte, kam er in seiner letzten kompletten Rapid-Saison nur noch 13-mal zum Einsatz und erzielte dabei sechs Treffer. Während Trainer Robert Körner in der Liga lieber auf jüngere Kräfte setzte, wollte er auf internationaler Ebene nicht auf den großen Erfahrungsschatz von Robert Dienst verzichten. Der war 1960/61 in acht von neun Europacupspielen mit von der Partie und erzielte dabei drei seiner insgesamt sieben Europacuptore. Damit begann sich seine Karriere an der Pfarrwiese allerdings dem Ende entgegenzuneigen. Im Spieljahr 1961/62 absolvierte er nur noch zwei Ligaspiele und eine Europacupbegegnung, um danach seine Karriere beim SC Schwechat ausklingen zu lassen.

Erst Schwechat, dann Sektionsleiter und Trainer

Hier trat der in die Jahre gekommene Ex-Nationalspieler nur noch in der Saison 1961/62 als Torschütze in Erscheinung. Mit vier Treffern in elf Spielen trug er immerhin dazu bei, dass sich der Verein als Zehnter in der Liga halten konnte. Einen seiner ersten Einsätze im neuen Trikot hatte Robert Dienst in der zweiten Runde des Pokalwettbewerbs, wo Schwechat auf den 1. SC Wiener Neustadt traf. Nach 34 Minuten lag sein Team bereits mit 0:2 hinten, ehe Dienst in der 43. Minute den Anschlusstreffer erzielte. Nach der Pause traf er weitere zweimal, so dass er wesentlich am 4:2-Erfolg seines neuen Teams beteiligt war. Immerhin konnte der Abstiegskandidat in der Meisterschaft bis in die Vorschlussrunde vordringen, wo es gegen die Wiener Austria allerdings eine deutliche 1:5-Niederlage setzte. Im Sommer 1966 beendete Dienst im Alter von 38 Jahren nach viereinhalb Jahren im Trikot des SC Schwechat seine aktive Laufbahn.
Gleich im Anschluss kehrte er zu Rapid Wien zurück, wo er zwischen 1966 und 1969 den Posten des Sektionsleiters übernahm. Als Fußball-Abteilungsleiter war er unter Rudolf Vytlacil gleichzeitig auch in die Trainingsarbeit eingebunden. Sein Comeback bei den Grün-Weißen war sogleich von Erfolg gekrönt, da sich diese in der Saison 1966/67 den Meistertitel sicherten. Im Jahr darauf reichte es sogar zum Doublegewinn. Besonders mit ihrem 25. Meistertitel im Frühjahr 1968 hatten die Hütteldorfer Geschichte geschrieben, da sie sich damit als „kontinentaleuropäischer Rekordmeister“ fühlen durften. Mehr nationale Meistertitel – 34 an der Zahl – hatten zu diesem Zeitpunkt lediglich die Glasgow Rangers gewonnen, die als Vertreter von den Britischen Inseln freilich „außer Konkurrenz“ waren. Im Verlauf des Jahres 1969 wurde die Stelle des Sektionsleiters gestrichen und durch die des Technischen Direktors ersetzt. Die Professionalisierung der Strukturen führte dazu, dass Robert Dienst den Hütteldorfern endgültig Lebewohl sagte.
In den kommenden Jahren arbeitete er als Trainer für mehrere kleinere Vereine, darunter SC Stockerau, Kremser SC und seinen Heimatklub Floridsdorfer AC. Während der Saison 1974/75 heuerte er bei der Wiener Austria an, wobei es allerdings nur zum enttäuschenden vierten Platz reichte. Bald danach wurde es um Robert Dienst ruhiger. Der beste Liga-Torjäger der Rapid-Geschichte verstarb am 13. Juni 2000 nach längerer Krankheit in Wien. Sieben Jahre nach seinem Tod wurde im Gemeindebezirk Floridsdorf die Robert-Dienst-Gasse nach ihm benannt.

► ZAHLEN UND FAKTEN

Vereine:	1944-1948	Floridsdorfer AC
	1948-1962	Rapid Wien
	1962-1966	SV Schwechat

Tore: 349 österreichische Erstligaspiele (317 Tore)
12 österreichische Pokalsspiele* (11 Tore)
18 Europacup-Spiele (7 Tore)
10 Mitropacup-Spiele (1 Tor)
27 Länderspiele (12 Tore)
gesamt 416 Pflichtspiele* (348 Tore)
** nur bekannte Spiele*

Erfolge: Österreichischer Meister
1951, 1952, 1954, 1956, 1957, 1960
Österreichischer Pokalsieger 1961
Mitropa-Cup-Sieger 1951

Österreichischer Torschützenkönig
1950/51, 1953/54, 1956/57

In der Nationalmannschaft:

Immer wieder kann man in der Fußballgeschichte das unerklärliche Phänomen beobachten, dass Spieler, wenn sie im Nationaldress zum Einsatz kommen, im Vergleich zu ihren Klub-Auftritten kaum wiederzuerkennen sind. So sah sich Günter Netzer selbst als wesentlich besserer Vereinsspieler, der im DFB-Dress nur höchst selten zur Höchstform auflaufen konnte, während er seinen Kölner

Konkurrenten Wolfgang Overath als den „geborenen Nationalspieler“ bezeichnete, der dem Gladbacher beim DFB deshalb zumeist den Rang ablief. Noch auffälliger als bei Mittelfeldspielern fallen derartige Leistungsunterschiede natürlich bei Stürmern ins Gewicht. Und so staunte der gemeine Bayern-Fan nicht schlecht, wenn er den beim Rekordmeister nur wenig auffällig agierenden Miroslav Klose im Nationaltrikot urplötzlich einen Treffer nach dem andern erzielen sah. Gerade umgekehrt verhielt es sich bei Mario Gomez: Der Ex-Stuttgarter überzeugte nach Anlaufschwierigkeiten in seinem ersten Jahr an der Isar und sicherte sich mit 28 Saisontreffern in der Saison 2010/11 sogar die Torjägerkanone des „Kicker“. Doch immer, wenn er sich das DFB-Trikot überstreifte, wirkte er irgendwie gehemmt.
In diese Kategorie Spieler muss man auch Robert Dienst einordnen. Absolut unumstritten bei Rapid, hinkte er seiner Form in der Länderelf des ÖFB zumeist hinterher, wovon magere zwölf Tore in 27 Länderspieleinsätzen ein beredtes Zeugnis geben. Dabei ließ sich seine Nationalmannschaftskarriere durchaus vielversprechend an. Gleich in seinem ersten Spiel für Österreich – am 6. Oktober 1949 – reihte sich der damals 21-Jährige in Wien bei der knappen 3:4-Niederlage gegen Ungarn in die Torschützenliste ein. Auch danach konnte Dienst überzeugen, obwohl er nicht unbedingt zum Stammpersonal zählte. Sein nächstes Tor gelang ihm am 14. Mai 1950 bei der 5:3-Revanche gegen die Magyaren. In seinem fünften Länderspiel am 7. Mai 1952 erzielte Dienst zwei Treffer zum 6:0-Triumph über Irland in Wien, so dass er – nach einem weiteren Torerfolg bei der 2:3-Niederlage gegen England rund zwei Wochen darauf – in sechs Länderspielen schon beachtliche fünf Tore auf dem Konto hatte.

Bei der Weltmeisterschaft 1954 in der Schweiz bestritt Rapid-Mittelstürmer Robert Dienst lediglich zwei Begegnungen. Nachdem er im ersten Vorrundenspiel gegen Schottland (1:0) zum Zug gekommen war, musste er in den nächsten drei Begegnungen aussetzen, bevor er gegen Uruguay im Spiel um Platz drei (3:2) wieder eingesetzt werden sollte. Auf dem Bild kann ihn Uruguays Torhüter Maspoli gerade noch vom Leder trennen.

In seinen folgenden fünf Auftritten im ÖFB-Dress konnte er allerdings keinen weiteren Treffer erzielen. Erst im September 1953 war es wieder soweit. Österreich trat in Wien zum Hinspiel in der WM-Qualifikation gegen Portugal an, das an diesem Nachmittag ohne Chance war und von den Gastgebern gleich mit 9:1 abgewatscht wurde. Herausragender Akteur war freilich nicht Robert Dienst, der zum Kantersieg gerade einen Treffer beigesteuert hatte, sondern sein Rapid-Kollege Erich Probst, der mit fünf Torerfolgen zum Mann des Tages avanciert war.

Die große Konkurrenz im Angriff war dann auch ein wesentlicher Grund dafür, dass Robert Dienst an der WM 1954 in der Schweiz ebenfalls nicht richtig zum Zug kam. Teamchef Walter Nausch setzte den aktuellen Schützenkönig der Nationalliga zwar zunächst im ersten, mit 1:0 gegen Schottland gewonnenen Vorrundenspiel ein. Dienst vermochte jedoch nicht wirklich zu glänzen, während erneut Probst nach einer halben Stunde für das Tor des Tages verantwortlich zeichnete. Deswegen setzte Nausch im zweiten Gruppenspiel gegen die CSSR lieber auf den drei Jahre älteren Ernst Stojaspal, der seine Chance nutzte und beim 5:0-Sieg zweimal erfolgreich war. Weil darüber hinaus Probst mit einem Hattrick geglänzt hatte, musste Robert Dienst auch den 7:5-Viertelfinalerfolg über die Schweiz sowie die 1:6-Niederlage gegen Deutschland in der Vorschlussrunde von der Bank aus verfolgen. Erst im „kleinen Finale“ gegen Titelverteidiger Uruguay war der Rapid-Mittelstürmer dann wieder mit von der Partie, wobei er den 3:1-Erfolg seines Teams in der 16. Minute einleitete, als er im gegnerischen Strafraum elfmeterreif zu Fall gebracht wurde. Den fälligen Strafstoß verwandelte Stojaspal, derweil Cruz mit einem Eigentor und der überragende Ocwirk die weiteren österreichischen Tore erzielten.
Nach der WM wurde Robert Dienst noch neunmal in die Nationalelf berufen. Seine stärkste Leistung zeigte er im September 1957, als er beim 3:3-Remis in Belgrad gegen Jugoslawien zwei Tore erzielte. Auch im anschließenden WM-Qualifikationsspiel in Luxemburg konnte er 14 Tage später einen Treffer zum 3:0-Sieg beisteuern. Der Torerfolg gegen den Fußballzwerg sollte freilich Robert Diensts letzter im ÖFB-Trikot bleiben. Mitte Dezember 1957 kam der Rapidler gegen die Tschechoslowakei (2:2) letztmals zu Länderspielehren. Zwar wurde er vom Trainerduo Argauer / Molzer 1958 erneut in den WM-Kader berufen. Bei den Titelkämpfen in Schweden wartete Dienst allerdings vergeblich auf einen weiteren Einsatz.

Saison	Europacup		Liga		Pokal	
	Sp.	T.	Sp.	T.	Sp.	T.
1944/45			?	4		
1945/46			?	1	?	1
1946/47			?	0	?	0
1947/48			?	1	?	0
1948/49			8	12	2	0
1949/50			20	19		
1950/51			23	37		
1951/52			23	18		
1952/53			25	29		
1953/54			26	25		
1954/55			24	29		
1955/56	3	1	26	17		
1956/57	3	1	21	32		
1957/58	3	2	24	30		
1958/59			24	28	4	3
1959/60			25	25	4	2
1960/61	8	3	13	6	2	2
1961/62	1	0	2	0	0	0
			11	4	?	3
1962/63			?	0	?	0
1963/64			?	0	?	0
1964/65			?	0	?	0
1965/66			?	0	?	0

Alfredo di Stefano
Anfangs „blonder Pfeil", später „General"

Alfredo di Stefano war gerade einmal 16 Jahre alt, als er sich dem großen argentinischen Traditionsverein FC River Plate Buenos Aires anschloss. Der am 4. Juli 1926 geborene Sohn eines Viehzüchters italienischer Abstammung hatte in seiner Kindheit auf den Straßen des armen Stadtviertels Barracas den Umgang mit dem runden Leder erlernt und erfüllte sich mit der Unterschrift eines Profivertrages nun seinen großen Traum. Da schon sein Vater für River Plate aktiv gewesen war, war der Wechsel zu den „Millionarios" Herzenssache.

Alfredo di Stefano im Dress seines „Heimatvereins" River Plate Buenos Aires, für den er zwischen 1945 und 1949 in 66 Liga-Spielen 49 Treffer erzielen konnte.

Zur damaligen Zeit praktizierte River Plate ein hochmodernes System, das vor allem von großer Flexibilität geprägt war und in seiner Spielanlage dem holländischen Totalfußball der frühen Siebziger entsprach. Grundsätzlich mussten die Spieler ständig in Bewegung sein und außerdem auf jeder Position agieren können, was in der gegebenen Perfektion natürlich nur mit entsprechend herausragendem Personal funktionierte. Ehrfurchtsvoll wurde die Angriffsreihe mit Muñoz, Morena, Labruna, Loustau und Pedernera als „La Maquina" (Maschine) bezeichnet, bei der jedes Rad ins andere griff. Der Dichter Eduardo Galeano sah in River Plate gar „eine der besten Mannschaften in der Geschichte des Fußballs". Für Alfredo di Stefano – wegen seiner blonden Haarpracht und atemberaubenden Schnelligkeit schon bald „la saeta rubia" (der blonde Pfeil) genannt – war es damit in seiner Premierensaison schwer, im Alter von 18 Jahren in der Anfangsformation berücksichtigt zu werden. Lediglich einmal kam er im weiß-roten River-Plate-Dress zum Einsatz, weshalb er sich 1946 an Stadtrivale CA Huracan ausleihen ließ, jenen Klub, gegen den er am 15. Juli 1945 für die „Millionarios" das erstes Pflichtspiel bestritten hatte.

Bei Huracan konnte sich Di Stefano im Spieljahr 1946 frei entfalten und schaffte mit elf Treffern in 24 Einsätzen den Durchbruch. Anfang 1947 verkündete der rund siebeneinhalb Jahre ältere Adolfo Pedernera seinen Wechsel zu Atalanta, was bei River Plate eine Planstelle im Sturm freiwerden ließ. Jetzt war die Zeit für Di Stefano gekommen. Der Youngster wurde auf Anhieb zum Schrecken der gegnerischen Abwehrreihen und sicherte sich mit 27 Toren in 30 Einsätzen den Titel des Torschützenkönigs, was seinem Klub den Gewinn des Landesmeistertitels bescherte.

Im Frühjahr des kommenden Jahres durfte Alfredo di Stefano sein Können dann erstmals in einem internationalen Klubwettbewerb demonstrieren. Sieben südamerikanische Spitzenteams – zumeist die amtierenden Landesmeister – traten in Santiago de Chile zum „Campeonato Sudamericano de Campeones" an, das heute als Vorläufer der zwölf Jahre später ins Leben gerufenen Copa Libertadores gilt. Im Ligasystem trafen die Teilnehmer je einmal aufeinander, wobei das favorisierte Team von River Plate sowie CR Vasco da Gama als amtierender Staatsmeister von Rio de Janeiro den Ton angaben. Nach zwei Auftaktsiegen kassierten die „Millionarios" am 3. März 1948 allerdings eine deutliche 0:3-Klatsche gegen Nacional Montevideo, so dass sie den direkten Vergleich mit Vasco da Gama knapp zwei Wochen darauf unbedingt gewinnen mussten. Im Nationalstadion von Chile erlebten 52.000 Zuschauer eine verbissen geführte Partie, bei der mit Vascos Chico und River-Plate-Läufer Osvaldo Mendez in der zweiten Hälfte zwei Spieler vom Platz gestellt wurden. Ein Tor war nach 90 Minuten jedoch nicht gefallen, womit der Titel an die Brasilianer fiel. Alfredo di Stefano hatte sämtliche sechs Turnierspiele bestritten und dabei vier Treffer erzielt.

Im „El Dorado" des Fußballs

Kurz nach dem Zweiten Weltkrieg wollten in Kolumbien findige Geschäftsleute vom aufkeimenden Fußballboom in dem südamerikanischen Land profitieren, indem sie quasi am kolumbianischen Landesverband vorbei eine Profiliga ins Leben riefen. Die „Dimayor" ging 1948 mit zehn Klubs an den Start und wurde vom Publikum derart gut angenommen, dass man für die zweite Auflage bereits an eine Expansion dachte. Man lockte zahlreiche ausländische Stars (vor allem aus Argentinien und Uruguay) an, die die Spielzeit 1949 für die Fans zu einem echten Spektakel machten. Vor allem erfreuten sich diese an den Auftritten der Millionarios aus Bogota, in deren Reihen u.a. auch Alfredo di Stefano brillierte. Der Aufbau der „Liga Mayor de Futbol" (so der volle Name der „Dimayor") profitierte davon, dass in Argentinien die Profis im Herbst 1948 in den Streik getreten waren und bessere Arbeitsbedingungen forderten. Auch das Transfersystem sollte zugunsten der Spieler neu geregelt werden. Den Anfang machte Adolfo Pedernera, der als erster Ausländer einen Vertrag in Kolumbien unterschrieb. So kam es, dass Di Stefano und Pedernera doch noch in einer Mannschaft kickten, nachdem für den „blonden Pfeil" an Pederneras Seite bei

Zauberten bei den legendären Millionarios: Nestor Rossi, Alfredo di Stefano und Adolfo Pedernera (von links).

River Plate zunächst kein Platz gewesen war. Anfangs ärgerte man sich beim nationalen Verband „Adefutbol" vor allem darüber, dass sich die Dimayor nicht um die Transferregelungen der FIFA scherte, ehe es im Verlauf des Jahres 1949 zum Eklat kam. Da die Dimayor die Ansicht vertrat, die Spieler seien allein Angestellte ihrer Klubs, verweigerte sie die Freigabe für die anstehende Copa America in Brasilien, was nun auch die kontinentale CONMEBOL auf den Plan rief. Diese hielt sich für besonders pfiffig, als sie die Dimayor sowohl aus dem kolumbianischen wie dem südamerikanischen Verband ausschloss. Für die Dimayor entpuppte sich der Ausschluss jedoch als wahrer Glücksfall, da man jetzt frei von allen Verbandsstatuten wirtschaften konnte. Vielsagend sprach man von einem „El Dorado" für ausländische Fußballer, die nun sogar aus England nach Südamerika wechselten. Zeitweise wurde sogar die Gründung eines alternativen Weltverbandes diskutiert, nachdem sich auch in anderen südamerikanischen Ländern wie Bolivien eigenständige Profiligen von den nationalen Verbänden abgekoppelt hatten. Nur, weil den Dimayor-Funktionären schließlich etwas der Atem ausging, konnte die FIFA eine Sezession mit letzter Kraft verhindern und die alte Ordnung wiederherstellen, indem sie die abtrünnigen Klubs zur Rückkehr in den kolumbianischen Verband zwang.

► EINWURF

Mit der „Pequeña Copa del Mundo" wurde von 1952 bis 1957 in Venezuela eine Art Vereinsweltmeisterschaft ausgetragen, an der sich je zur Hälfte Teams aus Südamerika und Europa beteiligten. Es war der für damalige Zeiten alles andere als übliche interkontinentale Spielverkehr, der Real Madrids Präsident Santiago Bernabeu auf Alfredo di Stefano aufmerksam werden ließ. Als Real bei der ersten Auflage der Mini-WM am 27. Juli 1952 auf die Millionarios traf, war es der „blonde Pfeil", der seine Farben nach 64 Minuten in Führung brachte. Obwohl die Königlichen noch ausglichen und das Turnier letztlich auch für sich entschieden, war das Interesse an „Don Alfredo" geweckt. Ohne die Beteiligung Reals konnten die Millionarios im Jahr darauf den Sieg davontragen. Auch für Alfredo di Stefano war die Teilnahme ein voller Erfolg, da er sie als bester Turniertorschütze abschloss. Beim 4:0 über Rapid Wien erzielte er im letzten Auftritt für die Millionarios vor seinem Wechsel nach Europa zwei Tore. Noch einmal konnte der „General" die Mini-WM als Sieger verlassen: 1956 – diesmal allerdings im Dress seines neuen Vereins Real Madrid.

Gleich die erste Spielzeit, in der Alfredo di Stefano auf 16 Treffer in 15 Einsätzen kam, endete mit dem Meistertitel, dem zwei weitere folgten (1951 und 1952). Zudem konnte Di Stefano 1952/53 den Sieg in der Copa Colombia feiern sowie in den beiden Meisterjahren den Gewinn der nationalen Torjägerkrone. Der Regisseur mit der eingebauten Treffergarantie bestritt in der Dimayor 102 Spiele, in denen er 90-mal ins Schwarze traf.

Der Wechsel zu Real Madrid

Wenn im heutigen Profifußball bei Transfergeschäften mal wieder utopisch erscheinende Summen aufgerufen werden, haben es die meisten Anhänger längst aufgegeben, sich darüber ernsthaft zu echauffieren. Gegenwärtig erscheint es geradezu als normal, wenn selbst für mittelmäßige Balltreter zweistellige Millionenbeträge aufgerufen werden. Zu den ersten, die dem Transferwahnsinn den Weg bereitet haben, zählt ausgerechnet Alfredo di Stefano. Schon zu seiner Zeit in Südamerika hatte er für zwei Vereine gekickt, bei denen Geld offenbar keine Rolle spielte. Es kommt nicht von ungefähr, dass diese als „Millionarios" firmierten. Während jene aus Bogota die Bezeichnung sogar offiziell im Namen führten, wurde River Plate so genannt, weil der Klub aus der argentinischen Hauptstadt schon in den dreißiger Jahren bekannt für kostspielige Transfergeschäfte war, die teilweise in purem Gold abgewickelt wurden.

Zu Beginn der fünfziger Jahre wurde im spanischen Fußball die dominierende Mannschaft von Atlético Madrid gestellt. Die „Colchoneros" besaßen in dem Marokkaner Larbi Ben Barek einen spielstarken Regisseur, der sein Team 1950 und 1951 zu zwei Landesmeisterschaften führte. Die erfolgsverwöhnten Topklubs Real Madrid und FC Barcelona fürchteten ob der Dominanz der Rot-Weißen um ihre Vormachtstellung, weshalb sie die Fühler nach Neuzugängen ausstreckten, für die sie gutes Geld zu zahlen bereit waren. Während sich für Barca vor allem Trainer Josep Samitier auf dem Transfermarkt umsah, wurde dieser Part bei Real Madrid von Präsident Santiago Bernabeu übernommen. Die erste Runde war dabei eindeutig an die Katalanen gegangen: Josep Samitier hatte seinen Einfluss bei Diktator Francisco Franco geltend gemacht, als er 1950 den Exil-Ungarn Ladislao Kubala unter Vertrag nahm, für den sich ursprünglich auch Real interessiert hatte. Dank Kubala holte Barca den Rückstand zu Atlético schnell auf und feierte 1951/52 einen denkwürdigen Erfolg, als die Mannschaft alle fünf möglichen Titel innerhalb einer einzigen Saison gewann. Damit war Hauptstadtklub Real Madrid gehörig ins Hintertreffen geraten, was trotz aller Sympathien Francos für den Barca-Trainer nicht im Sinne der faschistischen Machthaber sein konnte. Die Angst vor einer zu großen Dominanz eines Vereins aus der „Provinz" war einfach zu groß.

Schon 1952 war Real-Präsident Santiago Bernabeu bei einem Südamerika-Trip auf den in Bogota spielenden Di Stefano aufmerksam geworden, der wenig später auch mit seinen Millionarios im Estadio Chamartin gastierte, als die zu einem Freundschaftsspiel aus Anlass des 50-jährigen Gründungsjubiläums von Real nach Europa gereist waren. Bernabeu zeigte sich derart von den Fähigkeiten des „blonden Pfeils" angetan, dass er ihn unbedingt in die spanische Kapitale lotsen wollte. Doch auch in Barcelona träumte man davon, sein Team mit dem gebürtigen Argentinier weiter zu verstärken. Es entwickelte sich ein regelrechtes Wettrüsten, bei dem die Katalanen ursprünglich die Nase vorn zu haben schienen. Umgerechnet 350.000 D-Mark hatten sie für ihren Wunschspieler an River Plate überwiesen, das immer noch die Transferrechte hielt. Also reiste Di Stefano nach Barcelona, um dort die ersten Testspiele zu absolvieren. Quasi zeitgleich war er aber auch eine Verpflichtung mit Real Madrid eingegangen. Die Madrilenen wollten zwar nur 300.000 D-Mark an River Plate überweisen, hatten Di Stefano aber schon ein Handgeld von 200.000 D-Mark zukommen lassen. Die Angelegenheit wurde schließlich immer undurchsichtiger, als Barcelona mit Joan Busquets einen Unterhändler einschaltete, dessen Rolle bis heute nicht ganz geklärt ist. Busquets war im Vorstand von CF Santa Fe tätig und damit just bei einem Ligarivalen River Plates, weshalb gemunkelt wurde, Busquets habe das schon abgewickelte Transfergeschäft absichtlich sabotiert. Selbst die Einflussnahme von Diktator Franco ist nicht ausgeschlossen. Als der Zoff zwischen Real und Barca immer größer wurde, soll der höchstpersönlich den Vorschlag gemacht haben, Alfredo di

Stefano möge doch abwechselnd je eine Saison für Real und Barca spielen. Dass die Zentralmacht ihre Hände im Spiel hatte, erscheint zumindest nicht ausgeschlossen, da der damalige Vorsitzende des spanischen Fußballverbandes, Sancho Davila, ein Neffe des ehemaligen Militärdiktators Primo de Rivera war, dessen Herrschaft als Vorläufer des Franco-Regimes gesehen werden kann.
Im Endeffekt war es jedoch Alfredo di Stefano selbst, der sich für Real und gegen Barca entschieden hat. Auf „Weisung“ Santiago Bernabeus spielte er in einigen vorsaisonalen Freundschaftsspielen derart schwach, dass die Verantwortlichen des FC Barcelona das Interesse an dem vermeintlichen südamerikanischen Ballzauberer verloren und freiwillig – gegen eine Abstandszahlung in Höhe von rund 300.000 D-Mark versteht sich – auf Di Stefano verzichteten. Alles in allem hat sich Real die Dienste des „blonden Pfeils“ umgerechnet rund 800.000 D-Mark kosten lassen, was für damalige Verhältnisse ein Vordringen in neue Dimensionen darstellte. Dennoch zeigte sich Real-Boss Bernabeu glücklich und kommentierte den Deal nach dem ersten Pflichtspiel von Alfredo di Stefano folgendermaßen: „Das war der reinste Gelegenheitskauf.“

Der „General“ von Madrid

Das Debüt der südamerikanischen Neuverpflichtung im Trikot seines neuen Vereins hätte tatsächlich nicht eindrucksvoller verlaufen können. Am ersten Spieltag der Saison 1953/54 kam es im Chamartin gleich zum großen Showdown zwischen Real Madrid und dem FC Barcelona. Dem Titelverteidiger aus Katalonien waren nach 90 Minuten Hören und Sehen vergangen, da die Gastgeber ein wahres Feuerwerk abgebrannt und sage und schreibe mit 5:0 die Oberhand behalten hatten. Vor allem Neuzugang Di Stefano zeigte, anders als noch in der Saisonvorbereitung, was er tatsächlich drauf hatte, indem er vier der fünf Treffer erzielte. Einerlei, wie viel nun an den kolportierten Gerüchten rund um den Transfer Dichtung und wie viel Wahrheit ist. Fest steht in jedem Fall, dass die tiefe Abneigung der beiden spanischen Spitzenklubs eine ganze Menge mit den dubiosen Umständen von Di Stefanos Wechsels nach Spanien zu tun hat.
Derweil sie sich in Barcelona in den Schmollwinkel zurückzogen, war man in der Hauptstadt hocherfreut. Im weiteren Saisonverlauf bestätigte Di Stefano die Leistungen aus dem Barcelona-Spiel, führte bei Real auf überzeugende Weise Regie und glänzte darüber hinaus vor dem gegnerischen Tor. Der Torschützenkönig der Primera División konnte gleich sein erstes Jahr bei den Königlichen mit dem Gewinn des Meistertitels abschließen. Es war der erste für Real seit 21 Jahren!
In der kommenden Saison ging es dann praktisch im selben Rhythmus weiter. Mit fünf Zählern Vorsprung auf den FC Barcelona verteidigte Real Madrid seinen Meistertitel, wenngleich Alfredo di Stefano diesmal „nur“ 25-mal ins Schwarze traf und sich damit in der Torschützenliste mit Rang zwei begnügen musste. Dafür sprang mit dem Sieg in der Copa Latina (durch ein 2:0 im Finale über Stade Reims) ein Erfolg in einem kontinentalen Pokalwettbewerb heraus. In Spanien schwärmte man im Jahr vor der Einführung des Europapokals der Landesmeister von den einmaligen Fähigkeiten Alfredo di Stefanos, der für viele Experten trotz Pele oder Diego Maradona bis heute als bester Spieler aller Zeiten gilt. Tatsächlich war er ein nahezu kompletter Fußballer, der wie schon erwähnt sowohl als Vorbereiter wie als Torschütze glänzte, bei Bedarf aber auch schon mal als Abwehrorganisator in Erscheinung trat. Mit seinen atemberaubenden Tempodribblings und einem knallharten Schuss konnte er für jede Abwehr zum Alptraum werden. Da er aber zudem über eine große Übersicht verfügte und ein Spiel wie kein Zweiter zu „lesen“ verstand, stellte er die meisten seiner Nebenleute in den Schatten.

► EINWURF
Nach dem Gewinn des ersten Europapokals der Landesmeister 1955/56 waren die Real-Spieler nach der Saison bei der gleichermaßen zum ersten Mal veranstalteten Wahl zu Europas Fußballer des Jahres natürlich favorisiert. Sowohl Alfredo di Stefano als auch dessen französischer Mitspieler Raymond Kopa landeten bei der von Europacup-„Erfinder“ Gabriel Hanot initiierten Wahl dann auch unter den besten Drei. Dabei „klauten“ sie sich allerdings gegenseitig die Stimmen, und so kam es – wenn zwei sich streiten, freut sich eben der Dritte! –, dass die lebende englische Fußballlegende Stanley Matthews erster Fußballer des Jahres von Europa wurde. Die Entscheidung war im Übrigen denkbar knapp: Während auf den späteren Sir Stanley 47 Stimmen entfielen, votierten für „Don Alfredo“ nur vier Stimmberechtigte weniger. In der kommenden Saison führte am Real-Star dann aber kein Weg vorbei. Mit 72 Stimmen gewann er die Wahl diesmal mit deutlichen Vorsprung auf Billy Wright. Der Mittelläufer der Wolverhampton Wanderers und Kapitän der englischen Nationalelf kam auf lediglich 19 Stimmen.

Angesichts der Klasse, die die Spieler von Real Madrid in den fünfziger Jahren besaßen, will dies freilich einiges heißen. Nicht umsonst führten die Madrilenen auf ihrem Siegeszug durch Fußball-Europa den Ehrentitel „Weißes Ballett“, mit dem sich die Experten vor Könnern wie Kopa, Santamaria, Gento oder Rial verbeugten. Einer ragte aber immer noch ein Stück heraus: Alfredo di Stefano. Seine exponierte Stellung im Starensemble von Madrid hatte nicht zuletzt damit zu tun, dass zu seinem unerschöpflichen Talent ein geradezu krankhafter Ehrgeiz kam, der den sechsfachen Vater zeit seiner Karriere begleitete. Alles ordnete er dem Fußball unter, weshalb er sich stets ausgesprochen diszipliniert auf seine Auftritte vorbereitete. Seine Fitness war geradezu gespenstisch. Obwohl er im Jahr des ersten Europacupsieges schon 30 Jahre alt wurde, verpasste er kaum eine Partie. In den ersten sechs Real-Spielzeiten musste „Don Alfredo“ lediglich in vier Ligaspielen aussetzen. Dabei dürfte er so manches Mal die Zähne zusammengebissen haben, da er von seinen Gegenspielern alles andere als mit Samthandschuhen angefasst wurde. Wegen irgendwelcher Zipperlein eine wichtige Begegnung zu verpassen (und aus seiner Sicht war praktisch jedes Spiel wichtig!), kam für ihn jedoch nicht in Frage!
Die Wertschätzung für das Spiel Di Stefanos ging sogar so weit, dass dieses als Kunstwerk bezeichnet wurde. Er selbst verglich sein Auftreten auf dem Platz mit der Schaffenskraft großer Maler: „In Vollendung praktiziert ist Fußball eine Kunst – genau wie die Malerei. Und jede Kunst befähigt Männer zum Außergewöhnlichen. Sonst hätten Rembrandt oder Picasso auch nur ‚Landschaft mit Kühen’ gemalt.“ Neben einem derartigen Fußballkünstler von höchsten Graden mussten seine Mitspieler geradezu wie Zwerge erscheinen. Durch sein dominantes Auftreten auf dem Platz wurden diese geradezu zu Statisten degradiert. Alfredo di Stefano war der unumstrittene Schlachtenlenker, der keinen neben sich duldete. So kam es, dass Akteure wie der Franzose Raymond Kopa oder auch der Schwede Agne

Simonsson an der Seite des „Generals“ kaum zur Geltung kamen, obwohl sie bei ihren alten Klubs noch zu den Eckpfeilern gezählt hatten.

Nach dem 4:3-Endspielerfolg am 13. Juni 1956 über Stade Reims präsentieren die Spieler von Real Madrid stolz den gewonnenen Europapokal. Alfredo di Stefano (direkt hinter der Trophäe) deutet durch seine Körperhaltung an, warum er der „General“ genannt wurde.

Dirigent des „Weißen Balletts“

Für Raymond Kopa hatte sich Di Stefano sogar selbst stark gemacht. Vor dem ersten Europacupfinale gegen Stade Reims, in dessen Elf der französische Nationalspieler stand, meinte er: „Wir wollen die Copa – und den Kopa.“ Beides sollte nach dem Spiel am 13. Juni 1956 im Pariser Prinzenpark in Erfüllung gehen. Allerdings musste der Favorit lange zittern, um die spielstarke Elf aus der Champagne in Schach zu halten. Erst, als diese nach nur zehn Minuten mit 2:0 führte, riss Di Stefano das Ruder an sich und sorgte mit dem Anschlusstor in der 14. Minute – es war sein fünfter Treffer im laufenden Wettbewerb – für den Beginn der Aufholjagd. Am Ende hatten die Madrilenen, bei denen Di Stefano gewohnt meisterhaft Regie geführt hatte, nach wechselvollem Spielverlauf mit 4:3 die Nase vorn. Etwas enttäuschend verliefen dagegen die Auftritte in der heimischen Liga, wo es zehn Zähler hinter Athletic Bilbao nur zu Rang drei reichte. An „General“ Alfredo di Stefano lag es freilich nicht. Der hatte sich mit 24 Saisontreffern in 30 Einsätzen zum zweiten Mal die Torjägerkrone der Primera División gesichert.
Der Ehrgeiz des Real-Regisseurs ließ ein weiteres Scheitern in der Primera División nicht zu. Seine Auftritte glichen jenen des großen Eddy Merckx, der nicht umsonst der „Kannibale“ der Radsportszene genannt wurde. Genau wie der Belgier, der bei jedem scheinbar noch so unwichtigen Rennen bis in die Haarspitzen motiviert war, ging auch der „General“ in jede Partie mit unerschütterlichem Siegeswillen. Mit Neuzugang Raymond Kopa an seiner Seite war die Mannschaft in der Saison 1956/57 stark genug, um sich nach einem Jahr Pause wieder den Ligatitel zu sichern und darüber hinaus auch im Europacup weiterhin für Furore zu sorgen. Nachdem die Königlichen im Halbfinale mit den „Busby Babes“ von Manchester United den stärksten Gegner ausgeschaltet hatten, war der Sieg über den AC Florenz im Endspiel am 30. Mai 1957 eigentlich reine Formsache, zumal die Partie im Bernabeu Stadion ausgetragen wurde. Dennoch dauerte es bis zur 70. Minute, ehe sich die Waage zugunsten der Gastgeber neigte. Nach einem Foul an Enrique Mateos bekamen diese vom niederländischen Unparteiischen Horn einen Strafstoß zugesprochen, den Alfredo di Stefano eiskalt verwandelte. Die endgültige Entscheidung fiel nur sechs Minuten später. Gento lief allein auf Fiorentina-Keeper Sarti zu und überwand diesen zum 2:0.
In der Saison 1957/58 führte „Don Alfredo“ sein Team zu einem weiteren Spanischen Meistertitel. Obwohl er in 30 Spielen nur 19-mal ins Schwarze traf, führte er zum dritten Mal in Folge die Torschützenliste an. Zehn Treffer erzielte der gebürtige Argentinier auch im Europapokal, was ihn auch in diesem Wettbewerb zum besten Torschützen avancieren ließ. Besonders gut aufgelegt zeigte er sich im Viertelfinal-Hinspiel gegen Ligarivale FC Sevilla, dem er beim 8:0-Kantersieg gleich viermal einschenkte. Wie im Vorjahr bekam es Real im Endspiel mit dem Vertreter der italienischen Serie A zu tun. In Brüssel erwiesen sich die Abwehrspezialisten des AC Mailand lange Zeit als harter Widersacher, der erst in der Verlängerung nach einem Gento-Treffer in Schach gehalten werden konnte. Nach 90 Minuten hieß es 2:2, wobei Alfredo di Stefano eine gute Viertelstunde vor Schluss den zwischenzeitlichen 1:1-Ausgleichstreffer erzielt hatte.

„General“ Di Stefano und „Major“ Puskas

Wenn zuvor gesagt wurde, Alfredo di Stefanos Mitspieler mussten sich dem „General“ geradezu willenlos unterordnen, so gilt dies zwar für Akteure wie José Santamaria, Francisco Gento oder Hector Rial, nicht aber für einen fast ebenso begnadeten Spieler, der vor der Saison 1958/59 nach Madrid wechselte. Reals Technischer Direktor Emil Östreicher hatte Präsident Bernabeu den Ungarn Ferenc Puskas empfohlen, den er noch aus gemeinsamen Zeiten bei Honved Budapest kannte. Freilich war der „Major“ schon etwas in die Jahre gekommen, doch gingen die Königlichen das Wagnis ein, wobei sich bald herausstellen sollte, dass ihnen mit der Verpflichtung des Exil-Ungarn ein weiterer Glücksgriff gelungen war. Nicht wenige waren der Meinung, mit Puskas und Di Stefano spielten bei Real Madrid die beiden besten Fußballer der damaligen Zeit. Da Puskas den Ball genau wie Di Stefano zur streicheln pflegte, betrachtete er diesen als einzigen Mitspieler in seiner Laufbahn als ebenbürtig. Das kongeniale Duo verband später auch über den grünen Rasen hinaus eine große Freundschaft.

Nach dem 2:0 im Endspiel am 30. Mai 1957 gegen den AC Florenz feiern Raymond Kopa (mit dem Pokal) und Alfredo di Stefano die erfolgreiche Titelverteidigung. „Don Alfredo“ hatte seine Farben in der 70. Minute mit einem verwandelten Strafstoß auf die Siegerstraße gebracht.

Das neue Traumduo kam in der Saison 1958/59 noch nicht ganz so wie erhofft zur Geltung, was zum einen daran lag, dass Puskas mit Trainer Luis Carniglia nicht in bestem

Einvernehmen stand, weswegen er auch das Europacupfinale gegen Stade Reims von der Tribüne aus verfolgen musste. Außerdem standen sich die Stars ein wenig auf den Füßen herum, weil auch Raymond Kopa noch für die Königlichen spielte (nach der Saison wechselte Kopa zurück zu Stade Reims). In der Liga reichte es hinter dem ungeliebten FC Barcelona nur zur Vizemeisterschaft, was den 23-fachen Saisontorschützen Alfredo di Stefano freilich nicht davon abhielt, den ersten Platz in der Torjägerliste zu verteidigen. Auf dem Weg ins vierte Europacupfinale hatte „Don Alfredo" seinen besten Auftritt im Rückspiel des Viertelfinales, als beim fulminanten 7:1 über den Wiener SC vier Treffer auf sein Konto gegangen waren. Auch im Endspiel gegen Stade Reims war Di Stefano erfolgreich, als er kurz nach Wiederanpfiff zum 2:0-Endstand einnetzte. Der Ballzauberer der Madrilenen wurde anschließend zum zweiten Mal nach 1957 zu Europas Fußballer des Jahres gekürt.

„Don Alfredo" und „Cañoncito Pum". Alfredo di Stefano und Ferenc Puskas feiern nach dem Schlusspfiff im Glasgower Hampden Park durch ein 7:3 über Eintracht Frankfurt den fünften Europacupsieg der Königlichen.

Die Saison 1959/60 sollte dann zum absoluten Höhepunkt der großen Epoche des „Weißen Balletts" werden. Dies lag vor allem am Europapokal-Endspiel gegen Eintracht Frankfurt, in dem Di Stefano und Puskas am 31. Mai 1960 im Glasgower Hampden Park ihr nahezu blindes Verständnis auf eindrucksvolle Weise demonstrierten. Hinterher gab Eintracht-Spieler Erwin Stein resignierend zu Protokoll: „Wir sind vor denen bald in die Knie gegangen." Es klappte auch wirklich alles: Ein ums andere Mal wurde die Abwehr des Deutschen Meisters durch das verwirrende Doppelpassspiel von Di Stefano auf Puskas oder umgekehrt in arge Verlegenheit gebracht. Die gegenseitigen Zuspiele fanden selbst aus größter Entfernung wie an der Schnur gezogen ihre Adressaten. Wie einst Nandor Hidegkuti im Londoner Wembley-Stadion ließ sich nun Alfredo di Stefano zugunsten seines kongenialen Partners wieder und wieder ins Mittelfeld zurückfallen und schaffte so die nötigen Räume für den ehemaligen Major der Honved-Armee, der als vierfacher Torschütze „Mann des Tages" wurde. Aber auch Di Stefano hatte den 7:3-Sieg mit drei Treffern garniert und damit die absolut sensationelle Leistung vollbracht, in allen fünf siegreichen Endspielen der Madrilenen zu den Torschützen gehört zu haben. Der Triumph von Glasgow ließ sogar den abermaligen Verlust des Meistertitels verschmerzen, der wie im Jahr zuvor an den FC Barcelona gegangen war.

► EINWURF

Obwohl Alfredo di Stefano in seiner Karriere nicht exklusiv für das Toreschießen zuständig war, waren seine Leistungen vor dem gegnerischen Gehäuse denen eines gelernten Stürmers absolut würdig. Gleich fünfmal gewann er die „Pichichi"-Trophäe für den besten saisonalen Torjäger der Primera División und wird dabei lediglich von Telmo Zarra übertroffen, der sechsmal reüssierte. Mit 251 Toren in 277 Einsätzen ist der Stürmer von Athletic Bilbao aus den Vierzigern auch bester spanischer Ligaschütze aller Zeiten. Hinter dem Mexikaner Hugo Sanchez (234 Tore in 347 Spielen) rangiert „Don Alfredo" in der ewigen Torschützenliste mit 227 Treffern bei 329 Einsätzen auf dem dritten Platz. 216 davon hat er allein für Real Madrid erzielt. Über vier Jahrzehnte war er damit bester Torschütze der Königlichen, ehe ihn Raul in der Saison 2008/09 überflügelte. Für seine 228 Ligatreffer hat Raul allerdings 550 Spiele benötigt, während dem „General" deren 282 genügten!

Alfredo di Stefano war zum Zeitpunkt des fünften Europacuptitels ebenso wie Ferenc Puskas bereits 33 Jahre alt. In Anbetracht des derzeitigen Jugendwahns im deutschen Fußball dürfte sich einmal mehr Otto Rehhagel bestätigt fühlen, für den es „keine jungen oder alten, sondern nur gute Fußballer" gibt. Mit dem Gewinn des erstmals ausgetragenen Weltpokals konnten die Königlichen ihren internationalen Siegeszug krönen. Nach einem torlosen Remis in Montevideo wurde am 4. September 1960 vor 100.000 Zuschauern in Chamartin das Team von Peñarol klar mit 5:1 geschlagen. Besonders in der Anfangsphase hatte das Duo Di Stefano / Puskas die Abwehr der „Urus" durcheinander gewirbelt. Nach dem Führungstor durch Puskas in der zweiten Minute traf „Don Alfredo" nur 60 Sekunden später zum 2:0, ehe Puskas das Score in der achten Minute auf 3:0 schraubte.

Götterdämmerung

Die Erfolge in der Saison 1959/60 waren so etwas wie der Kulminationspunkt in Di Stefanos Karriere. Vor allem auf internationaler Ebene setzte es danach den einen oder anderen Dämpfer. Nach dem frühen Aus in der zweiten Runde des Meistercups gegen den FC Barcelona im November 1960 wurde der „General" in der heimischen Presse heftig kritisiert. Der einstige Feldherr von Real habe „sein Waterloo bereits hinter sich" und befände sich „auf dem Weg nach St. Helena", ätzte die Zeitung „Pueblo". Zweimal noch stand er in einem Europacupfinale, das jedoch sowohl 1962 als auch 1964 mit einer Niederlage in die Statistik einging. Vor allem am 2. Mai 1962 sah es gegen die aufstrebende Elf von Benfica Lissabon um den 19-jährigen Eusebio zunächst noch einmal nach einem Sieg der spanischen Altmeister aus, die zur Pause dank dreier Puskas-Treffer 3:2 führten. Nach dem Wiederanpfiff wurde Alfredo di Stefano von Cavem allerdings in enge Manndeckung genommen, was seine Wirkung nicht verfehlte. Während die Offensive der Königlichen nichts Zählbares mehr zustande brachte, wuchs Eusebio über sich hinaus und schoss die Portugiesen mit zwei Treffern zum 5:3-

Sieg. Auch zwei Jahre später stand der „General" noch einmal in einem Europacupfinale. Gegen den berüchtigten Inter-Catenaccio zeigte sich jedoch, dass die Zeit des „Weißen Balletts" langsam aber sicher abgelaufen war. Auch das Duo Di Stefano / Puskas war nur noch ein Schatten früherer Tage und blieb ohne Torerfolg. Den Ehrentreffer für die Madrilenen erzielte Felo in der 70. Minute.

Wenigstens in der Liga konnte sich Alfredo di Stefano mit vier Meistertiteln in Folge zum Abschluss seiner Madrider Zeit noch einmal schadlos halten. Dennoch zeigte sich auch hier, dass seine Leistungen nicht mehr an vergangene Glanzzeiten heranreichten. Der alternde „General" hatte in 24 Ligaeinsätzen in seiner letzten Saison für Real (1963/64) lediglich elf Treffer erzielt. Damit lag seine Trefferquote im Bereich der vergangenen Spielzeiten. Elf Toren in der Saison 1961/62 folgten im Jahr darauf deren zwölf. Letztmals konnte Alfredo di Stefano die Marke von 20 Saisontreffern in der Spielzeit 1960/61 knacken.

► EINWURF
Dank seiner überaus professionellen Einstellung sorgte Alfredo di Stefano außerhalb des Spielfelds nur selten für Schlagzeilen. Auch die Journalisten hatten es nicht immer leicht mit ihm. So beklagte das argentinische Blatt „La Razon": „Mit ihm ein vernünftiges Wort zu wechseln, ist schier unmöglich. Eher singt ein Fisch Volkslieder." In die Schlagzeilen kam „Don Alfredo" aber auch ohne eigenes Zutun: Im Jahr 1963 befand sich Real auf Südamerika-Tournee, wo er von der „Befreiungsfront Venezuelas" gekidnappt wurde. Zum Glück wurde er nach nur kurzer Zeit wieder freigelassen.

Santiago Bernabeu unterbreitete Alfredo di Stefano im Sommer 1964 das Angebot, bei Real den Posten des Sportdirektors zu übernehmen. Obwohl er inzwischen 38 Jahre alt war, wollte er unbedingt noch weiterspielen, weshalb es nach elf Jahren im Real-Trikot zum Bruch kam. Nach 216 Ligatoren für die Königlichen kehrte Di Stefano der Hauptstadt den Rücken, um in Barcelona anzuheuern. Sein letztes Pflichtspiel im Real-Dress mit der Nummer 9 absolvierte er am 27. Mai 1964 im Europapokalfinale gegen Inter Mailand.

Zwei Jahre noch lief Alfredo di Stefano anschließend für Espanyol Barcelona auf. Insgesamt bestritt er für den Stadtrivalen des FC Barcelona noch 47 Ligaspiele, in denen er elf Treffer erzielte. Im Alter von 40 Jahren erklärte er nach der Saison 1965/66 seinen Abschied vom aktiven Fußball. Was folgte, war die Aussöhnung mit Real. Am 7. Juni 1967 bestritt er im Bernabeu Stadion sein Abschiedsspiel gegen den amtierenden Europacupsieger Celtic Glasgow. Gegen die „Lisbon Lions" wurde er in der 13. Minute ausgewechselt. Die anwesenden 130.000 Zuschauer erhoben sich von ihren Plätzen und zollten dem heutigen Ehrenpräsidenten Reals langanhaltenden Applaus.

Erfolgreich auch im Trainergeschäft

Für einen Mann, der so eng mit dem Fußball verbunden war, kam nach Abschluss der aktiven Laufbahn nur eine Trainerkarriere in Frage. Sein größtes Problem bestand darin, mit den Unzulänglichkeiten seiner Spieler klarzukommen, da er bei diesen wie selbstverständlich den eigenen Genius voraussetzte. Zudem musste Di Stefano, der als aktiver Fußballer wie ein Asket gelebt hatte, plötzlich erkennen, dass viele Kicker eine weit weniger professionelle Berufsauffassung besaßen als er selbst. Besonders seine erste Trainerstation in Elche wurde zum schmerzhaften Lernprozess. Beim Provinzverein von der Costa Blanca stand Di Stefano 1967 erst kurze Zeit unter Vertrag, als sein Team nach einer 0:1-Heimpleite gegen Real Saragossa den letzten Platz belegte. Die Anhänger machten den prominenten Übungsleiter für das schwache Abschneiden verantwortlich und pfiffen ihn nach der peinlichen Vorstellung gnadenlos aus. Di Stefano bat daraufhin den Klubpräsidenten, ihn von seinen Amt zu entbinden, derweil er in einem Interview sein Scheitern in Elche als „die bitterste Stunde, die ich je auf dem Fußballplatz erlebt habe" bezeichnete.

Nach anderthalb Jahrzehnten sagte er nach dieser Schmach dem alten Kontinent Lebewohl und kehrte in seine argentinische Heimat zurück. Dort knüpfte er Kontakt zu Alberto Armando, der ihn Anfang 1969 als Trainer bei den kriselnden Boca Juniors anheuerte. Dieser Schritt glich in Argentinien einem wahren Politikum, weil die Fans Di Stefano zum einen des „Landesverrats" bezichtigten, nachdem er seine Heimat 1949 verlassen hatte. Außerdem spielte er in seiner aktiven Zeit ausgerechnet für River Plate und damit den Erzrivalen von Boca. Der „Superclasico" zwischen den beiden Vereinen aus der argentinischen Hauptstadt gilt als eines der brisantesten Derbys des Fußballs. Beargwöhnt wegen seines Misserfolgs in Elche, machte er sich umso ehrgeiziger ans Werk. Der „General" kehrte mit eisernem Besen und setzte mehrere aufmüpfige Stars vor die Tür, wenn er das Gefühl hatte, diese würden nicht alles dem Erfolg unterordnen. Am Ende konnte Boca nach einem 2:2 im entscheidenden Spiel gegen River Plate nach fünf Jahren wieder den Gewinn des Meistertitels feiern, womit es Di Stefano seinen Kritikern einmal mehr bewiesen hatte.

Seine größten Erfolge als Trainer feierte er indes mit dem FC Valencia, den er in den siebziger und achtziger Jahren gleich zweimal betreute. Im April 1970 wurde Alfredo di Stefano erstmalig Trainer der „Che", unter dem eine zuvor wenig inspirierte Mannschaft mit einem Mal um eine Klasse besser zu spielen schien. Der ehemalige Real-Star formierte ein abwehrstarkes Team, in dem Sol, Anibal, Jesus Martinez und Anton vor Schlussmann Abelardo in der Saison 1970/71 die herausragende Abwehrreihe der Primera Divisiόn bildeten. Neben Mittelfeldregisseur Pep Claramunt verfügte Di Stefano in Forment, Valdez, Sergio und Pellicer zudem über mehrere konterstarke Akteure, mit denen er sein System der kontrollierten Offensive bestens umsetzen konnte. In der Rückrunde bekamen die spanischen Fußballfans einen spannenden Titeldreikampf geboten. Vor dem letzten Spieltag am 18. April 1971 hatten die „Che" 43 Zähler auf dem Konto, derweil der FC Barcelona und Atlético Madrid bei 42 bzw. 41 Punkten in Lauerstellung lagen. Da Barca und Atlético im direkten Duell 1:1 spielten, konnte sich Valencia bei Espanyol sogar eine 0:1-Niederlage leisten, um am Ende die Nase vorn zu behalten. Was angesichts der eher mäßigen Leistungen der jüngeren Vergangenheit nicht unbedingt erwartet werden konnte, war Wirklichkeit geworden: Zum vierten Mal durfte man am Turia den Gewinn der Landesmeisterschaft feiern! Alfredo di Stefano betreute das Team danach noch bis 1974, wobei ihm zwar kein weiterer Titelgewinn mehr gelang. Angesichts der Dominanz von Real Madrid und dem FC Barcelona im spanischen Klubfußball dürfen eine Vizemeisterschaft sowie drei Teilnahmen am Pokalfinale jedoch durchaus als Erfolg gewertet werden. Dass man beim FC Valencia auf den Trainer Alfredo di Stefano große Stücke hielt, zeigten die Verantwortlichen in der Saison 1979/80, als der „General" die Mannschaft zum zweiten Mal übernahm. Diese führte er im Europapokal der Pokalsieger ins Endspiel, das am 15. Mai 1980 im Heysel-Stadion von Brüssel mit einem Sieg im Elfmeterschießen über Arsenal London in die Annalen einging. Bei den anschließenden Siegesfeierlichkeiten vergoss Alfredo di Stefano Tränen der Freude. Wenig später dürfte ihm allerdings zum Weinen zumute gewesen sein. Denn trotz des Erfolges musste er seinen Stuhl räumen! Diese Schmach ließ ihn erneut nach Südamerika „auswandern", wo er 1981 seine „alte Liebe" River Plate zur Meisterschaft führte. Es folgten ein Engagement bei Real Madrid (1982 bis 1984) und ein weiteres Kurzintermezzo bei den Boca Juniors (1985), ehe sich Alfredo di Stefano nochmals zur Rückkehr an den Turia überreden ließ. Die „Che" waren nach 55 Jahren aus der Primera Divisiόn abgestiegen, so dass es für den „General" in der Spielzeit 1985/86 darum ging, diesen „Betriebsunfall" schnellstmöglich zu korrigieren, was ihm dank junger Spieler wie Fernando, Voro und vor allem Quique auch gelang. Der Aufstieg ins spanische Oberhaus 1987 sollte der letzte große Erfolg in der Trainerkarriere Di Stefanos bleiben, der zu Beginn der neunziger Jahre noch einmal als Interimstrainer von Real Madrid in Erscheinung trat.

Heute lebt der Vater von sechs Kindern, dessen Ehefrau Sara im Mai 2005 verstarb, in einer Villa in Madrid und nimmt als Ehrenpräsident von Real immer noch repräsentative Aufgaben wahr. In seinem Garten befindet sich ein Gedenkstein, auf dem unter einem Fußball die Aufschrift „Gracias, vieja" („Danke, altes Mädchen") zu lesen ist. Ja, der Fußball war – und ist – Alfredo di Stefanos Leben!

► ZAHLEN UND FAKTEN

Vereine:	1945-1946	Huracan Buenos Aires
	1946-1948	River Plate Buenos Aires
	1949-1953	Los Millionarios Bogota
	1953-1964	Real Madrid
	1964-1966	Espanyol Barcelona
Tore:	90 argentinische Liga-Spiele (60 Tore)	
	102 Dimayor-Spiele (90 Tore)	
	329 Spiele Primera División (227 Tore)	
	11 Spiele Copa Colombia (10 Tore)	
	55 Spiele Copa del Rey (41 Tore)	
	6 Spiele Copa Libertadores (4 Tore)	
	4 Spiele Copa Latina (2 Tore)	
	63 Europacup-Spiele (41 Tore)	
	2 Weltcup-Spiele (1 Tor)	
	41 Länderspiele (29 Tore)	
gesamt	703 Pflichtspiele (505 Tore)	
Erfolge:	Argentinischer Meister 1947	
	Kolumbianischer Meister 1949, 1951, 1952	
	Spanischer Meister 1954, 1955, 1957, 1958, 1961, 1962, 1963, 1964	
	Kolumbianischer Pokalsieger 1953	
	Spanischer Pokalsieger 1962	
	Sieger Copa Latina 1955, 1957	
	Europacup der Landesmeister 1956, 1957, 1958, 1959, 1960	
	Weltcupsieger 1960	
	Sieger Copa America 1947	
	Argentinischer Torschützenkönig 1947	
	Kolumbianischer Torschützenkönig 1951, 1952	
	Torschützenkönig Primera División 1953/54, 1955/56, 1956/57, 1957/58, 1958/59	
	Europas Fußballer des Jahres 1957, 1959	

In der Nationalmannschaft:
Bei der Wahl zum Weltfußballer des 20. Jahrhunderts, die die IFFHS zu Beginn des Jahres 2000 durchführte, landete Alfredo di Stefano hinter Pele, Johan Cruyff und Franz Beckenbauer auf dem vierten Platz. Dass der „blonde Pfeil" nicht unter den besten Drei klassiert war, dürfte nicht zuletzt daran gelegen haben, dass er im Gegensatz zu seinen Konkurrenten kaum nennenswerte Erfolge mit der Nationalmannschaft vorzuweisen hat. Besonders sein generelles Fehlen bei Weltmeisterschaften, stellt ein Manko in seiner ansonsten großartigen Laufbahn dar.

Copa America 1947

Das einzige große Turnier bestritt Alfredo di Stefano im Dezember 1947, als er für sein Geburtsland Argentinien am „Campeonato Sudamericano" (der heutigen Copa America) teilnahm. Für die Albiceleste absolvierte er in Guayaquil sechs von sieben Turnierspielen, in denen er sechs Treffer schoss. In der Endabrechnung lag Argentinien zwei Zähler vor Paraguay auf dem ersten Platz, so dass der 21-Jährige nach dem Meistertitel mit River Plate im Jahr seines großen Durchbruchs auch gleich noch einen zweiten wichtigen Titel errang. Es sollte freilich der einzige im Nationaldress bleiben. Lediglich in der Torschützenliste musste er sich hinter Nicolas Falero aus Uruguay mit dem zweiten Platz begnügen. Während Di Stefano in seinen ersten beiden Länderspielen überhaupt gegen Bolivien (7:0) und Peru (3:2) je einmal erfolgreich war, zeigte er seinen stärksten Auftritt gegen Kolumbien, als ihm am 18. Dezember 1947 beim 6:0-Erfolg gleich drei Treffer gelangen. Im entscheidenden letzten Spiel gegen Uruguay erzielte er zwar keinen Treffer. Beim Stand von 2:1 setzte er jedoch seinen Klubkameraden Felix Loustau fünf Minuten vor dem Abpfiff mit einem millimetergenauen Zuspiel gekonnt in Szene, so dass dieser den Ball zum dritten argentinischen Treffer in die Maschen schieben konnte. Zu Beginn des Turniers hatte es freilich noch nicht so gut für den Youngster aus Buenos Aires ausgesehen, da Nationaltrainer Guillermo Stabile im ersten Turnierspiel auf René Pontoni von San Lorenzo de Almagro gesetzt hatte. Nach Di Stefanos Treffer in seinem Debütspiel gegen Bolivien hatte er seinen Stammplatz jedoch sicher.

Eigentlich stand damit auch einer großen Länderspielkarriere nichts im Weg. Nach dem Wechsel in die kolumbianische „Dimayor" kam Di Stefano für weitere Einsätze in der Albiceleste jedoch nicht länger in Frage, so dass die sechs Länderspiele bei der Südamerikameisterschaft 1947 die einzigen für sein Geburtsland blieben. Aber auch für Kolumbien kam Alfredo di Stefano zu Länderspielehren. 1949 bestritt er für seine neue Heimat vier Begegnungen, in denen er allerdings keinen Torerfolg verbuchen konnte.

Geplatzte WM-Träume

Alfredo di Stefano nahm bereits 1956 die spanische Staatsbürgerschaft an, so dass der Real-Star fortan auch für Spanien Länderspiele bestreiten durfte. Er zählt damit zu der raren Spezies von Spielern, die in der Geschichte des Fußballs gleich für drei Nationalmannschaften aktiv gewesen sind. Zu jenen, die es Di Stefano gleichtaten, gehört Ladislao Kubala. Der Ex-Internationale von Ungarn und der CSSR spielte nach seinem Wechsel zum FC Barcelona (1951) ebenfalls für Spanien und lief dabei mehrere Male gemeinsam mit „Don Alfredo" auf. Da auch Ferenc Puskas nach seinem Wechsel auf die iberische Halbinsel für Spanien spielte, verfügte die „Furia Roja" seinerzeit über eine Ansammlung an Weltstars, weshalb

Erfolge eigentlich vorprogrammiert schienen. Doch während diese im Dress von Real oder Barca bis in die Haarspitzen motiviert waren, betrachteten sie die Auftritte in der Nationalelf bestenfalls als nebensächliches und eher lästiges Alternativprogramm, was einem erfolgreichen Auftreten im Wege stand. Auch die Tatsache, dass gleich mehrere Spieler für Spanien kickten, die von Geburt gar keine Spanier waren, dürfte für die Identifikation mit dem Team nicht gerade förderlich gewesen sein.
Dabei ließ sich die dritte Nationalmannschaftskarriere von Alfredo di Stefano zunächst positiv an. Am 30. Januar 1957 feierte Spanien im Chamartin einen 5:1-Erfolg über die damals freilich nur zweitklassigen Niederlande, bei dem der Debütant gleich drei Tore erzielte. Rund anderthalb Monate später reichte es im ersten WM-Qualifikationsspiel gegen die Schweiz an gleicher Stätte aber lediglich zu einem mühsamen 2:2. Den Fehlstart auf dem Weg nach Schweden erklärte Di Stefano hinterher damit, dass die Eidgenossen sich mit ihrer berühmten Riegel-Taktik vor dem eigenen Strafraum verbarrikadiert hatten. Wie sehr die spanische Elf die Auftaktbegegnung auf die leichte Schulter genommen hatte, zeigte nicht zuletzt Alfredo di Stefano. Der ansonsten für seine Selbstdisziplin bekannte Real-Star war von Anhängern der schweizerischen „Nati" am Vorabend des Länderkampfes noch um Mitternacht bei einem Glas Wein gesichtet worden...
Auch im zweiten Qualifikationsspiel am 8. Mai war „Don Alfredo" im Glasgower Hampden Park nur ein Schatten seiner selbst. Zur Erinnerung: Mit Real strebte er in der Primera Divisiόn gerade mit Riesenschritten auf den Meistertitel zu, derweil er als Taktgeber des „Weißen Balletts" zum zweiten Mal das Europacupfinale erreicht hatte. In Glasgow wirkte er jedoch überspielt, was ein wesentlicher Grund für die 2:4-Pleite gegen die wacker kämpfenden Schotten war. Außerdem traktierten die favorisierten Iberer die 90.000 Zuschauer im nicht ausverkauften Stadion mit einer wüsten Treterei, was ihnen einige Sympathien kostete.
Zwar konnten die Spanier ihre beiden verbleibenden Matches gegen Schottland und in der Schweiz jeweils mit 4:1 für sich entscheiden, wobei Alfredo di Stefano beim Sieg in Lausanne als zweifacher Torschütze glänzte. Die Aufholjagd kam jedoch zu spät, da Schottland in der Endabrechung einen Zähler mehr auf dem Konto hatte und somit statt der Spanier zur Endrunde nach Schweden fahren durfte.
Vor allem dank ihrer zahlreichen Stars stand die spanische Elf dennoch weiterhin hoch im Kurs. Zur Vorbereitung auf die Weltmeisterschaft bat Titelverteidiger Deutschland im März 1958 zu einem Testspiel ins Frankfurter Waldstadion, bei dem auch Alfredo di Stefano mit von der Partie war. Sein Gegenspieler war der Fürther Herbert Erhardt, der „Don Alfredo" auf Weisung Sepp Herbergers über 90 Minuten nicht aus den Augen ließ. Hinterher mussten jedoch selbst die größten Anhänger der DFB-Elf einräumen, dass Sonderbewacher „Ertl" mit seinem harten Spiel gegen Spaniens Schlachtenlenker über das Ziel hinausgeschossen war. Die extrem körperbetont auftretende deutsche Elf ging nach 90 Minuten als 2:0-Sieger vom Platz.
Nachdem Alfredo di Stefano am 15. Mai 1960 (nur drei Tage vor dem denkwürdigen Europacupfinale gegen Eintracht Frankfurt!) mit der Nationalelf einen 3:0-Sieg über England gefeiert hatte, begab diese sich nach der Saison auf Südamerika-Tournee, wo zunächst ein Sieg über Peru (3:1) und anschließend deren zwei über den nächsten WM-Gastgeber Chile (4:0 und 4:1) zu Buche standen, wobei Alfredo di Stefano fünf Tore erzielt hatte. Am 24. Juli kam es schließlich zum brisanten Duell mit dessen Geburtsland Argentinien, das im Vorfeld mit bissigen Kommentarten in den Gazetten befeuert wurde. Zu allem Überfluss fand die Partie auch noch im River-Plate-Stadion von Buenos Aires statt, weshalb „Landesverräter" Di Stefano über 90 Minuten ein regelrechtes Spießrutenlaufen über sich ergehen lassen musste, das mit einer 0:2-Niederlage in die Annalen einging.
In Chile schien sich der Traum von einer WM-Teilnahme für den alternden Real-Star dann aber doch noch zu erfüllen. Zwar taten sich die Spanier auf dem Weg in die Endrunde wiederum ausgesprochen schwer. Nach einem hart erkämpften Erfolg über Wales (2:1 und 1:1), bei dem Di Stefano im Hinspiel von Cardiff kurz vor Schluss den Siegtreffer erzielt hatte, konnte auch Afrika-Vertreter Marokko nur mit Mühe aus dem Weg geräumt werden. Dank des letzten Länderspieltreffers von „Don Alfredo" gewann Spanien das Rückspiel am 23. November 1961 aber mit 3:2 und durfte damit im kommenden Sommer die Reise nach Südamerika antreten. Nach der 3:5-Pleite im Europacupfinale gegen Benfica Lissabon laborierte Di Stefano an einer Knieverletzung, womit sein Mitwirken im Team von Helenio Herrera in Chile von Beginn an auf der Kippe stand. Schon vor dem ersten Auftritt gegen die CSSR (0:1) hatte er erklärt, dass er auch bei der zweiten Partie gegen Mexiko (1:0) nicht dabei sein werde, weshalb spekuliert wurde, er täusche eine Verletzung vor, um im letzten Gruppenspiel gegen Titelverteidiger Brasilien voll angreifen zu können. Nachdem er aber auch die 1:2-Niederlage gegen die Ballzauberer vom Zuckerhut von der Tribüne aus verfolgen musste, stand fest, dass Di Stefano ernsthaft angeschlagen war. Nach dem Aus in Chile beendete der „General" nach 31 Länderspielen und 23 Toren seine Karriere im spanischen Nationaldress. Letztmals hatte er dieses am 10. Dezember 1961 gegen Frankreich (1:1) übergestreift.

Saison	**Europacup**		**Liga**		**Pokal**	
	Sp.	T.	Sp.	T.	Sp.	T.
1945			1	0		
1946			24	11		
1947			30	27		
1948			23	13		
1949			12	9		
			15	16		
1950			29	23		
1951			34	32	?	?
1952			24	19	?	?
1953					?	?
1953/54			28	27	?	?
1954/55			30	25	?	?
1955/56	7	5	30	24	?	?
1956/57	8	7	30	31	3	3
1957/58	7	10	30	19	7	7
1958/59	7	6	28	23	8	5
1959/60	6	8	23	12	5	3
1960/61	2	0	23	21	9	8
1961/62	9	7	23	11	8	4
1962/63	2	1	13	12	9	8
1963/64	9	5	24	11	1	1
1964/65			24	7	1	1
1965/66	6	0	23	4	4	1

Arsenio Erico
Der Gummi-Mann aus Asunción

„In seinem Körper müssen unsichtbare Sprungfedern gesteckt haben. Aus dem Stand sprang er höher als sämtliche seiner Gegenspieler. Erico schwebte geradezu in der Luft und war daher in der Lage, den Ball noch in luftiger Höhe zu kontrollieren und im gegnerischen Gehäuse zu platzieren." Mit diesen schwärmerischen Worten umschrieb der aus Uruguay stammende Schriftsteller und Journalist Eduardo Galeano die Spielweise von Arsenio Pastor Erico Martinez, der am 30. März des Jahres 1915 in der paraguayischen Hauptstadt Asunción das Licht der Welt erblickt hatte. Ein Spieler, der selbst Dichter inspiriert hat, muss tatsächlich ganz besondere Fähigkeiten besessen haben. Der mit 293 Treffern neben Angel Labruna beste Torschütze der argentinischen Primera División wurde dementsprechend auch von anderen Fußballern in höchsten Tönen gelobt. Nicht wenige – wie etwa der brasilianische WM-Torschützenkönig von 1938, Leonidas da Silva – sahen in ihm gar einen der besten Fußballer aller Zeiten, derweil Arsenio Erico *(Bild unten)* für den legendären Alfredo di Stefano eines seiner großen Vorbilder war.

„El Saltarin Rojo" – das rote Sprungwunder – fiel bereits als 15-Jähriger den Spähern von Nacional Asunción auf, die den Youngster im Jahr 1930 für ihre erste Mannschaft verpflichteten. Alsbald feierte er dort seinen Einstand, wobei er in der Spielzeit 1931, der ersten kompletten im Seniorenbereich, in nur 14 Einsätzen 17-mal ins Schwarze traf. Damit schien Erico schon vor einer großen Karriere in seinem Heimatland zu stehen, welche jedoch vom Chaco-Krieg zwischen Paraguay und seinem nördlichen Nachbarn Bolivien jäh gestoppt wurde.

Bei den von 1932 bis 1935 stattfindenden Kriegshandlungen ging es um (wie sich später herausstellen sollte) zu Unrecht vermutete Erdölvorkommen im dünn besiedelten, im Grenzgebiet zu Bolivien gelegenen Gran Chaco. Eine Folge war, dass der Spielbetrieb der Primera División von Paraguay bis 1934 komplett lahmgelegt wurde.

Independiente wird zur großen Liebe

Da die Meisterschaft unterbrochen war, begab sich Arsenio Erico mit einer Auswahl der besten Spieler des Landes auf Tournee ins benachbarte Argentinien, wo im Laufe des Jahres 1933 zahlreiche Spiele gegen argentinische Klubs ausgetragen wurden. Die Leistungen des jungen Paraguayers waren derart beeindruckend, dass mit River Plate und Independiente gleich zwei Topvereine aus der Hauptstadt Buenos Aires um die Dienste des 18-Jährigen buhlten. Letztlich bekam Independiente aus dem Vorort Avellaneda den Zuschlag, wo „El Aviador" (der Flieger) zu großem Ruhm gelangen sollte.

► EINWURF

Zu den großen Bewunderern Arsenio Ericos zählt Alfredo di Stefano, der seine Karriere allerdings nicht bei Independiente, sondern dessen Stadtrivale River Plate begann und dabei sogar eine Zeitlang mit Angel Labruno zusammen spielte, der gemeinsam mit Erico bester argentinischen Ligatorschütze aller Zeiten ist. Über sein paraguayisches Vorbild sagte die spätere Legende von Real Madrid: „Erico ist anders als alle Spieler, die ich je gesehen habe. Ein wirklich bemerkenswerter Fußballer. Er konnte alles, war ein wirklich kompletter Spieler. Für mich ein Künstler. Pardon, ein großer Künstler!"

Nach der Unterschrift unter seinen ersten Profivertrag Anfang 1934 sollte Arsenio Erico für die Diablos Rojos mit kurzer Unterbrechung zwölf Jahre auf Torejagd gehen und dabei zu einem der ganz großen Publikumslieblinge im La Doble Visera avancieren. Bevor er allerdings erstmals das Dress des heutigen Rekordsiegers der Copa Libertadores überstreifen konnte, galt es noch ein großes Hindernis aus dem Weg zu räumen, da Erico in seinem Heimatland zum Wehrdienst einberufen worden war. Obwohl sich Paraguay immer noch im Krieg befand, erteilte das Verteidigungsministerium schließlich eine Sondergenehmigung, womit einem auch weiterhin erfolgreichen Karriereverlauf nichts mehr im Wege stand.

Zum Debüt bei den Roten Teufeln kam Arsenio Erico rund einen Monat nach seinem 19. Geburtstag gegen die Boca Juniors (2:2), wobei er am 6. Mai 1934 noch keinen Treffer erzielen konnte. Besser lief es in der Woche darauf, als er beim 3:1-Heimsieg über die Chacarita Juniors das erste seiner 293. Ligatore markieren konnte. Den Ruf als großer Artist am Ball bestätigte der Paraguayer erstmals am 12. August 1934. Im Rückkampf gegen Boca (1:1) bekam er von Vicente de la Mata den Ball serviert, den er in der Luft liegend mit der Hacke ins gegnerische Tor bugsierte. Spätestens nach diesem sensationellen Treffer wurde er in der argentinischen Presse fortan als Gummi-Mann („El Hombre de Goma") gefeiert. Die Vorstellungen Arsenio Ericos sollten die Medienvertreter am Rio de la Plata auch später zu zahlreichen Künstlernamen inspirieren. Selbst vor der Bezeichnung „Halbgott" schreckte man im katholischen Argentinien nicht zurück.

Nach Abschluss seiner ersten Saison hatte der Mann mit den eingebauten Sprungfedern in den Beinen in 21 Einsätzen im Campeonato Metropolitana 12-mal ins Schwarze getroffen. Fast hätte er dabei gleich auf Anhieb auch den

Meistertitel feiern dürfen, doch reichte es in der Endabrechnung einen Zähler hinter Boca Juniors lediglich zum zweiten Rang. Zusammen mit Vicente de la Mata und Antonio Sastre bildete er in den kommenden Jahren die überaus torgefährliche Angriffsreihe von Independiente, die in ihren zwölf gemeinsamen Spielzeiten auf insgesamt 556 Tore kommen sollte.

Der gebürtige Paraguayer Arsenio Pastor Erico Martinez galt auch als Mann der spektakulären Tore, was dem athletisch gebauten Spieler Namen wie der Gummi-Mann eintrug. Bei seiner Torpremiere für Independiente am 13. Mai 1934 im heimischen La Doble Visera gegen Chacarita Juniors (3:1) brauchte er das Leder allerdings nur ins leere Tor einzuschieben, wie diese Aufnahme beweist.

Und noch eine Premiere: Das Foto zeigt die Mannschaft von Independiente im Jahr 1938 nach dem Gewinn des Meistertitels, der nicht nur der erste in der Karriere von Arsenio Erico, sondern auch der erste der Klubgeschichte seit Beginn der Profi-Ära im Jahr 1931 war. Erico, der in der vorderen Reihe mit Ball zu sehen ist, erzielte 43 Tore.

In seinen ersten Jahren am Rio de la Plata musste Erico einige verletzungsbedingte Rückschläge einstecken, die teilweise auf seine körperbetonte Spielweise zurückzuführen waren. Nachdem ihn im Spieljahr 1935 zunächst eine Infektion außer Gefecht gesetzt hatte, brach er sich anschließend gleich zweimal den Arm, weshalb er lediglich in 18 der 34 Ligaspiele zum Einsatz kam, in denen er mit 22 Torerfolgen seine Treffsicherheit gleichwohl eindrucksvoll unter Beweis stellte. Ex aequo mit seinem Sturmpartner De la Mata belegte er in der Torschützenliste den fünften Rang, derweil es für den 101-Tore-Sturm Independientes in der Endabrechung abermals nur zur Vizemeisterschaft hinter Boca reichte.

Dreimal Schützenkönig – zweimal Meister

Nachdem es 1936 im Campeonato Metropolitana dann sogar lediglich zum vierten Rang gereicht hatte und Gummi-Mann Arsenio Erico in 26 Einsätzen immerhin 18 weitere Treffer gelungen waren, stand dieser in den kommenden drei Spielzeiten im Zenit seiner Laufbahn. Nicht nur, dass zwischen 1937 und 1939 jeweils mehr als 40 Treffer auf sein Konto gingen. Zudem führte er jedes Mal die Torschützenliste an, derweil Independiente 1938 und 1939 seine ersten beiden Meistertitel seit zwölf Jahren gewinnen konnte.

In der Saison 1937 hatten sich die Diablos Rojos mit einem deutlichen Sechs-Punkte Rückstand auf River Plate nochmals mit der Vizemeisterschaft begnügen müssen, obwohl der Innensturm mit De la Mata, Sastre und dem wie entfesselt agierenden Mittelstürmer Arsenio Erico sensationelle 106 Tore in 34 Ligaspielen zustande gebracht hatte. Speziell für „El Saltarin Rojo" besaß die Spielzeit gleichwohl historische Dimensionen, hatte er doch allein 47-mal ins Schwarze getroffen und damit eine im argentinischen Ligafußball bis heute gültige Saisonbestmarke gesetzt. Lediglich Manuel Seoane hatte noch vor der Einführung des Profifußballs im Jahr 1931 mehr Tore erzielen können. Dem ebenfalls für Independiente spielenden Seoane waren 1922 gar 55 Saisontreffer geglückt.

► EINWURF

Insgesamt 41 Treffer hatte Arsenio Erico vor dem letzten Saisonspiel am 18. Dezember 1938 gegen CA Lanus erzielt, womit er längst als erneuter Torschützenkönig des Campeonato Metropolitana feststand. Auch der Gewinn des Meistertitels von Independiente stand praktisch schon fest, da die Mannschaft aus ihrem Heimspiel gegen den Abstiegskandidaten nur noch einen Zähler benötigte, um Titelverteidiger River Plate auf Distanz zu halten. Für die rund 20.000 Zuschauer in Avellaneda lag daher auch die größte Spannung in der Frage, ob Publikumsliebling Arsenio Erico es schaffen würde, die Marke von 43 Saisontreffern zu erreichen, nachdem ein argentinischer Tabakkonzern eine Zigarettenmarke mit dem Namen „Cigarrillos 43" in seine Produktpalette aufgenommen und für jenen Spieler ein Preisgeld ausgelobt hatte, der exakt 43 Saisontore erzielen würde. Nachdem Erico den Torreigen nach 21 Minuten eröffnet hatte, war er beim Sturmlauf seiner Mannschaft logischerweise an einer Punktlandung interessiert, die ihm in der 35. Minute auch tatsächlich mit seinem zweiten Treffer gelungen war. Bester Torschütze der Gastgeber beim klaren 8:2-Erfolg war Vicente de la Mata, der nach 90 Minuten sogar viermal getroffen hatte. Dabei gab Arsenio Erico hinterher unumwunden zu, seinem Sturmpartner absichtlich das Toreschießen überlassen zu haben, um nur ja nicht mit einem ohne Weiteres möglichen 44. Treffer das ausgelobte Preisgeld zu verspielen. Ein Verhalten, dass man durchaus nachvollziehen kann, wenn man bedenkt, dass das Salär damaliger argentinischer Profis im Vergleich zu heute eher ein Nasenwässerchen darstellte und somit jedes Zubrot willkommen war. Das Preisgeld in Höhe von 2.000 Pesos steckte sich Erico aber keineswegs in die eigene Tasche, sondern teilte es gerecht unter seinen Mitspielern auf.

Die Spielzeit 1938 ging dann mit dem Gewinn des ersten Profititels in der Vereinsgeschichte Independientes in die Annalen ein. Abermals hatte sich das Innentrio in bester

Torlaune gezeigt und war diesmal sogar auf 115 Treffer gekommen. Mit 43 Torerfolgen konnte Erico seinen Titel als Torschützenkönig zudem erfolgreich verteidigen. Dennoch mussten sich die Fans bis zum letzten Spieltag gedulden, ehe der ersehnte Titelgewinn feststand, da sich Vorjahresmeister River Plate partout nicht abschütteln ließ. Die abschließende Partie am 18. Dezember entpuppte sich im La Doble Visera dann aber als besseres Schaulaufen, da Gegner CA Lanus spätestens nach dem Führungstreffer der Heimelf durch Arsenio Erico (21.) keine Chance hatte und schließlich mit 8:2 überrollt wurde.

EXKURS: Copa Ibarguren und Copa Rio de la Plata

Bis zur Einführung des allen argentinischen Vereinen offenstehenden Campeonato Nacional 1967 existierten in den Landesteilen verschiedene Regional- und Stadtmeisterschaften, von denen das Campeonato Metropolitana in der Hauptstadtregion am bedeutendsten war. Entsprechend gelten die bereits seit 1891 ermittelten Stadtmeister von Buenos Aires bis 1966 auch offiziell als Landesmeister. Das nach Buenos Aires wichtigste Zentrum des argentinischen Fußballs befand sich im nordwestlich gelegenen Rosario, weshalb zwischen 1913 und 1941 auch eine Art Supercup zwischen den Titelträgern beider Ligen ausgespielt wurde, der den Namen „Copa Ibarguren" (nach dem Politiker und Stifter Carlos Ibarguren) trug. Während zumeist der Champion von Buenos Aires als Sieger hervorging, konnte lediglich dreimal ein Team aus Rosario reüssieren. Deutlich ausgeglichener liest sich hingegen die Siegerliste der „Copa Rio de la Plata", die mit Unterbrechungen von 1931 bis 1955 zwischen den Landesmeistern Argentiniens und Uruguays ausgespielt wurde. Rekordsieger mit jeweils sechs Titeln sind Nacional Montevideo und River Plate Buenos Aires.

Auch 1939 hieß der Meister Independiente, wobei der Abstand zu Verfolger River Plate auf deutliche sechs Punkte angewachsen war. Arsenio Erico entpuppte sich als echter Titelhamster, da ihm mit den Roten Teufeln sowohl in der Copa Ibarguren als auch der Copa Rio de la Plata die erfolgreiche Titelverteidigung gelang. In beiden Konkurrenzen wurden die Gegner (Central Cordoba de Rosario bzw. Nacional Montevideo) mit jeweils 5:0 vom Platz gefegt. Außerdem führte „El Saltarin Rojo" zum dritten Mal in Serie die Torjägerliste des Campeonato Metropolitano an, nachdem er in 32 Einsätzen abermals 40 Treffer erzielt hatte. Damit waren in den vergangenen drei Spielzeiten bemerkenswerte 130 Tore auf sein Konto gegangen, was bei 96 Einsätzen einem Schnitt von 1,35 je Spiel entspricht. Sein Hattrick in Sachen Torschützenkönig sollte später freilich überboten werden. José Sanfilippo von San Lorenzo de Almagro führte zwischen 1958 und 1961 sogar viermal die Torjägerliste an, wobei dieser im genannten Zeitraum in 112 Ligapartien jedoch „nur" 118-mal ins Schwarze getroffen hatte.

Nacional bleibt Herzensangelegenheit

Die Spielzeit 1940 ließ erahnen, dass auch für das Sprungwunder aus Asunción die Bäume nicht in den Himmel wuchsen. Zwar konnten sich 29 Tore in 30 Spielen immer noch sehen lassen. Doch mit Isidro Langara oder Angel Labruna waren Arsenio Erico bei anderen Klubs ebenbürtige Rivalen erwachsen, die ihn im Kampf um die Torjägerkrone künftig überflügeln sollten. Nachdem es für Independiente 1940 nochmals zur Vizemeisterschaft gereicht hatte, fielen die Roten Teufel im kommenden Jahr auf den fünften Platz zurück, woran auch Ericos 26 Saisontore (in 27 Einsätzen) nichts ändern konnten.

Jede Menge Ärger gab es dann im Laufe des Jahres 1942, nachdem sich der gebürtige Paraguayer mit dem neuen Vorstand um Pedro Canaveri überworfen hatte. Da er nicht mehr für Independiente zum Einsatz kam, kehrte er nach neun Jahren wieder zurück nach Asunción, wo er sich für kurze Zeit seinem Heimatverein Nacional anschloss, der gerade mit Titelverteidiger Cerro Porteño um die Meisterschaft kämpfte. Beide Teams lagen nach 18 Runden punktgleich an der Spitze des Klassements, was ein Entscheidungsspiel notwendig machte. Nachdem Nacional dieses deutlich mit 3:0 für sich entschieden hatte, legte der Gegner Protest ein, weil Leihgabe Erico nach Meinung von Cerro Porteño nicht einsatzberechtigt gewesen war, da dieser in einer Saison nicht bei zwei verschiedenen Klubs unter Vertrag stehen könne. Was folgte, war ein langwieriges Tauziehen vor dem Schiedsgericht des paraguayischen Fußballverbandes, das letztendlich den fünften Titelgewinn in der Vereinsgeschichte von Nacional Asunción bestätigte. Man war zu der Ansicht gelangt, dass Arsenio Erico nur dann nicht hätte spielen dürfen, wenn er zuvor einem anderen Verein aus Paraguay angehört hätte. Als Vertragsspieler eines ausländischen Vereins durfte er innerhalb einer Spielzeit sehr wohl auch für einen paraguayischen Klub auflaufen.

Arsenio Erico dürften nach dieser Entscheidung gleich mehrere Steine vom Herzen gefallen sein. Schließlich war man auf ihn in Paraguay nach seinem Wechsel zu Independiente lange Zeit nicht gut zu sprechen gewesen, so dass der Meistertitel mit Nacional Asunción durchaus auch als endgültige Aussöhnung mit seinem Geburtsland gesehen werden kann. Gleichwohl entschied er sich, 1943 wieder nach Argentinien zurückzukehren. Obwohl sich mit San Lorenzo de Almagro und River Plate – Letztere boten gar 100.000 Pesos – auch zwei andere Klubs um seine Dienste bemüht hatten, kehrte er dennoch zu Independiente zurück, wo er noch drei Jahre aktiv blieb.

Der Kreis schließt sich

Hier allerdings machte sich seine kräftezehrende Spielweise bemerkbar. Obwohl er mit Ende zwanzig eigentlich noch im besten Fußballeralter war, ging seine Trefferquote gegenüber seiner Glanzzeit deutlich zurück. Nach 17 Torerfolgen im Spieljahr 1943, traf er 1944 gar nur zwölfmal ins Schwarze, derweil ihm 1945 in 30 Einsätzen immerhin noch einmal 20 Tore glückten, die Independiente zum dritten Schlussrang verhalfen.

Die letzte Saison für die Diablos Rojos absolvierte Arsenio Erico 1946, wobei der mittlerweile 31-Jährige nur mehr ein Schatten seiner selbst war. Lediglich 19-mal kam er im Campeonato Metropolitano zum Einsatz, derweil vor allem die mickrigen vier Saisontore zeigten, dass sich vor dem Gummi-Mann aus Paraguay niemand mehr zu fürchten brauchte. Letztmals durften die Anhänger im La Doble Visera einen Torerfolg ihres Publikumslieblings im Ligaspiel am 30. Juni 1946 bejubeln, als Huracan vom späteren Ligafünften mit 4:3 niedergerungen wurde.

CA Huracan hieß auch der neue Arbeitgeber Ericos in der kommenden Spielzeit. Beheimatet ist der 1908 gegründete Verein im Stadtviertel Parque Patricios. Obwohl er zu den sechs größten Klubs des Landes zählt, kann er außer vier Meistertiteln zu Amateurzeiten sowie dem Gewinn des Campeonato Metropolitana 1973 keine bedeutenden Erfolge vorweisen. Dafür genießt die Nachwuchsabteilung des Vereins einen ausgezeichneten Ruf und hat schon zahlreiche Talente hervorgebracht. Dagegen konnte der in die Jahre gekommene Arsenio Erico bei Huracan nicht wirklich Fuß fassen. In der Tabelle fristete der Verein im gesamten Verlauf der Saison 1947 ein Schattendasein im hinteren Mittelfeld und kam in der Endabrechnung nicht über den elften Platz hinaus. Dies dürfte teilweise auch daran gelegen haben, dass Neuzugang Erico zu keiner Zeit die in ihn gesetzten Erwartungen erfüllte und in Anbetracht von sieben torlosen Einsätzen in der Liga nie über die Rolle als Edelreservist hinauskam, was „El Saltarin Rojo" letzten Endes veranlasste, nach 13 Jahren in Argentinien wieder in sein Geburtsland Paraguay zurückzukehren.

► EINWURF

Das links abgebildete Foto ist Bestandteil einer im Jahr 2009 in Paraguay verausgabten Briefmarke, mit der einer der besten Fußballer des Landes 32 Jahre nach seinem Tod geehrt wird. Die Marke im Nennwert von 700 Guarani ist in einer Auflage von 25.000 erschienen und trägt die Aufschrift „El Malabarista", was soviel wie „Jongleur" bedeutet.

Es war klar, dass der Goalgetter zu seinem Heimatverein Nacional wechselte, womit sich der Kreis geschlossen hatte. Die Fans in Asunción träumten schon von neuen Glanztaten, nachdem Nacional im Vorjahr immerhin den dritten Platz belegt hatte und in Fabio Franco außerdem über einen weiteren Angreifer von überdurchschnittlichem Format verfügte. Wenigstens das neue Sturmduo vermochte die Erwartungen zu erfüllen. Während Arsenio Erico in 17 Einsätzen 16-mal eingenetzt hatte, führte Fabio Franco mit 24 Saisontreffern sogar die Torjägerliste an. Ansonsten war bei den Weißen-Blauen allerdings nicht viel zusammengelaufen. Mit einem negativen Punktekonto von 15:21 hatte es in der Endabrechnung nur zum enttäuschenden fünften Platz gereicht, derweil Meister Olimpia Asunción um 13 Punkte enteilt war.

► EINWURF

Obwohl Arsenio Erico den größten Teil seiner Karriere beim argentinischen Spitzenklub Independiente Buenos Aires verbracht hatte, blieb er seinem Heimatverein Nacional Asunción stets eng verbunden. Nicht nur, dass er 1942 zwischenzeitlich zu den Weiß-Blauen zurückkehrte, um mit diesen sogar die Meisterschaft zu gewinnen. Nach 13 Jahren im argentinischen Exil schloss er sich zum Karriereende abermals dem Verein an, der im Jahr 1904 im Arbeiterviertel Barrio Obrero aus der Taufe gehoben wurde. Seine Heimspiele trug dieser von Beginn an im La-Visera-Stadion aus, das trotz einiger Umbaumaßnahmen auch heute einen eher urtümlichen Charme besitzt. Zu den bekannten Akteuren des achtmaligen Landesmeisters zählen u.a. der 100-fache paraguayische Internationale Roberto Acuña, Manuel Fleitas Solich, der sich später als Trainer von Flamengo und Real Madrid einen Namen machen sollte, sowie Heriberto Herrera, der nach Jahren im Trikot von Atlético Madrid als Trainer in Spanien und Italien erfolgreich war. Dennoch gilt Arsenio Erico heute als berühmtester Spieler der Klubgeschichte, weshalb auch das 4.800 Zuschauer fassende La-Visera-Stadion nach dessen Tod 1977 in Estadio Arsenio Erico umbenannt wurde.

In der Saison 1949 konnte Nacional dann zwar wieder ins Titelrennen eingreifen und musste sich schließlich der Elf von Stadtrivale Guarani um nur einen Zähler geschlagen geben. Der 34-jährige Arsenio Erico war aber nur noch neunmal zum Einsatz gekommen und hatte dabei seine letzten fünf Pflichtspieltreffer erzielt. Wie bei vielen großen Fußballern war damit auch die lange Zeit schillernde Karriere des Gummi-Manns aus Asunción auf eher unscheinbare Weise zu Ende gegangen.

Akrobat, schöööön! – Arsenio Erico zeigt in einem Freundschaftsspiel gegen CR Vasco da Gama, warum er in Expertenkreisen als Gummi-Mann bezeichnet wurde. Sogar seine brasilianischen Gegenspieler ließ der geschmeidige Herr der Lüfte in dieser Szene alt aussehen. Den besten Tag seiner Laufbahn erwischte der Paraguayer am 26. September 1937, als er zum 7:1-Erfolg Independientes über Quilmes sechs Treffer beisteuerte. Außerdem traf er in zwei Ligaspielen für die Diablos Rojos fünfmal ins Schwarze.

Eine Legende kehrt heim

Kurz nach seinem Rückzug vom aktiven Fußball arbeitete Erico als Trainer bei Nacional, ohne jedoch nennenswerte Erfolge zu erzielen. Später betreute er die Elf von Sol de América, einem ebenfalls in Asunción beheimateten Verein, den er 1957 zur Vizemeisterschaft führte. Danach ließ er sich in seiner zweiten Heimat Buenos Aires nieder, wo er 1960 Aurelia Blanco heiratete. Die Ehe mit der Tochter spanischer Einwanderer blieb kinderlos. Obwohl Erico in Argentinien lebte, hielt er auch immer den Kontakt mit seinem Geburtsland Paraguay aufrecht.

Mitte der siebziger Jahre ging es mit seiner Gesundheit rapide bergab. Nachdem ihm Anfang 1977 das linke Bein amputiert worden war, schien sich Erico wieder auf dem Wege der Besserung zu befinden, als er am 23. Juli 1977 im Alter von 62 Jahren an Herzversagen verstarb. Tags darauf standen sich Independiente und River Plate in der Meisterschaft gegenüber. Nachdem die Diablos Rojos mit 0:1 zurückgelegen hatten, trugen sie schließlich einen 2:1-Sieg davon, der dem verstorbenen Idol gewidmet wurde. Die Kosten für die Beerdigung auf dem Friedhof von Moron wurden von Ericos Ex-Klub Independiente beglichen. Im Jahr 2009 wurde schließlich der Beschluss gefasst, seine sterblichen Überreste nach Asunción zu überführen. Wie bei einem Staatsbegräbnis folgte ein kilometerlanger Trauerzug dem mit den Nationalfahnen Argentiniens und Paraguays geschmückten Sarg, der am 26. Februar 2010 in einem eigens dafür errichteten Mausoleum im Estadio Defensores del Chaco beigesetzt wurde. Lange vor der endgültigen Heimkehr der paraguayischen Fußballlegende war eine der Tribünen des Nationalstadions nach Arsenio Erico benannt worden.

► ZAHLEN UND FAKTEN

Vereine: 1930-1933 Nacional Asunción
1934-1942 Independiente Buenos Aires
1942 Nacional Asunción
1942-1946 Independiente Buenos Aires
1947 Huracan Buenos Aires
1948-1949 Nacional Asunción

Tore: 332 argentinische Erstligaspiele (293 Tore)
42 paraguayische Erstligaspiele (39 Tore)
26 inoffizielle Länderspiele (56 Tore)
gesamt 400 Pflichtspiele (388 Tore)

Erfolge: Argentinischer Meister 1938, 1939
Paraguayischer Meister 1942

Argentinischer Torschützenkönig
1937, 1938, 1939

In der Nationalmannschaft:
Im Jahr 1933 hatte das Rote Kreuz eine Auslandstournee von Nacional Ascunión durch Argentinien organisiert, da wegen des Chaco-Kriegs der Spielbetrieb in Paraguay unterbrochen war. Als inoffizielle Landesauswahl bestritt Nacional dabei insgesamt 26 Begegnungen gegen verschiedene Klubmannschaften, in denen der erst 18 Jahre alte Arsenio Erico sensationelle 56 Treffer erzielen konnte. Als Star des Teams sollte er daraufhin von Independiente Buenos Aires unter Vertrag genommen werden. Der Auslandsprofi kam danach allerdings nicht mehr für weitere Berufungen in die paraguayische Nationalelf in Frage, da der Verband den Einsatz von Legionären strikt ablehnte. Kurz vor der WM 1938 hätte Erico freilich die Chance gehabt, für seine zweite Heimat Argentinien zu Länderspielehren zu kommen. Doch obwohl ihm der Verband eine hohe Geldsumme geboten hatte, schlug der Mittelstürmer das Angebot mit Verweis auf seine Herkunft aus, was ihm in Paraguay großes Lob eintrug. So blieb es bei den 26 Länderspielen im Jahr 1933, die freilich nur inoffiziellen Charakter besitzen.

Saison	Lsp.		Liga		Pokal	
	Sp.	T.	Sp.	T.	Sp.	T.
1931			14	17		
1932			-	-		
1933	26	56	-	-		
1934			21	12		
1935			18	22		
1936			26	21		
1937			34	47		
1938			30	43		
1939			32	40		
1940			30	29		
1941			27	26		
1942			3	0		
			2	1		
1943			29	17		
1944			26	12		
1945			30	20		
1946			19	4		
1947			7	0		
1948			17	16		
1949			9	5		

Eusebio
Der „König von Benfica“

Vor allem, als Eusebio da Silva Ferreira während der Weltmeisterschaft 1966 in England sein Können auf der größten nur denkbaren Bühne des Fußballs darbot, wurde die „Perola Negra“ (Schwarze Perle) von Benfica Lissabon mit dem großen Pele auf eine Stufe gestellt. Da Pele nach dem Vorrunden-Aus der Brasilianer – der Titelverteidiger spielte in derselben Gruppe wie Portugal – entzaubert schien, sprachen viele Experten schon vom Anbruch einer neuen Ära, die der in Mosambik geborene „O Rei“ (König) prägen würde. Zu einer echten Wachablösung kam es freilich nie. Denn trotz seiner unbestrittenen Fähigkeiten konnte Eusebio den Status Peles zu keiner Zeit wirklich erreichen. Für Eusebio bedeutete der dritte Platz mit Portugal 1966 bereits die internationale Karrierekrönung, derweil Pele vier Jahre später in Mexiko zum Gegenschlag ausholte und als erster und einziger Fußballer überhaupt zum dritten Mal Weltmeister wurde.
Aber auch in rein fußballerischer Hinsicht führt der Vergleich Eusebios mit Pele in die Irre. Im Gegensatz zum Brasilianer, der den Ball wie wohl kein Zweiter zu streicheln verstand, war Eusebio mitnichten ein Filigrantechniker. Der Benfica-Star war vielmehr das, was man früher einmal als Kampfmaschine bezeichnete. Sein ganzes Spiel war von einer nahezu unvergleichlichen Athletik und Explosivität geprägt und orientierte sich vor allem an einem einzigen Ziel: Tore zu schießen! Mit seiner fast beispiellosen Schusskraft gelang es Eusebio im Verlauf seiner 23 Jahre langen Karriere, zahllose Abwehrreihen ins Wanken zu bringen.

In den Slums von Lourenço Marques

Dafür, dass aus Eusebio ein echter Fighter wurde, sorgte nicht zuletzt dessen soziale Herkunft. Geboren wurde Eusebio da Silva Ferreira am 25. Januar 1942 als Sohn des aus Angola stammenden Weißen Laurindo Antonio da Silva Ferreira und der dunkelhäutigen Elisa Anissabeni in den Slums von Lourenço Marques, wie die heutige mosambikanische Hauptstadt Maputo bis zur staatlichen Unabhängigkeit im Jahr 1975 hieß. Sein Vater verstarb an Wundstarrkrampf, als Eusebio gerade acht Jahre alt war. Spätestens jetzt war klar, dass diesen allein eine große Sportlerkarriere aus der vorgezeichneten Armut herauszuführen vermochte.
Anfangs hatte sich Eusebio auch für Basketball und Leichtathletik begeistert, ehe er sich schließlich doch dem Fußball zuwandte. Gemeinsam mit seinen Freunden kickte er in einer Straßenmannschaft namens „Os Brasileiros“, in der sich die Spieler nach den großen brasilianischen Fußballstars jener Zeit benannten. Von großem Fußball konnte natürlich keine Rede sein: Auf improvisierten Spielfeldern liefen die jugendlichen Kicker barfuß aus Lumpen gefertigten Bällen hinterher. Eines war ihnen freilich gemeinsam: Sie alle träumten von einer bevorstehenden Karriere als Fußballstar...
Besonders hoch im Kurs stand der Verein Grupo Desportivo de Lourenço Marques. Dem mosambikanischen Farmteam von Benfica Lissabon hatte einst auch dessen damaliger Linksaußen Mario Coluna angehört, bevor dieser 1954 den Sprung zu den Aguias in die portugiesische Hauptstadt geschafft hatte. Allein die Verantwortlichen des heute sechsmaligen Landesmeisters

besaßen kein Vertrauen in Eusebios Fähigkeiten, weshalb sich der 15-Jährige kurzerhand Lokalrivale Sporting anschloss, wo er schon bald den Sprung in die erste Mannschaft schaffte. Sein Talent sollte sogar die Scouts von Juventus Turin hellhörig machen. Als sich diese allerdings an Eusebios Mutter Elisa wandten, schob sie einem Wechsel ihres Sprösslings ins ferne Europa einen Riegel vor. Vier Jahre spielte Eusebio somit für Sporting, für das er in 42 Spielen sage und schreibe 77 Tore erzielte. Sein endgültiger Durchbruch gelang ihm 1960, als er mit dem heutigen CD Maxaquene nicht nur die Distriktmeisterschaft von Lourenço Marques, sondern auch den nationalen Titel – den zweiten der Vereinsgeschichte überhaupt – errang. Als unumstrittener Star des Meisters hatte die Schwarze Perle in nur 20 Einsätzen 36-mal ins Schwarze getroffen.

Der späterer Weltstar Eusebio kickte in seiner mosambikanischen Heimat von 1957 bis 1960 im Trikot von Sporting de Lourenço Marques, ehe er nach dem Gewinn der Meisterschaft zu Benfica Lissabon wechselte. Die grünweiß gestreiften Trikots waren jenen von Benficas großem Ortsrivalen Sporting nachempfunden, dessen Farmteam der erste Verein der Schwarzen Perle war.

Die Entführung des Ruth Malosso

Die Fähigkeiten Eusebios sprachen sich außerhalb Afrikas schnell herum. Der erste, der sich davon vor Ort überzeugte, war der brasilianische Vizeweltmeister von 1950, José Carlos Bauer, der auf der Suche nach Verstärkungen für seinen Heimatverein FC São Paulo war. Als ehemaliger Leichtathlet lief Eusebio die 100 Meter in elf Sekunden, was Bauer besonders beeindruckte. Auch vor den Verantwortlichen in Brasilien lobte er den Schwarzafrikaner in höchsten Tönen. Doch wieder einmal wollte man von Eusebio nichts wissen.

Erst, als sich der legendäre Bela Guttmann einschaltete, wendete sich das Blatt. Der gebürtige Ungar war in seiner Karriere viel herumgekommen und hatte für kurze Zeit auch den FC São Paulo betreut. Daher kannte er José Carlos Bauer, der sich während eines gemeinsamen Friseurbesuchs bei seinem Ex-Trainer vehement über die Ignoranz gegenüber seinem Schützling beklagte. Flugs machte sich Guttmann ins heutige Maputo auf, um sich selbst ein Bild von Eusebio zu machen. Es dauerte nicht lange, bis er erkannt hatte, dass der afrikanische Rohdiamant geradezu ideal in die von ihm betreute Mannschaft von Benfica Lissabon passen würde, die sich anschickte, Real Madrid als Europapokalsieger der Landesmeister abzulösen. Das Problem bestand jedoch darin, dass Eusebios Verein Sporting de Lourenço Marques der Filialklub von Benficas Erzrivale Sporting Lissabon war, der somit die „älteren Rechte“ reklamierte. Die Grün-Weißen vertraten die Ansicht, über den Nachwuchsspieler ablösefrei verfügen zu können. Alles wäre so leicht gewesen, wenn Benficas afrikanischer Ableger Grupo Desportivo seinerzeit die Dienste Eusebios nicht verschmäht hätte...

Stattdessen sollte ein Wettbieten um Eusebio sowie ein sich anschließendes Versteckspiel einsetzen, ehe die Schwarze Perle tatsächlich die von Guttman angedachte Königsherrschaft bei Benfica antreten konnte. Die Benfica-Verantwortlichen legten sich mächtig ins Zeug, um ihren Wunschspieler für sich zu gewinnen. Als sie dessen Familie ein Honorar von 2.500 Escudos für drei Spielzeiten anboten, forderte sein Bruder die doppelte Summe, die die Unterhändler aus Europa ohne großes Zögern zusagten. Allein der Erzrivale Sporting war damit noch längst nicht besänftigt. Dieser hatte Eusebio Mitte Dezember 1960 in seine Geschäftsstelle einbestellt, um die gemeinsame Zukunft zu besprechen. Auf dem Weg dorthin wurde er allerdings von Benfica „entführt“ und unter dem Namen Ruth Malosso in einer Fischerhütte an der Algarve versteckt, bis sich die Wogen um seine Person allmählich geglättet hatten. Nun schien einem Wechsel zu den Aguias tatsächlich nichts mehr im Wege zu stehen. Als Eusebio jedoch davor gewarnt wurde, von einem zum anderen Lissabonner Spitzenklub „überzulaufen“, wollte er wieder nach Afrika zurückkehren. Nachdem seine Mutter vor Jahren noch den Wechsel nach Europa unterbunden hatte, redete sie ihrem Sohn nun zu, in Lissabon zu bleiben, so dass das absurde Wechseltheater ein Ende fand. Immerhin durfte auch sein ehemaliger Verein Sporting de Lourenço Marques zufrieden sein, nachdem dieser die damals durchaus erkleckliche Ablösesumme von 350.000 Escudos erhalten hatte.

Sein Debüt bei Benfica hätte dann eindrucksvoller nicht verlaufen können. Am 23. Mai 1961 lief der 18-jährige Eusebio für die Elf seines Entdeckers Bela Guttmann im Freundschaftsspiel gegen Atletico Clube do Portugal Lissabon erstmals auf und glänzte beim 4:2 sogleich mit einem Hattrick. Erwartungsgemäß durfte er acht Tage später im Europacupfinale gegen den FC Barcelona im Berner Wankdorfstadion noch nicht sein Können demonstrieren, so dass er den unerwarteten 3:2-Sieg der „Elf der Namenlosen“ nur von der Tribüne aus verfolgte. Dafür stand er im letzten Ligaspiel am 10. Juni wieder auf dem Platz, wo er beim 4:0 des feststehenden Meisters bei Belenenses Lissabon ebenfalls einmal ins Schwarze traf. Gleich nach seinem ersten Pflichtspiel in Portugal konnte Eusebio somit einen Titelgewinn feiern!

▶ EINWURF

Inoffiziellen Zählungen zufolge hat Eusebio im Verlauf seiner Karriere insgesamt 1.137 Tore erzielt. In der höchsten Spielklasse Portugals sind seine 322 Treffer, die er für Benfica und den SC Beira-Mar geschossen hat, nahezu unerreicht und werden lediglich von Fernando Peyroteo übertroffen, der im Dress von Sporting Lissabon 331-mal eingenetzt hat. Platz drei belegt Fernando Gomes mit 318 Toren. Einsame Spitze sind hingegen Eusebios Torerfolge in der Taça de Portugal. Im Landespokal war der Schwarze Panther 97-mal erfolgreich, wobei er dafür lediglich 60 Einsätze gebraucht hat.

Nur fünf Tage später sollte der blutjunge Eusebio im Rahmen eines internationalen Turniers in Paris dann auf den schon legendären Pele treffen. Dessen FC Santos hatte den frischgebackenen Europacupsieger zunächst locker im Griff und lag zu Beginn der zweiten Hälfte bereits mit 5:0

in Führung. Jetzt schlug allerdings die große Stunde des erst kurz zuvor eingewechselten Eusebio, der in der Schlussphase drei Tore erzielte und darüber hinaus noch einen Strafstoß herausholte, den Augusto allerdings vergab. Trotz der 3:6-Niederlage hatten die Zuschauer dennoch der ersten internationalen Galavorstellung Eusebios beigewohnt. Weitere sollten folgen!

Amsterdamer Freudentränen

Im Laufe der Saison 1961/62 spielte sich der Schwarze Panther endgültig in die Stammformation und bestritt für die Encarnados 17 Ligaspiele, in denen er zwölf Tore erzielte. Zwar reichte es in der Meisterschaft nur zum dritten Platz, für den sich Benfica auf nationaler Ebene allerdings mit dem Gewinn der Taça de Portugal rehabilitierte. Im Endspiel hatte man Vitoria Setubal keine Chance gelassen und locker mit 3:0 die Oberhand behalten, wobei Eusebio als zweifacher Torschütze glänzte. Eine noch stärkere Leistung lieferte er im Europapokalfinale der Landesmeister ab, das der Titelverteidiger nach Erfolgen über Austria Wien (1:1, 5:1), den 1. FC Nürnberg (1:3, 6:0) und Tottenham Hotspur (3:1, 1:2) abermals erreicht hatte. Am Abend des 2. Mai 1962 wartete im Amsterdamer Olympiastadion niemand Geringerer als Real Madrid. Die Zuschauer kamen voll auf ihre Kosten und erlebten eins der besten Endspiele der Geschichte. Schon nach 23 Minuten führte Real durch zwei Puskas-Tore mit 2:0. Eine Führung, die die Portugiesen aber nur elf Minuten später durch Aguas und Cavem ausgeglichen hatten. Puskas brachte die Spanier kurz vor der Pause zwar erneut in Führung. Nach dem 3:3-Ausgleichstreffer Colunas fünf Minuten nach dem Seitenwechsel spielten die Portugiesen dann aber wie entfesselt auf. Wieder schlug die Stunde Eusebios: Der jüngste Mann auf dem Feld wurde im gegnerischen Strafraum gefoult, verwandelte den fälligen Elfmeter in der 65. Minute selbst zur erstmaligen Führung und schoss vor tobender Kulisse nur wenige Minuten später ein zweites Tor. Nach dem Schlusspfiff dieser atemberaubenden Partie erlitt der 20-Jährige einen Nervenzusammenbruch und wurde schreiend und weinend in die Kabine getragen.

Drei weitere Male noch sollte Eusebio mit Benfica nach der kontinentalen Fußballkrone greifen, wobei alle Versuche erfolglos endeten. Unter der Regie von Guttmann-Nachfolger Fernando Rieira standen die Encarnados im Spieljahr 1962/63 zum dritten Mal in Serie im Meistercupfinale, wo sie gegen das vom Catenaccio geprägte Spiel des AC Mailand mit 1:2 den Kürzeren zogen, obwohl Eusebio seine Farben in der 19. Minute mit 1:0 in Führung gebracht hatte. Zwei Jahre später folgte ein 0:1 gegen die berüchtigten „Maurermeister" von Inter Mailand, ehe auch der letzte Anlauf 1967/68 mit einer 1:4-Verlängerungsniederlage gegen die Nachfolger von Manchester Uniteds „Busby Babes" in die Annalen einging.

► **EINWURF**

Mit 46 Treffern in 64 Einsätzen ist Eusebio heute achtbester Torschütze der europäischen Königsklasse. Angeführt wird die Liste vom Spanier Raul, der – zu Zeiten der Champions League – als Rekordspieler (144 Einsätze) auch die meisten Tore (71) auf dem Konto hat. Dreimal hat Eusebio außerdem die Torschützenliste des Europapokals der Landesmeister angeführt, womit er in dieser Kategorie nur von Lionel Messi und Gerd Müller (je viermal) übertroffen wird. Erstmals bester Torschütze der Königsklasse war der Portugiese 1964/65, wobei er sich die Auszeichnung mit seinem Teamgefährten Augusto teilen musste, der wie er neunmal ins Schwarze getroffen hatte. Nachdem er auch in der nächsten Saison als siebenfacher Torschütze gleichauf mit Florian Albert von Ferencvaros Budapest die Torjägerliste angeführt hatte, reichten 1967/68 sechs Treffer, um erstmalig alleiniger Toptorschütze des europäischen Meistercups zu werden.

So musste sich die Schwarze Perle mit Titelgewinnen auf nationaler Ebene begnügen, die er mit Benfica Lissabon freilich ausgesprochen zahlreich sammeln konnte. Zwischen 1961 und 1975 wurde er nicht weniger als elfmal Portugiesischer Meister, was vor und nach ihm keinem anderen Spieler des iberischen Landes gelungen ist. Insgesamt fünfmal durfte Eusebio zudem den Gewinn des Landespokals feiern, ganz abgesehen von seinen mannigfachen persönlichen Erfolgen. Herauszuheben wäre, dass Benficas Torschütze vom Dienst gleich sieben Mal die Torschützenliste der 1ª Divisão anführte. Sowohl 1967/68 als auch 1972/73 gewann er mit 43 resp. 40 Saisontreffern auch den „Goldenen Schuh" als bester kontinentaler Torjäger. Einen weiteren Karrierehöhepunkt stellte fraglos die Wahl zu Europas Fußballer des Jahres 1965 dar, die noch vor dessen starker Vorstellung an der WM in England erfolgt war. Als auch in Portugal nach der Saison 1969/70 erstmals ein Spieler des Jahres ausgelobt wurde, war es eigentlich selbstverständlich, dass „O Rei" bei der Premiere – ebenso wie auch 1973 – bedacht wurde.

Die Mannschaft von Benfica Lissabon, die am 2. Mai 1962 durch ein grandioses 5:3 über Real Madrid den Europapokal der Landesmeister verteidigte. Hinten von links: Cruz, Angelo, João, Cavem, Germano, Costa Pereira. Vorne von links: Augusto, Eusebio, Aguas, Coluna, Simoes. Zweifacher Torschütze im Olympiastadion von Amsterdam war Eusebio, der auf dem rechten Foto zusammen mit dem Siegespreis sowie seinem Trainer und Entdecker Bela Guttmann zu sehen ist.

Eine unvollendete Karriere

Seine zahlreichen Titel im Benfica-Dress machen den heutigen Botschafter des Rekordmeisters in seinem Heimatland natürlich unvergessen. Auch außerhalb Portugals hat er mit seinen starken Auftritten im Europacup und mit der Nationalelf mehrere Duftmarken gesetzt. Gleichwohl erscheint seine Karriere gemessen an seinen Fähigkeiten heute im Vergleich zu anderen Jahrhundertstars des Weltfußballs wie Pele, Franz Beckenbauer, Johan Cruyff oder Alfredo di Stefano als „unvollendet", was vor allem daran liegt, dass er seine Erfolge eben „nur" mit Benfica und „nur" in Portugal gefeiert hat. Von der portugiesischen Meisterschaft wurde zu Zeiten Eusebios außerhalb des Landes kaum Notiz gekommen, weshalb viele seiner Glanzleistungen unter Ausschluss der (europäischen) Öffentlichkeit stattfanden. Ein Wechsel zu einem namhaften Spitzenklub in einer der großen Ligen blieb dem Schwarzafrikaner stets verwehrt. Dabei hatte es an Angeboten nicht gefehlt. Sogar die Bundesliga soll an der Schwarzen Perle interessiert gewesen sein. Stolze zwei Millionen D-Mark wollte auch der brasilianische Spitzenklub Vasco da Gama an Benfica überweisen, falls die Portugiesen ihren Superstar ziehen ließen. Eusebio selbst verspürte große Lust nach einer Luftveränderung. Da die Verantwortlichen von Benfica den durchaus nachvollziehbaren Wechselabsichten Eusebios aber immer einen Riegel vorschoben, indem sie beispielsweise die Ablöseforderungen in utopische Höhen trieben, blieb diesem der Weg auf den Olymp des Fußballs versagt. Während Benfica an seinem Star nicht schlecht verdiente, nahmen sich dessen Gagen vergleichsweise bescheiden aus. Natürlich war Eusebio, der als erster Superstar des afrikanischen Fußballs galt, kein armer Mann. Gemessen an den Verdienstmöglichkeiten im Ausland dürfte sich „O Rei" aber immer ein wenig abgespeist gefühlt haben.

Wanderer zwischen den Welten

Erst als sich Eusebio während der Saison 1974/75 eine schwere Knieverletzung zuzog und daher nicht mehr die gewohnte Torgefahr ausstrahlte, stimmten die Benfica-Bosse einem Wechsel ins Ausland zu. Letztmals sollte er am 11. Juni 1975 in einem Freundschaftsspiel in Casablanca das Trikot der Aguias überstreifen. Zunächst nahm Eusebio ein Engagement bei den Boston Minutemen in der North American Soccer League (NASL) an, wo er jedoch aufgrund seiner immer noch nicht auskurierten Verletzung nur sieben Spiele bestritt, in denen er zwei Tore erzielte. Auch bei seinem anschließenden Kurzgastspiel in Mexiko bei CF Monterrey absolvierte der in die Jahre gekommene Schwarze Panther nur zehn Begegnungen, ehe er bei den Toronto Metros-Croatia letztmals seine alte Klasse aufblitzen ließ. In der NASL erzielte er in 25 Spielen 18 Tore und schloss das Spieljahr 1976 mit dem Gewinn der US-Meisterschaft ab.

Aufgrund seiner großen Verletzungsanfälligkeit war Eusebio danach nur noch ein Schatten seiner selbst. Kurzzeitig versuchte er sich in seiner portugiesischen Heimat bei SC Beira-Mar Aveiro und Zweitligist União de Tomar, um in Las Vegas und New Jersey weitere Gastspiele in der Neuen Welt zu geben. Sein Karriereende war dem eines Weltstars unwürdig. Bei einem Verein namens Buffalo Stallions bestritt er 1979/80 noch fünf Spiele in der bedeutungslosen Major Indoor League, um schließlich im Alter von 38 Jahren seine aktive Laufbahn zu beenden.

Danach blieb der Schwarze Panther dem Fußball eng verbunden, wenngleich er nie eine Karriere als Trainer anstrebte. Lediglich für kurze Zeit fungierte er als technischer Berater der Nationalmannschaft. Sein Stellenwert (und seine Medienpräsenz) im portugiesischen Fußball blieb dennoch hoch und dürfte dem von Franz Beckenbauer in Deutschland oder jenem Peles in Brasilien entsprechen. Zudem konnte er sich über zahlreiche Auszeichnungen und Ehrungen freuen. Als die UEFA 2004 ihr 50-jähriges Bestehen feierte, kürte sie für jeden ihrer Mitgliedsverbände den bedeutendsten Akteur ihrer Geschichte, wobei für Portugal die Wahl nicht unerwartet auf Eusebio fiel. Auch seine zeitweise etwas erzwungene Vereinstreue zu Benfica hat ihm nicht wirklich geschadet. Nicht nur, dass ihn der Rekordmeister zu seinem offiziellen Botschafter ernannte. Vor dem Estadio da Luz erinnert eine überlebensgroße Statue an die Glanztaten, die „O Rei" zu aktiven Zeiten für den Verein erbracht hat. Mittlerweile ist dieser vom FC Porto als Nummer 1 des portugiesischen Fußballs abgelöst worden. Sein ehemaliger Teamgefährte Antonio Simões glaubt, dass allein der Einfluss, den Eusebio auf Benfica besitzt, daran wieder etwas ändern kann: „Mit Eusebio können wir vielleicht zum dritten Mal den Europacup gewinnen. Ohne Eusebio können wir vielleicht wieder Meister werden." – Der ungekrönte Fußballkönig Portugals möge also bitte die Hand auflegen...

► ZAHLEN UND FAKTEN

Vereine:	1957-1960	Sporting de Lourenço Marques
	1961-1975	Benfica Lissabon
	1975	Boston Minutemen
	1975-1976	CF Monterrey
	1976	Toronto Metros-Croatia
	1976-1977	SC Beira-Mar Aveiro
	1977	Las Vegas Quicksilver
	1977-1978	União de Tomar
	1978-1979	New Jersey Americans
	1979-1980	Buffalo Stallions

Tore:
325 portugiesische Erstligaspiele (322 Tore)
12 portugiesische Zweitligaspiele (3 Tore)
60 Spiele Taça de Portugal (97 Tore)
42 Ligaspiele Mosambik (77 Tore)
53 NASL / ASL-Spiele (27 Tore)
10 mexikanische Erstligaspiele (1 Tor)
75 Europapokal-Spiele (57 Tore)
64 Länderspiele (41 Tore)
gesamt 641 Pflichtspiele (625 Tore)

Erfolge:
Mosambikanischer Meister 1960
Portugiesischer Meister 1961, 1963, 1964, 1965, 1967, 1968, 1969, 1971, 1972, 1973, 1975
Portugiesischer Pokalsieger 1962, 1964, 1969, 1970, 1972
US-Meister 1976
Europacupsieger der Landesmeister 1962

Portugiesischer Torschützenkönig 1964, 1965, 1966, 1967, 1968, 1970, 1973
Europas Torschützenkönig 1968, 1973
Portugals Fußballer des Jahres 1970, 1973
Europas Fußballer des Jahres 1965

In der Nationalmannschaft:

Als Eusebio im Herbst 1961 seine Länderspielkarriere für Portugal begann, nahmen sich die internationalen Erfolge seines Heimatlandes – vorsichtig gesprochen – bescheiden aus. Noch nie hatte die Landesauswahl an einer Weltmeisterschaftsendrunde teilgenommen, sondern stattdessen im internationalen Vergleich weit eher die Rolle des Sparringspartners und Prügelknaben gespielt. Als die Lusitanier sich etwa für die WM 1934 in Italien zu qualifizieren versuchten, wurden sie vom großen Nachbarn Spanien in Madrid gleich mit 0:9 demontiert. Zwanzig Jahre später trafen sie auf Österreich, das an der Donau mit einem 9:1-Sieg ebenfalls kurzen Prozess machte. Die ganze Chancenlosigkeit portugiesischer Nationalmannschaften offenbarte sich auch am 25. Mai 1947, als es in Lissabon gegen das damals keineswegs mehr unschlagbare England eine desillusionierende 0:10-Klatsche setzte.

► EINWURF
Im Verlauf seiner langen Karriere war Eusebio nicht weniger als sieben Mal als Torschützenkönig in der höchsten portugiesischen Spielklasse hervorgegangen. Dabei war ihm das Kunststück geglückt, nach dem ersten Gewinn der „Bola de Prata" in der Saison 1963/64, die nationale Torschützenliste auch in den darauf folgenden vier Jahren anzuführen. Zudem konnte Eusebio die begehrte Auszeichnung noch in den Spielzeiten 1969/70 und 1972/73 abgreifen. Während 1969/70 lediglich 21 Treffer ausreichend waren, markieren seine 43 Saisontore aus der Saison 1967/68 die persönliche Bestmarke, für die er im Übrigen lediglich 24 Einsätze benötigt hatte. Fast ebenso sensationell sind die 40 Tore, die Eusebio in 28 Ligaspielen der Saison 1972/73 erzielt hat. Die sieben Torjägerkronen des Schwarzen Panthers sind im portugiesischen Fußballsport bis heute unerreicht. Am nächsten an seine Rekordmarke heran kommt Fernando Gomes, der als Spieler des großen Konkurrenten FC Porto immerhin sechsmal reüssierte. Fünfmal erfolgreich waren Fernando Peyroteo, Mario Jardel und José Aguas, mit dem Eusebio zu Beginn seiner Laufbahn noch bei den Encarnados zusammengespielt hatte.

Grundlegendes sollte sich an der Situation der Seleção erst zu Beginn der sechziger Jahre ändern, was zuallererst auf die Europapokalerfolge Benfica Lissabons zurückzuführen war. Nachdem die Aguias im Mai 1961 Real Madrid als Seriensieger der kontinentalen Königsklasse abgelöst hatten, hofften die portugiesischen Fußballanhänger, dass etwas von dem Glanz Benficas auch auf die Nationalelf fallen würde. Immerhin war diese im Frühjahr 1961 unter Trainer Armando Ferreira hoffnungsvoll in die WM-Qualifikation für Chile gestartet und hatte nach einem glatten 6:0-Auftaktsieg über Luxemburg im Nationalstadion von Lissabon wenig später auch den Engländern an selber Stätte ein 1:1 abgetrotzt. Insbesondere nach dem Europacuptriumph Benficas schien die WM-Qualifikation vor den beiden Auswärtsaufgaben im Herbst im Bereich des Möglichen zu liegen. Die Hoffnungen wurden nicht zuletzt durch die Galaauftritte eines jungen Mannes genährt, der sich zu Beginn der neuen Saison im Eiltempo in die Stammelf des Europacupsiegers gespielt hatte. Der 19 Jahre alte Eusebio hatte für seinen Verein erst wenige Pflichtspiele absolviert, als ihn Fernando Peyroteo – der inzwischen auf Armando Ferreira als Nationaltrainer gefolgt war – für das Rückspiel am 8. September 1961 in Luxemburg nominierte. Der Sieg über die Luxemburger schien für die mit Benfica-Spielern gespickte Seleção reine Formsache. Auf regennassem Geläuf sollte sich der haushohe Favorit jedoch bis auf die Knochen blamieren und durch eine 2:4-Niederlage fast sämtliche Chancen auf die angestrebte WM-Teilnahme verspielen. Immerhin hatte Debütant Eusebio in der Schlussphase seinen ersten Länderspieltreffer erzielen können. Mann des Tages vor 6.000 Zuschauern war jedoch der Luxemburger Linksaußen Schmidt, der die Heimelf bis zur 60. Minute im Alleingang uneinholbar mit 3:0 in Führung geschossen hatte. Durch die abschließende 0:2-Niederlage im Wembley-Stadion waren die Portugiesen endgültig an der WM-Qualifikation gescheitert. Zwei Dinge beherrschten hinterher die Schlagzeilen: Zum einen beklagten die Gäste nicht weniger als drei Pfostenschüsse. Und dann staunten die Auguren nicht schlecht über den jungen Eusebio, der nach seinem starken Auftritt in der Gralsburg des Fußballs von vielen als „neuer Pele" bezeichnet wurde, was vielleicht dem äußeren Anschein nach, keinesfalls aber der Spielweise wegen, korrekt war!

Bis zum Beginn der Qualifikation für die nächsten Weltitelkämpfe in England hatte Eusebio in 14 Länderspielen sieben Treffer erzielt. Im November 1964 hatte er sich auch bei den Fans im rivalisierenden Porto beliebt gemacht, als er die Seleção im Estadio das Antas im iberischen Derby gegen Spanien mit zwei Treffern zu einem 2:1-Sieg geschossen hatte. Im Januar 1965 begann für die Portugiesen dann die Qualifikation für die Titelkämpfe in England, wobei man gegen die Türkei, Rumänien und Vizeweltmeister CSSR vor schweren Aufgaben stand. Als Eusebio nach den Chancen befragt wurde, meinte der amtierende Fußballer Europas kurz und trocken: „Diesmal sind wir dabei."

Den Auftakt machten die beiden Vergleiche mit der Türkei, die vor allem dank Eusebio mit der Optimalpunktzahl in die Statistik einflossen. Das erste Spiel in Lissabon gewannen die Gastgeber locker mit 5:1. Drei Treffer waren auf das Konto des „Pantera Negra" (Schwarzen Panthers) gegangen, der die Elf von Otto Gloria auch im Rückspiel am 19. April 1965 in Ankara mit seinem Tor des Tages zu einem 1:0-Sieg schoss. Als amtierender Vizeweltmeister galt die Mannschaft der Tschechoslowakei sechs Tage später in Bratislava natürlich als Favorit. Zudem hatte es vor dem Anpfiff stark geregnet, was den Gastgebern ebenfalls zum Vorteil zu gereichen schien. Als kurz nach Spielbeginn auch noch Portugals Verteidiger Mendes verletzt ausschied, schien der Sieg der CSSR ausgemachte Sache. Dennoch behielten die Iberer mit 1:0 die Oberhand, wofür zum einen der glänzend aufgelegte Keeper Costa Pereira zuständig war, weil er gleich mehrere „Hundertprozentige" vereiteln konnte. Die zumeist in die Defensive gedrängte Seleção hatte vor allem dann ihre starken Momente vor dem gegnerischen Tor, wenn sich Eusebio mit einem seiner kraftvollen Antritte in Szene setzte. Er war es auch, der Schroif mit einem platzierten Weitschuss überwand, was den Gästen einen hart erkämpften, aber keineswegs unverdienten doppelten Punktgewinn bescherte. Die erste WM-Teilnahme wurde durch den 2:1-Heimsieg über das überraschend starke Rumänien – Eusebio war als zweifacher Torschütze abermals spielentscheidend in Erscheinung getreten – immer wahrscheinlicher und stand endgültig fest, als sich die Schützlinge von Otto Gloria im letzten Heimspiel gegen die CSSR in Porto ein torloses Remis erkämpft hatten. Die abschließende 0:2-Niederlage in Bukarest gegen Rumänien war somit nur ein kleiner Schönheitsfehler.

Die WM in England

Nachdem Eusebio während der Qualifikationsspiele seinen Wehrdienst abgeleistet hatte, konnte er sich im Sommer 1966 voll auf seine erste (und einzige) WM-Teilnahme konzentrieren. Befragt nach den Chancen seiner Elf, die in ihrer Vorrundengruppe auf Brasilien, Ungarn und Bulgarien traf, schob Eusebio dem Titelverteidiger aus Südamerika die Favoritenrolle zu. „Aber den zweiten Platz werden wir belegen", so die Schwarze Perle.

Zum Auftakt bekam es der WM-Neuling mit Geheimfavorit Ungarn zu tun, der in Old Trafford mit 3:1 in die Schranken gewiesen wurde. Seinen ersten Weltmeisterschaftstreffer erzielte Eusebio dann gegen Bulgarien (3:0), als er in der 38. Minute nach einem prachtvollen Alleingang den gegnerischen Schlussmann Naidenov überwand.

Vor dem abschließenden Vergleich mit Eusebios Gruppenfavorit Brasilien lag die Seleção damit klar auf Viertelfinalkurs, während der Titelverteidiger durch ein unerwartetes 1:3 gegen Ungarn mit dem Rücken zur Wand stand. Der 3:1-Erfolg, den die Portugiesen am 19. Juli 1966 im Goodison Park von Liverpool feierten, trug schließlich wesentlich dazu bei, dass in den Augen vieler der „europäische Pele" Eusebio dem echten Edson Arantes do Nascimento den Rang abzulaufen schien. Tatsächlich hatte die Schwarze Perle in der traditionsreichen Arena des FC Everton einen Sahnetag erwischt und mit seinen zwei Treffern aus der 26. und 85. Minute die Weichen auf Sieg gestellt. Andererseits darf auch nicht verschwiegen werden, dass die Portugiesen – allen voran Coluna und Verteidiger Vicente – Pele von Beginn an mit bösen Fouls traktierten, so dass der ohnehin schon verletzt in die Partie gegangene Brasilianer nur noch als Statist mitwirken konnte. Während die Südamerikaner nach ihrem Ausscheiden verständlicherweise schmollten (Pele wollte wegen der gegen ihn angeschlagenen harten Gangart sogar nie wieder an einer WM teilnehmen), herrschte in Lusitanien eitel Sonnenschein. Neben der Sowjetunion hatte der Neuling seine Vorrundengruppe als einziger verlustpunktfrei abgeschlossen, so dass die optimistischen Erwartungen Eusebios sogar noch übertroffen worden waren.

► EINWURF

Als Eusebio im Oktober 1973 seine Karriere in der portugiesischen Landesauswahl nach 64 Länderspielen und 41 Toren beendete, war er in seinem Heimatland nicht nur Rekordspieler, sondern auch bester Torjäger. Sein Länderspielrekord wurde während der EM 1984 in Frankreich gebrochen, als Tamagini Nené am 20. Juni gegen Rumänien seinen 65. Einsatz verzeichnete. Heute zählt Eusebio nicht mehr zu den Top Ten der portugiesischen Rekordspieler. In Sachen Tore wurde die Schwarze Perle dagegen erst 2005 von Pauleta überholt, der als aktueller Rekordtorjäger seines Landes auf 47 Treffer kommt. Hinter Pauleta folgt allerdings bereits Eusebio, der damit Luis Figo mit 32 Länderspieltreffern klar auf den dritten Platz verweist.

Im Viertelfinale sollten es die Portugiesen dann mit Außenseiter Nordkorea zu tun bekommen, der in der Vorrunde sensationell die Italiener ausgebootet hatte. Die wieselflinken Asiaten knüpften auch gegen Portugal zunächst an ihre Sensationsleistung aus dem Spiel gegen die Azzurri an und führten nach 24 Minuten sage und schreibe mit 3:0. Jetzt schlug die große Stunde Eusebios, der an jenem 23. Juli 1966 im Goodison Park wohl das Spiel seines Lebens machte. Drei Minuten nach dem dritten Gegentor sorgte er für das 1:3, um in der 42. Minute einen an Torres verschuldeten Foulelfmeter zum Anschlusstreffer zu verwandeln. Nach dem Seitenwechsel legte Eusebio noch eine Schippe drauf, erzielte nach knapp einer Stunde weitere zwei Tore und bereitete auch noch das 5:3 durch Augusto vor. Eusebio war damit übrigens der erste portugiesische Nationalspieler, dem in einem Länderspiel vier Tore gelungen waren. Zwar scheiterte sein Team im anschließenden Semifinale von London gegen England mit 1:2. Spielentscheidend war wohl gewesen, dass er von Nobby Stiles in Manndeckung genommen worden war. Nach dem 2:1-Erfolg über die Sowjetunion im kleinen Finale stand allerdings das bis heute beste WM-Ergebnis Portugals fest. Eusebio war jeweils ein weiterer Treffer gelungen, so dass er nach dem Turnier mit insgesamt neun Toren zum besten WM-Goalgetter gekürt wurde.

Nach den Tagen von England konnte sich der Schwarze Panther mit seiner Nationalmannschaft, die er 16-mal auch als Kapitän aufs Feld geführt hat, nie wieder für ein großes Turnier qualifizieren. Nachdem er gegen die UdSSR sein 32. Länderspiel bestritten hatte, sollten bis 1973 weitere 32 hinzukommen, in denen er noch 15 Tore erzielte. An seine Galaauftritte vom Sommer 1966 vermochte Eusebio indes nie wieder anzuknüpfen. Schon in der EM-Qualifikation für 1968 hatte der WM-Dritte arg enttäuscht und war als Gruppenzweiter hinter Bulgarien bereits nach der Vorrunde gescheitert. Eusebio hatte seinen stärksten Auftritt beim 2:1 gegen Norwegen gehabt, als ihm gegen das Schlusslicht in Oslo beide Treffer gelangen. Gänzlich von der Rolle zeigten sich die Portugiesen im Rahmen der WM-Qualifikation für Mexiko, wo sie hinter Rumänien, Griechenland und der Schweiz den letzten Platz belegten, woran auch drei Torerfolge Eusebios nichts geändert hatten. Nach einem weiteren Vorrunden-Aus in der EM-Qualifikation 1972 sollte Eusebio auch die WM in der Bundesrepublik verpassen. Der letzte von insgesamt 41 Länderspieltreffern war ihm am 28. März 1973 beim 1:1 im Qualifikationsspiel gegen Nordirland in Coventry gelungen.

Saison	Europacup		Liga		Lsp.	
	Sp.	T.	Sp.	T.	Sp.	T.
1957			4	9		
1958			7	11		
1959			11	21		
1960			20	36		
1960/61	0	0	1	1		
1961/62	6	5	17	12	5	2
1962/63	7	6	24	23	3	1
1963/64	3	4	19	28	5	2
1964/65	9	9	20	28	6	9
1965/66	5	7	23	25	13	12
1966/67	4	4	26	31	4	3
1967/68	9	6	24	43	3	0
1968/69	5	1	21	10	4	2
1969/70	4	4	22	21	2	1
1970/71	3	7	22	19	4	2
1971/72	8	1	24	19	11	4
1972/73	4	2	28	40	3	3
1973/74	4	1	21	16	1	0
1974/75	4	0	9	2		
1975			7	2		
1975/76			10	1		
1976			25	18		
1976/77			12	3		
1977			17	2		
1977/78			12	3		
1978			4	5		
1979			0	0		

Jacques Fatton
„Bester Linksaußen" im schweizerischen Fußball

Geboren wurde Jacques Fatton am 19. Dezember 1925 nahe der schweizerischen Grenze im französischen Exincourt, einem heutigen Stadtteil Montbéliards. Bevor er mit seinen Eltern jedoch in die Schweiz übersiedelte, startete er seine Fußballerlaufbahn in seinem Geburtsland Frankreich, genau genommen in der Kleinstadt Saint-Chély-d'Apcher, die im äußersten Südwesten des Landes, im Languedoc-Roussillon, liegt. Erst danach zog Fatton in seine „zweite" Heimat Schweiz, wo er sich im Alter von zwölf Jahren der Nachwuchsabteilung von Servette Genf anschloss. Einer der besten Servettiens der Geschichte sollte dem 17-maligen Meister fast seine gesamte Karriere lang treu bleiben. Innerhalb eines Zeitraums von 20 Jahren konnte er mit den „Grenats" vier Meistertitel und einen Pokalsieg erringen. Der Durchbruch gelang dem nur 1,66 Meter großen Fatton unter Trainer Fernand Jaccard. Unmittelbar nach seinem Amtsantritt im Sommer 1943 baute Jaccard auf den starken Linksfuß, obwohl dieser in seiner Debütsaison lediglich einen Treffer erzielen konnte. Auf dem linken Servette-Flügel wirbelte schon seit einiger Zeit der vier Jahre ältere Lucien „Lulu" Pasteur, den sie am Genfer See aufgrund seiner Dribbelstärke stolz den „schweizerischen Stanley Matthews" nannten. Die Rochaden, die Fatton und Pasteur auf dem linken Flügel vorführten, brachten so ziemlich jede gegnerische Abwehr in Verwirrung und verhalfen ihrem Verein, der nach dem Grasshopper Club Zürich am häufigsten Schweizer Meister geworden ist, zu der ein oder anderen denkwürdigen Sternstunde.

Der im Dezember 1925 geborene Jacques Fatton spielte für Servette Genf und Olympique Lyon und bestritt zwei WM-Turniere für die Schweiz.

Zwei davon hatte Fatton bereits im August 1944 bei den „Jeux de Genève", einem in den vierziger Jahren stattfindenden Sommerturnier mit zunächst nur nationaler, ab 1945 aber auch internationaler Beteiligung. Bei der fünften Auflage traf Servette im Halbfinale auf Stadtrivale CS International, gegen dessen Elf es nach 90 Minuten 5:5 stand, wobei Fatton als zweifacher Torschütze geglänzt hatte. Per Münzwurf zogen die Granatroten ins Endspiel ein, das sie im Stade des Charmilles gegen Lausanne-Sports auch dank eines weiteren Fatton-Tores mit 3:2 gewannen.

Genfer „Wirbel-Sturm" auf Titeljagd

Während „Lulu" Pasteur für die Vorlagen zuständig war, galt „Jacky" Fatton als der ideale Vollstrecker, weil dieser über einen äußerst präzisen und harten Schuss verfügte, außerdem ungemein reaktionsschnell und zudem körperlich stets in bester Verfassung war. Dies alles führte dazu, dass die Gegenspieler Fatton nie aus den Augen lassen durften. Selbst wenn dieser über 89 Minuten nicht zu sehen war, musste man dank seiner starken Physis immer damit rechnen, dass er kurz vor dem Abpfiff doch noch zur Stelle war. Der Genfer „Wirbel-Sturm" Pasteur / Fatton bescherte dem Verein in der Spielzeit 1945/46 den ersten Titelgewinn seit sechs Jahren. Die Elf von Trainer Fernand Jaccard konnte ein äußerst spannendes Meisterschaftsrennen knapp für sich entscheiden und lag in der Endabrechnung nur einen Zähler vor dem FC Lugano. Fatton, der in jenem Jahr zum Nationalspieler avancierte, hatte mit 15 Treffern in 24 Einsätzen seinen Teil zum zehnten Meistertitel der Vereinsgeschichte beigetragen.

An den „Jeux de Genève" nahmen im Hochsommer 1946 mit Rapid Wien und Bata Zlin erstmals zwei ausländische Teams teil, die sich im Semifinale klar gegen die beiden einheimischen Vertreter durchsetzten. Gar mit 0:6 hatte sich Servette der Elf aus dem mährischen Zlin beugen müssen. Für diese Klatsche sollten sich die Granatroten im kleinen Finale gegen Cantonal Neuchâtel rehabilitieren und einen fulminanten 10:2-Sieg feiern, zu dem Jacques Fatton nicht weniger als fünf Treffer beigesteuert hatte.

Da Servette in den kommenden beiden Spielzeiten in der Liga nicht über Rang fünf hinauskam, musste Trainer Jaccard im Sommer 1948 für Karl Rappan weichen. Unter dem Erfinder des „Schweizer Riegels" reichte es 1948/49 in der Nationalliga A dann allerdings auch nur zum vierten Platz. Für Jacques Fatton hatte sich der Trainerwechsel gleichwohl ausgezahlt. Einmal konnte er sich mit 21 Saisontoren erstmals den Gewinn der nationalen Torjägerkrone sichern. Zudem gewann Servette zum zweiten Mal in seiner Historie den nationalen Pokal. Schon im Halbfinale zeigte sich die Mannschaft in blendender Verfassung und besiegte Lausanne-Sports im heimischen Stade des Charmilles klar mit 5:1. Fatton bewies dabei einmal mehr, dass man mit ihm bis zum Schluss rechnen musste, da er in der 88. Minute mit seinem späten Tor für den Endstand sorgte. In noch besserer Verfassung zeigte sich „Jacky" dann im Endspiel am 18. April 1949. Im Berner Wankdorf lautete das Resultat gegen den Grasshopper Club Zürich bis kurz vor der Pause 0:0, ehe der Servette-Linksaußen in der 42. Minute für den Führungstreffer sorgte. Drei Minuten später netzte er einen Strafstoß zum 2:0 ein, so dass er innerhalb nur weniger Minuten quasi im Alleingang für eine Vorentscheidung gesorgt hatte. Nach 90 Minuten und einem dritten Treffer von Tamini (70.) hatte der Genfer „Wirbel-Sturm" einen weiteren Gegner vom Platz gefegt.

> **► EINWURF**
> *„Jacky" Fatton ist heute mit 274 Toren in 357 Einsätzen erfolgreichster Goalgetter der schweizerischen Nationalliga A. Die beiden folgenden Ränge belegen zwei seiner Zeitgenossen. Der in Schaffhausen geborene Eugen Meier erzielte die meisten seiner 249 Ligatreffer für Young Boys Bern, während „Sepp" Hügi (244 Tore) lange Jahre für den FC Basel tätig war.*

Die Spielzeit 1949/50 sollte die wohl stärkste in der Laufbahn Jacques Fattons werden. In der Nationalliga war er nicht zu bremsen und führte mit 32 Treffern in 31 Partien zum zweiten Mal in seiner Karriere die Torschützenliste an. Dank des wiederum glänzend harmonierenden Sturmduos Pasteur / Fatton stellte Servette mit 73 Saisontoren den mit Abstand besten Angriff, was dem Verein mit zwei Zählern Vorsprung auf den FC Basel einen neuerlichen Meistertitel bescherte. Zudem konnte Fatton auch bei der anschließenden Weltmeisterschaft im fernen Brasilien für

Furore sorgen, so dass er sich auch über die Landesgrenzen hinaus einen Namen machte. Lediglich die 1:3-Heimpleite im Pokalhalbfinale gegen Cantonal Neuchâtel, bei der Fatton in der 48. Minute der Führungstreffer gelungen war, trübte ein wenig die Bilanz.

So dürfte er sich selbst wohl am besten gefallen haben: Jacques Fatton mit dem Meisterpokal des SFV, den er im Verlauf seiner Karriere mit Servette Genf in den Jahren 1946, 1950, 1961 und 1962 gewinnen konnte.

Zu Beginn der fünfziger Jahre hatten sich die gegnerischen Abwehrreihen dann zunehmend besser auf den Genfer Angriffswirbel eingestellt. In den vier Jahren zwischen der WM in Brasilien und jener in der Schweiz pendelte die Mannschaft zwischen dem vierten und sechsten Platz, während auch „Jacky“ Fatton nicht mehr an seine Trefferquote aus dem Rekordjahr 1949/50 heranreichte. Nur noch in der Saison 1952/53 konnte er die Marke von 20 Toren überbieten, während er im Jahr darauf für seine Verhältnisse eher bescheidene 15 Saisontreffer erzielte. Die Folge war, dass der Linksaußen nach einer neuen Herausforderung suchte, die er in seinem Geburtsland Frankreich fand. Nach der Weltmeisterschaft in der Schweiz wechselte der nunmehr knapp 29-Jährige zu Olympique Lyon.

► EINWURF
In der Saison 1949/50 setzte Jacques Fatton mit 32 Ligatreffern seine persönliche Bestmarke. In der Geschichte des schweizerischen Erstligafußballs wurde diese bis heute lediglich dreimal überboten. Während Branislav Vukosalijevic und Peter Risi 1955/56 resp. 1975/76 je einmal öfter ins Schwarze trafen, wird der Allzeit-Rekord von einem weiteren Servette-Spieler gehalten: In der ersten Nationalliga-Saison 1933/34 traf Leopold Kielholz 40-mal ins Schwarze.

Von der Rhône zurück an den Genfer See

Anders als zu Beginn des 3. Jahrtausends war Olympique Lyon Mitte der fünfziger Jahre des 20. Jahrhunderts im französischen Fußball alles andere als eine große Hausnummer. Vielmehr war die Mannschaft 1954 nach zwei Jahren gerade wieder ins nationale Oberhaus aufgestiegen, so dass Fatton mit seinem Wechsel in die alte Heimat ein beträchtliches Risiko einging. Und tatsächlich war die dreijährige Zeit an der Rhône auch nicht übermäßig erfolgreich. Immerhin reichte es 1954/55 unter Trainer Julian Darui als Zwölfter zum Klassenerhalt, derweil Neuzugang Fatton mit 14 Treffern in 29 Spielen die in ihm gesetzten Erwartungen ebenfalls einigermaßen erfüllte. Im Jahr darauf steigerte sich Lyon dann auf den achten Platz. Allerdings ging die Torquote Fattons auf elf (in 31 Spielen) zurück, ehe die Mannschaft im Spieljahr 1956/57 wiederum nur als Zwölfte die Ziellinie passierte, während sich die Karriere von Jacques Fatton angesichts von nur noch acht Saisontreffern dem Ende entgegen zu neigen schien. Von der Rückkehr zu Servette Genf erwarteten sich die Experten somit auch nicht allzu viel, zumal Fattons einstiger Sturmpartner Lucien Pasteur 1956 den Granatroten altersbedingt den Rücken gekehrt und bei Stadtrivale Urania angeheuert hatte.

Dank seiner guten körperlichen Verfassung konnte „Jacky“ die zahlreichen Kritiker jedoch schnell eines Besseren belehren. Sofort nach seiner Rückkehr an den Genfer See blühte er wieder auf und erwies sich als Kopf einer Mannschaft, die Ende der fünfziger Jahre freilich im tabellarischen Niemandsland der Nationalliga A feststeckte. Obwohl Fatton in der Spielzeit 1958/59 in 25 Einsätzen herausragende 21 Treffer erzielt und damit in der Torjägerliste hinter Eugen Meier von Meister Young Boys Bern den zweiten Platz belegt hatte, reichte es in der Meisterschaft nur zu Rang neun. Wenigstens im SFV-Cup war es für den Rückkehrer mit der Qualifikation für das Finale besser gelaufen, wenngleich es dort am 19. April im Berner Wankdorfstadion gegen den Ligazweiten FC Grenchen eine knappe 0:1-Niederlage gesetzt hatte.

Wegen des enttäuschenden Meisterschaftsverlaufs war Trainer Frank Séchehaye im Sommer 1959 durch den Franzosen Jean Snella ersetzt worden. Unter dessen Regie verbesserten sich die Servettiens in der kommenden Spielzeit als Tabellen-Siebter zunächst nur unwesentlich. In der Saison 1960/61 sollte Jacques Fatton dann so etwas wie seinen dritten Frühling erleben. Zwar war er lediglich in 15 Spielen zum Einsatz gekommen. Die dort erzielten 14 Treffer trugen jedoch ihren Teil zum unerwarteten Gewinn der Schweizer Meisterschaft bei, den sich die Granatroten in überlegener Manier und einem Vorsprung von zehn Punkten auf Titelverteidiger Young Boys Bern sicherten. Doch damit nicht genug: Obwohl Fatton außerhalb des Platzes eher zurückhaltend, ja geradezu scheu wirkte, wurde er im Spiel von seinen jüngeren Kameraden als Führungspersönlichkeit akzeptiert. Autorität erwirbt ein Fußballer – egal ob alt oder jung – vor allem durch Leistung! Und die stimmte beim Servette-Linksaußen auch in der Saison 1961/62 über alle Maßen. Die Granatroten konnten ihren Titel mit fünf Zählern Vorsprung auf Lausanne-Sports verteidigen. Der 36 Jahre alte Fatton erzielte im Saisonverlauf 25 Treffer – und das bei nur 17 Einsätzen – womit er nach zwölf Jahren Pause wieder die Torschützenliste der Nationalliga A anführte. Als Sahnehäubchen durfte er auch noch im Europapokal der Landesmeister ran, wo er sein Team im Hinspiel des Achtelfinales am 5. November 1961 im Stade des Charmilles zu einem denkwürdigen 4:3-Erfolg über Dukla Prag führte, zu dem er drei der vier Treffer beisteuerte. Trotzdem musste sich der Schweizer Meister im Rückspiel nach einer 0:2-Niederlage von Prag aus dem Wettbewerb verabschieden.

Seine starken Leistungen im Verein führten gar dazu, dass sich seine Anhänger vehement für eine Rückkehr in die Nationalmannschaft aussprachen, um diese bei ihrem WM-Abenteuer in Chile zu verstärken. Als „Nati"-Coach Karl Rappan seinen Verzicht auf Fatton bekannt gab, löste dies innerhalb der schweizerischen Fußballgemeinde ein deutlich vernehmbares Murren aus. Im Verlauf der Saison 1962/63 zeigte sich allerdings, dass „Jacky", der wegen seiner weißen Haarpracht inzwischen zur „Tante Käthe" der Schweiz geworden war, seinem Alter Tribut zollen musste. Für die „Grenats" erzielte er in zwölf Einsätzen nur noch vier Tore, weshalb er im Sommer 1963 von der Bühne des Fußballs nach 20 Jahren abtrat.

► ZAHLEN UND FAKTEN

Vereine:	1943-1954	Servette Genf
	1954-1957	Olympique Lyon
	1957-1963	Servette Genf

Tore:	357 Nationalliga-A-Spiele (274 Tore)
	83 französische D1-Spiele (33 Tore)
	15 französische Pokalspiele (9 Tore)
	5 schweizerische Pokalspiele (4 Tore)*
	5 Europacup-Spiele (3 Tore)
	4 Spiele Jeux des Genève (8 Tore)
	53 Länderspiele (29 Tore)
gesamt	522 Pflichtspiele (360 Tore)
	** nur bekannte Spiele und Tore*

Erfolge: Schweizer Meister 1946, 1950, 1961, 1962
Schweizer Cup-Sieger 1949

Torschützenkönig Nationalliga A
1948/49, 1949/50, 1961/62

In der Nationalmannschaft:
Karl Rappan, der über Jahre als Coach der „Nati" und Servette-Trainer in Personalunion fungierte, war von den Fähigkeiten Jacques Fattons restlos überzeugt und bezeichnete ihn einmal als den „besten Linksaußen, der je in der schweizerischen Nationalmannschaft gespielt hat." Bereits im Alter von 20 Jahren berief Rappan den so Gelobten in die Landesauswahl, wobei das Debüt am 11. Mai 1946 mit einer 1:4-Niederlage im Londoner Wembley-Stadion gegen England gründlich daneben ging. Dennoch war Fatton für das kommende Jahrzehnt nicht mehr aus der „Nati" wegzudenken. Bis 1955 kam er 53-mal zum Einsatz und erzielte 29 Länderspieltreffer. Höhepunkte waren fraglos die beiden WM-Teilnahmen 1950 und 1954.

► EINWURF
Mit 23 Toren in 53 Länderspielen ist Jacques Fatton gegenwärtig fünftbester Torschütze der schweizerischen „Nati". Besser als der ehemalige Servette-Linksaußen sind lediglich Alexander Frei (42), Kubilay Türkyilmaz (34), „Xam" Abegglen (32) und dessen sieben Jahre jüngerer Bruder „Trello" (30).

Seine ersten beiden Tore schoss Fatton am 5. Januar 1947, als die Eidgenossen Portugal in Lissabon ein 2:2 abtrotzten. Auch in den nächsten drei Spielen konnte sich der junge Stürmer jeweils als Torschütze in Szene setzen. Während die beiden Partien in Florenz gegen Italien (2:5) und in Lausanne gegen Frankreich (1:2) jedoch verloren gingen, besiegelte er mit seinem fünften Länderspieltor am 18. Mai 1947 im Zürcher Hardturm einen 1:0-Erfolg über England. Auffallend war, dass die Rappan-Schützlinge trotz der berühmten Riegel-Taktik eine Vielzahl an Gegentreffern kassierten. So bescherte das Jahr 1948 zwei torreiche Niederlagen gegen Ungarn (4:7) und England (0:6), ehe die „Nati" rechtzeitig vor den beiden WM-Qualifikationsspielen gegen Luxemburg wieder Fahrt aufnahm. Auch dank des zweifachen Torschützen Fatton wurde Wales am 26. Mai 1949 in Bern mit 4:0 geschlagen, ehe es eine Woche darauf in Paris gegen Frankreich zwar eine 2:4-Niederlage setzte, zu der Jacques Fatton aber erneut einen Doppelpack beigesteuert hatte. Während die Abwehr also immer noch einem löchrigen Emmentaler glich, stellte die Angriffsreihe fraglos das Prunkstück der „Nati" dar, da dieser mit Tamini, Bickel, Friedländer, Ballamann oder Pasteur weitere Klasseleute angehörten.
Natürlich hatten die Eidgenossen gegen Luxemburg keine nennenswerten Probleme, um sich auf dem Weg nach Brasilien durchzusetzen, was auch an Servette-Sturmführer Fatton lag, der sowohl beim 5:2 in Zürich als auch beim 3:2 in Luxemburg zwei Treffer erzielte. Die vier Gegentore gegen den Fußballzwerg aus dem Großherzogtum bewiesen jedoch, dass Karl Rappan im Vorfeld der WM-Tage von Brasilien noch einige Arbeit zu leisten hatte, um dem „Schweizer Riegel" zum Ruhm zu verhelfen, was auch die 0:4-Pleite im letzten Vorbereitungsspiel im Juni 1950 gegen Jugoslawien unterstrich.

In São Paulo bekam es die Schweiz am 25. Juni 1950 im zweiten Gruppenspiel mit WM-Gastgeber Brasilien zu tun, dem man als krasser Außenseiter ein 2:2 abrang. Das Foto zeigt, wie „Jacky" Fatton (rechts) mit seinem Treffer aus der 86. Minute den Endstand besiegelt. Verteidiger Ruy (Mitte) und Schlussmann Barbosa kommen zu spät.

Zwei Tore gegen Brasilien

Beim ersten Auftritt in Südamerika bekam es die Schweiz erneut mit den Jugoslawen zu tun, gegen die es in Belo Horizonte eine weitere Pleite setzte, die mit 0:3 nur unwesentlich glimpflicher ausfiel. Daher galten die Eidgenossen vor ihrem zweiten Gruppenspiel in São Paulo am 28. Juni 1950 gegen Veranstalter Brasilien auch als krasse Außenseiter. Im Estadio Pernambuco sollte die Riegel-Taktik Karl Rappans dann endlich zum gewünschten Erfolg führen. Nur selten lösten die Schweizer ihren massiven Defensivverbund auf, an dem sich die nervös wirkenden Brasilianer des Öfteren die Zähne ausbissen, obwohl die Schützlinge von Flavio Costa nach nur zwei Minuten durch Alfredo mit 1:0 in Führung gegangen waren. Die Eidgenossen ließen sich jedoch nicht ins Bockshorn jagen und lancierten ihrerseits gefährliche Konterattacken. In der 16. Minute bediente Jean Tamini, der ebenfalls für Servette kickte, seinen lauernden Linksaußen Fatton mit einer Maßflanke, die dieser sicher zum 1:1-Ausgleich einnetzte. Abermals gingen die Gastgeber nach einer halben Stunde durch einen – wie sich später herausstellen sollte – irregulären Treffer Baltazars in Führung. Doch auch der brachte die Rappan-Elf nicht aus dem Gleichgewicht. Vier Minuten vor dem Abpfiff kam sie sogar zum verdienten Ausgleich: Diesmal war Fatton von Friedländer in Szene gesetzt worden, so dass der amtierende Torschützenkönig der Nationalliga A sich nur noch Verteidiger Noronha gegenübersah, den er mit einer Finte ins Leere laufen ließ, um dann auch den zu spät herausgelaufenen Schlussmann Barbosa zu überwinden. Beim abschließenden 2:1-Sieg über Mexiko konnte Fatton keinen weiteren Treffer anbringen, obwohl er zu einigen guten Einschussmöglichkeiten kam. Trotz des Ausscheidens in der Vorrunde zählte der kommende WM-Gastgeber zu den positiven Überraschungen des Turniers.

Auch nach den Welttitelkämpfen präsentierte sich Jacques Fatton in Torlaune. Einen hohen Unterhaltungswert besaß der 7:5-Erfolg in Basel über die Niederlande. Während seine Mitspieler Friedländer und Antenen als zweifache Torschützen schon starke Leistungen abgeliefert hatten, sollte Fatton gar noch einen draufsetzen und drei Treffer erzielen. Beim anschließenden 4:2 über Schweden in Genf teilten sich die drei Genannten die Tore der Eidgenossen auf, wobei Fatton bei seinem „Heimspiel" als zweifacher Torschütze erneut die Nase vorn hatte. Das letzte Länderspiel des Jahres 1950 absolvierte die Schweiz am 22. November in Stuttgart. Bei der Rückkehr des DFB auf das internationale Parkett nach achtjähriger Pause war auch Jaçques Fatton mit von der Partie, doch vermochte auch er die 0:1-Pleite der übergangsweise von Franco Andreoli trainierten „Nati" nicht verhindern.

Die Niederlage in diesem für den Fußballsport in der Bundesrepublik so bedeutsamen Länderkampf leitete für die Eidgenossen eine Serie von acht sieglosen Spielen ein, in deren Verlauf man lediglich am 15. November 1951 in Lugano gegen Italien (1:1) nicht als Verlierer den Platz verließ. Auch Fatton hinkte seiner Topform hinterher und trat in diesem Zeitraum lediglich im April 1951 bei der 2:3-Niederlage in Zürich gegen Deutschland als Torschütze in Erscheinung. Fast schienen die Tage des Servettien in der schweizerischen Nationalmannschaft damit gezählt. Doch rechtzeitig zur bevorstehenden Weltmeisterschaft sollte Fatton auch in der Ländereif wieder zum Torgaranten avancieren. Nachdem er schon im November 1953 beim denkwürdigen 4:2-Auswärtserfolg in Frankreich einen Treffer erzielt hatte, war er schließlich auch im Frühjahr 1954 gegen Belgien (2:2) und die Bundesrepublik (3:5) erfolgreich, womit einer zweiten erfolgreichen WM-Teilnahme nichts im Wege stand.

Heimspiel 1954

Allerdings hatten die Gastgeber mit Italien und England schon in der Vorrunde zwei hochkarätige Gegner zugelost bekommen, weshalb nicht wenige mit einem frühen Scheitern rechneten. Aber schon beim ersten Auftritt am 17. Juni 1954 in Lausanne zeigten die Eidgenossen, dass mit ihnen bei derartigen Anlässen traditionsgemäß zu rechnen war. Sensationell konnte der zweimalige Weltmeister Italien mit 2:1 niedergerungen werden, wobei der Siegtreffer eine Viertelstunde vor Schluss durch Hügi nach Zuspiel von Fatton zustande gekommen war. Nach der 0:2-Niederlage gegen England sah der Modus ein zweites Duell mit Italien um den Viertelfinal-Einzug vor. Und wieder zeigte sich die eidgenössische Riegel-Taktik dem hilflosen Anrennen der Azzurri überlegen und bescherte den Gastgebern am 23. Juni einen 4:1-Erfolg. Es war allerdings keinesfalls nur die Abwehr, die im Baseler „Joggeli" zu glänzen vermochte. Auch die Angriffsreihe zeigte sich blendend aufgelegt. Nach 88 Minuten war die Entscheidung gefallen, als Hügi einen Konter zum 3:1 vollendete. In der Schlussminute durfte sich schließlich auch Jacques Fatton in die Torschützenliste eintragen, indem er eine Vorlage des überragenden Vonlanthen im italienischen Gehäuse unterbrachte.

Jacques Fatton (Zweiter von rechts) im Dress der schweizerischen Nationalelf kurz vor der Weltmeisterschaft 1954. Außerdem im Bild André Neury, Sepp Hügi, Marcel Flückiger und Charles Casali (von links). Insgesamt absolvierte Fatton 1950 und 1954 sieben WM-Endrundenspiele, in denen er drei Treffer erzielen konnte.

Obwohl im Viertelfinale bei der legendären „Hitzeschlacht von Lausanne" gegen Österreich (5:7) die Tore wie am Fließband fielen, wollte dem Genfer Linksaußen kein weiterer Treffer mehr gelingen. Aufgrund seines Wechsels zu Olympique Lyon neigte sich die Länderspielkarriere Fattons nach der Weltmeisterschaft bald dem Ende entgegen. Seinen letzten Länderkampf bestritt er unter dem neuen Nationaltrainer Jacques Spagnoli am 19. Juni 1955. Die Schweiz trat in Genf gegen Spanien an, wobei Fatton bei seiner Rückkehr in die alte Heima" trotz einer 0:3-Niederlage von den Zuschauern begeistert gefeiert wurde.

Saison	Lsp.		Liga		Pokal	
	Sp.	T.	Sp.	T.	Sp.	T.
1943/44			15	1		
1944/45			18	10		
1945/46	2	0	24	16		
1946/47	6	5	26	15		
1947/48	12	5	21	17		
1948/49	3	4	23	21	*2	2
1949/50	8	5	31	32	*1	1
1950/51	7	6	26	19		
1951/52	3	0	19	16		
1952/53	2	0	20	22		
1953/54	9	4	25	15		
1954/55	1	0	29	14	5	6
1955/56			31	11	5	1
1956/57			23	8	5	2
1957/58			18	10		
1958/59			25	21	*2	1
1959/60			22	16		
1960/61			15	14		
1961/62			17	25		
1962/63			12	4		

* Spiele und Tore im SFV-Pokal erst ab Halbfinale eruierbar

Laszlo Fazekas
Serienmeister mit Dozsa Ujpest

Laszlo Fazekas kam am 15. Oktober 1947 in Budapest zur Welt. Im Alter von zehn Jahren schloss sich „Kapa" dem traditionsreichen Dozsa Ujpest aus dem IV. Bezirk an, dem er bis zu seinem Wechsel nach Belgien ununterbrochene 23 Jahre angehören sollte. Als 18-Jähriger wurde er im Spieljahr 1965 in die Kampfmannschaft der Violetten berufen, wobei er sich schon bei seinem Debüt in die Torschützenliste eintrug. Zur Stammformation gehörte er damit freilich noch nicht. 1966 – Ujpest belegte in der Meisterschaft elf Zähler hinter Meister Vasas Rang 4 – kam er in zehn von 26 Spielen zum Einsatz und erzielte dabei vier Treffer. Immerhin konnte er auf internationaler Ebene auf sich aufmerksam machen, als er am 9. März 1966 im Viertelfinal-Rückspiel des Messe-Cups gegen die starken Engländer von Leeds United nach 38 Minuten das Führungstor markierte. Die Freude darüber währte indes nur kurz. Erstens hatte sein Team schon im Hinspiel eine kaum zu korrigierende 1:4-Packung kassiert. Und zweitens, weil auch die letzten Hoffnungen auf eine Sensation durch den 1:1-Ausgleichstreffer von Peter Lorimer (72.) zunichte gemacht werden sollten.
Der Durchbruch sollte Laszlo Fazekas dann im Spieljahr 1967 unter dem neuen Trainer Lajos Baroti gelingen, als er in 28 von 30 möglichen Ligaeinsätzen immerhin 13 Treffer erzielte. Damit waren die Violetten sogar wieder zum Titelaspiranten avanciert, wenngleich sie am Ende Ferencvaros den Vortritt lassen mussten. Der große Rivale Fradi hatte auch 1968 die Nase vorn. Allerdings war Dozsa Ujpest dem Rekordmeister noch näher auf die Pelle gerückt und hatte in der Endabrechnung gerade einmal einen Zähler Rückstand. Auch Fazekas hatte seine Trefferquote auf 19 weiter zu steigern vermocht.

Magischer Fußball im Megyeri ut

Was sich mit den beiden Vizemeisterschaften angebahnt hatte, wurde ab dem Spieljahr 1969 dann für alle ersichtlich. Dozsa Ujpest verfügte über die dominierende Mannschaft des ungarischen Fußballs, die darüber hinaus in Europa mit spielerisch brillanten Leistungen für Furore sorgte. Vor allem die magische Sturmformation mit Janos Göröcs, Sandor Zambo, Ferenc Bene, Antal Dunai und eben Laszlo Fazekas war dafür verantwortlich, dass sich die Truppe aus Neu-Pest von 1969 bis 1975 gleich sieben Meistertitel in Serie abgriff. Indes stand „Kapa" zunächst immer ein wenig im Schatten der etwas älteren Bene und Dunai, die abwechselnd die Torschützenliste anführten. Nachdem Antal Dunai jeweils in den Spielzeiten 1967 und 1968 bester Goalgetter geworden war, durfte in der Saison 1969 erstmalig auch Ferenc Bene die begehrte Trophäe in Empfang nehmen.
Fazekas – kurz auch „Fazek" genannt – blieb dagegen in erster Linie die Rolle des Vorbereiters, der als Stammspieler mit zehn Saisontreffern gleichwohl unter Beweis stellte, dass auch er wusste, wo das gegnerische Tor stand. Ohnehin entpuppte sich die Spielzeit 1969 als eine der erfolgreichsten in seiner Karriere. Nicht nur, dass er auf nationaler Ebene mit dem Gewinn von Meisterschaft und Pokal alles abräumte. Im Messe-Cup drang Ujpest bis ins Endspiel vor und beeindruckte auf dem Weg dorthin ganz Fußball-Europa mit 25 Toren in acht Begegnungen. Die meisten davon gingen freilich auf das Konto von Dunai und Bene, derweil Fazekas nicht ein einziges Mal erfolgreich war. Auch in den Finalspielen gegen Newcastle United überließ „Kapa" das Toreschießen seinen Kollegen. Nachdem das Hinspiel im St. James' Park klar mit 0:3 verloren gegangen war, leiteten im Rückspiel im heimischen Megyeri ut Ferenc Bene und Janos Göröcs vor der Pause die Aufholjagd ein, welche die Engländer in der zweite Hälfte allerdings mit drei Treffern beantworteten.

► EINWURF

Laszlo Fazekas war erst der zweite ungarische Spieler, dem die Kommunisten im Sommer 1980 den Wechsel ins Ausland gestatteten. Vorreiter war Ferencvaros-Verteidiger Laszlo Balint, der ein Jahr zuvor aus der ungarischen Kapitale zum FC Brügge gewechselt war, wo er zwei Jahre unter Vertrag stand, um danach nach Frankreich weiterzuziehen. Genau wie Balint war auch Fazekas nach Belgien gegangen, um als Spieler von Royal Antwerpen „hartes Westgeld" zu verdienen. Nachdem er später noch in Sint-Truiden spielte, sollte er in Flandern schließlich heimisch werden und sogar die belgische Staatsbürgerschaft annehmen. Auch Fazekas' drei Töchter Lili, Karolin und Eva leben heute im Land der Flamen und Wallonen.

Im Messe-Cup der Saison 1969/70 trat Laszlo Fazekas dann jedoch als dreifacher Torschütze in Erscheinung. Nachdem er im Hinspiel der zweiten Runde beim FC Brügge (2:5) in der Schlussminute den zweiten Treffer der ungarischen Gäste erzielt hatte, war er vor eigenem Publikum nach dem Seitenwechsel gleich zweimal erfolgreich. Mit ihrem 3:0-Erfolg hatten die Violetten damit doch noch die nächste Runde erreicht, wo sie im Januar gegen den FC Carl-Zeiss Jena (0:1, 0:3) allerdings chancenlos waren. Besser lief es auf nationaler Ebene, wo Dozsa Ujpest in der verkürzten Frühjahrsrunde die Meisterschaft und durch einen 3:2-Finalerfolg über Komloi Banyasz auch den Pokalsieg aus dem Vorjahr verteidigen konnte.
Nach der Rückkehr zur in Mitteleuropa üblichen Herbst-Frühjahrs-Runde konnte die Mannschaft bis 1974/75 ihre Siegesserie auf die angesprochenen sieben Meistertitel ausweiten und außerdem 1975 ein weiteres Mal den Pokal gewinnen, nachdem im Finale Außenseiter VSE Haladas Szombathely mit 3:2 niedergekämpft worden war.
Ein internationales Ausrufezeichen setzten die Magyaren in der Saison 1973/74 im Europacup der Landesmeister. Unter der Führung von Trainer Pal Varhidi scheiterten diese erst in der Vorschlussrunde am kommenden Sieger Bayern München. Im laufenden Wettbewerb hatte sich auch Laszlo Fazekas als dreifacher Torschütze auszuzeichnen vermocht. Auch in der heimischen Liga trug er mit regelmäßigen Torerfolgen zum erfolgreichen Abschneiden seines Teams bei und durchbrach 1971/72 mit 21 Treffern zum ersten Mal die 20-Tore-Marke.
Die Torschützenliste sollte „Kapa" jedoch erst anführen, als Ferenc Bene und Antal Dunai den Zenit ihrer Laufbahn überschritten hatten. Nach dem allmählichen Zerfall der magischen Angriffsreihe gehörte jedoch auch das Abonnement der Violetten auf den Meistertitel der Vergangenheit an. So mussten sich diese im Spieljahr 1975/76 mit dem dritten Rang zufrieden geben, obwohl Laszlo Fazekas mit 19 Toren in 29 Ligaeinsätzen erstmals bester ungarischer Goalgetter geworden war.
In der zweiten Hälfte der siebziger Jahre mauserte sich Fazekas indes mehr und mehr zum überragenden Spieler im Ujpest-Team, dem freilich die spielerische Leichtigkeit vergangener Tage fehlte. Nach der Vizemeisterschaft 1976/77 reichte es in den kommenden beiden Jahren zu

zwei weiteren Titelgewinnen, ehe sich „Fazek“ mit dem erneuten zweiten Platz in der Saison 1979/80 aus dem Megyeri ut verabschiedete. Mit Hilfe seiner beiden neuen Sturmpartner Laszlo Fekete und Andras Töröczik übertraf er in seinen letzten vier Jahren im violetten Dress jeweils die 20-Tore-Marke, wobei er sich stets zu steigern vermochte. Während er mit 21 Toren in der Saison 1976/77 seine persönliche Bestmarke zunächst eingestellt hatte, führte er mit 24 Toren in 31 Partien in der Spielzeit 1977/78 zum zweiten Mal die Torschützenliste der höchsten ungarischen Liga an. In Anbetracht von 26 Saisontreffern in 34 Spielen vermochte er sich 1978/79 sogar noch weiter zu verbessern. Im Jahr seines neunten Meistertitels musste der Goalgetter die Torjägerkanone allerdings seinem Teamkollegen Laszlo Fekete überlassen, da dieser gar 31-mal ins Schwarze getroffen hatte. Den Vogel schoss „Kapa“ dann in der Saison 1979/80 ab, als er sich mit 36 Treffern nicht nur zum dritten Mal den Gewinn der nationalen Torjägerkanone sicherte. Da europaweit allein Erwin Vandenbergh vom belgischen Lierse SK mehr Treffer erzielt hatte, wurde Fazekas zudem mit dem „Silbernen Schuh“ ausgezeichnet.

Zweite Karriere in Belgien

Zum Dank für seine herausragenden Leistungen in der Heimat durfte das Ujpest-Urgestein im Sommer 1980 mit knapp 33 Jahren ins westliche Ausland wechseln, wo er sich dem belgischen Erstligisten Royal Antwerpen anschloss. Der älteste Verein des Landes hatte seine beste Zeit jedoch längst hinter sich und kam in der Saison 1980/81 nicht über einen mäßigen neunten Schlussrang hinaus. Aber auch Laszlo Fazekas konnte mit 13 Ligatreffern die in ihm gesetzten Erwartungen nur bedingt erfüllen. Insgesamt sollte er für den Verein aus der Diamantenhochburg an der Schelde in vier Spielzeiten 111 Erstligaspiele bestreiten, in denen ihm lediglich 39 Tore gelangen. Die beste Platzierung im Trikot von „The Great Old“ resultiert aus der Saison 1982/83, als es vier Zähler hinter dem RSC Anderlecht zum dritten Platz reichte. Damit durfte sich der Ungar 1983/84 nochmals im UEFA-Cup beweisen, wo er seine stärkste Leistung im Rückspiel der Auftaktrunde gegen den FC Zürich ablieferte, als er nach der Pause zwei Treffer zum 4:2-Sieg im Bosuilstadion beisteuerte, ehe anschließend im Duell mit Racing Lens (2:2, 2:3) Endstation war. In der Spielzeit 1984/85 ließ „Kapa“ seine Karriere schließlich beim Zweitligisten VV Sint-Truiden ausklingen, für den er in 28 Einsätzen noch zehnmal ins Schwarze traf.

► EINWURF

Den immer weiter fortschreitenden internationalen Niedergang des ungarischen Fußballs macht Laszlo Fazekas auch daran fest, dass der nationale Verband seinen Altstars nicht genügend Wertschätzung entgegenbringt. „Ich verstehe nicht, warum man die Strukturen des FC Bayern München nicht auf den ungarischen Verband überträgt. In München ist Beckenbauer Präsident, Rummenigge führt den Vorstand. Auf der Bank sitzen Manager Uli Hoeneß und Torwarttrainer Sepp Maier. So etwas wäre in Ungarn undenkbar“, wird Fazekas – 1995 selbst nur kurzzeitig Assistenztrainer der Nationalmannschaft – im Jahr 2003 zitiert.

Auch nach dem Ende seiner aktiven Laufbahn blieb Fazekas in Belgien, wo der dreifache Vater mit seiner Familie heimisch wurde und heute im Sportmarketing tätig ist. Zuvor hatte er sich bei mehreren belgischen Vereinen als Trainer versucht, zunächst bei Racing Jet Brüssel, wo ihm 1985/86 der direkte Wiederaufstieg in die oberste Spielklasse gelang. Danach übernahm er zwei Jahre die sportliche Leitung bei Eendracht Aalst und führte den Zweitligisten nach Rang 13 in der Saison 1986/87 im kommenden Jahr bis in die Aufstiegsrunde, um dort nur knapp an Lierse SK zu scheitern. Es folgte ein zweijähriges Engagement beim Drittligisten RC Harelbeke, das in der Saison 1989/90 mit dem Aufstieg in die zweite Division zu Ende ging.

Im Herbst 1990 kehrte der Ungar zurück zu Eeendracht Aalst, das noch immer in der Zweitklassigkeit feststeckte und sich als Vierter für die Aufstiegsrunde qualifizierte. Nach Siegen über den FC Boom (1:0, 1:0) und FC Turnhout (4:2, 1:0) mussten die beiden Duelle gegen den ebenfalls ungeschlagenen SK Sint-Niklaas die Entscheidung bringen, wo sich die Schützlinge des einstigen Angreifers Fazekas mit zwei Unentschieden (0:0, 1:1) den angepeilten Aufstieg ermauerten. Somit hatte „Kapa“ in der Spielzeit 1991/92 auch als Trainer Premiere in der ersten Liga, wobei diese gründlich daneben ging. Nachdem sein Team erst am 4. Spieltag den ersten Sieg gefeiert hatte, steckte der kommende Absteiger früh im Tabellenkeller fest, was Fazekas vorzeitig den Job kostete.

Dem erfolglosen Versuch, Altmeister Union Saint-Gilloise zwischen 1992 und 1994 aus seinem Dornröschenschlaf in der dritten Liga zu erwecken, folgte ein ebenso erfolgloses Kurzintermezzo als Co-Trainer der ungarischen Nationalmannschaft unter Kalman Meszöly, ehe Laszlo Fazekas im Herbst 1995 in seine Wahlheimat Belgien zurückkehrte. Die letzte Trainerstation seiner Karriere trat er bei Royal Antwerpen an und damit bei einem alten Bekannten, der im Vorjahr als Drittletzter freilich nur denkbar knapp den Erstligaverbleib geschafft hatte. Aber auch unter Fazekas lief es in der Saison 1995/96 nicht nach Wunsch. Wieder steckte eine von ihm betreute Mannschaft von Beginn an im unteren Tabellendrittel fest, weshalb der Ungar vorzeitig in die Wüste geschickt und durch Ratko Svilar ersetzt wurde, der den RFC schließlich auf dem 13. Tabellenplatz zum Klassenerhalt führen sollte.

► ZAHLEN UND FAKTEN

Vereine:	1965-1980	Dozsa Ujpest Budapest
	1980-1984	Royal Antwerpen
	1984-1985	VV Sint-Truiden

Tore:	398 ungarische Erstligaspiele (251 Tore)
	111 belgische Erstligaspiele (39 Tore)
	28 belgische Zweitligaspiele (10 Tore)
	3 ungarische Pokal-Endspiele (0 Tore)
	9 Europacup-Spiele* (14 Tore)
	92 A-Länderspiele (24 Tore)
	6 Olympiaauswahl-Spiele (1 Tor)
	6 U-23-Länderspiele (2 Tore)
gesamt	653 Pflichtspiele* (341 Tore)
	* *nur bekannte Spiele*

Erfolge: Ungarischer Meister 1969, 1970, 1971, 1972, 1973, 1974, 1975, 1978, 1979
Ungarischer Pokalsieger 1969, 1970, 1975
Olympiasieger 1968

Ungarischer Torschützenkönig 1975/76, 1977/78, 1979/80

In der Nationalmannschaft:

Von 1968 bis 1983 gehörte Laszlo Fazekas fast anderthalb Jahrzehnte dem Kader der ungarischen Nationalmannschaft an, womit es nicht verwundert, dass er mit 92 A-Länderspielen zu den Akteuren mit den meisten Einsätzen für sein Heimatland zählt und lediglich Jozsef Bozsik häufiger– will heißen 101-mal – berufen wurde. Wie bei seinem Verein Dozsa Ujpest waren in Anbetracht torgefährlicher Nebenleute wie Ferenc Bene, Antal Dunai, Lajos Tichy oder Florian Albert auch im Nationalteam in erster Linie seine Vorbereiterqualitäten gefragt, weshalb „Kapa" auch zumeist im Mittelfeld oder als Verbindungs- und Außenstürmer zum Einsatz kam und nur vergleichsweise bescheidene 24 Torerfolge vorweisen kann.

Olympisches Gold in Mexiko

Seinem Durchbruch bei Dozsa Ujpest folgten im Laufe des Jahres 1967 sechs Berufungen in die U-23-Auswahl, in denen Fazekas zweimal ins Schwarze traf. Unter Trainer Karoly Sos kam er dann am 4. Mai 1968 zu seinem Debüt in der A-Nationalmannschaft, die im Budapester Nepstadion auf die Sowjetunion traf. Die ohnedies schon große Brisanz des „sozialistischen Bruderkampfes" wurde zusätzlich erhöht, als es sich dabei um das Hinspiel des EM-Viertelfinales handelte. Für die Magyaren waren die Voraussetzungen alles andere als gut. Schließlich hatte man die UdSSR bis dato erst einmal geschlagen, während mit Florian Albert und Ferenc Bene zwei wichtige Stammkräfte fehlten. Dennoch gelang vor 71.000 Zuschauern nach Treffern von Farkas (21.) und Göröcs (85.) ein 2:0-Erfolg, der dem als Außenstürmer eingesetzten Fazekas ein gelungenes Debüt und den Ungarn eine gute Ausgangsposition für das Rückspiel bescherte, welches (ohne Fazekas) allerdings mit 0:3 verloren ging.
Bis zu seiner zweiten Berufung – am 25. Mai 1969 gegen die CSSR (2:0) – sollte indes über ein Jahr vergehen. Dazwischen lag ein ausgesprochen erfolgreicher Auftritt beim olympischen Fußballturnier in Mexiko, wo Ungarn seinen Goldmedaillengewinn von 1964 wiederholte, nachdem am 26. Oktober 1968 im Aztekenstadion Bulgarien in einem skandalträchtigen Finale mit vier Feldverweisen mit 4:1 bezwungen werden konnte. „Kapa" war bei sämtlichen sechs Auftritten in Leon, Guadalajara und Mexiko-Stadt mit von der Partie gewesen und hatte sich im Eröffnungsmatch gegen El Salvador (4:0) sogar einmal in die Torschützenliste eingetragen.

Zweifacher WM-Teilnehmer

Das Glück bei Olympia fehlte Laszlo Fazekas bei Weltmeisterschaften. Während die Ungarn sowohl 1970 als auch 1974 denkbar knapp an der Endrundenteilnahme scheiterten, waren sie in Argentinien und Spanien zwar dabei, flogen jedoch jeweils schon nach der Vorrunde raus. Nachdem Fazekas am 14. September 1969 im WM-Qualifikationsspiel gegen die CSSR in Prag beim 3:3 seine Tor-Premiere gefeiert hatte, folgte am 3. Dezember eine herbe Enttäuschung, als es im Entscheidungsspiel um den Gruppensieg gegen die Tschechoslowaken in Marseille eine 1:4-Pleite setzte. Just nach dem Verpassen der WM-Qualifikation drehte „Kapa" allerdings auf und erzielte in den vier darauf folgenden Länderspielen – darunter beim 1:3 in Deutschland – jeweils einen Treffer.
Seinem sechsten Torerfolg am 15. November 1970, der den Magyaren in Basel einen 1:0-Sieg über die Schweiz bescherte, folgte eine Durststrecke von 15 Länderspielen ohne Treffer, die erst am 13. Oktober 1973 endete, als „Fazek" beim 2:2 in Dänemark gleich zweimal ins Schwarze traf, was ihm auch im März 1974 gegen Bulgarien (3:1) gelang. Der Formanstieg kam allerdings erneut zum falschen Zeitpunkt. Während ihm seine Torflaute 1972 die Teilnahme an der EM-Endrunde in Belgien gekostet hatte, war er 1974 abermals äußerst unglücklich an der Qualifikation für die Weltmeisterschaft gescheitert, nachdem Ungarn von WM-Fahrer Schweden lediglich das schlechtere Torverhältnis trennte.
Bis zu den globalen Titelkämpfen in Argentinien kam Fazekas dann nur noch zu sporadischen Torerfolgen. Den wichtigsten verbuchte er Ende Mai 1977 in Budapest, als er kurz nach seiner Einwechslung in der Schlussphase des WM-Qualifikationsspiels gegen Griechenland seinem Team einen 3:0-Erfolg und den damit verbundenen Gruppensieg sicherte.
Die erste ungarische WM-Teilnahme seit zwölf Jahren verlief dann wiederum enttäuschend, da die Schützlinge von Lajos Baroti nicht ganz unerwartet in der Vorrunde scheiterten und es in der „Todesgruppe 1" mit Gastgeber Argentinien, Italien und Frankreich zu keinem einzigen Punktgewinn reichte. Laszlo Fazekas hatte dabei lediglich in der ersten Hälfte des Italien-Spiels (1:3) mitgewirkt. Rund zwei Jahre später folgte der Wechsel zu Royal Antwerpen, was sich positiv auf seine Leistungen in der Nationalelf auswirkte. Schon im Rahmen der WM-Qualifikation zählte „Kapa" mit drei Treffern zu den auffälligsten ungarischen Akteuren, um auch bei der Endrunde in Spanien unter Kalman Meszöly zu den Stammkräften zu gehören. Vor allem nach dem 10:1-Auftakterfolg über El Salvador – dem bis heute höchsten Sieg in der Weltmeisterschaftsgeschichte – herrschte Hochstimmung im Lager der Ungarn, die durch eine anschließende 1:4-Niederlage gegen Argentinien und ein 1:1-Unentschieden gegen Belgien dann aber doch das Weiterkommen verspielten. Nach dem WM-Aus und den letzten beiden Toren gegen El Salvador war Laszlo Fazekas' Länderspielkarriere so gut wie vorbei. Nachdem der Belgien-Legionär am 6. Oktober 1982 in Paris gegen Frankreich (0:1) noch zu einem Kurzeinsatz gekommen war, bestritt er am 27. März 1983 in der EM-Qualifikation gegen Luxemburg (6:2) sein 92. und letztes Länderspiel.

Saison	Europacup		Liga		Lsp.	
	Sp.	T.	Sp.	T.	Sp.	T.
1965			1	1		
1966		1	10	4		
1967			28	13		
1968			29	19	1	0
1969		0	28	10	6	1
1970		3	16	3	3	3
1970/71		0	28	13	7	2
1971/72		0	24	21	9	0
1972/73	6	1	30	17	3	0
1973/74		3	30	12	5	5
1974/75		1	22	12	7	2
1975/76		2	29	19	11	2
1976/77		0	34	21	12	3
1977/78		0	31	24	8	0
1978/79		0	34	26	3	0
1979/80		1	24	36	2	1
1980/81			34	13	5	1
1981/82			31	10	8	4
1982/83			25	9	2	0
1983/84	3	2	21	7		
1984/85			28	10		

Glenn Ferguson
Wuchtiger Sturmtank aus Belfast

Abseits des großen Fußballs, in der kaum beachteten Irish League, avancierte Glenn Ferguson als langjähriger Spieler der beiden nordirischen Spitzenvereine Glenavon Lurgan und FC Linfield zu einem der treffsichersten Goalgetter der jüngsten Vergangenheit, der zumindest rein zahlenmäßig die hochbezahlten und verhätschelten Stars der kontinentalen Topligen locker in den Schatten stellt. Alles in allem konnten für den am 10. Juli 1969 in Belfast als jüngstes von zehn Geschwistern geborenen Spike in 1.070 Pflichtspielen 567 Tore ermittelt werden, davon allein 314 in der Liga, die ihn zusammen mit dem legendären Joe Bambrick zum zweitbesten Torschützen im nordirischen Fußball werden ließen. Zweifelsohne hätte er auch das eine oder andere lukrative Angebot aus Schottland oder England annehmen können. Dennoch blieb er seiner nordirischen Heimat treu, wo er unter halbprofessionellen Bedingungen zwar nie das große Geld verdiente, dafür aber vor allem bei Rekordmeister FC Linfield immense Popularität genoss.

► EINWURF
Als Glenn Ferguson nach der Spielzeit 2010/11 seine Karriere nach den letzten zehn Ligatreffern für Lisburn Distillery beendete, hatte er den legendären Joe Bambrick eingeholt, dem in den zwanziger und dreißiger Jahren vornehmlich im Dress des FC Linfield ebenso wie ihm selbst 314 Ligatreffern gelungen waren. Nicht viel hatte gefehlt und Spike hätte sogar die Spitzenposition in der ewigen Torjägerliste der Irish League erklommen. Spitzenreiter Jimmy Jones konnte allerdings im Laufe seiner 1965 beendeten Laufbahn noch 20 Tore mehr erzielen.

In seiner Jugend kickte Ferguson u.a. für die Dungoyne Boys, die zu den ältesten und renommiertesten Adressen in Sachen Nachwuchsarbeit des Belfaster Fußballs zählen, ehe die Späher des FC Ards auf den 18-Jährigen aufmerksam wurden und diesen 1987 in die 16 Kilometer östlich von Belfast gelegene Stadt Newtownards lotsten. Für die Rot-Blauen absolvierte Ferguson zwischen 1987 und 1990 52 Ligaspiele, in denen 13 Tore auf sein Konto gingen. Das erste Ligator erzielte er am 5. März 1988 beim 1:0-Auswärtssieg über Glenavon Lurgan, das freilich sein einziges in acht Saisoneinsätzen bleiben sollte. Auch in den kommenden beiden Jahren vermochte er seine Trefferzahl in der Liga auf fünf bzw. sieben nur unwesentlich zu steigern. Da Ards in der Irish League traditionell zu den Kellerkindern zählt, war an Spitzenresultate nicht zu denken, was die Ränge 11, 13 und 12 unterstrichen, auf denen die Mannschaft zwischen 1987/88 und 1989/90 die Ziellinie passierte. Grund zum Jubeln hatte Spike in den Anfangsjahren seiner Karriere daher nur selten. Allenfalls war dies in einem der zahlreichen regionalen Pokalwettbewerbe der Fall, wo ihm in drei Jahren zehn Treffer sowie der Gewinn des McCambley Cups gelangen.

Frische Brise im Mourneview Park

Im Sommer 1990 schloss sich Glenn Ferguson Glenavon Lurgan an, wo ihm in Anbetracht von 228 Torerfolgen in 336 Pflichtspieleinsätzen bis 1998 der große Durchbruch glückte. Allerdings vermochten die Blues aus dem rund 29 Kilometer südwestlich von Belfast gelegenen Lurgan den beiden Topteams Linfield und Glentoran nicht das Wasser zu reichen, so dass der Traum vom Gewinn der Meisterschaft unerfüllt blieb. Seine größte Zeit hatte der Verein, der seine Heimspiele im Mourneview Park austrägt, in den fünfziger Jahren, wobei diese eng mit dem Namen Jimmy Jones verbunden ist, der die „Lurgan Blues" 1952, 1957 und 1960 zu ihren einzigen drei Meistertiteln der Klubgeschichte führte. Immerhin war es der Mannschaft aus dem County Armagh in der Saison 1989/90 unter Manager Terry Nicholson gelungen, eine fast drei Jahrzehnte währende titellose Durststrecke mit dem Gewinn des Ligapokals zu beenden, was nicht zuletzt Stephen McBride zu verdanken war, der bereits seit 1985 das blaue Glenavon-Trikot trug. Gemeinsam mit dem fünf Jahre älteren McBride sollte Neuzugang Glenn Ferguson in den nächsten Jahren ein ausgesprochen torgefährliches Sturmduo („Big Two") bilden, das dem Verein nach Jahren in der Bedeutungslosigkeit neuen Schwung verlieh.

EXKURS: Co. Antrim Shield im nordirischen Ulster

Die im Nordosten Irlands gelegene Provinz Ulster war neben Connacht, Leinster und Munster eine von vier historischen irischen Provinzen, die nach Gründung der Republik Irland im Jahr 1922 zum größten Teil beim Vereinigten Königreich verblieb. Allerdings ist Ulster nicht mit Nordirland gleichzusetzen, da drei der insgesamt neun Grafschaften (Counties) bei der Republik Irland verblieben. Lediglich die Grafschaften Antrim, Armagh, Down, Fermanagh, Londonderry und Tyrone bilden das heutige Nordirland, während die Counties Donegal (im Westen) sowie Cavan und Monaghan (im Süden) zur Republik Irland gehören. – Charakteristisch für den nordirischen Fußball sind die zahlreichen Pokalwettbewerbe, die sich neben den auch in anderen Ländern üblichen (d.h. Landespokal, Ligacup und Supercup) bis in die Gegenwart hinein gehalten haben und oft regional begrenzt sind. Der bekannteste davon ist der „County Antrim Shield", der bereits seit der Saison 1888/89 vergeben wird und ursprünglich allein den Vereinen der Grafschaft Antrim vorbehalten war, zu den die nordirische Fußballmetropole und Hauptstadt Belfast gehört. Die veranstaltende „North East Ulster Football Association" erlaubte in den achtziger und neunziger Jahren aber auch die Teilnahme von Vereinen, die nicht in Antrim ansässig waren. So durfte sich etwa auch das in der Grafschaft Armagh beheimatete Glenavon Lurgan am Co. Antrim Shield beteiligen, wobei die Elf um Glenn Ferguson und Stephen McBride sowohl 1991 als auch 1996 als Sieger des Wettbewerbs hervorging. Nach Fergusons Wechsel zum FC Linfield kamen in den Jahren 1998, 2001, 2004, 2005 und 2006 weitere Erfolge hinzu. Dass sich die zahlreichen Pokalkonkurrenzen überhaupt halten konnten, hat natürlich auch etwas mit dem regelmäßig frühen Ausscheiden der nordirischen Vereine aus dem Europacup zu tun, so dass unter der Woche genügend Zeit bleibt, um mit Wettbewerben wie jenem um den Co. Antrim Shield zusätzliche Einnahmequellen zu erschließen.

Deutliche 14 Zähler hinter Meister FC Portadown belegte Glenavon Lurgan in der Spielzeit 1990/91 den vierten Platz. Dabei stellten die Blues mit 63 Saisontreffern die beste Angriffsabteilung, was freilich weniger an Neuzugang Glenn Ferguson lag, der zwar sämtliche 30 Ligaspiele mitgemacht, aber nur 13-mal ins Schwarze getroffen hatte. Deutlich stärker hatte sich Sturmpartner Stephen McBride präsentiert, der mit 22 Treffern die Torjägerliste anführte. Dass Glenavon mit seinen „Big Two" im Angriff freilich über großes Potential verfügte, war schon im ersten Jahr klar zu erkennen. Bis Sommer 1996 sollten Ferguson und McBride in Lurgan gemeinsam auf Torejagd gehen, wobei auch Spikes Sturmpartner mit insgesamt 123 Treffern für

die Blues seine Klasse unter Beweis stellte. Fast hätte es für das Angriffsduo gleich auf Anhieb zu einem nationalen Titelgewinn gereicht. Im Pokalfinale vor 12.000 Zuschauern im Windsor Park musste man sich jedoch Meister FC Portadown mit 1:2 geschlagen geben, obwohl Glenn Ferguson kurz nach dem Wiederanpfiff der Anschlusstreffer gelungen war.
Neben der Qualifikation für den kommenden Europapokal der Pokalsieger als unterlegener Cupfinalist blieben unter dem Strich zwei Erfolge in den übrigen Pokalkonkurrenzen. Im Gold Cup konnte sich die Mannschaft in einem weiteren umkämpften „Mid Ulster Derby" am FC Portadown für die vorangegangenen Pleiten revanchieren und dank eines 2:1-Finalsieges den Titel erringen. Als Gast hatte Glenavon außerdem am prestigeträchtigen Co. Antrim Shield teilgenommen, den man nach einem 4:3 über Newry Town erstmals in der Vereinsvitrine ausstellen durfte. Da die Blues darüber hinaus den Mid Ulster Cup gewonnen sowie im Floodlit Cup das Finale erreicht hatten, hatten sich Glenn Ferguson in den zahlreichen Cupwettbewerben zusätzliche Möglichkeit geboten, seine Torgefahr unter Beweis zu stellen, was ihm in Anbetracht von 24 Treffern auch fraglos auch gelungen ist.

► EINWURF

Summa summarum hat Glenn Ferguson für Glenavon Lurgan zwölf Europapokalspiele bestritten, in denen er zwei Treffer erzielen konnte. Bei seinem ersten Auftritt auf europäischem Parkett bekamen es die Blues im Europacup der Pokalsieger 1991/92 mit Ilves Tampere zu tun, gegen das sich Spike hervorragend verkaufte und sowohl beim 3:2-Heimsieg als auch beim 1:2 in Finnland ins Schwarze traf. Wegen der weniger erzielten Auswärtstore waren die Nordiren allerdings ausgeschieden, was auch im kommenden Jahr der Fall war. Immerhin hatte man Royal Antwerpen – abermals im Wettbewerb der Cupsieger – lange Paroli geboten und war gegen die starken Belgier erst im Elfmeterschießen (1:3) unterlegen. Auch in der Spielzeit 1995/96 trat Glenn Ferguson für die Blues international in Erscheinung. In der UEFA-Cup-Qualifikation hatten es diese mit dem isländischen Vertreter FH Hafnarfjördur zu tun bekommen, der nach zähem Ringen mit 0:0 und 1:0 ausgebootet wurde. Zum Auftakt des Hauptwettbewerbs hatten die Nordiren jedoch keine Chance und unterlagen Werder Bremen erwartet deutlich mit 0:2 und 0:5. Nachdem Glenavon Lurgan 1997 den Irish Cup gewonnen hatte, durfte die Mannschaft in der Saison 1997/98 dann abermals im Europapokal der Pokalsieger antreten, wo sie zum Auftakt der Qualifikationsrunde im Mourneview Park immerhin ein 1:1 gegen Legia Warschau erreichte. Im Rückspiel musste man die Hoffnung auf ein Weiterkommen allerdings bald begraben, da die Nordiren bei der deutlichen 0:4-Niederlage an der Weichsel nie eine echte Chance besaßen.

Die Saison 1991/92 war für den bulligen Angreifer geprägt von zahlreichen Verletzungen, weshalb er unter dem neuen Manager Alan Fraser auch nur 17 Ligaspiele bestritt, in denen er fünf Tore erzielte. Besser war die Saison für Stephen McBride verlaufen, der mit 18 Treffern seinen Titel als Torschützenkönig erfolgreich verteidigen konnte. Verletzungsbedingt hatte Spike auch das mit 2:1 gegen den FC Linfield gewonnene Finale um den Irish Cup verpasst, das für Glenavon mit dem ersten Pokalsieg nach 31 Jahren zu Ende gegangen war.

Erstmalig wurde im Sommer 1992 vor dem Start der Ligasaison nach englischem Vorbild der Charity Shield ausgespielt, den sich nach einem 1:1-Unentschieden im Windsor Park Meister Glentoran Belfast und Cupsieger Glenavon teilten. Der wiedergenesene Glenn Ferguson brachte es anschließend auf 28 Ligaspiele, in denen er mit 15 Treffern einen neuen persönlichen Saisonrekord aufstellte, der freilich auch nichts am mäßigen sechsten Schlussrang seiner Blues zu ändern vermochte.
Entschieden besser sollte es für die Schützlinge von Alan Fraser dann in der Spielzeit 1993/94 laufen. Bis zur letzten Runde zählten diese zum Kreis der Titelanwärter, als ein 2:2 im Mourneview Park gegen den FC Portadown die Hoffnungen auf die Meisterschaft zerstörte. Herausragend im Team der drittplatzierten „Lurgan Blues" waren wie so oft die „Big Two" im Sturm, wobei Ferguson bei lediglich zwölf Saisontoren mehr die Rolle des Vorbereiters und Torschützenkönig McBride (22 Treffer) jene des Vollstreckers zugekommen war. Dank seiner mannschaftsdienlichen Spielweise hatte Glenn Ferguson seinem Sturmpartner zahlreiche Tore aufgelegt, was vor allem die in der Spielerorganisation PFA zusammengeschlossenen Berufskollegen honorierten, indem sie ihn zu Nordirlands Fußballer des Jahres kürten.

Torschützenkönig und Pokalsieger

Unter dem neuen Manager Nigel Best ging es für Ferguson in der Saison 1994/95 weiter bergauf. Gleich 49 Tore waren auf das Konto des inzwischen 25-Jährigen gegangen; davon allein 27 in der Irish League, so dass er Stephen McBride (17 Treffer) als Toptorjäger ablösen konnte. Besonders kurz nach dem Jahreswechsel zeigte sich der bullige Sturmtank in Bestform. Nachdem ihm schon am 2. Januar im Duell mit seinem Ex-Klub FC Ards (3:0) der erste Hattrick in einem Ligaspiel geglückt war, ließ er nur fünf Tage darauf gegen Glentoran (3:1) einen weiteren folgen. Dass es dennoch nur zur Vizemeisterschaft reichen sollte, lag an den durchwachsenen Leistungen zu Saisonbeginn, als es für die Blues an den ersten zehn Spieltagen nur zu vier Siegen gereicht hatte. Besonders schmerzhaft war dabei die 0:4-Klatsche beim FC Linfield, gegen den es auch im Endspiel um den Co. Antrim Shield eine Niederlage in gleicher Höhe setzte.
Auch 1995/96 erreichte die Mannschaft das Finale um den Co. Antrim Shield, wo sie sich diesmal deutlich besser verkaufte und Vizemeister Crusaders Belfast klar mit 3:0 abfertigte. Hingegen reichte es in der auf acht Vereine reduzierten Irish League lediglich zum vierten Rang, was auch daran gelegen haben dürfte, dass die „Big Two" erheblich an Stärke eingebüßt hatten. Während Glenn Ferguson mit zehn Saisontreffern (in 24 Einsätzen) weit von einem erneuten Gewinn der Torjägerkrone entfernt war, gingen auf das Konto Stephen McBrides gar nur neun Treffer. Nach der Saison sollte der in Lurgan geborene McBride dem Mourneview Park den Rücken kehren und in die Hauptstadt zum FC Linfield wechseln. Eines seiner letzten gemeinsamen Spiele bestritt der einstige Traumsturm am 4. Mai 1996 im Finale des Landespokals, das mit einer knappen 0:1-Niederlage gegen Glentoran Belfast in die Annalen einging.
Zu Beginn der Spielzeit 1996/97 wartete Glenn Ferguson also immer noch auf den ersten großen Titelgewinn seiner Laufbahn, wobei die Chancen ohne Stephen McBride natürlich nicht gerade größer geworden zu sein schienen. Und in der Tat hinkten die „Lurgan Blues" in der Liga den Erwartungen meilenweit hinterher und überquerten die Ziellinie als enttäuschende Sechste. Deutlich besser lief es

im Irish Cup, wo Spike mit seinen Blues dank zweier klarer Siege in Viertel- und Halbfinale gegen Coagh United (4:1) und Omagh Town (5:0) das Finale erreichte. Nachdem er sich in beiden Partien jeweils in die Torschützenliste eingetragen hatte, blieb er im Endspiel gegen den FC Cliftonville vor 8.222 Zuschauern im Windsor Park ohne weiteren Treffer, was er freilich gut verschmerzen konnte, da sein neuer Sturmpartner Tony Grant mit dem Tor des Tages für die ersehnte Titelpremiere gesorgt hatte.

► EINWURF
Glenn Ferguson, wegen seiner kräftigen Statur von den Fans scherzhaft „Sumo" genannt, verbrachte seine erfolgreichste Zeit bei Rekordmeister Linfield, mit dem er zwischen 1998 und 2009 fünf Meistertitel und vier Pokalsiege feiern konnte. Am 31. Dezember 2011 trat er seine erste Trainerstelle bei Ballymena United an, wo ihm ausgerechnet gegen Linfield der erste Titelgewinn in neuer Funktion gelang. Am 27. November 2012 traf er mit den „Sky Blues" im Finale um den traditionsreichen Co. Antrim Shield auf den amtierenden Meister, dem der Außenseiter in einem aufopferungsvoll geführten Spiel nach 120 Minuten ein 1:1-Unentschieden abringen konnte. Im anschließenden Elfmeterschießen zeigten die Ferguson-Schützlinge dann die besseren, so dass die Anhänger von Ballymena United den ersten Titelgewinn seit 23 Jahren feiern durften.

Nachdem Glenavon in der Qualifikation des Europacups der Pokalsieger an Legia Warschau (1:1, 0:4) gewohnt frühzeitig gescheitert war, bestritt Glenn Ferguson für die Blues bis Dezember 23 Ligaspiele, in denen ihm ein halbes Dutzend Treffer gelang. Zwei davon waren ihm beim 4:3 gegen seinen Ex-Klub FC Ards geglückt, während sein Torerfolg am 20. Dezember 1997 einen 1:0-Sieg über Glentoran besiegelte.

Ferguson wie Romario

Für den 28-Jährigen sollte der Treffer gegen Glentoran der letzte im Dress der „Lurgan Blues" gewesen sein, die die Saison 1997/98 auf einem desillusionierenden achten Platz abschlossen. Rekordmeister Linfield hingegen war auf der Suche nach einem Ersatz für Fergusons ehemaligen Sturmpartner Stephen McBride, der seit seinem Wechsel 1996 den Erwartungen nie gerecht geworden war und zum Saisonende an Bangor City abgeschoben werden sollte. Da Glenn Ferguson im Mourneview Park irgendwie an seine Grenzen gestoßen zu sein schien, passte es ausgezeichnet, als ihm die Verantwortlichen aus Belfast zum Jahreswechsel ein Angebot unterbreiteten, welches Spike dazu veranlasste, während der laufenden Saison in seine Geburtsstadt zurückzukehren.
Die Summen die dabei aufgerufen wurden, waren zumindest für nordirische Verhältnisse beträchtlich. Insgesamt 55.000 £ überwies der Rekordmeister für Glenn Ferguson nach Lurgan, was diesem den Spitznamen „Irish Romario" eintrug, da es sich dabei um einen neuen Ablöserekord innerhalb der Irish League gehandelt hatte. Mit Beginn des Jahres 1998 kickte „Sumo" – wie Ferguson aufgrund seines muskulösen Körperbaus auch genannt wurde – zum ersten Mal seit Jugendtagen wieder für einen Verein aus der Hauptstadt, dem er nicht nur für die nächsten elfeinhalb Jahre treu bleiben, sondern mit dem er – anders als in Lurgan – auch zahlreiche Titel gewinnen sollte. Alles in allem erzielte er für den Rekordmeister in 525 Pflichtspieleinsätzen 287 Tore, die ihn zum vereinsinternen Toptorjäger machen. Dass Spike bis ins hohe Fußballeralter mithalten konnte, ist freilich auch der Tatsache geschuldet, dass das Tempo in der Irish League nicht ansatzweise mit dem der europäischen Topligen zu vergleichen ist.
Aufgrund seiner mannschaftsdienlichen Spielweise und seines großen Kämpferherzens sollte Ferguson im Windsor Park gleichwohl zu einem echten Publikumsliebling avancieren, zumal Linfield nicht zuletzt dank Spikes beständiger Torerfolge auch die erhofften Siege einfahren konnte. Den ersten Treffer im neuen Trikot (das genau wie das von Glenavon blau war) konnte Ferguson ausgerechnet gegen seinen alten Verein in Lurgan feiern, der am 7. Februar 1998 im Mourneview Park mit 4:2 geschlagen wurde. In lediglich zwölf Ligaeinsätzen avancierte er in der Rückrunde mit acht Treffern hinter Davy Larmour (13 Tore in 34 Spielen) noch zum zweitbesten Schützen seines Teams. Allein zum Gewinn der Meisterschaft reichte es noch nicht, da der neue Champion FC Cliftonville im Abschlussklassement um vier Zähler enteilt war. Immerhin war ihm beim klaren 3:0 über den Ortsrivalen ein Doppelpack gelungen, was auch in den Partien gegen Omagh Town (3:0) und Glenavon (2:0) der Fall war. Über den entgangenen Meistertitel konnte zumindest ein klein wenig der Gewinn des Co. Antrim Shield hinwegtrösten, der nach einem 1:0 über Crusaders feststand.

Erfolgreiche Jahre beim Rekordmeister

Deutliche acht Zähler hinter Erzrivale Glentoran musste sich Linfield auch im Spieljahr 1998/99 mit der Vizemeisterschaft zufrieden geben. Besonders in den letzten sechs Saisonspielen hatte Ferguson überzeugt, als ihm sieben seiner insgesamt 15 Ligatreffer gelangen. Den größten Erfolg konnte er am 4. Mai 1999 verbuchen, als die Blues im Endspiel des Ligacups Glentoran vor 6.500 Zuschauern im Windsor Park mit 2:1 bezwangen, womit Spike nach seinem Wechsel in die Hauptstadt auch den ersten nationalen Titel gewonnen hatte.
Die ersehnte erste Meisterschaft sollte schließlich in der Millenniumssaison 1999/2000 folgen. Der Rekordchampion stellte das mit Abstand beste Team und verwies Verfolger FC Coleraine um deutliche 18 Zähler auf den zweiten Rang. Zum ersten Ligatitel seit 1994 hatte Glenn Ferguson, der verletzungsbedingt nur 19 Spiele mitmachen konnte, immerhin acht Treffer beigesteuert, mit denen er in der teaminternen Torjägerliste von Davy Larmour (36 Spiele / 15 Tore) und Chris Morgan (35 / 14) allerdings deutlich in den Schatten gestellt wurde. Nicht viel hatte für den FC Linfield zum Gewinn aller drei nationalen Titel gefehlt. Doch während am 18. April 2000 im Finale des League Cups der FC Coleraine vor 2.963 Zuschauern im Windsor Park klar mit 4:0 in die Schranken gewiesen worden war, hatte im Halbfinale des Landespokals Glentoran mit 3:2 die Oberhand behalten.
Das Sturmduo Glenn Ferguson und Davy Larmour war in der kommenden Spielzeit dann wesentlich dafür verantwortlich, dass die Blues ihren Titel erfolgreich verteidigen und Glenavon Lurgan mit einem deutlichen 13-Punkte-Rückstand auf Platz zwei verweisen konnten. Während Larmour mit 17 Toren in 28 Spielen zum ersten (und einzigen) Mal in seiner Karriere Torschützenkönig der Irish League geworden war, rangierte Ferguson bei 16 Treffern in 34 Einsätzen nur knapp dahinter. Zweiter Sieger wurde Glenn Ferguson auch im Landespokal, nachdem das Finale im Windsor Park mit einer 0:1-Verlängerungsniederlage seiner Blues gegen Glentoran in die Annalen eingegangen war. Für diese konnte man sich zumindest im Co. Antrim Shield revanchieren, wo die Glens mit 2:1 geschlagen werden konnten.

Nach den beiden Meistertiteln rutschte der FC Linfield *(im Bild das aktuelle Vereinswappen)* in der Spielzeit 2001/02 auf den dritten Platz ab. Während Glenn Ferguson lediglich zehnmal ins Schwarze getroffen hatte, war Chris Morgan mit 17 Treffern zum besten Torjäger der Blues avanciert. Dafür, dass die Mannschaft nicht leer ausging, sorgten die beiden Erfolge in den nationalen Pokalwettbewerben. Während Ferguson das mit 3:1 gegen Glentoran gewonnene Endspiel des Ligacups noch verpasst hatte, war er am 11. Mai 2002 wieder mit von der Partie, als der FC Portadown vor über 11.000 Zuschauern im Windsor Park mit 2:1 nieder gerungen wurde. Zum Matchwinner war einmal mehr sein Sturmpartner Chris Morgan avanciert, der den Sieg mit einem Doppelschlag in der Anfangsphase eingeleitet hatte.

Ohne einen weiteren Titelgewinn sollte dann die Saison 2002/03 in die Annalen eingehen. Obwohl Glenn Ferguson mit 18 Toren in 35 Ligaspielen einen neuen persönlichen Rekord im Linfield-Trikot aufgestellt hatte, reichte es in der Meisterschaft lediglich zum vierten Platz, während es im Endspiel des League Cups eine 0:2-Pleite gegen Glentoran setzte. Nachdem Spike für seine ersten drei Ligatreffer zwei Elfmeter benötigt hatte, fand er im weiteren Saisonverlauf zu seiner gewohnten Form. Das beste Spiel bestritt er beim 4:0 über Newry Town, als gleich drei Tore auf sein Konto gegangen waren.

Das Spieljahr 2003/04 sollte dann eines der stärksten in der Karriere des inzwischen schon 34 Jahre alten Mittelstürmers werden. Neun Jahre nachdem Ferguson – damals noch im Dress von Glenavon Lurgan – erstmals Torschützenkönig geworden war, führte er mit 25 Treffern in 30 Einsätzen abermals die Torjägerliste der Irish League an. Mit seinen starken Leistungen führte der Oldie Linfield zudem zurück auf den Meisterthron. Obwohl sich die Blues in 30 Saisonspielen nur ein einziges Mal geschlagen geben mussten, belief sich der Vorsprung auf Vizemeister FC Portadown in der Endabrechnung auf lediglich drei Punkte. Als herausragender Akteur beim inzwischen 45-fachen Landesmeister wurde Ferguson zu Nordirlands Fußballer des Jahres gewählt. Abgerundet wurde die Saison dank eines 2:0-Sieges über den FC Ards mit einem weiteren Gewinn des Co. Antrim Shield.

Lange durfte sich der Rekordmeister auch in der Saison 2004/05 Hoffnungen auf den Ligatitel machen. Nach 30 Spieltagen hatte jedoch Erzrivale Glentoran zwei Zähler Vorsprung, so dass sich der Titelverteidiger mit der Vizemeisterschaft begnügen musste. Die Entscheidung war erst in der vorletzten Runde im direkten Duell mit den Glens gefallen. Diese waren im heimischen Oval in der 53. Minute durch Nixon mit 2:1 in Führung gegangen, die Davy Larmour sechs Minuten vor Schluss ausglich. Bei einem 2:2 wären die Blues mit einem Zähler Vorsprung in den letzten Spieltag gegangen. In der Nachspielzeit fingen sie sich jedoch einen dritten Gegentreffer ein, der letztendlich den Meistertitel kostete. Anders als im Vorjahr konnte Glenn Ferguson auch wegen einiger Verletzungen in 21 Spielen nur elf Torerfolge bejubeln. Während ihm zwischen dem 16. Oktober und dem 22 Januar kein einziger Treffer gelang, zeigte er seine stärkste Saisonleistung am 11. März gegen Schlusslicht Omagh Town, gegen das ihm beim deutlichen 6:1-Erfolg im Windsor Park drei Tore gelangen. Da auch das Finale um den League Cup gegen Glentoran mit einer 0:2-Niederlage in die Annalen eingegangen war, musste sich Glenn Ferguson nach einem 2:1 über Crusaders mit einem weiteren Gewinn des Co. Antrim Shield trösten.

► EINWURF

Gleich mehrfach wurde Glenn Ferguson in seiner nordirischen Heimat als Fußballer des Jahres ausgezeichnet, wobei den Ehrungen verschiedene Urheber zugrunde lagen. So war es die Spielervereinigung PFA, die den damaligen Angreifer von Glenavon Lurgan 1993/94 zum besten Akteur der Irish League bestimmt hatte. Während die Wahl der PFA nach der Saison 1994/95 eingestellt wurde, ist jene zum „Ulster Footballer of the Year" die mit Abstand traditionsreichste, wird diese doch schon seit 1951 durchgeführt. Insofern war es für Spike auch eine besondere Ehre, als er nach seinem Wechsel zum FC Linfield diese Auszeichnung gleich dreimal (2001, 2004 und 2006) einheimsen konnte. In den genannten Jahren wurde Ferguson darüber hinaus auch von der nordirischen „Football Writers' Association" zum besten Spieler der Saison gekürt, womit auch die letzten Zweifel an seinen Fähigkeiten beseitigt worden waren.

Während sich die meisten Fußballer mit Mitte dreißig (wenn sie nicht schon längst ihre Laufbahn beendet haben) verstärkt Gedanken über die „Karriere nach der Karriere" machen, schlug Glenn Ferguson in diesem Alter erst so richtig zu. Zwischen 2006 und 2008 war der nordirische Rekordmeister einmal mehr das Maß aller Dinge und sicherte sich unter seinem langjährigen Manager David Jeffrey nicht nur drei Meistertitel in Folge, sondern darüber hinaus auch jeweils den Sieg im Landespokal sowie 2006 und 2008 im Ligacup, wobei Ferguson vor allem in der Spielzeit 2005/06 seinen zweiten Frühling erlebte. Mit dem 15 Jahre jüngeren Peter Thompson bildete er ein glänzend harmonierendes Angriffsduo, welches es in der Liga auf gemeinsame 50 Treffer brachte. Derweil sich sein jugendlicher Sturmpartner mit 26 Treffern die Torjägerkrone aufsetzte, war Ferguson selbst der unumstrittene Führungsspieler der Blues, die im gesamten Saisonverlauf nur einmal als Verlierer vom Platz gingen und im Abschlussklassement Glentoran mit zwölf Punkten klar auf Distanz hielten. Obwohl Ferguson vermehrt in die Vorbereiterrolle schlüpfte, kam er immer noch auf 24 eigene Ligatreffer, was die drittbeste Ausbeute seiner Karriere bedeutete.

► EINWURF

Während Glenn Ferguson in der ewigen Torschützenliste der Irish League von Jimmy Jones übertroffen wird, ist er in Sachen Torerfolge im Landespokal unerreicht. Insgesamt hat er im Irish Cup 53 Tore erzielt, davon die meisten – nämlich 28 – für den FC Linfield. Weitere 21-mal hat er im Trikot von Glenavon Lurgan ins Schwarze getroffen, dreimal als Spieler von Lisburn Distillery sowie ein weiteres Mal für den FC Ards, wo 1987 die Karriere eines der besten nordirischen Torjägers begonnen hatte.

Nordirlands Fußballer des Jahres erfreute seine Fans im Saisonverlauf mit zahlreichen Sternstunden. Nachdem er am 12. November im Auswärtsspiel gegen Dungannon Swifts den wichtigen 3:2-Siegtreffer erzielt hatte, gingen in der Woche darauf gegen Armagh City (5:0) gleich drei Treffer auf sein Konto. Ein weiterer Dreierpack gelang ihm beim 8:1-Kantersieg im Windsor Park über den FC Larne kurz vor Weihnachten, ehe er am 2. Januar gar vier Treffer zum 5:0 über seinen Ex-Klub Glenavon Lurgan beisteuerte. Selbstverständlich präsentierte er sich auch in den diversen nationalen Pokalwettbewerben in glänzender Verfassung, was weitere 17 Treffer in 26 Einsätzen beweisen. Allein drei davon gingen im Finale des League Cups auf sein Konto, das die Blues am 10. Dezember mit einem 3:0-Erfolg über Glentoran für sich entschieden. Nachdem ihm auch im Finale um den Co. Antrim Shield gegen Ballymena United vier Minuten vor Schluss der 2:1-Siegtreffer gelungen war, überließ er im Pokalendspiel am 6. Mai gegen Glentoran Sturmpartner Peter Thompson die große Bühne: Im Windsor Park waren die Glens kurz vor dem Seitenwechsel in Führung gegangen, ehe Thompson in der Nachspielzeit der ersten Hälfte für den Ausgleich sorgte, um nach 65 Minuten den 2:1-Endstand unter Dach und Fach zu bringen.

Weitere 14 Ligatreffer sollten in der Saison 2006/07 auf Glenn Fergusons Konto gehen. Abermals verloren die Blues lediglich ein Spiel, womit die erfolgreiche Titelverteidigung reine Formsache war. Obwohl der Goalgetter nie mehr als ein Tor erzielen konnte, waren es doch oft entscheidende Treffer, die seinem Team mehrere wichtige Punkte retteten. Nach dem vorzeitigen Aus im Ligapokal sicherten sich die Blues am 5. Mai 2007 einen weiteren Triumph im Irish Cup. Bis der Sieg über Dungannon Swifts feststand, hatten die Schützlinge von David Jeffrey allerdings ein hartes Stück Arbeit zu verrichten. Im Windsor Park war Ferguson in einer turbulenten ersten Halbzeit nach 37 Minuten der 2:1-Führungstreffer für seine Farben gelungen, den der Außenseiter aber nur drei Minuten später ausgleichen konnte. Nachdem in der zweiten Hälfte und in der Verlängerung keine weiteren Tore gefallen waren, konnte Linfield erst im anschließenden Elfmeterschießen mit 3:2 die Oberhand behalten.

In der Saison 2007/08 sicherten sich die Blues dann zum dritten Mal hintereinander das Double, welches sie wie schon 2006 mit dem Ligapokal garnierten. Angesichts von abermals nur 14 Ligatreffern schlüpfte Linfield-Ikone Glenn Ferguson wie im Vorjahr verstärkt in die Rolle des Vorbereiters, der Youngster Peter Thompson viele seiner 29 Torerfolge auflegte, so dass dieser erneut zum besten Goalgetter der Irish League avancierte. Im Gegensatz zu den beiden letzten Spielzeiten fiel der Titelgewinn diesmal allerdings nicht so hochüberlegen aus, da Glentoran als ärgster Verfolger lediglich drei Zähler Rückstand aufwies. Umso wichtiger war, dass Spike am letzten Spieltag beim Auswärtssieg über Crusaders einen Doppelpack schnürte, der die letzten Zweifel am Meisterschaftshattrick der Blues zerstreute.

Eine Woche später trafen diese im Windsor Park im nationalen Pokalfinale auf den FC Coleraine, wo sie mit einem 2:1-Erfolg ihre Titelsammlung vervollständigten. Nachdem Peter Thompson schon vor Jahresfrist als zweifacher Torschütze zum Pokalhelden avanciert war, war er auch jetzt wieder mit zwei Treffern zur Stelle, um bald danach zu Stockport County in die dritte englische Liga zu wechseln. Am 2. Februar 2008 hatte freilich noch einmal Glenn Ferguson die Rolle des umjubelten Matchwinners eingenommen. Nach 70 Minuten lag Linfield gegen Stadtrivale Crusaders mit 1:2 in Rückstand, als der eingewechselte Altstar das Spielfeld betrat und mit einer Bravourleistung der Partie die erhoffte Wende verlieh. Mit einem Doppelschlag in den Schlussminuten sicherte er den Blues auch den dritten nationalen Titel der Saison.

► EINWURF

Als Rekordmeister von Nordirland ist der FC Linfield regelmäßiger Gast in den Europapokalwettbewerben. Da die besten Spieler des Landes ihr Glück in der Regel jedoch in den englischen oder schottischen Profiligen suchen, sind die zumeist mit Einheimischen gespickten nordirischen Vereinsteams im internationalen Vergleich inzwischen nahezu chancenlos. Entsprechend liegt der größte Erfolg des Rekordmeisters auf der europäischen Bühne weit zurück. In der Saison 1996/67 erreichte man im Europacup der Landesmeister die Runde der letzten Acht, um hier nur knapp an ZSKA Sofia (2:2, 0:1) zu scheitern. Nach Glenn Fergusons Wechsel in seine Geburtsstadt Belfast war für die Blues hingegen regelmäßig in der Auftaktrunde Endstation. Zwischen 1998/99 und 2007/08 traten diese zehnmal in der Champions League bzw. im UEFA-Pokal in Erscheinung, um nur ein einziges Mal in die nächste Runde einzuziehen. In der Saison 2005/06 trafen sie in der UEFA-Cup-Qualifikation auf den FK Ventspils, der nach einem 1:0 im Windsor Park sowie einem 1:2 in Lettland eliminiert worden war, ehe sich anschließend die Elf von Halmstads BK (1:1, 2:4) bereits wieder als eine Nummer zu groß erwies. Das Rückspiel am 25. August 2005 in Schweden war längst entschieden, als Glenn Ferguson in der 82. Minute das Endresultat besiegelte. Es war sein fünfter und letzter Europacuptreffer im Linfield-Trikot, mit dem er eine neue vereinsinterne Rekordmarke gesetzt hatte. Sein erstes von 14 Europacupspielen für die Blues hatte Ferguson am 22. Juli 1998 ebenfalls im UEFA-Cup gegen Omonia Nikosia bestritten. Zwar hatte es auf Zypern eine deutliche 1:5-Niederlage gesetzt, bei der Linfields neuer Sturmtank mit seinem Ehrentreffer in der 73. Minute aber wenigstens seine Torgefahr unter Beweis gestellt hatte. Den stärksten Auftritt auf internationalem Parkett sollte Ferguson in der Spielzeit 2000/01 verzeichnen, wo Linfield in der Champions-League-Qualifikation auf Haka Valkeakoski traf. Nach der 0:1-Hinspielniederlage in Finnland blies die Mannschaft am 19. Juli 2000 im Windsor Park zur Aufholjagd, als Ferguson bereits nach 22 Minuten einen Elfmeter zur 1:0-Führung verwandeln konnte. Tatsächlich führte der Sturmlauf der Nordiren zu einem zweiten Treffer, der in der 72. Minute abermals auf Fergusons Konto ging. In der Schlussphase kamen die skandinavischen Gäste aber doch noch zum Anschlusstreffer, der für Linfield das obligatorische Erstrunden-Aus besiegelte.

In seinem letzten Jahr beim FC Linfield musste sich Spike dann einen Zähler hinter Glentoran mit der Vizemeisterschaft begnügen. Gleich zu Beginn der Saison 2008/09 hatte sich Ferguson in Topform gezeigt, als er am 29. August beim 7:0-Kantersieg über Institute Belfast dreimal ins Schwarze getroffen hatte. Am 13. Dezember bestritt der Dauerbrenner gegen den FC Coleraine sein 500. Pflichtspiel für den Rekordmeister, wobei er beim 4:1-Auswärtserfolg standesgemäß mit seinem 277. Treffer zur Stelle war. Noch zehn weitere sollten bis zum Saisonende folgen, ehe Fergusons Dienstzeit im Windsor Park überraschend endete. Während Linfield nicht mehr an einer Weiterverpflichtung des fast 40-Jährigen interessiert war, hatte dieser erklärt, mindestens noch ein Jahr aktiv bleiben zu wollen, weshalb er ablösefrei zu Lisburn Distillery wechselte.

Er kann's nicht lassen

Zwar lag der letzte Meistertitel des Vereins aus dem 72.000 Einwohner zählenden Lisburn fast fünf Jahrzehnte zurück. Allerdings war unter Manager Jimmy Brown in jüngster Vergangenheit ein deutlicher Aufwärtstrend zu verzeichnen gewesen, nachdem die Whites sowohl 2007/08 als auch 2008/09 als Vierte die Ziellinie passiert hatten. Entsprechend euphorisch zeigten sich die Klubbosse, als sie am 30. Mai 2009 die Verpflichtung Glenn Fergusons bekannt gaben. Manager Brown war sogar überzeugt, mit dem Oldie erstmals nach anderthalb Jahrzehnten wieder einen offiziellen Titel gewinnen zu können.

In der Saison 2009/10 fiel Lisburn Distillery in der Liga jedoch auf den vorletzten Platz zurück und konnte nur knapp dem Abstieg entgehen. Gleichwohl sollte Jimmy Brown mit seiner Titelprognose Recht behalten. Da Glenn Ferguson in Anbetracht von 14 Ligatreffern überzeugt hatte und wesentlicher Garant für den Klassenerhalt gewesen war, wurde sein Kontrakt um ein weiteres Jahr verlängert. Auch im Alter von mittlerweile 41 Jahren zeigte er sich weiterhin erstaunlich fit und fehlte in der Spielzeit 2010/11 in lediglich zwei der 38 Ligaspiele, derweil sich auch seine zehn Treffer sehen lassen konnten. Nachdem die Whites als Vierte in die Meisterrunde eingezogen waren, verloren sie dort allerdings sämtliche fünf Begegnungen und fielen auf den sechsten Platz zurück. Allzu traurig war man in Lisburn darüber jedoch nicht: Am 2. April hatte die Mannschaft im Ligacupfinale nämlich den FC Portadown mit 2:1 besiegt und damit den heißersehnten Titelgewinn gefeiert. Ferguson, der nach der Saison seine Karriere beenden sollte, um sich ab Januar 2012 als Manager von Ballymena United zu verdingen, war im Mourneview Park von Lurgan bester Mann auf dem Platz, nachdem er zunächst vor der Pause einen Kopfball von Portadowns Tim Mouncey von der Linie gekratzt und sechs Minuten nach der Pause den Ausgleichstreffer des eingewechselten Scott Davidson vorbereitet hatte. Nach dem Siegtor von Cushley in der 88. Minute durfte der bereits leicht ergraute Ferguson schließlich den letzten Titel seiner langen Karriere bejubeln.

► ZAHLEN UND FAKTEN

Vereine: 1987-1990 Ards FC Newtownards
1990-1997 Glenavon Lurgan
1998-2009 FC Linfield
2009-2011 Lisburn Distillery

Tore: 645 Spiele Irish League (314 Tore)
388 verschiedene Pokalspiele (244 Tore*)
26 Europapokalspiele (7 Tore)
4 Ligaauswahl-Spiele (2 Tore)
5 A-Länderspiele (0 Tore)
2 B-Länderspiele (0 Tore)
gesamt 1.070 Pflichtspiele (567 Tore)
** davon 53 Tore im Irish Cup*

Erfolge: Nordirischer Meister
2000, 2001, 2004, 2006, 2007, 2008
Nordirischer Pokalsieger
1997, 2002, 2006, 2007, 2008
Nordirischer Ligapokalsieger
1999, 2000, 2006, 2008, 2011
Nordirischer Charity-Shield-Sieger
1992, 2000

Nordirischer Torschützenkönig 1995, 2004
Nordirischer Fußballer des Jahres
2001, 2004, 2006

In der Nationalmannschaft:

Als in der Heimat tätiger Spieler, hatte es Glenn Ferguson naturgemäß schwer, in der nordirischen Nationalelf Fuß zu fassen, da diese in der Regel von in England oder Schottland aktiven Profis dominiert wird. Bevor er in der A-Mannschaft zum Zuge kam, absolvierte er zwei B-Länderspiele, in denen er allerdings sowohl am 28. März 1997 in Lurgan gegen Portugals U-21 (2:0) als auch am 9. Februar 1999 in Wrexham gegen Wales (0:1) ohne Treffer geblieben war. An der Torflaute im Nationaltrikot sollte sich auch in seinen fünf A-Länderspielen nichts ändern. Sowohl beim Debüt am 27. April 1999 gegen Kanada (1:1), als auch in den nächsten drei Einsätzen gegen Norwegen (0:4), Tschechien (0:1) und Bulgarien (0:1) hatte er sich zudem mit der Rolle als Einwechselspieler begnügen müssen, wobei zu bemerken ist, dass er jeweils der einzige in Nordirland tätige Akteur gewesen war.

Nur ein einziges Mal durfte Ferguson über die vollen 90 Minuten ran. Am 5. Juni 2001 traf Nordirland in der WM-Qualifikation auf Tschechien, wobei weniger die 1:3-Niederlage in Teplice in Erinnerung blieb, als vielmehr die Tatsache, dass Spike gemeinsam mit drei weiteren nordirischen Spielern verhaftet worden war, weil er beim Besuch eines Prager Nachtklubs angeblich einen Türsteher mit einem Blumentopf angegriffen haben soll. Bei der Gerichtsverhandlung zwei Jahre später konnte der Tathergang aber nicht richtig geklärt werden, weil mehrere Zeugen die angeklagten Spieler, die stets ihre Unschuld beteuert hatten, in der Opferrolle sahen. Dennoch hatte Nationaltrainer Sammy McIlroy schon kurz nach dem Zwischenfall erklärt, Ferguson nie mehr für Nordirland berufen zu wollen, womit dessen kurze Länderspielkarriere auf wenig erfreuliche Weise zu Ende gegangen war.

Saison	Europacup		Liga		Pokal*	
	Sp.	T.	Sp.	T.	Sp.	T.
1987/88			8	1		
1988/89			22	5		2
1989/90			22	7		8
1990/91			30	13		24
1991/92	2	2	17	5		12
1992/93	2	0	28	15		8
1993/94			29	12		15
1994/95			29	27		22
1995/96	4	0	24	10		20
1996/97			25	12		15
1997/98	2	0	23	6		10
			12	8	8	0
1998/99	1	1	27	15	18	7
1999/00	1	0	19	8	12	6
2000/01	2	2	34	16	17	12
2001/02	2	0	31	10	14	9
2002/03	2	1	35	18	14	3
2003/04			30	25	15	9
2004/05	0	0	21	11	16	8
2005/06	3	1	27	24	26	17
2006/07	0	0	24	14	22	9
2007/08	2	0	29	14	19	15
2008/09	1	0	31	15	10	9
2009/10			32	14		0
2010/11			36	10		4

* erfasst werden alle nationalen und regionalen Pokalwettbewerbe

Hughie Ferguson
Tragisches Ende eines großen Spielers

Nach Celtics Jimmy McGrory und Bob McPhail von den Glasgow Rangers ist Hughie Ferguson mit 286 Toren in 305 Spielen drittstärkster Goalgetter des schottischen Ligafußballs, was umso bemerkenswerter ist, als Ferguson im Gegensatz zu McGrory und McPhail nicht dauerhaft in Schottland spielte, sondern von November 1925 an für rund dreieinhalb Jahre in der englischen First Division für Cardiff City aktiv war. Sein Name bleibt untrennbar verbunden mit dem sensationellen FA-Cup-Sieg der Waliser im Jahr 1927 gegen den hohen Favoriten Arsenal London, aber auch mit seinem tragischen Selbstmord am 9. Januar 1930 im Umkleidetrakt des Dens Park.

Rekordtorjäger des FC Motherwell

Geboren wurde Hughie Ferguson am 2. März des Jahres 1898 in Motherwell, einer südöstlich von Glasgow gelegenen Stadt in North Lanarkshire. In seiner Jugend spielte er ab 1914 für den Glasgower Verein FC Parkhead, mit dem er im Jahr darauf den Scottish Junior Cup gewann. Im Sommer 1916 wurde er von Manager John Hunter schließlich zum FC Motherwell gelotst, für den er am 19. August im Ligaspiel gegen die Raith Rovers debütierte und dabei auf Anhieb beide Treffer zum 2:2-Remis erzielte. Insgesamt konnte Hughie Ferguson, in seiner ersten Profi-Saison, welche die Steelmen auf dem achten Platz beendeten, beachtliche 24 Treffer erzielen.

► EINWURF
Als Serientorschütze des FC Motherwell schien Hughie Ferguson wie prädestiniert, um auch in der Nationalmannschaft für Furore zu sorgen. Tatsächlich kam er für die „Tartan Army" jedoch nicht ein einziges Mal zum Zug, womit er neben dem späteren Aberdeen-Manager Dave Halliday als der beste schottische Spieler gilt, der nie ein Länderspiel bestritten hat. Ein Grund für seine Nichtberücksichtigung war Hughie Gallacher, der jahrelang in England kickte und sich seinem Stammplatz im Dress der Bravehearts mit 23 Toren in 20 Länderspielen redlich verdiente. Möglicherweise wurde Ferguson aber auch deshalb nicht berücksichtigt, weil er nie für einen wirklichen Topklub gespielt hat und damit nicht über die notwendige Lobby verfügte.

Vor allem in den ersten Karrierejahren ließ es Hughie Ferguson *(Bild unten)* so richtig krachen. Gleich in seiner zweiten Saison (1917/18) konnte er mit 35 Treffern die nationale Torschützenkrone erobern. Dank seiner Treffsicherheit verfügte Motherwell mit 70 Toren über den besten Angriff der Liga. Dass die Steelmen ohne jede Titelchance dennoch nur als Fünfte die Ziellinie überquerten, lag an einer doch sehr löchrigen Abwehr, die gleich 51 Gegentreffer zugelassen hatte. Abermals 33-mal traf Ferguson in der Spielzeit 1919/20 ins Schwarze, womit er

nicht nur erneut die Torjägerliste der First Division anführte, sondern seinen nicht gerade erfolgsverwöhnten Verein auch auf einen mehr als achtbaren dritten Platz (freilich deutliche 14 Zähler hinter den meisterlichen Glasgow Rangers) schoss. Zwar mussten sich die Fans im Fir Park im Jahr darauf mit Rang fünf zufrieden geben. Dafür war der 22-Jährige nicht zu bremsen und avancierte mit 43 Torerfolgen zum dritten Mal in Folge zum besten Goalgetter Schottlands. Vor der Einführung der neuen Abseitsregel 1925 hatte weder in England noch in Schottland je ein Stürmer mehr Tore erzielen können. Im Verlauf der Saison 1920/21 hatte der FC Motherwell 75-mal ins Schwarze getroffen, womit Ferguson an 57,33 Prozent aller Torerfolge beteiligt gewesen war.
Danach ging es für den die Steelmen in der Tabelle allerdings spürbar bergab. Obwohl Hughie Ferguson die 30-Tore-Marke auch in den kommenden vier Jahren zumindest nur knapp verfehlte, wenn nicht sogar übertraf, reichte es für seine Mannschaft lediglich zu zweistelligen Platzierungen. Den Tiefpunkt markierte die Spielzeit 1924/25, als Motherwell trotz 28 Ferguson-Treffern als Drittletzter den Ligaverbleib erst auf den letzten Drücker schaffte. Die kommende Saison war bereits voll im Gang, als im November 1925 ein Angebot von Cardiff City eintraf, dem Hughie Ferguson nicht widerstehen konnte. Die Bluebirds waren von den Fähigkeiten ihres Wunschspielers dermaßen überzeugt, dass sie die vereins-interne Rekordablösesumme von 4.000 £ aufriefen, um diesen nach Wales zu holen. Ebenso wie der FC Wrexham, Swansea City und Newport County hat sich Cardiff City bis heute standhaft geweigert, der League of Wales beizutreten und nimmt stattdessen traditionell am englischen Spielbetrieb teil. Als Hughie Ferguson den Weg gen Süden antrat, hatte er für seinen Heimatverein FC Motherwell in 288 Ligaspielen 284-mal ins Schwarze getroffen, womit er bis heute auf dem ersten Platz der ewigen Torjägerliste rangiert.

Ein Tor für die Geschichtsbücher

In Cardiff bestritt Ferguson bis 1929 in der Liga 117 Spiele und stellte mit 77 Treffern seine Torgefahr weiterhin unter Beweis. Freilich gehörten die Waliser nicht zu den Topteams der First Division. Nach dem 16. Platz im Spieljahr 1925/26 mit einem Vorsprung von vier Zählern auf den besten Absteiger landeten sie im Jahr darauf ebenfalls nur auf Rang 14, wobei der schottische Neuzugang nach 19 Treffern in der Vorsaison erneut stattliche 26 Tore erzielt hatte. Ohnehin sollte die Spielzeit 1926/27 mit dem Karrierehighlight Hughie Fergusons schlechthin in die Annalen eingehen.

► EINWURF
Der für sein faires Auftreten und seine große Bescheidenheit gerühmte Hughie Ferguson zählt mit 87 Torerfolgen in 126 Liga- und Pokalspielen noch heute zu den erfolgreichsten Goalgettern von Cardiff City. In der ewigen Bestenliste der Bluebirds, die von seinem einstigen Teamgefährten Len Davies (mit 148 Torerfolgen in 339 Spielen) angeführt wird, rangiert er gleichauf mit John Toshack auf Rang sieben.

Cardiff City hatte sich in den zwanziger Jahren unter Manager Fred Stewart als echter Pokalspezialist entpuppt und bereits 1925 das FA-Cupfinal erreicht, wobei man nur knapp an Sheffield United (0:1) gescheitert war. Auch zwei Jahre nach der Final-Niederlage zeigten sich die Bluebirds im FA-Pokal glänzend aufgelegt. Durch Siege über Aston Villa (2:1) und den FC Darlington (2:0) standen sie im

Achtelfinale, wo sie am 19. Februar 1927 bei Titelverteidiger Bolton Wanderers antreten mussten. Die Trotters spielten auch in der laufenden Ligasaison oben mit, so dass im Burnden Park eine ausgesprochen undankbare Aufgabe wartete. Vor dem Cupspiel suchte Hughie Ferguson auf dem Golfplatz von Southport nach etwas Zerstreuung. Die englische Küstenstadt liegt unweit der walisischen Grenze und beheimatet den traditionsreichen „Royal Birkdale Golf Club", der seit 1948 auch zu den Ausrichtern der British Open zählt. Die anstehende Begegnung in Bolton wollte Ferguson aber nicht so recht aus dem Kopf. Bei einem Abschlag lief ihm dann auch noch eine schwarze Katze über den Weg, weshalb er den Schläger ein wenig verzog. Dennoch stellte sich heraus, dass der Golfball trotz des hinderlichen Stubentigers eine unerwartet gute Position eingenommen hatte, weshalb Fergusons anfänglicher Ärger schnell verflog. Stattdessen sah er in dem Vierbeiner ein gutes Omen und suchte dessen Besitzer auf. Der war bass erstaunt, als er den bekannten Fußballer vor sich sah, der ihm das „Angebot" unterbreitete, Trixie – so hieß das offenbar sehr sportbegeisterte Tier – als Glücksbringer für den anstehenden Pokalfight zu „adoptieren". Als Gegenleistung bot er zwei Karten für das Finale an – sofern Cardiff dieses erreichen sollte. Tatsächlich gewannen die Waliser nicht zuletzt dank eines verwandelten Elfmeters von Hughie Ferguson im Burnden Park mit 2:0, was Trixie das ein oder andere Leckerchen eingebracht haben dürfte.

Auch bei seinen Mitspielern stand der vierbeinige Talisman bald hoch im Kurs, zumal die Bluebirds dank Erfolgen über den FC Chelsea (0:0, 3:2) sowie den FC Reading (3:0) tatsächlich das Endspiel erreichten. Wiederum zeigte sich Hughie Ferguson in guter Verfassung, da er nach einem weiteren verwandelten Strafstoß im Viertelfinale gegen Chelsea in der Vorschlussrunde gegen Reading sogar zweimal ins Schwarze getroffen hatte. Bereits damals war das FA-Cupfinal ein Höhepunkt des gesellschaftlichen Lebens. Selbst König Georg V. (der Großvater von Queen Elizabeth II.) wollte sich das Spiel am 23. April 1927 im erst vier Jahren zuvor fertig gestellten Empire Stadium ebenso wie die 93.000 Zuschauer nicht entgehen lassen. Diese sollten jedoch nicht die einzigen sein, die die Krönung des Fußballjahres live miterlebten. Die ebenfalls noch junge BBC bot erstmals eine Hörfunkübertragung von einem Fußballspiel an, so dass auch die Menschen außerhalb des Stadions an der großartigen Atmosphäre von Wembley teilhaben konnten. Hoher Favorit vor dem Anpfiff war Gegner FC Arsenal London, der unter Manager Herbert Chapman endlich seinen ersten Titel gewinnen wollte. Die Gunners hatten Stars wie Charlie Buchan, Joe Hulme oder Tom Parker in ihren Reihen, weshalb Cardiff City kaum jemand eine echte Chance einräumte. Dennoch hielten die Waliser lange ein torloses Remis. Es war schließlich die 74. Minute, die in die Fußballgeschichte eingehen sollte: Cardiff hatte einen Einwurf zugesprochen bekommen, der im Strafraum den lauernden Ferguson erreichte. Der wurde jedoch von drei gegnerischen Abwehrspielern hart bedrängt, so dass aus seinem Schuss eine harmlose Rückgabe wurde, die Arsenals Torwächter Dan Lewis bereits sicher zu haben schien. Zum Schrecken seiner Mitspieler ließ Lewis das Leder jedoch unter dem Körper hindurchgleiten, das schließlich in Zeitlupentempo die Torlinie passierte. Damit war der bis dahin eher unauffällig agierende Hughie Ferguson zum Helden des Tages avanciert, da Arsenal in der Schlussviertelstunde ohne den erhofften Ausgleichstreffer blieb, der zumindest zu jenem Zeitpunkt in der Luft lag, als City-Keeper Tom Farquharson beim Herauslaufen einen Ball unterlaufen hatte, sich die freistehenden Braine und Buchan aber gegenseitig behinderten.

Der Siegtreffer gegen Arsenal im englischen Cupfinal 1927 aus zwei Perspektiven: Während oben Cardiffs Torschütze Hughie Ferguson jubelnd die Arme hochreißt, zeigt das untere Bild, wie Arsenals Lewis das Leder passieren lässt.

FA-Cup-Sieger Cardiff City mit Trainer George Latham, James Nelson, Tom Farquharson, Tom Watson, George McLachlan (oben von links). Tom Sloan, Sam Irving, Fred Keenor, Billy Hardy, Len Davies (mittlere Reihe von links). Unten von links: Ernie Curtis und Hughie Ferguson.

Natürlich musste sich Dan Lewis nach dem Schlusspfiff einiges anhören. Zu seiner Verteidigung gab er an, das neues Torwartdress trage die Schuld an seinem Patzer, weil es noch nicht aufgeraut genug gewesen war. Als Konsequenz wurde bei Arsenal danach jedes Mal vor einem Spiel das Jersey des Keepers in die Waschmaschine gesteckt. Selbst Verschwörungstheorien machten dem bedauernswerten Unglücksraben zu schaffen. Lewis stammte nämlich

aus Wales, weshalb er – so warfen es ihm zumindest böse Zungen vor – den Ball aus landsmannschaftlicher Verbundenheit absichtlich passieren lassen habe. Matchwinner Ferguson sah sich mit derlei Vorwürfen naturgemäß nicht konfrontiert. Stattdessen ist er als jener Spieler in die Annalen eingegangen, der dafür gesorgt hat, dass der FA-Cup zum einzigen Mal in seiner langen Geschichte nicht von einem englischen Verein gewonnen wurde. Und schließlich war es sein Treffer gewesen, der als erster live im Radio übertragen wurde!
Neben dem Erfolg im FA-Cup konnte Hughie Ferguson mit den Bluebirds noch drei weitere Titel gewinnen. Die Mannschaft hatte sich in jenem Jahr auch für das Endspiel des freilich wesentlich unbedeutenderen Welsh Cup qualifiziert, wo sie am 5. Mai 1927 im Racecourse Ground von Wrexham auf Rhyl Athletic traf. Ohne den verletzten Ferguson behielt der FA-Cup-Sieger vor 9.690 Zuschauern erwartungsgemäß mit 2:0 die Oberhand.

EXKURS: Welsh Cup und League of Wales

Historisch gesehen waren der englische und walisische Ligafußball traditionell eng miteinander verknüpft. Sämtliche Vereine aus Wales waren bis 1992 in den englischen Spielbetrieb integriert, ehe auf Geheiß der UEFA in der Spielzeit 1992/93 die League of Wales geschaffen wurde. Obwohl die Klubs des Landes mit ihrer bisherigen Situation zufrieden waren, beharrte der Kontinentalverband darauf, dass die Vereine eines Verbandes nicht in den Ligenbetrieb eines anderen integriert sein dürfen. Die höchste walisische Spielklasse setzte sich allerdings lediglich aus bisherigen Amateurvereinen zusammen, während die Profiklubs Cardiff City, FC Wrexham, Swansea City und Newport County auch weiterhin am englischen Spielbetrieb teilnehmen, was die UEFA nur ungern und auch nur unter dem Vorbehalt akzeptierte, dass die genannten Klubs ab 1995 nicht mehr im walisischen Pokalwettbewerb an den Start gehen. Der Cupsieg der Bluebirds aus dem Jahr 1927 verschafft dem Verein somit das Alleinstellungsmerkmal, dass er der einzige auf dem Kontinent ist, der jemals einen Titel außerhalb der eigenen Verbandsgrenzen errungen hat. Im April 2011 wurde erstmals die Rückkehr der vier im englischen Profifußball kickenden Klubs in den Welsh Cup diskutiert, was den seit der Saison 1877/78 ausgetragenen Wettbewerb ohne Zweifel aufwerten würde. Ob diese Rückkehr nach 17 Jahren tatsächlich in die Tat umgesetzt wird und ob die Vereine gegebenenfalls als Landespokalsieger auch an der Europa League teilnehmen dürfen, hängt jedoch von der Zustimmung der UEFA und der FA ab.

Als Englischer Pokalsieger durfte Cardiff City am Beginn der Saison 1927/28 das Spiel um den Charity Shield bestreiten. Später wurde es zur Tradition, dass bei diesem Anlass immer die Meister und Cupsieger gegeneinander antraten. In den Anfangsjahren war es jedoch durchaus üblich, dass auch andere Konstellationen zustande kamen. Bei den vier Austragungen zuvor hatten sich jeweils eine Profi- und Amateurauswahl gegenübergestanden, während es Cardiff City am 12. Oktober 1927 an der Stamford Bridge mit dem legendären Londoner Amateurklub FC Corinthians zu tun bekam, den man durch die Treffer von Len Davies und Hughie Ferguson mit 2:1 niederrang.
In der First Division erreichten die Bluebirds einen respektablen sechsten Platz, woran Hughie Ferguson mit 18 Toren nicht unbeträchtlichen Anteil hatte. Aus dem FA-Cup musste sich der Titelverteidiger hingegen bereits im Achtelfinale nach einem 1:2 gegen Nottingham Forest verabschieden. Der Ehrentreffer war Fergusons zweiter Torerfolg im laufenden Wettbewerb gewesen. Dafür erreichte die Mannschaft erneut das Finale um den Welsh Cup, bei dem Hughie Ferguson, anders als noch im Vorjahr, mit von der Partie war. Am 2. Mai 1928 waren es seine beiden Tore, die das Spiel an der Farrar Road gegen Gastgeber Bangor Athletic quasi im Alleingang entschieden.
Noch einmal erlebte der Schotte eine Sternstunde, als ihm am 1. September 1928 im zweiten Spiel der neuen Saison beim deutlichen 7:0-Erfolg über den FC Burnley im heimischen Ninian Park fünf Treffer glückten, die noch heute vereinsinterner Rekord sind. Im weiteren Saisonverlauf zog sich Hughie Ferguson jedoch eine hartnäckige Verletzung zu, weshalb er Cardiff im Sommer 1929 verlassen musste. Zwar waren ihm für die Bluebirds nochmals 14 Ligatreffer gelungen. Da die Waliser aber in der gesamten Saison 1928/29 lediglich acht Begegnungen für sich entschieden hatten, mussten sie als Träger der Roten Laterne nach achtjähriger Zugehörigkeit zum englischen Oberhaus den Gang in die Zweitklassigkeit antreten. Nachdem die Mannschaft auch im FA-Cup bereits in der 3. Runde mit einem 1:6-Debakel bei Aston Villa gescheitert war, blieb am Ende einer enttäuschenden Saison nur noch die Hoffnung auf den Hattrick im Welsh Cup, wo die Bluebirds am 29. Mai 1929 auf die Elf von Connah's Quay & Shotton trafen. Aber obwohl der verletzungsgeplagte Hughie Ferguson wieder auf dem Platz stand, zeigte Cardiff City auf dem Racecourse Ground von Wrexham eine indiskutable Leistung und handelte sich eine deutliche 0:3-Niederlage ein.

► ZAHLEN UND FAKTEN

Vereine:	1916-1925	FC Motherwell
	1925-1929	Cardiff City
	1929-1930	FC Dundee
Tore:	305 Scottish-First-Division-Spiele (286 Tore)	
	117 engl. First-Division-Spiele (77 Tore)	
	9 FA-Cup-Spiele (10 Tore)	
	2 Welsh-Cup-Finalspiele (2 Tore)	
	1 Charity-Shield-Spiel (1 Tor)	
	3 Ligaauswahl-Spiele (3 Tore)	
gesamt	437 Pflichtspiele (379 Tore)*	
	** nur bekannte Spiele und Tore*	
Erfolge:	FA-Cup-Sieger 1927	
	Charity-Shield-Sieger 1927	
	Welsh-Cup-Sieger 1927, 1928	
	Schottischer Torschützenkönig 1917/18, 1919/20, 1920/21	

Im Gegensatz zum englischen Pokalwettbewerb sind die Spiele des international wenig beachteten Welsh Cup nur sehr unzureichend dokumentiert, weshalb es im Rahmen der Recherchen schlechterhin nicht möglich war, die exakte Trefferzahl zu eruieren, auf die es Hughie Ferguson in diesem Wettbewerb im Trikot von Cardiff City gebracht hat. Da die Bluebirds zwischen 1925 und 1929 neben ihren drei Finalspielen aber noch elf weitere Begegnungen im walisischen Landespokal bestritten haben, in denen sie es auf stattliche 28 Treffer brachten, bedarf es indes keiner allzu großen Phantasie, um davon auszugehen, dass einige davon auch auf das Konto des torhungrigen Schotten gegangen sein dürften.

Drama im Dens Park

Sein neuer Arbeitgeber wurde der FC Dundee, zu dem Hughie Ferguson für eine Ablöse von 500 £ wechselte.

Während er im Vorjahr für Cardiff City trotz des Abstiegs aus der First Division und seiner Verletzung immerhin unterm Strich durchaus überzeugt hatte, kam er nach seiner Rückkehr in die schottische Heimat überhaupt nicht zurecht. Nach 17 Spielen hatte er lediglich zwei Tore erzielt, was ihn bei den ungeduldigen Fans zur Zielscheibe wütender Proteste machte. Immer wieder wurde er im Dens Park gnadenlos ausgepfiffen, was sehr an den Nerven des als sensibel geltenden Ferguson nagte.

► EINWURF
Die Mannschaft von Cardiff City, die 1927 den FA-Cup als erste und einzige aus England entführte, kann nach damaligen Maßstäben als „internationales" Team bezeichnet werden, da es alle Teile des Vereinigten Königreiches repräsentierte und auch die Republik Irland nicht aussparte. Die einzigen Waliser im Team waren Kapitän Fred Keenor, der als Superstar der Bluebirds galt und in der Verteidigung spielte, sowie Läufer Ernie Curtis und Angreifer Len Davies. Aus Nordirland stammten Tom Watson (Verteidigung), Tom Sloan (Mittelfeld) und Sam Irving (Sturm), derweil der in Dublin geborene Schlussmann Tom Farquharson die Republik Irland repräsentierte. Einziger Engländer war der bereits 36-jährige Mittelläufer Billy Hardy. Aus dem nördlichsten Landesteil Schottland waren neben Hughie Ferguson noch Verteidiger James Nelson und sein Sturmpartner George McLachlan in den Ninian Park gekommen.

Am 9. Januar 1930 geschah schließlich das Unfassbare: Ein Malertrupp war zu Ausbesserungsarbeiten unterhalb der Haupttribüne zugange, als die Arbeiter im Kabinentrakt einen stechenden Geruch wahrnahmen. Nachdem sie diesem nachgegangen waren, fanden sie die Leiche von Dundee-Mittelstürmer Ferguson, der an einer Gasvergiftung gestorben war. Der Selbstmord wurde hinterher vor allem darauf zurückgeführt, dass Hughie Ferguson nicht mit den permanenten Missfallenskundgebungen gegen seine Person im Dens Park zurecht gekommen war. Seine Familie gab jedoch an, der nur 32 Jahre alt gewordene Fußballstar habe an einem unheilbaren Hirntumor gelitten. Hughie Ferguson hinterließ seine Ehefrau Jessie, einen Sohn, eine Tochter sowie den noch ungeborenen Sohn Jack, der 1952 und 1956 für Großbritannien im Wasserball an den Olympischen Spielen teilnehmen sollte.

Saison	Internat.		Liga		Pokal	
	Sp.	T.	Sp.	T.	Sp.	T.
1916/17	-	-		24		
1917/18				35		
1918/19				19		
1919/20				33		
1920/21				43		
1921/22				32		
1922/23				30		
1923/24				28		
1924/25				28		
1925/26				12		
				19		2
1926/27				26		6
1927/28				18		2
1928/29				14		0
1929/30			17	2		

Klaus Fischer
Deutschlands Spezialist für Fallrückzieher

Eigentlich wäre Klaus Fischer die passende Antwort der „Blauen" auf Gerd Müller gewesen! Der gebürtige Niederbayer wird in der Bundesligageschichte in Sachen Torerfolge schließlich nur von Bayerns Bomber der Nation übertroffen. Und als Fischer 1968 aus dem Bayerischen Wald an die Grünwalder Straße wechselte, lag die letzte Meisterschaft der Löwen gerade erst zwei Jahre zurück. Mit einer Quote von 268 Toren in 535 Bundesligaeinsätzen schien er wie prädestiniert, um Gerd Müller und damit auch den „Roten" von der Säbener Straße Paroli bieten zu können. Allein, Klaus Fischer erzielte die meisten seiner Tore gar nicht für den TSV 1860, sondern – nachdem er 1970 aus dem Freistaat „ausgewandert" war – im Westen der Republik, an Rhein und Ruhr, weshalb die Geschichte des Münchner Fußballs eben genauso verlief, wie sie verlief: Da der titelhamsternde Weltverein FC Bayern, dem einige Straßenzüge weiter der TSV 1860 mit seinen mühsamen Gehversuchen bis hinunter in die drittklassige Bayernliga gegenüberstand.

Geboren wurde Klaus Fischer am 27. Dezember 1949 in dem zu Lindberg gehörenden Ortsteil Kreuzstraßl, das in unmittelbarer Nähe zur tschechischen Grenze liegt. Der schneereiche Bayerische Wald animierte auch Fischer zum Wintersport, namentlich dem in der Region sehr beliebten Eisstockschießen, wo er es mit seinem Heimatverein SC Kreuzstraßl bis zum Gewinn der Europameisterschaft brachte. Bereits 1961 wechselte Fischer zum SC Zwiesel, der in der Saison 1967/68 in der Bezirksliga von Niederbayern kickte. Mit dem Youngster in seinen Reihen erkämpfte sich der Verein die Meisterschaft, mit der der Aufstieg in die Landesliga Mitte verbunden war. Dank Fischer besaßen die Auftritte der Mannschaft höchsten Unterhaltungswert. Leider lässt sich heute nicht mehr genau sagen, wie viele der 80 Saisontreffer des SC Zwiesel auf Fischers Konto gegangen sind.

Dessen starke Vorstellungen hatten aber keinen Geringeren als Hennes Weisweiler hellhörig werden lassen, welcher den Niederbayern zum Probetraining auf den Gladbacher Bökelberg einlud. Allerdings wurde Fischer vom gestrengen Weisweiler letztendlich nicht für gut genug befunden, um seine Fohlen schon in der kommenden Spielzeit spürbar verstärken zu können, weshalb sich der 18-Jährige enttäuscht auf die Heimreise machte.

Zwei Jahre ein „Blauer"

Anders als Hennes Weisweiler dachten die Verantwortlichen des TSV 1860 München, wenngleich die Verpflichtung Klaus Fischers durch die Löwen aus der Not heraus geboren wurde. Zwei Jahre nach dem Meistertitel hatte der Traditionsklub nämlich einen Schuldenberg von rund 2,3 Mio. D-Mark – heute kaum der Rede wert, damals aber eine unvorstellbar hohe Summe! – angehäuft, was im Sommer 1968 den Verkauf von Leistungsträgern wie Rudi Brunnenmeier und Hans Küppers notwendig machte, so dass Trainer Albert Sing auf junge Nachwuchsspieler setzten musste, zu denen u.a. Klaus Fischer zählte. Immerhin hatte dieser den Altinternationalen Sing derart überzeugt, dass er ihn gleich im ersten Saisonspiel gegen den VfB Stuttgart (1:1) auflaufen ließ. Fischer durfte sich auch weiterhin beweisen und war spätestens zu dem Zeitpunkt in der Bundesliga angekommen, als er am 6. Spieltag – man schrieb den 14. September 1968 – den 2:0-

Heimsieg über den Nürnberger Club mit seinem Premierentor aus der 8. Minute einleitete. Insgesamt traf Fischer in der Saison 1968/69 in 26 Erstligaeinsätzen neunmal ins Schwarze, womit er seinen Teil zum Erreichen des Klassenerhaltes des Tabellenzehnten beigetragen hatte. In negativer Erinnerung blieb allein die Partie in Dortmund haften, als Klaus Fischer in der 87. Minute zum einzigen Mal in seiner 20-jährigen Laufbahn von Schiedsrichter Horstmann vom Platz gestellt wurde.
Die Spielzeit 1969/70 endete für den TSV 1860 mit dem ersten Abstieg aus der Bundesliga. Zu Saisonbeginn war mit Fritz Langner ein „Mann der alten Schule" als Trainer angeheuert worden, der rein gar nicht zur jungen Löwen-Elf passte. Bei Fischer & Co. kam der Kasernenhofton Langner'scher Prägung zu keiner Zeit an, weshalb sich die Mannschaft früh im Tabellenkeller wiederfand. Immerhin zählte Klaus Fischer zu den wenigen positiven Erscheinungen im Team, nachdem er bis zum 13. Spieltag sieben Tore erzielt hatte. Insgesamt hatte Schlusslicht 1860 zu diesem Zeitpunkt ganze neun Treffer auf dem Konto. Erst als Trainer Langner im November 1969 durch den Österreicher Franz Binder abgelöst worden war, bliesen die Löwen zur Aufholjagd. Allerdings wurde diese nicht vom Erfolg gekrönt, so dass nach 34 Spieltagen der angesprochene Sturz in die Regionalliga stand. Natürlich musste sich Klaus Fischer trotz des Abstiegs keine Sorgen um seine sportliche Zukunft machen. Mit 19 Saisontreffern belegte er in der Torschützenliste der Bundesliga den dritten Platz, womit einer Fortsetzung seiner Karriere auf höchstem Niveau nichts im Wege stand.

Klaus Fischer wird ein „Knappe"

Für eine Ablösesumme von 175.000 D-Mark heuerte Klaus Fischer zu Beginn der Spielzeit 1970/71 beim FC Schalke 04 an, wo er alle 34 Saisonspiele bestritt und dabei 15 Tore erzielte. Lange Zeit waren die Königsblauen in der Spitzengruppe vertreten und boten den beiden Übermannschaften von Bayern München und dem kommenden Meister Borussia Mönchengladbach Paroli. Erst wenige Wochen vor Saisonende mussten sie ihre Titelambitionen nach Niederlagen gegen die Bayern und Hertha BSC begraben. Eine weitere Niederlage am 17. April 1971 sollte sich jedoch weit mehr auf das Schicksal des Vereins auswirken: An jenem Tag unterlag eine desinteressiert wirkende Schalker Mannschaft gegen Arminia Bielefeld völlig unerwartet mit 0:1, was die Zuschauer in der Glückaufkampfbahn erstaunlich instinktsicher mit lauten Schieber-Rufen begleiteten. Ein paar Wochen später enthüllte Horst Gregorio Canellas an Hand von Tonbandaufzeichnungen die Einzelheiten eines Bestechungssumpfs, der als Bundesligaskandal in die Fußballgeschichte einging und in den zahlreiche Schalke-Spieler – darunter Klaus Fischer – verwickelt waren.
Zunächst hatte sich die DFB-Zentrale wenig für die Vorwürfe interessiert. Schließlich wurde die gesamte Beweislast aber so erdrückend, dass sich der Verband näher mit dem Skandal befassen musste. In der Saison 1971/72 lagen die Schalker unter Trainer Ivica Horvath bis zum 25. Spieltag an der Tabellenspitze, ehe die Meldung, DFB-Chefankläger Kindermann habe die Anklageschrift gegen den Verein fertig in der Schublade liegen, wie eine Bombe einschlug. Zuvor waren die Vermutungen bestätigt worden, dass die Führung von Arminia Bielefeld den 1:0-Sieg vom vergangenen Jahr gekauft hatte. Prompt wurden die Knappen nervös und mussten den FC Bayern in der Tabelle vorbeiziehen lassen. Gleichwohl konnten sich die Spieler weiter auf das Sportliche konzentrieren und die Meisterschaft bis zum letzten Spieltag offen gestalten. Am 28. Juni 1972 standen sich die beiden Titelaspiranten im direkten Duell im Münchner Olympiastadion gegenüber. Vor 79.000 Zuschauern präsentierten sich die Hausherren aber in Galaform. Schon zur Pause lagen die Knappen nach Toren von Hansen und Breitner mit 0:2 zurück. Nur in der 56. Minuten schöpften sie etwas Hoffnung, als Klaus Fischer mit seinem 22. Saisontreffer das 1:2 markierte. Nach dem Abpfiff lagen die Münchner jedoch mit 5:1 vorne, womit sich die Gäste aus Westfalen mit der Vizemeisterschaft begnügen mussten. Daher konnte sich auch Klaus Fischer nur wenig über seinen zweiten Platz in der Torschützenliste hinter Gerd Müller freuen, den er sich mit dem Bochumer Hans Walitza teilen musste.

Noch in der legendären Glückaufkampfbahn gab Klaus Fischer in der Saison 1970/71 sein Debüt im Trikot des FC Schalke 04. Seinen ersten Treffer in der traditionsreichen Heimstätte des Klubs erzielte er am 7. Oktober 1970. An jenem Mittwochabend brachte er die Knappen vor 18.000 Zuschauern in der 10. Minute gegen Hannover 96 in Führung. Nach zwei weiteren Treffern von Stan Libuda nach der Pause gewannen die Schalker am Ende klar mit 3:0.

Für den entgangenen Meistertitel sollten sich die Schalker aber mit dem zweiten Pokalsieg der Vereinsgeschichte trösten. Freilich sah es im Halbfinale danach aus, als ob die Königsblauen gegen den 1. FC Köln die Segel streichen müssten, da sie in der Domstadt trotz der frühen Führung durch Fischer klar mit 1:4 unterlegen waren. Im damals üblichen Rückspiel war es jedoch abermals Klaus Fischer vorbehalten, mit seinem Führungstreffer nach exakt einer Viertelstunde die Aufholjagd einzuläuten. Die Partie vom 10. Juni 1972 dürfte indes eine der dramatischsten gewesen sein, die die DFB-Pokal-Historie zu bieten hat. Tatsächlich hatte der Frankfurter Unparteiische Heckeroth nicht weniger als fünf Strafstöße verhängt, was die Kölner Verantwortlichen um Präsident Oskar Maaß vor allem auf die aufgeheizte Atmosphäre zurückführten, die in der Glückaufkampfbahn herrschte. Während des Spiels waren immer wieder Zuschauer auf den Platz gestürmt, um Kölner Spieler zu bedrängen. DFB-Beobachter Alf Riemke vertrat sogar die Ansicht, der Schiedsrichter hätte das Spiel vorzeitig abbrechen müssen. Nachdem Helmut Kremers in der Schlussminute den vierten Elfmeter des Tages zum 5:2 verwandelt hatte, folgte eine torlose Verlängerung in deren Verlauf Schalkes Keeper Nigbur einen weiteren Strafstoß von Biskup entschärfte, ehe der Finalist passenderweise in einem Elfmeterschießen ermittelt werden sollte. An dessen Beginn war es abermals Klaus Fischer, der die Nerven behielt und den ersten Elfer der Schalker sicher verwandelte, ehe diese nach dem Fehlschuss des Kölners Bernd Cullmann mit 6:5 die Nase vorn hatten und im Endspiel standen.

Dieses wurde im Niedersachenstadion von Hannover schließlich zu einer eindeutigen Angelegenheit und endete mit einem 5:0 über den 1. FC Kaiserslautern, zu dem Klaus Fischer nach 66 Minuten seinen siebten Treffer im laufenden Wettbewerb beigesteuert hatte. Der Kantersieg über die Pfälzer blieb lange der höchste in einem DFB-Pokalfinale. Erst 2011 waren es die Gelsenkirchener selbst, die ihren Rekord mit einem 5:0 über Zweitligist MSV Duisburg zumindest einstellten.

► **EINWURF**
In der wechselvollen Schalker Vereinsgeschichte ist Klaus Fischer mit weitem Abstand erfolgreichster Bundesligatorschütze. Während Fischer für die Königsblauen 182-mal eingenetzt hat, folgen auf den Plätzen zwei und drei mit Ebbe Sand und Kevin Kuranyi zwei Spieler aus der jüngeren Vergangenheit, die allerdings lediglich auf 74 bzw. 71 Bundesligatreffer verweisen können. In Sachen Bundesligaeinsätze rangiert Klaus Fischer mit 295 Spielen hinter Klaus Fichtel (477), Norbert Nigbur (355) und Rolf Rüßmann (304) auf dem vierten Platz. Dagegen ist er mit 34 DFB-Pokal-Toren wiederum vereinsinterner Rekordmann vor Ernst Kalwitzki (28) und Ernst Kuzorra (24).

„Mein Gott, was waren wir dumm“

Das Pokalfinale gegen den 1. FC Kaiserslautern vom 1. Juli 1972 war indes das letzte Pflichtspiel, das Klaus Fischer für mehr als ein Jahr bestreiten sollte. 40.000 D-Mark hatten die 13 involvierten Schalker Spieler für die Pleite gegen Arminia Bielfeld kassiert, weshalb sie vom DFB hart bestraft wurden. Die teils lebenslangen Sperren wurden allerdings später zurückgenommen. Dennoch blieb der Schalker Torjäger vom 30. September 1972 bis zum 30. September 1973 gesperrt, womit er die gesamte Saison 1972/73 (sowie die ersten Spieltage der kommenden Spielzeit) verpasste. Zudem wurde er zur Zahlung einer Geldbuße von 2.300 D-Mark verurteilt. Für den gelernten Glasmacher eine echte Katastrophe. Im „Kicker“ sprach er davon, damals die größte Angst in seiner Laufbahn ausgestanden zu haben: „Ich befürchtete, dass sie mich nie wieder würden spielen lassen. Das war wie eine Angst vor dem Sterben.“ Im Nachhinein kann der Niederbayer sein Verhalten nicht mehr nachvollziehen: „Mein Gott, was waren wir damals dumm. Für 2.300 Mark pro Mann ein Spiel zu verlieren, blöder kann man nicht sein. Eine Siegprämie betrug damals 2.000 Mark.“ Beinahe wären Klaus Fischer & Co. sogar im Gefängnis gelandet. Weil gegen die Funktionäre von Arminia Bielefeld der Verdacht auf Untreue bestand, hatte auch die zivile Gerichtsbarkeit Ermittlungen eingeleitet. Vor dem Essener Landgericht wurden die Schalker Spieler Waldemar Slomiany, Herbert Lütkebohmert, Klaus Fichtel, Jürgen Wittkamp, Rolf Rüßmann, Reinhard Libuda, Jürgen Galbierz und Klaus Fischer als Zeugen vernommen, die aus Angst vor dem DFB die Annahme von Bestechungsgeldern aber beharrlich leugneten und sogar einen Meineid leisteten. Nach einem Geständnis am 22. Dezember 1975 wurden sie letztendlich zu einer hohen Geldstrafe verurteilt.

Mit Schalke im Mittelmaß

Durch den Bundesligaskandal war der Glanz der vielversprechenden Schalker Mannschaft schnell verblasst. In der Saison 1972/73 hätte das Fehlen von Fischer & Co. den Knappen um ein Haar den Verbleib in der Liga gekostet. Da in der Spielzeit 1973/74 die Meineidgenossen nach und nach wieder zur Verfügung standen, lief es wieder deutlich besser, wenngleich absolute Spitzenresultate utopisch blieben. Der siebte Platz, zu dem der begnadigte Klaus Fischer 21 Tore in 25 Einsätzen beigetragen hatte, war im Vergleich zum Vorjahr allerdings ein deutlicher Fortschritt. Sein Comeback im Schalke-Dress hatte der Mittelstürmer am 10. Spieltag im Heimspiel gegen den Wuppertaler SV gegeben, das nach dem Auszug aus der Glückaufkampfbahn im wesentlich geräumigeren, für die bevorstehende WM erbauten Parkstadion stattfand. Besser hätte die Partie für Fischer nicht verlaufen können: Der überragende Mann auf dem Platz war mit einem Kopfball nach 38 Minuten erstmals erfolgreich gewesen, schraubte das Resultat in der 57. Minute auf 2:0 und besiegelte mit einem weiteren Treffer in der Schlussphase den 4:2-Endstand.
Durch den sechsten Platz in der Saison 1975/76 qualifizierten sich die Gelsenkirchener für den kommenden UEFA-Cup. Der zweitbeste Bundesligatorschütze aller Zeiten konnte in jenem Jahr darüber hinaus zum einzigen Mal in seiner Karriere die Torjägerkanone abgreifen, wobei er in 26 Einsätzen 29-mal in Schwarze getroffen hatte. Da Fischers Karriere durch den Bundesligaskandal ins Stocken geraten war, kann diese Saison als sein endgültiger Durchbruch betrachtet werden. Nachdem der Schalker bei den Fans lange „auf dem Index“ gestanden hatte, begannen sie ihn jetzt aufgrund seiner guten Leistungen wieder zu respektieren. Hinzu kam jener spektakuläre Treffer, den er am 27. September 1975 im Karlsruher Wildparkstadion erzielte und mit dem er seine Mannschaft in der 14. Minute mit einem für ihn so typischen Fallrückzieher mit 2:0 in Führung brachte. Wen kümmerte es da schon, dass die Partie nach 90 Minuten 2:2 endete? Die Zuschauer der ARD-Sportschau jedenfalls nicht, da diese den Treffer später zum Tor des Jahres wählten!

► **EINWURF**
Auf die an Klaus Fischer 1988 gerichtete Frage, ob es die Bundesliga in 25 Jahren noch geben würde, antwortete der Spezialist für Fallrückzieher mit prophetischer Weitsicht: „Es wird sie sicher geben, weil sie ein enorm attraktiver Teil unserer Freizeitindustrie geworden ist. Weil sie ihren Platz nicht nur im Interesse der Bundesbürger gefunden hat, sondern im Herzen. Es wird noch schneller und athletischer auf dem Platz zugehen; nicht unbedingt technisch schöner. Doch vielleicht tauchen neue, junge Spielertypen auf, die alles können!“ Mit dieser Einschätzung lag Klaus Fischer vor mittlerweile einem Vierteljahrhundert nicht schlecht. Nur, wo bleiben die „neuen Spielertypen, die alles können“? Im Angriff sind sie jedenfalls nicht zu finden. Fischers zweiter Platz, den er in der ewigen Torjägerliste mit 268 Treffern hinter Gerd Müller belegt, ist durch die „Sternchen“ der Gegenwart zumindest nicht ansatzweise in Gefahr geraten!

Für Klaus Fischer, der vom neuen Trainer Friedel Rausch zum Mannschaftskapitän befördert wurde, stellten die Auftritte im UEFA-Cup 1976/77 die ersten auf internationaler Ebene dar, weil die Nationalelf durch seine Verwicklung in den Bundesligaskandal bislang Tabuzone geblieben war. Bereits in der ersten Runde erwischten die Königsblauen mit dem FC Porto einen dicken Brocken. Die beiden Treffer von Klaus Fischer in Portugal bescherten ihnen im Hinspiel aber ein zufriedenstellendes 2:2. Drei Wochen später standen die Schalker im Parkstadion dennoch vor dem Aus, als Oliviera die Gäste mit 2:0 in Führung gebracht hatte. Doch ein verwandelter Strafstoß

von Klaus Fichtel in der 74. Minute sorgte für die Wende. In einer berauschenden Schlussoffensive erzielte Rüdiger Abramczik vier Minuten vor dem Ende den Ausgleich, ehe Fischer zwei Minuten später mit dem 3:2 den Weg in die nächste Runde ebnete. Dort überzeugten die Schalker mit zwei Siegen über Sportul Studentesc Bukarest (1:0, 4:0), wobei Klaus Fischer im Hinspiel in der rumänischen Hauptstadt den Siegtreffer erzielte, um vor heimischer Kulisse gleich zweimal erfolgreich zu sein. In der dritten Runde sollten sich die Schalker an RWD Molenbeek dann aber die Zähne ausbeißen. Nach der 0:1-Niederlage in Brüssel reichte es im heimischen Parkstadion nur zu einem 1:1, womit man sich fortan voll auf die Bundesliga konzentrieren konnte.
Hier wussten die Knappen, bei denen neben Fischer und Rüdiger Abramczik vor allem der jugoslawische Regisseur Branko Oblak zu den auffälligsten Akteuren zählte, mit dem Gewinn der Vizemeisterschaft durchaus zu überzeugen. Für den größten Knaller sorgten sie am 19. Oktober 1976 im Münchner Olympiastadion, als die Bayern-Abwehr Klaus Fischer partout nicht in den Griff bekam. Dessen vier Tore trugen wesentlich dazu bei, dass dem amtierenden Europapokalsieger mit 0:7 die höchste Niederlage in seiner Bundesligageschichte zugefügt wurde. Insgesamt waren in der Saison 1976/77 weitere 24 Tore auf das Konto des Schalker Kapitäns gegangen, was die zweitbeste Ausbeute seiner Karriere bedeutete.
In den kommenden Jahren sackten Klaus Fischers Schalker in der Bundesliga immer weiter ab. Nach den Rängen 9 und 15 reichte es im Spieljahr 1979/80 wenigstens wieder zum achten Platz. Dass die Knappen nicht in noch ärgere Schwierigkeiten gerieten, lag auch an ihrem Sturmführer, der sowohl 1977/78 als auch 1978/79 mit 20 bzw. 21 Toren der beste teaminterne Angreifer war. In der Spielzeit 1978/79 belegte er in der Bundesligatorschützenliste nur einen Treffer hinter dem Düsseldorfer Klaus Allofs sogar wieder den zweiten Platz.
Nachdem Fischer in den vorangegangenen vier Spieljahren immer die 20-Tore-Marke geknackt hatte, verlief die Spielzeit 1979/80 nicht nach Wunsch. Als er sein Team am 26. Spieltag im heimischen Parkstadion gegen Bayer Uerdingen in der 11. Minute in Führung brachte, war dies erst sein siebter Torerfolg in der laufenden Saison. Der 22. März 1980 war ohnehin ein Tag, an dem Klaus Fischer lieber im Bett geblieben wäre! Zum einen vergeigten die Schalker ihre Führung nach Gegentreffern durch Funkel und Mattsson und unterlagen 1:2. Außerdem erlitt Fischer kurz vor der Pause einen Schienbeinbruch, der ihn für die kommenden zehn Monate außer Gefecht setzte. Erst in der Rückrunde der Saison 1980/81 kehrte er wieder ins Team zurück.
Die miserable finanzielle Situation, in der sich der Verein bedingt durch die immer noch spürbaren Nachwirkungen des Bundesligaskandals befand, zwang die Verantwortlichen, immer wieder die besten Leute zu verkaufen. Die Nationalspieler Rüßmann und Abramczik wechselten im Sommer 1980 etwa zu Borussia Dortmund, derweil die Kremers-Zwillinge ihre Karrieren beendeten. Hinzu kamen die ständigen Trainerwechsel. Ivica Horvath, Gyula Lorant und Dietmar Schwager waren alle vorzeitig in die Wüste geschickt worden. Am 26. Mai 1981 wurde schließlich auch Fahrudin Jusufi durch das Duo Assauer / Redepennig abgelöst. Zu jenem Zeitpunkt steckte der Traditionsverein schon tief im Abstiegssumpf, der schließlich mit dem erstmaligen Absturz aus der Bundesliga endete. Klaus Fischer, dem in seinen 17 letzten Ligaspielen für die Königsblauen nur sechs Treffer gelungen waren, wurde im Sommer 1981 nach elf Jahren im Schalke-Trikot für rund eine Million D-Mark an den 1. FC Köln abgegeben, was ihm seitens der Fans ziemlich krumm genommen wurde.

In der Geißbock-Elf

Neben Fischer hatten die Domstädter, die vom einstigen Bondscoach Rinus Michels betreut wurden, zur Saison 1981/82 auch den Düsseldorfer Klaus Allofs unter Vertrag genommen. Mit Klaus Fischer, Klaus Allofs, dem Engländer Tony Woodcock sowie dem Berliner Dribbelkünstler Pierre Littbarski war die Mannschaft damit vor allem im Angriff glänzend aufgestellt und krönte eine starke Hinrunde mit dem Gewinn der Herbstmeisterschaft. In der zweiten Saisonhälfte stand man sich am Rhein dann aber mal wieder selbst am meisten im Weg und rutschte als Folge interner Querelen noch auf Platz zwei hinter dem Hamburger SV zurück. Vor allem an Rinus Michels entzündete sich die Kritik der nicht immer einfachen Kölner Medienlandschaft, weil er Oldie Klaus Fischer, dem in 31 Einsätzen gerade sieben Tore gelungen waren, allzu oft den Publikumslieblingen Allofs und Woodcock vorgezogen hatte. Aber auch Fischer hatte mit dem „General" so seine Probleme, weil der nicht so sehr auf dessen Vollstreckerqualitäten setzte, sondern ihn zwang „lange Wege" zu gehen.
Nach dem Verkauf von Woodcock standen sich die Kölner Angriffs-Asse in der kommenden Saison dann zwar nicht mehr so auf den Füßen herum. Ärger gab es aber dennoch, weil die Mannschaft nicht nur früh – will heißen im Achtelfinale – im UEFA-Cup gescheitert, sondern auch in der Liga nicht über den fünften Rang hinauskommen war. Wenigstens hatte sich Klaus Fischer im Vergleich zum Vorjahr um fünf Tore gesteigert. Außerdem durfte er mit dem Gewinn des DFB-Pokals den zweiten großen Titel seiner Karriere feiern. Nachdem er in den beiden Auftaktrunden gegen Bayer Uerdingen (3:1) und Bayer Leverkusen (3:1) noch ohne Torerfolg geblieben war, durfte er in der Drittrundenpartie gegen die Stuttgarter Kickers (5:1) gleich zwei Tore bejubeln. Eines der besten Spiele in seiner Kölner Zeit sollte der Niederbayer dann am 1. März 1983 im Viertelfinale ausgerechnet gegen seinen Ex-Klub Schalke 04 bestreiten, als er vor der allerdings enttäuschenden Kulisse von nur 13.000 Zuschauern im Müngersdorfer Stadion drei Treffer zum 5:0 beisteuerte. Dabei war er vor allem in der Anfangsphase nicht zu bremsen, da er den Kantersieg über den kommenden Bundesliga-Absteiger mit seinen beiden Torerfolgen aus der 5. und 18. Minute einleitete. Es folgten ein 3:2-Verlängerungssieg im Semifinale über den VfB Stuttgart sowie ein 1:0 im Endspiel am 11. Juni 1983 über den kleinen Stadtrivalen Fortuna, den ein Littbarski-Treffer aus der 68. Minute sichergestellt hatte.
Klaus Fischer, der im Verlauf der Saison seinen 34. Geburtstag feierte, konnte 1983/84 noch einmal zwölf Tore für die Geißbock-Elf erzielen, die als Sechste allerdings schwer enttäuschte. Bald stand fest, dass der Verein Fischers Vertrag nicht verlängern würde, weshalb er eigentlich drauf und dran war, seine Laufbahn nach 96 Bundesligaspielen und 31 Toren in Köln zu beenden.

Karriereende in Bochum

Als ihm ein Angebot des Bochumer Präsidenten Ottokar Wüst ins Haus flatterte, überlegte er jedoch nicht lange und schnürte auch im reiferen Alter weiterhin seine Fußballschuhe. Für den VfL, der den Spottpreis von 100.000 D-Mark an den 1. FC Köln überwiesen hatte, entpuppte sich der Ex-Nationalspieler als Glücksfall. Für die „Unabsteigbaren" bestritt Fischer 84 Bundesligaspiele, in denen er mit weiteren 27 Treffern seinen zweiten Platz in der ewigen Bestenliste zementierte. Die Bochumer verfügten in Jupp Tenhagen und Michael „Ata" Lameck über weitere erfahrenen Akteure, die dem Klub 1984/85 zum neunten Platz verhalfen. Fischer, der das Toreschießen nicht verlernt hatte, bestritt alle 34 Bundesligaspiele und erzielte beachtliche 16 Saisontreffer.

Nach weiteren 27 Einsätzen und acht Toren im Verlauf der Spielzeit 1985/86 wollte sich Klaus Fischer endgültig vom aktiven Fußball verabschieden. Doch auch sein zweites geplantes Karriereende kam nicht zustande, weil der VfL im Sommer 1986 seine Sturmhoffnung Stefan Kuntz an Ligarivale Bayer Uerdingen verloren hatte, weshalb Trainer Hermann Gerland den erfahrenen Fischer bekniete, weiterzumachen. Der „Tiger" wollte auf den unermüdlichen Kampfgeist des Altstars nicht verzichten, der 1986/87 freilich nicht mehr die Form vergangener Tage erreichte und in elf Spielen seine letzten drei Bundesligatreffer erzielte.

Somit stand der 37-Jährige in der Saison 1987/88 auch mehr als moralische Stütze in der jungen VfL-Elf, für die er nochmals zwölf Spiele bestreiten sollte. Nicht mehr mit von der Partie war er dagegen am 28. Mai 1988 im DFB-Pokalfinale gegen Eintracht Frankfurt, wo die Westfalen im Berliner Olympiastadion mit 0:1 unterlagen. Dafür waren ihm im laufenden Pokalwettbewerb seine letzten beiden Pflichtspieltreffer geglückt. Nachdem er schon im Erstrundenwiederholungsspiel gegen den VfB Oldenburg (4:1) erfolgreich gewesen war, zählte er auch in der zweiten Runde bei der TSG Giengen (2:1 n.V.) zu den Torschützen.

Gleich nach seiner aktiven Zeit arbeitete Klaus Fischer in der Saison 1988/89 für einige Monate als Co-Trainer unter Franz-Josef Tenhagen für den VfL Bochum, um Ende des Jahres 1990 zu seiner „alten Liebe" Schalke 04 zurückzukehren, wo der Ehrenspielführer vom 14. November bis zum 31. Dezember die Zweitliga-Mannschaft betreute. Ende der Saison 1991/92 – inzwischen waren die Knappen wieder in die Bundesliga aufgestiegen – trat Fischer als Interimstrainer die Nachfolge von Aleksandar Ristic an, um anschließend bis 1995 die Amateure zu übernehmen. Seit 1997 betreibt der ehemalige Torjäger seine eigene Fußballschule.

► ZAHLEN UND FAKTEN

Vereine:	1958-1961	SC Kreuzstraßl
	1961-1968	SC Zwiesel
	1968-1970	TSV 1860 München
	1970-1981	FC Schalke 04
	1981-1984	1. FC Köln
	1984-1988	VfL Bochum
Tore:	535 Bundesligaspiele (268 Tore)	
	55 DFB-Pokal-Spiele (46 Tore)	
	21 Europacup-Spiele (13 Tore)	
	45 Länderspiele (32 Tore)	
gesamt	656 Pflichtspiele (359 Tore)	
Erfolge:	DFB-Pokalsieger 1972, 1983	
	Bundesligatorschützenkönig 1976	

In der Nationalmannschaft:

„Der Spieler muss einen guten Leumund haben!" – So hieß es zumindest im ersten Bundesligastatut des Jahres 1963. Nachdem der Deutschen liebstes Kind als Folge des großen Skandals in den frühen Siebzigern seine Unschuld verloren hatte, war zumindest den beteiligten Spielern ihr guter Ruf abhanden gekommen, was weitreichende Konsequenzen auf deren Karriereverlauf hatte. Klaus Fischer etwa durfte für ein ganzes Jahr überhaupt nicht mehr spielen und musste schließlich froh sein, sich nach seiner Begnadigung im Herbst 1973 in der Ligamannschaft des FC Schalke 04 langsam wieder hochdienen zu können. An „höhere Weihen" war dagegen nicht zu denken. Eine Berufung in die Nationalmannschaft stand somit nicht einmal im Ansatz zur Debatte, zumal mit der Weltmeisterschaft im eigenen Land im Sommer 1974 das bis dahin größte Fußball-Projekt der Bundesrepublik anstand, auf das nicht noch mehr Schatten fallen sollte.

Der Fallrückzieher, das Markenzeichen von Klaus Fischer. Kein Bundesligaspieler konnte mehr Tore auf diese spektakuläre Art erzielen als der gebürtige Bayer.

Da der Mensch – und der Fußball-Fan in ganz besonderem Maße – zum schnellen Vergessen neigt, schwand mit den Jahren auch die abgrundtiefe Abscheu gegenüber den balltretenden Meineidgenossen. Klaus Fischer konnte spätestens als Bundesligatorschützenkönig 1975/76 als Erstes die Anhänger des FC Schalke 04 hinter sich bringen, die in ihrem Sturmführer den „besten deutschen Mittelstürmer aller Zeiten nach Gerd Müller" sahen, weil dieser sich mit seiner kämpferischen Einstellung so manchen Torerfolg redlich verdient hatte. Bundesweite Anerkennung erhielt Klaus Fischer mit seinem Fallrückzieher-Tor gegen den KSC am 27. September 1975, welches nicht nur zum Tor des Monats, sondern später sogar zum Tor des Jahres gewählt wurde.

Nachdem Gerd Müller unmittelbar nach dem Weltmeisterschaftssieg von München aus der Nationalelf zurückgetreten war, entstand auf der Mittelstürmerposition ein Vakuum, das an der Europameisterschaft 1976 durch Dieter Müller scheinbar dauerhaft gefüllt worden war. Doch so sehr der Kölner Debütant in Belgrad auch überzeugt hatte. An die einmaligen Leistungen seines Münchner Namensvetters reichte er doch nicht heran, und so begann im Vorfeld der Weltmeisterschaft in Argentinien eine lebhafte Diskussion unter Deutschlands Fußballfans einzusetzen, wie denn nun der „Bomber der Nation" am besten zu ersetzen sei. Speziell auf Schalke mehrten sich die Stimmen, die „ihren" Klaus Fischer ins Gespräch brachten, der als aktueller Toptorjäger der Bundesliga ja bewiesen hatte, was er drauf hatte. Natürlich war da aber immer noch die Sache mit den verschobenen Spielen sowie dem noch nicht lange zurückliegenden Meineidprozess vor dem Essener Landgericht, bei dem Fischer nur um Haaresbreite einer Freiheitsstrafe entgangen war. Die Meinungen in der Fachwelt gingen hin und her, bis Bundestrainer Helmut Schön ein Machtwort sprach und Klaus Fischer für das zweite Länderspiel des Jahres 1977 am 27. April gegen Nordirland berief.

Argentinischer Winterblues

Das Pech Fischers bestand darin, dass die DFB-Elf nach ihren großartigen Auftritten in der ersten Hälfte der siebziger Jahre in eine länger anhaltende Krise schlitterte, was 1978 und 1982 weniger starke WM-Auftritte zur Folge hatte. Seine Bilanz im Nationaldress kann sich dagegen rein zahlenmäßig mehr als sehen lassen. Von 1977 bis 1982 streifte er 45-mal das Trikot mit dem Adler über und erzielte dabei 32 Tore, was einer Quote von 0,71 je Länderspiel entspricht. Schon im ersten Einsatz gegen die Nordiren erfüllte der Schalker sämtliche in ihn gesetzte Erwartungen und ließ damit seine Kritiker verstummen. Nachdem er in der 58. Minute bereits das 2:0 erzielt hatte, konnte er in der Schlussphase auch den vierten deutschen Treffer zum 5:0-Sieg beisteuern.

Auch im weiteren Verlauf des Länderspieljahres war auf Klaus Fischer Verlass. 1977 absolvierte er für Deutschland insgesamt neun Partien, in denen er elfmal in die Maschen traf. Jeweils ein Doppelpack war ihm auf der Lateinamerika-Tournee im Juni gegen Argentinien (3:1) und Mexiko (2:2) sowie später im Jahr gegen die Schweiz (4:1) geglückt. Zudem hatte er das Tor des Tages beim 1:0-Erfolg am 7. September gegen Finnland in Helsinki erzielt. Obwohl Fischer bei den letzten drei Länderspielen im Frühjahr 1978 vor der WM keinen weiteren Treffer erzielt hatte, war klar, dass er zu jenen 22 Auserwählten von Helmut Schön zählen würde, die im argentinischen Winter den Weltmeistertitel verteidigen sollten.

Das Turnier zwischen Pampa und Feuerland wurde für den Titelverteidiger aber bekanntlich zu einem Riesenflop, was auf Hoffnungsträger Klaus Fischer in besonderem Maße zutraf. Bevor der Niederbayer beim legendären 2:3 gegen Österreich in Cordoba seinem fußballerischen Waterloo entgegentaumeln sollte, war der Schalker Mittelstürmer seiner Form von Beginn an meilenweit hinterhergelaufen. Nicht einmal beim 6:0-Scheibenschießen im zweiten Vorrundenspiel gegen Mexiko zählte er zu den Torschützen. Nachdem er auch bei den anschließenden Nullnummern gegen Tunesien und Italien enttäuscht hatte, verbannte ihn Helmut Schön bei der Neuauflage des letzten WM-Endspiels gegen die Niederlande (2:2) auf die Bank, um ihn gegen Österreich erst nach einer Stunde für Dieter Müller einzuwechseln. Zu diesem Zeitpunkt stand es immerhin noch 1:1. Fischer hatte somit das zweifelhafte Vergnügen, die historische Pleite gegen die Fußballer aus der Alpenrepublik in der letzten halben Stunde bis zur Neige auskosten zu dürfen...

Nachdem Fischer im Jahr zuvor noch einen so glänzenden Einstand im Nationaltrikot gegeben hatte, sollte es für ihn auch im Herbst 1978 nicht viel besser laufen als bei der Weltmeisterschaft. Sowohl gegen die Tschechoslowakei (4:3) als auch gegen Ungarn (0:0) war er jeweils torlos geblieben, um erst im letzten Länderspiel des Jahres am 20. Dezember gegen die Niederlande wieder einen Treffer bejubeln zu dürfen. Vor 68.000 Zuschauern brachte er die deutsche Elf bei deren 3:1-Sieg im Düsseldorfer Rheinstadion in der 57. Minute zwischenzeitlich mit 2:0 in Führung.

In der anstehenden EM-Qualifikation sollte der neue Bundestrainer Jupp Derwall weiterhin auf Klaus Fischer setzen, der langsam wieder zu seiner Form fand. Nachdem er schon im Frühjahr 1979 in Wrexham gegen Wales (2:0) zu den Torschützen gezählt hatte, folgte beim 5:1-Rückspielsieg über die Briten am 17. Oktober in Köln ein weiterer Doppelpack. Auch im letzten Länderspiel des Jahres gegen die Türkei, das im Gelsenkirchener Parkstadion stattfand, leitete Klaus Fischer mit seinem Tor in der 15. Minute den 2:0-Sieg ein. Der Schalker schien die Teilnahme an der bevorstehenden EM in Italien fest gebucht zu haben, zumal er auch im Februar 1980 gegen Malta (8:0) zweimal erfolgreich gewesen war. Da er sich im Bundesligaspiel gegen Uerdingen am 22. März allerdings das Schienbein brach, wurde Fischer bei den kontinentalen Titelkämpfen durch den Hamburger Horst Hrubesch vertreten, der dem DFB mit seinen beiden Toren im Finale gegen Belgien den Titelgewinn sicherte.

► EINWURF

Während Gerd Müller als „Mann der kleinen Tore" galt, ging Klaus Fischer als Schütze spektakulärer Treffer in die deutsche Fußballhistorie ein, wobei er eine besondere Vorliebe für Fallrückzieher entwickelte. Gleich dreimal wurde ein Torerfolg von Deutschlands „Mister Fallrückzieher" von den Zuschauern der ARD-Sportschau zum Tor des Jahres gekürt, was bis heute keinem anderen Spieler gelungen ist. Noch vor seiner Karriere im Nationalteam hatte er im Schalke-Trikot auf diese Weise brillieren können, als er am 27. September 1975 im Bundesligaspiel gegen den KSC eingenetzt hatte. Im Länderspiel gegen die Schweiz am 16. November 1977 war ihm im Stuttgarter Neckarstadion bereits vor der Pause ein Treffer gelungen, als sein Schalker Teamkollege Rüdiger Abramczik auf dem rechten Flügel davoneilte und eine langgezogene Bananenflanke in den Strafraum segeln ließ, die Klaus Fischer auf unnachahmliche Art im schweizerischen Kasten zum 4:1-Endstand unterbrachte. Dieser Treffer wurde zum Tor des Monats, des Jahres, des Vierteljahrhunderts und schließlich sogar zum Tor des Jahrhunderts gekürt. Und weil Treffer per Fallrückzieher so schön sind, legte Fischer am 8. Juli 1982 nochmals nach. Im WM-Halbfinale traf Deutschland in Estadio Sanchez Pizjuan auf Frankreich und lag in der Verlängerung schon fast aussichtslos mit 1:3 zurück, als nach dem Anschlusstor des Münchners Rummenigge Klaus Fischer auch in der 108. Minute per Fallrückzieher ein Elfmeterschießen erzwang, in dem sich die DFB-Elf schließlich für das Endspiel gegen Italien qualifizierte. Das Tor des Jahres 1982 war Klaus Fischers 32. und letztes im Trikot der deutschen Nationalmannschaft.

Ein historisches Tor in einem historischen Spiel

Erst zehn Monate nach seiner schweren Verletzung kehrte Klaus Fischer wieder auf den Fußballplatz zurück. Seinen 28. Länderspieleinsatz konnte er am 29. April 1981 in Hamburg gegen Österreich verbuchen, als die DFB-Elf in der WM-Qualifikation mit 2:0 die Oberhand behielt, wobei Fischer in der 36. Minute den Endstand besorgt hatte.

Die Nationalelf schien auf den Niederbayern wie ein echter Jungbrunnen zu wirken, nachdem seine Vereinskarriere nach dem Schalker Bundesligaabstieg 1981 einen Knick erhalten hatte, derweil es auch bei seinem neuen Arbeitgeber 1. FC Köln nicht immer nach Wunsch lief. Während Fischer für die Geißbock-Elf nur sporadisch Tore erzielte, war er im DFB-Trikot regelmäßig erfolgreich. Im Verlauf des Jahres 1981 bestritt er acht Länderspiele, in denen er neun Tore schoss. Lediglich beim 3:1-Auswärtssieg in Österreich zählte er für einmal nicht zu den Torschützen. Dass die deutsche Elf als verlustpunktfreier Gruppensieger der Qualifikationsgruppe 1 nach Spanien fuhr, hatte sie nicht zuletzt Klaus Fischer zu verdanken.

► EINWURF

Einmal gelernt, immer gekonnt! – Ein Motto, das bei Otto Normalverbraucher aufs Schwimmen oder Radfahren zutrifft, bei Klaus Fischer aber mindestens ebenso für seine Vorliebe für spektakuläre Fallrückzieher gilt. Auch nachdem er seine Karriere längst beendet hatte, führte er diese Kunst des Öfteren in Prominentenspielen vor. So etwa am 10. August 1990, als die WM-Mannschaften der Niederlande und Deutschlands aus den Siebzigern gegeneinander antraten und Fischer per Fallrückzieher erfolgreich war. Und als sich am 30. Juli 2003 im Olympiastadion von München die Traditionsmannschaften von 1860 und dem FC Bayern gegenüberstanden, traf der 53-jährige Fischer nach sechs Minuten „wie damals in Sevilla" ins Bayern-Tor.

Schon vor der den Titelkämpfen 1982 gerieten die deutschen Elitekicker beim Trainingslager am Schluchsee in die Schlagzeilen, als die idyllische Talsperre im südlichen Schwarzwald von den Medien mit dem vielsagenden Namen „Schlucksee" bedacht worden war. Und auch an der Weltmeisterschaft selbst gelang es der DFB-Elf immer wieder, für Stirnrunzeln bei den eigenen Fans zu sorgen, wobei besonders an das „Skandalspiel von Gijon" gegen Nachbar Österreich oder Schumachers Tritt im Halbfinale gegen den Franzosen Battiston (sowie dessen unrühmliche Aussagen danach) erinnert sei.

Ganz so schlecht, wie in zahlreichen fußballhistorischen Schriften immer wieder zu lesen ist, präsentierte sich die Derwall-Truppe in Spanien aber nun auch wieder nicht. Die negative Bewertung seitens der deutschen Fußballanhänger dürfte auch darin begründet gelegen haben, dass diese sich durch die noch nicht lange zurückliegenden, glanzvollen Auftritte zu Beginn der Siebziger etwas verwöhnt und mithin besonders kritisch zeigten. Natürlich reichte jene Elf der frühen Achtziger nicht an die Jahrhundert-Ära mit Franz Beckenbauer, Wolfgang Overath, Günter Netzer oder Gerd Müller heran. Spieler wie Paul Breitner, Karl-Heinz Rummenigge, Pierre Littbarski, Felix Magath oder eben auch Klaus Fischer ragten aber sehr wohl über den internationalen Durchschnitt hinaus, so dass diese Spielergeneration in Anbetracht der Verherrlichung des Nationalteams seit dem „Sommermärchen 2006" immer etwas schlecht wegkommt.

Dafür, dass man bei der WM 1982 aus deutscher Sicht das Glas durchaus auch als halbvoll betrachten konnte, sorgte u.a. der damalige Kölner Klaus Fischer. Nachdem der 32-Jährige in den letzten beiden Vorbereitungsspielen gegen die CSSR (2:1) und Norwegen (4:2) nicht wirklich überzeugt hatte, setzte Bundestrainer Derwall in der Vorrunde auf den Hamburger Mittelstürmer Horst Hrubesch. So wurde Fischer bei der peinlichen 1:2-Auftaktniederlage des amtierenden Europameisters gegen Algerien etwa erst in der 82. Minute für Felix Magath eingewechselt, als die Pleite gegen die Nordafrikaner nur noch mit der Brechstange abzuwenden war. Während der Kölner das zweite Gruppenspiel gegen Chile (4:1) die gesamten 90 Minuten über von der Bank aus verfolgte, wechselte ihn Derwall beim imageschädigenden „Auslaufen" gegen Österreich in Gijon nach 69 Minuten für Siegtorschütze Horst Hrubesch ein. Auch im ersten Zwischenrundenspiel gegen England kam Klaus Fischer nur in der Schlussviertelstunde zum Einsatz, so dass er beim torlosen Remis im Bernabeu-Stadion keine Akzente mehr setzten konnte.

Lange schien es, als würde Fischer damit zu den Verlierern im deutschen Team gehören, ehe sich „Häuptling Silberlocke" in der entscheidenden Phase des Turniers doch noch an den Oldie erinnern sollte. Gegen Gastgeber Spanien musste am 2. Juli unbedingt ein Sieg her, den man den DFB-Kickern in Anbetracht ihrer bis dahin eher wechselhaften Darbietungen nicht unbedingt zutraute. Doch schon vor der Pause boten die Derwall-Schützlinge in der Gluthitze von Madrid schwungvollen Fußball, ehe sie sechs Minuten nach dem Seitenwechsel durch Pierre Littbarski verdient in Führung gingen. „Litti" war es auch, der in der 75. Minute den freistehenden Klaus Fischer bediente, der bei seinem ersten Einsatz von Beginn an, keine Mühe hatte, zum 2:0 zu vollenden. Da Spanien nur noch auf 1:2 verkürzen konnte und England im letzten Spiel gegen den Gastgeber nicht über ein 0:0 hinauskam, stand Deutschland im Semifinale, das als die „Nacht von Sevilla" in die Fußballgeschichte einging.

Eines der packendsten Spiele in der deutschen WM-Geschichte ging beim Stand von 1:1 in die Verlängerung. Hier schien die DFB-Elf nach Gegentreffern von Tresor (93.) und Giresse (99.) schon geschlagen, als der eingewechselte Rummenigge in der 103. Minute mit dem 2:3 wieder für Hoffnung sorgte. Fünf Minuten später folgte das letzte Länderspieltor Klaus Fischers, das gleichzeitig sein wichtigstes Karrieretor war: Nach Flanke von Littbarski hatte Hrubesch den Ball mit dem Kopf verlängert, den der Kölner Mittelstürmer per Fallrückzieher im Kasten der Franzosen unterbrachte. Durch den anschließenden Erfolg im Elfmeterschießen stand die deutsche Elf im Endspiel gegen Italien, bei dem Klaus Fischer von Beginn an auf dem Platz stand. Wegen des kräftezehrenden Halbfinales fand die Mannschaft aber nie zu ihrer Form, so dass das letzte Länderspiel Fischers mit 1:3 verloren ging.

Saison	Europacup		Liga		Pokal	
	Sp.	T.	Sp.	T.	Sp.	T.
1968/69	2	0	26	9	1	0
1969/70	2	2	34	19	0	0
1970/71			34	15	5	1
1971/72			29	22	8	7
1972/73	*gesperrt*					
1973/74			25	21	1	1
1974/75			33	17	3	3
1975/76	5	6	34	29	3	3
1976/77	3	0	31	24	3	4
1977/78			32	20	6	7
1978/79			34	21	3	4
1979/80			26	7	4	4
1980/81			17	6	0	0
1981/82			31	7	1	0
1982/83	5	3	32	12	6	5
1983/84	4	2	33	12	3	5
1984/85			34	16	2	0
1985/86			27	8	3	0
1986/87			11	3	0	0
1987/88			12	0	3	2

Andreas Franz
Mit ihm erblühte das Kleeblatt

Der 31. Mai 1914 sollte der bis dahin größte Tag in der Vereinsgeschichte des Fürther Kleeblatts werden. In Magdeburg stand die SpVgg erstmals im Endspiel um die Deutsche Meisterschaft und rang in einem harten Kampf vor 6.000 Zuschauern Titelverteidiger VfB Leipzig mit einem 3:2-Verlängerungssieg nieder, so dass sie zum ersten Mal die begehrte Victoria in Empfang nehmen durfte. Bester Spieler des neuen Meisters war der 22-jährige Halbrechte Karl Franz, der zunächst nach 17 Minuten mit einem satten Schuss für die 1:0-Führung gesorgt hatte. Nach 90 Minuten stand es allerdings 2:2, weshalb die Partie um die bekannten 2 x 15 Minuten verlängert wurde, die jedoch immer noch keine Entscheidung brachten. Das damalige Reglement sah nun vor, dass das Endspiel solange weiter um jeweils zehn Minuten verlängert werden musste, bis ein Sieger gefunden war. Wenngleich der Begriff „Golden Goal" noch lange nicht existierte, sollte ein solches in der 162. Minute dennoch fallen: Die meisten Spieler gingen buchstäblich auf dem Zahnfleisch, was auch auf Fürths Mittelstürmer Weicz zutraf, der schon seit geraumer Zeit angeschlagen auf Linksaußen herumhumpelte. Noch einmal aber nahm der Ungar seine letzte Kraft zusammen und flankte das Leder nach einem furiosen Sturmlauf zur Mitte. Dort lauerte einmal mehr Karl Franz, der die scharfe Hereingabe in den Kasten von VfB-Keeper Johannes Schneider verlängerte, um damit – wie Jahrzehnte später Oliver Bierhoff in Wembley – ein Finale von einer Sekunde auf die nächste zu beenden.
Zeitsprung: Ziemlich genau sechs Jahre später, am 13. Juni 1920, hatte erneut eine Mannschaft der SpVgg Fürth das Meisterschaftsfinale erreicht, in das sie gar als Titelverteidiger ging, da der Spielbetrieb in Deutschland wegen des Ersten Weltkriegs jahrelang geruht hatte. Und abermals agierte bei den Fürthern auf Halbrechts ein Spieler namens Franz, wobei es sich diesmal nicht um den erwähnten Karl, sondern den fünf Jahre jüngeren Andreas handelte, der in Frankfurt bei der 0:2-Niederlage gegen Lokalrivale 1. FC Nürnberg die Fußballer-Dynastie Franz vertrat. Das Tragische daran: Der am 26. April 1892 geborene Karl war zu diesem Zeitpunkt nicht mehr am Leben, da er bereits kurz nach Kriegsbeginn (rund ein Vierteljahr nach dem Gewinn des Meistertitels gegen Leipzig) auf einem Schlachtfeld in Lothringen gefallen war.
Tatsächlich taucht der Familienname Franz in den Vereinschroniken noch häufiger auf. Neben Karl und dem am 27. Juni 1897 in Fürth geborenen Andreas haben noch drei weitere Brüder das grün-weiße Dress getragen, über die man heute allerdings nicht mehr viel in Erfahrung bringen kann. Schon um 1914 dürfte an der Seite von Karl ein älterer Bruder aufgelaufen sein, bei dem es sich möglicherweise um „Fr. Franz" handelte, der darüber hinaus in mehreren Freundschaftsspielen desselben Jahres das Kleeblatt repräsentierte. Im Jahr 1919 wiederum wird anlässlich eines Derbys gegen den 1. FC Nürnberg – freilich nur unter dem Kürzel „F" – auf ein weiteres Mitglied der Franz-Dynastie hingewiesen, von denen im Gegensatz zu Karl und Andreas aber keinem der große Durchbruch gelingen sollte.
Dass Andreas über herausragende Fähigkeiten verfügte, zeigte sich bereits im zarten Alter von elf Jahren, als der „Resi" sich dem TV 1860 Fürth anschloss, für den er zwischen 1909 und 1912 in der Jugend kickte, bevor ihn sein Bruder Karl zur SpVgg lotste. Obwohl man ihm nachsagte, weniger talentiert als dieser zu sein, sollte „Resi" in den „Goldenen Zwanzigern" im Ronhof dennoch zu einem der besten Halbrechten der Vereinshistorie und mithin zum Sinnbild der bis heute erfolgreichsten Ära der SpVgg Fürth avancieren.

Karl Franz (Fünfter von links) im Kreise seine Mitspieler nach dem Gewinn der Meisterschaft 1914. Der ältere Bruder von Andreas Franz bestritt für die SpVgg Fürth zwischen 1910 und 1914 insgesamt 51 Ligaspiele, in denen ihm 44 Tore gelangen. Am 2. September 1914 zog er sich beim „Dienst fürs Vaterland" in Lothringen schwere Verletzungen zu, denen er zwei Tage darauf erlag.

Wann genau Andreas Franz sein Debüt in der ersten Mannschaft gegeben hat, ist wegen des spärlichen Datenmaterials strittig. Sein erstes überliefertes Spiel für die SpVgg bestritt er am 13. Februar 1916 beim mit 8:0 gewonnenen Freundschaftsspiel gegen den FC Pfeil Nürnberg, derweil sein erster Torerfolg zwei Wochen später in den Statistiken auftaucht, als gegen seinen Ex-Verein TV 1860 ein 5:2-Sieg gelang. Gleich vier Tore – darunter ein lupenreiner Hattrick vor der Pause – waren beim 8:0 über den VfB Nürnberg auf sein Konto gegangen, derweil weitere acht Saisontreffer nicht mehr genau zugeordnet werden können, weil bei einem Bombardement der Geschäftsstelle im Zweiten Weltkrieg zahlreiche Dokumente aus dem Vereinsarchiv zerstört wurden.
Auf mittelfränkischer Ligaebene erzielte der 19-Jährige in der Saison 1916/17 in acht Einsätzen 17 Tore. Seine besten Leistungen lieferte er dabei in den Stadtderbys gegen den TV 1860 ab, wo er nach zwei Treffern im mit 4:2 gewonnen Hinspiel im zweiten Duell gar vier Tore zum 8:1-Kantersieg beigesteuert hatte. Damit standen die Kleeblättler in der Endrunde des Ostkreises, wo sie in der Vorschlussrunde auf die Würzburger Kickers trafen, die sie im Hinspiel im heimischen Ronhof mit 9:0 vom Platz fegten. Mit fünf Treffern war Andreas Franz entscheidend am klaren Erfolg beteiligt gewesen, der letztlich auch die 1:6-Rückspielniederlage verkraften ließ, die eine Fürther Rumpfmannschaft im Schatten von Kiliansdom und Residenz hinnehmen musste. Wegen des Krieges und der damit verbundenen Fronteinsätze der Akteure hing damals viel vom Zufall ab, so dass die Übergangsrunden kaum sportliche Aussagekraft besaßen. Auch Andreas Franz war vor Beginn der süddeutschen Endrunde eingezogen worden, für die sich die SpVgg nach einem Erfolg über die Münchner Bayern (1:1, 3:2) als Ostkreismeister qualifiziert hatte. Ohne ihren Halbrechten waren die Franken natürlich stark gehandicapt, so dass sie nach sechs Spielen mit dem zweiten Rang hinter den Stuttgarter Kickers durchaus zufrieden sein konnten.

„Lony" Seiderer im Anmarsch!

Die letzte Kriegssaison führte bei der SpVgg Fürth das kommende Sturmduo zusammen, das in den zwanziger Jahren ganz wesentlich den technisch feinen Fußball im Ronhof prägen sollte. Im Mai 1917 war ausgerechnet vom 1. FC Nürnberg Leonhard Seiderer zu den Kleeblättlern übergelaufen, um an der Seite von „Resi" Franz elf Jahre für Furore zu sorgen. Der schmächtige „Lony" bestach durch eine hervorragende Technik und prägte als Mittelstürmer gemeinsam mit Franz die „Fürther Schule", die für ein gekonnt aufgezogenes, dem schottischen Flachpass entlehnten Kurzpassspiel stand. In Andreas Franz fand Seiderer einen kongenialen Partner, der ebenfalls über glänzende technische Fähigkeiten verfügte, dazu enorm trickreich und schussstark war, so dass er gleichermaßen als Vorbereiter wie als Vollstrecker in Erscheinung trat.

Zwei, die das Fürther Kleeblatt mit Stolz auf der Brust trugen: Der Halbrechte Andreas „Resi" Franz (links) und Mittelstürmer Leonhard „Lony" Seiderer repräsentierten in den zwanziger Jahren die hochgelobte „Fürther Schule"

Schon im ersten Jahr des gemeinsamen Wirkens hatten die Zuschauer viel Freude am neuen Traumsturm. Während Seiderer in der Bezirksliga Mittelfranken in der Saison 1917/18 in 19 Spielen 20-mal ins Schwarze traf, kam Andreas Franz zwar nur in neun Begegnungen zum Einsatz, in denen allerdings 15 Treffer auf sein Konto gingen. Hinzu kamen elf weitere in neun Freundschaftsspielen. Drei davon erzielte er am 2. Weihnachtsfeiertag beim 10:1 über den MTV München, als das Spielfeld des Fürther Ronhofs mit einer sieben Zentimeter dicken Schneeschicht bedeckt war. Und als am 9. Juni 1918 im Rahmen der mittelfränkischen Frühjahrsrunde der VfB Nürnberg mit 22:0 in seine Einzelteile zerlegt wurde, war „Resi" sogar siebenmal zur Stelle.

Derby-Niederlage im ersten Nachkriegsfinale

Auch in der Spielzeit 1918/19 zeigten sich Franz und Seiderer in der Bezirksliga Mittelfranken in blendender Verfassung. Während Seiderer 15-mal erfolgreich war, konnte „Resi" Franz in 13 Einsätzen gar 22 Torerfolge feiern. Kurz nach dem Ersten Weltkrieg stand den Fürthern im Angriff mit Julius Hirsch noch ein Mitglied der Meistermannschaft aus dem Jahr 1914 zur Verfügung, mit dessen Unterstützung die Trefferzahl in der Herbstrunde auf 85 geschraubt wurde. Hirsch, der 1910 mit dem Karlsruher FV schon einmal Deutscher Meister geworden war, sollte sich wenig später jedoch wieder den Nordbadenern anschließen. Somit stand er nicht mehr im Kader, als in der Saison 1919/20 nach sechsjähriger Pause wieder die Endrunde um die Deutsche Meisterschaft stattfand. Als Titelverteidiger waren die Kleeblättler automatisch qualifiziert, so dass sie sich in den Spielen der nordbayerischen Kreisliga lediglich warm schießen mussten, was ihnen in Anbetracht einiger klarer Siege auch bestens gelang. Während Andreas Franz gegen die Sportfreunde Nürnberg (8:0) und MTV Fürth (5:0) jeweils als dreifacher Torschütze geglänzt hatte, konnte er sich beim 16:0 über den FC Schweinfurt 05 sowie dem 8:0 über den VfB Nürnberg sogar je viermal in die Torjägerliste eintragen.

Zum Auftakt der nationalen Endrunde traf der Titelverteidiger am 16. Mai 1920 auf dem VfR-Platz in Mannheim auf Borussia-Mönchengladbach-Vorläufer VfTuR, der vor 7.000 Zuschauern mit 7:0 deklassiert wurde. Stärkster Fürther war allerdings weder Andreas Franz noch Leonhard Seiderer, sondern Viktor Hierländer, dem zwischen der 69. und 82. Minute ein lupenreiner Hattrick gelang. Andreas Franz war es immerhin vorbehalten geblieben, drei Minuten vor dem Abpfiff den Torreigen zu beschließen. In der Vorschlussrunde wartete am 30. Mai die Elf der Sportfreunde Breslau, die als krasser Außenseiter schon früh in Rückstand geriet, als „Resi" Franz seine Farben in der 13. Minute in Führung brachte. Allerdings setzten sich die Schlesier danach tapfer zur Wehr, waren nach einer guten Stunde aber endgültig geschlagen, als „Lony" Seiderer den zweiten Fürther Treffer erzielte, bevor er selbst und Viktor Hierländer in der Schlussphase einen deutlichen 4:0-Erfolg besiegelten. Was folgte war die eingangs schon erwähnte 0:2-Finalniederlage gegen Erzrivale 1. FC Nürnberg, nach deren Feststehen Andreas Franz es zunächst verpasst hatte, ebenso wie sein älterer Bruder Karl Deutscher Meister geworden zu sein. – Aber was nicht war, konnte ja immer noch werden...

► EINWURF

Der gelernte Kürschner Andreas Franz hat zwischen 1919 und 1926 für die süddeutschen Verbandsauswahl sechs Endspiele um den Bundespokal bestritten, in denen er mit neun Treffern seine Torgefahr gewohnt eindrucksvoll untermauern konnte. Die Begegnungen um den Bundespokal waren beim Publikum außerordentlich beliebt, das fast wie zu den damals nur sporadisch stattfindenden Länderkämpfen in die Stadien strömte. Die süddeutsche Auswahl profitierte besonders von der Stärke der beiden fränkischen Antipoden SpVgg Fürth und 1. FC Nürnberg, die des Öfteren als einzige die Akteure stellten. So wie am 5. März 1922, als das Endspiel auf dem Platz des Eimsbütteler TV gegen Norddeutschland stieg und sechs Fürther sowie fünf Nürnberger die süddeutsche Auswahl bildeten. Quellen sprechen von bis zu 44.000 Zuschauern, die wie „Heringe zusammengepfercht" die Tribünen bevölkerten und die schließlich einen hochüberlegenen 7:0-Erfolg der Süddeutschen erlebten, zu dem ein glänzend aufgelegter „Resi" Franz in der 40., 50., 55. und 86. Minute vier Treffer beigesteuert hatte. Auch in den kommenden beiden Jahren sicherte sich die Auswahl des Süddeutschen Fußball-Verbandes die begehrte Trophäe, wobei Andreas Franz jeweils zu den Finaltorschützen zählte. Letztmals sollte der Fürther im Oktober 1925 den Bundespokal gewinnen. Beim 2:1-Erfolg über Mitteldeutschland vor 30.000 Zuschauern in Leipzig war er zwei Minuten vor dem Abpfiff mit dem Siegtreffer zur Stelle.

Hätte es damals eine Reichsliga gegeben, wäre die SpVgg Fürth mit Sicherheit immer unter den Topteams vertreten gewesen. So musste sich die Mannschaft zunächst aber erst mühsam auf Kreisligaebene für die nationalen Endrunde qualifizieren, was wegen der starken Konkurrenz in Süddeutschland ein recht schwieriges Unterfangen war, da bis zur Saison 1924/25 immer nur ein qualifizierter Vertreter des SFV an der „Deutschen" teilnehmen durfte. „Resi" Franz wiederum konnte aus diesem Grund sowohl 1920/21 als auch 1921/22 sein Können nur auf regionaler Ebene zeigen, was einem Spieler mit seinen Qualitäten eigentlich nicht wirklich gerecht wurde.

► EINWURF

Wenn die Fürther Spieler zu Beginn der zwanziger Jahre wegen ihres frühzeitigen Scheiterns auf regionaler Ebene ihr außergewöhnliches Können schon nicht im Rahmen der „Deutschen" demonstrieren konnten, bestritten sie wenigstens mehrere Freundschaftsspiele gegen internationale Topteams, bei denen nicht zuletzt „Resi" Franz für Furore sorgte. So etwa im Laufe der Saison 1921/22, als Sparta Prag im Ronhof seine Aufwartung machte und mit 4:0 auf die Heimreise geschickt wurde, nachdem Franz gleich dreimal erfolgreich gewesen war. Einen ihrer stärksten internationalen Auftritte verzeichneten die Kleeblättler zwischen dem 23. September und 1. Oktober 1922 während ihrer Spanien-Tournee, als sie nach einer 1:2-Auftaktniederlage beim FC Barcelona gegen denselben Gegner ein 0:0 sowie gegen Racing Santander (5:1, 4:1) und Athletic Bilbao (4:2, 2:1) vier Siege einfuhren. Beim ersten Duell in Barcelona hatte sich Andreas Franz als echtes Schlitzohr erwiesen: Nachdem der deutsche Gesandte den Anstoß durchgeführt und den Ball einem der spanischen Spieler zugespielt hatte, spritzte der Fürther Halbrechte dazwischen und setzte zum Dribbling in die gegnerische Hälfte an. Die verdutzten Abwehrspieler ließen ihn gewähren, ebenso wie dessen Sturmpartner „Lony" Seiderer, der nach einem Zuspiel von Franz das Leder aus 35 Metern im Kasten von Samitier versenkte. Keinesfalls sollte das Publikum den Franken diese Aktion übel nehmen. Im Gegenteil: Da die SpVgg die Gastgeber klar dominierte, liefen die Zuschauer mehr und mehr zu den Grün-Weißen über. Und als der Schiedsrichter kurz vor Schluss einen umstrittenen Elfmeter für Barcelona pfiff, der letztlich die Fürther Niederlage besiegelte, war die Heimelf endgültig unten durch, derweil Franz & Co. als „Sieger der Herzen" enthusiastisch gefeiert wurden.

Obwohl der Fürther Halbrechte in der Spielzeit 1920/21 mit 28 Toren in 17 Einsätzen in der Kreisliga Nordbayern einen persönlichen Allzeit-Rekord aufgestellt hatte, mussten die Kleeblättler in der Endabrechung dem Club den Vortritt lassen, weil nach einem torlosen Remis im Zabo das zweite Franken-Derby im Ronhof mit 0:1 verloren gegangen war. Zuvor hatte es „Resi" immer wieder krachen lassen, wie beim 9:1 bei Bayern Kitzingen, dem 8:0 über die Würzburger Kickers sowie dem 11:0-Heimsieg abermals gegen Kitzingen, als ihm jeweils vier Treffer gelungen waren. Wenngleich er in der kommenden Saison „nur" noch 20 Tore in 14 Einsätzen erzielte, konnte die Mannschaft den 1. FC Nürnberg diesmal auf Kreisebene hinter sich lassen, was für den Club freilich bedeutungslos blieb, da dieser als Titelverteidiger ohnehin für die Endrunde im Frühsommer 1922 qualifiziert war. Dennoch war die Freude bei den Fürther Fußballanhängern riesengroß, als im Hinspiel um die Nordbayerische Meisterschaft der amtierende Deutsche Meister im Ronhof mit 3:2 in die Knie gezwungen wurde, wobei die 22.000 Zuschauer hinterher besonders den zweifachen Torschützen Franz hochleben ließen. Zwar konnte dieser beim 2:1-Rückspielerfolg von Nürnberg keinen weiteren Treffer erzielen. Dennoch stand der Erfolg über Stuhlfauth, Kalb & Co. nunmehr endgültig fest, was in der Nacht vom 19. auf den 20. Februar in den Fürther Kneipen derart ausgiebig begossen wurde, dass die Polizei „mehrere Räusche als in der Silvesternacht" registrieren sollte. Dass sich die Kleeblatt-Fans indes zu früh gefreut hatten, zeigten die Endspiele um die Bayerische Meisterschaft gegen Wacker München, in denen sich die Blausterne im Entscheidungsspiel in Augsburg mit 1:0 durchsetzen konnten, um damit dem 1. FC Nürnberg als zweiter süddeutscher Vertreter in die nationale Endrunde zu folgen.

Meister HSV mit 10:0 überrollt

In der Spielzeit 1922/23 konnte sich die SpVgg Fürth nach zweijähriger Abstinenz dann wieder für die deutsche Endrunde qualifizieren, was nicht zuletzt an „Resi" Franz lag, der mit 40 Pflichtspieltoren die beste Saison seiner Karriere spielte. Statistisch gesehen war er in jedem seiner 25 Einsätze für zwei Treffer gut, was ihn schließlich auch zum Nationalspieler machte. Nach einem dürftigen 0:0 zum Punktspielauftakt auf der „luftigen Höhe des Kohlbucks" gegen den TV 1846 Nürnberg, kamen die Kleeblättler in der Woche darauf zu einem deutlichen 4:0-Sieg über den 1. FC Bamberg, den der vierfacher Torschütze Franz im Alleingang sichergestellt hatte. Der Club hatte diesmal nichts zu bestellen und musste gegen den Erzrivalen zwei Niederlagen einstecken. Im Hinspiel im Nürnberger Zabo stand es lange Zeit 0:0, als die Fürther in der 86. Minute einen Elfer zugesprochen bekamen, den Franz sicher zum 1:0-Siegtreffer einnetzte. Im Rückkampf im Ronhof behielt die SpVgg gar mit 3:1 die Oberhand, wobei auch hier Andreas Franz mit seinen beiden Torerfolgen nach der Pause zum Matchwinner avanciert war. Weitere starke Auftritte zeigte der Halbrechte mit vier Treffern gegen den TV 1860 Fürth (7:1) sowie mit einem Dreierpack zum 7:0 gegen die Würzburger Kickers.

Es war allerdings nicht der souveräne Gewinn der Kreismeisterschaft, der die SpVgg Fürth zum haushohen Favoriten auf die Deutsche Meisterschaft stempelte. Am 7. Januar 1923 war der Hamburger SV im Ronhof zu Gast und kassierte vor 20.000 begeisterten Zuschauern eine geradezu epische 0:10-Pleite, an der Andreas Franz mit vier Toren entscheidenden Anteil besaß. Die Norddeutschen mit ihrem Mittelstürmer Tull Harder zählten seinerzeit zu den absoluten Topteams hierzulande, hatten sie in der vorangegangenen Saison doch gegen den 1. FC Nürnberg im „ewigen Endspiel" gestanden, das nach einem 2:2 und 1:1 keinen Sieger gefunden hatte. Während die „Kölnische Zeitung" am folgenden Tag „eine in der Geschichte des deutschen Fußballsports beispiellose Niederlage" vermeldete, waren sich nahezu alle Experten einig, in den Fürthern den zukünftigen Meister gesehen zu haben.

Und wirklich setzten diese ihren Siegeszug zunächst fort, indem sie neben dem überlegenen Gewinn der Bayerischen Meisterschaft gegen den FC Bayern München (2:1, 5:0) auch den Rückkampf beim HSV am 30. März mit 3:2 für sich entschieden. Auch an der Elbe war auf Andreas Franz wie gewohnt Verlass, der nicht nur den Torreigen nach vier Minuten eröffnete, sondern nach einem zwischenzeitlichen Doppelschlag Harders zum 2:2 schließlich auch für den Endstand sorgte. Ebenfalls nicht zu bremsen waren die Kleeblättler in der süddeutschen Endrunde, die sie verlustpunktfrei vor Phönix Ludwigshafen als Sieger abschlossen. Andreas Franz war in allen vier Begegnungen mit von der Partie und hatte mit sieben Toren gewohnt überzeugt.

Zum Auftakt der deutschen Endrunde trafen die Grün-Weißen am 6. Mai in Nürnberg auf die Breslauer Sportfreunde, die erwartet locker mit 4:0 geschlagen wurden. Willy Ascherl hatte nach einer halben Stunde die Weichen auf Sieg gestellt, ehe Franz mit seinen beiden Toren in der 60. und 80. Minute die letzten Zweifel beseitigte und der überragende Ascherl in der 85. Minute den Schlusspunkt setzte. Niemand sah daher in Vorschlussrundengegner Union Oberschöneweide einen ernstzunehmenden Widersacher. Doch wuchsen die Berliner am 27. Mai auf dem VfL-Platz von Halle besonders in der Anfangsphase über sich hinaus, als sie durch Treffer von Dietz und Lux mit 2:0 in Führung gingen. Die hochfavorisierten Franken schnürten ihren Gegner daraufhin in der eigenen Hälfte regelrecht ein. Zu mehr als einem Elfmetertor von Andreas Franz (79.) reichte es jedoch nicht, weshalb Union ins Finale einzog, wo ausgerechnet der Hamburger SV mit einem 3:0-Sieg sein Meisterstück machte. Immerhin ließen sich die Fürther von der überraschenden Pleite gegen die Elf aus der Wuhlheide nicht entmutigen. Kurz nach ihrem Meisterschafts-Aus trafen sie im Halbfinale des süddeutschen Pokals auf die Offenbacher Kickers, die auch dank zweier Tore von „Resi" Franz mit 3:1 bezwungen wurden. Schließlich folgte im Finale am 17. Juni 1923 ein 4:3-Erfolg über die Münchner Bayern, bei dem Franz gar mit einem Dreierpack zur Stelle war.

Durch die Zusammenlegung der nord- und südbayerischen Kreisligen wurden die besten Vereine Bayerns zur Saison 1923/24 in der Bezirksliga zusammengefasst, was das Niveau naturgemäß steigerte, da bis dahin völlig überforderte Gegner wie TV 1860 Fürth, TV 1846 Nürnberg oder der 1. FC Bamberg durch die wesentlich stärkeren Münchner Klubs ersetzt wurden. Auch „Resi" Franz war damit das Toreschießen deutlich erschwert worden, was magere sechs Treffer in 14 Bezirksligaeinsätzen beweisen. Sturmpartner „Lony" Seiderer blieb mit zehn Toren ebenfalls deutlich hinter seiner gewohnten Schlagzahl zurück. In der Saisonvorbreitung stand das prestigeträchtige Duell mit dem frischgebackenen Meister HSV auf der Agenda, dem man es nach den Erfahrungen der jüngsten Vergangenheit natürlich unbedingt zeigen wollte. Und wirklich präsentierte sich das Kleeblatt – genau wie Doppeltorschütze Andreas Franz – gegen die Hanseaten erneut von seiner Schokoladenseite, wenngleich der 3:1-Erfolg nicht ganz jene historischen Dimensionen annahm, wie das 10:0 vor Jahresfrist.

Trotzdem sollte die SpVgg Fürth die Qualifikation für die nationale Endrunde verpassen, da man sich im Kampf um die „Süddeutsche" Erzrivale 1. FC Nürnberg geschlagen geben musste. „Resi" Franz war in sämtlichen zehn Spielen zum Einsatz gekommen, in denen ihm fünf Treffer gelangen. Den wichtigsten erzielte er im Derby gegen den Club, der seinem Team wenigstens ein 1:1-Unentschieden rettete, das sich in der Endabrechnung jedoch zwei Zähler hinter den Nürnbergern einreihen musste, die sich anschließend ihre dritte Deutsche Meisterschaft sicherten.

Der ersehnte Gewinn des Meistertitels blieb für Andreas Franz und seine Fürther dagegen auch in der Spielzeit 1924/25 ein Traum. Dabei waren die Chancen im Vorfeld nicht unwesentlich gestiegen, nachdem die Teilnehmerzahl an der Endrunde auf 16 verdoppelt worden war, weshalb der starke Süddeutsche Fußball-Verband künftig zwei Klubs entsenden durfte und der 1. FC Nürnberg als Titelverteidiger darüber hinaus automatisch qualifiziert war. Das von kleinkariertem Provinzdenken dominierte deutsche Ligensystem hatte jedoch zur Folge, dass die starke Fürther Elf es schon in der vorgeschalteten Bezirksliga mit der damaligen Übermannschaft aus dem benachbarten Nürnberg zu tun bekam, der man sich abermals geschlagen geben musste, womit bereits die Qualifikation für die „Süddeutsche" verpasst worden war. Andreas Franz hatte seine Torquote im Vergleich zum Vorjahr immerhin um vier Treffer gesteigert, wenngleich einer der besten Torjäger des deutschen Fußballs sich damit einmal mehr deutlich unter Wert verkauft hatte. Wen interessierte es in Anbetracht des verzweigten reichsdeutschen Ligensystems schon, dass der Fürther Halbrechte am 30. November 1924 beim 4:0-Erfolg über Schwaben Augsburg als dreifacher Torschütze seine beste Saisonleistung abgeliefert hatte?

► EINWURF

Zieht man die Zahl seiner Pflichtspieltreffer heran, zählt der Fürther Andreas Franz mit Sicherheit zu den besten Stürmern des deutschen Fußballs. Mit 410 registrierten Torerfolgen in 381 Einsätzen war er in jedem Pflichtspiel statistisch gesehen für 1,07 Treffer gut. Zu seinen Toren in offiziellen Liga-, Pokal- und Auswahlbegegnungen kommen jedoch noch weitere 338 in 315 Freundschaftsspielen, so dass für „Resi" in 696 Einsätzen im Kleeblatt-Trikot stolze 748 Torerfolge zu Buche stehen.

„Resi" und seinen Kameraden blieb damit nichts anderes übrig, als sich abermals in den Spielen um den süddeutschen Pokal den Frust für die entgangene Endrunde von der Seele zu schießen. Im Endspiel am 23. August 1925 bekam es das Kleeblatt-Team im Stadion an der Grünwalder Straße mit den Stuttgarter Kickers zu tun, wobei die Bedingungen alles andere als optimal waren, da es „auf Giesings Höhen" die Nacht vor dem Spiel wie aus Eimern geschüttet hatte. Kurz vor dem Anpfiff aber tat sich der weiß-blaue Münchner Himmel auf, der beide Teams zu einem offenen Schlagabtausch inspirierte, in dem die Fürther immer mehr Oberwasser bekamen. Die 25. Minute war angebrochen, als der rechte Läufer Hans Krauß dem Stuttgarter Niederbacher den Ball abluchste und diesen auf Andreas Franz weiterleitete. „Resi" schlängelte sich katzengleich an zwei Kickers-Verteidigern vorbei, noch eine Drehung und der Halbrechte setzte zum Schuss an. Das Leder hatte derartig Fahrt aufgenommen, dass es, nachdem es haarscharf unter der Latte die Linie überschritten hatte, vom Tornetz zurück ins Feld sprang. In der 64. Minute sollte der an diesem Sonntag überragende rechte Fürther Flügel dann für die Entscheidung sorgen: Hans Krauß löffelte einen Freistoß in den Stuttgarter Strafraum, wo der lauernde Andreas Franz zur Stelle war und reaktionsschnell den 2:0-Endstand besiegelte. Damit hatten die Kleeblättler doch noch einen Titel gewonnen, der freilich nur ein Trostpreis war. Dass der SFV-Pokal auch in der Gunst des Publikums bestenfalls die zweite Geige spielte, zeigt der mäßige Finalbesuch, der in den Statistiken mit 8.179 zahlenden Zuschauern verzeichnet ist.

Der Respekt vor der SpVgg Fürth war im gesamten Deutschen Reich dennoch riesengroß. Wenngleich dem Team nach dem Zweiten Weltkrieg der große Wurf bis dato versagt geblieben war, freute sich jeder Vereinsfunktionär, wenn er eine der besten deutschen Mannschaften der zwanziger Jahre zu einem Freundschaftsspiel verpflichten konnte. Im Anschluss an die Saison 1924/25 reisten die Franken in das durch den polnischen Korridor vom übrigen Reich getrennte Ostpreußen, wo der VfB Königsberg zum 25-jährigen Vereinsjubiläum geladen hatte. Das „Land der dunklen Wälder und kristallnen Seen" erfreute sich vom südlichen Masuren über das einstige Hochstift Ermland bis hin zur Kurischen Nehrung im Norden zwar über eine atemberaubend schöne Landschaft, nicht aber über wirklich gute Fußballer und so staunten die Zuschauer im VfB-Stadion in Maraunenhof nicht schlecht, als die Kleeblättler ihren Gastgebern eine deutliche 6:2-Lektion erteilten, bei der Andreas Franz gleich fünf Tore gelungen waren.

Meister des Fairplay

Mitte der zwanziger Jahre waren einige der Leistungsträger in die Jahre gekommen, so dass die Fürther Mannschaft vor einem Umbruch stand. Mit Erich Riebe hatte ein Mitglied der ersten Meistermannschaft die Leitung des Trainings übernommen, der um die beiden Oldies „Resi“ Franz und „Lony“ Seiderer eine neue Spielergeneration formierte, die vom kraftvollen Mittelläufer Ludwig Leinberger angeführt wurde. Während die Kleeblättler bis dato immer wieder „in Schönheit gestorben waren“, hielt nun ein weitaus pragmatischer Stil Einzug, der dem Verein letztendlich die ersehnten Erfolge bescherte.

„Beim Fußball verkompliziert sich alles durch die Anwesenheit der gegnerischen Mannschaft.“ Die Aussage des Philosophen Jean-Paul Sartre konkretisierte sich im Falle der SpVgg durch die Anwesenheit des 1. FC Nürnberg, der dem Nachbarklub aus dem Ronhof in jüngster Vergangenheit immer wieder das Wasser abgegraben hatte. Da die Clubberer inzwischen aber etwas in die Jahre gekommen waren, vermochte sich die verjüngte Fürther Elf in der Saison 1925/26 auf Bezirksligaebene durchzusetzen, um als Vizemeister hinter dem FC Bayern in die „Süddeutsche“ einzuziehen. Sartres Sicht der Dinge schien sich indes aber erneut zu bewahrheiten, da statt der Nürnberger nun die Münchner den unüberwindbaren Gegner darzustellen schienen, welcher den Grün-Weißen den Weg zum ganz großen Coup verbauen würde. So führte etwa die SpVgg dank zweier Torerfolge von „Resi“ Franz an der Grünwalder Straße schon mit 2:0, ehe die Rothosen das Tempo anzogen und doch noch mit 3:2 die Oberhand behielten. Nicht viel besser lief es in der süddeutschen Endrunde, wo man sich drei Zähler hinter den ungeschlagenen Bayern ebenfalls mit der Vizemeisterschaft begnügen musste, obwohl man diesen beim 3:3 in München und der knappen 3:4-Niederlage im Ronhof zwei harte Kämpfe geboten hatte. Während Franz gegen die Bayern nicht zu den Torschützen zählte, zeigte er seinen stärksten Auftritt gegen den drittplatzierten FSV Frankfurt, als er beide Tore zum 2:1-Sieg erzielte.

Erstmals hatte sich jedoch auch der süddeutsche Vizemeister für die nationale Endrunde qualifiziert, in die die Kleeblättler am 16. Mai 1926 vor heimischem Publikum mit einem lockeren 5:0 über Viktoria Forst starteten. Nach einer Stunde war die Entscheidung beim Stand von 3:0 schon gefallen, als Andreas Franz mit einem verwandelten Strafstoß (67.) und einem zweiten Treffer in der Schlussminute das Endergebnis besiegelte. Fast noch wichtiger als der eigene Erfolg war jedoch, dass sich zu gleicher Zeit der scheinbar übermächtige FC Bayern mit einer völlig unerwarteten 0:2-Niederlage bei Fortuna Leipzig aus dem Wettbewerb verabschiedet hatte. Die Münchner Elf um Mittelstürmer Pöttinger hatte – wie früher des Öfteren die SpVgg – in dieser Saison zwar den deutlich schöneren Fußball geboten, es aber nicht verstanden, diesen auch in entsprechende Resultate umzumünzen.

Für die pragmatischer spielende Kleeblatt-Elf, die durch einen klaren 4:0-Erfolg über den Breslauer SC die nächste Runde erreichte, waren die Chancen auf den Meistertitel damit sprunghaft gestiegen. Im Semifinale wartete mit Holstein Kiel eine Mannschaft, die bei den Franken gemischte Gefühle aufkommen ließ. Schließlich hatte man gegen die Störche einige Wochen zuvor bei einem Jubiläumsturnier in Düsseldorf verloren und das Schicksal hatte als Spielort für die Partie gegen Holstein nun abermals das Düsseldorfer Rheinstadion vorgesehen. Vor 16.000 Zuschauern taten sich die Kleeblättler dann auch lange Zeit äußerst schwer, ehe Schiri Guyenz ihnen kurz vor Ende der ersten Hälfte einen Elfmeter zusprach. Andreas Franz ließ sich nicht zweimal bitten und versenkte diesen zur 1:0-Führung im gegnerischen Tor. Mit einem zweiten Treffer nach 57 Minuten sorgte er für die Vorentscheidung. Kleinlein (65.) und der Kieler Ritter (76.) besiegelten danach den 3:1-Endstand.

Auch der Endspielort Frankfurt stellte aus Sicht der Fürther ein schlechtes Omen dar, nachdem ihr letztes Meisterschaftsfinale sechs Jahre zuvor gegen den Club an selber Stätte verloren gegangen war. Auch sonst plagten Trainer Erich Riebe große Sorgen, da Mittelstürmer Leonhard Seiderer vor dem wichtigsten Spiel des Jahres an einer Oberschenkelverletzung laborierte, die den Einsatz von „Resi“ Franz’ kongenialem Sturmpartner lange unmöglich zu machen schien. Erst kurz vor dem Anpfiff entschied sich, dass „Lony“ – freilich mit dick bandagiertem rechtem Oberschenkel – mit von der Partie sein konnte. Vor 40.000 Zuschauern erwischte Finalgegner Hertha BSC Berlin dann aber den deutlich besseren Start und ging durch Hanne Sobek nach nur neun Minuten in Führung. Die anschließend einsetzenden Angriffsbemühungen der Fürther schienen erstmals von Erfolg gekrönt, als ein Kopfball von Franz im Berliner Tor gelandet war. Es folgten wütende Proteste der Hertha-Spieler, die ein Handspiel des Halbrechten gesehen haben wollten, woraufhin Schiedsrichter Spranger diesen direkt befragte. „Resi“ zögerte nicht lange und gab sein Vergehen zu, woraufhin der Unparteiische die Entscheidung zurücknahm. Der faire Sportsmann Andreas Franz sollte nach 90 Minuten dennoch als Sieger den Platz verlassen. Es war sein verletzter Sturmpartner „Lony“ Seiderer, der nach 27 Minuten mit kleiner Verspätung das 1:1 erzielte, dem diesmal kein Regelverstoß vorangegangen war. Nach 90 Minuten hatten die Kleeblättler gar mit 4:1 die Nase vorn, so dass „Resi“ – zwölf Jahre nach seinem Bruder Karl – als zweites Mitglied der Familie Franz die Victoria in Händen halten konnte.

Im August sollte Andreas Franz die ohnehin schon hervorragende Saison mit dem erneuten Gewinn des süddeutschen Pokals krönen. Abermals erwies er sich als großer Pokalspezialist, da ihm im Verlauf des Wettbewerbs in sechs Einsätzen nicht weniger als elf Tore glückten. Gleich fünf davon hatte er in der Auftaktrunde erzielt, als die hoffnungslos überforderte Elf der SpVgg Hof mit 10:0 zerlegt worden war. Dreimal war „Resi“ auch in der Vorschlussrunde beim 7:1 gegen Phönix Ludwigshafen erfolgreich, ehe der frischgebackene Deutsche Meister am 1. August 1926 im Endspiel auf den VfB Stuttgart traf. Wieder einmal musste die SpVgg nach Frankfurt reisen, wobei die Mainmetropole nach dem Triumph über die Hertha mittlerweile ihren Schrecken verloren hatte. In einer abwechslungsreichen Partie gingen die Stuttgarter nach der Pause zweimal durch Gerlinger in Führung, die Franz aber jeweils ausgleichen konnte. Nach einem Prachtschuss zum 1:1-Ausgleich (59.) bewies er neun Minuten vor Schluss eiskalte Nerven, als er einen Handelfmeter zum zweiten Fürther Tor einnetzte. In der Verlängerung wogte das Spiel lange hin und her, als Andreas Franz in abseitsverdächtiger Position das Leder zugepasst bekam, weshalb die VfB-Abwehr lautstark protestierte. Da das Spiel jedoch weiterlief, fackelte der Halbrechte nicht lange und sorgte mit seinem dritten Torerfolg für die Entscheidung.

Diese elf Spieler sicherten der SpVgg Fürth am 13. Juni 1926 in Frankfurt durch einen an Ende deutlichen 4:1-Sieg über Hertha BSC Berlin den zweiten Meistertitel der Vereinsgeschichte. Von links: Spielführer Hans Hagen, Willi Ascherl, Andreas „Resi" Franz, Georg Kießling, Leonhard „Lony" Seiderer (mit dick bandagiertem rechtem Oberschenkel), Hans „Urbel" Krauß, Karl Auer, Ludwig Leinberger, Konrad Kleinlein, Josef Müller. Vorne liegend: Schlussmann Gustav Hörgren. Für viele Zeitgenossen galt dieses Team als das beste, das jemals das Fürther Kleeblatt repräsentiert hat.

Als Titelverteidiger ging die nach Expertenmeinung stärkste Fürther Mannschaft aller Zeiten natürlich mit hochfliegenden Ambitionen in die neue Saison. Allerdings mussten sie sich in der süddeutschen Endrunde wieder einmal dem 1. FC Nürnberg beugen, der nach zehn Spielen einen Zähler mehr auf dem Konto hatte. Andreas Franz freilich hatte sich dagegen abermals in Galaform präsentiert und 13 Endrundentore erzielt. Einen seiner stärksten Auftritte zeigte er beim 5:3 beim VfL Neckarau. Nachdem er seine Farben bis zur 25 Minute schon mit 2:0 in Führung geschossen hatte, kam Neckarau überraschend ins Spiel zurück und führte nach einer knappen Stunde mit 3:2. Erneut war danach auf „Resi" Franz Verlass, der mit zwei verwandelten Strafstößen für die Wende sorgte, so dass schließlich der fünfte Fürther Torerfolg durch Ascherl (80.) die Entscheidung brachte. Nachdem Franz auch beim 8:0-Kantersieg über Schlusslicht FSV Mainz 05 abermals vier Tore gelungen waren, trafen die Kleeblättler am 10. April 1927 auf Erzrivale 1. FC Nürnberg, der mit 5:0 deklassiert wurde. Natürlich hatte sich auch „Resi" Franz mit einem verwandelten Elfmeter fünf Minuten vor der Pause in die Torschützenliste eingetragen.

Mit dem deutlichen Erfolg aus dem Nürnberg-Spiel ging der Titelverteidiger mit Rückenwind in die deutsche Endrunde, in die er am 8. Mai mit einem 3:1 bei den Breslauer Sportfreunden startete. Mann des Tages im Sportpark Grüneiche war Andreas Franz, dem in der 64. und 75. Minute zwei Treffer gelungen waren. Zwei Wochen später war Franz im Nürnberger Zabo gegen die Elf von Kickers 1900 Berlin dann erneut nicht zu bremsen. Bis zur 25 Minute hatte „Resi" den Berliner Keeper Strauchmann gleich dreimal überwunden und sich dabei mit drei fulminanten Weitschüssen als wahrer „Kanonier" erwiesen. Seinen lupenreinen Hattrick hatte er gar mit einem Hammer aus sage und schreibe 40 Metern vollendet. Danach hielt er sich etwas zurück und überließ seinen Mitspielern die Bühne, die die SpVgg schließlich zu einem 9:0-Sieg ballerten, der sicherlich mehr als die enttäuschenden 5.000 Zuschauer verdient gehabt hätte.

Klar, dass die Kleeblättler nun erneut als haushohe Favoriten auf den Meistertitel galten, zumal der gegen die Kickers verletzt ausgefallene „Lony" Seiderer im Halbfinale wieder zur Verfügung stand. Pikanterweise kam es dort in Leipzig-Probstheida zur Neuauflage des letztjährigen Endspiels gegen die Berliner Hertha, gegen die allerdings wieder alles nach Wunsch zu laufen schien, nachdem „Resi" Franz in der 35. Minute mit seinem sechsten Endrundentreffer die Weichen auf Sieg stellte. Nach der Pause aber fighteten die Berliner zurück und kamen dank zweier Treffer von Willi Kirsei zu einem 2:1-Sieg, der für die SpVgg, die in Andreas Franz immerhin den Torschützenkönig der Endrunde stellte, das Aus bedeutete. Bliebe noch zu erwähnen, dass sich die Mannschaft nach einem 3:0-Finalerfolg über den FSV Frankfurt den Hattrick im süddeutschen Pokalwettbewerb sichern konnte, zu dem Andreas Franz in drei Einsätzen vier Treffer beigesteuert hatte. Während er im Endspiel ausnahmsweise torlos geblieben war, hatte er im Halbfinale mit seinem goldenen Tor den 1:0-Erfolg über den 1. FC Nürnberg unter Dach und Fach gebracht.

Einmal mehr hatten die Funktionäre des SFV am Meisterschaftsmodus herumgedoktert und die Bezirksliga Bayern zur Saison 1927/28 abermals in eine Nord- und Südstaffel aufgeteilt, was den Fürthern zunächst wieder einige leichtere Gegner bescherte und die Trefferquote von Andreas Franz auf 17 Tore in 16 Einsätzen hochschnellen ließ. Schon in den ersten drei Punktspielen hatte Franz dreimal in die gegnerischen Maschen getroffen. Pudelwohl fühlte er sich auch am 25. September 1927 gegen den FSV Nürnberg, als ihm auf dem glitschigen Geläuf des Ronhofs nach dem Seitenwechsel beim deutlichen 7:1-Erfolg ein waschechter Hattrick gelang. Auch im nächsten Heimspiel sollte ein weiterer Dreierpack ein ungefährdetes 4:1 über den 1. FC Bayreuth besiegeln. Nachdem Franz in den beiden mit 1:0 gewonnenen Spielen gegen den VfR Fürth und den 1. FC Nürnberg jeweils in der Schlussphase der entscheidende Treffer gelungen war, stellte er auch in der letzten Runde seine Torjägerqualitäten unter Beweis, als er beim 7:0-Schützenfest der ungeschlagenen Fürther über den FV 04 Würzburg einen weiteren Dreierpack schnürte. In den anschließenden Spielen um die „Süddeutsche" war Andreas Franz erstmals beim 2:0 in Mannheim über den SV Waldhof erfolgreich, um beim 1:1 gegen die Stuttgarter Kickers im heimischen Ronhof das späte Ausgleichstor zu erzielen. Eines seiner besten Spiele überhaupt absolvierte er am 26. Februar 1928 in Saarbrücken, als er den gastgebenden FV mit sechs Toren fast im Alleingang in der Saar versenkte und dem Vorläufer des 1. FC Saarbrücken mit 1:9 eine der höchsten Niederlagen seiner Geschichte zugefügt wurde. Einen ähnlichen Sahnetag erwischte „Resi" auch beim 7:1 über den SV Waldhof, als er mit drei Toren zur Stelle war. Obwohl Franz in 14 Endrundenspielen sensationelle 20-mal ins Schwarze getroffen hatte, reichte es hinter den Münchner Bayern und der Frankfurter Eintracht dennoch nur zum dritten Platz, womit die deutsche Endrunde zum ersten Mal nach Kriegsende ohne einen Vertreter der Nürnberg-Fürther Fußballhochburg über die Bühne gehen sollte.

Und wieder gegen Berlin

Am Ende der Saison 1927/28 hatte der verletzungsgeplagte „Lony" Seiderer seine Karriere beenden müssen, weshalb Andreas Franz von Halbrechts in die Sturmmitte rückte. Zu seinem wichtigsten Vorbereiter avancierte Georg Frank, der von vielen schon mit dem legendären Richard Hofmann auf eine Stufe gestellt wurde. In der Nordstaffel der Bezirksliga zeigte sich der Club nach seiner Schwäche im Vorjahr bestens erholt und verwies die SpVgg Fürth auf den zweiten Platz. Freilich konnte sich auch die Fürther Bilanz von 24:4 Punkten und 55:10 Toren sehen lassen, zu der „Resi" Franz zehn Treffer in elf Einsätzen beigesteuert hatte. Während der direkte Vergleich mit dem Club (1:1, 0:3) in der Liga verloren gegangen war, blieb der 5:2-Erfolg über den Erzrivalen aus Anlass des 25-jährigen Vereinsjubiläums in Erinnerung, den die Kleeblättler im heimischen Ronhof gefeiert hatten. Kurz nachdem Franz vor 10.000 Zuschauern den fünften Treffer für die Gastgeber erzielt hatte, wurde die Partie von Schiedsrichter Zimmermann nach 85 Minuten abgebrochen, weil über dem Stadion ein schwerer Wolkenbruch niederging.

Als Vizemeister war die SpVgg für die Endrunde der Zweiten und Dritten qualifiziert, wo sie sich in souveräner Manier mit 26:2 Punkten und 71:18 Toren für die „Deutsche" qualifizierte. Nachdem der inzwischen 31-jährige Sturmführer der Kleeblatt-Elf in der Bezirksliga aufgrund einiger Wehwehchen seiner Topform lange hinterhergelaufen war, zeigte er sich nun wieder von seiner Schokoladenseite und kam in 15 Einsätzen in der süddeutschen Trostrunde auf 22 Treffer. Davon, dass sich nach dem Rückzug Seiderers mit Andreas Franz und Georg Frank ein neues glänzend harmonierendes Sturmduo gefunden hatte, konnten sich die Fans besonders beim 8:0-Scheibenschießen gegen Phönix Karlsruhe überzeugen, als auf „Resis" Hattrick in der ersten Hälfte nach dem Seitenwechsel vier Frank-Treffer folgten. In den kommenden Spielen schoss sich der neue Mittelstürmer Andreas Franz dann endgültig für die „Deutsche" ein und erzielte sowohl gegen den ASV Nürnberg (5:1) als auch den TSV 1860 München (7:2) drei Treffer.

Die Endrunde vereinte das gesamte „Who is Who" des deutschen Fußballs, dem neben der SpVgg Fürth und dem wiedererstarkten Rekordchampion 1. FC Nürnberg auch Titelverteidiger Hamburger SV sowie Dauerfinalist Hertha BSC Berlin angehörten. Obwohl man die Fürther fraglos „auf dem Zettel" haben musste, waren sie doch nicht unbedingt der Topfavorit, da ihnen die spielerische Leichtigkeit früherer Tage fehlte. Dafür erwies sich die Mannschaft als ausgesprochen kampfstark, was nicht zuletzt an Mittelläufer Leinberger festgemacht wurde, der als echter Kraftprotz das Spieltempo vorgab. Nach ihrem klaren 5:1-Auftaktsieg über Fortuna Düsseldorf setzten sie sich in der Runde der letzten Acht mit 2:0 gegen Titelverteidiger Hamburger SV durch, der in den Franken spätestens jetzt seinen großen Angstgegner ausgemacht haben dürfte. In der Vorschlussrunde bekam es die SpVgg in Frankfurt mit dem Breslauer SC zu tun, was nur auf den ersten Blick als einfache Aufgabe erschien, hatten die Schlesier doch im Viertelfinale völlig überraschend den stark eingeschätzten FC Bayern München rausgeworfen. Die Kleeblättler waren also gewarnt. Und wirklich ließen sie nichts anbrennen, nachdem Franz und Kießling in den ersten zehn Minuten gleich zweimal erfolgreich waren. Zwar erzielte Breslaus Blaschke noch vor der Pause den Anschlusstreffer. Im zweiten Umgang gelangen den Fürthern aber vier weitere Tore (zwei davon gingen auf das Konto von Andreas Franz), so dass der Erfolg mit 6:1 erwartet standesgemäß ausgefallen war.

Die Meistermannschaft der SpVgg Fürth aus dem Jahr 1929 mit (von links) Konrad Krauß, Georg Frank, Andreas Franz, Heinrich Auer, Hans Neger, Ludwig Leinberger, Paul Röschke, Karl Rupprecht, Georg Kießling, Hans Hagen. Nicht im Bild: Hans Krauß. Das Foto unten zeigt den Fürther Ronhof zur Zeit von Andreas Franz.

Vor dem Semifinale hatte einiges für ein weiteres Endspiel zwischen Nürnberg und Fürth gesprochen, da der Club im Saisonverlauf durch sein spielstarkes Auftreten gefallen hatte und daher auch als Favorit in seine Partie gegen Hertha BSC gegangen war. Mit Verbindungsstürmer Ludwig Wieder fiel gegen die Berliner aber einer der wichtigsten Club-Spieler aus, was Sobek & Co. eiskalt nutzten und sich im Wiederholungsspiel durchsetzten. Die Hertha hatte zum vierten Mal in Serie das Finale erreicht und gierte damit geradezu nach ihrem ersten Titel, was die Aufgabe für die Fürther wieder einmal nicht leicht machte. Die 50.000 Finalzuschauer im Nürnberger Stadion erlebten dann auch eine dominant auftretende Hertha-Elf, der die

SpVgg vor allem ihre unbändige Kampfkraft entgegenzusetzen hatte, die aber besonders in Person von Verteidiger Krauß mitunter in unfaires Spiel ausartete. Nach dem 2:2-Ausgleichstreffer von Sobek (76.) roch in der Schlussphase alles nach einem dritten Berliner Treffer, den in der 85. Minute jedoch die Kleeblättler für sich verbuchen konnten, als Rupprecht Herthas Gehlhaar per Freistoß überwand. Für Andreas Franz war es an jenem 28. Juli 1929 sicherlich eine ganz besondere Genugtuung, nach dem Abpfiff von Schiedsrichter Peco Bauwens ausgerechnet in der Heimat des Erzrivalen zum zweiten Mal in seiner Laufbahn die Victoria entgegenzunehmen.

Die letzten Jahre im Ronhof

Die Glanzzeit der SpVgg Fürth gehörte nach dem Gewinn des zweiten Meistertitels der Vergangenheit an. Auch Andreas Franz sollte noch vier Jahre das grün-weiße Dress mit dem Kleeblatt überstreifen, ohne jedoch an seine größten Erfolge anknüpfen zu können. Immerhin erzielte er in der Saison 1929/30 in 21 Pflichtspielen auf Liga- und Meisterschaftsebene noch einmal beachtliche 24 Tore, um darüber hinaus im Hochsommer 1930 gar zu zwei Einsätzen auf internationalem Niveau zu kommen.

EXKURS: Coupe des Nations

Mit der 1930 ausgespielten „Coupe des Nations" hatte der Europapokal der Landesmeister einen seiner wichtigen Vorläufer. Es stellte einen echten Meilenstein in der kontinentalen Fußballgeschichte dar, als es gelang, zwischen dem 28. Juni und 6. Juli die Meister aus Österreich, Deutschland, Frankreich, der Tschechoslowakei, Belgien, Ungarn, Spanien, Italien, Holland und der Schweiz zu versammeln, um die genannte Trophäe auszuspielen. Der neben dem Pariser Weltausstellungsturnier 1937 wohl authentischste Vorläufer der Europapokalwettbewerbe verdankte seine Existenz in erster Linie der zögerlichen Haltung der großen Fußballnationen, sich an der nur wenig später stattfindenden ersten Weltmeisterschaft in Uruguay zu beteiligen. Die Organisatoren sahen sich in ihrer Entscheidung dann auch bestätigt, fand die Veranstaltung in der Berichterstattung doch den erhofften positiven Nachhall und vermochte es, das kontinentale Fußballpublikum in ihren Bann zu ziehen, während die Berichte über das Geschehen am fernen Rio de la Plata nahezu unbeachtet blieben. Auch trug der amtierende Schweizer Meister Servette Genf als Gastgeber nicht unwesentlich zum Gelingen des Turniers bei. Zwei verdiente Mitglieder, Ehrenpräsident Bonnet und Ex-Spieler Dégérine, machten den Mitinitiatoren ihre Heimatstadt als Austragungsort schmackhaft, was nicht zuletzt deshalb leicht fiel, weil diese mit dem von Grund auf renovierten Stade des Charmilles über eine supermoderne und extravagante Stadionanlage verfügte, deren Tribune Nord mit dem ersten frei schwebenden Tribünendach Europas ausgestattet war. Mit dem Eröffnungsspiel zwischen dem Gastgeber und der First Vienna wurde der Neubau am 28. Juni standesgemäß eingeweiht, wobei das eindeutige Resultat von 7:1 zu Gunsten der Gäste der Tatsache geschuldet ist, dass diese bereits unter Profibedingungen arbeiteten, während in der Schweiz das Berufsspielertum erst einige Jahre später eingeführt werden sollte. Im Endspiel am 6. Juli 1930 standen sich mit Ujpest Budapest und Slavia Prag ebenfalls zwei Profiteams gegenüber. Unter der Leitung des englischen Referees Stanley Rous bekamen 22.000 Zuschauer eine Galavorstellung von Ujpest-Mittelstürmer Janos Köves geboten, der als dreifacher Torschütze praktisch im Alleingang für den 3:0-Erfolg seines Teams sorgte.

Just eine Woche vor dem Start der Coupe des Nations hatte das als deutscher Titelträger eingeladene Kleeblatt seine Meisterwürde eingebüßt, nachdem die Berliner Hertha in ihrem fünften Finale in Serie am 22. Juni 1930 endlich erfolgreich gewesen war und Holstein Kiel mit 5:4 geschlagen hatte. Der Titelverteidiger aus Fürth hatte sich zunächst in der nordbayerischen Bezirksliga behaupten können, indem er sich mit 24:4 Punkten und 56:12 Toren vor den Clubberern den ersten Platz gesichert hatte. Da sich „Resi" Franz mit mehreren Verletzungen herumplagen musste, war er in lediglich neun Spielen zum Einsatz gekommen, in denen er mit 13 Treffern seine Torgefahr allerdings wie gewohnt unter Beweis gestellt hatte. Stark präsentierte er sich auch in der süddeutschen Endrunde, wo er zwar ebenfalls nur neun der 14 Fürther Spiele bestritt, dabei aber weitere siebenmal ins Schwarze traf. Je zweimal war Franz beim 2:0 in Mannheim über den SV Waldhof sowie dem 6:1 über Altmeister Freiburger FC im Ronhof erfolgreich gewesen. Gleichwohl hatten die Franken nie eine echte Chance auf die Süddeutsche Meisterschaft besessen, da Eintracht Frankfurt eine überragende Runde gespielt und den Rest des Feldes klar distanziert hatte. Sieben Zähler hinter den überlegenen Hessen reichte es für die SpVgg Fürth aber immerhin zur Vizemeisterschaft. In die „Deutsche" startete der Titelverteidiger mit einem 4:1 über Tennis Borussia Berlin, um sich im anschließenden Viertelfinale am 1. Juni dem Dresdner SC nach großem Kampf und einer 4:5-Verlängerungsniederlage geschlagen zu geben. Damit blieb den Kleeblättlern um ihren vierfachen Endrundentorschützen „Resi" Franz wenigstens genügend Zeit, um sich auf ihren prestigeträchtigen Auftritt beim Genfer Wettstreit der besten europäischen Landesmeister vorzubereiten, wo sie es zunächst mit dem französischen Vertreter FC Sète zu tun bekamen. Da es nach 90 Minuten 3:3-unentschieden stand, musste das Spiel verlängert werden, das bis zur 140. Minute (!) hin und her wogte, ehe Karl Rupprecht mit seinem „Golden Goal" den Einzug ins Viertelfinale besiegelte. Hier wartete mit der First Vienna ein ausgebufftes Profiteam, dass sich klar durchsetzte und dem entthronten Deutschen Meister eine böse 1:7-Abfuhr verpasste. Auch Andreas Franz waren am Genfer See die Grenzen aufgezeigt worden, da er in seinen beiden Einsätzen ohne Torerfolg geblieben war.

In der Saison 1930/31 setzte sich die SpVgg in der Bezirksliga mit komfortablem Sieben-Punkte-Vorsprung gegen den 1. FC Nürnberg durch und zog damit in die süddeutsche Endrunde ein, wo sie den Spieß umdrehte und sich diesmal einen Zähler vor Titelverteidiger Eintracht Frankfurt den Meistertitel sicherte. Andreas Franz hatte sich in Anbetracht von lediglich vier Endrundentoren jedoch abermals weit weniger treffsicher als in der Vergangenheit gezeigt, was für seinen letzten Auftritt im Rahmen der Deutschen Meisterschaft nichts Gutes verhieß. Obwohl sich die Fürther dann auch tatsächlich schon im Viertelfinale gegen den alten und neuen Titelträger Hertha BSC Berlin (1:3) verabschiedeten, gehörte ausgerechnet Oldie „Resi" Franz zu den positiven Erscheinungen in einer Mannschaft, die im Frühsommer 1931 endgültig unter Beweis gestellt hatte, ihren Zenit überschritten zu haben. Nachdem Franz schon im Auftaktspiel gegen die SpVgg Leipzig (3:0) mit zwei Toren zur Stelle gewesen war, erzielte er am 17. Mai 1931 gegen Berlin nach 66 Minuten den letzten seiner 26 Endrundentreffer, für die er lediglich 20 Einsätze benötigt hatte.

Mit lediglich elf Toren in 17 Bezirksligaspielen 1931/32 war der Abwärtstrend in der Karriere des Andreas Franz nun nicht mehr zu übersehen. Auch mit nur noch fünf

Torerfolgen in zwölf Einsätzen in der süddeutschen Endrunde dürfte man im Ronhof nicht mehr zufrieden gewesen sein, was indes weitaus mehr auf den enttäuschenden fünften Platz zutraf, den die Grün-Weißen in der neu eingeführten Südoststaffel belegten. Dass „Resi" aber noch nicht ganz zum alten Eisen gehörte, zeigte sich in dem ein oder anderen Freundschaftsspiel wie etwa gegen den FC Hamborn 07 (8:4) oder eine Stadtauswahl von Hannover (12:2), als ihm gegen freilich total überforderte Gegner jeweils vier Tore gelangen. Gar sechsmal hatte er am 15. Mai 1932 beim 9:1-Sieg über die Elf des VfB Kurhessen Marburg ins Schwarze getroffen.
Zu Beginn der Spielzeit 1932/33 präsentierte sich der mittlerweile 35-Jährige in jugendlicher Frische und glänzte beim 5:1 zum Liga-Auftakt gegen die SpVgg Erlangen als dreifacher Torschütze, um auch in den nächsten beiden Partien gegen den FV 04 Würzburg sowie die Würzburger Kickers jeweils zwei Treffer zu markieren. Anschließend durfte er in der Bezirksliga Nordbayern aber nur noch zwei Torerfolge bejubeln, da Trainer Ernst Reim nach der 1:2-Pleite im „Ronhof-Kirchweihspiel" gegen den Club am 2. Oktober 1932 nur noch sporadisch auf ihn zurückgriff. Auch im Rahmen der „Süddeutschen", wo die SpVgg die Teilnahme an der nationalen Endrunde als Vizemeister denkbar knapp verpasste, wurde Franz lediglich im Entscheidungsspiel um den zweiten Platz gegen den 1. FC Nürnberg (4:2) eingesetzt, welches sein letztes Pflichtspiel im Kleeblatt-Trikot bleiben sollte. Den letzten offiziellen Treffer hatte er bereits am 4. Dezember 1932 beim 2:0-Erfolg über Germania Nürnberg in der Bezirksliga erzielt. Verständlich, dass es die Fans mit großer Wehmut erfüllte, als im Frühjahr 1933 bekannt wurde, dass sich ihr Idol nach 17 Jahren Ronhof in der kommenden Saison anderweitig orientieren würde. Nachdem „Resi" im Freundschaftsspiel gegen den FC Hanau 1893 (4:3) sich dreimal in die Torschützenliste eingetragen hatte, sagte er seinen zahlreichen Fürther Anhängern am 30. Juni 1933 endgültig Lebewohl. Die SpVgg feierte in Ansbach einen 4:1-Erfolg, zu dem Andreas Franz den zwischenzeitlichen 1:1-Ausgleichstreffer beigesteuert hatte. Auch nach dem standesgemäßen Abschied aus dem Ronhof genoss er in seiner Heimatstadt einen ausgezeichneten Ruf. Diesen verdankte er einem stets tadellosen Auftreten auf dem Platz sowie seiner überaus fairen Spielweise, die ihm im Verlauf seiner langen Karriere nicht eine einzige Verwarnung eingetragen hatte.

Skandalsaison in Heilbronn

Insofern passte es überhaupt nicht ins Bild, dass die Spielzeit 1933/34 von der „Affäre Franz" überschattet werden sollte. Nachdem der Meisterschaftsmodus von den neuen Machthabern durch die Einführung von 16 Gauligen vereinheitlicht worden war, hatte sich der Fürther am 1. September 1933 dem württembergischen VfR Heilbronn angeschlossen, wobei ihn die Unterländer offiziell als Spielertrainer engagierten. Da die Nationalsozialisten das Profitum konsequent ablehnten, waren jegliche Zuwendungen an die Spieler untersagt, während Andreas Franz – und das war das Charmante an dem Deal – für seinen Posten als Spielertrainer ein monatliches Gehalt von 250 Reichsmark gezahlt werden durfte.
Dem traditionsreichen VfR war in dieser Saison allerdings unerwartete Konkurrenz durch den Heilbronner Vorortverein Union Böckingen erwachsen, der als krasser Außenseiter in der Gauliga Württemberg alles durcheinander wirbelte und völlig unerwartet Meister wurde. Beim VfR lief hingegen nicht viel zusammen, weshalb Neuzugang Franz alsbald seine Trainertätigkeit aufgab, um die Mannschaft nur noch auf dem Platz zu unterstützen, was rein statistisch gesehen mit zwei Treffern in vier Einsätzen nur sehr bedingt gelang. Allerdings hatten die Heilbronner damit gegen das Amateurgebot verstoßen, da die Zahlungen an Franz nicht sofort eingestellt worden waren. Kurz nach dem verlorenen Unterland-Derby gegen Union (2:5) wurde der Ex-Fürther von einem Böckinger Spieler beim DFB angeschwärzt, der den VfR daraufhin am 21. Januar 1934 vom Spielbetrieb suspendierte, so dass dieser in der kommenden Saison als Sportverein Heilbronn 96 einen Neuanfang starten musste.

Rückkehr zu den Fürther Wurzeln

Andreas Franz kehrte dagegen in seine Fürther Heimat zurück, wo er zwischen 1934 und 1939 bei seinem Stammverein TV 1860 in der zweitklassigen Bezirksliga Mittelfranken abermals – und diesmal unbeanstandet – als Spielertrainer arbeitete. Den größten Erfolg feierte er in der Saison 1935/36, als er mit seiner Mannschaft nur knapp die Teilnahme an der Aufstiegsrunde zur Gauliga verpasste. Im Tschammer-Pokal traf er 1935 und 1939 auch zweimal auf die Kleeblättler, wobei beide Vergleiche mit deutlichen Niederlagen (0:6 und 0:4) in die Annalen eingingen. Nach dem Krieg trat „Resi" Franz beim ASV Fürth, TV 1848 Erlangen sowie den Amateuren der SpVgg Fürth drei weitere Trainerstellen an, wobei ihm allerdings keine nennenswerten Erfolge gelangen.
Der gelernte Kürschner war seit Ende der dreißiger Jahre beim Bekleidungsamt der Stadt Fürth beschäftigt, um nach dem Zweiten Weltkrieg in der Gustavstraße im Fürther Zentrum eine gut gehende Toto-Lotto-Annahmestelle zu eröffnen, die auch Anlaufpunkt für seine immer noch zahlreichen Fans wurde, mit denen er gerne die glorreiche Vergangenheit hochleben ließ. Nicht immer hatte es das Schicksal mit der am 2. Mai 1970 verstorbenen Fürther Fußballlegende jedoch nur gut gemeint: Nach Kriegsende stand „Resi" Franz vor den Trümmern seines Lebens, als er bei einem Bombenangriff seine Ehefrau verloren hatte und sein Haus in Schutt und Asche gelegt worden war. Als einzige Erinnerung an die Zeit als Fußballer sollen ihm einige Vereinsabzeichen sowie ein Album mit rund 4.000 Bildern geblieben sein. Seine letzte Ruhestätte fand Andreas Franz auf dem Fürther Hauptfriedhof, nur wenige hundert Meter vom Ronhof entfernt, wo er einst seine großen Erfolge auf dem grünen Rasen gefeiert hatte.

► ZAHLEN UND FAKTEN

Vereine:	1916-1933	SpVgg Fürth
	1933-1934	VfR Heilbronn
	1934-1939	TV 1860 Fürth

Tore: 215 Kreis- / Bezirksligaspiele (250 Tore)
4 Gauliga-Spiele (2 Tore)
96 süddeutsche Endrundenspiele (88 Tore)
20 deutsche Endrundenspiele (26 Tore)
28 süddeutsche Pokalspiele (30 Tore)
2 Spiele Coupe des Nations (0 Tore)
6 Verbandsauswahlspiele (9 Tore)*
10 Länderspiele (5 Tore)
gesamt 381 Pflichtspiele (410 Tore)*
** nur bekannte Spiele und Tore*

Erfolge: Deutscher Meister 1926, 1929
Süddeutscher Meister 1923, 1931
Süddeutscher Pokalsieger
1918, 1923, 1925, 1926, 1927

In der Nationalmannschaft:

Die Karriere des Fürther Halbrechten Andreas Franz fiel in eine Zeit, in der Länderspiele hierzulande noch ein rares Gut waren, da der deutsche Fußball so kurz nach dem Ersten Weltkrieg international zu den Geächteten zählte, weshalb sich nur wenige Gegner fanden, die bereit waren, sich mit dem DFB-Team zu messen. Quasi als Länderspielersatz genossen die Auswahlspiele der Regionalverbände bei Fans und Spielern große Beliebtheit. Auch Andreas Franz nutzte diese Chance, um mit einigen starken Leistungen auf sich aufmerksam zu machen, wie etwa am 5. März 1922, als er bei der 7:0-Finalgala der SFV-Auswahl über Norddeutschland im Bundespokal als vierfacher Torschütze zu brillieren vermochte.

Am Neujahrstag des Jahres 1923 trat die deutsche Mannschaft zum Länderkampf in Mailand gegen Italien an, den die Azzurri mit 3:1 gewannen. Von links: Georg Wunderlich, „Lony" Seiderer, Kapitän Heiner Träg, Hans Lang, „Resi" Franz, Italiens Spielführer Renzo de Vecchi, Hans Sutor (verdeckt), Hans Hagen und Heiner Stuhlfauth.

Dies war gleichbedeutend mit dem Entrée für die Nationalelf, die am 26. März 1922 zu ihrem siebten Nachkriegsländerspiel in Frankfurt am Main gegen die Schweiz antrat. Die Zustände rund um die deutsche Nationalmannschaft waren – um es mit dem späteren Auswahlkicker Jens Jeremies auszudrücken – „jämmerlich", was vor allem daran lag, dass statt eines alleinverantwortlichen Trainers der „Bundesausschuss" für die Berufung der Spieler zuständig war, welcher allzu oft nach regionalen Gesichtspunkten entschied und außerdem immer wieder im Clinch mit den Stars des 1. FC Nürnberg lag, die mehrere Länderspiele kurzerhand „bestreikten", wie auch jenes gegen die Eidgenossen, bei dem nicht ein einziger Akteur des amtierenden Deutschen Meisters, mit Lohrmann, Wellhöfer, Müller, Lang, Hagen, Seiderer und Franz wohl aber sieben der SpVgg Fürth in der Anfangsformation standen. Die Blockbildung zahlte sich vor allem in der ersten Hälfte aus, wobei Neuling „Resi" Franz zu den großen Profiteuren gehörte. Nachdem er bereits in der 26. Minute getroffen hatte, erhöhte er die Führung acht Minuten später auf 2:0, womit alles nach einem rundum gelungenen Debüt aussah. In der Schlussphase verließen die Deutschen allerdings die Kräfte, so dass die Schweizer noch zum 2:2 ausgleichen konnten.

So gut wie gegen die Schweiz sollte es für Franz freilich nicht immer laufen. Im Gegenteil: Nachdem ihm in den nächsten drei Einsätzen gegen Ungarn (0:0), Italien (1:3) und Schweden (1:2) kein weiterer Treffer geglückt war, hatte er nur noch in seinem fünften Einsatz am 13. Januar 1924 gegen Österreich eine echte Sternstunde im Nationaltrikot, als er auf dem schneebedecktem Rasen des Nürnberger Zabo in der 35., 42. und 72. Minute gleich drei Treffer zum 4:3-Sieg über den südöstlichen Nachbarn beisteuerte. Diesmal übrigens hatten die Club-Spieler das DFB-Team nicht boykottiert. Obwohl sich die Fürther und Nürnberger Nationalspieler alles andere als grün waren (und teilweise in getrennten Waggons zum Spielort anreisten), kam es für einmal zur „mittelfränkischen Allianz", nachdem die deutsche Nationalelf sich ausnahmslos aus Spielern beider Klubs zusammengesetzt hatte. Ein Erfolgsmodell, dass sich der „Bundesausschuss" auch im nächsten Länderspiel am 21. April gegen die Niederlande (1:0) zum Vorbild nahm, als dem Fürther Auer vor der Pause das Tor des Tages gelang. Außer in Amsterdam wurde Andreas Franz im Jahr 1924 noch gegen Italien (0:1) und die Schweiz (1:1) eingesetzt, wobei er hier ebenso torlos blieb wie am 25. Oktober 1925 beim 4:0 über die Schweiz und am 20. Juni 1926 gegen Schweden (3:3). Dass er im Nürnberger Zabo letztmals das Nationaltrikot überstreifen durfte, lag wohl nicht zuletzt an Tull Harder, der wie schon beim 4:0 über die Schweiz seinen Fürther Rivalen als dreifacher Torschütze in den Schatten gestellt hatte.

Saison	ER*		Liga**		Pokal	
	Sp.	T.	Sp.	T.	Sp.	T.
1916/17			8	17		
1917/18			9	15	4	1
1918/19			13	22	1	0
1919/20	DM: 3	2	11	19	2	1
1920/21			17	28		
1921/22			14	20		
1922/23	SM: 4 DM: 2	7 3	15	24	4	9
1923/24	SM: 10	5	14	6	0	0
1924/25			14	10	2	1
1925/26	SM: 10 DM: 4	5 4	12	11	6	11
1926/27	SM: 10 DM: 3	13 6	12	7	3	4
1927/28	SM: 14	20	16	17	2	1
1928/29	SM: 15 DM: 4	22 4	11	10	4	2
1929/30	SM: 9 DM: 2	7 4	9	13		
1930/31	SM: 11 DM: 2	4 3	13	11		
1931/32	SM: 12	5	17	11		
1932/33	SM: 1	0	10	9		
1933/34			4	2		
1934/35			?	?		
1935/36			?	?		
1936/37			?	?		
1937/38			?	?		
1938/39			?	?		

* DM: Deutsche Meisterschaft, SM: Süddeutsche Meisterschaft

** Spiele und Tore in Kreisliga, Bezirksliga und Gauliga

Arthur Friedenreich
Der Erste im „Klub der Tausender"?

Keine Frage. Rein statistisch betrachtet dürfte der Brasilianer Arthur Friedenreich zu den treffsichersten Spielern im Weltfußball gehören. Seine Karriere reicht jedoch in eine Ära zurück, aus der keine wirklich verlässlichen Daten mehr vorliegen, weshalb auch die Zahl seiner Treffer nur unzulänglich belegt ist. Friedenreichs Biograph Alexandre da Costa spricht von 554 Toren, derweil eine andere Quelle 652 Treffer in 557 Einsätzen registriert haben will, wobei in beiden Fällen die Grenze zwischen Pflicht- und Freundschaftsspielen fließend verläuft. Ein Problem, welches auch bei unseren Recherchen aufgetreten ist, so dass die ermittelten 472 Pflichtspieltore Arthur Friedenreichs eher im unteren Bereich der Bandbreite liegen dürften.

Der blanke Horror für Statistiker

Dabei hätte Arthur Friedenreich leicht der statisch am besten erfasste Fußballer der Pionierzeit sein können. In weiser Voraussicht hatte Oscar Friedenreich nämlich sämtliche Torerfolge seines Sohnes in einem Buch notiert, welches Arthur später bei sich zu Hause aufbewahrte. Eine echte Fundgrube für Statistikfreaks, dachte sich auch ein brasilianischer Journalist im Jahr 1969, als sich im Fußball Historisches ereignete. Der große Pele stand kurz davor, die 1.000-Tore-Marke zu durchbrechen, was die Fachwelt geradezu elektrisierte. War dieses Kunststück vor dem vielleicht besten Fußballer aller Zeiten etwa schon einem anderen geglückt? In allen Teilen der Welt machten sich Journalisten auf Schatzsuche nach handfesten Daten, die belegen sollten, dass es auch vor Pele schon Spieler mit 1.000 erzielten Toren gegeben hat. Viel wurde spekuliert, manches musste ins Reich der Fabel verwiesen werden. Fündig wurde man allerdings in Österreich, wo Franz Binder und vor allem Josef Bican diese Marke schon vor Jahrzehnten geknackt hatten.

Und schließlich meldeten auch die Brasilianer Ansprüche an, und behaupteten steif und fest, dass schon vor Pele ein Landsmann auf mehr als 1.000 Karrieretore blicken konnte. Die Rede ist natürlich von Arthur Friedenreich, dem nach offiziellen FIFA-Angaben sage und schreibe 1.329 Tore in 1.239 Spielen zugewiesen werden. Diese Zahl wird auf die Angaben des besagten Reporters zurückgeführt, dem das Tagebuch des Brasilianers bei einem Besuch in dessen Wohnung in die Hände gefallen war. Wenige Monate später jedoch verstarb der an Parkinson leidende Arthur Friedenreich im Alter von 77 Jahren, weshalb der Journalist aus Pietät die Witwe Friedenreichs nicht weiter mit derart profanen Dingen behelligen wollte. Da in der medialen Wahrnehmung jedoch schon damals nur wenig Platz für Sentimentalitäten war und Pele im Herbst 1969 kurz vor seinem historischen Torerfolg stand (der ihm schließlich am 19. November auch gelang), hakte der Zeitungsmann noch einmal nach.

Man kann sich seinen Schreck in etwa vorstellen, als die Witwe Friedenreichs ihm offenbarte, sie habe das kostbare Tagebuch bald nach dem Tod ihres Mannes im Müll entsorgt, womit die Nachwelt um ein einmaliges Dokument gebracht worden war. Wenigstens war der Journalist so umsichtig gewesen, sich die Gesamtzahl der Spiele und Tore notiert zu haben, so dass Arthur Friedenreich die gebotene Ehre zuteil werden konnte. Die FIFA hielt die Angaben nämlich für glaubwürdig, was in Anbetracht der zeitlichen Nähe der Recherchen auch gerechtfertigt scheint. Somit wird Arthur Friedenreich heute hinter erwähntem Josef Bican (der nicht nur in Österreich, sondern auch in der Tschechoslowakei aktiv gewesen ist) sowie „Bomber" Gerd Müller vom Weltverband als drittbester Torjäger der Fußballgeschichte geführt. Da er seine Laufbahn bereits 1935 beendet hatte, dürfte er zudem der erste gewesen sein, dem dieses Kunststück gelungen ist.

Arthur Friedenreich im Trikot des Club Athletico Paulistano, bei dem er die längste Zeit seiner Karriere verbrachte und mit dem er insgesamt sechs Meisterschaften gewann. Aus Paulistano ging 1930 der FC São Paulo hervor, für den Friedenreich bis 1935 aktiv sein sollte.

Bezweifelt wird die Zahl von 1.329 Treffern jedoch ausgerechnet von seinem Biograph Alexandre da Costa. Jahre nach Friedenreichs Tod hat sich dieser noch einmal in die Archive begeben und versucht, die Angaben aus dem verschollenen Tagebuch zu rekonstruieren. Dabei kam er zum einen auf die seiner Ansicht nach zweifelsfrei nachweisbaren 554 Treffer, zum anderen aber auch zu der ernüchternden Erkenntnis, dass selbst bei Berücksichtigung von Trainings- und Jugendspielen die bis dahin angenommenen Schätzungen entschieden zu hoch lägen. Einer Ansicht, der sich die Verfasser der „Herren der Tore" anschließen möchten. Dennoch: Auch wenn sich die Annäherung an Arthur Friedenreich in statistischer Hinsicht als blanker Horror entpuppt, ist der Brasilianer doch eine der schillerndsten Persönlichkeiten in der Geschichte des Fußballs, der auf den folgenden Seiten unbedingt die gebührende Aufmerksamkeit gewidmet werden soll.

Erster brasilianischer Fußballstar

Arthur Friedenreichs Großvater Wilhelm zählte zu den aus Deutschland eingewanderten Gründern der Stadt Blumenau im heutigen Bundesstaat Santa Catarina im Süden Brasiliens. In Blumenau geboren wurde sein Vater Oscar, der, nachdem er sich mit Matilde verheiratet hatte, nach São Paulo zog, wo Arthur Friedenreich am 18. Juli 1892 im Stadtbezirk Luz das Licht der Welt erblickte. Als Mulatte – seine Mutter war afrikanischer Abstammung – lebte er ein wenig zwischen den Welten. Da sein Vater als Kaufmann vergleichsweise gut situiert war, wurden ihm gegenüber anderen schwarzen Fußballspielern in Brasilien gewisse Privilegien zuteil. So durfte er etwa in der Nationalelf Brasiliens spielen, was farbigen Fußballern zunächst verwehrt blieb. Andererseits wurden ihm aber auch seine schwarzafrikanischen Wurzeln zum Verhängnis, weil Fouls gegen ihn eher selten gepfiffen wurden. Um seine Herkunft zu kaschieren, glättete er sein Haar mit Pomade, während er sein Gesicht mit Reismehl einrieb. Die harte Gangart der

Gegenspieler führte indes dazu, dass er sich eine feine Technik aneignete, um den Tritten und Attacken auszuweichen. Seine einmalige Ballbehandlung trug ihm den Spitznamen „Pe de Ouro“ (Goldfuß) ein.
Lange vor Pele galt Arthur Friedenreich als erster großer (wenn auch weitgehend in Vergessenheit geratener) Star des brasilianischen Fußballs. Pele selbst äußerte sich über Friedenreich voller Hochachtung: „Arthur war ein ganz, ganz großer Spieler in Brasilien. Mein Vater hat mir viel von ihm erzählt.“ Vermutlich auch, dass dieser seine Laufbahn beim SC Germania begonnen hatte, für den er zwischen 1909 und 1911 zwei Jahre lang aktiv gewesen ist.

EXKURS: SC Germania Saõ Paulo

Bereits 1899 gründeten Deutsch-Brasilianer unter der Führung von Hans Nobling *(auf dem Mannschaftsfoto unten mit Krawatte)* in Saõ Paulo den Sport Club Germania. Namensspendend war der SC Germania 1887 Hamburg (einer der Vorläufervereine des Hamburger SV) für den Nobling vor seiner Auswanderung nach Brasilien gespielt hatte. Der Pionierverein absolvierte 1899 eines der ersten Fußballspiele im Land des fünfmaligen Weltmeisters, wobei der Gegner namens Internacional ebenfalls in São Paulo beheimatet war. In der größten Stadt des Landes begann sich noch vor Rio de Janeiro der aus England importierte Fußball zu etablieren. So wurde am 19. Dezember 1901 die erste Staatsmeisterschaft („Liga Paulista“) ins Leben gerufen, zu deren Gründungsmitgliedern auch Germania zählte. Erster bedeutender Spieler der Vereinsgeschichte war Hermann Friese und mithin ein ehemaliger Akteur von Germania Hamburg, der sich nach seiner Auswanderung aus Deutschland traditionsverbunden dem brasilianischen Ableger angeschlossen hatte, für den er bis 1916 aktiv blieb. Im Gegensatz zu Friese war es für Arthur Friedenreich schwerer, bei Germania Fuß zu fassen. Als er dem Verein (wahrscheinlich im Jahr 1909) beitrat, bedurfte es nämlich einer Änderung der Satzung, damit er als Nicht-Weißer am Spielbetrieb teilnehmen konnte. Die größten Erfolge der Blau-Schwarzen waren der zweimalige Gewinn der Staatsmeisterschaft von São Paulo (1906 und 1915). In den dreißiger Jahren geriet der Verein in erhebliche finanzielle Schwierigkeiten, weshalb die Fußballabteilung gegen Ende des Jahrzehnts im FC São Paulo aufging. Als Nachfolgeverein wurde 1942 der „Esporte Clube Pinheiros“ ins Leben gerufen, der anders als Germania keine Duftmarken im Spitzenfußball zu setzen vermochte.

Auf der Suche nach einer sportlichen Heimat

Aus den Anfangsjahren der Karriere Friedenreichs – welcher in Brasilien der Einfachheit halber auch „Fried“ genannt wurde – ist nicht mehr allzu viel bekannt. So bleibt im Dunkeln, wie viele Spiele er 1909 für Germania bestritten hat, das die Liga Paulista auf dem letzten Tabellenplatz mit nur einem Sieg in zehn Spielen abschloss. Auch das einjährige Intermezzo bei CA Ypiranga war nicht gerade von Erfolg gekrönt. Der Stadtteilverein aus dem Südosten São Paulos krebste lediglich im unteren Tabellendrittel herum, was Arthur Friedenreich im Jahr 1911 dazu bewog, wieder zu Germania zurückzukehren, wo in acht Ligaspielen zumindest die ersten vier Karrieretreffer dokumentiert sind. Friedenreich stand im 20. Lebensjahr, als ihm 1912 der Durchbruch gelang. Das Mackenzie College war eine private Oberschule in São Paulo, wo er selbst im Alter zehn Jahren den ersten Kontakt mit dem runden Leder hatte. Die Lehranstalt unterhielt auch eine Fußballmannschaft, die unter der Bezeichnung AA Mackenzie College am Spielbetrieb der Liga Paulista teilnahm. Dabei reichte es immerhin zum vierten Rang, was nicht zuletzt an Arthur Friedenreich lag, der gleich zu Beginn der Runde mit vier Toren bei seinem Ex-Klub Ypiranga in Erscheinung getreten war, um in insgesamt sieben Einsätzen zwölfmal ins Schwarze zu treffen, womit er erstmals zum besten Torschützen der Paulistão avancierte.
Bis 1917 war „Fried“ vor allem wieder für Ypiranga aktiv, wobei er zwischenzeitlich auch andere Teams verstärkte, was auch damit zu tun hatte, dass der Spielbetrieb in der Liga Paulista unter kurzfristigen Modusänderungen und schnell wieder einkassierten konkurrierenden Meisterschaftsrunden litt. Nachdem Ypiranga 1912 die Vizemeisterschaft errungen hatte, reichte es in den beiden darauf folgenden Jahren immerhin zum dritten Platz. Im Trikot des FC Payssandu musste sich Arthur Friedenreich 1916 mit dem siebten Platz begnügen, um auch nach seinem Comeback bei Ypiranga in der Spielzeit 1917 einen mäßigen sechsten Rang zu belegen. Obwohl ihm damit der große mannschaftliche Erfolg verwehrt geblieben war, hatte er seinen Ruf als gefährlicher Torjäger untermauert, indem er sowohl 1914 als auch 1917 die Torschützenliste anführte. Während er in der Saison 1914 in neun Ligaeinsätzen zwölfmal in die Maschen getroffen hatte, war dies drei Jahre später in zehn Spielen 15-mal der Fall. In seinem Abschiedsjahr zeigte sich Arthur Friedenreich besonders gegen Mackenzie (7:2) und Internacional (6:0) mit jeweils drei sowie gegen den FC Santos (4:2) mit sogar vier Treffern in bester Torlaune.

Meisterspieler bei Paulistano

Die führende Mannschaft in der Liga Paulista war ein Verein namens Clube Athletico Paulistano, der ebenso wie Germania zu den Pionierklubs zählte. Beide waren 1901 an der Gründung der ältesten Staatsmeisterschaft in Brasilien beteiligt, wobei Paulistano – wie der Verein im Volksmund genannt wurde – nach den Erfolgen in den Jahren 1916 und 1917 insgesamt bereits fünf Ligatitel auf dem Konto hatte. Vor dem neuen Spieljahr standen die Zeichen auf Expansion, war man doch im Oktober 1917 vom zu klein gewordenen Velodrom in den neu errichteten Jardim America umgezogen, der für damalige Verhältnisse stolzen 15.000 Zuschauern Platz bot.
Dementsprechend lag es nahe, auch den mit weitem Abstand schillerndsten Spieler der Liga Paulista unter seine Fittiche zu nehmen, womit Arthur Friedenreich im Alter von 25 Jahren endlich eine sportliche Heimat gefunden hatte. Dank Friedenreich, der wegen seines katzenhaften Auftretens auf dem Platz bald auch „El Tigre“ genannt wurde, untermauerte Paulistano seine Vormachtstellung und gewann bis 1929 sechs weitere Meistertitel. Nur ein Jahr nach dem insgesamt elften Titelgewinn war Paulistano allerdings Geschichte. Im Zuge der voranschreitenden Professionalisierung wurde die Fußballabteilung 1930 aufgelöst, während sich der Restverein zunächst vor allem dem Basketball, später aber auch anderen Sportarten wie Tennis, Volleyball oder der Leichtathletik zuwandte.

Die Verpflichtung von Arthur Friedenreich entpuppte sich von Beginn an als Erfolgsstory. Bei Paulistano verfügte der erste Rastelli des Weltfußballs endlich über die geeigneten Mitspieler, so dass sein Spiel richtig zur Entfaltung kommen konnte. Bereits im ersten Jahr durfte er den Gewinn der Staatsmeisterschaft feiern, die sich die Spieler in den weißen Hosen und weißen Trikots aufgrund des besseren Torverhältnisses mit den punktgleichen Corinthians gesichert hatten. Herausragender Akteur war Neuzugang Arthur Friedenreich, der mit 25 Treffen in 18 Einsätzen zum vierten Mal Torschützenkönig wurde.

EXKURS: Enrico Rastelli

Wenngleich immer seltener werdend, hat sich bis in die Gegenwart hinein der Begriff des „Fußball-Rastelli" erhalten, der jene Kicker adelt, deren Ballbehandlung für den Beobachter zum wahren Augenschmaus wird. Der Terminus geht zurück auf den italienischen Jongleur Enrico Rastelli *(Bild unten)*, der mit seiner Ballakrobatik das Publikum in den Bann zog. Geboren wurde Enrico Rastelli 1896 in Samara, derweil er seine Jongleur-Karriere 1915 bei einem russischen Zirkus begann. Vor allem in den USA und Europa führte er seine Kunststücke just zu jener Zeit vor, als im fernen Südamerika Arthur Friedenreich gefeiert wurde. Ein Jahr nach einer umjubelten Deutschland-Tournee, die ihn u.a. nach Düsseldorf und Berlin geführt hatte, erlag Enrico Rastelli am 13. Dezember 1931 im Alter von 34 Jahren den Folgen einer Hirnhautentzündung.

Ihre Leistung konnte die Mannschaft in der Taça Ioduran – einem Vorläufer des Torneio Rio-São Paulo, das ab 1933 den inoffizielle Landesmeister kürte – krönen. An dem Turnier nahmen 1918 die besten Teams aus den südöstlichen Bundesstaaten Rio de Janeiro, São Paulo und Minas Gerais statt, wobei Paulistano nur gegen den FC Santos (0:1) als Verlierer vom Platz ging, derweil Friedenreich & Co. besonders gegen Atletico Mineiro Belo Horizonte nicht zu halten war, als sie mit 14:1 und 11:0 zweimal deutlich die Oberhand behielten. Am wichtigsten für den Titelgewinn war freilich das 3:2 über Fluminense Rio de Janeiro, wenngleich sich „Fried" für einmal nicht in die Torschützenliste eingetragen hatte.

► **EINWURF**

Arthur Friedenreich gilt als Erfinder des Effetschusses. Mit seiner ausgefeilten Schusstechnik verlieh er dem Leder einen Drall, der die Flugbahn ganz entscheidend veränderte. Die durch die Rotation des Balles entstandenen Luftzirkulationen setzten das Spielgerät auf eine bogenförmige Bahn, die für den Torwart schwer zu berechnen war, was zu zahlreichen Torerfolgen führte. Ebenso berühmt waren seine eleganten Körpertäuschungen, die ihn vor ungestümen Attacken der Abwehrspieler schützen.

Ein Jahr später konnte CA Paulistano seinen regionalen Titel verteidigen, indem Palestra Italia um einen Zähler auf Distanz gehalten wurde. Bei der vierten Staatsmeisterschaft in Serie waren „Fried" in 18 Spielen 26 Tore geglückt, womit er auch den Titel als bester Goalgetter verteidigte. Seine stärksten Leistungen zeigte er in den Spielen gegen São Bento (6:1) und Palmeiras (7:0), wo er jeweils einen Viererpack geschnürt hatte.

Auch im Spieljahr 1920 war „El Tigre" von den Gegenspielern zunächst kaum zu bändigen. Richtig in Schwung kam er am 16. Mai im Ligaspiel gegen Palmeiras, wo er seine Elf mit fünf Toren zu einem 12:0-Schützenfest führte. Kurz darauf verletzte sich Friedenreich während eines Trainings mit der Nationalmannschaft jedoch so schwer, dass er zwei Monate aussetzen musste. Dies dürfte der wesentliche Grund dafür gewesen sein, dass Paulistano erstmals seit 1915 wieder die Staatsmeisterschaft verpasste und sich sechs Zähler hinter Palestra Italia mit dem zweiten Platz zufrieden geben musste. Bemerkenswert, dass Arthur Friedenreich für einmal nicht die Torschützenliste anführte, obwohl er mit 32 Treffern eine neue persönliche Bestmarke gesetzt hatte. Für diese Enttäuschung konnte er sich freilich mit dem Gewinn der Copa dos Campeões rehabilitieren, einem weiteren Vorläufer des Tornei Rio-São Paulo, an dem neben den letztjährigen Titelträgern der beiden in Sachen Fußball führenden Bundesstaaten noch jener aus Rio Grande do Sul teilnahm. Paulistano machte kurzen Prozess und gewann nach einem 7:3-Auftakterfolg im heimischen Jardim America über Brasil Pelotas auch bei Fluminense klar und deutlich mit 4:1, womit die Mannschaft mit dem insgesamt vierfachen Torschützen Arthur Friedenreich ihre Führungsrolle im brasilianischen Fußball wieder einmal bestätigt hatte.

Fußball wird in Brasilien zur Religion

Der spielerische Zugang zum Fußball in Brasilien hat viel mit dem Verhältnis der Einwohner zur Religion zu tun. Kurz gesagt lebt das Land eine ganz eigene Form von Katholizismus, die sehr stark von den Kulten der indianischen Urbevölkerung sowie schwarzafrikanischen Einflüssen geprägt ist. Gerade am Beginn des 20. Jahrhunderts führte diese Form der Inkulturation zu einem für Europäer kaum nachvollziehbaren mystischen Charakter des Katholischen, das in Brasilien statt mit tradierten Riten mehr mit Hexerei und Aberglaube zu tun hatte. Arthur Friedenreich, der mit seinen Zauberkünsten die Zuschauer verblüffte, wurde als einer der ersten Kicker geradezu wie ein Heiliger verehrt und trug damit seinen Teil dazu bei, dass der Fußballsport im Land des fünffachen Weltmeisters bald zur zweiten Religion aufsteigen konnte, die lange Zeit eben-

falls von geradezu mystischen Zügen umgeben war. Arthur Friedenreich, der Mann mit dem goldenen Fuß und den scheinbar magischen Kräften, sollte die Anhänger von Paulistano auch im Spieljahr 1921 in seinen Bann ziehen. Er stellte mit 33 Saisontoren nicht nur einen persönlichen Allzeitrekord auf, sondern sicherte sich auch zum fünften Mal die Torjägerkrone. Dennoch war die Entscheidung in der Liga Paulista nichts für schwache Nerven. Erst am letzten Spieltag konnte die Mannschaft durch ein mühevolles 3:2 über SC Sirio die hartnäckigsten Verfolger Palestra Italia und Corinthians auf Distanz halten. In der Endabrechnung wies Paulistano 39:5 Zähler und 98:14 Tore auf, derweil die Konkurrenten jeweils einen Punkt weniger auf dem Konto hatten. „Fried" zeigte speziell in der zweiten Saisonhälfte, was in ihm steckte, als ihm gegen São Bento (6:0) und Germania (5:0) je drei und beim 12:1 über Ypiranga sogar vier Treffer gelangen.
Nach dem dritten Meistertitel in vier Jahren ging Arthur Friedenreich mit CA Paulistano in den kommenden vier Spielzeiten leer aus. Wenig berauschend verlief die Saison 1922, als es für den Titelverteidiger hinter Corinthians, Sirio und Palestra Italia gerade noch zum vierten Platz reichte. Nach flottem Auftakt mit elf Treffern in den ersten sieben Spielen, schienen „Fried" seine Zauberkräfte in Anbetracht von nur noch neun Toren im weiteren Saisonverlauf ein wenig verlassen zu haben. Mit jenseits der 30 hatte er die beste Zeit seiner Karriere anscheinend hinter sich. Im Spieljahr 1924 reichte es in 22 Einsätzen immerhin wieder zu 23 Treffern und für seinen Klub zur Vizemeisterschaft hinter Corinthians, das schon die beiden vorangegangenen Titel gewonnen hatte.

Gefangener des Amateurideals

Die angedeutete immer größer werdende gesellschaftliche Bedeutung des Fußballs in Brasilien, die diesen zu einer quasireligiösen Angelegenheit werden ließ, führte Mitte der zwanziger Jahre zu Diskussionen über die Einführung des Profifußballs, woran Paulistano in erheblichem Maße beteiligt war und die letztlich dessen Ende einläuteten. Als damaliger Rekordmeister besaß der Verein naturgemäß großen Einfluss, auch wenn es 1925 wie schon im Vorjahr abermals „nur" zur Vizemeisterschaft in der Liga Paulista (diesmal hinter São Bento) gereicht hatte. Zu Beginn des Jahres 1926 kam es schließlich zum Bruch: Paulistano weigerte sich standhaft, zum Berufsspielertum überzugehen und verließ mit einigen Mitstreiten den Verband, um mit der „Liga de Amadores de Futebol" (LAF) eine dem Amateurideal verpflichtete konkurrierende Organisation ins Leben zu rufen.
Da mit Corinthians und Palestra Italia zwei der stärksten Rivalen zum Profitum übergingen, hatte Paulistano leichtes Spiel und beendete die Premierensaison der LAF mit einem abschließenden 2:0-Heimsieg über Palmeiras am 15. November 1926 als souveräner Meister. Nur ein Spiel hatte man verloren, derweil der Vorsprung auf den zweitplatzierten SC Germania deutliche sechs Punkte betragen hatte. Nachdem Artur Friedenreich im Vorjahr lediglich viermal ins Schwarze getroffen hatte, zeigte er mit zwölf Treffern wieder aufsteigende Form. Das Festhalten am Amateurideal bedeutete für Friedenreich (der aufgrund seiner Hautfarbe ohnehin schon benachteiligt war), dass er seine Fußballkünste auch weiterhin nicht in klingende Münze umwandeln konnte, weshalb der erste große brasilianische Spieler der Geschichte zeitlebens ein armer Mann bleiben sollte, was umso tragischer erscheint, als „Fried" trotz fortgeschrittenen Alters Ende der zwanziger Jahre seinen zweiten Frühling erlebte. So lag er im Spieljahr 1927 mit 17 Treffern in 15 Einsätzen nun auch erstmals in der LAF an der Spitze der Torschützenliste, womit er seine in neun Saisonspielen ungeschlagenen Kameraden zur erfolgreichen Titelverteidigung geführt hatte.

► EINWURF

Im Frühjahr 1925 begab sich Arthur Friedenreich mit Paulistano auf die erste Europatournee einer brasilianischen Mannschaft. Dabei führte der Weg auch nach Paris, wo die Elf von Stade Français der Kunst des brasilianischen Fußball-Rastellis nichts entgegenzusetzen wusste und mit 1:3 verlor. Nach dem Spiel wurde der Torjäger zum „Roi du Football" (König des Fußballs) gewählt, obwohl er ausnahmsweise ohne Treffer geblieben war. Insgesamt bestritt seine Mannschaft auf dem alten Kontinent zehn Spiele, in denen sie 33 Tore erzielte, von denen 13 auf das Konto Friedenreichs gegangen waren. Nur gegen den FC Sète (0:1) mussten die Südamerikaner als Verlierer den Platz verlassen. Selbst die französische Nationalelf besaß gegen die Amateure von Paulistano keine Chance und kassierte am 18. März eine 2:7-Packung, wobei Arthur Friedenreich mit drei Toren auch hier der alles überragende Akteur gewesen war. Das Foto unten stammt aus der erwähnten Partie gegen Stade Français vom 26. März und zeigt den ballführenden Arthur Friedenreich, wie er von drei Gegenspielern bedrängt wird.

Weniger gut sollte es für „Fried" nach der Rückkehr in seine brasilianische Heimat laufen. Die Reisestrapazen zeigten ihre Wirkung, so dass ihm in elf Spielen in der Liga Paulista nur vier Tore gelangen.

Im nächsten Jahr schraubte Friedenreich seine Trefferzahl auf 29 hoch, womit er wie im Vorjahr bester Goalgetter der LAF wurde. Im Kampf um die Meisterschaft in der Amateurliga musste sich Paulistano nach 22 Spieltagen dem punktgleichen SC Internacional beugen, der im Entscheidungsspiel am 30. Dezember 1928 mit 2:0 die Nase vorn hatte. Die beiden parallel existierenden Ligen im Bundesstaat São Paulo waren auf Dauer natürlich ein unhaltbarer Zustand. Rein sportlich betrachtet stand die Amateurliga trotz ihres Zugpferds Paulistano ganz klar im Schatten der Profiliga APEA, der mit Corinthians, dem FC Santos sowie Palestra Italia (dem späteren Palmeiras) schon drei der heutigen Topklubs angehörten. Der einzige noch fehlende Großverein aus der Stadt am Rio Tietê war der FC São Paulo, was den schlichten Grund hatte, dass er damals noch gar nicht existierte.
Die Spielzeit 1929 sollte die Vereinsgründung jedoch entscheidend voranbringen. Noch einmal waren zwei getrennte Ligen an den Start gegangen, wobei Paulistano in der LAF abermals reüssierte und mithin den Titelhattrick

unter Dach und Fach brachte. Arthur Friedenreich war in 22 Einsätzen 16-mal erfolgreich gewesen und hatte sich damit bereits zum neunten Mal die Torschützenkrone gesichert. Das Tabellenbild der Amateurliga weist indes ein schiefes Bild auf, weil längst nicht mehr alle Begegnungen ausgetragen wurden, da man mit dem Konkurrenzverband APEA intensive Diskussionen über eine Fusion führte. Diese wurde schließlich zur kommenden Saison realisiert, womit 1930 erstmals seit fünf Jahren wieder nur noch ein Staatsmeister von São Paulo ermittelt wurde.

In der Gründungself des FC São Paulo

Neben dem Club Athletico Paulistano hatte sich mit der Associação Atletico das Palmeiras ein weiterer Verein dem Profitum verweigert, was jedoch vor allem zur Folge hatte, dass beide Klubs mit ihrem Idealismus inzwischen weitgehend isoliert waren. Da es bei Paulistano immer noch zahlreiche Befürworter des Amateurgedankens gab, spaltete sich die Fußballabteilung vom Restverein ab und fusionierte am 27. Januar 1930 mit Palmeiras zu São Paulo da Floresta, woraus Ende 1935 der FC São Paulo hervorging. Um die notwendige Klarheit in die etwas verwirrende Terminologie der Vereinsnamen zu bringen, sei an dieser Stelle gesagt, dass Paulistanos Fusionspartner Palmeiras nichts mit dem heutigen Spitzenverein gleichen Namens zu tun hat, dessen Ursprünge auf das schon öfter erwähnte Palestra Italia zurückgehen.
Doch zurück zu Arthur Friedenreich: Obwohl dieser zu Beginn des Spieljahres 1930 schon 37 Jahre alt war, zählte er immer noch zu den unumstrittenen Führungsspielern von Floresta. Neben ihm waren es vor allem weitere ehemalige Akteure von Paulistano wie Joãozinho, Clodo, Nestor oder Mario Andrada, die in jener Mannschaft den Ton angaben, welche auf Anhieb zu den Titelaspiranten zählte. Während der Kader also in erster Linie auf ehemalige Paulistano-Spieler aufbaute, wurden die Heimspiele im Floresta-Stadion und damit der alten Heimat von Palmeiras ausgetragen. Nur einmal ging der kommende FC São Paulo als Verlierer vom Platz, wobei er sich allein deshalb um den Titel brachte, weil er zehnmal remis spielte. So reichte es vier Zähler hinter Corinthians lediglich zum zweiten Platz. Die Torjägerkanone hatte übrigens Feitiço vom FC Santos erobert, nachdem er für den späteren Pele-Klub stattliche 37-mal getroffen hatte. Aber auch die 26 Torerfolge von Oldie Arthur Friedenreich konnten sich sehen lassen, für die dieser ebenso viele Einsätze benötigt hatte.
Im Spieljahr 1931 erlebte „Fried“ dann den letzten großen Höhepunkt seiner Karriere. Abermals verlor Floresta nur eines von 26 Ligaspielen, was diesmal – in Anbetracht von lediglich fünf Unentschieden – zur Meisterschaft reichte, die in den Statistiken als die erste des FC São Paulo geführt wird. Arthur Friedenreich trickste wie in jungen Jahren und stellte mit 30 Toren nochmals unter Beweis, weshalb man ihm einen goldenen Fuß nachsagte. Seine stärksten Leistungen lieferte er bei den Siegen über Juventus (3:1) und São Bento (4:2) mit jeweils drei Toren ab. Der erfolgreiche Saisonverlauf tröstete den Pele seiner Zeit auch darüber hinweg, dass er nicht zum zehnten Mal die Torjägerliste der Paulistão anführte, da Santos' Feitiço neun Treffer mehr erzielt hatte.
In den kommenden drei Spielzeiten sollte der Titel dann an Palestra Italia gehen, derweil sich Floresta mit der Kronprinzenrolle anfreunden musste. Arthur Friedenreich hingegen litt unter mehreren Verletzungen, so dass er vor allem 1932 und 1933 mit zwei bzw. drei Saisontreffern deutlich hinter den von ihm sonst gezeigten Leistungen zurückblieb. Am dichtesten dran am Titelgewinn war die Mannschaft 1933, als sie am 12. November das Entscheidungsspiel gegen Palestra Italia denkbar knapp mit 0:1 verlor. Der Generationswechsel bei Floresta ließ sich inzwischen nicht mehr leugnen. Zum Torschützenkönig mit 21 Saisontreffern war Friedenreichs Mitspieler Waldemar de Brito avanciert, der fast 21 Jahre jünger war als er. Die Konkurrenz innerhalb der eigenen Mannschaft spornte „Fried“ in der Saison 1934 dann nochmals an. Der 42-jährige Veteran erzielte in 21 Ligaspielen zwölf Tore und damit nur eines weniger als Torschützenkönig Romeu Pellicciari von Meister Palestra Italia.
Im Laufe des Jahres 1935 sollte die Karriere des ersten brasilianischen Fußballstars ein wenig glanzvolles Ende nehmen, was allerdings nicht an ihm selbst lag, sondern vielmehr daran, dass es bei Floresta drunter und drüber ging. Schon seit einiger Zeit hatte es interne Machtkämpfe gegeben, ehe die von Prunksucht befallenen Klubbosse eine teure Immobilie erwarben, um dort den Vereinssitz aufzuschlagen. Nach dem Kassensturz kamen sie jedoch zu der Erkenntnis (man fühlt sich erinnert an die Staatenlenker der EU), dass die Ausgaben das Budget doch arg strapaziert hatten, weshalb man sich (auch hier fallen einem spontan politische Taschenspielertricks ein) mal eben

Die erste Meistermannschaft des FC São Paulo (damals noch Floresta) aus dem Jahr 1931 hatte in dem damals bereits 38-jährigen Arthur Friedenreich (Siebter von links und großes Bild) seinen Topstar, der 30 Tore zum Erfolg beisteuerte.

einem gut situierten ortsansässigen Ruderverein anschloss, der als Gegenleistung für den „Rettungsplan“ die Fußballabteilung abwickelte. Die 250 zumeist jugendlichen Mitglieder riefen daraufhin am 16. Dezember 1935 den FC São Paulo ins Leben. Arthur Friedenreich bestritt nach Schließung der Fußballabteilung von Floresta zunächst einige Spiele für den FC Santos, um seine Laufbahn nach vier torlosen Einsätzen für Flamengo Rio de Janeiro zu beenden. Der letzte offizielle Karrieretreffer war ihm im Mai 1935 im Trikot des FC Santos geglückt, als er bei der 2:3-Niederlage gegen Gremio Porto Alegre in die Maschen getroffen hatte.

Nach dem Ende seiner Karriere wurde es recht bald still um den Torjäger, der als Spieler die Massen verzaubert hatte. Zunächst arbeitete Friedenreich als Trainer, ohne jedoch größere Erfolge vorweisen zu können. Danach verdingte er sich als Werbevertreter einer Brauerei, wobei er dem Gerstensaft selbst allzu sehr zusprach. Friedenreich wurde alkoholabhängig, was mit einem schleichenden sozialen Abstieg verbunden war. Der Umgang mit falschen Freunden begann mehr und mehr an seiner Gesundheit zu kratzen. Später erkrankte Arthur Friedenreich an Parkinson und verstarb völlig verarmt und vereinsamt am 6. September 1969 in São Paulo.

Arthur Friedenreich (links) zusammen mit Leonidas da Silva, der beim FC São Paulo nach ihm selbst der zweite große Superstar wurde. Nachdem der „schwarze Diamant“ im Trikot von Flamengo Rio de Janeiro den Durchbruch geschafft hatte, wechselte er 1942 an den Rio Tietê, wo er 1950 seine Laufbahn beendete. Seinen größten Auftritt hatte Leonidas an der WM 1938 in Frankreich, wo er mit sieben Treffern Torschützenkönig geworden war.

In Europa ist Arthur Friedenreich längst in Vergessenheit geraten, was vermutlich daran liegt, dass der farbige Stürmer in einer Zeit aktiv gewesen ist, wo das große Spiel noch gar nicht richtig begonnen hatte. So gab es für „Fried“ etwa nie die Gelegenheit, sein Können bei einer Weltmeisterschaft einem breiten Publikum zu demonstrieren. In Brasilien ist man sich der Qualitäten des „Pe de Ouro“ hingegen auch heute noch durchaus bewusst. Ihm zu Ehren wurde in seiner Heimatstadt São Paulo sogar ein Denkmal errichtet, was wiederum beweist, dass der Fußball im Land des fünfmaligen Weltmeisters schon früh nicht nur die schönste Nebensache der Welt war, sondern bis in die Gegenwart hinein den Status einer Religion einnimmt.

► ZAHLEN UND FAKTEN

Vereine:	1909	SC Germania São Paulo
	1910	CA Ypiranga São Paulo
	1911	SC Germania São Paulo
	1912	Mackenzie College São Paulo
	1913-1915	CA Ypiranga São Paulo
	1916	FC Payssandu São Paulo
	1917	CA Ipiranga São Paulo
	1917-1929	CA Paulistano
	1930-1935	FC São Paulo (Floresta)
	1935	FC Santos
	1935	Flamengo Rio de Janeiro

Tore: 372 Staatsmeisterschafts-Spiele (390 Tore)
60 Auswahlspiele São Paulo (72 Tore)
17 A-Länderspiele (8 Tore)
8 inoffizielle Länderspiele (2 Tore)
gesamt 457 Pflichtspiele (472 Tore)*
** nur bekannte Spiele und Tore*

Erfolge: Sieger Copa Campeões 1918, 1920
Staatsmeister São Paulo 1918, 1919, 1921, 1926, 1927, 1929, 1931
Sieger Copa America 1919, 1922

Torschützenkönig Campeonato Paulista 1912, 1914, 1917, 1918, 1919, 1921, 1927, 1928, 1929

In der Nationalmannschaft:
Als Europäer gewinnt man bei Erfolgen der brasilianischen Nationalmannschaft schnell den Eindruck, ein ganzes Land stünde bedingungslos hinter der Seleção; ein Eindruck, der sich bei genauerer Betrachtung allerdings nur bedingt verfestigt. Gewiss ist es die Freude über einen der nicht seltenen Triumphe brasilianischer Mannschaften, die vorhandene Gräben zuzuschütten vermag, welche die Entwicklung des Fußballs im größten südamerikanischen Staat aber gleichwohl von Anfang an kennzeichnen. Wegen der Größe des Landes begann sich der Import aus England zunächst lediglich auf Ebene der Bundesstaaten in seiner organisierten Form zu verbreiten, wobei São Paulo und Rio de Janeiro die Vorreiterrolle einnahmen.

Eine Art inoffizieller Landesmeister wurde zunächst im Torneio Rio-São Paulo ermittelt, an dem lediglich die Titelträger der beiden Bundesstaaten teilnahmen. Erst mit Einführung der Copa Libertadores erkannten die Funktionäre die Notwendigkeit, endlich auch offiziell einen landesweiten Champion auszuspielen, der Brasilien im Pendant des Europacups der Landesmeister vertrat. Vor 1960 wurde Brasilien auf internationaler Ebene lediglich durch die Nationalmannschaft repräsentiert, wobei man es nicht einmal für nötig erachtet hatte, einen richtigen Fußballverband zu gründen. Die 1914 ins Leben gerufene „Confederação Brasileira de Desportos“ (CBD) hatte die einzige Funktion, als FIFA-Mitglied den brasilianischen Fußball nach außen hin zu vertreten, derweil intern die Verbände der einzelnen Bundesstaaten den Ton angaben. Dieser fiel mitunter ziemlich ruppig aus, da man in São Paulo und Rio peinlich genau darüber wachte, im Kampf um die nationale Vormachtstellung nur ja nicht zu kurz zu kommen, was sogar dazu führte, dass bei den frühen Weltmeisterschaften der Alleinvertretungsanspruch eines der beiden Verbände die Zusammensetzung des Kaders der Seleção maßgeblich beeinflusste, wobei man die negativen sportlichen Konsequenzen billigend in Kauf nahm.

Vor Gründung der Nationalelf

Bevor die Nationalmannschaft Brasiliens 1914 ihr erstes Länderspiel bestritt, fanden seit 1906 regelmäßige internationale Vergleiche statt, bei denen sich die Spieler vom Zuckerhut und dem Rio Tietê mit namhaften Teams aus dem Ausland maßen. Den größten Erfolg feierte man im Jahr 1911, als eine Auswahl aus Uruguay mit 3:0 geschlagen werden konnte. Die Urus hatten bereits 1902 eine Nationalmannschaft gegründet, die sich im regelmäßigen Wettstreit (vor allem mit Argentinien) befand und im Jahr zuvor sogar an der damals freilich noch inoffiziellen Premiere der Südamerikameisterschaft teilgenommen hatte.

► EINWURF

Bereits kurze Zeit nach dem Tod Arthur Friedenreichs wurde eine nach ihm benannte Auszeichnung ins Leben gerufen, die zwischen 1969 und 1975 an herausragende brasilianische Fußballer vergeben wurde. Im Jahr 2008 erfolgte eine Wiederbelebung des „Premio Friedenreich", wobei dieser an jenen Spieler vergeben wird, der in sämtlichen Pflichtspielen auf nationaler oder bundesstaatlicher Ebene sowie in den internationalen Vereinswettbewerben Südamerikas die meisten Tore erzielt hat. Prominentester Träger des Friedenreich-Preises war bislang Neymar vom FC Santos, der im Laufe des Jahres 2010 insgesamt 42 Pflichtspieltore erzielt hat und gegenwärtig als größtes Talent im brasilianischen Fußball betrachtet wird.

Arthur Friedenreich war in der Spielzeit 1912 bei Mackenzie der Durchbruch gelungen, als auch er, am 8. September des Jahres, von Trainer Ruben Salles in einem Testspiel der „Combinada" (wie der Vorläufer der Seleção genannt wurde) gegen Argentinien eingesetzt wurde, welches zwar mit einer 3:6-Niederlage endete, bei der der 20-jährige Debütant aus São Paulo nicht zuletzt wegen seines Torerfolges allerdings einen derart starken Eindruck hinterlassen hatte, dass er ein heißer Kandidat für weitere Berufungen blieb. In den nächsten drei Spielen kam er nur deswegen nicht zum Zug, weil die beschriebenen Streitereien zwischen São Paulo und Rio de Janeiro mal wieder eskalierten, weshalb Akteure vom Rio Tietê keine Berücksichtigung fanden.
Erst am 4. Mai 1913 durfte „Fried" wieder sein Können beweisen, als die brasilianische Auswahl gegen ein mit Ausländern besetztes Team antrat und mit 5:1 die Oberhand behielt, wobei sich auch Arthur Friedenreich in die Torschützenliste eingetragen hatte. Das letzte inoffizielle Länderspiel sollte am 25. September 1913 steigen und mit einer 0:1-Niederlage gegen Chile in die Annalen eingehen. Durch die Gründung des CBD am 8. Juni 1914 besaßen die Auftritte der Seleção fortan offiziellen Charakter.

In der Seleção Paulista

Die Rivalität zwischen São Paulo und Rio (sowie den anderen Bundesstaaten, die nach und nach ebenfalls eigene Ligameisterschaften einrichten sollten) hatte zur Folge, dass die Fans sich in besonderen Maße auch für die Auftritte der einzelnen Auswahlmannschaften zu interessieren begannen, die auf sportlichem Wege die Vorherrschaft im brasilianischen Fußball ausfochten, um sich darüber hinaus aber auch mit starken ausländischen Teams zu messen. Für die Seleção Paulista absolvierte Arthur Friedenreich von 1912 bis 1935 insgesamt 60 Spiele, in denen er mit 72 Treffern seine Torgefahr höchst eindrucksvoll unterstrich. Nachdem „Fried" in den ersten Einätzen noch nicht erfolgreich gewesen war, durfte er am 24. Juni 1914 beim 4:2 über eine landesweite Auswahl sein erstes Tor feiern. Stark präsentierte er sich auch am 13. August, als ihm beim 2:1-Sieg über die italienische Spitzenmannschaft US Pro Vercelli ein weiterer Treffer gelang.
Von besonderer Brisanz waren natürlich die Duelle mit der Auswahl von Rio de Janeiro, die nicht selten zu den saisonalen Highlights gehörten. So wie am 13. August 1916, als die Kicker vom Zuckerhut mit 5:0 demontiert wurden und „Fried" drei Tore erzielen konnte. Noch übler sollte es die Rio-Auswahl am 25. Dezember des kommenden Jahres erwischen. Arthur Friedenreich zeigte sich in weihnachtlicher Geberlaune und bescherte beim 9:1-Kantersieg den gegnerischen Torhüter mit fünf Treffern. Die Vormachtstellung im brasilianischen Fußball war an diesem Tag ganz eindeutig auf São Paulo übergegangen. Im Jahr 1918 fand dann über die ganze Saison verteilt eine Serie von sechs Spielen zwischen São Paulo und Rio statt, von denen die Elf vom Rio Tietê vier gewann und zwei verlor. Doch während die Niederlagen mit 1:2 und 2:3 denkbar knapp ausgefallen waren, feierte die Seleção Paulista zwischen August und Oktober mit 5:0, 8:1 und einem nochmaligen 5:0 drei Kantersiege, zu denen ein abermals kaum zu bändigender Arthur Friedenreich insgesamt sieben Tore beigesteuert hatte.
So süß die Siege über den Erzrivalen auch schmeckten, umso bitterer waren die Niederlagen. Etwa jene vom 15. Januar 1928, als man sich nach mehrjähriger Pause am Zuckerhut gegenüberstand und die Gäste aus São Paulo mit einer 0:5-Pleite im Gepäck die Heimreise antreten mussten. Dementsprechend sannen Friedenreich & Co. am 25. März vor heimischem Publikum auf Revanche, die – auch dank eines Viererpacks von „Fried" – mit 9:1 ausgesprochen deutlich ausfiel. Im Laufe des Jahres 1929 stand dann wieder eine Fünferserie auf der Agenda, bei der die Seleção Paulista mit drei Siegen und zwei Niederlagen die Oberhand behielt. Beim 4:1 am 3. Mai waren Arthur Friedenreich drei Tore gelungen. Auch bei seinem letzten Einsatz in der bundesstaatlichen Auswahl kam der Gegner aus Rio de Janeiro. Rund ein Vierteljahr vor seinem 43. Geburtstag gelang am 14. April 1935 ein 3:2-Sieg, bei dem Friedenreich allerdings ein Torerfolg versagt geblieben war.

Legendäre Heldentat vom 29. Mai 1919

Der brasilianischen Nationalmannschaft gehörte Arthur Friedenreich bis zum Jahr 1930 an. Dass er in diesem langen Zeitraum lediglich auf 17 Einsätze kam, hatte vor allem zwei Gründe: Als Mischling war er aus Sicht des Verbandes quasi ein Grenzfall, der zwar nicht als Schwarzer galt, weshalb er auch vor 1918 – bis dahin durften in der Seleção grundsätzlich keine dunkelhäutigen Spieler eingesetzt werden – für Brasilien auflaufen durfte. Seine Hautfarbe wurde ihm aber etwa im Jahr 1921 zum Verhängnis, als die Nationalelf an der Südamerikameisterschaft in Argentinien teilnahm und Staatspräsident Pessoa ausdrücklich die Nominierung Friedenreichs untersagte, aus Angst, der internationale Ruf Brasiliens als fortschrittliches Land könne Schaden nehmen. Ein weiteres Problem stellte indes auch der Streit um die interne Vormachtstellung zwischen São Paulo und Rio de Janeiro dar, welcher „Fried" nicht zuletzt um die Teilnahme an den ersten Welttitelkämpfen in Uruguay brachte.
Gleichwohl gehörte Arthur Friedenreich jener Elf an, die am 21. Juli 1914 in Rio de Janeiro (!) ihren ersten Länder-

kampf bestritt. Kurioserweise ging es dabei nicht gegen eine andere Nationalmannschaft, sondern den englischen Drittligisten Exeter City, der mit 2:0 in die Schranken gewiesen werden konnte. Offiziell wurde es dann am 20. September, als sich die Brasilianer auf die Reise nach Buenos Aires zur Premiere des „Superclasico" machten, der diese Bezeichnung genaugenommen allerdings noch nicht verdiente, da die Argentinier bereits über eine zwölfjährige Länderspielpraxis verfügten, welche ihnen einen ungefährdeten 3:0-Erfolg bescherte.

Beim Campeonato Sudamericano 1919 gewann Brasilien im eigenen Land seinen ersten großen Titel. Die Elf des Kontinentalmeisters posiert mit Bianco, Fortes, Millon, Sergio, Marcos, Amilcar, Pindaro, Neco, Heitor, Arnaldo und Arthur Friedenreich (von links nach rechts).

Auch beim offiziellen Startschuss der Südamerikameisterschaft (damals noch Campeonato Sudamericano) war „Fried" mit von der Partie. Im Juli 1916 wurde in Buenos Aires ein Viererturnier ausgetragen, an dem neben Brasilien, Argentinien und Uruguay noch Chile teilnahm, gegen dessen Elf es zum Auftakt nur zu einem 1:1 reichte. Ebenfalls 1:1 trennte man sich von Argentinien, so dass vor dem letzten Auftritt gegen Uruguay am 12. Juli die Chancen auf den Titelgewinn nur noch theoretischer Natur waren. Vor 15.000 Zuschauern erwischte die ohne einen Trainer angereiste Seleção allerdings einen glänzenden Start und ging schon in der 8. Minute durch den zweiten Länderspieltreffer Arthur Friedenreichs in Führung. Auch weil der brasilianische Verteidiger Orlando verletzt ausscheiden musste, wurden die Urus nach dem Seitenwechsel aber immer dominanter und behielten schließlich mit 2:1 die Oberhand, so dass sich Brasilien im Abschlussklassement mit dem dritten Platz begnügen musste.
Drei Jahre später wurde die Südamerikameisterschaft dann in Brasilien ausgetragen, wobei das Teilnehmerfeld jenem von 1916 entsprach. Gespielt wurde im Estadio Laranjeiras von Rio de Janeiro, der Heimat von Fluminense. Die Auftritte zwischen dem 11. und 29. Mai sollten für Arthur Friedenreich zum Höhepunkt seiner Länderspielkarriere werden. Schon beim 6:0-Auftaktsieg über Chile war er mit drei Treffern der überragende Akteur. Es folgte ein 3:1-Erfolg über Argentinien, bei dem Amilcar, Millon und Heitor die brasilianischen Treffer erzielten, ehe der Turniersieg am 25. Mai ins Wanken geriet, als die Gastgeber gegen Uruguay nach 17 Minuten schon mit 0:2 zurücklagen. Dann aber schlug die große Stunde von Friedenreichs Sturmpartner Neco, der mit seinen beiden Toren Brasilien noch ein 2:2-Unentschieden sowie ein Entscheidungsspiel gegen die punktgleichen Urus rettete.

Dieses fand vier Tage später vor der Rekordkulisse von 26.000 Zuschauern statt, wobei sich die Mannschaften ein zähes Ringen lieferten, das erst in der 137. Minute – die Verlängerung betrug damals viermal 15 Minuten – entschieden wurde, als Friedenreich seinem Beinamen „Pe de Ouro" alle Ehre machte und mit dem Tor des Tages Brasilien den viel umjubelten Turniersieg bescherte.
Zwei Jahre später waren die Jubelarien aber verklungen, als Brasiliens Staatspräsident Epitacio Pessoa das eingangs erwähnte Veto gegen die Nominierung Friedenreichs einlegte. Da die Seleção in Buenos Aires nur ein einziges Spiel gewann, besann man sich bald eines Besseren und hob die Sperre gegen dunkelhäutige Akteure vor der nächsten Auflage des Campeonato Sudamericano 1922 wieder auf, so dass „Fried" beim zweiten Titelgewinn der Seleção wieder mit von der Partie war, wenngleich er beim Turnier in Rio nur in zwei von fünf Spielen eingesetzt wurde, in denen ihm kein Torerfolg gelang.
Die restlichen Jahre seiner Länderspielkarriere waren geprägt vom Verbandszwist zwischen São Paulo und Rio, den die Vertreter vom Zuckerhut in der Regel für sich entschieden. Besonders bitter war dies vor der WM-Premiere 1930 in Uruguay, als mit Ausnahme von Araken Patusca nur Akteure aus Rio nominiert wurden, so dass der 38-jährige Friedenreich um den Höhepunkt seiner Laufbahn gebracht worden war. Da die Seleção jedoch enttäuschte und schon nach der Vorrunde ausgeschieden war, wurde „Fried" am 1. August 1930 beim ersten Auftritt nach der WM in Rio gegen Frankreich (3:2) sogar als Kapitän eingesetzt, was zumindest einen würdigen Abschluss unter seine mehr als 16-jährige Länderspielkarriere bedeutete.

Saison	**Lsp.**		**Liga**		**Sel. Paulista**	
	Sp.	T.	Sp.	T.	Sp.	T.
1909			?	?		
1910			?	?		
1911			8	4		
1912			7	12	1	0
1913			7	5	1	0
1914	2	1	9	12	5	3
1915			11	7	2	2
1916	4	1	5	4	2	3
1917	1	1	10	15	4	8
1918	1	0	18	25	7	14
1919	4	4	16	26	1	2
1920			15	32	1	3
1921			15	33		
1922	2	0	20	20	5	9
1923			17	17	3	2
1924			22	23		
1925	4	2	11	4	2	3
1926			14	12	3	1
1927			15	17		
1928			23	29	2	4
1929			22	16	7	6
1930	1	1	26	26	3	3
1931			25	30	9	9
1932			8	2		
1933			13	3		
1934			21	12		
1935			14	4	2	0

Hughie Gallacher
Der Alkohol wurde sein größter Gegner

Hugh Kilpatrick „Hughie“ Gallacher wurde am 2. Februar 1903 in Bellshill, einer heute 20.700 Einwohner zählenden Kleinstadt in North Lanarkshire, geboren. Obwohl Bellshill nur zehn Meilen südöstlich von Glasgow und 37 Meilen westlich der Hauptstadt Edinburgh entfernt liegt, sollte einer der besten schottischen Stürmer aller Zeiten nie für einen der großen Klubs des Landes aktiv sein. Die ersten Schritte mit dem runden Leder unternahm Gallacher in den Straßen seiner Heimatstadt, wo er mit dem Ball am Fuß bald schneller war als die meisten seiner Gegenspieler ohne. Erst im Alter von 15 Jahren schloss sich der wendige, nur 1,65 Meter große Dribbelkünstler einem organisierten Verein an. Mit der Jugendmannschaft von Hattonrigg Pit kickte er ein Jahr in der Lanarkshire Junior League, bevor er kurz nach Ende des Ersten Weltkriegs zum Rivalen Hattonrigg Thistle wechselte. Zu seinen Jugendfreunden zählte der zwei Jahre ältere Alex James, der in Mossend, der Schwesterstadt von Bellshill, das Licht der Welt erblickt hatte und sich ab 1925 als Spieler von Preston North End und Arsenal London einen Namen machen sollte.

Für Hughie Gallacher *(Bild oben)* bot der Fußball dagegen zunächst vor allem eine willkommene Abwechslung von seinem anstrengenden Beruf als Bergmann, den er bereits im Alter von 17 Jahren ergriffen hatte, um seinen Lebensunterhalt zu bestreiten. Etwa zur gleichen Zeit lernte er auch seine erste Ehefrau Annie McIlvaney kennen, mit der er zwei gemeinsame Kinder hatte: Sohn Hughie sowie Tochter Catherine, die jedoch noch vor ihrem ersten Geburtstag starb. Der Verbindung mit Annie McIlvaney war jedoch nur wenig Glück beschieden, da die Ehe nach kurzer Zeit gescheitert war.

Ohnehin hatte Hughie auf dem Fußballplatz zumeist mehr Fortune als im Privatleben. Mit seinem Wechsel zu Bellshill Athletic im Jahr 1919 sollte die Karriere des damals 16-Jährigen einen weiteren Schub erhalten. Das Nachwuchsteam von Athletic war zum Auswärtsspiel beim FC St. Mirren gereist, wobei die Verantwortlichen kurz vor dem Anpfiff in Paisley bestürzt feststellen mussten, dass lediglich zehn Akteure zur Verfügung standen. Glücklicherweise war Hughie Gallacher als Zuschauer mitgefahren, den man kurzerhand von der Tribüne auf den Platz beorderte, wo er nicht nur den 1:1-Ausgleichstreffer erzielte, sondern auch ansonsten derart überzeugte, dass man ihn bat, dem Verein beizutreten.

Bei der „Königin des Südens“

Seinen starken Leistungen in Bellshill hatte es Gallacher zu verdanken, dass er im Dezember 1920 erstmals in die schottische Jugendauswahl berufen wurde. Im nahe gelegenen Rutherglen traf diese auf die Vertretung Irlands, die bei Anbruch der Schlussminuten knapp mit 1:0 in Führung lag. Zwei Minuten vor dem Abpfiff gelang Hughie jedoch mit einem Kopfball der Ausgleichstreffer, was nicht nur die schottischen Fans im Shawfield Stadium beeindruckte, sondern auch – und vor allem – James Jolly, seines Zeichens Sekretär des gerade erst gegründeten FC Queen of the South. Der Verein aus dem im Süden Schottlands gelegenen Dumfries verdankt seinen wohlklingenden Namen dem Poeten David Dunbar, der die Stadt wegen ihrer idyllischen Lage am Solway Firth als „Königin des Südens“ bezeichnete. Der rührige James Jolly bot dem Torschützen der Bravehearts ein Monatsgehalt von fünf Pfund plus Spesen sowie ein Handgeld von 30 Pfund, was Gallacher schließlich überzeugte, North Lanarkshire den Rücken zu kehren.

Obwohl Gallacher für seine Ballkünste erstmals entlohnt wurde, war er offiziell noch kein Profi, da der FC Queen of the South damals lediglich auf Amateurbasis kickte. Freilich erwies sich die Neuverpflichtung für „QoS“ als echter Glücksgriff: Bei seinem Debüt am 29. Januar 1921 gegen die St. Cuthbert Wanderers steuerte er gleich vier Treffer zum 7:0-Erfolg bei, was die Lokalpresse in Euphorie versetzte: „Als junger Spieler verkörpert Gallacher genau das, was einen perfekten Mittelstürmer ausmacht. Neben einer perfekten Ballbeherrschung verfügt er über einen geradezu tödlichen Schuss.“ Außerdem wurde im „Herald and Courier“ seine 100-prozentige Chancenauswertung hervorgehoben, für die Hughie Gallacher auch später bekannt war. Experten bescheinigten dem Dribbelkünstler, dass er in der Lage sei, aus vier Chancen fünf Tore zu machen. Auch sonst hatte er praktisch keine Schwächen, da er über ein ausgezeichnetes Kopfballspiel verfügte und darüber hinaus auch seine Teamgefährten immer wieder gekonnt in Szene setzte.

Seinen nächsten Auftritt im Dress der Doonhammers hatte er in der zweiten Runde des SFA-Cups, wo es gegen die Nithsdale Wanderers eine 1:3-Niederlage setzte. Besser als im nationalen Pokalwettbewerb lief es im regionalen Southern Country Charity Cup, bei dem sich der Amateurverein dank eines 1:0-Finalsieges an den Nithsdale Wanderers für das Pokal-Aus revanchierte. Hughie Gallacher, der in neun Einsätzen für QoS stolze 19-mal ins Schwarze getroffen hatte, war es dabei vorbehalten geblieben, den einzigen Treffer des Tages zu erzielen.

Einen weiteren starken Auftritt lieferte er gegen den FC Dumbarton ab, als er „mit seinen Schüssen wie aus einer Rakete“ („Herald and Courier“) kein Erbarmen kannte und beim 5:2-Sieg alle fünf Tore erzielte. Aber auch die Teams von Glasgow Railway und des Queen's Park FC hatten gegen den neuen Stern am schottischen Fußballhimmel nichts zu lachen, da sie nach zwei Viererpacks von Gallacher jeweils als klare Verlierer den Platz verließen. Lediglich gegen die Reserve des FC Airdrieonians setzte es im Frühjahr 1921 eine 1:3-Niederlage. Dennoch hatte Hughie auch hier einen starken Eindruck hinterlassen, was vor allem an seinem Ehrentreffer der Marke „Tor des Jahres" lag. Mit dem Rücken zum Tor stehend schraubte er sich nach einer Flanke in die Höhe und setzte das Leder per Fallrückzieher in die gegnerischen Maschen.

Wenige Tage nach seinem Galaauftritt erkrankte Gallacher allerdings an einer Lungenentzündung. Die behandelnden Ärzte stellten bereits die Prognose, der junge Mann würde nie mehr Fußballspielen können. Damit jedoch hatten sie die Rechnung ohne den Wirt – sprich Hughie Gallacher – gemacht, der sich erstaunlich schnell erholte, so dass der Fortsetzung seiner Karriere nichts im Wege stand. Im Nachhinein hatte sich die Erkrankung sogar als echter Glücksfall erwiesen. Denn noch während Gallacher in Dumfries das Krankenbett hütete, wurde er von Vereinsvertretern der Airdrieonians besucht, die Augenzeugen seines starken Auftritts gegen die Diamonds gewesen waren. Kurzerhand boten sie Gallacher einen Profivertrag an, den dieser ohne langes Zögern unterschrieb. Obwohl der torgefährliche Angreifer damit nur wenige Monate für den FC Queen of the South gespielt hatte, sollte er mit dem Verein aus Dumfries stets eng verbunden bleiben. So wurde er etwa kurz vor seinem Wechsel von Newcastle zum FC Chelsea im Palmerston Park gesichtet, als die Doonhammers durch ein 2:1 über Mid-Annandale erneut den Sieg im Southern Country Charity Cup davontrugen. Und auch am 28. September 1950 war die gesamte Region elektrisiert, als elf Jahre nach Hughie Gallachers offiziellem Karriereende eine von ihm zusammengestellte Prominentenauswahl in Dumfries gegen eine verstärkte Mannschaft von QoS zu einem Benefizspiel zugunsten des „Hospital Patients' Fund" antrat.

Durchbruch bei den Airdrieonians

Obwohl Gallachers Herz weiterhin an der „Königin des Südens" hing, sollte sich sein Wechsel zu den Aidrieonians rein sportlich betrachtet natürlich auszahlen. Zwischen 1921 und 1925 bestritt der Torjäger für die Diamonds 113 Ligaspiele und hatte mit 90 Toren maßgeblichen Anteil daran, dass der kleine Provinzklub in die Phalanx der Old-Firm-Teams eindringen konnte.

Unmittelbar nach Gallachers Rückkehr nach North Lanarkshire war die Mannschaft indes noch weit von einem echten Spitzenteam entfernt. Am Ende der Saison 1921/22 überquerten die Airdrieonians die Ziellinie auf dem 16. Tabellenplatz, wobei sie den besten Absteiger um fünf Zähler auf Distanz gehalten hatten. Auch der 18-jährige Neuzugang hatte nach seinem torlosen Debüt in der Scottish League am 19. September 1921 beim 2:0 über die Raith Rovers aus Kirkcaldy nur sporadisch zu überzeugen vermocht und in elf Ligaeinsätzen siebenmal ins Schwarze getroffen. Nachdem er am 19. November bei der 2:3-Pleite gegen den FC Clydebank im heimischen Bloomfield Park seinen ersten Treffer für die Diamonds erzielt hatte, präsentierte er sich am 14. Januar 1922 erstmals in Topform, als ihm beim 4:1-Erfolg über den FC St. Mirren vor eigenem Publikum der erste Hattrick seiner Profilaufbahn gelang.

In der Saison 1922/23 sollten sich die Airdrieonians jedoch als echtes Spitzenteam präsentieren. Für diese brach die erfolgreichste Zeit ihrer wechselvollen Geschichte an, was in vier Vizemeisterschaften zwischen 1923 und 1926 zum Ausdruck kam. Während die Diamonds trotz ihres neuen Topstars in der Liga in den Rangers oder Celtic stets ihren Meister fanden, konnten sie mit dem Sieg im SFA-Cup 1924 den bis heute größten Erfolg der Klubhistorie verbuchen. Darüber hinaus feierten sie dreimal den Gewinn des regionalen Lanarkshire Cup (1922, 1923 und 1925), wobei die Zahl der Gallacher-Treffer in diesem Wettbewerb leider im Dunkeln bleibt.

Fünf Zähler hinter den Rangers, aber vier Punkte vor Celtic konnten die Diamonds 1922/23 ihre erste Vizemeisterschaft einfahren, zu der Mittelstürmer Gallacher neun Torerfolge in 19 Einsätzen beigetragen hatte. Sein großer Durchbruch sollte ihm dann im kommenden Spieljahr gelingen. Zwar war der Rückstand auf Titelverteidiger Glasgow Rangers auf neun Punkte deutlich angewachsen. Dafür hatte Hughie in 34 Ligaspielen 33-mal ins Schwarze getroffen, womit der 20-Jährige aus dem Team nicht mehr wegzudenken war. Seinen wohl besten Tag hatte Gallacher beim 6:1 über den FC Clyde, als ihm gleich fünf Treffer gelangen. Dennoch reichte es nicht zum Gewinn der Torjägerkanone, da David Halliday vom FC Dundee noch fünf Saisontreffer mehr auf dem Konto hatte.

Den Erfolg dürfte Gallacher dem Konkurrenten freilich gegönnt haben, da er mit den Diamonds im SFA-Cup den großen Coup landen sollte. Durch einen hart erkämpften 2:1-Sieg im Halbfinale über Falkirk FC zogen diese in das Endspiel ein, wo sie es am 19. April 1924 im Glasgower Ibrox Park mit Hibernian Edinburgh zu tun bekamen. Vor 59.218 Zuschauern krönten die Schützlinge von Manager William Orr ihre hervorragende Saison, indem sie die Hibs mit 2:0 in die Knie zwangen. Mann des Tages war Willie Russell. Der rechte Innenstürmer hatte in der 4. und 37. Minute beide Treffer für die Airdrieonians markiert.

Mit dem Gewinn des SFA-Cups feierten die Airdrieonians am 19. April 1924 den größten Erfolg ihrer Geschichte. Auf dem Foto präsentieren die Schützlinge von Manager Orr stolz die durch ihren 2:0-Finalerfolg über Hibernian Edinburgh gewonnene Trophäe. In der vorderen Reihe als Vierter von links posiert Hugh Kilpatrick Gallacher.

Die Erfolgsgeschichte der Mannschaft als größter Herausforderer der Old Firm erfuhr auch in der Spielzeit 1924/25 ihre Fortsetzung. Dies lag nicht zuletzt an der enormen Heimstärke, die es den Airdrieonians ermöglichte, bis zum Dezember 1925 mehr als drei Jahre im Bloomfield Park ungeschlagen zu bleiben. Mit 85 Treffern stellte das Team diesmal sogar den besten Angriff der Liga, so dass die Meisterschaft lange im Bereich des Möglichen lag. Erst in der Endphase setzte sich die größere Routine der Glasgow Rangers durch, die im Abschlussklassement mit einem Drei-Punkte-Vorsprung ihren Titel verteidigten. Bester

Goalgetter der Diamonds war abermals Hughie Gallacher, der in seinen 32 Ligaeinsätzen ebenso viele Torerfolge bejubeln durfte. Da William Devlin vom FC Cowdenbeath jedoch 33 Treffer erzielt hatte, war es abermals nichts mit dem Gewinn der Torjägerkanone geworden.

► EINWURF
So sehr Hughie Gallacher im Laufe seiner Karriere auch mit zahlreichen Torerfolgen glänzte, war es eine andere – deutliche negativere – Eigenschaft, für die der Schotte berühmt (und berüchtigt) war. Immer wieder sollte er nämlich durch üble Revanchefouls in die Schlagzeilen geraten, weshalb er von den Schiedsrichtern mehrfach (wie oft genau ließ sich leider nicht eruieren) des Feldes verwiesen wurde. Das ruppige Auftreten des Heißsporns hatte indes einen triftigen Grund. Der kleine Dribbelkünstler wurde wegen seiner Spielkunst von den Gegenspielern des Öfteren hart attackiert, so dass seine Spielweise in gewisser Hinsicht auch „Notwehr" war.

Als herausragender Akteur im Trikot der Diamonds sollte Gallacher in immer stärkerem Maße das Interesse mehrerer englischer Klubs wecken. Zu Beginn der Saison 1925/26 schien Hughie nicht mehr zu halten, weshalb die Fans der Airdrieonians zu drastischen Mitteln griffen und drohten, den Bloomfield Park in Flammen aufgehen zu lassen, falls der Publikumsliebling den Klub verlassen sollte. So weit freilich kam es glücklicherweise nicht, als Hughie Gallacher am 5. Dezember 1925 dann tatsächlich letztmals das Dress der Diamonds überstreifte. Dennoch passte die 1:2-Heimniederlage gegen Greenock Morton ins Stimmungsbild, da die Airdrieonians ausgerechnet beim Abschied ihres Sturmführers erstmals seit über drei Jahren wieder ein Heimspiel verloren. Während Gallacher in 18 Ligaspielen seine letzten neun Treffer in der Scottish League erzielt hatte, konnten sich die Diamonds auch ohne ihn noch einmal die Vizemeisterschaft sichern. Seither aber wartet man in North Lanarkshire vergeblich auf ein ähnlich gutes Abschneiden wie zu Zeiten Hughie Gallachers, der seine Karriere wie angedeutet in England fortsetzte.

Erfolgreiche Jahre an der Tyneside

Frank Watt, der bei Newcastle United schon seit 1895 als Manager engagiert war, hatte im Herbst 1925 ein Riesenproblem. Mit Neil Harris war der langjährige Mittelstürmer zu Notts County abgewandert, mit dem die Magpies sich 1924 durch einen 2:0-Erfolg über Aston Villa den FA-Cup gesichert hatten. Die Personalnöte lieferten die Erklärung, weshalb der Verein aus dem Nordosten Englands nicht locker ließ und Gallacher trotz anhaltender Fanproteste den Airdrieonians abspenstig machte. Nur drei Tage nach dessen letztem Auftritt im Bloomfield Park unterzeichnete der Goalgetter an der Tyneside einen neuen Kontrakt, der ihn angesichts der Ablösesumme von 6.500 £ zum bis dahin teuersten Spieler der Vereinsgeschichte machte. Bei den Magpies sollte Gallacher die erfolgreichste Zeit seiner Karriere verbringen. Nicht nur, dass er mit 143 Pflichtspieltreffern die Führung in der ewigen Torschützenliste des Traditionsklubs übernahm. Vor allem konnte er die Saison 1926/27 mit dem Gewinn des Meistertitels krönen und mithin den Gipfel seiner Laufbahn erklimmen.

Nur vier Tage nach der Vertragsunterzeichnung feierte Gallacher einen Einstand nach Maß. Zwar erreichten die Magpies vor heimischer Kulisse im St. James' Park gegen den FC Everton (mit Dixie Dean) nur ein 3:3. Ihr Neuzugang hatte die Zuschauer als zweifacher Torschütze allerdings auf Anhieb überzeugt. Auch in den kommenden Wochen gelang es ihm, seinen Vorgänger Neil Harris vergessen zu machen, da er nach neun Einsätzen bereits stolze 15 Tore auf dem Konto hatte. Am Ende der Saison, die United als Tabellenzehnter abschloss, waren es 23, mit denen Hughie – wie immer in seinen fünf Spielzeiten an der Tyneside – die teaminterne Torschützenliste anführte.

Hitzkopf und Kapitän

Dabei wurde Gallacher das Toreschießen alles andere als leicht gemacht. Die meisten Abwehrspieler konnten das Kraftpaket aus Schottland oft nur mit unfairen Mitteln am Torschuss hindern, wobei die raue Gangart von den gegnerischen Trainern angeordnet wurde. Ein Mitspieler berichtete davon, wie er oft in der Kabine saß, die Socken und Fußballstiefel in Blut getränkt, mit Schürfwunden und Kratzern an den Beinen. Wenn also heute immer wieder behauptet wird, die Stürmer der Gegenwart hätten es schwerer, um zum Torerfolg zu gelangen, so stimmt dies nur bedingt. Mögen sie auch enger gedeckt werden. Im Gegensatz zu heute, wo jede leise Attacke eines Abwehrspielers abgepfiffen und geahndet wird, sahen sich Hughie Gallacher & Co. einer deutlicher härteren Gangart ausgesetzt. Und was heute mitunter zum Platzverweis führt, galt in früheren Zeiten – in England zumal! – als „gesunde Härte".

Verständlich, dass sich Gallacher angesichts der „liebevollen" Sonderbewachung zur Wehr setzte, wobei er nicht selten übers Ziel hinausschoss. So war der muskulöse Stürmer in England recht bald als Hitzkopf verschrien, weshalb er für seine Trainer auch immer ein wenig als Disziplinrisiko galt. Allein Frank Watt scherte sich nur wenig um die Unbeherrschtheiten des Schotten und machte diesen vor Beginn der Saison 1926/27 zum neuen Kapitän. Als diese angepfiffen wurde, wurde die Elf von Huddersfield Town als großer Titelfavorit gehandelt, die sich in den Jahren zuvor als erste überhaupt den Meisterschaftshattrick gesichert hatte. Diesmal freilich sollten die Terriers erstmals wieder gezähmt werden, nachdem Newcastle United in der Endabrechnung fünf Zähler mehr auf dem Konto hatte und den Titelverteidiger auf den zweiten Platz verwies. Die vierte Meisterschaft sollte die bis zum heutigen Tag letzte für den Klub aus der Grafschaft North-Cumberland bleiben. Überragender Akteur des neuen Champions war Hughie Gallacher, auf dessen Konto 36 der 96 United-Tore gingen. Der wichtigste war ihm zweifelsohne am 19. März 1927 gelungen, als der AFC Sunderland als aktueller Tabellenführer im St. James' Park aufkreuzte und dank eines 1:0-Sieges der Gastgeber vor der Rekordkulisse von 67.211 Zuschauern von der Spitze geschossen wurde.

► EINWURF
Nachdem Hughie Gallacher mit 143 Pflichtspieltoren in 174 Einsätzen bei seinem Wechsel zu Chelsea im Sommer 1930 die vereinsinterne Torschützenliste der Magpies anführte, rangiert er heute auf dem vierten Platz und wird lediglich von Alan Shearer (206 Tore / 404 Spiele), Jackie Milburn (205 / 353) und Len White (153 / 269) übertroffen. Einen Rekord hält er freilich immer noch: Seine 36 Torerfolge aus dem Meisterjahr 1926/27 wurden bisher von keinem United-Spieler erreicht. Dass er damals dennoch nicht die Torjägerliste der First Division anführte, lag an Jimmy Trotter von Sheffield Wednesday, der noch einmal öfter ins Schwarze getroffen hatte.

In der Saison 1927/28 waren die Magpies als Neunte meilenweit von einer erfolgreichen Titelverteidigung entfernt, was auch an Hugh Kilpatrick Gallacher lag, der in 32 Ligaeinsätzen nur noch 21 Tore erzielt hatte. Auch in der Spielzeit 1928/29 brachte es der Schotte in 33 Spielen lediglich auf weitere 24 Tore. Wenigstens war United frei von allen Sorgen als Zehnter über die Ziellinie getrudelt. Davon konnte im nächsten Jahr dann allerdings nicht mehr die Rede sein: In einem äußerst packenden Abstiegskampf mussten die Magpies bis zum letzten Spieltag kämpfen, ehe sie mit 37:47 Punkten als Viertletzte haarscharf am Abstieg vorbeigeschrammt waren. Den Ligaverbleib verdankte man in erster Linie Hughie Gallacher, der in seinen 38 Einsätzen nochmals 29 Tore auf sein Konto gebracht hatte.

Bereits in seinem zweiten Jahr im Trikot von Newcastle United sollte Hughie Gallacher seine Kameraden als Kapitän aufs Spielfeld führen. Am 2. Oktober 1926 erkämpften die Magpies als kommender Englischer Meister in Highbury ein 2:2 gegen Arsenal, bei dem Rechtsverbinder Clark und Linksaußen Seymour die Gästetreffer erzielten. Das Rückspiel im St. James' Park im April 1927 endete mit einem klaren 6:1 des angehenden Champions, zu dem Hughie Gallacher drei Tore beitragen sollte.

Etwas besser als in der Liga lief es im FA-Cup, wo Newcastle United in der Saison 1929/30 immerhin das Viertelfinale erreichte, um dort erst im Wiederholungsspiel an Hull City mit 0:1 zu scheitern. Zuvor hatte Hughie Gallacher in vier Einsätzen fünf Tore erzielt. Nachdem er in der dritten Runde gegen York City (1:1 und 2:1) bereits zweimal erfolgreich gewesen war, erwischte er im Achtelfinale gegen Brighton & Hove Albion seinen besten Tag, als beim 3:0 sämtliche Treffer gegen den Drittligisten auf sein Konto gegangen waren. Als Folge der rasanten Talfahrt in der Liga war der Toptorjäger dennoch nicht mehr zu halten und zog es vor, seine Karriere stattdessen in London beim FC Chelsea fortzusetzen.

► EINWURF

Kurz nach seinem Wechsel zu den Magpies hatte sich Hughie Gallacher in Hannah Anderson, die Tochter des Pächters seiner Lieblingskneipe, verliebt. Da diese erst 17 Jahre alt war, wurde die Verbindung mit dem schon damals als „Bad Boy" verschrienen Fußballer aber nicht wirklich gern gesehen. Zudem war Gallacher auf dem Papier immer noch mit seiner Jugendliebe Annie McIlvaney liiert, was seinen Ruf als Enfant terrible weiter befeuerte. Die Scheidung zog sich bis 1934, so dass der Schotte erst am Ende seiner Londoner Zeit wieder heiraten konnte. Aus der Ehe gingen drei Söhne hervor.

Wechsel an die Stamford Bridge

Nach mehreren vergeblichen Anläufen stand der FC Chelsea im Frühjahr 1930 endlich als Wiederaufsteiger in die höchste Spielklasse des englischen Fußballs fest. Um sich dort dauerhaft behaupten zu können, verfiel Manager David Calderhead in einen regelrechten Kaufrausch und lotste zahlreiche teuere Neuverpflichtungen an die Themse, mit denen er das angestaubte Image der „Pensioners" ein wenig aufpeppen wollte. Seit Gründertagen galt Chelsea, das noch immer auf einen großen Titel wartete, als eher langweilig, so dass der Wechsel von Hughie Gallacher zumindest aus rein sportlicher Sicht überraschend kam und somit wohl am ehesten mit den verbesserten Bezügen erklärt werden kann, die der Schotte in London erhalten sollte. Auch Newcastle durfte sich freuen, da der Verein für seinen Toptorjäger die stolze Ablöse von 25.000 £ erhielt. Gallacher war indes nicht der einzige Prominente, den die Londoner unter Vertrag nahmen. Mit Alex Jackson und Alec Cheyne hatte sich der Verein die Dienste zweier weiterer schottischer Akteure gesichert, die ebenso wie Gallacher zu den legendären „Wembley Wizards" zählten, die am 31. März 1928 England in Wembley mit 5:1 gedemütigt hatten. Dennoch war es allein Mittelstürmer Gallacher, der die in ihn gesetzten Erwartungen weitestgehend erfüllen konnte. In 132 Ligaeinsätzen erzielte er 72 Tore und avancierte damit viermal in Folge zum besten Torjäger der Blues, bei denen er freilich auch weiterhin durch Undiszipliniertheiten von sich reden machte. Gleich mehrfach wurde er deshalb vereinsintern sanktioniert und mit längeren Sperren aus dem Verkehr gezogen.

Die erste Saison nach ihrem Wiederaufstieg schlossen die Pensioners auf dem zwölften Rang ab, womit der Klassenerhalt weitestgehend problemlos gelungen war. Obwohl Hughie Gallacher nicht wirklich enttäuscht hatte, war er mit 14 Toren in 30 Einsätzen dennoch deutlich hinter seinen Leistungen im Dress der Magpies zurückgeblieben. In der Spielzeit 1931/32 vermochte er seine Trefferquote dann auf 24 (in 36 Spielen) deutlich zu erhöhen, derweil sein Team mit 40:44 Punkten auf Platz zwölf stagnierte. Stärker als in der Meisterschaft präsentierte sich Chelsea im Pokal, wo erst in der Vorschlussrunde Endstation war. Zum Auftakt gegen den Drittligisten Tranmere Rovers hatte Gallacher seine Farben vor einer drohenden Blamage bewahrt, nachdem seine beiden Tore zunächst ein 2:2-Unentschieden retteten, bevor er sich auch beim 5:3 im Wiederholungsspiel in die Torjägerliste eintrug. Danach war der Schotte auch gegen West Ham United (3:1) sowie den FC Liverpool (2:0) erfolgreich, so dass es in der Vorschlussrunde zum Duell mit seinem ehemaligen Arbeitgeber Newcastle United kommen konnte. Auf neutralem Platz in Huddersfield lagen die Magpies bereits mit 2:0 in Führung, als Gallacher mit seinem sechsten Treffer im laufenden Wettbewerb das Anschlusstor gelang. Aber obwohl die Londoner in der zweiten Halbzeit praktisch permanent die gegnerische Hälfte belagerten, wollte ihnen der ersehnte Ausgleichstreffer nicht gelingen.

Tore und Skandale

In den kommenden beiden Jahren schwebte über der Stamford Bridge wieder das Abstiegsgespenst, wobei der Klassenerhalt jeweils erst am letzten Spieltag unter Dach und Fach gebracht werden konnte. Hughie Gallacher hatte nach 19 Treffern in der Saison 1932/33 vor allem im Jahr darauf erheblich mit seiner Form zu kämpfen und kam nur noch zu 23 Ligaeinsätzen, in denen er 13-mal in Schwarze traf, was die schlechteste Saisonbilanz seit elf Jahren bedeutete. Diese war nicht zuletzt auf die privaten Probleme zurückzuführen, die die Skandalnudel des britischen Fußballs immer wieder einholten. Die sich über Jahre hinziehende Scheidung von seiner ersten Ehefrau Annie McIlvaney hatte Gallacher in erhebliche finanzielle Nöte gebracht, so dass er schließlich vor dem Konkursgericht landete. Zu Beginn der Saison 1934/35 hatten die Chelsea-Bosse dann genug von den ständigen Negativschlagzeilen um ihren Mittelstürmer und gaben diesen für eine Ablösesumme von 2.750 £ an Derby County ab. Hughie Gallacher wäre freilich nicht Hughie Gallacher, wenn nicht auch der Wechsel zu den Rams von einem Skandal begleitet gewesen wäre, da er Gerüchten zufolge einen Teil der Ablöse selbst kassiert haben soll.

Den größten Erfolg mit Chelsea feierte Hughie Gallacher in der Saison 1931/32 mit dem Erreichen des FA-Cup-Halbfinales. Am 27. Februar 1932 gewannen die Blues vor 57.804 Zuschauern an der Anfield Road mit 2:0 über den FC Liverpool, um anschließend an Newcastle United nur knapp mit 1:2 zu scheitern. Das Foto zeigt, wie Liverpools Schlussmann Elisha Scott gegen den völlig freistehenden Hughie Gallacher beim zweiten Chelsea-Tor das Nachsehen hat.

Die Luftveränderung schien dem Schotten indes gut zu bekommen. Im Baseball Ground blühte er an der Seite von Dally Duncan und Jimmy Boyd – beide kannte er aus seiner Zeit in Newcastle – nochmals auf und zeigte sich torgefährlich wie zu besten Zeiten. In den knapp zwei Jahren bei den Rams kam er in 51 Ligaspielen zum Einsatz und erzielte dabei 38 Treffer. Nachdem seine Mannschaft 1934/35 als Sechste über die Ziellinie gekommen war, konnte sie sich in der kommenden Saison gar die Vizemeisterschaft sichern, wenngleich Titelträger AFC Sunderland in der Endabrechnung um deutliche acht Zähler enteilt war. Zudem reichte es im FA-Cup zum Einzug ins Viertelfinale, wo sich die Rams gegen Zweitligist FC Fulham (0:3) allerdings bis auf die Knochen blamierten.

► EINWURF

Immer wieder hatte der wieselflinke Hughie Gallacher im Laufe seiner Karriere von den gegnerischen Abwehrspielern „auf die Socken" bekommen, was ihn verständlicherweise in Rage brachte. Am Silvesterabend 1927 war so ein Tag, als er im Dress von Newcastle United den Verteidigern von Huddersfield Town gleich mehrere Knoten in die Beine gespielt und zwei Tore erzielt hatte. Dennoch lag United kurz vor Schluss im heimischen St. James' Park mit 2:3 in Rückstand, als Hughie zweimal kurz hintereinander im Strafraum der Terriers in aussichtsreicher Schussposition zu Fall gebracht wurde. Es entspannte sich ein längerer „Dialog" mit dem Unparteiischen, der praktischerweise den Namen Fogg trug, was trotz anderer Schreibweise im Englischen „Nebel" (fog) bedeutet. Noch auf dem Platz ging Gallacher auf Mr. Fogg los: „Schauen Sie gefälligst hin! Haben Sie das Foul nicht gesehen?". – „Kein Elfmeter", so der Referee kurz angebunden. Aber Hughie – jetzt erst richtig in seinem Element – ließ nicht locker: „Jeder außer Ihnen hat es gesehen", woraufhin der Schotte vom unerbittlichen Schiedsrichter verwarnt wurde. Als die Magpies das Spiel dann tatsächlich verloren hatten, suchte Kapitän Hughie Gallacher den Unparteiischen in der Kabine auf, um die Angelegenheit in Eigenregie ein für allemal zu klären: „Fogg is your name and you've been in fog all day." Doch nicht nur seine vernebelte Spielleitung hatte der Schotte Mr. Fogg zum Vorwurf gemacht. Angeblich soll er den Pfeifenmann in seiner unbändigen Wut zu Boden gestoßen haben, was ihm schlussendlich eine zweimonatige Sperre seitens der FA eintrug.

Rückkehr an die Tyneside

Im Sommer 1936 war Hughie Gallacher 33 Jahre alt, als er sich nach knapp elf Spielzeiten aus dem Oberhaus des englischen Profifußballs verabschiedete, um sich Notts County anzuschließen, das in der Drittklassigkeit ein Schattendasein fristete. Die Verantwortlichen des Gründungsmitglieds der Football League und ältesten noch existierenden Fußballvereins der Welt waren bereit, für den Oldie 2.000 £ auf den Tisch zu blättern. In Anbetracht von 25 Toren in der Saison 1936/37 war der Schotte diesen Betrag durchaus wert, zumal sein Verein in einem packenden Zweikampf mit Luton Town nur denkbar knapp den Aufstieg in die zweite Liga verfehlte. Insgesamt bestritt Gallacher für Notts County 45 Ligaspiele, in denen 32 Tore auf sein Konto gingen.

Im Januar 1938 sollte der mittlerweile fast 35-Jährige dann noch einmal zu einem Kurz-Comeback in der englischen Eliteliga kommen, als er von Abstiegskandidat Grimsby Town für die Rückrunde verpflichtet worden war. Die Ablösesumme hatte 1.000 £ betragen. Wirklich überzeugen konnte Gallacher allerdings nicht, da er in seinen letzten zwölf Erstligaeinsätzen nur dreimal ins Schwarze traf, so dass die Mariners von der Nordseeküste den Klassenerhalt (zwei Zähler vor den beiden Absteigern) vermutlich auch ohne die Mitwirkung des Schotten geschafft hätten.

Obwohl Hugh Kilpatrick Gallacher mit seiner beeindruckenden Trefferausbeute heute zu den besten Goalgettern des britischen Fußballs zählt, ist seine Karriere doch von einem Makel behaftet: Nie war es ihm nämlich gelungen, eine Saison als Torschützenkönig zu beenden, was den impulsiven Schotten ohne Zweifel gewurmt haben dürfte. Dieser beendete seine Karriere in der Spielzeit 1938/39 in fast heimatlichen Gefilden, da er nach seinem missglückten Intermezzo bei Grimsby Town an die Tyneside zurückkehrte. Freilich nicht zu Newcastle United, obwohl die Magpies einen Hughie Gallacher in Topform nach ihrem Abstieg aus der First Division 1934 durchaus hätten gebrauchen können. Da der Schotte jedoch den Zenit seines Könnens längst überschritten hatte, verdingte er sich in der Drittklassigkeit beim benachbarten FC Gateshead, welcher sich den Transfer immerhin 500 £ kosten ließ. Obwohl Gateshead weniger für guten Fußball, sondern weitaus mehr für leichtathletische Spitzenleistungen bekannt ist, strahlte Gallacher bei seiner Ankunft am Bahnhof von Gateshead über beide Ohren: „Es ist großartig, wieder an der Tyneside zu sein. Mein Herz hat hier seinen Platz gefunden, seitdem ich United vor acht Jahren verlassen habe.“ Das letzte Jahr seiner Laufbahn verlief dennoch unspektakulär. Zwar ließ er mit 18 Ligatreffern in 34 Einsätzen noch einmal aufhorchen. Allerdings reichte es für seine Mannschaft nur zu einem enttäuschenden zehnten Schlussrang, weshalb auch der Zuschauerschnitt trotz der spektakulären Neuverpflichtung auf 5.184 Besucher je Heimspiel gegenüber dem Vorjahr – da waren es noch 9.183 gewesen – dramatisch einbrach. Möglicherweise hätte Gallacher sogar noch weiterhin Fußball gespielt. Der Kriegsausbruch und die damit verbundene Einstellung des Spielbetriebes machten derartigen Überlegungen allerdings einen Strich durch die Rechnung.

Selbstmord mit 54 Jahren

Schon bei seiner Ankunft an der Tyneside hatte Gallacher angekündigt, in Gateshead sesshaft werden zu wollen, wo er sich mit mäßigem Erfolg in mehreren Berufen durchzusetzen versuchte. So arbeitete er etwa für kurze Zeit als Sportjournalist. Dagegen blieb der Fußball stets seine große Liebe. Noch im Alter von 52 Jahren nahm er an Prominentenspielen teil. Jackie Milburn, einer seiner Nachfolger auf der Mittelstürmerposition bei Newcastle United, lernte dabei Gallachers herausragende Spielkunst kennen: „Ich habe nur ein einziges Mal mit dem großen Hughie zusammengespielt. Dabei köpfte er einen Flankenball gegen den Pfosten, nahm das zurückspringende Leder wieder auf und schob es über die Linie. – Welcher zweite Fußballer wäre zu so einer Aktion fähig?“

So groß der Genius des Fußballspielers Gallacher auch gewesen sein mag. Nach seiner Karriere kam der Schotte im Privatleben immer weniger zurecht. Im Laufe des Jahres 1941 wurden die bereits angesprochenen Unregelmäßigkeiten beim Wechsel von Chelsea zu Derby County untersucht, nachdem die FA auf verdächtige Kontobewegungen aufmerksam geworden war. Vor allem der Manager der Rams, George Jobey, geriet dabei ins Zwielicht und wurde schließlich für zehn Jahre gesperrt, obwohl weder er selbst, noch Hughie Gallacher etwaige Schwarzgeldzahlungen bestätigt hatten. Sein Leben begann endgültig eine tragische Wendung zu nehmen, als seine Ehefrau Hannah im Dezember 1950 unerwartet verstarb. Der berufliche Misserfolg tat sein übriges, dass Gallacher depressiv wurde und schließlich dem Alkohol verfiel. Mehr und mehr begann der einstmals umschwärmte Publikumsliebling zu vereinsamen.

Am 11. Juni 1957 sollte das Leben Hughie Gallachers dann ein dramatisches Ende finden: Vom Fusel zerstört stürzte sich der 54-Jährige von einer Fußgängerbrücke bei Gateshead auf die Gleise der Bahnlinie London-Edinburgh und wurde von einem herannahenden Zug erfasst. Eigentlich hätte er am darauf folgenden Tag vor Gericht erscheinen sollen, nachdem er wegen Kindesmissbrauchs angezeigt worden war. Wenige Wochen zuvor war er wieder einmal stark alkoholisiert nach Hause gekommen, als er seinen Sohn tätlich angriff und diesem einen schweren Aschenbecher ins Gesicht schleuderte. Der 14 Jahre alte Mathew suchte mit einer blutenden Kopfwunde Schutz bei den Nachbarn, wo er auf seinen älteren Bruder Hughie traf. Als dieser den blutenden Jungen sah, stellte er seinen Vater zur Rede. Glücklicherweise hatte die herbeigerufene Polizei das Handgemenge zwischen Vater und Sohn gerade noch rechtzeitig unterbinden können.

► ZAHLEN UND FAKTEN

Vereine:	1921	Queen of the South Dumfries
	1921-1925	FC Airdrieonians
	1925-1930	Newcastle United
	1930-1934	Chelsea FC London
	1934-1936	Derby County
	1936-1937	Notts County
	1937-1938	Grimsby Town
	1938-1939	FC Gateshead
Tore:	113 Scottish-First-Division Sp. (90 Tore)	
	355 engl. First-Division-Spiele (246 Tore)	
	79 engl. Third-Divison-Spiele (50 Tore)	
	18 SFA-Cup-Spiele (9 Tore)	
	9 schottische Regionalpokalspiele (19 T.)	
	30 FA-Cup-Spiele (21 Tore)	
	2 Ligaauswahl-Spiele (6 Tore)	
	20 Länderspiele (23 Tore)	
gesamt	626 Pflichtspiele (464 Tore)	
Erfolge:	Englischer Meister 1927	
	Schottischer Pokalsieger 1924	

In der Nationalmannschaft:

Um Hughie Gallachers Leistungen im Nationaltrikot richtig einschätzen zu können, muss man sich ein wenig mit den damaligen Verhältnissen vertraut machen, die sich von jenen der Gegenwart gänzlich unterscheiden. Länderspiele waren in den Zwanzigern noch eine echte Rarität, was vor allem auf Schottland zutraf, da die Bravehearts bis Ende des Jahrzehnts ausnahmslos zu Begegnungen um die „British Home Championship“ antraten, ehe sie am 26. Mai 1929 erstmals gegen einen nicht-britischen Gegner spielten (Norwegen wurde in Bergen klar mit 7:3 geschlagen). Zum Vergleich: „Good old England“ ließ sich bereits seit 1908 dazu herab, regelmäßig gegen kontinentaleuropäische Mannschaft anzutreten, wenngleich dies erst nach Ende der heimischen Ligasaison der Fall war. Zwischen dem 1. März 1924, Gallachers Länderspieldebüt gegen Nordirland, und seinem 18. und vorerst letzten Einsatz am 18. Mai 1930 gegen Frankreich bestritt Schottland ganze 24 Länderkämpfe, so dass Gallacher in diesem Zeitraum nicht weniger als drei Viertel aller schottischen Auswahlspiele bestritten hat, womit er heute – wo zehn Länderspiele im Jahr die Normalität sind – locker auf 50 Einsätze und mehr gekommen wäre, zumal es damals noch keine Einwechslungen gab, so dass die Statistik aufpolierende Kurzeinsätze von vornherein ausgeschlossen waren.

Die „Wembley Wizards" betreten den Rasen, um Gastgeber England in dessen Wohnzimmer mit 5:1 zu demütigen. Von rechts: Kapitän Jimmy McMullan, Jimmy Gibson und Hughie Gallacher, der an jenem historischen 31. März 1928 allerdings ohne Torerfolg bleiben sollte und lediglich das 4:0 durch Alex James vorbereitete.

Umso bemerkenswerter, dass Hughie Gallacher mit seinen 23 Länderspieltreffern noch heute den dritten Platz in der ewigen Torjägerliste der Tartan Army belegt. Mehr Torerfolge als er können lediglich Denis Law und Kenny Dalglish vorweisen, wenngleich beide dafür deutlich mehr Einsätze benötigten. Bei Dalglish waren es gar 102, derweil Hughie Gallacher gerade einmal 20-mal ins Nationalteam berufen worden war, was im Schnitt 1,15 Tore je Einsatz entspricht. Die Vorliebe, die Mittelstürmerposition in den zwanziger Jahren mit dem Mann aus Bellshill zu besetzen, hatte übrigens zur Folge, dass andere schottische Topstürmer der damaligen Zeit selten – oder im Falle von Dave Halliday und Hughie Ferguson – nicht ein einziges Mal zu Länderspielehren kamen.

Mitglied der „Wembley Wizards"

Nachdem Gallacher am 1. März 1924 in Glasgow bei seinem Debüt gegen Nordirland (2:0) noch ohne Treffer geblieben war, sollte er ein knappes Jahr später beim 3:1 über Wales in Edinburgh die ersten Tore im Nationaldress bejubeln. Nach einem weiteren Treffer gegen Nordirland (2:0) steuerte er am 4. April 1925 sogar beide Tore zum 2:0 über den Erzrivalen England in Glasgow bei, womit die Schotten als Sieger der Home Championship feststanden. Noch drei weitere Male konnte Gallacher mit den Bravehearts den ältesten Wettbewerb für Nationalmannschaften gewinnen. Zunächst 1926, als er im ersten Länderspiel nach seinem Wechsel zu Newcastle United gegen Nordirland (4:0) als dreifacher Torschütze glänzte. Auch 1927 hieß der Sieger Schottland, wenngleich man sich den Titel diesmal mit England teilen musste.

Ausgerechnet 1928, dem Jahr des denkwürdigen 5:1-Sieges der „Wembley Wizards", kam der Gewinner der britischen Meisterschaft nicht aus dem Norden des Vereinigten Königreiches, da die Schotten keines der vorangegangenen Duelle mit dem späteren Sieger Wales (2:2) und Nordirland (0:1) gewonnen hatten. Immerhin war Gallacher am 29. Oktober 1927 im Racecourse Ground in Wrexham im elften Einsatz zu seinem zehnten Länderspieltreffer gekommen. Vor dem Auftritt in Wembley wurde wieder einmal die Vorliebe des schottischen Nominierungskomitees für Hughie Gallacher erkennbar, da man den England-Legionär Jimmy McGrory und Bob McPhail vorzog, obwohl Hughie gerade eine zweimonatige Sperre wegen Schiedsrichterbeleidigung abgesessen hatte. Am 31. März 1928 präsentierte sich der Mittelstürmer der Bravehearts vor 80.868 Zuschauern in der Gralsburg des Fußball dann auch nicht in Höchstform. Während Alex Jackson drei und sein Jugendfreund Alex James zwei Tore erzielten, hatte Gallacher lediglich das vierte Tor durch James vorbereitet (74.).

Dafür glänzte Hughie rund ein halbes Jahr später gegen Wales (4:2) als dreifacher Torschütze, derweil er am 23. Februar 1929 gegen Nordirland (7:3) gar viermal erfolgreich war, womit sein vierter Gewinn der Home Championship feststand. Es folgten je zwei Tore gegen Wales (4:2) und Nordirland (3:1), ehe er am 18. Mai 1930 in Paris sein einziges Länderspiel gegen ein Team vom Festland bestritt, das dank zweier Gallacher-Treffer mit einem 2:0-Sieg über Frankreich in die Annalen einging. Auf eine fast vierjährige Länderspielpause folgte am 14. April 1934 das Comeback gegen England, das mit einer vernichtenden 0:3-Schlappe endete. Nach einer weiteren fast einjährigen Wartezeit bestritt Gallacher – mittlerweile als Spieler von Derby County – seinen 20. und letzten Länderkampf. Abermals hieß der Gegner England. Und abermals konnte der Erzrivale, dem die Schmach gegen die „Wembley Wizards" noch immer in den Knochen steckte, mit 2:0 die Oberhand behalten.

Saison	Lsp.		Liga		Pokal	
	Sp.	T.	Sp.	T.	Sp.	T.
1920/21			-	-	9	19
1921/22			11	7		
1922/23			18	9		
1923/24	1	0	34	33		
1924/25	3	5	32	32		
1925/26	1	0	18	9		
	2	3	19	23	3	2
1926/27	3	1	38	36	3	3
1927/28	2	1	32	21	1	0
1928/29	3	7	33	24	1	0
1929/30	3	6	38	29	6	5
1930/31			30	14	1	0
1931/32			36	24	5	6
1932/33			36	19	1	0
1933/34	1	0	23	13	5	3
1934/35			7	2		
	1	0	27	23	3	1
1935/36			24	15	1	1
1936/37			*	25		
1937/38			*	7		
			12	3		
1938/39			34	18		

* insgesamt 45 Ligaspiele von August 1936 bis Dezember 1937

Ruud Geels
Die „Elftal“ war nie sein Ding

Was haben sich die Eltern des am 28. Juli 1948 in Haarlem geborenen Geertruida Maria Geels nur gedacht, als sie ihren Sprössling so genannt haben? Dass der Junge – zumal auf dem Fußballplatz – nicht sein ganzes Leben mit einem derart mädchenhaft klingenden Namen herumlaufen wollte, ist verständlich, weshalb aus Geertruida schlicht Ruud wurde. Seine ersten Schritte als Fußballer unternahm der kleine Ruud zunächst in seiner nordholländischen Geburtsstadt Haarlem, wo er für DSS und Onze Gezellen kickte, um 1965 im Alter von knapp 17 Jahren ins benachbarte Velsen zu wechseln. Erst zwei Jahre zuvor hatten die beiden Ortsrivalen VSV und Stormvogels fusioniert und den Verein Telstar ins Leben gerufen, für den Geels am 27. März 1966 in der Eredivisie debütierte. Zwar verlor das akut vom Abstieg gefährdete Team beim PSV Eindhoven mit 1:3. Der junge Geels hatte aber derart überzeugt, dass er bis zum Saisonende weitere sieben Ligaspiele bestritt, in denen er sechs Tore erzielte, womit er einen nicht unwesentlichen Anteil am Klassenerhalt hatte.

Im Schatten von Ove Kindvall

Als Halbprofi musste Geels unter der Woche noch einem ordentlichen Beruf nachgehen. Glücklicherweise war sein Chef ein glühender Anhänger von Telstar, so dass er problemlos für die Trainingseinheiten freigestellt wurde. Richtig in Schwung kam die Karriere des Kopfballspezialisten freilich erst mit dem Wechsel zu Feyenoord im Sommer 1966, wo dieser für die damals gigantische Ablösesumme von 130.000 Gulden (andere Quelle sprechen sogar von 165.000 Gulden) angeheuert hatte. Das wöchentliche Grundgehalt in Rotterdam soll 1.270 Gulden (umgerechnet rund 1.200 D-Mark) betragen haben, was man vor allem in seiner Heimatstadt Haarlem als geradezu unanständig empfand. Das viele Geld war Ruud Geels aber durchaus wert. In vier Jahren bestritt er 89 Ligaspiele und erzielte dabei 46 Treffer.

Nachdem er am 21. August 1966 gegen FC Twente Enschede (5:1) einen gelungenen Einstand gefeiert hatte, musste er sich mit Feyenoord in der Endabrechnung der Saison 1966/67 – ebenso wie im folgenden Jahr – lediglich dem alles überragenden Team von Ajax Amsterdam geschlagen geben.

In der Spielzeit 1968/69 gelang unter Trainer Ben Peeters der große Wurf, als man den großen Rivalen nicht nur in der Liga hinter sich lassen konnte, sondern durch einen Finalerfolg über den PSV Eindhoven zudem den nationalen Pokal gewann. Trotz des Doublegewinns war Ruud Geels *(Bild oben im dunklen Trikot)* jedoch nicht wirklich glücklich. Immer stand er im De Kuip etwas im Schatten des Schweden Ove Kindvall, der genau wie er selbst die Mittelstürmerposition beanspruchte. Die Konsequenz war, dass Geels entweder als Außenstürmer sowie im Mittelfeld eingesetzt wurde – oder er sich des Öfteren auf der Bank wiederfand. So kam er auch im Meisterjahr als zehnfacher Torschütze zum Beispiel nur in 20 Spielen zum Einsatz, während sein schwedischer Rivale mit 30 Saisontreffern wie schon im Vorjahr Torschützenkönig der Eredivisie wurde.

Dieser aus Sicht von Ruud Geels wenig erfreuliche Trend setzte sich auch 1969/70 fort, als Feyenoord unter der Leitung des österreichischen Trainerfuchses Ernst Happel als erster Verein aus den Niederlanden den Europacup der Landesmeister an Land zog. Wenngleich es diesen Terminus damals noch nicht gab, musste sich Geels wie in den Vorjahren mit der Rolle des „Ergänzungsspielers“ anfreunden, der in der Liga für den Vizemeister in 18 Einsätzen achtmal ins Schwarze traf. Bester teaminterner Angreifer war hingegen erneut Ove Kindvall mit 23 Torerfolgen, derweil dem Schweden auch im Europacupfinale Historisches gelang, als er gegen Celtic Glasgow drei Minuten vor Ende der Verlängerung den umjubelten 2:1-Siegtreffer markierte. „Edeljoker“ Geels hatte sich das Endspiel vom 6. Mai 1970 von der Bank aus betrachten müssen, nachdem er von Ernst Happel auch zuvor nur in vier Spielen eingesetzt worden war, wobei sich auch die auf den ersten Blick überragenden sechs Europacuptore relativieren, wenn man berücksichtigt, dass er diese in den zwei Auftaktduellen mit den völlig überforderten Isländern von KR Reykjavik (12:2, 4:0) erzielt hatte.

Auf Formsuche in Deventer und Brügge

Trotz des Europacuptriumphs war die Karriere von Ruud Geels in die Sackgasse geraten. Um aus dieser wieder herauszukommen, machte der Angreifer im Sommer 1970 einen Schritt zurück und schloss sich Go Ahead Eagles Deventer an, das zu den Mittelfeldteams der Eredivisie gehörte. Daran sollte sich auch in den kommenden beiden Jahren in Anbetracht der Plätze 7 und 9 nichts ändern. Für Geels hatte sich die Luftveränderung dennoch gelohnt, da er in Deventer endlich zum Stammpersonal zählte und im ersten Jahr sämtliche 34 Ligaspiele bestritt, wobei er seine Trefferzahl (17) im Vergleich zum Vorjahr mehr als verdoppelte. Obwohl er 1971/72 dann nur 28-mal zum Einsatz kam, gehörte er in der Torjägerliste erstmals zu den besten Drei. Seine 18 Saisontreffer waren nur von Johan Cruyff (25) und Janusz Kowalik (20) überboten worden.

Im Sommer 1972 wechselte der mittlerweile 24-Jährige ins benachbarte Ausland und heuerte für zwei Spielzeiten beim FC Brügge an, wobei vor allem die erste Saison in Erinnerung blieb, die dem Klub aus Westflandern den ersten Meistertitel seit 53 Jahren bescherte. Obwohl Geels in 23 Spielen lediglich zehn Treffer erzielt hatte, war er in Brügge dennoch weiter gereift, weshalb er im Vorfeld der Weltmeisterschaft 1974 auch erstmals in der Nationalmannschaft eingesetzt wurde. Unter dem neuen Coach Jaak de Wit war er in der Saison 1973/74 dann nicht mehr aus der Elf des FC Brügge wegzudenken und absolvierte alle 30 Ligaspiele, in denen weitere 18 Tore auf sein Konto gingen. Trotzdem musste sich der Titelverteidiger diesmal mit dem fünften Platz begnügen.

Vier Jahre Ajax – viermal Torschützenkönig

Nach dem Flop bei der Weltmeisterschaft in der Bundesrepublik, wo Ruud Geels zwar im Kader gestanden, aber nicht ein einziges Spiel bestritten hatte, wechselte er zurück in seine niederländische Heimat, um in den kommenden vier Jahren als Spieler von Ajax Amsterdam die beste Zeit seiner Laufbahn zu erleben. Allerdings fehlte der Mannschaft nach dem Weggang des unvergleichlichen Johan Cruyff zum FC Barcelona der Genius vergangener Tage, weshalb Geels mit dem einstigen Serienmeister auch nur in

der Saison 1976/77 den Titel gewinnen konnte. Dennoch zählte er in seiner Ajax-Zeit zu den auffälligsten Akteuren der Eredivisie, der in vier Jahren jedes Mal die Torjägerliste anführte und in 132 Ligaspielen insgesamt 123 Tore schoss.
Es war die Elf des PSV Eindhoven, die den Ajacieden Mitte der Siebziger den Rang ablief und sich 1975, 1976 und 1978 den Meistertitel sicherte. Ruud Geels musste sich dagegen schon 1974/75 mit dem dritten Platz (noch hinter seinem Ex-Klub Feyenoord) begnügen, obwohl er mit 30 Saisontreffern in 33 Einsätzen eine neue persönliche Bestmarke aufgestellt hatte. Immerhin blieb ihm damit die Genugtuung, PSV-Toptorjäger Willy van der Kuylen (28 Treffer) hinter sich gelassen zu haben.
Auch in der Saison 1975/76 führte er die Torschützenliste vor Willy van der Kuylen an. Während der Rivale 28 Tore auf sein Konto gebracht hatte, war Geels noch einmal öfter erfolgreich gewesen. Viele seiner Treffer hatte er dabei mit dem Kopf erzielt, eine Spezialität, die er sich in zahlreichen Übungsstunden mit seinem Vater angeeignet hatte. Sein perfektes Kopfballspiel demonstrierte Ruud Geels nicht zuletzt am 1. November 1975 beim Klassiker gegen Feyenoord, als er beim 6:0-Erfolg seiner Ajacieden gleich fünfmal erfolgreich war. Denn natürlich war auch ein sensationelles Kopfballtor zum zwischenzeitlichen 3:0 dabei, mit dem er auf artistische Weise den Rotterdamer Schlussmann überwand. Das „Goldköpfchen“ sorgte in jener Spielzeit aber auch auf internationaler Ebene für Furore. In sechs UEFA-Cup-Einsätzen traf er elfmal und war damit erfolgreichster Torschütze des Wettbewerbs, der für den Ligadritten Ajax freilich schon im Achtelfinale geendet hatte. In der torreichen Auftaktrunde gegen FC Glentoran Belfast (6:1, 8:0) sowie im Zweitrundenduell mit Hertha BSC Berlin (0:1, 4:1) war Geels dafür nicht zu bremsen gewesen. So war er auch mit seinen beiden Torerfolgen aus der 28. und 76. Minute am 5. November 1975 im Rückspiel gegen die Hertha wesentlich für das Ausscheiden des Bundesligisten verantwortlich.
Nachdem zur Saison 1976/77 mit Tomislav Ivic ein neuer Trainer die sportliche Leitung übernommen hatte, ging die Meisterwürde nach vier Jahren Pause endlich wieder auf Ajax über, wo neben dem erneuten Torschützenkönig Ruud Geels vor allem die starke Dänen-Fraktion um Sören Lerby und Frank Arnesen den Ton angab. Im Gegensatz zu ihrer Glanzzeit war die Mannschaft jedoch eher defensiv ausgerichtet. Das Torverhältnis von 62:26 beweist, dass der einstige Hurra-Stil nüchternem Zweckfußball gewichen war. Umso höher sind die Leistungen Ruud Geels' einzuschätzen, auf dessen Konto mit 34 Toren (in 34 Spielen) mehr als die Hälfte aller Ajax-Treffer gegangen war.
Obwohl sich der Rekordmeister in der Saison 1977/78 mit der Vizemeisterschaft hinter dem PSV Eindhoven begnügen musste und es darüber hinaus auch im Endspiel um den KNVB-Beker eine 0:1-Niederlage gegen AZ Alkmaar gesetzt hatte, blieb eines beim Alten: Mit 30 Saisontreffern hieß der beste Torschütze der Eredivisie zum vierten Mal in Folge Ruud Geels, ein neuer Rekord, den bis heute allein Marco van Basten (1984 bis 1987) einstellen konnte.

Weitere Meilensteine

Mit knapp 30 Jahren stand Geels im Zenit seines Könnens, nachdem er sich in Amsterdam zu einem steten Torgaranten entwickelt hatte. Während er als Toptorjäger der Ajacieden auf nationaler Ebene ganz sicher zu den stärksten Fußballern zählte, hatte er – auch wegen seiner stockenden Nationalmannschaftskarriere – europaweit bislang nur sporadisch auf sich aufmerksam machen können. Nachdem er den Siegeszug von Feyenoord im Meistercup 1969/70 zumeist von der Bank aus verfolgt hatte, datierte der größte internationale Erfolg mit Ajax aus der Saison 1977/78, als er mit seiner Mannschaft im Europapokal der Landesmeister im Viertelfinale an Juventus Turin gescheitert war. Insofern kam ihm im Sommer 1978 das Angebot des RSC Anderlecht gerade recht, da die Belgier just zum zweiten Mal nach 1976 den Europapokal der Pokalsieger gewonnen hatten.
Doch auch im Dress der „Mauve et Blanc“ blieb der ganz große mannschaftliche Erfolg aus. Erstens, weil es in der Liga nur zur Vizemeisterschaft hinter KSK Beveren reichte. Zweitens, weil Titelverteidiger RSC Anderlecht bereits in der zweiten Runde des Cupsiegerwettbewerbs am FC Barcelona scheiterte. Und drittens, weil sich Ruud Geels trotz 25 Saisontreffern auch in der Torjägerliste mit dem zweiten Rang hinter Erwin Albert von Meister Beveren einreihen musste. Was blieb, war der Gewinn des kontinentalen Supercups, den sich der Brüsseler Vorortklub im Dezember 1978 mit einem Erfolg über den FC Liverpool gesichert hatte. Und selbstverständlich hatte Geels auch in Belgien bewiesen, dass er immer noch genau wusste, wo das gegnerische Tor zu finden war.
Trotzdem kehrte Geels nach nur einer Saison in die Niederlande zurück, wo er sich zunächst für zwei Jahre dem Traditionsklub Sparta Rotterdam anschloss. Speziell das erste war zum Vergessen: Verletzungsbedingt bestritt Geels nur 18 Ligaspiele und blieb angesichts von 13 Toren deutlich hinter der von ihm gewohnten Schlagzahl zurück, was auch auf die rot-weißen Spartaner zutraf, die auf einem desillusionierenden 13. Platz die Ziellinie passierten. Deutlich besser lief es dann in der Saison 1980/81, was nicht zuletzt am neuen Trainer Barry Hughes lag, mit dem Geels schon in seiner Zeit bei Go Ahead Eagles Deventer erfolgreich zusammengearbeitet hatte. Der erfahrene Waliser wusste genau, wie er den sensiblen Goalgetter anzupacken hatte, der wiederum zu seiner gewohnten Form zurückfand und 22 Saisontore erzielte. Die führten zum einen dazu, dass sich Sparta mit der positiven Bilanz von 36:32 Zählern auf den siebten Platz steigerte und zeitweise sogar von der UEFA-Cup-Qualifikation träumen durfte. Vor allem aber stand Ruud Geels zum fünften Mal an der Spitze der Torjägerliste, womit er in der Eredivisie eine bis heute unerreichte Rekordmarke gesetzt hatte.
Diesem denkwürdigen Meilenstein folgte in der Saison 1981/82 ein weiterer. Da Geels nun für den PSV Eindhoven auf Torejagd ging, war er der erste Spieler überhaupt, der für alle drei großen Klubs der Niederlande (Feyenoord, Ajax und PSV) aktiv gewesen ist. Ein Kunststück, welches später nur noch Ronald Koeman wiederholen sollte. Spätestens jetzt war der stets bescheiden auftretende Goalgetter in unserem Nachbarland zur lebenden Legende avanciert. Daran vermochte auch der wieder einmal nicht ganz zufriedenstellende Saisonverlauf nichts zu ändern. Als Vizemeister hatte sich der PSV Ajax Amsterdam geschlagen geben müssen, derweil die Mannschaft im UEFA-Cup schon in der zweiten Runde an Rapid Wien scheiterte. Immerhin hatte Geels im Auftaktspiel gegen Næstved IF überzeugt, als er den Dänen beim 7:0-Heimsieg drei Tore eingeschenkt hatte. Mit 15 Treffern in 28 Einsätzen lief es in der Liga dagegen nicht mehr ganz so rund, weshalb Geels – nach weiteren vier torlosen Spielen zu Beginn der Saison 1982/83 – seine Zelte in Eindhoven abbrach, um bei NAC Breda anzuheuern.
Die letzte Station seiner 20-jährigen Laufbahn begann jedoch mit einem Debakel. NAC Breda gewann 1982/83 lediglich sechs Begegnungen und musste daher als Tabel-

lenvorletzter den Gang in die Zweitklassigkeit antreten. Auch der alternde Ruud Geels war mit sechs Treffern in 22 Einsätzen hinter den Erwartungen zurückgeblieben. Mit einem Abstieg aus der Eredivisie wollte er sich allerdings auf gar keinen Fall vom aktiven Fußball verabschieden, weshalb er noch ein Jahr dranhängte. Zum Glück! Als Dritter schaffte Breda nämlich postwendend den Wiederaufstieg, zu dem Geels in 18 Zweitligaeinsätzen seine letzten sechs Karrieretreffer beigesteuert hatte.

Ein kleiner Vincent van Gogh

Rund vier Jahre, nachdem er seine Fußballschuhe für immer an den Nagel gehängt hatte, trat Ruud Geels in mehreren Funktionen bei seinem Ex-Klub Telstar Velsen in Erscheinung, der 1978 ein für alle Mal aus der Eredivisie abgestiegen war und seitdem in der zweiten Liga ein zumeist tristes Dasein fristet. Auch unter Geels, der im November 1988 als Manager vorgestellt wurde (und zeitweise nebenher auch als Jugendtrainer arbeitete), hatte sich daran nichts geändert. Als der ehemalige Torjäger 1992 zurücktrat, war Telstar am angepeilten Aufstieg als Siebter mal wieder deutlich gescheitert.

Spätestens jetzt hatte Ruud Geels innerlich mit dem Fußball abgeschlossen, den er als sensibler Charakter immer als ein großes Haifischbecken empfunden hatte. 1993 eröffnete er in Velsen eine Gemäldegalerie, wo er des Öfteren selbst den Pinsel schwingt. Anders als im Profifußball, wo seiner Meinung nach das Resultatsdenken viel zu sehr im Mittelpunkt steht, konnte er als Maler seine Kreativität endlich ausleben. Die im Verlauf seiner Karriere gemachten Erfahrungen fasste er in einer 2007 erschienenen Biographie zusammen, die den Titel „Altijd Raak!“ trägt, was ins Deutsche mit „Immer treffend“ übersetzt werden kann. Die Buchpräsentation fand im Stadion von Alkmaar unter Anwesenheit des damaligen AZ-Trainers Louis van Gaal statt, mit dem Geels in seiner Zeit bei Sparta Rotterdam zusammengespielt hatte und der als Verfasser des Vorworts die erste Ausgabe der Autobiographie überreicht bekam.

► ZAHLEN UND FAKTEN

Vereine:	1964-1966	Telstar Velsen
	1966-1970	Feyenoord Rotterdam
	1970-1972	Go Ahead Eagles Deventer
	1972-1974	FC Brügge
	1974-1978	Ajax Amsterdam
	1978-1979	RSC Anderlecht
	1979-1981	Sparta Rotterdam
	1981-1982	PSV Eindhoven
	1982-1984	NAC Breda

Tore:
393 Spiele Eredivisie (266 Tore)
18 niederländische Zweitligaspiele (6 Tore)
81 belgische Erstligaspiele (53 Tore)
17 KNVB-Pokal-Spiele* (17 Tore)
38 Europacup-Spiele (28 Tore)
2 Spiele Europäischer Supercup (0 Tore)
20 Länderspiele (11 Tore)
gesamt 569 Pflichtspiele* (381 Tore)
** nur bekannte Spiele*

Erfolge:
Niederländischer Meister 1969, 1977
Niederländischer Pokalsieger 1969
Belgischer Meister 1973
Europapokal der Landesmeister 1970
Europäischer Supercupsieger 1978

Torschützenkönig Eredivisie
1975, 1976, 1977, 1978, 1981

In der Nationalmannschaft:

Als die niederländische Nationalelf mit ihrem legendären „Totaalvoetbal“ zu Beginn der Siebziger in die Weltklasse aufstieg, war für Ruud Geels zunächst kein Platz in einem Team, das von Weltklassespielern geradezu übersäht war. Johan Cruyff, Johnny Rep oder Rob Rensenbrink hießen die Rivalen im Angriff, an denen Geels lange nicht vorbeikam, nachdem er bei Feyenoord zunächst im Schatten des Schweden Kindvall gestanden hatte, um danach, in Deventer, ein wenig aus dem Fokus zu geraten. Erst als er sich 1972 dem FC Brügge anschloss, wurde er für die Elftal wieder interessant, so dass er just in der Vorbereitungsphase auf die Weltmeisterschaft in der Bundesrepublik zu seinem Länderspieldebüt kam. Doch weder bei der Premiere am 27. März 1974 in Rotterdam gegen Österreich (1:1) noch in den beiden darauf folgenden Testspielen gegen Argentinien (4:1) und Rumänien (0:0) konnte er einen Torerfolg feiern, weshalb Geels von Bondscoach Rinus Michels zwar in den WM-Kader berufen wurde, er aber in Deutschland kein einziges Spiel bestritt.

► EINWURF

Als „die schlimmsten Wochen meines Lebens“ bezeichnete Ruud Geels die Zeit während der Weltmeisterschaft in Deutschland, was nicht in erster Linie daran lag, dass er beim Gewinn der Vizeweltmeisterschaft nicht eine einzige Partie für die Elftal bestritten hat. Vielmehr waren es seine Teamgefährten Wim Suurbier und Ruud Krol, die mit Späßen auf Kosten des nationalmannschaftsunerfahrenen Geels diesem das Leben zur Hölle machten. Das, was Suurbier und Krol – die mannschaftsintern nur „Snabbel“ und Babbel“ genannt wurden – veranstalteten, würde man heute wohl schlicht als Mobbing bezeichnen. Dass Ruud Geels für die beiden Scherzkekse ein ideales Opfer war, lag freilich auch an dessen Vereinszugehörigkeit. In dem von Ajax- und Feyenoord-Akteuren dominierten Kader war Geels als Spieler des FC Brügge ein echter Exot, von dem sich die Platzhirsche der beiden Topklubs nicht so ohne Weiteres den Rang ablaufen lassen wollten. – Nachdem im WM-Lager der Niederländer also der Flachs geblüht hatte, bekam Ruud Geels alsbald die Gelegenheit, sich an die Späße von „Snabbel“ und „Babbel“ zu gewöhnen, da er mit diesen im kommenden Jahr nach seinem Wechsel zu Ajax erneut im selben Team spielte. Mit 123 Erstligatoren in vier Spielzeiten erwarb er sich alsbald den nötigen Respekt, womit Suurbier und Krol nach neuen Opfern Ausschau halten mussten...

Durch den Wechsel zu Ajax hatte Geels fortan die notwendige Hausmacht im Rücken, was ihm zu weiteren Länderspielberufungen verhalf. Doch obwohl er in Amsterdam Tore wie am Fließband erzielte, konnte von einem echten Durchbruch freilich auch nach der WM 1974 keine Rede sein. Zu seinen einzigen Einsätzen bei einem großen internationalen Turnier sollte er bei der Europameisterschaftsendrunde 1976 in Jugoslawien kommen, wo er zu den positiveren Erscheinungen in einem ansonsten heillos zerstrittenen Team zählte.

Nachdem er am 9. Oktober 1974 beim 1:0-Sieg gegen die Schweiz in Rotterdam Torpremiere gefeiert hatte, kam er im Laufe des Jahres 1975 in drei EM-Qualifikationsspielen zum Einsatz, wobei ihm beim 3:0 über Polen am 15. Oktober ein weiterer Treffer glückte. Obwohl er damit in neun Länderspielen nur zwei Tore auf sein Konto gebracht hatte, berief Michels-Nachfolger Georg Knobel den damaligen Toptorjäger der Eredivisie in den EM-Kader. Allerdings stand Geels am 16. Juni im Auftaktspiel der Viererendrunde zwischen den Niederlanden und der CSSR nicht in der Anfangsformation. Da die hochgewetteten „Oranjes“ im strömenden Regen von Zagreb jedoch über die Maßen enttäuschten und schon nach 19 Minuten durch ein Ondrus-Tor in Rückstand gerieten, gab Knobel dem Ajax-Star die ersehnte Chance und wechselte diesen in der 65. Minute für Rep ein. Acht Minuten später setzte Geels zum Flügellauf an und schlug das Leder in den gegnerischen Strafraum, welches der ansonsten überragend agierende Anton Ondrus ins eigene Tor lenkte. Aus Sicht der Elftal blieb der Ausgleichstreffer freilich der einzige Höhepunkt eines Spiels, das in der Verlängerung mit 1:3 verloren gehen sollte.

► EINWURF
Während Ruud Geels im Fußball seine größten sportlichen Erfolge feierte, galt seine heimliche Liebe seit jeher dem Baseball. Natürlich besitzt er eine Dauerkarte für die Heimspiele von Ajax Amsterdam, die er aber immer dann verfallen lässt, wenn in seiner Heimatstadt Haarlem das örtliche Baseballteam spielt. Ebenso wie Johan Cruyff und Johan Neeskens hat Geels in seiner Jugend selbst Baseball gespielt. Und auch seine Familie ist mit dem Virus der aus den USA stammenden Sportart infiziert. Besonders erfolgreich ist dabei seine Tochter Luciène gewesen, die mit den Niederlanden im Softball (der weiblichen Baseball-Variante) bei Olympia 1996 in Atlanta den siebten Platz belegte.

Das kleine Finale gegen die gastgebenden Jugoslawen bestritten die Niederlande dann mit einer völlig umgekrempelten Mannschaft, die sich trotz des Fehlens ihres gesperrten Superstars Johan Cruyff deutlich steigerte und nach 120 Minuten mit 3:2 die Nase vorn hatte. Ruud Geels hatte seine Farben dabei nicht nur nach 27 Minuten mit 1:0 in Führung gebracht, sondern in der 107. Minute auch für den 3:2-Siegtreffer gesorgt. Im Nachhinein wurde der Auftritt des selbsternannten Favoriten in den heimischen Medien heftig kritisiert, wobei besonders Johan Cruyff angegriffen wurde, der vor dem Turnier höhere Prämien für die Nationalspieler gefordert hatte. Geels schlug sich auf die Seite der Kritiker und meinte: „Wir alle verdienen gerne Geld. Auch ich. Aber vor so wichtigen Spielen sollte das zweitrangig sein.“

Da der Ajax-Star zu den wenigen Gewinnern der EM-Endrunde zählte und auch in den kommenden beiden Jahren niederländischer Toptorjäger blieb, sollte man meinen, dass er in der bevorstehenden WM-Qualifikation für Argentinien nun endlich zum Stammpersonal gehört hätte. Tatsächlich stand er zum Auftakt in Island am 8. September 1978 auf dem Platz und erzielte kurz vor der Pause auch den einzigen Treffer der Partie. Knobel-Nachfolger Jan Zwartkruis ließ seine Mannschaft aber weiterhin rotieren, weshalb Geels im Laufe des Jahres 1977 lediglich in drei Länderspielen zum Einsatz kam. Überzeugen konnte er dabei erneut gegen die Isländer, gegen die am 31. August auch das Rückspiel mit 4:1 gewonnen wurde und Geels vor 25.000 Zuschauern in Nijmegen zweimal ins Schwarze traf.

Die Niederlande sollte sich mit 11:1 Punkten schließlich problemlos für Argentinien qualifizieren – womit der Ärger erst richtig losging. Nachdem sich Johan Cruyff schon frühzeitig ausgeklinkt hatte, erklärten weitere Topleute wie Willy van der Kuylen, Jan van Beveren und auch Ruud Geels ihren WM-Verzicht, wobei es im Falle Geels zwei Gründe gab. Offiziell mussten die Menschenrechtsverletzungen des herrschenden Videla-Regimes herhalten. Andererseits dürfte es aber durchaus auch eine Rolle gespielt haben, dass Ernst Happel als „Supervisor“ für die Weltmeisterschaftstage angeheuert worden war, mit dem Geels seit seiner Zeit in Rotterdam auf Kriegsfuß stand, nachdem der „Wödmasta“ ihn in der Hafenstadt vermehrt zum Bankdrücker degradiert hatte.

Genaugenommen war mit dem Verzicht auf die WM-Teilnahme klar, dass die Nationalmannschaftskarriere von Ruud Geels unvollendet bleiben würde. Nachdem er mit Ajax Amsterdam in der Saison 1977/78 zum vierten Mal in Folge Torschützenkönig der Eredivisie geworden war und mit 30 Jahren „voll im Saft“ stand, hätte Geels in Südamerika beste Chancen gehabt, im Team des angehenden Vizeweltmeisters eine Schlüsselrolle zu übernehmen. Stattdessen sollte er nur noch fünfmal in die Nationalelf berufen werden, so dass weitere Einsätze bei einem großen Turnier ein Traum bleiben sollten.

Nach dem Wechsel zum RSC Anderlecht im Sommer 1978 bestritt er drei Spiele in der EM-Qualifikation und konnte sich dabei sowohl beim 3:1 in der Schweiz als auch beim 3:0 gegen die DDR in die Torschützenliste eintragen. Am 15. November in Rotterdam hatte er gegen die Auswahl der DDR gleich zweimal getroffen. Damit schien für Ruud Geels tatsächlich noch ein Happyend in der Elftal möglich. Ausgerechnet in der EM-Saison 1979/80 zog er sich nach seinem Wechsel zu Sparta Rotterdam jedoch eine hartnäckige Verletzung zu, womit auch die Europameisterschaft in Italien ohne ihn über die Bühne gehen sollte. Das letzte von 20 Länderspielen bestritt Geels am 14. Oktober 1981 in der WM-Qualifikation gegen Belgien und erzielte in Rotterdam nach seiner Einwechslung zur Pause den elften Länderspieltreffer. Da die Niederlande nach zwei zweiten Plätzen die Teilnahme an der WM 1982 in Spanien verpasste, wurde der personelle Umbau der Nationalelf oberstes Gebot, wobei die Dienste eines mittlerweile 34-Jährigen natürlich nicht mehr gefragt waren. – Die Elftal war eben nie das Ding von Geertruida Maria Geels!

Saison	Europacup		Liga		Lsp.	
	Sp.	T.	Sp.	T.	Sp.	T.
1965/66			8	6		
1966/67			?	?		
1967/68			?	?		
1968/69	1	0	20	10		
1969/70	4	6	18	8		
= 1966-70			*89*	*46*		
1970/71			34	17		
1971/72			28	18		
1972/73	4	2	23	10		
1973/74	4	2	30	18	3	0
1974/75	5	1	33	30	2	0
1975/76	6	11	33	29	5	4
1976/77	2	0	34	34	2	1
1977/78	6	3	32	30	3	2
1978/79	2	0	28	25	3	3
1979/80			18	13		
1980/81			30	22		
1981/82	4	3	28	15	2	1
1982/83			4	0		
			22	6		
1983/84			18	6		

Fernando Gomes
Porto dank „Bi-Bota“ auf der Überholspur

Fernando Mendes Soares Gomes – so sein vollständiger Name – erblickte am 22. November 1956 in Porto das Licht der Welt. Der mit 318 Treffern nach Fernando Peyroteo und Eusebio drittbeste Goalgetter der portugiesischen Liga war bekannt für ein überragendes Stellungsspiel sowie einen blitzschnellen Antritt, was ihn im Strafraum für jede Abwehr zum unkalkulierbaren Risiko werden ließ. Mit einer Größe von 1,78 m war Gomes für portugiesische Verhältnisse ein echter Riese. Zumindest in der heimischen Liga galt er als extrem kopfballstark und wurde in dieser Hinsicht mit dem deutschen „Kopfballungeheuer“ Horst Hrubesch verglichen. Was dem Porto-Star eine wenig abging, war die Schusskraft, weshalb Weitschüsse nicht seine Domäne waren. „Ich finde Tore aus kurzer Distanz sind viel schwieriger zu erzielen als Tore durch Fernschüsse. Wenn die daneben gehen oder gehalten werden, macht einem das Publikum nie einen Vorwurf. Wenn man aber fünf, sechs Meter allein vor dem Tor steht, die Fans den Torschrei schon auf den Lippen haben, der Torwart sich einem entgegenstürzt und das Tor immer kleiner wird: Dann wird der Moment vor dem Schuss zu einer endlos scheinenden Qual“, beschrieb Gomes seine Spielphilosophie, die ihn als echten „Knipser“ auswies. Wissend um seine Fähigkeiten, machte er sich zeitweise „unsichtbar“, ließ sich ins Mittelfeld zurückfallen, wo er sich dem Zugriff der Manndecker entzog. Im entscheidenden Moment tauchte er dann aber urplötzlich im gegnerischen Strafraum auf und war mit einem seiner vielen „kleinen Tore“ im Stile Gerd Müllers zur Stelle.

Dem FC Porto trat Fernando Gomes mit 14 Jahren bei, wo er unter Antonio Feliciano zunächst in der Jugendmannschaft spielte. Seinen ersten Vertrag bekam er zwei Jahre später, der ihm ein monatliches Salär von umgerechnet 150 D-Mark im Monat eintrug. Wenn der FC Porto gegenwärtig als erfolgreichster Verein des Landes gilt und dem großen Rivalen Benfica Lissabon längst den Rang abgelaufen hat, ist dies nicht unwesentlich auf Fernando Gomes zurückzuführen, der 1974 sein Debüt in der ersten Mannschaft der Dragões gab, wobei sein Monatsgehalt immerhin schon auf 800 D-Mark aufgestockt wurde. Bis dahin stand der Verein klar im Schatten der beiden Hauptstadtklubs Benfica und Sporting, lag der letzte Meistertitel doch exakt anderthalb Jahrzehnte zurück.

Das Jahr 1974 war freilich nicht allein ein Wendepunkt in der Geschichte des FC Porto. Mit der Nelkenrevolution überwand Portugal die jahrzehntelange Diktatur, wobei das Land im Zuge der Demokratisierungsmaßnahmen dezentralisiert wurde, so dass der Fokus nicht mehr so stark auf die Hauptstadt gerichtet war, was – bezogen auf den Fußball – den Aufschwung des FC Porto erst ermöglichte. Exemplarisch dafür stand das Ligadebüt des 17-jährigen Fernando Gomes am 8. September 1974, als diesem beim 2:1 über CUF Barreiro beide Treffer gelangen. Obwohl noch kein Stammspieler, trug der Youngster mit seinen insgesamt 14 Torerfolgen in der Spielzeit 1974/75 seinen Teil dazu bei, dass die Blau-Weißen erstmals seit sechs Jahren die Vizemeisterschaft erringen konnten.

Erste Triumphe mit den Dragões

In der zweiten Hälfte der Siebziger verfügte der Verein über ein Team, das endgültig in die Phalanx der beiden Hauptstadtklubs einbrach. Neben dem jungen Fernando Gomes zählte der Trainer zu den Vätern der neuen Erfolgsära: José Maria Pedroto, der den FC Porto 1977 zum Pokalsieg sowie 1978 und 1979 zur Meisterschaft führen sollte. Auf Pedrotos Konto war mit dem Cuptitel 1968 bereits der letzte große Erfolg gegangen.

> ► **EINWURF**
> *Obwohl die Spielweise Fernando Gomes' von den Zeitgenossen mehr mit jener von Horst Hrubesch oder des Schotten Kenny Dalglish verglichen wurde, war Gerd Müller sein großes Vorbild: „Er war der gefährlichste aller Mittelstürmer“, so Gomes. „Angesichts der zunehmenden Deckungstreue der Abwehrspieler reicht es heute (d.h. Mitte der Achtziger, der Verfasser) nicht mehr, wie Gerd Müller nur im Strafraum gefährlich zu sein. Heutzutage muss man als Angreifer aus dem Strafraum raus und sich dann mit schnellem Antritt von seinem Gegenspieler lösen. Das macht die einsame Klasse eines Karl-Heinz Rummenigge aus.“*

Nach dem vierten Rang in der Saison 1975/76 – mit deutlichen elf Zählern Rückstand auf Rekordmeister Benfica – sollte sich die Mannschaft im kommenden Jahr beim Comeback Pedrotos auf Platz drei verbessern. Auch Fernando Gomes hatte vom neuen Trainer profitieren können. Nachdem der Strafraumstürmer im Vorjahr lediglich zehnmal ins Schwarze getroffen hatte, steigerte er sich 1976/77 auf 26 Treffer in 28 Ligaspielen, womit er erstmals in seiner Karriere die Torjägerliste der 1ª Divisão

Als Fernando Gomes 1974 im Ligateam des FC Porto debütierte, lag die letzte Erfolgsära des Vereins anderthalb Jahrzehnte zurück. Das linke Bild zeigt der Meistermannschaft aus dem Jahr 1956, der ebenso wie jener von 1959 José Maria Pedroto (vordere Reihe Zweiter von rechts) angehörte. Unter Pedroto, der zwischen 1976 und 1980 zum zweiten Mal als Porto-Trainer arbeitete, schaffte Gomes den Durchbruch und führte von 1976/77 bis 1978/79 dreimal in Serie die Torschützenliste der 1ª Divisão an. Rechts: Das Estadio das Antas, zur Zeit von Fernando Gomes Heimat des FC Porto.

anführte. Freilich müssen die Trefferzahlen Gomes' ein wenig relativiert werden, da das Leistungsgefälle der portugiesischen Erstligaklubs im Vergleich zu den kontinentalen Topligen doch erheblich größer war. Gerade die Vereine aus der unteren Tabellenhälfte stellten zumeist Kanonenfutter dar, derweil sich allein die Spitzenteams aus Porto und Lissabon in Augenhöhe begegneten. Bei seinen Europacupauftritten erlebte Gomes daher auch vor allem in seinen Anfangsjahren einen regelrechten Kulturschock. Konnte er in der 1ª Divisão seine Stärken im Strafraum ungehindert ausleben, stellen sich dem „britischen" Portugiesen im Europacup kantige Abwehrrecken in den Weg, die Gomes schnell ziemlich alt aussehen ließen.

Fernando Gomes zeigte seine stärksten Leistungen im Trikot des FC Porto, für den er zwischen 1974 und 1989 in 341 Ligaspielen 287 Tore erzielte. Der beste Goalgetter der Vereinsgeschichte gewann mit den Dragões fünf Meisterschaften und dreimal den Pokal. Zudem wurde Gomes sechsmal Torschützenkönig in Portugal, derweil er zweimal gar zum besten Torjäger Europas avancierte.

Dass aber zumindest im portugiesischen Fußball eine neue Zeitrechnung angebrochen war, zeigte sich auch daran, dass das Pokalfinale am 18. Mai 1977 nicht wie üblich in Lissabon, sondern in Porto stattfand. Im Estadio das Antas bekamen es die Blau-Weißen mit dem Sporting Club Braga zu tun, gegen den sie sich trotz Heimvorteils lange schwer taten. Die Entscheidung fiel nach dem Seitenwechsel, als Gomes, von Sturmpartner Duda in Szene gesetzt, mit seinem Treffer des Tages den knappsten aller denkbaren Siege unter Dach und Fach brachte.

Damit war der FC Porto für den Europapokal der Pokalsieger qualifiziert, wo dieser mit dem erstmaligen Erreichen des Viertelfinales auch international auf sich aufmerksam machte. Hier traf die Mannschaft auf den RSC Anderlecht. Vor eigenem Publikum wurde das Hinspiel dank des ersten Europacuptores von Gomes mit 1:0 gewonnen. Erst im Rückspiel, das die Belgier deutlich mit 3:0 für sich entschieden, sollte sich dann die größere Routine des kommenden Titelträgers durchsetzen.

Der Aufschwung war in der Saison 1977/78 indes auch auf nationaler Ebene deutlich geworden, wo die Blau-Weißen Benfica Lissabon von Beginn an beherzt Paroli boten. Die Fußballfans in Portugal erlebten ein spannendes Titelrennen, welches schlussendlich dank des besseren Torverhältnisses zugunsten des Herausforderers aus Porto entschieden wurde, der damit erstmals seit 19 Jahren wieder die Meisterschaft gewann. Überragend war einmal mehr Fernando Gomes, der in 25 Einsätzen statistisch gesehen in jedem Spiel für einen Treffer gut gewesen war und damit erneut die Torschützenliste anführte. Nicht viel hatte darüber hinaus zum Doublegewinn gefehlt, nachdem man sich im Pokalfinale gegen Sporting Lissabon erst in der Wiederholung geschlagen geben musste.

In der Saison 1978/79 konnten die Schützlinge von José Maria Pedroto ihren Titel erfolgreich verteidigen. Abermals hatten sie sich ein heißes Duell mit Benfica geliefert, das sie schließlich mit einem Zähler Vorsprung für sich entschieden. Fernando Gomes waren in 29 Ligaspielen 27 Treffer geglückt, womit er den ersten Hattrick als Torschützenkönig der 1ª Divisão vollendet hatte. Mit 22 Saisontoren reichte es 1979/80 dann jedoch nicht mehr zum Gewinn der Torjägerkanone, derweil sich Porto auch in der Meisterschaft hinter Sporting Lissabon einreihen musste. Eine seiner stärksten Leistungen hatte Gomes im Europokal der Landesmeister abgeliefert, wo in der zweiten Runde das iberische Duell mit Real Madrid stieg. Schon zum Auftakt hatten die Portugiesen mit dem AC Mailand einen Hochkaräter eliminiert, wobei es auch gegen die Königlichen lange nach einer faustdicken Überraschung aussah. Kurz vor der Pause hatte Gomes seinen großen Auftritt, als er seine Farben in der 35. und 40. Minute mit einem Doppelschlag mit 2:0 in Führung schoss. Cunnigham sollte nach der Pause jedoch den wichtigen Anschlusstreffer für Real markieren, ehe Goyo im Madrider Rückspiel mit seinem Tor in der Schlussviertelstunde die aufopferungsvoll kämpfenden Portugiesen aus dem Wettbewerb schoss.

Kein Glück in Gijon

Nicht nur wegen des starken Auftritts gegen Real waren die Vereine der spanischen Primera División längst auf Fernando Gomes aufmerksam geworden. Im Sommer 1980 kehrte er mit knapp 24 Jahren seiner Heimatstadt den Rücken, um bei Sporting Gijon einen Zweijahresvertrag zu unterschreiben. Gerne hätte er sich aus Porto mit einem weiteren Titelgewinn verabschiedet. Sein vorerst letzter Auftritt im blau-weißen Trikot am 7. Juni 1980 war jedoch mit einer 0:1-Niederlage im Pokalfinale gegen Benfica Lissabon in die Annalen eingegangen.

Das Intermezzo in Gijon verlief für Gomes indes nicht wirklich glücklich. Besonders die Saison 1980/81 wurde zu einem echten Seuchenjahr, in dem er – gehandicapt von mehreren Verletzungen – lediglich vier Ligaspiele bestritt und dabei einen Treffer erzielte. Deutlich besser sollte dann das zweite Jahr verlaufen. Zwar hinkte der Portugiese auch 1981/82 in Anbetracht von elf Toren in 23 Einsätzen nach wie vor den gewohnten Trefferquoten in seiner Heimat hinterher. Dafür zählte Gomes bei Sporting, das auf dem 14. Tabellenplatz mit Hängen und Würgen zum Klassenerhalt gestolpert war, zu den wenigen Akteuren mit Normalform. Trotz der wesentlicher härteren Manndeckung in der Primera División, war er in Asturien zum teamintern besten Torjäger avanciert.

► EINWURF

Nicht verwandt mit Fernando Gomes ist der 79-fache portugiesische Nationalspieler Nuno Gomes. Eigentlich heißt der am 5. Juli 1976 geborene Angreifer Nuno Miguel Soares Pereira Ribeiro. Diesen Bandwurmnamen hat er allerdings früh gegen Nuno Gomes eingetauscht und sich damit als großer Fans eines der besten Goalgetter des portugiesischen Fußballs geoutet. Im Gegensatz zu Fernando hat Nuno Gomes allerdings nie für den FC Porto gespielt. Nachdem er seine Laufbahn 1994 bei Boavista Porto begonnen hatte, wechselte er 1997 zu Benfica Lissabon, wo er mit kurzer Unterbrechung bis 2011 aktiv blieb. Obwohl genetisch nicht verwandt, scheint er von Fernando Gomes doch dessen Torgefahr geerbt zu haben. Schließlich hat es Nuno Gomes in 479 Ligaspielen auf bislang auf 208 Tore in Portugal gebracht.

Nicht nur für Fernando Gomes waren die letzten beiden Jahre nicht nach Wunsch verlaufen. Auch das Abschneiden „seines“ FC Porto hatte zu wünschen übrig gelassen, nachdem der Verein seit 1980 keinen Titel mehr gewonnen hatte. Insofern war es die logische Konsequenz, dass Fernando Gomes im Sommer 1982 zu den Dragões zurückkehrte, zumal José Maria Pedroto wieder den Trainerposten übernahm, nachdem er Porto genau wie sein Schützling zwei Jahre zuvor verlassen hatte.

Zweifacher Gewinner des „Goldenen Schuhs“

Gleich nach der Rückkehr in seine Heimat blühte Fernando Gomes wieder auf und knüpfte nahtlos an seine Bestleistungen an. Nein, der Goalgetter explodierte geradezu, so dass die Fans im Estadio das Antas zwischen 1982 und 1985 den stärksten Gomes aller Zeiten erlebten. „Seit ich aus Spanien zurück bin, habe ich große Fortschritte gemacht. Früher wartete ich auf den Ball, stand mit dem Rücken zum Tor. Mein Trainer Pedroto hat mir beigebracht, dem Ball entgegenzugehen, ihn in der Bewegung zum Tor anzunehmen. Das macht mich noch gefährlicher.“ Zwar wurde in Portugal die alte Ordnung durch den Doublegewinn von Benfica in der Spielzeit 1982/83 noch einmal bestätigt. Fernando Gomes hatte mit 36 Treffern in 29 Ligaspielen allerdings einen neuen persönlichen Rekord aufgestellt, der ihn nicht nur zum vierten Mal zum besten Torjäger Portugals werden ließ. Vor allem war er als zweiter Portugiese nach Eusebio bester europäischer Goalgetter geworden, so dass er Anfang November 1983 in Paris von „France Football“ und „adidas“ mit dem „Golden Schuh“ ausgezeichnet wurde. Das Rennen um den begehrten Ehrenpreis hatte sich in der entscheidenden Phase zu einem Nervenkrieg entwickelt. Bei einem Auswärtsspiel war dem FC Porto ein Strafstoß zugesprochen worden, den Gomes – bekannt als sicherer Elfemeterschütze – verwandeln sollte. Doch: „Den ‚Goldenen Schuh’ so dicht vor Augen, wurde das Tor immer kleiner und der Torwart immer riesiger. Ich habe das Ding verschossen.“ – Zum Glück für Fernando Gomes hat es dann ja aber doch noch geklappt...

Wegen eines Muskelfaserisses erzielte dieser in der Saison 1983/84 dann „nur“ 22 Ligatreffer, die freilich dennoch zum erneuten Gewinn der Torjägerkanone reichten. Ein wenig ärgerte man sich in Porto darüber, dass es in der Meisterschaft hinter Benfica Lissabon abermals nur zu Rang zwei gereicht hatte. Dennoch durften die Verantwortlichen am Ende hochzufrieden sein, da der Verein mit dem Erreichen des Finales im Europacup der Pokalsieger den bis zu diesem Zeitpunkt größten internationalen Erfolg seiner Geschichte gefeiert hatte. Nachdem Porto im Halbfinale den FC Aberdeen mit zwei 1:0-Siegen aus dem Wettbewerb befördert hatte, traf man am 16. Mai 1984 auf Juventus Turin, das im Basler St.-Jakob-Stadion natürlich als klarer Favorit galt. Vor 60.000 Zuschauern wurden die Italiener ihrer Rolle als erster Sieganwärter zunächst auch gerecht, als sie durch Vignola in der 12. Minute in Führung gingen. In der 29. Minute kamen die Blau-Weißen durch Mittelfeldakteur Sousa jedoch zum 1:1, so dass die Karten wieder neu gemischt wurden. Die Entscheidung sollte dann kurz vor der Pause fallen. Juves polnischer Stürmer Zbigniew Boniek nutzte eine Unsicherheit in der Porto-Deckung und erzielte für die Startruppe aus dem Piemont das 2:1, dem Gomes & Co. die ganze zweite Hälfte über vergeblich hinterherliefen.

Bald darauf heiratete Fernando Gomes, der in der in unmittelbarer Nachbarschaft zu Porto gelegenen Ortschaft Miramar eine schicke Villa bewohnte, seine langjährige Freundin Isabelle. Die angehende Medizinerin war die Tochter seines Trainers José Maria Pedroto, der zur Saison 1984/85 allerdings durch Artur Jorge ersetzt wurde. Jorge sollte die Dragões gleich auf Anhieb zur Meisterschaft führen. Von 78 Saisontreffern erzielte Gomes mit 39 exakt die Hälfte, womit er nicht nur in Portugal zum sechsten Mal unangefochtener Torschützenkönig wurde, sondern auch zum zweiten Mal mit der „Bota de Ouro“ ausgezeichnet wurde. „Bota de Ouro“ ist die portugiesische Bezeichnung für den „Goldenen Schuh“, und weil Fernando Gomes diesen zum zweiten Mal gewonnen hatte – was vor ihm nur Landsmann Eusebio und seinem großen Vorbild Gerd Müller gelungen war – sollte er in seiner Heimat fortan auch „Bi-Bota“ genannt werden.

► EINWURF

In der ewigen Torschützenliste der portugiesischen Liga belegt Fernando Gomes mit 318 Toren in 404 Spielen hinter Fernando Peyroteo (331 Treffer) und Eusebio (322) den dritten Platz. Allerdings kommt er lediglich auf einen Schnitt von 0,79 Torerfolgen je Spiel, während Peyroteo (1,68) und Eusebio (0,99) eine wesentlich bessere Trefferquote vorweisen können. – Dagegen ist Fernando Gomes beim FC Porto mit 287 Toren mit weitem Abstand der beste Liga-Torschütze. Dahinter folgen Mario Jardel mit 129 Treffern und Hernani Silva, der von 1950 bis 1964 insgesamt 127-mal eingenetzt hat.

Karriereende bei Sporting Lissabon

Mit 20, 20 und 21 Ligatreffern konnte „Bi-Bota“ in den nächsten drei Spielzeiten nicht mehr in den Kampf um die nationale – geschweige den die kontinentale – Torjägerkrone eingreifen. Dafür sicherte er sich sowohl 1985/86 als auch 1987/88 mit den Blau-Weißen zwei weitere Meistertitel, wobei er letzteren mit dem Sieg im Landespokal krönte. Ausgerechnet beim bis dahin größten Triumph der Vereinsgeschichte war Fernando Gomes nicht mit von der Partie. Da er sich kurz zuvor eine Verletzung zugezogen hatte, musste der Mannschaftskapitän am 27. Mai 1987 von der Tribüne aus mitverfolgen, wie seine Kameraden die Münchner Bayern im Europacupendspiel der Landesmeister im Wiener Praterstadion mit 2:1 bezwangen. In den acht Begegnungen auf dem Weg ins Finale waren ihm fünf Treffer gelungen, wobei er vier davon beim 9:0-Auftakterfolg über den maltesischen Vertreter Rabat Ajax erzielt hatte. Als der FC Porto am 13. Dezember 1987 auf schneebedecktem Rasen im Tokioter Olympiastadion gegen Peñarol Montevideo zum Weltcupfinale antrat, war Gomes dann aber wieder mit von der Partie und erzielte beim 2:1-Verlängerungssieg kurz vor der Pause den ersten Treffer der Dragões.

Mit Beginn der Spielzeit 1988/89 begann sein Stern allmählich zu sinken. In der 1ª Divisão bestritt er lediglich 15 Ligaspiele, in denen bescheidene fünf Tore auf sein Konto gingen. Außerdem musste sich der FC Porto im Abschlussklassement wieder hinter Benfica Lissabon einreihen, womit Gomes' 13. und letzter Saison im blau-weißen Trikot das erhoffte Happyend verwehrt blieb. Nach dem Verlust seines Stammplatzes in Porto fühlte er sich mit noch nicht einmal 33 Jahren aber zu jung, um sich vom aktiven Fußball zurückzuziehen. Kein Wunder für einen Goalgetter, der seine Gefühle beim Toreschießen einmal mit einem Orgasmus verglich.

Daher zögerte er auch keine Sekunde, als ihn Sporting Lissabon im Sommer unter Vertrag nahm. Obwohl Gomes als Stammspieler mit den Leões (hinter dem FC Porto)

immerhin auf Anhieb Vizemeister wurde, zeigte der Saisonverlauf doch allzu deutlich, dass der Knipser von einst seine besten Tage hinter sich hatte, da er in 26 Ligaeinsätzen gerade einmal neunmal ins Schwarze getroffen hatte. Dem Mittdreißiger fehlte inzwischen die Spritzigkeit, um die gegnerischen Abwehrreihen mit seinen Vorstößen aus dem Mittelfeld in Verlegenheit zu bringen.
Bald war klar, dass er nach der Saison 1990/91 seine Fußballschuhe an den Nagel hängen würde. Umso mehr legte er sich bei Sporting noch einmal ins Zeug. Und im Wissen um das nahe Karriereende gelang es Fernando Gomes tatsächlich, wieder an seine Form aus besten Zeiten anzuknüpfen und für den Ligadritten in seinen letzten 37 Einsätzen in der 1ª Divisão summa summarum 22-mal ins Schwarze zu treffen. Hinter Rui Aguas von Benfica Lissabon (25 Treffer) und Domingos vom FC Porto (24) hatte „Bi-Bota" die heimische Torschützenliste damit nochmals auf dem dritten Rang abgeschlossen.

► ZAHLEN UND FAKTEN

Vereine:	1974-1980	FC Porto
	1980-1982	Sporting Gijon
	1982-1989	FC Porto
	1989-1991	Sporting Lissabon

Tore:	404 portugiesische Erstligaspiele (318 Tore)
	27 Spiele Primera División (12 Tore)
	57 Europacup-Spiele (23 Tore)
	3 Weltcup- / ESC-Spiele (1 Tor)
	48 Länderspiele (13 Tore)
gesamt	539 Pflichtspiele (367 Tore)

Erfolge: Portugiesischer Meister
1978, 1979, 1985, 1986, 1988
Portugiesischer Pokalsieger
1977, 1984, 1988
Portugiesischer Supercupsieger
1981, 1983, 1984, 1986
Europacupsieger der Landesmeister 1987
Europäischer Supercupsieger 1987
Weltcupsieger 1987

Portugiesischer Torschützenkönig
1977, 1978, 1979, 1983, 1984, 1985
Europas Torschützenkönig 1983, 1985
Portugals Fußballer des Jahres 1983

In der Nationalmannschaft:

Seitdem die Nationalmannschaft 1966 an der Weltmeisterschaft in England den dritten Platz belegt hatte, war der portugiesische Fußball international in der Versenkung verschwunden. Bis einschließlich 1982 war es der Seleção nicht ein einziges Mal geglückt, sich für eine WM oder EM zu qualifizieren, ehe endlich wieder eine Generation heranwuchs, die auf höchsten Niveau mitzuhalten vermochte. Dieser gehörte auch Fernando Gomes an, mit dem die Portugiesen bei der Europameisterschaft 1984 in Frankreich erstmals seit 18 Jahren wieder an einem großen Turnier vertreten waren. Mit lediglich 13 Toren in 48 Länderspielen liest sich dessen Bilanz im Nationalteam freilich wenig berauschend. Der Grund dafür dürfte vor allem in seiner eher britischen Spielweise gelegen haben, welche nicht mit der südländischen Mentalität in Einklang zu bringen war. Dort, wo man es liebt, mit technisch feinem Spiel, das Leder geradezu ins Tor zu tragen, war ein Stoßstürmer und Kopfballspezialist wie Gomes eben oft fehl am Platz. Für einen Südeuropäer vertrat dieser eine sehr pragmatische Auffassung vom Fußball. Seine Tore betrachtete er lediglich als die Vollendung einer gelungen Kombination, was weit mehr die nord- und zentraleuropäische Nüchternheit widerspiegelt.
Ohnehin brauchte Fernando Gomes eine längere Anlaufzeit, um im Nationaltrikot wenigstens einige Duftmarken zu setzen. Von Leistungen wie jener bei einem Junioren-Länderspiel, in dem ihm gleich sieben Treffer gelungen waren, blieb er im Seniorenbereich meilenweit entfernt. Schon sein Debüt in der A-Nationalmannschaft ist mit verkorkst nur unzureichend umschrieben. Im Rahmen der EM-Qualifikation traf die Seleção am 30. April 1975 in Prag auf die Tschechoslowakei, gegen die sie nach desaströser Vorstellung mit 0:5 unterging. Es dürfte für Gomes nur ein geringer Trost gewesen sein, gegen den kommenden Europameister verloren zu haben, zumal der Auftritt an der Moldau sein letzter für mehrere Monate bleiben sollte.
Nahezu fünf Jahre sollten ins Land gehen, ehe sich Fernando Gomes – nachdem er zuvor dreimal in der 1ª Divisão Torschützenkönig geworden war und inzwischen kurz vor seinem Wechsel ins Ausland stand – endlich auch in der Nationalmannschaft in die Torschützenliste eintragen konnte. Am 26. März 1980 traf Portugal im letzten EM-Qualifikationsspiel im Glasgower Hampden Park auf Schottland, wo er vor 20.233 Zuschauern in der 74. Minute ins Schwarze traf. Der Jubel über den Treffer fiel allerdings wenig überschwänglich aus. Beide Teams waren längst aus dem Rennen um einen der sieben freien Endrundenplätze (neben dem gesetzten Gastgeber Italien) ausgeschieden. Außerdem lagen die Portugiesen zum Zeitpunkt von Gomes' Torerfolg schon mit 0:3 in Rückstand, um nach 90 Minuten mit einer 1:4-Niederlage im Gepäck die Heimreise anzutreten.

Die EM in Frankreich

Nachdem auch die Qualifikation für die Weltmeisterschaft in Spanien verpasst worden war, hatte die Iberer vor der anstehenden Qualifikation für die Europameisterschaft 1984 in Frankreich kaum einer auf der Rechnung, da es diese in der Gruppe 2 mit dem aktuellen WM-Dritten Polen sowie mit dem nicht minder starken sowjetischen Team zu tun bekamen. Wenigstens war zum Auftakt ein Sieg bei Außenseiter Finnland gelungen, ehe am 10. Oktober 1982 Polen in Lissabon gastierte. Vor 75.000 Zuschauern im Estadio da Luz feierten stark aufspielende Gastgeber einen nie erwarteten 2:1-Erfolg, bei dem Gomes in der 81. Minute den entscheidenden zweiten Treffer erzielt hatte, so dass mit 4:0 Punkten im Rücken alles in Butter schien. Schon länger war die Stimmung im portugiesischen Lager allerdings vergiftet, was einmal am wenig harmonischen Verhältnis innerhalb der Mannschaft lag, wo sich die Spieler des FC Porto, von Benfica und Sporting Lissabon untereinander alles andere als grün waren. Zudem rieben sich die meisten Akteure am selbstherrlichen Führungsstil von Trainer Otto Gloria, was am 27. April 1983 zu einem bösen 0:5-Debakel in Moskau führte, bei dem die Mannschaft – wie man so schön sagt – „gegen ihren Trainer" gespielt hat.
Ergo wurde Otto Gloria gefeuert und Fernando Cabrita als Nachfolger installiert, der die Mannschaft völlig überraschend disziplinierte und zur EM-Endrunde führte. Ohne weiteren Treffer galt Gomes im Nationalteam freilich nach wie vor als Mitläufer. Vermutlich durfte er nur deshalb mit nach Frankreich fahren, weil er in der heimischen Liga Tore wie am Fließband erzielte. Nach dem Gewinn des „Goldenen Schuhs" 1982/83 fiel er in der kommenden Saison wegen eines Muskelfaserisses zwar mehrere

Monate aus. Allerdings traf er bei seinem Comeback am 18. März 1984 gegen Sporting Lissabon gleich wieder ins Schwarze, so dass Fernando Cabrita berechtigte Hoffungen auf eine spürbare Leistungssteigerung bei der Europameisterschaft hegen durfte.

Diese sollte freilich erneut ausbleiben. Und das, obwohl Portugal als EM-Dritter zu den Überraschungsteams in Frankreich zählte. Schon in der Vorrunde suchten die Lusitanier ihr Heil allerdings vornehmlich in der Defensive, weshalb Fernando Gomes – wenn dieser überhaupt mit von der Partie war – als lauernder Strafraumstürmer zumeist wirkungslos blieb. Nachdem er beim müden 0:0-Aufgalopp gegen die Bundesrepublik erst sechs Minuten vor Schluss für Jordão eingewechselt worden war, kam er beim 1:1 gegen Spanien gar nicht zum Zug. Erst im dritten Gruppenspiel gegen Rumänien durfte er über die gesamte Spielzeit ran, ohne jedoch einen bleibenden Eindruck zu hinterlassen. Der einzige Treffer des Tages nach 81 Minuten war auf das Konto des eingewechselten Nene gegangen. Im Semifinale lieferten die Portugiesen Gastgeber Frankreich dann ein heißes Duell, das erst in der Verlängerung mit 2:3 verloren ging. Nach seiner Einwechslung zur Halbzeit war das Spiel an Fernando Gomes jedoch erneut vorbeigelaufen, so dass außer einer gelben Karte in der Verlängerung nichts Nennenswertes in Erinnerung blieb.

Ein Trainingslager in Mexiko

In der WM-Qualifikation für Mexiko bekam es die Seleção erneut mit schweren Gegnern zu tun. Dabei gelang zum Auftakt ein 1:0 in Schweden, welches Gomes mit seinem dritten Länderspieltreffer sichergestellt hatte. Gegen Malta war er dann mit vier Torerfolgen ganz wesentlich für die beiden Pflichtsiege (3:1 und 3:2) verantwortlich, so dass sich Portugal mit dem abschließenden 1:0-Erfolg über Deutschland in Stuttgart für die Titelkämpfe in Mexiko qualifizieren konnte. Der Sieg über den kommenden Vizeweltmeister vom 16. Oktober 1985 hatte dabei historische Dimensionen, da die DFB-Elf in einem WM-Qualifikationsspiel erstmals eine Niederlage kassiert hatte. In den Vorbereitungen auf die WM gelangen Gomes gegen Luxemburg (2:0) und die DDR (1:3) zwei weitere Treffer, womit der aktuelle Toptorjäger Europas endlich auch in der Nationalmannschaft den Ansprüchen genügte.

Trotz des Aufschwungs wurde die erste WM-Teilnahme der Portugiesen nach 20 Jahren nicht zum erhofften Karrierehöhepunkt. Im Gegenteil: Wegen erneuter interner Streitigkeiten mündeten die Spiele von Mexiko in Gomes' vorzeitigem Rückzug aus dem Nationalteam. Die Portugiesen hatten mit England, Polen sowie Außenseiter Marokko nicht nur eine abermals schwere Gruppe zugelost bekommen. Vor allem mussten sie zwei Partien in Monterrey absolvieren, was wegen der geringen Höhenlage der Stadt – diese liegt nur auf 522 m über N.N. – als riesiger Nachteil galt. Um sich für den weiteren Turnierverlauf auf die vermeintlich bevorstehenden Spiele in dünner Luft vorzubereiten, entschied der Verband, die Mannschaft in Saltillo einzuquartieren, was sich im Nachhinein als fataler Fehler erwies.

Die auf 1.600 m gelegene Hauptstadt des Bundesstaates Coahuila reizte die Spieler wegen ihre Grenznähe zu Texas zu mehreren Einkaufstouren in die USA, so dass sich im portugiesischen Quartier alsbald Urlaubsstimmung breit machte. Die Zustände in Saltillo wurden immer chaotischer. Bei einem Trainingskick gegen eine Lokalauswahl gab Gomes' Sturmpartner Diamantino auf dem Spielfeld nebenher ein Interview, was die WM-Vorbereitung vollends ins Lächerliche zog. Die „Saltillo-Affäre" nahm ihren Lauf, als die in der Presse für ihr Verhalten scharf kritisierten Spieler höhere Prämien aushandeln wollten und mit einem Medienboykott drohten.

Nur mühsam konnte ein brüchiger Burgfrieden hergestellt werden, womit es schon einigermaßen überraschend kam, dass Portugal am 3. Juni mit einem 1:0 über England (Tor: Carlos Manuel) ins Turnier startete. Fernando Gomes wirkte als Mannschaftskapitän bis zur 69. Minute mit, ehe er für Paulo Futre vom Platz musste. Vier Tage später wurde Gomes gegen Polen dann als einziger portugiesischer Angreifer eingesetzt. Trainer José Torres versuchte mit aller Gewalt ein Remis zu ermauern, was nach einem Gegentor von Smolarek nach der Pause allerdings misslang. Zum Zeitpunkt des polnischen Treffers war Gomes abermals für Futre ausgewechselt worden. Durch die abschließende 1:3-Blamage gegen Marokko, bei der Gomes als „Höhepunkt" seiner WM-Karriere nach 67 Minuten die gelbe Karte gesehen hatte, beendete die Seleção ihre Gruppe als Letzter, womit in den heimischen Medien die Aufarbeitung der „Saltillo-Affäre" begann.

Natürlich wurden die chaotischen Zustände im Trainingsquartier für das frühe Ausscheiden verantwortlich gemacht, was schließlich dazu führte, dass elf WM-Fahrer – darunter Fernando Gomes – als Hauptschuldige aus der Nationalmannschaft ausgeschlossen wurden. Nach dieser Entscheidung erklärte auch der Rest des WM-Kaders aus Solidarität seinen Rückzug aus der Seleção, womit das äußerst schmachvolle Ende einer einst mit großen Ambitionen gestarteten Generation besiegelt war. Ohne seine Topspieler lief für Portugal in der anschließenden EM-Qualifikation nichts mehr zusammen. Früh stand fest, dass das Turnier in der Bundesrepublik ohne die Iberer stattfinden würde, was schon deshalb ärgerlich war, weil sich der Aufschwung des portugiesischen Fußballs mit dem Europacupsieg des FC Porto 1987 fortgesetzt hatte. Immerhin sollte es für Fernando Gomes noch zur Versöhnung mit dem Nationalteam kommen. Nach seiner „Begnadigung" kam er am 23. September 1987 zum Comeback und erzielte beim 1:0 in Schweden den Treffer des Tages. Und auch beim 48. und letzten Länderspieleinsatz am 16. November 1988 gegen Luxemburg (1:0) sollte er sich mit seinem 13. Tor von der Seleção verabschieden.

Saison	Europacup		Liga		Lsp.	
	Sp.	T.	Sp.	T.	Sp.	T.
1974/75	?	0	24	14	1	0
1975/76			23	10	3	0
1976/77	1	0	28	26		
1977/78	2	1	25	25	1	0
1978/79	?	1	29	27	4	0
1979/80	?	2	29	22	4	2
1980/81	?	0	4	1	1	0
1981/82			23	11	2	0
1982/83	?	1	29	36	7	1
1983/84	?	4	23	22	9	1
1984/85	4	0	30	39	7	3
1985/86	4	4	30	20	7	4
1986/87	8	5	26	20		
1987/88	1	0	30	21	1	1
1988/89	3	0	15	5	1	1
1989/90	2	0	26	9		
1990/91	10	5	37	22		

Jimmy Greaves
Der verhinderte Weltmeister

Als waschechter Londoner kam James Peter Greaves am 20. Februar 1940 in East Ham im Nordosten der englischen Hauptstadt zur Welt. Fast während seiner gesamten Karriere blieb „Jimmy" – wie Greaves in Fußballerkreisen genannt wird – der Themsemetropole treu, wo er für drei verschiedene Vereine (Chelsea, Tottenham und West Ham) aktiv war. Auch die Krönung seiner Laufbahn hätte eigentlich in London stattfinden sollen. Beim WM-Endspiel am 30. Juli 1966 im Wembley-Stadion musste Greaves allerdings zusehen, weil Alf Ramsey auf seine Dienste verzichtete, nachdem er sich in der Vorrunde eine Verletzung zugezogen und der englische Teammanager inzwischen seine Wunschformation eingespielt hatte.

Blitzstart an der Stamford Bridge

Seine Profilaufbahn begann Jimmy Greaves beim FC Chelsea, wo er heute als das wohl beste Eigengewächs der Klubgeschichte gilt. Die Blues hatten den überraschenden Titelgewinn aus der Spielzeit 1954/55 nicht bestätigen können und waren in den Jahren danach wieder ins Mittelfeld der First Division abgerutscht. Der 1952 ausgeschiedene Manager Billy Birrel hatte jedoch ein engmaschiges Scouting-System hinterlassen, welches dem damals wenig begüterten Verein das Überleben sicherte. Die Talentsichter des FC Chelsea waren 1956 auch auf den 16-jährigen Jimmy Greaves aus East Ham aufmerksam geworden, den sie für die eigene Jugendabteilung gewannen, wo dieser auf Anhieb zu den auffälligsten Akteuren zählte. Insgesamt 114 Tore in der Nachwuchsauswahl geben davon ein beredtes Zeugnis.

Da die Mannschaft aus dem Stadtteil Fulham allenfalls über durchschnittliche Spieler verfügte, kam es nicht überraschend, dass Manager Ted Drake recht bald auf die Dienste des Youngsters setzte. Im ersten Spiel der Saison 1957/58 wurde Greaves gegen Tottenham Hotspur in der ersten Elf eingesetzt, wo er im Alter von 17 Jahren beim 1:1 gleich einen Treffer erzielte. Was ihn bei seinem Debüt am 24. August 1957 gelungen war, sollte ihm auch bei seinen späteren Profistationen glücken. Regelmäßig zählte Greaves beim ersten Einsatz im neuen Trikot zu den Torschützen, womit er sich bei den Fans sogleich beliebt machte. Im Chelsea-Dress entpuppte sich der Newcomer schon in seiner Premierensaison als der perfekte Stürmer, der nicht nur beidfüßig stark war und durch seine enge Ballführung überzeugte, sondern auch mit pfeilschnellen Tempodribblings jede Abwehrreihe in Verlegenheit bringen konnte. Die Älteren fühlten sich an den legendären Dixie Dean erinnert, dessen einmalige Qualitäten vor dem gegnerischen Gehäuse seither keiner mehr erreicht hatte. Bis eben Jimmy Greaves kam, der genau wie der einstige Everton-Star schon in jungen Jahren über eiskalte Vollstrecker-Qualitäten verfügte. Seine Quote von 0,67 Toren in der ersten englischen Liga ist umso beeindruckender, weil das Spiel seit den Tagen Deans in taktischer Hinsicht wesentlich variabler geworden war und nicht mehr allein der Mittelstürmer für das Toreschießen verantwortlich zeichnete.

Der Schotte Johnny McNichol war bei Chelsea Jimmy Greaves' Vorgänger auf der Mittelstürmerposition und gewann mit den Blues 1955 den Meistertitel.

Unter seinem Mentor Ted Drake avancierte Jimmy Greaves schnell zum Stammspieler. In vier Spielzeiten im Chelsea-Trikot bestritt er 157 Liga-Spiele, in denen er 124-mal ins Schwarze traf. Gleich in seiner Premierensaison erzielte er 22 Tore in 35 Ligaspielen. Von einem Spitzenteam war Chelsea jedoch auch im dritten Jahr nach seinem Sensationstitel meilenweit entfernt, was der elfte Tabellenplatz am Ende der Spielzeit 1957/58 belegt. Hauptrivale im Kampf um den Platz im Sturmzentrum war Johnny McNichol, der nach seinem Wechsel von Brighton & Hove Albion zu den Blues in 181 Ligaeinsätzen an der Themse 59 Tore erzielen konnte. Als Angehöriger der Meistermannschaft von 1955 war er anfangs natürlich gesetzt, doch sollte ihn der junge Greaves in Windeseile vergessen machen. Im Sommer 1958 räumte McNichol freiwillig seinen Platz und schloss sich Crystal Palace an.

> **► EINWURF**
> *Zwischen 1985 und 1992 präsentierte Jimmy Greaves gemeinsam mit Ian St. John die populäre Fußballshow „Saint and Greavsie" im Privatsender ITV. Der Schotte Ian St. John war in den sechziger Jahren als Mittelstürmer des FC Liverpool aktiv. Die 30-minütige Show am frühen Samstagnachmittag lebte vor allem davon, dass sich die beiden Co-Moderatoren mit ihren Gags gegenseitig aufzogen. Immer wieder ließ sich Greaves auf humorvolle Weise über schottische Torleute aus, was beim Studiopublikum bestens ankam. Als ITV die Senderechte an der Premier League 1992 verlor, wurde das Format eingestellt.*

Der in Kilmarnock geborene Schotte nahm es Jimmy Greaves nie übel, ihn aus dem Team vertrieben zu haben. Im Gegenteil. McNichol war voll des Lobes: „Es bestand nie ein Zweifel daran, dass ich meinen Stammplatz an ihn verlieren würde. Anfangs haben wir gut zusammengearbeitet. Er nahm jeden meiner Ratschläge gerne an – und setzte diesen unverzüglich in die Tat um. Bald war er einer der besten Stürmer der Welt." Aber auch Jimmy Greaves erkannte die Qualitäten seines „Lehrmeisters" an. Während er die Meistermannschaft des FC Chelsea als die talentfreiste des englischen Fußballs abqualifizierte, nahm er McNichol von seiner Kritik aus und nannte den Schotten den „einzigen Fußballspieler im Team".

Nach dessen Weggang war Greaves die unumstrittene Nummer 1 in der Sturmmitte. Seine 33 Treffer in der Saison 1958/59 sowie die 41 aus der Spielzeit 1960/61 bescherten ihm gleich zweimal den begehrten Titel des Torschützenkönigs. Noch heute markiert seine Trefferzahl aus der Saison 1960/61 den vereinsinternen Rekord. Auch sonst konnte Greaves an der Stamford Bridge einige bemerkenswerte Marken setzen: In nicht weniger als 13 Ligaspielen erzielte er drei Treffer. Besonders der Hattrick am 19. November 1960 gegen Manchester City besaß historischen Charakter. Beim 6:3 erzielte „Greavsie" im Alter von exakt 20 Jahren und 290 Tagen seinen 100. Karrieretreffer in der First Division. Nie wieder sollte ein Spieler schon in so jungen Jahren die 100-Tore-Marke knacken.

Eines sollte sich trotz der Qualitäten eines Jimmy Greaves an der Stamford Bridge freilich nicht ändern. Chelsea kam über Platzierungen im tabellarischen Niemandsland nicht hinaus, was die finanzielle Lage des Vereins Anfang der sechziger Jahre erheblich verschärfte. In der Saison 1960/61 war der Zuschauerschnitt als Folge der dürftigen sportlichen Leistungen der Mannschaft auf nur noch 27.013 Besucher je Spiel eingebrochen, nachdem zwei Jahre zuvor noch durchschnittlich 39.423 Fans zu den Heimspielen an die Stamford Bridge gepilgert waren. Im Frühjahr 1961 standen die Interessenten für den Mittelstürmer der Blues Schlange, so dass dessen Weggang im Mai schon bald beschlossene Sache war. Greaves wollte hingegen gerne an der Themse bleiben und lehnte sogar ein lukratives Angebot von Newcastle United ab. Dann allerdings riefen die Bosse des AC Mailand derart verlockende Summen auf, dass der Wechsel in die Serie A nicht mehr zu verhindern war. Chelsea brauchte das Geld, weshalb „Greavsie" nicht ganz freiwillig seine Zelte in Italien aufschlagen musste.

Im Dress des AC Mailand bestritt Jimmy Greaves im Herbst 1961 zwölf Ligaspiele in der Serie A, in denen er neun Tore erzielte. Bei seiner Premiere gegen Botafogo (im Bild) war er gleich zweimal erfolgreich. Danach setzte „Greavsie" seine Laufbahn bei Tottenham Hotspur fort.

Sein letzter Auftritt an der Stamford Bridge am 29. April 1961 wurde zu einem unvergesslichen Erlebnis. Manager Ted Drake hatte den Publikumsliebling im Spiel gegen Nottingham Forest zum Kapitän bestimmt, was Greaves in ganz besonderem Maße motivierte. Beim 4:3-Erfolg war er nicht zu bremsen und verabschiedete sich mit vier Treffern von seinen Fans. Die sollten in der kommenden Saison dann schmerzhaft vor Augen geführt bekommen, wie wichtig Greaves trotz seiner erst 21 Jahre für die Mannschaft war. Ohne seinen Mittelstürmer sackte der FC Chelsea im Spieljahr 1961/62 auf den letzten Platz ab und musste den schmerzhaften Gang in die Zweitklassigkeit antreten, nachdem es im Vorjahr auf dem zwölften Tabellenplatz noch problemlos zum Klassenerhalt gereicht hatte.

Nach Rekordablöse zu den „Spurs"

Aber auch Jimmy Greaves sollte in Italien nicht glücklich werden. Und das, obwohl er bei Milan seiner Linie treu blieb und gleich im ersten Einsatz im neuen Trikot zu den Torschützen zählte. 2:2 trennten sich die Rossoneri in einem Freundschaftsspiel in der Saisonvorbereitung vom brasilianischen Klub Botafogo Rio de Janeiro, wobei der englische Neuzugang beide Treffer erzielte. Auch in der Liga erfüllte Greaves mit neun Toren in zwölf Einsätzen durchaus die in ihn gesetzten Erwartungen. Doch überwarf er sich bald mit Milan-Trainer Nereo Rocco, der sich vor allem am extravaganten Auftreten des England-Imports störte. So kam es, dass Jimmy Greaves nach nur wenigen Monaten der Serie A „Arrivederci" sagte, um in seine Heimatstadt London zurückzukehren.

Greaves' erster Ansprechpartner war sein Heimatverein FC Chelsea, der jedoch nicht über die nötige Barschaft verfügte, um sich am Bieterwettstreit um den Nationalspieler zu beteiligen. Im Gegensatz zu den Blues zählte Tottenham Hotspur seinerzeit zu den absoluten Topadressen im Fußballmutterland. Die Spurs hatten in der Saison 1960/61 als erster Verein seit 64 Jahren das begehrte Double gewonnen, was Manager Bill Nicholson in die glückliche Lage versetzte, für seinen Wunschspieler die Summe von 99.999 £ auf den Tisch zu blättern. Den Betrag von 100.000 £ hatte man nur deswegen knapp unterschritten, weil man Greaves den Druck nehmen wollte, als erster Spieler auf der Insel für eine sechsstellige Ablöse den Arbeitgeber gewechselt zu haben. Da „Greavsie" aber auch bei seinem neuen Klub weiterhin Tore wie am Fließband erzielte, zeigte sich bald, dass diese Befürchtungen unbegründet waren. Seine 220 Ligatreffer in 321 Spielen für die Lilywhites markieren bis heute immer noch den vereinsinternen Rekord.

Wieder war Greaves bei seinem Debüt am 16. Dezember 1961 an der White Hart Lane gegen den FC Blackpool voll auf der Höhe und führte sich beim 5:2-Erfolg als dreifacher Torschütze blendend ein. Auch im weiteren Saisonverlauf zeigte er sich beim amtierenden Meister als absolute Bereicherung und erzielte in 22 Ligaeinsätzen beachtliche 21 Tore. Obwohl die Spurs als Dritte die Titelverteidigung um vier Zähler am Ende knapp verfehlten, war es für Greaves doch ein völlig neues Gefühl, in einer Spitzenmannschaft zu spielen. In fußballerischer Hinsicht erwies sich der Wechsel zu den „Superspurs" als absoluter Glücksfall. Mit Akteuren wie dem aus Nordirland stammenden Kapitän Danny Blanchflower, Regisseur John White oder der nimmermüden Mittelfeld-Arbeitsbiene Dave Mackay verfügten diese über eine Elf, die in spielerischer Hinsicht in England unübertroffen war. Darüber hinaus war in der First Division – anders als etwa in Italien mit dem berüchtigten Catenaccio – in den frühen sechziger Jahren Offensivfußball Trumpf, was Greaves' Spielauffassung fraglos entgegenkam.

Ohne Übertreibung kann man den gebürtigen Londoner als einen der besten englischen Fußballer seiner Zeit bezeichnen. Überaus beliebt war Greaves jedoch nie, was vor allem daran lag, dass er sich seine Tore nicht wirklich „erarbeiten" musste. Als Folge seines außergewöhnlichen Torinstinkts schien ihm vielmehr alles in den Schoß zu fallen, was besonders bei den gegnerischen Fans, statt der gebührenden Anerkennung, Neid hervorrief. Die spielerische Leichtigkeit seines Fußballerdaseins, die dem Beobachter mitunter als Arroganz erschien, war möglicherweise auch der Grund, weshalb er nie zu Englands Spieler des Jahres gewählt wurde.

Im Dress des FC Chelsea kam Jimmy Greaves zwischen 1957 und 1961 in 157 Ligaspielen zum Einsatz und erzielte dabei 124 Tore. Der gebürtige Londoner kickte in seiner Heimstadt außerdem noch für Tottenham Hotspur und West Ham United.

Der Neuzugang im Team der „Superspurs" konnte gleich in der ersten Saison an der White Hart Lane mit dem Gewinn des FA-Cups den ersten großen Titel seiner Karriere abgreifen. Schon auf dem Weg ins Endspiel zeigte sich der Mittelstürmer in Galaform und erzielte in sechs Spielen acht Treffer. Besonders wichtig waren seine beiden Tore zum Auftakt bei Birmingham City (3:3), mit denen ein Wiederholungsspiel erzwungen wurde, das vier Tage später – auch dank eines weiteren Greaves-Treffers – mit einem 4:2-Sieg in die Annalen einging. Auch im Achtelfinale führten seine beiden Torerfolge zu einem 4:2 über West Bromwich Albion. Das Endspiel am 5. Mai 1962 gegen den FC Burnley entwickelte sich dann jedoch zu einem schrecklichen Langweiler, weshalb es auch als „chessboard final" in die Geschichtsbücher eingegangen ist. Das Treiben auf dem sattgrünen Rasen im Schatten der Twin Towers glich über 90 Minuten also mehr einem Schach- denn einem Fußballspiel, endete für den Titelverteidiger aus London aber immerhin mit dem erhofften Sieg. Bereits nach drei Minuten hatten die Spurs erstmals Grund zum Jubeln, als Jimmy Greaves mit dem neunten Treffer im laufenden Wettbewerb seine Elf in Führung schoss. Nach dem Ausgleich durch Robson sowie zwei weiteren Spurs-Treffern in der Schlussphase durch Smith und Blanchflower lautete das Endresultat 3:1.

► EINWURF

Nachdem Jimmy Greaves bereits 1959 und 1961 die englische Torjägerkrone im Chelsea-Dress erobert hatte, sollte ihm dieses Kunststück als Spieler der Spurs noch vier weitere Male glücken (1963, 1964, 1965 und 1969). Sechsmal englischer Toptorjäger – eine einmalige Bestmarke, die bis zum heutigen Tag unerreicht geblieben ist!

In der Liga konnte sich Tottenham Hotspur in den nächsten drei Jahren nicht zuletzt dank Jimmy Greaves mit den Rängen 2, 4 und 6 in der Spitzengruppe behaupten. Nachdem der Mittelstürmer 1962/63 mit seinen 37 Saisontreffern einen neuen, bis heute gültigen Vereinsrekord aufgestellt hatte, traf er in den beiden kommenden Jahren 35 bzw. 25-mal in die gegnerischen Maschen, was ihm dreimal in Serie die nationale Torjägerkrone bescherte. Darüber hinaus gehörte Greaves jener Elf an, die 1962/63 als erste in England einen Europacup an Land ziehen konnte. Im Finale bekamen es die Spurs am 15. Mai 1963 in Rotterdam mit Titelverteidiger Atletico Madrid zu tun, so dass die 49.000 Zuschauer eigentlich ein enges Spiel erwarteten. An diesem Abend hatten die Spanier gegen die Heißsporne allerdings nicht den Hauch einer Chance und wurden mit 5:1 niedergewalzt. Jimmy Greaves hatte den Torreigen in der 16. Minute eröffnet, ehe er zehn Minuten vor Schluss seinen fünften und letzten Treffer im laufenden Wettbewerb anbringen konnte.

Ausgerechnet in der WM-Saison 1965/66 hatte der Halbrechte von Tottenham dann einen längeren Durchhänger. Wegen einer Verletzung bestritt er nur 29 Ligaspiele, in denen er 15 Treffer erzielte. Zwar wurde Greaves für den WM-Kader nominiert. Eine weitere Verletzung während des Turniers sollte ihm jedoch in Sachen Karrierekrönung einen Strich durch die Rechnung machen. Mit dem FA-Cup-Triumph am 20. Mai 1967 konnte er schließlich den dritten wichtigen Titel in seiner Laufbahn verbuchen. Auf dem Weg ins Endspiel erzielte Greaves sechs Treffer, den letzten beim hart erkämpften 2:1-Semifinalerfolg über Nottingham Forest. Seine Kaltschnäuzigkeit stellte er auch im Achtelfinale gegen Bristol City an der White Hart Lane unter Beweis, als seine beiden Tore (darunter ein Strafstoß) den 2:0-Erfolg gegen den Zweitligisten besiegelten. Im Endspiel kam es zum Wiedersehen mit seinem Ex-Klub Chelsea, der nach Ablauf der 90 Minuten mit 2:1 geschlagen war. Noch einmal sollte „Greavsie" im Spurs-Trikot auf sich aufmerksam machen: In der Saison 1968/69 konnte er dank seiner 27 Treffer zum sechsten und letzten Mal Torschützenkönig der First Division werden.

Im FA-Cup-Halbfinale am 31. März 1962 bejubelt Jimmy Greaves (weißes Trikot) im Hillsborough-Stadion von Sheffield gegen Manchester United bereits in der 4. Minute das 1:0 für die Spurs, die schließlich mit 3:1 die Oberhand behalten und ins Endspiel einziehen. Auch im „chessboard final" gegen den FC Burnley zählt Greaves zu den Torschützen, womit er gleich im ersten Jahr an der White Hart Lane einen Titelgewinn feiern darf.

Die andere Seite des Profigeschäfts

In der zweiten Hälfte der sechziger Jahre konnte Jimmy Greaves nicht mehr an die herausragenden Torquoten zu Anfang seiner Karriere heranreichen. Dies lag einmal daran, dass das Team der „Superspurs" nach dem verletzungsbedingten Karriereende Danny Blanchflowers und Dave Mackays sowie dem Tod John Whites, der auf einem Golfplatz vom Blitz erschlagen wurde, langsam auseinander zu fallen begann. Aber auch die taktischen Veränderungen im Fußball machten sich für Greaves in zunehmendem Maße negativ bemerkbar. Die voranschreitende Kommerzialisierung hatte zur Folge, dass allein um des Erfolgs willen auch auf der Insel die Teams immer defensiver auftraten. „Meine Karriere fand in einer Zeit statt, in der das Spiel langsam krank wurde und Verlieren plötzlich ein Schimpfwort war", so Greaves.

Es waren allerdings auch persönliche Ursachen, die sich negativ auf Greaves' Karriereverlauf auswirkten. Schon zu seiner Zeit bei Tottenham hatte er das Trinken begonnen, wobei die mannschaftsinternen Strukturen den Zugang zum Alkohol forcierten. Um es deutlich zu sagen: Mehr oder minder exzessives Saufen gehörte im englischen Fußball in den „Swinging Sixties" zum guten Ton! Ein labiler Charakter wie Greaves, der zudem lange unter dem Tod seines ersten Sohnes litt, der 1960 im Alter von vier Monaten verstorben war, trank nach dem Training dann schnell das eine oder andere Glas über den Durst, was ihn schleichend zum Alkoholiker werden ließ. Besonders nach seinem Wechsel zu West Ham United am Ende der Spielzeit 1969/70 nahm der Alkoholkonsum dann auf besorgniserregende Weise zu. Seine Mitspieler Bobby Moore, Frank Lampard Sr. und Harry Redknapp galten als Stammgäste in den Londoner Pubs, denen sich der trinkfreudige Greaves liebend gern anschloss. Da die Medienöffentlichkeit damals noch nicht an allen Ecken und Enden lauerte, nahm von den Saufgelagen der Hammers-Stars zunächst keiner Notiz. Die Hauptsache war, diese waren zum Training wieder einigermaßen fit. Dann drückte auch der nicht gerade zu beneidende Manager Ron Greenwood ein oder gleich beide Augen zu.

Greenwood war es auch, der – wissend um die wenig stabile Verfassung seiner Spieler – zu Beginn des Jahres 1971 vollmundig die Teilnahme am Pokalfinale als Saisonziel ausgab, nachdem der Zug in der Liga wieder einmal längst abgefahren war. Damit wollte Greenwood an alte Pokaltraditionen anknüpfen, die dem Verein 1964 den FA-Cup und im Jahr darauf sogar den Europapokal der Pokalsieger beschert hatten. Als „Mannschaft für die gewissen Stunden" schienen Moore & Co. trotz ihrer Trinkfestigkeit geeignet, zumindest sporadisch Höchstleistungen abzurufen. Am 2. Januar sollten die Hammers zum Pokalspiel beim FC Blackpool antreten. Schon am Vorabend war die Mannschaft in die nordwestenglische Hafenstadt angereist, um sich auf die Partie vorzubereiten. Vorbereiten bedeutete in diesem Fall jedoch vor allem, sich im Mannschaftskreis „einzutrinken", was nicht zuletzt Greaves gewohnt ausgiebig tat. Techniker der BBC streuten das Gerücht, das Pokalspiel sei wegen der Unbespielbarkeit des Platzes abgesagt, weshalb sich Greaves zusammen mit einigen besonders „geeichten" Kameraden aufmachte, um außerhalb des Teamhotels weiter zu bechern, was nun eigentlich nicht wirklich unüblich war. Dumm nur, dass die Partie gegen Blackpool schließlich doch stattfand und für die verkaterte West-Ham-Truppe mit einer 0:4-Klatsche endete. Zu allem Überfluss hatten mehrere Fans „Greavsie" dabei beobachtet, wie dieser sich das süffige Lager gleich im Dutzend hinter die Binde gegossen und ihn bei der Regenbogenpresse verpfiffen hatte. Der Boulevard trat die Alkoholeskapaden bei den Hammers genüsslich breit, so dass auch Manager Greenwood nicht anders konnte, als die Sünder zu suspendieren. Wenig später hängte Jimmy Greaves im Alter von 31 Jahren die Töppen an den berühmten Nagel.

Mit dem Ende der aktiven Laufbahn waren die Probleme jedoch keineswegs beseitigt. Im Gegenteil: Greaves, der sein gesamtes bisheriges Leben praktisch ausschließlich auf dem Fußballplatz zugebracht hatte, wusste nun erst recht nichts mit sich anzufangen. Als Ex-Profi war er in der Londoner Kneipenszene ein gern gesehener Gast. Und so fanden die Alkoholexzesse ihre Fortsetzung und gleichzeitige Steigerung. Mitte der siebziger Jahre stand Greaves, der eine Zeitlang Inhaber mehrerer kleiner Firmen war, dann endgültig vor dem Nichts. Seine Frau Irene, mit der er seit 1958 verheiratet war und vier gemeinsame Kinder hatte, ließ ihn sitzen, während seine Trunksucht die letzten finanziellen Reserven aufgefressen hatte. In seiner Autobiographie beschreibt er, wie er mit dem letzten Rest an Selbstachtung den Weg zu den Anonymen Alkoholikern fand, die ihm den Weg zurück in ein normales Leben wiesen. Greaves kehrte sogar noch einmal auf den Fußballplatz zurück, wobei er vor allem als Spieler des FC Barnet einen nachhaltigen Eindruck hinterließ. Zwischen 1977 und 1979 erzielte er für den Londoner Southern-League-Klub 16 Tore in 56 Spielen. Auch sein Sohn Danny sollte zu Beginn der achtziger Jahre eine Profikarriere bei Southend United startet. Danny erging es jedoch wie vielen Söhnen berühmter Fußballer: Vom Talent des Vaters konnte der Filius nur träumen...

► ZAHLEN UND FAKTEN

Vereine:	1957-1961	Chelsea FC London
	1961	AC Mailand
	1961-1970	Tottenham Hotspur
	1970-1971	West Ham United
	1975-1976	Brentwood Town
	1976-1977	Chelmsford City
	1977-1979	FC Barnet
	1979-1980	Woodford Town

Tore: 516 First-Division-Spiele (357 Tore)
12 Serie-A-Spiele (9 Tore)
56 Southern-League-Spiele (16 Tore)
44 FA-Cup-Spiele (35 Tore)
11 englische Liga-Cup-Spiele (7 Tore)
17 Europacup-Spiele (12 Tore)
57 Länderspiele (44 Tore)
gesamt 713 Pflichtspiele (480 Tore)

Erfolge: FA-Cup-Sieger 1962, 1967
Charity-Shield-Sieger 1962, 1967
Europacup der Pokalsieger 1963
Weltmeister 1966

Englischer Torschützenkönig
1959, 1961, 1963, 1964, 1965, 1969

In der Nationalmannschaft:

Nach seinem starken Debüt im Chelsea-Trikot galt Jimmy Greaves schnell als „Wunderkind" des englischen Fußballs, weshalb ihn Teammanager Walter Winterbottom auf die nachsaisonale Amerikatournee im Mai 1959 mitnahm. Hier kam der Halbrechte am 17. des Monats in Lima gegen Peru zu seinem Länderspieldebüt und war bei der 1:4-Niederlage in einer ansonsten enttäuschenden Mannschaft als Schütze des einzigen Tores einer der wenigen Lichtblicke. Auch in der Partie gegen Mexiko (1:2) und dem abschließenden 8:1-Kantersieg in Los Angeles über die USA stand der Angreifer auf dem Rasen, ohne dass ihm ein weiterer Torerfolg vergönnt war. Als Durchbruch können seine Auftritte im Rahmen der „Home Championship" 1960/61 betrachtet werden. Bei der damals noch ausgetragenen innerbritischen Meisterschaft erzielte Greaves in den drei Spielen gegen Nordirland (5:2), Wales (5:1) und Schottland (9:3) sieben Treffer, wurde Torschützenkönig und hatte damit entscheidenden Anteil am englischen Turniersieg. Beim Erfolg über Schottland erzielte er im Wembley-Stadion drei Tore. Mindestens drei Treffer in einem Länderspiel sollten ihm insgesamt sechsmal gelingen, ein in England bis heute unübertroffener Rekord. Ohnehin setzte Greaves in jener Zeit einige Meilensteine: Ebenfalls eine noch gültige Bestmarke stellen die 13 Tore dar, die er in der Länderspielsaison 1960/61 erzielt hat. Beim 5:1 über Wales war der Goalgetter am 23. November 1960 darüber hinaus für den 1.000 Treffer in der englischen Länderspielgeschichte zuständig.

Viertelfinal-Aus für Hundefänger Greaves

Im Rahmen der WM-Qualifikation für Chile 1962 wurde Greaves lediglich in den beiden ersten Partien in Luxemburg (9:0) und Portugal (1:1) eingesetzt. Gegen die überforderten Luxemburger war er am 15. Oktober 1960 dreimal erfolgreich, während er im Nationalstadion von Lissabon keinen Treffer erzielen konnte. Nach seinem Wechsel ins Ausland wurde Greaves in den Rückspielen vor eigenem Publikum dann nicht nominiert, was sich auf die Qualifikation für die WM in Chile freilich nicht negativ auswirkte, da England beide Begegnungen für sich entschied. Dennoch waren die Experten der Meinung, der „abtrünnige Greaves" habe seinem Team zumindest in spielerischer Hinsicht arg gefehlt.

► EINWURF

Mit seinem Hattrick gegen Nordirland am 3. Oktober 1964 konnte Jimmy Greaves Bobby Charlton als Rekordtorschütze der englischen Nationalelf überholen. Seinem 35. Treffer ließ „Greavsie" bis Mai 1967 neun weitere folgen. Da aber auch Charlton weiterhin aktiv blieb, bot sich dem ManU-Spieler die Gelegenheit „zurückzuschlagen". Knapp ein Jahr nach Greaves' 44. Länderspieltor gegen Spanien konnte Charlton dessen Rekord gegen denselben Gegner egalisieren und bis 1970 auf insgesamt 49 Treffer ausbauen, die noch heute den nationalen Bestwert markieren. Auch Gary Lineker ist 1991 an Greaves vorbeigezogen und bringt es auf 48 Treffer. Freilich ist Greaves' Trefferquote deutlich besser: Pro Länderspieleinsatz kam er auf 0,771 Tore, derweil Charlton (0,462) und Lineker (0,600) weniger effektiv waren. Von den englischen Nationalspielern, die mehr als 30-mal für ihr Land zum Einsatz kamen, kann nur Nathaniel Lofthouse (30 Tore in 33 Einsätzen) mit 0,909 Treffern auf eine bessere Quote verweisen.

Folglich war nicht nur Manager Winterbottom froh, als Greaves Ende 1961 wieder auf die Insel zurückkehrte, womit einer Nominierung für den WM-Kader nichts im Wege stand. In der Vorbereitung auf das Chile-Abenteuer schossen sich die Engländer Mut an, als sie am 20. Mai 1962 im Nationalstadion von Lima gleich mit 4:0 gegen Peru gewannen und sich damit für die peinliche Niederlage von vor drei Jahren revanchierten. Auch Greaves zeigte sich als dreifacher Torschütze in glänzender Form. Entsprechend motiviert ging er in das erste Gruppenspiel gegen Ungarn in Rancagua, das vor der doch sehr dürftigen Kulisse von nur 7.900 Zuschauern stieg. Das kraftvolle Spiel der Briten führte auf regennassem Rasen jedoch nur in der Anfangsphase zum Erfolg. Eine der besten Einschussgelegenheiten hatte Greaves, als er mit einem angetäuschten Flankenball knapp am ungarischen Schlussmann Grocsis scheiterte. Schon bald konnten sich die Magyaren aus der Umklammerung befreien und selbst das Kommando übernehmen. Mit dem 2:1 untermauerten sie ihre Rolle als Angstgegner des Fußballmutterlands, das im Vorfeld der WM 1954 in London und Budapest von der „Goldenen Elf" um Puskas, Kocsis und Hidegkuti bekanntlich zwei schmerzhafte Lektionen erteilt bekommen hatte.

Am 10. Juni 1962 setzt sich Jimmy Greaves (weißes Trikot) in Viña del Mar in dieser Szene gegen Brasiliens linken Läufer Zozimo durch. Nach 90 Minuten freilich haben die Südamerikaner das bessere Ende für sich und gewinnen das WM-Viertelfinale gegen die Three Lions mit 3:1.

Das zweite Spiel mussten die Engländer damit unbedingt gewinnen, was ihnen gegen eine schwache argentinische Mannschaft auch relativ leicht gelang. Die Sache war entschieden, als Jimmy Greaves nach einem sehenswerten Solo in der 67. Minute den Treffer zum 3:0 anbrachte. Es sollte sein einziger Torerfolg in Chile bleiben. Nach dem 3:1-Sieg über die Albiceleste konnte sich England schließlich wie erhofft für die K.O.-Runde qualifizieren. Allerdings war die Leistung im letzten Vorrundenspiel gegen Bulgarien eine absolute Enttäuschung, die nicht mehr als die neuerliche Minuskulisse von 6.000 Zuschauern verdient hatte. Nach quälend langweiligen 90 Minuten war lediglich Walter Winterbottom zufrieden. „Hauptsache, wir haben die Qualifikation für das Viertelfinale", so der englische Teammanager. Auffälligster Akteur auf dem Rasen des Estadio El Teniente von Rancagua war Jimmy Greaves, was allerdings nichts über seine spielerische Leistung aussagt. Ein streunender Hund rannte während des Spiels auf den Platz, so dass „Greavsie" seine Fähigkeiten als Hundefänger unter Beweis stellen konnte. Auf allen Vieren robbte er dem Tier hinterher, bis er es schließlich unter dem Beifall des Publikums dingfest gemacht hatte. Die Freude über diesen „Erfolg" hielt sich allerdings in Grenzen, weil das offenbar verängstigte Tier seinem Fänger über das rote England-Trikot pinkelte, womit sich für Greaves der Begriff Phyrrussieg mit einem Mal völlig neu definierte.

Garrincha, der Rechtsaußen des kommenden Viertelfinalgegners Brasilien, zeigte sich von der Begebenheit in Rancagua derart amüsiert, dass er den Vierbeiner bei sich als Haustier aufnahm. Natürlich durften die Engländer im Spiel gegen den Titelverteidiger nicht annährend soviel Mitgefühl erwarten. In der 32. Minuten lagen sie nach einem Garrincha-Kopfball mit 0:1 in Rückstand. Vier Minuten später hieß es jedoch 1:1. Nach einem Freistoß köpfte Greaves das Leder an die Latte, ehe Hitchens den Abpraller aufnahm und zum Ausgleich ins Netz drosch. Nach dem Seitenwechsel demonstrierten dann die Ballzauberer vom Zuckerhut allerdings endgültig ihre Klasse und hatten nach weiteren Treffern von Vava und Garrincha schließlich hochverdient mit 3:1 die Nase vorn.

► EINWURF

Ein Kuriosum in der Länderspielstatistik des Jimmy Greaves stellt die Begegnung vom 23. Oktober 1963 dar. England gegen den „Rest der Welt" lauteten jene Spiele, mit denen das Mutterland des modernen Fußballs seit 1938 den Versuch unternahm, seine Vormachtstellung im Weltfußball zu untermauern. Da die englische FA drei Tage später ihren 100. Geburtstag beging, hatte die FIFA an jenem Oktober-Tag erneut einen solchen Vergleich angesetzt, den die Gastgeber in Wembley mit 2:1 gewannen. Eines der beiden Tore ging auf das Konto von Greaves. Jahrzehntelang galt dieses als offizieller Länderspieltreffer, ehe die FIFA im Januar die Geschichte umzuschreiben begann und diesem die Anerkennung verweigerte. Die FA ließ sich davon freilich nicht beirren. Und so lautet „Greavsies" Länderspielbilanz nach englischer Lesart 57 Spiele und 44 Tore, während der Weltverband beide Zahlen jeweils um eins nach unten korrigiert hat...

„Freude pur" sieht anders aus...

Auch unter dem neuen Nationaltrainer Alf Ramsey gehörte Jimmy Greaves weiter zum Stammpersonal der englischen Elf. Im Frühjahr 1965 führte er zum dritten Mal in Folge die Torjägerliste der First Division an, weshalb er zu Beginn der WM-Saison 1965/66 als gesetzt galt. Auch wenn der Superstar von Tottenham Hotspur während der Spielzeit von Verletzungssorgen geplagt war, schien sich an diesem Status nichts zu ändern. In einem der letzten Vorbereitungsspiele auf die Titelkämpfe im eigenen Land zeigte der rechte Innenstürmer, was in ihm steckte, als er Norwegen am 29. Juni beim 6:1-Erfolg in Oslo als vierfacher Torschütze fast im Alleingang erledigte. Die ganze Nation sah in Greaves neben Bobby Charlton den Superstar im Team, was u.a. darin zum Ausdruck kam, dass er vor der WM 1966 Aufnahme in das legendäre Wachsfigurenkabinett von Madame Toussaud fand.

Doch was für Jimmy Greaves eigentlich zur glanzvollen Karrierekrönung werden sollte, endete mit einer riesengroßen Enttäuschung. In der Vorrunde zeigten sich die Gastgeber hypernervös und kamen schon im Eröffnungsspiel gegen Uruguay nicht über ein 0:0 hinaus. Auch bei den folgenden 2:0-Siegen über Mexiko und Frankreich wirkte das Spiel der Ramsey-Elf über weite Strecken einfallslos, weshalb die Fans trotz Erreichen des Gruppensiegs unzufrieden waren. Aber auch Jimmy Greaves war hinter den Erwartungen zurückgeblieben und hatte lediglich im letzten Gruppenspiel einen Abseitstreffer erzielt. Gegen die Franzosen zog er sich außerdem noch eine leichtere Verletzung zu, die ihn im Viertelfinale gegen Argentinien zum Zusehen zwang. Geoff Hurst von West Ham United nahm seinen Platz ein und nutzte die Gunst der Stunde, als er England mit seinem Tor in der Schlussphase ins Halbfinale schoss. Hier blieb er gegen Portugal zwar ohne Torerfolg, doch spielte er auch beim 2:1 nicht schlecht, so dass ihn Ramsey – „never change a winning team!" – auch im Finale gegen Deutschland auflaufen ließ, derweil der inzwischen wieder genesene Jimmy Greaves das Nachsehen hatte. Was nutzte es schon, dass die Öffentlichkeit vor dem Spiel den Spurs-Angreifer vehement gefordert hatte. Das Ende ist bekannt: England siegte in der Verlängerung mit 4:2. Hurst brillierte als dreifacher Torschütze und nach dem Abpfiff lag sich eine ganze Nation in den Armen!

Unter lauter glücklichen Siegern, war Jimmy Greaves der große Verlierer! Ein Foto zeigt, wie dieser nach dem Abpfiff wie versteinert auf der Bank sitzen blieb, während alle anderen Spieler wilde Freudentänze aufführten. Zwar betonte er hinterher immer wieder, er habe sich wie alle anderen Reservisten auch über den bis heute größten Erfolg des englischen Fußballs gefreut. Dass er allerdings, ohne an den offiziellen Siegesfeierlichkeiten teilzunehmen, sofort nach dem Endspiel seine Koffer packte und mit seiner Ehefrau in den Urlaub düste, spricht eine andere Sprache! Es gibt nicht wenige, die behaupten, Greaves' spätere Trunksucht habe ihre Ursache nicht zuletzt darin gehabt, dass er ausgerechnet in seiner Londoner Heimat den wohl größten sportlichen Rückschlag seiner Laufbahn hinnehmen musste. Auch die FIFA trug im Übrigen ihren Teil dazu bei, dass sich der sensible Star übergangen fühlte. Nur die Endspielteilnehmer erhielten vom Weltverband goldene Siegerplaketten, derweil die Ersatzspieler leer ausgingen. Eine Praxis, die vier Jahre später auf Initiative der FA geändert wurde. In jedem Fall war die Länderspielkarriere von Jimmy Greaves nach der Weltmeisterschaft 1966 so gut wie Geschichte. Nur noch dreimal durfte er für England ran, wobei er am 24. Mai 1967 beim 2:0 gegen Spanien im Wembley-Stadion ein letztes Mal traf. Sein letztes Länderspiel bestritt er drei Tage später in Wien gegen Österreich (1:0).

Saison	Europacup		Liga		Pokal	
	Sp.	T.	Sp.	T.	Sp.	T.
1957/58			35	22	2	0
1958/59	3	3	42	32	2	2
1959/60			40	29	2	1
1960/61			40	41	1	0
1961/62	0	0	12	9		
	2	0	22	21	7	9
1962/63	6	5	41	37	1	0
1963/64	2	1	41	35	2	0
1964/65			41	29	4	6
1965/66			29	15	2	1
1966/67			38	25	8	6
1967/68	4	3	39	23	4	3
1968/69			42	27	4	4
1969/70			28	8	4	3
			6	4		
1970/71			32	9	1	0
1975/76			?	?		
1976/77			?	?		
1977/78			40	13		
1978/79			16	3		
1979/80			?	?		

Dave Halliday
Im Schatten von Hughie Gallacher

Es kommt nicht allzu häufig vor, dass ein Fußballer, der in seiner aktiven Laufbahn in die Kategorie „Superstar" eingeordnet wurde, später auch als Trainer zu den „Großen" gerechnet werden kann. Man denke etwa an Lothar Matthäus, der als Spieler mit Ausnahme der Champions League alle wichtigen Titel mit dem Verein und der Nationalmannschaft gewonnen hat, um in seiner anschließend eingeschlagenen Trainerlaufbahn (zumindest bislang) immer wieder Schiffbruch zu erleiden. Zu jenen, die es geschafft haben, ihr als Spieler erworbenes Können auch theoretisch weiterzuvermitteln, zählt der gebürtige Schotte Dave Halliday. Mit 303 Erstligatreffern in Schottland und England zählt er noch heute zu den zehn besten Ligatorschützen des Vereinigten Königreichs. Als Manager hatte er besonders beim FC Aberdeen nachhaltigen Erfolg, den er 1947 zum Pokalsieg und 1955 zum Meistertitel führte. Aber auch seine Zeit bei Leicester City war von Erfolg gekrönt und gipfelte im Aufstieg in die First Division nach der Saison 1956/57. Einen Makel besitzt die ansonsten glanzvolle Karriere Hallidays gleichwohl. Nie brachte er es nämlich zu einem Einsatz in der schottischen Nationalmannschaft, was vor allem daran lag, dass die Tartan Army in Hughie Gallacher über einen noch torgefährlichen Mittelstürmer verfügte, der daher in Zeiten ohne Auswechselspieler stets den Vorzug erhielt.

Die „Königin des Südens"

Sowohl Gallacher als auch Dave Halliday starteten ihre Karriere beim südschottischen Verein Queen of the South, dessen Name nicht nur sehr poetisch klingt, sondern auch tatsächlich poetischen Ursprungs ist. Die idyllisch am Solway Firth gelegene Stadt Dumfries nannte der Dichter David Dunbar einst die „Königin des Südens", eine Umschreibung, die auch die Gründerväter des „Queen of the South Football Club" im Hinterkopf hatten, als sie den Verein 1921 aus der Taufe hoben. Das späte Gründungsdatum von „Queens" oder „QoS", wie der Klub von den Fans gerne abgekürzt wird, kommt daher, dass es sich bei diesem um ein Fusionsprodukt dreier älterer Vereine handelt, deren Namen freilich weitaus prosaischer klingen. Neben dem Dumfries FC waren weiters der 5th Kirkcudbrightshire Rifle Volunteers FC sowie das Werksteam des bekannten Automobilherstellers Arrol-Johnston an der Gründung beteiligt gewesen, womit wir auch schon wieder bei Dave Halliday angelangt sind.

Der am 11. September 1897 in Dumfries geborene David Halliday hatte nach seiner Schulzeit nämlich bei Arrol-Johnston eine Lehre als Automechaniker begonnen und in der Werksmannschaft seine Leidenschaft für das runde Leder entdeckt. Der Queen of the South FC musste sich in der ersten Saison nach seiner Gründung zumeist in Freundschaftsspielen beweisen, da ihm lediglich die Teilnahme an regionalen Wettbewerben erlaubt war. Immerhin tat der Verein dies recht erfolgreich: Im Mai des Jahres 1920 fanden die Spiele um den Dumfries Charity Cup statt, die für QoS mit einem deutlichen 7:1-Sieg über den FC Dumfries begannen. Nach diesem klaren Auftakterfolg konnte in der Vorschlussrunde auch die Elf von Solway Star deutlich mit 4:0 in Schach gehalten werden, ehe es am 15. Mai im Endspiel zum Duell mit Dalbeattie Star kam. Das Zuschauerinteresse am Finale war derart groß, dass im Stadion nicht alle der 4.500 Anwesenden einen Platz bekamen. Einige verfolgten die Partie vom Stadiondach aus oder kletterten auf umstehende Bäume. Für QoS-Linksaußen Halliday begann die Partie nicht unbedingt nach Wunsch. Die erste große Chance vergab er kläglich, indem er das Leder weit über den Kasten drosch. Zu allem Überfluss ging der körperbetont auftretende Gegner auch noch früh in Führung, womit das favorisierte Queens-Team mit dem Rücken zur Wand stand. Erst nach dem Ausgleich durch Willie McCall kam die Mannschaft besser ins Spiel, was auch auf Dave Halliday zutraf, der zunächst allerdings noch am Pfosten scheiterte. Fünf Minuten vor der Pause brachte er seine Farben jedoch mit 2:1 in Führung, um schließlich in der zweiten Hälfte Sturmpartner McCall (der später übrigens für die Blackburn Rovers kickte) den Treffer zum 4:1-Endstand aufzulegen.

Durch Hallidays starke Auftritte im Dress der Doonhammers, für die er 13 Treffer in 19 Spielen erzielt hatte, begannen auch schon damals die wohlbekannten Mechanismen des Profifußballs zu greifen. Finanzkräftigere Klubs wurden auf den talentierten Youngster aufmerksam, zu denen auch der FC St. Mirren aus dem rund 60 Meilen entfernten Paisley gehörte. Nur wenige Tage nach dem Cupsieg über Dalbeattie unterzeichnete Halliday beim FC St. Mirren seinen ersten Profivertrag, wobei er seine Unterschrift jedoch an die Bedingung knüpfte, seinen Arbeitsplatz bei Arrol-Johnston behalten und weiterhin in Dumfries wohnen zu dürfen. Im Gegensatz zu heute, hatten Berufsfußballer damals eben noch nicht automatisch ausgesorgt.

Die erste Saison in der obersten Spielklasse des Landes brachte für Halliday aber keinesfalls den erhofften Durchbruch. Die Elf des FC St. Mirren war 1920/21 eine einzige Enttäuschung und landete nach nur sieben Siegen abgeschlagen auf dem letzten Platz. Halliday selbst zählte nicht zum Stammpersonal und war lediglich in 13 Spielen zum Einsatz gekommen, in denen er ganze zweimal ins Schwarze getroffen hatte. Im Alter von knapp 24 Jahren musste sich nun entscheiden, welchen Verlauf die Karriere des David Halliday *(Bild unten)* nehmen würde.

Über Dundee nach England

Wenn er nicht als „ewiges Talent“ ins fußballerische Nirwana eingehen sollte, musste sich Halliday nun endlich beim FC Dundee durchsetzen, zu dem er im Sommer 1921 gewechselt war. Bei den Dees war der linke Flügel mit Alec Troup allerdings schon hervorragend besetzt, weshalb Manager Sandy MacFarlane den Neuzugang aus Paisley ins Sturmzentrum beorderte. Auf dieser Position fühlte sich Halliday von Beginn an pudelwohl, was 23 Ligatreffer in der Saison 1921/22 bewiesen. Schnell reifte der Mittelstürmer zu einem der torgefährlichsten Angreifer Schottlands heran. In insgesamt vier Spielzeiten bestritt er für Dundee 126 Begegnungen in der First Division, in denen er 90-mal ins Schwarze traf. Eine Bilanz die umso bemerkenswerter ist, als er im Spieljahr 1922/23 mit lediglich zehn Treffern in 26 Ligaeinsätzen einen deutlichen Ausreißer nach unten hatte.

Allein einen Titel konnte er in Dundee nicht verbuchen. Bestes Resultat in der Meisterschaft war der vierte Platz in der Saison 1921/22, derweil er mit seinem Team 1925 ins Pokalendspiel stürmte. Besonders in Erinnerung blieb dabei der 3:1-Erfolg im Achtelfinale über die Airdrieonians, für die Hallidays einstiger Weggefährte bei QoS, Hughie Gallacher, spielte. Obwohl Gallacher am 21. Februar eine starke Partie ablieferte, standen die Dees als Sieger fest, nachdem Dave Halliday in der Schlussphase den dritten Treffer erzielen konnte. Erst im Finale wurde der FC Dundee dann von Celtic Glasgow mit 2:1 gestoppt. Trotzdem wurde der Mittelstürmer von der Presse danach in höchsten Tönen gelobt, weil er mit fünf Treffern Topscorer im laufenden Pokalwettbewerb geworden war. Das Cupfinal im Hampden Park war der Schlusspunkt unter Hallidays Zeit in Dundee, da er nach der Saison für eine Ablösesumme von 4.000 £ ins englische Sunderland wechselte. Den Vogel hatte er übrigens in der Saison 1923/24 abgeschossen, als er mit 38 Treffern schottischer Torschützenkönig geworden war. Eine starke Bilanz, wenn man bedenkt, dass die Abseitsregel erst im Jahr darauf zugunsten der Stürmer modifiziert wurde.

► EINWURF

Als Dave Halliday mit 38 Treffern (in gerade einmal 36 Einsätzen) 1923/24 bester Torjäger des schottischen Oberhauses geworden war, bedeutete dies ein echtes Novum, da niemals zuvor ein Spieler des FC Dundee die Torjägerkrone erobert hatte. Bis heute sollte dies nur noch Thomas Coyne (1987/88) sowie Alan Gilzean gelingen, der sowohl 1961/62 als auch 1963/64 die Torschützenliste der First Division anführte. Hinter Rekordtorschütze Alan Gilzean (113 Ligatore) zählt Dave Halliday mit 90 Ligatreffern darüber hinaus bis heute zu den besten Goalgettern der Dees. Nach 134 Spielen sollte Gilzean seine Karriere bei den Tottenham Hotspur fortsetzen, wo ihm in 343 Partien 93 Tore gelangen. Anders als Halliday kam Gilzean auch zu Länderspielehren: In 22 Einsätzen für die Tartan Army traf er immerhin 12-mal ins Schwarze.

Zum perfekten Glück fehlte damit nur noch eine Berufung in die schottische Nationalelf. Wie eingangs schon erwähnt führte für Dave Halliday aber kein Weg am gesetzten Hughie Gallacher vorbei, so dass sich seine „internationale“ Karriere auf einen einzigen Einsatz im Dress einer schottischen Ligaauswahl beschränkte, die am 15. März 1924 im Ibrox Park zu einem Vergleich gegen ein Ligateam aus England antrat, welcher nach 90 Minuten 1:1-unentschieden endete. Den Treffer für die Heimelf hatte Alan Morton erzielt, der drei Jahre später den legendären Wembley Wizards angehörte, die in der Gralsburg des Fußballs mit 5:1 die Oberhand behielten.

Bei einem Klub wie dem FC Dundee konnten sich die herausragenden Fähigkeiten Dave Hallidays freilich nur im Ansatz entfalten. Ein Spieler seines Formats war vielmehr auch für die absoluten Spitzenteams interessant geworden. Für Halliday gab es somit nur zwei Optionen: Entweder in Schottland bleiben und zu einem der beiden Old-Firm-Teams aus Glasgow wechseln, wofür die Tatsache sprach, dass der Fußball, der Mitte der zwanziger Jahre in Schottland gespielt wurde, ausgesprochen attraktiv war und sogar zahlreiche Topstars aus England anzog, die dem dortigen „kick and rush“ entfliehen wollten, um sich dem angeseheneren „schottischen Flachpass“ zu widmen. Oder lieber gleich nach England gehen, um sich in einer Liga zu beweisen, die nicht so wie die schottische von nur zwei Vereinen quasi im Alleingang dominiert wurde.

► EINWURF

Nachdem Dave Halliday 1923/24 bereits mit 38 Saisontreffern für den FC Dundee schottischer Torschützenkönig geworden war, konnte er dieses Kunststück in der Saison 1928/29 in England wiederholen, als er für den AFC Sunderland in 42 Ligaspielen 43 Treffer erzielte. Allein David McLean, mit dem Halliday in Dundee drei Jahre selbst zusammengespielt hatte, führte ebenfalls in beiden Teilen des britischen Inselreiches die Torschützenliste an. Nachdem sich McLean 1913 im Trikot von Sheffield Wednesday die englische Torjägerkrone gesichert hatte, tat er dies sechs Jahre darauf als Spieler der Glasgow Rangers auch in Schottland.

Heldentaten im Roker Park

Wie angedeutet entschied sich Halliday für Letzteres und schloss sich dem AFC Sunderland an, der seinerzeit zu den erfolgreichsten Vereinen Englands zählte. Lediglich Aston Villa hatte mehr Titel auf dem Konto als der fünffache Champion aus dem äußersten Nordosten. Als der Neuzugang in der Hafenstadt an der Mündung des Flusses Wear eintraf, waren die in ihn gesetzten Erwartungen ausgesprochen hoch. Schließlich sollte Halliday die Vereinslegende Charlie Buchan ersetzen, weil dieser im Sommer 1925 zu Arsenal London gewechselt war. Tatsächlich gelang es Dave Halliday, seinen Vorgänger in Kürze vergessen zu machen, da er seine Trefferquote gegenüber seiner Zeit in Dundee weiter steigern konnte, indem er im Dress der Black Cats geradezu explodierte. In vier kompletten Spielzeiten im Roker Park konnte er stets mehr als 35 Ligatreffer markieren, wobei er insgesamt in 166 Einsätzen 156-mal ins Schwarze traf, was einer Quote von 0,939 Treffern je Spiel entsprach. Bemerkenswert: Lediglich einmal hatte Halliday dabei ein Elfmetertor erzielt. Selten bestritt der AFC ein Spiel, in dem der schottische Mittelstürmer nicht zu den Torschützen zählte. Dreimal war er in einer Ligapartie sogar viermal erfolgreich, derweil darüber hinaus elf Dreierpacks auf sein Konto gingen. Besonders für den heutigen Rekordmeister Manchester United waren die Duelle mit den Black Cats zu Zeiten Hallidays alles andere als ein Vergnügen. Zehnmal spielten die Red Devils gegen Sunderland, wobei dessen Mittelstürmer stolze 14-mal erfolgreich war. Die meisten Treffer gelangen Dave Halliday in der Spielzeit 1928/29, als er mit 43 Treffern in 42 Spielen die Torjägerliste der First Division anführte. Diese sensationelle Leistung stand freilich im Schatten jener legendären 60-Tore-Bestmarke, die Evertons Dixie Dean im Vorjahr aufgestellt hatte. Allein, einen Titel sollte Halliday auch mit Sunderland nicht gewinnen, obwohl er mit den Rängen drei (1925/26 und 1926/27) und vier (1928/29) dreimal ein Spitzenergebnis erzielte.

Die letzten Profijahre

Im Herbst 1929 wurde Dave Halliday – erneut als Ersatz für Charlie Buchan – von Herbert Chapman zu Arsenal London gelotst, wo sich erstmals andeutete, dass er den Zenit seines Könnens überschritten hatte. In 15 Ligaspielen erzielte der 32-Jährige nur acht Treffer, wobei er seinen Stammplatz ausgerechnet zu jenem Zeitpunkt an Jack Lambert verlor, als ihm der erste große Titelgewinn seiner Karriere winkte. Arsenal hatte das FA-Cupfinal erreicht, das die Chapman-Truppe ohne Halliday mit 2:0 gegen Huddersfield Town für sich entschied. Somit hatte der Schotte seinen stärksten Eindruck im Gunners-Trikot in der Partie gegen Leicester City hinterlassen, als er beim 6:6-Remis vier Treffer erzielen konnte.

► EINWURF

Neben Dave Halliday kickte auch dessen neun Jahre jüngerer Bruder Billy für QoS. Im Jahr 1924 unterschrieb er in Dumfries einen ersten Profivertrag, wo er mit kraftvollen Tempodribblings auf dem linken Flügel für Furore sorgte. Auch dank Billy Halliday erwies sich Queens für die Old-Firm-Klubs bald als echter Herausforderer in diversen Pokalschlachten, weshalb ihm ein gut dotiertes Angebot von Newcastle United ins Haus flatterte, wohin er im Sommer 1927 wechselte. Damit hatte er seine neue sportliche Heimat in der Nähe seines Bruders gefunden, der seinerzeit im benachbarten Sunderland kickte. Das Tyne-Wear-Derby hatte mithin zusätzliche Brisanz erhalten. Außer Dave und Billy sollte mit John für kurze Zeit auch noch ein dritter Spross der Familie bei Queen of the South kicken.

Deutlich besser als an der Themse lief es bei Manchester City, wo Halliday von 1930 bis 1933 auf Torejagd ging. Fast wie zu besten Zeiten trumpfte er in der Saison 1931/32 auf, als ihm in 40 Ligaspielen 28 Tore gelangen. Einen starken Eindruck hinterließ er im Januar 1932 auch im Ligaspiel beim AFC Sunderland, als er beim 5:2-Auswärtssieg gegen seinen ehemaligen Arbeitgeber drei Tore erzielte. Am ersehnten Titelgewinn schrammte Halliday aber erneut knapp vorbei: Im Frühjahr 1933 stand City im Endspiel des FA-Cups gegen den FC Everton, wobei der mittlerweile zum Ergänzungsspieler degradierte Schotte die 0:3-Niederlage von der Tribüne aus verfolgte. Als City im Jahr darauf im Cupfinal gegen den FC Portsmouth mit 2:1 die Oberhand behielt, ließ Halliday seine Laufbahn bereits bei Drittligist Clapton Orient ausklingen. Für die „O's" aus dem Osten Londons gelangen ihm in 53 Spielen immerhin noch einmal 33 Tore, ehe er im Sommer 1935 dem Profigeschäft endgültig Lebewohl sagte, um sich dem Non-League-Club Yeovil & Petters United aus der südwestenglischen Grafschaft Somerset anzuschließen, bei dem er im Herbst 1937 seine Karriere beendete.

Erster Meistertrainer des FC Aberdeen

Daraufhin kehrte Dave Halliday in seine schottische Heimat zurück, wo er 1937 als Nachfolger von Pat Travers Manager des FC Aberdeen wurde. Erfahrungen als Spielertrainer hatte Halliday zuvor bereits in Yeovil gesammelt. Den Dons aus dem Nordosten Schottlands war bis dato noch kein großer Titelgewinn gelungen, wenngleich sie unter Travers vermehrt zu den Herausforderern der alles beherrschenden Old-Firm-Klubs Celtic und Rangers zählten. Halliday sollte es nicht nur gelingen, die erfolgreiche Aufbauarbeit seines Vorgängers nahtlos fortzusetzen. Unter seiner Regie kam der Verein sogar zu Titelehren, womit auch endlich Hallidays eigenes Streben nach Trophäen von Erfolg gekrönt war.

Zunächst freilich musste sich der einstige Torjäger als Manager erst etablieren, was ihm bei seiner Premiere mit dem Erreichen des sechsten Platzes auch gelang. Im Spieljahr 1938/39 waren die Dons dann wieder einmal größter Herausforderer der Old Firm, wobei sie als Drittplatzierte nur zwei Zähler Rückstand auf Vizemeister Celtic aufwiesen, während lediglich Titelträger Rangers um 13 Punkte enteilt war. Mit dem Ausbruch des Zweiten Weltkrieges geriet die Aufbauarbeit dann jedoch ins Stocken, weil die meisten Spieler ihren Kriegsdienst ableisten mussten und die Vereine auf regionale Spielklassen verteilt worden waren. Hier verbuchte Halliday in den Spielzeiten 1941/42 bis 1944/45 mit dem viermaligen Gewinn der North Eastern Division weitere Erfolge. Dabei war es sogar gelungen, die Glasgow Rangers auf Distanz zu halten. Als in der ersten Nachkriegssaison 1945/46 der reguläre Spielbetrieb wieder eingerichtet wurde, stellten die Rangers jedoch die alte Hackordnung wieder her und sicherten sich den Titel, derweil sich die Dons mit dem dritten Platz zufrieden geben mussten.

Auch in der Spielzeit 1946/47 überquerten die Schützlinge von Dave Halliday die Ziellinie als Tabellendritte. Dass die Elf um Kapitän Frank Dunlop inzwischen aber Titelreife besaß, zeigte sich im SFA-Cup, wo diese am 19. April 1947 Hibernian Edinburgh im Hampden Park nach großem Kampf mit 2:1 in die Knie zwang. Im Laufe der Zeit hatte Halliday eine große Vorliebe für Akteure seines Ex-Klubs Queen of the South entwickelt. Unter anderem hatte er George Hamilton („Gentleman George") zu den Dons gelotst, der sich vor 82.000 Zuschauern im Hampden Park neben Stan Williams in die Torschützenliste eintrug.

► ZAHLEN UND FAKTEN

Vereine:	1919-1920	Queen of the South Dumfries
	1920-1921	FC St. Mirren
	1921-1925	FC Dundee
	1925-1929	AFC Sunderland
	1929-1930	Arsenal FC London
	1930-1933	Manchester City
	1933-1935	Clapton Orient
	1935-1937	Yeovil & Petters United
Tore:	139 Scottish-First-Division-Spiele (92 Tore)	
	257 engl. First-Division-Spiele (211 Tore)	
	53 engl. Third-Division-Spiele (33 Tore)	
	21 SFA-Cup-Spiele (13 Tore)	
	18 FA-Cup-Spiele (16 Tore)	
	1 Ligaauswahl-Spiel (0 Tore)	
gesamt	489 Pflichtspiele (365 Tore)	
Erfolge:	FA-Cup-Sieger 1930	
	Schottischer Torschützenkönig 1924	
	Englischer Torschützenkönig 1929	

In den nächsten Jahren schien Dave Halliday in Aberdeen mit seinem Latein am Ende. Durch verschiedene Umstände (Verletzungspech, Abwanderung einiger Schlüsselspieler usw.) rutschten die ambitionierten Dons immer weiter ins hintere Mittelfeld ab. Der Tiefpunkt war im Spieljahr 1948/49 mit dem 13. Tabellenplatz erreicht, wobei man angesichts der mageren Ausbeute von lediglich sieben

Siegen lange Zeit in Abstiegsgefahr schwebte und sich erst auf dem letzten Drücker in Sicherheit bringen konnte. Nicht viel besser sah es 1951/52 und 1952/53 aus, als die Dons jeweils als Elfte mit drei bzw. zwei Zählern vor dem besten Absteiger ins Ziel trudelten. Doch anders als im heutigen Profifußball vertraute die Klubführung auf die Dienste ihres sportlichen Leiters, was sich nach Rang neun in der Saison 1953/54 tatsächlich auszahlen sollte.

Bild oben: Gerade hat Dave Halliday den FC Aberdeen durch einen 2:1-Sieg im Pokalfinale über Hibernian Edinburgh zum ersten Titelgewinn in der Vereinsgeschichte geführt. Halliday (im Anzug) bekommt von Kapitän Frank Dunlop die begehrte Trophäe überreicht. Auch unten ist der Manager (obere Reihe ganz links) im Kreis seiner Spieler zu sehen. Mit diesem Kader belegten die Dons 1953/54 in der Liga den neunten Platz, um sich im Jahr darauf sensationell zum ersten Mal die Meisterschaft zu sichern.

Mit dem unerwarteten Gewinn des Meistertitels setzte Dave Halliday in der Saison 1954/55 seiner Trainerkarriere die Krone auf. Die Entscheidung war am 2. April 1955 gefallen, als die Glasgow Rangers im heimischen Pittodrie Park mit 4:0 überrollt worden waren. Bei der ersten (und für 25 Jahre letzten) Meisterschaft der Klubgeschichte hatte lediglich Celtic bis zum Schluss Paroli geboten, um sich dann doch um drei Zähler geschlagen zu geben. Dave Halliday nutzte die Gunst der Stunde, um seine Tätigkeit bei den Dons auf dem Höhepunkt zu beenden. Neben Sir Alex Ferguson ist er bis heute der einzige Manager, der den nicht wirklich vom Erfolg verwöhnten FC Aberdeen zur Meisterschaft geführt hat.

Seine letzte Trainerstation trat Halliday im Sommer 1955 bei Leicester City an, das im Vorjahr aus der Division One abgestiegen war. Nachdem der angepeilte direkte Wiederaufstieg 1955/56 noch knapp verpasst worden war, waren die Foxes im Jahr darauf nicht zu halten. Mit ungebremster Offensivpower brachte das Team um Torschützenkönig Arthur Rowley 109 Saisontreffer zustande, so dass man im Frühjahr 1957 als Zweitligameister ins Oberhaus zurückkehrte. Hallidays Vorliebe für Akteure von Queen of the South trat auch in Leicester zutage. Nach der erfolgreichen Zusammenarbeit mit George Hamilton in Aberdeen, der nach dem Meistertitel 1955 seine Laufbahn beendet hatte, war es nun Joe Baillie, der das Team der Foxes verstärkte. Auch der vormalige Celtic-Verteidiger hatte seine Karriere einst in Dumfries begonnen.

► EINWURF

Die stärkste Zeit seiner Karriere verlebte David Halliday im Trikot von AFC Sunderland, wo er von 1925 bis 1929 in 166 Ligaspielen auf Torejagd ging. Stolze 156-mal hatte er bis Herbst 1929 ins Schwarze getroffen, als sein Wechsel zu Arsenal London bekannt wurde. Es gibt nur zwei Stürmer, die im Dress der Black Cats häufiger als Halliday getroffen haben. Den Vereinsrekord mit 209 Toren hält mit Charlie Buchan Hallidays direkter Vorgänger auf der Mittelstürmerposition, derweil der Zweitplatzierte Bobby Gurney (205 Tore) ebenfalls 1925 im Roker Park debütierte. Während Halliday aber nur etwas über vier Jahre das Dress des AFC trug, waren Buchan (379 Spiele zwischen 1911 und 1925) sowie Gurney (348 Einsätze von 1925 bis 1950) echte Dauerbrenner. Entsprechend verfügt Halliday mit 0,939 Toren je Spiel im Vergleich zu Gurney (0,589) und Buchan (0,551) über die deutlich bessere Trefferquote.

Das letzte Jahr in der Trainerkarriere Dave Hallidays war geprägt vom Kampf um den Klassenerhalt. Der Schotte ließ seine Schützlinge in der Saison 1957/58 auch in der höchsten Spielklasse erstaunlich offensiv agieren, was Rowley & Co. mit 91 Treffern dankten. Allerdings stellte Leicester City in Anbetracht von 112 Gegentoren auch die schwächste Abwehr der Liga, so dass man letztendlich froh sein konnte, sich auf dem 18. Platz in Sicherheit gebracht zu haben. Nach insgesamt 21 Jahren im nervenaufreibenden Trainergeschäft war es nur zu verständlich, dass sich Dave Halliday anschließend im Alter von knapp 61 Jahren ins Privatleben zurückzog. Dabei hatte Halliday, der am Neujahrstag 1972 verstarb, in Leicester eine neue Erfolgsära begründet. Bis 1969 konnten sich die Foxes im Oberhaus halten, was die bis heute längste Erstligazugehörigkeit der Vereinsgeschichte bedeutet.

Saison	Internat.		Liga		Pokal	
	Sp.	T.	Sp.	T.	Sp.	T.
1920/21	-	-	13	2	0	0
1921/22			28	23	3	2
1922/23			26	10	8	5
1923/24			36	38	3	1
1924/25			36	19	7	5
1925/26			42	38	4	4
1926/27			33	36	1	1
1927/28			38	35	3	4
1928/29			42	43	1	0
1929/30			11	4	0	0
			15	8	0	0
1930/31			24	14	1	0
1931/32			40	28	5	4
1932/33			8	3	0	0
1933/34			4	2	0	0
			21	19	1	0
1934/35			32	14	2	3

Otto Harder
Vater der ersten Erfolgself des Hamburger SV

Bevor wir uns dem Sportlichen widmen, gilt es das zu tun, was unumgänglich scheint, wenn man sich dem Fußballer Otto Harder nähern will: nämlich auf dessen Nazi-Vergangenheit hinzuweisen. Harder trug noch das Trikot von Victoria Hamburg, als er im Oktober 1932 der NSDAP und im Mai 1933 der SS beitrat. Nach seinem Karriereende war er Aufseher in verschiedenen Konzentrationslagern, ab 1939 in Sachsenhausen, anschließend in Hamburg-Neuengamme und ab November 1944 SS-Hauptscharführer und Lagerkommandant im KZ Hannover-Ahlem. Nach Kriegsende musste er sich für seine Taten vor einem britischen Militärgericht verantworten, das ihn 1947 zu einer 15-jährigen Haftstrafe verurteilte, die er bis zu seiner vorzeitigen Begnadigung zu Weihnachen 1951 in einem Zuchthaus im westfälischen Werl absitzen musste. Dass Harder nur knapp um die Todesstrafe herumgekommen war, hatte er vermutlich allein der Fürsprache des späteren DFB-Präsidenten Peco Bauwens zu verdanken. Anders als der ehemalige Fußballstar wurden dessen Mitangeklagte Wilhelm Dammann und Stefan Streit nämlich hingerichtet.
Während der HSV noch zu Beginn der NS-Diktatur stolz auf die „denkbar besten Beziehungen zur Partei und den Staatsbehörden“ verwies, wollte man diese Ära nun am liebsten streichen. Harder, dem der Verein seine bis dahin einzigen Meistertitel ganz wesentlich zu verdanken hatte, wurde vorübergehend aus dem Hamburger SV ausgeschlossen. Auch in späteren Jahren blieb der Umgang mit der eigenen Geschichte bemerkenswert. Da die Hansestadt WM-Austragungsort geworden war, gab der Senat 1974 eine Broschüre heraus, die sich der Fußballgeschichte Hamburgs widmete, in der Tull Harder unbestritten eine große Rolle spielte. Doch anstatt souverän zur eigenen Vergangenheit zu stehen, wurden die dem ehemaligen Angreifer gewidmeten Seiten in einem Akt kleinlicher Zensur vor der Drucklegung getilgt.
„Die Raute unter dem Hakenkreuz“ hieß eine 2007 in Auftrag gegebene Studie zur Vereinsgeschichte zwischen 1933 und 1945, mit der sich der HSV in die lange Reihe derer einreihte, die sich der Aufarbeitung des Nationalsozialismus’ widmen. Erwähnt sei in diesem Zusammenhang das 2010 erschienene Buch „Alaaf und Heil Hitler“, das die Indienstnahme des Karnevals für die nationalsozialistische Ideologie thematisiert. Es stellt sich die Frage, inwieweit es tatsächlich einer bahnbrechenden Erkenntnis gleichkommt, dass „das nationalsozialistische Regime von den Narren eben nicht in Frage gestellt“ wurde? Genauso kommt es einer Art Selbstkasteiung gleich, wenn die erwähnte Studie die nie bestrittene Nähe Harders zu den Nazis zum Anlass nimmt, dessen Leistungen als Fußballer zu relativieren. Dass sich der Sport – und der Fußball zumal – zu keiner Zeit politischen Strömungen entziehen konnte, zeigte sich gerade erst bei der Europameisterschaft 2012, als Politiker und Fußball-Funktionäre hierzulande unisono die Nationalspieler aufforderten, ihre „freie“ Meinung zu der in der Ukraine inhaftierten Julija Tymoschenko zu äußern, wobei „frei“ natürlich bedeutete, deren Haftentlassung zu verlangen. Denn was wäre wohl passiert, wenn sich Deutschlands Kapitän Philipp Lahm – aus welchen Gründen auch immer – gegen den herrschenden Mainstream gewandt und sich gegen Frau Tymoschenko gestellt hätte? Ziemlich sicher wäre seine Karriere in der Nationalelf ganz schnell beendet gewesen. Genau wie zu Zeiten Harders schwebt der Fußball auch heute nicht im luftleeren Raum. Und selbst wenn Lahm & Co. mit ihren Einlassungen zu Toleranz gegenüber allem und jeden der vermeintlich guten Sache zu dienen glauben, sind eben auch sie alles andere als „unpolitisch“. Und wer, der sich der „Gnade der späten Geburt“ erfreut, mag von sich zweifelsfrei behaupten, er wäre den Nazis und deren abscheulicher Ideologie unter gar keinen Umständen auf den Leim gegangen? – Nach diesen notwendigen Vorbemerkungen soll sich dieses Kapitel im Folgenden daher auch nur noch dem sportlichen Verlauf der Karriere Otto Harders widmen.

Aus Otto wird der „Tull“

Der mit mindestens 416 Pflichtspieltoren nach Uwe Seeler erfolgreichste Torschütze des HSV erblickte am 25. November 1892 in Braunschweig das Licht der Welt. In seiner Kindheit und frühen Jugend fühlte sich Otto Fritz Harder *(Bild unten)* zunächst mehr zur Leichtathletik hingezogen, ehe er mit 16 Jahren bei Hohenzollern Braunschweig seine Fußballerlaufbahn startete. Schon dort agierte er zumeist auf der Position des Mittelstürmers, um zeitweise aber auch als Mittelläufer zum Einsatz zu kommen.

Im Jahr 1909 erfolgte sein Wechsel von Hohenzollern zu Eintracht Braunschweig, wo Harder die nächsten vier Jahre aktiv bleiben sollte. Mit 1,90 Metern Körpergröße entwickelte der Hüne früh einen sehr kraftvollen Stil, der dank seiner Kopfballstärke an den von Horst Hrubesch erinnerte. Für seine Gegenspieler war der beidfüßig schussstarke Angreifer, mit dem Kreuz eines Möbelpackers ein kaum zu bändigender Gefahrenherd, wobei vor allem seine unwiderstehlichen, dynamisch vorgetragenen Sololäufe gefürchtet waren. Sein Schuss soll so gewaltig gewesen sein, dass sogar die Tornetze zerrissen. Und der „Husarenstil“, der dem Hamburger SV 1923 und 1928 zur Meisterschaft verhalf, galt nicht zuletzt als Harders ganz persönliche Erfindung.

Als großer Star der Hamburger Meistermannschaft genoss es Otto Harder, im Mittelpunkt zu stehen. Selbst übertriebene Schlagzeilen waren für ihn kein Problem – solange sie ihn in einem möglichst strahlenden Licht darstellten. Dass er nicht gerade ein Muster an Bescheidenheit war, zeigte sich, wenn er sich vor großen Menschenaufläufen auf das Dach eines Eisenbahnwaggons schwang, um eine Rede an seine Anhänger zu richten, an denen es dank seiner großen Popularität nicht fehlte.

EXKURS: Walter Daniel John Tull

Während Harder seine größten Erfolge im Trikot des Hamburger SV feierte, ging der Spitzname „Tull" noch auf seine Braunschweiger Anfänge zurück. Am 7. Mai 1911 bestritt die Eintracht ein Freundschaftsspiel gegen die englischen Profis von Tottenham Hotspur, in deren Reihen der dunkelhäutige Walter Daniel John Tull *(Bild unten)* spielte, der durch seine hünenhafte Statur die Gegenspieler aus Deutschland stark beeindruckte. Schon bald aber legten die Braunschweiger ihre Bewunderung ab, erkannten sie in Otto Harder doch einen Tull mit ähnlichen Fähigkeiten in ihren eigenen Reihen, womit Harder (auch wenn die Partie mit 1:4 verloren ging) seinen Spitznamen für alle Zeiten weghatte. Der echte Tull wurde am 28. April 1888 in Folkestone in der englischen Grafschaft Kent als Sohn des aus Barbados stammenden Daniel Tull und der Engländerin Alice Palmer geboren. Der hünenhafte Mulatte war der erste farbige Feldspieler, der in England einen Profivertrag erhielt, wobei er im Dress der Spurs im September 1909 gegen den AFC Sunderland debütierte. Allerdings bestritt er für die Londoner bis 1911 nur zehn Ligaspiele, in denen ihm zwei Treffer gelangen. Kurz nachdem Walter Tull in Braunschweig bleibenden Eindruck hinterlassen hatte, wechselte er zu Northampton Town, wo er weitere 110-mal zum Einsatz kommen sollte. Am 25. März 1918 kam er bei einem Kriegseinsatz in Frankreich ums Leben.

Bei der Eintracht war Harder in der Saison 1909/10 zunächst in der Reservemannschaft getestet worden, um schon bald in der Ersten zum Einsatz zu kommen. Die Braunschweiger zählten damals zu den norddeutschen Spitzenteams und erreichten 1910 das Semifinale sowie 1911 das Endspiel um die Nordmeisterschaft, welches allerdings mit einer deutlichen 1:6-Niederlage gegen Holstein Kiel in Hamburg in die Annalen einging.
Otto Harder entwickelte sich immer mehr zum wichtigsten Spieler der Eintracht, die in der Spielzeit 1911/12 nach dem souveränen Gewinn der Stadtmeisterschaft erneut Kurs in Richtung Nordtitel nahm. Wie üblich wurde die Meisterschaft im K.O.-System ausgespielt. Im Viertelfinale erzielte Harder einen seiner ersten wichtigen Treffer, als ihm beim 4:3-Erfolg über Eintracht Hannover in der Verlängerung das Siegtor gelang. Zwei Wochen später bekamen es die Braunschweiger mit dem FC Altona 93 zu tun, für den der berühmte Adolf Jäger auf Torejagd ging, mit dem Harder später befreundet sein sollte. Durch einen 3:1-Erfolg traf Eintracht Braunschweig im norddeutschen Endspiel zum zweiten Mal in Folge auf Holstein Kiel, gegen das es am 21. April 1912 nach der deutlichen Klatsche im Vorjahr diesmal eine knappe 2:3-Niederlage setzte.
Diese wäre für die Braunschweiger Fußballanhänger noch zu verkraften gewesen, wenn im Frühjahr 1912 nicht ein immer lauter werdendes Liebeswerben des Hamburger FC 1888 um Harder eingesetzt hätte, dem der Tull schließlich zu erliegen schien. Sogar mit einer Demonstration auf dem Braunschweiger Bahnhof wollte man Harder zum Bleiben bewegen, welcher sich dieser jedoch entzog, weil er wohlwissend im benachbarten Peine den Zug nach Hamburg bestiegen hatte. Obwohl Harder seinen Wohnsitz in die Hansestadt verlegte, gaben seine Braunschweiger Freunde immer noch nicht auf. Vielmehr rangen sie ihm das Versprechen ab, Woche für Woche mit dem Zug von Hamburg nach Braunschweig zu fahren, um die Eintracht auch weiterhin zu unterstützen.
Zumindest in der Saison 1912/13 führte dies zum gewünschten Erfolg. Durch einen klaren 4:1-Halbfinalsieg über Hannover 96 erreichte die Eintracht zum dritten Mal in Folge das norddeutsche Endspiel, wo Victoria Hamburg mit 3:2 in die Knie gezwungen wurde. Nur weil die norddeutschen Titelkämpfe wegen mehrerer Proteste zu spät beendet wurden, konnte Tull mit den Braunschweigern nicht an der nationalen Endrunde teilnehmen.

► **EINWURF**

Leider konnte im Rahmen unserer Recherchen nicht ermittelt werden, wie viele Tore Otto Harder in seinen insgesamt vier Spielzeiten im Trikot der Braunschweiger Eintracht erzielt hat. Nicht anders verhält es sich in jenen Jahren, in denen der Tull für den HFC, den Stettiner SC (zwischen 1913 und 1919) und Victoria Hamburg (1931-34) gespielt hat, womit allein seine Zeit als HSV-Spieler weitestgehend dokumentiert ist. So hat Harder für den Rautenklub mindestens 378 Pflichtspieltore erzielt, zu denen weitere 38 in Verbandsauswahl- und Länderspielen kommen. Wenn man Otto Harder in jedem seiner Nicht-HSV-Jahre lediglich zehn Torerfolge unterstellt (was keinesfalls zu hoch gegriffen scheint), dürfte er summa summarum auf gut und gerne 500 Pflichtspieltreffer gekommen sein.

Endgültiger Wechsel nach Hamburg

„Eintrachtler! Ich wohne nun schon ein Jahr in Hamburg und spiele immer noch bei euch. Jetzt geht es nicht mehr. Die Reiserei macht mich tot. Mein innerlicher Mensch zerrüttet vollständig bei der Fahrerei. Mein Nervenkostüm befindet sich in voller Auflösung. Ich kann nicht mehr und muss mich bei Euch abmelden. In alter Frische! Euer Tull."
Mit diesem Brief setzte Harder einen endgültigen Schlussstrich unter seine Zeit bei Eintracht Braunschweig. Indes hatte auch das Geld eine bedeutende Rolle gespielt, dass er künftig für den HSV-Vorläufer HFC 1888 auf Torejagd ging. Zwar waren die Spieler im Kaiserreich offiziell lupenreine Amateure. Doch irgendwie mussten die Leute über die Runden kommen. Und so boten die Hanseaten Harder die Übernahme einer Versicherungsagentur an, derweil der spätere HSV-Präsident Paul Hauenschild darüber hinaus einige Scheinchen locker gemacht haben soll, um Harder den Verbleib an der Elbe schmackhaft zu machen.

Rein sportlich betrachtet war der Wechsel zum HFC 1888 anfangs ein Rückschritt. Denn während sein alter Verein Eintracht Braunschweig in der neu eingeführten Verbandsliga des NFV mit den besten Vereinen des Nordens um den Titel spielte, musste der HFC auf Zweitliganiveau in der Hamburger A-Klasse antreten, wo sich die Mannschaft in der Spielzeit 1913/14 mit 25:7 Punkten und 44:19 Toren zumindest den Titel erkämpfte. Damit wäre sie eigentlich auch für die Verbandsmeisterschaft qualifiziert gewesen, die in der Saison 1914/15 wegen des Kriegsausbruchs jedoch gestoppt wurde.

Da Harder aus deutsch-nationalem Elternhaus stammte, hatte er sich kurz nach dem Ausbruch des Ersten Weltkriegs freiwillig zum „Dienst für das Vaterland" gemeldet. Dreimal wurde er in Flandern verwundet, weshalb er mit dem „Eisernen Kreuz" erster und zweiter Klasse ausgezeichnet wurde. Der Fußball spielte in dieser Zeit nur eine Nebenrolle. Immerhin verbürgen einige Fotos, dass Tull (vermutlich in den Jahren 1917 und 1918) als Gastspieler des Stettiner SC gewirkt haben muss.

Der HFC, der sich mittlerweile HSV 1888 nannte, war zur Saison 1918/19 eine Fusion mit Victoria Hamburg eingegangen. Mit der KV Victoria / HSV 1888 konnte sich Harder bei 29:3 Zählern und 70:16 Toren den Titelgewinn in der A-Klasse Groß-Hamburg sichern, wobei ihm sicherlich zahlreiche Treffer gelungen waren. Charles Bornhorst, Gegenspieler im Dress von Borussia Bahrenfeld, erinnerte sich, dass seine Mannschaft in einem Ligaspiel nach 15 Minuten schon mit 2:0 führte, als ein „baumlanger Spieler" der KV – gemeint war natürlich Otto Harder – das Ruder an sich riss und seine Farben noch zu einem 3:2-Sieg führte. Auch in der anschließend ausgetragenen norddeutschen Endrunde waren Harder & Co. nicht zu halten. Durch einen 2:0-Finalsieg über den Bremer SC 1891 sicherten sie sich die Norddeutsche Meisterschaft.

Senkrechtstart mit dem Hamburger SV

Kurz nach Saisonende war der HSV 1888 eine Fusion mit dem FC Falke eingegangen und machte sich nun umgehend auf die Suche nach einem weiteren Partner, mit dem Ziel, die damalige Bedeutungslosigkeit des Hamburger Fußballsports zu beenden. Nach längeren Diskussionen nahmen die Mitglieder schließlich Germania 1887 mit ins Boot. Eine Entscheidung, die man nicht bereuen sollte, denn das Ziel der Fusionsbefürworter, mit einem Hamburger Großverein endlich im reichsdeutschen Fußball mitzumischen, konnte schon bald erreicht werden, da sich das neue Gebilde „Hamburger SV" als Komet am deutschen Fußballhimmel entpuppte.

Der von Tull Harder wesentlich mitgeprägte „Husarenstil" ermöglichte es dem jungen Verein in kürzester Zeit, zum großen Herausforderer der fränkischen Fußballhochburg zu werden, deren Protagonisten 1. FC Nürnberg und SpVgg Fürth mit dem technisch feinen „Donaufußball" freilich für einen ganz anderen Stil als die Hanseaten standen. In der Spielzeit 1919/20 musste sich der HSV in der Bezirksliga Hamburg-Altona einen Zähler hinter dem nun wieder eigenständigen SC Victoria jedoch mit der Vizemeisterschaft begnügen. Mit jetzt 27 Jahren stand Harder im Zenit seines Könnens, was 26 Torerfolge in 16 Spielen bewiesen. Die stärkste Leistung hatte er am 7. Dezember am heimischen Rothenbaum abgeliefert, als er beim 9:0 über den TV St. Pauli, obwohl verletzt ins Spiel gegangen, sechsmal ins Schwarze getroffen hatte.

Fünfmal in Serie sollte sich der Rautenklub danach die Nordmeisterschaft sichern. Zur Saison 1920/21 waren die 20 besten Vereine vom NFV auf zwei Staffeln verteilt worden, wobei der HSV ungeschlagen vor Holstein Kiel als Sieger der Nordkreisliga hervorging. Auf das Konto von Publikumsliebling Harder waren 28 der 65 Saisontreffer gegangen. Auch in den anschließenden Finalspielen gegen Südkreismeister Hannover 96 (8:0, 3:1) bewies Harder mit drei Treffern seine Torgefahr. Nur zwei Jahre nach seiner Gründung stand der HSV damit in der Endrunde um die „Deutsche", wo er sich im Viertelfinale unerwartet dem Duisburger Spielverein in der Verlängerung mit 1:2 geschlagen geben musste.

Otto Harders Wohnzimmer: Im legendären Rothenbaum-Stadion, das rund 27.000 Zuschauern Platz bot, bestritt der am 1. Juni 1919 gegründete Hamburger Sport-Verein seine Ligaspiele. Erst zu Bundesligazeiten erfolgte der endgültige Umzug ins deutlich größere Volksparkstadion.

Im „ewigen Endspiel"

Die Spielzeit 1921/22 stand für die vom Engländer William Turner betreute Mannschaft anfänglich unter keinem guten Stern, brachte letztendlich aber den Sprung an die Spitze des deutschen Fußballs. In der neu eingerichteten Alsterstaffel war der HSV wegen des vermeintlich unberechtigten Einsatzes eines Spielers – die Rede ist von Jugendspieler Ernst Borregard – sogar disqualifiziert worden, ehe der NFV sein Urteil noch einmal überdachte und die Rothosen wieder zum Spielbetrieb zuließ. Mit gerade einmal zehn Torerfolgen war wie die gesamte Mannschaft allerdings auch Otto Harder seiner gewohnten Form hinterhergelaufen, so dass es in der Endabrechnung nur zum dritten Platz reichte. Die Bestimmungen erlaubten es dem Rautenklub aber dennoch, als Titelverteidiger an der norddeutschen Endrunde teilzunehmen, wo man rechtzeitig wieder zu altbekannter Spielstärke zurückfand und einzig dem Eimsbütteler TV unterlag.

► EINWURF

Auch wenn der Fußball sich noch längst nicht des heutigen Event-Charakters „erfreute", konnte man in den zwanziger Jahren durchaus schon von einem Starkult sprechen. Den beliebtesten Akteuren wurden sogar Lieder gewidmet, die sich, auf Schellack-Platten gepresst, wie warme Semmeln verkauften. Zu den berühmtesten Schlagern zählte der von Hermann Leopoldi komponierte Foxtrott „Heute spielt der Uridil", der dem Rapid-Spieler Pepi Uridil galt. Und auch Otto Harder fand in der Zwischenkriegszeit Eingang in den Schlagerhimmel. „Heute spielt der Harder Tull, dann wird es ein drei zu null", lautete ein Gassenhauer, der sich auf den 3:0-Sieg des HSV im Meisterschaftsfinale von 1923 über Union Oberschöneweide bezog.

Der Norddeutsche Meister startete im Anschluss in die nationalen Finalrundenspiele gegen Titania Stettin, das wie erwartet keine hohe Hürde darstellte und vor 12.000 Zuschauern mit 5:0 abgefertigt wurde. Mit seinen Treffern in der 5. und 25. Minute hatte Otto Harder den Torreigen im Stadion Hoheluft eingeleitet. In der Vorschlussrunde wartete mit Wacker München dann allerdings schon ein anderes Kaliber, galten die Blausterne um den Ungarn Alfred Schaffer doch als Mitfavorit auf den Titel, nachdem sie als erster Süddeutscher Meister aus der Isarmetropole die fränkische Hochburg Nürnberg-Fürth hinter sich gelassen hatten. Dennoch siegten die Hanseaten im Frankfurter Riederwald deutlich mit 4:0, wobei diesmal Harders kongenialer Sturmpartner Ludwig Breuel vor der Pause als Doppeltorschütze geglänzt hatte, derweil Tull selbst nach gut einer Stunde ebenfalls getroffen hatte.

Vor 30.000 erwartungsfrohen Zuschauern am 18. Juni 1922 hatten beide Teams im Berliner Grunewaldstadion vor dem Anpfiff erhebliche Personalprobleme zu beklagen. Vor allem der Verlust der beiden Mittelläufer Dr. Hans Kalb (1.FCN) und Karl Ernst (HSV) bereitete den jeweiligen Verantwortlichen einiges Kopfzerbrechen, derweil man auf Seiten der Hamburger immerhin froh war, wenigstens wieder auf den Norweger Asbjörn „Assi" Halvorsen zurückgreifen zu können, der eine langwierige Verletzungspause gerade noch rechtzeitig auskuriert hatte. Erwartungsgemäß erwies sich der Titelverteidiger von der Noris als spielerisch reifere Elf, weshalb sich der HSV mit seiner englisch geprägten, geradlinigen Spielweise in erster Linie auf seine schon in der Partie gegen Wacker demonstrierte Konterstärke verließ. Nach 19 Minuten düpierte der junge Hans Rave bei einem dieser Gegenstöße Heiner Stuhlfauth und brachte mit einem sehenswerten Sonntagsschuss seine Farben voran. Der überraschende Rückstand aber schien die Clubberer nur noch mehr zu beflügeln, die jetzt noch agiler wurden und quasi mit dem Wiederanpfiff nach einem unwiderstehlichen Alleingang Trägs den postwendenden Ausgleich markierten. Nach einer halben Stunde hatte das Geschehen auf dem grünen Rasen dann seinen erwarteten Verlauf genommen, als Luitpold Popp die Nürnberger mit einem präzisen Weitschuss mit 2:1 in Führung schoss. Die Franken beschränkten sich nun fast ausschließlich auf die Defensive, was der Truppe von Mr. Turner eine deutliche Feldüberlegenheit bescherte. In der 86. Minute bugsierte Außenstürmer Rave das Leder in den gegnerischen Strafraum, das schließlich von Hans Flohr nach einem Gestochere vor Stuhlfauths Gehäuse zum 2:2 über die Linie gedrückt wurde. Da in der notwendig gewordenen Verlängerung langsam aber sicher die Dunkelheit über dem Grunewald hineinzubrechen begann, zudem das Spiel wegen Verletzungen der Akteure immer wieder unterbrochen werden musste, blieb Schiedsrichter Bauwens nichts anderes übrig, als die Partie abzubrechen.

Erst sechs Wochen später fand die Neuauflage des Endspiels in Leipzig-Probstheida statt. Der Zuschauerandrang am 6. August war derart groß, dass der Anpfiff erst mit 30 Minuten Verzögerung erfolgen konnte. Die vermutlich mehr als 50.000 im weiten Rund wurden Zeugen einer überhart geführten Partie, in der der Nürnberger Böß schon in der 18. Minute des Feldes verwiesen wurde. Diese Schwächung hielt die Franken jedoch nicht davon ab, trotz Unterzahl kurz nach der Pause durch ein gekonntes Solo von Träg in Führung zu gehen. In der 69. Minute aber schockte Karl Schneider den Favoriten mit seinem Ausgleichstor, was die Gangart auf dem Platz verschärfte. Vor allem Club-Spielführer Träg fiel Schiedsrichter Bauwens immer wieder unangenehm auf, weshalb er ihn nach mehreren Ermahnungen nach üblem Einsteigen gegen Ali Beier ebenfalls in die Kabine schickte. Bereits kurz zuvor hatte Kugler wegen einer Verletzung ausscheiden müssen, so dass nur noch acht Clubberer auf dem Spielfeld standen. Die Nürnberger rutschten danach unter die vorgeschriebene Mannschaftsstärke, als auch noch Popp wegen einer Verletzung ausscheiden musste. Dieser Umstand veranlasste den Unparteiischen, die Begegnung nach 112 Minuten abzubrechen. Daraufhin war der HSV zunächst zum Deutschen Meister erklärt worden, doch verzichtete der Verein nach einem unappetitlichen Ränkespiel hinter den Kulissen letztendlich darauf, den Titel zu führen.

► EINWURF

Auf Otto Harders Vergangenheit als KZ-Aufseher ist anfangs hingewiesen worden. Besonders tragisch wird dieser Umstand beim Blick auf seinen Mitspieler Asbjörn Halvorsen, mit dem er sowohl 1923 als auch 1928 gemeinsam Deutscher Meister geworden war. Der Mittelläufer aus dem norwegischen Sarpsborg war in Hamburg bei einer Schiffsmaklerei angestellt, als er nach der Machtübernahme der Nazis die Hansestadt verließ. In Norwegen betreute er die Nationalmannschaft und war dabei, als sein Heimatland bei den Olympischen Spielen 1936 Gastgeber Deutschland sensationell mit 2:0 schlug. Als Norwegen 1940 von den Nationalsozialisten besetzt wurde, lehnte er sich mehrmals gegen die deutschen Besatzer auf, weshalb er ab 1942 in mehreren Konzentrationslagern inhaftiert wurde. Nur mit Glück konnte er am 5. April 1945 aus dem KZ Vaihingen befreit werden. Zurück in Norwegen war er bis zu seinem Tod am 16. Januar 1955 im Alter von nur 56 Jahren beim Fußballverband als Funktionär tätig. Das Bild unten zeigt Halvorsen, der für den HSV 28 Endrundenspiele bestritt, gemeinsam mit Otto Harder nach dem ersten Deutschen Meistertitel 1923.

Deutscher Meister 1923

Mit insgesamt 40 Treffern avancierte der Tull in der Saison 1922/23 einmal mehr zum teaminternen Toptorjäger. Allein 32 davon waren ihm in der Alsterstaffel gelungen, die der HSV als Sieger beendete. Durch anschließende Erfolge über Borussia Harburg (3:1), Eintracht Hannover (4:1) und Holstein Kiel (2:0) verteidigten die Hanseaten ihren Titel als Nordmeister, wobei Harder weitere dreimal ins Schwarze getroffen hatte. Die nationale Endrunde begann für die Rothosen mit einem 2:0 über Guts-Muts Dresden dank zweier Harder-Treffer aus der 7. und 89. Minute. Zwar hatte die Mannschaft den Sieg weitestgehend ungefährdet errungen, angesichts des schwachen Gegners sowie der Tatsache, dass die Begegnung im Volksparkstadion und damit quasi vor der Haustür stattfand, hielt sich die Euphorie allerdings in Grenzen. Das anschließende Auftreten im Semifinale gegen den Baltenmeister VfB Königsberg war fast peinlich zu nennen, da der 3:2-Siegtreffer erst kurz vor dem Schlusspfiff durch ein Eigentor der Ostpreußen fiel. Während Halbstürmer Breuel die Begegnung wegen seiner Hochzeit (!) verpasst hatte, war immerhin auf Tull Harder Verlass, der abermals für zwei Tore gut gewesen war. Die Sensation der gesamten Finalrunde war jedoch die Niederlage der SpVgg Fürth im zweiten Halbfinalspiel gegen Union Oberschöneweide, was den HSV vor dem Endspiel am 10. Juni 1923 trotz bis dahin mäßiger Leistungen zum hohen Favoriten stempelte. Tatsächlich dominierten die Rothosen die Partie gegen den Meister aus dem Brandenburgischen in jeder Hinsicht klar und siegten dank der Tore von Harder (34.), Breuel (70.) und Schneider (90.) mit 3:0.

Zwei Szenen aus dem Finale von 1923. Oben überwindet Otto Harder den Berliner Schlussmann Franz Müller in der 34. Minute zum 1:0, während unten im Bild Ludwig Breuel (in der Mitte im weißen Trikot) nach 70 Minuten das 2:0 erzielt und Harder jubelnd die Arme hochreißt.

Während der Jubel über den ersten Titelgewinn in der Hansestadt verständlicherweise groß war, fiel die Reaktion im übrigen Reichsgebiet deutlich reservierter aus. Was die Auguren besonders beklagten, war nicht nur das Pokalsystem, das zur Ermittlung des Deutschen Meisters angewandt wurde. Vor allem am Spielsystem des neuen Meisters übte man lauthals Kritik. Denn anders als der 1. FC Nürnberg, der sich auf dem Höhepunkt seines Schaffens befand und die Fans landauf, landab mit technisch versiertem Fußball zu überzeugen wusste, propagierten die Nordlichter den angesprochenen kraftvollen, kampfbetonten Stil, welcher nach Eintreten der großen Erfolge als „Husarenstil" freilich ein deutlich positiver besetztes Prädikat verliehen bekam.

► EINWURF

„Sportler, raucht die neue Tull-Harder-Zigarette." Mit diesem, heutzutage geradezu unerhörtem Slogan versuchte anno 1926 eine Tabakfirma tatsächlich ihre Glimmstängel zu vertreiben, was allerdings ohne die Erlaubnis des Namensgebers geschah und deshalb zu einer Klage führte. Diese wurde vom zuständigen Gericht jedoch abgeschmettert, weil es sich beim Stürmerstar des Hamburger SV um eine „Persönlichkeit der Zeitgeschichte" handelte, weshalb die „Tull-Harder-Zigarette" auch weiterhin unter diesem Namen vertrieben werden durfte. Immerhin wurde zumindest hinter vorgehaltener Hand gemunkelt, Harder habe von der betreffenden Firma freiwillig ein üppiges Honorar erhalten. – Dessen immense Popularität führte dazu, dass ihm die Olympia-Filmgesellschaft im Laufe des Jahres 1927 auch einen Film mit dem Titel „Der König der Mittelstürmer" gewidmet hatte. Der Stummfilm mit Paul Richter und Aud Egede Nissen war einer der ersten Fußballfilme überhaupt, die in den Kinos gezeigt wurden und unterstrich, dass sich der Fußball auch in Deutschland immer stärker zu einem Massenphänomen entwickelte. Es dürfte der künstlerischen Freiheit geschuldet gewesen sein, dass die Hauptfigur unter dem leicht veränderten Namen „Tull Harper" auf Torejagd ging.

Ohne eine Niederlage zu kassieren, sicherte sich der HSV auch in der Saison 1923/24 den Titel in der Alsterstaffel, um anschließend, ebenfalls ungeschlagen, Norddeutscher Meister zu werden. In Hochform präsentierte sich wieder einmal Tull Harder, der in den fünf Nord-Endrundenspielen des Rautenklubs gleich zwölf Treffer erzielte, was nicht zuletzt die beiden Kantersiege über Stralsund 07 (8:0) sowie Holstein Kiel (6:1) erleichtert hatten. Ausgerechnet als es in der nationalen Endrunde darum ging, den Vorjahrestitel zu verteidigen, hatte der Mittelstürmer sein Pulver jedoch verschossen, da er schon beim 3:0-Auftaktsieg über die Breslauer Sportfreunde nicht zu den Torschützen zählte. Nachdem er in der Vorschlussrunde gegen die SpVgg Leipzig-Lindenau (1:0) verletzt gefehlt hatte, war er im Endspiel am 9. Juni 1923 wieder einsatzbereit, als im Berliner Grundwaldstadion die Neuauflage des „ewigen Finales" gegen den 1. FC Nürnberg auf dem Programm stand. Obwohl mehr HSV-Anhänger als Club-Fans (der „Fußball" sprach von etwa 130 aus Franken angereisten „Männeken") unter den 30.000 Zuschauern waren, erwiesen sich die Süddeutschen anders als zwei Jahre zuvor als deutlich überlegen und fügten Harder & Co. eine 0:2-Niederlage zu.

In der Spielzeit 1924/25 konnten die Hanseaten dann zunächst den Eimsbütteler TV in der regionalen Alsterkreisliga um sieben Zähler distanzieren. Von den 76 Toren in 14 Spielen waren mit 25 fast ein Drittel auf Harders

Konto gegangen. Noch besser war dessen Ausbeute in der norddeutschen Endrunde, wo er wie im Jahr zuvor als zwölffacher Torschütze in Erscheinung trat. Um sich den fünften Titel in Serie zu sichern, mussten die Rothosen allerdings ein Entscheidungsspiel gegen den FC Altona 93 bestreiten, das sie nur knapp mit 2:1 für sich entschieden. Nach zwei Finalteilnahmen musste sich der HSV in der nationalen Endrunde diesmal gleich zum Auftakt verabschieden. Bei der 1:2-Verlängerungsniederlage am 3. Mai 1925 in Hannover gegen den FSV Frankfurt war es Tull Harder, der nach 66 Minuten den zwischenzeitlichen 1:1-Ausgleich erzielt hatte.

Da die Zahl der Teilnehmer an der „Deutschen" ab der Saison 1924/25 verdoppelt worden war, durfte nun auch der Vizemeister des NFV teilnehmen, wobei der Hamburger SV im kommenden Jahr von dieser Neuregelung profitierte, nachdem er erstmals seit fünf Jahren die Nordmeisterschaft verpasst hatte und den Kieler Störchen den Vortritt lassen musste. Nach 24 Torerfolgen in der Alsterstaffel waren Harder in der regionalen Endrunde weitere sechs Treffer geglückt. Zum Auftakt der „Deutschen" traten die Rothosen beim Duisburger Spielverein an, gegen den Otto Harder mit seinem Treffer drei Minuten nach dem Wiederanpfiff den 3:1-Endstand besiegelte. In der Runde der letzten Acht bekamen sie es mit der Leipziger Fortuna zu tun, die auch dank dreier Harder-Treffer mit 6:2 aus dem Stadion Hoheluft geschossen wurde. Erst im Halbfinale mussten sich die Norddeutschen im Berliner Grunewaldstadion Lokalmatador Hertha BSC mit 2:4 beugen, wobei der Harder Tull für beide Hamburger Treffer verantwortlich gezeichnet hatte und damit zum dritten Mal nach 1921/22 und 1922/23 zum Toptorjäger der Endrunde avanciert war.

Obwohl Harder im November bereits 34 Jahre alt wurde, blieb er auch in der Saison 1926/27 der wichtigste Spieler der Hanseaten, was bereits seine 31 Torerfolge in der Alsterstaffel unterstrichen, die die Rothosen mit 26:2 Zählern und 79:17 Toren wieder einmal anführten. Es folgten acht Treffer in der norddeutschen Endrunde, in der sich der HSV freilich wie vor Jahresfrist Holstein Kiel geschlagen geben musste. Zum Auftakt der nationalen Endrunde musste der Nord-Zweite bei Fortuna Düsseldorf antreten. Und abermals war auf Otto Harder Verlass, der seine Farben schon vor der Pause mit 2:0 in Führung schoss, um mit einem weiteren Tor nach Wiederanpfiff den klaren 4:1-Sieg auf den Weg zu bringen. Im folgenden Viertelfinale setzte sich im Stadion Hoheluft allerdings der kommende Meister 1. FC Nürnberg durch, der nach der Pause mit einem Doppelschlag von Wieder auf 2:0 davongezogen war, ehe Harder mit seinem vierten Endrundentreffer den 1:2-Endstand besiegelte. Am 5. Dezember 1926 war der Tull dennoch zu Titelehren gekommen, da sich der HSV durch ein 3:1 über Holstein Kiel den zum dritten Mal ausgespielten NFV-Pokal gesichert hatte.

Meistertitel zur Frustbewältigung

In der Saison 1927/28 wurde der gesamte deutsche Fußball von einem echten Politikum überlagert. Der in die Jahre gekommene Tull war nämlich nicht mehr unumstritten, was sowohl auf seinen Status in der Vereinself, als auch in der Nationalmannschaft zutraf. Man kann sich denken, dass die Diskussion um Hamburgs Superstar unter Fußballanhängern und Fachleuten hohe Wellen schlug. Dabei machte es Harder seinen zahlreicher werdenden Kritikern nicht leicht, da er auch weiterhin mit Toren glänzte. So etwa im Januar des 1928, als ihm beim schier unglaublichen 18:5 (!) seines HSV gegen den FC Wandsbek nicht minder unglaubliche zwölf Treffer gelangen. Auch zum Gewinn der Nordmeisterschaft trug der Mittelstürmer als siebenfacher Torschütze seinen Teil bei, weshalb es doch ein wenig verwunderte, dass Reichstrainer Prof. Otto Nerz sich gegen eine Nominierung Harders entschied, als er seinen Kader für das olympische Fußballturnier in Amsterdam berief. Nerz zog stattdessen Bayern Münchens Josef Pöttinger vor, der allerdings in der niederländischen Hauptstadt auch nicht verhindern konnte, dass die Nationalelf nach einer rüden Treterei in der Runde der letzten Acht an Uruguay scheiterte.

► EINWURF

Harder war bereits 35 Jahre alt, als er in der Meistersaison 1927/28 seinen persönlichen Torerekord aufstellte. Nach 42 Treffern in der Alsterstaffel legte er in den Endrunden um die norddeutsche und deutsche Meisterschaft jeweils sieben Mal nach, so dass er mit zusätzlichen sieben Torerfolgen im NFV-Pokal nicht weniger als 63 Saisontreffer auf dem Konto hatte, was für den Tull nach seiner Ausbootung aus der Nationalelf sicher eine besondere Genugtuung darstellte. Stattliche zwölfmal traf er gegen den FC Wandsbek 1910 ins Schwarze, der in der Alsterstaffel mit 18:5 geschlagen wurde. Diese Bestmarke wurde 1942/43 von einem gewissen Fritz Walter überboten, der beim Wettschießen in der Gauliga Westmark gegen den FK Pirmasens (26:0) noch einmal öfter eingenetzt hatte. Den Weltrekord in Sachen Pflichtspieltreffer in einem einzigen Spiel hält übrigens Stefan Dembicki – genannt „Stanis". Dem Angreifer von Racing Lens waren am 13. Dezember 1942 im Pokalspiel gegen Auby Asturies (32:0) sogar sensationelle 16 Tore geglückt.

Wegen Olympia war der nationale Spielbetrieb unterbrochen worden, womit die nationalen Endrundenspiele ausnahmsweise erst im Juli begannen. Die Hamburger bekamen es dort zum Auftakt mit dem FC Schalke 04 zu tun. Doch weniger die Tatsache, dass die Rothosen im Stadion Hoheluft mit 4:2 die Oberhand behielten, sorgte für Diskussionsstoff, als vielmehr der Verzicht von HSV-Trainer Rudolf Agte auf Sturmtank Harder. – Gehörte der Torjäger nun auch in seinem Klub zum alten Eisen? Mitnichten! Denn im Viertelfinale gegen den VfB Königsberg (4:0) stand Harder (als dreifacher Torschütze) ebenso wieder in der Anfangsformation wie in der Vorschlussrunde gegen den FC Bayern München, wo es am 22. Juli 1928 im Duisburger Wedaustadion somit zum brisanten Duell der beiden rivalisierenden Mittelstürmer Harder und Pöttinger kam. Welch eine Genugtuung mag es für den Hamburger gewesen sein, dass seine Farben nicht nur mit 8:2 einen Kantersieg verbuchen konnten, sondern er auch das direkte Duell mit Pöttinger für sich entschieden hatte. Er selbst konnte den Münchnern gleich drei Bälle ins Netz setzen, derweil sein Pendant aus dem Süden nur ein einziges Mal jubeln durfte. So hatten sich Harder und der HSV rechtzeitig zum Endspiel gegen die Berliner Hertha in Stimmung geschossen, welches im Volksparkstadion von Altona stattfand, was wiederum die Hanseaten automatisch zum Favoriten stempelte, zumal die Berliner in ihrem Halbfinale gegen Wacker München (2:1) erheblich mehr Mühe hatten als der HSV gegen die Bayern. Vor 42.000 Zuschauern legte der „Gastgeber" dann auch tatsächlich los wie die Feuerwehr und konnte den Ball schon in der 7. Minute im gegnerischen Tor unterbringen. Der einst so umstrittene Harder hatte die Kugel ins Gehäuse von Gehlhaar gewuchtet und damit wohl auch die letzten

Zweifler beschämt. Es schien, als hätte sich Harder mit seinem Tor sämtlichen Frust der letzten Zeit von der Seele schießen wollen! Auch nach der frühen Führung ließ der HSV – begeistert unterstützt von den Rängen – nicht locker und schnürte seinen Gegner weiterhin in dessen Hälfte ein. Hans Rave (17.) und Walter Kolzen (20.) sorgten dann auch bald für die erhofften klaren Verhältnisse, so dass sie restlichen 70 Minuten praktisch nur noch Formsache waren. Kirsei (24.) konnte zwar noch vor der Pause verkürzen, doch Franz Horn (57.) und abermals Kolzen (64.) legten nach dem Seitenwechsel noch einmal kräftig nach, ehe Grenzel (75.) mit seinem Torerfolg das Endergebnis mit 2:5 aus Hertha-Sicht erträglicher gestaltete. Auch der Berliner Hans Grenzel hatte damit sieben Endrundentore auf dem Konto, so dass er gemeinsam mit Tull Harder an der Spitze der Torschützenliste stand.

Die zweite Meistermannschaft des Hamburger SV aus dem Jahr 1928. Hinten von links die Angreifer Walter Kolzen, Heinrich Ziegenspeck, Otto Harder (mit sieben Toren in diesem Jahr zum vierten und letzten Mal bester Goalgetter der Endrunde), Franz Horn und Hans Rave. In der Mitte die Läuferreihe mit Hans Lang, Asbjörn Halvorsen und Otto Carlson. Sowie vorne die Verteidigung mit Albert Beier, Wilhelm Blunk (Torhüter) und Walter Risse.

Der Wechsel zu Victoria

Probleme gab es im deutschen Fußball auch damals schon genug. So war Ende der zwanziger Jahre die Kritik der Nordklubs am Spielsystem des Verbandes immer deutlicher zu vernehmen. Viel zu viele Spielklassen auf zu kleinem Raum, lautete der Tenor, weshalb vehement die Einführung einer Nordliga gefordert wurde. Einzig die Verbandsoberen wollten partout nicht auf die Forderungen hören. Deshalb entschieden sich die stärksten Vereine der Hansestadt vor der Saison 1928/29 auch zu drastischeren Maßnahmen, als sie auf eigene Faust eine Liga ins Leben riefen („Runde der Zehn"), die der HSV als amtierender Deutscher Meister erwartungsgemäß ungeschlagen gewann, wobei von den 60 Hamburger Treffern 17 auf das Konto Otto Harders gegangen waren. Nun sah sich der stark unter Druck geratene Verband endlich zum Handeln gezwungen und stellte für das kommende Jahr die Reduzierung der Spielklassen auf nur noch sechs in Aussicht. Das ursprüngliche Problem war damit aus der Welt. Perfekt aber war auch das organisatorische Chaos! Denn wen sollte man jetzt an den deutschen Finalrundenspielen teilnehmen lassen, da die Saison durch das Hickhack doch schon weit fortgeschritten war? Es blieb nichts anderes übrig, als kurzfristig zusätzliche Qualifikationsspiele anzusetzen, aus denen der HSV gegen Hannover 96 (6:0) und Holstein Kiel (4:2) mit dem sechsfachen Torschützen Harder als überlegener Sieger hervorging. Auf Reichsebene wurde der Meidericher SV dann im Duisburger Wedaustadion mit 3:2 geschlagen. Vor 20.000 Zuschauern war dem Tull dabei nach 33 Minuten sein 27. und letztes Endrundentor gelungen, da sich der Titelverteidiger im anschließenden Viertelfinale gegen die Fürther Kleeblättler mit einer 0:2-Niederlage aus dem Wettbewerb verabschieden musste.

In der Saison 1929/30 plagte sich Otto Harder mit einer Magenerkrankung herum, so dass er fast ein ganzes Jahr zum Zuschauen verdammt war. Erst in der kommenden Spielzeit sollte der Oldie sein Comeback feiern, das am 14. September 1930 besser nicht hätte verlaufen können. Mit 4:1 war der Eimsbütteler TV am Rothenbaum geschlagen worden. Und gleich dreimal hatte sich Tull Harder in die Torschützenliste eingetragen. Obwohl er in der Oberliga Groß-Hamburg – die der Rautenklub als überlegener Meister abschloss – weitere neun Tore erzielte, sollte er vor den Spielen um die Norddeutsche Meisterschaft im März seinen Stammplatz verlieren. Letztmals hatte Harder am 18. Januar 1931 das Trikot des HSV getragen, als Unitas Hamburg klar mit 4:0 in die Schranken gewiesen wurde. Nachdem Harder die Spiele in der nationalen Endrunde von der Tribüne aus verfolgen musste – der HSV scheiterte erst in der Vorschlussrunde am kommenden Meister Hertha BSC – kam es schließlich zum Zerwürfnis mit den Klubbossen, weshalb sich der 38-Jährige zur Saison 1931/32 Lokalrivale Victoria Hamburg anschloss.

Im Stadion Hoheluft ging er dann noch weitere drei Jahre auf Torejagd, ohne freilich auch nur ansatzweise an die Erfolge im HSV-Trikot heranzureichen. So musste sich die Mannschaft schon 1931/32 in der Oberliga Groß-Hamburg mit dem vierten Platz begnügen, mit dem aber immerhin die Teilnahme an den Gruppenspielen der norddeutschen Endrunde verbunden war, wo die Victoria als Schlusslicht mit 5:9 Toren und 1:5 Punkten allerdings sang- und klanglos ausschied.

Sogar noch schlechter sollte die Spielzeit 1932/33 verlaufen, in der die Blau-Gelben in der Oberliga nur den siebten Platz belegten und damit die Teilnahme an der Endrunde des NFV klar verpassten. Schlimmer noch: Nicht einmal für die neu eingeführte Gauliga war der Traditionsverein qualifiziert, so dass dieser erstmals in seiner Geschichte nur noch zweitklassig war. Zumindest dies konnten Harder & Co. in der Saison 1933/34 korrigieren. Als Bezirksligameister und anschließender Gewinner der Aufstiegsrunde stand zum Abschluss der Karriere des fast 42-jährigen Mittelstürmers der Aufstieg in die Gauliga fest, der die Victoria bis Kriegsende angehörte.

► **EINWURF**
Natürlich stellten die beiden Meistertitel von 1923 und 1928 die Höhepunkte in der Karriere Otto Harders dar. Doch auch in Freundschaftsspielen zeigte er sich stets hochmotiviert. Einen seiner größten Tage hatte der Angreifer 1929, als der Hamburger SV die Elf von Peñarol Montevideo – die praktisch identisch mit der Nationalmannschaft von Uruguay war, die im Jahr zuvor in Amsterdam die olympische Goldmedaille gewonnen hatte – in der Hansestadt mit 4:2 besiegte und Harder sämtliche vier Treffer gelungen waren. Bekanntlich waren es die Urus, gegen die Deutschland nach der Ausbootung Harders aus dem Nationalteam im olympischen Viertelfinale klar mit 1:4 verloren hatten.

Nach seiner Entlassung aus dem Zuchthaus in Werl, ließ sich Otto Harder in Bendestorf am Rande der Lüneburger Heide nieder, wo er seinen alten Beruf als Versicherungsvertreter ausübte. Am 4. März 1956 verstarb er im Alter von 63 Jahren im Krankenhaus von Hamburg-Barmbek an den Folgen einer Magenoperation. Zu seinem Begräbnis erschienen zahlreiche hochrangige Funktionäre des Hamburger Sport-Vereins, während Spieler aus der ersten Jugendmannschaft die Ehrenwache hielten. Auf Harders Sarg befand sich neben einem Blumengebinde auch eine Vereinsfahne „seines“ HSV.

Torflut in der Nordauswahl

Im Laufe seiner Karriere bestritt Otto Harder insgesamt 38 Spiele für die Verbandsauswahl des NFV, in denen er mindestens 24 Tore erzielt hatte. Tatsächlich dokumentiert sind allerdings nur die Einsätze in Kronprinzen- und Bundespokal, während die Torschützen in 18 weiteren Spielen der NFV-Auswahl nicht überliefert sind. Setzt man die Quote von 1,2 Torerfolgen je Spiel nicht nur für die vorliegenden 20, sondern für alle 38 Begegnungen voraus, könnten nicht nur 24, sondern sogar 46 Verbandsauswahltore auf Harders Konto gegangen sein.

Nachdem Harder den ersten Einsatz in der Nordauswahl noch als Spieler von Eintracht Braunschweig verzeichnet hatte, trug er bei den folgenden sieben zwischen 1913 und 1919 das Trikot des Hamburger FC 1888. Der erste große Erfolg datiert aus dem Jahr 1914, als die NFV-Kicker bei der sechsten Auflage des Kronprinzenpokals erstmals den Sieg errangen. Im Halbfinale trafen diese am 8. Februar in Hannover auf die Vertretung von Vorjahresfinalist Brandenburg, die mit 3:2 niedergerungen wurde. Als einziger HFC-Spieler auf dem Platz war der Tull noch ohne Treffer geblieben. Anders im Endspiel am 8. Juni in Berlin: Nachdem ihm vor 15.000 Zuschauer der erste Treffer der Norddeutschen gelungen war, segelten diese dem Titel entgegen, so dass mit Richard Queck ein ehemaliger Kamerad aus Braunschweiger Zeiten den 2:1-Erfolg besiegeln konnte.

Mit der Spielzeit 1918/19 war der Kronprinzenpokal nach Gründung der Weimarer Republik in Bundespokal umbenannt worden. Am 13. Oktober 1918 folgte Harders Comeback in der Auswahl des NFV, die in Stettin die völlig überforderte Elf des Baltischen Fußball-Verbandes mit 11:2 überrollte. Während seine Teamgefährten Adolf Jäger (FC Altona 93) und Heinrich Mechling (Victoria Hamburg) drei bzw. zwei Treffer erzielt hatten, war Tull als sechsfacher Torschütze der alles überstrahlende Akteur. In bester Torlaune präsentierte er sich dann auch in Halbfinale und Finale. Vor 10.000 Zuschauern erzielte Harder beim klaren 5:1 über Brandenburg ebenso wie sein Freund Adolf Jäger zwei Tore, so dass es am 8. Juni 1919 in Berlin zum Traumfinale gegen Süddeutschland kommen konnte. Die Elf des Gegners wurde vor allem von Spielern des letzten Deutschen Meisters SpVgg Fürth dominiert, da nicht weniger als sieben Kleeblättler – darunter Resi Franz und Loni Seiderer – in der süddeutschen Auswahl standen. Die hatte vor 10.000 Zuschauern im Deutschen Stadion anfangs nicht den Hauch einer Chance und lag bis zur 32. Minute schon mit 0:4 hinten. Natürlich hatte sich auch HFC-Mittelstürmer Harder mit seinem Treffer zum zwischenzeitlichen 3:0 nicht lumpen lassen. Mit dem klaren Vorsprung im Rücken schienen die Norddeutschen aber anscheinend leichtsinnig zu werden. Tatsächlich ließen sie die verstärkte Fürther Elf bis zur 69. Minute auf 3:4 herankommen, ehe Lorenz aus Eimsbüttel (74.) den fünften NFV-Treffer erzielte. Nach dem 4:5 durch Seiderer (80.) musste allerdings bis zum Abpfiff des Berliner Schiedsrichters von Paquet weiter gezittert werden, ehe die Norddeutschen nach drei Erfolgen im Kronprinzenpokal nun auch den Bundespokal gewonnen hatten.

EXKURS: Kronprinzenpokal und Bundespokal

Der Kronprinzenpokal trägt seinen Namen, weil er 1908 vom deutschen Kronprinzen Wilhelm von Preußen gestiftet wurde. Nach dem Ende des Ersten Weltkriegs und der Abschaffung der Monarchie wurde er ab 1919 durch den Bundespokal ersetzt. Im Folgenden die Liste der Endspiele:

1908/09	Mitteldeutschland-Berlin	3:1
1909/10	Süddeutschland-Berlin	6:5
1910/11	Norddeutschland-Süddeutschland	4:2
1911/12	Süddeutschland-Brandenburg	6:5
1912/13	Westdeutschland-Brandenburg	5:3
1913/14	Norddeutschland-Mitteldeutschland	2:1
1916/17	Norddeutschland-Süddeutschland	2:1
1917/18	Brandenburg-Norddeutschland	3:1
1918/19	Norddeutschland-Süddeutschland	5:4
1919/20	Westdeutschland-Mitteldeutschland	1:0
1920/21	Mitteldeutschland-Westdeutschland	4:0
1921/22	Süddeutschland-Norddeutschland	7:0
1922/23	Süddeutschland-Westdeutschland	2:1
1923/24	Süddeutschland-Norddeutschland	4:1
1924/25	Norddeutschland-Süddeutschland	2:1
1925/26	Süddeutschland-Mitteldeutschland	2:1
1926/27	Mitteldeutschland-Norddeutschland	1:0
1927/28	Südostdeutschland-Norddeutschland	2:0
1928/29	Brandenburg-Norddeutschland	4:1
1929/30	Norddeutschland-Brandenburg	2:0
1930/31	Süddeutschland-Mitteldeutschland	4:3
1931/32	Norddeutschland-Süddeutschland	2:1
1932/33	Süddeutschland-Südostdeutschland	6:1

Bis 1933 waren die Auswahlmannschaften der Regionalverbände des DFB beteiligt. 1934 wurde als Nachfolgewettbewerb der Reichsbundpokal eingerichtet, an dem bis zu dessen Einstellung 1942 die Gauauswahlmannschaften teilnahmen. Der Versuch des DFB, während der Saison 1969/70 einen Regionalpokal nach ähnlichem Muster auszuspielen, scheiterte am zu geringen Zuschauerinteresse.

Die verbleibenden 30 Einsätze im Bundespokal sollte Otto Harder dann im Trikot des neu ins Leben gerufenen Hamburger SV bestreiten. Als Titelverteidiger startete der Norden in der Spielzeit 1919/20 mit einem klaren 6:1 über den Baltenverband, zu dem Harder zwei Treffer beigesteuert hatte, ehe ein weiterer Torerfolg gegen Westdeutschland in Köln (2:3) das Aus in der Vorschlussrunde gegen den kommenden Sieger nicht verhindern konnte.

Als Spieler von FC Altona 93 gehörte Adolf Jäger zu den großen Konkurren-ten von Otto Harder. Aber auch in der Verbandsauswahl des NFV sowie der Nationalelf rivalisierten beide um die Mittelstürmerposition. Im Privatleben waren Tull Harder und Adolf Jäger gleichwohl eng befreundet.

In den kommenden beiden Jahren wurde Harder dann nicht mehr in die Verbandsauswahl berufen. Damit blieb ihm wenigstens die demütigende 0:7-Finalklatsche erspart, die der Norden am 5. März 1922 im Stadion Hoheluft gegen Süddeutschland kassiert hatte. Während der NFV auf der Mittelstürmerposition Adolf Jäger aus Altona den Vorzug gegeben hatte, wurde der Hamburger SV lediglich durch Ludwig Breuel repräsentiert. Womöglich der entscheidende Fehler, denn bekanntlich sollten die Rothosen in der bevorstehenden Endrunde um die Deutsche Meisterschaft das Endspiel erreichen und dort Titelverteidiger 1. FC Nürnberg einen geradezu epischen Kampf liefern. Selbstredend stellte das Meisterschaftsfinale damals den Höhepunkt des deutschen Fußballsports dar. Aber auch die Spiele um den Bundespokal waren ausgesprochen populär, was ein Blick auf das Endspiel von 1922 zeigt. Während das Fassungsvermögen des Hoheluft-Stadions sich auf offiziell 28.000 Zuschauer belief, sollen die Organisatoren angeblich 35.000 Karten in Umlauf gebracht haben, derweil Schätzungen zufolge sogar 44.000 Zuschauer das Spielfeld säumten, als Star-Schiedsrichter Peco Bauwens die Partie freigab. Die Begeisterung zeigt, dass der Fußball in den Zwanzigern hierzulande auf dem besten Weg war, ein echter Volkssport zu werden. Freilich müssen die Spiele um den Bundespokal auch als eine Art Länderspielersatz betrachtet werden. Durch die Isolation des deutschen Sports als Folge des Versailler Vertrags fanden 1922 etwa nur drei Länderspiele statt, weshalb die Verbandsauswahlspiele den Fans die willkommene Gelegenheit boten, ihre Idole endlich einmal aus der Nähe zu betrachten.
Auf den Tull hatten die Zuschauer im Stadtteil Hoheluft wie erwähnt verzichten müssen, da dieser erst wieder am 8. Oktober 1922 im Bundespokal eingesetzt wurde. Obwohl der Norden die Finalrevanche gegen den Süden in Halle mit 3:5 verlor, zählte der Hamburger wieder zu den Torschützen. In der Saison 1923/24 durfte er in sämtlichen drei Spielen um den Bundespokal mitwirken, wobei er insgesamt viermal in die Maschen traf. Am stärksten präsentierte er sich gleich zum Auftakt am 14. Oktober 1923 in Hamburg, als er mit seinen drei Treffern zum 4:2 die Westdeutschen fast im Alleingang in die Knie zwang. Auch im Endspiel, das am 17. Februar 1924 im Riederwaldstadion von Frankfurt über die Bühne ging, war Otto Harder erneut mit von der Partie. Nach seinem 2:1-Führungstor in der 35. Minute schien die Südauswahl endlich reif. Nach der Pause aber drehte diese den Spieß noch um und behielt mit 4:2 die Oberhand.

Im Jahr 1925 konnte sich Harder dann aber endlich den zweiten Erfolg im Bundespokal sichern. Nach Siegen über den Balten-Verband (7:1) und Westdeutschland (3:2) mit insgesamt vier Harder-Toren stand am 22. Februar wiederum das Endspiel gegen den Süden auf der Agenda, wobei die NFV-Kicker ihren Heimvorteil diesmal nutzten und im Stadion Hoheluft einen 2:1-Sieg erkämpften, der durch einem verwandelten Elfmeter Harders aus der 80. Minute feststand. Sicherlich war der Erfolg nicht zuletzt vom Fehlen der starken Nürnberger Spieler begünstigt gewesen. Im Regelfall war die Auswahl des Süddeutschen Fußball-Verbandes nämlich eine Kombination der beiden großen fränkischen Antipoden 1. FC Nürnberg und SpVgg Fürth, wobei sich die Spieler beider Vereine nie wirklich grün waren, weshalb es durchaus vorkam, dass Verbandsauswahlspiele von der einen oder anderen Seite „bestreikt" wurden. So schwach waren die Süddeutschen freilich auch nicht. Immerhin agierte beim SFV auf der Mittelstürmerposition mit Sepp Herberger vom VfR Mannheim niemand Geringerer als der spätere Reichstrainer.
Otto Harder sollte nach dem Erfolg von 1925 noch fünf Spiele im Bundespokal bestreiten. Dass er, obwohl schon deutlich jenseits der 30, noch keinesfalls zum alten Eisen gehörte, bewies er regelmäßig beim HSV, den er 1928 zum zweiten Meistertitel führte. Und auch in der NFV-Auswahl war er weiterhin für Tore gut, wie am 10. Oktober 1926 beim 2:1-Sieg in Köln über Westdeutschland und am 8. Januar 1928, als er beim 4:4 nach Verlängerung gegen denselben Gegner den letzten Torerfolg bejubeln durfte. Sein letztes Spiel im Rahmen des Bundespokals bestritt Harder am 28. April 1929 in Berlin. An jenem Tag wollte er im Finale gegen Brandenburg zum vierten Mal die begehrte Trophäe in Empfang nehmen, doch setzte es vor 22.000 Zuschauern eine unerwartete 1:4-Niederlage.
Aufgrund der erwähnten sportlichen Bedeutung und der immensen Popularität müssen die drei Siege in Kronprinzen- und Bundespokal (1914, 1919 und 1925) zweifelsohne zu den größten Erfolgen in der Karriere Otto Harders gerechnet werden, derweil die Dominanz Nord- und Süddeutschlands die damaligen Kräfteverhältnisse im deutschen Fußballs widerspiegelt. Bekanntlich war es der Hamburger SV, dem es mit seinem robusten und kraftstrotzendem „Husarenstil" in den zwanziger Jahren als einzigem Verein gelang, die Nürnberg-Fürther Fußballhochburg zweimal vom Meisterthron zu schubsen.

► ZAHLEN UND FAKTEN

Vereine:	1909-1913	Eintracht Braunschweig
	1913-1914	Hamburger FC 1888
	1917-1918	Stettiner SC
	1918-1919	KV Victoria / 1888 Hamburg
	1919-1931	Hamburger SV
	1931-1934	Victoria Hamburg

Tore: 204 regionale Ligaspiele für HSV (273 Tore)
61 Tore norddeutsche Endrunde
21 deutsche Endrundenspiele (27 Tore)
9 norddeutsche Pokalspiele (17 Tore)
38 Verbandsauswahlspiele (24 Tore*)
15 Länderspiele (14 Tore)
gesamt 287 Pflichtspiele (416 Tore)*
** nur bekannte Spiele und Tore*

Erfolge: Deutscher Meister 1923, 1928
Norddeutscher Meister 1913, 1919, 1921, 1922, 1923, 1924, 1925, 1928
Norddeutscher Pokalsieger 1927

In der Nationalmannschaft:
Tull Harder war zu Beginn der Saison von Eintracht Braunschweig zum damals nur zweitklassigen Hamburger FC 1888 gewechselt, als er am 5. April 1914 im Alter von 21 Jahren zum Debüt in der deutschen Nationalmannschaft kam. Diese erkämpfte sich in Amsterdam ein 4:4-Unentschieden, bei dem Mittelstürmer Harder den dritten deutschen Treffer auf Zuspiel von Queck gelungen war. Richard Queck, den der Tull noch aus gemeinsamen Braunschweiger Zeiten kannte, bildete gemeinsam mit ihm und Adolf Jäger das Innentrio.

Dieser verheißungsvolle Einstand ließ auf weitere große Taten hoffen, die der Beginn des Ersten Weltkriegs und die dadurch hervorgerufene sechsjährige Länderspielpause jedoch zunichte machten. Obwohl Harder erst am 27. Juni 1920 zu seinem nächsten Einsatz kam, liest sich seine Bilanz bei 14 Toren in 15 Länderspielen dennoch ausgesprochen gut. Vor allem dann, wenn man die nur sporadischen DFB-Auftritte voraussetzt – genauso wie die Tatsache, dass es damals noch keine Auswechselspieler gab. Harder, der auch mit über 30 nichts von seiner Torgefahr einbüßen sollte, hätte bei gegenwärtigen Verhältnissen gut und gerne auf 100 Länderspiele kommen können und in Sachen Trefferzahl in die Dimensionen eines Gerd Müller vorstoßen können. Wenngleich er von der Statur her mit dem Münchner nicht zu vergleichen war, zeichnete ihn doch dessen Killerinstinkt im gegnerischen Strafraum aus. Anders als sein Altonaer Pendant Adolf Jäger, der deutlich mannschaftsdienlicher agierte, suchte Harder am liebsten den direkten Weg zum Tor.

Auch in den ersten drei Nachkriegsländerspielen des Jahres 1920 war Harder vom damals zuständigen DFB-Bundesausschuss nominiert worden, doch konnte er sowohl gegen die Schweiz (1:4) als auch gegen Österreich (2:3) und Ungarn (1:0) keinen Treffer erzielen. Nachdem er gegen die Schweiz noch als Mittelstürmer aufgeboten worden war, agierte er gegen Österreich und Ungarn neben Jäger als halbrechter Verbindungsstürmer.

Über drei Jahre musste der Tull auf seinen fünften Einsatz warten, da er erst wieder am 4. November 1923 als frischgebackener Deutscher Meister aufgeboten wurde. In seiner neuen Hamburger Heimat besiegte Deutschland Norwegen mit 1:0, wobei Harder in der 22. Minute für das Tor des Tages verantwortlich gezeichnet hatte. Der Sieg war auch ein persönlicher Triumph über Asbjörn Halvorsen, da der Mittelläufer des HSV an diesem Tag als sein direkter Gegenspieler auf dem Platz gestanden hatte.

Insgesamt fünfmal sollte Harder in einem Länderspiel den einzigen deutschen Treffer erzielen. So auch am 31. August 1924, als der DFB in Berlin gegen Schweden zwar mit 1:4 unterlag, der Hamburger jedoch in der 28. Minute den Ehrentreffer erzielte, der zugleich das 100. Tor in der deutschen Länderspielgeschichte war. Auch im September war er in Ungarn beim erneuten 1:4 Schütze des deutschen Tores, während er am 14. Dezember in Stuttgart gegen die Schweiz mit seinem Kopfballtor aus der 71. Minute (nach Maßflanke von Jäger) seinen Farben wenigstens ein 1:1-Unentschieden rettete.

Immer wieder hatte Harder als rechter oder linker Verbindungsstürmer aushelfen müssen, um erst spät auch im Nationalteam ins Sturmzentrum zu rücken. Als Mittelstürmer zeigte er in der Saison 1925/26 erwartungsgemäß seine stärksten Leistungen und glänzte gleich zweimal als dreifacher Torschütze. Als am 25. Oktober 1925 die Schweiz in Basel mit 4:0 vorgeführt wurde, gingen in der 12., 42. und 52. Minute die drei ersten deutschen Tore auf sein Konto. Und als Deutschland am 20. Juni 1926 im Zabo gegen Schweden ein 3:3 erkämpfte, hatte der Tull sämtliche drei DFB-Tore erzielt, mit denen er – wie Lutz Koch in seinem 1937 erschienenen Buch über die Spiele der Nationalelf schreibt – die Zuschauer in Nürnberg in Raserei versetzt hatte.

In 14 Länderspielen waren damit ebenso viele Tore auf das Konto des gebürtigen Braunschweigers gegangen, als am 31. Oktober 1926 Otto Nerz die Betreuung der Nationalelf übernahm. Unter diesem kam Harder nur noch am 12. Dezember 1926 in München gegen die Schweiz (2:3) zum Einsatz, ohne einen weiteren Treffer zu erzielen. Erst im Vorfeld der Olympischen Spiele 1928 sollte Nerz in die Position eines Reichstrainers erhoben werden, womit er auch für die Zusammenstellung des Kaders verantwortlich war, mit der Konsequenz, dass während des olympischen Fußballturniers die Nationalelf erstmals überhaupt zweimal hintereinander in der selben Aufstellung spielte.

Obwohl von seinen Anhängern vehement gefordert, war Harder in Amsterdam nicht mit von der Partie. Verschwörungstheorien taugen als Erklärung für die Nichtberücksichtigung Harders aber nur bedingt. Freilich erlebte der 35-Jährige im zweiten Meisterjahr des HSV gerade seinen zweiten Frühling. Reichstrainer Nerz hatte vor dem Turnier in Amsterdam jedoch schlicht und ergreifend die Qual der Wahl. Und dass er sich da für den über zehn Jahre jüngeren Münchner Mittelstürmer Josef Pöttinger entschied, erscheint durchaus nachvollziehbar, zumal auch der „Pötschge“ im Trikot von Südmeister FC Bayern München mindestens genauso torgefährlich war wie Harder beim Hamburger SV. Und auch Tull schaffte es bekanntermaßen schnell, sich über sein Olympia-Aus hinwegzutrösten, da der HSV im Semifinale der nationalen Endrunde Pöttingers Bayern gleich mit 8:2 in die Schranken wies.

Saison	ER*		Liga		Pokal	
	Sp.	T.	Sp.	T.	Sp.	T.
= 1909-13				?		
1913/14				?		
1917/18				?		
1918/19				?		
1919/20			16	26		
1920/21	NM: ? DM: 1	3 0		28		
1921/22	NM: ? DM: 4	4 3		10		
1922/23	NM: ? DM: 3	3 5		32		
1923/24	NM: ? DM: 2	12 0		26		
1924/25	NM: ? DM: 1	12 1		25	1	0
1925/26	NM: ? DM: 3	6 6		24	3	6
1926/27	NM: ? DM: 2	8 4		31	2	4
1927/28	NM: ? DM: 3	7 7		42	3	7
1928/29	NM: ? DM: 2	6 1		17		
1929/30				0		
1930/31				12		
1931-34				?		

* DM: Deutsche Meisterschaft, NM: Norddeutsche Meisterschaft

Erwin Helmchen
Letzter Wille bleibt unerfüllt

Die Frage nach „Deutschlands bestem Torjäger aller Zeiten“ scheint seit Gerd Müller ultimativ beantwortet. Nachdem der „Bomber der Nation“ seine aktive Karriere

beendet hatte, konnte ihm keiner auch nur das Wasser reichen. Auch einige seiner Zeitgenossen, wie der etwas ältere Uwe Seeler, Klaus Fischer oder aber Jupp Heynckes mussten vor der Torgefahr des Bayern-Stürmers kapitulieren. Während seit dem Müller Gerd also „nichts mehr kam“, stößt man beim Griff in die Annalen auf einen Spieler, der bei heutigen Fans wohl kaum bekannt sein dürfte, der aber – zumindest an der Zahl seiner Tore gemessen – schon weit vor Gerd Müller in dessen Dimensionen vorgedrungen ist. Die Rede ist von Erwin Helmchen *(Bild oben)*, dem von Statistikern bis zu 900 Tore in Pflichtspielen und 2.500 insgesamt (damit wäre er hinter Josef Bican der zweitbeste Torjäger aller Zeiten) zugesprochen werden, womit der Niederlausitzer sogar den scheinbar unerreichbaren Gerd Müller in den Schatten gestellt hätte, ehe der Bomber überhaupt gegen einen Ball trat! Wie viele Tore Helmchen im Verlauf seiner langen Karriere erzielt hat, lässt sich freilich nicht genau ermitteln und beruht mehr auf Schätzungen, denn auf exakten Zahlen, da zu Zeiten, als hierzulande von einer landesweiten Liga nur geträumt wurde, dem Fußball längst nicht jene Aufmerksamkeit geschenkt wurde wie heute. Und wenn Erwin Helmchen etwa in der Bezirksmeisterschaft von Chemnitz regelmäßig Tor um Tor schoss, waren eben keine zig Kameras auf ihn gerichtet, weshalb auch so mancher seiner Treffer nach kurzem Jubel schon wieder vergessen war!

Tor-Premiere in Cottbus

Geboren wurde Erwin Helmchen am 10. Mai 1907 in Cottbus, wo er sich in der Jugend dem ortsansässigen FV 1899 Brandenburg anschloss, mit dem er auch die ersten größeren Erfolge feiern konnte. Bereits mit knapp 17 Jahren wurde er in der Spielzeit 1924/25 in der ersten Mannschaft eingesetzt, welche die erweiterte Stadtliga klar beherrschte und sich mit 22:2 Zählern bei nur einer Niederlage die Meisterschaft sicherte. In zwölf Spielen hatten die Cottbusser immerhin 41 Treffer erzielt, wobei die Torschützen nur in 24 Fällen bekannt sind. Schon hier stoßen wir also erstmals auf die oben erwähnte Problematik der nur unzureichend verfügbaren Statistiken, weshalb die konkrete Zahl der von Helmchen in seiner Premierensaison erzielten Treffer auch im Dunkeln bleibt. Lediglich in sechs Fällen ist er als Torschütze verbürgt. In Anbetracht von 17 nicht zuzuordnenden Saisontoren der Cottbusser dürfte Helmchen aber tatsächlich fast doppelt so oft ins Schwarze getroffen haben.

In der neu eingeführten Bezirksliga Niederlausitz musste sich der FV im Spieljahr 1925/26 dann mit dem vierten Tabellenplatz begnügen, wobei die Angreifer von der gerade erst erfolgten Änderung der Abseitsregel erheblich profitierten. Stolze 78 Torerfolge durften die Anhänger der blau-weiß-roten Cottbusser in 22 Punktspielen bejubeln, von denen mindestens 25 auf das Konto Erwin Helmchens gegangen sind. Der Goalgetter durfte in den kommenden beiden Jahren dann jeweils die Bezirksligameisterschaft bejubeln, zu der er in der Saison 1926/27 nachgewiesene 34 Tore beigetragen hatte.
Dass es im Spieljahr 1927/28 „nur“ noch 20 waren, lag daran, dass die Liga auf acht Vereine reduziert worden war, was für Helmchen freilich immer noch einen sensationellen Schnitt von 1,43 Treffern je Einsatz bedeutete. Als bestes Team der Niederlausitz durfte der FV zweimal an der Endrunde um die Südostdeutsche Meisterschaft teilnehmen. Dort erwiesen sich aber vor allem die Vertreter aus dem schlesischen Breslau als Überflieger, so dass es für die Cottbusser jeweils nur zum vierten Platz reichte. Herausragender Akteur der Mannschaft war ohne Frage der junge Erwin Helmchen. Leider konnte auch hier nicht ermittelt werden, wie viele der 45 Treffer auf sein Konto gingen.
Fazit 1924-1928: In seinen vier Spielzeiten im Dress von Brandenburg Cottbus konnten Helmchen auf regionaler Ligaebene 85 Tore zweifelsfrei zugeordnet werden. Der FV Brandenburg wiederum erzielte in der Stadtliga Cottbus (1924/25) sowie der Bezirksliga Niederlausitz ein Torverhältnis von 257:93, wobei die Schützen von 99 Treffern nicht erfasst sind. Der Anteil Erwin Helmchens an den erfassten 158 Torerfolgen der Cottbusser liegt im genannten Zeitraum damit bei knapp 54 Prozent. Hochgerechnet auf die gesamten 257 Tore würde dies bedeuten, dass Helmchen für den FV weitere 53 Treffer – insgesamt also 138 – erzielt hätte. Setzt man den (nicht unwahrscheinlichen) Fall, dass der Goalgetter auch in den Spielen der Südostdeutschen Meisterschaft eine ähnliche Trefferquote aufgewiesen hat, könnten bei einem Torverhältnis von 45:28 (welches der FV Brandenburg in den Spielzeiten 1926/27 und 1927/28 aufwies) noch einmal 24 Endrundentore auf das Konto Helmchens gegangen sein, womit er es in vier Jahren in Cottbus insgesamt 162 Pflichtspieltore auf sein Konto gebracht hätte.

Treffsicherster Schütze beim Polizei SV

Erwin Helmchens Heimatstadt Cottbus gehörte damals freilich nicht zu den Hochburgen des reichsdeutschen Fußballs, weshalb ein baldiger Vereinswechsel logische Konsequenz war. Im Alter von 21 Jahren zog es ihn ins sächsische Chemnitz, wo er beim Polizeisportverein bis Kriegsende seine sportliche Heimat fand und sein Spiel zur Vollendung reifen sollte. Da Helmchen nicht besonders antrittsschnell war, taugte er nicht zum Dribbelkünstler. Und auch ein Rastelli vermochte er nicht zu werden, da sich seine technischen Fähigkeiten in Grenzen hielten. Vielmehr war Helmchen ein waschechter „Knipser“, der es verstand, nahezu jede sich bietende Chance zu nutzen. Während er im Strafraum einen unglaublichen Torriecher entwickelte, waren seine Spezialität krachende Weitschüsse, die bei so manch gegnerischem Schlussmann schmerzende Fingerkuppen hinterließen. Selbst aus größter Torentfernung hatte es den Anschein, der Niederlausitzer wisse immer genau, was er tat, da seine „Granaten“ wie an der Schnur gezogen, den Weg ins gegnerische Tor zu finden schienen. Kaum etwas konnte ihn von seinen Schussversuchen abhalten. Schon gar nicht die gegnerischen Verteidiger, die sich nicht selten aus lauter

Verzweiflung in die Schussbahn warfen. Manch übereifriger Abwehrspieler wurde von Helmchen samt Ball in die Maschen geprügelt, was diesen höchstens zu einem Achselzucken oder einem schlichten „Pech gehabt!" veranlasste. – Fußball war eben schon damals nichts für allzu zarte Gemüter.

Die zahllosen Tore schweißten Spieler und Verein zusammen. Mit den Jahren wurde die Verbundenheit zum PSV Chemnitz derart groß, dass Helmchen den Wunsch äußerte, in dessen Stadion an der Gellerstraße begraben zu werden. Nach der deutschen Teilung hatte es ihn allerdings nach Kiel verschlagen, wo er im Stadtteil Elmschenhagen zusammen mit seiner Ehefrau Erna bis zu seinem Tod am 8. Juni 1981 ein kleines Reihenhaus bewohnte. Wegen des Eisernen Vorhangs war an die Erfüllung seines letzten Willens nicht mehr zu denken. Erst nach der Überwindung der deutschen Zweistaatlichkeit sollte dieser zumindest teilweise erfüllt werden. Als der Chemnitzer FC Anfang September 2001 zu einem Regionalligaspiel bei Holstein Kiel antrat, legten traditionsbewusste Fans ein kleines Stück vom Rasen aus dem Stadion an der Gellertstraße auf der Grabstätte Erwin Helmchens nieder.

EXKURS: Polizei SV Chemnitz

Der „Polizeisportverein Chemnitz" wurde am 16. August 1920 von 37 Bediensten der Sächsischen Landespolizei Chemnitz gegründet. Vorrangiges Ziel war anfangs die Körperertüchtigung der Polizeibeamten, wobei sich der Verein aber schon bald auch allen Bevölkerungsschichten öffnete. Neben Fußball konnten unter dem Dach des PSV zahlreiche Sportarten, darunter Handball, Leichtathletik, Schwimmen und Sportschießen betrieben werden. Der Verein widmete sich in seinen Anfangsjahren nicht zuletzt dem Ausbau der sportlichen Infrastruktur innerhalb der Stadt. Besonders wichtig war in diesem Zusammenhang die Errichtung des Stadions an der Gellertstraße *(Bild unten)*, das nach zweijähriger Bauzeit am 13. Mai 1934 seiner Bestimmung übergeben werden konnte und 25.000 Zuschauern Platz bot. Da der PSV – der ab 1942 SG OrPo (Ordnungspolizei) Chemnitz hieß – im Jahr 1945 verboten wurde, wurde die Anlage nach dem Krieg zur Heimat des späteren Ballack-Klubs Chemnitzer FC, wobei diese zwischen 1950 und 1990 den Namen „Fischerwiese" (nach dem SED-Politiker Dr. Kurt Fischer) trug. Obwohl der PSV eigentlich aufgelöst worden war, galt der am 4. Okto-ber 1948 ins Leben gerufene Verein „Polizei Chemnitz" dennoch als dessen inoffizieller Nachfolger. Nach mehreren Umbenennungen hieß dieser ab 1953 bis zur Wende „SG Dynamo Karl-Marx-Stadt", ehe am 12. Juni 1990 die Neugründung des „Chemnitzer Polizeisportvereins" erfolgte, der sich seither vor allem den Belangen des Breitensports widmet.

Als Erwin Helmchen in der Saison 1928/29 zum ersten Mal für den PSV Chemnitz die Fußballschuhe schnürte, stand der noch keine zehn Jahre bestehende Verein klar im Schatten des Chemnitzer BC. Es war vor allem den zahlreichen Toren Helmchens zu verdanken, dass die Grün-Weißen innerhalb kurzer Zeit Boden gutmachten und zu Beginn der dreißiger Jahre die unumstrittene Führungsrolle innerhalb der Stadtmauern übernahmen. Neben Erwin Helmchen war auch auf Torhüter „Gustl" Weggel Verlass, der zu den Eckpfeilern im Team gehörte.

► **EINWURF**

In der von den beiden Schalkern Ernst Kalwitzki und Fritz Szepan (jeweils 54 Treffer) angeführten ewigen Torjägerliste der deutschen Endrunde (1903 bis 1963) liegt Erwin Helmchen mit seinen 23 Toren in 16 Spielen für den PSV Chemnitz gleichauf mit Werner Hoffmann (Hamburger SV) und Willi Wenzel (1. FC Kaiserslautern) lediglich auf dem 18. Platz. Bei einer Trefferquote von 1,44 je Einsatz wird er im Kreis jener Spieler mit mindestens 15 Endrundentreffern jedoch nur von zwei Torjägern überboten: Willy Worpitzky, der für Viktoria 89 Berlin in zwölf Spielen 20-mal ins Schwarze getroffen hat (1,67 je Spiel) sowie dem Rapidler „Bimbo" Binder mit 26 Toren in 17 Spielen (und damit im Schnitt 1,53).

Der Spielbetrieb des „Verbandes Mitteldeutscher Ballspiel-Vereine" wurde in jener Zeit vom provinziellen Denken der Funktionäre bestimmt, weshalb großräumige Ligen eine Utopie blieben. Stattdessen hatte quasi „jedes Dorf" seine eigene Meisterschaft eingerichtet, was dem Niveau nicht unbedingt zuträglich war. Erst durch die Einrichtung der Gauligen in der Saison 1933/34 gehörte die Zersplitterung der Spielklassen der Vergangenheit an. Im Rahmen der Bezirksmeisterschaft von Mittelsachsen erzielte Erwin Helmchen zwischen 1928 und 1933 die erstaunliche Zahl von 213 Toren, wobei sich diese angesichts teilweise gänzlich überforderter Gegner natürlich relativiert.

Gleich in der Saison 1928/29 wurde das Mitwirken von Scharfschütze Erwin Helmchen im Team des PSV spürbar. Nachdem die Mannschaft im Vorjahr als Neunter mickrige 29 Treffer erzielt hatte, kam diese nun auf ein Torverhältnis von 73:51, so dass sie sich in der Bezirksliga Mittelsachsen auf den vierten Platz verbesserte. Allein 30 Treffer waren auf das Konto Helmchens gegangen. Diese Quote vermochte der neue Stern am Chemnitzer Fußballhimmel in den kommenden Jahren weiter zu verbessern. Bis einschließlich 1932/33 übertraf er jeweils die 40-Tore-Marke. 45 Treffer waren es in der Spielzeit 1929/30, in der sich der PSV mit Stadtrivale SV Sturm ein heißes Rennen um die Bezirksmeisterschaft lieferte, das allerdings um zwei Zähler verloren wurde. Dank Helmchen stellten die Grün-Weißen dafür den besten Angriff der Liga. Während Meister Sturm nur 75-mal ins Schwarze getroffen hatte, durften die PSV-Anhänger 102 Tore bejubeln.

In der Saison 1930/31 wiesen die Chemnitzer – mit dem erneut 45-fachen Torschützen Erwin Helmchen – gar ein Torverhältnis von 114:23 auf, womit sie als Bezirksmeister erstmalig an der im K.O.-System ausgetragenen Endrunde von Mitteldeutschland teilnehmen durften. Auch hier war das Leistungsgefälle immer noch ausgesprochen groß, was der 11:1-Auftaktsieg der Grün-Weißen am 1. März 1931 über TV Guts-Muts Dresden unter Beweis stellte. Fortuna Magdeburg erwies sich in der Woche darauf dann allerdings als wesentlich hartnäckigerer Gegner, der mit 3:2 die Oberhand behielt.

Überregionaler Durchbruch

In der Saison 1931/32 sicherte sich der PSV mit 35:1 Zählern zunächst abermals in souveräner Manier die Bezirksmeisterschaft von Mittelsachsen. Von 120 Saisontreffern waren allein 51 auf das Konto Erwin Helmchens gegangen. Auch in der mitteldeutschen Endrunde ließen die Chemnitzer nichts anbrennen und ballerten sich mit Kantersiegen über Budissa Bautzen (17:1), Thüringen Weida (10:2) sowie in der Vorschlussrunde gegen Wacker Halle (7:2) ins Endspiel, wo Titelverteidiger Dresdner SC in der Verlängerung mit 3:2 niedergerungen wurde.

Szene aus dem Endrundenspiel gegen den FC Bayern, das der PSV Chemnitz am 22. Mai 1932 in Leipzig knapp mit 2:3 verlor. Bei einem Schussversuch wird Erwin Helmchen (gestreiftes Trikot) von Münchens Mittelläufer Goldbrunner abgeblockt. Nachdem der Chemnitzer in der Ligasaison schon 51 Tore erzielt hatte, war er auch gegen die Bayern nach 57 Minuten zum 2:3 erfolgreich.

Als Mitteldeutscher Meister durfte der Verein erstmals an der nationalen Endrunde teilnehmen, wo zum Auftakt die Elf von Beuthen 09 vor 12.000 Zuschauern auf dem heimischen Preußen-Platz mit 5:1 geschlagen wurde. Obwohl die Kulisse an jenem 8. Mai 1932 in zeitgenössischen Publikationen als etwas enttäuschend betrachtet wurde, konnte sich doch endlich auch ein breiteres Publikum von den Fähigkeiten des torhungrigen PSV-Angreifers überzeugen, der den Sieg seiner Mannschaft schon in der 1. Minute einleitete, als er einen Freistoß von der Strafraumgrenze aus in die linke obere Ecke des von Kurpanek gehüteten Tores der Null-Neuner hämmerte. Nach dem frühen Rückstand kamen die in weiß-gelben Hemden spielenden Beuthener zwar etwas besser ins Spiel, ohne das Tor von Weggel freilich ernsthaft in Gefahr zu bringen. Noch vor der Pause sorgte der PSV für die Entscheidung: In der 37. Minute untermauerte Erwin Helmchen, der wie zumeist auf Halbrechts stürmte, seinen Ruf als Scharfschütze, als er eine Flanke von Rechtsaußen Schneider in die Maschen jagte. Und nur zwei Minuten später war das Spiel nach einem weiteren Bombenschuss Helmchens' praktisch gelaufen. Nach seinem Hattrick konnte der Angreifer in der 67. Minute schließlich noch einen vierten Treffer erzielen. Allerdings wurde er eine Viertelstunde vor dem Abpfiff von Beuthens linkem Läufer Malik böse zu Boden gestreckt, so dass sein Mitwirken im Viertelfinale lange fragwürdig war.

Dennoch war er am 22. Mai 1932 so weit wieder hergestellt, dass er auf dem Wacker-Platz von Leipzig gegen Bayern München auflaufen konnte. Die meisten der 30.000 Zuschauer hielten es mit dem Chemnitzern, so dass das Stadion in ein grün-weißes Fahnenmeer getaucht war. Obwohl bei den Mittelsachsen weitere herausragende Akteure wie der Läufer Erich Haase oder Mittelstürmer Willy Munkelt auf dem Feld standen, hatte Bayern-Trainer Richard Dombi seine Schützlinge doch am meisten vor Erwin Helmchen gewarnt, den Linksverteidiger Bader sowie dessen Vordermann „Pius“ Breindl vom Anpfiff weg besonders „liebevoll“ in Manndeckung nahmen.

Die Münchner waren in der ersten Hälfte überlegen und gingen bei einem Gegentreffer von Alfred Schneider aus der 15. Minute mit 3:1 in die Kabine. Helmchen, wohl immer noch gehandicapt von seiner Verletzung, war nicht wie gewohnt zur Geltung gekommen. In der 57. Minute blieb es ihm dennoch vorbehalten, eine Hereingabe von Mädler zu verwandeln und damit wieder für Hoffnung zu sorgen. Doch so sehr die Zuschauer die Grün-Weißen auch nach vorne peitschten. Es sollte bei der knappen 2:3-Niederlage gegen den kommenden Deutschen Meister bleiben. Eine der größten Ausgleichschancen besaß Erwin Helmchen, als er mit einem Freistoß nur knapp an Bayern-Keeper Lechler scheiterte.

In der Saison 1932/33 konnte der PSV Chemnitz dann den Hattrick in der Bezirksliga Mittelsachsen vollenden, wobei von den 96 Ligatreffern 42 auf das Konto Helmchens gegangen waren. In die mitteldeutsche Endrunde startete der Titelverteidiger mit einem lockeren 7:0 bei der SpVgg Falkenstein, um sich in den nächsten Runden gegen den SC Erfurt (3:2) und Wacker Leipzig (4:3) deutlich schwerer zu tun. Im Endspiel scheiterte der PSV schließlich knapp mit 2:3 am Dresdner Sportclub, um auch im mitteldeutschen Pokalfinale gegen denselben Gegner 2:4 zu unterliegen. Dennoch durfte die Mannschaft an der Endrunde um die „Deutsche“ teilnehmen, wo sie in der ersten Runde jedoch deutlich mit 1:6 am FSV Frankfurt scheiterte. Der Ehrentreffer der Grün-Weißen war nach 40 Minuten auf das Konto von Erwin Helmchen gegangen.

Fazit 1928-1933: In seinen Einsätzen in der Bezirksliga Mittelsachsen waren in fünf Jahren weitere 213 Tore auf das Konto Helmchens gegangen. Insgesamt hatten die Grün-Weißen 505 Treffer geschossen, womit Helmchen knapp über 42 Prozent der PSV-Tore erzielt hat. Nicht ermittelt werden konnten seine Torerfolge im Rahmen der mitteldeutschen Endrunde. Geht man davon aus, dass sein Anteil an den zwischen 1930 und 1933 erzielten 66 PSV-Treffern ebenfalls 42 Prozent betragen hat, kämen noch 28 Tore hinzu. Weitere sieben Tore müssten nach derselben Berechnungsgrundlage in der Saison 1932/33 auf sein Konto gegangen sein, als die Chemnitzer sich zum einzigen Mal am mitteldeutschen Pokal beteiligten und dabei 16-mal ins Schwarze trafen. Klarheit besteht hinsichtlich der sechs Treffer im Rahmen der deutschen Endrunden 1932 und 1933 sowie weiteren zehn für die mitteldeutsche Verbandsauswahl. Summa summarum wären nach diesem Schema zwischen 1928 und 1933 damit stolze 264 Pflichtspieltore auf das Konto des gebürtigen Niederlausitzers gegangen.

Zweifacher Gaumeister, aber nie Nationalspieler!

Nach der Einführung der Gauligen konnte Erwin Helmchen weiterhin mit zahlreichen Toren glänzen. Da die sächsische Gauliga angesichts prominenter Gegner wie Dresdner SC oder VfB Leipzig zu den stärksten im ganzen Reichsgebiet zählte, schien eine Berufung in die Nationalmannschaft nur eine Frage der Zeit. In jedem Fall waren die Auguren von Helmchens Fähigkeiten überzeugt. Gelobt wurde vor allem dessen enorme Präsenz auf dem Platz, mit der er eine große Vorbildfunktion auf seine Kameraden ausübte. Und dann war da seine Schusskraft, die „in Deutschland höchstens von Binder“ erreicht wurde (Franz „Bimbo“ Binder spielte für Rapid Wien und damit in der seit 1938 zum Reichsgebiet gehörenden Ostmark). Kritisiert wurde allenfalls, dass er manchmal etwas hüftsteif wirkte und auch auf tiefem Boden seine Probleme hatte. Obwohl sich Helmchen in zahlreichen Spielen der Gau-Auswahl den Reichstrainern Nerz und Herberger anbot, kam eine Berufung dennoch nie zustande, so dass er fast ein ganzes Jahrzehnt „Kandidat“ blieb. Als Ursache für seine Nichtberücksichtigung werden schlechtere Leistungen in den Auswahlspielen im Vorfeld eines Länderspiels ebenso angeführt wie Verletzungen oder rein private Gründe wie etwa die Einladung zu einer Hochzeitsfeier.

Einige Male war Erwin Helmchen dennoch an einem Länderspieleinsatz „ganz nah dran“. Als am 24. Mai 1931 das Duell mit Österreich anstand, gehörte er dem Kader von Prof. Nerz an, doch sollte er bei der 0:6-Klatsche gegen das „Wiener Wunderteam“ in Berlin nicht zum Einsatz kommen. Nachdem er 1936 beim Gewinn des Reichsbundpokals als Torschützenkönig (mit neun Treffern) für die sächsische Gau-Auswahl geglänzt hatte, durfte er im kommenden Jahr wieder von seinem Länderspieldebüt träumen. Als Test für die Partie gegen Norwegen hatte Sepp Herberger am 24. Oktober 1937 in Berlin ein Duell mit der Gau-Auswahl von Brandenburg angesetzt, das der DFB dank zweier Treffer Helmchens mit 3:2 für sich entschied. Dennoch musste der Chemnitzer zusehen, als das Länderspiel gegen Norwegen angepfiffen wurde.

► EINWURF

Der zwischen 1933 und 1942 ausgetragene Reichsbundpokal ging aus dem Kronprinzenpokal hervor und stand den Auswahlmannschaften der 16 Fußball-Gaue offen. Erwin Helmchen erreichte mit der Gau-Vertretung Sachsens im Jahr 1936 erstmals das Endspiel, das nach einem 2:2 nach Verlängerung in der Wiederholung mit 9:0 gewonnen wurde. Zwei Treffer waren dabei auf das Konto Helmchens gegangen. Auch im Jahr darauf stand dieser wieder im Finale, das gegen die Niederrhein-Auswahl jedoch mit 1:2 verloren ging. Am 30. Juni 1940 führte der 33-jährige Helmchen die sächsische Elf gegen Bayern als Kapitän aufs Feld, musste jedoch eine weitere Niederlage (1:3) verdauen. Gleichwohl konnte der Angreifer des PSV Chemnitz in jenem Jahr zum zweiten Mal nach 1936 Torschützenkönig werden. Mit 26 Treffern in 21 Spielen ist er zudem Rekordtorschütze des Wettbewerbs.

Bei der Gauliga-Premiere 1933/34 mussten sich die Grün-Weißen hinter dem Dresdner SC und dem VfB Leipzig noch mit dem dritten Platz zufrieden geben, obwohl sie mit 86 Toren den mit Abstand stärksten Angriff stellten. Dennoch war die Begeisterung rund um den neuen Chemnitzer Vorzeigeverein riesengroß. Um dessen Ambitionen Rechnung zu tragen, hatten die Verantwortlichen 1932 auf der Planitzwiese mit dem Bau eines neuen Stadions begonnen, das am 13. Mai 1934 mit einem 5:1-Erfolg der Grün-Weißen über die SpVgg Fürth eröffnet wurde und bei dem sich Helmchen als Schütze des 2:0 hervorgetan hatte.

► EINWURF

Kritiker machen die schwache Konkurrenz in der Liga für die Torflut vom Erwin Helmchen verantwortlich. Dass dieser aber auch gegen Topklubs Torgefährlichkeit ausstrahlte, beweisen neben seinen starken Auftritten im Rahmen der nationalen Endrunde auch vier Freundschaftsspiele gegen die SpVgg Fürth, die zwischen dem 1. August 1932 und dem 13. Mai 1939 stattfanden. Obwohl die Kleeblättler in den dreißiger Jahren nicht mehr so hoch im Kurs standen wie in den „Goldenen Zwanzigern“, besaßen diese noch immer einen klangvollen Namen. Nachdem Helmchen 1932 beim 5:5 in Chemnitz gegen den dreifachen Deutschen Meister einen Doppelpack geschnürt hatte, folgte beim Eröffnungsspiel des neuen PSV-Stadions an der Gellertstraße (5:1) ein weiterer Treffer. Beim nächsten Duell am 15. Juni 1935 konnten selbst zwei Helmchen-Tore eine 2:3-Niederlage in Chemnitz nicht verhindern. Dagegen führte sein Treffer zum 2:2 die Grün-Weißen 1939 zu einem 4:2-Erfolg. Somit hatte Helmchen in vier Spielen gegen die SpVgg immerhin ein halbes Dutzend Tore erzielen können und damit das Vorurteil widerlegt, nur gegen schwächere Mannschaft erfolgreich sein zu können.

Auf dem „Polizei-Sportplatz an der Gellertstraße“ legten die Grün-Weißen 1934/35 den Grundstein zum erstmaligen Gewinn der Gaumeisterschaft. Mit nur sechs Gegentreffern vor eigenem Publikum verwiesen sie Titelverteidiger DSC um sechs Zähler auf den zweiten Platz. Indes hatte es trotz Erwin Helmchen in 18 Partien „nur“ zu 59 eigenen Toren gereicht. Nach 44 Treffern im Vorjahr zeichnete er diesmal für 29 Treffer verantwortlich. Im Rahmen der Endrunde sollten sich die Sachsen als die große Überraschungsmannschaft entpuppen, die in ihrer Vorrundengruppe dem zweimaligen Deutschen Meister Hertha BSC Berlin ein Bein stellte. Nachdem das Hinspiel vor eigenem Publikum noch mit 1:2 verloren gegangen war, behielten die Grün-Weißen am 19. Mai 1935 in der Reichshauptstadt mit 2:1 die Oberhand. Die Entscheidung fiel am letzten Spieltag, als die bis dahin punktgleiche Hertha bei Vorwärts Gleiwitz mit 1:2 unterlag, derweil der PSV beim ostpreußischen Gaumeister Yorck-Boyen Insterburg klar mit 8:1 die Oberhand behielt. Erstaunlicherweise hatte sich Erwin Helmchen, der in den ersten vier Endrundenspielen fünfmal erfolgreich gewesen war, weder in Berlin noch in Insterburg in die Torschützenliste eintragen können. Mit einem in der Krise steckenden Toptorjäger schienen die Grün-Weißen im Semifinale gegen den FC Schalke 04 freilich hoffnungslos verloren, doch sollte Erwin Helmchen rechtzeitig zum Duell mit dem damaligen Vorzeigeklub des Deutschen Reiches seine Form wiederfinden. Zwar hatte Kalwitzki die Knappen vor 45.000 Zuschauern im Düsseldorfer Rheinstadion schon in der ersten Minute in Führung gebracht, die Helmchen aber nach 17 Minuten ausglich. Die Schalker, die mit einem 3:1 in die Pause gegangen waren, mussten schließlich wieder zittern, als Scharfschütze Helmchen in der 67. Minute auch noch einen Strafstoß verwandeln konnte. Ein weiterer Treffer wollte den Grün-Weißen aber nicht gelingen, so dass diese nach Ablauf der 90 Minuten wie erwartet am kommenden Deutschen Meister gescheitert waren.

Mit dem Erreichen der Vorschlussrunde hatte Helmchen im Frühsommer 1935 den größten mannschaftlichen Erfolg seiner Karriere gefeiert, womit freilich ein weiterer Grund für seine Nichtberücksichtigung in der Nationalelf ausgemacht sein dürfte. Denn während etwa die Konkurrenz aus Schalke – und die war in Anbetracht von Könnern wie Fritz Szepan oder Ernst Kuzorra beträchtlich – Jahr für Jahr in der nationalen Endrunde vertreten war, erzielte Helmchen seine Tore eben zumeist „nur“ auf Gauebene, womit er in den Augen des jeweiligen Reichstrainers naturgemäß einen klaren Wettbewerbsnachteil hatte.

► **EINWURF**

Im erst vor wenigen Wochen fertiggestellten PSV-Stadion an der Gellertstraße empfingen die Grün-Weißen am 16. Juni 1934 die Elf von Real-Vorläufer FC Madrid, den schon zu jener Zeit ein hervorragender Ruf vorauseilte. Vor allem Schlussmann Ricardo Zamora galt damals als absoluter Weltstar. Doch ausgerechnet der „Göttliche“ sollte die Partie auf der Planitzwiese alles andere als in guter Erinnerung behalten, was vor allem an Erwin Helmchen lag, der Zamora beim fulminanten 5:2 der Grün-Weißen gleich drei Treffer eingeschenkt hatte. Neben Helmchen hatte vor 20.000 begeisterten Zuschauern auch Zamoras Gegenüber „Gustl“ Weggel mit mehreren Glanzparaden zu überzeugen gewusst.

Durch den erneuten Gewinn der Gaumeisterschaft, zu dem Helmchen 24 Saisontreffer beigesteuert hatte, durfte er 1935/36 letztmals an der nationalen Endrunde teilnehmen. In der Vorrunde kam es schon zum Duell mit dem FC Schalke 04, wobei der PSV im ersten Vergleich in der Dortmunder Roten Erde mit 3:2 die Nase vorn hatte. Zwar waren die Knappen kurz vor der Pause durch Kuzorra mit 1:0 in Führung gegangen. Zwei Tore Helmchens sowie ein weiterer Treffer von Groß ließen die Sachsen aber bis zur 68. Minute mit 3:1 davonziehen, ehe Gellesch drei Minuten vor dem Abpfiff aus Sicht der Schalker nur noch der Anschlusstreffer gelang. Der letzte Spieltag sollte die beiden Kontrahenten am 17. Mai 1936 im Dresdner Ostragehege zusammenführen. Nicht wenig sprach vor dem Anpfiff für die Grün-Weißen, da diese auch ihre übrigen vier Gruppenspiele gegen Hindenburg Allenstein (4:1, 3:2) und den Berliner SV 1892 (4:1, 4:1) für sich entschieden hatten, womit ihnen schon ein Remis zum Semifinaleinzug genügte. Der Favorit aus dem Ruhrgebiet startete jedoch wie die Feuerwehr und lag nach einer Viertelstunde durch zwei Treffer von Ernst Kuzorra bereits mit 2:0 vorn. Ein verwandelter Strafstoß Erwin Helmchens (53.) ließ die Gastgeber nach dem Seitenwechsel wieder hoffen. Trotz aller Bemühungen reichte es aber nicht mehr zum Ausgleich, was aufgrund des schlechteren Torquotienten doch wieder das Aus bedeutete. Immerhin durfte sich Erwin Helmchen damit trösten, mit zehn Treffern erfolgreichster Endrunden-Torschütze geworden zu sein, was Reichstrainer Otto Nerz freilich auch nicht erweichen konnte, den PSV-Angreifer, wie von vielen gefordert, in den Nationalmannschaftskader für die bevorstehenden Olympischen Spiele von Berlin zu berufen.

Starke Auftritte im Pokal

Der Höhenflug der Chemnitzer Polizisten (von denen im Meisterjahr 1934/35 freilich nur zwei aktiv im Polizeidienst standen) gehörte nach der zweimaligen Endrundenteilnahme schon wieder der Vergangenheit an. In der Spielzeit 1936/37 unterlagen die Grün-Weißen in der vorletzten Runde völlig unerwartet bei Guts-Muts Dresden mit 2:3, so dass die Gaumeisterschaft bei einem Rückstand von drei Zählern an BC Hartha ging. Auch Erwin Helmchen hatte mit der für seine Verhältnisse mageren Ausbeute von 14 Treffern eine Verschnaufpause eingelegt.

Dafür hatte er sich – wie schon in den vergangenen beiden Spielzeiten – mit starken Auftritten im Tschammer-Pokal hervorgetan. Im Hauptwettbewerb bestritt er zwischen 1935 und 1937 neun Spiele und traf dabei nicht weniger als 17-mal ins Schwarze. In jedem Jahr gehörte er damit zu den erfolgreichsten Torschützen. Da der PSV Chemnitz aber jeweils im Achtelfinale die Segel streichen musste, blieb es ihm wie so oft versagt, seine Torgefahr auf großer Bühne unter Beweis zu stellen. Nachdem die Grün-Weißen 1935 zunächst den SV Merseburg sowie den FC Schweinfurt 05 mit zwei 4:2-Siegen eliminiert hatten, trafen sie am 27. Oktober an der Gellertstraße auf den 1. FC Nürnberg, gegen den sie in der 20. Minute durch Helmchen mit 1:0 in Führung gingen. Vor der enttäuschenden Kulisse von 5.000 Zuschauern wurde der spätere Pokalsieger seiner Favoritenrolle danach aber gerecht und stellte noch vor der Pause den 3:1-Endstand her.

Im Jahr darauf zeigte sich der sächsische Scharfschütze im Erstrunden-Duell bei CSC Kassel auf der Höhe, als er vor der Pause den überraschenden Rückstand ausglich und in der zweiten Hälfte mit drei weiteren Torerfolgen für einen am Ende deutlichen 6:1-Sieg sorgte. Es folgte ein Doppelschlag beim 5:2 über Altmeister Viktoria Berlin, ehe er beim Aus im Achtelfinale gegen Waldhof Mannheim (0:1) seinem siebten Treffer vergeblich hinterherlief. Und auch 1937 musste sich der PSV im Achtelfinale gegen die Waldhöfer verabschieden, wobei es diesmal in Mannheim eine 0:2-Niederlage setzte. Zuvor hatte Erwin Helmchen mit jeweils drei Toren gegen die SpVgg Ratibor (4:2) und den VfR Mannheim (5:2) in gewohnter Weise seine Torgefahr an den Tag legen können.

Nachdem der PSV Chemnitz in der Saison 1934/35 erstmals die sächsische Gaumeisterschaft gewonnen hatte, traf er im ersten Endrundenspiel auf Yorck-Boyen Insterburg. In der Partie am 7. April 1935 erzielte Erwin Helmchen kurz vor der Pause mit dieser Aktion den 2:1-Führungstreffer. Nach 90 Minuten unterlagen die Ostpreußen im Stadion an der Gellertstraße schließlich klar mit 1:6.

Weitere starke Auftritte hatten Helmchen & Co. im Tschammer-Pokal nicht mehr vorzuweisen. Lediglich zweimal (1940 und 1941) konnte sich der PSV noch für den Hauptwettbewerb qualifizieren, wobei Helmchen in

drei Einsätzen keinen Treffer mehr verbuchen konnte. 1938 erzielte die Mannschaft in drei Qualifikationsspielen zwar stattliche 16 Tore, doch verpasste sie durch eine 3:4-Verlängerungsniederlage gegen den Dresdner SC erstmalig den Sprung ins Hauptfeld.
Ebenfalls nicht nach Wunsch lief es in der Saison 1937/38 in der Meisterschaft. Zwar durfte man sich lange Zeit Hoffnungen auf die Teilnahme an der nationalen Endrunde machen. Nach 18 Runden hatte Titelverteidiger BC Hartha aber erneut die Nase vorn, derweil sich der PSV Chemnitz zwei Zähler dahinter mit dem dritten Platz begnügen musste. Insgesamt hatten die Grün-Weißen 54 Tore erzielt, von denen nicht weniger als 30 auf das Konto Erwin Helmchens gegangen waren, der damit seine zweitbeste Trefferquote in der Gauliga vorweisen konnte.
Vor allem am Dresdner SC, der zwischen 1939 und 1944 fünfmal den ersten Platz belegte, führte für den PSV in der Folge kein Weg vorbei. Und das, obwohl die Mannschaft zwischen 1940 und 1942 mit Walter Rose und insbesondere Ernst Willimowski prominent verstärkt worden war. Willimowski war der einzige PSV-Akteur, der je in die deutsche Nationalelf berufen wurde. Die besten Platzierungen der Grün-Weißen wurden in den Spielzeiten 1939/40 und 1940/41 registriert, als es jeweils zum dritten Platz reichte. Aber auch die Schlagzahl von Erwin Helmchen ging im genannten Zeitraum deutlich zurück. Nachdem er 1938/39 noch einmal 23 Tore verzeichnen konnte, gelang es ihm in den sechs Spielzeiten bis Kriegsende dann nicht mehr, die 20-Tore-Marke zu knacken.
Als der Verein 1942 auf Druck von oben in „Sportgemeinschaft der Ordnungspolizei" umbenannt worden war, musste dieser in der Saison 1942/43 als Neunter sogar aus der Gauliga absteigen, was nicht zuletzt daran lag, dass die Angriffsabteilung um den mittlerweile 35-jährigen Erwin Helmchen erheblich schwächelte und gegenüber der Vorsaison 30 Tore weniger erzielt hatte, wobei der Halbrechte selbst auf gerade einmal neun Saisontreffer gekommen war. Immerhin gelang der SG OrPo Chemnitz der sofortige Wiederaufstieg, der jedoch nie richtig wirksam wurde, weil die Saison 1944/45 in den Wirren des Krieges nahezu komplett unterging.
Fazit 1933-1945: Das Gros der von Erwin Helmchen zwischen 1933 und 1945 erzielten Tore fällt natürlich auf die Gauliga, wo in elf Spielzeiten 219 Tore registriert wurden, so dass er – bei 604 Treffern der Chemnitzer insgesamt – statistisch gesehen für 36 Prozent der PSV-Tore verantwortlich war. Explizit nachweisen lassen sich darüber hinaus 15 Torerfolge in der zweitklassigen Bezirksliga, in die der PSV 1943/44 abgestiegen war. Hinzu kommen 17 Treffer in der nationalen Endrunde, ebenfalls 17 in den Hauptrunden des Tschammer-Pokals und 26 bei seinen Einsätzen in der sächsischen Gauauswahl. Im Dunkeln bleiben hingegen die von Helmchen erzielten Tore im Rahmen der Qualifikationsrunden des Tschammer-Pokals. Nachdem der PSV Chemnitz 1935 und 1936 als Gaumeister automatisch für die Hauptrunde gesetzt war, bestritt er zwischen 1937 und 1943 insgesamt 16 Qualifikationsspiele, in denen 71 Tore erzielt wurden. Geht man davon aus, dass Erwin Helmchen wie in der Gauliga 36 Prozent aller PSV-Treffer erzielt hat, müssen den feststehenden 294 Toren zwischen 1933 und 1945 weitere 26 hinzuaddiert werden, was in Summe 320 Pflichtspieltreffer ergibt. Speziell in den letzten Kriegsjahren ist eine derartige Hochrechnung natürlich etwas gewagt, da das Nazi-Regime auch die Fußballer nicht vom Fronteinsatz verschonte, womit unklar bleibt, ob Erwin Helmchen tatsächlich in allen Spielen mitgewirkt hat.

► ZAHLEN UND FAKTEN

Vereine:	1924-1928	Brandenburg Cottbus
	1928-1945	PSV / SG OrPo Chemnitz
	1946-1950	SG / BSG Fewa Chemnitz-Nord
	1950	Eintracht Rendsburg
	1950-1952	VfB Lübeck

Tore:	298 Erstliga-Tore* *(vor 1933)*
	219 Gauliga-Tore *(1933-45)*
	15 Bezirksliga-Tore *(1933-45)*
	72 Erstliga-Tore Ostzone* *(nach 1945)*
	4 Zweitliga-Tore Ostzone *(nach 1945)*
	2 Oberliga-Spiele (1 Tor)
	9 Landesliga-Tore
	16 Endrunden-Spiele DM (23 Tore)
	12 Tschammer-Pokalspiele (17 Tore)
	5 Verbandsauswahlspiele (10 Tore)
	21 Gauauswahl-Spiele (26 Tore)
gesamt	694 Pflichtspiel-Tore*
	* *nur bekannte Tore*
Erfolge:	Mitteldeutscher Meister 1932
	Gauliga-Meister 1935, 1936

Tore im reifen Fußballer-Alter

Nach dem Zweiten Weltkrieg ging Erwin Helmchen dann für die SG Chemnitz-Nord auf Torejagd, aus der der heutige Chemnitzer FC hervorgehen sollte und der seine Heimspiele im alten PSV-Stadion an der Gellertstraße austrug. Bis zur Einführung der DDR-Oberliga fand der Spielbetrieb in der SBZ ab Herbst 1946 auf kleinräumigem Niveau statt. Die SG Chemnitz-Nord kickte in der Bezirksliga Chemnitz, wo sie sich 1946/47 vor der SG Chemnitz-West den ersten Platz sicherte. Wie viele der 103 Saisontore exakt auf das Konto des stürmenden Spielertrainers Erwin Helmchen gegangen sind, lässt sich nicht mehr genau ermitteln. Exakt zugeordnet werden können ihm aber immerhin 24, womit er trotz fortgeschrittenen Alters immer noch genau wusste, wo das gegnerische Tor stand. Fest steht, dass der mittlerweile über 40-Jährige in den drei Spielzeiten von 1946 bis 1949 insgesamt 71 Treffer erzielen konnte. Als in der Saison 1947/48 dann erstmals eine Ostzonenmeisterschaft ausgeschrieben wurde, verpasste die SG Chemnitz-Nord allerdings die Endrundenqualifikation, nachdem es in der Bezirksstaffel hinter den Sportgemeinschaften aus Chemnitz-West und Gornsdorf lediglich zum dritten Platz gereicht hatte. An Erwin Helmchen hatte es indes nicht gelegen. Von 68 Treffern seiner Mannschaft waren nämlich mindestens 32 auf sein Konto gegangen, wobei die „Dunkelziffer" in Anbetracht der spärlichen Quellenlage noch höher gelegen haben dürfte.
Obwohl Helmchen in der Saison 1948/49 lediglich 15 Torerfolge zweifelsfrei zugeordnet werden können, lag er mit seiner Mannschaft lange Zeit auf Endrundenkurs. Mit fünf Zählern Vorsprung auf die SG Hartha hatte diese die Staffel 2 im Bezirk Chemnitz zunächst souverän für sich entschieden. Im Entscheidungsspiel um die Bezirksmeisterschaft von Chemnitz setzte es gegen Einheit Meerane jedoch eine 2:3-Niederlage, so dass auch der zweite Titelträger in der Sowjetzone ohne die Elf von Erwin Helmchen ermittelt wurde.

Karriereende in Lübeck

Das Verpassen der Endrunde hatte den Chemnitzern auch die Qualifikation zur neu eingeführten DDR-Oberliga gekostet. Seine letzten vier Tore auf dem ehemaligen PSV-Sportplatz an der Gellertstraße erzielte Erwin Helmchen in der Hinserie 1949/50 für die BSG Fewa Chemnitz (Nachfolger von Chemnitz-Nord) daher in der zweitklassigen sächsischen Landesliga. Helmchens Team lag zur Winterpause an der Spitze des Klassements, ehe dieser in den Westen übersiedelte und sich nach einem Kurzgastspiel bei Eintracht Rendsburg im Februar 1950 als Spielertrainer dem VfB Lübeck anschloss. Die norddeutsche Hansestadt hatte Helmchen auch deswegen ausgewählt, weil sein Bruder beim dortigen Arbeitsamt beschäftigt war und dem ehemaligen Stürmer eine Stellung vermitteln konnte.

Der VfB hatte vor dem Krieg den Namen Polizei SV Lübeck getragen, so dass sich Helmchen an der Lohmühle auf Anhieb wie zu Hause fühlte. Sein Team steckte in der Oberliga Nord jedoch mitten im Abstiegskampf, weshalb sich der Fußball-Oldie am 30. April 1950 im Heimspiel gegen Arminia Hannover erstmals selbst aufstellte, um sich beim 3:0 vor 10.000 Zuschauern gleich in die Torschützenliste einzutragen. Drei Tage später erkämpften sich die Lübecker in Hamburg gegen Titelaspirant FC St. Pauli ein 2:2, gegen dessen Wertung Ligarivale SC Göttingen 05 allerdings Protest einlegte, weil Helmchen als bezahlter Trainer auf Amateurniveau ihrer Meinung nach nicht spielberechtigt gewesen wäre. Der Verband hatte jedoch nichts gegen seine Mitwirkung einzuwenden, so dass Helmchen nach dem Abstieg in die Landesliga auch in der Saison 1950/51 weiterspielen durfte. Hier wurde der VfB Lübeck Meister von Schleswig-Holstein, scheiterte danach jedoch in der Aufstiegsrunde. Im letzten Jahr seiner aktiven Laufbahn waren Helmchen nochmals neun Treffer gelungen. 1952 fand Erwin Helmchen in der Abteilung Gerätebeschaffung im Landesinnenministerium eine Anstellung, so dass er nach Abschluss seiner aktiven Karriere (mit 45 Jahren!) in Kiel sesshaft wurde, um hier bis 1956 den Landesligist FV Friedrichsort zu trainieren.

Bilanz 1945-1951: Auch nach dem Krieg vermochte Erwin Helmchen trotz fortgeschrittenen Alters seine Trefferzahl weiter nach oben zu schrauben. Für die SG Chemnitz-Nord erzielte er in der Bezirksliga in drei Jahren mindestens 72 Treffer, womit er 38 Prozent aller überlieferten Tore seiner Mannschaft geschossen hat. Von den 253 Torschützen zwischen 1946 und 1949 sind 67 nicht übermittelt. Geht man analog zu den bisherigen Hochrechnungen davon aus, dass Helmchen auch an der „Dunkelziffer" mit 38 Prozent beteiligt war, wären ihm weitere 26 Treffer zuzuschreiben. In seinen letzten beiden Karrierejahren hat Helmchen in Chemnitz und Lübeck darüber hinaus einwandfrei zuzuordnende 14 Tore auf sein Konto gebracht, so dass er im betreffenden Zeitraum 112-mal getroffen hätte.

Unter dem Strich hat Erwin Helmchen in seiner über zweieinhalb Jahrzehnte andauernden Karriere also mindestens 694 Pflichtspieltreffer erzielt. Nach den von uns angestellten Berechnungen kämen weitere 164 Torerfolge hinzu, so dass Helmchen tatsächlich 858 Pflichtspieltore geschossen haben könnte. Damit hätte er die eingangs erwähnte Marke von 900 Treffern zwar einigermaßen deutlich verfehlt. Der gebürtige Cottbusser hat damit jedoch – zumindest in statistischer Hinsicht – Gerd Müller deutlich in den Schatten gestellt, der unseren Recherchen zufolge „nur" 725 Pflichtspieltore erzielt hat. Somit hat der in Deutschland scheinbar über allen schwebende „Bomber der Nation" also tatsächlich einen mindestens ebenso torgefährlichen Vorgänger gehabt, dessen einmalige Leistungen leider nahezu in Vergessenheit geraten sind.

Saison	**ER DM**		**Liga**		**Pokal**	
	Sp.	T.	Sp.	T.	Sp.	T.
1924/25				6*		
1925/26				25*		
1926/27				34*		
1927/28		.	14	20*		
1928/29				30		
1929/30			18	45		
1930/31				45		
1931/32	2	5		51		
1932/33	1	1		42		
1933/34				44		
1934/35	7	7		29	3	5
1935/36	6	10		24	3	6
1936/37				14	3	6
1937/38				30		
1938/39				23		
1939/40				9	1	0
1940/41				13	2	0
1941/42				11		
1942/43				9		
1943/44				15		
1944/45				13		
1945/46				1*		
1946/47				24*		
1947/48				32*		
1948/49				15*		
1949/50				4		
			2	1		
1950/51				9		

* nur bekannte Tore, tatsächliche Trefferzahl teils deutlich höher

Carlos Hermosillo
„El Grandote de Cerro Azul“

Carlos Manuel Hermosillo Goytortua kam am 14. August 1964 in der rund 25.000 Einwohner zählenden Kleinstadt Cerro Azul im Bundesstaat Veracruz zur Welt. Seine Profilaufbahn begann der mit 294 Ligatreffern nach dem Brasilianer Evanivaldo Castro beste Torschütze der Primera División de Mexico bei Club América, wo er in der Spielzeit 1983/84 auf Anhieb die Meisterschaft feiern konnte. Für den Verein aus der Hauptstadt Mexiko City bestritt er in der Hauptrunde 14 Spiele und traf dabei fünfmal ins Schwarze. Obwohl Hermosillo im Team des chilenischen Trainers Carlos Reinoso damit seine Torgefahr nur angedeutet hatte, waren viele Experten überzeugt, in dem 1,88 m großen Angreifer einen der kommenden Stars des einheimischen Fußballs gesehen zu haben. Für mexikanische Verhältnisse war Hermosillo ein wahrer Hüne, was ihm zum Spitznamen „El Grandote de Cerro Azul“ (der Riese aus Cerro Azul) verhalf. Obwohl er wegen seiner Größe mitunter etwas unbeholfen wirkte, verfügte er über außergewöhnliche technische Fähigkeiten. Den wichtigsten Treffer in seiner Premierensaison erzielte Carlos Hermosillo am 7. Juni 1984 im Hinspiel des Meisterschaftsfinales bei CD Guadalajara, als er sein Team in der 9. Minute mit 1:0 in Führung brachte. Nach 90 Minuten hieß es 2:2-unentschieden, so dass América dank des abschließenden 3:1-Erfolgs vor heimischer Kulisse den ersten Titelgewinn seit acht Jahren unter Dach und Fach bringen konnte.

Serienmeister mit América

In der zweiten Hälfte der Achtziger avancierte América zur dominierenden Mannschaft der Primera División. Den Titelgewinn von 1984 miteingerechnet gewann der Verein bis 1989 fünf Meisterschaften, zu denen Carlos Hermosillo in 162 Einsätzen 73 Tore beisteuerte. In der „Liguilla“ (d.h. der Play-off-Runde) traf der Titelverteidiger 1984/85 im Halbfinale auf Atlas Guadalajara, das man nach zwei Remis (1:1 und 0:0) im Elfmeterschießen mit 8:7 eliminieren konnte. Der einzige América-Treffer aus dem Spiel heraus war Carlos Hermosillo gelungen. Zwei weitere Tore sollten dem „Riesen aus Cerro Azul“ dann auch in den Finalspielen gegen Pumas UNAM gelingen. Im Hinspiel lag seine Mannschaft bei Anbruch der Schlussphase mit 0:1 zurück, ehe Hermosillo in der 84. Minute doch noch für den Ausgleich sorgte. Nach einem torlosen Remis im zweiten Vergleich war ein Entscheidungsspiel notwenig geworden, das América dank des dritten Play-off-Tores von Hermosillo in Queretaro mit 3:1 gewann.

Ganz im Zeichen der bevorstehenden Fußball-WM im eigenen Land sollte die Spielzeit 1985/86 stehen. Um bei den zweiten Titelkämpfen im Land der Azteken gut abzuschneiden, waren sämtliche Nationalspieler von ihren Vereinen abgezogen worden, die von Nationalcoach Bora Milutinovic im Trainingslager „La Malinche“ vorbereitet wurden. Nur wenn der Jugoslawe sein O.K. gab, durften die Spieler für ihre Vereine auflaufen. Dementsprechend bestritt Carlos Hermosillo für América lediglich 21 Partien, in denen er sieben Tore erzielte. Statt einer regulären Meisterschaft fanden zwei Ersatzrunden – „Prode 85“ und „Mexico 86“ genannt – statt. Die im Herbst 1985 ausgetragene Meisterschaft war so etwas wie das Äquivalent zur ehemaligen Intertoto-Runde in Europa, leitete sich die Bezeichnung „Prode 85“ doch von „Pronosticos Deportivos“ ab und war für die mexikanischen Anbieter von Sportwetten zur Überbrückung gedacht. Ohne die Topspieler waren die Titelkämpfe in sportlicher Hinsicht freilich nur die Hälfte wert. Dennoch unterstrich América seine damalige Vorreiterrolle und setzte sich in den Endspielen gegen Tampico Madero durch. Carlos Hermosillo wurde zum Zeitpunkt der Liguilla von Bora Milutinovic allerdings in mehreren Länderspielen getestet, weshalb sein Klub ohne ihn auskommen musste. Zusätzlich waren die Play-off-Spiele am 19. September 1985 von einem starken Erdbeben in Mexico City überschattet worden. Die Schäden waren noch nicht beseitigt, als die Frühjahrsrunde „Mexico 86“ angepfiffen wurde, aus der sich América im Semifinale gegen Tampico Madero (3:2, 0:4) verabschiedete, ohne dass sich Carlos Hermosillo in die Torschützenliste eingetragen hätte.

► EINWURF
Dass Carlos Hermosillo einmal zu den torgefährlichsten Angreifern Mexikos zählen würde, stand lange in den Sternen. Zu Beginn der achtziger Jahre war er zwar von vielen Erstligisten zum Probetraining eingeladen worden, doch wollte ihm keiner einen Vertrag anbieten. Also spielte er weiterhin auf Amateurbasis, bis ihn eine Berufung ins mexikanische Olympiateam ereilte. In der Qualifikationsrunde für die Spiele 1984 in Los Angeles überzeugte er dermaßen, dass ihm Club América endlich den ersehnten Vertrag anbot und einer Profikarriere damit nichts mehr im Wege stand.

Nachdem der 21-Jährige bei der Heim-WM zwar zum Kader gehört hatte, jedoch zu keinem Einsatz gekommen war, zeigte er sich natürlich besonders motiviert, als am 1. August die neue Saison angepfiffen wurde. Drei Tage nach seinem 22. Geburtstag bekam es América am 17. August 1986 mit CD Guadalajara zu tun, wo sich der ganze angestaunte WM-Frust entlud. Eine Viertelstunde vor dem Abpfiff kam es zu einer wüsten Schlägerei beider Mannschaften, bei der Carlos Hermosillo zu den Hauptakteuren zählte, so dass er sich eine Sperre von zwölf Spielen einhandelte. Während América in der Liguilla bereits im Viertelfinale die Segel streichen musste, setzte der Verein ein internationales Ausrufezeichen, da dieser zum zweiten Mal nach 1977 den Champions' Cup der CONCACAF gewann. Wieder in Hochform hatte sich Carlos Hermosillo nach abgelaufener Sperre im Halbfinale gegen Ligarivale CF Monterrey präsentiert, als ihm nach zwei Toren beim 3:3 im Hinspiel im Rückspiel von Monterrey in der Schlussphase zwei weitere Treffer geglückt waren. In den Endspielen gegen Defence Force Port of Spain aus Trinidad &Tobago (1:1, 2:0) konnte er dann keinen Torerfolg verbuchen.

Die Rückschläge bei der WM 1986 und die lange Sperre nach dem Skandalspiel gegen Guadalajara hatten Hermosillo weiter reifen lassen, was schon seine starken Leistungen im Champions' Cup gezeigt hatten. Aber auch in der heimischen Meisterschaft wurde er immer stärker. Nachdem ihm in der Spielzeit 1987/88 bereits 18 Tore gelungen waren, stellte er mit 24 Toren in der Saison 1988/89 eine neue Bestmarke auf. Unter dem brasilianischen Trainer Jorge Vieira zählte er damit zu den Stützen einer Mannschaft, die sich zwei weitere Meistertitel sichern konnte. Nach einem deutlichen Erfolg über Pumas UNAM (0:1, 4:1) im Jahr 1988 bekam es América in den Endspielen der Saison 1988/89 mit Hauptstadtrivale CD Cruz Azul zu tun, gegen den das Hinspiel mit 3:2 gewonnen wurde, wobei Hermosillo nach einer halben

Stunde das zwischenzeitliche 2:0 erzielt hatte. Im zweiten Duell lag der Titelverteidiger vor eigenem Publikum lange mit 1:2 in Rückstand, ehe sich Hermosillo in der 77. Minute ein Herz fasste und mit seinem Treffer zum 2:2 seinen Farben abermals die Meisterschaft sicherte.

Auf Abwegen

Nach dem entscheidenden Tor gegen Cruz Azul stand der großgewachsene Angreifer bei den Anhängern von América natürlich hoch im Kurs. Keiner von ihnen ahnte, dass dieser zwei Jahre später seine Karriere ausgerechnet beim Stadtrivalen fortsetzen sollte, wo Hermosillo den Zenit seines Könnens erreichte. Die starken Leistungen in der Heimat hatten natürlich auch die finanzkräftigen Klubs aus Europa hellhörig werden lassen, die den Mexikaner vermehrt kontaktierten. Den Zuschlag sollte schließlich Standard Lüttich erhalten, wohin Carlos Hermosillo in der Winterpause der Saison 1989/90 wechselte. Beim Tabellenfünften der belgischen Liga konnte er sich allerdings nie durchsetzen. Wie zahlreiche Lateinamerikaner kam auch Hermosillo mit den Mentalitätsunterschieden nicht zurecht, weshalb er nach nur einem einzigen Treffer in fünf Spielen zurück in die Heimat flüchtete. Hier schloss er sich im Spieljahr 1990/91 CF Monterrey an, wo er bald wieder zu alter Stärke fand und in 35 Ligaspielen 20-mal ins Schwarze traf. Mit der Elf aus dem Nordosten zog er auch in die Play-off-Runde ein, um allerdings schon im Viertelfinale am FC Puebla (0:4, 1:0) zu scheitern.

Tor- und Titelflut bei Cruz Azul

Es folgte der schon angesprochene Wechsel zu Cruz Azul, wo Carlos Hermosillo die nächsten sieben Jahre verweilte und die erfolgreichste Zeit seiner Laufbahn erlebte. Neben zwei Meisterschaften gewann er darüber hinaus einmal den Landespokal sowie gleich zweimal den Champions' Cup der CONCACAF. Zudem sollte ihm zwischen 1994 und 1996 das Kunststück gelingen, dreimal in Serie Torschützenkönig der Primera División zu werden.

> ► **EINWURF**
> *Mit insgesamt 169 Pflichtspieltreffern gilt Carlos Hermosillo heute als erfolgreichster Torschütze von Cruz Azul. In der ewigen Bestenliste verweist er seine ärgsten Verfolger Horacio Lopez Salgado (133 Tore) und Francisco Palencia (89) klar auf die Plätze. Einen weiteren bis heute gültigen Vereinsrekord stellte er 1994/95 auf, als ihm in 33 Ligaspielen 35 Tore und damit so viele wie keinem anderen Akteur von Cruz Azul gelungen waren.*

Anfangs standen die Anhänger von Cruz Azul dem Neuzugang jedoch ablehnend gegenüber. Diese lasteten ihm seine Vergangenheit als Spieler von América an, wobei man es Hermosillo besonders übel nahm, dass er Cruz Azul mit seinem Tor in der Schlussphase 1989 den Meistertitel vor der Nase weggeschnappt hatte. Auch in seiner Debütsaison 1991/92 blieb das Verhältnis zwischen Spieler und Fans zunächst unterkühlt, da Hermosillo in der Hauptrunde der Meisterschaft nur zehn seiner insgesamt 153 Ligatreffer gelungen waren. Richtig in Form kam er erst in der Liguilla, wo er gleich fünfmal ins Schwarze traf. In der Qualifikationsrunde bekam es Cruz Azul mit seinem Ex-Klub América zu tun und das Hinspiel mit 0:2 verloren ging. Im Aztekenstadion, wo Cruz Azul bis 1996 traditionell seine Heimspiele austrug, drehte die Mannschaft dann allerdings auf und gewann auch dank des ersten Play-off-Tores von Hermosillo klar mit 4:0. Nach einer 1:3-Niederlage gegen CF Atlante gelangen ihm beim 4:2-Rückspielsieg dann zwei weitere Treffer, ehe er auch zum Auftakt der Vorschlussrunde gegen Club Leon beim 3:1-Erfolg einen Doppelpack schnürte. Der Traum von der Finalteilnahme platzte aber drei Tage später, als der Rückkampf in Leon mit 0:2 verloren ging.
Bereits im Viertelfinale war für Cruz Azul im Spieljahr 1992/93 dann Endstation. Nachdem schon das erste Duell mit América mit 0:3 verloren gegangen war, hatte es trotz zweier Hermosillo-Tore auch im Rückspiel eine 3:4-Niederlage gesetzt. Auch in der Saison 1993/94 bekam es Cruz Azul im Viertelfinale der Liguilla mit Club América zu tun, wobei sich die Mannschaft mit einem 1:1-Remis in der Fremde eine gute Ausgangsposition verschaffte. Obwohl Carlos Hermosillo im Rückspiel zum zwischenzeitlichen 1:1 getroffen hatte, setzte es eine 1:2-Niederlage, die das erneute Aus besiegelte. Der Goalgetter hatte damit die Krönung einer bis dahin glänzenden Saison verpasst, in der er mit 26 Treffern in 35 Einsätzen erstmals die Torjägerliste der Primera División angeführt hatte, womit ihm im Dress von Cruz Azul nach zwei mäßigen Auftaktjahren der Durchbruch gelungen war.
In der Spielzeit 1994/95 traf Hermosillo in 33 Ligaspielen dann sogar 35-mal ins Schwarze, womit er einen neuen Vereinsrekord aufgestellt hatte. Dank des „Riesen aus Cerro Azul" galt die Mannschaft natürlich als Mitfavorit auf den Meistertitel. Abermals bekam sie es in der Liguilla mit dessen Ex-Klub América zu tun, wobei das Halbfinalduell nach einem 1:1 und 2:1 diesmal endlich gewonnen werden konnte. Nachdem Hermosillo im Rückspiel zu den Torschützen gehört hatte, traf er auch im ersten Finalspiel gegen Nexaca zum 1:1-Endstand. Da der zweite Vergleich aber mit 0:2 verloren ging, war der Traum vom ersten Titelgewinn mit Cruz Azul abermals ausgeträumt.
Und auch die Saison 1995/96 verlief zumindest auf nationaler Ebene nach demselben Schema. Denn während sich Carlos Hermosillo mit 26 Treffern zum dritten Mal in Serie mit der Torjägerkrone schmücken durfte, war es wieder nichts mit dem Meistertitel geworden, nachdem im Viertelfinale der Liguilla Angstgegner América (0:3, 2:0) abermals zum Stolperstein avanciert war. Dennoch durfte Hermosillo mit Cruz Azul endlich den ersehnten Titelgewinn feiern. Die Mannschaft hatte sich nämlich für das Finalturnier des CONCACAF Champions' Cup qualifiziert, welches vom 15. bis 20. Juli 1996 in Guatemala City ausgetragen wurde. Hier bekam es das Team zum Auftakt mit Ligarivale Nexaca zu tun, wo Carlos Hermosillo mit seinem dritten Treffer im laufenden Wettbewerb kurz nach der Pause ein 1:1-Unentschieden sicherte. Im zweiten Spiel erkämpften sich die Mexikaner gegen Gastgeber Comunicaciones Guatemala einen 2:1-Erfolg, bei dem Mittelfeldmann Adomaitis als zweifacher Torschütze zum Helden des Tages avanciert war. Vor den letzten beiden Begegnungen lagen die beiden Teams von Cruz Azul und Nexaca punktgleich an der Spitze des Klassements, so dass Hermosillo & Co. ihr letztes Spiel gegen Schlusslicht Seattle Sounders möglichst hoch gewinnen mussten, um den angepeilten Turniersieg nicht zu verspielen. Tatsächlich legte die Mannschaft los wie die Feuerwehr und führte nach Toren von Palencia, Hermosillo und Yegros nach einer Viertelstunde bereits mit 3:0, um nach 90 Minuten – und zwei weiteren Hermosillo-Treffern – mit sage und schreibe 11:0 die Oberhand zu behalten. Als schließlich das 3:3 aus dem Parallelspiel zwischen Nexaca und Comunicaciones bekannt wurde, durfte Carlos Hermosillo zum zweiten Mal nach 1987 (damals noch im Trikot von América) die wichtigste Trophäe des Kontinentalverbandes CONCACAF in Empfang nehmen.

Im August 1997 wurde die Finalrunde des Champions' Cup dann im K.O.-System ausgetragen, wobei Titelverteidiger Cruz Azul nach Erfolgen über Comunicaciones Guatemala und CD Guadalajara das Endspiel erreicht hatte. Hier traf man in Washington DC auf Los Angeles Galaxy und verteidigte durch einen 5:3-Erfolg – zu dem Carlos Hermosillo nach der Pause zwei Tore beigetragen hatte – seinen im Vorjahr gewonnen Titel. Drei Wochen zuvor hatten die Spieler von Cruz Azul bereits einen weiteren Pokal in Händen gehalten. Im Endspiel der Copa Mexico war die Elf von Toros Neza mit 2:0 in Schach gehalten worden, wobei Carlos Hermosillo das zweite Tor für Cruz Azul erzielt hatte.

Mit göttlicher Eingebung zum „Golden Goal"

In der Saison 1995/96 war die Meisterschaft in Mexiko letztmalig in einer Ganzjahresrunde ausgespielt worden. Im Herbst 1996 gingen die Organisatoren zu der in Lateinamerika üblichen Zweiteilung über, so dass seither pro Saison ein Winter- und ein Sommermeister ermittelt werden. Allerdings hatte Cruz Azul im Spieljahr 1996/97 seine Fans bitter enttäuscht und jeweils die Play-off-Spiele verfehlt. Umso denkwürdiger sollte das Torneo Invierno 1997 verlaufen, woran Carlos Hermosillo nicht unwesentlich beteiligt war. Bereits in der Hauptrunde hatte dieser sich hervorragend präsentiert, als er mit 14 Treffern wieder die Torjägerliste anführte. Auch in der Liguilla blieb er weiterhin in Topform und schoss sein Team mit drei Torerfolgen in die Endspiele gegen Club Leon. Schon das Hinspiel am 4. Dezember in der Hauptstadt war geprägt von einer harten Gangart auf beiden Seiten, wobei der Gegner aus Leon Fabian Pratola und Alberto Garcia durch Platzverweis verlor. Wenigstens gewannen die Gastgeber durch einen verwandelten Elfmeter von Benjamin Galindo (53.) die Partie mit 1:0, so dass sie vor dem zweiten Aufeinandertreffen drei Tage später in Leon eine passable Ausgangsposition besaßen.

Diese war jedoch verspielt, als Missael Espinozo zu Beginn der zweiten Hälfte Leon mit 1:0 in Führung brachte. In hitziger Atmosphäre sahen sich die Spieler von Cruz Azul danach immer stärker in die Defensive gedrängt, doch verteidigte das Abwehrbollwerk den knappen Rückstand bis zum Ende der regulären Spielzeit, was eine Verlängerung notwendig machte. Hier sollte schließlich die große Stunde von Carlos Hermosillo schlagen. Dieser hatte sich bei der Knüppelei im Hinspiel eine schmerzhafte Rippenprellung zugezogen, weshalb er zunächst nur auf der Bank gesessen hatte. In der Verlängerung aber wurde er von Trainer Luis Fernando Tena eingewechselt, wo er in der 101. Minute im gegnerischen Strafraum von Leon-Schlussmann Angel Comizzo böse gefoult wurde. Hermosillo erinnert sich: „Mein Gesicht war über und über mit Blut verschmiert. Aber als ich realisierte, dass der Schiedsrichter auf Elfmeter entschieden hatte, hatte ich so eine Art Eingebung von oben, dass meine Zeit nun gekommen sei. Ohne weiter zu überlegen, schnappte ich mir den Ball und setzte diesen zum 1:1 in die Maschen." Nach fünf Titeln mit América war Carlos Hermosillo dank seines „Golden Goal" auch endlich mit Cruz Azul Meister geworden. Für den Angreifer ein ganz besonderer Moment, da er als Kind selbst ein großer Fan von Cruz Azul gewesen war. Spätestens jetzt spielte auch seine América-Vergangenheit keine Rolle mehr, die man dem Elfmeter-Helden von Leon anfangs noch zum Vorwurf gemacht hatte.

Im Anschluss an die Sommerrunde 1998 sollte sich Carlos Hermosillo nach sieben ausgesprochen torreichen Jahren schließlich von Cruz Azul verabschieden. Den Traum vom erneuten Meistertitel hatte einmal mehr Club América zerstört, nachdem dieser im Play-off-Viertelfinale mit 2:1 und 1:1 die Oberhand behalten hatte. Im Torneo Invierno 1998 ging Hermosillo dann für Club Nexaca auf Torejagd, wo er in 20 Spielen elfmal ins Schwarze traf. Doch damit nicht genug. Durch einen Erfolg über CD Guadalajara (0:0, 2:0) stand Nexaca als Meister fest, womit der mittlerweile 34-Jährige seinen siebten Titelgewinn feiern durfte. Besonders stark hatte sich dieser im Semifinal-Rückspiel gegen Atlas Guadalajara präsentiert, als er zum 3:2-Erfolg zwei Treffer beigesteuert hatte.

Sportminister unter Felipe Calderon

Zu Beginn des Jahres 1999 wechselte Carlos Hermosillo zum zweiten Mal ins Ausland, wobei sein einjähriges Engagement bei Los Angeles Galaxy in der „Major League Soccer" auch nicht wesentlich erfolgreicher verlief als jenes bei Standard Lüttich. Der Wechsel nach Kalifornien war dabei nicht von ungefähr gekommen. Schließlich hatte der Mexikaner im Finale des Champions' Cup 1997 gegen Galaxy zu den stärksten Akteuren von Cruz Azul gezählt und war den Klubbossen aus L.A. als zweifacher Torschütze in nachhaltiger Erinnerung geblieben. Unter dem deutschen Trainer Siggi Schmid bestritt Hermosillo in der vierten MLS-Saison im Rahmen der Hauptrunde jedoch nur 18 Spiele und erzielte magere sechs Tore. Immerhin dreimal war er in den Finalspielen der Western Conference gegen Dallas Burn erfolgreich, die nach dem Modus „best of three" ausgetragen wurden. Nachdem Galaxy den ersten Vergleich in der heimischen Rose Bowl von Pasadena mit 2:1 gewonnen hatte, sicherte Hermosillo mit seinen beiden Treffern in der Cotton Bowl von Dallas seinem Team ein 2:2-Remis, bevor es im Elfmeterschießen eine 3:4-Niederlage setzte. Im entscheidenden dritten Duell vor eigenem Publikum behielt Galaxy dann mit 3:1 die Oberhand, nachdem Carlos Hermosillo in der 20. Minute das zwischenzeitliche 2:0 erzielt hatte. Als Conference-Sieger traf die Mannschaft im Endspiel um dem MLS-Cup am 21. November 1999 auf DC United Washington, welches vor 44.910 Zuschauern in Foxborough / Massachusetts mit einer 0:2-Niederlage in die Annalen einging.

Nach dem verpassten Titelgewinn in den Vereinigten Staaten kehrte Carlos Hermosillo in seine mexikanische Heimat zurück, wo er noch anderthalb Jahre weiterspielen sollte. Bis Mitte 2001 war er je eine Halbserie für Club América, CF Atlante sowie CD Guadalajara aktiv, um in 50 Einsätzen noch einmal 15 Tore zu erzielen. Damit war er freilich deutlich hinter seinen Bestmarken zurück geblieben, derweil es auch mannschaftlich nicht wunschgemäß lief, da in allen drei Fällen die Teilnahme an der Liguilla verpasst worden war. Seinen letzten Pflichtspieltreffer sollte Carlos Hermosillo am 14. Februar 2001 im Torneo Verano für CD Guadalajara erzielen. Passenderweise war der Gegner sein langjähriger Arbeitgeber Club América, bei dem „El Grandote de Cerro Azul" gut 17 Jahre zuvor sein Debüt gegeben hatte. Nachdem Hermosillo in der 48. Minute zum 1:1 ausgeglichen hatte, ging die Partie am Ende mit 1:2 verloren. Zum letzten Mal überhaupt stand Carlos Hermosillo am 19. April 2001 gegen CF Monterrey (2:0) auf dem Platz, um danach als zweitbester Torschütze der Primera División de Mexico die Töppen ein für alle Mal an den Nagel zu hängen.

Seither nutzt Hermosillo die als Fußballer erworbene Popularität, um seine politische Karriere voranzutreiben. Als Mitglied der konservativen „Partido Acción Nacional" (PAN) wurde er vom späteren mexikanischen Präsidenten Felipe Calderon gefördert, um schließlich im Wahlkampf

2006 in dessen Schattenkabinett als künftiger Sportminister aufgenommen zu werden. Nach der erfolgreichen Wahl Calderons im Dezember 2006 übte Carlos Hermosillo dieses Amt dann auch tatsächlich rund zwei Jahre aus, ehe er wegen Unregelmäßigkeiten in seinem Ministerium den Hut nehmen musste. Wie für Politiker üblich, kehrte er nach mehr oder weniger kurzer Atempause zurück. Zuletzt bewarb sich der stramme Parteisoldat im Jahr 2009 im Bundesstaat Veracruz für einen Sitz in der zweiten Kammer des mexikanischen Parlaments, dem Abgeordnetenhaus, wobei er jedoch dem Gegenkandidat der „Partido Revolucionario Institucional" (PRI) unterlag. Dem Fußball blieb Carlos Hermosillo gleichwohl eng verbunden: „Auch wenn ich mich in meinem jetzigen Leben durchaus wohl fühle, im Hinterkopf habe ich immer noch die Idee, eines Tages zum Fußball zurückzukehren." – Die mexikanischen Fußballanhänger würden sich über einen derartigen Schritt sicherlich freuen!

► ZAHLEN UND FAKTEN

Vereine:	1983-1989	Club América (Mexico City)
	1990	Standard Lüttich
	1990-1991	CF Monterrey
	1991-1998	CD Cruz Azul (Mexico City)
	1998	Club Necaxa (Mexico City)
	1999	Los Angeles Galaxy
	2000	Club América (Mexico City)
	2000	CF Atlante (Mexico City)
	2001	CD Guadalajara

Tore: 482 Sp. Primera División de Mexico (270 T.)
34 mexikanische Play-off-Spiele (24 Tore)
5 belgische Erstligaspiele (1 Tor)
18 MLS-Spiele (6 Tore)
3 MLS-Play-off-Tore
18 Tore Copa Mexico
3 mexikanische Supercupspiele (2 Tore)
15 Tore CONCACAF Champions' Cup
90 Länderspiele (35 Tore)
gesamt 632 Pflichtspiele* (374 Tore)
** nur bekannte Spiele*

Erfolge: Mexikanischer Meister 1983/84, 1984/85, 1985 (Prode), 1987/88, 1988/89, 1997 (Invierno), 1998 (Invierno)
Mexikanischer Pokalsieger 1997
Mexikanischer Supercupsieger 1988, 1989
CONCACAF-Meister-Cup 1987, 1996, 1997

Mexikanischer Torschützenkönig 1993/94, 1994/95, 1995/96, 1997 (Inv.)

In der Nationalmannschaft:

Mit 35 Toren in 90 Länderspielen ist Carlos Hermosillo nach Jared Borgetti (46) und Cuauhtemoc Blanco (39) ex aequo mit Luiz Hernandez drittbester Torschütze der mexikanischen Nationalelf, für die er am 11. Oktober 1984 im zarten Alter von 20 Jahren sein Debüt gab. Nachdem er zuvor im Olympiateam in den Qualifikationsspielen für die Spiele 1984 überzeugt hatte, nominierte ihn Nationalcoach Bora Milutinovic für die Partie gegen El Salvador, aus der die „Tri" nach hartem Kampf als 1:0-Sieger hervorging. Da Hermosillo bei seinem Verein América zu den auffälligsten Akteuren gehörte, durfte er sich berechtigte Hoffnungen auf eine Berufung in den Kader für die Heim-WM 1986 machen, auf die sich die Mexikaner in über 60 Testspielen vorbereiteten.

Zerplatzte WM-Träume

Zwischen Februar und Dezember 1985 kam Carlos Hermosillo zu 15 Länderspieleinsätzen, in denen er als vierfacher Torschütze jedoch nur mäßig überzeugte. Nach seiner Tor-Premiere am 26. Februar in Acapulco gegen Finnland (2:1) konnte er sich noch im September gegen Peru (1:0) sowie bei den Siegen über Südkorea (2:1) und Argentinien (2:0) im Dezember in die Torschützenliste eintragen. Wie erhofft wurde Carlos Hermosillo von Bora Milutinovic dann für die Weltmeisterschaft nominiert, die für sein Land eine riesige Fiesta, für ihn selbst aber eher eine Enttäuschung wurde: „Ich habe mich bei allen Spielen unserer Mannschaft warm gemacht, wurde aber nie eingewechselt. Das hat mir sehr wehgetan. Andererseits war es eine wertvolle Erfahrung für meine weitere Laufbahn. Am Ende war ich dennoch hochzufrieden, denn wir hatten ein gutes Team, dem lediglich das letzte Quäntchen Glück zum ganz großen Wurf gefehlt hat."

Seine Nationalmannschaftslaufbahn nahm gleichwohl einen stockenden Verlauf. Erst im Oktober 1987 machte Carlos Hermosillo sein nächstes Länderspiel, wobei ihm beim 4:0 über Kanada in Toluca das fünfte Tor gelang. Wenig erfreulich waren auch die Begleitumstände, die ihm die erhoffte Teilnahme an der WM 1990 kosteten. Da Mexiko bei der Qualifikation für die U20-WM 1989 nicht spielberechtigte (weil zu alte) Akteure eingesetzt hatte, wurde das Land aus der WM-Qualifikation für Italien ausgeschlossen, womit Hermosillo vier weitere Jahre auf einen WM-Einsatz warten musste.

Sein erstes großes Turnier bestritt er 1991, als die „Tri" beim Gold Cup des Kontinentalverbandes CONCACAF den dritten Platz belegte. Dabei wurde er in allen fünf Spielen eingesetzt und erzielte in den Vorrundenspielen gegen Jamaika (4:1), Kanada (3:1) und Honduras (1:1) jeweils einen Treffer. Erst im Halbfinale gegen Gastgeber USA blieb der hünenhafte Angreifer ohne Torerfolg, so dass die Mexikaner prompt mit 0:2 den Kürzeren zogen, um sich daraufhin mit einem 2:0-Erfolg über Costa Rica im kleinen Finale zu trösten.

Weiterhin glücklos

Logisch, dass man in Mexiko darauf brannte, sich für die Weltmeisterschaft 1994 in den USA zu qualifizieren, was in ganz besonderem Maße auf Carlos Hermosillo zutraf, der endlich auch auf der größten denkbaren Bühne des Fußballs sein Können unter Beweis stellen wollte. Erneut hatte die „Tri" im Vorfeld ein Mammutprogramm von über 30 Qualifikations- und Testspielen zu absolvieren, wobei sie sich locker für die Endrunde qualifizierte. Carlos Hermosillo, der nach einem misslungen Europa-Abenteuer mittlerweile für Cruz Azul auf Torejagd ging, hatte seinen größten Auftritt im Qualifikationsspiel gegen St. Vincent und die Grenadinen. Die Fußballer des karibischen Inselstaates mit dem umständlichen Namen, der allenfalls eifrigen Zusehern von olympischen Eröffnungsfeiern sowie Briefmarkensammlern ein Begriff ist, waren am Nikolaustag des Jahres 1992 völlig überfordert, wobei Carlos Hermosillo in die Rolle des Knecht Ruprecht schlüpfte und viermal die Rute auspackte – Pardon! – vier Tore erzielte.

Bei den Welttitelkämpfen im Land der begrenzten Fußballmöglichkeiten ging Carlos Hermosillos Traum dann endlich in Erfüllung. Nachdem er das erste Gruppenspiel gegen Norwegen noch verpasst hatte, durfte er am 24. Juni 1994 in Orlando gegen Irland erstmals WM-Luft schnuppern. Allerdings stand die „Tri" nach ihrer 0:1-Auftaktpleite mit dem Rücken zur Wand, wobei dies in erster Linie auf das Versagen von Altstar Hugo Sanchez zurückgeführt wurde, der im Irland-Spiel von Nationaltrainer Miguel Barón deswegen auf die Bank verbannt worden war. Obwohl Mexiko nicht wirklich besser spielte, gelang ein knapper 2:1-Sieg, bei dem Carlos Hermosillo bis zu seiner Auswechslung nach 81 Minuten nur wenig Zählbares zustande brachte. Mit einem 1:1 gegen Italien, an dem Hermosillo zwar über die gesamten 90 Minuten, jedoch abermals eher unauffällig mitgewirkt hatte, ermauerte sich die Mannschaft die Teilnahme am Achtelfinale, wo es am 5. Juli gegen Bulgarien eine Niederlage nach Elfmeterschießen setzte. Danach war die Laune bei Carlos Hermosillo einmal mehr im Keller: „Vor der Partie gegen Bulgarien war ich mir sicher, dass es für mich ein wichtiges Spiel sein würde. Doch dann wurde ich gar nicht aufgestellt. Es war frustrierend, denn wir waren erneut nur einen winzigen Schritt davon entfernt gewesen, ein Stück Fußballgeschichte zu schreiben."

So blieb Carlos Hermosillo nichts anderes übrig, als auf die Weltmeisterschaft 1998 in Frankreich zu hoffen. Alles schien auf ein Happyend hinauszulaufen, zumal der „Riese aus Cerro Azul" 1997 sein bestes Länderspieljahr absolvierte und in 16 Einsätzen zehn Treffer erzielte. Gleich drei waren es am 13. April gegen Jamaika (6:0), ehe er auch am 9. November gegen Costa Rica ins Schwarze traf, als die Mexikaner mit einem 3:3 endgültig ihr Ticket für die Weltmeisterschaft lösten. Es war Hermosillos 35. Torerfolg im 89. Länderspiel – und zugleich sein letzter gewesen, was zu diesem Zeitpunkt wohl er selbst nicht geahnt hatte. Nur noch einmal, am 16. November 1997 im letzten Qualifikationsspiel gegen Jamaika (0:0), sollte er das Trikot der „Tri" überstreifen. Obwohl er im Torneo Verano 1998 für Cruz Azul weiterhin seine Tore erzielte und mit knapp 34 Jahren auch keineswegs zu alt schien, verzichtete Nationaltrainer Manuel Lapuente darauf, ihn in den WM-Kader für Frankreich zu berufen. – Carlos Hermosillo und die Weltmeisterschaft. Das passte ganz einfach nicht!

Saison	Lsp.		Liga		M ER*	
	Sp.	T.	Sp.	T.	Sp.	T.
1983/84			14	5		1
1984/85	6	1	38	15		3
1985/86	14	3	21	7		
1986/87			9	2		1
1987/88	4	2	37	18		1
1988/89	3	1	36	24		3
1989/90			7	2		
			5	1		
1990/91	7	3	35	20		0
1991/92	2	0	34	10		5
1992/93	13	6	18	13		1
1993/94	10	3	35	26		1
1994/95	9	2	33	35		2
1995/96			34	26		0
1996/97	17	12	30	21		
1997/98	5	2	31	20		4
1998/99			20	11		2
1999			18	6		3
1999/00			16	8		
2000/01			17	5		
2001/02			17	2		

M ER = Play-off-Runde Primera División de Mexico und MLS

Jupp Heynckes

„Don Jupp" einst Toptorjäger der Fohlen-Elf

Durchblättert der Leser die Seiten des vorliegenden Buches, fällt recht bald auf, wie selten die „Herren der Tore" im Anschluss an ihre aktive Laufbahn ihr Wissen in erfolgreicher Weise an spätere Spielergenerationen weitergegeben haben. So ist etwa Gerd Müller als bester Torjäger der Bundesliga gerade einmal als langjähriger Assistenztrainer der Reservemannschaft seiner Bayern in Erscheinung getreten, während Klaus Fischer immerhin kurze Zeit die Zweitliga-Elf des FC Schalke 04 betreut hat. Manfred Burgsmüller, der Vierte der ewigen Torschützenliste des deutschen Oberhauses, gab sich nach Jahren im American Football als Trainer einer Kreisligamannschaft eher der Lächerlichkeit preis, und auch der „beste Torjäger der neunziger Jahre", Ulf Kirsten, konnte sich bis dato nur als Betreuer des Regionalligateams von Bayer Leverkusen profilieren. Diese Liste ließe sich beliebig fortsetzen. So hat sich auch Karl-Heinz Rummenigge ausschließlich der Vorstandsarbeit beim FC Bayern verschrieben, derweil Rudi Völler als Teamchef der Nationalmannschaft schon zu den „großen Trainern" unter den ehemaligen Angreifern zählt, nachdem er im Jahr 2000 – freilich eher zufällig – als Ribbeck-Nachfolger ausgeguckt worden war.

Mangelt es den Angehörigen der „stürmenden Zunft", die in erster Linie vor dem gegnerischen Tor lauernd auf ihre Chance warten, ohne sich zuvor am Spielaufbau beteiligt zu haben, gar am strategisch-analytischen Denken, das einen guten Trainer ausmacht? Fast drängt sich einem dieser Eindruck auf, gäbe es nicht Josef Heynckes, der sich als Toptorjäger der Gladbacher Fohlen auch als Coach einen Namen gemacht und Real Madrid sowie den FC Bayern München zum Champions-League-Sieg geführt hat.

Ur-Gladbacher mit Abstecher an die Leine

Der nach Gerd Müller und Klaus Fischer mit 220 Treffern drittbeste Torjäger der Bundesligageschichte kam am 9. Mai 1945 in Mönchengladbach-Holt zur Welt, wo er zwischen 1954 und 1964 für den Stadtteilklub Grün-Weiß Holt kickte, für den schon sein älterer Bruder Hans aktiv war. Im Alter von 14 Jahren zog es den zusammen mit neun Geschwistern aufgewachsenen „Jupp" dann nach Eicken, ins Bökelbergstadion der renommierten Borussia, wo er den Großteil seiner aktiven Laufbahn verbrachte. Neben Günter Netzer und Berti Vogts war er der wohl wichtigste Protagonist der legendären Fohlen-Elf, die angeleitet von Trainerguru Hennes Weisweiler den deutschen und europäischen Fußball in der ersten Hälfte der siebziger Jahre wesentlich mitprägte.

Vereinstreue wurde in der „guten alten Zeit" noch groß geschrieben, weshalb sich Jupp Heynckes im Sommer 1979 ein Jahr nach dem Ende seiner aktiven Karriere mit gerade einmal 34 Jahren als Trainer der Borussen verdingte, wenngleich man festhalten muss, dass das mit der Vereinstreue trotz allem auch einen Haken hatte: 1967 war Heynckes nämlich dem Ruf des „schnellen Geldes" gefolgt und für drei Jahre zu Hannover 96 gewechselt, womit er den Beweis angetreten hatte, dass der Fußball auch hierzulande allmählich seine Unschuld verlor.

Seine Karriere in der ersten Mannschaft der Borussia hatte für den Ur-Gladbacher just in jenem Jahr ihren Anfang genommen, als Hennes Weisweiler von der Kölner Viktoria an den Niederrhein gewechselt war. Da Heynckes schon in

der Jugend geglänzt hatte und unter Dettmar Cramer sogar zu Einsätzen in der westdeutschen und niederrheinischen Jugendauswahl gekommen war, schien der Sprung zu den Senioren nur eine Frage der Zeit, verzögerte sich aber, weil er im Sommer 1963 von Trainer Fritz Langner keinen Vertrag für das Regionalligateam erhielt.
Als Weisweiler an den Niederrhein kam, erkannte dieser sofort das Talent des jungen Außenstürmers und nahm Heynckes im Juni 1964 in den Kader auf. Dessen erste Gage belief sich auf 160 D-Mark. Während der VfL im Vorjahr unter Langner in der Regionalliga West mit antiquiertem Fußball noch unter ferner liefen gelandet war, stürmte die Mannschaft in der Saison 1964/65 auf Anhieb in die Bundesliga. Die neu entdeckte Offensivpower der Fohlen-Elf zeigte sich nicht nur im Torverhältnis von 92:39, sondern auch beim Blick auf die Torschützenliste, in der mit Bernd Rupp (25 Treffer) und Neuling Jupp Heynckes (23) gleich zwei Mönchengladbacher unter den besten Drei platziert waren. In der anschließenden Aufstiegsrunde wurde der Sprung in die Bundesliga mit einem Zähler Vorsprung auf den SSV Reutlingen festgezurrt, wobei Jupp Heynckes auch hier mit sechs Toren in sechs Einsätzen überzeugt hatte.

► **EINWURF**
Mit 54 Toren in 63 Europacupspielen zählt Jupp Heynckes auch international zu den Toptorjägern. Häufiger als der Gladbacher haben nur Raul (71 Tore), Filippo Inzaghi (68), Gerd Müller (66), Lionel Messi (59), Eusebio (57) und Ruud van Nistelrooy (56) ins Schwarze getroffen, ehe „Don Jupp" auf den siebten Platz folgt.

Der Bundesligaaufstieg der Gladbacher – genau wie jener der Münchner Bayern – markierte im deutschen Fußball den Beginn einer neuen Ära. Anders als ihr süddeutscher Antipode brauchten die Borussen jedoch einige Zeit, um zu einem echten Spitzenteam zu reifen. Nach Rang 13 im Aufstiegsjahr wurden sie im Frühjahr 1967 Achte. Auch die Leistungen des jungen Heynckes waren passabel, aber nicht wirklich überragend. Nachdem ihm 1965/66 in 27 Einsätzen ein Dutzend Treffer gelungen war, ließ er im Jahr darauf in 30 Spielen 15 weitere folgen. Bester teaminterner Torjäger des VfL war jeweils ein anderer: So hatte Bernd Rupp im ersten Bundesligajahr 16-mal und Herbert Laumen im zweiten 18-mal ins Schwarze getroffen.
In spielerischer Hinsicht hatten die Gladbacher jedoch alles andere als enttäuscht. Schon nach der Hinrunde 1966/67 machte sich der „Kicker" Gedanken über die Titelreife der Fohlen-Elf und war dabei zu der Erkenntnis gelangt, dass die Borussia bei diesem Spielermaterial die Meisterschaft in absehbarer Zeit gewinnen müsse. Insofern wirkt Heynckes' Wechsel im Sommer 1967 zu Hannover 96 auch etwas unmotiviert und lässt sich allein mit der Aussicht auf bessere Verdienstmöglichkeiten erklären. Ein Eindruck, der sich beim Blick auf die drei Spielzeiten, die der gelernte Stuckateur in der niedersächsischen Landeshauptstadt verbracht hat, verfestigt. Die 96er stellten biederstes Mittelmaß dar und belegten die Ränge 10, 11 und 13. Und auch Jupp Heynckes' Leistungen stagnierten, da dieser in 86 Bundesligaspielen lediglich 25 Tore erzielen konnte. Dabei hatte es sich zunächst noch so gut angelassen: Als Hannover 96 am 1. Spieltag der Saison 1967/68 den 1. FC Köln an der Leine mit 3:0 besiegte, waren dem Neuzugang vom Niederrhein in der 71. und 83. Minute zwei Tore gelungen. Von derartigen Topleistungen blieb Heynckes danach jzumeist weit entfernt. Selbst die drei Teilnahmen am Messe-Cup gerieten zur Fußnote, da diese in zwei Fällen mit dem Aus in der Auftaktrunde endeten. Lediglich in der Saison 1968/69 erreichten die Niedersachen die 3. Runde, um dort gegen Leeds United mit 1:5 und 2:1 chancenlos zu bleiben.

► **EINWURF**
Jupp Heynckes, der drittbeste Torjäger der Fußball-Bundesliga, erzielte den ersten seiner 220 Treffer im deutschen Oberhaus am 2. Spieltag der Saison 1965/66, als er am 21. August 1965 auf dem Bökelberg gegen Tasmania Berlin in der 40. Minute seine Farben mit 1:0 in Führung brachte. Vor 33.000 Zuschauern spielte sich die junge Fohlen-Elf in ihrem ersten Bundesligaheimspiel nach dem Wiederanpfiff in einen regelrechten Rausch und fegte die völlig überforderten Tasmanen am Ende mit 5:0 vom Platz, wobei Jupp Heynckes als bester Akteur der Weisweiler-Elf in der 75. Minute gleich noch ein weiteres Mal in die Maschen getroffen hatte. Nachdem Heynckes eine Woche später beim Gastspiel in Karlsruhe (3:3) abermals zwei Tore erzielen konnte, zeigte er seine beste Saisonleistung am 25. Spieltag im März 1966 beim 8:3-Kantersieg über den Nürnberger Club, als ihm erstmals in einem Bundesligaspiel drei Treffer geglückt waren.

Erster Meistertitel am Bökelberg

Borussia Mönchengladbach hatte sich dagegen wie vom „Kicker" prophezeit weiterentwickelt und in der Spielzeit 1969/70 erstmals die Salatschüssel erobert. Ergo wechselte Jupp Heynckes für 125.000 D-Mark zurück an seine alte Wirkungsstätte, was seiner Karriere den erhofften Schub verlieh. Da er sich noch in Hannover einen Muskelfaserriss zugezogen hatte (in anderen Quellen ist von einem eingeklemmten Ischiasnerv die Rede), setzte ihn Hennes Weisweiler anfangs allerdings auf die Bank; auch, weil er seine eingespielte Meistermannschaft nicht auseinander reißen wollte. „Ich sagte dem Hennes damals aber gleich, dass es nur eine Frage der Zeit sei, wann ich spielen würde", so der Rückkehrer, dessen große Stunde am 6. Spieltag schlug, als die Borussia nach München zum Topspiel reiste. Zweimal waren die Bayern an der Grünwalder Straße in Führung gegangen – welche die Gäste aus Westdeutschland jeweils egalisieren konnten. Doch lassen wir Jupp Heynckes wieder selbst zu Wort kommen: „Ich wurde in München eingewechselt, Franz Beckenbauer machte einen Fehler, den ich zum 2:2-Ausgleich ausnutzte. Von da an war ich Stammspieler und habe 19 Tore geschossen."

► **EINWURF**
Jupp Heynckes ist mit 195 Toren heute mit weitem Abstand der erfolgreichste Goalgetter von Borussia Mönchengladbach. Auf den Plätzen folgen Herbert Laumen (97 Tore) und Hans-Jörg Criens (92), der selbst lange Jahre unter Jupp Heynckes gespielt hatte. Der gebürtige Gladbacher war im Anschluss an seine aktive Karriere als Trainer bei den Borussen eingestiegen, wobei er sich recht bald den Ruf erwarb, ein akribischer Arbeiter zu sein. Wenn er sich aufregte, lief sein Gesicht puterrot an, was auch Wolfram Wuttke auffiel, der seinem Trainer daher den Spitznamen „Osram" verpasste.

Am Ende der Saison 1970/71 stand Heynckes' erster Meistertitel, der freilich erst nach einem Herzschlagfinale zustande gekommen war. Vor der letzten Runde lag Titelrivale FC Bayern dank des besseren Torverhältnisses an der Tabellenspitze; eine Konstellation, die auch zur

Halbzeit noch Bestand hatte, da sowohl das Spiel der Bayern in Duisburg (0:0) als auch jenes der Gladbacher bei Eintracht Frankfurt (1:1) unentschieden stand. Nach dem Seitenwechsel leistete der MSV aber wertvolle Schützenhilfe und schenkte den Münchnern zwei Tore ein, derweil die Borussen die Gunst der Stunde nutzten und ihrerseits einen 4:1-Sieg herausschossen, wobei es Jupp Heynckes vorbehalten geblieben war, mit einem Doppelschlag aus der 77. und 80. Minute den Titelgewinn zu besiegeln. Heynckes: „Es war ein Wahnsinn, dieses Endspiel. Wir hatten damals eine Spitzentruppe. Und wir haben einen tollen Fußball gespielt, in dieser Saison wie von einem anderen Stern.“

In den kommenden drei Jahren sollten sich die Münchner Bayern dann den Titelhattrick sichern, während die Gladbacher mit der Vizemeisterschaft 1973/74 ihr bestes Resultat einfuhren. Jupp Heynckes vermochte abermals seine Schlagzahl von 19 Toren in der Saison 1971/72 im darauf folgenden Jahr auf 28 zu erhöhen, womit er in der Torschützenliste hinter Gerd Müller den zweiten Platz belegte. In der Spielzeit 1973/74 setzte er mit 30 Toren seine persönliche Bestmarke, was ihn ex aequo mit Gerd Müller erstmals an die Spitze der Torjägerliste katapultierte. Dass es der Gladbacher in der WM-Saison mit dem „Bomber der Nation“ aufnehmen konnte, war schon am 2. Spieltag deutlich geworden, als der VfL an der Essener Hafenstraße einen 6:2-Sieg herausschließen konnte. Erstmals hatte Heynckes in einem Bundesligaspiel viermal eingenetzt, wobei ihm zwischen der 48. und 71. Minute gar ein lupenreiner Hattrick geglückt war.

► EINWURF
Jupp Heynckes sollte sich im Laufe seiner Karriere nicht nur als ausgesprochen torgefährlicher, sondern mindestens ebenso fairer Spieler einen Namen machen. In seinen 369 Bundesligaeinsätzen wurde er lediglich sechsmal verwarnt, derweil er von den Unparteiischen nicht ein einziges Mal vorzeitig zum Duschen geschickt wurde.

Während sich die Borussen in der Bundesliga also in der Warteschleife befanden, stillte die Mannschaft ihren Titelhunger im DFB-Pokal, den sie sich am 23. Juni 1973 durch ein denkwürdiges 2:1 im Endspiel über den rheinischen Rivalen 1. FC Köln – der zu Real Madrid abwandernde Günter Netzer hatte sich in der Verlängerung selbst eingewechselt und kurze Zeit später den Siegtreffer erzielt – gesichert hatte. Aber auch auf internationaler Ebene sorgte Jupp Heynckes mit seinen Gladbachern für Schlagzeilen: Unvergessen das legendäre „Büchsenwurfspiel“ vom 20. Oktober 1971, bei dem die Gladbacher auf dem Bökelberg Inter Mailand im Achtelfinale des Meistercups mit 7:1 überrollten, ehe Roberto Boninsegnas schauspielerische Glanzleistung zur Annullierung des Rekordsiegs führte. Im Rückspiel folgte eine 2:4-Niederlage im San Siro, ehe die Wiederholung des Hinspiels im Berliner Olympiastadion mit einem von den Nerazzurri ermauerten 0:0 in die Annalen einging, welches schließlich das Aus besiegelte.

Dafür wäre der inzwischen gereiften Fohlen-Elf in der Saison 1972/73 um ein Haar ihr erster Europacuptriumph geglückt. Zwar hatte die Mannschaft das Hinspiel des UEFA-Pokal-Finales an der Anfied Road gegen den FC Liverpool mit 0:3 verloren. Im Rückspiel auf dem Bökelberg standen die Borussen jedoch kurz davor, den Rückstand zu egalisieren, nachdem sie zur Pause dank zweier Heynckes-Tore aus der 31. und 40. Minute mit 2:0 vorne lagen. Im zweiten Durchgang drängten sie jedoch vergeblich auf den dritten Treffer, so dass Jupp Heynckes nur der Trost blieb, mit 13 Toren in elf Spielen bester Torschütze des Wettbewerbs geworden zu sein. Gleich in zwei Spielen waren dem Gladbacher drei Treffer gelungen. Zunächst im Rückspiel der Auftaktrunde, als der FC Aberdeen auf dem heimischen Bökelberg mit 6:3 auf die Heimreise geschickt wurde. Und schließlich auch im Viertelfinalduell mit Ligarivale 1. FC Kaiserslautern, der am 20. März 1973 am Niederrhein mit 7:1 in seine Einzelteile zerlegt worden war.

Meisterschaftshattrick und UEFA-Cup-Sieg

Ab der Saison 1974/75 sollten die Gladbacher dann die Vormachtstellung im deutschen Fußball übernehmen und sich dreimal in Folge die Deutsche Meisterschaft sichern. Im letzten Jahr unter Hennes Weisweiler wurde Vizemeister Hertha BSC Berlin um sechs Zähler abgehängt, während Jupp Heynckes mit 27 Treffern zum zweiten Mal in Folge die Torjägerkanone des „Kicker“ errang. Nachdem er in der Hinrunde noch den einen oder anderen Durchhänger zu beklagen hatte, zeigte er sich nach der Winterpause von seiner Schokoladenseite, was vor allen in den Partien bei Tennis Borussia Berlin (4:1) sowie zu Hause gegen den Wuppertaler SV (6:2) deutlich wurde, als ihm jeweils drei Tore gelangen.

Aber auch auf internationaler Ebene glückte Heynckes mit seinen Borussen endlich der große Wurf. Abermals waren diese in die UEFA-Cup-Endspiele eingezogen, wo sie es im Mai 1975 mit FC Twente Enschede zu tun bekamen. Nach einem enttäuschenden 0:0 vor 42.000 Besuchern im Düsseldorfer Hinspiel sah es zunächst allerdings nicht danach aus, als ob sie ihrer Favoritenstellung auch gerecht werden könnten. Erst in Enschede führte ihr berühmtes Konterspiel zum Erfolg. Am 21. Mai erlebten 21.000 Fußballfans, wie der VfL nach nur zwei Minuten durch Alan Simonsen in Führung ging. Fast schon eine Vorentscheidung war gefallen, als Jupp Heynckes in der 9. Minute auf 2:0 erhöhte. Gekonnt liefen die Bälle fortan durchs Mittelfeld, was den Gästen weitere Chancen ermöglichte. Und so blieb es Jupp Heynckes vorbehalten, beim am Ende überaus deutlichen 5:1-Sieg mit zwei Toren aus der 50. und 60. Minute sämtliche Zweifel am Sieg der Gladbacher zu zerstreuen. Mit elf Treffern in zehn Einsätzen führte er darüber hinaus abermals die Torjägerliste an.

► EINWURF
Nein, es war gut, dass Jupp Heynckes im letzten seiner 369 Bundesligaeinsätze am 29. April 1978 nicht zum vierten Mal in Folge Deutscher Meister geworden war! Dem Fußball hierzulande steckte nämlich immer noch der Bundesligaskandal in den Knochen, so dass der Gewinn der Salatschüssel nach Gladbachs 12:0-Rekordsieg am letzten Spieltag über Borussia Dortmund sicher allzu unliebsame Fragen aufgeworfen hätte. Zumindest in persönlicher Hinsicht war Heynckes' letztes Ligaspiel im Düsseldorfer Rheinstadion aber gleichwohl denkwürdig, da er sich beim Scheibenschießen gegen den BVB mit fünf Toren von der Bundesligabühne verabschiedete. Damit hatte er gleichzeitig seinen persönlichen Rekord überboten, den er am 18. August 1973 mit vier Toren gegen Rot-Weiss Essen aufgestellt hatte.

Nach der Saison kehrte Hennes Weisweiler auf dem Höhepunkt seines Schaffens dem Bökelberg nach elf Jahren den Rücken, um in Barcelona anzuheuern. Er war der Meinung, die Mannschaft habe ihren Höhepunkt überschritten und „wollte nicht derjenige sein, der die Wimmer, Heynckes und Vogts aufs Altenteil schicken muss." Weisweilers Nachfolger wurde Ex-Bayern-Trainer Udo Lattek, der für einen radikalen Stilwandel verantwortlich war. Seine Devise – erprobt aus Münchner Tagen – lautete: „So viel Defensive wie nötig, so viel Offensive wie möglich."

Carlos Hermosillo feierte seine größten Erfolge bei Club America in Mexiko City.

Jupp Heynckes zählte in den siebziger Jahren mit 220 Bundesligatoren zu den besten deutschen Stürmern.

Trotz des Stilwandels konnten die Borussen ihren Meistertitel aus dem Vorjahr verteidigen. Obwohl diese in der Endabrechnung nur zwei Punkte von Vizemeister Hamburger SV trennten, war der Erfolg nie ernsthaft in Gefahr geraten, weil den Verfolgern die nötige Konstanz gefehlt hatte. Der neu eingeführte Sicherheitsfußball hatte aber auch seine Schattenseiten. Hatte die Mannschaft im Vorjahr noch 88 Tore erzielt, ging die Trefferzahl in der Saison 1975/76 auf 68 zurück. Jupp Heynckes, der im Vorjahr mit 27 Treffen die Torjägerkanone errungen hatte, traf im ersten Lattek-Jahr ebenfalls nur noch zwölfmal ins Schwarze, was allerdings auch an mehreren kleineren Verletzungen lag, die den inzwischen 30-Jährigen zur ein oder anderen Zwangspause gezwungen hatten. Zudem war Heynckes erstmals seit vier Spielzeiten nicht mehr VfL-Toptorjäger, nachdem der Däne Allan Simonsen 16 Treffer auf sein Konto gebracht hatte.

Die defensivere Spielweise sowie immer wieder auftretende Blessuren machten Jupp Heynckes auch in den letzten beiden Jahren seiner aktiven Laufbahn zu schaffen. Der antrittsschnelle, wahlweise links wie rechts einsetzbare Außenstürmer bestritt im Spieljahr 1976/77 lediglich 20 Spiele und traf dabei 15-mal ins Schwarze. Nachdem ihn eine Verletzung am Ende der letzten Saison schon die Teilnahme an der Europameisterschaft in Jugoslawien gekostet hatte, fiel er zwischen November und März abermals vier Monate aus, was umso ärgerlicher war, als er mit 13 Toren an den ersten 14 Spieltagen wieder an die Form früherer Tage angeknüpft hatte. Jeweils dreimal hatte er in den Heimspielen gegen den VfL Bochum (4:2) und Rot-Weiss Essen getroffen.

Ihren Meisterschaftshattrick brachte die Borussia am 21. Mai 1977 ausgerechnet beim großen Rivalen aus München unter Dach und Fach. Im Olympiastadion, wo der VfL bis zu diesem Zeitpunkt noch nie gewonnen hatte, musste man sich zwar erneut mit einem 2:2-Unentschieden zufrieden geben, welches allerdings ausreichte, um sich mit einem Zähler Vorsprung auf den FC Schalke 04 die Salatschüssel zu sichern. Zwischenzeitlich hatten die Gladbacher übrigens mit 2:0 in Führung gelegen, wobei Jupp Heynckes für den ersten Treffer in der 19. Minute verantwortlich gezeichnet hatte. Der Versuch, sich vier Tage später erstmals den Europapokal der Landesmeister zu sichern, sollte dann allerdings scheitern. Bei der Neuauflage des UEFA-Cup-Finales von 1973 zeigte sich der FC Liverpool im Olympiastadion von Rom erneut als die reifere Elf und besiegte die Westdeutschen mit 3:1. Heynckes' Sturmpartner Simonsen hatte in der 51. Minute den Ehrentreffer für die Borussia erzielt.

Somit blieb der Meistertitel in der Saison 1976/77 der letzte große Erfolg, da es im darauf folgenden Jahr hinter dem punktgleichen 1. FC Köln lediglich zur Vizemeisterschaft reichte. Obwohl die Gladbacher im letzten Bundesligaspiel des fünffachen Torschützen Heynckes Borussia Dortmund mit 12:0 auseinander nahmen, hatte der rheinische Rivale am Ende die Nase knapp vorn. In seiner Abschiedssaison hatte Heynckes nicht zuletzt gegen Erzrivale FC Bayern München überzeugt, als ihm beim 2:0-Heimsieg am 22. Oktober 1977 in der 9. und 48. Minute beide Treffer gelungen waren. Insgesamt waren dem besten Bundesligastürmer von Borussia Mönchengladbach (der zehn Tage nach dem „Abschiedsspiel" gegen Dortmund seinen 33. Geburtstag feierte) in 21 Einsätzen im deutschen Oberhaus noch einmal 18 Tore geglückt.

► **ZAHLEN & FAKTEN** Jupp Heynckes als Spieler

Vereine:	1964-1967	Borussia Mönchengladbach
	1967-1970	Hannover 96
	1970-1978	Borussia Mönchengladbach
Tore:	369 Bundesligaspiele (220 Tore)	
	6 Spiele BL-Aufstiegsrunde (6 Tore)	
	25 Regionalligaspiele (23 Tore)	
	38 DFB-Pokal-Spiele (22 Tore)	
	5 Ligapokalspiele (3 Tore)	
	63 Europapokal-Spiele (54 Tore)	
	39 Länderspiele (14 Tore)	
gesamt	545 Pflichtspiele (342 Tore)	
Erfolge:	Deutscher Meister 1971, 1975, 1976, 1977	
	DFB-Pokalsieger 1973	
	UEFA-Cup-Sieger 1975	
	Weltmeister 1974	
	Europameister 1972	
	Bundesligatorschützenkönig 1974, 1975	

„Meister ohne Titel"

Nach seinem Rückzug vom aktiven Fußball arbeitete Heynckes in der Saison 1978/79 ein Jahr als Co-Trainer unter Udo Lattek, um nach dem zweiten UEFA-Cup-Sieg der Vereinsgeschichte seine Gladbacher in den kommenden acht Jahren als Cheftrainer zu betreuen. Dem dritten Bundesligatrainer des VfL nach Weisweiler und Lattek sollte es zwar nicht gelingen, die Nachfolger der Fohlen-Elf zu einem Titel zu führen. Mit eher durchschnittlichem Personal etablierte er den Verein mit dem kleinen Budget allerdings in der Spitzengruppe der Bundesliga, was ihm die Bezeichnung „Meister ohne Titel" eintrug. Während in der Liga die beiden dritten Plätze in den Spielzeiten 1983/84 und 1986/87 zu Buche stehen, stand Heynckes mit seinem Team in den Pokalwettwerben zweimal ganz dicht vor dem großen Wurf.

Bereits in seinem ersten Trainerjahr hätte Heynckes um ein Haar den UEFA-Cup-Sieg feiern können. Durch einen Erfolg über den VfB Stuttgart (1:2, 2:0) war der Titelverteidiger erneut ins Finale eingezogen, wo mit der Frankfurter Eintracht wieder ein Bundesligarivale wartete.

Auf dem Bökelberg gelang zunächst ein knapper 3:2-Sieg, den die Mannschaft am 21. Mai 1980 im Frankfurter Waldstadion bis zur 86. Minute verteidigte, ehe der eingewechselte Fred Schaub die Hessen zum Sieg schoss. Im Hinspiel hatte sich mit Lothar Matthäus der neue Hoffnungsträger in die Torschützenliste eingetragen, der rund vier Jahre später in die Rolle des tragischen Helden schlüpfte. Matthäus' Wechsel zu den wesentlich finanzkräftigeren Bayern stand längst fest, als sich in dessen letztem Spiel die beiden Erzrivalen im DFB-Pokalfinale gegenüberstanden. Heynckes hatte den Außenseiter hervorragend eingestellt, so dass die Zuschauer im Frankfurter Waldstadion eine ausgeglichene Partie erlebten, deren Sieger im Elfmeterschießen gefunden werden musste. Hier allerdings behielten die Bayern die Oberhand – auch weil Lothar Matthäus seinen Elfer verschossen hatte.
In Mönchengladbach wollte man Matthäus seinen Fauxpas nie richtig verzeihen. Aber auch Jupp Heynckes sollte nach der Saison 1986/87 denselben Weg einschlagen und ausgerechnet zum ungeliebten Konkurrenten an die Isar wechseln. Für ihn selbst ein logischer Schritt: „Ich kann in München meine persönlichen Ziele, mit einer Mannschaft Meister und Europacupsieger zu werden, besser erreichen", lautete die Begründung, wobei die beim Dienstantritt am 1. Juli 1987 geäußerten Wünsche zu seinem Leidwesen zunächst nur teilweise in Erfüllung gehen sollten.

Vom „Jupp" zum „Sepp"

In München traf Heynckes – übrigens abermals als Nachfolger von Udo Lattek – auf eine übersättigte Mannschaft, die nach drei Meistertiteln in Folge mit der unerwarteten Pleite im jüngsten Europacupfinale gegen den FC Porto zu allem Überfluss einen herben Dämpfer erlitten hatte. Dementsprechend reichte es in der Saison 1987/88 auch nur zum zweiten Platz, weshalb Heynckes angezählt in die neue Spielzeit ging. In seinem zweiten Bayern-Jahr konnte er sich aber freischwimmen und mit der Deutschen Meisterschaft den ersten großen Titel gewinnen. Auch 1989/90 kam der Meister von der Isar, womit an der nationalen Führungsrolle der Süddeutschen in Anbetracht von fünf Meisterschaften in den letzten sechs Jahren niemand mehr zweifelte. Auch Heynckes spürte, dass die Bayern nach Höherem strebten und versprach den Fans bei der Meisterfeier auf dem Marienplatz für die kommende Saison vollmundig den Europacupsieg. Doch wie schon in den beiden vergangenen Jahren schieden die Münchner auch im Spieljahr 1990/91 in der Vorschlussrunde aus. Da sie sich darüber hinaus mit der Vizemeisterschaft zufrieden geben mussten, stand der mitunter etwas spröde wirkende Trainer vor der Saison 1991/92 erneut mächtig unter Druck und wurde schließlich im Oktober 1991 gefeuert, nachdem die Bayern urplötzlich in der unteren Tabellenhälfte feststeckten. Als Grund für den Einbruch seiner Mannschaft gab Heynckes den Verkauf der beiden Abwehrrecken Stefan Reuter und Jürgen Kohler (beide gingen nach Italien) an, die nicht adäquat ersetzt worden waren.

Spanien wird zur neuen Heimat

Während Bayern-Manager Uli Hoeneß später Heynckes' Entlassung bald als „größten Fehler seiner Karriere" bezeichnen sollte, ging der gebürtige Gladbacher nach Spanien, wo sich „Don Jupp" mit seiner sachlichen Art schnell großen Respekt verdiente. Zunächst betreute er zwei Jahre den baskischen Vorzeigeverein Athletic Bilbao und führte diesen in der Saison 1993/94 in den UEFA-Pokal. Dennoch entschloss er sich danach, wieder in die Bundesliga zurückzukehren, doch wurde das Engagement bei Eintracht Frankfurt zum großen Fiasko. Eigentlich war er angetreten, um die „launische Diva" vom Main endlich zum Meistertitel zu führen. Trainer und Mannschaft harmonierten aber überhaupt nicht, da Heynckes bei seinen Spielern „mangelnde Professionalität" ausmachte, so dass es im April 1994 zur vorzeitigen Trennung kam. Anders als in Hessen, wo man Heynckes keine Träne nachweinte, wurde er in Spanien wieder mit offenen Armen empfangen. „Gott hat unser Gebet erhört, Heynckes kommt." Zu dieser Schlagzeile verstieg sich eine spanische Lokalzeitung, als „Don Jupp" im Sommer 1995 seinen Posten bei CD Teneriffa antrat. Auf Anhieb führte er den Klub von den Kanarischen Inseln erstmals in den UEFA-Cup, wo dieser 1996/97 erst im Semifinale am kommenden Sieger Schalke 04 (1:0, 0:2 n.V.) scheiterte. Damit war er endgültig zu höheren Weihen bereit und verdingte sich bei „der" Topadresse des kontinentalen Vereinsfußballs.

► EINWURF

Nachdem der FC Bayern München in der Saison 1988/89 erst am 24. Spieltag – übrigens ausgerechnet bei Heynckes' Ex-Klub Borussia Mönchengladbach – erstmals als Verlierer vom Platz gegangen war, schien der Meistertitel nur eine Frage der Zeit. Ärgster Rivale war der von Christoph Daum betreute 1. FC Köln, der vor dem direkten Duell auf zwei Zähler herangerückt war. Am Samstag vor dem entscheidenden Spiel im Müngersdorfer Stadion kam es im „Aktuellen Sportstudio" des ZDF zum Verbalduell der beiden Titelaspiranten, wobei „Cassius" Daum seinen Trainerkollegen Heynckes mit dem „Kompliment" bedachte, dessen Interviews seien gemeinhin so interessant wie der Wetterbericht. Während Heynckes selbst die Einlassungen Daums mit stoischer Ruhe hinnahm, sprang ihm sein Manager Uli Hoeneß zur Seite, der dem Kölner Trainer prophezeite, sein Weg sei nach dem Spiel am 25. Mai zu Ende. Tatsächlich sicherten sich die Bayern nach ihrem 3:1-Auswärtssieg wie erwartet die Meisterschaft, derweil bei jenem „Gespräch" vor laufenden Kameras der Grundstein für die Männerfreundschaft zwischen Hoeneß und Heynckes gelegt wurde.

„Ein Olymp für jeden Trainer." So bezeichnete Jupp Heynckes seinen neuen Arbeitgeber Real Madrid, den er am 20. Mai 1998 nach einem 1:0-Finalsieg über Juventus Turin zum ersten Mal seit 32 Jahren wieder zum Gewinn des Europapokals der Landesmeister (der freilich mittlerweile Champions League hieß) führte. Wenige Tage später wurde er allerdings gefeuert, was nicht zuletzt daran lag, dass die Real-Spieler mit dem Disziplinfanatiker nicht richtig zurecht kamen. Spätestens seit der Zeit in Madrid machte das Gerücht die Runde, wonach Heynckes große Probleme im Umgang mit „Stars" habe. Vielleicht war die Ursache für den Rauswurf aber schlicht darin zu finden, dass Heynckes den Showelementen im Fußball mit großer Distanz begegnet: „Ich sehe mich nicht als Entertainer, sondern immer noch als Fußball-Lehrer."
Einen Fußball-Lehrer suchten auch die Verantwortlichen der Münchner Bayern, als sie im April 2009 das Scheitern des „Experiments Klinsmann" eingestehen mussten. Es war sein Freund Uli Hoeneß, der Heynckes für die letzten fünf Runden der Saison 2008/09 zur Rückkehr an die Seitenlinie überredete, nachdem sich „Don Jupp" bereits aufs Altenteil zurückgezogen hatte. Nach dem Rauswurf in Madrid waren seine Engagements bei Benfica Lissabon, auf Schalke sowie seiner alten Liebe Borussia Mönchen-

gladbach allesamt vorzeitig beendet worden, derweil allein die Rückkehr zu Athletic Bilbao halbwegs von Erfolg gekrönt gewesen war, als er mit den Basken in der Saison 2002/03 nur hauchdünn die UEFA-Cup-Qualifikation verpasst hatte. Im Herbst 2000 wäre Jupp Heynckes um ein Haar deutscher Nationaltrainer geworden, wovon ihn allerdings der angeschlagene Gesundheitszustand seiner Ehefrau Iris abgehalten hatte.

Nun also wieder die Bayern! An der Isar war man heilfroh, mit Heynckes einen Trainer der alten Schule begrüßen zu dürfen, da das Münchner Starensemble trotz der von Vorgänger Jürgen Klinsmann auf dem Trainingsgelände an der Säbener Straße aufgestellten Buddha-Statuen längst an allen Fronten gescheitert war und mittlerweile sogar um die direkte Champions-League-Qualifikation bangen musste. Mit Heynckes, der von vornherein nur als Interimslösung gedacht war, holten sich die Bayern schließlich doch noch die Vizemeisterschaft, wobei sogar der scheidende Lukas Podolski auf einmal andeutete, warum man ihn in Köln dereinst als großen Hoffnungsträger gefeiert hatte.

Durch das erfolgreiche Kurzengagement in München hatte Heynckes Blut geleckt und heuerte bei Bayer Leverkusen an. Mit dem Werksverein blieb er in der Saison 2009/10 bis zum 25. Spieltag ungeschlagen, womit er die bisherige Bestmarke auslöschte, die er 1988/89 bei den Bayern selbst aufgestellt hatte. Vor allem in der Hinrunde zeigte Leverkusen beeindruckenden Fußball und sicherte sich die Herbstmeisterschaft. Unter Heynckes schaffte auch der aus Nürnberg gekommene Stefan Kießling den Durchbruch und belegte mit 21 Treffern den zweiten Platz in der Torschützenliste. Allerdings ging der Mannschaft in der zweiten Saisonhälfte ein wenig die Luft aus, so dass es schließlich nur zu Platz vier reichte.

Triple im zweiten Anlauf

Die kommende Saison bescherte Bayer Leverkusen die Vizemeisterschaft sowie in der Champions League die Achtelfinal-Qualifikation. Im Frühjahr 2011 zeichnete sich aber immer mehr Henyckes' erneute Rückkehr zu den Bayern ab, da an der Isar mit Louis van Gaal ein weiterer Startrainer auf der Abschussrampe stand. Mit den Münchnern tanzte Heynckes in der Saison 2011/12 lange auf drei Hochzeiten, doch wurde der Traum vom Triple am Ende zum Trauma, da sich der Rekordmeister in Liga, Pokal und Champions League jeweils mit dem zweiten Platz zufrieden geben musste, wobei vor allem die Niederlage im Champions-League-„Finale Dahoam" gegen den FC Chelsea epochalen Ausmaßes war.

Heynckes dachte freilich nicht daran aufzugeben. Im kommenden Jahr nahm er mit den Bayern einen erneuten Anlauf auf alle drei Titel und sicherte dem Rekordmeister zunächst die früheste Meisterschaft der Bundesligageschichte. Einen Meilenstein in seiner Karriere gab es am 23. Februar 2013 zu vermelden, als Heynckes gegen Werder Bremen (6:1) den 1.000 Bundesliga-Einsatz (entweder als Spieler oder als Trainer) verzeichnen konnte. Allein Otto Rehhagel kann auf noch mehr Spiele in der deutschen Eliteklasse verweisen. Mit dem Meistertitel ließen es die Münchner aber nicht bewenden. Nachdem der Verein im Januar bekannt gegeben hatte, auf der Trainerposition mit der Verpflichtung von Pep Guardiola im kommenden Sommer einen Verjüngungsprozess einzuleiten, konnte sich Heynckes ganz auf die laufende Saison konzentrieren, wobei sich durch die Erfolge im DFB-Pokal gegen Borussia Dortmund (1:0) sowie im Champions-League-Halbfinale über Topfavorit FC Barcelona (4:0, 3:0) abermals die Chance auf dem historischen Triple-Gewinn herauskristallisierte. Und tatsächlich sollte sich der 68-jährige Heynckes zum Ende seiner Trainerlaufbahn mit dem in Deutschland einmaligen Triumph krönen, nachdem im Londoner Endspiel der Königsklasse Ligarivale Borussia Dortmund mit 2:1 sowie im deutschen Pokalendspiel der VfB Stuttgart mit 3:2 in die Schranken gewiesen worden waren. Das Versprechen, den Europacup an die Isar zu holen, hatte Heynckes mit 23 Jahren Verspätung doch noch eingelöst!

► **ZAHLEN & FAKTEN** Jupp Heynckes als Trainer

Vereine:	1979-1987	Borussia Mönchengladbach
	1987-1991	FC Bayern München
	1992-1994	Athletic Bilbao
	1994-1995	Eintracht Frankfurt
	1995-1997	CD Teneriffa
	1997-1998	Real Madrid
	1999-2000	Benfica Lissabon
	2001-2003	Athletic Bilbao
	2003-2004	FC Schalke 04
	2006-2007	Borussia Mönchengladbach
	2009	FC Bayern München
	2009-2011	Bayer Leverkusen
	2011-2013	Bayern München
Erfolge:	Deutscher Meister 1989, 1990, 2013	
	DFB-Pokalsieger 2013	
	Deutscher Supercup 1987, 1990, 2012	
	Spanischer Supercup 1997	
	Champions-League-Sieger 1998, 2013	

In der Nationalmannschaft:

Obwohl Jupp Heynckes fast zehn Jahre lang dem Kader der deutschen Nationalmannschaft angehörte, war er in der Schön-Elf nie wirklich unumstritten. Heynckes, der als Außenstürmer links wie rechts eingesetzt werden konnte, stand immer im Schatten des Münchner Sturmführers Gerd Müller – den der vielseitig verwendbare Gladbacher freilich das ein oder andere Mal im Angriffszentrum ersetzte. Zu seiner Länderspielpremiere kam der 39-fache Internationale schon im zweiten Bundesligajahr, als er die deutschen Farben am 22. Februar 1967 gegen Marokko vertrat. Der 21-Jährige spielte an der Seite von Vizeweltmeister Sigi Held und war im Karlsruher Wildpark neben Torwart Horst Wolter (Eintracht Braunschweig) und Klaus Fichtel (FC Schalke 04) einer von drei Debütanten in einem Team, das die Nordafrikaner locker mit 5:1 schlug. Der erste Einsatz verlief für den Borussen absolut nach Wunsch, erzielte er in der 55. Minute doch den Treffer zum zwischenzeitlichen 4:1.

In diesem Rhythmus schien es für Heynckes weiterzugehen. Denn auch beim nächsten Länderkampf des Jahres, den die Schön-Elf am 22. März gegen Bulgarien bestritt, durfte er von Beginn an auflaufen (wie gegen Marokko als Alternative zu den ansonsten auf der Mittelstürmerposition agierenden Gerd Müller und Uwe Seeler), wobei er in der 82. Minute den 1:0-Siegtreffer schoss. Die Partie gegen die Bulgaren fand übrigens im Niedersachsenstadion von Hannover und damit just der Heimat von Heynckes' neuem Arbeitgeber Hannover 96 statt, für den der gebürtige Mönchengladbacher in den kommenden drei Jahren die Fußballschuhe schnürte. In sportlicher Hinsicht ein eindeutiger Rückschritt, so dass es bis zum 10. Mai 1969 dauerte, ehe er zu seinem dritten Länderspieleinsatz kommen sollte. Ein kurzes Vergnügen, da er beim 1:0-Sieg in Nürnberg über Österreich erst in der 77. Minute für Sigi Held eingewechselt worden war.

Vor der Weltmeisterschaft 1970 stand die Rückkehr zu Borussia Mönchengladbach längst fest. Zwar wäre ihm in Mexiko allenfalls eine Rolle als Ergänzungsspieler zugekommen, da an Gerd Müller und Uwe Seeler kein Weg vorbeiführte. Zumindest eine Nominierung für den WM-Kader schien jedoch mehr als wahrscheinlich, um die Heynckes aber wegen einer noch in Hannover erlittenen Verletzung gebracht wurde.
Nach dem Comeback auf dem Bökelberg folgte seine beste Zeit in der Nationalelf, die im Gewinn des EM-Titels 1972 gipfelte und mit drei Länderspieleinsätzen im Herbst 1970 gegen die Türkei (1:1), Jugoslawien (0:2) und Griechenland (3:1) begann. Nachdem Jupp Heynckes in Köln gegen die Türkei in der 66. Minute für seinen Gladbacher Teamgefährten Klaus-Dieter Sieloff eingewechselt worden war, durfte er in Zagreb und Athen endlich wieder von Beginn an ran. Da Uwe Seeler nach der WM in Mexiko aus dem Nationalteam zurückgetreten war, galt der Borusse als erste Alternative zu Gerd Müller und absolvierte im Laufe des Jahres 1971 sieben Länderspiele. Doch während der Bayern-Spieler einen Treffer nach dem anderen erzielte, blieb Heynckes ohne Torerfolg, was ihn zum Wackelkandidaten in der Schön-Elf degradierte. So war er in den EM-Vorrundenspielen gegen Polen, die Türkei und Angstgegner Albanien zwar auch fast immer dabei, aber nie wirklich mittendrin. Ohnedies verlief der Auftakt zu den kontinentalen Titelkämpfen für den WM-Dritten eher holprig, wenngleich die Viertelfinal-Qualifikation mit 10:2 Punkten unterm Strich souverän wirkte.
Niemand erwartete allerdings Wunderdinge, als die UEFA am 12. Januar 1972 in Zürich die Paarungen für die Runde der letzten Acht ausgelost und Glückgöttin Fortuna der deutschen Elf ausgerechnet England beschert hatte. Bekanntlich war der 3:1-Sieg am 29. April aber die Geburtsstunde der deutschen „Jahrhundertelf“, die im Londoner Wembley-Stadion den historischen ersten Sieg auf englischen Boden feiern konnte. Allein Jupp Heynckes stand in der Gralsburg des Fußballs nicht auf dem Platz, da Helmut Schön auf der linken Außenbahn lieber auf den erfahrenen Sigi Held setzte, der im letzten Testspiel gegen Ungarn den besseren Eindruck hinterlassen hatte. In Budapest war Held am 23. März für Heynckes nach exakt einer Stunde eingewechselt worden. Aber auch die beiden Jung-Bayern Paul Breitner und Uli Hoeneß hatten gegen die Magyaren derart überzeugt (dem späteren Bayern-Manager war bei seinem Länderspieldebüt in der 88. Minute sogar ein Treffer gelungen), weshalb sich Helmut Schön in Wembley für Münchner Blockbildung entschied.

Mitglied in der deutschen „Jahrhundertelf“

Auch beim Rückspiel, das im Berliner Olympiastadion anders als die Gala von Wembley biedere Hausmannskost bot und mit einem torlosen Remis endete, wurde Jupp Heynckes erst in der 70. Minute für Uli Hoeneß eingewechselt. Vor der Vierer-Endrunde in Belgien sollte sich für den Mönchengladbacher dann aber endlich einmal auch in der Nationalmannschaft alles zum Guten wenden: Am 26. Mai 1972 bestritt die DFB-Elf im neugebauten Münchner Olympiastadion ihr letztes Vorbereitungsspiel gegen die Sowjetunion, bei dem Bundestrainer Helmut Schön die Idealformation für die bevorstehende Europameisterschaft fand. Sigi Held, der gegen England noch zu den Gewinnern gezählt hatte, stand in München nicht zur Verfügung, weil er mit den Offenbacher Kickers an der Bundesligaaufstiegsrunde teilnahm. Damit war Heynckes gegen die Sowjets gesetzt, wobei er allerdings auf die rechte Außenbahn ausweichen musste, da der Schalker Erwin Kremers bei seinem Länderspieldebüt als Linksaußen vorgesehen war.
Unter dem Münchner Zeltdach zeigten die Gastgeber atemberaubend schönen Fußball und schickten die UdSSR mit 4:1 auf die Heimreise. Die größten Ovationen gebührten mal wieder Lokalmatador Gerd Müller, der sämtliche vier deutschen Tore erzielt hatte. Als Vorbereiter hatte aber auch Jupp Heynckes seinen Mann gestanden, so dass auch er dem 18er-Kader angehörte, den Helmut Schön mit nach Belgien nahm. Zum EM-Halbfinale, das am 14. Juni in Antwerpen auf dem Programm stand, trat Deutschland mit exakt derselben Anfangsaufstellung an, die in München die UdSSR an die Wand gespielt hatte. Nach 90 Minuten lautete das Endergebnis gegen die belgischen Gastgeber zwar nur 2:1. Die Überlegenheit der Schön-Truppe war in Wahrheit jedoch deutlich größer gewesen, als es das knappe Resultat vermuten lässt.
Vier Tage später, am 18. Juni 1972, sollte der deutsche „Ramba-Zamba-Fußball“ schließlich seinen Höhepunkt erreichen. Da es im Brüssler Heysel-Stadion wie schon Ende Mai abermals gegen die Sowjetunion ging, rechneten selbst die größten Pessimisten hierzulande mit dem Titelgewinn für den DFB, der schließlich auch durch einen klaren 3:0-Sieg unter Dach und Fach gebracht wurde. Abermals war Jupp Heynckes kein Tor im Nationaldress gelungen. Dafür dürfte das wichtigste Länderspiel seiner Karriere aber mit Sicherheit eines der besten gewesen sein: Vom Anpfiff weg bedrängte Deutschland das gegnerische Tor, ehe in der 28. Minute der Bann gebrochen wurde. Netzer hatte mit einem Hammer aus 18 Metern nur die Latte getroffen, als Heynckes das vom Gebälk abprallende Leder erneut aufs Tor knallte, Rudakow dieses vor die Füße von Müller abwehrte, der schließlich zum 1:0 einschoss. Sieben Minuten später lag das 2:0 in der Luft. Doch Rudakow lenkte einen wuchtigen Heynckes-Kopfball übers Tor. Nach der Pause war es dann aber soweit: Eine Traumkombination führte zum zweiten deutschen Treffer, nachdem Heynckes „Hacki“ Wimmer – in Gladbach wie im Nationalteam sonst mehr der Mann fürs Grobe – glänzend in Szene gesetzt hatte und dieser den sowjetischen Hüter mit seinem Schussversuch überwand. Nach dem 3:0 durch Müller (57.) hatte Heynckes in der 79. Minute die Riesenchance zum 4:0, um jedoch abermals an Rudakow zu scheiterten.

Weltmeister nur auf dem Papier

Wenngleich Heynckes beim EM-Gewinn alles andere als enttäuscht hatte, zählte er in der Schön-Elf nicht zu den Schlüsselspielern und blieb vor allem wegen seiner anhaltenden Torflaute in der Kritik. Immerhin sollte ihm im ersten Länderspiel des Jahres 1973 gegen Argentinien (2:3) endlich wieder ein Treffer gelingen, als er nach 78 Minuten auf 1:3 verkürzte. Sogar zweimal traf er am 24. November 1973 beim 2:1-Erfolg von Stuttgart über Spanien ins Schwarze, um in der Rückrunde der Saison 1973/74 richtig Fahrt aufzunehmen. Nachdem der Gladbacher mit 30 Treffern zum ersten Mal Torschützenkönig der Bundesliga geworden war, durfte er sich auch im letzten Vorbereitungsländerspiel am 1. Mai in Hamburg gegen Schweden beweisen, als ihn Schön in der 26. Minute für den verletzten Erwin Kremers brachte. Heynckes nutzte seine Chance und erzielte in der 51. und 58. Minute beide Tore zum 2:0-Sieg, was ihm im WM-Auftaktspiel gegen Chile einen Platz in der Anfangsformation bescherte.
In einem wenig berauschenden Spiel gewann der Gastgeber in Berlin mit 1:0 (Torschütze Breitner), um auch den zweiten Auftritt gegen Australien pflichtgemäß, aber ohne

Glanz mit 3:0 für sich zu entscheiden. Das ominöse 0:1 gegen die DDR, den Aufschwung in der Zwischenrunde und den Finalsieg von München sollte Jupp Heynckes dann aber nur noch als Zuschauer verfolgen, da er sich gegen Australien eine Innenbandverletzung zugezogen hatte und zur Pause ausgewechselt worden war. Als Kapitän Franz Beckenbauer nach dem 2:1 über die Niederlande den goldenen WM-Pokal überreicht bekam, zählte Jupp Heynckes ganz sicher nicht zu den Glücklichsten im olympischen Rund von München...

Die Mannschaft von Celtic Belfast auf ihrer Abschiedstournee durch die USA im Sommer 1949. Während sich der am „Boxing Day" schwer verletzte Jimmy Jones in der Heimat noch von seinen Blessuren erholte, besiegten die Schützlinge von Trainer Elisha Scott (ganz links) u.a. die starke schottische Nationalmannschaft mit 2:0.

Im Rahmen der Qualifikation für die nächste Europameisterschaft blühte der Borusse dann noch einmal auf und erzielte in fünf Einsätzen vier Tore, davon zwei am 28. Februar 1976 gegen Malta (8:0) in Dortmund. Eine erneute Verletzung in der Rückserie 1975/76 kostete ihm jedoch die Teilnahme an der Endrunde in Jugoslawien, wo Deutschland durch die Finalpleite gegen die CSSR die Titelverteidigung verspielte. Im Herbst 1976 bestritt Jupp Heynckes dann die letzten zwei seiner 39 Länderspiele und erzielte am 6. Oktober in Cardiff gegen Wales das letzte von 14 Toren, als er in der 78. Minute den 2:0-Endstand unter Dach und Fach brachte. Bei der 2:0-Endspielrevanche am 17. November gegen die Tschechoslowakei in Hannover war er von Helmut Schön noch einmal berücksichtigt worden, ehe das nicht immer glückliche Kapitel Nationalelf geschlossen wurde.

Saison	Europacup		Liga		DFB-Pokal	
	Sp.	T.	Sp.	T.	Sp.	T.
1964/65			25	23	0	0
1965/66			27	12	2	0
1966/67			30	15	1	0
1967/68	1	0	29	10	1	0
1968/69	6	5	34	9	4	2
1969/70	2	1	23	6	1	2
1970/71	4	2	33	19	6	2
1971/72	4	3	31	19	5	2
1972/73	11	13	33	28	9	7
1973/74	7	8	33	30	3	2
1974/75	10	11	31	27	2	4
1975/76	6	5	24	12	4	1
1976/77	7	1	20	15	0	0
1977/78	5	5	21	18	0	0

Jimmy Jones
Über den Fußball und seine hässliche Seite

Als Jimmy Jones nach der Saison 1963/64 seine Erstligakarriere im Alter von knapp 36 Jahren beendete, hatte er in der Irish League für Celtic Belfast, Glenavon Lurgan, FC Portadown und FC Bangor alles in allem bemerkenswerte 646 Tore erzielt und gehört damit noch heute zu den erfolgreichsten Goalgettern des nordirischen Vereinsfußballs aller Zeiten. Weitaus mehr als seine sportlichen Erfolge blieben jedoch die Ereignisse vom zweiten Weihnachtstag des Jahres 1948 in der Erinnerung haften, als sich der seit Jahrzehnten schwelende Konflikt zwischen Protestanten und Katholiken in Nordirland auf dem Fußballfeld gewaltsam entlud, was Jimmy Jones fast das Leben gekostet hätte.

EXKURS: The Grand Old Team

Mit 14 Meistertiteln ist Celtic Belfast neben Rekordmeister FC Linfield (51) und FC Glentoran (23) immer noch einer der erfolgreichsten nordirischen Fußballvereine. Die 1891 gegründeten Grün-Weißen trugen ihre Heimspiele an der Falls Road im Celtic Park aus, wobei die Namensgleichheit mit dem drei Jahre älteren Celtic Glasgow nicht zufällig ist, sahen die Gründerväter die „Bhoys" doch als ihr großes Vorbild. Ebenso wie Celtic Glasgow war auch das Belfaster Pendant der Klub der katholischen Bevölkerungsschicht, die in zumeist ärmlichen Verhältnissen lebte. Demgegenüber stand der protestantisch-unionistische FC Linfield, der sich seit Jahren mit Celtic um die Vorherrschaft im nordirischen Fußball stritt. Die religiösen Grabenkämpfe waren derart ausgeprägt, dass Linfield bis 1991 die Verpflichtung katholischer Spieler kategorisch ausschloss. Nach der Teilung der Grünen Insel in die Republik Irland und das bei Großbritannien verbliebene Nordirland verschärfte sich die politische Lage in den zwanziger Jahren. Zahlreiche Katholiken wurden ermordet, so dass Fußballspielen nur noch unter Lebensgefahr möglich war. Celtic zog die Konsequenzen und meldete sich von 1920 bis 1924 vom Spielbetrieb ab. Nach der Rückkehr wurde die Rivalität mit Linfield immer ausgeprägter. In sportlicher Hinsicht ragten aus Celtic-Sicht die Spielzeiten 1926/27 und 1928/29 heraus, als man sich jeweils ungeschlagen die Meisterschaft sicherte. Unter Trainer Elisha Scott war die Mannschaft 1947/48 letztmals Meister geworden, ehe nach den Ereignissen am „Boxing Day" 1948 die Auflösung des Klubs erfolgte. Heute hält die „Belfast Celtic Society" die Erinnerung an das legendäre „Grand Old Team" aus dem Westen der nordirischen Hauptstadt wach, das auf ungewollt tragische Weise Fußballgeschichte geschrieben hat.

Celtic statt Linfield!

James „Jimmy" Jones wurde am 25. Juli 1928 in Keady, einer Kleinstadt nahe der Grenze zur Republik Irland in der Provinz Ulster geboren. Bevor er zum Fußball kam, begeisterte er sich weit mehr für Cricket, das er als Spieler der Warington Boys betrieb. Nachdem er als Schüler u.a. für das Nachwuchsteam des FC Glenavon Lurgan aktiv gewesen war, überredete ihn sein wesentlich älterer Cousin Jack Jones, ein Probetraining beim FC Linfield zu absolvieren. Der stämmige „Soldier" Jones hatte selbst mehrere Jahre im Windsor Park gekickt und war sogar Kapitän der Blues gewesen. Jimmy durfte sich in einem Freundschaftsspiel beweisen, wo er mit einem Hattrick auf

Anhieb seine außergewöhnlichen Fähigkeiten unter Beweis stellte. Dennoch zeigten sie sich bei Linfield nicht gerade begeistert. Nachdem Jones im Training zum Linienrichter degradiert worden war, hatte er die Faxen dicke. Verärgert kehrte er in das 29 Kilometer südwestlich von Belfast gelegene Lurgan zurück, wo er sich einer Amateurmannschaft namens „Shankill Young Men" anschloss. Als er in einem lokalen Pokalspiel gegen Hilden Rac. gleich sechs Treffer erzielt hatte, wurde der legendäre Elisha Scott auf ihn aufmerksam, nachdem der damalige Celtic-Trainer die Partie von der Tribüne aus verfolgt hatte. Scott handelte mit seinem 17 Jahre alten Wunschspieler eine erste Prämie aus, wenn dieser sich bereit erklären würde, zur Saison 1946/47 zu Celtic zu kommen.

Blick auf den Celtic Park, in dem Celtic Belfast bis zu seiner Auflösung 1949 zu Hause war. Danach wurde die Anlage vornehmlich für Hunderennen genutzt, ehe sie 1985 der Abrissbirne zum Opfer fiel und für ein Einkaufszentrum weichen musste. Ebenso wie die Fans von Celtic Glasgow nannten auch jene in Belfast ihr Stadion „Paradise". Der ehemalige Klubfunktionär Frank Hennessey suchte die Stätte vergangener Triumphe am Vorabend des Abrisses nochmals auf und schilderte seine Eindrücke: „Obwohl das Licht eingeschaltet war, lag eine düstere und leere Atmosphäre über dem Stadion. Der Gedanke, dass solch ein großartiges Sportdenkmal zerstört werden sollte, machte mich sehr traurig." Dem ist nichts hinzuzufügen!

Nachdem Jones am Ende der Spielzeit 1946/47 mit drei Toren in vier Einsätzen bereits einen vielversprechenden Einstand gegeben hatte, wurde seine erste (und einzige) komplette Saison für die Grün-Weißen zum großen Triumphzug. In 22 Ligapartien der Spielzeit 1947/48 traf der bullige Mittelstürmer 28-mal ins Schwarze und wurde damit erstmals Torschützenkönig der Irish League. Mit vier Zählern Vorsprung auf den Erzrivalen FC Linfield verteidigte Celtic zudem den Meistertitel.

Die Anhänger im „Paradise" gerieten angesichts des neuen Angriffsführers ins Schwärmen. Dieser war mit einer gewaltigen Schusskraft ausgestattet, konnte mit seinen kraftvollen Dribblings nahezu jede Abwehrreihe aushebeln und verfügte zudem über ein ausgezeichnetes Kopfballspiel. Auch den Verantwortlichen des FC Linfield war inzwischen klar geworden, welch exzellenter Spieler ihnen durch die Lappen gegangen war. Also machte sich Geschäftsführer Joe Mackey auf, den einst Verschmähten zur Rückkehr zu bewegen. Mackey war auch bereit, tief in die Tasche zu greifen und wollte Jones sogar seine zukünftige Gage selbst bestimmen lassen, wenn er nur nicht weiter für die „verdammten Taigs" spielen würde. Gerade das rüde Auftreten des Linfield-Verantwortlichen war es jedoch, was Jimmy Jones störte. „Taigs" war ein böses Schimpfwort für einen Katholiken. Und das religiöse Lagerdenken kam bei Jones nicht an. „Ich fühlte mich wohl bei Celtic. Niemand kümmerte sich darum, was du warst. Ich hatte keine Lust auf diesen sektiererischen Quatsch und sagte Mackey, er könne sich sein Geld sonst wo hinstecken. Ich stürmte aus dem Zimmer und knallte die Tür hinter mir zu. Mackey hat mir das nie verziehen. Sein Hass verfolgte mich bis zu jenem Spiel am zweiten Weihnachtsfeiertag 1948."

26. Dezember 1948

In sämtlichen Wettbewerben waren Jimmy Jones in der Meistersaison 1947/48 stolze 63 Treffer geglückt. Auch in der darauf folgenden Spielzeit blieb er in bester Torlaune und war in seinen ersten sieben Ligaeinsätzen schon wieder auf zwölf Torerfolge gekommen. Die Brisanz des Stadtderbys zwischen Celtic und Linfield hatte sich erstmals Ende Oktober an der Falls Road entladen, als Celtic-Keeper Kevin McAlinden und Linfield-Mittelstürmer Billy Simpson aneinander gerieten. Der von Simpson provozierte McAlinden war auf seinen Gegenspieler losgegangen und streckte ihn mit einem Faustschlag zu Boden, was die Gemüter auf beiden Seiten erhitzte.

Im Vorfeld des Rückkampfes am 26. Dezember 1948 im Windsor Park war die Stimmung damit bereits aufgeheizt. Und auch das Spiel selbst fand dann keinesfalls in weihnachtlich-besinnlicher Atmosphäre statt. Vor der Pause hatte sich Linfields Bob Bryson bei einem unglücklichen Zusammenstoß mit Jimmy Jones den Knöchel gebrochen. Joe Mackey, der vor rund einem Jahr noch vergeblich um die Dienste des Celtic-Mittelstürmers gebuhlt hatte, gab in der Halbzeitpause via Stadionlautsprecher bekannt, dass sich Bryson das Bein gebrochen habe, womit endgültig die Lunte für jene Ereignisse gelegt war, die sich nach dem Schlusspfiff abspielten. Celtic hatte lange Zeit in Führung gelegen, ehe den Gastgebern kurz vor dem Abpfiff der Ausgleichstreffer gelang. Nach dem späten Torerfolg der Blues jubelten nicht nur die 25.000 Zuschauer, sondern auch die anwesenden Polizisten, die eigentlich zum Schutz der Akteure gedacht waren. Celtic-Kapitän Harry Walker wurde damit schnell klar, wie brenzlig die Lage war. Schon vor dem Anpfiff war Walker mulmig zumute gewesen, weshalb er sich bei der Platzwahl für die Seite entschieden hatte, die in der zweiten Hälfte den Umkleidekabinen am nächsten lag. Während die Zuschauer nach Spielschuss den Rasen stürmten, um über die Gästespieler herzufallen, kämpfte Walker sich und seinen Kameraden mit einer schweren Eisenstange den Weg in den Kabinentrakt frei, doch stellte er plötzlich entsetzt fest, dass einer fehlte. Der unglückliche Jimmy Jones war beim Schlusspfiff zu weit von den rettenden Umkleidekabinen entfernt gewesen und damit schutzlos dem wütenden Mob ausgeliefert. Mehrere Zuschauer zerrten ihn auf die Tribüne, wo sie wie wildgewordene Tiere über ihn herfielen. Einer sprang gar immer wieder mit voller Wucht auf Jones' Bein, so dass hinterher ein komplizierter Trümmerbruch festgestellt wurde. Vermutlich hätte er nicht überlebt, wäre ihm nicht ein zufällig auf den Rängen anwesender Freund zu Hilfe geeilt. Die Fortsetzung seiner Karriere stand dennoch lange Zeit in den Sternen. Erst nach Monaten stand fest, dass ihm sein arg lädiertes Bein nicht amputiert werden musste, doch sollte es einige Zentimeter kürzer bleiben. Anderthalb Jahre musste Jimmy Jones pausieren. Und auch sein Traum von einem Wechsel zu einem englischen Profiklub hatte sich zerschlagen.

Den Ereignissen vom „Boxing Day" des Jahres 1948 folgte die baldige Auflösung von Celtic Belfast. Besonders schockiert zeigten sich die Klub-Verantwortlichen, als

Linfield vom Verband nur mit einer einmonatigen Stadionsperre bestraft wurde. Nach der Saison 1948/49, die die Mannschaft als Zweite hinter Linfield abgeschlossen hatte, begab sie sich – freilich ohne den noch immer verletzten Jimmy Jones – auf Abschiedstournee durch die USA (wo u.a. ein vielbeachteter 2:0-Sieg über den British-Home-Champion Schottland gelang), ehe das „Grand Old Team" endgültig von der Bühne des Fußballs abtrat.

Jimmy Jones im Trikot von Celtic Belfast, für das er in anderthalb Jahren 33 Liga-Spiele bestritt und dabei 43 Tore erzielte. Nach dem Meistertitel 1948 konnte er in späteren Jahren auch mit Glenavon Lurgan dreimal Meister werden.

Glenavon Lurgan und die „Glory Years"

Erst zu Beginn der Spielzeit 1951/52 war Jimmy Jones soweit wieder hergestellt, dass er auf den Fußballplatz zurückkehren konnte. Dass dieser seine Karriere nicht in Belfast fortsetzen konnte (und wollte), versteht sich eigentlich von selbst. Also heuerte er bei Glenavon Lurgan an und damit bei einem Verein, der bis dato noch keine nennenswerten Erfolge vorzuweisen hatte. Prominentester Mitspieler bei den „Lurgan Blues" war Wilbur Cush, mit dem Jones in den Fünfzigern die „Glory Years" begründen sollte. In den elf Spielzeiten, in denen Jones für Glenavon spielte, konnte der Verein die bis heute einzigen Meistertitel (1952, 1957 und 1960) sowie drei von fünf Cupsiegen feiern. Zudem gelang es dem einstigen Celtic-Star, fünfmal die Torschützenliste anzuführen.

Schon in der ersten Saison mit Jimmy Jones gab es für die Fans im Mourneview Park Grund zum Jubeln, als sich Glenavon als erster Klub außerhalb von Belfast den Landesmeistertitel sicherte und dabei gleich zehn Punkte Vorsprung auf den ärgsten Verfolger Distillery Belfast aufwies. Bei seinem Comeback hatte sich der ehemalige Celtic-Star gewohnt torgefährlich präsentiert, indem er mit 27 Treffern in 22 Einsätzen zum zweiten Mal die Torschützenliste anführte. Weitere 27-mal traf Jones in der Saison 1952/53 ins Schwarze, wobei er diesmal Sammy Hughes von Glentoran Belfast die Torschützenkrone der Irish League überlassen musste. Zudem hatten die „Glens" die „Lurgan Blues" als Meister abgelöst, derweil diese sich mit dem vierten Rang begnügen mussten.

Am Ende der Spielzeit 1953/54 führte Jimmy Jones mit 32 Treffern in 21 Partien zum insgesamt dritten Mal die Torschützenliste an. Zwar verfügte Glenavon mit 68 Treffern über den besten Angriff der Liga, dafür stellten die Blauen mit 45 Gegentoren aber auch die löchrigste Abwehr der Spitzenteams, so dass es bei einem Rückstand von acht Zählern auf Meister Linfield lediglich zum dritten Platz reichte. Hingegen schrammte Glenavon Lurgan in der Saison 1954/55 nur ganz knapp an der Meisterschaft vorbei. Nach 22 Runden lag man ex aequo mit Titelverteidiger Linfield an der Spitze des Klassements und verfügte sogar über das deutlich bessere Torverhältnis. Bei Punktgleichheit sah das Reglement allerdings ein Entscheidungsspiel vor, in dem Linfield mit 2:0 die Oberhand behielt. Während die Mannschaft auch im Pokalfinale gegen das unterklassige Dundela Belfast eine in der Höhe unerwartet deutliche 0:3-Niederlage hinnehmen musste, konnte sie zumindest drei regionale Pokaltrophäen abgreifen. Neben City Cup und Gold Cup durften sich die „Lurgan Blues" auch den Ulster Cup in die Vitrine stellen, nachdem der FC Coleraine mit 3:1 in die Schranken gewiesen worden war.

Trotz des mannschaftlichen Erfolges steckte Jimmy Jones in der Saison 1954/55 in der Krise, da ihm in 18 Ligaeinsätzen für seine Verhältnisse äußerst bescheidene 17 Tore gelungen waren. Erstmals war er damit seit seinem Wechsel nach Lurgan an der 20-Tore-Marke gescheitert. Dafür hielt er sich im nächsten Spieljahr schadlos und führte mit 27 Treffern wieder unangefochten die Torschützenliste der Irish League an. In Anbetracht von elf Zählern Rückstand auf den FC Linfield besaßen Jones & Co. als Vizemeister allerdings zu keiner Zeit eine echte Titelchance, so dass man sich mit dem neuerlichen Gewinn des City Cups trösten musste.

In der Spielzeit 1956/57 sollte Glenavon Lurgan seinen sensationellen Meistercoup von 1952 wiederholen. Als Trainer fungierte mit Jimmy McAlinden mittlerweile ein weiterer ehemaliger Celtic-Akteur, der 1939 als FA-Cup-Sieger mit Portsmouth für Furore gesorgt hatte. Nun führte er Glenavon nicht nur zur zweiten Meisterschaft der Vereinsgeschichte, sondern dank eines 2:0-Finalsiegs über Derry City auch noch zum ersten Pokaltriumph, womit die „Lurgan Blues" abermals Geschichte schrieben, da sie sich als erster, nicht aus Belfast stammender Klub, das Double gesichert hatten. Jimmy Jones war auf dem Zenit seines Könnens angelangt und hatte sich mit seinem persönlichen Saisonrekord von 33 Treffern zum insgesamt fünften Mal die Torjägerkrone der Irish League gesichert.

Dank des gewonnenen Meistertitels durfte Glenavon Lurgan als erster nordirischer Klub in der Saison 1957/58 im Europapokal der Landesmeister antreten, wo mit Aarhus GF ein machbarer Erstrundengegner wartete. Dem Provinzteam aus Jütland trotzte man im ersten Duell in Dänemark ein torloses Remis ab. Das Rückspiel fand jedoch nicht im heimischen Mourneview Park statt, sondern im weit größeren Windsor Park von Belfast und mithin dem Nationalstadion, das freilich auch die Heimat des FC Linfield war. Der Umzug bescherte Glenavon zwar eine größere Einnahme. Nach der 0:3-Niederlage mussten sich Jones & Co. aber sang- und klanglos aus dem Wettbewerb verabschieden.

Den nächsten Titelgewinn konnte Jimmy Jones im Frühjahr 1959 verbuchen, als Ballymena United im Cupfinal im Wiederholungsspiel dank der Treffer von Sammy Wilson und Sammy Magee mit 2:0 in Schach gehalten wurde. Auf den zweiten Platz von 1958/59 folgte im Jahr darauf die dritte Meisterschaft, die sich die „Lurgan Blues" mit drei Zählern Vorsprung auf Glentoran Belfast sicherten. Der inzwischen fast 32-jährige Jimmy Jones führte mit 28 Toren in 21 Spielen darüber hinaus zum sechsten und letzten Mal die Torschützenliste an. Im Herbst 1960 durfte der FC Glenavon damit zum zweiten Mal am europäischen Meistercup teilnehmen. Das Los bescherte ein Duell mit DDR-Vertreter Wismut Karl-Marx-Stadt, was alsbald zu diplomatischen Verwicklungen führte. Zunächst verweigerte das Vereinigte Königreich Wismut als Folge der Hallstein-Doktrin die Einreise, ehe es Glenavon ablehnte, sein Heimspiel in ein neutrales Drittland zu verlegen. Die UEFA blieb hart und schloss die Nordiren aus dem Wettbewerb aus.

Damit sollte ein weiteres Jahr ins Land gehen, bis Jimmy Jones noch einmal im Europapokal antreten durfte. Zuvor war der FC Linfield in einem denkwürdigen Pokalfinale mit 5:1 auseinandergenommen worden, was die Qualifikation für den noch jungen Europacup der Pokalsieger nach sich zog. Hier bekam es die Elf aus Lurgan allerdings mit dem letztjährigen FA-Cup-Finalisten Leicester City zu tun, der sich erwartungsgemäß als mindestens eine Nummer zu groß erwies und mit 4:1 und 3:1 die Oberhand behielt. Dennoch wurde das Hinspiel am 13. September 1961 für Jimmy Jones zu einem unvergessenen Erlebnis. Ausgerechnet im Windsor Park toste ihm nach 14 Minuten der Beifall um die Ohren, als er die „Lurgan Blues" mit dem ersten Europacuptreffer ihrer Historie mit 1:0 in Führung brachte, ehe die hoch favorisierten Gäste schließlich doch ihrer Favoritenrolle gerecht wurden.

► EINWURF

Mit 334 Ligatoren hat Jimmy Jones bis heute die meisten Treffer in der Irish League erzielt, die er zudem in 17 Auswahlspielen auf internationaler Ebene vertrat, in denen er elfmal ins Schwarze traf. Auf dem zweiten Platz der ewigen Bestenliste folgen mit jeweils 314 Torerfolgen Glenn Ferguson und Joe Bambrick. Sechsmal führte Jimmy Jones außerdem die Torschützenliste an; eine Rekordmarke, die bis heute gleichermaßen unerreicht geblieben ist.

Nachdem Jones im Spieljahr 1961/62 in der Irish League immerhin noch einmal 18 Treffer zustande gebracht hatte, wechselte er im Sommer zum FC Portadown, wo er nur sporadisch zum Einsatz kam (und in 14 Spielen acht Tore erzielte), weshalb er 1963/64 beim FC Bangor anheuerte. Hier war er in seinen 20 letzten Erstliga-Einsätzen zwar zwölfmal erfolgreich. In der Tabelle rangierte Bangor allerdings auf einem enttäuschenden vorletzten Platz, woraufhin Jones seine Karriere bei Newry Town in der zweiten nordirischen Liga ausklingen ließ.

► EINWURF

Zusätzlich zu seinen schon überaus beachtlichen 377 Torerfolgen in Liga und Pokal hat Jimmy Jones weitere 269 in den diversen regionalen Pokalwettbewerben wie City Cup, Gold Cup oder Ulster Cup vorzuweisen, womit er alles in allem auf 646 Treffer auf nationaler Ebene kommt. Auch in dieser Hinsicht kann dem torgefährlichsten Angreifer Nordirlands die Konkurrenz nicht das Wasser reichen. Seinem ärgsten Verfolger Glenn Ferguson, der ebenfalls für Glenavon Lurgan, aber auch für den FC Linfield aktiv gewesen ist, können lediglich 558 Tore in der Irish League sowie den nationalen Pokalwettbewerben zugewiesen werden. Allein im Irish Cup werden Jimmy Jones' 43 Treffer von Glenn Ferguson in den Schatten gestellt, da dieser noch zehnmal öfter ins Schwarze getroffen hat.

Obwohl Jimmy Jones seine größten Erfolge mit Glenavon Lurgan gefeiert hat, bleibt seine Karriere dennoch untrennbar mit den dramatischen Ereignissen vom 26. Dezember 1948 verbunden. Auch er selbst empfindet für das untergegangene „Grand Old Team" nach wie vor große Sympathien, weshalb er heute als Vorsitzender der „Belfast Celtic Society" fungiert, die sich mit der Geschichte des Vereins von der Falls Road beschäftigt. Dessen „lebende Legende" Jimmy Jones wurde von der „North Ireland Writers Association" vor einiger Zeit auch in die „Hall of Fame" des nordirischen Fußballs gewählt.

► ZAHLEN UND FAKTEN

Vereine: 1947-1949 Celtic Belfast
1951-1962 FC Glenavon Lurgan
1962-1963 FC Portadown
1963-1964 FC Bangor
1964-1965 Newry Town

Tore: 289 Spiele Irish League (334 Tore)
43 Tore Irish Cup
53 Tore in regionalen Pokalwettbewerben*
6 Europacup-Spiele (2 Tore)
17 Ligaauswahl-Spiele (11 Tore)
3 Länderspiele (1 Tor)
gesamt 315 Pflichtspiele** (444 Tore)
** nur für Celtic Belfast ** nur bekannte Spiele*

Erfolge: Nordirischer Meister 1948, 1952, 1957, 1960
Nordirischer Pokalsieger 1957, 1959, 1961
Nordirischer Torschützenkönig 1948, 1952, 1954, 1956, 1957, 1960

In der Nationalmannschaft:
In den Karriereverlauf von Jimmy Jones fiel 1958 die erste Teilnahme einer nordirischen Nationalelf an einem großen Turnier. Völlig überraschend hatte sich diese in der WM-Qualifikation gegen Italien durchgesetzt und für die Endrunde in Schweden qualifiziert, wo sie als Gruppenzweiter hinter Titelverteidiger Deutschland ins Viertelfinale einzog, um hier mit 0:4 an Frankreich zu scheitern. Traditionell werden aber nur wenige einheimische Spieler in die Nationalelf berufen, so dass auch der damals beste Goalgetter der Irish League von Trainer Peter Docherty nicht berücksichtigt worden war. Die meisten Akteure spielten wie Harry Gregg, Danny Blanchflower oder Billy Bingham in England, wenige auch in Schottland, derweil nur drei in Nordirland aktiv waren, welche im Kader freilich keine große Rolle spielten. So beschränkte sich die kurze Länderspielkarriere von Jimmy Jones auf drei Einsätze zwischen April 1956 und April 1957, die alle im Rahmen der British Home Championship stattfanden. Immerhin kann sich Jones rühmen, dabei nie als Verlierer den Platz verlassen zu haben, da die Partien gegen Wales (1:1), England (0:0) und abermals Wales (0:0) ausnahmslos remis endeten. Bei seinem Debüt gegen Wales am 11. April 1956 in Cardiff konnte er seinen einzigen Länderspieltreffer bejubeln.

Saison	Europacup		Liga		Lsp.	
	Sp.	T.	Sp.	T.	Sp.	T.
1946/47			4	3		
1947/48			22	28		
1948/49			7	12		
1951/52			22	27		
1952/53			21	27		
1953/54			21	32		
1954/55			18	17		
1955/56			18	27	1	1
1956/57			22	33	2	0
1957/58	2	0	20	23		
1958/59			22	27		
1959/60			21	28		
1960/61			17	12		
1961/62	2	1	20	18		
1962/63	2	1	14	8		
1963/64			20	12		

Mario Kempes
Der „Matador" aus Cordoba

Mario Alberto Kempes wurde am 15. Juli 1954 in Bell Ville, einer heute rund 35.000 Einwohner zählenden Stadt im Südosten der Provinz Cordoba geboren. Sein Vater, der selbst ein erfolgreicher Amateurfußballer war, sorgte dafür, dass der Sprössling im Alter von neun Jahren dem ortsansässigen Verein Tallares beitrat, wo sich dessen Talent entfalten konnte. Mit 16 wechselte Kempes zu Atletico Bibliteca, um auf Anhieb zum besten Stürmer der regionalen Meisterrunde zu avancieren. Schnell sprachen sich die herausragenden Fähigkeiten des Linksfußes im argentinischen Fußball herum. Gleich mehrere Klubs bemühten sich um ihn, ehe im Jahr 1971 schließlich Instituto Atletico Central Cordoba den Zuschlag erhielt. Im letzten Einsatz für seinen alten Verein stellte Mario Kempes nochmals seine herausragenden Qualitäten unter Beweis: Beim 12:1-Kantersieg von Atletico erzielte er nicht weniger als die Hälfte aller Treffer.

► **EINWURF**
Cordoba? – Da war doch was? Die historische „Schmach von Cordoba" am 21. Juni 1978 fand im Estadio Olimpico Chateau Carreras statt, das zwischen 1976 und 1978 eigens für die Weltmeisterschaft errichtet wurde. Die etwas weitläufige, vereinfacht Estadio Cordoba genannte Arena ist das mit Abstand größte Stadion der Stadt, jedoch nicht die Heimat der drei Vereine CA Talleres, Instituto und CA Belgrano, die lediglich zu wichtigen Spielen in die ehemalige WM-Arena ausweichen. Das Stadion, mit dem man in deutschen Fußballerkreisen zwiespältige Gefühle verbindet, wurde im Oktober 2010 zu Ehren des größten Fußballers der Stadt in Estadio Mario Alberto Kempes umbenannt.

Zunächst kickte Kempes bei Instituto in der Jugend, um am 5. Oktober 1973 sein Debüt in der ersten Mannschaft zu geben. Die „Albirojos" unterlagen gegen Newell's Old Boys Rosario mit 0:1. Doch schon vier Tage darauf deutete Mario Kempes an, weshalb er in Fachkreisen ob seiner Vollstreckerqualitäten bald „El Matador" genannt werden sollte und erzielte gegen River Plate Buenos Aires seinen ersten offiziellen Ligatreffer. Insgesamt schoss er in 13 Einsätzen elf Tore und belegte damit in der Torjägerliste den dritten Platz. Die nicht unbedingt erfolgsverwöhnte Mannschaft beendete das Campeonato Nacional auf einem respektablen achten Platz, was neben Angreifer Mario Kempes auch an „Ossie" Ardiles lag. Auch der zwei Jahre ältere Ardiles – ebenso wie Kempes zur siegreichen argentinischen Weltmeister-Elf von 1978 gehörend – hatte seine Profilaufbahn bei Instituto begonnen, um später auf Vereinsebene vor allem bei Tottenham Hotspur zu glänzen.

Zum Spottpreis nach Rosario
Zu jener Zeit standen argentinische Angreifer vor allem in Frankreich hoch im Kurs. So hatte Delio Onnis ab 1971 beim wiedererstarkten Altmeister Stade Reims für Furore gesorgt, um ab 1973 seine Erfolgsstory beim AS Monaco fortzusetzen. Statt Onnis war in der Champagne ab der Saison 1973/74 Carlos Bianchi für Tore zuständig, weshalb das Interesse an Mario Kempes wenig überraschend kam. Doch der neue Stern am argentinischen Fußballhimmel, der inzwischen Nationalspieler geworden war, entschied sich im Sommer 1973 gegen OGC Nizza und blieb zunächst seiner Heimat treu. 130 Millionen Pesos – umgerechnet waren dies gerade einmal 50.000 D-Mark – hatte der amtierende Meister Rosario Central hingeblättert, um sich Kempes' Dienste für die kommenden drei Jahre zu sichern. Ein Betrag, der sich mehr als auszahlen sollte. In der nach Buenos Aires und Cordoba drittgrößten Stadt des Landes gelang Mario Kempes der endgültige Durchbruch. Kempes glänzte nicht nur mit seinen einmaligen Vollstreckerqualitäten, sondern dank seiner Athletik und seines Durchsetzungsvermögens auch in der Rolle des Vorbereiters. Die starken Leistungen im blau-gelben Trikot trugen dem Mann mit den langen, schwarzen Haaren schnell die Beinamen „Matador" und „Toro" ein.

Drei Spielzeiten kickte Mario Kempes im Trikot von Rosario Central, wobei seine Trefferquote als nahezu optimal betrachtet werden kann. In 107 Ligaspielen traf er 85-mal ins Schwarze, womit er bis heute die klubinterne Torjägerrangliste anführt. Schon in seiner Premierensaison hatte Kempes mit 29 Treffern in 36 Spielen auf Anhieb seine Torgefahr unter Beweis gestellt. Nachdem er 1974 das Campeonato Nacional als Torschützenkönig beendet hatte, ging er 1976 auch als bester Goalgetter der Metropolitana hervor. Im Spieljahr 1975 waren ihm mit 35 Treffern die meisten Tore gelungen, für die er allerdings 49 Spiele benötigt hatte. Allein einen Titelgewinn sollte der Matador nicht verbuchen können, da es im Spieljahr 1974 in beiden Meisterrunden jeweils „nur" zum Gewinn der Vizemeisterschaft gereicht hatte.

Erzwungener Wechsel nach Europa
Zwei Jahre vor der Weltmeisterschaft im eigenen Land sollte sich Mario Kempes doch für einen Wechsel nach Europa entscheiden, was freilich nicht ohne Theaterdonner über die Bühne ging und um ein Haar am Widerstand der Vereinsführung von Rosario Central gescheitert wäre. Just zur Zeit der globalen Titelkämpfe 1978 befand sich „El Matador" auf dem Höhepunkt seines fußballerischen Schaffens, so dass sich die umgerechnet zwei Millionen D-Mark, die der FC Valencia an Rosario Central an Ablöse überwiesen hatte, schnell auszahlten. In 184 Ligaspielen sorgte der argentinische Angreifer so sehr für Furore wie kaum ein anderer Akteur, der jemals am Turia gegen einen Ball getreten hatte. Kempes, zu dessen Markenzeichen raffiniert getretene Freistöße zählten, war vermutlich der kompletteste Spieler der Vereinsgeschichte, der die Anhänger gleich auf Anhieb elektrisierte. Dank seiner immensen Torgefahr konnte er sich sowohl 1976/77 als auch 1977/78 den Titel des Torschützenkönigs in der Primera Divisíon sichern. Zu den weiteren Highlights bei seinem Valencia-Gastspiel zählten der Gewinn der Copa del Rey 1979 sowie ein Jahr später jener im Europapokal der Pokalsieger. Mario Kempes war auch in Valencia jener Mann, der den Unterschied ausmachte. Mit seinen insgesamt 116 Treffern belegt der geniale Techniker heute hinter Mundo – der von 1939 bis 1950 auf 186 Tore gekommen war – den zweiten Platz in der vereinsinternen Torschützenliste.

Obwohl die Valencianos in der Saison 1976/77 den Torschützenkönig Mario Kempes (24 Treffer) in ihren Reihen hatten, reichte es für diese in der Liga nur zu Platz sieben, wenngleich damit gegenüber den Vorjahren immerhin eine deutliche Verbesserung eingetreten war. In der Endabrechnung war die Teilnahme am kommenden UEFA-Cup indes allein aufgrund des schlechteren Torverhältnisses gegenüber drei punktgleichen Rivalen verpasst worden, so dass Fans und Mannschaft mit deutlich gesteigertem Optimismus in die kommende Saison gingen.

Im Sommer 1977 übernahm der Franzose Marcel Domingo die Leitung des Trainings, wobei es ihm tatsächlich gelang, die „Che“ als Vierte zurück ins internationale Geschäft zu führen. Wichtigste Verstärkung war Torhüter Manzedo, den Domingo von seinem alten Arbeitgeber FC Burgos mitgebracht hatte. Dank des neuen und alten Torschützenkönigs Mario Kempes war Valencia vor allem zu Hause in bester Torlaune, als man etwa Rayo Vallecano mit 7:0 oder Hercules Alicante mit 6:1 auf die Heimreise schickte. Mehr als die 28 Saisontore des Matadors waren einem Angreifer in der Primera División übrigens letztmals 1956/57 gelungen. Damals hatte der legendäre Alfredo di Stefano noch dreimal öfter ins Schwarze getroffen.

► EINWURF

Ein Jahresgehalt von 100.000 D-Mark hatte der FC Valencia Mario Kempes geboten, damit der Matador seine Tore künftig am Turia schießen sollte. Neben dem üppigen Salär war es auch die unsichere politische Lage in seiner argentinischen Heimat, die Kempes dazu bewogen hatte, seine Zelte bei Rosario Central abzubrechen und auf den alten Kontinent zu wechseln. Nachdem die Karten auf dem Tisch lagen, setzte ein Ränkespiel hinter den Kulissen ein, wobei sich die Vereinsführung zunächst quergestellt hatte und dem Angreifer den Wechsel untersagte. Erst als Kempes mit seinem sofortigen Karriereende drohte, gab man in Rosario nach. Auf einer eigens einberufenen Vereinsversammlung stimmten 40.000 Mitglieder für einen Wechsel Mario Kempes' zu den „Che“, den sich sein alter Verein mit einer Ablöse in Höhe von 30 Millionen Peseten (damals rund zwei Millionen D-Mark) versüßen ließ.

Nachdem die Schwarz-Weißen mit Mario Kempes bereits einen amtierenden Weltmeister in ihren Reihen hatten, durften sie zu Beginn der Saison 1978/79 noch einen Ex-Weltmeister begrüßen. Rainer Bonhof war aus Mönchengladbach an die Mittelmeerküste gewechselt. Bei ihrem Comeback im UEFA-Cup nach sechs Jahren drangen die „Che“ immerhin bis ins Achtelfinale vor, wo gegen West Bromwich Albion (1:1, 0:2) Endstation war. Durch einen siebten Platz in der Primera División wurde die erneute UEFA-Pokal-Qualifikation verpasst, was nicht zuletzt daran lag, dass Mario Kempes nach dem Gewinn der Weltmeisterschaft einen Durchhänger hatte und diesmal in 30 Spielen lediglich 12-mal erfolgreich war. Rechtzeitig zum Saisonhöhepunkt hatte der Matador aber wieder zu alter Stärke gefunden. In der Copa del Rey hatte sich die Mannschaft durch einen Semifinalerfolg über Real Valladolid (2:0, 1:2) für das Endspiel qualifiziert, wo es am 30. Juni 1979 im Estadio Vicente Calderón zum Duell mit Real Madrid kam. Obgleich die Königlichen damit zumindest ein halbes Heimspiel hatten, fanden sie kein Rezept, um Valencias wiedererstarkten Goalgetter zu stoppen, der als zweifacher Torschütze quasi im Alleingang für einen 2:0-Sieg seiner Elf sorgte, die damit doch noch für den nächsten Europacup qualifiziert war.

Auch im Wettbewerb der Pokalsieger zeigte sich Mario Kempes in blendender Verfassung und erzielte auf dem Weg ins Endspiel in acht Einsätzen neun Tore. Rund 7.000 Fans begleiteten ihre Mannschaft nach Brüssel, wo am 15. Mai 1980 im Heysel-Stadion die Partie gegen Arsenal London stattfand. Diese entpuppte sich allerdings als spielerischer Langweiler und lebte in der Hauptsache von der Spannung. Nach 120 torlosen Minuten kulminierte sie im Elfmeterschießen, aus dem die von Alfredo di Stefano betreuten „Che“ als 5:4-Sieger hervorgingen, obwohl ausgerechnet Mario Kempes den ersten Elfer seines Teams verschossen hatte. Ende des Jahres spielten Kempes & Co. um den kontinentalen Supercup gegen Nottingham Forest. Dem 1:2 im City Ground folgte ein 1:0 vor heimischer Kulisse, womit aufgrund der Auswärtstorregel der erste Sieg einer spanischen Mannschaft in diesem Wettbewerb perfekt war. Wenig später zog es den Matador wieder nach Argentinien zurück. In Valencia hatte man am einstigen Heilsbringer wegen schwächerer Leistungen zu zweifeln begonnen, weshalb Kempes bei River Plate Buenos Aires anheuerte, um seine Teilnahme an der bevorstehenden WM in Spanien nicht zu gefährden.

„... als wäre der Papst Pfarrer von Grinzing“

Tatsächlich fand Kempes in seiner Heimat wieder zu alter Form zurück, erzielte in 29 Ligaeinsätzen 15 Treffer und konnte im Dezember 1981 sogar den Gewinn des Campeonato Nacional feiern, nachdem River Plate im Finale Ferro Carril Oeste zweimal mit 1:0 besiegt hatte. Nach der Weltmeisterschaft 1982 zeigte sich jedoch, dass Kempes – obwohl zu diesem Zeitpunkt erst 28 – die beste Zeit bereits hinter sich hatte. Für 130 Millionen Peseten heuerte er abermals in Valencia an, das jedoch nicht mehr über eine Spitzenmannschaft verfügte. Vielmehr krebsten die „Che“ im hinteren Mittelfeld der Primera División herum, belegten nach Rang 15 in der Saison 1982/83 im Jahr darauf den 12. Platz. „Matador“ Kempes hatte mit 21 Treffern in 42 Ligaeinsätzen immerhin dazu beigetragen, dass der FC Valencia trotz akuter Abstiegsgefahr seinen Erstligastatus erhalten konnte. Schließlich wechselte der Argentinier im Sommer 1984 zu Hercules Alicante, das seit jeher ein Schattendasein im spanischen Fußball fristet. In der Saison 1984/85 kam Kempes in lediglich 17 Spielen zum Einsatz und erzielte einen Treffer, wobei Hercules auf dem 15. Platz so eben den Klassenerhalt schaffte. Obwohl Mario Kempes in Anbetracht von neun Saisontoren 1985/86 wieder etwas aufsteigende Form zeigte, konnte seine Mannschaft als Vorletzte den Abstieg in die Segunda División nicht verhindern.

Im Frühjahr 1986 herrschte im österreichischen Fußball regelrechter Ausnahmezustand, als bekannt wurde, dass niemand anderer als der argentinische Ex-Weltmeister bei der traditionsreichen Vienna anheuern würde. Die Döblinger waren gerade erst wieder in die Bundesliga zurückgekehrt, derweil der letzte Meistertitel über drei Jahrzehnte zurücklag. Als die Verpflichtung bekannt wurde, überschlug sich die Presse mit Sensationsmeldungen. Die Wiener „Kronen Zeitung“ meinte über den Wechsel von Mario Kempes an die Donau: „Das ist ungefähr so, als wäre der Papst ab Frühjahr Pfarrer von Grinzing.“ Der Hype um den Argentinier auf der Hohen Warte war angesichts von nur sieben Saisontreffern indes bald verflogen. Dennoch kämpfte die Vienna lange Zeit um die Teilnahme am Meister-Play-off, verpasste dieses am Ende jedoch um einen Zähler. Den ungefährdeten Klassenerhalt verdankte man allerdings mindestens ebenso wie dem mit großem Brimborium angekündigten Mario Kempes Ex-Nationalspieler Gerhard Steinkogler, der dem Altmeister die nächsten fünf Spielzeiten erhalten blieb.

Anders der Matador. Der schlug ab Herbst 1987 seine Zelte beim niederösterreichischen VSE St. Pölten auf, wo er von den Fans abermals mit riesigen Erwartungen empfangen wurde. Nach dem Aufstieg in die zweite Liga war von den Verantwortlichen der Blau-Schwarzen der Klassenerhalt als oberstes Ziel ausgegeben wurde. In der neuen Landeshauptstadt – bis 1986 wurde die Verwaltung des Bundeslandes Niederösterreich von Wien aus geregelt – glänzte Kempes vor allem als Ideengeber und bescherte seiner Elf den umjubelten direkten Durchmarsch in die Erstklassigkeit. Hier konnte sich der VSE in den kommenden beiden Jahren mühelos halten und schaffte sogar jeweils die Teilnahme am Meister-Play-off. Auch Mario Kempes führte weiterhin gekonnt Regie und ließ seinen zehn Treffern aus der Zweitligasaison 1987/88 neun bzw. 15 Bundesliga-Tore folgen. Weniger gut lief es danach beim Kremser SC, für den Kempes von 1990 bis 1992 aktiv war und in 39 Erstligaspielen siebenmal ins Schwarze traf. Nachdem die Kremser im Frühjahr 1991 als Zehnte den Ligaverbleib geschafft hatten, mussten sie im Jahr darauf in die Zweitklassigkeit absteigen.

Trainerkarriere und Comeback als Spieler

Im Alter von knapp 38 Jahren beendete Mario Kempes seine aktive Laufbahn, um zum FC Valencia zurückzukehren, wo er 1993 für einige Monate unter Hector Nuñez als Assistenztrainer arbeitete. Im Laufe des Jahres 1995 ließ er sich zu einem Kurz-Comeback beim chilenischen Zweitligisten Fernandez Vial aus Concepción überreden, wo er in elf Spielen zum Einsatz kam und fünf Treffer erzielte. Der weitere Verlauf der Trainerkarriere des einstigen Matadors gestaltete sich immer exotischer. Seine nächste Station war der indonesische Verein Pelita Yaya, wo er 1996 in der obersten Liga des Landes als Spielertrainer in Erscheinung trat. Daraufhin wechselte er als erster ausländischer Coach überhaupt nach Albanien, um den Erstligisten SK Lushnja zu übernehmen. In sportlicher Hinsicht schien das Engagement durchaus reizvoll, da sein neuer Verein als amtierender Meister in die Spielzeit 1996/97 startete. Wegen des Bürgerkrieges sollte das Trainer-Abenteuer im Land der Skipetaren jedoch im Chaos enden. Mario Kempes musste Albanien fluchtartig verlassen, um in der Folgezeit verschiedene Trainerstellen in Südamerika anzutreten.

Von 1997 bis 1998 stand er bei Mineros de Guayana unter Vertrag, einem Verein, der in der Retortenstadt Puerto Ordaz im Osten Venezuelas beheimatet ist. Anschließend folgten drei Stationen in Bolivien. Mit The Strongest La Paz feierte der Matador den größten Erfolg seiner Trainerkarriere, als er das Team 1999 zur Landesmeisterschaft führte. Im Jahr 2000 zog Kempes weiter nach Santa Cruz, um mit Blooming einen Traditionsverein des Andenlandes zu übernehmen. Da sein Team, das als amtierender Meister gestartet war (und für das Publikumsliebling Victor Hugo Antelo die letzte Saison seiner Karriere bestritt), jedoch schwer enttäuschte und in der Endabrechnung nur den siebten Platz belegte, wurde Kempes entlassen, um sein Bolivien-Engagement bei Independiente Petrolero in der Hauptstadt Sucre zu beenden.

Die Schlagzeilen, die der Weltmeister von 1978 seither schrieb, waren selten positiver Natur. Im Jahr 2006 trat er seine bis heute letzte Trainerstelle als Nationaltrainer Panamas an, ohne dabei erwähnenswerte Erfolge vorzuweisen. Auch in privater Hinsicht musste er mehrere Nackenschläge verkraften. Unglückliche Anlagegeschäfte führten dazu, dass Kempes einen Großteil seines als Fußballer verdienten Geldes verlor. Spätestens nach der Scheidung von seiner Ehefrau stand er vor dem finanziellen Ruin, weshalb er eine Zeitlang wieder bei seinen Eltern wohnte. Heute arbeitet der Matador als Kommentar des Fernsehsenders ESPN und ist trotz seiner finanzielle Probleme mit sich im Reinen: „Die wunderbaren Dinge, die ich erlebt habe, bewahre ich in meinem Gedächtnis auf. Keine Angst, hier wird sie mir niemand klauen.“

► ZAHLEN UND FAKTEN

Vereine:	1973	Instituto Atl. Central Cordoba
	1974-1976	Rosario Central
	1976-1981	FC Valencia
	1981-1982	FC River Plate Buenos Aires
	1982-1984	FC Valencia
	1984-1986	Hercules Alicante
	1986-1987	First Vienna FC
	1987-1990	VSE St. Pölten
	1990-1992	Kremser SC
	1995	Fernandez Vial (Concepción)
	1996	Pelita Jaya FC (Karawang)

Tore:	149 Spiele arg. Primera División (111 Tore)
	222 Spiele Primera División (126 Tore)
	123 österr. Bundesliga-Spiele (38 Tore)
	32 österr. Zweitliga-Spiele (10 Tore)
	11 chilenische Zweitliga-Spiele (5 Tore)
	15 indonesische Erstliga-Spiele (10 Tore)
	37 Spiele Copa del Rey (9 Tore)
	4 österreichische Pokal-Tore
	14 Spiele Copa Libertadores (4 Tore)
	14 Europacup-Spiele (12 Tore)
	2 Spiele Europäischer Supercup (0 Tore)
	43 Länderspiele (20 Tore)
gesamt	662 Pflichtspiele (349 Tore)
Erfolge:	Argentinischer Meister (Nacional) 1981
	Spanischer Pokalsieger 1978, 1979
	Europacup der Pokalsieger 1980
	Europäischer Supercupsieger 1980
	Weltmeister 1978
	Argentinischer Torschützenkönig 1974 (Nac.), 1976 (Met.)
	Spanischer Torschützenkönig 1977, 1978
	Argentiniens Fußballer des Jahres 1978
	Südamerikas Fußballer des Jahres 1978

In der Nationalmannschaft:
Zweifelsohne waren es die Tage der Weltmeisterschaft im eigenen Land, die Mario Alberto Kempes im südamerikanischen Winter des Jahres 1978 zur Unsterblichkeit verhalfen. Nach einer schwachen Vorrunde steigerte er sich in der Finalrunde beträchtlich, um mit zwei Torerfolgen im Endspiel endgültig zum Superstar der argentinischen Weltmeistermannschaft zu avancieren. Bald nach der WM ging es mit den Leistungen des Matadors jedoch wieder bergab. So verlief etwa auch seine dritte Endrundenteilnahme 1982 in Spanien ausgesprochen enttäuschend, da der Torschützenkönig von vor vier Jahren beim missglückten Versuch der Titelverteidigung nicht ein einziges Mal ins Schwarze traf. Auch auf Vereinsebene lief es spätestens nach dem Europacupsieg mit dem FC Valencia 1980 nur noch mäßig, so dass man heute mit Fug und Recht behaupten kann, dass Mario Kempes seine Topform zum bestmöglichen Zeitpunkt erreicht hatte. Eine glückliche Fügung, von der mancher seiner Berufskollegen nur träumen kann...

Erste WM-Teilnahme 1974

Nachdem Argentinien die Weltmeisterschaft in Mexiko verpasst hatte, schaffte die Albiceleste unter der sportlichen Leitung von Omar Sivori die Qualifikation für die nächste Endrunde in der Bundesrepublik, ohne in den Spielen gegen Paraguay (3:1, 1:1) und Bolivien (4:0, 1:0) wirklich zu überzeugen. Noch als Spieler von Instituto war der 19-jährige Kempes am 21. September 1973 beim 1:0-Sieg in La Paz zu seinem Länderspieldebüt gekommen. Da der neue Stern am argentinischen Fußballhimmel bei Rosario Central seinen großen Durchbruch schaffte, wurde er von Sivoris Nachfolger Vladislao Cap auch für die WM 1974 nominiert. Kempes, der als jüngstes Mitglied im argentinischen Kader das Trikot mit der Nummer 13 trug, zählte im verregneten deutschen WM-Sommer zu den Enttäuschungen in einem insgesamt mäßigen Team. Schon in der Vorrunde stolperten die Argentinier hinter dem überraschend starken Polen mit 3:3 Punkten auf den zweiten Gruppenplatz und durften nur wegen der um einen Treffer besseren Tordifferenz im Turnier verbleiben. In der 2. Finalrunde war es endgültig vorbei mit der Herrlichkeit des kommenden WM-Gastgebers. Dieser wurde schon im ersten Spiel von den Niederländern mit 0:4 schwindlig gespielt, um danach auch das Prestigeduell gegen Brasilien mit 1:2 zu verlieren. Selbst gegen die DDR reichte es nur zu einem 1:1, so dass Argentinien als Schlusslicht sang- und klanglos ausschied. Kaum einer ahnte nach dem Abpfiff des Spiels vom 3. Juli 1974, mit Mario Kempes den großen Star der nächsten Weltmeisterschaft gesehen zu haben. Zu sehr war dieser hinter den Erwartungen zurück geblieben, hatte in sechs WM-Einsätzen (fünf davon von Anfang an) nicht einen einzigen Treffer erzielen können.

► **EINWURF**
„Geistermannschaft.“ – So wurde jene argentinische Nationalelf in den Medien bezeichnet, die am 21. September 1973 auf dem bolivianischen Altiplano im dritten Qualifikationsspiel für die WM in der Bundesrepublik ihr Land repräsentierte. Trainer Omar Sivori hatte vor allem junge, unbekannte Akteure wie Mario Kempes nominiert, um diese ohne unerwünschte Störfeuer der Spitzenvereine, die nur ungern für längere Zeit auf ihre Topstars verzichten wollten, auf die Begegnung in der gefürchteten Höhenlage von La Paz vorbereiten zu können. Die Maßnahmen des Nationaltrainers zeigten die erhoffte Wirkung, so dass Mario Kempes in seinem ersten Länderspieleinsatz einen immens wichtigen 1:0-Sieg feiern durfte, der die Teilnahme an der kommenden WM-Endrunde vorentscheidend sichern half.

„Ar-gen-ti-na, Ar-gen-ti-na“

Nach der Enttäuschung von 1974 übernahm Cesar Luis Menotti die Leitung der argentinischen Nationalelf, um diese auf das vier Jahre später anstehende Großprojekt im eigenen Land vorzubereiten. Bis zu den Titelkämpfen zwischen Pampa und Feuerland hatte die Albiceleste bei Weltmeisterschaften mit Ausnahme des zweiten Platzes von Montevideo im Jahr 1930 nicht viel zerrissen. Und so sollte die unter der Militärdiktatur General Videlas leidende Bevölkerung im Juni 1978 unbedingt zum ersten Mal mit dem goldenen WM-Pokal beschenkt werden.

Selbstverständlich zählte Youngster Mario Kempes, der nach seinen ersten zehn Länderspieleinsätzen bis Ende 1974 immerhin vier Treffer erzielt hatte, zu den Hoffnungsträgern im Team. Im Jahr darauf nahm die Albiceleste dann an der in jener Zeit nur sporadisch ausgetragenen Copa America teil, wo sie in der Vorrunde auf Venezuela und Brasilien traf, wobei die Südamerikameisterschaft nicht in einem einzigen Ausrichterland stattfand, sondern in Hin- und Rückspielen ausgetragen wurde. Außenseiter Venezuela stellte erwartungsgemäß keine hohe Hürde dar und wurde locker mit 5:1 und 11:0 an die Wand gespielt. Mario Kempes, der 1975 weitere fünf Länderspiele absolvierte, erzielte beim 5:1 in Caracas einen Treffer, um auch beim 11:0-Kantersieg in Rosario zweimal erfolgreich zu sein. Da allerdings beide Spiele gegen Rekordweltmeister Brasilien verloren wurden, musste die erste Generalprobe auf die bevorstehende Weltmeisterschaft als misslungen betrachtet werden.

Im Laufe des Jahres 1976 spielte sich Mario Kempes dann endgültig in die Stammformation und erzielte in weiteren neun Einsätzen beachtliche sieben Treffer. Nachdem sich der Matador im Sommer allerdings für einen Wechsel nach Europa entschieden hatte, lag seine Karriere in der Nationalelf zunächst auf Eis. Menotti weigerte sich strikt gegen die Berufung von Auslandsprofis, so dass Kempes 1977 nicht ein einziges Länderspiel absolvierte. „El Flaco“ (der Dürre), wie Menotti in Fußballerkreisen genannt wurde, musste indes erkennen, wie sehr die in Europa tätigen Spieler seinem Team fehlten. Der Not gehorchend machte er sich auf, um potenzielle WM-Akteure wie Bianchi, Bargas, Piazza, Ayala, Wolff und eben auch den beim FC Valencia spielenden Mario Kempes zu beobachten. Am Ende war es jedoch nur Kempes, der im argentinischen Kader Berücksichtigung fand.

Das erste Vorrundenspiel am 2. Juni 1978 gegen Ungarn war für den Matador ein echter Kaltstart, da er seit seinem Wechsel nach Spanien kein offizielles A-Länderspiel bestritten hatte. Weil er im Dress der „Che“ in den letzten beiden Spielzeiten jedoch überzeugt hatte und zweimal in Serie Torschützenkönig der Primera Divisón geworden war, schien dies nicht unbedingt ein großes Problem darzustellen. Allerdings merkte man Kempes – wie der argentinischen Mannschaft – im gesamten Vorrundenverlauf an, wie sehr der Druck eines ganzen Landes auf seinen Schultern lastete. Die permanenten Anfeuerungsrufe blieben den 76.609 Zuschauern im River-Plate-Stadion nach zehn Minuten im Halse stecken, als die Magyaren durch Csapo völlig unerwartet in Führung gingen. Zum Glück konnten die Gastgeber nur fünf Minuten später den Ausgleich erzielen, an dem der ansonsten enttäuschend agierende Mario Kempes nicht unbeteiligt war, da Ungarn-Keeper Gujdar einen von ihm getretenen Freistoß vor die Füße von Luque abwehrte, der das Leder zwischen die Pfosten setzte. In einer kampfbetonten, teils überhart geführten Partie durften die Argentinier schließlich sogar noch den erhofften Auftaktsieg bejubeln, nachdem Bertoni in der 83. Minute das 2:1 erzielt hatte.

► **EINWURF**
Nach einer mehr als dürftigen Vorstellung im ersten Vorrundenspiel gegen Ungarn (2:1) hatte Nationaltrainer Cesar Luis Menotti für seinen Stürmerstar Mario Kempes einen bahnbrechenden Tipp parat. „Mario, schneide dir deinen Bart ab!“, lautete der Ratschlag des eigenwilligen Coaches, den der Matador auch sogleich beherzigte. Vor allem ab der 2. Finalrunde lief es für den nunmehr bartlosen Kempes deutlich besser, während er nach seinen beiden Endspieltreffern gar noch zum Torschützenkönig avancierte. Dass Cesar Luis Menotti alles daran setzte, um den Europa-Legionär auf Kurs zu bringen, erscheint schon deshalb nachvollziehbar, weil er wegen dessen Nominierung auf den jungen Diego Maradona verzichtet hatte, den viele Experten unbedingt im WM-Kader sehen wollten.

Ebenfalls mit 2:1 siegte die Albiceleste im zweiten Gruppenspiel gegen starke Franzosen, wobei Kapitän Passarella mit einem verwandelten Handelfmeter (45.) und Luque (73.) für die Gastgeber erfolgreich waren, derweil Platini nach einer Stunde für den zwischenzeitlichen Ausgleich gesorgt hatte. Damit standen die Argentinier bereits jetzt in der Zwischenrunde, womit das letzte Gruppenspiel gegen die ebenfalls qualifizierten Italiener (0:1) bedeutungslos geworden war. Nach wie vor ahnte niemand, dass Mario Kempes, der bis dato noch keinen Treffer bejubeln durfte, zum Superstar der WM avancieren sollte.

Hatten die Gauchos ihre Vorrundenspiele allesamt in der Hauptstadt Buenos Aires ausgetragen, mussten sie als Gruppenzweite nun nach Rosario umziehen, wobei die Luftveränderung besonders Mario Kempes gut bekam. Das Estadio Cordiviola war nämlich die Heimat von Rosario Central und damit jenes Klubs, bei dem der Matador vor seinem Wechsel nach Europa gespielt hatte. In vertrauter Umgebung blühte Kempes regelrecht auf. Gegen Polen war eine Viertelstunde absolviert, als eine Bertoni-Flanke in den gegnerischen Strafraum segelte, die der Europa-Legionär per Kopf in die Maschen lenkte. Mit einem sehenswerten Solo besiegelte dieser in der 72. Minute auch den 2:0-Endstand, womit Kempes nicht nur seine Torflaute auf eindrucksvolle Weise beendet hatte, sondern die Gastgeber wieder zurück auf den Favoritenschild hievte. Zwar reichte es im „Titanenkampf" gegen den Erzrivalen Brasilien nur zu einem torlosen Unentschieden. Gleichwohl standen vor der letzten Partie gegen Peru alle Zeichen auf Finaleinzug, was nicht zuletzt an der mehr als unglücklichen Zeitplanung lag, die die Gastgeber gegenüber den punktgleichen Brasilianern klar begünstigte. Nachdem diese ihr letztes Spiel gegen Polen mit 3:1 gewonnen hatten, war schon vor dem Anpfiff klar, dass die Albiceleste einen Sieg mit vier Toren Differenz benötigte, um den ersten Finaleinzug seit 1930 sicherzustellen. Nach 90 Minuten stand Argentinien als 6:0-Sieger fest, was bei neutralen Beobachtern wilde Spekulationen über das Zustandekommen des Wunschresultates zur Folge hatte. Daran waren die siegreichen Argentinier freilich herzlich wenig interessiert, was auch auf den zweifachen Torschützen Mario Kempes zutraf, der die Treffer zum 1:0 und 3:0 beigesteuert hatte.

Am 25. Juni 1978 stand schließlich die Krönung des argentinischen Wintermärchens auf dem Programm. Im River-Plate-Stadion von Buenos Aires waren die Zuschauer nach 38 Minuten erstmals aus dem Häuschen, als „Matador" Mario Kempes das Leder am herausstürzenden holländischen Torhüter Jongbloed vorbei ins Tor lenkte. Die finalerprobten Niederländer gaben jedoch nicht auf und kamen in der 81. Minute durch einen Kopfballtreffer des eingewechselten Nanninga zum Ausgleich. Der Vizeweltmeister von 1974 war nun am Drücker und stand kurz vor der Sensation, als Rensenbrink in der Schlussminute den Pfosten traf. Bei Anpfiff der Verlängerung stand das Finale auf des Messers Schneide. Die erste Hälfte war schon so gut wie abgelaufen, als Kempes mit einem kraftvollen Solo in den gegnerischen Strafraum eindrang und frei vor Jongbloed auftauchte. Zunächst konnte der Keeper noch abwehren. Den Abpraller bugsierte Kempes jedoch über die Linie, was die frenetisch umjubelte 2:1-Führung der Albiceleste bedeutete. Diesem „Moment für die Ewigkeit" folgte in der 115. Minute schließlich noch das 3:1 durch Bertoni, das der wie entfesselt spielende Kempes ebenfalls eingeleitet hatte. Der Matador hatte damit den Olymp des Fußballs erklommen. Der WM-Torschützenkönig wurde später nicht nur zu Argentiniens, sondern auch zu Südamerikas Fußballes des Jahres gewählt. Und wäre damals schon ein Weltfußballer des Jahres gekürt worden, hätte am argentinischen WM-Helden vermutlich ebenfalls kein Weg vorbeigeführt!

Die letzten Jahre als Nationalspieler

Der Treffer zum 2:1 im 78er-WM-Finale war Kempes' zwanzigster im 31. Länderspiel. In den kommenden beiden Jahren sollte er sich dann wieder ausschließlich auf seine Vereinskarriere in Valencia konzentrieren und nicht mehr in der Albiceleste berücksichtigt werden. Freilich galt der Matador noch immer als potenzieller Kandidat, da seine Leistungen in Spanien nach wie vor überdurchschnittlich waren und 1980 im Gewinn des Europacups der Pokalsieger gipfelten. Nach dem Triumph über den FC Arsenal schlitterte der WM-Torschützenkönig jedoch in eine Formkrise, die eine Fortsetzung seiner Länderspielkarriere akut gefährdete. Nur der Wechsel zu River Plate ermöglichte ihm im Laufe des Jahres 1981 ein Comeback, wobei er in allen drei Einsätzen torlos blieb. Wegen seiner historischen Leistungen bei der Heim-WM – und vermutlich auch wegen fehlender Alternativen – wurde Mario Kempes von Cesar Luis Menotti dann doch in den Kader für die Titelkämpfe in Spanien berufen, obgleich er auch in seinen letzten vier Einsätzen vor der WM 1982 ohne Torerfolg geblieben war. Dass er in der teaminternen Hierarchie gleichwohl nach hinten gerutscht war, beweist die Tatsache, dass „seine" Trikot-Nummer 10 von 1978 diesmal an Diego Maradona vergeben wurde. Allerdings sollte auch der kommende Star des Weltfußballs in Spanien eine Bauchlandung hinlegen. Um es kurz zu machen: Kempes' dritte Endrundenteilnahme nach 1974 und 1978 wurde für Argentinien ein Flop und für den Matador ein richtiges Fiasko. Nach der unerwarteten 0:1-Pleite im Eröffnungsspiel gegen Vizeeuropameister Belgien kamen die Gauchos nie richtig in Tritt und scheiterten in der 2. Finalrunde an Brasilien und dem kommenden Weltmeister Italien. Mario Kempes war zwar in allen fünf WM-Begegnungen zum Einsatz gekommen, hatte aber wiederum keinen Torerfolg bejubeln dürfen. Das 1:3 gegen Brasilien am 2. Juli 1982 war sein 43. und letzter Länderspieleinsatz.

Saison	Internat.		Liga		Pokal	
	Sp.	T.	Sp.	T.	Sp.	T.
1973			13	11		
1974			36	29		
1975	10	3	49	35		
1976			22	21		
1976/77			34	24	2	0
1977/78			34	28	12	0
1978/79	6	3	30	12	8	2
1979/80	8	9	32	22	2	2
1980/81			12	9	2	0
1981	4	1	29	15		
1982			0	0		
1982/83			27	.13	1	0
1983/84			15	8	6	3
1984/85			17	1	2	0
1985/86			21	9	2	1
1986/87			20	7	?	2
1987/88			32	10	?	0
1988/89			29	9	?	1
1989/90			35	15	?	1
1990/91			21	5	?	0
1991/92			18	2	?	0
1995			11	5		
1995/96			15	10		

Ulf Kirsten
Tore in Ost und West

In seiner Kindheit und Jugend kickte der am 4. Dezember 1965 geborene Ulf Kirsten in seiner Heimatstadt Riesa für die beiden ortsansässigen Vereine Chemie und Stahl, bevor es ihn nach der Spielzeit 1978/79 zum Traditionsverein Dynamo Dresden zog. In Elbflorenz wurde er vier Jahre lang im Nachwuchsbereich eingesetzt, ehe der „Schwatte" (der Schwarze) in der Saison 1983/84 unter Cheftrainer Klaus Sammer zum Debüt im Oberligateam der Schwarz-Gelben kam. Für dieses ging es damals – wie auch für den Rest des Feldes – genaugenommen nur darum, den Platz hinter „Schiebermeister" Dynamo Berlin zu belegen. Der vom Regime bevorzugte Verein hatte seit der Saison 1978/79 ein Titel-Abo gebucht, das erst kurz vor dem Fall der Mauer gekündigt wurde.
Nachdem Dynamo Dresden im Vorjahr als enttäuschender Siebter die Ziellinie passiert hatte, lief es unter Klaus Sammer diesmal entschieden besser. Nur zwei Punkte hinter Dynamo Berlin reichte es vor dem punktgleichen 1. FC Lokomotive Leipzig zur Vizemeisterschaft, an der der 18-jährige Ulf Kirsten freilich nur geringen Anteil hatte. In elf Spielen war er zum Einsatz gekommen – erstmals am 13. August 1983 bei Chemie Leipzig (1:1) – derweil ihm im letzten Saisonspiel gegen Vorwärts Frankfurt der einzige Treffer gelungen war. Obwohl er sein Team in der 61. Minute im Stadion der Freundschaft mit 1:0 in Führung gebracht hatte, reichte es am Ende doch nur zu einem 2:2-Unentschieden. Der zweite Dresdner Treffer war übrigens auf das Konto seines fünf Jahre älteren Sturmpartners Ralf Minge gegangen, der mit 17 Torerfolgen den zweiten Platz in der Torjägerliste der DDR-Oberliga belegte. Am 26. Mai sollte die Sammer-Elf die Saison mit ihrem Sieg im Pokalfinale über Meister Dynamo Berlin (2:1) krönen, wobei Ulf Kirsten nicht zum Einsatz gekommen war.

Große Erfolge in Elbflorenz
Der kampfstarke Angreifer bestritt für Dynamo Dresden in sieben Jahren 154 DDR-Oberligaspiele, in denen er 57-mal ins Gehäuse traf. Der Durchbruch gelang ihm in der Saison 1984/85. Nachdem Kirsten im Auftaktspiel gegen Chemie Leipzig (9:1) noch auf der Bank gesessen hatte, wurde er in der kommenden Woche bei Wismut Aue in der 66. Minute für Frank Lippmann eingewechselt. Nur zehn Minuten später hatte er den Führungstreffer von Ralf Minge aus der 48. Minute auf 2:0 ausgebaut und damit die Weichen für einen am Ende ungefährdeten 3:0-Erfolg gestellt, womit der „Schwatte" aus der Elf von Klaus Sammer nicht mehr wegzudenken war. In 25 von 26 möglichen Spielen stellte er mit insgesamt sieben Treffern seine Torgefahr unter Beweis, wenngleich er sich in der teaminternen Torjägerliste hinter Torsten Gütschow (17 Tore) und Ralf Minge (11) einreihen musste. Während es in der Liga abermals „nur" zur Vizemeisterschaft hinter dem BFC Dynamo gereicht hatte, durfte sich Ulf Kirsten am 8. Juni 1985 über den ersten Titelgewinn seiner Karriere freuen. Wie schon im Vorjahr ging es im Endspiel des FDGB-Pokals gegen Dynamo Berlin, das vor 48.000 Zuschauern im Stadion der Weltjugend nach großem Kampf mit 3:2 niedergerungen wurde. Die Treffer für die Schwarz-Gelben waren auf das Konto von Matthias Döschner, Jörg Stübner und Ralf Minge gegangen, derweil Ulf Kirsten in der 86. Minute für Frank Schuster ausgewechselt worden war.

Zu Beginn der Saison 1985/86 hatte es den Anschein, als ob die Dynamos ihre Namensvetter aus der „Hauptstadt der DDR" tatsächlich vom Meisterthron schubsen könnten. Nach sechs Siegen in Folge lagen sie mit 12:0 Punkten souverän an der Spitze des Klassements, wobei Kirsten einiges zum Blitzstart seiner Mannschaft beigetragen hatte, da ihm im entsprechenden Zeitraum fünf Treffer gelungen waren. Speziell am 5. Oktober 1985 lachte die Sonne über dem Dresdner Rudolf-Harbig-Stadion, als Titelverteidiger BFC mit 4:1 gedemütigt worden war. Die Höhenluft schien allerdings weder Ulf Kirsten noch dessen Teamgefährten wirklich zu bekommen. Derweil Kirsten an den verbleibenden 20 Runden lediglich noch zweimal ins Schwarze traf, brachte die Sammer-Elf ab dem 7. Spieltag das Kunststück fertig, keines ihrer nächsten 14 (!) Spiele zu gewinnen, weshalb in der Endabrechnung ein enttäuschender sechster Platz heraussprang.

Blick in das Rudolf-Harbig-Stadion, in dem Dynamo Dresden seit 1957 seine Heimspiele austrägt. Die traditionsreiche Spielstätte befindet sich an der Lennéstraße direkt am Zoologischen Garten. Die Aufnahme aus den fünfziger Jahren zeigt in Hintergrund das Dresdner Rathaus und links davon den Turm der Kreuzkirche.

Es war indes nicht allein das schwache Abschneiden in der DDR-Oberliga, weshalb Trainer Klaus Sammer vorzeitig seinen Stuhl für Eduard Geyer räumen musste. Im Viertelfinale des Europapokals der Pokalsieger hatten es Kirsten & Co. mit DFB-Pokalsieger Bayer 05 Uerdingen zu tun bekommen und im „Kampf der Systeme" den Kürzeren gezogen. Doch selbst das hätten die Sportfunktionäre in der DDR womöglich noch verkraftet, wenn der Vertreter des realexistierenden Sozialismus' das Hinspiel in Dresden nicht mit 2:0 gewonnen und zur Pause des Rückspiels in der Krefelder Grotenburg-Kampfbahn mit 3:1 geführt und am Ende noch mit 3:7 verloren hätte, so dass auch Ulf Kirsten eine der schwärzesten Stunden seiner Karriere zu verdauen hatte.
Unter der Obhut von Ede Geyer nahm die Mannschaft die Fährte wieder auf und untermauerte trotz des Rücktritts ihres langjährigen Kapitäns Dixie Dörner die Rolle als einer der größten Rivalen des BFC Dynamo. Nach einer weiteren Vizemeisterschaft 1986/87 musste man sich im kommenden Spieljahr zwar mit dem dritten Platz begnügen. Dafür aber war der Rückstand auf den Mielke-Klub nach sechs Zählern im Vorjahr auf vier Punkte verkürzt worden. Und auch über Ulf Kirsten gab es Positives zu vermelden: Da er in der Spielzeit 1986/87 mit elf Treffern einen neuen persönlichen Rekord aufgestellt hatte, war er in der Torschützenliste der DDR-Oberliga erstmals unter den besten Fünf klassiert. Dabei hatte er besonders in der Endphase der Saison in Anbetracht von

fünf Torerfolgen an den letzten vier Spieltagen den Wert für seine Mannschaft untermauert.
Zehnmal in Serie war Dynamo Berlin inzwischen als Meister der DDR hervorgegangen, was einen neuen Europarekord bedeutete. Allerdings war die Souveränität vergangener Jahre in der Saison 1987/88 passé, da die Schützlinge von Trainer Jürgen Bogs Vizemeister Lok Leipzig nur wegen der um acht Treffer besseren Tordifferenz in Schach gehalten hatten. Mit schwungvollem Fußball sollte es Dynamo Dresden in der kommenden Spielzeit dann tatsächlich gelingen, die Dominanz des BFC zu durchbrechen und diesen als Oberligameister abzulösen. Am Ende belief sich der Vorsprung sogar auf deutliche acht Punkte, derweil der neue Titelträger einen Start-Ziel-Sieg hingelegt und an sämtlichen 26 Spieltagen die Tabelle angeführt hatte. Den souveränen Erfolg hatte die Geyer-Elf nicht zuletzt ihrem Sturmduo zu verdanken. Torsten Gütschow und Ulf Kirsten waren in der DDR-Oberliga das Maß aller Dinge und führten mit 17 bzw. 14 Treffern die Torjägerliste an. Zwei seiner wichtigsten Saisontore waren Kirsten in den direkten Duellen mit Dynamo Berlin geglückt: Nachdem er schon im Hinspiel im Oktober im heimischen Harbig-Stadion beim 2:1-Sieg getroffen hatte, rettete er mit seinem Treffer im Rückspiel den Dresdnern in Ostberlin ein 1:1-Unentschieden.
Doch nicht nur auf nationaler Ebene, auch im UEFA-Cup konnten sich die Schwarz-Gelben von ihrer Schokoladenseite präsentieren. Nachdem Kirsten zum Auftakt mit seinem Tor zum 2:0-Endstand den Erfolg über den FC Aberdeen (Hinspiel 0:0) besiegelt hatte, war er vor allem im Zweitrunden-Hinspiel gegen den belgischen Vertreter KSV Waregem nicht zu halten und steuerte einen Dreierpack zum 4:1-Erfolg vor eigenem Publikum bei. Auch im Achtelfinale zählte der „Schwatte" gegen AS Rom (2:0, 2:0) zu den Torschützen, ehe er im Viertelfinal-Hinspiel bei Victoria Bukarest nach nur zwei Minuten vom Platz flog. Aber auch ohne Kirsten sollte der angehende DDR-Meister die Rumänen eliminieren – und das auch noch ausgesprochen souverän mit 1:1 und 4:1. In der Vorschlussrunde ging jedoch das deutsch-deutsche Prestigeduell gegen den VfB Stuttgart (0:1, 1:1) verloren, wobei die knappe Niederlage mit dem immer noch gesperrten Kirsten vielleicht zu verhindern gewesen wäre...

Wind of Change

Obwohl im Sommer 1989 zahlreiche DDR-Bürger dem Land bereits den Rücken gekehrt hatten, war zum Start der Oberligasaison 1989/90 noch längst nicht klar, dass in jener Spielzeit letztmalig ein DDR-Meister gekürt werden sollte. Als Titelverteidiger Dynamo Dresden mit einem 2:0-Heimsieg am 12. August über Chemie Halle in die neue Saison eingestiegen war, träumte Erich Honecker vielmehr immer noch davon, dass sich der Sozialismus in seinem Lauf weder von Ochs noch Esel aufhalten lasse – um freilich nur kurze Zeit später von Michail Gorbatschow darüber belehrt zu werden, dass das Leben jeden Zu-spät-kommenden gnadenlos bestraft.
In sportlicher Hinsicht ziemlich auf der Höhe präsentierten sich in jener denkwürdigen Spielzeit die Fußballer von Dynamo Dresden, die mit ihrer hoffnungsvollen Truppe um Ulf Kirsten und Matthias Sammer nicht nur die Meisterschaft aus dem Vorjahr verteidigten, sondern darüber hinaus auch den nationalen Pokal gewannen. Mit jeweils zehn Saisontreffern hatten sich Kirsten und Sammer als die erfolgreichsten teaminternen Torjäger profiliert. Die Entscheidung im Titelrennen fiel erst am letzten Spieltag, vor dem die Dynamos und der FC Karl-Marx-Stadt punktgleich an der Spitze lagen, so dass man das Sachsen-Derby gegen Lok Leipzig unbedingt gewinnen musste. Allerdings lagen die Gäste im Rudolf-Harbig-Stadion zur Pause durch ein Tor von Kracht mit 1:0 in Führung, womit der Erfolg am seidenen Faden hing und erst dadurch ermöglicht wurde, weil die Mannschaft nach dem Seitenwechsel eine Schippe drauflegte und nach dem Ausgleichstreffer von Kirsten (54.) schließlich doch noch mit 3:1 die Oberhand behielt. Als frischgebackener Meister ging Dynamo Dresden naturgemäß als Favorit ins Pokalfinale, zumal am 2. Juni 1990 mit PSV Schwerin ein Zweitligist wartete.
Während der Saison war der einstige FDGB-Pokal in „Pokal der Gewerkschaften" umbenannt worden, was jedoch nichts daran änderte, dass der K.O-Wettbewerb nach wie vor seine eigenen Gesetze besaß – und den Schwerinern im Berliner Stadion der Weltjugend nach nur fünf Minuten die Führung durch Kort ermöglichte. Nachdem die Dresdner in der 17. Minute durch Stübner ausgeglichen hatten, galt es aber sechs Minuten nach dem Wiederanpfiff, einen weiteren Nackenschlag zu verkraften, als Pilz von Schiedsrichter Gläser vom Platz gestellt wurde. Trotz Unterzahl drängten die mittlerweile von Reinhard Häfner betreuten Sachsen vehement auf die Entscheidung, die schließlich auch fiel, als Ulf Kirsten nach einem gekonnten Doppelpass mit Matthias Sammer in der 85. Minute den 2:1-Endstand erzielte.

> ► **EINWURF**
> *Wie viele andere Sportler der ehemaligen DDR war auch Ulf Kirsten vom Ministerium für Staatssicherheit angeworben worden, um diesem vermeintlich wichtige Informationen zu liefern. Gegen Geld soll er als „IM Knut Krüger" mehrere Nachtklubs ausspioniert und die Stasi über sich dort aufhaltende, verdächtige Personen in Kenntnis gesetzt haben. Für den Stürmer, der mittlerweile in der Bundesliga für Bayer Leverkusen aktiv war und der auch in der gesamtdeutschen Nationalelf spielte, ein unangenehmes Kapitel, weshalb er sich auch kaum dazu äußerte, als die entsprechenden Stasi-Unterlagen 1994 ans Tageslicht kamen. Allerdings war Kirsten nicht nur Täter, sondern gleichzeitig auch Opfer, da er von Dynamo-Trainer Eduard Geyer („IM Jahn") ebenfalls bespitzelt worden war.*

Für den „Schwatten" war der Siegtreffer gegen den PSV Schwerin gleichzeitig der letzte, den er im Trikot von Dynamo Dresden erzielt hatte. Ohne Kirsten, der wenig später auch die Wahl zum DDR-Fußballer des Jahres für sich entschied, ging der Verein einer ungewissen Zukunft entgegen, zumal man in Matthias Sammer auch noch einen weiteren Leistungsträger abgeben musste.

Bester Torjäger der neunziger Jahre

„Go West" umschreibt das fortwährende Ausbluten, dem der mittlerweile ostdeutsche Fußballsport nach dem Fall der Mauer mehr oder weniger wehrlos ausgesetzt war. Zu den Ersten, die die Fußballer aus den neuen Bundesländern für sich entdeckten, zählte Bayer Leverkusens Manager Rainer Calmund, der nach Andreas Thom (von Dynamo Berlin) auch Ulf Kirsten an den Rhein lockte und für den quirligen Angreifer 3,6 Millionen D-Mark springen ließ. Im kommenden Jahrzehnt sollte der „Schwatte" zu einem der Schlüsselspieler des Werksvereins avancieren. Zwar konnte er mit diesem außer dem DFB-Pokal 1993 keinen großen Titel gewinnen. Doch mit 181 Bundesligatreffern in 350 Einsätzen stellte er jedoch seine Qualitäten vor dem gegnerischen Kasten fraglos unter Beweis, was ihm den inoffiziellen Titel „bester Torjäger der neunziger Jahre" eintrug. Zu den Höhepunkten seiner Zeit unter dem Bayer-Kreuz zählte der dreifache Gewinn der Torjägerkanone.

► EINWURF
Als „bester Torjäger der neunziger Jahre" zählt Ulf Kirsten auch in der ewigen Torschützenliste der Bundesliga zu den Besten und belegt mit 181 Treffern den fünften Platz. Überboten wird er nur von Manfred Burgsmüller (213), Jupp Heynckes (220), Klaus Fischer (268) sowie dem Übervater aller deutschen Stürmer, Gerd Müller, der mit 365 Torerfolgen im Dress des FC Bayern München weit über allen anderen thront. Auch mit seinen sieben Torjägerkanonen, die der „Bomber der Nation" im Laufe seiner Karriere gewonnen hat, ist er bis heute unerreicht geblieben. In dieser Hinsicht am nächsten kommt ihm Ulf Kirsten, der ebenso wie Karl-Heinz Rummenigge dreimal Bundesligatorschützenkönig geworden war. Eines freilich stellt Ulf Kirsten sogar auf eine Stufe mit Gerd Müller. Denn ebenso wie die Tore des Münchners waren auch jene des Bayer-Stars selten spektakulär, was nicht zuletzt darin zum Ausdruck kam, dass Kirsten nicht ein einziges Mal die Wahl der ARD-Sportschau zum Torschützen des Monats für sich entschieden hat.

Nachdem Ulf Kirsten *(Bild unten)* in seiner Debütsaison in der Bundesliga elf Tore und im kommenden Jahr (1991/92) deren zwölf erzielt hatte, glückte ihm in der Spielzeit 1992/93 der Durchbruch. Zum einen, weil er (gemeinsam mit Anthony Yeboah von Eintracht Frankfurt) erstmals als Torschützenkönig in die Annalen eingegangen war. Zum anderen, weil der 20-fache Bundesligatorschütze im DFB-Pokal reüssierte, nachdem die Leverkusener das Endspiel gegen die Amateure von Hertha BSC Berlin für sich entschieden hatten. Die Partie gegen den krassen Außenseiter war für Bayer indes alles andere als ein Zuckerschlecken. „Macht jetzt bloß nicht auf und rennt in euer Verderben. Zur Not gehen wir eben in die Verlängerung." Die Warnung von Trainer Dragoslav Stepanovic zur Halbzeitpause machte deutlich, dass die Angst vor einer Pleite gegen die Hertha-Bubis allgegenwärtig war. Ohne nennenswerte Höhepunkte schritt das Spiel in der zweiten Hälfte voran. Eine Verlängerung schien tatsächlich unvermeidbar, da machte Hertha-Schlussmann Fiedler in der 77. Minute seinen einzigen Fehler an diesem Abend, als er einen Fernschuss von Foda nicht festhalten konnte. Der Abpraller fiel Hapal vor die Füße, der die Kugel auf Ulf Kirsten weiterleitete, welcher mit seinem Kopfballtreffer dafür sorgte, dass Bayer Leverkusen die größte anzunehmende Pokal-Blamage erspart blieb.

Glücklos im Titelkampf

Abgesehen vom unbedeutenden DFB-Hallenpokal 1994 blieb der DFB-Pokalsieg von 1993 wie erwähnt Kirstens einziger Titelgewinn im Dress der Leverkusener. Stattdessen erwarb sich die Mannschaft den zweifelhaften Ruf des „ewigen Zweiten", dem immer dann das Herz in die Hose rutschte, wenn es wirklich drauf ankam. Mit den neu verpflichteten Altstars Rudi Völler und Bernd Schuster hatte die Bayer-Elf 1993/94 als Dritte das bis dahin beste Resultat in der Bundesliga realisiert und war damit im kommenden UEFA-Cup vertreten. Dort verkaufte sie sich prächtig und lieferte einige denkwürdige Leistungen ab, wie gleich zum Auftakt gegen den PSV Eindhoven, der im Ulrich-Haberland-Stadion mit 5:4 geschlagen wurde. Drei Treffer waren vor der Pause auf das Konto Ulf Kirstens gegangen, der im Rückspiel im Rotterdamer De Kuip mithalf, ein torloses Remis zu sichern. Auch in den nächsten Runden war auf den „Schwatten" Verlass. Einem erneuten Dreierpack im Rückspiel der zweiten Runde gegen Kispest-Honved Budapest (5:0) folgten in Achtel- und Viertelfinale je zwei Tore gegen GKS Kattowitz und den FC Nantes, ehe Kirsten beim Aus im Halbfinale gegen den FC Parma (1:2, 0:3) ohne Treffer blieb. Neben seinen zehn UEFA-Cup-Treffern, die ihn zum Toptorjäger des Wettbewerbs machten, waren Ulf Kirsten auch in der Bundesliga 15 Tore gelungen.

Nur noch achtmal sollte dieser in der Saison 1995/96 ins Schwarze treffen. Die Mannschaft steckte bis zum letzten Spieltag im Abstiegskampf und konnte erst durch ein 1:1 gegen den direkten Rivalen 1. FC Kaiserslautern den Gang in die Zweitklassigkeit abwenden. Es war übrigens das einzige Mal, dass Kirsten in dessen Leverkusener Zeit keine zweistellige Trefferzahl erreicht hatte (sieht man einmal von der Saison 2002/03 ab, in der er nur noch dreimal zum Einsatz gekommen war).

Nach diesem Seuchenjahr mauserte sich die Mannschaft unter dem neuen Trainer Christoph Daum in Windeseile zu einem echten Titelanwärter. Doch während die Vizemeisterschaft 1996/97 noch als großer Erfolg gewertet werden konnte, war man zwei Jahre später – schon allein wegen des 15-Punkte-Rückstands auf Meister Bayern München – eher unzufrieden. Zu den tragenden Säulen im Team zählte wie gewohnt Ulf Kirsten, der sowohl 1996/97 als auch 1997/98 auf 22 Saisontore gekommen war, womit er sich zweimal in Folge die Torjägerkanone des „Kicker" gesichert hatte. Mit 19 bzw. 17 Treffern fiel er in den beiden kommenden Jahren dann jeweils auf den zweiten Platz der Torschützenliste zurück, wobei er dies wohl vor allem in der Spielzeit 1999/2000 liebend gern in Kauf genommen hätte, wenn ihm am letzten Spieltag die „Schmach von Unterhaching" erspart geblieben wäre, die dem bisherigen Tabellenführer nach dessen 0:2-Niederlage im Sportpark den fast schon sicheren Meistertitel gekostet hatte.

► EINWURF
Als mit weitem Abstand erfolgreichster Bundesligatorschütze von Bayer Leverkusen ist Ulf Kirsten bei den Fans in der Farbenstadt naturgemäß extrem beliebt. Anders verhält es sich bei den Anhängern der gegnerischen Mannschaften, von denen er sich besonders in Auswärtsspielen einiges anhören musste. Er selbst hatte sich mit den „Sympathiebekundungen" arrangiert: „Wenn bei einem Auswärtsspiel keiner ruft: ‚Kirsten, du Arschloch', dann weiß ich genau, dass ich schlecht bin."

Danach begann sich die Karriere des Mittdreißigers allmählich dem Ende entgegenzuneigen. Nachdem er schon in der Saison 2000/01 mit zwölf Toren deutlich hinter der von ihm gewohnten Schlagzahl geblieben war, gelangen ihm auch 2001/02 nur elf Treffer. Gleichwohl sah für Kirsten alles nach einem Happyend aus, da Bayer Leverkusen in sämtlichen drei Wettbewerben realistische Titelchancen besaß, was die Mannschaft dem erfrischenden

Fußball zu verdanken hatte, den sie unter Trainer Klaus Toppmöller zeigte. Doch es kam wie immer. Nachdem man sich in der Liga auf der Zielgeraden von Borussia Dortmund noch die Butter vom Brot hatte kratzen lassen, unterlag Bayer im DFB-Pokalfinale dem FC Schalke 04 mit 2:4, um schließlich trotz starker Leistung auch das Finale der Champions League gegen Real Madrid mit 1:2 zu verlieren.

In der Saison 2002/03 bestritt der gebürtige Jenaer nur noch drei Ligaspiele, ohne dabei einen Treffer erzielen zu können. Das letzte Pflichtspieltor war ihm im angesprochenen DFB-Pokalfinale vom 11. Mai 2002 gelungen, als er in der 89. Minute den 2:4-Endstand besiegelt hatte. Kirstens Abschied von der großen Fußballbühne erfolgte am 17. Mai 2003, als er im letzten Ligaheimspiel gegen die Münchner Löwen (3:0) in der 82. Minute unter tosendem Applaus des Publikums für Dimitar Berbatov eingewechselt wurde.

Gleich danach begann er für Bayer Leverkusen als Co-Trainer zu arbeiten, um ab der Saison 2005/06 sechs Jahre die zweite Mannschaft des Werksklubs zu betreuen, die mit Ausnahme der Spielzeit 2007/08 auf drittklassigem Regionalliganiveau kickte. Während Ulf Kirsten bei Bayer also eine zweite sportliche Heimat gefunden hat, hängt sein Herz indes auch weiterhin an Dynamo Dresden, wo er bis zur Wende seine ersten großen Erfolge gefeiert hat. Die von ihm 2003 ins Leben gerufene „Ulf-Kirsten-Stiftung" widmet sich der Nachwuchsarbeit des Vereins, in dessen aktueller Zweitligamannschaft Kirstens Sohn Benjamin seit 2009 zwischen den Pfosten steht.

► ZAHLEN UND FAKTEN

Vereine:	1983-1990 Dynamo Dresden
	1990-2003 Bayer Leverkusen
Tore:	154 DDR-Oberligaspiele (57 Tore)
	350 Bundesligaspiele (181 Tore)
	34 FDGB-Pokal-Spiele (14 Tore)
	31 DFB-Pokal-Spiele (17 Tore)
	1 DDR-Supercup-Spiel (0 Tore)
	1 DFB-Supercup-Spiel (1 Tor)
	8 Ligacup-Spiele (6 Tore)
	75 Europacup-Spiele (40 Tore)
	100 Länderspiele (34 Tore)
gesamt	754 Pflichtspiele (350 Tore)
Erfolge:	DDR-Meister 1989, 1990
	FDGB-Pokalsieger 1984, 1985, 1990
	DFB-Pokalsieger 1993
	Bundesligatorschützenkönig 1992/93, 1996/97, 1997/98
	DDR-Fußballer des Jahres 1990

In der Nationalmannschaft:

Wenngleich Ulf Kirsten auf exakt 100 Länderspielberufungen kommt, hatte er im Nationaltrikot nur selten Fortune. Erst gegen Ende seiner Laufbahn kam er auch bei großen Turnieren (gemeint sind die WM 1998 und die EM 2000) zum Einsatz, die für die deutsche Nationalelf jedoch nicht den gewünschten Erfolg brachten. Nach zehn Einsätzen in der U-21-Auswahl des DFV, wurde er am 8. Mai 1985 von Bernd Stange erstmals in die A-Nationalmannschaft der DDR berufen, die in Kopenhagen eine deutliche 1:4-Niederlage bezog. Während die DDR in anderen Sportarten zur internationalen Spitze zählte, waren die Leistungen im Fußball selten berauschend, weshalb Kirsten vor der Wende auch nie an einer WM oder EM teilnahm.

Durchaus Hoffnungen durften sich die Akteure in den dunkelblauen Hemden und weißen Hosen auf die Qualifikation für die Weltmeisterschaft 1986 in Mexiko machen. In Leipzig hatte die DDR am 11. September sogar den amtierenden Europameister Frankreich mit 2:0 geschlagen, ehe zweieinhalb Wochen später auch Jugoslawien in Belgrad mit 2:1 in die Schranken gewiesen wurde. Ausgerechnet gegen die Jugoslawen hatte die DDR aber das Auftaktspiel vor eigenem Publikum mit 2:3 verloren, weshalb der Schlussspurt im Herbst 1985 zu spät kam. Der abschließende 2:1-Sieg am 16. November gegen die bereits qualifizierten Bulgaren in Karl-Marx-Stadt blieb für den Gruppendritten somit bedeutungslos. Kirsten selbst war bei den Erfolgen gegen Frankreich, Jugoslawien und Bulgarien ebenso zum Einsatz gekommen, wie beim 3:1-Sieg in Luxemburg im Mai, wobei ihm ein Torerfolg jeweils verwehrt geblieben war. Seine Torpremiere hatte der „Schwatte" am 14. August 1985 gefeiert, als Norwegen in Oslo durch seinen Treffer des Tages mit 1:0 geschlagen werden konnte.

Der in der WM-Qualifikation für Mexiko spürbare Aufwärtstrend der Stange-Auswahl setzte sich auch im Vorfeld der Europameisterschaft 1988 fort. Allerdings war die DDR in eine schwere Gruppe mit Frankreich und der Sowjetunion gelost worden, weshalb man die Chancen auf eine EM-Teilnahme als eher gering einschätzte. Da die Franzosen jedoch viel von ihrer einstigen Schlagkraft eingebüßt hatten, lief am Ende alles auf einen Zweikampf mit dem „großen Bruder" UdSSR hinaus, gegen den das Hinspiel am 29. April 1987 in Kiew 0:2 verloren gegangen war. Am 10. Oktober stand dann das Rückspiel in Ostberlin auf der Agenda, das man freilich unbedingt gewinnen musste, da die Sowjets zwei Zähler Vorsprung hatten. Bis wenige Sekunden vor dem Pausenpfiff stand es 0:0, als Kirsten die ostdeutschen Fußballanhänger in kollektiven Jubel ausbrechen ließ und seine Farben mit dem fünften Länderspieltreffer in Führung brachte. Nach dem Seitenwechsel verteidigte die Mannschaft diese mit großer Leidenschaft, ehe Aleijnikow zehn Minuten vor dem Abpfiff dem Favoriten doch noch zum Ausgleich – und damit letztendlich zur EM-Qualifikation verhalf.

Auch in der Qualifikation für „Italia 90" war die Auswahl der DDR erneut mit der Sowjetunion zusammengelost worden. Nach einer klaren 0:3-Niederlage im April 1989 in Kiew konnte das Rückspiel am 8. Oktober in Karl-Marx-Stadt mit 2:1 gewonnen werden, so dass man vor dem letzten Gruppenspiel in Wien gegen Österreich noch die Chance besaß, sich als Zweiter hinter der UdSSR für Italien zu qualifizieren. Auch, weil man im ersten Vergleich mit der Alpenrepublik dank eines Kirsten-Treffers in Leipzig immerhin ein 1:1 erreicht hatte, wiesen die Schützlinge des neuen Auswahltrainers Eduard Geyer vor ihrem Auftritt im Ernst-Happel-Stadion ebenso wie die Gastgeber 7:7 Zähler auf. Bei gleichzeitiger Niederlage der ebenfalls punktgleichen Türken in der Sowjetunion war klar, dass der Sieger von Wien zur WM fahren durfte. Sechs Tage nach dem Fall der Berliner Mauer schienen die DDR-Fußballer mit ihren Gedanken jedoch woanders. Zahlreiche bundesdeutsche und italienische Vereine hatten Kirsten & Co. mit lukrativen Angeboten den Kopf verdreht, so dass diese die historische Chance der zweiten WM-Teilnahme ihres Landes verpassten und nach schwacher Leistung sang- und klanglos mit 0:3 unterlagen.

Im Laufe des Jahres 1990 wurde die Nationalmannschaft – ebenso wie der gesamte Fußball der DDR – abgewickelt, was durchaus erfolgreich geschah, konnte diese doch sechs ihrer letzten sieben Spiele (bei einem Remis) für sich entscheiden. Der Dresdner Kirsten zählte inzwischen zum Stamm des Teams, das am 28. März einen 3:2-Sieg über WM-Teilnehmer USA feierte, zu dem der „Schwatte“ alle drei Treffer beitrug. Auch beim vorletzten Auftritt am 13. Mai kam er zum Einsatz, das im legendären Maracana von Rio de Janeiro mit einem 3:3-Unentschieden in die Annalen einging. Nachdem Kirsten den Schlussakt des ostdeutschen Fußballs auf der internationalen Bühne am 12. September 1990 in Belgien (2:1) verpasst hatte, kann er unter dem Strich auf 49 Länderspieleinsätze und 14 Tore für die DDR verweisen.

► EINWURF

Mit 49 Länderspielen für die DDR und deren 51 für die Bundesrepublik taucht Ulf Kirsten weder beim DFV noch beim DFB auf den vorderen Plätzen der Rekordlisten auf. Wenn man allerdings die Einsätze für DFV und DFB zusammenaddiert, gehört er dem elitären Kreis jener deutschen Spieler an, die die Marke von 100 Länderspielen erreicht haben. Insgesamt zehn Akteuren ist dies bislang gelungen, darunter auch den beiden DDR-Auswahlspielern Joachim Streich und Hans-Jürgen Dörner, die auf 102 bzw. 100 Länderspielberufungen kommen.

Für den DFB sollte Ulf Kirsten bis zum Jahr 2000 dann weitere 51 Länderspiele bestreiten, in denen ihm 20 Tore gelangen. Allerdings dauerte es bis zum 14. Oktober 1992, ehe er von Bundestrainer Berti Vogts auch tatsächlich für sein Comeback im Nationaltrikot – diesmal dem weißen mit dem Adler – nominiert wurde. Obwohl die Partie gegen Mexiko in Dresden und mithin in Kirstens alter Heimat stattfand, kam diesem nur eine Nebenrolle zu, da im Rudolf-Harbig-Stadion Weltmeister Rudi Völler aus der Nationalelf verabschiedet wurde. Völler hatte vor 27.000 Zuschauern in der 58. Minute für die 1:0-Führung gesorgt, um zehn Minuten später für Ulf Kirsten ausgewechselt zu werden. Dieser war gerade drei Minuten auf dem Platz, als Carlos Hermosillo das 1:1 erzielte, welches bis zum Abpfiff Bestand hatte.

Auch danach verlief die zweite Länderspielkarriere des gebürtigen Jenaers eher unglücklich. Bis zur WM 1994 kam er immerhin zehnmal zum Einsatz und traf dreimal ins Schwarze. Den ersten Treffer für den DFB erzielte Kirsten am 14. April 1993 im Freundschaftsspiel gegen Ghana in Bochum, wo er zur Pause beim Stand von 0:1 für Karlheinz Riedle eingewechselt wurde. Nach seinem Ausgleich in der 69. Minute drehte der dreimalige Weltmeister auf und entschied die Partie noch mit 6:1 für sich. Da der schon zurückgetretene Rudi Völler vor der Weltmeisterschaft jedoch reaktiviert wurde, kam Kirsten in den USA nur die Reservistenrolle zu, weshalb er das Viertelfinal-Aus des Titelverteidigers von der Bank verfolgte.

Nachdem Bayer Leverkusen in der Saison 1995/96 in den Abstiegskampf verwickelt war, musste der „Schwatte“ die Hoffnungen auf eine EM-Teilnahme 1996 frühzeitig begraben, was sich später als umso ärgerlicher erwies, da die deutsche Mannschaft in England den Titel gewann. Zwei Jahre später schien seine große Chance dann endlich gekommen. Mit seinen stetigen Torerfolgen erwarb sich Kirsten in Leverkusen den Ruf als bester Bundesligatorjäger der neunziger Jahre, den er zuletzt mit dem zweimaligen Gewinn der Torjägerkanone untermauerte. Er hatte darüber hinaus in den Qualifikationsspielen einige starke Leistungen gezeigt, was vor allem auf die Partie am 2. April 1997 gegen Albanien zutraf, die wegen politischen Unruhen in dem Balkanland ins spanische Grenada verlegt worden war. Wie immer taten sich die Deutschen gegen die Fußballer aus dem Land der Skipetaren schwer. Da aber wenigstens Ulf Kirsten Normalform erreichte und zum zweiten Mal in seiner Länderspielkarriere drei Tore schoss, behielt die Vogts-Elf mit 3:2 die Oberhand.

Dennoch setzte der Bundestrainer bei der WM in Frankreich lieber auf das eingespielte Angriffsduo Jürgen Klinsmann und Oliver Bierhoff, mit dem er zwei Jahre zuvor Europameister geworden war. Als Edeljoker kam Ulf Kirsten dagegen nur zu vier Kurzeinsätzen, wobei er jeweils in der zweiten Hälfte eingewechselt wurde. Bereits im Achtelfinale hatte sich Deutschland gegen Mexiko schwer getan und war sogar kurz nach der Pause in Rückstand geraten. Um die Offensive zu stärken, brachte der Bundes-Berti in der 74. Minute Kirsten für Häßler, was tatsächlich zum erhofften Umschwung führte. Nur eine Minute stand der Leverkusener auf dem Platz, als Klinsmann den Ausgleich erzielte. Und in der 86. Minute setzte Kirsten dann Oliver Bierhoff mit seinem Zuspiel in Szene, welches der Italien-Legionär zum 2:1-Siegtreffer verwertete. Was folgte, war ein 0:3-Desaster im Viertelfinale gegen Kroatien in Lens, an dem auch Kirsten nach seiner Einwechslung in der 69. Minute beteiligt war.

Nachdem man in Frankreich schon deutliche Ansätze von „Rumpelfußball“ gesehen hatte, setzte sich der Niedergang des deutschen Spiels im Vorfeld der EM 2000 unter Teamchef Erich Ribbeck weiter fort. Als Titelverteidiger brachte es die DFB-Elf in der Vorrunde fertig, sieglos auszuscheiden, wobei Ulf Kirsten den einzigen Punktgewinn zum Auftakt gegen Rumänien (1:1) von der Bank aus verfolgt hatte. Bei der 0:1-Niederlage gegen England stand er bis zur 70. Minute auf dem Platz, ehe am 20. Juni 2000 in Rotterdam sein 100. Länderspieleinsatz folgte. Was für andere ein rauschendes Fußballfest darstellt, wurde für Kirsten eine Beerdigung erster Klasse und gleichsam das verkorkste Ende einer unglücklichen Länderspielkarriere. Nur zwei Minuten nach seiner Einwechslung in der 69. Minute besiegelten die Portugiesen die 0:3-Niederlage der deutschen Mannschaft, die danach vor einer dringend notwendigen Frischzellenkur stand, bei der der fast 35-jährige Kirsten naturgemäß keine Rolle mehr spielen konnte.

Saison	Europacup		Liga		DFB-Pokal	
	Sp.	T.	Sp.	T.	Sp.	T.
1983/84			11	1		
1984/85	6	1	25	7		
1985/86	6	2	24	7		
1986/87			23	11		
1987/88	2	0	22	7		
1988/89	6	5	24	14		
1989/90	1	0	25	10		
1990/91	5	2	32	11	2	1
1991/92			23	12	1	1
1992/93			33	20	7	3
1993/94	4	5	28	12	3	2
1994/95	9	10	27	15	1	0
1995/96			29	8	3	2
1996/97			29	22	1	0
1997/98	9	2	27	22	3	2
1998/99	3	2	31	19	2	2
1999/00	6	4	27	17	0	0
2000/01	4	3	29	12	2	1
2001/02	14	4	32	11	5	3
2002/03			3	0	1	0

Sandor Kocsis
„Kocka", der Mann mit dem Goldköpfchen

Zu jenen drei Spielern der ungarischen Wunderelf der fünfziger Jahre, die über deutsche Wurzeln verfügten, zählt Sandor Kocsis, der am 23. September 1929 in Budapest als Alexander Wagner zur Welt gekommen war und dessen Name später „magyarisiert" wurde. Seine Kindheit und Jugend waren von großer Armut geprägt. Ein vielfältiges Freizeitangebot, wie es heutige Jugendliche kennen, war dem kleinen „Schani" fremd. Das einzige Vergnügen, das seinen tristen Alltag erhellte, bestand darin, mit den Nachbarsjungen auf der Straße herumzutollen und einem aus Lumpen gefertigten ballähnlichen Gebilde nachzujagen. Bald fiel der typische Straßenfußballer den Talentsichtern des heutigen Rekordmeisters Ferencvaros auf, dem sich Kocsis anschloss und wo er im zarten Fußballeralter von gerade einmal 16 Jahren in der ersten Elf debütierte.

Im April 1945 wurde Ungarn von der deutschen Besatzungsmacht befreit. Nachdem am 1. Februar 1946 die Republik ausgerufen wurde, gewannen die Kommunisten immer mehr die Oberhand und übernahmen schließlich 1947 in Person von Matvas Rakosi die Regierungsgewalt. Das neue Regime krempelte den Fußball komplett um. Das Berufsspielertum wurde abgeschafft, die Vereine diversen Trägerbetrieben unterstellt. Ferencvaros repräsentierte die Lebensmittelindustrie, Ujpest wurde Polizeiverein und der alte Rivale MTK, der ob seiner zahlreichen jüdischen Mitglieder schwer unter den nationalsozialistischen Besatzern zu leiden hatte, nahm vorwiegend Spieler der Leichtindustrie und des Geheimdienstes auf.

Anfangs kam Kocsis in der Kampfmannschaft von Fradi nur selten zum Zug. Nach fünf Einsätzen in der Spielzeit 1945/46 wurde er im Jahr darauf sogar nur dreimal berücksichtigt, konnte mit zwei Treffern aber immerhin seine Torgefährlichkeit andeuten. Diese beruhte in erster Linie auf einer ungeheuren Kopfballstärke und das, obwohl Kocsis mit 1,77 m nicht übermäßig groß war. Da sich der Blondschopf im Kampf um die Lufthoheit im gegnerischen Strafraum aber immer öfter durchsetzte, sollten ihn seine zahlreicher werdenden Anhänger mit dem Spitznamen „Goldköpfchen" bedenken.

Obwohl „Schani" auch in der Saison 1947/48 lediglich fünfmal ins Schwarze traf, durfte er sich mittlerweile als ernsthafte Alternative für die Stammelf betrachten, nachdem er 21 von 32 Ligaspielen bestritten hatte. Sein endgültiger Durchbruch glückte ihm dann in der Spielzeit 1948/49. Nach acht Jahren Pause sicherte sich Ferencvaros nicht nur wieder den Titel. Es war vor allem die Art und Weise, die beeindruckte. Vizemeister MTK war um deutliche elf Zähler distanziert worden, was zuallererst der nimmermüden Angriffsreihe zuzuschreiben war, die in 32 Saisonspielen sage und schreibe 140-mal erfolgreich gewesen war. „Goldköpfchen" Kocsis kam in 30 Begegnungen zum Einsatz und ließ sich mit 33 Toren ebenfalls nicht lumpen, eine Zahl, die nach heutigen Maßstäben in wohl nahezu jeder halbwegs ernstzunehmenden europäischen Liga zum Gewinn der Torjägerkrone reichen würde. „Kocka" war von dieser Ehrung allerdings meilenweit entfernt, da auf das Konto seines Mannschaftskameraden Ferenc Deak schier unglaubliche 59 Saisontore gingen, weshalb der spätere Vizeweltmeister daneben eher wie ein Waisenknabe aussah. Aber selbst Deak konnte es noch besser: Für seinen Heimatklub AC Szentlörinc hatte er in der Saison 1945/46 sogar 66 Treffer erzielt, die bis heute, auf eine einzige Spielzeit bezogen, immer noch Europarekord bedeuten...

Wie in den sozialistischen Bruderländern wurde auch in Ungarn der Versuch unternommen, durch die Änderung der Vereinsnamen einen Neuanfang zu praktizieren, so dass Meister Ferencvaros in der Saison 1949/50 offiziell unter der Bezeichnung EDOSZ Budapest teilnahm. Vier Punkte hinter dem aufstrebenden Armeeklub Honved reichte es nochmals zur Vizemeisterschaft, an der Sandor Kocsis als 30-facher Saisontorschütze großen Anteil hatte. Nur denkbar knapp musste er sich diesmal im Kampf um die Torjägerkrone des ungarischen Fußballs geschlagen geben, da Honved-Major Ferenc Puskas einmal mehr ins Schwarze getroffen hatte.

Wechsel zu Honved

Noch heute sind sie bei Ferencvaros stolz darauf, sich während der gesamten kommunistischen Ära der Vereinnahmung durch das Regime erfolgreich widersetzt zu haben, weshalb Fradi als inoffizieller Vertreter der Opposition galt. Zum Repräsentanten der Staatsmacht avancierte hingegen Honved, das die Nachfolge des bis dahin unbedeutenden Stadtteilklubs Kispest antrat. Bei Honved, dem Zentralklub der Armee, sammelten sich beinahe alle Ausnahmekicker des Landes, über die Ungarn so zahlreich verfügte. Auch Sandor Kocsis erhielt seinen Einberufungsbescheid, was zur Folge hatte, dass er nach dem Gewinn der Vizemeisterschaft mit Fradi gleichermaßen zu Honved „gewechselt wurde".

Die Anhänger von Ferencvaros waren über diese Zwangsdelegierung eines ihrer großen Hoffnungsträger verständlicherweise alles andere als glücklich, was die Oppositionsrolle des Vereins weiter zementierte. „Kocka" hatte jedoch keine Mühe, sich mit der neuen Situation zu arrangieren, weil bei Honved seine Fähigkeiten vor dem gegnerischen Tor erst so richtig zum Tragen kamen. Schon bei Ferencvaros harmonierte Koscis blendend mit den Außenstürmern Laszlo Budai sowie Zoltan Czibor, die nun ebenfalls für Honved kickten. Vor allem das Zusammenspiel mit Ferenc Puskas klappte bei seinem neuen Verein auf Anhieb blendend, so dass die Angriffsreihe des Armeeklubs bald als bester Vereinssturm der damaligen Zeit galt.

Das „Goldköpfchen" in Aktion. Der Ungar Sandor Kocsis zählte zu den größten Kopfballspezialisten der Fußballgeschichte.

Durch den Wechsel von Kocsis zu Honved rückte Puskas immer mehr in die Vorbereiterrolle und bediente seinen neuen Mitspieler mit zentimetergenauen Pässen, die dieser in der Regel per Kopf im gegnerischen Kasten versenkte. Nach der Umstellung auf den Ganzjahresrhythmus spielte „Schani" erstmals in der Saison 1951 für die Honved-Elf, für die es zwar „nur" zur Vizemeisterschaft reichte. Dank 30 Toren in 26 Spielen konnte er sich aber zum ersten Mal in seiner Laufbahn über den Gewinn der nationalen Torjägerkrone freuen.

Noch besser lief es in der kommenden Saison, wo Kocsis mit 36 Toren in 26 Spielen nicht nur erneut ungarischer Torschützenkönig wurde, sondern sich Honved, ohne auch nur eine einzige Niederlage zu kassieren, wieder den Meistertitel sicherte. Auf den zweiten Titelgewinn seiner Karriere folgte 1952 ein kleiner Rückschlag. Als Vizemeister musste sich der Armeeklub diesmal hinter MTK Budapest einreihen, derweil auch Kocsis mit 24 Toren in 25 Spielen hinter seiner gewohnten Trefferquote zurückblieb. In den kommenden beiden Jahren dominierte Honved die ungarische Liga dann wieder nach Belieben, womit sich Sandor Kocsis zwei weitere Meisterschaften abgreifen konnte, zu denen sich 1954 mit 33 Saisontreffern der vierte und letzte Gewinn der Torjägerkanone gesellte. Bis einschließlich 1956 bestritt das „Goldköpfchen" für Honved zusammen 145 Ligaspiele, in denen stolze 153 Treffer auf sein Konto gingen.

„Cabeza de Oro"

Im November 1956 sollte die ungarische Nationalelf eigentlich ihre vier Jahre zuvor gewonnene Goldmedaille im australischen Melbourne verteidigen, wozu es jedoch nicht kam, weil der nationale Verband die Teilnahme des Teams kurzfristig abblies, nachdem in der Heimat das Volk gegen das kommunistische Regime aufbegehrte, wobei der Aufstand von den Sowjets gewaltsam niedergeschlagen wurde. Kocsis, der Ungarn schon in Richtung Melbourne verlassen hatte, nutzte die Gunst der Stunde und kehrte nicht wieder nach Hause zurück. Über Wien floh er in die Schweiz, wo ihn seine zukünftige Ehefrau erwartete. In der Saison 1957/58 schloss er sich in seinem Exil für kurze Zeit dem schweizerischen Erstligaklub Young Fellows Zürich an, bei dem u.a. der Deutsche Horst Buhtz kickte. Einen wirklich bleibenden Eindruck konnte „Kocka" am Limmat freilich nicht hinterlassen. Für den Liga-Siebten kam er in insgesamt elf Spielen zum Einsatz, in denen er sieben Treffer erzielte.

► EINWURF

Offiziell hat Sandor Kocsis im Verlauf seiner 20-jährigen Karriere bei vier Vereinen (Ferencvaros und Honved Budapest, den Young Fellows Zürich und dem FC Barcelona) unter Vertrag gestanden. In seiner Zeit als Barca-Spieler half er jedoch auch kurzzeitig beim FC Valencia aus, wobei er hier kurioserweise auch gegen „seinen" FC Barcelona antrat. Nicht einmal einen Monat nach dem verlorenen Europacupfinale gegen Benfica Lissabon trat er im Dress der „Che" in Erscheinung, für die er am 24. und 29. Juni 1961 zwei Spiele im Rahmen der „Trofeo Naranja", dem Saisonvorbereitungsturnier des Vereins, absolvierte. In das zum zweiten Mal nach 1959 ausgetragene Turnier starteten die Gastgeber mit einem 3:2 über Botafogo Rio de Janeiro, bei dem „Kocka" nach 66 Minuten zum zwischenzeitlichen 2:1 traf. Im Endspiel gegen Barca lag Valencia zur Pause mit 2:3 zurück, ehe ausgerechnet Kocsis nach dem Wiederanpfiff den Spieß umdrehte und die „Che" mit zwei Treffern in der 47. und 67. Minute zum Sieg schoss. Sollten die Verantwortlichen der Katalanen je an den Fähigkeiten des Exil-Ungarn gezweifelt haben, dürfte ihnen spätestens jetzt klar geworden sein, was sie an Sandor Kocsis hatten!

Im Anschluss an das kurze Intermezzo in der Schweiz unterschrieb der mittlerweile 29 Jahre alte Sandor Kocsis einen gut dotierten Vertrag beim FC Barcelona, wo mit Laszlo Kubala ein ehemaliger Mitspieler von Ferencvaros spielte, der schon Anfang der fünfziger Jahre seinem Heimatland endgültig Lebewohl gesagt hatte. Auch in Zoltan Czibor traf der Vizeweltmeister von 1954 in Katalonien auf einen alten Bekannten, womit man eigentlich erwarten konnte, dass dieser schnell heimisch werden sollte. Indes litt Kocsis unter starkem Heimweh, was es möglicherweise erklärt, dass er in Barcelona nicht selten nur die Rolle des Edelreservisten bekleidete. In sieben Spielzeiten kam er lediglich in 75 Ligapartien zum Einsatz, wo er freilich immer wieder seine Torgefährlichkeit aufblitzen ließ und 41-mal in die Maschen traf. Dennoch waren auch die Barca-Fans von den Fähigkeiten des kopfballstarken Ungarn-Imports angetan, weshalb auch sie den Spitznamen „Cabeza de Oro" (Goldköpfchen) übernahmen.

Seine größten Erfolge in Barcelona feierte er in den Jahren 1959 und 1960, als er jeweils zum Meisterkader der Katalanen zählte. Während er in der Saison 1958/59 nur viermal eingesetzt wurde, bestritt er auch im Jahr darauf lediglich neun Spiele. Die Trefferquoten nahmen sich mit vier resp. drei entsprechend bescheiden aus. Deutlich besser lief es im nationalen Pokal, den Barca im Frühjahr 1959 mit einem 4:1-Finalsieg über den FC Granada beendete. In der Copa del Generalisimo kam Kocsis in jenem Jahr sechsmal zum Einsatz und markierte dabei elf Treffer. Auch im Endspiel am 21. Juni war er im Bernabeu-Stadion voll auf der Höhe: Nachdem er in der 10. Minute die frühe Führung durch Martinez auf 2:0 ausbaute, setzte er nach 76 Minuten mit seinem Treffer zum 4:1 den Schlusspunkt.

Auch 1963 konnte „Kocka" ein weiteres Mal den Spanischen Pokal gewinnen. Diesmal gelang im Finale ein 3:1-Erfolg über Real Saragossa, bei dem sich Kocsis als Schütze des 3:0 in der 59. Minute abermals in die Torschützenliste eintrug. Ohnehin liest sich seine Pokalbilanz mit 19 Treffern in 22 Einsätzen nicht schlecht, was auch auf seine Europacup-Statistik zutrifft, wo in 31 Spielen immerhin 23 Tore auf sein Konto gingen.

Dreimal stand Kocsis auch in einem internationalen Finale, wobei er jedoch nur das erste als Sieger beenden konnte. 1960 stand Barca im Endspiel des Messe-Cups, wo am 29. März das erste Duell bei Birmingham City stieg, das vor 40.500 Zuschauer im St. Andrew's Stadium mit einem torloses Remis endete. Der unauffällig agierende Kocsis wurde daraufhin im Rückspiel am 4. Mai von Trainer Helenio Herrera nicht berücksichtigt, womit er beim klaren 4:1 im Camp Nou nur zu den Zuschauern zählte.

Berner Final-Trauma

In der Saison 1960/61 war der FC Barcelona gleich in zwei europäischen Klubwettbewerben aktiv. Als Titelverteidiger trat die Mannschaft erneut im Messe-Cup an, wo sie allerdings im Viertelfinale gegen Hibernian Edinburgh (4:4, 2:3) scheiterte, obwohl Sandor Kocsis gleich vier Treffer erzielt hatte. Wichtiger als die Teilnahme am Messe-Pokal war allerdings jene am Europapokal der Landesmeister. Da nur der Meistercup von der UEFA organisiert wurde, war das Mitwirken an zwei Wettbewerben seinerzeit durchaus nicht unüblich. Bis zum Halbfinale blieb Sandor Kocsis ohne Torerfolg, ehe er seine Farben gegen den Hamburger SV vor dem sicheren Aus retten sollte. Nachdem Barca das Hinspiel im Camp Nou noch mit 1:0 für sich entschieden hatte, lagen die Katalanen an der Elbe durch zwei Tore nach der Pause von Peter Wulf und Uwe Seeler mit 0:2 in Rückstand, als Kocsis in der Schlussminute den Anschlusstreffer erzielte und damit ein Entscheidungsspiel erzwang. Schon am nächsten Tag setzte sich der FC Barcelona dank eines Treffers von Evaristo kurz vor der Pause mit 1:0 durch und stand so zum ersten Mal im Endspiel.

Fünfmal in Serie hatte der verhasste Erzrivale Real Madrid bis dato den Meisterpokal gewonnen, so dass die Barca-Fans es den Hauptstädtern nun unbedingt gleichtun wollten, zumal ihr Team die Königlichen im Achtelfinale eliminiert hatte. Gegner war die portugiesische Elf von Benfica Lissabon, der die Experten vor dem Anpfiff nicht allzu viel zutrauten. Vielmehr ging man allgemein davon aus, die „Elf der Namenlosen“ würde den Spaniern klar unterlegen sein. Damit ähnelte die Ausgangsposition am 31. Mai 1961 jener vom 4. Juli 1954. Auch damals galt Kocsis mit der ungarischen Nationalelf vor dem WM-Finale gegen Deutschland als klarer Favorit. – Und auch damals fand das Endspiel im Berner Wankdorfstadion statt. Vor der enttäuschenden Kulisse von nur 26.732 Zuschauern schien sich die Waage wie sieben Jahre zuvor zunächst zugunsten des hohen Favoriten zu neigen: Zwanzig Minuten waren absolviert, als Sandor Kocsis – natürlich per Kopf – den Führungstreffer der Katalanen markierte. Die von „Schanis“ Landsmann Bela Guttmann betreute Benfica-Elf zog allerdings bis zur 55. Minute auf 3:1 davon, so dass dieser nach dem letzten Treffer zum 2:3 durch Zoltan Czibor (75.) im Wankdorf ein unangenehmes Déjà-vu-Erlebnis zu verdauen hatte!

Sandor Kocsis (vordere Reihe Dritter von rechts) im Dress des FC Barcelona. Die Aufnahme entstand nur wenige Monate nach der 2:3-Niederlage im Europacupfinale 1961 im Berner Wankdorfstadion gegen Benfica Lissabon.

In der kommenden Saison stand „Kocka“ noch ein letztes Mal in einem internationalen Finale. Aber obwohl er in beiden Messe-Cup-Endspielen gegen den FC Valencia für die 1:0-Führung sorgte, setzten sich die „Che“ mit einem 6:2 vor eigenem Publikum und einem 1:1 im Camp Nou schließlich doch deutlich durch.
Nach dem Ende seiner aktiven Laufbahn wurde Sandor Kocsis nicht gerade vom Glück verfolgt. In Barcelona eröffnete er ein Restaurant, wobei er mit dem „Tête d'Or“ keinen geschäftlichen Erfolg hatte und sich deshalb wieder dem Fußball zuwandte. Kurzzeitig arbeitete er als Trainer von Hercules Alicante sowie des FC Barcelona, ohne auch hier Fuß fassen zu können. Wirklich wohl fühlte er sich in Barcelona ohnehin nie. Nachdem er von den kommunistischen Machthabern ein Einreisevisum erhalten hatte, reiste er in seine alte Heimat zurück, um dort u.a. Kontakt zu früheren Mitspielern aufzunehmen. Mitte der siebziger Jahre ging es mit Kocsis auch gesundheitlich bergab. An Magenkrebs und Leukämie erkrankt, war an die Fortsetzung seiner Trainertätigkeit nicht länger zu denken. Außerdem musste ihm der linke Fuß abgenommen werden. Am 22. Juli 1979 erschütterte dann die Nachricht vom frühen Tod des einstigen Weltstars die Fußballwelt. Sandor Kocsis war aus einem Fenster des Quiron-Krankenhauses in die Tiefe gestürzt und seinen schweren Verletzungen erlegen. Zwar sah zunächst alles nach Selbstmord aus. Ob es sich um Freitod oder einen Unfall gehandelt hat, konnte jedoch nie endgültig geklärt werden.

► ZAHLEN UND FAKTEN

Vereine:	1945-1950	Ferencvaros Budapest
	1951-1956	Honved Budapest
	1957-1958	Young Fellows Zürich
	1958-1965	FC Barcelona
Tore:	249 ungarische Liga-Spiele (247 Tore)	
	11 schweizerische Liga-Spiele (7 Tore)	
	75 Spiele Primera División (41 Tore)	
	22 Spiele Copa del Rey (19 Tore)	
	31 Europacup-Spiele (23 Tore)	
	68 Länderspiele (75 Tore)	
gesamt	456 Pflichtspiele (412 Tore)	
Erfolge:	Ungarischer Meister 1949, 1952, 1954, 1955	
	Spanischer Meister 1959, 1960	
	Spanischer Pokalsieger 1959, 1963	
	Messe-Cup-Sieger 1960	
	Olympiasieger 1952	
	Ungarischer Torschützenkönig 1951, 52, 54	

In der Nationalmannschaft:
Sandor Kocsis' Nationalmannschaftskarriere begann am 6. Juni 1948. Er war gerade 16 Jahre alt, als ihn Verbandskapitän Guzstav Sebes in Budapest gegen Rumänien ins kalte Wasser warf, wobei „Schani“ das Vertrauen mit Leistung zurückzahlte und den in jeder Hinsicht überforderten Gästen beim 9:0-Erfolg zwei Treffer einschenkte. Nach dem gelungenen Einstand gehörte er in den kommenden acht Jahren dem Stamm der „Goldenen Elf“ an, für die er in insgesamt 68 Länderspielen 75 Tore erzielte. Sein endgültiger Durchbruch im Nationaldress glückte ihm am 20. November 1949 beim klaren 5:0 über Schweden, als ihm im Budapester Nepstadion drei Treffer gelangen.
Den ersten großen Erfolg mit der zwischen 1950 und 1954 in 32 Spielen ungeschlagenen „Aranycsapat“ konnte Kocsis im Sommer des Jahres 1952 feiern, als bei den Olympischen Spielen in Helsinki die Goldmedaille heraussprang. Auf dem Weg ins Finale war der Honved-Spieler in jeder Runde erfolgreich. Während er in den Partien gegen Rumänien (2:1) und Italien (3:0) je einen Treffer erzielte, überwand er die gegnerischen Torhüter in Viertel- und Halbfinale gegen die Türkei (7:1) und Schweden (6:0) jeweils zweimal. Allein im mit 2:0 gewonnenen Finale gegen Jugoslawien blieb Kocsis erfolglos, weshalb er sich auch in der Torschützenliste des olympischen Turniers hinter Branko Zebec vom unterlegenen Finalgegner auf Rang zwei einreihen musste.
Im Jahr darauf durfte Kocsis mit der ungarischen Nationalmannschaft sodann den Sieg im „Europapokal der Nationen“ feiern, an dem sich zwischen 1948 und 1953 außerdem noch die Vertretungen Österreichs, der Schweiz, Italiens und der CSSR beteiligt hatten. In Sachen Torerfolgen stand „Kocka“ jedoch deutlich hinter Vereinskamerad Ferenc Puskas zurück, der mit zehn Treffern vor Ferenc Deak (sieben Treffer) überlegener Torschützenkönig des Turniers geworden war.
Auch beim legendären 6:3-Erfolg der „Goldenen Elf“ am 25. November 1953 im Londoner Wembley-Stadion über England stand Kocsis deutlich im Schatten seiner Sturm-

partner Nandor Hidegkuti und Ferenc Puskas, die drei bzw. zwei Treffer erzielen konnten. Besonders Hidegkuti hatte mit seiner Rolle als zurückhängender Mittelstürmer dem gegnerischen „center-half" Harry Johnston den Schneid abgekauft und galt als der große Gewinner des Spiels, derweil Kocsis nur eine Nebenrolle geblieben war. Deutlich besser lief es dann im „Rückspiel" am 23. Mai 1954 in Budapest. Durch seine Treffer aus der 19. und 57. Minute hatte er seinen Teil zu dem von 92.000 Zuschauern frenetisch gefeierten 7:1-Erfolg über das Mutterland des Fußballs beigetragen.

WM-Torschützenkönig

Es hätte „das" Jahr seiner Karriere werden können! Mit 25 Jahren befand sich Sandor Kocsis im besten Fußballeralter, was 1954 auch in nackten Zahlen zum Ausdruck kam. Schon im Verein war er nicht zu bremsen, da er sich nicht nur den Meistertitel, sondern mit 33 Toren in 26 Spielen auch den Gewinn der Torjägerkrone sichern konnte. Doch nicht nur im Honved-Dress vollbrachte das „Goldköpfchen" Historisches. Auch in der Nationalelf hatte er sein bestes Jahr: Nicht weniger als 23 Treffer gingen in 14 Länderspielen auf sein Konto, womit Kocsis seine Qualitäten auch auf internationaler Ebene in eindrucksvoller Manier unter Beweis stellte. Die absolute Karrierekrönung bei den Welttitelkämpfen in der Schweiz schien somit reine Formsache, zumal Kocsis in den Spielen bis zum Finale dank seiner elf Tore (und vielleicht auch wegen des verletzungsbedingten Ausfalls von Kapitän Ferenc Puskas) auffälligster ungarischer Akteur gewesen war und ihm die WM-Torjägerkrone schon vor dem Anpfiff des Endspiels sicher war. Es hätte also alles perfekt sein können für „Kocka", wenn, ja wenn da nur nicht jene vermaledeiten 90 Minuten von Bern gewesen wären, die ungarische Fußballanhänger bis heute um den Schlaf bringen...

Mit elf Treffern wurde Sandor Kocsis 1954 in der Schweiz WM-Torschützenkönig. Die letzten beiden davon erzielte der Ungar im Halbfinale beim 4:2-Sieg über Titelverteidiger Uruguay in der Verlängerung. Abwehrspieler Santamaria und Schlussmann Maspoli sind machtlos, während Zoltan Czibor jubelnd die Arme hochreißt. Torschütze Kocsis ist auf dem Bild nicht zu sehen.

Da Polen in der Qualifikation verzichtet hatte, waren die Magyaren automatisch für die Endrunde qualifiziert, woran angesichts der Überlegenheit, die diese im letzten Freundschaftsspiel vor der WM beim 7:1 gegen England an den Tag legten, ohnehin niemand gezweifelt hatte. Auch der Auftakt gegen Südkorea geriet zur Pflichtübung. Die Asiaten kamen kaum aus der eigenen Hälfte heraus, während die drückende Überlegenheit des Turnierfavoriten diesem nach 90 Minuten einen 9:0-Sieg bescherte. Auch Sandor Kocsis trug sich zwischen der 24. und 50. Minute dreimal in die Torschützenliste ein. Besonders das 4:0 aus der 37. Minute blieb in der Erinnerung, weil es durch einen spektakulären Fallrückzieher zustande gekommen war. Dem Schaulaufen gegen die Koreaner folgte drei Tage später der vielzitierte 8:3-Sieg über die deutsche B-Elf in Basel, den Kocsis schon in der 3. Minute mit seinem Führungstreffer einleitete. Insgesamt viermal war er vor 56.000 Zuschauern erfolgreich, womit er seinen persönlichen Länderspielrekord verzeichnete.

Ohne Mühe war Ungarn somit in die K.O.-Runde eingezogen. Alles schien in bester Ordnung, wenn sich nicht Spielgestalter Puskas im Deutschland-Spiel so schwer verletzt hätte, dass er bis zum Finale ausfiel. Freilich schien die Sebes-Elf auch so stark genug, um ihren Weg Richtung Titel ungehindert weiter zu gehen. Allerdings stellte Viertelfinalgegner Brasilien ein anderes Kaliber dar, wobei die Zuschauer am 27. Juni im Wankdorfstadion nicht den erwarteten Leckerbissen mit zahlreichen technischen Kabinettstückchen à la Puszta und Zuckerhut, sondern eine wüste Treterei geboten bekamen, die als „Schlacht von Bern" in die WM-Historie einging. Wenigstens Sandor Kocsis konnte das Skandalspiel auf der Habenseite verbuchen, da er mit seinen Treffern aus der 6. und 87. Minute die Führung in der Torschützenliste weiter ausbaute. Als Kocsis kurz vor Schluss einen Konterangriff der Ungarn zum 4:2-Endstand abgeschlossen hatte, brannten bei den Brasilianern die Sicherungen durch. Nachdem zuvor bereits Djalma Santos und Jozsef Bozsik nach einer Rangelei vom englischen Schiedsrichter Ling des Feldes verwiesen worden waren, erwischte es nun Angreifer Humberto, der die bittere Wahrheit der Niederlage nicht ertragen konnte.

In der Vorschlussrunde wartete mit Titelverteidiger Uruguay abermals ein starker Vertreter aus Südamerika. Als Hidegkuti kurz nach dem Seitenwechsel das 2:0 erzielt hatte, schienen alle Messen bereits gesungen. Doch Hohberg brachte die „Urus" mit seinen beiden Treffern in der Schlussviertelstunde wieder zurück ins Spiel. So schlug in der Verlängerung die Stunde des bis dahin leer ausgegangenen Sandor Kocsis, der mit zwei Kopfballtreffern in der 110. und 115. Minute dem ungarischen Fußballsport zum zweiten Mal nach 1938 den Einzug in ein Weltmeisterschaftsfinale bescherte. Obwohl die Ungarn nun seit 32 Länderspielen ungeschlagen waren, hatte der Lack in den letzten beiden Spielen doch die ersten Kratzer abbekommen. Die ganz große Souveränität war dahin, was zum einen auf den auf dem hohen Favoriten lastenden Druck, aber auch auf das Fehlen von Major Puskas zurückzuführen war.

► EINWURF

Von allen Spielern, die weltweit mindestens 30 Länderspiele bestritten haben, ist Sandor Kocsis der effektivste. Seine 75 Treffer in 68 Länderspielen bedeuten eine Quote von 1,103 je Einsatz, womit „Kocka" Gerd Müller (1,097 Tore je Länderspiel) und Ferenc Puskas (0,99) auf die Plätze verweist. Naheliegend, dass Koscis in zahlreichen Länderspielen gleich mehrfach ins Schwarze traf. Gleich sechsmal erzielte er drei Treffer, während er im WM-Vorrundenspiel gegen Deutschland in Basel beim 8:3 sogar viermal erfolgreich war.

Dass die Serie der Ungarn am 4. Juli 1954 im Berner Wankdorfstadion riss, ist hinlänglich bekannt. Die 2:3-Niederlage gegen den DFB war nicht zuletzt auch darauf zurückzuführen, dass der bis dahin so treffsichere Sandor Kocsis ausgerechnet im wichtigsten Spiel seiner Karriere ohne Torerfolg blieb. Dies hatte die deutsche Elf in erster Linie ihrem rechten Läufer Karl Mai zu verdanken, der seinen Gegenspieler nie aus den Augen ließ. Wenn „Kocka“ dem überragenden Fürther aber doch einmal enteilen konnte, scheiterte er an Toni Turek. Und wenn selbst der Düsseldorfer Keeper einmal geschlagen war, wurde das Torgestänge zum größten Gegner des Honved-Angreifers: In der 58. Minute hatten die ungarischen Fans den Torschrei schon auf den Lippen, als das „Goldköpfchen“ einen seiner berühmten Kopfbälle anbrachte. Dieser schlug jedoch nicht zum 3:2 im deutschen Kasten ein, sondern prallte von der Latte zurück ins Spielfeld. Aus dem wichtigsten Treffer in Sandor Kocsis' Karriere war nichts geworden...

Im Endspiel gegen Deutschland blieb „Kocka“ ohne Torerfolg. In dieser Szene scheitert er, bedrängt vom Lauterer Horst Eckel (rechts), am herausstürzenden Toni Turek.

Die letzten Auftritte der „Goldenen Elf“

Trotz der Pleite im WM-Endspiel war die Ära der „Aranycsapat“ noch nicht beendet. In den anschließenden 19 Spielen blieb diese erneut ungeschlagen, was nicht zuletzt an Sandor Kocsis lag. Schon beim ersten Auftritt nach dem Berner Fiasko schossen sich die Magyaren den Frust von der Seele und fertigten Rumänien am 19. September 1954 im Budapester Nepstadion mit 5:1 ab. Auch „Kocka“ hatte seine Ladehemmung aus dem WM-Finale überwunden und netzte ebenso wie Nandor Hidegkuti zweimal ein. Bis zum Jahresende bestritt Ungarn noch fünf Länderspiele, in denen Sandor Kocsis jedes Mal zu den Torschützen zählte. Einen weiteren starken Auftritt in seinem großen Länderspieljahr verzeichnete er am 24. Oktober gegen die Tschechoslowakei, als ihm einmal mehr drei Treffer gelangen. Das letzte Spiel des Jahres absolvierte die „Goldene Elf“ am 8. Dezember in Glasgow. Nachdem England vor knapp zwölf Monaten in Wembley mit 3:6 untergegangen war, waren die „Bravehearts“ nun bestrebt, es in ihrem Wohnzimmer Hampden Park in allen Belangen besser zu machen. Nachdem die Gastgeber kurz nach der Pause durch Bobby Johnstone von den Hibs auf 2:3 herangekommen waren, lag der Ausgleichstreffer mehrmals in der Luft. Hinterher waren sich die Experten einig, dass die Schotten die ungarische Wunderelf so nah wie keine andere in einem Freundschaftsspiel am Rand der Niederlage hatten. Den Sieg verdankten die Magyaren schließlich Sandor Kocsis, da dieser einen Entlastungsangriff kurz vor dem Abpfiff zum 4:2-Endstand vollenden konnte.

Auch im kommenden Jahr blieb auf Kocsis im Dress seiner Nationalelf Verlass. Zwölfmal repräsentierte er sein Heimatland, dem er wiederum zehn Treffer schenkte. Vor allem bei der Skandinavien-Tournee Anfang Mai zeigte er sich blendend aufgelegt. Nachdem er schon beim 5:0 in Oslo gegen Norwegen zu den Torschützen zählte, steuerte er drei Tage später in Stockholm gegen Schweden sogar drei Treffer zum 7:3-Erfolg bei. Letztmals hatte Kocsis in einem Länderspiel drei Tore erzielt. Deren zwei gingen dann beim 6:0 in Kopenhagen gegen Dänemark auf sein Konto, derweil er beim 9:1-Kantersieg in Finnland erstaunlicherweise leer ausging.

► **EINWURF**

Mit seinen insgesamt elf WM-Treffern von 1954 zählt Sandor Kocsis zu dem illustren Kreis von zwölf Spielern, die bei Weltmeisterschaften zehn Tore und mehr erzielt haben. Besser als er sind nur Ronaldo (15), Miroslav Klose und Gerd Müller (je 14), Just Fontaine (13) und Pele (12). Ebenso wie Kocsis hat auch Jürgen Klinsmann elfmal bei Weltmeisterschaften ins Schwarze getroffen. Anders als der Ungar brauchte „Klinsi“ jedoch drei Weltmeisterschaften (und elf WM-Einsätze mehr), um diese Trefferzahl zu erreichen. Mit elf Torerfolgen in nur einem WM-Turnier hatte Sandor Kocsis 1954 zudem einen neuen Rekord aufgestellt, den der Franzose Just Fontaine nur vier Jahre später in Schweden mit 13 Treffern allerdings schon wieder überbot. Seither waren jedoch immer weniger Tore vonnöten, um die WM-Torjägerkrone zur ergattern. Lediglich Gerd Müller lag mit zehn Treffern bei der WM in Mexiko 1970 noch einmal im zweistelligen Bereich.

Seine letzten Länderspieleinsätze verzeichnete Sandor Koscis im Jahr 1956. Es zeigte sich, dass die große Zeit der „Goldenen Elf“ langsam aber sicher zu Ende ging, nachdem es in der ersten Jahreshälfte Niederlagen gegen die Türkei in Istanbul (1:3), die CSSR in Budapest (2:4) und Belgien in Brüssel (4:5) gesetzt hatte. Auch die Torquote von Sandor Kocsis ging auf sieben in neun Länderspieleinsätzen zurück. Letztmalig sollte das „Goldköpfchen“ das Nationaltrikot am 14. Oktober in Wien beim 2:0 gegen Österreich überstreifen. Danach nutzte Kocsis die schon erwähnte Reise zum olympischen Fußballturnier nach Melbourne, um sich aus seiner ungarischen Heimat abzusetzen. Die Elf um Puskas, Hidegkuti und Kocsis war von einem Tag auf den anderen Geschichte geworden.

Saison	Europacup		Liga		Pokal	
	Sp.	T.	Sp.	T.	Sp.	T.
1945/46			5	0		
1946/47			3	2		
1947/48			21	5		
1948/49			30	33		
1949/50			30	30		
1950			15	24		
1951			26	30		
1952			26	36	?	?
1953			25	24		
1954			26	33		
1955			21	17	?	?
1956	2	2	21	13	?	?
1957/58			11	7	?	?
1958/59	0	0	4	4	6	11
1959/60	4	5	9	3	0	0
1960/61	9	6	10	4	1	1
1961/62	6	3	20	15	2	0
1962/63	3	4	9	2	7	3
1963/64	4	3	19	12	6	4
1964/65	3	0	4	1	0	0

Hans Krankl
„Goleador“ und „Held von Cordoba“

Wenn es um die Frage nach dem besten Rapidler aller Zeiten geht, fällt häufig der Name Hans Krankl, wobei diese Sichtweise wohl vor allem an einem einzigen Spiel festgemacht wird, das deutschen Fußballanhängern noch heute ein wenig auf dem Magen liegt. Bekanntlich war es eben der am 14. Februar 1953 geborene Sohn eines Wiener Straßenbahners, der im argentinischen Winter 1978 mit seinen beiden Treffern im Estadio Cordoba Edi Finger zu einer denkwürdigen Hörfunkreportage inspirierte, die je nach Sichtweise von der „Schmach“ oder dem „Wunder von Cordoba“ kündete. Der erste Sieg einer österreichischen Nationalmannschaft in einem offiziellen Länder--match seit 47 Jahren bescherte Johann Krankl – so sein eigentlicher Name – auch bei Nicht-Rapid-Fans in der Alpenrepublik eine derart große Popularität, dass er fast zwangsläufig als „größter Rapid-Spieler“ aller Zeiten gelten muss. Fußballhistorisch besser bewanderte Experten werden freilich nicht zu Unrecht darauf verweisen, dass Krankl in der vereinsinternen Torschützenliste von Robert Dienst klar in den Schatten gestellt wird, derweil der legendäre „Bimbo“ Binder ebenso wie Krankl 267 Liga-Treffer erzielte, dafür aber deutlich weniger Spiele benötigte. Da die drei genannten Rapidler in völlig unterschiedlichen Epochen kickten, erweisen sich Vergleiche grundsätzlich als schwierig, womit das salomonische Urteil des Rapid-Anhängers am liebsten allen drei genannten Spieler ihren Ausnahmestatus in der Vereinsgeschichte zusprechen dürfte. Als die Fans der Hütteldorfer 1999 zur Wahl des „Rapidlers des 20. Jahrhunderts“ aufgerufen waren, entschieden sie sich freilich für den „Helden von Cordoba“, was vermutlich daran lag, dass er den meisten schlicht mehr in Erinnerung war, als die Größen der Vergangenheit.

Mit Umwegen zum Rapid-Star

Die ersten Schritte als Fußballer unternahm Krankl beim KSV Straßenbahn Wien, ehe er in der Saison 1970/71 zu Rapid ging, wo er sich aber nicht durchsetzen konnte. Unter Trainerlegende Karl Rappan kam er in der Liga nur viermal zum Einsatz und blieb ohne Torerfolg. Lediglich in einigen Testspielen konnte der 17-jährige Newcomer seine Fähigkeiten andeuten. In der Partie gegen Pinkafeld markierte Krankl am 4. Oktober 1970 den ersten Treffer in der Kampfmannschaft der Grün-Weißen.

Danach wechselte Krankl für eine Saison zum Wiener AC und trug mit 27 Toren in 26 Spielen dazu bei, den dritten Platz in der damals zweitklassigen Regionalliga Ost zu sichern. Seinem Durchbruch verdankte er die Rückkehr nach Hütteldorf, wo er aus der ersten Elf fortan nicht mehr wegzudenken war. Zwischen 1972 bis 1978 absolvierte Hans Krankl 201 Liga-Spiele und markierte dabei 160 Tore. Einziges Manko: Einen Meistertitel konnte der spätere „Goleador“ mit dem Rekordchampion nicht erringen. Viel zu sehr hatten sich die Koordinaten zugunsten der Klubs außerhalb der Donaumetropole – allen voran Wacker Innsbruck – verschoben, das den Fußball in der Alpenrepublik mehr und mehr dominierte. Schon in seinem ersten Jahr im Rapid-Trikot reichte es für Krankl sowohl in der Liga wie im Pokal hinter den Tirolern nur zu Platz zwei. Freilich durfte der Mittelstürmer mit dem Saisonverlauf zufrieden sein: In allen 30 Ligaspielen war er zum Einsatz gekommen, um mit 14 Treffern zum besten grün-weißen Torschützen der Saison zu avancieren. Seine Torpremiere gelang ihm am 4. Spieltag im Derby gegen den Sportclub. Beim 6:0 im Praterstadion durfte er nach 16 Minuten erstmals jubeln, um in der 54. Minute auch noch einen zweiten Treffer anzubringen. Die starken Leistungen führten dazu, dass Hans Krankl am Saisonende zum ersten Mal die Wahl der „Kronen-Zeitung“ zu Österreichs Fußballer des Jahres gewann.

Während Rapid auch in der Spielzeit 1973/74 nur wenig überzeugte und auf den dritten Platz zurückfiel (Meister wurde VÖEST Linz), setzte sich der Aufwärtstrend in der Karriere Hans Krankls weiter fort. Wiederum war es vor allem der Rapid-Mittelstürmer, der die Anhänger für so manch dürftigen Auftritt ihres Teams versöhnte. Da Krankl stolze 36 Saisontreffer erzielte, konnte er nicht nur erstmals die nationale Torjägerkrone erobern und den für Austria Klagenfurt spielenden deutschen Ex-Nationalspieler Lothar Emmerich (21 Tore) klar auf Rang zwei verweisen. Zudem verteidigte er auch seinen Vorjahrestitel als österreichischer Fußballer des Jahres, während er im Vergleich der kontinentalen Toptorjäger lediglich vom Argentinier Hector Yazalde in den Schatten gestellt wurde, der für Sporting Lissabon sogar 46-mal in Schwarze getroffen hatte.

Unter dem legendären Karl Rappan gab Hans Krankl in der Spielzeit 1970/71 sein Debüt im Trikot von Rapid Wien. Wirklich zu überzeugen wusste der spätere „Held von Cordoba“ freilich nicht, da er in nur vier Ligaeinsätzen ohne Torerfolg blieb. Erst im kommenden Jahr gelang Krankl beim zweitklassigen Wiener AC mit 27 Saisontoren der Durchbruch.

Bis dato war es in der Karriere Hans Krankls praktisch nur bergauf gegangen. In den kommenden beiden Jahren setzte jedoch ein Seitwärtstrend ein, was bei einem Spieler mit Anfang zwanzig nicht wirklich überraschend kam. In der neu ins Leben gerufenen Bundesliga ging seine Trefferquote 1974/75 auf 17 zurück, während Krankl auch im kommenden Spieljahr „nur“ 20-mal erfolgreich war. Damit lag er in der nationalen Torschützenliste hinter dem Austrianer Hans Pirkner freilich immer noch auf Platz zwei. Zudem durfte er sich über den ersten großen Titelgewinn freuen. Im Pokalfinale trafen die Hütteldorfer auf Wacker Innsbruck, wo sie im Hinspiel auf dem Tivoli knapp mit 1:2 unterlagen, womit im Rückkampf vor eigenem Publikum ein 1:0-Erfolg zum Pokalsieg reichte. Allerdings war Krankl als treffsicherster Ligatorschütze der Grün-Weißen in beiden Cupfinals ohne Treffer geblieben.

In der Saison 1976/77 war der Rapid-Mittelstürmer dann wieder der Alte und sicherte sich mit 32 Treffern zum dritten Mal die Torjägerkanone von Österreich. Die Spielzeit 1977/78 sollte die bis dato stärkste seiner Karriere werden. Mit 41 Treffern wurde er nicht nur Schützenkönig der Bundesliga, sondern von ganz Europa, wobei er seine sensationellen Leistungen im Klubdress mit einem denkwürdigen Auftritt an der WM 1978 in Argentinien krönen konnte. Vor allem angesichts seines Siegtores gegen Deutschland war es schon ein wenig überraschend, dass nicht er, sondern Walter Schachner von Meister Austria

Wien bei der Wahl zum Fußballer des Jahres die Nase vorne hatte. Dafür belegte Hans Krankl bei der Wahl zu Europas Fußballer des Jahres hinter Kevin Keegan den zweiten Platz. Kein anderer Kicker aus dem Alpenland konnte je wieder eine derart gute Platzierung erreichen.

Internationaler Durchbruch

Rapid Wien hatte sich in den Jahren 1977 und 1978 mit zum Teil großem Rückstand mit der Vizemeisterschaft zufrieden geben müssen. Die fehlende Aussicht auf Titel erschwerte es dem Verein, einen Topspieler wie Hans Krankl, der mit seinen 25 Jahren „voll im Saft" stand, dauerhaft zu binden. Durch seinen starken WM-Auftritt standen die internationalen Topadressen endgültig Schlange, womit sich die erste Rapid-Ära des Mittelstürmers im Sommer 1978 dem Ende entgegenneigte. Neben dem FC Barcelona gab auch der FC Valencia ein ernsthaftes Gebot ab, doch sollten schließlich die Katalanen den Zuschlag erhalten, nachdem Präsident Josep Lluis Nuñez an Rapid die damalige Rekordsumme von 70 Mio. Peseten überwies.

► EINWURF
Das letzte Ligaspiel, das Rapid am 22. April 1978 auf der legendären Pfarrwiese (Bild) austrug, sollte auch für den zum FC Barcelona abwandernden Hans Krankl zur großen Abschiedsgala werden. Vor 6.000 begeisterten Zuschauern wurde Admira-Wacker gleich mit 6:0 vom Platz gefegt. Nachdem Hans Krankl den Torreigen schon nach vier Minuten eröffnet hatte, war er nach einem Pawlek-Treffer vor der Pause zum zweiten Mal erfolgreich. In der zweiten Hälfte verabschiedete er sich mit einem Hattrick zwischen der 60. und 82. Minute dann standesgemäß in Richtung Barcelona, weshalb es dem besten Torschützen Europas niemand verübelte, dass er in den letzten beiden Ligaspielen gegen Wacker Innsbruck und Austria Wien torlos blieb.

Der Erwartungsdruck, der auf Krankl in Barcelona lastete, war indes ausgesprochen hoch, was keinesfalls nur an der hohen Ablösesumme lag. Der Österreicher sollte nämlich keinen Geringeren als den großen Johan Cruyff ersetzen, der den Verein nach fünf überaus erfolgreichen Jahren verließ. Doch Krankl gelang es auf Anhieb, auch bei Barca zu überzeugen. Mit seinen 29 Saisontreffern führte er in der Spielzeit 1978/79 die Torschützenliste der Primera Divisiόn an und wurde darüber hinaus drittbester Torschütze Europas. Zwar reichte es in der Liga nur zu Rang fünf. Dafür konnte der „Goleador" – wie Krankl von den Barca-Anhängern bald genannt wurde – den Gewinn des Europapokals der Pokalsieger feiern. Schon auf dem Weg ins Endspiel gegen Fortuna Düsseldorf waren ihm vier Tore geglückt. In Basel erwies sich die Fortuna für den Favoriten dann lange als harter Widersacher. Als Mittelstürmer Hans Krankl in der 21. Minute der Verlängerung seine Farben aber mit 4:2 in Führung schoss, war der Sieg in trockenen Tüchern, da Düsseldorf durch Seel nur noch der Anschlusstreffer gelang.

Ein Zerwürfnis mit Trainer Joaquim Rifé hatte zur Folge, dass Krankl seinen Platz im Barca-Team in der Saison 1979/80 bald verlor. Der Streit entzündete sich nicht zuletzt daran, dass der Coach dem amtierenden Torschützenkönig den Brasilianer Roberto Dinamite vor die Nase gesetzt hatte, weshalb es Krankl nach nur neun Einsätzen (zwei Tore) zurück in die Heimat zog. Dort kämpfte Altmeister First Vienna gegen den Abstieg, weshalb sich der Klub von der Hohen Warte während der Saison nicht nur mit dem „Goleador", sondern auch mit „Gustl" Starek verstärkte. Aber selbst die beiden Ex-Rapidler vermochten den Abstieg der Vienna – genau wie die 13 Saisontreffer Krankls – nicht zu verhindern.
Nach diesem wenig erfolgreichen Intermezzo entschied sich Krankl im Sommer 1980 für die Rückkehr nach Barcelona. Die Katalanen hatten allerdings den jungen deutschen Mittelfeldstar Bernd Schuster verpflichtet, der damit einen Ausländerplatz im Kader blockierte. Da Hans Krankl in Quini außerdem ein starker Konkurrent auf der Mittelstürmerposition erwachsen war, endete der Auslandsaufenthalt des „Goleadors" nach nur sieben weiteren Ligaspielen in der Saison 1980/81 frühzeitig. Was folgte, war die Rückkehr zu Rapid, wo Krankl bis 1986 in Anbetracht von 107 Treffern in 145 Einsätzen bewies, nichts verlernt zu haben. Darüber hinaus durfte sich der „Held von Cordoba" in seiner zweiten Rapid-Ära auch über mehrere Titel – zwei Meisterschaften und drei Cupsiege – freuen.

Rapid zum Zweiten!

Die Rückkehr von Hans Krankl, der in den restlichen Saisonspielen 1980/81 gleich wieder 16-mal ins Schwarze getroffen hatte, ließ die Hütteldorfer vor der Spielzeit 1981/82 von der ersten Meisterschaft seit 14 Jahren träumen, obwohl die Austria nach ihren vorangegangenen vier Meistertiteln als Topfavorit ins Rennen ging. Eine Vorentscheidung im Titelkampf fiel in der viertletzten Runde, als die Austria eine böse 0:5-Heimpleite gegen den Sportclub kassierte, derweil Rapid ein wichtiges 2:2 bei Admira / Wacker erkämpfte. Zwar hatten die Grün-Weißen damit die Tabellenspitze erklommen. Der 19-fache Saisontorschütze Hans Krankl war an jenem 8. Mai 1982 allerdings vom Platz geflogen und wurde für die verbleibenden drei Spiele gesperrt. Somit musste er auch den 5:0-Heimsieg in der letzten Partie gegen Wacker Innsbruck von der Tribüne aus verfolgen, nach dem Rapid endlich wieder als Meister feststand. Dass die Experten Krankl dennoch einen großen Anteil am Erfolg der Hütteldorfer zuschrieben, bewies dessen erneute Wahl zu Österreichs Fußballer des Jahres am Saisonende.
Noch besser lief es für den WM-Teilnehmer von Spanien dann in der Saison 1982/83. Mit 23 Toren in 26 Spielen konnte sich dieser zum vierten (und letzten) Mal die nationale Torjägerkrone sichern. Auch dank Krankls wiederholt starken Auftritten verteidigte Rapid vor der punktgleichen Austria seinen Meistertitel. Dank zweier finaler Erfolge über Wacker Innsbruck (3:0, 5:0) konnten sich die Schützlinge des neuen Trainers Otto Baric darüber hinaus den Pokalsieg sichern. Auf dem Weg in die Endspiele war der Rapid-Mittelstürmer in fünf Einsätzen bereits viermal erfolgreich gewesen, ehe er sich gegen Wacker abermals viermal in die Torschützenliste eintrug. Besonders beim 5:0-Erfolg im Rückspiel auf dem Innsbrucker Tivoli stellte er mit drei Treffern seine herausragenden Vollstreckerqualitäten unter Beweis.
Auch 1983/84 sicherte sich „Hansi" durch einen Erfolg über die Wiener Austria abermals den Landespokal. Nach-

dem er auf dem Weg ins Finale in sieben Cup-Einsätzen achtmal ins Schwarze getroffen hatte, blieb er allerdings in den beiden Endspielen ohne weiteren Torerfolg. Durch den Sieg über die Violetten durften Krankl & Co. in der Spielzeit 1984/85 am Europacup der Pokalsieger teilnehmen, den der „Goleador“ 1979 mit Barcelona schon einmal gewonnen hatte. Der Erfolg der Katalanen war damals alles andere als eine Überraschung gewesen, derweil der diesjährige Siegeszug der Hütteldorfer einer echten Sensation glich. Diese verfügten über eine ausgesprochen erfahrene Truppe, da nicht nur Hans Krankl, sondern auch der Prager Regisseur Antonin Panenka jenseits der Dreißig waren. Durch einen Erfolg im Halbfinale über Dynamo Moskau (3:1, 1:1) erreichte Rapid erstmals in seiner Geschichte ein Europapokalendspiel, das am 15. Mai 1985 in Rotterdam über die Bühne ging. FA-Cupsieger FC Everton war natürlich klarer Favorit, der aber bis zur 58. Minute brauchte, um durch Gray in Führung zu gehen. In der 73. Minute erhöhte Steven auf 2:0, ehe Hans Krankls Anschlusstor (und gleichzeitig vierter Saisontreffer im Europacup) fünf Minuten vor Schluss noch einmal Hoffnung machte. Praktisch im Gegenzug markierte Sheedy aber das 1:3, so dass sich die Baric-Schützlinge am Ende einer kräftezehrenden Saison mit dem Titelhattrick im Pokal trösten mussten, der nach einem packenden Finalderby gegen die Austria feststand. Hier lag Meister Austria in der Verlängerung mit 3:2 in Führung, ehe Hans Krankl seine Farben mit dem Ausgleich ins Elfmeterschießen rettete, wo sich Rapid mit 6:5 durchsetzte. Krankl, der in 25 Ligaspielen lediglich 14 Tore geschossen hatte, hatte sich im Pokal mit zwölf Toren in sieben Spielen erneut besonders torhungrig gezeigt.

► EINWURF

Am letzten Spieltag 1976/77 war die Saison in der österreichischen Bundesliga eigentlich schon gelaufen. Wacker Innsbruck stand vor der abschließenden Runde bereits als Meister fest, während sich der in den Siebzigern nicht gerade vom Erfolg verwöhnte Rekordmeister Rapid mal wieder mit der Vizemeisterschaft begnügen musste. Entsprechend wollten nur 3.000 Unentwegte den Auftritt der Hütteldorfer gegen den Grazer AK sehen, was auch daran lag, dass der Gegner aus der Steiermark nur mit Mühe als Drittletzter den Klassenerhalt geschafft hatte. Die Zuschauer erlebten jedoch einen historischen Auftritt, was zum einen daran lag, dass die Gastgeber mit 11:1 einen der höchsten Siege ihrer Vereinsgeschichte feierten. Vor allem jedoch schrieb Hans Krankl an jenem Tag österreichische Fußballgeschichte. Nicht nur, dass er mit sieben Treffern so viele Tore in einem Bundesligaspiel erzielte wie kein Zweiter vor oder nach ihm. Mit seinem Hattrick zwischen der 58. und 61. Minute erzielte er zudem den schnellsten Dreierpack in der ÖFB-Geschichte. Ein weiteres Bravourstück lieferte „Hansi“ in der Saison 1971/72, damals freilich im Dress des Wiener AC, als er im Regionalligaspiel gegen Hinteregger Wien beim 9:2-Sieg acht Treffer erzielte.

Nach nochmals 18 Treffern in 17 Spielen sowie einer weiteren Vizemeisterschaft zog der „Rapidler des 20. Jahrhunderts“ nach der Saison 1985/86 das grün-weiße Dress ein für alle mal aus. Auf seine alten Tage heuerte er für zwei Jahre beim Wiener Sport-Club an, für den er in jeder Spielzeit 20 Treffer erzielen konnte und damit wesentlich zum Klassenverbleib beitrug. In der Saison 1987/88 erzielte Krankl damit sogar über die Hälfte der 39 Sportclub-Tore, was dem mittlerweile 35-Jährigen höchsten Respekt eintrug. Auch die Medienvertreter waren vom Torriecher des „Oldies“ derart angetan, dass sie ihn am Ende seiner Laufbahn noch einmal zu Österreichs Fußballer des Jahres wählten. Seine erste Wahl lag mittlerweile exakt anderthalb Jahrzehnte zurück, was beweist, über welch langen Zeitraum Hans Krankl zumindest in der Alpenrepublik zur Spitze gehörte.

Obwohl dieser sich nichts mehr beweisen musste, dachte er auch im Sommer 1988 noch nicht daran, seine aktive Laufbahn zu beenden. Zunächst heuerte er beim Zweitdivisionär Kremser SC an, wo er aber nicht wie erhofft zum Zug kam und nach nur einem Treffer in fünf Spielen das Weite suchte, um einen Vertrag bei Austria Salzburg zu unterschreiben. In der Mozartstadt konnte er dann noch einmal zeigen, was in ihm steckte. In 14 Zweitligaspielen erzielte er zehn Tore, womit sein Team als Aufsteiger in die Bundesliga feststand. Dies nahm er zum Anlass, um nach der Saison 1988/89 dem aktiven Fußball endgültig Lebewohl zu sagen.

Kein Glück als Trainer

Nahtlos schlug der früh ergraute Hans Krankl die Trainerlaufbahn ein, die ihn zunächst für drei Jahre zu Rapid führte. Die Grün-Weißen steckten in erheblichen finanziellen Schwierigkeiten, was seine Arbeit nicht gerade leicht machte. In der Liga war der dritte Rang in der Saison 1989/90 das beste Resultat. Immerhin führte Krankl seine Mannschaft zweimal ins Pokalfinale, das allerdings jeweils mit einer Niederlage in die Annalen einging. Das 1:3 am 12. Mai 1990 gegen die Wiener Austria kann zumindest als unglücklich bezeichnet werden, nachdem die Violetten erst Sekunden vor dem Abpfiff eine Verlängerung erzwangen, in der sie letztlich mit 3:1 die Oberhand behielten. Im Jahr darauf setzte es allerdings eine peinliche 1:2-Pleite gegen Zweitligist SV Stockerau, die für Hans Krankl den Anfang vom Ende seiner grün-weißen Trainerkarriere bedeutete. Auch bei seinen weiteren Stationen musste der als Spieler so erfolgreiche Krankl immer wieder herbe Rückschläge verkraften. Als er etwa 1994/95 das mit großen Ambitionen gestartete „Dream Team“ des FC Tirol übernahm, endete seine Mission frühzeitig, da die Innsbrucker ihr Projekt nicht länger finanzieren konnten.

In der Rückrunde der Saison 1999/2000 wechselte der „Held von Cordoba“ nach Deutschland, wo er den stark abstiegsgefährdeten Zweitligisten Fortuna Köln übernahm. Eigentlich stand er damals noch bei der Salzburger Austria unter Vertrag, mit der er im Vorjahr in der Meisterschaft immerhin den vierten Platz belegt hatte, weshalb er später zum Trainer des Jahres gewählt wurde. Eine Ausstiegsklausel machte es ihm jedoch möglich, in die 2. Bundesliga nach Deutschland zu wechseln, die der vermeintliche Motivationskünstler („Der Kölner Dom muss brennen!“) stärker als die erste Liga in Österreich bezeichnete. Unter dem neuen Übungsleiter lief es anfangs dann auch recht gut, so dass der Ligaverbleib im Bereich des Möglichen lag. Am Ende reichte es jedoch nicht, weshalb Krankl als jener Trainer in die Annalen der Fortunen einging, unter dem diese nach 26 Jahren ununterbrochener Zugehörigkeit zur 2. Bundesliga auf Nimmerwiedersehen ins Amateurlager abgestürzt sind.

Zwischen 2002 und 2005 durfte sich Hans Krankl, der mit Ehefrau Regina drei gemeinsame Kinder hat und seit September 2007 Großvater ist, dann auch als ÖFB-Teamchef versuchen. Als das Verpassen der WM-Qualifikation für 2006 feststand, erklärte der Verband, den Vertrag nicht verlängern zu wollen, weshalb ein etwas angesäuerter Krankl im September 2005 den Bettel freiwillig hinwarf. Damit hatte sich auch sein großer Wunsch zerschlagen, die österreichische Nationalmannschaft durch die bevorstehende Heim-EM im Sommer 2008 zu führen. Seine Bilanz als Teamchef liest sich in Anbetracht von je zehn Siegen und Unentschieden sowie elf Niederlagen wie die zahlreicher seiner Vorgänger und Nachfolger eher mittelmäßig!

► EINWURF

Lange Jahre trug Hans Krankl auch die Kapitänsbinde bei Rapid. Erstmals war dies im Jahr 1976 bis zu seinem Wechsel nach Barcelona zwei Jahre später der Fall. Als der „Goleador" 1981 wieder nach Hütteldorf zurückkehrte, übernahm er wie selbstverständlich erneut das Kapitänsamt, das er Ende 1985 an Heribert Weber abgab.

Nach seinem glücklosen Engagement beim ÖFB zog sich Hans Krankl bis Anfang 2009 vom Trainergeschäft zurück. Dennoch blieb er in der Alpenrepublik eine Person des öffentlichen Lebens und trieb beispielsweise seine Gesangskarriere voran, der er sich seit 1974 mit wechselndem Erfolg widmete. Zudem betätigte er sich als Fußball-Kommentator für eine täglich erscheinende Zeitung. Zum bis heute letzten Mal kehrte er am 23. März 2009 auf die Trainerbank zurück, als er Bundesligist Linzer ASK übernahm. Schon im Mai war sein Engagement jedoch beendet, nachdem es mit dem LASK-Vorstand zu Differenzen in Sachen Kaderplanung gekommen war.

► ZAHLEN UND FAKTEN

Vereine:	1970-1971	Rapid Wien
	1971-1972	Wiener AC
	1972-1978	Rapid Wien
	1978-1979	FC Barcelona
	1980	First Vienna FC
	1980	FC Barcelona
	1981-1986	Rapid Wien
	1986-1988	Wiener Sport-Club
	1988	Kremser SC
	1989	Austria Salzburg

Tore: 427 österr. Bundesliga-Spiele (320 Tore)
45 österr. Zweitliga-Spiele (38 Tore)
46 Spiele Primera División (34 Tore)
54 österr. Pokal-Spiele (52 Tore)
2 Spiele Copa del Rey (1 Tor)
56 Europacup-Spiele (27 Tore)
69 Länderspiele (34 Tore)
gesamt 699 Pflichtspiele (506 Tore)

Erfolge: Österreichischer Meister 1982, 1983
ÖFB-Pokalsieger 1976, 1983, 1984, 1985
Europacup der Pokalsieger 1979

Österreichischer Torschützenkönig 1974, 1977, 1978, 1983
Europas Torschützenkönig 1978
Österreichischer Fußballer des Jahres 1973, 1974, 1977, 1982, 1988

In der Nationalmannschaft:

Nachdem Hans Krankl in der Saison 1972/73 bei Rapid der Durchbruch gelungen war (was ihm schließlich die Wahl zu Österreichs Fußballer des Jahres einbrachte), ließ sein Debüt in der Nationalmannschaft erwartungsgemäß nicht lange auf sich warten. Der ÖFB trat am 13. Juni 1973 in Wien zum prestigeträchtigen Freundschaftstreffen mit Brasilien an, zu dem Teamchef Leopold Stastny auch den erst 19 Jahre alten Rapid-Newcomer einlud. Jedoch blieb Krankl beim achtbaren 1:1 ohne Torerfolg, wie man überhaupt sagen muss, dass sich die ersten Auftritte im ÖFB-Leiberl alles andere als übertrieben erfolgreich gestalteten. Beim zweiten Einsatz gegen England im September 1973 setzte es im Londoner Wembley-Stadion eine böse 0:7-Klatsche gegen England, ehe wenige Wochen später eine 0:4-Niederlage in Hannover gegen Deutschland folgte. Vor dem entscheidenden WM-Qualifikationsmatch am 27. Oktober gegen Schweden standen die Aktien der Österreicher damit alles andere als gut. Auf dem schneebedeckten Rasen des Gelsenkirchener Parkstadions verkauften sich die Spieler aus der Alpenrepublik dennoch ausgesprochen gut und wurden hinterher von den Experten als das schöner spielende Team bezeichnet. Dank seiner Cleverness und Routine siegte jedoch Schweden mit 2:1 und durfte damit im kommenden Sommer an der Weltmeisterschaft in der Bundesrepublik Deutschland teilnehmen.

Walzer trifft Tango!

Nach dem Verpassen der WM-Teilnahme galt es für ÖFB-Teamchef Leopold Stastny, eine neue Mannschaft im Hinblick auf die nächsten Welttitelkämpfe in Argentinien aufzubauen, wobei zwischendurch auch noch eine Europameisterschaft anstand. In Stastnys Planungen spielte der aufstrebende Rapid-Mittelstürmer eine wichtige Rolle, und so wurde Krankl auch für das Länderspiel am 27. März 1973 nominiert, zu dem Österreich in Rotterdam gegen die Niederlande antrat. Natürlich galten die für Deutschland qualifizierten Holländer als klare Favoriten. In den 90 Minuten im De Kuip zeigten die Gäste allerdings eine starke Vorstellung und entführten ein 1:1-Unentschieden, welches Krankl mit seinem ersten Länderspieltor sichergestellt hatte.

Es folgten zwei torlose Unentschieden in Brasilien und gegen Italien, womit das rot-weiß-rote Team reif schien, um in der EM-Qualifikation gegen Ungarn, Wales und Luxemburg zu bestehen. Der Start gelang: Am 4. September 1974 wurden die Waliser in Wien dank eines Krankl-Treffers aus der 75. Minute mit 2:1 geschlagen. Auch in Luxemburg bescherte ein Tor des Rapid-Mittelstürmers eine Viertelstunde vor dem Abpfiff der Stastny-Truppe einen 2:1-Erfolg, die so mit dem Punktemaximum die Tabelle anführte. Da Ungarn in einem Testspiel im Herbst 1974 ebenfalls mit 1:0 geschlagen worden war (Krankl war dabei sein dritter Länderspieltreffer geglückt), freute sich Österreich auf die beiden anstehenden Qualifikationsspiele gegen die Magyaren, wo es aber mit einem 0:0 in Wien und einer 1:2-Niederlage in Budapest einen empfindlichen Dämpfer setzte. Zwei weitere Krankl-Tore verhalfen der Alpenrepublik am 15. Oktober 1975 zu einem 6:2 über Luxemburg. Nach der abschließenden 0:1-Pleite in Wrexham gegen Wales musste die Mannschaft jedoch die angestrebte Viertelfinal-Qualifikation zu den Akten legen und konnte sich – wie man so schön sagt – auf die nächsten Aufgaben konzentrieren.

Nach dem Verpassen der Europameisterschaftsendrunde folgte für Hans Krankl ein starker Herbst 1976, als ihm in fünf Länderspielen gegen die Schweiz (3:1), Ungarn (2:4), Griechenland (3:0), Malta (1:0) und Israel (3:1) sechs Treffer gelangen. Mit dem Torerfolg gegen die Malteser hatte er Österreich einen gelungen Start in die WM-Qualifikation für Argentinien beschert, wo die Mannschaft der DDR als stärkster Widersacher galt. Schließlich schlossen die mittlerweile von Helmut Senekowitsch trainierten Österreicher ihre Gruppe ungeschlagen als Erste ab, womit unser Nachbarland erstmals seit 20 Jahren wieder an einer WM vertreten war. Krankl hatte sich nach dem Auftaktspiel gegen Malta jedoch nur noch im zweiten Vergleich mit dem Inselstaat in die Torschützenliste eingereiht (beim 9:0 traf er freilich gleich sechsmal), so dass die österreichischen Fußballfans nach dem Feststehen der WM-Teilnahme vor allem Herbert Prohaska von der Wiener Austria huldigten, der mit seinem legendären „Spitz von Izmir“ den Weg nach Südamerika geebnet hatte.

► **EINWURF**
Als erstaunlich gute Verlierer zeigten sich die Zuschauer der ARD-Sportschau bei der Wahl zum „Tor des Monats“ im Juni 1978. Hier hatte nämlich ausgerechnet einer der beiden Krankl-Treffer beim legendären österreichischen 3:2 von Cordoba die Nase vorn. Es war allerdings nicht das Siegtor kurz vor dem Abpfiff, sondern der Treffer zur zwischenzeitlichen 2:1-Führung, den Hans Krankl dem deutschen Keeper Sepp Maier in der 66. Minute mit einem artistischen Volleyschuss eingeschenkt hatte.

„I werd narrisch“

Die Weltmeisterschaft 1978 in Argentinien wird in Österreich mit dem besten Abschneiden des Nationalteams in der jüngeren Vergangenheit verbunden, das im allseits bekannten 3:2 von Cordoba gipfelte. Für Hans Krankl, der in der WM-Saison Torschützenkönig von Europa geworden war und der nach den Titelkämpfen in Barcelona anheuerte, bedeutete der Auftritt auf dem südamerikanischen Subkontinent der internationale Durchbruch. Es war indes keinesfalls nur der Auftritt gegen den amtierenden Weltmeister, der das WM-Abenteuer aus Sicht von Hans Krankl unvergessen machte.

► **EINWURF**
Nachdem Hans Krankls Torrekord im ÖFB-Team inzwischen von Toni Polster ausgelöscht ist, hält er auch heute noch eine bemerkenswerte Bestmarke. Am 30. April 1977 fegte Österreich in Salzburg die Auswahl Maltas mit 9:0 aus dem Stadion, wobei Mittelstürmer Krankl gleich sechsmal erfolgreich war. Sechs Treffer in einem Spiel konnte bis heute kein österreichischer Nationalspieler mehr erzielen.

Nicht wenige prophezeiten dem rot-weiß-roten Team nach der Auslosung am 14. Januar 1978 im Teatro San Martin von Buenos Aires ein frühes Scheitern, da dieses in der Vorrundengruppe 3 auf Mitfavoriten wie Brasilien und Spanien sowie die starke schwedische Mannschaft traf, die den Fußballern aus der Alpenrepublik vor vier Jahren den Weg zur WM-Endrunde verbaut hatte. Doch schon im ersten Gruppenspiel gegen Spanien zeigte Österreich eine taktisch reife Leistung und gewann in der Arena von Velez Sarsfield mit 2:1. Den Sieg hatte Hans Krankl mit einem platzierten Flachschuss eine knappe Viertelstunde vor dem Abpfiff sichergestellt.
Vier Tage später bekam es „Team Austria“ dann an gleicher Stätte mit Schweden zu tun, das im ersten Spiel ein 1:1 gegen den dreifachen Weltmeister Brasilien erkämpft hatte. Das Rezept, das Trainer Helmut Senekowitsch seinen Mannen mit auf den Weg gegeben hatte, war denkbar einfach: Österreich agierte aus einer starken Abwehr heraus und versuchte den Gegner mit sporadischen Gegenstößen in Verlegenheit zu bringen. Einzige Angriffsspitze war der Noch-Rapid-Mittelstürmer Hans Krankl, dem nach dem Spiel ebenso wie Herbert Prohaska und dem viel zu früh verstorbenen Bruno Pezzey seine Extraklasse bescheinigt wurde. Krankl war es auch, der die Partie kurz vor der Pause im Alleingang entschied. Nach einem Durchbruch in den gegnerischen Strafraum konnte er vom schwedischen Abwehrspieler Nordqvist nur durch ein Foul gebremst werden. Eiskalt verwandelte er danach den fälligen Elfmeter, der den knappen aber verdienten Sieg besiegelte. Selbst Schwedens Trainer Georg Ericson meinte hinterher: „Kein Zweifel besteht darüber, dass die Österreicher stärker als die Brasilianer sind.“

Im Europapokalfinale zwischen Rapid Wien gegen Everton (1:3) gelang Hans Krankl das Anschlusstor zum 1:2.

Eine Einschätzung, die freilich etwas voreilig getroffen worden war, da die Mannschaft in ihrem letzten Gruppenspiel den Südamerikanern in Mar del Plata mit 0:1 unterlag. Die Ursache für die Niederlage war nicht zuletzt darin zu suchen, dass der in den ersten beiden Partien so überzeugende Hans Krankl diesmal keinen Stich bekam, weil ihn Verteidiger Toninho über die gesamten 90 Minuten an die Kette gelegt hatte. Dass ein österreichischer Stürmer von seinem brasilianischen Sonderbewacher auf Schritt und Tritt verfolgt wurde, spricht aber genau genommen eher für als gegen die Qualitäten des „Alpen-Bombers“. Mit dem ersten Einzug in die Runde der letzten Acht seit der Weltmeisterschaft 1954 war das Fußballmärchen für Österreich bereits vor den Spielen der zweiten Finalrunde perfekt. Schon ein Punktgewinn gegen einen der drei jetzt zu spielenden Gegner (Niederlande, Italien und Deutschland) wäre für das kleine Land ein Riesenerfolg, von einem Finaleinzug gar nicht zu reden.
De facto wurden die österreichischen Himmelsstürmer in den ersten beiden Zwischenrundenspielen entzaubert. Keine Chance besaßen sie gegen die von Ernst Happel betreuten Niederländer, die klar und deutlich mit 5:1 die Oberhand behielten. Hans Krankl hatte seine beste Szene kurz nach dem Seitenwechsel, als er einen Freistoß nur knapp über das Oranje-Tor platzierte. Allerdings war die Partie zu diesem Zeitpunkt schon entschieden, da der Gegner bereits mit 3:0 in Führung lag. Weniger deutlich – nämlich nur mit 0:1 – gestaltete sich die Niederlage gegen Italien. Trainer Senekowitsch hatte seine Mannschaft nach der Klatsche gegen Holland umformiert, indem er seiner bisher einzigen Angriffsspitze Hans Krankl mit Walter Schachner einen zweiten Stürmer zur Seite stellte. Allerdings bot der Teamchef mit Obermayer und Krieger gleichzeitig zwei Liberos auf, so dass Krankl und Schachner, in Anbetracht der immer noch betont defensiven Aus-

richtung des österreichischen Spiels, über weite Strecken in der Luft hingen. Zudem zeigte sich, dass die Mannschaft auf diesem Niveau allzu auszurechenbar war. Die Fähigkeiten von Krankl waren mittlerweile hinlänglich bekannt, weshalb ihm Italiens Trainer Enzo Bearzot in Bellugi (später Gentile) einen Sonderbewacher zur Seite stellte.
Österreich stand mithin vor seinem letzten WM-Auftritt gegen Deutschland als Gruppenletzter fest. Und so ging es am 21. Juni 1978 in Cordoba für das rot-weiß-rote Team vor allem um die Ehre, während der Titelverteidiger sich zumindest noch Hoffnungen auf das Spiel um Platz 3 machen konnte. In der Bundesrepublik spekulierten Optimisten gar auf einen hohen deutschen Sieg, der dem Titelverteidiger bei einem Unentschieden im Parallelspiel zwischen den Niederlanden und Italien sogar noch den Finaleinzug beschert hätte. An eine Niederlage gegen den südlichen Nachbarn wollte dagegen keiner denken, zumal die letzte ganze 47 Jahre zurücklag.

EXKURS: Sieg nach 47 Jahren?

In den offiziellen Statistiken wird der 3:2-Sieg Österreichs vom 21. Juni 1978 als erster Erfolg über Deutschland nach 47 Jahren ausgewiesen. Am 13. September 1931 wurde die deutsche Elf in Wien mit 0:5 niedergewalzt, wobei diese Niederlage in die Zeit des legendären „Wiener Wunderteams" fiel, das in den Jahren 1931 und 1932 – angeführt von Mittelstürmer Matthias Sindelar – von Sieg zu Sieg eilte. Am 15. Mai desselben Jahres war das „Wunderteam" in Berlin zu Gast und hatte den großen Nachbarn gar mit 6:0 gedemütigt. Der wichtigste Sieg, den Deutschland über Österreich nach 1931 feierte, war das 6:1 im WM-Halbfinale von 1954, wobei auch das 3:2 im kleinen Finale bei der WM 1934 in Neapel nicht vergessen werden darf. Dennoch gibt es im betreffenden Zeitraum ein Spiel zwischen den beiden Nachbarländern, welches nicht in den offiziellen Statistiken auftaucht. Kurz nach dem „Anschluss" Österreichs an Hitler-Deutschland kam es am 3. April 1938 in Wien zum „Vereinigungsspiel", das die Spieler aus der „Ostmark" mit 2:0 für sich entschieden. Da Österreich zu diesem Zeitpunkt aber nicht mehr existierte (sondern eben zur Ostmark geworden war), taucht diese Begegnung nicht in den offiziellen Statistiken auf, weshalb das 3:2 von Cordoba auch nicht der erste Sieg seit 40, sondern seit 47 Jahren war. Nach dem Erfolg in Argentinien dauerte es dann nur etwas mehr als sieben Jahre, ehe die Fans der Alpenrepublik den nächsten Sieg über die „Piefkes" bejubeln durften. Am 29. Oktober 1986 wurden diese im frisch renovierten Wiener Praterstadion vor 55.000 Zuschauern gleich mit 4:1 gedemütigt. Alle fünf Tore waren übrigens nach der Pause gefallen. Während Rudi Völler für die Elf von Teamchef Beckenbauer den Ehrentreffer erzielt hatte, waren für Österreich Polster und Kienast je zweimal erfolgreich. Seitdem freilich haben die „Ösis" vergeblich versucht, ihrem nördlichen Nachbarn eins auszuwischen, obwohl sie gerade in jüngster Zeit – man denke nur an das EM-Gruppenspiel 2008 in Wien, mit dem entscheidenden deutschen Tor nach Ballack-Freistoß kurz nach der Pause – einige Male ganz dicht dran waren. Bei einer abermals 47-jährigen Durststrecke würde der nächste österreichische Erfolg freilich in das Jahr 2033 fallen, wobei die Nachfahren von Hans Krankl unter Garantie darauf setzen, dass es nicht gar so lange dauert...

Was natürlich auch für einen Sieg der Schön-Elf sprach, war die Tatsache, dass die anfangs so starken Österreicher von den Niederlanden und Italien inzwischen entzaubert worden waren, was nicht zuletzt auf Hans Krankl zutraf, der nach seinen beiden Treffern gegen Spanien und Schweden nicht mehr erfolgreich gewesen war. Vielleicht ging der Titelverteidiger daher etwas zu sorglos ins Spiel, wobei zudem die 1:0-Pausenführung durch Rummenigge den schwachen Auftritt kaschierte. Es kam, was kommen musste: Nach dem österreichischen Ausgleich durch ein Vogts-Eigentor hatte „Alpen-Bomber" Krankl in der 66. Minute seinen ersten großen Auftritt, als er mit einem satten Volleyschuss sein Team erstmals in Führung schoss. Zwar kam Deutschland durch Hölzenbein wieder zum Ausgleich. Die stark spielenden Österreicher – von Edi Finger in seiner legendären Hörfunkreportage als „Weltklassemannschaft" bezeichnet – legten in der Schlussphase aber noch einen Zahn zu. Die Jubelrufe des ORF-Hörfunkreporters nach dem 3:2 von „Hansiburli" schmerzen die deutschen Fußballanhänger bis heute!

► **EINWURF**

Ganze 45 Jahre bedeuteten die 29 Länderspieltreffer von Hans Horvath in Österreich Rekord, die der ehemalige Rapidler in der Zeit zwischen 1924 und 1934 erzielt hatte. Es musste erst Hans Krankl kommen, um eine neue Bestmarke zu setzen. Als „Hansi" am 15. November 1980 beim 5:0 im WM-Qualifikationsspiel von Wien gegen Albanien seinen 30 Treffer im ÖFB-Trikot feiern konnte, war der Rekord endlich Geschichte. Heute belegt Krankl mit 34 Toren in 69 Länderkämpfen in der ewigen Bestenliste Rang zwei, nachdem er im November 1996 von Toni Polster (insgesamt 44 Tore) überholt wurde.

España 82

Der 3:2-Siegtreffer gegen Deutschland war Hans Krankls 25. Länderspieltor, wobei die beiden Treffer von Cordoba sein letzter Doppelpack im ÖFB-Dress bleiben sollten. Mit vier Endrundentreffern belegte er in der WM-Torschützenliste gleichauf mit dem Argentinier Leopoldo Luque den vierten Platz und wurde lediglich von Mario Kempes (sechs Treffer) sowie Teofilo Cubillas und Rob Rensenbrink (jeweils fünf) übertroffen. In der anschließenden EM-Qualifikation – Österreich scheiterte knapp am späteren Vizeeuropameister Belgien – gingen immerhin vier der 14 rot-weiß-roten Tore auf das Konto Hans Krankls, der danach seine zweite WM-Teilnahme anstrebte. In der Qualifikation traf Österreich abermals auf die deutsche Elf, die sich mit dem 2:0 von Hamburg und dem 3:1 von Wien für die Cordoba-Pleite revanchierte. Dennoch konnte sich unser Nachbarland als Zweiter für die Endrunde qualifizieren. Allein Hans Krankl vermochte auf dem Weg nach Spanien nicht wirklich zu überzeugen und zählte lediglich in den Partien gegen Albanien (5:0), Bulgarien (2:0) und Finnland (5:1) zu den Torschützen.
Auch bei seiner zweiten WM-Endrunde zeigte sich, dass der einstige „Goleador" den Zenit seiner Laufbahn inzwischen überschritten hatte. In Oviedo besiegte Österreich im Auftaktduell Chile mit 1:0, wobei Walter Schachner in der 22. Minute das Tor des Tages erzielte. Am 21. Juni 1982 – also exakt vier Jahre nach dem Sieg von Cordoba – folgte ein 2:0 über Außenseiter Algerien, das Hans Krankl in der 68. Minute mit seinem 34. und letzten Länderspieltreffer sicherstellte. Dem schwachen Auftritt gegen die Nordafrikaner schloss sich das „Skandalspiel von Gijon" an, bei dem sich Deutsche und Österreicher nach dem frühen Führungstor der Derwall-Elf durch Hrubesch auf einen Nichtangriffspakt verständigten, bei dem beide Teams in den Augen ihrer Fans nahezu jeglichen Kredit verspielten. Seinen letzten WM-Einsatz verzeichnete Hans Krankl dann im Zwischenrundenspiel gegen Frankreich,

das Österreich knapp mit 0:1 verlor. Den abschließenden Auftritt in Spanien gegen Nordirland (2:2) verfolgte der Rapid-Mittelstürmer nur von der Auswechselbank.

► **EINWURF**
Hans Krankl zählte zu jenen Fußballern, die ihre Fans nicht nur mit ihrem Können auf dem Platz, sondern auch dem ein oder anderen schmissigen Zitat erfreuten. So ereiferte er sich einmal darüber, dass ihm und seinen Berufskollegen des Öfteren mangelnde Intelligenz nachgesagt würde: „Die Fußballer sind viel g'scheiter, wie manche Trotteln glauben. Ich kenne Universitätsprofessoren, das sind Stocktrotteln!" Auch an übertriebener Hochachtung vor dem Bildungsbürgertum ließ der Sohn eines Straßenbahners kein gutes Haar: „Wer braucht Latein? Heut musst noch immer Latein lernen für die Matura. Schwachsinn!" Viel wichtiger als die Schulbildung – Matura ist die österreichische Bezeichnung für Abitur – war nach Krankls Ansicht, dass das Runde ins Eckige muss. Oder, wie er sich selbst einmal ausdrückte: „Wir müssen gewinnen. Alles andere ist primär."

Nach der WM in Spanien wurde Hans Krankl vom neuen ÖFB-Teamchef Erich Hof zunächst nicht berücksichtigt. Erst im EM-Qualifikationsspiel gegen Deutschland am 27. April 1983 in Wien war er wieder mit von der Partie, ohne beim torlosen Remis wirklich zu überzeugen. Es folgte ein 2:2 gegen die UdSSR und im September 1983 eine 1:3-Pleite in Belfast gegen Nordirland, nach der die Länderspiellaufbahn Hans Krankls beendet schien. Dank seiner starken Leistungen in der Spielzeit 1984/85 holte ihn Branko Elsner nochmals ins „Team" zurück. Rund einen Monat vor dem Europacupfinale gegen Everton lief er in Wien gegen Ungarn auf. Die 0:3-Pleite in der WM-Qualifikation setzte allerdings einen wenig glorreichen Schlussstrich unter Krankls Nationalmannschaftskarriere.

Saison	**Europacup**		**Liga**		**Pokal**	
	Sp.	T.	Sp.	T.	Sp.	T.
1970/71			4	0	2	0
1971/72			26	27	0	0
1972/73	4	1	30	14	8	6
1973/74	4	1	32	36	6	5
1974/75	4	1	33	17	3	0
1975/76	2	1	35	20	6	6
1976/77	2	1	35	32	1	2
1977/78	2	0	36	41	3	1
1978/79	7	5	30	29	2	1
1979/80	3	4	9	2	0	0
			17	13	?	0
1980/81	1	0	7	3	0	0
			18	16	1	0
1981/82	6	3	32	19	2	1
1982/83	4	4	26	23	7	9
1983/84	6	1	27	17	7	8
1984/85	8	4	25	14	7	12
1985/86	3	1	17	18	1	1
1986/87			27	20	?	0
1987/88			33	20	?	1
1988/89			5	1	?	0
			14	10	?	0

Angel Labruna
Erster Maschinist bei River Plate

Angel Amadeo Labruna. Über zwei Jahrzehnte spielte der am 28. September 1918 in Buenos Aires geborene 1,71 Meter große Stürmer für River Plate. Für seine Mannschaft traf er in 515 Einsätzen in der Meisterschaft 293-mal ins Schwarze. Schon in seiner Kindheit (vermutlich um das Jahr 1930) war er zu den Millionarios gewechselt, um später mit dem Verein seines Herzens nicht weniger als neun Meistertitel zu erringen. Labruna, der mit katzenhafter Gewandtheit den Weg zum gegnerischen Tor suchte, avancierte zum erfolgreichsten Protagonisten von „La Maquina", jener bestens harmonierenden Angriffsformation von River Plate, die die Mannschaft seinerzeit zu einer der besten Südamerikas – wenn nicht der Welt – machte. So viele Tore wie Labruna kann in der argentinischen Primera Divisiόn nur noch der aus Paraguay stammende Arsenio Erico vorweisen, der zwischen 1934 und 1946 das Trikot von Hauptstadtrivale Independiente getragen hatte.

► **EINWURF**
Die legendäre Angriffsreihe „La Maquina" (Maschine) wurde so genannt, weil sie wie ein Uhrwerk funktionierte, bei dem jedes Rad ins andere greift. Die Idealbesetzung bildeten Juan Carlos Muñoz (Rechtsaußen), José Manuel Moreno (Halbrechts), Adolfo Pedernera (Mittelstürmer), Angel Labruna (Halblinks) und Felix Loustau (Linksaußen):

		Sp.	***T.***
Juan Carlos Muñoz	*1939-50*	*184*	*39*
José Manuel Moreno	*1935-48*	*320*	*180*
Adolfo Pedernera	*1935-46*	*278*	*131*
Angel Labruna	*1939-59*	*515*	*293*
Felix Loustau	*1942-57*	*365*	*101*
Gesamt		***1.662***	***744***

Tatsächlich spielte die berühmteste Sturmformation von River Plate nur fünf Jahre (von 1942 bis 1946) zusammen. Nach dem Weggang von Adolfo Pedernera wurde die Mittelstürmerposition zwei Jahre von Alfredo di Stefano besetzt, der später bei Real Madrid eine Weltkarriere hinlegen sollte. Das Foto zeigt (von links nach rechts) Juan Carlos Muñoz, José Manuel Moreno, Adolfo Pedernera, Angel Labruna und Felix Loustau. Während Pedernera als Kopf der „Maquina" galt, avancierte Linksverbinder Labruna zu deren erfolgreichstem Torschützen.

Angel Labruna kam im Alter von 21 Jahren zu seinem Debüt in der ersten Mannschaft, als diese am 18. Juni 1939 eine 0:1-Pleite bei Estudiantes La Plata kassierte. Labruna hatte den ansonsten auf Halbrechts eingesetzten José Manuel Moreno ersetzt, der gerade eine vereinsinterne Sperre abbrummen musste. Gleich in seiner Premierensaison stellte der Youngster, der wegen seiner Spielweise bald auch „Puma“ genannt wurde, mit insgesamt sieben Treffern in zehn Ligaspielen seine Torgefahr unter Beweis.

Zauberfußball am Rio de la Plata

Schon im Spieljahr 1940 war Labruna in Anbetracht von 26 Einsätzen vollwertiges Mitglied des Kaders. Da Adolfo Pedernera in der Sturmmitte von „La Maquina“ gesetzt war, agierte Angel Labruna *(Bild)* wie später auch auf Halblinks, weshalb er lediglich 14-mal ins Schwarze traf. Überlegener Meister waren übrigens die Boca Juniors geworden, die das drittplatzierte River Plate mit 13 Zählern ausgesprochen deutlich distanziert hatten.

Dafür sollte sich der „Puma“ in den kommenden beiden Jahren die ersten zwei Meisterschaften seiner Karriere sichern. 1941 lieferten sich die Millionarios mit San Lorenzo de Almagro ein heißes Titelrennen, welches erst in der letzten Runde entschieden wurde. River Plate musste bei Estudiantes La Plata antreten, wobei der Champion von 1939 seine eigenen Titelchancen freilich längst eingebüßt hatte und im Niemandsland der Tabelle versunken war. Dennoch taten sich die Gäste lange schwer, ehe nach 90 Minuten ein 3:1-Sieg feststand, der den ersehnten Meistertitel unter Dach und Fach brachte, zu dem Angel Labruna immerhin weitere elf Tore beigetragen hatte. Damit rangierte er in der teaminternen Torjägerliste allerdings lediglich auf dem dritten Platz, da nicht nur José Manuel Moreno (15 Tore), sondern auch Adolfo Pedernera (13) häufiger ins Schwarze getroffen hatten.

Nachdem die Angriffsformation von River Plate durch Felix Loustau komplettiert worden war, avancierte „La Maquina“ endgültig zum Maß aller Dinge und bescherte den Millionarios 1942 die erfolgreiche Titelverteidigung. Verfolger San Lorenzo de Almagro konnte diesmal gar um sechs Punkte distanziert werden. Zwar hatte Labruna seine Trefferzahl auf 15 (in 28 Einsätzen) gesteigert. Bester Goalgetter des Meisters war jedoch einmal mehr Adolfo Pedernera, dessen 23 Saisontreffer nur von Rinaldo Martino (25) von San Lorenzo überboten wurden. Noch ein Wort zu Felix Loustau. Der nur 1,64 Meter große Linksaußen galt als Spaßvogel des Teams, der von den Qualitäten der River-Plate-Maschine überzeugt war: „Maradona war ein guter Spieler. Aber zu meiner besten Zeit hatte es hundert Maradonas gegeben.“ Fünf davon dürften im Angriff der Millionarios gespielt haben...

Obwohl sich River Plate 1943 und 1944 jeweils hinter Boca Juniors mit der Vizemeisterschaft begnügen musste, entwickelte sich Angel Labruna immer mehr zum wichtigsten Torjäger der Angriffsmaschinerie. So war er im Spieljahr 1943 in jedem seiner 23 Einsätze für einen Torerfolg gut, so dass er ex aequo mit Luis Arrieta (CA Lanus) und Raul Frutos (CA Platense) zum Torschützenkönig der Primera División avancierte. In der nächsten Saison vermochte er seine Quote sogar noch um zwei Treffer zu steigern, was allerdings nicht zum erneuten Gewinn der Torjägerkrone reichte, da Atilio Mellone von Huracan Buenos Aires 26 Saisontreffer aufweisen konnte.

Um endlich wieder den Titel zu holen, wurde zu Beginn des Jahres 1945 Carlos Peucelle als neuer Trainer engagiert, der zuvor selbst mehrere Jahre für River Plate aktiv gewesen war und der „La Maquina“ nun weiter perfektionieren sollte. Der Vizeweltmeister von 1930 setzte auf totale Offensive, so dass unter Peucelle – wie dieser selbst formulierte – ein Torhüter und zehn Angreifer auf dem Feld standen. Angel Labruna gehörte zu den großen Profiteuren des neuen Angriffswirbels. Obwohl Adolfo Pedernera nach wie vor im Sturmzentrum agierte, avancierte der „Puma“ auf der halblinken Position mit 25 Saisontreffern zum zweiten Mal in seiner Laufbahn zum Torschützenkönig. Den entscheidenden Schritt in Richtung Meisterschaft machte River Plate am vorletzten Spieltag, als die Chacarita Juniors vor eigenem Publikum mit 2:0 in die Schranken gewiesen wurden. Nachdem Loustau die Mannschaft vor 33.700 Zuschauern in der 17. Minute mit 1:0 in Führung gebracht hatte, besiegelte Torschützenkönig Labruna nach 73 Minuten den Endstand.

„Totaler Fußball“ argentinischer Prägung

Mit dem Meistertitel von 1945 hatte die „Maquina“ ihren Gipfel erreicht. Im Jahr darauf mussten die erfolgsverwöhnten Anhänger eine große Enttäuschung verkraften, da der Titelverteidiger lediglich als Vierter die Ziellinie passierte. Die Folge war, dass Mittelstürmer Adolfo Pedernera nach der Saison zum Ortsrivalen Atlanta abgeschoben wurde, womit die legendärste Angriffsformation der Klubhistorie nach lediglich fünf gemeinsamen Spielzeiten nicht mehr existierte. Dass diese – wie einige Quellen behaupten – nur 18 gemeinsame Spiele bestritten haben soll, erscheint allerdings wenig wahrscheinlich. Trotzdem ist es dem Quintett in erstaunlich kurzer Zeit gelungen, einen Ruf zu begründen, der noch in der Gegenwart Nachhall findet und der River Plate zu einem der beliebtesten Vereine des Landes machte. Die Spielweise der Mannschaft war durchaus ein Vorläufer und Wegbereiter des „totalen Fußballs“, bei dem alle Feldspieler blitzschnell von Abwehr auf Angriff umschalten mussten. Dies war natürlich nur möglich, weil neben der Sturmreihe weitere Klassespieler auf dem Platz standen, wie der aus der eigenen Jugend gekommene Nestor Rossi, der erstmals im Meisterjahr 1945 als Mittelläufer agierte.

► EINWURF

„Fato Fato Maragato“. – Mit diesem Schlachtruf wurde Angel Labruna des Öfteren auf den Rängen gefeiert, wenn er mal wieder einen seiner zahllosen Treffer für River Plate erzielt hatte. So wie zum Beispiel im „Superclasico“ gegen die Boca Juniors, wo er mit 16 Torerfolgen bis heute Rekordtorschütze ist. Mit 293 Treffern ist er natürlich auch bester Ligatorschütze des Vereins, für den er einschließlich der Freundschaftsspiele mehr als 1.000 Einsätze zu verzeichnen hatte, in denen ihm 490 Treffer zugewiesen werden können. Mit dem eingangs erwähnten Fangesang wurde übrigens auf Labrunas familiäre Wurzeln angespielt, die in der spanischen Region Maragateria zu suchen sind. Von dort aus waren seit der Entdeckung Amerikas zahlreiche Einwanderer nach Argentinien und Uruguay gekommen.

Zwei Bilder aus dem Meisterjahr 1945. Oben tritt der kommende Torschützenkönig im Spiel gegen Ferro Carril Oeste zum Elfmeter an. Während es im argentinischen Fußball damals noch keine Rückennummern gab, sollte Angel Labruna nach deren Einführung zumeist das Trikot mit der Nummer 10 überstreifen. Kurios: Um dieses Foto zu schießen muss der Fotograf während der Ausführung des Strafstoßes auf dem Platz gestanden haben! Das Bild unten zeigt die Meistermannschaft von River Plate mit Yacono, Vaghi, Soriano, Rodriguez, Ramos, Rossi (hinten von links); Abajo, Muñoz, Gallo, Pedernera, Labruna und Loustau (vorne von links).

Nicht zuletzt dank Neuzugang Di Stefano, der mit 27 Saisontreffern auf Anhieb Torschützenkönig wurde, sicherte sich River Plate 1947 in überlegener Manier einen weiteren Meistertitel. Wie schon zu Zeiten Pederneras war Labruna vor allem die Vorbereiterrolle zugedacht gewesen, da gerade einmal 16 Tore auf sein Konto gegangen waren. Daran sollte sich auch in den kommenden beiden Jahren nichts ändern, die die Millionarios jeweils als Vizemeister abschlossen und in denen Angel Labruna abermals je 16-mal ins Schwarze traf. Nachdem River Plate im Spieljahr 1950 trotz 20 Treffern des „Pumas“ in der Liga auf den dritten Platz zurückgefallen war, konnte sich die Mannschaft 1951 wieder bis zum Schluss Hoffnungen auf den Titelgewinn machen. Allerdings sollte es am Ende abermals nur zu Rang drei reichen, da Überraschungsmeister CA Banfield und Racing Buenos Aires einen Zähler mehr auf dem Konto hatten.

Erst danach durften sich die Anhänger im River-Plate-Stadion wieder über Titelgewinne freuen. Die Lücke, die Alfredo di Stefano durch seinen Wechsel nach Kolumbien 1948 gerissen hatte, war inzwischen vom Uruguayer Walter Gomez geschlossen worden, ehe ab 1954 der junge Dribbelkünstler Omar Sivori den Angriff weiter belebte. Allerdings spielte Sivori lediglich rund zweieinhalb Jahre für die Millionarios, ehe die europäischen Topvereine auf ihn aufmerksam wurden, so dass sich Sivori zunächst Juventus Turin und später dem SSC Neapel anschloss, wo er zu Zeiten des berüchtigten Catenaccio zu einem der besten Torjäger der Serie A avancierte.

Anders als es die Bezeichnung „La Maquina“ suggeriert, war die Spielweise von River Plate in jener Zeit keineswegs unterkühlt, sondern an Einfallsreichtum und Spritzigkeit kaum zu überbieten. Angeblich sollen die Fans die Angriffsversuche von Labruna, Pedernera & Co. auf den Rängen in andächtiger Stille verfolgt haben, um nach erfolgreichem Torabschluss umso mehr in Feierlaune zu geraten. Pedernera war es auch, der die Rolle des zurückhängenden Mittelstürmers kreierte. Während Angel Labruna zwar der erfolgreichste Torschütze des Quintetts war, galt Adolfo Pedernera als eigentlicher Kopf der Mannschaft, weshalb er von den Fans als „Napoleon del futbol“ verehrt wurde. Allerdings verstand es Labruna blendend, als Linksverbinder in jene Lücken zu stoßen, die Pedernera hinterließ, wenn dieser sich – wie später Nandor Hidegkuti in Ungarns „Aranycsapat“ – ins Mittelfeld zurückfallen ließ. Und auch nach dem Weggang Pederneras konnte man dieses Erfolgsrezept zunächst konservieren, da in den kommenden beiden Jahren Alfredo di Stefano die Nachfolge des Fußball-Napoleons antrat, wobei der spätere Jahrhundertfußballer von Real Madrid Pedernera in Sachen Technik und Spielwitz in nichts nachstand.

Dauerbrenner Angel Labruna

Dass Angel Labruna zum torreichsten Angreifer von River Plate werden konnte, lag vor allem an dessen schier unerschütterlicher Vereinstreue. Länger als alle anderen Mitglieder der „Maquina“ – ganze 21 Spielzeiten nämlich – ging er für den Verein auf Torejagd, weshalb die Anhänger dem Dauerbrenner schließlich den Beinamen „Eterno“ verpassten. Der ewige Angel Labruna blieb in den fünfziger Jahren deutlich hinter den Trefferquoten früherer Jahre zurück. So sollte er nach 1950 nie wieder die 20-Tore-Marke knacken. Am besten war es noch in den Jahren 1953 und 1957 gelaufen, als dem Verbindungsstürmer 16 resp. 13 Tore gelungen waren. Dagegen sollte er 1954 erstmals seit seiner Debütsaison mit acht Toren nur noch eine einstellige Trefferzahl aufweisen.

Dank seiner immensen Erfahrung zählte er neben Rekordspieler Amadeo Carrizo (521 Einsätze) sowie Linksaußen Felix Loustau gleichwohl zu den Eckpfeilern eines Teams, das sich nach den beiden Meisterschaften von 1952 und

1953 zwischen 1955 und 1957 sogar den Titelhattrick sichern konnte. In der Spielzeit 1959 wurde dann allerdings deutlich, dass Labruna mit mittlerweile 40 Jahren den Zenit seiner Laufbahn überschritten hatte. Da er in zwölf Einsätzen nur noch zweimal ins Schwarze getroffen hatte, musste das letzte Relikt der „Maquina" zur kommenden Saison jüngeren Kräften Platz machen.

Gipfeltreffen der Extraklasse. Am 15. August 1958 standen sich River Plate und Real Madrid in einem Freundschaftsspiel in Buenos Aires mit den beiden Klublegenden Angel Labruna (links) und Alfredo di Stefano gegenüber. Beide hatten 1947 und 1948 gemeinsam das Trikot von River Plate getragen. Der amtierende Europacupsieger Real Madrid gewann die Partie knapp mit 1:0.

Als Trainer zur Unsterblichkeit

Das Jahr 1960 führte Labruna zunächst auf die andere Seite des Rio de la Plata, wo er sich in Montevideo den wenig ambitionierten Rampla Juniors anschloss. Diese standen auch jetzt wieder klar im Schatten der beiden Überflieger Peñarol und Nacional und mussten sich bei mickrigen fünf Saisonsiegen mit dem siebten Platz begnügen. Auch der Oldie aus Argentinien hatte in Anbetracht von lediglich vier Torerfolgen in 16 Einsätzen nicht für den erhofften Aufschwung sorgen können. Ende des Jahres gab Labruna noch ein Fünf-Spiele-Intermezzo in der höchsten chilenischen Liga bei einem Klub namens Rangers de Talco, das für ihn ohne auch nur einen einzigen Torerfolg in die Annalen einging. Schließlich versuchte er sich 1961 für kurze Zeit bei CA Platense, wo er in der zweiten argentinischen Liga die letzten beiden Ligaspiele bestritt, in denen ihm allerdings erneut kein Treffer gelang. Insofern überraschte es nicht, dass der 42-Jährige danach seine Fußballschuhe endgültig an den Nagel hängen sollte.

Nach mehrjähriger Pause trat Angel Labruna ab 1968 erstmals als Übungsleiter in Erscheinung, wobei er bis 1970 bei seinem Stammverein River Plate zunächst als Assistenztrainer arbeitete, um dabei wichtige Erfahrungen zu sammeln. Danach heuerte er als Cheftrainer bei Rosario Central an, wo ihm der erste große Coup gelang. Erst seit 1967 war die argentinische Meisterschaft allen Vereinen des Landes zugänglich gemacht worden, nachdem diese bis dahin allein den Vertretern der Hauptstadt Buenos Aires offengestanden hatte. Im Campeonato Nacional waren die Labruna-Schützlinge im Herbst 1971 dann nicht zu bremsen und qualifizierten sich für das Endspiel gegen San Lorenzo de Almagro, welches sie am 22. Dezember dank der Treffer von Gramajo und Colman mit 2:1 für sich entschieden und damit als erster Verein außerhalb von Buenos Aires den Landesmeistertitel gewannen.

Da Rosario Central im kommenden Jahr deutlich hinter den Erwartungen zurückblieb und die Qualifikation für die Endrunde als Sechster verpasst hatte, zog Angel Labruna 1973 weiter zu Racing Buenos Aires, wo es jedoch abermals nicht zur Endrundenteilnahme reichen sollte. Entschieden besser lief es für den einstigen Angreifer im Jahr 1974, als er mit CA Talleres aus Cordoba wieder die Endrunde der nationalen Meisterschaft erreichte und dort einen respektablen vierten Platz belegte.

Damit hatte er genügend Erfahrungen gesammelt, um zu seiner alten Liebe River Plate zurückzukehren, wo er auch als Trainer ähnlich große Erfolge wie als Spieler feiern durfte. Nachdem er mit den Millionarios in seiner aktiven Zeit bereits neunmal die Meisterschaft errungen hatte, fügte er seiner Titelsammlung als River-Plate-Coach zwischen 1975 und 1980 weitere sechs Meisterschaften hinzu, womit „El Eterno" in den Augen der Fans endgültig Unsterblichkeit erlangen sollte. Schon seine Rückkehr in der Spielzeit 1975 hätte triumphaler nicht sein können. Seit 1957 wartete der Verein auf einen Meistertitel, ehe Angel Labruna die 18-jährige Durststrecke beendete und sein Team auf Anhieb sowohl zum Gewinn des Campeonato Metropolitano als auch des Campeonato Nacional führte. In den Jahren zuvor waren die erfolgsverwöhnten Millionarios nicht weniger als achtmal Vizemeister geworden, weshalb sie von den gegnerischen Fans als „Gallinas" (Hühner) verspottet wurden, die geradezu kopflos dem Erfolg hinterhergelaufen waren.

Umso dankbarer war man Angel Labruna, dass dieser auch in den kommenden Jahren den Erfolgskurs beibehielt und damit die Ära der undankbaren zweiten Plätze vergessen machte. Nach dem Gewinn der Metropolitana 1977, eroberte River Plate zwei Jahre darauf abermals beide Titel, um sich 1980 ein weiteres Mal mit der Hauptstadtmeisterschaft zu schmücken, womit Angel Labruna auf eine sensationelle Bilanz verweisen kann: An allen 15 Meistertiteln zwischen 1941 und 1980 war er entweder als Spieler oder als Trainer beteiligt, was seinen Beliebtheitsgrad bei den Fans ins Unermessliche schnellen ließ. Lediglich der Traum vom Gewinn der Copa Libertadores hatte sich nicht erfüllt: 1976 waren die Millionarios zwar ins Finale gegen Cruzeiro Belo Horizonte eingezogen, wo sie im entscheidenden dritten Vergleich in Montevideo jedoch eine 2:3-Niederlage kassiert hatten.

▶ EINWURF

Zusätzlich zu seinen neun Meistertiteln sicherte sich Angel Labruna mit River Plate je dreimal die Copa Ibarguren (1941, 1942, 1952) sowie die Copa Rio de Janeiro (1941, 1945, 1947). In der Copa Ibarguren, dem alljährlichen Duell zwischen den Meistern von Buenos Aires und Rosario, kam er dreimal zum Einsatz, wobei ihm zwei Tore gelangen. Ebenfalls dreimal sollte er auch in der Copa Rio de Janeiro auflaufen. Im Vergleich zwischen den Titelträgern von Argentinien und Uruguay traf Labruna sogar achtmal ins Schwarze. Nachdem ihm 1941 beim 6:1 über Nacional Montevideo drei Tore gelungen waren, erzielte er am 6. Dezember 1945 gegen Peñarol beide Treffer zum 2:1-Erfolg. Zwei Jahre darauf traf River Plate abermals auf Peñarol Montevideo, das dank eines weiteren Dreierpacks von Labruna sowie einem Treffer des jungen Alfredo di Stefano diesmal mit 4:3 niedergerungen werden konnte.

Natürlich verfügten die Schützlinge von Angel Labruna über internationale Klasse. Als Argentinien im Jahr 1978 im eigenen Land den WM-Pokal an Land zog, hatten mit

Ubaldo Fillol, Oscar Ortiz, Norberto Alonso, Leopoldo Luque und Nationalmannschaftskapitän Daniel Passarella gleich fünf River-Plate-Spieler im Kader der Albiceleste gestanden. Rund drei Jahre später ging Labrunas Amtszeit als Coach der Millionarios dann auf unrühmliche Weise zu Ende: Am 19. April 1981 war seine Mannschaft gegen CA Platense in der Metropolitana nicht über ein enttäuschendes 1:1 hinausgekommen, ehe sie zwei Tage später nach einer 1:2-Niederlage gegen Deportivo Cali auch aus der Copa Libertadores ausgeschieden war. Über die anschließenden Fanproteste zeigte sich Angel Labruna derart verärgert, dass er nach sechseinhalb Jahren kurzerhand als River-Plate-Trainer zurücktrat. Sein Nachfolger wurde übrigens Alfredo di Stefano, der die Millionarios Ende des Jahres zum Gewinn des Campeonato Nacional führte. Es war der erste Meistertitel seit 1937, an dem Angel Labruna nicht in irgendeiner Form beteiligt gewesen war. Am 20. September 1983, nur eine Woche vor seinem 65. Geburtstag, sollte dieser den Folgen eines Herzinfarktes erliegen. Seine Beisetzung fand wenige Tage später auf dem La-Chacarita-Friedhof von Buenos Aires statt.

► ZAHLEN UND FAKTEN

Vereine:	1939-1959	CA River Plate Buenos Aires
	1960	Rampla Juniors Montevideo
	1960	Rangers de Talca
	1961	Platense Buenos Aires

Tore: 515 argentinische Erstligaspiele (293 Tore)
2 argentinische Zweitligaspiele (0 Tore)
16 uruguayische Erstligaspiele (4 Tore)
5 chilenische Erstligaspiele (0 Tore)
3 Spiele Copa Ibarguren (2 Tore)
3 Spiele Copa Rio de la Plata (8 Tore)
37 Länderspiele (17 Tore)
gesamt 581 Pflichtspiele (324 Tore)

Erfolge: Argentinischer Meister 1941, 1942, 1945, 1947, 1952, 1953, 1955, 1956, 1957
Sieger Copa America 1946, 1955

Argentinischer Torschützenkönig 1943, 1945

In der Nationalmannschaft:
Sieben Länderspiele hatte Angel Labruna auf dem Buckel, als er im Jahr 1946 im Dress der Albiceleste sein erstes großes Turnier bestreiten sollte. In vier Stadien seiner Geburtsstadt Buenos Aires fand die bereits 19. Auflage des Campeonato Sudamericana statt, für die Labruna von Nationaltrainer Guillermo Stabile nominiert worden war. Ebenfalls unter Stabile hatte der Halblinke von River Plate am 25. August 1942 in Montevideo gegen Nachbar Uruguay (1:1) sein Debüt gegeben, ehe ihm am 16. Dezember 1945 beim 4:3-Erfolg über Erzrivale Brasilien in São Paulo der erste Treffer gelungen war.

Südamerikameister 1946 und 1955

Das Reglement sah vor, dass der Südamerikameister seinerzeit im Ligasystem ermittelt wurde, so dass jeder der sechs Teilnehmer fünf Spiele zu bestreiten hatte. Dabei sollten die Gastgeber vom Angriffsschwung der „Maquina" profitieren und das Turnier letztlich verlustpunktfrei und mit einem Torverhältnis von 17:3 als überlegener Sieger beenden. Auch der 27-jährige Angel Labruna durfte zufrieden sein. Nachdem er beim 2:0-Auftaktsieg über Paraguay noch gefehlt hatte, war er in den restlichen vier Spielen mit von der Partie und traf dabei fünfmal ins Schwarze. Nach zwei Doppelpacks gegen Bolivien (7:1) und Chile (3:1) hatte er seinen letzten Treffer beim 3:1 über Uruguay erzielt, um erst beim abschließenden 2:0 gegen Brasilien ohne Torerfolg zu bleiben.

Der Länderspielbetrieb so unmittelbar nach dem Zweiten Weltkrieg war mit gegenwärtigen Verhältnissen nicht zu vergleichen. Die weiten Entfernungen sowie die weltpolitische Lage ermöglichten den Argentiniern nur einen limitierten, auf Südamerika beschränkten Spielbetrieb. Nachdem die Albiceleste an der Weltmeisterschaft 1934 in Italien im Achtelfinale an Schweden gescheitert war, trat sie erst 17 Jahre später wieder gegen einen europäischen Gegner an, als es in London gegen England eine 1:2-Niederlage setzte. Bei diesem prestigeträchtigen Auftritt im Wembley-Stadion hatte auch Angel Labruna mitwirken dürfen. Zwischenzeitlich weist seine Länderspielkarriere jedoch große Lücken auf. Auch die Vereine erwiesen sich damals nicht wirklich kooperativ, wenn es galt, ihre Spieler für die Nationalelf abzustellen. Nach der Südamerikameisterschaft kam dementsprechend über ein Jahr kein einziges Freundschaftsspiel zustande, ehe erst im Dezember 1947 wieder ein argentinisches Nationalteam anlässlich des 20. Campeonato Sudamericano gebildet wurde. Da sich Labruna kurz zuvor eine Verletzung zugezogen hatte, ging das Turnier, welches mit der erfolgreichen Titelverteidigung der Gauchos endete, allerdings ohne seine Beteiligung über die Bühne. Star des Teams war sein junger Vereinskollege Alfredo di Stefano, der als sechsfacher Torschütze brilliert hatte.

Nicht zuletzt dank der starken River-Plate-Fraktion wurden die Argentinier im Vorfeld der Weltmeisterschaft 1950 als heißer Titelaspirant gehandelt. Nicht enden wollende verbandsinterne Streitigkeiten sowie politische Gründe führten jedoch dazu, dass man sich selbst um seine Chance brachte. Nachdem zahlreiche argentinische Spieler (darunter Alfredo di Stefano) sich der neu gegründeten kolumbianischen Profiliga („Dimayor") angeschlossen hatten, war schon die Teilnahme an der Südamerikameisterschaft 1949 in Brasilien, die als Probelauf für die bevorstehenden WM am Zuckerhut gedacht war, abgesagt worden. Ein Streit zwischen dem argentinischen und dem brasilianischen Verband führte schließlich auch zum Verzicht auf die Teilnahme an der Weltmeisterschaft, womit die Gauchos zwischen dem 28. Dezember 1947 und dem 25. März 1950 nicht ein einziges Länderspiel bestritten. Beim Comeback der Albiceleste gegen Paraguay (2:2) blieb Labruna ohne Torerfolg, ehe er vier Tage später gegen denselben Gegner zwei Treffer zum klaren 4:0-Sieg beisteuerte.

Zwischen August 1942 und Juni 1958 gehörte Angel Labruna knapp 16 Jahre dem Kader der Nationalelf an. Dass er in jenem Zeitraum allerdings nur zu 37 Berufungen kam, lag vor allem daran, dass Argentinien, gerade als er sich im Zenit seiner Laufbahn befand, die erwähnten ausgedehnten Länderspielpausen einlegte und gleich mehrere große Turniere „schwänzte". So blies der Verband nicht nur die Teilnahme an der Südamerikameisterschaft von 1953 in Peru, sondern abermals auch jene an der WM 1954 in der Schweiz ab, was im Klartext bedeutete, dass die Albiceleste zwischen den WM-Endrunden 1950 und 1954 lediglich sieben Länderspiele absolvierte. Labruna hatte sich dabei am 13. Mai 1951 als Torschütze des 1:0-Siegtreffers über Irland in Dublin sowie mit zwei Toren im Dezember 1952 in Lissabon gegen Portugal (3:1) hervorgetan. Der Linksverbinder von River Plate war damit bereits 37 Jahre alt, als er im März 1955 nach über zweijähriger Länderspielpause zu seinem zweiten, großen Turniereinsatz kommen sollte.

Bei der Südamerikameisterschaft in Chile wurde der Oldie von Guillermo Stabile in sämtlichen fünf Spielen aufgeboten, wobei er gegen Paraguay (5:3), Ecuador (4:0) und Peru (2:2) zunächst vergeblich auf einen Torerfolg hoffte. Umso besser lief es im Prestigeduell gegen Uruguay, als ihm beim 6:1 drei Treffer gelangen. Diese sollten freilich seine einzigen bleiben. Herausragender Akteur im Team des ungeschlagenen Turniersiegers war Rodolfo Micheli von Independiente Buenos Aires, dem insgesamt acht Tore, darunter auch jenes zum entscheidenden 1:0-Sieg im letzten Spiel gegen Gastgeber Chile, gelungen waren.

„El Eterno" als Fritz Walter von Argentinien

Auch im kommenden Jahr war Labruna beim Gipfeltreffen der besten südamerikanischen Nationalmannschaften in Montevideo am Start, wo es diesmal allerdings nur zum dritten Platz reichte. Seinen stärksten Auftritt hatte der Halblinke im zweiten Spiel gegen Chile, als ihm beide Treffer zum 2:0 gelangen. Nachdem er ein gutes Jahr später in Rio gegen Brasilien (2:1) das 17. (und wie sich später herausstellen sollte letztes) Länderspieltor erzielt hatte, schien seine Karriere in der Albiceleste so gut wie gelaufen. Denn als die Gauchos am 6. Oktober 1957 im bolivianischen La Paz zu ihrem ersten Qualifikationsspiel für die bevorstehende WM-Endrunde in Schweden reisten, hatte Nationaltrainer Stabile auf eine Nominierung Labrunas verzichtet. Allerdings setzte es in der ungewohnten Höhenluft des Altiplano eine 0:2-Niederlage, weshalb Stabile seinen Altstar für die noch anstehenden drei Qualifikationsspiele doch wieder aus dem Hut zauberte.

Mit einem klaren 4:0 über Bolivien qualifizierte sich Argentinien am 27. Oktober 1957 für die Weltmeisterschaft in Schweden, wo Angel Labruna – hier zu sehen im Duell mit zwei bolivianischen Verteidigern – als fast 40-Jähriger zu seiner ersten Endrundenteilnahme kommen sollte.

Als argentinischer Fritz Walter verlieh Angel Labruna dem verunsicherten Nationalteam die nötige Sicherheit, das sich mit drei Erfolgen über Chile (2:0, 4:0) und im Rückspiel gegen Bolivien (4:0) wie erwartet erstmals nach dem Zweiten Weltkrieg für eine Weltmeisterschaft qualifizierte. Dabei hatte Guillermo Stabile auf Blockbildung gesetzt. So standen in der abschließenden Begegnung in Buenos Aires gegen Bolivien nicht weniger als zehn Akteure von Meister River Plate auf dem Platz, womit Rechtsaußen Corbatta von Racing Buenos Aires wie ein waschechter Exot wirkte.

Trotz seiner starken Leistungen in der Qualifikation reiste Labruna im Sommer 1958 nicht mit nach Schweden, sondern blieb auf Abruf in der Heimat. Vor der WM kokettierten die Argentinier so offen wie kein anderes Team mit dem Turniersieg, weshalb der Schock nach der 1:3-Auftaktpleite gegen Deutschland umso größer ausfiel. Guillermo Stabile war spätestens jetzt klar geworden, dass sein Team nicht ohne die Erfahrung des fast 40 Jahre alten Halblinken von River Plate auskommen würde, weshalb der WM-Torschützenkönig von 1930 Labruna vor dem zweiten Gruppenspiel gegen Nordirland im Eiltempo nach Schweden beorderte. Die Maßnahme schien zunächst aber nicht die gewünschte Wirkung zu zeigen. Erst drei Minuten waren absolviert, als die Argentinier nach einem Gegentor von McParland bereits wieder mit 0:1 in Rückstand lagen. Dann aber übernahmen die Gauchos mehr und mehr das Kommando, wobei Labruna mit einem platzierten Drehschuss um ein Haar der Ausgleich gelungen wäre. Nach Toren von Corbatta, River-Plate-Mittelstürmer Menendez und dem jungen Avio hatte die Mannschaft schließlich mit 3:1 die Nase vorn, was nicht zuletzt dem starken Angel Labruna zu verdanken war, dessen technisch brillantes Spiel von den Experten gerühmt wurde.

Damit stand fest, dass er auch im letzten Vorrundenspiel gegen die Tschechoslowakei zum Einsatz kommen würde. In Helsingborg erlitt der selbsternannte WM-Favorit allerdings ein böses 1:6-Debakel, womit die Nationalmannschaftslaufbahn des ewigen Angel Labruna auf unrühmliche Weise zu Ende gegangen war. Indes hatte der Oldie keineswegs zu den schwächeren argentinischen Akteuren gezählt. Viel zu sehr war er nach seinem starken Auftritt gegen Nordirland zum Heilsbringer stilisiert worden; eine Rolle, die dem Fritz Walter vom Rio de la Plata doch allzu schwer auf den Schultern gelastet hatte.

Saison	Lsp.		Liga		Pokal*	
	Sp.	T.	Sp.	T.	Sp.	T.
1939			10	7		
1940			26	14		
1941			29	11	2	4
1942	1	0	28	15	1	1
1943			23	23		
1944			30	25		
1945	6	1	29	25	1	2
1946	4	5	27	15		
1947			18	16	1	3
1948			22	16		
1949			32	16		
1950	2	2	33	20		
1951	2	1	29	12		
1952	2	2	22	11	1	0
1953			28	16		
1954			22	8		
1955	5	3	25	10		
1956	6	2	22	9		
1957	7	1	29	13		
1958	2	0	19	9		
1959			12	2		
1960			16	4		
			5	0		
1961			2	0		

* Copa Ibarguren (1941,42,52) / Copa Rio de la Plata (1941,45,47)

Isidro Langara
Weltenbummler und Torfabrik

Vollkommen zu Recht sind Verantwortliche wie Fans des Athletic Club Bilbao gleichermaßen stolz darauf, dass ihr Verein als Repräsentant des relativ kleinen Baskenlandes bis heute im großen Fußball mitgemischt hat. Sogar ins UEFA-Cup-Finale war man 1977 eingezogen und nur knapp an Juventus Turin gescheitert, wobei der baskische „Nationalverein" diesen wie all seine anderen Erfolge ausnahmslos mit Spielern erreicht hat, die baskische Wurzeln haben. Die letzten großen Titelgewinne reichen zwar bis ins Jahr 1984 zurück, als unter dem späteren spanischen Nationaltrainer Javier Clemente das nationale Double aus Meisterschaft und Pokal errungen worden war. Doch in der Spielzeit 2011/12 durften die Fans wieder auf einen großen Erfolg hoffen, nachdem ihr Team sowohl in der Europa League als auch in der Copa del Rey bis ins Finale vorgestoßen war. Allerdings sollte es in beiden Fällen eine deutliche 0:3-Niederlage setzen, wobei mit Atletico Madrid und dem FC Barcelona die Gegner jeweils aus der heimischen Primera División stammten.

Um eine derart restriktive Personalpolitik betreiben zu können, bedarf es eines äußerst engmaschigen Talentsichtungssystems, welches in der Regel auch ausgesprochen erfolgreich funktioniert hat. Der am 25. Mai 1912 in Pasaia in der baskischen Provinz Guipuzcoa geborene Isidro Langara Galarranga *(Bild oben)* erscheint somit eigentlich als der Idealtypus eines Athletic-Spielers, hat er im Verlauf seiner Karriere – die Freundschaftsspiele miteingerechnet – doch weit über 600 Tore erzielt. Aber ausgerechnet der torgefährlichste baskische Fußballer aller Zeiten ist den ansonsten so treffsicheren Scouts aus Bilbao durch die Lappen gegangen und hat nicht ein einziges Spiel für die Rot-Weißen absolviert.

Fulminanter Karrierestart

In seiner Kindheit und Jugend hatte Isidro Langara für kleinere Klubs wie Bildur Guchi, Esperanza de San Sebastián oder Siempre Adelante gekickt, bevor er 1930 beim Zweitligisten Real Oviedo anheuerte. Der Verein war erst vier Jahre zuvor durch eine Fusion aus Stadium Ovetense Oviedo und CD Oventense Oviedo entstanden und daher außerhalb der asturischen Grenzen noch nicht groß in Erscheinung getreten. Erster Trainer der Vereinsgeschichte war der berühmte Engländer Fred Pentland. Pentland galt als Verfechter des schottischen Kurzpassspiels, mit dem er schon das Spiel von Athletic Bilbao revolutioniert hatte. Obwohl er nur ein Jahr das Training in Oviedo leitete, wirkte seine Arbeit noch lange Zeit nach. Auch unter Pentlands Nachfolgern wurden die „Azules" (die Blauen) für ihr begeisterndes Offensivspiel gerühmt, welches auch und vor allem Isidro Langara zugute kam. Der athletisch gebaute, technisch versierte und beidbeinig starke Mittelstürmer wurde alsbald integraler Bestandteil von Oviedos elektrisierender Angriffsreihe („delanteras electricas"), der mit Emilin, Galé und Herrerita drei weitere Nationalspieler angehörten.
Unter der Leitung des irischen Trainers Patrick O'Connell gab Langara in der Saison 1930/31 in der Segunda División gegen Atletico Madrid sein Pflichtspieldebüt, wo er gleich zwei Tore zum klaren 4:1-Heimsieg beisteuerte. Nachdem er auch im „derbi asturiano" bei Sporting Gijon (1:2) sowie gegen Real Murcia (1:1) erfolgreich gewesen war, blieb er am 4. Spieltag bei der 0:3-Niederlage in Sevilla erstmals ohne Torerfolg. Dennoch konnte sich die Bilanz für den Newcomer am Ende der Spielzeit sehen lassen. Nicht nur, dass er alle 18 Begegnungen bestritten hatte. Mit 15 Saisontreffern führte er zudem die vereinsinterne Torschützenliste an, womit er entscheidend zum achten Platz und dem damit verbundenen Klassenerhalt beigetragen hatte. Seinen stärksten Auftritt verzeichnete Isidro Langara beim 4:4 in La Coruña, als er zum ersten Mal in seiner Karriere als dreifacher Torschütze in Erscheinung getreten war.

► EINWURF

Unter der Berücksichtung sämtlicher offizieller Wettbewerbsspiele hat der Baske Isidro Langara für Real Oviedo zwischen 231 und 281-mal ins Schwarze getroffen. Die zuverlässigste, auch von uns genutzte Quelle geht von insgesamt 257 Toren aus, von denen 165 auf die erste und zweite spanische Liga entfielen, für die 142 Berufungen vonnöten waren. Hinzu kommen 19 Torerfolge in ebenso vielen Spielen in der Copa del Rey sowie weitere 73 Treffer in der Regionalmeisterschaft von Asturien, für die Langara lediglich 32 Einsätze benötigt hat. Mit seiner Bilanz stellt er in der vereinsinternen Bestenliste der Ovetenser seinen Teamgefährten Herrerita (150 Tore) sowie Enrique Galan (135) deutlich in den Schatten. Was den vereinsinternen Torerekord in der Primera División anbetrifft, wird er allerdings von Herrerita überflügelt. Dessen 111 Erstligatreffern stehen deren 104 von Isidro Langara gegenüber. Doch während Herrerita 212 Spiele benötigte, um seine Torquote zu erreichen, lief Isidro Langara für die „Azules" lediglich 90-mal auf, womit er bei jedem seiner Einsätze durchschnittlich 1,16 Tore erzielen konnte.

Die kommende Saison brachte mit dem Sieg im Campeonato Astur-Cantabro den ersten Titelgewinn. Bisher hatten an der Regionalmeisterschaft lediglich die Klubs aus Asturien teilgenommen, ehe 1931/32 ausnahmsweise auch die Vertreter Kantabriens involviert waren. Das Gebiet der heutigen Autonomen Gemeinschaft Asturien wird von Galicien im Westen, Kantabrien im Osten und Kastilien-Leon im Süden eingerahmt. Hauptstadt ist das im Landesinneren gelegene Oviedo. In Sachen Fußball pflegen die Ovetenser eine ausgeprägte Rivalität zur etwas größeren Nachbarstadt Gijon, die direkt am Atlantik liegt. Doch zurück zu Isidro Langara: Dieser hatte besonders in der Partie gegen Club Gijon geglänzt und gleich fünf Treffer zum 7:0-Sieg im Nachbarschaftsduell beigesteuert. Auch in den anschließenden Begegnungen um die Zweitligameisterschaft blieb der Real-Mittelstürmer torgefährlich, wovon 22 Treffer in 16 Spielen ein beredtes Zeugnis geben. Allein der Aufstieg wurde als Tabellen-Zweiter knapp verpasst. Am Ende der Saison 1932/33 hatten die Anhänger der „Azules" dann aber endlich Grund zum Jubeln, als nach der Zweitligameisterschaft der erstmalige Aufstieg in die noch junge Primera División feststand. Herausragender Akteur im offensivstarken Team von Vicente Tonijuan war Mittelstürmer Langara, der mit 24 Saisontreffern Torschützenkönig geworden war. Immer wieder war der gebürtige Baske in einem Spiel gleich mehrfach erfolgreich gewesen. Nachdem er schon in der Auftaktrunde gegen CD Castellon (8:1) vier Tore erzielt hatte, gingen beim 6:1 über Deportivo La Coruña stolze fünf Treffer auf sein Konto. Bemerkenswert sind aber sicherlich auch seine elf Tore im Rahmen der nun wieder allein auf Asturien beschränkten Regionalmeisterschaft, die ihm in lediglich drei Einsätzen gelungen waren.

Mit 61 Toren in 52 Spielen in der Segunda División hatte der junge Isidro Langara seine Qualitäten fraglos unter Beweis gestellt. Natürlich stellten die Teams aus dem Oberhaus nun aber ein ganz anderes Kaliber dar, so dass der Real-Mittelstürmer nach dem Aufstieg vor einer echten Nagelprobe stand. Um es kurz zu machen: Langara hatte keine Mühe, diese mit Bravour zu bestehen. Bis zur Unterbrechung durch den Spanischen Bürgerkrieg erzielte er in 61 Erstligaspielen nicht weniger als 81 Treffer, womit er dreimal in Serie Torschützenkönig wurde.

Schon bei seinem ersten Auftritt in der Primera División am 5. November 1933 zeigte sich, dass Langara keinerlei Anpassungsschwierigkeiten kannte. Im Gegenteil: Erster Gegner des Aufsteigers war kein Geringerer als der FC Barcelona, der auch dank dreier Langara-Treffer mit 7:3 aus dem Estadio Buenavista gefegt wurde. In der Endabrechnung stand für die von Emilio Sampere trainierten „Oviedistas" ein mehr als achtbarer sechster Platz zu Buche, zu dem Torschützenkönig Isidro Langara 27 Treffer beigesteuert hatte. Mehr als die Hälfte der 51 Saisontore waren somit auf sein Konto gegangen. Das schwungvolle „Tiqui-taca" der „delanteras electricas" aus Asturien bescherte den Fans auch in der Copa del Rey einige starke Auftritte. Erst in der Vorschlussrunde wurde Real Oviedo vom FC Valencia (2:2, 1:3) ausgebremst, wobei Mittelstürmer Langara in den fünf Partien bis zum Halbfinalrückspiel gegen die „Che" jedes Mal getroffen und insgesamt neun Tore erzielt hatte. Ausgerechnet im entscheidenden Spiel gegen Valencia konnte Langara dann aber keinen weiteren Treffer verbuchen, so dass man die Träume von einer Teilnahme am Pokalfinale begraben musste. Trotz dieser Enttäuschung blieben einmal mehr die starken Auftritte in der Regionalmeisterschaft in Erinnerung, wo Langara in nur acht Spielen sensationelle 24 Tore geschossen hatte.

Dank weiterer 26 Erstligatreffer ihres Mittelstürmers konnte sich die Mannschaft in der Saison 1934/35 auf den dritten Platz verbessern. Ein Resultat, welches im darauf folgenden Jahr unter dem neuen Übungsleiter José Maria Peña wiederholt wurde. Die „Azules" hatten sich im Saisonverlauf gar als echter Titelaspirant entpuppt und wiesen im Abschlussklassement lediglich drei Zähler Rückstand auf Meister Athletic Bilbao auf. Mittelstürmer Isidro Langara *(unten auf dem Mannschaftsfoto von 1935/36 ganz links)* hatte mit seinen 28 Saisontreffern den Hattrick im Kampf um die Torjägerkrone vollendet. Die Ovetenser mit ihrer eingespielten Sturmformation schienen damit ebenso wie Langara selbst vor einer großen Zukunft zu stehen. Die einsetzenden Wirren des Spanischen Bürgerkrieges führten jedoch zum Auseinanderbrechen des hoffnungsvollen Teams, das nach der dreijährigen Pause der spanischen Ligameisterschaft so nie wieder zusammenspielen sollte.

Neuanfang in Lateinamerika

Während der Fußball in Spanien ruhte, schloss sich Isidro Langara einer baskischen Auswahl an, die in der Zeit des Bürgerkrieges rund um die Welt tourte. Neben Langara kickten in jenem Team, das in den Jahren 1937 und 1938 zahlreiche Spiele absolvierte, weitere namhafte Fußballgrößen des Baskenlandes wie Guillermo Gorostiza oder José Iraragorri von Athletic Bilbao. Bereits bei seinem ersten Auftritt stellte der Mittelstürmer unter Beweis, nichts verlernt zu haben und erzielte beim 3:0-Erfolg über Racing Paris am 9. Mai 1937 sämtliche drei Treffer. Seine stärksten Auftritte verzeichnete er im Sommer 1937, als er mit seinem Team zu mehreren Spielen in der Sowjetunion antrat. Besonders die Partie am 4. Juli blieb in Erinnerung: Bei einem regelrechten Wettschießen wurde Dynamo Moskau mit 7:4 geschlagen, wobei Langara als fünffacher Torschütze den stärksten Eindruck aller 22 Akteure hinterlassen hatte. Insgesamt bestritt Don Isidro für das baskische Auswahlteam 42 Spiele, in denen er mit atemberaubenden 108 Toren in Erscheinung trat, was einem Schnitt von 2,57 Treffern pro Spiel entspricht.

Da die FIFA die Auftritte des Baskenlandes aber nicht offiziell anerkannte, sind diese statistisch nur sehr unzureichend erfasst. In der Spielzeit 1938/39 erhielten die Basken dann allerdings die Erlaubnis, am Ligabetrieb von Mexiko teilzunehmen. Unter der Bezeichnung „Club Deportivo Euzkadi" wurde die Mannschaft in die Hauptstadtliga integriert, wo seinerzeit noch unter Amateurbedingungen gekickt wurde. Die baskischen Fußballer verkauften sich in der neuen Umgebung ausgesprochen gut und sicherten sich hinter CF Asturias de Mexico – einem von asturischen Auswanderern gegründeten Verein – auf Anhieb die Vizemeisterschaft.

► **EINWURF**
Nachdem Isidro Langara in der spanischen Primera División im Trikot von Real Oviedo gleich dreimal die Torschützenliste angeführt hatte (von 1934 bis 1936), sollte ihm dieses Kunststück im Spieljahr 1940 auch bei San Lorenzo de Almagro in Argentinien glücken. Und auch nach seinem Wechsel in die erste mexikanische Liga konnte er sich abermals als bester Torjäger auszeichnen. Im Dress des Real Club España wurde Don Isidro sowohl 1944 als auch 1946 Torschützenkönig. Damit muss der gebürtige Baske in einem Atemzug mit zwei ganz Großen des Weltfußballs genannt werden. Außer ihm ist es nämlich lediglich Alfredo di Stefano und Romario gelungen, in drei verschiedenen Ligen bester Torschütze zu werden. Während Di Stefano neben Spanien und Argentinien auch in Kolumbiens „Dimayor" erfolgreich war, stand der brasilianische Weltmeister Romario außer in seinem Heimatland noch in Spanien und in der holländischen Eredivisie an der Spitze des Torschützenklassements.

Wenig später wurde Don Isidro von San Lorenzo de Almagro engagiert. Für den in Buenos Aires beheimateten Verein spielte mit Angel Zubieta noch ein weiterer Akteur, den Langara aus gemeinsamen Zeiten in der Auswahl des Baskenlandes kannte. Zwar sollte er mit den „Azulgrana" – wie die Elf aus dem Stadtbezirk Boedo wegen ihrer blauroten Trikots genannt wurde – in vier Spielzeiten keinen Titel gewinnen. Dafür vermochte Isidro Langara mit 110 Toren in 121 Ligaspielen erneut zu überzeugen. Im Spieljahr 1940 traf der siebtbeste Goalgetter der Vereinsgeschichte in 34 Spielen 33-mal ins Schwarze und eroberte damit auch in der argentinischen Liga die Torjägerkrone. Das beste Resultat in der Liga war die Vizemeisterschaft 1941 mit einem Vier-Punkte-Rückstand auf River Plate.

Isidro Langara im Trikot des Real Club España. Links neben ihm Juan Tuñas, der 1938 mit Kuba an der Weltmeisterschaft in Frankreich teilnahm. Rechts José Manuel Moreno, den der Leser schon im letzten Kapitel als Mitspieler von Angel Labruna und Teil der legendären „Maquina" von CA River Plate Buenos Aires kennen gelernt hat.

Im Verlauf des Jahres 1942 begab sich Isidro Langara mit seiner Mannschaft auf eine mehrwöchige Tournee durch Mexiko. Im Land der Azteken begeisterte er das Publikum, indem er in zehn Spielen stolze 21-mal ins Schwarze traf.

Es fügte sich daher ausgezeichnet, dass just zu dieser Zeit eine mexikanische Profiliga ins Leben gerufen wurde, die auch ausländische Akteure mit hohen Gagen zu ködern versuchte. Der bereits mit Mexiko-Erfahrung ausgestattete Langara schloss sich im Sommer 1943 dem Real Club España an, der im Jahr 1912 in Mexiko-Stadt von spanischen Auswanderern gegründet worden war.

Über 100 Tore im Land der Azteken

In den drei Spielzeiten, die Don Isidro für Real España aktiv war, lief er abermals schnell zur Hochform auf. In 68 Ligaspielen kam der Goalgetter auf 105 Treffer, was einer wiederholt sensationellen Bilanz von durchschnittlich 1,54 Toren je Einsatz entsprach. Sein Team stand in der jungen Profiliga für erfrischenden Offensivfußball und durfte gleich in der ersten Saison auf den Titelgewinn hoffen. España, das seine Heimspiele seit 1926 auf dem Campo de la Veronica austrug und zu Amateurzeiten 14-mal Landesmeister geworden war, lag nach 18 Spielen punktgleich mit Erzrivale Asturias an der Spitze des Klassements, so dass der erste Profimeister des Landes in einem Entscheidungsspiel am 16. April 1944 gekürt werden musste, wo sich Asturias im eigenen Stadion mit 4:1 durchsetzte. Den Ehrentreffer für España hatte natürlich Isidro Langara besorgt, der mit 27 Treffern auch Torschützenkönig geworden war. Dennoch sollte das von Rodolfo Muñoz betreute Team in der Saison 1943/44 nicht leer ausgehen. Im Finale der Copa de Mexico konnte CF Atlante deutlich mit 6:2 in die Schranken gewiesen werden, womit Isidro Langara den ersten nationalen Titel seiner Laufbahn feiern durfte.
In der Saison 1944/45 konnte sich España dann auch den Meistertitel sichern. Größter Konkurrent war der diesjährige Pokalsieger FC Puebla, dem der neue Champion, für den auch Langaras Landsmann José Iraragorri aktiv war, aber einen deutlichen Acht-Punkte-Rückstand aufgebrummt hatte. Einziger Schönheitsfehler aus Sicht Don Isidros war, dass 38 Saisontreffer nicht zum Gewinn der Torjägerkanone reichten, weil Roberto Aballay von Asturias noch zweimal öfter eingenetzt hatte. Dafür konnte sich der gebürtige Baske mit dem Gewinn des nationalen Superpokals trösten, nachdem Cupsieger Puebla mit 3:0 geschlagen worden war. Der Gewinner des seit 1942 ausgetragenen Wettbewerbs durfte sich stolz als „Campeon de Campeones" (Meister aller Meister) bezeichnen.
Nachdem España 1945/46 auf den siebten Rang zurückgefallen war, entschied sich Langara – freilich nicht ohne mit der persönlichen Rekordmarke von 40 Treffern nochmals Torschützenkönig geworden zu sein – zu seinem Heimatklub Real Oviedo zurückzukehren. Bald darauf sollte auch die Erfolgsära des Real Club España zu Ende gehen. Rechnet man die Titel zu Amateurzeiten mit ein, war der heute hierzulande nahezu gänzlich unbekannte Klub mit 15 Triumphen unangefochtener Rekordmeister, als dieser sich 1950 wegen ständiger Querelen mit dem nationalen Verband aus der Profiliga zurückzog, um bis heute nur noch auf Amateurbasis zu kicken. Seither wird der mexikanische Fußball von Teams wie CD Guadalajara, sowie America, Cruz Azul oder Pumas UNAM aus der Hauptstadt dominiert.

Noch einmal Oviedo

Nach dem Ende des Spanischen Bürgerkriegs hatte Real Oviedo nicht mehr zu den Spitzenteams der Primera División gezählt, weshalb die Fans hofften, mit der in Aussicht gestellten Rückkehr des einstigen Torschützenkönigs Langara wieder an alte Zeiten anknüpfen zu können.

► **EINWURF**

Während man gegenwärtige Fußballstars immer wieder klagen hört, sie seien bei einem Vereinswechsel nicht mit der „neuen Umgebung" klar gekommen, kann dergleichen von Isidro Langara nicht behauptet werden. Der verstand es stets blendend, sich schnell auf neue Gegebenheiten einzustellen, was auch – und auf ganz besondere Weise! – auf seinen Wechsel an den Rio de la Plata zutraf. Die Saison 1939 – in Argentinien wurde seinerzeit im Ganzjahresrhythmus gespielt – hatte schon begonnen, als es Langaras neuer Verein San Lorenzo de Almagro am 21. Mai 1939 in der achten Runde mit CA River Plate Buenos Aires zu tun bekam. Im Team von River Plate standen hochkarätige Spieler wie Carlos Peucelle oder Adolfo Pedernera, wobei Ersterer der argentinischen Vizeweltmeisterelf von 1930 angehörte, derweil „Fußball-Napoleon" Pedernera als Mittelstürmer wenig später Teil der legendären „Maquina" werden sollte und niemand Geringerem als dem jungen Alfredo di Stefano den Weg in die erste Elf verbaute. Natürlich galten die Millionarios als klare Favoriten, die jedoch nach nur sieben Minuten einen Dämpfer erhielten, als Neuzugang Langara River-Keeper Besuzzo erstmals überwand. Der Mann aus dem Baskenland war auch in der Folge nicht zu halten und erzielte nach dem zwischenzeitlichen Ausgleichstreffer durch Peucelle zwischen der 15. und 35. Minute drei weitere Tore, wobei ein Gegentreffer Rongos aus der 34. Minute einen lupenreinen Hattrick verhinderte.

Für Isidro Langara war sein Debüt im Dress der „Azulgrana" wenige Tage vor seinem 27. Geburtstag gleichwohl ein Einstand nach Maß, der ihn im Estadio Gasometro sogleich zum Publikumsliebling avancieren ließ. Das Bild zeigt, wie Langara einen seiner vier Treffer mit dem Kopf erzielt. Beeindruckend die Menschenmenge auf der Hintertortribüne des 75.000 Zuschauer fassenden Gasometro, welches sich im zentralgelegenen Stadtteil Boedo befindet. Obwohl San Lorenzo de Almagro in Europa nicht den Bekanntheitsgrad seiner Stadtrivalen besitzt, zählt das Gründungsmitglied der argentinischen Profiliga neben den Boca Juniors, River Plate, Independiente und Racing Club Avellaneda zu den „Big Five" des einheimischen Fußballsports.

Allerdings erwies sich der Mittdreißiger nur noch in der Saison 1946/47 als echte Verstärkung, indem er in 20 Ligaspielen immerhin 18 Treffer erzielte. Vor allem am 13. Spieltag präsentierte er sich in altbekannter Hochform und rettete seinem Team beim 3:3 gegen CD Castellon als dreifacher Torschütze quasi im Alleingang das Remis. Da er in der Spielzeit 1947/48 in neun Einsätzen nur noch fünf Treffer erzielte, gab Isidro Langara im Sommer 1948 mit 36 Jahren das Ende seiner aktiven Karriere bekannt.

Zu Beginn der fünfziger Jahre schlug Don Isidro eine kurze, aber durchaus erfolgreiche Trainerkarriere ein, wobei diese ihn ausnahmslos nach Lateinamerika führte. Nachdem er 1951 mit Union Española aus Santiago de Chile die Landesmeisterschaft gewonnen hatte, kehrte er von 1952 bis 1954 nach Mexiko zurück, wo er mit dem FC Pueblo 1953 den Pokalsieg errang. Im Jahr 1955 heuerte er für kurze Zeit bei San Lorenzo de Almagro an, um sich bald darauf endgültig vom Fußball zurückzuziehen und in Südamerika sesshaft zu werden. Erst kurz vor seinem Tod kehrte er in seine baskische Heimat zurück. Isidro Langara verstarb am 21. August 1992 in Andoain in der Provinz Guipuzcoa im Alter von 80 Jahren.

► **ZAHLEN UND FAKTEN**

Vereine:	1930-1936	Real Oviedo
	1938-1939	Club Deportivo Euzkadi
	1939-1943	San Lorenzo de Almagro
	1943-1946	Real Club España (Mexico City)
	1946-1948	Real Oviedo

Tore:
90 Spiele Primera División (104 Tore)
52 Spiele Segunda Division (61 Tore)
32 Spiele Campeonato de Asturias (73 Tore)
19 Spiele Copa del Rey (19 Tore)
121 argentinische Liga-Spiele (110 Tore)
76 mexikanische Liga-Spiele (122 Tore)
42 Auswahlspiele Baskenland (108 Tore)
12 Länderspiele (17 Tore)
gesamt 444 Pflichtspiele (614 Tore)

Erfolge:
Mexikanischer Meister 1945
Sieger Copa Mexico 1944
Campeon de Campeones 1945
Regionalmeister Asturien
1932, 1933, 1934, 1935, 1936

Spanischer Torschützenkönig
1933/34, 1934/35, 1935/36
Argentinischer Torschützenkönig 1940
Mexikanischer Torschützenkönig 1944, 1946

In der Nationalmannschaft:

Als Isidro Langara erstmals in die spanische Nationalelf berufen wurde, kickte er mit seinem Verein Real Oviedo noch in der Segunda División. Langara hatte mit 22 Torerfolgen in der Saison 1931/32 seine Vollstreckerqualitäten jedoch eindrucksvoll unter Beweis gestellt, weshalb die Nominierung durch Trainer José Maria Mateos nicht wirklich überraschend kam. Ohnehin war das Länderspiel am 24. April 1932 gegen Jugoslawien wie geschaffen für das Debüt des knapp 20-Jährigen, war dieses doch gleichzeitig das offizielle Eröffnungsspiel des gerade fertiggestellten Estadio Buenavista, in dem Real Oviedo fortan seine Heimspiele austragen sollte. 1958 wurde die WM-Arena von 1982 nach dem langjährigen Klubpräsidenten in Estadio Carlos Tartiere umbenannt. Aus Sicht des Real-Mittelstürmers hätte die Partie nicht besser laufen können. Nicht nur, dass die Gastgeber nach 90 Minuten mit 2:1 die Oberhand behielten. Langara selbst hatte den ersten Treffer des Tages und mithin den ersten in der neuen Arena überhaupt erzielt.

Nach fast zweijähriger Pause und dem zwischenzeitlichen Aufstieg mit Oviedo in die Primera División durfte Isidro Langara im WM-Jahr 1934 dann wieder das Dress der Furia Roja überstreifen. Der Torschützenkönig des spanischen Oberhauses stellte auch in der Nationalelf seine Vollstreckerqualitäten unter Beweis, da er in den beiden WM-Qualifikationsspielen gegen Portugal (9:0, 2:1) im März nicht weniger als sieben Treffer erzielte, womit er auch im Achtelfinale gegen Brasilien gesetzt war.

Mit zwei Erfolgen über den iberischen Nachbarn Portugal (9:0, 2:1) konnten sich die Spanier im Frühjahr 1934 für die Weltmeisterschaftsendrunde in Italien qualifizieren. Herausragender Akteur war Mittelstürmer Isidro Langara, dem beim 9:0-Hinspielsieg in Madrid fünf sowie beim 2:1 im Rückspiel von Lissabon zwei Treffer gelangen. Das obere Foto zeigt die spanische Mannschaft vor dem Hinspiel am 11. März im Estadio Chamartin mit (hinten von links) Claurren, Chaco, Luis Regueiro, Quincoces, Langara, Ventolra, Zamora, Fede, Ersatztorwart Eizaguirre. Vorne von links: Masseur Conde, Zabalo, Gorostiza, Marculeta. Unten wird Isidro Langara von seinen Mitspielern zu einem seiner fünf Torerfolge beglückwünscht.

Am 27. Mai erlebten in Genua 30.000 Zuschauer ein technisch hochstehendes Spiel, in dem die Spanier ganz eindeutig die effektivere Mannschaft stellten, die nicht zuletzt dank der beiden Tore Langaras aus der 25. und 29. Minute mit 3:1 die Nase vorn behielt. Im Achtelfinale bekamen es die Iberer schließlich mit Gastgeber Italien zu tun. Nach einer wilden Treterei hieß es nach 120 Minuten 1:1, was schon am nächsten Tag eine Neuansetzung (0:1) notwendig machte, bei der Isidro Langara jedoch nicht mehr mit von der Partie sein konnte, weil er – wie sechs seiner Teamkameraden – von den überhart agierenden Azzurri kampfunfähig getreten worden war.

Im WM-Achtelfinalspiel gegen Brasilien (3:1) erzielte Isidro Langara zwei Tore. Auf dem Bild bejubelt er das 2:0 aus der 25. Minute, dem er nur vier Minuten später den Treffer zur zwischenzeitlichen 3:0-Führung folgen ließ.

Nach der WM erzielte Langara bis 1936 in sieben Länderspielen weitere sieben Tore. Am 5. Mai 1935 war Spanien mal wieder zum iberischen Derby nach Lissabon gereist, wobei die Heimelf dem hohen Favoriten ein 3:3 abtrotzte. Dass es für die Furia Roja wenigstens zu einem Unentschieden gereicht hatte, lag auch an Don Isidro, auf dessen Konto zwei Treffer gegangen waren. Eine Woche später war der DFB in Köln Gastgeber für die spielstarken Spanier, die nach elf Minuten durch einen Gegentreffer von Edmund Conen in Rückstand gerieten. Danach konnten sich aber auch die anwesenden 74.000 Zuschauer von den Torjägerqualitäten des spanischen Mittelstürmers überzeugen, der mit seinen beiden Treffern aus der 29. und 45. Minute den Iberern einen 2:1-Sieg sicherte. Ein weiterer Doppelpack gelang Langara am 18. Januar 1936 in Madrid gegen Österreich (4:5), was einen neuen Rekord bedeutete, da nie zuvor ein spanischer Nationalspieler in drei aufeinanderfolgenden Länderspielen jeweils zwei Tore erzielt hatte. Mit 17 Toren in 12 Einsätzen ist Langara bis heute darüber hinaus unangefochtener Rekordmann seines Heimatvereins Real Oviedo. Da Isidro Langara nach Ausbruch des Spanischen Bürgerkrieges und seinem letzten Einsatz im Mai 1936 in Bern gegen die Schweiz (2:0) das Trikot der Baskenland-Auswahl überstreifte, um seine Karriere in Lateinamerika fortzusetzen, kam er für weitere Länderspieleinsätze nicht mehr in Frage.

Saison	**Lsp.**		**Liga**		**Pokal**	
	Sp.	T.	Sp.	T.	Sp.	T.
1930/31			18	15	0	0
1931/32	1	1	16	22	3	2
1932/33			18	24	2	2
1933/34	4	9	18	27	6	9
1934/35	3	4	22	26	2	1
1935/36	4	3	21	28	2	2
1938/39			8	17		
1939			?	34		
1940			34	33		
1941			?	24		
1942			?	15		
1943			5	4		
1943/44			18	27		
1944/45			20	38		
1945/46			30	40		
1946/47			20	18	3	1
1947/48			9	5	1	2

Henrik Larsson
Tor-Export aus Südschweden

Henrik Larsson ist der Sohn des von den Kapverden stammenden Francisco Rocha und der Schwedin Eva Larsson. Die Eltern, die selbst nie verheiratet waren, gaben dem dunkelhäutigen Henrik den Nachnamen der Mutter, weil sie glaubten, dass er so in Schweden besser akzeptiert werden würde. Geboren wurde Henrik Larsson am 20. September 1971 in der südschwedischen Stadt Helsingborg, wo er sich früh für den Fußballsport zu interessieren begann, nachdem ihm sein Vater mit 16 Monaten einen Ball geschenkt hatte, dem er mit seinen Brüdern und Freunden voller Begeisterung hinterher jagte. Bereits als Sechsjähriger trat er in den Helsingborger Verein Högaborgs BK ein, bei dem er bis zum Alter von 17 Jahren sämtliche Jugendmannschaften durchlief, um in der Saison 1989 – in Schweden wird bekanntlich im Ganzjahresrhythmus gespielt – sein Debüt in der ersten Elf zu geben. Diese kickte auf fünftklassigem Niveau in der „Division 3 Södra Götaland", was für Larsson den großen Vorteil besaß, dass er sein Talent ohne großen Druck entfalten konnte. Nachdem er in den ersten beiden Spielzeiten in 42 Ligaeinsätzen gerade einmal acht Treffer erzielt hatte, gelang ihm 1991 der Durchbruch, als er in 32 Spielen 15-mal ins Schwarze traf.

Die Glanzzeit von Helsingborgs IF, dem größten Verein der Stadt in Schonen, lag schon viele Jahrzehnte zurück. Zum fünften und bis dato letzten Mal war HIF 1941 der Gewinn der Schwedischen Meisterschaft gelungen, die man seinerzeit sogar mit dem Pokalsieg garnieren konnte. Aus der Allsvenskan war man 1968 abgestiegen und kickte zu Beginn der Neunziger in der zweitklassigen Superettan (damals noch Division 1), als es nicht zuletzt dank „Henke" Larsson sprunghaft aufwärts ging. Erstmals ging Larsson für den Verein in der Spielzeit 1992 auf Torejagd und sorgte mit 34 Toren in 31 Spielen dafür, dass Helsingborg als Gewinner der Südgruppe nach fast zweieinhalb Jahrzehnten als Rückkehrer ins schwedische Oberhaus feststand. In der Allsvenskan verkaufte sich der Aufsteiger durchaus ansprechend und sicherte sich 1993 als Neunter den Ligaverbleib. Noch besser lief es im Pokal, wo die Mannschaft im Finale erst in der Verlängerung IFK Norrköping mit 3:4 unterlag. Es war für viele Jahre einer der letzten Einsätze Henrik Larssons im roten Trikot von Helsingborgs IF, da seine 16 Saisontreffer längst namhafte westeuropäische Klubs auf den talentierten Angreifer aufmerksam gemacht hatten.

Feyenoord als erste Station im Ausland

Larsson war sich mit dem Grasshopper Club Zürich schon handelseinig, als der niederländische Ehrendivisionär und amtierende Meister Feyenoord Rotterdam ein noch besser dotiertes Angebot für den „Rastaman" unterbreitete, so dass dieser ab Herbst 1993 für die kommenden vier Spielzeiten im De Kuip auf Torejagd ging. Unter den Trainern Wim van Hanegem und Arie Haan konnte Henrik Larsson aber nur bedingt die in ihn gesetzten Erwartungen erfüllen. 26 Torerfolge in 101 Erstligaeinsätzen waren nicht wirklich überragend. Und so feierte „Henke" seine größten Erfolge im KNVB-Pokal, den er in seiner Premierensaison durch einen 2:1-Erfolg über NEC Nijmegen zum ersten Mal gewinnen konnte. Während er im Endspiel am 12. Mai 1994 torlos geblieben war, hatte er auf dem Weg dorthin immerhin fünf Treffer erzielt.

In der Saison 1994/95 konnte Feyenoord den Pokal dank eines 2:1 über den FC Volendam erfolgreich verteidigen und außerdem im Europacup der Pokalsieger ins Viertelfinale einziehen. Ausgerechnet gegen DFB-Pokalsieger Werder Bremen sollte Larsson in der zweiten Runde einen seiner stärksten Auftritte im Feyenoord-Trikot verzeichnen. Zum Auftakt hatte er sein Team gegen Außenseiter Zalgiris Wilna noch vor einer Blamage gerettet, als er sowohl beim 1:1 in Litauen als auch beim 2:1 im De Kuip zu den Torschützen zählte. Im Hinspiel gegen die Werderaner blieb es ebenfalls dem schwedischen Goalgetter vorbehalten, seine Farben in der 63. Minute vor eigenem Publikum zum 1:0-Sieg zu schießen. Im Rückspiel am 3. November 1994 war er an der Weser als dreifacher Torschütze in der 21., 34. und 66. Minute dann der Hauptgarant eines 4:3-Erfolgs, der den Einzug in die Runde der letzten Acht sicherte. Gegen Real Saragossa sorgte Henrik Larsson abermals für einen 1:0-Hinspielsieg, den der spätere Pokalsieger zwei Wochen später jedoch mit einem 2:0 beantwortete und somit die Titelträume von Feyenoord Rotterdam zerstörte.

Celtics bester Legionär aller Zeiten

Nachdem die beiden nächsten Jahre in der Eredivisie keinen weiteren Titelgewinn bescherten, wechselte Larsson im Juli 1997 für 650.000 £ (damals rund zwei Millionen D-Mark) zu Celtic Glasgow, das vom Niederländer Wim Jansen betreut wurde, der zu aktiven Zeiten selbst für Feyenoord tätig war. In Schottland sollte der als schnell, trickreich, ehrgeizig und kopfballstark beschriebene Angreifer trotz einiger langwieriger Verletzungspausen den internationalen Durchbruch schaffen und dank zahlreicher Tore in Parkhead zum Publikumsliebling avancieren.

Die Bhoys warteten seit neun Spielzeiten auf den Gewinn der Meisterschaft, da die rivalisierenden Rangers sämtliche Titel seit 1989 abgeräumt hatten. Umso größer fiel die Freude in Parkhead aus, als die Meisterschaft in der Saison 1997/98 wieder an Celtic ging. Neuzugang Larsson hatte mit 16 Ligatreffern als teaminterner Toptorschütze auf Anhieb überzeugt und wurde daher auch in seiner schwedischen Heimat zum Fußballer des Jahres gekürt. Schon im November 1997 hatte er einen ersten Titel feiern dürfen, nachdem im Finale des Ligapokals Dundee United mit 3:0 geschlagen worden war.

> **► EINWURF**
> *Henrik Larsson hatte für Celtic Glasgow in 221 Ligaspielen insgesamt 174 Treffer erzielt, womit er nach Jimmy McGrory (395), Jimmy McQuinn (187) sowie Patsy Gallacher (186) viertbester Torschütze der Vereinsgeschichte ist. Gleichzeitig ist der Schwede damit der beste Ausländer, der je für die Bhoys auf Torejagd gegangen ist, was im Jahr 2002 auch in seiner Wahl zum besten ausländischen Celtic-Spieler aller Zeiten durch die Fans zum Ausdruck kam. 2006 wurde er darüber hinaus mit dem britischen Verdienstorden „Order of the British Empire" ausgezeichnet.*

Unter dem neuen Manager Dr. Jozef Venglos musste sich Celtic in der Saison 1998/99 sowohl in der Liga als auch im SFA-Cup hinter den Rangers mit dem zweiten Platz zufrieden geben. Persönlich konnte Larsson mit dem Saisonverlauf allerdings durchaus gut leben, nachdem ihm seine 29 Treffer erstmals den Titel des Torschützenkönigs in der SPL beschert hatten. Seine herausragenden Leistungen führten am Saisonende darüber hinaus zur Wahl zu Schottlands Fußballer des Jahres. Stark hatte sich Larsson auch in den Old-Firm-Derbys gegen die Rangers präsentiert, nachdem er im November beim 5:1-Heimsieg gleich zweimal sowie am Neujahrstag 1999 beim 2:2 im Ibrox Park einmal erfolgreich gewesen war. Der Aufschwung war nicht zuletzt dem slowakischen Neuzugang Lubomir Moravcik zu verdanken, der ihn als Spielmacher auch in den kommenden Jahren mit zahlreichen Vorlagen versorgte.

Mit dem Duo Moravcik-Larsson machten sich die Celtic-Fans, genau wie der neue Manager John Barnes, vor der Saison 1999/2000 große Hoffnungen, die Rangers wieder als Meister ablösen zu können, zumal der schwedische Torgarant an den ersten neun Spieltagen mit sieben Treffern seine Vorjahresform eindrucksvoll bestätigte. Dann jedoch folgte der 22. Oktober 1999 und das Zweitrunden-Hinspiel im UEFA-Cup gegen Olympique Lyon, bei dem sich Larsson in einem Zweikampf mit Serge Blanc einen komplizierten Beinbruch zuzog, der anfangs sogar die Fortsetzung seiner Karriere zu gefährden schien. So weit kam es glücklicherweise nicht. Doch als Larsson am letzten Spieltag gegen Dundee United (2:0) als Einwechselspieler sein Comeback gab, standen die Rangers mit großem Vorsprung seit Wochen als Meister fest. Und auch Manager Barnes war inzwischen durch Kenny Dalglish abgelöst worden, wobei Barnes seine Entlassung hinterher in erster Linie auf Larssons schwere Verletzung zurückführte.

Zur neuen Saison wurde dann Martin O'Neill als neuer Manager verpflichtet. Der Nordire besaß die Fähigkeit, seine Spieler optimal auf den jeweiligen Gegner einzustellen, wobei insbesondere ältere Spieler ihren zweiten Frühling erlebten, was insbesondere auf Chris Sutton zutraf, der im Celtic-Sturm mit Henrik Larsson blendend harmonierte. Bei Chelsea hatte man Sutton noch zu verstehen gegeben, nicht mehr erwünscht zu sein, weshalb dieser nach Parkhead ging, wo er in kürzester Zeit wieder zu alter Stärke fand. Weil der quirlige Larsson nun nicht mehr auf sich allein gestellt war, kam er noch besser zur Geltung und wurde mit 37 Treffern zum zweiten Mal schottischer Torschützenkönig. Mit dieser beeindruckenden Torquote avancierte er darüber hinaus als erster (und bislang einziger) Schwede zu Europas bestem Goalgetter. Fast müßig zu erwähnen, dass Larsson nach der Saison 2000/01 auch zum zweiten Mal zu Schottlands Fußballer des Jahres gekürt werden sollte, womit das beste Jahr seiner Laufbahn adäquat abgerundet wurde. Dieses hatte auf Teamebene das begehrte „domestic treble" und mithin alle drei nationalen Titel beschert. In der SPL hatte Titelverteidiger Glasgow Rangers nicht den Hauch einer Chance und wies als Vizemeister einen Rückstand von 15 Zählern zu den meisterlichen Bhoys auf. Im Ligacupfinale waren diese auf den FC Kilmarnock getroffen, der dank dreier Larsson-Treffer mit 3:0 in die Schranken gewiesen wurde. Und auch im SFA-Cupfinal entpuppte sich Hibernian Edinburgh am 26. Mai 2001 als besserer Sparringspartner und unterlag mit 0:3, wobei Henrik Larsson als Doppeltorschütze wie gewohnt eine spielentscheidende Rolle übernommen hatte.

Durch einen Erfolg in der Qualifikation über Ajax Amsterdam zogen die Grün-Weißen erstmals in die kontinentale Königsklasse ein, wo sie es nach ihrem 1:0-Auftaktsieg gegen Rosenborg Trondheim mit Juventus Turin zu tun bekamen. Die Mannschaft stand im Piemont dicht vor einem Punktgewinn, nachdem Larsson in der 85. Minute einen Elfmeter zum 2:2 verwandelt hatte. Zwei Minuten vor Schluss erhielten aber auch die Gastgeber einen Strafstoß zugesprochen, den Amoruso sicher einnetzte. Gleichwohl durften sich die Schotten weiterhin Hoffnungen auf das Weiterkommen machen, was wieder einmal an Henrik Larsson lag, der im zweiten Heimspiel einen knappen 1:0-Sieg über Porto besiegelte. Am letzten Spieltag endete auch die dritte Partie im Celtic Park mit einem Erfolg, wobei sich Larsson auch beim 4:3 über die Juve in die Torschützenliste eintrug. Dennoch musste die Mannschaft als Gruppendritter in den UEFA-Cup „absteigen", wo sie gegen den FC Valencia trotz eines weiteren Treffers Larssons im Elfmeterschießen das Aus ereilte. Damit musste man sich in der Spielzeit 2001/02 mit der Titelverteidigung in der Liga begnügen, die mit einem 18-Punkte-Vorsprung auf die Rangers denkbar souverän gelang. Auch auf Celtics Torschützen vom Dienst war wie immer Verlass. Henrik Larsson traf 29-mal ins Schwarze und verteidigte damit vor seinem Teamkollegen John Hartson (19 Treffer) die Führung in der Torschützenliste.

► EINWURF

Großes Lob erhielt Henrik Larsson in seiner Zeit in Schottland von Dick Advocaat, der Celtics Erzrivale Glasgow Rangers zwischen 1998 und 2002 betreute. Der Niederländer bezeichnete Larsson als „einen der besten Stürmer Europas, wenn nicht sogar der Welt" und charakterisierte dessen Spielweise wie folgt: „Wenn man ihn mit Batistuta vergleicht, so ist der Argentinier oftmals über die gesamten 90 Minuten nicht zu sehen, erzielt aber dennoch zwei Tore. Larsson ist dagegen nicht nur für permanente Torerfolge gut, sondern darüber hinaus ein exzellenter Fußballer, wobei er während eines Spiels noch ein immenses Laufpensum herunterspult."

Verpasste Gelegenheiten

Die Saison 2002/03 wurde für Celtic und Henrik Larsson zum Jahr großer Hoffnungen, aber ohne Happy End. Schon in der dritten Qualifikationsrunde zur Champions League schien ein Erfolg über den FC Basel reine Formsache. Die Partie im Celtic Park begann aber mit der frühen Führung der Schweizer, ehe Larsson in der dritten Minute einen Strafstoß zum Ausgleich verwandelte und Sutton und Sylla nach der Pause die Tore zu einem 3:1-Sieg markierten. Zwei Wochen später überraschten die Eidgenossen abermals mit einer schnellen 2:0-Führung, der die Schotten diesmal jedoch keine Treffer entgegenzusetzen hatten, so dass ihnen durch das überraschende Aus ein enormer Geldsegen entging. Im UEFA-Cup wartete nach Siegen über Sudava Marijampole (8:1, 2:0) in der zweiten Runde mit den Blackburn Rovers der erste attraktive Gegner. Zu Hause hatten die Spieler in den grün-weißen Jerseys einige Probleme und kamen erst in der 85. Minute durch Larsson zum 1:0-Sieg. Im Rückspiel sorgte wiederum Larsson mit dem Führungstreffer für die Vorentscheidung, dem Sutton in der zweiten Hälfte das 2:0 folgen ließ. Danach folgte mit RC Celta Vigo ein unangenehmer Widersacher, gegen den wiederum Larsson das Tor zum 1:0-Heimsieg erzielte. In Galicien reichte beim 1:2 dann ein Tor von Hartson zum Einzug ins Achtelfinale, wo der VfB Stuttgart (3:1, 2:3) geschlagen wurde, obwohl Henrik Larsson beide Begegnungen verpasst hatte, nachdem er sich im Ligaspiel gegen den FC Livingston bei einem Zusammenstoß mit Gustave Bahoken einen Kieferbruch zugezogen hatte.

Im Viertelfinale kam es im März 2003 zu den Schlagerpartien gegen den FC Liverpool. Im „Battle of Britain" galten die Reds als haushohe Favoriten, woran sich auch nach dem 1:1 im Glasgower Hinspiel – der wiedergenesene Larsson hatte für den Führungstreffer der Hausherren gesorgt – nichts änderte. An der Anfield Road siegten die Mannen von Manager Martin O'Neill aber sensationell mit

2:0, wobei ein Traumtor des Walisers Hartson in der 81. Minute die Entscheidung gebracht hatte. Noch am Wochenende zuvor war es ausgerechnet jener Hartson gewesen, der im Ligacup-Finale gegen die Rangers in letzter Minute einen Elfmeter vergeben hatte. Im Halbfinale erwies sich FC Boavista Porto als unangenehmer Gegner. In beiden Partien gegen die Portugiesen avancierte Henrik Larsson aber zum Matchwinner. Während der schwedische Torjäger zu Hause den Ausgleich zum 1:1 schoss, sorgte er im Rückspiel mit seinem Tor in der 80. Minute zum 1:0 für den Einzug ins Endspiel. Rund 75.000 Celtic-Fans waren zum Finale nach Sevilla gepilgert. Eine derartige Invasion hatte es bei einem Auswärtsspiel noch nie gegeben. Die trinkfesten Schotten sorgten für ein weiteres Novum: Bereits Stunden vor dem Anpfiff gab es in den Bodegas der andalusischen Hauptstadt keinen Tropfen Bier mehr. Unter der Abendsonne von Sevilla boten die Celtic-Spieler am 21. Mai 2003 eine kämpferisch überzeugende Leistung und glichen den Rückstand durch Derlei kurz vor der Pause durch Larsson aus. In der 54. Minute gingen die Portugiesen durch Alenitschew erneut in Führung, doch nur drei Minuten später war abermals Larsson mit dem 2:2 – seinem zwölften Treffer im zwölften Europacup-Einsatz der Saison – zur Stelle. In der 115. Minute sorgte der Brasilianer Derlei jedoch mit dem 2:3 für die Entscheidung und besiegelte Celtics unglückliche Niederlage.

► EINWURF
Mit Beginn der Spielzeit 1998/99 wurde die alte Premier Division der Scottish Football League (SFL) von der Scottish Premier League (SPL) abgelöst. Von der Abspaltung von der SFL versprachen sich die beteiligten Klubs bessere Vermarktungschancen und höhere Einnahmen. Nachdem Henrik Larsson in der letzten Spielzeit der Premier Division 16 Tore erzielt hatte, traf er zwischen 1999 und 2004 in 188 SPL-Spielen 158-mal ins Schwarze, womit er zum Zeitpunkt seines Wechsels zum FC Barcelona die ewige Bestenliste anführte. Inzwischen ist er allerdings auf den zweiten Rang zurückgefallen, nachdem ihn Kris Boyd (164 SPL-Tore für den FC Kilmarnock und die Glasgow Rangers) im Verlauf der Saison 2009/10 überholen konnte.

Trotz des Kräfteverschleißes im UEFA-Cup konnte Celtic bis zum letzten Spieltag das heimische Titelrennen mit den Rangers offen halten, verfügte in der Endabrechnung gegenüber dem punktgleichen Erzrivalen aber über die um einen Treffer schlechtere Tordifferenz. Immerhin konnte sich Henrik Larsson mit 28 Saisontreffern zum dritten Mal in Folge und zum vierten Mal insgesamt den Titel des Torschützenkönigs sichern.

Nach dem Ausscheiden im Viertelfinale im UEFA-Cup gegen den FC Villarreal (1:1, 0:2) ging Henrik Larssons letzte Saison im Celtic-Trikot mit dem Doublegewinn in die Annalen ein. Wieder war der Schwede mit seinen 30 Treffen als souveräner Torschützenkönig wesentlich verantwortlich für den Sturm an die Tabellenspitze, was ihm in seiner schwedischen Heimat zum zweiten Mal nach 1998 die Wahl zum Fußballer des Jahres eintrug. Im Verlauf der Rückrunde konnten auch die Rangers den Grün-Weißen auf ihrem Weg zum 39. Meistertitel nicht mehr folgen. In der Endabrechnung betrug deren Vorsprung stattliche 17 Punkte. Den zweiten Coup landete die Mannschaft am 22. Mai 2004 im Pokalendspiel. Dabei sah es zur Pause gar nicht gut aus. Durch ein Tor von Skerla aus der 40. Minute lag Außenseiter Dunfermline Athletic doch überraschend in Führung. In der zweiten Halbzeit sorgte aber Larsson mit seinen beiden Toren für die Wende, derweil Petrov sechs Minuten vor dem Abpfiff den 3:1-Endstand besiegelte, so dass sich der Schwede als bester Ausländer der Klubgeschichte nach sieben Jahren standesgemäß aus Schottland verabschiedete.

► EINWURF
Zu Beginn des Jahres 2007 gab der 35-jährige Henrik Larsson ein sensationelles Comeback auf der internationalen Fußballbühne, als er während der Winterpause der schwedischen Liga vom 1. Januar bis zum 12. März an Manchester United ausgeliehen war. Für die Red Devils, die 2007/08 Englischer Meister wurden, absolvierte er insgesamt sieben Ligaspiele und erzielte am 31. Januar beim 4:0 gegen den FC Watford seinen einzigen Treffer. Er kam letztmals am 10. März im FA-Cup-Spiel gegen den FC Middlesbrough (2:2) zum Einsatz, um dann nach Schweden zurückzukehren und damit ein seiner Familie gegebene Versprechen einzulösen.

Champions-League-Sieg mit Barca

Der inzwischen 33 Jahre alte Schwede wechselte im Sommer 2004 ablösefrei zum FC Barcelona, wo er in der Saison 2004/05 jedoch nur zwölfmal zum Einsatz kam und drei Tore erzielte. In der Champions League kam es in der Vorrunde zum Wiedersehen mit seinem alten Arbeitgeber Celtic, wobei Larsson am 14. September in der 82. Minute in Parkhead den 3:1-Auswärtssieg der Katalanen besiegelte. Nach dem Spiel gab er allerdings zu, sich nicht wirklich über den Torerfolg gefreut zu haben, was an der großartigen Zeit lag, die er bei den Grün-Weißen erlebt hatte. Rund zwei Monate nach dem Auftritt in Glasgow war für Larsson die Saison zu Ende: Am 20. November erlitt er im Klassiker gegen Real Madrid (3:0) einen Kreuzbandriss, der ihn für die kommenden Monate außer Gefecht setzte. Dennoch entschieden die Verantwortlichen um Vereinspräsident Laporta, den Vertrag des Schweden um eine weitere Saison zu verlängern. Nachdem dieser am Meistertitel 2004/05 nur einen bescheidenen Anteil hatte, durfte er sich in der Spielzeit 2005/06 in Anbetracht von 28 Einsätzen (und immerhin zehn Treffern) dagegen als vollwertiger Bestandteil der Meistermannschaft fühlen. Sein letztes Spiel im Barca-Trikot bestritt er am 17. Mai 2006, als er im Endspiel der Champions League gegen Arsenal London in der 61. Minute beim Stand von 0:1 für Mark van Bommel eingewechselt wurde. Nachdem er schon in der 76. Minute Eto'o den 1:1-Ausgleichtreffer aufgelegt hatte, bereitete er fünf Minuten später auch Bellettis Siegtor vor, so dass Trainer Frank Rijkaard mit Larssons Einwechslung ein echter Glückgriff gelungen war, was auch Thierry Henry vom unterlegenen Finalisten Arsenal feststellte. Aus seiner Sicht hatte das Barca-Spiel erst durch Larssons Einwechslung den siegbringenden Impuls erhalten. Obwohl ihm der FC Barcelona einen erneuten Einjahresvertrag anbot, entschied sich der schwedische Stürmer-Star dennoch, im Sommer 2006 in seine Heimat zurückzukehren.

Zurück zu den Wurzeln

Im Pokalspiel gegen Hammarby IF (3:1) gab Henrik Larsson am 6. Juli 2006 sein Comeback im Trikot von Helsingborgs IF, das sich nach dem Aufstieg zu Beginn der Neunziger mittlerweile in der Allsvenskan etabliert und 1999 sogar seine sechste Meisterschaft errungen hatte. Nicht zuletzt dank der Erfahrung, die Larsson einbrachte, konnte sich die Mannschaft 2006 in der Liga auf den vierten Rang verbessern und durch einen 2:0-Finalsieg über Gefle IF zudem die Svenska Cupen gewinnen. Nach seinem zweieinhalbmonatigen Intermezzo bei Manchester United ging „Henke“ Larsson drei weitere Jahre für Helsingborg auf Torejagd. Besonders in der UEFA-Cup-Saison 2007/08 sorgte er auch über die Landesgrenzen hinaus für Furore, als er in neun Spielen neun Tore erzielte und erst in der Zwischenrunde am PSV Eindhoven (1:2, 0:2) scheiterte. Auch seine 14 Saisontreffer im Spieljahr 2008 konnten sich sehen lassen, mit denen er HIF den vierten Platz in der Allsvenskan sichern half. Als er sich im Europa-League-Spiel am 30. Juli 2009 gegen FK Sarajevo die Kniescheibe brach, begann sich allerdings das Ende seiner aktiven Karriere abzuzeichnen. Zwar gab er bereits Ende September im Ligaspiel gegen AIK Solna sein Comeback und erzielte an jenem Tag zwei Tore. Bald darauf erklärte er jedoch, seine Fußballschuhe an den Nagel zu hängen. Beim 0:2 gegen Djurgardens IF verließ Larsson am 28. Oktober 2009 unter tosendem Beifall des Publikums zum letzten Mal den Fußballplatz. Nachdem der zweifache Vater, der seit 1996 mit Magdalena Spjuth verheiratet ist, zeitweise als Celtic-Manager im Gespräch war, trat er am 14. Dezember 2009 die erste Trainerstelle beim schwedischen Zweitligisten Landkrona BoIS an.

► ZAHLEN UND FAKTEN

Vereine:	1989-1991	Högaborgs BK
	1992-1993	Helsingborgs IF
	1993-1997	Feyenoord Rotterdam
	1997-2004	Celtic Glasgow
	2004-2006	FC Barcelona
	2006	Helsingborgs IF
	2007	Manchester United
	2007-2009	Helsingborgs IF

Tore: 106 Spiele Allsvenskan (54 Tore)
31 schwedische Zweitligaspiele (34 Tore)
74 schwedische Fünftligaspiele (23 Tore)
101 Spiele Eredivisie (26 Tore)
221 Spiele Scottish Premier League (174 T.)
40 Spiele Primera División (13 Tore)
7 Premier-League-Spiele (1 Tor)
13 Spiele Svenska Cupen (5 Tore)
29 KNVB-Pokal-Spiele (7 Tore)
25 SFA-Cup-Spiele (23 Tore)
11 schottische Liga-Cup-Spiele (10 Tore)
4 Spiele Copa del Rey (4 Tore)
4 FA-Cup-Spiele (1 Tor)
106 Europacup-Spiele (58 Tore)
106 Länderspiele (37 Tore)
gesamt 878 Pflichtspiele (470 Tore)

Erfolge: Schottischer Meister 1998, 2001, 2002, 2004
Spanischer Meister 2005, 2006
Englischer Meister 2007
Niederländischer Pokalsieger 1994, 1995
Schottischer Pokalsieger 2001, 2004
Schwedischer Pokalsieger 2006
Schottischer Ligacupsieger 1998, 2001
Spanischer Supercupsieger 2005
Champions-League-Sieger 2006

Schottischer Torschützenkönig 1998/99, 2000/01, 2001/02, 2002/03, 2003/04
Europas Torschützenkönig 2000/01
Schottischer Fußballer des Jahres 1998/99, 2000/01
Schwedischer Fußballer des Jahres 1997/98, 2003/04

In der Nationalmannschaft:
In der ersten Hälfte der 1990er Jahre verfügte Schweden über die stärkste Nationalmannschaft der jüngeren Fußballgeschichte, der sowohl 1992 bei der Europameisterschaft im eigenen Land sowie zwei Jahre später bei den Welttitelkämpfen in den USA der Einzug ins Halbfinale gelang. Just in jene Zeit fiel auch das Debüt von Henrik Larsson, der gerade zu Feyenoord Rotterdam gewechselt war, als ihn das Trainerduo Tommy Söderberg und Lars Lagerbäck für das Länderspiel gegen Finnland nominierte. Für die Schweden war es das entscheidende Qualifikationsspiel auf dem Weg in die Vereinigten Staaten, das im Stockholmer Rasunda-Stadion mit einem 3:2-Erfolg über das Nachbarland endete, zu dem der 22-jährige Larsson den Treffer zur zwischenzeitlichen 2:1-Führung beigetragen hatte.

Im Rasunda-Stadion, das im Stockholmer Vorort Solna liegt, bestritt Henrik Larsson am 13. Oktober 1993 sein erstes Länderspiel gegen Finnland (3:2), bei dem er auch gleich den ersten von insgesamt 37 Treffern im Trikot der „Tre Kronor“ bejubeln durfte. Die traditionsreiche Spielstätte weicht derzeit einer modernen Multifunktionsarena, in der bis zu 65.000 Zuschauer Platz finden sollen.

Bei der Endrunde in den USA nahm Larsson freilich nur die Rolle eines Ergänzungsspielers ein, der bei seinen fünf Einsätzen nie die vollen 90 Minuten durchspielte. Nachdem er im ersten Gruppenspiel gegen Kamerun (2:2) nach einer Stunde für Blomqvist eingewechselt worden war, ersetzte er beim 3:1-Sieg über Russland in der 83. Minute Kennet Andersson, um in der letzten Vorrundenpartie gegen Brasilien (1:1) erstmals von Beginn an zu spielen. Allerdings musste er nach 64 Minuten wieder für Jesper Blomqvist Platz machen. Nachdem er im Achtelfinale gegen Saudi Arabien (3:1) pausieren musste, durfte er in der Runde der letzten Acht gegen Rumänien (2:2 n.V.) wieder ran und wurde in der 107. Minute für Martin Dahlin eingewechselt. Larsson galt in den Augen des Trainergespanns als sicherer Elfmeterschütze, was er auch tatsächlich unter Beweis stellte, als er im mit 5:4 gewonnenen Elfmeterschießen den letzten schwedischen Elfer verwandelte und damit den Weg in die Vorschlussrunde ebnete.
Hier trafen die Nordländer auf den hohen Turnierfavoriten (und späteren Weltmeister) Brasilien, dem sie – diesmal allerdings wieder ohne Henrik Larsson – knapp mit 0:1 unterlagen. Damit ging die WM für das Tre-Kronor-Team mit dem Spiel um Platz drei zu Ende, in dem eine lustlos agierende bulgarische Elf deutlich mit 4:0 geschlagen wurde. Vor 91.500 Zuschauern im Rose-Bowl-Stadion von Pasadena wirkte Larsson bis zu seiner Auswechslung in der 79. Minute mit und konnte acht Minuten vor dem Seitenwechsel das 3:0 und mithin seinen ersten WM-Treffer bejubeln.

Für Schweden begann nach den Erfolgen zu Beginn des Jahrzehnts eine längere Durststrecke, da sowohl die Europameisterschaft 1996 als auch die Weltmeisterschaft 1998 verpasst wurden. Aber auch „Henke“ Larsson hatte nur wenig Grund zur Freude: Nach seinem sechsten Länderspieltor im Freundschaftsspiel gegen Litauen (4:2) im August 1994 gelang ihm in den folgenden 23 Einsätzen für Schweden nur ein einziger Treffer, als er am 1. Juni 1996 beim 5:1 im WM-Qualifikationsspiel gegen Außenseiter Weißrussland erfolgreich war.

► EINWURF

In der schwedischen Länderspielgeschichte zählt Henrik Larsson sowohl in Sachen Einsätze wie Tore zu den Top 10. Hinter Rekordnationalspieler Thomas Ravelli (143 Länderspiele) rangiert er mit seinen 106 Einsätzen auf dem siebten Platz. Rekordtorschütze ist dagegen Sven Rydell, der zwischen 1921 und 1932 insgesamt 49-mal ins Schwarze getroffen hat, wobei er dafür lediglich 43 Länderspiele benötigte. Gunnar Nordahl brauchte für seine 43 Länderspieltreffer zwischen 1942 und 1948 sogar nur 33 Einsätze, während der drittplatzierte Henrik Larsson für 37 Tore die erwähnten 106 Länderspiele benötigte, was einer zwar achtbaren Ausbeute, aber keinesfalls überragenden Quote von 0,34 Treffern je Länderspiel entspricht.

Die Torflaute von Henrik Larsson ging erst zu Ende, nachdem er 1997 zu Celtic Glasgow gewechselt war. Im Rahmen der EM-Qualifikation konnte er gegen Bulgarien (1:0), Luxemburg (2:0) und Polen (2:0) seine nächsten drei Länderspieltore verbuchen, wobei sich Schweden in souveräner Manier vor England für die Endrunde in Belgien und den Niederlanden qualifizierte. Hier bekam die Mannschaft aber schon in der Vorrunde die Grenzen aufgezeigt und schied als Gruppenletzter aus. Im dritten Spiel gegen Italien (1:2) sorgte Henrik Larsson in der 77. Minute für den zwischenzeitlichen 1:1-Ausgleich.

Mit einem Fünf-Punkte-Vorsprung auf die Türkei schafften die Schweden als Sieger ihrer Qualifikationsgruppe auch den Sprung zur Weltmeisterschaft 2002, woran Henrik Larsson mit acht Toren einen großen Anteil hatte. Besonders beim deutlichen 6:0 über Moldawien präsentierte er sich im Juni 2001 in Galaform, als er nicht weniger als vier Treffer erzielte. Aber auch beim entscheidenden 2:1-Erfolg in Istanbul am 5. September zählte er zu den Torschützen. An der Endrunde in Südkorea und Japan gelang Schweden vor England der Gruppensieg. Besonders wichtig war dabei das 2:1 über Geheimfavorit Nigeria, bei dem „Henke“ Larsson als Doppeltorschütze glänzte. Auch im Achtelfinale war dieser gegen Senegal erfolgreich. Dessen 1:0-Führungstreffer aus der 11. Minute reichte jedoch nicht aus, um sich für das Viertelfinale zu qualifizieren, da die Afrikaner nach Ende der Verlängerung schließlich mit 2:1 die Nase vorn hatten.

Ursprünglich wollte sich Larsson nach der Weltmeisterschaft aus der Nationalelf verabschieden, um sich voll auf seinen Verein zu konzentrieren. Als den Celtic-Spieler jedoch rund 125.000 Briefe aus der Heimat erreichten, mit dem Inhalt, nach gelungener EM-Qualifikation doch wieder in die Länderelf zurückzukehren, ließ sich der inzwischen kahlköpfige Angreifer breit klopfen und verstärkte das Drei-Kronen-Team im Sommer 2004 bei den kontinentalen Titelkämpfen in Portugal. Nach zwei Treffern im mit 5:0 gewonnenen Auftaktspiel gegen Bulgarien zeigte er auch im abschließenden Gruppenspiel gegen Dänemark (2:2) mit einem weiteren Torerfolg, wie wertvoll er für die Nationalmannschaft immer noch war, woran auch das Ausscheiden im Viertelfinale gegen die Niederlande nach Elfmeterschießen nichts änderte.

Der inzwischen 33-Jährige war auch in den Qualifikationsspielen für die WM 2006 nicht aus dem Team von Lars Lagerbäck wegzudenken und verbesserte sein Torkonto um weitere fünf Treffer. Beim 4:1-Auswärtssieg in Reykjavik erzielte er seinen insgesamt dritten Doppelpack für Schweden, das in Deutschland seine Vorrundengruppe ungeschlagen überstand, wobei Henrik Larsson bei der dritten WM-Teilnahme im letzten Gruppenspiel gegen England (2:2) den fünften und letzten WM-Treffer seiner Karriere erzielte, ehe nach dem 0:2 gegen Gastgeber Deutschland in München Endstation war.

Direkt nach der WM gab Henrik Larsson zum zweiten Mal seinen Rücktritt aus der Nationalmannschaft bekannt. Nach erfolgreicher EM-Qualifikation gelang es Nationaltrainer Lagerbäck im Frühjahr 2008 aber erneut, den Oldie, der inzwischen wieder in Schweden bei Helsingborgs IF kickte, zu einem Comeback zu überreden. Die Endrunde war nach einem Sieg zum Auftakt über Titelverteidiger Griechenland (2:0) und zwei Niederlagen gegen Spanien (1:2) und Russland (0:2) jedoch schnell vorbei. Nicht so die Länderspielkarriere von Henrik Larsson, der nach dem Rücktritt von Fredrik Ljungberg sogar zum Spielführer der Tre Kronors befördert wurde. Erstmals trug er die Kapitänsbinde am 20. August 2008 bei der knappen 2:3-Niederlage gegen Frankreich in Göteborg, wo Larsson im 99. Länderspieleinsatz seinen 37. und letzten Treffer erzielte. Wenig erfreulich verlief sein 100. Länderspiel am 6. September 2008. Zum Auftakt der WM-Qualifikation für Südafrika reichte es in Tirana gegen Albanien nur zu einem enttäuschenden torlosen Remis. Nach Larssons letztem Länderkampf am 10. September 2009 im Nachbarschaftsduell mit Dänemark (0:1) stand das Verpassen der Weltmeisterschaftsendrunde 2010 fest.

Saison	Europacup		Liga		Pokal	
	Sp.	T.	Sp.	T.	Sp.	T.
1989			21	1		
1990			21	7		
1991			32	15		
1992			31	34		
1993			25	16	5	1
1993/94			15	1	12	5
1994/95	6	7	23	8	9	1
1995/96	7	1	32	10	4	1
1996/97	6	1	31	7	4	0
1997/98	2	0	35	16	4	0
1998/99	8	4	35	29	5	5
1999/00	4	5	9	7	0	0
2000/01	5	4	37	35	6	9
2001/02	10	4	33	29	3	2
2002/03	12	12	35	28	2	2
2003/04	15	5	37	30	5	5
2004/05	4	1	12	3	0	0
2005/06	10	1	28	10	4	4
2006			15	8	5	4
2006/07	2	1	7	1	4	1
2007	9	9	22	9	1	0
2008	2	0	27	14	1	0
2009	4	3	17	7	1	0

Abe Lenstra
Genialer Fußballer mit menschlichen Schwächen

Ob denn nun Abe Lenstra oder doch Johan Cruyff der beste Angreifer des niederländischen Fußballs gewesen sei? – Jan van Roessel, der gemeinsam mit Lenstra in der Elftal gespielt hatte, beantwortete diese Frage so: „Dann sage ich Lenstra. Eine eigensinnige Figur, aber ein Zauberer am Ball." Tatsächlich stellt Abe Lenstra gemessen an seinen Pflichtspieltreffern „König Johan" deutlich in den Schatten. Während der Vizeweltmeister von 1974 im Laufe seiner Karriere gerade einmal 405-mal in Schwarze getroffen hat, hat „us Abe" („uns' Abe") 684 offizielle Tore bejubeln dürfen. Dass sein Bekanntheitsgrad international dennoch deutlich geringer ausfällt als jener von Johan Cruyff, liegt fraglos daran, dass Abe Lenstra zumeist in einer Zeit aktiv war, als in den Niederlanden noch auf Amateurbasis gekickt wurde. Erst Mitte der fünfziger Jahre ging man auch in unserem Nachbarland zum „betaald voetbal" über, was einen immensen Popularitätsschub nach sich zog, von dem Johan Cruyff & Co. stark profitierten.

Familiäre Wurzeln im Arbeitermilieu

Der Einführung des Profifußballs stand insbesondere Abes Vater Mindert Jans Lenstra ausgesprochen kritisch gegenüber. Der hatte seinen Sohn immer wieder gewarnt und damit einen durchaus möglichen Wechsel zu einem ausländischen Profiverein unterbunden: „Pass auf, dass das Geld nicht die Macht über dich kriegt." Eine Haltung, die Abe zumindest zu Lebzeiten seines Vaters übernahm. „Wenn man Profi wird, hat man nichts mehr mitzureden, und der Klub kann mit einem machen, was er will." Für die friesische VV (Voetbal Vereniging) Heerenveen war diese Einstellung ein echter Glücksfall. Dem Vorläufer des heutigen Ehrendivisionärs SC Heerenveen hielt Abe Lenstra fast zwei Jahrzehnte die Treue, was zur Folge hatte, dass der Verein lange mit seinem „Superstar" gleichgesetzt wurde. Die Anhänger sprachen von „Abeveen", derweil die Verbundenheit von Klub und Spieler auch ein halbes Jahr nach Lenstras Tod zum Ausdruck kam, als der Sportpark Noord offiziell in Abe-Lenstra-Stadion umbenannt wurde. Und auch das 1994 neu erbaute Stadion trägt den Namen des einstigen Volkshelden.

Dieser war am 27. November 1920 in Heerenveen zur Welt gekommen, wo er in bescheidenen Verhältnissen aufwuchs. Sein Vater Mindert Lenstra war als Lagerarbeiter beschäftigt, derweil seine Mutter Janke sich im Frauenbund der sozialdemokratischen Partei engagierte. Das Herz der Familie Lenstra schlug – um es mit dem Worten eines ehemaligen SPD-Kanzlerkandidaten zu sagen – links, was beispielsweise darin zum Ausdruck kam, dass am Tag der Arbeit stets die Rote Fahne gehisst wurde. Auch als Mindert Lenstra später eine Anstellung als Handlungsreisender annahm, behielt die Familie ihre politische Gesinnung bei, die vermutlich auch der Grund dafür gewesen sein dürfte, dass Abe Lenstra – anders als viele seiner Zeitgenossen – lange bereit war, auf Amateurniveau zu kicken.

Ein Muster an Vereinstreue

In den Straßen seiner Heimatstadt kickte Abe Lenstra zumeist mit älteren Mitspielern, was Technik und Durchsetzungsvermögen förderte. Sein starker Fuß war eigentlich der rechte, doch weil er keine Gelegenheit ausließ, um auch seine „linke Klebe" zu trainieren, gehörte Abe Lenstra später zu jenen Fußballern, die sich mit Fug und Recht mit dem Prädikat „beidfüßig" schmücken durften. Ein derartiger Rohdiamant innerhalb der eigenen Stadtmauern konnte den Verantwortlichen der VV Heerenveen gar nicht entgehen. Im Mai 1931 veranstaltete der Klub ein Schülerturnier, an dem neben dem kleinsten und jüngsten Teilnehmer Abe Lenstra auch dessen anderthalb Jahre älterer Bruder Jan teilnahm. Beide überzeugten dermaßen, dass sie auf Geheiß des englischen Trainers Syd Castle (ein ehemaliger Profi von Charlton Athletic) zu den Blau-Weißen geholt wurden. Während Jan ab 1932 schon für die erste Nachwuchsmannschaft spielen durfte, musste sich Abe zunächst noch mit Einsätzen in der zweiten Elf begnügen, doch waren seine Leistungen bald so stark, dass er seinem Bruder in die „Erste" folgte.

Abe Lenstra erzielte für VV Heerenveen zwischen 1936 und 1955 in Liga und Pokal 523 Treffer, womit er heute unangefochtener Toptorjäger des Klubs ist. Später kickte „us Abe" noch für den SC Enschede und dessen Rivale Enschedese Boys.

Vier Jahre hatte Lenstra in der Jugend gekickt, ehe er 1936 auch im Seniorenbereich ran durfte. Am 1. März kam er zum Debüt in der zweiten Herrenmannschaft und bildete gemeinsam mit seinem Bruder den linken Flügel. Während Jan auf Halblinks zum Einsatz kam, gab Abe den Linksaußen und erzielte beim 12:1-Erfolg über Alcides Meppel gleich drei Treffer. Da sein Bruder sogar sechsmal erfolgreich gewesen war, durfte dieser in die erste Mannschaft aufrücken. Bei VV wurde damals ein technisch gepflegter Fußball gespielt, was am österreichischen Coach Otto Pinter lag. Der Ex-Rapidler war ein glühender Verehrer des Wiener Wunderteams und des legendären Matthias Sindelar, wobei er dessen Spielweise mit jener Abe Lenstras verglich. Seinen ersten Einsatz in der Kampfmannschaft sollte Lenstra freilich unter dem aus England zurückgekehrten Syd Castle bestreiten, der für einen weniger gepflegten Stil stand. Am 16. Juli 1936 bekamen es die damals noch in der Tweede Klasse Noord spielenden Friesen mit VV Gorredijk zu tun. Nach 90 unterhaltsamen Minuten lautete das Endresultat 2:2, wobei der erst 15-jährige Abe den Erwartung gerecht geworden war und „ein prächtiges Tor" zum zwischenzeitlichen 1:1-Ausgleich beisteuerte. Am Ende der Spielzeit 1936/37 hatte Lenstra nicht nur 19 Saisontreffer auf dem Konto, sondern die VV auch den Aufstieg in die Eerste Klasse Noord geschafft, welche eine von fünf erstklassigen Zehnerstaffeln in den Niederlanden darstellte.

Dank Lenstra sollte sich „Abeveen" bis zur Einführung der Hoofdklasse (1955/56) zur dominierenden Elf der Abteilungsmeisterschaft des Nordens entwickeln und dort zum Serienmeister avancieren. Erstmals sicherte sich der Verein, für den „us Abe" im Lauf seiner Karriere 523 Tore in Pflichtspielen erzielte, in der Spielzeit 1941/42 den Nordtitel. Entscheidend war dabei der direkte Vergleich gegen GVAV Groningen (4:4, 2:0), so dass der ärgste Rivale um zwei Zähler distanziert werden konnte. Einen großen Anteil am Erfolg hatte Sturmführer Abe Lenstra mit mehr als beachtlichen 31 Treffern in 18 Ligaspielen. In der nationalen Endrunde hatte Heerenveen bei einem Auswärtssieg sowie vier Unentschieden vor heimischer Kulisse allerdings keine Chance, um im Kampf um die Meisterschaft eine ernstzunehmende Rolle zu spielen.

► EINWURF

Abe Lenstra wird von Zeitgenossen als nahezu kompletter Spieler beschrieben, der sowohl vor dem gegnerischen Tor als auch in der Vorbereiterrolle glänzte. Seine Beidfüßigkeit machte ihn für jede Abwehr zum ständigen Unruheherd, die er auch dank seiner Antrittsschnelligkeit – die 100 Meter lief er in 10,9 Sekunden – auszuhebeln verstand. Wie bei vielen bedeutenden Stürmern des Weltfußballs hatte man auch bei Abe Lenstra des Öfteren den Eindruck, das Spiel laufe an ihm vorbei, bis er im entscheidenden Augenblick dann aber doch zur Stelle war und wie aus dem Nichts ein Tor erzielte. „Us Abe" beschrieb seine Spielweise folgendermaßen: „Ein guter Fußballspieler ist ein bisschen wie ein Hecht; man muss nicht viel tun, wenn man nur zeitig zuschnappt." Das alles hört sich einigermaßen phlegmatisch an, doch Abe Lenstra konnte auch anders. Zweimal riss er dank seiner durchaus vorhandenen Kämpferqualitäten ein Spiel der VV Heerenveen aus dem Feuer. Erstmals am 21. Juni 1947, als er seine Mannschaft nach einem hoffnungslosen 0:4-Rückstand noch zu einem 7:6-Sieg über MVV Maastricht führte. Legendär auch der 6:5-Erfolg über Ajax Amsterdam, den die Blau-Weißen am 7. Mai 1950 feiern konnten, obwohl sie nach einer Stunde mit 1:5 hinten lagen. Dann aber drehte Abe Lenstra auf, brachte seine Farben mit zwei Treffern auf 3:5 heran, um auch die drei übrigen Tore entscheidend zu initiieren. Das Bild zeigt, wie „us Abe" nach dem Schlusspfiff von den Anhängern im Sportpark Noord begeistert gefeiert wurde.

Bis einschließlich der Saison 1950/51 konnte Heerenveen acht weitere Nordtitel in Serie (die Saison 1944/45 war kriegsbedingt ins Wasser gefallen) erringen. In den Spielzeiten 1942/43 und 1943/44 musste die Mannschaft in ihren 18 Ligaspielen jeweils nur eine Niederlage einstecken, so dass die Zweitplatzierten (Be Quick Groningen bzw. LSC Sneek) deutliche zehn Zähler Rückstand aufwiesen. Dank ihrer Dominanz auf regionaler Ebene nahmen die Blau-Weißen regelmäßig auch an der nationalen Endrunde teil, wenngleich sich der Traum vom Meistertitel nicht erfüllte. Am dichtesten dran waren sie in den Spieljahren 1946/47 und 1947/48, als es hinter Ajax Amsterdam bzw. BVV Den Bosch jeweils zum Gewinn der Vizemeisterschaft reichte. In der Saison 1947/48 belief sich der Rückstand auf den Titelträger gar nur auf einen Zähler. Die entscheidenden Punkte hatte die Mannschaft bei ihrer 1:2-Heimpleite gegen Go Ahead Deventer abgegeben. Seine stärkste Saison verzeichnete Lenstra 1945/46, als von den 69 Treffern seines Teams sage und schreibe 46 auf sein Konto gegangen waren.

Auslandsofferten zuhauf

Dank der durchweg guten Leistungen flatterten Abe Lenstra natürlich zahlreiche lukrative Angebote von ausländischen Profivereinen ins Haus, denen er jedoch lange widerstand. Schon 1937 hatte Huddersfield Town ein Angebot abgegeben und dem Niederländer ein üppiges Salär in Aussicht gestellt. Sein Vater – damals im Vorstand der VV Heerenveen und bekanntermaßen ein großer Kritiker des Berufsfußballs – behielt die Offerte jedoch für sich, so dass der Filius nicht einmal Wind von der Sache bekam. Später soll der AC Mailand 60.000 Gulden für die Dienste des Nationalstürmers geboten haben, derweil sich auch Stadtrivale Inter und Rot-Weiss Essen um Lenstra bemühten. Richtig aufs Ganze ging 1951 der AC Florenz. Die Italiener wollten gar 125.000 Gulden für Lenstra überweisen, der aber weiterhin auf seinen Vater hörte und ablehnte. Selbst als die Fiorentina immer noch nicht locker ließ und mit einem Blankoscheck wedelte, blieb „us Abe" standhaft. Allein deshalb genoss Lenstra bei den Fußballfans in Heerenveen höchste Wertschätzung. Ohnehin musste er sich um sein finanzielles Auskommen keine Sorgen machen, da er als Angestellter der Stadtverwaltung überdurchschnittlich gut verdiente und damit seine Familie – mit Ehefrau Hiltje Lenstra-Wisman hatte er zwei gemeinsame Töchter – ernähren konnte.

„Als Mensch ein Ekel"

Weniger gut ging es Bruder Jan und dessen fünfköpfiger Familie. Auf die Idee, diese zu unterstützen, kam Abe Lenstra allerdings nicht. Hier tritt eine weniger positive Charaktereigenschaft des Angreifers zutage, der zwar ein hervorragender Fußballer, menschlich jedoch mit Vorsicht zu genießen war. Solange Lenstra auf dem Platz seine Leistung brachte, wurde er von seinen Mitspielern respektiert und geachtet. Wirkliche Freunde hatte er allerdings nur wenige. Zahlreiche seiner Teamgefährten ärgerten sich über seine ständigen Egoismen und die Unfähigkeit, Kritik anzunehmen. Bei der Nationalelf war man sogar froh, wenn Lenstra mal wieder mit dem KNVB über Kreuz lag und daher den Lehrgängen fernblieb, weil dann die Stimmung deutlich besser war. Der ehemalige Vereinsboss der VV Heerenveen, Jan Steenhuizen, brachte die Sache auf den Punkt: „Abe war als Mensch ein Ekel, ein übler Mann. Kein Wunder, dass er als Fußballer so viele Probleme hatte." Größere Probleme gab es etwa in der Spielzeit 1951/52, als die Blau-Weißen in der Gruppe A deutlich hinter ihren Möglichkeiten blieben und als Fünfte erstmals seit zehn Jahren die Abteilungsmeisterschaft verpassten. Vor einem Ligaspiel erklärte Abe Lenstra, er sei nicht fit und ließ die Partie eigenmächtig aus. Nachdem er nicht einmal im Stadion erschienen war, begründete er sein Fernbleiben vor Journalisten mit „Fußballmüdigkeit". Gleich mehrfach hatte sich Lenstra im Saisonverlauf indisponiert gezeigt, weshalb seine Trefferquote seit langer Zeit wieder unter die 20-Tore-Marke gefallen war.

Jubel im Sportpark Noord, dem späteren Abe-Lenstra-Stadion in Heerenveen. Gerade haben die Blau-Weißen ihren Verfolger VV Leeuwarden mit 11:3 deklassiert und sich damit auch in der Saison 1950/51 die Abteilungsmeisterschaft gesichert. Auch Vereinslegende Abe Lenstra (ganz vorne im Bild) war beim neunten Titelgewinn in Serie mit von der Partie.

Noch mehr Ärger gab es dann in der Saison 1954/55. Zu Beginn der fünfziger Jahre hatte der KNVB auf Druck der Vereine begonnen, den Ligabetrieb neu zu strukturieren. Mitte des Jahrzehnts schien man jedoch die angedachten Reformen schon wieder aus den Augen verloren zu haben, wobei die Funktionäre vor allem um eine Sache einen weiten Bogen gemacht hatten: Neben dem umständlichen Modus und der großen Zahl an Erstligisten bestimmte vor allem die lauthals geforderte Einführung des Profifußballs („betaald voetbal") die Diskussion. Während in anderen Ländern des Kontinents längst auf professioneller Basis gekickt wurde, hielt man im Königreich noch immer am Amateurgedanken fest. Die Klubs haderten mit dem nicht enden wollenden Exodus einheimischer Topspieler, die wie Faas Wilkes, Frans de Munck, Braam Appel oder Cor van der Hart in Scharen ins Ausland abwanderten. Natürlich wurde auch in Heerenveen über die Einführung des Berufsfußballs diskutiert, was allerdings nicht in einer Weise geschah, wie es sich „us Abe" vorstellte. Mit Henrik Schut hatte ein Verfechter der „alten Schule" das Präsidentenamt übernommen, der sich strikt dem Profifußball verweigerte. So zählte der Verein auch nicht zu den zehn „Protestlern", die in der Saison 1954/55 den „Nederlandse Beroeps Voetbalbond" (NBVB) ins Leben riefen, der einen vom KNVB unabhängigen Spielbetrieb auf die Beine stellte. Anders als Hendrik Schut wollte Abe Lenstra seinen Heimatverein professionalisieren, wobei der mittlerweile 34-Jährige als Spielertrainer tätig werden wollte. Das war dem Vereinsboss jedoch suspekt, zumal er „us Abe" ohnehin für viel zu dominant hielt. Andererseits machte Lenstra selbst kein Hehl daraus, dass er den neuen Vorstand für unfähig erachtete, einen Profiklub zu führen, weshalb es nach der Saison zum Bruch kam. Was kaum denkbar schien, trat im Sommer 1955 ein: Abe Lenstra verließ „seine" VV Heerenveen, um fortan in Enschede auf Torejagd zu gehen. Mit dem Wechsel in den Profifußball hatte Abe Lenstra einen Tabubruch begangen, der angesichts der Tatsache, dass viele seiner Nationalmannschaftskameraden im Ausland gutes Geld verdienten, jedoch nur zu verständlich erscheint. Erleichtert hatte Lenstra seinen Meinungsumschwung gewiss auch der Tod des Vaters. Mindert Lenstra, der seinen Sohn immer vor den Gefahren des Profitums gewarnt hatte, war im Januar 1955 verstorben.

Fußball gegen Geld

Der Wechsel zum SC Enschede sollte sich für Abe Lenstra auszahlen. Neben einem Handgeld von 15.000 Gulden wurde er als Geschäftsführer bei einer Sportartikelfirma eingestellt. Auch die Prämienzahlungen konnten sich sehen lassen. Neben einem Grundgehalt von rund 600 Gulden zahlte der Vorläufer des späteren UEFA-Cup-Finalisten FC Twente für einen Sieg 75, für ein Remis 45 und für eine Niederlage immerhin noch 25 Gulden, so dass Lenstra in der Saison 1957/58 die vom Verband vorgegebene Gehaltsobergrenze von 3.600 Gulden erreichte. Da auch die Nationalmannschaftseinsätze zwischen 50 und 150 Gulden einbrachten, zählte Abe zu den Bestverdienern im niederländischen Fußball. Freilich ließ sich außerhalb der Landesgrenzen deutlich mehr verdienen. Ein Spieler von Lenstras Klasse hätte in England locker das Fünffache einstreichen können. Zu den Verlierern des Transfers zählte ganz klar die VV Heerenveen. Der Verein hatte nur wenig Verhandlungsgeschick an den Tag gelegt und sich seinen Topstar – der sich mit 21 Saisontreffern ordentlich verabschiedet hatte – für die Einnahmen aus zwei Freundschaftsspielen (diese beliefen sich auf rund 11.000 Gulden) abspenstig machen lassen. Während einige seiner ehemaligen Mitspieler durchaus froh über den Weggang gewesen sein dürften, trauerten die Anhänger ihrem Idol hinterher. Immer wenn die Mannschaft schlecht spielte, waren die „Abe-Abe"-Sprechchöre im Sportpark unüberhörbar.

Obwohl Abe Lenstra nicht mehr der Jüngste war, versprühte er auch in Enschede weiterhin Torgefahr und erzielte in 135 Ligaeinsätzen zwischen 1955 und 1960 stattliche 86 Treffer. Sogar der Gewinn der ersten Meisterschaft lag in greifbarer Nähe. In der Saison 1955/56 spielte der SC in der B-Staffel der neuen Hoofdklasse (Hauptklasse) und belegte gleichauf mit dem späteren Landesmeister Rapid JC Heerlen den zweiten Platz, was die mühelose Qualifikation für die Eredivisie bedeutete. Die Meisterschaftsendrunde wurde nach einer 3:4-Niederlage im Entscheidungsspiel gegen Rapid nur knapp verpasst. Die ersten Treffer im neuen Trikot hatte Abe Lenstra gleich im ersten Ligaspiel erzielen können. Beim 5:1 beim PSV Eindhoven war der Halblinke gleich zweimal erfolgreich. Obwohl dieser mit 25 Treffern seine Torgefahr wie üblich unter Beweis gestellt hatte, spielte er bei der Vergabe der Torjägerkanone keine Rolle und musste sich weit hinter Feyenoord Rotterdams Henk Schoutens (35 Saisontore) im geschlagenen Feld einreihen. Auch bei der Einweihung des Diekman Stadions kurz vor der neuen Saison stellte Lenstra seine Torjägerqualitäten unter Beweis. Am 8. August 1956 wurde Preußen Münster vor 22.000 Zuschauern mit 3:0 geschlagen, wobei Lenstra per Strafstoß das erste Tor in der neuen Arena erzielte.

Unter Trainer Frantisek Fadrhonc belegte der Twente-Vorläufer in der Spielzeit 1956/57 hinter Ajax Amsterdam und Fortuna Sittard den dritten Rang. Trotz des guten Abschneidens hing fast während der gesamten Premierensaison der Ehrendivision der Haussegen schief, weil Fadrhonc nach Meinung Lenstras viel zu defensiv spielen ließ. Der eigenwillige Stürmer dachte nicht im Traum daran, sich auf Anweisung seines Übungsleiters an der Deckungsarbeit zu beteiligen, was die teaminterne Stimmung erheblich belastete. In der kommenden Saison kam es schließlich zum Eklat: Nachdem sich Lenstra geweigert hatte, die Linksaußenposition zu übernehmen, wurde er von seinem Trainer kurzerhand für mehrere Wochen gesperrt. Dennoch lag der SC nach Abschluss der Runde gleichauf mit DOS Utrecht an der Spitze des Klassements, was nach damaligem Reglement ein Entscheidungsspiel um die Meisterschaft nach sich zog. Die 0:1-Verlängerungsniederlage wurde im Nachhinein vor allem auf das schlechte Mannschaftsklima zurückgeführt, das in Enschede wegen Lenstras ständiger Eskapaden herrschte. Nach der Saison wollte Abe Lenstra den Vizemeister ursprünglich verlassen und zu Blauw Wit Amsterdam wechseln, doch sollte der Transfer an der hohen Ablöseforderung (80.000 Gulden) scheitern, weshalb Lenstra für weitere zwei Jahre im Sportpark blieb.

► **EINWURF**
Über zwei Jahrzehnte hatte Abe Lenstra bislang vergeblich versucht, die Landesmeisterschaft zu gewinnen. Vor dem Entscheidungsspiel am 21. Mai 1958 gegen DOS Utrecht in Nimwegen war er jedoch derart optimistisch, dass es nun endlich klappen würde, weshalb er beim Stadionsprecher eine gerade erst produzierte Single hinterlegte, die bei der Siegerehrung abgespielt werden sollte. Nach der 0:1-Pleite blieben dem Publikum Lenstras Gesangsversuche („Geen woorden, mar daden" - „Keine Worte, sondern Taten") allerdings vorenthalten, wobei sich die erste von einem niederländischen Fußballer aufgenommene Schallplatte auch später nicht als Verkaufsschlager erweisen sollte.

Nach dem siebten Platz im Spieljahr 1958/59 geriet der SC Enschede in der kommenden Saison in akute Abstiegsgefahr, wofür abermals der ständige Zwist zwischen Lenstra und Fadrhonc verantwortlich gemacht wurde. Als der Trainer Lenstra mal wieder nicht auf seiner geliebten halblinken Position aufstellen wollte und der Torjäger erneut aufmuckte, wurde dieser in die zweite Mannschaft degradiert. Hier erzielte der Oldie in sechs Spielen acht Tore. Und nachdem sich an der brisanten Lage des SC nichts änderte, blieb Fadrhonc nichts anderes übrig, als Lenstra zu begnadigen, der mit neun Toren in den letzten neun Runden entscheidend dazu beitrug, dass die Mannschaft schließlich doch den Klassenerhalt sichern konnte.

Mit den „Boys" gegen den „Boss"

Wegen der ständigen Querelen waren die Verantwortlichen des SC Enschede im Sommer 1960 nicht länger bereit, auf Abe Lenstra zu setzen. Da auch seine biologische Uhr unaufhaltsam tickte – Lenstra wurde Ende November 40 Jahre alt – schien das Karriereende unmittelbar bevorzustehen. Dennoch zeigten immer noch mehrere Klubs Interesse an dem Altstar, der schließlich gegen eine Ablösesumme von 45.000 Gulden bei den Enschedese Boys unterschrieb. Der Arbeiterverein war gerade in den Unterbau der Ehrendivision, die „Eerste Klasse", aufgestiegen.
Seine Premiere im grün-weißen Dress war an Brisanz kaum zu überbieten. In der ersten Runde des Landespokals trafen die Boys ausgerechnet auf seinen alten Verein SC Enschede, wobei im Team des Lokalrivalen der deutsche 1954er-Weltmeister Helmut Rahn die Nachfolge Lenstras angetreten hatte. Für Abe Lenstra hätte der Einstand besser nicht laufen können. Völlig unerwartet schlugen die Boys den höherklassigen SC in dessen Stadion mit 2:0. Außerdem hatte der Neuzugang für den Führungstreffer gesorgt. Auch in der Liga spielten die Boys mit dem 13-fachen Torschützen Lenstra eine gute Rolle, so dass mehrere Experten schon dessen Rückkehr in die Nationalelf forderten. Während diesbezügliche Hoffnungen unerfüllt blieben, durften die Grün-Weißen 1962/63 lange Zeit vom Aufstieg in die Eredivisie träumen. Ein solcher schien für den kleinen Verein jedoch zu kostspielig, weshalb man schon im Vorfeld erklärte, lieber in der Zweitklassigkeit zu verbleiben. Dies wiederum ließ die Motivation Abe Lenstras unter den Nullpunkt sinken, was bald dazu führte, dass auch die Mannschaft ihr bisheriges Niveau nicht mehr erreichte. Am Ende landete sie als Dritte hinter den Aufstiegsplätzen. Abe Lenstra hatte sich vorzeitig vom aktiven Fußball verabschiedet, nachdem ihn der Vorstand auf den Trainerposten wegloben wollte. Seinen letzten offiziellen Treffer hatte er am 4. November 1962 im Ligaspiel gegen DHC Delft erzielt. Für die Boys waren Lenstra in drei Spielzeiten noch einmal 39 Tore geglückt.

Vom Versuch, auch ein großer Trainer zu werden

Als Coach war der zweimalige niederländische Sportler des Jahres (1951 und 1952) weniger erfolgreich. Sein einstiger Weggefährte aus Heerenveen, Klaas Oosterhof, wurde drastischer: „Als Trainer war Abe eine Katastrophe". Auch seine Frau Hiltje blies in dasselbe Horn, indem sie sagte: „Abe war eigentlich nie danach, Trainer zu werden, aber er hat es halt trotzdem versucht." Zeitweilig hatte Lenstra in Heerenveen als Spielertrainer gearbeitet, um noch während seiner aktiven Zeit die Jugendmannschaft der Enschedese Boys zu übernehmen, die er 1962 zum Meistertitel führte. Hauptamtlich sollte er später mehrere unterklassige Vereine wie DOS Kampen oder WSV Apeldoorn übernehmen, ohne dabei nennenswerte Erfolge zu feiern. Seine Trainingsmethoden waren – nun, sagen wir – ungewöhnlich. Bei Kälte blieb er lieber in seinem Wagen sitzen, während er seine Spieler zu schweißtreibenden Waldläufen antrieb. Wenn er keine rechte Lust hatte, konnte es sogar vorkommen, dass er nicht einmal zu den Spielen seiner Mannschaft erschien. Die letzte Station als Trainer verbrachte Lenstra 1972 beim FC Assen. Dabei legte er sich mit den Spielern wegen deren Haarlänge an, wobei sich diese für den Rüffel auf ihre Weise revanchierten: Kurzerhand schubsten sie ihn in voller Montur unter die Dusche.

► **EINWURF**
Abe Lenstra diente in den fünfziger Jahren als Vorlage für den Comic-Helden „Kick Wilstra", der sich in den Niederlanden großer Beliebtheit erfreute. Neben „us Abe" standen mit Faas Wilkes und Kick Smit noch zwei weitere populäre niederländische Fußballer bei der Entstehung der Comic-Figur Pate. Und auch ein Musical mit dem Titel „Abe!" wurde dem populärsten Spieler aus Heerenveen gewidmet, das 1995 im Abe-Lenstra-Stadion uraufgeführt wurde. Zur Handlung zählte u.a. der legendäre 6:5-Sieg über Ajax Amsterdam, derweil mit Ronnie Pander ein aktueller Profi des SC Heerenveen die Rolle des Titelhelden übernommen hatte.

Obwohl sich Abe Lenstra bis Mitte der siebziger Jahre in Prominentenspielen fit hielt und weder übermäßig trank noch rauchte, erlitt er am 21. März 1977 einen Schlaganfall, der ihn bis zu seinem Tod an den Rollstuhl fesselte.

Die Faninitiative „Abe weer thuis“ („Abe wieder nach Hause“), der sich auch Prinz Bernhard angeschlossen hatte, ermöglichte dem Ex-Fußballer, dass dieser mit seiner Ehefrau Hiltje bis zu seinem Tod am 2. September 1985 wieder nach Heerenveen zurückkehren konnte, wo er eine behindertengerechte Wohnung bezog.

► ZAHLEN UND FAKTEN

Vereine:	1936-1955	VV Heerenveen
	1955-1960	SC Enschede
	1960-1963	Enschede Boys
Tore:	677 niederl. Liga- / Pokalspiele (651 Tore)	
	47 Länderspiele (33 Tore)	
gesamt	724 Pflichtspiele (684 Tore)	
Erfolge:	Abteilungs-Meister 1942, 1943, 1944, 1946, 1947, 1948, 1949, 1950, 1951	

In der Nationalmannschaft:
Fast zwei Jahrezehnte gehörte Abe Lenstra zum Kader der Nationalmannschaft. Zwischen 1940 und 1959 absolvierte er 47 A-Länderspiele, in denen er 33 Tore erzielen konnte. Obwohl „us Abe“ in den dreißiger Jahren in verschiedenen Auswahlspielen überzeugte, musste er noch auf sein Debüt in der Elftal warten, weil die halblinke Position von Kick Smit (HFC Haarlem) besetzt wurde, der sowohl 1934 in Italien als auch 1938 in Frankreich im WM-Kader stand. Am 17. März 1940 kassierte die Niederlande gegen Belgien jedoch eine böse 1:7-Klatsche, bei der Smit, obschon er den Ehrentreffer für Oranje markiert hatte, alles andere als gut aussah. Somit war der Weg frei für den 19 Jahre alten Abe Lenstra, der neben vier weiteren Neulingen von Bondscoach Bob Glendenning für die Partie am 31. März gegen Luxemburg in Rotterdam nominiert wurde.

Mobbing in der Elftal

Lenstras Debüt in der Nationalelf kann in jedem Fall als denkwürdig bezeichnet werden. Erstens, weil der Neuling in der 10. Minute auf Vorlage von Guus Dräger auch gleich seinen ersten Torerfolg verbuchen durfte. Zweitens ging „us Abe“ in die Annalen ein, weil er der erste aus Friesland stammende Fußballer war, der jemals das niederländische Nationaltrikot übergestreift hatte. Und drittens kassierte die Elftal gegen das kleine Luxemburg eine peinliche 4:5-Niederlage, die als „Schmach von Rotterdam“ das kollektive Gedächtnis der niederländischen Fußballanhänger belastet. Vier der fünf Debütanten wurden später nie mehr in die Nationalelf berufen. Allein Abe Lenstra gehörte zu den stärkeren Akteuren auf dem Platz, so dass er auch weiterhin dem Kader der Elftal angehörte.

So auch am 21. April 1940, als sich die Niederländer gegen Belgien für die angesprochene 1:7-Klatsche revanchierten und einen 4:2-Sieg davontrugen. Nach dem Abpfiff herrschte im Oranje-Lager allenthalben eitel Freude. Ein Foto zeigt, wie die Spieler freudestrahlend das Spielfeld des Olympiastadions von Amsterdam verlassen. Lediglich Abe Lenstra ist mit hängendem Kopf zu sehen. Was war passiert? Nun, heute würde man wohl sagen, Lenstra war in der Elftal zum Mobbingopfer geworden. Insbesondere sein Sturmpartner Leen Vente hatte ihn während des Spiels permanent angeraunzt und als „friesisches Bäuerlein“ verspottet, weshalb der Youngster hinterher das Bankett schwänzte und vor Journalisten erklärte, nie wieder gemeinsam mit Vente spielen zu wollen. Das nicht zu entschuldigende Verhalten Leen Ventes dürfte seine Ursache darin gehabt haben, dass der zweimalige WM-Teilnehmer fürchtete, seinen Stammplatz an den aufstrebenden Abe Lenstra zu verlieren.
Im Endeffekt war es der Zweite Weltkrieg, der das Problem löste. Nach der besagten Begegnung gegen Belgien dauerte es knapp sechs Jahre, ehe die Elftal wieder zu einem Länderspiel antrat. Während Lenstra mit 25 Jahren „voll im Saft“ stand, war Leen Vente inzwischen zu alt, um noch für die Nationalmannschaft in Frage zu kommen, so dass Lenstra tatsächlich nicht mehr zusammen mit Vente spielen musste. Das dritte Länderspiel von „us Abe“ endete am 10. März 1946 mit einem klaren 6:2 in Luxemburg. Der dürfte dennoch nur bedingt zufrieden gewesen sein, da er sich bei der Revanche für die „Schmach von Rotterdam“ nicht in die Torschützenliste eintragen konnte.
Dafür konnte der Halblinke in seinen nächsten drei Länderspieleinsätzen gegen die Schweiz (6:2) sowie zweimal gegen Belgien (1:1 und 2:2) jeweils einen Treffer erzielen, so dass er für die Olympischen Spiele von London nominiert wurde. An der Themse verkaufte sich die Elftal gut, qualifizierte sich mit einem 3:1-Erfolg über Irland für das Achtelfinale, um in der Partie gegen die britischen Gastgeber erst in der Verlängerung mit 3:4 zu scheitern. Abe Lenstra hatte sich allerdings über keinen weiteren Länderspieltreffer freuen dürfen.

Hollands „goldenes Innentrio“

In der Nachkriegszeit zählte der Innensturm zum Prunkstück der Nationalmannschaft. Während Abe Lenstra und Kees Rijvers (der „Kopa der Niederlande“) als Halbstürmer agierten, spielte Faas Wilkes im Sturmzentrum. Insgesamt liefen die drei in zehn Länderspielen gemeinsam auf, wobei nur eines davon (bei den Olympischen 1948 gegen Großbritannien) verloren ging. Anders als Abe Lenstra verdienten Rijvers und Wilkes ihre Brötchen bei ausländischen Topklubs. Da in den Niederlanden bis zur Einführung der Hoofdklasse nur auf Amateurniveau gekickt wurde und die Auslandsprofis zeitweise per Verbandsdoktrin „auf den Index“ gesetzt wurden, war die Elftal im internationalen Vergleich nur zweitklassig. Zu den herausragenden Akteuren zählte freilich immer Abe Lenstra, wie etwa bei seinen vier Länderspielen im Lauf des Jahres 1951 gegen Belgien in Amsterdam (5:4) sowie jeweils in Rotterdam gegen Norwegen (2:3), Finnland (4:4) und abermals Belgien (6:7), in denen er mit sieben Torerfolgen glänzte.
Nach seinem 30. Länderspiel am 19. April 1953 gegen Belgien (0:2) schien

sich die Nationalmannschaftskarriere Lenstras dem Ende entgegenzuneigen. Im kommenden Jahr wurde er nicht mehr in die Elftal berufen, ehe zu Beginn des Jahres 1955 der unter KNVB-Präsident Karel Lotsy ausgesprochene Bann über niederländische Auslandsprofis aufgehoben wurde. Damit schien die Tür für Lenstra endgültig zugefallen zu sein. Doch als der Kader für das Länderspiel am 13. März 1955 gegen Dänemark benannt wurde, war neben den Berufsspielern Frans de Munck, Cor van der Hart und Faas Wilkes auch „us Abe“ mit von der Partie, der immer noch unter Amateurbedingungen in Heerenveen spielte. Vor dem Spiel in Amsterdam waren die Auslandsprofis vom Publikum noch mit großem Applaus empfangen worden. Nach dem Abpfiff galt der ungeteilte Beifall allerdings „Amateur“ Lenstra, der einem ansonsten wenig berauschenden Team mit seinem Treffer wenigstens noch ein 1:1-Unentschieden gerettet hatte.

► EINWURF

Auch in der Nationalelf war Abe Lenstra ein Spieler, der für den jeweiligen Bondscoach nie leicht zu handhaben war. Vor allem, wenn er nicht auf seiner geliebten halblinken Position eingesetzt wurde, gab es immer wieder Ärger. Vermutlich auch der Grund, weshalb „us Abe“ in seinen 47 Länderkämpfen nur dreimal in die Kapitänsrolle schlüpfte. Es waren die Länderspiele gegen Dänemark, die Schweiz und Belgien im Jahr 1953, welche für die Elftal jedoch allesamt mit einer Niederlage endeten. Mit einem Trainer verstand sich Lenstra freilich blendend. Dies war ausgerechnet der mindestens ebenso eigenwillige Max Merkel, der die Niederlande 1955 und 1956 betreute und der dem Angreifer im hohen Fußballeralter zum Comeback verhalf. Während Lenstra den späteren Meistermacher der Löwen und des 1. FC Nürnberg als „besten Trainer, den er je hatte“ bezeichnete, war auch Merkel voll des Lobes. Dennoch hatte er einige Widerstände auf Verbandsseite zu überwinden, bevor er Abe Lenstra zum Länderspiel am 14. März 1956 gegen Weltmeister Deutschland nominieren konnte. Max Merkel: „Er [Lenstra] machte mir etwas zu sehr auf Star und ich hatte Angst, er könnte mir den guten Geist in der Truppe kaputtmachen.“ Sämtliche Vorbehalte gegen den 35-Jährigen erwiesen sich jedoch als unbegründet. Vor 65.000 Zuschauern – davon rund 10.000 aus dem Königreich – machte er im Düsseldorfer Rheinstadion eines seiner besten Länderspiele und schenkte der Herberger-Elf in der 52. und 74. Minute beide Treffer zum 2:1-Sieg der Niederlande ein.

Wegen einer Verletzung verpasste Lenstra, der inzwischen die VV Heerenveen verlassen hatte und zum SC Enschede gewechselt war, die nächsten Länderspiele. Erneut entstand dadurch der Eindruck, als ob er seine Ambitionen in der Elftal begraben müsste. Für das Benefizspiel im Dezember 1955 gegen Rot-Weiss Essen war er vom KNVB in erster Linie als Zuschauermagnet eingeladen worden, doch überzeugte er beim deutlichen 4:1-Erfolg über den amtierenden Deutschen Meister derart, dass ihn Bondscoach Max Merkel trotz heftiger Widerstände im kommenden März für das Prestigeduell gegen Deutschland (2:1) nominierte, wo Lenstra als zweifacher Torschütze brillierte. Bei seinem nächsten Einsatz musste die Elftal in Rotterdam gegen Irland allerdings eine 1:4-Packung einstecken. Dafür verhalf Lenstra seinem Team gegen das Saarland und in Lausanne gegen die Schweiz jeweils mit dem Führungstreffer wieder zu zwei 3:2-Siegen.

► EINWURF

Die Einführung des niederländischen Profifußballs Mitte der fünfziger Jahre war ausgerechnet von einer der schlimmsten Naturkatastrophen des Landes begünstigt worden. In der Nacht vom 31. Januar auf den 1. Februar 1953 war die schwerste Nordsee-Sturmflut des 20. Jahrhunderts („Hollandsturmflut“) über das Königreich hinweggefegt und hatte schwere Schäden hinterlassen. Die niederländischen Auslandsprofis hatten für den 12. März 1953 ein Spiel gegen die französische Nationalelf verabredet, dessen Einnahmen den Opfern der Flutkatastrophe zugute kommen sollten. Der immer noch dem Amateurgedanken verfallene KNVB unter dem Vorsitz Karel Lotsys wollte das Spiel unterbinden, nachdem man bereits am 7. März die Nationalelf zu einem Benefizspiel gegen Dänemark (1:2) zusammengezogen hatte, bei dem Lenstra den Ehrentreffer der Elftal erzielt hatte. Abe Lenstra saß auch beim „Watersnoodwedstrijd“ (Flutopferspiel) der Auslandsprofis auf der Pressetribüne im Pariser Prinzenpark und hatte seinen Landsleuten im Vorfeld kaum ernsthafte Chancen eingeräumt. Seine Befürchtungen bewahrheiteten sich indes nicht. Im Gegenteil: Die niederländischen Profis um Bram Appel (Stade Reims), Bertus de Harder (Girondins Bordeaux), Cor van der Hart (OSC Lille) und Frans de Munck (1. FC Köln) boten eine famose Leistung und siegten vor rund 40.000 Zuschauern mit 2:1. Hinterher wurde „us Abe“ gefragt, ob er nicht auch gerne auf dem Rasen dabei gewesen wäre, was dieser klar bejahte: „Und ob ich gewollt hätte! Endlich Spieler, von denen man gute Pässe hätte kriegen können!“ – Für die Einführung des „betaald voetbal“ war das Spiel im Prinzenpark ein Meilenstein. Die als „dreckige Profis“ oder „Vaterlandsverräter“ verpönten Spieler hatten bewiesen, wie sehr sie sich im Ausland in spielerischer und technischer Hinsicht weiterentwickelt hatten. Eine Erkenntnis, der sich schließlich auch der niederländische Verband nicht länger verschließen konnte. Diesem blieb letztlich nichts anderes übrig, als sich unter Lotsy-Nachfolger Hans E. Hopster dem öffentlichen Druck zu beugen und in der Saison 1955/56 der Einführung der Hoofdklasse zuzustimmen, der im Jahr darauf die Eredivisie folgte. Nachdem das erste Länderspiel nach der Aufhebung der Sperre für Auslandsprofis noch mit einem mageren 1:1-Remis gegen Dänemark geendet hatte, konnte die bis dahin international nur zweitklassige Elftal am 14. März 1956 einen prestigeträchtigen 2:1-Erfolg über Weltmeister Deutschland feiern.

Die letzten Länderspieleinsätze

Die Krönung der Nationalmannschaftskarriere Lenstras hätte zweifelsohne die Teilnahme an einer WM bedeutet. Nach der Einführung des Profifußballs rechneten sich die Fans der Elftal durchaus Chancen auf eine Qualifikation für Schweden 1958 aus, wobei das Rennen in Gruppe 5 auf einen Zweikampf mit Österreich hinauslief. Der dritte Gruppengegner Luxemburg erwies sich für die vom Rumänen Elek Schwartz betreute Mannschaft erwartungsgemäß als Kanonenfutter und ging in allen vier Spielen als Verlierer vom Feld, wobei in Anbetracht der Deutlichkeit der niederländischen Siege eine Wiederholung der „Schmach von Rotterdam“ nie zur Debatte stand.

Abe Lenstra (vordere Reihe, Dritter von rechts) vor dem Länderspiel am 22. März 1953 im Amsterdamer Olympiastadion gegen die Schweiz (1:2). Einer von drei Einsätzen, bei dem „us Abe“ die Elftal als Kapitän aufs Feld führte. Auch in den anderen beiden sollten die Niederländer als Verlierer den Platz verlassen.

Ohne Lenstra hatten die Niederländer schon die erste Partie gegen Luxemburg klar mit 4:1 gewonnen, um anschließend gegen Österreich in Wien nach einer 2:0-Führung unglücklich mit 2:3 zu unterliegen. Es folgte ein 5:2 über Luxemburg in Rotterdam, zu dem „us Abe“ vor 61.000 Zuschauern zwei Tore beisteuerte. Nur ganz am Anfang schien der Austragungsort für die Gastgeber ein schlechtes Omen zu sein, als der Luxemburger Fiedler einen Fehler des in Köln spielenden Schlussmanns de Munck nach fünf Minuten zur überraschenden Gästeführung nutzen konnte. Ein Sieg über Österreich in der letzten Partie am 25. September 1957 würde der Elftal immerhin noch ein Entscheidungsspiel um die WM-Teilnahme ermöglichen, was in Anbetracht dessen, dass die Kicker aus der Alpenrepublik 1954 in der Schweiz den dritten Platz belegt hatten, die positive Entwicklung des holländischen Fußballs seit Einführung des „betaald voetbal“ widerspiegelte. 55.000 Zuschauer im Amsterdamer Olympiastadion reagierten zunächst geschockt, als Hanappi die Gäste nach einer halben Stunden in Führung brachte. Danach übernahmen die Niederländer aber immer mehr das Kommando und spielten sich mehrere gute Chancen heraus. In der 61. Minute war es dann endlich soweit, als Abe Lenstra zum 1:1 egalisierte. Kurz vor dem Abpfiff hätte der knapp 37 Jahre alte Fußballoldie dann in die Rolle des Nationalhelden schlüpfen können: Nach Zuspiel von Notermans dribbelte er sich unwiderstehlich durch die rot-weiß-rote Deckungsreihe, um allein vor Torhüter Kurt Schmied aufzutauchen. Doch anstatt sein Solo mit dem Siegtreffer zu vollenden, brachte er nur einen harmlosen Kullerball zustande, was er in seiner Autobiographie „Fußball-Leben“ Jahre später folgendermaßen kommentieren sollte: „Hundert Sekunden vor dem Schlusspfiff verpasste ich die Chance meines Lebens. Nach einem Sololauf aus dem Mittelfeld heraus kam ich ganz nah vors österreichische Tor. Ein Treffer war dicke möglich. Aber ich schoss genau in die Hände von Keeper Schmied! Ich hätte heulen können!“

Nach einem abschließenden 3:0 in Luxemburg standen die Österreicher endgültig als WM-Teilnehmer fest, was nicht zuletzt wegen des Spielverlaufs in Amsterdam als verdient angesehen wurde. Denn trotz der späten Gelegenheit zum Siegtreffer waren die Gäste über 90 Minuten die klar bessere Mannschaft gewesen, derweil man dem bei den Fans immer noch sehr beliebten „goldene Innentrio“ der Niederländer sein Alter von zusammenaddiert 102 Jahren doch ein wenig angemerkt hatte.

Das Österreich-Spiel war daher auch das letzte, bei dem Abe Lenstra, Faas Wilkes und Kees Rijvers gemeinsam auf dem Platz gestanden hatten. Die Länderspielkarriere Abe Lenstras freilich sollte nach dem WM-Aus noch anderthalb Jahre andauern. 1958 kam er sechsmal für die Elftal zum Einsatz und traf dabei ebenso oft in die Maschen. Vor allem in den Partien gegen den ungeliebten Nachbarn Belgien (7:2) und die Karibikinsel Curaçao (8:1) im April sowie gegen Dänemark (5:1) im Oktober zeigten sich die Niederländer in blendender Torlaune, als Abe Lenstra jeweils ein Doppelpack erzielte. Am 19. April 1959 streifte „us Abe“ im Duell mit dem Dauerrivalen Belgien dann zum letzten Mal das Oranje-Trikot über. Im Amsterdamer Olympiastadion erkämpften sich die Niederländer ein 2:2-Unentschieden, bei dem Lenstra in der 73. Minute den 1:2-Anschlusstreffer erzielte. Nur sieben Treffer hinter Rekordmann Patrick Kluivert liegt er mit 33 Länderspieltoren in der ewigen Bestenliste der Elftal noch heute auf dem fünften Rang.

Saison	Lsp.		Liga		Pokal	
	Sp.	T.	Sp.	T.	Sp.	T.
1936/37				19		
1937/38						
1938/39						
1939/40	2	1				
1940/41						
1941/42				31		
1942/43						
1943/44						
1944/45						
1945/46	1	0		46		
1946/47						
1947/48	4	3				
1948/49	6	2				
1949/50	4	1				
1950/51	4	3				
1951/52	4	4				
1952/53	5	4		19		
1953/54						
1954/55	1	1		21		
1955/56	3	3		25		
1956/57	3	1		17		
1957/58	7	7		11		
1958/59	3	3		18		
1959/60				15		
1960/61				13		
1961/62				19		
1962/63				7		

Marc Lloyd-Williams
Feierabend-Fußballer auf Rekordjagd

Die Laufbahn von Marc Lloyd-Williams spiegelt ziemlich genau die Geschichte der League of Wales wider, die erst 1992 gegründet wurde, womit sie zu den jüngsten in Europa zählt. Just in der Saison 1992/93 gab auch der am 8. Februar 1973 in Bangor geborene bullige Angreifer sein Debüt im Trikot des FC Porthmadog, der zu den 20 Gründungsmitgliedern der höchsten walisischen Spielklasse zählte. Um die League of Wales gab es lange große Diskussionen, da die walisischen Klubs immer am Ligensystem im benachbarten England teilgenommen hatten, ehe die UEFA zu Beginn der neunziger Jahre darauf drängte, dass auch die FAW (Football Association of Wales) endlich eine eigene Liga installieren solle.
Vor allem die Profiklubs Cardiff City, FC Wrexham und Swansea City waren nicht bereit, die englische Football League zu verlassen und gehören dieser bis heute an. Aber auch bei zahlreichen Non-League-Vereinen regte sich Widerstand, als der Druck der FAW im Frühjahr 1992 immer größer wurde. Die geographischen Gegebenheiten von Wales hatten den Spielverkehr innerhalb des Landes seit jeher erschwert. Die Cambrian Mountains, welche sich über ganz Wales erstrecken, standen Reisen von Nord nach Süd entgegen, so dass sich die Vereine lieber nach Westen, also in Richtung des benachbarten England orientierten. Beim Blick auf die Landkarte verwundert es nicht, dass man etwa in den im Süden am Bristolkanal gelegenen Städten Swansea und Cardiff eisern der UEFA die Stirn bot. Zu den acht Vertretern des Non-League-Footballs („Irate Eight", die zornigen Acht), die sich den Vereinnahmungsversuchen widersetzten, zählte auch Bangor City. Der 1876 gegründete Verein aus der Geburtsstadt von Marc Lloyd-Williams ließ sich dann aber doch breitschlagen und trat neben dem FC Rhyl sowie dem FC Newtown der League of Wales bei.

Bangor City als Basisstation

In seiner 19 Jahre dauernden Laufbahn hat es Marc Lloyd-Williams nie länger als zwei Jahre bei ein und demselben Verein ausgehalten. „Jiws" kann zwischen 1992 und 2011 auf nicht weniger als 18 Stationen verweisen, darunter 13 in seiner walisischen Heimat, so dass er die League of Wales (seit 2002 Welsh Premier League) wie wohl kaum ein Zweiter kennt. Und obgleich er seine Karriere wie eingangs erwähnt in Porthmadog gestartet hatte, ist Bangor City dennoch zu so etwas wie einer Basisstation geworden, nachdem er zwischen 1994 und 2007 gleich fünfmal bei den Citizens unter Vertrag stand. Nachdem „Jiws" in der Saison 1992/93 in 37 Einsätzen sechsmal getroffen hatte, gelang ihm 1993/94 der Durchbruch, als er für Porthmadog in 38 Ligaspielen 22 Tore erzielen konnte.
Während sich der FC Porthmadog mit dem elften Platz begnügen musste, war die Meisterschaft an Bangor City gegangen. Die Verantwortlichen des Vereins aus der im Nordwesten des Landes gelegenen Universitätsstadt sicherten sich daraufhin für die Saison 1994/95 die Dienste von Marc Lloyd-Williams, für den sich die Rückkehr zu seinen Wurzeln gleichermaßen lohnte. Unter Manager Nigel Adkins erzielte „Jiws" 21 Tore, die Bangor zur Titelverteidigung mit einem überaus deutlichen Neun-Punkte-Vorsprung auf Afan Lido verhalfen. An der Farrar Road konnte man als Fußballer freilich keine Reichtümer anhäufen. Die meisten der walisischen Erstligaspieler waren Halbprofis und mussten daher noch einem „ordentlichen Beruf" nachgehen.
Oder aber nach England wechseln, wo es in der Football League deutlich bessere Verdienstmöglichkeiten gab. Es waren freilich nicht die Topadressen, die Interesse an Marc Lloyd-Williams signalisierten, sondern Vereine aus dem zweiten und dritten Glied, wie Stockport County, wo er im Herbst 1995 anheuerte. Immerhin 30.000 £ hatten sich die Klubbosse die Dienste des Walisers kosten lassen. Die „Hatters" aus der Nähe von Manchester kickten in der Second Division, die nach Gründung der Premier League mittlerweile zur dritthöchsten Spielklasse degradiert worden war. Hier wehte Lloyd-Williams ein deutlich eisigerer Wind ins Gesicht, was lediglich ein einziger Ligatreffer in 18 Einsätzen in der Spielzeit 1995/96 beweist. Vorzeitig war „Jiws" an den englischen Non-League-Verein FC Altrincham weitergereicht worden, um im Sommer 1996 wieder in seine Heimatstadt Bangor zurückzukehren.
Im Nachhinein kann der Waliser seinem Auslandseinsatz dennoch Positives abgewinnen. Seiner Meinung nach hatte ihn dieser weiterentwickelt, obwohl – oder gerade weil er sich von seiner Lieblingsposition im Sturm verabschieden musste. Stockports Manager Dave Jones war nämlich der Meinung gewesen, Lloyd-Williams könne sein Spiel besser entfalten, wenn diesem mehr Räume zur Verfügung stünden, weshalb er ihn vor allem im linken Mittelfeld und manchmal sogar als linken Verteidiger einsetzte.

► **EINWURF**
In der Saison 2001/02 gehörte Marc Lloyd-Willliams – zumindest wenn man die absoluten Zahlen berücksichtigt – zu den Toptorjägern des Kontinents und erzielte sogar mehr Tore als der Brasilianer Mario Jardel von Sporting Lissabon, der mit dem „Goldenen Schuh" ausgezeichnet wurde. Dass der Waliser nur auf dem fünften Platz rangierte, lag daran, dass die Veranstalter die League of Wales zu den schwächeren Ligen zählten, so dass der Bewertungsfaktor niedriger als jener der Topligen war. Auch wenn man Anfang des Jahrtausends auch in Wales zum Profifußball übergegangen war, kann Marc Lloyd-Williams in Anbetracht der namhaften und bestverdienenden Konkurrenz mit Fug und Recht als Feierabend-Fußballer betrachtet werden.

„Goldener Schuh" 2001/02:	
1. Mario Jardel (Sporting)	*42 T. x 1,5 = 63 P.*
2. Thierry Henry (Arsenal)	*24 T. x 2,0 = 48 P.*
2. D. Hübner (Piacenza)	*24 T. x 2,0 = 48 P.*
2. David Trezeguet (Juve)	*24 T. x 2,0 = 48 P.*
5. Marc Lloyd-Williams	*47 T. x 1,0 = 47 P.*

Nach den beiden Meistertiteln 1994 und 1995 hatten die Citizens die Vormachtstellung mittlerweile an Barry Town abtreten müssen, das sich zwischen 1996 und 1999 vier Titel in Folge sicherte. Für Bangor reichte es auch mit dem zurückgekehrten Marc Lloyd-Williams in den Spieljahren 1996/97 und 1997/98 lediglich zu den Rängen acht und sechs. Deutlich besser als im ersten Jahr lief es in der Saison 1997/98, als ihm 21 Saisontreffer gelungen waren. Zudem durfte er sich nach dem Gewinn des Welsh Cup über einen weiteren Titelgewinn freuen. Im Endspiel hatten es die Citizens mit den Connah's Quay Nomads zu tun bekommen und diese im Elfmeterschießen in die Schranken gewiesen. Lediglich 2.023 zahlende Zuschauer waren im Racecourse Ground von Wrexham zugegen, was deutlich unterstrich, dass der Vereinsfußball in Wales wenig Popularität genoss. Lange hatte es übrigens nach einer Pleite für Bangor ausgesehen, nachdem McKenna erst in der 89. Minute der Ausgleich gelungen war, mit dem sich die Mannschaft in die Verlängerung gerettet hatte.

„Legionär" in England

Um die Leistungen des mit insgesamt 319 Treffern in 467 Einsätzen erfolgreichsten Torjägers der League of Wales im internationalen Vergleich richtig einschätzen zu können, reicht der Blick auf Marc Lloyd-Williams' zweiten Versuch, sich im englischen Profifußball zu etablieren. Zur Saison 1998/99 heuerte dieser bei Halifax Town an, einem Verein, der in der Third Division und mithin der vierten Liga spielte. Nachdem ihm dort in 24 Spielen nur sechs Tore gelungen waren, wurde er für den Rest der Spielzeit an York City ausgeliehen, wo ihm in elf Einsätzen in der drittklassigen Second Division vier Tore in elf Einsätzen gelangen. Am Ende der Saison stand York City als Absteiger fest und rutschte auch in der Saison 1999/2000 in der Third Division in den Tabellenkeller, um sich mit dem 20. Platz zufrieden geben zu müssen. Marc Lloyd-Williams, dem in elf Spielen fünf Tore gelungen waren, hatte am Saisonende seinen Stammplatz längst verloren. Für den Waliser waren die Stationen in Halifax und York freilich die erfolgreichsten im „Ausland", womit dessen Leistungen in der League of Wales – bezogen auf die gegenwärtigen Verhältnisse in Deutschland – vielleicht gehobenes Oberligaformat besaßen. Kein Wunder, dass er auch nie in der walisischen Nationalelf zum Einsatz kam und sich mit einer einzigen Berufung in die B-Elf begnügen musste. Die meisten walisischen Nationalspieler kicken seit jeher in England, wie zum Beispiel Ian Rush, der vor allem beim FC Liverpool für Furore gesorgt und den „Jiws" immer als sein großes Vorbild betrachtet hatte.

Die historische Saison 2001/02

Vereinstreue bedeutete für Marc Lloyd-Williams, immer wieder zu seiner Basisstation Bangor City zurückzukehren, so auch zu Beginn der Saison 2000/01, als er zum dritten Mal beim Klub aus seiner Heimatstadt anheuerte. Nachdem die Citizens lediglich auf dem 14. Platz über die Ziellinie gekommen waren, deutete vor der Spielzeit 2001/02 nicht viel darauf hin, dass der 28-Jährige vor „der" Saison seines Lebens stand. Unter dem neuen Manager Peter Davenport zeigte er sich aber von Beginn an in Hochform und schoss Tore, was das Zeug hielt. Nach 34 Spieltagen waren es 47, um genau zu sein, womit er erstmals Torschützenkönig der League of Wales geworden war. Aber auch europaweit gehörte er zu den Besten und ballerte mit Topstars wie Mario Jardel, Thierry Henry oder David Trezeguet um die Wette. Das Rennen um den „Goldenen Schuh" entschied am Ende zwar der in Diensten von Sporting Lissabon stehende Brasilianer Mario Jardel für sich, doch blickte Fußball-Europa plötzlich nicht nur wie üblich auf die Topligen, sondern auch auf die League of Wales, was der wohl wichtigste Aspekt von Lloyd-Williams' Torhunger war. „Die öffentliche Aufmerksamkeit verhalf der League of Wales zum dringend benötigten Profil. Es war gut für die Liga, da sie immer noch in den Kinderschuhen steckte", so der Verursacher selbst, der den Ruhm aber keineswegs für sich allein beanspruchte, sondern an seine Mitspieler und Manager Davenport weiterreichte.
Insgesamt erzielten die Citizens 83 Saisontore und waren damit erfolgreicher als Doublegewinner Barry Town. Vor allem aber hatte sich die im Vorjahr stark abstiegsgefährdete Mannschaft auf den dritten Platz vorgearbeitet und auch im Pokal für Furore gesorgt. In der Vorschlussrunde war „Jiws" einmal mehr über sich hinausgewachsen und hatte beim 5:0 über FC Cefn Druids in Rhyl drei Tore erzielt. Erst im Finale musste sich Bangor Meister Barry Town mit 1:4 geschlagen geben. Nach der Erfolgssaison folgte der erneute Wechsel nach England, ehe Marc Lloyd-Williams später noch zweimal – in der Rückrunde 2002/03 sowie in der Saison 2006/07 – bei den Citizens vor Anker ging. In insgesamt siebeneinhalb Jahren bestritt er für diese 189 Ligaspiele, in denen ihm 149 Treffer gelangen.
Nachdem der Waliser mit seinen 47 Saisontoren Werbung in eigener Sache betrieben hatte, waren abermals englische Vereine auf ihn aufmerksam geworden. So wie der FC Southport, der ihm zur Saison 2002/03 einen Vertrag anbot. Die Yellows waren indes kein Mitglied der Football League, sondern fristeten ihr eher tristes Dasein in der Football Conference, womit sie zu den Non-League-Vereinen zählten. Erneut musste „Jiws" in England seine Grenzen erkennen. Nachdem er im Vorjahr noch im gleichen Atemzug mit den besten Stürmern des Kontinents genannt worden war, gelangen ihm nun in 18 Einsätzen für den FC Southport drei mickrige Treffer. Lediglich bei Bangor City war man über den dritten fehlgeschlagenen Versuch, außerhalb der Heimat Fuß zu fassen, nicht wirklich traurig, durfte man Marc Lloyd-Williams doch in der Rückrunde wieder an der Farrar Road begrüßen. Anders als in der fünften englischen Liga fand er in der League of Wales zu alter Stärke zurück und traf in 17 Einsätzen immerhin wieder zehnmal ins Schwarze.

► ZAHLEN UND FAKTEN

Vereine:	1992-1994	FC Porthmadog
	1994-1995	Bangor City
	1995	Stockport County
	1996	FC Altrincham
	1996-1998	Bangor City
	1998-1999	Halifax Town
	1999-2000	York City
	2000-2002	Bangor City
	2002	FC Southport
	2003	Bangor City
	2003-2004	Aberystwyth Town
	2004-2006	TNS Llansantffraid
	2006-2007	Bangor City
	2007	FC Rhyl
	2008	FC Newtown
	2008-2009	FC Porthmadog
	2009-2010	Airbus UK Broughton
	2010-2011	FC Newtown

Tore: 467 Spiele League of Wales (319 Tore)
29 englische Drittligaspiele (5 Tore)
35 englische Viertligaspiele (11 Tore)
21 Spiele Football Conference (3 Tore)
17 Welsh-Cup-Spiele (14 Tore)*
3 FA-Cup-Spiele (0 Tore)
5 englische Liga-Cup-Spiele (0 Tore)
7 Europacup-Spiele (0 Tore)
1 B-Länderspiel (0 Tore)
gesamt 585 Pflichtspiele (352 Tore)*
** nur bekannte Spiele und Tore*

Erfolge: Walisischer Meister 1995, 2005, 2006
Walisischer Pokalsieger 1998, 2005
Walisischer Ligapokalsieger 2006

Walisischer Torschützenkönig 2002, 2005

Vier Titel in zwei Jahren

Irgendwie steckte Marc Lloyd-Williams in der Klemme. Das halbe Jahr in Southport hatte ihm endgültig gezeigt, dass er in England selbst in den unteren Ligen nicht mithalten konnte. Andererseits konnte er bei seinem Heimatverein Bangor City seine Qualitäten nicht voll zur Entfaltung bringen, da die Citizens schon seit längerer Zeit nicht mehr zu den walisischen Topvereinen gerechnet wurden. Um doch noch einmal für Schlagzeilen zu sorgen, war ein Wechsel zu einem Spitzenklub der League of Wales unumgänglich. Und so landete „Jiws" nach einjährigem Intermezzo bei Aberystwyth Town im Sommer 2004 bei TNS Llansantffraid, wo er seine Karriere mit vier Titeln in nur zwei Jahren abrundete.

EXKURS: TNS Llansantffraid

Beheimatet ist der 1959 gegründete Klub in Llansantffraid-ym-Mechain, einer in unmittelbarer Nähe zu England gelegenen, rund 1.000 Einwohner zählenden Ortschaft. 1996 wurde der FC Llansantffraid in TNS Llansantffraid umbenannt, nachdem die im nahen Oswestry ansässige Computer-Firma „Total Network Solutions" als Geldgeber gewonnen werden konnte. Mit sechs gewonnenen Meistertiteln seit der Jahrtausendwende zählt der Verein mittlerweile zu den erfolgreichsten der League of Wales. Im Jahr 2003 fusionierte TNS mit Oswestry Town, was nicht weiter erwähnenswert wäre, wenn das rund 13 Kilometer von Llansantffraid entfernte Oswestry nicht zu England gehören würde, was vor allem der UEFA nicht schmeckte, die das walisisch-englische Fusionsprodukt verhindern wollte. Letztlich willigte man aber doch ein, weil Oswestry Town stets in den Ligenbetrieb von Wales integriert gewesen war. Während TNS lange im Recreation Ground von Llansantffraid zu Hause gewesen ist, trägt der Verein seit der Fusion seine Heimspiele im Park-Hall-Stadion von Oswestry aus. Da Oswestry in der englischen Grafschaft Shropshire weit über 15.000 Einwohner zählt, kann der Verein, der seit dem Ausscheiden des namensspendenden Sponsors im Jahr 2006 als „The New Saints FC" auf Tore- und Titeljagd geht, durchaus mit der SpVgg Greuther Fürth verglichen werden, die 1996 aus dem Zusammenschluss des Dorfvereins TSV Vestenbergsgreuth sowie dem fränkischen Traditionsklub SpVgg Fürth hervorgegangen ist.

In der Saison 2004/05 ging TNS Llansantffraid nur zweimal als Verlierer vom Platz, so dass sich die Schützlinge des englischen Managers Ken McKenna mit vier Zählern Vorsprung auf den FC Rhyl den zweiten Meistertitel der Vereinsgeschichte sicherten. Zu den wichtigsten Akteuren hatte zweifelsohne Neuzugang Marc Lloyd-Williams gezählt, der statistisch gesehen in jedem seiner 34 Ligaspiele für einen Treffer gut gewesen war, womit er sich zum zweiten Mal in seiner Karriere die Torjägerkrone gesichert hatte. Zudem gewannen die Grün-Weißen den Pokal und untermauerten damit eindrucksvoll ihre nationale Vormachtstellung. Im Endspiel trafen sie am 8. Mai 2005 auf Carmarthen Town, das sie durch einen Treffer von John Lawless eine Viertelstunde vor Schluss mit 1:0 für sich entschieden. Allerdings hatte sich das Finale im Stebonheath Park von Llanelli in Anbetracht von nur 1.126 Besuchern erneut als Ladenhüter entpuppt.

Umso mehr freute man sich an der walisisch-englischen Grenze, in der 1. Qualifikationsrunde zur Champions League mit dem FC Liverpool einen echten Publikumsmagneten zugelost bekommen zu haben. Die Reds hatten im Vorjahr die Champions League gewonnen, waren als Ligafünfte aber eigentlich nicht für die nächste Königsklasse qualifiziert. Erst nach längeren Debatten wurde der Titelverteidiger doch für die Qualifikation zugelassen, wo er sich erwartungsgemäß mit zwei 3:0-Siegen durchsetzte. Für Marc Lloyd-Williams stellten die Duelle mit den Reds ohne Frage ein ganz besonderes Karriere-Highlight dar, nachdem er als großer Fan von Ian Rush auch immer für den FC Liverpool geschwärmt hatte. Während er das Hinspiel an der Anfield Road noch verpasst hatte, wurde er am 19. Juli 2005 vor der Rekordkulisse von 8.009 Zuschauern im Racecourse Ground von Wrexham in der 58. Minute eingewechselt, um nur wenig später Liverpools Schlussmann Reina zu überwinden. Allerdings hatte Schiedsrichter Bertolini aus der Schweiz auf Abseits erkannt und sich damit als Spielverderber erwiesen, nachdem er Marc Lloyd-Williams dessen ersten Europacuptreffer „geklaut" hatte. So musste sich dieser damit abfinden, in sieben Europacupspielen zwischen 1994 und 2007 torlos geblieben zu sein.

Dafür traf „Jiws" in der League of Wales weitere 26-mal ins Schwarze und trug somit seinen Teil zur erfolgreichen Titelverteidigung von TNS Llansantffraid bei, das sich durch einen 4:0-Finalsieg über Port Talbot Town auch noch den Ligacup sicherte. Nach der Saison gingen Verein und Spieler dann jedoch getrennte Wege. Als Urgestein der League of Wales blieb Marc Lloyd-Williams dieser weitere fünf Spielzeiten treu und spielte nach der fünften Stippvisite bei Bangor City (2006/07) außerdem noch für den FC Rhyl (Herbst 2007), FC Newtown (Frühjahr 2008), FC Porthmadog (2008/09) sowie Airbus UK Broughton (2009/10), ehe er nach seinen vier letzten Einsätzen im Trikot des FC Newtown nach der Saison 2010/11 mit 38 Jahren seine Karriere beendete. Schon zum Ende der aktiven Zeit hatte er sich als Kolumnenschreiber und Experte von BBC Wales einen Namen gemacht und sich in diesen Funktionen für die Verkleinerung der walisischen Liga auf nur noch zwölf Klubs eingesetzt, was mit dem Start der Saison 2010/11 Realität geworden ist.

Saison	Europacup		Liga		Pokal	
	Sp.	T.	Sp.	T.	Sp.	T.
1992/93			37	6	?	?
1993/94			38	22	?	?
1994/95	2	0	29	21	?	?
1995/96			18	1		
			3	0		
1996/97			20	10	?	?
1997/98			38	21	1	0
1998/99			24	6	1	0
			11	4		
1999/00			11	5	1	0
2000/01			21	21	?	?
2001/02			34	47	2	3
2002/03			18	3	1	0
			17	10	?	?
2003/04			32	18	1	0
2004/05	2	0	34	34	6	7
2005/06	1	0	33	26	3	3
2006/07			30	19	1	0
2007/08	2	0	13	7	?	?
			10	16	?	?
2008/09			33	24	2	1
2009/10			34	16	1	0
2010/11			4	1		

Wlodzimierz Lubanski
Tragische Figur des polnischen Fußballs

Eigentlich war der 6. Juni 1973 ein Festtag für den polnischen Fußball. Im Nationalstadion von Chorzow hatte die polnische Elf in der WM-Qualifikation Lehrmeister England sensationell mit 2:0 geschlagen und damit den Grundstein für die Endrundenteilnahme im kommenden Jahr gelegt. Auch Wlodzimierz Lubanski hätte allen Grund zur Freude gehabt, da er in dieser denkwürdigen Partie – seiner 52. für Polen – den 40. Länderspieltreffer seiner Karriere erzielt hatte. Wäre da nicht jener verhängnisvolle Tritt gewesen, den ihm Liverpool-Verteidiger Roy McFarland verpasst hatte, der Wlodek nicht nur die WM-Teilnahme im kommenden Jahr kostete, sondern ihn für fast zwei Jahre komplett schachmatt setzte. Grzegorz Lato, der wie Lubanski der wohl größten polnischen Mannschaft aller Zeiten angehörte, meinte über seinen Teamgefährten: „Er war der begabteste polnische Spieler aller Zeiten, aber auch einer der unglücklichsten.“

Im polnischen Kohlenpott

Geboren wurde Wlodzimierz Leopold Lubanski am 28. Februar 1947 in Sosnica (Sossnitza) einem Stadtteil im Osten von Gliwice (Gleiwitz). Damit wuchs er im oberschlesischen Industriegebiet auf, das starke Ähnlichkeiten mit dem Kohlenpott in Deutschland aufweist. Und ebenso wie die Arbeiterjungs in Dortmund oder Gelsenkirchen in den tristen Nachkriegsjahren dem runden Leder nachjagten, entwickelte sich der Fußballsport auch für Wlodek zur liebsten Freizeitbeschäftigung. Sein Vater war Präsident von Sosnica Gliwice und damit von jenem Verein, dem auch Wlodzimierz Lubanski im Jahr 1957 beitrat. Von 1958 bis 1962 kickte er für GKS Gliwice, ehe sein außergewöhnliches Talent die Verantwortlichen von Gornik Zabrze hellhörig werden ließ.

Gornik bedeutet ins Deutsche übersetzt nichts anderes als Bergmann, während die Stadt Zabrze, die ab 1915 für die nächsten 30 Jahre den Namen Hindenburg trug, unmittelbar an Sosnica grenzt. Für den heutigen Rekordmeister (gemeinsam mit Ruch Chorzow) bestritt Wlodzimierz Lubanski in der Rückrunde 1962/63 mit 16 Jahren sein erstes Pflichtspiel gegen Arkonia Szezcin (Stettin) und konnte mit den „Trojkolorowi“ – so wir die Gornik-Elf wegen ihrer weiß-blau-roten Trikots genannt – gleich den Gewinn des Meistertitels feiern. In seiner ersten Saison absolvierte er acht Pflichtspiele und erzielte vier Treffer.

► EINWURF

Im Verlauf seiner Karriere konnte Wlodzimierz Lubanski für Gornik 155 Ligatreffer erzielen, womit er heute Rekordtorschütze der „Trojkolorowi“ ist. Zweitbester vereinsinterner Goalgetter ist sein langjähriger Teamgefährte Ernest Pohl, der auf 143 Tore (in 209 Spielen) kommt. Da Pohl, nach dem heute das Stadion von Gornik Zabrze benannt ist, vor seinem Wechsel nach Zabrze schon für Legia Warschau 43 Treffer erzielt hatte, ist er mit 186 Torerfolgen erfolgreichster Torschütze der polnischen Ekstraklasa. Lubanski liegt hinter Lucjan Brychczy (182) und Gerard Cieslik (167) auf Platz 4.

Zu den Stützen bei Gornik zählten die beiden Nationalspieler Stefan Florenski und Ernest Pohl. Gemeinsam mit Pohl schoss Lubanski in den kommenden Jahren zahlreiche Treffer, die sein Team zum erfolgreichsten im polnischen Fußball der sechziger Jahre werden ließen. Zwischen 1963 und 1967 sicherte sich der Verein fünfmal in Serie die Meisterschaft und holte 1965, 1968 und 1969 außerdem noch dreimal den nationalen Pokal.

Im Meisterjahr 1963/64 gehörte Wlodek erstmals zur Stammformation, erzielte in 23 Einsätzen weitere zwölf Treffer. Der knapp 18-Jährige hatte in der Saison 1964/65 unter dem ungarischen Trainer Ferenc Farsang dann einen (nicht ganz unerwarteten) Durchhänger und kam lediglich in 13 Ligaspielen zum Zug, in denen er mit neun Treffern seine Torgefahr aber dennoch bestätigte. Noch war die Mannschaft stark von den Toren Ernest Pohls abhängig, wie auch im Pokalfinale gegen Czarni Zagan, als Pohl mit einem Hattrick vor der Pause den Grundstein zu Cupsieg und Doublegewinn legte. Wlodzimierz Lubanski musste den 4:0-Sieg hingegen von der Tribüne aus verfolgen. In der Saison 1965/66 sollte ihm dann jedoch der große Durchbruch gelingen. In nur 18-Ligaspielen traf er stolze 23-mal ins Schwarze und avancierte damit erstmals zum Torschützenkönig. Müßig zu erwähnen, dass sich Gornik mit deutlichen zehn Zählern Vorsprung auf Wisla Krakau den vierten Meistertitel in Serie sicherte.

► EINWURF

Gleich viermal in Folge konnte sich Lubanski von 1965/66 bis 1968/69 die Torjägerkanone sichern, was außer ihm keinem anderen Stürmer Polens gelang. Viermal – mit Unterbrechungen – führten außer Wlodek nur noch Kazimierz Kmiecik (Wisla Krakau) und Tomasz Frankowski (ebenfalls Wisla und Jagiellonia Bialystok) die Torschützenliste der Ekstraklasa an. Als Wlodek 1965/66 erstmals bester Goalgetter wurde, war er am Saisonende 19 Jahre und 111 Tage alt. Damit ist er nach Ernest Wilimowski zweitjüngster polnischer Torschützenkönig aller Zeiten. „Ezi“ war am Ende des Spieljahres 1934 erst 18 Jahre und 148 Tage alt, als er im Trikot von Ruch Chorzow 33-mal ins Schwarze traf.

Nach dem Gewinn der fünften Meisterschaft 1966/67 musste sich Gornik im Jahr darauf hinter Ruch Chorzow und Legia Warschau mit dem dritten Platz begnügen. Für die Pleite in der Liga konnten sich die Schützlinge des ungarischen Übungsleiters Geza Kalocsay im Pokalfinale rächen. Dieses fand am 26. Juni 1968 im Stadion Slaski und damit ausgerechnet in der Arena von Meister Ruch Chorzow statt, der mit dem Heimvorteil im Rücken den angestrebten Doublegewinn vollenden wollte. Im früheren Königshütte hatten sie die Rechnung jedoch ohne Gorniks Torschützenkönig Lubanski gemacht, der wie entfesselt aufspielte und den 3:0-Erfolg seines Teams mit Treffern aus der 30., 70. und 85. Minute quasi im Alleingang besiegelte. Mit dem Erreichen des Viertelfinales im Landesmeistercup hatten die „Trojkolorowi“ auch auf internationaler Ebene eine gute Figur abgegeben, was nicht zuletzt auf Sturm-Ass Lubanski zutraf, der schon in den ersten beiden Runden drei Treffer erzielen konnte. In der Runde der letzten Acht mussten die Polen dann gegen Manchester United antreten, das im heimischen Old Trafford mit 2:0 die Oberhand behielt. Im Rückspiel vor eigenem Publikum heizten die Bergmänner den Nachfahren der „Busby Babes“ aber mächtig ein. Mehr als das 1:0 in der 72. Minute durch Wlodek wollte jedoch nicht gelingen, so dass die Mannschaft – wenn auch nur knapp – am späteren Europacupsieger gescheitert war.

In der Saison 1968/69 reichte es für Gornik zwei Zähler hinter Legia Warschau abermals nur zur Vizemeisterschaft, wofür man sich mit dem erneuten Pokalsieg (2:0 im End-

spiel über Meister Legia) revanchieren konnte. Mit 22 Treffern in 23 Spielen sicherte sich Wlodzimierz Lubanski letztmals die Torjägerkrone.
Im kommenden Jahr ging seine Trefferquote auf zwölf (in 23 Spielen) zurück, wobei sich die Mannschaft für den abermals entgangenen Meistertitel mit dem dritten Pokalsieg in Serie revanchierte. Im Endspiel bekam sie es erneut mit Ruch Chorzow zu tun. Und wie zwei Jahre zuvor behielt Gornik Zabrze auf des Gegners Platz die Oberhand. Zwar lag Ruch bis zum Seitenwechsel mit 1:0 in Front. Ein von Wlodek verwandelter Strafstoß leitete in der 47. Minute jedoch den 3:1-Sieg der „Trojkolorowi" ein, die noch mehr als im nationalen Pokal im laufenden Europacup für Furore sorgten.

Per Losentscheid ins Europacupfinale

Zu Beginn der Saison 1969/70 war Trainer Kalocsay vom einheimischen Michal Matyas abgelöst worden, unter dem Gornik mit einem Erfolg über Olympiakos Piräus in den Wettbewerb der Pokalsieger startete. In der zweiten Runde mussten die Polen gegen die Glasgow Rangers antreten, die sie im Ibrox Park mit einem 3:1-Auswärtssieg düpierten, an dem Wlodzimierz Lubanski mit seinen beiden Treffern aus der 5. und 87. Minute entscheidenden Anteil hatte. Auch beim 3:1-Rückspielerfolg in Zabrze zählte Lubanski zu den Torschützen, um im Viertelfinalhinspiel bei Levski Sofia ohne Treffer zu bleiben. Mit seinem Torerfolg kurz vor der Pause leitete er im Rückspiel jedoch den 2:1-Sieg von Gornik ein, der den Einzug in die Vorschlussrunde ermöglichte, wo es zu einem denkwürdigen Duell mit AS Rom kommen sollte.
Nachdem es am Tiber zu einem vielversprechenden 1:1 gereicht hatte, standen die Gastgeber im Rückkampf kurz vor dem Aus, als Lubanskis 1:1-Ausgleichstreffer in der Schlussphase die Mannschaft doch noch in die Verlängerung rettete. Diese war erst drei Minuten alt, als Wlodek seine Farben mit 2:1 in Führung brachte. Allerdings konnte die Roma noch zum 2:2 ausgleichen, was nach damaligem Reglement ein drittes Spiel auf neutralem Platz nach sich zog, welches im Straßburger Meinau-Stadion über die Bühne gehen sollte. Auch im Elsass erwiesen sich die Polen als ebenbürtige Gegner und gingen in der 40. Minute durch Lubanski sogar mit 1:0 in Führung. Da es nach 120 Minuten jedoch 2:2 stand, musste der Sieger schließlich per Münzwurf ermittelt werden. Fortuna meinte es dabei gut mit den Polen, die so den größten internationalen Erfolg der Vereinsgeschichte feiern durften. Das Finale, das am 29. April 1970 im Wiener Prater-Stadion stattfand, sollte sich jedoch als ziemlicher Langweiler entpuppen, was nicht zuletzt an der mäßigen Kulisse von nur 8.000 handverlesenen Zuschauern lag. Aber auch der Spielverlauf war wenig prickelnd. Favorit Manchester City lag durch Treffer von Young und Lee schon vor der Pause auf Siegkurs, so dass die an diesem Tag enttäuschenden Bergmänner durch Oslizlo (68.) nur noch zum Anschlusstreffer kamen. Gleichwohl stellt die Finalteilnahme Gornik Zabrzes den bis heute größten Erfolg des polnischen Klubfußballs auf internationaler Ebene dar.

Zweifacher Doublegewinn mit Gornik

Wlodek waren beim erfolgreichen Europacupauftritt seines Teams sieben Treffer in zehn Einsätzen geglückt, die ihn – ebenso wie jene acht aus der kommenden Spielzeit – zum erfolgreichsten Torjäger des Wettbewerbs machten. In die Spielzeit 1970/71 waren die Polen mit vier Siegen über AB Aalborg (1:0, 8:1) und Göztepe Izmir (1:0, 3:0) gestartet, zu denen Lubanski insgesamt sechs Torerfolge beigesteuert hatte. Im anschließenden Viertelfinale stand die Neuauflage des Vorjahresfinales gegen die Citizens an, in die Gornik mit einem 2:0-Erfolg im Hinspiel vor eigenem Publikum startete, den Lubanski mit seinem Tor aus der 34. Minute eingeleitet hatte. Das Rückspiel an der Maine Road ging jedoch mit 0:2 verloren, ehe die 1:3-Niederlage im Entscheidungsspiel in der dänischen Hauptstadt Kopenhagen – der Ehrentreffer war wieder auf das Konto Lubanskis gegangen – das Aus besiegelte.

► EINWURF

Während Wlodzimierz Lubanski die ewige Torschützenliste von Gornik Zabrze mit 155 Treffern in 234

Partien anführt, folgt Ernest Pohl, alias Pol (Bild) mit 143 Torerfolgen auf dem zweiten Platz. Von 1963 bis 1967 trugen die beiden Goalgetter gemeinsam das Trikot des polnischen Rekordmeisters. Im Jahr 2004 wurde das städtische Stadion nach Ernest Pohl benannt, der 1957 von Legia Warschau nach Zabrze gekommen war. Für die polnische Nationalmannschaft kam Pohl 46-mal zum Einsatz und erzielte 39 Tore. Nach der Wende siedelte der Oberschlesier mit seiner Familie ins badische Hausach um, wo der Toptorjäger der polnischen Liga am 12. September 1995 verstarb.

Obwohl Wlodzimierz Lubanski nicht mehr ganz die Form früherer Jahre erreichte, blieb er für die „Trojkolorowi" zu Beginn der Siebziger ein eminent wichtiger Spieler und trug so zum doppelten Doublegewinn in den Jahren 1971 und 1972 bei. Während er beim 2:0-Erfolg im Pokalfinale von 1971 über Zaglebie Sosnowiec verletzt zusehen musste, sollte er am 4. Juni 1972 gegen Legia Warschau wie zu besten Zeiten aufspielen. Zweimal war Legia durch Gadocha in Führung gegangen, die Wlodek in der 26. und 64. Minute jeweils egalisierte. In der 80. Minute brachte er die Bergmänner zum ersten Mal in Führung, um nach einem weiteren Tor von Szoltysik (81.) drei Minuten vor dem Abpfiff den 5:2-Endstand zu besiegeln.
Nach dem Olympiasieg von München zog sich Lubanski im Juni 1973 im WM-Qualifikationsspiel gegen England einen Kreuzbandriss zu, der ihn für fast zwei Jahre außer Gefecht setzte. Erst am Ende der Rückrunde 1974/75 kehrte er wieder in die Gornik-Elf zurück und erzielte in den verbleibenden zwölf Ligaspielen fünf Treffer. Nach 13 Spielzeiten brach er die Zelte in seiner oberschlesischen Heimat im Sommer 1975 schließlich ab, um im westlichen Ausland sein Glück zu versuchen. Sein neuer Arbeitgeber wurde der belgische Erstligist KSC Lokeren.

Fußballkünste gegen Devisen

Wie im Ostblock üblich durfte auch Wlodzimierz Lubanski erst im fortgeschrittenen Alter einen gut dotierten Vertrag bei einem westeuropäischen Klub unterschreiben. Besonders wegen seiner schweren Verletzung, die ihm die sichere Teilnahme an der Weltmeisterschaft 1974 gekostet hatte, war ihm diese „Vergünstigung" in besonderem Maße zu gönnen. Sein neuer Verein KSC Lokeren zählte freilich nicht zu den Großen im belgischen Fußball. Dennoch sollte es Wlodek gleich in seinem ersten Einsatz für die Elf aus

Ostflandern gelingen, sich bei den Anhängern beliebt zu machen, nachdem sein Premierentreffer im Ligaspiel gegen den RSC Anderlecht einen 2:0-Sieg über den Rekordmeister sichern half. Dem Torerfolg gegen die „Mauve et Blanc" ließ der polnische Nationalspieler im Verlauf der Saison 1975/76 noch 16 weitere folgen. In seinen insgesamt 196 Erstligaeinsätzen bis Sommer 1982 traf er für Lokeren 82-mal ins Schwarze.

Den Höhepunkt seiner Auslandskarriere bildete die Saison 1980/81, als der KSC Lokeren mit der Vizemeisterschaft und dem Einzug ins Pokalfinale den größten Erfolg seiner Geschichte realisierte. Das Pokalendspiel am 7. Juni 1981 verlief jedoch enttäuschend, da dieses nach einseitigem Spielverlauf gegen das von Ernst Happel betreute Standard Lüttich klar mit 0:4 verloren ging. In der Spielzeit 1980/81 erreichte der KSC darüber hinaus zum ersten (und einzigen Mal) das Viertelfinale im UEFA-Cup, wo die Belgier nur knapp an AZ Alkmaar (1:0, 0:2) scheiterten. Zu Beginn der achtziger Jahre war Wlodek übrigens nicht der einzige Pole, der in Ostflandern spielte. Auch sein Nationalmannschaftskollege Grzegorz Lato ging von 1980 bis 1982 für den KSC Lokeren auf Torejagd.

Nach sieben Jahren in Belgien sollte Lubanski, der inzwischen Mitte 30 war, für die drei Spielzeiten in die zweite französische Liga wechseln. Sein neuer Arbeitgeber US Valenciennes wurde von seinem Landsmann Erwin Wilczek betreut, mit dem Lubanski bei Gornik in derselben Mannschaft gespielt hatte. Zwar sollte Valenciennes in der Saison 1982/83 den angestrebten Aufstieg als Dritter knapp verpassen. Gleichwohl erlebte Lubanski seinen zweiten Frühling und wurde mit 28 Treffern Zweitliga-Torschützenkönig. Nach zwei Jahren für Stade Quimper wechselte Wlodek 1985/86 noch einmal zurück nach Belgien, wo er für KV Mechelen jedoch lediglich ein einziges Pflichtspiel absolvierte. Der zweifache Familienvater, der neben seiner Muttersprache sechs Fremdsprachen beherrscht und bekennender Weinliebhaber ist, versuchte sich nach seiner aktiven Zeit nur kurz als Trainer, als er in der Saison 1987/88 für einige Monate den stark abstiegsgefährdeten KSC Lokeren übernahm. Zwischen 2006 und 2010 war er in Ostflandern zudem als Assistenztrainer tätig.

► ZAHLEN UND FAKTEN

Vereine:	1963-1975	Gornik Zabrze
	1975-1982	KSC Lokeren
	1982-1983	US Valenciennes
	1983-1985	Stade Quimper
	1985-1986	KV Mechelen

Tore: 234 polnische Erstligaspiele (155 Tore)
197 belgische Erstligaspiele (82 Tore)
89 französische D2-Spiele (42 Tore)
35 polnische Pokalspiele (40 Tore)
1 französisches Pokalspiel (0 Tore)
52 Europacup-Spiele (31 Tore)
75 A-Länderspiele (48 Tore)
4 Olympiaauswahl-Spiele (2 Tore)
gesamt 687 Pflichtspiele (400 Tore)

Erfolge: Polnischer Meister
1963, 1964, 1965, 1966, 1967, 1971, 1972
Polnischer Pokalsieger
1965, 1968, 1969, 1970, 1971, 1972
Olympiasieger 1972

Polnischer Torschützenkönig
1966, 1967, 1968, 1969

In der Nationalmannschaft:
Als Wlodek am 4. September 1963 zu seinem Länderspieldebüt für Polen kam, hatte er erst wenige Ligaeinsätze für Gornik Zabrze auf dem Buckel. Bereits 1961 war er in der Jugendnationalelf zum Einsatz gekommen, so dass er für den neuen Auswahltrainer Wieslaw Motoczynski kein Unbekannter war. Mit seinen damals 16 ½ Jahren ist Wlodzimierz Lubanski noch heute jüngster polnischer Nationalspieler aller Zeiten. Lubanski dürfte mit der Premiere in Stettin gegen Norwegen zufrieden gewesen sein. Zum einen, weil die Polen mit 9:0 einen der höchsten Siege ihrer Länderspielgeschichte feierten. Aber auch, weil sich der Youngster mit dem dritten polnischen Treffer auf Anhieb in die Torschützenliste eintragen konnte. An der Seite Lubanskis war in Stettin auch Zygfryd Szoltysik zu seinem ersten Länderspieleinsatz gekommen, der bei Gornik wie im Nationalteam als kongenialer Partner Wlodeks galt und mit dem dieser 1972 zusammen den Gewinn der olympischen Goldmedaille feierte.

Polens goldene Generation

Noch zählte Polen im internationalen Vergleich freilich zu den Leichtgewichten. Bis dato war unser Nachbarland erst einmal an einer Weltmeisterschaft vertreten gewesen, wobei man damals – 1938 in Frankreich – in einem denkwürdigen Achtelfinalspiel an Brasilien gescheitert war. Auch 1966 sollte es nicht für die WM-Teilnahme reichen, weil Schotten und Italiener eine Nummer zu groß waren. Einzig den dritten Gegner hatte man in der Qualifikationsgruppe 8 im Griff, wie am 24. Oktober 1965, als Finnland in Stettin mit 7:0 demontiert wurde. Herausragender Akteur auf dem Platz war der junge Wlodzimierz Lubanski, der als vierfacher Torschütze geglänzt hatte. Nur einmal war Wlodek in einem Länderspiel erfolgreicher: Auf dem Weg nach Mexiko traf Polen am 20. April 1969 in Krakau auf überforderte Luxemburger, denen man beim 8:1-Kantersieg nicht den Hauch einer Chance ließ. Lubanski, der 1968/69 in der Liga zum vierten Mal in Folge die Torschützenliste anführte, war mit fünf Treffern bester Mann auf dem Feld gewesen.

EXKURS: Im Zeichen der Ringe

Ob Wlodzimierz Lubanski insgesamt 65 oder gar 79 Länderspiele bestritten hat, liegt im Auge des Betrachters – bzw. der FIFA und dem polnischen Fußballverband PZPN. Streitpunkt sind dabei die Einsätze in der Olympiamannschaft, die von Seiten des Weltverbands nicht als offizielle A-Länderspiele gesehen werden. Anders die Sichtweise des PZPN, der zumindest die meisten der Olympiaeinsätze in seiner Statistik als offizielle Länderspiele verbucht. Aus Sicht der damaligen Ostblockländer erscheint diese Vorgehensweise absolut nachvollziehbar, da die Spieler als Staatsamateure galten und deswegen – anders als ihre Kontrahenten aus dem Westen – auch in den Augen der gestrengen IOC-Funktionäre nicht als Berufsspieler zu betrachten waren. Auch de facto konnten die osteuropäischen Olympiateams mit den A-Nationalmannschaften gleichgesetzt werden. Dennoch erkennt selbst der polnische Verband vier Einsätze Lubanskis im Olympiateam (darunter drei Qualifikationsspiele) nicht als offizielle Länderspiele an, weshalb Wlodek nach Lesart des PZPN auf 75 A-Länderspiele (48 Tore) sowie vier Olympiaauswahlspiele (zwei Treffer) kommt. Die FIFA hat dagegen nur 65 Länderspiele registriert, in denen Lubanski 44-mal ins Schwarze getroffen hat. Einmal mehr zeigt sich auch am Beispiel Wlodzimierz Lubanskis, dass Fußball an den olympischen Spielen schon immer ein Kapitel für sich war!

Zwar war die polnische Elf erneut an der WM-Qualifikation gescheitert. Der Rückstand auf Gruppensieger Bulgarien betrug jedoch nur einen Zähler, womit deutlich wurde, dass mit den Osteuropäern künftig zu rechnen sein sollte. Spieler wie Jan Tomaszewski, Robert Gadocha, Grzegorz Lato, Kazimierz Deyna, Andrzej Szarmach, etwas später Zbigniew Boniek oder eben Wlodzimierz Lubanski bildeten die goldene Generation des polnischen Fußballs, die unter Nationalcoach Kazimierz Gorski in der ersten Hälfte der siebziger Jahre mit technisch versiertem, aber doch zielgerichteten Fußball ihren Zenit erreichte.

Der Olympiasieg von München

Seit dem Zweiten Weltkrieg wurden die olympischen Fußballturniere traditionsgemäß von den osteuropäischen Staatsamateuren dominiert, was sich auch bei den Spielen von München fortsetzte. Schon in der Vorrunde zeigte die polnische Mannschaft ihre Extraklasse und qualifizierte sich verlustpunktfrei vor der DDR, Kolumbien und Ghana für die Hauptrunde. Wlodzimierz Lubanski war in allen drei Begegnungen zum Einsatz gekommen, zählte aber nur beim 4:0 über Ghana in Regensburg zu den Torschützen, als ihm fünf Minuten vor dem Seitenwechsel der Führungstreffer vor 2.200 Zuschauern gelang. Zwar musste Polen im ersten Zwischenrundenspiel gegen Dänemark (1:1) den ersten Punktverlust verkraften. Erfolge über die UdSSR (2:1) und Marokko (5:0) wiesen jedoch den Weg ins Finale, wobei Mannschaftskapitän Lubanski gegen die Marokkaner den zweiten Turniertreffer erzielt hatte. Bemerkenswert: Obwohl es an jenem 8. September um den Einzug ins Finale ging, hatten sich in Nürnberg gerade einmal 500 Unentwegte eingefunden, die nach zehn Minuten den zwischenzeitlichen Treffer Lubanskis zum 2:0 zu sehen bekamen. Erst im Spiel um die Goldmedaille konnten die Polen ihr Können dann endlich vor großem Publikum demonstrieren. Im mit 80.000 Zuschauern ausverkauften Münchner Olympiastadion trafen sie am 10. September auf Titelverteidiger Ungarn, der kurz vor der Pause durch Varadi in Führung ging. Nach dem Seitenwechsel schalteten die Schützlinge von Kazimierz Gorski aber einen Gang höher und kamen durch zwei Deyna-Treffer aus der 47. und 62. Minute zu einem verdienten 2:1-Sieg, so dass die Akteure aus Warschau, Krakau, Zabrze und Chorzow nach dem Abpfiff die ersehnte Goldmedaille umgehängt bekamen. Freilich hatte Lubanski als zweifacher Torschütze etwas im Schatten seiner Sturmpartner Deyna und Gadocha gestanden. Die beiden Akteure von Legia Warschau waren mit neun bzw. sechs Turniertreffern in Erscheinung getreten, wobei Kazimierz Deyna sogar die Torschützenliste anführte. Bei der anschließenden Wahl zu Europas Fußballer des Jahres belegte Lubanski gleichwohl einen guten siebten Rang.

Roy McFarland

Doch so schön das olympische Edelmetall auch glänzte. Endlich wollten sich die Polen wieder für eine WM-Endrunde qualifizieren, was in Anbetracht von Gruppengegner England alles andere als ein leichtes Unterfangen zu werden schien. Zudem war die Mannschaft mit einer 0:2-Niederlage in Wales in die Qualifikation gestartet, so dass sie am 6. Juni 1973 im Heimspiel gegen England unter erheblichem Erfolgsdruck stand. Im mit 100.000 Zuschauern brechend vollen Nationalstadion von Chorzow spielten die Gastgeber, angeführt von ihrem überragenden Spielführer Wlodzimierz Lubanski, aber wie entfesselt auf und fügten den Gästen eine empfindliche 0:2-Niederlage zu. Bereits nach sieben Minuten hatte Robert Gadocha von Legia Warschau das Führungstor erzielt, dem Mannschaftskapitän Lubanski kurz nach dem Wiederanpfiff das 2:0 folgen ließ. Es war die 54. Minute des Spiels in Chorzow, die Wlodzimierz Lubanski zu einem der „unglücklichsten Fußballer Polens" machen sollte. Schon in der ersten Hälfte waren die Engländer immer wieder durch hartes Einsteigen negativ aufgefallen. Der unerwünschte Spielverlauf verschärfte die Gangart nach der Pause, der Wlodek schließlich zum Opfer fallen sollte. Roy McFarland, knochenharter Verteidiger des FC Liverpool, fuhr dem Gornik-Stürmer derart rüde in die Parade, dass der mit einem Kreuzbandriss ausgewechselt werden musste.

Ein Sieg des Fair Play

Das Foul hatte für Wlodek bittere Konsequenzen. Fast zwei Jahre konnte der damals vielleicht beste polnische Fußballer keine Spiele mehr bestreiten, so dass er die WM in Deutschland verpasste, welche für sein Heimatland mit einem großartigen dritten Platz in die Annalen einging. Zwar sollte Lubanski nach seinem Comeback noch gut zehn Jahre weiterspielen. An die überragende Form vor seiner schweren Verletzung vermochte er jedoch nie wieder anzuknüpfen. Ob Wlodek dem englischen Verteidiger einen Vorwurf gemacht hat? In einer später erschienenen Biografie räumte er ein, nicht ganz fit ins Spiel gegangen zu sein, weshalb er den Kreuzbandriss auf eine ungenügende Vorbereitung zurückführte. Es kommt also nicht von Ungefähr, dass Wlodzimierz Lubanski von Grzegorz Lato als ein Spieler bezeichnet wurde, der von der gesamten Mannschaft nicht nur als Fußballer, sondern auch als Mensch akzeptiert wurde.

► EINWURF

Mit insgesamt 48 Länderspieltoren ist Wlodzimierz Lubanski heute Rekordtorschütze der polnischen Nationalelf. Auf den 1,78 m großen ehemaligen Angreifer von Gornik Zabrze folgen mit Grzegorz Lato (45 Tore) und Kazimierz Deyna (41) zwei weitere Repräsentanten der goldenen Generation, während Wlodeks einstiger Teamgefährte in Zabrze, Ernest Pohl, mit immerhin noch 39 Torerfolgen den vierten Platz in der ewigen Bestenliste belegt. Darüber hinaus ist Lubanski mit 75 Länderspielberufungen zwischen 1963 und 1980 immerhin noch unter den Top 10 zu finden. Hinter Zbigniew Boniek (80 Länderspiele) und vor Tomasz Waldoch (74) rangiert er gegenwärtig auf dem neunten Platz. Polnischer Rekordinternationaler ist übrigens Michal Zewlakow (102), der im Laufe des Jahres 2011 den bisher Führenden Grzegorz Lato (100) abgelöst hat.

Es dauerte fast dreieinhalb Jahre, ehe Wlodzimierz Lubanski nach seinem Kreuzbandriss wieder ins Nationaltrikot zurückkehrte. Der Auslandsprofi des KSC Lokeren gab am 31. Oktober 1976 sein Comeback, als Polen vor 50.000 Zuschauern in Warschau einen 5:0-Erfolg in der WM-Qualifikation über Außenseiter Zypern gelang. Am 1. Mai 1977 musste der WM-Dritte in Kopenhagen antreten, wo zwei Treffer Lubanskis einen 2:1-Sieg bescherten, der die Mannschaft auf Kurs in Richtung Argentinien hielt. Das Rückspiel gegen die Skandinavier fand am 21. September in Chorzow statt. Dabei erlebten 93.000 Zuschauer im Stadion Slaski einen ungefährdeten 4:1-Sieg der Gastgeber, die damit endgültig als WM-Fahrer feststanden. Mehr als der überzeugende polnische Erfolg blieb jedoch eine Szene aus der 37. Minute in Erinnerung: Der dänische Keeper Paulsen hatte einen Schuss nur abklatschen können, so dass das Leder vor die Füße des heranstürmenden Lubanski fiel.

Mit einem „langen Bein“ hätte Wlodek den Ball erreichen und vermutlich im Kasten unterbringen – aber auch den dänischen Schlussmann verletzen können, weshalb er lieber zurückzog, um Paulsen nicht zu gefährden. Für diese einmalige Aktion wurde Lubanski später mit dem Fair-Play-Preis der UNESCO ausgezeichnet.

► **EINWURF**
Zu ihrem 50-jährigen Gründungsjubiläum wurden von der UEFA die jeweils besten Fußballer ihrer 52 Mitgliedsverbände gekürt. Und obwohl Wlodzimiersz Lubanski die WM 1974 verpasst hatte, wurde Wlodek zum „Golden Player“ Polens bestimmt.

Bei den Welttitelkämpfen in Argentinien bestritt Wlodzimierz Lubanski dann fünf der sechs polnischen Spiele, konnte dabei allerdings keinen Treffer erzielen. Nach einem torlosen Unentschieden im Eröffnungsspiel gegen Titelverteidiger Deutschland und Siegen gegen die Außenseiterteams von Tunesien (1:0) und Mexiko (3:1) zogen die Osteuropäer als Gruppenerste in die Zwischenrunde ein, wo allerdings deutlich erkennbar wurde, dass dem inzwischen von Jacek Gmoch betreuten polnischen Team der Schwung früherer Jahre fehlte. Zunächst ohne Lubanski unterlag dieses Gastgeber Argentinien mit 0:2, um nach dessen Rückkehr gegen Peru (1:0) den einzigen Sieg zu feiern und schließlich Brasilien mit 1:3 zu unterliegen. Mit den beiden Spielen in Mendoza schien die Länderspielkarriere Wlodeks auf unspektakuläre Weise zu Ende gegangen zu sein, da er nach der Weltmeisterschaft lange nicht mehr berücksichtigt wurde. Nur noch ein einziges Mal durfte er für sein Heimatland ran: Am 24. September 1980 bestritt Polen in Chorzow ein Freundschaftsspiel gegen die CSSR, das nach dem 48. und letzten Länderspieltor Lubanskis mit einem 1:1-Unentschieden in die Annalen einging.

Saison	Europacup		Liga		Lsp.	
	Sp.	T.	Sp.	T.	Sp.	T.
1962/63			8	4		
1963/64	4	1	23	12	3	1
1964/65	3	1	13	9	4	2
1965/66	2	0	18	23	7	6
1966/67	5	3	25	18	3	2
1967/68	6	4	24	24	10	6
1968/69			23	22	5	7
1969/70	10	7	23	12	7	4
1970/71	7	8	21	10	6	3
1971/72	2	1	25	14	6	4
1972/73	4	5	18	2	11	9
1973/74			1	0		
1974/75	0	0	12	5		
1975/76			34	17		
1976/77	3	1	29	11	3	2
1977/78			31	15	9	1
1978/79			32	12		
1979/80			28	15		
1980/81	5	0	24	8	1	1
1981/82	1	0	18	4		
1982/83			31	28		
1983/84			33	7		
1984/85			25	7		
1985/86			1	0		

Majed Abdullah
Tore aus Tausendundeiner Nacht

Es dauerte lange, ehe der Fußball auch in Saudi Arabien populär werden sollte. Erst nach dem Zweiten Weltkrieg wurde mit dem King’s Cup der erste landesweite Wettbewerb eingerichtet, dessen Sieger als inoffizieller Landesmeister galt. Bis zur Gründung der Saudi Premier League 1976/77 wurden ansonsten nur regionale Meisterschaften ausgetragen. Es war just die Premierenspielzeit der saudischen Liga, in der Majed Abdullah, damals gerade 18 Jahre alt geworden, die Bühne des arabischen Spitzenfußballs betrat, auf der er bis zu seinem Karriereende im April 1998 zu dessen wichtigstem Protagonisten, gleichsam zum „Pele Arabiens“, avancieren sollte.

Geboren wurde Majed Ahmed Abdullah Al-Mohammed am 1. November 1959 in Jiddah, wo er im Stadtteil Al-Baghdadia, ganz in der Nähe des Trainingsgeländes des heute neunfachen Landesmeisters Al-Ittihad, aufwuchs. Von klein auf spielte das runde Leder eine wichtige Rolle, da sein Vater als Fußballtrainer arbeitete. Majed war sechs Jahre alt, als sein Vater ein Angebot erhielt, in der Hauptstadt Riad bei Al-Nasr als Jugendtrainer zu arbeiten. Fortan träumte der Filius davon, später auch einmal das blau-gelbe Trikot des erst 1955 gegründeten Vereins tragen zu dürfen. Dass sich dieser Wunsch tatsächlich erfüllen sollte, war freilich noch nicht abzusehen, als er in der Schülerelf der Al-Jazaeria-Grundschule kickte. Schon gar nicht, dass aus Majed Abdullah einmal ein erfolgreicher Goalgetter werden sollte, stand dieser in Kindertagen doch viel lieber zwischen den Pfosten. Erst als bei Al-Jazaeria ein Stürmer ausfiel, wurde der 10-Jährige in die Angriffsspitze beordert, wo er zum 3:1-Sieg seines Teams auf Anhieb zwei Treffer beisteuerte.

► **EINWURF**
So häufig wie Majed Abdullah stand nie ein Stürmer an der Spitze der Torschützenliste der 1976/77 ins Leben gerufenen saudischen Fußballliga. Stolze sechsmal avancierte der „Pele Arabiens“ zwischen 1978/79 und 1988/89 zum Toptorjäger, wobei ihm Nasser Al-Shamrani von Al-Shabab am nächsten kommt, als er in der Spielzeit 2010/11 zum dritten Mal bester Goalgetter des Königreichs wurde.

Majeds Vater erkannte das große Talent des Linksfußes und wurde zu einem seiner großen Förderer. Nach dem Wechsel an die Al-Motawasta Al-Thania Highschool gehörte Majed Abdullah zu den Mitbegründern der Schülermannschaft „Al-Ittifaq“, wo er der mit Abstand beste Akteur war. Seine Qualitäten fielen auch Ljubisa Brocic auf, der die erste Mannschaft von Al-Nasr betreute. Schnell war man sich einig, dass Majed – wie im November 1975 geschehen – in die Jugendabteilung des Vereins eintreten sollte. Dank seiner starken Leistungen nahm ihn der Jugoslawe Brocic 1976 zu einem Trainingslager nach London mit, wo Majed Abdullah bei einem 4:0-Testspielsieg über einen englischen Zweitligisten eine gute Figur machte und gleich zu den Torschützen zählte. Damit waren auch Brocics anfängliche Bedenken zerstreut, der schlaksig wirkende Angreifer könne den physischen Anforderungen des Fußballs nicht standhalten.

Dauerbrenner im Team von Al-Nasr

In der Premierensaison der saudischen Profiliga stand dem Debüt Majed Abdullahs nun nichts mehr im Wege, doch sollte sich dieses aufgrund einer Verletzung bis zu Beginn des Jahres 1977 verschieben. Am 14. Januar durfte er in einem Freundschaftsspiel gegen die marokkanische Elf von Al-Fath Rabat auflaufen, um eine Woche darauf in der saudischen Premier League gegen Al-Shabab Riad nach 70 Minuten eingewechselt zu werden.

Obwohl er bei seinem Kurzdebüt auch ohne Torerfolg eine starke Leistung gezeigt hatte, musste er auf den nächsten Einsatz bis zum 19. März warten. Der etatmäßige Mittelstürmer Mohammed Saad Al-Abdali hatte sich eine Verletzung zugezogen, so dass Majed gegen Al-Wheda von Beginn an spielen durfte, um gegen die Mannschaft aus Mekka seinen ersten offiziellen Treffer zu erzielten. Auch in den letzten drei Saisonbegegnungen wurde er eingesetzt, wobei er drei weitere Tore schoss und damit in Windeseile den Durchbruch geschafft hatte. Nicht nur Trainer Ljubisa Brocic war von seinen Fähigkeiten überzeugt, sondern auch Klubpräsident Prinz Abdul-Rahman Bin Saud, der die Karriere seines Lieblingsspielers in Zukunft wohlwollend begleitete.

Diese hatte im Spieljahr 1976/77 mit dem Gewinn der Vizemeisterschaft begonnen, die sich Al-Nasr in der Achterliga mit einem Zwei-Punkte-Rückstand auf Stadtrivale Al-Hilal sichern konnte. Nachdem Majed Abdullah in den ersten Spielen noch das Trikot mit der Nummer 14 getragen hatte, streifte er recht bald jenes mit der Nummer 9 über, die ihm zu Ehren bei Al-Nasr seit seinem Karriereende nicht mehr vergeben wird. Auch 1977/78 reichte es für Al-Nasr zum zweiten Platz. Der Rückstand auf den neuen Meister Al-Ahli Jiddah belief sich in der auf zehn Teams aufgestockten Liga auf lediglich einen Zähler. Auch in der Torschützenliste musste sich Majed hinter Mattamd Khojali von Meister Al-Ahli mit der Verfolgerrolle begnügen. Dabei wären sicherlich mehr als nur zwölf Saisontore möglich gewesen, wenn der neue Stern am arabischen Fußballhimmel verletzungsbedingt nicht für mehrere Wochen ausgefallen wäre.

Vier Meisterschaften und weitere Vereinstitel

Zur kommenden Spielzeit wurde die Mannschaft mit dem Brasilianer Rivalinho personell weiter aufgerüstet. Diesmal kam auch Majed Abdullah verletzungsfrei durch die Saison, so dass er sich dank 18 Toren erstmals als bester Goalgetter der Premier League auszeichnen konnte. Allein zum heißersehnten ersten Meistertitel reichte es nicht, da Al-Hilal nach 18 Runden wieder einen Zähler mehr auf dem Konto hatte. Die Konsequenzen im Orient standen jenem im Okzident in nichts nach: Nach drei vergeblichen Anläufen auf den Meisterthron wurde Trainer Brocic gefeuert und durch den Brasilianer Formiga ersetzt. Wenig glücklich darüber zeigte sich Majed Abdullah, da er mit Ljubisa Brocic seinen sportlichen Mentor verloren hatte.

Inzwischen war Majed allerdings so gefestigt, dass ein Trainerwechsel sich nicht negativ auf seine Formkurve auswirkte. Im Gegenteil: Endlich spielte Al-Nasr im saudischen Fußball jene Rolle, die ihm Prinz Abdul-Rahman Bin Saud von Beginn an zugedacht hatte. Vom ersten bis zum letzten Spieltag führten die Blau-Gelben die Tabelle an und durften am Ende der Saison 1979/80 den ersten ihrer bis heute fünf Meistertitel feiern. Majed Abdullah hatte als erneuter Torschützenkönig (17 Treffer) den erwartet großen Anteil am Erfolg. Al-Nasr konnte 1980/81 seinen Vorjahreserfolg wiederholen, derweil der Pele Arabiens zum dritten Mal in Serie zum besten Torschützen des Landes avancierte. Die 21 Saisontreffer sollten darüber hinaus nicht nur seinen persönlichen Allzeit-Rekord markieren, sondern ihn zudem als besten Torschützen der gesamten arabischen Welt ausweisen. Das beste Jahr seiner Vereinslaufbahn konnte Majed mit dem Gewinn des King's Cup krönen, der nach einem 3:1-Finalerfolg über Al-Hilal feststand.

EXKURS: Sonderbehandlung für Majed Abdullah

Der Karriereverlauf Majed Abdullahs war geprägt von mehreren Verletzungsunterbrechungen sowie länger andauernden Abstellungsperioden für die Nationalelf, was recht bald zu einem Rückgang seiner Torerfolge auf Vereinsebene führte. Im Gegensatz zu Europa ist es in anderen Erdteilen durchaus nicht ungewöhnlich, dass die Topspieler eines Landes vor Großanlässen wie Welt- oder Kontinentalmeisterschaften teilweise für die gesamte Saison bei der Nationalelf weilen, während sie ihren Klubs nicht zur Verfügung stehen. Was in den Topligen der alten Welt zu nachvollziehbaren Proteststürmen seitens der Vereinsvertreter führen würde, wird anderswo „aus patriotischen Gründen" ohne großes Murren gebilligt. Ein Beispiel war die Saison 1983/84, in der sich Majed Abdullah mit der saudischen Nationalelf auf die bevorstehende Asienmeisterschaft vorbereitete, weshalb er für Al-Nasr nicht ein einziges Spiel absolvierte. Genau das ist auch der Grund dafür, weshalb der Pele Arabiens in statistischer Hinsicht eine gewisse Sonderbehandlung erfährt. Während bei den meisten anderen Stürmern Tore aus Testspielen unberücksichtigt bleiben, erscheint es bei Majed Abdullah durchaus gerechtfertigt, hier differenziert zu verfahren, da er eben teilweise über eine ganze Saison nur für die Nationalelf spielte und lediglich hier (keinesfalls aber in seinem Verein) die Möglichkeit hatte, Tore zu erzielen. Dieser in seiner Heimat gängigen Sichtweise haben sich auch die Verfasser des vorliegenden Buches angeschlossen, so dass in die Gesamtzahl von Majed Abdullahs Pflichtspieltreffern eben nicht nur jene 64 aus offiziellen A-Länderspielen, sondern auch 162 weitere aus anderen Einsätzen für die saudische Nationalmannschaft (beispielsweise gegen Vereinsteams) einfließen. Freilich, und auch das soll an dieser Stelle nicht verschwiegen werden, gestaltete es sich nicht immer leicht, die genaue Trefferzahl Majed Abdullahs zu eruieren. Von seinen Torerfolgen in A-Länderspielen lassen sich etwa nur 36 zweifelsfrei belegen. Die Zahl von 67 Länderspieltreffern fußt daher lediglich auf den Angaben des saudi-arabischen Fußballverbandes. Und wenn sich hier schon derart erhebliche Unterschiede auftun, sollte sich der Leser nicht wundern, wenn er speziell in Sachen Testspieltore in anderen Quellen auf abweichende Angaben stößt!

Das Abschneiden von Al-Nasr hing in den kommenden Jahren stark davon ab, ob Toptorjäger Majed Abdullah spielte oder nicht. Als er sich in der Saison 1983/84 etwa mit der Nationalelf auf das bevorstehende olympische Fußballturnier in Los Angeles sowie die Asienmeisterschaft im Dezember in Singapur vorbereitete, belegte Al-Nasr in der saudischen Liga einen wenig berauschenden fünften Platz. Deutlich stärker präsentierte sich die Mannschaft zwei Jahre später, als sie dank Torschützenkönig Majed Abdullah bis zum Schluss auf den Titelgewinn hoffen durfte und diesen als Tabellendritter schließlich nur wegen des schlechteren Torverhältnisses gegenüber dem punktgleichen Meister Al-Hilal verpasste. Darüber hinaus konnten sich die Blau-Gelben dank eines 1:0-Sieges im Endspiel über Vizemeister Al-Ittihad den King's Cup sichern. 1987 durfte Majed Abdullah den Königspokal sodann ein drittes Mal in Empfang nehmen, nachdem im Finale Al-Hilal ebenfalls mit 1:0 bezwungen worden war.

In starker Verfassung präsentierte sich Majed auch in der Spielzeit 1988/89, als der Torschützenkönig seine Farben mit 19 Saisontreffern zum abermaligen Meistertitel ballerte. Durch einen 2:0-Finalerfolg über Al-Taawon gelang im Jahr darauf ein weiterer Triumph im King's Cup, der in jener Saison letztmals ausgetragen wurde, um ab 1990/91 durch den Crown Prince Cup als bedeutendster Pokalwettbewerb des Landes abgelöst zu werden. Nachdem Majed Abdullah lange keine gesundheitlichen Probleme zu beklagen hatte, verpasste der mittlerweile über 30-Jährige verletzungsbedingt nicht nur die halbe Saison 1990/91, sondern kam auch in den nächsten beiden Jahren wegen diverser Wehwehchen nur selten zum Zug. Auch bei seinem Verein hatten sie inzwischen begriffen, dass er die beste Zeit seiner Karriere inzwischen hinter sich hatte. Obwohl der Angreifer 1993/94 mal wieder die gesamte Saison fehlte, da er bei der Nationalmannschaft zur WM-Vorbereitung weilte, reichte es für Al-Nasr zum vierten Meistertitel der Vereinsgeschichte. Im Jahr darauf verteidigten die Blau-Gelben den Platz an der Sonne, wenngleich der verletzungsanfällige Majed Abdullah abermals nur acht Einsätze auf dem Konto hatte, in denen er mit ebenso vielen Treffern seine immer noch vorhandene Torgefahr freilich unter Beweis gestellt hatte.

Ein würdiger Abschied vom Fußball

In den letzten drei Jahren seiner Karriere konnte Majed Abdullah dann jeweils einen internationalen Titelgewinn feiern, obwohl er weiterhin nur zu sporadischen Einsätzen kam. Sowohl 1996 als auch 1997 ging Al-Nasr als Champions-League-Sieger der Golfstaaten-Klubs hervor, um 1998 den Asienpokal der Pokalsieger zu gewinnen. Die Endrunde der besten vier Mannschaften fand Mitte April im King Fahd International Stadium von Riad statt, wo Al-Nasr für gewöhnlich auch seine Meisterschaftsspiele austrägt. Dieses Heimspiel war bestens geeignet, um für den Pele Arabiens einen würdigen Karriereabschluss zu bilden. Im Halbfinale trafen die Blau-Gelben auf den turkmenischen Vertreter Köpetdag Aschgabat, der knapp mit 2:1 geschlagen wurde. Nach 39 Minuten hatte Majed Abdullah für die zwischenzeitliche 2:0-Führung gesorgt und damit den letzten Treffer seiner Karriere erzielt. Am 12. April 1998 durfte er dann bei seinem letzten offiziellen Auftritt den größten Erfolg auf Vereinsebene feiern, nachdem im Endspiel auch die Elf der Suwon Samsung Bluewings aus Südkorea mit 1:0 in die Knie gezwungen worden war. Den Treffer des Tages hatte mit dem Bulgaren Hristo Stoichkov gleichermaßen ein Oldie des internationalen Fußballs erzielt.

Auf ein „richtiges" Abschiedsspiel musste der beste Stürmer der arabischen Halbinsel allerdings noch mehr als ein Jahrzehnt warten. Dieses sollte freilich zu einem echten Leckerbissen werden: Zu Ehren von Majed Abdullah kreuzte am 20. Mai 2008 kein Geringerer als Real Madrid im King Fahd International Stadium auf, das mit 70.000 Zuschauern prallgefüllt war. Weitere 30.000 Anhänger hatten keine Eintrittskarte erhalten und mussten an den Eingangstoren abgewiesen werden. Im Gegensatz zu vielen anderen Abschiedsspielen hielt die Partie gegen die Königlichen auch in sportlicher Hinsicht den Erwartungen stand. Vor allem die Gastgeber brannten ein spielerisches Feuerwerk ab und fegten die verdutzten Nachfahren des Weißen Balletts gleich mit 4:1 vom Rasen. Die Treffer für Al-Nasr hatten Malek (2), Akram und Kariri erzielt, derweil für den Ehrentreffer Reals nach 50 Minuten ein gewisser Arjen Robben verantwortlich zeichnete. Der kommende Bayern-Star spielte an jenem Tag freilich nur eine Statistenrolle. Nach dem Abpfiff galt die ganze Aufmerksamkeit Publikumsliebling Majed Abdullah, der mit stehenden Ovationen verabschiedet wurde.

► ZAHLEN UND FAKTEN

Vereine:	1976-1998 Al-Nasr Riad
Tore:	218 Spiele Saudi Premier League (190 Tore)
	51 Tore King's Cup
	18 Tore AFC-Pokalwettbewerbe
	139 A-Länderspiele (67 Tore)
	162 Test-Länderspiel-Tore
gesamt	357 Pflichtspiele* (488 Tore)
	* *nur bekannte Spiele*
Erfolge:	Saudischer Meister 1980, 1981, 1989, 1995
	Sieger King's Cup 1981, 1986, 1987, 1990
	Asienpokal der Pokalsieger 1998
	Asienmeister 1984, 1988
	Saudischer Torschützenkönig 1979, 1980, 1981, 1983, 1986, 1989

In der Nationalmannschaft:

Majed Abdullah hatte in der Premierensaison der saudischen Premier League gerade fünf Begegnungen absolviert, als er im Frühjahr 1977 in den Nationalmannschaftskader berufen wurde, aus dem er bis 1994 nicht wegzudenken war. Seinen ersten Einsatz bestritt er in einem Testspiel gegen Benfica Lissabon, wo er gleich zwei Tore erzielte. Besonders sein erster Treffer blieb in Erinnerung, als er aus der eigenen Hälfte kommend zwei gegnerische Abwehrspieler umkurvte und schließlich den Torwart in die falsche Ecke schickte. Bis zu seinem ersten offiziellen von 139 Länderkämpfen sollte es freilich noch ein Jahr dauern. Am 4. Mai 1978 wurde Pakistan in Riad bei einem internationalen Turnier mit 6:0 geschlagen.

Viele Jahre war das saudische Königreich im asiatischen Fußball nur Mitläufer. Erst die Liga-Gründung führte zu einem spürbaren Aufschwung und bescherte dem Land Talente wie Majed Abdullah, der für die deutliche Leistungssteigerung der Nationalelf in den Achtzigern verantwortlich war. Erstmals einem breiteren Publikum bekannt wurde der Pele Arabiens beim Golf-Cup 1979, wo ihm in fünf Begegnungen sieben Tore glückten. Besonders stark trumpfte er am 3. April 1979 auf, als er zum 7:0 über Katar nicht weniger als fünf Treffer beisteuerte.

Nach dem Verpassen der WM-Qualifikation 1982 wurde mit dem Brasilianer Mario Zagallo ein renommierter Nationaltrainer installiert, unter dem es mit den Saudis deutlich bergauf ging. Allerdings enttäuschten die Wüstensöhne beim Golf-Cup im Frühjahr 1984, weshalb Zagallo durch den Einheimischen Chalil-al Zayani ersetzt wurde. Unter dessen Leitung gelang die Qualifikation für das olympische Fußballturnier, womit Saudi Arabien zum ersten Mal überhaupt auf großer internationaler Bühne mitspielen durfte. Die Reise in die Vereinigten Staaten ging nicht zuletzt auf das Konto Majed Abdullahs, der in nur vier Qualifikationsspielen 13-mal ins Schwarze getroffen hatte, was umso bemerkenswerter war, als er vor seinem Auftritten im Olympiateam längere Zeit verletzt war. In Los Angeles bekam der Neuling allerdings seine Grenzen aufgezeigt und kassierte gegen Brasilien (1:3), Marokko (0:1) und Deutschland (0:6) drei Niederlagen, wobei der einzige Turniertreffer auf Majed Abdullahs Konto ging.

Der Rekordtorschütze Saudi Arabiens (67 Treffer) war auch im Dezember 1984 mit von der Partie, als sein

Heimatland in Singapur erstmals an einer Asienmeisterschaft teilnahm und diese dank eines 2:0-Finalsiegs über China auch gewann. Im ersten Spiel lagen die Saudis gegen Südkorea bis kurz vor Schluss in Rückstand, als Majed Abdullah seinen Farben mit dem Ausgleich einen wichtigen Zähler sicherte. Seinen zweiten Torerfolg durfte er im Endspiel feiern. Kurz nach dem Seitenwechsel startete er wieder einmal zu einem unwiderstehlichen Solo und besiegelte mit seinem Treffer den 2:0-Erfolg.

Vier Jahre später verteidigte Saudi Arabien in Katar dann seinen Titel. Dabei hatten die Verteidiger Majed Abdullah inzwischen als gefährlichsten Gegenspieler ausgemacht, den sie mit harten Fouls zu bremsen versuchten. Dennoch gelang es ihm, sich im Semifinale gegen den Iran entscheidend in Szene zu setzen, als er mit seinem 1:0 aus der 16. Minute das Tor des Tages erzielte. Im Endspiel am 18. Dezember 1988 hieß es gegen Südkorea nach 120 Minuten 0:0, ehe sich die Saudis im Elfmeterschießen mit 4:3 durchsetzten, wobei Majed Abdullah zu den erfolgreichen Elfmeterschützen zählte.

Ohne Majed Abdullah ging das Finale um die Asienmeisterschaft 1992 gegen Gastgeber Japan mit 0:1 verloren. Dennoch stand der 35-Jährige 1994 wieder im Kader, als Saudi Arabien zum ersten Mal überhaupt an einer WM teilnahm. Optimisten wollten dem Pele Arabiens im Vorfeld eine ähnliche Rolle zuschreiben, wie sie Roger Milla vier Jahre zuvor bei Kamerun gespielt hatte. In den USA kam dieser jedoch lediglich zu zwei Teileinsätzen in der Vorrunde gegen die Niederlande (1:2) und Belgien (1:0), derweil er das Ausscheiden im Achtelfinale gegen Schweden (1:3) von der Bank aus verfolgte. Die letzten offiziellen Länderspieltreffer hatte Majed Abdullah kurz vor der WM beim 3:2-Erfolg über Trinidad & Tobago erzielen können. Mit seinen beiden WM-Einsätzen gehörte seine Nationalmannschaftskarriere der Vergangenheit an.

Saison	A-Lsp.		Liga		Pokal	
	Sp.	T.*	Sp.	T.	Sp.	T.
1976/77			5	4		5
1977/78	3	0		12		2
1978/79	9	6		18		6
1979/80	2	0		17		0
1980/81	7	0	16	21		4
1981/82	17	9		9		1
1982/83	6	0		14		3
1983/84	10	0	0	0	0	0
1984/85	16	2	5	1		0
1985/86	20	1		15		1
1986/87	1	0		15		5
1987/88	16	6		5		2
1988/89	12	4		19		5
1989/90	3	0		13		5
1990/91	3	2		10		8
1991/92			2	3		0
1992/93	7	4	5	4		0
1993/94	7	2	0	0		0
1994/95			8	8		1
1995/96			1	0		2
1996/97			4	2		4
1997/98			0	0		

* Aufgeführt sind nur die 36 Länderspieltore laut FIFA-Statistik, weitere 31 Länderspieltore sind nicht zweifelsfrei nachweisbar

Oscar Mas
Power-Fußball am Silberfluss

Genau wie sein späterer Trainer Angel Labruna fühlte sich auch Oscar Antonio Mas Magallan am Wohlsten bei River Plate, jenem traditionsreichen Verein aus Buenos Aires, bei dem er den größten Teil seiner Karriere verbracht hatte. Geboren wurde der zweitbeste Torschütze der rot-weißen gekleideten Millionarios am 29. Oktober 1946 im Stadtteil Villa Ballester, der im Norden der argentinischen Hauptstadt liegt. „Pinino" begann seine Laufbahn in der Schülermannschaft von Juvenil Porteño, ehe im Alter von zehn Jahren seine Leidenschaft für River Plate geweckt wurde. Damals war er Zaungast beim Ligaspiel der Rot-Weißen gegen die Boca Juniors, wobei ihn die Gastgeber, die damals eine argentinische Meisterschaft nach der anderen gewannen, derart beeindruckten, dass er kurzerhand Juvenil den Rücken kehrte, um sich dem Verein aus dem Stadtviertel Belgrano anzuschließen.

La decada maldita

Bei River Plate überzeugte Mas durch seine glänzende Technik, die er sich in der Kindheit in den Straßen von Buenos Aires angeeignet hatte, wo er immer mit kleinen Bällen – „Pininas" genannt – jonglierte, was ihm alsbald seinen Spitznamen eintrug. Bereits im Alter von 17 Jahren trainierte Pinino bei der ersten Mannschaft mit, für die er am 26. April 1964 unter Trainer Carlos Peucelle zum Debüt in der Primera División kam. River Plate gelang ein 1:0-Arbeitssieg über die Chacarita Juniors, den ein Tor des Chilenen Eladio Rojas sichergestellt hatte.

Carlos Peucelle, unter dem Oscar Mas im April 1964 sein Debüt für River Plate gab. Bevor Peucelle auf dem Trainerstuhl Platz nahm, zählte er in seiner aktiven Zeit zu den besten Torjägern der Millionarios und erzielte für diese zwischen 1931 und 1941 in 307 Ligaspielen 113 Tore. Den Höhepunkt seiner Laufbahn erlebte Peucelle 1930, als er mit der argentinischen Nationalmannschaft im Endspiel der ersten Fußball-WM in Montevideo stand.

Während seiner Karriere wurde der nur 1,67 Meter große Oscar Mas vorzugsweise auf dem linken Flügel eingesetzt, von wo aus er mit seinen präzisen Flanken die Sturmspitzen fütterte. Mas war jedoch nicht nur technisch stark., sondern auch mit einer ungeheuren Schusskraft gesegnet, weshalb Weitschüsse aus großer Entfernung und teilweise unmöglichem Winkel zu seiner Spezialität wurden. Der Experte für Freistöße erfreute die Zuschauer auf den Rängen indes nicht nur mit zahllosen spektakulären Treffern, sondern darüber hinaus mit ungewöhnlichen Jubelposen nach einem Torerfolg, womit er zu den Wegbereitern späterer Spielergenerationen wurde. Allerdings fiel der Beginn seiner Karriere just in eine Zeit, in der River Plate wenig zu lachen hatte. Im Gegenteil: Es waren in den sechziger

Jahren vor allem die anderen, die sich über die Rot-Weißen amüsierten. Nachdem in den Vierzigern die legendäre Sturmformation „La Maquina“ um Adolfo Pedernera und Angel Labruna mit Traumfußball Maßstäbe gesetzt hatte, dominierte die Mannschaft auch in den fünfziger Jahren das Geschehen und sicherte sich zwischen 1952 und 1957 fünf von sechs Meistertiteln. Selbstbewusst bezeichnete man sich als „Champion des Jahrhunderts“, ehe eine schier endlose Epoche der Erfolglosigkeit einzusetzen begann. Bis 1975 ging nicht ein einziger Titelgewinn an River Plate, so dass speziell die sechziger Jahre als die „decada maldita“ – also die „verfluchte Dekade“ – in die Vereinsgeschichte einging, derweil die Spieler von den gegnerischen Fans als „Gallinas“ verspottet wurden, weil sie wie kopflose Hühner gleich dem Erfolg hinterherliefen.

Nachdem die Millionarios die Spielzeit 1964 sieben Zähler hinter Meister Boca Juniors als Ligadritte beendet hatten (wobei Youngster Oscar Mas in 24 Einsätzen dreimal ins Schwarze traf), untermauerten sie in den beiden kommenden Jahren ihren Ruf als „ewige Zweite“. Schon 1965 reichte es lediglich zum zweiten Platz, wenngleich man Erzrivale Boca Juniors ein heißes Rennen geliefert hatte und in der Endabrechnung nur einen Zähler Rückstand aufwies. Die Vorentscheidung war am dritt-letzten Spieltag gefallen, als es im „Superclasico“ von Buenos Aires eine 1:2-Pleite gesetzt hatte. Durchaus zufrieden mit dem Saisonverlauf durfte hingegen die jugendliche Sturmhoffnung Oscar Mas *(Bild oben)* sein. Nachdem Pinino am 16. Mai 1965 in der 7. Runde beim 2:1 über Banfield zum ersten Mal in die Maschen getroffen hatte, ließ er weitere 15 Treffer folgen, so dass er in der Torjägerliste der Primera División einen beachtlichen vierten Platz belegte.

Als Vizemeister nahm die von Renato Cesarini betreute Mannschaft 1966 an der Copa Libertadores teil, wo sie sich hervorragend verkaufte und die Endspiele gegen Peñarol Montevideo erreichte. Zu verdanken hatte sie den Erfolg Leistungsträgern wie Torwart-Oldie Amadeo Carrizo, dem Uruguayer Luis Cubilla und vor allem ihrem unersättlichen Innenstürmer Daniel Onega, der mit nie wieder erreichten 17 Treffern die Torjägerliste anführte. Linksaußen Mas war hingegen in die Vorbereiterrolle geschlüpft, so dass er selbst keinen einzigen Torerfolg bejubeln durfte. Während er bei der 0:2-Auftaktniederlage in Montevideo noch gefehlt hatte, half er im Rückspiel im heimischen Estadio Monumental mit, einen 3:2-Sieg einzufahren und damit ein Entscheidungsspiel zu erzwingen, welches am 20. Mai in Santiago de Chile in der Verlängerung mit 2:4 verloren wurde. Den dritten zweiten Platz binnen zwei Jahren galt es im Dezember zu verdauen, als man sich Stadtrivale Racing in der Meisterschaft um fünf Zähler geschlagen geben musste.

Auch dank der sieben Treffer von Oscar Mas drang River Plate 1967 wieder bis ins Halbfinale der Copa Libertadores vor, wo man allerdings dem späteren Sieger Racing Buenos Aires den Vortritt lassen musste. Weniger gut lief es hingegen auf nationaler Ebene. Erstmals hatte der Verband neben der traditionsreichen Stadtmeisterschaft von Buenos Aires („Metropolitana“) auch eine Meisterschaft für alle Vereine des Landes („Nacional“) ausgeschrieben, wobei es dort für die Millionarios nach einem enttäuschenden sechsten Rang in der A-Staffel des Campeonato Metropolitano ebenfalls nur zu Platz fünf reichte. Zusammengenommen bestritt Pinino 35 Ligaspiele, in denen immerhin 17 Tore auf sein Konto gingen.

Nachdem Oscar Mas mit River Plate im Frühjahr 1968 im Halbfinale des Campeonato Metropolitano an San Lorenzo de Almagro (1:3) gescheitert war, ruhten alle Hoffnungen auf der anschließenden landesweiten Meisterrunde, wo sich die Mannschaft mit Velez Sarsfield und Racing ein enges Rennen um den Titel lieferte und nach 15 Spieltagen ex aequo mit den beiden Kontrahenten an der Spitze lag. Oscar Mas hatte seine Torjägerqualitäten wie gewohnt unter Beweis gestellt und übers Jahr zusammen 15-mal ins Schwarze getroffen. Nach einem 2:0-Auftaktsieg in der notwendig gewordenen Play-off-Runde der drei punktgleichen Teams über Racing war der erste Meistertitel der „Gallinas“ seit 1957 in greifbare Nähe gerückt. Doch statt sich zwei Tage vor Weihnachten mit einem weiteren Sieg über Velez Sarsfield zu bescheren, kam man nicht über ein 1:1-Unentschieden hinaus, was dem Gegner dank eines abschließenden Erfolges über Racing den Titel bescherte, derweil die Fußballfans landauf, landab mal wieder über das „Vizekusen“ Argentiniens höhnten.

► EINWURF

Da Oscar Mas nicht im Sturmzentrum agierte, war er weniger für die „kleinen Tore“, sondern weitaus mehr für zahlreiche spektakuläre Treffer zuständig, die seinen Anhängern noch lange Zeit in Erinnerung blieben. So brillierte er etwa am 16. Mai 1965 im Ligaspiel gegen CA Banfield, als er den gegnerischen Schlussmann erstmals per Fallrückzieher überwand. Nicht immer freilich führten seine Aktionen zum Erfolg. Als River Plate 1969 im „Superclasico“ gegen die Boca Juniors spielte, traf er beim Versuch, Torwartlegende Antonio Roma zu überwinden, dreimal hintereinander den Pfosten. Kurz darauf trafen die Millionarios auf Racing, als Pinino das Leder zunächst gegen Pfosten und Querlatte drosch, um im dritten Versuch den Ball endlich im Netz zu versenken. Als Spezialität des linken Außenstürmers galten allerdings dessen präzise und hart getretene Weitschüsse, mit denen er so manchen Torhüter zur Verzweiflung brachte. Die meisten Granaten hatte er natürlich im Trikot von CA River Plate Buenos Aires abgefeuert, jenem Verein, der ihm auch nach seinem Wechsel im Jahr 1976 zu America Cali immer noch am Herzen lag. Als er 1979 wieder in seine argentinische Heimat zurückgekehrt war, um eine Saison für Quilmes zu kicken, brachte es der Spielplan mit sich, dass Pinino auch gegen „seine“ Rot-Weißen antreten musste. Dank eines seiner gefürchteten Weitschusstore gelang Quilmes ein 2:0-Erfolg. Doch während selbst die Fans der Millionarios Oscar Mas begeistert applaudierten, als dieser Torhüter Ubaldo Fillol überwunden hatte, schlich dieser nach dem Schlusspfiff wie ein geprügelter Hund in die Kabine.

River Plates verfluchte Dekade sollte im Spieljahr 1969 dann standesgemäß mit zwei zweiten Plätzen zu Ende gehen. Dabei hatten sich die Rot-Weißen in der Hauptrunde der Metropolitana gut verkauft und nur eine Niederlage kassiert. Im Endspiel gegen die Chacarita Juniors am 6. Juli war es jedoch wieder einmal vorbei mit der ganzen Herrlichkeit, da die Mannschaft nach dem zwischenzeitlichen Ausgleichstreffer von Trebucq regelrecht auseinanderbrach und eine 1:4-Packung kassierte. Und auch im Campeonato Nacional musste River Plate an 17 Spieltagen nur eine einzige Niederlage hinnehmen. Genau wie Erzrivale Boca Juniors, der allerdings zwei Spiele mehr gewonnen hatte und die „Gallinas" damit auf ihren angestammten zweiten Platz verwies. An Oscar Mas hatte es freilich nicht gelegen. Mit 14 Torerfolgen hatte Pinino zu den erfolgreichsten Goalgettern des Landes aufgeschlossen, wobei er sich in der Torjägerliste der Primera División lediglich Carlos Bulla und Rodolfo Fischer geschlagen geben musste.

Als Torschützenkönig nach Europa

In jener Zeit verfügte der argentinische Fußball über mehrere Topstürmer, die auch das Interesse der zahlungskräftigen europäischen Vereine weckten. 1970 waren es vor allem drei Angreifer, die die beiden Meisterrunden am Silberfluss (Rio de la Plata) dominierten. Während Carlos Bianchi und Delio Onnis die Torschützenliste des Campeonato Nacional anführten, war es Oscar Mas, der mit 16 Treffern in 18 Einsätzen in der Metropolitana zum ersten Mal in seiner Laufbahn Torschützenkönig geworden war. Einzig zum Gewinn der Meisterschaft hatte es erneut nicht gereicht. Nach 20 Spieltagen der Hauptstadtliga hatten die Rot-Weißen zwar ebenso wie Independiente 27:13 Punkte auf dem Konto. Independiente hatte bei gleicher Tordifferenz (+18) jedoch einen Treffer mehr erzielt, was letztendlich den Ausschlag zugunsten des Klubs aus dem Vorort Avellaneda gab.

Vielleicht hatte den Millionarios in den entscheidenden Momenten ein wenig die Konzentration gefehlt, weil sie zeitgleich in der Copa Libertadores beschäftigt waren, wo sie mit spektakulären Auftritten glänzten. Vor allem am 11. März agierte die Mannschaft gegen Universitario La Paz wie entfesselt und fegte ihren bolivianischen Gegner mit 9:0 vom Platz, wobei Oscar Mas als vierfacher Torschütze den Löwenanteil am Erfolg besaß. Da er auch weiterhin in Topform agierte und in neun Spielen ebenso viele Tore schoss, führte er gemeinsam mit Francisco Bertocchi (LDU Quito) die Torjägerliste an. Zum Titelgewinn sollte es für die „Gallinas" aber natürlich wieder nicht reichen. Im Semifinale hatten Mas & Co. ihr Pulver wie üblich verschossen, so dass die beiden Niederlagen gegen Estudiantes La Plata (0:1 und 1:3) das Ausscheiden besiegelten.

Im Spieljahr 1971 glänzte Mas lediglich im Campeonato Metropolitano, wo er sich in 27 Partien immerhin 16-mal als Torschütze auszeichnen konnte. Dass es für River Plate nur zu einem enttäuschenden sechsten Platz reichte, lag in erster Linie an der schwachen Abwehr, die 62 Gegentore zugelassen hatte. Nur unwesentlich besser lief es im Campeonato Nacional, wo die Mannschaft als Staffelvierter die Teilnahme an der Viererendrunde verpasste. Wer weiß, wie das Titelrennen ausgegangen wäre, wenn Oscar Mas mehr als nur sechs Partien bestritten hätte? Seine Ausbeute von vier Toren war bis zu seinem verletzungsbedingten Ausfall eigentlich recht ordentlich, so dass das Mitwirken Pininos den Rot-Weißen sicher gut zu Gesicht gestanden hätte.

Auch 1972 fehlte der Goalgetter seinem Verein in der Hauptstadtliga in elf von 34 Partien, wobei er mit 14 Toren aufsteigende Form bewies. Die immer noch nicht behobenen Abwehrschwächen führten dazu, dass es für seine Mannschaft deutliche neun Zähler hinter San Lorenzo de Almagro abermals nur zum vierten Platz reichte. Immer noch wartete einer der besten argentinischen Angreifer damit auf seinen ersten Titelgewinn, woran sich auch im Campeonato Nacional nichts ändern sollte. Dank Pininos 15 Torerfolgen in ebenso vielen Einsätzen waren die Rot-Weißen zwar wie so oft zu einem ernstzunehmenden Titelanwärter avanciert. Im Endspiel am 17. Dezember 1972 setzte es in der Arena von Velez Sarsfield aber eine 0:1-Verlängerungsniederlage gegen San Lorenzo de Almagro, so dass sich die Durststrecke der Millionarios fortsetzte.

Allmählich begannen sich die argentinischen Topstürmer zu wahren Exportschlagern zu entwickeln. Während Delio Onnis schon 1971 nach Europa gewechselt war, folgte im Frühjahr 1973 Carlos Bianchi, der einen Vertrag bei Stade Reims unterzeichnete. Schließlich entschied sich auch Oscar Mas, River Plate nach neuneinhalb Jahren den Rücken zu kehren, um sich zur Spielzeit 1973/74 Real Madrid anzuschließen. Da die Metropolitana 1973 erst im März begonnen hatte, wurden die letzten Spieltage der Hauptstadtliga erst Ende September absolviert und damit zu einem Zeitpunkt, als Mas längst in Europa weilte. Nur 13 Begegnungen hatte er für „seine" Rot-Weißen bestritten, in denen er allerdings stolze 17-mal ins Schwarze getroffen hatte, so dass er – obschon er schon längst das Trikot von Real Madrid trug – zum zweiten Mal als Torschützenkönig ausgezeichnet wurde.

Anders als Delio Onnis und Carlos Bianchi gelang es Oscar Mas jedoch nicht, sich in Europa durchzusetzen. Nur eine Saison ging er für die Königlichen auf Torejagd, die 1973/74 zudem über die Maßen enttäuschten und als Achte eine der schlechtesten Platzierungen ihrer Geschichte realisierten. Mas selbst kam in der Primera División 24-mal zum Einsatz, wobei er in Anbetracht von elf Treffern seine Torgefahr nur angedeutet hatte. Nicht mehr mit von der Partie war der Argentinier am 29. Juni 1974 im Endspiel der Copa del Rey, wo der FC Barcelona mit 4:0 an die Wand gespielt wurde. Damit ereilte Pinino übrigens dasselbe Schicksal wie Günter Netzer. Netzer war zu Saisonbeginn aus Mönchengladbach nach Madrid gekommen und zählte genau wie Mas zu den Verlierern im Team. Allerdings war der deutsche Regisseur „entschuldigt", da er zum Zeitpunkt des Pokalfinals – welch bemerkenswerte Terminplanung! – mit der deutschen Nationalmannschaft an der Weltmeisterschaft im eigenen Land teilnahm. Doch während es Netzer in den nächsten Jahren gelingen sollte, sich in Madrid zu etablieren, brach Oscar Mas seine Zelte in Europa ab, um zu River Plate zurückzukehren.

Endlich Meister!

Noch einmal zwei Jahre sollte Mas das Dress der Millionarios überstreifen. In Anbetracht von lediglich 27 weiteren Torerfolgen in 73 Einsätzen ließ er jedoch die Schlagkraft früherer Jahre vermissen, wenngleich er seine Rückkehr an den Rio de la Plata dennoch nicht zu bereuen brauchte. Anfang 1975 hatte nämlich Angel Labruna das Amt des Trainers übernommen, unter dem River Plate seine titellose Durststrecke beenden konnte und auf Anhieb nach 18 Jahren wieder die Meisterschaft holte. Und das gleich doppelt! Denn nachdem das Team schon in der Metropolitana CA Hurracan um vier Zähler auf den zweiten Platz verwiesen hatte, erwies es sich auch im Campeonato Nacional als das Maß aller Dinge und setzte sich auch dort gegen die ärgsten Verfolger Estudiantes La Plata und San Lorenzo de Almagro durch.

Im kommenden Jahr sollte River Plate in beiden Runden an der Titelverteidigung scheitern. Nachdem der mittlerweile 30-jährige Mas schon in der Hauptstadtliga in 18 Spielen nur noch auf mäßige acht Treffer gekommen war, erzielte er in neun Einsätzen im Campeonato Nacional die letzten fünf Tore für die Rot-Weißen. Diese hatten ihre stärksten

Auftritte in der Copa Libertadores gezeigt, wo sie nach zehn Jahren wieder ins Finale vorgedrungen waren. Nachdem das erste Duell am 21. Juli 1976 mit Cruzeiro Belo Horizonte in Brasilien klar mit 1:4 verloren gegangen war (Mas hatte in der 63. Minute den Ehrentreffer der Gäste erzielt), drehte River Plate eine Woche später vor eigenem Publikum den Spieß um und erzwang mit einem 2:1-Erfolg ein drittes Spiel, das am 30. Juli im neutralen Santiago de Chile über die Bühne ging. Vor 40.000 Zuschauern erwies sich Cruzeiro zunächst als die überlegene Elf und ging vor der Pause durch Nelinho in Führung, ehe Ronaldo Drumond in der 55. Minute für die scheinbare Vorentscheidung sorgte. Erst jetzt wachten die Argentinier auf und stellten vier Minuten später durch Oscar Mas' vierten Turniertreffer den Anschluss her, dem Urquiza in der 64. Minute den Ausgleich folgen ließ. Das Spiel wogte bis in die Schlussphase hin und her, bis Joãozinho in der 88. Minute für die Entscheidung sorgte und den Brasilianern den Siegtreffer bescherte.

► EINWURF
Hinter Rekordmann Angel Labruna (293 Tore / 515 Spiele) belegt Oscar Mas mit 199 Treffern in 382 Ligaspielen den zweiten Platz in der ewigen Torschützenliste von River Plate. Auch in Sachen Effektivität muss sich Pinino mit 0,52 Torerfolgen je Einsatz hinter Labruna einreihen, der in jeden Spiel für 0,61 Treffer gut gewesen ist. Die beiden Toptorjäger werden freilich deutlich von Bernabé Ferreyra (unten im Bild) in den Schatten gestellt, der von 1932 bis 1939 das Trikot von River Plate trug und als drittbester Torschütze der Klubgeschichte auf 187 Tore in nur 185 Einsätzen kommt, was einem Schnitt von 1,01 Treffern pro Spiel entspricht.

Legionär in Kolumbien

Da Mas im Herbst 1976 seinen Stammplatz verloren hatte, war ein Vereinswechsel die logische Konsequenz, wobei für den langjährigen River-Plate-Spieler ein argentinischer Klub nicht in Frage kam. Nach seiner wenig erfreulichen Zeit bei Real Madrid erschien auch Europa keine Option, weshalb Pinino die ausgetretenen Pfade verließ und nach Kolumbien zu America Cali wechselte. Die Roten Teufel (Los Diablos Rojos) verdanken ihren Spitznamen dem Vereinsemblem, in dem ein roter Teufel mit Dreizack und einem Fußball zu sehen ist. Der im Westen Kolumbiens beheimatete Verein hatte bis dato zwar noch keinen Titel gewonnen, galt dafür aber als äußerst ambitioniert und wurde als potenzieller Gegenpol zu den Spitzenteams aus der Hauptstadt Bogota gehandelt. Um seine hochgesteckten Ziele zu erreichen, nahm America neben einheimischen Talenten auch Stars aus dem südamerikanischen Ausland unter Vertrag, die man sich freilich nur dank der großzügigen Unterstützung des örtlichen Drogen-Kartells leisten konnte. Beim großen Rivalen des fünffachen Landesmeisters Deportivo Cali eroberte Oscar Mas auf Anhieb einen Stammplatz und bestritt in zwei Jahren 68 Ligaspiele, in denen er 38 Tore bejubeln konnte. Auch America profitierte von der Verpflichtung des Argentiniers. Hatten die Roten Teufel 1976 noch den vorletzten Platz belegt, rangierten sie in dien kommenden beiden Spielzeiten jeweils auf dem dritten Platz, so dass sich die einstige graue Maus in kürzester Zeit zu einem echten Topteam entwickelt hatte.

Zurück in der Heimat

Obwohl Oscar Mas in Kolumbien die Erwartungen zweifelsohne erfüllt und zu den Leistungsträgern gezählt hatte, kehrte er zu Beginn des Jahres 1979 nach Argentinien zurück, wo er mit wechselndem Erfolg noch acht Jahre aktiv sein sollte. Bleibenden Eindruck hinterließ er zunächst beim Zweitligisten Defensores Belgrano, für den er 1980 und 1981 in 57 Ligaeinsätzen 40-mal ins Schwarze traf. Der Verein aus Buenos Aires zählte allerdings nicht zu den Aufstiegsaspiranten und musste vor allem 1981 bis zum Schluss zittern, um sich den Ligaverbleib zu sichern.
Im Frühjahr 1982 ging Mas dann zunächst für Mariano Moreno Junin auf Torejagd und damit jenen Vorortverein aus Buenos Aires, für den er in der Jugend vor seinem Wechsel zu River Plate kurzzeitig aktiv gewesen war. Was zu Anfang als Herzensangelegenheit galt, wurde schnell zum Fiasko, da seine neue Mannschaft in der ersten Jahreshälfte im Campeonato Nacional über die Maßen enttäuschte und ohne auch nur einen einzigen Sieg zu feiern, auf dem letzten Platz landete. Oscar Mas hatte dabei noch zu den positiven Erscheinungen gezählt, da sechs der elf Saisontreffer auf sein Konto gegangen waren. In der im Anschluss ausgetragenen Hauptstadtliga hatte sich Pinino Lokalrivale Sarmiento Junin angeschlossen, wo ebenfalls nicht viel zusammenlief, nachdem Sarmiento als Schlusslicht sang- und klanglos absteigen musste.
Nach zwei Zweitligajahren als Spieler von El Porvenir und abermals Defensores Belgrano trat Oscar Mas im Spieljahr 1985 letztmals im argentinischen Oberhaus in Erscheinung. Er kam für Huracan Las Heras insgesamt achtmal zum Einsatz, wobei er für den Klub aus Mendoza den letzten seiner insgesamt 215 Erstligatreffer erzielte. Damit rangiert er in der ewigen Bestenliste der Primera Divisíon eingebettet von Ricardo Infante (217 Tore) und Bernabé Ferreyra (206) gegenwärtig auf dem siebten Platz. Im 40. Lebensjahr sollte Oscar Mas in der Spielzeit 1986 dann seine aktive Karriere im Trikot von CA Talleres ausklingen lassen, wobei in fünf Zweitligaspielen zwei Treffer auf sein Konto gegangen waren.

Im Konflikt mit dem Gesetz

Zuletzt war Oscar Mas in die Jugendarbeit bei River Plate involviert. Der Traditionsverein genießt in Argentinien nach wie vor große Popularität, weshalb nicht wenige fußballbegeisterte Eltern versuchen, ihre Sprösslinge bei den Rot-Weißen unterzubringen. Im Laufe des Jahres 2009 verdichteten sich Gerüchte, wonach Oscar Mas zahlreichen Nachwuchsspielern gegen Geld zur Aufnahme in der Jugendabteilung des Vereins verholfen haben soll. Am 10. Juli des Jahres lief im argentinischen TV-Sender „América 2" eine Dokumentation, in der Oscar Mas mit versteckter Kamera gefilmt wurde, wie er mehreren Eltern ein Probetraining für deren Kinder bei den Millionarios angeboten hatte, was dem einstigen Fußballstar eine sechsmonatige Bewährungsstrafe wegen Betrugs einbrachte.

► ZAHLEN UND FAKTEN

Vereine:	1964-1973	CA River Plate Buenos Aires
	1973-1974	Real Madrid
	1975-1976	CA River Plate Buenos Aires
	1977-1978	America Cali
	1979	Quilmes Atletic Club (ARG)
	1980-1981	Defensores Belgrano
	1982	Mariano Moreno Junin (ARG)
	1982	Sarmiento Junin
	1983	Club El Porvenir (ARG)
	1984	Defensores Belgrano
	1985	Huracan Las Heras Mendoza
	1986	CA Talleres

Tore: 429 argentinische Erstligaspiele (215 Tore)
97 argentinische Zweitligaspiele (65 Tore)
68 kolumbianische Erstligaspiele (38 Tore)
24 Spiele Primera División (11 Tore)
47 Spiele Copa Libertadores (21 Tore)
37 Länderspiele (10 Tore)
gesamt 702 Pflichtspiele (360 Tore)

Erfolge: Argentinischer Meister
1975 (Met.), 1975 (Nac.)

Argentinischer Torschützenkönig
1970 (Met.), 1973 (Met.)

In der Nationalmannschaft:
Die wichtigsten seiner insgesamt 37 A-Länderspiele für Argentinien bestritt Oscar Mas gleich am Anfang seiner Karriere. Nach dem Debüt am 14. Juli 1965 in Buenos Aires gegen Chile (1:0) kam er im August in den WM-Qualifikationsspielen gegen Paraguay (3:0) sowie zweimal gegen Bolivien (4:1 und 2:1) zum Einsatz, um nach seinem ersten Torerfolg am 11. Juni 1966 gegen Polen (1:1) mit zur Weltmeisterschaft nach England genommen zu werden. Dort wurde er von Nationaltrainer Juan Carlos Lorenzo in sämtlichen vier Begegnungen der Gauchos eingesetzt und bildete gemeinsam mit Mittelstürmer Luis Artime und Rechtsaußen Ermindo Onega (beides Teamgefährten bei River Plate) die Sturmformation.
Während Pinino sowohl in den Vorrundenspielen gegen Spanien (2:1), Deutschland (0:0) und die Schweiz (2:0) sowie im Viertelfinale gegen Gastgeber England (0:1) keinen Torerfolg verbuchen konnte, trat die Albiceleste durch extrem defensiven und teilweise überharten Fußball in Erscheinung, was vor allem auf die Partie gegen England zutraf. Negativer Höhepunkt war der Feldverweis gegen den argentinischen Spielführer Rattin, ausgesprochen vom Stuttgarter Unparteiischen Rudolf Kreitlein, der nach dem Schlusspfiff unter Polizeischutz den Rasen des Wembley-Stadions verlassen musste.
Anfang des Jahres 1967 nahm Oscar Mas mit Argentinien an der damals nur sporadisch ausgetragenen Südamerikameisterschaft teil, die in Montevideo über die Bühne ging. Dabei erzielte er am 18. Januar beim 4:1 über Paraguay den ersten Turniertreffer der Argentinier, die vor dem letzten Spiel gegen die Heimelf aus Uruguay verlustpunktfrei das Klassement anführten. Bis zur 74. Minute hielten sie ein torloses Remis, ehe Rocha von Peñarol die Gauchos mit seinem Tor des Tages aus allen Träumen riss. Die Vizemeisterschaft bei der Copa America 1967 sollte im Übrigen das beste Ergebnis von Oscar Mas im Nationaltrikot bleiben, da Argentinien die kommende WM in Mexiko verpasste und der Linksaußen mit dem strammen Schuss 1974 nicht mehr dem Kader angehörte.
Nachdem die Albiceleste auf dem Weg nach Mexiko ihre ersten beiden Qualifikationsspiele in Bolivien und Peru verloren hatte, wurde Mas erst wieder am 24. August 1969 in Buenos Aires eingesetzt, als ein mühsamer 1:0-Erfolg über Bolivien gelang. Beim abschließenden 2:2 gegen Peru – das den Argentiniern endgültig die WM-Teilnahme kostete – durfte Pinino dann erneut nicht mitwirken.
Bis 1972 kam dieser lediglich noch in Freundschaftsspielen zum Einsatz. Seine vielleicht stärkste Leistung im Nationaltrikot lieferte er am 31. Mai 1972 in Santiago de Chile ab, als er im Rahmen der Copa Carlos Dittborn zwei Treffer zum 4:3-Sieg über Chile erzielte. Letztmals durfte er sein Heimatland am 9. Juli 1972 repräsentieren. In Rio de Janeiro traten die Gauchos gegen Jugoslawien an, wobei sie nach enttäuschender Vorstellung mit 2:4 unter die Räder kamen. Ein Treffer war dem River-Plate-Angreifer nicht geglückt, so dass sich seine Bilanz mit zehn Torerfolgen in 37 Länderspielen äußerst bescheiden liest.
Mas' Wechsel zu Real Madrid im Sommer 1973 bedeutete das Ende seiner Nationalmannschaftslaufbahn, da man seinerzeit in Argentinien auf die Nominierung von Auslandsprofis von vornherein verzichtete.

Saison	Internat.		Liga		Lsp.	
	Sp.	T.	Sp.	T.	Sp.	T.
1964			24	3		
1965			33	16	7	0
1966	?	0	31	11	6	2
1967	?	7	21	8	4	1
			14	9		
1968			16	7	3	1
			17	8		
1969			24	10	1	0
			19	14		
1970	9	9	18	16	3	2
			8	4		
1971			27	16	3	1
			6	4		
1972			23	14	10	3
			15	15		
1973	?	1	13	17		
1973/74	0	0	24	11		
1975			24	3		
			18	11		
1976	?	4	22	8		
			9	5		
1977				?		
1978				?		
= 1977-78			*68*	*38*		
1979	?	0	7	3		
1980				20		
1981				20		
= 1980-81			*57*	*40*		
1982			18	6		
			14	7		
1983			21	17		
1984			14	6		
1985			8	1		
1986			5	2		

Ally McCoist
„Super Ally“ bester Goalgetter der Rangers

Als der legendäre Bob McPhail kurz vor Ausbruch des Zweiten Weltkriegs seine Karriere im Ibrox Park beendete, hatte er in 359 Ligaspielen stolze 230-mal ins Schwarze getroffen. Der Vereinsrekord hatte weit mehr als 50 Jahre Gültigkeit, ehe Ally McCoist im Laufe der Saison 1995/96 seinen 231. Treffer für die Blues erzielte und damit McPhail in den Schatten stellte. Bis zu seinem Wechsel zum FC Kilmarnock im Sommer 1998 schraubte der heutige Rangers-Manager seine klubinterne Bestmarke auf 250 Tore in 418 Einsätzen. Aber nicht nur in Sachen Ligatreffer ist McCoist bei den Glasgow Rangers Spitze. Auch seine 21 Europapokaltore markieren den vereinsinternen Rekord, so dass „Super Ally“ mit vollem Recht als einer der besten Angreifer gilt, den der schottische Fußball je hervorgebracht hat.
Geboren wurde Alistair Murdoch McCoist am 24. September 1962 in Bellshill (North Lanarkshire) und damit im Einzugsgebiet der schottischen Fußballhauptstadt Glasgow, wo er den Großteil seiner torreichen Laufbahn verbrachte. Schon bald wurden die Scouts auf sein großes Talent aufmerksam, wobei er im Alter von 16 Jahren zunächst dem FC St. Mirren angeboten wurde. Manager der „Saints“ war damals Alex Ferguson, der McCoist allerdings für zu klein und zu schmächtig hielt und einem Wechsel nach Paisley nicht zustimmen mochte. So erhielt der FC St. Johnstone den Zuschlag, der freilich ein tristes Schattendasein in der Zweitklassigkeit führte.
In seinen ersten beiden Spielzeiten im blauen Dress kam Ally McCoist nicht über eine Mitläuferrolle hinaus. Nach vier Einsätzen 1978/79 kamen in der kommenden Saison 15 weitere hinzu, wobei der junge Angreifer ohne Torerfolg blieb. Seine Mannschaft steckte im Tabellenkeller fest und musste jeweils hart kämpfen, um als Zwölfte (1978/79) bzw. Elfte (1979/80) den Klassenerhalt zu schaffen. In der Saison 1980/81 sollte die Tristesse in Perth allerdings ein Ende haben, was nicht unwesentlich an Ally McCoist lag, der mit 22 Ligatreffern teaminterner Toptorjäger war. Die Truppe von Manager Alex Rennie sogar durfte lange Zeit vom Aufstieg träumen, doch musste sie sich schließlich mit dem dritten Platz hinter dem punktgleichen zweiten Aufsteiger FC Dundee begnügen.

Über Sunderland in den Ibrox Park

Sein persönlicher Durchbruch machte Ally McCoist für viele Vereine im gesamten Königreich interessant. Obwohl auch die Rangers angeklopft hatten, entschied sich die neue Sturmhoffnung für einen Wechsel nach England und unterschrieb beim AFC Sunderland. Die „Black Cats“ zählten freilich schon lange nicht mehr zu den Topadressen der First Division. Erst 1980 war der sechsmalige Englische Meister ins Oberhaus zurückgekehrt und hatte in der abgelaufenen Saison den Ligaverbleib nur mit großer Mühe geschafft. Auch in den beiden Jahren, in denen Ally McCoist für den AFC kickte, gurkte die Mannschaft in den unteren Tabellenregionen herum und konnte jeweils froh sein, weiterhin auf erstklassigem Niveau spielen zu dürfen. In Anbetracht von nur acht Toren in 56 Ligaeinsätzen blieb der Schottland-Import ebenfalls deutlich hinter den Erwartungen zurück. Nur einmal hatte er Gary Rowell – den Sturmführer der Black Cats – wirklich in den Schatten stellen können, als er beim 3:2-Ligasieg über West Bromwich Albion in der Saison 1981/82 mit drei verwandelten Strafstößen sämtliche Treffer erzielte. Dennoch kam seine Rückkehr in den schottischen Norden des britischen Inselreiches im Sommer 1983 nicht überraschend. Stolze 185.000 £ hatte Rangers-Manager John Greig geboten, um sich die Dienste des mittlerweile knapp 21-Jährigen zu sichern.
Als Ally McCoist zu den Glasgow Rangers wechselte, schien die alte Ordnung im schottischen Fußball gefährdet. Die „Old Firm“, wie die beiden alles dominierenden Klubs des Landes – Rangers und Celtic – genannt werden, wurde in jenen Jahren von der „New Firm“ herausgefordert, welche vom FC Aberdeen und Dundee United gebildet wurde. Speziell die Rangers hinkten dem eigenen Anspruch meilenweit hinterher, wobei der Sinkflug im fünften Rang der Spielzeit 1985/86 „gipfelte“. Mit seiner ersten Saison im Rangers-Trikot durfte McCoist dennoch zufrieden sein. Nachdem er am 20. August 1983 im Heimspiel gegen den FC St. Mirren (1:1) seinen Einstand gefeiert hatte, erzielte er im nächsten Ligaspiel bei Celtic (1:2) den ersten Treffer. Stark präsentierte er sich auch gegen seinen alten Klub FC St. Johnstone, als er beim 6:3 im Ibrox Park einen Doppelpack bejubeln durfte. Während er in 30 Ligaeinsätzen 1983/84 lediglich acht Treffer erzielte, zeigte McCoist vor allem im Ligacup, was in ihm steckte. Spätestens nach dem Endspiel am 25. März 1984 hatte er sich in die Herzen der Rangers-Anhänger geschossen, da er beim 3:2-Erfolg über Erzrivale Celtic alle drei Tore markiert hatte. Auch später sollte sich immer wieder zeigen, dass „Super Ally“ speziell in den Old-Firm-Derbys zur Hochform auflief.

► **EINWURF**
Mit seinen drei Torerfolgen im Liga-Cup-Finale 1983/84 hatte sich Ally McCoist erstmals als Spezialist für die brisanten Old-Firm-Derbys erwiesen. In seinen 15 Spielzeiten im Rangers-Dress schenkte er dem Erzrivalen nicht weniger als 27 Treffer ein, womit er nur noch von Robert Cumming Hamilton (Bild) übertroffen wird, der zwischen 1897 und 1907 im Ibrox Park spielte und der in seinen Einsätzen gegen die grün-weißen Bhoys sogar 35 Torerfolge bejubeln durfte. Als Rekordtorschütze der Rangers war Ally McCoist natürlich nicht nur gegen Celtic erfolgreich. In insgesamt 28 Spielen konnte er als dreifacher Torschütze glänzen. Seine persönliche Bestmarke setzte er im Oktober 1992, als er in der Ligapartie gegen den späteren Absteiger Falkirk gleich viermal einnetzte. Verständlich, dass „Super Ally“ dank seiner zahlreichen Torerfolge schnell zum Publikumsliebling im Ibrox Park avancierte.

Nach einem weiteren Gewinn des Ligacups 1984/85 (1:0-Finalsieg über Dundee United) zählte McCoist zu den wenigen positiven Erscheinungen in der Katastrophensaison 1985/86, welche die Rangers auf dem fünften Platz abschlossen. Mit 24 Ligatoren hatte er einen neuen persönlichen Rekord aufgestellt, der ihm nicht nur zum ersten Mal den Titel eines schottischen Torschützenkönigs bescherte, sondern ihm auch zu seinem Länderspieldebüt verhalf.

Nine In A Row

Für die Saison 1986/87 war mit Graeme Souness ein neuer Manager verpflichtet worden, der endlich für den ersehnten Aufschwung beim Rekordmeister sorgte. Auch für Ally

McCoist lief es unter Souness, der selber nie in Schottland, sondern in England und Italien Profi gewesen war, anfangs hervorragend. Dank seiner zahlreichen Torerfolge, aber auch wegen seines gewinnenden Wesens, wurde er von den Rangers-Fans geradezu vergöttert. „Super Ally" verfügte über einen unvergleichlichen Torinstinkt und war wie viele große Stürmer in der Lage, quasi aus dem Nichts eine Torchance zu kreieren. Vielen seiner zahllosen Anhänger galt er als der ungekrönte König des Strafraums.

Den ersten von zehn nationalen Meistertiteln konnte McCoist in der Saison 1986/87 feiern. Mit 34 Torerfolgen in 44 Partien führte er, wie in acht weiteren Spielzeiten auch, die interne Torschützenliste der Blues an. Zum Gewinn der Torjägerkrone in der First Division reichte es allerdings nicht, da Celtic-Angreifer Brian McClair noch einmal öfter ins Schwarze getroffen hatte. Gekrönt wurde das Meisterjahr mit einem erneuten Gewinn des Ligapokals, der nach einem 2:1 im Finale gegen Celtic feststand. In der kommenden Saison musste sich der Ligadritte dann mit der Titelverteidigung im League Cup zufrieden geben. McCoist hatte zwar wiederum beachtliche 31 Treffer erzielen können, den Kampf um die nationale Torjägerkrone jedoch erneut verloren. Tommy Coyne vom FC Dundee hatte sogar 33 Tore erzielt.

Zwischen 1989 und 1997 konnten die Glasgow Rangers neunmal in Serie den nationalen Meistertitel erobern und damit den Celtic-Rekord aus den sechziger und siebziger Jahren einstellen. Neben Richard Gough und Ian Ferguson war „Super Ally" einer von drei Akteuren, die sämtliche neun Titelgewinne mitfeiern durften. Gerade am Beginn der Erfolgsserie lief es jedoch nicht wirklich rund. In der Spielzeit 1988/89 kam McCoist in lediglich 19 Ligaspielen zum Einsatz und erzielte für seine Verhältnisse indiskutable neun Tore. Saisonales Highlight war abermals das Liga-Cup-Finale am 23. Oktober 1988, in dem McCoist gegen den FC Aberdeen (3:2) zwei Treffer (einen davon per Strafstoß) erzielte.

In der Saison 1990/91 geriet McCoist dann mit Manager Souness aneinander, der ihn daraufhin aus dem Team verbannte. Wieder konnte der Angreifer auf eine nur mäßige Bilanz von elf Toren in 26 Ligaspielen blicken. Zum Glück für Ally McCoist gab Graeme Souness aber seinen Wechsel zum FC Liverpool bekannt, derweil mit Nachfolger Walter Smith ein neuer Manager engagiert wurde, der wieder voll auf „Super Ally" setzte. Besser als in den ersten Jahren unter Smith spielte McCoist zu keiner Zeit seiner Karriere. Sowohl 1991/92 als auch 1992/93 stellte er mit 34 Ligatreffern seine persönliche Saisonbestmarke aus der Spielzeit 1986/87 ein, wobei er diesmal auch die nationale – und darüber hinaus als erster schottischer Fußballer überhaupt die europäische – Torschützenliste anführte. Gekrönt wurde die Saison 1991/92 mit Ally McCoists Wahl zu Schottlands Fußballer des Jahres.

Der Meistertitel war inzwischen zur Selbstverständlichkeit geworden, den die hochüberlegenen Rangers jeweils mit dem Pokalsieg (und 1992/93 auch noch mit dem Ligapokal) garnierten. Während McCoist eine Meisterschaft nach der anderen abräumte, war der Triumph im Cupfinal über die Airdrieonians etwas ganz Besonders, weil Einzigartiges in der Laufbahn des Goalgetters. Zwar gewannen die Rangers auch noch 1993 und 1996 den Pokal, doch sollte McCoist den Höhepunkt des schottischen Fußballjahres beide Male verpassen. Am 9. Mai 1992 war „Super Ally" vor 44.045 Zuschauern im Hampden Park aber endlich einmal in Topform, lieferte an der Seite seines langjährigen Sturmpartners Mark Hateley eine Galavorstellung ab und trug sich beim 2:1-Erfolg ebenso wie Hateley in die Torschützenliste ein. Das Pokalfinale im kommenden Jahr verpasste McCoist wegen eines Beinbruchs, den er in einem Länderspiel gegen Portugal erlitten hatte. Doch nicht nur beim 2:1-Verlängerungssieg über den FC Aberdeen musste McCoist zusehen. Darüber hinaus verpasste er auch die letzten sieben Ligaspiele, weshalb man ohne Übertreibung behaupten kann, dass ohne seine Verletzung deutlich mehr als jene 34 Ligatreffer auf sein Konto gegangen wären, die ihn abermals zum erfolgreichsten Torschützen Europas gemacht hatten.

EXKURS: Torschützenkönig von Europa

Der beste Torschütze Europas wurde erstmals in der Saison 1967/68 von der Fachzeitschrift „France Football" mit dem Goldenen Schuh ausgezeichnet. Erster Sieger war Eusebio, der für Benfica Lissabon stolze 42 Tore erzielt hatte. Jahrelang war es gängige Praxis, dass alle höchsten Spielklassen des Kontinents gleich bewertet wurden, egal ob es sich nun um eine große oder kleine Fußballnation handelte. Nachdem anfangs auch Spieler aus den renommierten Ligen den Goldenen Schuh erhielten, kristallisierte sich mit den Jahren ein Übergewicht zugunsten der kleineren Ligen heraus, was per se noch hinzunehmen gewesen wäre. Spätestens seit der Saison 1986/87 begann jedoch ein Umdenken bei den Veranstaltern einzusetzen: Die begehrte Auszeichnung war an den Rumänen Rodion Camataru gegangen, der mit 44 Saisontreffern eine der besten Quoten aufwies, die je erreicht wurden. Nicht weniger als 21 Tore hatte er allerdings an den letzten sieben Spieltagen erzielt, und das – wie sich später herausstellte – weil Unparteiische und Gegenspieler kräftig mitgeholfen hatten, weshalb im Nachhinein auch Toni Polster (39 Saisontore für Austria Wien) der Goldene Schuh zuerkannt wurde. Die Versuche der kleinen Verbände, ihre Akteure besser in Szene zu setzen, erlebten 1990/91 einen weiteren „Höhepunkt", als der Fußballverband Zyperns behauptete, seine beiden diesjährigen Torschützenkönige hätten je 40 Tore erzielt. Tatsächlich hatten sie jedoch nur 19-mal in Schwarze getroffen, so dass der Jugoslawe Darko Pancev der für die kommenden fünf Jahre letzte Spieler war, dem offiziell der Goldene Schuh zuerkannt wurde. Zur Saison 1996/97 wurde die Vergabe nach einer Reform wieder fortgesetzt: Die Vereinigung „ESM" (European Sports Magazines) legt seither ein Punktesystem zugrunde, welches auf der aktuellen Fünf-Jahres-Wertung der UEFA basiert, wobei die Torschützenkönige der acht stärksten Verbände mit dem Faktor 2, die dahinter platzierten mit 1,5 bzw. 1 multipliziert werden. Damit hatten fortan auch die Spieler in den großen Ligen wieder eine Chance, die Wertung für sich zu entscheiden. Nachdem in der Saison 1995/96 noch ein gewisser Zviad Endeladze mit 40 Treffern für den georgischen Erstligisten Margveti Zestafoni als (freilich inoffizieller) bester Torschütze Europas galt, ging 1996/97 Ronaldo (34 Tore für den FC Barcelona) als Gewinner des Goldenen Schuhs hervor. – Ausgerechnet, als Ally McCoist 1991/92 und 1992/93 mit je 34 Treffern als erster Schotte bester europäischer Torschütze geworden war, gab es also keine offizielle Auszeichnung. Wie notwendig die Reform indes war, zeigt die Tatsache, dass in beiden Jahren zwei georgische Angreifer angeblich mehr als 40 Saisontreffer erzielt haben sollen, die – anders als „Super Ally" – heute aber in keiner ernstzunehmenden Statistik berücksichtigt werden.

Nach seinem Beinbruch fand Ally McCoist lange nicht zu seiner gewohnten Form. Weitere Verletzungen warfen ihn immer wieder zurück, was insbesondere in der Saison

1994/95 der Fall war, als er in lediglich neun Ligaspielen zum Einsatz kam. Aufgrund seiner immensen Erfahrung war auf den Angreifer im entscheidenden Moment aber immer Verlass, wie sich im Liga-Cup-Finale am 24. Oktober 1993 gegen Hibernian Edinburgh zeigte, als er beim Stand von 1:1 eingewechselt wurde, um bald darauf den 2:1-Siegtreffer zu erzielen.
In den kommenden beiden Spielzeiten machten die Rangers ihre Siegesserie mit zwei weiteren Meistertiteln komplett. Ally McCoist (*Bild unten*) bestritt zwar jeweils 25 Ligaspiele, doch blieb er mit 16 bzw. zehn Saisontoren deutlich hinter den Trefferquoten früherer Jahre zurück. Eine starke Leistung lieferte er wieder einmal im League Cup ab, als am 24. November 1996 Heart of Midlothian in einem packenden Finale mit 4:3 niedergerungen wurde und er – ebenso wie Paul Gascoigne – als zweifacher Torschütze der Blues brillierte. Die letzte Saison im Rangers-Dress sollte schließlich mit einer Enttäuschung in die Annalen eingehen: Zunächst verpasste die Mannschaft den angepeilten neuen Rekord von zehn aufeinander-folgenden Meistertiteln und musste sich hinter Erzrivale Celtic mit dem zweiten Platz zufrieden geben. Ally McCoist war nur in 15 Spielen zum Einsatz gekommen und hatte dabei magere fünf Tore auf dem Konto. Sein letztes Spiel für die Rangers bestritt der Rekordtorjäger am 16. Mai 1998 im Cupfinal gegen die Hearts. Dass bei den Blues inzwischen der Lack ab war, zeigte sich auch an jenem Nachmittag, der für den hohen Favoriten mit einer 1:2-Niederlage endete. Für Ally McCoist war es somit nur ein geringer Trost, in der 81. Minute den Anschlusstreffer erzielt zu haben.

Karriereende bei den „Killies“

Nach der Saison wurde Manager Walter Smith gefeuert und durch den Niederländer Dick Advocaat ersetzt, der den Kader radikal ausmistete und altgediente Stars wie Brian Laudrup, Paul Gascoigne und auch Ally McCoist in die Wüste schickte. McCoist heuerte für die nächsten drei Spielzeiten beim FC Kilmarnock an, wo er in 69 Pflichtspielen die letzten 17 Treffer seiner Laufbahn erzielte. Dank seiner acht Tore in 29 Einsätzen in der Liga (davon zehn als Einwechselspieler) gelang den Schützlingen von Manager Bobby Williamson in der Premierensaison der Scottish Premier League ein achtbarer vierter Platz. Die direkte UEFA-Cup-Qualifikation hatten die „Killies“ damit zwar verfehlt. Als Sieger der nationalen Fair-Play-Wertung waren sie in der Saison 1999/2000 aber dennoch international vertreten.
Immerhin gelang Kilmarnock durch einen Erfolg über KR Reykjavik (0:1, 2:0 n.V.) der Einzug in den Hauptwettbewerb, wo nach zwei Pleiten gegen den 1. FC Kaiserslautern (0:3, 0:2) jedoch schon in der Auftaktrunde Endstation war. Sein letztes von 56 Europacupspielen bestritt McCoist am 30. September 1999 im Rückspiel gegen die Pfälzer, wobei er in der 78. Minute für Michael Jeffrey ausgewechselt wurde.

Nachdem die Mannschaft in der Saison 1999/2000 in der SPL lange um den Klassenerhalt zittern musste, drang sie in der Spielzeit 2000/01 wieder in die Spitzengruppe vor und schaffte als Vierter nochmals die UEFA-Cup-Qualifikation. Sein einziges Saisontor hatte Ally McCoist am 7. April 2001 beim 2:1-Erfolg im Rugby Park des FC Kilmarnock gegen Dunfermline Athletic erzielt. Das letzte offizielle Spiel seiner Profilaufbahn fand am 20. Mai 2001 statt: Die „Killies“ besiegten mit dem ehemaligen Rangers-Angreifer Celtic Glasgow vor eigenem Publikum mit 1:0 und fügten den bereits als Titelträger feststehenden Bhoys zum Saisonkehraus eine Niederlage bei.

Rangers-Comeback als Manager

Nach seiner aktiven Zeit widmete sich Ally McCoist zunächst seiner TV-Karriere bei der BBC, um sich später auch als Manager zu versuchen. Dabei zeigte sich, dass die Rangers zu seiner sportlichen Heimat geworden waren. Zunächst wurde er von seinem Mentor Walter Smith aber zum schottischen Verband geholt, um ab 2004 unter Nationalcoach Smith im Trainerstab zu arbeiten. Ein 2006 unterbreitetes Angebot von Inverness Caledonian Thistle lehnte er ab. Als Walter Smith im Januar 2007 schließlich zu den Rangers zurückkehrte, zog es auch seinen Ziehsohn in den Ibrox Park, um am 24. Mai 2008 als Assistent gleich den Cupsieg über Queen of the South (3:2) feiern zu dürfen. Nach dem Meistertitel 2010/11 zog sich Walter Smith schließlich als Rangers-Manager zurück, um von Ally McCoist beerbt zu werden.

► **EINWURF**
Lediglich einmal – am 27. März 1996 gegen Australien – führte Ally McCoist die Tartan Army als Spielführer aufs Feld. Das Tragen der Kapitänsbinde schien ihn ganz offensichtlich zu beflügeln: 55 Minuten waren im Hampden Park gespielt, als der 61-fache schottische Internationale mit dem einzigen Treffer des Nachmittags den Erfolg über die „Aussies“ unter Dach und Fach brachte.

Die Vereinslegende musste sich bei seinem Debüt am 23. Juli 2011 allerdings mit einem mageren 1:1-Unentschieden gegen Heart of Midlothian begnügen. Rein sportlich reichte es für die Blues in der Spielzeit 2011/12 zur Vizemeisterschaft, wobei der Abstand auf Celtic mit 20 Zählern beträchtlich war. Dies wäre indes noch zu verkraften gewesen, wenn die der 54-fache Landesmeister nach einem Insolvenzantrag im Frühjahr 2012 nicht in die vierte Liga strafversetzt worden wäre, was nicht nur den Rekordchampion, sondern den gesamten schottischen Fußball in seinen Grundfesten erschütterte.
McCoist machte seinem Namen „Super Ally“ alle Ehre, da er nach dem Zwangsabstieg nicht etwa fahnenflüchtig wurde, sondern seinem langjährigen Klub auch im fußballerischen Nirwana die Treue hielt. Bei den Rangers-Fans dürfte ihm diese Entscheidung weitere Pluspunkte eingetragen haben. Am Ende der Saison 2012/13 war ihm mit den gestrauchelten Blues zumindest der Neuanfang gelungen, nachdem diese als überlegener Meister den Aufstieg in die dritte Liga geschafft hatten.
Ally McCoist war lange mit seiner Ehefrau Allison verheiratet, mit der er drei gemeinsame Söhne hat. Nach einer öffentlich gewordenen Affäre mit der Schauspielerin Patsy Kensit ging die Beziehung jedoch in die Brüche. Seitdem ist der Rekordtorjäger der Glasgow Rangers mit Vivien Ross liiert, mit der er ebenfalls zwei Söhne hat. Im Jahr 2007 wurde McCoist in die Hall of Fame des schottischen Fußballs aufgenommen.

► **ZAHLEN UND FAKTEN**

Vereine: 1979-1981 FC St. Johnstone
1981-1983 AFC Sunderland
1983-1998 Glasgow Rangers
1998-2001 FC Kilmarnock

Tore: 477 schottische Erstligaspiele (262 Tore)
57 schottische Zweitligaspiele (22 Tore)
56 englische First-Division-Spiele (8 Tore)
50 SFA-Cup-Spiele (29 Tore)
4 FA-Cup-Spiele (0 Tore)
67 schottische Liga-Cup-Spiele (59 Tore)
5 englische Liga-Cup-Spiele (1 Tor)
56 Europacup-Spiele (21 Tor)
61 Länderspiele (19 Tore)
gesamt 833 Pflichtspiele (421 Tore)

Erfolge: Schottischer Meister 1987, 1989, 1990, 1991, 1992, 1993, 1994, 1995, 1996, 1997
SFA-Cup-Sieger 1992, 1993, 1996
Schottischer Ligacup 1984, 1985, 1987, 1988, 1989, 1991, 1993, 1994, 1997

Schottischer Torschützenkönig 1985/86, 1991/92, 1992/93
Europas Torschützenkönig 1991/92, 1992/93
Schottlands Fußballer des Jahres 1992

In der Nationalmannschaft:
Zwischen April 1986 und Oktober 1998 bestritt Ally McCoist für Schottland 61 A-Länderspiele (19 Tore), mit denen er in der ewigen Bestenliste der Tartan Army gleichauf mit Verteidiger Richard Gough den zehnten Platz belegt. Noch in seiner Zeit beim FC St. Johnstone absolvierte er zehn Einsätze in der schottischen U-18-Auswahl und erzielte dabei sieben Tore, wobei er im Frühjahr 1981 im Rahmen der zum ersten Mal ausgetragenen Europameisterschaft dieser Altersklasse zu einem der großen Hoffnungsträger des schottischen Fußballs avancierte, nachdem er in allen drei Vorrundenpartien überzeugt hatte. Besonders in Erinnerung blieb sein Treffer beim 1:0-Sieg über Erzrivale England, während die Mannschaft am Halbfinaleinzug nur wegen der schlechteren Tordifferenz an Gruppensieger Spanien scheiterte.

► **EINWURF**
Die meisten seiner insgesamt 61 A-Länderspiele hat Ally McCoist als Spieler der Glasgow Rangers absolviert. Nach seinem Wechsel zum FC Kilmarnock streifte er im Herbst 1998 lediglich noch zweimal das Dress der Bravehearts über. Damit ist er mit 59 Einsätzen Rekordnationalspieler der Blues, was auch auf die Zahl seiner Länderspieltreffer zutrifft. Häufiger als 19-mal hat kein Rangers-Angreifer für die schottische Nationalmannschaft getroffen.

Schwächere Leistungen nach seinem England-Wechsel führten allerdings dazu, dass sein Debüt in der A-Nationalelf noch auf sich warten ließ. Lediglich einmal war McCoist im Laufe des Jahres 1983 in der U-21-Auswahl zum Einsatz gekommen, ehe er sich am 29. April 1986 endlich über seine erste „richtige" Länderspielnominierung freuen durfte. Kurz vor der Weltmeisterschaft traten die für Mexiko qualifizierten Schotten in Eindhoven gegen die Niederlande an, wobei Debütant Ally McCoist, der in der abgelaufenen Saison mit 24 Ligatreffern Torschützenkönig geworden war, beim torlosen Remis 90 Minuten durchspielte. Nationaltrainer Alex Ferguson trat die WM-Expediton jedoch ohne den Rangers-Angreifer an und zeigte damit erneut, dass er nicht allzu große Stücke auf ihn hielt, nachdem er schon zu Beginn von dessen Profikarriere einen Wechsel zum FC St. Mirren abgelehnt hatte.
Da Schottland in Mexiko jedoch enttäuschte und schon nach der Vorrunde mit nur einem Zähler ausgeschieden war, wurde Alex Ferguson nach der WM durch Andy Roxburgh ersetzt, unter dem „Super Ally" fortan integraler Bestandteil der Mannschaft wurde. Es dauerte jedoch, bis dieser so richtig auf Touren kam. Obwohl McCoist in der Saison 1986/87 für Meister Rangers 34-mal in die Maschen traf, konnte er in fünf Einsätzen für die Bravehearts keinen Treffer erzielen. Am 9. September 1987 platzte jedoch der Knoten: Im Hampden Park war Ungarn zu einen freundschaftlichen Länderkampf zu Gast, der mit 2:0 gewonnen wurde. Vor der enttäuschenden Kulisse von 21.128 Zuschauern hatte Ally McCoist in der 34. und 62. Minute gleich beide Treffer und damit seinen ersten von zwei Doppelpacks im Nationaltrikot erzielt.

► **EINWURF**
Mit 19 Torerfolgen in 61 Einsätzen zählt Ally McCoist heute zu den erfolgreichsten Goalgettern der schottischen Nationalmannschaft. Mehr Treffer als er haben lediglich vier Akteure auf dem Konto: Ex aequo führen Dennis Law und Kenny Dalglish die ewige Bestenliste mit jeweils 30 Treffern an, wobei Law dafür nur 55 Länderspiele benötigte, derweil Dalglish das Trikot der Tartan Army ganze 102-mal überstreifte. Als drittbester Torjäger ist Hughie Gallacher in die schottische Fußballgeschichte eingegangen, wobei dieser mehr Tore (23) als Länderspiele (20) aufzuweisen hat. Ebenso wie McCoist ist übrigens auch das Stürmeridol der zwanziger und dreißiger Jahre in Bellshill nahe Glasgow zur Welt gekommen. Auf mehr Länderspieltreffer als „Super Ally" kann außerdem noch Lawrie Reilly mit 22 in 38 A-Länderspielen zurückblicken.

In der Qualifikation für die WM 1990 konnte sich Schottland als Gruppenzweiter hinter Jugoslawien durchsetzen und überraschend die Franzosen hinter sich gelassen. McCoist war in sechs Spielen zum Einsatz gekommen und zweimal erfolgreich gewesen. Nachdem er schon in Glasgow beim 2:1 gegen Zypern den wichtigen Siegtreffer erzielte hatte, besiegelte er am 15. November 1989 (ebenfalls in Glasgow) mit seinem Tor gegen Norwegen (1:1) die WM-Teilnahme.
In Italien sollten die Schotten wie so oft auf internationaler Bühne enttäuschen. Gleich in ihrem ersten Vorrundenspiel kassierten sie gegen Außenseiter Costa Rica eine peinliche 0:1-Pleite, die McCoist bis zur 73. Minute von der Bank aus verfolgte, ehe er für Bett eingewechselt wurde. Beim 2:1 über Schweden durfte der Rangers-Angreifer nur für die letzten sechs Minuten ran, um bei der abschließenden 0:1-Niederlage gegen Brasilien nach 78 Minuten das Feld verlassen zu müssen. Während Costa Rica hinter Brasilien sensationell ins Achtelfinale einzog, musste Schottland als Gruppendritter die vorzeitige Heimreise antreten.
Auf dem Weg zur Europameisterschaft 1992 in Schweden zählte McCoist dann wieder zu den Eckpfeilern des Teams und erzielte in sechs Qualifikationsspielen vier Tore. In einem spannenden Rennen um den Gruppensieg konnten die Schützlinge von Andy Roxburgh die Schweiz und Rumänien um einen sowie Bulgarien um zwei Zähler auf die Plätze verweisen. Mit seinen Toren gegen Rumänien und die Schweiz (jeweils 2:1) sowie beim 1:1 in Bulgarien hatte McCoist seinem Team wichtige Punkte gerettet.

Wenig Erbauliches gab es von den Bravehearts ebenso wie von Ally McCoist dann allerdings aus Schweden zu berichten: Nach Niederlagen gegen die Niederlande (0:1) und Deutschland (0:2) sowie einem wertlosen 3:0-Sieg zum Abschluss über die GUS war Schottland erneut nach der Vorrunde gescheitert, derweil der beste kontinentale Torschütze der abgelaufenen Ligasaison in allen drei Vorrundenspielen, ohne einen Treffer erzielt zu haben, Mitte der zweiten Hälfte ausgewechselt worden war.
Im WM-Qualifikationsspiel am 28. April 1993 gegen Portugal (5:0) erlitt McCoist einen Beinbruch, welcher eine über zweijährige Länderspielpause zur Folge hatte. Nur zwei Monate vorher hatte er beim 3:0-Pflichtsieg über Malta noch den zweiten Doppelpack im Nationaltrikot feiern dürfen. Das Comeback erfolgte im Rahmen der Qualifikation für die Europameisterschaft 1996, wobei McCoist am 16. August 1995 im Hampden Park gegen Griechenland nach 72 Minuten das Tor des Tages erzielte. Nach erfolgreicher Qualifikation nominierte ihn Nationalcoach Craig Brown auch für die Endrunde in England, doch stand er beim ersten Gruppenspiel gegen die Niederlande, das am 10. Juni 1996 in Birmingham torlos endete, nicht auf dem Platz. Nachdem er auch bei der 0:2-Niederlage gegen den Gastgeber im Londoner Wembley-Stadion erst in der 67. Minute eingewechselt worden war, stand er am 18. Juni gegen die Schweiz in der Anfangsformation. Dabei erzielte er den wohl wichtigsten Treffer seiner Länderspielkarriere, als er in der 36. Minute zum 1:0 einnetzte und somit für das einzige Turniertor der Schotten verantwortlich war, die das Viertelfinale dennoch verpassten. Was freilich noch keiner ahnte: Der 19. Torerfolg sollte McCoists letzter für die Tartan Army gewesen sein, für die er nach der Europameisterschaft noch sieben Mal zum Einsatz kam, um sich nach dem 3:2 über Estland am 10. Oktober 1998 voll auf seinen neuen Verein, den FC Kilmarnock zu konzentrieren.

Saison	Europacup		Liga		Pokal	
	Sp.	T.	Sp.	T.	Sp.	T.
1978/79			4	0		
1979/80			15	0		
1980/81			38	22		
1981/82			28	2	3	0
1982/83			28	6	1	0
1983/84	3	0	30	8	4	3
1984/85	4	1	25	12	3	0
1985/86	2	0	33	24	1	1
1986/87	6	2	44	34	1	0
1987/88	6	4	40	31	2	1
1988/89	2	0	19	9	8	5
1989/90			34	14	2	0
1990/91	4	3	26	11	2	1
1991/92	2	0	38	34	5	4
1992/93	9	2	34	34	4	5
1993/94			21	7	6	3
1994/95			9	1		
1995/96	6	0	25	16	2	1
1996/97	6	6	25	10	3	1
1997/98	4	3	15	5	4	4
1998/99			29	8	1	0
1999/00	2	0	12	3		
2000/01			18	1	2	0

Jimmy McGrory
Geld oder Liebe? Celtic forever!

James Edward „Jimmy“ McGrory gehörte ab Mitte der zwanziger Jahre zu den absoluten Aktivposten im Spiel von Celtic Glasgow, was dessen sensationelle 550 Pflichtspieltreffer in anderthalb Jahrzehnten eindrucksvoll unter Beweis stellten. Gleichwohl fiel seine Karriere just in eine Zeit, in der ausgerechnet Celtics „ewiger Rivale“ Rangers die schottische Liga quasi nach Belieben beherrschte. Lediglich dreimal konnten die Bhoys mit ihrem Rekordtorschützen Jimmy McGrory in die Phalanx der Rangers eindringen (1926, 1936 und 1938), derweil sich der Stadtrivale den Meistertitel gleich zehnmal zu sichern vermochte. Dieses Kuriosum wirft fraglos einen Schatten auf die Laufbahn Mc Grorys. Er kann allerdings nicht darüber hinwegtäuschen, dass er auch heute – 30 Jahre nach seinem Tod – immer noch zu den besten Torjägern des Weltfußballs zählt. Geboren wurde Jimmy McGrory am 26. April 1904 in der Milburn Street des Glasgower Stadtdistrikts Garngad. Seine Eltern Henry McGrory und Catherine Coll waren aus Irland eingewandert und wie zahlreiche ihrer Landsleute in der zweiten Hälfte des 19. Jahrhunderts im Glasgower East End sesshaft geworden. McGrory entstammte damit exakt jenem Milieu, das Bruder Walfrid bei der Gründung der Bhoys im November 1887 im Auge hatte. Wer mehr über die spannende Gründungsgeschichte von Celtic erfahren möchte, dem sei die Lektüre der „Top 100 Vereine der Europäischen Union“ empfohlen.

Mit 550 Pflichtspieltreffern (davon 408 in der Liga) ist Jimmy McGrory von Celtic Glasgow nicht nur bester schottischer Torschütze aller Zeiten, sondern des gesamten Vereinigten Königreichs.

Henry McGrory war in einem Gaswerk angestellt, so dass er seine vierköpfige Familie – Jimmy hatte noch einen älteren Bruder – mehr schlecht als recht durchbringen konnte. Bereits in Kindertagen hatte sich Jimmy der Schulmannschaft von St. Roch’s angeschlossen, von wo aus er 1922 den Sprung zu Celtic schaffte. Als Bewohner des irisch-katholisch geprägten East Ends war es für ihn nie eine Frage, sich den ebenfalls irisch-katholisch geprägten Bhoys anzuschließen, denen er – von ganz kurzen Unterbrechungen einmal abgesehen – sein gesamten Fußballerleben lang die Treue hielt. Schon damals war eine derart ausgeprägte Vereinstreue im britischen Profifußball alles andere als eine Selbstverständlichkeit, worauf an anderer Stelle noch ausführlicher eingegangen wird.
In seinem ersten Jahr im Dress der grün-weißen „Hoops“ lief es für den knapp 18-Jährigen indes nicht wie erhofft. Celtic war in die Saison 1922/23 als Titelverteidiger gestartet, kam jedoch nicht über einen enttäuschenden dritten Rang hinaus, wobei man auf den neuen Champion Glasgow Rangers einen satten Neun-Punkte-Rückstand aufwies. Der Niedergang setzte ein, als sich der erfahrene

rechte Flügelstürmer Patsy Gallagher während der Saison verletzte. Für ihn brachte Manager Willie Maley im Ligaspiel am 20. Januar 1923 gegen Third Lanark Jimmy McGrory, der bei der 0:1-Niederlage allerdings wirkungslos blieb. Immerhin konnte er am 3. Februar im Auswärtsspiel gegen den FC Kilmarnock (3:4) seinen ersten Pflichtspieltreffer erzielen. Da er am Saisonende jedoch lediglich drei Einsätze verzeichnete, stimmte Willie Maley einem Leihgeschäft mit dem FC Clydebank zu.

Meerjungfrau und Kopfballungeheuer

Der Wechsel zu den „Bankies" erwies sich für McGrory als echter Glücksfall. Zwar stieg der Verein aus dem Einzugsgebiet von Glasgow als Schlusslicht aus der Erstklassigkeit ab. Doch mit 13 Toren in 30 Spielen hatte der Youngster die in ihn gesetzten Erwartungen vollauf erfüllt. Letzte Zweifel an einer baldigen Rückkehr nach Parkhead waren spätestens am 4. März 1924 ausgeräumt, als McGrory für Clydebank den 2:1-Siegtreffer gegen seinen Ex-Klub erzielte. Schon in der Schlussphase der Saison 1923/24 kam McGrory für Celtic zweimal im Rahmen des Glasgow Charity Cup zum Einsatz, wobei er einmal ins Schwarze traf.

► EINWURF
Jimmy McGrory ist mit 408 Treffern heute der erfolgreichste Torschütze der schottischen Ligageschichte. Auf ihn folgen Robert McPhail und Hughie Ferguson, die im Karriereverlauf 305- bzw. 286-mal ins gegnerische Tor getroffen haben.

Manager Willie Maley brachte McGrory im Spieljahr 1924/25 zunächst noch nicht auf der Mittelstürmerposition, sondern wahlweise rechts oder links im Innensturm, weil Oldie Patsy Gallagher in der Sturmmitte gesetzt war. In den ersten drei Saisonspielen blieb Jimmy McGrory ohne Torerfolg, bevor beim 6:1-Sieg über Falkirk am 4. Spieltag der Knoten platzte. Dies war umso bemerkenswerter, weil just an jenem Tag sein Vater beerdigt worden war. Im weiteren Saisonverlauf erzielte der spätere Rekordtorjäger der Bhoys noch 16 weitere Treffer, während sein Verein mit dem vierten Platz in der Liga den eigenen Ansprüchen erneut hinterherhinkte. Enttäuscht brauchte McGrory dennoch nicht zu sein. Durch einen 2:1-Finalerfolg über den FC Dundee sicherte sich Celtic nämlich zum elften Mal den Sieg im nationalen Pokal, woran die neue Angriffshoffnung großen Anteil hatte. Schon auf dem Weg ins Endspiel hatte Jimmy zehnmal ins Schwarze getroffen. Unvergessen seine Galavorstellung im Halbfinale gegen die Glasgow Rangers, als er vor 100.000 Zuschauern im Hampden Park beim 5:0 der herausragende Akteur war. Im Endspiel am 11. April 1925 schien gegen Dundee indes bereits alles auf eine Verlängerung hinauszulaufen, als McGrory in eine scharfe Freistoßflanke hineinsegelte und das Leder mit einem wuchtigen Flugkopfball im gegnerischen Gehäuse versenkte. Die schon sprichwörtliche Kopfballstärke sollte den Celtic-Star auch in seinem weiteren Karriereverlauf begleiten.

Mit dem Siegtreffer im Cupfinal hatte sich Jimmy McGrory in die Herzen der Fans geschossen, wo er dank seiner kraftvollen und aufopfernden Spielweise auch in den kommenden Jahren einen festen Platz fand. Ein weiteres Karrierehighlight feierte er in der Saison 1925/26, als mit einem Vorsprung von acht Punkten auf die Airdrieonians die Meisterschaft gewonnen werden konnte. Kopfballspezialist McGrory hatte mit 35 Saisontreffern entscheidenden Anteil am Erfolg, wobei er sich in der Torschützenliste überraschend William Devlin beugen musste, der für den FC Cowdenbeath sogar 40-mal ins Schwarze getroffen hatte. Nach dem erfolgreichen Saisonverlauf war vor dem Pokalfinale das Double eigentlich fest eingeplant. Gegen Außenseiter FC St. Mirren setzte es jedoch eine unerwartete 0:2-Niederlage.

Obwohl Celtic Glasgow im Spieljahr 1926/27 in der Liga auf den dritten Platz zurückfiel, ging die Saison (ebenso wie die darauf folgende, in der die Hoops hinter den Glasgow Rangers Vizemeister wurden) aus Sicht Jimmy McGrorys dennoch in die Geschichte ein. Rechnet man die Treffer in allen Wettbewerben zusammen, waren in der Spielzeit 1926/27 sage und schreibe 63 Tore auf sein Konto gegangen. Im Sommer 1926 sollte er nach dem Rücktritt des inzwischen 33 Jahre alten Patsy Gallagher in die Sturmmitte beordert werden, so dass er fortan noch mehr Torgefahr ausstrahlte. Einen ersten Galaauftritt hatte McGrory am 23. Oktober 1926 gegen den FC Aberdeen, als ihm bei 6:2-Auswärtserfolg fünf Tore glückten, wovon er allein vier per Kopf erzielte. Damit hatte er den bisherigen Rekord von sechs Treffern in einem Spiel nur knapp verfehlt. Diese Bestmarke konnte er freilich am 14. Januar 1928 knacken, als ihm beim 9:1-Kantersieg über Dunfermline Athletic sensationelle acht Treffer glückten. Der Ball, mit dem ihm dieses Kunststück gelang, wird heute im schottischen Fußballmuseum im Hampden Park ausgestellt. Nachdem das Kopfballungeheuer von Parkhead in der Saison 1926/27 mit 48 Toren zum ersten Mal die Torschützenliste anführte, war dies auch in der kommenden Saison mit nur einem Treffer weniger der Fall. Den Vogel abgeschossen hatte McGrory zum Jahreswechsel 1927/28, als er ab Dezember eine Serie von acht Spielen hinlegte, in denen er – das 9:1 gegen Dunfermline mit eingerechnet – nicht weniger als 21 Tore erzielen konnte.

Auf dem Höhepunkt seiner Laufbahn war Jimmy McGrory für Celtic so etwas wie eine Lebensversicherung: In den Spielzeiten 1926/27 und 1927/28 gingen 96 der insgesamt 194 Celtic-Ligatore auf sein Konto. Erstaunlicherweise zählte er beim 3:1-Sieg am 16. April 1927 im Cupfinal gegen East Fife Methil für einmal nicht zu den Torschützen.

► EINWURF
„Mermaid" – Meerjungfrau! Für einen Fußballer ein eher unüblicher Beiname, der die Spielweise von Jimmy McGrory allerdings auf treffende Weise wiedergibt. Sein Mitspieler Johnny Paton beschrieb ihn „als stark und muskulös gebaut, mit einem richtigen Stiernacken. Wäre er Boxer geworden, niemand hätte ihn K.O. schlagen können." Von Wuchs war der 1,68 Meter große McGrory eher klein, was ihn per se nicht unbedingt zum Kopfballspezialisten machte. Laut Paton verfügte er aber über ein derart „wuchtiges Kopfballspiel, das ich außer bei Tommy Lawton so nie gesehen habe". Wie eine Wassernixe tauchte Jimmy McGrory aus dem Meer der gegnerischen Abwehrspieler auf, um das Leder mit einem wuchtigen Kopfstoß im Tor zu platzieren. Auch der Sportjournalist Hughie Taylor geriet angesichts der Kopfballstärke des Celtic-Stars ins Schwärmen und meinte, dieser brächte hinter den Ball mit dem Schädel eine solche Wucht, wie es andere nicht einmal mit dem Fuß schaffen würden. Nicht umsonst hat Jimmy McGrory rund ein Drittel seiner Tore mit dem Kopf erzielt.

Die Offerte des Herbert Chapman

Mit 24 Jahren stand Jimmy McGrory nun „voll im Saft". Es war klar, dass man sich daher auch in der englischen

Liga für den kopfballstarken Schotten zu interessieren begann, was in besonderer Weise auf Arsenals Herbert Chapman zutraf. Chapman war 1925 von Huddersfield Town zu den Gunners gewechselt, die bis dato aber noch ohne den angestrebten Titelgewinn geblieben waren. Der Arsenal-Manager, der als Erfinder des WM-Systems gilt, war es gewohnt, die besten Spieler mit üppigen Gagen zu locken, was ihm bei Kritikern schnell den wenig schmeichelhaften Namen „Moneyback“ (Geldsack) eingetragen hatte. Aber ausgerechnet an Jimmy McGrory sollte sich Herbert Chapman die Zähne ausbeißen. Der war sich eigentlich mit seinem Celtic-Kollegen Maley bereits einig geworden. Die Bhoys sollten die damalige Rekordsumme von 10.000 £ erhalten, wenn sie ihren Mittelstürmer an die Themse ziehen lassen würden. Als die Klubchefs McGrory den geplanten Deal offerierten, war dieser jedoch alles andere als begeistert. Nur unter einem Vorwand konnten sie ihn nach London locken, um die geplanten Vertragsgespräche zu führen. Hier musste Herbert Chapman allerdings feststellen, dass nicht jeder Fußballer automatisch „käuflich“ ist. McGrory stellte derart überzogene Bedingungen – so forderte er beispielsweise ein Handgeld von 2.000 £, während die Statuten maximal 650 £ vorsahen –, dass die Verhandlungsgespräche ergebnislos abgebrochen werden mussten. Sage da noch einer der heutigen Fußballstars, nur sein Manager wisse, wo er in der kommenden Saison spielen werde!

Am 21. Dezember 1935 gelang Jimmy McGrory im Ligaspiel gegen den FC Aberdeen (5:3) sein 363. Treffer. Mit dem spektakulären Flugkopfball stellte der Celtic-Star einen neuen Weltrekord auf.

Jimmy McGrory jedenfalls blieb seinen Bhoys die gesamte Karriere über treu, wofür er eine ganz lapidare Erklärung parat hatte: „Mc Grory of Arsenal just never sounded as good as McGrory of Celtic!“ (McGrory von Arsenal klingt nicht annährend so gut wie McGrory von Celtic). Die große Loyalität zu den Grün-Weißen mag ihre Ursache darin haben, dass Jimmy McGrory mit seinen irisch-katholischen Wurzeln den typischen Celtic-Spieler verkörperte, weshalb er einen Vereinswechsel für einen Verrat an seiner eigenen Identität empfunden hätte. In sportlicher Hinsicht war dem Kopfballspezialisten freilich einiges entgangen. Immerhin konnte sich Arsenal in den dreißiger Jahren fünf Meistertitel und zwei FA-Cup-Siege sichern. Aber was bedeuten schon Trophäen und Triumphe, wenn man das grün-weiß gestreifte Trikot tragen kann...

Auf dem Weg zur Vereinslegende

Durch die angesprochene Dominanz der Rangers herrschte für „Mermaid“ Jimmy McGrory in Parkhead nicht immer eitel Sonnenschein. Hinzu kam eine größer werdende Verletzungsanfälligkeit, die ihn des Öfteren zwang, längere Pausen einzulegen. Schon in der Saison 1928/29 machte er lediglich 21 Spiele, wo er mit 21 Treffern zwar nicht enttäuschte, aber doch deutlich hinter der bisher gewohnten Schlagzahl zurückblieb. Da McGrory im reiferen Fußballeralter seine kraftvolle Spielweise seltener in die Tat umsetzen konnte, musste er vieles mit Routine ausgleichen, was ihm freilich ausgesprochen gut gelang.

Vor allem war auf ihn immer dann Verlass, wenn seine Torgefährlichkeit gefragt war. Im Cupfinal des Jahres 1931 bekamen es die Hoops mit dem FC Motherwell zu tun, der zur Pause bereits mit 2:0 führte, ehe McGrory mit seinem Anschlusstreffer die Aufholjagd einleitete. Ein Eigentor von Craig ermöglichte Celtic ein Wiederholungsspiel, das der Favorit am 15. April 1931 im Hampden Park auch dank eines Doppelpacks von Jimmy McGrory schließlich mit 4:2 für sich entschied. Legendär auch sein Auftritt im Pokalendspiel des darauf folgenden Jahres: Wieder traf Celtic auf den FC Motherwell. Und abermals tat sich die Mannschaft gegen den krassen Außenseiter lange Zeit schwer. Zudem war Jimmy McGrory in der Anfangsphase böse mit einem gegnerischen Verteidiger zusammengerauscht, was ihm den Verlust zweier Zähne eintrug. Dennoch mied Celtics Sturmführer nach der Rückkehr auf den Platz keinen Zweikampf, wobei er nach dem Seitenwechsel für seinen Einsatz belohnt wurde, als er den einzigen Treffer des Tages erzielte.

Die Rekordsaison 1935/36

Nach dem Pokalsieg von 1931 blieb Celtic in den kommenden Jahren erneut hinter den Erwartungen zurück. Immerhin hatte es 1934/35 zur Vizemeisterschaft gereicht, und auch der Rückstand von nur drei Punkten auf die Rangers hielt sich in erträglichen Grenzen. Auch Jimmy McGrory, der inzwischen die Dreißig überschritten hatte, hatte sein Torkonto nach 17 Treffern im Vorjahr abermals um lediglich 18 weitere erhöhen können. Damit ging man im East End mit gemischten Gefühlen in die neue Spielzeit, in der „Mermaid“ Jimmy McGrory dann aber wider Erwarten seinen zweiten Frühling erleben sollte. Mit 50 Treffern in 32 Spielen traf er in der Liga so häufig wie nie ins Schwarze, womit er sich selbst zum dritten Mal die Torjägerkrone aufsetzte und seine Mannschaft darüber hinaus nach unendlich langen neun Jahren wieder zum Meistertitel führte. Selbst die Rangers waren dieses Mal ohne Chance und mussten bei einem Rückstand von fünf Zählern klein beigeben. Es fügte sich glänzend in eine absolut gelungene Saison, dass McGrory am 21. Dezember 1935 im Heimspiel gegen den FC Aberdeen (5:3) mit dem 363. Ligator seiner Karriere – das er natürlich mit dem Kopf erzielte – einen neuen Weltrekord aufstellte. Stark aufgelegt war er auch beim 5:0-Sieg über den FC Motherwell, als ihm am 14. März 1936 binnen drei Minuten ein Hattrick gelang.

► EINWURF

Die Würdigung von Jimmy McGrorys einzigartigem Kopfballspiel soll nicht darüber hinwegtäuschen, dass er auch gut „zu Fuß“ war. Vor allem seine „rechte Klebe“ war bei den gegnerischen Torhütern gefürchtet, weshalb der Celtic-Star als komplettester Mittelstürmer seiner Zeit galt. Er selber beschrieb sein Spiel im Jahr 1971 in einem Zeitungsinterview wie folgt: „Ich wollte vor allem eins: Tore schießen! Andere Spieler nahmen den Ball erst an und versuchten, in eine günstige Schussposition zu kommen. Ich habe nie lang gefackelt, sondern immer aus allen Lagen drauf gehalten. Alles andere kostet schlicht zu viel Zeit!“

Szene aus dem mit 2:1 gegen den FC Aberdeen gewonnenen SFA-Cupfinal vom 24. April 1937. Jimmy McGrory (gestreiftes Trikot), der an jenem Nachmittag ohne Torerfolg geblieben war, sprintet nach dem Ball. Die Tore für Celtic im mit 146.433 wie immer voll besetzten Hampden Park erzielten John Crum und Willie Buchan. In der Liga reichte es für die Grün-Weißen hinter den Rangers und Aberdeen dagegen lediglich zum dritten Platz.

Durch einen 2:1-Erfolg über den FC Aberdeen konnte Jimmy McGrory im April 1937 zum dritten Mal den Pokal und im Jahr darauf ebenfalls zum dritten Mal die Meisterschaft gewinnen. Allerdings gehörte er 1937/38 nur noch in der Hinrunde dem Kader an, wobei er in zehn Einsätzen fünf Treffer erzielen konnte. Sein letztes Spiel im geliebten grün-weißen Trikot bestritt er am 16. Oktober 1937 in Parkhead gegen Altmeister FC Queen's Park Glasgow. Gegen den Stadtrivalen, der immer noch als Amateurverein in der ersten schottischen Liga kickte, erkämpfte sich Celtic einen 4:3-Sieg, bei dem der scheidende Jimmy McGrory den 550. und letzten Treffer seiner glanzvollen Laufbahn erzielte und damit standesgemäß im Alter von 33 Jahren die große Bühne des Fußballs verließ.

Zwei Jahrzehnte Celtic-Manager

Sofort nach seinem Rücktritt ging Jimmy McGrory zum FC Kilmarnock, wo er den langjährigen Manager Hugh Spence ablöste. Bei seinem neuen Verein, für den er zeitweise auch noch auf dem Platz aushalf, musste er lernen, was es heißt, sich im anonymen Tabellenmittelfeld zu bewegen. Unmittelbar nach Kriegsende gehörte diese Episode jedoch wieder der Vergangenheit an. Jimmy McGrory kehrte ins Glasgower East End zurück, um dort für die kommenden 20 Jahre als dritter Celtic-Manager nach Willie Maley und Jimmy McStay zu fungieren.

Obwohl der ehemalige Kopfballspezialist auch in seiner zweiten Celtic-Karriere zum Dauerbrenner avancierte, ist seine Erfolgsbilanz eher mäßig. Ein wenig schien Jimmy McGrory der Killerinstinkt abhanden gekommen zu sein, mit dem er einst vor dem gegnerischen Gehäuse brillierte. Billy McNeill, 1967 Kapitän der legendären „Lisbon Lions" unter McGrorys deutlich erfolgreicherem Nachfolger Jock Stein: „Für uns Spieler war er immer ‚Mister McGrory'. Ein netter älterer Herr mit Pfeife, stets adrett gekleidet mit Anzug und Krawatte. Den torgefährlichen Stürmer früherer Tage sah man ihm zu keiner Sekunde an."

Vor allem in der unmittelbaren Nachkriegszeit war es um Celtic nicht gut bestellt. Während die Rangers nach wie vor von Titel zu Titel eilten, wurde in Parkhead phasenweise um den Klassenerhalt gebangt.

Die einzige Meisterschaft unter Manager Jimmy Mc Grory gewannen die Grün-Weißen in der Spielzeit 1953/54, wobei sie ihren ärgsten Verfolger Heart of Midlothian um fünf Punkte distanzierten. Zudem gelang der Mannschaft mit Akteuren wie Charlie Tully oder Robert Peacock durch einen 2:1-Sieg im Pokalfinale über den FC Aberdeen der Gewinn des Doubles. Den SFA-Cup konnte Celtic in jener Zeit außerdem noch 1951 und 1955 erobern. Zu den Höhepunkten der Mc Grory-Ära zählte darüber hinaus der Erfolg im „Coronation Cup", der aus Anlass der Thronbesteigung von Königin Elizabeth II. im Frühjahr 1953 unter der Beteiligung von jeweils vier englischen und schottischen Teams ausgetragen wurde. Nachdem zum Auftakt FC Arsenal London mit 1:0 in die Schranken gewiesen worden war, folgte im Semifinale ein 2:1-Erfolg über Manchester United, ehe in einem rein schottischen Finale der amtierende Meister Hibernian Edinburgh vor über 117.000 Zuschauern im Glasgower Hampden Park durch Tore von Neil Mochan und Jimmy Walsh mit 2:0 geschlagen wurde.

„Hampden in the Sun"

Nachdem Celtic Glasgow bereits in der Saison 1956/57 den League Cup durch ein deutliches 3:0 im Wiederholungsspiel gegen Patrick Thistle gewonnen hatte, stand die Mannschaft auch im Jahr darauf wieder im Finale. Gegner der Schützlinge des „netten Mister McGrory" waren die Rangers, die als amtierender Meister in die Partie vom 19. Oktober 1957 gingen. 82.293 Fans warteten an jenem sonnigen Oktobernachmittag gespannt auf den Anpfiff im Hampden Park, der pünktlich um 15 Uhr 45 ertönte. Die Celtic-Elf war von Beginn an nicht zu stoppen und fegte wie ein Wirbelsturm über den ungeliebten Old-Firm-Rivalen hinweg, dem nach 90 Minuten Hören und Sehen vergangen war: 7:1 lautete das Endresultat für die Grün-Weißen, bei denen vor allem Mittelstürmer Billy McPhail als dreifacher Torschütze geglänzt hatte. Die Anhänger im grün-weißen Lager fühlten sich dabei an die Glanzzeiten ihres jetzigen Managers erinnert, da McPhail alle Treffer mit dem Kopf erzielt hatte. Bis heute ist das 7:1 der höchste Sieg, den je ein britisches Team in einem nationalen Pokalfinale feiern konnte. In Erinnerung blieb jedoch nicht nur das nackte Resultat. Nach dem Spiel gaben die Celtic-Anhänger auf den Zuschauerrängen das Lied „Hampden in the Sun" zum Besten, das einem in jenem Jahr im Vereinigten Königreich populären Filmtitel („Island in the Sun") nachempfunden war, der von Harry Belafonte gesungen wurde. Auch in der Presse wurde der Mannschaft von Jimmy McGrory gehuldigt. So sprach etwa die in Dundee erscheinende „Sunday Post" von einer neuen „Oktoberrevolution".

Noch einmal kam Celtic-Manager Jimmy McGrory in die

Schlagzeilen, als er im Sommer 1964 versuchte, Real-Madrid-Superstar Alfredo di Stefano zu einem Wechsel nach Parkhead zu bewegen, was dieser jedoch ablehnte. Es war der letzte verzweifelte Versuch des ehemaligen Mittelstürmers, sich im Amt zu halten, nachdem die Leistungen seiner Mannschaft in letzter Zeit doch arg zu wünschen übrig ließen. Sporadische Erfolge feierte diese lediglich im SFA-Cup, wo sie 1961 und 1963 das Finale erreichte, um jedoch beide Male als Verlierer den Platz zu verlassen. Beide Pleiten waren für die Hoops im Übrigen wenig schmeichelhaft. Nachdem es am 26. April 1961 gegen Außenseiter Dunfermline Athletic (mit Manager Jock Stein) ein 0:2 gesetzt hatte, musste man sich am 15. Mai 1963 den ungeliebten Rangers mit 0:3 beugen.

Die Celtic-Mannschaft, die 1953 durch einen 2:0-Finalsieg über Hibernian Edinburgh den „Coronation Cup" gewinnen konnte. Rechts im Bild Manager Jimmy McGrory. Der vom 11. bis 14. Mai in Glasgow ausgetragene Wettbewerb mit vier englischen und vier schottischen Teilnehmern kann als einer der zahlreichen Wegbereiter der wenig später eingeführten Europapokale betrachtet werden.

Nachdem die Grün-Weißen 1964/65 in der Liga mit einem desillusionierenden achten Platz vorlieb nehmen mussten, war für Jimmy McGrory Schicht. Auf ihn folgte Jock Stein, unter dem die erfolgreichste Ära der Vereinsgeschichte beginnen sollte, die im Gewinn des Europacups der Landesmeister 1967 gipfelte. Jimmy McGrory, der den Klub aus dem Glasgower East End wie kaum ein Zweiter verkörpert haben dürfte, verstarb am 20. Oktober 1982 in seiner Heimatstadt im Alter von 78 Jahren.

▶ ZAHLEN UND FAKTEN

Vereine: 1922-1923 Celtic Glasgow
1923-1924 FC Clydebank
1924-1937 Celtic Glasgow

Tore: 408 Spiele Scottish League (408 Tore)
70 SFA-Cup-Spiele (77 Tore)
35 Glasgow-Cup-Spiele (33 Tore)
21 Glasgow-Charity-Cup-Spiele (20 Tore)
6 Ligaauswahl-Spiele (6 Tore)
7 Länderspiele (6 Tore)
gesamt 547 Pflichtspiele (550 Tore)

Erfolge: Schottischer Meister 1927, 1936, 1938
SFA-Cup-Sieger
1925, 1927, 1931, 1933, 1937

Schottischer Torschützenkönig
1926/27, 1927/28, 1935/36

In der Nationalmannschaft:
Für Schottland kam Jimmy McGrory erstaunlicherweise nur siebenmal zum Einsatz, was rückblickend vor allem der Tatsache zugeschrieben werden dürfte, dass der Verband Celtic-Spielern gegenüber traditionell eher kritisch eingestellt war. Zudem galt England-Legionär Hughie Gallacher auf der Mittelstürmerposition als gesetzt, was auch anderen ambitionierten Angriffsführern wie Dave Halliday oder Hughie Ferguson den Zugang zum Nationalteam erschwerte. Nachdem McGrory bei seinem Länderspieldebüt am 25. Februar 1928 gegen Nordirland (0:1) torlos geblieben war, konnte er in seinem zweiten Einsatz gegen England (2:0) Ende März 1931 den ersten von sechs Treffern im Nationaltrikot erzielen. Vor 129.810 Zuschauern stand es im Hampden Park zur Pause 0:0, als George Stevenson (60.) und Jimmy McGrory (64.) die Gastgeber mit einem Doppelschlag zum Sieg schossen.
Auch die nächsten beiden Tore McGrorys verhalfen der Tartan Army im Herbst 1931 zu zwei Siegen. Am 19. September hatte der Celtic-Star den zweiten schottischen Treffer zum 3:1-Erfolg über Nordirland im Ibrox Park beigesteuert, während am 31. Oktober im Racecourse Ground von Wrexham nach 54 Minuten das zwischenzeitliche 3:1 beim 3:2-Sieg über Wales auf sein Konto gegangen war. Zu seinem fünften Länderspieleinsatz sollte Jimmy McGrory am 17. September kommen, als Schottland vor 40.000 Zuschauern im Windsor Park von Belfast einen ungefährdeten 4:0-Sieg über Nordirland feierte und McGrory eine Viertelstunde vor dem Abpfiff den Endstand besiegelte. Den stärksten Auftritt im Nationaltrikot erlebten die Fans am 1. April 1933, als ihm im Hampden Park gleich beide Treffer beim 2:1 über England gelangen. Als der Sieg durch sein zweites Tor in der Schlussphase endgültig in trockenen Tüchern war, brachte der berühmte „Hampden Roar" die altehrwürdige Arena einmal mehr zum Erbeben. Zum letzten Mal kam der Kopfballspezialist am 16. September 1933 in der Partie gegen Nordirland zum Einsatz. Bei seinem einzigen Länderspiel im Celtic Park verzeichnete er allerdings keinen weiteren Torerfolg, wobei die Partie zu allem Überfluss mit 1:2 verloren ging.
Internationale Luft schnupperte Jimmy McGrory darüber hinaus bei sechs Berufungen in die schottische Ligaauswahl (zwischen 1928 und 1933), wobei ebenso viele Torerfolge auf sein Konto gegangen waren.

Saison	Lsp.		Liga		Pokal	
	Sp.	T.	Sp.	T.	Sp.	T.
1922/23			3	1	1	0
1923/24			30	13	3	3
1924/25			25	17	8	11
1925/26			37	35	6	6
1926/27			33	48	6	9
1927/28	1	0	36	47	6	6
1928/29			21	21	6	10
1929/30			26	32	3	4
1930/31	1	1	39	36	6	8
1931/32	2	2	22	28	1	0
1932/33	2	3	25	22	8	8
1933/34	1	0	27	17	3	1
1934/35			27	18	4	2
1935/36			32	50	1	0
1936/37			25	18	8	9
1937/38			10	5	0	0

David McLean
Torschützenkönig in England und Schottland

Der am 13. Dezember 1887 in Forfar geborene David Prophet McLean zählt zu den wenigen Fußballern, die sowohl in der englischen als auch in der schottischen Football League mehr als 100 Tore erzielen konnten. Obwohl Davie für zahlreiche Profiklubs aktiv war, blieb er doch stets eng mit seinem Heimatverein Forfar Athletic verbunden, zu dem er im Verlauf seiner Karriere immer wieder zurückkehrte. Bis zu seinem Tod am 23. Dezember 1967 sollte er darüber hinaus in der Kleinstadt an der schottischen Ostküste wohnen bleiben. Bevor sich David McLean allerdings dem damaligen Non-League-Club anschloss, spielte er zunächst für dessen Lokalrivalen Forfar West End und Forfar Celtic. Man schrieb das Jahr 1905, als der Mittelstürmer von Forfar Athletic ein erstes Probetraining bei Celtic Glasgow absolvierte, wobei der angestrebte Wechsel zu den Hoops zunächst noch nicht zustande kam. Stattdessen rückte der 17-Jährige in die erste Elf von Athletic auf, für die er bis 1907 aktiv blieb.

Als Protestant beim katholischen Celtic

Im Sommer des Jahres 1907 sollte der Wechsel McLeans zu Celtic aber endlich vollzogen werden, was durchaus bemerkenswert ist, da der Protestant McLean damit bei den irisch-katholisch geprägten Hoops anheuerte. Nur wenige Jahre später wäre ein derartiger Schritt geradezu undenkbar gewesen. Wirklich vergiftet wurde das Verhältnis der beiden Old-Firm-Teams aber erst in der Zeit um den Ersten Weltkrieg, als eine größere Zahl protestantischer Arbeiter aus der nordirischen Hauptstadt Belfast in Glasgow eine neue Heimat fand. Auch die in der Vorkriegszeit recht deutliche Überlegenheit Celtics trug ihren Teil zur wachsenden Gegnerschaft bei. Diese kränkte nämlich die Parteigänger der Rangers, welche zumeist in den besseren Stadtvierteln wohnten und die es den armen, im East End beheimateten Katholiken endlich zeigen wollten. Damals hat sich aus religiöser Intoleranz heraus jene an Hass grenzende Rivalität entwickelt, die zum wesentlichen Charakteristikum des schottischen Fußballs wurde. Im Jahr 1907 war der Wechsel eines protestantischen Spielers zu Celtic also noch nicht gänzlich ausgeschlossen. Manager Willie Maley verfolgte ohnehin ausnahmslos sportliche Gründe, als er McLean nach Parkhead lotste. Sein etatmäßiger Mittelstürmer Jimmy Quinn war nämlich etwas in die Jahre gekommen und sollte durch den Neuzugang aus Forfar ersetzt werden. Der führte sich gleich bei seinem Debüt prächtig ein und erfüllte sämtliche in ihn gesetzten Erwartungen. Am 2. November 1907 fegten die Bhoys die Elf von Port Glasgow Athletic mit 5:0 vom Rasen, wobei auf das Konto David McLeans nicht weniger als drei Treffer gegangen waren. Trotzdem sollte es diesem nicht gelingen, einen Platz in der Stammformation zu erkämpfen. Der erfahrene Jimmy Quinn erlebte nämlich seinen zweiten Frühling und bildete zusammen mit Bennett, McMenemy, Somers und Hamilton eine äußerst schlagkräftige Angriffsreihe, die den Verein sowohl 1908 als auch 1909 zu zwei weiteren Meisterschaften führte. Obwohl Davie somit über den Status eines „Ergänzungsspielers" nie wirklich hinauskam, war er für die Grün-Weißen dennoch außerordentlich wichtig, was in besonderem Maße auf die Rückrunde 1908/09 zutraf, als diese innerhalb von nur zwölf Tagen nicht weniger als acht Spiele zu bestreiten hatten. Manager Maley musste in diesem Zeitraum Mittelstürmer Quinn die eine oder andere Ruhepause gönnen, so dass auch David McLean zum Zug kam, der die in ihn gesetzten Erwartungen mit wichtigen, den Meistertitel sichernden Toren erfüllte. In seinen zwei Spielzeiten bei Celtic war McLean in insgesamt 49 Partien zum Einsatz gekommen und hatte dabei 25-mal ins Schwarze getroffen.

David Prophet McLean begann seine Karriere bei Forfar Athletic, um anschließend für mehrere schottische und englische Profiklubs auf Torejagd zu gehen.

Da David McLean erst am Beginn seiner viel versprechenden Karriere stand, war eigentlich zu erwarten, dass er den über neun Jahre älteren Jimmy Quinn in absehbarer Zeit verdrängen würde. Gleichwohl stimmte Willie Maley im November 1909 einem Wechsel zu Preston North End für 400 £ zu. Da der protestantische Glaube McLeans damals noch nicht die entscheidende Rolle gespielt haben dürfte, müssen andere Gründe vorgelegen haben, warum McLean von Celtic keine Steine in den Weg gelegt wurden. Als etwas rebellischer Charakter hatte der aufstrebende Mittelstürmer seinen Manager ein ums andere Mal hart kritisiert, was die wahre Ursache für dessen Weggang nach England gewesen sein dürfte. Willie Maley konnte nämlich nichts weniger leiden als Spieler, die nicht bedingungslos nach seiner Pfeife tanzten!

Erfolgreicher England-Profi

Das erste Mal sollte David McLean am 6. November 1909 das Dress des ersten englischen Fußballmeisters überstreifen, als ein 2:1-Erfolg bei Notts County gelang. Eine Woche später steuerte er beim Heimdebüt in Deepdale zwei Treffer zum 4:0 über Newcastle United bei. In der Saison 1909/10 lief der Schotte 27-mal für Preston North End auf und traf dabei 18-mal ins Schwarze. Seine Mannschaft kam allerdings nicht über einen zwölften Platz hinaus und trat auch im kommenden Jahr als Vierzehnter auf der Stelle. Davie hatte sieben Saisontreffer auf dem Konto, als im Februar 1911 sein Wechsel zu Sheffield Wednesday bekannt geben wurde. Seinen letzten Einsatz für den Altmeister absolvierte er beim 2:0-Heimsieg über Tottenham Hotspur, wo er sich mit einem Torerfolg angemessen verabschiedete.

Anders als die Lilywhites zählte Sheffield Wednesday, das für David McLean eine Ablöse von 1.000 £ hingeblättert hatte, vor dem Ersten Weltkrieg zu den ambitionierten Vereinen im englischen Oberhaus. Die Saison 1910/11 beendeten die Owls immerhin auf dem sechsten Rang, obwohl David MacLean einige Eingewöhnungsschwierigkeiten hatte und in elf Einsätzen lediglich zwei Treffer erzielen konnte. Eine Woche nach seinem Debüt am 18. Februar 1911 gegen den FC Bury (1:0) war ihm sein erster Treffer im neuen Trikot freilich in einem besonders wichtigen Spiel gelungen: Dank McLeans Tor des Tages war das Stadtderby bei Sheffield United an der Bramall Lane zugunsten der Owls ausgegangen.

Zweimal konnte David McLean mit Celtic Glasgow die Meisterschaft gewinnen, wobei er weder 1908 noch 1909 Stammspieler war, weshalb er auf diesem Mannschaftsfoto aus der Spielzeit 1907/08 auch nicht zu sehen ist. Oben links Celtics langjähriger Manager Willie Maley, der im Sommer 1909 McLeans Wechsel nach England zustimmte. Als Zweiter von rechts posiert in der vorderen Reihe Jimmy McQuinn, der unter Maley auf der Mittelstürmerposition gesetzt war und McLeans Durchbruch im Weg stand.

In der Spielzeit 1911/12 gelang David McLean im Alter von 24 Jahren der endgültige Durchbruch. Die Fans ließen sich immer wieder verzaubern von den starken Auftritten des Mittelstürmers, der in fünf Spielen jeweils einen Doppelpack erzielte. Einer davon gelang ihm am 30. Dezember beim 3:2 in Deepdale bei seinem alten Verein Preston North End. Sogar vier Tore waren ihm eine Woche zuvor am „Boxing Day" gelungen, als die Elf des AFC Sunderland in Hillsborough mit sage und schreibe 8:0 vermöbelt wurde. Mit seinem Hattrick am letzten Spieltag bei West Bromwich Albion (5:1) stand er neben Harry Hampton (Aston Villa) und George Holley (AFC Sunderland) als Torschützenkönig der First Division fest. McLeans 25 Saisontreffer hatten entscheidend zum Erreichen des fünften Platzes beigetragen.

► EINWURF

David McLean hatte mit George einen zehn Jahren jüngeren Bruder, der wie er selbst nicht mit Toren geizte. Der Innenstürmer heuerte 1921 bei Bradford Park Avenue an, das gerade in die zweite Liga abgestiegen war. In der Saison 1921/22 spielten die beiden Brüder damit zusammen in einer Mannschaft, die dennoch abermals absteigen musste. George McLean bestritt in Bradford 250 Ligaspiele und erzielte 135 Tore, um sich 1930 dem Erstligisten Huddersfield Town anzuschließen. Hier schoss der nunmehr über 30-Jährige in 120 Ligaspielen weitere 44 Tore. Höhepunkt war der Gewinn der Vizemeisterschaft 1933/34 hinter FC Arsenal London. Seine Laufbahn ließ George McLean schließlich bei seinem Heimatverein Forfar Athletic ausklingen.

Nachdem David McLean dank seiner starken Leistungen auch in die englische Nationalelf berufen worden war, ging er mit gestärktem Selbstvertrauen in die neue Saison, um seine Form eindrucksvoll zu bestätigen. Dank seiner drei Doppelpacks an den ersten vier Spieltagen setzte sich „The Wednesday" von Beginn an in der Spitzengruppe fest und musste in der Endabrechnung schließlich allein Meister AFC Sunderland und Aston Villa den Vortritt lassen. Mit 30 Ligatreffern in 36 Spielen konnte er darüber hinaus seinen Titel als Torschützenkönig verteidigen. David McLean hatte allerdings nicht nur in der Liga zu glänzen vermocht. In vier FA-Cup-Spielen waren ihm weitere acht Treffer gelungen, von denen vier auf die Auftaktpartie gegen Grimsby Town (5:1) und drei auf die Zweitrundenwiederholung gegen FC Chelsea (5:0) gefallen waren. Indes sollte sich im Sommer 1913 erneut zeigen, dass David Mc Lean nicht immer ganz pflegeleicht war. Als er sich mit der Vereinsspitze nicht über einen neuen Vertrag einigen konnte, kehrte er kurzerhand in seine schottische Heimat zurück, um sich bei Forfar Athletic fit zu halten. Die Verantwortlichen der Owls sollten freilich bald einsehen, was sie an ihrem Mittelstürmer hatten. Ohne dessen Treffsicherheit fand sich der Vorjahresdritte in der Saison 1913/14 frühzeitig im Tabellenkeller wieder. Erst, als David McLean wieder nach Hillsborough zurückgekehrt war (und in den letzten Wochen neun Treffer erzielte), stabilisierte sich die Lage. Der enttäuschende 18. Platz zeigte jedoch deutlich, dass „The Wednesday" seinerzeit ohne David McLean aufgeschmissen war.

Mit Davie lief es in der Saison 1914/15 dann wieder deutlich besser. Dessen 22 Ligatreffer machten ihn abermals zum besten Goalgetter von Sheffield Wednesday, das mit dem siebten Platz wieder ein achtbares Ergebnis vorweisen konnte. Seine besten Leistungen zeigte McLean im September 1914, als ihm in den Heimspielen gegen Aston Villa (5:2) und Bradford Park Avenue (6:0) jeweils drei Treffer gelangen. Immerhin zweimal hatte er am 10. April in Hillsborough gegen Chelsea (3:2) ins Schwarze getroffen. Zu diesem Zeitpunkt konnte freilich noch niemand ahnen, dass dies seine letzten beiden Torerfolge für die Owls gewesen waren.

Wegen des Ersten Weltkriegs musste der reguläre Spielbetrieb in England im Herbst 1915 für vier Jahre unterbrochen werden. Dies war für David McLean eine besondere Tragik, weil er sich just zu dieser Zeit im besten Fußballeralter befand. Es gehört nicht viel Phantasie dazu, um zu behaupten, dass der Schotte ohne der kriegsbedingte Unterbrechung wohl deutlich mehr als seine 350 Pflichtspieltreffer auf dem Konto hätte. Selbst diese Zahl ist eher vorsichtig bemessen, gehen Chroniken doch von um die 500 Tore aus, die McLean (inklusive der Freundschaftsspiele) erzielt haben soll.

Die andere Seite der Old Firm

Während des Kriegs kehrte David McLean wieder nach Schottland zurück, wo er als Gastspieler des Dykehead FC sowie für Third Lanark Glasgow in Erscheinung trat. In der Spielzeit 1918/19 nahm der schottische Verband schließlich wieder den Ligabetrieb auf. Nachdem Davie zu Beginn seiner Karriere zwei Jahre für Celtic gekickt hatte, lernte er nun die andere Seite der Old Firm kennen und unterschrieb

– ganz wie sich das für einen Protestanten „gehörte" – einen Vertrag bei den Rangers. Allerdings reichte es einen Punkt hinter den Bhoys nur zur Vizemeisterschaft. Immerhin führte McLean mit 29 Treffern in nur 24 Einsätzen die Torschützenliste an, womit er als erster Spieler überhaupt sowohl in der englischen als auch in der schottischen Liga bester Goalgetter geworden war. Lediglich sein Landsmann Dave Halliday konnte dieses Kunststück in den Spieljahren 1923/24 (im Dress des FC Dundee) und 1928/29 (als Spieler des AFC Sunderland) wiederholen.

Zu Beginn der Saison 1919/20 kehrte McLean noch einmal zu Sheffield Wednesday zurück. Für den kommenden Absteiger in die Zweitklassigkeit sollte er aber lediglich dreimal zum Einsatz kommen und keinen weiteren Treffer erzielen. Zum letzten Mal hatte David McLean am 6. September bei der deutlichen 0:3-Niederlage in Middlesbrough das Trikot der Owls getragen. Wenig später schloss sich David McLean Bradford Park Avenue an, das wie „The Wednesday" in der First Division zu Hause war und die Saison 1919/20 mit dem elften Platz abschloss. Schon in seinem ersten Ligaeinsatz für BPA war dem Schotten beim 3:0 über Nottingham Forest der erste Treffer gelungen, dem bis zum Saisonende weitere 17 folgten. Auch im FA-Cup verkaufte sich die Mannschaft aus West Yorkshire gut und musste sich erst im Viertelfinale dem FC Chelsea (1:4) geschlagen geben, wobei McLean in zwei Einsätzen dreimal ins Schwarze getroffen hatte.

Auch in den kommenden Spielzeiten war auf Davie weiterhin Verlass. In drei Jahren in Bradford kam der Angreifer in 85 Ligaspielen zum Einsatz und traf dabei beachtliche 49-mal ins Schwarze. In der Spielzeit 1920/21 waren auf das Konto des Schotten immerhin 22 Ligatreffer gegangen, die ihn zum vereinsintern besten Goalgetter machten. Allerdings stand McLean einsam auf weiter Flur. Dass Bradford als abgeschlagenes Schlusslicht absteigen musste, lag einzig an seinen Sturmpartnern: John Batton (fünf Tore), Jimmy Bauchop und Bobby Turnbull (jeweils vier) hatten die Bezeichnung „Stürmer" wahrlich nicht verdient. Im Frühjahr 1922 wurde BPA dann sogar in die Drittklassigkeit durchgereicht, womit McLean mit zwei Abstiegen an die Zeit in West Yorkshire nicht unbedingt die besten Erinnerungen haben dürfte. Den Niedergang hatte auch die Vereinsführung zu verantworten, die glaubte, jahrelang ohne einen Manager auskommen zu können. In der Saison 1921/22 hatte McLean übrigens das einzige Mal in seiner Laufbahn gemeinsam mit seinem jüngeren Bruder George im gleichen Team gespielt.

Zurück in Schottland

David McLean ging mittlerweile auf die 35 Lenze zu, als er im Sommer 1922 nach Schottland zurückkehrte, um sich für die kommenden fünf Jahre dem FC Dundee anzuschließen. Auch unter Manager Sandy MacFarlane kamen seine einmaligen Vollstreckerqualitäten zum Tragen. Davies Spielweise ähnelte jener von Gerd Müller und zeichnete sich vor allem dadurch aus, dass er die Fähigkeit besaß, vor dem Tor die Situation deutlich schneller aufzufassen als seine Gegenspieler. Insgesamt kam McLean für die Dark Blues in 114 Einsätzen zu weiteren 43 Treffern, davon 22 in der Saison 1922/23, mit denen er auf Anhieb die teaminterne Torschützenliste anführte. Die beste Ligaplatzierung datiert aus der Spielzeit 1923/24 mit dem fünften Rang.

Einen seiner letzten Karrierehöhepunkte erlebte er am 11. April 1925. Der FC Dundee traf im Pokalendspiel ausgerechnet auf seine „alte Liebe" Celtic, wobei die Bhoys vor 75.317 Zuschauern im Hampden Park natürlich als klarer Favorit galten. Vor seiner Zeit in Dundee hatte David McLean in seiner schottischen Heimat nicht ein einziges Pokalspiel bestritten und somit auch den Cupsieg mit den Grün-Weißen 1907 sowie eine weitere Finalteilnahme im Jahr darauf verpasst. Auch deshalb ging der Oldie jetzt besonders motiviert in die Partie und war von der gegnerischen Abwehr kaum zu kontrollieren. Nach einer halben Stunde waren die aus Dundee mitgereisten Fans aus dem Häuschen, als McLean seine Farben in Führung bringen konnte. Allerdings sollte Patsy Gallacher mit einem sehenswerten Treffer für den Ausgleich sorgen, als er sich den Ball zwischen die Hacken klemmte, um sich diesen mit einem gefühlvollen Lupfer selbst vorzulegen. Drei Minuten vor dem Abpfiff zeichnete Jimmy McGrory schließlich für das Siegtor der Hoops verantwortlich, womit McLean und seine Dark Blues doch noch das Nachsehen hatten.

Forfar Athletic hatte sich inzwischen dem Profifußball zugewandt und war 1921 der neugegründeten zweiten schottischen Liga beigetreten. Für David McLean die ideale Gelegenheit, seine Karriere auf hohem Niveau abzuschließen. Für seinen Heimatverein ging er ab Herbst 1926 noch einmal fünf Jahre auf Torejagd, ehe er im Jahr 1931 drei Monate vor seinem 44. Geburtstag nach weiteren 72 Toren in 142 Zweitligaspielen die Töppen für immer an den Nagel hängen sollte. Seine beste Platzierung errang der Verein in der Saison 1927/28, die er als Fünfter abschloss und mit einem Rückstand von zwei Zählern zum Zweiten nur knapp auf Aufstieg in Schottlands Eliteklasse vorbeischrammte. Weniger positiv in Erinnerung blieb der 2. Januar 1930, als Forfar mit der 2:12-Klatsche gegen den FC King's Park die höchste Niederlage seiner Geschichte kassierte. Rund 18 Monate später absolvierte McLean am 5. September 1931 beim FC Abroath das letzte Fußballspiel seiner Laufbahn, das mit einem 0:2 in die Annalen einging.

► ZAHLEN UND FAKTEN

Vereine:	1905-1907	Forfar Athletic
	1907-1909	Celtic Glasgow
	1909-1911	Preston North End
	1911-1915	Sheffield Wednesday
	1918-1919	Glasgow Rangers
	1919	Sheffield Wednesday
	1919-1922	Bradford Park Avenue
	1922	Forfar Athletic
	1922-1926	Dundee United
	1926-1931	Forfar Athletic
Tore:	269 Football League-Spiele (162 Tore)	
	166 Scottish-First-Division-Spiele (91 Tore)	
	142 Scottish-Second-Division-Sp. (72 Tore)	
	14 FA-Cup-Spiele (15 Tore)	
	27 SFA-Cup-Spiele (10 Tore)	
	1 Länderspiel (0 Tore)	
gesamt	619 Pflichtspiele (350 Tore)	
Erfolge:	Schottischer Meister 1908, 1909	
	Englischer Torschützenkönig 1912, 1913	
	Schottischer Torschützenkönig 1919	

War David Prophet McLean in seiner aktiven Zeit ein echter Wandervogel gewesen, sollte er danach in seiner Geburtsstadt Forfar sesshaft bleiben. Dabei besuchte er nicht nur zahlreiche Heimspiele von Forfar Athletic, sondern auch seines Lieblingsvereins Celtic Glasgow. McLean verstarb am 23. Dezember 1967 und damit wenige Monate nach dem größten Erfolg in der Vereinsgeschichte der Hoops. Diese hatten am 25. Mai des Jahres durch einen 2:1-Sieg über Inter Mailand den Europacup der Landesmeister gewonnen. Wie zahlreiche andere britische Fußballer der Frühzeit galt auch David McLean als ausgezeichneter Cricket-Spieler. Anfang der dreißiger Jahre war er für den Cricket Club Strathmore zu mehreren offiziellen Einsätzen gekommen.

In der Nationalmannschaft:
Die Nationalmannschaftskarriere David McLeans war außerordentlich kurz und beschränkte sich auf ein einziges Länderspiel. Dieses fand am 23. März 1912 vor 127.307 Zuschauern im Glasgower Hampden Park statt, wo sich die schottischen Gastgeber und England 1:1-unentschieden trennten. Bereits in der 7. Minute hatte Innenstürmer Andrew Wilson, der damals ebenso wie McLean bei Sheffield Wednesday unter Vertrag stand, die Schotten mit 1:0 in Führung gebracht, ehe George Holley sechs Minuten später der Ausgleich gelang. Der für den AFC Sunderland spielende Holley führte in der Saison 1911/12 ex aequo mit David McLean die Torschützenliste der englischen First Division an. Für die Tartan Army war übrigens auch Jimmy Quinn zum Einsatz gekommen, an dem für David McLean in seiner Zeit bei Celtic noch kein Weg vorbeigeführt hatte. Während McLean im Hampden Park allerdings auf der angestammten Mittelstürmerposition eingesetzt worden war, hatte Quinn auf die linke Außenbahn ausweichen müssen.

Saison	Lsp.		Liga		Pokal	
	Sp.	T.	Sp.	T.	Sp.	T.
1907/08					0	0
1908/09					0	0
= 1907-09			*28*	*19*		
1909/10			27	18		
1910/11			22	7		
			11	2	0	0
1911/12	1	0	37	25	2	1
1912/13			36	30	4	8
1913/14			15	9	4	2
1914/15			32	22	2	1
1918/19			24	29		
1919/20			3	0	0	0
			?	18	2	3
1920/21			?	22		
1921/22			?	9		
= 1919-22			*85*	*49*		
1922/23			?	22		
1923/24						
1924/25						
1925/26						
= 1922-26			*114*	*43*	*18*	*6*
1926/27						
1927/28						
1928/29						
1929/30						
1930/31						
= 1926-31			*142*	*72*	*9*	*4*

Robert McPhail
Die Mannschaft ist der Star!

Robert Lowe McPhail wurde am 25. Oktober 1905 in Barrhead, acht Meilen südwestlich von Glasgow geboren. Nach seinen ersten fußballerischen Gehversuchen in der Jugendabteilung des kleinen Glasgower Vereins FC Pollok, schloss sich der nach Celtic-Legende Jimmy McGrory erfolgreichste Torschütze des schottischen Ligafußballs zur Saison 1923/24 den Airdrieonians an. In Airdrie, das genau wie Schottlands Fußball-Hauptstadt Glasgow in Lanarkshire liegt, sollte Bob – wie er von seinen Fans gerufen wurde – schnell der Durchbruch gelingen. Der kleine Verein zählte Mitte der Zwanziger zu den stärksten schottischen Klubs, was vier aufeinanderfolgende zweite Plätze zwischen 1923 und 1926 belegen.
Auch in der Debütsaison des 18-Jährigen überquerten die „Waysiders" mit einem Neun-Punkte-Rückstand auf die Rangers als Zweite die Ziellinie. Darüber hinaus ging die Spielzeit 1923/24 mit dem ersten Titelgewinn seiner Karriere in die Annalen ein. Dank eines 2:1-Erfolges über den FC Falkirk hatten die Schützlinge von Manager Willie Orr das Finale um den Scottish Cup erreicht, wo sie es am 19. April 1924 im Ibrox Park mit Hibernian Edinburgh zu tun bekamen. Im „Endspiel der Außenseiter" gab schließlich die Angriffsabteilung mit Mittelstürmer Hughie Gallacher sowie den beiden Innenstürmern Willie Russel und Bob McPhail den Ausschlag zugunsten der Airdrieonians. Vor allem Willie Russel zeigte sich vor 65.000 Zuschauern in glänzender Verfassung und avancierte mit seinen beiden Treffern zum Garanten des 2:0-Sieges.
Insbesondere mit dem zwei Jahre jüngeren, späteren England-Profi Hughie Gallacher sollte sich Bob McPhail auch in den kommenden drei Jahren hervorragend ergänzen. Als McPhail dem Bloomfield Park im Sommer 1927 Lebewohl sagte, hatte er mit den Airdrieonians zwei weitere Vizemeisterschaften (1925 und 1926) gewonnen sowie in 104 Liga-Einsätzen 75 Tore erzielt. Besonders in der Saison 1924/25 waren die „Waysiders" nur knapp am ersten Meistertitel ihrer Geschichte vorbeigeschrammt, nachdem sie auf Titelträger Glasgow Rangers einen Rückstand von nur drei Zählern aufwiesen.

Auf Beutezug mit den Rangers

Obwohl über ein halbes Dutzend englische Vereine um seine Dienste buhlten, entschied sich Bob McPhail, anders als sein Teamgefährte Hughie Gallacher, nicht nach England zu wechseln. Für eine Ablösesumme von 5.000 £ schloss er sich im Sommer 1927 den Glasgow Rangers an, wo er in den kommenden zwölf Spielzeiten mit 230 Ligatoren in 359 Einsätzen zur Klublegende avancierte. Es war dabei keinesfalls selbstverständlich, dass McPhail gleich auf Anhieb von den Fans im Ibrox Park hofiert wurde. Schließlich musste er keinen Geringeren als Tommy Cairns ersetzen, der über ein Jahrzehnt ausgesprochen erfolgreich die Position im linken Innensturm besetzt hatte und der nun zu Bradford City in die dritte englische Liga wechselte.
Nach seinem Debüt am 3. August 1927 im Ligaspiel beim FC Aberdeen (3:2) sollte Bob McPhail exakt einen Monat später im Ibrox Park gegen den FC St. Johnstone beim 5:1-Erfolg seine ersten beiden Treffer im neuen Trikot erzielen. Am Ende der Saison hatte er in Liga und Pokal insgesamt 23-mal ins Schwarze getroffen und damit einen großen

Anteil am Gewinn des Doubles. Zu den denkwürdigsten Spielen der Saison zählte der 7:2-Sieg bei McPhails Ex-Klub Airdrieonians. Sechs Jahre in Folge hatten die Blues im Bloomfield Park nicht mehr gewonnen, womit den „Waysiders" noch einmal so richtig bewusst geworden war, wie sehr der Weggang ihrer Sturmhoffnung schmerzte. Einen weiteren Höhepunkt stellte darüber hinaus auch das 4:0 über Erzrivale Celtic im SFA-Cupfinal am 14. April 1928 dar, mit dem die Rangers nicht nur ihren ersten Pokalsieg seit einem Vierteljahrhundert, sondern auch ihr erstes Double überhaupt auf eindrucksvolle Weise unter Dach und Fach gebracht hatten. Neben Davie Meiklejohn (per Strafstoß) und Doppeltorschütze Sandy Archibald war vor 118.115 Zuschauern im Hampden Park auch der junge Bob McPhail (zum zwischenzeitlichen 2:0 in der 68. Minute) erfolgreich gewesen.

Dieses Pokalfinale trat im Übrigen den schlagenden Beweis dafür an, dass sich die Waage im schottischen Fußball in der Zwischenkriegszeit vom bisherigen Rekordchampion Celtic merklich zugunsten der Glasgow Rangers zu neigen begann. Als Bob McPhail 1927 zu den Blues wechselte, war der Rivale aus Parkhead mit 17 Meistertiteln der erfolgreichste Verein des Landes, während die Rangers mit deren 15 noch in Lauerstellung lagen. Nach McPhails Karriereende im Jahr 1939 hatten diese den Spieß aber umgedreht und stellten die Hoops mit 24 gegenüber 19 Titeln nun deutlich in den Schatten. Diese Zeitenwende in Schottland hatte nicht zuletzt etwas mit den beiden Angriffsformationen zu tun. Im heutigen Rekordtorjäger Jimmy McGrory setzte man im Celtic Park auf einen „Alleinunterhalter", der mit 408 Ligatreffern in ebenso vielen Spielen gewiss auf eine sensationelle Quote verweisen konnte. Die Fokussierung auf nur einen einzigen Sturmführer machte das Spiel der Grün-Weißen auf Dauer jedoch ein wenig ausrechenbar, weshalb Celtic trotz McGrory auch nur dreimal Meister wurde. Anders die Rangers: Diese verfügten nicht nur über einen herausragenden Topstürmer, sondern waren in der Lage, die gegnerischen Angriffsreihen gleich mit mehreren potenziellen Torschützen, zu denen neben Bob McPhail – dem „primus inter pares" – außerdem noch Andy Cunningham, Sandy Archibald, Alan Morton und Jimmy Fleming zählten, in Verlegenheit zu bringen und damit den „schottischen Flachpass" zu perfektionieren.

Bob McPhail bestritt nach seinem Wechsel von den Airdrieonians für die Glasgow Rangers von 1927 bis 1939 insgesamt 359 Ligaspiele, in denen er 230 Tore schoss. Erst in den 1990er Jahren wurde er von Ally McCoist als bester Torschütze der Gers abgelöst. Mit diesen gewann McPhail neun Meistertitel und holte sich außerdem sechsmal den nationalen Pokal.

Niemals Torschützenkönig

Mit ihrer Spielweise prägten die Rangers aber nicht nur den Stil in der Heimat, sondern nahmen sogar Einfluss auf die Entwicklung des internationalen Fußballsports. Der „schottische Flachpass" trat nämlich nicht zuletzt vom Ibrox Park aus seinen europaweiten Siegeszug an, etablierte sich bald als „Donaufußball" in Mitteleuropa und erfuhr etwas später als Import der Gebrüder Ballmann unter der Bezeichnung „Schalker Kreisel" auch in Deutschland größte Bewunderung. Mit dieser Neuausrichtung des Spiels, welches anders als das althergebrachte „kick an rush" den Teamgedanken in den Vordergrund stellte, verdrängte Schottland selbst den einstigen Lehrmeister England aus seiner Vormachtstellung, weshalb zahlreiche Topstars des britischen Fußballs – siehe Bob McPhail – lieber bei schottischen als bei englischen Vereinen anheuerten.

► EINWURF

Stolze sieben Mal konnte Bob McPhail in seiner Karriere mit den Airdrieonians und den Rangers den SFA-Cup gewinnen. Doch nicht nur im begehrtesten Pokalwettbewerb des schottischen Fußballs war der Halblinke erfolgreich, sondern auch in den regionalen Pokalkonkurrenzen von Glasgow. Sechsmal konnte er etwa den Glasgow Merchants' Charity Cup erobern, der ab 1877 ausgetragen wurde und dessen Sieger den SFA-Cupsieger in einer Art Supercup-Vorläufer herausfordern durfte. Erstmals gewann McPhail diesen Wettbewerb 1928, womit die Gers in jenem Jahr ihr erstes Double krönten. Zwischen 1932 und 1938 sicherte er sich darüber hinaus fünfmal den Pokal der Glasgow Football Association, der sein Debüt im Jahr 1888 hatte und bis heute (mit Unterbrechungen) ausgetragen wird.

Da das Toreschießen also immer auf mehrere Schultern verteilt war, lagen die Rangers-Stürmer in der Torschützenliste zwar immer ganz weit vorne. Es kam jedoch äußerst selten vor, dass einer von ihnen die Torjägerkrone auch tatsächlich gewinnen konnte. Es mutet auf den ersten Blick kurios an, dass der langjährige Rekordschütze Bob McPhail, obwohl er zu seinen besten Zeiten fast ständig die 20-Treffer-Marke knackte, nie bester schottischer Goalgetter wurde. Seine höchste Schlagzahl wies er in der Saison 1932/33 auf, als der Halblinke in 31 Einsätzen 29-mal eingenetzt hatte. Torschützenkönig wurde William MacFayden aus Motherwell, der seinen Rangers-Kollegen in Anbetracht von 45 Torerfolgen deutlich in den Schatten gestellt hatte. Ein weiterer Grund, weswegen Bob McPhail nie schottischer Torschützenkönig werden konnte, war sicherlich auch, dass er nicht als der typische Vollstrecker (im Gegensatz zu seinem Celtic-Antipoden Jimmy McGrory) agierte, sondern im halblinken Innensturm zusätzlich als Vorbereiter gefragt war.

Das flüssige, mannschaftsdienliche Kombinationsspiel der Rangers trug Bob McPhail freilich zahlreiche Titel ein. Nach 1928 konnte er bis zu seinem Karriereende 1939 noch acht weitere Meisterschaften sowie fünf Pokalsiege feiern, womit er zu einem der erfolgreichsten Fußballer Schottlands avancierte. Schon in der Spielzeit 1928/29 schien dem Team des legendären Managers William Struth das zweite Titel-Doppel nicht zu nehmen. In Anbetracht von 16 Punkten Vorsprung auf Vizemeister Celtic galten die Blauen vor dem Cupfinal am 26. April 1929 vor 114.708 Zuschauern im vollbesetzten Hampden Park gegen den FC Kilmarnock als haushoher Favorit, zumal gegen „Killie" in der Meisterschaft zwei souveräne Siege herausgesprungen waren.

Durch ein deutliches 4:0 über Erzrivale Celtic stand am 14. April 1928 der erstmalige Doublegewinn der Rangers fest. Nachdem Kapitän David Meiklejohn (obere Reihe, Zweiter von links) den Torreigen per Strafstoß eröffnet hatte, erhöhte der junge Innenstürmer Bob McPhail (unten, ganz rechts) auf 2:0, bevor Sandy Archibald (oben, Vierter von links mit Zigarette!) mit zwei Toren den Endstand besiegelte. 118.115 Besucher hatten den Triumph im Hampden Park mitverfolgt.

Zur Überraschung der meisten Experten lieferte der Zehnte der abgelaufenen Saison allerdings eine überzeugende Leistung ab, erwischte den Meister auf dem falschen Fuß und hatte schließlich durch zwei Tore nach der Pause von Aitken und Williamson mit 2:0 die Nase vorn.

In der Saison 1929/30 belief sich die Punktelücke zum Überraschungszweiten FC Motherwell zwar „nur" auf fünf Zähler. Dafür brachten die Blues ihren Siegeszug im Pokal diesmal zu einem erfolgreichen Ende. Via Heart of Midlothian zogen sie zum dritten Mal hintereinander ins Cupfinal ein, wobei auch McPhail einen Treffer zum klaren 4:1-Erfolg beigetragen hatte. Am 12. April 1930 fand der hoch gelobte Angriff der Blues aber zunächst keine Mittel, um die Abwehr von Patrick Thistle zu knacken, so dass die Mannschaft nach einem 0:0 vier Tage später in die Wiederholung gehen musste. Wieder strömten über 100.000 Zuschauer in den Hampden Park, die ein hart umkämpftes Derby erlebten, in dem Marshall die Rangers vor der Pause in Front brachte. Der Treffer zum 2:1-Endstand ging auf das Konto von Craig und bescherte der Mannschaft das erhoffte Double.

Nach einem weiteren Meistertitel im Frühjahr 1931, stellte der Rangers-Sturm in der Saison 1931/32 mit 118 Toren einen neuen Vereinsrekord auf. Und auch der teaminterne Toptorjäger Sam English erzielte 44 Saisontreffer und damit mehr als jeder andere Spieler der Gers zuvor. Zahlreiche Tore waren dem Mittelstürmer von Bob McPhail aufgelegt werden, der mit 22 Saisontreffern gleichermaßen eine Bestmarke setzte. Dennoch reichte es für English, der erst zu Beginn der Saison zu den Rangers gestoßen war, weder in der Division One noch im Kampf um die Torjägerkanone zum ersten Rang, da sich in beiden Fällen die Vertreter des FC Motherwell als noch stärker erwiesen: In der Liga holte sich die Mannschaft aus der südöstlich von Glasgow gelegenen Stadt den Titel fünf Zähler vor den Blues. Und auch die schon beachtliche Trefferzahl von Sam English wurde von William MacFaydens 52 Saisontoren nochmals deutlich übertroffen. Für den entgangenen Meistertitel tröstete man sich im Ibrox Park mit einem neuerlichen Erfolg im Pokal. Wieder hatten die Rangers im Endspiel allerdings so ihre liebe Müh' und Not mit einem Außenseiter. Im Hampden Park ging der FC Kilmarnock durch ein Tor von Maxwell vor der Pause überraschend in Führung, der die Blues in Halbzeit zwei durch McPhail nur noch den 1:1-Ausgleich entgegenzusetzen hatten. Am 20. April 1932 strömten bei der Neuauflage wieder über 104.000 Zuschauer ins Nationalstadion, die miterlebten, wie Jimmy Fleming die Rangers auf die Siegerstraße brachte und wie Bob McPhail und Sam English im zweiten Spielabschnitt die Tore zum 3:0-Endstand erzielten.

Finaleinsatz trotz Verletzung

In der Saison 1932/33 ging der Meistertitel nach einem Jahr Pause wieder an das Team aus dem Ibrox Park, das im darauf folgenden Jahr mit dem erneuten Doublegewinn glänzte. Ausgerechnet vor dem Pokalfinale hatte sich der Rangers-Halblinke eine hartnäckige Leistenverletzung zugezogen, die seinen Einsatz gegen den FC St. Mirren akut gefährdete. McPhail selbst hatte große Bedenken, da er sein Bein kaum richtig heben konnte. Manager Struth war von seinem Angreifer aber derart überzeugt, dass er partout nicht auf ihn verzichten wollte. Er war der Ansicht, allein McPhails Präsenz auf dem Platz würde den Abwehrspielern aus Paisley Respekt einflößen, weshalb er ihn mit einem monströsen Verband auf den Platz schickte. Die Sturmreihe der Blues zeigte sich am 21. April 1934 in jedem Fall blendend aufgelegt und fegte ihren in allen Belangen unterlegenen Gegner mit 5:0 aus dem Hampden Park, wobei sich auch der gehandicapte Bob McPhail in die Torschützenliste eintragen konnte.

Nachdem McPhail in den vergangenen vier Jahren stets mehr als 20 Saisontreffer erzielt hatte, war er 1934/35 lediglich 14-mal erfolgreich, was allerdings nichts am erneuten Gewinn von Meisterschaft und Pokal änderte. Seinen einzigen Torerfolg auf dem Weg ins Cupfinal konnte McPhail in der Wiederholung des Halbfinales gegen Heart of Midlothian (2:0) erzielen. Im Endspiel selbst

gelang ein knapper 2:1-Erfolg über die Hamilton Academicals, bei dem Jimmy Smith als zweifacher Torschütze zum Mann des Tages avancierte.
Zum siebten und letzten Mal durfte Bob McPhail am 18. April 1936 dank eines 1:0-Sieges über Third Lanark den Gewinn des SFA-Cups feiern, bei dem ihm der entscheidende Treffer im Hampden Park gelang. Außerdem sollte er noch zweimal die Meisterschaft gewinnen. Nachdem ihm beim Titelgewinn der Saison 1936/37 trotz seiner inzwischen fast 32 Jahre noch einmal 25 Tore gelungen waren, ging seine Trefferquote in den beiden kommenden Spielzeiten – so auch im Meisterjahr 1938/39 – auf jeweils zehn spürbar zurück. Das Karriereende deutete sich also bereits an, als der Beginn des Zweiten Weltkriegs im Herbst 1939 den regulären Ligabetrieb in Schottland unterbrach. Seine letzten fünf offiziellen Pflichtspiele absolvierte McPhail in der kurzfristig eingerichteten League West.
Am 24. August 2000 war mit dem 94-jährigen Bob McPhail der letzte Spieler der großen Rangers-Ära der zwanziger und dreißiger Jahre verstorben. Weit über 50 Jahre war der langjährige Träger des Trikots mit der Nummer 10 Rekordtorjäger des Vereins, ehe ihn Ally McCoist während der Saison 1995/96 überholen konnte.

► ZAHLEN UND FAKTEN

Vereine: 1923-1927 FC Airdrieonians
1927-1939 Glasgow Rangers

Tore: 463 Spiele Scottish League (305 Tore)
54 SFA-Cup-Spiele (31 Tore)*
55 Spiele Charity-/Glasgow-Cup (25 Tore)*
6 Ligaauswahl-Spiele (5 Tore)
17 Länderspiele (7 Tore)
gesamt 595 Pflichtspiele (373 Tore)
** nur für Glasgow Rangers*

Erfolge: Schottischer Meister 1928, 1929, 1930, 1933, 1934, 1935, 1937, 1939
SFA-Cup-Sieger 1924, 1928, 1930, 1932, 1934, 1935, 1936

In der Nationalmannschaft:
Noch als Spieler der Airdrieonians sollte Bob McPhail am 2. April 1927 erstmals das schottische Nationaltrikot überstreifen. Vor mehr als 111.000 Zuschauern im Glasgower Hampden Park trafen die Bravehearts im Rahmen der British Home Championship auf England und unterlagen mit 1:2, wobei beide Gästetreffer auf das Konto des legendären Dixie Dean gegangen waren.
Dank einer starken Leistung stand McPhail im Frühjahr des kommenden Jahres im erweiterten Kader, als in London abermals das Duell mit den Engländern auf der Agenda stand. Im Vorfeld bestritten die in Schottland und England tätigen Profis des Landes ein Testspiel, das im Hampden Park mit 1:1-unentschieden endete. Obwohl die „Home Scots“, zu denen auch der mittlerweile bei den Rangers unter Vertrag stehende Bob McPhail zählte, gegen die „Anglo Scots“ eine gute Figur abgegeben hatten, wurden für das Prestigeduell im Wembley-Stadion acht England-Legionäre nominiert, was unter den schottischen Fußballanhängern eine sehr emotional geführte Diskussion auslöste. Ebenso wie Bob McPhail traten auch dessen Rangers-Teamgefährte Meiklejohn sowie Celtic-Mittelstürmer McGrory nicht die Reise an die Themse an. Anders Hughie Gallacher. Gallacher hatte einst mit McPhail zusammen bei den Airdrieonians gespielt, war aber 1925 nach Newcastle gewechselt und durfte nun als Mittelstürmer ran. Damit gehörte Gallacher im Gegensatz zu McPhail zu den legendären „Wembley Wizards“, die das Mutterland des Fußballs an jenem sporthistorischen Nachmittag des 31. März 1928 mit 5:1 vernichtend schlugen.
Dagegen musste Bob McPhail bis zum 27. Oktober warten, ehe er wieder für die Bravehearts auflaufen durfte. Diese trafen im Ibrox Park auf Wales und feierten mit 4:2 den erwarteten Sieg, bei dem vor allem Mittelstürmer Hughie Gallacher als dreifacher Torschütze brilliert hatte. Danach sollten über zwei Jahre ins Land gehen, bis der Halblinke der Rangers wieder zum Einsatz kam. Doch sowohl am 21. Februar 1931 gegen Nordirland (0:0) als auch einen Monat später beim 2:0-Heimsieg über England hatte er sich nicht in die Torschützenliste eintragen können.
Seine Tor-Premiere folgte dann im fünften Länderspieleinsatz am 1. September 1931. Gegen Nordirland lagen die Schotten mit 2:1 in Führung, als McPhail eine Viertelstunde vor Schluss den 3:1-Endstand besiegelte. Anschließend sollten ihm in insgesamt 17 Einsätzen für Schottland weitere sechs Tore gelingen. Gleich zweimal war er am 17. September 1932 gegen Nordirland (4:0) in Belfast sowie am 17. April 1937 in Glasgow gegen England (3:1) erfolgreich. Der Auftritt gegen England besaß dabei historischen Charakter. Nicht nur, dass an jenem Tag mit 149.415 Zuschauern so viele wie nie zuvor und nie danach die Kassenhäuschen des Hampden Park passierten. Nachdem durch die Treffer von Steele (für England) und O'Donnell schon alles auf ein Unentschieden hinauszulaufen schien, ballerte McPhail die Tartan Army in der 80. und 89. Minute doch noch zum Sieg. Seinen letzten Torerfolg durfte dieser am 22. Mai 1937 bejubeln, als Schottland in Prag gegen den amtierenden Vizeweltmeister Tschechoslowakei mit 3:1 die Oberhand behielt. Letztmals streifte Bob McPhail das Nationaldress am 10. November 1937 gegen Nordirland (1:1) über. Dass er nicht öfter ran durfte, lag vor allem an der starken Konkurrenz, die aus den schon erwähnten Jimmy McGrory und Hughie Gallacher bestand. Andere schottische Toptorjäger wie Hughie Ferguson oder Dave Halliday wurden sogar nie in die Nationalelf berufen!

Saison	Lsp.		Liga		Pokal	
	Sp.	T.	Sp.	T.	Sp.	T.
1923/24			?	?		
1924/25			?	?		
1925/26			?	?		
1926/27	1	0	?	?		
= 1923-27			*104*	*75*	*?*	*?*
1927/28			36	17	6	6
1928/29	1	0	33	18	6	3
1929/30			23	17	8	6
1930/31	2	0	34	20	2	2
1931/32	3	1	35	22	7	5
1932/33	2	2	31	29	1	0
1933/34	2	1	25	22	6	2
1934/35	1	0	30	14	7	1
1935/36			26	23	6	3
1936/37	3	3	33	25	1	0
1937/38	2	0	25	10	3	3
1938/39			23	10	1	0
1939/40			5	3		

Giuseppe Meazza
Der beste Techniker Italiens

Die elegante Spielweise des mit 247 Ligatreffern erfolgreichsten Goalgetters von Inter Mailand wurde mit dem großen Pele verglichen. Ihm zu Ehren wurde sogar das San-Siro-Stadion umbenannt. Die Rede ist von Giuseppe Meazza, der am 23. August 1910 in Mailand das Licht der Welt erblickt hatte. Seine Kindheit verbrachte er im Stadtteil Porta Vittoria, wo er früh die Schattenseiten des Lebens kennen lernte, nachdem sein Vater im Jahr 1917 im Ersten Weltkrieg gefallen war. Um irgendwie durchzukommen, musste Pepino seiner Mutter beim Obstverkauf auf dem örtlichen Wochenmarkt helfen. In der Freizeit hatte es ihm der Calcio angetan. Und so jagte er fast täglich auf den Bolzplätzen am Mailänder Stadtrand dem runden Leder hinterher, ehe er sich dem FC Gloria anschloss, der sogar über ein kleines Stadion verfügte.

Im Alter von 17 Jahren begann Giuseppe Meazza seine Karriere im Trikot von Inter Mailand, wo er bis 1940 den größten Teil seiner Karriere verbrachte und mit 247 Ligatreffern in der Serie A zum erfolgreichsten Torjäger der Klubgeschichte avancierte. Mit 216 Toren ist er hinter Silvio Piola (274) und Gunnar Nordahl (225) darüber hinaus drittbester Torjäger im italienischen Oberhaus.

Nicht wirklich begeistert von der Leidenschaft ihres Sprösslings war Mutter Ersilia, weshalb sie dessen Fußballschuhe anfangs versteckte, so dass Pepino oft barfuß spielen musste. Dies sowie die Tatsache, dass die Bälle nicht selten aus Lumpen gefertigt waren, führte dazu, dass Meazza sich früh eine glänzende Technik aneignete. Eine große Karriere schien ihm zunächst aber dennoch nicht zu winken. Mit 1,69 m Körpergröße erschien er viel zu klein und zu schmächtig, was auch die Verantwortlichen des AC Mailand bemängelten, als Pepino bei den Rossoneri zum Probetraining erschienen war, weshalb sie ihn sofort wieder nach Hause schickten.

► EINWURF
Schon in seinem ersten Profijahr bekam Giuseppe Meazza den Spitznamen „Balilla" verpasst. Als er im Alter von 17 Jahren im Trikot von Inter Mailand debütierte, war sein gestandener Teamgefährte Leopoldo Conti alles andere als begeistert und meinte ob Meazzas schmächtiger Statur: „Jetzt kommen die Spieler auch schon aus dem Kindergarten!" – In Pepino sah er einen „Balilla" wie der Mitglieder der Jugendorganisation der faschistischen Partei genannt wurden. Die „Opera Nazionale Balilla" diente als Vorbild der Hitler-Jugend und ging auf einen Genueser Volkshelden aus dem 18. Jahrhundert zurück, dessen Name Giovan Battista Persasso mit „Balilla" abgekürzt wurde. – Es dauerte freilich nicht lange und Leopoldo Conti musste sein wenig schmeichelhaftes Urteil revidieren, da „Balilla" Meazza beim 6:2 über Milanese Unione auf Anhieb als zweifacher Torschütze geglänzt hatte.

Anders Fulvio Bernardini. Bernardini, der später selbst ein erfolgreicher Trainer werden sollte, bewies schon als Aktiver ein gutes Näschen für Talente und empfahl Meazza dem neuen Inter-Trainer Arpad Weisz, der nicht lange zögerte und Pepino in der Jugendabteilung der Nerazzurri unterbrachte. Alsbald erachtete der Ungar Weisz den jungen Meazza für stark genug und setzte den 17-Jährigen am 11. September 1927 in einem Freundschaftsspiel gegen Milanese Unione erstmals in der Kampfmannschaft ein, wo Meazza sofort zwei Tore gelangen.
In einer Zeit, da die modernen Kommunikationsmittel noch in den Kinderschuhen steckten, verbreitete sich die Kunde von den einmaligen technischen Fähigkeiten des Mailänder Jungspunds im gesamten Land dennoch wie ein Lauffeuer. Als Multiplikator diente neben den Zeitungen die Mund-zu-Mund-Propaganda der Tifosi, so dass in kürzester Zeit das ganze Land von Balilla schwärmte. Der geniale Fußballer narrte seine Gegenspieler am liebsten mit gewagten Tricks und Finten, während es ihm geradezu widerstrebte, den Erfolg mit einfachen Mitteln zu suchen. Dabei passte er ideal in das Konzept seines Trainers Arpad Weisz, der bei Inter den gepflegten „Donaufußball" aus seiner ungarischen Heimat importiert hatte. Trotz seiner Verspieltheit zeigte sich Meazza aber durchaus zielorientiert. Will heißen, er wusste immer, wo das gegnerische Tor stand. Zu seinen Spezialitäten zählten präzise getretene Freistöße und Elfmeter, die fast immer den Weg ins Tor fanden. Und trotz seiner geringen Körpergröße erwies er sich als erstaunlich kopfballstark, wobei er den Größennachteil mit einem hervorragenden Timing wettmachte.

Premierenmeister der Serie A
Dank Giuseppe Meazza sollte Inter Mailand seine erste große Ära erleben. 1930 gewannen die Lombarden ihre dritte Meisterschaft, just in dem Jahr, in dem die Serie A ihr Debüt gefeiert hatte. Bevor aber auf dem Stiefel eine landesweite Spielklasse eingerichtet wurde, hatte man den Meistertitel in einer zweigeteilten Divisione Nazionale ausgespielt, wo Inter in der Saison 1927/28 den siebten Platz belegte. Dabei hatte Meazza auf Anhieb zu den stärksten Akteuren gezählt und mit zwölf Treffern seine Torjägerqualitäten sogleich angedeutet.
In der Spielzeit 1928/29 war Pepino mit 33 Treffern in 29 Spielen zum besten Torschützen in der B-Gruppe der

Divisione Nazionale avanciert. Noch öfter – nämlich 36-mal – hatte Gino Rossetti vom AC Turin in der A-Gruppe ins Schwarze getroffen. Seine beste Leistung hatte Meazza am 12. Mai 1929 gezeigt, als ihm beim 10:2-Kantersieg über den AC Venedig gleich sechs Tore gelungen waren. In den Heimspielen gegen US Pistoiese (9:1) und Hellas Verona (9:0) hatte er darüber hinaus jeweils fünf Treffer erzielt. Unter dem neuen Namen Ambrosiana beendeten die Nerazzurri die Saison als Sechste, womit sie ohne große Mühe für die Serie A qualifiziert waren, die im Herbst 1929 gestartet wurde.

Der Kampf um die Vorherrschaft im italienischen Fußball fand in den dreißiger Jahren zwischen Inter und Juventus statt, die beide eine Vielzahl von amtierenden Weltmeistern in ihren Reihen hatten. Das direkte Aufeinandertreffen im Derby d'Italia wurde zum unumstrittenen Saisonhöhepunkt, das nicht selten den Ausgang der Serie A beeinflusste. Während Juve von 1931 bis 1935 ununterbrochen an der Spitze stand, hatten Inter und Giuseppe Meazza 1930 und 1938 die Nase vorn.

Der Startschuss der Serie A fiel am 6. Oktober 1929, wobei Ambrosiana ein 2:1-Erfolg bei AS Livorno gelang. Fast schon selbstverständlich war es dabei Giuseppe Meazza vorbehalten geblieben, nach sechs Minuten den ersten Treffer der Nerazzurri in der neuen Spielklasse zu erzielen. Das allererste Serie-A-Tor überhaupt war allerdings auf das Konto von Bajardi von Altmeister US Pro Vercelli gegangen. Dennoch hatte Pepino keinerlei Mühe, erster Torschützenkönig zu werden. Mit 31 Treffern in 33 Einsätzen sollte er seinen ärgsten Verfolger Rodolfo Volk (21 Tore) deutlich abhängen. Während er bereits in den Partien gegen den AC Padua (6:1) und Lazio Rom (4:2) als dreifacher Torschütze brilliert hatte, schoss er am 27. April 1930 im heimischen Sforzesco den Vogel ab, als ihm bis zur 4. Minute (!) ein Hattrick gelungen war, der zu den schnellsten in der Fußballgeschichte zählt. Beim 6:0-Kantersieg war außerdem noch das vierte Inter-Tor in der 40. Minute auf sein Konto gegangen. Vor den abschließenden drei Runden hatte die Mannschaft vier Zähler Vorsprung auf FC Genua 1893, das im Sforzesco unbedingt einen Sieg brauchte, um das Rennen weiter spannend zu halten. Zwar lagen die Genueser zwischenzeitlich mit 3:1 in Front, doch einmal mehr war auf Giuseppe Meazza Verlass, der seinem Team mit abermals drei Toren das Unentschieden und letztlich den Meistertitel sicherte.

Die Inter-Mannschaft im Meisterjahr 1930 mit Pietro Serantoni, Giovanni Bolzoni, Umberto Visentin, Luigi Allemandi, Armando Castellazzi, Antonio Blasevich (hinten von links). Luigi Ferrero, Alberto Rivolta, Giuseppe Meazza, Giuseppe Viani und Pietro Miglio (vorne von links). Trainiert wurden die Nerazzurri vom erst 34 Jahre alten Ungarn Arpad Weisz, dem bis heute jüngsten Meistercoach in Italien.

Im Spätsommer 1930 bot sich für den frischgebackenen italienischen Titelträger die Gelegenheit, sich im Mitropa-Pokal auf internationalem Gebiet zu beweisen. Im Viertelfinale traf er auf Ujpest Budapest, wobei der 4:2-Erfolg in der Donaumetropole schon die halbe Miete zu bedeuten schien. Nur fünf Tage später ging das Rückspiel über die Bühne, wo 20.000 Zuschauer in Mailand jedoch eine unerwartete 2:4-Niederlage erlebten. Das damit notwendig gewordene Entscheidungsspiel wurde von den Veranstaltern im Stadion Neufeld von Bern angesetzt. – Und in der schweizerischen Bundeshauptstadt zeigte sich einmal mehr, wie wichtig Balilla für sein Team war: Der Mittelstürmer hatte nämlich nicht nur beim 4:2 in Budapest sowie beim 2:4 in Mailand je zwei Tore erzielt. Auch in Bern ging das Führungstor aus der 64. Minute auf seine Kappe. Allerdings konnten die Magyaren nur sieben Minuten später durch Auer-Avar zum 1:1 ausgleichen, so dass erst das vierte Duell die Entscheidung zugunsten der Italiener brachte, als diese mit einem 5:3 das Halbfinale erreichten. Wie schon in den ersten Spielen zeichnete sich Meazza auch hier mit zwei Toren in der ersten Halbzeit aus. Auer-Avar konnte innerhalb von sechs Minuten jedoch zum 2:2 ausgleichen, so dass erst ein Doppelschlag von Serantoni und Visentin III die Weichen Richtung Vorschlussrunde stellte. Dort reichte es zu Hause gegen Sparta Prag nur zu einem 2:2, womit nach einer empfindlichen 1:6-Abfuhr an der Moldau die Träume vom ersten internationalen Lorbeer dahin schwanden. Immerhin durfte zumindest Giuseppe Meazza einigermaßen zufrieden sein, da er mit sieben Treffern die Torschützenliste anführte.

Langer Anlauf zum zweiten Scudetto

Meazza war bei Inter jedoch nicht nur als Torjäger gefragt. Als Verbindungsstürmer – heute würde man „offensiver Mittelfeldspieler" sagen – war er auch für den Spielaufbau zuständig, der mit seinem dribbelstarken Antritt oder zentimetergenauen Zuspielen manch gefährliche Aktion der Inter-Offensive einleitete. Allerdings konnte auch Meazza nicht verhindern, dass Juventus mit fünf aufeinander folgenden Meistertiteln das Kommando in der Serie A übernahm. In der Saison 1930/31 reichte es für den Titelverteidiger mit 17 Zählern Rückstand gar nur zum fünften Platz. Meazza selbst hatte sich vor allem in der Hinserie eine längere, für seine Mannschaft folgenschwere Krise gegönnt, als er neun Wochen lang ohne Torerfolg geblieben war. Erst in der Rückrunde kam er wieder in Schwung und schraubte sein Torkonto auf 24 Treffer, so dass er in der Torschützenliste nur Rodolfo Volk den Vortritt lassen musste, der 28-mal ins Schwarze getroffen hatte.

Mit 21 Treffern wurde Pepino in der Saison 1931/32 gemeinsam mit Libero Marchina (US Alessandria) auf dem Stiefel immerhin noch drittbester Torschütze. Besser waren nur Pedro Petrone (Fiorentina) und Angelo Schiavio (FC Bologna) mit je 25 Toren. Hingegen musste sich Inter-Ambrosiana mit dem sechsten Platz begnügen, wobei für das weitere Abrutschen in der Tabelle die schwachen Leistungen in der Fremde verantwortlich waren.

Erst in den kommenden drei Jahren avancierten die Nerazzurri wieder zum ärgsten Titelrivalen von Juventus, wenngleich es jeweils nur zur Vizemeisterschaft reichte. Mit 20, 21 und 19 Saisontreffern gehörte auch Giuseppe Meazza nach wie vor zu den besten Goalgettern Italiens. Zum Gewinn seiner zweiten Torjägerkanone reichte es allerdings nicht.

► **EINWURF**

In der Spielzeit 1932/33 kam es zu einer Wette zwischen Giuseppe Meazza und Giampiero Combi, dem Torhüter des großen Rivalen Juventus Turin, die beide auch gemeinsam in der Squadra Azzurra spielten. Als Meazza bei einem Trainingskick Combi mit einem spektakulären Fallrückzieher überwunden hatte, fühlte sich der Juve-Keeper herausgefordert und behauptete, dass Meazza in einem Pflichtspiel niemals gegen ihn treffen würde. Für Pepino bedeutete dies natürlich zusätzliche Motivation, als Juventus am 25. Mai 1933 zum Derby d'Italia in der Mailänder Arena Civica aufkreuzte. Nach exakt einer Stunde hatte Pepino unter dem tosenden Beifall der Fans Combi erstmals geschlagen, indem er dem Kapitän der 1934er-Weltmeisterelf erneut einen Fallrückzieher in die Maschen gesetzt hatte. Sein zweites Tor aus der 77. Minute war nach einem brillanten Dribbling durch die gegnerische Abwehr gefallen. Immerhin: Giampiero Combi nahm es sportlich und reichte seinem Nationalmannschaftskameraden – mit einem Lächeln auf den Lippen – die Hand. Sehr viel Überwindung hatte den Torhüter die Geste freilich auch nicht gekostet. Mit dem 2:2-Unentschieden im Sforzesco hatten die Turiner nämlich ihren komfortablen Sechs-Punkte-Vorsprung verteidigt, derweil sie diesen bis zum Saisonende noch auf acht Zähler ausbauen konnten.

Nachdem der Rückstand auf Juventus von acht Zählern in der Saison 1932/33 im Jahr darauf auf die Hälfte reduziert worden war, durfte Meazza mit seinen Nerazzurri 1934/35 sogar bis zum letzten Spieltag vom zweiten Scudetto seiner Laufbahn träumen. Vor dem Herzschlagfinale am 2. Juni 1935 lagen Inter und Juve mit jeweils 42:16 Zählern punktgleich an der Spitze des Klassements. Aber während Juventus beim AC Florenz durch einen Treffer in der Schlussphase mit 1:0 gewann, kassierte Inter bei Lazio Rom eine 2:4-Niederlage, so dass es wieder nur zum zweiten Platz reichte. Herausragender Akteur auf dem Platz war Roms Superstar Silvio Piola, der als dreifacher Torschütze Giuseppe Meazza deutlich in den Schatten gestellt hatte, nachdem dem Inter-Stürmer lediglich das zwischenzeitliche 2:3-Anschlusstor gelungen war.

► **EINWURF**

Im klassischen, zwischen 1927 und 1940 ausgetragenen Mitropa-Pokal rangiert Giuseppe Meazza gemeinsam mit Geza Toldi (Ferencvaros Budapest) mit 29 Treffern in der ewigen Torschützenliste auf dem zweiten Platz. Doch während Toldi 42 Spiele benötigte, um diese Trefferquote zu erreichen, reichten Meazza ganze 27 Einsätze, womit er statistisch gesehen in jedem Spiel für ein Tor gut war. Allein Spitzenreiter Dr. György Sarosi von Ferencvaros bleibt mit 45 Toren in 42 Spielen unerreicht.

Als dreifacher Vizemeister der Serie A durfte sich Inter auch jeweils am Mitropa-Cup beteiligen, wobei einzig im Jahr 1933 eine vorzeigbare Leistung gelang. Dabei hatte Meazza in der Auftaktrunde gegen die First Vienna eine seiner besten Leistungen in diesem Wettbewerb abgeliefert. Nachdem die Nerazzurri das Hinspiel in Wien mit 0:1 verloren hatten, war es Meazza gewesen, der die Österreicher mit drei Treffern beim 4:0 praktisch im Alleingang eliminiert hatte. Dagegen blieb er ohne Tor beim Halbfinalerfolg über Sparta Prag (4:1, 2:2), um in den beiden Endspielen gegen die Wiener Austria jeweils einen Treffer zu erzielen. Im Hinspiel vor 35.000 Zuschauern in der Arena Civica brachte der Inter-Kapitän seine Farben fünf Minuten vor der Pause mit 1:0 in Führung. Nur eine Minute später traf Außenstürmer Levratto zum 2:0, ehe Viertl mit dem Anschlusstor der Wiener nach 77 Minuten für Ernüchterung sorgte. Das Rückspiel am 8. September im Wiener Praterstadion wurde dann zur großen Show von Matthias Sindelar, dem beim 3:1 sämtliche drei Austria-Treffer gelangen, derweil Meazza in der 85. Minute immerhin das Ehrentor der Nerazzurri erzielte.

Giuseppe Meazza in Aktion. Dabei liebte es der Inter-Kapitän spektakulär: Nachdem er den Ball an der Mittellinie aufgenommen hatte, tänzelte er geradezu durch die gegnerische Hälfte und ließ die Abwehrspieler wie Slalomstangen stehen. Wie ein Matador tauchte er dann vor dem gegnerischen Tor auf, täuschte einen Schuss an, um dann auch noch den Keeper auszudribbeln, so dass er das Leder locker ins leere Gehäuse einschieben konnte.

In der Spielzeit 1935/36 war es dann nicht etwa Inter Mailand, das Juventus nach fünf Jahren als Meister ablöste, sondern der FC Bologna. Vier Zähler dahinter mussten sich die Nerazzurri mit dem vierten Platz zufrieden geben. Grund zur Freude hatte somit vor allem Giuseppe Meazza, der mit 25 Treffern zum zweiten Mal Capocannoniere der Serie A geworden war. Besonders stark hatte er sich am 13. Oktober 1935 im Heimspiel gegen US Palermo gezeigt, als ihm ein lupenreiner Hattrick gelang. Noch wichtiger dürfte ihm dagegen der Dreierpack beim 4:0 über den entthronten Meister Juventus Turin gewesen sein, den er freilich nicht mehr Giampiero Combi, sondern dessen Nachfolger Cesare Valinasso eingeschenkt hatte.

Auch im anschließenden Mitropa-Cup spielte Pepino weiterhin groß auf und wurde mit zehn Treffern zum dritten Mal nach 1930 und 1933 Torschützenkönig. Nachdem ihm beim klaren 8:1-Erfolg über Zidenice Brünn im Rückspiel des Achtelfinales im Sforzesca-Stadion die Hälfte aller Inter-Tore gelungen war, konnte er das Halbfinal-Aus gegen Sparta Prag (3:5, 2:3) allerdings auch nicht verhindern. Trotz der starken Leistungen auf internationaler Ebene lief für die Nerazzurri in der Serie-A-Saison 1936/37 nicht viel zusammen. Da diese nur neun Spiele gewinnen konnten, reichte es in der Endabrechnung lediglich zum enttäuschenden siebten Platz. Und auch Giuseppe Meazza hinkte den eigenen Erwartungen und denen der Inter-Tifosi in Anbetracht von elf Toren in 26 Spielen meilenweit hinterher.

In der WM-Saison 1937/38 sollte sich sein Traum vom zweiten Meistertitel dann aber endlich erfüllen. Erst nach der vorletzten Runde hatten die Nerazzurri die Tabellenführung wieder von Juventus übernommen. Bei nun einem Zähler Vorsprung genügte zum Abschluss ein Erfolg bei AS Bari, doch entpuppte sich die Partie in Apulien als wahrer Nervenkrieg, der erst in der 70. Minute vorentschieden wurde, als Giuseppe Meazza mit seinem 20. Saisontreffer zur Stelle war. In der Schlussphase erhöhte Frossi sogar auf 2:0, womit der Titelgewinn in trockenen Tüchern war. Neben dem zweiten Scudetto durfte sich Pepino auch zum dritten Mal über den Gewinn der Torjägerkanone freuen. Den Grundstein dafür hatte er im Januar gelegt, als er nach fünf Treffern im Heimspiel gegen AS Bari (9:2) nur eine Woche später beim 5:2 über US Lucca einen Hattrick erzielte.

Intermezzo als Milan-Spieler

Im Sommer 1938 stand Giuseppe Meazza im Zenit seiner Laufbahn. Nach dem Meistertitel mit Inter sicherte er sich mit der Squadra Azzurra wenig später in Frankreich auch zum zweiten Mal den WM-Pokal, was durchaus noch einiges erwarten ließ, da sich Balilla mit 28 Jahren im besten Fußballeralter befand. Doch es kam anders: Während der Saison 1938/39 zog er sich eine Blutgefäßerkrankung im rechten Fuß zu, die ihn anderthalb Jahre außer Gefecht setzen sollte. Ohnehin war er nach dem WM-Titel nicht richtig in Tritt gekommen, hatte in seinen 16 Einsätzen in der Serie A lediglich viermal ins Schwarze getroffen. Wegen seiner Krankheit verpasste er auch den ersten Inter-Sieg in der Coppa Italia, der nach einem knappen 2:1 über AC Novara am 18. Mai 1939 feststand. Und auch, als die Nerazzurri in der Spielzeit 1939/40 ihren fünften Meistertitel gewannen, stand Giuseppe Meazza nicht ein einziges Mal auf dem Platz.

Am 28. November 1940 sorgte er freilich wieder für große Schlagzeilen, als er ausgerechnet im Dress von Stadtrivale AC Mailand sein Comeback gab. Meazza war indes nicht der erste Spieler, der vom einen zum anderen Mailänder Traditionsverein „übergelaufen" war. Sein weitaus weniger populärer Wegbereiter trug den Namen Emilio Gottoronchieri, der im Sommer 1936 allerdings den umgekehrten Weg gegangen und von Milan zu Inter gewechselt war. Im Trikot der Rossoneri vermochte es Meazza indes nur noch selten, die Form vergangener Tage zu erreichen. In den beiden Spielzeiten 1940/41 und 1941/42 lief er für den AC Mailand in 37 Serie-A-Spielen auf, in denen ihm lediglich neun Treffer gelangen. Seinen wichtigsten Torerfolg für die Rossoneri konnte er am 9. Februar 1941 feiern, als er diesen in der 83. Minute gegen seinen Ex-Klub Inter ein 2:2-Unentschieden sicherte.

Zur Saison 1942/43 schloss sich Giuseppe Meazza schließlich Juventus Turin an, womit er bei allen drei großen italienischen Klubs unter Vertrag gestanden hat. Allerdings stand die Vecchia Signora damals bereits im Schatten der legendären Mannschaft des AC Turin, die sich in jenem Jahr den ersten von fünf aufeinander folgenden Meistertiteln sicherte, während sich die Juve mit dem dritten Platz zufrieden geben musste. Seinen Einstand hatte er ausgerechnet im Stadtderby am 18. Oktober 1942 gegeben, wobei dieser in Anbetracht einer 2:5-Niederlage gründlich daneben gegangen war. Insgesamt absolvierte Meazza in der Fiat-Metropole 27 Erstligaspiele, in denen ihm abermals nur mäßige sieben Treffer gelangen. Kritiker hatten dabei während der Saison nicht nur seinen Trainingsrückstand, sondern vor allem sein nicht zu übersehendes Übergewicht ins Visier genommen.

Als Folge der fortschreitenden Kampfhandlungen des Zweiten Weltkriegs war die Serie A zwischen 1943 und 1945 zum Stillstand gekommen und durch regionale Meisterrunden ersetzt worden. Im Verlauf des Jahres 1944 wurde im Norden des Landes das Campionato Alta Italia ausgespielt, aus dem die Mannschaft von Spezia Calcio als Sieger hervorging. Giuseppe Meazza war für den AS Varese auf Torejagd gegangen, der als Zweiter der Lombardei-Staffel immerhin die Zwischenrunde erreichte, um hier jedoch den letzten Platz zu belegen. Meazza hatte mit zehn Toren in 20 Einsätzen einigermaßen überzeugt.

► EINWURF

Da Giuseppe Meazza beiden großen Mailänder Klubs angehört hat, wurde er nach seinem Tod am 12. August 1979 zum Namensgeber für das gemeinsame Stadion im Stadtteil San Siro. Das WM-Stadion von 1934 und 1990 wurde am 19. September 1926 eröffnet und war zunächst nur die Heimat des AC Mailand. Weil Meazza mit Inter jedoch wesentlich größere Erfolge gefeiert hat als mit dem AC, wird die Bezeichnung Giuseppe-Meazza-Stadion von den Inter-Fans weitaus häufiger gebraucht als von den Milanisti. Die sprechen immer noch viel lieber vom Stadio San Siro, wobei der alte Name selbst bei den Inter-Tifosi der gängigere ist. Giuseppe Meazza selbst hat im San-Siro-Stadion als Aktiver lediglich in seiner Zeit als Milan-Spieler (1940 bis 1942) gekickt. Mit Inter spielte er dagegen in der Arena Civica (Bild unten) nahe des Schlosses Sforzesco, die sich nordwestlich der Altstadt befindet. Das Stadion wurde 1807 eröffnet und ist den Arenen des Römischen Reiches nachempfunden. Während im 19. Jahrhundert der legendäre Buffalo Bill in der Arena Civica seine berühmten Wild West Shows veranstaltete, dient diese heute vor allem als Heimat für Rugby-Spiele. Inter Mailand trug seine Heimspiele im Sforzesco-Stadion letztmals 1946/47 aus und mithin ausgerechnet in jener Saison, in der Giuseppe Meazza zum letzten Mal für die Nerazzurri gespielt hat.

Nach Kriegsende heuerte das in die Jahre gekommene Mailänder Stürmeridol bei Atalanta Bergamo an und führte seine Mannschaft in der Saison 1945/46 als Spielertrainer auf den neunten Staffel-Platz, womit immerhin die Qualifikation für die im kommenden Jahr wieder eingleisige Serie A erreicht war. Meazza hatte in 14 von 26 Ligaspielen selbst auf dem Platz gestanden, wobei ihm lediglich zwei Treffer gelungen waren.

Im Herbst 1946 kehrte der mittlerweile 36-Jährige dann noch einmal zu Inter Mailand zurück. Allerdings waren die Nerazzurri von ihrer meisterlichen Form vergangener Jahre weit entfernt, so dass sie als enttäuschende Zehnte die Ziellinie passierten. Als Spielertrainer hatte Meazza noch 17-mal das Inter-Trikot übergestreift, wobei ihm am 13. April 1947 beim 5:2-Heimerfolg über US Triestina – in der 33.

Minute zum zwischenzeitlichen 3:0 – der letzte von zwei Saisontreffern gelungen war.

Bescheidene Erfolge auf der Trainerbank

In der Saison 1947/48 war Giuseppe Meazza dann erstmals als alleinverantwortlicher Cheftrainer der Nerazzurri tätig. Da diese im ersten Jahr nach dem Umzug ins San-Siro-Stadion allerdings auf den 12. Platz zurückfielen, musste Balilla im Sommer 1948 den Hut nehmen. Danach entschloss er sich als einer der ersten italienischen Trainer, ins Ausland zu wechseln, um sich bei Besiktas Istanbul als Entwicklungshelfer zu betätigen. Der Spielbetrieb in der Türkei steckte damals noch in den Kinderschuhen und beschränkte sich neben der 1936/37 erstmals ausgetragenen nationalen Endrunde („Milli Küme") auf regionale Ligen wie jene von Istanbul, wo Besiktas in der Saison 1948/49 fünf Zähler hinter Fenerbahce Zweiter wurde.

Anschließend kehrte Meazza in die Serie A zurück, um mit Underdog Pro Patria Busto Arsisio in den Spielzeiten 1949/50 und 1950/51 jeweils im Tabellenmittelfeld zu landen. Kurzzeitig betreute er danach auch die italienische Nationalmannschaft, die sich nach der Flugzeugkatastrophe von Superga (1949) immer noch im Neuaufbau befand. Nach zweijähriger Pause heuerte er 1955/56 nochmals bei Inter Mailand an, wobei es diesmal zum dritten Platz – allerdings 14 Zähler hinter Meister Juventus – reichte. Und schließlich trat Giuseppe Meazza im Frühjahr 1957 als Interimstrainer der Nerazzurri in Erscheinung, nachdem Luigi Ferrero vorzeitig entlassen worden war. Danach widmete er sich bei Inter der Nachwuchsarbeit und verhalf in dieser Funktion zahlreichen Talenten wie Sandro Mazzola zum Durchbruch, dessen Vater Valentino als Mitglied des „Grande Torino" beim Flugzeugabsturz von Superga ums Leben gekommen war.

Giuseppe Meazza verstarb am 21. August 1979 nur zwei Tage vor seinem 69. Geburtstag in der ligurischen Stadt Rapallo und ist auf dem Mailänder Stadtfriedhof beerdigt. Kurz nach seinem Tod wurde ihm zu Ehren das im Vorfeld der EM 1980 frisch renovierte Mailänder San-Siro-Stadion in Giuseppe-Meazza-Stadion umbenannt.

► ZAHLEN UND FAKTEN

Vereine:	1927-1940	Inter Mailand
	1940-1942	AC Mailand
	1942-1943	Juventus Turin
	1944	AS Varese
	1945-1946	Atalanta Bergamo
	1946-1947	Inter Mailand

Tore: 381 Serie-A-Spiele (216 Tore)
62 Spiele Divisione Nazionale (45 Tore)
20 Spiele Campionato Alta Italia (10 Tore)
21 Spiele Coppa Italia (14 Tore)
27 Mitropa-Cup-Spiele (29 Tore)
53 Länderspiele (33 Tore)
gesamt 564 Pflichtspiele (347 Tore)

Erfolge: Italienischer Meister 1930, 1938, 1940
Italienischer Pokalsieger 1939
Weltmeister 1934, 1938
Torschützenkönig Serie A 1930, 1936, 1938

In der Nationalmannschaft:

Giuseppe Meazza, der für Italien 53 A-Länderspiele bestritt, in denen er insgesamt 33 Tore erzielte, gab am 9. Februar 1930 sein Debüt in der Squadra Azzurra, die an jenem Tag auch dank zweier Treffer des gerade 19-Jährigen die Schweiz in Rom mit 4:2 bezwang. Dank dieser starken Leistung wurde Pepino von Nationaltrainer Pozzo auch für die nächste Partie in Frankfurt gegen Deutschland nominiert, wo er für den 2:0-Endstand sorgte.

Zu den prestigeträchtigsten Wettbewerben jener Zeit zählte der Europapokal der Nationalmannschaften, der in Hin- und Rückspielen über einen Zeitraum von mehreren Jahren ausgetragen wurde. Am 11. Mai 1930 ging die erste Auflage des Vorläufers der Fußball-Europameisterschaft mit der Partie zwischen Ungarn und Italien zu Ende, wobei die Azzurri in Budapest deutlich mit 5:0 die Oberhand behielten und damit als Premierensieger in die Annalen eingingen. Und abermals hatte der junge Giuseppe Meazza zu den stärksten Akteuren gehört und diesmal sogar als dreifacher Torschütze geglänzt.

Dank Meazza, der in seiner Länderspielkarriere nur sechsmal als Verlierer den Platz verlassen musste, legten die Azzurri auch in der Folgezeit weitere beeindruckende Leistungen an den Tag. So etwa am 25. Januar 1931, als Frankreich in Bologna mit 5:0 abgefertigt wurde und der spielstarke Rechtsverbinder von Inter Mailand abermals mit drei Toren zur Stelle war. Es folgten je ein Treffer beim 2:1-Sieg über Angstgegner Österreich im Rahmen der zweiten Austragung des Europapokals der Nationalmannschaften Ende Februar in Mailand sowie beim 3:0 in Rom gegen Schottland, ehe er auch am 20. März beim 1:2 in Wien gegen Österreich in die Maschen traf.

Erster WM-Titel

Unter Vittorio Pozzo absolvierte Giuseppe Meazza 22 Länderspiele bis zur Weltmeisterschaft 1934, in denen er stattliche 20 Tore erzielte. In gewohnt guter Form hatte er sich auch am 25. März in Mailand im einzigen WM-Qualifikationsspiel gegen Griechenland (4:0) präsentiert, als ihm vor 20.000 Zuschauern zwei Treffer gelangen. Obwohl Italien Gastgeber war, hatte sich die Mannschaft tatsächlich erst qualifizieren müssen; eine absurde Praxis, von der die FIFA seither glücklicherweise abgewichen ist. Es ist bekannt, dass die Azzurri – bei der die Akteure von Inter Mailand und Juventus Turin den Ton angaben – ihre Heim-WM als Sieger beendete. Freilich wurde der Triumph nicht allein dem Können der zweifellos gut besetzten italienischen Mannschaft zugeschrieben, sondern auch manch umstrittener Schiedsrichterleistung, durch welche der Gastgeber zum Sieg gepfiffen wurde.

Wirklich ungefährdet war eigentlich nur der 7:1-Auftaktsieg am 27. Mai in Rom gegen die USA. Allerdings hatten sich die Amis erst drei Tage zuvor endgültig für die WM (ebenfalls in Rom) gegen Mexiko mit 4:2 qualifiziert, was – genau wie den WM-Gastgeber durch die Qualifikation zu jagen – heute ebenfalls undenkbar wäre. Herausragender Akteur gegen ausgepowerte Nordamerikaner war Mittelstürmer Angelo Schiavio aus Bologna als dreifacher Torschütze, während der knapp 24-jährige Meazza in der Schlussminute immerhin den Endstand besiegelte, obwohl er ansonsten „reichlich lustlos" gewirkt hatte.

Auch im ersten Viertelfinale am 31. Mai in Florenz gegen Spanien wurde ihm keine wirklich gute Leistung attestiert, wenngleich er am einzigen italienischen Tor in der 44. Minute nicht unbeteiligt gewesen war. Nachdem die Spanier nach einer halben Stunde durch Regueiro in Führung gegangen waren, warfen die Azzurri vor dem Seitenwechsel alles nach vorne und belagerten das vom legendären Ricardo Zamora gehütete spanische Tor. Die vierte Ecke innerhalb kurzer Zeit segelte Richtung Elfmeterpunkt, wo Meazza und Jacinto Quincoces hochstiegen und mit den Köpfen zusammenprallten. Derweil

Pepino bewusstlos liegen blieb, schaltete der Halblinke Ferrari am schnellsten und schob das Leder aus drei Metern ins leere Tor. In einem dramatischen Spiel sollten in der zweiten Hälfte sowie der Verlängerung keine weiteren Tore fallen, wobei sich die Spanier hinterher lauthals über den belgischen Schiedsrichter Baert beklagten, der ihnen nicht nur einen zweiten Treffer Lafuentes wegen angeblicher Abseitsstellung versagt, sondern vor allem das überharte Einsteigen der Italiener nicht geahndet hatte, das die Iberer nicht weniger als sieben Verletzte beklagen ließ. Auch Ricardo Zamora musste im Wiederholungsspiel 24 Stunden später durch Juan José Nogues ersetzt werden, da der „Göttliche" gleich mehrmals hart angegangen worden war. Nicht zuletzt Giuseppe Meazza wurde beschuldigt, Zamora kampfunfähig getreten zu haben, was Filmaufnahmen allerdings widerlegen. Dafür sollte der Inter-Star fortan immer mehr zu seiner Topform finden. So war er gegen Spanien in der 11. Minute nach einer Ecke von Orsi zur Stelle, um den Ball zum Tor des Tages ins Netz zu befördern. Dieser Treffer war allerdings tatsächlich irregulär, weil zuvor gleich mehrere italienische Angreifer im spanischen Strafraum überhart eingestiegen waren. Und erneut wurde der Unparteiische – diesmal war es der Schweizer Mercet – nach dem Schlusspfiff beschuldigt, die Spanier ziemlich eindeutig verpfiffen zu haben.

► EINWURF

Mit 33 Treffern in 53 Länderspielen war Giuseppe Meazza lange Zeit Rekordtorschütze der Squadra Azzurra. Erst in den siebziger Jahren wurde er von Luigi Riva überboten, der für seine 35 Treffer lediglich 42 Einsätze benötigte, was zu Hochzeiten des Catenaccio umso bemerkenswerter ist. Auf dem dritten Rang der ewigen Bestenliste liegt Silvio Piola, dem in 34 Länderspielen 30 Tore gelungen sind.

In der Vorschlussrunde wartete am 3. Juni im San-Siro-Stadion von Mailand mit Österreich dann Italiens großer Angstgegner, der in der bisherigen Länderspielgeschichte erst einmal bezwungen worden war. Im letzten Vergleich am 11. Februar 1934 hatte es in Turin eine 2:4-Niederlage gesetzt, weshalb die Azzurri trotz ihrer Gastgeberrolle gegen das etwas aus dem Tritt geratene Wiener Wunderteam keinesfalls als favorisiert galten, zumal dieses in Josef Bican und Matthias Sindelar über zwei der besten Stürmer der damaligen Zeit verfügte. Auf morastigem Boden „scheiberlten" die Österreicher dann auch vom Anpfiff weg munter drauf los und setzten den italienischen Verteidigern und Torhüter Giampiero Combi gehörig zu. Bis, ja bis Giuseppe Meazza in der 19. Minute bei einem Entlastungsangriff zu einem seiner gefürchteten Dribblings quer durch die gegnerische Hälfte ansetzte, um frei vor Torhüter Platzer aufzutauchen. Der lenkte das Leder gegen den Pfosten, von dem es vor die Füße Guaitas sprang, der keine Mühe hatte zum Tor des Tages einzunetzen *(Bild unten)*.

Fast die gesamte zweite Halbzeit herrschte in der italienischen Hälfte Belagerungszustand. Sogar einen Lattenkracher von Pepi Bican mussten Meazza & Co. über sich ergehen lassen. Mit letzter Kraft brachten sie den knappsten aller Vorsprünge aber über die Zeit, womit das Finale am 10. Juni 1934 gegen die CSR erreicht war.

Die erste italienische Weltmeister-Elf von 1934 mit Giampiero Combi, Luis Monti, Eraldo Monzeglio, Luigi Allemandi, Attlio Ferraris, Giovanni Ferrari (hinten von links). Angelo Schiavio, Giuseppe Meazza, Enrico Guaita, Luigi Bertolini und Raimundo Orsi (vorne von links.)

Dieses wollten im Stadio Nazionale del PNF von Rom 55.000 Zuschauer verfolgen, was in Anbetracht oft halbleerer Ränge Rekordbesuch bedeutete. Obwohl Meazza angeschlagen ins Spiel gegangen war, zählte er zu den auffälligsten Akteuren im Team von Vittorio Pozzo. In positivem Sinne, weil er mit seinen gefährlichen Dribblings immer wieder Gefahr vor dem gegnerischen Tor heraufbeschwor und zusammen mit Mittelstürmer Angelo Schiavio Frantisek Planicka – es war die WM der großen Torhüter – immer wieder vor knifflige Aufgaben stellte. Andererseits hätte der Mailänder nach einer knappen Stunde vom Platz fliegen müssen, weil er dem tschechoslowakischen Außenläufer Rudolf Krcil nach einem Foulspiel vor den Augen des Schiedsrichters gleich noch einen Leberhaken verpasst hatte. Der erst 28 Jahre alte Schwede Ivan Eklind zählt allerdings zu den schwächsten Unparteiischen, die je ein WM-Endspiel geleitet haben. Dass er später als „Graf von Rom" tituliert wurde, sagt eigentlich alles. Und so war seine Pfeife auch nach 58 Minuten stumm geblieben, als Giuseppe Meazza in die Fußspuren des amtierenden italienischen Box-Schwergewichtsweltmeisters Primo Carnera trat und seinen Gegenüber zu Boden streckte. Während Carnera seinen WM-Titel vier Tage später übrigens an den US-Amerikaner Max Baer durch technischen K.O. in der elften Runde verlor, konnten sich die italienischen Fußballer – dank weiterhin großzügiger Unterstützung Eklinds – schließlich den Sieg sichern. Zwar waren sie nach 76 Minuten durch Puc in Rückstand geraten. Nur fünf Minuten später konnte Orsi zum 1:1 egalisieren, wobei Ivan Eklind zuvor wieder beide Augen zugedrückt hatte, da Meazza seinen Gegenspieler Zenisek umgeschubst hatte. In der Verlängerung war es schließlich Angelo Schiavio (96.) der die Azzurri zum Weltmeister machte.

Meazza und die Schlacht von Highbury

Am 14. November des Jahres reisten die Italiener nach London, um in Highbury gegen England anzutreten. Ein Spiel, das von allen Seiten zum eigentlichen WM-Finale hochstilisiert wurde, hatte das Mutterland des Fußballs doch nicht an den Welttitelkämpfen im Sommer teilge-

nommen. Wiederum pflegten die Italiener eine äußerst harte Gangart, der freilich auch die Gastgeber, die mit dem jungen Stanley Matthews angetreten waren, einiges entgegensetzten, weshalb die Partie als die Schlacht von Highbury („Battle of Highbury") in die Fußballgeschichte einging. Nach zehn Minuten wurde sie dieser Bezeichnung erstmals gerecht, als sich Luis Monti bei einem Zweikampf mit Ted Drake einen Beinbruch zuzog. Zu diesem Zeitpunkt lagen die Südeuropäer schon mit 0:2 zurück, ehe Drake zwei Minuten später die Engländer gar mit 3:0 in Führung schoss. Niemand mochte auch nur noch einen Pfifferling auf die Azzurri setzen, die nach der Pause aber trotz Unterzahl zurückkamen und dank zweier Meazza-Treffer in der 58. und 62. Minute wieder den Anschluss herstellten. Obwohl Meazza sich danach noch mehrere gute Chancen erarbeitete – einmal traf er gar den Pfosten – wollte der Ausgleichstreffer nicht gelingen, was allerdings nichts daran änderte, dass die italienischen Spieler in der Heimat als „Löwen von London" gefeiert wurden.
Vier Wochen später bestritt Giuseppe Meazza im San-Siro-Stadion gegen Ungarn (4:2) das 29. Länderspiel und erzielte dabei sein 25. Tor, mit dem er den bisherigen Rekordhalter Adolfo Balonceri einholte, um diesen mit seinen beiden Treffern beim 2:1-Erfolg im nächsten Länderkampf gegen Frankreich endgültig in den Schatten zu stellen. Auch Ende des Jahres 1935 hatte Pepino Grund zum Jubeln, da sich die Squadra Azzurra durch ein 2:2 gegen Ungarn zum zweiten Mal den Gewinn des Europapokals der Nationalmannschaften gesichert hatte.

Zweiter WM-Titel

Unmittelbar nach der Weltmeisterschaft 1934 war Kapitän Giampiero Combi aus dem Nationalteam zurückgetreten. Nachfolger des Juve-Keepers wurde Giuseppe Meazza, der Italien auch vier Jahre später in Frankreich als Spielführer ins Turnier führte. Neben Giovanni Ferrari und Eraldo Monzeglio (der allerdings nur im Achtelfinale gegen Norwegen zum Einsatz kam) war Meazza der einzige echte Titelverteidiger im Team der Azzurri, deren neuer Superstar Mittelstürmer Silvio Piola war. Während der Lazio-Spieler auf dem Weg zum erneuten WM-Sieg für die Tore verantwortlich zeichnete, agierte Meazza weitaus unauffälliger, dafür aber umso mannschaftsdienlicher.

Italiens Spielführer Giuseppe Meazza bekommt nach der erfolgreichen Titelverteidigung im WM-Finale 1938 in Paris gegen Ungarn (4:2) vom französischen Präsidenten Albert Lebrun den goldenen WM-Pokal überreicht.

Zum Auftakt hatten sich die Italiener zu einem 2:1-Verlängerungssieg gegen Norwegen gezittert, über den Vittorio Pozzo so sehr erleichtert war, dass er seinen Spielern einen ganzen Tag – und vor allem eine ganze Nacht – freigab. Für diese geradezu eine Aufforderung, es mal so richtig krachen zu lassen. Meazza gestand später, er habe sich mit zwei hübschen Französinnen vergnügt, wobei weder bestätigt noch dementiert wurde, ob es sich bei diesen um bloße Zufallsbekanntschaften gehandelt oder ob sich der Inter-Star einen Besuch im Bordell gegönnt hatte...
Auf jeden Fall brachte der „Ausflug" die erhoffte Wirkung. Der Titelverteidiger zeigte sich in der Zwischenrunde deutlich verbessert und erreichte durch ein 3:1 über Gastgeber Frankreich das Semifinale, wo Mitfavorit Brasilien wartete. Dieser hatte auf seinen verletzten Torschützenkönig Leonidas verzichten müssen, was als einer der Hauptgründe für den 2:1-Sieg der Italiener gewertet wurde. Für das zwischenzeitliche 2:0 war Giuseppe Meazza mit seinem einzigen WM-Treffer in Frankreich zuständig gewesen. Als sicherer Elfmeterschütze war klar, dass er nach einem Foul an Piola gegen den brasilianischen Schlussmann Walter antreten würde, der Meazza allerdings zu irritieren versuchte, in dem er ihm zurief, er würde den Elfer auf jeden Fall parieren. Beim Anlauf geriet zu allem Überfluss auch noch Meazzas Hose ins Rutschen, die nach einem vorangegangenen Haltbarkeitstest durch einen brasilianischen Verteidiger in Mitleidenschaft geraten war. Pepino aber ließ sich trotzdem nicht beirren: Mit einer Hand die Hose festhaltend schickte er Walter in die falsche Ecke und verwandelte gewohnt souverän. Anschließend umringten ihn seine jubelnden Mitspieler – so lange bis er eine neue Hose anhatte. Dieser kuriose Treffer war gleichzeitig Meazzas letzter für die Squadra Azzurra, die am 19. Juni 1938 durch ein 4:2 über Ungarn im Stade de Colombes ihren WM-Titel verteidigte.
Bald nach dem Triumph von Paris zog sich Giuseppe Meazza eine schwere Erkrankung zu, so dass er nur noch sechsmal für sein Land auflaufen konnte. Am 13. Mai 1939 gehörte er dabei jener Mannschaft an, die Lehrmeister England in Mailand ein 2:2 abtrotzte. Letztmals kam Meazza am 20. Juli 1939 gegen Finnland zum Einsatz. Nachdem der Weltmeister zuvor schon die WM-Revanche gegen Budapest in Ungarn mit 3:1 gewonnen hatte, beendete man auch die Partie in Helsinki als 3:2-Sieger.

Saison	Lsp.		Liga		Pokal	
	Sp.	T.	Sp.	T.	Sp.	T.
1927/28			33	12		
1928/29			29	33		
1929/30	5	6	33	31		
1930/31	5	5	34	24		
1931/32	3	1	28	21		
1932/33	6	5	32	20		
1933/34	8	5	32	21		
1934/35	3	5	30	19		
1935/36	5	1	29	25	2	1
1936/37	4	2	26	11	4	3
1937/38	8	3	26	20	4	8
1938/39	6	0	16	4	6	0
1939/40			-	-		
1940/41			14	6	1	0
1941/42			23	3	4	2
1942/43			27	7		
1944			20	10		
1945/46			14	2		
1946/47			17	2		

Jef Mermans
Auch Belgien hatte seinen „Bomber“

Ein Blick in die Rekordlisten des belgischen Fußballs weist den dreifachen Europapokalsieger RSC Anderlecht als den mit Abstand dominierenden Verein unseres Nachbarlandes aus. Während die „Mauve et Blanc“ gegenwärtig auf stolze 32 Meisterschaften blicken, rangiert der FC Brügge mit 13 Titeln weit dahinter auf dem zweiten Platz. Freilich setzte die Überlegenheit der Elf aus dem Parc Astrid erst nach Ende des Zweiten Weltkriegs ein, nachdem zuvor vor allem Union Saint Gilloise den Ton angegeben hatte. Ebenso wie der RSC haben auch „Les Unionistes“ in der Hauptstadt Brüssel ihr Zuhause. Seit den frühen Zwanzigern hatte sich der im Süden Antwerpens beheimatete AC Beerschot zum großen Herausforderer gemausert, der vor allem dank Toptorjäger Raymond Braine zwischen 1922 und 1939 sieben Meistertitel eingefahren hatte. Just, als sich die Karriere des bis dahin vermutlich besten belgischen Fußballers dem Ende entgegenneigte, machte in der Diamantenhochburg ein junges Talent von sich reden, das auf dem besten Wege schien, in die Fußstapfen des ersten belgischen Profispielers treten zu können.

Ein fußballbegeisterter Knirps

Joseph Mermans wurde am 16. Februar 1922 im Antwerpener Stadtbezirk Merksem geboren, wo er früh seine Begeisterung für das runde Leder entdeckte. Der kleine „Jef“ war gerade einmal vier Jahre alt, als ihn seine Mutter zum Fotografen schleppte, wo sein Konterfei für die Nachwelt verewigt werden sollte. Der Knabe war jedoch alles andere als begeistert und weigerte sich partout still sitzen zu bleiben. Fast wäre die Foto-Session ergebnislos abgebrochen worden, wenn dem Fotograf nicht der zündende Einfall gekommen wäre, seinem unruhigen „Patienten“ einen roten Ball in die Hand zu drücken. Und siehe da, der kleine Zappelphilipp war plötzlich lammfromm und ließ sich bereitwillig ablichten. Die anfängliche Freude über ihren braven Filius sollte der Mutter aber schon bald wieder vergangen sein. Dieser wollte den Ball nämlich nicht mehr hergeben, so dass sich Frau Mermans schließlich gezwungen sah, das Objekt der Begierde käuflich zu erwerben, um nicht bis an ihr Lebensende in dem Fotogeschäft bleiben zu müssen. Stolze zehn Francs hatte sie der Spaß gekostet, was für damalige Verhältnisse ein kleines Vermögen darstellte. Der Ausflug zum Fotografen sollte für Familie Mermans weitere Folgekosten bereithalten. Da Jef alsbald das Fußballspiel zu seiner großen Leidenschaft machte, ging sehr zum Verdruss der Eltern so manche Fensterscheibe in der Nachbarschaft zu Bruch. Das ständige Üben sollte sich später freilich positiv auswirken. Für seine brillante Schusstechnik – welche ihn zum „Bomber“ des belgischen Fußballs machte – sollte Jef Mermans in seiner aktiven Zeit allenthalben bewundert werden.

Dank Jef Mermans entwickelte sich der RSC Anderlecht in den fünfziger Jahren zum dominierenden Fußballverein Belgiens.

Antwerpen oder Brüssel?

Mit seiner Schülerelf namens „les jeunes loups“ („die jungen Schützen“) kickte Jef Mermans vornehmlich in der Eugène-Meesstraat, die in unmittelbarer Nachbarschaft zum Bousuilstadion des RFC Antwerpen im Bezirk Deurne liegt. Es versteht sich von selbst, dass sich der kickende Nachwuchs vor allem für die Mannschaft von „The Great Old“ interessierte. Ganz besonders hatte es ihnen Stürmerstar Désiré „Dis“ Bastin angetan, der zwischen 1920 und 1935 auch 35 Länderspiele für Belgien bestritt. Als die Straßenfußballer jedoch einen Aufnahmeantrag beim RFC stellten, verfügten sie nicht über die nötige Barschaft, um den Mitgliedsbeitrag aufzubringen.

Über weniger Renommee als der RFC Antwerpen verfügte der Stadtteilverein FAC Tubantia aus dem Bezirk Borgerhout, der ebenso wie Deurne und Merksem im Süden der Stadt liegt. Zu Beginn der dreißiger Jahre hatte dieser zwei Spielzeiten in der ersten Liga des Landes gekickt, um 1932 wieder abzusteigen. Einen Vorteil jedoch hatte der geringere Bekanntheitsgrad: Der Mitgliedbeitrag bei Tubantia war nicht annähernd so hoch wie beim RFC, so dass Jef Mermans im Jahr 1932 endlich einen Verein gefunden hatte. Schon als Straßenfußballer galt Mermans als hoch talentiert, weshalb es nicht überraschend kam, dass er in den Nachwuchsteams seines neuen Klubs bald zu den Führungsspielern zählte. Anfangs wurde er noch in erster Linie im Mittelfeld eingesetzt. Als er im Derby gegen Olse Merksem allerdings zehn Treffer zu einem 17:0-Sieg beisteuerte, rückte er unwiderruflich in den Angriff.

EXKURS: Tubantia Borgerhout und Twente Enschede

Auf den ersten Blick nicht erkennbar ist, dass es sich beim belgischen Tubantia Borgerhout und dem niederländischen Spitzenverein Twente Enschede um Namensvetter handelt. Bis ins vierte nachchristliche Jahrhundert wurde die flämische Grenzregion zwischen Enschede und Antwerpen von dem germanischen Stamm der Tubanten bewohnt, welcher dieser ihren Namen gab. Während Tubantia Borgerhout die alte lateinische Bezeichnung führt, ist Twente die Übersetzung ins Niederländische.

Fünf Jahre später kam der erst 15-Jährige in der ersten Mannschaft zum Einsatz. In seiner ersten Saison im Seniorenbereich konnte Jef Mermans mit Tubantia in der zweithöchsten belgischen Spielklasse 1938/39 den vierten Rang belegen. Nach 26 Spielen fehlten zu Aufsteiger Eendracht Aalst lediglich fünf Zähler.

Auch in den Kriegsjahren 1939/40 und 1940/41, in denen der reguläre Spielbetrieb nicht zu Ende geführt wurde, sorgte Mermans mit steten Torerfolgen für Aufsehen, was alsbald die Spitzenklubs auf ihn aufmerksam machte. Erfolgreichster Verein Antwerpens war der siebenfache Landesmeister AC Beerschot, dessen Leistungen in jüngerer Zeit allerdings etwas schwankten, weil der erfahrene Angreifer Raymond Braine seinen Zenit überschritten hatte. Jef Mermans erschien als der ideale Nachfolger. Und so boten die AC-Bosse stolze 100.000 Francs, um sich die Dienste ihres Wunschspielers zu sichern. Der bis dato titellose Hauptstadtverein RSC Anderlecht hatte sich allerdings vorgenommen, einen

Angriff auf die nationale Spitze zu starten. Im Jahr 1942 tauchte ein Abgesandter der „Mauve et Blanc" in Antwerpen auf, der einen Blankoscheck auf den Tisch legte, auf dem innerhalb einer Viertelstunde der Betrag von 125.000 Francs eingetragen war, womit der Wechsel über die Bühne gehen konnte. Ohne Jef Mermans, der in der unmittelbaren Nachkriegszeit zur führenden Persönlichkeit im Spiel des RSC werden sollte, wäre die Geschichte des belgischen Vereinsfußballs womöglich anders verlaufen. Mit ihrem „Bomber" eilten die Lila-Weißen aus Brüssel hingegen von Erfolg zu Erfolg, derweil das Antwerpener Pendant weitgehend in der Versenkung verschwand.

► **EINWURF**

Vielfach wird der Wechsel Jef Mermans zum RSC Anderlecht allein damit erklärt, dass die Verantwortlichen um Präsident Théo Verbeeck die deutlich höhere Ablösesumme aufgerufen hatten als der AC Beerschot. Allerdings besaß auch Mermans' alter Verein Tubantia Borgerhout ein großes Interesse daran, dass der neue Stern am belgischen Fußballhimmel lieber nach Brüssel wechseln würde. Bei Tubantia, das damals in den Niederungen der zweiten Liga kickte, befürchtete man durch einen Wechsel Jef Mermans zum erstklassigen Stadtrivalen AC Beerschot einen erheblichen Zuschauerrückgang, weshalb ein Wegzug in eine andere Stadt als das deutlich kleinere Übel empfunden wurde.

Anderlechter Gipfelsturm dank Jef Mermans

Das Debüt im RSC-Dress im letzten Heimspiel der Saison 1941/42 verlief für Mermans ausgesprochen erfolgreich, hielt aber auch einen empfindlichen Dämpfer parat. Im Parc Astrid gelang den „Mauve et Blanc" ein fulminanter 6:1-Sieg über KAA Gent, zu dem der Neuzugang drei Treffer beigetragen hatte. Im Nachhinein stellte sich jedoch heraus, dass Mermans von Trainer Emile Defevre, ohne eine Spielberechtigung zu besitzen, aufgestellt worden war, was zur nachträglichen 0:5-Wertung der Partie führte.

Unter dem Engländer Bill Gormlie stieg der RSC Anderlecht in den fünfziger Jahren zum führenden Verein in Belgien auf. In seiner aktiven Zeit war Gormlie als Torhüter der Blackburn Rovers und Northampton Town in Erscheinung getreten, um vor dem Wechsel zum RSC drei Jahre das Training der belgischen Nationalelf zu leiten. Unter Gormlie gab Anderlecht auch sein Europacupdebüt.

Den Aufstieg zum Toptorjäger konnte dieser Fehlstart freilich nicht verhindern. Nachdem Jef Mermans in seiner ersten kompletten Spielzeit 1942/43 in 30 Ligaspielen immerhin schon 23-mal eingenetzt hatte, konnte er diese Quote in der darauf folgenden Saison weiter steigern, indem ihm in 30 Spielen sogar 33 Treffer gelangen. Fast wäre er damit auch erstmals zum Torschützenkönig avanciert, wenn Jan Goossens von Olympique Charleroi nicht einmal öfter in die Maschen getroffen hätte. Dafür hatte Mermans dazu beigetragen, dass der RSC Anderlecht mit dem Gewinn der Vizemeisterschaft den bis zu diesem Zeitpunkt größten Erfolg seiner Geschichte gefeiert hatte. Pikanterweise war ausgerechnet am RFC Antwerpen kein Vorbeikommen gewesen. Mermans einstiger Lieblingsklub aus Kindertagen wies beim dritten Meistertitel nach 1929 und 1931 sieben Zähler Vorsprung auf.

In der Spielzeit 1944/45 war der Ligabetrieb in Belgien kriegsbedingt abgesagt worden. Als dieser zur Saison 1945/46 wieder aufgenommen wurde, zeigte sich Jef Mermans in gewohnter Form und erzielte in 27 Einsätzen herausragende 32 Treffer, die allerdings von Torschützenkönig Albert de Cleyn (40 Treffer) klar überboten wurden. Auch der RSC Anderlecht konnte sich als Spitzenteam behaupten und musste als Tabellendritter lediglich den KV Mechelen sowie Titelverteidiger RFC Antwerpen an sich vorbeiziehen lassen.

Mit dem RSC Anderlecht konnte Jef Mermans zwischen 1947 und 1956 stattliche sieben nationale Meistertitel gewinnen. Das Bild zeigt die Meistermannschaft der Saison 1955/56. Vorne in der Mitte sitzend Jef Mermans. Mittlere Reihe ganz links der englische Erfolgstrainer Bill Gormlie.

Der große Durchbruch sollte Jef Mermans schließlich in der Saison 1946/47 gelingen. Unter dem französischen Trainer Georges Perino sicherten sich die „Mauve et Blanc" ihren ersten Meistertitel, derweil Mermans mit 39 Treffern zum ersten Mal in seiner glanzvollen Laufbahn Torschützenkönig wurde. Auch in den Spielzeiten 1947/48 (mit freilich nur wenig berauschenden 23 Treffern) sowie 1949/50 konnte der „Bomber" zum besten Goalgetter der belgischen Liga avancieren. Mermans' 37 Torerfolge im Spieljahr 1949/50 wiesen ihn gar als besten Goalgetter des Kontinents aus. Dessen Verein RSC Anderlecht mauserte sich in den fünfziger Jahren zum Serienmeister. Neben Jef Mermans war besonders „Monsieur Europe" Jef Jurion der Star der vom Engländer Bill Gormlie trainierten Mannschaft, die sich zwischen 1949 und 1956 sechs weitere Ligatitel sicherte und damit die heutige Vormachtstellung des Klubs begründete.

Trainer Gormlie durfte sich glücklich schätzen, in Jef Mermans einen Mittelstürmer von internationalem Format zu besitzen. Körperlich stark gebaut, glich der „Bomber" einem typischen englischen „center forward", den Gormlie aus seiner Heimat kannte. Als Stürmer vereinte Mermans seine unglaubliche Schusskraft mit einem starken Kopfballspiel, was ihn für jede Abwehr zum unkalkulierbaren Risiko machte. Bedingt durch seine enorme Präsenz auf dem Platz, war er für den RSC der ideale Führungsspieler, der keineswegs eigensinnig agierte, sondern sich durch permanentes Zurückfallenlassen ins Mittelfeld auch in den Dienst der Mannschaft stellte. Sein größter Rivale im nationalen Ligafußball war Rik Coppens, der inzwischen die Angriffsreihe des AC Beerschot verstärkte und der genau wie Jef Mermans dreimal belgischer Torschützenkönig wurde. Während Coppens allerdings eher ballverliebt agierte, suchte Mermans mehr den direkten Weg zum Tor. Dank ihrer unterschiedlichen Spielweise konnten beide auch gemeinsam in der belgischen Nationalelf zum Zug kommen, was auch bei der Weltmeisterschaft 1954 in der Schweiz der Fall war. Just in der Saison 1953/54 wurde in Belgien erstmals ein Fußballer des Jahres gekürt. Die Entscheidung fiel zwischen Mermans und Coppens, wobei Letzterer die Nase vorn hatte.

Geplatzter Traum vom Wechsel ins Ausland

Zu Beginn der fünfziger Jahre gab es nicht wenige, die in Jef Mermans – neben dem Schweden Gunnar Nordahl – den besten Mittelstürmer Europas sahen. Doch während Nordahl seit 1949 beim AC Mailand einen gut dotierten Profivertrag besaß, kickte Jef Mermans in Brüssel immer noch unter Amateurbedingungen. (In Belgien wurde erst 1968 der Halbprofi eingeführt, ehe vier Jahre darauf das Vollprofitum folgte.) Einen Wechsel ins Ausland wusste vor allem der neue Klubpräsident Albert Roosens zu verhindern. Angebote für seinen Topspieler lagen freilich mehr als genug vor. So hatte zum Beispiel der AC Turin zwanzig Millionen Lire geboten, derweil der AS Rom noch zehn Millionen drauflegen wollte und auch sonst nichts unversucht ließ, um Mermans über die Alpen zu locken. Die römischen Unterhändler waren im Juni 1951 mit einem nagelneuen Alfa Romeo vorgefahren, den sie dem „Bomber" bei einem Wechsel an den Tiber neben einer schicken Wohnung in Aussicht stellten. Selbst Real Madrid zeigte (ebenso wie Atalanta Bergamo, Lazio Rom, Atletico Madrid sowie Racing Paris) Interesse und wollte dem RSC Anderlecht 700.000 Francs überweisen. Aber auch beim Angebot der Königlichen blieb Vereinsboss Roosens standhaft und untersagte Jef Mermans einen Wechsel ins Ausland, der von dieser ablehnenden Haltung zwar enttäuscht war, sich aber ins Unvermeidliche fügte und für den RSC Anderlecht weiterhin Tore am Fließband schoss.

► EINWURF

Jef Mermans ist mit 339 Treffern in 382 Spielen nach Albert de Cleyn (440 Tore) erfolgreichster Goalgetter des belgischen Erstligafußballs. Auf dem dritten Platz folgt Bernard Voorhoof (281 Tore), derweil sein Dauerrivale Rik Coppens (258) in der ewigen Bestenliste „nur" auf dem fünften Platz rangiert. Beim RSC Anderlecht ist Jef Mermans bis heute einsame Spitze. Zweibester Torschütze der Lila-Weißen ist der legendäre Paul van Himst (235) gefolgt von Jacky Stockman, der bei 142 Toren mit deutlichem Abstand den dritten Platz belegt. Allein in der Rubrik „Europapokaltore" steht bei Jef Mermans eisern die Null, was vor allem daran liegt, dass der Europacup erst Mitte der fünfziger Jahre eingeführt wurde und damit zu einem Zeitpunkt, als sich seine Laufbahn schon dem Ende entgegenneigte. 1955/56 und 1956/57 war Mermans in allen vier Erstrundenspielen des RSC dabei, erzielte allerdings keinen Treffer. In besonders negativer Erinnerung blieb das Rückspiel in der Saison 1956/57 bei Manchester United, als Mermans & Co. in Old Trafford mit 0:10 die höchste Europacuppleite der Vereinsgeschichte kassierten.

Jef Mermans gelang es im Gegensatz zu vielen anderen Topstürmern, seine Torgefahr fast bis zum Ende seiner Laufbahn zu konservieren, was einerseits an seinen herausragenden Mitspielern im lila-weißen RSC-Dress lag, zum anderen aber auch daran, dass er von Verletzungen weitgehend verschont blieb. Nachdem Mermans im Jahr seines letzten Meistertitels (1956) für den Hauptsdtadtverein nochmals 19 Treffer erzielt und in der Torjägerliste den dritten Platz belegt hatte, war er in der kommenden Saison in 22 Spielen nur noch zwölfmal erfolgreich, was ihn im Sommer 1957 schließlich bewog, Adieu zu sagen. Seine letzte Partie absolvierte er am 15. August 1957, als der RSC Anderlecht im Parc Astrid zu einem Freundschaftskick gegen VUC Den Haag antrat. In Gaston de Wael schien er seinen Nachfolger gefunden zu haben, der mit 21 Treffern zum teamintern besten Torschützen avanciert war. Auch wenn De Wael auf immerhin zwei Länderspieleinsätze verweisen kann. An die Klasse eines Jef Mermans vermochte er dennoch nie heranzureichen.

Auf seine alten Tage heuerte der jetzt 35-Jährige schließlich für drei Jahre bei SV Olse Merksem in Antwerpen an, wo er zunächst als Spieler und später auch als Trainer in Erscheinung trat. Den größten Erfolg mit dem Verein aus seiner Heimatgemeinde feierte Jef Mermans im Frühjahr 1959, als der sensationelle Aufstieg in die zweite Division gelang. Während der „Bomber" den Großteil seiner Spielerlaufbahn in Brüssel zugebracht hatte, blieb er nach dem Karriereende seiner Geburtsstadt treu. Bald nahm er einen Posten bei der Stadtverwaltung an, den er bis zur Pensionierung ausübte. Als Rentner zog er schließlich nach Wildert, einem kleinen Dorf in der Provinz Antwerpen in unmittelbarer Nähe zur niederländischen Grenze, wo er am 20. Januar 1996 kurz vor seinem 74. Geburtstag verstarb. Wenig später wurde ihm zu Ehren das Stadion von Olse Merksem offiziell in „Jef-Mermans-Stadion" umbenannt.

► ZAHLEN UND FAKTEN

Vereine:	1938-1942	Tubantia Borgerhout
	1942-1957	RSC Anderlecht
	1957-1960	SV Olse Merksem
Tore:	382 belgische Ligaspiele (339 Tore)	
	4 Europacup-Spiele (0 Tore)	
	56 Länderspiele (27 Tore)	
gesamt	442 Pflichtspiele (366 Tore)	
Erfolge:	Belgischer Meister 1947, 1949, 1950, 1951, 1954, 1955, 1956	
	Belgischer Torschützenkönig 1946/47, 1947/48, 1949/50	

In der Nationalmannschaft:

Schon im Laufe des Jahres 1939 – Jef Mermans spielte damals noch für Tubantia Borgerhout – wurde der belgische Verband auf den späteren Nationalmannschaftskapitän aufmerksam und berief diesen in seine B-Elf gegen Luxemburg. Zum ersten A-Länderspiel kam Mermans am 15. Dezember 1945, als in Brüssel ein 2:1-Erfolg über Frankreich gelang. Spiele gegen das Nachbarland sollten für den 56-fachen Internationalen ohnehin zur Spezialität werden. Neunmal lief Mermans gegen die Franzosen auf und schoss dabei nicht weniger als neun seiner 27 Tore im Nationaldress, mit denen er noch heute der viertbeste belgische Schütze aller Zeiten ist. Richtig krachen ließ es Mermans vor allem 1950, als er zunächst am 4. Juni in Brüssel beim 4:1 über die Equipe Tricolore drei Tore erzielte, um am 1. November in Paris zwei weitere zum 3:3-Unentschieden folgen zu lassen.

Bei der WM 1954 in der Schweiz traf Belgien am 17. Juni vor 21.000 Zuschauern in Basel zum Auftakt auf Lehrmeister England, dem die Mannschaft ein beachtliches 4:4-Unentschieden abtrotzte. Das Bild zeigt die Roten Teufel mit (von links nach rechts) Jef Mermans, Léopold Anoul, Louis Carré, Marcel Dries, Victor Mees, Léopold Gernaey, Hippolyte van den Bosch, Alphonse van Brandt, Constant Huysmans, Pieter van den Bosch und Rik Coppens, dem neben Jef Mermans herausragenden belgische Stürmer der fünfziger Jahre. Nach einer anschließenden 1:4-Niederlage gegen Italien mussten sich die Belgier erwartungsgemäß bereits nach der Vorrunde aus dem Turnier verabschieden.

Da Mermans schon im März gegen Irland beim deutlichen 5:1-Erfolg drei Treffer erzielt hatte, war das Länderspieljahr 1950 mit zwölf Toren in nur sieben Einsätzen sein mit Abstand erfolgreichstes. Aber nicht nur gegen Frankreich, auch in den Duellen mit den seinerzeit noch nicht zu den weltbesten Mannschaften zählenden Niederlanden rettete er mit seinen Toren immer wieder die Ehre der Roten Teufel. So etwa im April 1948 beim 2:2 in Rotterdam oder beim 3:3 in Amsterdam im Jahr darauf, als ihm jeweils zwei Tore gelungen waren, derweil er am 16. April 1950 mit seinem Führungstor einen 2:0-Erfolg in Antwerpen einleitete. Dank eines weiteren Mermans-Tores konnte auch am 19. Oktober 1952 ein 2:1 über die Elftal eingefahren werden. Ebenfalls in bester Erinnerung blieb der 4:0-Sieg in Antwerpen im April 1954, bei dem Coppens als zweifacher Torschütze in Erscheinung trat und Jef Mermans den Führungstreffer erzielte. Lediglich bei der 4:5-Niederlage vom 15. April 1951 in Amsterdam war ein Mermans-Tor zu wenig, um als Sieger vom Platz zu gehen.

WM-Teilnehmer 1954

Zwischen seinem ersten Länderspieltor am 21. September 1947 gegen England (2:5) und dem letzten am 11. März 1956 gegen die Schweiz (1:3) lag als von Mermans absoluten Karrierehöhepunkt, die Teilnahme an der Weltmeisterschaft 1954. Auf dem Weg in die Schweiz hatte sich die belgische Mannschaft gegen Schweden und Finnland durchgesetzt, wobei „Bomber" Jef Mermans lediglich beim 4:2-Sieg in Helsinki zum Einsatz gekommen war. Bei der Endrunde wurden die Belgier als ungesetztes Team in eine Gruppe mit England und Italien gelost, womit die Elf des schottischen Trainers Dougall Livingston vor zwei schweren Aufgaben stand. Zum Auftakt traf sie am 17. Juni 1954 in Basel auf England, das freilich im Vorfeld der Weltmeisterschaft durch die legendäre 3:6-Pleite gegen Ungarn im Wembley-Stadion vieles von seinem Glanz eingebüßt hatte. Dennoch muss das 4:4-Unentschieden, welches die Roten Teufel erkämpfen konnten, als Achtungserfolg gewertet werden. Spieler des Tages war Jef Mermans' Sturmpartner Rik Coppens, der einen Treffer selbst erzielt und einen weiteren vorbereitet hatte. Weniger gut lief es für die Roten Teufel dann vier Tage später im zweiten Vorrundenspiel gegen Italien. In Lugano wurden diese nämlich mit 1:4 auseinandergenommen, womit das WM-Abenteuer nach zwei Auftritten auch schon wieder beendet war. Bei der nachträglichen Spielanalyse bekam vor allem die Offensivabteilung ihr Fett weg. So bezeichnete der „Sport" die belgischen Stürmer als „lendenlahm", womit nicht zuletzt auch der etwas in die Jahre gekommene Jef Mermans gemeint war. Lediglich Läufer Constant Huysmans sowie Torhüter Léopold Gernaey, der freilich das dritte Gegentor mitverschuldet hatte, zählten zu den wenigen Lichtblicken. Knapp zwei Jahre nach der WM in der Schweiz bestritt Jef Mermans dann seinen letzten Länderkampf: Am 3. Juni 1956 feierte Belgien in Brüssel gegen Ungarn einen 5:4-Erfolg.

Saison	Europacup		Liga		Lsp.	
	Sp.	T.	Sp.	T.	Sp.	T.
1938/39			?	?		
1939/40			?	?		
1940/41			?	?		
1941/42			1	1		
1942/43			30	23		
1943/44			30	33		
1944/45			-	-		
1945/46			27	32	3	0
1946/47			34	39	1	0
1947/48			26	23	6	3
1948/49			27	17	6	4
1949/50			28	37	8	9
1950/51			21	17	6	5
1951/52			26	19	4	1
1952/53			27	24	6	1
1953/54			30	21	7	3
1954/55			29	23	4	0
1955/56	2	0	24	19	5	1
1956/57	2	0	22	12		
1957/58			?	?		
1958/59			?	?		
1959/60			?	?		

Lionel Messi
Auf der Überholspur

Seinen Namen kennt fast jeder Grünschnabel auf dem Schulhof. Für die Halbwüchsigen ist Lionel Andrés Messi der größte Fußballer aller Zeiten, ein Messias in Sachen Fußball. – Nun, um tatsächlich zu den Größten seiner Zunft zu gehören, benötigt der erfolgreichste Angreifer der Gegenwart noch einige Jahre – und vor allen Dingen Tore. Zudem weist die Titelsammlung des gerade 1,69 Meter großen Argentiniers ein entscheidendes Manko auf. Denn während er mit seinem Verein FC Barcelona schon alles gewonnen hat, was es zu gewinnen gibt, fehlt ihm doch der goldene WM-Pokal, ohne den eine noch so glanzvolle Laufbahn eben immer unvollendet bleibt.
Im Alter von erst 26 Jahren hat Messi freilich noch viel Zeit, um seinen Weg auf der Überholspur fortzusetzen. Wie lange seine Torflut anhält - und ob es „La Pulga" (dem Floh) tatsächlich gelingen wird, etwa in die Dimensionen eines Pepi Bican vorzudringen, wird dagegen erst die Zukunft zeigen. Wenn er durch seine Karriere ohne großes Verletzungspech hindurchkommen sollte, kann man zumindest konstatieren, dass der Argentinier – rein theoretisch – das Zeug dazu haben dürfte...

Anfänge in Argentinien

Geboren wurde Lionel Messi am 24. Juni 1987 in Rosario in der Provinz Santa Fe, wo er wie zahlreiche erfolgreiche Fußballspieler (zusammen mit den beiden älteren Brüdern Rodrigo und Matias sowie seiner Schwester Maria Sol) in bescheidenen Verhältnissen aufwuchs. Vater Jorge Horacio verdiente seinen Lebensunterhalt als Stahlarbeiter, während Mutter Celia Maria Cuccittini in Teilzeit als Putzfrau arbeitete. Väterlicherseits stammen Messis Vorfahren aus den italienischen Ancona, von wo aus sein Großvater Angelo einst an den Rio de la Plata ausgewandert war, um dort sein Glück zu suchen.
Im Alter von fünf Jahren schloss sich der spätere Weltfußballer dem FC Grandoli an, wo er von seinem Vater trainiert wurde. Im Laufe des Jahres 1995 folgte der Wechsel zu den Newell's Old Boys, wo sich Messis Talent noch innerhalb der Stadtmauern Rosarios weiter entfalten konnte. Wegen seiner geringen Körpergröße, die ihre Ursachen in einer zeitweiligen Wachstumsstörung hatte, wurde er damals mit dem schon erwähnten Spitznamen „La Pulga" bedacht. Die Erkrankung verhinderte auch Messis Wechsel zu River Plate, da der Traditionsklub aus Buenos Aires nicht bereit war, die Behandlungskosten von monatlich 900 US-Dollar zu übernehmen.
Im Jahr 2000 kam schließlich Carlos Rexach ins Spiel. Der damalige Sportdirektor und spätere Trainer des FC Barcelona war auf das große Talent des 13-Jährigen aufmerksam geworden, der in der katalanischen Stadt Lleida Verwandte hatte. Diese brachten den Kontakt zwischen Messi und Carlos Rexach zustande, der den kleinen Lionel und dessen Vater in ein Restaurant einlud. Um die Flugkosten nach Spanien aufzubringen, hatte Jorge Horacio Messi seine gesamten Ersparnisse zusammengekratzt. Der Sportdirektor von Barca war jedoch sofort bereit, die Arztrechnungen für Lionel zu bezahlen, wobei er erste Vertragsbedingungen auf eine Papierserviette kritzelte. Damit war alles klar: Künftig würde Lionel Messi nicht länger am Rio de la Plata, sondern in Spanien auf Torejagd gehen. Gleich nach dem Umzug in die katalanische Metropole schrieb er sich in die Jugendakademie des FC Barcelona ein. Ein folgenreicher Schritt, den weder der Argentinier noch Barca je zu bereuen hatten!

Jugendspieler bei Barca

In Sachen Jugendarbeit zählt der FC Barcelona mit Sicherheit zu den führenden Klubs der Welt, was sich zumindest für Messi als großer Glücksfall erwies. Ganz unkritisch sind derartige Transfers von hoffnungsvollen Nachwuchsspielern nämlich keineswegs zu betrachten. Zu Recht kommt in ähnlich gelagerten Fällen immer wieder der Vorwurf des „Kinderhandels" auf, da Jugendliche aus ihrem gewohnten Umfeld gerissen werden, mit dem bei Licht betrachtet doch sehr vagen Versprechen auf eine Zukunft als großer Fußballstar. Wenn es gut geht – wie bei Lionel Messi – können derartige moderne Märchen freilich zur Heldensaga werden. Doch sollten an dieser Stelle nicht die zahllosen Gescheiterten vergessen werden, an deren Schicksal das marktschreierische Fußball-Business alsbald jegliches Interesse verliert.
Bei Messi aber ging es, wie gesagt, gut. Zwischen 2000 und 2003 durchlief der körperlich kleine, am Ball dafür aber umsó größere Argentinier sämtliche Jugendmannschaften des FC Barcelona, um in der Spielzeit 2002/03 in der A-Jugend in 37 Einsätzen als 30-facher Torschütze zu glänzen. Richtig turbulent sollte dann die Saison 2003/04 verlaufen, da „Leo" gleich in fünf verschiedenen Mannschaften zum Einsatz kam. Zu seinem ersten Spiel war der 16-Jährige noch in der B-Jugendauswahl gekommen, für die er den obligatorischen Treffer erzielen konnte. Da er in den kommenden Wochen in nur 14 Einsätzen für die A-Jugend 21-mal ins Schwarze getroffen hatte, durfte sich der Youngster am 29. November 2003 dann zum ersten Mal im Seniorenbereich beweisen. Die dritte Mannschaft des Vereins kickte in der viertklassigen Tercera División, wo Messi in zehn Spielen immerhin weitere fünf Tore auf sein Konto brachte. Am 6. März 2004 folgte dann die erste Berufung ins Reserveteam, das auf drittklassigen Level beheimatetet war. Zwar erzielte der Argentinier in fünf Einsätzen in der Segunda B keinen Treffer. Mit seiner Spielkunst hatte er die Klubverantwortlichen aber schon längst dermaßen beeindruckt, dass er bereits am 16. November 2003 zum Debüt in ersten Mannschaft des FC Barcelona gekommen war, die zur Eröffnung des Estadio do Dragão ins benachbarte Portugal gereist war. Bei der 0:2-Niederlage gegen den FC Porto war Lionel Messi erst 16 Jahre und 145 Tage alt.
Der rasante Aufstieg des Rohdiamanten sollte sich auch in der kommenden Spielzeit fortsetzen. Offiziell gehörte Messi noch dem Kader der zweiten Mannschaft an, für die er in 17 Einsätzen sechsmal einnetzte. Unter dem niederländischen Cheftrainer Frank Rijkaard kam er aber auch zum ersten Pflichtspieleinsatz in der Primera División, der am 16. Oktober 2004 mit einem 1:0-Erfolg im Stadtderby gegen Espanyol in die Annalen einging. Ein Treffer war dem Argentinier dabei zwar nicht gelungen. Dafür hatte die Meldung für Aufsehen gesorgt, dass er der drittjüngste Spieler gewesen war, der jemals für den FC Barcelona im spanischen Oberhaus zum Einsatz gekommen ist. Sechs weitere Ligaspiele sollten im Lauf der Saison 2004/05 folgen, wobei er am 1. Mai 2005 auch den ersten Treffer erzielte. Barca war vor 80.000 Zuschauern im Camp Nou gegen Albacete Balompie durch Eto'o nach einer Stunde mit 1:0 in Führung gegangen, ehe Lionel Messi kurz nach seiner Einwechslung in der 88. Minute den 2:0-Endstand besiegelte. Messi, der damit auch am Titelgewinn der Katalanen beteiligt war, hatte sich zudem erstmals in der Champions League beweisen dürfen. Am 7. Dezember

2005 trat der FC Barcelona am letzten Gruppenspieltag bei Schachtjor Donezk an und unterlag mit 0:2, was freilich belanglos war, da die Rijkaard-Truppe bereits als Achtelfinalteilnehmer festgestanden hatte.

Obwohl Lionel Messi erst 18 Jahre alt war, durfte er in der Saison 2005/06 im Starensemble des FC Barcelona 17 Ligaspiele bestreiten, in denen ihm sechs Tore gelangen. Nach seiner Torpremiere am 13. Spieltag gegen Racing Santander (4:1) konnte er am 21. Spieltag bei RCD Mallorca (3:0) den ersten Doppelpack im Barca-Dress bejubeln. Damit hatte der Argentinier auch das Vertrauen der Klubbosse gerechtfertigt, die dessen Vertrag schon zu Saisonbeginn bis zum Juni 2014 verlängert hatten. Mit seinen spielstarken Auftritten avancierte „La Pulga" zum großen Publikumsliebling. Die Zuschauer im Camp Nou zeigten sich hellauf begeistert, wenn Lionel Messi und sein brasilianischer Sturmpartner Ronaldinho ihr gekonntes Kombinationsspiel zelebrierten. Alsbald war das „Tiqui-taca" der Katalanen in aller Munde.

EXKURS: Tiqui-taca

Der Begriff „Tiqui-taca" (auch Tiki-Taka) beschreibt die jüngste Taktikrevolution, die den Weltfußball nach der Jahrtausendwende erfasste. Das atemberaubende Kurzpassspiel basiert in erster Linie auf einem ständigen Kreisenlassen des Balles in den eigenen Reihen, wobei die Grundvoraussetzung ein möglichst hoher Ballbesitzanteil ist. Dank seiner technisch hervorragend ausgebildeten Spieler steht der FC Barcelona wie kein zweiter Verein für das „Tiqui-taca", das Messi & Co. zum Teil unschlagbar erscheinen ließ und dem Verein 2006, 2009 und 2011 den Champions-League-Titel bescherte. Aber auch die spanische Nationalelf sollte von der Taktikrevolution profitieren. Hatte diese sich jahrzehntelang in Vereinsstreitigkeiten und interne Querelen verzettelt, avancierte sie in jüngster Zeit zum geradezu unersättlichen Titelhamster. Im Umfeld der Selección wurde auch der besagte Terminus geboren, nachdem Andres Montes, Reporter beim spanischen TV-Sender „La Sexta", diesen während der WM 2006 erstmals benutzte, um die Spielweise der Nationalelf zu charakterisieren, die ihn an das Geräusch der Klick-Klack-Kugeln erinnerte, die in Spanien in den siebziger Jahren ein beliebtes Kinderspielzeug waren. Natürlich wurde diese Spielweise auch anderswo versucht zu kopieren. In Deutschland war es vor allem der FC Bayern München, bei dem unter Trainer Louis van Gaal der Ballbesitzanteil in einem Spiel zum scheinbar wichtigsten Kriterium erhoben wurde. Vor allem, wenn das Kurzpassfestival einmal nicht zum Erfolg führte, zeigten sich dessen Schwächen. Ohne die unabdingbare Torgefahr wird aus dem schwungvollen „Tiqui-taca" nämlich ganz schnell ein langweiliges Ballgeschiebe, was beim FC Barcelona dank herausragender Fußballer wie Lionel Messi jedoch nur in den seltensten Fällen passiert.

In der Saison 2005/06 verteidigte der FC Barcelona nicht nur seinen Meistertitel, sondern gewann auch zum zweiten Mal in der Vereinsgeschichte die Champions League. Nachdem Messi bis zum Achtelfinale in der Königsklasse sechs Spiele bestritten und dabei auch einmal ins Schwarze getroffen hatte (beim klaren 5:0 im Gruppenspiel gegen Panathinaikos Athen), hätte er durchaus auch realistische Chancen auf einen Finaleinsatz gegen FC Arsenal London gehabt. Im Achtelfinalrückspiel am 7. März gegen den FC Chelsea (1:1) musste er jedoch in der 25. Minute wegen eines Muskelfaserisses für Henrik Larsson ausgewechselt werden, was ihn in Anbetracht der großen Konkurrenz im katalanischen Starensemble bis zum Saisonende aus der Mannschaft rotierte.

Mit 19 Jahren Stammspieler bei Barca

Trotz der erlittenen Verletzung hatte sich in der Saison 2005/06 erstmals eine breite Öffentlichkeit von den herausragenden Fähigkeiten Messis überzeugen können. Für ihn ist der Ball tatsächlich ein Freund, da er diesen selbst bei hohem Tempo problemlos zu kontrollieren vermag. Immer wenn er zu seinen spektakulären Sololäufen ansetzt, ist er von kaum einem Abwehrspieler auf faire Weise zu bremsen. Obwohl er sich als Linksfuß auf der linken Seite naturgemäß am wohlsten fühlt, wechselt Messi intuitiv immer wieder auf dem rechten Flügel, um auch von dort pfeilschnell ins Angriffszentrum zu stoßen. Selbst in einer scheinbar aussichtlosen Lage kann er sich mit seinen Dribblings gegen mehrere Gegenspieler durchsetzen, bzw. dank seiner überragenden Spielintelligenz und Übersicht auch einen besser postierten Mitspieler in Szene setzen. Auch wenn Messi noch die besten Jahre vor sich zu haben scheint, hat er inzwischen schon mehrere Rekorde gebrochen und neue Bestmarken für die Ewigkeit gesetzt. Dennoch gilt er immer noch als sehr bescheiden und reicht erhaltene Komplimente gerne an seine Teamgefährten weiter. Barcelonas Sportdirektor Andoni Zubizarreta will davon freilich nichts wissen: „Er wird immer sagen, dass seine Tore das Verdienst der Mannschaft sind. Aber das Talent, Tore zu schießen, ist ganz allein seines." Ohne Zweifel dürften die Fußballfans gegenwärtig Zeugen der Karriere eines echten Jahrhundertfußballers sein, der von der Nachwelt mit etwas Glück in einem Atemzug mit Pele, Diego Maradona oder Franz Beckenbauer genannt werden wird. Seine normalsterblichen Mitspieler sind von einer derartigen Entwicklung schon jetzt überzeugt. „Das ist kaum zu glauben. Messi ist übernatürlich", so Barcas Innenverteidiger Pique, während sein Landsmann Javier Mascherano ins Schwärmen gerät: „Leo, für das, was du machst, gibt es keine Worte!"

Einen Stammplatz hatte sich Lionel Messi dann erstmals in der titellosen Saison 2006/07 erkämpft, als er in 26 Ligaspielen 14-mal ins Schwarze traf. Indes blieb ihm auch das Verletzungspech treu, da er am 12. November 2006 in der Partie gegen Real Saragossa einen Mittelfußbruch erlitten hatte, der ihn drei Monate außer Gefecht setzte. Kurz nach seinem Comeback Anfang März 2007 zeigte er im „Clasico" gegen Real Madrid im Camp Nou sein ganzes Können und erzielte beim 3:3 gegen den Meister alle drei Barca-Tore, womit er der erste Spieler seit Reals Ivan Zamorano in der Saison 1994/95 gewesen war, der im Duell der Erzrivalen gleich dreimal ins Schwarze getroffen hat. In der dramatischen Partie waren die Gäste gegen die durch Platzverweis dezimierten Katalanen in der 72. Minute durch Sergio Ramos mit 3:2 in Führung gegangen, womit die Niederlage unabwendbar schien, als Lionel Messi in der Schlussminute zum dritten Mal zuschlug und die Kulisse in Ekstase versetzte.

Einen denkwürdigen Treffer erzielte der Argentinier auch im Halbfinal-Hinspiel der Copa del Rey, das Barca gegen Außenseiter CF Getafe mit 5:2 gewann. Nachdem Messi ein Solo über das halbe Spielfeld des Camp Nou hingelegt und sechs Gegenspieler umkurvt hatte, überwand er Getafe-Schlussmann Luis Garcia mit einem für alle (mit Ausnahme des Schiedsrichters) sichtbaren Handtor, was ihn in den Medien zum „Messidona" machte, da der Treffer verdächtig an das legendäre „Jahrhunderttor" seines Landsmannes Diego Maradona erinnerte, mit dem die „Hand Gottes" im WM-Viertelfinale 1986 gegen England Fußballgeschichte geschrieben hatte. Wem derartige Verstöße gegen das Fairplay als Glanztat ausgelegt werden, ist dem Olymp des Fußballs nicht mehr fern...

In der Saison 2007/08 musste sich Messi dann aber wieder mit irdischen Problemen herumplagen. Im Achtelfinal-Rückspiel gegen Celtic Glasgow (1:0) zog er sich vor der Pause einen Muskelfaserriss im linken Oberschenkel zu, der ihn zu einer sechswöchigen Pause zwang. Es war die bereits vierte schwerere Verletzung, die sich der Angreifer innerhalb der letzten drei Spielzeiten zugezogen hatte. Auch für seine Mannschaft lief es abermals nicht nach Wunsch, da diese als Dritter der Divisiòn sogar die direkte Champions-League-Qualifikation verpasst hatte, derweil auch in der laufenden Saison in der Königsklasse im Halbfinale gegen Manchester United (0:0, 0:1) Endstation war. In Anbetracht von insgesamt lediglich 16 Toren in Champions League und Primera División schien sogar die Karriere von Lionel Messi ins Stocken geraten zu sein.

► **EINWURF**

Stolze 85 Treffer hatte Gerd Müller im Laufe des Jahres 1972 erzielt, wenn man sämtliche Torerfolge auf Vereinsebene und in der Nationalelf zusammenaddiert. Eine Bestmarke von der seinerzeit wohl selbst der Verursacher nur am Rande erfahren hatte, war der Fußball vor vier Jahrzehnten doch noch die „schönste Nebensache der Welt". – „Messi ist einfach das Nonplusultra." „Ein außerirdischer Rekordfresser, dessen Limit im Jenseits liegt." „Rakete Messi übertrifft Torpedo Müller." Mit derartigen Schlagzeilen überschlugen sich die Gazetten Ende 2012 regelrecht, als es galt, Lionel Messi zu feiern, der die alte Rekordmarke Gerd Müllers mit seinen zwei Treffern am 9. Dezember im Spiel bei Betis Sevilla (2:1) übertroffen hatte. Am Ende des Kalenderjahres 2012 hatte „La Pulga" 69 Pflichtspiele für den FC Barcelona und die argentinische Nationalmannschaft absolviert und dabei 91-mal ins Schwarze getroffen. Fraglos beeindruckende Zahlen, wenngleich die wortakrobatischen Superlative der heutigen Medienlandschaft schon einigermaßen nervtötend sind. Gerd Müller, der für seine 85 Tore im Jahr 1972 nur 60 Einsätze benötigt hatte, blieb dagegen wohltuend gelassen: „Ich freue mich für ihn", so der Bomber der Nation, um mit einem Augenzwinkern hinzuzufügen: „Er hat eigentlich nur einen Fehler: Er spielt nicht für den FC Bayern."

Aufstieg zum Weltstar

Seit der Saison 2008/09 vollzog sich dann aber Messis endgültiger Aufstieg zum Topstar des internationalen Fußballs, der sich vor Auszeichnungen und Titeln nicht mehr retten konnte. So wurde er zwischen 2009 und 2011 dreimal in Folge zu Spaniens Fußballer des Jahres gekürt. Die Wahl zu Europas bestem Fußballer entschied er 2009 und 2011 für sich, um seit 2009 viermal in Folge zum Weltfußballer bestimmt zu werden, was eine noch nie da gewesene Bestmarke darstellt. Weitere Höhepunkte waren der dreifache Gewinn der Champions League (2006, 2009, 2011) – deren ununterbrochener Torschützenkönig er von 2008/09 bis 2011/12 viermal in Folge war –, der Gewinn der Klub-WM in den Jahren 2009 und 2011 sowie insgesamt sechs nationale Meistertitel und zwei Pokalsiege.

Zwei Jahre ohne Titelgewinn hatten Frank Rijkaard im Sommer 2008 den Trainer-Job gekostet. Nachfolger wurde der 37-jährige Pep Guardiola, der bis dahin die Reserve des FC Barcelona betreut hatte. Guardiola gab das Ziel aus, zwar weiterhin so attraktiv wie unter seinem niederländischen Vorgänger, dafür aber deutlich effizienter spielen zu wollen. Tatsächlich sollte es den Katalanen gelingen, in der Saison 2008/09 Geschichte zu schreiben, was nicht zuletzt an Lionel Messi lag, der nach dem Weggang Ronaldinhos zum AC Mailand dessen Trikotnummer 10 geerbt hatte. Im Frühjahr 2009 schwärmte ganz Fußball-Europa von der besten Mannschaft der Welt, der man zutraute, alle möglichen Titel abzusahnen. Eines der geschichtsträchtigsten Jahre der Vereinsgeschichte war von historischen Meilensteinen geradezu gepflastert: So trug sich Lionel Messi am 1. Februar 2009 in die Annalen ein, als er gegen Racing Santander (2:1) kurz nach seiner Einwechslung mit dem zwischenzeitlichen 1:1-Ausgleichstreffer in der 65. Minute das 5.000 Barca-Tor in der Primera División erzielte. Nach diesem Sieg hatte die Mannschaft schon zwölf Zähler Vorsprung auf Verfolger Real, womit der 19. Meistertitel nur eine Frage der Zeit war.

So konnte man sich zunächst voll auf die Aufgaben in der Champions League konzentrieren, wo im Viertelfinale die Münchner Bayern warteten. Im Hinspiel wurde der Deutsche Meister im Camp Nou schwindlig gespielt und mit 0:4 abgewatscht, wobei den Münchner Verteidigern vor allem Doppeltorschütze Messi Knoten in die Beine gespielt hatte. Im Mai konnten dann die Festspiele des FC Barcelona und dessen neuen argentinischen Superstars beginnen: Der erste Akt ging am 13. des Monats über die Bühne, als durch ein 4:1 über Athletic Bilbao der Gewinn der Copa del Rey gefeiert werden durfte. Während Messi im Finale einen Treffer selbst erzielt und zwei weitere vorbereitet hatte, blieb auch seine starke Leistung im Achtelfinale bei Atlético Madrid im Gedächtnis haften, als ihm in der Hauptstadt alle drei Tore gelungen waren. Eine Woche später wurde dann auch der Meistertitel eingetütet, nachdem der Vorsprung in den letzten Wochen etwas zusammengeschrumpft war. Die eigentliche Vorentscheidung war allerdings schon am 2. Mai gefallen, als Real Madrid im „Clasico" mit 6:2 an die Wand gespielt worden war, wobei Messi als zweifacher Torschütze wie so oft zu den Besten gezählt hatte. Mit 23 Treffern in 31 Ligaspielen hatte der Argentinier seine Torausbeute gegenüber den Vorjahren deutlich gesteigert. Die Krönung der Saison erfolgte schließlich am 27. Mai im Olympiastadion von Rom, als Barca im Finale der Champions League gegen Titelverteidiger Manchester United einen 2:0-Sieg feierte. Angeführt von Welt- und Europas Fußballer des Jahres Lionel Messi hatte die Mannschaft nur in der Anfangsphase Probleme, bekam die Partie nach dem Führungstor von Eto'o aber immer besser in den Griff, bevor Messi in der 70. Minute mit einem Kopfballtor den Sack zumachte.

Im weiteren Verlauf des Jahres 2009 konnte „La Pulga" auch den nationalen und den kontinentalen Superpokal sowie am 19. Dezember schließlich die Vereinsweltmeisterschaft gewinnen. Im Endspiel in Abu Dhabi lag Südamerika-Vertreter Estudiantes de la Plata bis zur 89. Minute mit 1:0 vorne, als Pedro Rodriguez mit dem Ausgleichstreffer doch noch eine Verlängerung erzwang, in der Superstar Lionel Messi in der 110. Minute für die Entscheidung sorgte. Damit hatte der FC Barcelona den sechsten Titel innerhalb eines Jahres gewonnen und seinen eigenen Rekord aus der Spielzeit 1951/52 überboten, als man in Katalonien das Jahr der fünf Pokale („Barca de les Cinc Copes") ausgerufen hatte.

„Megamessi!"

Am 16. September 2009 wurde die geplante Zusammenarbeit mit dem FC Barcelona bis Juni 2016 ausgeweitet und die ohnehin schon fürstliche Gage auf jährliche 9,5 Millionen Euro aufgestockt. Sollte der Argentinier den Verein vorzeitig verlassen, würden 250 Millionen Euro fällig –

oder sagen wir besser eine Viertelmilliarde, da Millionen in Zeiten von Währungskrise und Rettungsschirmen mittlerweile schon kaum mehr der Rede wert sind. In jedem Fall baute Messi in der Saison 2009/10 seine Trefferzahl in der Primera División auf 34 in 35 Spielen aus, womit er erstmals als bester Torschütze (auch von Europa) ausgezeichnet wurde. Die deutliche Steigerung war einer Maßnahme von Trainer Guardiola zu verdanken, der seinen argentinischen Ballvirtuosen von der Rechtsaußenposition mehr ins Sturmzentrum rücken ließ. Besonders gut war es für Messi in der Rückrunde gegen CD Teneriffa (5:0), den FC Valencia (3:0) und Real Saragossa (4:2) gelaufen, wo er jeweils dreimal ins Schwarze getroffen hatte.
Allerdings hatten sich die Katalanen diesmal mit dem Gewinn der Meisterschaft begnügen müssen. Und das, obwohl Lionel Messi im Achtelfinale der Champions League mal wieder eine große Show abgezogen hatte. Nachdem es gegen FC Arsenal London im Hinspiel nur zu einem 2:2 gereicht hatte, begann auch der Rückkampf im Camp Nou nicht nach Wunsch, weil Bendtner die Gunners in der 18. Minute in Führung brachte. Dann aber zündete Messi den Turbo und sorgte mit einem Hattrick vor der Pause sowie einem weiteren Treffer kurz vor dem Abpfiff für einen 4:1-Erfolg. Anschließend lag die spanische Presse dem Ausnahmekönner – „Megamessi!“ – erneut zu Füßen, derweil ihm sein Trainer Guardiola bescheinigte, „aus einer anderen Welt“ zu sein. Sensationell war der Auftritt des Argentiniers allemal, war es bis dato in der Geschichte der Königsklasse doch noch keinem Spieler gelungen, in der K.O.-Phase vier Tore zu schießen. Dass die Titelverteidigung dennoch ein Traum blieb, lag an Inter Mailand, das in der Vorschlussrunde Beton anrührte und das katalanische „Tiqui-taca“ auf unschöne, aber effektive Weise ausbremste.

Besser geht immer

Bereits zu Beginn der neuen Saison, am 21. August 2010, gelang Messi im mit 4:0 gewonnenen Rückspiel um den spanischen Supercup gegen den FC Sevilla ein Hattrick, womit die vorangegangene 1:3-Niederlage in Andalusien locker korrigiert worden war. Auch zum Auftakt der Primera División erzielte er gegen Racing Santander (3:0) das erste Tor, um drei Wochen später bei Atlético Madrid (2:1) ebenfalls ins Schwarze zu treffen. In der Schlussphase wurde Messi allerdings von Tomas Ujfalusi böse umgemäht. Während der ehemalige Verteidiger des HSV mit Gelb-Rot vom Platz flog, wurde bei Messi zunächst ein Knöchelbruch befürchtet, der sich bei genauerer Untersuchung glücklicherweise nur als Verstauchung erwies. Das Foul löste in Spanien die in diesen Fällen übliche Diskussion zum besseren Schutz der Angreifer aus, derweil sich der Betroffene selbst nicht einschüchtern ließ und beim Comeback gegen RCD Mallorca zwei Wochen später gleich wieder einen Treffer erzielte, der seinem Team immerhin ein 1:1-Unentschieden rettete.
Im weiteren Saisonverlauf gab es kaum ein Spiel, in dem Messi sich nicht in die Torschützenliste eintragen konnte. So traf er etwa am 20. November beim 8:0 über UD Almeria dreimal ins Schwarze, wobei der zweite Torerfolg in der 37. Minute gleichzeitig sein 100. in der Primera División war. In Topform präsentierte sich der Südamerikaner auch am 5. Februar 2011, als er im Camp Nou Atlético Madrid beim 3:0 mit drei Toren im Alleingang abschoss. Für Barca war es gleichzeitig der 16. Sieg in Folge, was einen weiteren Rekord in der Primera División markierte. Der 31. und letzte Saisontreffer gelang Lionel Messi dann am 33. Spieltag beim 2:0 über CA Osasuna Pamplona. Besser als er war nur Real Madrids Cristiano Ronaldo, der mit 40 Saisontoren den Uraltrekord von Telmo Zarra aus dem Spieljahr 1950/51 ausgelöscht hatte.

► **EINWURF**
In der Spielzeit 2012/13 löste Lionel Messi den legendären Cesar Rodriguez als vereinsinternen Toptorjäger ab. Während dem bisherigen Rekordhalter in 287 Einsätzen in der Primera División 195 Treffer gelungen sind, hat Messi bislang in 246 Ligaspielen 215-mal eingenetzt. Auf dem dritten Platz rangiert nach wie vor Ladislao Kubala mit 131 Toren in 243 Spielen. Aber auch in Sachen Pflichtspieltore ist „La Pulga“ inzwischen das Maß aller Dinge. Mit 324 Toren in 411 Spielen stellt der Argentinier auch in dieser Kategorie Cesar Rodriguez in den Schatten, der es zwischen 1942 und 1955 in 294 Partien für die Katalanen auf immerhin 288 Tore gebracht hat.

Neben dem dritten nationalen Meistertitel in Folge konnte der FC Barcelona zudem erneut die Champions League für sich entscheiden. Für große Freude sorgte er bei den Barca-Anhängern, als er im Hinspiel der Vorschlussrunde gegen Real Madrid beide Treffer zum 2:0-Sieg im Bernabeu-Stadion schoss. Somit reichte vor eigenem Publikum das 1:1, um locker ins Endspiel einzuziehen, wo wie zwei Jahre zuvor Manchester United wartete. Nach Treffern von Pedro Rodriguez und Wayne Rooney vor der Pause stellte der Argentinier die Weichen in der 54. Minute auf Sieg, als er den zweiten Treffer für die Katalanen erzielte, die durch das Tor von David Villa aus der 69. Minute schließlich mit 3:1 die Oberhand behielten. Das 2:1 von Messi war zugleich dessen zwölfter Champions-League-Treffer, mit dem er den Saisonrekord von Ruud van Nistelrooy aus der Spielzeit 2002/03 egalisierte.

Und noch ein paar neue Rekorde

In der Saison 2011/12 traf Lionel Messi in der Champions-League sogar 14-mal ins Schwarze, womit er eine weitere neue Bestmarke setzte. Allein zur Titelverteidigung reichte es nicht, da FC Chelsea London in der Vorschlussrunde mit altbewährter Mauertaktik die Oberhand behielt. Richtig übel hatte der Argentinier den Bundesligist Bayer Leverkusen im Rückspiel des Achtelfinales mitgespielt. Nach 90 Minuten hatten die Katalanen mit 7:1 die Nase vorn und Lionel Messi mit fünf Toren in einem Spiel der Königs-klasse gleich noch einen weiteren neuen Rekord in der Tasche. Und obwohl der FC Barcelona diesmal mit der Copa del Rey nur einen einzigen Titel gewann, sollte es für Messi in diesem Stil weitergehen: In der Primera División gelangen ihm nicht weniger als 50 Tore, mit denen er den Vorjahresrekord von Cristiano Ronaldo geradezu pulverisierte. In nicht weniger als acht Ligaspielen waren ihm sogar drei oder mehr Treffer geglückt. Zweimal erlebten seine Fans eine Vier-Tore-Gala. Erstmals am 19. Februar, als der FC Valencia im Camp Nou mit 5:1 abgefieselt wurde und Messi damit standesgemäß seinen 200. Ligaeinsatz für Barca zelebrierte. Und schließlich am vorletzten Spieltag, als Espanyol Barcelona zum Stadtderby angereist war und von „Megamessi“ im Alleingang mit 0:4 zerlegt wurde. Die Zuschauer im Camp Nou waren aus dem Häuschen, als der Argentinier in der 79. Minute mit einem Elfmeter den Endstand mit dem 50. Saisontreffer besiegelte. Damit aber noch immer nicht genug: Wettbewerbsübergreifend hatte der Pele der Gegenwart mit 73 Toren in 60 Pflichtspielen geglänzt und damit den Rekord von Gerd Müller übertroffen, dem im Laufe der

Spielzeit 1972/73 insgesamt 67 Pflichtspieltreffer gelungen waren. Im März 2012 hatte Lionel Messi darüber hinaus als jüngster Spieler in der Historie der Primera División die Marke von 150 Toren geknackt. Und selbstverständlich hatte er sich auch im Pokalfinale in die Torschützenliste eingetragen und mit dem zweiten Barca-Treffer beim ungefährdeten 3:0 über Athletic Bilbao seinen Teil zum einzigen Titelgewinn der Saison 2011/12 beigesteuert.

Seitwärtstrend in der Saison 2012/13

Auch in der Spielzeit 2012/13 sollte es für Messi und den erfolgsverwöhnten FC Barcelona „nur" zu einem Titel reichen. In der Primera División rückten die Katalanen die Verhältnisse wieder zurecht und verwiesen Titelverteidiger Real Madrid auf den zweiten Platz. Lionel Messi führte mit 46 Treffern einmal mehr in souveräner Manier die Torjägerliste an, so dass er auch im europäischen Vergleich Spitze blieb. Zwischen dem 11. November und dem 16. Dezember waren dem Argentinier in sechs aufeinanderfolgenden Ligaspielen je zwei Treffer gelungen, während er diese Serie bis zum 5. Mai verlängerte, indem er sich in den nächsten 15 Einsätzen in der Primera División immer mindestens einmal in der Torschützenliste verewigte. In der kontinentalen Königsklasse fand Lionel Messi, dessen Vertrag im Dezember 2012 um weitere zwei Jahre bis 2018 verlängert wurde, indes erneut seinen Meister. Bereits im Achtelfinale standen die Schützlinge von Trainer Tito Vilanova nach dem beim AC Mailand mit 0:2 verlorenen Hinspiel vor dem Aus, ehe man im Camp Nou das Ruder noch einmal herumriss und auch dank eines Messi-Doppelpacks vor der Pause einen klaren 4:0-Sieg einfuhr.

► EINWURF

Acht Treffer sind Lionel Messi in der abgelaufenen Champions-League-Saison gelungen, womit er in 79 Einsätzen in der Königsklasse auf summa summarum 59 Torerfolge verweisen kann. Hinter Raul (71 Tore) und Ruud van Nistelrooy (60) belegt der Argentinier damit gegenwärtig den dritten Platz.

In der Runde der letzten Acht traf Barca auf FC Paris Saint-Germain, das mit einer Transferoffensive in die Saison gegangen war und den Schweden Zlatan Ibrahimovic sowie den Engländer David Beckham verpflichtet hatte. Dennoch präsentierten sich die Spanier schon im ersten Duell an der Seine als die stärkere Elf, die durch Messis Linksschuss in der 38. Minute mit 1:0 in Führung ging. Wenig später zog sich der Argentinier aber eine Muskelverletzung im rechten Oberschenkel zu, so dass er zur Pause ausgewechselt werden musste. Nicht, dass die Gäste nach einem für PSG am Ende äußerst glücklichen 2:2-Unentschieden unzufrieden sein mussten. Ohne Messi hatte ihnen aber die gewohnte Souveränität gefehlt, was auch auf das Rückspiel im Camp Nou zutraf, wo Barca in der 50. Minute in Rückstand geriet. Erst als Messi nach 62 Minuten eingewechselt wurde, lief es wieder besser. Auch wenn man dem Südamerikaner die fehlende Fitness anmerkte, ging allein durch seine Präsenz ein Ruck durch die Mannschaft, der durch Pedro (71.) noch der Ausgleich und der Einzug ins Halbfinale gelang. Vor dem Hinspiel am 23. April beim FC Bayern München stand Messis Einsatz aber erneut lange Zeit auf der Kippe. Während die Bayern ein spielerisches Feuerwerk abbrannten und mit 4:0 die Oberhand behielten, blieb Lionel Messi ungewohnt blass, was zumindest teilweise mit seiner Verletzung zu tun hatte. Das Rückspiel vor eigenem Publikum verfolgte er von der Bank aus, womit ihm immerhin eine weitere Schmach – die Bayern gewannen mit 3:0 – erspart geblieben war.

► ZAHLEN UND FAKTEN

Vereine: Seit 2003 FC Barcelona

Tore:	246 Spiele Primera División (215 Tore)
	22 Spiele Segunda División (6 Tore)
	10 Spiele Tercera División (5 Tore)
	38 Spiele Copa del Rey (24 Tore)
	9 spanische Supercupspiele (10 Tore)
	79 Champions-League-Spiele (59 Tore)
	4 Klub-WM-Spiele (4 Tore)
	3 Spiele Europäischer Supercup (1 Tor)
	82 A-Länderspiele (35 Tore)
	11 Olympiaauswahl-Spiele (5 Tore)
gesamt	504 Pflichtspiele (364 Tore)

Erfolge: Spanischer Meister 2005, 2006, 2009, 2010, 2011, 2013
Spanischer Pokalsieger 2009, 2012
Spanischer Supercupsieger 2005, 2006, 2009, 2010, 2011
Champions-League-Sieger 2006, 2009, 2011
Klub-Weltmeister 2009, 2011
Europäischer Supercupsieger 2009, 2011
Olympiasieger 2008

Spanischer Torschützenkönig 2009/10, 2011/12, 2012/13
Europas Torschützenkönig 2010, 2012, 2013
Torschützenkönig Champions League 2008/09, 2009/10, 2010/11, 2011/12
Weltfußballer des Jahres 2009, 2010, 2011, 2012
Europas Fußballer des Jahres 2009, 2011
Argentiniens Fußballer des Jahres 2005, 2007
Spaniens Fußballer des Jahres 2009, 2010, 2011

In der Nationalmannschaft:

Ein Spieler, der mit 26 Jahren schon viermal zum Weltfußballer des Jahres gekürt wurde und der dreimal die Champions League gewonnen hat, muss zwangsläufig zu den Größten zählen. Wie eingangs erwähnt fehlt Lionel Messi aber noch ein bedeutender Titel mit der Nationalelf, weshalb man ihn eben noch nicht mit Pele oder seinem Landsmann Diego Maradona auf eine Stufe stellen kann. In seiner Heimat hadern die Anhänger der Albiceleste daher auch ein wenig mit dem Barca-Star, da dieser die herausragenden Leistungen im Vereinstrikot bislang noch nicht im Nationalteam gezeigt hat. Seitdem Messi in Katalonien zum gestandenen Spieler gereift ist, war er vor allem bei der WM 2010 in Südafrika, aber auch bei der Copa America 2011 hinter den Erwartungen zurückgeblieben, was freilich nicht bedeutet, dass er in Anbetracht von 35 Toren in 82 Länderspielen auch in der Nationalelf auf die Überholspur gewechselt ist. Und selbst wenn sich die Bilanz für Argentinien derzeit nicht annähernd so beeindruckend liest wie jene mit Barcelona, so liegt es bei der Klasse Lionel Messis doch nahe, dass dieser bei einer der kommenden Weltmeisterschaften zum Topstar avancieren wird. Und mit dem WM-Pokal in Händen dürfte dann auch endgültig keiner mehr an seinen Qualitäten zweifeln.

Weltmeister mit der U-20

Da Messi schon als 13-Jähriger in die Jugendakademie des FC Barcelona eingetreten war, wäre durchaus auch eine

Länderspielkarriere für Spanien denkbar gewesen, zumal der Angreifer seit 2005 auch die spanische Staatsbürgerschaft besitzt. Nachdem er aber für sein Geburtsland an der U-20-Weltmeisterschaft in den Niederlanden teilgenommen hatte, war eine Zukunft in der Albiceleste jedoch beschlossene Sache. In den Niederlanden war der Hoffnungsträger aus Rosario herausragender Akteur seines Teams, das er als Torschützenkönig mit sechs Treffern zum WM-Titel führte. Auch im Endspiel am 2. Juli bewies er sein ganzes Können, als er beim 2:1 über Nigeria vor 24.500 Zuschauern in Utrecht beide argentinischen Treffer erzielte. Insgesamt bestritt Messi für die U-20-Nationalmannschaft 18 Spiele und erzielte dabei 14 Tore.

Nach seinen starken Leistungen im Juniorenbereich wurde Messi am 17. August 2005 erstmals in die A-Nationalmannschaft berufen. Beim Debüt gegen Ungarn (2:1) schien er jedoch etwas übermotiviert und wurde nur wenige Sekunden nach seiner Einwechslung wegen einer Tätlichkeit vom Platz gestellt. Dennoch gehörte er im Jahr darauf dem argentinischen WM-Kader an, wobei er in Deutschland drei Spiele bestritt. Gleich beim ersten Turniereinsatz am 16. Juni in Gelsenkirchen gegen Serbien & Montenegro erzielte er nach seiner Einwechslung in der 75. Minute den Treffer zum 6:0-Endstand (88.). Mit damals knapp 19 Jahren war er damit nach Pele, Manuel Rosas – der bei der WM 1930 für Mexiko getroffen hatte – und Michael Owen der viertjüngste Spieler, der sich bei Welttitelkämpfen in die Torschützenliste eintragen konnte. Erstmals von Beginn an auf dem Platz stand Messi im letzten Gruppenspiel gegen die Niederlande (0:0), um beim harterkämpften 2:1-Verlängerungssieg im Achtelfinale gegen Mexiko sechs Minuten vor Ablauf der regulären Spielzeit für Javier Saviola eingewechselt zu werden. Nicht mit von der Partie war er im Viertelfinale, das im Berliner Olympiastadion gegen Gastgeber Deutschland im Elfmeterschießen verloren ging.

Im Sommer 2007 kam Messi zu sechs Auftritten im Rahmen der Copa América in Venezuela, die für Argentinien mit einer 0:3-Finalniederlage gegen Erzrivale Brasilien endete. Von seinen beiden Treffern blieb vor allem jener aus dem Halbfinale gegen Mexiko (3:0) im Gedächtnis haften, als er den gegnerischen Schlussmann Oswaldo Sanchez mit einem gekonnten Lupfer aus 15 Metern düpierte. Auch Nationaltrainer Alfo Basile war begeistert und meinte: „So etwas machen nur Genies."

Olympisches Gold

Auch wenn das Genie Messi längst ein gestandener A-Nationalspieler war, wurde er im Sommer 2008 in die argentinische U-23 berufen, die in Peking den Versuch unternahm, ihr olympisches Gold von Athen zu verteidigen. Und wirklich präsentierte sich der Barca-Star im Reich der Mitte in glänzender Form und führte sein Land abermals zum Olympiasieg, der nach einem knappen 1:0-Erfolg im Endspiel über Nigeria im Olympiastadion von Peking feststand. Den Siegtreffer gegen die Schwarzafrikaner hatte Angel di Maria nach einer knappen Stunde erzielt, derweil Lionel Messi in fünf der sechs Turnierspiele zum Einsatz gekommen war – darunter auch beim 3:0 im Halbfinale gegen Brasilien – und dabei zwei Tore erzielt hatte.

In der Saison 2008/09 sollte Messi dann sein endgültiger Durchbruch beim FC Barcelona gelingen. Es folgte die Wahl zum Fußballer des Jahres 2009, so dass nicht wenige davon ausgingen, der Argentinier werde auch zu einem der großen Superstars der Weltmeisterschaft in Südafrika avancieren. Obwohl Messi weder in den Vorrundenspielen gegen Nigeria (1:0), Südkorea (4:1) und Griechenland (2:0) noch im Achtelfinale gegen Mexiko (3:1) einen Treffer anbringen konnte, begann man in Argentinien bereits unverhohlen vom dritten WM-Titel zu träumen. In der Runde der letzten Acht brannte man gegen Deutschland auf die Revanche für die knappe Niederlage von 2006, doch sollte den Südamerikanern in Kapstadt Hören und Sehen vergehen, was vor allem auf Lionel Messi zutraf, der bei der peinlichen 0:4-Klatsche gegen die Löw-Elf nicht wie ein Weltklassespieler, sondern wie ein blutiger Anfänger über den Rasen gestolpert war.

Auch bei der Copa América, die 2011 im eigenen Land stattfand, vermochte Messi die hohen Erwartungen nicht zu erfüllen und blieb erneut ohne Torerfolg. Schon in der Vorrunde hatte die Albiceleste große Mühe und konnte erst im letzten Gruppenspiel durch einen 3:0-Sieg über Costa Rica das drohende Ausscheiden abwenden. Im Viertelfinale ging es schließlich gegen Uruguay, wo die Entscheidung nach einem 1:1 nach Verlängerung im Elfmeterschießen fallen musste, Zunächst konnte Lionel Messi den ersten Elfer der Gauchos sicher verwandeln. Doch nach dem Fehlschuss von Carlos Tevez setzten sich die Urus aber mit 5:4 durch, was die argentinischen Fußballanhänger mal wieder in eine tiefe Sinnkrise stürzte.

Nächste Chance im Sommer 2014

Die Devise aus Sicht der Argentinier und Lionel Messi kann also nur lauten, nach vorne zu blicken. Die Qualifikation für die Weltmeisterschaft 2014 im Nachbarland Brasilien ist der Albiceleste schon jetzt so gut wie sicher, derweil der Barca-Star bis dato selbst mit acht Treffern in der WM-Qualifikation neben Higuain (neun) zu den aktuell erfolgreichsten Torschützen seines Teams zählt. Auch in der ewigen Torjägerliste der Albiceleste ist er mit seinen 35 Treffern mittlerweile schon bis auf den zweiten Platz vorgestoßen, woran nicht zuletzt je drei Tore in den Freundschaftsspielen im Februar 2012 gegen die Schweiz (3:1), im Juni 2012 gegen Brasilien (4:3) und im Juni 2013 gegen Guatemala (4:0) großen Anteil hatten. Inzwischen hat er sogar den großen Diego Maradona hinter sich gelassen, der in 91 Länderspieleinsätzen lediglich auf 34 Tore verweisen kann. Allein Rekordtorschütze Gabriel Batistuta liegt mit 56 Toren derzeit noch außer Reichweite. Sollte es Messi allerdings gelingen, die Form aus seinen letzten Länderspielen einigermaßen zu konservieren, dürfte er in nicht allzu ferner Zukunft gewiss auch diese Rekordmarke an sich reißen. – Und wenn er dann noch den WM-Pokal gewonnen hat, können es die Grünschnäbel auf den Schulhöfen tatsächlich nahezu unwidersprochen in die Welt hinausschreien: Lionel Andrés Messi ist der größte Fußballer aller Zeiten!

Saison	CL		Liga		Pokal	
	Sp.	T.	Sp.	T.	Sp.	T.
2003/04			15	5		
2004/05			17	6		
	1	0	7	1	1	0
2005/06	6	1	17	6	2	1
2006/07	5	1	26	14	2	2
2007/08	9	6	28	10	3	0
2008/09	12	9	31	23	8	6
2009/10	11	8	35	34	3	1
2010/11	13	12	33	31	7	7
2011/12	11	14	37	50	7	3
2012/13	11	8	32	46	5	4

Fernando Morena
Der Meisterschütze aus Montevideo

Der beste Ligatorschütze aus Uruguay, mit vollem Namen Fernando Morena Belora, erblickte am 2. Februar 1952 in Montevideo das Licht der Welt, genauer gesagt im Stadtviertel Punta Gorda, das direkt am Rio de la Plata gelegen ist. Morena war schon immer in der Lage, seinen eigenen Kopf durchzusetzen; eine Eigenschaft, die ihn später auch auf dem Fußballplatz auszeichnen sollte. Obwohl es seine gesamte Familie mit Nacional – einem der beiden Großklubs des Landes – hielt, bezeichnete sich Morena schon als Sechsjähriger als Anhänger von dessen großem Rivalen Peñarol. Später freilich, erzählt Morena stolz, unterstützte auch seine Familie die Aurinegros, was natürlich seinen starken Leistungen im gold-schwarzen Peñarol-Trikot zu verdanken war.

EXKURS: Club Atlético Peñarol

Der „Club Atlético Peñarol" – hierzulande meist Peñarol Montevideo genannt – wurde am 28. September 1891 als „Central Uruguay Railway Cricket Club" (kurz CURCC) gegründet. Die „Central Uruguay Railway" war die Eisenbahngesellschaft des Landes, der zumeist Briten angehörten, die in ihrer Freizeit heimischen Sportarten frönten, zu denen – neben dem Cricket – natürlich auch Fußball zählte. Der erste Landesmeister (1900) trägt seinen heutigen Namen seit 1915, wobei er nach dem Stadtteil Peñarol benannt ist, einem hügeligen Gebiet, auf dem italienische Einwanderer einst Wein angebaut hatten. Diese stammten mehrheitlich aus der im Piemont gelegenen Stadt Pinerolo, was dem Stadtteil von Montevideo später zur spanischen Bezeichnung Peñarol verhalf. Mit drei Weltcupsiegen, fünf Erfolgen in der Copa Libertadores sowie 40 Landesmeistertiteln zählen die Aurinegros (Gold-Schwarzen) zu den erfolgreichsten Klubs der Welt. Der Rekordmeister Uruguays ist freilich Stadtrivale Nacional mit 44 Titeln. Ähnlich wie in Schottland, wo sich die beiden Glasgower Antipoden Celtic und Rangers seit Pioniertagen ein ewiges Rennen um die Vorherrschaft liefern, wird der Fußball im Land des zweifachen Weltmeisters quasi auch im Alleingang von den beiden Erzrivalen dominiert. War Peñarol anfangs ein Verein, dem überwiegend Ausländer angehörten, gehörten dem am 14. Mai 1899 durch eine Fusion entstandenen „Club Atlético Nacional" zunächst nur einheimische Mitglieder an, womit jene große Rivalität begründet worden war, die in den jährlich stattfinden Stadtderbys – den „Clasicos" – zum Ausdruck kommt und eine ganze Nation spaltet. Unten die Peñarol-Elf aus dem Jahr 1904.

Bevor Fernando Morena das Dress von Peñarol überstreifte, hatte er für mehrere kleinere Klubs aus der Hauptstadt Montevideo gekickt. Zunächst für Defensor, wo er schon als Elfjähriger für Furore sorgte, als er in einer Saison 54-mal ins Schwarze traf. Nachdem ein angedachter Wechsel zu Velez Sarsfield ins benachbarte Buenos Aires nicht zustande gekommen war, spielte er auf Anraten seiner Familie beim allseits favorisierten Club Nacional vor, wo man seine Fähigkeiten jedoch nicht erkannte. Daher schloss er sich 1967 Racing Montevideo an, ehe er zwei Jahre später zu Club Atlético River Plate wechselte, wo er am 5. Oktober 1969 mit 17 Jahren in der Ligamannschaft debütierte. River Plate erkämpfte sich an jenem 11. Spieltag ein 1:1-Unentschieden bei Bella Vista, um die Ganzjahresrunde von Uruguay schließlich als Vierter abzuschließen. Nachdem „Nando" anfangs noch vornehmlich für die Reservemannschaft in der fünften Liga gekickt hatte, gehörte er ab dem Spieljahr 1970 dem Kader der „Ersten" an, für die er bis 1972 in 48 Einsätzen in der Primera División de Uruguay 27-mal ins Schwarze traf. An der Tabellenspitze herrschte auch in jener Zeit die übliche Tristesse. Wie eigentlich fast immer dominierte die „Old Firm" der „Banda Oriental" den einheimischen Fußball, wobei zwischen 1969 und 1972 Nacional eindeutig den Ton angab und Erzrivale Peñarol jeweils auf den zweiten Platz verwies.

Die beiden Toptorjäger der Primera División de Uruguay kickten erwartungsgemäß für die beiden Erzrivalen und Seriensieger Peñarol und Nacional Montevideo. Während Fernando Morena von Peñarol in 244 Ligaspielen 230-mal in die Maschen getroffen hatte, durfte sich Nacionals Atilio Garcia (Bild) in 210 Begegnungen über 208 Torerfolge freuen.

Torschützenkönig vom Dienst

Um Nacional endlich wieder von der Spitze zu verdrängen, bedurfte es also unbedingt einer personellen Blutauffrischung, weshalb die Vereinsspitze zur Saison 1973 Fernando Morena anheuerte, der in den kommenden Jahren tatsächlich zum wichtigsten Spieler im Team der Aurinegros avancierte. Ab 1973 drehte Peñarol den Spieß um und sicherte sich dreimal in Folge vor Nacional die Meisterschaft. Die Leistungen von Neuzugang Morena waren dabei mehr als beeindruckend. Im Spieljahr 1973 waren den Aurinegros in ihren 22 Ligaspielen 38 Tore gelungen, von denen nicht weniger als 23 – und damit 60 Prozent – auf das Konto ihres neuen Angreifers gegangen waren, der sich mit seiner Spielweise alsbald den Beinamen „Potrillo" erwarb. Potrillo bezeichnet im Spanischen ein junges Pferd, womit auf die unglaubliche Spritzigkeit verwiesen wird, mit der Fernando Morena die gegnerischen Deckungsreihen sprengte. Mindestens ebenso sehr zeichneten ihn aber auch sein Durchsetzungsvermögen sowie seine immense Schusskraft aus.

Stolze sechsmal hintereinander führte Morena in den siebziger Jahren die Torschützenliste an, womit er nur knapp den Rekord von Atilio Garcia verpasste, der von 1938 bis 1944 gar siebenmal in Serie die Torjägerkrone erobert hatte, wobei der Stürmer von Nacional die Trefferzahlen von Fernando Morena deutlich verfehlte. Der traf 1974 insgesamt 27-mal ins Schwarze, um im Spieljahr 1975 mit 34 Torerfolgen einen neuen Rekord in der Primera División aufzustellen, mit dem er die alte Bestmarke von Juan Young aus dem Jahr 1933 um einen Treffer überboten hatte.

► EINWURF
Mit 230 Toren in 244 Einsätzen führt Fernando Morena die ewige Torschützenliste der Primera División de Uruguay vor Atilio Garcia an, der für Nacional Montevideo in 210 Spielen 208-mal ins Schwarze getroffen hat. Dritter der ewigen Bestenliste ist Hector Scarone. Der Weltmeister von 1930 hat vor seinem Wechsel nach Europa für Nacional in 191 Einsätzen immerhin 163 Tore auf sein Konto gebracht. – Obwohl „Nando" siebenmal Torschützenkönig geworden ist, wird er in dieser Hinsicht doch von Atilio Garcia in den Schatten gestellt, dem dieses Kunststück einmal öfter gelang. Zwischen 1938 und 1944 sogar siebenmal in Serie, womit Morena auch in dieser Disziplin an seinem Pendant von Nacional gescheitert ist, als er sich zwischen 1973 und 1978 „nur" sechsmal in Folge die Torschützenkrone sicherte. Wäre Fernando Morena Mitte 1979 nicht nach Spanien gewechselt, Garcias Rekord wäre aber zumindest ins Wanken geraten...

Obwohl Morena auch 1976 und 1977 Torschützenkönig wurde, war seine Schlagzahl auf 18 bzw. 19 Saisontreffer extrem zurückgegangen, was Peñarol in beiden Fällen die Meisterschaft kostete. Dafür war der pfeilschnelle Scharfschütze der Aurinegros 1978 nicht zu bremsen und erzielte mit 36 Treffern in 21 Einsätzen einen neuen Tore-Rekord, der bis zum heutigen Tag ungebrochen ist. In Galaform hatte er sich vor allem am 16. Juli 1978 gegen Huracan Buceo präsentiert, als beim 7:0-Kantersieg sämtliche Peñarol-Tore auf sein Konto gegangen waren. Beinahe wäre noch ein achtes hinzugekommen, wenn Morena in der Schlussphase nicht einen Elfmeter vergeben hätte. Müßig zu erwähnen, dass in diesem Jahr der Meistertitel wieder an Peñarol ging, den sich die Mannschaft, ohne eine einzige Saisonniederlage zu kassieren, gesichert hatte.
Rekordträchtig waren Fernando Morenas Leistungen auch in der Copa Libertadores. Zwar konnte er diese mit den Aurinegros in den siebziger Jahren (noch) nicht gewinnen. Dafür war er sowohl 1974 als auch 1975 zum erfolgreichsten Torschützen avanciert, als ihm sieben bzw. acht Treffer gelungen waren. Ohnehin zählt er mit 37 Torerfolgen im „Pokal der Befreier" (in 77 Einsätzen) zu den erfolgreichsten Akteuren und wird lediglich von Alberto Spencer überboten, der ebenfalls im Trikot von Peñarol (und später auch für Barcelona Guayaquil) in 87 Berufungen 54-mal ins Schwarze getroffen hat. Am 25. September 1974 gehörte Morena zudem jener Peñarol-Mannschaft an, die als erste uruguayische überhaupt in der Copa Libertadores bei einem argentinischen Vertreter einen Sieg errang, indem sie CA Huracan in Buenos Aires mit 3:0 deutlich in die Schranken gewiesen hatte.

Stark auch in Spanien

Im Sommer 1979 kehrte Fernando Morena nach sechseinhalb überaus erfolgreichen Jahren im gold-schwarzen Peñarol-Trikot seiner Heimat den Rücken, um sein Glück in Europa zu versuchen. Obwohl er sich mit 27 Jahren im besten Fußballeralter befand, ging er damit ein nicht unbeträchtliches Risiko ein. Schließlich wäre der Uruguayer nicht der erste Lateinamerikaner gewesen, der bei einem europäischen Klub Schiffbruch erlitten hätte. Anscheinend aber verfügte er über die richtigen Berater. Allein, dass sich Morena für einen Wechsel nach Spanien entschied, erwies sich als großes Plus. Ohne die in Mitteleuropa obligatorischen Sprachprobleme konnte er sich in der Primera División gleich aufs Toreschießen konzentrieren, was er in der Saison 1979/80 ausgiebig tat. Sein neuer Arbeitgeber war der erst vor zwei Jahren aufgestiegene Madrider Vorortklub AD Rayo Vallecano, so dass der Südamerikaner auch ohne allzu großen Druck aufspielen konnte, was ihm auf Anhieb zum Durchbruch verhalf. In 34 Ligaspielen erzielte er 21 Tore, mit denen er zu den besten Torjägern der Primera División zählte. Leider war bei den Vallecanos im dritten Jahr nach dem Aufstieg jedoch ein wenig die Luft raus. Da diese in nur neun Spielen siegreich blieben, mussten sie trotz der Torerfolge Morenas in die Zweitklassigkeit absteigen.
Dank seiner starken Leistungen hatte der Uruguayer zumindestens keine Schwierigkeiten, einen neuen Erstligaverein zu finden. Dass ihn aber ausgerechnet der FC Valencia unter Vertrag nahm, kann als große Auszeichnung gewertet werden. Schließlich hatten die „Che" in der Vorsaison den Europacup der Pokalsieger gewonnen, derweil der Angriff mit Mario Kempes auch ohne Morena hervorragend besetzt war. Gegen den argentinischen Weltmeister vermochte sich „Nando" in der Spielzeit 1980/81 freilich nicht nur durchzusetzen. Vielmehr sollte er den „Matador" sogar aus dem Team verdrängen, weshalb dieser vorzeitig nach Argentinien flüchtete. War Kempes im Vorjahr mit 22 Treffern noch Toptorjäger der „Che", nahm diese Rolle nun Fernando Morena ein, indem er für den Ligavierten 16 Tore erzielt hatte. Sogar einen Titel konnte er mit dem FC Valencia gewinnen. Ende des Jahres galt es sich im kontinentalen Supercup mit Meisterpokalsieger Nottingham Forest zu messen, wobei das erste Duell in England knapp mit 1:2 verloren gegangen war. Somit reichte der Mannschaft im Rückspiel vor eigenem Publikum schon ein 1:0-Erfolg, der am 17. Dezember 1980 auch wirklich gelang, nachdem Fernando Morena in der 57. Minute das Tor des Tages gelungen war.

► EINWURF
Seit 1974 werden die uruguayischen Teilnehmer an der Copa Libertadores in einer zusätzlichen Runde ermittelt, an der im Anschluss an die reguläre Ligameisterschaft die bestplatzierten Mannschaften teilnehmen. Mit stattlichen 34 Treffern in der „Liguilla Pre Libertadores" führt Fernando Morena auch hier die Torjägerliste an, wobei er für diese nur 32 Einsätze benötigt hat. Einen weiteren Rekord hält Morena mit 27 Torerfolgen in den Ortsderbys gegen Nacional, die ihn zum erfolgreichsten Torschützen Peñarols im Clasico stempeln. Übertroffen wird er lediglich von Nacionals Atilio Garcia, der sogar auf 34 Derby-Tore verweisen kann.

Rückkehr zu Peñarol

Trotz seiner Erfolge in Spanien behielt nach der Saison 1980/81 Morenas Heimatliebe die Oberhand, welche ihn zu Peñarol zurückkehren ließ, wo er zunächst weitere zweieinhalb Spielzeiten unter Vertrag stand. Höhepunkt war zweifelsohne das Jahr 1982, als „Nando" nicht nur zum insgesamt sechsten Mal Landesmeister wurde und sich mit eher bescheidenen 17 Saisontreffern die siebte Torjägerkrone seiner Karriere sicherte. Überstrahlt wurde die Saison vom Erfolgslauf in der Copa Libertadores, die die

Aurinegros zum vierten Mal in ihrer Vereinsgeschichte gewinnen konnten. Vor den beiden Finalspielen Ende November galten die Urus gegen den chilenischen Vertreter CD Cobreloa als klarer Favorit.

Der argentinische Weltmeister Mario Kempes spielte ab 1976 für den FC Valencia, wo er in der Saison 1980/81 von Fernando Morena verdrängt werden sollte.

Jedoch tat sich die Mannschaft bereits im Hinspiel im Estadio Centenario äußerst schwer und kam nicht über ein torloses Remis hinaus, was den Glauben an einen erfolgreichen Verlauf des Rückspiels erheblich ins Wanken brachte. Vor über 70.000 Fans im Nationalstadion von Santiago de Chile boten sich beide Teams eine weitere Abwehrschlacht, die erneut auf ein 0:0 hinauszulaufen schien, ehe sich Peñarols Meisterschütze Fernando Morena ein Herz fasste und in der 89. Minute das Tor des Tages erzielte. Es war sein siebter Treffer in der diesjährigen Copa Libertadores, womit er nach 1974 und 1975 erneut die Torschützenliste anführte. Den erfolgreichen Saisonverlauf konnten die Schützlinge von Trainer Hugo Bagnulo nur zwei Wochen später krönen, als sie im Weltcupfinale von Tokio auch Europacupsieger Aston Villa mit 2:0 schlugen, wobei diesmal Jair und Silva die Tore erzielten.

Das Estadio Centenario von Montevideo war am 26. November 1982 Schauplatz des Hinspiels der Copa Libertadores zwischen Peñarol und dem chilenischen Verein CD Cobreloa, das vor 44.690 Zuschauern torlos endete. Im Rückspiel, das vier Tage darauf in Chile stattfand, sicherte Fernando Morena mit seinem Treffer in der 89. Minute den Auringros zum insgesamt vierten Mal den Titel.

Nach dem Weltcupsieg neigte sich die Karriere Fernando Morenas dem Ende entgegen. Im Juli 1983 verpasste er mir Peñarol die Titelverteidigung in der Copa Libertadores, da die Endspiele gegen Gremio Porto Alegre (1:1, 1:2) knapp verloren gingen. 1984 versuchte er jenseits des Rio de la Plata bei Boca Juniors Fuß zu fassen, doch konnte er in Buenos Aires in sieben Einsätzen nur einen Treffer verbuchen. Schließlich kam er 1985 noch in sechs Ligaspielen für Peñarol zum Einsatz, um mit seinen beiden letzten Pflichtspieltoren seine aktive Laufbahn zu beschließen.

Bescheidene Erfolge auf der Trainerbank

Als Trainer betreute Fernando Morena mehrere Vereine im In- und Ausland, wobei seine Erfolgsbilanz unter dem Strich nur wenig berauschend ausfällt. Nach dem Einstand als Vizemeister bei Peñarol (1988) übernahm er während der Saison 1989 mit River Plate Montevideo einen weiteren Ex-Klub, wo er den drohenden Abstieg jedoch nicht verhindern konnte. Besser sollte es für den ehemaligen Torjäger in der Spielzeit 1990/91 laufen, als er sich mit dem spanischen Zweitligisten Real Murcia lange Zeit Hoffnungen auf den Aufstieg machen durfte. In der Endabrechnung musste seine Mannschaft als Tabellendritter wegen des schlechteren Torverhältnisses jedoch Deportivo La Coruña knapp den Vortritt lassen. Zwischen 1996 und 1998 heuerte Morena dann abermals bei River Plate Montevideo an, das er 1997 überraschend zur Vizemeisterschaft führen konnte. Nachdem er um die Jahrtausendwende beim chilenischen Topklub Colo-Colo unter Vertrag gestanden und als Vierter bzw. Dritter die Teilnahme an der Copa Libertadores knapp verpasst hatte, zog er sich nach zwei erfolglosen Kurzgastspielen in seiner Heimatstadt Montevideo bei River Plate (2003) und Peñarol (2005) endgültig aus dem Trainergeschäft zurück. Seit dem Jahr 2009 ist Fernando Morena bei Peñarol im Management tätig. So ganz konnte sich der 61-jährige Fußballrentner also noch nicht vom runden Leder trennen.

► ZAHLEN UND FAKTEN

Vereine:	1969-1972	River Plate Montevideo
	1973-1979	Peñarol Montevideo
	1979-1980	AD Rayo Vallecano
	1980-1981	FC Valencia
	1981-1983	Peñarol Montevideo
	1984	Boca Juniors Buenos Aires
	1985	Peñarol Montevideo

Tore: 244 Sp. uruguay. Primera Divisón (230 T.)
32 Sp. Liguilla Pre Libertadores (34 Tore)
65 Spiele Primera División (36 Tore)
7 Spiele arg. Primera División (1 Tor)
6 Spiele Copa del Rey (4 Tore)
77 Spiele Copa Libertadores (37 Tore)
4 Europacup-Spiele (3 Tore)
3 Weltcup- / ESC-Spiele (1 Tor)
53 Länderspiele (22 Tore)
gesamt 491 Pflichtspiele (368 Tore)

Erfolge: Uruguayischer Meister
1973, 1974, 1975, 1978, 1981, 1982
Sieger Copa Libertadores 1982
Weltcupsieger 1982
Europäischer Supercupsieger 1980
Sieger Copa America 1983

Uruguayischer Torschützenkönig 1973, 1974, 1975, 1976, 1977, 1978, 1982

In der Nationalmannschaft:

Fernando Morena zählt mit 22 Toren in 53 Länderspielen zu den erfolgreichsten Goalgettern der Celeste und belegt in der ewigen Bestenliste gegenwärtig den neunten Platz.

An der Spitze rangiert der immer noch aktive Diego Forlan, der in 103 Länderspieleinsätzen seit 2002 bislang 36-mal ins Schwarze getroffen hat. Zweitbester Torjäger der Urus ist Hector Scarone. Der Weltmeister von 1930 hat in 52 Länderspielen 31 Treffer erzielt, womit er pro Einsatz für 0,60 Tore gut war und in Sachen Toreschnitt sowohl Spitzenreiter Diego Forlan (0,35) als auch Fernando Morena (0,42) deutlich in den Schatten stellt.

Zählt noch heute zu den größten Torjägern in der Geschichte des uruguayischen Fußballs: Hector Scarone, dem in 52 Länderspielen zwischen 1917 und 1930 insgesamt 31 Tore geglückt sind. Aber auch in der Primera División gehört der Angreifer von Nacional Montevideo mit 163 Treffern in 193 Spielen zu den Besten. Scarone spielte zeitweise auch in Europa für Barcelona und Inter Mailand.

Gleich bei seinem Debüt am 27. Oktober 1971 in Montevideo gegen Chile (3:0) hatte sich Morena in die Torschützenliste eintragen können. Spätestens seit seinem Wechsel von River Plate zu Peñarol zählte er dann zu den Stammkräften der Nationalmannschaft, die sich via Kolumbien (0:0, 0:1) und Ecuador (2:1, 4:0) für die Weltmeisterschaft 1974 in Deutschland qualifizierte, wobei Morena gegen Ecuador insgesamt drei Treffer gelungen waren. Sein wichtigster war sicherlich jener zum 2:1-Auswärtssieg in Quito, da dieser den Südamerikanern letztendlich den Weg an die Endrunde geebnet hatte.

Kein Fortune bei einzigem WM-Auftritt

Aber auch in den Vorbereitungsspielen sollte sich der Goalgetter der Aurinegros in guter Verfassung präsentieren. Dessen acht Torerfolge (in nur fünf Einsätzen) werden jedoch durch die Tatsache abgewertet, dass es sich bei den Gegnern allenfalls um bessere Sparringspartner handelte. So traten die Urus in Tel Aviv gegen die nicht qualifizierten Israelis an, gegen die sie – auch dank eines Morena-Treffers – mit einem 2:1-Sieg nur denkbar knapp einer Blamage entgangen waren. Immerhin für die WM qualifiziert war Haiti. Doch auch in Port-au-Prince reichte es nur zu einem mageren 1:0-Erfolg, den erneut Fernando Morena sichergestellt hatte. Ohne Zweifel zu den Underdogs zählte der nächste Gegner Indonesien, den der amtierende WM-Vierte in Djakarta aber ebenfalls nur mit einem harterkämpften 3:2-Sieg in Schach halten konnte. Zumindest war erneut auf Fernando Morena Verlass gewesen, der sich mit zwei weiteren Toren endgültig einen Stammplatz im Hinblick auf die Weltmeisterschaft erkämpft hatte. Spätestens nach den beiden Torerfolgen im letzten Vorbereitungsspiel gegen Irland (2:0) bestand kein Zweifel mehr daran, dass Morena in Deutschland das himmelblaue Trikot überstreifen würde.

Trotz der guten Vorzeichen sollten die Welttitelkämpfe im verregneten deutschen WM-Sommer 1974 für die Urus zum Fiasko werden. Schon bei ihrem ersten Auftritt am 15. Juni im Niedersachsenstadion von Hannover wurden diese von den Holländern mit 0:2 zurechtgestutzt. Vier Tage später reichte es an gleicher Stätte lediglich zu einem 1:1 gegen schwache Bulgaren, ehe die letzte Vorrundenpartie am 23. Juni im Düsseldorfer Rheinstadion gegen Schweden mit 0:3 verloren ging. Fernando Morena war von Nationaltrainer Roberto Porta zwar in allen drei Spielen über 90 Minuten eingesetzt worden. Der einzige Torerfolg des Turniers war allerdings auf das Konto von Abwehrspieler Ricardo Pavoni gegangen, der gegen die Bulgaren drei Minuten vor dem Abpfiff den Ausgleich erzielt hatte. Damit hatte sich Morena dem schwachen Niveau seiner Mannschaft angepasst, die mit einem Durchschnittsalter von 29 Jahren und vier Monaten nach Expertenmeinung tempolosen „Altherrenfußball“ dargeboten hatte.

Der während der Weltmeisterschaftstage erst 22-jährige Fernando Morena zählte im Vorfeld der kommenden WM in Argentinien freilich noch immer zu den Hoffnungsträgern, zumal er in der heimischen Primera Divisíon in schöner Regelmäßigkeit an der Spitze der Torjägerliste rangierte. So absolvierte er im Laufe des Jahres 1975 fünf weitere Länderspiele, in denen er dreimal ins Schwarze traf. Seinen stärksten Auftritt verzeichnete er am 18. Juli, als ihm beim 2:3 gegen den Erzrivalen Argentinien beide Treffer für die Celeste gelangen. Die Qualifikation für die WM jenseits des Rio de Plata sollten die Uruguayer allerdings verpassen, was nicht zuletzt an Fernando Morena lag, dem bei seinen zehn Einsätzen 1977 – darunter in den beiden Qualifikationsspielen gegen Venezuela (1:1) und Bolivien (0:1) – kein einziger Treffer gelang.

Erst nach fast fünfjähriger Pause sollte er am 2. Juni 1983 in Asuncion gegen Paraguay (0:0) unter dem neuen Trainer Omar Borras zum Comeback in der Nationalmannschaft kommen, für die er im Laufe des Jahres die letzten drei Treffer erzielte. Jeweils einer davon gelang ihm in den zur Copa America zählenden Spielen gegen Chile (2:1) und Venezuela (3:0), mit denen seine Länderspielkarriere zu Ende ging. Damit war Fernando Morena sogar noch an einem Titelgewinn beteiligt, da sich Uruguay durch den anschließenden Finalerfolg über Brasilien die Südamerikameisterschaft sichern sollte.

Saison	**Internat.**		**Liga**		**Lsp.**	
	Sp.	T.	Sp.	T.	Sp.	T.
1969			?	?		
1970			?	?		
1971			?	?	1	1
1972			?	?	5	0
= 1969-72			*48*	*27*		
1973	6	2	?	23	11	8
1974	10	7	?	27	7	4
1975	6	8	?	34	5	3
1976	10	2	?	18	10	0
1977	6	1	?	19	6	2
1978	6	3	21	36	3	1
1979	10	4	?	5		
= 1973-79			*140*	*162*		
1979/80			34	21		
1980/81	4	3	31	16		
1981			?	?		
1982	12	7	?	17		
1983	6	2	?	?	5	3
= 1981-83			*50*	*39*		
1984			7	1		
1985	5	1	6	2		

Max Morlock
Club-Ikone und Muster an Bescheidenheit

Kein Spieler in der so überaus glorreichen Vereinsgeschichte des 1. FC Nürnberg dürfte bei den Club-Fans wohl auch nur annährend jene Wertschätzung erfahren haben wie der am 11. Mai 1925 in der fränkischen Metropole geborene Max Morlock. Eine Tatsache, die keineswegs so selbstverständlich ist, schließlich war die erfolgreichste Zeit des Vereins längst Geschichte, als der „Maxl“ anno 1940 von der kleinen Eintracht zum großen Club wechselte, wo er für den Rest seiner Laufbahn heimisch werden sollte. Gerade dies dürfte eine der wesentlichen Ursachen für Morlocks Popularität an der Noris gewesen sein. Der beste Goalgetter des 1. FCN, der für die Rot-Schwarzen in 900 Einsätzen ca. 700 Tore erzielt haben soll, gehörte eben einer Generation an, wo Vereinstreue keine leere Floskel war, sondern tatsächlich noch etwas galt, was ihm die traditionsbewussten Nürnberger Fußballanhänger nie vergessen haben.

„Da drunten will ich a mal spiel'n“

Als Max Morlock im Frühjahr 1925 das Licht der Welt erblickte, stand der 1. FC Nürnberg in seiner prächtigsten Blüte. Als Titelverteidiger war dieser in das Rennen um die Deutsche Meisterschaft gestartet. Und nur knapp einen Monat nach Morlocks Geburt – genau gesagt am 7. Juni 1925 – stand die legendäre Club-Elf um Torwächter Heiner Stuhlfauth und Mittelläufer Dr. Hans Kalb dank eines 1:0-Verlängerungssieges über den FSV Frankfurt zum vierten Mal als Fußballmeister fest. Dass aus dem kleinen „Maxl“ einmal ein großer Fußballer werden sollte, war ihm also quasi in die Wiege gelegt. Die erste Bekanntschaft mit dem runden Leder machte er in der Schlossstraße im Nürnberger Stadtteil Gleißhammer, wo er mit seinen Eltern wohnte. Zusammen mit seinen beiden Brüdern gehörte er zu einer Gruppe von Buben, die mit erbettelten Tennisbällen auf Kellerfenster (die als Tore dienten) spielte. Morlock war gerade fünf Jahre alt, als er in Begleitung seines Vaters im Zabo erstmals eine Partie „seines“ 1. FC Nürnberg verfolgen durfte. Gefesselt vom Treiben auf dem grünen Rasen meinte er: „Da drunten will ich a mal spiel'n!“

Bis er das rot-schwarze Club-Trikot überstreifen sollte, vergingen freilich noch einige Jahre. Vorerst musste sich Morlock damit begnügen, hinter dem Tor von „Hauptmann“ Köhl als „Ballnrussler“ (Balljunge) eingesetzt zu werden. Da er von eher schmächtiger Statur war, schien ein Wechsel zu dem von ihm so sehr verehrten 1. FCN Utopie, weshalb er sich 1938 Lokalrivale Eintracht anschloss, nachdem er kurz zuvor von seinem Vater die ersten richtigen Fußballschuhe geschenkt bekommen hatte.

Die überdurchschnittlichen Leistungen, die der 13-Jährige bei der Eintracht als linker Läufer zeigte, fielen natürlich auch den Spähern des 1. FC Nürnberg auf, die sogleich alle Hebel in Bewegung setzten, um das Ausnahmetalent an den Zabo zu lotsen. Als die Club-Jugend im April 1940 das Finale um die Stadtmeisterschaft gegen die Eintracht völlig überraschend mit 2:4 verlor, war es der ehemalige Meisterspieler „Bumbes“ Schmidt, der sich bei Jugendleiter Luzner vehement für einen Wechsel des schmächtigen Max Morlock stark machte. Nur einen Tag später kreuzte Luzner bei dessen Eltern auf, wo er allerdings zunächst auf Granit biss. Erst als er diese von den deutlich besseren Trainings- und Entwicklungsmöglichkeiten beim Club überzeugte hatte, gaben sie endlich nach, womit jedoch noch längst nicht alle Steine aus dem Weg geräumt waren, da die Nazis seit Kriegsausbruch Vereinswechsel innerhalb einer Stadt strikt untersagt hatten. Erst nach einigem Hin- und Her fand man aber auch hier eine Gesetzeslücke. Die politischen Machthaber waren zufriedengestellt, als der Wechsel zum Club mit „Begabtenförderung“ hinreichend begründet werden konnte. Noch ein Abschiedsspiel gegen die Eintracht und der 15 Jahre alte Max Morlock war fortan an das, was er im Herzen ohnehin schon immer war: ein Clubberer.

Durch einen 1:0-Verlängerungssieg am 7. Juni 1925 im Endspiel über den FSV Frankfurt wurde der 1. FC Nürnberg in der Besetzung (hinten von links) Kalb, Popp, Kugler, Stuhlfauth, Schmidt, Riegel, Sutor, Hochgesang, Strobel, (vorne von links) Träg und Wieder zum vierten Mal Deutscher Meister. Der Club war also schon längst auf dem Weg zur Legende, als am 11. Mai 1925 mit Max Morlock die größte Spielerlegende seiner Geschichte geboren wurde.

Trefferflut in der Gauliga

In der Jugend des 1. FC Nürnberg wurde Max Morlock sogleich vom Außenläufer zum halbrechten Verbindungsstürmer umgeschult, womit er einerseits seine Torgefahr, aber auch seine Vorbereiterqualitäten ausleben konnte. Hans Fiederer vom großen Lokalrivalen SpVgg Fürth charakterisierte Morlock treffend als „unermüdlichen Motor und unerschöpflichen Kraftquell, der den Nachschub für die Angriffsspitzen nie versiegen ließ“.

Nachdem der ehemalige Eintrachtler am 11. Mai 1941 mit der B-Jugend die Stadt- und Bezirksmeisterschaft gewonnen hatte, kam er bald darauf zu ersten Einsätzen im Seniorenbereich. Sein Debüt in der ersten Mannschaft feierte der 16-Jährige beim torlosen Remis gegen Wacker München, wo er derart überzeugte, dass er fortan fest zum Kader gehörte. Besonders nachdem ihm in der Halbzeitpause kein Geringerer als Dr. Hans Kalb Mut zugesprochen hatte, ließ er seinen erfahrenen Gegenspieler Sigmund Haringer mehrmals schlecht aussehen. Zu Morlocks großen Förderern zählte zweifelsohne „Bumbes“ Schmidt. Nachdem Schmidt bereits für den Wechsel an den Zabo gesorgt hatte, agierte er zwischen 1942 und 1945 als Club-Trainer und setzte in dieser Funktion voll auf den Newcomer, der beim 4:0-Auswärtssieg über Schwaben Augsburg seine ersten beiden Gauligatreffer erzielte. Im „Kicker“ taucht Morlock freilich nicht in der Treffer-Statistik auf. Dessen eigene Nachforschungen ergaben, dass sein Mitspieler „Schorsch“ Kennemann den Reportern schlicht einen falschen Torschützen genannt hatte, mit der Begründung: „Damit der junge Bub nicht größenwahnsinnig wird!“ Davon schien dieser allerdings weit entfernt zu sein. Obwohl er zu den großen Hoffnungsträgern im Verein zählte, war er sich nämlich nicht zu schade, an spielfreien Tagen das Dress der A-Jugendmannschaft überzustreifen, wie etwa beim 17:0-Kantersieg über Eichstätt, zu dem er nicht weniger als zwölf Tore beigetragen hatte. Auch Reichstrainer Sepp Herberger war auf den Club-Stürmer aufmerksam geworden, als er diesen im April 1942 zu einem 14-tägigen Sichtungslehrgang der Nationalmannschaft nach Frankfurt einlud.

► EINWURF
Als echter Straßenfußballer jagte der junge Max Morlock in der Nürnberger Schlossstraße praktisch in jeder freien Minute einem Ball hinterher, was nicht immer zur Freude seiner Eltern geschah. Nach einer wilden Fußballschlacht versuchte er sich heimlich in die elterliche Wohnung zu schleichen, nachdem seine ganze Kleidung von oben bis unten zerfetzt war. Allerdings wurde er von seinem Vater ertappt, der den Filius zusammenstauchte: „Des hörtmer etz auf!" (Das hört mir jetzt auf!), polterte er los, woraufhin der kleine „Maxl" seinen ganzen Mut zusammennahm und zum verbalen Konter ansetzte: „Nou moui halt zuern Verein. Wall dou der Platz net pflastert is!" (Dann muss ich eben in einen Verein, weil da der Platz nicht gepflastert ist.) Auf die Frage, wie viel das denn koste, entgegnete der Filius: „20 Pfenning im Monat." Vater Morlock nahm's pragmatisch und rechnete bereits entstandene Kosten auf: „Nou schau blouß, dass'd innern Verein kummst. Du brauchst ja scho es Doppelte für Heftpflaster!" – Doch nicht nur für Heftpflaster mussten Morlocks Eltern aufkommen. Oft benötigten die Schuhe des Filius' eine Generalüberholung, was vor allem den Schuster erfreute, der versicherte, dass dieser sein bester Kunde sei. Fußballerischen Sachverstand schien dieser aber auch zu besitzen, da er bei einem Gespräch mit Mutter Morlock bemerkte: „Der Maxl, des wird amol a großer Foußballer! Des siechi an seine Schouh!" (Der Maxl wird einmal ein großer Fußballer. Das sehe ich an seinen Schuhen!)

Der endgültige Durchbruch sollte Max Morlock dann in der Spielzeit 1942/43 gelingen, als der Club mit 40:0 Punkten und 125:17 Toren in überlegener Manier die bayerische Gau-Meisterschaft gewann. Dabei waren nicht weniger als 54 Tore auf sein Konto gegangen, für die der neue Stern am fränkischen Fußballhimmel lediglich 20 Einsätze benötigt hatte. Einen Dämpfer setzte es dagegen in der anschließenden Endrunde. Im Vorrundenspiel gegen den VfR Mannheim musste sich der Club vor 20.000 Besuchern im Nürnberger Stadion mit 1:3 geschlagen geben. Den starken Saisonverlauf hatte man nicht zuletzt seinem rechten Flügel zu verdanken, wo neben dem Halbrechten Morlock der Rechtsaußen Helmut Herbolsheimer für Furore sorgte. Mit dem fast gleichaltrigen Sturmpartner – Herbolsheimer war nur sieben Tage jünger – verband Morlock auch neben dem Platz eine große Freundschaft, was sich äußerst positiv auf die Darbietungen auf dem grünen Rasen auswirkte.

Mit Helmut Herbolsheimer (rechts) verband Max Morlock auch neben dem Platz eine große Freundschaft.

Am 25. August 1943 wurde Morlock zum Kriegsdienst einberufen, den er zunächst gemeinsam mit Helmut Herbolsheimer im nahen Schwabach ableistete. Im Gegensatz zu Morlock, der vom Charakter her eher ruhig und zurückhaltend war, galt „Herbala" als echter Filou. Von seinem Spieß wurde Morlock wegen der Eskapaden des Kameraden immer wieder in „Sippenhaft" genommen, weshalb die beiden in schöner Regelmäßigkeit zum Putzen der Latrinen verdonnert wurden. Ohnehin hatte der Kompaniefeldwebel Morlock ein wenig auf dem Kieker, weil er diesem wegen seiner Trainings- und Spieleinsätze für den 1. FCN insgesamt 96 Urlaubsscheine ausstellen musste. Und Extrawürste werden beim Kommiss bekanntlich nicht gern gesehen. In sportlicher Hinsicht konnte Morlock in Anbetracht von 15 Gauligatreffern seine Vorjahresquote nicht bestätigen, wenngleich es abermals zum Gewinn der Gaumeisterschaft sowie dem Einzug in die nationale Endrunde reichte, wo in der Zwischenrunde gegen die First Vienna (2:3) Endstation war.

Erster Nachkriegsmeister

Am 4. November 1945 startete der Club mit dem jetzt 20-jährigen Morlock in die neue süddeutsche Oberliga mit einem 2:1-Erfolg über den FC Bayern München. Da der Zabo von Bombeneinschlägen zerstört und das Nürnberger Stadion von den Amerikanern beschlagnahmt war, mussten die Heimspiele im Fürther Ronhof und damit der Heimat der ungeliebten Kleeblättler stattfinden, was die Schützlinge des neuen Trainers Alv Riemke allerdings nicht davon abhielt, bis zum Schluss um die Meisterschaft mitzuspielen. Zu den Erfolgsgaranten zählte der junge Max Morlock, der mit 24 Saisontreffern hinter dem Stuttgarter Robert Schlienz (42 Tore) den zweiten Rang in der Oberligatorschützenliste belegte. Gemeinsam mit Hans Pöschl (20) bildete Morlock somit das erfolgreiche Sturmduo, wobei Pöschl zu Anfang eigentlich gar nicht als Mittelstürmer vorgesehen war, sondern von Trainer Riemke erst in die Sturmmitte beordert wurde, nachdem die geplante Verpflichtung des Dresdners Fritz Machate nicht zustande gekommen war. Eine seiner stärksten Leistungen lieferte Morlock im Derby gegen Fürth ab. Im 151. Duell der beiden fränkischen Antipoden zeigten sich die Clubberer vor allem in der Anfangsphase hellwach, so dass sie nach 33 Minuten schon mit 4:0 vorne lagen. Die 25.000 Zuschauer im Ronhof waren besonders vom Nürnberger Halbrechten angetan, der in der 29. und 31. Minute mit einem Doppelschlag zur Stelle war. Nach dem 1:4-Anschlusstor durch Pfeiffer erhöhte Morlock nach der Pause gar auf 5:1, ehe der Club in der Schlussphase noch zwei Gegentore zuließ, was dessen Überlegenheit im Endresultat von 5:3 nur unzureichend widerspiegelte. Dennoch musste sich der 1. FC Nürnberg nach einer unglücklichen 0:1-Niederlage am letzten Spieltag beim direkten Rivalen VfB Stuttgart mit der Vizemeisterschaft zufrieden geben.

In der Spielzeit 1946/47 führte dann aber kein Weg an den Nürnbergern vorbei, die sich mit 62:14 Punkten und sensationellen 108:31 Toren den Oberligatitel sicherten. Keinen einzigen Zähler hatten sie in ihren 19 Heimspielen abgegeben, obwohl diese nach wie vor im Fürther Ronhof ausgetragen werden mussten. Oberligatorschützenkönig wurde „Windhund" Hans Pöschl, der in 38 Einsätzen 38-

mal ins Schwarze getroffen hatte, wobei Max Morlock, der mit 25 Torerfolgen immerhin den dritten Platz belegte, des Öfteren als Vorlagengeber in Erscheinung getreten war. Schon zu dieser Zeit entwickelte sich Morlock zur spielbestimmenden Persönlichkeit im Club-Team, der wegen seines tadellosen Auftretens bei den Mitspielern hochgeachtet war. Es ist umso erstaunlicher, dass er sich im Laufe der Jahre zum Rekordtorschützen entwickelte, obwohl er nie auf die Rolle als Goalgetter beschränkt blieb. Die Mittelstürmerposition behagte ihm selbst überhaupt nicht, derweil der laufstarke und beidfüßige Morlock sein bevorzugtes Aufenthaltsgebiet auf dem Platz einmal mit „zwischen den beiden Strafräumen" angab. Als echter Kämpfertyp stellte er sich trotz seiner individuellen Klasse ohne Murren in den Dienst der Mannschaft und übernahm – wenn es sein musste – sogar Abwehraufgaben. Ohne groß darüber zu reden, entwickelte sich Morlock früh zu dem, was man heute als „Führungsspieler" zu bezeichnen pflegt. Als solcher trat er zugunsten seiner Kameraden bereitwillig in den Hintergrund, nachdem die Angriffsmaschinerie des 1. FCN einmal ins Laufen gekommen war. Wenn der Club aber mit dem Rücken zur Wand stand, war auf Max Morlock stets Verlass, indem er mit seinen einzigartigen Kämpferqualitäten den Karren wieder aus dem Dreck zog. Daher kam es auch eher selten vor, dass er in einem Spiel drei oder gar mehrere Treffer erzielte. Stattdessen zeichnete er für die wirklichen wichtigen Tore verantwortlich, durch die der Club noch so manch verloren geglaubtes Spiel aus dem Feuer riss. Gepaart mit seiner unerschütterlichen Vereinstreue sollte er sich somit trotz herausragender Vorgänger wie Heiner Stuhlfauth oder Dr. Hans Kalb zu „dem" Nürnberger Volkshelden schlechthin entwickeln.

Titel waren daher gar nicht so wichtig, wenngleich Max Morlock auch hier einiges vorzuweisen hat. Mit 30 Treffern in 34 Einsätzen schoss er den Club auch 1947/48 zum erneuten Titelgewinn in der Oberliga Süd, der nach einer eher schwächeren Hinrunde am Ende mit einem Acht-Zähler-Vorsprung auf TSV 1860 München doch wieder sehr deutlich ausfiel. Obwohl Morlock mit 30 Oberligatoren seine persönliche Bestmarke aufgestellt hatte, musste er in der Torschützenliste abermals dem Stuttgarter Robert Schlienz den Vortritt lassen, der noch einen Treffer mehr auf dem Konto hatte. Ausrichter der ersten deutschen Nachkriegsmeisterschaft war der erst am 10. April 1948 ins Leben gerufene Deutsche Fußball-Ausschuss (DFA), der an die Stelle des aufgelösten DFB getreten war. Ursprünglich waren die Titelkämpfe als gesamtdeutsche Veranstaltung geplant, da Ostzonenmeister SG Planitz im Viertelfinale gegen den 1. FC Nürnberg antreten sollte. Nach der Währungsreform wurde den Planitzern aber die Reise nach Stuttgart verwehrt, so dass der Club kampflos in die Vorschlussrunde einzog, wo in Mannheim der FC St. Pauli erst nach Verlängerung mit 3:2 niedergekämpft werden konnte. Morlock war dabei ebenso ohne Torerfolg geblieben wie im mit 2:1 über den 1. FC Kaiserslautern gewonnenen Endspiel von Köln, nach dem der 1. FCN zum siebten Mal in seiner Geschichte als Deutscher Meister feststand. Geehrt wurden die Meisterspieler übrigens noch nicht mit der Salatschüssel, die die Nachfolge der als verschollen geltenden Victoria antreten sollte, sondern mit einem doch ziemlich überdimensionierten Lorbeerkranz.

► EINWURF

Vor der Oberligapartie am 13. Juni 1948 gegen Schlusslicht Sportfreunde Stuttgart stand der Club längst als kommender Südmeister fest, so dass der knappe 1:0-Erfolg, den Max Morlock mit seinem Treffer in der 58. Minute sichergestellt hatte, eigentlich nicht der Rede wert gewesen wäre. Kurze Zeit später hatte sich allerdings Keeper Edi Schaffer eine Verletzung zugezogen, weshalb „Maxl" sich, ohne lange zu zögern, für den Rest des Spiels selbst zwischen die Pfosten stellte und den Nürnberger Kasten sauber hielt, womit der unumstrittene Publikumsliebling wieder einmal seine Mannschaftsdienlichkeit unter Beweis gestellt hatte.

Völlig unerwartet geriet Titelverteidiger 1. FC Nürnberg in der Saison 1948/49 überhaupt nicht in Tritt und schwebte in der Oberliga sogar lange Zeit in Abstiegsgefahr, um sich als Tabellenelfter schließlich doch den Klassenerhalt zu sichern. Gegenüber dem Vorjahr war die Trefferquote von 88 auf 49 deutlich zurückgegangen, was nicht zuletzt an Max Morlock lag, dessen Trefferzahl sich mit gerade einmal 15 ebenfalls halbiert hatte.

Die Club-Krise weitete sich auch auf die Spielzeit 1949/50 aus, die das mittlerweile wieder von „Bumbes" Schmidt (1950 bis 1952) trainierte Team als enttäu-schender Achter beendete, ohne abermals eine Chance auf die Endrundenteilnahme zu besitzen. Aber auch Max Morlock lief in Anbetracht von lediglich acht Saisontoren seiner Bestform meilenweit hinterher, was an einem verschleppten Muskelriss lag, der den Club-Kapitän zu einem fast zweimonatigen Aufenthalt in der orthopädischen Klink von Altdorf zwang. Doch nicht nur das Fehlen Morlocks schlug ins Kontor. Mittelstürmer Hans Pöschl hatte sich in Richtung Grasshoppers Zürich verabschiedet, so dass dem 1. FC Nürnberg ein weiterer Tor-garant fehlte.

Diese Nürnberger Mannschaft sicherte sich am 8. August 1948 durch einen 2:1-Finalerfolg in Köln-Müngersdorf über den 1. FC Kaiserslautern die erste deutsche Nachkriegsmeisterschaft. Hinten von links: Eduard Schaffer, Hans „Abel" Uebelein I, Adolf Knoll, Georg Kennemann, Konrad Winterstein, Julius „Uttla" Uebelein II, Max Morlock. Vorne von links: Helmut Herbolsheimer, Robert Gebhardt, Gerhard Bergner, Hans Pöschl. Die Treffer für den Club erzielten Winterstein (8.) und Pöschl (24.).

Zwei Torjägerkronen und ein Feldverweis

Die enttäuschenden Darbietungen hatten zur Folge, dass „Bumbes" Schmidt zur Saison 1950/51 einen radikalen Verjüngungsprozess einleitete, der endlich wieder den gewünschten Erfolg zurückbrachte. Dank eines 4:0-Sieges am letzten Spieltag über den BC Augsburg sicherten sich die Rot-Schwarzen zum dritten Mal die Oberligameisterschaft, an deren Zustandekommen auch Max Morlock entscheidend beteiligt war, da er mit 28 Treffern erstmals die Torjägerliste anführte. In der anschließenden Endrunde mussten die Clubberer als punktgleiche Zweite jedoch Preußen Münster den Vorzug lassen, das mit seinem „100.000-Mark-Sturm" dank des besseren Torquotienten ins Finale gegen den 1. FC Kaiserslautern einzog. Max Morlock kam in sämtlichen sechs Partien der Nürnberger zum Einsatz, konnte allerdings lediglich bei der 4:6-Niederlage in Münster einen Torerfolg verbuchen.

Mit 26 Saisontreffern konnte der Club-Kapitän 1951/52 seinen Titel als Torschützenkönig der Oberliga Süd erfolgreich verteidigen, wenngleich er sich diesen diesmal mit dem Offenbacher Helmut Preisendörfer teilen musste. Allerdings kostete eine 0:2-Niederlage beim VfB Stuttgart am letzten Spieltag den erneuten Oberligatitel, was besonders ärgerlich war, weil die Nürnberger nach 21 von 30 Runden an der Tabellenspitze gelegen hatten. Auch in der nationalen Endrunde sollte nur hauchdünn die ersehnte Finalteilnahme verpasst werden. Im Abschlussklassement hatte der 1. FC Nürnberg einen Zähler mehr auf dem Konto als der 1. FC Saarbrücken, der den Club erst im letzten Gruppenspiel am 4. Juni 1952 mit einem 3:1-Erfolg vor eigenem Publikum überflügelte. Ausgerechnet hier war Max Morlock kein Torerfolg gelungen, nachdem er in den vorangegangenen fünf Endrundenbegegnungen ganze sechsmal eingenetzt hatte. Während er bei den Heimsiegen über FC Schalke 04 (4:2) und den Hamburger SV (4:0) je zwei Tore erzielen konnte, sicherte sein später Ausgleichstreffer nach 88 Minuten in der Schalker Glückaufkampfbahn ein 2:2-Unentschieden.

► **EINWURF**
Max Morlock ist der einzige Akteur, der in sämtlichen 18 Spielzeiten der westdeutschen Oberligen zum Einsatz kam, womit es nicht verwundert, dass er mit 451 Spielen auch deren Rekordspieler ist und mit 286 Treffern den Allzeit-Torerekord hält. Da der Nürnberger schon zu Gauligazeiten aktiv war und außerdem noch in der Premierensaison der Bundesliga 21-mal zum Einsatz kam, ist er zudem der einzige Spieler, der an den drei genannten Epochen des deutschen Ligafußballs beteiligt gewesen ist.

Nach den Endrundenteilnahmen 1951 und 1952 mussten die Club-Anhänger die dritte Qualifikation für die „Deutsche" in Serie frühzeitig abschreiben, da es 1952/53 nur zu einem enttäuschenden neunten Platz in der Oberliga reichte. Schon zu Saisonbeginn waren die Rot-Schwarzen in Anbetracht zweier Niederlagen gegen die Stuttgarter Kickers (2:5) und den BC Augsburg (0:1) total von der Rolle, ehe am 3. Spieltag das Franken-Derby anstand. Vor 21.000 Zuschauern im heimischen Zabo konnte sich die Mannschaft dank zweier Treffer von Kapitän Morlock aus der 20. und 46. Minute zum 2:2-Endresultat gegen die SpVgg Fürth immerhin den ersten Punktgewinn sichern. Die Freude beim Doppeltorschützen hielt sich nach dem Schlusspfiff jedoch in Grenzen, da dieser nach einem Foul an Charly Mai in der 87. Minute zum ersten und einzigen Mal in seiner Karriere des Feldes verwiesen wurde. Drei Spieltage musste Morlock daraufhin aussetzen, um am Ende mit 20 Treffern gleichwohl abermals zum besten Torschützen seines Teams zu avancieren.

► **EINWURF**
Mitte der fünfziger Jahre waren zahlreiche westdeutsche Sportler auch im anderen Teil Deutschlands so populär, dass das „Staatliche Komitee für Körperkultur und Sport" mehrere Versuche unternahm, die Stars aus der Bundesrepublik zum „Übertritt" in die DDR zu bewegen, mit dem erklärten Ziel, den ostzonalen Sport auf Weltniveau zu hieven. Auch bei Max Morlock hatten die DDR-Funktionäre angeklopft. Der Club-Kapitän zeigte aber wie all seine westdeutschen Kollegen keinerlei Interesse daran, in den anderen Teil Deutschlands zu wechseln, weshalb der Fußball in der DDR im Gegensatz zu zahlreichen anderen Sportarten auch weiterhin ein Schattendasein fristete.

Max Morlocks 18 Treffer in 28 Oberligaspielen in der Saison 1953/54 reichten aus, damit ihn Bundestrainer Sepp Herberger in den WM-Kader für die Schweiz berufen sollte. Da „Maxl" beim „Wunder von Bern" deutsche Sportgeschichte ganz entscheidend mitprägte, konnte man in Nürnberg relativ locker über den abermals eher mäßigen vierten Platz in der Oberliga hinwegblicken. Fünf Punkte hatte der Rückstand auf Meister VfB Stuttgart betragen, womit die Endrundenteilnahme wie schon im Vorjahr ein Traum geblieben war.

Nachwirkungen des Berner Fußballwunders

„Solange Max Morlock nicht die Folgen der Weltmeisterschaft überwunden hat, wird dem Sturm die Durchschlagskraft fehlen." – Im Herbst 1954 hatte die Vereinszeitung ausgesprochen, was alle dachten. Denn so schön der goldene Rimet-Pokal auch glänzte. Es waren die Vereine, die nach den Titelkämpfen in der Schweiz die negativen Auswirkungen des deutschen WM-Sieges mit voller Wucht zu spüren bekamen. Zahlreiche Helden von Bern hatten sich mit Gelbsucht infiziert, darunter auch Max Morlock, der 1954/55 lediglich in zehn Oberligaspielen eingesetzt werden konnte, was einer der wesentlichen Gründe dafür war, dass die Rot-Schwarzen mal wieder nur als Neunte die Ziellinie passierten.

Mit 1:3 hatte sich die Club-Elf unter ihrem neuen Trainer Franz Binder beim Karlsruher SC geschlagen geben müssen, weshalb sich die Vereinszeitung genötigt sah, in ihrer nächsten Ausgabe mit obiger Schlagzeile aufzumachen. Mit 7:7 Punkten dümpelte der 1. FCN schon wieder im abgeschlagenen Tabellenmittelfeld herum, wobei Max Morlock gegen den KSC ein Totalausfall gewesen war. Bis zu jenem Zeitpunkt hatte dieser immerhin vier Saisonspiele bestritten, bevor die Folgen der Gelbsuchterkrankung spürbar wurden und eine mehrmonatige Pause nötig machten. Erst am 25. Spieltag kehrte er wieder in die Anfangsformation zurück, als es bei Hessen Kassel eine 2:4-Niederlage setzte. Die beiden Nürnberger Treffer aus der 16. und 86. Minute waren auf das Konto des zurückgekehrten Mannschaftskapitäns gegangen, der damit bewiesen hatte, wie sehr er seinen Kameraden gefehlt hatte.

Bereits im Oktober 1955 machte im Nürnberger Fußball jedoch die nächste Schreckensmeldung die Runde. In der Ligapartie gegen den BC Augsburg (2:3) war Max Morlock mit einem Gegenspieler zusammengerauscht und klagte nach dem Spiel über starke Schmerzen im Brustkorb. Eine Untersuchung im Krankenhaus vermochte die genaue Ursache nicht zu klären. Erst bei einer gründlichen

Durchleuchtung bei Club-Arzt Dr. Potzler wurde ein zweifacher Rippenbruch festgestellt. Da sich Morlock aber schon seit Wochen mit der Verletzung herumgeplagt hatte, dauerte der Heilungsprozess natürlich ungleich länger als bei konsequenter Schonung, weshalb „Maxl“ abermals längere Zeit ausfiel und auch nach seiner Rückkehr ins Team nicht zu seiner Bestform fand. Neun Treffer bei 21 Einsätzen waren die ernüchternde Saisonbilanz. Und auch der Club hatte als Siebter nie eine Chance auf die Südmeisterschaft, was die Vereinszeitung im Mai 1956 zu folgender Einschätzung veranlasste: „Von Morlock abgesehen haben wir keinen durchschlagsfähigen Stürmer. Morlock ist nach wie vor ein Reißer der Elf, leider steht er allein auf weiter Flur.“

Niederlage gegen Fürther „Deppen“

Obwohl Max Morlock inzwischen schon 31 Jahre alt war, galt er nach wie vor als unverzichtbarer Dreh- und Angelpunkt im Club-Spiel. In der Spielzeit 1956/57 blieb der Kapitän dann endlich wieder weitestgehend verletzungsfrei, wovon auch seine Mannschaft profitierte, die dank ihres Strategen sogar die Südmeisterschaft gewann und in die nationale Endrunde einzog. Als Einfädler musste er zwar seinem jüngeren Sturmpartner Max Schmidt (18 Treffer) den Vortritt in der teaminternen Torschützenliste lassen. Mit 14 Saisontreffern hatte sich aber auch Morlock nicht lumpen lassen. Einmal jedoch wäre „Maxl“ am liebsten im Erdboden versunken. Es war am 30. September 1956, als der Club im Zabo Gastgeber des 175. Franken-Derbys gegen die SpVgg Fürth war und dabei mit 2:7 eine nie für möglich gehaltene Bruchlandung hinlegte. Für einen waschechten Nürnberger wie Morlock stellte die Pleite gegen die Kleeblättler aus der Nachbarstadt natürlich einen fußballerischen Super-GAU dar, den er mit einem Stoßseufzer kommentierte, der vermutlich jedem Club-Anhänger aus dem Herzen gesprochen haben dürfte: „Ausgerechnet wir verlieren gegen die Deppen!“

Durch die Spitzenposition in der Oberliga, die man sich mit einem Vorsprung von vier Punkten auf die Offenbacher Kickers gesichert hatte, konnte man sich für die Schmach im Derby aber erfolgreich revanchieren und nach vierjähriger Abstinenz wieder an der nationalen Endrunde teilnehmen. Hier jedoch blieben die Schützlinge von „Bimbo“ Binder bei zwei Unentschieden gegen den 1. FC Saarbrücken und den Meidericher SV (jeweils 2:2) sowie einer Niederlage gegen den Hamburger SV (1:2) sieglos, was Morlocks Traum, noch einmal Deutscher Meister zu werden, zerplatzen ließ.

Den nächsten Anlauf auf den Meisterthron sollte Max Morlock mit seinem Club in der kommenden Spielzeit nehmen. Zwar reichte es 1957/58 einen Zähler hinter dem Karlsruher SC in der süddeutschen Oberliga diesmal lediglich zur Vizemeisterschaft, was aber dennoch zur Teilnahme an der Endrunde berechtigte. Auf den Club-Kapitän war in Anbetracht von 14 Saisontreffern wie gewohnt Verlass, die allerdings auch auf das Konto seines Mitspielers Helmut Glomb gegangen waren, derweil Heiner Müller nur einmal weniger ins Schwarze getroffen hatte. In die „Deutsche“ startete der 1. FC Nürnberg mit einem 2:2-Unentschieden in Stuttgart gegen FK Pirmasens. In der Partie gegen die Pfälzer hatte Max Morlock abermals seine Rolle als Schütze wichtiger Tore unterstrichen, als er seinem Team in der 70. Minute den Punktgewinn sicherte. Der Treffer gegen den FKP sollte jedoch Morlocks einziger in der Endrunde bleiben, so dass nach den Partien gegen den Hamburger SV (1:3) und den 1. FC Köln (4:3) erneut vorzeitig Endstation war.

► EINWURF

Es ist eine gute Tradition, dass die Deutsche Post AG – genau wie schon die Deutsche Bundespost als deren Vorgänger – Jahr für Jahr einen Briefmarkensatz verausgabt, mit dem bevorstehende oder vergangene große Sportereignisse gewürdigt werden. Im Jahr 2004 wurde dabei auch an das 50 Jahre zurückliegende „Wunder von Bern“ mit einem Entwurf von Andrea Acker gedacht, auf dem Max Morlock zu sehen ist, wie er nach neun Minuten auf für ihn typische Weise in eine Rahn-Hereingabe grätscht und mit dem 1:2-Anschlusstreffer für neue Hoffnung auf deutscher Seite sorgt. Die zum Satz „Für den Sport“ zählende Marke erschien am 5. Februar zum Wert von 55 Cent plus einem Zuschlag in Höhe von 25 Cent. Obwohl die Briefmarke nicht speziell Max Morlock gewidmet wurde, ist der 1994 verstorbene Club-Kapitän doch einer der wenigen deutschen Fußballer, dem auch philatelistische Ehren zuteil geworden sind, was freilich auch daran liegt, dass hierzulande keine lebenden Persönlichkeiten (mit Ausnahme des Bundespräsidenten) auf Briefmarken abgebildet werden dürfen.

Nach dem Abschied aus der Nationalelf konnte sich Morlock fortan ganz seinem Verein widmen, für den er in der Saison 1958/59 alle 30 Ligaspiele bestritt und dabei mit 20 Treffern sämtliche Teamgefährten in den Schatten stellte. Obwohl der Club mit 80 Toren die beste Angriffsformation der Oberliga Süd stellte, reichte es hinter Eintracht Frankfurt und den Offenbacher Kickers aber lediglich zu Rang drei, womit das Binder-Team nicht für die „Deutsche“ qualifiziert war. Nach der Saison spielte Morlock mit dem Gedanken, die Fußballschuhe an den berühmten Nagel zu hängen. Aber seine jungen Kameraden beschworen ihn zu bleiben. „Dann will ich es aber genau wissen!“, bemerkte Morlock und lehnte sämtliche Angebote, künftig als Trainer zu arbeiten, ab.

Dass Morlock weitermachte, lag nicht zuletzt daran, dass er im jungen Heinz Strehl auf seine alten Tage noch einmal einen kongenialen Sturmpartner gefunden hatte. Beide sparten nicht mit gegenseitigen Komplimenten wie dem folgenden von Max Morlock: „Heinz war für mich der ideale Nebenmann. Er startete genau im richtigen Moment in die Gasse und stellte sich immer wieder geschickt frei.“ Auch vom Typ her passten die beiden Angreifer perfekt zueinander. Genau wie Max Morlock stand nämlich auch Heinz Strehl nur ungern im Mittelpunkt. „Mir wird nachgesagt, ich sei zu bescheiden, verkaufe mich unter Preis. Doch was soll's. Ich kann nicht aus meiner Haut heraus“, so Strehl, der sein großes Vorbild Max Morlock später als Club-Kapitän beerben sollte. Der Durchbruch gelang dem gelernten Metzger in der Spielzeit 1959/60, als dieser mit 30 Treffern zum Torschützenkönig der Oberliga Süd avancierte.

Dennoch lief die Saison für die Clubberer nicht nach Wunsch, was allein schon in den fünf Heimpleiten – darunter jeweils mit 1:2 gegen die Spitzenteams des Karlsruher SC und der Offenbacher Kickers – zum Ausdruck kam. So gut Heinz Strehl in der Sturmmitte auch aufgelegt war. Da Max Morlock sich mal wieder mit zahlreichen Wehwehchen herumplagte, musste Trainer Binder insgesamt fünf Monate auf die Seele des Club-Spiels verzichten, weshalb man sich an der Noris in der Endabrechnung mit dem sechsten Rang begnügen musste. Von seiner Verletzungsanfälligkeit war Morlock schließlich derart genervt, dass er zeitweilig erneut das Karriereende in Erwägung zog. Erst als die Ärzte auf der Suche für die Ursache seiner permanenten Hüft- und Rückenschmerzen Senkfüße diagnostizierten, fand Morlock dank passender Einlagen zu alter Stärke zurück.

„Vater der Benjamine"

Als Max Morlock einmal nach seinem größten sportlichen Erlebnis gefragt wurde, führte er nicht etwa den 3:2-Erfolg über Ungarn am 4. Juli 1954 an, sondern überraschenderweise das 3:0 im deutschen Meisterschaftsfinale von 1961 über Borussia Dortmund, als er mit „seinem" Club zum zweiten Mal nach 1948 die Salatschüssel gewann. So sehr war er mit dem 1. FC Nürnberg verwachsen, dass der lebenden Legende der achte Titelgewinn der Vereinsgeschichte über alles ging. Der Kapitän zählte mittlerweile 36 Lenze und war der Spiritus Rector des neuen Übungsleiters Herbert Widmayer, der dem Weltmeister von 1954 höchste Wertschätzung entgegenbrachte. Genaugenommen war Morlock sogar weit mehr als nur des Trainers verlängerter Arm auf dem Platz. Vielmehr bezog Widmayer den Kapitän mit in seine Planungen ein und diskutierte mit diesem die Stärken und Schwächen seiner Mitspieler. Diese wiederum blickten ehrfurchtsvoll an Morlock auf, was allein schon am großen Altersunterschied lag, der den Spielführer zum „Vater der Benjamine" machte.

Max Morlock am schönsten Tag seiner Laufbahn. Als Kapitän führte er am 24. Juni 1961 den 1. FC Nürnberg zu einem 3:0-Endspielerfolg über Borussia Dortmund, der den achten Meistertitel der Vereinsgeschichte besiegelte.

Zwischen den Pfosten stand der 25 Jahre alte Roland Wabra, der sich nahtlos in die große, von Heiner Stuhlfauth begründete Nürnberger Torwart-Dynastie einreihte. Vor Wabra verteidigten mit Paul Derbfuß und Helmut Hilbert zwei 23-Jährige sowie der erst 21 Jahre alte Abwehrchef „Nandl" Wenauer. Derweil im Mittelfeld mit dem 27-jährigen Heiner Müller der nach Morlock erfahrenste Akteur das Club-Spiel ankurbelte, wurde er dabei vom erst 19-jährigen „Steff" Reisch unterstützt, der vor allem ob seiner großartigen Technik gerühmt wurde. Neben Morlock stürmten noch Gustl Flachenecker (20), Kurt Haseneder (18) sowie der schon erwähnte Heinz Strehl, der mit seinen erst 22 Jahren bereits zu den unverzichtbaren Eckpfeilern gehörte. Wie im Vorjahr war Strehl mit 22 Treffen zum besten Oberligatorjäger der Clubberer avanciert, die als überlegener Südmeister vor Eintracht Frankfurt den Sprung in die Endrunde schafften. Dort blieben sie gegen Hertha BSC Berlin (2:0, 3:3), den 1. FC Köln (3:3, 2:1) und Werder Bremen (4:2, 4:0) ungeschlagen, was sie nicht zuletzt einem glänzend aufgelegten Max Morlock zu verdanken hatten, der nach 13 Oberligatreffern fünf weitere Male ins Schwarze traf. Beim 3:3 im zweiten Gruppenspiel gegen den 1. FC Köln waren gar alle drei Nürnberger Treffer auf sein Konto gegangen.

► EINWURF

In der Meisterschaftsendrunde 1961 musste der Club im vorletzten Gruppenspiel beim 1. FC Köln antreten, der zwingend eines Sieges bedurfte, um seine Chance auf die Endspielteilnahme zu wahren. Wie üblich sollte auch an jenem 14. Juni Geißbock Hennes Glück bringen, der brav am Spielfeldrand die einlaufenden Mannschaften erwartete. Als Club-Kapitän Morlock das Vereinsmaskottchen der Kölner wagte zu berühren, johlte die Kulisse im Müngersdorfer Stadion empört auf, da diese Geste eigentlich nur den FC-Spielern vorbehalten war. Abergläubisch wie Fußballer eben sind, hatte sich Max Morlock, der sich seines „Fehlgriffs" sehr wohl bewusst war, den Zorn der Gastgeber zugezogen, der im wütenden Protest eines Ordners gipfelte, der in Richtung der Nürnberger giftete: „Was geht euch unser Hennes an?" – Ob das gute Tier nach den Morlock'schen Streicheleinheiten tatsächlich so verwirrt gewesen war, dass der Club mit 2:1 gewann, konnte nie wirklich zweifelsfrei geklärt werden...

Vor dem Endspiel am 24. Juni 1961 in Hannover galt Borussia Dortmund bei den meisten Experten als klarer Favorit, was in erster Linie an Jürgen Schütz lag, der beim abschließenden 7:2-Sieg über den HSV gleich vier Tore erzielt hatte. Lediglich BVB-Trainer Max Merkel trat auf die Euphoriebremse: „Natürlich freue ich mich, dass Schütz gerade rechtzeitig in Form gekommen ist. Aber wenn ein Wenauer in guter Verfassung ist und ein Wabra ordentlich hält, dann wird es trotzdem schwer. Und wenn nur der Max Morlock nicht wäre..."

Tatsächlich erwischte der „Maxl" im Niedersachsenstadion einen dieser Tage, an denen wirklich alles zusammenpasste. Meisterhaft führte er mit zentimetergenauen Pässen Regie und seine „Benjamine" mithin zu einem ungefährdeten 3:0-Erfolg über die Borussia, der für dem Club die achte Meisterschaft einbrachte. Schon nach sechs Minuten waren die Nürnberger durch Haseneder in Führung gegangen, ehe Müller kurz vor der Pause und Strehl nach 67 Minuten zur Stelle waren, so dass Morlock nach dem Schlusspfiff voller Stolz dem Publikum im Niedersachsenstadion die Meisterschale präsentieren durfte.

Nach dem Titelgewinn mit dem Club stand Max Morlock im Herbst 1961 hoch im Kurs. Während ihm Bundestrainer Sepp Herberger sogar die Rückkehr in die Nationalelf in Aussicht stellte (was Morlock dankend ablehnte), wurde er am 30. November 1961 als Nachfolger von Premierensieger Uwe Seeler zu Deutschlands Fußballer des Jahres gekürt. Eigentlich ein idealer Zeitpunkt, um aufzuhören, zumal er zu diesem Zeitpunkt exakt 20 Jahre für den Club aktiv gewesen war. „Aber, wer kann schon mitten in der

Saison aufhören?“, so Morlock, der noch drei weitere Jahre das rot-schwarze Trikot tragen sollte.

Es lockt die Bundesliga

Für eine Fortsetzung der Karriere sprach sicher auch die Tatsache, dass der 1. FCN in der Saison 1961/62 erstmals im Europapokal der Landesmeister antreten durfte, wo dieser bis ins Viertelfinale vordrang. Hier wartete mit Benfica Lissabon kein Geringerer als der Titelverteidiger, der im Hinspiel vor 46.000 begeisterten Zuschauern an der Noris mit 3:1 geschlagen wurde, ehe Morlock & Co. im Rückspiel ein 0:6-Debakel erlebten. Auf der Rückfahrt zum Hotel ließen alle Club-Spieler die Köpfe hängen. Nur Max Morlock fand die richtigen Worte, indem er seine Kameraden zu einem Bummel durch das Lissabonner Nachtleben animierte, der erst am nächsten Morgen endete.

► EINWURF

Zu den wenig erfreulichen Erscheinungen des modernen Fußballs zählt sicherlich die Namensgebung der Stadien, die vor allem den traditionsbewussten Fans die Haare zu Berge stehen lässt. Während etwa Borussia Dortmund nicht mehr im Westfalenstadion, sondern im „Signal Iduna Park“ auf Torejagd geht, wurde das Hamburger Volksparstadion in „Imtech Arena“ umbenannt. Auch die Verantwortlichen des 1. FC Nürnberg hatten 2006 – wirtschaftlichen Zwängen gehorchend – die Entscheidung getroffen, das Franken-Stadion mit dem Namen „Easycredit-Stadion“ zu bedenken, was vielen Club-Anhängern als Sakrileg erschien. Alternativ wurde eine Umbenennung in Max-Morlock-Stadion gefordert, die trotz zahlreicher Protestaktionen jedoch nicht zustande kam. Immerhin ist Block 8 seit 2006 nach Max Morlock benannt. Und auch der Platz vor dem Stadion wurde am 1. Mai 1995 in Max-Morlock-Platz umbenannt. In unmittelbarer Nähe befindet sich übrigens auch die Hans-Kalb-Straße, womit noch eine Club-Ikone aus der legendären Mannschaft der goldenen zwanziger Jahre gewürdigt wird. Dass aber vor allem Max Morlock bei den Club-Fans unvergessen ist, bewiesen diese im Jahr 2008, als sie aus eigenen Mitteln eine Statute ihres Idols in Lebensgröße in Auftrag gaben, die seither den Eingangsbereich vor der Nordkurve ziert.

Nach dem neuerlichen Gewinn der Oberligameisterschaft vor der punktgleichen Frankfurter Eintracht, zu der Morlock acht Saisontreffer in 30 Einsätzen beigetragen hatte, durften die Nürnberger Fußballfans lange von der zweiten Meisterschaft in Folge träumen. In die wegen der bevorstehenden WM in Chile verkürzte Endrunde startete die Club-Elf mit Siegen über Tasmania Berlin (2:1) und Borussia Neunkirchen (3:2), um schließlich auch das dritte Gruppenspiel gegen den FC Schalke 04 für sich zu entscheiden. Nachdem Koslowski die Knappen in der 10. Minute mit 1:0 in Führung gebracht hatte, schlug die große Stunde von Max Morlock, der mit seinen beiden Treffern aus der 28. und 32. Minute die Wende einleitete, ehe Flachenecker nach der Pause den 3:1-Endstand sicherstellte. Im Endspiel von Berlin erwischte der Club gegen den 1. FC Köln dann aber einen rabenschwarzen Tag und musste mit einer 0:4-Niederlage im Gepäck die Heimreise antreten. Dennoch standen bei der Ankunft in Nürnberg am Hauptmarkt und am Zabo mehrere zehntauschend Fans Spalier, um ihre Helden – allen voran natürlich Max Morlock – wieder aufzumuntern.

Der Club-Kapitän hatte unmittelbar nach dem verlorenen Finale seinen Abschied verkündet, diesen aber alsbald relativiert und sich die Zusage abringen lassen, im Notfall wieder einzuspringen. Die selbst gewählte fußballerische Abstinenz bedingte, dass Morlock den Gewinn des DFB-Pokals verpasste, der im Anschluss an die Meisterschaftsendrunde im Hochsommer 1962 ausgetragen wurde und mit einem finalen 2:1-Verlängerungssieg über Fortuna Düsseldorf endete. Spätestens als es aber darum ging, die Club-Farben in der Saison 1962/63 im Europapokal der Pokalsieger zu vertreten, war der erwähnte Notfall eingetreten. Morlock kehrte im Oktober 1962 ins Team zurück und führte dieses in der Auftaktrunde zu einem Erfolg über AS St. Etienne (0:0, 3:0), bevor er in der Runde der letzten Acht gegen Odense BK (1:0, 6:0) im Rückspiel seine einzigen beiden Europacuptore erzielen sollte. Damit standen die Franken im Halbfinale, wo sie auch Titelverteidiger Atlético Madrid an den Rand einer Niederlage brachten, nach dem 2:1 von Nürnberg sowie dem 0:2 von Madrid jedoch die Segel streichen mussten. Im Anschluss an den bis heute größten Europacuperfolg der Vereinsgeschichte nahmen die Clubberer als Oberliga-Vizemeister hinter dem TSV 1860 München auch an der letzten Endrunde um die Deutsche Meisterschaft teil, wo sie als Gruppenzweite die Finalteilnahme knapp verpassten. Die Entscheidung war erst im letzten Spiel im Müngersdorfer Stadion gefallen, als sich der Club mit einer 2:6-Niederlage beim 1. FC Köln aus dem Wettbewerb verabschieden musste. Nürnbergs lebende Legende Max Morlock hatte in sieben der acht Endrundenspiele mitgewirkt und dabei drei Tore erzielt, das kurioseste davon am 8. Juni 1963 gegen den 1. FC Kaiserslautern, als er den Ball eigentlich mit dem Absatz auf einen Mitspieler weiterleiten wollte, das Leder jedoch einen derartigen Drall bekam, dass es dem Club-Kapitän wieder selbst auf dem Fuß fiel, womit dieser in der 67. Minute unter großem Jubel der Kulisse Lautern-Keeper Wolfgang Schnarr zum zwischenzeitlichen 3:1 überwinden konnte. Auch beim 5:0-Erfolg über Hertha BSC Berlin konnte sich Max Morlock zweimal in die Torschützenliste eintragen. Es waren die letzten seiner insgesamt 21 Endrundentreffer, mit denen er in der ewigen Bestenliste auf dem 22. Platz rangiert.

► EINWURF

Max Morlock war exakt 38 Jahre und 363 Tage alt, als er am 9. Mai 1964 im letzten Spiel der Bundesligasaison 1963/64 gegen den Hamburger SV (2:2) das letzte Pflichtspieltor seiner Karriere erzielte. Über 23 Jahre war er damit der älteste Bundesligatorschütze aller Zeiten, ehe er am 30. Mai 1987 vom Mannheimer Günter Sebert abgelöst wurde, der einen Tag nach seinem 39. Geburtstag für den SV Waldhof gegen Bayer Leverkusen erfolgreich war.

Verantwortlich für Morlocks Comeback war in erster Linie dessen Sturmpartner Heinz Strehl gewesen. „Der kam zu mir und erklärte, er sei ohne mich nur die Hälfte wert, ihm würden meine Pässe fehlen, die für ihn halbe Tore waren. Da blieb mir nichts anderes übrig, als es noch einmal zu probieren“, so Morlock, der auch in der Premierensaison der Bundesliga mit von der Partie war. Neben Helmut Rahn und Hans Schäfer war er damit einer von drei „Helden von Bern“, die auch in der neuen deutschen Eliteklasse mitwirkten, die für den 1. FC Nürnberg mit einem Auswärtsspiel bei Hertha BSC Berlin begann, in dem Morlock sogleich eine Hauptrolle einnehmen sollte. Nicht nur, dass er in der 40. Minute für das erste Bundesligator in der Geschichte des damaligen Rekordmeisters sorgte. Nach einer guten Stunde war er auch entscheidend daran beteiligt, dass die Partie mit 1:1 in die Annalen einging, weil ihm im eigenen Strafraum der Ball an die Hand sprang und Herthas Schimöller daraufhin per Strafstoß für den Endstand sorgte. Während der Club die Spielzeit 1963/64 als Neunter im anonymen Mittelfeld abschloss, hatte Max Morlock in der Bundesliga noch einmal 21 Begegnungen absolviert, in denen er achtmal ins Schwarze getroffen hatte. Am 15. Mai 1964 wurde Morlock – vier Tage nach seinem 39. Geburtstag – mit dem 900. Spiel im Club-Trikot gegen Nacional Montevideo in den fußballerischen Ruhestand verabschiedet. Wegen seiner herausragenden Verdienste um den Verein wurde der „ideale Verbinder" alsbald zum Ehrenmitglied und Ehrenspielführer ernannt. Als erster Fußballer überhaupt wurde er darüber hinaus mit der Bayerischen Verdienstmedaille ausgezeichnet.

Obwohl Max Morlock mit 1,70 Meter Körpergröße nur ein Hänfling war, erwies er sich dennoch als ausgesprochen kopfballstark, wie auch dieses Foto beweist, das Ende September 1948 entstand, als der „Maxl" beim 4:1-Oberligasieg über TSG Ulm 1846 zum Kopfball ansetzte.

Natürlich hätte Max Morlock die Gelegenheit gehabt, ins Ausland zu wechseln. Bereits 1950 hatte ihn der BC Atalnata Bergamo umworben, ehe später mehrere spanische Vereine anklopften. Für den gebürtigen Nürnberger war das Verlassen seiner Heimatstadt aber nie ein Thema. Vom Rummel um seine Person wollte das Idol rein gar nichts wissen und widmete sich stattdessen lieber seiner seit 1949 existierenden Lotto-Annahmestelle in der Nürnberger Südstadt, die in den Anfangsjahren noch eine Bretterbude in der Nähe des Hauptbahnhofes war. Im Jahr 1950 heiratete er die Tochter seines Geschäftspartners Hans Weiß. Mit Inge Weiß hatte er zwei gemeinsame Töchter – Birgit und Ursel. Dem 1. FC Nürnberg, für den Max Morlock in seinem Lotto-Laden Eintrittskarten für die Heimspiele verkaufte, blieb er zeitlebens eng verbunden. Als der Mannschaft in der Spielzeit 1968/69 der Abstieg drohte, wurde er vom Präsidium als psychologischer Betreuer engagiert, was den Absturz des amtierenden Deutschen Meisters in die Regionalliga jedoch auch nicht verhindern konnte. Zu Beginn der neunziger Jahre hatte die fränkische Fußball-Ikone zunehmend mit gesundheitlichen Problemen zu kämpfen. Nach einer gut überstandenen Bypass-Operation wurde im Laufe des Jahres 1994 eine Krebserkrankung diagnostiziert, der Max Morlock am 10. September erliegen sollte. Sein Grab befindet sich auf dem St. Leonhard-Friedhof im gleichnamigen Nürnberger Stadtteil.

► ZAHLEN UND FAKTEN

Vereine:	1941-1964 1. FC Nürnberg
Tore:	20 Gauliga-Spiele* (75 Tore)
	451 Oberliga-Spiele (286 Tore)
	42 Endrunden-Spiele DM (21 Tore)
	21 Bundesliga-Spiele (8 Tore)
	8 DFB-Pokalspiele (8 Tore)
	10 Europacup-Spiele (2 Tore)
	26 Länderspiele (21 Tore)
gesamt	578 Pflichtspiele* (421 Tore)
	** nur bekannte Spiele*
Erfolge:	Deutscher Meister 1948, 1961
	Oberliga-Meister 1947, 1948, 1951, 1957, 1961, 1962
	Gauliga-Meister 1943, 1944
	Weltmeister 1954
	Oberliga-Torschützenkönig 1951, 1952
	Deutschlands Fußballer des Jahres 1961

In der Nationalmannschaft:
In seinen insgesamt 26 A-Länderspielen für den DFB hat Max Morlock 21 Treffer erzielt, was einem Schnitt von 0,81 je Einsatz entspricht. Von allen deutschen Nationalspielern, die mehr als 20 Länderspieleinsätze verzeichnen konnten, können lediglich zwei auf eine bessere Quote verweisen: Natürlich ist da der Münchner Gerd Müller mit 68 Toren in 62 Einsätzen, was einem Schnitt von 1,10 Treffen entspricht. Noch besser als Max Morlock war außerdem noch Edmund Conen, der in seinen 28 Länderspielen zwischen 1934 und 1942 summa summarum 27 Tore erzielt hat und mithin über eine Torquote von 0,96 verfügt.

► EINWURF
Nicht ganz unerwartet ist Max Morlock mit seinen 26 A-Länderspielen für den DFB Rekordnationalspieler des 1. FC Nürnberg. Auf Morlock folgen in der vereinsinternen Bestenliste Heiner Stuhlfauth und Dr. Hans Kalb mit 15 bzw. 14 Länderspielberufungen. Aber auch die 21 Länderspieltreffer Morlocks kann kein zweiter Club-Akteur vorweisen.

Dank seiner starken Leistungen im Club-Dress in den ersten Nachkriegsjahren mit dem Höhepunkt des deutschen Meistertitels 1948 zählte auch Max Morlock zu jenen rund 250 Spielern, die Sepp Herberger in zehn Sichtungslehrgängen vor der deutschen Rückkehr auf die Länderspielbühne im Herbst 1950 testete. Sein Debüt im ersten Nachkriegsländerspiel am 22. November in Stuttgart gegen die Schweiz (1:0) hatte er auch der Tatsache zu verdanken, dass Fritz Walter verletzungsbedingt absagen musste.

„Kein Länderspiel ohne Morlock-Tor"
Anders als heute waren Länderspiele damals noch ein rares Gut. Und da Kapitän Fritz Walter im Frühjahr 1951 wieder fit war, verzichtete Bundestrainer Herberger im Rückkampf gegen die Schweiz (3:2) sowie die Türkei (1:2) auf Max Morlock, der erst am 23. September in Wien gegen Österreich wieder ran durfte. Im Praterstadion waren 55 Minuten absolviert, als 60.000 Zuschauer die Torpremiere des Clubberers im Nationaltrikot erlebten, mit der ein 2:0-Erfolg der Gäste eingeleitet wurde. Nachdem sich Morlock auch bei der 2:3-Niederlage in Dublin gegen Irland in die Torschützenliste eingetragen hatte, traf er Ende November beim 2:0-Auswärtssieg nach dem Seitenwechsel gleich zweimal. Der ungeheure Torhunger des Franken ließ auch

das geflügelte Wort unter den deutschen Fußballanhängern „Kein Länderspiel ohne Morlock-Tor“ aufkommen, welches dieser auch Ende 1952 bestätigte, als er gegen die Schweiz (5:1) und Jugoslawien (3:2) je einmal erfolgreich war. Erst beim 2:2 kurz nach Weihnachten in Spanien konnte Morlock nicht als Torschütze glänzen.
Dennoch hatte er sich spätestens jetzt – und damit gerade rechtzeitig vor den Qualifikationsspielen für die bevorstehende Weltmeisterschaft in der Schweiz – in die Stammformation Sepp Herbergers gespielt. Zum Auftakt der WM-Qualifikation reichte es im August 1953 in Oslo aber lediglich zu einem enttäuschenden 1:1 gegen Norwegen, so dass sich in Fußball-Deutschland Ernüchterung breit machte. Nicht zuletzt, weil Max Morlock in der nächsten Begegnung mit dem Saarland seine drei Spiele andauernde Torflaute beendete, sollte sich die Stimmung wieder aufhellen. Nachdem er bereits in der 13. Minute für den Führungstreffer gesorgt hatte, traf er sechs Minuten nach dem Wiederanpfiff zum zweiten Mal, ehe Horst Schade, der gerade von der SpVgg Fürth zum 1. FC Nürnberg gewechselt war, in der 71. Minute den 3:0-Endstand besiegelte. – Das Motto „Kein Länderspiel ohne Morlock-Tor“ behielt auch im nächsten Duell gegen Norwegen seine Gültigkeit. Allerdings taten sich die Herberger-Schützlinge gegen die abermals überraschend starken Skandinavier lange schwer und gerieten in der 22. Minute durch einen Nordahl-Treffer sogar in Rückstand. Es war nicht zuletzt Max Morlock, der die Ärmel aufkrempelte und gegen die drohende Schmach ankämpfte. Seinem Ausgleichstor nach 26 Minuten folgte in der 63. Minute die umjubelte 2:1-Führung, die einen am Ende doch noch standesgemäßen 5:1-Sieg einleitete, der die Kulisse im Hamburger Volksparkstadion von den Titelkämpfen in der Schweiz träumen ließ. Lediglich die Tatsache, dass sich Morlock gegen Ende des Spiels eine Verletzung zugezogen hatte, trübte ein wenig die Freude über seine überragende Leistung.

Mit diesem herrlichen Kopfball-Torpedo erzielte Max Morlock am 22. November 1953 im WM-Qualifikationsspiel gegen Norwegen in Hamburg in der 26. Minute den 1:1-Ausgleich. Das Spiel endete schließlich mit 5:1.

Zum Glück fand das entscheidende letzte Qualifikationsspiel aber im Saarbrücker Ludwigspark erst vier Monate später statt, so dass dem Nürnberger Kapitän genügend Zeit blieb, um sich auszukurieren. Dass dieser für das DFB-Team inzwischen zum Torgaranten geworden war, zeigte sich auch am 28. März 1954, als Morlock nach holprigem Verlauf der Anfangsphase mit seinen beiden Treffern in der 37. und 51. Minute die Basis für einen 3:1-Erfolg legte, mit dem der Weg in die Schweiz endgültig geebnet wurde. Auch im abschließenden Testspiel am 25. April in Bern gegen die Schweiz (5:3) zählte der „Maxl“ zu den Torschützen, weshalb seine Berufung in den WM-Kader auch zu keiner Zeit in Frage gestellt wurde. Seine Bilanz vor der Endrunde in der Schweiz konnte sich weiß Gott sehen lassen: 13-mal hatte er bisher das Nationaltrikot übergestreift und dabei ebenso oft als Torschütze geglänzt. – Länderspiele mit Morlock-Toren zählten im Fußball-Deutschland der frühen Fünfziger eben zur Selbstverständlichkeit.

► EINWURF
In Nürnberg war die Popularität von Max Morlock schon lange kaum zu überbieten. Und nachdem der Club-Kapitän in den frühen Fünfzigern auch im Dress der Nationalmannschaft für Furore sorgte, war er auch in ganz Deutschland bekannt wie ein bunter Hund. In ganz Deutschland? Am 22. März 1953 traf die Herberger-Elf zum Auftakt des Länderspieljahres auf Österreich und wurde vor dem Anpfiff Bundespräsident Theodor Heuss vorgestellt. Als die Reihe an den ganz außen stehenden Morlock kam, fragte das Staatsoberhaupt: „Und sie sind der Torwart?“ Ohne zu zögern antwortete der Nürnberger artig: „Ja, Herr Bundespräsident, ich bin der Torwart.“ Ob „Papa Heuss“ während des Spiels wohl aufgefallen ist, dass der Düsseldorfer Toni Turek zwischen den Pfosten gestanden hatte?

Im Spagatschritt zur Legende

Es ist vor allem eine Szene, die bei Rückschauen auf die Weltmeisterschaft 1954 immer und immer wieder gezeigt wird. Natürlich jene ominöse 84. Minute, in der Helmut Rahn abzog, um Ungarn-Keeper Grosics zu überwinden und damit Nachkriegs-Deutschland in einen kollektiven Freudentaumel zu versetzen. Im Finale war der „Boss“ bereits in der ersten Hälfte erfolgreich gewesen, womit der Essener im wichtigsten Spiel seiner Karriere ohne jeden Zweifel zum „man of the match“ avanciert war. Dagegen kommt die Leistung, die Max Morlock während des gesamten Turniers in der Schweiz abgeliefert hat, immer etwas zu kurz. Nicht Rahn, sondern Rechtsverbinder Morlock war mit sechs Treffern in fünf Einsätzen nämlich der erfolgreichste deutsche Angreifer, der in der Torjägerliste hinter dem Ungarn Sandor Kocsis gleichauf mit Josef Hügi aus der Schweiz den zweiten Platz belegte.
Bereits im mit 4:1 in Bern gegen die Türkei gewonnenen Auftaktspiel zählte der Clubberer zu den herausragenden deutschen Akteuren, der sechs Minuten vor Schluss seine Leistung krönte, als er eine Schäfer-Flanke ins türkische Tor köpfte. Die Torgefahr, die Morlock auch gegen die Türkei an den Tag gelegt hatte, war aber wie immer nur der eine Aspekt seines Spiels. Mindestens ebenso sehr stachen nämlich seine Qualitäten im Spielaufbau heraus, mit denen er auch im Wankdorfstadion manch vielversprechenden Angriff eingeleitet hatte. Neben Kapitän Fritz Walter war der Nürnberger somit der wichtigste Taktgeber in der deutschen Elf.
Nachdem Sepp Herberger im zweiten Gruppenspiel gegen Ungarn auf Morlock verzichtet hatte, war dieser im Entscheidungsspiel um den Viertelfinal-Einzug gegen die Türken (7:2) wieder mit von der Partie und brillierte in der 31., 60. und 77. Minute als dreifacher Torschütze. In der Runde der letzten Acht blieb er gegen Jugoslawien dann für einmal ohne Treffer, was ihm als mannschaftsdienlichem Spieler herzlich egal gewesen sein dürfte, da Deutschland nach großem Kampf am Ende mit 2:0 die Nase vorn hatte. Mindestens ebenso egal war Max Morlock, dass er die geplante Italien-Reise verschieben

musste, die er – in der Annahme gegen die starken Jugos auszuscheiden – eigentlich am Tag nach dem Viertelfinalspiel gemeinsam mit seiner Ehefrau Inge antreten wollte. Gleichwohl stand er kurz davor, zum WM-Touristen degradiert zu werden. In den Schlussminuten war er nämlich vom gegnerischen Außenläufer Boskov bei einem Pressschlag am Knöchel verletzt worden, was seinen Einsatz im Halbfinale in erhebliche Gefahr brachte. Unterwassermassagen von Masseur Deuser sorgten aber dafür, dass er gegen Österreich schließlich doch auflaufen konnte.

Im WM-Halbfinale gegen Österreich (Bild oben) erzielte Max Morlock in der 47. Minute per Kopf das 2:0. Nach 90 Minuten hatte Deutschland im Basler Sankt-Jakob-Stadion mit 6:1 die Nase vorn und stand damit im Endspiel gegen Ungarn, wo Morlock in der 9. Minute nach frühem 0:2-Rückstand in für ihn typischer Manier das Anschlusstor erzielte (Bild unten), mit dem die Herberger-Elf ihre legendäre, im „Wunder von Bern" gipfelnde Aufholjagd einleitete.

War Morlock wegen seiner erlittenen Verletzung nach dem Jugoslawien-Match noch am Boden zerstört, zeigte er sich vor dem Halbfinale in Basel als zuversichtlicher Prophet. Nachdem er beim Blick aus dem Hotelfenster in Spiez sechs weiße und ein schwarzes Schaf zu Gesicht bekommen hatte, war für ihn klar: „6:1 gewinnen wir heute!" Nur Helmut Rahn wollte es nicht glauben: „Jetzt ist er übergeschnappt! Die Geschichte hat sich vom Knöchel ins Hirn verzogen", so der Essener, der bei seinem Kameraden aber schließlich Abbitte leisten musste, da die DFB-Elf den südlichen Nachbarn tatsächlich mit 6:1 aus dem Sankt-Jakob-Stadion gefegt hatte. Abermals hatte sich Morlock als glänzender Ballverteiler erwiesen, derweil er unmittelbar nach dem Wiederanpfiff per Kopf für den zweiten deutschen Treffer gesorgt hatte.
Über den finalen 3:2-Sieg über Ungarn sind bereits ganze Bücher gefüllt worden. Lassen wir daher einfach Max Morlock selbst zu Wort kommen, wie er seinen Anschlusstreffer aus der 9. Minute erlebte: „Rahn war mit dem Ball abgezogen, dabei etwas weit nach außen gekommen. Und ganz instinktiv stürmte ich auf das ungarische Tor los. Jetzt, jetzt müsste die Flanke kommen! Ich hatte den Gedanken kaum gefasst, da flankte der Boss schon in die Mitte. Auf dem nassen Boden bekam der Ball eine Mordsfahrt. Mit einem energischen Schritt ließ ich mich in die Vorlage hineinrutschen, Grosics schaute entgeistert, und an ihm vorbei rollte der Ball ins Netz. 2:1. Das war mein liebstes und wichtigstes Tor."
Der WM-Titel sollte sich für Morlock als Wendepunkt seiner Nationalmannschaftskarriere entpuppen. Zwar gehörte der Nürnberger bis Ende 1958 dem Kader an und stand auch bei Bundestrainer Herberger weiterhin hoch im Kurs („In kritischen Situationen war Max Morlock immer mein Mann. Auf ihn konnte ich mich stets verlassen. Er war ein Spieler, der alle mitgerissen hat."). Allerdings kam er nach den Tagen in der Schweiz nur noch in acht Länderkämpfen zum Einsatz, die zudem mit einer Ausnahme allesamt verloren gingen. Beim ersten Auftritt des frischgebackenen Weltmeisters am 26. September 1954 in Belgien (0:2) war Morlock noch mit von der Partie, ehe ihn wie zahlreiche seiner Teamgefährten eine Gelbsuchterkrankung schachmatt setzte. 1955 erlebte er zunächst zwei Niederlagen in Stuttgart gegen Italien (1:2) sowie in Moskau gegen die Sowjetunion (2:3), ehe ihm am 25. September bei der 1:3-Niederlage in der 89. Minute endlich wieder ein Treffer glückte.
„Kein Länderspiel ohne Morlock-Tor" – das war einmal. Denn auch bei seinen beiden Einsätzen im Laufe des Jahres 1956 gegen England (1:3) und in Irland (0:3) konnte sich „Maxl" nicht in die Torschützenliste eintragen. Erst nach der WM in Schweden kehrte er im Dezember 1958 letztmals ins Nationaltrikot zurück. Drei Tage vor Weihnachten ersetzte er beim 3:0 in Augsburg gegen Bulgarien zur Pause Lokalmatador Helmut Haller, um am 28. Dezember in Kairo gegen Ägypten beim ersten deutschen Länderspiel außerhalb Europas den Ehrentreffer zur 1:2-Niederlage beizusteuern. Neben 26 A-Länderspielen kann Max Morlock noch auf einen B-Länderspieleinsatz am 21. November 1956 gegen die Schweiz (2:1) verweisen.

Saison	ER DM		Liga		Pokal	
	Sp.	T.	Sp.	T.	Sp.	T.
1941/42			?	6		
1942/43	1	0	20	54	3	5
1943/44	4	2	?	15		
1945/46			27	24		
1946/47			33	25		
1947/48	2	0	34	30		
1948/49			30	15		
1949/50			23	8		
1950/51	6	1	34	28		
1951/52	6	6	30	26		
1952/53			27	20	1	2
1953/54			28	18	1	0
1954/55			10	5	1	0
1955/56			21	9		
1956/57	3	1	27	14		
1957/58	2	1	21	14		
1958/59			30	20		
1959/60			12	5		
1960/61	7	5	30	13		
1961/62	4	2	30	8	0	0
1962/63	7	3	4	4	1	1
1963/64			21	8	1	0

Gerd Müller
„Strafraumgespenst" und „Bomber der Nation"

Es hatte nicht viel gefehlt und aus Gerd Müller wäre kein „Roter", sondern ein „Blauer" geworden. Dank der sensationellen Leistungen für seinen Heimatverein TSV Nördlingen waren in der bayerischen Landeshauptstadt sowohl die Verantwortlichen des FC Bayern wie des TSV 1860 auf den Torjäger aufmerksam geworden, weshalb sich im Frühjahr 1964 zwei wichtige Herren in geheimer Mission von München aus ins schwäbische Nördlingen aufmachten, um im Hause Müller vorzusprechen. Das Pech von Löwen-Geschäftsführer Maierböck war nur, dass dessen Amtskollege von den Bayern, Walter Fembeck, einige Stunden früher zugegen war und Gerd Müller bereits einen Profivertrag angeboten hatte, womit die Entscheidung zugunsten der „Roten" gefallen war. Für die Bayern sprach allerdings auch, dass deren Mannschaft seinerzeit nicht so sehr mit Stars gespickt war wie jene von 1860, das anders als der Lokalrivale in der Bundesliga kickte. Die Rothosen hatten dagegen gerade den angepeilten Aufstieg in die Erstklassigkeit verpasst, weshalb sie sich keine teuren Neuzugänge leisten konnten, sondern auf junge Talente setzen mussten, was Gerd Müller wie gerufen kam. Am liebsten wäre der am 3. November 1945 geborene gelernte Weber freilich gar nicht an die Isar, sondern an die Noris gewechselt. Da es in Nördlingen fast nur Club-Anhänger gab, hielt es Gerd Müller in seiner Jugend ebenfalls mit dem 1. FC Nürnberg, wobei es ihm besonders Max Morlock angetan hatte, den er als sein großes Idol bezeichnete.
Nicht der Club und auch nicht die Löwen hatten im Frühjahr 1964 also den Zuschlag erhalten, so dass mit dem Wechsel Gerd Müllers an die Säbener Straße der unaufhaltsame Aufstieg des FC Bayern beginnen konnte. Selbst Franz Beckenbauer erkannte den Wert des Teamkollegen für seinen Klub an: „Vielleicht wären wir ohne Gerd Müller und seine Tore noch immer in dem kleinen Holzhäuserl an der Säbener Straße." Und als die Bundesliga aus Anlass ihres 40-jährigen Gründungsjubiläums die „herausragende Spielerpersönlichkeit" ihrer Geschichte kürte, wurde dem gebürtigen Nördlinger endlich auch die ihm gebührende Ehre zuteil, weil nicht – wie bei solchen Gelegenheiten üblich – Franz Beckenbauer, sondern Gerd Müller den ersten Platz belegte.
Anders als der „Kaiser", den immer die schillernde Aura eines Superstars umgab, zeichnete sich Deutschlands bester Torjäger aller Zeiten durch seine Bodenständigkeit aus. Da Gerd Müller in Nördlingen in äußerst bescheidenen Verhältnissen aufwuchs – sein Vater war als Kraftfahrer beschäftigt –, konnte er sich auch gar keine Allüren leisten. Vielleicht ist gerade dies der Grund, weshalb er weniger durch spektakuläre Treffer glänzte, sondern mehr der „Mann für die kleinen Tore" war. Obwohl er die mit Abstand meisten Bundesligatore erzielte, wurde er etwa „nur" fünfmal als „Torschütze des Monats" ausgezeichnet. Sein Torinstinkt war jedoch einzigartig. Es gab Spiele, in denen er über 90 Minuten praktisch nicht zu sehen war. Trotzdem stand er im entscheidenden Augenblick am richtigen Platz und bugsierte das Leder in die gegnerischen Maschen. Ihm wurde die Fähigkeit nachgesagt, aus einer halben Chance ein ganzes Tor zu machen, die er ganz lapidar damit erklärte, dass man, um als Goalgetter erfolgreich zu sein, nicht zu viel nachdenken dürfe. „Wenn ich denke, ist es schon viel zu spät."

„Was soll ich mit einem Gewichtheber?"

Schon in seiner Heimat Nördlingen bezeichneten sie Gerd Müller als „Kanonier vom Dienst", nachdem er den TSV in der Saison 1963/64 mit 46 Toren in 28 Spielen quasi im Alleingang zum Bezirksligameister geschossen hatte. Als Neunjähriger war er dem Verein beigetreten, wobei er sich gleich bei seinem ersten Punktspieleinsatz in Öttingen als vierfacher Torschütze auszeichnete. Von sich reden machte Müller dann auch als 17-Jähriger, indem er in der Jugendauswahl des TSV nicht weniger als 180 von 204 Saisontoren erzielte. Sein Debüt in der ersten Mannschaft gab er schließlich in der Saison 1962/63, ehe er diese im darauf folgenden Jahr, wie schon erwähnt, zum Bezirksligatitel ballerte.
Als der TSV Nördlingen in der Saison 1963/64 zum Auswärtsspiel in Oberstdorf antrat, war es ein langjähriges Bayern-Mitglied namens Kotter, das Gerd Müller zuerst für die Rothosen gewinnen wollte. Dieser war jedoch skeptisch und meinte: „Lust hätte ich schon. Aber die werden grad auf mich warten!" Dass sie an der Säbener Straße nicht nur auf Gerd Müller gewartet haben, sondern ihm in Person von Walter Fembeck sogar „hinterherliefen", wurde eingangs bereits erwähnt. Dennoch hatte Müller auch noch familiären Widerstand zu überwinden, um seine Profilaufbahn zu starten. Als gesetzlicher Vertreter ihres noch nicht volljährigen Sohnes bedurfte es der Zustimmung der Mutter, die von einem Wechsel nach München nicht wirklich begeistert war. „Wenn du den Vertrag für die Bayern nicht unterschreibst, dann spiele ich auch nicht länger für Nördlingen." Erst nach diesem Ultimatum konnte Mutter Müller nicht anders und legte ihrem Sohn keine Steine in den Weg. Indes zahlte sich der Wechsel in die Landeshauptstadt in finanzieller Hinsicht aus: Neben einem Grundgehalt von 160 D-Mark sagte man Müller eine Siegprämie von 50 D-Mark zu und vermittelte ihm darüber hinaus eine Anstellung als Möbelverkäufer. Als Ablösesumme überwies der heutige Rekordmeister insgesamt 4.200 D-Mark an den TSV Nördlingen.
Obwohl die Verantwortlichen des FC Bayern sich ganz schön ins Zeug gelegt hatten, dauerte es einige Zeit, bis sich auch sein neuer Trainer „Tschick" Cajkovski für Gerd Müller begeistern konnte. Nachdem der Jugoslawe den Neuzugang bei den ersten Trainingseinheiten beäugt hatte, war er nur wenig angetan. „Er ist zu klein und zu dick", lautete Cajkovskis vernichtendes Urteil. Wirklich verübeln konnte man dem Coach diese Meinung nicht. Bei einem Oberschenkelumfang von 48 Zentimetern wirkte Gerd Müller für einen Fußballer zu untersetzt, so dass Cajkovski gleich noch einen draufsetzte und Müller mit den Worten „Was soll ich mit einem Gewichtheber?" in die Reserveelf verbannte. Hier glänzte er allerdings beim 5:2-Erfolg über die Löwen als dreifacher Torschütze, was schließlich Vereinspräsident Wilhelm Neudecker auf den Plan rief, der seinem leitenden Angestellten die Pistole auf die Brust setzte: „Wenn der nicht spielt, gehe ich nie wieder auf den Fußballplatz", so Neudecker, weshalb Cajkovski nicht mehr anders konnte und „kleines, dickes Müller" am 11. Regionalligaspieltag beim Freiburger FC einsetzte. Die Bayern behielten mit 11:2 die Oberhand, wobei es angesichts späterer Torquoten fast ein wenig überraschte, dass Gerd Müller bei seinem Debüt lediglich einmal ins Schwarze traf. Deutlich besser lief es im zweiten Einsatz gegen die TSG Ulm 1846, als es beim 9:1-Heimsieg der Bayern gleich viermal „müllerte". Am Ende der Spielzeit 1964/65 standen die Münchner im zweiten Anlauf als Bundesligaaufsteiger fest. Sagenhafte 146 Tore hatten diese in 38 Regionalligaspielen erzielt, von denen 33 auf

das Konto von Gerd Müller gegangen waren, für die dieser gerade einmal 26 Einsätze benötigt hatte. Vereinsinterner Torjäger Nummer 1 wurde allerdings Rainer Ohlhauser, der mit seinen 42 Saisontoren Torschützenkönig der Regionalliga geworden war.

Müller vor, noch ein Tor!

Mit dem Bundesligaaufstieg des FC Bayern startete auch die Karriere des Gerd Müller so richtig durch. Seine Bilanz in 14 Jahren Bundesliga liest sich atemberaubend: In 427 Liga-Einsätzen erzielte er 365 Tore und ist damit in der ewigen Bestenliste unerreicht (auf dem zweiten Platz folgt Klaus Fischer mit 268 Toren). Hinzu kommen 71 Tore im DFB-Pokal (57 Spiele) sowie deren 66 in 74 Europapokaleinsätzen. Außerdem war Gerd Müller nicht weniger als siebenmal Torschützenkönig der Bundesliga, wobei vor allem seine Marke von 40 Saisontreffern aus der Spielzeit 1971/72 auf lange Zeit unerreicht bleiben dürfte. Auch an persönlichen Auszeichnungen hat der Träger des Bundesverdienstkreuzes so ziemlich alles eingeheimst. Während er zweimal (1967 und 1969) zu Deutschlands Fußballer des Jahres gewählt wurde, kürten ihn die europäischen Sportjournalisten 1970 zum besten Kicker des Kontinents. Für Gerd Müller hatten derartige Auszeichnungen immer auch ihre Schattenseiten: „Es ist schön, wenn sie dich zum Fußballer des Jahres wählen, aber schon die Party danach macht mir keinen Spaß mehr. Ich bin einfach nicht der Typ für solche Sachen."

► EINWURF

Nicht nur als Fußballer, auch als Schauspieler und Sänger hat Gerd Müller Karriere gemacht. 1967 war er an der Seite von Sepp Maier und Zlatko Cajkovski in dem Film „Wenn Ludwig ins Manöver zieht" zu sehen. Im WM-Jahr 1974 versuchte sich der „Bomber der Nation" dann auch als Sänger. Mit „Dann macht es bumm, ja und dann kracht's. Und alles schreit: Der Müller macht's!" machte er seinem Teamkameraden Franz Beckenbauer („Gute Freunde kann niemand trennen") Konkurrenz.

Freilich musste das „Strafraumgespenst" im Verlauf seiner Karriere so manche Siegesfeier über sich ergehen lassen. In seinen ersten beiden Jahren an der Säbener Straße konnte Gerd Müller gleich drei Titel abgreifen. Ihre erste Bundesligasaison krönte die junge Bayern-Elf (Durchschnittsalter 21,8 Jahre) am 4. Juni 1966 mit dem DFB-Pokalsieg, wobei im Frankfurter Finale der Meidericher SV mit 4:2 geschlagen wurde. Ausgerechnet in seinem ersten Endspiel war Gerd Müller torlos geblieben, nachdem er vor allem vor der Pause mehrmals am glänzend aufgelegten MSV-Schlussmann Manglitz gescheitert war. Auch in der Bundesliga erzielte Müller in 33 Einsätzen lediglich 14 Tore, was ihm die Teilnahme an der bevorstehenden WM in England kostete. Dennoch war er erfolgreichster Goalgetter seines Teams, was im Übrigen auch in den kommenden zwölf Spielzeiten der Fall sein sollte. Im DFB-Pokalfinale 1966/67 blieb es aber Gerd Müller vorbehalten, den 4:0-Sieg über den Hamburger SV einzuleiten. In der 23. Minute wurde dieser mustergültig von Franz Roth in Szene gesetzt, so dass er keine Mühe hatte, nach einer schnellen Drehung in bester Gerd-Müller-Manier HSV-Keeper Schnoor zu überwinden. Dem 2:0 aus der 72. Minute durch Sturmpartner Ohlhauser folgte vier Minuten später der zweite Müller-Treffer: „Mucki" Brenninger (selbst Torschütze des 4:0-Endstands) schlug eine Maßflanke in den gegnerischen Strafraum, die sein lauernder Mittelstürmer mit einem Kopfballtorpedo ins Tor lenkte.

Internationaler Lorbeer

Während den jungen Himmelstürmern des FC Bayern unter „Tschick" Cajkovski noch die Meisterreife fehlte, hatten sie zehn Tage vor der erfolgreichen Titelverteidigung im DFB-Pokal ihren ersten internationalen Triumph unter Dach und Fach gebracht. Trotz seiner 66 Treffer auf kontinentaler Ebene gilt jedoch nicht Gerd Müller, sondern „Bulle" Roth bei den Bayern als „Mr. Europacup", weil der Allgäuer vor allem in den vier Europapokalendspielen der großen Bayern-Ära für entscheidende Treffer sorgte. So am 31. Mai 1967, als er in Nürnberg in der Verlängerung per Bogenlampe ins Tor der Glasgow Rangers traf und den Münchnern mithin den Europacup der Pokalsieger bescherte. Beim Meisterpokalendspiel im Mai 1975 erzielte ebenfalls Roth in der 72. Minute den Führungstreffer gegen Leeds United, derweil er im Jahr darauf gegen AS Saint-Etienne Schütze des goldenen Tores war.

Gleichwohl waren auch auf das Konto Gerd Müllers richtungsweisende Europacuptore gegangen. Im Halbfinale 1966/67 besiegten die Bayern Standard Lüttich mit 2:0 und 3:1, wobei Müller vier der fünf Bayern-Tore markierte. Und als es die Roten in der Saison 1975/76 im Semifinale mit Real Madrid zu tun bekamen, erledigte der „Bomber der Nation" die Königlichen praktisch im Alleingang, weil er nicht nur beim 1:1 in Madrid in der 43. Minute den Ausgleich, sondern auch beim 2:0-Rückspielsieg im Olympiastadion beide Bayern-Tore erzielte. Ein heißblütiger Fan der Spanier hatte nach dem Hinspiel im Bernabeu-Stadion dem Münchner übrigens einen besonderen Motivationskick verpasst, nachdem er ihn – ebenso wie den österreichischen Schiedsrichter Linemayr – beim Gang in die Kabinen niedergerissen hatte.

Aber auch in den Endspielen steuerte Gerd Müller drei Tore zum Erfolg seiner Bayern bei. In der Wiederholung des ersten Meisterpokalfinales gegen Atletico Madrid zeichnete er am 17. Mai 1974 mit zwei Treffern zum ungefährdeten 4:0-Sieg seiner Farben verantwortlich, derweil er im Jahr darauf gegen Leeds United mit seinem Tor zum 2:0 aus der 82. Minute die erfolgreiche Titelverteidigung perfekt machte. Und natürlich „müllerte" es auch im Weltpokalfinale gegen Cruizeiro Belo Horizonte. Lange Zeit schien im Hinspiel am 23. November 1976 gegen die Brasilianer vor nur 18.000 Zuschauern im „Eisschrank" Olympiastadion alles auf ein torloses Unentschieden hinauszulaufen, ehe zehn Minuten vor dem Schlusspfiff niemand anderer als Gerd Müller den Bann brach und eine Hoeneß-Flanke gedankenschnell über die Linie drückte. Nur zwei Minuten später ließ Müller dann ein Zuspiel von Rummenigge passieren, so dass der besser postierte Jupp Kapellmann den 2:0-Vorsprung sicherte, den die Münchner knapp einen Monat später in einer Abwehrschlacht vor 130.000 Zuschauern im fernen Brasilien über die Zeit retteten.

Müller-Sperre kostet fast den Titel

Aus dem enttäuschenden fünften Platz in der Bundesligasaison 1967/68 zogen die Vereinsverantwortlichen in der Sommerpause die Konsequenzen und setzten Trainer Cajkovski den Stuhl vor die Tür. Während bei diesem der Spaß im Vordergrund stand, galt unter dessen Nachfolger Branco Zebec fortan das nüchterne Motto „Hauptsache gewonnen!" Eines änderte sich freilich nicht, da auf die Tore Gerd Müllers auch für die nun ergebnisorientiert auftretenden Münchner weiterhin Verlass war. Schon 1966/67 war dieser zum ersten Mal Bundesligatorschützenkönig geworden, wobei er den Erfolg im Meisterjahr 1968/69 wiederholen konnte. Derweil in 30 Spielen 30

Tore auf Müllers Konto gegangen waren, hätte sein Fehlen in vier Begegnungen den Bayern fast ihren zweiten Meistertitel nach 1932 gekostet. Beim Gastspiel in Hannover am letzten Hinrundenspieltag wurde der Mittelstürmer nach einer Rangelei mit Jupp Heynckes wegen Tätlichkeit des Feldes verwiesen, weshalb ihn der DFB für die nächsten vier Runden sperrte. Gerade in dieser Zeit zeigte sich, wie sehr die Süddeutschen von den Torerfolgen ihres Sturmführers abhingen. Nachdem bereits die Partie in Hannover mit 0:1 verloren gegangen war, verloren diese auch ihre ersten beiden Rückrundenauftritte gegen den 1. FC Kaiserslautern (1:3) und Stadtrivale 1860 München (0:2), ehe sie anschließend gegen den HSV (2:2) und den FC Schalke 04 (0:0) lediglich ein Remis über die Zeit brachten. Erst als Gerd Müllers Sperre abgelaufen war, konnten die Bayern wieder als Sieger vom Platz gehen. Am 8. Februar behielten sie bei Hertha BSC mit 2:1 die Oberhand, wobei beide Treffer auf das Konto des „Bombers" gingen. Mit ihm war die Mannschaft danach nicht mehr zu stoppen, so dass sie sich in der Endabrechnung mit stolzen acht Punkten Vorsprung auf Alemannia Aachen (ja, wirklich: Alemannia Aachen!) den ersehnten Meistertitel sicherte.

Am 14. Juni 1969 konnten die Münchner die Saison mit dem ersten Doublegewinn der Vereinsgeschichte krönen.

Im DFB-Pokalfinale besiegten sie dank zweier Treffer von Gerd Müller (*Bild links*) den FC Schalke 04 mit 2:1, nachdem der Torgarant seinen Gegenspieler Klaus Fichtel zweimal stehen gelassen hatte. Nicht nur, dass seine Teamkameraden ihn nach dem Schlusspfiff auf den Schultern vom Rasen des Frankfurter Waldstadions trugen. Auch Altbundestrainer Sepp Herberger sparte nicht mit Lob und bescheinigte dem Matchwinner, dass er nicht nur „ein Abstauber [ist]. Heute hat er gezeigt, dass er auch die komplizierten Tore schießen kann." Selbst der gegnerische Trainer Rudi Gutendorf zeigte sich nach dem Spiel beeindruckt: „Mit diesem Müller sind die Bayern unschlagbar. Wenn ich den nur hätte."

Sowohl 1970 als auch 1971 musste sich Gerd Müller in der Bundesliga mit der Vizemeisterschaft hinter Borussia Mönchengladbach zufrieden geben, so dass er seinen nächsten großen Erfolg abermals im Pokal feiern konnte. Die Münchner waren unter ihrem neuen Trainer Udo Lattek via Hessen Kassel, den 1. FC Kaiserslautern, den MSV Duisburg und Fortuna Düsseldorf wieder ins Endspiel eingezogen, wobei Gerd Müller besonders in der Zweitrundenwiederholung gegen den 1. FCK seinen großen Auftritt hatte, als er den Pfälzern sämtliche fünf Treffer einschenkte. Aber auch im Semifinale bei Fortuna Düsseldorf bewies er seine ganze Klasse und erzielte in der 55. Minute vor 26.000 Zuschauern das Tor des Tages. Vor dem Finale gegen den 1. FC Köln gab es dann langwierige Diskussionen um seine Spielberechtigung, weil Gerd Müller in einem Länderspiel gegen Peru vom Platz gestellt worden war, woraufhin er vom DFB gesperrt wurde. Diese Sperre erstreckte sich auch auf das Pokalfinale, was die Bayern nichts Gutes ahnen ließ. Kurz vor dem Finale war jedoch das Abschiedsspiel der sowjetischen Torwartlegende Lew Jaschin angesetzt. Der deutsche Fußball sollte bei diesem Anlass eigentlich durch Franz Beckenbauer vertreten werden. Doch da der „Kaiser" verletzungsbedingt absagen musste, nominierte der DFB seinen Teamgefährten Gerd Müller nach, der den Einfältigen mimte und der Frankfurter Funktionärsriege zur Antwort gab: „Das geht doch nicht, ihr habt mich doch gesperrt." Der DFB konnte nicht anders, als die Sperre des Bayern-Stars aufzuheben, der somit nicht nur im Abschiedsspiel von Lew Jaschin, sondern auch – und wohl vor allem! – im Pokalfinale gegen Köln auflaufen konnte. Er blieb jedoch wirkungslos und steuerte keinen Treffer zum 2:1-Verlängerungssieg seiner Bayern bei, den diese nach dem Platzverweis von Herward Koppenhöfer in Unterzahl errungen hatten.

Endgültiger Aufstieg zum Weltstar

Stolze 38 Saisontreffer hatte der „Bomber der Nation" im Spieljahr 1969/70 erzielt und damit einen neuen Bundesligarekord aufgestellt. Zwei Jahre später konnte er diesen dann sogar weiter verbessern, als er noch zweimal öfter ins Tor traf und damit die bis heute gültige Bestmarke setzte. Dabei hatte es für Gerd Müller anfangs gar nicht so gut ausgesehen. Nur viermal traf er an den ersten zehn Spieltagen in die gegnerischen Maschen, was von Expertenseite nicht zuletzt der Tatsache zugeschrieben wurde, dass Müller zeitweise einen Wechsel zu Hertha BSC Berlin angestrebt hatte. Am Ende der Saison 1971/72 war für ihn und seine Bayern freilich wieder alles in Butter: Nach dem mit 5:1 gewonnenen „Endspiel" um die Deutsche Meisterschaft gegen den FC Schalke 04 durften die Roten im neu eröffneten Olympiastadion zum dritten Mal in der Vereinsgeschichte die Meisterschale in Empfang nehmen, während sich Müller als Bundesligatorschützenkönig feiern ließ. Angesichts deutlich geringerer Trefferquoten gegenwärtiger Angreifer, wird häufig darüber diskutiert, ob Gerd Müller auch heute seine Tore wie am Fließband erzielen würde. Franz Beckenbauer hat dazu eine klare Meinung: „Der Gerd würde heute doppelt so viele Tore schießen. Die Viererkette wäre ein gefundenes Fressen für uns gewesen. Mit Doppelpass! Heute spielt doch keiner mehr Doppelpass. Das ist das einfachste Mittel, um Viererkette und Raumdeckung zu umgehen." Auch mit den gegnerischen Abwehrspielern hatte Gerd Müller mindestens ebenso wie seine heutigen Sturmkollegen zu kämpfen. Müller: „Gegen den Pirsig von Duis-burg, gegen den habe ich nie Land gesehen. Da bin ich immer freiwillig zurück ins Mittelfeld gegangen." Auch in den beiden kommenden Jahren blieben Gerd Müller und die Bayern in der Bundesliga das Maß aller Dinge. Derweil sich der Verein 1973 und 1974 zwei weitere Meistertitel sichern konnte, ging auch Gerd Müller zweimal als Torschützenkönig (mit 36 bzw. 30 Treffern) in die Annalen ein. Besonders die Saison 1973/74 sollte für Deutschlands Torjäger Nummer 1 die Krönung seiner Laufbahn werden, da er neben dem nationalen Titel auch den Europapokal der

Mitten in der Stadt: Im Stadion an der Grünwalder Straße bejubelten die Bayern-Fans die Torerfolge von Gerd Müller bis zum Umzug ins Olympiastadion 1972.

Meister sowie mit einer „verstärkten" Bayern-Elf auch noch die WM-Krone gewann.

Auch Helden werden müde

Schon in der Saison 1973/74 waren in der Bayern-Elf erste Zerfallserscheinungen zu beobachten. So zum Beispiel im Oktober 1973 bei der legendären 4:7-Pleite in Kaiserslautern, die Müller & Co. trotz 4:1-Führung kassiert hatten. Vor allem die jüngeren Spieler wie Uli Hoeneß und Paul Breitner beklagten eine Bevorzugung von Franz Beckenbauer und Gerd Müller, so dass der „Kaiser" die Mannschaft kurz vor dem Auseinanderbrechen wähnte. Tatsächlich konnten sich die Münchner nach Titelhattrick in der Liga, Europacupsieg und WM-Gewinn im eigenen Land nur noch für die internationalen Saisonhighlights motivieren, derweil es im Ligaalltag steil bergab ging.
Auch Gerd Müller reichte nicht mehr an die Torquoten früherer Jahre heran. Zwar war er immer noch regelmäßig für mehr als 20 Ligatreffer gut, die Torjägerkanone des „Kicker" konnte er allerdings nur noch ein weiteres Mal (1977/78, gemeinsam mit Dieter Müller vom 1. FC Köln) gewinnen. Freilich ausgerechnet in jenem Jahr, in dem „sein" FC Bayern mit dem zwölften Rang die schlechteste Bundesligaplatzierung aller Zeiten hinnehmen musste.
In der Saison 1978/79 hing in München einmal mehr der Haussegen schief. Unter Trainer Gyula Lorant bot die Mannschaft in der Hinrunde einige erbärmliche Vorstellungen, wie bei der 1:7-Klatsche in Düsseldorf, weshalb der Ungar im Februar durch seinen bei der Mannschaft ausgesprochen beliebten Assistenten Pal Csernai ersetzt wurde. Der gestrenge Präsident Wilhelm Neudecker betrachtete Csernai jedoch nur als Interimslösung und wollte mit aller Macht den berüchtigten „Schleifer" Max Merkel durchboxen, was die Spieler vehement ablehnten. Das Ende vom Lied: Csernai durfte bleiben, derweil Neudecker den Bettel nach knapp 17 Amtsjahren hinwarf. Zu diesem Zeitpunkt weilte Gerd Müller nicht mehr in München. Als die Bayern am 3. Februar zum Auswärtsspiel in Frankfurt (1:2) antraten, erdreistete sich Csernai, seinen Mittelstürmer in der 82. Minute zum ersten Mal in dessen Karriere auszuwechseln. Als Begründung gab er hinterher „Formschwäche" an und bezichtigte seinen alternden Star, gegen die Mannschaft gespielt zu haben, was diesen vor Wut schäumen ließ. Müller vermutete, der Trainer habe ihn nur deswegen aus dem Spiel genommen, weil er – anders als etwa Sepp Maier und Paul Breitner – bis zum Schluss zu Lorant gehalten habe. Auch seine Mannschaftskameraden begannen sich von ihm abzuwenden. Während sein Nachfolger auf der Mittelstürmerposition, Karl-Heinz Rummenigge, ätzte, mit dem „Bomber" gehe es bergab, war es besonders der neue Leithammel Paul Breitner, der Müllers Denkmalsturz vorantrieb. Angeblich soll der sogar gestanden haben: „Ich habe schon Angst, wenn ich ihn (Breitner, *der Verfasser*) nur sehe."

Unter der Sonne Floridas

Nach dem Spiel in Frankfurt sollte Gerd Müller dann nur noch einmal für die Bayern auflaufen. Beim 4:0-Heimsieg über Borussia Dortmund zählte allerdings nicht er, sondern Dürnberger, Kapellmann, Schwarzenbeck und Oblak zu den Torschützen. In der Spielzeit 1978/79 wurde Müller insgesamt 19-mal in der Liga eingesetzt und kam auf neun Treffer. Erstmals seit der Bundesligazugehörigkeit war damit ein anderer bester Bayern-Saisontorschütze: Karl-Heinz Rummenigge mit 14 Treffern.
Nachdem Franz Beckenbauer schon 1977 in die US-Operettenliga gewechselt war, wagte nun auch der gefrustete Gerd Müller den Schritt über den Großen Teich. Zwischen 1979 und 1981 bestritt er im heißen Florida zunächst für die Fort Lauderdale Strikers und schließlich für Smiths Brothers Lounge 80 Spiele, in denen er 40 Tore erzielte. Inklusive der Freundschaftsspiele soll der „Bomber" damit in 1.211 Einsätzen offiziell 1.445 Tore erzielt haben! Für Schlagzeilen sorgte ein zwischenzeitlicher angedachter Wechsel zum TSV 1860 in seine Münchner Heimat. Im Herbst 1979 nahm Müller bereits an den Trainingseinheiten der Löwen teil, nachdem die US-Liga gerade pausierte. Der Wechsel scheiterte allerdings an den Ablöseforderungen der Strikers, womit das „Überlaufen" von den „Roten" zu den „Blauen" vom Tisch war.

► ZAHLEN UND FAKTEN

Vereine:	1954-1964	TSV Nördlingen
	1964-1979	FC Bayern München
	1979-1980	Fort Lauderdale Strikers
	1981	Smiths Brothers Lounge (Fort Lauderdale)

Tore:
427 Bundesligaspiele (365 Tore)
6 Spiele BL-Aufstiegsrunde (6 Tore)
32 Regionalligaspiele (39 Tore)
32 Bezirksligaspiele (51 Tore)
62 DFB-Pokal-Spiele (78 Tore)
2 süddeutsche Pokal-Spiele (2 Tore)
5 Ligapokal-Spiele (12 Tore)
74 Europacup-Spiele (66 Tore)
4 Weltcup- / ESC-Spiele (4 Tore)
80 NASL-Spiele (40 Tore)
62 Länderspiele (68 Tore)
gesamt 786 Pflichtspiele (731 Tore)

Erfolge:
Deutscher Meister 1969, 1972, 1973, 1974
DFB-Pokalsieger 1966, 1967, 1969, 1971
Europacup der Pokalsieger 1967
Europacup der Meister 1974, 1975, 1976
Weltcupsieger 1976
Weltmeister 1974
Europameister 1972

Bundesligatorschützenkönig 1967, 1969, 1970, 1972, 1973, 1974, 1978
Europas Torschützenkönig 1970, 1972
Deutschlands Fußballer des Jahres 1967, 1969
Europas Fußballer des Jahres 1970

Privat ging es mit Gerd Müller zusehends bergab. Zunächst versuchte er sich in den USA mit dem Kauf eines Steakhouse eine Existenz für die Zeit nach seiner aktiven Karriere aufzubauen, mit dem er allerdings nicht den erhofften Erfolg hatte. Schon zu seiner Münchner Zeit wurden ihm Alkoholprobleme nachgesagt, die sich nach dem Karriereende verschärften, da er sich nach eigener Aussage ohne den Fußball zu langweilen begann. Zurück in München reichte seine Ehefrau Uschi die Scheidung ein, weshalb Müller noch weiter abdriftete. „Am Anfang hab' ich das gar nicht so gemerkt. Bis mich Freunde aufmerksam gemacht und zum Uli geschleppt haben." Bayern-Manager Uli Hoeneß überredete seinen ehemaligen Teamkameraden schließlich zu einer Entziehungskur, der sich Gerd Müller 1991 erfolgreich unterzog. Trotz seiner zahlreichen Siege und Titel als Fußballer muss dies wohl als sein größter Erfolg bezeichnet werden. Seitdem ist Gerd Müller wieder voll in die Bayern-Familie integriert. Seit 1992 gehört er dem Trainerstab des FC Bayern an, wobei er zunächst im A-Jugendbereich eingesetzt wurde, derweil er heute an der Seite von Hermann Gerland als Co-Trainer der zweiten Mannschaft fungiert.

In der Nationalmannschaft:
Für Bundestrainer Helmut Schön war Gerd Müller der „Mann der kleinen Tore". Wenngleich Müller auch in der Nationalelf nur selten spektakuläre Treffer erzielte, war er für die Schön-Elf über Jahre dennoch unverzichtbar. Das Urteil des Bundestrainers bedeutete keineswegs eine Geringschätzung von Müllers Fähigkeiten. Vereinzelt unterstellte man dem Bayern-Angreifer mangelnde Technik, weil seine lauernde Spielweise mit nur wenigen Aktionen mitunter etwas unbeholfen wirkte. Die „kleinen Tore" muss ein Stürmer aber erst einmal machen! Und sich im Strafraum auf engstem Raum in Schussposition zu bringen, setzt nicht nur maximale Körperbeherrschung, sondern gerade auch ein gerüttelt Maß an technischem Potenzial voraus, das man dem „Bomber der Nation" folglich nicht absprechen durfte.
Der Start von Gerd Müllers Länderspielkarriere fiel ins WM-Jahr 1966. Nachdem dieser die Titelkämpfe im Mutterland des Fußballs noch verpasste, weil er in seiner ersten Bundesligasaison in München Anpassungsschwierigkeiten hatte und nur auf 14 Treffer gekommen war, durfte er erstmals am 12. Oktober 1966 in Ankara gegen die Türkei ran. Während Küppers vor dem Seitenwechsel und Rupp kurz vor dem Schlusspfiff für einen 2:0-Auswärtssieg der DFB-Elf sorgten, blieb Gerd Müller bei seinem Länderspieldebüt vor 44.000 Zuschauern blass. Deutlich besser verlief sein zweiter Einsatz. Im EM-Qualifikationsspiel traf Deutschland am 8. April 1967 in der Dortmunder Roten Erde auf Albanien und feierte einen klaren 6:0-Sieg, den drei Müller-Treffer zwischen der 6. und 73. Minute einleiteten. Nachdem Löhr bis zur 79. Minute auf 5:0 erhöht hatte, blieb es schließlich dem Bayern-Youngster vorbehalten, fünf Minuten vor dem Abpfiff einen Strafstoß zum 6:0-Endstand zu verwandeln.

► EINWURF
In der Bundesliga ist Gerd Müller nicht nur der mit Abstand erfolgreichste Torschütze, sondern auch einer der treffsichersten Elfmeterschützen. Stolze 51-mal traf er vom ominösen Punkt aus in die gegnerischen Maschen, einen Wert den nur noch Manfred Kaltz überbietet, auf dessen Konto 53 Elfmetertore gingen. Allerdings hat Gerd Müller auch nicht weniger als zwölf Strafstöße verschossen, was bis heute den Bundesliganegativrekord markiert.

Damit hatte Vizeweltmeister Deutschland den erwartet lockeren Aufgalopp in die EM-Qualifikation geschafft, weshalb sich der DFB-Tross einen Monat später zuversichtlich in Richtung Belgrad begab, wo die vermeintlich schwerste Aufgabe auf dem Weg ins EM-Viertelfinale wartete. Besonders die Angriffsreihe Held-Müller-Löhr enttäuschte jedoch auf der ganzen Linie, derweil Skoblar für die gastgebenden „Jugos" in der 64. Minute das Leder per Kopf zum 1:0-Endstand ins Tor bugsierte. Zu allem Überfluss hatte sich Gerd Müller während der Spiels auch noch einen glatten Unterarmbruch zugezogen, womit sich die Reise auf den Balkan für ihn endgültig als Flop entpuppt hatte. Beim 3:1-Rückspielsieg in Hamburg zählte der genesene Müller wieder zu den Torschützen. Dennoch verzichtete Helmut Schön im letzten Gruppenspiel in Tirana nicht nur auf ihn, sondern auf den gesamten Bayern-Block, da der seiner Meinung nach unter Formschwäche litt. Bekanntlich geriet die deutsche Mannschaft am 17. Dezember 1967 auf dem „Acker" von Tirana ins Straucheln und verpasste durch das peinliche 0:0 das festeingeplante Viertelfinale.

Qualifikation dank Gerd Müller
Das überaus enttäuschende Abschneiden in der Europameisterschaft hatte Helmut Schön und seine Mannen vor der WM in Mexiko gehörig unter Druck gesetzt. Die DFB-Elf wurde in die Qualifikationsgruppe 7 mit Zypern, Österreich und Schottland gelost, wobei insbesondere die Schotten Sorgen bereiteten. „Gerade nach Englands Weltmeisterschaftssieg werden die Schotten noch mehr Ehrgeiz entwickeln, um endlich mal wieder bei einem Weltturnier dabei zu sein", orakelte Altbundestrainer Sepp Herberger. Tatsächlich entpuppten sich die Bravehearts in den sechs Qualifikationsspielen als ärgster Widersacher, der erst im letzten Spiel in Schach gehalten werden konnte. Vor der Partie in Hamburg hatte Deutschland 9:1 Punkte auf dem Konto, so dass die Gäste (7:3 Zähler) mit einem Sieg nach Punkten gleichziehen konnten. In einem dramatischen Spiel behielten die Deutschen schließlich mit 3:2 die Oberhand, nachdem Stan Libuda in der 78. Minute zu einem fulminanten Solo ansetzte und Gästekeeper Herriot bezwang. Vor allem die zwischenzeitliche 2:1-Führung Deutschlands wurde nach dem Abpfiff kontrovers diskutiert. Der schottische Manager Bobby Brown meinte: „Gerd Müller hat vor dem zweiten Tor eine Regelwidrigkeit an Bremner begangen, nachdem er ihn mit beiden Händen wegstieß!" Der Beschuldigte sah das naturgemäß anders: „Ein schottischer Spieler hat versucht, mich mit einer Hand wegzuschubsen. Zum Glück konnte ich noch ausweichen!"
Wie dem auch sei: Einmal mehr hatte sich die Waage nach einem Müller-Treffer in die gewünschte Richtung geneigt, was auf dem Weg ins ferne Mexiko häufiger der Fall war. Schon im ersten Spiel in Wien hatte „kleines, dickes Müller" seine Farben mit einem Drehschuss nach feinem Netzer-Zuspiel in der 16. Minute auf die Siegerstraße geschossen. Obwohl Deutschland am Ende mit 2:0 die Oberhand behielt, galt der Sieg bei den Experten hinterher als einigermaßen glücklich. Noch glücklicher war indes der 1:0-Auswärtserfolg, den die Adlerträger am 23. November in Zypern errangen. Wie zwei Jahre zuvor in Tirana waren auch die äußeren Umstände in Nikosia alles andere als optimal. Auf holprigem Terrain taten sich die technisch versierten Gäste ausgesprochen schwer und schienen abermals nicht über ein torloses Remis hinauszukommen. Erst in der zweiminütigen Nachspielzeit erlöste Gerd Müller seine Mitspieler und verschonte den DFB vor einer weiteren Blamage.
Mitte April 1969 reiste die Schön-Elf nach Glasgow, wo im Hampden Park vor 110.000 Zuschauern der erste Vergleich mit den gefürchteten Schotten anstand. Obwohl die Gastgeber durch Murdoch vier Minuten vor dem Abpfiff noch das 1:1 erzielten, war man hierzulande mit dem Punktgewinn leidlich zufrieden. Lange hatte es freilich nach einem Sieg ausgesehen, nachdem – natürlich – Gerd Müller in der 38. Minute einen Beckenbauer-Freistoß ins gegnerische Gehäuse abgelenkt hatte. Es war mal wieder eines jener typischen Müller-Tore, das seinem Team einen wichtigen Punkt beschert hatte.
In ihren drei Auswärtsspielen hatte die deutsche Elf mit Minimalistenfußball also eine fast maximale Ausbeute eingefahren. Vor dem ersten Qualifikationsspiel vor heimischer Kulisse gegen Österreich hofften 66.613 Zuschauer in Nürnberg aber endlich einmal auf eine überzeugende Vorstellung ihrer Nationalelf, die vor der Pause dann auch tatsächlich ein wahres Feuerwerk abbrannte. Bei einem

Eckenverhältnis von 11:0 hatten die deutschen Stürmer Chancen in Hülle und Fülle kreiert, so dass es gut und gerne 3:0 stehen konnte. Allein, ein Treffer war der Heimelf nicht gelungen, weshalb beim Halbzeitpfiff von Schiedsrichter Fiala aus der CSSR auf den Rängen erste Unmutsäußerungen zu vernehmen waren. Diese nahmen nach dem Seitenwechsel zu, weil die deutschen Spieler zunehmend fahrig wirkten und der fest eingeplante Sieg in Gefahr geriet. Doch zum Glück gab es ja Gerd Müller: Zwei Minuten vor Schluss war der Münchner im richtigen Augenblick zur Stelle und überwand den österreichischen Schlussmann Fraydl zum erlösenden 1:0. Damit führte Deutschland nach vier Spielen die Tabelle mit 7:1 Punkten und 5:1 Toren an, wobei allein vier der fünf deutschen Treffer auf das Konto Gerd Müllers gegangen waren. Ohne ihn hätte die Nationalelf lediglich 3:5 Zähler auf der Habenseite und käme für eine WM-Teilnahme kaum mehr in Frage. Dass Deutschland nach dem abschließenden 3:2 über Schottland gleichwohl nach Lateinamerika reisen durfte, wurde bereits erwähnt. Zwischenzeitlich hatte die Mannschaft auch endlich einmal etwas fürs Torverhältnis getan und am 21. Mai in Essen gegen Zypern einen klaren 12:0-Sieg eingefahren, bei dem sich Gerd Müller gleich viermal in die Torschützenliste eintragen konnte.

„Mexico mi amor“

Die Weltmeisterschaftsendrunde in Mexiko sollte dann endgültig den internationalen Durchbruch des Bayern-Mittelstürmers bringen. Nicht nur, dass Gerd Müller mit zehn Treffern WM-Torschützenkönig wurde. Dank seiner starken Leistungen wurde er als erster Deutscher auch zu Europas Fußballer des Jahres gekürt. Dies alles ist umso bemerkenswerter, weil der Münchner vor der WM 1970 nicht einmal im deutschen Team gesetzt war. Mit dem Hamburger Uwe Seeler verfügte Bundestrainer Schön nämlich über einen weiteren Mittelstürmer der Extraklasse, der zudem seit Jahren die Kapitänsbinde trug. Es war zu allererst dem vorbildlichen Mannschaftsgeist Uwe Seelers zu verdanken, dass die Tandemlösung mit Gerd Müller funktionierte. Während der Hamburger seinem Münchner Pendant die Rolle des Mittelstürmers überließ, zog er sich selbst immer wieder ins Mittelfeld zurück und schaffte so für Gerd Müller die nötigen Räume. Schon in der Vorrunde bewies Müller, dass auf ihn Verlass war. Beim mühevollen 2:1-Auftaktsieg über Marokko zeichnete er zehn Minuten vor dem Abpfiff für den Siegtreffer verantwortlich, derweil er sowohl beim 5:2 über Bulgarien als auch beim 3:1 gegen Peru je drei Treffer erzielte, womit Deutschland mit der Maximalpunktzahl das Viertelfinale erreichte.

> **► EINWURF**
> *Mit seinen Treffern aus der 20., 26. und 39. Minute sorgte Gerd Müller am 10. Juni 1970 in Leon im WM-Vorrundenspiel gegen Peru für den schnellsten Hattrick der deutschen WM-Geschichte. Auch in der Bundesliga gehörten drei Treffer in einer Hälfte zu seiner Spezialität. Siebenmal gelang ihm in seiner Karriere in der Meisterschaft ein lupenreiner Hattrick, was ihm kein anderer Bundesligaspieler nachmachte. Viermal - und das ist ebenfalls Rekord - konnte er in einem Bundesligaspiel den gegnerischen Torhüter gleich fünfmal überwinden.*

So richtig zur Sache ging es für die DFB-Elf dann in Viertel- und Halbfinale, wo diese zwei der denkwürdigsten Länderspiele ihrer Geschichte ablieferte. Zunächst lag sie gegen Titelverteidiger England am 14. Juni in der Gluthitze von Leon bereits mit 0:2 hinten, ehe Beckenbauer den Anschlusstreffer und Uwe Seeler, mit dem Rücken zum Tor stehend, mit dem Hinterkopf das 2:2 erzielten. In der fälligen Verlängerung schlug schließlich einmal mehr die Stunde Gerd Müllers, als dieser in der 108. Minute auf artistische Weise Englands Bonetti überwand und seine Farben in die Vorschlussrunde schoss.

Das, was sich am 17. Juni im Aztekenstadion von Mexico City abspielte, ging hinterher als „Jahrhundertspiel“ in die Annalen des Fußballs ein, was sich in erster Linie auf die Verlängerung bezog, die an Dramatik nicht zu überbieten war. In diese hatten sich die Deutschen gerettet, als Italien-Legionär Schnellinger in letzter Sekunde die frühe Führung der Azzurri ausgeglichen hatte. Hinterher beschwerten sich Uwe Seeler & Co. über die rüde Gangart des Gegners. Die italienischen Verteidiger hatten die deutschen Angreifer ihrer Meinung nach mehr als nur einmal elfmeterreif zu Fall gebracht, während allein der mexikanische Schiedsrichter Yamasaki den fälligen Elfmeterpfiff versagte. Gleichwohl schien sich die Waage in der Verlängerung zugunsten der deutschen Mannschaft zu neigen: In der 95. Minute war das Strafraumgespenst zum ersten Mal zur Stelle und drückte das Leder vorbei an Torhüter Albertosi über die Linie. Es war mal wieder eines jener viel gerühmten „kleinen Tore“, die einzig und allein ein Gerd Müller erzielen konnte, während sich gegenwärtige „Giga-Stars“ in einer ähnlichen Situation vermutlich einen Doppelknoten in die Füße spielen würden. Bei der nachträglichen Betrachtung der Szene ist es schier unglaublich, dass der „Bomber“, hart bedrängt von einem italienischen Verteidiger und Torhüter Albertosi, überhaupt den Fuß an den Ball bekam, um diesem den entscheidenden Tick zu verpassen. Auch für den italienischen Keeper war der Gegentreffer ein echter Alptraum, da er am Boden robbend, das Leder wie in Zeitlupentempo die Torlinie passieren sah.

Während in der regulären Spielzeit die Tore zeitweise wie vernagelt schienen, fielen die Tore nun wie reife Früchte. Durch Burgnich (nach Held-Fehler) und Riva gingen die Italiener ihrerseits mit 3:2 in Führung, bevor Gerd Müller mit seinem zehnten und letzten Treffer bei dieser WM abermals ausglich. Diesmal war der Bayern-Spieler mit einem herrlichen Kopfball zur Stelle. Postwendend erzielte Rivera aber den 4:3-Siegtreffer für die Italiener, dem die mittlerweile aufgrund der unerträglichen Hitze vollkommen entkräfte deutsche Elf nichts mehr entgegenzusetzen wusste. Bis heute hat der zweifache Torschütze an der unglücklichen Niederlage zu knabbern: „Das kriege ich nicht mehr aus dem Kopf. Wie ich in der Verlängerung (beim 2:1, *der Verfasser*) den Ball am Torhüter vorbeistopsle. Der ist ja quasi hinterhergekrochen. Ich seh' das Bild noch vor mir. Ach, was red' ich. Da könnte ich heute noch wahnsinnig werden. Von der Schlappe erhole ich mich nie.“

Auf dem Weg zur EM

Als die deutsche Mannschaft bei den jüngsten Welttitelkämpfen in Südafrika durch zwei unerwartet starke Auftritte gegen England und Argentinien ins Halbfinale eingezogen war, verglich die deutsche Boulevardpresse Özil & Co. gewohnt vorschnell mit jener Elf der siebziger Jahre, die mit technisch brillanten Fußball den Weg an die Weltspitze fand. „Besser als die Elf der Siebziger“ wurde im Überschwang formuliert. Doch während die scheinbar unbezwingbare Löw-Elf im Halbfinale von den starken Spaniern entzaubert wurde, konnten die großen Vorbilder

seinerzeit ihr Werk vollenden und tatsächlich mit dem Pokal nach Hause kehren.
Nach den glanzvollen Auftritten in Mexiko bekam es Deutschland in der EM-Qualifikation mit Polen, der Türkei und wie vier Jahre zuvor mit Albanien zu tun. Trotz machbarer Gegner war in der Vorrunde noch nicht viel vom Jahrhundertfußball zu sehen, den die Fans alsbald bewundern konnten. Vielmehr war es wieder einmal zu allererst dem „Bomber der Nation“ zu verdanken, dass der DFB nicht frühzeitig Schiffbruch erlitt. Im Auftaktspiel erwiesen sich die kampfstarken Türken als unerwartet harter Brocken und trotzten dem Favoriten vor 53.000 Zuschauern in Köln-Müngersdorf ein 1:1 ab. In der 16. Minute waren die Gäste durch Yavuz sogar in Führung gegangen, bevor Gerd Müller 20 Minuten später im Strafraum von Sipahi gelegt wurde. Der Gefoulte legte sich entgegen den Gepflogenheiten den Ball selbst zurecht und versenkte ihn zum 1:1 in die Maschen, bei dem es nach schwacher zweiter Hälfte bleiben sollte.
Die kommenden beiden Gegner sollte Müller dann fast im Alleingang erledigen. Dank seines goldenen Tores am 17. Februar 1971 in Tirana kam Deutschland kurz vor der Pause gegen Albanien um eine Wiederholung der Blamage von 1967 herum, derweil das 3:0 im Istanbuler Rückspiel gegen die Türkei schon etwas souveräner zustande kam. Mit seinen Treffern aus der 43. und 47. Minute hatte der Torgarant Nummer 1 den WM-Dritten auf Siegkurs gebracht. Es folgte ein 2:0 über Albanien, an dem Gerd Müller ausnahmsweise einmal nicht beteiligt war, weil er nach einem Platzverweis im Vorfeld vom DFB mit einer Sperre bedacht worden war. In den beiden abschließenden Partien bekam es die Nationalmannschaft mit Polen zu tun, das allgemein als stärkster Gegner galt. Vor 100.000 Zuschauern zeigten sich die Gastgeber in Warschau dann auch als der erwartet dicke Brocken, der durch den Treffer von Gadocha nach einer knappen halben Stunde in Führung ging. Die polnischen Verteidiger kümmerten sich rührend um den gefürchteten deutschen Mittelstürmer, der sich phasenweise über gleich zwei Gegenspieler „erfreuen“ konnte. Trotzdem war Müller in seiner unnachahmlichen Art zweimal zur Stelle: Nur zwei Minuten nach dem polnischen Führungstreffer überwand er Torhüter Tomaszewski zum ersten Mal, um in der 64. Minuten nach Heynckes-Zuspiel zum vorentscheidenden 2:1 zu vollenden. Grabowski erzielte schließlich noch einen dritten deutschen Treffer, so dass die Viertelfinal-Qualifikation schon vor dem Rückspiel in Hamburg – dieses endete mit einem müden 0:0 – unter Dach und Fach war.

Wembley!

Ausgerechnet England! Erst zweimal hatte Deutschland bislang gegen das Mutterland des Fußballs gewinnen können, so dass man mit Fug und Recht von einem Angstgegner sprechen konnte. Die Ramsey-Schützlinge sannen wiederum auf Revanche für das aus ihrer Sicht unglückliche Viertelfinal-Aus bei der letzten WM, derweil der DFB in der Gralsburg des Fußballs bislang vergeblich auf einen Sieg gewartet hatte. An jenem denkwürdigen 29. April des Jahres 1972 war freilich alles anders. Nachdem Helmut Schön im letzten Testspiel gegen Ungarn mit den beiden jungen Münchnern Paul Breitner und Uli Hoeneß gute Erfahrungen gemacht hatte, setzte er – trotz heftigem Widerstand in den Medien – auch in Wembley auf einen starken Bayern-Block, dem neben Breitner und Hoeneß auch Sepp Maier, Franz Beckenbauer, „Katsche“ Schwarzenbeck und natürlich Gerd Müller angehörten. In jenen 90 Minuten wurde die „Wunderelf“ des deutschen Fußballs geboren, die den alternden englischen Ex-Weltmeistern vor 100.000 Fans den Zahn zog. Nachdem Gerd Müller in der 89. Minute den 3:1-Endstand sichergestellt hatte, galt der Sieg des DFB als hochverdient, derweil die Schön-Truppe mit einem Mal in die Rolle des haushohen EM-Favoriten geschlüpft war.

Fußball in Vollendung

Das Erreichen der Endrunde im Nachbarland Belgien war nach einem torlosen Remis im Rückspiel im Berliner Olympiastadion nur noch Formsache. Im Frühjahr 1972 befand sich Gerd Müller im Zenit seiner Laufbahn. Derweil er in der Bundesliga für die Bayern Tore am Fließband produzierte und mit den erwähnten 40 Treffern die Torjägerkanone eroberte, zeigte er sich auch im Nationaldress in blendender Verfassung. Kurz vor der EM-Endrunde wurde das Münchner Olympiastadion mit dem Länderspiel gegen die Sowjetunion offiziell eingeweiht, wobei Müller in seinem neuen „Wohnzimmer“ nicht zu halten war und den Sowjets beim 4:1 alle vier deutschen Treffer einschenkte. In ihren ersten Auftritt bei den kontinentalen Titelkämpfen ging die Schön-Elf am 14. Juni gegen Belgien damit natürlich als klarer Favorit. Allerdings zeigte der Verlauf der 90 Minuten, dass es eben nie so ganz einfach ist, bei derartigen Gelegenheiten gegen den Gastgeber antreten zu müssen. In Antwerpen wehrten sich die Roten Teufel vor 59.000 Zuschauern nach Kräften, wobei der deutsche Sieg besonders nach dem 1:2-Anschlusstreffer von Polleunis in der 83. Minute ins Wanken geriet. Dennoch stand Deutschland nach dem Abpfiff des schottischen Schiedsrichters Mullen als Sieger fest, weil es in der 24. und 71. Minute erneut zweimal „gemüllert“ hatte.

> ► **EINWURF**
> *Gleich viermal ist es Gerd Müller in seiner Karriere gelungen, in einem einzigen Länderspiel vier Tore zu erzielen. Natürlich ein weiterer DFB-Rekord, da außer dem Münchner zwar noch neun Akteure einen Viererpack zustande gebracht haben, aber nur Edmund Conen zweimal vier Treffer erzielen konnte. Die meisten Tore in einem einzigen Länderspiel gingen indes nicht auf Müllers Konto: Diese Bestmarke hält Gottfried Fuchs, der am 1. Juli 1912 beim 16:0 über Russland zehnmal getroffen hat.*

Gemeinhin wird bei der Bewertung der deutschen „Jahrhundertelf“ der historische Schulterschluss der beiden Antipoden aus München und Mönchengladbach, Franz Beckenbauer und Günter Netzer, als Ursache für die einmaligen Leistungen des Teams herangezogen. Natürlich haben die beiden Denker und Lenker einen wichtigen Anteil am Erfolg. Doch wieder einmal kommt der „Mann der kleinen Tore“ zu kurz, der im richtigen Moment am richtigen Ort stand und die Zauberkunststücke der beiden Strategen in Zählbares ummünzte, indem er das tat, worauf es im Fußball hauptsächlich ankommt: das Runde muss ins Eckige! – Was nützt es, wenn Günter Netzer in der 28. Minute aus rund 18 Metern die Latte trifft und Jupp Heynckes im Nachschuss an Torhüter Rudakow scheitert? Wäre nicht Gerd Müller mit einem Abstaubertor zur Stelle gewesen, hätte die deutsche Elf nur eine weitere ihrer bis dato zahlreichen Möglichkeiten vergeben. Vielleicht hätte sich mit der Zeit Nervosität breitgemacht und die auf Revanche für das 1:4 von München sinnenden Sowjets um Libero Churzilawa wären besser ins Spiel gekommen! Am Ende aber drückte sich die deutliche Überlegenheit des neuen Europameisters auch deswegen in einem klaren 3:0

aus, weil nach dem 2:0 von „Hacki" Wimmer aus der 52. Minute Gerd Müller dem Gegner fünf Minuten später endgültig den Zahn zog und nach einem Schwarzenbeck-Pass den dritten deutschen Treffer erzielte.
Nach dem EM-Titel bestritt die deutsche Elf im November des Jahres noch ein letztes Länderspiel, bei dem sie in Düsseldorf gegen die Schweiz als 5:1-Sieger hervorging. Viermal hatte sich Gerd Müller in die Torschützenliste eingetragen, womit er in den letzten vier deutschen Länderspielen sage und schreibe zwölf Treffer erzielt hatte! Rede da noch einer vom historischen Schulterschluss von Franz Beckenbauer und Günter Netzer...

2:1

Im Sommer 1974 sollte schließlich die Krönung von Müllers einmaliger Karriere folgen. Im Verein hatte dieser in der abgelaufenen Spielzeit neben dem dritten Meistertitel in Serie auch erstmalig den Europacup der Meister gewonnen, weshalb die „verstärkte" Bayern-Elf vor der anstehenden WM im eigenen Land als klarer Favorit auf den zweiten Titelgewinn nach 1954 angesehen wurde. Indes, die Favoritenbürde lastete schwer auf Beckenbauer & Co., was sich besonders in der Vorrunde bemerkbar machte, als Chile in Berlin nur mühsam mit 1:0 und die australischen Amateure in Hamburg ebenfalls lediglich mit 3:0 geschlagen wurden. Aufgrund der schwachen Darbietungen geriet nicht zuletzt Gerd Müller in die Kritik, der lediglich gegen die Aussies in der 53. Minute den Endstand besiegelt hatte, ansonsten aber eher unglücklich agierte. Richtig Feuer unterm Dach war im deutschen Lager nach der legendären 0:1-Pleite gegen die DDR. Zum Start der Zwischenrunde war die Favoritenrolle auf stark spielende Holländer übergegangen, während den Gastgebern kaum noch einer den Einzug ins Finale zutraute. Doch die Selbstheilungskräfte innerhalb des deutschen Teams führten zu einer Art Wiedergeburt gegen Jugoslawien. In Düsseldorf wurden die „Brasilianer des Balkans" mit 2:0 geschlagen, wobei auch Gerd Müller endlich seinen Torinstinkt wiederfand und nach 77 Minuten am Boden liegend den gegnerischen Schlussmann Maric düpierte. Obwohl im zweiten Hauptrundenspiel gegen Schweden eine weitere Leistungssteigerung folgte, zählte Gerd Müller nicht zu den Gewinnern im Team, da er beim 4:2 abermals nicht zu den Torschützen zählte.
Das Krisengerede um den Münchner wollte daher auch nicht abreißen, weil dieser in fünf WM-Partien lediglich zwei Treffer erzielt hatte. Zum Vergleich: Vor vier Jahren war Müller zum selben Zeitpunkt schon zehnmal erfolgreich gewesen! Doch die Fähigkeit, im entscheidenden Augenblick zur Stelle zu sein, war Gerd Müller nicht abhanden gekommen. Im richtungsweisenden letzten Gruppenspiel gegen Polen markierte er in der 76. Minute das siegbringende 1:0, nachdem Uli Hoeneß zuvor noch einen Elfmeter vergeben hatte. Nach einer Traumkombination zwischen Hölzenbein und Bonhof tauchte der „Bomber" plötzlich frei vor Tomaszewski auf, den er kaltblütig überwand. Somit war der Weg frei für das Finale am 7. Juli, wo die wiedererstarkte Schön-Elf auf die spielstarken Niederländer traf.
Es passte alles: Endlich hatten sich die Wolken über Deutschland verzogen, die weite Teile der Zwischenrunde verregnet hatten. Auch das Münchner Olympiastadion hätte als Austragungsort für das Finale besser nicht gewählt sein können, da sechs Bayern in der deutschen Nationalelf den Ton angaben. Dennoch stockte den 75.334 Zuschauern unterm Zeltdach nach nicht einmal zwei Minuten der Atem, weil Schiedsrichter Taylor nach einem Foul am niederländischen Superstar Johan Cruyff auf Elfmeter für die Elftal entschieden hatte, den Neeskens sicher verwandelte. Nur langsam erholten sich die Gastgeber von diesem Schreck, doch kamen sie wieder besser in die Partie, weil sich die eigentlich so spielstarken Niederländer zu sehr auf die Verteidigung des knappen Vorsprungs beschränkten. In der 25. Minute waren die Deutschen dann wieder auf der Höhe des Geschehens: Hölzenbein, der „Jet von Frankfurt", hatte nach Jansen-Foul spektakulär abgehoben und der elfmeterfreudige Unparteiische abermals auf Strafstoß entschieden. Paul Breitner ließ sich nicht zweimal bitten und versenkte das Leder zum 1:1. Der Jubel auf den Rängen kannte keine Grenzen! Und dann folgte die 43. Minute: Wer Gerd Müller nie hat spielen sehen, braucht sich eigentlich nur jene Szene zu betrachten, in der der „Bomber der Nation" mit dem wichtigsten Treffer seiner Karriere Geschichte schrieb. Bonhof war auf dem rechten Flügel seinem Verteidiger enteilt und hatte den Ball zur Mitte geflankt. Der eng gedeckte Müller stand nicht wirklich günstig, so dass ihm die Kugel ein wenig versprang. Mit einer blitzschnellen Drehung brachte er sich jedoch wieder in Position und versenkte den Ball zum 2:1 im holländischen Kasten. Mehrfach stand der Erfolg der Deutschen nach dem Seitenwechsel auf der Kippe, doch mit vereinten Kräften verteidigten die Abwehrspieler und Torhüter Sepp Maier den knappen Vorsprung, so dass Gerd Müllers 68. und letztes Länderspieltor den krönenden Abschluss seiner Nationalmannschaftskarriere bedeutete.
Nach dem Münchner Sieg sollte dieser nie wieder für sein Land auflaufen. Schon vor dem Finale hatte Gerd Müller den Bundestrainer von seinem Rücktritt in Kenntnis gesetzt, doch war er von Helmut Schön gebeten worden, seine Entscheidung erst nach der WM bekannt zu geben. Die immer wieder kolportierte Geschichte, der Rücktritt sei erst nach den Dissonanzen auf dem anschließenden WM-Bankett erfolgt, kann somit also nicht aufrecht erhalten werden. Während Müllers Karriereende beim FC Bayern nicht wirklich einvernehmlich erfolgt war, kann er sich glücklich schätzen, in der Nationalmannschaft den besten Zeitpunkt für seinen Rücktritt erwischt zu haben!

Saison	Europacup		Liga		Pokal	
	Sp.	T.	Sp.	T.	Sp.	T.
1962/63			4	5		
1963/64			28	46		
1964/65			32	39		
1965/66			33	14	6	1
1966/67	9	8	32	28	4	7
1967/68	8	7	34	20	4	4
1968/69			30	30	5	7
1969/70	2	0	33	38	1	3
1970/71	8	7	32	22	9	11
1971/72	8	5	34	40	6	5
1972/73	6	12	33	36	5	7
1973/74	10	9	34	30	4	5
1974/75	7	5	33	23	3	2
1975/76	6	5	22	23	6	7
1976/77	4	5	25	28	4	11
1977/78			33	24	3	4
1978/79			19	9	2	4
1979			27	19		
1980			36	16		
1981			17	5		

Tamagnini Nené
Im Schatten des großen Eusebio

Eindeutig im Schatten des großen Eusebio steht Tamagnini Manuel Gomes Baptista, besser bekannt unter seinem Künstlernamen Nené. Der drittbeste Torschütze in der Vereinsgeschichte von Rekordmeister Benfica Lissabon kam am 20. November 1949 in Leça da Palmeira zur Welt, ehe es ihn im Alter von 16 Jahren aus dem Norden des Landes in die Hauptstadt zog, wo er zwei Jahre der Jugendabteilung der Encarnados angehörte. In der Spielzeit 1968/69 sollte der 18-Jährige unter Trainer Otto Gloria zum Debüt in der ersten Mannschaft kommen, die allerdings mit zahlreichen Stars gespickt war, weshalb Nené in seinen ersten beiden Profijahren auch nur fünf Ligaspiele bestritt.

Erst als Jimmy Hagan zur Saison 1970/71 Otto Gloria als Benfica-Coach ablöste, avancierte Tamagnini Nené zum Stammspieler. In jenem Jahr konnte er auch die ersten sechs Ligatreffer erzielen, mit denen er seinen Teil zum Gewinn der bereits 18. Landesmeisterschaft beisteuerte. Für das Toreschießen war aber in erster Linie nach wie vor Eusebio zuständig, der dabei von Artur Jorge unterstützt wurde, welcher 1968 von Academica Coimbra in die Hauptstadt gekommen war, nachdem er zuvor für den FC Porto gespielt hatte. Gemeinsam mit der „Schwarzen Perle" bildete Artur Jorge bis 1975 das Sturmduo, so dass Nenés Torquoten auch in den kommenden Jahren wenig berauschend blieben. Lediglich in den Spielzeiten 1972/73 und 1974/75 drang er mit zwölf bzw. elf Treffern in den zweistelligen Bereich vor. Während Benfica auf internationalem Niveau längst nicht mehr über die Qualität vergangener Tage verfügte, war die Mannschaft zumindest in Portugal immer noch das Maß aller Dinge, was Nené in den ersten Jahren seiner Laufbahn stattliche fünf Meisterschaften (1969, 1971, 1972, 1973 und 1975) sowie drei Pokalsiege (1969, 1970 und 1972) eintrug.

► EINWURF
Erstmals wurde in Portugal im Jahr 1970 ein Fußballer des Jahres gekürt, wobei diese Auszeichnung naturgemäß Eusebio zugesprochen wurde. Dessen Nachfolge trat freilich Tamagnini Nené an, nachdem er in der Saison 1970/71 die große Entdeckung in der Meistermannschaft der Encarnados geworden war. Dass diese seinerzeit das führende Team in Lusitanien stellten, beweist die Tatsache, dass die ersten acht Fußballer des Jahres in Portugal für Benfica spielten, ehe 1978 mit Antonio Oliveira ein Spieler eines Kontrahenten (in diesem Fall war es der FC Porto) bedacht wurde. Obwohl Nené für seinen Verein vor allem in späteren Jahren Tore wie am Fließband erzielte, sollte er nach 1971 nie wieder zum Fußballer des Jahres gekürt werden.

Wenngleich der große Durchbruch noch auf sich warten ließ, waren die Fähigkeiten Nenés nicht zu übersehen. Obwohl mit herausragenden technischen Fähigkeiten ausgestattet, stand er für ein schnörkelloses Spiel, das dem Eusebios nicht ganz unähnlich war. Dank seiner Antrittsschnelligkeit – Nené lief die 100 Meter in elf Sekunden – war er vor allem bei Konterstößen kaum zu kontrollieren, bei denen er mit präzisen Pässen auch seine Mitspieler gekonnt in Szene setzte. Außerdem verfügte er über ein starkes Kopfballspiel, was in Anbetracht seiner geringen Körpergröße von 1,72 Meter einigermaßen erstaunt.

Außerhalb seiner portugiesischen Heimat konnten sich die Fußballanhänger erstmals in der Saison 1972/73 von der Torgefahr des Benfica-Stürmers überzeugen. Nachdem Nené schon im Frühjahr 1971 zum Nationalspieler avanciert war, erzielte er ein knappes Jahr später auch die ersten Europacuptreffer. Im Viertelfinalhinspiel des Meistercups hatten die Encarnados bei Feyenoord Rotterdam eine knappe 0:1-Niederlage kassiert, die es am 22. März im heimischen Estadio da Luz zu korrigieren galt. Die Fans erlebten eine glanzvolle Galavorstellung des Youngsters, der mit seinem ersten Treffer nach nur sechs Minuten das Ergebnis aus dem Hinspiel egalisierte. Nach dem Seitenwechsel legte Nené noch zweimal nach, so dass beim Schlusspfiff ein fulminanter 5:0-Erfolg zu Buche stand, der Benfica den Einzug in die Vorschlussrunde bescherte. Hier wehrte sich die Mannschaft gegen den kommenden Sieger Ajax Amsterdam nach besten Kräften, doch behielten Cruyff & Co. mit einem 1:0 in Amsterdam sowie einem torlosen Remis in Lissabon letztlich knapp die Oberhand. Trotz des Ausscheidens bleibt Nenés Dreierpack im Viertelfinale gegen Feyenoord in bester Erinnerung – auch weil ihm im weiteren Karriereverlauf nie wieder drei Treffer in einen Europacupspiel gelingen sollten.

Aufstieg zum Sturmführer der Encarnados

Wegen einer Knieverletzung hatte Eusebio Benfica nach der Saison 1974/75 verlassen, derweil auch Artur Jorge dem Klub den Rücken kehrte. Damit war der Weg endlich frei für Tamagnini Nené, der in der Spielzeit 1975/76 gemeinsam mit Rui Jordão das neue Angriffsduo bildete. Vorjahresmeister Benfica war in ein heißes Titelrennen mit dem FC Porto verwickelt worden, das die Hauptstädter mit einem knappen Zwei-Punkte-Vorsprung für sich entschieden. Mit 94 Toren stellte die Mannschaft auch den besten Angriff der Liga, wobei der Löwenanteil auf das Konto von Nené und Rui Jordão ging, die damit an der Spitze der Torjägerliste lagen. Während Nené in 29 Einsätzen ebenso oft ins Schwarze getroffen hatte, war seinem Teamgefährten noch ein Treffer mehr gelungen. Da Nené in sechs Europacupspielen allerdings weitere fünf Tore geglückt waren, stellte er Rui Jordão wettbewerbsübergreifend in den Schatten. Gleich zwei Treffer erzielte er beim 7:0 über Fenerbahce Istanbul zum Auftakt. Weitaus wichtiger waren aber seine beiden Torerfolge im Achtelfinale gegen Dozsa Ujpest Budapest (5:2, 1:3), die seinem Team den Einzug ins Viertelfinale ermöglichten. Hier trafen die Portugiesen auf Titelverteidiger FC Bayern München, dem diese im Hinspiel vor eigenem Publikum ein torloses Unentschieden abtrotzten. Im Rückspiel war Benfica allerdings chancenlos und kassierte an der Isar eine 1:5-Packung, bei der Nené in der 70. Minute der Ehrentreffer gelang.

Rechnet man sämtliche Tore in der Liga sowie den Pokalwettbewerben zusammen, hieß der beste Benfica-Torjäger in den neun Spielzeiten ab 1975/76 stets Tamagnini Nené. Obwohl er mit Ausnahme der Saison 1977/78 immer die 20-Tore-Marke erreichte, führte er dennoch lediglich 1980/81 und 1983/84 die Torschützenliste der 1ª Divisão an, wobei er mit 20 resp. 21 Toren jeweils deutlich unter seiner persönlichen Bestmarke blieb. Jene datiert aus der Saison 1979/80, als ihm in 30 Ligaspielen 30 Tore gelungen waren. Zum Gewinn der Torschützenkrone hatte er aber dennoch nicht gereicht, weil der mittlerweile zu Sporting gewechselte Rui Jordão sogar 31 Treffer auf sein Konto gebracht hatte, mit denen er dem Stadtrivalen zu allem Überfluss auch noch zum Meistertitel verhalf. Kurioserweise konnte Nené mit Benfica auch in der Saison

1981/82 keinen Titel gewinnen, als er mit 37 Pflichtspieltoren eine weitere persönliche Rekordmarke setzte. Abermals hinter Sporting mussten sich die Encarnados in der Liga mit dem zweiten Platz begnügen, derweil sie im nationalen Pokal im Halbfinale bei Sporting Braga (1:2) scheiterten. Und auch im Europacup der Landesmeister war schon im Achtelfinale Endstation, als man sich dem kommenden Finalisten Bayern München geschlagen geben musste. Selbst im Kampf um die Torjägerkrone der 1ª Divisão hatte es für Nené 1981/82 nicht zur Spitzenposition gereicht, nachdem Jacques Pereira vom FC Porto seine 24 Ligatreffer um weitere drei übertroffen hatte.

► EINWURF

In der ewigen Torschützenliste von Benfica Lissabon liegt Tamagnini Nené mit 263 Treffern in 422 Ligaspielen hinter Eusebio (319) und José Aguas (290) auf dem dritten Platz. Zehnmal in Folge (von 1951/52 bis 1960/61) war José Aguas bester Torschütze der Encarnados, was selbst Eusebio und Nené nicht erreichten, da beide jeweils „nur" neunmal hintereinander die teaminterne Torjägerliste anführten. Nachdem Eusebio zwischen 1961/62 und 1969/70 die direkte Nachfolge von José Aguas angetreten hatte, durfte sich Tamagnini Nené von 1975/76 bis 1983/84 rühmen, bester Goalgetter des Rekordmeisters geworden zu sein.

Gleichwohl brauchte sich Tamagnini Nené auch in der zweiten Hälfte seiner Karriere nicht über fehlende Erfolge zu beklagen. Nachdem er mit Benfica in der Saison 1976/77 schon zum zweiten Mal den Meisterschaftshattrick feiern durfte, führte der Goalgetter seine Mannschaft auch 1981, 1983 und 1984 zum Titelgewinn, so dass er am Ende seiner Laufbahn auf stolze zehn Meisterschaften blicken konnte, zu denen sich zwischen 1969 und 1985 auch zehn Erfolge in der Taça de Portugal gesellt hatten.

Zwei der besten Torjäger in der Geschichte von Benfica Lissabon. Während José Aguas (oben mit dem Europapokal der Landesmeister) in 282 Einsätzen 290 Ligatreffer erzielte, netzte Tamagnini Nené in 422 Spielen 263-mal ein.

Den größten internationalen Erfolg konnte er in der Spielzeit 1982/83 verbuchen, als es im UEFA-Cup zum Finaleinzug reichte. Einschließlich der beiden Endspiele gegen RSC Anderlecht war Nené in allen zwölf Spielen eingesetzt worden, in denen fünf Tore auf sein Konto gingen. Die beiden wichtigsten hatte er fraglos in der Auftaktrunde erzielt, als er gegen den FC Sevilla (2:1, 2:1) in Hin- und Rückspiel jeweils einmal ins Schwarze getroffen hatte. Nach einem Doppelpack beim 4:0 im Achtelfinale über den FC Zürich hatte er sein Pulver allerdings bereits verschossen, so dass er auch in den Endspielen gegen Anderlecht die knappe Niederlage nicht verhindern konnte. Nachdem das Brüsseler Hinspiel lediglich mit 0:1 verloren gegangen war, durften die meisten der 80.000 Zuschauer im Estadio da Luz jubeln, als Sheu in der 36. Minute die Gastgeber in Führung schoss. Praktisch im Gegenzug erzielte Lozano jedoch den Ausgleich, dem die Schützlinge des schwedischen Trainer Sven-Göran Eriksson keinen weiteren Treffer entgegenzusetzen hatten. Der Benfica-Mannschaft, die sich in jenem Jahr mit dem nationalen Doublegewinn trösten konnte, gehörten neben Nené zahlreiche ausländische Akteure wie der Jugoslawe Filipovic, der Däne Manniche, die Schweden Stromberg, Magnussen, Schwartz und Thern sowie die Brasilianer Mozer, Ricardo und Aldair an.

Drei Jahre nach dem Erreichen des UEFA-Cup-Finales beendete Nené im Alter von knapp 37 Jahren seine Karriere, in der er für Benfica in 567 Pflichtspielen 361 Tore erzielt hatte. Der Mann, der trotz seiner zahlreichen Treffer nie richtig aus dem Schatten Eusebios heraustreten konnte, widmete sich nach seiner aktiven Zeit der Nachwuchsarbeit und arbeitete für die Encarnados als Jugendtrainer.

► ZAHLEN UND FAKTEN

Vereine: 1968-1986 Benfica Lissabon

Tore: 422 portugiesische Erstligaspiele (263 Tore)
61 Spiele Taça de Portugal (67 Tore)
9 portugiesische Supercupspiele (3 Tore)
75 Europacupspiele (28 Tore)
66 Länderspiele (22 Tore)
gesamt 633 Pflichtspiele (383 Tore)

Erfolge: Portugiesischer Meister 1969, 1971, 1972, 1973, 1975, 1976, 1977, 1981, 1983, 1984
Portugiesischer Pokalsieger 1969, 1970, 1972, 1980, 1981, 1983, 1985
Portugiesischer Supercupsieger 1980, 1985
Portugiesisch. Torschützenkönig 1981, 1984
Portugiesischer Fußballer des Jahres 1971

In der Nationalmannschaft:

Mit 66 Einsätzen war Nené bis 1994 in Portugal Rekordnationalspieler, ehe er von João Pinto abgelöst wurde und mittlerweile auf den zehnten Platz abgerutscht ist. Der 22-fache Torschütze hatte jedoch das Pech, dass die erste Blütezeit des portugiesischen Fußballs bei seinem Debüt in den frühen Siebzigern schon wieder der Vergangenheit angehörte, weshalb er lange auf einen Einsatz bei einem großen internationalen Turnier warten musste.

Noch an der Seite des großen Eusebio kam er am 21. April 1971 zu seiner Länderspielpremiere, die mit einem 2:0-Erfolg in der EM-Qualifikation über Schottland endete. Dem neuen Hoffnungsträger von Benfica Lissabon gelang im Frühjahr 1972 auch in der Nationalelf der Durchbruch, als er seinem ersten Treffer im WM-Qualifikationsspiel am 29. März im Estadio da Luz gegen Zypern (4:0) in den Freundschaftsspielen gegen Ecuador (3:0) und Irland (2:1) zwei weitere folgen ließ. Nach gutem Start in die Qualifikation mit 5:1 Punkten kam die Mannschaft jedoch aus dem Tritt und musste Bulgarien an sich vorbeiziehen lassen, gegen das es nach der 1:2-Niederlage auf dem Balkan im Rückspiel von Lissabon nur zu einem 2:2 reichte. Der Ehrentreffer in Sofia war im Übrigen auf das Konto von Tamagnini Nené gegangen. Auch im Rahmen der EM 1976 scheiterten die Portugiesen bereits in der

Qualifikation, was nicht weiter verwundert, da diese mit England und dem kommenden Europameister CSSR in eine Gruppe gelost worden waren, wo es in Prag eine böse 0:5-Klatsche setzte. Nené schloss sich der dürftigen Form seiner Teamgefährten an und konnte sich lediglich im Rückspiel gegen die CSSR (1:1) sowie auf Zypern (1:1) in die Torschützenliste eintragen.
Auf den vielleicht besten Länderspielauftritt am 22. Dezember 1976 im Estadio José Alvalade mit einem Doppelschlag zum 2:1 über Italien sowie dem Siegtor gegen die Schweiz (1:0) im März des kommenden Jahres folgte eine längere Durststrecke, die erst im Herbst 1979 endete, als Nené beim 4:2 gegen Dänemark in Kopenhagen das Tor zum 2:0 erzielte. Nachdem Portugal die WM in Argentinien verpasst hatte, war die Mannschaft auch bei der Europameisterschaft 1980 in Italien nur Zaungast, was nicht unbedingt an Nené gelegen hatte, der beim Auswärtssieg in Österreich (2:1) einmal sowie im Heimspiel gegen Norwegen (3:1) sogar zweimal getroffen hatte.
Im fortgeschrittenen Fußballeralter von 34 Jahren durfte Nené dann aber doch noch an einem großen Turnier teilnehmen. Neben Torhüter Bento war er der Oldie eines Teams, das sich überraschend für die EM 1984 qualifizieren konnte, nachdem es mit dem aktuellen WM-Dritten Polen und der Sowjetunion zwei Hochkaräter aus dem Weg geräumt hatte. Obwohl Nené in der Qualifikation gegen Finnland (2:0) und Polen (2:1) zwei wichtige Tore erzielt hatte, war er bei der Endrunde in Frankreich allenfalls als „Backup" für Rui Jordão und Fernando Gomes gedacht. Nachdem er daher auch die ersten beiden Spiele gegen Deutschland (0:0) und Spanien (1:1) nur von der Bank aus verfolgt hatte, wurde er von Nationaltrainer Cabrita im letzten Gruppenspiel gegen Rumänien in der 67. Minute für Carlos Manuel eingewechselt, um neun Minuten vor Schluss das Tor des Tages zu schießen, das die Lusitanier sensationell ins Semifinale beförderte. Nenés letztes Länderspieltor war somit fraglos eines der wichtigsten seiner Laufbahn gewesen. Am 23. Juni hatte Portugal sogar Gastgeber Frankreich am Rand einer Niederlage, der sich in Marseille nach 1:2-Rückstand erst in den Schlussminuten der Verlängerung mit 3:2 durchsetzen konnte, wobei Tamagini Nené bei seinem 66. und letzten Länderspiel abermals Mitte der zweiten Hälfte eingewechselt worden war.

Saison	Europacup		Liga		Pokal	
	Sp.	T.	Sp.	T.	Sp.	T.
1968/69			4	0		?
1969/70			1	0		?
1970/71	2	0	21	6		?
1971/72	7	3	26	7		?
1972/73	4	0	28	12		?
1973/74	4	1	26	7		?
1974/75	5	3	25	11		?
1975/76	6	5	29	29		0
1976/77	2	0	30	23		4
1977/78	5	2	27	12		7
1978/79	4	1	30	25		2
1979/80	2	0	30	30		6
1980/81	10	4	29	20		7
1981/82	4	2	30	24		9
1982/83	12	5	28	21		6
1983/84	5	2	26	21		4
1984/85	1	0	16	8		?
1985/86	2	0	16	7		?

Gunnar Nordahl

Bester Schweden-Export aller Zeiten

Etwa 30 Kilometer südlich von Umeå, direkt am Bottnischen Meerbusen, liegt die kleine Ortschaft Hörnefors, wo am 19. Oktober 1921 mit Gunnar Nordahl *(Bild unten im Trikot der Nationalmannschaft)* einer der besten schwedischen Fußballer aller Zeiten das Licht der Welt erblickte. Der Angreifer, dem im Laufe seiner Karriere einschließlich der Freundschaftsspiele 711 Tore zugewiesen werden, entstammte einer durch und durch fußballverrückten Familie mit zehn Kindern, darunter den Brüdern Bertil, Göran, Gösta und Knut, die ebenso wie Gunnar in der Allsvenskan spielten und mit Ausnahme von Göran allesamt zu Nationalmannschaftsehren kamen.

Vater Karl Emil Nordahl war in einer Zellstofffabrik angestellt, wobei dessen Gehalt der kinderreichen Familie nur ein karges Auskommen sicherte und die Nordahl-Brüder früh lernen mussten, sich durchzuboxen. Das größte fußballerische Talent besaß ohne Frage Gunnar, der mit einer Körpergröße von 1,85 m in allen Altersklassen den meisten seiner Gegenspieler schon rein physisch überlegen war. Da Gunnar Nordahl in einer Brauerei beschäftigt war, verhalf ihm die körperliche Arbeit auch auf dem Platz bald zu einer enormen Härte und Zähigkeit, die er später mit einer ausgefeilten Technik kombinierte.

Mit Hörnefors IF in der dritten Liga

Früh trat Gunnar dem örtlichen Fußballverein Hörnefors IF bei, dessen erste Mannschaft freilich ein Schattendasein in der Drittklassigkeit fristete. In der 3. Division Nedre Norrländskan – Norrland ist (neben Svealand und Götaland) der nördlichste der drei schwedischen Landesteile – kickte die Mannschaft auch in der Spielzeit 1936/37, als Nordahl im zarten Alter von 16 Jahren zu seinem Debüt kam. Erst vier Monate zuvor war ihm für die Reserve-Elf gegen AIK Skellefteå sein erster Treffer geglückt, als vor dem Ligaspiel gegen Asele IK am 17. Mai 1937 der etatmäßige

Mittelstürmer ausfiel und Nordahl ins Sturmzentrum beordert wurde. Nachdem Hugo Hedin Hörnefors mit 1:0 in Führung gebracht hatte, folgte der große Auftritt des Debütanten, der „nach schneller Drehung“ den zweiten Treffer erzielte. Am Ende hieß es 3:0, so dass die Mannschaft weiter im Titelrennen blieb, wo sie sich lediglich Sandviks IK um einen Zähler geschlagen geben musste. Nach dem glänzenden Einstand hatte Nordahl weitere vier Spiele bestritten und dabei nicht weniger als fünfmal ins Schwarze getroffen.

In der Spielzeit 1937/38 absolvierte der Youngster neun Ligaspiele, in denen er mit 14 Toren glänzte. Besonders am 3. Spieltag konnten sich die Anhänger von Hörnefors IF von den Qualitäten der Nordahl-Dynastie überzeugen, als Bertil und Knut je einen und Gunnar gleich drei Treffer zum 9:0 über Schlusslicht Örnsköldsviks SK beisteuerten. Allerdings erwies sich im Saisonverlauf die Elf von Domsjö IF als zu überlegen, so dass es bei einem deutlichen Sieben-Punkte-Rückstand nur zum dritten Platz reichte. Schon zum Auftakt hatte sich Hörnefors dem kommenden Meister trotz eines Nordahl-Tores vor eigenem Publikum mit 3:5 geschlagen geben müssen, bevor es auch im Rückspiel eine 0:1-Niederlage setzte.

Auch am Ende der Saison 1938/39 überquerte der Verein aus der Landschaft Västerbotten die Ziellinie nur als Dritter, was allerdings nicht an Gunnar Nordahl lag, der seine Schlagzahl mit 25 Toren in 14 Einsätzen weiter erhöhte. Nachdem dieser schon gegen Alfredshems IK (7:1) als dreifacher Torschütze geglänzt hatte, steuerte er am 21. Mai 1939 zum 5:1-Erfolg über Husums IF sogar einen Viererpack bei. In der Saison 1939/40 konnte sich die Mannschaft dann auch endlich den Meistertitel der 3. Division erkämpfen, was nicht zuletzt an den 23 Torerfolgen von Gunnar Nordahl lag. Doch auch seine Brüder konnten erneut überzeugen, wie vor allem beim 8:4 über Umeå IK, als sämtliche Tore in der Familie blieben. Während Knut zwei und Bertil einen Treffer auf sein Konto gebracht hatten, lagen die Fans nach dem Schlusspfiff allerdings in erster Linie dem fünffachen Torschützen Gunnar zu Füßen. Dass dieser nicht länger in der nordschwedischen Provinz zu halten war, kann nicht wirklich überraschen. Auf erstklassigem Niveau kickte der spätere Italien-Legionär zwischen 1940 und 1944 erstmals für Degerfors IF, einem Verein aus Svealand, der erst 1938 in die Allsvenskan aufgestiegen war und damit nicht zu den Topteams des Landes zählte. Aber nicht nur Gunnar Nordahl kehrte seinem Heimatverein den Rücken. Während ihm Bertil 1942 nach Degerfors folgen sollte, heuerte Knut 1941 beim IFK Norrköpping an.

Degerfors nur eine Zwischenstation

Der Underdog aus Degerfors vermochte vor allem in der Saison 1940/41 von seinem Neuzugang Gunnar Nordahl zu profitieren. Lange blieb die Mannschaft Helsingborgs IF auf den Fersen, das sich am Ende mit einem knappen Zwei-Punkte-Vorsprung den Titel sicherte. Beim Vizemeister bildete Nordahl gemeinsam mit dem etablierten Karl-Erik Jakobsson das Angriffsduo, was genau genommen allerdings erst ab dem 6. Spieltag der Fall war, als Nordahl bei seinem Debüt in der Allsvenskan über Gårda BK (2:1) auf dem heimischen Stora Valla gleich einen Treffer erzielte. Seitdem war der 19-Jährige nicht mehr aus dem Team wegzudenken und hielt dieses mit insgesamt 15 Toren in 17 Spielen auf Titelkurs. Gleich zweimal war er am 29. September 1940 gegen AIK Solna (2:1) erfolgreich gewesen, als ihm im Rasundastadion nach 50 Minuten der Ausgleich *(im Bild oben rechts)* und in der 69. Minute auch noch das Siegtor gelang.

Nach einem weiteren Doppelpack beim 3:3-Unentschieden gegen IK Sleipner Norrköping durfte er am 1. Mai 1941 auf dem Stora Valla gegen Landskrona BOIS (6:0) zum ersten Mal drei Tore in der Allsvenskan bejubeln. Mit den erwähnten 15 Saisontreffern führte er darüber hinaus ex aequo mit Stig Nyström (IK Brage Borlänge) auch erstmalig die Torjägerliste an. Im Verlauf seiner Karriere sollte Gunnar Nordahl in der Allsvenskan sowie später in der italienischen Serie A insgesamt stolze zehnmal Torschützenkönig werden.

In den kommenden drei Jahren vermochten die Schützlinge des ungarischen Übungsleiters Istvan Wampetis nicht mehr in das Titelrennen eingreifen. Schon 1941/42 zeigte sich, dass der Überraschungseffekt der Vergangenheit angehörte, als es lediglich zum sechsten Platz reichte. Aber auch Gunnar Nordahl hatten die gegnerischen Abwehrspieler in Anbetracht von 13 Toren in 21 Einsätzen deutlich besser in den Griff bekommen. Immerhin konnte sich Degerfors in der Spielzeit 1942/43 wieder auf den vierten Platz verbessern, wobei durchaus mehr drin gewesen wäre, wenn die Mannschaft nicht eine Herbstdepression mit sechs Unentschieden in Serie erlitten hätte, mit der sie sich sämtlicher Titelchancen beraubte. Dabei entpuppte sich Mittelstürmer Gunnar Nordahl als eine Art Lebensversicherung, da im genannten Zeitraum fünf von sieben Toren auf dessen Konto gegangen waren, mit denen er sein Team vor einem weiteren Abrutschen in der Tabelle bewahrt hatte. Nach Abschluss der Saison hatte er mit 16 Toren eine neue persönliche Rekordmarke in der Allsvenskan gesetzt, mit der er zum zweiten Mal die Torschützenliste anführte.

► EINWURF

*Auch Gunnar Nordahls ältere Brüder Bertil (*1917, Bild oben) und Knut (*1920, unten) kamen in der Nationalelf zum Einsatz. Zusammen gehörten Bertil, Knut und Gunnar jenem Team an, das 1948 in London die Goldmedaille für Schweden holte. Während Bertil ab 1949 für Atalanta Bergamo spielte, schloss sich Knut ein Jahr später dem AS Rom an. Weitere Gemeinsamkeit: Nachdem Gunnar 1947 zu Schwedens Fußballer des Jahres gekürt worden war, taten es ihm Bertil und Knut in den beiden nächsten Jahren gleich.*

Es folgten 14 Treffer im Spieljahr 1943/44, mit denen sich Nordahl weit hinter Leif Larsson (19) vom IFK Göteborg auf Rang sechs der Torjägerliste einreihen musste. Immerhin erreichte Degerfors IF wieder einen ansprechenden fünften Platz, den man nicht zuletzt einigen wichtigen Nordahl-Toren gegen Sandvikens IF (3:2), IFK Norrköping (2:2, 2:2), GAIS Göteborg (2:2) und IFK Göteborg (3:3) zu verdanken hatte. Hervorzuheben wäre noch der Dreierpack gegen IK Brage Borlänge (5:1), ehe sich Gunnar Nordahl im Sommer 1944 nach vier Spielzeiten und 56 Torerfolgen in 77 Ligaeinsätzen aus Degerfors in Richtung Norrköping verabschieden sollte.

Vier Meisterschaften in Weiß-Blau

Mit den weiß-blauen Kamraterna feierte Gunnar Nordahl dann seine größten Erfolge im schwedischen Fußball. Zwischen 1945 und 1948 sicherte er sich viermal in Serie den Meistertitel in der Allsvenskan sowie darüber hinaus 1945 den Landespokal. Als einer der besten schwedischen Fußballer jener Ära wurde er 1947 zudem mit der „Guldbollen" (dem Goldenen Ball) ausgezeichnet, mit der im Jahr zuvor als Premierensieger „Fußballprofessor" Gunnar Gren als bester Spieler des Landes bedacht worden war. Als Nordahl sich dem IFK Norrköping anschloss, war der Klub freilich erst vor Kurzem zu den Topteams aufgestiegen, indem er sich 1943 das nationale Double gesichert hatte. Der Aufschwung war eng verbunden mit dem ungarischen Trainer Lajos Czeizler, der die Weiß-Blauen zwischen 1942 und 1948 betreute und dabei ein glänzendes Auge für talentierte Spieler an den Tag legte. Schon lange hatten es ihm die Nordahl-Brüder aus Hörnefors angetan, so dass er nach Knut (1941) nun auch Gunnar nach Östergötland lotste und diesem als Bonbon eine Stelle bei der städtischen Feuerwehr zuschanzte.

Die damals überragende Mannschaft der Allsvenskan: IFK Norrköping, der sich während der Saison 1946/47 mit Halvar Carlbom, Nils Liedholm, Einar Steen, Lennart Wigren, Gunnar Nordahl, Erik Holmqvist, Sven Persson (oben von links), Birger Rosengren, Knut Nordahl, Torsten Lindberg und Oscar Holmqvist (unten von links) dem Publikum präsentierte. Zwei Mitglieder des legendären Innentrios „Gre-No-Li" hatten sich also bereits zusammengefunden, während Gunnar Gren damals beim IFK Göteborg spielte.

In viereinhalb Jahren bestritt Nordahl für Norrköping 95 Ligaspiele und war in Anbetracht von 93 Torerfolgen in nahezu jedem Einsatz für einen Treffer gut. Mit Torhüter Torsten „Lindy" Lindberg, Birger „Bian" Rosengren und nicht zuletzt auch Nils Liedholm verfügten die Weiß-Blauen neben den Nordahl-Brüdern Knut und Gunnar über weitere Nationalspieler, mit denen man bereits im Herbst 1944 nach einen Titel griff. Wurde die Meisterschaft damals noch im Herbst-Frühjahrs-Rhythmus ausgetragen, waren die Spiele der Svenska Cupen bereits an das Kalenderjahr angepasst, so dass die Kamraterna am 1. Oktober im Endspiel auf Malmö FF trafen. Obwohl Gunnar Nordahl seine Mannschaft vor 34.966 Zuschauern im Rasundastadion bereits in der Auftaktminute mit 1:0 in Führung gebracht und nach der Pause auch den zweiten IFK-Treffer erzielt hatte, behielt der Rivale aus Malmö nach Verlängerung mit 4:3 die Oberhand, weshalb der erste Titelgewinn noch auf sich warten ließ. Freilich nur bis Juni 1945, als IFK Norrköping mit vier Punkten Vorsprung auf IFK Göteborg zum zweiten Mal in seiner Geschichte als Landesmeister feststand. Herausragender Akteur war dabei zweifelsohne Gunnar Nordahl, der mit 27 Toren in 22 Spielen hochüberlegen die Torjägerliste der Allsvenskan anführte. Nachdem er bereits in den ersten fünf Partien siebenmal ins Schwarze getroffen hatte, konnte er gegen Landskrona BOIS mit einer historischen Leistung aufwarten, als ihm beim 9:1-Kantersieg sieben Treffer gelangen. Fraglos hätte die Galavorstellung mehr als lediglich 3.723 Zuschauer verdient gehabt, die sich an jenem 12. November 1944 im Idrottspark von Norrköping eingefunden hatten. Weit mehr dem Anlass angemessen war die Kulisse am 29. April 1945, als im Nya Ullevi von Göteborg 23.778 Fußballfans das vorentscheidende Spiel um den Meistertitel zwischen Verfolger IFK Göteborg und Spitzenreiter IFK Norrköping sehen wollten. Dabei agierten die Gäste hochüberlegen und behielten mit 6:1 die Oberhand, was sie einmal mehr dem dreifachen Torschützen Gunnar Nordahl zu verdanken hatten, dessen Bruder Knut ebenfalls zweimal getroffen hatte. Zwei weitere Treffer Knut Nordahls sollten den Weiß-Blauen am 25. August 1945 ein 4:1 über Malmö FF sichern, womit diese den Pokalsieg und mithin das Double unter Dach und Fach brachten.

Auch in den kommenden drei Spielzeiten ging der Meistertitel nach Norrköping. Natürlich war auf Gunnar Nordahl weiterhin Verlass, der sich mit 25 bzw. 18 Treffern sowohl 1945/46 als auch 1947/48 die Torjägerkrone sicherte. Nur in der Saison 1946/47 musste er sich Gunnar Gren geschlagen geben, der noch einmal öfter – will heißen 18-mal – ins Schwarze getroffen hatte. Am stärksten hatte sich Nordahl im Laufe der Saison 1945/46 präsentiert, als ihm gegen Djurgardens Stockholm (11:1) fünf und gegen Malmö FF (5:0) vier Treffer gelangen, derweil die Chronisten am 23. September 1945 beim 6:1 über Jönköping im Idrottsparken seinen 200. Karrieretreffer registrierten.

► EINWURF

Wahrscheinlich wäre Gunnar Nordahl heute Rekordtorschütze der schwedischen Nationalelf, hätte der Verband seinerzeit nicht die besten Auslandsprofis aus der Länderelf verbannt. So reichen Nordahls 43 Tore in 33 Einsätzen derzeit „nur" zum zweiten Platz hinter Sven Rydell (49 Tore in 43 Länderspielen) aber vor Zlatan Ibrahimovic, der für seine 41 Tore 90 Länderspiele benötigt hat. Wenn sich die Medien angesichts einiger fraglos spektakulärer Leistungen Ibrahimovics (die deutsche Nationalelf kann ein Lied davon singen...) derzeit mal wieder überschlagen und im Überschwang sogar das Verb „zlatanieren" kreiert haben (was soviel wie „dominieren, den Ton angeben" heißen soll), müssten die nicht minder starken Leistungen Nordahls im Nachhinein wohl als „nordahlesk" gerühmt werden!

Während der Saison 1948/49 wurde Gunnar Nordahl (ebenso wie Nils Liedholm) in die italienische Serie A transferiert, was den IFK Norrköping nach bereits wenig überzeugendem Start vollends aus dem Tritt brachte und auf den enttäuschenden siebten Platz zurückfallen ließ. Nach seinem starken Auftritt bei den Olympischen Spielen in London schien das Angebot des AC Mailand Nordahl schon in der Hinserie abgelenkt zu haben, weshalb es der sonst so torgefährliche Mittelstürmer in den letzten zehn Ligaeinsätzen für die Kamraterna auch zu für ihn indiskutablen sechs Treffern – den letzten beim 5:0-Heimsieg am 27. September 1949 über GAIS Göteborg – brachte.

„Il Bisonte" erster schwedischer Auslandsprofi

Im Sommer 1948 hatte sich die schwedische Nationalmannschaft im olympischen Finale durch einen 3:1-Sieg über Jugoslawien die Goldmedaille erkämpft. Dabei hatte vor allem das Innentrio Gunnar Gren, Gunnar Nordahl und Nils Liedholm verblüfft, für das sich auch Milan-Präsident Adolfo Baloncieri zu interessieren begann, nachdem der italienische Verband im Jahr 1948 das Verbot für ausländische Spielerimporte aufgehoben hatte. Wenig später war Lajos Czeizler als Trainer unter Vertrag genommen worden, der mit Nordahl und Liedholm ja schon in Norrköping zusammengearbeitet hatte. Zwar galt es zunächst noch einige bürokratische Hindernisse aus dem Weg zu räumen, da man vor allem in Schweden nur wenig von den Abwanderungsgedanken seiner Topstars hielt. Schließlich aber wurde der Weg freigemacht, so dass Gunnar Nordahl als erster schwedischer Auslandsprofi auf den Apennin wechseln konnte.

Das berühmte schwedische Innentrio „Gre-No-Li" Gunnar Nordahl, Nils Liedholm und Gunnar Gren (von links nach rechts). Das Bild unten zeigt Gunnar Nordahl, wie ihn die Tifosi des AC Mailand am liebsten sahen. 210 Ligatreffer durfte der Import aus Schweden für die Rossoneri bejubeln, mit denen er noch heute deren Rekordtorjäger ist.

In der Rückrunde 1948/49 sollte der Schweden-Happen die in ihn gesetzten Erwartungen mit 16 Toren in 15 Ligaspielen auf Anhieb erfüllen. Auch die Tifosi waren von seinen Auftritten hellauf begeistert und verpassten Nordahl aufgrund dessen kraftvoller Spielweise alsbald den Spitznamen „Il Bisonte" (das Bison). Die Begeisterung war nur zu verständlich, da der Neuzugang schon bei seinem Serie-A-Debüt am 27. Januar 1949 gegen Pro Patria Busto Arsizio (3:2) als zweifacher Torschütze brilliert hatte. Besonders hoch wurde dem Schweden angerechnet, dass dieser den Rossoneri im Derby gegen Inter mit einem weiteren Doppelpack ein 4:4-Unentschieden rettete. Und schließlich soll auch Nordahls erster Dreierpack nicht unerwähnt bleiben, der ihm beim 6:4 im Freundschaftsspiel gegen Espanyol Barcelona gelungen war.

Nicht zuletzt dank Nordahl überquerte der AC Mailand, der seit 1907 auf den Gewinn der Meisterschaft wartete, in der Saison 1948/49 als guter Dritter die Ziellinie, was die Klubführung dazu veranlasste, ihm gleich einen neuen Vertrag vorzulegen. Da man auf seine Empfehlung hin auch Nils Liedholm und Gunnar Gren in die Lombardei lotste, war das Sturmtrio „Gre-No-Li" im Sommer 1949 komplett. Die skandinavische Blutauffrischung bekam den Rossoneri mehr als gut. Standen diese lange Zeit in dem Ruf, eine überhart spielende Mannschaft zu sein, sollte sich dies nun schnell ändern. „Gre-No-Li" entwickelten ein elegantes, intelligentes und variables Passspiel, bei dem Gunnar Nordahl die perfekten Zuspiele von Gren und Liedholm entweder per Kopf oder mit wuchtigen Volleyschüssen im gegnerischen Gehäuse versenkte. Vor allem aber konnte der AC Mailand seine titellose Durststrecke beenden und in den Spielzeiten 1950/51 und 1954/55 endlich wieder den Scudetto erobern.

Bereits in seiner ersten kompletten Saison im Milan-Trikot avancierte Gunnar Nordahl zum Capocannoniere der Serie A und setzte mit 35 Toren (in 37 Spielen) darüber hinaus eine bis heute gültige Rekordmarke. Insgesamt hatten Gren, Nordahl und Liedholm 118 Saisontreffer erzielt, die seitdem ebenfalls unerreicht blieben (und lediglich 1947/48 vom AC Turin überboten worden waren). Vor allem zu Beginn der Rückrunde war Milans schwedischer Mittelstürmer nicht zu halten, als ihm gegen den AC Como (4:1) und Juventus Turin (7:1) jeweils drei Treffer gelangen, ehe er beim 7:0 über den AC Turin sogar viermal einnetzte. Obwohl man Juventus im direkten Vergleich gedemütigt hatte, musste man sich fünf Zähler hinter der Vecchia Signora dennoch mit der Vizemeisterschaft begnügen. Nach Saisonende reisten die Rossoneri zu einem Freundschaftsspiel nach Norrköping, um im Idrottspark gegen Nordahls Ex-Klub anzutreten. Dabei konnten sich die Anhänger der Kamraterna nochmals von den Fähigkeiten des einstigen Publikumslieblings überzeugen, der beim 4:1 der Italiener dreimal in die Maschen traf.

Mit „Gre-No-Li" zum Scudetto

In der Spielzeit 1950/51 durfte der AC Mailand dann den ersten Meistertitel seit 44 Jahren feiern. Mit Titelverteidiger Juventus Turin (103) sowie Inter und AC Mailand (je 107) hatten gleich drei Vereine die 100-Tore-Marke geknackt, derweil „Il Bisonte" mit 34 Treffern wie im Vorjahr die Torschützenliste anführte. Vor allem vor eigenem Publikum hatten sich die Rossoneri immer wieder in bester Offensivlaune präsentiert, wie zum Beispiel am 3. Spieltag, als der AC Novara mit 9:2 überrollt wurde und Gunnar Nordahl mit vier Toren geglänzt hatte. Einen wichtigen Schritt in Richtung Titelgewinn machte die Mannschaft am 4. März 1951, als Vorjahresmeister Juventus Turin im San Siro durch die Tore von Nordahl und Liedholm mit 2:0 in Schach gehalten worden war. Drei Wochen später wurde mit Inter dann auch der zweite Verfolger bezwungen, wobei Gunnar Nordahl bereits in der 9. Minute das Tor des Tages erzielt hatte. Auch die Nerazzurri hatten sich zu Saisonbeginn übrigens mit einem Import aus Schweden verstärkt, als sie „Nacka" Skoglund von AIK Solna unter Vertrag genommen hatten. Nur weil die Rossoneri in der Schlussphase die Zügel erheblich schleifen ließen, war der teilweise deutliche Vorsprung auf Stadtrivale Inter im Abschlussklassement auf nur noch einen Zähler zusammengeschrumpft.

Die Mannschaft des AC Mailand kurz nach der Verpflichtung Gunnar Nordahls (1949). Hinten von links: Trainer Antonio Busini, Walter Sloan, Gunnar Nordahl, Albert Gudmundsson, Carlo Annovazzi, Omego Tognon, Franco de Gregori. Vorne von links: Efrem Milanesi, Andrea Bonomi, Riccardo Carapellese, Renzo Burini und Edi Gratton.

In der Saison 1951/52 musste sich der Titelverteidiger deutliche sieben Zähler hinter Juventus mit der Vizemeisterschaft begnügen. Und auch in der Torjägerliste behielt mit John Hansen ein Juve-Stürmer die Oberhand, der Gunnar Nordahls 26 Treffer um vier überboten hatte. Der Schwede zeigte seine besten Leistungen im Februar, als ihm nach jeweils drei Toren in den Freundschaftsspielen gegen IFK Norrköping (6:1) und den RFC Antwerpen (3:1) auch in den Ligaspielen gegen AC Novara (6:2) und US Lucchese (5:0) je ein Dreierpack gelang.

Bester Capocannoniere der Serie A

Nachdem Nordahl bereits in den Spieljahren 1949/50 und 1950/51 bester Torschütze in der Serie A geworden war, sollte er sich den Titel des Capocannoniere von 1952/53 bis 1954/55 gleich dreimal in Serie sichern, womit er die bisherigen Rekordhalter Meazza (Inter) und Boffi (AC Mailand) hinter sich ließ, die je dreimal die Torjägerliste im italienischen Oberhaus angeführt hatten. Bis heute ist es in der Heimat des Catenaccio keinem Stürmer gelungen, den Rekord des Schweden zu brechen. Doch während dieser sowohl 1949/50 als auch 1950/51 deutlich mehr als 30 Tore erzielt hatte, sollte ihm dieses Kunststück nun nicht mehr gelingen. So reichten in der Spielzeit 1952/53 bereits 26 Torerfolge aus, um Vorjahressieger John Hansen (22) klar auf Distanz zu halten. Wieder einmal hatte sich „Il Bisonte“ als Winterspezialist erwiesen (lag es an seiner nordischen Herkunft?), da ihm zu Beginn der Rückrunde in den Spielen gegen Atalanta Bergamo (5:1), US Palermo (5:0), AS Rom (4:1) und US Triestina (4:1) insgesamt elf Treffer gelungen waren. Allein mit dem Meistertitel war es wieder nichts geworden, nachdem sich „Gre-No-Li“ vier Zähler hinter Inter und deren zwei hinter Juventus Turin mit dem dritten Platz zufrieden geben mussten.

Das schwedische Innentrio war in der Saison 1953/54 Geschichte, da „Fußballprofessor“ Gunnar Gren doch zum AC Florenz abgewandert war. Aber auch die beschwingte Spielweise gehörte inzwischen der Vergangenheit an, nachdem die Spitzenteams der Serie A allesamt deutlich die 100-Tore-Marke verfehlten. Abermals mussten sich die Rossoneri mit Platz drei begnügen, wobei sie mit insgesamt 66 Saisontoren die zweitbeste Angriffsformation hinter Meister Inter (67) stellten. Dem einsetzenden Catenaccio musste auch Gunnar Nordahl Tribut zollen, da ihm in seinen 33 Ligaspielen nur noch 23 Tore gelungen waren, die freilich abermals zum Gewinn der Torjägerkanone ausreichten. Gleich viermal hatte Nordahl am 21. Februar 1954 beim 6:0-Kantersieg über US Triestina in die Maschen getroffen.

Am Ende der Saison 1954/55 stand der Schwede mit 27 Treffern in 33 Partien nicht nur zum fünften Mal als Torschützenkönig von Italien fest. Vielmehr durfte sich dieser abermals über den Meistertitel freuen, den sich die Lombarden mit vier Punkten Vorsprung auf das Überraschungsteam von Udinese Calcio gesichert hatten. Wie gewohnt war Nordahl erst in der zweiten Saisonhälfte richtig in Fahrt gekommen. So wie am 3. März im Stadtderby, als er mit einem Treffer in der Schlussphase zum 1:1 eine Pleite gegen Inter verhindern konnte. Und auch gegen Juventus erwies er sich als Matchwinner. Im San Siro waren die Gäste durch Boniperti in Führung gegangen, die Nordahl in der 39. Minute zunächst egalisierte, um mit einem zweiten Treffer nach der Pause die Weichen zum wichtigen 3:1-Sieg zu stellen. Regelrechte Schützenfeste feierte Gunnar Nordahl in den Partien gegen Genua 1893 (8:0) und SPAL Ferrara (6:0), wo er mit jeweils vier Toren seinen Ruf als bester Goalgetter der Serie A eindrucksvoll zu untermauern vermochte.

► EINWURF

Auf internationaler Ebene trat Gunnar Nordahl im Trikot des AC Mailand zunächst in der Copa Latina in Erscheinung. Bei seinen drei Teilnahmen in den Jahren 1951, 1953 und 1954 kam er sechsmal zum Einsatz und schoss dabei sieben Tore. Ohne Frage am erfolgreichsten verlief die Premiere 1951, als Nordahl mit einem Treffer im Halbfinale gegen Atletico Madrid (4:1) sowie drei weiteren im Endspiel gegen Olympique Marseille (5:0) im heimischen San Siro wesentlich zum ersten kontinentalen Titelgewinn der Rossoneri beigetragen hatte. Auch zwei Jahre später erreichten diese via Sporting Lissabon (4:2) das Finale, das jedoch mit einer 1:3-Niederlage gegen Stade Reims in die Annalen einging. Vor seinem Ehrentreffer gegen die Franzosen hatte Nordahl auch in der Vorschlussrunde ins Schwarze getroffen. Bei der letzten Teilnahme am Latein-Pokal konnte sich der Schwede dann nur noch beim 3:1 im kleinen Finale gegen Belenenses Lissabon in die Torschützenliste einreihen.

Von einer erfolgreichen Titelverteidigung blieb der AC Mailand in der Saison 1955/56 meilenweit entfernt. Die Mannschaft des AC Florenz erwies sich als das Maß aller Dinge, kassierte nur eine einzige Niederlage und verwies Vorjahresmeister Milan mit einem Zwölf-Punkte-Rückstand auf den zweiten Platz. Zweiter Sieger wurde Gunnar Nordahl auch im Kampf um die Torjägerkrone, nachdem Gino Pivatelli vom AC Bologna 29- und er selbst nur 23-mal ins Schwarze getroffen hatte. Ein Grund für den deutlichen Leistungsabfall der Rossoneri in der Liga dürfte deren Teilnahme am Europacup der Landesmeister gewesen sein, der im Herbst 1955 sein Debüt feierte. Der Italienische Meister verkaufte sich gut und musste sich erst in der Vorschlussrunde dem späteren Sieger Real Madrid geschlagen geben, derweil auch Gunnar Nordahl mit vier Toren in fünf Spielen zufrieden sein konnte. Nachdem er in der Auftaktrunde gegen den 1. FC Saarbrücken noch erfolglos geblieben war, durfte er im Viertelfinalhinspiel bei Rapid Wien (1:1) erstmals jubeln, um im Rückspiel beim klaren 7:2-Erfolg im San Siro zweimal nachzulegen. Sein letzter Europacuptreffer gelang ihm am 19. April 1956, als er vor gigantischen 129.690 Zuschauern im Bernabeu-Stadion nach zehn Minuten die frühe Führung der Königlichen durch Rial egalisierte. Nach 90 Minuten hatten die Spanier jedoch mit 4:2 gewonnen, ehe sie sich nach einer 1:2-Niederlage im San Siro (vor enttäuschenden 30.000 Zuschauern) auch den Finaleinzug sicherten.

► EINWURF

Obwohl Gunnar Nordahl nur sieben Jahre für den AC Mailand gekickt hat, führt er mit 210 Treffern in 257 Serie-A-Spielen gleichwohl die vereinsinterne Torschützenliste an. Es folgen der Ukrainer Andrej Schewtschenko mit 127 Toren in 226 Ligaspielen sowie Gianni Rivera, der zu Hochzeiten des Catenaccio für 122 Torerfolge in der Serie A summa summarum 501 Versuche benötigt hat. Addiert man die 15 Tore im Trikot von AS Rom hinzu, kommt Gunnar Nordahl auf insgesamt 225 Treffer im italienischen Oberhaus, die lediglich von Silvio Piola in den Schatten gestellt werden, wobei Piola auf 537 Ligaeinsätze blicken kann, derweil Schweden-Import Nordahl deren 291 genügt haben.

Über Rom zurück nach Schweden

Obwohl Gunnar Nordahl bereits 34 Jahre alt war, stand er im Topteam des AC Mailand immer noch seinen Mann. Dennoch verkündete er im Sommer 1956 nach siebeneinhalb extrem erfolgreichen Jahren für die Rossoneri seinen Wechsel an den Tiber, wo er sich für zwei Jahre dem AS Rom anschloss. Dieser zählte allerdings nicht zu den Spitzenvereinen, was sich auch an Nordahls Torquote bemerkbar machte, die auf 15 Treffer in 34 Ligaeinsätzen im Dress der Lupi deutlich zurückging.

In der Saison 1956/57 mussten die Römer lange Zeit um den Klassenerhalt bangen, den sie sich als Vierzehnte am Ende nur hauchdünn sicherten. Mit 13 Toren in 30 Spielen hatte der schwedische Neuzugang die in ihn gesetzten Erwartungen zwar einigermaßen erfüllt, wenngleich die Tifosi vor allem Nordahls Sturmpartner Dino da Costa zu Füßen lagen, der mit 22 Saisontreffern bester Torschütze der Serie A geworden war. Am besten war es für Nordahl in den Spielen gegen SPAL Ferrara (5:1), Udinese Calcio (6:1), US Triestina (3:1) und die Fiorentina (2:2) gelaufen, als ihm je zwei Tore gelungen waren.

In der Spielzeit 1957/58 war „Il Bisonte" schließlich nur noch ein Schatten seiner selbst. Unter Trainer Alec Stock verlor er früh seinen Stammplatz und kam nur noch in vier Ligaspielen zum Einsatz. Nachdem er den Lupi gegen Udinese Calcio (3:3) mit einem Torerfolg in der Schlussphase noch einen Zähler gerettet hatte, erzielte er den letzten (und damit 225.) Serie-A-Treffer am 23. Februar 1958 im Spiel bei FC Genua 1893, der allerdings nur noch den 2:4-Endstand besiegelte.

Zu Beginn der kommenden Saison trat Nordahl sodann zum ersten Mal als Trainer in Erscheinung. Nachdem die Verantwortlichen des AS Rom dem erfahrenen Dr. György Sarosi nach wenigen Spieltagen den Stuhl vor die Tür gesetzt hatten, trat der Ex-Mittelstürmer die Nachfolge des Ungarn an, wobei es ihm immerhin gelang, das Niveau aus dem Vorjahr in etwa zu halten, da am Ende seiner ersten Trainersaison bei 35:33 Punkten ein achtbarer sechster Platz zu Buche stand.

Ab Mitte 1959 ließ Gunnar Nordahl seine Karriere bei Karlstads BK in der zweiten schwedischen Liga ausklingen, wo er als Spielertrainer fungierte. Bis einschließlich der Spielzeit 1961 – in Schweden hatte man den Spielplan inzwischen an das Kalenderjahr angepasst – absolvierte er in der 2. Division Svealand noch 24 Partien, in denen elf Tore auf sein Konto gingen. Nachdem es für seine Mannschaft 1959 lediglich zum zehnten Platz gereicht hatte, durfte diese in den beiden kommenden Jahren als Dritte bzw. Vierte sogar am Aufstieg in die Allsvenskan schnuppern. Wie wichtig der Oldie, der Ende 1961 im zarten Fußballeralter von 40 Jahren die Töppen beiseite legte, für seine Kameraden gewesen war, zeigte sich nach dessen Abschied in der Spielzeit 1962, welche Karlstads BK als Absteiger in die Drittklassigkeit beendete.

Sportstars unter sich: Der Schwede Gunnar Nordahl konnte in den fünfziger Jahren sämtlichen italienischen Nationalhelden, wie hier dem legendären Radrennfahrer Fausto Coppi, auf Augenhöhe begegnen.

Sein Wirken auf der Trainerbank

Im Anschluss an die aktive Laufbahn sollte Gunnar Nordahl fast zwei Jahrzehnte lang in seiner schwedischen Heimat als Trainer wirken. Zunächst betreute er zwischen 1962 und 1964 mit Degerfors IF jenen Verein, bei dem er Anfang der vierziger Jahre sein Debüt in der Allsvenskan gegeben hatte. Der Name Nordahl taucht in den Statistiken übrigens gleich zweimal auf, da just zu dieser Zeit Gunnars Sohn Thomas den Versuch unternahm, in der höchsten Spielklasse des Landes Fuß zu fassen. Zu den Stars des Nordahl-Teams zählte aber vor allem John „Sippan" Tinglöf, der seit 1948 bei Degerfors das Tor hütete und immer noch zu den besten Keepern Schwedens zählte.

Trotz Tinglöf und vor allem trotz des neuen Startrainers mit Italien-Erfahrung lief für die Mannschaft 1962 nicht viel zusammen. Im Gegenteil: Degerfors musste froh sein, auf dem drittletzten Platz noch so eben dem Abstieg aus der Allsvenskan entgangen zu sein. Umso erstaunlicher das Abschneiden im Spieljahr 1963: Mit 10:0 Punkten waren die Nordahl-Schützlinge glänzend aus den Startlöchern gekommen, was sie in erster Linie Lars Heineman zu verdanken hatten, der auf den Spuren seines Trainers wandelte und mit acht Treffern an der Spitze der Torschützenliste thronte. Am Ende der Saison hatte Heineman seine Torquote auf 17 ausgebaut und damit ex aequo mit Bo Larsson aus Malmö die Spitzenposition verteidigt. In der Liga wurde Degerfors IF dagegen noch von AIK Solna überholt (was nicht zuletzt an den beiden Niederlagen im Direktvergleich lag). Die Vizemeisterschaft aus dem Spieljahr 1964 stellt aber das bis heute beste Abschneiden in der Allsvenskan dar. Bereits im kommenden Jahr konnte die Mannschaft das Niveau nicht halten und fiel auf den sechsten Platz zurück, was vor allem an Lars Heineman lag, der in Anbetracht von lediglich drei Saisontreffern seiner Form aus der Vorsaison meilenweit hinterhergelaufen war.

Pokalsieger mit Norrköping

Nach zweijähriger Atempause heuerte Gunnar Nordahl zur Spielzeit 1967 bei einem weiteren Ex-Klub an, indem er die Trainingsleitung bei IFK Norrköping übernahm. Auch nach Nordahls Wechsel auf den Apennin hatten die Kamraterna zu den Spitzenteams der Allsvenskan gehört und standen bei mittlerweile elf Meistertiteln, derweil sie im Vorjahr hinter Djurgardens Stockholm immerhin Vizemeister geworden waren. Doch der Mitfavorit auf den Titel fand sich nach Abschluss der Runde auf einem enttäuschenden sechsten Platz wieder, weil Gunnar Nordahl seine Spieler dazu angehalten hatte, nach italienischem Vorbild Beton anzurühren. Hatten diese 1966 noch 53-mal ins Schwarze getroffen, war dies 1967 lediglich 26-mal der Fall. Obwohl die Kritik im Fanlager unüberhörbar war, traute sich der Vorstand ganz offensichtlich nicht, am Stuhl des Startrainers zu sägen.

Immerhin sollte sich das Festhalten an Gunnar Nordahl in den kommenden beiden Jahren auszahlen. Mit ihrem schwedischen Catenaccio drangen die Weiß-Blauen 1968 wieder in die Spitzengruppe vor und beendeten die Saison als Dritte, wobei sie sich den besser platzierten Teams von Östers Växjö und Malmö FF nur wegen des schlechteren Torquotienten geschlagen geben mussten. Die „Defensivierung“ unter Italien-Kenner Nordahl machte in Schweden übrigens Schule, stellten die Kamraterna mit ihren wenig berauschenden 36 Saisontreffern doch immer noch den drittbesten Angriff der Allsvenskan. Während diese 1969 in der Meisterschaft auf den siebten Platz zurückfielen, bescherten sie Gunnar Nordahl mit dem Sieg in der Svenska Cupen den einzigen Titelgewinn seiner Trainerkarriere. Vor allem im Halbfinal-Wiederholungsspiel hatte Norrköping die sonst übliche Zurückhaltung abgelegt und Kalmar FF mit 5:1 klar geschlagen. Im Endspiel am 23. Juni suchten die Nordahl-Schützlinge ihr Heil aber wie gewohnt in der Defensive, was freilich mit Erfolg geschah, da sie nach 90 Minuten AIK Solna im Rasundastadion mit 1:0 in Schach gehalten hatten. Dem Pokalsieg folgte in der Spielzeit 1970 der sechste Platz in der Liga, wobei die Bilanz von 22:22 Punkten die mittelmäßigen Leistungen des Teams entlarvten. Fans und Vereinsführung hatten von der Mauertaktik unter Gunnar Nordahl endgültig genug, was nach vier Jahren zu dessen Entlassung führte.

Erst zu Beginn des Spieljahres 1973 sollte dieser sein Comeback auf der Trainerbank geben. Die Werks-Elf von IF Saab aus dem südschwedischen Linköping hatte im Jahr zuvor den Sprung in die Allsvenskan geschafft, wo sie sich mit Hilfe Gunnar Nordahls etablieren wollte. Allerdings fehlte den Akteuren des 1941 gegründeten Vereins die Klasse, um mit den besten Teams des Landes mitzuhalten. Lediglich vier von 26 Begegnungen konnte das schwedische Bayer Leverkusen gewinnen, was den postwendenden Abstieg als Tabellenschlusslicht – und für Trainer Gunnar Nordahl die vorzeitige Entlassung – bedeutete.

Vergebliche Titeljagd in der Allsvenskan

In den Jahren 1975 und 1976 sollte der Ex-Stürmer mit Östers IF Växjö dann wieder ein Spitzenteam betreuen, welches er auf Anhieb zur Vizemeisterschaft führte. Der Verein verfügte in Jan Mattsson über den damals stärksten Angreifer der Allsvenskan, der sich 1975 mit 31 Treffern zum dritten Mal in Folge die Torjägerkrone sicherte. Aber ebenso wie Abwehrspieler Björn Andersson, der schon 1974 zu den Münchner Bayern abgewandert war, war auch Mattsson nicht länger zu halten. Nach der Vizemeisterschaft zog es dem Mittelstürmer in die Bundesliga, wo er sich zunächst Fortuna Düsseldorf anschloss, um später auch für Bayer Uerdingen auf Torejagd zu gehen. Aber auch ohne Mattsson konnte sich Östers Växjö 1976 als Dritter in der Spitzengruppe der Allsvenskan behaupten, derweil die Mannschaft auf internationaler Ebene ihre Grenzen aufgezeigt bekam. Nachdem diese sich im UEFA-Cup 1975/76 dem AS Rom in der 2. Runde nach einem 1:0-Heimsieg und einer 0:2-Niederlage am Tiber knapp geschlagen geben musste, kassierte sie im Jahr darauf im UEFA-Cup-Achtelfinale gegen den FC Barcelona mit 0:3 und 1:5 zwei deutliche Niederlagen.

Der Traum vom zweiten Titelgewinn seiner Trainerlaufbahn hatte sich in Växjö also trotz einiger achtbarer Resultate nicht erfüllt. Dass sich daran etwas ändern sollte, war nicht unbedingt zu erwarten, als Gunnar Nordahl zur Spielzeit 1977 bei AIK Solna anheuerte. Zwar hatte der Traditionsklub aus dem Stockholmer Ballungsgebiet 1976 den Landespokal gewonnen. Die Aufbruchstimmung nach dem ersten Titelgewinn seit 26 Jahren war allerdings schon wieder verflogen, da es in der Liga nur zum siebten Platz gereicht hatte. Bei Licht betrachtet waren die Qualitäten des neuen Übungsleiters ohnedies umstritten. Bei dessen bisherigen Trainerstationen hatten seine Methoden nämlich verdächtig an den italienischen Catenaccio erinnert, der Nordahl zu Serie-A-Zeiten geprägt hatte. Nur, weil der wohl beste schwedische Stürmer aller Zeiten in seiner Heimat immer noch als unantastbare Lichtgestalt galt, schoben die AIK-Bosse bei dessen Verpflichtung sämtliche Bedenken beiseite. Schlussendlich aber sollten sich die Kritiker des Nordahl-Engagements schon am Ende der ersten Saison bestätigt sehen. Mit ihrem defensiven Auftreten gewannen die Schwarz-Weißen lediglich fünf Spiele und konnten sich so mit 23:29 Punkten als Elfte nur mit Müh' und Not in Sicherheit bringen. Tiefpunkte einer mehr als unbefriedigenden Saison waren die 3:6-Heimpleite gegen IFK Göteborg sowie das 0:5 bei IFK Norrköping, weshalb der dürftige Zuschauerschnitt von 9.324 je Spiel nicht wirklich überraschte.

Obwohl die Begeisterung um Gunnar Nordahl in der schwedischen Hauptstadt erheblich abgeebbt war, hielt Vereinspräsident Lennart Johansson auch 1978 an seinem Trainer fest. Dieser hatte jedoch aus der abgelaufenen Saison keine Lehren gezogen und rührte mit seinem Team weiterhin kräftig Beton an. Desaströse Vorstellungen wie gegen Djurgardens Stockholm (0:4) oder Östers Vaxjö (0:5) lösten bei den Fans vermehrt Fluchtreflexe aus, was ein Sinken der Besucherzahlen auf nur noch 6.184 pro Begegnung zur Folge hatte. Immerhin konnten einige stärkere Leistungen wie gegen Atvidabergs FF (3:0) das

erneute Abgleiten in die Abstiegszone verhindern. Die Schwarz-Weißen verfügten mit 27:25 Zählern sogar über ein positives Punktekonto, was in der Endabrechnung zum siebten Platz reichte, Gunnar Nordahl aber freilich nicht vor der Beurlaubung schützte.
Nach dem Abstecher vor die Tore der Hauptstadt schloss sich Nordahl im Spieljahr 1979 dann noch einmal dem IFK Norrköping an, den er bei 31:21 Punkten und 44:28 Toren immerhin auf den fünften Platz führte. Zudem verfügten die Weiß-Blauen über die zweitbeste Angriffsreihe der Allsvenskan. Davon freilich konnte in der Saison 1980 keine Rede mehr sein. Lediglich 25 Treffer brachten die Nordahl-Schützlinge in 26 Ligaspielen zustande, so dass man am Ende froh sein konnte, als Zehnter dem Abstieg in die Zweitklassigkeit entgangen zu sein. Für Gunnar Nordahl, der als Spieler zu den besten seiner Zunft gehört hatte, alles andere als ein glanzvoller Schlussstrich unter eine allenfalls durchschnittliche Trainerlaufbahn.
Obwohl Nordahl als Übungsleiter – mit Ausnahme des Intermezzos beim AS Rom – nur in seiner schwedischen Heimat gearbeitet hatte, riss der Kontakt nach Italien nie ab. Im Herbst 1995 führte ihn eine Urlaubsreise nach Alghero auf Sardinien, wo er am 15. September im Alter von 73 Jahren einem Herzinfarkt erlag. Sein fußballerisches Talent hatte er seinem Sohn Thomas vererbt, der zwischen 1965 und 1978 in 252 Ligaspielen im Trikot von Örebro SK insgesamt 96 Tore erzielte. Anders als bei seinem Vater scheiterte in den späten sechziger Jahren allerdings der Versuch, sich in der Serie A zu etablieren. Obwohl er bei Juventus Turin durchgefallen war, nahm er mit Schweden an der WM 1970 in Mexiko teil, um beim Vorrunden-Aus allerdings nur einmal zum Einsatz zu kommen.

► ZAHLEN UND FAKTEN

Vereine:
1937-1940 Hörnefors IF
1940-1944 Degerfors IF
1944-1949 IFK Nörrköping
1949-1956 AC Mailand
1956-1958 AS Roma
1959-1961 Karlstads BK

Tore:
172 schwedische Erstligaspiele (149 Tore)
24 schwedische Zweitligaspiele (11 Tore)
41 schwedische Drittligaspiele (68 Tore)
17 Spiele Svenska Cupen (2 Tore*)
4 Regionalpokalspiele (6 Tore)
291 Serie-A-Spiele (225 Tore)
6 Spiele Copa Latina (7 Tore)
5 Europacup-Spiele (4 Tore)
9 Spiele Västerbotten-Auswahl (14 Tore)
33 Länderspiele (43 Tore)
gesamt 602 Pflichtspiele (529 Tore*)
** nur bekannte Tore*

Erfolge:
Schwedischer Meister 1945, 1946, 1947, 1948
Schwedischer Pokalsieger 1945
Italienischer Meister 1951, 1955
Sieger Copa Latina 1951
Olympiasieger 1948

Torschützenkönig Allsvenskan 1941, 1943, 1945, 1946, 1948
Torschützenkönig Serie A 1950, 1951, 1953, 1954, 1955
Schwedens Fußballer des Jahres 1947

In der Nationalmannschaft:
Wenngleich Gunnar Nordahls am 24. Mai 1946 geborener Sohn Thomas eine nicht annähernd so erfolgreiche Karriere hingelegt hat wie sein Vater, hat Thomas diesem doch eine Sache voraus: In Mexiko nahm er im Sommer 1970 nämlich an der Weltmeisterschaft teil, wobei er im Land der Azteken nur ein einziges Spiel – das 1:1 gegen Israel – bestritt und mit dem Drei-Kronen-Team schon nach der Vorrunde die Heimreise antreten musste.

Der 13. August 1948 zählte zu den größten Tagen in Gunnar Nordahls Karriere. Durch einen 3:1-Sieg über Jugoslawien feierte Schweden im Londoner Wembley-Stadion den Olympiasieg. Nach seinem 2:1-Führungstor kurz nach der Pause (Bild oben) sorgte Nordahls Sturmpartner Gunnar Gren in der 68. Minute mit einem verwandelten Elfmeter für den Endstand. Das untere Bild zeigt die Teams bei der Siegerehrung. Auf dem Podest die Mannschaftskapitäne: Vorne Tschik Cajkovski von Silbermedaillengewinner Jugoslawien und erhöht Schwedens Birger Rosengren, der wie Gunnar Nordahl für den IFK Norrköping spielte.

Auch im Jahr 1950 war die schwedische Nationalelf für das erste WM-Turnier nach dem Krieg qualifiziert gewesen und durfte sich als amtierender Olympiasieger Hoffnungen auf ein gutes Abschneiden machen, die sich auch tatsächlich erfüllten, da die Schützlinge des englischen Trainers George Raynor in Brasilien einen hervorragenden dritten Platz belegten. Gunnar Nordahl, der im Oktober des Jahres seinen 29. Geburtstag feierte, wäre als Mitglied der erfolgreichen Olympiamannschaft von London eigentlich logischer Anwärter auf einen Platz im schwedischen Kader gewesen. Allerdings hatte der Verband im Vorfeld einen Bann über sämtliche Spieler verhängt, die – wie Gunnar Nordahl mit seinem Wechsel zum AC Mailand – „Landesverrat" begangen hatten.
Acht Jahre später – es standen die Welttitelkämpfe im eigenen Land an – hätte sich dann doch noch einmal alles zum Guten wenden können. Die Verbandsoberen hatten

auf öffentlichen Druck hin endlich eingelenkt und die schwedischen Auslandsprofis begnadigt. Entsprechend waren von George Raynor auch Gunnar Gren und Nils Liedholm nominiert worden, so dass zur Wiedergeburt des legendären Innentrios „Gre-No-Li" nur noch Mittelstürmer Gunnar Nordahl fehlte. Dieser hatte allerdings just in der abgelaufenen Saison beim AS Rom seinen Stammplatz eingebüßt, was den Traum des inzwischen knapp 37-Jährigen von einer WM-Teilnahme vollends zunichte machte. Für den Mann, der in 33 Länderspielen nicht weniger als 43-mal ins Schwarze getroffen hat, sollte der Olympiasieg von London mithin der Höhepunkt seiner Nationalmannschaftskarriere bleiben.

► **EINWURF**
Während seiner Zeit bei Hörnefors IF bestritt Gunnar Nordahl insgesamt neun Auswahlspiele für das Provinzteam von Västerbotten, wobei er auch hier mit 14 Treffern seine Torgefährlichkeit unter Beweis stellte. Vornehmlich trat Västerbotten gegen Mannschaften aus den angrenzenden Provinzen des nördlichsten schwedischen Landesteils Norrland an, zu denen Norrbotten oder Angermanland gehören. Im April 1939 hatte sich die Provinzauswahl mit Degerfors IF allerdings eine Vereinsmannschaft aus der Allsvenskan ausgesucht, die durchaus überraschend mit 3:2 geschlagen werden konnte. Als bester Akteur aus Västerbotten hatte sich als zweifacher Torschütze der gerade 17-jährige Gunnar Nordahl erwiesen, was auch den Verantwortlichen aus Degerfors nicht verborgen geblieben war, so dass sie den Mittelstürmer ein Jahr später unter Vertrag nahmen.

Bis dahin hatte Nordahl in 26 Spielen für das Drei-Kronen-Team 31 Tore erzielt. Erstmals war der damals 20-Jährige am 28. Juni 1942 gegen Dänemark zum Einsatz gekommen, wobei er beim 3:0 in Kopenhagen in der 40. Minute sogleich ins Schwarze traf. Bedingt durch den Zweiten Weltkrieg war der Spielbetrieb allerdings stark eingeschränkt. Als Gegner kamen daher ausnahmslos Teams aus Mitteleuropa und Skandinavien in Frage, darunter vor allen Dingen Dänemark, gegen das Schweden in nicht weniger als zwölf der 33 Nordahl-Länderspiele antrat.
Als Lieblingsgegner entpuppten sich freilich die Norweger, denen Nordahl sowohl beim 10:0-Schützenfest am 21. Oktober 1945 von Stockholm als auch beim 5:1 am 28. Juni 1947 in Helsinki gleich viermal einschenkte. Der Mittelstürmer, der in der Allsvenskan spätestens seit dem Wechsel zum IFK Norrköping nicht mehr zu halten war, avancierte auch im Nationalteam zum besten Torschützen. So brachte er etwa das Kunststück fertig, in neun aufeinanderfolgenden Länderspielen zwischen Juli 1946 und November 1947 jeweils mindestens einmal ins Schwarze zu treffen, wobei im genannten Zeitraum stolze 17 Tore auf sein Konto gingen. Dabei trug er mit je zwei Treffern gegen das unvermeidliche Dänemark (4:1) und Lieblingsgegner Norwegen (4:1) sowie einem Dreierpack im August 1947 beim 7:0 über Finnland entscheidend dazu bei, dass sich Schweden zum zweiten Mal den Gewinn der Skandinavischen Meisterschaft sichern konnte, welche als Pendant zum zentraleuropäischen Gerö-Cup betrachtet werden kann. Am 19. November 1947 reiste das Drei-Kronen-Team schließlich nach London, um sich im Highbury-Stadion mit den englischen Profis zu messen. Diese lagen durch Stan Mortensen und Tommy Lawton früh mit 2:0 in Führung, ehe Nordahl in der 22. Minute den Anschluss herstellte. Zwar zogen die Engländer bis zur Pause dank eines weiteren Mortensen-Treffers auf 3:1 davon. Nach dem erneuten Anschlusstor von Gunnar Gren (68.) drängten die Gäste allerdings auf den 3:3-Ausgleich, der fünf Minuten vor dem Abpfiff in der Luft lag, als Nordahl im englischen Strafraum elfmeterreif zu Fall gebracht worden war. Allerdings war die Pfeife des schottischen Referees Webb stumm geblieben, so dass Mortensen mit seinem dritten Treffer (89.) den als glücklich zu bezeichnenden 4:2-Sieg der Engländer besiegeln konnte.

Beim Prestigekampf am 19. November 1947 im Londoner Highbury-Stadion gegen Lehrmeister England (2:4) erzielte Gunnar Nordahl (in der Bildmitte) nach 22 Minuten den ersten Treffer des Drei-Kronen-Teams. Englands Keeper Frank Swift (schwarzes Trikot) wirft sich vergebens.

Der Olympiasieg von London

Für Schweden erwies es sich als großer Vorteil, dass in der Allsvenskan immer noch unter Amateurbedingungen gekickt wurde, weshalb Nationaltrainer George Raynor für das olympische Fußballturnier 1948 die besten Spieler des Landes nominieren konnte, während andere Nationalteams auf ihre Profis verzichten mussten. Dennoch hatte es auch die Aufstellung von Premierengegner Österreich in sich, mit dem sich die Skandinavier am 2. August an der White Hart Lane zu messen hatten. Spieler wie Happel, Ocwirk oder Hahnemann repräsentierten die Alpenrepublik, was den Blitzstart der Schweden im Stadion von Tottenham Hotspur umso bemerkenswerter machte. Gerade einmal 75 Sekunden waren absolviert, als Gunnar Nordahl ein präzises Zuspiel seines Vereinskameraden Nils Liedholm mustergültig im gegnerischen Kasten versenkte, um Österreichs Schlussmann Pelikan nach neun Minuten gleich ein weiteres Mal zu überwinden. Damit waren praktisch schon alle Messe gesungen. Denn obwohl sich die Schweden fortan vornehmlich auf die Kontrolle des Spiels beschränkten, blieben sie das überlegene Team, um mit dem dritten Tor von Kjell Rosén aus Malmö endgültig für klare Verhältnisse sorgten. Drei Tage später feierte das Drei-Kronen-Team ein 12:0-Schützenfest im Selhurst Park von Crystal Palace gegen völlig überforderte Südkoreaner, bei dem Gunnar Nordahl zum dritten Mal in seiner Karriere vier Länderspieltreffer erzielte. Auf den neben dem Erfolg über Lettland aus dem Jahr 1927 höchsten Sieg der schwedischen Länderspielgeschichte folgte am 10. August ein 4:2 über Dänemark. Für einmal war Gunnar Nordahl ohne Torerfolg geblieben, derweil „Garvis" Carlsson und Kjell Rosén je zweimal ins Schwarze getroffen hatten.
Am 13. August sollte Gunnar Nordahl seine Karriere in der Nationalmannschaft schließlich mit dem Olympiasieg krönen. Als Schiedsrichter William Ling das Finale gegen Jugoslawien freigab, hatten sich allerdings nur 40.000 Besucher im weiten Rund des Wembley-Stadions versammelt, was das olympische Fußballturnier vollends zum Ladenhüter machte. Schon das Halbfinale gegen Dänemark hatten in der Gralsburg des Fußballs lediglich 20.000

Unentwegte verfolgt, während sich die Zuschauerzahlen gegen Österreich und Südkorea im vierstelligen Bereich bewegten. Immerhin bekamen die Besucher des Endspiels für ihr Geld einiges geboten: Durch einen Treffer Gunnar Grens lagen die Skandinavier zur Pause mit 1:0 vorne, ehe die Jugos vier Minuten nach Wiederanpfiff durch Bobek ausglichen. Praktisch im Gegenzug brachte Nordahl mit dem siebten Turniertreffer seine Farben aber wieder in Führung, was ihn zusammen mit dem Dänen John Hansen zum Torschützenkönig machte. Nach 90 Minuten durften die schwedischen Spieler um Kapitän Rosengren schließlich die ersehnten Goldmedaillen in Empfang nehmen, nachdem Gren mit einem verwandelten Strafstoß in der 67. Minute für den 3:1-Endstand gesorgt hatte.
Vor seinem Wechsel zum AC Mailand und der damit verbundenen Verbannung aus dem Nationalteam sollte Gunnar Nordahl im Herbst 1948 noch drei Länderspiele bestreiten. Besonders jenes am 19. September blieb in Erinnerung, als er gegen Norwegen wieder einmal wie entfesselt spielte und beim 5:3-Erfolg in Oslo alle fünf schwedischen Treffer – darunter ein lupenreiner Hattrick zwischen der 62. und 80. Minute – auf sein Konto gingen. Letztmals sollte Nordahl am 14. November bei der 1:2-Niederlage in Wien gegen Österreich das Nationaltrikot überstreifen. Bedenkt man, dass „Il Bisonte" auch nach dem Wechsel auf den Apennin seine Torgefahr im Stahlbad der Serie A zu konservieren vermochte, kann man sich in etwa ausmalen, um welche Chancen man sich in Schweden durch Nordahls Bann aus der Nationalmannschaft selbst gebracht hatte...

Saison	Internat.*		Liga		Pokal**	
	Sp.	T.	Sp.	T.	Sp.	T.
1936/37			5	6		
1937/38			9	14		
1938/39			14	25		
1939/40			13	23		
1940/41			17	15	4	0
1941/42	1	1	21	13	3	0
1942/43	5	2	20	14	3	0
1943/44	3	4	19	14	2	2
1944/45	2	2	22	27	4	0
1945/46	5	6	21	25	1	0
1946/47	4	8	20	17		
1947/48	6	8	22	18		
1948/49	7	12	10	6		
			15	16		
1949/50			37	35		
1950/51	2	4	37	34		
1951/52			38	26		
1952/53	2	2	32	26		
1953/54	2	1	33	23		
1954/55			33	27		
1955/56	5	4	32	23		
1956/57			30	13		
1957/58			4	2		
1959			2	1		
1960			20	9		
1961			2	1		

* 1941-49: Lsp. / 1950-54: Copa Latina / 1955-56: Europapokal
** Tore in der Svenska Cupen nur 1944/45 und 1945/46 komplett

Delio Onnis
Frankreich wurde seine zweite Heimat

In Italien geboren, in Argentinien das Fußballspielern erlernt und in Frankreich zum Star geworden. – So lässt sich in Kurzform die Karriere von Delio Onnis beschreiben, der am 24. März 1948 in Giuliano di Roma das Licht der Welt erblickt hat. In der südöstlich der italienischen Kapitale gelegenen Gemeinde verbrachte Onnis die Tage seiner Kindheit, ehe die Eltern beschlossen, nach Argentinien auszuwandern, um dort ihr Glück zu machen. Der fußballbegeisterte Filius ging auch am Rio de la Plata seinem Hobby nach und trat 1963 dem Club Almagro bei, der freilich zu den weniger bekannten Vereinen von Buenos Aires zählt. Die Gründung der Tricolores war im Januar 1911 im gleichnamigen Stadtteil Almagro erfolgt, derweil die erste Mannschaft Mitte der sechziger Jahre in der Zweitklassigkeit kickte.
Dank Delio Onnis, der in seiner neuen Heimat immer noch „El Tano" (der Italiener) gerufen wurde, obwohl er inzwischen die argentinische Staatsbürgerschaft angenommen hatte, ging es mit dem Underdog endlich bergauf. Mit gerade einmal 18 Jahren feierte er 1966 seinen Einstand im Zweitligateam der Tricolores, für die er in sechs Einsätzen sogar zwei Tore erzielen konnte. Nach weiteren sechs Spielen 1967 durfte der Youngster im kommenden Jahr vom Aufstieg ins Oberhaus träumen. Nachdem die Mannschaft als Tabellenzweiter schon 1967 am Sprung in die Erstklassigkeit nur knapp vorbeigeschrammt war, nahmen Onnis & Co. nun einen neuen Anlauf.
Just im Spieljahr 1968 sollte Delio Onnis der Durchbruch gelingen. In der Segunda División absolvierte er 14 Spiele, in denen er mit zehn Treffern seine Torgefahr erstmals bewies. In seiner Staffel kämpfte Club Almagro mit vier weiteren Teams bis zum Schluss um die Meisterschaft, welche sich die Tricolores trotz einer 0:1-Heimpleite in der letzten Runde gegen Arsenal sichern konnten. Als Staffelsieger war das Team für die Relegationsrunde zum Campeonato Metropolitano qualifiziert, an dem insgesamt zehn Vereine (die sechs schlechtesten Erstligisten sowie vier Zweitligaklubs) beteiligt waren. Als Neunter mit lediglich 12:24 Punkten und 22:33 Toren verfehlte man allerdings deutlich einen der ersten sechs Plätze, die zum Aufstieg in die Hauptstadtmeisterschaft berechtigten. Einziger Lichtblick während des ansonsten enttäuschenden Verlaufs der Relegationsrunde war der 20-jährige Delio Onnis, der mit elf Toren in 18 Spielen die Hälfte aller Almagro-Treffer erzielt hatte und damit die Torjägerliste vor Benito von Tabellenführer Qulimes anführte.

Mauerblümchendasein im Land der Gauchos

Anders als die Tricolores hatte sich Gimnasia y Esgrima mit dem dritten Platz den Erstligastatus gesichert. Entsprechend zögerte Onnis keine Sekunde, als ihm die Verantwortlichen von Gimnasia das Angebot unterbreiteten, im nächsten Jahr doch noch in der Primera División spielen zu können. Die Weiß-Blauen aus dem in der Nähe von Buenos Aires gelegenen La Plata zählten allerdings auch nicht gerade zu den Spitzenteams. Zumeist mussten sie um ihre Zugehörigkeit zum Oberhaus bangen, wie eben 1968, als sie erst in der Relegationsrunde dem drohenden Abstieg aus der Hauptstadtmeisterschaft entgangen waren. Während sich die Gegenwart des Vereins also eher trist gestaltete, sind zumindest dessen Ursprünge interessant. Die Gründerväter hatten seinerzeit mit dem runden Leder

nämlich rein gar nichts am Hut, sondern widmeten sich lieber dem Turnen (Gimnasia) und dem Fechtsport (Esgrima), was den Weiß-Blauen, deren Fußballabteilung erst sehr viel später entstand, den für deutsche Ohren so sperrigen Namen eingetragen hatte.
Doch zurück zu Delio Onnis: Bei seinem neuen Klub avancierte „El Tano“ in den kommenden zweieinhalb Jahren zum herausragenden Akteur, wenngleich auch im Frühjahr 1969 wieder der Kampf um den Klassenerhalt angesagt war. Im Campeonato Metropolitano reichte es trotz positivem Punktekonto (23:21) nur zum siebten Platz, so dass Gimnasia abermals an der Relegationsrunde teilnehmen musste. Diesen Umweg war man allerdings inzwischen gewohnt, und so hatten die Weiß-Blauen keine Mühe, als Zweite locker ihren Erstligastatus zu untermauern. Delio Onnis war nach lediglich fünf Toren in der Hauptstadtmeisterschaft im Hoffnungslauf wie schon im Vorjahr zur Hochform aufgelaufen und führte mit elf Treffern in 16 Einsätzen abermals die Torjägerliste an.
Das Spieljahr 1970 sollte dann zum bis dahin erfolgreichsten in seiner Laufbahn werden. Zwar musste sich Gimnasia in der Metropolitana mit dem neunten Platz begnügen. Durch die Zusammenlegung der zuvor zwei Staffeln berechtigte dieser aber zur erstmaligen Teilnahme am Campeonato Nacional, das im Herbst des Jahres zum nunmehr vierten Mal ausgetragen wurde. Als Neuling startete die Mannschaft naturgemäß als krasser Außenseiter, verkaufte sich in ihren 20 Spielen aber derart gut, dass sie in ihrer Staffel den zweiten Platz hinter den Chacarita Juniors belegte, der zur Teilnahme am Halbfinale berechtigte. Erst hier bekamen Onnis & Co. ihre Grenzen aufgezeigt, als ihnen von Rosario Central eine 0:3-Lektion erteilt wurde. Nachdem „El Tano“ in der Hauptstadtmeisterschaft immerhin zwölfmal ins Schwarze getroffen hatte, kämpfte er nun mit Carlos Bianchi um die Torjägerkrone, wobei seine 16 Treffer schließlich „nur“ zum zweiten Platz ausreichten.

Delio Onnis begann seine Karriere 1966 im Trikot des Zweitligisten Club Almagro aus der Hauptstadt Buenos Aires, wo ihm im Spieljahr 1968 der Durchbruch gelang. Das Bild zeigt die Tricolores in ihren traditionellen blau-weiß-schwarz gestreiften Trikots mit Vallaud, Tarchini, Jara, Felicetti, Chazareta und Avelino (hintere Reihe von links) sowie Solari, Etcheverry, Machao, Ramiro Perez und Delio Onnis (vordere Reihe von links). Zu Beginn des Jahres 1969 zog es „El Tano“ zu Gimnasia y Esgrima La Plata, bevor er zur Saison 1971/72 nach Frankreich wechselte, wo er zum erfolgreichsten Torschützen der höchsten Spielklasse avancierte.

Im Frühjahr 1971 überquerte Gimnasia y Esgrima La Plata im Campeonato Metropolitano die Ziellinie lediglich als Tabellenzwölfter. Und auch Delio Onnis hatte nicht unbedingt überzeugt, da ihm in 25 Einsätzen nur neun Tore gelungen waren. Dennoch waren längst die Talentspäher von Stade Reims auf den Argentinier aufmerksam geworden, so dass sie ihm im Sommer einen lukrativen Vertrag anboten, der den gebürtigen Italiener nicht lange zögern ließ, auf den alten Kontinent zurückzukehren. Wenngleich der Wechsel nach Europa die Karriere Onnis' ganz entscheidend voranbringen sollte, hatte dieser doch seine Schattenseiten. Als „Franzose“ wurde er in der Folge nämlich vom jeweiligen Nationaltrainer geschnitten, weshalb der beste Goalgetter der höchsten französischen Spielklasse auch zu keinem einzigen Länderspieleinsatz gekommen ist. Freilich war es darüber hinaus ein Problem, dass „El Tano“ in Argentinien niemand wirklich vermisste, da er sich bei seinen beiden Stationen am Rio de la Plata nicht wirklich aufgedrängt hatte. Und damals war die Welt eben noch nicht so vernetzt wie heute, dass die medialen Seismographen jede gelungene Aktion in noch so fernen Ländern registrierten.

Bei Altmeister Stade Reims

Als Delio Onnis bei Stade Reims aufkreuzte, lagen die besten Jahre des Vereins aus der Champagne schon einige Zeit zurück. Mit Spielern wie Raymond Kopa oder Just Fontaine waren die Stadistes in den fünfziger Jahren nicht nur mehrfacher Landesmeister geworden, sondern im neu ins Leben gerufenen Europapokal auch zu einem der größten Widersacher von Real Madrid, das seinerzeit als bestes Vereinsteam der Welt galt.
Allerdings war Stade Reims erst in der Spielzeit 1970/71 wieder in die Division 1 zurückgekehrt und mit Rang neun nicht über eine Platzierung im Mittelfeld hinausgekommen. Die Stadistes fielen mit ihrem südamerikanischen Neuzugang in der Saison 1971/72 sogar auf den zwölften Platz zurück, was freilich nicht an Delio Onnis lag, der mit 22 fast die Hälfte der 46 Saisontreffer geschossen hatte. Als Angreifer eines Abstiegskandidaten hatte „El Tano“, dessen Markenzeichen heruntergelassene Stutzen waren, einen mehr als respektablen vierten Platz in der Torjägerliste belegt.
Zur neuen Saison war der bisherige Trainer Elie Fruchard von Lucien Leduc abgelöst worden, unter dessen sportlicher Leitung die Rot-Weißen einen Sprung auf den achten Platz machten. Auch Delio Onnis durfte in Anbetracht von weiteren 17 Treffern zufrieden sein, wenngleich es seine letzten im Schatten der mächtigen Türme der Kathedrale von Reims gewesen waren. Der Argentinier brach seine Zelte in der Champagne ab, um diese in der kommenden Spielzeit an der Côte d'Azur beim AS Monaco wieder aufzuschlagen, derweil bei den Stadistes mit Carlos Bianchi einer seiner Landsleute die Nachfolge antrat.

Auf dem Grimaldifelsen

Bei den Monegassen sollte Delio Onnis die fraglos erfolgreichste Zeit seiner Karriere verleben. Nicht nur, dass er in den kommenden sieben Jahren mit 223 wettbewerbsübergreifenden Treffern zu deren erfolgreichsten Torjäger avancierte. Vor allem konnte er mit je einer Meisterschaft und einem Pokalsieg im Reich der Grimaldi-Dynastie die beiden einzigen großen Titel seiner Karriere erringen, die er mit dem zweifachen Gewinn der Torjägerkanone in der Division 1 garnierte. Zudem erzielte er für Monaco das Gros seiner 299 Erstligatreffer, die ihn bis heute zum besten Torschützen der Grande Nation machen.

► EINWURF

Delio Onnis ist beim AS Monaco der erfolgreichste Torschütze aller Zeiten, dessen 223 Treffer in 280 Pflichtspieleinsätzen sich wie folgt verteilen:

Wettbewerb	*Spiele*	*Tore*
1. Division	*200*	*157*
2. Division	*31*	*30*
Endspiel 2. Division	*1*	*0*
Coupe de France	*39*	*30*
Europapokal	*9*	*6*

Mit weitem Rückstand auf den Südamerikaner folgen in der ewigen Bestenliste Lucien Coussou mit 115 Treffern in 188 Spielen (davon 97 in 161 Erstligaspielen) sowie Onnis' langjähriger Sturmpartner Christian Dalger, der in 334 Partien insgesamt 89-mal als Torschütze in Erscheinung getreten ist.

Als Aufsteiger ins französische Oberhaus konnte vor der Saison 1973/74 der Klassenerhalt die einzig realistische Zielsetzung von Onnis' neuer Mannschaft sein, den diese allerdings erst am letzten Spieltag dank des besseren Torverhältnisses gegenüber dem punktgleichen Absteiger AS Nancy unter Dach und Fach brachte. Zu den Garanten des Ligaverbleibs gehörte „El Tano", der mit 26 Treffern wieder zu den besten Goalgettern der D1 zählte. Aber auch in der Coupe de France war auf den Argentinier Verlass, wo dieser in neun Einsätzen nicht weniger als zehnmal ins Schwarze traf. Der wichtigste Treffer gelang ihm im Semifinale gegen den FC Sochaux, als er seine Farben mit dem Tor des Tages nach 50 Minuten ins Endspiel beförderte. Auch hier konnte sich Onnis in der 65. Minute in die Torschützenliste eintragen, wenngleich sein Anschlusstreffer zum 1:2-Endstand nicht mehr zum Sieg über Meister AS Saint-Etienne ausreichte.

► EINWURF

Neben seinem Landsmann Carlos Bianchi und Jean-Pierre Papin zählt Delio Onnis zu jenen Spielern, welche in ihrer Laufbahn fünfmal die Torjägerliste der französischen D1 angeführt haben. In der ewigen Torschützenliste liegt der gebürtige Italiener mit 299 Treffern in 449 Einsätzen dagegen allein an der Spitze. Auf ihn folgen Bernard Lacombe mit 255 Toren in 497 Partien sowie Hervé Revelli, dem in 389 Erstligaspielen (zumeist für AS Saint-Etienne) immerhin 216 Torerfolge gelungen sind.

Mit 30 Treffern stellte Delio Onnis in der Saison 1974/75 eine neue Bestmarke auf, die ihn erstmals in seiner Laufbahn zum Torschützenkönig machte. Damit waren fast die Hälfte aller Treffer der Monegassen (64:68 Tore) auf sein Konto gegangen, die nach 38 Runden als Zehnte mit 42 Zählern im gesicherten Mittelfeld rangierten. Auch in der kommenden Spielzeit untermauerte der Südamerikaner mit 29 Treffern als zweitbester Goalgetter hinter Landsmann Carlos Bianchi (34) seine Torgefahr. Aber was nützt ein noch so genialer Torjäger, wenn es in den anderen Mannschaftsteilen nicht stimmt? Achillesferse war die wacklige Abwehr, die 73 Gegentore zuließ, so dass sich der AS Monaco bei 35 Zählern zum dritten Mal in den vergangenen zehn Jahren in die Zweitklassigkeit verabschieden musste.

Meisterlicher Lohn für Vereinstreue

Unter dem auch Delio Onnis aus seiner Zeit in Reims nicht unbekannten Trainer Lucien Leduc sollte es für die zum Fahrstuhlverein verkommenen Monegassen in den nächsten Jahren dann aber rapide bergauf gehen. Für den 1,80 m großen Mittelstürmer erwies es sich als großer Glücksfall, diesen nach dem Abstieg auch weiterhin die Treue gehalten zu haben. In der Saison 1976/77 sicherte die Treffsicherheit des Torschützen vom Dienst – mit 29 Torerfolgen eroberte Onnis auch in der 2. Division die Torjägerkanone – sowie eine insgesamt geschlossene Mannschaftsleistung dem Gewinner der A-Staffel zunächst den direkten Wiederaufstieg ins Oberhaus, wo das Team im Spieljahr 1977/78 zum niemals für möglich gehaltenen Gipfelsturm ansetzte. Einen Zähler vor dem FC Nantes konnte sich dieses sensationell den dritten Meistertitel der Vereinsgeschichte sichern, zu dem Delio Onnis 29 Tore beigesteuert hatte. In Onnis sowie dessen Sturmpartner Christian Dalger (18 Saisontreffer) verfügte der Aufsteiger-Meister über das torgefährlichste Angriffsduo der Liga, das neben Schlussmann Jean-Luc Ettori als entscheidender Garant für den sensationellen Titelgewinn galt.

Im anschließenden Europacup der Landesmeister schaffte Monaco mit einem Erfolg über Steaua Bukarest – Onnis hatte beim 3:0-Hinspielsieg den Führungstreffer erzielt – den Sprung in den Hauptwettbewerb, um dort knapp am späteren Finalisten Malmö FF (0:0, 0:1) zu scheitern. Im letzten Jahr unter Trainer Leduc reichte es in der Liga immerhin zu einem vierten Platz, wenngleich in Anbetracht von zwölf Zählern Rückstand auf Meister Racing Straßburg kaum Chancen auf die Titelverteidigung bestanden. Onnis' 22 Saisontore reichten wie im Vorjahr lediglich zum zweiten Platz in der Torschützenliste, die schon zum vierten Mal hintereinander von Carlos Bianchi angeführt wurde, der mittlerweile für Paris Saint-Germain auf Torejagd ging. Bianchi heuerte zur neuen Saison beim Meister aus Straßburg an, wo er erheblich an Torgefahr einbüßte. Dies wiederum war für Delio Onnis die ideale Gelegenheit, um sich in der Saison 1979/80 nach sieben Jahren gebührend aus Monaco zu verabschieden...

Zum einen vermochte sich der Argentinier in der Division 1 zum zweiten Mal nach 1974/75 die Torjägerkanone zu sichern. Allerdings musste er sich diese mit dem Ex-Offenbacher Erwin Kostedde von Stade Laval teilen, derweil Onnis mit 21 Ligatoren so wenig wie nie in seiner Monaco-Zeit erzielt hatte. Den größten Coup landete der Mittelstürmer ohnehin in der Coupe de France, wo er am 7. Juni 1980 zum zweiten Mal im Endspiel stand. Wie gewohnt war in der Vorschlussrunde Verlass auf ihn gewesen, nachdem ihm gegen HSC Montpellier (2:1, 4:2) in Hin- und Rückspiel jeweils ein Treffer gelungen war. Das ungleiche Finalduell mit dem Zweitligisten US Orléons wollten im Pariser Prinzenpark rund 46.000 Zuschauer sehen, die bis zur Pause ein ausgeglichenes Spiel sahen, bei dem die Teams mit eine leistungsgerechten 1:1 in die Kabinen gingen. Erst nach dem Seitenwechsel wurde Monaco seiner Favoritenstellung gerecht: Emons Führung aus der 47. Minute baute Onnis in der 66. Minute zum 3:1-Endstand aus, was im letzten Spiel den idealen Schlusspunkt unter eine ausgesprochen erfolgreiche Zeit an der Côte d'Azur bedeutete.

► ZAHLEN UND FAKTEN

Vereine:	1966-1968	Club Almagro Buenos Aires
	1969-1971	Gimnasia y Esgrima La Plata
	1971-1973	Stade Reims
	1973-1980	AS Monaco
	1980-1983	FC Tours
	1983-1986	SC Toulon
Tore:	95 Spiele arg. Primera División (53 Tore)	
	44 Spiele arg. Segunda División (23 Tore)	
	449 französische D1-Spiele (299 Tore)	
	32 französische D2-Spiele (30 Tore)	
	4 Spiele Copa Argentina (4 Tore)	
	72 Spiele Coupe de France (44 Tore)	
	4 französische Ligacupspiele (2 Tore)	
	9 Europacup-Spiele (6 Tore)	
gesamt	709 Pflichtspiele (461 Tore)	
Erfolge:	Französischer Meister 1978	
	Französischer Pokalsieger 1980	
	Französischer Torschützenkönig 1974/75, 1979/80, 1980/81, 1981/82, 1983/84	

Dreimal Torschützenkönig in Tours und Toulon

Eigentlich wäre Delio Onnis auch gerne weiterhin in Monaco auf Torejagd gegangen. „Meiner Frau gefiel es in der Stadt bestens, meine beiden Söhne wurden dort geboren, weshalb ich davon ausging, meine Karriere bei den Rot-Weißen zu beenden", so Onnis, der sich im Frühjahr 1980 mit Vereinspräsident Jean-Louis Campora aber nicht über die Dauer des neuen Vertrags einigen konnte. Während Campora dem 32-Jährigen nur einen Ein-Jahres-Vertrag anbot, wollte der Stürmers sich unbedingt zwei weitere Jahre an den Verein binden, was letztendlich zur Trennung führte. Für den Argentinier eine herbe Enttäuschung, da er mit seinen 157 Erstligatoren in den vergangenen Jahren ganz wesentlich zum Aufschwung beigetragen hatten. Ein wenig angesäuert kehrte er Monaco daraufhin den Rücken und schloss sich dem FC Tours an, was wieder einmal ein nicht unbeträchtliches Risiko darstellte.

Der Verein war im Frühjahr 1980 nämlich zum ersten Mal in die Division 1 aufgestiegen, was bedeutete, dass Onnis quasi noch einmal ganz von vorne anfangen musste. Mit „El Tano" sollte der FC Tours allerdings die erfolgreichste Zeit seiner Geschichte durchlaufen, nachdem dieser an der Loire im Herbst seiner Karriere noch einmal so richtig aufblühte. Das Spiel des Aufsteigers war geradezu perfekt auf ihn zugeschnitten, so dass sich Delio Onnis als großer Star der Blau-Schwarzen sowohl 1980/81 als auch 1981/82 die Torjägerkanone sicherte. Nach 24 Toren in der Saison 1980/81 hatte er im folgenden Jahr sogar 29-mal ins Schwarze getroffen und den FC Tours damit auf den elften Tabellenplatz geführt, der bis heute das beste Resultat des Klubs darstellt. Zudem entpuppte sich der Underdog als ausgesprochener Pokalschreck und zog 1982 und 1983 zweimal ins Semifinale der Coupe de France ein, um dort jeweils an Paris Saint-Germain zu scheitern. Leider zog sich Delio Onnis im Verlauf der Saison 1982/83 eine Verletzung zu, was dem Verein nach drei Jahren die Zugehörigkeit zur D1 kostete, der lediglich in der Saison 1984/85 noch einmal Erstligaluft schnuppern durfte.

► EINWURF

Delio Onnis galt vor dem Tor als ausgesprochen kaltschnäuzig und ließ selten eine Chance ungenutzt. Der Gerd Müller der Division 1 beschrieb seine Spielweise selbst einmal so: „Ab 40 Meter vor dem gegnerischen Gehäuse war ich heißblütig. 20 Meter vor dem Tore wurde ich dann kaltblütig."

Der gebürtige Italiener hatte vom Fußball indes noch immer nicht genug. Mit seinem Wechsel im Sommer 1983 sollte er weitere drei Jahre für den SC Toulon auf Torejagd gehen, um seine Bilanz nochmals um 39 Erstligatreffer auszubauen und damit seine Spitzenposition in der D1 bis auf den heutigen Tag zu zementieren. Dabei hatte sich erneut gezeigt, dass Onnis in seiner Karriere nie den leichten Weg gegangen war. Genau wie Stade Reims, der AS Monaco und der FC Tours zählte auch die vierte Station im französischen Klubfußball zum Zeitpunkt seines Wechsels keinesfalls zu den Topmannschaften, war Toulon doch gerade erst in der höchste Spielklasse aufgestiegen. Umso erstaunlicher Onnis' Leistungen: Die letzten Höhepunkte seiner Karriere waren der fünfte Gewinn der Torjägerkanone in der Saison 1983/84 (mit 21 Treffern) sowie der sechste Platz 1984/85, der die Anhänger an der Côte d'Azur zeitweise sogar von der UEFA-Pokal-Teilnahme träumen ließ. Nachdem Onnis in der Spielzeit 1985/86 in acht Einsätzen nur noch einmal ins Schwarze getroffen hatte (und damit seinem 300. Erstligatreffer in Frankreich vergeblich hinterhergelaufen war), beendete er im Sommer 1986 im Alter von 38 Jahren seine aktive Laufbahn. In der Saison 1987/88 trat er kurzzeitig als Co-Trainer beim SC Toulon in Erscheinung, um zwischen 1992 und 1994 beim Drittligisten FC Paris als Cheftrainer zu fungieren.

Saison	Europacup		Liga		Pokal	
	Sp.	T.	Sp.	T.	Sp.	T.
1966			6	2		
1967			6	0		
1968			14	10		
			18	11		
1969			17	5	2	3
			16	11		
1970			18	12	2	1
			19	16		
1971			25	9		
1971/72			32	22	8	4
1972/73			33	17	3	2
1973/74			31	26	9	10
1974/75	2	1	37	30	1	0
1975/76			33	29	1	0
1976/77			32	30	7	4
1977/78			35	29	9	8
1978/79	3	1	34	22	5	3
1979/80	4	4	30	21	7	5
1980/81			38	24	3	1
1981/82			38	29	7	5
1982/83			34	11	5	1
1983/84			36	21	5	1
1984/85			30	17	1	0
1985/86			8	1	1	0

Pele
Laut FIFA der beste Fußballer aller Zeiten

Als der Weltfußballverband FIFA im Dezember des Jahres 2000 den besten Fußballer der 20. Jahrhunderts kürte, führte kein Weg an ihm vorbei. Ausnahmespieler wie Alfredo di Stefano, Diego Maradona, Franz Beckenbauer und Johan Cruyff hatten keine Chance und mussten dem einzigartigen Pele den Vortritt lassen, was auch die IFFHS bestätigte, die den Brasilianer Edson Arantes do Nascimento – so Peles bürgerlicher Name – ebenfalls als weltbesten Fußballspieler aller Zeiten ansieht.
„O Rei", der König des Fußballs, war mit der seltenen Gabe ausgestattet, mit geradezu spielerischer Leichtigkeit selbst die kniffligsten Situationen auf dem Platz zu lösen, was der ehemalige deutsche Nationalspieler Jürgen Werner, der 1963 selbst gegen Pele spielte, auf den Punkt brachte, als er einen Torerfolg des Brasilianers schilderte: „Er war umringt von drei Abwehrspielern auf einem Raum von etwa einem Quadratmeter, alle bereit, seine Aktion zu verhindern. Überall standen schreiende, gestikulierende Mitspieler, 70.000 Zuschauer brüllten vor Begeisterung, und nur eine winzige Lücke bot sich ihm, die den Torerfolg garantierte. Um ihn zu realisieren, bedurfte es jedoch gleichzeitig neben der Fähigkeit, die Lücke zu erkennen, einer Fertigkeit, den Ball als Objekt zu behandeln, die ans Artistische grenzt. Pele koordinierte beides. Der Erfolg war weder ein Zufallsprodukt noch entsprang er dem Glück des Tüchtigen, sondern allein der perfekten Beherrschung aller Mittel und ihrer Ausnutzung."

„Wer Santos sagt, der denkt Pele"

Von der FIFA werden dem Brasilianer 1.284 offizielle Torerfolge in 1.366 Spielen zugeschrieben, von denen nicht wenige auf die oben beschriebene Weise zustande gekommen sind. Allein 757 waren es in Pflichtspielen, die der am 23. Oktober 1940 in Três Corações im südöstlichen Bundesstaat Minas Gerais geborene Angreifer erzielt hat. Bereits im Alter von zwei Jahren begann Pele im Garten seines Elternhauses mit dem Ball zu jonglieren. Sein Vater João Ramos do Nascimento (in Fußballerkreisen einfach „Dondinho" genannt) war selbst ein passabler Fußballer, der zunächst für Atletico Mineiro kickte. Mitte der vierziger Jahre übersiedelte die Familie aus Belo Horizonte in den benachbarten Bundesstaat Rio de Janeiro, wo sich Dondinho dem Spitzenverein Fluminense anschloss. Bei dessen Stadtrivalen Vasco da Gama stand ein Torhüter namens „Bile" zwischen den Pfosten, für den sich der kleine Edson besonders begeisterte, weshalb er erklärte, dass er selber einmal wie „Pile" spielen wolle. Dieses Bekenntnis ihm alsbald den ähnlich klingenden Spitznamen „Pele" eintrug, über den allerdings der kommende Jahrhundertfußballer anfangs nicht wirklich glücklich war. Viel lieber wäre er nämlich „Dico" gerufen worden, wie er im Familienkreis und von seinen Freunden genannt wurde.
Im Jahr 1946 kehrte Dondinho dann Rio den Rücken und wechselte zum AC Bauru in den Bundesstaat São Paulo, dessen Jugendabteilung sich alsbald auch sein Sohn Edson anschloss. Unter Trainer Waldemar de Brito (1934 WM-Teilnehmer für Brasilien) gewann er zwischen 1954 und 1956 dreimal in Serie die Jugendmeisterschaft von São Paulo, ehe er auf Empfehlung seines Trainers und Entdeckers ein Probetraining beim FC Santos absolvierte, dem er sich im Laufe des Jahres 1956 anschloss.
Waldemar hatte Pele den Verantwortlichen in der Hafenstadt wärmstens empfohlen: „Dieser Junge wird einmal der größte Fußballer der Welt werden." Eine Einschätzung, welche die FIFA rund 44 Jahre später bestätigen sollte. Natürlich war es vor allem die Bühne der Weltmeisterschaft, die den einzigen dreifachen Weltmeister der Fußballgeschichte berühmt machte. Aber auch sein Verein FC Santos sollte von Pele profitieren. Nicht nur, dass dieser für die Schwarz-Weißen in 1.114 Spielen 1.088 Tore erzielen konnte. Als Pele seinen Verein 1974 in Richtung New York verließ, standen neben zehn Staatsmeisterschaften von São Paulo, einem nationalen Meistertitel und fünf Pokalsiegen auch je zwei Erfolge in der Copa Libertadores und im Weltpokal zu Buche. Das geflügelte Wort „Wer Santos sagt, der denkt Kaffee" wurde daher alsbald umgewandelt in „Wer Santos sagt, der denkt Pele", womit die Wertschätzung für den größten Fußballer der Hafenstadt zum Ausdruck gebracht wurde.

Die Ähnlichkeit ist unverkennbar: Peles Vater „Dondinho", der u.a. für Atletico Mineiro aktiv war.

Peles Entdecker Waldemar de Brito im Trikot des FC São Paulo.

Seinen Einstand als Profispieler des FC Santos gab Pele am 7. September 1956 mit 15 Jahren, wobei er beim 7:1-Testspielsieg über Corinthians St. André gleich sein erstes Tor erzielte. Für einen Ligaeinsatz reichte es freilich noch nicht, so dass er nur noch am 5. November in einem weiteren Freundschaftsspiel gegen den Jabaquara Atlético Clube zu einem Torerfolg kam.
Schon im kommenden Jahr war es mit der vornehmen Zurückhaltung jedoch vorbei: In 29 Einsätzen im Campeonato Paulista – der Staatsmeisterschaft von São Paulo – traf Pele nicht weniger als 36-mal ins Schwarze, so dass der 16-Jährige auf Anhieb die Torjägerliste anführte, was auch in den nächsten acht Spielzeiten der Fall war. Allein zum Gewinn der Meisterschaft reichte es noch nicht, da sich Santos hinter dem FC São Paulo mit dem zweiten Platz begnügen musste. Dennoch waren die Schwarz-Weißen für das im Anschluss ausgetragene Tornei Rio-São Paulo qualifiziert, an dem die besten Teams aus den Bundesstaaten Rio de Janeiro und São Paulo teilnahmen und welches seinerzeit als inoffizielle Landesmeisterschaft galt. Auch hier reichte es nicht zum Titelgewinn (der ging an Fluminense Rio de Janeiro). Doch mit weiteren fünf Treffern in neun Spielen hatte Pele seine Torgefahr abermals unter Beweis gestellt.

Serienmeister mit dem FC Santos

Der geniale, beidfüssig starke Pele war ein echtes Bewegungstalent, was folgende Zahlen belegen: Während er die einhundert Meter in elf Sekunden zurücklegte, lagen seine Bestleistungen im Hochsprung bei 1,80 Meter und im Weitsprung bei 6,50 Meter. Beim FC Santos verfügte er aber auch über herausragende Mitspieler, mit denen die Schwarz-Weißen alsbald einen brillanten Fußball auf den Rasen zauberten. Natürlich avancierte Pele schnell zur herausragenden Spielerpersönlichkeit. Doch auch seine Mitspieler standen weit über dem Durchschnitt: Neben Linksaußen Pepe gab Mittelfeldregisseur Zito das Tempo vor, derweil anfangs vor allem Altstar Jair da Rosa für die Entwicklung Peles wichtig war, in dessen Schatten der Ballzauberer heranreifte. Ab 1961 hütete schließlich Gilmar den Kasten des FC Santos, der als einziger brasilianischer Torhüter überhaupt mit dem Prädikat „Weltklasse" bedacht werden konnte.

Für viele Zeitgenossen war der FC Santos jener Jahre schlicht die „beste Mannschaft aller Zeiten", was sich im Spieljahr 1958 auch erstmalig in einem Titelgewinn niederschlug. Bis dato hatte der Verein, der seine Heimspiele im Stadion Vila Belmiro austrägt, erst dreimal das Campeonato Paulista gewonnen, ehe nun der vierte Titelgewinn erfolgte. In seinem dritten Profijahr war Pele nicht zu bremsen. Er ballerte mit 58 Toren seine Kameraden nicht nur zum Gewinn der Staatsmeisterschaft. Mit dieser Marke stellte er darüber hinaus eine bis zum heutigen Tag ungebrochene Bestleistung in der Paulistão auf. Addiert man seine Tore im Nationaltrikot hinzu, hat „O Rei" in 68 Partien sensationelle 89 Tore erzielt, was einem Schnitt von 1,32 je Spiel entspricht. Während ein bis zwei Pele-Treffer schon Normalität waren, stellte er gegen Ypriranga São Paulo (8:1) mit fünf Torerfolgen seinen Saisonrekord auf. Viermal erfolgreich war er gegen XV de Novembro Piracicaba (6:0), Nacional São Paulo (10:0), Comercial São Paulo (9:1) und Corinthians São Paulo (6:1), wobei seine Leistung gegen Corinthians umso bemerkenswerter war, weil damals kein Geringerer als Gilmar das gegnerische Tor hütete, mit dem Pele kurz zuvor in Schweden den Rimet-Pokal gewonnen hatte. Und auch gegen den FC Guarani traf Pele viermal ins Schwarze. Der erste Treffer beim klaren 7:1-Erfolg wird in den Chroniken bereits als der 150. seiner Laufbahn ausgewiesen.

Pele im Jahr 1958, als er mit dem seinem Verein FC Santos erstmals die Staatsmeisterschaft von São Paulo gewinnen konnte.

Obwohl die Schwarz-Weißen im Campeonato Paulista sage und schreibe 155 Treffer erzielten, mussten sie sich in der Endabrechnung hinter Palmeiras mit der Vizemeisterschaft begnügen. Pele, der in 32 Einsätzen 45-mal eingenetzt hatte, zeigte sich auch im anschließenden Torneio Rio-São Paulo torhungrig und erzielte in sieben Einsätzen weitere sechs Treffer. Damit hatte er seinen Teil dazu beigetragen, dass der FC Santos jenen traditionsreichen Wettbewerb erstmals in seiner Klubhistorie gewinnen konnte, nachdem am 17. Mai 1959 Vasco da Gama im Finale klar mit 3:0 in die Schranken gewiesen worden war, wobei sich auch Pele wie üblich in die Torschützenliste eingereiht hatte.

Fast hätte Pele 1959 noch einen weiteren Titel gewonnen. Allerdings setzte es im Endspiel der zum ersten Mal ausgetragenen Taça do Brasil gegen EC Bahia im Entscheidungsspiel eine 1:3-Niederlage, die den FC Santos um die Teilnahme an der Premiere der Copa Libertadores brachte.

EXKURS: Taça do Brasil

Nachdem 1955/56 der Europapokal der Landesmeister sein Debüt gefeiert hatte, legte im Jahr 1960 der südamerikanische Kontinentalverband CONMEBOL nach und rief als Pendant die „Copa Campeones de América" ins Leben, an der – wie es der Name besagte – die Landesmeister der zusammengeschlossenen Verbände teilnahmen. Erst 1965 wurde die heutige Copa Libertadores auch auf Vereine ausgeweitet, die im Vorjahr nicht Meister geworden sind. Mit der Einführung des südamerikanischen Meistercups hatte vor allem Brasilien ein großes Problem: Einen landesweiten Meister gab es nämlich gar nicht, da lediglich in den Bundesstaaten Titelträger gekürt wurden, wobei die Ligen von Rio de Janeiro und São Paulo als die mit Abstand stärksten galten. Dementsprechend populär war das 1933 eingeführte „Torneio Rio-São Paulo", dessen Sieger de facto als Brasilianischer Meister galt. Nach der Einführung des kontinentalen Meisterpokals konnte man es sich aber nicht mehr so leicht machen. Um den brasilianischen Teilnehmer am „Pokal der Befreier" zu ermitteln, führte der Verband 1959 mit der „Taça do Brasil" den ersten tatsächlich landesweiten Wettbewerb ein, dessen Gewinner den amtierenden Weltmeister bei der Premiere vertrat. Während bis 1964 nur der Pokalsieger – der zumindest inoffiziell als Landesmeister betrachtet wurde – für die Copa Libertadores qualifiziert war, durften 1965 und 1966 die beiden Finalisten teilnehmen. Ein reiner Pokalwettbewerb zur Ermittlung des Meisters konnte freilich nur ein Provisorium bleiben. Daher wurde 1967 die „Taça Gomes de Pedrosa" eingeführt, welche als Vorläufer der ab 1971 offiziell ausgespielten Landesmeisterschaft galt und der Taça do Brasil allmählich den Rang ablief. Waren 1967 und 1968 noch der Pokalsieger sowie der (inoffizielle) Meister für die Copa Libertadores qualifiziert, durften ab 1969 nach der Einstellung der Taça do Brasil nur noch die beiden besten Mannschaften des Torneio Gomes de Pedrosa teilnehmen. Übrigens: Nachdem 1989 mit der Copa do Brasil ein neuer Pokalwettbewerb eingeführt worden war, hat die Taça do Brasil inzwischen einen Nachfolger gefunden.

Zwischen 1960 und 1962 sollte sich der FC Santos dann den Hattrick in der Staatsmeisterschaft von São Paulo sichern. Pele war wie gewohnt der Erfolgsgarant seines Teams und führte mit 33, 47 und 37 Treffern praktisch schon gewohnheitsrechtlich die Torjägerliste an. Natürlich waren die Santos-Fans immer hellauf begeistert, wenn sie ihren Superstar spielen sahen. Um aber den bei der WM 1958 errungenen Ruf als Weltstar des Fußballs zu untermauern, musste sich Pele mit dem FC Santos auch außerhalb der Landesgrenzen präsentieren, was die „beste Mannschaft der Welt" mit ihren regelmäßigen Europa-Tourneen tat. Auch 1960 reisten die Schwarz-Weißen quer durch den alten Kontinent, wo sie 14 Spiele absolvierten, von denen sie 13 gewannen und nur ein einziges verloren. Dabei demonstrierte Pele seine Extraklasse und erfreute die Zuschauer mit 23 Torerfolgen, von denen ihm allein vier gegen den AC Beerschot gelangen, der im Olympiastadion von Antwerpen mit 10:1 demontiert wurde. Auch hierzulande konnten sich die Fans vom Können der „Schwarzen Perle" überzeugen, als dieser im Stadion an der Grünwalder Straße gegen die Münchner Löwen antrat und den völlig überforderten Gastgebern drei Tore einschenkte.

Bei den europäischen Fußballfans waren die Auftritte des FC Santos auch deswegen so beliebt, weil die Brasilianer

► **EINWURF**
Edson Arantes do Nascimento. Der wohl berühmteste bürgerliche Name eines brasilianischen Fußballspielers wird in Peles Geburtsurkunde mit Edison Arantes do Nascimento angegeben, wenngleich sich Pele selbst immer Edson nannte. Die Standesbeamten von Três Corações nahmen es auch sonst nicht so genau: Denn während Pele immer den 23. Oktober 1940 als seinen Geburtstag angibt, weist das Stammbuch den 21. Oktober als Geburtsdatum aus.

unter ihrem langjährigen Trainer Lula begeisternden Offensivfußball boten, während in Europa selbst das Sicherheitsdenken immer stärker auf dem Vormarsch war. Die Ballzauberer aus der Hafenstadt am Atlantik konnten sich 1961 zum ersten Mal die Taça do Brasil sichern, womit sie als brasilianischer Teilnehmer an der Copa Libertadores feststanden. In den Endspielen bekam man es wie zwei Jahre zuvor mit EC Bahia zu tun, dem man im Hinspiel im gleichnamigen Bundesstaat ein 1:1 abtrotzte, bei dem Pele den Treffer für Santos erzielt hatte. Im Rückspiel war „O Rei" dann nicht mehr zu halten und verzauberte die Zuschauer im Stadion Vila Belmiro beim ungefährdeten 5:1 mit drei Toren. Als inoffizieller Landesmeister hatte der FC Santos damit endgültig die Führungsrolle im brasilianischen Fußball erobert, die er dank Pele auch in den kommenden Jahren nicht mehr abgeben sollte.

► **EINWURF**
Das schönste Tor seiner Laufbahn schoss Pele nach Aussagen von Zeitzeugen im März 1961 gegen Fluminense Rio de Janeiro im Maracana. Nachdem er das Leder an der eigenen Strafraumgrenze erhalten hatte, dribbelte er über das gesamte Spielfeld, um schließlich den herauslaufenden Torhüter mit einem gefühlvollen Heber zu überwinden. Der Treffer war derart spektakulär, dass man hinterher eine Gedenktafel errichtete, die immer an das „schönste Tor in der Geschichte des Maracana" erinnern soll.

Zweifacher Weltpokalsieger

Mit fünf nationalen Pokalsiegen in Folge avancierten die Schwarz-Weißen zum Dauergast in der Copa Libertadores, die sie 1962 und 1963 als erster brasilianischer Verein erobern konnten. Dabei war das Spieljahr 1962 das erfolgreichste der Vereinsgeschichte. Nachdem Santos die Staatsmeisterschaft mit deutlichem Elf-Punkte-Vorsprung auf Corinthians gewonnen hatte, startete die Mannschaft mit ihrem Siegeszug in der Copa Libertadores, obwohl Pele wegen seiner bei der WM in Chile erlittenen Verletzung lediglich vier Spiele bestreiten konnte. Auf dem Weg ins Finale waren ihm lediglich beim 9:1-Kantersieg in der Vorrunde über Cerro Porteño aus Paraguay zwei Treffer gelungen. Als am 28. Juli das Finalhinspiel gegen Peñarol Montevideo auf der Agenda stand, hatte Pele seine Muskelverletzung aus dem WM-Vorrundenspiel gegen die CSSR noch nicht auskuriert, was die eingespielte Santos-Elf freilich nicht davon abhielt, im Centenario-Stadion von Montevideo einen 2:1-Erfolg zu feiern. Als Schütze beider Gästetore hatte Coutinho den verletzten Pele hervorragend vertreten. Trotz der Heimpleite wollte sich Peñarol, das die bis dahin einzigen Austragungen der Copa Libertadores gewonnen hatte, allerdings nicht in die drohende Pleite fügen. Immer noch ohne seine „Schwarze Perle" verlor der FC Santos das Rückspiel vor eigenem Publikum mit 2:3, wobei die Partie vor 30.000 Zuschauer als echtes Skandalspiel in die Annalen einging, da es nach zwei Steinwürfen gegen das Schiedsrichtergespann nach 51 Minuten vorzeitig abgebrochen worden war. So musste ein drittes Spiel auf neutralem Platz die Entscheidung bringen, das am 30. August in Buenos Aires ausgetragen wurde – und bei dem Pele wieder mit von der Partie war. Dank zweier Tore ihres Superstars in der 48. und 89. Minute behielten die Schwarz-Weißen mit 3:0 die Oberhand – der Führungstreffer vor der Pause war durch ein Eigentor von Caetano zustande gekommen – womit sich Santos zum ersten Mal als beste Vereinsmannschaft von Südamerika feiern lassen durfte.

Bei der Weltmeisterschaft 1962 in Chile zog sich Pele im zweiten Vorrundenspiel gegen die Tschechoslowakei (0:0) in Viña del Mar Mitte der ersten Hälfte eine Oberschenkelzerrung zu, die ihn nicht nur für den restlichen Verlauf der WM schachmatt setzte. Im Finale der Copa Libertadores gegen Peñarol Montevideo konnte er erst wieder im Entscheidungsspiel mitwirken, wobei er seinen FC Santos mit zwei Toren sogleich zum Titelgewinn schoss.

Seinerzeit nahmen an der Copa Libertadores lediglich die südamerikanischen Landesmeister teil, was den Wettbewerb 1962 in Anbetracht von gerade einmal neun Teilnehmern zu einem eher überschaubaren Turnier machte. Umso motivierter war der Vertreter der CONMEBOL in den Spielen um den Weltpokal, wo es gegen den Europacupsieger der Landesmeister den Beweis anzutreten galt, tatsächlich zu den weltbesten Vereinsteams zu gehören. Im Herbst des Jahres wartete mit Benfica Lissabon eine weitere anerkannte Spitzenmannschaft, in der mit Eusebio die europäische Antwort auf Pele stand. Dabei demonstrierte der FC Santos in beiden Partien, dass das Original besser als die Kopie war, da Pele nach zwei Toren beim 3:2 im Hinspiel von Maracana beim 5:2-Erfolg in Lissabon sogar drei Treffer erzielen konnte.
Seinen Siegeszug vermochte der FC Santos mit der erfolgreichen Titelverteidigung in der Taça do Brasil zu krö-

Zu Beginn der sechziger Jahre stellte der FC Santos eine der besten Mannschaften der Welt, die ihre Fans mit begeisterndem Offensivfußball erfreute. Das Bild stammt aus dem Jahr 1962, in dem die Schwarz-Weißen erstmals die Copa Libertadores und den Weltpokal gewannen. Hintere Reihe von links: Lima, Zito, Dalmo, Calvet, Gilmar, Mauro. Vordere Reihe von links: Dorval, Mengalivo, Coutinho, Pele und Pepe.

nen die nach einem klaren 5:0 im Entscheidungsspiel gegen Botafogo Rio de Janeiro feststand. Aus Termingründen fand die Partie erst im April 1963 statt, wobei Pele in der 75. und 80. Minute als zweifacher Torschütze in Erscheinung getreten war.

Trotz zahlreicher Angebote von europäischen Spitzenklubs wie Real Madrid, Juventus Turin oder Manchester United nach der WM 1962 hielt Pele dem brasilianischen Fußball und dem FC Santos fast zwei Jahrzehnte lang die Treue. Trotzdem herrschte vereinsintern nicht immer die beste Stimmung. Die Gegenspieler neideten dem Superstar die überdurchschnittlichen Gehaltszahlungen, deren Höhe freilich nur gerüchteweise kolportiert wurde. Offiziell war bezüglich seines Salärs nämlich Stillschweigen vereinbart worden, weil die Klubbosse darauf bedacht waren, dass das teaminterne Gehaltsgefüge im Gleichgewicht blieb. Ein Transfer ins Ausland wäre für den FC Santos ohnehin schwer geworden, nachdem die brasilianische Regierung Pele mittlerweile zum „nationalen Schatz" erklärt hatte, der nicht verkauft werden durfte.

Mit Pele blieben die Schwarz-Weißen auch 1963 auf Kurs, wenngleich sie im Campeonato Paulista mit Palmeiras erstmals nach vier Jahren wieder einem Rivalen den Vortritt lassen mussten. Dafür konnte sich die Mannschaft mit dem Gewinn des Torneio Rio-São Paulo trösten, was wieder einmal einem großartigen aufgelegten Pele zu verdanken war, dem in acht Einsätzen nicht weniger als 14 Tore gelungen waren. Und auch in der Taça war auf die „Schwarze Perle" in Anbetracht von acht Torerfolgen in vier Spielen Verlass. In den Endspielen hatte EC Bahia nicht den Hauch einer Chance und wurde mit 6:0 und 2:0 deutlich in die Schranken gewiesen, wobei sich Pele je zweimal in die Torschützenliste eingetragen hatte.

Aber nicht nur in Brasilien, auch auf internationaler Ebene setzten die Schützlinge von Trainer Lula ihren Siegeszug fort. Als Vorjahressieger waren sie in der Copa Libertadores automatisch für das Halbfinale gesetzt, wo sie sich gegen Botafogo (1:1, 4:0) erneut für die Endspiele qualifizierten. Beim Rückspielerfolg von Rio war Pele als Schütze von drei Toren wieder einmal herausragender Akteur seiner Mannschaft, die es anschließend mit den Boca Juniors zu tun bekam. Zwei harterkämpfte Siege (3:2, 2:1) garantierten die erfolgreiche Titelverteidigung, die freilich erst feststand, als Pele im Rückspiel am Rio de la Plata in der 82. Minute den Sack mit dem 2:1-Siegtor zumachte.

Am 16. November ging der FC Santos schließlich zum zweiten Mal als weltbeste Vereinsmannschaft in die Annalen ein. Das Duell mit Europacupsieger AC Mailand war nicht nur ein Spiel der Systeme (hier der begeisternde Offensivfußball der brasilianischen Ballzauberer, da der ungeliebte Catenaccio der Rossoneri), sondern beim Blick auf die Aufstellung der Italiener auch ausgesprochen brisant, stand bei diesen mit Amarildo doch ein Akteur von Botafogo auf dem Platz, das der FC Santos im Halbfinale der Copa Libertadores eliminiert hatte. Aber auch Milan-Angreifer Altafini hatte mit Pele noch eine Rechnung offen, da er von diesem bei der WM 1958 aus der Anfangsformation verdrängt worden war.

Entsprechend hart gingen die Rossoneri im Hinspiel im heimischen San Siro zur Sache, wobei sie vor allem Pele mit üblen Fouls traktierten. Zwar gelangen ihm bei der 2:4-Niederlage nach dem Seitenwechsel beide Santos-Tore. Verletzungsbedingt verpasste er jedoch sowohl den mit 4:2 gewonnenen Rückkampf im Maracana-Stadion sowie den knappen 1:0-Sieg im Entscheidungsspiel an gleicher Stätte, das den Schwarz-Weißen zum zweiten Mal den prestigeträchtigen Weltpokal bescherte.

Nach einjähriger Pause konnte sich Santos 1964 wieder den Titelgewinn in der Staatsmeisterschaft von São Paulo sichern, den Pele & Co. im darauf folgenden Jahr erfolgreich verteidigten. Nach 34 Toren im Spieljahr 1964 waren „O Rei" 1965 sogar 49 Treffer geglückt, was die zweitbeste Ausbeute seiner Karriere bedeutete und ihn zum neunten Mal in Folge zum Torschützenkönig machte. Neben einem Erfolg im Torneio Rio-São Paulo (1964) verbuchten die Schwarz-Weißen darüber hinaus zwei Siege in der Taça do Brasil. Vor allem in den Endspielen zeigten sie sich klar überlegen und fertigten nach Flamengo (4:1, 0:0) im Jahr 1964 zwölf Monate später auch Vasco da Gama (5:1, 1:0) deutlich ab. Blieb der FC Santos in Brasilien also auch weiterhin das Maß aller Dinge, fand die Mannschaft in der Copa Libertadores ihren Meister und musste sich sowohl 1964 als auch 1965 in der Vorschlussrunde verabschieden. Nachdem man zunächst ohne den wieder einmal verletzten Pele an Independiente Buenos Aires (2:3, 1:2) gescheitert war, half im Frühjahr 1965 auch das Mitwirken des Fußballkönigs nichts. Zwar hatte dieser seine Farben im Hinspiel mit zwei Treffern zu einem 5:4-Sieg über Peñarol geführt. Da das Rückspiel in Uruguay jedoch mit 2:3 verloren ging, musste der Finalteilnehmer in einem Entscheidungsspiel ermittelt werden, das Santos trotz eines weiteren Pele-Tores mit 1:2 verlor. Immerhin durfte sich

Pele damit trösten, mit acht Treffern in sieben Spielen an der Spitze der Torschützenliste gestanden zu haben.

Das 1.000. Tor

Während der Weltmeisterschaft 1966 wurde immer deutlicher, dass Pele von seinen Gegenspielern zum „Freiwild" erklärt und in manch üble Treterei verwickelt wurde. Obwohl er im Oktober gerade 26 Jahre alt wurde, musste er der harten Gangart immer wieder Tribut zollen, weshalb seine Trefferquoten fortan merklich zurückgingen. So kam er im WM-Jahr in der Paulistão zu für ihn bescheidenen 13 Treffern, was ihm selbst – erstmals nach neun Jahren – den Titel des Torschützenkönigs und den FC Santos die Staatsmeisterschaft kostete. Immerhin konnten sich die Schwarz-Weißen mit dem Sieg im Torneio Rio-São Paulo rehabilitieren, derweil sie nach der Niederlage im Endspiel der Taça do Brasil gegen Cruzeiro Belo Horizonte (2:6, 2:3) zum ersten Mal nach fünf Jahren den Gewinn der inoffiziellen Landesmeisterschaft verpassten.

Mit der Einrichtung des Torneio Roberto Gomes Pedrosa im Jahr 1967 ging der brasilianische Verband neue Wege. Die Taça de Prata (Silberpokal) war eine Weiterentwicklung des Torneio Rio-São Paulo, da in den Vorläufer der Landesmeisterschaft nun auch die Topteams aus den Bundesstaaten Rio Grande do Sul, Minas Gerais und Paraná eingebunden waren. Galt die Taça do Brasil bis zu diesem Zeitpunkt als wichtigster landesweiter Wettbewerb, wurde der Pokal nach nur noch zwei weiteren Austragungen jahrzehntelang auf Eis gelegt.

Für Santos und Pele sollte die Premiere der Taça de Prata allerdings mit einer herben Enttäuschung enden. Nachdem die besten 15 Vereine des flächenmäßig fünftgrößten Staates der Erde auf zwei Vorrundengruppen verteilt worden waren, reichte es für Santos nur zum vierten Rang, womit die Endrunde der besten vier Mannschaften klar verpasst worden war. Und auch Pele war mit lediglich neun Toren in 14 Spielen deutlich hinter den Erwartungen zurückgeblieben. Entschieden besser sollte es beim zweiten Anlauf im Spieljahr 1968 aussehen: Als Gruppensieger der Staffel B schafften die Schwarz-Weißen in souveräner Manier den Einzug in die Viererendrunde, wo sie sämtliche drei Spiele für sich entschieden und mithin ihren ersten Landesmeistertitel gewannen, der damals, wie gesagt, noch inoffiziell war, später von Verbandsseite aber bestätigt wurde. Pele, der in 17 Einsätzen elf Tore geschossen hatte, war in seinem Team in immer stärkerem Maße als Vorbereiter gefragt. Wegen seiner Verletzungsanfälligkeit kam ihm die Spritzigkeit früherer Jahre mehr und mehr abhanden, so dass er seinen Aktionsradius von der Sturmspitze ins zentrale Mittelfeld verlegte. Für die Tore bei Santos sorgten nun andere. So wie beispielsweise Toninho, der sich im Meisterjahr mit 18 Treffern die Torjägerkanone abgriff.

Zum Gewinn der Taça de Prata gesellte sich zwischen 1967 und 1969 ein weiterer Hattrick in der Staatsmeisterschaft, wobei Pele nach jeweils 17 Toren in den Spieljahren 1967 und 1968 in der Saison 1969 fast wieder in alte Dimensionen vordrang und mit 26 Toren in 25 Spielen ein weiteres Mal die Torjägerliste anführte. Titel und Tore waren aber ohnehin nicht mehr so wichtig. Pele war in Brasilien längst zum Helden, ja zum Nationalheiligen avanciert, der dem gemeinen Volk weit entrückt war. Da spielte es auch keine Rolle, dass der FC Santos im anschließenden Torneio Roberto Gomes Pedrosa enttäuschte und schon in der Vorrunde die Segel streichen musste.

Nachdem Pele am 17. November 1969 im Ligaspiel gegen Vasco da Gama seinen 1.000 Treffer erzielt hatte, stand das Jahr 1970 dann ganz im Zeichen der Weltmeisterschaft von Mexiko, wo Brasiliens Nummer 10 mit dem dritten Gewinn des Rimet-Pokals einen weiteren Meilenstein in seiner einzigartigen Laufbahn setzte. Während die Fußballwelt dem dreifachen Weltmeister im Aztekenstadion zu Füßen lag, hatte dieser mit dem FC Santos nur wenig Grund zur Freude. Weder in der Staatsmeisterschaft noch in der Taça de Prata hatten die Schwarz-Weißen echte Titelchancen, derweil Pele mit gerade einmal elf Treffern in 28 Pflichtspielen ein echtes Kontrastprogramm zu den grandiosen WM-Tagen von Mexiko abgeliefert hatte.

► **EINWURF**

Längst hatte sich der FC Santos die Qualifikation für die Viererendrunde in der damals noch inoffiziellen Landesmeisterschaft abschminken müssen, als die Schwarz-Weißen am 19. November 1969 nach Rio zum Spiel gegen Vasco da Gama anreisten. Statistiker hatten Pele bis zu diesem Zeitpunkt alles in allem 999 Tore zugewiesen, so dass die Fußballwelt gespannt nach Maracana blickte, wo der Jahrhundertfußballer die magische 1.000-Tore-Marke durchbrechen wollte. 80.000 Zuschauer bevölkerten das weite Stadionrund, wobei die meisten nicht wegen des eigenen Teams, sondern allein wegen der nationalen Ikone Pele ins Maracana geströmt waren. Natürlich versuchten die Vasco-Spieler alles, um nicht als jenes Team in die Annalen einzugehen, gegen das Pele seinen Rekordtreffer erzielt hatte – was ihnen auch tatsächlich zu gelingen schien. Kurz vor Schluss stand es 1:1, als Clodoaldo Pele im Vasco-Strafraum in Szene setzte, der vom gegnerischen Verteidiger Fernando zu Fall gebracht wurde. Referee Manoel Amaro de Lima zögerte keine Sekunde und entschied auf Elfmeter für Santos, womit der große Augenblick nähergerückt war. Nachdem Kapitän Carlos Alberto den etatmäßigen Elfmeterschützen Rildo zurückgepfiffen hatte, schnappte sich Pele das Leder und legte es sich zurecht. Im Kasten von Vasco stand mit dem Argentinier Gato ein ausgewiesener Elfmeterkiller, der den Jahrhundertschuss von Pele erreichte und an den Innenpfosten lenkte. Im Stadion herrschte atemlose Stille, als Pele zum Nachschuss ansetzte. Als der Ball dann zum 1.000-mal im Tor zappelte, bebte das Maracana wie wohl kein zweites Mal in seiner Geschichte, während Pele das runde Leder wie eine Trophäe in die Luft reckte und anschließend küsste. Zu Ehren von „O Rei" läuteten an jenem Tag im ganzen Land die Kirchenglocken. 1969 war somit nicht nur das Jahr, in dem die Menschheit den ersten Schritt auf den Mond getan hatte, sondern auch jenes Jahr, in dem Pele mit einem kleinen Tor seine große Karriere endgültig gekrönt hatte.

Auch in den beiden kommenden Jahren blieb der FC Santos hinter den Erwartungen zurück und konnte keinen Titel gewinnen. Die erstmals offiziell ausgeschriebene Landesmeisterschaft sollten die Schwarz-Weißen nach dem neunten Platz bei der Premiere 1971 auch im Jahr darauf nur als Achte abschließen. Aber auch Pele schien zu Beginn der siebziger Jahre mehr von seiner eigenen Legende zu zehren, da sich in Anbetracht von nur neun Pflichtspieltoren 1971 sowie deren 14 im Spieljahr 1972 deutlich abzuzeichnen begann, dass er den Zenit seines Könnens überschritten hatte.

Bei der Weltmeisterschaft 1958 gelang dem 17-jährigen Pele in Schweden der internationale Durchbruch. Das Bild zeigt die erste brasilianische Weltmeistermannschaft mit Djalma Santos, Zito, Kapitän Bellini, Nilton Santos, Orlando, Gilmar (oben von links). Garrincha, Didi, Pele, Vava, Mario Zagallo und Masseur Americo (unten von links).

Vom Niedergang des FC Santos

Im Alter von 32 Jahren lief Pele 1973 dann nochmals zur Hochform auf und gewann mit dem FC Santos zum zehnten Mal die Staatsmeisterschaft. Darüber hinaus sicherte er sich mit (freilich vergleichsweise bescheidenen) 19 Treffern zum elften Mal die Torjägerkrone. Außerdem wurde er erstmals zum Fußballer des Jahres von Südamerika gekürt, wobei ihm diese Ehre sicherlich öfter zuteil worden wäre, wenn man diese Wahl nicht erst 1971 eingeführt hätte. In der Spielzeit 1974 griff Pele noch einmal nach dem nationalen Meistertitel, doch musste sich Santos nach einer 1:3-Niederlage im letzten Spiel gegen Cruzeiro Belo Horizonte mit dem dritten Platz begnügen.

Insgesamt traf Pele in 27 Spielen in der Brasileirão sowie der Staatsmeisterschaft von São Paulo zehnmal in die Maschen, wobei er seinen letzten Treffer am 22. September 1974 erzielte, als es in der Paulistão beim FC Guarani zu einem 2:2-Unentschieden reichte. Letztmals streifte Pele am 2. Oktober im Stadion Vila Belmira gegen Ponte Preta (2:0) das schwarz-weiße Santos-Trikot über. Und wie bei seinem 1.000 Torerfolg ging es auch jetzt ausgesprochen emotional zu: Vor dem Verlassen des Spielfelds küsste Pele Ball und Rasen und auch die Kirchenglocken trugen die Kunde von seinem Abschied wiederum gen Himmel, während die Zuschauer auf den Rängen sowie die Reporter an den Mikrofonen hemmungslos Tränen vergossen.

Besagter Treffer war Peles 1.088. gewesen, womit er die vereinsinterne Torschützenliste klar vor Pepe (405) und Coutinho (370) anführt. Vor allem mit Coutinho, der zwischen 1958 und 1968 für Santos aktiv war, verstand sich Pele glänzend. Die „Tabelinhas" genannten Doppelpässe mit seinem kongenialen Partner waren gefürchtet und nicht zuletzt dafür verantwortlich, dass der „Samba-Fußball" der Schwarz-Weißen zum Exportschlager wurde. Dank Pele avancierte der FC Santos zu den Harlem Globetrotters des Fußballs und bereiste mit seiner Startruppe nicht weniger als 125 Länder. Über welch herausragende Qualitäten die Mannschaft verfügte, zeigte sich 1963, als Brasilien beim eingangs erwähnten Länderspiel in Deutschland (2:1) nicht weniger als acht Spieler stellte. In physischer Hinsicht war es für Pele allerdings Gift, dass er von einem Stadion zum anderen herumgereicht wurde. Natürlich wollten die Zuschauer die große Attraktion des FC Santos unbedingt spielen sehen, weshalb er sich viel zu selten die nötigen Ruhepausen gönnen konnte, was – neben der rauen Gangart der Gegenspieler – der wichtigste Grund für seine große Verletzungsanfälligkeit war.

Für den FC Santos war Pele Segen und Fluch zugleich. So lange dieser für die Mannschaft auf Torejagd ging, konnte sich der Verein nicht über mangelnden Erfolg beklagen. Nach dessen Wechsel zu Cosmos New York verfügte Santos jedoch nur noch über eine Durchschnittsmannschaft, so dass man Jahrzehnte brauchte, um wieder zur nationalen Spitze aufzuschließen. So dauerte es beispielsweise bis zum Jahr 2002, ehe der Pele-Klub endlich die erste Landesmeisterschaft seit 1968 feiern konnte. Seit der Jahrtausendwende verfügt der Verein aus der Hafenstadt am Atlantik freilich wieder über eine echte Topmannschaft, die neben fünf Staatsmeisterschaften und zwei Landesmeistertiteln im Jahr 2011 durch einen Finalerfolg über Peñarol auch zum dritten Mal die Copa Libertadores gewinnen konnte.

► EINWURF

Wie zahlreiche seiner Berufskollegen versuchte sich auch Pele als Filmschauspieler. So wirkte er 1981 in dem Streifen „Flucht oder Sieg" mit, bei dem eine Auswahl von alliierten Kriegsgefangenen in Paris zu einem Spiel gegen eine Elf der deutschen Wehrmacht antritt und zur Pause die Flucht plant. Für das Entkommen aus dem Stadion ist alles vorbereitet, doch entscheiden sich die Spieler schließlich zu bleiben, um den 1:4-Rückstand noch umzubiegen, der nur zustande gekommen ist, weil sie vom Schiedsrichter gnadenlos verpfiffen worden waren. Obwohl die Kriegsgefangenen auch nach dem Seitenwechsel klar benachteiligt werden, erkämpfen sie sich ein 4:4, wobei der Ausgleich von einem Spieler namens Luis Fernandez erzielt wurde, in dessen Rolle Pele geschlüpft war. Neben dem Brasilianer wirkten an „Flucht oder Sieg" u.a. die Fußballer Bobby Moore, Osvaldo Ardiles, Kazimierz Deyna, Co Prins und Paul van Himst sowie die Berufsschauspieler Sylvester Stallone und Michael Caine mit.

Bei Cosmos New York

Ursprünglich war nach dem Abschied beim FC Santos keine Rückkehr auf den Platz geplant. Rund 250 Tage später hatte es sich Pele jedoch wieder anders überlegt, als er bei Cosmos New York einen Drei-Jahres-Vertrag unterschrieb, der ihm zwischen 5,6 und 12,3 Millionen D-Mark eingetragen haben soll. Geld, welches er dringend benötigte, da er sein durchaus nicht unbeträchtliches Vermögen durch Fehlspekulationen am Immobilienmarkt fast gänzlich verloren hatte. Pele, der mit 13 die Schule verlassen hatte, ohne richtig Lesen und Schreiben gelernt zu haben, war in geschäftlichen Dingen ausgesprochen naiv gewesen und hatte sich einem „Freund" anvertraut, der sein bei Santos verdientes Salär verzockt hatte. Erst in den USA wurde er, wie er selbst sagte, zum „Geschäftsmann", was sein Engagement in der Operettenliga freilich als das bloßstellte, was es war. In der „North American Soccer

League“ (NASL) stand nicht mehr das Spiel, sondern das Big Business im Vordergrund, was Pele, ohne sportlich je wieder an seine alte Form heranzureichen, in kurzer Zeit zum schwerreichen Mann machte.

> ► **EINWURF**
> *„Da muss er noch ein bisschen warten. Pele war 20 Jahre lang Weltklasse, so weit ist er noch nicht. Deshalb steht Pele noch über ihm“, so Deutschlands Fußball-Kaiser Franz Beckenbauer Anfang 2013, nachdem Lionel Messi von der FIFA gerade zum vierten Mal als Weltfußballer des Jahres ausgezeichnet worden war. Und der Kaiser muss es wissen, schließlich hat er bei Cosmos New York 1977 selbst zusammen mit „O Rei“ in einer Mannschaft gespielt.*

Immerhin: Auch für Cosmos sollte sich die Verpflichtung Peles lohnen. Das 1968 gestartete Projekt NASL hatte sich lange als Ladenhüter erwiesen, ehe nicht zuletzt das Engagement des Brasilianers zu einem plötzlichen Boom führte. Bezogen auf Cosmos bedeutete dies, dass die Besucherzahlen im Giants Stadium sprunghaft explodierten. Während sich in der Riesenschüssel in East Rutherford bei Peles Ankunft im Herbst 1975 schon mal 300 handverlesene Zuschauer verloren, war die Arena, die eigentlich gar nicht in New York selbst, sondern im angrenzenden Bundesstaat New Jersey liegt, im dritten Pele-Jahr mit bis zu 75.000 Soccer-Fans stets prallgefüllt.
Die Spielzeit 1977 dürfte die wohl beste in der kurzen Vereingeschichte (das 1971 gegründete Cosmos wurde 14 Jahre später wieder aufgelöst) gewesen sein. Die Klubbosse hatten die Mannschaft weiter verstärkt und Pele neben seinem Landsmann Carlos Alberto auch Franz Beckenbauer zur Seite gestellt, wobei die vom gebürtigen Südafrikaner und italienischen Nationalspieler Eddie Firmani betreute Startruppe in Giorgio Chinaglia über eine weitere schillernde Persönlichkeit verfügte. Durch einen 2:1-Erfolg am 28. August 1977 gewann Cosmos die „Soccer Bowl“, mit der Pele seine USA-Karriere krönte. In insgesamt 64 NASL-Einsätzen hatte er sein Torekonto um 37 Treffer erweitert, derweil er 1976 als „Most Valuable Player“ ausgezeichnet worden war.
Was folgte war Peles Abschiedsspiel, das am 1. Oktober 1977 vor 75.000 Zuschauern im Giants Stadium stattfand und als gigantische Show inszeniert wurde: Beim Betreten des Rasens standen sämtliche Kapitäne der Weltmeistermannschaften seit 1958 für den Brasilianern Spalier, der zur Pause des Spiels zwischen Cosmos New York und dem FC Santos unter großem Applaus des Publikums eine Rede hielt. Nachdem er in der ersten Hälfte für Cosmos gespielt hatte, streifte er nach dem Seitenwechsel noch einmal das Dress des FC Santos über, der als 2:1-Sieger vom Feld ging. Der einzige Cosmos-Treffer war auf das Konto Peles gegangen, der in der 42. Minute einen Freistoß aus 30 Metern ins Tor setzte. Es war der 1.281. Treffer den „O Rei“ in seinem 1.358 Spiel erzielt hatte. Die drei verbleibenden Tore, die ihm die offiziellen Statistiken zuweisen, sollte Pele in acht Wohltätigkeitsspielen erzielen, in denen er zwischen 1978 und 1990 sein Können demonstrierte.

Politiker und Werbe-Ikone

Was Franz Beckenbauer in Deutschland und Johan Cruyff in den Niederlanden, ist Pele in Brasilien. Sein Wort ist Gesetz! Kein Wunder, dass ihn auch die Politik in Beschlag nahm, um von der Popularität des Ex-Fußballers zu profitieren. Unter Präsident Cardoso bekleidete er zwischen 1995 und 1998 das Amt des Sportministers. Zahlreiche lukrative Werbeverträge machten den aus einfachsten Verhältnissen stammenden Pele zum Multimillionär. U.a. warb er für das Potenzmittel „Viagra“, derweil sein letzter großer Coup eine Sportartikelkollektion („Pele Sports“) ist, die er im Vorfeld der WM 2010 in Südafrika der Öffentlichkeit präsentierte.
Privat lief für den besten Fußballer aller Zeiten nicht immer alles nach Wunsch. Die am 21. Februar 1966 mit Rosemeri dos Reis Cholby geschlossene Ehe wurde 1978 geschieden. Der gemeinsame Sohn Edinho schlug später ebenfalls eine Karriere als Fußballer ein und stand u.a. für den FC Santos zwischen den Pfosten. Im Laufe des Jahres 2005 geriet Edinho allerdings in die Schlagzeilen, als er wegen Drogenhandels verhaftet wurde. Neben seinen drei gemeinsamen Kindern mit Rosemeri hat Pele zwei uneheliche Töchter, wobei die eine, Sandra, am 12. November 2003 einem Krebsleiden erlag. Im April 1994 heiratete Pele zum zweiten Mal, wobei auch die Ehe mit der Gospelsängerin Assira Lemos Seixas inzwischen geschieden wurde. Die Verbindung mit Assira bescherte dem Ex-Fußballer späte Vaterfreuden, nachdem am 28. September 1996 die Zwillinge Joshua und Celeste das Licht der Welt erblickt hatten. Ob sie das außerordentliche Talent ihres Vaters geerbt haben, wird die Zukunft zeigen müssen…

► **ZAHLEN UND FAKTEN**

Vereine:	1956-1974	FC Santos
	1975-1977	Cosmos New York

Tore:	140 brasilianische Erstligaspiele (70 Tore)
	53 Spiele Torneio Rio-São Paulo (49 Tore)
	412 Staatsmeisterschafts-Spiele (470 Tore)
	64 NASL-Spiele (37 Tore)
	33 Spiele Taça do Brasil (30 Tore)
	15 Spiele Copa Libertadores (17 Tore)
	3 Weltcupspiele (7 Tore)
	92 Länderspiele (77 Tore)
gesamt	812 Pflichtspiele (757 Tore)

Erfolge: Brasilianischer Meister 1968
Brasilianischer Pokalsieger 1961, 1962, 1963, 1964, 1965
Sieger Torneio Rio-São Paulo 1959, 1963, 1964, 1966
Staatsmeister São Paulo 1958, 1960, 1961, 1962, 1964, 1965, 1967, 1968, 1969, 1973
US-Meister 1977
Sieger Copa Libertadores 1962, 1963
Weltcupsieger 1962, 1963
Weltmeister 1958, 1962, 1970

Torschützenkönig Campeonato Paulista 1957, 1958, 1959, 1960, 1961, 1962, 1963, 1964, 1965, 1969, 1973
Südamerikas Fußballer des Jahres 1973
Most Valuable Player NASL 1976

In der Nationalmannschaft:
Pele, der im zarten Alter von 16 Jahren und neun Monaten zum ersten Mal in die brasilianische Seleção berufen worden war, brachte das Kunststück fertig, gleich in seinen ersten drei Länderspielen ins Schwarze zu treffen. Nachdem ihm bei seiner Premiere am 7. Juli 1957 im Maracana-Stadion das Ehrentor gegen Argentinien (1:2) gelungen war, reihte er sich beim nur drei Tage später ausgetragenen Rückspiel gegen die Albiceleste in São Paulo (2:0) sowie bei seinem dritten Einsatz am 4. Mai 1958 gegen Paraguay (5:1) ebenfalls in die Torschützenliste ein.

Da Pele im WM-Vorbereitungsspiel gegen Bulgarien (3:1) sein erster Doppelpack gelang, wurde der neue Stern am Fußballhimmel trotz Bedenken einiger Funktionäre von Nationaltrainer Vicente Feola *(Bild unten)* für die Welttitelkämpfe in Schweden nominiert.

Da sich Pele im Vorfeld jedoch eine Verletzung zugezogen hatte, stand er in den beiden ersten Vorrundenspielen gegen

Österreich (3:0) und England (0:0) nicht zur Verfügung, wobei er vor allem gegen Österreich von José Altafini glänzend vertreten wurde, der im Auftaktspiel zwei Tore erzielt hatte. Damals trug Altafini übrigens noch den Namen „Mazzola", den er erst nach seinem Wechsel zum AC Mailand ablegte, um unter seinem eigentlichen Namen auch für die italienische Nationalmannschaft zu Länderspielehren zu kommen.

► EINWURF
Mit 77 Treffern in 92 Spielen liegt Pele bis heute unangefochten an der Spitze der ewigen Torschützenliste der Seleção. Es folgen Ronaldo mit 62 Toren in 98 Länderspielen sowie Romario, der in 70 Einsätzen für Brasilien 55-mal ins Schwarze getroffen hat. In Sachen Torquote ist Pele ebenfalls der Beste, da er pro Länderspiel statistisch gesehen für 0,84 Tore gut war. Von allen brasilianischen Nationalspielern mit mehr als 25 Länderspieltoren kommt ihm Ademir am nächsten, der in 39 Einsätzen 32-mal eingenetzt hat, was einer Quote von 0,82 pro Spiel entspricht.

Sambafußball in Schweden

Wenn jemals das Prädikat „Sambafußball" auf das Spiel der brasilianischen Nationalmannschaft zugetroffen hat, dann während der WM-Tage in Schweden, als die Seleção mit spielerischer Noblesse ihrem ersten Weltmeistertitel entgegentanzte. Nominell ließ Vicente Feola sein Team zwar mit einem 4-2-4-System agieren. Gefühlt standen allerdings ein Torwart und zehn Stürmer auf dem Platz, die für die Zuschauer aus einem einfachen Fußballspiel ein einzigartiges Erlebnis machten.

Didi, Vava oder Garrincha waren die Namen der Zauberkünstler. Doch mit dem 17 Jahre alten Santos-Angreifer Pele stand ein Spieler auf dem Platz, der trotz seines jugendlichen Alters die Teamgefährten in den Schatten stellte. Durch Spezialtraining und die dem legendären Masseur Americo zugeschriebenen heilenden Hände war die „Schwarze Perle" vor dem dritten Gruppenspiel gegen die UdSSR soweit wieder hergestellt, dass er am 15. Juni im Ullevi-Stadion von Göteborg zu seinem WM-Debüt kam. Zwar erzielte er beim 2:0 über die Sbornaja kein Tor – für diese hatte Vava in der 3. und 76. Minute gesorgt –, doch gelang es ihm, die 50.928 Zuschauer mit seiner Spielkunst dermaßen zu verzücken, dass er auch im Viertelfinale gegen Wales auflaufen durfte, welches vier Tage später an selber Stätte angepfiffen wurde.

Zwar tanzten die Brasilianer auch bei ihrem vierten WM-Auftritt mit Ball und Gegner. Da sich Wales allerdings in der eigenen Hälfte verschanzte, waren sie spätestens an der Strafraumgrenze mit ihrem Latein am Ende – bis sich die britischen Verteidiger in der 65. Minute doch den entscheidenden Schnitzer leisteten. Didi spitzelte den Ball auf Pele, der mit dem ersten seiner zwölf WM-Tore aus kurzer Distanz Schlussmann Kelsey düpierte.

Nach seinem ersten WM-Tor am 19. Juni 1958 im Göteborger Ullevi-Stadion gegen Wales (1:0) beschwört der Torschütze den Ball, während er selbst von seinem Mitspieler Garrincha geherzt wird, derweil Mario Zagallo hinzueilt.

Ein Jahr nach dem WM-Sieg in Schweden belegt Brasilien bei der Copa América den zweiten Platz. Das Bild zeigt Brasiliens Elf mit Djalma Santos, Gilmar, Bellini, Esteves, Formiga, Coronel (oben von links) sowie Garrincha, Didi, Paulo Valentim, Pele und Chinesinho (unten von links).

Das Beste hatte sich Pele allerdings für den Schluss aufgehoben. Im Halbfinale traf die Seleção im Rasundastadion auf starke Franzosen, die in ihren bisherigen vier Begegnungen 15 Tore erzielt hatten (während den Brasilianern nur sechs gelungen waren). Die Spielweise der Equipe Tricolore war vom Champagner-Fußball von Stade Reims geprägt, so dass die Zuschauer in Stockholm das vorweggenommene Finale erlebten, aus dem Brasilien nach atemberaubenden 90 Minuten als 5:2-Sieger hervorging, auch weil Pele zwischen der 53. und 75. Minute einen lupenreinen Hattrick erzielt hatte. Damit galten die Brasilianer vor dem Finale am 29. Juni als klarer Favorit, wenngleich es im Rasundastadion gegen Gastgeber Schweden ging, der in der Vorschlussrunde Titelverteidiger Deutschland eliminiert hatte. Obwohl sich die schwedische Oldie-Truppe um Gunnar Gren (37 Jahre) und Nils Liedholm (35) tapfer verkaufte, musste sie beim Schlusspfiff von Schiedsrichter Guigue die Überlegenheit des neuen Weltmeisters unumwunden akzeptieren. Wieder hatten die Südamerikaner mit 5:2 die Nase vorn. Und wieder war es Pele, der mit zwei

herrlichen Toren zum alles überragenden Mann auf dem Platz geworden war.
Der mit 17 Jahren und 249 Tagen jüngste Weltmeister der Geschichte musste sich im kommenden Frühjahr bei der Copa America in Argentinien mit dem zweiten Platz hinter dem Gastgeber zufrieden geben. Einen Titel konnte Pele am Rio de la Plata aber dennoch einheimsen, da er mit seinen acht Treffern – drei davon beim 4:1 über Paraguay – an der Spitze der Torschützenliste rangierte.

Verletzungspech in Chile – Treterei in England

Bei der Weltmeisterschaft in Chile 1962 konnte der neue Nationaltrainer Aimore Moreira auf das eingespielte Team von Schweden bauen, so dass die Brasilianer als hoher Favorit in den Andenstaat reisten. Im Vorfeld der WM war Pele auch in der Seleção rechtzeitig wieder in Form gekommen, als er im Mai in den Vorbereitungsspielen gegen Portugal (1:0) und Wales (zweimal 3:1) viermal ins Schwarze traf. Zum Auftakt bekam es der Titelverteidiger in Viña del Mar mit Mexiko zu tun, das sein Heil in der Defensive suchte und bis zur Pause ein 0:0 hielt. Für den einzigen Höhepunkt einer langweiligen Partie war Pele mit einem Lattenkracher in der 24. Minute verantwortlich gewesen. Nach dem Seitenwechsel vermochten die Brasilianer vor der enttäuschenden Kulisse von nur etwas mehr als 10.000 Zuschauern den mexikanischen Abwehrriegel aber doch zu knacken. Nachdem Mario Zagallo in der 56. Minute für die Führung gesorgt hatte, überwand Pele Mexikos Torwartlegende Antonio Carbajal nach 72 Minuten zum 2:0-Endstand.
Noch war für Pele damit alles im Lot. Im zweiten Gruppenspiel am 2. Juni gegen die Tschechoslowakei zog er sich nach rund 20 Minuten bei einem Schussversuch aber eine Oberschenkelzerrung zu, weshalb er – Auswechselungen gab es damals noch nicht – im weiteren Spielverlauf nur noch auf dem Flügel herumhumpelte. Selbst „Medizinmann“ Americo war nicht dazu in der Lage, den Superstar der Brasilianer wieder fit zu machen, weshalb dieser die erfolgreiche Titelverteidigung von der Seitenlinie aus verfolgen musste. Wenngleich die Seleção ohne Pele nicht mehr an den Glanz von vor vier Jahren heranreichte, zeigte sich doch, über welche Qualität man am Zuckerhut verfügte. Peles Ersatzmann Amarildo nutzte die Gunst der Stunde und bewies mit drei Torerfolgen, was in ihm steckte. Zum auffälligsten Akteur beim Titelverteidiger avancierte allerdings der sichelbeinige Garrincha, der mit seinen Dribblings die Fachwelt verblüffte.
Nach der Weltmeisterschaft in Chile bestritt Pele ein knappes Jahr lang kein weiteres Länderspiel. Erst am 13. April 1963 gab er im Rahmen der traditionsreichen Copa Roca sein Comeback, wobei dieses in São Paulo mit einer 2:3-Niederlage gegen Erzrivale Argentinien in die Annalen einging. Da die Brasilianer das Rückspiel drei Tage später in Rio mit einem 5:2-Verlängerungssieg für sich entschieden, sicherten sie sich doch noch den begehrten Pokal, was sie vor allem Pele zu verdanken hatten, der im Maracana als dreifacher Torschütze glänzte. Aber auch in Deutschland konnte man sich von der Spielkunst der „Schwarzen Perle“ überzeugen. Im Jahr der Bundesligagründung hatte der DFB den ersten Vergleich mit der Seleção abgeschlossen, der am 5. Mai in Hamburg über die Bühne ging. Nachdem die Schön-Elf kurz vor der Pause durch einen Strafstoß von Lokalmatador Jürgen Werner in Führung gegangen war, drehten die Gäste nach dem Wiederanpfiff auf und verließen nach Toren von Coutinho (69.) und Pele (72.) als Sieger den Platz.

EXKURS: Copa Roca

Traditionsgemäß duellieren sich die beiden Nachbarländer Brasilien und Argentinien um die fußballerische Vorherrschaft auf dem südamerikanischen Subkontinent. Zwischen 1914 und 1976 wurde die Copa Roca ausgetragen, die abwechselnd in einem der beiden Länder stattfand. Während man sich bei den ersten drei Austragungen bis 1923 mit nur einem Spiel begnügte, wurde der Sieger ab 1939 in Hin- und Rückspiel ermittelt, wobei beide Partien (mit Ausnahme der letzten Ausspielung 1976) in nur einem Land stiegen. Dabei lud der argentinische Verband ausnahmslos in die Hauptstadt Buenos Aires, derweil in Brasilien abwechselnd in den beiden Fußballhochburgen Rio de Janeiro und São Paulo gespielt wurde. Brasilien ging bei sieben der elf Austragungen als Gewinner hervor, Argentinien nur dreimal, während der Titel 1971 geteilt wurde. Gestiftet wurde die Copa Roca im Jahr 1913 von Julio Argentino Roca, der 1913 sein Heimatland als brasilianischer Botschafter vertrat und zwischen 1880 und 1886 sowie 1898 und 1904 Präsident der Republik Argentinien war. In jüngster Vergangenheit wurde die Copa Roca wiederbelebt. Seit 2011 findet alljährlich der „Superclasico de las Américas“ statt, wobei die Teams nur mit Spielern bestückt werden, die in ihrer brasilianischen bzw. argentinischen Heimat aktiv sind. Bei der siebten Austragung 1957 war Pele zu seinem Debüt in der Seleção gekommen. Sowohl bei der 1:2-Niederlage in Rio de Janeiro als auch beim 2:0-Verlängerungssieg im Rückspiel von São Paulo hatte sich der damals 16-Jährige in die Torschützenliste eingetragen.

Immer wieder war Pele im Laufe seiner Karriere Opfer harter Attacken der Gegenspieler geworden. Doch auch er selbst konnte austeilen, wie man überhaupt sagen muss, dass die Brasilianer bei aller Spielkunst auch für ihr mitunter wenig zimperliches Auftreten bekannt waren. Auch der Hamburger Verteidiger Willi Giesemann bekam dies zu spüren, als die deutsche Nationalmannschaft am 6. Juni 1965 im Maracana-Stadion gastierte und er sich nach einem Tritt von Pele in der 87. Minute das Schienbein brach. Drei Minuten später war es der Übeltäter, der mit seinem 44. Länderspieltreffer den 2:0-Sieg der Gastgeber unter Dach und Fach brachte.
Vielleicht kann man es mit Selbstschutz erklären, dass der ständig unter gegnerischen Attacken Leidende auch auszuteilen verstand. Während der Weltmeisterschaft 1966 in England war die Rollenverteilung jedenfalls wieder die alte: Schon im Auftaktspiel wurde Pele von seinem bulgarischen Bewacher Jechev gleich mehrfach böse gefoult, so dass er bei der anschließenden 1:3-Niederlage gegen Ungarn zusehen musste. Der Titelverteidiger stand vor dem letzten Gruppenspiel gegen Portugal vor dem Aus, weshalb Pele an der Anfield Road von Liverpool mitwirken musste, ohne richtig fit zu sein. Und wieder geriet der Star der Brasilianer zur Zielscheibe wüster Attacken seiner Gegenspieler, allen voran Morais, der ihn erneut kampfunfähig trat. Durch die 1:3-Niederlage waren die Brasilianer ausgeschieden und Pele erklärte, nie wieder an einer Weltmeisterschaftsendrunde teilnehmen zu wollen.
Tatsächlich dauerte es über zwei Jahre, ehe Pele – auf massiven öffentlichen Druck hin – wieder ins Nationaltrikot schlüpfte, um am 25. Juli 1968, beim 4:0 über Paraguay in Asuncion, gleich wieder zwei Tore zu erzielen. Das kommende Jahr stand dann ganz im Zeichen der WM-Qualifikation für Mexiko, wobei Pele in allen sechs Partien der Brasilianer zum Einsatz kam und sechsmal in die Maschen traf. Noch besser als der etwas verletzungsanfällige Superstar der Seleção war indes Sturmpartner

Tostão von Cruzeiro Belo Horizonte, der mit zehn Treffern Toptorjäger der WM-Qualifikation geworden war.

Zum dritten Mal Weltmeister

Zur Endrunde nach Mexiko reisten die Brasilianer mit einer komplett verjüngten Mannschaft, in der der 29-jährige Pele der letzte „Überlebende“ aus der Weltmeister-Elf von Schweden war. Die nach dem Rauswurf João Saldanhas von Mario Zagallo betreuten Südamerikaner verfügten über immenses Offensivpotential, das dem Publikum beste Unterhaltung versprach. Schon die Namen klangen wie Musik: Im Angriff wirbelten neben Pele Jairzinho und Tostão, derweil der Sambafußball aus dem Mittelfeld heraus von Clodoaldo, Gerson und Rivelino getaktet wurde. Im Gegensatz dazu war die Defensive – mit Ausnahme von Außenverteidiger und Mannschaftskapitän Carlos Alberto – allenfalls Durchschnitt, was nicht zuletzt auf Torhüter Felix zutraf, der deutlich im Schatten des zurückgetretenen Gilmar stand.

Vor der Weltmeisterschaft waren in Brasilien Zweifel an

Pele (weißes Trikot) setzt sich in seiner unwiderstehlichen Art gegen mehrere Gegenspieler durch.

Peles WM-Tauglichkeit laut geworden, nachdem ihn seine zahlreichen Verletzungen immer wieder zurückgeworfen hatten. Anders als vor den Titelkämpfen in England verlief die Vorbereitung der Seleção diesmal aber einigermaßen geordnet, nachdem man auch die Vereine auf Linie gebracht hatte, die ihren Stars die dringend benötigten Ruhepausen gönnten. Somit führte die für brasilianische Verhältnisse geradezu perfekte Vorbereitung dazu, dass die Experten in Mexiko die „beste Seleção der Geschichte“ sahen. Und auch jene, die an Pele gezweifelt hatten, wurden eines Besseren belehrt. Zwar gönnte sich der Superstar die eine oder andere Kunstpause, wirkte mitunter sogar ein wenig lustlos. Doch immer, wenn es darauf ankam, war er zur Stelle, so dass sein Trainer Mario Zagallo nach dem dritten WM-Titel zufrieden zu Protokoll geben durfte: „Pele war für mich der herausragende Spieler, nicht zuletzt, weil er dreimal die Weltmeisterschaft gewonnen hat.“

Nachdem Pele im Auftaktspiel gegen die CSSR (4:1) in Guadalajara nach 59 Minuten der 2:1-Führungstreffer gelungen war, hatte er auch bei seiner vierten WM-Endrunde ins Schwarze getroffen (ein Kunststück, welches außer ihm nur noch Uwe Seeler gelungen ist). Während der anschließende 1:0-Sieg über Titelverteidiger England durch Jairzinho sichergestellt wurde, blieb vor allem die „Parade des Jahrhunderts“ von England-Keeper Gordon Banks in Erinnerung, mit der dieser in der 4. Minute einen Kopfball Peles um den Pfosten gelenkt hatte. Via Rumänien (3:2) – zweimal Pele und Jairzinho hatten getroffen – erreichte die Seleção das Viertelfinale, wo am 14. Juni Peru aus dem Weg geräumt wurde. Dabei war die Leistung Peles eher durchschnittlich gewesen, derweil vor allem sein Sturmpartner Tostão geglänzt hatte, der zwei Tore selbst erzielt hatte und auch an den beiden anderen Treffern von Rivelino und Jairzinho beteiligt war. Gegen die Peruaner war es übrigens zum Wiedersehen mit Didi gekommen, der als Mitglied der brasilianischen Weltmeistermannschaften von 1958 und 1962 nun den Gegner betreute.

► EINWURF

Pele liegt mit seinen zwischen 1958 und 1970 erzielten zwölf WM-Endrundentreffern in der ewigen Torschützenliste auf dem fünften Platz. Besser als er waren nur sein Landsmann Ronaldo (15), die beiden Deutschen Gerd Müller und Miroslav Klose (je 14) sowie der Franzose Just Fontaine, der all seine 13 Endrundentore bei der WM 1958 erzielt hat.

Es folgte ein 3:1 im Halbfinale über den südlichen Nachbarn Uruguay, bei dem Pele das dritte Tor durch Rivelino vorbereitet hatte. Kurz vor dem Abpfiff dann die Szene des Turniers: Pele legte sich eine Flanke von Tostão mit dem Kopf perfekt vor, um den herausstürzenden Torhüter Mazurkiewicz ins Leere laufen zu lassen. Sein Einschussversuch strich jedoch knapp am langen Pfosten vorbei. Nachdem er im Endspiel am 21. Juni 1970 im Aztekenstadion sein Team mit einem Kopfballtor in der 18. Minute in Führung gebracht hatte, leisteten sich die hochüberlegenen Südamerikaner acht Minuten vor der Pause jedoch einen folgenschweren Blackout in der Abwehr, den Burgnich zum Ausgleich für Italien nutzte. Im zweiten Durchgang war die Seleção aber nicht mehr zu halten und zog dank Gerson (66.), Jairzinho (71.) und Carlos Alberto auf 4:1 davon, so dass man Pele am Zuckerhut als ersten (und einzigen) dreifachen Weltmeister hochleben lassen durfte. Dieser bestritt nach dem Triumph von Mexiko noch vier Länderspiele, in denen er zwei Tore erzielte. Letztmalig streifte er das Trikot der Seleção am 18. Juli 1971 im Maracana gegen Jugoslawien (2:2) über.

Saison	Copa Lib.		Liga		Pokal	
	Sp.	T.	Sp.	T.	Sp.	T.
1956			0	0		
1957			38	41		
1958			46	66		
1959			39	51	4	2
1960			33	33		
1961			33	55	5	7
1962	4	4	26	37	5	2
1963	4	5	27	36	4	8
1964			25	37	6	7
1965	7	8	37	54	4	2
1966			14	13	5	2
1967			32	26		
1968			38	28		
1969			37	38		
1970			28	11		
1971			40	9		
1972			36	14		
1973			49	30		
1974			27	10		
1975			9	5		
1976			24	15		
1977			31	17		

Fernando Peyroteo
Unerreichter Quotenkönig aus Lusitanien

Nein, es ist nicht Eusebio, der im portugiesischen Fußballoberhaus – der 1ª Divisão – die meisten Tore erzielt hat. Diesen Rekord hält ein Spieler, der heute zumindest außerhalb des iberischen Landes nahezu in Vergessenheit geraten ist. Fernando Baptista de Seixas Peyroteo de Vasconcelos hat zwischen 1937 und 1949 in gerade einmal 197 Erstligaspielen für Sporting Lissabon 331-mal ins Schwarze getroffen, womit er sämtliche Goalgetter seines Landes – den großen Eusebio inbegriffen – in den Schatten stellt. Aber auch den Statistikern, die seit den späten Sechzigern damit begonnen haben, den besten Torschützen aller Zeiten zu ermitteln, ist der Toptorjäger Portugals lange Zeit durch die Lappen gegangen. Dies lag nicht zuletzt daran, dass der Fußballsport in der europäischen Peripherie in statistischer Hinsicht nur sehr unzulänglich erfasst war, weshalb weitaus mehr die Akteure aus Zentraleuropa ins Blickfeld gerieten. Spieler wie der Wiener Franz Binder oder Josef Bican aus Prag wurden lange mit dem Titel des „Weltrekordlers" unter den Torjägern bedacht, ehe man sich nach Jahren an Fernando Peyroteo erinnerte, der in Sachen Trefferquote alle in den Schatten stellt. Pro Ligaeinsatz war der Sporting-Star nämlich für stolze 1,68 Tore gut gewesen, was selbst der erwähnte Pepi Bican (1,49) nicht vorweisen kann.

Afrikanische Wurzeln

Über die Jugendjahre des am 10. März 1918 in Humpata in Angola geborenen Peyroteo ist kaum etwas bekannt. Die kleine, heute 31.000 Einwohner zählende Stadt in der Provinz Huila liegt im Südwesten des Landes, etwa 700 km südlich der Hauptstadt Luanda. Väterlicherseits stammten seine Vorfahren aus Spanien, genauer gesagt aus Kastilien,

derweil sein Onkel Antonio Cesar de Vasconcelos Correia als 93. Gouverneur von Portugiesisch-Indien amtierte. Vermutlich schon in seiner Kindheit kam Fernando Peyroteo in die angolanische Hauptstadt, um sich dort Sporting Luanda anzuschließen. Der am 15. August 1920 gegründete Verein, war die älteste von drei Filialen, die Sporting Lissabon in der portugiesischen Überseekolonie unterhielt. Wie sein Mutterverein ist der noch heute existierende Klub auch in anderen Sportarten wie Handball, Volleyball oder Hockey engagiert, derweil sich die Fußballabteilung gegenwärtig in erheblichen Schwierigkeiten befindet, weil die stärksten Akteure kaum zu halten sind.

Schon in Luanda stellte Peyroteo in jungen Jahren seine Torjägerqualitäten unter Beweis. Wie viele Treffer er in Afrika insgesamt erzielt hat, kann aufgrund der sehr dürftigen Quellenlage jedoch nicht gesagt werden. Ohnehin war der Organisationsgrad des angolanischen Fußballs zu Zeiten Peyroteos sehr gering, da eine Landesmeisterschaft erst 1941 eingerichtet wurde. Hier zeigte sich, dass Sporting Luanda immer noch zu den landesweiten Topteams zählte, da nicht weniger als fünf der ersten sieben Titel an den afrikanischen Ableger der Leoes aus Lissabon gingen.

Sporting forever!

Für diese ging Fernando Peyroteo ab der Saison 1937/38 auf Torejagd, nachdem er am 26. Juni 1937 im Alter von 19 Jahren einen ersten Vertrag unterschrieben hatte. Immerhin kassierte Peyroteo eine monatliche Gage von 700 Escudos; für ihn eine durchaus erkleckliche Summe, da er nach seiner Ankunft in Portugal gemeinsam mit seiner Mutter noch bei Verwandten Unterschlupf nehmen musste. Von Beginn an fühlte sich der Neuankömmling bei Sporting pudelwohl, was nicht zuletzt an Anibal Paciencia lag. Der ebenfalls in Luanda geborene Paciencia nahm Peyroteo unter seine Fittiche und verstand sich mit seinem jungen Mitspieler auch auf dem Platz prächtig. Nicht weniger als fünfmal feierten die beiden gemeinsam den Gewinn der Meisterschaft. Während die sportliche Akklimatisierung des Goalgetters nahezu problemlos verlief, zeigte sich Peyroteo vom Ambiente in der Sporting-Geschäftsstelle anfangs doch einigermaßen erstaunt. Im vornehmen Palacio Foz fühlte er sich vom dort herrschenden Lärm sowie der von Zigarettenrauch geschwängerten Luft abgeschreckt, als ihn Anibal Paciencia bei der Vereinsführung vorstellte.

► EINWURF

Der bis heute erfolgreichste Ligatorschütze von Sporting Lissabon ist auch der erfolgreichste der portugiesischen 1ª Divisão. Auf Allzeit-Rekordhalter Fernando Peyroteo mit 331 Toren in 197 Einsätzen folgen Benfica-Legende Eusebio (322 Tore in 325 Spielen) sowie Fernando Gomes, der für seine 318 Ligatore im Dress des FC Porto und von Sporting Lissabon 404 Einsätze benötigt hat. Die drei Genannten sind auch in Sachen Gewinn der Torjägerkrone führend. Wie Fernando Peyroteo konnte sich auch Fernando Gomes rühmen, die Torschützenliste des portugiesischen Erstligafußballs sechsmal angeführt zu haben, derweil Eusebio dieses Kunststück gar siebenmal gelungen ist.

Peyroteo war aber zum Fußballspielen nach Lissabon gekommen, was er in den nächsten zwölf Jahren ausgesprochen erfolgreich tun sollte. Für ihn war es stets eine Ehre, das Sporting-Trikot zu tragen. Zwar unternahmen die beiden Rivalen Benfica und FC Porto mehrere Abwerbungsversuche, denen die Klublegende der Leoes aber immer widerstand. Für den Aufschwung der Mannschaft war auch der ungarische Trainer Jozsef Szabo verantwortlich, der ebenfalls im Sommer 1937 die Leitung der Übungseinheiten übernahm und die Mannschaft bis 1945 zu zwei Meisterschaften, vier Pokalsiegen sowie sechs Stadtmeisterschaften von Lissabon führte. Im Laufe des Jahres 1937 erfolgte zudem der Umzug in das Estadio de Lisboa – im Volksmund bekannt als „Lumiar". Dieser Schritt war dringend notwendig geworden, da die alte Anlage auf dem Campo Grande den Ansprüchen nicht mehr genügte.

Fernando Peyroteo war also zu einer Zeit nach Lissabon gekommen, als sich bei den Leoes Aufbruchstimmung breit machte. Dabei trat er in die Fußstapfen des bisherigen Toptorjägers Manuel Soeiro, der noch 1936/37 als Torschützenkönig von Portugal brilliert hatte. Nachdem Peyroteo das Pokalfinale 1937 gegen FC Porto (2:3) lediglich als Zuschauer verfolgt hatte, kam er am 12. September 1937 zu seinem Debüt, wobei er sich beim 5:3-Sieg im Freundschaftsspiel gegen Benfica als zweifacher Torschütze auf Anhieb glänzend einführte.

EXKURS: Die Anfänge des portugiesischen Klubfußballs

Der offizielle Spielbetrieb begann sich in Portugal nur sehr langsam und zunächst lediglich auf lokaler Ebene zu entwickeln, obwohl die regionalen Verbände schon am 31. März 1914 mit der „União Portuguesa de Futebol“ einen landesweiten Verband gegründet hatten. Die traditionsreichste Stadtmeisterschaft war jene von Lissabon, die bereits 1906/07 erstmalig ausgespielt wurde. Der erste landesweite Wettbewerb wurde in der Saison 1920/21 eingeführt. Beim „Campeonato de Portugal“ wurden im K.O.-System die beiden Finalisten ermittelt, die schließlich den Pokalsieger ausspielten, der bis zur Einführung der Ligameisterschaft auch als Portugiesischer Meister angesehen wurde. Zwischen 1934 und 1938 wurden gleich zwei parallel laufende Meisterschaften ausgetragen. Neben der erwähnten Pokalmeisterschaft gab es nun auch eine Ligameisterschaft („Campeonato da Liga“). Als offizieller Meister wurde in dieser Zeit aber immer noch der Sieger des traditionsreichen „Campeonato de Portugal“ betrachtet. Erst 1938/39 sollte das Spielsystem harmonisiert werden, nachdem es zur Gründung der „1ª Divisão“ anstelle des „Campeonato da Liga“ gekommen war. Dagegen wurde das „Campeonato de Portugal“ nun in „Taça de Portugal“ umbenannt, womit der Etikettenschwindel der letzten vier Jahre der Vergangenheit angehörte. Der Meister (der „1ª Divisão“) war nun auch tatsächlich der Meister und der Pokalsieger (als Gewinner der „Taça de Portugal“) auch Pokalsieger. Gleichwohl hatten auch die regionalen Konkurrenzen eine Zukunft, wie die Stadtmeisterschaft von Lissabon, die noch bis 1947 ausgespielt werden sollte.

In nur 14 Einsätzen im Campeonato da Liga gelangen Fernando Peyroteo 34 Tore, womit er erstmals die Torjägerliste anführte, wenngleich es für Sporting in der Endabrechnung nur zum dritten Platz reichte. Vor dem gegnerischen Tor war der neue Goalgetter ein echtes Phänomen. Kam Peyroteo einmal in Fahrt, war er nicht zu bremsen. Gleich dreimal – gegen Academico do Porto (6:0), Academica Coimbra (7:1) und SC Carcavelinhos (13:0) – glänzte er als fünffacher Torschütze. Sogar sechsmal traf er am 15. Mai 1938 im Hinspiel der ersten Runde der Pokalmeisterschaft gegen Marinhense ins Schwarze, wobei er zwischen der 77. und 84. Minute einen lupenreinen Hattrick erzielte. Nachdem Peyroteo schon die Lissabonner Stadtmeisterschaft gewonnen hatte, konnte er zum Saisonabschluss dank eines 3:1-Sieges über Erzrivale Benfica auch den Pokalsieg feiern. Während er beim Gewinn des letztmals in dieser Form ausgetragenen Campeonato de Portugal am 26. Juni ausnahmsweise einmal ohne Torerfolg geblieben war, hatte Manuel Soeiro als Doppeltorschütze überzeugt. Gleichwohl hatte sich die Verpflichtung des Youngsters in Anbetracht von 57 Toren in nur 30 Pflichtspielen mehr als rentiert.

Mit Waldläufen zu ersten Erfolgen

Trainer Jozsef Szabo war sofort aufgefallen, welch großes Talent er mit Fernando Peyroteo in seinen Reihen hatte. Um den Rohdiamanten zu formen, hielt er mit seinem Lieblingsschüler wöchentlich zwei Extra-Einheiten ab, in denen er dessen ohnehin schon großartige Technik weiter verfeinerte. Deutlich weniger beliebt als die Arbeit mit dem Ball waren aber die regelmäßigen Waldläufe, zu denen Peyroteo von seinem ungarischen Übungsleiter verdonnert wurde. Bis zu 54 Kilometer die Woche soll er heruntergespult haben, was umso bemerkenswerter ist, weil es damals in Portugal offiziell noch keine Profifußballer gab und Peyroteo nebenbei noch einer geregelten Arbeit nachgehen musste. Dank seines immensen Trainingspensums entwickelte sich der Stürmer zu einem echten Kraftpaket. Mit einer Körpergröße von 1,87 Meter und einem Gewicht von 91 Kilogramm räumte dieser so manchen Gegenspieler beiseite. Ebenso berühmt wie berüchtigt war sein legendärer Torsprung *(unten im Bild)*, mit dem er viele seiner Treffer erzwang. Ohnehin zeichnete sich der Sporting-Star durch eine enorme Willenskraft aus. Selbst bei sich abzeichnenden Niederlagen kam es für ihn nie in Frage aufzugeben. Trotz seines körperbetonten Auftretens galt Fernando Peyroteo aber dennoch als äußerst fairer Spieler, der auch als Privatmann sehr beliebt war.

In seinem zweiten Jahr im Sporting-Dress konnten sich die gegnerischen Abwehrspieler deutlich besser auf den neuen Stern am portugiesischen Fußballhimmel einstellen. Nachdem Peyroteo beim erneuten Gewinn des Campeonato de Lisboa in zehn Einsätzen noch 23-mal erfolgreich gewesen war, konnte er bei der Premiere der 1ª Divisão (welche Sporting als Vizemeister abschloss) in zehn Spielen lediglich noch 14-mal jubeln. Seine besten Leistungen lieferte er 1938/39 jeweils gegen Casa Pia ab. Nachdem er beim 8:0-Auswärtssieg in der Stadtmeisterschaft fünfmal erfolgreich gewesen war, traf er beim 10:0-Rückspielerfolg sowie dem 5:1 in der Liga immerhin viermal.

Mit 29 Torerfolgen in der Saison 1939/40 wurde Fernando Peyroteo (ex aequo mit Slavko Kordnya vom FC Porto) zum zweiten Mal als Torschützenkönig ausgezeichnet. Weitere 25 Treffer waren ihm im Campeonato de Lisboa sowie in der Taça de Portugal gelungen. Wann immer es im grün-weißen Lager einen Kantersieg zu feiern galt, glänzte Sportings Tormaschine mit Treffern am Fließband. Wieder einmal kaum zu bremsen war Peyroteo in der Stadtmeisterschaft beim 9:1-Erfolg im Lumiar über den SC Carcavelinhos als fünffacher Torschütze sowie in der nationalen Liga gegen Leixoes (8:1) und Academica Coimbra (9:0) sowie den SC Farense (9:0) in der Taça, als ihm jeweils vier Tore gelangen.

Die Saison 1940/41 sollte dann den ersten großen Meilenstein in seiner Karriere markieren. Nachdem es in den

Diese Mannschaft gewann in der Saison 1940/41 als erste in Portugal Meisterschaft und Pokal. Hintere Reihe von links: Torhüter Azevedo, Trainer Jozsef Szabo, Masseur Manuel Marques, Manecas, Anibal Paciencia, Gregorio, der langjährige Kapitän Alvaro Cardoso, Octavio Barrosa. Vordere Reihe von links: Armando Ferreira, Adolfo Mourão, Torschützenkönig Fernando Peyroteo, Manuel Soeiro, João Cruz. Während der Vorsprung in der Liga drei Zähler auf Vizemeister FC Porto betrug, wurde im Pokalfinale Belenenses Lissabon zum Saisonabschluss deutlich mit 4:1 geschlagen.

letzten Spielzeiten schon danach ausgesehen hatte, als ob sich Sporting mit der Rolle des „ewigen Zweiten" anfreunden müsste, griffen die Schützlinge von Jozsef Szabo diesmal gleich beide nationalen Titel (und zusätzlich das Campeonato de Lisboa) ab. Der erste Doublegewinn der portugiesischen Fußballgeschichte basierte ganz entschieden auf der Torgefahr Peyroteos, der mit 29 Saisontreffern abermals bester Goalgetter seines Landes geworden war und dies vor allem in der Partie gegen Academica Coimbra untermauerte, als ihm beim klaren 7:1 sechs Treffer gelangen.

Ein Rekord für die Ewigkeit

Zu Zeiten Fernando Peyroteos war der Spielbetrieb in Portugal dreigeteilt. Die erste Saisonhälfte war den regionalen Meisterschaften wie dem Campeonato de Lisboa gewidmet, das sich Sporting 1941/42 zum dritten Mal in Folge sicherte. Peyroteo konnte in seinen zehn Einsätzen in der Stadtmeisterschaft stolze 18 Treffer markieren, wobei ihm ein Drittel davon gegen Schlusslicht FC Fosforos gelang, das am 2. Spieltag mit 10:0 aus dem Lumiar gefegt wurde. Nach einer einmonatigen Pause wurde sodann Mitte Januar die 1ª Divisão unter Beteiligung sämtlicher Topteams des Landes angepfiffen, in die Vorjahresmeister Sporting mit einem klaren 5:0 über den FC Porto startete. Wie schon in der Stadtliga war auch weiterhin auf Fernando Peyroteo Verlass, der schon am 4. Spieltag über Vitória Guimarães (9:1) mit einem Fünferpack glänzte. Fünf Treffer in einem Spiel waren für Sportings Tormaschine freilich nichts Besonderes. Nicht weniger als zwölfmal konnte Peyroteo im Verlauf seiner Karriere fünfmal einnetzen, während er zusätzlich drei Sechserpacks schnürte. Den größten Torhunger zeigte er jedoch am 22. Februar 1942, als er im Heimspiel gegen den FC Leça (14:0) sage und schreibe neun Tore erzielte, womit er einen bis heute unübertroffenen Landesrekord aufstellte.

Trotz seines geradezu unstillbaren Torhungers und 28 Saisontreffern in nur zwölf Ligaspielen musste Peyroteo in der Torschützenliste Correia Dias vom FC Porto den Vortritt gewähren. Und auch für die Leoes reichte es nicht zur Titelverteidigung, weil Erzrivale Benfica in der Endabrechnung vier Zähler mehr auf dem Konto hatte. Den Abschluss einer Saison bildete seinerzeit die Taça de Portugal, die in die Monate Juni und Juli fiel und für Sporting Lissabon diesmal mit dem Aus im Semifinale gegen Vitória Guimarães (1:2) endete. Fernando Peyroteo hatte sich aber auch im Pokalwettbewerb mit fünf Treffern in drei Spielen nicht lumpen lassen.

In der Saison 1942/43 gewannen die Grün-Weißen abermals nur die Stadtliga, derweil sie sich auf nationaler Ebene Benfica geschlagen geben mussten. Peyroteo, dessen Trefferquote auf 38 in 31 Spielen gegenüber dem Vorjahr etwas zurückging, hatte seinen besten Tag beim 6:2-Auswärtssieg in der Stadtmeisterschaft gegen Unidos, als ihm für seine Verhältnisse eher bescheidene vier Tore gelangen. Nach dieser leisen Enttäuschung durfte Sportings Rekordtorschütze im kommenden Jahr den Gewinn seines zweiten Meistertitels bejubeln, wobei Benfica im Abschlussklassement um deutliche fünf Zähler distanziert worden war. Auch wenn Fernando Peyroteo in seinen 17 Einsätzen satte 24 Treffer erzielt hatte, musste er sich in der Torjägerliste dennoch hinter Francisco Rodrigues von Vitória Setúbal (28) einreihen.

Während der Saison 1944/45 wurde Trainer Jozsef Szabo nach fast siebenjähriger Regentschaft von Joaquim Ferreira abgelöst, der sich mit dem Gewinn des nationalen Pokals sogleich blendend einführte. Beim 1:0-Finalerfolg über den SC Olhanense hatte Außenstürmer Jesus Correia vier Minuten vor dem Abpfiff für das Tor des Tages gesorgt. Nach dem Gewinn der Stadtliga hatte es in der 1ª Divisão lediglich zur Vizemeisterschaft hinter Benfica gereicht. In Anbetracht von lediglich 18 Ligatreffern hatte es ein wenig den Anschein, als ob Fernando Peyroteo – dem beim 8:2 im Lumiar über den SC Salgueiros nur ein weiterer Fünferpack gelang – in einer kleinen Schaffenskrise stecken würde. Ein Eindruck, der sich in den kommenden vier Jahren freilich schnell verflüchtigen sollte...

Die „Cinco Violinos“

Zur Spielzeit 1945/46 übernahm Cândido de Oliveira die Leitung des Trainings, unter dem Sporting durch ein 4:2 über Atletico Lissabon die ihm Vorjahr gewonnene Taça de Portugal verteidigte, wobei Fernando Peyroteo als zweifacher Finaltorschütze maßgeblichen Anteil daran besaß. In der Meisterschaft hatte es fünf Zähler hinter Titelträger Belenenses allerdings nur zum dritten Rang gereicht. Dennoch konnte Mittelstürmer Peyroteo mit dem Saisonverlauf durchaus zufrieden sein, da sich der mittlerweile 28-Jährige mit 37 Treffern zum vierten Mal die Torjägerkrone aufgesetzt hatte.

► EINWURF
Anlässlich der Einweihung des neu errichteten Lissabonner Nationalstadions wurde am 10. Juni 1944 – dem portugiesischen Nationalfeiertag – die Taça Império als erster Vorläufer des Supercups ausgespielt, wobei sich Meister Sporting und Pokalsieger Benfica gegenüberstanden. Sportings Torfabrik Fernando Peyroteo war es dabei vorbehalten, in der 55. Minute den ersten Treffer in der neuen Arena zu erzielen, derweil er auch in der zweiten Hälfte der Verlängerung zum 2:1 erfolgreich war, womit er die Grün-Weißen, die schließlich mit 3:2 die Nase vorn hatten, auf die Siegerstraße brachte.

Dass die Karriere Fernando Peyroteos in der zweiten Hälfte der vierziger Jahre nochmals spürbar an Fahrt aufnahm, lag nicht zuletzt daran, dass der Sturmführer der Grün-Weißen Teil der wohl mit Abstand stärksten Angriffsformation der Vereinsgeschichte war, die ab der Saison 1946/47 als die legendären „Cinco Violinos“ in aller Munde war. Bis dahin hatten Peyroteo bereits Albano und Jesus Correia zur Seite gestanden. Zu jenem ohnehin schon torgefährlichen Trio stießen nun mit José Travassos und Vasques noch zwei weitere Torjäger der Extraklasse hinzu.

► EINWURF
Die folgende Liste benennt die gegenwärtig zehn weltbesten Erstligatorschützen, was die Trefferquote je Einsatz anbelangt:*

Spielername	Sp.	T.	Ø
Fernando Peyroteo POR	*197*	*331*	*1,68*
Josef Bican CSR	*359*	*534*	*1,49*
Imre Schlosser HUN	*318*	*417*	*1,31*
Ferenc Deak HUN	*238*	*305*	*1,28*
Jimmy Jones NIRL	*285*	*332*	*1,16*
Isidro Langara ESP	*279*	*319*	*1,14*
Franz Binder AUT	*242*	*267*	*1,10*
Gyula Zsengeller HUN	*372*	*397*	*1,06*
Lopez Mendiola PER	*199*	*207*	*1,05*
Bernabé Ferreyra ARG	*228*	*232*	*1,02*

** aufgeführt sind nur Spieler mit mehr als 200 Einsätzen*

Diese fünf Virtuosen harmonierten auf Anhieb wie ein eingespieltes Orchester, das seine Fans mit Begeisterung erfüllte. Im Verlauf der Jahre kam das Quintett, in dem Fernando Peyroteo immer die erste Geige spielte, in der Liga auf nicht weniger als 836 Tore. Addiert man die Treffer aus der Stadtliga sowie dem Pokalwettbewerb dazu, dürften die „Cinco Violinos“ auf weit über 1.000 Tore gekommen sein. Diese Ausbeute ist umso bemerkenswerter, wenn man bedenkt, dass die Eliteliga Portugals bis zum Sommer 1945 nur aus zehn Vereinen bestand, ehe diese bis 1947 auf 14 Teams aufgestockt wurde.

Die „Cinco Violinos“ mit (von links) Jesus Correia, Manuel Vasques, Fernando Peyroteo, José Travassos und Albano Pereira bildeten die beste Angriffsreihe in der Vereinsgeschichte von Sporting Lissabon. In den drei Jahren, in denen das Quintett zusammenspielte (von 1947 bis 1949), konnten die Grün-Weißen den Meisterschaftshattrick feiern.

Der Begriff „Cinco Violinos“ wurde in der Saison 1946/47 von Tavares da Silva geprägt, einem ehemaligen Trainer, der nun als Journalist arbeitete. Die neue Angriffsreihe der Leoes war von Beginn an nicht zu halten und brachte es in 26 Ligaspielen auf sensationelle 123 Tore, was einem Schnitt von 4,7 pro Partie entspricht. Mittelstürmer Peyroteo war so etwas wie die Stradivari des Quintetts, da mit 43 Treffern mehr als ein Drittel aller Sporting-Tore auf sein Konto gingen. Dieser Rekord wurde erst in der Spielzeit 1973/74 von Hector Yazalde übertroffen, der ebenfalls im Dress von Sporting Lissabon sogar noch dreimal häufiger ins Schwarze traf. Schon im ersten Saisonspiel hatte Peyroteo beim 9:5-Scheibenschießen bei Famalicão einen Fünferpack geschnürt, derweil ihm in den Auswärtspartien gegen SL Elvas (5:3), Atletico Lissabon (6:1), SC Sanjoanense (6:2) sowie im Lumiar gegen Praia Estoril (5:0) jeweils vier Tore gelangen.

Obwohl in jener Zeit des Öfteren der Trainer gewechselt wurde, tat dies den starken Leistungen der Mannschaft keinen Abbruch. Die „Cinco Violinos“ spielten 1947/48 auch weiterhin groß auf und stellten mit 92 Toren abermals den stärksten Sturm der Liga. Zu den herausragenden Ergebnissen zählten das 8:1 im heimischen Lumiar über Vitória Setúbal und das 12:0 gegen Lusitano Vila Real. Beim höchsten Saisonsieg sowie dem 6:1 beim FC Portimonense zeichnete sich Fernando Peyroteo jeweils als fünffacher Torschütze aus. In Anbetracht von insgesamt nur 14 Saisontoren hatte er indes für einmal Ladehemmung, was aber auch daran lag, dass er verletzungsbedingt einige Wochen ausfiel und nur 17 Spiele bestreiten konnte. Da seine vier Nebenleute jedoch ihre gewohnte Torgefahr ausstrahlten, fiel die vorübergehend verstimmte erste Geige nicht ins Gewicht. Sein bestes Ligaspiel absolvierte Peyroteo am 24. April 1948 beim 4:1-Auswärtssieg gegen Benfica, als sämtliche vier Sporting-Treffer auf sein Konto gegangen waren. Mit diesem Erfolg hatten sich die Grün-Weißen für die 1:3-Niederlage aus dem Hinspiel revanchiert und die Weichen in Richtung erfolgreiche Titelverteidigung gestellt, die am Ende allerdings nur wegen des besseren Torquotienten gelang. Peyroteos Leistung gegen die Encarnados ist umso höher einzuschätzen, weil er den Tag zuvor mit hohem Fieber im Bett verbracht hatte. Gekrönt wurde die Saison am 4. Juli mit dem Pokalsieg und mithin dem zweiten Double der Vereinsgeschichte. Den 3:1-Sieg über Belenenses hatte Fernando Peyroteo bereits mit dem Führungstreffer eingeleitet, ehe er mit seinem zweiten Torerfolg im Nationalstadion von Lissabon auch den Endstand besiegelte.

Gleich mit vier Mann mussten Fernando Peyroteo, Alvaro Cardoso (verdeckt), Armando Ferreira und Anibal Paciencia (oberes Bild von links nach rechts) die überdimensionierte „Taça O Seculo" abschleppen, die Sporting als Ehrenpreis für den ersten Meisterschaftshattrick in Portugal überreicht bekam. Unten posiert das Team nach der Saison 1948/49 mit allen gewonnenen Trophäen.

Die Spielzeit 1948/49 sollte als krönender Schlussakkord von Peyroteos Sporting-Karriere in die Annalen eingehen. Wie gewohnt zeigte er sich in blendender Torlaune und führte mit 39 Ligatreffern zum sechsten Mal die Torjägerliste der 1ª Divisão an. Am 5. Spieltag hätte Peyroteo fast seinen eigenen Rekord aus der Spielzeit 1941/42 überboten, als er beim 12:1 gegen den kommenden Absteiger Boavista Porto achtmal ins Schwarze traf. Nach 26 Runden hatten die „Cinco Violinos" erneut die 100-Tore-Marke erreicht, womit Sporting als erstes Team des Landes den Meisterschaftshattrick gewonnen hatte. Die Begeisterung rund um die Leoes kannte keine Grenzen. Die Familie Pereira hatte als Eigentümer der renommierten Tageszeitung „O Seculo" sogar einen riesigen Pokal als Ehrenpreis gestiftet, den die Sporting-Elf nach dem Feststehen ihres Titelhattricks überreicht bekam.

Abruptes Karriereende mit nur 31 Jahren

Bedingt durch den Zweiten Weltkrieg war der internationale Spielbetrieb während Peyroteos Karriere stark eingeschränkt, so dass man von einem der torgefährlichsten Stürmer der Fußballgeschichte, der sich in Anbetracht von 544 Pflichtspieltoren in nur 350 Einsätzen selbst vor den ganz großen Namen nicht zu verstecken braucht, außerhalb seines Heimatlandes kaum Notiz nahm. Nur ein einziges Mal nahm er an einem nennenswerten grenzüberschreitenden Vereinswettbewerb teil, als im Sommer 1949 die Copa Latina ihre Premiere erlebte, an der sich die Titelträger aus Italien, Frankreich, Spanien und Portugal beteiligten. Schon im Halbfinale gegen den AC Turin zeigte Peyroteo mit zwei Treffern beim 3:1-Erfolg über die Italiener seine ganze Klasse, wenngleich nicht verschwiegen werden darf, dass der Gegner bei der tragischen Flugzeugkatastrophe von Superga wenige Monate zuvor seine besten Spieler verloren hatte. Im Endspiel am 3. Juli 1949 standen sich im Estadio Chamartin von Madrid (dem heutigen Bernabeu-Stadion) Sporting Lissabon und der FC Barcelona gegenüber. Dank der Treffer von Seguer und Basora behielten die Katalanen vor der etwas enttäuschenden Kulisse von nur 25.000 Zuschauern mit 2:1 die Oberhand, wobei Fernando Peyroteo wie selbstverständlich für den Torerfolg der Portugiesen verantwortlich gezeichnet hatte.

► EINWURF

Als erfolgreichster Goalgetter der Sporting-Historie ist Fernando Peyroteo natürlich im Besitz einiger bedeutender Vereinsrekorde. Besonders gegen die großen Rivalen der Leoes zeigte er sich stets motiviert, weshalb er sowohl gegen Benfica (64), Belenenses (65) als auch den FC Porto (33) die meisten Treffer auf dem Konto hat. In seiner gesamten Laufbahn war Peyroteo vor allem aufs Toreschießen fokussiert, womit er zwangsläufig zu den Leistungsträgern im Team zählte. Es dürfte nicht zuletzt eine Folge der ihm angeborenen Bescheidenheit gewesen sein, dass er dennoch nie in die Kapitänsrolle schlüpfte. Langjähriger Sporting-Kapitän in den vierziger Jahren war Alvaro Cardoso. Der Verteidiger war 1938 von Vitória Setúbal zu den Leoes gestoßen und absolvierte für diese in zehn Jahren 255 Spiele, derweil er auch für die portugiesische Seleção 13-mal zum Einsatz kam.

Der Torjäger war im März 31 Jahre alt geworden und stand damit noch voll im Saft, als die 1ª Divisão mit Topfavorit Sporting Lissabon in die Saison 1949/50 ging. Vor dem Ligastart im Oktober nahmen die Leoes an der Taça de Honra teil, wo sie im Halbfinale Ortsrivale Oriental mit 8:0 überrollten. Als dreifacher Torschütze hatte Fernando Peyroteo geglänzt, um dessen Person zu diesem Zeitpunkt jedoch vermehrt Gerüchte laut wurden, wonach der Torschütze vom Dienst seine Karriere beenden wolle. Angesichts der Topform, in der sich Peyroteo befand, schienen diese aus der Luft gegriffen, was seine Anhänger einstweilen beruhigte. Allmählich aber sollte die Wahrheit

durchsickern: Der Sporting-Star benötigte dringend Geld, weil er mit seinem Sportartikelgeschäft in der Kreide stand. Und Abschiedsspiele waren für Fußballer in Portugal damals so ziemlich die einige Chance, einmal so richtig Kasse zu machen. Natürlich hätte Peyroteo auch die Möglichkeit besessen, ins Ausland zu wechseln. Da er sich aber mit Sporting eng verbunden fühlte, schlug er ein Angebot, künftig in Bordeaux auf Torejagd zu gehen, kurzerhand aus. Und so sollten die Fans der Grün-Weißen am 5. Oktober 1949 einen der traurigsten Tage in der Vereinsgeschichte erleben, als der beste Torschütze aller Zeiten im Rahmen eines Freundschaftsspiels gegen Atlético Madrid (2:3) nach jeweils fünf Meistertiteln und Pokalsiegen einen bewegenden Abschied vom aktiven Fußball nahm. In einer Rede zu den Fans spielte Peyroteo die wahren Beweggründe für seinen Rückzug herunter. Ihm würde einfach die notwendige Motivation fehlen, weshalb er lieber Jüngeren den Vortritt lassen wolle, so die Sporting-Legende.
Vier Tage nach Peyroteos Abschied starteten die Leoes mit einem 3:1-Heimsieg über Lusitano Vila Real in die neue Saison, in deren wechselvollem Verlauf sich das Fehlen ihres wichtigsten Akteurs jedoch alsbald bemerkbar machte. Ohne ihren Stargeiger kamen die verbliebenen vier Violinen gehörig aus dem Takt, so dass man sich am Ende mit sechs Zählern Rückstand auf Benfica mit der Vizemeisterschaft begnügen musste. Die meisten Zeitgenossen waren sich einig, dass Sporting mit Fernando Peyroteo ziemlich sicher zum vierten Mal in Folge Meister geworden wäre. Und ohne den Konjunktiv überstrapazieren zu wollen, möchte man sich gar nicht ausmalen, wie viele Tore der noch vergleichsweise junge Peyroteo auch weiterhin hätte schießen können, wenn man bedenkt, dass Sporting zwischen 1951 und 1954 zu alter Stärker zurückfand und vier weitere Meistertitel gewann. Ganz abgesehen davon, was alles möglich gewesen wäre, wäre Peyroteos Karriere nicht in die tristen vierziger Jahre, sondern in die Zeit des großen Fußball-Business gefallen. Auf die Einnahmen aus einem Abschiedsspiel wäre er in jedem Fall nicht angewiesen gewesen...

Mit bewegenden Worten verabschiedete sich Fernando Peyroteo am 5. Oktober 1949 anlässlich eines Spiels gegen Atlético Madrid von seinen zahllosen Fans. In zwölf Spielzeiten für Sporting Lissabon führte er nicht weniger als zwölfmal die vereinsinterne Torschützenliste an.

Nach seiner aktiven Zeit

Tatsache ist hingegen, dass selbst die gegen Atlético erspielten Gelder sein Sportgeschäft nicht dauerhaft retten konnten, weshalb Peyroteo zunächst in sein Geburtsland Angola zurückkehrte, wo er allerdings auch nicht wirklich glücklich wurde. Zurück in Portugal übernahm er in den frühen Sechzigern für kurze Zeit die Leitung der Nationalelf, ehe er in einem Altherrenspiel zwischen Sporting und dem FC Barcelona derart schwer verletzt wurde, dass ihm nach einem ärztlichen Kunstfehler schließlich ein Bein amputiert werden musste. Am 28. November 1978 sollte Fernando Peyroteo in Lissabon einem Herzinfarkt erliegen. Er wurde gerade einmal 60 Jahre alt.
Sein Andenken wird bei Sporting freilich bis heute in Ehren gehalten. Als der Verein im Jahr 2006 sein 100. Gründungsjubiläum beging, wurde auch des erfolgreichsten Torjägers gedacht, indem man diesem ein Denkmal errichtete. Die Enthüllung einer Gedenktafel fand am 10. März 2006 und damit am 88. Geburtstag der verstorbenen Klublegende statt, wobei dessen Sohn bei der Feierstunde zugegen war und im Namen der Familie Peyroteo dem Verein seinen Dank ausdrückte.

► ZAHLEN UND FAKTEN

Vereine: 1937-1949 Sporting Lissabon

Tore:
197 portugiesische Erstligaspiele (331 Tore)
87 Spiele Campeonato de Lisboa (122 Tore)
43 Spiele Taça de Portugal (73 Tore)
1 portugiesisches Supercupspiel (2 Tore)
2 Spiele Copa Latina (3 Tore)
20 Länderspiele (13 Tore)
gesamt 350 Pflichtspiele (544 Tore)

Erfolge: Portugiesischer Meister
1941, 1944, 1947, 1948, 1949
Portugiesischer Pokalsieger
1938, 1941, 1945, 1946, 1948
Portugiesischer Supercupsieger 1944
Stadtmeister Lissabon
1937, 1938, 1940, 1941, 1944, 1946

Portugiesischer Torschützenkönig
1938, 1940, 1941, 1946, 1947, 1949

In der Nationalmannschaft:

Genau wie die Vereinslaufbahn Fernando Peyroteos litt auch dessen Nationalmannschaftskarriere unter den Wirren des Zweiten Weltkriegs. Während Portugal in den Kriegsjahren 1939 bis 1942 insgesamt nur fünf Länderkämpfe bestritt, kam der Spielbetrieb zwischen Januar 1942 und März 1945 vollends zum Erliegen. Es erscheint allerdings fraglich, ob Peyroteo mit der Seleção an den dem Krieg zum Opfer gefallenen WM-Endrunden 1942 und 1946 hätte teilnehmen können, da Portugal seinerzeit eher zu den wenig ambitionierten Leichtgewichten zählte.
Immerhin kam der Sporting-Star zwischen 1938 und 1949 zu 20 Länderspieleinsätzen, in denen 13 Treffer auf sein Konto gingen. Mit durchschnittlich 0,65 Toren pro Einsatz stellt er darüber hinaus zahlreiche seiner hochdotierten Nachfolger wie Luis Figo oder Cristiano Ronaldo in den Schatten, die mit 0,25 bzw. 0,38 Treffern wie Waisenknaben dastehen. Selbst Eusebio mit einem Toreschnitt von 0,64 und Rekordtorschütze Pauleta (0,53) bleiben hinter Fernando Peyroteo zurück, so dass dieser auch in Sachen Länderspieltore Portugals Quotenkönig ist.
Sein Debüt im Nationaltrikot feierte Fernando Peyroteo am 9. Januar 1938 zwei Monate vor seinem 20. Geburtstag unter Cândido de Oliveira in Lissabon gegen Ungarn. Obwohl die Magyaren damals über eine Weltklassemannschaft verfügten, die im kommenden Sommer in Frankreich Vizeweltmeister werden sollte, zeigte sich die fuß-

ballerische Elite Lusitaniens in Galaform und feierte einen klaren 4:0-Sieg, bei dem vor allem Peyroteos Sporting-Teamgefährte João Cruz als Doppeltorschütze geglänzt hatte. Auch zwei Monate später verkauften sich die Portugiesen mit ihrem neuen Hoffnungsträger Peyroteo ausgesprochen stark, als sie Deutschland in Frankfurt ein vielbestauntes 1:1 abrangen.

Fernando Peyroteo beim Torabschluss. Auch im Nationaltrikot gehörte der Sporting-Star in den vierziger Jahren zu den Leistungsträgern und erzielte in 20 Länderspieleinsätzen zwischen 1938 und 1949 insgesamt 13 Tore.

Da die Schützlinge von Cândido de Oliveira (ohne Peyroteo) zuvor auch gegen Spanien mit 1:0 die Oberhand behalten hatten, schienen sie für die anstehende WM-Qualifikation gut gerüstet. Diese sollte in nur einem einzigen Spiel gegen die Schweiz ausgetragen werden, das rund einen Monat vor der Endrunde im neutralen Mailand stattfand. Auch der Gegner schien durchaus schlagbar, da die Eidgenossen im Jahr zuvor von zehn Länderspielen lediglich eines für sich entschieden hatten. Außerdem hielten die italienischen Zuschauer wegen der politischen Nähe zum Salazar-Regime mehrheitlich zu den Portugiesen. Unter den Augen Adolf Hitlers, der als Gast Mussolinis die Partie im San Siro verfolgte, erwischten aber dennoch die von Karl Rappan betreuten Schweizer den besseren Start und gingen durch zwei Aebi-Tore früh mit 2:0 in Führung, ehe die Portugiesen, die mit fünf Sporting-Akteuren angetreten waren, zur Gegenoffensive ansetzten. In der 55. Minute vergab Cruz die Riesenchance, per Elfmeter den Anschlusstreffer zu erzielen, ehe dieser Peyroteo eine Viertelstunde vor Schluss doch noch gelang. Dessen Torpremiere sollte jedoch der einzige Treffer der Portugiesen bleiben, die somit die Teilnahme an der WM in Frankreich verpasst hatten.

Nach diesem wichtigsten Länderkampf seiner Karriere kam Fernando Peyroteo auch im November 1938 im Revanchespiel gegen die Schweiz in Lausanne zum Einsatz, das mit 0:1 jedoch ebenfalls verloren ging. Das nächste Mal durfte er erst wieder am 28. Januar 1940 in Paris jubeln, als er bei der 2:3-Niederlage gegen Frankreich gleich zweimal erfolgreich war. Wie schon gesagt wurden Länderspiele in jener Zeit kriegsbedingt zur Mangelware. Fast ein ganzes Jahr nach dem Auftritt an der Seine waren die Portugiesen am 12. Januar 1941 Gastgeber für Spanien, dem man in Lissabon auch dank eines weiteren Peyroteo-Treffers ein 2:2-Remis abtrotzte.

Seinen nächsten Einsatz sollte der Mittelstürmer von Sporting Lissabon erst nach einer dreijährigen Länderspielpause verbuchen. Am 11. März 1945 hieß es gegen Spanien nach 90 Minuten im Nationalstadion von Lissabon abermals 2:2, wobei die Treffer der Gastgeber auf das Konto des glänzend aufgelegten Fernando Peyroteo gegangen waren, der auch im Rückspiel in La Coruña (2:4) zweimal traf. Es sollte sein dritter und letzter Doppelpack für die Seleção bleiben. Diese feierte im Verlauf des Jahres 1946 zwei Siege gegen Frankreich (2:1) sowie gegen Irland (3:1), bei denen sich Peyroteo je einmal in die Torschützenliste eintrug. Nach weiteren Torerfolgen am 23. November 1947 gegen Frankreich (2:4) und am 23. Mai 1948 gegen Irland (2:0) sollte er am 20. März 1949 unter Armando Sampaio sein 20. und letztes Länderspiel bestreiten, um sich beim 1:1 in Lissabon gegen Spanien mit dem 13. Torerfolg standesgemäß zu verabschieden.

Die Klage des Walter Winterbottom

Eine unglückliche Figur gab Fernando Peyroteo als Trainer der Nationalelf ab, die er im Oktober 1961 in zwei Spielen betreute. Mit 3:1 Punkten war Portugal unter Armando Ferreira in die WM-Qualifikation für Chile gestartet, ehe Ferreira nach einem 0:2 gegen Argentinien durch Peyroteo ersetzt wurde. Völlig überraschend kassierte die Seleção am 8. Oktober eine 2:4-Pleite in Luxemburg, die dem neuen Nationalcoach vor allem von den Benfica-Fans übel genommen wurde, da just in dieser Partie deren neuer Liebling Eusebio debütiert hatte. Im letzten Qualifikationsspiel benötigten die Portugiesen somit unbedingt einen Sieg in England, den Fernando Peyroteo mit allen Mitteln zu erzwingen versuchte. Beim Trainingsspiel der Three Lions gegen West Ham United tauchte er auf der Tribüne des Upton Park auf, was er zuvor mit den Verantwortlichen der Hammers abgesprochen hatte. Dennoch beklagte sich Englands Team-Manager Walter Winterbottom vehement über das Erscheinen des portugiesischen Trainerspions und sprach von einem Verstoß gegen die guten Sitten. Da die Engländer in Wembley aber mit 2:0 die Nase vorn hatten (obwohl Portugal drei Pfostentreffer verzeichnete) und daher den Weg nach Chile antreten konnten, dürfte sich der Zorn des späteren Sir Walter bald gelegt haben.

Saison	C.L.*		Liga		Pokal	
	Sp.	T.	Sp.	T.	Sp.	T.
1937/38	10	12	14	34	6	11
1938/39	10	23	10	14	6	8
1939/40	10	17	17	29	4	8
1940/41	2	2	14	29	4	6
1941/42	10	18	12	28	3	5
1942/43	10	13	18	22	3	3
1943/44	9	11	17	24	2	1
1944/45	10	11	15	18	6	10
1945/46	10	11	21	37	4	9
1946/47	-	-	19	43	4	4
1947/48	6	10	17	14	5	12
1948/49	-	-	23	39	0	0

* Stadtmeisterschaft von Lissabon (=Campeonato de Lisboa)

Pinga
Erste Stürmerlegende des FC Porto

Der am 30. Juli 1909 in Funchal geborene Artur de Sousa gilt neben Cristiano Ronaldo als bester Fußballer der zu Portugal gehörenden Atlantikinsel Madeira. Ihm zu Ehren trägt in Funchal eine Straße seinen Namen. Schon als Jugendlicher schloss sich „Pinga“ dem örtlichen Spitzenverein CS Maritimo an, der in den zwanziger Jahren durchaus mit den ganz Großen mithalten konnte. In der Saison 1925/26 feierten die Spieler in den grün-rot gestreiften Trikots den bis heute größten Erfolg der Vereinsgeschichte und gewannen die damals noch im K.O.-System ausgetragene Meisterschaft.
Vier Jahre später sollte dann Artur de Sousa die erste Elf des Inselklubs verstärken, die sich 1929/30 traditionsgemäß die Regionalmeisterschaft von Madeira sicherte und ihre beiden einzigen ernstzunehmenden Rivalen Nacional Funchal und União da Madeira in Schach hielt. Gleich auf Anhieb zählte Pinga bei Maritimo zu den Besten. Und so sorgte er auch beim Auftritt der Grün-Roten im Rahmen des Campeonato de Portugal für Furore, als sich seine Mannschaft in der Runde der letzten Acht Titelverteidiger CF Belenenses Lissabon nur knapp geschlagen geben musste. Wer weiß, wie das Duell ausgegangen wäre, hätte die Elf aus Madeira am 4. Mai 1930 ihr Heimspiel im Estadio dos Barreiros in Funchal und nicht auf dem Campo Grande und somit vor der Haustür des Gegners ausgetragen? So reichte es nur zu einem torlosen Remis, ehe die Inselkicker im Rückspiel eine Woche später die erste halbe Stunde verschliefen und mit einem 0:2-Rückstand in die Halbzeit gingen. Dennoch wurde es noch einmal richtig spannend, da Pepe in der 65. Minute das 1:2-Anschlusstor erzielte, bei dem es aber bis zum Schlusspfiff blieb.

Wechsel von Madeira nach Porto
Das Problem für Pinga bestand darin, dass er auf Madeira ein wenig „ab vom Schuss“ war. Das ausgesprochen bergige Eiland im Atlantik liegt immerhin 951 Kilometer südwestlich der Hauptstadt Lissabon, die man damals nur mühsam per Schiff erreichen konnte. Im Campeonato de Portugal wollte man CS Maritimo ganz offensichtlich die weite Reise aufs Festland ersparen, so dass der Mannschaft in den ersten beiden Runden ein Freilos gewährt worden war. Diese „glückliche Fügung“ wurde freilich dadurch wieder ausgeglichen, dass die Grün-Weißen im Viertelfinale – wie schon erwähnt – ihre beiden Spiele gegen CF Belenenses in Lissabon austragen mussten, womit der Beweis erbracht war, dass der Verein aus Madeira einen eindeutigen Standortnachteil besaß.
Insofern verwundert es nicht, dass Pinga im Dezember 1930 nicht lange zögerte, als ihm das Angebot unterbreitet wurde, künftig für den FC Porto auf Torejagd zu gehen. Ganz reibungslos war der Wechsel in die nordportugiesische Hafenstadt freilich nicht über die Bühne gegangen. Vor allem hatte man Vereinspräsident Eduardo Dumont Vilares bezichtigt, einige Dokumente gefälscht zu haben, um sich die Dienste des Wunschspielers zu sichern. Pinga kümmerte sich wenig um die Diskussionen über seinen Abschied aus Madeira und überzeugte auch beim FC Porto auf Anhieb mit Leistung. Er bestach mit einer glänzenden Technik ebenso wie mit einer fantastischen Ballkontrolle. Artur de Sousa war ein kompletter Stürmer, der nicht auf seiner Position verharrte, sondern durch seine Beweglichkeit immer anspielbar war.
Zunächst wurde er zumeist als Linksverbinder eingesetzt, um später zeitweise in die Sturmmitte zu rücken. In Porto traf Pinga auf Valdemar Mota und Acacio Mesquita, mit denen er in den dreißiger Jahren den Innensturm bildete. Einige verglichen diesen sogar mit den legendären „Cinco Violinos“, die in den späten Vierzigern bei Sporting Lissabon für permanente Torgefahr standen. Mittelstürmer Mesquita, der zwischen 1926 und 1935 in Porto spielte, galt als sportliches Multitalent, der gleich mehrere Regionalmeisterschaften in der Leichtathletik gewann und zudem als Basketballspieler glänzte.

Teufelssturm zur Mittagszeit
Da es damals noch kein Flutlicht gab, wurden in Portugal vor allem in den Wintermonaten die Spiele des Öfteren um die Mittagszeit angepfiffen. Nicht nur im Campeonato de Portugal, sondern auch gegen ausländische Mannschaften, die allerdings um das Land im äußersten Südwesten des Kontinents zumeist noch einen großen Bogen machten. Umso erfreuter waren die Fans, als der FC Porto zu Weihnachten 1933 gegen eine Budapester Auswahl antrat. Nicht zuletzt dürfte der langjährige ungarische Trainer Jozsef Szabo dafür verantwortlich gewesen sein, dass dessen Landsleute in Porto vor Anker gegangen waren.

„High noon“ herrschte in Porto, wenn der Innensturm mit Valdemar Mota, Acacio Mesquita und Pinga (von links nach rechts) auf Torejagd ging. Die Bezeichnung „tres diabos do meio-dia“ erwarb sich das Trio zur Jahreswende 1933-1934, als mit einer Budapester Auswahl sowie der First Vienna zwei internationale Spitzenmannschaften zur Mittagszeit deutlich geschlagen worden waren.

Vielleicht war die ungewohnte Anstoßzeit Grund dafür, dass die Magyaren in einer packenden Partie mit 7:4 geschlagen wurden, nachdem diese vor allem das blendend harmonierende blau-weiße Innentrio nie in den Griff bekommen hatten. Alsbald wurden Mota, Mesquita und Pinga als die „drei Teufel zur Mittagszeit“ („tres diabos do meio-dia“) verehrt. Umso mehr, als diese am 4. Januar 1934 auch noch die First Vienna mit 3:0 im Hafen von Porto versenkten, die zu den der stärksten Profimannschaften von Mitteleuropa gezählt wurde.

► **EINWURF**
Die ewige Torschützenliste des FC Porto wird von Pinga mit 394 Treffern in 400 Pflichtspielen souverän angeführt, wobei er davon in der 1ª Divisão etwa 200 erzielt hat. Bester Erstligatorschütze der Dragões ist Fernando Gomes, der für seine 287 Tore 341 Einsätze benötigt hat. Hinter Gomes und Pinga rangiert der Brasilianer Mario Jardel mit 130 Toren in nur 125 Spielen auf dem dritten Platz.

Auf Anhieb Meister

Obwohl Pinga schon im Dezember 1930 zum FC Porto gestoßen war, verzeichnete er seine ersten offiziellen Einätze im blau-weißen Trikot erst in der Saison 1931/32, was vermutlich an den erwähnten Irritationen um seinen Wechsel gelegen hatte. Schon im Campeonato do Porto stellte er in Anbetracht von 17 Toren in acht Einsätzen sein Können unter Beweis. Nach acht Spielen verfügte die Mannschaft über ein Torverhältnis von 53:8 und stand damit wie so oft als Stadtmeister fest. In seiner Zeit am Douro sollte Pinga noch weitere zwölfmal den Meistertitel von Porto gewinnen.

In die im Anschluss ausgetragene Pokalmeisterschaft starteten die Dragões mit einem fulminanten 18:0-Schützenfest gegen Ginasio Leiria, an dem Pinga sicher mit dem einen oder anderen Treffer beteiligt war (wie viele es genau gewesen sind, ist leider nicht übermittelt). Nach diesem höchsten Sieg der Vereinsgeschichte erzielte er im Rückspiel gegen Stadtrivale SC Salgueiros (2:0, 4:1) den ersten verbürgten Treffer. Danach kam es zum Wiedersehen mit seinem Ex-Klub Maritimo Funchal, wobei das „Heimspiel“ der Inselkicker in Lissabon. (ohne Pinga) mit einem torlosen Remis endete, ehe Porto durch einen harterkämpften 3:2-Sieg den Weg in die Vorschlussrunde ebnete. Hier wurde Titelverteidiger Benfica Lissabon nach einem 2:1 in der Kapitale auch zu Hause mit 3:0 geschlagen. Beim Erfolg am 26. Juni 1932 hatte sich das Innentrio Mota (30.), Pinga (44.) und Mesquita (60.) die Treffer aufgeteilt. Damit stand der FC Porto wie im Vorjahr als Endspielteilnehmer fest und traf in Coimbra auf Belenenses Lissabon. Die Blau-Weißen erwischten einen Start nach Maß und lagen durch einen Doppelschlag von Pinga aus der 18. und 25. Minute früh mit 2:0 vorne, um nach der Pause auf 4:1 davonzuziehen. In der Schlussphase aber erzielte Belenenses noch drei Tore und erkämpfte sich ein Wiederholungsspiel, wo Porto nach einem verwandelten Strafstoß Pingas bereits in der 11. Minute in Führung ging. Belenenses entpuppte sich am 17. Juli 1932 jedoch erneut als harter Widersacher und kam zum Ausgleich, ehe Mesquita in der 62. Minute mit dem 2:1-Siegtor den Gewinn des Campeonato de Portugal unter Dach und Fach brachte.

Als amtierender Pokalmeister war der FC Porto in der Stadtliga 1932/33 nicht zu halten und verteidigte ungeschlagen den Titel. Auch Pinga hatte sich mit 31 Toren in zwölf Spielen für die nationale Pokalrunde eingeschossen, in die der Titelverteidiger mit einem 8:0-Sieg über den FC Vianense startete, bei dem Pinga als dreifacher Torschütze in Erscheinung getreten war. Gar sechsmal traf er zum Auftakt des Achtelfinales ins Schwarze, als União Lissabon mit 9:0 demontiert wurde (Rückspiel 2:4). Im Viertelfinale stand dann erneut das Prestigeduell mit Benfica Lissabon an, das den Dragões im Hinspiel am 28. Mai 1933 einen 8:0-Kantersieg bescherte. Während seine Sturmpartner Mota und Mesquita je dreimal ins Schwarze getroffen hatten, blieb Pinga selbst ohne Treffer, wofür er sich aber bei der 2:4-Rückspielniederlage in Lissabon mit dem zweiten Treffer für seine Mannschaft rehabilitierte. Zum Auftakt der Vorschlussrunde trotzen die Blau-Weißen Sporting Lissabon in der Hauptstadt ein 1:1 ab, so dass sie voller Selbstvertrauen in das Rückspiel am Douro gingen, nachdem sie in den Runden zuvor überaus klare Heimsiege gefeiert hatten. Diesmal reichte es jedoch nur zu einem mageren 0:0, womit die Entscheidung in einem dritten Duell fallen musste, das am 27. Mai 1933 in Coimbra über die Bühne ging. Dabei erwischten die Dragões einen Start nach Maß und gingen durch den zwölften Endrundentreffer Pingas bereits in der 10. Minute in Führung. Nach der Pause drehte Sporting aber den Spieß noch um und zog dank eines 3:1-Sieges ins Endspiel ein.

Die Meistermannschaft des FC Porto aus der Saison 1934/35. Stehend (von links nach rechts): Lopes Carneiro, Valdemar Mota, Carlos Mesquita, Pinga, Carlos Nunes, Acacio Mesquita, Assis, Raul. Mitte: Alvaro Pereira, Jeronimo. Unten: Avelino Martins, De Nueva, Soares dos Reis, Antonio Santos, Carlos Pereira und Castro.

Auch weiterhin auf Erfolgskurs

Im Spieljahr 1933/34 sollte der FC Porto dann nicht in den Ergebnislisten des Campeonato de Portugal auftauchen, da es während eines Spiels gegen den SC Beira-Mar zu Zuschauerausschreitungen gekommen war. Dafür hielt sich die Mannschaft in der kommenden Saison mit dem Gewinn des neu eingeführten Campeonato da Liga schadlos. Erstmals hatte der Verband die besten acht Vereine des Landes in einer Spielklasse zusammengefasst, um den damals noch inoffiziellen Landesmeister zu küren. Ausschlaggebend für den Titelgewinn des FC Porto war die enorme Heimstärke, die die Blau-Weißen sämtliche ihrer sieben Spiele vor eigenem Publikum gewinnen ließ. Bereits in der 3. Runde war es zum „Classico“ gegen Benfica Lissabon gekommen, wobei die Partie vom 3. Februar 1935 in Porto wegen des großen Zuschauerandrangs mit zehnminütiger Verspätung angepfiffen worden war. Nach 15 Minuten folgte allerdings die kalte Dusche, als die Gäste durch Lopes Carneiro in Führung gingen. Nach dem Seitenwechsel kam die Heimelf jedoch immer besser ins Spiel und erzielte durch Pinga nach exakt einer Stunde den Ausgleich, ehe Alfredo Valadas nur zwei Minuten später den 2:1-Endstand besiegelte. Neben dem Treffer gegen Benfica erzielte Pinga neun weitere Tore, so dass er in der teaminternen Torjägerliste nur von Carlos Nunes (13 Tore) überboten wurde. In der Endabrechung hatte man Vizemeister Sporting Lissabon um zwei Zähler distanziert. Dafür sollten die Leoes in der anschließenden Pokalmeisterschaft Revanche nehmen,

als sie den FC Porto mit einem 4:0 in Lissabon und einem 0:0 am Douro im Semifinale eliminierten.
In der Saison 1935/36 reichte es im Campeonato da Liga zur Vizemeisterschaft hinter Benfica Lissabon. Während

der Titelverteidiger im direkten Vergleich mit seinem Nachfolger den Kürzeren gezogen hatte (2:2, 1:5), blieben vor allem die Kantersiege gegen Sporting (10:1) und Belenenses Lissabon (9:1) in Erinnerung. In beiden Fällen hatte Pinga *(links im Bild)* groß aufgetrumpft und sich zunächst am 22. März 1936 auf dem heimischen Campo do Ameal gegen Sporting dreimal in die Torschützenliste eingetragen. Noch besser als er war nur Carlos Nunes, der sogar viermal eingenetzt hatte. Beim 9:1 über Belenenses stellte Pinga als fünffacher Torschütze dann jedoch sämtliche seiner Teamgefährten in den Schatten. Da Acacio Mesquita vor Saisonbeginn zurückgetreten war, war Pinga ins Sturmzentrum gerückt, was seine Trefferquote deutlich hochschnellen ließ. Am Saisonende hatte er in 14 Spielen 21 Treffer erzielt, womit er sich zum ersten (und einzigen Mal) als Torschützenkönig der portugiesischen Ligameisterschaft feiern lassen durfte.
Im Anschluss an das Campeonato da Liga nahm der FC Porto wie üblich am Campeonato de Portugal teil, das noch immer als offizielle Meisterrunde galt. Allerdings verlief nur das Erstrundenduell mit Sporting Braga nach Wunsch, da Pinga nach einem Treffer beim 4:2-Hinspielsieg auch beim 11:0-Schützenfest zu Hause dreimal ins Schwarze traf. Ohne Torerfolg blieb Portos neuer Mittelstürmer im Viertelfinale gegen Belenenses, wo es nach zwei Unentschieden (1:1, 0:0) im Entscheidungskampf im neutralen Coimbra eine 0:1-Niederlage setzte.
Nachdem die Mannschaft in der Spielzeit 1936/37 die obligatorische Stadtmeisterschaft für sich entschieden hatte, fiel sie im Campeonato da Liga auf den vierten Platz zurück. Auch Pinga war mit 13 Toren ein wenig hinter den Erwartungen geblieben. Umso motivierter gingen er und seine Kameraden in der Pokalmeisterschaft zu Werke, wo zum Auftakt die Elf des SC Leixões mit 5:1 und 5:0 locker eliminiert wurde. Auch in der Runde der letzten Acht machten die Blau-Weißen mit Stadtrivale Boavista kurzen Prozess und fertigten diesen mit 5:2 und 6:1 ab, wobei Pinga nach zwei Treffern im Hinspiel auch im Rückspiel „sein" Tor gelang. Im Semifinale schwor sich die Mannschaft gegen Belenenses dann auf die Revanche für das Aus im Vorjahr ein: Nach einer 0:1-Niederlage in der Hauptstadt brillierte auf dem heimischen Campo do Ameal *(kleines Bild unten)* dann vor allem Pingas Sturmpartner Carlos Nunes als dreifacher Torschütze. In der 76. Minute blieb es jedoch Pinga selbst vorbehalten, mit dem 4:0 den Schlusspunkt zu setzen. Im Endspiel von Coimbra wartete am 4. Juli 1937 schließlich die Elf von Sporting Lissabon, die nach dem frühen 1:0 durch Lopes Carneiro noch vor der Pause den Ausgleich erzielte. In der zweiten Hälfte stellte Carlos Nunes mit dem 2:1-Führungstor (60.) die Weichen auf Sieg, ehe Vianinha mit einem verwandelten Strafstoß in der 76. Minute den Vorsprung auf 3:1 ausbaute. Zwar mussten die Blau-Weißen nach dem Anschlusstor Pirezas (80.) noch einmal bangen. Schließlich brachten sie aber den Vorsprung über die Zeit, womit Pingas zweiter Pokalsieg nach 1932 feststand.

Nach dem Karriereende von Valdemar Mota vor der Saison 1937/38 war von Portos Teufelssturm nur noch Pinga übrig geblieben. Unter dem neuen Trainer Mihaly Siska (der wie sein Vorgänger Jozsef Szabo aus Ungarn stammte) kam Pinga in den kommenden Jahren wieder mehr die Rolle des vorbereitenden Verbindungsstürmers zu, während Nebenleute wie Costuras, der in Zagreb geborene Slavko Kordnya oder Correia Dias für das Toreschießen zuständig waren. Nachdem sich der FC Porto in der Ligameisterschaft nur wegen des schlechteren Torquotienten Benfica Lissabon geschlagen geben musste, trafen beide Teams im Viertelfinale des Campeonato de Portugal erneut aufeinander. Dem 4:2-Sieg vor eigenem Publikum folgte in der Hauptstadt am 5. Juni 1938 ein 0:7-Debakel, bei dem Pinga einen der bittersten Tage seiner Karriere erlebte.
Dafür sollten sich die Blau-Weißen in den beiden kommenden Jahren mit dem Gewinn der Meisterschaft revanchieren. Mit der Saison 1938/39 war aus dem bisherigen Cam-

Am 24. April 1938 traf die portugiesische Nationalelf in Frankfurt auf Deutschland und erkämpfte sich beim WM-Teilnehmer ein respektables 1:1-Unentschieden. Nach 18 Minuten war es Pinga (Zweiter von rechts), der den Außenseiter sensationell in Führung brachte. Ebenfalls im Bild der junge Fernando Peyroteo von Sporting Lissabon (Zweiter von links).

peonato da Liga die 1ª Divisão geworden, deren Gewinner fortan auch offiziell als Landesmeister betrachtet wurde. Beim Premierensieg 1938/39 hatte der FC Porto Vizemeister Sporting Lissabon um einen Zähler distanziert, derweil Pinga mit sechs Treffern in 14 Einsätzen in der teaminternen Torschützenliste hinter Costuras (18 Tore), Carlos Nunes (15) sowie Antonio da Costa (11) lediglich den vierten Platz belegte. Costuras, der einst von Lokalrivale Boavista zu den Dragões gestoßen war, wurde darüber hinaus Toptorschütze der 1ª Divisão.

Auch in der Spielzeit 1939/40 erkämpfte sich der FC Porto die Meisterschaft und hielt den ärgsten Rivalen Sporting Lissabon um zwei Zähler auf Distanz. Zum letzten Titelgewinn seiner Karriere hatte Pinga acht Treffer beigesteuert, womit er mannschaftsintern nur noch fünftbester Angreifer war. Mit dem erwähnten Slavko Kordnya (18 Treffer) hatte sich abermals ein Spieler aus Porto die Torjägerkanone gesichert. Die Trefferquote von Linksverbinder Pinga war damit spürbar zurückgegangen. Im Alter von 30 Jahren hatte dieser den Zenit seines Könnens überschritten, obwohl er das blau-weiße Trikot noch bis einschließlich der Saison 1945/46 tragen sollte.

Tränenreiches Abschiedsspiel

Die dritte Meisterschaft blieb für anderthalb Jahrzehnte der letzte Titelgewinn des FC Porto. Die Überlegenheit der Klubs aus Lissabon, allen voran Benfica, war zur Zeit des Salazar-Regimes geradezu erdrückend. Von den Porto-Fans wird die nun folgende Zeit treffend als „traverssia do deserto“ (Durchquerung der Wüste) bezeichnet. Die erste Erfolgsära ist untrennbar mit Pinga verbunden, der ersten Stürmerlegende des FC Porto. Zu dessen direkten Nachfolgern zählte Correia Dias, der 1941/42 – noch an der Seite Pingas – Torschützenkönig wurde. Erst 1956 und 1958 sollte der Meistertitel dann wieder an den FC Porto gehen. Zu den herausragenden Akteuren des vom Brasilianer Yustrich betreuten Teams zählte Angreifer José Maria Pedroto, der Pinga zu seinen großen Vorbildern zählte.

Artur de Sousa hatte nach der Saison 1945/46 seine aktive Laufbahn wegen anhaltender Meniskusprobleme beenden müssen. Zunächst hatte er noch gehofft, sein lädiertes Knie durch eine Operation wiederherstellen zu können. Diese Hoffnung sollte sich jedoch schnell zerschlagen, so dass Pinga nach nur noch einem Ligatreffer in zwei Einsätzen zurücktrat. Im Juli 1946 organisierte der FC Porto ihm zu Ehren ein Abschiedsspiel, bei dem die Blau-Weißen gegen eine Auswahl von Spielern der drei Lissabonner Klubs Benfica, Sporting und Belenenses sowie Academica Coimbra antraten. Als Pinga das Spielfeld verließ, erhoben sich die Zuschauer von ihren Plätzen und applaudierten dem bis zu diesem Zeitpunkt besten Spieler der Klubgeschichte. Nicht wenige hatten Tränen in den Augen, als die Fans letztmals ihre „Pinga! Pinga!“-Rufe anstimmten.

Schon bald nach dem tränenreichen Abschied begann Pinga als Trainer zu arbeiten. Dabei sorgte er beim Provinzklub FC Tirsense für eine faustdicke Überraschung, als er diesen in der Saison 1947/48 durch einen 2:1-Erfolg über Sporting Lissabon zum Gewinn des Landespokals führte. Danach folgten zwei Kurzengagements bei Sanjoanense und dem unterklassigen CD Gouveia, ehe Pinga im Spätherbst 1949 nochmals zum FC Porto zurückkehrte. Für den auf Madeira geborenen Artur de Sousa war die nordportugiesische Hafenstadt längst zur neuen Heimat geworden. Bei den Blau-Weißen hatte man einen neuen Cheftrainer gesucht, nachdem die Vereinsführung Augusto Silva den Stuhl vor die Tür gesetzt hatte. Allerdings blieb das einstige Stürmeridol nur wenige Monate im Amt, ehe mit seinem ehemaligen Mitspieler Francisco Reboredo ein geeigneter Nachfolger gefunden war. Anschließend widmete sich Pinga der Nachwuchsarbeit des FC Porto, wobei er zwischenzeitlich auch immer wieder als Co-Trainer der ersten Mannschaft einsprang. Am 12. Juli 1963 und damit wenige Wochen vor seinem 54. Geburtstag erlag er in Porto an den Folgen einer Leberzirrhose. Sein Leichnam wurde in einem Mausoleum auf dem Friedhof von Agramonte beigesetzt.

Durch seinen frühen Tod durfte Pinga nicht mehr miterleben, wie der FC Porto nach dem Ende des Salazar-Regimes 1974 endlich die Wüste verließ und seitdem zum führenden Vertreter des portugiesischen Vereinsfußballs aufgestiegen ist. Während Pinga für die erste große Ära in der Klubgeschichte steht, wurde die erfolgreiche Gegenwart durch Fernando Gomes eingeläutet, der sich unter Trainer José Maria Pedroto zum bis heute besten Erstligatorschützen des FC Porto entwickelt hat. Mit Pinga in den dreißiger Jahren, Pedroto in den Fünfzigern sowie Gomes seit den späten Siebzigern waren es also immer die Angreifer gewesen, die in der Historie der Dragões für die entscheidenden Impulse gesorgt haben!

► ZAHLEN UND FAKTEN

Vereine:	1929-1930 CS Maritimo Funchal
	1930-1946 FC Porto
Tore:	35 Spiele Campeonato de Portugal (26 T.)
	365 sonstige Liga- / Pokalspiele (368 Tore)*
	21 Länderspiele (9 Tore)
gesamt	421 Pflichtspiele (403 Tore)
	** Stadtmeisterschaft, 1ª Divisão und Taça*
Erfolge:	Portugiesischer Meister 1935, 1939, 1940
	Portugiesischer Pokalsieger 1932, 1937
	Regionalmeister Madeira 1930
	Stadtmeister Porto 1932, 1933, 1934, 1935, 1936, 1937, 1938, 1939, 1941, 1943, 1944, 1945, 1946
	Portugiesischer Torschützenkönig 1936

In der Nationalmannschaft:

Wie auf Vereinsebene hinkte der Organisationsgrad des portugiesischen Fußballs auch in Sachen Nationalelf lange der allgemeinen Entwicklung hinterher. Es dauerte bis zum 18. Dezember 1921, ehe die Seleção in Madrid gegen Spanien (1:2) ihr erstes Länderspiel bestritt. Die geographische Randlage in Europa hatte zur Folge, dass der iberische Nachbar bis heute beliebtester Länderspielpartner geblieben ist. Zu den besten Akteuren einer im internationalen Vergleich damals bestenfalls zweitklassigen Nationalmannschaft zählte ohne Zweifel Artur de Sousa, dessen geringe Länderspielzahl – Pinga wurde zwischen 1930 und 1942 insgesamt 21-mal in die Seleção berufen und erzielte dabei neun Tore – schlicht auf die fehlenden Gelegenheiten zurückzuführen war. Aus den erwähnten Gründen bestritten die Portugiesen in den dreißiger Jahren nämlich selten mehr als zwei Spiele pro Saison.

Zweimal an der WM-Qualifikation gescheitert

Noch als Spieler von Maritimo Funchal war Pinga zu seinem Einstand gekommen. Am 30. November 1930 traten die Lusitanier mal wieder gegen Spanien an, wobei sie sich in Porto in Anbetracht einer knappen 0:1-Niederlage anständig verkauften. Am Rande des Länderspiels konnte Pinga gleich die letzten Details mit seinem neuen Klub FC

Porto klären, dem er sich nur wenige Tage später anschloss. Da er nun in der nordportugiesischen Hafenstadt und nicht mehr auf der abgelegenen Atlantikinsel Madeira „stationiert“ war, stand weiteren Berufungen nichts mehr im Wege. Schon bei seinem dritten Einsatz sollte er sich erstmals in die Torschützenliste eintragen: Am 31. Mai 1931 lief im Lumiar-Stadion von Lissabon alles auf ein Unentschieden gegen Belgien hinaus, als Pinga in der 88. Minute der späte 3:2-Siegtreffer gelang. Auch in den nächsten beiden Länderspielen durfte er jeweils einen Torerfolg feiern. Nachdem er im Mai 1932 beim 3:1 über Jugoslawien den Führungstreffer erzielt hatte, bescherte sein drittes Länderspieltor am 29. Januar 1933 in Lissabon einen 1:0-Erfolg über Ungarn.
Für eine WM-Endrunde konnte sich Pinga mit Portugal freilich nicht qualifizieren. So wurde die Seleção im März 1934 vor allem im Qualifikations-Hinspiel gegen Spanien vorgeführt, als es in Madrid eine 0:9-Packung gesetzt hatte (Rückspiel 1:2). Für diese Abfuhr sollten sich die Portugiesen am 5. Mai 1935 immerhin teilweise rehabilitieren, als sie dem Nachbarn in Lissabon (trotz 0:3-Rückstand) ein 3:3 abrangen, bei dem Pinga in der 61. und 77. Minute gleich zwei Tore erzielte. Am 28. November gelang in Vigo dann endlich der erste Sieg über Spanien (2:1). Pinga hatte sich hier ebenso wie beim 1:0 im Rückspiel im Januar 1938 in die Torschützenliste eingetragen.
Da er auch beim 1:1 gegen Deutschland vor 54.000 Zuschauern im Frankfurter Waldstadion erfolgreich gewesen war, schien Portugal gut gerüstet für das anschließende (einzige) WM-Qualifikationsspiel gegen die Schweiz, das nur wenige Wochen vor der Endrunde in Frankreich stieg. Obwohl man sich gegen die Eidgenossen wacker schlug, setzte es im neutralen Mailand eine knappe 1:2-Niederlage. Das Ehrentor der Portugiesen war im Übrigen auf das Konto von Sporting Lissabons Fernando Peyroteo gegangen, der Pinga danach immer mehr den Rang ablief. Nach dem zweiten Scheitern in der WM-Qualifikation absolvierte Pinga noch fünf Länderspiele, wobei er nur noch beim am 16. März 1941 in Bilbao gegen Spanien (1:5) ein Tor erzielte. Letztmals streifte er am Neujahrstag 1942 in Lissabon gegen die Schweiz (3:0) das Nationaltrikot über.

Saison	C.P.[1]		Liga[2]		Pokal[3]	
	Sp.	T.	Sp.	T.	Sp.	T.
1929/30	-	-	-	-	2	0
1930/31	0	0	-	-	0	0
1931/32	8	17	-	-	8	4
1932/33	12	31	-	-	8	12
1933/34		?	-	-	0	0
1934/35	2	0	13	10	4	0
1935/36		?	14	21	4	4
1936/37		22		13	6	5
1937/38		?		?	3	1
1938/39		19	14	6		?
1939/40		?	15	8		?
1940/41		18		?		?
1941/42		?		?		?
1942/43		?		?		?
1943/44		?		?		?
1944/45		?		?		?
1945/46		?	2	1		?

1 Stadtmeisterschaft von Porto (=Campeonato do Porto)
2 1934-38: Campeonato da Liga; ab 1939: 1ª Divisão
3 1929-38: Campeonato de Portugal; ab 1939: Taça de Portugal

Silvio Piola
Der Henker der Franzosen

Es ist schon einige Jahrzehnte her, da konnte man in manch römischer Osteria noch hitzige Debatten zwischen älteren und jüngeren Lazio-Tifosi verfolgen, in deren Verlauf es die Älteren mit einem Naserümpfen quittierten, wenn die jüngere Generation allzu bewundernd über die gegenwärtigen Spieler der Biancocelesti sprach. „Ihr habt eben noch nie Piola gesehen!“, lautete die Antwort, mit der jene Glücklichen, die den „Fürst auf dem Rasen“ noch miterlebt hatten, die schwärmerische Jugend zu kontern pflegten. Tatsächlich ist Silvio Piola einer der besten Stürmer, den der italienische Fußball je hervorgebracht hat. Zu aktiven Zeiten galt er neben dem Brasilianer Leonidas gar als der beste seiner Epoche. Geboren wurde er am 29. September 1913 in Robbio Lomellina, einer lombardischen Kleinstadt in der Provinz Pavia, wo er als Kind den Umgang mit dem runden Leder erlernte.
Der Fußball auf dem Appenin befand sich Mitte der zwanziger Jahre im Umbruch, weil vor allem in den norditalienischen Industriestädten die Einführung des Berufsfußballs vorangetrieben wurde. Nicht zuletzt war es die „Affäre Rosetta“, welche dem Profitum den Weg ebnen sollte. Edoardo Agnelli versuchte in seiner Eigenschaft als Juve-Präsident Virginio Rosetta von Altmeister US Pro Vercelli im Verlauf der Saison 1923/24 für eine Menge Schotter in den Piemont zu lotsen, was der italienische Verband zwar zunächst untersagte, dem Ansinnen gegen die Zahlung einer Ablöse von damals ungeheuerlichen 50.000 Lire schließlich aber doch zustimmte. Die Folge war, dass von nun an die Vereine aus Turin und Mailand die Szenerie zu beherrschen begannen, während die Vertreter aus kleineren Städten mehr und mehr von der Bildfläche verschwanden. Nicht zuletzt der siebenfache Meister US Pro Vercelli, der sich zunächst noch dem Amateurfußball verschrieben hatte, konnte mit Juventus, Inter & Co. nicht länger mithalten.

Der Adler von Vercelli

Die Mannschaft des „mitica Pro“ hatte seine letzte Landesmeisterschaft 1922 gewonnen und befand sich schon auf dem absteigenden Ast, als in der Rückrunde 1929/30 der heute wohl bekannteste Spieler der Klubgeschichte im Alter von knapp 17 Jahren sein Debüt in der Serie A gab. Der junge Silvio Piola konnte in seinen vier Ligaeinsätzen zwar keinen Treffer erzielen, doch war sein Talent klar ersichtlich, so dass er im kommenden Spieljahr beim Provinzklub aus dem Piemont zum Stammspieler avancierte und in 32 Spielen 13 Tore erzielte. Den ersten Treffer schoss der heutige Rekordtorschütze der Serie A am 2. November 1930, als er in der 21. Minute den 3:0-Heimerfolg der Leoni über seinen späteren Arbeitgeber Lazio Rom einleitete. Während der „Adler von Vercelli“ die eigenen Tifosi wieder von längst vergangenen Zeiten und Triumphen träumen ließ, erwiesen sich seine Teamgefährten als nicht titeltauglich. Als Zehnter landete der Altmeister mit der ausgeglichenen Bilanz von 60:60 Toren und 33:35 Punkten im anonymen Tabellenmittelfeld.
In den kommenden beiden Jahren mussten die Leoni zeitweise sogar um den Ligaverbleib bangen, weshalb ein Wechsel des Mittelstürmers immer wahrscheinlicher wurde. Eine denkwürdige Leistung vollbrachte Piola am 29. Oktober 1933, als ihm im Spiel gegen die Fiorentina sechs Treffer beim 7:2-Sieg gelangen. Ebenfalls sechs Tore

in einem Serie-A-Spiel konnte nur noch Omar Sivori in der Saison 1960/61 beim 9:1 von Inter gegen Juventus verbuchen. Freilich besaß die Einstellung des Piola-Rekords den Makel, dass Inter an jenem 10. Juni 1961 nur eine Jugendelf nach Turin entsandte, da man sich im Verlauf der Saison vom Verband verschaukelt gefühlt hatte.

► EINWURF
Italien kann nicht unbedingt als das „Paradies für Torjäger" bezeichnet werden. Eine Einschätzung, zu der besonders der berüchtigte Catenaccio beigetragen hat, der in den sechziger Jahren zum Markenzeichen des Fußballs auf der Apenninhalbinsel wurde. Es kommt daher nicht von Ungefähr, dass mit Silvio Piola der beste Goalgetter der Serie A zu diesem Zeitpunkt längst seine Karriere beendet hatte. Mit 274 Toren in 537 Einsätzen führt er die ewige Bestenliste vor Gunnar Nordahl (225) sowie José Altafini und Giuseppe Meazza (je 216) an. Seine Quote von 0,51 Treffern pro Spiel klingt nicht wirklich überragend. Für Piola spricht hingegen, dass er mit Ausnahme seiner kurzen Zeit in Turin nie für die norditalienischen Spitzenklubs gekickt hatte.

Durchbruch im Lazio-Dress

Seit dem Start der Serie A in der Saison 1929/30 wurde das neue Oberhaus vor allem von Inter Mailand und Juventus Turin beherrscht. Während sich die Nerazzurri den Premierentitel sicherten, gingen die fünf anschließenden Meisterschaften nach Turin. Auch beim ersten italienischen Weltmeistertitel stellten Juventus und Inter das Gros der WM-Fahrer. Traditionell wurde der italienische Fußball von den Nordklubs dominiert, derweil die Vertreter aus dem ärmeren „Mezzogiorno" regelmäßig das Nachsehen hatten. Insofern ist es aus heutiger Sicht einigermaßen erstaunlich, dass sich der aus der Lombardei stammende und im Piemont als Fußballer populär gewordene Silvio Piola im Sommer 1934 dafür entschied, seine Karriere nicht bei Juve oder Inter fortzusetzen, da ein Engagement bei einem dieser Klubs einem hochtalentierten Spieler wie ihm sicher einen oder mehrere Titelgewinne beschert hätte. Der „Adler aus Vercelli" ging jedoch nicht den einfachen Weg, sondern heuerte bei Lazio Rom an, das Piola in sportlicher Hinsicht nicht ansatzweise jene Topbedingungen bieten konnte, wie dies in Turin oder Mailand der Fall gewesen wäre. Speziell ein Wechsel zu Meister Juve wäre den Tifosi in Vercelli jedoch nur äußerst schwer vermittelbar gewesen, da das Verhältnis zwischen beiden Klubs seit der „Affäre Rosetta" – vorsichtig gesprochen – nicht das beste war.

Silvio Piola noch im Trikot von US Pro Vercelli. Für die Leoni bestritt er 127 Liga-Spiele und erzielte 51 Treffer.

Seinen Wechsel an den Tiber sollte „Silvio Gol" gleichwohl nicht bereuen. In der Hauptstadt avancierte der Mittelstürmer von Beginn an zum unumstrittenen Superstar und hält bis heute mit 143 Treffern in 227 Erstligaspielen den Klubrekord. Nicht zuletzt dank der 21 Tore seines neuen Mittelstürmers – mit denen Piola Rang zwei in der Torschützenliste belegte – verbesserte sich Lazio im Spieljahr 1934/35 auf den fünften Platz und realisierte mithin sein bis dato bestes Abschneiden in der Serie A. In seinen ersten drei Saisonspielen zählte Piola jeweils zu den Torschützen, weshalb die Tifosi sofort hellauf begeistert waren. Während sich Lazio also dank seiner Neuerwerbung auf dem Vormarsch befand, machte sich dessen Fehlen in Vercelli schmerzhaft bemerkbar. Ohne ihn stieg der Altmeister, der im Vorjahr immerhin noch einmal Siebter geworden war, sofort aus der Serie A ab, um danach nie wieder ins italienische Oberhaus zurückzukehren.

Silvio Piola in typischer Haltung. Der Spezialist für spektakuläre Fallrückzieher zeigt im himmelblauen (hellen) Lazio-Trikot, was er kann. Seinen Gegenspielern bleibt nur die Rolle der bewundernden Beobachter.

Insgesamt neun Spielzeiten verweilte der Spezialist für spektakuläre Fallrückzieher bei Lazio Rom. Zwar blieb ihm in Anbetracht der Stärke der norditalienischen Vereine ein Titelgewinn verwehrt. Immerhin konnte er sich aber in den Spielzeiten 1936/37 und 1942/43 zweimal als Capocannoniere der Serie A auszeichnen. Das beste Abschneiden in der Liga verbuchte er 1936/37 mit dem Gewinn der Vizemeisterschaft. In dieser Saison hatte der Ungar Jozsef Viola die Leitung des Trainings übernommen, der vor allem auf die Fitness seines Teams Wert legte. Zudem profitierte Piola von der Verpflichtung Giovanni Costas, der ihn ebenso wie die Läuferreihe mit Riccardi, Milano und Busani mit Vorlagen fütterte.

► EINWURF
Es dürfte weltweit nur wenige Spieler geben, denen wie Silvio Piola gleich zweimal die Ehre zuteil wurde, dass ein Fußballstadion nach ihm benannt worden ist. Obwohl die große Zeit des siebenfachen Italienischen Meisters US Pro Vercelli zu Beginn der Karriere von „Silvio Gol" bereits beendet war, ist der Weltmeister von 1938 dennoch der mit Abstand prominenteste Spieler des Provinzvereins, weshalb dieser seine, 1932 an der Via Massaua erbaute Arena, 1998 – zwei Jahre nach Piolas Tod – in „Stadio Silvio Piola" umbenannte. Aber nicht nur die Leoni, auch Novara Calcio bestreitet seine Heimspiele in einer Arena eben diesen Namens. Schon am 23. Oktober 1997 entschieden die Stadtväter, das Stadion an der Viale Kennedy nach Silvio Piola zu benennen, der im piemontesischen Novara 1954 seine Laufbahn beendet hatte.

Als Vizemeister nahmen die Laziali im Jahr 1937 am Mitropa-Cup teil, wo sie sich ebenfalls sehr gut verkauften und via Hungaria Budapest (1:1, 3:2) und Grasshopper

Club Zürich (6:1, 2:3) in die Vorschlussrunde einzogen. Hier sollten sie eigentlich auf den Sieger der Partie FC Genua 1893 gegen Admira Wien treffen. Da beide Teams vom Veranstalter jedoch aus dem Wettbewerb ausgeschlossen worden waren, erreichten die Biancocelesti kampflos die Endspiele. Gegner dort war Ferencvaros Budapest, das 1928 den Pokal schon einmal gewonnen und auch 1935 im Finale gestanden hatte. Doch bereits an der Donau boten die Römer Fradi die Stirn. In einer temperamentvoll geführten Partie besiegelte Dr. Sarosi mit drei Toren die 2:4-Niederlage. Der zweite Treffer der italienischen Gäste war in der 64. Minute auf Silvio Piolas Konto gegangen. Das Rückspiel am Tiber ging am 24. Oktober 1937 über die Bühne. Beide Teams zeigten sich vor 35.000 Zuschauern im Stadio del PNF von Beginn an sehr torhungrig und hatten nach gut einer halben Stunde schon sechs Tore zustande gebracht. Lazios Mittelstürmer präsentierte sich einmal mehr in Galaform und hatte mit einem lupenreinen Hattrick zwischen der 19. und 36. Minute die 4:2-Führung besorgt. Bis in die Schlussphase erlebten die Fans ein mitreißendes Spiel, bei dem die Gastgeber ihre zahlreichen Chancen nicht zum Ausbau ihres Vorsprungs nutzten, der nach einem Torerfolg Toldis sogar auf nur einen Treffer geschrumpft war. Eine Vorentscheidung fiel in der 71. Minute, als Polgar für Fradi zum 4:4 ausglich. Acht Minuten später schoss Dr. Sarosi die Gäste schließlich zu einem 5:4-Sieg. Damit war das Duell der beiden Mittelstürmer und Kapitäne an den Ungarn György Sarosi gegangen, der als ebenfalls dreifacher Torschütze nach dem Schlusspfiff die begehrte Trophäe überreicht bekam. Auch in der Torschützenliste verwies Dr. Sarosi mit seinen zwölf Treffern „Silvio Gol“ (elf Tore) auf den zweiten Platz.

► **EINWURF**
Seine fast ein Vierteljahrhundert dauernde Karriere machte Silvio Piola mit 537 Einsätzen lange zum Rekordspieler der Serie A, bis er während der Saison 1979/80 von Dino Zoff abgelöst wurde. Inzwischen hat freilich längst Paolo Maldini die Spitzenposition erklommen, derweil der „Adler von Vercelli“ auf Rang sechs zurückgefallen ist. Maldini hat sämtliche seiner 647 Spiele übrigens für den AC Mailand bestritten, womit der Verteidiger das Vorurteil widerlegt, dass die Profis der Gegenwart keine Vereinstreue mehr kennen. Hingegen stand „Silvio Gol“ im Verlauf seiner Karriere bei fünf verschiedenen Klubs unter Vertrag.

Ein denkwürdiger Derby-Sieg

Eigentlich war die Saison 1940/41 für Lazio – genau wie für Silvio Piola – eine zum Vergessen. Mit Hängen und Würgen konnte sich die Mannschaft den Verbleib im Oberhaus sichern, und das nur, weil die Biancocelesti gegenüber dem punktgleichen ersten Absteiger Novara Calcio den knapp besseren Torquotienten aufwiesen. Auch Piola war von der Form früherer Jahre weit entfernt und landete mit zehn Saisontreffern in der Torschützenliste unter ferner liefen. Ausgerechnet im Stadtderby gegen die ungeliebte Roma lieferte er jedoch eine famose Leistung ab, welche sich dauerhaft in das kollektive Gedächtnis der Lazio-Anhänger einbrannte. In ihrer prekären Lage benötigte die Mannschaft jeden Zähler, weshalb es am 16. März 1941 vom Anpfiff weg gewohnt einsatzfreudig zur Sache ging. In einem harten Zweikampf zog sich Piola früh eine schwere Kopfverletzung zu, die am Spielfeldrand behandelt werden musste. Mit einem Kopfverband kehrte der Sturmführer auf den Rasen des PNF zurück, um seine Farben mit zwei Treffern in der 43. und 80. Minute zum 2:0-Sieg zu schießen, der schlussendlich zum Klassenerhalt führte. Besonders bemerkenswert ist, dass er sein erstes Tor kurz vor dem Seitenwechsel per Kopf erzielte!

Im Dress von Novara Calcio erzielte Silvio Piola im Jahr 1952 den 300. Pflichtspieltreffer seiner Profi-Laufbahn. Den Spielball bekam der damals schon 38-Jährige nach dem Schlusspfiff als Trophäe überreicht.

Seine neunte und letzte Saison im Lazio-Trikot absolvierte „Silvio Gol“ 1942/43, die mit dem zweiten Gewinn der Torjägerkanone in die Statistik einging. Dank seiner 21 Treffer landete Lazio auf dem neunten Platz, allerdings nur vier Zähler vor dem besten Absteiger. Als die Kriegshandlungen immer weiter fortschritten, kehrte Piola in den Norden zurück, um in der Übergangsrunde 1944 für den AC Turin auf Torejagd zu gehen, mit dem er ungeschlagen den Gewinn der Regionalmeisterschaft des Piemont feiern konnte. Die Granatroten verfügten seinerzeit freilich über eine eingespielte Mannschaft, die in den unmittelbaren Nachkriegsjahren als das „Grande Torino“ in die Annalen einging, ehe sie am 4. Mai 1949 bei Superga ihr jähes Ende fand. So war für den inzwischen 32-Jährigen kein Platz im Team, weshalb er im Sommer 1945 zum Nachbarn Juventus wechselte, um dort für weitere zwei Jahre aktiv zu sein. Mit der Vecchia Signora wurde er 1946/47 noch einmal Vizemeister und erzielte in 57 Spielen 26 Tore.

Dritter Frühling

In der Saison 1946/47 sorgte im Juve-Dress allerdings der junge Giampiero Boniperti auf der Mittelstürmerposition für Furore, was für den „Adler von Vercelli“ das Ende seiner Karriere zu bedeuten schien. In Turin war für diesen kein Platz mehr, derweil sich auch sonst kein Verein für Silvio Piola zu interessieren schien. Allein Delfino Francescoli aus dem nahen Novara war weiterhin von seinen Fähigkeiten überzeugt. Der Präsident von Novara Calcio bot Piola einen neuen Kontrakt an, den er im Sommer 1947

– im „zarten Fußballeralter“ von fast 34 Jahren – unterzeichnete. In Novara, das seit einigen Jahren in der zweiten Liga kickte, sorgte der Weltmeister von 1938 mit seinem dritten Frühling für einen ungeahnten Aufschwung und bewies, dass er immer noch einen untrüglichen Torriecher besaß. Bereits in seinem ersten Einsatz in der Serie B erzielte er am 14. September 1947 gegen AC Voghera beim 3:0-Sieg zwei Tore und sorgte damit für die Initialzündung zum Aufstieg ins nationale Oberhaus. Immerhin 16 Saisontreffer konnte er in seinen 30 Einsätzen erzielen. Vor allem dank „Silvio Gol“ gelang es dem Verein, sich auch in den nächsten Jahren auf höchstem Niveau zu etablieren. In sechs Erstligaspielzeiten erhöhte er sein Torkonto um weitere 70 Treffer. Den letzten erzielte er am 7. Februar 1954 beim 1:1 gegen den AC Mailand im Alter von 40 Jahren, sechs Monaten und neun Tagen. Dieser Altersrekord konnte erst 2007 von Alessandro Costacurta gebrochen werden. Nach der 0:4-Niederlage gegen Atalanta Bergamo am 7. März 1954 hängte Silvio Piola seine Fußballschuhe dann an den Nagel, um gleich anschließend für kurze Zeit im Vorfeld der WM in der Schweiz der „Technischen Kommission“ der italienischen Nationalmannschaft anzugehören. Dieses Intermezzo dauerte jedoch nur wenige Monate, ebenso wie seine anschließende Trainertätigkeit für Cagliari Calcio. Danach zog sich Silvio Piola aus dem Fußballgeschäft zurück, um sich in Gattinara in der Provinz Vercelli niederzulassen, wo er am 4. Oktober 1996 verstarb.

► ZAHLEN UND FAKTEN

Vereine:	1929-1934	US Pro Vercelli
	1934-1943	Lazio Rom
	1944	AC Turin
	1945-1947	Juventus Turin
	1947-1954	Novara Calcio
Tore:	537 Serie-A-Spiele (274 Tore)	
	29 Spiele Divisione Nazionale (16 Tore)	
	23 Spiele Campionato Alta Italia (27 Tore)	
	30 Serie-B-Spiele (16 Tore)	
	10 Spiele Coppa Italia (5 Tore)	
	6 Mitropa-Cup-Spiele (11 Tore)	
	34 Länderspiele (30 Tore)	
gesamt	669 Pflichtspiele (379 Tore)	
Erfolge:	Weltmeister 1938	
	Torschützenkönig Serie A 1937, 1943	

In der Nationalmannschaft:

Als Italien 1934 im eigenen Land den ersten WM-Titel seiner Geschichte gewann, hatte der legendäre Vittorio Pozzo auf Mittelstürmer Angelo Schiavio aus Bologna gesetzt, der auch nach der Weltmeisterschaft noch regelmäßig zum Einsatz kam, was nicht überraschte, da Schiavio nicht nur erfolgreichster Goalgetter seines Teams gewesen war, sondern auch im Endspiel gegen die Tschechoslowakei den 2:1-Siegtreffer in der Verlängerung erzielt hatte. Auch in der Partie am 24. März 1935 sollte Schiavio im Wiener Prater gegen Österreich stürmen, doch musste er wegen einer Verletzung kurzfristig passen. Wirklich begeistert war Vittorio Pozzo nicht, als Verbandspräsident Giorgio Vaccaro ihm den Einsatz von Lazio-Mittelstürmer Silvio Piola schmackhaft zu machen versuchte. Der spätere Klubboss der Biancocelesti blieb jedoch standhaft und beauftragte Giacomo Blason, der ebenfalls bei Lazio kickte, seinen Kumpel Piola nach Wien zu beordern. Die 21 Jahre alte Sturmhoffnung packte – freilich ohne das endgültige O.K. vom Nationaltrainer erhalten zu haben – die Koffer und trat die Reise an die Donau an, wo er als zweifacher Torschütze brillierte und damit sämtliche Zweifel an seiner Eignung zum Nationalspieler zerstreute.

Der anfangs noch so zögerliche Vittorio Pozzo zeigte sich schnell von den Fähigkeiten „Silvio Nazionales“ überzeugt. Piola glänzte wie in seiner Vereinskarriere auch im Nationalteam vor allem dank seiner herausragenden individuellen Fähigkeiten, die ihn in erster Linie zum technisch eleganten Vollstecker machten. Wenn es sein musste, trat der „Fürst auf dem Rasen“ aber auch als Spielgestalter und große Kämpfernatur in Erscheinung. Vittorio Pozzo hatte an Silvio Piola seine helle Freude, weil diesem Starallüren gänzlich fremd waren. Viel lieber stellte er sich in den Dienst der Mannschaft, obgleich er dank seines selbstsicheren Auftretens immer in der Lage war, ein Spiel allein zu entscheiden. Pozzo: „Man brauchte nur zu sagen, was in einem Spiel nötig war. Er vergaß es nicht, vor allem aber – er tat es auch.“ Kein Wunder, dass der so Gelobte seinen Vorgänger Angelo Schiavio innerhalb kürzester Zeit vergessen machte.

Doppietta im Stade Colombes

Vor dem WM-Turnier in Frankreich stand Verbandskapitän Vittorio Pozzo vor der Aufgabe, eine neue Mannschaft zu formen, da aus der siegreichen Elf von vor vier Jahren mit Monzeglio, Meazza und Ferrari nur drei Akteure übriggeblieben waren. Zwei Spieler (Rava und Locatelli) stießen aus der Olympiasiegermannschaft von Berlin hinzu, während auch Mittelstürmer Silvio Piola zu den Gesetzten zählte. Im Vorfeld der WM hatte der „Adler von Vercelli“ mit den Azzurri den „Europapokal der Nationalmannschaften“ gewonnen und galt dank seiner 13 Länderspieltreffer in 14 Spielen als großer Hoffnungsträger. In den beiden letzten Vorbereitungsspielen für die bevorstehende „Coupe du Monde“ konnte er die in ihn gesetzten Erwartungen bestätigen. Beim 6:1 gegen Belgien erzielte er in Mailand drei Treffer, derweil Piola auch beim letzten Testspielsieg gegen Jugoslawien (4:0) zu den Torschützen zählte. Vor allem dank des eleganten Silvio Piola hatte sich das Auftreten des Titelverteidigers geändert. Während dieser 1934 vor allem durch seine kampfbetonte Spielweise auffiel, schlugen die Azzurri jetzt eine deutlich feinere Klinge.

► EINWURF

Als „Erfinder des Fallrückziehers“ gilt in Italien Juve-Verteidiger Carlo Parola (Bild), der diesen in den vierziger Jahren in stilistischer Perfektion beherrscht hat. Nun mag Parola das damals noch wenig bekannte Kunststück perfektioniert haben, weshalb ihm auch der Beiname „Signore Rovesciata“ (Mr. Fallrückzieher) zurecht gebührt. Aber auch Silvio Piola muss in diesem Zusammenhang genannt werden, weil er sich noch vor Carlo Parola als Spezialist für Fallrückzieher erwiesen hat. Besonders ein auf diese Weise erzielter Treffer blieb in Gedächtnis: Als die Squadra Azzurra am 26. März 1939 in Florenz gegen Deutschland mit 3:2 gewann, gingen zwei Tore auf das Konto Piolas, wobei die Fußballanhänger in der Toskana besonders den akrobatischen Fallrückzieher des italienischen Mittelstürmers in Erinnerung behielten.

Der „Henker der Franzosen" schlägt zu: Nachdem Silvio Piola (schwarzes Trikot) im WM-Viertelfinale am 12. Juni 1938 im Pariser Stade Colombes gegen Gastgeber Frankreich schon in der 52. Minute das 2:1 für den Titelverteidiger erzielt hatte, überwindet er in dieser Szene den französischen Hüter Di Lorto mit einem artistischen Drehschuss zum zweiten Mal.

Wenig prickelnd geriet indes der WM-Auftakt. Vielmehr hatte Italien Riesendusel, im Vélodrome von Marseille einen knappen 2:1-Verlängerungssieg gegen Norwegen eingefahren zu haben, zumal Arne Brustad den italienischen Schlussmann Aldo Olivieri nach seinem Ausgleichstreffer in der 83. Minute wenig später ein zweites Mal überwand, wobei der Referee dem Tor ohne ersichtlichen Grund die Anerkennung verweigerte. Erst in der Verlängerung konnte die Squadra Azzurra ihre Favoritenstellung dann doch noch bestätigen. 94 Minuten waren gespielt, als Pasinati einen Schuss abfeuerte, den Johansen nur abprallen ließ. Das Leder fiel vor die Füße des lauernden Piola, der aus kürzester Entfernung keine Mühe hatte, seinen ersten WM-Treffer zu erzielen.

Nach dem Abpfiff stand es mit der Stimmung im Lager der Italiener nicht zum Besten. Die Zuschauer schickten den amtierenden Weltmeister mit Pfiffen in die Kabine, derweil Viertelfinalgegner und Gastgeber Frankreich sich große Chancen ausrechnete, Piola & Co. am 12. Juni 1938 vorzeitig nach Hause zu schicken. Im Stade Colombes zeigte der Titelverteidiger aber sein wahres Gesicht. Nach Toren von Colaussi (9.) und Heisserer (10.) stand es zur Pause 1:1, ehe Piola nach dem Seitenwechsel seine große Show abzuziehen begann. Zunächst versenkte „Silvio Gol" in der 52. Minute eine Maßflanke Biavatis per Kopf im Torwinkel, ehe er 20 Minuten später eine Traumkombination mit einem Drehschuss zum 3:1-Endstand vollendete. Während die übrige Fußballwelt vom starken Auftritt Silvio Piolas schwärmte, wurde dieser im Gastgeberland als „Henker der Franzosen" tituliert.

Die zwei wichtigsten Protagonisten der erfolgreichen Elf von 1938 mit dem goldenen WM-Pokal. Obwohl Trainer Vittorio Pozzo anfangs nicht gerade von Silvio Piola überzeugt war, sollte er diesen nun über alle Maßen loben.

In der Vorschlussrunde traf Italien auf Brasilien, wobei diese Partie vielen als das vorweggenommene Endspiel galt. Auch die Südamerikaner verfügten in Leonidas da Silva über einen Mittelstürmer von Weltklasse, so dass sich die Zuschauer im Stade Vélodrome von Marseille auf den großen Showdown freuten. Dieser bleib jedoch aus, weil der brasilianische Trainer Ademar Pimenta auf Leonidas verzichten musste, nachdem sich dieser im über zwei Spiele andauernden Viertelfinalduell mit der Tschechoslowakei auf-gerieben hatte. Obwohl Silvio Piola beim 2:1-Erfolg ohne weiteren Treffer blieb, besaß er am erneuten Finaleinzug dennoch entscheidenden Anteil: Beim 1:0 hatte er seinen Linksaußen Gino Colaussi mit einem wie an der Schnur gezogenen Zuspiel in Szene gesetzt, so dass der Mann aus Triest in der 55. Minute Torhüter Walter überwinden konnte. Fünf Minuten später wurde Piola von Verteidiger Domingos im Strafraum umgesäbelt. Italiens Kapitän Giuseppe Meazza ließ sich die Chance nicht entgehen und versenkte den fälligen Elfer zum 2:0 im brasilianischen Kasten.

Das WM-Finale am 19. Juni 1938 in Paris sollte für Silvio Piola dann die Krönung seiner Laufbahn bringen. Nachdem im Semifinale der Vergleich Piola - Leonidas ausgeblieben war, fieberten die Fans nun mit Spannung der Partie gegen Ungarn entgegen, das mit Dr. György Sarosi auf der Mittelstürmerposition antrat. Im vorangegangenen Herbst hatten sich Piola und Dr. Sarosi mit ihren Vereinen Lazio und Ferencvaros schon im Mitropa-Cup-Finale gegenübergestanden, das mit einem Sieg der Ungarn geendet hatte. Auch dieses Mal sollte Dr. Sarosi durchaus nicht enttäuschen und in der 70. Minute „seinen" Treffer erzielen. Silvio Piola aber machte das Spiel seines Lebens und war an fast allen entscheidenden Szenen der Squadra Azzurra beteiligt, weshalb er als bester Spieler der Weltmeisterschaft galt. Nach nur sechs Minuten leitete er den ersten italienischen Treffer ein, als er in bewährter Manier Gino Colaussi bediente, der aus acht Metern einnetzte. Nachdem die Magyaren nur eine Minute später ausgeglichen hatten, folgten wütende Attacken der Italiener. Piola dribbelte durch den gegnerischen Strafraum und bediente Ferrari, dessen Schuss Szabo vor die Füße Piolas abwehrte. Der fackelte nicht lange und zog ab: Latte! Die 16. Minute brachte dann das 2:1 für Italien. Noch verärgert über seinen Lattenknaller schloss „Silvio Nazionale" einen Kombinationswirbel im gegnerischen Strafraum zum umjubelten Führungstreffer ab. Am 3:1 durch Colaussi war Piola dann ausnahmsweise nicht beteiligt, doch scheiterte er nur wenig später mit einer weiteren Riesenchance an Ungarns Szabo. Als es nach dem 2:3 durch Dr. Sarosi nochmals eng zu werden drohte, sorgte Piola in der 82. Minute mit seinem zweiten Endspieltreffer für die Entscheidung. Am verdienten Sieg Italiens gab es nach dem Abpfiff keinen Zweifel, was auch der von Eugen Seybold herausgegebene „Fußball" bestätigte: „Italien schießt schärfer, ist schneller, kraftvoller und hat einen Piola."

Über 17 Jahre Nationalspieler

Nach dem Titelgewinn in Frankreich gehörte Silvio Piola auch in den kommenden Jahren zum Stamm der Squadra Azzurra. Einen weiteren Höhepunkt bildete seine Berufung in die von Vittorio Pozzo trainierte „Weltelf", die am 26. Oktober im Londoner Highbury-Stadion gegen Lehrmeister England antreten durfte. Bei der 0:3-Niederlage kam der Mittelstürmer allerdings nicht richtig zur Geltung, was hinterher vor allem auf die Schwäche seiner beiden Sturmpartner Zsengeller und Braine zurückgeführt wurde.

Die beiden wichtigsten Treffer in der Karriere des Silvio Piola: Nachdem er in der 16. Minute des WM-Endspiels 1938 gegen Ungarn den Titelverteidiger schon mit 2:1 in Führung gebracht hatte (Bild oben), sorgte er in der 82. Minute für die endgültige Entscheidung (Bild unten). In der WM-Torschützenliste belegte der „Fürst auf dem Rasen" hinter dem Brasilianer Leonidas (sieben Tore) und dem Ungarn Gyula Zsengeller (sechs) mit seinen insgesamt fünf Toren allerdings nur den dritten Platz.

Eine starke Leistung lieferte Piola dafür am 26. März 1939 in Florenz ab, als er zwei Treffer zum 3:2-Sieg gegen Deutschland beisteuerte. Sein spektakulärer Fallrückzieher blieb nachhaltig in Erinnerung, weshalb spätere Generationen vom „Piola-Rückzieher" sprachen. Ebenfalls einen Treffer steuerte er am 13. Mai des Jahres zum 2:2-Unentschieden gegen England bei. Allerdings soll er diesen mit der Hand erzielt haben, was zu wütenden Protesten auf Seiten der englischen Spieler geführt hatte. Bei den nächsten beiden Länderspieleinsätzen war „Silvio Gol" dann ebenfalls erfolgreich. Anfang Juni gelang ihm sowohl beim 2:1 in Belgrad über Jugoslawien ein Tor, wie auch vier Tage später bei der WM-Revanche in Budapest, die Italien mit 3:1 für sich entschied.

Zu den stärksten Leistungen im Nationaldress gehörte auch der Auftritt am 20. Juli 1939 in Finnland. 3:2 gewannen die Italiener in Helsinki, wobei sie diesen ausgesprochen mühsamen Sieg vor allem Silvio Piola zu verdanken hatten, auf dessen Konto alle drei Tore gegangen waren. Das letzte Länderspiel vor der kriegsbedingten Pause fand am 19. April 1942 gegen Spanien statt. Auch im Mailänder San-Siro-Stadion war Piola erfolgreich und erzielte im 30. Länderspiel seinen 28. Treffer.

Letzte Einsätze nach dem Krieg

Nach dem Ende des Zweiten Weltkriegs machte sich Verbandskapitän Vittorio Pozzo schnell daran, wieder eine schlagkräftige Mannschaft zu formen. Obwohl Silvio Piola inzwischen 32 Jahre alt war, wollte er nicht auf seinen WM-Star verzichteten und setzte ihn beim ersten Nachkriegsländerspiel ein, das am 11. November 1945 in Zürich mit einem 4:4 gegen die Schweiz endete. Wie selbstverständlich reihte sich auch Piola wieder in die Torschützenliste ein. Seinen letzten und 32. Länderspieltreffer sollte der „Adler von Vercelli" dann am 1. Dezember 1946 beim 3:2-Sieg in Mailand über Österreich erzielen. Knapp ein Jahr später reisten die Italiener zum Rückspiel nach Wien, das mit einem 1:5-Fiasko in die Annalen einging. Mit seinem 33. Länderkampf schien die Nationalmannschaftslaufbahn damit beendet, zumal sein Förderer Vittorio Pozzo nach dem Olympia-Aus gegen Dänemark in der Runde der letzten Acht im Sommer 1948 als Nationaltrainer zurücktrat.

Im Alter von knapp 40 Jahren kam Silvio Piola am 18. Mai 1952 dann aber doch noch einmal zu Länderspielehren, da er in der abgelaufenen Saison bei Novara Calcio mit sensationellen Leistungen überzeugt und stolze 18 Tore in der Serie A erzielt hatte. Im Stadio Giovanni Berta von Florenz konnte er gegen England beim 1:1-Unentschieden noch einmal einen Teilerfolg feiern. Mit 30 Länderspieltoren ist Silvio Piola noch heute einer der erfolgreichsten Goalgetter der Squadra Azzurra. Lediglich Giuseppe Meazza (33) und Luigi Riva (35) haben für die italienische Nationalmannschaft noch öfter als der „Henker der Franzosen" ins Schwarze getroffen, der rein statistisch in jedem seiner 34 Länderspiele für 0,88 Tore gut gewesen ist.

Saison	Lsp.		Liga		Pokal	
	Sp.	T.	Sp.	T.	Sp.	T.
1929/30			4	0		
1930/31			32	13		
1931/32			31	12		
1932/33			32	11		
1933/34			28	15		
1934/35			29	21		
1935/36	4	2	27	20	2	2
1936/37	6	5	28	21	1	0
1937/38	8	11	28	15	0	0
1938/39	6	5	21	8	1	0
1939/40	4	4	23	9	2	1
1940/41	1	0	25	10	0	0
1941/42	1	1	24	18	2	2
1942/43			22	21	1	0
1944			23	27		
1945/46	1	1	29	16		
1946/47	1	1	28	10		
1947/48	1	0	30	16		
1948/49			36	15		
1949/50			17	4		
1950/51			37	19		
1951/52	1	0	31	18		
1952/53			25	9		
1953/54			9	5		

Juan Carlos Plata
Volksheld von Guatemala

Der Rekordtorschütze der guatemaltekischen Fußballliga, Juan Carlos Plata, wurde am 1. Januar 1971 in San Antonio vor den Toren von Guatemala-Stadt geboren. Hier, genauer gesagt bei Juventud Olimpica, begann er auch seine Karriere, ehe ihn im Lauf des Jahres 1988 die Talentsichter des Hauptstadtvereins CSD Municipal entdeckten. Eigentlich waren die Scouts des Rekordmeisters wegen einem seiner Brüder nach San Antonio gekommen, doch zeigten sie sich von Juan Carlos Plata derart begeistert, dass sie dem 17-Jährigen gleich einen Vertrag anboten. Zu seinem Debüt in der ersten Mannschaft von Municipal kam er in der Saison 1990/91 unter dem uruguayischen Trainer Ruben Amorin und überzeugte auf Anhieb mit sieben Saisontoren. Der Angreifer war in den kommenden Jahren aus dem Team nicht mehr wegzudenken. Dabei gehört er zu der heute immer seltener werdenden Spezies, die ihre ganze Karriere über für nur einen einzigen Verein gespielt haben.

EXKURS: Fußball in Guatemala

Anders als das nördliche Nachbarland Mexiko spielt Guatemala im mittelamerikanischen Fußball traditionell nur eine Nebenrolle. Der Vereinsfußball lebt vor allem von der Rivalität der beiden Hauptstadtvereine Municipal und Comunicaciones, wobei das am 17. Mai 1936 gegründete Municipal mit 29 Meisterschaften zwischen 1943 und 2011 gegenwärtig Rekordchampion ist. Die Spieler des erst 1949 aus der Taufe gehobenen CSD Comunicaciones konnten bis dato immerhin 26 Titel gewinnen. Außerhalb der Hauptstadt spielt in der „Liga Nacional de Fútbol de Guatemala" lediglich noch Xelaju MC aus Quezaltenango eine halbwegs wichtige Rolle. Seit der Saison 1999/2000 ist die Meisterschaft – wie in Lateinamerika üblich – zweigeteilt, wobei die Herbstserie „Apertura" und die Frühjahrsrunde „Clausura" genannt wird. Im Anschluss an jede der Halbserien wird der Meister in einer Play-off-Runde ermittelt. International nehmen die Klubs an den Wettbewerben der CONCACAF teil, wo sie klar im Schatten der mexikanischen Vertreter stehen. Die beiden einzigen Erfolge in der Copa de Campeones – dem Vorläufer der 2009 eingerichteten Champions League – durch Municipal (1974) und Comunicaciones (1978) reichen weit zurück. Erfolgreicher waren die guatemaltekischen Teams in den Wettbewerben des in die CONCACAF integrierten zentralamerikanischen Regionalverbandes UNCAF, namentlich in der bis 2007 ausgespielten Copa Interclubes, die CSD Municipal allein viermal gewann. Seine Heimspiele trägt der Verein übrigens im Estadio Mateo Flores aus, das nach einem populären Marathonläufer benannt wurde und mit einem Fassungsvermögen von 30.000 Zuschauern das größte des Landes ist. In die Schlagzeilen geriet die Arena beim WM-Qualifikationsspiel am 16. Oktober 1996 zwischen Guatemala und Costa Rica, als bei einer Massenpanik wegen Überfüllung des Stadions 81 Zuschauer getötet und 154 verletzt wurden.

Juan Carlos Plata trug das Dress der Diabolos bis Ende 2010 und setzte in dieser Zeit gleich mehrere denkwürdige Bestmarken. Mit seinen 301 Ligatoren in 553 Spielen ist er gegenwärtig nicht nur bei Municipal, sondern auch in der Liga Nacional unangefochtener Rekordtorschütze. Zum Vergleich: Sein ärgster Verfolger Mario Acevedo, der ebenfalls für Municipal aktiv gewesen ist, hat gerade einmal 170 Treffer auf dem Konto, derweil der Drittplatzierte, Edwin Westphal von Stadtrivale Izabal, lediglich auf 158 Torerfolge kommt. Als Juan Carlos Plata im Herbst 2010 seine aktive Laufbahn beendete, wurde er von der IFFHS nach dem Waliser Marc Lloyd-Williams als bester noch aktiver Erstligatorschütze bezeichnet.

Mit dem Verein gewann der Mittelamerikaner zumindest auf nationaler Ebene alles, was es zu gewinnen gab. Dem ersten nationalen Meistertitel in der Saison 1991/92 (damals gab es noch keine Zweiteilung in Apertura und Clausura) folgten bis 2010 nicht weniger als 14 Landesmeisterschaften sowie fünf Erfolge im Pokal (zwischen 1994 und 2004). Auf internationaler Ebene verzeichnete er seine größten Triumphe in den Jahren 2001 und 2004 mit dem zweimaligen Gewinn der Copa Interclubes des zentralamerikanischen Regionalverbandes UNCAF.

► EINWURF

Größter Rivale von Rekordmeister CSD Municipal ist Ortsrivale CSD Comunicaciones, gegen den es regelmäßig zu emotionalen Stadtderbys kommt, die nicht nur Guatemala-Stadt, sondern das gesamte Land elektrisieren. Das Derby wird wahlweise als „Superclasico", „El Juego de Juegos" (Spiel der Spiele) oder „Clasico Chapin" bezeichnet. Dabei ist mit Chapin die Bevölkerung Guatemalas gemeint, womit die Bedeutung des Duells mit dem 25-fachen Meister für das ganze Land unterstrichen wird. Auch Juan Carlos Platas Spitzname „El Pin" hat in dem Wort Chapin seinen Ursprung und zeigt, dass er weit über die Hauptstadt hinaus verehrt wird. Quasi standesgemäß ist es ihm gelungen, auch im „Clasico Chapin" für Furore zu sorgen. Nicht weniger als 39 Tore gingen in den Vergleichen mit Comunicaciones auf sein Konto, womit er auch in dieser „Disziplin" Rekordtorschütze ist.

Im Verlauf seiner langen Karriere brillierte „Pin Plata" natürlich in erster Linie als eiskalter Vollstrecker. Dank seiner glänzenden Technik und seines herausragenden Stellungsspiels konnte er aber auch in der Spielmacherrolle überzeugen. Juan Carlos Plata ahnte viele Spielsituationen voraus und ging somit oft genug harten Zweikämpfen aus dem Weg, was mit die Hauptursache dafür war, dass er seine Laufbahn bis ins 40. Lebensjahr fortsetzen konnte. Seine besten Leistungen zeigte er in der Spielzeit 2005/06, als er saisonübergreifend 32 Tore erzielte und damit im Alter von 35 Jahren eine persönliche Bestmarke setzte. Sowohl in der Apertura-Meisterschaft 2005 wie in der Clausura-Halbserie 2006 führte er damit die Torschützenliste an, was erstmals in der Ganzjahressaison 1995/96 der Fall war, als ihm 15 Tore gelungen waren. Obwohl Juan Carlos Plata damit nur dreimal die nationale Torjägerkrone erringen konnte, erwies er sich dennoch als Muster an Beständigkeit, da er in nicht weniger als elf Spielzeiten mindestens 15 Tore erzielt hatte.

Aber auch einer der torgefährlichsten lateinamerikanischen Fußballer aller Zeiten musste zunächst einmal klein anfangen: Wie eingangs erwähnt kam er in seiner Premierensaison 1990/91 nur zu sieben Ligatreffern. Das erste Tor in einem Pflichtspiel konnten die Fans am 9. Dezember 1990 bejubeln, als Juventud von Retalteca mit 3:1 in die Schranken gewiesen wurde. Für Aufsehen sorgte „Pin Plata" dafür im anschließenden Pokalwettbewerb, als ihm in vier Spielen sechs Tore gelangen. Vor allem beim 4:4 gegen Xelaju MC präsentierte er sich als dreifacher Torschütze in überragender Verfassung, derweil er mit einem weiteren Treffer im mit 3:0 gewonnenen Hinspiel seinem Team den Einzug in die nächste Runde geebnet hatte.

Die Spielzeit 1991/92 bescherte dem Angreifer dank eines Finalerfolgs im „Classico Chapin“ (0:0, 2:1) den ersten Meistertitel seiner Laufbahn, zu dem er selbst elf Tore beigesteuert hatte. Weitere viermal traf er im Pokal ins Schwarze, wobei der Treffer gegen Escuintla (1:2) das frühe Zweitrunden-Aus nicht zu verhindern vermochte. Gleich dreimal hatte Juan Carlos Plata in der Auftaktrunde gegen Chiquimulilla (5:2) eingenetzt.

Ausgesprochen enttäuschend verlief die Saison 1992/93, in der Municipal als Titelverteidiger den siebten Platz belegte und die Meisterrunde verpasste. Wenigstens dort ließ der Rekordmeister nichts anbrennen und hatte als Gewinner der Relegationsrunde keine Mühe, den Erstligastatus zu halten. Nach neun Treffern in der Hauptrunde waren Juan Carlos Plata in den Play-offs weitere elf gelungen, so dass er mit insgesamt 20 Torerfolgen eine neue Bestmarke aufgestellt hatte – welche er im Jahr darauf egalisieren sollte. Die auf Wiedergutmachung bedachten Diabolos gingen im Verlauf der Saison 1993/94 nur dreimal als Verlierer vom Platz, was dem Verein und dessen neuem Publikumsliebling „Pin Plata“ einen weiteren Meistertitel einbrachte. Im Spieljahr 1994/95 setzte sich im Titelrennen wieder Erzrivale Comunicaciones durch, derweil Municipal nach dem zweiten Platz in der Hauptrunde in den Play-offs auf Rang fünf zurückfiel. Juan Carlos Plata, der mit nur sieben Treffern deutlich hinter den Erwartungen zurückgeblieben war, konnte sich für die entgangene Meisterschaft mit dem Gewinn des Landespokals trösten, der durch einen ungefährdeten 3:0-Finalerfolg über Suchitepequez sichergestellt worden war.

Mit den Diabolos in der Warteschleife

In der zweiten Hälfte der neunziger Jahre hatten die zahlreichen Anhänger der Diabolos einiges zu durchleiden. Nach dem Meistertitel von 1994 verstrichen ganze sechs Jahre, ehe Municipal endlich wieder als Champion des mittelamerikanischen Landes in die Annalen einging. Im genannten Zeitraum hatte sich Comunicaciones fünf von sechs möglichen Titeln gesichert, während es für Juan Carlos Plata und seine Kameraden nur zu zwei weiteren Pokalsiegen reichte. In der Saison 1995/96 gelang dem Hauptstadtklub die erfolgreiche Titelverteidigung, nachdem Xelaju MC in den Endspielen nach großem Kampf mit 2:1 und 0:0 in Schach gehalten worden war. Der wichtigste von fünf Pokaltreffern war „Pin Plata“ im Halbfinale gegen Comunicaciones geglückt, wobei der Derbysieg die eigenen Fans zumindest etwas über die Schwächephase in der Liga hinwegzutrösten verhalf.

Lediglich zum fünften Platz hatte es für Municipal im Spieljahr 1995/96 gereicht, was umso erstaunlicher war, als Juan Carlos Plata erstmals die Torjägerliste anführte. Bliebe noch der 17. Dezember 1995 zu erwähnen, der aus Sicht des Angreifers einen der größten Tage seiner langen Laufbahn darstellte. In der Copa de Campeones der CONCACAF trotzten in jenem Jahr die Außenseiter der mexikanischen Übermacht, wobei das Titelrennen in der Endrunde der besten Vier auf einen Zweikampf zwischen Deportiva Saprissa aus Costa Rica und CSD Municipal hinauslief. Um die eigenen Ambitionen zu unterstreichen, fertigten die Diabolos CS Moulien aus Guadeloupe mit 10:0 ab, wobei „Pin Plata“ gleich sechsmal getroffen hatte. Da das direkte Duell mit Saprissa jedoch mit 0:1 verloren wurde, mussten die Hoffungen auf einen zweiten Erfolg nach 1974 begraben werden.

Im Jahr 1999 durfte Juan Carlos Plata, der mittlerweile zum Nationalspieler avanciert war, den erwähnten dritten Pokalsieg feiern, bevor mit dem Gewinn der Clausura-Meisterschaft im Frühjahr 2000 endlich auch die Durststrecke in der Liga der Vergangenheit angehörte. Zu Beginn des neuen Jahrtausends waren die Diabolos im nationalen Titelrennen wieder konkurrenzfähig. Von den ersten acht Meistertiteln seit Einführung der Herbst- und Frühjahrsrunde zur Saison 1999/2000 ging nicht weniger als die Hälfte an den Rekordmeister, der in Juan Carlos Plata seinen herausragenden Akteur besaß.

Ein Stürmer für die besonderen Stunden

Die Qualität eines Stürmers misst sich nicht nur an der Anzahl seiner Torerfolge. Die wirklich Großen der Zunft müssen vielmehr auch die Fähigkeit besitzen, im entscheidenden Moment zur Stelle zu sein. Eine Eigenschaft, welche fraglos auch auf Juan Carlos Plata zutraf. Besonders in den Finalspielen der Liga Nacional erwies sich „Pin Plata“ für die Diabolos als Torgarant. So in der Apertura-Meisterschaft von 2004, als er in den beiden Endspielen gegen den Erzrivalen Comunicaciones (5:1, 4:2) gleich viermal erfolgreich war. Noch stärker trumpfte er im Clausura-Finale von 2005 auf: Etwas überraschend hatte sich nicht Comunicaciones, sondern die Elf von Suchitepequez aus dem Südwesten des Landes für die Endspiele qualifiziert, die im Juni 2005 über die Bühne gingen. Mit 1:0 hatte Municipal das Hinspiel vor fremder Kulisse denkbar knapp für sich entschieden, ehe „Pin Plata“ im zweiten Vergleich nicht zu halten war und beim 4:2-Erfolg zwischen der 15. und 60. Minute für sämtliche vier Tore seiner Mannschaft verantwortlich zeichnete. Weniger torreich sollten dann die beiden Finals der Apertura-Meisterschaft von 2005 verlaufen. Comunicaciones wollte sich im „Clasico Chapin“ unbedingt für die deutliche Pleite vor Jahresfrist revanchieren und rang den Diabolos am 14. Dezember 2005 zu Hause ein torloses Unentschieden ab. Vier Tage später stand man sich im Estadio Mateo Flores dann erneut gegenüber. Und abermals boten sich beide Teams ein zähes Ringen, das die Gastgeber dank zweier Treffer ihres Rekordtorjägers schließlich mit 2:0 für sich entschieden.

Mittlerweile gehörte Juan Carlos Plata, der in Guatemala-Stadt schon seit einiger Zeit ein Restaurant mit dem Namen „El Rincon del Pin“ betreibt, bei Municipal längst zum lebenden Inventar. Entsprechend groß wurde am 15. Februar 2008 auch dessen 500. offizielles Spiel für die Diabolos gegen Deportivo Zacapa (1:0) von den Fans gefeiert, was auch auf seinen 400. Karrieretreffer zutraf, den er am 17. Mai 2009 im Ligaspiel gegen Deportivo Petapa (3:2) bejubeln durfte. Dass der Oldie selbst im Spätherbst seiner Karriere immer noch für wichtige Tore gut war, stellte er im Clausura-Finale 2010, dem vorletzten seiner Laufbahn, eindrucksvoll unter Beweis. Nachdem der 39-Jährige fast die gesamte Saison über verletzungsbedingt ausgefallen war, wurde er am 13. Mai 2010 im Hinspiel gegen Xelaju MC eingewechselt und besiegelte im Estadio Mateo Flores nur wenig später mit seinem Treffer den 3:1-Endstand. Auch zwei Tage darauf trug er sich beim 4:0-Auswärtssieg als Einwechselspieler erneut in die Torschützenliste ein. Dem 15. Meistertitel sollte im Dezember 2010 eigentlich noch ein weiterer folgen, mit dem „Pin Plata“ seine glanzvolle Laufbahn krönen wollte. Im Apertura-Finale setzte es gegen Comunicaciones jedoch eine Niederlage nach Elfmeterschießen, so dass Juan Carlos Platas letztes offizielles Spiel am 19. Dezember nicht den gewünschten Ausgang nahm. Wenige Tage später sollte er dann sein Abschiedsspiel bestreiten, als sich am 9. Januar 2011 die aktuelle Liga-Elf von CSD Municipal und ein Auswahlteam mit ehemaligen Mitspielern aus Verein und Nationalmannschaft gegenüberstanden. Zu Ehren des besten Torschützen Guatemalas aller Zeiten soll dessen Trikotnummer 15 bei Municipal zukünftig nicht mehr vergeben werden.

► ZAHLEN UND FAKTEN

Vereine: 1991-2010 CSD Municipal Guatemala

Tore:
553 Spiele Liga Nacional (301 Tore)
32 Tore Torneo de Copa
37 Tore Copa de Campeones
3 Tore Copa Campeon de Campeones
87 A-Länderspiele (35 Tore)
1 U-23-Länderspiel (1 Tor)
gesamt 686 Pflichtspiele (409 Tore)

Erfolge: Guatemaltekischer Meister 1992, 1994, 2000 (Ap.), 2000 (Cl.), 2001 (Ap.), 2002 (Cl.), 2003 (Ap.), 2004 (Ap.), 2005 (Cl.), 2005 (Ap.), 2006 (Cl.), 2006 (Ap.), 2008 (Cl.), 2009 (Ap.), 2010 (Cl.)
Guatemaltekischer Pokalsieger 1995, 1996, 1999, 2003, 2004
Sieger Copa Interclubes UNCAF 2001, 2004

Guatemaltekischer Torschützenkönig 1995/96, 2005 (Ap.), 2006 (Cl.)

In der Nationalmannschaft:
Zu seinem Debüt in der international drittklassigen Nationalmannschaft von Guatemala kam Juan Carlos Plata im Januar 1996 anlässlich des Gold Cups der CONCACAF. Am 14. des Monats traf sein Team in San Diego auf den kommenden Titelträger Mexiko, gegen den es eine knappe 0:1-Niederlage setzte. Trotzdem erreichte Guatemala das Spiel um Platz 3, das gegen die USA freilich mit 0:3 ebenfalls verloren ging. Nachdem „Pin Plata" in den ersten vier Länderkämpfen torlos geblieben war, erzielte er am 27. März 1996 im Freundschaftsspiel gegen Venezuela (3:0) seine ersten beiden Treffer, denen in der WM-Qualifikation gegen Nicaragua (1:0, 2:1) im Mai drei weitere folgten. Insgesamt nahm Juan Carlos Plata an drei WM-Qualifikationsrunden teil (nach 1998 auch 2002 und 2006) und bestritt 27 Spiele, in denen er siebenmal ins Schwarze traf. Seine wohl wichtigsten Torerfolge gelangen ihm am 5. September 2004, als er beim 2:1 über Costa Rica beide Treffer erzielte. Damit durfte Guatemala an der Endrunde der Nord- und Mittelamerika-Qualifikation teilnehmen, wo es allerdings nur zum fünften Platz reichte, so dass das kleine Land die globalen Titelkämpfe wie gewohnt verpasst hatte.

► EINWURF
Mit seinem 81. Länderspieleinsatz in der WM-Qualifikation gegen Panama (2:1) am 17. August 2005 war Juan Carlos Plata neuer guatemaltekischer Rekordnationalspieler, ehe er im August 2008 von Guillermo Ramirez überholt wurde. Gegenwärtig liegt er in der ewigen Bestenliste mit 87 Einsätzen auf dem fünften Platz. Zeitweise war „El Pin" mit 35 Länderspieltreffern auch bester Torschütze seines Landes. Allerdings hat ihn der heute noch aktive Carlos Ruiz mit 55 Toren inzwischen als Spitzenreiter abgelöst und auf Rang zwei verdrängt.

Einen denkwürdigen Torerfolg konnte Juan Carlos Plata auch im Gold Cup 1998 feiern, als Guatemala am 5. Februar in Miami auf den mit Stars wie Romario gespickten amtierenden Weltmeister Brasilien traf. Der Favorit führte bis kurz vor dem Abpfiff 1:0, ehe sein später Ausgleichstreffer in der Heimat für Volksfeststimmung sorgte. Trotz des starken Auftritts gegen die Seleção war für seine Mannschaft mal wieder in der Vorrunde Endstation. Während es für „Pin Plata" also auch beim Gold Cup nur zu einigen Achtungserfolgen reichte, konnte er die größten Siege mit dem Nationalteam im Nations Cup des Regionalverbandes UNCAF (jeweils im eigenen Land) feiern. 1997 reichte es gar zum zweiten Platz, wobei man sich Costa Rica nur aufgrund des schlechteren Torverhältnisses geschlagen geben musste. Auch 2005 durften sich die Fans in Guatemala Hoffnungen auf den Sieg machen, bis es im Semifinale gegen Costa Rica eine 0:4-Pleite setzte. Immerhin gelang im kleinen Finale ein 3:0 über Panama, bei dem sich Juan Carlos Plata in der 41. und 49. Minute in die Torschützenliste eintrug. Dass der Fußball in Guatemala allerdings auf eher kleiner Flamme gekocht wird, beweist die magere Kulisse von 1.491 Zuschauern, die sich am 27. Februar 2005 im Estadio Mateo Flores eingefunden hatte. Zu seinem letzten Länderspiel kam „Pin Plata" nach vierjähriger Abwesenheit aus dem Nationalteam am 9. Oktober 2010, als er gegen Belize (4:2) nach der Pause eingewechselt wurde.

Saison	Lsp.		Liga		Pokal	
	Sp.	T.	Sp.*	T.	Sp.	T.
1990/91				7	4	6
1991/92				11	2	4
1992/93				20		
1993/94				20		
1994/95				7		4
1995/96				15		5
1996/97	25	13		8		1
1997/98	6	2		8		4
1998/99	2	3		10		
1999/00	4	1		13		
	7	4		6		
2000/01	7	2		12		
	1	0		4		
2001/02	0	0		15		
	5	1		15		
2002/03	0	0		9		3
	0	0		8		
2003/04	5	1		6		4
	0	0		10		
2004/05	7	3	34	15		1
	11	4		14		
2005/06	4	1	33	18		
	1	0		14		
2006/07	1	0	33	13		
	0	0		6		
2007/08	0	0	25	4		
	0	0		6		
2008/09	0	0		3		
	0	0		4		
2009/10	0	0		0		
	0	0		0		
2010/11	1	0		0		

* Spiele aus Apertura- und Clausura-Meisterschaft

Ferenc Puskas
Königlicher Major der Honved-Armee

Es waren ausgesprochen ärmliche Verhältnisse, in denen der am 2. April 1927 in Kispest geborene Ferenc Puskas aufwuchs. Seine Familie lebte auf beengtem Raum in einem Mehrfamilienhaus im heutigen XIX. Budapester Bezirk, der ins Deutsche übertragen „Klein Pest“ bedeutet. Schon sein 1903 geborener Vater, der im Übrigen ebenfalls Ferenc Puskas hieß, war für den FC Kispest aktiv (der besseren Unterscheidung wegen wird dieser in den Klubstatistiken als Puskas I bezeichnet), so dass sich auch der spätere Weltstar früh dem Budapester Stadtteilverein anschloss. Viel Talent schien der zu Übergewicht neigende Puskas allerdings nicht zu besitzen. Speziell sein Vater, der als Trainer bei Kispest arbeitete, hatte immer etwas an ihm auszusetzen, was den Sohnemann allem Anschein nach erst so richtig anstachelte. In unzähligen Zusatzschichten trainierte er besonders seinen linken Fuß, der als seine große Schwachstelle galt. Später wurde Puskas als einer der besten „Linken“ gefeiert, den der Fußball jemals hervorgebracht hat.
Zu seinen Freunden zählte seit Kindertagen Jozsef Bozsik, der genau wie Puskas jener „Goldenen Elf“ des ungarischen Fußballs angehörte, die zwischen 1950 und 1954 über vier Jahre lang ungeschlagen blieb, ehe Deutschland mit dem „Wunder von Bern“ die Krönung der „Aranycsapat“ verhinderte. Bozsik wohnte im selben Mietshaus wie Puskas, so dass die beiden Freunde vom Küchenfenster der elterlichen Wohnung immer gemeinsam die Spiele des FC Kispest verfolgten, dessen Stadion sich in unmittelbarer Nachbarschaft befand.
Schon früh machte Puskas in seinem Heimatverein Karriere. Als im Herbst des Jahres 1943 zahlreiche Spieler der ersten Elf wegen einer Virusgrippe ausfielen, kam er zu seinem Ligadebüt, dem in der Saison 1943/44 noch 17 weitere Einsätze folgen sollten. Kispest zählte seinerzeit nicht zu den Spitzenteams und musste sich in der Endabrechnung mit dem zehnten Platz zufrieden geben, ehe es im kommenden Jahr immerhin zu Rang vier reichte. Schon bald wurde „Öcsi“, so sein Spitzname (zu Deutsch: Kleiner), zu den tragenden Säulen seines Teams gerechnet. Nachdem er in seiner ersten Saison sieben Ligatreffer erzielt hatte, gingen in seiner zweiten Spielzeit schon deren 17 auf sein Konto.
Dabei glänzte Puskas sowohl in seiner Rolle als Aufbauspieler sowie Vollstrecker. Als linker Läufer überzeugte er mit millimetergenauen Pässen aus großer Entfernung, während auch seine Torquoten beeindruckend waren. Sein endgültiger Durchbruch gelang ihm im Spieljahr 1944/45. In 33 Ligaspielen traf er 35-mal ins Schwarze, wobei er seine Torgefährlichkeit auch in der nächsten Spielzeit (mit 32 Toren in 30 Spielen) bestätigte, was seinem Team hinter Ujpest Budapest zur Vizemeisterschaft reichte. Zwar musste sich Kispest in der Saison 1947/48 mit dem vierten Platz begnügen. Da Öcsi in seinen 32 Einsätzen aber sensationelle 50 Treffer erzielte, sicherte er sich erstmals die Torjägerkrone des ungarischen Fußballs. Sein Trainer war in jener Saison der spätere Benfica-Coach Bela Guttmann, der die Portugiesen in den frühen Sechzigern zu zwei Europapokaltiteln führte. In seiner Budapester Zeit sollte Puskas noch insgesamt dreimal Torschützenkönig werden, obwohl er zu Beginn der fünfziger Jahre in immer stärkerem Maße die Rolle des Spielmachers übernahm, was auch seine saisonalen Torquoten sinken ließ.

In der legendären Honved-Elf

Zu Beginn der fünfziger Jahre sollte in das beschauliche Kispest dann der große Fußball einziehen. Am 1. Januar 1950 wurde die bis dahin selbstständige Gemeinde in die ungarische Hauptstadt eingegliedert, während es vor allem der Armee zu verdanken war, dass aus dem bis dato unbedeutenden FC Kispest „der“ ungarische Verein der frühen Fünfziger wurde. Zu verdanken hatte man dies den Bemühungen von Verbandskapitän Gusztav Sebes, der als stellvertretender Verteidigungsminister darauf bedacht war, die besten Spieler des Landes in einem Verein zusammenzuziehen, mit dem Ziel, die Nationalmannschaft als Aushängeschild des ungarischen Fußballs zu stärken. Als Vorbild diente Sebes die italienische Nationalelf, die 1934 und 1938 vor allem mit Mailänder und Turiner Spielern Weltmeister geworden war.
Die neue Zeitrechnung war mit der Änderung des Vereinsnamens in Honved Budapest verbunden. „Honvedseg“ war der Name der ungarischen Armee, was zu Deutsch soviel wie „Landesverteidiger“ bedeutet. Puskas erhielt den Rang eines Offiziers, weshalb er fortan auch gerne als „Major Puskas“ betitelt wurde. Bis 1956 gewann die Honved-Elf im ungarischen Fußball, alles was es zu gewinnen gab. Nicht weniger als fünf Meistertitel standen in sieben Spielzeiten zu Buche.
Den ersten davon sicherte sich die Mannschaft in der Spielzeit 1949/50, als diese Titelverteidiger Ferencvaros um vier Zähler auf Rang zwei verwies. Die von Vater Puskas betreute Elf hatte in Öcsi einmal mehr ihren überragenden Akteur, der diese nicht nur prächtig dirigierte, sondern wie gewohnt auch als Torschütze in Erscheinung trat. Mit 31 Treffern in 30 Spielen wurde Puskas zum zweiten Mal Torschützenkönig.
Danach stellte der ungarische Verband die nationale Meisterschaft auf den Ganzjahresrhythmus um, der beim großen kommunistischen Bruder Sowjetunion aufgrund des langen Winters bereits üblich war. Somit wurde im Herbst 1950 eine einfache Ligarunde ausgetragen, die abermals von der nicht zu bremsenden Honved-Elf dominiert wurde. Nur einmal – beim 1:2 gegen ETO Györ – musste sich diese geschlagen geben, während Puskas & Co. ansonsten Tore in Hülle und Fülle produzierten. Stolze 67 Treffer durften die Anhänger der Armeefußballer bewundern, von denen 25 auf das Konto des kleinen Major Puskas gegangen waren, der damit nicht nur den in der Vorsaison gewonnenen Meistertitel, sondern auch die Torjägerkanone erfolgreich verteidigt hatte.
Nachdem es im Spieljahr 1951 nur zur Vizemeisterschaft hinter MTK gereicht hatte, konnte Honved 1952 den Spieß umdrehen und sich ungeschlagen den dritten Titel sichern. Wie schon im Vorjahr war Puskas von seinem Teamkameraden Sandor Kocsis als bester ungarischer Ligatorschütze abgelöst worden. Während dieser auf 30 bzw. 26 Saisontreffern gekommen war, konnte Spielgestalter Puskas immerhin 21 bzw. 26-mal ins Schwarze treffen. Letztmalig gelang es Puskas, die nationale Torjägerkrone im Spieljahr 1953 zu erobern, indem er in 26 Spielen 27 Treffer erzielte. Freilich musste er sich damit über den Verlust des Meistertitels hinwegtrösten, da sich Honved abermals mit dem zweiten Platz hinter MTK Budapest zufrieden geben musste.
Sowohl 1954 als auch 1955 konnte Puskas die Honved-Elf dann jedoch wieder zur Meisterschaft führen. Während die Angriffsabteilung 1954 exakt die 100-Tore-Marke erreichte, wurde diese im darauf folgenden Jahr um einen Treffer knapp verfehlt. In jenen Spielzeiten erzielte Puskas immerhin noch 21 bzw. 18 Treffer, derweil die nationale

Torjägerkrone zunächst an Sandor Kocsis und 1955 zum ersten Mal an Zoltan Czibor ging, der ebenfalls für die Honved-Elf stürmte.

Flucht aus der Heimat

Das Jahr 1956 markiert dann den großen Wendepunkt in Puskas' Leben. Nach dem Volksaufstand in Ungarn marschierten sowjetische Truppen in seine Heimat ein, um diesen niederzuschlagen. Die nationale Meisterschaft befand sich zu jenem Zeitpunkt in vollem Gange, wobei alles auf den Titelhattrick von Honved hinauslief, das die Tabelle zu Beginn des Aufstands anführte. Schließlich wurde die Liga vorzeitig abgebrochen, so dass Spitzenreiter Honved um einen weiteren Meistertitel gebracht wurde. Im letzten Jahr für seinen Heimatverein hatte Ferenc Puskas noch einmal 13 Spiele bestritten, in denen er lediglich fünf Tore erzielte.

Aber nicht nur der ungarische, auch der europäische Fußballsport stand Mitte der fünfziger Jahre vor einschneidenden Veränderungen. In der Saison 1955/56 sollte zum ersten Mal der Europapokal der Landesmeister ausgetragen werden, wobei an dessen Entstehung die Budapester Honved-Elf zumindest mittelbar beteiligt gewesen war: „Wölfe Europameister!" Mit dieser ebenso provozierenden, wie anmaßenden Schlagzeile machten im Herbst 1954 mehrere englische Zeitungen auf, als der amtierende Meister Wolverhampton Wanderers zwei Vergleiche gegen die osteuropäischen Spitzenvereine Spartak Moskau und Honved Budapest mit 4:0 und 3:2 für sich entschieden hatte. Nach wie vor vertrat man auf der Insel die Meinung, immer noch den besten Fußball zu spielen, obwohl die Vormachtstellung in jüngster Vergangenheit den einen oder anderen Kratzer abbekommen hatte. In besonderem Maße nagte immer noch die 3:6-Schmach gegen Ungarn vom 25. November 1953, als zum ersten Mal eine Mannschaft vom europäischen Festland den heiligen Rasen des Wembley-Stadions als Sieger verlassen konnte. Umso zufriedener zeigten sich die englischen Fußballfans, als die Wolves ein Jahr später die alte Ordnung wiederherstellten und die Budapester Honved-Elf mit 3:2 in die Schranken wiesen. Der harterkämpfte Sieg war auch deswegen besonders wertvoll, weil der Gäste-Elf mit Ferenc Puskas, Jozsef Bozsik, Gyula Lorant, Laszlo Budai, Sandor Kocsis und Zoltan Czibor gleich sechs Spieler angehörten, die im vorigen Herbst in der legendären „Aranyscapat" standen, welche Englands Fußballstolz aufs übelste gedemütigt hatte. Der Erfolg über Honved besaß freilich den Makel, dass die Begegnungen in England stattfanden, was vor allem von Gabriel Hanot moniert wurde, der für die französische Sportzeitung „L'Equipe" arbeitete und das Spiel gegen Honved im Stadion mitverfolgt hatte. Insbesondere das typisch englische Schmuddelwetter sei der Heimelf zugute gekommen, wobei es ja darüber hinaus – so der Zeitungsmann – auch noch Mannschaften wie Real Madrid und AC Mailand gebe, die mindestens ebenso einen Anspruch besäßen, den kontinentalen Fußballthron zu besteigen. Auch der englische Schiedsrichter Leafe bekam sein Fett weg, da er nach Meinung Hanots das Spiel viel zu sehr hatte laufen lassen! Am 15. Dezember 1954 erschien daraufhin in der „L'Equipe" ein von Gabriel Hanot verfasster Artikel, in dem er sich für die Einführung einer „Europameisterschaft für Klubmannschaften" aussprach, aus der nur rund ein halbes Jahr später der Europapokal der Landesmeister geworden war.

Bei dessen zweiter Auflage war auch Honved Budapest beteiligt, das es im Spätherbst 1956 mit Athletic Bilbao zu tun bekam. Der Spanische Meister, der in der Saison 1955/56 den Europapokal-Triumphator Real Madrid in der Liga hinter sich gelassen hatte, erwies sich als der erwartet schwere Gegner, der im Hinspiel in Bilbao knapp mit 3:2 die Oberhand behielt. Im Rückspiel, das auf Druck der Honved-Spieler in Brüssel ausgetragen wurde, weil just während des Trips nach Spanien der Ungarn-Aufstand begonnen hatte, lag die Mannschaft schon mit 1:3 hinten, bevor sie in der Schlussphase noch einmal aufdrehte und durch Kocsis (81.) und Puskas (85.) zum Ausgleich kam, bei dem es allerdings bis zum Abpfiff blieb.

Kurz nach dem unglücklichen Europacup-Ausscheiden begab sich die Honved-Elf auf Auslandstournee, die viele Spieler – darunter Ferenc Puskas – nutzten, um sich in den Westen abzusetzen, was zum Zerfall der legendären Honved-Elf führte. Allerdings nahmen nicht alle Spieler der Mannschaft die sich bietende Gelegenheit wahr, dem kommunistischen Regime Lebewohl zu sagen. Zu jenen, die trotz drohender Repressalien nach Ungarn zurückkehrten, zählte Puskas' Freund aus Kindertagen, Jozsef Bozsik, der noch bis 1962 für Honved aktiv blieb.

> **► EINWURF**
> *Als Ferenc Puskas 1927 geboren wurde, trug er noch den deutsch klingenden Namen Franz Purczeld. Seine Vorfahren zählten zu den Donauschwaben, die seit dem 17. Jahrhundert ihre Heimat verließen und in Ungarn sesshaft wurden. Erst als sein Vater 1939 seinen Namen ungarisieren ließ nahm auch der spätere Vizeweltmeister den Namen Ferenc Puskas an, unter dem er als Fußballer Weltruhm erringen sollte. Zusammen mit Puskas standen übrigens noch drei weitere Donauschwaben im WM-Finale von 1954: Neben Sandor Kocsis (Alexander Wagner) und Nandor Hidegkuti (Ferdinand Kaltenbrunner) war dies auch der deutsche Verteidiger Jupp Posipal.*

Puskas ließ sich dagegen in Wien nieder, wo er einen Vorvertrag beim Sportklub unterschrieb, der jedoch nie wirksam wurde, weil Öcsi über keinen gültigen Spielerpass verfügte. Der ungarische Verband hatte für alle geflüchteten Spieler bei der FIFA eine anderthalbjährige Sperre beantragt, so dass die Karriere des mittlerweile über 30 Jahre alten Ferenc Puskas vor dem Aus stand. Als dieser nämlich nach Ablauf seiner Sperre in Italien einen neuen Klub suchte, lehnten sämtliche potenzielle Kandidaten ab, weil sie den Ungarn für zu alt und zu dick hielten.

Puskas' zweite Karriere in Madrid

Zum Glück jedoch gab es Emil Östreicher. Dieser hatte seit 1950 als Manager von Honved Budapest gearbeitet, wobei ihn eine enge Freundschaft mit Ferenc Puskas verband. Ebenso wie zahlreiche Spieler hatte sich auch Östreicher ins westliche Ausland abgesetzt. Als Honved im Dezember 1956 ein Gastspiel in Madrid gab und dem ersten Europacupsieger in einem packenden Spiel ein 5:5 abtrotzte, bot ihm Real-Präsident Santiago Bernabeu eine Beraterstelle bei den Königlichen an, die Östreicher gerne annahm. Während Italien Ferenc Puskas die kalte Schulter zeigte, war Östreicher weiterhin von den Fähigkeiten seines Freundes überzeugt, weshalb er diesen nach Ablauf seiner Sperre Real Madrid empfahl. Immerhin standen die Spieler der „Goldenen Elf" in Spanien hoch im Kurs, da sich der FC Barcelona bereits die Dienste von Sandor Kocsis und Zoltan Czibor gesichert hatte. Dennoch bedeutete das Engagement von Puskas für den dreimaligen Europacupsieger ein nicht zu unterschätzendes Risiko, da dieser

nicht nur schon in fortgeschrittenem Alter, sondern auch über ein Jahr ohne Spielpraxis war.
Die Königlichen sollten das Engagement von Major Puskas indes nicht bereuen. Im Gegenteil: Dieser blühte in Spanien noch einmal so richtig auf und beschämte nicht zuletzt die italienischen Klubmanager, die ein Engagement des alternden Puskas noch vehement abgelehnt hatten. In acht Jahren Primera División absolvierte er für die Königlichen 179 Spiele, in denen er nicht nur 155 Treffer erzielte, sondern auch viermal Torschützenkönig wurde. Davon, dass der Ungar nichts verlernt hatte, profitierte indes auch sein neuer Verein, der nicht nur fünf weitere Meisterschaften holte, sondern auch weitere dreimal den Europapokal der Landesmeister gewinnen konnte. Neben Alfredo di Stefano zählte nun auch Ferenc Puskas zu den schillernden Figuren des Weißen Balletts, das in jenen Jahren den kontinentalen Vereinsfußball quasi nach Belieben beherrschte. Ein wenig enttäuschend verlief für Puskas die erste Spielzeit in der Primera División, wo Real als Titelverteidiger hinter den ungeliebten FC Barcelona zurückfiel. Indes stellte das neue Sturmduo der Madrilenen auf Anhieb sein Können unter Beweis. Während Alfredo di Stefano mit 23 Treffern Torschützenkönig wurde, landete Ferenc Puskas, der in Spanien ob seiner Schusskraft „Cañoncito Pum“ genannt wurde, mit nur zwei Toren weniger auf dem zweiten Rang.

Ferenc Puskas als Spieler der Honved-Elf. Zwischen 1958 und 1966 spielte er für Real Madrid, mit dem er dreimal den Europacup der Landesmeister gewann.

Anders als in der Liga blieben die Königlichen im Europapokal das Maß aller Dinge, wobei Puskas in den Halbfinalspielen gegen Atletico Madrid seine großen Auftritte hatte. Nachdem der Exil-Ungar bis dato torlos geblieben war, erzielte er zunächst im Hinspiel den 2:1-Siegtreffer, als er nach 33 Minuten einen Strafstoß in die Maschen setzte. Nach der 0:1-Niederlage im Rückspiel musste ein drittes Spiel über den Finaleinzug entscheiden, wobei Real durch Di Stefano in der 16. Minute zunächst in Führung ging. Nur zwei Minuten später hatte Atletico den Ausgleich erzielt, bevor Puskas kurz vor der Pause zur Stelle war und seine Farben mit dem zweiten Treffer ins Endspiel beförderte. Gegen Stade Reims wurde Ferenc Puskas allerdings durch Enrique Mateos ersetzt, was seine Ursache angeblich in einer Verletzung gehabt haben soll. Entgegen der offiziellen Lesart soll sich Puskas jedoch im Vorfeld des Finales mit Trainer Luis Carniglia überworfen haben, der diesen daraufhin auf die Tribüne verbannte.

Hattrick im Europacupfinale

Indes sollte die Ausbootung von Puskas dem Argentinier Carniglia nicht wirklich gut bekommen. Als Präsident Bernabeu Wind von der Geschichte bekam, war er derart erbost, dass er Carniglia feuerte und stattdessen auf Miguel Muñoz setzte. Dieser wusste, was er zu tun hatte: Unter dem neuen Coach blühte Puskas in Madrid so richtig auf. Zwar scheiterte Real in der Meisterschaft wie schon im Vorjahr am punktgleichen FC Barcelona und musste sich mit Rang zwei begnügen. Dafür zeigte der mittlerweile 33 Jahre alte „Cañoncito Pum“ seine einmaligen Qualitäten vor dem gegnerischen Tor und sicherte sich mit 26 Saisontreffern zum ersten Mal die Torjägerkrone des spanischen Fußballs.
Noch besser lief es im Europapokal, wo Ferenc Puskas in sieben Spielen zwölfmal ins Schwarze traf, so dass er auch in diesem Wettbewerb bester Torschütze wurde. Schon im ersten Spiel glänzte er gegen den luxemburgischen Vertreter Jeunesse Esch als dreifacher Torschütze, um auch in den nächsten Partien mit steten Treffern zu überzeugen. Puskas war bis zum Finale in fünf von sechs Partien erfolgreich, so auch in beiden Semifinals gegen den FC Barcelona, wo er den aufbegehrenden Katalanen im Rückspiel im Camp Nou den Zahn zog, als er nach dem 3:1-Hinspielsieg mit seinen Treffern aus der 25. und 75. Minute die Weichen abermals auf Sieg stellte. Den Ehrentreffer für die Gastgeber erzielte übrigens ein Honved-Teamkamerad aus alten Tagen: Sandor Kocsis war in der 89. Minute zum 1:3 erfolgreich.
Damit hatte Real zum fünften Mal in Folge das Finale erreicht und galt vor dem Vergleich am 18. Mai 1960 gegen Eintracht Frankfurt als klarer Favorit. Was die 127.631 zahlenden Zuschauer im Glasgower Hampden Park an jenem Tag zu sehen bekamen, war eines der mitreißendsten Spiele, das der Europacup je erlebt hatte. Obwohl Titelverteidiger Real am Ende klar mit 7:3 die Oberhand behielt, wurde auch die unterlegene Eintracht mit Lob überhäuft, da das Team von Trainer Paul Oswald versucht hatte, dem Weißen Ballett mit spielerischen Mitteln zu begegnen. Die Königlichen spielten sich freilich dermaßen in einen Rausch, dass gegen sie wohl kein Team der Welt eine echte Chance gehabt hätte, was vor allem am Sturmduo Puskas - Di Stefano lag. Während Di Stefano dreimal erfolgreich war, erzielte Ferenc Puskas sogar vier Tore, wobei er als der Spieler in die Annalen des Europacups einging, der als erster in einem Finale einen lupenreinen Hattrick erzielen konnte, indem er die Halbzeitführung von 3:1 zwischen der 56. und 71. Minute auf 6:1 schraubte. Nach der denkwürdigen Niederlage von Bern sechs Jahre zuvor, dürfte es für den ehemaligen Honved-Major nun eine ganz besondere Genugtuung gewesen sein, ausgerechnet eine deutsche Mannschaft besiegt zu haben.

Die Mannschaft, die am 18. Mai 1960 im Glasgower Hampden Park Eintracht Frankfurt mit 7:3 demontierte. Für Real glänzten der dreifache Torschütze Alfredo di Stefano (untere Reihe Mitte) und Ferenc Puskas (untere Reihe, Zweiter von rechts), der viermal erfolgreich war.

Seine Erfolgsstory konnte Puskas dann auch im erstmals ausgetragenen Finale um den Weltpokal gegen Copa-Libertadores-Sieger Peñarol Montevideo fortsetzen. Nachdem sich Real im Centenario-Stadion von Montevideo im Juli ein 0:0 erkämpft hatte, wurden die Urus vor heimischer Kulisse im Rückspiel gleich mit 5:1 auseinandergenommen. Dabei erwiesen sich die Königlichen vor allem in der Anfangsphase als hochüberlegen. Nach acht Minuten hieß es bereits 3:0, wobei Puskas den Torreigen in der 3. Minute eröffnet hatte, ehe er nach dem 2:0 durch Alfredo di Stefano (3.) seinen zweiten Treffer anbrachte.

Fünfmal Meister in Serie

Der Siegeszug im Europapokal hatte Real in der Liga in jüngster Vergangenheit immer die entscheidende Substanz gekostet, so dass das Achtelfinal-Aus gegen Barca in der Saison 1960/61 auch sein Gutes hatte. Endlich konnten sich die Königlichen wieder voll auf die Primera División konzentrieren, was sie auch in entsprechender Weise taten und sich mit zwölf Zählern Vorsprung auf Stadtrivale Atletico den Titel sicherten. Mit insgesamt 89 Treffern zeigte sich die Angriffsreihe wie so oft in blendender Torlaune, was natürlich zuerst auf das kongeniale Duo Puskas - Di Stefano zurückzuführen war, das mit 27 (Puskas) bzw. 21 Treffern (Di Stefano) die beiden Spitzenplätze in der Torschützenliste belegte.

Derweil sich Puskas in der Saison 1961/62 in der Pichichi-Wertung der Primera División mit Rang zwei hinter Seminario von Real Saragossa bescheiden musste, konnte er sich über die erfolgreiche Titelverteidigung in der Meisterschaft freuen. Nach den beiden vorangegangen Finalpleiten waren die Königlichen nun auch endlich in der nationalen Copa erfolgreich, so dass sie die Spielzeit mit dem Gewinn des Doubles krönten. Im Endspiel am 8. Juli 1962 konnte Ferenc Puskas abermals den großen Wert für sein Team unter Beweis stellen. Früh war der FC Sevilla durch den Argentinier Dieguez in Führung gegangen, womit den Königlichen ausgerechnet im Bernabeu-Stadion die dritte Finalniederlage in Folge drohte. Erst in der 78. Minute kippte die Partie, als Campanal den durchgebrochenen Gento im Strafraum zu Fall brachte und Puskas den fälligen Elfmeter zum 1:1 einnetzte. Dem gebürtigen Ungarn blieb es schließlich vorbehalten, seine Farben kurz vor dem Schlusspfiff zum Pokalsieg und Doublegewinn zu schießen.

Außerdem hatte Real Madrid nach einem Jahr Pause wieder das Finale des Meistercups erreicht, wo der Vergleich mit Titelverteidiger Benfica Lissabon anstand. Ferenc Puskas hatte auf dem Weg nach Amsterdam in sieben Begegnungen viermal getroffen, was für das Endspiel wieder einiges erwarten ließ. Wie schon zwei Jahre zuvor bekamen die Zuschauer eine ausgesprochen packende Begegnung geboten, die an Spannung und Dramatik nichts zu wünschen übrig ließ. Die Anfangsphase gehörte vor allem Ferenc Puskas, der sein Team mit zwei Treffern in der 17. und 23. Minute mit 2:0 in Führung brachte. Nur zwei Minuten später hatte Aguas für den Titelverteidiger jedoch den Anschlusstreffer erzielt, bevor Cavem nach 34 Minuten für den Ausgleich sorgte. Noch einmal neigte sich die Waage zugunsten Reals, als Puskas in der 38. Minute die 3:2-Pausenführung markierte. Nach dem Seitenwechsel zeigte sich aber deutlich, dass die große Ära des Weißen Balletts sich langsam aber sicher dem Ende entgegenneigte. Die meisten Leistungsträger waren inzwischen über 30 Jahre alt, weshalb die deutlich jüngere Benfica-Elf mehr und mehr Oberwasser bekam und schließlich mit 5:3 gewann.

Obwohl das Endspiel gegen Benfica mit einer unglücklichen Niederlage zu Ende gegangen war, hatte Ferenc Puskas gleichwohl eine historische Leistung vollbracht, da er zum zweiten Mal nach 1960 drei Treffer in einem Europacupendspiel erzielt hatte. Ein Rekord, der bis heute unerreicht geblieben ist.

Während die alternde Real-Truppe auf europäischer Ebene nicht mehr an vergangene Zeiten heranreichte, blieb sie wenigstens in der Primera División das Maß aller Dinge und gewann 1963 und 1964 zwei weitere Meisterschaften. Auch Ferenc Puskas durfte sich über seinen inzwischen dritten Frühling freuen, indem er sich in den Meisterjahren jeweils die Torjägerkrone sicherte. Nachdem der Linksfuß zunächst 26 Saisontreffer erzielt hatte, reichten in der Spielzeit 1963/64 vergleichsweise magere 20 Tore aus, um seine Konkurrenten auf die Plätze zu verweisen. Die Saison 1963/64 war freilich die letzte, in der Puskas seine gewohnte Klasse aufblitzen ließ. Mit sieben Treffern in acht Einsätzen war er maßgeblich am erneuten Einzug seines Teams ins Europacupfinale beteiligt, welches allerdings am 27. Mai 1964 gegen die „Maurermeister" von Inter Mailand mit 1:3 verloren ging. Auch für Puskas war die Partie kein Zuckerschlecken, da er gegen die Betonabwehr der Herrera-Elf keinen Stich bekam und nach 90 Minuten enttäuscht den Endspielrasen verließ.

In den beiden letzten Jahren seiner aktiven Laufbahn konnte der Exil-Ungar seine gewohnte Schlagzahl nicht mehr aufrechterhalten. Im Meisterjahr 1964/65 kam dieser lediglich noch 18-mal zum Einsatz und erzielte elf Treffer, derweil Puskas in der Spielzeit 1965/66 in Anbetracht von nur noch vier Torerfolgen in acht Ligaspielen endgültig zum Edelreservisten mutierte. Im Alter von 39 Jahren sollte der Vizeweltmeister von 1954 seine Karriere dann nach 179 Einsätzen in der Primera División sowie 155 Treffern beenden.

Die Karriere nach der Karriere

Nahezu direkt im Anschluss schlug Öcsi die Trainerlaufbahn ein, die jedoch weit weniger von großen Erfolgen gepflastert war. Vielmehr erwarb sich Ferenc Puskas den Ruf eines Wandervogels, da er zwischen 1967 und 1993 nicht weniger als 15 verschiedene Mannschaften betreute. Zu seinen Stationen zählten u.a. San Francisco Gales oder die Vancouver Royals, derweil er kurzzeitig auch als Nationaltrainer von Saudi Arabien arbeitete. Zu den erfolgreicheren Engagements zählte jenes bei South Melbourne Hellas, das er zwischen 1989 und 1992 zu Meisterschaft und Pokalsieg führte.

Nachhaltigen Erfolg hatte Ferenc Puskas als Trainer freilich lediglich bei Panathinaikos Athen. Nach einem Kurzengagement beim baskischen CD Alaves heuerte er im Sommer 1970 in der griechischen Hauptstadt an, als die Kleeblätter mit ihrem Star Mimis Domazos sich gerade als neuer Griechischer Meister für den Europapokal der Landesmeister qualifiziert hatten. Bis dato war der griechische Klubfußball auf internationaler Ebene – vorsichtig gesprochen – kaum aufgefallen, so dass man Panathinaikos trotz seines weltbekannten Trainers auch jetzt keine große Chancen einräumte. Ohnehin war Puskas, der am 2. Juni 1970 einen fürstlich dotierten Vertrag unterzeichnete, die einzig wirklich populäre Größe der Athener, da Spieler wie der erwähnte Regisseur Domazos oder der baumlange Mittelstürmer Antonis Antoniadis lediglich innerhalb Griechenlands als „Stars" galten. So nahm auch kaum einer wirklich Notiz, als sich die Puskas-Truppe via Jeunesse Esch und Slovan Bratislava für die Runde der letzten Acht qualifizierte. Spätestens hier prophezeiten die Experten den Kleeblättern das Aus, da mit Everton kein Geringerer als der Englische Meister wartete. Doch schon im Hinspiel im Goodison Park zeigte die Mannschaft, dass man von ihr in diesem Jahr deutlich mehr erwarten konnte als in der Vergangenheit. Taktisch glänzend von Puskas eingestellt, ging sie in der 82. Minute durch Antoniadis sogar in Führung, die Johnson für die Engländer erst in der Schlussminute egalisieren konnte. Auch das Rückspiel im Leoforos-Stadion wurde von beiden Seiten sehr intensiv geführt und endete mit einem torlosen Remis, das für Panathinaikos aufgrund des Auswärtstreffers von Antoniadis das Semifinale bedeutete. Dort schien für das Überraschungsteam der Europapokal-Saison 1970/71 allerdings Endstation zu sein. Denn Roter Stern Belgrad fügte diesem zum Auftakt eine schmerzhafte 1:4-Niederlage zu, bei der lediglich Kamaras' zwischenzeitliches 1:3 ein wenig Hoffnung machte. Nun mussten die Hellenen das Rückspiel schon mit 3:0 gewinnen, was gegen die routinierten Jugoslawen kaum möglich schien. Doch Panathinaikos setzte alles auf eine Karte und ging schon in der ersten Minute in Führung. Torschütze war der unvermeidliche Antonis Antoniadis, der in der 54. Minute zum 2:0 nachlegen konnte und damit in den Spuren seines ungarischen Trainers wandelte. Als Kamaras in der 68. Minute schließlich zum 3:0 einschoss, waren die Zuschauer im Leoforos-Stadion richtiggehend elektrisiert und trugen die Puskas-Elf auf einer Welle der Begeisterung ins Endspiel, das am 21. Juni 1971 im Londoner Wembley-Stadion gegen Ajax Amsterdam über die Bühne ging. Vor der Partie, zu der 25.000 Fußballanhänger aus Griechenland angereist waren, schienen die Rollen klar vergeben: Alle Experten rechneten damit, dass die Ajacieden mit Weltstar Johan Cruyff in ihren Reihen Panathinaikos stoppen würden. Lediglich Ferenc Puskas hielt mit der Feststellung, auch Ajax spiele nur mit elf Mann, dagegen. Tatsächlich hatten die tapferen Griechen gegen die niederländische Weltklassemannschaft nie wirklich eine Chance und unterlagen verdient mit 0:2, so dass Puskas auf die unerwartete Krönung seiner Trainerkarriere verzichten musste. Immerhin konnte dieser 1971/72 den Gewinn des nationalen Meistertitels verbuchen, ehe er Panathinaikos nach der Vizemeisterschaft 1974 verließ.

Nach seiner Flucht durfte Ferenc Puskas, der zusammen mit seiner Frau Erzsebet eine Tochter (Aniko) hatte, lange Zeit nicht mehr in seine ungarische Heimat zurückkehren. Erst 1981 bekam er eine Einreiseerlaubnis erteilt, so dass er in Kispest die Gräber seiner Eltern besuchen konnte. Das kommunistische Ungarn hatte in rund zweieinhalb Jahrzehnten nichts unversucht gelassen, um die Erinnerung an den größten ungarischen Fußballer aller Zeiten auszulöschen. Als dieser aber bei seiner Rückkehr im Nepstadion zu einem Seniorenspiel antrat, kannte der Jubel auf den Rängen keine Grenzen. Anders als vom Regime erhofft, hatte das Publikum seinen Star weiterhin ins Herz geschlossen.

Erst nach dem Ende der kommunistischen Herrschaft konnte Puskas mit seiner Ehefrau endgültig nach Budapest zurückkehren. In Ungarn nahm er dann schließlich auch sein letztes Engagement als Trainer an, als er 1993 vom Verband gebeten wurde, die Rolle des Nationaltrainers zu bekleiden. Dass die ungarische Mannschaft der frühen Neunziger aber rein gar nichts mehr mit der berühmten „Goldenen Elf" zu tun hatte, zeigt Puskas' Bilanz: In den vier Spielen, in denen der Major das Nationalteam betreute, feierte es nur einen Sieg, verließ jedoch dreimal als Verlierer den Platz.

Anschließend wurde es um Ferenc Puskas immer ruhiger. Zuletzt litt er unter der Alzheimer Krankheit, ehe er am 17. November 2006 von seinen Leiden erlöst wurde und im Alter von 79 Jahren in seiner Heimatstadt Budapest verstarb. Ganz Ungarn gedachte seines größten Fußballers. Das Parlament unterbrach eine Sitzung zum Gedenken an das Idol der Massen mit einer Schweigeminute. Ministerpräsident Gyurcsany: „Auch wenn uns der Mensch Ferenc Puskas verlassen hat, die Legende Puskas wird für immer bei uns bleiben."

► ZAHLEN UND FAKTEN

Vereine:	1943-1956	Honved (Kispest) Budapest
	1958-1966	Real Madrid
Tore:	349 ungarische Liga-Spiele (358 Tore)	
	179 Spiele Primera División (155 Tore)	
	41 Spiele Copa del Rey (49 Tore)	
	41 Europacup-Spiele (36 Tore)	
	89 Länderspiele (84 Tore)	
gesamt	699 Pflichtspiele (682 Tore)	
Erfolge:	Ungarischer Meister 1949, 1950, 1952, 1954, 1955	
	Spanischer Meister 1961, 1962, 1963, 1964, 1965	
	Spanischer Pokalsieger 1962	
	Europacup der Meister 1959, 1960, 1966	
	Weltcupsieger 1960	
	Olympiasieger 1952	
	Ungarischer Torschützenkönig 1947/48, 1949/50, 1950, 1953	
	Torschützenkönig Primera División 1959/60, 1960/61, 1962/63, 1963/64	

In der Nationalmannschaft:
Der bis heute immer noch beste Torschütze seines Landes (mit 84 Toren in 85 Spielen) ist untrennbar mit der erfolgreichsten Ära des ungarischen Fußballs in der Nachkriegszeit verbunden. Ferenc Puskas war gerade 18 Jahre alt, als er am 20. August 1945 unter Verbandskapitän Gusztav Sebes zu seinem Länderspielspieldebüt kam, das mit einem 5:2-Erfolg über den alten Rivalen Österreich endete. Schon bei seiner Premiere konnte sich Ösci in die Torschützenliste eintragen. Es sollten in erster Linie Honved-Spieler sein, die das Gerüst der „Aranycsapat" bildeten, jener „Goldenen Elf", die in der Zeit zwischen Juni 1950 und Juli 1954 das Kunststück fertig brachte, in 32 Länderspielen ungeschlagen zu bleiben. Neben den früheren Kispest-Akteuren Puskas und Bozsik waren dies noch Sandor Kocsis, Zoltan Czibor und Schlussmann Gyula Grocsis, die gemäß der damaligen Verbandspolitik von anderen Vereinen zum Armeeklub Honved delegiert wurden, der damit eine Art ständiges Trainingslager der ungarischen Nationalspieler war. Der einzige Schlüsselspieler, der nicht für Honved kickte, war MTK-Mittelstürmer Nandor Hidegkuti.

Olympiasieger 1952

Es ist heute nicht mehr klar erkennbar, wann genau die Ära der „Goldenen Elf" einsetzte. Als erste Vorläufer dürften die Spiele um den damals recht populären Europapokal der Nationalmannschaften betrachtet werden, der über einen Zeitraum von mehreren Jahren ausgetragen wurde. Nach drei Veranstaltungen vor dem Zweiten Weltkrieg, wurde der Wettbewerb zwischen 1948 und 1953 zum vierten

Male ausgespielt, wobei die Ungarn die Konkurrenz am 21. April 1948 mit einem 7:4-Erfolg über die Schweiz in Budapest eröffneten. Als wirkliche Weltklassemannschaft konnten diese allerdings noch nicht betrachtet werden, da die Magyaren bis April 1949 noch drei Europacupspiele bestritten, von denen sie nur jenes gegen die Tschechoslowakei vor eigenem Publikum knapp mit 2:1 gewannen, während die Vergleiche in Wien gegen Österreich (2:3) und in Prag gegen die CSSR (2:5) mit Niederlagen endeten.

Drei Wochen nach der schwachen Vorstellung an der Moldau empfing Ungarn am 8. Mai 1949 im Nepstadion die Österreicher, die vor 50.000 begeisterten Zuschauern mit 6:1 an die Wand gespielt wurden, so dass dieser Kantersieg, an dem Puskas als dreifacher Torschütze entscheidend beteiligt war, als Initialzündung für die neue Zeitrechnung im ungarischen Fußball gelten kann. In den anschließenden sieben Spielen blieb die Sebes-Elf bei zwei Unentschieden unbesiegt und feierte dabei klare Erfolge gegen Polen (8:2), Bulgarien, Schweden und die CSSR (jeweils 5:0), bei denen Puskas jeweils zu den Torschützen zählte. Hinzu kam ein prestigeträchtiges 4:3 in Wien, wo Puskas ebenso wie Ferenc Deak als zweifacher Torschütze glänzen konnte.

Noch einmal mussten die Magyaren am 14. Mai 1950 in Österreich den Platz als 3:5-Verlierer verlassen, ehe mit ihrem 5:2 in Warschau gegen Polen am 4. Juni jene Serie von 32 ungeschlagenen Spielen begann, die über vier Jahre andauern sollte. Obwohl Ferenc Puskas vor allem in der Rolle des Spielgestalters unverzichtbar war, trat er auch weiterhin als Torschütze in Erscheinung. Seinen persönlichen Rekord, was die meisten erzielten Treffer in einem Länderspiel betrifft, stellte er am 24. September 1950 gegen Albanien auf, als der Major gleich viermal einnetzte. Gegen derart überforderte Gegner spielte die „Aranycsapat“ freilich nur äußerst selten. Hätte es damals schon die immer größer werdende „Kleinstaatenfraktion“ der Gegenwart oder die Vielzahl an zentralasiatischen oder Kaukasus-Republiken mit eigenen Nationalteams gegeben, Ferenc Puskas wäre vermutlich locker über 100 Länderspieltreffer gekommen.

Die ungarischen Olympiasieger von Helsinki 1952 mit (von links nach rechts): Lantos, Bozsik, Czibor, Palotas, Lorant, Zakarias, Grocsis, Kocsis, Hidegkuti, Puskas und Buzansky. Fast in gleicher Besetzung trat Ungarns „Goldene Elf“ zwei Jahre später in Bern gegen die bundesdeutsche Mannschaft im WM-Endspiel an. Lediglich Peter Palotas wurde durch Mihaly Toth auf Linksaußen ersetzt.

Den ersten Höhepunkt erlebten Puskas & Co. bei den Olympischen Spielen 1952 in Helsinki, die sie mit dem Gewinn der Goldmedaille abschlossen. Freilich besitzt dieser Erfolg den Makel, dass das olympische Fußballturnier nicht wirklich erstklassig besetzt war. Während allein die Osteuropäer ihre besten Spieler (sprich Staatsamateure) schickten, entsandte der Westen lediglich Amateurteams, so dass die Dominanz der Mannschaften hinter dem Eisernen Vorhang nicht überraschte. Zum Auftakt hatten die Ungarn einige Mühe, sich mit einem 2:1 in Turku über Rumänien für den Hauptwettbewerb zu qualifizieren, in den sie mit einem deutlich souveräneren 3:0 gegen Italien starteten. Damit hatte die Sebes-Elf Fahrt aufgenommen und schaffte mit einem ungefährdeten 7:1 über die Türkei, bei dem Puskas erstmals zu den Torschützen zählte, den Einzug in die Vorschlussrunde, wo auch Titelverteidiger Schweden beim 6:0 keine Chance besaß. Im Endspiel wartete mit Jugoslawien dann ein nahezu ebenbürtiger Gegner, der allerdings seit einem Treffer von Puskas aus der 25. Minute lange einem 0:1-Rückstand hinterherlaufen musste. Danach mussten die Ungarn bis zur 88. Minute warten, bevor der erhoffte Sieg nach dem Tor von Czibor endgültig feststand.

► EINWURF

Schon bald nachdem die deutsche Nationalmannschaft am 4. Juli 1954 ihren sensationellen 3:2-Erfolg über Ungarns „Goldene Elf“ gefeiert hatte, kamen Gerüchte auf, wonach die deutschen Akteure bei ihrem Finalsieg gedopt gewesen sein sollen. Nicht zuletzt von Ferenc Puskas wurden diese Gerüchte am Kochen gehalten, da der Major immer wieder behauptete, die Deutschen hätten ihren Sieg mit unerlaubten Mitteln erreicht. In der Bundesrepublik wurde der Spielführer der „Aranycsapat“ daraufhin zur persona non grata erklärt. Erst als sich Puskas 1964 mit Sepp Herberger ausgesprochen hatte, glätteten sich die Wogen. Mit DFB-Spielführer Fritz Walter verband ihn gar eine lebenslange Freundschaft. „Aus der distanzierten Bekanntschaft nach der WM ist im Laufe der Jahre eine tiefe Freundschaft gewachsen“, so Fritz Walter anlässlich Puskas' 70. Geburtstag.

Nach Olympia fanden die letzten Spiele um den Nationenpokal statt, den sich die Ungarn durch zwei abschließende Erfolge über die Schweiz und Italien ebenfalls sichern konnten. Beim 3:0 am 17. Mai 1953 in Rom war es der zweifache Torschütze Ferenc Puskas, der den zweiten Titelgewinn der „Aranycsapat“ unter Dach und Fach brachte. Wiederum muss man allerdings anmerken, dass auch dieser Wettbewerb nicht ganz erstklassigen Status besaß. Zum einen führt die Bezeichnung Europapokal ein wenig in die Irre, da keineswegs die Nationalteams aus dem ganzen Kontinent, sondern nur jene aus Zentraleuropa beteiligt waren, während außerdem die starken Fußballnationen aus Westeuropa nur ein sehr geringes Interesse zeigten.

Der Ritterschlag von London

Gleichwohl staunte ganz Fußball-Europa über die Darbietungen der ungarischen Wunderelf, die nach Expertenmeinung eine „Schneise der Demütigung“ hinterlassen hatte, wo immer sie angetreten war. Dass sie nun aber ausgerechnet in Wembley gewinnen sollte, schien nahezu unmöglich, da die Engländer bis dato in der Gralsburg des Fußballs gegen kontinentaleuropäische Teams ungeschlagen geblieben waren. Und was bitte schön, sollte sich daran ändern, als der niederländische Unparteiische Leo Horn die Partie am 25. November 1953 vor 105.000 erwartungsfrohen Zuschauern im Schatten der Twin Towers freigab. Schließlich war die gastgebende Elf von Manager Walter Winterbottom mit allem angetreten, was im Fußball auf der Insel Rang und Namen hatte. So fehlten weder der legendäre Dribbelkünstler Stanley Matthews, noch Mittelstürmer Stan Mortensen, der genau wie der spätere Sir Stanley in Blackpool die Fans in seinen Bann zog. Ebenfalls mit von der Partie waren Teamkapitän und Mittelläufer Billy Wright aus Wolverhampton sowie Verteidiger Alf Ramsey, der England 1966 zum einzigen Mal zum Weltmeistertitel führen sollte.

Vor dem „Spiel der Spiele": Ferenc Puskas und sein englisches Pendant Billy Wright (mit Ball) führen ihre Teams am 25. November 1953 auf den Rasen von Wembley, den die Ungarn als strahlende 6:3-Sieger verließen.

Dennoch sollten die Gastgeber ein noch nie da gewesenes Fiasko erleben, was auf eine in taktischer Hinsicht glänzend eingestellte Ungarn-Elf zurückzuführen war. Verbandskapitän Sebes hatte seinen Mannen im Vorfeld in zahlreichen Trainingslagern ein hochflexibles Spiel eingeimpft, das von ständigen Positionswechseln geprägt war, mit denen die Engländer zu keiner Zeit zurecht kamen. Neben dem zurückhängend spielenden Mittelstürmer Nandor Hidgekuti brachte vor allem Ferenc Puskas die gegnerische Abwehrreihe zur Verzweiflung, weil er immer wieder „aus der Tiefe des Raums" in die Spitze stieß und mithin die Rolle der Nummer 10 als echter Spielmacher interpretierte. Nach 90 Minuten standen die Magyaren als überlegener 6:3-Triumphator fest, wobei Major Puskas seinen größten Auftritt in der 24. Minute hatte, als er den nach dem Ball grätschenden Verteidiger Billy Wright per Absatzkick ins Leere schickte und das Leder zum 3:1 in den englischen Kasten beförderte. Nur drei Minuten später war Puskas nach einem abgewehrten Bozsik-Freistoß dann erneut zur Stelle.

Unmittelbar vor der WM in der Schweiz – genauer gesagt am 23. Mai 1954 – wollten die Engländer dann im Budapester Nepstadion Revanche für die Pleite von Wembley nehmen. Die 90 Minuten wurden aber zu einer weiteren Lehrstunde für die englischen Profis, die nach dem 1:7 endgültig von der Favoritenliste für die bevorstehende Weltmeisterschaft gestrichen wurden. Den Ungarn, bei denen abermals Ferenc Puskas als zweifacher Torschütze glanzvoll Regie geführt hatte, schien der Rimet-Pokal dagegen nicht zu nehmen...

Ungarns Fußballkatastrophe

Das „Unternehmen Titelgewinn" begann für die Magyaren mit einem lockeren 9:0 über Außenseiter Südkorea auf dem Zürcher Hardturm, bei dem Kapitän Ferenc Puskas nach zwölf Minuten den Torreigen eröffnete und in der 89. Minute den Schlusspunkt setzte. Auch gegen Deutschland zählte der „rasende Major" in der 16. Minute zu den Torschützen und trug somit zum ungefährdeten 8:3 der „Aranycsapat" bei. Jedoch ereignete sich nach rund einer Stunde eine folgenschwere Szene, die den Ausgang des Weltturniers möglicherweise entscheidend beeinflusste. Was war geschehen? Nachdem Werner Liebrich den ungarischen Spielführer bereits wenige Minuten zuvor hart angegangen hatte, rauschten Puskas und der Lauterer Verteidiger jetzt erneut ineinander. Puskas fiel dabei unglücklich auf seinen Knöchel und musste das Spielfeld verlassen, um behandelt zu werden. Die Verletzung stellte sich schließlich als derart gravierend heraus, dass der Regisseur erst im Endspiel wieder zum Einsatz kam.

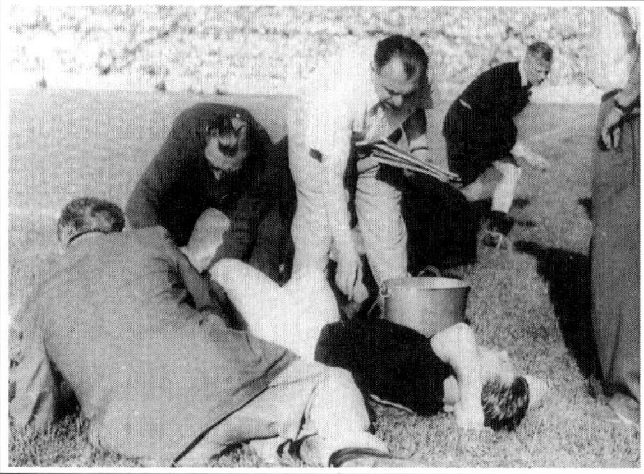

Nach seinem Zusammenprall mit Werner Liebrich im WM-Vorrundenspiel gegen Deutschland (8:3) wird Ferenc Puskas am Spielfeldrand behandelt. Erst im Endspiel am 4. Juli kann er in die ungarische Elf zurückkehren.

Puskas musste somit die „Schlacht von Bern" gegen Brasilien im Viertelfinale ebenso von der Tribüne aus verfolgen wie den 4:2-Verlängerungssieg in der Vorschlussrunde gegen Titelverteidiger Uruguay, derweil selbst sein Einsatz im Endspiel gegen Deutschland lange Zeit auf der Kippe stand. Schließlich sollte Öcsi sein Team am 4. Juli 1954 dann aber doch auf den Rasen des Berner Wankdorfstadions führen, das an jenem regnerischen Sonntagnachmittag das aus deutscher Sicht allseits bekannte „Wunder von Bern" erlebte, welches für Ungarn freilich die größte anzunehmende Fußball-Katastrophe darstellte. Zunächst schien für den haushohen Turnierfavoriten noch alles den gewünschten Gang zu nehmen: Puskas visierte in der sechsten Minute die lange Ecke des deutschen Tores an und schob das Leder am Düsseldorfer Turek vorbei zur 1:0-Führung in die Maschen, die Czibor nur zwei Minuten später auf 2:0 ausbaute. Geblendet von der frühen Führung schalteten die siegesgewissen Ungarn nun zwei Gänge zurück, so dass Morlock und Rahn bis zur 20. Minute zum 2:2 ausglichen. Was folgte, waren wütende Angriffsattacken des Favoriten. Doch Toni Turek, die deutschen Verteidiger und das Torgestänge hielten die DFB-Vertretung im Spiel, so dass „Boss" Rahn sechs Minuten vor Schluss in die Lage versetzt wurde, Fußballgeschichte zu schreiben.

► EINWURF

Es gibt mehrere Legenden, die zu erklären versuchen, weshalb Ferenc Puskas einen so starken linken Fuß besaß. Eine besagt, dass er in jungen Jahren seinem Gegenspieler die Rippen gebrochen hatte, weil er mit dem rechten Fuß einen Schuss abgefeuert hatte, in den sich sein Kontrahent hineinwarf. Um dies in Zukunft zu vermeiden, soll Puskas fortan nur noch mit links geschossen haben. Die ungeheure Schusskraft des Linksfußes kam sogar in seinem Namen zum Ausdruck: „Puska" ist nämlich das ungarische Wort für Gewehr.

Die Ungarn waren aber immer noch nicht geschlagen. Vor allem die Szene, die sich zwei Minuten nach dem deutschen Führungstreffer ereignete, erhitzte die Gemüter: Ferenc Puskas war den deutschen Abwehrspielern enteilt und kam aus vier Metern frei vor Turek zum Schuss. Zahlreiche ungarische Spieler hatten schon den 3:3-Ausgleich gesehen, doch versagte der englische Schiedsrichter Ling dem Treffer wegen angeblicher Abseitsstellung die Anerkennung. Das vorhandene Bildmaterial gibt über die Richtigkeit dieser Entscheidung keinerlei Aufschluss, weshalb man sich auf die Aussagen der Zeitzeugen verlassen muss. Zu denen, die von einem regulären Tor für Ungarn sprachen, zählt der Frankfurter Alfred Pfaff, der die Szene als Reservist von der deutschen Bank aus verfolgte.

Wieder zurück im Spiel? Ferenc Puskas hatte den deutschen Schlussmann Toni Turek in der 86. Minute des WM-Finales von 1954 überwunden. Allein der englische Schiedsrichter William Ling erkannte auf Abseits.

Trotz der Pleite gegen die bundesdeutsche Elf ist die Ära der „Aranycsapat“ noch nicht beendet. Bis Anfang 1956 blieb diese in weiteren 19 aufeinanderfolgenden Spielen unbesiegt und verbuchte dabei 16 Siege und drei Unentschieden, wobei Kapitän Ferenc Puskas nach wie vor als Spielgestalter und Torschütze für Furore sorgte. Die 1:3-Pleite von Istanbul gegen die Türkei am 19. Februar 1956 läutete indes das bevorstehende Ende der „Goldenen Elf“ ein, das mit dem Ungarn-Aufstand besiegelt wurde. Das letzte Länderspiel für sein Geburtsland bestritt Öcsi am 14. Oktober 1956 in Wien gegen Österreich, das mit einem 2:0-Erfolg des amtierenden Vizeweltmeisters in die Annalen einging.

► EINWURF

Obwohl Ferenc Puskas zu Zeiten des Kommunismus' nach seiner Flucht jahrzehntelang gemieden wurde, haben ihn seine Fans nie vergessen. Nach dem Fall des Eisernen Vorhangs wurde Öcsi in Ungarn mit zahlreichen Ehrungen bedacht. So entschied etwa sein Heimatverein Honved, das von Puskas getragene Trikot mit der Nummer 10 in Zukunft nicht mehr zu vergeben. Als der Kapitän der Aranycsapat 2002 seinen 75. Geburtstag feierte, wurde das Nepstadion, an dessen Bau Puskas in jungen Jahren selbst mitgewirkt hatte, auf Geheiß der Regierung in Ferenc-Puskas-Stadion umbenannt, womit die Aussöhnung mit dem nach dem Ungarn-Aufstand verpönten Liebling der Massen auch von offizieller Seite endgültig vollzogen worden war.

Länderspiel-Comeback für Spanien

Nach der Flucht aus dem kommunistischen Ungarn hatte Puskas in Spanien eine zweite Heimat gefunden. 1961 nahm er die spanische Staatsbürgerschaft an, so dass er die Gelegenheit bekam, seine vor fünf Jahren so abrupt beendete Länderspielkarriere fortzusetzen. Die Nationalelf Spaniens war seinerzeit freilich nicht ansatzweise mit jener der Gegenwart zu vergleichen. Der Fußballsport des Landes war vielmehr gefangen in der tiefen, politisch bedingten Abneigung der beiden Großvereine Real Madrid und FC Barcelona, weshalb Nationaltrainer Helenio Herrera keinen leichten Stand hatte.

Die Karriere in der spanischen Länderelf entpuppte sich für Ferenc Puskas daher auch als unbedeutende Fußnote. Sein erstes Spiel bestritt er Ende 1961 im Rahmen der WM-Qualifikation in Marokko, als sein Team in Casablanca zwar einen mühsamen 1:0-Sieg erkämpfte, Puskas aber ebenso wie sein Madrider Teamkamerad Di Stefano blass blieb. Blass blieben auch die Auftritte des Exil-Ungarn bei dessen zweiter WM-Teilnahme im fernen Chile. Nach den Spielen gegen die CSSR (0:1), Mexiko (1:0) und Brasilien (1:2) musste sich die Herrera-Elf bereits nach der Vorrunde verabschieden, wobei der bei Real Madrid immer noch gefeierte „Cañoncito Pum“ in sämtlichen Auftritten ohne Torerfolg geblieben war. Ein Jahr nach der WM kam Ferenc Puskas zum letzten Mal in einer Auswahlmannschaft zum Einsatz. Aus Anlass des 100. Geburtstags der FA trat England am 23. Oktober 1963 zu einem Spiel gegen eine Welt-Elf an, wo er zur zweiten Halbzeit Portugals neuen Superstar Eusebio ersetzte. Der Ort für einen der letzten großen Höhepunkte seiner Laufbahn hätte besser kaum gewählt sein können: Im Londoner Wembley-Stadion hatte Puskas just zehn Jahre zuvor beim 6:3 über das Mutterland des Fußballs einen der bedeutendsten Erfolge im ungarischen Nationaldress gefeiert!

Saison	Europacup		Liga		Pokal	
	Sp.	T.	Sp.	T.	Sp.	T.
1943/44			18	7	?	?
1944/45			34	17		
1945/46			33	35		
1946/47			30	32		
1947/48			32	50		
1948/49			30	46		
1949/50			30	31		
1950			15	25		
1951			21	21		
1952			26	22	?	?
1953			26	27		
1954			20	21		
1955			26	18	?	?
1956	2	1	13	5	?	?
1956/57	*gesperrt*					
1957/58	*gesperrt*					
1958/59	5	2	24	21	5	2
1959/60	7	12	24	28	5	10
1960/61	2	0	28	27	9	14
1961/62	9	7	23	20	8	13
1962/63	2	0	30	26	7	5
1963/64	8	7	24	20	0	0
1964/65	3	2	18	11	4	4
1965/66	3	5	8	4	3	1

Raul
Real ist nicht alles

Raul Gonzalez Blanco. Mit seinen insgesamt 445 Pflichtspieltreffern zählt der Spanier neben Lionel Messi und Cristiano Ronaldo zu den torgefährlichsten Angreifern der Gegenwart. Dass es um ihn etwas ruhiger geworden ist, liegt an seinem Wechsel in den Wüstenstaat Katar, den der am 27. Juni 1977 in Madrid geborene Raul nach zweijährigen Intermezzo auf Schalke im Herbst 2012 vollzogen hat. Mit den Engagements in Gelsenkirchen und Doha ist der Spanier seiner sportlichen Heimat Real Madrid untreu geworden, was nach 16 Jahren im Dress der Königlichen in etwa so wahrscheinlich erschien, wie der Rücktritt von Papst Benedikt XVI. Als unter der Präsidentschaft von Florentino Perez (2000 bis 2006) die finanzielle Unvernunft in die Vereinssatzung aufgenommen wurde und sich Weltstars wie Luis Figo, Zinedine Zidane, Ronaldo oder David Beckham die Klinke in die Hand gaben, war Raul für die Real-Fans längst zum Fixpunkt einer bunten Legionärstruppe geworden, die jeglicher Seriosität im Fußball Hohn sprach. Aber selbst wenn Raul mit den zeitweise galaktisch daherkommenden Königlichen wie kein Zweiter identifiziert wurde. Bevor er sich dem spanischen Rekordmeister anschloss, war er ausgerechnet bei dessen Stadtrivalen Atletico aktiv gewesen, womit sich die enge Verbindung zwischen Spieler und Verein erst entwickeln musste.

Von Atletico zu Real

Der heutige Multimillionär entstammt ursprünglich aus einfachen Verhältnissen. Gemeinsam mit seinen Eltern wohnte er im Arbeiterviertel Los Angeles im Süden von Madrid. Sein Vater Pedro war als Elektriker in einem nahe gelegenen US-Militärstützpunkt beschäftigt. Früh entdeckte Raul die Leidenschaft für das runde Leder, dem er gemeinsam mit Freunden auf den Straßen von Los Angeles hinterher jagte. Vor allem seine Mutter war darüber alles andere als glücklich und versuchte ihrem Sprössling das Fußballspielen gar zu verbieten, weil sie es leid war, ständig dessen schmutzige Kleidung waschen zu müssen. Ein letztendlich fruchtloses Unterfangen. Nachdem sich der 10-jährige Raul zunächst dem kleinen Verein San Cristobal de Los Angeles angeschlossen hatte, wurden schnell auch die Talentsichter von Atletico Madrid auf ihn aufmerksam. Beim Stadtrivalen der Königlichen wurde endgültig klar, über welch großes Talent Raul verfügte. Er war der auffälligste Akteur der U-15-Mannschaft der Colchoneros, die sich 1992 die Meisterschaft ihrer Altersklasse sicherte. Und spätestens jetzt dürfte auch der Widerstand seiner Mutter gebrochen gewesen sein...

Dass Raul seine Karriere im Seniorenbereich allerdings nicht bei Atletico, sondern Real fortsetzte, lag an Jesus Gil y Gil, dem exzentrischen und unberechenbaren Atletico-Präsidenten, dessen Personalpolitik – vorsichtig gesprochen – wenig Kontinuität besaß. Statt auf den eigenen Nachwuchs zu bauen, wurde vor dem Beginn einer Saison lieber der halbe Kader durch teure Neuzugänge ersetzt, was mit den entsprechenden wirtschaftlichen Folgen verbunden war. Um das Defizit in der Vereinskasse auszugleichen, entschied Gil y Gil im Laufe des Jahres 1993 kurzerhand, die Nachwuchsabteilung aufzulösen, weshalb Raul Gonzalez Blanco zum Ortsrivalen wechselte.

Dort wurde er über die U-16 (Cadete A), die U-18 (Juvenil B) und die U-19 (Juvenil A) systematisch für die Profi-Mannschaft aufgebaut. Bereits 1994 wurde er im C-Team der Königlichen in der viertklassigen Tercera División eingesetzt, wo er mit 13 Treffern in lediglich sieben Partien eindrucksvoll seine Torgefahr unter Beweis stellte. Nur wenig später feierte Raul auch in der zweiten Mannschaft seinen Einstand, die in der Segunda División spielte. Damit hatte der 17-Jährige laut und vernehmlich am Tor zur ersten Mannschaft angeklopft.

Feuertaufe bei den Königlichen

Die Saison 1993/94 hatte Real Madrid in der Primera División mit dem vierten Platz abgeschlossen, was einen personellen Neuanfang notwendig machte. Als Trainer war der Argentinier Jorge Valdano angeheuert worden, der den talentierten Raul in den Kader für die neue Spielzeit aufnahm, nachdem er sich in einem Jugendspiel von dessen Qualitäten überzeugt hatte. Die erste Prämie in Höhe von umgerechnet 500 D-Mark kam der Familie Blanco äußerst gelegen, da Rauls Vater gerade arbeitslos geworden war. Gleich in seiner Premierensaison konnte sich Raul bei Real Madrid etablieren. Insgesamt absolvierte er 28 Ligaspiele und traf dabei neunmal in die gegnerischen Maschen. Sein Profidebüt gab er am 29. Oktober 1994 gegen Real Saragossa im Alter von 17 Jahren und vier Monaten, womit er zum jüngsten Erstligaspieler der Vereinsgeschichte avanciert war. Trotz der 2:3-Niederlage hatte er dermaßen überzeugt, dass ihn Jorge Valdano auch eine Woche später im Heimspiel gegen Atletico Madrid auflaufen ließ, wo er – vermutlich sehr zur Freude von Jesus Gil y Gil – beim 4:2-Sieg der Königlichen den ersten Pflichtspieltreffer erzielte. Am Ende der Saison 1994/95 stand für Real Madrid und Neuling Raul der Gewinn des Meistertitels zu Buche. Weitere Triumphe sollten folgen...

> **► EINWURF**
> *Die Meistersaison 1994/95 war bei Real Madrid gleichbedeutend mit einem Generationenwechsel. Elf Jahre lang galt Emilio Butrageño im Angriff der Königlichen als gesetzt, ehe er nun nur noch achtmal zum Einsatz kam, da ihm Trainer Jorge Valdano den 17-jährigen Raul vorgezogen hatte. Die neue Zeitrechnung wurde auch dadurch sichtbar, dass Raul von „El Buitre" die Trikotnummer 7 übernahm, die fortan zu seinem Markenzeichen werden sollte. Während Raul zur neuen Integrationsfigur bei den Königlichen wurde, verabschiedete sich Butrageño nach 123 Erstligatreffern in Richtung Mexiko, wo er seine Karriere bei Atletico Celaya ausklingen ließ.*

In kürzester Zeit sollte sich Raul als Nachfolger von Emilio Butrageño zum Stammspieler entwickeln. Nach Expertenmeinung galt er lange Zeit als einer der besten Offensiv-Allrounder der Welt, der durch Schnelligkeit, Dribbelstärke und ein gutes Stellungsspiel überzeugte. Da er zu den wenigen Angreifern zählt, die links wie rechts gleichermaßen schussstark sind, ist auch seine Chancenverwertung beeindruckend. Von zahlreichen Berufskollegen hebt sich der 1,80 m große Real-Angreifer darüber hinaus auf wohltuende Weise ab. Raul gilt als nachdenklich, seriös und bescheiden, Starallüren sind ihm fremd. Während andere Fußballer gerne „bunten Lebenswegen" frönen, ist der einstige Real-Star seit dem 30. Juni 1999 immer noch mit derselben Frau verheiratet. Mit dem spanischen Modell Mamen Sanz hat er fünf gemeinsame Kinder.

In einer ansonsten enttäuschenden Real-Mannschaft, die in der Spielzeit 1995/96 nur den sechsten Platz belegte, konnte allein Raul die Erwartungen erfüllen. Mit 19 Toren in 40 Einsätzen war er zum besten Torschützen der Königlichen avanciert, die in der Champions League ebenfalls nur bis in die Runde der letzten Acht vordringen konnten. Drei seiner sechs Treffer in der Königsklasse waren Raul im Gruppenspiel gegen Ferencvaros Budapest (6:1) gelungen, derweil der Torerfolg im Viertelfinal-Hinspiel seinem Team einen 1:0-Heimsieg über Juventus Turin bescherte. Im Rückspiel setzte es im Piemont allerdings eine 0:2-Niederlage, womit Real am späteren Gewinner der Champions League gescheitert war.

Das Spieljahr 1996/97 bescherte Raul dann den zweiten Meistertitel, nachdem Real unter dem italienischen Übungsleiter Fabio Capello Erzrivale FC Barcelona um zwei Zähler distanziert hatte. Raul hatte mit 21 Saisontreffern ein neue persönliche Bestmarke aufgestellt, welche mannschaftsintern nur vom Kroaten Davor Suker (24 Tore) überboten wurde. Vor allem gegen seinen Ex-Verein Atletico hatte sich Raul in Topform präsentiert. Nachdem ihm schon beim 4:1 bei den Colchoneros zwei Tore gelungen waren, konnte er sich auch beim 3:1-Erfolg im Bernabeu-Stadion in die Torschützenliste eintragen.

Champions-League-Sieger und Welttorjäger

Neben Davor Suker war der Jugoslawe Pedrag Mijatovic Rauls wichtigster Sturmpartner in der Saison 1997/98, in der der Deutsche Jupp Heynckes das Madrider Starensemble dirigierte. Unter „Don Jupp" reichte es in der Primera División zwar lediglich zum vierten Rang. Dafür führte der ehemalige Gladbacher Real zum ersten Erfolg in der europäischen Königsklasse seit 1966, nachdem besagter Mijatovic im Champions-League-Endspiel am 20. Mai 1998 in Amsterdam Mitte der zweiten Hälfte das Tor des Tages gelungen war. Im Alter von knapp 21 Jahren hatte Raul damit erstmals den Gipfel des europäischen Vereinsfußballs erklommen, um am 1. Dezember des Jahres gleich noch einen draufzusetzen.

> **► EINWURF**
> *In der zur Saison 1992/93 ins Leben gerufenen Champions League führt kein Weg an Spaniens Raul vorbei. Der dreifache Sieger und zweimalige Torschützenkönig ist nicht nur der Spieler mit den meisten Toren, sondern auch mit den meisten Einsätzen. 144-mal kam er zwischen 1995 und 2011 in der Königsklasse zum Einsatz, womit er Ryan Giggs (142) und Paolo Maldini (140) in Schach hält. Als Toptorjäger sind Raul insgesamt 71 Tore gelungen.*

Im Weltpokalfinale traf Real in Tokio auf Vasco da Gama aus Brasilien, wobei der Vergleich mit dem Südamerika-Vertreter vor 51.514 Zuschauern beim Stand von 1:1 auf eine Verlängerung zusteuerte. In der 83. Minute wurde Raul dann vom Holländer Clarence Seedorf mit einem Pass über das halbe Spielfeld in Szene gesetzt. Der Angreifer stoppte das Leder lässig in der Luft, ließ die beiden Vasco-Verteidiger Vitor und Odvan ins Leere laufen, um schließlich den herauseilenden Keeper Germano zu überwinden. Der Treffer, der Real Madrid zum Weltcupsieger machte, zählt zu den berühmtesten in Rauls Karriere und ist als „Gol del Aguanis" in die Annalen eingegangen.

Auch in der Primera División zeigte sich Raul ausgesprochen torhungrig und führte mit 25 Treffern erstmals die Torschützenliste an. Zudem wurde er am Ende des Jahres 1999 von der Statistikorganisation IFFHS als „Welttorjäger des Jahres" ausgezeichnet. Ausschlaggebend sind bei dieser Wertung sämtliche Tore, die ein Spieler innerhalb eines Kalenderjahres in internationalen Klubspielen sowie Länderspielen erzielt hat. Raul befand sich damit auf dem besten Wege, einen weiteren Höhepunkt in seiner Laufbahn anzupeilen. Am 19. November 1999 hatte Vicente del Bosque die Leitung des Trainings übernommen, was sich für Real Madrid als großer Glücksfall erweisen sollte. Anders als seine unmittelbaren Vorgänger (die selten länger als ein Jahr im Amt geblieben waren) kannte del Bosque den Verein wie seine eigene Westentasche, da er als Ex-Spieler langjähriger Jugendkoordinator der Königlichen gewesen war. Del Bosque gelang es, die Startruppe zu disziplinieren, wobei er in Publikumsliebling Raul einen Fixpunkt innerhalb des Teams besaß. Zwar verfügte der Trainer in Nicolas Anelka und Fernando Morientes im Angriff über herausragende Alternativen. An Raul reichte jedoch keiner heran. Allein schon, weil dieser mit zehn Treffern zum Torschützenkönig der Champions League avancierte. Damit legte er die Basis zum erneuten Triumph in der Königsklasse, der nach einem am Ende lockeren 3:0-Erfolg im Duell mit Ligarivale FC Valencia feststand. Dabei war es Raul am 24. Mai 2000 vorbehalten gewesen, in der 75. Minute den Endstand zu besiegeln.

> **► EINWURF**
> *Der nach Telmo Zarra (251) und dem Mexikaner Hugo Sanchez (234) mit 228 Treffern drittbeste Torjäger der Primera División, ist gleichzeitig bester Ligatorschütze von Real Madrid. Auf Raul folgen Alfredo di Stefano mit 216 Toren in 282 Spielen sowie Carlos Santillana mit 187 Treffern in 461 Partien. Mit 550 Ligaspielen ist Raul darüber hinaus Rekordspieler der Königlichen, wobei er Manuel Sanchis (524) und Iker Casillas (476) auf die nachfolgenden Plätze verweist.*

Auf den Spuren des Weißen Balletts

Wenig später wurde der bisherige Präsident Lorenzo Sanz von Florentino Perez abgelöst, unter dem Geld fortan keine Rolle spielte. Nach dem Motto „Jedes Jahr ein neuer Star" wollte er den Real-Anhängern das ganz große Spektakel bieten, was zumindest so lange funktionierte, als Trainer Vicente del Bosque „den Laden zusammenhielt". Quasi als Einstandsgeschenk hatte Perez den Portugiesen Luis Figo für 118 Mio. D-Mark vom FC Barcelona losgeeist, der das Offensivspiel weiter beflügeln sollte. In Anbetracht der astronomischen Summen, die in Madrid zur Normalität wurden, nahm sich das kolportierte Jahresgehalt von 11,7 Mio. D-Mark für Raul vergleichsweise bescheiden aus, vor allem, wenn man berücksichtigt, dass dieser zu den unumstrittenen Leistungsträgern der Mannschaft zählte. So avancierte Raul in der Saison 2000/01 mit 24 Treffern erneut zum Toptorjäger der Primera División, derweil er mit sieben Toren wie schon im Vorjahr auch die Torjägerliste der Champions League anführte. Hier hatte sich Real freilich im Semifinale den später siegreichen Münchner Bayern beugen müssen, so dass sich die Fans mit dem Gewinn der Landesmeisterschaft zufrieden geben mussten, die sich Raul & Co. mit einem deutlichen Vorsprung von sieben Punkten auf Deportivo La Coruña gesichert hatten.

Obwohl Raul im Juni 2001 erst 24 Jahre alt wurde, stand er im Zenit seiner Laufbahn. Nicht viel hatte gefehlt und der Spanier wäre am Ende des Jahres zum besten Fußballer Europas gekürt worden, doch musste er sich etwas überraschend dem Engländer Michael Owen geschlagen geben. Eine Niederlage, die er allerdings verkraften konnte, da er in der Saison 2001/02 zum dritten Mal die Champions League gewann. Zu Beginn der Spielzeit hatte sich Florentino Perez zum 100-jährigen Klubjubiläum mit dem Franzosen Zinedine Zidane einen neuen Superstar gegönnt, so dass die „Galaktischen" – obwohl in der heimischen

Liga nur Dritte – abermals Europas Fußballthron besteigen. Im Finale am 15. Mai 2002 erwies sich Bayer Leverkusen im Glasgower Hampden Park aber lange als ebenbürtig, wenngleich Raul eine Unachtsamkeit in der Bayer-Abwehr in der 8. Minute zur frühen Führung genutzt hatte. Nach dem Ausgleich von Lucio nur fünf Minuten später, war es Neuzugang Zidane, der mit einem Geniestreich kurz vor der Pause den Sieg der Madrilenen unter Dach und Fach brachte, den diese am Jahresende mit einem weiteren Weltcupsieg krönten.

Real-Kapitän und „lebendes Inventar"

Mit 16 Ligatreffern besaß Raul, der mit dem Brasilianer Ronaldo zu Saisonbeginn einen weiteren Superstar vor die Nase gesetzt bekommen hatte, entscheidenden Anteil daran, dass der Meistertitel 2003 abermals an Real Madrid ging. Warum Florentino Perez nach der Saison Trainer Vicente del Bosque trotzdem vor die Tür setzte, dürfte für immer dessen Geheimnis bleiben. Die Verpflichtung des Engländers Beckham bewies, dass Perez scheinbar glaubte, seine „Weltauswahl" müsse nur genügend Glamourpotenzial besitzen, um den gewünschten Erfolg abzuwerfen – was drei nun folgende Jahre ohne Titelgewinn allerdings klar wiederlegen sollten. Vor allem die eklatanten Abwehrschwächen zeigten, dass die Mannschaft nicht ausgeglichen genug besetzt war, wobei die Lücken in der Hintermannschaft nach dem Weggang von Fernando Hierro im Sommer 2003 immer offensichtlicher wurden. Raul zählte neben Schlussmann Iker Casillas zu den wenigen – auch von den Fans akzeptierten – Konstanten in der Mannschaft, weshalb er als Hierro-Nachfolger auch das Kapitänsamt übertragen bekam.

Die schwachen Darbietungen der Königlichen wurden aber nicht zuletzt an der Formschwäche Rauls festgemacht, dessen Torgefahr merklich zurückging: Nach elf Treffern in der Spielzeit 2003/04 traf er im Jahr darauf nur noch neunmal ins Schwarze. Daraufhin sollte er in der Saison 2005/06 unter dem brasilianischen Trainer Vanderlei Luxemburgo zeitweise sogar seinen Stammplatz verlieren. In 26 Einsätzen kam er auf gerade einmal fünf Tore. Eine Besserung der Situation stellte sich erst ein, als zur Spielzeit 2006/07 der Italiener Fabio Capello auf den Trainerstuhl zurückkehrte. Der Defensivfanatiker ließ Raul fortan zurückhängend hinter den Spitzen agieren und übertrug ihm die Aufgabe, das Spiel der Königlichen anzukurbeln. Für das Toreschießen war der Niederländer Ruud van Nistelrooy verantwortlich, der zu Saisonbeginn von Manchester United nach Madrid gekommen war. Das neue Sturmduo harmonierte wie erhofft und führte Real nach drei Jahren wieder auf den Meisterthron zurück. Die Rollen waren dabei klar verteilt: Während Real-Kapitän Raul in Anbetracht von lediglich sieben Torerfolgen in erster Linie als Vorlagengeber in Erscheinung getreten war, führte „Van the Man" mit 25 Treffern die Torjägerliste der Primera Divisón an.

Unter der sportlichen Leitung des Deutschen Bernd Schuster sollte Raul in der Saison 2007/08 seinen sechsten und letzten spanischen Meistertitel gewinnen. Die Überlegenheit hätte dabei deutlicher nicht ausfallen können, nachdem der Überraschungs-Zweite FC Villarreal um zehn und Erzrivale FC Barcelona als Tabellendritter sogar um 20 Punkte auf Distanz gehalten worden war. Aber auch die Formkurve von Raul wies in Anbetracht von 18 Saisontoren – mehr waren ihm vor sieben Jahren gelungen – deutlich nach oben. Auch die Klubbosse würdigten die Leistungen des Real-Kapitäns und erklärten, dass dessen Trikotnummer 7 nie mehr vergeben werden sollte.

Dieses Versprechen hielt im königlichen Fußballzirkus freilich nur zwei Jahre. Als Raul den Verein am Ende der Saison 2009/10 in Richtung Gelsenkirchen verließ, erhielt der Portugiese Cristiano Ronaldo das Trikot mit der Nummer 7. In seinen letzten beiden Jahren in Madrid konnte Raul keinen weiteren Titel mehr gewinnen. Zu dominant war das Auftreten des FC Barcelona, der sich sowohl 2009 als auch 2010 den Titel in der Primera Divisón sicherte. Dennoch gab es für den Real-Kapitän in der Saison 2008/09 Grund zum Feiern: Am 15. Februar reisten die Königlichen zum Ligaspiel gegen Sporting Gijon, wo sie einen ungefährdeten 4:0-Sieg einfuhren. Nachdem Raul in der 15. Minute den Torreigen eröffnet hatte, besiegelte er eine knappe Viertelstunde vor Schluss den Endstand. Wettbewerbsübergreifend hatte er damit 308 Pflichtspieltreffer erzielt, womit er die bisherige Bestmarke von Alfredo di Stefano überboten hatte. Damit aber nicht genug: Am 12. April besiegten die Königlichen im heimischen Bernabeu-Stadion Real Valladolid durch Tore von Raul (43.) und Arjen Robben (82.) mit 2:0. Eigentlich eine unbedeutende Fußnote, zumal der Rückstand auf Tabellenführer FC Barcelona zu diesem Zeitpunkt bereits sechs Punkte betrug. Der Erfolg war jedoch gleichbedeutend mit Rauls 300. Sieg in der Primera Divisón, eine Marke, die neben ihm nur noch Andoni Zubizarreta (333) und Manuel Sanchis (312) geknackt haben.

Durch die Neuverpflichtung von Cristiano Ronaldo, Karim Benzema und Kaka sollte Vereinslegende Raul in der Spielzeit 2009/10 dann seinen Stammplatz einbüßen. Unter Trainer Manuel Pellegrini kam er zwar auf insgesamt 30 Einsätze, wobei er allerdings 22-mal eingewechselt wurde und lediglich fünfmal ins Schwarze traf. Für Raul ein untragbarer Zustand, weshalb er sich entschied, nach 16 Jahren Real Madrid zu verlassen und völlig neue Wege zu gehen. Wie unerwartet dieser Schritt kam, beweist der Beiname „El Eterno Capitan" (der ewige Kapitän), der Raul in Madrid verliehen worden war. Doch Ewigkeiten stellen im Zeitalter der Postmoderne nicht allein im Fußball mitunter einen recht überschaubaren Zeitraum dar...

Zwei Jahre auf Schalke

Alles ist relativ. In Anbetracht dessen war der Wechsel Rauls zum Bundesligisten FC Schalke 04 anfangs zwar eine Überraschung, die, vom Sog der zahllosen „Sensationsmeldungen" rund um den Fußball erfasst, bald aber schon wieder der Normalität des grassierenden Wahnsinns zugeordnet werden konnte. Ablösefrei war die Real-Legende in den Kohlenpott gekommen, wo der 33-Jährige einen Zwei-Jahres-Vertrag unterzeichnete.

► EINWURF

Schon in Madrid hatte sich Raul als Schütze spektakulärer Tore einen Namen gemacht. Ein Trend, der sich auch nach seinem Wechsel zum FC Schalke 04 fortsetzen sollte, wurde der Spanier in seinen beiden Bundesliga-Spielzeiten doch gleich dreimal als Torschütze des Monats ausgezeichnet. Erstmals wurde Rauls Heber vom 13. August 2011 im Heimspiel gegen den 1. FC Köln (5:1) zum Tor des Monats gekürt, ehe ihm diese Ehrung im März und April 2012 nach einem Distanzschuss gegen den 1. FC Kaiserslautern (1:2) sowie einem Sololauf gegen Hannover 96 (3:0) gleich zweimal in Folge zufallen sollte. Der Treffer gegen Köln wurde von den Zuschauern der ARD-Sportschau später sogar zum Tor des Jahres gewählt. Auch in der Bundesliga hatte Raul damit einen bleibenden Eindruck hinterlassen.

Für die Königsblauen kam Raul in der Spielzeit 2010/11 in sämtlichen 34 Bundesligaspielen zum Einsatz, wobei er 13 Tore erzielte. Zum ersten Mal ließen ihn die Schalker Fans am 6. Spieltag hochleben, als er seiner neuen Mannschaft in der 87. Minute ein 2:2-Unentschieden gegen Borussia Mönchengladbach rettete. Vor allem in der Hinrunde sollte er sich als die erhoffte Verstärkung erweisen. Nachdem ihm am 5. November beim 3:0-Heimsieg gegen den FC St. Pauli ein Doppelpack gelungen war, netzte er zwei Wochen später gegen Werder Bremen (4:0) gleich dreimal ein, um am 17. Spieltag sämtliche drei Schalker Treffer zum 3:0-Heimsieg über den 1. FC Köln beizusteuern. Gleichwohl sollte es für die Knappen in der Bundesliga nur zum 14. Tabellenplatz reichen, was indes nicht zuletzt daran lag, dass diese in den Pokalwettbewerben über sich hinausgewachsen waren.

In der Champions League überzeugten die Schützlinge von Trainer Ralf Rangnick in der K.O.-Phase, in die sie mit einem 1:1-Unentschieden beim FC Valencia starteten, das Raul mit seinem Treffer in der 64. Minute sichergestellt hatte. Durch einen anschließenden 3:1-Heimsieg erreichten sie das Viertelfinale, wo Inter Mailand mit zwei denkwürdigen Auftritten aus dem Weg geräumt wurde. Dabei war Raul sowohl beim 5:2-Sieg in San Siro als auch beim 2:1 im Rückspiel auf Schalke jeweils ein Treffer gelungen. Ihre Grenzen bekamen Raul & Co. dann aber in der Vorschlussrunde aufgezeigt, wo sie von Manchester United mit 0:2 und 1:4 zweimal geschlagen wurden. Den vielleicht wichtigsten Treffer als Schalker erzielte der Spanier am 2. März 2011 in der 15. Minute des Pokal-Halbfinalspiels beim FC Bayern, als er den Knappen per Kopf den Weg ins Berliner Endspiel ebnete, wo Zweitligist MSV Duisburg erwartet locker mit 5:0 geschlagen wurde. Nachdem Raul mit Real Madrid nie die Copa del Rey gewonnen hatte, durfte er nun auf seine alten Tage den ersten nationalen Pokalsieg seiner Karriere feiern.

Mit einem Sieg nach Elfmeterschießen im Supercupfinale gegen Borussia Dortmund zum Start der neuen Saison sicherte sich der Spanier den zweiten Titel im Schalke-Dress. Im Laufe der Spielzeit 2011/12 traf er in 32 Bundesligaspielen weitere 15-mal ins Schwarze, womit er hinter dem niederländischen Torschützenkönig Klaas-Jan Huntelaar (29 Treffer) zweitbester Goalgetter der Knappen geworden war, die sich als Dritte einen der begehrten Champions-League-Plätze sicherten. Die Wertschätzung des Spaniers in Gelsenkirchen war derart hoch, dass er am 19. November 2011 beim 4:0 über den 1. FC Nürnberg nach einer Verletzung von Benedikt Höwedes sogar die Kapitänsbinde überstreifen durfte.

Es verwundert daher nicht, dass die Verantwortlichen in Gelsenkirchen alles unternahmen, den zum 30. Juni 2012 auslaufenden Vertrag zu verlängern. Allein Raul war nicht zur Fortsetzung seiner Karriere auf Schalke bereit und verabschiedete sich in Richtung Katar, wo er sich Rekordmeister Al-Sadd anschloss. Der 1969 gegründete Verein aus der Hauptstadt Doha wartete seit 2007 auf seinen nächsten Meistertitel, so dass der Auftrag an den spanischen Altstar zu Beginn der Saison 2012/13 klar war. Und wirklich konnte Raul die in ihn gesetzten Erwartungen erfüllen und Al-Sadd zum souveränen Gewinn der Meisterschaft – dem 13. in der Vereinsgeschichte – führen, wobei er unter der heißen Wüstensonne in 22 Ligaspielen immerhin neunmal ins Schwarze traf. Der Titel war perfekt, nachdem Al-Sadd am vorletzten Spieltag Al-Khretyat mit 3:1 in Schach gehalten hatte. „Alle haben ihr Bestes gegeben, diesen Erfolg zu erreichen“, so Raul, dessen Team fünf Punkte Vorsprung auf Titelverteidiger Lekhwiya aufwies.

► ZAHLEN UND FAKTEN

Vereine: 1994-2010 Real Madrid
2010-2012 FC Schalke 04
Seit 2012 Al-Sadd Doha

Tore:
550 Spiele Primera División (228 Tore)
1 Spiel Segunda División (0 Tore)
8 Spiele Tercera División (16 Tore)
66 Bundesligaspiele (28 Tore)
22 Spiele Qatar Stars League (9 Tore)
37 Spiele Copa del Rey (18 Tore)
7 DFB-Pokalspiele (3 Tore)
11 katarsche Pokalspiele (3 Tore)
12 spanische Supercupspiele (7 Tore)
2 deutsche Supercupspiele (0 Tore)
154 Europapokalspiele (75 Tore)
6 Weltcup- / ESC-Spiele (2 Tore)
4 Klub-WM-Spiele (2 Tore)
102 A-Länderspiele (44 Tore)
13 Olympiaauswahl-Spiele (10 Tore)
gesamt 995 Pflichtspiele (445 Tore)

Erfolge: Spanischer Meister
1995, 1997, 2001, 2003, 2007, 2008
Spanischer Supercupsieger
1997, 2001, 2003, 2008
Deutscher Pokalsieger 2011
Deutscher Supercupsieger 2011
Katarscher Meister 2013
Champions-League-Sieger 1998, 2000, 2002
Weltcupsieger 1998, 2002
Europäischer Supercupsieger 2002

Spanischer Torschützenkönig
1998/99, 2000/01
Torschützenkönig Champions League
1999/2000, 2000/01
Spaniens Fußballer des Jahres
1997, 1999, 2000, 2001, 2002, 2008

In der Nationalmannschaft:

Der mit 44 Toren in 102 Länderspielen nach David Villa erfolgreichste Goalgetter in der Geschichte der spanischen Selección hatte vor seinem ersten A-Länderspiel sämtliche Jugendauswahlteams durchlaufen und bestätigte damit die Bedeutung der Fördersysteme im modernen Profifußball. Nachdem Raul bereits in der U-18 und der U-20 für Furore gesorgt hatte, griff er im Mai 1996 mit der U-21 nach dem EM-Titel und musste sich bei der Europameisterschaft im eigenen Land erst im Endspiel geschlagen geben, nachdem es gegen Italien eine Niederlage im Elfmeterschießen gesetzt hatte. Als eines von fünf europäischen Teams durfte Spanien dennoch an den Olympischen Spielen in Atlanta teilnehmen, wo die Mannschaft nach einem knappen Sieg über Saudi Arabien (1:0) sowie einem Remis gegen Frankreich (1:1) im letzten Gruppenspiel gegen Australien nach nur zwölf Minuten bereits mit 0:2 in Rückstand geraten war. Dank Raul hatte sie fünf Minuten vor der Pause immerhin den Anschluss hergestellt, um in der Schlussphase durch Santi (86.) auszugleichen. Schließlich ging Spanien sogar noch als 3:2-Sieger vom Platz, nachdem der einen Monat zuvor gerade 19 Jahre alt gewordene Raul in der 90. Minute seinen zweiten Treffer erzielt hatte. Im Viertelfinale hatte die Selección dann allerdings keine Chance und musste nach einer herben 0:4-Schlappe gegen Argentinien den Traum von einer erfolgreichen Titelverteidigung begraben.

Das Viertelfinale als zu hohe Hürde

Dennoch hatte sich der bei Real Madrid in Windeseile zum Stammspieler gereifte Raul in den USA für die spanische A-Nationalmannschaft empfohlen, für die er am 9. Oktober 1996 unter Trainer Javier Clemente sein Debüt gab, das in Prag mit einem torlosen Remis in der WM-Qualifikation gegen Tschechien endete. Auch der erste Treffer gelang ihm im Rahmen der WM-Qualifikation, als er Spanien am 14. Dezember 1996 einen 2:0-Heimsieg über Jugoslawien sicherte.

Im Sommer 1998 sollte Raul in Frankreich dann sein erstes großes Turnier bestreiten. Bis 2006 kam er bei Welt- und Europameisterschaften insgesamt fünfmal zum Einsatz, wobei anders als im Verein die Krönung ausbleiben sollte. Im Vorfeld wurden die Spanier zwar fast immer zu den Mitfavoriten gerechnet. Allerdings war für diese spätestens im Viertelfinale Endstation, was aus der Sicht Rauls umso tragischer war, als sich die Iberer seit der EM 2008 (dem ersten großen Turnier, bei dem er nicht mehr dem Kader angehörte) als unschlagbare Größe entpuppt haben. Mit einer herben Enttäuschung war die Turnierpremiere 1998 in die Annalen eingegangen. Im ersten Gruppenspiel gegen Nigeria ging Spanien in Nantes kurz nach der Pause durch Rauls ersten WM-Treffer mit 2:1 in Führung, doch verspielte die Selección ihren Vorsprung in den Schlussminuten und ging noch als 2:3-Verlierer vom Platz. Es folgte ein enttäuschendes 0:0 gegen Paraguay, so dass zum Abschluss selbst der 6:1-Kantersieg über Bulgarien die Mannschaft nicht vor dem Vorrunden-Aus rettete.

Auch vor der Europameisterschaft 2000 in Belgien und den Niederlanden wurde Spanien zu den heißen Titelaspiranten gezählt. Immerhin hatte Real Madrid mit seinem neuen Superstar Raul kurz zuvor zum zweiten Mal innerhalb von drei Jahren die Champions League gewonnen, derweil der Angreifer selbst im Länderspieljahr 1999 nicht weniger als zehn Tore erzielt hatte. Als „Welttorjäger des Jahres" war er besonders am 27. März nicht zu stoppen, als ihm beim 9:0 EM-Qualifikationsspiel gegen Österreich vier Tore gelungen waren. Gleichwohl standen die Schützlinge von José Antonio Camacho abermals vor dem Aus nach der Gruppenphase, da sie nach der 0:1-Niederlage gegen Norwegen und einem 2:1 über Slowenien (Raul war mit seinem einzigen Turniertor die frühe 1:0-Führung gelungen) ihr letztes Vorrundenspiel gegen Jugoslawien unbedingt gewinnen mussten, um die punktgleichen Norweger in Schach zu halten. Es dauerte bis zur fünften Minute der Nachspielzeit (!), als Alfonso die Selección in einem turbulenten Spiel zu einem 4:3-Sieg schoss, der doch noch den Einzug ins Viertelfinale bescherte, wo es am 25. Juni in Brügge gegen Frankreich ging. In der Partie gegen den kommenden Europameister schlüpfte Raul in die Rolle des tragischen Helden, da er in der Schlussminute mit einem Foulelfmeter scheiterte, womit Spanien als 1:2-Verlierer die Heimreise antreten musste.

Ebenfalls tragisch sollte seine Rolle bei der WM 2002 in Südkorea und Japan ausfallen. In der Vorrunde war für den Real-Angreifer noch alles in Butter: Im Auftaktspiel tat sich die Selección am 2. Juni in Gwangju gegen Slowenien mal wieder lange Zeit schwer, ehe Raul kurz vor der Pause mit einer Weltklasseaktion für den Brustlöser sorgte und mit seinem Führungstreffer den 3:1-Sieg einleitete. Im letzten Vorrundenspiel gegen starke Südafrikaner (3:2) gelangen ihm sogar zwei Tore, so dass Spanien als ungeschlagener Gruppensieger im Achtelfinale stand. Hier musste Raul in der 80. Minute wegen einer Zerrung im rechten Oberschenkel ausgewechselt werden, womit die WM für ihn gelaufen war. Zwar hatte sich sein Team gegen Irland auch ohne ihn im Elfmeterschießen durchgesetzt. Ebenfalls nach Elfmeterschießen musste sich Spanien dann in der Runde der letzten Acht gegen Co-Gastgeber Südkorea aus dem Turnier verabschieden, was zum einen dem Fehlen Rauls, zum anderen auch der schwachen Leistung des ägyptischen Schiedsrichters zugeschrieben wurde, der den Iberern gleich zwei reguläre Tore „geklaut" hatte.

Zwei Jahre später folgte ein weiteres Fiasko bei der EM in Portugal, wo Raul nach dem Rücktritt von Fernando Hierro die Selección erstmals als Kapitän aufs Feld führte. Nach dem 1:0-Auftaktsieg über Russland reichte es gegen Griechenland zwar nur zu einem 1:1. Dennoch schienen die Weichen in Richtung Viertelfinale gestellt, da gegen Portugal bereits ein Remis zum Weiterkommen genügte. Im iberischen Prestigeduell musste man sich dem EM-Gastgeber aber mit 0:1 geschlagen geben, womit Raul den Traum von einem Titelgewinn im Nationaltrikot ein weiteres Mal begraben musste. Im Vorfeld der WM 2006 begann der Stern des Real-Spielers dann spürbar zu sinken. Ausgerechnet in der WM-Saison 2005/06 hatte er im Verein seinen Stammplatz eingebüßt, derweil ihm auch in der Qualifikation lediglich zwei Tore – beim 5:0 über San Marino und beim 1:1 gegen Serbien & Montenegro – gelungen waren. Dennoch nahm ihn der neue Nationaltrainer Luis Aragones mit nach Deutschland, wo Raul am 19. Juni 2006 im Vorrundenspiel gegen Tunesien (3:1) in Stuttgart seinen 44. und letzten Länderspieltreffer erzielte. Trotzdem musste sich Spanien erneut vorzeitig verabschieden, nachdem es im Achtelfinale gegen Frankreich eine 1:3-Pleite gesetzt hatte. Schon während der Titelkämpfe in Deutschland hatte sich Luis Aragones nicht gerade als Fan von Raul geoutet und seinen Kapitän je zweimal ein- bzw. ausgewechselt. Im zweiten Spiel der EM-Qualifikation 2008 kassierte Spanien ein unerwartetes 2:3 in Nordirland, was den Nationalcoach veranlasste, sein Personal zu überdenken. Dem nun folgenden großen Ausmisten des Kaders fiel auch Raul zum Opfer, der damit am 6. September 2006 sein letztes Länderspiel bestritten hatte. Etwaige Kritiker am Rauswurf des Kapitäns, waren spätestens nach dem EM-Gewinn der Spanier im Sommer 2008 zum Schweigen gebracht worden.

Saison	Europacup		Liga		Pokal	
	Sp.	T.	Sp.	T.	Sp.	T.
1994/95	0	0	28	9	2	1
1995/96	8	6	40	19	2	1
1996/97	0	0	42	21	5	1
1997/98	11	2	35	10	1	0
1998/99	8	3	37	25	2	0
1999/00	15	10	34	17	4	0
2000/01	12	7	36	24	0	0
2001/02	12	6	35	14	6	6
2002/03	12	9	31	16	2	0
2003/04	9	2	35	11	7	6
2004/05	10	4	32	9	1	0
2005/06	6	2	26	5	0	0
2006/07	7	5	35	7	1	0
2007/08	8	5	37	18	1	0
2008/09	7	3	37	18	1	3
2009/10	6	2	30	5	2	0
2010/11	12	5	34	13	4	1
2011/12	11	4	32	15	3	2
2012/13			22	9	11	3

Roberto Dinamite
Mit Sprengkraft durch jede gegnerische Abwehr

Zu den torgefährlichsten Spielern im brasilianischen Fußball zählt Carlos Roberto de Oliveira – besser bekannt als „Roberto Dinamite“. Mit 864 Toren in 1.022 Partien belegt der am 13. April 1954 in der nahe von Rio de Janeiro gelegenen Stadt Duque de Caixias geborene Angreifer einen Spitzenplatz unter den besten Torjägern der Welt. Allein in 772 offiziellen Pflichtspielen gingen stattliche 694 Tore auf sein Konto, womit er in den gegnerischen Strafräumen in der Tat die Wirkung von Sprengstoff zu haben schien. Den größten Teil seiner aktiven Karriere verbrachte er beim Traditionsklub CR Vasco da Gama, wo er seit 2008 auch als Vereinspräsident fungiert.

EXKURS: CR Vasco da Gama

Der neben Flamengo, Fluminense und Botafogo zu den vier großen Fußballvereinen von Rio des Janeiro zählende „Club de Regatas Vasco da Gama“ wurde am 21. August 1898 als Ruderklub gegründet. Die Gründerväter hatten sich von einer in jenem Jahr ausgetragenen Ruderregatta inspirieren lassen, die zu Ehren des portugiesischen Seefahrers Vasco da Gama stattfand, der 400 Jahre zuvor den Seeweg von Europa nach Indien, vorbei am Kap der Guten Hoffnung entdeckt hatte. Die erst am 26. November 1916 ins Leben gerufene Fußballabteilung profitierte rund zehn Jahre später vom Bau des „Estadio São Januario“ *(Bild unten)*, das nach seiner Fertigstellung im April 1927 als das größte und modernste in Südamerika galt. Die nach einer Seite hin offene Arena war bis zur Errichtung des legendären Maracana gleichzeitig die Heimat der brasilianischen Nationalmannschaft. Die charakteristische Hufeisenform der Tribünen muss im Hinblick auf die olympischen Spiele 2016 weichen, da im São Januario das Rugby-Turnier über die Bühne gehen soll, weshalb die klaffende Lücke hinter einem der Tore geschlossen wird. Ihre erste Blütezeit erlebten die Vascainos in der zweiten Hälfte der vierziger Jahre unter Trainer Flavio Costa, als auch die Legende entstand, nach der die riesige Christusstatue auf dem Corcovado über der Guanabara-Bucht bei jedem Treffer der Mannschaft Beifall klatscht. Die Guanabara-Bucht mit dem ihr vorgelagerten Zuckerhut und der Copacabana hielt deren Entdecker Gaspar de Lemos am 1. Januar 1502 irrtümlicherweise für das Mündungsdelta eines Flusses, dem er beim Blick auf den Kalender den Namen „Fluss des Januars“ gab, womit die nach São Paulo zweitgrößte Stadt Brasiliens ihren portugiesischen Namen Rio de Janeiro bekommen hatte.

Gemeinhin wird Rio de Janeiro mit der Copacabana als ideale Brutstätte des typischen Instinktfußballers betrachtet, dem der spielerisch leichte Umgang mit dem runden Leder geradezu in die Wiege gelegt ist. So sehr das Gesagte nach billigem Klischee klingt, auf Roberto Dinamite trifft es haargenau zu! Wie die meisten seiner Altersgenossen jagte auch er von Kindesbeinen an dem Ball hinterher, den er selbst nach seiner Rückkehr von den Bolzplätzen und Straßen im Stadtbezirk São Bento nicht loslassen wollte, bis er schließlich mit der geliebten Lederkugel in den Armen einschlief.

Im Alter von zwölf Jahren schloss er sich dem Esporte Clube São Bento an, wo er bei den Mitspielern wegen seines großen Eigensinns allerdings nicht sonderlich beliebt war. Hatte er einmal den Ball zugepasst bekommen, gab er diesen nur selten wieder her und suchte stattdessen lieber den direkten Weg zum Tor. Dank seines Egoismus' eignete er sich freilich jene herausragenden technischen Fähigkeiten an, die ihn später während seiner gesamten Laufbahn auszeichnen sollten. Diese blieben auch den Scouts von Vasco da Gama nicht verborgen, so dass sie den Fan von Jairzinho 1969 von Duque de Caixas nach Rio holten. Beim Klub mit dem Malteserkreuz im Wappen vermochte er auf Anhieb zu überzeugen. Nachdem er schon im Spieljahr 1970 mit zehn Treffern Torschützenkönig der Jugendmeisterschaft von Rio de Janeiro geworden war, konnte er diesen Triumph in der folgenden Saison mit diesmal 13 Torerfolgen wiederholen.

Aus „Calu“ wird „Roberto Dinamite“

Vasco hatte 1970 nach zwölf Jahren Pause endlich wieder in der Staatsmeisterschaft von Rio reüssiert, um die Titelverteidigung allerdings deutlich zu verpassen. Auch in der nationalen Meisterrunde lief es im Herbst 1971 alles andere als wunschgemäß, weshalb Trainer Admildo Chirol vor der Partie gegen den SC Bahia am 14. November nach personellen Alternativen suchte. Seine Wahl fiel auf den 17 Jahre alten Calu, der in der Jugendabteilung des Vereins seit zwei Jahren für Furore sorgte. Calu? – wird der aufmerksame Leser jetzt fragen. So lautete nämlich seit Kindertagen der im brasilianischen Fußball übliche Künstlername von Carlos Roberto de Oliveira, welchen der Dribbelkünstler jedoch alsbald ablegen sollte.

Da am Zuckerhut der Fußball auch von den Zeitungen mit großer Leidenschaft begleitet wird und praktisch alles öffentlich ist, waren den Redakteuren des „Jornal dos Sports“ die Glanzleistungen Calus in der Jugendelf von Vasco ebenfalls nicht verborgen geblieben, weshalb das bevorstehende Debüt des Hoffungsträgers bereits im Vorfeld überschwänglich gefeiert wurde. „Bei Vasco spielt jetzt einer mit Dynamit in den Füßen“, lautete die Schlagzeile, die sich nach der Partie jedoch als Fehlgriff erwiesen hatte, da Calu bei der 0:1-Niederlage über die Maßen enttäuscht hatte und vorzeitig ausgewechselt worden war. Erwartungsgemäß setzte Admildo Chirol seinen Schützling am 25. November gegen Internacional Porto Alegre daher auf die Bank. Als es zur Pause aber immer noch 0:0 stand, gab er Carlos Roberto eine weitere Chance, welche dieser auf beeindruckende Weise nutzte. Kurz nach Wiederanpfiff erhielt er den Ball, ließ vier gegnerische Abwehrspieler wie Slalomstangen stehen und netzte zum Tor des Tages ein, so dass sich die Redakteure des „Jornal dos Sports“ doch noch bestätigt sahen und das Blatt am Tag darauf triumphierte: „Der mit dem Dynamit in den Füßen ist explodiert!“ Fortan sollte Carlos Roberto unter dem Namen „Roberto Dinamite“ auf Torejagd gehen.

Bei Vasco da Gama, wo Roberto Dinamite mit Unterbrechungen bis 1993 spielte, ehe er seine Laufbahn mit 39 Jahren beendete, entwickelte er sich in kurzer Zeit zum absoluten Publikumsliebling. Dies lag vor allem an seiner Spielweise, die „brasilianischer“ kaum sein konnte. Statt den direkten Weg zum Tor zu suchen, baute er lieber noch einen Schnörkel ein, was den Fans im Land des Rekordweltmeisters schon damals wichtiger war als ein schnöder Torerfolg. Von denen hatte Roberto Dinamite allerdings auch einige vorzuweisen. So gingen zwischen 1971 und 1979 allein in der Brasileirão 92 Treffer in 161 Einsätzen auf sein Konto.

► EINWURF
Im Rahmen der erst seit 1967 ausgespielten nationalen Meisterschaft von Brasilien hat Roberto Dinamite mit 191 Treffern in 317 Einsätzen die meisten Tore auf dem Konto. In der ewigen Bestenliste der „Brasileirão“ verweist er mit Romario (156 Tore) und Edmundo (153) zwei Akteure auf die Plätze, die wie er selbst zeitweise das Dress von Vasco da Gama getragen haben. Auch im Campeonato Carioca, der Staatsmeisterschaft von Rio de Janeiro, ist Roberto Dinamite mit 279 Treffern erfolgreichster Torschütze aller Zeiten, womit es auch nicht verwundern kann, dass er vom „Jornal dos Sports“ zum „Major idolo do Rio“ (größtes Idol von Rio) sowie dem Sportmagazin „Placar“ zum besten Vasco-Spieler der Geschichte gekürt wurde.

Zweimal Meister mit Vasco

Nachdem der Dribbelkünstler in seinen ersten beiden Spielzeiten in 18 Einsätzen im Rahmen der Brasileirão insgesamt lediglich fünfmal ins Schwarze getroffen hatte, gelang ihm 1973 mit 13 Treffern in 32 Spielen der Durchbruch. Roberto schien damit reif für weitere Großtaten, die im kommenden Jahr auch tatsächlich folgten. Schon im Campeonato Carioca hatte er sich Hoffnungen auf den Titel machen dürfen, doch sollte es wie im Vorjahr nur zur Vizemeisterschaft reichen.
In der anschließenden nationalen Meisterschaft bestätigten die Schützlinge von Mario Travaglini dann aber ihren Ruf, ein echtes Spitzenteam zu sein. Zum Auftakt der Viererendrunde bekamen sie es mit dem Pele-Klub FC Santos zu tun, wobei man für die Partie vom São Januario ins wesentlich größere Maracana umgezogen war. Vor 97.676 Zuschauern in der Riesenschüssel hatte Luis Carlos Vasco nach einer Viertelstunde in Führung gebracht, ehe niemand anderer als Pele selbst in der 75. Minute den Ausgleich für Santos erzielte. Alles lief damit auf ein Unentschieden hinaus, als Roberto Dinamite zwei Minuten vor dem Abpfiff erneut explodierte und sein Team doch noch zum 2:1-Sieg schoss, auf den zwei Punkteteilungen gegen Cruzeiro Belo Horizonte (1:1) und Internacional Porto Alegre (2:2) folgten. Gegen Internacional hatte Roberto Dinamite seinen 16. Treffer erzielt, womit er erstmals zum Torschützenkönig der Brasileirão avanciert war. Da nach Abschluss der Endrunde Vasco und Cruzeiro punktgleich an der Spitze des Klassements lagen, musste der Meister schließlich in einem Entscheidungsspiel ermittelt werden, aus dem die Vascainos am 1. August dank des Treffers von Jorginho Carvoeiro nach 78 Minuten als 2:1-Sieger hervorgingen.
In jeweils 19 Einsätzen kam Roberto Dinamite in den Spieljahren 1975 und 1976 in der brasilianischen Meisterrunde auf 15 bzw. 12 Tore. Nachdem es 1976 in der Staatsmeisterschaft schon zum zweiten Platz hinter Fluminense gereicht hatte, durfte der trickreiche Angreifer in der Spielzeit 1977 sodann auch erstmals den Sieg im Campeonato Carioca bejubeln. Bei der 14. Staatsmeisterschaft der Vereinsgeschichte waren Flamengo und Fluminense auf die Plätze verwiesen worden. Weniger gut lief es in der nationalen Meisterschaft, wo Vasco die Finalrunde verpasste und auch Roberto lediglich sieben Tore erzielte.
Deutlich besser lief es in den kommenden beiden Jahren: 1978 traf der Publikumsliebling in der Staatsmeisterschaft 19-mal ins Schwarze, womit er ex aequo mit Zico und Claudio Adão von Meister Flamengo die Torschützenliste anführte. In der Spielzeit 1979 trug er mit weiteren zehn Treffern dazu bei, dass sein Team abermals das Finale der Brasileirão erreichte, um dort kurz vor Weihnachten an Internacional Porto Alegre (0:2, 1:2) zu scheitern.

Intermezzo in Barcelona

Zum Zeitpunkt des Finalrückspiels am 23. Dezember 1979 stand längst fest, dass Roberto Dinamite im nächsten Jahr sein Glück in Europa – genauer gesagt beim FC Barcelona – versuchen würde. Barcas Trainer Joaquim Rifé hatte sich mit seinem Torjäger Hans Krankl überworfen und dem Österreicher den Laufpass gegeben, so dass die vakant gewordene Position im Sturm während der laufenden Saison vom Vasco-Star besetzt werden sollte. Dessen Einstand am 20. Januar 1980 hätte besser nicht verlaufen können. Im Camp Nou tat sich Barca gegen Außenseiter AD Almeria lange Zeit schwer, ehe die Katalanen elf Minuten vor Schluss einen Elfmeter zugesprochen bekamen, den der brasilianische Neuzugang sicher verwandelte. Dieser besiegelte in der 89. Minute auch noch den 2:0-Endstand, so dass der 25-Jährige schon von einer großen Auslandskarriere träumen konnte.
Es kam jedoch anders: Drei Wochen später wurde Joaquim Rifé gefeuert, derweil Nachfolger Helenio Herrera nicht viel mit dem Wunschspieler seines Vorgängers anfangen konnte und diesen zum Bankdrücker degradierte. Nach nur drei Monaten und weiteren sieben torlosen Einsätzen kehrte Roberto wieder in seine südamerikanische Heimat zurück. Sein Scheitern in Barcelona sowie vermutlich die Tatsache, dass er mit der Nationalelf nicht auf die ganz großen Erfolge verweisen kann, dürften die Gründe dafür sein, dass der beste Ligatorschütze Brasiliens in Europa einen vergleichsweise geringen Bekanntheitsgrad besitzt.

In Rio eine feste Größe

Am Zuckerhut war man allerdings immer von den Fähigkeiten eines Roberto Dinamite überzeugt. Allein bei Vasco zögerte man, den Publikumsliebling sofort wieder mit offenen Armen aufzunehmen. Dafür stand ein Wechsel zu Flamengo im Raum, nachdem dessen Vorsitzender Marcio Braga schon in Spanien vorgesprochen hatte. Ein möglicher Wechsel zum Stadtrivalen war für die Vasco-Fans aber ein rotes Tuch, was die Klubbosse schließlich doch davon überzeugte, mit dem „verlorenen Sohn“ Kontakt aufzunehmen. Als dieser am 5. Mai 1980 im São Januario gegen Corinthians sein Comeback feierte, waren die Fans elektrisiert. Die Begeisterung kannte aber erst recht keine Grenzen, als Vasco zum Ligaspiel gegen Flamengo antrat und vor 110.000 Zuschauern im Maracana mit 5:2 gewann. Roberto Dinamite waren dabei sämtliche fünf Treffer gelungen, womit endgültig der Beweis erbracht war, dass der Mann, der mit seiner Spielkunst jede Abwehr durchlöchern konnte, nur – und wirklich nur – zu Vasco da Gama gehörte.
Auch dessen zweite „Ära“ im São Januario, in der er in 134 Spielen in der nationalen Meisterrunde weitere 90 Treffer erzielte, war von Erfolg gekrönt. Die stärkste Leistung seiner Karriere lieferte Roberto im Spieljahr 1981 ab, als er

im Campeonato Carioca nicht weniger als 31-mal erfolgreich war und damit zum zweiten Mal nach 1977 die Torjägerliste anführte. Aber auch auf nationaler Ebene hatte er mit 15 Torerfolgen in neun Einsätzen geglänzt. Allerdings hatte sich Vasco in der Staatsmeisterschaft Stadtrivale Flamengo geschlagen geben müssen, weshalb es die Anhänger umso mehr erfreute, dass man 1982 den Spieß umdrehen konnte und vor den Schwarz-Roten die Titelkämpfe von Rio wieder für sich entschied. Weniger gut lief es im Rahmen der Brasileirão, wo die Mannschaft trotz zwölf Treffern von Roberto Dinamite die Endrundenteilnahme verpasste.

► EINWURF
Mit 702 Torerfolgen (einschließlich der Freundschaftsspiele) führt Roberto Dinamite die interne Torschützenliste von Vasco da Gama souverän an, was er vor allem seiner großen Vereinstreue zu verdanken hat. Ihm am nächsten kommt Romario mit 324 Treffern, wobei der große Abstand damit zu erklären ist, dass der Weltmeister von 1994 die besten Jahre seiner Karriere in Europa verbrachte. Anders der Drittplatzierte: Ademir Marques de Menezes spielte von 1942 bis 1945 und von 1948 bis 1956 für Vasco, wobei er mit 301 Torerfolge glänzte. Aber auch für Pinga (eigentlich José Lazaro Robles), der in der ewigen Bestenliste mit immerhin noch 250 Treffern den vierten Platz belegt, war Vereinstreue keine leere Floskel, nachdem er zwischen 1953 und 1962 das Vasco-Trikot überstreifte.

Nach neun weiteren Torerfolgen im Spieljahr 1983, führte Roberto im darauf folgenden Jahr mit 16 Treffern in 21 Einsätzen zum zweiten Mal nach exakt zehn Jahren die Torjägerliste der nationalen Meisterschaft an. Fast hätte es darüber hinaus auch zum Titelgewinn gereicht. Doch mussten sich die von Edu trainierten Schwarz-Weißen im Mai 1984 in zwei umkämpften Endspielen gegen den Rivalen Fluminense (0:1, 0:0) denkbar knapp geschlagen geben.

► EINWURF
Insgesamt fünfmal konnte Roberto Dinamite die Staatsmeisterschaft von Rio de Janeiro gewinnen, die nach den Einwohnern der ehemaligen Hauptstadt „Campeonato Carioca" genannt wird. Zudem konnte er sich weitere wichtige Titel auf Staatsebene sichern, wie in den Jahren 1976, 1977, 1986, 1987, 1990 und 1992 die „Taça Guanabara", die in der ersten Saisonhälfte ausgespielt wird. Auch in der „Taça Rio" genannten Rückrundenmeisterschaft war er 1975, 1977, 1980, 1981, 1984 und 1988 insgesamt sechsmal erfolgreich, derweil er den seit 1991 ausgespielten Pokalwettbewerb von Rio de Janeiro – die „Copa Rio" – zum Ende seiner Karriere ebenfalls zweimal (1992 und 1993) gewann.

Im Jahr 1985 durfte Vasco da Gama mit dem jungen Romario einen neuen Hoffnungsträger begrüßen, der bis zu seinem Wechsel nach Eindhoven im Sommer 1988 glänzend mit dem mittlerweile 31 Jahre alten Roberto Dinamite harmonierte, was dem Verein vor allem im Campeonato Carioca zu einem neuen Aufschwung verhalf. Das neue Sturmduo führte 1985 die Torschützenliste der Staatsmeisterschaft an, wobei der erfahrene Roberto mit zwölf Toren den Youngster Romario noch einmal knapp hinter sich ließ. In den nächsten Jahren sollte die Rolle des teaminternen Torschützenkönigs freilich auf Romario übergehen, derweil sich Roberto Dinamite zwischen 1986 und 1988 in 39 Einsätzen in der Brasileirão mit bescheidenen 15 Torerfolgen zufrieden gab. Dafür durfte der alternde Star nach der Vizemeisterschaft 1986 in den zwei darauf folgenden Jahren den Gewinn der Staatsmeisterschaft von Rio bejubeln. Dass er den Zenit seiner Karriere inzwischen aber überschritten hatte, zeigte sich spätestens im Juni 1988 in den beiden Finalspielen gegen Flamengo. Während Romario kurz vor seinem Wechsel nach Europa als Torschütze beim 2:1-Hinspielsieg entscheidend am Titelgewinn beteiligt war, war Roberto von Trainer Lazaroni in beiden Partien auf die Tribüne verbannt worden.

Karriereherbst

Nach seiner Ausbootung bei Vasco schloss sich Roberto Dinamite im Spieljahr 1989 Portuguesa São Paulo an und konnte in der Brasileirão in 16 Einsätzen neun Tore erzielen, zu denen sich weitere zwei in den verschiedenen Pokalwettbewerben gesellten. Ärgerlich: Während sich Vasco im Dezember 1989 durch einen 1:0-Finalsieg über den FC São Paulo seinen zweiten Meistertitel sicherte, war Robertos neuer Arbeitgeber in der Hauptrunde nicht über den vierten Rang hinausgekommen.

► EINWURF
Seit 1973 wird vom renommierten Fachmagazin „Placar" der beste Spieler der abgelaufenen Saison mit der „Bola de Ouro" ausgezeichnet. Neben dem „Goldenen Ball" für Brasiliens Fußballer des Jahres vergibt „Placar" mit der „Bola de Prata" auch den „Silbernen Ball", mit dem sämtliche elf Mitglieder der „Mannschaft des Jahres" bedacht werden. Während Roberto Dinamite nie zu Brasiliens Fußballer des Jahres gekürt wurde, gehörte er in den Jahren 1971, 1981 und 1984 gleich dreimal der besten Elf des abgelaufenen Spieljahres an.

Da Roberto Dinamite inzwischen viel von seiner einstigen Spritzigkeit verloren hatte, wurde er zu Beginn des Jahres 1990 auch in São Paulo zumeist auf die Tribüne verbannt, weshalb er alsbald wieder zu seinem Stammverein Vasco da Gama zurückkehrte, für den er in vier Einsätzen in der nationalen Meisterrunde allerdings keinen weiteren Treffer verbuchen konnte. Im Alter von 37 Jahren wechselte er 1991 daraufhin zu AC Campo Grande, einem der kleineren Vereine von Rio, der in der zweiten Liga ein Schattendasein fristete. An dieser unbefriedigenden Lage konnte auch der Neuzugang von Vasco nichts ändern. Dass dieser einmal auf gegnerische Abwehrreihen wie Sprengstoff gewirkt hatte, musste dem neutralen Beobachter in Anbetracht von 14 torlosen Einsätzen schleierhaft bleiben.

Schließlich ließ Roberto in den kommenden beiden Jahren seine Laufbahn bei Vasco da Gama ausklingen, wobei die Rückholaktion des Oldies wohl mehr als letzte Rückversicherung für eventuelle Notfälle gedacht war, die aber freilich nie eintraten. Die Schwarz-Weißen verfügten inzwischen über eine erfolgshungrige, junge Mannschaft, die sich in den Jahren 1992 und 1993 auch ohne nennenswertes Dazutun Roberto Dinamites die Staatsmeisterschaft holte. Während dieser 1992 im Rahmen der Brasileirão noch zweimal zum Einsatz gekommen war, hatte er seinen letzten Karrieretreffer am 26. Oktober 1992 im São Januario erzielen können, als die Elf des FC Goytacaz in der Staatsmeisterschaft mit 2:0 in die Schranken gewiesen wurde. Der mit 182 Treffern in 305 Einsätzen in der nationalen Meisterschaft erfolgreichste Torschütze der Vereinsgeschichte sollte am 24. März 1993 mit 39 Jahren seinen Rücktritt vom aktiven Fußballsport bekannt geben. Sein allerletztes Spiel bestritt Roberto Dinamite am 24. März 1993 im Maracana-Stadion, als mit Deportivo La Coruña ein spanisches Spitzenteam zu einem Freundschaftsspiel seine Aufwartung machte. Dabei kam es übrigens zum Wiedersehen mit Bebeto und mithin dem Vasco-Star der frühen Neunziger, der im Sommer 1992 nach Galicien gewechselt war.

Politiker und Funktionär

Noch vor dem endgültigen Rückzug vom Fußball widmete sich Carlos Roberto de Oliveira der Politik und kandidierte für die sozialdemokratische Partei PSDB für den Stadtrat von Rio, in den er 1992 mit 34.893 Stimmen gewählt wurde. Nachdem er sich dem freiheitlichen PMDB angeschlossen hatte, ließ sich der Torjäger a. D. 1994 auch für das Parlament des Bundesstaates aufstellen, in das er gleichermaßen auf Anhieb gewählt wurde und dem er nach drei erfolgreichen Wiederwahlen bis 2010 angehörte.

Während seiner politischen Karriere blieb Roberto Dinamite aber auch stets eng mit seinem langjährigen Verein Vasco da Gama verbunden, der unter dem seit 2001 amtierenden Vorsitzenden Eurico Miranda indes immer mehr zur Skandalnudel mutierte. Doch nicht nur die Rambo-Methoden des Präsidenten erwiesen sich als Problem. Auch in wirtschaftlicher Hinsicht war der vierfacher Brasilianische Meister in arge Turbulenzen geraten, als Carlos Roberto de Oliveira am 21. Juni 2008 im dritten Anlauf zum neuen Vorsitzenden gewählt wurde. Vermutlich hätte der beste Goalgetter der Klubhistorie den Bettel nach wenigen Monaten am liebsten schon wieder hingeworfen, als Vasco nach katastrophalen Darbietungen Ende des Jahres erstmalig aus der höchsten landesweiten Spielklasse abgestiegen war.

Seither ist es dem Präsidenten jedoch gelungen, den als Ruderklub gegründeten Verein wieder zurück in ruhigere Gewässer zu führen. Nicht nur, dass den Schwarz-Weißen in der Spielzeit 2009 die postwendende Rückkehr in die höchste Spielklasse gelang. Nur zwei Jahre später konnte darüber hinaus wieder ein Titelgewinn verbucht werden, nachdem durch einen Finalerfolg über FBC Coritiba (1:0, 2:3) erstmals der seit 1989 ausgetragene Landespokal gewonnen worden war.

Zudem hat sich Roberto Dinamite vehement und gegen zahlreiche Widerstände schlussendlich erfolgreich für die Modernisierung des alterwürdigen Estadio São Januario für die olympischen Sommerspiele 2016 am Zuckerhut eingesetzt. Vor allem sein Vorgänger auf dem Präsidentensessel, Eugenio Miranda, zählte zu den großen Gegnern des Projekts, welches in erster Linie deswegen umstritten war, weil das Vasco-Stadion nicht als Schauplatz für Fußball, sondern des neu ins olympische Programm aufgenommenen 7er-Rugby vorgesehen ist. Mit dieser „Entweihung" wollte sich Miranda partout nicht abfinden, ehe sich am Ende doch die Position des amtierenden Vasco-Präsidenten durchsetzte. Roberto Dinamite hatte die Front gegen die geplante Umbaumaßnahme gesprengt, indem er auf die immensen wirtschaftlichen Nachteile verwiesen hatte, die der Klub ohne eine topmoderne Anlage erleiden würde. Während nämlich das Olympiastadion von Botafogo als Heimat der Leichtathletikwettbewerbe auf den neuesten Stand gebracht wird, wird das Maracana, wo Flamengo und Fluminense ihre Heimspiele austragen, bereits im Hinblick auf die bevorstehende Fußball-WM 2014 komplettsaniert. Dass die in Richtung des angrenzenden Parque Aquatico – will heißen des Schwimmstadions – offenen Tribünen in Hufeisenform ab 2013 geschlossen werden, raubt der traditionsreichen Arena, die sich anders als das Maracana-Stadion und das Estadio Olimpico João Havelange in Vereinsbesitz befindet, freilich eine ganze Menge des ihr eigenen Charmes.

► ZAHLEN UND FAKTEN

Vereine:	1971-1979	Vasco da Gama Rio de Janeiro
	1979-1980	FC Barcelona
	1980-1989	Vasco da Gama Rio de Janeiro
	1989-1990	Portuguesa São Paulo
	1990	Vasco da Gama Rio de Janeiro
	1991	Campo Grande Rio de Janeiro
	1992-1993	Vasco da Gama Rio de Janeiro

Tore:	317 brasilianische Erstligaspiele (191 Tore)
	14 brasilianische Zweitligaspiele (0 Tore)
	8 Spiele Primera División (2 Tore)
	2 Spiele Europäischer Supercup (1 Tor)
	49 A-Länderspiele (26 Tore)
	5 Olympiaauswahl-Spiele (1 Tor)
	377 weitere Pflichtspiele (473 Tore*)
gesamt	772 Pflichtspiele (694 Tore)
	** davon 279 Tore in der Staatsmeisterschaft*
Erfolge:	Brasilianischer Meister 1974
	Staatsmeister Rio de Janeiro 1977, 1982, 1987, 1988, 1992
	Brasilianischer Torschützenkönig 1974, 1984

In der Nationalmannschaft:

Roberto Dinamite war im April 1972 gerade 18 Jahre alt geworden, als er im Vorfeld der olympischen Spiele von München erstmals das kanariengelbe Trikot des amtierenden Weltmeisters überstreifen durfte. Für die Olympiaauswahl Brasiliens bestritt er im Sommer des Jahres fünf Spiele, in denen er einen Treffer erzielen konnte. Dieser fiel beim Testspiel gegen die Elf von Tuna Luso Brasileira, einem unterklassigen Verein aus dem im Mündungsgebiet des Amazonas gelegenen Belem, das für die brasilianischen Olympioniken mit einem wenig überzeugenden 1:1-Unentschieden endete. Obwohl die Partie nur gegen eine Klubauswahl stattfand, wird sie in den Statistiken als offizielles Spiel des Olympiateams geführt.

Der Auftritt im Schatten der fünf Ringe sollte für die Seleção dann in einem echten Debakel münden. Nachdem diese zum Auftakt in Passau gegen Dänemark mit 2:3 unterlegen war und es danach im Münchner Olympiastadion gegen den späteren Silbermedaillengewinner Ungarn ebenfalls nur zu einem 2:2 gereicht hatte, war die Blamage endgültig perfekt, als auch das abschließende Gruppenspiel gegen den Iran mit 0:1 verloren ging. Die Begegnung, die vor lediglich 2.200 Zuschauern in Regensburg stattfand, war die einzige, in der Roberto Dinamite Olympialuft schnupperte. Trainer Antoninho hatte dem Youngster von Beginn an eine Chance gegeben, die dieser jedoch nicht nutzen konnte, so dass er zur Pause beim Stand von 0:0 für Washington das Feld verlassen musste. Immerhin blieb ihm damit erspart, den Gegentreffer des Iraners Halvai aus der 63. Minute aus nächster Nähe miterleben zu müssen.

Erste Auftritte im A-Team

Die in die Zeit zwischen September 1975 und Juni 1984 fallende Karriere Roberto Dinamites in der A-Nationalelf war ein wenig überschattet von der Tatsache, dass der Seleção nach den drei Weltmeistertiteln von 1958, 1962 und 1970 sowie den Rücktritten von Pele & Co. die heraus-

ragenden Akteure vergangener Zeiten fehlten. Insgesamt 49 Länderspiele sollte er im genannten Zeitraum absolvieren, in denen er summa summarum 26 Tore erzielte. Diese Zahlen spiegeln jedoch nicht die offizielle Sichtweise der FIFA wider, welche Roberto Dinamite nur 39 Einsätze und 20 Torerfolge zuweist. Die Diskrepanz kommt dadurch zustande, dass man in Brasilien seinerzeit auch die Spiele gegen Vereins- und Auswahlmannschaften hinzuaddierte, von denen Roberto im genannten Zeitraum insgesamt zehn bestritten hat.
Zu seinem Länderspieldebüt kam der Vasco-Star am 30. September 1975, als die Brasilianer im Semifinale der Copa America in Belo Horizonte auf Peru trafen und eine peinliche 1:3-Niederlage kassierten. Dennoch gehörte Roberto im kommenden Jahr unter Trainer Osvaldo Brandão zum Stammpersonal der Seleção, was er mit sechs Treffern in sieben Einsätzen rechtfertige. Nachdem er am 23. Mai 1976 gegen England in Los Angeles beim 1:0-Sieg als Einwechselspieler das Tor des Tages erzielt hatte, war er auch gegen Italien (4:1) sowie je zweimal gegen Mexiko (3:0) und Paraguay (3:1) erfolgreich. Auch in seinen zehn Länderspieleinsätzen im Verlauf des Jahres 1977 erzielte er sechs Treffer, davon insgesamt drei in den WM-Qualifikationsspielen gegen Kolumbien (6:0) und Paraguay (1:1).

Mit „Vitamin B" zum WM-Spieler

Wie schon erwähnt verfügte der brasilianische Fußball in den siebziger Jahren nicht mehr über die Stars vergangener Tage, was bereits 1974 zu einem wenig überzeugenden Auftritt an der WM in der Bundesrepublik geführt hatte. Vier Jahre später in Argentinien war nur noch der 32-jährige Freistoßspezialist Rivelino aus der Weltmeistermannschaft von Mexiko übriggeblieben, der sich während der Turniers, das für den dreimaligen Rimet-Cup-Gewinner mit zwei enttäuschenden Auftritten gegen Schweden (1:1) und Spanien (0:0) begonnen hatte, zu allem Überfluss auch noch mit Nationalcoach Claudio Coutinho anlegte. Vor dem letzten Gruppenspiel gegen das schon für die Zwischenrunde qualifizierte Österreich am 11. Juni 1978 in Mar del Plata kam es im brasilianischen Lager zur Palastrevolution. CBF-Präsident Nunes hatte Trainer Coutinho kurzerhand zur Marionette degradiert, während dem aufmüpfigen Rivelino eine „taktische Verletzung" ans Herz gelegt worden war. Auch die bisherigen Stammkräfte Nelinho, Reinaldo und Zico fanden sich auf der Bank wieder, so dass gegen Österreich eine völlig umgekrempelte Elf auf dem Platz stand.
Anstatt Reinaldo durfte sich erstmals Roberto Dinamite versuchen; eine Personalrochade, die freilich nicht ganz ohne war, da Roberto, der im WM-Jahr erst ein Länderspiel bestritten hatte, das Patenkind von Verbandschef Nunes war. Der Nepotismus blieb indes nicht ohne Wirkung: Brasilien trat erstmals an dieser Endrunde zumindest ansatzweise „brasilianisch" auf, und auch der vermeintliche Günstling überzeugte, da er kurz vor dem Seitenwechsel mit einem Hammer aus zwölf Metern den 1:0-Sieg unter Dach und Fach brachte. Somit stand die Seleção doch noch wie erwartet in der Zwischenrunde, wo sie zum Auftakt Peru mühelos mit 3:0 in die Schranken wies. Roberto hatte seinen größten Auftritt nach 72 Minuten, als er im gegnerischen Strafraum von Duarte gefällt wurde, so dass der ins Team zurückgekehrte Zico mit einem verwandelten Elfmeter den Endstand fixieren konnte. Nach einem torlosen Remis in Rosario gegen den Gastgeber in einer knüppelhart geführten Partie, mussten die Brasilianer ihr letztes Zwischenrundenspiel am 21. Juni gegen Polen unbedingt gewinnen, und das auch noch möglichst hoch, da Argentinien erst am Abend gegen Peru antreten sollte. Obwohl es zur Pause nur 1:1 stand, behielt die Seleção am Ende die Oberhand, weil sie dank zweier Abstaubertore Robertos aus der 58. und 63. Minute einen 3:1-Sieg davontrug, der allerdings nicht zum Finaleinzug reichte, da Argentinien Stunden später von der „Gnade der späten Anstoßzeit" profitierte und Peru mit 6:0 vom Platz fegte. Dank eines 2:1-Erfolges über Italien im kleinen Finale reichte es für Brasilien und Roberto Dinamite schließlich immerhin zum dritten Platz.
Die Tage von Argentinien waren zweifelsohne der absolute Höhepunkt in der Nationalmannschaftskarriere Roberto Dinamites, der als Edelreservist in den Kader gekommen war und die Gunst der Stunde genutzt hatte. Nach der WM sollte er lange Zeit aber nur noch sporadisch zum Einsatz kommen. 1979 bestritt er zwei Länderspiele, darunter eines bei der Copa America gegen Bolivien, wobei er in La Paz zwar einen Treffer erzielte, mit dem er die 1:2-Niederlage jedoch auch nicht verhindern konnte. Erst über zwei Jahre später – im Oktober 1981 – kam er unter Tele Santana zu seinem nächsten Einsatz und steuerte dabei ein Tor zum 3:0-Erfolg der Seleção über Bulgarien bei.
Nach zwei torlosen Auftritten zu Beginn des Jahres 1982, verzichtete Tele Santana jedoch darauf, Roberto Dinamite in den Kader für die nächste WM zu berufen. Erst als sich Careca kurz vor Turnierbeginn verletzt hatte, griff der Nationaltrainer doch wieder auf den Mittelstürmer zurück, der in Spanien allerdings zu keinen weiteren WM-Einsatz kam. Dafür stand er im Spätherbst 1983 in den beiden Endspielen der Copa America in der Anfangsformation, aus denen Uruguay jedoch als Sieger (2:0, 1:1) hervorging. Sein letztes Länderspiel bestritt Roberto Dinamite am 17. Juni 1984 gegen Argentinien, als sich die beiden Erzrivalen in São Paulo mit einem torlosen Unentschieden trennten.

Saison	**Lsp.**		**Liga**		**Staatsm.***	
	Sp.	T.	Sp.	T.	Sp.	T.
1971			7	1		
1972			11	4		
1973			32	13		
1974			26	16		
1975	2	0	19	15		
1976	7	6	19	12		
1977	10	6	16	7		
1978	6	3	17	14		19
1979	2	1	14	10		
1979/80			8	2		
1980			6	8		
1981	1	1	9	15		31
1982	2	0	16	12		
1983	7	3	21	9		
1984	2	0	21	16		
1985			22	15		12
1986			15	6		
1987			14	6		
1988			10	3		
1989			16	9		
1990			4	0		
1991			14	0		
1992			2	0		
1993			0	0		

Staatsm. = Staatsmeisterschaft von Rio („Campeonato Carioca")

Fred Roberts
Glentorans Antwort auf Joe Bambrick

Heute wird der nordirische Fußball vor allem von der großen Rivalität der beiden Erzrivalen FC Linfield und FC Glentoran aus der Hauptstadt Belfast geprägt. Während Linfield mit 51 Titeln Rekordmeister ist, liegen die 1882 gegründeten Glens aus dem Osten der Stadt mit 23 Erfolgen an zweiter Position. Zu den Legenden des FC Linfield zählt Joe Bambrick, welcher die Zuschauer im Windsor Park in der Saison 1929/30 mit 94 Pflichtspieltreffern erfreute, die einen neuen Landesrekord markierten. Ortsrivale Glentoran blieb nicht lange um eine Antwort verlegen. In der Spielzeit 1930/31 ging nicht nur der nationale Meistertitel auf die Glens über. Deren Mittelstürmer Fred Roberts *(linkes Bild)* waren darüber hinaus 95 Saisontreffer geglückt, womit der scheinbare Ewigkeitsrekord Bambricks nach nur einem Jahr ausgelöscht worden war. Während die Fans der „Blues" vor Jahresfrist noch lautstark den Schlachtruf „Head, Heel or Toe, Slip it to Joe" skandierten, wurde dieser von den Anhängern des FC Glentoran im Laufe der Saison 1930/31 kurzerhand umgedichtet: „Toe, Heel or Head, Pass the Ball to Fred", hieß es nun!

Genau wie sein großer Rivale wurde auch Frederick Charles Roberts im Jahr 1905 geboren. Sein gleichnamiger Vater und dessen Ehefrau Agnes wohnten in der Susan Street im östlichen Belfaster Stadtteil Ballymacarrett, wo der sportbegeisterte Fred aufwuchs. Der groß gewachsene Junge widmete sich zunächst der Leichtathletik, wo er als Mitglied der Willowfield Warriors besonders auf den Sprintdistanzen und im Hochsprung von sich reden machte. Recht bald sollte er auch seine große Liebe zum Fußballsport entdecken. Zunächst war er in den Schüler- und Jugendmannschaften von Bandon und Ravenscroft aktiv, um sich unmittelbar nach dem Ersten Weltkrieg den Newington Rangers aus der rund 23 Meilen nördlich von Belfast gelegenen Stadt Larne anzuschließen. Bei den Rangers, die in der unterklassigen Irish Intermediate League kickten, lehrte die jugendliche Sturmhoffnung den gegnerischen Abwehrspielern das Fürchten. Die exakte Trefferzahl, die in vier Jahren auf Fred Roberts' Konto gegangen ist, konnte zwar nicht genau eruiert werden. In Chroniken ist aber von „über 200 Toren" die Rede, welche er in Larne erzielt haben soll.
Als die legendäre Mannschaft von Celtic Belfast 1924 wieder am Spielbetrieb teilnahm, ging Roberts für kurze Zeit im „Paradise" auf Torejagd, um sich danach Queen's Island FC anzuschließen. Der Hauptstadtklub hatte 1924 seinen ersten (und einzigen) Meistertitel errungen und zählte Mitte der zwanziger Jahre zu den besten nordirischen Teams. Im Pirrie Park gab Roberts in der Saison 1924/25 sein Erstligadebüt. Er konnte mit den Islanders dabei nicht nur die Vizemeisterschaft, sondern durch einen Finalsieg über Distillery (1:1, 2:0) auch den City Cup gewinnen, der ausschließlich Vereinen aus Belfast offen stand.

Auf Torejagd im „Oval"
Nach seiner Zeit im Pirrie Park wechselte Roberts zu Broadway United. Obwohl die Mannschaft nur in der Irish Intermediate League spielte, erhielt der torgefährliche Mittelstürmer eine Berufung in die nordirische B-Nationalmannschaft. Der große Durchbruch sollte „Big Fred" freilich erst in der Saison 1928/29 glücken, als er sich im Alter von 23 Jahren dem FC Glentoran anschloss. Dieser trug seine Heimspiele traditionell im Belfaster Oval aus, das im Osten der Hauptstadt liegt. Somit kann man mit Fug und Recht behaupten, dass Fred Roberts mit dem Wechsel zu den Glens zu seinen Wurzeln zurückgekehrt war.
In der Spielzeit 1926/27 war Joe Bambrick für die Glens auf Torejagd gegangen, der mit seinem Weggang zum FC Linfield am Ende der Saison für einige Unruhe gesorgt hatte. Schon damals galt das Überlaufen von einem zum anderen der nordirischen „Big Two" als echtes Politikum. Fred Roberts konnte die Lücke, die sein Vorgänger im Sturmzentrum hinterlassen hatte, freilich auf Anhieb schließen. Mehr noch: In den fünf Spielzeiten, in denen Roberts das Glentoran-Trikot trug, traf er in nur 221 Einsätzen 332-mal ins Schwarze, was einer sagenhaften Trefferquote von 1,5 je Pflichtspiel entspricht. Darüber hinaus erzielte er in 40 Spielen gleich drei Tore, was umso bemerkenswerter ist, weil er von zeitgenössischen Beobachtern für seine überaus mannschaftsdienliche Spielweise gerühmt wurde.
Nicht weniger als 66 Tore konnte „Big Fred" in seinem ersten Jahr für den FC Glentoran erzielen, wobei er dafür nur 44 Pflichtspiele benötigte. Schon sein Einstand hätte kaum denkwürdiger verlaufen können: Zwar verschoss er im Ligaspiel gegen Newry Town am 20. August 1928 einen Strafstoß. Für diesen Fauxpas konnte er sich aber mit seinem Treffer zum 1:0 rehabilitieren, der seinem Team den erhofften doppelten Punktgewinn bescherte. Da Fred Roberts in den ersten sechs Partien nicht weniger als elf Tore schoss, waren die Anhänger schnell restlos überzeugt. Insbesondere, nachdem zwei Roberts-Treffer einen 2:1-Derbysieg über den FC Linfield beschert hatten, begann der Aufstieg des Neuzugangs zur Klublegende. Auch am 5. Spieltag war „Big Fred" zur Hochform aufgelaufen, indem er FC Glenavon Lurgan gleich vier Treffer eingeschenkt hatte. Einziger Wehrmutstropfen war, dass die Glens in der Liga bei 33:19 Zählern und 82 erzielten Toren mit deutlichem Abstand auf die beiden Erzrivalen Celtic und Linfield nur den dritten Platz belegten, so dass der Gewinn des Charity Cup die einzige zählbare Ausbeute blieb.

► **EINWURF**
Mit seinen 332 Pflichtspieltoren ist Fred Roberts zweitbester Glentoran-Torjäger aller Zeiten. Besser war nur Trevor Thompson, der sogar insgesamt 378-mal eingenetzt hat. Allerdings gilt es zu berücksichtigen, dass „Big Fred" lediglich fünf Spielzeiten für die Glens aktiv gewesen ist, während Thomspon in den fünfziger und sechziger Jahren ganze elf Jahre das Trikot des FC Glentoran getragen hat.

„Big Freds" Rekordjahr
Das Spieljahr 1929/30 hatte für die Glens mit der Vizemeisterschaft hinter Joe Bambricks FC Linfield geendet. Dem Sturmführer der „Blues" waren dabei die ange-

sprochenen 94 Saisontore gelungen, die von einem wie entfesselt aufspielenden Fred Roberts im Jahr darauf überboten wurden. Allein in der Liga konnte dieser 55-mal ins Schwarze treffen, was den Glens mit einem Neun-Punkte-Vorsprung auf Titelverteidiger Linfield den achten Meistertitel der Vereinsgeschichte und Roberts den Gewinn der Torjägerkrone sicherte. Besonders gut zeigte sich der Mittelstürmer im Dezember aufgelegt, als ihm in fünf Spielen 19 Tore gelangen. Im Februar erzielte er nicht weniger als sechs Treffer gegen den FC Larne (9:0), gegen den er schon in der Hinrunde beim 6:2 viermal ins Schwarze getroffen hatte. Nachdem der Meistertitel frühzeitig feststand, ging es in der letzten Runde vor allem darum, den Rekord von Joe Bambrick auszulöschen. Mit vier Treffern gegen Schlusslicht Newry Town lag Fred Roberts vor den letzten beiden Saisonspielen gegen Distillery Belfast bei 93 Torerfolgen. Die erste Partie war das Finale um den City Cup, den die Glens dank des Siegtores von „Big Fred“ gewannen, womit der Bambrick-Rekord egalisiert war. Am kommenden Montag, dem 5. Mai 1931, fand im Oval dann das letzte Ligaspiel gegen Distillery statt. Eine halbe Stunde war gespielt, als Geary den auf dem rechten Flügel lauernden Callaghan bediente, der das Leder gefühlvoll in den Strafraum flankte. Mittelstürmer Roberts war mit dem Kopf zur Stelle und markierte ungefährdet seinen 95. Saisontreffer. Medienberichten zufolge war der Jubel auf den Stadionrängen noch in entfernteren Straßenzügen zu hören. Obwohl die Glens am Ende mit 2:3 verloren, kannte die Begeisterung auch nach dem Abpfiff keine Grenzen. Auf den Schultern der Anhänger wurde der neue Rekordmann vom Platz getragen. Addiert man die Tore in den Freundschaftsspielen hinzu, waren insgesamt nicht weniger als 105 Treffer auf dessen Konto gegangen.

Im Jahr seines 50. Gründungsjubiläums war der FC Glentoran vor allem in den Pokalwettbewerben erfolgreich. Es war durchaus ein wenig enttäuschend, dass der Vorjahresmeister 1931/32 als Fünfter klar an einer erfolgreichen Titelverteidigung gescheitert war. An Fred Roberts hatte es gewiss nicht gelegen. Der hatte zwar seine Rekordmarke aus der letzten Saison deutlich verfehlt. 64 Saisontreffer in 43 Einsätzen waren aber gewiss aller Ehren wert. Neben dem erneuten Gewinn des City Cup konnten die Glens auch den Sieg im regionalen Co. Antrim Shield (durch einen 2:1-Finalerfolg über den FC Cliftonville) verbuchen. Neun Treffer hatte die Mannschaft im Verlauf des Wettbewerbs erzielt, von denen nicht weniger als acht auf das Konto von „Big Fred“ gegangen waren. Durch ein 2:1 in der Vorschlussrunde über den FC Portadown stand der FC Glentoran zudem im nationalen Pokalfinale, wo ein weiterer 2:1-Erfolg über Erzrivale FC Linfield gelang, der nach Toren von Lucas und Fred Roberts feststand.

Frühes Karriereende

Mit einem 3:1-Finalsieg im zweiten Wiederholungsspiel über Distillery gelang den Glens im Spieljahr 1932/33 die erfolgreiche Verteidigung des Irish Cup, während es in der Liga abermals nur zum etwas enttäuschenden fünften Platz reichte. Mit 49 Toren in 45 Spielen war Toptorjäger Fred Roberts ebenfalls hinter der aus den Vorjahren gewohnten Torquote zurückgeblieben. Gleichwohl erscheint es aus heutiger Sicht nicht wirklich nachvollziehbar, dass er im Mai ablösefrei zum Stadtrivalen Distillery wechseln durfte. Mit seinem neuen Klub belegte er in der Liga einen achtbaren vierten Rang und sicherte sich mit dem City Cup einen weiteren Titel. Zudem hatte Roberts mit 32 Treffern seine Torgefahr auch in der Spielzeit 1933/34 unter Beweis gestellt. „Big Fred“ war noch nicht einmal 30 Jahre alt, als er sich im Sommer 1934 aus dem erstklassigen Fußball zurückzog. Einziger plausibler Grund für das frühzeitige Karriereende war vermutlich die Tatsache, dass der Fußball in Nordirland damals noch auf Amateurniveau betrieben wurde. Anders als etwa Joe Bambrick, der sein Talent dank eines gut dotierten Profivertrags bei Chelsea versilbern konnte, lagen Fred Roberts offenbar keine lukrativen Angebote aus England oder Schottland vor, so dass er seine Karriere in der Saison 1934/35 beim unterklassigen FC Dundela in Belfast ausklingen ließ.

Obwohl „Big Fred“ in seiner Karriere für mehrere Vereine aktiv gewesen ist, wird er doch in erster Linie mit Glentoran Belfast in Verbindung gebracht, dem er auch nach seiner aktiven Zeit eng verbunden blieb. So betreute er etwa das Team von Glentoran Olympic, wie die Reserve-Elf des Klubs bezeichnet wird. Vor allem aber blieb er bis zu seinem Tod im Jahr 1988 auf der Tribüne im Belfaster Oval ein gern gesehener Gast.

► ZAHLEN UND FAKTEN

Vereine:	1919-1923	Newington Rangers Larne
	1924	Celtic Belfast
	1924-192x	Queen’s Island FC Belfast
	192x-1928	Broadway United
	1928-1933	FC Glentoran Belfast
	1933-1934	FC Distillery Belfast
	1934-1935	Dundela FC Belfast

Tore: 261 nordirische Liga-/Pokalspiele (363 Tore)
ca. 150 Intermediate-League-Spiele (über 200 T.)
1 Länderspiel (0 Tore)
gesamt 412 Pflichtspiele (563 Tore)*
** nur bekannte Spiele und Tore*

Erfolge: Nordirischer Meister 1931
Nordirischer Pokalsieger 1932, 1933

Nordirischer Torschützenkönig 1931

In der Nationalmannschaft:
In Anbetracht des rekordträchtigen Verlaufs der Saison 1930/31 mit 95 Pflichtspieltreffern überraschte es nicht, dass Fred Roberts im Februar 1931 auch zu Länderspielehren kommen sollte. Am 21. des Monats erkämpfte sich die nordirische Elf im Windsor Park bei unwirtlichen äußeren Bedingungen ein torloses Remis gegen Schottland. Für „Big Fred“ sollte die Berufung gegen die Bravehearts aber die einzige bleiben, was in erster Linie an starken Konkurrenten auf der Mittelstürmerposition lag, zu denen neben dem schon mehrfach erwähnten Joe Bambrick auch der in England für Sheffield United, Arsenal und Southampton spielende Jimmy Dunne zählte. Noch im Dress von Broadway United war Fred Roberts kurz vor seinem Wechsel zu den Glens zu einem Einsatz in der B-Nationalmannschaft gekommen.

Saison	Gesamt*		Liga		Lsp.	
	Sp.	T.	Sp.	T.	Sp.	T.
1928/29	44	66	?	?		
1929/30	42	57	?	?		
1930/31	47	95	26	55	1	0
1931/32	43	64	?	?		
1932/33	45	49	?	?		
1933/34	40(?)	32	?	?		

* Nur Spiele für Glentoran Belfast und Distillery Belfast. Über 200 weitere Tore für Newington Rangers Larne (1919-1923).

Romario

„Genie des Strafraums" sorgt für wichtige Tore

Romario de Souza Faria, der brasilianische Weltmeister und Weltfußballer des Jahres 1994, war für Schlagzeilen nicht nur auf, sondern auch neben dem Platz gut. Wegen seines ausschweifenden Lebenswandels geriet er immer wieder bei seinen Arbeitgebern in Misskredit, was freilich nichts an der Tatsache änderte, dass er einer der besten Fußballer war, die jemals gegen das runde Leder traten. Mehreren Statistiken zufolge gehört er jenem exklusiven Kreis von Spielern an, die im Verlauf ihrer Karriere über 1.000 Tore erzielt haben. Diese Trefferzahl ist jedoch nicht verbrieft. Addiert man zu seinen zahllosen Torerfolgen in Pflichtspielen jene aus den Freundschaftsspielen, dürfte man aber immerhin auf rund 900 Treffer kommen, die Romario im Verlauf seiner fast ein Vierteljahrhundert andauernden aktiven Laufbahn erzielt hat.

Erste Profistation

Geboren wurde Romario de Souza Faria am 29. Januar 1966 im Norden Rio de Janeiros, jener Sechs-Millionen-Metropole im Südosten Brasiliens, die ihren Namen einem Irrtum ihrer portugiesischen Entdecker verdankt. Als diese im Januar 1502 das heutige Stadtgebiet am Guanabara erreichten, hielten sie die Meeresbucht für eine Flussmündung, was zur Bezeichnung Rio de Janeiro („Fluss des Januars") führte. Der Sohn von Edevair de Souza Faria und Manuela Ladislau Faria verbrachte seine ersten drei Lebensjahre in Jacarezinho, einer der größten Favelas von Rio, bevor er mit seinen Eltern in das etwas besser situierte Vila da Penha übersiedelte. Hier hatte er auch seine ersten Kontakte mit der runden Lederkugel, um im Laufe des Jahres 1979 dem Vorstadtverein AC Olaria beizutreten, dessen Estadio da Rua Bariri ebenfalls im Norden der Stadt am Zuckerhut liegt. Bald wurde deutlich, über welch großes Talent der junge Romario verfügte, so dass sein Wechsel nur ein Jahr später zu einem der populärsten Vereine Rios auch nicht überraschend kam.

Romario kickte von 1980 bis 1985 in den verschiedenen Jugendmannschaften von CR Vasco da Gama, ein Verein der ursprünglich ein Ruderklub war. Der „Club de Regatas" war am 21. August 1898 gegründet worden, wobei die Gründerväter aus dem Erlös einer Kollekte drei Ruderboote erwarben, mit denen sie alsbald recht erfolgreich an mehreren Rennen teilnahmen. Auch der Vereinsname war wohl ersonnen, ging dieser doch auf den berühmten portugiesischen Seefahrer Vasco da Gama zurück, der 1497/98 den Seeweg nach Indien (vorbei am Kap der Guten Hoffnung) entdeckte. Eine Fußballabteilung wurde freilich erst im Herbst 1916 aus der Taufe gehoben.

Romario war gerade 19 Jahre alt, als er am 6. Februar 1985 unter Trainer Antonio Lopes erstmals Profiluft schnupperte. Vasco da Gama traf im Rahmen der brasilianischen Meisterschaft auf den FC Coritiba, als er in der zweiten Halbzeit für Mario Tilico eingewechselt wurde und so am 3:0-Sieg seiner Mannschaft beteiligt war. Seinen ersten Treffer sollte er schließlich am 18. August bejubeln dürfen. An jenem Tag hatte die Elf von AA Nova Venecia aus dem Bundesstaat Espirito Santo nicht den Hauch einer Chance und wurde gleich mit 6:0 aus dem Stadion geschossen. Im Campeonato Carioca bestritt Romario 1985 insgesamt 21 Spiele und traf dabei elfmal ins Schwarze. Lediglich sein Teamkamerad Roberto Dinamite hatte einen Treffer mehr erzielen können. Schon damals zählte der Rekordtorjäger von Vasco da Gama zu den großen Bewunderern des Youngsters, der bei seinem Klub auch in den kommenden Jahren für Furore sorgen sollte.

EXKURS: Die brasilianische Fußballmeisterschaft

Der Meisterschaftsmodus im Land des fünfmaligen Weltmeisters unterscheidet sich grundlegend von dem in Europa und den benachbarten südamerikanischen Verbänden. Die beiden konkurrierenden Zentren des brasilianischen Fußballs sind die ehemalige Hauptstadt Rio de Janeiro (bis 1960) und das etwas südlichwestlicher gelegene São Paulo, wo auch die ersten regionalen Meisterschaften ausgetragen wurden. Während in São Paulo mit dem AC São Paulo 1902 der erste Staatsmeister ermittelt worden war, folgte vier Jahre später Rio, wo Fluminense als Premierensieger hervorging. Nach und nach folgten auch die übrigen 24 Bundesstaaten sowie der Hauptstadtdistrikt, wobei auf eine landesübergreifende Meisterschaft zunächst verzichtet wurde. Ohnehin galten die Champions aus Rio und São Paulo als die stärksten Teams des Landes, was 1933 zur erstmaligen Austragung des „Torneio Rio-São Paulo" führte, dessen Sieger als inoffizieller Brasilianischer Meister galt. Erst mit der neu eingeführten Copa Libertadores erfolgte ein Umdenken. Der ab 1959 ausgetragene Pokalwettbewerb („Taça do Brasil") war der erste, an dem Vereine aus ganz Brasilien teilnahmen. Die 1967 zum ersten Mal ausgespielte „Taça Gomes de Pedrosa" ersetzte schließlich das „Torneio Rio-São Paulo" und war der noch inoffizielle Vorläufer der ab 1971 eingeführten Landesmeisterschaft, die heute im Anschluss an die nach wie vor ausgespielten Titelkämpfe in den Bundesstaaten stattfindet.

Der Modus der Staatsmeisterschaft von Rio de Janeiro dürfte einer der ausgeklügeltsten im gesamten Fußball sein. In der „Taça Guanabara" werden zunächst die 16 besten Vereine des Bundesstaates auf zwei Achtergruppen verteilt, wobei die Gruppensieger und -zweiten ins Halbfinale einziehen, dessen Sieger schließlich den Gewinner der „Taça Guanabara" ermitteln, der des Öfteren auch als „Halbzeitmeister" angesehen wird. In der zweiten Saisonhälfte spielen die Teilnehmer dann die „Taça Rio" aus. Dabei treten die Teams nun gegen die Klubs aus der jeweils anderen Achtergruppe an, ehe ab dem Semifinale wieder das K.O.-System angewandt wird. Die Gewinner der „Taça Guanabara" und der „Taça Rio" ermitteln schließlich in Hin- und Rückspiel den „Campeoa Carioca", wie der Staatsmeister von Rio nach den Bewohnern der Stadt bezeichnet wird. Nur wenn der Sieger der beiden Halbserien identisch ist, wird das Finale ersatzlos gestrichen. Bislang 22-mal konnte CR Vasco da Gama, wo Romario 1985 seine Profikarriere begann, das „Campeonato Carioca" gewinnen. Oben im Bild ist jene Elf zu sehen, die im Jahr 1923 zum ersten Mal erfolgreich war.

Zu Beginn des Jahres 1986 wurde der torgefährliche Angreifer mit seinem ersten Profivertrag ausgestattet, den er mit 20 Treffern in der Staatmeisterschaft von Rio rechtfertigte, was ihn gleichsam zum Torschützenkönig des Campeonato Carioca avancieren ließ. Mit dem Gewinn der Taça Guanabara konnte er zudem den ersten Titel seiner Karriere verbuchen. Erst in den Endspielen um die Staatsmeisterschaft musste sich Vasco, das in Oldie Roberto Dinamite und Newcomer Romario über einen echten Traumsturm verfügte, Flamengo geschlagen geben.

> ► **EINWURF**
> *Insgesamt viermal stand Romario im Laufe seiner Karriere bei Vasco da Gama unter Vertrag. Wenn man alle seine Einsätze berücksichtigt, hat er inklusive der Freundschaftsspiele 400 Partien für den Klub bestritten, in denen er 324-mal ins Schwarze getroffen hat. Besser als er war nur Roberto Dinamite, der in 1.110 Einsätzen für Vasco 698 Tore (anderen Quellen zufolge waren es 702) erzielt hat. Auf Platz drei im klubinternen Ranking liegt Ademir mit 301 Toren in 429 Spielen. Romarios beste Saison im Vasco-Trikot war das Jahr 2000, als er stolze 65 Treffer erzielen konnte, mit denen er den bisherigen Saisonrekord von Roberto Dinamite mit 61 Toren aus dem Jahr 1981 auslöschen konnte.*

Noch besser sollte es dann in den kommenden beiden Spielzeiten laufen. 1987 konnte Vasco da Gama nach fünf Jahren Abstinenz wieder den Meisterthron besteigen. Und auch Sturmhoffnung Romario bestätigte in Anbetracht von weiteren 16 Saisontreffern als abermaliger Torschützenkönig die in ihn gesetzten Erwartungen. Auch im Spieljahr 1988, dem vorerst letzten im schwarz-weißen Vasco-Trikot, konnte Romario den Gewinn der Staatsmeisterschaft feiern, nachdem er im ersten Finale gegen Flamengo (2:1, 1:0) zu den Torschützen zählte. Für den zweitbesten Goalgetter des Campeonato Carioca (hinter Bebeto von Vizemeister Flamengo) hatte sich nach dem Verpassen der Weltmeisterschaft 1986 in Mexiko mittlerweile auch der Traum von einer Länderspielkarriere erfüllt, so dass er sich im Sommer 1988 als frischgebackener brasilianischer Nationalspieler (und zukünftiger Olympiateilnehmer von Seoul) von Zuckerhut und Copacabana in Richtung Europa verabschiedete.

Superstar in der Eredivisie

Obwohl der PSV Eindhoven im Sommer 1987 den Verlust seines Superstars Ruud Gullit verkraften musste, konnte sich der Werksverein in der Saison 1987/88 durch einen Erfolg im Elfmeterschießen über Benfica Lissabon dennoch den Gewinn des Europapokals der Landesmeister sichern. Es war folglich eine internationale Topadresse, bei der Romario zur Spielzeit 1988/89 anheuerte. Das Problem des PSV bestand darin, dass der Verein trotz der großzügigen Unterstützung durch die Philips-Werke nicht über die nötige Barschaft verfügte, um die stärksten Akteure dauerhaft binden zu können, was das Beispiel Gullit zeigte. Folglich war man auf ein gut funktionierendes, weltweites Talentsichtungssystem angewiesen, um die personellen Aderlasse adäquat kompensieren zu können. Wie angedeutet waren die PSV-Scouts 1988 in Südamerika fündig geworden, als sie den bis dahin auf dem alten Kontinent weitgehend unbekannten Romario nach Eindhoven lotsten, wofür Philips seinem altem Verein Vasco da Gama fünf Millionen Dollar überwies.

Schon in der Saison 1988/89 zeigte sich, dass der PSV sein Kapital gewinnbringend investiert hatte. Neben der Titelverteidigung in der Meisterschaft konnte dank eines 4:1-Finalsieges über den FC Groningen auch der Doublegewinn aus dem Vorjahr wiederholt werden, woran Neuzugang Romario als Torschützenkönig der Eredivisie (19 Treffer in 24 Einsätzen) einen gehörigen Anteil besaß. Allein auf internationaler Ebene lief es für den Brasilianer nicht wie erhofft. Neben dem Ausscheiden im Viertelfinale des Meistercups gegen Real Madrid (1:1, 1:2) galt es auch zwei Pleiten im kontinentalen Supercup (1:0 und 0:3 gegen KV Mechelen) sowie im Weltpokal zu verkraften. In Tokio traf der PSV Eindhoven am 11. Dezember auf Nacional Montevideo, wo es trotz eines Romario-Treffers in der regulären Spielzeit eine 6:7-Niederlage im Elfmeterschießen setzte.

Nach vier Titeln in Serie gingen die Eindhovener auch in der Saison 1989/90 als Favorit ins Rennen, doch erwies sich Hauptkonkurrent Ajax Amsterdam diesmal gefestigter als noch in der Vorsaison. Spätestens nachdem die Ajacieden das direkte Duell in der Rückrunde mit 3:2 für sich entschieden und mithin als Tabellenführer in die Schlussphase der Saison gingen, wurden die Zweifel am Titelgewinn größer. Die Vorentscheidung zu Ungunsten der Rot-Weißen fiel ausgerechnet an dem Tag, an dem der PSV gegen den FC Den Haag einen grandiosen 9:2-Sieg landete. Denn just in jener Partie zog sich Romario einen Wadenbeinbruch zu, der ihn für den Rest der Spielzeit in den Krankenstand versetzte. Zu diesem Zeitpunkt hatte der klein gewachsene Brasilianer in 20 Ligaspielen aber bereits 23-mal ins Schwarze getroffen, womit er seinen Titel als Torschützenkönig der Eredivisie erfolgreich verteidigte. Ohne die Tore ihres Superstars war die Mannschaft indes nur noch die Hälfte wert. Eine Schwächung, die die Amsterdamer ausnutzten und die ihnen letztlich, wenn auch nur mit einem Zähler Vorsprung, verdient die Meisterschaft sicherte. Nach dem Viertelfinal-Aus im Europapokal gegen die Münchner Bayern (1:2, 0:1) konnte die Rot-Weißen nur noch einen Sieg im heimischen Pokalwettbewerb vor einer titellosen Spielzeit bewahren, der dank eines knappen 1:0-Finalerfolges über Vitesse Arnheim auch ohne den verletzten Romario gelang.

> ► **EINWURF**
> *Während Romario nicht mit allen seinen Trainern auskam, war PSV-Coach Guus Hiddink, unter dem der Brasilianer zwischen 1988 und 1990 trainierte, nur voll des Lobes. Für Hiddink gehörte der brasilianische Angreifer zu „den interessantesten Spielern, mit denen ich je zusammengearbeitet habe". Zwar sei Romario vor wichtigen Spielen immer ein wenig nervös gewesen. Nach dem Anpfiff aber war sämtliche Nervosität verflogen, so dass sich Romarios Mitspieler immer an ihm ausrichten konnten. Weiteres lobte Hiddink seinen Star ob dessen dominantem Auftreten auf dem Platz und nicht zuletzt wegen seiner zahlreichen wichtigen Toren, die dem PSV oft genug den Sieg einbrachten.*

Im Spieljahr 1990/91 ging das Duell mit Ajax in eine weitere Runde. Allerdings saß dabei nicht mehr Guus Hiddink auf der Trainerbank, der sich nach seiner erfolgreichen Zeit im Brabant dafür entschieden hatte, mit dem Wechsel an den Bosporus zu Fenerbahce ein kleines Fußball-Abenteuer einzugehen. Es war der vormalige englische Nationaltrainer Bobby Robson, der den PSV zurück auf den Meisterthron führen sollte. Der Mann, der das Mutterland des Fußballs bei der gerade zu Ende gegangenen Weltmeisterschaft immerhin auf Rang 4 geführt hatte, musste jedoch schon bald erkennen, dass die Aufgabe schwerer war als ursprünglich angenommen. Vor allem nach dem Erstrunden-Aus im Europapokal der Pokalsieger gegen den SC Montpellier (0:1, 0:1) geriet er in die Schusslinie. Da die Mannschaft aber zumindest in der Ehrenliga Kurs hielt, beruhigten sich die Kritiker schließlich wieder und erfreuten sich am abermals spannenden Kopf-an-Kopf-Rennen mit Ajax Amsterdam, das der PSV dank des besseren Torverhältnisses für sich entschied. Maßgeblichen Anteil am Erfolg hatte wie gewohnt Superstar Romario, der mit 25 Treffern (ebenso viele hatte auch Ajax Amsterdams Dennis Bergkamp auf dem Konto) zum dritten Mal hintereinander die Torjägerkrone abgriff.

Zwölf Monate später dachten die Fußball-Anhänger in den Niederlanden mit Wehmut an das Herzschlagfinale 1990/91 zurück. Zu deutlich fiel die Überlegenheit der Eindhovener aus. Bis zur Winterpause verloren diese nicht ein einziges Mal, mussten unter dem Strich nur eine Saisonniederlage verkraften (0:1 bei Ajax), was ihnen ungefährdet die sechste Meisterschaft in den letzten sieben Jahren einbrachte. Trotz aller Souveränität: Ganz ohne Nebengeräusche ging die Saison 1991/92 für den Meister nicht über die Bühne, was vor allem am gespannten Verhältnis zwischen Trainer Robson und Superstar Romario lag. Der Brasilianer brachte seinen Vorgesetzten mit zahlreichen Undiszipliniertheiten mehr als nur einmal in Rage, was die Klubführung am Saisonende dazu veranlassen sollte, den Kontrakt mit dem Coach vorzeitig zu beenden. Aber auch Romario durfte sich nur für kurze Zeit als Sieger im Kräftemessen Spieler-Trainer fühlen. Schon bald stellte sich nämlich heraus, dass Robson-Nachfolger Westerhof ebenso seine liebe Mühe mit den Starallüren des Südamerikaners hatte, so dass auch dessen Karriere in Eindhoven nach der Spielzeit 1992/93 zu Ende ging.

Im Zenit seines Schaffens

Als Romario im Sommer 1993 für 4,5 Millionen Dollar nach Katalonien wechselte, stand er im 28. Lebensjahr und damit im besten Fußballeralter. Tatsächlich sollte die Spielzeit 1993/94 die stärkste sein, die er in seiner Karriere absolvierte. Barca verfügte unter Trainer Johan Cruyff über eine Ausnahmemannschaft, die gemeinhin nur das „Dream Team" genannt wurde. Spieler wie José Marie Bakero, Pep Guardiola oder Romarios Ex-Kollege aus PSV-Zeiten, Ronald Koeman, standen in jener Elf, die ab der Saison 1990/91 vier spanische Meistertitel in Serie eroberte. Gemeinsam mit dem Bulgaren Hristo Stoichkov und dem Dänen Michael Laudrup bildete Romario die Angriffsformation, in der er selbst mit 30 Saisontreffern zum Nestor avancierte. Obwohl sich der Brasilianer auch in Barcelona als nicht immer ganz pflegeleicht erwies, erhob ihn Johan Cruyff als „Genie des Strafraums" dennoch in den fußballerischen Adelstand.

Schon in den ersten acht Spielen im Barca-Dress untermauerte Romario mit 14 Torerfolgen seine Extraklasse. Zu den absoluten Höhepunkten zählte das 5:0 über Real Madrid, wo der Ballvirtuose drei Treffer erzielte und einen weiteren vorbereitete. Dennoch konnte der Meistertitel erst nach einem Herzschlagfinale am letzten Spieltag unter Dach und Fach gebracht werden. Was somit zum vollständigen Glück noch fehlte, wäre ein Sieg in der Champions League gewesen. Am 18. Mai 1994 waren Romario & Co. im Olympiastadion von Athen jedoch von allen guten Geistern verlassen und gingen gegen den AC Mailand mit 0:4 unter. Da Romario bei der anschließenden WM in den USA jedoch den Titel errang, wurde er nach seiner Karrierekrönung gleichwohl zum Weltfußballer des Jahres 1994 gekürt.

Nach den Welttitelkämpfen im Land der begrenzten Fußballmöglichkeiten kam der kapriziöse Romario in Barcelona nie wieder richtig auf Touren. In der Hinrunde der Saison 1994/95 bestritt er 13 Ligaspiele, in denen er lediglich vier Treffer erzielte. Zu seinen letzten Galaauftritten im Camp Nou zählte das 4:0 in der Champions League-Gruppenphase über Manchester United, wo er gemeinsam mit Stoichkov im Angriff wirbelte, dass den Engländern Hören und Sehen verging. Das blinde Verständnis mit dem Bulgaren blieb jedoch auf den Fußballplatz beschränkt. Ausgerechnet Stoichkov hatte Romario in einem Interview nämlich heftig kritisiert und diesem unterstellt, er sei seit der WM mit „dem Körper zwar in Barcelona, mit seinen Gedanken aber in Rio de Janeiro".

Mal Flamengo, mal Valencia

Nachdem Romario anfangs noch dementiert hatte, wurde bald klar, dass Sportskamerad Stoichkov mit seiner Sicht der Dinge nicht wirklich daneben gelegen hatte. Zunächst noch auf Leihbasis kehrte Romario im Januar 1995 an den Zuckerhut zurück und heuerte bei Flamengo an. Der populärste Verein des Landes setzte alle Hebel in Bewegung, um den ehemaligen Akteur von Vasco dauerhaft an sich zu binden, was mit Hilfe potenter Sponsoren auch gelingen sollte. Den ersten großen Auftritt im rot-schwarzen Trikot hatte er am 23. März 1995, als er im Endspiel um die Taça Guanabara im Großstadion von Maracana alle drei Treffer zum 3:2-Sieg über Botafogo erzielte.

Noch besser lief es im kommenden Jahr, als sich Flamengo nicht nur den erneuten Gewinn der Taça Guanabara sicherte, sondern anschließend auch die Staatsmeisterschaft von Rio gewann. Im Endspiel bekam man es ausgerechnet mit Romarios Ex-Verein Vasco da Gama zu tun, der mit 2:0 in die Schranken gewiesen wurde, wobei Torschützenkönig Romario den zweiten Treffer erzielte. Mit der 1996 letztmals ausgetragenen Copa de Oro gelang darüber hinaus noch ein dritter Titelgewinn. Am Gold-Pokal waren sämtliche Sieger der vier wichtigsten internationalen Pokalwettbewerbe der Conmebol aus der Vorsaison beteiligt, wobei Flamengo im Endspiel den FC São Paulo mit 3:1 bezwang.

► EINWURF

Offiziellen Vereinsangaben zufolge ist Romario gegenwärtig viertbester Flamengo-Goalgetter aller Zeiten. Zählt man alle Begegnungen zusammen, die der kleingewachsene „Baixinho" für die Rot-Schwarzen zwischen 1995 und 1999 absolviert hat, kommt man auf 204 Torerfolge, die nur von Rekordmann Zico (508), Dida (244) und Henrique (214) überboten werden.

In den Spielzeiten 1996/97 und 1997/98 sollte sich Romario dann noch zweimal kurzfristig in Europa versuchen. Auf Leihbasis heuerte er beim FC Valencia an, wobei das Intermezzo bei den „Che" nach fünf bzw. sechs Einsätzen jeweils schnell beendet war. Mit Flamengo, für das er in der übrigen Zeit kickte, konnte Romario im Spieljahr 1999 noch zwei große Titel gewinnen. In den Endspielen um das Campeonato Carioca traf Flamengo als Gewinner der Taça Guanabara auf Vasco da Gama, das mit 1:0 und 1:1 geschlagen wurde. Einen weiteren Erfolg konnte er in der Copa Mercosur, einem anderen internationalen Wettbewerb der Conmebol, feiern. Im Finale bekam es seine Mannschaft mit Palmeiras São Paulo zu tun, das nach zwei torreichen Spielen (4:3, 3:3) und hartem Kampf gewonnen wurde. Wenig später geriet Romario wieder einmal wegen seines Lebenswandels in die Kritik, was letztendlich dazu führte, dass er von Klubboss Edmundo Santos Silva gefeuert wurde.

Skandal nach Rückkehr zu Vasco da Gama

Nach seinem wenig rühmlichen Rausschmiss bei Flamengo versuchte der heute in dritter Ehe verheiratete vierfache Vater zu Beginn des Jahres 2000 bei seinem alten Verein Vasco da Gama wieder Fuß zu fassen. Dieser nahm im Januar an der erstmals ausgetragenen Klub-WM teil, um auch dank dreier Torerfolge des verlorenen Sohnes ins Endspiel einzuziehen. Im Maracana kam es am 14. Januar 2000 zum innerbrasilianischen Duell mit Corinthians São Paulo, das nach torlosen 120 Minuten im Elfmeterschießen entschieden wurde. Nachdem Romario den ersten Elfer für Vasco verwandelt hatte, scheiterten im weiteren Verlauf dessen Teamgefährten Gilberto und Edmundo, womit der Premierentitel an Corinthians ging.

Gleichwohl sollte sich für Romario die Rückkehr zu Vasco da Gama auszahlen. Zunächst konnte er sich die Taça Guanabara sichern und dabei süße Rache an den Flamengo-Verantwortlichen nehmen, die ihn Ende des vergangenen Jahres so schmählich geschasst hatten. Im Rahmen der Staatsmeisterschaft traf er erstmals wieder auf die Rot-Schwarzen, gegen die er beim fulminanten 5:1 gleich dreimal einnetzte. Zudem erreichte er wie schon im Vorjahr das Finale der Copa Mercosur, wo es die Vascainos mit Palmeiras zu tun bekam. Nach einem 2:0 im heimischen Estadio São Januario – Romario hatte dabei in der 77. Minute für den Endstand gesorgt – sowie einem 0:1 in São Paulo, musste ein drittes Spiel über Sieg und Niederlage entscheiden, das am 20. Dezember 2000 im Stadion der Corinthians stattfand. Diesen Vorteil schienen die Gastgeber zu nutzen, da sie mit einer klaren 3:0-Führung in die Pause gingen. Nach dem Seitenwechsel drehte der alternde Romario jedoch auf, sorgte mit zwei verwandelten Strafstößen bis zur 68. Minute zunächst für den Anschluss, ehe er nach dem 3:3 von Juninho Paulista (86.) in der dritten Minute der Nachspielzeit den umjubelten Siegtreffer erzielte.

Noch nie hatte Romario (*im Bild*) in seiner Karriere die brasilianische Landesmeisterschaft gewonnen. Im Spieljahr 2000 hatte er sich mit Vasco jedoch glänzend verkauft und war in die Endspiele gegen den krassen Außenseiter São Caetano eingezogen, wobei ein Erfolg in der letzten Woche des alten Jahres reine Formsache schien. Das Hinspiel am 27. Dezember war in São Paulo 1:1-unentschieden ausgegangen, so dass vor dem zweiten Vergleich drei Tage später im Estadio São Januario die Weichen auf Sieg standen. Bis zur 23. Minute stand es 0:0, als Publikumsliebling Romario wegen einer Verletzung das Spielfeld verlassen musste. Mit dieser Auswechslung waren große Teile der Zuschauer keineswegs aber einverstanden, weshalb es auf den Rängen zu erheblichen Tumulten kam. Die Folge waren 170 Verletzte sowie ein drohender Spielabbruch, den Vasco-Präsident Eurico Angelo de Oliveira Miranda jedoch mit aller Macht zu verhindern versuchte, da viele Verträge seiner Profis zum 31. Dezember ausliefen und er ein Wiederholungsspiel um jeden Preis verhindern wollte. Das Schicksal der Verletzten kümmerte ihn nicht, und so verlangte er von den Sanitätern, diese so schnell wie möglich vom Platz zu tragen, um weiterspielen zu können. Dennoch wurde eine Fortsetzung des Spiels von der obersten Verwaltungsbehörde untersagt, was bei Miranda die Sicherungen durchbrennen ließ. Der skrupellose Vereinspräsident verstrickte sich in Rangeleien mit anwesenden Journalisten und drehte schließlich als Gipfel der Geschmacklosigkeit mit dem Siegespokal eine Ehrenrunde, die er hinterher damit begründete, dass Vasco aufgrund des Auswärtstores zum Zeitpunkt des Abbruchs ja ohnehin gewonnen habe. Der brasilianische Gerichtshof ordnete schließlich dennoch eine Neuauflage an, die am 18. Januar 2001 im Maracana stattfand. An jenem Tag wurde Vasco seiner Favoritenrolle gerecht und stand nach dem letzten Treffer des Tages durch Romario aus der 53. Minute als 3:1-Sieger und neuer Landesmeister fest. Nach dem Schlusspfiff bewies Romario einmal mehr, dass zwischen seinen Glanzleistungen auf dem grünen Rasen und dem Auftreten neben dem Platz mitunter eine große Diskrepanz existierte. Wenig einsichtig meinte er: „Ich widme diesen Pokal Miranda. Er behandelt den Klub wie einen Sohn. Väter wollen immer nur das Beste für ihre Söhne."

Auch in der Folge blieb Romario in den Schlagzeilen, die nicht immer von positiver Natur waren. Der Torschützenkönig der brasilianischen Meisterschaft 2000 konnte diesen Titel auch im kommenden Jahr verteidigen und wurde außerdem zu Südamerikas Fußballer des Jahres 2000 gewählt. 2001 war sein Vater unter mysteriösen Umständen entführt worden, wobei Edevair da Souza Faria nur wenig später unter mindestens ebenso mysteriösen Umständen wieder freikam. Und auch mit seinem Verein geriet Romario aneinander, weil dieser ihm sage und schreibe 3,75 Millionen Euro Gehalt schuldete. Angeblich soll Romario von Vasco da Gama ein monatliches Salär in Höhe von 200.000 Euro zugesichert worden sein, das wie bei vielen anderen unseriös wirtschaftenden Fußballvereinen allerdings nur auf dem Papier stand.

Vereinswechsel sind an der Tagesordnung

Mit Vasco da Gama und Flamengo hatte Romario in seiner Karriere bislang für zwei der wichtigsten Vereine in Rio de Janeiros gespielt, ehe von 2002 bis 2004 mit Fluminense der dritte Großklub der Stadt am Zuckerhut folgte. Der Premierensieger des Campeonato Carioca (1906) steht im Gegensatz zum populären Flamengo in einem elitären Ruf, während ihm außerdem der Makel anhaftet, noch nie einen internationalen Titel gewonnen zu haben. Auch unter Romario sollte sich daran nichts ändern, wobei selbst auf Staatsebene kein Erfolg eingefahren werden konnte. Ohnehin waren die Auftritte Romarios im Dress der Tricolor selten wirklich überzeugend. Am meisten in Erinnerung blieb ein kurzes Gastspiel in der international bestenfalls drittklassigen Liga des Emirates Katar, das im April 2003 nach zehn Wochen und drei Einsätzen für Al-Sadd (ein Klub aus der Hauptstadt Doha) schon wieder der Vergangenheit angehörte. Und auch das Ende seiner Fluminense-Karriere gestaltete sich nur wenig rühmlich, da sich Romario mal wieder mit seinem Trainer zerstritten hatte, was im Oktober 2004 zur vorzeitigen Vertragsauflösung führte.

Nicht wenige Beobachter reagierten daher mit Unverständnis, als der mittlerweile 39-Jährige im Januar 2005 wieder bei Vasco da Gama anheuerte. Zwar konnte seine Mannschaft als Zwölfte der brasilianischen Ligameisterschaft die in sie gesetzten Erwartungen nicht erfüllen. Romario allerdings erlebte seinen dritten Frühling und führte mit 24 Saisontreffern sogar noch einmal die

Torschützenliste an. Rückblickend war es die letzte große Saison des Fußballvirtuosen, der es trotz seiner starken Leistungen auf dem Platz zum wiederholten Male verstand, in das nächstbeste Fettnäpfchen zu treten: Im Lauf des Jahres 2005 lief er in einem Prominentenspiel auf, an dem auch ein bekannter brasilianischer Drogenboss beteiligt war. – Manche lernen's eben nie!

Das 1.000. Tor

Auch die letzten Jahre der aktiven Karriere Romarios waren geprägt von Genie und Wahnsinn. Im März 2006 kehrte der Brasilianer seiner Heimat noch einmal den Rücken, um in den kommenden Monaten in den USA und Australien in Erscheinung zu treten. Für den FC Miami bestritt er in der zum Unterbau der MLS zählenden „United Soccer League" 25 Spiele, in denen er mit 19 Treffern seine Torgefahr noch einmal unter Beweis stellte. Weniger erfolgreich war er in der sich auf Australien und Neuseeland erstreckenden A-League, wo er in vier Einsätzen für Adelaide United nur ein Tor erzielen konnte.

Nach diesem wenig geglückten Experiment in Down Under wollte er im Januar 2007 seine Karriere bei Vasco da Gama fortsetzten, was die FIFA jedoch zunächst unterband, weil gemäß ihres Reglements ein Spieler innerhalb einer Saison nur für zwei Vereine aktiv sein durfte. Da sich Brasilien jedoch nicht am europäischen Spielkalender orientierte, erwies sich der Weltverband als gnädig und gestattete Romario weitere Einsätze, darunter jenen am 20. Mai 2007 gegen Sport Recife.

Findige Statistiker hatten errechnet, dass die lebende Fußballlegende beim 2:0-Sieg Vascos gegen Flamengo drei Minuten vor dem Abpfiff das 999. Tor seiner Laufbahn erzielt hatte. Und so wartete ganz Brasilien voller Spannung auf den nächsten Torerfolg, mit dem Romario auf Pele und Arthur Friedenreich aufschließen würde, die ebenfalls die 1.000-Tore-Marke geknackt haben. Eigentlich hatte es schon am 4. Mai so weit sein sollen, als Vasco im Pokal gegen SE Gama aus der Hauptstadt Brasilia antrat und dazu eigens ins Maracana umgezogen war. Beim wenig berauschenden 2:2 zählte Romario jedoch nicht zu den Torschützen, so dass die angedachten Feierlichkeiten verschoben werden mussten. Diese fielen umso überschwänglicher aus, als der Vasco-Angreifer in der 48. Minute des erwähnten Ligaspiels gegen Recife einen Elfer zur zwischenzeitlichen 3:0-Führung (Endstand 3:1) verwandelte. Die Partie wurde für 20 Minuten unterbrochen, und das, obwohl die FIFA die Leistung nicht einmal offiziell anerkannte, weil zu den Torerfolgen Romarios auch jene 98 aus seiner Zeit als Jugendspieler hinzuaddiert wurden, die der Weltverband nicht registrierte.

Die Jubelarien waren im Oktober 2007 jedoch wieder verklungen, als Romario, der seit Ende 2010 für die Sozialisten im brasilianischen Parlament sitzt, positiv auf Finasterid getestet und deshalb gesperrt wurde. Im Februar 2008 gab er bekannt, seine Karriere beenden zu wollen und nach Ablauf seiner Sperre als Spielertrainer für Vasco da Gama zu arbeiten, wozu es jedoch nicht kam, weil sich Romario mal wieder mit Vereinschef Miranda zerstritt. Im April 2008 schien ein Comeback allerdings im Bereich des Möglichen zu liegen, weil die Sperre aufgehoben wurde. Die Dopingfahnder hatten Romarios Version Glauben geschenkt, nach der die Substanz durch ein Haarwuchsmittel in seinen Körper gelangt sei. Der rehabilitierte Superstar sollte in einem Interview vom 15. April 2008 aber sein Karriereende bestätigen.

Stattdessen trat er als Botschafter des Zweitligavereins America Rio de Janeiro in Erscheinung, womit er einen Herzenswunsch seines Vaters erfüllte, der sein Leben lang ein glühender Anhänger des Klubs gewesen ist. Am 25. November schnürte Romario sogar noch einmal die Fußballschuhe, wobei er in der Partie gegen Artsul ohne Torerfolg blieb.

► ZAHLEN UND FAKTEN

Vereine:	1985-1988	CR Vasco da Gama
	1988-1993	PSV Eindhoven
	1993-1995	FC Barcelona
	1995-1996	Flamengo Rio de Janeiro
	1996	FC Valencia
	1997	Flamengo Rio de Janeiro
	1997	FC Valencia
	1998-1999	Flamengo Rio de Janeiro
	2000-2002	CR Vasco da Gama
	2002-2003	Fluminense Rio de Janeiro
	2003	Al-Sadd Doha
	2003-2004	Fluminense Rio de Janeiro
	2005-2006	CR Vasco da Gama
	2006	FC Miami
	2006	Adelaide United
	2007	CR Vasco da Gama
	2009	America Rio de Janeiro

Tore:	253 brasilianische Erstligaspiele (156 Tore)
	254 Staatsmeisterschafts-Spiele (233 Tore)
	46 Spiele Copa do Brasil (36 Tore)
	109 Spiele Eredivisie (98 Tore)
	9 KNVB-Pokal-Spiele (15 Tore)
	56 Spiele Primera División (39 Tore)
	3 Spiele Copa del Rey (1 Tor)
	4 nationale Supercupspiele (0 Tore)
	3 katarsche Erstligaspiele (0 Tore)
	4 A-League-Spiele (1 Tor)
	25 USL-1-Spiele (19 Tore)
	1 US-Open-Cup-Spiel (0 Tore)
	36 Europacup-Spiele (20 Tore)
	35 Spiele Copa Libertadores (30 Tore)
	1 Weltcupspiel (1 Tor)
	70 A-Länderspiele (55 Tore)
	11 Olympiaauswahl-Spiele (15 Tore)
gesamt	920 Pflichtspiele (719 Tore)
Erfolge:	Niederländischer Meister 1989, 1991, 1992
	Niederländischer Pokalsieger 1989, 1990
	Niederländischer Supercupsieger 1992
	Spanischer Meister 1994
	Spanischer Supercupsieger 1994
	Brasilianischer Meister 2000
	Staatsmeister Rio de Janeiro 1987, 1988, 1996, 1999
	Sieger Copa Mercosur 1999, 2000
	Sieger Copa de Oro 1996
	Weltmeister 1994
	Konföderationen-Pokalsieger 1997
	Sieger Copa America 1989, 1997
	Niederländischer Torschützenkönig 1989, 1990, 1991, 1992
	Spanischer Torschützenkönig 1994
	Brasilianischer Torschützenkönig 2000, 2001, 2005
	Weltfußballer des Jahres 1994
	Südamerikas Fußballer des Jahres 2000

In der Nationalmannschaft:

Zu seinen ersten Einsätzen in der Seleção kam Romario noch als Spieler von Vasco da Gama, als er im Frühjahr

1987 von Nationalcoach Carlos Alberto Silva zu einer Europatournee nominiert wurde. Nachdem er bei seinem Debüt am 23. Mai in Dublin gegen Irland (0:1) erfolglos geblieben war, erzielte er anschließend in Helsinki gegen Finnland (3:2) und in Tel Aviv gegen Israel (4:0) seine beiden ersten Länderspieltreffer.

► **EINWURF**
Romario hatte für die brasilianische A-Nationalmannschaft schon zwölf Länderspiele absolviert, als er im Herbst 1988 in Seoul für sein Heimatland Olympialuft schnuppern durfte. Angeführt von einem starken Romario erreichten die Südamerikaner mit begeisterndem Fußball das Endspiel, wobei sie im Halbfinale gegen die Vertretung der Bundesrepublik auch etwas Glück hatten und erst im Elfmeterschießen weiterkamen. Im Endspiel stellten die Brasilianer am 1. Oktober vor 73.000 Zuschauern im Olympiastadion wieder die überlegene Mannschaft, die nach einer halben Stunde durch Romario auch verdient in Führung ging. Allerdings versäumten sie es, gegen die kalkuliert auftretende Vertretung der UdSSR den Sack zuzumachen, da sie zahlreiche Hochkaräter vergaben. Nach dem Ausgleich von Dobrowolski (62.) erzielte Sawitschew in der Verlängerung schließlich das Siegtor für die Sowjets, womit den überlegenen Brasilianern nur Silber blieb. Für den entgangenen Olympiasieg konnte sich der siebenfache Turniertorschütze Romario immerhin mit dem Gewinn der Torjägerkrone trösten.

Diese Testspielserie diente der Vorbereitung auf die Copa America, die vom 27. Juni bis 12. Juli 1987 in Argentinien stattfand. Die Südamerikameisterschaft wurde für die Seleção und den 21-jährigen Romario jedoch zum Fiasko. Nach dem eingeplanten Auftakterfolg über Venezuela (5:0), zu dem auch Romario einen Treffer beigesteuert hatte, setzte es im zweiten Gruppenspiel gegen Chile eine böse 0:4-Pleite, welche das vorzeitige Aus bedeutete.

Sieg bei der Copa und verpatztes WM-Debüt

Zwei Jahre später fand die Copa America in Brasilien statt, an der Romario als frischgebackener Doublegewinner mit dem PSV Eindhoven teilnahm. Nachdem er in seinen ersten drei Einsätzen in der Vorrunde gegen Venezuela (3:1), Peru (0:0) und Paraguay (2:0) ohne Torerfolg geblieben war, drehte er in der Viererendrunde auf. Im Maracana erzielte er gegen Argentinien (2:0) und Paraguay (3:0) jeweils einen Treffer, um im entscheidenden letzten Spiel gegen Uruguay in der 49. Minute den 1:0-Sieg zu fixieren, mit dem die Seleção ihren vierten Turniererfolg unter Dach und Fach brachte.
Auch vor der Weltmeisterschaft in Italien zählte Europa-Legionär Romario zu den großen Hoffnungsträgern im Team von Trainer Sebastiao Lazaroni. Da er sich im Saisonverlauf aber einen Wadenbeinruch zugezogen hatte, war der Angreifer nicht im Vollbesitz seiner Kräfte, weshalb er auch in den ersten beiden Gruppenspielen fehlte. Erst im dritten Vorrundenspiel gegen Schottland (1:0) kam er zu seinem ersten WM-Einsatz – der auch gleichzeitig sein letzter blieb, da er beim schändlichen Aus im Achtelfinale gegen Titelverteidiger Argentinien nicht berücksichtigt wurde. Die Stimmung im WM-Quartier des damals noch dreifachen Weltmeisters hätte mieser kaum sein können: Die Anhänger in der Heimat beklagten das wenig inspirierte Auftreten ihrer Mannschaft, was in erster Linie auf teaminterne Querelen zurückgeführt wurde, für die in exemplarischer Weise auch das gewohnt divenhafte Verhalten Romarios stand. Der war nämlich mit einem eigenen Physiotherapeuten angereist, was bei Verantwortlichen wie Mitspielern naturgemäß auf nur wenig Gegenliebe stieß.
Der Ärger um Romario sollte auch in den kommenden Jahren nicht abreißen. 1991 sagte er seine Teilnahme an der Copa America kurzerhand ab, weil er es vorzog, in dieser Zeit Urlaub zu machen. Es dauerte über zwei Jahre, ehe Romario nach dem WM-Aus in Italien wieder in der Seleção zum Einsatz kam. Beim 2:0 in Paris erzielte er am 26. August 1992 aber ebenso wenig einen Treffer wie beim 3:1-Erfolg über Deutschland in Porto Alegre, wo er vom neuen Nationaltrainer Carlos Alberto Parreira erst spät eingewechselt wurde. Verärgert gab Romario hinterher zu Protokoll, er wäre gar nicht erst aus den Niederlanden angereist, wenn er gewusst hätte, nicht von Beginn an zu spielen. Das wiederum brachte Disziplinfanatiker Parreira auf die Palme, der über seinen eigenwilligen Star einen erneuten Bann verhängte und ohne diesen in die Qualifikationsrunde zur nächsten Weltmeisterschaftsendrunde in den USA startete.

„... wenn Gott und Romario es wollen“

Die Dauerkrise im brasilianischen Fußball verschärfte sich, als die Nationalelf am 25. Juli 1993 auf dem bolivianischen Altiplano in La Paz (immer noch ohne Romario) mit 0:2 die erste Niederlage überhaupt in der WM-Qualifikation kassierte. Bis zum Schluss stand die Reise in die Vereinigten Staaten auf der Kippe, weshalb der Ruf nach Romario in den Medien immer lauter wurde. Parreira blieb schließlich nichts anderes übrig, als sich dem öffentlichen Druck zu beugen. Im letzten und entscheidenden Qualifikationsspiel gegen Uruguay griff er wieder auf Romario zurück, der im vollbesetzten Maracana vor 100.000 Zuschauern eine große Show abzog und beide Treffer zum erlösenden 2:0-Erfolg erzielte. Natürlich führte an Brasiliens Superstar nun kein Weg mehr vorbei. Im Vorfeld der globalen Titelkämpfe glänzte er in den Vorbereitungsspielen gegen Kanada (1:1), Honduras (8:2) und El Salvador (4:0) als fünffacher Torschütze, so dass selbst Carlos Alberto Parreira meinte: „Wir können Weltmeister werden, wenn Gott und Romario es wollen.“
Nachdem Romario bereits in der abgelaufenen Saison im Trikot des FC Barcelona brilliert hatte, krönte er das beste Jahr seiner Karriere mit dem WM-Sieg und beendete damit die Durststrecke der Seleção, die seit 1970 auf ihren vierten Titelgewinn wartete. Vor allem mit Bebeto verstand sich „Baixinho“ (der Kleine) glänzend und hob im Zusammenspiel mit seinem Sturmpartner so manche Abwehrreihe aus. In den ersten beiden Vorrundenpartien gegen Russland (2:0) und Kamerun (3:0) erzielte er jeweils das 1:0, um gegen Schweden mit seinem Treffer zum 1:1 kurz nach dem Seitenwechsel den Einzug ins Achtelfinale zu besiegeln. Hier zeichnete gegen Gastgeber USA Bebeto nach 72 Minuten für das Tor des Tages verantwortlich, ehe Romario in der Runde der letzten Acht gegen die Niederlande wieder zu den Torschützen zählte. Der 3:2-Sieg von Dallas war der wohl stärkste Auftritt des angehenden Weltmeisters, der ansonsten zumeist durch kontrolliertes Auftreten in Erscheinung trat, was ganz der Philosophie von Nationaltrainer Parreira entsprach, der seinem Team eingeimpft hatte, möglichst „europäisch“ zu spielen.
Schon im Semifinale erlebten rund 92.000 Zuschauer in Pasadena gegen die Schweden wieder ein fürchterliches Gegurke, bis Romario zehn Minuten vor Schluss zum Helden avancierte, als er eine Jorghino-Flanke per Kopf ins schwedische Tor setzte. Das Endspiel am 17. Juli 1994,

welches ebenfalls in der Rose Bowl von Pasadena vor den Toren von Los Angeles über die Bühne ging, versprühte dann fast noch mehr Langeweile, obwohl der Vergleich der beiden dreifachen Titelträger Brasilien und Italien im Vorfeld einiges versprochen hatte. Während die Seleção auch weiterhin im „europäischen" Stil ihr Heil suchte, beschränkte sich Italien fast ausschließlich auf die Verteidigung des eigenen Tores, was folgerichtig ein Elfmeterschießen nach sich zog, das Brasilien mit 3:2 für sich entschied. Auch der fünffache WM-Torschütze Romario hatte seinen Elfer verwandelt und durfte sich nach dem Schlusspfiff nicht nur über den goldenen Weltpokal, sondern auch über die Auszeichnung als bester Turnierspieler freuen.

Brasiliens „Ro-Ro-Sturm"

Das Jahr 1997 bescherte Brasilien mit dem Gewinn der Copa America in Bolivien und des Konföderationen-Pokals in Saudi Arabien gleich zwei große Titel, die vor allem auf die starken Auftritte des „Ro-Ro-Sturms" zurückgeführt wurden. Schon bei der Weltmeisterschaft 1994 hatte der damals erst 17 Jahre alte Ronaldo mit Romario das Zimmer geteilt, war in den USA allerdings nicht zum Einsatz gekommen. Bei der Südamerikameisterschaft im Juni 1997 glänzte das neue Traumduo aber erstmals auf großer internationaler Bühne und bescherte der Seleção den fünften Kontinentaltitel, welcher gleichzeitig der erste war, den der Rekordweltmeister außerhalb der eigenen Landesgrenzen gewinnen konnte. Nachdem Romario im ersten Gruppenspiel gegen Costa Rica (5:0) seinen ersten Turniertreffer erzielt hatte, ließ er in der Vorschlussrunde gegen Peru beim 7:0-Kantersieg zwei weitere folgen, um jedoch das Finale gegen Gastgeber Bolivien (3:1) verletzungsbedingt zu verpassen.

► **EINWURF**
Selbst bei der Krönung seiner Karriere verpasste es der divenhafte Romario nicht, in ein Fettnäpfchen zu treten. Während des WM-Turniers in den USA ging er eine Liaison mit einer Amerikanerin ein, die ein Jahr später nochmals aufgewärmt wurde, als sich seine Liebschaft in einem Männermagazin wenig positiv über Romarios Liebhaberqualitäten äußerte.

Auch beim im Dezember erstmalig offiziell ausgetragenen Konföderationen-Pokal gingen „Ro-Ro" auf gemeinsame Torejagd. Besonders im Endspiel gegen die in allen Belangen unterlegenen Australier zeigten die beiden Angreifer ihre ganze Klasse und trugen zum 6:0-Sieg der Seleção jeweils drei Tore bei. Romario stand damit bei sieben Turniertreffern, mit denen er auch die Torschützenliste anführte.

Geplatzter Traum vom zweiten WM-Titel

Dank Romario und dem kongenialen Ronaldo galten die Brasilianer nach ihren starken Auftritten 1997 vor der Weltmeisterschaft im kommenden Jahr als große Favoriten, woran sich auch im Februar nichts änderte, als der Gastauftritt beim Gold Cup in den USA (mit Romario) auf dem etwas enttäuschenden dritten Platz endete. In der Vorbereitung auf die Titelkämpfe in Frankreich zog sich der nach Pele und Ronaldo drittbeste Torschütze der brasilianischen Nationalmannschaft bei einer Trainingseinheit jedoch eine Muskelverletzung zu, was nach langem Hin und Her dazu führte, dass ihn Mario Zagallo aus dem Kader strich. Der Nationalcoach war der Ansicht, es sei ein zu großes Risiko, auf den angeschlagenen Romario zu setzen und nominierte stattdessen Bebeto nach.

Die Ausbootung schlug die erwartet hohen Wellen. Romario attackierte nicht nur Mario Zagallo, sondern auch Zico, den er als Technischen Direktor der Seleção mitverantwortlich für seine Nichtnominierung machte. Nach der Weltmeisterschaft durfte sich Romario dann durchaus als moralischer Sieger fühlen, was zum einen daran lag, dass Brasilien im Endspiel gegen Frankreich deutlich mit 0:3 verlor, wobei besonders Ronaldo herb enttäuschte. Zudem kehrte Romario bei seinem Verein Flamengo während des Turniers in den USA auf den Platz zurück und bewies mit seinem Treffer im Spiel gegen Internacional Porto Alegre am Tag nach dem brasilianischen Viertelfinalsieg über Dänemark, rechtzeitig wieder fit geworden zu sein.
Erst über zwei Jahre später, im Herbst 2000 sollte der inzwischen 34-Jährige zu seinen nächsten Länderspieleinsätzen kommen, die er starken Auftritten im Vereinsdress zu verdanken hatte. Nachdem Brasilien die Südamerika-Qualifikation nur auf dem dritten Platz beendet hatte, forderte die Öffentlichkeit vehement seine Nominierung für die Weltmeisterschaft 2002. Nationaltrainer Scolari nahm Romario jedoch nicht nach Südkorea und Japan mit, weil dieser nicht in sein Spielsystem passte. Allerdings dürfte auch sein Hang zu Extravaganzen eine Rolle gespielt haben. – Über dreieinhalb Jahre nach seinem 69. Länderspiel streifte Romario am 27. April 2005 letztmals das Dress der Seleção über und traf beim 3:0 über Guatemala zum 55. Mal.

Saison	Internat.		Liga		Pokal	
	Sp.	T.	Sp.	T.	Sp.	T.
1985			7	0		
1986			23	9		
1987			17	8		
1988			0	0		
1988/89	4	2	24	19	3	4
1989/90	4	6	20	23	2	2
1990/91	2	0	25	25	2	6
1991/92	2	0	14	9	1	0
1992/93	9	7	26	22	1	3
1993/94	10	2	33	30	2	0
1994/95	5	3	13	4	0	0
1995	4	2	16	8	5	1
1996	0	0	3	0	5	1
1996/97			5	4	0	0
1997	0	0	4	3	8	7
1997/98			6	1	1	1
1998	3	4	20	14	4	6
1999	7	8	19	12	7	7
2000	11	11	27	19	2	1
2001	9	5	19	22	0	0
2002	0	0	26	16	0	0
2003			3	0		
	0	0	21	13	0	0
2004	0	0	13	5	2	2
2005	0	0	32	24	2	1
2006	0	0	0	0	1	3
			25	19	1	0
			4	1		
2007	1	0	6	3	1	0
2009			1	0		

Arthur Rowley
Tore in allen vier englischen Profiligen

Das Fußballspielen lag der Familie von Arthur Rowley fraglos im Blut. Schon dessen Vater hatte als Torhüter für den FC Walsall gespielt, derweil sein fünfeinhalb Jahre älterer Bruder Jack in seiner Karriere 237 Ligatreffer (vorwiegend für Manchester United) erzielte. Eigentlich ist der sechsfache englische Internationale der bekanntere der beiden Rowley-Brüder, wenngleich dem am 21. April 1926 in Wolverhampton geborenen George Arthur Rowley das Verdienst zukommt, mit 433 Ligatreffern der mit Abstand erfolgreichste Goalgetter des englischen Profifußballs zu sein. Dass Arthur Rowley im Gegensatz zu seinem Bruder nie wirklich ein „Star" wurde, lag vor allem daran, dass er seine Tore nur selten auf höchstem Liganiveau erzielte. Lediglich drei Spielzeiten verbrachte er in der ersten englischen Division, derweil er ansonsten (mit Ausnahme der Viertligasaison 1958/59) auf zweit- bzw. drittklassigem Niveau kickte. Rein zahlenmäßig nimmt sich Rowleys Rekord von 433 Ligatreffern freilich atemberaubend aus und scheint für die gegenwärtige Spielergeneration unerreichbar. Selbst Legenden wie Dixie Dean (379 Tore), Jimmy Greaves (357), Steve Bloomer (351) oder George Camsell (345) mussten vor jenem Mann kapitulieren, der wegen seiner Treffsicherheit bald mit dem Beinamen „The Gunner" bedacht wurde.

Eines der bekanntesten und vor allem treffsichersten Brüderpaare des englischen Profifußballs. Arthur (links) und Jack Rowley erblickten beide in Wolverhampton das Licht der Welt, ehe sie die Fußballwelt eroberten. Beide bekamen von ihren Fans den Spitznamen „The Gunner" verliehen.

Bescheidene Anfänge

Da Jack schon seit 1937 erfolgreich in Old Trafford spielte, genoss der Name Rowley bei den Verantwortlichen von Manchester United einen guten Ruf, weshalb diese auch dessen jüngeren Bruder Arthur fünf Tage nach seinem 15. Geburtstag probeweise in einem Spiel der Wartime League einsetzten. Wirklich überzeugen konnte Arthur im April 1941 allerdings nicht, weshalb er weiterhin im Jugend- und Amateurbereich der Wolverhampton Wanderers kickte. Da die Wölfe aber nicht an einer Verpflichtung Rowleys interessiert waren, musste der sich notgedrungen nach einem anderen Verein umsehen und fand diesen in West Bromwich Albion, wo er 1944 einen ersten Profivertrag unterschrieb. Aber auch bei den Baggies sollte er nicht richtig glücklich werden.
Es dauerte zwei Jahre, bevor ihn West Broms langjähriger Manager Fred Everiss überhaupt zum ersten Mal in die Kampfmannschaft berief, die zu dieser Zeit im vorderen Mittelfeld der zweiten Liga beheimatet war. Nach zwei siebten Plätzen in den Spielzeiten 1946/47 und 1947/48 sowie nur vier Ligatreffern in insgesamt 24 Einsätzen war Arthur Rowleys Zeit in The Hawthorns bereits wieder abgelaufen.
Am 24. Januar 1948 hatte Rowley auch den ersten Treffer im prestigeträchtigen FA-Cup erzielt, welcher das Aus nach der 1:3-Niederlage an der White Hart Lane gegen Tottenham Hotspur freilich nicht verhindern konnte. Bei West Brom war er zumeist auf der Position des rechten Außenstürmers eingesetzt worden, wobei dies seinen Fähigkeiten nicht wirklich entsprach, da Rowley über keine hohe Antrittsschnelligkeit verfügte. Seine Stärken waren vielmehr ein gutes Kopfballspiel und ein immens harter Linksschuss, welcher ihm bald den schon zitierten Beinamen „The Gunner" eintrug. Derweil Rowley also auf der Abschussliste stand, suchten die Baggies nach einer Alternative für den linken Außensturm, die sie in Ernie Shepherd gefunden zu haben glaubten. Der hatte zehn Jahre in Fulham gespielt, womit die Londoner einen wichtigen Schlüsselspieler verloren. Die Spieler-Rochade war schließlich perfekt, als die Cottagers von der Themse Arthur Rowley im Dezember 1948 unter Vertrag genommen hatten. Wirklich auszahlen sollte sich der Deal freilich nur für den FC Fulham, der nicht nur die Zweitligameisterschaft und den damit verbundenen Aufstieg verbuchte. Weil Neuzugang Rowley anders als bei WBA jetzt im Sturmzentrum zum Einsatz kam, konnte der seine Qualitäten nun viel besser zur Entfaltung bringen und in 22 Ligaspielen 19-mal ins Schwarze treffen. Ernie Shepherd erwies sich dagegen als Flop, da er für West Brom in nur vier Begegnungen zum Einsatz kam, um im Sommer 1949 an Hull City weitergereicht zu werden.

Durchbruch bei Leicester City

Erstmals durfte Arthur Rowley sein Können in der Saison 1949/50 damit im englischen Oberhaus zeigen. Zwar bestritt er für den Siebzehnten der Tabelle immerhin 34 Spiele. Lediglich sieben Treffer zeigten allerdings, dass in der First Division ein deutlich rauerer Wind wehte. Als an der Themse ein Angebot von Zweitligist Leicester City hereinflatterte, waren sowohl Verein als auch Spieler glücklich. Beim FC Fulham weinten sie Rowley keine Träne nach und freuten sich stattdessen über eine Ablösesumme in Höhe von 14.000 £. Und Arthur Rowley meinte: „Ich wollte weg aus London und Leicester lag in der Nähe meiner Heimatstadt Wolverhampton. Ich hatte gerade geheiratet, und so war Leicester City die ideale Lösung. Das Stadion an der Filbert Street war zwar nicht das größte. Aber es war für seine gute Stimmung bekannt."

► EINWURF
Arthur Rowley hält bei Leicester City gleich mehrere Rekorde. Mit 208 Treffern konnte der linke Innenstürmer etwa die meisten Zweitligatreffer für die „Foxes" erzielen. Auch seine 14 FA-Cup-Tore hat lediglich noch Arthur Chandler erreichen können, der von 1923 bis 1935 ligaübergreifend 259-mal ins Schwarze und damit achtmal öfter als Kanonier Arthur Rowley getroffen hat. Einen weiteren Klubrekord hält dieser mit 41 Elfmetertoren, derweil auch seine saisonale Bestmarke von 44 Toren in der Spielzeit 1956/57 bis heute nie mehr erreicht wurde.

So ganz risikolos war der Wechsel zu den Foxes für Arthur Rowley aber nun auch wieder nicht. Schließlich musste er den bisherigen Sturmführer Jack Lee ersetzen, der zu

Derby County abgewandert war. Zunächst standen die Anhänger dem Neuzugang daher auch eher reserviert gegenüber, zumal Rowley in den ersten Spielen im Sturmzentrum nur wenig überzeugte. Erst als ihn Manager Norman Bullock nach einigen Wochen als linken Innenstürmer einsetzte, sollte er sich schnell zum Publikumsliebling entwickeln, da seine berüchtigte „linke Klebe" nun so richtig zur Geltung kommen konnte. In acht Spielzeiten bestritt Arthur Rowley 303 Ligaspiele und erzielte dabei 251 Tore, womit er die Rekordmarke von Arthur Chandler nur um acht Treffer verfehlte. Außerdem avancierte er jedes Mal zum teaminternen Toptorjäger (1955/56 gleichauf mit Willie Gardiner).

Allein in seinen ersten vier Jahren an der Filbert Street brachte Rowley dank des guten Zusammenspiels mit den beiden Vorlagengebern Derek Hogg und Mal Griffith 137 Liga- und acht Cup-Treffer auf sein Konto, wobei er die magische 100-Tore-Schallmauer nach nur 122 Spielen durchbrochen hatte. Seinen ersten Treffer im neuen Trikot konnte er am 23. September 1950 bei der 1:2-Niederlage in Coventry erzielen. Nachdem es in der Saison 1950/51 trotz 28 Rowley-Toren lediglich zum 14. Platz gereicht hatte, stieß City im kommenden Jahr als Fünfter erstmalig in die Spitzengruppe der Second Division vor. Von den insgesamt 78 Ligatreffern der Foxes hatte Arthur Rowley 38 erzielt, womit er den bisherigen Saisonrekord von Arthur Chandler aus der Spielzeit 1924/25 einstellte. Allerdings blieb er damit deutlich hinter Derek Dooley von Zweitligameister Sheffield Wednesday, der mit 46 Treffern die Torjägerliste anführte.

In der Spielzeit 1952/53, die Leicester City abermals als guter Fünfter beendete, schraubte Arthur Rowley seinen Rekord dann auf 39 Tore. Dass seine Mannschaft bei einem überaus deutlichen Rückstand von zehn Zählern auf den Zweiten Huddersfield Town dennoch nicht um den Aufstieg mitkämpfen konnte, lag an der schwachen Abwehr, die 60 Gegentore zugelassen hatte. Dafür durfte sich Rowley erstmals in seiner Karriere über den Gewinn der Torjägerkrone im englischen Unterhaus freuen.

Mit dieser Mannschaft stieg Leicester City nach der Saison 1953/54 als Zweitligameister in die englische First Division auf. Toptorjäger war wie immer in seiner Zeit bei den Foxes Arthur Rowley, der auf dem Foto oben rechts zu sehen ist. Kapitän des Aufsteigers war Matt Gillies (vordere Reihe Mitte), während Manager Norman Bullock nicht auf dem Bild ist.

Zwei Aufstiege in die First Division

Seinen bisherigen Karrierehöhepunkt erreichte der Scharfschütze im kommenden Jahr mit dem Gewinn der Zweitligameisterschaft und dem damit verbundenen Aufstieg. Wieder waren Rowley beachtliche 30 Ligatreffer geglückt, zu denen weitere sechs im FA-Cup kamen, wo Leicester City bis ins Viertelfinale vorstieß. Eine seiner stärksten Saisonleistungen hatte er in der Auftaktrunde gegen den FC Middlesbrough gezeigt, als er im mit 3:2 gewonnenen Wiederholungsspiel an der Filbert Street sämtliche drei Treffer erzielte. Über die Stationen Stoke City und Norwich City erreichten die Foxes die Runde der letzten Acht, wo sie dem späteren Finalisten Preston North End ein umkämpftes Duell über drei Spiele lieferten. Besonders im zweiten Spiel am 17. März 1954 untermauerte Arthur Rowley einmal mehr den Wert für sein Team, als ihm beim 2:2 vor eigenem Publikum zwei Tore gelangen. Erst im dritten Vergleich musste sich Leicester auf neutralem Platz in Hillsborough mit 1:3 geschlagen geben.

In der Spielzeit 1954/55 konnte Arthur Rowley dann auch endlich seine Erstligareife unter Beweis stellen. 23 Treffer in 36 Spielen waren eigentlich keine schlechte Ausbeute, gehörte Rowley damit hinter Ronnie Allen (27 Tore für West Bromwich Albion) doch zu den besten Torschützen der First Division. Dennoch reichten sie nicht zum Klassenerhalt, da die Foxes auf dem 21. Rang bei drei Zählern Abstand zum rettenden Ufer postwendend wieder absteigen mussten.

Unter der Leitung des neuen Managers Dave Halliday wurde Leicester City im kommenden Jahr Zweitligafünfter. Abermals wusste Kanonier Arthur Rowley mit 29 Ligatreffern sowie deren sechs im Pokal zu überzeugen. In der Liga hatte man sich lange Zeit berechtige Hoffungen auf einen weiteren Aufstieg machen dürfen, da der Rückstand auf den zweiten Aufsteiger Leeds United lediglich vier Zähler betrug. Zudem war der Torjäger im FA-Cup kaum zu bremsen. Schon zum Auftakt hatten seine drei Treffer dafür gesorgt, dass die Foxes bei Luton Town klar mit 4:0 die Oberhand behielten. Ende Januar 1956 stand das Duell mit Ligarivale Stoke City an, wo die Mannschaft an der heimischen Filbert Street dank zweier Rowley-Treffer ein 3:3-Unentschieden rettete. Auch im Wiederholungsspiel in Stoke war Arthur Rowley erneut erfolgreich. Doch konnte sein Treffer die 1:2-Niederlage und das damit verbundene Ausscheiden nicht verhindern.

Daran dachte in der Spielzeit 1956/57 freilich keiner mehr, als Rowley die gegnerischen Abwehrreihen wieder kräftig durcheinanderwirbelte. Die Elf von Leicester City war in der Second Division nicht zu halten und brachte über die gesamte Saison beeindruckende 109 Tore zustande. Nicht weniger als 44-mal hatte Arthur Rowley in die Maschen getroffen, womit er den noch heute gültigen Klubrekord aufgestellt hatte. Bei 61:23 Punkten und einem Vorsprung von sieben Zählern auf Nottingham Forest standen die Foxes mit ihrem Zweitligatorschützenkönig abermals als Aufsteiger ins Fußball-Oberhaus fest.

Während der Verein nach seinem letzten Aufstieg sofort wieder in die

Zweitklassigkeit abgestürzt war, sollte dieser sich jetzt für die kommenden zwölf Jahre in der First Division halten. Goldene Zeiten also für Arthur Rowley, der zu Beginn der Saison 1957/58 mit 31 Jahren durchaus noch einige Zeit spielen konnte! So sah es zumindest aus. Zwar hatte City bei 33:51 Zählern und 91:112 Toren kein überragendes Jahr abgeliefert. Mit dem 18. Platz war das Minimalziel „Klassenerhalt" jedoch erreicht worden, zu dem Rowley, der zum achten Mal hintereinander die vereinsinterne Torschützenliste anführte, in 25 Einsätzen 20 Treffer beigetragen hatte. Gleichwohl kursierten nach Saisonende vermehrt Gerüchte rund um die Filbert Street, wonach Rowley nicht länger für Leicester auf Torejagd gehen würde. Das Management trat für eine Verjüngung des Kaders ein, der der Publikumsliebling zum Opfer fiel. Alle Proteste der Fans halfen indes nichts: Im Sommer 1958 war der Wechsel Arthur Rowleys von Leicester City zu Shrewsbury Town gegen Zahlung einer Ablöse in Höhe von 7.000 £ in trockenen Tüchern.

Arthur Rowley (Zweiter von links im dunklen Trikot) in Aktion. Insgesamt acht Jahre spielte er für die Foxes, mit denen er zweimal in die erste Liga aufstieg. Das Bild zeigt Rowley in einem Zweitligaspiel zu Beginn der fünfziger Jahre im Griffin Park des FC Brentford.

Letzte Ausfahrt Shrewsbury

Mit dem Verein aus der Grafschaft Shropshire in den westlichen Midlands hatte Arthur Rowley nicht wirklich das große Los gezogen. Die 1886 gegründeten Blues waren erst 1950 in die Football League aufgenommen worden und hatten am Ende der Saison 1957/58 als Siebzehnte nicht einmal den Sprung in die ab jetzt eingleisige Third Division geschafft, sondern mussten in der kommenden Spielzeit in der vierten Liga ein tristes Schattendasein fristen. Dennoch sollte es Arthur Rowley gelingen, am Severn schnell für Aufbruchstimmung zu sorgen, als er 5. Juni 1958 einen Vertrag als erster Spielermanager des Klubs unterzeichnete. Für die Shrews erzielte er in 236 Ligaspielen weitere 152 Tore, wurde deren Rekordtorschütze und avancierte damit im Herbst seiner Karriere zum besten englischen Ligatorjäger aller Zeiten.

▶ **EINWURF**
Mit 152 Ligatreffern ist Arthur Rowley heute unübertroffener Rekordtorschütze von Shrewsbury Town. Ebenfalls einen Rekord markieren seine 38 Saisontreffer aus der Spielzeit 1958/59. Mehr Tore als „The Gunner" konnte kein anderer Stürmer der Blues innerhalb eines Jahres erzielen.

In der Saison 1958/59 gelang Shrewsbury Town der angepeilte Aufstieg in die Drittklassigkeit. Neuzugang Arthur Rowley war mit 38 Toren in 43 Ligaspielen Torschützenkönig geworden und hatte zudem einen neuen Vereinsrekord aufgestellt. Dank der Erfahrung ihres neuen Spielertrainers konnte die Mannschaft in einer spannenden Endphase Aufstiegsrivale Exeter City auf Distanz halten und die Saison auf dem vierten Rang abschließen. Im kommenden Jahr scheiterte sie als Dritte dann sogar nur knapp am Aufstieg in die Second Division. Abermals besaß Spielermanager Rowley mit 32 von 97 Saisontreffern großen Anteil am Erfolg.

Der Traum von einem großen Titel

Der Kanonier aus Wolverhampton sorgte auch in den nächsten drei Jahren für stetigen Torjubel in Gay Meadow, dem kleinen Stadion von Shrewsbury Town. In der zweiten Hälfte seines vierten Lebensjahrzehnts stehend, übertraf er jeweils deutlich die 20-Tore-Marke. Seinen 28 Treffern in der Spielzeit 1960/61 ließ er 23 bzw. 24 folgen. Allein vom Aufstieg durften die Shrews nicht mehr träumen, da sie nur noch im anonymen Tabellenmittelfeld feststeckten.

In der Saison 1960/61 bot sich Arthur Rowley und seinen Schützlingen dann freilich doch die einmalige Chance, zu Titelehren zu kommen. Die englische Football League hatte erstmals einen Liga-Pokalwettbewerb ausgelobt, der sämtlichen 92 Vereinen von der ersten bis zur vierten Spielklasse offen stand, um diesen eine zusätzliche Einnahmequelle zu bescheren. Die Spiele dieser neben Liga und FA-Cup dritten nationalen Konkurrenz fanden zumeist unter der Woche statt, weil Abendspiele aufgrund der inzwischen fast überall errichteten Flutlichtanlagen seinerzeit hoch im Kurs standen. Auch die Shrews schien die ungewohnte Atmosphäre zu beflügeln. Allerdings benötigte die Mannschaft nach ihrem lockeren 4:0-Auftakterfolg über Mansfield Town in der zweiten Runde drei Anläufe, um auch die Elf von Swindon Town (1:1, 2:2, 2:0) zu eliminieren. Es folgten weitere Siege über Bradford City (2:1) und Norwich City (1:0), ehe im Viertelfinale das Duell mit dem FC Everton anstand.

Die Elf aus Liverpool spielte in jenem Jahr in der Spitzengruppe der First Division um die Meisterschaft und reiste natürlich als haushoher Favorit in das kleine Gay Meadow, das am Abend des 15. Februar 1961 eines der größten Spiele seiner Geschichte erlebte. Arthur Rowley hatte seine Mannen glänzend auf den Erstligist eingestellt, der nach 90 Minuten als 1:2-Verlierer vom Rasen schlich. Wenngleich die Spitzenteams den neuen Wettbewerb vor allem in den Anfangsjahren eher stiefmütterlich behandelten, hatte der neue League Cup gleichwohl für eine erste faustdicke Sensation gesorgt. Verständlich, dass sie am Severn nun auf den großen Coup spekulierten, zumal in der Vorschlussrunde mit Rotherham United ein Gegner wartete, der in den Niederungen der zweiten Liga herumdümpelte. Die Organisatoren hatten ein Duell mit Hin- und Rückspiel vorgesehen, wobei der erste Vergleich auf gegnerischem Platz nur knapp mit 2:3 verloren ging. Aber so sehr sich die Shrews im Gay Meadow auch mühten. Zu mehr als einem 1:1-Unentschieden reichte es nicht, was das Ende sämtlicher hochfliegenden Ambitionen bedeutete. Und auch Spielermanager Arthur Rowley musste sich von der Hoffnung verabschieden, seine torreiche Laufbahn auf die alten Tage doch noch mit dem ersehnten Titelgewinn krönen zu können.

Nach den starken Darbietungen im Liga-Pokal sorgte Shrewsbury Town in der Spielzeit 1961/62 dann sogar im deutlich traditionsreicheren FA-Cup für Furore, wenngleich ein Titelgewinn weiterhin Utopie blieb. Gleich zum Auftakt hatte die Mannschaft Banbury United aus der Birmingham & District League deutlich mit 7:1 überrollt, wobei Rowley, McLaughlin und Kenning jeweils als

zweifache Torschützen in Erscheinung getreten waren. Es folgte ein ebenfalls ungefährdeter 3:0-Sieg über die Elf von Brierley Hill, bei dem Spielertrainer Arthur Rowley allerdings ohne weiteren Torerfolg geblieben war. Anders in den nächsten beiden Runden: Sowohl am 9. Januar 1962 beim FC Southport (3:1) als auch am 27. Januar gegen den FC Middlesbrough konnte er sich jeweils wieder in die Torschützenliste eintragen. Da es im heimischen Gay Meadow jedoch lediglich zu einem 2:2-Unentschieden gereicht hatte, mussten die Shrews vier Tage später nach Middlesbrough reisen, wo sie bei der 1:5-Pleite ihre Grenzen klar aufgezeigt bekamen.
Die beiden letzten Tore im FA-Cup sollte Rowley dann in der Spielzeit 1962/63 erzielen. Am 3. November 1962 mussten die Shrews zunächst bei Chelmsford City aus der fünftklassigen Southern League ran, wo Rowley mit seinem Treffer einen 6:2-Sieg einleitete. Via Torquay United (2:1) zog die Mannschaft in die dritte Runde ein, um vor heimischer Kulisse ein 1:1 gegen Sheffield Wednesday zu erkämpfen. Natürlich wurden die Owls als Erstligist vor dem Wiederholungsspiel am 7. März 1963 in Hillsborough als haushohe Favoriten gehandelt. Doch sollten sie die Rechnung ohne Arthur Rowley gemacht haben, der mit seinem zweiten Pokaltreffer die Partie lange offen hielt, ehe Fantham kurz vor dem Abpfiff den Owls doch noch den erwarten Einzug in die nächste Runde bescherte.

Abseits des aktiven Fußballs

Ab der Saison 1963/64 war Englands Rekordtorjäger dann nur noch sporadisch auf dem Spielfeld zu sehen. Wenn überhaupt, half er in der Verteidigung aus, was die magere Anzahl von lediglich sieben Toren in den Spielzeiten 1963/64 und 1964/65 erklärt. Im Sommer 1965 hängte er die Fußballschuhe ein für alle Mal an den berühmten Nagel, um in den kommenden drei Jahren in Shrewsbury ausschließlich als Manager zu fungieren. Shrewsbury war für Arthur Rowley inzwischen zur Heimat geworden, wo er bis zu seinem Tod am 18. Dezember 2002 wohnhaft blieb. Obwohl er nach seinem Ausscheiden bei den Shrews für mehrere Klubs als Manager arbeitete – neben Sheffield United in der Saison 1968/69 waren dies noch Southend United (1970 bis 1976) sowie die Non-League-Klubs Knighton Town und Oswestry Town –, blieben die Blues dennoch „sein" Verein, dem er auf der Tribüne von Gay Meadow regelmäßig die Daumen drückte.
Im Gegensatz zu seiner aktiven Zeit war Arthur Rowley als Manager nicht sonderlich erfolgreich. In Sheffield wurde er nach nur einem Jahr wieder entlassen, weil er den angepeilten direkten Wiederaufstieg in die erste Liga als Neunter klar verfehlt hatte. Den größten Erfolg feierte Rowley mit Southend United, das er im Frühjahr 1972 von der vierten in die dritte Liga führte. Als die Elf aus der Grafschaft Essex nach vier Spielzeiten aber wieder in die Fourth Division abstieg, musste der ehemalige Stürmer als Hauptverantwortlicher jedoch den Hut nehmen.
Für Aufsehen hatte der Manager Arthur Rowley somit allenfalls noch in Shrewsbury gesorgt, wo er in der Spielzeit 1965/66 an die großen Pokaltraditionen aus aktiven Zeiten anknüpfen konnte. In seine Premierensaison als hauptamtlicher Manager starteten die ehemaligen Kameraden im FA-Cup mit Erfolgen über Torquay United (2:1) und Petersborough United (3:2), um gegen die Queens Park Rangers (0:0, 1:0) und Carlisle United ins Achtelfinale einzuziehen. Gegen den Zweitligisten von der schottischen Grenze waren die Shrews nach einem 0:0 und einem 1:1 im dritten Vergleich mit 4:3 erfolgreich geblieben. Auch im Achtelfinale waren die zum Favoritenschreck avancierten Rowley-Schützlinge nicht chancenlos. In Preston lieferten sie Erstligist FC Chelsea London lange Zeit ein offenes Rennen und mussten sich nach 90 Minuten nur knapp mit 2:3 geschlagen geben.
Anfang der sechziger Jahre war Arthur Rowley am Ende seiner Fußballerkarriere darüber hinaus auch kurzzeitig als Cricket-Spieler in Erscheinung getreten. Mit der Auswahlmannschaft von Shropshire konnte er in den Jahren 1961 und 1962 zwei regionale Titel gewinnen.

► ZAHLEN UND FAKTEN

Vereine:	1946-1948	West Bromwich Albion
	1948-1950	FC Fulham London
	1950-1958	Leicester City
	1958-1965	Shrewsbury Town
Tore:	95 First-Division-Spiele (50 Tore)	
	288 Second-Division-Spiele (231 Tore)	
	193 Third-Division-Spiele (114 Tore)	
	43 Fourth-Division-Spiele (38 Tore)	
	18 FA-Cup-Spiele* (26 Tore)	
	1 B-Länderspiel (1 Tor)	
gesamt	638 Pflichtspiele* (460 Tore)	
	** nur bekannte Spiele*	

In der Nationalmannschaft:
Von einer richtigen Nationalmannschaftskarriere kann bei Arthur Rowley keine Rede sein. Dass dieser nie im englischen A-Team zum Einsatz kam, kann in Anbetracht der Tatsache, dass er nur drei Erstligaspielzeiten bestritt, auch nicht wirklich verwundern. Lediglich ein einziges Mal durfte Rowley das Trikot der B-Nationalmannschaft überstreifen. Im März 1956 schickte das Mutterland des Fußballs seine Reserve in ein Duell mit der Schweiz, das mit einem deutlichen 4:1-Sieg endete, wobei der Innenstürmer von Leicester City den einzigen internationalen Treffer seiner Laufbahn bejubeln durfte. Als er im Oktober desselben Jahres die englische Football League im Spiel gegen eine Auswahl der nordirischen Liga vertrat, gelang ihm kein weiterer Torerfolg.

Saison	B-Lsp.		Liga		Pokal	
	Sp.	T.	Sp.	T.	Sp.	T.
1946/47				3		
1947/48				1		1
1948/49			22	19		
1949/50			34	7		
1950/51				28		
1951/52				38		
1952/53				39	1	2
1953/54				30		6
1954/55			36	23		
1955/56	1	1		29	3	6
1956/57			42	44		
1957/58			25	20		
1958/59			43	38		1
1959/60				32	1	1
1960/61				28		2
1961/62				23		5
1962/63				24		2
1963/64				5		
1964/65				2		

Karl-Heinz Rummenigge
Vom „Rotbäckchen“ zum Bayern-Boss

1974. – Es war das Jahr, in dem der heutige Rekordmeister FC Bayern München endgültig Aufnahme in den Olymp des Fußballs gefunden hatte. Nachdem Beckenbauer & Co. in der Bundesliga als erste deutsche Mannschaft überhaupt den Titelhattrick unter Dach und Fach gebracht hatten, konnten sie durch ihren Finalerfolg von Brüssel über Atletico Madrid auch erstmals den Europapokal der Landesmeister an Land ziehen. Und nur wenige Wochen später stellten die Bayern auch das Gros der deutschen Nationalmannschaft, die sich – natürlich im Olympiastadion von München – den WM-Titel sicherte.

„Der wird nie einer“

Wiederum nur einige Wochen nach dem wirklich wahren Sommermärchen kreuzte im Trainingsgelände an der Säbener Straße von München-Giesing ein 18-jähriger Blondschopf mit seinem VW-Käfer auf, der bei den Bayern gerade seinen ersten Profivertrag unterschrieben hatte. In Anbetracht von sechs frisch gebackenen Weltmeistern wirkte er bei der ersten Trainingseinheit verständlicherweise schüchtern und zurückhaltend, so dass der große Franz Beckenbauer ein vernichtendes Urteil fällte: „Der wird nie einer.“ Gemeint war der am 25. September 1955 im westfälischen Lippstadt geborene Karl-Heinz Rummenigge, dessen Karriere dann freilich einen ganz anderen, entschieden erfolgreicheren Verlauf nehmen sollte als vom Kaiser prognostiziert. Als Aktiver räumte Kalle bei den Bayern und der deutschen Nationalmannschaft mit Ausnahme des WM-Titels alles ab, was abzuräumen war und avancierte mit 162 Treffern hinter Gerd Müller zum erfolgreichsten Bayern-Torjäger in der Bundesliga. Später machte er als Funktionär Karriere und avancierte als Vorstandsvorsitzender der FC Bayern München AG zumindest nominell zum mächtigsten Mann beim Rekordmeister.

Die Liebe zum Fußball war Rummenigge in die Wiege gelegt worden. Bereits sein Vater Heinrich war für Borussia Lippstadt aktiv gewesen, während er selbst schon als Vierjähriger dem runden Leder in den Straßen seiner Heimatstadt hinterher jagte. Vor allem im Hof des Brauereiunternehmers Veith waren die Buben zugange, doch weil Kalle vielen seiner deutlich älteren Mitspieler als zu klein erschien, durfte er nur mitmachen, wenn er zwanzig Pfennig „Eintrittsgeld“ bezahlt hatte. Das wilde Treiben hatte ein Ende, als Karl-Heinz im Alter von acht Jahren zusammen mit seinem vier Jahre älteren Bruder Wolfgang Mitglied bei Borussia Lippstadt wurde. Das Debüt in der E-Jugend hätte dabei nicht besser verlaufen können, da Rummenigge im Stadtderby gegen Teutonia gleich sechsmal ins Schwarze traf. Seine Torgefahr war auch in den kommenden Jahren unverkennbar. Kalle blieb Toptorjäger jeder Altersstufe und erzielte in einer Saison sensationelle 96 Treffer.

Erwartungsgemäß wurden auch größere Vereine auf Rummenigge aufmerksam. So wie der FC Schalke 04, dessen Präsident Günther Siebert den Youngster mit 14 Jahren nach Gelsenkirchen holen wollte. Der Wechsel scheiterte aber noch am Veto seiner Eltern, die darauf bestanden, dass ihr Sohn nach Abschluss der Schule eine Lehre bei der örtlichen Volksbank beginnen sollte. Der Durchbruch auf regionaler Ebene folgte in der Saison 1973/74. Mit Sondergenehmigung durfte Rummenigge in der westfälischen Landesliga die erste Mannschaft von Borussia Lippstadt verstärken, was der spielstarke Rechtsaußen in Anbetracht von 32 Torerfolgen in der viertklassigen Landesliga Westfalen auch ausgezeichnet tat, womit endgültig klar wurde, dass dieser zu Höherem berufen war. Der mit Max Merkel befreundete Spielervermittler Willi Reinke brachte den Kontakt zu Bayern-Manager Robert Schwan zustande, der dem Westfalen nach anfänglichem Zögern schließlich einen mit 8.000 D-Mark Monatsgehalt dotierten Profivertrag anbot. Rummenigge ließ seine Banklehre sausen und sprang bei den Bayern ins kalte Wasser. Durchaus ein nicht unbeträchtliches Wagnis, da sich in der Münchner Startruppe schon seit Jahren kein Talent hatte durchsetzen können.

► EINWURF
Neben Karl-Heinz kann auch dessen jüngerer Bruder Michael Rummenigge auf eine durchaus beachtliche Bundesligakarriere verweisen. Michael wurde am 3. Februar 1964 in Lippstadt geboren, um nach elf Jahren im Dress der Borussia 1981 zum FC Bayern zu wechseln. Nach seinem Ligadebüt in der Saison 1982/83 spielte er ein weiteres Jahr an der Seite des älteren Bruders, wobei die ständigen Vergleiche mit Karl-Heinz den offensiven Mittelfeldspieler zu hemmen schienen. Den größten gemeinsamen Erfolg feierten die Rummenigges am 31. Mai 1984, als die Bayern im DFB-Pokalfinale Borussia Mönchengladbach im Elfmeterschießen schlugen. Während Kalle den Elfer zum zwischenzeitlichen 4:4 verwandelt hatte, war es Michael Rummenigge, der mit seinem verwandelten Strafstoß zum 7:6 den Triumph der Münchner besiegelte. Der gemeinsame Pokalsieg war auch deswegen so bemerkenswert, weil Karl-Heinz danach den FCB verließ, um zu Inter Mailand zu wechseln. Michael Rummenigge dagegen blieb den Bayern noch bis 1988 erhalten und erzielte in 152 Bundesligaeinsätzen immerhin 44 Tore. Neben dem DFB-Pokal 1984 gewann er an der Isar drei Meistertitel (1985, 1986 und 1987) sowie 1986 ein weiteres Mal den Pokal. Zwischen 1988 und 1993 spielte er für Borussia Dortmund und holte sich mit den Westfalen, für die er in 157 Bundesligaspielen 36 Tore schoss, in der Saison 1988/89 den dritten DFB-Pokalsieg. Der zweifache deutsche Nationalspieler ließ seine Karriere zwischen 1993 und 1995 in der J. League bei Urawa Red Diamonds ausklingen. – Weniger erfolgreich hatte sich die fußballerische Laufbahn des am 19. November 1951 geborenen Wolfgang Rummenigge gestaltet. Als Mittelfeldspieler bestritt dieser für DJK Gütersloh von 1974 bis 1976 insgesamt 58 Spiele und erzielte 17 Tore. Nach dem Zweitligaabstieg hielt er der DJK noch bis zum Jahr 1978 die Treue.

„Herr Müller, darf ich Sie mal was fragen?“ – Anfangs war Rummenigges Respekt vor seinen Mitspielern omnipräsent, weshalb er ausgesprochen schnell errötete und deswegen als „Rotbäckchen“ aufgezogen wurde. Trotzdem wurde er von Trainer Udo Lattek aufgeboten, als die Bayern am 24. August 1974 nach Frankfurt reisten, um dort mit all ihren Weltmeistern die Offenbacher Kickers wegzuputzen. – Dachte man zumindest. Die Startruppe aus München war nämlich völlig von der Rolle und blamierte sich beim 0:6 bis auf die Knochen. Immerhin: Nachdem Rummenigge beim 3:2-Auftaktrundensieg im DFB-Pokal am 7. September schon zum 1:0 getroffen hatte, war er auch eine Woche später gegen den 1. FC Köln (6:3) mit dem ersten Bundesligatreffer zur Stelle. Insgesamt fünfmal sollte er in der Saison 1974/75 in 21 Ligaspielen ins Schwarze treffen, was – ebenso wie der zehnte Platz der Bayern – alles andere als überragend war. Zudem bekam Rummenigge immer wieder sein Fett weg. Als er bei einem Gegentor einmal zu langsam geschaltet hatte, wurde er von Udo Lattek als „Rummelfliege" tituliert, weil er – so die Begründung des Coachs – mit offenem Mund dastand und Fliegen zu fangen schien.

Mit Promille im Blut zum Europapokalsieg

Obwohl der Blondschopf anfangs keinen leichten Stand hatte, setzte er sich im Haifischbecken FC Bayern durch. Die Tatsache auf eine Startruppe getroffen zu sein, wertet er absolut positiv: „Man brauchte nur Augen und Ohren offen zu halten, man hat so viel gelernt – nicht nur auf dem Platz, sondern auch außerhalb des Platzes –, dass man da unheimlich von profitieren konnte."

Für den spürbaren Aufschwung war Dettmar Cramer zuständig, der Udo Lattek während der Saison 1974/75 als Bayern-Trainer ablöste. „Er hat mich getrieben", so Rummenigge. „In einer normalen Woche hatten die Spieler damals sechs bis sieben Trainingseinheiten, ich hatte zwölf." Cramer gelang es, seinen Rechtsaußen anzustacheln und bei ihm den für einen Stürmer unabdingbaren Killerinstinkt zu wecken. „Das ging so weit, dass er, wenn er neben mir im Auto saß, an der roten Ampel sagte: ‚Und du fährst als Erster los.' Dann stehst du da und dein Fuß zuckt auf dem Gaspedal." Den ersten ganz großen Auftritt hatte Karl-Heinz Rummenigge *(Bild oben)* im Endspiel des Europapokals der Landesmeister 1975/76. Nachdem er die Titelverteidigung im Vorjahr gegen Leeds United noch verpasst hatte, war er am 12. Mai 1976 im Glasgower Hampden Park mit von der Partie, als die Münchner durch einen 1:0-Erfolg über AS St. Etienne (Torschütze Roth) ihren Europacup-Hattrick vollendeten. Damit war er in allen neun Spielen zum Einsatz gekommen, wobei ihm drei Tore gelungen waren. Nach zwei Treffern zum Auftakt gegen Jeunesse Esch (5:0) hatte er auch im Viertelfinal-Rückspiel gegen Benfica Lissabon (5:1) eingenetzt.

Der Einsatz gegen St. Etienne hing freilich lange am seidenen Faden. Karl-Heinz Rummenigge erinnert sich, wie er als gerade 20-Jähriger vor dem Anpfiff überaus nervös gewesen war. Auch Robert Schwan war besorgt und alarmierte Dettmar Cramer: „Der Rummenigge, der dreht gleich durch." Dieser wusste Rat und verabreichte seinem Schützling als Beruhigungsmittel zwei Gläser Cognac. Eine unorthodoxe Therapie, die allerdings die volle Wirkung entfaltete. Obwohl die Bayern eher schwach spielten und der Sieg hinterher als äußerst glücklich bezeichnet wurde, zählte Rummenigge zu den besten Münchnern auf dem Platz.

Diese sollten Ende des Jahres ihrem Höhenflug die Krone aufsetzen und durch einen Erfolg über Cruzeiro Belo Horizonte (2:0, 0:0) auch den Weltpokal gewinnen. Im Hinspiel von München bestritt Rummenigge die vollen 90 Minuten, um im Rückspiel fünf Minuten vor Schluss gegen Arbinger ausgetauscht zu werden. International hatte der Blondschopf auf Vereinsebene damit bereits in jungen Jahren erreicht, was es zu erreichen gab. Weniger gut war es für ihn und seine Bayern in der Bundesliga gelaufen. Mit dem Meistertitel hatte die Mannschaft nichts am Hut und fiel nach den Rängen drei (1975/76) und sieben (1976/77) in der Saison 1977/78 gar auf den zwölften Platz zurück, der bis heute die schlechteste Platzierung des Rekordmeisters aller Zeiten bedeutet. In der teaminternen Hierarchie blieb Gerd Müller nach wie vor unerreichbar, derweil Karl-Heinz Rummenigge in den genannten drei Spielzeiten mit acht, zwölf und abermals acht Treffern nur mäßige Quoten aufweisen konnte.

Im Europapokal vermochte Rummenigge lediglich 1977/78 zu überzeugen, als ihm in sechs UEFA-Cup-Einsätzen ebenso viele Treffer gelangen. Nach drei Torerfolgen beim 8:0-Auftaktsieg über Mjöndalen IF steuerte er auch zum 3:0-Hinspielerfolg über Stanke Dimitrov zwei Treffer bei, ehe ihm im Bundesligaduell mit Eintracht Frankfurt im Achtelfinale das letzte Tor gelang. Das frühe 1:0 im Rückspiel war jedoch bedeutungslos, da die Münchner schon das Hinspiel im Waldstadion mit 0:4 verloren hatten und schließlich auch im zweiten Duell im heimischen Olympiastadion in der Schlussphase mit 1:2 unterlagen.

„Breitnigge" – Kalle und Paul mischen die Liga auf

Der Zerfall der großen Bayern-Mannschaft war nicht länger aufzuhalten. Während Uli Hoeneß verletzungsbedingt seine Karriere frühzeitig beenden musste, war Beckenbauer schon 1977 nach Amerika gewechselt. Nach der Saison 1978/79, die die Münchner immerhin als Vierte abschlossen, musste auch Sepp Maier seine Laufbahn wegen eines schweren Autounfalls beenden, derweil in der laufenden Spielzeit „Bomber" Gerd Müller nach einem Zwist mit dem neuen Trainer Pal Csernai den Klub in Richtung USA verließ. Erstmals konnte Karl-Heinz Rummenigge damit zum besten Saisontorschützen des FC Bayern avancieren, wenngleich 14 Treffer noch keinen übertriebenen Glanz ausstrahlten. Zweitbester Goalgetter war übrigens Paul Breitner mit zwölf Toren. Der ehemalige linke Verteidiger war nach dem WM-Sieg 1974 zu Real Madrid gewechselt, um sich nach seiner Rückkehr in die Bundesliga zu Eintracht Braunschweig im Sommer 1978 für eine Ablöse von 1,96 Mio. D-Mark wieder den Münchnern anzuschließen, um dort fortan den Regisseur zu geben.

Während im administrativen Bereich nach dem Rücktritt von Präsident Wilhelm Neudecker Manager Uli Hoeneß für den Beginn einer neuen Bayern-Ära stand, waren Breitner und Rummenigge für deren sportliche Umsetzung zuständig. Die beiden ergänzten sich prächtig und gaben dem Ungarn Pal Csernai die Gelegenheit, sein auf der Raumdeckung basierendes „Pal-System" in die Tat umzusetzen. Breitner spann im Mittelfeld die Fäden und Rummenigge war für das Toreschießen zuständig. Dessen Sonderrolle ging sogar so weit, dass Csernai seinen Rechtsaußen von sämtlichen Defensivaufgaben entband. Rummenigge war vom Duo „Breitnigge" verständlicherweise angetan: „Paul war mein bester Partner, dabei haben wir nie über einen Spielzug oder Taktik geredet. Alles geschah intuitiv. Als Paul aus Braunschweig zurückkam, sagte er nur das zu mir: Geh nie über die Mittellinie zurück! Den eigenen Strafraum sah ich dann nie mehr."

Insofern überrascht es auch nicht, dass die Trefferzahlen Rummenigges mit der Saison 1979/80 geradezu sprunghaft anstiegen. Mit 26 Toren eroberte der gebürtige Westfale erstmals die Torjägerkanone der Bundesliga und wurde darüber hinaus zu Deutschlands Fußballer des Jahres

gewählt. Da er später auch bei der Europameisterschaft in Italien überzeugen konnte, durfte er sich sogar über die Wahl zu Europas Fußballer des Jahres freuen.
Vor allem war der mannschaftliche Erfolg mit dem FC Bayern nicht ausgeblieben, da dieser erstmals seit sechs Jahren wieder Deutscher Meister wurde. Dabei hatte es zunächst gar nicht danach ausgesehen, da die Münchner mit 11:9 Punkten mehr schlecht als recht aus den Startblöcken gekommen waren, um sich mit 13:1 Zählern bis zur Winterpause wieder heranzukämpfen. Obwohl die Bayern am 20. Spieltag bei Titelverteidiger Hamburger SV mit 1:3 unterlagen, blieb Pal Csernai ruhig: „Die Meisterschaft liegt im Bereich des Möglichen." Dieses Urteil fußte vor allem auf seinem Vertrauen in Breitner und Rummenigge. Und wirklich verloren die Bayern nach der Pleite im Volksparstadion nur noch am fünftletzten Spieltag bei Borussia Dortmund (0:1), so dass sie am Ende zwei Punkte vor dem HSV an der Spitze lagen. Nicht zuletzt dank ihres Rechtsaußen waren ihnen im Olympiastadion einige klare Siege gelungen. So etwa am 12. April 1980, als Werder Bremen mit 7:0 auseinandergenommen wurde und Rummenigge zwei Tore erzielt hatte. Ebenfalls zweimal hatte dieser am 31. Spieltag im Derby gegen die Löwen (6:1) getroffen, um eine Woche darauf mit einem Dreierpack gegen Fortuna Düsseldorf (6:0) die Weichen endgültig in Richtung Meisterschaft zu stellen. Nach einem 2:1-Erfolg am letzten Spieltag gegen Braunschweig durfte schließlich gefeiert werden. Und bezeichnenderweise waren es die alles überragenden Breitner und Rummenigge, die vor 70.000 Zuschauern für den FC Bayern eingenetzt hatten.

► EINWURF

„Früher wurde brutaler gespielt. Viel brutaler. Wenn ich da an gewisse Auswärtsspiele denke: Da gab es erst mal ordentlich auf die Socken, und du wurdest überhaupt nicht vom Schiedsrichter geschützt. Und wenn man verletzt war, musste man trotzdem spielen, weil der Kader zu klein war." (Karl-Heinz Rummenigge über seine Erfahrungen als aktiver Bundesligaspieler)

Zum Auftakt der Saison 1980/81 wurde sogleich deutlich, dass an „Breitnigge" weiterhin kein Weg vorbeiführen würde. Der FC Bayern gewann im Karlsruher Wildparkstadion mit 3:0, wobei Rummenigge den Führungstreffer und Breitner die beiden übrigen Tore erzielt hatte. Vermutlich erlebten die Fans in jener Spielzeit den besten Rummenigge aller Zeiten. Mit 29 Toren verteidigte er seinen Titel als Bundesligatorschützenkönig und sorgte damit für seine persönliche Bestmarke. Erst in der Saison 2011/12 sollte es dem Schalker Klaas-Jan Huntelaar gelingen, ebenfalls wieder 29-mal ins Schwarze zu treffen. Allerdings war Rummenigge lange Zeit Borussia Dortmunds Manfred Burgsmüller auf den Fersen gewesen, der auf immerhin 27 Saisontore kam. Dass der Münchner schließlich die Nase vorn hatte, lag auch an Paul Breitner, der als etatmäßiger Elfmeterschütze zweimal zugunsten Rummenigges verzichtet hatte. Ein weiteres Karrierehighlight konnte Kalle am 11. April verzeichnen, als er im Münchner Olympiastadion gegen den MSV Duisburg (5:1) vier Tore erzielte. Vier Tore in einem Bundesligaspiel konnte er nur noch am 13. März 1984 beim 9:0-Kantersieg über Kickers Offenbach bejubeln. Wegen seiner zahlreichen Topleistungen wurde Rummenigge nach der Saison als bester Fußballer Europas bestätigt, während er bei der nationalen Wahl seinem kongenialen Partner Paul Breitner den Vortritt lassen musste. Selbstverständlich legten die vielen Rummenigge-Tore auch die Basis zur Verteidigung des Meistertitels, den die Bayern mit einem Vorsprung von vier Zählern auf den Hamburger SV errangen.

Vom Schussglück verlassen

Während sich der FCB im Spieljahr 1981/82 in der Liga mit dem dritten Platz zufrieden geben musste, stand er sowohl im DFB-Pokal als auch im Europacup der Landesmeister im Endspiel. Im nationalen Pokalfinale trafen die Münchner in Frankfurt auf den 1. FC Nürnberg, den sie trotz eines 0:2-Rückstandes zur Pause erwartungsgemäß mit 4:2 in die Schranken wiesen. Es war Karl-Heinz Rummenigge, der in der 53. Minute die Aufholjagd eingeleitet hatte, derweil für das Bild des Tages ganz sicher Sturmpartner Dieter Hoeneß zuständig gewesen war, als er mit einem von Blut getränkten Stirnverband („Turban-Dieter") in der Schlussphase den letzten Bayern-Treffer erzielte. Mit diesem Erfolg im Rücken traten die Bayern siegessicher die Reise nach Rotterdam an, wo am 26. Mai 1982 das Meisterpokalfinale gegen Aston Villa stieg.
In den beiden Jahren zuvor war die Mannschaft international erst im Halbfinale gescheitert. Und natürlich ruhten die Hoffnungen auch im De Kuip wie immer auf dem Duo „Breitnigge", das mit einer Topleistung im Rückspiel des Halbfinales brilliert hatte. Nachdem das Hinspiel bei ZSKA Sofia mit 3:4 verloren worden war, sicherten Breitner und Rummenigge mit jeweils zwei Toren den Finaleinzug. Aber ausgerechnet gegen Aston Villa sollte Kalle für einmal sein Schussglück verlassen. Die Engländer agierten aus einer massierten Abwehr heraus, weshalb Rummenigge sich immer wieder zurückfallen lassen musste, um sich der Bewachung seiner Gegenspieler zu entziehen. Nach der Pause aber drückten die Münchner aufs Tempo, wobei insbesondere Rummenigge mehrere gute Einschussmöglichkeiten besaß, diese jedoch nicht nutzen konnte. Und wie so oft im Fußball rächte sich die mangelnde Chancenauswertung, da Aston Villa bei einer der wenigen Offensivaktionen in der 67. Minute durch White den Siegtreffer markierte.

Titelgewinn im letzten Bayern-Spiel

Da Karl-Heinz Rummenigge bei der anschließenden WM in Spanien ebenfalls eine Finalniederlage verkraften musste, stand er 1982/83 vor einer schweren Saison. Hinzu kam, dass das Duo „Breitnigge" auseinanderbrach, weil Paul Breitner in der Rückrunde immer wieder verletzt ausfiel, was ihn schließlich zum Karriereende zwang. Rummenigge, dem nach 14 Bundesligatreffern im Vorjahr immerhin wieder 20 Tore gelangen, musste sich bei deutlichen acht Zählern Rückstand auf den HSV mit einem dürftigen vierten Platz begnügen.
Zur Saison 1983/84 hatte Udo Lattek, unter dem „Rummelfliege" einst an der Isar begonnen hatte, Pal Csernai als Coach abgelöst. Auch unter Latteks Obhut mussten sich die Münchner in der Liga allerdings mit dem vierten Platz begnügen. Da außerdem im UEFA-Cup schon im Achtelfinale gegen Tottenham Hotspur Endstation war, ruhten alle Hoffnungen auf dem DFB-Pokal, wo die Bayern im Halbfinale Anfang Mai als klarer Favorit auf Zweitligist FC Schalke 04 trafen. Längst war zu diesem Zeitpunkt klar, dass Rummenigge nach seiner zehnten Saison im Trikot des FC Bayern für 11,4 Mio. D-Mark zu Inter Mailand wechseln würde. Diese für damalige Zeiten astronomisch hohe Summe nutzten die Münchner, um einerseits mit Lothar Matthäus ihren neuen Hoffnungsträger zu verpflichten, um mit dem Rest des Transfererlöses den Klub zu entschulden. Und obwohl Rummenigges Wechsel die Bayern auf den ersten Blick sportlich wesentlich zu

schwächen schien, wurde mit den eingenommenen Millionen doch die Basis für das florierende Unternehmen FC Bayern München gelegt, an dessen Spitze justament Karl-Heinz Rummenigge seit 2002 als erster Vorstandsvorsitzender der neu gegründeten AG steht.
Aber zurück ins Jahr 1984. Rummenigge war sich nach Bekanntwerden seines Wechsels darüber im Klaren, nun unter besonderer Beobachtung zu stehen und versprach: „Ich will den FC Bayern mit einem Titel verlassen." Um dieses Ziel zu erreichen, mussten zunächst die Schalker aus dem Weg geräumt werden, die sich im Pokalhalbfinale aber als hartnäckiger Gegner erwiesen und dem Favoriten, den Kalle Rummenigge schon in der 3. Minute mit 1:0 in Führung gebracht hatte, in einem denkwürdigen Spiel im Gelsenkirchener Parkstadion ein 6:6 nach Verlängerung abtrotzten. Nach damaligem Reglement musste der Finalist in einem Wiederholungsspiel ermittelt werden, das am 9. Mai 1984 im Münchner Olympiastadion angepfiffen wurde. Und obwohl die Gastgeber durch Rummenigge in der 32. Minute abermals in Führung gingen und Dieter Hoeneß diese kurz vor der Pause sogar auf 2:0 ausbaute, kämpften sich die Knappen bis zur 72. Minute auf 2:2 heran, bis Kalle dem Treiben sieben Minuten später ein Ende bereitete und den allzu aufmüpfigen Zweitligisten mit dem 3:2 aus dem Wettbewerb bugsierte.
Somit konnte Karl-Heinz Rummenigge in seinem letzten Einsatz im Bayern-Trikot am 31. Mai in Frankfurt gegen Borussia Mönchengladbach dann tatsächlich sein Versprechen wahr machen und München mit einem Titelgewinn verlassen. Was sich aber so einfach anhört, hatte sich für die Mannschaft als Schwerstarbeit entpuppt. Erst in der Schlussphase konnte diese mit dem Ausgleichstreffer von Dremmler eine Verlängerung erzwingen, nach deren torlosem Verlauf ein Elfmeterschießen die Entscheidung bringen musste, in dem der scheidende Rechtsaußen den fünften Bayern-Elfer verwandelte. Zur tragischen Figur mutierte hingegen Lothar Matthäus. Anders als Rummenigge verschoss der kommende Münchner im letzten Spiel für seinen alten Verein nämlich seinen Elfer, was ihn bei den Gladbach-Fans zum großen Buhmann machte. Für Kalle lief der Abend dagegen wie gemalt. Nachdem Ringels an den Pfosten geschossen hatte, trat ausgerechnet sein Bruder Michael zum letzten Elfer an und verwandelte zum 8:7-Endstand. Mit dem Pokal in der Hand konnte sich der Bayern-Kapitän ruhigen Gewissens aus München verabschieden, zumal er als 26-facher Saisontorschütze zum dritten Mal die Torjägerkanone erobert hatte.

In Bella Italia und am Genfer See

Während der FC Bayern ohne seinen Superstar zwischen 1985 und 1987 den Meisterschaftshattrick gewann, steckte Rummenigges neuer Klub Inter Mailand in der Krise. Unter Trainer Ilario Castagner war an den Titelgewinn in der Serie A nicht zu denken. Und auch der verletzungsgeplagte Kapitän der deutschen Nationalmannschaft konnte die hohen Erwartungen in Anbetracht von gerade einmal 24 Torerfolgen in 64 Ligaspielen selten erfüllen.
In der Spielzeit 1984/85 waren ihm in 26 Einsätzen ganze acht Tore gelungen, wobei er seinen stärksten Auftritt am 11. November 1984 verzeichnete, als Juventus Turin im Derby d'Italia mit 4:0 aus dem San Siro gefegt wurde und der Deutsche in der 12. und 88. Minute zwei Tore schoss. Besser als in der Liga lief es für Rummenigge im UEFA-Cup. In neun Spielen traf er fünfmal ins Schwarze, wobei er sich in Achtel- und Viertelfinale als Spezialist gegen deutsche Mannschaften erwies. Nachdem er bereits im Achtelfinal-Hinspiel beim Hamburger SV (1:2) für den wichtigen Auswärtstreffer gesorgt hatte, besiegelte er mit seinen beiden Torerfolgen im Rückspiel des Viertelfinales gegen den 1. FC Köln (3:1) den Einzug in die Vorschlussrunde, wo allerdings gegen den späteren Sieger Real Madrid Endstation sein sollte.
Zwar vermochte Rummenigge seine Trefferquote in der Saison 1985/86 auf 13 in 24 Serie-A-Spielen zu steigern. Dafür enttäuschten die Nerazzurri aber auf der ganzen Linie und kamen nicht über einen sechsten Platz hinaus, weshalb Trainer Castagner zur neuen Spielzeit durch Giovanni Trapattoni ersetzt wurde, der die Mailänder immerhin wieder auf Platz drei und zwei Jahre später sogar erstmals nach neun Jahren wieder zur Meisterschaft führte. Zu diesem Zeitpunkt war Karl-Heinz Rummenigge allerdings längst nicht mehr in Italien tätig. Der Ex-Münchner hatte sich im Februar 1987 nach einem Tritt in die Achillesferse schwer verletzt, weshalb er in seiner letzten Inter-Saison nur noch in 14 Ligaspielen zum Einsatz kam und dabei dreimal ins Schwarze traf.
Für einen Spitzenverein kam Rummenigge damit nicht mehr in Frage, weshalb er sich im Sommer 1987 entschloss, in die Schweiz zu wechseln, wo er noch zwei Jahre für Servette Genf aktiv blieb. Da in der Nationalliga A weniger körperbetont und deutlich langsamer gespielt wurde, fand der Deutsche noch einmal zu seiner Form zurück und erzielte in 60 Ligaspielen immerhin 34 Tore. In der Saison 1987/88 hatte er vor allem in der Finalrunde überzeugt und Servette mit neun Treffern zur Vizemeisterschaft hinter Xamax Neuchâtel geführt. Damit stand er freilich klar im Schatten seines dänischen Sturmpartners John Eriksen, der mit 36 Treffern in der Gesamtsaison zum zweiten Mal in Folge Torschützenkönig geworden war. Auch in der Spielzeit 1988/89 bildeten Rummenigge und Eriksen das Genfer Sturmduo, wobei Kalle mit 24 Toren in 32 Spielen seinen Nebenmann diesmal als besten Goalgetter der Nationalliga A ablöste. Für Rummenigge war damit der ideale Zeitpunkt gekommen, um die Fußballschuhe im Alter von 33 Jahren an den Nagel zu hängen.

Funktionärskarriere bei den Bayern

Auch nach seiner aktiven Zeit blieb der Westfale dem Fußball – und vor allem seinem ehemaligen Arbeitgeber FC Bayern München – eng verbunden. Zunächst trat er allerdings als Co-Kommentator bei der ARD in Erscheinung, wo er zwischen 1990 und 1994 bei Spielen der deutschen Nationalmannschaft eingesetzt wurde. Dabei durfte er an der Seite von Gerd Rubenbauer am 8. Juli 1990 den letzten WM-Titel einer deutschen Mannschaft bejubeln, nachdem er selbst 1982 und 1986 zwei Weltmeisterschaftsendspiele verloren hatte.
Im Herbst 1991 befand sich der FC Bayern auf sportlicher Talfahrt, als Rummenigge gemeinsam mit Franz Beckenbauer dem bisherigen Präsidenten Fritz Scherer als Vizepräsidenten zur Seite gestellt wurden, wofür auf der Jahreshauptversammlung am 25. November eigens eine Satzungsänderung notwendig gewesen war. Drei Jahre später zog Rummenigge eine Präsidentschaftskandidatur gegen Amtsinhaber Fritz Scherer in Erwägung, die allerdings nicht zustande kam, da sich mit Franz Beckenbauer der Kaiser höchstpersönlich zur Verfügung gestellt hatte. Am 14. Februar 2002 übernahm Rummenigge aber doch noch das höchste Funktionärsamt beim Rekordmeister, als er den Vorstandsvorsitz der neu ins Leben gerufenen FC Bayern München AG übernahm. Als Vizepräsident für den Lizenzspielerbereich war er öffentlich eher weniger in Erscheinung getreten, wovon spätestens jetzt nicht mehr die Rede sein konnte. Auch seinem ehemaligen Teamge-

führten Dieter Hoeneß war dies nicht verborgen geblieben: „Karl-Heinz Rummenigge ist als Funktionär bei den Bayern anfangs der Musik hinterhergelaufen. Inzwischen macht er zusammen mit meinem Bruder die Musik." Tatsächlich hat er den ehemaligen Bayern-Manager in der internen Hierarchie mittlerweile sogar abgehängt. Als Präsident ist Uli Hoeneß (zumindest formell) nicht mehr für das operative Geschäft der Profiabteilung zuständig, so dass er die Zeit findet, sich seinem neuen „Lieblingsprojekt" zu widmen, das im Aufbau einer schlagkräftigen Basketballmannschaft besteht. Rummenigge repräsentierte (und repräsentiert) seine Bayern hingegen in mehreren internationalen Vereinsgremien, wie der mittlerweile aufgelösten G-14. An deren Stelle ist 2008 die „European Club Association" (ECA) getreten, die Rummenigge als erster Vorsitzender leitet.

► ZAHLEN UND FAKTEN

Vereine:	1963-1974	Borussia Lippstadt
	1974-1984	FC Bayern München
	1984-1987	Inter Mailand
	1987-1989	Servette Genf

Tore:
310 Bundesligaspiele (162 Tore)
32 Landesliga-Tore
64 Serie-A-Spiele (24 Tore)
60 Nationalliga-A-Spiele (34 Tore)
42 DFB-Pokal-Spiele (25 Tore)
20 Spiele Coppa Italia (9 Tore)
1 DFB-Supercup-Spiel (1 Tor)
91 Europacup-Spiele (39 Tore)
6 Weltcup- / ESC-Spiele (0 Tore)
95 Länderspiele (45 Tore)
gesamt 689 Pflichtspiele (371 Tore)

Erfolge:
Deutscher Meister 1975, 1976, 1980, 1981
DFB-Pokalsieger 1982, 1984
Deutscher Supercupsieger 1982
Europacup der Meister 1975, 1976
Weltcupsieger 1976
Europameister 1980

Bundesligatorschützenkönig 1979/80, 1980/81, 1983/84
Schweizerischer Torschützenkönig 1988/89
Deutschlands Fußballer des Jahres 1980
Europas Fußballer des Jahres 1980, 1981

In der Nationalmannschaft:
Knapp fünf Monate nach dem Europacupsieg mit den Bayern über AS St. Etienne kam Karl-Heinz Rummenigge auch zu seinem Debüt in der deutschen Nationalelf. Bundestrainer Schön hatte ihn für das Auswärtsspiel am 6. Oktober 1976 in Cardiff gegen Wales (2:0) nominiert, wo er an der Seite von Uli Hoeneß und Jupp Heynckes stürmte. Auf seinen ersten Torerfolg im Trikot des amtierenden Weltmeisters musste der Münchner jedoch ein Jahr warten: Am 8. Oktober 1977 traf der DFB im Berliner Olympiastadion auf Italien, als Rummenigge nach dem 1:0 durch Kaltz (32.) in der 58. Minute den zweiten deutschen Treffer beim 2:1-Erfolg über die Azzurri schoss.
Im WM-Jahr 1978 bestritt der Rechtsfuß sämtliche vier Vorbereitungsspiele auf das Turnier in Argentinien, ohne einen weiteren Treffer zu erzielen, weshalb seine Berufung in den WM-Kader schon ein wenig überraschte und nicht zuletzt mit dem Verzicht seines Münchner Sturmpartners Gerd Müller zu erklären war, der nach dem Weltmeistertitel 1974 freiwillig zurückgetreten war. Zwar waren die meisten Kritiker von Rummenigges kraftvollen Sololäufen angetan, die aber im Strafraum ihre Wirkung verloren. Zudem wurde bemängelt, dass er nicht beidfüssig war – nach eigenem Bekunden hatte er sein linkes Bein nur zum Stehen – weshalb er in der von Schön zugedachten Rolle als Linksaußen auch nur eine Notbesetzung darstellte.

Erster WM-Einsatz in Argentinien

Im Auftaktspiel gegen Polen verzichtete der Bundestrainer freilich ganz auf den 22-jährigen Blondschopf, um diesen nach dem enttäuschenden 0:0 allerdings im zweiten Spiel gegen Mexiko einzusetzen. Hier gehörte Kalle zu den Aktivposten im deutschen Team, das die Südamerikaner locker mit 6:0 schlug und den bis dahin höchsten Sieg in einem WM-Endrundenspiel feierte. Seinen großen Auftritt hatte Rummenigge in der 38. Minute, als er mit einem Solo über das halbe Spielfeld den dritten DFB-Treffer markierte. Und auch in der 71. Minute war er zur Stelle, als er ein Zuspiel von Hansi Müller zum 5:0 verwertete.
Rummenigge hatte sich damit einen Stammplatz in der Schön-Elf erarbeitet, die nach zwei torlosen Unentschieden gegen Tunesien und Italien sowie einem 2:2 gegen die Niederlande ihre Chancen auf eine erfolgreiche Titelverteidigung jedoch praktisch verspielt hatte. Zum Abschluss unterlag sie in ihrem letzten Zwischenrundenspiel gegen Österreich in Cordoba bekanntlich mit 2:3, so dass Rummenigges 1:0-Führungstreffer aus der 19. Minute zur Randnotiz degradiert wurde.

Der EM-Sieg von Rom

Die verkorkste WM-Vorstellung führte zum Ende der Ära Schön. Schöns Nachfolger Jupp Derwall leitete den notwendigen Neuaufbau ein, bei dem Karl-Heinz Rummenigge eine wichtige Rolle spielte. Dem war in der Spielzeit 1979/80 bei den Bayern der endgültige Durchbruch geglückt, nachdem er diese gemeinsam mit Paul Breitner als Bundesligatorschützenkönig zur Deutschen Meisterschaft geführt hatte. Mit 31 Länderspielen gehörte der Münchner bereits zu den erfahrenen Akteuren in einem extrem jungen Kader, der Deutschland im Sommer 1980 bei der Europameisterschaft in Italien vertrat. Mehr Berufungen als Karl-Heinz Rummenigge konnten nur Manfred Kaltz (36), Bernd Cullmann (37) und Kapitän Bernhard Dietz (42) aufweisen.

► EINWURF
Anders als viele seiner Berufskollegen galt Karl-Heinz Rummenigge als pflegeleichter Musterprofi. Kurz nach der WM in Argentinien fand der Schwarm aller Schwiegermütter sein privates Glück, als er Jugendliebe Martina heiratete, mit der er vier gemeinsame Kinder hat. Nur einmal geriet die heile Welt kurzzeitig ins Wanken, als im November 2003 Rummenigges Seitensprung mit einer 30-Jährigen durch den Blätterwald wehte. Während speziell beim FC Bayern die Affären von Spielern, Trainern und Funktionären vom Boulevard genüsslich ausgeschlachtet werden, nahm Martina Rummenigge den Medien mit der Erklärung, sich nicht trennen zu wollen, schnell sämtlichen Wind aus den Segeln.

Auftaktgegner bei der erstmals mit acht Teams ausgespielten EM-Endrunde war am 11. Juni 1980 in Rom die Tschechoslowakei und damit ausgerechnet jene Mannschaft, die den DFB vier Jahre zuvor im Endspiel geschlagen hatte. Vor der enttäuschenden Kulisse von 15.000 Zuschauern boten die 22 Akteure im Olympiastadion eine ebenso enttäuschende Vorstellung, die für die Bundesrepublik wenigstens mit dem erhofften doppelten Punktgewinn in die Annalen einging. Man schrieb die 56. Minute, als der Stuttgarter Hansi Müller in den Strafraum flankte und Rummenigge per Kopf CSSR-Torwart Netolicka überwand. Durchaus bemerkenswert, schließlich hatte der amtierende Bundesligatorschützenkönig von seinen 26 Treffern in der abgelaufenen Saison gerade einmal vier mit dem Kopf erzielt.

► **EINWURF**

Sie kennen „Alan & Denise" nicht? Da dürften Sie sich in guter Gesellschaft befinden. Bevor das englische Gesangsduo in der ersten Hälfte der achtziger Jahre groß herauskam, war dieses ebenfalls völlig unbekannt. Die plötzliche Popularität hatten „Alan & Denise" einzig und allein Kalle Rummenigge zu verdanken, dem sie – besser gesagt dessen „sexy knees" – einen Song widmeten, der sich zwölf Wochen lang in den deutschen Charts hielt. Als amtierender Vizeweltmeister trat die deutsche Nationalelf am 13. Oktober 1982 im Wembley-Stadion gegen England an. Und der Münchner Blondschopf zeigte beim 2:1-Sieg eine tadellose Leistung, die in seinen beiden Toren in der 73. und 82. Minute gipfelte. Vor allem nach seinem zweiten Treffer war der englische TV-Reporter entzückt. „Rummenigge, what a man", schrie er ins Mikrophon, wobei der Name des deutschen Stürmers auf Englisch natürlich einen besonderen Klang bekam. „Alan & Denise" waren sofort inspiriert: „Karl-Heinz Rummenigge, what a man. Rummenigge, Rummenigge, I'm a fan. Karl-Heinz Rummenigge, he's so strong. Rummenigge, Rummenigge, all night long." Derart hymnisch wurde der deutsche Kapitän, dessen Blondheit und seine langen Beine gefeiert – was in England verständlicherweise niemand wirklich hören wollte. Da „Alan & Denise" auf der Insel keine Plattenfirma begeistern konnten, fragten sie in Deutschland an, wo das „One-Hit-Wonder" wie gesagt schnell zum großen Renner wurde. Als Rummenigge 1984 nach Italien wechselte, machten die Interpreten nochmals richtig Kasse, da Inter Mailand den gesamten Plattenbestand aufkaufte. Wie Rummenigge selbst über das Lied dachte, wurde Denise gefragt: „Er sagte, als er es das erste Mal hörte, sei er sich nicht sicher gewesen, was er davon halten sollte. Als seine Frau dann aber sagte, sie würde es unheimlich gut finden, mochte er es schließlich auch."

Karl-Heinz Rummenigge stellte nach dem Abpfiff unter Beweis, dass er zu den Führungsspielern gehörte und gab selbstkritisch zu bedenken: „Da stellen sich einige unter die Dusche und jubeln und freuen sich, dass wir gewonnen haben, aber ich seh' da weiter. Mit diesem verlorenen Haufen werden wir nie Europameister." Diese Warnung schien seine Mitspieler tatsächlich wachgerüttelt zu haben. Im zweiten Gruppenspiel gegen Vizeweltmeister Niederlande zeigte sich die deutsche Elf nämlich wie ausgewechselt, weshalb die holländischen Akteure Schrijvers und Stevens hinterher eingestanden: „Es war das erste Mal, dass wir gegen euch überhaupt keine Chance hatten." Vor allem der Düsseldorfer Klaus Allofs hatte als dreifacher Torschütze eine überragende Rolle gespielt. Nur weil die Mannschaft in der Schlussphase etwas zu leichtsinnig wurde, fiel der Sieg mit 3:2 am Ende knapper aus, als es dem Spielverlauf entsprach.

Da die Deutschen vor dem letzten Vorrundenspiel bereits als Finalteilnehmer feststanden, taten sie gegen eine biedere griechische Mannschaft nicht mehr als nötig und begnügten sich mit einem torlosen Unentschieden. Im Endspiel wartete am 22. Juni im Olympiastadion von Rom die Vertretung Belgiens, die überraschend Gastgeber Italien ausgeschaltet hatte. Auch die deutsche Elf tat sich gegen die Roten Teufel ausgesprochen schwer, was auch auf Rummenigge zutraf, der sich nur selten gegen den Abwehrhaudegen Luc Millecamps von KSV Waregem durchsetzen konnte. Dennoch sollte dem Münchner beim zweiten deutschen EM-Titel eine entscheidende Rolle zukommen. Es stand 1:1, als die Derwall-Elf in der 89. Minute noch einmal einen Eckball zugesprochen bekam. Rummenigge hob das Leder kurz vor das belgische Gehäuse, so dass Horst Hrubesch zum Kopfball ansetzen konnte und dieses im Kasten von Jean-Marie Pfaff unterbrachte. Karl-Heinz Rummenigge hatte damit den Gipfel seiner Nationalmannschaftskarriere erreicht, was ihm später die Wahl zu Europas Fußballer des Jahres eintrug.

Kein Glück bei Weltmeisterschaften

Im Vorfeld der WM in Spanien sollte dann Karl-Heinz Rummenigge zum Spielführer der deutschen Nationalelf avancieren. Damit herrschte Aufgabenteilung: Denn während Paul Breitner (der 1981 sein Comeback für Deutschland gab) bei den Bayern die Kapitänsbinde trug, übernahm Rummenigge dieses Amt beim DFB ab der WM-Saison 1981/82 vom Duisburger Bernhard Dietz, den Bundestrainer Jupp Derwall aus der Nationalmannschaft geworfen hatte. Erst als Breitner 1983 seine Karriere beendet hatte, sollte Rummenigge in seinem letzten Bayern-Jahr auch im Verein als Spielführer fungieren.

Als amtierender Europameister hatte die DFB-Elf erwartungsgemäß keine Mühe, sich für die bevorstehenden Welttitelkämpfe zu qualifizieren. In einer Gruppe mit Österreich, Bulgarien, Finnland und Albanien führte sie mit 33:3 Toren und 16:0 Punkten souverän die Tabelle an. Auch Kalle Rummenigge hatte sich nicht lumpen lassen und sein Torkonto deutlich erhöht. Seinem ersten Dreierpack im Nationaltrikot hatte er am 23. September 1981 in Bochum gegen Finnland (7:1) erzielt, um am 18. November in Dortmund gegen Albanien (8:0) einen weiteren folgen zu lassen. Und auch vier Tage später war der Bayern-Star beim 4:0-Sieg im Düsseldorfer Rheinstadion über Bulgarien zum Abschluss der WM-Qualifikation zweimal erfolgreich gewesen.

Trotz der souveränen Qualifikation war die Stimmung vor dem Anpfiff des ersten Vorrundenspiels am 16. Juni 1982 in Gijon gegen Algerien bei Karl-Heinz Rummenigge nicht wirklich gut. Die gesamte Saison über hatte er bei den Bayern an mehreren Verletzungen laboriert, weshalb ihm 1981/82 auch nur 14 Bundesligatreffer gelungen waren. Zudem steckte ihm noch die 0:1-Pleite im Europacupfinale gegen Aston Villa in den Knochen, die nicht wenige auf sein Versagen vor dem gegnerischen Tor zurückführten. Immerhin hatten die Bayern mit dem DFB-Pokal wenigstens einen Titel errungen, mit dem Rummenigge seine Titelsammlung fast komplettiert hatte. Was noch fehlte, war der goldene WM-Pokal...

Natürlich wurde von der deutschen Mannschaft im Auftaktspiel gegen WM-Neuling Algerien ein deutlicher Sieg erwartet. Doch wie so oft im Fußball, kam es ganz anders. Durch Tore von Madjer (52.) und Belloumi (69.) gewann der nordafrikanische Außenseiter im Estadio El Molinon mit 2:1, wobei der einzige Treffer der Deutschen in der 68. Minute auf das Konto Rummenigges gegangen war. Mit einer artistischen Einlage hatte er das Leder über die Linie gedrückt, sich dabei jedoch eine Zerrung am rechten Oberschenkel zugezogen, die ihn im weiterem Turnierverlauf extrem behindern sollte. Zwar erzielte er beim anschließenden 4:1 über Chile in der 9., 57. und 67. Minute drei weitere Treffer. Zehn Minuten vor Schluss brach bei einem Schussversuch jedoch seine Zerrung wieder auf, so dass er nur noch als Statist im Mittelfeld herumhumpeln konnte, weil Bundestrainer Derwall das Auswechselkontingent bereits erschöpft hatte. Beim abschließenden 1:0-Skandalsieg über Österreich wurde er nach 67 Minuten – erneut angeschlagen – für Lothar Matthäus ausgewechselt.

► EINWURF
Karl-Heinz Rummenigge zählt zu jenen Spielern, die am häufigsten die Kapitänsbinde der deutschen Nationalmannschaft getragen haben. In insgesamt 51 seiner 95 Länderspiele führte er sein Team als Spielführer auf den Platz. Erstmals streifte Rummenigge die Kapitänsbinde am 14. Juni 1980 im EM-Gruppenspiel gegen die Niederlande (3:2) über, als der bisherige Kapitän Bernhard Dietz in der 73. Minute ausgewechselt wurde. Nach dem Rauswurf des Duisburgers aus der Nationalelf wurde er vor dem WM-Qualifikationsduell am 29. April 1981 in Hamburg gegen Österreich (2:0) von Bundestrainer Jupp Derwall dann offiziell zum Kapitän ernannt, um diese Funktion bis zum mit 2:3 verlorenen WM-Finale 1986 gegen Argentinien auszuüben. Häufiger als Karl-Heinz Rummenigge waren nur noch Lothar Matthäus (75-mal) und Michael Ballack (55-mal) Spielführer der deutschen Fußballnationalmannschaft. Es folgen Franz Beckenbauer und Oliver Kahn mit jeweils 50 Berufungen.

Im Österreich-Spiel hatte sich die Verletzung weiter verschlimmert, so dass Rummenigge vor dem ersten Auftritt in der Zwischenrunde gegen England in Madrid von Teamarzt Prof. Hess fit gespritzt werden musste. Ohne seine volle Leistungsstärke zu erreichen, hielt er zwar 90 Minuten durch. Das torlose Unentschieden konnte Kalle – trotz eines Lattenkrachers fünf Minuten vor dem Abpfiff – allerdings auch nicht verhindern. Beim 2:1-Erfolg über Spanien musste er dann zur Pause beim Stand von 0:0 ausgewechselt werden. „Bei jedem Schritt spürte ich die Zerrung wieder: Ich hätte der Mannschaft mehr geschadet als genützt, wäre ich auf Teufel komm raus geblieben“, so der deutsche Kapitän, der im Semifinale gegen Frankreich schließlich auf der Bank Platz nahm. Erst als die Deutschen in der Verlängerung in Rückstand gerieten, durfte er doch noch ran und bewies mit seinem zwischenzeitlichen 2:3-Anschlusstreffer in der 103. Minute wie wichtig er für die Mannschaft war. Außerdem traf Kalle im fälligen Elfmeterschießen zum 4:4, womit er am glücklichen Ausgang der „Nacht von Sevilla“ entscheidenden Anteil besaß. Obwohl Rummenigge immer noch nicht richtig fit war, wollte Jupp Derwall im Endspiel am 11. Juli 1982 nicht auf seinen Spielführer verzichten. Wie die gesamte deutsche Mannschaft lief er bei der 1:3-Niederlage gegen Italien aber bis zu seiner Auswechslung in der 70. Minute seiner Form weit hinterher, womit sich der Traum vom WM-Titel auch im zweiten Anlauf nicht erfüllt hatte.
Die Weltmeisterschaft und Karl-Heinz Rummenigge – das sollte auch vier Jahre später eine unglückliche Liaison bleiben. In der Zwischenzeit war die EM 1984 mit einer weiteren herben Enttäuschung in die Annalen eingegangen. Schon in den Qualifikationsspielen hatte sich die Derwall-Elf schwer getan und die Endrunde nur mit letzter Kraft (und trotz zweier 0:1-Pleiten gegen Nordirland) erreicht. Glücklicherweise war auf den Münchner Kapitän Verlass gewesen, auf dessen Konto sieben der 15 Qualifikationstreffer gegangen waren. Bei der EM in Frankreich war aber auch dieser mit seinem Latein am Ende und blieb beim Vorrunden-Aus der DFB-Elf ohne Torerfolg.
Nach seinem Wechsel zu Inter Mailand häuften sich bei Rummenigge die Verletzungen. Auch im WM-Vorbereitungsspiel gegen Brasilien (2:0) im März 1986 im Stuttgarter Neckarstadion musste er zur Pause das Spielfeld verlassen, so dass er abermals gehandicapt in eine Weltmeisterschaftsendrunde ging. Für den neuen Teamchef Franz Beckenbauer galt es, seinen 31-jährigen Kapitän in Mexiko langsam an die Mannschaft heranzuführen, weshalb er ihn in den drei Vorrundenspielen gegen Uruguay (1:1), Schottland (2:1) und Dänemark (0:2) auch jeweils erst in der Schlussphase einwechselte.
Erstmals von Beginn an durfte Karl-Heinz Rummenigge im Achtelfinalspiel am 17. Juni in Monterrey gegen Marokko ran, wo er kurz vor dem Seitenwechsel die Riesenchance zur Führung vergab. Ansonsten war von ihm nicht viel zu sehen, und so lief alles schon auf eine Verlängerung hinaus, als Matthäus mit einem Gewaltfreistoß in der 88. Minute doch noch den überaus glücklichen Sieg rettete. Bei den Erfolgen in Viertel- und Halbfinale gegen Mexiko (4:1 im Elfmeterschießen) und Frankreich (2:0) wurde er jeweils nach einer knappen Stunde ausgewechselt, um im Endspiel am 29. Juni 1986 im Aztekenstadion von Mexico City wieder über die vollen 90 Minuten mitzuwirken.
Die Aufstellungssorgen vor dem Spiel gegen Argentinien waren immens, da sich auch Sturmpartner Rudi Völler gegen Marokko eine Oberschenkelzerrung zugezogen hatte und nicht in der Anfangsformation stand, so dass Rummenigge gegen Maradona & Co. die „Zähne zusammenbiss“ und auflief. Die Deutschen lagen gegen die deutlich spielstärkeren Südamerikaner schon mit 0:2 hinten, als sie plötzlich ihre typischen Tugenden entdeckten und sich in die Partie zurückkämpften. Es waren ausgerechnet die beiden viel kritisierten Angreifer Karl-Heinz Rummenigge und Rudi Völler, die mit ihren Toren in der 74. und 83. Minute für den nie für möglich gehaltenen Ausgleich sorgten. In der 85. Minute war es jedoch Jorge Burruchaga, der mit dem 3:2 die Albiceleste ins Glück schoss und Karl-Heinz Rummenigge in seinem 95. und letzten Länderspiel gleichzeitig das erhoffte Happyend vermasselte. Dass der sich mit seinem 45. Torerfolg aus der Nationalmannschaft verabschiedet hatte, blieb für den gebürtigen Lippstädter somit nur ein schwacher Trost.

Saison	Europacup		Liga		Pokal	
	Sp.	T.	Sp.	T.	Sp.	T.
1973/74			?	32		
1974/75	4	0	21	5	3	1
1975/76	9	3	32	8	7	2
1976/77	6	1	31	12	5	2
1977/78	6	6	29	8	3	0
1978/79			34	14	2	0
1979/80	10	5	34	26	3	5
1980/81	8	6	34	29	3	4
1981/82	9	6	32	14	7	7
1982/83	6	1	34	20	2	0
1983/84	6	2	29	26	7	4
1984/85	9	5	26	8	9	5
1985/86	9	3	24	13	6	2
1986/87	5	1	14	3	5	2
1987/88			28	10		
1988/89	4	0	32	24		

Hugo Sanchez
Der Salto war sein Markenzeichen

Der am 11. Juni 1958 in Mexiko-Stadt geborene Hugo Sanchez Marquez gilt vielen bis heute als der beste Fußballer Zentralamerikas. Sanchez, der seine Tore gerne mit einem artistischen Salto feierte, machte zunächst in seiner Heimat von sich reden, bevor er nach Europa ging, um auch dort bei keinem Geringeren als dem großen Real Madrid seine Kaltschnäuzigkeit vor dem gegnerischen Tor unter Beweis zu stellen, womit er endgültig zum Weltstar avancierte. Kurz vor der Jahrtausendwende bekam er seine Ausnahmestellung im nord- und mittelamerikanischen Fußballsport dann mit Brief und Siegel bestätigt, als er von der IFFHS zum Jahrhundertfußballer des Kontinentalverbandes CONCACAF gewählt wurde.

Erste Tore für die Pumas

Sanchez wuchs in einer ausgesprochen sportbegeisterten Familie auf, so dass ihm sein Talent quasi in die Wiege gelegt war. So nahm etwa seine Schwester 1976 an den Turnwettbewerben der Olympischen Spiele teil. Von ihr lernte er auch den Salto, mit dem er alsbald seine zahlreichen Torerfolge feierte. Auch danach haben immer wieder Spieler – darunter beispielsweise der deutsche Nationalstürmer Miroslav Klose – ihre Treffer mit einem Handstand-Überschlag gefeiert. Dennoch gebührt Hugo Sanchez die Ehre, diese Art von Torjubel auf internationaler Ebene „erfunden“ zu haben.
Schon 1972 schloss sich Hugo Sanchez dem Universitätsverein Pumas de la UNAM an, wo er zunächst in diversen Jugendmannschaften zum Einsatz kam. Als 14-Jähriger wurde er erstmals auch in die Nachwuchsauswahl des mexikanischen Verbandes berufen. Lange waren die im August 1954 gegründeten Pumas im mexikanischen Fußball bestenfalls Mitläufer. Der Verein der „Universidad Nacional Autonoma de Mexico“ (UNAM) heißt offiziell „Club Universidad Nacional“, wird im Volksmund aber Pumas de la UNAM genannt. Die Heimspiele werden traditionell im Olympiastadion ausgetragen. Erst zu Zeiten eines Hugo Sanchez sollte der Verein zu einem ernsthaften Titelanwärter in der mexikanischen Primera División werden. In seiner Debütsaison 1976/77 konnten die Pumas ihre erste Meisterschaft erringen, wobei Sanchez selbst nur auf fünf Treffer in 19 Einsätzen kam.

► **EINWURF**
Da die mexikanische Liga im Sommer pausierte, erlaubte Pumas de la UNAM seinem Spieler Hugo Sanchez in der spielfreien Zeit in der North American Soccer League anzuheuern. So kam es, dass er in den Sommermonaten 1979 und 1980 jeweils bei den San Diego Soccers auf dem Platz stand. Für die Elf des deutschen Trainers Hubert Vogelsinger erzielte der Mexikaner in 32 Einsätzen 16 Tore.

Den großen Durchbruch schaffte Sanchez in der Spielzeit 1978/79, als er mit 26 Treffern erstmals in seiner Karriere Torschützenkönig wurde. Im Jahr darauf konnte er seine Torquote gar noch um vier Treffer steigern und außerdem mit dem Gewinn der Copa de la Campeones de la CONCACAF das Äquivalent zum Europacup der Landesmeister gewinnen. In einer Dreierendrunde setzten sich die Pumas vor Universidad Nacional aus Honduras durch. Damit war sein Verein auch für die bis 1998 ausgetragene Copa Interamericana qualifiziert, bei der sich der Gewinner des CONCACAF-Meisterpokals mit jenem der Copa Libertadores duellierte. Die Pumas besiegten im Frühjahr 1981 Nacional Montevideo in einem Entscheidungsspiel mit 2:1, nachdem die beiden ersten Partien jeweils mit 4:1 an den Gastgeber gegangen waren. Hugo Sanchez hatte im Hinspiel im Olympiastadion von Mexiko-Stadt nach fünf Minuten den Torreigen eröffnet. Die zahlreichen Treffer, die Sanchez in seinem Heimatland erzielte, ließen endlich auch die Klubbosse aus Europa auf „Hugol“ aufmerksam werden. Dieser hatte die Qual der Wahl und heuerte im Sommer 1981 bei Atletico Madrid an, wo er für die kommenden vier Spielzeiten aktiv blieb.

Madrid im Doppelpack

Es sollte freilich einige Zeit dauern, bevor sich Hugo Sanchez in Madrid durchsetzen konnte. Nach seinem Debüt im Dress der Colchoneros am 19. September 1981 in der Partie gegen Athletic Bilbao (2:0) bestritt er im weiteren Verlauf der Saison 1981/82 nur noch neun Spiele, in denen er insgesamt achtmal ins Schwarze traf. Auch in den kommenden beiden Jahren vermochte er unter Trainer Luis Aragones nicht wirklich zu überzeugen, um 1984/85 endlich seine Extraklasse auch auf europäischem Boden unter Beweis zu stellen. Der geniale Techniker und eiskalte Vollstrecker lehrte die Abwehrreihen der Primera División das Fürchten und schloss die Saison mit 19 Treffern in 33 Spielen als Torschützenkönig ab. Damit führte er sein Team zur Vizemeisterschaft, welches zudem in der Copa del Rey geglänzt hatte und ins Endspiel eingezogen war. Auf dem Weg ins Finale am 30. Juni 1985 gegen Athletic Bilbao hatte „Hugol“ ebenfalls viermal getroffen.
Die Partie gegen die Basken stieg im Bernabeu-Stadion und damit in der Heimat von Sanchez’ neuem Arbeitgeber Real Madrid, wohin der Mexikaner im Sommer 1985 wechselte. In seinem letzten Spiel im rot-weißen Dress sollte sich Hugo Sanchez aber standesgemäß verabschieden. Nach 25 Minuten verwandelte er zunächst einen Strafstoß zur 1:0-Führung, die er in der 54. Minute auf 2:0 ausbaute. Zwar kamen die Basken eine Viertelstunde vor Schluss durch Julio Salinas noch zum Anschlusstor. Held des Abends war aber fraglos der Mexikaner, der sich in den 90 Minuten gegen Bilbao vollends in die Herzen der Atletico-Anhänger schoss, so dass ihm sogar sein Wechsel zum Lokalrivalen nachgesehen wurde. Seine Bilanz von 54 Treffern in 111 Liga-Spielen für die Colchoneros konnte sich in jedem Fall sehen lassen.
Die absolute Karrierekrönung folgte anschließend im Dress von Real Madrid, für dessen Starensemble er in 207 Ligaspielen in sieben Spielzeiten 164 Treffer erzielen konnte. Im Anschluss an seine erste Real-Saison fand außerdem die WM in seinem Heimatland stand. An der Seite von anderen Weltklassespielern wie Bernd Schuster, Rafael Gordillo, José Antonio Camacho oder Jorge Valdano sammelte er mit den Königlichen einen Titel nach dem anderen. Die Real-Anhänger liebten es, wenn der technisch versierte Mexikaner mit Emilio Butrageño Doppelpass spielte oder zu einem seiner berühmten Scherenschläge ansetzte, mit denen er so manchen Ball im gegnerischen Tor versenkte. Seine Titelsammlung liest sich mindestens ebenso atemberaubend wie seine spektakulären Treffer: Zwischen 1986 und 1990 konnte er fünfmal in Serie die Meisterschaft gewinnen, was Real erst einmal zu Beginn der Sechziger zu Zeiten Alfredo di Stefanos gelungen war. Zudem durfte er 1988/89 nach einem knappen 1:0-Erfolg über Real Valladolid zum zweiten Mal den Gewinn des Königspokals feiern. Aber auch auf internationaler Ebene konnte „Hugol“ einen Titelgewinn be-

jubeln. In die Saison 1985/86 waren die Königlichen als Titelverteidiger in den UEFA-Cup gestartet, wobei der zweite Triumph in Folge vor allem im Semifinale ins Wanken geriet, als die Mannschaft gegen Inter Mailand mit einer 1:3-Hinspielniederlage aus San Siro zurückgekehrt war. Im Rückspiel igelten sich die Nerazzurri vom Anpfiff weg in der eigenen Spielhälfte ein. Erst in der 43. Minute fand Mittelstürmer Sanchez endlich eine Lücke in der massierten Gästeabwehr und vollendete zum 1:0. Als Gordillo nach einer guten Stunde das Leder zum zweiten Mal über die Linie beförderte, schien die Mannschaft am Ziel. Aber fast im Gegenzug entschied der Schiedsrichter zum Entsetzen der Fans auf Elfmeter für Inter, den Brady zum 1:2 verwandelte. Zehn Minuten später behielt Hugo Sanchez seinerseits aus elf Metern die Nerven und verwandelte einen Strafstoß zum 3:1. In der Verlängerung blieb es schließlich Carlos Santillana vorbehalten, den Königlichen mit zwei Toren den erneuten Finaleinzug zu bescheren. Hier sorgten diese schon im Hinspiel am 30. April 1986 für klare Verhältnisse. Zwar war der 1. FC Köln in der Höhle des Löwen nach einer halben Stunde durch Allofs in Führung gegangen. Aber noch vor der Pause kippte die Partie, als Sanchez (38.) und Gordillo (42.) innerhalb von vier Minuten aus dem Rückstand eine 2:1-Führung machten. Nach 90 Minuten hatte Real mit 5:1 die Nase vorn, während nach der 0:2-Rückspielniederlage von Köln der UEFA-Cup-Sieg von Sanchez & Co. endgültig in trockenen Tüchern war.

Die „Copa del Rey", die Hugo Sanchez mit Atletico (1985) und mit Real (1989) gewinnen konnte.

Die zweite Hälfte der achtziger Jahre gehörte in Spanien vor allem Rekordmeister Real, was nicht zuletzt an Hugo Sanchez lag. Nachdem er bereits 1985 – noch im Trikot von Atletico Madrid – die „Pichichi"-Trophäe für den besten Torjäger der Primera División gewonnen hatte, konnte er dieses Kunststück in seiner Zeit bei Real Madrid noch viermal wiederholen. Die meisten Treffer – es waren stolze 38 – erzielte der Mexikaner in der Saison 1989/90, womit er sogar als bester Torschütze Europas ausgezeichnet wurde. Trotz seiner zahlreichen Tore war Hugo Sanchez nicht immer unumstritten, was zum einen daran lag, dass er einen ausgesprochenen Hang zur Selbstdarstellung besaß. Gleichermaßen unbeliebt machte ihn sein nicht immer faires Auftreten auf dem Platz. Des Öfteren beklagten sich die Gegenspieler über versteckte Fouls, während er als „Schwalbenkönig" so manch umstrittenen Elfmeter provozierte.

Karriereherbst

Zu Beginn des Jahres 1991 zog sich Hugo Sanchez eine schwere Knieverletzung zu, die ihn zu einer einjährigen Zwangspause verdonnerte. Darüber hinaus geriet er mit der Madrider Führungsetage aneinander, was ihm nach seiner Rückkehr ins Team eine zweimonatige Sperre eintrug. Ohnehin hatte in Spanien mittlerweile Erzrivale FC Barcelona das Kommando übernommen, weshalb der Wechsel des fast 34-Jährigen zu Club America in seine mexikanische Heimat im Sommer 1992 nicht wirklich überraschend kam. Mit dem Hauptstadtverein konnte er zum zweiten Mal den Gewinn des Meisterpokals der CONCACAF feiern, nachdem im Endspiel ein 1:0-Erfolg über LD Alajuelense aus Costa Rica gelungen war, den ein Sanchez-Treffer aus der 67. Minute sichergestellt hatte. Da der extravagante „Hugol" auch in Mexiko-Stadt wegen ständiger Undiszipliniertheiten in Ungnade fiel, unterschrieb er in der Spielzeit 1993/94 einen Vertrag beim Madrider Vorortklub Rayo Vallecano, für den er zwar 16 Saisontore erzielte, am Ende aber aus der Primera División absteigen musste. Es folgten Kurzgastspiele bei CF Atlante in der mexikanischen Küstenstadt Cancun sowie in der zweiten österreichischen Bundesliga beim FC Linz, bevor sich Hugo Sanchez 1996 in der Premierensaison der US-amerikanischen Major League Soccer den Dallas Burn anschloss. Dabei waren es keineswegs die mickrigen sechs Saisontreffer, mit denen der Mexikaner Geschichte schrieb. Vielmehr avancierte er mit seinem Engagement in Texas zum einzigen Spieler neben Roy Wegerle, der sowohl in der NASL als auch in der MLS gekickt hat! Schließlich sollte Hugo Sanchez in der Saison 1996/97 seine Laufbahn mit zwölf Einsätzen für Club Celeya in der mexikanischen Primera División im Alter von 39 Jahren beenden.

► EINWURF

Hugo Sanchez ist mit 234 Toren in 347 Spielen nach Telmo Zarra der treffsicherste Schütze des spanischen Erstligafußballs. Telmo Zarra, der in den vierziger und fünfziger Jahren für Athletic Bilbao aktiv war, kommt auf 251 Tore in 277 Einsätzen. Telmo Zarra und Hugo Sanchez waren es auch, die mit 38 Treffern jahrelang die saisonale Bestmarke in der Primera División hielten, ehe Cristiano Ronaldo in der Spielzeit 2010/11 mit 40 Toren einen neuen Rekord aufstellte und damit die „Trofeo Pichichi" gewann. Den seit 1953 vergebenen Pokal für den besten spanischen Torjäger hat Hugo Sanchez insgesamt fünfmal gewonnen (1985 bis 1988 und 1990), wobei er auch hier nur von Telmo Zarra übertroffen wird, dem dieses Kunststück sogar sechsmal gelungen ist. Benannt ist die „Trofeo Pichichi" nach Rafael Moreno Aranzadi (Bild), dem ersten großen Star von Athletic Bilbao, der von seinen baskischen Fans nur „Pichichi" genannt wurde. Er hatte seine Karriere 1911 begonnen und mit den Basken viermal die Copa del Rey erobert, wobei er mit zahlreichen Treffern glänzte. „Pichichi" war es auch, der im neu eröffneten Stadion San Mamés am 21. August 1913 den ersten Treffer erzielte. Zum Zeitpunkt der Gründung der Primera División 1928 war der legendäre Torjäger schon nicht mehr am Leben, da er am 1. März 1922 im Alter von 29 Jahren einer Typhuserkrankung erlegen war. Seine starken Auftritte wirkten aber noch lange nach, so dass die Sportzeitung „Marca" 1953 die nach ihm benannte Auszeichnung schuf.

Nach seiner aktiven Zeit schlug Hugo Sanchez, der in zweiter Ehe mit Isabel Martin verheiratet ist und zwei Kinder hat (sein gleichnamiger Sohn war wie er selbst für Pumas de la UNAM aktiv), die Trainerlaufbahn ein. Zwischen 2000 und 2005 arbeitete er für die Pumas, die er zu zwei Meistertiteln führte. Zudem erreichte er 2005 das Endspiel des CONCACAF-Meistercups, wo sein Team

Deportivo Saprissa aus Costa Rica unterlag. Es folgte ein Kurzengagement bei Club Nexaca, ehe Sanchez im November 2006 den Posten des mexikanischen Nationaltrainers antrat. Zunächst war er mit der „Tri“ durchaus erfolgreich. Im Juni 2007 führte er diese ins Finale des Gold Cups, wo es gegen die USA eine knappe 1:2-Niederlage setzte. Wenig später trat Mexiko auch als Gast bei der Copa America in Erscheinung und präsentierte sich in Venezuela besonders in der Vorrunde von seiner besten Seite, was auch Topfavorit Brasilien zu spüren bekam, der zum Auftakt mit 2:0 geschlagen wurde. Erst im Halbfinale mussten sich die Zentralamerikaner Argentinien 0:3 geschlagen geben, um sich mit einem abschließenden 3:1 gegen Uruguay immerhin noch den dritten Platz zu sichern. Wenig später sollte es sich Sanchez jedoch mit nahezu der gesamten Fußballnation verscherzen, weil er aus marketingstrategischen Gründen das traditionelle grüne Trikot durch das ungeliebte weiße Auswärtsdress ersetzen wollte. Sanchez solle sich doch lieber um die sportlichen Belange kümmern, warfen ihm seine Kritiker vor. Diese wurden immer zahlreicher, als im Frühjahr 2008 einige schwache Resultate gegen Underdogs wie Finnland oder Australien folgten. Als er schließlich mit der U-23 an der Olympia-Qualifikation scheiterte, wurde er vorzeitig aus seinem Amt entlassen. Ende 2008 unterschrieb Sanchez dann einen Vertrag beim spanischen Erstligisten UD Almeria. Dem Mexikaner gelang es, den akut vom Abstieg bedrohten Verein in der Spielzeit 2008/09 noch auf einen ansprechenden elften Platz zu führen. Als Almeria in der kommenden Saison jedoch erneut ans Tabellenende rutschte, wurde Hugo Sanchez abermals gefeuert.

► ZAHLEN UND FAKTEN

Vereine:	1976-1981	Pumas UNAM (Mexico City)
	1979-1980	San Diego Soccers
	1981-1985	Atletico Madrid
	1985-1992	Real Madrid
	1992-1993	Club America (Mexico City)
	1993-1994	AD Rayo Vallecano
	1994-1995	CF Atlante (Cancun)
	1995-1996	FC Linz
	1996	Dallas Burn
	1996-1997	Club Celaya

Tore: 347 Spiele Primera Divisíon (234 Tore)
251 Sp. Primera Divisíon de Mexico (122 T.)
57 NASL / MLS-Spiele (37 Tore)
20 österr. Zweitliga-Spiele (6 Tore)
60 Spiele Copa del Rey (32 Tore)
45 Europacup-Spiele (23 Tore)
10 Spiele CONCACAF-Meistercup (7 Tore)
58 Länderspiele (29 Tore)
gesamt 848 Pflichtspiele (490 Tore)

Erfolge: Mexikanischer Meister 1977, 1981
Spanischer Meister 1986, 1987, 1988, 1989, 1990
Spanischer Pokalsieger 1985, 1989
Spanischer Supercup 1985, 1988, 1989, 1990
CONCACAF-Meistercup-Sieger 1980, 1992
Sieger Copa Interamericana 1978
UEFA-Pokalsieger 1986
Sieger CONCACAF Gold Cup 1977

Mexikanischer Torschützenkönig 1979
Spanischer Torschützenkönig 1985, 1986, 1987, 1988, 1990
Europas Torschützenkönig 1990

In der Nationalmannschaft:
Nachdem Hugo Sanchez 1976 für Mexiko bereits an den Olympischen Spielen in Montreal teilgenommen hatte (wo er beim Vorrunden-Aus einen Treffer erzielte), dauerte es nicht mehr lange, bis der Youngster der Pumas auch in der A-Nationalmannschaft zum Einsatz kommen sollte. Seine ersten Länderspieleinsätze verzeichnete er 1977 im Vorfeld der Weltmeisterschaft in Argentinien, für die sich die Mexikaner nach anfänglichen Schwierigkeiten letztlich souverän qualifizierten. Der erst 39 Jahre alte Nationaltrainer José Antonio Roca hatte sein Team im Verlauf der WM-Qualifikation radikal verjüngt, was dem 19-jährigen Sanchez zu seinem Debüt verhalf. An seiner Seite stürmten die ebenfalls erst 20 Jahre alten Ortega Martinez und Rangel Ayala, wobei das Sturmtrio von Fans und Medien als „Geschenk des Himmels“ gefeiert wurde.

► EINWURF

Als Hugo Sanchez im Sommer 1985 als amtierender Torschützenkönig von Atletico zu Stadtrivale Real weiterziehen wollte, drohte der Wechsel zunächst zu platzen. Direkt von dem einem zum anderen Madrider Verein überzulaufen, galt in den Augen der Fans als Sakrileg. Daher mussten die Verantwortlichen einen Kunstgriff anwenden, um Hugo Sanchez den Traum von den Königlichen zu erfüllen. Für einige Tage stand der Mexikaner bei seinem Heimatverein Pumas de la UNAM unter Vertrag, ehe er bei Real unterschrieb. Die Pumas hatten sich diesen Deal freilich geradezu fürstlich entlohnen lassen.

Die Qualifikation zur WM galt gleichzeitig auch als kontinentale Meisterschaft des nord- und mittelamerikanischen Fußballverbandes CONCACAF, so dass Hugo Sanchez auf Anhieb einen Titel abgreifen konnte. In der Finalrunde rangierte Mexiko mit 10:0 Punkten drei Zähler vor Haiti, wobei sich der neue Wunderstürmer in fünf Spielen als vierfacher Torschütze ausgezeichnet hatte.
Die großen Vorschusslorbeeren, mit denen die „Tri“ an die WM-Endrunde reiste, vermochte sie allerdings nicht ansatzweise zu bestätigen. Schon zum Auftakt setzte es gegen eine unerfahrene tunesische Elf eine unerwartete 1:3-Niederlage, bei der nicht zuletzt der im Vorfeld so hoch eingeschätzte Hugo Sanchez zu den großen Enttäuschungen zählte. Noch übler erwischte es die Schützlinge von José Antonio Roca im zweiten Gruppenspiel gegen Titelverteidiger Deutschland, der beim 6:0 in Cordoba seinen einzigen wirklich starken Auftritt in Südamerika hatte. Nachdem die Mexikaner auch ihr drittes Spiel gegen Polen mit 1:3 verloren, mussten sie sich mit der verheerenden Bilanz von 2:12 Toren und 0:6 Punkten als Tabellenletzte aus Argentinien verabschieden. Besonders enttäuscht zeigten sich die Auguren freilich von Hugo Sanchez, dem man im Vorfeld noch den großen internationalen Durchbruch zugetraut hatte.

„Mexico, Mexico ra-ra-ra“

Vollkommen unerwartet hatte Mexiko die Teilnahme an der Weltmeisterschaft 1982 in Spanien verpasst und musste Honduras und El Salvador den Vortritt lassen. Da die Titelkämpfe vier Jahre später durch den Verzicht Kolumbiens kurzfristig ins eigene Land vergeben wurden, war die „Tri“ dieses Mal automatisch qualifiziert. Die heißblütigen Anhänger fieberten der zweiten Endrunde in Mexiko innerhalb von 16 Jahren entgegen, wobei die Erwartungen vor allem auf ihrem Nationalhelden Hugo Sanchez ruhten, der zu dieser Zeit bei Real Madrid für Furore sorgte. Das ganze Land lag seinem Idol regelrecht zu Füßen. Die

Euphorie um den „besten Fußballer Zentralamerikas" ging sogar so weit, dass alle Spiele, die dieser im Real-Trikot bestritt, live im mexikanischen Fernsehen übertragen wurden. Eine entsprechende Klausel hatte sich der extravagante Sanchez in seinen Vertrag schreiben lassen. Für die Fans stand fest, dass der beidfüßig starke Kopfballspezialist zu den Superstars der WM zählen würde. Dennoch bereitete der Hype um den Volkshelden Nationalcoach Bora Milutinovic einige Sorgen. Um sich auf die Heim-WM optimal vorzubereiten, hatte der mexikanische Verband die Meisterschaft für ein Jahr ausgesetzt und lediglich eine Ersatzrunde ausgeschrieben, an der die Nationalspieler nicht teilnahmen. Diese waren für ein Jahr im Trainingslager „La Malinche" zusammengezogen, um dort die Basis für ein erfolgreiches WM-Abschneiden zu legen. Allein Hugo Sanchez weilte fernab der Heimat in Europa, womit er von den mexikanischen Teambuilding-Maßnahmen ausgeschlossen blieb. Und weil der Superstar ohnehin nicht besonders mannschaftsdienlich spielte, wurde er von seinen Teamkameraden auf dem Feld des Öfteren geschnitten.

Am 3. Juni 1986 fand endlich das heiß ersehnte erste Vorrundenspiel gegen Belgien statt. Im Aztekenstadion von Mexiko-Stadt wurde der Gegner von den Zuschauern über 90 Minuten geradezu niedergebrüllt, was den Gastgebern ihren 2:1-Sieg erleichterte. Wirklich geglänzt hatten sie freilich nicht, was auch auf ihr „Denkmal" Hugo Sanchez zutraf. Der Mann mit der Rückennummer 9 hatte in der 39. Minute immerhin einen lichten Moment, als er einen Eckstoß von Kapitän Boy im Tor von Belgiens Keeper Pfaff unterbrachte. Während Sanchez seinen einzigen WM-Treffer mit dem obligatorischen Handstand-Überschlag feierte, kreiste durch das Aztekenstadion die in jenen Tagen populär gewordene „La Ola".

Alles andere als ein Ruhmesblatt war Sanchez' zweiter Auftritt gegen Paraguay. Zum einen kassierte er seine zweite gelbe Karte, womit er für das letzte Gruppenspiel gegen den Irak (1:0) gesperrt war. Auch sonst fiel der Volksheld weit mehr durch sein unfaires Auftreten als durch die erhofften genialen Momente auf, was in der Schlussminute darin gipfelte, als er nach einem harmlosen Rempler seines Gegenspielers Schettina nahe der Strafraumgrenze den „sterbenden Schwan" mimte. Für seine Schauspieleinlage wurde er vom Unparteiischen mit einem Elfer belohnt, den er als Krönung seiner an diesem Tag unterirdischen Leistung kläglich vergab. Da die Gastgeber durch den späten Ausgleich Romeros auch noch den fest eingeplanten Sieg verspielten, war Superstar Hugo Sanchez endgültig auf Normalmaß zusammengeschrumpft.

Im Achtelfinale zeigten die Gastgeber gegen Bulgarien dann eine deutliche Leistungssteigerung und gewannen verdient mit 2:0. Allein Hugo Sanchez hatte wieder nicht überzeugt, war er doch vom bulgarischen Kapitän Dimitrov komplett abgemeldet worden. Gefeierter Held des Tages war hingegen Manuel Negrete, der seine Elf in der 36. Minute mit einem spektakulären Scherenschlag à la Hugo Sanchez in Führung gebracht hatte. Anschließend sollte für Mexiko in der Runde der letzten Acht Endstation sein. Gegen eine biedere deutsche Mannschaft, die sich mit großem Kampf in das letztendlich gewonnene Elfmeterschießen rettete, konnten die Gastgeber ihre technische Überlegenheit nie zur Geltung bringen, was hinterher zuallererst Hugo Sanchez angelastet wurde. Die nicht enden wollenden Kritik an seinem enttäuschenden WM-Auftritt führte schließlich dazu, dass er sich voll auf seine Vereinskarriere konzentrierte und seinen sofortigen Rücktritt aus der „Tri" erklärte.

Comeback nach langer Pause

Erst nach sieben Jahren kehrte Hugo Sanchez wieder zurück, was ihm 1994 die dritte WM-Teilnahme bescherte. Die beachtlichen Leistungen, die der inzwischen 36-Jährige bei seinem Verein Rayo Vallecano gezeigt hatte, sprachen klar für eine Zugehörigkeit zur Stammformation von Trainer Miguel Meija Baron. Da Sanchez aber nach wie vor durch zahlreiche Extravaganzen auffiel, stand sein Einsatz im ersten Spiel der Mexikaner gegen Norwegen lange Zeit auf der Kippe. Schließlich ließ der Trainer Sanchez gegen die Skandinavier auflaufen. Seine Leistung bei der 0:1-Niederlage war aber dermaßen schwach, dass Baron den alternden Superstar in den beiden letzten Vorrundenspielen sowie im Achtelfinale gegen Bulgarien (2:4 nach Elfmeterschießen) auf die Tribüne verbannte.

► **EINWURF**

Durch die siebenjährige Länderspielpause, die Hugo Sanchez nach seinen schwachen Leistungen an der WM in Mexiko 1986 einlegte, kam er insgesamt auf lediglich 58 Länderspieleinsätze, mit denen er in der ewigen Bestenliste der „Tri" weit abgeschlagen hinter Rekordnationalspieler Claudio Suarez (180 Länderspiele) rangiert. Mit 29 Treffern ist „Hugol" dagegen immerhin in den Top 10 platziert. Rekordtorschütze Jared Borgetti hat mit 46 Treffern indes deutlich öfter ins Schwarze getroffen als Sanchez, der ex aequo mit Luis Flores und Luis Garcia auf dem siebten Platz rangiert.

Damit hatte sich die Länderspielkarriere des Hugo Sanchez endgültig erledigt. Nach der WM in USA erklärte er nach 57 Länderspielen und 29 Toren seinen Rücktritt. 1998 bescherte ihm der mexikanische Verband dann noch ein Abschiedspiel, das am 18. März 1998 mit einem 1:1 gegen Paraguay in die Annalen einging.

Saison	Internat.		Liga		Pokal	
	Sp.	T.	Sp.	T.	Sp.	T.
1976/77			19	5		
1977/78			34	13		
1978/79			38	26		
1979			17	12		
1979/80			44	30		
1980			15	14		
1980/81	4	3	44	22		
1981/82	2	0	10	8	5	4
1982/83			34	15	2	1
1983/84	2	0	34	12	2	0
1984/85	2	0	33	19	8	6
1985/86	11	5	33	22	5	2
1986/87	7	3	41	34	6	4
1987/88	7	3	36	29	7	3
1988/89	7	5	35	27	8	5
1989/90	3	1	35	38	7	3
1990/91	3	5	19	12	3	3
1991/92	1	1	8	2	1	0
1992/93	6	4	29	11		
1993/94			29	16	6	1
1994/95			31	13		
1995/96			20	6		
1996			25	11		
1996/97			12	2		

György Sarosi
Der Fußball-Doktor aus Budapest

Es war am Montag, dem 5. August 1912, als mit György Sarosi einer der besten Spieler der ungarischen Fußballgeschichte das Licht der Welt erblickte. Die Familie des späteren Doktors der Rechtswissenschaften trug ursprünglich den Nachnamen Stefanicsics, den Györgys Vater, der von Beruf Schneider war, allerdings in Sarosi umwandeln ließ, weil dieser im Ungarischen einen besseren Klang besaß. Nicht nur György, auch dessen Brüder Laszlo und Bela waren extrem sportbegeistert, wobei sich Laszlo mehr für das in Ungarn ausgesprochen populäre Wasserballspiel interessierte, wo er einige beachtliche Erfolge feiern konnte. György und dem rund sieben Jahre jüngere Bela hatte es hingegen das runde Leder angetan, dem beide in den Straßen und Parkanlagen von Budapest begeistert hinterher jagten. In den frühen Zwanzigern hatte sich György zunächst dem kleinen Budapester Verein Mugyetemi Athletik angeschlossen, ehe im Laufe des Jahres 1927 ein Talentspäher von Ferencvaros auf den 15-Jährigen aufmerksam wurde und diesen zu den Grün-Weißen ins Üllöi ut nach Franzenvorstadt lotste, wo Sarosi seine gesamte aktive Karriere verbringen sollte. Anfangs sah es allerdings nicht unbedingt danach aus, dass György Sarosi tatsächlich eine Laufbahn als Profifußballer einschlagen würde, da er parallel ein Jurastudium absolvierte, nach dessen erfolgreichem Abschluss er als Rechtsanwalt arbeiten wollte. Letztendlich entschied er sich aber doch für den Sport, dem er sogar nach seiner aktiven Zeit treu blieb, um in Italien eine durchaus erfolgreiche Trainerkarriere einzuschlagen.

► EINWURF

Bela Sarosi (Bild) wurde am 15. August 1919 in Budapest geboren und wechselte 1937 zu Ferencvaros, wo er bis 1946 gemeinsam mit seinem älteren Bruder György aktiv blieb. Nachdem der Mittelfeldspieler in 237 Ligaspielen (64 Tore) zum Einsatz gekommen war, wechselte er nach Kriegsende ins westliche Ausland, wobei er vor allem in Italien (FC Bologna, AS Bari), Portugal (FC Porto) und Spanien (Real Saragossa) spielte. Porto und Saragossa zählten auch zu den Trainerstationen des Ungarn, der später zeitweise auch in Deutschland arbeitete, wo er Ende der fünfziger Jahre Jahn Regensburg, Alemannia Aachen und Rot-Weiß Oberhausen betreute. Ebenso wie György spielte auch Bela Sarosi für die ungarische Nationalmannschaft und kam in 25 Berufungen zwischen 1939 und 1945 zu drei Torerfolgen. Im Jahr 1938 gehörte der damals knapp 19-Jährige auch dem WM-Kader der Magyaren an. Allerdings sollte er in Frankreich zu keinem Einsatz für den späteren Vizeweltmeister kommen.

Ein Jahr, bevor Sarosi zu Fradi gewechselt war, hatte man in Ungarn den Übergang zum Berufsspielertum vollzogen, was ihm den Verzicht auf die angedachte Anwaltslaufbahn zugunsten einer Karriere als Profifußballer ganz sicher erheblich erleichterte. Drei Jahre blieb er in der Jugend aktiv, um in der Saison 1930/31 im Alter von 18 Jahren zu den ersten Einsätzen im Seniorenbereich zu kommen.

Meister ohne Punktverlust

Sieben Partien waren es, um genau zu sein, in denen György Sarosi die ersten beiden Treffer seiner Profilaufbahn schoss. Zoltan Blum, der erst zu Saisonbeginn neuer Trainer geworden war, setzte Sarosi zunächst allerdings in der Verteidigung ein, weshalb sich die Torgefahr des 1,79 m großen Youngsters anfangs auch in Grenzen hielt. Mannschaft und Trainer Blum befanden sich in der Spielzeit 1930/31 noch in der Findungsphase, und so reichte es bei einem Rückstand von sechs Zählern auf Meister Ujpest lediglich zum dritten Platz.

Der technische versierte Sarosi wurde auch 1931/32 weiterhin auf der Verteidigerposition eingesetzt, wobei er 19 von 22 Ligaspielen bestritt und damit seinen Durchbruch schaffte. Der vierfache Torschütze war in der Defensive hervorragend aufgehoben, da Fradi im Angriff auch ohne ihn glänzend besetzt war, was in dem sensationellen Torverhältnis von 105:18 eindrucksvoll zum Ausdruck kam. Auf 42 Saisontreffer war Jozsef Takacs gekommen, der zum fünften Mal in seiner Laufbahn die Torjägerliste der NB I (Nemzeti Bajnoksag) anführte. Die Grün-Weißen aus dem IX. Stadtbezirk waren in jener Saison nicht zu bremsen gewesen, nachdem sie ohne Punktverlust mühelos zum zwölften Titelgewinn spaziert waren.

Kurz darauf durfte der Ungarische Meister sein Können im Mitropa-Cup demonstrieren, den der Verein 1928 schon einmal als Sieger beendet hatte. Am 29. Juni 1932 traf Ferencvaros auf Juventus Turin, gegen dessen Elf man sich im Piemont klar mit 0:4 geschlagen geben musste. Vier Tage später machte György Sarosi dann erstmals auf internationaler Ebene von sich reden und stellte dabei auch seine Vollstreckerqualitäten unter Beweis, indem er beim 3:3-Remis im Üllöi ut sämtliche Treffer der Ungarn erzielte. Nachdem er zwischen der 18. und 21. Minute zwei Strafstöße zur 2:0-Führung verwandelt hatte, schien kurzzeitig sogar noch das Weiterkommen im Bereich des Möglichen zu liegen. Die Italiener zogen nach dem Seitenwechsel aber auf 3:2 davon, so dass Sarosi mit dem dritten verwandelten Elfmeter zehn Minuten vor Schluss nur noch das Unentschieden besiegeln konnte.

Ein denkwürdiges Pokalfinale

In der Saison 1932/33 mussten sich die als Titelverteidiger ins Rennen gegangenen Schützlinge von Zoltan Blum in der heimischen Liga mit dem dritten Platz hinter Ujpest und MTK begnügen. György Sarosi, der in 22 Einsätzen achtmal ins Schwarze traf, hatte auch weiterhin als Verteidiger agiert, derweil der Verlust des Titels nicht zuletzt auf die beiden Heimpleiten gegen die direkten Rivalen Ujpest (0:1) und MTK (1:2) zurückzuführen war. Für die entgangene Meisterschaft sollten die Grün-Weißen im Mai in einem denkwürdigen Pokalfinale gegen Ujpest Revanche nehmen. Während der Gegner einen rabenschwarzen Tag erwischte, waren die Fradi-Spieler nicht zu bändigen, nachdem sie bereits in der 6. Minute durch Mihaly Tancos in Führung gehen konnten. Bis zur Pause zog die Mannschaft auf 5:0 davon, wobei György Sarosi in der 13. und 35. Minute eingenetzt hatte. In der 50. Minute zeichnete er für das zwischenzeitliche 6:0 verantwortlich, ehe der Meister nach 90 Minuten mit 11:1 gedemütigt worden war. Zwar hatte sich auch der bisherige Toptorjäger Jozsef Takacs vor der Pause zweimal in die Torschützenliste eintragen können. Doch sorgte nicht zuletzt jener denkwürdige Triumph im Pokal für eine Zeitenwende, da György Sarosi von Trainer Blum in der kommenden Saison in den Sturm beordert wurde, derweil der acht Jahre ältere Takacs seine Laufbahn im Frühjahr 1934 für beendet erklärte. Wenngleich Sarosi, der längst zum gestandenen Nationalspieler gereift war, zumeist in der Sturmmitte agierte, wurde er aufgrund seiner herausragenden Technik sowie seiner Spielübersicht auch auf anderen Positionen eingesetzt. Da Fradi in Geza Toldi über einen weiteren Angreifer der Extraklasse verfügte, setzte Zoltan Blum György Sarosi des Öfteren als Verbindungsstürmer, aber auch als Mittelläufer ein. Dank seiner vielseitigen Verwendbarkeit avancierte der Fußball-Doktor schnell zum Dreh- und Angelpunkt im Spiel von Ferencvaros. Außerdem wurde ihm schon in jungen Jahren das Kapitänsamt übertragen.

Das neue Sturmduo Sarosi-Toldi bescherte Ferencvaros in der Spielzeit 1933/34 einen weiteren Meistertitel. Von den insgesamt 89 Saisontreffern waren deutlich mehr als die Hälfte auf das Konto der beiden Angreifer gegangen, wobei Geza Toldi mit 27 Toren an der Spitze der Torschützenliste lag, derweil György Sarosi *(Bild)* mit 24

Treffern in 22 Einsätzen kaum schlechter war. Dank des geballten Angriffsschwungs galt Fradi auch als Mitfavorit auf den Mitropa-Cup-Titel, eine Rolle, die die Mannschaft mit ihrem 8:0-Auftaktsieg über den Floridsdorfer AC – zu dem Sarosi in der 59. und 62. Minute zwei Tore beigesteuert hatte – eindrucksvoll untermauerte. Nachdem Sarosi beim 2:1-Rückspielerfolg in Wien für den Endstand gesorgt hatte, traf er beim anschließenden 6:0 über den tschechischen SK Kladno gleich dreimal (Rückspiel 1:4), ehe dem Titelaspiranten im Semifinale gegen den FC Bologna (damals noch AGC) die Luft ausging. Obwohl Geza Toldi seine Farben im Üllöi ut schon nach fünf Minuten in Führung gebracht hatte, reichte es lediglich zu einem 1:1-Unentschieden, bevor die Mannschaft in Italien ein böses 1:5-Debakel erlebte.

Stammgast im Mitropa-Cup

Nicht zuletzt dank Dr. Sarosi sollte Ferencvaros Budapest in jenen politisch so bewegten Zeiten zu einer der besten Mannschaften in Zentraleuropa avancieren. Dies zeigte sich auch im Mitropa-Cup, wo die Grün-Weißen zwischen 1935 und 1940 in sechs Jahren fünfmal im Endspiel standen. Bei drei Niederlagen konnten sie allerdings nur jenes von 1937 für sich entscheiden, derweil der Wettbewerb des Jahres 1940 kriegsbedingt vor dem Finale eingestellt werden musste.

Doch der Reihe nach: Nachdem die Franzenstädter in der Ligasaison 1934/35 mal wieder Stadtrivale Ujpest und auch György Sarosi mit 22 Toren im Kampf um die Torjägerkanone Laszlo Cseh von MTK (23) den Vortritt lassen musste, hielt sich die Mannschaft im nationalen Pokal schadlos, indem sie im Frühjahr 1935 das Duell mit MTK knapp mit 2:1 für sich entschied. Die Partie vor 8.000 Zuschauern in der Arena des Endspielgegners war jedoch nichts für schwache Nerven. Besonders als „Golkiraly" Laszlo Cseh in der 54. Minute den Ausgleichstreffer für MTK markiert hatte, wurde das Spiel immer ruppiger geführt, wobei speziell den MTK-Spielern die Sicherungen durchbrannten. Die entscheidende Szene ereignete sich in der 84. Minute, als Janos Dudas nach rustikalem Einsteigen nicht nur des Feldes verwiesen wurde, sondern Ferencvaros gleichzeitig einen Elfmeter zugesprochen bekam. Sarosi bewies eiskalte Nerven und netzte zum 2:1-Endstand ein, während der MTK mit Henrik Müller in der 88. Minute noch einen zweiten Spieler durch Platzverweis verlor.

> **► EINWURF**
> *Da Ferencvaros zu den Dauergästen im Mitropa-Cup zählte und mit sechs Endspielteilnahmen Rekordfinalist ist, sind auch die Spieler der Grün-Weißen in den Bestenlisten vorne mit dabei. Mit 45 Toren führt beispielsweise Dr. György Sarosi überlegen die ewige Torschützenliste an, wobei Giuseppe Meazza von Inter Mailand und dessen Teamgefährte Geza Toldi (je 29 Tore) mit weitem Abstand auf dem zweiten Platz liegen. Da Sarosi lediglich 42 Spiele bestritten hat, war er je Einsatz für 1,07 Tore gut. Die meisten Mitropa-Cup-Spiele haben mit Jaroslav Burgr (50), Josef Ctyroky (45) und Josef Kostalek (44) hingegen drei Akteure von Sparta Prag vorzuweisen, ehe mit Gyula Lazar (44), Dr. Sarosi, Jozsef Hada und Geza Toldi (je 42) gleich vier Franzenstädter auf den Plätzen folgen.*

Im Mitropa-Pokal bekam es Ferencvaros im Achtelfinale mit der Elf von AS Rom zu tun, gegen die es am Tiber eine 1:3-Niederlage setzte. Vor heimischer Kulisse drehten die Grün-Weißen den Spieß allerdings um und fegten die Italiener mit 8:0 vom Rasen, wobei György Sarosi die Hälfte aller Treffer – darunter ein Hattrick zwischen der 23. und 38. Minute – erzielte. In der Runde der letzten Acht hieß der Gegner SK Zidenice, der scheinbar leichtes Spiel versprach. Allerdings hatte die Mannschaft aus dem mährischen Brünn zum Auftakt Rapid Wien eliminiert, so dass die Ungarn gewarnt waren. Trotzdem kassierten sie im Hinspiel eine 2:4-Auswärtspleite, die sie aber im Üllöi ut durch einen klaren 6:1-Erfolg jedoch ausbügeln konnten. Nachdem Dr. Sarosi in der 9. Minute den Torreigen eröffnet hatte, traf er kurz nach dem Wiederanpfiff auch zum zwischenzeitlichen 3:1. Das Vorschlussrundenduell gegen die Wiener Austria brachte den Vergleich der beiden Weltklassestürmer Sindelar und Sarosi, die im Hinspiel in Budapest je zweimal ins Schwarze trafen. Da auch Gyula Kiss zwei Tore erzielte, ging Fradi als 4:2-Sieger vom Platz. Im Rückspiel von Wien waren Sarosi und Toldi für die Tore der Magyaren zuständig, denen die 2:3-Niederlage zum Einzug in die Endspiele reichte. Hier mussten sie sich nach ihrem knappen 2:1-Sieg im Ullöi ut über Sparta Prag an der Moldau jedoch mit 0:3 geschlagen geben, wobei György Sarosi im Hinspiel nach einer Gesichtsverletzung vorzeitig ausgeschieden war. In Anbetracht des entgangenen Titelgewinns blieb ihm zumindest der Trost, mit neun Treffern an der Spitze der Torjägerliste zu stehen.

> **► EINWURF**
> *Dreimal konnte Rekordtorschütze György Sarosi in einem Mitropa-Pokal-Spiel vier Tore erzielen. Nachdem ihm dies am 22. Juni 1935 beim 8:0 gegen AS Rom erstmals gelungen war, setzte er das Leder auch am 21. Juni 1936 gegen Slavia Prag (5:2) und am 23. Juni 1940 gegen Slavija Sarajevo (11:1) je viermal in die Maschen.*

Da György Sarosi bei Ferencvaros immer auch in die Rolle des Vorbereiters schlüpfte, wurde er im Laufe seiner Karriere lediglich viermal als „Golkiraly" der ungarischen Liga ausgezeichnet. Erstmals war dies 1935/36 der Fall, als er für den Ligadritten 36 der 103 Saisontore erzielte, was einer Quote von 1,8 Treffern je Einsatz entsprach. Eine denkwürdige Leistung gelang ihm auch beim 5:2-Auftaktsieg im Mitropa-Cup über Slavia Prag, als er dem großen Frantisek Planicka vier Tore einschenkte. Zum Weiterkommen reichte es freilich dennoch nicht, da die Rotsterne im Rückkampf mit 4:0 die Oberhand behielten.

Das vorweggenommene WM-Endspiel

Nachdem es für Fradi in der Spielzeit 1936/37 wieder einmal nur zur Vizemeisterschaft gereicht hatte und Dr. Sarosi in der Torschützenliste trotz 29 Toren in 19 Spielen ebenfalls lediglich den dritten Platz belegte (bester Goalgetter der NB I war abermals Laszlo Cseh vom MTK mit 36 Toren geworden), ruhten die Hoffnungen im Sommer 1937 auf dem Mitropa-Cup, den Ferencvaros Budapest unbedingt zum zweiten Mal in seiner Vereinsgeschichte an Land ziehen wollte. Dabei traf die Mannschaft zum Auftakt wie schon im Vorjahr auf Frantisek Planicka und Slavia Prag, wobei sie diesmal im Hinspiel an der Moldau ein achtbares 2:2-Unentschieden erkämpfte und durch einen anschließenden 3:1-Heimsieg das Viertelfinale erreichte. Während György Sarosi sich in beiden Spielen in die Torschützenliste eingetragen hatte, durften sich die Prager vor allem bei Torhüter Planicka bedanken, der mit zahlreichen Glanzparaden einen höheren Sieg der Ungarn im Rückspiel verhindert hatte.

Im Halbfinale des Mitropa-Cups 1937 standen sich mit der Wiener Austria und Ferencvaros Budapest zwei damalige internationale Topteams gegenüber. Die obige Aufnahme zeigt mit György Sarosi (links) und Matthias Sindelar (Mitte) die Stars beider Mannschaften im direkten Duell. Bild unten: Ferencvaros-Kapitän Dr. Sarosi bei der Siegerehrung nach dem Finalsieg über Lazio Rom.

► **EINWURF**

Dr. György Sarosi kam für Ferencvaros in sämtlichen vier Mitropa-Cup-Finalspielen zum Einsatz, welche die Grün-Weißen in den Jahren 1935, 1937, 1938 und 1939 bestritten. Außer ihm waren dies noch fünf seiner Mitspieler: Geza Toldi, Jozsef Hada, Gyula Kiss, Gyula Polgar und Mihaly Tancos.

Erstaunlich große Mühe hatten die Budapester im Viertelfinale mit der First Vienna, gegen die sie am 7. Juli 1937 im Üllöi ut nach nur neun Minuten sogar in Rückstand gerieten. Immerhin gelang Sarosi bereits fünf Minuten später der Ausgleich, ehe er sich abermals nur kurze Zeit später den Luxus gestattete, einen Elfmeter zu verschießen. Sein Sturmpartner Geza Toldi war in der 24. Minute mit dem 2:1-Siegtreffer zur Stelle, welcher aber eigentlich nicht hätte zählen dürfen, da der Ball die Torlinie nicht in vollem Umfang überschritten hatte. Im Rückspiel musste Sarosi den verletzten Gyula Polgar als Mittelläufer ersetzen, womit dem Team der nötige Angriffsschwung fehlte, was die 0:1-Niederlage zumindest teilweise erklärt. Da Fradi das Entscheidungsspiel am 14. Juli mit 2:1 für sich entschied, wurde aber dennoch die Vorschlussrunde erreicht, wo mit Austria Wien ein weiterer Gegner aus Österreich wartete, dessen Star Matthias Sindelar die Antwort auf Ferencvaros' György Sarosi darstellte.

Im Hinspiel von Wien scheiberlte der „Papierene" drauf los, was das Zeug hielt, so dass den ersatzgeschwächt angetretenen Grün-Weißen in Anbetracht einer 1:4-Pleite Hören und Sehen verging. Allein Sarosi hatte mit einem verwandelten Strafstoß den letzten Rest an Hoffnung auf ein Weiterkommen aufrechterhalten. Eine Woche später wendete sich jedoch das Blatt: Im Üllöi ut siegten die unwiderstehlich aufspielenden Ungarn mit 6:1, die in Doppeltorschütze György Sarosi den herausragenden Akteur besaßen. Vor den Endspielen gegen Lazio Rom war es jedoch dessen Sturmpartner Geza Toldi, der mit sieben Treffern an der Spitze der Torschützenliste lag, derweil Fradi-Kapitän György Sarosi „nur" sechsmal getroffen hatte. Aber auch Finalgegner Lazio stellte einen der besten Angreifer der damaligen Zeit: Silvio Piola, der bis zu diesem Zeitpunkt genau wie Geza Toldi sieben Mitopa-Cup-Tore auf dem Konto hatte. Die geballte Offensivpower auf beiden Seiten versprach nicht nur Fußball vom Feinsten – sie hielt dieses Versprechen auch tatsächlich ein. Dabei war es vor allem der 25-jährige György Sarosi, der sich in der Form seines Lebens befand und sowohl beim 4:2-Hinspielsieg in Budapest am 12. September als auch beim 5:4 am 24. Oktober von Rom drei Tore erzielte. Da Silvio Piola lediglich viermal und sein Teamgefährte Geza Toldi gar nur zweimal getroffen hatte, durfte Dr. Sarosi nach dem Schlusspfiff am Tiber nicht nur den Mitropa-Cup, sondern auch die Torjägerkrone in Empfang nehmen. Pikanterweise standen sich Sarosi und Piola rund acht Monate später abermals in einem bedeutenden Finale gegenüber. In Paris trafen Ungarn und Italien im WM-Endspiel aufeinander, wobei diesmal der italienische Sturmführer die Nase vorn behalten sollte!

Ein glückloser Hattrick

Vor den Welttitelkämpfen in Frankreich hatte sich Ferencvaros nach vier Jahren endlich wieder die nationale Meisterschaft gesichert, nachdem Ujpest um drei Punkte auf Distanz gehalten worden war. Damit waren die Grün-Weißen wie üblich für den Mitropa-Cup qualifiziert, der nur eine Woche nach dem WM-Endspiel startete. Für Fradi eine unglückliche Terminierung, was die 1:3-Pleite in

Brünn gegen SK Zidenice bewies. Dank eines 3:0-Rückspielerfolges im Üllöi ut schafften die Ungarn aber doch noch den Einzug in die nächste Runde, um sich via Ripensia Timisoara (5:4, 4:1) und Juventus Turin (2:3, 2:0) erneut für das Finale zu qualifizieren.

Fünfmal erreichte György Sarosi das Endspiel des Mitropa-Cups, nur einmal – 1938 – konnte er dieses gewinnen. Das Foto zeigt den Kader von Ferencvaros Budapest nach dem Sieg über Lazio Rom mit Trainer Emil Rauchmaul, Dani Biro, Mihaly Tancos, Gyula Kiss, Laszlo Jakab, György Sarosi, Geza Toldi, Jaszberenyi, Tibor Kemeny, Laszlo Gyetvai (obere Reihe von links). Bela Magda, Bela Sarosi, Gyula Lazar (mittlere Reihe von links; nur Spieler). Gyula Polgar, Torhüter Jozsef Hada, Lajos Koranyi, Sandor Tatrai (untere Reihe von links).

Hier kam es zum Duell mit Slavia Prag, wo Torwartlegende Frantisek Planicka nach einem bei der WM erlittenen Armbruch mittlerweile durch Alexa Boksay ersetzt worden war. Nachdem es an der Moldau noch zu einem vielversprechenden 2:2-Remis gereicht hatte, musste sich die Mannschaft vor eigenem Publikum mit 0:2 geschlagen geben und den Traum von einer erfolgreichen Titelverteidigung begraben. Dr. Sarosi zeigte sich gegen die Rotsterne nicht von seiner besten Seite. Im Hinspiel waren Kemeny und Kiss für die Budapester Tore verantwortlich, während Sarosis beste Szene ein Pfostenschuss war. Die 0:2-Rückspielniederlage wurde nicht zuletzt auf einen schwachen Tag des Fradi-Kapitäns zurückgeführt, der sich mit insgesamt sieben Treffern hinter Slavias Bican auf dem zweiten Platz der Torjägerliste einreihen musste.

Ungarn erfreute sich damals über eine Vielzahl an Weltklassestürmern, wie beispielsweise Gyula Zsengeller von Ujpest Budapest, der in der Saison 1938/39 mit 56 Ligatreffern einen neuen Europarekord aufstellte, so dass György Sarosi mit 26 Toren in 20 Einsätzen wie ein Waisenknabe aussah. In Istvan Kiszely (18 Tore), Laszlo Gyetvai, Geza Toldi (je 17) sowie Laszlo Jakab (15) verfügte die Angriffsreihe der Grün-Weißen neben Dr. Sarosi ebenfalls über weitere torgefährliche Akteure, weshalb die Fans ein regelrechtes Wettschießen um den Titel erlebten, aus dem Fradi mit 121 Saisontoren (gegenüber „nur" 107 von Ujpest) als Sieger hervorging. Allerdings bewahrheitete sich mal wieder die alte Fußballerweisheit, wonach der Angriff zwar Spiele, die Defensive aber Titel gewinnt: Während Ujpest lediglich 26 Gegentore kassierte, schlug es im Kasten von Jozsef Hada ganze 44-mal ein, so dass die Meisterschaft an den Rivalen aus Neu-Pest ging.

Das Duell um die Vormachtstellung in der ungarischen Kapitale ging im Mitropa-Cup in die Verlängerung, an dem im Hochsommer 1939 am Vorabend des Zweiten Weltkriegs nur noch acht Teams teilnahmen, von denen sich Ferencvaros und Ujpest Budapest bis ins Finale durchspielten. Zum Leidwesen von György Sarosi und seinen Kameraden hatten dort abermals die Violetten die Nase vorn, die praktisch schon im Hinspiel am 23. Juli mit ihrem 4:1-Sieg im Üllöi ut für klare Verhältnisse sorgten – Sarosi war in der 73. Minute per Strafstoß das Ehrentor gelungen –, um im Rückspiel im heimischen Megyeri ut beim 2:2 leichtes Spiel zu haben.

Nach dem Kriegsausbruch verlor der Mitropa-Cup weiter an Wert, da im Juni 1940 nur noch Vertreter aus Rumänien (2), Jugoslawien und Ungarn (je 3) an den Start gingen. Am 23. Juni schrieben Sarosi & Co. Geschichte, als sie im Erstrundenrückspiel Slavija Sarajevo mit 11:1 vom Platz fegten und damit den höchsten Sieg der Mitropa-Pokal-Historie landeten. Nach einem harterkämpften Halbfinalerfolg über BSK Belgrad (0:1, 2:0) standen sie erneut im Finale, wo sie gegen Rapid Bukarest als haushoher Favorit galten. Wegen der voranschreitenden Kriegshandlungen wurden die Spiele jedoch nicht ausgetragen, womit György Sarosi, der mit fünf Treffern an der Spitze der Torschützenliste lag, um seinen zweiten und Fradi um den dritten Mitropa-Cup-Sieg gebracht worden war, mit dem die Grün-Weißen alleiniger Rekordhalter im wichtigsten europäischen Vereinswettbewerb der Zwischenkriegszeit gewesen wären. So mussten sie sich mit dem Gewinn eines weiteren Meistertitels zufrieden geben, den sie sich dank des besseren Torverhältnisses gegenüber dem punktgleichen MTK gesichert hatten. Während das Titelrennen in der Spielzeit 1939/40 damit noch eine ungemein enge Angelegenheit gewesen war, hatte Ferencvaros im kommenden Jahr keine Mühe, den Meistertitel zu verteidigen, da man dem ärgsten Verfolger Ujpest einen Rückstand von elf Zählern aufgebrummt hatte. Beide Male gehörte György Sarosi wie gewohnt zu den herausragenden Akteuren. Nachdem der Fußball-Doktor aus Budapest schon 1939/40 mit 23 Treffern die Torschützenliste angeführt hatte, durfte er sich 1940/41 mit 29 Torerfolgen zum dritten Mal in seiner Laufbahn als „Golkiraly" feiern lassen.

Letzte Karrierejahre im Schatten des Weltkriegs

Nach dem fünften Meistertitel sollte György Sarosi noch sieben Jahre weiterspielen, wobei es zunächst deutlich bergab ging. So reichte es in der Saison 1941/42 nur zum sechsten Platz, obwohl Ferencvaros nicht weniger als 124 Tore erzielt – dafür aber 49 kassiert – hatte. Für das enttäuschende Abschneiden in der Liga revanchierten sich die Grün-Weißen mit dem Gewinn der Magyar Kupa, der nach einem 6:2 im Endspiel am 29. Juni 1942 über VTK Diosgyör feststand, obwohl die Mannschaft auf ihren Kapitän – dem auf dem Weg ins Finale in zwei Einsätzen vier Treffer gelungen waren – verzichten musste. Als Fradi am 27. Juni 1943 seinen Vorjahreserfolg wiederholen konnte, war der inzwischen knapp 31-Jährige aber wieder mit von der Partie. Der Ligadritte traf im Pokalendspiel auf BTC Salgotarjan, gegen den Sarosi wie zu besten Zeiten wirbelte und seine Farben vor 20.000 Zuschauern mit zwei Toren auf die Siegerstraße schoss, ehe Bela Onodi in der 82. Minute den Endstand besiegelte.

In der Meisterschaft waren Dr. Sarosi in der Saison 1942/43 in 15 Einsätzen allerdings nur noch sechs Tore gelungen, womit Verschleißerscheinungen offensichtlich wurden. Die gestiegene Verletzungsanfälligkeit führte dazu, dass Sarosi zurückhängender agierte und das Toreschießen anderen überließ. So traf er im Spieljahr 1942/43 ebenfalls nur elfmal in die Maschen. Wie überall in Europa litt auch in Ungarn der Spielbetrieb unter den Folgen des Zweiten Weltkriegs. Nachdem schon im Vorjahr mit dem FC Csepel ein Überraschungsteam Meister geworden war, brachte auch die Spielzeit 1943/44 mit dem AC Nagyvarad einen Sensationsmeister hervor, der das zweitplatzierte Ferencvaros um 13 Punkte abgehängt hatte.

► EINWURF

Mit 350 Treffern in 384 Ligaspielen führt György Sarosi auch heute noch die ewige Torschützenliste von Ferencvaros Budapest an. Ihm folgen Imre Schlosser mit 269 Toren in 169 Spielen sowie sein langjähriger Teamgefährte Geza Toldi mit 213 Toren in 223 Partien. In der ewigen Torschützenliste der höchsten ungarischen Liga rangiert der spielstarke Mittelstürmer der Grün-Weißen auf Platz 6. Neben seinen Treffern in der ersten ungarischen Liga hat Dr. Sarosi in 22 nationalen Pokalspielen 21 sowie in 42 Mitropa-Cup-Spielen weitere 45 Treffer erzielt. Hinzu kommen noch 217 Torerfolge in 193 Freundschaftsspielen, so dass Fradis Rekordschütze für die Grün-Weißen in 641 Einsätzen 633-mal ins Schwarze getroffen hat.

Im Pokal konnten die Grün-Weißen die Verhältnisse wieder gerade biegen und sich durch einen Erfolg über Außenseiter AC Kolozvar den Hattrick sichern. Allerdings tat sich der Titelverteidiger auch gegen die Truppe aus dem heutigen Rumänien lange Zeit schwer und ließ sich trotz einer 2:0-Führung noch ein Wiederholungsspiel abringen, wo die Mannschaft zur Pause mit 0:1 zurücklag. Nach dem Wiederanpfiff wurden die Grün-Weißen ihrer Favoritenrolle dann endlich doch gerecht und kamen in der 51. Minute durch György Sarosi zum schnellen Ausgleich, um nach einem Doppelschlag von Vilmos Sopos schließlich als 3:1-Sieger vom Platz zu gehen.

Im Herbst 1944 konnte Dr. Sarosi mit Fradi einen weiteren – sportlich allerdings nahezu bedeutungslosen – Meistertitel feiern. Kriegsbedingt war die reguläre Runde der Saison 1944/45 nach nur drei Spieltagen abgebrochen und durch eine provisorische Liga mit zwölf Budapester Vereinen ersetzt worden, aus der die Grün-Weißen mit nur einer Niederlage als Sieger hervorgingen. Während sich die Veranstalter im Herbst 1944 auf eine einfache Runde beschränkt hatten, wurde im Frühjahr 1945 eine Doppelrunde mit 22 Spieltagen durchgepeitscht, die Ferencvaros Budapest drei Zähler hinter Dauerrivale Ujpest als Zweiter beendete. Dr. Sarosi hatte mit 14 bzw. 16 Toren durchaus ansprechende Leistungen gezeigt, bevor er sich in der Mammutsaison 1945/46 auf noch einmal 31 Torerfolge in 32 Einsätzen zu steigern vermochte. In der ersten Nachkriegssaison hatte der Verband eine Zweiteilung der Liga in eine Ost- und Weststaffel vorgenommen, die von je 14 Mannschaften gebildet wurden, von denen sich die besten Zehn für die Meisterrunde qualifizierten, so dass jedes Team auf 44 Saisonspiele kam. Während sich Fradi am Ende mit dem fünften Platz begnügen musste, reichte es für György Sarosi in der Torschützenliste gar nur zu Rang acht. Das Scheibenschießen um die Torjägerkrone der NB I hatte Ferenc Deak mit dem noch heute gültigen Europarekord von 66 Toren für sich entschieden.

Am Ende der Saison 1947/48 sollte Dr. György Sarosi seine Laufbahn dann mit knapp 36 Jahren beenden. Nach dem Zweiten Weltkrieg stand der Fußball in Ungarn vor einer radikalen Zäsur. Nachdem die Kommunisten das Profitum abgeschafft hatten, brach für Ferencvaros eine schwere Zeit an. Nur in der unmittelbaren Nachkriegszeit war der Verein noch konkurrenzfähig, was vor allem an vielversprechenden Talenten wie Zoltan Czibor oder Sandor Kocsis lag, die kurzzeitig mit György Sarosi zusammenspielten. Als diese jedoch zu dem vom Regime protegierten Armeeklub Honved gewechselt waren, war es mit der Herrlichkeit der Franzenstädter vorbei. In der Saison 1948/49 konnte sich Fradi nach dem Rückzug von Dr. Sarosi nochmals den Titelgewinn sichern, bevor die Anhänger bis 1963 warten mussten, ehe die Meisterwürde wieder auf Ferencvaros überging.

György Sarosi selbst hatte nach 15 Toren in der Saison 1946/47 im Spieljahr 1947/48 in 17 Ligaeinsätzen seine letzten sechs Tore erzielt. Mit dem Ende seiner Karriere gehörte auch die erste große Erfolgsära des ungarischen Fußballs – die im Gewinn der Vizeweltmeisterschaft 1938 ihren Höhepunkt gehabt hatte – der Vergangenheit an. Längst machte sich eine neue Generation auf, dem Budapester Fußball zur Weltgeltung zu verhelfen. Doch auch für Puskas & Co. sollte es bei der Weltmeisterschaft 1954 in der Schweiz „nur“ zum zweiten Platz reichen...

Trainerkarriere in Bella Italia

Während jüngere Spieler wie Laszlo Kubala ihr Glück im Ausland suchten, um dem kommunistischen Regime zu entfliehen und bei internationalen Topklubs ihr Können zu versilbern, kam für György Sarosi ein derartiger Schritt nicht mehr in Frage. Gleich nach dem Ende seiner aktiven Laufbahn kehrte aber auch das Urgestein von Ferencvaros Budapest seiner Heimat den Rücken, um in Italien eine Karriere als Profitrainer einzuschlagen.

In den ersten drei Spielzeiten in der Serie A betreute Sarosi die Abstiegskandidaten AS Bari und AS Lucchese, wobei er mit Bari in der Saison 1949/50 in die Zweitklassigkeit abstürzte, nachdem ihm im Jahr zuvor noch der Ligaverbleib auf dem 18. Platz gelungen war. Erwartungsgemäß musste er auch bei seiner zweiten Trainerstation im toskanischen Lucca bis zur letzten Runde um den Klassenerhalt bangen. Am 38. Spieltag feierten seine Schützlinge aber einen fulminanten 5:0-Kantersieg über den AS Como, mit dem sie auf dem 15. Tabellenplatz das rettende Ufer erreichten.

Noch war „Giorgio“ Sarosi den Beweis, nicht nur ein guter Spieler, sondern auch ein guter Trainer zu sein, schuldig geblieben. Somit passte es blendend ins Konzept, als ihm das Angebot ins Haus flatterte, ab Herbst 1951 mit Juventus Turin eine echte Spitzenmannschaft zu übernehmen. Als ehemaliger Angreifer ließ der Ungar die „Vecchia Signora“ in der Spielzeit 1951/52 stürmen, was das Zeug hielt, was ihm das Innentrio Giampiero Boniperti, Ermes Muccinelli und John Hansen mit 98 Saisontoren dankte. Besonders gut dürften Sarosi die Auftritte des Dänen John Hansen gefallen haben, der mit 30 Treffen in seine Fußstapfen trat und die Torjägerliste anführte. Vor allem aber rangierte Juventus Turin nach 38 Spieltagen an der Tabellenspitze der Serie A, womit der Fußball-Doktor aus Budapest als Meistermacher nun auch sein Trainer-Examen mit Auszeichnung bestanden hatte. Beim neunten Titelgewinn der Vereinsgeschichte war die Juve das Maß aller Dinge, was der Vorsprung von sieben Zählern auf Vizemeister AC Mailand sowie deren elf auf das drittplatzierte Inter eindrucksvoll bestätigte.

Während Juventus in Dr. Sarosi über einen Trainer verfügte, der als Verfechter des Offensivfußballs galt, hielt bei Inter Mailand im Sommer 1952 der berüchtigte Catenaccio Einzug. Unter ihrem neuen Trainer Alfredo Foni (ausgerechnet ein ehemaliger Juve-Spieler) ging die Torquote der Nerazzurri in der Saison 1952/53 gegenüber den Vorjahren um mehr als die Hälfte zurück. Die Mailänder erzielten lediglich 45 Treffer, kassierten aber nur 23, wobei sie mit dieser Taktik auf Anhieb maximalen Erfolg hatten, was wiederum dazu führte, dass die Riegel-Taktik bald zahlreiche Nachahmer fand. Der deutlich attraktivere Fußball unter Dr. Sarosi – Juve kam auf 73 Saisontreffer, musste dafür aber 40 einstecken – reichte zwei Punkte hinter den Betonmischern aus der Lombardei nur zur Vizemeisterschaft, was dem Ungarn den Job kostete. Nachfolger als Juventus-Trainer wurde mit Aldo Olivieri bezeichnenderweise ein ehemaliger Torhüter, unter dem sich auch die Turiner in den kommenden Jahren dem Trend anpassten und die Defensive nachhaltig stärkten.

Vornehmlich arbeitete der Ungar György Sarosi als Trainer in Italien, wobei er in der Serie A den größten Erfolg mit Rekordmeister Juventus Turin feierte, den er in der Spielzeit 1951/52 zum Gewinn der Meisterschaft führte.

Auch Dr. Sarosi blieb bei seinen nächsten Trainerstationen nichts anderes übrig, als sich dem Zeitgeist anzupassen. So führte er Altmeister FC Genua 1893 in der Saison 1953/54 mit dem vielsagenden Torverhältnis von 38:23 zum Zweitligatitel und Aufstieg in die Serie A, wo sein Team jedoch schnell von der Realität eingeholt wurde, nachdem dieses im Spieljahr 1954/55 früh in Abstiegsgefahr geriet. Als die Grifone in der Rückrunde einen 2:0-Vorsprung gegen den AC Turin verspielt hatten und als 2:3-Verlierer vom Platz gingen, betrug der Vorsprung auf die Abstiegsränge nur noch zwei Zähler, weshalb Sarosi durch Ermelino Bonilauri ersetzt wurde und sich nach einem neuen Arbeitgeber umsehen musste.
Diesen fand er zur Spielzeit 1955/56 im AS Rom, bei dessen Tifosi sich bei der Vorstellung des ungarischen Übungsleiters allerdings gemischte Gefühle einstellten. Die Gedanken gingen zurück an den 22. Juni des Jahres 1938, als die Lupi gegen Ferencvaros Budapest im Mitropa-Cup eine 0:8-Klatsche kassierten und György Sarosi vier Tore erzielt hatte. Da in der vom Catenaccio verseuchten Serie A jedoch meist Fußball zum Abgewöhnen gespielt wurde, waren derartige Niederlagen nicht mehr zu befürchten. Mit einem Torverhältnis von 43:40 überquerte die Mannschaft die Ziellinie als Tabellensechster, wobei der Rückstand auf Meister AC Florenz mit 18 Zählern doch beträchtlich ausfiel. In der nächsten Saison war Dr. Sarosi am Tiber mit seinem Latein dann allerdings am Ende. Früh gerieten die Giallorossi in Abstiegsgefahr, was im Herbst 1956 abermals zur vorzeitigen Entlassung führte.
Es folgte ein Engagement beim FC Bologna, mit dem Dr. Sarosi in der Saison 1957/58 erneut einen sechsten Platz erreichte. Nachdem der Ungar 1958/59 einige Woche zum AS Rom zurückgekehrt war, heuerte er zur Spielzeit 1960/61 beim Zweitligisten Brescia Calcio an, mit dem er nur knapp dem Abstieg in die Drittklassigkeit entging. Die letzte Trainerstation führte den gebürtigen Ungarn ins Tessin, wo er in der Saison 1962/63 mit dem schweizerischen Erstligisten FC Lugano als Tabellenletzter aus der Nationalliga A abstieg. Trotz dieses Fiaskos blieb er den Eidgenossen bis 1965 als Geschäftsführer erhalten, ehe er wieder nach Italien zurückkehrte, um zwischen 1966 und 1972 in die Nachwuchsarbeit von Sampdoria Genua einzusteigen. An der ligurischen Küste verbrachte Giorgio Sarosi auch sein Rentnerdasein. Der Toptorjäger von Ferencvaros verstarb am 20. Juni 1993 in Genua im Alter von 80 Jahren.

► ZAHLEN UND FAKTEN

Vereine:	1930-1948 Ferencvaros Budapest
Tore:	384 ungarische Erstligaspiele (350 Tore)
	22 ungarische Pokalspiele (21 Tore)
	42 Mitropa-Cup-Spiele (45 Tore)
	62 Länderspiele (42 Tore)
gesamt	510 Pflichtspiele (458 Tore)
Erfolge:	Ungarischer Meister 1932, 1934, 1938, 1940, 1941, 1944 (Herbst)
	Ungarischer Pokalsieger 1933, 1935, 1942, 1943, 1944
	Mitropa-Cup-Sieger 1937
	Ungarischer Torschützenkönig 1935/36 1939/40, 1940/41, 1944 (Herbst)

In der Nationalmannschaft:
Der mit 42 Treffern in 62 A-Länderspielen fünftbeste Torjäger in der Geschichte der ungarischen Nationalmannschaft wurde in den ersten Jahren seiner Länderspielkarriere wie bei seinem Verein Ferencvaros nicht im Angriff, sondern im Mittelfeld und teilweise sogar in der Verteidigung eingesetzt. Entsprechend sollte es bis zu seinem 15. Einsatz dauern, ehe er sich erstmalig als Torschütze verewigen konnte.
Zu seinem Debüt war György Sarosi am 21. Mai 1931 in Belgrad gekommen, wo die Ungarn eine 2:3-Niederlage gegen Jugoslawien hinnehmen mussten. Auch als ihm am 2. Juli 1933 in Stockholm gegen Schweden der erste Länderspieltreffer gelang, setzte es eine Niederlage, die mit 2:5 sogar ziemlich deutlich ausfiel. Rechtzeitig vor der Weltmeisterschaft 1934 in Italien sollten aber nicht nur die Magyaren zu ihrer Form finden. Nationaltrainer Ödön Nadas setzte Fradi-Mittelstürmer Sarosi fortan auch in der Länderelf im Sturmzentrum ein, wie etwa am 25. März 1934 in Sofia im WM-Qualifikationsspiel gegen Bulgarien, das Ungarn locker mit 4:1 für sich entschied. Trotz des klaren Erfolges, den György Sarosi mit seinem zweiten Länderspieltreffer eingeleitet hatte, war die Stimmung im Lager der Gäste nicht besonders gut, die sich vor allem über den knüppelharten Sandplatz beklagten, den man in Sofia vorgefunden hatte.
Vor der WM-Endrunde riss der Ärger nicht ab: Die heimischen Profiklubs verweigerten ihren Spielern lange die Freigabe, weshalb die ungarische Mannschaft erst kurz vor dem ersten Auftritt am 27. Mai 1934 nach Neapel anreiste. György Sarosi – der in den Vorbereitungsspielen gegen Österreich (2:5), die Tschechoslowakei (2:2) und England (2:1) noch fünf Tore erzielt hatte – stand beim Anpfiff der Partie gegen Ägyptern jedoch nicht auf dem Platz, da er sich eine Verletzung zugezogen hatte, weshalb er durch Pal

Teleki vertreten wurde. Obwohl der Angreifer des FC Bocskai den 4:2-Erfolg mit einem Treffer in der 11. Minute eingeleitet hatte, war es keine Frage, dass György Sarosi im Viertelfinale gegen Österreich wieder dabei war, nachdem er seine Verletzung weitgehend auskuriert hatte. Im regnerischen Bologna zeigten die Österreicher aber die deutlich stärkere Leistung und gerieten erst in der zweiten Hälfte unter Druck, als Ungarn nach einer Stunde einen schmeichelhaften Elfmeter zugesprochen bekam, den Dr. Sarosi gegen Platzer zum 1:2-Anschlusstor verwandelte. Ein weiterer Torerfolg wollte den Magyaren allerdings nicht gelingen, was auch daran lag, dass dem angeschlagen ungarischen Sturmführer die Bindung zum Spiel fehlte.

Vizeweltmeister sturmreif geschossen

Vier Jahre später – bei der dritten Weltmeisterschaft in Frankreich – sollte György Sarosi dann den Höhepunkt seiner Nationalmannschaftskarriere erleben. Die Titelkämpfe 1938 waren geprägt von herausragenden Stürmerleistungen. So versuchten es die Brasilianer mit dem „schwarzen Diamanten" Leonidas da Silva, die Tschechoslowaken mit Oldrich Nejedly, der 1934 beim Gewinn der Vizeweltmeisterschaft in Italien bereits Torschützenkönig geworden war. Titelverteidiger Italien bot im Sturmzentrum Lazios Silvio Piola auf, dem mit dem Mailänder Giuseppe Meazza ein weiterer internationaler Topstürmer assistierte. Selbst Polen zeigte sich mit Ernst Wilimowski hervorragend aufgestellt, derweil die Ungarn neben Mannschaftskapitän Dr. Sarosi noch dessen Vereinskamerad Geza Toldi sowie Gyula Zsengeller von Ujpest Budapest zu bieten hatten. Die geballte Offensivpower lässt heutige Fußballanhänger vor Neid erblassen, wenn man bedenkt, dass Bundestrainer Jogi Löw im März 2013 bei den WM-Qualifikationsspielen gegen Kasachstan kein Problem darin sah, die einzige noch verbliebene nominelle Stürmerposition mit dem Dortmunder Mario Götze und mithin einem gelernten Mittelfeldspieler zu besetzen.

Dank des auch in anderen Mannschaftsteilen glänzend besetzten Kaders, galten die technisch versierten Magyaren in Frankreich als einer der Topfavoriten, was sie mit ihren starken Leistungen im Vorfeld des Turniers auch eindrucksvoll untermauern konnten. Das Trainergespann Karoly Dietz und Alfred Schaffer setzte dabei nicht zuletzt auf Spieler des amtierenden Meisters Ferencvaros Budapest. Neben Mittelstürmer György Sarosi stellten die Grün-Weißen weitere sieben aktuelle sowie mit Vilmos Kohut (damals Olympique Marseille) und Jozsef Turai (MTK Budapest) darüber hinaus zwei Spieler, die ebenfalls schon für Fradi aktiv gewesen waren.

Die ungarische Mannschaft, die im Herbst 1937 den amtierenden Vizeweltmeister Tschechoslowakei in Budapest mit 8:3 demontierte. Stehend von links: Csikor, Sas, Cseh, Kemeney, Magda, Sziklai, Futo, Turai, Koranyi. Vorne von links: Zsengeller, Dudas und Dr. György Sarosi, der den tschechischen Keeper Frantisek Planicka gleich siebenmal überwand.

Große Stücke hielten die Experten vor allem auf Gyula Lazar, der das ungarische Spiel aus dem Mittelfeld heraus ankurbelte und den sie in der Heimat aufgrund seiner Spielintelligenz nur „Professor" riefen. Nach der Weltmeisterschaft galt der Europapokal der Nationalmannschaften seinerzeit als wichtigster Wettbewerb, welcher zwischen 1936 und 1938 zum vierten Mal ausgetragen wurde. Als dieser im Frühjahr 1938 nach dem Anschluss Österreichs an Hitler-Deutschland vorzeitig abgebrochen werden musste, lagen nicht nur die Ungarn mit 10:4 Punkten und 24:15 Toren an der Tabellenspitze. Auch György Sarosi führte mit zehn Treffern die Torjägerliste an, wobei ihm allein sage und schreibe sieben von acht ungarischen Toren am 19. September 1937 gelungen waren, als der amtierende Vizeweltmeister Tschechoslowakei in Budapest mit 8:3 zerlegt worden war. Nachdem es schon im Mitropa-Cup bei den Spielen zwischen Ferencvaros und Slavia Prag wiederholt zum Duell zwischen Dr. Sarosi und Wundertorhüter Planicka gekommen war, ging der Vergleich diesmal klar an György Sarosi. In den zwei letzten Einsätzen vor der WM konnte sich der Mittelstürmer gegen Österreich (2:1) und die Schweiz (2:0) ebenfalls je einmal in die Torschützenliste eintragen.

Der Griff nach dem Rimet-Pokal

Als die WM in Frankreich am 5. Juni 1938 für Ungarn mit dem Achtelfinalspiel in Reims gegen Niederländisch Indien begann, war Spielführer György Sarosi knapp 27 Jahre alt. Erwartungsgemäß hatten die Magyaren mit ihrem Innentrio Zsengeller-Sarosi-Toldi keinerlei Mühe, die wieselflinken Asiaten im Stade Municipal klar in die Schranken zu weisen. Nachdem Kohut und Toldi die Mannschaft mit einem Doppelschlag aus der 13. und 15. Minute früh mit 2:0 in Führung gebracht hatten, teilten sich Zsengeller und Sarosi die übrigen vier Treffer gleichmäßig auf, wobei Dr. Sarosi nach dem zwischenzeitlichen 3:0 in der 28. Minute auch für den 6:0-Endstand in der 89. Minute verantwortlich zeichnete.

Eine Woche später wartete in Lille mit der Schweiz ein wesentlich härterer Brocken. Die Eidgenossen hatten sich im Achtelfinale nämlich gegen Deutschland durchgesetzt, das nach dem Anschluss Österreichs zu „Großdeutschland" geworden war. Allerdings hatten die Schweizer eines Wiederholungsspieles bedurft, weshalb vieles für ein Weiterkommen der Ungarn sprach. Vor allem in der Anfangsphase war die ungarische Elf dann auch deutlich überlegen. Schon in der ersten Minute hatte Dr. Sarosi eine Riesenchance, doch landete sein Schuss knapp neben dem Pfosten des von Huber gehüteten schweizerischen Tores. Die Feldüberlegenheit wurde vor allem durch das Eckenverhältnis von 6:0 dokumentiert. Nach der schwungvollen Anfangsphase vermochten sich die Schweizer aber von der Umklammerung zu lösen, so dass alles auf ein 0:0 zur Pause hinauslief. Fünf Minuten vor der Halbzeit drangen die Ungarn noch einmal in den gegnerischen Strafraum ein. Dr. Sarosi zog ab und das von Zsengeller abgeprallte Leder lag im schweizerischen Tor. Im zweiten Umgang hielten die Eidgenossen trotz der beiden kräftezehrenden Deutschland-Spiele die Begegnung bis zur 89. Minute offen, als Gyula Zsengeller mit dem 2:0 für die Entscheidung sorgte. Während Halbstürmer Zsengeller Bestnoten erhielt, war Dr. Sarosi nicht ganz so gut zur Geltung gekommen, was vor allem an Gegenspieler Sirio Vernati lag, der ihn praktisch auf Schritt und Tritt verfolgt hatte.

Bild oben: Im Achtelfinale setzte sich Ungarn mit spielerischer Leichtigkeit gegen die Elf von Niederländisch Indien durch. Gerade erzielt Dr. Sarosi (weißes Trikot) das 3:0. Bild rechts: Im Finale standen sich Ungarn und Italien in Paris gegenüber (2:4). Die Kapitäne Sarosi (rechts) und Meazza sowie Schiedsrichter Georges Capdeville vor dem Anpfiff.

Im WM-Finale führte Titelverteidiger Italien zur Pause mit 3:1, ehe György Sarosi mit dem Anschlusstor nach 70 Minuten noch einmal für Spannung sorgte. Von links: Andreolo, Rava, Dr. Sarosi, Serantoni, Vincze und Olivieri.

In der Vorschlussrunde traf Ungarn im Pariser Prinzenpark auf Schweden, das in der Runde der letzten Acht Kuba mit 8:0 vom Platz gefegt hatte. Dennoch waren die ungarischen Profis gegen die schwedischen Amateure klar favorisiert, weshalb sich die rund 20.000 Zuschauer nach einem Blitzstart der Nordländer verwundert die Augen rieben: Gerade 45 Sekunden waren gespielt, als diese durch Nyberg mit 1:0 in Führung gegangen waren. Schon vor der Pause wurden die Ungarn ihrer Favoritenrolle dann aber doch gerecht, wenngleich sie für den Ausgleichstreffer in der 19. Minute eines Eigentores von Jacobsson bedurften. Titkos und Zsengeller sorgten jedoch für eine beruhigende 3:1-Führung, die Dr. Sarosi mit seinem vierten Turniertreffer in der 65. Minute weiter ausbaute, bevor Zsengeller fünf Minuten vor dem Abpfiff für den 5:1-Endstand sorgte. In drei Spielen waren den spielstarken Magyaren 13 Tore und damit so viele wie keinem anderen WM-Teilnehmer gelungen. Auch der Düsseldorfer Journalist Hans Körfer sparte nicht mit Lob für die Offensivabteilung der Magyaren: „Zsengeller, der prächtige ungarische Halbrechte, hatte zwei Tore beigesteuert. Noch mehr imponierte aber in der ungarischen Elf der Super-Techniker Dr. Sarosi."

Auch nach dem Endspiel am 19. Juni 1938 erhielt der ungarische Kapitän Bestnoten. Zwar führte Titelverteidiger Italien im Stade Colombes zur Pause mit 3:1. In der 70. Minute wurde es allerdings noch einmal richtig spannend, als Linksverbinder Vincze seinen Mittelstürmer Dr. Sarosi per Kopf in Szene setzte, der Italiens Schlussmann Olivieri mit einem Schuss aus sechs Metern überwand. Danach lag der Ausgleich mehrfach in der Luft. Dr. Sarosi trieb seine Teamgefährten unermüdlich an, doch wollte das 3:3 partout nicht gelingen. Den Angriffsbemühungen fehlte ein wenig die Präzision, was möglicherweise daran lag, dass „Spezi" Schaffer seine im Turnierverlauf eingespielte Elf vor dem Finale auf mehreren Positionen umstellen musste. So fiel in der 82. Minute die Entscheidung, als Piola den vierten italienischen Treffer erzielte, womit die Ungarn endgültig das Nachsehen hatten.

Nach der Weltmeisterschaft kam György Sarosi noch zu 16 weiteren Länderspieleinsätzen, in denen ihm allerdings nur mehr fünf Tore gelangen. Zunächst konnte er in seinem ersten Länderspiel nach der WM am 7. Dezember 1938 in Glasgow bei der 1:3-Niederlage gegen Schottland das ungarische Ehrentor erzielen. Am treffsichersten präsentierte er sich bei den vier Zu-Null-Siegen zwischen dem 12. November 1939 und dem 19. Mai 1940, als ihm vier der acht ungarischen Tore gelangen: Lediglich beim 1:0 über Kroatien schoss Dudas das Tor des Tages. Dafür zeichnete sich Dr. Sarosi beim 3:0 über die Schweiz in Budapest als zweifacher Torschütze aus, derweil er auch beim 2:0 in Belgrad gegen Jugoslawien erfolgreich war. Sein letztes Länderspieltor markierte er am 19. Mai 1940, als er seine Farben beim 2:0-Sieg über Rumänien in der 73. Minute auf die Siegesstraße brachte. Unter keinem guten Stern stand am 7. November 1943 sein Abschied aus der Nationalmannschaft: In Budapest erwischten die Magyaren einen rabenschwarzen Tag, als sie sich gegen Schweden mit 2:7 bis auf die Knochen blamierten.

Saison	Mitropa-C.		Liga		Pokal	
	Sp.	T.	Sp.	T.	Sp.	T.
1930/31			7	2	4	0
1931/32	2	3	19	4		
1932/33			22	8	4	5
1933/34	5	7	20	24		
1934/35	8	9	20	22	4	6
1935/36	2	4	21	36		
1936/37	9	12	19	29		
1937/38	8	7	20	29		
1938/39	6	2	20	26		
1939/40	2	1	23	23		
1940/41			22	29		
1941/42			19	19	2	4
1942/43			15	6	2	3
1943/44			28	11	6	3
1944			13	14		
1945			18	16		
1945/46			32	31		
1946/47			29	15		
1947/48			17	6		

Hans Schäfer
Mit kölschem Dickschädel zum WM-Titel

Der Aufstieg des erst am 13. Februar 1948 aus einer Fusion der SpVgg Sülz 07 mit dem Kölner BC hervorgegangenen 1. FC Köln zu einem der führenden deutschen Klubs der Nachkriegszeit sowie zum ersten Bundesligameister ist eng mit dem Namen Hans Schäfer verbunden. Der torgefährliche Linksaußen avancierte in 17 Spielzeiten für seinen „Eff-Zeh" mit 243 Toren nicht nur zum erfolgreichsten Torschützen der Vereinsgeschichte, sondern war mit 223 Treffern auch gleichzeitig bester Goalgetter der Oberliga West. Während „de Knoll" (kölsch für „Dickschädel") heute als Kölner Urgestein gilt, ist kaum bekannt, dass seine familiären Wurzeln in Kaiserslautern liegen. Dort war nämlich sein Vater Hugo geboren worden, ehe es ihn nach Köln-Zollstock verschlug, um ein Friseurgeschäft zu eröffnen. Mit dem Fußballvirus wurde der am 19. Oktober 1927 in der Domstadt geborene Hans Schäfer von seinem Vater infiziert. Als Zehnjähriger trat er der DJK Rheinland Zollstock bei, wo er recht bald als Torschütze vom Dienst glänzte. Gegen Ende des Zweiten Weltkriegs wurde der gelernte Friseur als Flakhelfer eingezogen. Glücklicherweise kehrte er unversehrt wieder nach Hause zurück, um seine Karriere bei Rot-Weiß Zollstock (wie die DJK Rheinland mittlerweile hieß) fortzusetzen.

Über Volkmarsen zum „Eff-Zeh"

Im Sommer 1947 versuchte FC-Vorgänger SpVgg Sülz 07 sich die Dienste von Hans Schäfer zu sichern. Das Problem war jedoch, dass ein Wechsel innerhalb der britischen Besatzungszone eine automatische dreimonatige Spielsperre nach sich gezogen hätte, die der knapp 20-jährige Angreifer unbedingt vermeiden wollte. Um auch weiterhin kicken zu können, schloss er sich in der Spielzeit 1947/48 dem nordhessischen VfR Volkmarsen an. Durch seinen Umzug in die französische Besatzungszone blieb Schäfer zum einen von einer Sperre verschont. Außerdem bedeutete der Wechsel auf das „flache Land", dass er nicht mit den üblichen Versorgungsengpässen der Großstadt zu kämpfen hatte. Es war die Zeit der legendären „Kalorienspiele", in der Fußballer noch nicht mit Millionengagen zugeschüttet wurden, sondern als Gegenleistung für ihre Auftritte auf dem grünen Rasen Naturalien erhielten. Für Schäfer später durchaus ein Grund ein wenig zu hadern: „In der heutigen Zeit hätte ich mit meiner fast 17-jährigen Karriere wohl so rund 20 Millionen verdient."

Weltmeister Hans Schäfer bestritt für den 1. FC Köln 394 Erstligaspiele und erzielte 243 Tore. Mit den Geißböcken gewann „de Knoll" 1962 und 1964 zweimal die Deutsche Meisterschaft.

Aus rein sportlicher Sicht hatte Hans Schäfer der Wechsel zum VfR weitergebracht, was nicht zuletzt an Heinrich Trimhold lag, der in Volkmarsen als Mittelläufer agierte und dem jungen Kölner zum fußballerischen Vorbild wurde. An der Seite des Vaters von Horst Trimhold, der später in der Bundesliga für Eintracht Frankfurt und Borussia Dortmund aktiv war, kam Schäfer am 25. Januar 1948 vor 9.000 Zuschauern in Kassel beim Auswahlmatch Nord- gegen Südhessen in der Läuferreihe zum Einsatz. Mit in seinem Team stand außerdem noch Karl-Heinz „Gala" Metzner, der wie Schäfer Mitglied des 1954er-WM-Kaders war.

Dennoch war klar, dass ein derart großes Talent wie Hans Schäfer bald wieder auf erstklassigem Niveau spielen würde. Mitte Juni 1948 kehrte er nach Köln zurück, um sich, wie vor Jahresfrist angedacht, dem FC anzuschließen, der inzwischen an die Stelle von Sülz 07 und den KBC getreten war. Auch beim Newcomer auf der Fußballbühne freute man sich über die Verstärkung, hatte man in der Saison 1947/48 doch knapp den angepeilten Aufstieg in die westdeutsche Oberliga verfehlt. Unter Trainer Karl Flink (Ex-KBC) war die Mannschaft vor dem VfL Köln und dem Bonner FV als Staffelsieger der Rheinbezirksliga hervorgegangen, hatte jedoch das Bezirksfinale gegen Rhenania Würselen mit 0:0 und 0:1 knapp verloren.

► EINWURF

Hans Schäfer sollte sich dank seiner fußballerischen Qualitäten, aber auch seines unermüdlichen Engagements für die Mannschaft schnell zu dem entwickeln, was man heute „Führungsspieler" nennt. Das Kapitänsamt wurde „de Knoll" beim 1. FC Köln dennoch erst 1960 übertragen. Es war das Jahr, in dem mit Jupp Röhrig der nominelle Spielführer der Geißbock-Elf nach zehn Jahren in der ersten Mannschaft seinen Rücktritt erklärte. Mit Röhrig, der selbst 241 Oberligaspiele bestritt, hatte Hans Schäfer auf dem Platz einen kongenialen Partner gefunden. Während Röhrig als Halblinker vor allem in der Vorbereiterrolle glänzte, war es Schäfer, der dessen Zuspiele eiskalt verwertete. Ehrfurchtsvoll wurde das Duo als „Traumflügel" bezeichnet. – Deutlich eher als im Verein wurde Hans Schäfer in der Nationalmannschaft zum Kapitän ernannt. Nach dem vorläufigen Rücktritt Fritz Walters Ende 1956 wurde der Kölner von Sepp Herberger zum neuen Spielführer des amtierenden Weltmeisters bestimmt, wobei er dieses Amt auch bei den WM-Endrunden 1958 und 1962 ausübte.

Ein Jahr später dominierten die Domstädter unter Spielertrainer Hennes Weisweiler ihre Staffel dann nach Belieben, gaben in 26 Saisonspielen lediglich drei Zähler ab und sicherten sich bei 114:31 Toren mit 15 Punkten Vorsprung auf Vize SC West Köln die Meisterschaft. Auch in den Bezirksendspielen hatten die Rot-Weißen mit Bayer Leverkusen wenig Mühe und stiegen nach zwei Siegen (2:0 und 3:1) im zweiten Anlauf in die westdeutsche Oberliga auf. Linksaußen Hans Schäfer war in sämtlichen Ligaspielen zum Einsatz gekommen und hatte mit 18 Treffern die Erwartungen auf Anhieb erfüllt. Bis zu seinem Karriereende war „de Knoll" nun nicht mehr aus der Mannschaft wegzudenken. Inklusive der Freundschaftsspiele kam er für den FC in Summe 711-mal zum Einsatz und erzielte dabei 501 Treffer.

1954 – auch auf Klubebene ein Erfolgsjahr!

Bei ihrer Premiere in der westdeutschen Eliteklasse hatten die Kölner in der Spielzeit 1949/50 mit dem Abstieg nichts zu tun und rangierten am Saisonende auf einem hervorragenden fünften Platz, wobei der Abstand auf Vizemeister

Preußen Dellbrück nur zwei Punkte betrug. Erfolgreichster Torschütze war Hans Schäfer mit 17 Treffern. In den kommenden beiden Jahren setzten sich die Domstädter auf den Rängen vier und fünf in der Spitzengruppe der Oberliga fest, derweil Schäfers Torquote bei 11 bzw. 14 Saisontreffern etwas zurückging.

Vom „Traumflügel" des 1. FC Köln profitierte auch die Nationalelf. Hans Schäfer (rechts) und Jupp Röhrig liefen für den DFB sechsmal gemeinsam auf. Erstmals am 22. März 1953 in Köln-Müngersdorf beim 0:0 gegen Österreich.

Unter der Leitung des neuen Trainers Helmut Schneider durfte sich der 1. FC Köln in der Spielzeit 1952/53 dann sogar erstmals Hoffnungen auf den Gewinn des westdeutschen Meistertitels machen, musste sich am Ende jedoch drei Zähler hinter Borussia Dortmund mit dem zweiten Platz zufrieden geben. Der Aufschwung war nicht zuletzt Hans Schäfer zu verdanken, der mit 27 Saisontreffern den endgültigen Durchbruch geschafft hatte und vor dem Duisburger Karl Hetzel Oberligatorschützenkönig geworden war. Als Vizemeister waren die Kölner erstmalig für die Endrunde um die Deutsche Meisterschaft qualifiziert, wo sie als Gruppendritte bei 5:7 Zählern vorzeitig die Segel streichen mussten. Hans Schäfer, der dank seiner starken Leistungen im Verein mittlerweile zum Nationalspieler avanciert war, hatte alle sechs Endrundenspiele bestritten und dabei zweimal ins Schwarze getroffen.

► EINWURF

Hans Schäfer, der erste Superstar des 1. FC Köln, ist ohne Frage der „Mister Oberliga" der Geißbock-Elf. Mit 355 Einsätzen ist er vor Jupp Röhrig (242) und Georg Stollenwerk (239) unangefochtener Kölner Rekordspieler in der damals höchsten Spielklasse. Mit 223 Torerfolgen ist er zudem auch Rekordtorschütze des FC, wobei er seine Verfolger Christian Müller (82) und Walter Müller (62) deutlich in den Schatten stellt.

Im Weltmeisterschaftsjahr 1954 führte Hans Schäfer mit 26 Treffern abermals die Torschützenliste der Oberliga West an, was ihm in der Schweiz einen Stammplatz in der Nationalelf sicherte. Auch mit dem 1. FC Köln ging es weiter bergauf. Vor dem abschließenden Spieltag durften sich neben der Geißbock-Elf noch Rot-Weiss Essen sowie der FC Schalke 04 berechtigte Hoffnungen auf die Meisterschaft machen, wobei die beiden Mitbewerber an der Essener Hafenstraße im direkten Duell aufeinander trafen. Die Kölner gingen als Tabellenführer in die letzte Runde. Den Platz an der Sonne galt es bei Kellerkind SV Sodingen zu verteidigen, dessen Team nur knapp dem Abstieg entronnen war. Doch die vermeintlich leichte Aufgabe, die darin bestand, einfach nur zu gewinnen, entpuppte sich als eine ziemlich harte Nuss. Zur Pause lagen die Kölner mit 0:1 in Rückstand. Rot-Weiss führte gegen Schalke mit 2:1 und lag damit in der Blitztabelle an der Spitze. In der Mitte der zweiten Hälfte aber fiel in Essen der Ausgleich, derweil auch dem FC das 1:1 und mithin die Rückkehr auf Platz eins gelang. Es schien, als würde die Pattsituation in beiden Stadien bis zum Schluss bestehen bleiben, als Rot-Weiss Essen die Hafenstraße zum Beben brachte, nachdem Islacker und Rahn die Gastgeber während der letzten drei Spielminuten mit 4:2 in Führung schossen. Dem nun ins Hintertreffen geratenen 1. FC Köln blieb nun nichts anderes übrig, als es in Sodingen mit der sprichwörtlichen Brechstange zu versuchen. Die letzten Sekunden waren bereits angebrochen, als Kölns Müller das Leder doch noch zum umjubelten 2:1-Sieg über die Linie drückte und dem Fusionsklub vom Rhein nur etwas mehr als sechs Jahre nach seiner Gründung den ersten Titelgewinn bescherte.

Hans Schäfer & Co. durften sich so zum zweiten Mal an der nationalen Endrunde beteiligen, die aufgrund der anstehenden WM in der Schweiz in geraffter Form stattfand. Gespielt wurde in zwei Dreiergruppen in einer einfachen Runde mit neutralen Austragungsorten. In Gruppe 2 trafen die Kölner auf Eintracht Frankfurt und den 1. FC Kaiserslautern. Die beiden Gegner lieferten sich zum Auftakt am 2. Mai 1954 vor 50.000 Zuschauern in Köln-Müngersdorf einen erbitterten Fight, den die Pfälzer neun Minuten vor dem Abpfiff mit 1:0 für sich entschieden. Eine Woche später kam es dann in Ludwigshafen zum Aufeinandertreffen von Köln und Frankfurt, das die Westdeutschen mit 3:2 gewannen. Die Entscheidung um den Finaleinzug musste damit im letzten Spiel zwischen Köln und Kaiserslautern fallen, da beide Teams je zwei Punkte auf dem Konto hatten. Die 65.000 Zuschauer im Stuttgarter Neckarstadion erlebten einen wie entfesselt aufspielenden 1. FCK, der kurz nach der Pause schon 3:0 in Führung lag. Obwohl die Kölner danach alle Kräfte mobilisierten, durch Hans Schäfers einzigen Endrundentreffer nach 63 Minuten die Aufholjagd einläuteten und es auch tatsächlich schafften, ihrem Gegner noch einmal bedrohlich nahe zu kommen, war nach der 3:4-Niederlage der Traum von der ersten Teilnahme am Meisterschaftsendspiel zerplatzt.

Der 1. FC Köln mit dem 26-jährigen Hans Schäfer (obere Reihe, Zweiter von links) spielte 1953/54 die bis dato beste Saison seiner noch jungen Geschichte, ereichte das DFB-Pokalfinale (0:1 n.V. gegen den VfB Stuttgart) und wurde westdeutscher Oberligameister. Torschützenkönig Schäfer krönte die Spielzeit später mit dem Weltmeistertitel.

Mit dem Aus gegen die Roten Teufel hatten der 1. FC Köln und Hans Schäfer schon die zweite große Titelchance der Saison verspielt. Denn auch im zum zweiten Mal nach dem Krieg wieder ausgespielten DFB-Pokal war die Mannschaft von Trainer Karl Winkler lange Zeit auf Erfolgskurs gewesen. Die Geißbock-Elf hatte sich mit einem 2:0-Sieg über Rot-Weiss Essen zunächst den westdeutschen Pokalsieg gesichert und so die Qualifikation für die Hauptrunde der besten acht Mannschaften geschafft. Diese begann am 1. August 1953 mit der Partie gegen Altmeister Viktoria 89 Berlin. Zur Pause lagen die Gäste von der Spree durch

Wolf überraschend in Führung. Schäfer gelang nach 50 Minuten der Ausgleich, doch legte der Außenseiter durch Horter (52.) abermals vor. Wenigstens markierte Hans Schäfer im erneuten Gegenzug das 2:2. Doch mussten sich die 20.000 Zuschauer im Müngersdorfer Stadion bis zur 81. Minute gedulden, ehe Paul Mebus der erlösende 3:2-Siegtreffer glückte. An einem kalten Vorweihnachtstag des Jahres 1953 zogen die Domstädter mit einem 3:1-Verlängerungssieg beim HSV ins Endspiel ein, wo am 17. April 1954 der VfB Stuttgart wartete, dessen Elf vor allem für seine starke Abwehrreihe bekannt war. An diesem Bollwerk biss sich selbst der linke Kölner „Traumflügel" Schäfer-Röhrig die Zähne aus und schaffte es vor 60.000 Zuschauern in Ludwigshafen trotz drückender Feldüberlegenheit nicht, Stuttgarts Torwart Bögelein zu überwinden. Nachdem die Aktionen der Geißböcke immer fahriger wurden, schien sich das Blatt doch noch zu ihren Gunsten zu wenden, als ihnen Schiedsrichter Dusch eine Viertelstunde vor Schluss einen Elfmeter zusprach. Aber dem Kölner Dörner versagten die Nerven, als er das Leder weit neben den Kasten platzierte. Schließlich war es in der Verlängerung Stuttgarts Kapitän Schlienz vorbehalten, durch seinen Treffer aus der 95. Minute zum 0:1 für die Entscheidung zugunsten der Schwaben zu sorgen.

Je älter der Wein...

Im Jahr nach dem WM-Gewinn in der Schweiz lief für Hans Schäfer – wie für die meisten seiner Nationalmannschaftskameraden auch – nicht viel zusammen. Wegen einer rätselhaften Gelbsuchterkrankung bestritt er im Spieljahr 1954/55 nur 19 Oberligaspiele und erzielte dabei lediglich zehn Treffer. Dabei zeigte sich, wie wichtig der Linksaußen für die Domstädter war. Diese spielten zeitweise sogar gegen den Abstieg und mussten sich am Ende mit einem mickrigen achten Rang begnügen. Auch in der kommenden Spielzeit hinkten sie als Siebte den eigenen Ansprüchen meilenweit hinterher, was auch auf Hans Schäfer zutraf, der zwar wieder in 29 Oberligaspielen zum Einsatz kam, dabei jedoch gerade einmal 14-mal ins Schwarze getroffen hatte.

Erst 1956/57 ging es für „de Knoll" wieder bergauf. Mit 17 Saisontreffern (bei nur 22 Einsätzen) hatte er großen Anteil daran, dass der FC als Dritter wieder in die Spitzengruppe vorstieß. Hier konnte sich der Klub bis zur Gründung der Bundesliga festsetzen. In den letzten sechs Spielzeiten vor Einführung der neuen deutschen Eliteklasse erreichte dieser stets die nationale Endrunde, wobei er dreimal im Finale stand. Zudem sicherten sich die Geißböcke nach zwei zweiten Plätzen 1958 und 1959 ab 1960 vier Oberligatitel in Serie. Obwohl Hans Schäfer nicht mehr der Jüngste war, wurde er für sein Team immer wichtiger. Nach dem Rücktritt seines Sturmpartners Jupp Röhrig übernahm er nicht nur dessen Kapitänsrolle, sondern rückte auch auf die Position des linken Halbstürmers, so dass neben seinen Torjägerqualitäten nun auch die Rolle als Pass- und Ideengeber gefragt war. Dank seiner internationalen Erfahrung war Hans Schäfer fortan Dreh- und Angelpunkt auf dem Platz sowie verlängerter Arm des jeweiligen Trainers. Und auch bei Vereinsboss Franz Kremer, der den FC in jener Zeit fit für die Bundesliga machte, hatte Schäfers Meinung Gewicht.

In der Spielzeit 1959/60 konnten die Fans in der Hauptkampfbahn von Köln-Müngersdorf nach dem Gewinn der ersten Oberligameisterschaft zugleich den erstmaligen Einzug in das Endspiel um die „Deutsche" feiern. Vor der Saison hatte „de Knoll" mit seinem Weltmeisterkollegen von Bern, Helmut Rahn, einen prominenten Mitspieler begrüßen dürfen. Logisch, dass die Mannschaft von Oswald Pfau mit hohen Erwartungen in die Endrunde startete, zumal der Kader auch ohne den „Boss" schon exklusiv genug besetzt war. Nicht weniger als sieben Nationalspieler gehörten selbigem an. Neben Rahn waren dies noch Ewert, Schnellinger, Röhrig, Wilden, Sturm und eben der unverwüstliche Hans Schäfer. Dessen Sturmpartner Christian Müller war mit 28 Treffern zum zweitbesten Oberliga-Torschützen avanciert, während Schäfer in nur 20 Einsätzen immerhin 16 Treffer zum Teamerfolg beigetragen hatte. Im Endspiel trafen die Geißböcke im Frankfurter Waldstadion auf den Hamburger SV. Indes bewiesen die DFB-Funktionäre wenig Humor, als sie dem FC-Maskottchen Hennes den Zutritt zum Stadion verweigerten und die Mannschaft am 25. Juni 1960 somit ohne ihren gewohnten Glücksbringer einlaufen musste. Bei Gluthitze erwischten die Westdeutschen aber gleichwohl den deutlich besseren Start. In der ersten Hälfte hatten sie das Führungstor gleich mehrmals auf dem Fuß. Als dieses Christian Breuer kurz nach dem Wiederanpfiff endlich gelungen war, schien die Begegnung den dem Spielverlauf entsprechendem Ausgang zu nehmen. Plötzlich besannen sich die Hamburger aber ihrer zweifelsohne vorhandenen Qualitäten und gingen durch Uwe Seeler (53.) und Gert Dörfel (81.) mit 2:1 in Führung. Bei immer unerträglicher werdenden Temperaturen – Schiedsrichter Kandlbinder erlitt einen Wadenkrampf – gelang dem FC zwar noch der Ausgleich durch Christian Müller (85.), doch bot eine Unaufmerksamkeit in der Abwehr nur eine Minute später „Uns Uwe" die Chance, das Spiel mit seinem zweiten Tor zum 2:3 zu entscheiden.

Durch einen 4:0-Finalsieg über den 1. FC Nürnberg wurde der 1. FC Köln am 12. Mai 1962 erstmals Deutscher Meister. Nach dem Abpfiff wurde Kapitän Hans Schäfer von Mitspielern und Fans vom Platz getragen.

► EINWURF
In der ersten Bundesligameistermannschaft 1963/64 standen gleich zwei deutsche Weltmeister. Kapitän des 1. FC Köln war Oldie Hans Schäfer, der zehn Jahre zuvor beim „Wunder von Bern" auf dem Rasen gestanden hatte. Ebenfalls mit von der Partie war der erst 20 Jahre alte Wolfgang Overath, der es Schäfer 1974 gleichtun und mit dem DFB ebenfalls den Weltmeistertitel gewinnen sollte.

Zum zweiten Mal durfte Weltmeister Hans Schäfer die Farben „seines" FC am 12. Mai 1962 in einem nationalen Endspiel vertreten. Die Partie gegen Titelverteidiger 1. FC Nürnberg fand im Jahr nach dem Mauerbau erwartungsgemäß im Berliner Olympiastadion statt. Vor 84.000 Zuschauern tauchten die Kölner mit einen sehenswerten Kombinationswirbel in der 22. Minute erstmals gefährlich vor dem Club-Tor auf, in dessen Folge Hans Schäfer nach einem Steilpass plötzlich frei vor Wabra stand. Gekonnt überwand er den Nürnberger Keeper und durfte dann auch endlich jubeln, als Schiri Dusch nach

Rücksprache mit seinem Assistenten an der Linie den Treffer vom Abseitsverdacht freisprach. Nur vier Minuten später erhöhte Habig per Kopfball auf 2:0, was den Kölnern die notwendige Selbstsicherheit verlieh, um die Begegnung fortan klar in den Griff zu bekommen. Bald nach dem Wiederanpfiff konnten sie durch den zweiten Habig-Treffer die Vorentscheidung herbeiführen, derweil Pott in der 71. Minute den deutlichen 4:0-Endstand besiegelte. Dank seiner starken Leistungen im Verein wurde Hans Schäfer von Bundestrainer Herberger trotz seiner mittlerweile fast 35 Jahre für die Weltmeisterschaft in Chile reaktiviert.

Zum Abschluss Bundesliga

Trotz einer bösen 1:8-Klatsche beim Europacupauftritt in Dundee sowie einer Niederlage im letzten Meisterschaftsfinale am 29. Juni 1963 gegen Borussia Dortmund (1:3) durfte sich Hans Schäfer, der in seinen letzten 26 Oberligaspielen noch einmal elf Tore erzielt hatte, über die Wahl zu Deutschlands Fußballer des Jahres 1963 freuen. Nach der Saison 1963/64 war die Freude beim Kölner Spielführer mindestens ebenso groß, als die Domstädter als erster Bundesligameister der Geschichte feststanden. Zum Start-Ziel-Sieg hatte „de Knoll“ bei 22 Einsätzen immerhin zwölf Treffer beigetragen und damit bewiesen, dass der Oldie auch ein Jahrzehnt nach dem „Wunder von Bern“ noch nichts verlernt hatte.

In der weitläufigen, im Laufe des Jahres 1923 ihrer Bestimmung übergebenen Hauptkampfbahn von Köln-Müngersdorf feierte der in Kaiserslautern geborene Hans Schäfer zum Ende seiner 17 Jahre dauernden Karriere die größten Erfolge. Nach vier Oberligatiteln in Serie zwischen 1960 und 1963 war die traditionsreiche Arena in der Saison 1963/64 auch Heimat des ersten Bundesligameisters, den „de Knoll“ als Kapitän auf den Platz führte.

In der Saison 1964/65 begann sich dann jedoch bald das Ende seiner aktiven Laufbahn abzuzeichnen, als er sich im November eine schwere Verletzung zuzog, die ihn für vier Monate zum Zusehen verurteilte, weshalb Schäfer beim Vizemeister lediglich noch 17-mal zum Einsatz kam und nur mehr acht Treffer erzielen konnte. Sein letztes Pflichtspiel absolvierte er am 15. Mai 1965 in der Bundesliga bei Borussia Dortmund.
Der neben Horst Eckel einzige noch lebende Weltmeister von Bern ist seit 1953 mit Isis Wolf, der Tochter des ehemaligen DFB-Schiedsrichterobmanns Degenhard Wolf verheiratet, mit der er eine gemeinsame Tochter – die 1956 geborene Regine – hat. Noch während seiner aktiven Zeit erwarb Hans Schäfer in Köln einen Tankstellenbetrieb an der Dürener Straße, um nach dem Karriereende in die Geschenkartikelfirma von FC-Präsident Franz Kremer einzusteigen, deren Leitung er zwei Jahre nach dem Tod Kremers 1967 übernahm. Nachdem „de Knoll“ zwischen 1966 und 1969 nebenher als Co-Trainer der Geißböcke engagiert war, sagte er dem Fußball ein für allemal Adieu. Heute lebt das Ehrenratsmitglied des 1. FC Köln im Kölner Stadtteil Lindenthal.

► ZAHLEN UND FAKTEN

Vereine:	1947-1948	VfR Volkmarsen
	1948-1965	1. FC Köln
Tore:	26	Bezirksliga-Spiele (18 Tore)
	355	Oberliga-Spiele (223 Tore)
	37	Endrunden-Spiele DM (13 Tore)
	39	Bundesliga-Spiele (20 Tore)
	10	DFB-Pokal-Spiele (8 Tore)
	20	westdeutsche Pokal-Spiele (18 Tore)
	14	Europacup-Spiele (2 Tore)
	39	A-Länderspiele (15 Tore)
	2	B-Länderspiele (3 Tore)
gesamt	542	Pflichtspiele (320 Tore)

Erfolge: Deutscher Meister 1962, 1964
Oberliga-Meister 1960, 1961, 1962, 1963
Westdeutscher Pokalsieger 1953
Weltmeister 1954

Deutschlands Fußballer des Jahres 1963

In der Nationalmannschaft:
Die Zahl von 39 A-Länderspielen, die das Kölner Urgestein Hans Schäfer zwischen 1952 und 1962 absolvierte, hört sich zunächst nicht unbedingt berauschend an. Das Besondere an Schäfers Karriere in der Nationalelf ist jedoch, dass er in diesem Zeitraum bei drei WM-Endrunden zum Einsatz kam und dabei 15 Spiele bestritt. Unbestrittener Höhepunkt war natürlich der Titelgewinn von Bern, der ihn zu einer Ikone des deutschen Fußballs werden ließ. Bei den wichtigen Spielen war „de Knoll“ also immer mit von der Partie. Schon bald nach seinem Wechsel zum 1. FC Köln war Bundestrainer Sepp Herberger auf Schäfer aufmerksam geworden, nachdem dieser in zwei Auswahlspielen für den westdeutschen Verband sowie im inoffiziellen Länderkampf am 4. April 1951 gegen die Saar mit starken Leistungen aufgewartet hatte. Am 14. Oktober 1951 kam er daraufhin beim B-Länderspiel gegen die Schweiz zum Einsatz, wobei er auch beim 2:0 in Basel an der Seite seines Kölner Sturmpartners Jupp Röhrig überzeugte. Der „Traumflügel“ der Geißbock-Elf lief 1952/53 erstmals zur Hochform auf, so dass Hans Schäfers erste Berufung in die A-Nationalmannschaft nicht lange auf sich warten ließ. Am 9. November 1952 stand der Kölner in Augsburg gegen die Schweiz in der Anfangsformation und gehörte vor 64.000 Zuschauern im Rosenaustadion auf Anhieb zu den stärksten Akteuren. Nachdem er bereits in der 56. Minute getroffen hatte, sorgte er nach 72 Minuten für den 5:1-Endstand.

Auf dem Gipfel seiner Laufbahn

In den vier Länderspielen des Jahres 1953 – von denen er drei bestritt – spielte sich „de Knoll“ in die Stammformation des kommenden Weltmeisters. Enttäuschend verlief jedoch sein Einsatz im ersten WM-Qualifikationsspiel am 19. August 1953 in Oslo, was zum einen am mageren 1:1-Unentschieden lag. Außerdem musste Schäfer kurz vor der Pause verletzungsbedingt für Alfred Pfaff ausgewechselt werden. Bis zum letzten Spiel am 28. März 1954 gegen das damals eigenständige Saarland mussten die Deutschen um ihre WM-Teilnahme bangen. Diese stand endgültig fest, als Hans Schäfer vor 53.000 Zuschauern in Saarbrücken sieben Minuten vor dem Abpfiff den 3:1-Sieg der Gäste besiegelte, womit er im fünften Länderspiel seinen dritten Torerfolg bejubeln durfte.

Im ersten Endrundenspiel bekam es die DFB-Elf am 17. Juni 1954 im Berner Wankdorfstadion mit der Türkei zu tun. Völlig überraschend erwischten die Türken den besseren Start und lagen nach nur zwei Minuten durch Suat mit 1:0 vorn. Es war Hans Schäfer, der mit seinem Ausgleichstreffer in der 12. Minute für etwas Beruhigung sorgte. Den am Ende erwartet klaren 4:1-Auftakterfolg konnte die Herberger-Elf allerdings erst nach dem Seitenwechsel sicherstellen.

Beim „Wunder von Bern" erzielte Hans Schäfer den ersten deutschen WM-Treffer. In dieser Szene überwindet er den türkischen Keeper Turgay im Auftaktspiel der DFB-Elf in der 12. Minute zum zwischenzeitlichen 1:1.

Nachdem der Kölner Linksaußen beim ominösen 3:8 gegen Ungarn pausiert hatte, war er im Entscheidungsspiel um den zweiten Gruppenplatz gegen die Türkei wieder mit von der Partie und steuerte in der 12. und 79. Minute zwei weitere Treffer zum 7:2-Erfolg bei. Von Expertenseite wurde Hans Schäfer hinterher ein starker Auftritt bescheinigt, mit dem Deutschland das Viertelfinale erreicht hatte, wo Jugoslawien nach hartem Kampf und einer gehörigen Portion Glück mit 2:0 in die Schranken gewiesen wurde. Am frühen 1:0-Führungstor war Hans Schäfer entscheidend beteiligt. Nach einer Morlock-Flanke bedrängte er den jugoslawischen Stopper Ivica Horvath, so dass dieser das Leder ins eigene Tor köpfte.

Im Viertelfinale gegen Jugoslawien (2:0) geht Deutschland in der 10. Minute in Führung. Eigentorschütze Horvath wird dabei von Hans Schäfer entscheidend bedrängt.

Es folgte das Semifinale gegen Österreich, in dem die Spieler aus der Alpenrepublik in der ersten halben Stunde die bessere Figur abgaben, ehe Hans Schäfer mit seinem vierten WM-Treffer für den Umschwung sorgte und den im Vorfeld nie für möglich gehaltenen 6:1-Sieg der Herberger-Elf einleitete. Der Rest ist Legende: Nach den 90 finalen Minuten von Bern durften die Spieler der jungen Bundesrepublik am 4. Juli 1954 den goldenen WM-Pokal in Empfang nehmen und damit eine ganze Nation in einen kollektiven Freudentaumel versetzen. Bekanntlich war es Linksaußen Hans Schäfer, der den 3:2-Siegtreffer über die hochfavorisierten Ungarn in der 84. Minute mit einer zu kurz abgewehrten Hereingabe vorbereitet hatte.

► EINWURF
„Wenn ich so an die berühmten Linksaußen unserer Nationalelf denke, dann möchte ich sagen, dass keiner von ihnen so zielstrebig war wie Hans Schäfer." (Bundestrainer Sepp Herberger über einen der „Helden von Bern")

Wie viele seiner Teamgefährten auch litt Schäfer nach der WM an Gelbsucht, weshalb er auf seinen nächsten Länderspieleinsatz bis zum 30. März des kommenden Jahres (1:2 gegen Italien in Stuttgart) warten musste. Ohnehin lief er seiner WM-Form meilenweit hinterher und blieb bis kurz vor den nächsten Welttitelkämpfen in Schweden ohne weiteren Torerfolg. Dennoch war es der Kölner, der Fritz Walter nach dessen vorläufigem Rücktritt als DFB-Kapitän ersetzen sollte. Erstmals führte er seine Nationalmannschaftskameraden beim 3:2-Erfolg am 10. März 1957 in Wien über Österreich aufs Spielfeld. Seine Torflaute seit den Tagen in der Schweiz endete ein knappes Jahr später, als Schäfer beim 2:0 in Belgien nach 25 Minuten den ersten deutschen Treffer erzielte.

Schweden 1958

Als für die bundesdeutsche Elf am 8. Juni 1958 in Malmö das Unternehmen Titelverteidigung begann, standen mit Hans Schäfer, Fritz Walter, Horst Eckel und Helmut Rahn vier amtierende Weltmeister auf dem Platz. Gegner Argentinien galt bei vielen Experten als WM-Favorit, doch kaufte eine engagiert spielende Herberger-Elf den Südamerikanern den Schneid ab und gewann nach 90 Minuten verdient mit 3:1. Allerdings hatten die Deutschen früh mit 0:1 zurückgelegen, eine „Krankheit", die sich durch die gesamte Vorrunde zog. Gar mit 0:2 lagen sie zur Pause gegen die CSSR in Rückstand, ehe der Kölner Linksaußen nach einer knappen Stunde für das Anschlusstor sorgte. Durch einen weiteren Treffer Rahns rettete Deutschland schließlich ein 2:2-Remis. Das Tor von Hans Schäfer war allerdings nicht unumstritten. Denn obwohl dieser Keeper Dolejsi über die Linie gerempelt hatte, erkannte Schiedsrichter Ellis den Treffer an.
Durch ein erneutes 2:2 gegen Nordirland erreichte die DFB-Elf, welche abermals mit 0:1 zurückgelegen hatte, das Viertelfinale, wo wie vier Jahre zuvor Jugoslawien – diesmal mit 1:0 – geschlagen wurde. Damit stand der Titelverteidiger erneut in der Runde der letzten Vier. Der Gegner war am 24. Juni 1958 die gastgebende Elf der Schweden, die an jenem denkwürdigen Abend im Göteborger Ullevi-Stadion von den Zuschauern regelrecht nach vorne gepeitscht wurde. Nach dem Platzverweis gegen den Düsseldorfer Erich Juskowiak und dem verletzungsbedingten Ausscheiden Fritz Walters unterlag Deutschland letztendlich mit 1:3, was nicht unwesentlich auf die geradezu feindselige Atmosphäre im Stadion zurückgeführt wurde. Allerdings hatte es zunächst gar nicht schlecht ausgesehen: Nach 24 Minuten leiteten die Deutschen einen gefährlichen Konter ein, den Hans Schäfer nach einer Hereingabe des jungen Uwe Seeler zur 1:0-Führung in die schwedischen Maschen hämmerte. Nicht zuletzt wegen des dem Titelverteidiger alles andere als wohlgesonnenen ungarischen Schiedsrichters Zsolt

reichte diese aber nicht zum erneuten Finaleinzug. Stattdessen musste sich die Mannschaft mit dem Spiel um den dritten Platz begnügen, welches gegen Frankreich mit 3:6 verloren wurde. Der Treffer zum zwischenzeitlichen 3:5 war nach 84 Minuten auf das Konto Hans Schäfers gegangen. Es sollte der letzte von insgesamt sieben WM-Treffern des Kölners gewesen sein.

Bild oben: Nach einem harten Schuss von Hans Schäfer führt Deutschland gegen Schweden mit 1:0. Bild rechts: Fritz Walter und Kapitän Hans Schäfer (rechts) trösten den vom Platz gestellten Juskowiak.

Mit seiner zweiten WM-Teilnahme schien die Länderspielkarriere des Linksaußen so gut wie beendet. Zum 30. Mal streifte Hans Schäfer das Nationaltrikot am 6. Mai 1959 über, als Deutschland in Schottland eine knappe 2:3-Niederlage kassierte. „De Knoll“ war inzwischen knapp 32 Jahre alt, so dass es nicht verwunderte, dass er etwas langsamer treten und sich auf seinen Verein konzentrieren wollte. Dies sollte ihm in den kommenden Jahren indes besonders gut gelingen. Schäfer war in Köln in die Rolle „spiritus rector“ hineingewachsen, der dem Spiel der Geißbock-Elf die entscheidenden Impulse verlieh. Die herausragenden Leistungen waren auch Sepp Herberger nicht verborgen geblieben. Nachdem der Bundestrainer noch vergeblich versucht hatte, seinen Lieblingsschüler Fritz Walter zu einem Comeback zu überreden, hatte er bei Hans Schäfer mehr Erfolg. Dieser sollte kurz vor den Titelkämpfen in Chile als Kapitän in die deutsche Nationalmannschaft zurückkehren.

Wenig Freude in Chile

Im einzigen Vorbereitungsspiel des WM-Jahres 1962 traf die DFB-Elf am 11. April im Hamburger Volksparkstadion auf den zweimaligen Weltmeister Uruguay, wo Schäfer an der Seite von Koslowski, Haller, Seeler und Brülls die deutsche Sturmformation bildete. Der Kölner bestätigte seine gute Verfassung und erzielte beim 3:0-Erfolg in der 53. Minute den zweiten Treffer. Auch in der Endrunde um die Deutsche Meisterschaft verkaufte sich Hans Schäfer mit den Domstädtern prächtig und konnte sich nach dem souveränen 4:0-Finalsieg über den Nürnberger Club erstmals mit dem Gewinn des Meistertitels schmücken. Damit durfte der Oldie vor der Abreise nach Chile mit Fug und Recht von einer dritten erfolgreichen WM-Teilnahme träumen, ehe sich die Titelkämpfe sowohl für Schäfer als auch die deutsche Elf als große Mogelpackung entpuppten. Bundestrainer Herberger hatte sich nämlich dem Trend des internationalen Fußballs angepasst und sein Heil in der Defensive gesucht, was den deutschen Fußballanhängern ebenso wie Hans Schäfer aufs Gemüt schlug. Dieser wurde von Herberger zwar nominell als linker Halbstürmer aufgeboten. De facto spielte er jedoch in der Verteidigung, womit seine eigentlichen Stärken als Torschütze und Vorbereiter nicht gefragt waren.

► EINWURF
In 16 seiner 39 A-Länderspiele führte Hans Schäfer die deutsche Mannschaft als Kapitän auf den Platz. Häufiger als „de Knoll“ hat dieses Amt kein Akteur des 1. FC Köln ausgeübt. Ihm am nächsten kommen Wolfgang Overath und Harald Schumacher, die später jeweils 14-mal die Kapitänsbinde trugen.

Entsprechend zäh verliefen die deutschen Auftritte. In der Vorrunde stimmten aber wenigstens noch die Ergebnisse. Und so zog Deutschland nach einem 0:0-Auftakt gegen Italien sowie zwei Erfolgen über die Schweiz (2:1) und Chile (2:0) als Gruppensieger ins Viertelfinale ein. In Santiago konnten sich die Jugoslawen aber für die beiden Niederlagen von 1954 und 1958 revanchieren und nach einem späten Torerfolg von Radakovic (86.) den deutschen Defensivkünstlern den Garaus machen.

► EINWURF
Die Teilnahme an der Weltmeisterschaft 1962 in Chile löste bei Hans Schäfer alles andere als große Begeisterung aus. Im Nachhinein ging er sogar mit dem bis dato unangefochtenen Bundestrainer hart ins Gericht und meinte: „Hätte ich gewusst, dass Herberger vom Defensiv-Fieber befallen wurde, wäre ich lieber in Urlaub gefahren, anstatt im fernen Chile Verteidiger zu spielen.“

Der letzte von seinen insgesamt 39 Länderspieleinsätzen war für Hans Schäfer also mit einer bitteren Enttäuschung in die Annalen eingegangen. Doch so sehr der Kölner mit dem Chile-Abenteuer auch haderte. Eines konnte ihm niemand nehmen: Für immer bleibt er im kollektiven Gedächtnis der deutschen Fußballanhänger als einer der „Helden von Bern“ verankert, womit das mehr als versöhnliche Resümee seiner Nationalmannschaftskarriere ganz im Sinne des Völkerapostels Paulus aus dem ersten Brief an die Thessalonicher lauten könnte: „Prüft alles, und behaltet das Gute!“

Saison	Europacup		Liga		Pokal	
	Sp.	T.	Sp.	T.	Sp.	T.
1948/49			26	18		
1949/50			27	17		
1950/51			27	11		
1951/52			28	14		
1952/53			28	27		
1953/54			28	26	3	2
1954/55			19	10	1	0
1955/56			29	14		
1956/57			22	17		
1957/58			29	15		
1958/59			27	13		
1959/60			20	16		
1960/61			23	19	2	2
1961/62	2	0	22	13	2	1
1962/63	2	1	26	11		
1963/64	7	1	22	12	2	3
1964/65	3	0	17	8	0	0

Imre Schlosser
Erster Kontinentaleuropäer mit Weltklasseformat

Zu den ersten Zentren des Fußballs außerhalb des Vereinigten Königreichs zählte Budapest, wo bereits zu Beginn des 20. Jahrhunderts organisiert gekickt wurde. Man schrieb das Jahr 1901, als mit dem TC Budapest der erste Landesmeister ermittelt wurde. Der „Torna Club" war übrigens ein Turnverein, womit sich zeigt, dass die ersten Fußballer Ungarns echte Allroundtalente waren. Auch als die Nationalmannschaft ein Jahr später – am 12. Oktober 1902 in Wien – ihr Debüt gab, setzte sich die ungarische Elf vor allem aus Akteuren zusammen, die im Fußball eher eine Art Ausgleich sahen. So hatte etwa auch Alfred Hajos das Nationaltrikot übergestreift, der an den ersten Olympischen Spielen in Athen zwei Goldmedaillen im Schwimmen geholt hatte.
Schon bald sollten aber echte Spezialisten das Kommando übernehmen. Am 3. Mai 1899 war im Stadtteil Franzenvorstadt (nach Kaiser Franz-Josef) der „Ferencvarosi Torna Club" aus der Taufe gehoben worden, der 1903 den BTC als Meister ablöste. Mit dem Titelgewinn des MTK im Jahr 1904 war die große Rivalität zwischen den beiden Budapester Vereinen lanciert, die sich bis zum Ende der zwanziger Jahre um die nationale Vorherrschaft duellierten. Diese wurde während des Ersten Weltkriegs zusätzlich angeheizt, als mit Imre Schlosser *(Bild)* der erste „Star" des ungarischen Fußballs von Ferencvaros zum MTK überlief. Der am 11. Oktober 1889 in Budapest geborene „Slozi" kann gar mit Fug und Recht als erster nichtbritischer Fußballer von internationaler Klasse betrachtet werden. Als „Stanley Matthews" der Pionierzeit trug er 21 Jahre das Nationaltrikot, ehe er seine Karriere im Alter von knapp 39 Jahren beendete.

Debüt mit 16 Jahren

Bevor Imre Schlosser das grün-weiße Fradi-Trikot überstreifte, hatte er sich als 11-Jähriger dem Remeny FC Budapest angeschlossen, wo er seine ersten fußballerischen Gehversuche unternahm. Da sich schon seine beiden älteren Brüder Ferencvaros angeschlossen hatten, war auch „Slozis" Wechsel zum heutigen Rekordmeister im Jahr 1905 keine Überraschung, wobei er in Mihaly Malaky einen prominenten Fürsprecher fand. Malaky war als Stürmer im Jahr 1901 Mitglied im Team der Grün-Weißen, das die erste Landesmeisterschaft als Dritter beendet hatte. Am 25. Februar 1906 – viereinhalb Monate nach seinem 16. Geburtstag – war es schließlich soweit: Im Freundschaftsspiel gegen Stadtrivale Postas gab der im Laufe seiner Karriere zumeist als linker Verbindungsstürmer eingesetzte Imre Schlosser sein Debüt, das freilich mit einer 0:1-Niederlage in die Annalen einging.

Drei Monate gingen ins Land, ehe er nach einigen Einsätzen im Reserveteam wieder in die erste Elf berufen wurde, für die er im Frühjahr 1906 vier Spiele bestritt, in denen ihm ein Treffer gelang. Schnell wurde deutlich, über welch großes Talent Schlosser verfügte. Der Linksfuß war ungemein dribbelstark und für die gegnerischen Abwehrspieler kaum in den Griff zu bekommen. War er einmal vor dem gegnerischen Tor in aussichtsreicher Position, ließ er sich kaum eine Chance entgehen, wobei er nicht nur über eine immense Schusskraft verfügte, sondern auch mindestens ebenso kopfballstark war. Kein Wunder, dass er mit seinen 411 Torerfolgen bis heute der erfolgreichste Goalgetter der höchsten ungarischen Spielklasse ist. Trotz seines herausragenden Könnens waren ihm Starallüren fremd. Vielmehr galt Schlosser als ungemein mannschaftsdienlich, weshalb er bei seinen Mitspielern auch uneingeschränkte Autorität genoss.
Nachdem man in Ungarn bis 1905 den Spielbetrieb an das Kalenderjahr gekoppelt hatte, ging man ab der Saison 1906/07 zum üblichen Herbst-Frühjahrs-Rhythmus über. Ferencvaros Budapest sicherte sich in jenem Jahr zum dritten Mal den Titel und durfte sich damit erstmals als alleiniger Rekordmeister feiern lassen. Der erst 17-jährige Imre Schlosser war beim ersten von 15. Meistertiteln im Laufe seiner Karriere voll in das Team integriert, da er als 16-facher Torschütze fünftbester Torjäger der NB I geworden war. Ihre stärkste Leistung hatte die Mannschaft beim 15:0-Schützenfest über Tipografia gezeigt, derweil sie bei BAK (3:4) die einzige Niederlage hinnehmen musste. Insgesamt ging es im Team der Grün-Weißen noch ziemlich familiär zu. Das Tor hütete Schlossers Schwager Alajos Fritz, mit dessen Schwester Erzebet „Slozi" verheiratet war. Zwei Jahre musste Erzebet warten, ehe Bruder und Gatte wieder als Ungarischer Meister feststanden. Nachdem man sich 1907/08 hinter MTK mit der Rolle des Kronprinzen begnügen musste, konnte man im Jahr darauf den Magyar AC (kurz MAC) um sechs Zähler auf den zweiten Platz verweisen. Während es gegen BTC (2:4) und MAC (3:5) die einzigen Punktverluste gesetzt hatte, gelangen die höchsten Saisonsiege gegen Tipografia (12:1) und Fövarosi (11:1), bei denen vier bzw. fünf Tore auf das Konto von Imre Schlosser gegangen waren. Bereits im Vorjahr war dieser mit 21 Treffern zum Toptorjäger der NB I avanciert, um seine Schlagzahl nun weiter zu erhöhen. Mit 30 Treffern in nur 15 Einsätzen verteidigte er nämlich nicht nur seinen Titel als bester ungarischer Goalgetter, sondern war darüber hinaus auch einer der besten Ligatorjäger in Europa. Selbst Bert Freeman vom FC Everton hatte als Torschützenkönig der englischen Football League lediglich sieben Treffer mehr auf dem Konto.

Diese verwaschene Photographie zeigt Ferencvaros nach dem Meistertitel der Saison 1906/07 mit Braun, Korody, Ecker, Weinber, Rumbold, Weisz, Manglitz, Groszky (oben von links); Torhüter Fritz (damals noch in selber Kluft wie die Feldspieler), Brody und Schlosser (unten von links).

Obwohl Imre Schlosser in der Spielzeit 1909/10 in 18 Ligaeinsätzen lediglich 19-mal ins Schwarze traf konnte er seinen Titel als Torschützenkönig erfolgreich verteidigen, was auch auf Ferencvaros zutraf, das Vizemeister MTK um zwei Zähler abhängte. Auch der direkte Vergleich mit den Blau-Weißen war mit 3:3 und 2:0 an den erfolgreichen Titelverteidiger gegangen, der wie schon im Vorjahr nur zweimal als Verlierer vom Platz gegangen war.

► **EINWURF**

Nachdem „Slozi" in der Saison 1909/10 in 18 Spielen 19-mal getroffen hatte, konnte er den Hattrick als Toptorjäger der NB I vollenden. Imre Schlosser war jedoch nicht nur im Sturmzentrum verwendbar. Als sich im Spiel gegen BTC am 20. Februar 1910 Stammkeeper Alajos Fritz eine Verletzung zugezogen hatte, stellte sich „Slozi" kurzerhand selbst zwischen die Pfosten. Nachdem er seinen Kasten nicht nur saubergehalten, sondern nebenbei auch noch einen Strafstoß von Akos Kesmarky pariert hatte, konnte er guten Gewissens wieder auf seine angestammte Position im Angriff zurückkehren, als der genesene Alajos Fritz seinen Posten im Fradi-Tor wiedereinnahm. Da Schlosser gegen den BTC auch seine Qualitäten im Angriff unter Beweis stellte, gingen die Grün-Weißen als 5:3-Sieger vom Platz.

Toptorjäger von Europa

Vor dem Ersten Weltkrieg war der Entwicklungsgrad des Fußballs natürlich nicht ansatzweise mit jenem von heute zu vergleichen. Längst waren noch nicht überall eingleisige Spielklassen eingerichtet, von internationalen Wettbewerben einmal ganz abgesehen. Zu den frühen Vorläufern der späteren Europacupwettbewerbe zählte der 1897 vom Engländer John Gramlick gestiftete Challenge-Cup, der Vereinen aus den Kronländern der österreichisch-ungarischen Doppelmonarchie offen stand. Nachdem der Wettbewerb zwischenzeitlich eingestellt worden war, wurde er in der Saison 1908/09 wiederbelebt. Am Nikolaustag des Jahres 1908 traf Ferencvaros im Semifinale auf die First Vienna, die in Budapest locker mit 3:0 geschlagen wurde, wobei „Slozi" zwei und sein Sturmpartner Karoly Korody einen Treffer erzielt hatte. Das Endspiel fand schließlich am 13. Juni des darauf folgenden Jahres auf der Hohen Warte statt und endete mit einem 2:1-Erfolg der Grün-Weißen über den Wiener SC, den der Halblinke Schlosser in der 54. Minute mit seinem Siegtreffer unter Dach und Fach gebracht hatte. Auch bei der letzten Austragung zwei Jahre später erreichte Fradi nochmals das Finale, das diesmal allerdings mit einer 0:3-Niederlage gegen den Wiener Sport-Club in die Annalen einging.

Wenngleich die Fußballer in Ungarn mittlerweile durchaus eine beachtliche Qualität besaßen, konnten sie sich noch nicht mit den englischen Lehrmeistern messen lassen. Im Mai 1908 trat Fradi beispielsweise gegen den frischgebackenen Englischen Meister Manchester United an und wurde von diesem mühelos mit 0:7 geschlagen. Während man auf der Insel längst unter Profibedingungen kickte, waren die ungarischen Spieler offiziell eben immer noch Amateure. Für ihren Meistertitel 1906/07 hatten die Fradi-Spieler etwa eine kleine Silbermünze als Prämie erhalten. Dennoch sollte es Imre Schlosser kurz vor dem Ersten Weltkrieg gelingen, in die Phalanx der Briten einzudringen. Bis dato hatte sich der Torschützenkönig der Football League in der Regel auch als bester Torjäger des Kontinents (um nicht zu sagen der Welt) betrachten können. Lediglich der Torschützenkönig der schottischen Liga hatte in Ausnahmefällen mehr Treffer auf dem Konto. In der Saison 1910/11 ging der freilich noch inoffizielle Titel des internationalen Torschützenkönigs dann aber erstmals auf einen Spieler einer kontinentaleuropäischen Liga über: Imre Schlosser, der für die Meistermannschaft von Ferencvaros in 18 Spielen nicht weniger als 38 Tore erzielt hatte, während der englische Toptorjäger Shepard von Newcastle United lediglich 25 Treffer auf dem Konto hatte.

Da die Welt seinerzeit nicht annährend so vernetzt war wie heute, stellt sich natürlich die Frage, inwieweit man in England und Schottland Imre Schlosser tatsächlich als „Konkurrenten" im Kampf um die imaginäre Torjägerkrone Europas wahrgenommen hat. Vor dem Ersten Weltkrieg wurde der britische Profifußball – damals noch mit vollem Recht – als Nabel der Fußballwelt betrachtet, weshalb es die Herren Hampton, Holley und McLean als 25-fache Torschützen der englischen Football League nach der Saison 1911/12 vermutlich weitaus mehr geärgert haben dürfte, dass mit William Reid von den Glasgow Rangers ein schottischer Profi acht Saisontreffer mehr auf dem Konto hatte, als dass „irgendwo auf dem Kontinent" ein gewisser Imre Schlosser mit 34 Toren in gerade einmal 17 Spielen einen Verein mit dem exotisch klingenden Namen Ferencvaros Budapest gerade zum vierten Meistertitel in Serie geschossen hatte.

Imre Schlosser im grün-weißen Ferencvaros-Trikot kurz vor seinem Wechsel zum Stadtrivalen MTK, der im Dezember des Jahres 1915 für erheblichen Aufruhr im Lager der immer zahlreicher werdenden Budapester Fußballanhänger sorgte und die Rivalität zwischen beiden Vereinen entfachte.

In seiner ungarischen Heimat lagen die Anhänger „Slozi" dagegen zu Füßen. Um den Angreifer der Grün-Weißen entwickelte sich ein früher Starkult. Fans widmeten ihm Gedichte, sein Konterfei zierte Plakate und Gedenkmünzen und auch eine Straße wollte man unbedingt nach Imre Schlosser benennen. Besonders groß war die Begeisterung am 9. Juni 1912. Die Meisterschaft war vor dem letzten Spieltag längst entschieden, Verfolger MTK rangierte mit einem Respektabstand von acht Zählern auf dem zweiten Platz. Drei Tage zuvor hatten die Grün-Weißen in Wien ein Freundschaftsspiel gegen Rapid mit 0:4 klar verloren, was Schlosser & Co. vor der Partie gegen III. Kerület Budapest besonders anspornte. Das Schlusslicht aus dem dritten Budapester Stadtbezirk bekam die Wut des feststehenden Meisters über die Wiener Pleite zu spüren und wurde mit 3:11 aus dem Üllöi ut gefegt, wobei Imre Schlosser mit acht Toren einen neuen Ligarekord fixierte.

▶ EINWURF
Ungarns Toptorjäger Imre Schlosser ließ es in zahlreichen Ligaeinsätzen nicht bei einem einzigen Torerfolg bewenden. In nicht weniger als 17 Ligaspielen traf er dreimal, neunmal gelangen ihm vier und zweimal fünf Tore, während er in je einer Partie sechs bzw. acht Treffer erzielte. Seinen persönlichen Rekord hatte er am 9. Juni 1912 in der Partie beim 11:3-Sieg von Ferencvaros über III. Kerület Budapest aufgestellt. Diese Bestmarke sollte Jahre später lediglich Alfred Schaffer egalisieren, mit dem er mehrere Jahre gemeinsam für den MTK spielte.

An Fradi führte auch in der Spielzeit 1912/13 kein Weg vorbei. Mit sieben Zählern Vorsprung auf den MTK gelang der fünfte Meistertitel hintereinander. Einziger Schönheitsfehler: Im direkten Vergleich mit den Blau-Weißen (0:0, 0:1) musste die Mannschaft die drei einzigen Punktverluste hinnehmen. Auch der Halblinke Imre Schlosser war nicht zu bremsen. Nachdem ihm schon zum Auftakt beim 13:1-Kantersieg über NSC Budapest ein Fünferpack gelungen war, führte er am Ende mit 33 Toren in 16 Einsätzen zum nun schon sechsten Mal die Torjägerliste der NB I an, womit er zum dritten Mal in Folge auch die besten Angreifer aus England (Mc Lean) und Schottland (Reid) in den Schatten stellte, die lediglich je 30 Saisontreffer vorzuweisen hatten. Neben dem Meistertitel konnten sich die Grün-Weißen auch erstmals den Landespokal sichern. Im Finale trafen diese vor 6.000 Zuschauern auf den Budapester AK, gegen den „Slozi" in der 23. Minute das 2:0 erzielte. Nach 90 Minuten hieß es 2:1, wobei sein späterer MTK-Sturmpartner Alfred Schaffer für den Ehrentreffer verantwortlich gezeichnet hatte.

Anfang Januar 1914 begab sich Ferencvaros Budapest auf eine Tournee ins Baskenland, wo die Mannschaft drei Spiele bestritt. Nach einem 6:1-Erfolg über Real Sociedad San Sebastián am Neujahrstag folgten am 4. und 6. Januar zwei Partien gegen den spanischen Spitzenverein Athletic Bilbao, die mit 5:2 und 2:0 ebenfalls gewonnen worden. Im ersten Duell konnte „Slozi" (rechts am Ball) auf schneebedecktem Boden als zweifacher Torschütze glänzen.

Die Saison 1913/14 brachte dann einen Wachwechsel im ungarischen Fußball, da der MTK Fradi nach fünf Jahren auf dem Meisterthron ablöste. Bis zum ersten Aufeinandertreffen am 12. Oktober war der Titelverteidiger ungeschlagen geblieben, um auch im Üllöi ut vor 25.000 Zuschauern zur Pause dank der Treffer von Toth-Potya und Schlosser in Führung zu liegen. Nach dem Wiederanpfiff drehten die Blau-Weißen den Spieß jedoch um und behielten mit 3:2 die Oberhand, um nicht zuletzt durch einen 5:1-Erfolg in der Rückrunde Ferencvaros im Abschlussklassement um sechs Zähler zu distanzieren. Auch „Slozi" legte in Anbetracht von lediglich 21 Treffern in 17 Spielen nicht mehr die Torgefahr vergangener Jahre an den Tag. Immerhin reichte es zum siebten Mal in Folge zum Gewinn der Torjägerkrone, wenngleich der Ungar für die Goalgetter des Vereinigten Königreiches diesmal keine Gefahr darstellte.

Nach Kriegsausbruch wurde der reguläre Spielbetrieb gestoppt und im Herbst 1914 durch eine Übergangsrunde ersetzt, an der sich zwölf Teams beteiligten. In sportlicher Hinsicht wurde diese spätestens da zur Farce, als sich Hauptkonkurrent MTK zurückzog, weil den Blau-Weißen wegen zahlreicher Fronteinsätze nicht mehr genügend Spieler zur Verfügung standen. Für Ferencvaros der Freibrief zum Titelgewinn, der mit 22:0 Punkten und 63:1 Toren (!) entsprechend deutlich ausfiel und mit einer 80 Kilogramm schweren Trophäe aus Stahl honoriert wurde. Im Jahr 1915 wurden in jeweils einer einfachen Runde zwei Titelträger ermittelt, wobei Fradi im Frühjahr und der MTK im Herbst die Nase vorn hatte. Imre Schlosser, der seinem Nachnamen in den Kriegsjahren um den Zusatz Lakatos (das ungarische Wort für Schlosser) ergänzt hatte, führte sowohl im Herbst 1914 (mit 24 Treffern) als auch im Frühjahr 1915 (21) die Torjägerliste an.

Ein spektakulärer Vereinswechsel

Alfred Brüll. – Dies ist der Name jenes Mannes, der während des Ersten Weltkriegs den Fußball in Ungarn auf einen völlig neuen Weg brachte. Der gutbetuchte Unternehmer hatte 1905 die Präsidentschaft beim MTK Budapest übernommen und sich in den Kopf gesetzt, die Blau-Weißen an die nationale Spitze zu führen. Allerdings stand der Verein seit Brülls Amtsübernahme deutlich im Schatten von Ferencvaros, das sich bereits zehn Meistertitel gesichert hatte, während der MTK im Herbst 1915 gerade zum vierten Mal erfolgreich gewesen war. Um den Erzrivalen von der Spitze zu verdrängen, galt es die Mannschaft personell erheblich aufzurüsten, wobei Imre Schlosser eine Schlüsselrolle zukam.

Offiziell wurde in Ungarn noch unter Amateurbedingungen gespielt, doch war der MTK in ganz erheblichem Maße für eine schleichende Professionalisierung verantwortlich, welche mit der Einführung einer Profiliga zur Spielzeit 1926/27 letztlich vollzogen wurde. Das steigende Publikumsinteresse weckte naturgemäß auch bei den Spielern selbst Begehrlichkeiten. Und so dürfte die Mär von einem Streit zwischen Imre Schlosser und dem Klubpräsidium um angeblich nicht zur Verfügung gestellte Eintrittskarten für ein Länderspiel auch nur die halbe Wahrheit gewesen sein. Für die Anhänger von Fradi brach nach „Slozis" überraschendem Wechsel dagegen eine Welt zusammen. Viele wollten es nicht wahrhaben, weshalb Gerüchte in den Umlauf kamen, wonach der Verbindungsstürmer ein üppiges Handgeld kassiert habe. Immerhin hatte man es verstanden, diese aus heutiger Sicht wahrscheinliche Variante gut zu kaschieren, da eine vom Verband angeordnete Untersuchung ohne Ergebnis blieb.

Später gestand Imre Schlosser, dass ihm der Wechsel zum MTK, den Alfred Brüll am 12. Dezember 1915 offiziell verkündete, alles andere als leicht gefallen war. Viel zu sehr hing sein Herz an den Grün-Weißen, weshalb er nach eigenem Bekunden geweint habe, als er im Alter von 26 Jahren zum „Überläufer" geworden war.

Alfred Brüll hingegen ließ keinen Zweifel daran aufkommen, dass er aus seinem MTK die ungarische Topadresse machen wollte, wobei er weder Mühen noch Kosten scheute. Alsbald präsentierte er in Alfred Schaffer einen weiteren „dicken Fisch", den er vom Budapester AC abgeworben hatte. Es folgte der Deal mit Jimmy Hogan, der bis 1921 die Leitung des Trainings übernehmen sollte. Der Engländer hatte als Aktiver u.a. für die Bolton Wanderers gespielt, ehe er vor Kriegsausbruch als Trainer in Wien landete. Als Bürger aus einem befeindeten Staat wurde Hogan allerdings inhaftiert, bis die Verantwortlichen des MTK im Jahr 1916 seine Entlassung erwirkten und ihn in die ungarische Hauptstadt holten.

Sie gehörten zu den großen Stützen der legendären Mannschaft des MTK Budapest, die sich zwischen 1917 und 1925 neun ungarische Meistertitel in Serie sicherte: Alfred Schaffer und György Orth, die gemeinsam mit Imre Schlosser den Innensturm der Blau-Weißen bildeten.

Jimmy Hogan erwies sich als herausragender Fachmann, der den MTK Budapest zu einer der ersten „Jahrhundertmannschaften" des Kontinents formte. Vor allem zeigte er sich als großer Talentförderer, wobei seine größte Entdeckung György Orth gewesen sein dürfte, den er als 16-Jährigen von Vasas Budapest loseiste. Damit war der Innensturm Schlosser-Schaffer-Orth komplett, der zum Herzstück der blau-weißen Erfolgself avancierte. Eine weitere wichtige Rolle übernahm der ebenfalls 1901 geborene Jozsef „Csibi" Braun, der lange Zeit als bester ungarischer Rechtsaußen galt. Während Imre Schlosser und „Spezi" Schaffer ihr Können bis ins hohe Fußballeralter darboten, musste György Orth seine Laufbahn vorzeitig beenden. Im September 1926 zog er sich bei einem Freundschaftsspiel in Wien eine schwere Knieverletzung zu, von der er sich nie richtig erholen sollte.

Hogan, der sich später auch als Betreuer des „Wiener Wunderteams" einen Namen machte, entwickelte beim MTK Budapest den „schottischen Flachpass" zum „Donaufußball" weiter, dem alsbald in ganz Europa ein legendärer Ruf vorauseilte. Ihren ersten großen Erfolg konnte die neuformierte Mannschaft in der Saison 1916/17 mit dem Gewinn des Meistertitels verbuchen. Schon am 1. Spieltag kam es zum Duell mit Ferencvaros, aus dem der MTK als 4:1-Sieger hervorging, nachdem Imre Schlosser den alten Kameraden drei Tore eingeschenkt hatte. Die Blau-Weißen waren im weiteren Saisonverlauf nicht zu bremsen und führten mit 42:2 Punkten und 113:16 Toren souverän das Klassement an. Imre Schlosser hatte in 17 Einsätzen für seinen neuen Verein 38-mal eingenetzt, womit er vor seinem kongenialen Sturmpartner Alfred Schaffer (37) letztmals an der Spitze der Torjägerliste rangierte.

Auf dem Weg zur Meisterschaft hatten die Blau-Weißen bei Törekves (2:4) die einzige Niederlage hinnehmen müssen, um im Jahr darauf gar ungeschlagen zur Titelverteidigung zu spazieren. Schützenfeste wie beim 18:1 über MAC Budapest oder dem 17:0 über Gepgyar Budapest waren an der Tagesordnung, so dass der MTK nach 22 Runden das sagenhafte Torverhältnis von 147:10 vorweisen konnte. Der blau-weiße Wundersturm hatte es ordentlich krachen lassen: Während „Spezi" Schaffer mit 47 Toren nicht nur bester Torjäger Ungarns, sondern von ganz Europa war, stand ihm Imre Schlosser mit 41 Saisontreffern kaum nach, derweil auch der junge György Orth mit 22 Toren erstmals auf sich aufmerksam gemacht hatte.

Auch im Spieljahr 1918/19 kassierte der MTK lediglich eine Niederlage und sicherte sich mit 116:20 Toren schon den dritten Meistertitel in Folge. Die Angriffsabteilung der damals besten kontinentaleuropäischen Vereinsmannschaft war abermals nicht zu bremsen. Hinter dem erneuten „Golkiraly" Alfred Schaffer (26 Tore) sowie seinen Mannschaftskameraden Kalman Konrad (25) und „Csibi" Braun (23) belegte Imre Schlosser mit 19 Treffern in 21 Einsätzen in der Torjägerliste der NB I den vierten Platz.

Alfred Schaffer: Nach der Saison begab sich der MTK auf Tournee, wobei die allseits bewunderte Mannschaft auch im Nürnberger Zabo Station machte und locker mit 3:0 die Oberhand behielt. Der aus der Schweiz stammenden Club-Kapitän Gustav Bark wollte ob der Klasseleistung der Blau-Weißen gar nicht mehr weiterspielen: „Die spielen so schön, dass ich zuschauen muss", raunte er Tormann Stuhlfauth zu. Die Laudatio bezog sich in erster Linie auf MTK-Mittelstürmer Schaffer, der über eine Technik verfügte, dass Beobachter das Gefühl bekamen, er würde tanzen. Der am 13. Februar 1893 in Pressburg geborene „Spezi" stand seinem Nebenmann Imre Schlosser in Sachen Torgefahr kaum nach. Der Frauenschwarm und Lebemann erwies sich indes noch mehr als „Slozi" als gewiefter Geschäftsmann, der sich seine Vereine stets nach der besten Verdienstmöglichkeit aussuchte. In gerade 84 Spielen für den MTK seit 1915 hatte der „Fußballkönig" nicht weniger als 159 Tore erzielt, ehe er die Blau-Weißen nach dem Auftritt in Nürnberg kurzerhand verließ, um künftig für den 1. FCN zu spielen. Aber auch an der Noris sollte er es gerade fünf Monate aushalten. Nachdem er die fränkischen Fußballanhänger verzückt hatte, schloss er sich dem FC Basel an, wobei er den Verantwortlichen am Rheinknie abgerungen hatte, dass sie ihn prozentual an den Einnahmen beteiligten. Nahezu im Halbjahresrhythmus wechselte „Spezi" den Verein, um als verkappter Profi seine Schäfchen ins Trockene zu bringen. Dabei war er u. a. für Wacker München, Sparta Prag sowie die Wiener Austria aktiv, um am Ende seiner Karriere sogar das Trikot der New York Giants zu tragen. Diese dürfte sich wie jene Imre Schlossers über gut zwei Jahrzehnte bis 1926 erstreckt haben. Wegen seiner permanenten Vereinswechsel sind die von ihm erzielten Tore aber leider nur sehr unzureichend erfasst. Legt man seine Trefferquote aus MTK-Zeiten zugrunde, dürfte „Spezi" indes gut und gern die Marke von 400 Pflichtspieltreffern erreicht haben, womit auch er in die Dimensionen eines Imre Schlossers vorgedrungen wäre.

Sinkende Formkurve

Dass sich Mittelstürmer Schaffer nach Nürnberg abgesetzt hatte, tat der Dominanz des MTK in der heimischen Liga keinen Abbruch. Bis zur Saison 1924/25 sicherte sich die Mannschaft insgesamt neun Meistertitel, wobei „Slozi" an dem unaufhaltsamen Siegeszug noch bis zum Spieljahr 1921/22 beteiligt war, als er die insgesamt 14. Meisterschaft seiner Laufbahn unter Dach und Fach bringen konnte. Allerdings machte sich schon 1919/20 ein Generationenwechsel bemerkbar, als Schlosser hinter „Golkiraly“ György Orth (29 Treffer) und Jozsef Braun (19) mit lediglich 17 Treffern auf den dritten Platz der teaminternen Torjägerliste zurückgefallen war. Auch in der Spielzeit 1920/21 durfte sich György Orth mit 23 Toren erneut als Torschützenkönig der NB I feiern lassen, während „Slozi“ nochmals 17 Treffer zum Meistertitel beigesteuert hatte. Im Laufe der Spielzeit 1921/22 verlor er jedoch seinen Stammplatz und kam in lediglich neun Begegnungen zum Einsatz, in denen ihm sein letzter von 135 Ligatreffern für die Blau-Weißen gelang. Als der MTK im Frühjahr den Pokalsieg feiern konnte, war Imre Schlosser dann schon nicht mehr mit von der Partie. Der 32-Jährige hatte inzwischen die Trainerlaufbahn eingeschlagen, wobei dieser Schritt nicht endgültig sein sollte...

Imre Schlosser als Trainer

„Meine Jungen waren mustergültige, fleißige und gelehrige Schüler und machten sich jede meiner Weisungen begeistert zu eigen.“ Mit diesen lobenden Worten beschrieb Jimmy Hogan seine vierjährige Zeit als Trainer des MTK, in der der Engländer seine Vorstellungen von modernem Fußball erstmals umsetzte. Es verwundert daher nicht, dass in späteren Jahren zahlreiche seiner ehemaligen Schützlinge ebenfalls eine Trainerkarriere einschlugen und dabei nicht selten große Erfolge feierten.

„Slozis“ Versuche als Übungsleiter sollten dagegen wenig glanzvoll verlaufen. So betreute er in der Saison 1922/23 die Elf von MAC Budapest, die mit der verheerenden Bilanz von 8:36 Punkten und 10:37 Toren ein für alle Mal aus der höchsten ungarischen Liga abstieg. Im Frühjahr 1923 heuerte er im fernen Schweden an, wo er sich als Entwicklungshelfer bei IFK Norrköping versuchte. Da Schlosser 1912 mit der ungarischen Nationalmannschaft an den Olympischen Spielen von Stockholm teilgenommen hatte, war er zumindest kein Unbekannter, als er seine zweite Trainerstelle antrat. Rein sportlich sollte er jedoch ein weiteres Fiasko erleben, da sein Team mit 8:12 Zählern den letzten Platz belegte, was mit dem erneuten Abstieg verbunden war. Den größten Erfolg seiner kurzen Trainerkarriere konnte „Slozi“ in der Saison 1924/25 in Polen mit Wisla Krakau feiern. Als Meister der Südgruppe zog er mit seiner Mannschaft in die nationale Endrunde ein, wo es in vier Spielen gegen den späteren Meister Pogon Lwow sowie Warta Posen jedoch nur zu einem einzigen Sieg – 5:0 bei Warta Posen – reichte, weshalb die Schlosser-Elf lediglich den dritten Platz belegte.

Die Rückkehr zu Ferencvaros

Im Juli 1925 verschlug es Imre Schlosser nach Österreich, wo im Jahr zuvor der Profifußball eingeführt worden war. Vielleicht der wichtigste Grund, weshalb „Slozi“ den Wiener AC betreute, der sich allerdings recht bald im unteren Tabellendrittel wiederfand. Da der Ungar mit 35 Jahren noch keinesfalls zum alten Eisen zählte, kehrte er kurzerhand selbst auf das Spielfeld zurück, um dem WAC mit sechs Toren in 17 Einsätzen zum Klassenerhalt in der Wiener Liga zu verhelfen. Besonders die Begegnungen gegen Rapid hatten es ihm angetan, da er sowohl beim 2:1 vor eigenem Publikum sowie dem überraschenden 3:1-Erfolg in Hütteldorf ins Schwarze traf.

Das Berufsspielertum, für das sich MTK-Präsident Albert Brüll so vehement stark gemacht hatte, wurde zur Saison 1926/27 dann endlich auch in Ungarn Realität. Für Imre Schlosser der willkommene Anlass, es nach dem gelungenen Experiment als Spielertrainer des WAC noch einmal selbst zu versuchen. Sein Wechsel zum MTK vor rund zehn Jahren hatte die Rivalität zwischen den Blau-Weißen und Ferencvaros angefacht, wobei insbesondere die Fradi-Anhänger den Schritt immer noch nicht richtig verdaut hatten. Es war daher auch eine Herzensangelegenheit, als „Slozi“ im Herbst 1926 wieder ins Üllöi ut zurückkehrte, um mit seinem Lieblingsklub ins Reine zu kommen. In der Vorsaison hatte Fradi den MTK als Serienmeister abgelöst, um sich nun sogar das Double zu sichern. Aus einer Mischung aus gestandenen Spielern wie Imre Schlosser und Mihaly Pataki sowie den aufstrebenden Talenten Marton Bukovi und Vilmos Kohut hatte Trainer Istvan Toth-Potya eine glänzend harmonierende Einheit geformt, die Verfolger Ujpest um sieben Zähler auf Distanz hielt. Rückkehrer Imre Schlosser war in 14 der 18 Saisonspiele mit von der Partie und erzielte dabei elf Tore. Der mit 264 Treffern erfolgreichste Ligatorschütze der Grün-Weißen krönte sein Comeback mit dem Pokalsieg, der nach einem 3:0 im Endspiel über Vizemeister Ujpest feststand. Während er selbst ohne Treffer geblieben war, zeichneten Turay (2) und Bukovi für die Tore verantwortlich.

In der Spielzeit 1927/28 ließ Imre Schlosser seine Karriere beim FC Budai 33 ausklingen. Für den Abstiegskandidaten aus dem III.

Zum Abschluss seiner Laufbahn konnte Imre Schlosser in der Spielzeit 1926/27 mit seinem Lieblingsverein Ferencvaros Budapest noch einmal den Meistertitel – den insgesamt 15. seit 1906 – gewinnen. Hintere Reihe von links: Amsel, Takacs, Razso, Schlosser, Bukovi, Pataki, Dan, Sandor, Blum, Kovats (Co-Trainer). Vordere Reihe von links: Turay, Kohut, Obitz, Toth-Potya (Trainer), Szigeti, Hungler, Furmann, Huber, Papp. Imre Szigeti war zwischen 1922 und 1929 Vereinspräsident und sorgte als Geldgeber dafür, dass den Grün-Weißen der Übergang zum Profifußball problemlos gelang. Erst zu Beginn jener Saison durften die ungarischen Klubs ihre Spieler auch offiziell bezahlen.

Stadtbezirk Obuda bestritt der fast 39-Jährige die letzten neun Ligaspiele, in denen ihm nur noch ein einziger Torerfolg gelang. Als die erste Legende des ungarischen Fußballs im Sommer 1928 mit einem Einlagespiel zwischen zwei Mannschaften aus der ersten und zweiten Liga vom aktiven Sport Abschied nahm, war ihm die ungeteilte Zuneigung sämtlicher ungarischer Fans gewiss. Vergessen die zahllosen Anfeindungen, die er nach dem spektakulären Wechsel von Ferencvaros zum MTK über sich ergehen lassen musste. Später arbeitete „Slozi" einige Jahre als Trainer, wobei er weder bei seiner Rückkehr zu Wisla Krakau (1928/29) noch anderswo nennenswerte Erfolge feiern konnte. Auch als Schiedsrichter war Imre Schlosser tätig, nachdem er sich selbst eingestehen musste, als Trainer eine Fehlbesetzung zu sein. Genaugenommen war er zu weich, um sich im harten Trainergeschäft durchzusetzen, was auch auf seine Tätigkeit als Unternehmer zutraf. In Budapest hatte er ein kleines Sportartikelgeschäft eröffnet, dem allerdings kein Erfolg beschieden war. Sein Sohn lieferte die Erklärung: „Einmal kam eine Mutter in seinen Laden und verlangte für ihren Sohn einen Fußball. Da sie nicht über genügend Geld verfügte, drückte mein Vater ihr das Leder in die Hand und sagte: ‚Nehmen Sie es, damit der Kleine damit viele Tore schießen kann.'"

Imre Schlosser, der am 19. Juli 1959 in seiner Heimatstadt Budapest verstarb, steht exemplarisch für den Aufstieg des Fußballs in Mitteleuropa vor dem Zweiten Weltkrieg. Als er seine Karriere 1906 bei Ferencvaros Budapest begann, war der Import aus England noch nicht einmal den Kinderkrankheiten entwachsen. Zwei Jahrzehnte später hatte sich das Profitum etabliert, derweil in Ungarn, Österreich oder der Tschechoslowakei die Massen genau wie in England und Schottland in die Stadien strömten. Und während man auf der Insel Schlosser & Co. einst nur mitleidig belächelte, sollte sich nun immer mehr zeigen, dass der Lehrmeister speziell in Ungarn eifrige Schüler gefunden hatte. Selbst, wenn sie das in London, Liverpool und Glasgow noch immer nicht so recht wahrhaben wollten...

► ZAHLEN UND FAKTEN

Vereine:	1906-1915	Ferencvaros Budapest
	1916-1922	MTK Budapest
	1925-1926	Wiener AC
	1926-1927	Ferencvaros Budapest
	1927-1928	FC Budai 33 Budapest

Tore: 303 ungarische Erstligaspiele (411 Tore)
17 österreichische Erstligaspiele (6 Tore)
9 ungarische Pokalspiele (11 Tore)*
3 Challenge-Cup-Spiele (3 Tore)
68 Länderspiele (59 Tore)
gesamt 400 Pflichtspiele (490 Tore)*
** nur bekannte Spiele und Tore*

Erfolge: Ungarischer Meister 1907, 1909, 1910, 1911, 1912, 1913, 1914 (H), 1915 (F), 1917, 1918, 1919, 1920, 1921, 1922, 1927
Ungarischer Pokalsieger 1913, 1927
Challenge-Cup-Sieger 1909

Ungarischer Torschützenkönig 1907/08,1908/09, 1909/10, 1910/11, 1911/12, 1912/13, 1913/14, 1914 (H), 1915 (F), 1916/17

In der Nationalmannschaft:

Imre Schlosser war gerade erst wenige Monate für die Ligamannschaft von Ferencvaros Budapest aktiv, als er am 7. Oktober 1906 auch zum Debüt für die ungarische Nationalelf kam. In ihrem erst neunten Spiel erreichten die Magyaren in Prag ein 4:4-Unentschieden gegen die Auswahl Böhmens. Am 4. November desselben Jahres durfte der junge „Slozi" beim 3:1-Erfolg in Budapest über den „ewigen Rivalen" Österreich seine Torpremiere feiern. Bis April 1927 erzielte er stolze 59 Länderspieltore, mit denen er nach Ferenc Puskas (84) und Sandor Kocsis (75) noch heute der drittbeste Torjäger der ungarischen Nationalmannschaft ist. Die Zahl von 68 Länderspielen sollte erst nach dem Zweiten Weltkrieg überboten werden.

Sieger der olympischen Trostrunde

Schon bald war Imre Schlosser aus der Mannschaft nicht mehr wegzudenken. Umso mehr, als er sich als Spezialist für die Spiele gegen die Österreicher erwies, denen er am 1. November 1911 beim 5:3 in Budapest zwei und beim 4:3 in Wien am 2. Mai 1909 sogar drei Tore einschenkte. Dem ersten Dreierpack ließ er am Neujahrstag 1911 einen weiteren folgen, als Frankreich vor eigenem Publikum in Paris mit 3:0 geschlagen wurde. Ende Oktober stellte „Slozi" schließlich seine persönliche Rekordmarke auf, indem er beim 9:0-Kantersieg über die Schweiz in Budapest nicht weniger als sechs Tore schoss.

► EINWURF

Drei Tore wolle er schließen. Und natürlich würde Ungarn am 2. Mai des Jahres 1909 in Wien gegen Österreich auch als Sieger vom Platz gehen. Diese Wette war Imre Schlosser vor dem Länderkampf gegen den Erzrivalen mit einem Zuschauer eingegangen, der sich kurz vor dem Abpfiff schon Hoffnungen auf ein üppiges Taschengeld machen konnte. Zum einen, weil es immer noch 3:3 stand, aber auch, weil „Slozi" erst zwei Tore auf dem Konto hatte. Dieser dachte aber gar nicht daran, auf seine „Prämie" zu verzichten. Vielmehr schnappte er sich die Kugel und nagelte sie aus 25 Metern Entfernung mit einem Sonntagsschuss zum dritten Mal in den österreichischen Kasten, womit er die Arena doch noch als Wettkönig verlassen konnte. Als echter Amateur musste man damals eben Einfälle haben, um seine Ballkunst in klingende Münze zu verwandeln!

Aber nicht nur Nachbar Österreich, auch die deutsche Nationalmannschaft bekam die Qualitäten des Halblinken von Ferencvaros Budapest gleich mehrfach vor Augen geführt. Erstmals standen sich beide Mannschaften am 4. April 1909 in Budapest gegenüber, als Schlosser beim 3:3 neben Borbas und Sebestyen die ungarischen Tore erzielte. Das nächste Mal traf man sich am 17. Dezember 1911 in München, wo Schlosser als zweifacher Torschütze eine brillante Leistung ablieferte und seine Farben auf dem Platz des MTV 1879 zu einem 4:1-Sieg führte. Und schließlich war er auch beim 4:4 im Budapester Rückkampf im April des kommenden Jahres erfolgreich, als die Ungarn schon mit 1:4 zurücklagen und er die Aufholjagd nach der Pause mit einem verwandelten Handelfmeter in den Schlusssekunden zum 4:4-Endstand krönte.

Die Kicker aus Ungarn und Deutschland waren sich also bestens bekannt, als sie sich im Rahmen des olympischen Fußballturniers 1912 in Stockholm abermals gegenüberstanden. Das letzte Vorbereitungsspiel hatte Ungarn im norwegischen Christiana (dem heutigen Oslo) mit 6:0 gewonnen, wobei sich „Slozi" mit zwei Treffern warmgeschossen hatte. Bei dem hochkarätig besetzten Turnier traf die von Ede Herczog betreute Mannschaft zum Auftakt aber ausgerechnet auf die favorisierten englischen Amateure, die auf dem Rasunda-Sportplatz von Solna erwartungsgemäß nichts anbrennen ließen und mit 7:0 die Oberhand behielten. Herausragender Akteur beim kommenden Goldmedaillengewinner war der in Indien geborene Harold Walden als sechsfacher Torschütze.

Die ungarische Elf vor der 0:7-Auftaktniederlage gegen Großbritannien beim olympischen Fußballturnier 1912. Stehend von links: Gaspar Bobar, Imre Schlosser, Bela Sebestyen, Jenö Karoly, Antal Vago, Gyula Rumbold, Sandor Bodnar, Gyula Biro, Trainer Ede Herczog. Sitzend von links: Imre Payer, Laszlo Domonkos und Mihaly Pataki.

Vor dem historischen 100. Länderspiel am 16. Oktober 1955 zwischen Ungarn und Österreich (6:1) durfte der legendäre Imre Schlosser (Bildmitte) gemeinsam mit Ferenc Puskas und Sandor Kocsis den symbolischen Anstoß vornehmen. Auch zu Zeiten der legendären ungarischen Wunderelf war „Slozi“ bei den Fans immer noch unvergessen.

Trotz der derben Pleite war das Olympia-Abenteuer noch nicht beendet, da die Organisatoren eine Trostrunde vorgesehen hatten, wo es am 3. Juli zur Neuauflage des Duells mit Deutschland kam. Die Deutschen hatten sich dafür dank ihres legendären 16:0-Erfolges über Russland qualifiziert, bei dem Gottfried Fuchs zehn Tore gelungen waren. Mittelstürmer Fuchs spielte ebenso wie die beiden Verbinder Fritz Förderer und Julius Hirsch beim Karlsruher FV, derweil die Außenstürmer Karl Wegele und Emil Oberle für Stadtrivale Phönix aktiv waren. Die Karlsruher Blockbildung sollte den Deutschen aber nichts nutzen: Bereits nach fünf Minuten hatte Ungarns Spielführer Schlosser einen Freistoß von der Strafraumgrenze ins Tor gesetzt, um kurz vor dem Seitenwechsel auf 2:0 zu erhöhen. Nachdem Förderer in der 56. Minute den Anschlusstreffer markiert hatte, traf Schlosser acht Minuten vor Schluss nach einer Ecke zum 3:1-Endstand, womit er endgültig zum Schrecken der DFB-Auswahl avanciert war. Nachdem die Magyaren zwei Tage darauf auch noch gegen Österreich mit 3:0 die Oberhand behielten – Schlosser hatte den Sieg in der 32. Minute mit dem vierten Turniertor eingeleitet – belegten sie als Gewinner der Trostrunde den fünften Platz. Die Heimreise führte über Russland, wo die Magyaren zwei Länderspiele in Moskau bestreiten wollten. Dabei erwiesen sich die gegnerischen Spieler aus dem Zarenreich wie schon bei Olympia als Sparringspartner und mussten sich mit 0:9 und 0:12 klar geschlagen geben. Beim 12:0 am 14. Juli hatte sich Imre Schlosser fünfmal in die Torschützenliste eingetragen.

Der Auftritt bei Olympia sollte der Höhepunkt in „Slozis“ Länderspielkarriere bleiben. Während des Ersten Weltkriegs schlief der internationale Spielverkehr nahezu ein und beschränkte sich auf Vergleiche mit Österreich, in denen Schlosser sich regelmäßig als Torschütze profilieren konnte. Nachdem sich die Ungarn zwischen Oktober 1914 und November 1919 mit einer Ausnahme – am 12. Mai 1918 in Budapest gegen die Schweiz (2:1) – ausschließlich mit Österreich duelliert hatten, ging es im Oktober 1920 in Berlin erstmals seit über acht Jahren wieder gegen Deutschland, gegen das es in Berlin eine knappe 0:1-Niederlage setzte. Am 5. Juni 1921 leitete Schlosser mit seinem Tor in der Anfangsphase vor 30.000 Zuschauern auf dem MTK-Platz in Budapest einen 3:0-Erfolg über die DFB-Auswahl ein, um am 6. November 1921 beim 4:2 gegen Schweden seinen 59. und letzten Länderspieltreffer zu erzielen. Nachdem der Halblinke im Laufe der Spielzeit 1921/22 beim MTK auf dem Abstellgleis gelandet war, büßte er auch seinen Platz im Nationalteam ein. Als er 1926 wieder zu seinem Heimatklub Ferencvaros zurückkehrte, bestritt er noch drei Länderspiele, wobei gegen die Tschechoslowakei (2:1) und Schweden (3:1) zwei Siege gelangen. In einem echten Fiasko mündete dagegen Imre Schlossers Abschied aus dem ungarischen Nationalteam: Am 10. April 1927 mussten sich Schlosser & Co. in Wien gegen Österreich mit 0:6 geschlagen geben, obwohl das legendäre „Wiener Wunderteam“ der frühen dreißiger Jahre erst langsam seine Schatten vorauswarf.

Saison	**Lsp.**		**Liga**		**Pokal***	
	Sp.	T.	Sp.	T.	Sp.	T.
1906			4	1		
1906/07	4	1	14	16		
1907/08	5	2	15	21		
1908/09	5	7	15	30		
1909/10	3	4	18	19	1	3
1910/11	5	4	18	38	2	1
1911/12	12	22	17	34	2	4
1912/13	3	3	16	33	1	1
1913/14	4	2	17	21	?	?
1914 H	2	1	11	24		
1915 F	2	1	10	21		
1915 H	2	1	6	6		
1916/17	6	6	17	38		
1917/18	5	3	22	41		
1918/19	1	0	19	21		
1919/20	1	0	28	17		
1920/21	3	1	24	17		
1921/22	2	1	9	1	?	?
1925/26	1	0	17	6	?	0
1926/27	2	0	14	11	3	2
1927/28			9	1	?	?

* 1912/13 waren nicht alle Pokalspiele zu eruieren.

Uwe Seeler
„Uns Uwe“, der bescheidene Hanseat

Nach dem Karriereende von Otto „Tull“ Harder gehörte die erste große Erfolgsära des Hamburger SV der Vergangenheit an. Dies bedeutete freilich nicht, dass es an der Waterkant danach keine Topspieler mehr gab. Unter ihnen hatte der wuchtige Stoßstürmer Rudolf Noack fraglos eine herausragende Rolle inne, der nach Harders Wechsel zur Hamburger Victoria im Jahr 1931 mehr und mehr zum Kopf der Mannschaft avancierte. Zudem wurden in jenen Jahren aber auch zwei große Fußballer-Dynastien begründet, die nicht nur in Hamburg, sondern auch weit darüber hinaus für Furore sorgten. Da war einmal die Familie Dörfel, deren erstes Mitglied – Richard – schon 1931 in der Kampfmannschaft debütierte. Nur drei Jahre danach folgte dann sein Bruder „Frido“, der später ebenso in der Nationalmannschaft zum Zuge kam wie seine Söhne Gert („Charly“) und Bernd, deren Karrieren in erster Linie in die sechziger Jahre fielen.

Die Fußballer-Dynastie Seeler war in Hamburg Legende: Vater Erwin Seeler (Bildmitte) streifte das Trikot des Hamburger SV ab 1938 über, für den er bis 1951 aktiv blieb. Zu diesem Zeitpunkt stand Sohn Uwe (links) bereits in den Startlöchern, der seine ganze Karriere beim Rautenklub verbringen sollte. Lediglich der fünf Jahre ältere Dieter spielte von 1952 bis 1955 zwischenzeitlich für den FC Altona 93, in dessen charakteristischem schwarz-weiß-rot gestreiften Trikot er auf dem Foto zu sehen ist.

„Old Erwin“ als Begründer der Seeler-Dynastie

Noch mehr als die Dörfels hinterließen allerdings die Seelers bleibende Eindrücke, was natürlich zur Hauptsache auf „Uns Uwe“, aber auch auf dessen früh verstorbenen Bruder Dieter sowie den Vater der beiden zutraf: „Old Erwin“ startete seine Karriere im Arbeitersportmilieu bei Lorbeer 06 Hamburg, wo er schon bald zur tragenden Säule wurde und in den Jahren 1929 und 1931 mithalf, die ATSB-Meisterschaft zu gewinnen. Auch an der Arbeiterolympiade 1931 nahm „Vadder Seeler“ teil und galt so als Aushängeschild des linksgerichteten ATSB, der entsprechend brüskiert reagierte, als Seeler 1932 zur gut betuchten Victoria wechselte. Während der Verband seinem ehemaligen Aktiven quasi Verrat an der eigenen Sache unterstellte, hatte dieser den Absprung gerade noch „rechtzeitig“ geschafft, da dem politisch nicht genehmen ATSB-Fußball unter der Terrorherrschaft der Nazis schon bald der Garaus gemacht wurde. Dagegen konnte Seeler seine Karriere unbehelligt vorantreiben, die ihn 1938 schließlich an die noble Rothenbaumchaussee führte. Beim bürgerlichen Hamburger SV, für den er bis 1951 in der ersten Mannschaft aktiv blieb, konnte sich „Old Erwin“ sodann ebenfalls ohne Schwierigkeiten durchsetzen.

Zur Spielzeit 1947/48 waren im noch stark zerstörten Nachkriegsdeutschland flächendeckend die Oberligen ins Leben gerufen worden. Es verstand sich von selbst, dass der HSV zu den zwölf Gründungsmitgliedern der Oberliga Nord zählte, wobei die Rothosen gleich bei der Premiere die Nase vorn hatten. Auch in der letztmals ausgetragenen Britischen Zonenmeisterschaft konnte das vom Österreicher Hans Tauchert betreute Team seinen Vorjahrestitel erfolgreich verteidigen. Nach Siegen beim SV Hamborn 07 (1:0) und über Eintracht Braunschweig (3:2) erreichte die Mannschaft das Endspiel, wo es zum Duell mit dem Stadtrivalen FC St. Pauli kam. Die Kiez-Kicker hatten am 13. Juni 1948 keine Chance und kamen mit 6:1 böse unter die Räder. Dabei war die Begegnung eine der letzten, in der mit Erwin Seeler sowie Richard und Friedrich Dörfel drei Vertreter der „alten Garde“ gemeinsam auf dem Spielfeld gestanden hatten. Der notwendig gewordene Generationenwechsel hielt den Verein jedoch nicht davon ab, sich an der Spitze der Oberliga festzusetzen.

Bis einschließlich 1953 sicherten sich die Hanseaten vier weitere Mal den Nordtitel. In der Saison 1953/54 mussten sie dann allerdings eine ganz neue Erfahrung machen. Urplötzlich schwebte der Abonnementmeister nämlich in „akuter Abstiegsgefahr“, wie der „Sport“ am 15. März 1954 nach der 0:2-Heimpleite gegen Werder Bremen befand. Besonders zu Beginn des Jahres war die Lage ausgesprochen ernst, als die Knöpfle-Elf im Stadion am Bischofsholer Damm zu Hannover gegen die Arminia mit 2:10 unterlegen war! Nach der höchsten Oberligapleite aller Zeiten konnten sich die Hamburger aber langsam wieder stabilisieren und landeten in der Endabrechnung doch noch auf einem beruhigenden fünften Platz. Einen positiven Aspekt aber hatte selbst diese für Hamburger Verhältnisse verkorkste Saison: Am 5. August 1954 hatte nämlich Uwe Seeler im zarten Fußballeralter von 16 Jahren in einem Freundschaftsspiel gegen den SC Göttingen 05 sein Debüt in der „Ersten“ gegeben, womit der Startschuss für eine neue große HSV-Ära erfolgt war.

Mitgliedsnummer 1.725

Der nach Bruder Dieter und Schwester Gertrud „Purzel“ (die das Handballtor des SC Lorbeer hütete) ist Uwe der dritte Spross der Familie, der am 5. November 1936 das Licht der Welt erblickte. Im Januar 1946 wurde er gemeinsam mit Dieter Vereinsmitglied, wobei sein Ausweis die Mitgliedsnummer 1.725 trug. Schon als Jugendlicher entwickelte sich Uwe zum schuss- und kampfstarken Mittelstürmer, der stets den direkten Weg zum Tor suchte. Trotz seiner geringen Körpergröße von nur 1,69 Meter war er ausgesprochen kopfballstark, weshalb es kein Zufall war, dass er sein wohl berühmtestes Tor – im WM-Viertelfinale 1970 gegen England – ebenfalls mit dem (Hinter)kopf erzielte.

Obwohl Uwe Seeler in der Schüler- und Jugendabteilung des Hamburger Sportvereins mit rund 600 Treffern in 400 Einsätzen seine Qualitäten bewiesen hatte, war in jener Zeit nicht daran zu denken, als Fußballer ausgesorgt zu haben, weshalb die spätere HSV-Ikone nach dem Schulabschluss ab 1952 eine Lehre als Speditionskaufmann absolvierte. Uwes große Liebe galt freilich weiterhin dem Fußball. Bei den FIFA-Jugendturnieren 1953 in Belgien und 1954 in der Bundesrepublik sorgte er im DFB-Trikot für Furore, als er

für die U-18-Auswahl in zehn Einsätzen nicht weniger als 15-mal in die Maschen traf.
Da der HSV wie erwähnt in der Saison 1953/54 hinter den gewohnten Leistungen hinterherhinkte, begab sich das neue Trainerduo Martin Wilke und Günter Mahlmann im Frühjahr 1954 auf die Suche nach personellen Alternativen und fand diese auch in Klaus Stürmer, der genau wie „Uns Uwe" bei den Jugendturnieren der FIFA geglänzt hatte. Beide kamen am 2. Mai im Testspiel gegen die Stuttgarter Kickers (3:6) zu ihrem Debüt, bei dem Uwe Seeler zwei und Klaus Stürmer ein Treffer gelang. Mit dem bereits 1971 an einer Krebserkrankung verstorbenen Stürmer, verband Seeler auch neben dem Platz eine große Freundschaft. Beide durften ab Juli 1954 dank einer Sondergenehmigung des DFB in der Oberliga-Elf des HSV spielen, für die Uwe Seeler am 24. August 1954 beim 3:0 über den VfB Oldenburg den ersten Pflichtspieltreffer erzielte. Schon am 16. Oktober folgte ein weiterer Karrieresprung, nachdem der knapp 18-Jährige in Hannover gegen Frankreich zum ersten Länderspieleinsatz gekommen war. Vor allem aber ermöglichte Seelers Mitwirken den Rothosen 1954/55 die Rückkehr auf den norddeutschen Meisterthron. Deutlich – das heißt. mit sechs Punkten – wurde der ärgste Konkurrent TuS Bremerhaven 93 auf Distanz gehalten, was in erster Linie an der überragenden Offensivabteilung lag, die es auf stolze 108 Saisontore brachte, von denen jeweils 28 auf das Konto der beiden Toptorjäger der Oberliga, Günther Schlegel und Uwe Seeler, gingen. Lange Zeit konnte der HSV auch vom Einzug ins Meisterschaftsendspiel träumen. In den Gruppenspielen lieferte sich das Team ein heißes Kopf-an-Kopf-Rennen mit dem 1. FC Kaiserslautern. Erst am vorletzten Spieltag fiel die Entscheidung, als der Hamburger WM-Triumphator Jupp Posipal seinen fünf Weltmeister-Kollegen aus der Pfalz im Volksparkstadion mit 1:2 unterlag. In fünf Endrundeneinsätzen konnte sich Uwe Seeler lediglich beim 1:1 im letzten Spiel beim SV Sodingen in die Torjägerliste eintragen.

► EINWURF
In der ewigen Torschützenliste der deutschen Endrunde geben drei Schalker Spieler den Ton an. Auf Ernst Kalwitzki und Fritz Szepan, die mit je 54 Toren an der Spitze liegen, folgt mit Ernst Kuzorra ein weiteres Mitglied des legendären „Kreisels", der 48-mal ins Schwarze getroffen hat. Auf dem vierten Platz rangiert dann der erste Nicht-Schalker: Uwe Seeler, der in 43 Endrundenspielen für den Hamburger SV 40 Tore bejubeln durfte. Damit ist Seeler zugleich bester Torjäger der Nachkriegszeit.

Auch in der Spielzeit 1955/56 führte Uwe Seeler – wegen seiner kompakten Statur auch „Dicker" gerufen – abermals die Torschützenliste der Oberliga an. 32-mal hatte er getroffen und dabei großen Anteil an der erneuten Nordmeisterschaft des HSV, der in der nationalen Endrunde bei Punktgleichheit nur wegen des schlechteren Torquotienten gegenüber dem kommenden Meister Borussia Dortmund den Einzug ins Finale verpasste. Neben der Meisterschaft hatten die Hamburger in jenem Jahr aber noch ein weiteres Eisen im Feuer. Als Norddeutscher Pokalsieger standen sie als Halbfinalist des DFB-Pokals fest, wo sie durch einen von Uwe Seeler eingeleiteten 2:1-Erfolg bei Fortuna Düsseldorf das Endspiel erreicht hatten, das am 5. August über die Bühne ging. Gegner und Gastgeber war Vorjahressieger Karlsruher SC, der rund anderthalb Monate zuvor auch im Endspiel um die Deutsche Meisterschaft gestanden hatte. Vor 25.000 Zuschauern erwischte der HSV dennoch den besseren Start und ging nach 16 Minuten durch Uwe Seeler mit 1:0 in Führung, ehe die Süddeutschen nach dem Ausgleich von Termath (40.) in der zweiten Hälfte aufdrehten und schließlich als 3:1-Sieger vom Platz gingen.

► EINWURF
Mit 26, 29 bzw. 26 Treffern lag Uwe Seeler in seinen ersten drei Jahren beim HSV jeweils an der Spitze der Oberligatorschützenliste. In der Saison 1957/58 traf er jedoch „nur" 22-mal ins Schwarze, so dass er die Torjägerkrone diesmal Werner Thamm von Eintracht Braunschweig überlassen musste, der einmal öfter eingenetzt hatte. Allerdings hatte der Hamburger Volksheld nur 24 Spiele bestritten, nachdem sich im Heimspiel gegen TuS Bremerhaven schier Unglaubliches ereignet hatte. Schiedsrichter Höfel hatte sich nämlich tatsächlich erdreistet, „Uns Uwe" nach einem vermeintlichen Revanchefoul vom Platz zu schicken, woraufhin einige Vandalen unter den Zuschauern am Rothenbaum das Feld stürmten und den Unparteiischen verprügelten. Während der Hamburger Sturmführer eine zweiwöchige Sperre aufgebrummt bekam, mussten die Rothosen ausgerechnet ihr Heimspiel gegen Verfolger Eintracht Braunschweig im Bremer Weserstadion austragen, wobei die Niedersachsen am 2. Weihnachtstag des Jahres 1957 die Gunst der Stunde auch tatsächlich zu nutzen schienen und zur Halbzeit mit 4:0 in Führung lagen. Nach dem Seitenwechsel aber drehte der HSV auf und gewann noch mit 6:4, wobei ausgerechnet Uwe Seeler, dessen Sperre aus dem Spiel gegen Bremerhaven gerade abgelaufen war, als dreifacher Torschütze glänzte.

Vergeblicher Griff nach der Salatschüssel

Letztmals hatte der Hamburger SV die Deutsche Meisterschaft 1928 – damals noch mit Tull Harder – gewonnen. Nicht zuletzt dank „Uns Uwe" schien der Rautenklub endlich wieder über eine Mannschaft zu verfügen, die das Zeug hatte, den nationalen Gipfel zu erklimmen. Nachdem diese im Vorjahr noch knapp gescheitert war, schaffte sie 1957 den Einzug ins Finale. Die nationale Endrunde, die 1956/57 in einer einfachen Runde auf neutralen Plätzen ausgetragen wurde, hatte für den Nordchampion mit einem unerwarteten Punktverlust begonnen, als es im Berliner Olympiastadion gegen den Duisburger SpV nur zu einem 1:1 reichte, bei dem Uwe Seeler in der 56. Minute den zwischenzeitlichen Führungstreffer erzielt hatte. Im zweiten Spiel stand es in Köln gegen den 1. FC Nürnberg 1:1, ehe „Uns Uwe" seine Farben nach 66 Minuten zum Sieg schoss. Da der HSV auch gegen den 1. FC Saarbrücken mit 2:1 die Oberhand behielt, stand man nach 29 Jahren wieder im Endspiel, wo am 23. Juni 1957 in Hannover der Titelverteidiger aus Dortmund wartete. Die Borussia stellte die klar überlegene Elf, die praktisch jederzeit Herr der Lage war. Als Innenstürmer Georg Krug den Führungstreffer der Westfalen durch Kelbassa in der 24. Minute egalisiert hatte, dauerte es nur 120 Sekunden und der kurze Jubel der Norddeutschen war wieder der Ernüchterung gewichen, da Kelbassa und Niepieklo mit einem Zwischenspurt das Resultat auf 3:1 geschraubt hatten. Schließlich war es abermals Niepieklo, der mit seinem zweiten Treffer in der 78. Minute vor 76.000 Zuschauern für den 4:1-Endstand sorgte.
Obwohl Uwe Seeler in der Saison 1957/58 erstmals nach drei Jahren knapp am Gewinn der Torjägerkrone vorbeigeschrammt war, zog Nordmeister HSV erneut ins nationale

Die Mannschaft des Hamburger SV, die am 18. Mai 1958 in Hannover Westmeister Schalke 04 im nationalen Endspiel chancenlos mit 0:3 unterlag. Von links: Gerd Krug, Uwe Seeler, Dieter Seeler, Klaus Stürmer, Erwin Piechowiak, Uwe Reuter, Franz Klepacz, Jochenfritz Meinke, Jürgen Werner, Horst Schnoor und Jupp Posipal.

Nach zwei deutlichen Finalniederlagen in den Jahren 1957 und 1958 holte der HSV am 25. Juni 1960 durch ein 3:2 über den 1. FC Köln endlich den dritten Meistertitel der Vereinsgeschichte. Stehend von links: Klaus Neisner, Klaus Stürmer, Horst Dehn, Jürgen Werner, Jochenfritz Meinke, Peter Wulf, Dieter Seeler, Uwe Seeler, Gert Dörfel. Vorne von links: Erwin Piechowiak, Horst Schnoor und Gerd Krug. Für „Uns Uwe" war der Gewinn der Salatschüssel die Krönung seiner torreichen Karriere.

Meisterschaftsfinale ein. Dort hatte die Mannschaft jedoch abermals keine Chance und unterlag dem FC Schalke 04 sang- und klanglos mit 0:3-Toren. Allein Günter Mahlmann machte den Anhängern Mut und meinte, dass die Zeit für seine junge Elf noch bevorstünde. Zwei Jahre sollten allerdings noch ins Land gehen, bis der HSV-Coach auch tatsächlich Recht behalten sollte. Im Norden konnte weiterhin keiner der Konkurrenten der Mannschaft das Wasser reichen, so dass 1958/59 der Vorsprung auf Vizemeister Werder Bremen auf zehn Punkte anwuchs. Und auch Mittelstürmer Seeler führte mit 29 Treffern wieder die Torschützenliste an. Entsprechend galten die Hanseaten vor der deutschen Endrunde auch als Mitfavoriten auf den Titel, in die sie jedoch am 16. Mai 1959 mit einer überraschenden Niederlage gegen die Offenbacher Kickers starteten. Der HSV kämpfte sich zurück und feierte gegen Westfalia Herne (4:2) sowie Tasmania Berlin (2:0, 3:0) drei Siege, zu denen Uwe Seeler fünf Tore beigesteuert hatte. Da aber auch die Kickers auf Kurs blieben und lediglich bei Tasmania (2:2) einen Zähler abgegeben hatten, mussten die Norddeutschen ihr Spiel gegen Westfalia Herne unbedingt gewinnen, obwohl Uwe Seeler verletzt ausfiel. In der Dortmunder Roten Erde setzte es allerdings eine 1:3-Niederlage, womit der HSV seine Finalchance bereits vor dem letzten Spieltag eingebüßt hatte, weil der OFC im Parallelspiel Tasmania Berlin mit 3:2 niedergerungen hatte.

Endlich Meister!

In der Spielzeit 1959/60 bereitete die Oberligakonkurrenz zunächst erheblich mehr Schwierigkeiten als in den Jahren zuvor. Es dauerte immerhin bis zum 15. Spieltag, ehe der HSV die Tabellenführung übernehmen konnte, die dieser freilich auch noch nach der letzten Runde mit vier Zählern Vorsprung auf Werder Bremen innehatte. Von den 96 Saisontoren waren allein 36 auf das Konto von Uwe Seeler gegangen, der auch in der Endrunde nicht zu halten war. In den Gruppenspielen traf er elfmal ins Schwarze und wies dem Rautenklub damit zum dritten Mal in vier Jahren den Weg ins Endspiel, wo am 25. Juni 1960 im Frankfurter Waldstadion der mit sieben Nationalspielern gespickte 1. FC Köln wartete. Für die junge Truppe aus der Hansestadt, deren Durchschnittsalter nach dem Rücktritt von Weltmeister Jupp Posipal gerade einmal bei 24 Jahren lag, war der Gegner vom Rhein alles andere als ein gutes Omen, schließlich hatten sich die Rothosen schon 1957 und 1958 dem Westmeister geschlagen geben müssen. In der Gluthitze von Frankfurt schienen sich die schlimmsten Befürchtungen auch wirklich zu bewahrheiten, stand die erste Spielhälfte doch klar im Zeichen der Geißbock-Elf, die schon in den ersten zehn Minuten zwei Riesenchancen durch Rahn und Müller versiebte und schließlich acht Minuten nach der Pause durch Breuers Abstaubertor auch völlig verdient in Führung ging. Erstaunlicherweise brachte dieser Rückstand die Hamburger erst richtig ins Spiel, denn schon postwendend glückte der Ausgleich, als eine Seeler'sche Co-Produk-tion – Dieter hatte auf Uwe geflankt – in der 53. Minute zum Erfolg führte. Mit Chancen hüben wie drüben, war die Partie jetzt ausgeglichen. Die Entscheidung sollte in den letzten zehn Minuten fallen: Zunächst besorgte Charly Dörfel nach einem glänzend vorgetragenen Konterangriff die erstmalige Führung (81.), die Müller jedoch vier Minuten später wieder ausglich. Die Kölner waren in der Abwehr noch nicht wieder sortiert, als Dörfel nach einem Freistoß die Verwirrung nutzte und das Leder mit einem lässigen Lupfer auf „Uns Uwe" lancierte, der frei vor Ewert nicht lange fackelte und in der 86. Minute zum 3:2 Siegtreffer einnetzte. Die 10.000 unter den 71.000 Endspiel-Besuchern, die aus Hamburg mitgereist waren, konnten mithin endlich den dritten Meistertitel nach 1923 und 1928 feiern.

Damit durfte die Mannschaft im Herbst 1961 ihr Können erstmalig auch auf europäischer Ebene darbieten, was ihr im Wettbewerb der kontinentalen Meister mehr als eindrucksvoll gelang. Wenig Mühe hatte die Hanseaten zum Auftakt mit den Berner Young Boys (5:0, 3:3), gegen die „Uns Uwe“ beim 5:0-Hinspielsieg im Wankdorfstadion seine ersten beiden Europacuptore erzielte. In der Runde der letzten Acht standen die Rothosen gegen den FC Burnley nach einer 1:3-Niederlage in England dann aber kurz vor dem Aus. Wie viel der Anschlusstreffer Dörfels aus der 76. Minute wert war, zeigte sich am 15. März 1961 im Rückspiel. Schon zur Pause führte der HSV im Volksparkstadion durch die Tore von Stürmer und Seeler mit 2:0. Auch nach Wiederanpfiff ließen die Norddeutschen nicht locker, die schließlich nach dem zweiten Treffer von Uwe Seeler nach einer Stunde als 4:1-Sieger in die Vorschlussrunde einzogen, wo mit dem FC Barcelona ein echter Hochkaräter wartete. Nachdem die Hamburger in Katalonien nur knapp mit 0:1 unterlegen waren, sahen sie im Volksparkstadion durch die Tore von Wulf (55.) und Seeler (68.) schon wie die sicheren Sieger aus. Das Unglück brach aber in 90. Minute in Person von Sandor Kocsis herein, dessen Tor zum 2:1 in letzter Sekunde den HSV doch noch in ein Entscheidungsspiel zwang, das jedoch in Brüssel mit 0:1 verloren wurde.

► EINWURF
Nach dem Gewinn der Salatschüssel stand Uwe Seeler im Sommer 1960 mit knapp 24 Jahren im Zenit seiner Vereinskarriere. Nachdem er mit 13 Treffern bester Endrundentorschütze geworden war, wurde er später auch zum ersten Fußballer des Jahres von Deutschland gekürt, eine Auszeichnung, die ihm später noch 1964 und 1970 zuteil werden sollte.

Auch die Titelverteidigung auf nationaler Ebene schlug fehl. Zunächst wurde der HSV in souveräner Manier wieder Nordmeister, indem der SV Werder Bremen um sieben Zähler distanziert worden war. Genauso souverän gewann Seeler mit 29 Zählern die Torjägerkrone. Der Serienmeister der Oberliga Nord leistete sich schon zum Auftakt der Gruppenspiele im Volksparkstadion eine 2:5-Pleite gegen Borussia Dortmund, um nach sechs Spieltagen mit 6:6 Punkten und 14:19 Toren hinter dem BVB und der Frankfurter Eintracht nur den dritten Platz zu belegen. Während beim Titelverteidiger besonders die Abwehrreihe zu wünschen übrig ließ, hatte „Uns Uwe“ wie üblich die Erwartungen erfüllt, nachdem er mit acht Toren abermals bester Torjäger der Endrunde geworden war.

► EINWURF
Uwe Seelers starke Europacupauftritte in der Saison 1960/61 hatten auch die internationalen Topklubs hellhörig werden lassen. Besonders deutlich war das Werben von Inter Mailand zu vernehmen, nachdem die Lombarden im Frühjahr 1961 rund 1,2 Millionen D-Mark boten, um den Hamburger über den Brenner zu locken. Während einige seiner Nationalmannschaftskameraden wie Karl-Heinz Schnellinger und Helmut Haller schwach wurden und in die Serie A wechselten, blieb Seeler dem HSV und seiner Vaterstadt treu. Sogar der Rektor der Hamburger Universität Prof. Helmut Thielicke von der theologischen Fakultät hatte sich eingeschaltet, um die Fußball-Ikone zum Bleiben zu bewegen. Als Seeler am 26. April offiziell seinen Verzicht erklärte, dürften ihm zwar einige Hunderttausende durch die Lappen gegangen sein. Dafür wurde „Uns Uwe“ von den HSV-Anhängern nun umso mehr verehrt.

Nachdem Uwe Seeler schon in der Saison 1960/61 mit 29 Toren in lediglich 23 Einsätzen wie üblich die Oberligatorschützenliste anführte, war dies auch in der kommenden Saison der Fall. In 28 Spielen hatte er ebenso oft getroffen, womit er den Kieler Gerd Koll um einen Treffer auf Distanz hielt – allerdings erst nachdem diesem im Nachhinein zwei seiner Torerfolge als angebliche Eigentore aberkannt worden waren. Von einem Seeler-Bonus konnte nach der letzten Oberligaspielzeit 1962/63 dann keine Rede mehr sein. „Uns Uwe“ hatte in Anbetracht von 32 Toren in 28 Ligaspielen zwar alles andere als enttäuscht und den Hamburger SV damit auch in seinem neunten Oberligajahr zur Nordmeisterschaft geschossen. Allerdings waren Dieter Meyer sogar 37 Tore gelungen, womit der Bremer den mit 267 Treffern erfolgreichsten Torschützen der Oberliga Nord ausnahmsweise in den Schatten stellte.

Auf dem Weg zur Deutschen Meisterschaft 1960 besiegte der Hamburger SV in den Gruppenspielen Westfalia Herne zweimal mit 4:3 und 2:1. Das Foto zeigt Uwe Seeler, wie dieser in akrobatischer Manier eines seiner vier Tore gegen Westfalia-Keeper Hans Tilkowski erzielt.

Wenngleich der HSV sowohl 1962 als auch 1963 in der deutschen Endrunde ohne Chance geblieben war, stand die Aufnahme in die Bundesliga zur Spielzeit 1963/64 erwartungsgemäß nie wirklich zur Disposition. Exakt zehn Tage, bevor die neue Eliteliga an den Start ging, durften sich die deutschen Fußballanhänger auf ein Appetithäppchen freuen, da sich am 14. August 1963 in Hannover der Hamburger SV sowie der amtierende Deutsche Meister Borussia Dortmund im DFB-Pokal-Endspiel gegenüberstanden, für das sich die Hamburger durch einen mühsamen 1:0-Sieg in der Vorschlussrunde beim Wuppertaler SV qualifiziert hatten.
Nach der deutlichen 1:4-Niederlage im Meisterschaftsfinale von 1957 hatten sich die Borussen immer mehr zum Angstgegner der Norddeutschen entwickelt, weshalb auch vor dem Anpfiff des Pokalfinales nicht wenige mit einem erneuten Triumph der Westfalen rechneten. Anders sah es Uwe Seeler. „Die fühlen sich viel zu sicher, denken bestimmt, dass sie uns mal eben so im Vorbeigehen vernaschen können.“ Und wirklich legte der HSV los wie die Feuerwehr und ließ die „beste deutsche Mannschaft der Nachkriegszeit“ kaum zum Durchpusten kommen. In der 31. Minute folgte der erste Geniestreich des hanseatischen Angriffsduos Dörfel-Seeler, nachdem Charly Dörfel das Leder „Uns Uwe“ mustergültig serviert hatte, so dass dieser per Kopf einnicken konnte. Auch beim zweiten Hamburger Treffer nur zwei Minuten später hatte Seeler eine Dörfel-Flanke eingeköpft, um den Borussen in der 84. Minute mit dem dritten Treffer endgültig den Hahn zuzudrehen. Während Bruder Dieter nach dem Schlusspfiff von DFB-Präsident Hermann Gösmann die begehrte Trophäe

überreicht bekam, begründete der dreifache Torschütze seine überragende Kopfballstärke mit zahlreichen Sonderschichten im Vorfeld des Finalspiels.

Gelungener Start in die Bundesliga

Am 24. August 1963 startete der frischgebackene Pokalsieger in die Bundesliga mit einem 1:1 bei Preußen Münster, um eine Woche darauf vor 32.000 Zuschauern im Volksparkstadion über den 1. FC Saarbrücken mit 4:2 den ersten Sieg zu feiern. Dabei war es Uwe Seeler, der sein Team mit dem Treffer zum 3:2 in der 70. Minute auf die Siegerstraße gebracht hatte. Insgesamt sollte „Uns Uwe", der im ersten Bundesligajahr die Kapitänsbinde von Bruder Dieter übernahm, in 30 Spielen 30 Tore erzielen, womit er als erster Bundesligatorschützenkönig in die Annalen einging. Uwe Seeler war damit zweifellos der mit Abstand auffälligste Akteur im HSV-Team, was sich Ende der Saison auch in seiner zweiten Wahl zu Deutschlands Fußballer des Jahres niederschlug. Während der Spielführer der deutschen Nationalelf in der ersten Bundesligasaison also restlos überzeugen konnte, hatten sich die von Martin Wilke betreuten Rothosen als Tabellensechste etwas wankelmütig erwiesen. So hatten sie etwa am 7. März 1964 eine 2:9-Klatsche bei den Münchner Löwen kassiert, die bis zur Niederlage in selber Höhe am 30. März 2013 beim FC Bayern die höchste Bundesligapleite der Vereinsgeschichte bleiben sollte.

► **EINWURF**

Uwe Seeler ist seit 1959 mit Ilka Buck, einer ehemaligen Leichtathletin und Feldhandballerin, liiert, mit der er drei gemeinsame Töchter (Kerstin, Helle und Frauke) hat. Frauke ist die Mutter des 1996 geborenen Levin Öztunali, der bereits in der A-Junioren-Bundesliga für den Hamburger SV für Furore sorgte. HSV-Sportdirektor Frank Arnesen zeigte sich begeistert: „Levin ist offensivstark und schnell, hat einen guten Körper, gute Technik, einen guten Überblick. Er ist ein Allrounder, der anders als sein Opa mehr Tore vorbereitet, als er selber schießt." Wegen der besseren sportlichen Perspektiven entschied sich der Seeler-Enkel zur Saison 2013/14 für einen Wechsel zu Bayer Leverkusen – ein Schritt, der für Großvater „Uns Uwe" undenkbar gewesen ist...

Während die beiden Folgejahre für die Hamburger mit den Rängen 11 und 9 in der Bundesliga schon nicht gerade erfolgreich geendet hatten, stürzten sie in der Saison 1966/67 gar bis auf den 14. Rang ab. Größtes Problem war die Verletzungsanfälligkeit Uwe Seelers. Und so war man am Ende froh, das Abstiegsgespenst gerade noch vertrieben zu haben. Dementsprechend war die Torquote des Mittelstürmers von 14 in der Saison 1964/65, über elf in der Spielzeit 1965/66 auf nur noch zehn in der Saison 1966/67 zurückgegangen. Für Seeler eine echte Tortur. Schließlich hasste der „Dicke" nichts mehr als zu verlieren. Unentwegt redete er während des Spiels auf seine Kameraden ein und konnte sogar richtig ungemütlich werden, wenn sich die Partie nicht nach seinen Wünschen entwickelte.

Einzig die Auftritte im DFB-Pokal vermochten ihn für eine ansonsten total verkorkste Saison zu entschädigen. Zum Auftakt bekamen die Rothosen am 14. Januar 1967 gleich das Traditionsderby gegen den FC Altona 93 serviert, wo der Erstligist in der Adolf-Jäger-Kampfbahn kurzen Prozess machte und den Rivalen aus früheren Zeiten mit 6:0 überrollte. Gert Dörfel (3), Uwe Seeler (2) und der Ex-Münsteraner Manni Pohlschmidt waren für die HSV-Tore zuständig gewesen. In der Zweitrundenbegegnung hatte das Team von Trainer Josef Schneider mit Ligakonkurrent 1. FC Köln erwartungsgemäß wesentlich mehr Mühe. Nachdem man sich Anfang Februar im Müngersdorfer Stadion mit einem torlosen Remis getrennt hatte, setzte sich der HSV erst im Wiederholungsspiel dank der Treffer von Dörfel und Seeler in der zweiten Hälfte mit 2:0 durch. In der Runde der letzten Acht mussten die Hanseaten dann auf ihren mal wieder angeschlagenen Kapitän verzichten, so dass sie sich das Weiterkommen gegen die Offenbacher Kickers nach einem 0:0 am Bieberer Berg ebenfalls erst in einem mit 2:0 gewonnenen Wiederholungsspiel erkämpfen konnten. Nachdem Seeler den 3:1-Erfolg in der Vorschlussrunde über Alemannia Aachen ebenfalls verpasst hatte, war er im Endspiel wieder fit. Am 10. Juni 1967 hatten die Hanseaten im Stuttgarter Neckarstadion gegen die aufstrebenden Bayern aus München jedoch nichts zu bestellen und kassierten nach einem spielerischen Feuerwerk der Süddeutschen eine 0:4-Packung.

Torschützenkönig im Europapokal

Auch in der Saison 1967/68 enttäuschten die Rothosen mit dem 13. Platz ein weiteres Mal. Der einst so ruhmreiche Verein war damit auf dem besten Weg, in der Bundesliga zur „grauen Maus" zu verkommen. Selbst Uwe Seeler passte sich dem Trend an und erzielte in 30 Einsätzen wiederum lediglich zwölf Tore. Deutlich besser lief es im Europacup der Pokalsieger, an dem die Hanseaten trotz der letztjährigen Finalpleite gegen die Bayern teilnehmen durften, weil sich diese neben dem DFB-Pokal auch den Europacup gesichert hatten.

In der Auftaktrunde erwies sich die dänische Elf von Randers Freja im Hinspiel als durchaus unbequemer Gegner. Nicht zuletzt dank dreier Seeler-Tore durfte die Zuschauer im Volksparkstadion aber einen 5:3-Sieg bejubeln, bevor die Mannschaft mit einem 2:0 in Dänemark alles klar machte. In der nächsten Runde erzielte der HSV-Kapitän zunächst das Goldene Tor beim 1:0-Sieg bei Wisla Krakau, um auch beim deutlichen 4:0 in Hamburg den Schlusspunkt zu setzen. Im Viertelfinale hieß der Gegner Olympique Lyon, gegen den die Entscheidung nach einem 2:0 in der Hansestadt und einem 0:2 in Lyon in einem dritten Spiel fallen musste, welches am 20. März 1968 im Volksparkstadion über die Bühne ging. Erstmals hallten die „Uwe, Uwe"-Rufe durch das weite Rund, als der Publikumsliebling seine Farben kurz vor dem Seitenwechsel in Führung brachte. Als die Hamburger nach einer knappen Stunde einen Strafstoß zugesprochen bekamen, behielt Seeler abermals die Nerven und verwandelte diesen zum 2:0, womit die mittlerweile von Kurt Koch betreute Elf im Semifinale stand. Hier wartete mit Cardiff City der Pokalsieger aus Wales, der damals in der zweiten englischen Liga kickte. Dennoch erwiesen sich die Bluebirds als harter Brocken und trotzten dem HSV in der Hansestadt ein 1:1 ab. Bis zur 86. Minute hielten sie auch in Cardiff das Rückspiel beim Stand von 2:2 offen, ehe „Uns Uwe" mit dem dritten HSV-Tor den Finaleinzug festzurrte. Es war Seelers achter Treffer im laufenden Wettbewerb, der ihn zum diesjährigen Torschützenkönig im Europacup der Pokalsieger avancieren ließ. Allein zum ganz großen Wurf sollte es nicht reichen. Nachdem mit Borussia Dortmund und Bayern Münchnern in den Jahren zuvor zwei Bundesligisten reüssiert hatten, verpasste der HSV den deutschen Hattrick, da die Seeler-Elf am 23. Mai im Rotterdamer De Kuip kein Mittel fand, um die Betonabwehr des mit 2:0 siegreichen AC Mailand zu knacken.

Nach den zuletzt schwachen Ergebnissen in der Bundesliga vermochte sich der HSV in der Saison 1968/69 auf den sechsten Platz zu verbessern, ohne freilich ein echter Rivale für Meister Bayern zu sein. In Gerd Müller stellten die Münchner auch den Torschützenkönig (30 Tore), derweil es für „Uns Uwe“ mit 23 Treffern immerhin zum zweiten Platz hinter dem „Bomber der Nation“ reichte. In der Spielzeit 1969/70, welche die Rothosen abermals als Sechste beendeten, traf Seeler immerhin 17-mal ins Schwarze, womit er sich die Teilnahme an der WM in Mexiko sicherte. Es folgten neun Treffer in der Spielzeit 1970/71, wobei der HSV-Kapitän seinen besten Tag am 5. März erwischte, als er in einem Freitagabendspiel gegen den 1. FC Kaiserslautern für den Ligafünften zwischen der 21. und 60. Minute drei Tore erzielte. Beim 5:2-Erfolg über die Pfälzer war ihm damit sein sechster und letzter Dreierpack in einem Bundesligaspiel gelungen.

► EINWURF

Als Uwe Seeler am 25. Spieltag der Saison 1971/72 gegen Borussia Mönchengladbach vor der Pause den 1:0-Sieg über den entthronten Meister besiegelt hatte, waren 26.000 Zuschauer im Volksparkstadion Zeugen seines 137. und letzten Bundesligatores geworden, mit dem er bis heute vor Thomas von Heesen (99) und Horst Hrubesch (96) an der Spitze der klubinternen Bestenliste rangiert. Addiert man sämtliche Pflichtspieltreffer, kommt der langjährige HSV-Kapitän gar auf 508 Tore, mit denen er weit vor Otto Harder (378) und Rudi Noack (233) liegt. Einschließlich der Freundschaftsspiele werden „Uns Uwe“ in 1.188 Spielen für den HSV stolze 1.318 Torerfolge (davon 600 aus er Jugend) zugewiesen, die letzten davon in einem Einlagespiel auf Sylt, als er beim 4:2-Sieg am 30. Juni 1972 nochmals das Trikot mit der Raute überstreifte und gegen den TSV Westerland dreimal traf. Dabei hatte der Kopfballspezialist die meisten seiner Tore aus dem Spiel heraus erzielt. Standards waren seine Sache nicht. Sogar bei Strafstößen ließ er seinen Teamgefährten den Vortritt, während er selbst gerade dreimal vom Punkt aus erfolgreich war.

Als die Spielzeit 1971/72 an den Start ging, war die hanseatische Fußballikone knapp 35 Jahre alt. Nach dem Abpfiff des ersten Saisonspiels schien Uwe Seeler aber vor seinem dritten Frühling zu stehen, da er den klaren 5:1-Sieg im Volksparkstadion über die Frankfurter Eintracht nicht nur nach einer Viertelstunde eingeleitet hatte, sondern in der 68. Minute auch noch einen zweiten Treffer erzielte, womit der Rautenklub als erster Tabellenführer feststand. Allerdings vermochten weder der HSV noch sein Kapitän die Frühform zu bestätigen. Im Saisonverlauf markierte „Uwe Seeler“ lediglich neun weitere Tore, während die Mannschaft nach 34 Spieltagen als Zehnter die Ziellinie passierte. Für den populärsten HSV-Spieler aller Zeiten eigentlich ein unwürdiges Ergebnis, was dem Jubel der Fans aber keinen Abbruch tat, als am 1. Mai 1972 die aktuelle Bundesligamannschaft gegen eine Weltauswahl zu seinem Abschiedsspiel antrat. 62.000 Zuschauer hatten die Stadiontore passiert, während sich Nationalmannschaftskollegen wie Franz Beckenbauer, Sepp Maier und Gerd Müller sowie internationale Stars wie Giacinto Facchetti, Johan Cruyff, Sandro Mazzola, Denis Law, Bobby Charlton, Gianni Riviera oder Eusebio die Klinke in die Hand gaben, um einer lebenden Legende Adieu zu sagen. Unvergessen, wie „Uns Uwe“ nach dem Schlusspfiff von seinen zahllosen Anhängern auf den Schultern vom Platz getragen wurde.

Aus „Uns Uwe“ wird Mr. President

Nach seinem Abschied vom HSV blieb Uwe Seeler, dem 1970 als erstem Sportler überhaupt das Große Bundesverdienstkreuz verliehen worden war, auch weiterhin eine Person des öffentlichen Lebens. Sei es als Inhaber einer Bekleidungsfirma, im allabendlichen Werbefernsehen („Hattric erfrischt und entspannt“) oder mit der „Uwe-Seeler-Traditionsmannschaft“, die ihn von einer Benefizveranstaltung zur nächsten führte. Dabei streifte er immer wieder selbst das Trikot über und schraubte sein Trefferkonto weiter nach oben, so dass ihm Statistiker in 1.300 Spielen summa summarum 1.387 Tore zuweisen. Als Generalvertreter des Sportartikelherstellers „Adidas“ feierte Seeler im Rahmen einer Werbeaktion sogar noch einmal ein Kurz-Comeback in der ersten irischen Liga: Am 23. April 1978 liefen er und Franz-Josef „Bubi“ Hönig im Dress von Cork Celtic zum Auswärtsspiel bei den Shamrock Rovers auf, wobei Seeler zum 6:2-Sieg zwei Treffer beisteuerte. Erst nach dem Abpfiff wurde ihm gesagt, dass es sich um ein Punktspiel gehandelt hatte, nachdem er zuvor davon ausgegangen war, es habe sich lediglich um ein Freundschaftsspiel gehandelt.

Mitte der Neunziger dümpelte der HSV mit Tendenz nach unten im Mittelfeld der Tabelle umher. Es passte ins Bild, dass mit Karsten „Air“ Bäron einer der großen Hoffnungsträger zum Dauerverletzten mutierte und die Mannschaft nie wirklich weiterbringen konnte. Auch die Hamburger Lokalpresse war auf das einstige Aushängeschild der Stadt, das im Rennen um die Nummer eins im Norden längst von Werder Bremen abgehängt worden war, nicht mehr gut zu sprechen, verhöhnte die Rothosen wahlweise als „Hamburger Skandal-Verein“ oder „Hamburger Statisten-Verein“. Wer anders als „Uns Uwe“ sollte den HSV nun wieder in ruhigeres Fahrwasser führen können? Eine Frage, die im Jahr 1995 heiß diskutiert wurde. Und so ließ sich Uwe Seeler u. a. von seinem Freund Franz Beckenbauer schließlich breitklopfen, das schwere Amt des Vereinspräsidenten zu übernehmen.

► EINWURF

Der Beliebtheitsgrad von Uwe Seeler, der seit 2003 auch Hamburger Ehrenbürger ist, reicht in der Hansestadt ins schier Unermessliche. Während ihm zu Ehren vor dem ehemaligen Volksparkstadion eine bronzene Skulptur errichtet wurde, die seinen rechten Fuß in Übergröße darstellt, kommen selbst die Fans des rivalisierenden FC St. Pauli nicht an ihm vorbei, wobei man Seeler beim Kiezklub mit einem Augenzwinkern „Euch Uwe“ nennt. Die Popularität verdankt Seeler vor allem seiner fairen Spielweise (im Laufe der Karriere wurde er nur ein einziges Mal vom Platz gestellt), nicht jedoch seinem schauspielerischem Talent. Dass dies nämlich eher wenig spektakulär ist, bewies er in der Heinz-Erhardt-Schmonzette „Willi wird das Kind schon schaukeln“ aus dem Jahr 1971, wo er sich selbst spielte. Wortkarg fiel sein Auftritt im April 2005 in Olli Dittrichs schräg-komischer WDR-Reihe „Dittsche“ aus, als er anstelle von Schildkröte den skurrilen Ausführungen des Mannes mit dem Bademantel („Das perlt heute aber wieder“) lauschte.

Tatsächlich wirkte sich der „Seeler-Effekt“ in der Saison 1995/96 positiv auf die Mannschaft aus, konnte sich diese als Fünfte doch sogar wieder für den UEFA-Cup qualifizieren. Aber schon im folgenden Jahr gab es die ersten Risse, als sich die Vereinsführung um das HSV-Idol mit Vorwürfen wie Vetternwirtschaft und Bereicherung kon-

frontiert sah. Das „Hamburger Abendblatt" sprach von der „Politik der kleinen Rückschritte", während der ehemalige Zehnkampf-Olympiasieger und Seeler-Freund Willy Holdorf deutlicher wurde: „Uwe ist nicht beizubringen, dass sich die Verhältnisse total geändert haben. So ein Mann kann einen Profiklub kaum in die Zukunft führen." Tatsächlich trat Seeler im Juni 1998 von seinem Amt als Vereinsvorsitzender zurück.
Das Verhältnis zwischen Seeler und „seinem" HSV blieb auch in der Folgezeit belastet. Immer wieder kritisierte er die Vereinsspitze, wobei der negative Höhepunkt im März 2013 erreicht war, als er die ihm angebotene Ehrenpräsidentschaft kurzerhand ablehnte. Genaue Gründe wollte Uwe Seeler, der seit einem Autounfall im Jahr 2011 auf dem rechten Ohr ertaubt ist, zwar nicht nennen. Allerdings wurde spekuliert, dass er mit der Entscheidung von Sportdirektor Frank Arnesen nicht einverstanden war, seinen Enkel Levin Öztunali an Bayer Leverkusen abzugeben.

► ZAHLEN UND FAKTEN

Vereine: 1954-1970 Hamburger SV
1978 Cork Celtic

Tore:
239 Bundesligaspiele (137 Tore)
237 Oberligaspiele (267 Tore)
43 Endrundenspiele DM (40 Tore)
1 irisches Ligaspiel (2 Tore)
31 DFB-Pokalspiele (24 Tore)
9 norddeutsche Pokalspiele (19 Tore)
29 Europapokalspiele (21 Tore)
8 Verbandsauswahlspiele (10 Tore)
3 Stadtauswahlspiele (3 Tore)
72 A-Länderspiele (43 Tore)
3 B-Länderspiele (0 Tore)
1 U-23-Länderspiel (0 Tore)
gesamt 676 Pflichtspiele (566 Tore)

Erfolge: Deutscher Meister 1960
Oberliga-Meister 1955, 1956, 1957, 1958, 1959, 1960, 1961, 1962, 1963
DFB-Pokalsieger 1963
Norddeutscher Pokalsieger 1956, 1957, 1959, 1960

Bundesligatorschützenkönig 1964
Oberligatorschützenkönig 1955, 1956, 1957, 1959, 1960, 1961, 1962
Deutschlands Fußballer des Jahres 1960, 1964, 1970

In der Nationalmannschaft:
In Sachen Länderspielkarriere war Uwe Seeler ein echter Frühstarter. Erst seit Saisonbeginn hatte er den Sprung in die Oberligamannschaft des Hamburger SV geschafft, als er am 16. Oktober 1954 – drei Wochen vor seinem 18. Geburtstag – von Sepp Herberger in den Kader für das Spiel in Hannover gegen Frankreich berufen wurde. Den frischgebackenen Weltmeister plagten erhebliche Personalnöte, weshalb der Bundestrainer zum Experimentieren gezwungen war, wobei ihn der junge Seeler bei dessen starken Auftritten im Rahmen des diesjährigen Jugendturniers der FIFA überzeugt hatte. In der Anfangsformation stand dennoch der Essener Bernhard Termath, der sich in seinem siebten (und letzten) Einsatz für Deutschland aber früh im Spiel eine Verletzung zuzog, so dass Uwe Seeler bei der 1:3-Niederlage in der 22. Minute eingewechselt wurde. Für den Ehrentreffer war übrigens sein Hamburger Teamgefährte Klaus Stürmer verantwortlich gewesen, der anders als „Uns Uwe" später nur noch ein weiteres Länderspiel bestreiten sollte.
Aber auch Uwe Seeler musste sich in den kommenden Jahren erst einmal hochdienen. Bis März 1956 kam er nur noch dreimal zum Einsatz, wobei Deutschland jeweils als Verlierer vom Platz ging. Nach der 1:2-Niederlage in Düsseldorf gegen die Niederlande verzichtete Sepp Herberger über zwei Jahre auf den Hamburger Jungspund, so dass dessen Nominierung für die Weltmeisterschaft 1958 in Schweden doch einigermaßen überraschend kam.

Internationaler Durchbruch in Schweden
„Es gibt zweifellos spielerisch weitaus bessere Spieler", gab Herberger zu bedenken, „aber keiner besitzt das Talent wie Uwe Seeler, auf engstem Raum gegen die stärkste Bewachung soviel Wirkung zu erzielen." Damit hatte der „Chef" die Erklärung geliefert, weshalb er den Hamburger am 8. Juni 1958 beim ersten Auftritt des Titelverteidigers in Malmö gegen Argentinien neben den Weltmeistern Fritz Walter, Helmut Rahn und Hans Schäfer sowie dem Dortmunder Aki Schmidt ins kalte Wasser warf.

► EINWURF
Insgesamt neun Tore sind Uwe Seeler bei Weltmeisterschaften gelungen, womit er gemeinsam mit Karl-Heinz Rummenigge fünftbester DFB-Akteur ist und nur von Miroslav Klose, Gerd Müller (je 14), Jürgen Klinsmann (11) und Uwe Rahn (10) überboten wird. Dabei hat der Hamburger das Kunststück vollbracht, bei all seinen vier WM-Teilnahmen zwischen 1958 und 1970 mindestens je einmal ins Schwarze zu treffen, was sonst nur noch der große Pele von sich behaupten kann, der bei den selben Welttitelkämpfen wie „Uns Uwe" zum Einsatz gekommen ist.

Dieser erwies sich nicht nur des Vertrauens würdig, sondern zeigte darüber hinaus, dass er die 0:3-Pleite im Meisterschaftsfinale gegen die Schalker im Vorfeld der WM gut verdaut hatte. Nachdem Rahn die frühe argentinische Führung durch Corbatta nach einer guten halben Stunde ausgeglichen hatte, machten die Deutschen weiter Druck. Drei Minuten vor der Pause hatte Schmidt nach Schäfer-Flanke im Strafraum abgezogen. Der stramme Schuss wäre jedoch am Kasten von Carrizo vorbei gegangen, wenn sich Uwe Seeler nicht in den Schuss geworfen und das Leder entscheidend abgelenkt hätte. Schließlich sollte der Titelverteidiger als 3:1-Sieger vom Platz gehen und nach zwei 2:2-Unentschieden gegen Nordirland und die Tschechoslowakei ins Viertelfinale einziehen. Gegen die CSSR sah es am 15. Juni lange nach einer Niederlage aus. Zehn Minuten vor Schluss sollte „Uns Uwe" die Herberger-Elf jedoch erlösen, als er mit seinem zweiten WM-Treffer den Punktgewinn rettete. Damit war ihm der endgültige Durchbruch in der Nationalelf gelungen, so dass er auch im Viertelfinale gegen Jugoslawien (1:0) sowie in der Vorschlussrunde gegen Schweden (1:3) mit von der Partie war, ohne jedoch einen weiteren Treffer zu schießen.
Bis zur Weltmeisterschaft in Chile vier Jahre später sollte sich Uwe Seeler zum gestandenen Nationalspieler entwickeln. Hatte er beim 3:0 in Augsburg über Bulgarien im Dezember 1958 seinen ersten Doppelpack erzielt, traf er im Oktober des kommenden Jahres in Köln gegen die Niederlande (7:0) gar dreimal ins Schwarze. Nachdem ihm auch beim hart erkämpften 4:3-Sieg in Belfast zum Auftakt der WM-Qualifikation ein Tor gelungen war, durfte er am 20. September 1961 gegen Dänemark (5:1) anstelle von Herbert Erhardt die Mannschaft erstmals als Kapitän aufs

Feld führen, was ihn abermals zu einem Dreierpack inspirierte.

In seinem ersten WM-Einsatz am 8. Juni 1958 in Malmö gegen Argentinien (3:1) erzielte Uwe Seeler in der 42. Minute den ersten seiner insgesamt neun WM-Treffer.

► **EINWURF**
Im Laufe des Jahres 1952 war Bundestrainer Sepp Herberger auf der Suche nach geeigneten Alternativen für die Nationalmannschaft nach Hamburg gekommen, um Dieter Seeler zu beobachten. Für Mutter Hanni Seeler die Gelegenheit, Herberger auch auf ihren jüngsten Sohn Uwe aufmerksam zu machen: „Den Dieter wollen Sie sehen? Na, da schau'n sie sich erst mal unseren Lütten an." Übrigens: dem fünf Jahre älteren Dieter Seeler sollte der Sprung in die Nationalmannschaft letztlich nicht gelingen.

Der nur 1,69 Meter große Kopfballspezialist kam in Chile in allen vier deutschen Spielen zum Einsatz und erzielte in den beiden Vorrundenpartien gegen die Schweiz (2:1) und Chile (2:0) jeweils einen Treffer. Dem internationalen Trend folgend, hatte Sepp Herberger sein Team betont defensiv ausgerichtet, so dass Uwe Seeler im Sturm meist allein auf weiter Flur stand. So auch im Viertelfinale am 10. Juni 1962 in Santiago de Chile gegen Jugoslawien. Dabei schien die Taktik zunächst sogar aufzugehen, da Seeler in der zweiten Minute nach Zuspiel von Haller abzog und den Pfosten des gegnerischen Tores traf. Alle weiteren Angriffe blieben aber Stückwerk, ehe in der 86. Minute die Entscheidung fiel, als Radakovic die Deutschen mit seinem Tor des Tages aus dem Turnier kegelte.

► **EINWURF**
Uwe Seeler gehört zu den wenigen deutschen Spielern, die auch eine Berufung in die Europa-Auswahl erhielten. Am 23. September 1964 stand die HSV-Ikone in jener Europa-Elf, die Jugoslawien in Belgrad mit 7:2 vom Platz fegte. An jenem Tag brillierte er auch als zweifacher Torschütze. Überragender Spieler auf dem Platz war Eusebio mit vier Treffern. Das Ergebnis war allerdings nur zweitrangiger Natur, schließlich sollten die Einnahmen den Erdbebenopfern von Skopje zugute kommen.

In Chile hatte der von Herberger reaktivierte Hans Schäfer als Kapitän fungiert. Als der Kölner nach der WM endgültig aus dem Nationalteam zurücktrat, wurde der gerade erst 24-jährige Uwe Seeler dauerhaft als Nachfolger bestimmt. Nachdem dieser in den ersten drei Einsätzen nach der WM torlos geblieben war, brillierte er am 28. September 1963 in Frankfurt gegen die Türkei, als ihm zwischen der 52. und 66. Minute ein lupenreiner Hattrick gelang, womit der 3:0-Sieg praktisch im Alleingang auf sein Konto gegangen war.

Eine Verletzung erregt die ganze Nation

Ausgerechnet das Frankfurter Waldstadion sollte dann Ausgangspunkt einer denkwürdigen Geschichte sein, die so wohl nur der Fußball schreibt: Der HSV legte in der zweiten Bundesligasaison deutliche Schwächen an den Tag und rangierte nach einer bösen 0:4-Heimpleite im Nordderby gegen Werder Bremen am 13. Februar 1965 nur noch auf dem achten Platz. Eine Woche später reisten die verunsicherten Norddeutschen nach Frankfurt, um sich gegen die Eintracht für die Klatsche zu rehabilitieren, was in Anbetracht einer 1:2-Niederlage indes nicht gelang. Dies interessierte nach dem Abpfiff allerdings herzlich wenig, da sich Nationalmannschaftskapitän Uwe Seeler einen Riss der Achillessehne zugezogen hatte, so dass bei den deutschen Fußballanhängern und Bundestrainer Helmut Schön im Hinblick auf die kommende WM in England die Alarmglocken schrillten. Eine derartige Verletzung ließ damals ein vorzeitiges Karriereende befürchten, weshalb die düstersten Prognosen durch die Presse geisterten.
Uwe Seeler kämpfte sich allerdings zurück und stand zu Beginn der Saison 1965/66 wieder in der HSV-Elf, für die er am 6. Spieltag gegen Borussia Mönchengladbach (5:0) schon seinen zweiten Treffer erzielte. Ob er aber auch beim entscheidenden WM-Qualifikationsspiel am 26. September 1965 in Stockholm gegen Schweden dabei sein würde, stand in den Sternen. Zu riskant schien vielen der Einsatz des gerade wiedergenesenen Kapitäns, zumal die Skandinavier als Angstgegner galten, die sich schon im Hinspiel in Berlin ein 1:1 erkämpft hatten. Darüber hinaus hatte Seeler im Testspiel im Trainingslager von Malente gegen die Amateurauswahl Schleswig-Holsteins über alle Maßen enttäuscht, während der letzte deutsche Erfolg in Schweden ins Jahr 1911 zurückreichte, so dass sich Helmut Schön erst in letzter Sekunde dazu durchringen konnte, den Hamburger zu bringen. Im Rasundastadion stand es zur Pause 1:1, als „Uns Uwe" in der 54. Minute deutsche Fußballgeschichte schrieb: Der Duisburger „Eia" Krämer war auf dem rechten Flügel durchgebrochen und hatte den Ball zum freistehenden Peter Grosser weitergeleitet. Dessen Schuss wurde vom schwedischen Hüter Arvidsson zu kurz abgewehrt, was der heransprintende Uwe Seeler nutzte, um mit seinem Spezialschuh den 2:1-Siegtreffer zu erzielen, der dem DFB den Weg nach England ebnete.

Das Tor, das keines war

Vor der Weltmeisterschaft 1966 fand der deutsche Kapitän zu seiner Bestform zurück und reihte sich in den letzten drei Vorbereitungsspielen gegen Nordirland (1:0), Rumänien (1:0) und Jugoslawien (2:0) jeweils in die Torschützenliste ein. Neben zahlreichen erfahrenen Akteuren hatte Bundestrainer Helmut Schön auch jüngere Spieler in sein Team eingebaut, zu denen Franz Beckenbauer, Wolfgang Overath und Sigi Held gehörten. Nachdem die Mannschaft in ihrem ersten Auftritt gegen die Schweiz mit 5:0 dominierte, anschließend gegen Argentinien aber nur ein torloses Remis erreicht hatte, durfte sie das letzte Gruppenspiel gegen Spanien auf keinen Fall verlieren, um in die Runde der letzten Acht einzuziehen. Nach 24 Minuten geriet sie jedoch durch ein Gegentor von Fuste mit 0:1 in Rückstand, ehe Emmerich mit einem sensationellen Schuss aus spitzem Winkel sechs Minuten vor der Pause den Ausgleich markierte. Überragender deutscher Spieler im Villa Park von Birmingham war aber zweifelsohne Uwe Seeler, der jedoch großes Pech bei seinen Kopfbällen hatte, indem er seinen Meister in Schlussmann Iribar fand. Kurz nach dem Wiederanpfiff war ihm zudem ein klarer Strafstoß nach Foul von Zoco verweigert worden, ehe der Hamburger in der 84. Minute doch noch zum Matchwinner avancierte, als er eine Held-Flanke aus sieben Metern zum 2:1-Endstand versenkte. Seelers Gegenspieler, der spanische Kapitän Gallego, sparte nach dem Schlusspfiff nicht mit Lob: „Gegen Uwe Seeler zu bestehen, ist eine Kunst. Selten habe ich mit einem Spieler so viel zu tun gehabt, der so unermüdlich kämpfte, so fair spielte und so prachtvolle Kopfball-Leistungen bot."

Im Viertelfinale von Sheffield gingen die Deutschen gegen Uruguay durch Held zwar schon nach elf Minuten in Führung. Dennoch hielten die Südamerikaner das Spiel in der ersten Hälfte offen, wenngleich sie sich dabei nicht immer fairer Mittel bedienten. Als Kapitän Horacio Troche aber in der 49. Minute Emmerich in den Unterleib trat, war Schluss mit lustig. Auf Intervention seines Linienrichters schickte der englische Unparteiische Finney den Stopper der Urus vorzeitig zum Duschen, wobei sich nach dem Feldverweis tumultartige Szenen abspielten. Als Uwe Seeler schlichten wollte, bekam er von Troche zum Dank eine Backpfeife verpasst, für die dieser sich ein Jahr später entschuldigen sollte, nachdem er von Bundesligaaufsteiger Alemannia Aachen angeheuert worden war. Spätestens nach dem zweiten Platzverweis für Silva hatten die Deutschen leichtes Spiel. Am Ende feierten sie einen 4:0-Sieg, zu dem „Uns Uwe" in der 75. Minute den dritten Treffer beigesteuert hatte.

Bei der Weltmeisterschaft 1966 in England: Uwe Seeler bei einem Fallrückzieher in der Partie zwischen Deutschland und Spanien, die der DFB-Elf durch einen 2:1-Erfolg den Gruppensieg sicherte. Seeler war der Schütze des ersten deutschen Tores.

Mit einem dem Ergebnis nach knappen, dem Spielverlauf aber hochverdienten 2:1-Erfolg über die UdSSR drang die Schön-Elf ins Endspiel vor, welches am 30. Juli im Wembley-Stadion stattfand. Der Ausgang ist ins Erbgut des deutschen Fußballs eingegangen. Für Uwe Seeler bedeutete die 101. Minute eine der bittersten Erfahrungen seiner Karriere, als Hurst den Ball an die Unterkante der Latte des von Tilkowski gehüteten Tores drosch und dieser von dort ins Feld zurücksprang. Tofik Bachramow hieß die Canaille, die auf Befragen von Schiedsrichter Dienst erklärte, das Leder habe die Linie überschritten, womit der Traum vom Gewinn des Rimet-Pokals für Uwe Seeler letztlich zerplatzt war. Wie immer war der Hamburger auch im WM-Finale einer der Aktivposten der deutschen Elf gewesen, der sich bis zum Abpfiff gegen die drohende Niederlage stemmte. Die stärksten Szenen hatte er in der ersten Hälfte, als er einen Kopfball knapp neben das Tor setzte (24.) und mit einem gefährlichen Weitschuss aus 25 Metern an Banks gescheitert war (42.). Zahlreiche Fotos zeigen den deutschen Kapitän, wie er das Spielfeld des Wembley-Stadions mit hängendem Kopf verlässt, wobei diese Aufnahme in Wirklichkeit bereits zur Halbzeitpause beim Gang in die Kabine entstanden war.

► EINWURF

Insgesamt 40-mal hat Uwe Seeler die deutsche Nationalmannschaft in seinen 72 Länderspielen als Kapitän aufs Feld geführt. Zwei Jahre nach seinem letzten Einsatz im September 1970 gegen Ungarn wurde er vom DFB als zweiter Spieler nach Fritz Walter (1958) zum Ehrenspielführer ernannt. Danach wurde diese Auszeichnung nur noch Franz Beckenbauer (1982) und Lothar Matthäus (2001) zuteil, womit „Uns Uwe" der einzige Ehrenspielführer ist, der keinen WM-Titel gewinnen konnte.

Danach schien sich die internationale Karriere des mittlerweile knapp 30-Jährigen allmählich dem Ende entgegenzuneigen. Nach der WM in England bestritt Seeler in 18 Monaten nur noch fünf Länderspiele, darunter das 3:1 in der EM-Qualifikation gegen Jugoslawien, wo ihm sein 38. Treffer gelang. Nach dem torlosen Remis im 59. Länderspiel am 17. April 1968 in Basel erklärte er seinen Rücktritt aus der Nationalmannschaft, der sicher auch damit zusammenhing, dass der DFB mit dem frühen Ausscheiden bei der ersten offiziellen Europameisterschaft einen herben Rückschlag zu verkraften hatte.

Fußball-Fiesta in Mexiko

Auf Drängen von Helmut Schön erklärte sich Seeler aber zu einem Comeback bereit, als im Oktober 1969 das entscheidende WM-Qualifikaktionsspiel gegen Schottland im Hamburger Volksparkstadion auf der Agenda stand. In seinem Wohnzimmer schaffte die deutsche Mannschaft einen 3:2-Erfolg und war damit für die Titelkämpfe von Mexiko qualifiziert, die für „Uns Uwe" die bereits vierten seiner Laufbahn werden sollten.

Allerdings war die Mittelstürmerposition mit dem Münchner Gerd Müller inzwischen hochklassig besetzt, so dass Seelers Nominierung wenig Sinn zu machen schien. Oder wollte der Bundestrainer den verdienten Hamburger gar zu einem Dasein als Bankdrücker verdonnern? Dass beide Angreifer nebeneinander spielen könnten, schien nach dem ersten Länderspiel des WM-Jahres am 11. Februar in Sevilla keine Option, da sich beim 2:0-Sieg der Spanier beide Mittelstürmer gegenseitig die Räume genommen hatten, weshalb Schön am 8. April gegen Rumänien (1:1) lieber gleich auf den Hamburger verzichtete. Einen Monat später gelang gegen schwache Iren in Berlin ein knappes 2:1, bei dem die beiden „Problemfälle" im Sturmzentrum zwar auch nur mäßig harmonierten, Uwe Seeler in der 17. Minute aber immerhin der erste deutsche Treffer gelungen war. Im letzten Länderspiel vor dem Abflug nach Mexiko zeigte sich der Bundestrainer dann experimentierfreudig und setzte Seeler im Mittelfeld neben Beckenbauer und Overath ein, während Gerd Müller allein in der Sturmmitte agierte. Und siehe da: Durch einen Treffer von „Aufbauspieler" Seeler nach zehn Minuten behielt die deutsche Elf mit 1:0 die Nase vorn, so dass zumindest die ärgsten Widerstände gegen die Berufung Uwe Seelers und Gerd Müller in den WM-Kader gebrochen waren.

Tatsächlich ließ Helmut Schön im Auftaktspiel gegen Marokko in Leon auch beide Mittelstürmer auflaufen, allerdings im Angriff, was sich vor der Pause negativ auswirkte, als man gegen die Nordafrikaner sensationell mit 0:1 zurücklag. Nach dem Seitenwechsel stellte „Uns

Uwe" dann seinen großen Sportsgeist unter Beweis, indem er sich mehr und mehr ins Mittelfeld zurückzog und seinem jungen Münchner Teamgefährten das Sturmzentrum überließ. Freilich nicht, ohne selbst seine Chancen zu suchen. Es war der deutsche Kapitän, der in der 56. Minute für den Ausgleich sorgte und der sich in der 80. Minute mit Gerd Müller freute, als dieser den Pflichtsieg doch noch sicherstellte. Mit seinem Torerfolg war Uwe Seeler übrigens der erste Spieler, dem bei vier WM-Turnieren ein Treffer gelungen ist. Nur wenige Minuten später folgte Pele, der beim zeitgleich angepfiffen Spiel der Brasilianer gegen die Tschechoslowakei ebenfalls ein Tor erzielte.

► EINWURF

Mit seinem letzten Länderspieleinsatz am 9. September 1970 in Nürnberg gegen Ungarn (3:1) hatte Uwe Seeler den bisherigen deutschen Rekordnationalspieler Paul Janes abgelöst. Der Verteidiger von Fortuna Düsseldorf (Bild) war bis zum Kriegsende 71-mal für Deutschland zum Einsatz gekommen, während „Uns Uwe" nunmehr 72 A-Länderspiele auf dem Konto hatte.

Gegen Marokko hatte die Schön-Elf den richtigen Modus gefunden. Auch beim 5:2 über Bulgarien konnten sich sowohl Uwe Seeler, als auch Gerd Müller in die Torschützenliste einreihen, derweil im letzten Gruppenspiel gegen Peru (3:1) alle drei Tore auf das Konto des Bayern-Spielers gingen. Im Viertelfinale lag die Schön-Elf gegen England bereits mit 0:2 zurück, ehe Uwe Seeler in der 80. Minute mit seinem musikalischen Hinterkopf zum 2:2-Ausgleich traf und Gerd Müller in der Verlängerung den Einzug ins Halbfinale besiegelte, wo das „Jahrhundertspiel" gegen Italien in Mexico City nach Verlängerung mit 3:4 verloren wurde. Mit seinem insgesamt neunten WM-Treffer gegen England hatte Seeler seine Bestmarke als damaliger DFB-Rekordtorschütze auf 43 Treffer ausgebaut. Durch den Einsatz im „kleinen Finale" gegen Uruguay (1:0) war er auch der erste Spieler überhaupt, der bei einer WM-Endrunde 20 Spiele bestritten hatte.

Saison	Europacup		Liga/ER DM		Pokal	
	Sp.	T.	Sp.	T.	Sp.	T.
1954/55			26/5	28/ 1	1	2
1955/56			29/5	32/ 3	2	2
1956/57			26/4	31/ 2	1	0
1957/58			24/4	22/ 2		
1958/59			27/4	29/ 5	1	0
1959/60			26/7	36/13	1	0
1960/61	7	5	23/6	29/ 8		
1961/62			28/2	28/ 4		
1962/63			28/6	32/ 2	4	6
1963/64	7	5	30	30	2	2
1964/65			19	14	1	1
1965/66			23	11	2	1
1966/67			23	10	4	3
1967/68	9	8	30	12	1	0
1968/69	4	3	33	23	3	1
1969/70			30	17	2	0
1970/71	2	0	25	9	2	3
1971/72			26	11	4	3
1977/78			1	2		

Alan Shearer
Bester Goalgetter der Premier League

Alan Shearer, mit 260 Torerfolgen bester Goalgetter der 1992/93 eingeführten englischen Premier League, erblickte am 13. August 1970 in Newcastle upon Tyne das Licht der Welt und verkörperte mit dem Gardemaß von 1,83 Meter den Prototyp des modernen englischen Sturmtanks. Im Stadtteil Gosforth trat er in diversen Schülermannschaften in Erscheinung, wobei er zumeist im Mittelfeld eingesetzt wurde, weil seine Trainer der Meinung waren, dass er dort besser zur Geltung käme. Den ersten großen Auftritt seiner Karriere hatte er im St. James' Park von Newcastle United, als er an einem Schülerturnier teilnahm. Gespielt wurde mit Siebener-Teams, wobei Shearer seine Mannschaft als Kapitän zum Sieg führte.
Bald darauf sollte sich Shearer dem Wallsend Boys Club anschließen. Die Stadt Wallsend liegt nur wenige Kilometer von Newcastle entfernt und verdankt ihren Namen dem Ende des Hadrianswalls, der genau an der Stelle der heutigen Stadt, am Ufer des Flusses Tyne, seinen östlichsten Ausleger hatte. Der 1904 gegründete Verein ist in England bekannt für seine ausgezeichnete Jugendarbeit. Nicht weniger als 65 spätere Profifußballer waren für diesen aktiv, neben Alan Shearer u.a. auch Peter Beardsley und Michael Carrick, die es wie Shearer zu Nationalmannschaftsehren gebracht haben. Ein Wechsel zu den Magpies schien damit vorprogrammiert, nachdem Shearer für Newcastle United schon als 15-Jähriger ein Probetraining absolviert hatte. Da der Verein aber auf der Suche nach guten Torleuten war – das sind sie in England ja genaugenommen eigentlich immer – wurde der ambitionierte Offensivspieler zwischen die Pfosten beordert, wo er aber letztlich für ungeeignet befunden wurde.

Beginn der Profilaufbahn in Southampton

Die Degradierung zum Torhüter dürfte für den jungen Alan alles andere als eine schöne Erfahrung gewesen sein, als er wieder nach Wallsend zurückgekehrt war. Dennoch gab er nicht auf. Andere Vereine interessierten sich ebenfalls für ihn, aber auch ein Wechsel zu West Bromwich Albion oder Manchester City kam nicht zustande. Bis Jack Hixon auftauchte, der für den FC Southampton als Scout tätig war. Hixon war von Alan Shearer auf Anhieb begeistert und bot diesem im April 1986 an, in die Jugendabteilung der Saints zu wechseln, woraufhin Shearer seine Zelte an der schottischen Grenze abbrach, um an der Kanalküste sein neues Domizil zu finden. Dieser Schritt wurde ihm dadurch erleichtert, dass gleich mehrere seiner Teamgefährten aus Wallsend mit in den Süden wechselten.
Der FC Southampton war damals zwar keine herausragende, aber auch keine wirklich schlechte Adresse im englischen Fußball, spielte die erste Mannschaft doch immerhin schon seit 1978 ununterbrochen in der First Division. Unter dem nordirischen Manager Chris Nicholl sollte Alan Shearer in der Saison 1987/88 mit gerade einmal 17 Jahren zu seinem Profidebüt kommen, als er am 26. März 1988 beim FC Chelsea (1:0) eingewechselt wurde. Am 35. Spieltag wurde er dann erstmals einem breiteren Publikum bekannt. Im heimischen Stadion The Dell trafen die Saints auf Arsenal London, als Shearer förmlich explodierte und beim 4:2-Sieg einen lupenreinen Hattrick erzielte. Shearer war zu diesem Zeitpunkt 17 Jahre und 240 Tage alt und somit jünger als Jimmy Greaves, der bislang jüngster Hattrick-Schütze im englischen Oberhaus.

Die drei Tore gegen die Gunners blieben indes Shearers einzige in seiner Premierensaison, welche Southampton auf dem zwölften Platz abschloss.
Nach Rang 13 in der Spielzeit 1988/89 kletterten die Saints 1989/90 auf den siebten Platz, um im Jahr darauf wieder auf Rang 14 abzurutschen. Alan Shearers Leistungen waren ebenfalls eher unauffällig: Nachdem er mit zehn torlosen Einsätzen in seinem zweiten Jahr an der Kanalküste zunächst nur Ergänzungsspieler war, erkämpfte er sich im Verlauf der Saison 1989/90 immerhin einen Stammplatz, erzielte in 26 Einsätzen aber nur drei Tore. Und auch 1990/91 waren vier Treffer in 36 Spielen eines Stürmers unwürdig. Der Durchbruch gelang Shearer in der Spielzeit 1991/92 unter dem neuen Manager Ian Branfoot. Zwar blieb der FC Southampton als Tabellen-16. in den Abstiegskampf verwickelt. Von den 39 Torerfolgen der Saints war aber exakt ein Drittel auf das Konto Alan Shearers gegangen, der damit die teaminterne Torjägerliste anführte. Durchaus ansprechend hatte sich die Mannschaft auch in den Pokalwettbewerben verkauft. War diese im FA-Cup erst im Viertelfinale an Norwich City gescheitert, erreichte sie im Full-Members-Cup sogar das Endspiel am 29. März 1992, wo sich Nottingham Forest im Wembley-Stadion in der Verlängerung mit 3:2 durchsetzen konnte.

EXKURS: Full-Members-Cup

Nach der Heysel-Tragödie im Jahr 1985 waren die englischen Profiklubs von der UEFA für fünf Jahre von den Europapokalwettbewerben ausgeschlossen worden. Um verlorengegangene Einnahmen zu kompensieren, wurde zur Saison 1985/86 der Full-Members-Cup ins Leben gerufen, an dem die Erst- und Zweitligisten der Football League teilnehmen durften. Im Gegensatz zu den „Full Members" waren die ebenfalls der Football League angehörenden Dritt- und Viertligisten nur „Associate Members", die nicht mit dem vollen Stimmrecht ausgestattet waren. Jene Teams nahmen im betreffenden Zeitraum dementsprechend am Associate-Members-Cup teil. Allen Mitgliedern der Football League stand hingegen nach wie vor der League Cup offen, der bereits in der Saison 1960/61 seine Premiere hatte. Da die englischen Klubs ab 1990/91 wieder an den Europacupwettbewerben teilnehmen durften, hatte der Full-Members-Cup seine Funktion erfüllt und wurde nach der Spielzeit 1991/92 ersatzlos gestrichen. Ohnedies kam es ab dem kommenden Spieljahr zu einer völligen Neuordnung im englischen Profifußball, nachdem die 22 Erstligisten die Football League verließen und mit der Premier League einen eigenen Verband gründeten, derweil die Vereine von der zweiten Liga abwärts bei der Football League blieben.

Wechsel zu den Blackburn Rovers

Shearers starke Leistungen in Southampton hatten auch andere Vereine hellhörig werden lassen. Sogar Manchester United buhlte um seine Dienste, doch entschied sich der 22-Jährige im Sommer 1992 schließlich für einen Wechsel zu den Blackburn Tovers, was in sportlicher Hinsicht freilich eher ein Rückschritt zu sein schien, da die Rovers erst zu Saisonbeginn nach über einen Vierteljahrhundert wieder ins Oberhaus zurückgekehrt waren. Zu verdanken hatte der Verein den plötzlichen Aufschwung Jack Walker, einem vermögenden Unternehmer, der für den neuen Hoffnungsträger Alan Shearer immerhin 3,6 Millionen Pfund an die Saints überwiesen hatte. Im Gegenzug wurde mit David Speedie Blackburns Toptorjäger aus dem Aufstiegsjahr nach Southampton transferiert. Alan Shearer sollte zu einem der Eckpfeiler im Team des schottischen Managers Kenny Dalglish werden, das bereits die Aufstiegssaison 1992/93 als hervorragender Tabellenvierter beendete. Obwohl der Neuzugang wegen eines Kreuzbandrisses, den er sich am 26. Dezember im Spiel gegen Leeds United (3:1) zugezogen hatte, nur 21 Spiele in der neuen Premier League bestreiten konnte, durften die Fans nicht weniger als 16 Tore bejubeln. Schon sein Debüt im Rovers-Trikot hätte mit einem Doppelpack beim 3:3-Unentschieden am 1. Spieltag bei Crystal Palace kaum besser verlaufen können. Und auch in der erwähnten Partie gegen Leeds hatte er seine Mannschaft mit zwei Toren aus der 45. und 58. Minute zum Sieg geschossen, ehe er sich in der Schlussphase die folgenschwere Verletzung zuzog, welche das vorzeitige Saison-Aus bedeutete.

Mit „SAS" zur Meisterschaft

Gleich auf Anhieb hatten die Blackburn Rovers ihre großen Ambitionen also unterstrichen. Nicht zuletzt, weil Alan Shearer diesmal verletzungsfrei blieb, setzte sich der Aufwärtstrend in der Saison 1993/94 weiter fort, als es mit acht Zählern Rückstand auf Manchester United zum Gewinn der Vizemeisterschaft reichte. Nachdem Shearer in den ersten Runden seiner Form wegen seiner Verletzung noch hinterhergelaufen war, präsentierte er sich mit zwei Treffern am 2. Oktober im Auswärtsspiel bei Swindon Town (3:1) wieder von seiner Schokoladenseite. Unvergessen auch sein Auftritt drei Wochen später an der Elland Road, wo er ausgerechnet gegen Leeds United dreimal ins Schwarze traf. Vor allem zum Jahreswechsel war der Mittelstürmer der Rovers kaum zu bremsen, als ihm zwischen dem 20. November und dem 12. Februar in 13 Spielen nicht weniger als 17 Tore gelangen. Am Ende der Saison sollten es schließlich insgesamt 31 sein, mit denen er hinter Andy Cole von Newcastle United (34 Treffer) auf dem zweiten Platz der Torjägerliste landen sollte. Darüber hinaus wurde Alan Shearer zu Englands Fußballer des Jahres gekürt.

► EINWURF

Mitte der neunziger Jahre war Alan Shearer fraglos der beste englische Stürmer. Nachdem er schon in der Saison 1993/94 mit 31 Treffern geglänzt hatte, führte er in den nächsten drei Jahren mit 34, 31 und 25 Treffern die Torjägerliste der Premier League an. Dass Shearer seinerzeit auch international zu den Besten gehörte, bewies er bei der EM 1996, wo er mit fünf Toren ebenfalls Torschützenkönig wurde. Als Rekordtorschütze der 1992 gegründeten Premier League stellt er mit 260 Torerfolgen seine Verfolger Andy Cole (187) und Thierry Henry (175) ebenfalls deutlich in den Schatten.

Im Sommer 1994 legte Mäzen Jack Walker dann personell weiter nach und spendierte den Rovers für fünf Millionen Pfund mit Chris Sutton den nächsten Topstürmer. Der ehemalige Spieler von Norwich City und Alan Shearer verstanden sich auf Anhieb, womit der „SAS"-Sturm geboren war. „SAS" stand ihm übrigen nicht nur für „Sutton and Shearer", sondern auch für den „Special Air Service" der British Army. Da die Mannschaft in jener Saison früh aus sämtlichen Pokalwettbewerben ausgeschieden war, konnte sie sich auf das Titelrennen in der Premier League konzentrieren, wo Vorjahresmeister Manchester United erwartungsgemäß der größte Rivale war. Während Chris Sutton mit 15 Treffern die Erwartungen erfüllte, hatte Torschützenkönig Alan Shearer in 42 Ligaspielen 34-mal ins Schwarze getroffen, wobei er seinen wichtigsten Treffer am vorletzten Spieltag erzielte, als Newcastle United im heimischen Ewood Park mit 1:0 in die Knie

gezwungen wurde. Da die Rovers ihr abschließendes Spiel beim FC Liverpool jedoch mit 1:2 verloren, waren sie auf die Schützenhilfe von West Ham United angewiesen. Die Hammers trotzten Titelverteidiger Manchester United aber ein 1:1 ab, womit die Mannschaft von Kenny Dalglish schließlich mit einem Zähler Vorsprung an der Spitze der Premier League thronte. Für die Anhänger des Vereins ein unbeschreibliches Glücksgefühl, reichten die beiden bislang einzigen Meisterschaften doch in die Jahre 1912 und 1914 zurück.
Nach der Saison verließ Manager Dalglish die Stätte des Triumphes, um durch Ray Harford ersetzt zu werden. Vor allem das schwache Abschneiden in der Champions League lastete auf der Mannschaft, die schon in der Gruppenphase nach nur einem Sieg am letzten Spieltag gegen Rosenborg Trondheim (4:1) als Tabellenschlusslicht die Segel streichen musste. In der Premier League musste sich der Titelverteidiger mit dem siebten Platz begnügen, womit dieser nicht einmal für den kommenden UEFA-Cup qualifiziert war. Stärkster Akteur der Rovers war dagegen einmal mehr Alan Shearer, dem in 35 Einsätzen 31 Tore gelungen waren, was umso bemerkenswerter war, als sein Vorlagengeber Chris Sutton verletzungsbedingt nur neun Spiele bestritten hatte. Seinen Spitzenplatz in der Torjägerliste der Premier League hatte Shearer vor allem in den Spielen gegen Coventry City (5:1), Nottingham Forest (7:0), West Ham United (4:2), die Bolton Wanderers (3:1) und Tottenham Hotspur (3:2) behauptet, wo er jeweils als dreifacher Torschütze in Erscheinung getreten war. Das Verpassen eines internationalen Wettbewerbs stellte sicherlich einen der wesentlichen Gründe dar, weshalb Shearer dem Ewood Park nach der Saison verlassen wollte. In nur vier Jahren hatte er in 138 Erstligaspielen 112 Tore erzielt, mit denen er bis heute zu den besten Torjägern in der Geschichte der Blackburn Rovers zählt.

Zurück zu den Ursprüngen

Kurz nach der EM im eigenen Land bekundete Manchester United erneut sein Interesse an Alan Shearer und legte diesem ein lukratives Angebot vor. Shearer lehnte jedoch ab und entschied sich für eine Rückkehr in seine Heimatstadt Newcastle, um endlich doch noch für die Magpies auf Torejagd zu gehen, nachdem diese seine Dienste vor Jahren noch abgelehnt hatten. Ausschlaggebend war wohl die Tatsache, dass Kevin Keagan als United-Manager fungierte, für den Alan Shearer seit Kindertagen schwärmte. Reiner Idealismus war nun freilich auch nicht im Spiel, was die Ablösesumme von 15 Millionen Pfund unterstrich. Diese hätten sich die Magpies sparen können, wenn sie seinerzeit nicht dem absurden Versuch erlegen gewesen wären, Shearer zum Torwart umzufunktionieren. Stattdessen galt der englische Nationalstürmer kurzzeitig als weltweit teuerster Spieler, was sich glücklicherweise nicht negativ auf dessen Leistungen auswirkte.
Nachdem Alan Shearer drei Jahre in Folge die Marke von 30 Toren geknackt hatte, reichten in der Saison 1996/97 schon 25 Treffer aus, um sich zum dritten Mal in Folge die Torjägerkanone der Premier League zu sichern. Dabei ergänzte er sich ausgezeichnet mit Sturmpartner Les Ferdinand, der es auf immerhin 16 Torerfolge brachte. Die stärkste Saisonleistung lieferte Shearer am 25. Spieltag im Heimspiel gegen Leicester City ab. Nach einem Gegentor von Emile Heskey lagen die Magpies im St. James' Park Mitte der zweiten Hälfte bereits mit 1:3 zurück, als Shearer in der 77. Minute den Anschlusstreffer erzielte, um sechs Minuten später auszugleichen. Schließlich machte er in der Schlussminute seinen Hattrick perfekt, der Newcastle letztlich einen vielumjubelten 4:3-Sieg bescherte. Obwohl die Mannschaft an den letzten zehn Spieltagen ungeschlagen blieb, musste sie sich sieben Zähler hinter Manchester United mit der Vizemeisterschaft zufrieden geben, womit sie sich aber zumindest die Teilnahme an der kommenden Champions League gesichert hatte.
In der Königsklasse konnte der Sturmtank der Magpies jedoch kein einziges Spiel bestreiten, weil er sich in der Saisonvorbereitung in einem Testspiel gegen den FC Chelsea eine Verletzung am Sprunggelenk zugezogen hatte, die ihn die gesamte Hinrunde lahm legte. Erst im Januar kehrte er wieder in die Mannschaft zurück, die ohne ihren wichtigsten Akteur vom Abstiegssog erfasst worden war. Zwar konnte Shearer in 17 Einsätzen lediglich zwei Treffer erzielen. Allein seine Präsenz reichte aber aus, dass sich die Magpies auf dem 13. Tabellenplatz doch noch den Klassenerhalt sicherten.

► EINWURF
Kurz vor der WM in Frankreich hatte es sich Alan Shearer bei Englands Fußballfans verscherzt. Im Ligaspiel am 29. April 1998 gegen Leicester City (0:0) hatte er seinem am Boden liegenden Gegenspieler Neil Lennon brutal gegen den Kopf getreten, was zwar der Unparteiische, nicht aber die TV-Kameras übersehen hatten. Wie in solchen Fällen üblich, ereiferten sich die Gerechtigkeitsapostel in den medialen Schnellgerichten und stellten den Übeltäter an den öffentlichen Pranger. Dieser soll im Falle einer Bestrafung sogar mit dem sofortigen Rücktritt aus der Nationalmannschaft gedroht haben, was die FA im Hinblick auf die bevorstehende Weltmeisterschaft möglicherweise besänftigte. Von einer Bestrafung sah der Verband nämlich ab und stufte den Vorfall als „unabsichtlich" ein.

Nachdem Shearer in die Mannschaft zurückgekehrt war, konnte sich diese im FA-Cup für die schwachen Leistungen in der Liga rehabilitieren und ins Endspiel vordringen. Den wichtigsten von fünf Pokaltreffern in der laufenden Runde erzielte der Mittelstürmer in der 59. Minute des Halbfinalspiels gegen Sheffield United, als er mit seinem Tor des Tages den Weg nach Wembley ebnete. Am 16. Mai 1998 musste sich United allerdings den favorisierten Gunners geschlagen geben, die mit 2:0 die Oberhand behielten. Shearer hatte seine stärkste Szene kurz nach dem Wiederanpfiff, als er mit einem satten Linksschuss nur den Pfosten traf und damit den Ausgleich verpasste.
In der Spielzeit 1998/99 ging es mit Shearers Leistungen dann auch in der Premier League wieder bergauf. In 30 Einsätzen konnte er das Leder wieder 14-mal in die gegnerischen Maschen befördern und war damit erneut bester Torschütze der Magpies, die aber wie im Vorjahr nur den 13. Platz belegten. Eine kuriose Serie hatte Shearer ab dem 17. April zu verzeichnen, als er in vier aufeinanderfolgenden Ligaspielen je einen Treffer erzielte, von denen drei aus einem Strafstoß resultierten. Dabei reichte es in keinem der genannten Spiele zu einem Sieg, derweil lediglich drei Unentschieden heraussprangen.
Für die dürftigen Leistungen in der Liga vermochte sich United abermals mit der Qualifikation für das Cupfinal zu rehabilitieren. Dafür verantwortlich war nicht zuletzt Alan Shearer. In der Vorschlussrunde lautete der Spielstand im Old Trafford gegen Tottenham Hotspur nach 90 Minuten immer noch 0:0, ehe Shearer in der 109. Minute mit einem verwandelten Elfer die Weichen auf Sieg stellte, um kurz vor Schluss auch noch den 2:0-Endstand unter Dach und Fach zu bringen. Gegen Meister und Champions-League-

Sieger Manchester United waren die Magpies im Finale am 22. Mai 1999 dann aber chancenlos und mussten sich mit 0:2 geschlagen geben.
Im nächsten Jahr durfte Newcastle dann sogar vom dritten Pokalfinale in Serie träumen, bis es in der Vorschlussrunde gegen den FC Chelsea eine 1:2-Niederlage setzte. Bereits nach dem 7. Spieltag der Saison 1999/2000 war Manager Ruud Gullit nach katastrophalem Fehlstart ohne auch nur einen einzigen Sieg durch den ehemaligen Nationaltrainer Bobby Robson ersetzt worden, bei dessen Debüt am 19. September 1999 der Mannschaft so etwas wie die Wiederauferstehung gelang, als Sheffield Wednesday mit 8:0 aus dem St. James' Park gefegt wurde. Während Alan Shearer bis zu diesem Zeitpunkt erst einen Saisontreffer auf dem Konto hatte, konnte er nun als fünffacher Torschütze glänzen. Nach seinem Hattrick zwischen der 30. und 42. Minute lagen die Magpies schon zur Pause mit 4:0 vorn. Bis zum Saisonende schraubte Shearer seine Quote auf 23 Treffer, mit denen er in der Torschützenliste hinter Sunderlands Kevin Phillips (30) Rang zwei belegte.
Nach seinem Rückzug aus dem Nationalteam plagten ihn in der Spielzeit 2000/01 mehrere Verletzungen, so dass ihm in 19 Einsätzen gerade einmal fünf Tore gelangen. Einmal mehr hatte sich gezeigt, dass man in Newcastle unbedingt einen gesunden Alan Shearer benötigte, um oben mitspielen zu können. Glücklicherweise konnte der Erfolgsgarant in der Saison 2001/02 seine Qualitäten wieder unter Beweis stellen und 23 Treffer erzielen, mit denen er hinter Thierry Henry vom FC Arsenal London abermals zweitbester Torschütze der Premier League wurde. Damit hatte der inzwischen 31-jährige Kopfballspezialist dazu beigetragen, dass die Magpies nach vier Jahren im anonymen Mittelfeld als Vierte wieder einen Spitzenplatz belegten, der sogar zur Teilnahme an der Qualifikation zur Champions League berechtigte.

► EINWURF
Der Toptorjäger der Premier League zeigte seine stärksten Leistungen im Trikot der Blackburn Rovers, für die er in nur 138 Einsätzen 112 Tore erzielte. Nicht zuletzt wegen einiger Verletzungen ließ Shearers Torgefährlichkeit nach dem Wechsel zu Newcastle United etwas nach, wenngleich der Kopfballspezialist auch am Tyne immer für einen Treffer gut war. Bis zur Saison 2002/03 hatte er auch für die Magpies schon 92-mal eingenetzt, womit die 100-Tore-Marke immer nähergerückt war. Der 99. Treffer im United-Trikot war Shearer am 19. Oktober 2002 ausgerechnet im Gastsspiel bei den Blackburn Rovers (2:5) gelungen, bevor Tor Nummer 100 auf sich warten ließ. Vier Spiele lang war Alan Shearer diesem hinterhergelaufen, ehe es am 23. November dann endlich klappte. Bei der 3:5-Niederlage im Old Trafford war ihm in der 52. Minute der zwischenzeitliche 2:3-Anschlusstreffer gegen Manchester United gelungen. Insgesamt sollte er für die Magpies in 303 Einsätzen 148 Tore schießen, womit er der erste Spieler war, dem in der Geschichte der englischen Premier League für zwei Klubs mehr als 100 Tore gelungen sind.

Durch einen lockeren Erfolg über Zeljeznicar Sarajevo (1:0, 4:0) waren die Robson-Schützlinge für die Königsklasse der Saison 2002/03 qualifiziert, wo sie auch die Vorrunde erfolgreich meisterten. In der Zwischenrunde entpuppten sie sich als Schreck von Bayer Leverkusen, wo gegen dessen Stars zwei 3:1-Siege gelangen. Der Erfolg am 26. Februar im heimischen St. James' Park ging dabei auf das Konto Alan Shearers, der seine Anhänger mit einem Hattrick vor der Pause verzückte. Nach den beiden Kopfballtreffern aus der 5. und 11. Minute resultierte das dritte Tor nach 36 Minuten aus einem Elfmeter. In der Endabrechnung musste sich die Mannschaft auf dem dritten Platz aber doch aus dem Wettbewerb verabschieden, da in den übrigen Partien gegen den FC Barcelona und Inter Mailand nur noch ein einziger Punktgewinn gelang, als man dank zweier Shearer-Tore aus dem San Siro ein 2:2-Unentschiedn entführte. Trotz der Doppelbelastung verkauften sich die Magpies auch in der Premier League erstaunlich gut und erreichten diesmal sogar den dritten Platz. Auch Alan Shearer hatte mit 17 Ligatoren die in ihn gesetzten Erwartungen erfüllt.

Zweimal Torschützenkönig im UEFA-Cup

Die Saison 2003/04 stand für die Magpies dann klar im Zeichen des UEFA-Cups. Freilich wollte die Mannschaft eigentlich an der Champions League teilnehmen. In der Qualifikation musste sie sich aber völlig unerwartet Partizan Belgrad geschlagen geben, was umso überraschender kam, als das Hinspiel an der Donau noch mit 1:0 gewonnen worden war. Allerdings unterlag United den von Lothar Matthäus betreuten Serben im St. James' Park mit 0:1, so dass ein Elfmeterschießen die Entscheidung bringen musste. Hier unterlag die Robson-Elf mit 3:4, wobei ausgerechnet der als sicherer Elfmeterschütze bekannte Alan Shearer mit dem ersten Versuch der Engländer gescheitert war. Für diesen Fauxpas sollten sich die Magpies wie angedeutet im UEFA-Cup revanchieren, wo sie erst im Semifinale an Olympique Marseille (0:0, 0:2) scheiterten. Besonders im Rückspiel des Achtelfinales hatte Shearer überzeugt, als er beim 3:0 auf der Baleareninsel gegen RCD Mallorca (3:0) einen Doppelpack schnürte. Mit insgesamt sechs Treffern führte er gemeinsam mit drei weiteren Spielern die UEFA-Cup-Torjägerliste an. Mit weiteren 22 Treffern in der Premier League war Shearer so etwas wie der Alleinunterhalter im Angriff. Obwohl das United-Spiel etwas ausrechenbar war, weil die Mannschaft allzu oft mit langen Bällen auf den 33-jährigen Sturmführer operierte, lag die Champions-League-Teilnahme lange Zeit im Bereich des Möglichen, dieser wurde mit dem fünften Platz allerdings knapp verfehlt.
Nachdem die Vereinsspitze Manager Robson als Schuldigen für das Verpassen der Königsklasse ausgeguckt hatte, wurde als dessen Nachfolger Graeme Souness engagiert. Wichtigster Neuzugang war der spielstarke Niederländer Patrick Kluivert, mit dem sich das Angriffsspiel in der Saison 2004/05 deutlich variabler gestaltete, was vor allem auf den UEFA-Cup zutraf, wo Newcastle United immerhin bis ins Viertelfinale vordrang. In acht seiner neun Einsätze konnte sich Shearer dabei in die Torschützenliste eintragen. Nachdem ihm in der Auftaktrunde beim 5:1 über Hapoel Bnei Sachnin drei Treffer gelungen waren, traf er im Achtelfinalrückspiel gegen Olympiakos Piräus (4:0) zweimal ins Schwarze. Auch für den 1:0-Erfolg im Viertelfinalhinspiel im St. James' Park gegen Sporting Lissabon war er verantwortlich gewesen, bevor das erste Spiel ohne Shearer-Tor – das 1:4 in Lissabon – gleich mit einer Niederlage in die Annalen einging. Mit elf Treffern war Alan Shearer immerhin erneut bester Torjäger des UEFA-Cups geworden, während er in der Meisterschaft lediglich sieben Treffer erzielt hatte.

Das eigene Abschiedsspiel verpasst

Ursprünglich wollte der United-Angreifer seine Laufbahn nach der Saison 2004/05 beenden. Da es in der Liga aber nur zum 14. Platz gereicht hatte, wurde er von Manager Souness überredet, noch ein Jahr dranzuhängen. Shearers Abschiedssaison beendeten die Magpies auf dem siebten Platz, während er selbst seine letzten zehn Premier-League-Tore schoss. Alles in allem hatte er 206 Pflichtspieltreffer auf dem Konto, nachdem ihm am 17. April beim 4:1-Auswärtssieg in Sunderland zwei Tore gelungen waren. In der Schlussphase des Spiels zog er sich bei einem Zusammenprall mit einem Gegenspieler allerdings einen Bänderriss im linken Knie zu, der seine Laufbahn abrupt beendete. Wegen der Verletzung verpasste Shearer sogar sein eigenes Abschiedsspiel, bei dem am 11. Mai 2006 Celtic Glasgow im St. James' Park zu Gast war. Nachdem er für United den symbolischen Anstoß ausgeführt hatte, betrat er kurz vor Schluss nochmals den Platz, um unter dem Jubel der Fans einen Strafstoß zum 3:2-Endstand zu verwandeln. Nach dem Rückzug vom aktiven Fußball schien eine Tätigkeit im Management von Newcastle United ausgemachte Sache. Shearer blockte jedoch ab und erklärte, in den kommenden Jahren „das Leben genießen" zu wollen. Dass er mit United und seiner Heimatstadt Newcastle eng verbunden bleiben wollte, dokumentierte die Ernennung zum Vereinsbotschafter.

Unter „das Leben genießen" verstand Shearer ganz offenkundig, als TV-Experte tätig zu werden. Während der WM in Deutschland arbeitete er für die BBC, wobei eine Äußerung nach dem Viertelfinalspiel der Engländer gegen Portugal (1:3 nach Elfmeterschießen) für große Aufregung sorgte. Wayne Rooney war nach einer Tätlichkeit an Cristiano Ronaldo vom Platz gestellt worden, auch weil der Portugiese die Rote Karte vehement eingefordert hatte. Pikanterweise standen Wayne Rooney und Cristiano Ronaldo aber beim selben Verein (Manchester United) unter Vertrag, weshalb Shearer dem englischen Angreifer vor laufenden Kameras riet, sich den Portugiesen auf dem Trainingsplatz in Manchester „vorzuknöpfen".

Als nach der WM 2006 der bisherige Nationaltrainer Sven-Göran Eriksson zurücktrat, schien das Dasein als Frühpensionär nach kurzer Zeit schon wieder vorbei. Zunächst war Alan Shearer nicht abgeneigt, als man ihm anbot, im Stab von Eriksson-Nachfolger Steve McClaren mitzuarbeiten, doch kam das angestrebte Engagement letztlich nicht zustande. Dafür wurde Shearer in der Schlussphase der Saison 2008/09 als Interims-Manager von Newcastle United engagiert, nachdem sich Joe Kennear einer Herzoperation unterziehen musste. Den Abstieg der Magpies in die Zweitklassigkeit vermochte aber auch die einstige Klublegende nicht zu verhindern.

► ZAHLEN UND FAKTEN

Vereine:	1987-1992	FC Southampton
	1992-1996	Blackburn Rovers
	1996-2006	Newcastle United
Tore:	118 First-Division-Spiele (23 Tore)	
	441 Premier-League-Spiele (260 Tore)	
	58 FA-Cup-Spiele (27 Tore)	
	50 League-Cup-Spiele (32 Tore)	
	56 Europapokal-Spiele (32 Tore)	
	63 A-Länderspiele (30 Tore)	
	1 B-Länderspiel (0 Tore)	
gesamt	787 Pflichtspiele (404 Tore)	
Erfolge:	Englischer Meister 1995	
	Englischer Torschützenkönig 1994/95, 1995/96, 1996/97	
	Englands Fußballer des Jahres 1994	

In der Nationalmannschaft:
Nachdem Alan Shearer für die englische U-21 in nur elf Einsätzen auf 13 Tore gekommen war, wurde er am 19. Februar 1992 von Graham Taylor erstmals auch in der A-Nationalmannschaft eingesetzt, die in Wembley auf Frankreich traf. Sein gelungenes Debüt krönte der Angreifer des FC Southampton in der 44. Minute, als er die Gastgeber mit 1:0 in Führung brachte, die durch ein Tor von Gary Lineker (73.) schließlich mit 2:0 die Oberhand behielten. Obwohl Shearer in seinem zweiten Länderspiel gegen die GUS-Auswahl (2:2) erst in der 63. Minute eingewechselt wurde, wurde er dennoch in den Kader für die Europameisterschaft in Schweden nominiert.

► EINWURF

Mit seinen beiden Treffern am 17. April 2006 im Ligaspiel gegen den AFC Sunderland war es Alan Shearer gelungen, die 49 Jahre alte Bestmarke von Jackie Miburn zu überbieten, der zwischen 1946 und 1957 insgesamt 205 Pflichtspieltreffer für die Magpies erzielt hat. 148 seiner nunmehr 206 United-Tore waren Shearer dabei in der Meisterschaft gelungen. In dieser Hinsicht steht er freilich noch immer im Schatten von Jackie Milburn (Bild), da der legendäre „Wor Jackie" in seinen 353 Ligaspielen für Newcastle United 177 Treffer vorweisen kann.

Bei den kontinentalen Titelkämpfen enttäuschten die Three Lions auf der ganzen Linie und schieden sieglos nach der Vorrunde aus. Schon der Auftakt war mit einem torlosen Unentschieden gegen Dänemark alles andere als wunschgemäß verlaufen, so dass Graham Taylor im zweiten Spiel gegen Frankreich auf den knapp 22 Jahre alten Shearer setzte, der nach der EM vor einem Wechsel zu den Blackburn Rovers stand. Während im Testspiel im Februar das Zusammenspiel mit Gary Lineker noch hervorragend funktioniert hatte, war in Malmö davon nun nichts mehr zu sehen. Nur einmal wurde es wirklich brenzlig, als Lineker in der Anfangsphase in den französischen Strafraum eindrang, er aber ausgerechnet von seinem Sturmpartner Alan Shearer behindert wurde. Nachdem auch das zweite Gruppenspiel nur 0:0 geendet hatte, was von den Zuschauern mit einem gellenden Pfeifkonzert quittiert wurde, fand sich Shearer im mit 1:2 verloren gegangenen dritten Gruppenspiel gegen Gastgeber Schweden über 90 Minuten auf der Bank wieder.

Rückschläge

Dennoch entwickelte sich Shearer nach der EM allmählich zum Stammspieler. Am 18. November 1992 konnte er sein zweites Länderspieltor im WM-Qualifikationsspiel gegen die Türkei im Wembley-Stadion erzielen. Nachdem er den 2:0-Pausenstand besiegelt hatte, behielten die Three Lions dank weiterer Tore von Pearce und Gascoigne mit 4:0 die Oberhand. Ende Dezember zog er sich bei einem Ligaspiel in Leeds jedoch einen Kreuzbandriss zu, der ihn zu einer halbjährigen Pause zwang. Erst im vorletzten Qualifikationsspiel am 13. Oktober gegen die Niederlande kehrte Shearer wieder in die Nationalelf zurück. Durch die 0:2-Niederlage im Rotterdamer De Kuip hatte England jedoch seine letzte Chance auf eine Teilnahme an der Weltmeisterschaft 1994 in den USA verpasst, so dass sich der Fokus auf die bevorstehende EM im eigenen Land richten sollte.

Torschützenkönig bei der EM im eigenen Land

Als diese am 8. Juni 1996 mit dem Spiel des Gastgebers gegen die Schweiz begann, lastete auf Shearer ein enormer Erfolgsdruck, da dieser seit zwölf Länderspielen auf einen Treffer wartete. Das Wembley-Stadion erwies sich jedoch erneut als gutes Pflaster: 23 Minuten waren gespielt und Shearer hatte seine Mannschaft mit 1:0 in Führung gebracht, welche die Eidgenossen in der Schlussphase aber noch ausglichen. Somit mussten die Engländer das Bruderduell mit Schottland eine Woche später unbedingt gewinnen, wenn die Stimmung im Mutterland des Fußballs nicht plötzlich kippen sollte. Nach torloser erster Halbzeit war es Alan Shearer, der in der 52. Minute für den Brustlöser sorgte, als er eine Flanke von Gary Neville ins schottische Tor einköpfte. Durch einen Treffer von Gascoigne (73.) wurden die aufmüpfigen Bravehearts schließlich mit 2:0 in Schach gehalten, ehe durch einen 4:1-Erfolg über die Niederlande der Einzug ins Viertelfinale besiegelt werden konnte. Shearer hatte den unerwartet deutlichen Sieg mit einem verwandelten Strafstoß nach 23 Minuten eingeleitet, um nach einer knappen halben Stunde auch den dritten englischen Treffer zu markieren. Natürlich war das Wembley-Stadion am 22. Juni mit 75.440 Zuschauern wie gewohnt ausverkauft, als gegen Spanien der Einzug in die Vorschlussrunde erfolgen sollte. Die Iberer setzten dem bis dahin so erfolgreich harmonierenden Sturmduo Shearer-Sheringham aber ordentlich zu, so dass es nach 120 in spielerischer Hinsicht wenig erbaulichen Minuten nach wie vor 0:0 stand. Im anschließenden Elfmeterschießen behielten die Three Lions dann aber mit 4:2 die Nase vorn, auch weil Alan Shearer den ersten Versuch der Engländer sicher verwandelt hatte.

Was folgte, war der Klassiker gegen Deutschland, den die Engländer 30 Jahre nach dem legendären WM-Finale von 1966 unbedingt wieder für sich entscheiden wollten. Nach turbulentem Auftakt und zwei englischen Torchancen versetzte Alan Shearer die Zuschauer mit seinem Kopfballtor aus der 3. Minute in Feierstimmung. Im 28. Einsatz war dies sein zehnter Länderspieltreffer gewesen, wobei ihm alle im Wembley-Stadion gelungen waren. Nach einer guten Viertelstunde glich Stefan Kuntz jedoch zum 1:1 aus, ein Spielstand, der auch nach Ende der Verlängerung Bestand hatte. Obwohl Alan Shearer seine Farben wie schon gegen Spanien mit 1:0 in Führung brachte, behielten die Deutschen mit 6:5 die Oberhand, weil Southgate den einzigen der zwölf Elfer vergeben hatte. Für Shearer, der sich nach der EM seinem Heimatverein Newcastle United anschloss, dürfte es somit ein schwacher Trost gewesen sein, dass er mit fünf Turniertreffern zum besten Torjäger der Europameisterschaft avanciert war.

Früher Rücktritt aus dem Nationalteam

Zum Auftakt der Qualifikation für die WM in Frankreich trafen die Three Lions am 1. September 1996 in Chisinau auf Moldawien. Zum ungefährdeten 3:0-Sieg hatte auch Alan Shearer einen Treffer beigetragen – den ersten im Nationaltrikot, den er nicht im Wembley-Stadion erzielt hatte. Auf den Angreifer war auch in den nächsten Qualifikationsspielen Verlass. So gingen etwa am 9. Oktober beim 2:1 über Polen – diesmal wieder im Wembley-Stadion – beide englische Tore auf sein Konto. Ausgerechnet in der Vorbereitung auf die WM-Saison 1997/98 zog er sich in einem Testspiel einen Knöchelbruch zu, so dass er acht Monate lang kein Länderspiel bestreiten konnte. Nach seinem Comeback fand er jedoch rechtzeitig wieder zu seiner Topform zurück und traf am 22. April 1998 gegen Portugal (3:0) sogar zweimal ins Schwarze.

Bei seiner einzigen WM-Teilnahme durfte Shearer zwei Torerfolge feiern. Nachdem er zum Auftakt gegen Tunesien (2:0) getroffen hatte, war dies auch im Achtelfinalkrimi gegen Argentinien der Fall, als er in der Anfangsphase einen Foulelfmeter versenkte. Auch im Elfmeterschießen war Shearer gegen die Albiceleste erfolgreich, doch mussten sich die Engländer in ihrer Wackeldisziplin am Ende wie so oft geschlagen geben.

Den einzigen Dreierpack seiner Länderspielkarriere konnte Alan Shearer am 4. September 1999 im EM-Qualifikationsspiel gegen Luxemburg verbuchen. Mit 6:0 waren die Feierabendfußballer des Großherzogtums aus dem Wembley-Stadion geschossen worden, wobei Shearer seine Tore allesamt vor der Pause erzielt hatte. Schon vor der Europameisterschaft 2000 hatte der englische Kapitän mit noch nicht einmal 30 Jahren seinen Rücktritt aus der Nationalelf angekündigt. Die Titelkämpfe in Belgien und den Niederlanden sollten für ihn zum letzten großen Highlight werden. Nachdem das erste Gruppenspiel gegen Portugal mit 2:3 verloren worden war, stand am 17. Juni in Charleroi der Gigantenkampf mit Deutschland auf dem Programm. Auch die Deutschen hatten zum Auftakt gegen Rumänien nur ein 1:1 erreicht, so dass beide Teams unbedingt gewinnen mussten, um noch eine Chance auf das Viertelfinale zu besitzen. Tatsächlich war es Alan Shearer, der mit seinem ersten Treffer nach sieben torlosen Spielen, die Hoffungen der Engländer am Leben erhielt. Doch auch der erste Erfolg über Deutschland in einem wichtigen Spiel seit dem WM-Finale von 1966 nutzte nichts, da die abschließende Partie gegen Rumänien in Rotterdam mit 2:3 verloren wurde. Es war für Alan Shearer somit nur ein geringer Trost, im 63. Länderspiel mit einem verwandelten Strafstoß kurz vor der Pause seinen 30. Treffer erzielt zu haben. Nach dem schmählichen Vorrunden-Aus wurde er von mehreren Seiten bekniet, seinen Rücktritt doch noch einmal zu überdenken. Shearer blieb indes bei dem Entschluss, sich künftig auf seine Vereinskarriere zu konzentrieren, wobei es sicher eine nicht unwesentliche Rolle gespielt hat, dass der Kapitän der Three Lions wegen seiner Torflaute vor der Europameisterschaft in der Fachwelt auf heftige Weise kritisiert worden war.

Saison	Europacup		Liga		Pokal	
	Sp.	T.	Sp.	T.	Sp.	T.
1987/88			5	3	0	0
1988/89			10	0	0	0
1989/90			26	3	3	0
1990/91			36	4	4	2
1991/92			41	13	7	2
1992/93			21	16	0	0
1993/94			40	31	4	2
1994/95	2	1	42	34	2	0
1995/96	6	1	35	31	2	0
1996/97	4	1	31	25	3	1
1997/98			17	2	6	5
1998/99	2	1	30	14	6	5
1999/00	6	2	37	23	6	5
2000/01			19	5	0	0
2001/02			37	23	5	2
2002/03	12	7	35	17	1	1
2003/04	11	6	37	22	2	0
2004/05	9	11	28	7	4	1
2005/06	4	2	32	10	3	1

Joe Smith
Tore, Pokalsiege und Sir Stanley

Joseph „Joe" Smith wurde am 25. Juni 1889 in Dudley in den westlichen Midlands geboren. Seine ersten fußballerischen Gehversuche machte Smith in der regionalen Staffordshire League bei Newcastle St. Luke's, um sich danach dem FC Crewe Alexandra anzuschließen. Anno 1908 wurde er von Manager John Somerville zu den Bolton Wanderers geholt, wo er den Großteil seiner aktiven Karriere verbrachte. In 15 Spielzeiten absolvierte Smith für die Trotters 449 Erst- und 39 Zweitligaspiele, in denen er insgesamt 254 Tore erzielte. Nachdem er zunächst noch im linken Innensturm eingesetzt wurde, rückte er bald ins Sturmzentrum, wo er bei seinen zahlreichen Treffern von den Vorlagen des walisischen Linksaußen Ted Vizard profitierte. Als Joe Smith im Sommer 1908 nach Bolton wechselte, war das Gründungsmitglied der Football League gerade wieder aus der First Division abgestiegen, was dem Newcomer die ideale Chance bot, sich in die Stammformation zu spielen. Zu seinem Debüt kam Smith am 12. April 1908 im Ligaspiel bei West Bromwich Albion, welches freilich mit einer 0:2-Niederlage in die Annalen einging. Gleichwohl war den Trotters der direkte Wiederaufstieg nicht zu nehmen. Der 20. Platz und der abermalige Abstieg nach der Spielzeit 1909/10 kostete Manager Somerville schließlich den Job. Dessen Nachfolger Will Settle setzte im kommenden Jahr verstärkt auf den Youngster aus Staffordshire, der nach der Rückkehr ins Oberhaus nicht mehr aus dem Team wegzudenken war.

*Joe Smith (*1889) spielte in der First Division für Bolton Wanderers.*

In der Saison 1911/12 wurde Joe Smith mit 24 Treffern (in Liga und Pokal) erstmalig vereinsinterner Toptorjäger und trug damit wesentlich zum Erreichen des für einen Liganeuling ausgezeichneten vierten Platzes bei. Auch in den kommenden drei Spielzeiten bis zur kriegsbedingten Unterbrechung der Meisterschaft zeigten die Trotters gute Leistungen, die 1914/15 im Erreichen der Vorschlussrunde des FA-Cups gipfelten, wo es gegen den späteren Sieger Sheffield United im Ewood Park von Blackburn jedoch eine 1:2-Niederlage setzte. Schütze des Ehrentores war Joe Smith, der mit neun Toren in sieben Einsätzen keinen unwesentlichen Anteil am weiten Vordingen seiner Mannschaft besaß. Dabei hatte er sich vor allem in der vierten Runde als nervenstarker Elfmeterschütze erwiesen und beim 4:2 über Hull City zweimal vom Punkt getroffen. Aber auch in der Liga waren ihm beachtliche 27 Treffer geglückt, mit denen er Torschützenkönig Bobby Parker freilich nicht in Gefahr bringen konnte. Der Angreifer von Meister Everton hatte noch neun Tore mehr auf dem Konto.

Im Ersten Weltkrieg wurde Joe Smith von der Royal Air Force eingezogen, womit seine Laufbahn im Dress der Bolton Wanderers eine vierjährige Unterbrechung erfuhr. Sporadisch kam er in den während des Kriegs eingerichteten regionalen Spielklassen für den FC Chelsea London sowie den FC Port Vale in Stoke zum Einsatz. Im Rahmen der Kriegsmeisterschaft absolvierte Smith insgesamt 51 Spiele und erzielte dabei 49 Treffer, ehe er nach Wiederaufnahme der regulären Meisterschaft in den zwanziger Jahren mit den Trotters die größten Erfolge seiner aktiven Laufbahn feiern sollte.

Der Verein aus dem Einzugsgebiet von Manchester hatte bis dato als bestes Ligaresultat den dritten Platz aus der Saison 1891/92 zu Buche stehen. Zu Zeiten Joe Smiths konnte man dieses sowohl 1920/21 als auch 1924/25 wiederholen, wobei zu bemerken ist, dass die Trotters bis heute auf erstklassigem Niveau nie wieder so gut klassiert sein sollten. Insbesondere in der Saison 1920/21 war Smith nicht zu halten, als er mit 38 Treffern Torschützenkönig der Football League wurde. Kein Stürmer aus Bolton hat seitdem häufiger ins Schwarze getroffen. Seine stärksten Leistungen zeigte Joe Smith in den Spielen gegen den FC Middlesbrough, AFC Sunderland und Newcastle United, als er jeweils einen Hattrick erzielte. Zu verdanken hatten die Fans im Burnden Park den Aufschwung neben ihrem Mittelstürmer vor allem dem neuen Manager Charles Foweraker sowie dem 1920 verpflichteten David Jack, der die Offensivabteilung weiter belebte.

Kapitän im „White Horse Final"

Seine größten Erfolge sollte Joe Smith, der unter Manager Foweraker bald zum Mannschaftskapitän befördert wurde, allerdings nicht in der Liga, sondern im FA-Cup feiern. Das nationale Pokalendspiel war mit den Jahren zu einem Großereignis von gesellschaftlichem Ausmaß geworden, was sich auch an den stetig steigenden Zuschauerzahlen zeigte. Das wiederum erforderte einen angemessenen Rahmen. Da das Stadion am Crystal Palace dem Besucherandrang nicht mehr Herr wurde, zog man schon 1920 an die Stamford Bridge um. Doch auch die Arena des FC Chelsea erfüllte auf Dauer nicht die Anforderungen, so dass innerhalb eines Jahres das Wembley-Stadion aus dem Boden gestampft wurde. Das „Mekka des Fußballsports" war genau vier Tage vor dem Cupfinal am 28. April 1923 fertig gestellt worden und erlebte schon bei seiner Eröffnung ein Spiel, das zur Legendenbildung taugte. Obwohl das neue Stadion „nur" etwa 127.000 Zuschauern Platz bot, wollten an jenem Tag weit über 200.000 Fans das Highlight des Fußballjahres zwischen den Bolton Wanderers und West Ham United live miterleben. Derweil die begeisterten Massen ins Stadion drängten, drohte die Lage zu eskalieren. Dass es bei ca. 900 Verletzten blieb, war der Ankunft des Königs geschuldet: Als sich Georg V. der Menge zeigte, kehrte Ruhe ein. Die Menschen stimmten die Nationalhymne an und retteten sich damit selbst. Die Austragung des Spiels war damit aber noch keineswegs sicher, da die Zuschauer in Scharen das Spielfeld bevölkert hatten. Berittene Polizei musste den Platz räumen, damit das Spiel mit fast einer Stunde Verspätung doch noch angepfiffen werden konnte. Der Polizeibeamte George Scorey ritt auf seinem Schimmel Billy auch während der Partie ständig die Außenlinien entlang, um den Linienrichtern Durchblick und freie Bahn zu verschaffen. Eine eindrückliche Szenerie, die den Begriff des „White Horse Finals" kreierte.

Vor dem Anpfiff von Schiedsrichter Asson galten die Wanderers, die sich im Semifinale gegen Sheffield United mit 1:0 durchgesetzt hatten, gegen Erstligaaufsteiger West Ham United als klare Favoriten. Nach nur zwei Minuten gingen die Trotters durch einen Kopfball von David Jack in Führung, wobei der Treffer höchst umstritten war. Während das Tor fiel, war Uniteds Jack Tresadern gerade in die Zuschauermassen eingetaucht, um irrtümlicherweise nach dem Ball zu suchen! Nach der Pause, die die Spieler auf dem Rasen verbringen mussten, brachte das 2:0 in der 53. Minute durch den Schotten Jack R. Smith schließlich die Entscheidung. Die irregulären Bedingungen führten dazu, dass Hammers-Kapitän George Kay den Schiedsrichter kurz vor Schluss davon zu überzeugen versuchte, die Partie abzubrechen. Kays Gegenüber Joe Smith sah das naturgemäß anders. Als ihn der Referee nach seiner Meinung fragte, meinte er trocken: „Bei uns ist alles in Ordnung. Notfalls spielen wir weiter bis es dunkel ist." Freilich sollte Joe Smith die begehrte Trophäe noch bei Tageslicht aus den Händen von König George V. überreicht bekommen.

Die Stammformation der Trotters in der Saison 1922/23. Hinten von links: Harry Nuttall, Betreuer Jones, Walter Rowley, Torwart Dick Pym, Billy Jennings, Alex Finney. Vorne von links: Billy Butler, David Jack (erster Torschütze im Wembley-Stadion), Jack Smith, Mannschaftskapitän Joe Smith (mit Ball), Ted Vizard, Bob Haworth. Im FA-Cupfinal gegen West Ham United kam für Walter Rowley in der Läuferreihe Jimmy Seddon zum Einsatz, weil Rowley nach einem Foul eine sechswöchige Sperre abbrummte.

Helden des ersten im Wembley-Stadion ausgetragenen FA-Cupfinals am 28. April 1923 waren der Polizist George Scorey und sein Schimmel Billy, die mit ihrem Einsatz dafür sorgten, dass die Partie zwischen den Bolton Wanderers und West Ham United überhaupt angepfiffen werden konnte. Die Trotters behielten mit 2:0 die Oberhand.

Drei Jahre später wurden die Bolton Wanderers dann erneut von Kapitän Joe Smith auf das Spielfeld des Wembley-Stadions geführt, wo sie am 24. April 1926 im Cupfinal auf Manchester City trafen. Sechs Tore waren Joe Smith auf dem Weg ins Endspiel gelungen. Den stärksten Eindruck hatte der Goalgetter im Semifinale gegen Swansea Town hinterlassen, wo seine beiden Tore – dabei eines per Elfmeter – an der White Hart Lane einen klaren 3:0-Erfolg besiegelten. Bemerkenswert, dass Manager Foweraker im Finale mit einer Ausnahme – in der Abwehr spielte Harry Greenhalgh für Alex Finney – dieselbe Elf wie 1923 auf den Platz schickte. Ein Treffer David Jacks aus der 76. Minute entschied die Partie zu Gunsten der Trotters, die damit der erste Verein waren, der zum zweiten Mal in Wembley den FA-Cup in Empfang nehmen durfte. Bei der anschließenden Ehrung im Rathaus von Bolton überreichte Spielführer Joe Smith die Trophäe symbolisch dem Bürgermeister und sagte unter großem Applaus, seine Mannschaft habe diese zu Ehren der Stadt gewonnen.

► EINWURF
Zwischen 1909 und 1927 kam Joe Smith in 492 Pflichtspielen für die Bolton Wanderers zum Einsatz und erzielte dabei 277 Treffer. Vereinsintern liegt er damit vor seinem langjährigen Sturmpartner David Jack (161 Tore) auf Rang zwei. Häufiger als Smith – nämlich 285-mal – hat lediglich Nat Lofthouse ins Schwarze getroffen. Von den angesprochenen 277 Toren hat Joe Smith 243 in der First Division erzielt, was bei 410 Einsätzen einer Quote von 0,59 pro Spiel entspricht. In der ewigen Bestenliste, die von Jimmy Greaves angeführt wird, liegt der ehemalige Sturmführer der Trotters heute auf Rang zehn.

Letztmals war Joe Smith in der Spielzeit 1925/26 mit 21 Treffern teaminterner Toptorjäger geworden, von denen sechs auf den Pokal und 15 auf die Meisterschaft entfallen waren. Im kommenden Jahr wurde er dann von David Jack abgelöst, während ihm selbst nur noch sieben Ligatore gelangen. Den letzten Treffer für die Trotters erzielte Smith am 28. Dezember 1926, als es an der Anfield Road gegen den FC Liverpool eine knappe 2:3-Niederlage setzte. Im März 1927 wurde schließlich bekannt, dass der inzwischen knapp 38-Jährige für die Ablösesumme von 1.000 £ zu Stockport County wechseln würde.

► EINWURF
Als Träger des in England gebräuchlichen Nachnamens Smith, traf der Mittelstürmer der Bolton Wanderers im Verlauf seiner Karriere auf mehrere Namensvetter. Erinnert sei an seinen schottischen Sturmpartner Jack Smith, mit dem er 1923 und 1926 jeweils in der Pokalsiegermannschaft der Trotters stand. Nahezu zeitgleich sollte die Karriere eines zweiten Joe Smith verlaufen. Der rechte Verteidiger von West Bromwich Albion war ein Dreivierteljahr jünger als sein Namensvetter aus Bolton und gab ausgerechnet im Zweitligaspiel gegen die Trotters im Herbst 1910 sein Pflichtspieldebüt. Auch er wurde in seinem Verein zum Dauerbrenner und bestritt für die Baggies zwischen 1910 und 1926 stolze 434 Ligaspiele, ehe er seine Laufbahn bei Birmingham City ausklingen ließ. Zweimal lief er auch für die englische Nationalelf auf, wobei sich die Wege der beiden Joes einmal kreuzten, als sie am 25. Oktober 1919 im Freundschaftsspiel gegen Irland gemeinsam auf dem Rasen des Windsor Park von Belfast standen. – Alles Müller, oder was?

In zwei Jahren in der Third Division North absolvierte Smith 70 Spiele, in denen er mit 61 Treffern trotz fortgeschrittenen Fußballeralters seine Torgefahr weiterhin unter Beweis stellte. Eine Kostprobe seines Könnens bekam Oswestry Town Ende November 1926 in der ersten Runde des FA-Cups geboten, wo er mit zwei Toren – eines davon per Strafstoß – sein neues Team zu einem 5:2-Erfolg führte. Zwei Wochen später erfolgte nach einer 0:2-Niederlage beim Ligakonkurrenten Crewe Alexandra allerdings das Aus. In der Liga belegte die Mannschaft in der Saison 1927/28 immerhin den dritten Platz.

► EINWURF

Als Joe Smith in der Spielzeit 1920/21 die Torjägerkrone in den Burnden Park holte, war er nicht der erste Akteur aus Bolton, dem dieses Kunststück gelungen war. Sein Vorreiter war Albert Sheperd, der 15 Jahre zuvor 26 Saisontreffer erzielt hatte. Gleichwohl sollten Torschützenkönige der Trotters

bis heute eine echte Rarität bleiben. Es dauerte bis zur Saison 1948/49, ehe Joe Smith in Willie Moir einen ersten Nachfolger hatte, der in jenem Spieljahr 25-mal ins Schwarze getroffen hatte. Sieben Jahre darauf folgte Boltons Klublegende Nat Lofthouse (Bild), der sich mit 33 Treffern die Torjägerkrone des englischen Fußballs sicherte. Letztmals sollte der beste Goalgetter der First Division dann in der Spielzeit 1978/79 aus dem Burnden Park kommen. Es war Frank Worthington, der mit 24 Saisontoren als insgesamt fünfter Akteur der Wanderers ausgezeichnet wurde. Die 38 Treffer, welche 1920/21 auf das Konto von Joe Smith gegangen waren, konnte freilich keiner seiner Vor- oder Nachfolger erreichen.

Nach der Vizemeisterschaft und einem packenden Zweikampf mit Bradford City im Frühjahr 1929 entschied sich Joe Smith, als Spielertrainer beim FC Darwen anzuheuern. Für das Team aus dem Nordwesten Englands erzielte er zwischen 1929 und 1931 in der unterklassigen Lancashire Combination in 51 Spielen weitere 42 Tore. Mit dem FC Darwen konnte Smith zweimal den Combination Cup, den Lancashire Junior Cup und die Challenge Trophy gewinnen. Nach dem Meistertitel mit den Salmoners in der Saison 1930/31 stand Smith kurzzeitig noch für Manchester Central und Hyde United auf dem Platz, ehe er sich mit jetzt 42 Jahren endgültig der Trainerlaufbahn zuwand.

Und noch ein legendäres FA-Cupfinal

In seiner Zeit in Darwen hatte sich Joe Smith die ersten Sporen als Trainer verdient, so dass die Zeit reif war, um den ersten Manager-Posten anzutreten. 1931 heuerte er beim FC Reading an, der damals eine unbedeutende Rolle in der Third Division South spielte. Zwar verfehlte der Klub aus der Nähe von London in den vier Spielzeiten unter Smith den Aufstieg in die zweite Liga. Zwei zweite, ein dritter und ein vierter Platz deuteten jedoch an, dass der ehemalige Mittelstürmer sehr wohl die Fähigkeiten besaß, eine Mannschaft zu entwickeln.

Diese Ansicht vertrat in erster Linie Albert Hindley, der als Klubdirektor des FC Blackpool fungierte. Prompt lotste er Joe Smith im Sommer 1935 in die Küstenstadt an der Irischen See, um die Seasiders wieder ins nationale Fußballoberhaus zurückzuführen, wo diese zwischen 1930 und 1933 bis dato erst drei Jahre gekickt hatten. Die hohen Erwartungen, die Hindley an seinen Manager knüpfte, sollten sich schon im zweiten Jahr erfüllen. Smith führte sein Team in der Saison 1936/37 nur einen Zähler hinter Leicester City auf den zweiten Platz, der mit dem angepeilten Aufstieg in die First Division verbunden war. Fast 23 Jahre sollte Joe Smith die Geschicke des FC Blackpool als Manager leiten, wobei jene Zeit die bis heute erfolgreichste in der ansonsten eher wechselvollen Vereinsgeschichte darstellt. Smith betreute die Seasiders in 730 Spielen, was natürlich den einsamen Klubrekord markiert. Die Bilanz von 317 Siegen, 247 Unentschieden und 166 Niederlagen lässt sich ebenfalls sehen.

Die erste Saison nach dem Aufstieg beendeten Blackpools Kicker auf einem ansprechenden 12. Platz, wobei der gelernte Mittelstürmer Joe Smith vor allem mit der Leistung seiner Angriffsreihe unzufrieden war. Als teaminterne Toptorjäger hatten Bobby Finan und Willie Buchan je zwölf Saisontreffer auf dem Konto. Verständlich, dass sich der Manager auf die Suche nach Verstärkungen machte, zumal sein Team im Verlauf der Saison 1938/39 in den Tabellenkeller abgerutscht war. Im März 1939 wurde er endlich fündig und präsentierte den Fans als neuen Mittelstürmer Jock Dodds von Sheffield United, den sich der FC Blackpool stolze 10.000 £ kosten ließ, was damals die zweithöchste Ablösesumme in der Geschichte der Football League bedeutete. Leider konnte Dodds seine Fähigkeiten nie richtig unter Beweis stellen, weil der Kriegsausbruch den Spielbetrieb für sechs Jahre unterbrach.

Nach dem Zweiten Weltkrieg formierte Joe Smith den viel gerühmten „M"-Sturm, der aus der bis dahin „grauen Maus" FC Blackpool ein echtes Spitzenteam machte. Schon in der ersten Nachkriegssaison 1946/47 war die Mannschaft mit immerhin 22 Siegen auf dem fünften Tabellenplatz gelandet. Neben dem in Dundee geborenen Schotten Jackie Mudie, sorgten vor allem Stan Mortensen und Stanley Matthews für Furore. Besonders die Verpflichtung des späteren Sir Stanley hatte vor der Saison 1947/48 kaum jemand auf der Rechnung. Der 32-Jährige schien den Zenit seiner Laufbahn schon überschritten zu haben und war bei Stoke City ausgemustert worden. Selbst Joe Smith schien dem Frieden nicht ganz zu trauen, als er Matthews zaghaft nach dessen körperlichem Zustand befragte: „Du bist jetzt 32. Glaubst du, du kannst noch ein paar Jahre spielen?" Und wie er konnte! Nach 256 Ligaspielen im Dress von Stoke City folgten bis 1961 weitere 391 für Blackpool, ehe Matthews im Alter von 46 Jahren wieder nach Stoke zurückkehrte, um dort nochmals vier Jahre dranzuhängen. Schon in der Saison 1947/48 wurde klar, dass dem Manager der Seasiders mit der Verpflichtung des Dribbelkünstlers ein echter Glückgriff gelungen war. Matthews führte den FC Blackpool ins Cupfinal, wo es gegen Manchester United allerdings eine 2:4-Pleite setzte. Dennoch wurde Stanley Matthews nach der Saison zum ersten Fußballer des Jahres in England gewählt. Eine Auszeichnung, die auch auf Joe Smith zurückfiel, weil er auf den bei Stoke City ausgemusterten Rechtsaußen gesetzt hatte.

Überhaupt, der FA-Cup! Nachdem Joe Smith die älteste Trophäe des Weltfußballs als Aktiver selbst zweimal gewonnen hatte, sollte er diese auch als Trainer erringen. Nach einer weiteren Finalniederlage im April 1951 gegen Newcastle United zogen die Seasiders auch am 2. Mai 1953 wieder ins Endspiel ein, wo sie pikanterweise auf Smiths Ex-Klub, die Bolton Wanderers trafen. Die Trotters lagen bereits mit 3:1 in Führung, ehe Stanley Matthews die wohl denkwürdigste Leistung seiner Laufbahn ablieferte und sein scheinbar schon geschlagenes Team zu einem 4:3-Sieg führte. Obwohl Mittelstürmer Stan Mortensen als dreifacher Torschütze glänzte, sollte die Partie doch als „Matthews Final" in die Fußballgeschichte eingehen.

Nachdem Joe Smith den FA-Cup als Aktiver schon zweimal gewonnen hatte, sicherte er sich diesen auch als Trainer. Im Finale 1953 besiegte er mit dem FC Blackpool ausgerechnet seinen Ex-Klub Bolton Wanderers. Das Bild oben zeigt Smith ganz links in der mittleren Reihe neben Rechtsaußen Stanley Matthews. Dreifacher Torschütze war Mittelstürmer Stan Mortensen (Vierter von links). Bild rechts: Joe Smith im Trikot der Three Lions, für die er in fünf Einsätzen zwischen 1913 und 1920 allerdings lediglich einen Treffer erzielten konnte.

In der First Division stellten die Seasiders trotz des „M"-Sturms nur gehobenes Mittelmaß dar und belegten im Jahr des Pokalsieges den siebten und in der Saison 1953/54 den sechsten Platz. Richtig bedrohlich wurde es in der Spielzeit 1954/55, als die Mannschaft auf dem 19. Platz erst auf den letzten Drücker das Abstiegsgespenst vertreiben konnte. Erst in der Saison 1955/56 drangen die Seasiders endlich wieder in die Spitzengruppe des englischen Oberhauses vor. Mehr noch: Die Schützlinge von Joe Smith avancierten gar zum ärgsten Verfolger der legendären „Busby Babes" von Manchester United, wenngleich der Begriff „Verfolger" in Anbetracht eines Elf-Punkte-Rückstands etwas übertrieben wirkt. Gleichwohl markierte die Vizemeisterschaft von 1956 für Joe Smith die beste Ligaplatzierung seiner 24-jährigen Trainertätigkeit in Blackpool. Diese sollte im Sommer 1958 nach den Rängen vier (1956/57) und sieben (1957/58) zu Ende gehen. Grund für den Rücktritt als Manager war der schlechter werdende Gesundheitszustand des mittlerweile 68-Jährigen, der bei der Vereinsführung allerdings hoch im Kurs stand. Die Seasiders ließen sich nicht lumpen und schenkten Joe Smith zu seinem Abschied mal eben ein kleines Häuschen in Blackpool. Die in der Grafschaft Lancashire gelegene Stadt war längst zu seiner neuen Heimat geworden, der er bis zu seinem Tod am 11. August 1971 verbunden blieb.

► ZAHLEN UND FAKTEN

Vereine: 1908-1915 Bolton Wanderers
1915-1919 Chelsea London / FC Port Vale
1919-1927 Bolton Wanderers
1927-1929 Stockport County
1929-1931 FC Darwen

Tore: 410 First-Division-Spiele (243 Tore)
39 Second-Division-Spiele (11 Tore)
70 Third-Division-Spiele (61 Tore)
51 Spiele Wartime League (49 Tore)
51 Spiele Lancashire Combination (42 Tore)
43 FA-Cup-Spiele (23 Tore)
5 Länderspiele (1 Tor)
gesamt 669 Pflichtspiele (430 Tore)

Erfolge: FA-Cup-Sieger 1923, 1926
Englischer Torschützenkönig 1921

In der Nationalmannschaft: Vermutlich hätte Joe Smith deutlich mehr als gerade einmal fünf Länderspiele bestritten, wenn die englische Nationalelf aufgrund des Ersten Weltkriegs zwischen April 1914 und Oktober 1919 nicht eine mehr als fünfjährige Zwangspause eingelegt hätte. Zu seinem Debüt im Nationaltrikot kam der Mittelstürmer der Bolton Wanderers am 15. Februar 1913 im Windsor Park von Belfast gegen Irland, das mit einer unerwarteten 1:2-Niederlage in die Annalen einging. Seinen zweiten Einsatz verzeichnete er am 16. März 1914. In Cardiff feierten die Three Lions einen 2:0-Erfolg über Wales, den Joe Smith mit seinem einzigen Länderspieltor aus der 50. Minute eingeleitet hatte. Einen Monat später war er auch beim letzten Vorkriegsländerspiel gegen Schottland mit von der Partie, das im Glasgower Hampden Park mit einer weiteren Niederlage (1:3) endete.
Dass Joe Smith auch beim ersten Nachkriegseinsatz am 25. Oktober 1919 in Belfast gegen Irland (1:1) in der Startelf stand, stützt die Behauptung, dass er auch in der fünfjährigen Länderspielpause des Öfteren zum Einsatz gekommen wäre. Stattdessen bestritt der Goalgetter zwischen dem 26. April und dem 18. Oktober 1919 drei von vier inoffiziellen Länderspielen der Engländer (jeweils zwei gegen Schottland und Wales), wo er in letztgenannter Partie gegen Wales im Victoria Ground zu Stoke nach Whittinghams Führung den 2:0-Endstand erzielte. Offiziell sollte Joe Smith das englische Nationaldress letztmals im März 1920 überstreifen, als es in Wales ein 1:2 setzte. Außer dem ersten Nachkriegsspiel in Belfast zählten seine übrigen Einsätze alle zu den Home Championship.

Saison	Lsp.		Liga		Pokal	
	Sp.	T.	Sp.	T.	Sp.	T.
1908/09				0		0
1909/10				?		0
1910/11				11		0
1911/12				23		1
1912/13	1	0		22		0
1913/14	2	1		?		1
1914/15				27	7	9
= 1915-19			*51*	*49*	-	-
1919/20	2	0		18		0
1920/21			41	38	1	0
1921/22			39	18	2	0
1922/23				17		2
1923/24				16		0
1924/25				24		2
1925/26				15		6
1926/27				7		0
1927/28				?		2
1928/29				?		0
= 1927-29			*70*	*61*		*0*
= 1929-31			*51*	*42*	-	-

Hakan Sükür
Der „Bulle vom Bosporus"

Ob der groß gewachsene Hakan Sükür seinen Kampfnamen „Bulle vom Bosporus" tatsächlich zu Recht trägt, ist Ansichtssache. Geboren wurde der beste türkische Fußballer aller Zeiten nämlich am 1. September 1971 in Adapazari, der Hauptstadt der in der Marmararegion gelegenen Provinz Sakarya, womit er zumindest nicht direkt vom Bosporus stammt. An der Meerenge zwischen Europa und Asien liegt indes die Stadt Istanbul, die in sportlicher Hinsicht zur Heimat Hakan Sükürs wurde, was den Beinamen wiederum rechtfertigt. Derweil der Angreifer bei seinen anderen Stationen – in der türkischen Heimat sowie vor allem im Ausland – nur selten wirklich überzeugte, war er aus dem Team von Galatasaray über Jahre nicht wegzudenken. Nicht weniger als acht Meistertitel und fünf Pokalsiege konnte er mit „Cim Bom Bom" gewinnen, wie der Kosename des Istanbuler Traditionsvereins lautet. Höhepunkt seiner Laufbahn war freilich der Gewinn des UEFA-Pokals, den er im Jahr 2000 nach dem Finalsieg über den FC Arsenal London in Empfang nehmen durfte.

EXKURS: Cim Bom Bom

Die Machthaber im Osmanischen Reich standen der Ausbreitung des Fußballs reserviert bis ablehnend gegenüber. Sie sahen es überhaupt nicht gern, wenn die türkische Bevölkerung den Ausländern, allen voran den Briten, nacheiferte, die seit etwa 1890 in Städten wie Smyrna (heute Izmir) oder Selanik (das damals zum Osmanischen Reich gehörende, heute griechische Saloniki) dem runden Leder nachjagten, und versuchten ein derartiges Treiben mit religiösen und gesellschaftlichen Sanktionen im Keim zu ersticken. Die in Konstantinopel (so der Name Istanbuls vor 1930) um die Jahrhundertwende existierenden Klubs waren somit solche mit ausschließlich ausländischen Mitgliedern. Der Versuch einiger türkischer Fußballenthusiasten, 1899 im Stadtteil Galatasaray einen eigenen Verein zu gründen, wurde durch ein Verbot der örtlichen Bürokratie dagegen lange Zeit rigoros unterbunden. Doch die Schüler des Galatasaray-Sultani-Gymnasiums ließen nicht locker. Am 1. Oktober 1905 hatten ihre Bemühungen Erfolg, als die Machthaber gegen die Gründung des Galatasaray Spor Külübü schließlich nichts mehr einzuwenden hatten. Keimzelle des berühmtesten Istanbuler Klubs war die zehnte Klasse des Galatasaray Sultani, wobei Ali Sami Yen zuerst die Initiative ergriff und folgerichtig von den Mitgliedern zum Gründungsvorsitzenden bestimmt wurde. Endlich erfüllte sich der Traum, sich mit ausländischen Teams messen zu können. Sein erstes Spiel bestritt der junge Verein gegen ein ortsansässiges griechisches Team. Nach dem siegreichen Ausgang ließen die Zuschauer die Spieler als die „Meister von Galatasaray" hochleben. Damit hatte auch der schwelende Namenstreit ein Ende. Einige Mitglieder hatten den Namen „Audace" (Mut) favorisiert. Der Kosename „Cim Bom Bom" reicht ebenfalls in die Pioniertage zurück. Bei einer Reise in die Schweiz kamen die Mitglieder mit dem Liedgut der eidgenössischen Fußballanhänger in Kontakt. Deren eingängiges „Jim, Bom, Bom" ist bis heute erhalten geblieben.

Sein Profidebüt gab Hakan Sükür in der Saison 1987/88 für den in seiner Heimatstadt Adapazari beheimateten Erstligaklub Sakaryaspor kurz nach seinem 17. Geburtstag. Noch gehörte er freilich nicht zur Stammformation und kam im Saisonverlauf lediglich zu zwei weiteren Einsätzen. Seinen ersten Treffer feierte er im laufenden Pokalwettbewerb, den sein Verein durch einen Finalerfolg über Samsunspor (2:0, 1:1) zum ersten und einzigen Mal als Sieger abschloss. In einem Ligaspiel sollte Hakan Sükür dann in der kommenden Spielzeit reüssieren: Am 26. Februar 1989 wurde er gegen Eskihesirspor eingewechselt und rettete seiner Elf mit dem Treffer zum 2:2 einen Punktgewinn. Immerhin konnte Sakaryaspor in der Abschlusstabelle der Süper Lig den zehnten Platz belegen, wobei der künftige „Bulle vom Bosporus" in elf Spielen fünfmal ins Schwarze getroffen hatte.
Weitere fünf Torerfolge konnte Hakan Sükür in der Saison 1989/90 verbuchen. In Anbetracht von 27 Einsätzen zählte er erstmals zur Stammformation. Als Schlusslicht musste Sakaryaspor allerdings den bitteren Gang in die Zweitklassigkeit antreten, weshalb der Hoffnungsträger in der Sturmmitte seiner Heimatstadt den Rücken kehrte, um für die kommenden zwei Jahre bei Bursaspor zu unterschreiben. Bursa liegt genau wie Adapazari in der Marmararegion und ist mit 1,9 Millionen Einwohnern die viertgrößte Stadt der Türkei. Übertrieben erfolgreich war Hakan Sükür in Bursa freilich auch nicht. Nach eigenem Bekunden spielte er während seiner zweiten Profistation „nicht wirklich gut", was bei elf Treffern in 54 Ligaspielen nur bestätigt werden kann. Als größte Stärke des 1,91 m großen Mittelstürmers erwies sich dessen Kopfballspiel, weshalb die Verantwortlichen von Galatasaray auf Hakan Sükür aufmerksam wurden, um ihn im Sommer 1992 an den Bosporus zu lotsen, wo er sich seinen Kampfnamen in den nächsten Jahren redlich verdiente.

„König der Tore" bei Galatasaray

Nicht zuletzt wegen Hakan Sükür sollte Gala bis zur Jahrtausendwende zur bestimmenden Mannschaft im türkischen Fußball avancieren und bis zum Jahr 2000 sechs von acht möglichen Meistertiteln gewinnen. Bereits in seiner ersten Saison durfte er sich über den endgültigen Durchbruch freuen. Während er mit Galatasaray das nationale Double gewann, erzielte er in 30 Ligaeinsätzen 19 Treffer. Bald schon wurde er von den Fans der Gelb-Roten nicht nur als „Bulle vom Bosporus", sondern auch als „Gol Krali" gerühmt, was ins Deutsche übertragen soviel wie „König der Tore" bedeutet.

► **EINWURF**

Von seinen insgesamt 249 Toren in der türkischen Süper Lig erzielte Hakan Sükür 228 für Galatasaray, mit denen er Metin Oktay als bisherigen Rekordtorschützen ablöste. Metin Oktay hatte zwischen 1958 und 1969 insgesamt 217-mal ins Schwarze getroffen. Drittbester Goalgetter von Gala ist Tanju Colak, auf dessen Konto zwischen 1987 und 1991 in nur 124 Einsätzen 116 Ligatreffer gingen.

Der Kopfballspezialist steuerte 1993/94 weitere 16 Treffer zur erfolgreichen Titelverteidigung in der Süper Lig bei, derweil im kommenden Jahr 19 Saisontreffer nur zum dritten Platz reichten. Im Sommer 1995 wechselte Hakan Sükür dann als zweiter türkischer Fußballer überhaupt in die italienische Serie A, wo er sich dem Traditionsverein Torino Calcio anschloss. Doch wie bei seinen folgenden Auslandsengagements, zeigte sich auch in Turin, dass der „Bulle vom Bosporus" außerhalb Istanbuls ganz offenbar höchstens die Hälfte wert war. Für die Toro kam der türkische Internationale in gerade einmal fünf Ligaspielen zum Einsatz und erzielte dabei nur einen Treffer, weshalb er schnell wieder zu Galatasaray zurückkehrte, wo er wieder zu alter Stärke fand und in den verbleibenden 25

Saisonspielen weitere 16 Treffer erzielte. Bei Gala war man über die Rückkehr Hakan Sükürs heilfroh. Ohne seine Mitwirkung war der Motor nämlich erheblich ins Stottern geraten, so dass man die Saison 1995/96 am Ende auf einem enttäuschenden vierten Platz abschloss. Dafür durfte Hakan Sükür sich wenigstens über einen weiteren Triumph im Landespokal freuen.

► EINWURF
Statt des ersehnten Meistertitels konnte der „verlorene Sohn" in der Saison 1995/96 mit den Gelb-Roten einen denkwürdigen Erfolg im Landespokal feiern. Die finale Auseinandersetzung mit Fenerbahce begann mit einem 1:0 im heimischen Ali-Sami-Yen-Stadion. Nach 90 Minuten im Rückspiel hatte Fener auf eigenem Platz das Hinspielresultat egalisiert, doch in der Verlängerung markierte Galatasaray den Ausgleich, der dem Türkischen Rekordpokalsieger den elften Titel bescherte. Nach dem Schlusspfiff platzierte der schottische Trainer Graeme Souness eine gelb-rote Gala-Flagge mitten auf dem Spielfeld des Fenerbahce-Stadions und provozierte damit Krawalle auf den Rängen. Zwar wurde Souness von der eigenen Vereinsführung pflichtgemäß gerügt, bei den Gala-Fans wurde er ob dieser „Eroberungsgeste" allerdings zum Helden stilisiert. Siege gegen den verhassten Stadtrivalen sind eben seit jeher etwas Besonderes.

Hakans historischer Triumph im UEFA-Cup

Das Jahr 1996 markierte so etwas wie den Wendepunkt im türkischen Fußball. Waren türkische Mannschaften bis dahin international nahezu chancenlos, sieht das seit jener Zeit anders aus. Nach zwei EM-Teilnahmen 1996 und 2000 feierte die Nationalmannschaft 2002 bei der WM in Südkorea und Japan mit Platz 3 ihren größten Erfolg, um auch bei der Euro 2008 erst im Halbfinale äußerst unglücklich an der deutschen Elf zu scheitern. Im Vereinsfußball wurde der Aufschwung vor allem an Galatasaray sichtbar. 1996 übernahm Ex-Gala-Spieler Fatih Terim die Mannschaft und führte diese zu neuen Ufern. Um den rumänischen Mittelfeldregisseur Gheorge Hagi und Mittelstürmer Hakan Sükür formte Terim eine schlagkräftige Elf, die zunächst den heimischen Fußball nach Belieben dominierte. Den Meisterschaften 1997 und 1998 folgte 1999 das vierte Double der Klubhistorie. Hakan Sükür selbst stand in dieser Zeit im Zenit seiner Karriere. Dreimal in Serie führte er die Torschützenliste der Süper Lig an, wobei besonders seine 38 Treffer aus der Saison 1996/97 in Erinnerung blieben, mit denen er hinter Ronaldo und Mario Jardel darüber hinaus drittbester Goalgetter von Europa wurde. In absoluten Zahlen hatte der Türke seine beiden Kontrahenten sogar in den Schatten gestellt. Weil diese ihre Treffer aber in den höher bewerteten Ligen Spaniens bzw. Portugals erzielt hatten, musste Hakan Sükür mit dem dritten Platz vorlieb nehmen.

Im Jahr 2000 holte sich Galatasaray den vierten Meistertitel in Serie und gewann ein weiteres Mal den Pokal. Beim finalen 5:3-Verlängerungssieg über Antalyaspor war der „Bulle vom Bosporus" in der 113. Minute für den Endstand zuständig. Den größten Triumph landeten die Schützlinge von Fatih Terim jedoch im UEFA-Pokal. Danach sah es zunächst gar nicht aus, denn in der Vorrunde der Champions League belegten sie lediglich Rang 3 hinter FC Chelsea London und Hertha BSC Berlin. Als „Lucky Loser" waren sie aber immerhin für den UEFA-Cup qualifiziert, wo sie mit spritzigem Offensivfußball glänzten. Auf dem Weg ins Halbfinale schalteten sie u.a. Borussia Dortmund aus, wobei sie im Westfalenstadion mit 2:0 gewannen. In der Runde der letzten Vier traf Gala auf Leeds United. Der 2:0-Hinspielsieg vor heimischer Kulisse bekam allerdings einen äußerst faden Beigeschmack, weil vor der Partie zwei Fans der Gastmannschaft erstochen wurden. Das Rückspiel an der Elland Road fand daraufhin in einer hasserfüllten Atmosphäre statt, von der sich die Mannschaft indes wenig beeindruckt zeigte. Die spielerisch reiferen Türken führten zur Pause mit 2:1 und erreichten am Ende ein verdientes 2:2. In beiden Spielen gegen Leeds hatte Mittelstürmer Hakan Sükür als Torschütze geglänzt.

Im Endspiel von Kopenhagen galt FC Arsenal London vor dem Anpfiff als klarer Favorit, doch hielten die Türken vor 38.000 Zuschauern erneut dagegen. Nach einem torlosen Remis ging es in die Verlängerung, die für Gala mit einem Schock begann: Spielmacher Hagi wurde in der 93. Minute nach einer Tätlichkeit des Feldes verwiesen. Gleichwohl rettete sich die Mannschaft ins Elfmeterschießen, das sie klar mit 4:1 für sich entschied, wobei der „Bulle vom Bosporus" den zweiten Elfer seines Teams sicher verwandelt hatte. Während sich Hakan Sükür in der Süper Lig mit für ihn enttäuschenden 14 Treffern begnügen musste, hatte er auf internationaler Bühne zehnmal ins Schwarze getroffen, womit er zum erfolgreichsten Torjäger der UEFA-Cup-Saison 1999/2000 avanciert war.

► EINWURF
Hakan Sükür ist mit 249 Toren in 487 Spielen Rekordtorschütze der Süper Lig und stellt damit Tanju Colak (219 Tore) und Hami Mandriali (228) in den Schatten. Letzterer hatte sich 1998/99 übrigens mit geringem Erfolg in der Bundesliga versucht, die er nach mickrigen drei Treffern in 22 Einsätzen für Schalke 04 wieder in Richtung Türkei verließ, um wieder zu seinem Heimatklub Trabzonspor zurückzukehren. – Neben seinem Rekord in der heimischen Liga ist Hakan Sükür noch im Besitz einer weiteren nationalen Bestmarke: Mit 22 Champions-League-Treffern hat er in der europäischen Königsklasse so viele Tore wie kein anderer türkischer Fußballer auf dem Konto.

Der Europacupsieg wurde im Übrigen in der ganzen Türkei frenetisch gefeiert. Für einen Abend waren alle türkischen Fußballfans Anhänger von Galatasaray und hatten die sonst üblichen Animositäten vergessen. Zu den Stützen des einzigen türkischen Europapokalsiegers zählten neben Gheorghe Hagi und Hakan Sükür auch die vier Musketiere Emre Belözoglu, Suat Kaya, Okan Buruk und Ümit Davala. Bei den Gala-Fans hießen die Stars übrigens schlicht Hakan, Emre, Suat, Okan und Ümit, da in der Türkei die Spieler nur beim Vornamen genannt werden.

Serie A, Premiership und Rückkehr zu Gala

Nach dem UEFA-Cup-Triumph versuchte sich der „Bulle vom Bosporus" erneut in der Serie A. Hakan Sükür heuerte bei Inter Mailand an, wo er in den kommenden anderthalb Jahren alles in allem 34-mal zum Einsatz kam und dabei mickrige sechs Tore erzielte. Von seiner Torgefahr war auch bei der nächsten Station nicht viel zu sehen. In der Rückrunde der Saison 2001/02 bestritt er für den AC Parma 15 Ligaspiele und erzielte drei Treffer. Immerhin durfte er sich in der Geburtsstadt von Giuseppe Verdi über den einzigen Auslandstitel freuen. Durch einen Erfolg über Brescia Calcio (2:0, 1:2) war seine Mannschaft ins Finale der Coppa Italia eingezogen, wo Juventus Turin nach einem 1:2 im Piemont und einem 1:0 vor eigenem

Publikum knapp geschlagen wurde. Entscheidend war der Auswärtstreffer im Hinspiel am 24. April 2002 durch Nakata in der Nachspielzeit. Doch während der eingewechselte Japaner als Held des Abends gefeiert wurde, kam Hakan Sükür lediglich eine Mitläuferrolle zu, da er beim Stand von 0:2 in der 58. Minute für Bonazzoli das Feld räumen musste, derweil er das Rückspiel komplett von der Tribüne aus verfolgte.
Es folgte ein Wechsel in die englische Premier League zu den Blackburn Rovers, der mindestens ebenso sehr als gescheitertes Experiment angesehen werden musste. Auch bei den Rovers verbrachte der inzwischen 31-Jährige die meiste Zeit auf der Bank und kam in nur neun Spielen zum Einsatz. Nur ein einziges Mal ließ der „König der Tore" seine Qualitäten aufblitzen: Am 7. April 2003 gelang beim FC Fulham ein 4:0-Auswärtserfolg, zu dem Hakan Sükür in der 42. und 54. Minute die beiden einzigen Treffer im Rovers-Dress beisteuerte.

► EINWURF

Mit 51 Toren ist der „Bulle vom Bosporus" auch Rekordtorjäger der türkischen Nationalmannschaft. In der ewigen Bestenliste stellt er den noch aktiven Tuncay (22 Tore) sowie den 54er-WM-Teilnehmer Lefter (21) klar in den Schatten. Den wohl denkwürdigsten Torerfolg im Nationaltrikot konnte Hakan Sükür am 29. Juni 2002 feiern. Bei der WM in Fernost traf die Türkei im Spiel um Platz 3 auf Co-Gastgeber Südkorea (3:2), wobei der türkische Mittelstürmer 10,8 Sekunden nach dem Anpfiff den schnellsten Treffer der WM-Geschichte markierte.

Erst als der Mittelstürmer im Sommer 2003 wieder nach Istanbul zurückkehrte, fand er zu seiner gewohnten Stärke zurück. Für Gala bestritt er in den nächsten fünf Spielzeiten weitere 146 Ligaspiele und erzielte 55 Treffer. Schon bald nach seiner Rückkehr unterstrich er die immense Wichtigkeit für sein Team, als er am 3. Dezember 2003 beim 2:0-Champions-League-Sieg über Juventus beide Treffer erzielte. Die letzte große Saison spielte er 2004/05, als ihm in 33 Einsätzen in der Süper Lig immerhin 18 Tore gelangen. Die Krönung war freilich der sensationelle 5:1-Erfolg im Pokalfinale am 11. Mai 2005 über Erzrivale Fenerbahce, zu dem der überragend aufspielende Hakan Sükür zwei Tore beisteuerte, was ihm nach dem Abpfiff die Wahl zum „man of the match" eintrug. Auch wenn in den nächsten Jahren seine Torgefahr merklich nachließ, trug er mit seiner Erfahrung nicht unwesentlich dazu bei, dass Galatasaray 2006 und 2008 zwei weitere Meistertitel gewinnen konnte. Der achte Titelgewinn in der Spielzeit 2007/08 war für den „Bullen vom Bosporus" der ideale Zeitpunkt, seine torreiche Karriere im Alter von knapp 37 Jahren zu beenden.
Seit dem Ende seiner aktiven Zeit tritt er als TV-Kommentator des türkischen Senders TRT in Erscheinung, derweil er im Juni 2011 seine politischen Ambitionen verwirklichte, als er für die konservative AKP in die türkische Nationalversammlung gewählt wurde.
Die wohl größte sportliche Ehre war Hakan Sükür bereits im Herbst 2003 zuteil geworden. Anlässlich seines 50-jährigen Gründungsjubiläums hatte der Kontinentalverband UEFA eine Liste erstellt, in der für jeden der 52 nationalen Verbände der herausragende Fußballer des vergangenen halben Jahrhunderts bestimmt wurde. Seither hat es der „Bulle vom Bosporus" auch von höchster Stelle mit Brief und Siegel bestätigt bekommen: Niemand anderer als Hakan Sükür gilt in Fachkreisen als der beste Fußballer, den die Türkei jemals hervorgebracht hat.

► ZAHLEN UND FAKTEN

Vereine:	1987-1990	Sakaryaspor
	1990-1992	Bursaspor
	1992-1995	Galatasaray Istanbul
	1995	Torino Calcio
	1995-2000	Galatasaray Istanbul
	2000-2002	Inter Mailand
	2002	AC Parma
	2002-2003	Blackburn Rovers
	2003-2008	Galatasaray Istanbul

Tore: 487 türkische Erstligaspiele (249 Tore)
44 Serie-A-Spiele (9 Tore)
9 Premier-League-Spiele (2 Tore)
80 türkische Pokalspiele (34 Tore)
1 Spiel Coppa Italia (0 Tore)
94 Europacup-Spiele (38 Tore)
112 A-Länderspiele (51 Tore)
5 Olympiaauswahl-Spiele (4 Tore)
gesamt 832 Pflichtspiele (387 Tore)

Erfolge: Türkischer Meister 1993, 1994, 1997, 1998, 1999, 2000, 2006, 2008
Türkischer Pokalsieger 1988, 1993, 1996, 1999, 2000, 2005
Italienischer Pokalsieger 2002
Türkischer Supercupsieger 1993, 1996, 1997
UEFA-Pokalsieger 2000
Sieger Mittelmeerspiele 1993
Türkischer Torschützenkönig 1996/97, 1997/98, 1998/99

In der Nationalmannschaft:
Hakan Sükür gehörte der türkischen Nationalmannschaft über anderthalb Jahrzehnte an und avancierte im Zeitraum von 1992 bis 2007 mit 51 Treffern nicht nur zum mit Abstand besten Torjäger, sondern nach Rüstü Recber auch zum Spieler mit den meisten Einsätzen. Während Schlussmann Rüstü, der in der Türkei lange für Fenerbahce und später auch für Besiktas spielte, in der Länderelf auf 119 Einsätze kam, musste sich Galatasaray-Ikone Hakan mit deren 112 begnügen. Zu seinem Debüt kam der Mittelstürmer indes noch als Spieler von Bursaspor, als er am 25. März 1992 vom deutschen Trainer Sepp Piontek in Luxemburg (3:2) eingesetzt wurde. Gleich bei seinem zweiten Länderspieleinsatz sollte er sich erstmals in die Torschützenliste eintragen. Am 8. April 1992 wurde Dänemark in Ankara mit 2:1 geschlagen, wobei der Newcomer aus der Marmararegion den Siegtreffer markierte.
Spätestens nach seinem Wechsel zum Spitzenklub Galatasaray war der „Bulle vom Bosporus" nicht mehr aus der Nationalelf wegzudenken. Der erste Versuch, sich für ein großes internationales Turnier seit der WM 1954 zu qualifizieren, scheiterte kläglich. In der Qualifikation für die Weltmeisterschaftsendrunde 1994 belegte die Türkei hinter Norwegen, den Niederlanden, England und Polen einen enttäuschenden fünften Platz, weshalb Sepp Piontek auch im Herbst 1993 durch Fatih Terim ersetzt wurde. Immerhin hatte Hakan Sükür nach seinem Doppelpack im Freundschaftsspiel gegen Bulgarien (3:2) am 26. August 1992 auch in der WM-Quali gegen San Marino (4:1) und Polen (2:1) drei weitere Tore bejubeln dürfen, so dass er nach elf Länderspielen respektable sechs Treffer auf dem Konto hatte. Im Sommer 1993 war Hakan Sükür auch bei den Mittelmeerspielen zum Einsatz gekommen, welche die Türken als Sieger beendeten. Die fünf Auftritte im

Languedoc-Roussillon (so der Name der südfranzösischen Region, die in jenem Jahr die Spiele beherbergte) werden offiziell nicht als A-Länderspiele, sondern als Einsätze in der Olympiaauswahl gewertet.
Nach der verpassten WM in den USA konnte sich die Türkei 1996 für die Europameisterschaft in England qualifizieren, was nicht zuletzt an Hakan Sükür lag, der im Rahmen der Qualifikation sieben Mal ins Schwarze getroffen hatte. Unter anderem hatte die Türkei – auch dank zweier Tore des „Bullen vom Bosporus“ – Island mit 5:0 geschlagen und damit den höchsten Länderspielerfolg seit vier Jahrzehnten gefeiert. Besonders wichtig war der 2:1-Sieg am 26. April 1995 in Bern über den späteren Gruppensieger Schweiz, den Hakan Sükür mit einem Treffer aus der 17. Minute einleitete. Während die Eidgenossen in der Endabrechnung nur zwei Zähler mehr auf dem Konto als die zweitplatzierten Türken hatten, rangierte Gruppenfavorit Schweden mit sechs Zählern Rückstand abgeschlagen auf Rang drei. Bei der Endrunde in England mussten die Türkei und Hakan Sükür dann allerdings Lehrgeld zahlen. Nach drei Vorrundenniederlagen trat das Team punkt- und torlos die Heimreise an.
Ebenfalls nicht nach Wunsch verlief der Versuch, an der Weltmeisterschaft in Frankreich teilzunehmen, obwohl sich Mittelstürmer Hakan Sükür weiterhin in Torlaune zeigte. So lag ihm etwa am 2. April 1997 die gesamte Nation zu Füßen, als er der Türkei in Bursa einen 1:0-Erfolg über die hochfavorisierten Niederländer bescherte. Gleich um vier Treffer stockte er im August 1997 sein Trefferkonto auf, als Wales in Istanbul in einem torreichen Spiel mit 6:4 geschlagen wurde. In der Endabrechung musste die Türkei aber dennoch den Niederlanden und Belgien den Vortritt lassen, so dass zwei weitere Jahre ins Land gingen, ehe Hakan Sükür & Co. wieder auf großer Bühne vorspielen durften.

Hakan Sükür, der Schrecken der Torleute

Im Rahmen der EM-Qualifikation hatte die türkische Nationalmannschaft allerdings keinen Geringeren als Titelverteidiger Deutschland vorgesetzt bekommen, gegen den bis dato noch kein einziger Sieg gelungen war. Umso enthusiastischer reagierten die Fans, als die Ribbeck-Elf nach einem 3:0 zum Auftakt über Nordirland am 10. Oktober 1998 in die Schranken gewiesen wurde. 20.000 Zuschauer waren im Atatürk-Stadion von Bursa aus dem Häuschen, als der „Bulle vom Bosporus“ dem dreifachen Weltmeister in der 70. Minute nach einem Fehlgriff von Oliver Kahn den Treffer des Tages eingeschenkt hatte. Die Türkei blieb der DFB-Elf auf den Fersen, musste sich nach dem abschließenden torlosen Remis im Münchner Olympiastadion – unter dem Zeltdach schienen sich mehr Anhänger der türkischen als der deutschen Mannschaft eingefunden zu haben – allerdings mit dem zweiten Platz begnügen, ehe sie sich im Play-off der Gruppenzweiten gegen Irland doch noch durchsetzte. Bei der EM 2000 überstand man anders als vier Jahre zuvor die Vorrunde, um im Viertelfinale an Portugal mit 0:2 zu scheitern. Im letzten Gruppenspiel waren die bis dahin sieglosen Türken am 19. Juni in Brüssel auf Co-Gastgeber Belgien getroffen, dem bereits ein Unentschieden zum Weiterkommen gereicht hätte. Die Vorentscheidung fiel kurz vor der Pause, als der belgische Keeper De Wilde einen harmlosen Kopfball Hakan Sükürs passieren ließ. Der Mittelstürmer von UEFA-Cup-Sieger Galatasaray besiegelte nach 70 Minuten mit seinem zweiten Turniertreffer nicht nur einen 2:0-Erfolg der Türkei, sondern auch das erstmalige Vorrunden-Aus eines EM-Gastgebers.

Schnelles Tor und ein dritter Platz

Nachdem Hakan Sükür kurz vor der Jahrtausendwende zum Schrecken der Torleute geworden war, sollte er 2002 seinen größten Erfolg im Nationaltrikot feiern, und das, obwohl es nach seinem zweiten Auslandswechsel auf Vereinsebene gar nicht rund lief. Anders als bei seinem neuen Klub Inter Mailand trumpfte er in der Länder-Elf aber weiterhin auf und war mit sechs Torerfolgen in der Qualifikation entscheidend daran beteiligt, dass sich die Türkei erstmals nach 48 Jahren wieder für eine WM-Endrunde qualifizierte. Beim Favoritensterben in Südkorea und Japan gehörte die Türkei zu den großen Gewinnern und mogelte sich bis ins Semifinale durch, wo erst der spätere Weltmeister Brasilien mit seinem knappen 1:0-Erfolg das Stoppzeichen setzte. Da Hakan Sükür zwar alle bisherigen sechs WM-Spiele mitgemacht hatte, aber ohne Torerfolg geblieben war, hatte er vor allem in der Rolle als moralische Stütze seines Teams geglänzt. Beobachter wie Sportbuch-Autor Hardy Grüne sahen in Hakan Sükür freilich „eine der wenigen Enttäuschungen in einem ansonsten rundherum überzeugenden türkischen Team“. Dennoch fand der „Bulle vom Bosporus“ Eingang in die Geschichtsbücher, als ihm im Spiel um Platz 3 gegen die gastgebenden Südkoreaner (3:2) der schnellste Treffer der WM-Geschichte gelang.
Dem Bravourstück vom Sommer 2002 folgten für die Türkei und Hakan Sükür herbe Enttäuschungen, da sowohl die EM 2004 als auch die WM 2006 verpasst wurden. Erst 2008 durfte die Nationalelf wieder an der Europameisterschaft teilnehmen, was allerdings nicht auf deren 30-maligen Kapitän zutraf. Obwohl Hakan Sükür in acht von zwölf Qualifikationsspielen mitgewirkt hatte, wurde er von Fatih Terim nicht in den EM-Kader berufen. Nachdem er am 2. Juni 2007 gegen Bosnien-Herzegowina (2:3) seinen letzten Treffer erzielt hatte, wurde er am 17. Oktober bei der 0:1-Niederlage in der EM-Qualifikation gegen Griechenland zum letzten Mal in der türkischen Nationalelf eingesetzt.

Saison	Europacup		Liga		Pokal	
	Sp.	T.	Sp.	T.	Sp.	T.
1987/88			3	0		
1988/89			11	5		
1989/90			27	5		
1990/91			27	4	2	0
1991/92			27	7	7	3
1992/93	6	2	30	19	8	5
1993/94	9	0	27	16	7	4
1994/95	8	5	33	19	7	1
1995/96			5	1		
			25	16	7	2
1996/97	4	4	32	38	3	6
1997/98	7	0	34	32	9	2
1998/99	7	6	33	19	9	2
1999/00	17	10	32	14	5	1
2000/01	9	1	24	5	1	0
2001/02	1	0	15	3		
2002/03			9	2		
2003/04	9	6	28	12	1	0
2004/05			33	18	3	4
2005/06	2	1	31	10	4	2
2006/07	6	1	26	4	2	0
2007/08	9	2	28	11	4	1

Gyula Szilagyi
· Rekordtorjäger der Eisenarbeiter

Gyula Szilagyi, der siebtbeste Torschütze der höchsten ungarischen Liga, erblickte am 18. Januar 1923 in Debrecen das Licht der Welt. Debrecen liegt nur wenige Kilometer von der rumänischen Grenze entfernt und ist heute mit rund 206.000 Einwohnern nach Budapest die zweitgrößte Stadt des Landes, die in kulinarischer Hinsicht durch die Debrecziner Wurst auch über die Landesgrenzen hinaus Popularität genießt.
In Debrecen begann Gyula Szilagyi auch seine Karriere. Nachdem er 1939 dem ortsansässigen VSC beigetreten war, kam er drei Jahre später zu seinem Debüt in der ersten Elf. Der bekannteste Verein der Stadt war 1902 von Arbeitern und Angestellten bei der Eisenbahn gegründet worden und zur Saison 1943/44 erstmals in die NB I aufgestiegen.

Während der Vasutas SC (Eisenbahner Sportverein) seit der Jahrtausendwende mit sechs Meistertiteln den Traditionsklubs aus Budapest inzwischen den Rang abgelaufen hat, musste man damals noch kleinere Brötchen backen. Mit 28:32 Punkten hatte die Mannschaft aber zumindest den Ligaverbleib fixiert, woran Debütant Gyula Szilagyi *(Bild)* als bester teaminterner Torschütze mit 18 Treffern einen nicht unwesentlichen Anteil besaß.
Im kommenden Jahr sollte der Traum von weiteren Einsätzen nicht in Erfüllung gehen. Die landesweite Spielklasse musste in der Saison 1944/45 kriegsbedingt nach wenigen Wochen abgebrochen werden. An der Übergangsrunde konnten wegen des geltenden Reiseverbots als Folge von Benzinknappheit lediglich zwölf Budapester Vereine teilnehmen, während alle anderen Klubs vom Spielbetrieb ausgeschlossen blieben.

Wechsel in die Hauptstadt

Nach dem Ende der Kampfhandlungen wurde VSC Debrecen wieder in die NB I aufgenommen. Freilich musste man auf die Dienste Gyula Szilagyis verzichten, da dieser in die Hauptstadt übergesiedelt war, um sich dem SC Vasas anzuschließen. Bei den Eisenarbeitern aus dem XIII. Stadtbezirk sollte Szilagyi seine sportliche Heimat finden und zu einem der besten Spieler in der Geschichte der Blau-Roten avancieren, was bereits in der Spielzeit 1945/46 erkennbar wurde, als dem 22-Jährigen in 33 Ligaeinsätzen 44 Tore gelangen. Es spricht für die Angriffslust in der höchsten ungarischen Spielklasse, dass diese Ausbeute lediglich zum vierten Platz in der Torschützenliste reichten. „Golkiraly" wurde Ferenc Deak aus Szentlörinc mit der europaweit bis heute unübertroffenen Rekordmarke von 66 Toren vor Gyula Zsengeller (51) und Ferenc Szusza (45).
Zsengeller und Szusza spielten für Meister Ujpest, der in Vasas seinen ärgsten Rivalen hatte. Den Rückstand von sieben Zählern in der Meisterrunde hatten sich die Blau-Roten nicht zuletzt in den direkten Vergleichen eingehandelt. Während sich die 1:3-Auswärtsniederlage noch im Rahmen hielt, fiel die Niederlage vor eigenem Publikum mit 2:7 ausgesprochen deutlich aus. Unzufrieden brauchten die Eisenarbeiter freilich nicht zu sein, bedeutete die Vizemeisterschaft doch das bis zu jenem Zeitpunkt beste Abschneiden der Vereinsgeschichte.
Auch in den kommenden beiden Spielzeiten konnte sich Vasas in der Spitzengruppe festsetzen. Nachdem es 1946/47 zum dritten Rang gereicht hatte, sicherte sich die Mannschaft im Jahr darauf abermals die Vizemeisterschaft. Von der bevorstehenden Dominanz der legendären Honved-Elf war noch nichts zu spüren, so dass sich im Titelkampf der Außenseiter SC Csepel Budapest mit einem Punkt Vorsprung auf die Eisenarbeiter durchsetzen konnte. Aber auch Gyula Szilagyi hatte es ordentlich krachen lassen und war mit 27 bzw. 40 Treffern jeweils auf dem dritten Platz der Torschützenliste gelandet.

Chancenlos gegen die Honved-Elf

Dank seiner Fähigkeiten war Gyula Szilagyi ein nahezu kompletter Stürmer. Da er das Leder mit beiden Füßen gleichermaßen gut kontrollieren konnte, war er für kaum eine Abwehr in Schach zu halten. Zudem zeichnete er sich durch seine Kopfballstärke aus, derweil ihn seine große Kämpfernatur bei Mitspielern und Fans ausgesprochen beliebt machte. Dass es mit den Leistungen Szilagyis dennoch bergab ging, lag an der zunehmenden Dominanz des Armeeklubs Honved, der mit Hilfe der Zentralmacht fast sämtliche ungarische Topspieler unter seinem Dach vereinte. Ab der Saison 1948/49 rutschte der SC Vasas in der Tabelle dann auch mehr und mehr ab. Nachdem es in jener Spielzeit nur zum siebten Rang gereicht hatte, sprangen 1949/50 sowie in der Herbstrunde 1950 lediglich zwei sechste Plätze heraus.
Was Gyula Szilagyi fehlte, waren in erster Linie die geeigneten Mitspieler, die ihn entsprechend in Szene setzen konnten. So flachte seine Trefferquote von 28 in der Saison 1948/49 auf 22 im kommenden Spieljahr ab, derweil ihm in der Übergangsrunde im Herbst 1950 – die der Umstellung auf den Ganzjahresrhythmus diente – in 14 Einsätzen lediglich noch fünf Treffer gelangen. Während dem SC Vasas in der NB I nur eine Nebenrolle zukam, war die Überlegenheit von Honved zeitweise erdrückend. Von sieben möglichen Titeln zwischen 1950 und 1955 gingen fünf an Puskas & Co. Die Eisenarbeiter hingegen waren auf den vierten Platz abonniert, den sie in der Jahren 1951, 1952, 1954 und 1955 belegten, um 1953 als Dritte einen Ausreißer nach oben zu verzeichnen. Genau wie sein Verein stand auch Gyula Szilagyi abseits der großen Bühne. Im Zeitraum von 1951 und 1955 pendelten sich seine Trefferzahlen zwischen 13 und 18 ein.
Freilich waren die Honved-Spieler, die das Korsett der ungarischen Nationalmannschaft bildeten, nicht unschlagbar. Neben der epochalen Niederlage am 4. Juli 1954 im Berner Wankdorfstadion im WM-Endspiel gegen Deutschland fand der Armeeklub auch in der Heimat seine Meister. So wie 1951 und 1953, als sich Puskas & Co. in der NB I dem MTK beugen mussten. Und einmal sollte auch dem SC Vasas das Kunststück gelingen, in die Honved-Phalanx einzudringen: Der nationale Pokalwettbewerb – die Magyar Kupa – führte in der Nachkriegszeit ein Schattendasein und wurde nur sporadisch ausgetragen. Nachdem dieser 1953 vor dem Halbfinale abgebrochen worden war, verzichtete der Verband im WM-Jahr 1954 gänzlich auf dessen Austragung. Erst 1955 konnte der Landespokal wieder zu Ende gespielt werden, wobei sich im Finale am

20. August Meister Honved und der SC Vasas gegenüberstanden. Vor 40.000 Zuschauern kämpften die Blau-Roten wie die Löwen und fügten dem großen Favoriten eine 2:3-Niederlage zu, welche sie den Treffern von Teleki, Raduly und Bundzsak zu verdanken hatten.

Landesmeister und internationaler Lorbeer

Der ungarische Volksaufstand im Jahr 1956 bedeutete für den Fußball des Landes eine enorme Zäsur, führte er doch zum Zerfall der Honved-Elf. Die heimische Liga konnte nicht mehr ordnungsgemäß zu Ende gespielt werden, wobei zum Zeitpunkt des Abbruchs Honved Budapest wie gewohnt an der Tabellenspitze stand. Der SC Vasas rangierte nach 17 Spielen mit 16:18 Punkten und 28:28 Toren dagegen nur auf dem achten Platz. Allerdings waren die Blau-Roten mehrere Spiele im Rückstand, was vor allem daran lag, dass sie als Pokalsieger am Mitropa-Cup teilgenommen hatten.

Im Jahr des Europacupdebüts stand der Wettbewerb zwar im Schatten der neuen Königsklasse. Dennoch war er bei den Anhängern immer noch außerordentlich beliebt, was nicht zuletzt die stattliche Kulisse von 50.000 Zuschauern zeigte, die beim Auftaktspiel der Blau-Roten am 24. Juni 1956 gegen Dukla Prag (2:0) im Nepstadion registriert wurde. Auch in der Vorschlussrunde strömten die Fans in die Stadien. So wohnten am 8. Juli immerhin 40.000 der Partie zwischen Partizan Belgrad und Vasas Budapest bei, welche die Gastgeber durch einen Treffer von Valok aus der 20. Minute mit 1:0 für sich entschieden. Das Rückspiel am 14. Juli im Nepstadion wollten dann sogar 80.000 Zuschauer sehen, die schon nach drei Minuten jubeln durften, als Szilagyi die Blau-Roten in Führung gebracht hatte. Nach 90 Minuten hatten diese die Jugoslawen mit 6:1 überrollt, die sich freilich als schlechte Verlierer erwiesen, da sie in der Schlussphase Marko Valok (79.) und den späteren Bundesligatrainer Branko Zebec (84.) durch Platzverweis verloren.

Im Finale bekam es der SC Vasas mit Rapid Wien zu tun, nachdem die Hütteldorfer zuvor Ligarivale MTK ausgebootet hatten. Nachdem die Ungarn im Hinspiel im Praterstadion ein 3:3 erkämpft hatten, mussten sie sich im Rückspiel in Budapest mit einem 1:1 begnügen, bei dem Mittelstürmer Gyula Szilagyi wie schon in Wien in den Anfangsminuten getroffen hatte. Damit musste ein drittes Spiel die Entscheidung bringen, welches am 4. August 1956 im Budapester Nepstadion über die Bühne ging. An jenem Tag brannte die von Lajos Baroti betreute Vasas-Elf ein spielerisches Feuerwerk ab und schickte die Wiener mit 9:2 auf die Heimreise. Herausragender Akteur auf dem Platz war Gyula Szilagyi mit vier Treffern zwischen der 47. und 57. Minute. Ebenso herausragend wie diese Leistung war auch die Kulisse: Nicht weniger als 100.000 Zuschauer waren ins Nepstadion gepilgert, womit der Mitropa-Cup in der Publikumsgunst sogar den Europacup der Landesmeister überragte, nachdem die Finalpremiere zwischen Real Madrid und Stade Reims im Pariser Prinzenpark lediglich 38.239 Zuschauer verfolgt hatten.

Nach dem Ungarn-Aufstand im Herbst 1956 konnte man erst zu Beginn des neuen Jahres zur Tagesordnung übergehen. Um ab der kommenden Saison wieder im Herbst-Frühjahrs-Rhythmus spielen zu können, fand in der ersten Jahreshälfte 1957 nur eine einfache Runde mit zwölf Mannschaften statt. Durch den Verlust seiner Topleute war Honved Budapest auf den vorletzten Platz abgestürzt, derweil der SC Vasas die völlig neuen Kräfteverhältnisse im ungarischen Fußball zum Gewinn des ersten Meistertitels seiner Geschichte nutzte. Auch der mittlerweile 34 Jahre alte Mittelstürmer Gyula Szilagyi zeigte sich in Topform und führte mit 17 Treffern zum ersten und einzigen Mal die Torjägerliste an.

Furore im Europapokal

Das erfolgreichste Jahr seiner Laufbahn konnte Szilagyi im Sommer 1957 mit der Titelverteidigung im Mitropa-Cup krönen. Nach Erfolgen über die First Vienna (3:0, 1:2) und Roter Stern Belgrad (3:1, 3:2) standen die Blau-Roten wieder in den Endspielen, wo sie am 28. Juli gegen Vojvodina Novi Sad zunächst Heimrecht hatten. Abermals unterstrich die Kulisse von 92.000 Zuschauern im Nepstadion die damals immer noch beträchtliche Popularität des Wettbewerbs, was den deutlichen 4:0-Sieg der Ungarn, zu dem auch Gyula Szilagyi kurz nach dem Wiederanpfiff „seinen" Treffer beigetragen hatte, weiter aufwertet. Dank des klaren Hinspielsiegs konnte sich Vasas im Rückspiel eine 1:2-Niederlage leisten, ohne den Gesamtsieg in Gefahr zu bringen. Betreut wurde die Mannschaft übrigens von Rudolf Illovszky, der neben Gyula Szilagyi zu den besten Vasas-Spielern aller Zeiten gehört. Nach dem ehemaligen linken Läufer wurde das 1961 neu erbaute Vasas-Stadion benannt. Indes sollte sich nach dem zweiten Mitropa-Cup-Sieg zeigen, dass Vasas auch im „richtigen" Europapokal mithalten konnte. Als Meister gaben die Blau-Roten im Herbst 1957 ihr Debüt in der neuen kontinentalen Königsklasse, wo sie zum Auftakt eine 1:2-Niederlage bei ZSKA

Die beiden siegreichen Vasas-Teams im Mitropa-Cup. Rechts jenes von 1957 mit Janos Szilagyi II, Gyula Teleki, Gyula Szilagyi I, Bela Karpati, Pal Berendi (stehend von links); Laszlo Sarosi, Deszö Bundzsak, Sandor Lelenka, Ferenc Kovalik (hockend); Karoly Kontha und Jozsef Raduly (sitzend). Im Jahr 1956 (oben) stand für Karoly Kontha Lajos Csordas (Vierter von links) in der Anfangs-Elf.

Sofia hinnehmen mussten. Im Rückspiel konnten sie vor 30.000 Zuschauern im Nepstadion den Spieß aber noch umdrehen und mit einem klaren 6:1 in die nächste Runde einziehen. Vasas-Kapitän Gyula Szilagyi war dabei in der 89. Minute sein erster Europacuptreffer geglückt.

► EINWURF

Gyula Szilagyi ist mit 295 Toren in 361 Ligaspielen der erfolgreichste Torschütze im Trikot von Vasas Budapest. Dagegen brachte es sein langjähriger Sturmpartner Lajos Csordas in 226 Partien lediglich auf 104 Treffer. Zweiter der ewigen Bestenliste ist Bela Varady mit 174 Treffern in 338 Ligaspielen zwischen 1971 und 1983, gefolgt von Janos Farkas, der mit 169 Toren in 290 Spielen von 1959 bis 1972 die direkte Nachfolge von Szilagyi angetreten hatte.

Ein hart erkämpfter Erfolg über Young Boys Bern (1:1, 2:1) führte die Ungarn in die Runde der letzten Acht, wo sie zum Auftakt ein 2:2 bei Ajax Amsterdam erreichten, um den Rückkampf im Nepstadion auch dank zweier weiterer Szilagyi-Tore mit 4:0 zu gewinnen. Nicht ganz unerwartet war in der Vorschlussrunde gegen Real Madrid Endstation. Immerhin konnte sich Vasas für die 0:4-Hinspielpleite vor 100.000 Zuschauern in Budapest mit einem 2:0-Auswärtssieg in Spanien rehabilitieren.
Das lange Verweilen im Europacup hatte zur Folge, dass Vasas in der heimischen Liga nur den fünften Platz belegte. Auch 1958/59 mussten sich die Blau-Roten mit dem vierten Platz zufrieden geben, derweil sich bei Gyula Szilagyi in Anbetracht von nur noch fünf Ligatreffern allmählich das Karriereende abzuzeichnen begann. Dieses wurde nach der Spielzeit 1959/60 schließlich Realität. Immerhin hatte der 37-Jährige in 17 von 26 möglichen Partien mitgewirkt und dabei mit elf Treffern die ohnehin schon deutliche Führung in der ewigen Torschützenliste des SC Vasas weiter ausgebaut. Auch der dritte Tabellenplatz konnte sich zum Abschluss sehen lassen. Szilagyis Nachfolger im Sturmzentrum stand schon in den Startblöcken: Janos Farkas, mit dem Vasas sich 1961 und 1962 zwei weitere Meistertitel sichern konnte. Auch Gyula Szilagyi blieb dem Verein in den kommenden Jahren treu, um sich der Jugendarbeit zu widmen, womit auch er einen Anteil an der erfolgreichsten Ära der Klubhistorie mit vier Meisterschaften zwischen 1961 und 1966 besitzt. Nur einmal sollte er als Cheftrainer in Erscheinung treten, als er 1964 die unterklassige Mannschaft von Ganz Mavag Budapest übernahm. Ab 1970 war er schließlich im Jugendbereich des SC Volan Budapest tätig. Gyula Szilagyi verstarb am 17. Oktober 2001 im Alter von 78 Jahren.

► ZAHLEN UND FAKTEN

Vereine: 1943-1944 VSC Debrecen
1945-1960 Vasas Budapest

Tore: 390 ungarische Erstligaspiele (313 Tore)
8 Europacup-Spiele (3 Tore)
13 Mitropa-Cup-Spiele (10 Tore)
12 A-Länderspiele (9 Tore)
12 B-Länderspiele (12 Tore)
gesamt 435 Pflichtspiele (347 Tore)

Erfolge: Ungarischer Meister 1957 (Frühjahr)
Ungarischer Pokalsieger 1955
Mitropa-Cup-Sieger 1956, 1957

Ungarischer Torschützenkönig 1957
Ungarns Fußballer des Jahres 1955

In der Nationalmannschaft:
Nach dem Zweiten Weltkrieg verfügte der ungarische Fußball über eine Vielzahl an Weltklassestürmern, so dass Gyula Szilagyi trotz starker Vorstellungen im Vasas-Trikot nur selten zum Zug kam. Zwischen 1947 und 1953 kam er zu zwölf Länderspieleinsätzen, in denen er immerhin neun Tore erzielte. Als Stürmer in Wartestellung wurde er zudem in einem Dutzend B-Länderspielen getestet, wobei er statistisch gesehen pro Einsatz für einen Torerfolg gut war. Das A-Team reiste am 11. Mai 1947 nach Turin, um sich mit der starken italienischen Elf zu messen, die sich fast ausschließlich aus Akteuren des damals alles überragenden AC Turin zusammensetzte. Mit Länderspielneuling Gyula Szilagyi lieferten die Magyaren „Il Grande Torino“ einen heißen Fight, der erst in der Schlussminute durch einen Treffer von Ezio Loik zum 3:2 zugunsten der favorisierten Gastgeber entschieden wurde.
Beim 3:2-Sieg am 29. Juni 1947 in Jugoslawien konnte Szilagyi im zweiten Einsatz nach 33 Minuten seine Torpremiere feiern, um in den nächsten vier Länderspielen – darunter auch dem 9:0-Scheibenschießen gegen Bulgarien im August 1947 in Budapest – keinen Treffer erzielen zu können. Die erwähnten Spiele gegen Jugoslawien und Bulgarien fanden im Rahmen des in jenem Jahr letztmals ausgetragenen Balkan-Cups statt, den Ungarn vor Jugoslawien und Rumänien für sich entschied.
Obwohl Szilagyi nicht bei Honved spielte, wurde er von Verbandskapitän Sebes im Jahr 1950 in fünf Länderkämpfen eingesetzt, wo er jedes Mal ins Schwarze traf. Den stärksten Eindruck hinterließ er am 4. Juni 1950, als er beim 5:2 in Polen einen Dreierpack schnürte. Die übrigen ungarischen Tore waren auf das Konto Ferenc Puskas' gegangen, der wie Kocsis, Czibor, Bozsik oder Lorant für Honved spielte, das zum ständigen Trainingslager der Nationalelf umfunktioniert worden war. Spieler anderer Klubs hatten es daher schwer, und so überrascht es nicht, dass Gyula Szilagyi nach dem elften Länderspiel im November 1950 nur noch einmal berufen werden sollte. Am 4. Oktober 1953 reichte es in Sofia gegen Bulgarien dank seines Treffers aus der 39. Minute aber nur zu einem 1:1, ehe die ungarische Wunder-Elf rund anderthalb Monate später in Wembley ihre legendärste Sternstunde erlebte und England mit 6:3 besiegte. Freilich ohne Gyula Szilagyi, dessen Dienste auch danach nicht mehr gefragt waren.

Saison	Europacup		Liga		A-Lsp.	
	Sp.	T.	Sp.	T.	Sp.	T.
1943/44			29	18		
1945/46			31	44		
1946/47			30	27	2	1
1947/48			30	40	2	0
1948/49			27	28	2	0
1949/50			29	22	3	5
1950			14	5	2	2
1951			24	18		
1952			26	16		
1953			26	15	1	1
1954			25	13		
1955			21	13		
1956			16	8		
1957			11	17		
1957/58	8	3	23	13		
1958/59			11	5		
1959/60			17	11		

Ferenc Szusza
Ungekrönter Schützenkönig im Megyeri ut

Der mit 393 Treffern zweitbeste Torschütze der höchsten ungarischen Spielklasse nach Imre Schlosser stand zeit seiner Karriere immer ein wenig im Schatten. Als der am 1. Dezember 1923 in Budapest geborene Ferenc Szusza in der Saison 1940/41 in der ersten Mannschaft von Ujpest debütierte, verstärkten gleich fünf Vizeweltmeister von 1938 das Team der „Lilak", darunter auch Gyula Zsengeller, der den Posten des Mittelstürmers beanspruchte. Während Zsengeller in erster Linie für das Toreschießen verantwortlich war, musste Szusza in die Rolle des Vorbereiters schlüpfen, die er als ewiger Rekordtorjäger von Ujpest zwar hervorragend ausfüllte. Im Gegensatz zu Zsengeller, der gleich fünfmal „Golkiraly" werden konnte, führte Linksverbinder Ferenc Szusza aber nicht ein einziges Mal die Torschützenliste der NB I an.

Ferenc Szusza ist mit 393 Treffern nicht nur bester Torjäger von Ujpest Budapest, sondern mit 462 Erstligaeinsätzen auch deren Rekordspieler. Allerdings konnte er sich nicht ein einziges Mal die Torjägerkrone der NB I sichern. Ebenfalls nicht richtig zum Zug kam er in der Nationalelf, obwohl sich 18 Tore in 24 Spielen sehen lassen können.

Es war allerdings nicht nur sein langjähriger Mitspieler Gyula Zsengeller, der Szusza ins Leere laufen ließ. Ungarn verfügte damals über gleich mehrere Stürmer von Weltklasseformat wie Ferenc Deak, der in der Spielzeit 1945/46 sage und schreibe 66 Erstligatreffer erzielen konnte. Und schließlich führte auch kein Weg vorbei an Ferenc Puskas. Während „Öcsi" als Lieblingsschüler von Verbandskapitän Sebes galt, verstanden sich Szusza und Sebes überhaupt nicht, weshalb die Ära der „Goldenen Elf" der Ungarn weitestgehend an dem Ujpest-Angreifer vorbeilief. Dabei wurde Ferenc Szusza von zahlreichen Fachleuten bescheinigt, dass er Puskas in Sachen Talent absolut gleichwertig war. So muss sich Szusza damit begnügen, bei Ujpest Budapest – trotz Zsengeller – eine Ausnahmestellung einzunehmen. Als deren Rekordspieler (mit 462 Einsätzen) wurde ihm die Ehre zuteil, dass das Megyeri ut seit dem Jahr 2003 seinen Namen trägt.

Titelhattrick in den Nachkriegsjahren

Dem Klub aus dem IV. Budapester Stadtbezirk hatte sich Szusza bereits im Jahr 1935 angeschlossen. Er war gerade einmal 17 Jahre alt, als er in der Saison 1940/41 von Trainer Geza Takacs in der Kampfmannschaft eingesetzt wurde, welche die NB I als Vizemeister hinter Ferencvaros abschloss. Mit 14 Toren in lediglich zwölf Einsätzen hatte er auf Anhieb überzeugt, wenngleich er noch deutlich im Schatten des erfahrenen Zsengeller stand, der mit 28 Treffern Zweiter der Torjägerliste geworden war. Als Präsident der „Lilak" fungierte der wohlhabende Unternehmer Lipot Aschner, der vom Talent Szuszas schwärmte. Der Glühlampenfabrikant wollte die junge Sturmhoffnung unbedingt langfristig binden, weshalb er Ferenc Szusza zur Saison 1941/42 den ersten Profivertrag anbot. Für den beidfüßig starken Angreifer war damit eine Lebensentscheidung gefällt, blieb er Ujpest doch bis zu seinem Karriereende treu, was ihn laut Statistikorganisation IFFHS zum Spieler mit den meisten Erstligatoren für nur einen einzigen Verein avancieren ließ.

Die besten Jahre von Szuszas aktiver Karriere fielen in die unmittelbare Nachkriegszeit, als Ujpest unter Trainer Pal Javor drei aufeinanderfolgende Meistertitel erringen konnte. Gleichzeitig stellten die Violetten mit bis zu neun Spielern das Korsett der ungarischen Nationalmannschaft. Schon in der auf die Hauptstadt beschränkten Frühjahrsrunde 1945 war die Mannschaft nicht zu bremsen und stellte mit 125:27 Toren und 37:7 Zählern den Rest des Feldes in den Schatten. Während sogar der Tabellendritte SC Csepel Budapest mit 12:1 überrollt wurde, gelangen auch gegen die Absteiger MAVAG (10:3), Ganz (13:2) und Nemzeti (16:0) weitere Kantersiege. Der Halblinke Szusza hatte sich am Scheibenschießen eifrig beteiligt und in 21 Einsätzen 35-mal eingenetzt, womit er in der Torjägerliste nur einen Treffer hinter Teamkamerad Gyula Zsengeller den zweiten Platz belegte. So gut sollte Szusza freilich nie wieder klassiert sein.

Zur Saison 1945/46 wurde der Ujpest-Angriff dann von Istvan Nyers verstärkt, der später auch für Inter Mailand und den FC Barcelona aktiv war. Übergangsweise waren von den Organisatoren zwei Staffeln eingerichtet worden, wobei die zehn besten Teams in einer Zusatzrunde den Meister ausspielten. Schon in den ersten 26 Spielen der Ostgruppe waren die Violetten in Anbetracht von 147:29 Toren nicht zu bremsen, ehe sie in der Endrunde mit 71:23 Toren und 31:5 Zählern in souveräner Manier ihren Vorjahrestitel verteidigten. Nicht ganz unerwartet landeten mit Zsengeller (51 Tore) und Szusza (45) zwei Ujpest-Spieler in der Torschützenliste unter den besten Drei, welche freilich von dem schon erwähnten 66-fachen Torschützen Ferenc Deak angeführt wurde. Im Verlauf der ersten Nachkriegssaison hatte der Meister das Kunststück vollbracht, zwischen dem 30. Juli 1945 und dem 17 Juni 1946 in 31 Spielen in Folge ungeschlagen geblieben zu sein.

► **EINWURF**

Bei seinem Verein Ujpest Budapest, der im Jahr 1957 in Erinnerung an einen 1514 gestorbenen Bauernführer den Namenszusatz Dozsa erhielt, ist Ferenc Szusza mit 393 Treffern Toptorjäger. Den zweiten Platz belegt sein langjähriger Teamgefährte Gyula Zsengeller mit 349 Toren in 277 Ligaspielen, derweil Ferenc Bene mit 303 Toren in 417 Partien auf Rang drei folgt. Bene begann seine Laufbahn bei den Violetten im Sommer 1961 und damit just zu jenem Zeitpunkt, als Rekordtorjäger Ferenc Szusza dem Megyeri ut Lebewohl gesagt hatte.

Nachdem die Mannschaft auch 1946/47 ihren Titel verteidigen konnte, war der Hattrick in trockenen Tüchern. Mit 106:43 Toren hatte man die 100-Tore-Marke abermals geknackt. Mit 19 Toren hatte Szusza zwar erstmals Gyula Zsengeller in der teaminternen Torschützenliste um einen Treffer hinter sich gelassen. Dafür zeigten sich seine Mannschaftskameraden Lajos Varnai (22) und Bela Egresi (21) diesmal treffsicherer.

In der Saison 1946/47 hatte sich der bis dato weitestgehend bedeutungslose Stadtteilverein Kispest die Vizemeisterschaft gesichert. Nachdem der Puskas-Klub wenige Jahre später zum Armeeverein Honved umfunktioniert worden war, entwickelte sich dieser zum führenden Team des Landes, nicht zuletzt, weil unter Verbandskapitän Gusztav Sebes fast die gesamte Nationalmannschaft unter dem Dach von Honved zusammengezogen wurde. Auch Ujpest wurde Teil der Umstrukturierungsmaßnahmen im ungarischen Fußball und von den seit 1947 herrschenden Kommunisten zum Polizeiverein umgewandelt.

Dauerbrenner bei den Violetten

Unter den neuen Machthabern gehörte der Profifußball der Vergangenheit an. Für die ungarischen Kicker gab es damit drei Alternativen: Entweder sie suchten ihr Glück im Ausland, um sich als Spieler in den westeuropäischen Profiligen zu verdingen. Eine zweite Möglichkeit war, sich bei Honved hochzudienen und als Protegé des Regimes alle nur erdenkliche Unterstützung zu erhalten. Oder man „versauerte“ bei einem der anderen Vereine der NB I, die in den frühen Fünfzigern zu Sparringspartnern von Serienmeister Honved degradiert wurden. Während der acht Jahre ältere Gyula Zsengeller die Erlaubnis erhielt, zur Saison 1947/48 in die Serie A zu wechseln, kam für den knapp 24-jährigen Ferenc Szusza diese Option nicht in Frage. Weil sein Verhältnis zu Gusztav Sebes eher unterkühlt war, machte der Verbandskapitän auch keine Anstalten, den Linksverbinder von Ujpest zu Honved zu holen, zumal der Armeeklub auf jener Position mit Ferenc Puskas ohnedies exzellent besetzt war. Somit blieb Ferenc Szusza keine andere Wahl, als den „Lilak“ die Treue zu halten. Von seinen Fähigkeiten her, hätte Szusza zweifelsohne in der legendären „Aranycsapat“ mithalten können, die 1954 im Berner WM-Endspiel von der deutschen Nationalmannschaft so jäh gestoppt wurde. Das Schicksal wollte es aber, dass einer der besten Torjäger des ungarischen Fußballs – zumindest außerhalb der Landesgrenzen – heute nahezu in Vergessenheit geraten ist.

Bereits in der Saison 1947/48 hatte Ujpest im Titelrennen keine Chance und musste sich unter Trainer Jenö Vincze mit dem fünften Platz begnügen. Während die Honved-Dominanz mit dem Titelgewinn 1949/50 einsetzte, landeten die Violetten nur noch im geschlagenen Feld. Reichte es in den Jahren 1950, 1951, 1952 und 1957 jeweils zum dritten Platz, sprang im Spieljahr 1956 als bestes Resultat die Vizemeisterschaft (drei Zähler hinter Honved) heraus. Nach dem Wechsel von Gyula Zsengeller nach Italien avancierte Ferenc Szusza schnell zum Alleinunterhalter im Angriff. Jahrelang führte er die teaminterne Torjägerliste an, während die Krönung zum „Golkiraly“ der NB I weiterhin ein Traum bleiben sollte, auch weil seine Mitspieler bei Ujpest längst nicht mehr über die Klasse früherer Jahre verfügten. Dass Szusza dennoch wusste, wo das gegnerische Tor stand, wurde etwa in der Saison 1948/49 deutlich, als er mit 36 Treffern den dritten Platz in der Torschützenliste belegte, was auch im Spieljahr 1951 mit 22 Toren in 26 Einsätzen der Fall war.

Späte Genugtuung

Ausgerechnet beim Gewinn der Vizemeisterschaft 1957 hatte sich dagegen einmal mehr gezeigt, dass Ferenc Szusza nicht zu den Günstlingen der Kommunisten zählte. Seine Haltung während des Ungarn-Aufstands war von den Machthabern beanstandet worden, was ihm eine fast einjährige Spielsperre eintrug, weshalb er 1957 lediglich zu fünf Einsätzen gekommen war. Insofern dürfte es für ihn eine große Genugtuung gewesen sein, als er sich in der Saison 1959/60 im fortgeschrittenen Fußballeralter von 36 Jahren noch einmal die Meisterschaft sichern konnte. Mit einem Vorsprung von fünf Punkten auf Ferencvaros stand Dozsa Ujpest nach 13 Jahren wieder als Landesmeister fest. Ferenc Szusza hatte in 22 Spielen 15-mal ins Schwarze getroffen, was für den Oldie in der Torjägerliste immerhin zum vierten Platz reichte. Im Team von Trainer Gyula Szücs war Szusza dagegen unübertroffen. Dabei hatte er sich glänzend mit seinem 16 Jahre jüngeren Sturmpartner Janos Göröcs verstanden, der mit 14 Saisontoren ebenfalls zu überzeugen vermochte.

Bild oben: In einem sensationellen Spiel wurde Meister Honved Budapest in der Saison 1954 im Megyeri ut mit 5:4 geschlagen. Gerade erzielt Ferenc Szusza (helles Trikot) ein Tor. Links neben ihm Honved-Verteidiger Gyula Lorant. Bild rechts: Kurz nach dem Krieg stellte Ujpest das beste ungarische Vereinsteam. Für Torgefahr sorgten Gyula Zsengeller (links) und Ferenc Szusza (Mitte).

Zum Abschluss seiner langen Karriere durfte sich Ferenc Szusza im Herbst 1960 schließlich im noch jungen Europapokal der Landesmeister beweisen. Durch einen Erfolg über Roter Stern Belgrad (2:1, 3:0) war der Ungarische Meister ins Achtelfinale vorgedrungen, wo mit Benfica Lissabon ein echter Prüfstein wartete. Vor allem im Hinspiel am 8. November machte der kommende Sieger kurzen Prozess und führte in Lissabon nach einer halben Stunde bereits mit 5:0, ehe Janos Göröcs und Ferenc Szusza mit ihren Toren aus der 69. und 77. Minute für Ergebniskosmetik sorgten. Nach der 2:6-Pleite war vor dem Rückspiel am 30. November an ein Weiterkommen freilich nicht zu denken. Vor 20.000 Zuschauern reichte es im Budapester Nepstadion aber wenigstens zu einem versöhnlichen 2:1-Sieg, den Szusza mit einem Treffer nach einer guten Stunde sichergestellt hatte. Nach den letzten drei Ligatoren sollte die Ujpest-Legende seine aktive Laufbahn im Sommer 1961 nach 21 Jahren beenden. Sein Nachfolger im Angriff stand bereits in den Startlöchern: Ferenc Bene, der Ballermann vom Balaton, der ganz wesentlich an der großen Ujpest-Ära in den siebziger Jahren beteiligt sein sollte.

► **EINWURF**

Die ungarische Liga musste in der Saison 1944/45 wegen fortschreitender Kriegshandlungen nach nur drei Runden abgebrochen werden. Ferenc Szusza spielte mit Ujpest gerade gegen Ferencvaros, als die Partie wegen eines Fliegeralarms vom Referee vorzeitig beendet wurde. Im Frühjahr 1945 fand eine Ersatzrunde der Hauptstadtklubs statt.

Meistertrainer in Ungarn und Polen

Nach einjähriger schöpferischer Pause schlug Ferenc Szusza 1962 die Trainerlaufbahn ein, die ihn zunächst zu ETO Vasas Györ führte. Mit dem Klub aus dem äußersten Nordwesten des Landes gelang ihm gleich auf Anhieb eine Riesensensation, als er diesen in der Herbstrunde 1963 zum Titelgewinn führte. Die Meisterschaft war bis zu diesem Zeitpunkt mit einer einzigen Ausnahme den Budapester Vereinen vorbehalten geblieben, was die Leistung seiner Mannschaft entsprechend aufwertet.

Verständlich, dass sich Szuszas Ex-Verein Ujpest um seine Dienste bemühte, zu dem er Anfang 1964 für zwei Jahre zurückkehrte. Nachdem man zwischenzeitlich wieder zum Herbst-Frühjahrs-Rhythmus übergegangen war, wurde der Spielbetrieb der NB I nun wieder an das Kalenderjahr angepasst. Nachdem Szusza als Aktiver mit den Violetten viermal Meister geworden war, blieb ein solcher Erfolg als Trainer aus. Nach Rang vier im Spieljahr 1964 vermochten sich diese 1965 zumindest auf den dritten Platz zu verbessern. Besonders gefreut haben dürfte sich der Ujpest-Trainer über die Leistungen von Ferenc Bene. Dem neuen Hoffnungsträger im Sturm gelang unter Szusza ein weiterer Karrieresprung, der ihm 1964 zur Wahl zu Ungarns Fußballer des Jahres verhalf.

Den ausgebliebenen mannschaftlichen Erfolg konnte Ferenc Szusza nachholen, als er im Spieljahr 1966 zum zweiten Mal die Mannschaft von ETO Vasas Györ übernahm. Wenngleich es zu keinem weiteren Meistertitel reichen sollte, konnten sich die Ränge 5 und 3 in den Jahren 1966 und 1967 durchaus sehen lassen. Der Provinzklub stand in jener Zeit aber vor allem in dem Ruf, eine ausgezeichnete Pokalmannschaft zu sein, nachdem man sich die Magyar Kupa bereits 1965 gesichert hatte. Auch im Jahr darauf zogen die Schützlinge von Ferenc Szusza ins Pokalfinale ein, wo sie Ferencvaros im Wiederholungsspiel mit 3:2 in die Schranken wiesen. Ein Jahr später kannte der Jubel in Györ keine Grenzen, als sich die Mannschaft durch einen 1:0-Finalsieg über BTC Salgotarjan den Pokalhattrick gesichert hatte, der zuvor nur MTK und Ferencvaros gelungen war. Im Spieljahr 1968 war es allerdings vorbei mit der Herrlichkeit. Das Erfolgsteam hatte seinen Zenit überschritten und entging als Drittletzter gerade so eben dem Abstieg.

Seine nächste Trainerstation führte Ferenc Szusza in der Saison 1970/71 in den kommunistischen Bruderstaat Polen, wo er mit Gornik Zabrze eine echte Spitzenmannschaft übernahm. Diese wartete seit vier Jahren auf den Meistertitel, wobei diese Durststrecke unter dem neuen ungarischen Übungsleiter eindrucksvoll beendet wurde. Zum einen, weil das Team um seinen Star Wlodzimierz Lubanski mit einem Fünf-Punkte-Vorsprung auf Legia Warschau wieder die polnische Extraklasa anführte. Durch ein 3:1 im Finale über Zaglebie Sosnowiec gelang zudem der Pokalsieg, derweil im Europacup der Pokalsieger ebenfalls erst in der Runde der letzten Acht Endstation war.

Vielleicht hatte man in Zabrze schon davon geträumt, mit Ferenc Szusza eine neue Ära begründen zu können. Der Ungar bekam jedoch die Freigabe für einen Wechsel ins kapitalistische Ausland erteilt, so dass er dem oberschlesischen Kohlerevier den Rücken kehrte und sich Betis Sevilla anschloss. Dieser in finanzieller Sicht nachvollziehbare Schritt, sollte sich sportlich erst nach längerer Anlaufzeit auszahlen. Betis war gerade erst wieder in die Primera División zurückgekehrt, aus der man nach der Saison 1972/73 wieder absteigen musste. Trotzdem hielt die Vereinsspitze an Szusza fest, der in der Segunda Divisíon eine schlagkräftige Mannschaft aufbaute, die nicht nur den direkten Wiederaufstieg schaffte, sondern in den Spielzeiten 1974/75 und 1975/76 mit den Rängen neun und sieben sogar in die erweiterte Spitzengruppe der spanischen Liga vorstieß. Nach fünf Jahren in Andalusien trat Ferenc Szusza in der Saison 1978/79 noch als Trainer von Atletico Madrid in Erscheinung und führte die Colchoneros auf einen mehr als achtbaren dritten Platz. Besonders in Sevilla wird der Ungar bis heute verehrt. Nachdem er eine eher durchschnittliche Mannschaft aus den Niederungen der Zweitklassigkeit ins obere Tabellendrittel der Primera Divisíon gehievt hatte, wurde er von den Betis-Anhängern als „Magier" gefeiert.

Schließlich kehrte Szusza zur Saison 1980/81 nochmals zu seinem Heimatverein Dozsa Ujpest zurück, dessen Siegesserie in den Siebzigern freilich gerissen war. Auch unter dem Rekordtorjäger der Violetten blieb die Rückkehr auf den Meisterthron aus. Da es nach mehr als durchschnittlichen Leistungen gerade einmal zum achten Platz reichte, war an eine Fortsetzung von Szuszas Trainerengagement im Megyeri ut nicht zu denken. Mit 57 Jahren zog er sich ins Privatleben zurück, wobei er bis zu seinem Tod in seiner Geburtsstadt Budapest wohnhaft blieb. In der ungarischen Hauptstadt verstarb Ferenc Szusza nach langer Krankheit am 1. August 2006 im Alter von 82 Jahren. Szusza war verheiratet, hinterließ aber keine Kinder.

► **ZAHLEN UND FAKTEN**

Vereine:	1940-1961 (Dozsa) Ujpest Budapest
Tore:	462 ungarische Erstligaspiele (393 Tore) 5 Europacupspiele (4 Tore) 24 Länderspiele (18 Tore)
gesamt	491 Pflichtspiele (415 Tore)
Erfolge:	Ungarischer Meister 1945 (Frühjahr), 1946, 1947, 1960

In der Nationalmannschaft:

Ferenc Szusza bestritt zwischen 1942 und 1956 insgesamt 24 A-Länderspiele, in denen er mit 18 Treffern wie im Verein seine Torgefahr unter Beweis stellte. Wie zahlreiche ungarische Fußballer der damaligen Zeit verfügte auch Szusza über herausragende Fähigkeiten. Als feiner Techniker überzeugte er durch eine großartige Spielübersicht, die ihn für die Rolle des Verbindungsstürmers geradezu prädestinierte. Seine Spielanlage glich jener von Ferenc Puskas, der in der Gunst von Verbandskapitän Gusztav Sebes freilich deutlich höher stand als Szusza, weshalb der Ujpest-Angreifer den Höhenflug des ungarischen Jahrhundertteams auch weitestgehend aus der Ferne erlebte. Wenn man in Szuszas Spiel überhaupt eine Schwäche ausmachen konnte, war es der Torabschluss. Das hatte allerdings auch viel mit seiner Verspieltheit zu tun. Statt den direkten Weg zum Tor zu suchen, war er ein Verfechter des gepflegten Kombinationsspiels, weshalb er seinen Nebenleuten zahlreiche Tore auflegte.

Zum Debüt in der Länder-Elf kam er bereits im Alter von 19 Jahren. Am 14. Juni 1942 trat der amtierende Vizeweltmeister in Budapest gegen Kroatien an und erreichte nur deshalb ein 1:1, weil Neuling Szusza nach einer Stunde auch gleich den ersten Treffer erzielt hatte. Nachdem er im zweiten Einsatz gegen Bulgarien (4:2) ohne Torerfolg geblieben war, traf er am 7. November 1943 gegen Schweden gleich zweimal. Allerdings war Szusza in Anbetracht einer 2:7-Klatsche so ziemlich die einzige positive Erscheinung in einem enttäuschenden ungarischen Team.

Am 4. Juni 1947 besiegte Ungarn Erzrivale Österreich in Budapest mit 5:2. Das Bild zeigt den gesamten ungarischen Kader vor dem Anpfiff im Üllöi ut mit Szilagyi, Szalay II, Patkolo, Sücs, Nagymarosi, Szusza, Rudas, Balogh II, Lakat, Puskas, Egresi, den beiden Torhüter Grosics (Ersatz) und Horvath sowie Kapitän Zsengeller (von links nach rechts). Auf den Platz geführt wurde die ungarische Mannschaft von Alfred Hajos (ganz rechts), der für die Magyaren bei deren Länderspielpremiere im Jahr 1902 gegen Österreich mitgewirkt hatte. Sportlich ein echtes Multitalent, hatte Hajos bei den Olympischen Spielen 1896 in Athen doch zwei Goldmedaillen im Schwimmen gewonnen.

Wegen des Zweiten Weltkrieges fanden bis August 1945 dann keine weiteren Länderkämpfe mehr statt. Mit einem Doubleheader in Budapest gegen Österreich wurde der Spielbetrieb wieder aufgenommen. Nachdem der Erzrivale am 19. des Monats schon mit 2:0 besiegt worden war, gelang 24 Stunden später ein 5:2-Erfolg. In jener Partie war übrigens Ferenc Puskas zu seinem Länderspieldebüt gekommen, der sich genau wie der altgediente Gyula Zsengeller in die Torschützenliste eintrug. Noch besser war freilich Ferenc Szusza, dem in der 13. und 56. Minute gleich zwei Treffer gelungen waren.

► EINWURF

Ferenc Szusza war nicht unbedingt das, was man einen Vollblutstürmer nennt. Diese Spezies neigt vor dem Tor zu teils übergroßen Egoismus, während Szusza die Mitspieler nie aus dem Blick verlor. Die Folge der fehlenden Zielstrebigkeit war, dass einer der besten ungarischen Torjäger aller Zeiten sich nie die Torjägerkrone der heimischen Liga aufsetzen durfte. Am dichtesten dran war er in der Herbstrunde 1945, als er vor dem letzten Spieltag genau wie Mittelstürmer Gyula Zsengeller 35 Tore auf dem Konto hatte. Als Ujpest einen Eckball zugesprochen bekam, führte Szusza diesen wie selbstverständlich aus und servierte das Leder gefühlvoll auf den lauernden Zsengeller, der per Kopf einnetzte. Für Szusza kein Problem. Nachdem sich „Abel" an der Eckfahne für die präzise Vorlage artig bedankt hatte, lagen sich beide in den Armen und bejubelten ausgiebig die gemeinschaftliche Torproduktion.

Auch in den kommenden Jahren blieb Szusza gegen Österreich immer in ganz besonderem Maße motiviert. Am 4. Mai 1947 gelang im Üllöi ut ein weiterer 5:2-Sieg, bei dem die 45.000 Zuschauer abermals einen Doppelpack des Linksverbinders bestaunen konnten. Das Spiel war im Übrigen Beweis dafür, dass Szusza und Puskas durchaus miteinander harmonierten. Letzterer hatte den Torreigen mit dem 1:0 nach elf Minuten eröffnet.

Auch im Rückspiel am 14. September standen die beiden gemeinsam auf dem Rasen, wobei Puskas von Szusza ganz klar in den Schatten gestellt wurde, da bei der 3:4-Niederlage in Wien alle drei Treffer der Ungarn auf sein Konto gegangen waren. Die Probleme tauchten erst richtig auf, als Gusztav Sebes im Jahr 1949 das Amt des Verbandskapitäns übertragen bekam. Sebes setzte ganz klar auf Major Puskas, während Ferenc Szusza nur noch sporadisch zum Einsatz kam. So wie am 18. Mai 1952, als er beim 5:0 über die DDR-Auswahl in Budapest in der 19. Minute seinen 17. Länderspieltreffer erzielte.

Zur Vorbereitung auf das olympische Fußballturnier in Helsinki reisten die Ungarn kurz darauf nach Moskau, um sich mit der UdSSR zu messen. Die Mannschaft übernachtete in einem Hotel am Roten Platz, wobei die Spieler im Vorfeld der Partie ganz hübsch einen draufmachten. Als aus einem der Zimmer eine Flasche auf den Roten Platz geworfen wurde, war Schluss mit lustig. Polizei tauchte im Hotel auf, während Gusztav Sebes den Übeltäter ausfindig machen wollte. Auch Ferenc Szusza und sein Zimmergenosse Jozsef Bozsik wurden in die Mangel genommen. Doch während Bozsik als Parteimitglied letztlich ungeschoren davon kam, war für Nichtmitglied Szusza die Länderspielkarriere quasi beendet. Nachdem er schon beim 1:1 gegen die Sowjets zur Pause ausgewechselt worden war, sollte er erst im Juli 1956 beim 4:1 über Polen zu einem einmaligen Kurzcomeback kommen, bei dem ihm immerhin sein 18. und letzter Länderspieltreffer gelang.

Saison	Europacup		Liga		Lsp.	
	Sp.	T.	Sp.	T.	Sp.	T.
1940/41			12	14		
1941/42			29	21	1	1
1942/43			29	20	1	0
1943/44			30	23	1	2
1944			12	6		
1945			21	35		
1945/46			33	45	3	2
1946/47			28	19	4	3
1947/48			24	27	5	5
1948/49			28	36	5	3
1949/50			18	12		
1950			8	4		
1951			26	22	1	0
1952			26	19	2	1
1953			15	7		
1954			20	16		
1955			21	17		
1956			22	14	1	1
1957			5	5		
1957/58			14	4		
1958/59	1	1	13	9		
1959/60			22	15		
1960/61	4	3	6	3		

Jozsef Takacs
Bindeglied zwischen Schlosser und Sarosi

Traditionell wird der Fußball in Budapest von den Anhängern mit ausgesprochener Leidenschaft zelebriert. Schon früh entstand die Rivalität zwischen dem heutigen Rekordmeister Ferencvaros und MTK, nachdem die Blau-Weißen Fradi als Serienmeister während des Ersten Weltkriegs abgelöst hatten. Seit den dreißiger Jahren wurde der bisherige Zweikampf um den nationalen Fußballthron um Ujpest erweitert, wobei die „Lilak" nach 1945 dem MTK als größtem Herausforderer von Ferencvaros ganz klar den Rang abliefen. Speziell die Siegesserie mit sieben aufeinander folgenden Ujpest-Meisterschaften zwischen 1969 und 1975 steckte den Grün-Weißen lange in den Knochen. Heute gilt der Vergleich zwischen Ferencvaros und Ujpest als „das" Budapester Derby schlechthin – und in den Augen der Polizei als erhebliches Sicherheitsrisiko, weil in schöner Regelmäßigkeit gewaltbereite Fangruppen beider Vereine aneinandergeraten.

Die Anfänge bei Vasas Budapest

Sieht man von der zeitweiligen Dominanz des Armeeklubs Honved zu Beginn der kommunistischen Ära ab, führten die übrigen Vereine aus der ungarischen Hauptstadt eher ein Schattendasein. So wie der am 16. März 1911 gegründete SC Vasas, der nur sporadisch in die Phalanx der Großklubs einbrechen konnte. Von einer „Ära" im eigentlichen Sinne konnte man allenfalls in den Jahren nach dem Ungarn-Aufstand sprechen, als das Team aus dem Arbeiterviertel Angyalföld das entstandene Vakuum ausfüllte, welches der Zerfall des legendären Honved-Teams hinterlassen hatte. So gewann Vasas nicht nur den ersten Titel nach Anbrechen der neuen Zeitrechnung in der Frühjahrsrunde 1957, sondern bis zum Jahr 1966 noch vier weitere Meisterschaften.

Eines der stärksten Brüderpaare der ungarischen Fußballgeschichte: Geza (links) und Jozsef Takacs spielten beide für Vasas Budapest, um später zu Ferencvaros zu wechseln, wo sie 1928 gemeinsam den Mitropa-Cup gewannen.

In der Zeit vor dem Zweiten Weltkrieg stehen indes für Vasas keine nennenswerten Erfolge zu Buche. Auch nicht, als Jozsef Takacs zwischen 1920 und 1926 für die Blau-Roten auf Torejagd ging. Der am 30. Juni 1904 in Budapest geborene Takacs hatte sich dem Verein bereits im Jahr 1917 als 13-Jähriger angeschlossen, um nur drei Jahre später in der ersten Mannschaft sein Debüt zu geben. Von den Fans wurde er bald „Kis Taki" gerufen, was soviel wie „kleiner Takacs" bedeutet. Jozsefs älterer Bruder Geza stand schon seit der Saison 1917/18 im Vasas-Team, bevor er sich zwischen 1922 und 1932 Ferencvaros anschließen sollte. Während der jüngere der beiden Brüder durch seine Torgefahr bestach, war Geza ein knallharter Verteidiger, der nur selten einmal die Mittellinie überschritt. So absolvierte er für Fradi insgesamt 237 Ligaspiele, in denen er sich kein einziges Mal in die Torschützenliste eintragen konnte, was auch auf seine vier Länderspiele zutraf.
Bei Vasas konnte sich Takacs II – wie Jozsef in den Statistiken oft bezeichnet wird – hervorragend entwickeln. In sechs Spielzeiten kam er auf 106 Einsätze in der NB I, wo er mit 80 Treffern seine Torgefahr mehr als andeutete. Nachdem dem 16-Jährigen in den ersten beiden Ligaspielen in der Saison 1920/21 sogleich der erste Treffer gelungen war, schaffte er im Verlauf der kommenden Spielzeit den Sprung in die Stammformation. Fortan war er aus dem Team der Blau-Roten nicht mehr wegzudenken. Zwischen 1922 und 1926 kam er für diese in sämtlichen 88 Ligaspielen zum Einsatz, wobei die Mannschaft zunächst nur zu den Mitläufern der höchsten ungarischen Spielklasse zählte. Besonders brenzlig war es in der Saison 1923/24 geworden, als Vasas sich als Neunter erst auf den letzten Drücker in Sicherheit bringen konnte. Erst als Jozsef Takacs mit 20 Toren in 22 Spielen der Saison 1924/25 erstmals einen Spitzenplatz in der Torschützenliste belegte, konnte auch Vasas als Tabellendritter ein Topergebnis verbuchen. Im kommenden Jahr waren die Eisenarbeiter (die deutsche Übersetzung für Vasas) aus dem XIII. Budapester Bezirk sogar lange Zeit ein echter Titelanwärter, bevor sie erst in der Schlussphase Ferencvaros und MTK den Vortritt lassen mussten. Dafür hatte „Kis Taki" die Fachwelt endgültig überzeugt, indem er sich mit 29 Treffern an die Spitze der Torschützenliste setzte.

Unter Profibedingungen

Joszef Takacs hatte großes Glück, dass seine Karriere in eine Zeit fiel, in der sich im zentraleuropäischen Fußball gerade einiges tat. Schon lange hatten sich die Funktionäre in Wien, Prag und Budapest für eine Professionalisierung stark gemacht, welche Mitte der zwanziger Jahre zunächst in Österreich und dann auch in der Tschechei realisiert wurde. In der Saison 1926/27 sollte es schließlich auch in Ungarn soweit sein, womit sich dem jungen Takacs II die ideale Gelegenheit bot, sein fußballerisches Können zu versilbern. Dem aktuellen „Golkiraly" standen alle Türen offen. Die Topadressen des Landes bemühten sich um seine Dienste, bis schließlich Ferencvaros den Zuschlag erhielt, das im Begriff stand, den Angriff des MTK endlich zu parieren. Nachdem die Blau-Weißen zehn Titel in Serie abgeräumt hatten, stand Fradi im Spieljahr 1925/26 erstmals wieder an der Tabellenspitze.
Präsident Imre Szigeti hatte sich mit Takacs aber nicht nur eine der größten ungarischen Sturmhoffnungen gesichert. Für weit größere Schlagzeilen sorgte die Rückholaktion von Altstar Imre Schlosser, dem der ebenfalls neue Trainer Istvan Toth-Potya – übrigens knapp zwei Jahre jünger als „Slozi" – in der Saison 1926/27 den Vorzug gegenüber „Kis Taki" gab. Darüber hinaus musste Takacs, den damaligen Gepflogenheiten gemäß, nach seinem Vereinswechsel eine mehrwöchige Sperre abbrummen, weshalb er im Meisterjahr 1927 für die Grün-Weißen nur zwölf Spiele bestreiten konnte, in denen er in Anbetracht von zehn Toren die Erwartungen freilich erfüllte. Anders als sein Bruder Geza hatte er allerdings noch keine tragende Rolle in der Ferencvaros-Elf gespielt.

Das Triple in der Saison 1927/28

Das sollte sich mit der Spielzeit 1927/28 dann grundlegend ändern. Nach dem Wechsel von Imre Schlosser zu Budai 33 avancierte Takacs zum Toptorschützen der Grün-Weißen und führte dreimal in Folge die Torjägerliste der NB I an. In 22 Spielen der Saison 1927/28 traf er 31-mal ins Schwarze, womit auch Ferencvaros das Maß aller Dinge blieb und wie im Vorjahr an der Spitze des Klassements lag. Besonders gut zeigte sich der neue Sturmführer im November aufgelegt, als ihm sowohl gegen Budai 33 (8:0) sowie III. Kerület (6:1) vier Tore gelangen. Auf nationaler Ebene war die Mannschaft in jenem Jahr ohnehin nicht zu bremsen. In der Magyar Kupa war es in der Auftaktrunde zu einem weiteren Duell mit III. Kerület, dem Team aus dem III. Budapester Stadtbezirk, gekommen, das mit 11:1 auseinandergenommen wurde. Hatte sich „Kis Taki" in dieser Partie dreimal in die Torschützenliste eingetragen, war dies beim 9:3 über Banyasz Pecs in der Runde der letzten Acht sogar fünfmal der Fall. Hingegen konnte er ausgerechnet im Endspiel gegen Attila Miskolc (5:1) keinen weiteren Torerfolg verbuchen.

EXKURS: Mitropa-Pokal

Nachdem der Erste Weltkrieg den internationalen Spielverkehr in Europa weitgehend zum Erliegen gebracht hatte, erhielt dieser Mitte der zwanziger Jahre neuen Schwung, als der damalige Generalsekretär des ÖFB, Hugo Meisl, 1927 den Vorschlag unterbreitete, dass die jeweils beiden besten Mannschaften aus Ungarn, Österreich, der Tschechoslowakei und Jugoslawien um einen internationalen Pokal spielen sollten. So wurde am 31. März 1927 in Wien das Mitropa-Pokal-Sekretariat unter der Führung von Hugo Meisl und dem Ungarn Mor Fischer gegründet. Seinen Namen verdankte der neue Wettbewerb übrigens der Mitropa-Eisenbahn-Gesellschaft, in deren Zügen die Spieler zu den Auswärtsspielen anreisten. Zu gerne hätte Hugo Meisl auch die besten Vereine aus dem Deutschen Reich mit ins Boot genommen, aber die damalige DFB-Führung argumentierte etwas vordergründig, dass die Erstrundenspiele des Mitropa-Pokals just in die Zeit der Endrunde um die Deutsche Meisterschaft fielen. Vielmehr dürfte es doch die Hinwendung zum Profifußball in den beteiligten Ländern gewesen sein, die einer Teilnahme des dem Amateurgedanken verpflichteten DFB im Wege stand. Während die deutschen Spitzenvereine dem bedeutendsten kontinentalen Wettbewerb der Zwischenkriegszeit also fernblieben, wurde dieser später auch auf die stärksten Vereine aus Italien, Rumänien und der Schweiz ausgeweitet, was dessen Wert noch mehr steigerte. Erst als der Zweite Weltkrieg immer größere Kreise zu ziehen begann, musste der Mitropa-Cup vor dem Finale 1940 eingestellt werden. Nach seiner Wiederbelebung, elf Jahre später konnte er die Bedeutung seiner Glanzzeit nie mehr auch nur annährend erreichen, was natürlich dem langen Schatten der jungen Europacupwettbewerbe geschuldet war. Mit der Zeit verkam der Mitropa-Pokal zu einem Vorbereitungsturnier international wenig ambitionierter Teams, ehe er im Sommer 1992 endgültig eingestellt wurde. Während Jozsef Takacs' Ex-Verein Vasas Budapest bis 1940 nicht ein einziges Mal am Mitropa-Cup beteiligt gewesen war, avancierten die Blau-Roten nach der Wiederaufnahme mit insgesamt sechs Siegen (1956, 1957, 1962, 1965, 1970 und 1983) zum Rekordsieger. Wie erwähnt besaß der traditionsreiche Wettbewerb zu jener Zeit bestenfalls noch zweitklassiges Niveau.

Die zweite Auflage des Mitropa-Cups wurde im August 1928 gestartet, wobei Ferencvaros, das bei der Premiere im Vorjahr noch auf die Teilnahme verzichtet hatte, auf den jugoslawischen Vertreter BSK Belgrad traf, der mit 7:0 und 6:1 zweimal klar dominiert wurde. Insgesamt sechs Treffer waren auf das Konto des wie immer grandios aufgelegten Takacs gegangen. Weit weniger leicht taten sich die Grün-Weißen mit Halbfinalgegner Admira Wien. Einem erneuten Takacs-Treffer verdankten sie jedoch ihren 2:1-Auswärtserfolg, der gepaart mit dem 1:0-Rückspielsieg im Üllöi ut den Weg in die Endspiele ebnete.

► **EINWURF**

Die Saison 1927/28 war zweifellos die erfolgreichste von Jozsef Takacs. Nicht nur, weil er mit Ferencvaros alle nur denkbaren Titel holte. Neben dem Triple aus Meisterschaft, Pokal und Mitropa-Cup, stand er kurz davor, die Marke von 100 Saisontoren zu knacken. Sowohl in der heimischen Liga wie im Mitropa-Pokal führte er mit 31 bzw. zehn Treffern die Torschützenliste an, derweil er auch in seinen fünf Einsätzen im Landespokal zehnmal getroffen hatte. Damit waren in nur 33 Pflichtspielen auf Klubebene 51 Treffer auf sein Konto gegangen, was einem Schnitt von 1,55 Toren entspricht. Hinzu kamen nicht weniger als 40 Treffer in 28 Freundschaftsspielen, so dass Takacs II die 100-Tore-Marke nur deshalb um sieben Treffer verfehlte, weil er in vier Länderspieleinsätzen nur zweimal getroffen hatte.

Dort sollten die Ungarn abermals mit einer Elf aus Wien die Klingen kreuzen. Auch gegen Rapid erwartete man allenthalben ein ausgeglichenes Duell, doch schon im Hinspiel machte Ferencvaros am 28. Oktober im heimischen Üllöi ut kurzen Prozess und fegte die Gäste mit 7:1 aus dem Stadion. Das Offensivspiel lief an jenem denkwürdigen Tag wie am Schnürchen. Immer wieder setzte die großartige Läuferreihe den Innensturm gekonnt in Szene, wie etwa in der 18. Minute, als Jozsef Takacs seinen ersten von drei Treffern erzielte. Neben Takacs, der außerdem noch in der 64. und 76. Minute traf, konnten sich Szedlacsik und Kohut je zweimal als Torschützen verewigen. Zwar gewannen die Hütteldorfer das Rückspiel auf der Hohen Warte mit 5:3. Nach dem Schlusspfiff des italienischen Schiedsrichters Carraro durfte Fradi-Kapitän Janos Hungler, der gemeinsam mit Geza Takacs das Verteidigerpaar bildete, den begehrten Siegespreis aber erwartungsgemäß in Empfang nehmen.

► **EINWURF**

Nachdem „Kis Taki" im Spieljahr 1927/28 seine Torjägerqualitäten mit 93 Treffern bereits mehr als eindrucksvoll unterstrichen hatte, durften sich an Weihnachten auch die Fußballanhänger auf der iberischen Halbinsel davon überzeugen. Während die Fradi-Spieler am 25. Dezember 1928 ganz offenkundig noch unter den Reisestrapazen litten und beim FC Barcelona mit 0:4 untergingen, zeigten sie sich einen Tag darauf gut ausgeschlafen und rangen den Katalanen ein 3:3 ab, bei dem Takacs alle drei Gästetreffer erzielt hatte. Die Auslandstournee des Mitropa-Cup-Sieger führte weiter nach Portugal, wo Sporting und Belenenses Lissabon auch dank weiterer fünf Takacs-Tore jeweils mit 6:0 zerlegt wurden. Es folgten je zwei Tore gegen Vitória Setúbal (4:1) sowie den FC Porto (5:3), ehe es zum Abschluss eine 0:1-Niederlage gegen Benfica Lissabon setzte.

Obwohl Jozsef Takacs in der Saison 1928/29 mit 41 Treffern erneut zum „Golkiraly" avancierte, musste sich Ferencvaros mit 36:8 Punkten und 79:20 Toren einen Zähler hinter dem MTK mit der Vizemeisterschaft begnügen. Je fünfmal hatte Takacs beim 9:0-Auswärtssieg über seinen Ex-Klub Vasas sowie dem 6:2 über Budai 33 zugeschlagen, während ihm zwischen dem 16. Dezember und dem 2. Juni 1929 in 13 aufeinanderfolgenden Ligaspielen immer mindestens ein Torerfolg gelungen ist.

Auf dem Weg zum Mitropa-Cup-Sieg 1928 konnte Ferencvaros in der Vorschlussrunde zwei Siege über die Wiener Admira (2:1, 1:0) feiern. In dieser Szene taucht Joszef Takacs (ganz links) gefährlich vor dem Admira-Tor auf.

Wenngleich Takacs sich in der Spielzeit 1929/30 mit 40 Toren zum dritten Mal in Serie als „Golkiraly" feiern lassen durfte, reichte es für Fradi wieder nicht zum Titel. Der Rückstand auf Titelträger Ujpest belief sich freilich nur auf zwei Zähler. Ohne die strapaziöse Südamerika-Tournee in der Saisonvorbereitung mit 15 Partien gegen Teams aus Argentinien, Brasilien und Uruguay – gegen die Takacs II elf Tore erzielen konnte – wäre im Titelkampf vielleicht mehr drin gewesen. So blieben vor allem die Schützenfeste gegen III. Kerület (8:0), SC Nemzeti (7:2) und Attila Miskolc (6:0) in bleibender Erinnerung, bei denen „Kis Taki" mit 14 Treffern brilliert hatte.

Die Mannschaft von Ferencvaros Budapest, die am 26. August 1928 im Viertelfinale des Mitropa-Cups bei BSK Belgrad deutlich mit 6:1 die Oberhand behielt. Stehend von links: Bukovi, Takacs II, Takacs I, Raszo, Torhüter Amsel, Furmann, Kapitän Hungler und Kohut. Kniend von links: Turay, Sedlacsik und Obitz. In den Endspielen gegen Rapid Wien (7:1, 3:5) standen anstelle von Razso und Obitz Imre Koszta und Elemer Berkessy in der Anfangsformation.

Ein Jahr später passierten die Grün-Weißen lediglich als Dritte die Ziellinie, nicht zuletzt, weil Takacs II mit „nur" noch 19 Toren in 19 Spielen ein wenig unter Ladehemmung gelitten hatte. Dennoch hätte diese Ausbeute fast zum erneuten Gewinn der Torjägerkrone gereicht, weil auch Jenö Vincze von Bocskai Debrecen lediglich einen Treffer mehr auf dem Konto hatte.

Dafür explodierte der Angreifer in der Spielzeit 1931/32 und stellte mit 42 Treffern in 22 Partien seinen persönlichen Rekord auf, was einen atemberaubenden Schnitt von 1,91 Toren pro Einsatz ergab. Nicht zuletzt dank Takacs gewann Ferencvaros mit 105:18 Toren und 44:0 Punkten nach vier Jahren wieder die Meisterschaft. Schon zum Auftakt hatte dieser beim 7:2 über III. Kerület dreimal getroffen. Gleich fünfmal war er gegen Nemzeti (7:0) und am 1. Mai 1932 beim 10:1 in Kaposvar sogar sechsmal erfolgreich. Die einzige Saisonniederlage hatte es im Wiederholungsspiel des Pokalfinales gegen Erzrivale MTK (3:4) gesetzt, womit der Doublegewinn verpasst worden war. Auch in Deutschland demonstrierte „Kis Taki" sein Können, als er beim 6:1-Erfolg der Grün-Weißen über den 1. FC Saarbrücken zwei Tore erzielte.
In der Spielzeit 1932/33 musste sich Joszef Takacs in der Torschützenliste mit dem dritten Platz begnügen. Mit 24 Treffern in 19 Ligaspielen lag er dabei deutlich hinter seiner Bestmarke aus dem Vorjahr zurück. Auch die erfolgreiche Titelverteidigung in der Liga wurde knapp verpasst, nachdem man sowohl Ujpest als auch den MTK an sich vorbeiziehen lassen musste. Dagegen hatten Takacs & Co. Grund zum Jubeln im nationalen Pokal. Vor dem Finale am 25. Mai 1933 hatten die Zuschauer eigentlich ein offenes Spiel erwartet, wobei das Team von Finalgegner Ujpest als amtierender Meister leicht favorisiert war. Insofern glich es einer Riesensensation, dass die Violetten gleich mit 11:1 vom Platz gefegt wurden, denen Takacs II vier Treffer eingeschenkt hatte. Nach vier Cupspielen hatte dieser nicht weniger als elf Torerfolge auf dem Konto.

► EINWURF

Eines der denkwürdigsten Pokalendspiele erlebte der ungarische Fußball am 25. Mai 1933 zwischen Ferencvaros und Ujpest. Im MTK-Stadion sahen gerade einmal 10.000 Zuschauer eine wie entfesselt agierende Fradi-Elf, die durch Mihaly Tancos nach sechs Minuten in Führung ging. Am Ende hatten die Grün-Weißen ihren Gegner mit 11:1 demontiert, wobei die Partie die bevorstehende Wachablösung im Angriff andeutete. Mit insgesamt vier Toren – je zwei pro Halbzeit – war Jozsef Takacs zwar der erfolgreichste Angreifer seines Teams. Drei Treffer waren allerdings auf das Konto des acht Jahre jüngeren György Sarosi gegangen, den Trainer Zoltan Blum bis dato vor allem in der Verteidigung eingesetzt hatte. Von nun an rückte der spätere Dr. jur. aber vermehrt ins Sturmzentrum, um Takacs II nach der Saison 1933/34 dort endgültig abzulösen.

Im Pokalfinale gegen die „Lilak" hatte sich ein Generationenwechsel im Angriff von Ferencvaros abzuzeichnen begonnen. Der dort so überzeugende Youngster Dr. Sarosi wurde von Trainer Zoltan Blum in der Saison 1933/34 nun dauerhaft in der Sturmspitze eingesetzt, wo er sich speziell mit Geza Toldi hervorragend verstand. Mit 29 Jahren gehörte zwar auch Jozsef Takacs noch nicht zum alten Eisen. Doch wurde schon in der Vorbereitung ersichtlich, dass Zoltan Blum lieber auf dessen Konkurrenten setzte. Dementsprechend kam Takacs auf nur mehr 13 Ligaeinsätze, in denen er mit 21 Toren die Erwartungen freilich erfüllte. Die Offensive war in jener Spielzeit das Prunkstück der Grün-Weißen, die Titelverteidiger Ujpest erneut eine lange Nase zeigten und diese um zwei Zähler distanzierten. Insgesamt 89 Saisontore hatte Fradi erzielt, wobei Geza Toldi mit 27 und György Sarosi mit 24 Treffern in der Torjägerliste vor Jozsef Takacs rangierten. Da dieser seine Felle davonschwimmen sah, ergriff er die

Gelegenheit, um seine Laufbahn mit einem Titelgewinn für beendet zu erklären. Letztmals streifte Jozsef Takacs am 6. Mai 1934 beim 2:1-Auswärtssieg gegen Bocskai Debrecen das Trikot der Franzenvorstädter über, für die ihm in sieben Spielzeiten und 151 Ligaspielen stolze 228 Tore gelungen waren. Nachdem Imre Schlosser bis zu seinem Wechsel zum MTK der erste große Stürmer der Vereinsgeschichte gewesen war, ehe er in der Saison 1927/28 nochmals zu seinen Wurzeln zurückkehrte, begann mit Dr. György Sarosi, der Ungarn 1938 zum Gewinn der Vizeweltmeisterschaft führen sollte, eine neue Ära. Bindeglied zwischen diesen beiden Topstürmern war Jozsef Takacs, der sich, wenn er sich in Hochform befand, zweifelsohne sowohl mit Schlosser als auch mit Dr. Sarosi messen lassen konnte.

Durch einen deutlichen 11:1-Finalsieg über Meister Ujpest sicherte sich Ferencvaros am 25. Mai 1933 den Landespokal. Folgende Elf war für die Sensation verantwortlich: Antal Lyka, Jozsef Hada, Jozsef Turay, Trainer Zoltan Blum, Geza Toldi, Vilmos Kohut, Lajos Laszlo Papp (hinten von links). Mihaly Tancos, Jozsef Takacs, György Sarosi, Gyula Lazar und Lajos Koranyi (vorne von links).

Comeback bei Erszebet und Taxisok

Der Verlust des Stammplatzes traf Takacs dermaßen hart, dass er im Sommer 1934 genug vom Fußball hatte. Nach seinem freiwilligen Sabbatjahr schien der Frust dann aber gewichen, so dass sich der Angreifer nochmals zur Rückkehr auf den grünen Rasen entschloss. In den kommenden zwei Spielzeiten ging er für Erszebet Soroksar auf Torjagd, ein kleiner Verein, der gerade in die NB I aufgestiegen war. Erszebetfalva war damals ein Stadtteil der eigenständigen, in der Pester Ebene gelegenen Gemeinde Soroksar, die 1950 nach Budapest eingemeindet und später zum XXIII. Stadtbezirk umgewandelt wurde.

Viel ist aus den beiden Jahren in der Budapester Peripherie nicht überliefert. Erwartungsgemäß musste der Aufsteiger in der Saison 1935/36 bis zum Schluss um den Ligaverbleib kämpfen, den man sich auf dem elften Platz mit einem Fünf-Punkte-Polster auf den ersten Absteiger letztlich relativ problemlos sichern konnte. 52 Tore hatte die Mannschaft erzielt, von denen beachtenswerte 23 auf das Konto des ehemaligen Ferencvaros-Stars gegangen waren. Dass dieser im Üllöi ut in György Sarosi inzwischen einen geeigneten Nachfolger gefunden hatte, bewiesen die 36 Saisontore, mit denen der Fußball-Doktor souverän an der Spitze der Torschützenliste stand.

In der Spielzeit 1936/37 stand der Abstieg von Erszebet Soroksar dann allerdings frühzeitig fest. Nur zwei Unentschieden standen auf der Habenseite, womit die Mannschaft weit abgeschlagen das Tabellenende zierte. Jozsef Takacs hatte seine Torquote in zwei Jahren um insgesamt 34 Ligatreffer erhöhen können, womit sich das unerwartete Comeback durchaus gelohnt hatte.

► **EINWURF**

Mit insgesamt 359 Ligatoren belegt Jozsef Takacs in der ewigen Torschützenliste der höchsten ungarischen Spielklasse hinter Imre Schlosser (411), Ferenc Szusza (393) und Gyula Zsengeller (368) den vierten Rang. Nur einen Treffer weniger als „Kis Taki" hat der große Ferenc Puskas auf dem Konto.

Nachdem Takacs also nochmals Blut geleckt hatte, schloss sich der mittlerweile 33-Jährige zur Saison 1937/38 Taxisok Budapest an. Der Ligeneuling hatte keinerlei Probleme, um sich mit 22:30 Zählern den Verbleib in der NB I zu sichern. Bester Angreifer war Jozsef Takacs, dem in seinen nun definitiv letzten 26 Ligaeinsätzen 17 Tore gelungen waren. Danach wurde es um einen der besten Angreifer des ungarischen Fußballs schnell merklich ruhiger. Nur für kurze Zeit sollte er sich als Trainer versuchen, zunächst bei seinem Heimatverein SC Vasas und im Jahr 1947 außerdem noch bei Taxisok. Joszef Takacs verstarb am 3. September 1983 in Budapest im Alter von 79 Jahren.

► **ZAHLEN UND FAKTEN**

Vereine:	1920-1926	Vasas Budapest
	1927-1934	Ferencvaros Budapest
	1935-1937	Erzsebet-Soroksar Budapest
	1937-1938	Taxisok Budapest
Tore:	309 ungarische Erstligaspiele (359 Tore)	
	20 ungarische Pokalspiele (28 Tore)*	
	21 Mitropa-Cup-Spiele (13 Tore)	
	32 Länderspiele (26 Tore)	
gesamt	382 Pflichtspiele (426 Tore)*	
	** nur bekannte Spiele und Tore*	
Erfolge:	Ungarischer Meister 1928, 1932, 1934	
	Ungarischer Pokalsieger 1928, 1933	
	Mitropa-Cup-Sieger 1928	
	Ungarischer Torschützenkönig 1926, 1928, 1929, 1930, 1932	

In der Nationalmannschaft:

Paradoxerweise wurde die Spielweise Jozsef Takacs' oft mit der von Sandor Kocsis verglichen. Paradox deshalb, weil Kocsis nicht zuletzt wegen seiner enormen Kopfballstärke gerühmt wurde, die „Kis Taki" so gänzlich abging. Ansonsten hielt Takacs dem Vergleich mit Kocsis freilich stand, war er doch genau wie der spätere Spanien-Legionär ungemein dribbelstark sowie immens torgefährlich. Wenn der rechte Innenstürmer einmal in den gegnerischen Strafraum eintauchte, hatten Abwehrspieler wie Torleute fast immer das Nachsehen. So wie am 12. Juni 1927, als ihm im Länderspiel gegen Frankreich sechs der 13 ungarischen Tore gelangen. Es waren allerdings nicht allein seine zahlreichen Torerfolge, die Takacs' enorme Popularität begründeten. Vielmehr war es sein stets bescheidenes Auftreten, welches ihn bei Fans und Berufskollegen gleichermaßen beliebt machte.

Neben dem wenig berauschenden Kopfballspiel galt vor allem Takacs' linker Fuß als Schwachpunkt. Trotzdem kam er für die ungarische Nationalmannschaft zwischen 1923 und 1933 zu 32 Länderspieleinsätzen, in denen ihm 26 Tore gelangen. Wenig glücklich war sein Einstand am 6. Mai 1923 verlaufen, als es in Wien gegen Österreich eine 0:1-Niederlage gesetzt hatte. Nachdem der Vasas-Angreifer

im zweiten Einsatz gegen Finnland (3:1) den ersten Sieg feiern durfte, trug er sich am 31. August 1924 im Üllöi ut gegen Polen auch erstmals in die Torschützenliste ein. Nachdem die Ungarn durch ein Selbsttor nach 31 Minuten in Führung gegangen waren, sorgte ein Doppelschlag von Takacs aus der 38. und 40. Minute für eine 3:0-Führung, die György Orth nach der Pause zu einem ungefährdeten 4:0-Sieg ausbauen konnte.
Auch die deutsche Nationalelf bekam am 21. September 1924 die Torgefahr Jozsef Takacs' zu spüren, als diese in Budapest eine deutliche 1:4-Niederlage einstecken musste, bei der der ungarische Rechtsverbinder in der 49. und 64. Minute getroffen hatte. Die beiden Treffer gegen Heiner Stuhlfauth schienen Takacs zu beflügeln, da dieser sich in seinen nächsten drei Einsätzen gegen Italien in Mailand (2:1), die Schweiz in Budapest (5:0) sowie Österreich in Wien (1:3) jeweils einmal in die Torschützenliste eintragen konnte. Bei der deutlichen 2:6-Pleite in Schweden am 12. Juli 1925 rettete er die Ehre seiner Mannschaft, indem er die einzigen beiden ungarischen Tore markierte. Schließlich sollte Takacs auch im Juni 1926 gegen die Tschechoslowakei ein Tor glücken, ehe er kurze Zeit später den SC Vasas verließ, um sich Ferencvaros anzuschließen.

„Kis Taki und der Riese mit den tönernen Händen

Der am 11. Februar 1895 geborene Maurice Cottenet *(Bild)* galt in den zwanziger Jahren als einer der besten, wenn nicht der beste Torhüter Frankreichs. Mit Olympique Paris war er 1921 ins Pokalfinale eingezogen, bevor er zur Saison 1926/27 die Hauptstadt verließ, um an die Côte d'Azur zu AS Cannes zu wechseln. Seit 1920 war Cottenet für die Nationalmannschaft aktiv, was für den hünenhaften wirkenden Schlussmann nicht immer ein Vergnügen darstellte, da die Equipe Tricolore seinerzeit bestenfalls zweitklassig war. So galt es für Cottenet schon beim Debüt gegen Italien eine 4:9-Klatsche zu verkraften. Immerhin hatten die Franzosen ihrem Schlussmann auch einen der größten Erfolge jener Ära zu verdanken, als dieser seiner Elf am 5. Mai 1921 einen vielbestaunten 2:1-Sieg über eine englische Amateurauswahl rettete. In 17 Länderspielen bis 1927 musste Maurice Cottenet allerdings nicht weniger als 56-mal hinter sich greifen, was ihm den zweideutigen Beinamen „Riese mit den tönernen Händen" eingetragen hatte.

Nach dem Wechsel zu Ferencvaros war „Kis Taki" ein Jahr lang nicht mehr in der Nationalelf zum Zug gekommen. Als die Ungarn am 12. Juni 1927 im Üllöi ut auf Frankreich trafen, war er erstmals wieder mit von der Partie, wobei vor allem Frankreich-Keeper Cottenet auf das Comeback gerne verzichtet hätte. Nach 90 Minuten waren ihm von den Ungarn nämlich 13 Treffer eingeschenkt worden, von denen allein sechs auf das Konto des wie entfesselt aufspielenden Takacs gegangen waren. Während die Magyaren mit dem 13:1 den höchsten Sieg ihrer Länderspielgeschichte gefeiert hatten, hatte Maurice Cottenet das Vorurteil, tönerne Hände zu besitzen, einmal mehr bestätigt. Er selbst sah es mit Galgenhumor und erklärte mit folgenden Worten den sofortigen Rücktritt aus dem Nationalteam: „Man sollte den Zeitpunkt erkennen, zu dem man noch in Schönheit abtreten kann."

► EINWURF

Während die Brüder Jozsef und Geza Takacs über Jahre hinweg gemeinsame Erfolge mit Ferencvaros Budapest feierten, standen sie kein einziges Mal gemeinsam in der Nationalelf. Gleichwohl waren sie am selben Tag zu Länderspielehren gekommen. Man schrieb den 25. März 1928, als der ungarische Verband eine Auswahl nach Rom entsandt hatte, die gegen Italien im Rahmen des damals populären Nationenpokals antrat. Gleichzeitig bestritt man in Budapest aber auch Freundschaftsspiel gegen Jugoslawien. Während man gegen die Jugos mit Verteidiger Geza Takacs einen 2:1-Sieg feiern konnte, ging die Partie in Rom – trotz eines weiteren Länderspieltreffers von „Kis Taki" – mit 3:4 verloren.

Nach dem Highlight gegen Frankreich blieb Jozsef Takacs im Nationalteam häufig hinter den Erwartungen zurück, die vor allem deswegen besonders hoch waren, weil er in der heimischen Liga gleich serienweise an der Spitze der Torjägerliste stand. Richtig überzeugen konnte er eigentlich nur im Frühjahr 1929, als ihm sowohl beim 5:4-Sieg über die Schweiz in Bern als auch beim 2:2 in Wien gegen Erzrivale Österreich ein Doppelpack gelang.
Nicht unerwähnt bleiben darf freilich auch der 28. September 1930, als die Ungarn in Dresden zu Gast waren und im Ostragehege gegen Deutschland zur Pause bereits mit 3:0 in Führung lagen. Jozsef Takacs war für den klaren Spielstand im Alleingang verantwortlich, nachdem ihm zwischen der 29. und 40. Minute ein lupenreiner Hattrick gelungen war. Dass er aber dennoch nicht als großer Held vom Platz gehen konnte, lag am Sturmlauf der deutschen Mannschaft nach dem Seitenwechsel. Andererseits war die ungarische Verteidigung völlig von der Rolle, so dass eines der besten Länderspiele von Takacs II mit einer 3:5-Pleite in die Annalen einging. Anschließend kam dieser nur noch zweimal zum Einsatz, wobei es sowohl am 13. Dezember 1931 in Turin (2:3) als auch am 22. Oktober 1933 in Budapest (0:1) gegen Italien eine Niederlage setzte.

Saison	Lsp.		Liga		Pokal	
	Sp.	T.	Sp.	T.	Sp.	T.
1920/21			2	1		
1921/22			16	6		
1922/23	1	0	22	11		
1923/24	1	0	22	13		
1924/25	7	7	22	20		
1925/26	5	3	22	29		
1926/27	1	6	12	10		
1927/28	4	2	22	31	5	10
1928/29	5	4	22	41	-	-
1929/30	5	1	22	40	3	1
1930/31	3	3	19	19	3	5
1931/32			22	42	5	1
1932/33			19	24	4	11
1933/34			13	21		
1934/35			-	-		
1935/36			26	23		
1936/37			?	11		
1937/38			26	17		

Trevor Thompson
„Big Trev“ – Chancentod und Rekordtorjäger

Schon die Anfänge seiner Karriere ließen nicht unbedingt erwarten, dass der im März 1936 in Glengormley geborene Trevor Thompson einst zum Toptorjäger von Glentoran Belfast avancieren würde. In der örtlichen Schülermannschaft wurde er nämlich zumeist als Verteidiger und zeitweise sogar als Torwart eingesetzt, woran sich auch nach dem Wechsel zu Chimney Corner in die nordöstlich von Belfast gelegene Kleinstadt Antrim nichts änderte. Immerhin tat er dies so gut, dass sich George Eastham, seines Zeichens Manager des Erstligisten FC Ards Newtownards, für den großgewachsenen Thompson zu interessieren begann, um diesem zur Saison 1955/56 ein Vertragsangebot zu unterbreiten.

Aus Thompson wird ein „Glenman“

Der 19-Jährige bestritt für den Tabellensiebten allerdings nur wenige Ligaspiele, weshalb er den Castlereagh Park vorzeitig verließ und an Derry City ausgeliehen wurde. Im Sommer 1956 erfolgte der entscheidende Karrieresprung: Thompson heuerte bei Glentoran und damit einem der beiden großen Vereine aus der Hauptstadt Belfast an, wo er

zu einem der bedeutendsten Stars der Vereinsgeschichte aufsteigen sollte. Es war das Verdienst von Manager Jimmy McIntosh, dass er dem Wunsch Thompsons entsprach, ihn künftig im Sturm spielen zu lassen, wo die Neuerwerbung freilich auf namhafte Konkurrenz traf. Zum einen war dies Sammy Lowry, den die Fans als „Monarch of the Glens“ verehrten. Als Mittelstürmer hatte dagegen Sammy Hughes *(Bild)* einen festen Stammplatz, weshalb Trevor Thompson in den ersten beiden Spielzeiten im grün-rot-schwarzen Trikot auch nur sporadisch zum Zug kam.

► EINWURF

Neben dem Landespokal (Irish Cup) werden in Nordirland Jahr für Jahr mehrere (regionale) Cupwettbewerbe ausgetragen. Just in zwei dieser Konkurrenzen konnte Trevor Thompson in der ersten Saison im Trikot der Glens reüssieren. Neben dem heute nicht mehr ausgetragenen City Cup sorgte vor allem der Gewinn des traditionsreichen Co. Antrim Shields für Jubel, nachdem im Endspiel Lisburn Distillery gleich mit 4:0 in die Schranken gewiesen worden war. Dagegen sprang in der Saison 1956/57 hinter Glenavon Lurgan und Erzrivale FC Linfield in der Meisterschaft nur der dritte Platz heraus.

Der Durchbruch gelang Thompson in der Saison 1958/59, als der neue Manager Tommy Briggs einen personellen Umbruch vollzog und Sammy Lowry und Sammy Hughes allmählich aufs Altenteil schickte. Stattdessen rückte „Big Trev“ in die Sturmmitte vor, was anfangs nicht immer auf Wohlwollen stieß. Die unorthodoxe Spielweise des 1,83 m großen Angreifers hatte den Makel, dass dieser selbst frei vor dem Tor stehend die größten Chancen vergeigte. Erst, wenn es so richtig kompliziert wurde, kam Trevor Thompson in Fahrt. Und so blieb er einerseits als Chancentod verschrien, während ihn die Anhänger der Glens wegen seiner zahlreichen Traumtore – per Hackentrick oder mit dem Rücken zum Tor stehend – mit der Zeit dennoch ins Herz schlossen. Womöglich war die Ursache für seine Abschlussschwäche darin zu suchen, dass er in jungen Jahren Verteidiger „gelernt“ hatte.

Zu den erfolgreichsten nordirischen Torjägern zählt Trevor Thompson, der mit 375 Treffern in 463 Einsätzen an der Spitze der ewigen Torschützenliste von Glentoran Belfast steht. Mit den Glens gewann er drei Meistertitel (1964, 1967, 1968) sowie einmal den Pokal (1967).

Trotz „Big Trev“ reichte es auch in der Spielzeit 1958/59 nicht zur Meisterschaft. Das Rennen machte der FC Linfield, derweil sich die Glens noch hinter FC Glenavon Lurgan mit Rang drei begnügen mussten. Darüber hinaus hatte es auch im Finale um den Gold Cup eine 0:1-Niederlage gegen den FC Coleraine gesetzt. Die Partie war im Windsor Park und damit der Arena des großen Rivalen FC Linfield über die Bühne gegangen, derweil Glentoran seine Heimspiele schon seit 1892 im Oval austrug. Als die Saison 1959/60 angepfiffen wurde, wartete man an der Dee Street in East Belfast allerdings schon seit sechs Jahren auf den nächsten Meistertitel, wobei den „Big Two“ – Linfield und Glentoran – mit Glenavon Lurgan zwischenzeitlich ein neuer Rivale erwachsen war. Die Mannschaft um Sturmführer Jimmy Jones sorgte auch jetzt wieder dafür, dass Glentoran der ersehnte Titelgewinn verwehrt blieb, nachdem die „Lurgan Blues“ die Glens im Abschlussklassement um drei Zähler abgehängt hatten.

In der Spielzeit 1960/61 konnte sich dagegen der FC Linfield den Meistertitel sichern, während die Glens auf den vierten Rang zurückfielen. Von den 58 Ligatreffern waren 22 auf das Konto von Trevor Thompson gegangen, womit sich der berüchtigte Chancentod erstmals in seiner Karriere an die Spitze der Torjägerliste gesetzt hatte. Auch nach dem Endspiel um den Gold Cup hatte dieser Grund zur Freude, da Meister Linfield mit 4:2 in Schach gehalten worden war. Das direkte Aufeinandertreffen der „Big Two“ war schon damals das Größte, was der nordirische Fußball zu bieten hatte. Umso mehr ärgerten sich die Glentoran-Anhänger in der Saison 1961/62 darüber, dass die Neuauflage des Gold-Cup-Finales mit einer 0:4-Niederlage in die Annalen eingegangen war, derweil es im Endspiel um den Co. Antrim Shield gar eine 0:5-Klatsche zu verdauen galt. Ganz zu schweigen, vom enttäuschenden siebten Platz, mit dem man in der Liga hatte vorlieb nehmen müssen. Allein Mittelstürmer Thompson durfte in Anbetracht von 18 Toren in 21 Spielen zufrieden sein, wenngleich er sich im Kampf um die Torjägerkrone Mick Lynch von FC Ards Newtownards (20 Saisontreffer) geschlagen geben musste.

Viererpack im Windsor Park

Im Spieljahr 1962/63 lag Joe Meldrum von Lisburn Distillery mit 27 Treffern an der Spitze der Torjägerliste, womit dieser ganz wesentlichen Anteil am Meistertitel seiner Elf besaß, die Glentoran im Titelrennen auf den vierten Platz verwiesen hatte. In der Saison 1963/64 durften die Glens aber endlich den ersten Meistertitel nach elf Jahren feiern. Für Trevor Thompson bedeutete dies die Krönung seiner Laufbahn, was zum einen daran lag, dass er mit 21 Toren zum zweiten Mal die Torjägerkrone abgriff. Vor allem aber war es der 4. April 1964, der ihn in den Augen der Glentoran-Fans unsterblich machte: Seit 17 Jahren war der Mannschaft kein Erfolg im Windsor Park gelungen, ehe die Blues an die Wand gespielt und mit 8:1 regelrecht in ihre Einzelteile zerlegt wurden, wobei allein vier Tore auf das Konto von „Big Trev“ gegangen waren, der später auch zu Nordirlands Fußballer des Jahres gekürt wurde.

► EINWURF

Rechnet man die Treffer aus allen Pflichtspielen zusammen, führt Trevor Thompson mit deren 375 in 463 Einsätzen die ewige Torjägerliste von Glentoran Belfast an. Damit stellt er zwei seiner Vorgänger in den Schatten: Fred Roberts, auf dessen Konto 345 Tore gegangen sind sowie Sammy Hughes mit immerhin 297 Pflichtspieltreffern.

Legendäre Auftritte im Europapokal

Bei ihrer Premiere im Meistercup trafen die Glens auf Panathinaikos Athen. Im Oval konnten die Griechen allerdings schon in der Anfangsphase zwei Tore vorlegen, ehe den Gastgebern kurz vor der Pause per Elfmeter der Anschlusstreffer gelang. In der 58. Minute war es schließlich Trevor Thompson, der seinen Farben noch ein 2:2-Remis rettete. Im Schatten der Akropolis setzte es im Rückspiel eine knappe 2:3-Niederlage, die für die Glens das Erstrunden-Aus besiegelte. Obwohl diese in der Meisterschaft nicht über den siebten Rang hinausgekommen waren, durften sie im Herbst 1965 am Messe-Cup teilnehmen, wo sie dem belgischen Vertreter RFC Antwerpen einen weiteren heißen Kampf lieferten. Nach einem 0:1 im Hinspiel an der Schelde, geriet Glentoran auch im Rückkampf bereits in der Anfangsphase mit 0:1 ins Hintertreffen, um nach der Pause zurückzuschlagen und dank des Ausgleichs von Hamilton sowie eines Doppelschlags von „Big Trev“ aus der 55. und 60. Minute mit 3:1 in Führung zu gehen. Am Ende hieß es allerdings 3:3, womit die Belgier doch noch die Oberhand behalten hatten. Während es 1965/66 in der Liga nur zu Rang drei gereicht hatte, durfte Trevor Thompson im Irish Cup einen weiteren Titelgewinn feiern, nachdem das Endspiel vor 20.000 Zuschauern im heimischen Oval gegen Meister Linfield mit 2:0 gewonnen worden war. Damit waren die Glens für den kommenden Europacup der Pokalsieger qualifiziert, wo sie dem späteren Finalisten Glasgow Rangers im Hinspiel dank eines weiteren Europacuptreffers von Trevor Thompson ein vielbestauntes 1:1 abtrotzen. Erst im Rückspiel setzte sich die größere Routine der schottischen Profis durch, die im Ibrox Park einen klaren 4:0-Sieg verbuchen konnten. Gleichwohl sollte der weitere Verlauf der Saison 1966/67 überaus erfolgreich bleiben. Die Schützlinge von Manager Billy Neill konnten sich nämlich nicht nur den Meistertitel, sondern darüber hinaus mit dem City Cup, dem Ulster Cup und dem Gold Cup noch drei weitere Trophäen sichern, so dass lediglich die 1:3-Niederlage im Endspiel des Landespokals gegen FC Crusaders Belfast die Bilanz etwas trübte.

Die Spielzeit 1967/68 sollte für den mittlerweile 31 Jahre alten Trevor Thompson dann zum denkwürdigen Schlusspunkt werden. In der Liga hatten die Glens Erzrivale Linfield um einen Zähler distanziert, womit „Big Trev“ zum dritten Mal Meister geworden war. Zudem war die Mannschaft im Europapokal der Meister abermals über sich hinausgewachsen, als sie in der Auftaktrunde Benfica Lissabon zwei Unentschieden abgetrotzt hatte. Am 13. September 1964 lagen die Nordiren bis zur 86. Minute durch einen verwandelten Elfmeter von John Colrain sogar lange in Führung, ehe Eusebio den Gästen doch noch ein 1:1 sicherte, das Benfica nach einer Nullnummer vor eigenem Publikum zum Weiterkommen reichte. Ungewollt hatte Glentoran Belfast dabei Geschichte geschrieben, nachdem man als erste Mannschaft überhaupt wegen der neu eingeführten Auswärtstorregel ausgeschieden war.

► ZAHLEN UND FAKTEN

Vereine: 1955-1956 Ards FC Newtownards
1956-1968 FC Glentoran Belfast
1967 Detroit Cougars

Tore: 183 Spiele Irish League (157 Tore)
270 diverse Pokalspiele (214 Tore)
5 Spiele USA-Liga (3 Tore)
10 Europapokalspiele (4 Tore)
6 Ligaauswahlspiele (3 Tore)
gesamt 474 Pflichtspiele (381 Tore)

Erfolge: Nordirischer Meister 1964, 1967, 1968
Nordirischer Pokalsieger 1966

Nordirischer Torschützenkönig 1961, 1964
Nordirischer Fußballer des Jahres 1964

„Once a Cougar always a Cougar“

Und dann war da noch die US-Tour, an der Glentoran im Frühsommer 1967 teilgenommen hatte. Um den Fußball in den USA populärer zu machen, waren mehrere Klubs aus Europa und Südamerika eingeladen worden, die über das ganze Land verteilt zahlreiche Einlagespiele bestritten. Die Glens hatten ihr Domizil in Detroit aufgeschlagen und wurden vom Automobilhersteller Ford gesponsert, der den Bekanntheitsgrad seines neuen Modells Cougar steigern wollte. Für den heute schwer herzkranken Trevor Thompson waren die Einsätze in der Detroit Cougar genannten Elf ein beeindruckendes Erlebnis, was vor allem an der einmaligen Kameradschaft lag („Once a Cougar always a Cougar“). Für diese wiederum war der neue Spielertrainer John Colrain verantwortlich, der als großer Motivator im Stile eines Alex Ferguson galt und in den USA die Grundlagen für „Big Trevs“ erfolgreiche Abschlusssaison legte.

Saison	Europacup		Liga		Pokal	
	Sp.	T.	Sp.	T.	Sp.	T.
1955/56						
1956/57						
1957/58						
1958/59						
1959/60						
1960/61				22		
1961/62			21	18		
1962/63	2	0				
1963/64			20	21		
1964/65	2	1				
1965/66	2	2				
1966/67	2	1				
1967			5	3		
1967/68	2	0				

Geza Toldi
Vom „Golkiraly" zum Meistermacher

Obwohl Geza Toldi zu den besten zehn ungarischen Ligatorschützen aller Zeiten zählt, stand er im Trikot von Ferencvaros doch zumeist im Schatten von Dr. György Sarosi. Der drittbeste Torschütze des Rekordmeisters kam am 11. Februar 1909 in Budapest zur Welt. Im I. Stadtbezirk, wo seine Eltern in einem Mietshaus lebten, kam er früh mit dem runden Leder in Berührung. Als klassischer Straßenfußballer jagte er diesem in den engen Häuserschluchten nahe des Donauufers in der Avarstraße hinterher, um bald gemeinsam mit den Kameraden eine Bezirksauswahl ins Leben zu rufen. Zu seinen Mitspielern gehörte Bela Magda, der später wie Toldi selbst für Ferencvaros aktiv sein sollte.

Beim Debüt gleich doppelt getroffen

Betreut wurde der FTC Mitte der zwanziger Jahre von Istvan Toth-Potya, der über ein Team von internationalem Format verfügte, dass sich nach Einführung des Profifußballs anschickte, die Vormachtstellung von Erzrivale MTK zu übernehmen. Für Geza Tunigold – so die eigentliche Version seines Nachnamens – war es somit eine große Auszeichnung, zu Beginn des Jahres 1928 erstmals das grün-weiße Trikot überstreifen zu dürfen. Erst wenige Wochen zuvor war er von den Grün-Weißen unter Vertrag genommen worden, nachdem er bei einem Jugendturnier an Weihnachten 1927 die Talentsichter von Fradi überzeugt hatte. Ohnehin legte man im Üllöi ut großen Wert auf eine gute Nachwuchsarbeit, da man gemeinsam mit Toldi auch den jungen Elemer Berkessy verpflichtet hatte. Beide blieben jedoch in der Heimat, als die Mannschaft im Januar eine Reise nach Ägypten unternahm.

► EINWURF
Dass Geza Tunigold in Fußballerkreisen als Geza Toldi populär wurde, war auf Vereinsboss Imre Szigety zurückzuführen. Szigety war für die Einführung professioneller Strukturen bei Fradi verantwortlich und daher der Meinung, dass sich ein Spieler namens Tunigold nicht so gut „vermarkten" ließe. „Toldira" erschien dem Vorsitzenden die bessere Alternative, bis er sich auf das griffige „Toldi" verlegte, welches den zahlreichen Anhängern im Üllöi ut beim Torschrei problemlos über die Lippen ging.

Nach der Rückkehr aus Nordafrika hatte sich der Halblinke Ferenc Szedlacsik jedoch eine Verletzung zugezogen, so dass vor dem Ligaspiel am 22. Februar 1928 dringend Ersatz benötigt wurde. Die Wahl fiel auf den großgewachsenen Geza Toldi, der vor dem Heimspiel gegen AC Dorog von seinem Coach mit allerlei Ratschlägen und Anweisungen ausgestattet wurde. Tatsächlich fielen diese auf fruchtbaren Boden, konnte der Debütant beim 9:0-Kantersieg doch gleich als zweifacher Torschütze in Erscheinung treten. Allerdings verfügte der heutige Rekordmeister seinerzeit über eine eingespielte Mannschaft, weshalb der gerade 19-Jährige nur noch zu einem weiteren Einsatz in der Liga sowie deren zwei in der Magyar Kupa kam, welche Fradi – genau wie die Meisterschaft – als Sieger abschloss.
Da Ferencvaros im Sommer 1928 auch noch den Mitropa-Pokal gewann, zählte der „Triple-Sieger" Ende der zwanziger Jahre zu den stärksten mitteleuropäischen Fußballmannschaften, weshalb es für die Qualitäten Geza Toldis sprach, dass dieser sich schnell einen Stammplatz bei den Grün-Weißen erkämpfen konnte.
Geza Toldi maß stattliche 1,90 Meter, womit er von seiner Statur an den Österreicher Hans Binder erinnerte. Genau wie der Rapidler war auch Toldi ein echter „Brecher", der mit seinem wuchtigen Antritt zahlreiche Lücken in die gegnerischen Abwehrreihen riss. Trotz seiner immensen Kopfballstärke agierte er zumeist vom linken Flügel aus, um sich ab 1933 im Innensturm mit dem spielstarken Dr. Sarosi hervorragend zu ergänzen. Bevor das neue Sturmduo von Ferencvaros jedoch seinen Dienst aufnehmen konnte, gab Jozsef Takacs im Angriff der Grün-Weißen den Ton an, der sich auch in der Saison 1928/29 mit 41 Treffern zum „Golkiraly" der höchsten ungarischen Spielklasse krönen konnte.
Geza Toldi zählte dagegen (wie auch noch in der kommenden Spielzeit) zu den Edelreservisten. Als solcher kam er in zwei Jahren insgesamt 27-mal zum Einsatz und traf dabei immerhin 19-mal ins Schwarze, derweil es für Fradi sowohl 1928/29 als auch 1929/30 zur Vizemeisterschaft reichte. Immer dann, wenn einer der Etablierten passen musste, schlug Toldis große Stunde. So wie am 25. November 1928, als Jozsef Turay verletzt zusehen musste und er beim 9:0 über Vasas Budapest einen Dreierpack schnürte. Unvergessen auch seine Leistung im Rahmen einer Freundschaftsspielserie auf der Iberischen Halbinsel Anfang 1929, als die Grün-Weißen Belenenses Lissabon mit 6:0 klar die Grenzen aufzeigten und Geza Toldi *(Bild)* abermals drei Tore erzielte.

Das aufstrebende Talent des ungarischen Fußballs durfte sich im Spieljahr 1930/31 über weitere elf Ligatreffer freuen sowie darüber hinaus fünf im nationalen Pokal, wo Ferencvaros bis ins Endspiel vordringen konnte. Auf dem Weg dorthin waren die Grün-Weißen kaum zu bändigen, wie das 15:0 vom 29. März 1931 über den bedauernswerten Stadtrivalen PVSK Budapest zeigt, bei dem sich Toldi dreimal in die Torschützenliste eingetragen hatte. Selbst der kommende Meister Ujpest hatte keine Chance und wurde auch dank weiterer zwei Torerfolge Toldis mit 6:1 geschlagen. Der Pokalsieg gegen III. Kerület schien damit reine Formsache, doch erwischten die Grün-Weißen gegen die Elf aus dem 3. Budapester Stadtbezirk einen rabenschwarzen Tag und unterlagen mit 1:4.

Im Verbund mit Dr. Sarosi

Seit der Saison 1930/31 spielte auch György Sarosi im Üllöi ut, der allerdings zunächst noch in der Abwehr ran musste. Immer noch gab Jozsef Takacs den Ton im Sturmzentrum an, auf dessen Konto im Spieljahr 1931/32 stolze 42 Treffer gingen. Aber auch Geza Toldis Bilanz konnte sich sehen lassen: Der linke Verbindungsstürmer hatte in nur 17 Einsätzen 23-mal eingenetzt, womit er auf dem dritten Platz der Torschützenliste der NB I rangierte. Wie gut das Sturmtandem der Franzenvorstädter harmonierte, bekam Vasas Budapest zu spüren, das dank dreier Toldi-Tore und einem Doppelpack von Takacs II mit 5:1 geschlagen wurde. In der Offensive derart gut aufgestellt, stand der Meistertitel zu keiner Zeit in Frage. Der 105-Tore-Angriff verwies mit der Maximalpunktzahl von 44:0

Verfolger Ujpest mit einem Acht-Zähler-Rückstand auf den zweiten Platz. Eine Niederlage in der Finalwiederholung gegen den MTK Budapest (1:1, 3:4) kostete Fradi allerdings den möglichen Doublegewinn.

Geza Toldi in Aktion. Das Foto stammt aus dem Jahr 1930 und zeigt Toldi, wie er im Üllöi ut mit dem Außenrist einen Treffer erzielt. Zu den Beobachtern (ebenfalls im gestreiften Trikot) zählt Teamgefährte Ferenc Szedlacsik.

Im Vorfeld der Saison 1932/33 begab sich Ferencvaros auf Deutschland-Tournee. Während Geza Toldi den Sportfreunden aus Esslingen drei Tore einschenkte, traf er beim 7:0 über eine Kasseler Stadtauswahl gleich fünffach. In der heimischen Liga musste sich der Titelverteidiger mit dem dritten Platz zufrieden geben. Höhepunkt der Saison war somit das Pokalfinale am 25. Mai 1933 gegen Meister Ujpest, welches mit einem sensationellen 11:1-Erfolg in die Annalen einging. Herausragender Akteur auf dem Platz war Jozsef Takacs mit vier Treffern, während auf das Konto des 16-maligen Ligatorschützen Geza Toldi das zwischenzeitliche 6:0 gegangen war.

► EINWURF

Im Trikot von Ferencvaros absolvierten Geza Toldi und Dr. György Sarosi jeweils 42 Spiele im Mitropapokal, womit beide hinter Außenläufer Gyula Lazar (44 Einsätze) und ex aequo mit Schlussmann Jozsef Hada den zweiten Rang in der vereinsinternen Rekordliste belegen. Auch in Sachen Tore ist Geza Toldi bei Ferencvaros Zweiter, nachdem er summa summarum 29 Mitropa-Cup-Treffer auf sein Konto gebracht hat. Deutlich besser als er war allerdings Dr. Sarosi, der bei gleicher Anzahl an Einsätzen nicht weniger als 49 Torerfolge bejubeln durfte, die ihn auch zum besten Mitropa-Cup-Torjäger avancieren ließen. Auch in der allgemeinen Torschützenliste rangiert Geza Toldi auf dem zweiten Platz, gemeinsam mit dem legendären Inter-Angreifer Giuseppe Meazza, der für seine 29 Tore allerdings nur 27 Einsätze benötigt hatte.

Obwohl Takacs II gegen Ujpest geglänzt hatte, wurde dieser in der Spielzeit 1933/34 von Trainer Zoltan Blum ins zweite Glied verbannt. Fortan bildeten Geza Toldi und György Sarosi das Angriffsduo der Grün-Weißen, das Ferencvaros Budapest mit 89:31 Toren und 39:5 Punkten zu einem weiteren Meistertitel ballerte. Die Entscheidung im Titelrennen fiel in der letzten Runde durch einen 6:0-Erfolg über Phöbus Budapest, bei dem Toldi und Sarosi je zweimal erfolgreich waren. Geza Toldi durfte sich danach aber nicht nur über eine weitere Meisterschaft, sondern darüber hinaus über den Gewinn der Torjägerkrone freuen, der ihm mit 27 Treffern zum ersten und einzigen Mal in seiner Karriere gelungen war.

Stark sollte sich der „Golkiraly“ (Torschützenkönig) auch zu Beginn des Spieljahres 1934/35 präsentieren, als er in nahezu jeder Partie einen Treffer erzielen konnte. Es folgte eine monatelange Durststrecke, die erst am 5. Mai 1935 endete, als Toldi beim 5:0-Auswärtssieg über III. Kerület Budapest zwei Treffer schoss. Während er in der Liga insgesamt nur neunmal ins Schwarze getroffen hatte, konnten sich sechs Torerfolge in drei Pokalspielen sehen lassen. Besonders am 10. Februar war er mit vier Treffern beim 9:2 über Attila Miskolc nicht zu halten, was freilich auch auf György Sarosi zutraf, der ebenso oft getroffen hatte. Aber auch im mit 2:1 gewonnenen Endspiel der Magyar Kupa gegen Erzrivale MTK durfte sich Geza Toldi als Torschütze feiern lassen.
Bei der anschließenden Teilnahme am Mitropa-Cup traf Ferencvaros in der Vorschlussrunde auf die Wiener Austria, die im Budapester Hinspiel mit 4:2 geschlagen wurde. Im heimischen Praterstadion führten die Violetten kurz vor der Pause mit 1:0, ehe Toldi Sindelar & Co. mit dem Ausgleich den Wind zunächst aus den Segeln nahm. Dennoch zogen die Wiener nach dem Seitenwechsel auf 3:1 davon, als Toldi mit seinem zweiten Treffer in der 68. Minute den 2:3-Endstand sowie den Finaleinzug sicherstellte. Im ersten Endspiel am 8. September 1935 erwischten die Grün-Weißen vor 34.000 Zuschauern im Üllöi ut einen glänzenden Start und lagen durch Treffer von Toldi (16.) und Kiss (27.) nach einer halben Stunde gegen Sparta Prag mit 2:0 in Führung. In der 71. Minute sorgte der Belgier Braine aber für das Anschlusstor, um beim 3:0-Rückspielsieg der Sparta-Elf gleich zweimal zu treffen, womit er den Traum vom zweiten Mitropa-Cup-Titel der Ungarn praktisch im Alleingang zerstörte.

Die Mannschaft von Ferencvaros Budapest in der Saison 1934/35, die durch einen 2:1-Finalsieg über MTK Budapest die Magyar Kupa gewann und später auch das Finale des Mitropa-Pokals erreichte. Oben als Vierter von rechts Geza Toldi, ganz rechts Trainer Zoltan Blum. Nachdem Blum den bisherigen Sturmführer Jozsef Takacs (stehend, Fünfter von links) aussortiert hatte, kehrte „Kis Taki“ dem Verein noch in der laufenden Spielzeit den Rücken.

Obwohl Geza Toldi in der Spielzeit 1935/36 mit 28 Treffern einen persönlichen Torrekord aufstellte, reichte es hinter seinem Kapitän György Sarosi (36 Toren) in der Torschützenliste der NB I lediglich zum dritten Platz. Trotz 103 Saisontreffern hatten die Grün-Weißen in Anbetracht von neun Zählern Rückstand auf MTK auch keine Chance auf den Meistertitel, so dass sie sich ebenfalls mit Rang drei begnügen mussten. Seine stärkste Leistung war Toldi im Ligaspiel beim mühevollen 3:2-Sieg gegen den FC Szeged geglückt, als sämtliche Fradi-Treffer auf sein Konto gegangen waren. Während er im Karriereverlauf insgesamt 15 Dreierpacks bejubeln durfte, liegt die persönliche Rekordmarke bei vier Torerfolgen in einem Ligaspiel.

Die Krone Mitteleuropas

Am Ende der Saison 1936/37 musste sich die Mannschaft in der NB I einen Zähler hinter MTK mit der Rolle des Kronprinzen begnügen, obwohl sie mit 102 Treffern wieder über den besten Angriff der Liga verfügte. Einer seiner beiden Viererpacks war Geza Toldi in der Partie gegen Kispest gelungen, als der Honved-Vorläufer vor eigenem Publikum mit 10:0 in seine Einzelteile zerlegt worden war. Zwar vermochte Toldi mit 28 Treffern seine Bestmarke aus dem Vorjahr zu wiederholen. Doch reichte diese in der Torschützenliste nur zum vierten Platz.

In dieser Szene im Rahmen einer Südamerika-Tournee 1929 stellt Geza Toldi (rechts) seine Kopfballstärke unter Beweis.

Als Vizemeister war Ferencvaros erneut für den Mitropa-Cup qualifiziert, wo mit Slavia Prag zum Auftakt gleich ein dicker Brocken wartete. Die ohne ihren Neuzugang Pepi Bican angetretnen Rotsterne kamen aber an der Moldau nicht über ein 2:2 hinaus, bei dem Geza Toldi in der 65. Minute den zweiten Budapester Treffer erzielt hatte. Noch besser lief es für ihn im Rückspiel, als er beim 3:1 im Üllöi ut gleich doppelt traf. Auf dem Weg in die Endspiele wartete in der Runde der letzten Acht die First Vienna, gegen die Toldi zunächst einen 2:1-Heimerfolg herausschoss. Die 0:1-Rückspielpleite in Wien erforderte ein drittes Spiel, das Ferencvaros am 14. Juli 1937 dank zweier weiterer Toldi-Tore vor eigenem Publikum mit 2:1 für sich entschied. In der Vorschlussrunde stand die Mannschaft nach einer 1:4-Abfuhr zum Auftakt bei der Wiener Austria schon vor dem Aus. Allerdings hatte man auf einige wichtige Spieler verzichten müssen, die vor dem Rückkampf am 25. Juli wieder ins Team zurückkehrten und für einen fulminanten 6:1-Sieg sorgten, den Toldi mit „seinem" Treffer nach 83 Minuten besiegelt hatte.

In den Finalspielen bekamen es die Schützlinge von Emil Rauchmaul im Herbst 1937 mit Lazio Rom zu tun. Im Üllöi ut eröffnete Geza Toldi den Torreigen mit seinem Treffer aus der 22. Minute und leitete damit einen 4:2-Sieg ein, bei dem Sturmpartner Dr. Sarosi nach der Pause als dreifacher Torschütze glänzte. Das Rückspiel am Tiber war besonders in der ersten Hälfte an Dramatik nicht zu überbieten: Nachdem die Gäste nach nur acht Minuten schon mit 2:1 vorne lagen, gelang Lazios Mittelstürmer Silvio Piola zwischen der 19. und 36. Minute ein Hattrick, der das Hinspielresultat egalisierte. Nur eine Minute nach dem 4:2 sorgte Geza Toldi aber wieder für Ernüchterung auf Seiten der Heimelf, indem er den dritten Treffer der Grün-Weißen erzielte, die nach dem Seitenwechsel schließlich auf 5:4 davonzogen und sich damit nach neun Jahren wieder den Mitropa-Cup sicherten. Während Geza Toldi in der Torschützenliste den dritten Platz belegte, hatte sich György Sarosi mit insgesamt sechs Endspieltreffern noch an die Spitze gesetzt.

Schlussakkord im Fradi-Dress

Nach dem damals größtmöglichen Triumph im internationalen Vereinsfußball durfte Geza Toldi am Ende der Spielzeit 1937/38 die vierte Meisterschaft seiner Karriere bejubeln, zu der er als Dritter der Torschützenliste weitere 27 Treffer beigesteuert hatte. Zweimal war der 28-jährige WM-Fahrer mit drei Toren zur Stelle gewesen: Am 4. Spieltag beim 12:1-Kantersieg über den SC Törekves sowie nur eine Woche später beim 5:0 über den FC Phöbus. Im Mitropa-Cup zogen die Grün-Weißen abermals in die Endspiele ein, um sich dort allerdings Slavia Prag mit 2:2 und 0:2 geschlagen geben zu müssen. Fünf Tore waren im laufenden Wettbewerb auf Toldis Konto gegangen, gleich vier davon gegen Ripensia Timisoara (5:4, 4:1), wo er nach einem Dreierpack in Rumänien auch im heimischen Üllöi ut einmal ins Schwarze traf.

Die Saison 1938/39 – die vorläufig letzte, in der Geza Toldi das grün-weiße Ferencvaros-Trikot überstreifte – sollte die Mannschaft einen Zähler hinter Ujpest als Vizemeister abschließen. Noch einmal 17 Tore waren ihm in 21 Ligaspielen geglückt, sein letztes am 14. Mai 1939 beim 3:0 über Elektromos Budapest. Eine denkwürdige Leistung hatte Toldi auch am 16. Juli abgeliefert, als er beim 4:1 Mitropa-Cup-Sieg über den FC Bologna viermal getroffen hatte. Damit standen die Grün-Weißen zum dritten Mal in Folge im Endspiel des damals wichtigsten mitteleuropäischen Klubwettbewerbs, wo am 23. und 30. Juli Ligarivale Ujpest wartete. Da dieser aber schon das Hinspiel im Üllöi ut mit 4:1 für sich entschied und Fradi im Rückspiel nicht über ein 2:2 hinauskam, war der erhoffte Titelgewinn für Geza Toldi zum Abschied ausgeblieben.

Er wollte es noch einmal wissen!

Mit Anfang 30 fühlte sich Geza Toldi immer noch fit genug, so dass er sich nach 207 Ligatreffern für Fradi in den kommenden beiden Spieljahren dem kleinen Stadtrivalen FC Gamma anschloss, für den er in 34 Spielen 22 Tore erzielte. Nach dem achten Platz in der Spielzeit 1939/40 reichte es im Jahr darauf zu Rang neun. Es folgte eine Saison im Trikot des Provinzklubs FC Szeged, in der Toldi mit 23 Toren nochmals seine Klasse unter Beweis stellte und sein Team auf den vierten Platz in der NB I führte.

Im Sommer 1942 kehrte er daraufhin zu seiner alten Liebe Ferencvaros zurück. Allerdings wurde er von Trainer Istvan Toth-Potya in der Hinserie nur sporadisch eingesetzt, so dass er lediglich elf Spiele bestritt und dabei zehn Tore erzielte. Während es in der Meisterschaft nur zum dritten Platz reichte, durfte sich Toldi auf seine alten Tage noch einmal über die Magyar Kupa freuen. Allerdings kam er nur im Spiel gegen SzKRT Budapest – dem Verein der Budapester Straßenbahner – zum Einsatz, wo ihm beim 2:0-Erfolg der Führungstreffer gelang. Im Endspiel setzte der neue Trainer Alfred Schaffer dagegen nicht auf Toldi, so dass dieser den 3:0-Erfolg über BTC Salgotarjan nur von der Seitenlinie aus verfolgte. Das letzte von 225 Ligaspielen für die Grün-Weißen absolvierte er am 20. Juni 1943 gegen AC Ujvidek (Ujvidek ist der ungarische Name der in der Vojvodina gelegenen Stadt Novi Sad, die 1941 an Ungarn gefallen war), bei dem Geza Toldi standesgemäß beide Tore zum 2:1-Sieg schoss. Unter dem Strich kam er damit auf 217 Torerfolge für die Grün-Weißen, mit denen er in der klubinternen Bestenliste hinter György Sarosi (350) und Imre Schlosser (269) auf dem dritten Platz rangiert.

Nach einem Jahr Pause sollte Geza Toldi in der Saison 1945/46 ein Comeback im Dress des Budapester Stadtteilklubs Madisz Zuglo geben. Der inzwischen 36-Jährige traf in 35 Einsätzen insgesamt 13-mal ins Schwarze und trug so dazu bei, dass sich seine Mannschaft für die Relegationsrunde zur ab der nächsten Spielzeit wieder eingeleisigen ungarischen Liga qualifizierte. Allerdings wurde der Sprung in die NB I als Tabellensechster knapp verfehlt, womit die aktive Laufbahn Geza Toldis mit einer leisen Enttäuschung zu Ende gegangen war.

► **ZAHLEN UND FAKTEN** Geza Toldi als Spieler

Vereine: 1927-1939 Ferencvaros Budapest
1939-1941 FC Gamma Budapest
1941-1942 FC Szeged
1942-1943 Ferencvaros Budapest
1945-1946 Madisz Zuglo

Tore: 324 ungarische Erstligaspiele (275 Tore)
19 ungarische Pokalspiele (17 Tore)
42 Mitropa-Pokalspiele (29 Tore)
46 Länderspiele (25 Tore)
gesamt 431 Pflichtspiele (346 Tore)

Erfolge: Ungarischer Meister
1928, 1932, 1934, 1938
Ungarischer Pokalsieger
1928, 1933, 1935, 1943
Mitropa-Pokal-Sieger 1937

Ungarischer Torschützenkönig 1933/34

Erste Erfolge auf der Trainerbank

Über die Anfänge von Geza Toldis langer Trainerlaufbahn liegen widersprüchliche Informationen vor. Nachdem er kurzzeitig Madisz Zuglo in seiner ungarischen Heimat betreut hatte, verschlug es ihn nach Finnland, wo er zunächst im Westen des Landes, in Vaasa vor Anker ging. Während ihn manche Quellen beim heute nahezu in der Versenkung verschwundenen IFK verorten, sehen ihn andere beim Lokalrivalen VPS, der heute den Fußball innerhalb der Stadtmauern dominiert. Die spärlichen Informationen über den finnischen Nachkriegsfußball lassen am ehesten ein Engagement für Vaasa PS vermuten, das sich auf die Zeit zwischen 1948 bis 1950 erstreckt hat. Dabei war es Geza Toldi gelungen, die finnischen Feierabendfußballer im Spieljahr 1948 zum Gewinn der Meisterschaft zu führen, nachdem diese im Entscheidungsspiel um den dem Titel TPS Turku mit 3:0 deutlich in die Schranken gewiesen hatten. Nachdem es 1949 immerhin noch zur Vizemeisterschaft reichte, kehrte Toldi dem „Land der tausend Seen“ im Laufe des Jahres 1950 den Rücken.

In Dänemark sollte die Trainerkarriere des ungarischen Vizeweltmeisters von 1938 dann richtig Fahrt aufnehmen. Ab Herbst 1950 heuerte er als Nachfolger von Denis Neville beim Odense Boldklub an, den er auf Anhieb zur Vizemeisterschaft führte. Bei 19:17 Punkten belief sich der Rückstand auf Meister Akademisk Kopenhagen allerdings auf deutliche neun Zähler. Das Torverhältnis von 19:26 sprach indes dafür, dass der ehemalige Angreifer Geza Toldi nur wenig attraktiven Fußball spielen ließ. Insgesamt vier Jahre sollte der Ungar beim OBK verweilen, den er 1952/53 nochmals auf den dritten Rang führte. Da es in der Spielzeit 1953/54 jedoch erst am letzten Spieltag zum Klassenerhalt reichte, musste Toldi schließlich seinen Trainerstuhl räumen.

Meistertrainer im Norden Jütlands

Mit Trainer Geza Toldi hatte Odense BK die bis dahin dominanten Vertreter der Hauptstadt mehrfach herausgefordert. Die Spielzeit 1953/54 sah mit Köge BK dann den ersten Landesmeister, der nicht in Kopenhagen beheimatet war. Allzu hoch waren die Erwartungen freilich nicht, als der Ungar im Herbst 1954 bei Aarhus GF unterschrieb, da die Gymnastikvereinigung im Vorjahr als Siebter nur knapp dem Abstieg entgangen war. Innerhalb kürzester Zeit formte er aus der einstigen grauen Maus aber eine echte Spitzenmannschaft, die in Dänemark das Geschehen nahezu nach Belieben beherrschte. Akteure wie Aage Rou Jensen, Erik Jensen oder Henry From standen für die „Goldene Ära“ des Vereins aus dem Norden Jütlands, die in der Saison 1954/55 mit dem Doublegewinn begann und die den Fans im Jahr darauf gleich noch einen weiteren Meistertitel bescherte. Nachdem Geza Toldi Aarhus verlassen hatte, übernahm dessen Nachfolger Peter Vesterbak ein intaktes Team, das 1956/57 nicht nur den Meisterschaftshattrick vollendete, sondern darüber hinaus einen weiteren Pokalsieg einfahren konnte.

Aarhus GF gewann in der Spielzeit 1954/55 nicht nur seine erste Landesmeisterschaft, sondern durch ein 4:0 im Finale über Aalborg Chang auch den erstmals ausgespielten Pokal. Auf dem Foto präsentiert sich das Team mit Svenning Pilgaard, Gunnar Kjeldberg, Henning Bjerregaard, Aage Rou Jensen, Frede Kjeldsen, Geza Toldi (hinten von links), John Amdisen, Erik Jensen, Henry From, Hans Nielsen, Per Knudsen und Jörgen Olsen (vorne von links).

Dänemark wird zur zweiten Heimat

Vier Jahre musste man in Aarhus ohne Geza Toldi auskommen, nachdem dieser zunächst in Kairo beim SC Zamalek angeheuert hatte, den er in der Spielzeit 1956/57 zur Vizemeisterschaft führte. Es folgte ein siebenmonatiges Engagement als belgischer Nationaltrainer, dessen Höhepunkt ein 8:3-Erfolg im WM-Qualifikationsspiel gegen Island in Brüssel darstellte. Da die Roten Teufel die globalen Titelkämpfe in Schweden jedoch verpassten, musste Toldi schon im Frühjahr 1958 den Stuhl räumen. Obwohl als Nationaltrainer gescheitert, blieb der Ungar weitere zwei Spielzeiten in Belgien tätig und übernahm den Antwerpener Stadtteilklub Berchem Sport. Nachdem der Underdog 1958/59 als Zehnter durchaus überzeugt hatte, erfolgte im Jahr darauf der Abstieg aus dem belgischen Oberhaus, was für Geza Toldi das Ende seiner Trainertätigkeit im Land der Flamen und Wallonen bedeutete.

Ohne seinen Meistermacher war Aarhus GF nach dem Titelhattrick etwas vom Kurs abgekommen, so dass sie im Lager der Blau-Weißen heilfroh waren, Toldi während des Spieljahres 1960 wieder begrüßen zu dürfen. Mit dem Ungarn knüpfte der Vorjahresfünfte auf Anhieb an vergangene Zeiten an und sicherte sich den vierten Meistertitel der Vereinsgeschichte und darüber hinaus – durch einen 2:0-Finalsieg über Frem Sakskobing – auch noch den Landespokal. Auch 1961 stand AGF als Pokalsieger fest,

nachdem die Mannschaft zuvor schon im Europapokal der Landesmeister für Furore gesorgt und mit dem Erreichen des Viertelfinales einen der größten internationalen Erfolge des dänischen Klubfußballs gefeiert hatte. Nach dem Spieljahr 1964 sollte sich Geza Toldi mit dem Gewinn der Vizemeisterschaft von den Blau-Weißen verabschieden. Noch heute ist er, der mit Abstand erfolgreichste Trainer der Klubgeschichte, auf dessen Konto je drei Meistertitel und Pokalsiege gehen.
Danach arbeitete Toldi noch ein weiteres Jahrzehnt als Trainer, ohne allerdings an die Erfolge mit AGF anknüpfen zu können. Von 1965 bis 1966 betreute er Viby IF, einen unterklassigen, in Aarhus ansässigen Verein. Immerhin zweitklassig spielte die Mannschaft von B 1909 Odense, die Geza Toldi im Spieljahr 1967 ins Oberhaus führte. Nach dem Abstieg 1969 versuchte sich der Ungar in der 3. Division West bei einem Verein namens IK Skovbakken, ohne auch dort nennenswerte Erfolge zu verzeichnen. Allerdings spielte die sportliche Perspektive für Geza Toldi nicht mehr die ganz große Rolle. Der Ungar war inzwischen in Dänemark heimisch geworden, so dass er sich zwischen 1972 und 1975 darauf einließ, sein Wissen den Spielern von Braedstrup Horsens zu vermitteln, die in einer der unterklassigen Ligen von Jütland kickten. Erst nach Beendigung seiner Trainerkarriere kehrte Toldi wieder nach Budapest zurück, wo er am 16. August 1985 verstarb.

► **ZAHLEN UND FAKTEN** Geza Toldi als Trainer

Vereine:	1947 (?)	Madisz Zuglo
	1948-1950	Vaasa IFK
	1950-1954	Odense BK
	1954-1956	Aarhus GF
	1956-1957	SC Zamalek Kairo
	1957-1958	Belgische Nationalmannschaft
	1958-1960	Berchem Sport Antwerpen
	1960-1964	Aarhus GF
	1965-1966	Viby IF (Aarhus)
	1967-1969	B 1909 Odense
	1970-1971	IK Skovbakken (Aarhus)
	1972-1975	Baedstrup Horsens
Erfolge:	Finnischer Meister 1948	
	Dänischer Meister 1955, 1956, 1960	
	Dänischer Pokalsieger 1955, 1960, 1961	

In der Nationalmannschaft:
Am 14. April 1929 durfte der gerade 20 Jahre alt gewordene Geza Toldi sein Debüt in der ungarischen Nationalmannschaft feiern. In Bern wurden 19.000 Zuschauer Zeugen eines packenden Spiels gegen die Schweiz, welches die Magyaren nach 90 Minuten mit 5:4 für sich entschieden. Für Toldi ein gelungener Einstand, nachdem er in der 56. Minute für die zwischenzeitliche 3:2-Führung verantwortlich gezeichnet hatte. Wie bei Ferencvaros Budapest stand er freilich noch ein wenig im Schatten von Mittelstürmer Jozsef Takacs, der mit zwei Torerfolgen bester Spieler seiner Elf gewesen war.
Fast auf den Tag genau ein Jahr darauf gelang es Toldi erstmals, Takacs II vergessen zu machen: Am 13. April 1930 waren die Ungarn erneut in die Schweiz gereist, denen sie – diesmal in Basel – ein 2:2 abtrotzten, wobei Toldi in der 37. und 63. Minute beide Gästetreffer erzielt hatte. Verbandskapitän Mihaly Pataki zeigte sich von seinem Angreifer restlos begeistert und meinte, dieser sei seiner Zeit ganz eindeutig voraus.
Weniger mit Lob überschüttet dürfte er dagegen von Pataki-Nachfolger Ödön Nadas worden sein, als die Ungarn am 24. April 1932 in Wien gegen Österreich eine 2:8-Lektion erteilt bekamen. Aus dem einstigen „Schmieranski-Team" war inzwischen das legendäre Wunderteam geworden, das nahezu jeden Gegner in Grund und Boden spielte. Matthias Sindelar & Co. „scheiberlten" auch vor 62.000 Zuschauern auf der Hohen Warte drauflos, wobei der „Papierene" selbst dreimal und Toni Schall sogar viermal ins Schwarze getroffen hatte. Während der österreichische Halblinke damit den Vogel abgeschossen hatte, kam dessen ungarischem Pendant die Rolle des Schurken zu, da Geza Toldi in der 63. Minute nach einem Foul des Feldes verwiesen worden war.
Der Fauxpas bedeutete indes nur einen kleinen Rückschlag. Schon im nächsten Länderspiel gegen Italien war Toldi wieder mit von der Partie und sicherte seiner Elf mit einem verwandelten Elfmeter kurz vor der Pause ein 1:1-Unentschieden. Ein wichtiger Treffer glückte ihm auch am 18. September 1932 gegen die Tschechoslowakei in Budapest. Puc hatte die Gäste eine gute Viertelstunde vor Schluss in Führung gebracht, als der ungarische Linksverbinder fünf Minuten später mit dem Ausgleich zur Stelle war, ehe Titkos noch das 2:1-Siegtor markierte.
Die erste Weltmeisterschaft 1930 hatte noch ohne die ungarische Nationalelf stattgefunden. Dass die Magyaren aber durchaus WM-Reife besaßen, hatte sich im Juli 1929 gezeigt, als Ferencvaros Budapest auf einer Südamerika-Tournee brilliert und u.a. den kommenden Weltmeister und zweifachen Olympiasieger Uruguay in Montevideo mit 3:2 in die Schranken gewiesen hatte. Bei jenem historischen Erfolg über Andrade & Co. waren die Experten vor allem vom „T"-Sturm der Grün-Weißen angetan, dem neben Geza Toldi noch Tancos, Takacs II, Turay sowie Kohut angehörten, dessen Name freilich von hinten gelesen werden muss, damit er ins Konzept passt.

Im letzten Spiel vor dem Weltmeisterschaft in Italien gelang der ungarischen Nationalmannschaft am 10. Mai 1934 in Budapest ein prestigeträchtiger 2:1-Sieg über England. Die siegreiche Elf mit Sternberg, Vago, Szücs, Avar, Rökk, Szalay, Kemeny, Lazar, Sarosi, Hada und Toldi (von links).

Aufgeschoben ist nicht aufgehoben! Dachten sich auch die Ungarn, die ihre verhinderte erste WM-Expedition kurzerhand vier Jahre später unternahmen, als das Turnier erstmals in Europa stattfand. Um nach Italien zu fahren, musste die Mannschaft lediglich Bulgarien aus dem Weg räumen, was mit zwei 4:1-Siegen auch erwartungsgemäß problemlos gelang. Der Hinspielerfolg vom 25. März 1934 scheint im Nachhinein allerdings souveräner, als er tatsächlich zustande gekommen ist. Die hochfavorisierten Gäste hatten in Sofia schon eines verwandelten Elfmeters nach einer Stunde bedurft, um nach dem überraschenden Rückstand vor der Pause mit 2:1 in Führung zu gehen. Erst als Geza Toldi in der 88. Minute den dritten ungarischen

Treffer erzielte, begann sich das standesgemäße Endergebnis abzuzeichnen.
Dennoch wurden die Ungarn vor der Endrunde in Italien zu den Mitfavoriten gezählt, nachdem sie im letzten Vorbereitungsspiel am 10. Mai Lehrmeister England im Üllöi ut mit 2:1 geschlagen hatten. Das Auftaktspiel gegen Ägypten schien keine große Sache, wenn die Nordafrikaner nicht so etwas wie der Angstgegner gewesen wären, nachdem sie Ungarn bei Olympia 1924 sensationell mit 0:3 ausgeschaltet hatten. Auch am 27. Mai 1934 leisteten die Ägypter in Neapel heftigen Widerstand, um am Ende doch mit 2:4 den Kürzeren zu ziehen, auch weil Geza Toldi in der 31. und 61. Minute zweimal getroffen hatte. Eine 1:2-Niederlage im Prestigeduell mit Österreich vier Tage später besiegelte jedoch das Aus in der Runde der letzten Acht.

Das WM-Finale verpasst

Immerhin 25 Tore hat Geza Toldi in 46 Länderspielen erzielt. Gleich drei davon am 27. September 1936, als Österreich in Budapest mit 5:3 geschlagen wurde. Aber auch in den kommenden drei Länderspielen zeigte der Fradi-Angreifer mit je einem Tor gegen Rumänien (2:1), die Tschechoslowakei (2:5) und Irland (3:2), was in ihm steckte. Anderthalb Jahre später sollte die WM in Frankreich dann eigentlich zum großen Karrierehöhepunkt werden. Alles schien im Lot, als Toldi am 20. März 1938 im Freundschaftsspiel gegen Deutschland in Nürnberg in der 49. Minute den 1:1-Endstand besiegelt hatte. Aber obwohl er sich auch beim lockeren 6:0-Aufgalopp über Niederländisch Indien in Reims nach einer Viertelstunde in die Torschützenliste eintrug, sah Trainer Alfred Schaffer in ihm eher einen Ergänzungsspieler, den er im Viertelfinale gegen die Schweiz (2:0) zum Zusehen verdammte. Zwar durfte Toldi im Halbfinalduell gegen Schweden (5:1) wieder auflaufen. Im Endspiel gegen Titelverteidiger Italien (2:4) zog Schaffer ihm auf Halblinks aber Jenö Vincze vor, womit Geza Toldi das wichtigste Spiel seiner Laufbahn verpasst hatte!
Nach den Welttitelkämpfen kam Toldi nur noch zu fünf Einsätzen, die allesamt unter die Kategorie Freundschaftsspiele fielen. Sein letztes Tor erzielte er am 7. April 1940 in Berlin, als ihm beim 2:2 bereits in der vierten Minute die Führung gegen die „großdeutsche" Mannschaft gelang.

Saison	Lsp.		Liga		Pokal	
	Sp.	T.	Sp.	T.	Sp.	T.
1927/28			2	2	2	0
1928/29	1	1	13	7		
1929/30	4	3	14	12	1	0
1930/31	1	0	18	11	3	5
1931/32	5	2	17	23	5	4
1932/33	3	2	17	16	4	1
1933/34	9	3	21	27		
1934/35	2	2	20	9	3	6
1935/36	5	2	24	28		
1936/37	7	6	26	28		
1937/38	4	3	21	27		
1938/39	1	0	21	17		
1939/40	4	1	23	15		
1940/41			11	7		
1941/42			30	23		
1942/43			11	10	1	1
1945/46			35	13		

Ruud van Nistelrooy

„Tormaschine" mit Bundesligaerfahrung

Rutgerus Johannes Martinus van Nistelrooy, der Einfachheit halber schlicht und ergreifend „Ruud", erblickte am 1. Juli 1976 im Städtchen Oss in der niederländischen Provinz Nordbrabant das Licht der Welt. Seine Profilaufbahn begann der kantige Kopfballspezialist als 17-Jähriger beim FC Den Bosch, für den er in der Saison 1993/94 in der Eerste Divisie die beiden ersten Spiele bestritt. Der Zweitligist aus 's-Hertogenbosch fristete Mitte der neunziger Jahre ein Mauerblümchendasein, was gerade einmal vier Siege in der Spielzeit 1994/95 unterstrichen.
Auch von der späteren Torgefahr Ruud van Nistelrooys war noch nicht viel zu sehen. Nachdem ihm 1994/95 in 15 Einsätzen die ersten drei Pflichtspieltore gelungen waren, reichte es im Jahr darauf nur zu zwei Treffern in 21 Spielen. Dennoch ging es mit dem FC in der Saison 1995/96 spürbar aufwärts, da dem Kader mit Anthony Lurling und Theo Lucius zwei weitere hoffnungsvolle Nachwuchstalente angehörten. So reichte es zur Qualifikation für die Aufstiegsrunde, in der die unerfahrene Mannschaft jedoch sieglos blieb und damit den Sprung in die Eredivisie verpasste.
Finanziell war der Niederländische Meister von 1948 nicht auf Rosen gebettet. Die Situation wurde im Frühjahr 1997 immer dramatischer, nachdem die Mannschaft als Siebter den Sprung in die Aufstiegsrunde verpasst hatte. Um die Lizenz für die kommende Saison nicht zu gefährden, war man gezwungen, seine sportlichen Hoffnungsträger früher als geplant zu verkaufen. Da Ruud van Nistelrooy mit einem Dutzend Torerfolgen zwar nicht enttäuscht, seine Möglichkeiten aber noch längst nicht ausgeschöpft hatte, zeigten die Topklubs nur mäßiges Interesse, so dass schließlich der SC Heerenveen für eine Ablösesumme von 650.000 Gulden den Zuschlag bekam.

Über Heerenveen nach Eindhoven

Die umgerechnet 360.000 Euro erwiesen sich für den Ehrendivisionär als echtes Schnäppchen. Dem gerade 21 Jahre alt gewordenen Angreifer gelangen in 31 Spielen 13 Treffer, wobei er gleich bei seiner Premiere am 20. August 1997 gegen NAC Nijmegen (3:1) erfolgreich war. Der Ligasechste sorgte besonders im nationalen Pokal für Furore, wo dieser erst im Halbfinale dem späteren Doublegewinner Ajax Amsterdam mit 0:3 unterlag. Da auch der zweite Cupfinalist PSV Eindhoven für die Champions League qualifiziert war, durfte Heerenveen in einem Entscheidungsspiel gegen FC Twente Enschede um die Teilnahme am kommenden Europacup der Pokalsieger kämpfen. Am 14. Mai 1998 lag man bis zur 55. Minute mit 0:1 zurück, ehe van Nistelrooy mit seinem Ausgleichstreffer für den Umschwung sorgte und einen 3:1-Sieg einleitete, der die erste Europacupteilnahme der Vereinsgeschichte besiegelte. Sehr zum Leidwesen der Verantwortlichen in 's-Hertogenbosch standen die Interessenten für Ruud van Nistelrooy nun Schlange. Der PSV Eindhoven war sogar bereit, für den Toptorjäger des SC Heerenveen zwölf Millionen Gulden (6,3 Millionen Euro) hinzublättern, was einem neuen Transferrekord innerhalb der Eredivisie gleichkam.

Beginn einer internationalen Topkarriere

Beim betuchten Philips-Sportverein schlug van Nistelrooy ein wie eine Bombe. Zusammen mit dem neun Jahre älteren Belgier Luc Nilis bildete er das neue Traumduo im Angriff der Eindhovener, für die er quasi nach Belieben traf. Am Ende der Spielzeit 1998/99 war er 31-mal erfolgreich, womit er erstmals an der Spitze der niederländischen Torjägerliste stand. Ob mit rechts, mit links oder per Kopf. Ruud van Nistelrooy war „die“ Entdeckung der Saison, was besonders auf den Zeitraum zwischen dem 27. September und dem 12. November 1998 galt, als er in sieben aufeinander folgenden Ligaspielen gleich neunmal in die Maschen traf. Dennoch blieb der PSV als Tabellendritter hinter den Erwartungen zurück. Aber auch in der Champions League lief es nicht rund, nachdem die Mannschaft in der Gruppenphase ebenfalls nur den dritten Platz belegte und damit frühzeitig die Segel streichen musste. Von seinen insgesamt fünf Toren in der europäischen Königsklasse erzielte van Nistelrooy allein drei am 25. November 1998, als er einen 3:1-Auswärtssieg gegen HJK Helsinki im Alleingang herausschoss.

Schon während der Saison 1998/99 war eifrig über einen Wechsel des Eindhovener Torgaranten ins Ausland spekuliert worden. Dieser schien im Frühjahr 2000 unausweichlich, da mit Manchester United der aktuelle Champions-League-Sieger seine Fühler ausgestreckt hatte. Der Meistertitel für den PSV stand in Anbetracht eines 16-Punkte-Vorsprungs auf Ex-Klub SC Heerenveen nie ernsthaft zur Disposition, was nicht zuletzt an einem abermals glänzend aufgelegten Ruud van Nistelrooy lag, der nach 23 Einsätzen schon 29 Treffer auf dem Konto hatte. Auch Rekordmeister Ajax Amsterdam hatte sein Fett wegbekommen, da van Nistelrooy sowohl beim 3:1 in der Hauptstadt als auch beim 4:0 vor eigenem Publikum je drei Tore erzielte. Der erneute Gewinn der Torjägerkanone war dem PSV-Angreifer somit frühzeitig nicht zu nehmen. Eine Knieverletzung sollte ihn jedoch für den Rest der Saison außer Gefecht setzen und darüber hinaus den fest eingeplanten Wechsel nach England platzen lassen.

► EINWURF

Zu Beginn des Jahrtausends war Ruud van Nistelrooy einer der begehrtesten Torjäger im Weltfußball. Auch in Deutschland durfte man sich kurzzeitig Hoffnungen auf einen Wechsel des Niederländers machen, nachdem die Münchner Bayern ihr Interesse bekundet hatten. Gegen Manchester United reichte aber selbst die Finanzkraft des Branchenführers der Bundesliga nicht aus, weshalb das Münchner Werben bald erlosch. Ohne Darren Ferguson wäre van Nistelrooy vielleicht doch an die Isar gewechselt. Der Sohn des United-Managers war während eines Kurzengagements als Spieler von Sparta Rotterdam auf den neuen Stern am europäischen Fußballhimmel aufmerksam geworden und schwärmte in höchsten Tönen. „Du musst van Nistelrooy sofort einen Vertrag unterschreiben lassen. Er ist fantastisch“, gebot er seinem Vater, der sich nicht lange bitten ließ. Flugs ließ Sir Alex den Angreifer in einem Ligaspiel des PSV Eindhoven beobachten, um diesem bereits einen Tag später einen ersten Vertragsentwurf vorzulegen.

Dabei war der Deal eigentlich schon eingetütet. 18,5 Millionen Pfund wollte ManU an den PSV Eindhoven überweisen, um sich die Dienste des Wunschspielers von Manager Alex Ferguson zu sichern, was in einer Pressekonferenz bekannt gegeben werden sollte. Ein medizinischer Check hatte jedoch Zweifel an der Fitness van Nistelrooys aufkommen lassen, weshalb United von einer Verpflichtung des Niederländers vorerst absah. Tatsächlich zog sich dieser nur wenige Tage später beim Training einen Kreuzbandriss zu, der erneut eine mehrmonatige Zwangspause zur Folge hatte.

Erst im Frühjahr 2001 kehrte Ruud van Nistelrooy wieder auf den grünen Rasen zurück, um für den PSV Eindhoven die letzten zehn Ligaspiele zu bestreiten. Seine beiden Tore resultierten aus dem mit 2:1 gewonnen Heimspiel gegen FC Twente Enschede vom 31. März 2001. Schließlich durfte van Nistelrooy bei seinem endgültigen Abschied aus der Eredivisie mit dem PSV Eindhoven den zweiten Gewinn des Meistertitels feiern.

„Van the man“

Der von langer Hand geplante Wechsel ins Old Trafford wurde im April 2001 endlich Realität. Ob Ruud van Nistelrooy die durch Wechselkursschwankungen mittlerweile auf 19 Millionen Pfund gestiegene englische Rekordablöse belaste, wurde er gefragt. Das Gegenteil sei der Fall, so der Niederländer, für den das Interesse von Manchester United vielmehr zusätzliche Motivation darstelle.

Wenngleich derartige Äußerungen immer etwas floskelhaft wirken, trafen sie im Falle van Nistelrooys doch zu. Wegen seines unglaublichen Torriechers verpassten sie ihm auf der Insel schnell den Beinamen „Tormaschine“, den er sich in der Spielzeit 2001/02 vor allem als Toptorjäger der Champions League verdiente. Zehnmal durfte er in 14 Einsätzen in der Königsklasse für United jubeln, wobei der Traum vom zweiten Titelgewinn nach 1999 in der Vorschlussrunde gegen Bayer Leverkusen zerplatzte. Dabei war es „Van the man“, der seine Farben im Hinspiel im Old Trafford nach 67 Minuten mit einem verwandelten Strafstoß mit 2:1 in Führung gebracht hatte. Da die Leverkusener nur acht Minuten später durch Neuville ausglichen und zu Hause dem großen Favoriten ein 1:1 abrangen, durften sich die Deutschen über den Finaleinzug freuen.

Für United hatte es nach drei Titeln in Folge dagegen nicht einmal zur nationalen Meisterschaft gereicht. Besonders am Saisonstart waren die Ferguson-Schützlinge völlig von der Rolle und kassierten an den ersten sieben Spieltagen fünf Niederlagen. Erst als Ruud van Nistelrooy seine Eingewöhnungsschwierigkeiten überwunden und mit zehn Treffern in acht aufeinander folgenden Spielen ab Mitte Dezember zur Hochform auflief, ging es allmählich bergauf. Während der Niederländer in der Torschützenliste mit 23 Treffern in 32 Premier-League-Spielen lediglich Thierry Henry von FC Arsenal London den Vortritt ließ, mussten sich die erfolgsverwöhnten Red Devils mit dem dritten Tabellenplatz begnügen.

Zum Ende der Spielzeit 2002/03 kam van Nistelrooy dann aber auch in England zu Titelehren. Nach erneut schwachem Start konnte der große Widersacher Arsenal London allerdings erst dank einer starken Rückrunde mit 18 Spielen ohne Niederlage in Schach gehalten werden. Mit 26 Jahren hatte Ruud van Nistelrooy den Zenit seiner Karriere erreicht. Dessen Spielweise erinnerte stark an Gerd Müller, obwohl der Körperbau des Niederländers deutlich kräftiger ist. Wie der Münchner war aber auch „Van the man“ in der Lage, im gegnerischen Strafraum aus dem Nichts Tore zu erzielen. Insgesamt 25 waren es in der Premier League, mit denen er sich an die Spitze der Torschützenliste setzte. Auch in der Champions League glückten dem United-Mittelstürmer in elf Einsätzen 14 Tore, die ihn zum zweiten Mal hintereinander zum besten Goalgetter der kontinentalen Königsklasse avancieren ließen. Als saisonale Krönung war indes die Teilnahme am Endspiel angedacht, nachdem dieses im Old Trafford über die Bühne gehen sollte. In der Runde der letzten Acht musste sich die Mannschaft aber Real Madrid geschlagen geben, obwohl Tormaschine Ruud van Nistelrooy beim 1:3 in Madrid sowie beim 4:3 in Manchester wie immer überzeugt und jeweils einmal ins Schwarze getroffen hatte.

► **EINWURF**

Als Ruud van Nistelrooy in der Spielzeit 2004/05 mit acht Treffern erneut an der Spitze der Torjägerliste der Champions League lag, war er der erste Angreifer, dem dies zum dritten Mal gelungen ist. Inzwischen hat ihn freilich Lionel Messi überholt, der von 2008/09 bis 2011/12 sogar viermal in Folge Torschützenkönig der Königsklasse werden konnte.

Die Torschützenkönige der Champions League:

1992/93	*Romario (PSV Eindhoven)*	*7 Tore*
1993/94	*Ronald Koeman (FC Barcelona)*	*8*
	Wynton Rufer (Werder Bremen)	
1994/95	*George Weah (Paris St. Germain)*	*8*
1995/96	*Jari Litmanen (Ajax Amsterdam)*	*9*
1996/97	*Milinko Pantic (Atletico Madrid)*	*5*
1997/98	*Alessandro del Piero (Juventus)*	*10*
1998/99	*Andrej Schewtschenko (Dyn. Kiew)*	*8*
	Dwight Yorke (Manchester United)	
1999/00	*Mario Jardel (FC Porto)*	*10*
	Rivaldo (FC Barcelona)	
	Raul (Real Madrid)	
2000/01	*Raul (Real Madrid)*	*7*
2001/02	*Ruud van Nistelrooy (Man. United)*	*10*
2002/03	*Ruud van Nistelrooy (Man. United)*	*12*
2003/04	*Fernando Morientes (AS Monaco)*	*9*
2004/05	*Ruud van Nistelrooy (Man. United)*	*8*
2005/06	*Andrej Schewtschenko (AC Milan)*	*9*
2006/07	*Kaka (AC Milan)*	*10*
2007/08	*Cristiano Ronaldo (Man. United)*	*8*
2008/09	*Lionel Messi (FC Barcelona)*	*9*
2009/10	*Lionel Messi (FC Barcelona)*	*8*
2010/11	*Lionel Messi (FC Barcelona)*	*12*
2011/12	*Lionel Messi (FC Barcelona)*	*14*
2012/13	*Cristiano Ronaldo (Real Madrid)*	*12*

Auch in der kommenden Saison ereilte die als Mitfavorit gestarteten Ferguson-Schützlinge bereits im Achtelfinale gegen den späteren Überraschungssieger FC Porto das vorzeitige Aus. Da es auch in der Premier League lediglich zu Rang drei gereicht hatte, musste sich van Nistelrooy mit dem Gewinn des FA-Cups trösten, der nach einem souveränen 3:0-Finalsieg über den FC Millwall im Millennium Stadium von Cardiff feststand. Mann des Nachmittags war der niederländische United-Angreifer, der nach dem Führungstreffer Cristiano Ronaldos kurz vor der Pause im zweiten Umgang gleich doppelt traf. Während der verwandelte Elfmeter in der 65. Minute eine klare Sache war, erwies sich das 3:0 aus der 81. Minute nach Betrachtung der Fernsehbilder als Abseitstor.

In der Liga war van Nistelrooy mit 20 Treffern in 32 Partien klar hinter Arsenal-Toptorjäger Thierry Henry (30 Tore) zurückgeblieben. Dass er in der Spielzeit 2004/05 in 17 Einsätzen nur sechsmal einnetzte, lag an mehreren Verletzungen, die sich darüber hinaus negativ auf die Teamleistung auswirkten. Abermals mussten sich die Red Devils in der Liga mit dem dritten Platz begnügen, um diesmal sogar den Trostpreis FA-Cup-Sieg zu verpassen. Nach 120 Minuten stand es im Endspiel gegen Arsenal immer noch 0:0, so dass die Entscheidung im Elfmeterschießen fallen musste. Als sicherster United-Schütze zeigte Ruud van Nistelrooy wie gewohnt keine Nerven und setzte den ersten Elfer seines Teams sicher in die Maschen, ehe Paul Scholes als einziger scheitern und damit die Gunners zum Pokalsieger machen sollte.

Der Stern des einstigen Wunschspielers von Alex Ferguson begann in der Saison 2005/06 spürbar zu sinken. Immer öfter wurde „Van the man" auf die Bank verdammt, wie zum Beispiel beim Ligacup-Endspiel gegen Wigan Athletic (4:0). Im Mai wurde er von Ferguson dann erneut nicht eingesetzt, obwohl sich Englands neuer Superstar Wayne Rooney verletzt hatte. Van Nistelrooy soll daraufhin schnurstracks die Mannschaftssitzung verlassen haben, womit sich dessen Abschied nach fünf Jahren abzuzeichnen begann. Als der Wechsel zu Real Madrid feststand, weinte ihm Alex Ferguson keine Träne nach, da nach dem erneut wenig berauschenden Abschneiden der Red Devils mit dem abermaligen Verpassen der Meisterschaft sowie dem schmählichen Vorrunden-Aus in der Champions League ein personeller Umbruch unabdingbar war.

EXKURS: Fans folgen ihrem Star

Sie kennen das! Ein Spieler hat gerade einen Treffer erzielt und läuft euphorisch in die Fankurve, um sich feiern zu lassen. Um seine Vereinstreue zu bekunden, küsst er demonstrativ das Emblem auf dem Trikot – um dann zweieinhalb Wochen später seinen Wechsel bekannt zu geben. Hin zu einem neuen Klub, für den er angeblich immer schon spielen wollte. Nicht zuletzt Ruud van Nistelrooy steht exemplarisch für den modernen Legionär, dem Vereinstreue eine leere Phrase scheint. Wenn Manchester United mit dem Scheckbuch wedelt, kehrt man Eindhoven eben den Rücken. Freilich war schon der PSV nie eine Herzensangelegenheit, sondern passte nach dem Durchbruch in Heerenveen als „nächster Schritt" schlicht und ergreifend in die Karriereplanung. Insofern war es fast schon eine Ironie des Schicksals, als „Van the man" nach stattlichen 150 Toren in lediglich 219 Pflichtspielen von United-Manager Alex Ferguson im Frühjahr 2006 kurzerhand ausgemustert wurde. Als „Wechselwähler" genießt man eben keinen Artenschutz. Der Mohr hat seine Schuldigkeit getan, der Mohr kann gehen! – Den meisten Fans, die ihre fußballerische Sympathie lebenslang einem einzigen Verein vergeben haben, stößt diese Entwicklung sauer auf. Allerdings will eine Studie von „Mastercard" und der „European Business School" im Jahr 2012 herausgefunden haben, dass sich im Zuge der Globalisierung auch das Fanverhalten ändert. Neben 60 Prozent „Highlight-Fans", die einen Verein wegen dessen Philosophie oder seiner Erfolge unterstützen, sowie 12 Prozent „regional affiner Fans" mit Bezug zur jeweiligen Stadt, spricht die Studie von 11 Prozent sog. „Star Anhänger", die keinen Lieblingsverein, sondern einen Lieblingsspieler haben. Ein typischer „Van-Nistelrooy-Fan" wurde im Sommer 2006 – man mag es sich kaum vorstellen – vom United- zum Real-Anhänger „umgeschult". Auch der Wechsel über Landesgrenzen hinweg stellt angeblich keinen Hinderungsgrund dar, da Fußballanhänger laut Studie 35 Milliarden Euro ausgeben, um ausländische Klubs anzufeuern. Während 20 Prozent der Ausgaben auf Pay-TV-Abos entfielen, dienten 13 Prozent dem Kauf von Fanartikeln. Immerhin noch 10 Prozent wurden in Eintrittskarten investiert, während der Rest für Verpflegung, Unterbringung und Reisekosten draufging.

Nachdem der Wechsel Ruud van Nistelrooys am 27. Juli 2006 publik gemacht worden war, flossen 24 Millionen

Euro in die Kasse der Red Devils, während sich der mit einem Drei-Jahres-Vertrag ausgestattete Niederländer über ein Salär von fünf Millionen Euro pro Saison freuen durfte.

Torschützenkönig in drei europäischen Topligen

Die Luftveränderung zahlte sich schon in der ersten Saison in der Primera División aus. Unter Fabio Capello konnte van Nistelrooy auf Anhieb an seine Topleistungen anknüpfen, nachdem er bereits im zweiten Ligaspiel am 10. September 2006 gegen UD Levante (4:1) drei Tore erzielte. Mit einem Viererpack am 12. November gegen Osasuna Pamplona (4:1) baute er seine Bilanz weiter aus, um am Ende der Spielzeit 2006/07 bei 25 Treffern in 37 Spielen angelangt zu sein. Damit hatte van Nistelrooy zum Gewinn des Meistertitels beigetragen, den sich Real Madrid in einem packenden Zweikampf mit dem FC Barcelona gesichert hatte. Nach Erfolgen in den Niederlanden und England durfte „Van the man" nun auch in Spanien den Gewinn der Landesmeisterschaft feiern. Als Toptorjäger der Primera División sorgte er darüber hinaus für ein Novum, da er als erster Spieler Torschützenkönig in gleich drei europäischen Topligen geworden war.

In der Spielzeit 2007/08 wurde allerdings deutlich, dass Ruud van Nistelrooy seinen Zenit überschritten hatte. In 24 Ligaspielen standen 16 Treffer zu Buche. Im März 2008 zog sich der Niederländer eine Knöchelverletzung zu, die ihn über zwei Monate außer Gefecht setzte. Ausgerechnet im Clasico gegen den FC Barcelona am 7. Mai kam er in der letzten Viertelstunde zum Comeback, um nur drei Minuten nach seiner Einwechslung den vierten Real-Treffer beim 4:1-Sieg zu erzielen. Mit drei weiteren Torerfolgen an den letzten beiden Spieltagen trug er zudem dazu bei, dass die Königlichen unter der sportlichen Leitung des Deutschen Bernd Schuster ihren Meistertitel erfolgreich verteidigen konnten.

Der Abschied aus Madrid begann sich im Spätherbst 2008 abzuzeichnen, als sich van Nistelrooy in den USA einer Meniskusoperation unterziehen musste. Bei Real schien man ihn bereits abgeschrieben zu haben, da die eigentlich für ihn reservierte Trikotnummer 17 in der Rückrunde 2008/09 an Dani Parejo vergeben wurde. Die Operation bei Richard Steadman, der „Van the man" schon vor dem Wechsel nach Manchester im Jahr 2000 erfolgreich operiert hatte, verlief erneut nach Wunsch, so dass einer Fortsetzung seiner Karriere im Real-Trikot nichts im Wege zu stehen schien. Bereits in der Vorbereitung auf die Saison 2009/10 wurde jedoch deutlich, dass Trainer Manuel Pellegrini nicht mehr auf den niederländischen Stoßstürmer setzte. Lediglich im letzten Testspiel gegen Rosenborg Trondheim wurde die Tormaschine a. D. in der Schlussviertelstunde für Kaka eingewechselt.

Anderthalb Jahre Bundesliga

Entsprechend fand sich Ruud van Nistelrooy auch zum Ligaauftakt auf der Bank wieder. Erst am 3. Spieltag wurde er im Heimspiel gegen Deportivo Jerez in der Schlussphase eingewechselt, wobei er zwar den 5:0-Endstand besiegelte, sich beim Torschuss aber erneut eine Verletzung zuzog. Auf das letzte Comeback am 27. Oktober 2009 hätte er vermutlich gerne verzichtet: In der Copa del Rey lagen die Königlichen bei Drittligist AD Alcorcon bei seiner Einwechslung in der 72. Minute für Raul nämlich schon mit 0:4 hinten, so dass er an einer der größten Pokalpleiten der Klubgeschichte nichts mehr ändern konnte. Beim bedeutungslosen 1:0-Rückspielsieg im Bernabeu-Stadion stand der Niederländer dann zum letzten Mal für die Königlichen über die vollen 90 Minuten auf dem Platz.

► **EINWURF**

Mit 60 Treffern in 81 Champions-League-Einsätzen ist der Niederländer Ruud van Nistelrooy heute einer der erfolgreichsten Torjäger im wichtigsten Wettbewerb des kontinentalen Vereinsfußballs. Lediglich Raul war mit 71 Toren in 144 Spielen noch besser, während ihn Lionel Messi mit 59 Treffern in 79 Einsätzen in absehbarer Zeit überholen wird. Trotz seiner zahlreichen Tore in der Champions League hat deren dreimaliger Torschützenkönig den Henkelpott allerdings nie gewinnen können.

Rund ein Jahrzehnt, nachdem van Nistelrooy der Bundesliga zugunsten eines Wechsels in die englische Premier League einen Korb gegeben hatte, sollte er zu Beginn des Jahres 2010 doch noch nach Deutschland kommen. Da aus dem seinerzeit aufstrebenden Weltstar inzwischen aber ein abgehalfterter Bankdrücker geworden war, heuerte er nicht bei Branchenführer FC Bayern München, sondern beim deutlich weniger ambitionierten Hamburger SV an, der in der Spielzeit 2010/11 aber immerhin in der Europa League kickte, was diesmal besonders attraktiv war, da das Endspiel in der eigenen Arena steigen sollte.

Für die Hanseaten bedeutete ein Finale im ehemaligen Volksparkstadion natürlich einen zusätzlichen Motivationsschub, dem durch die Verpflichtung Ruud van Nistelrooys – welche im Übrigen ablösefrei zustande gekommen war – weitere Nahrung verliehen wurde. Und wirklich schien die Erfahrung des alten Haudegens in der Sturmmitte dem Team von Bruno Labbadia gut zu bekommen. Nachdem „Van the man" im mit 3:1 gewonnenen Achtelfinalhinspiel gegen den RSC Anderlecht seine internationale Torpremiere für die Hanseaten gefeiert hatte, brachte er in der Runde der letzten Acht mit einem platzierten Linksschuss kurz vor der Pause den wichtigen 2:1-Heimsieg über Standard Lüttich unter Dach und Fach.

Nachdem der HSV auch in Belgien mit 3:1 die Oberhand behielt, wollte man in der Vorschlussrunde gegen den FC Fulham den letzten Schritt in Richtung Endspiel machen. Die Londoner machten van Nistelrooys Traum vom ersten internationalen Endspiel seiner Laufbahn allerdings einen Strich durch die Rechnung und gewannen nach einem torlosen Unentschieden an der Elbe im heimischen Craven Cottage mit 2:1.

In der Bundesliga war Ruud van Nistelrooy den Erwartungen in Anbetracht von fünf Toren in elf Spielen einigermaßen gerecht geworden. Allerdings schienen die Hanseaten die Doppelbelastung mit Europacup und Ligaalltag nicht gewohnt, kamen sie in der Meisterschaft doch nicht über den siebten Platz hinaus, womit die erneute Qualifikation für die Europa League verpasst worden war.

Rückkehr nach Spanien im zweiten Anlauf

Die Zusammenarbeit mit dem Hamburger SV war von vornherein auf 18 Monate angelegt und erstreckte sich somit auch auf die Spielzeit 2010/11. Obwohl der Rautenklub das internationale Geschäft verpasst hatte, tat dies der profihaft vorbildlichen Einstellung des Niederländers am Beginn der neuen Saison keinen Abbruch. Nachdem dieser im Erstrundenspiel des DFB-Pokals gegen den Torgelower SV Greif (5:1) bereits einen Dreierpack geschnürt hatte, erzielte er auch beim 2:1-Bundesligaauftakt gegen den FC Schalke 04 beide Tore der Norddeutschen, die nach einem 3:1 in Frankfurt (und einem weiteren Treffer van Nistelrooys) nach zwei Runden mit dem Punktemaximum von sechs Zählern Platz vier belegten. Im Verlauf der Hinserie gelangen Ruud van Nistelrooy aber nur noch zwei Tore,

derweil auch der Höhenflug des HSV spürbar an Fahrt verlor. Dieser war als Neunter in die Winterpause gegangen und drohte im grauen Mittelmaß zu versinken.
Grund genug für van Nistelrooy zu Beginn des Jahres 2011 eine öffentliche Diskussion über seine Rückkehr zu Real Madrid anzuzetteln, nachdem sich bei den Königlichen mit Higuain und Benzema zwei Angreifer verletzt hatten und Trainer José Mourinho den Niederländer unbedingt als Ersatz verpflichten wollte. War der HSV vor einem Jahr noch gut genug, um nach dem Verlust des Stammplatzes in Madrid mit der Aussicht auf ein internationales Pokalendspiel vor eigenem Publikum zu locken, schien die Begeisterung für den im Niemandsland herumdümpelnden Bundesligisten nun gänzlich erloschen. Mag derartiges Kalkül im heutigen Profigeschäft als noch so legitim gelten. Für jeden HSV-Fan kamen die öffentlich geäußerten Wechselabsichten einem Tritt in den Allerwertesten gleich. Auch die Vereinsführung reagierte verständlicherweise wenig begeistert und schob den Abwanderungsgedanken einen Riegel vor.
Ruud van Nistelrooy blieb so nichts anderes übrig, als weiterhin in Hamburg zu spielen. Etwas pikiert gab der zum Bleiben Gezwungene aber zu Protokoll, seinen zum Saisonende auslaufenden Vertrag auf keinen Fall verlängern zu wollen. Möglicherweise wäre es für den Hamburger SV ohnedies besser gewesen, einem Wechsel nach Madrid gegen die entsprechende Abstandszahlung zuzustimmen. Schließlich hatten zwei mickrige Rückrundentore schon etwas von Dienst nach Vorschrift, derweil der Sprung auf den achten Platz im Abschlussklassement vermutlich auch ohne das Mitwirken des Niederländers gelungen wäre...

► EINWURF

Im Trikot von Manchester United, das Ruud van Nistelrooy von 2001 bis 2006 fünf Jahre getragen hat, war er mit 95 Toren in 150 Ligaspielen herausragender Angreifer. Zudem war er in der Torschützenliste der Premier League mit Ausnahme der Saison 2004/05 immer unter den besten Drei klassiert. Dagegen griff er die Torjägerkrone allein in der Spielzeit 2002/03 ab, womit er klar im Schatten von Thierry Henry stand. Der Mittelstürmer der Gunners konnte „Van the man" in vier von fünf Fällen hinter sich lassen, womit der Franzose das Dauerduell um den seinerzeit besten Goalgetter der Premier League ganz klar für sich entschieden hat.

In der Saison 2011/12 kam Ruud van Nistelrooy doch noch zum Comeback in der Primera División, bei dem er freilich nicht das Trikot von Real Madrid, sondern jenes des FC Malaga trug. Nicht weniger als 15.000 Fans hatten den Weg ins Stadion La Rosaleda gefunden, als der neue Star vorgestellt wurde. Van Nistelrooy konnte die in ihn gesetzten Erwartungen indes nur teilweise erfüllen. Dem inzwischen 35-Jährigen fehlte im Strafraum die Spritzigkeit vergangener Tage, was in lediglich vier Toren in 28 Einsätzen zum Ausdruck kam. Mit seiner Erfahrung konnte er aber immerhin dazu beitragen, dass sich die Andalusier als Tabellenvierte für die Teilnahme an der Qualifikation zur kommenden Champions League empfahlen. Sein schon vor dem letzten Saisonspiel angekündigter Rückzug vom aktiven Fußball kam allerdings nicht überraschend.
Ruud van Nistelrooy ist seit Juli 2004 mit Leontin Slaats verheiratet, mit der er zwei Kinder – Tochter Moa Annette und Sohn Liom – hat. Da sich das Ehepaar für die Wohltätigkeitsorganisation „SOS-Kinderdorf" engagiert, wurde van Nistelrooy zum offiziellen FIFA-Botschafter der SOS-Kinderdörfer in den Niederlanden ernannt.

► ZAHLEN UND FAKTEN

Vereine:	1993-1997	FC Den Bosch
	1997-1998	SC Heerenveen
	1998-2001	PSV Eindhoven
	2001-2006	Manchester United
	2006-2010	Real Madrid
	2010-2011	Hamburger SV
	2011-2012	FC Malaga

Tore:	98 Spiele Eredivisie (75 Tore)
	69 Spiele niederl. Eerste Divisie (17 Tore)
	150 Premier-League-Spiele (95 Tore)
	96 Spiele Primera División (50 Tore)
	36 Bundesligaspiele (12 Tore)
	16 KNVB-Pokal-Spiele (10 Tore)
	14 FA-Cup-Spiele (14 Tore)
	6 League-Cup-Spiele (2 Tore)
	10 Spiele Copa del Rey (2 Tore)
	1 DFB-Pokal-Spiel (3 Tore)
	6 nationale Supercupspiele (4 Tore)
	88 Europapokal-Spiele (62 Tore)
	70 Länderspiele (35 Tore)
gesamt	660 Pflichtspiele (381 Tore)

Erfolge: Niederländischer Meister 2000, 2001
Englischer Meister 2003
Spanischer Meister 2007, 2008
FA-Cup-Sieger 2004
Englischer League-Cup-Sieger 2006
Niederländischer Supercupsieger 1998, 2000
Community-Shield-Sieger 2003
Spanischer Supercupsieger 2008

Torschützenkönig Eredivisie 1999, 2000
Englischer Torschützenkönig 2003
Spanischer Torschützenkönig 2007
Torschützenkönig Champions League 2001/02, 2002/03, 2004/05
Niederländischer Fußballer des Jahres 1998/99, 1999/00

In der Nationalmannschaft:

Nur wenige Monate nach dem Wechsel zum PSV Eindhoven gab Ruud van Nistelrooy seinen Einstand in der niederländischen Nationalmannschaft. Am 18. November 1998 trennten sich die Elftal und Deutschland in Gelsenkirchen in einem Freundschaftsspiel mit 1:1. Den ersten Treffer erzielte der 1,88 Meter große PSV-Sturmführer am 28. April 1999 in Arnheim gegen Marokko, wobei das 1:2 aus der 90. Minute die Blamage gegen die Nordafrikaner nicht verhindern konnte. Im Jahr vor der EM im eigenen Land ein herber Dämpfer für den Co-Gastgeber, der schließlich auf Ruud van Nistelrooy verzichten musste, nachdem dieser sich kurz vor Beginn der Titelkämpfe das Kreuzband gerissen hatte.
Erst im Frühjahr 2001 kehrte der künftige England-Legionär ins Team zurück. Beim erwartet deutlichen 4:0 in der WM-Qualifikation über Zypern konnte er kurz nach seiner Einwechslung für Clarence Seedorf den Endstand besiegeln, um auch am 2. Juni in Tallin gegen Estland (4:2) zweimal einzunetzen. „Van the man" war gerade zu Manchester United gewechselt, als die Elftal am 15. August 2001 gegen England antrat. An der White Hart Lane konnten sich die englischen Fußballfans von den Qualitäten des neuen United-Stars überzeugen, der beim 2:0-Erfolg der Gäste sechs Minuten vor der Pause seinen fünften Länderspieltreffer markierte.

Trotz der überzeugenden Vorstellung im Mutterland des Fußballs fand die WM in Japan und Südkorea ohne die Elftal statt, womit Ruud van Nistelrooy nach der verpassten EM 2000 schon die zweite Enttäuschung im Nationaltrikot verkraften musste. Für den Frontmann von Manchester United war das Verpassen der Weltmeisterschaft 2002 umso ärgerlicher, weil er just in jenem Jahr von der IFFHS zum „Welttorjäger des Jahres" gekürt wurde.

Die kontinentalen Titelkämpfe 2004 in Portugal sollten dann zum Höhepunkt seiner Nationalmannschaftslaufbahn werden. Allerdings stand die Teilnahme der Oranje-Hemden wieder einmal auf der Kippe, nachdem diese sich in der Qualifikationsgruppe 3 hinter Tschechien mit dem zweiten Rang zufrieden geben mussten. Um trotzdem nach Portugal fahren zu können, mussten zwei Play-off-Spiele gegen Schottland bestritten werden, wobei das erste im Glasgower Hampden Park mit 0:1 verloren ging. Im Amsterdamer Rückspiel am 19. November 2003 wurde die Mannschaft ihrer Favoritenrolle dann aber endlich gerecht und fegte die Bravehearts mit 6:0 vom Platz. Überragender Spieler war Ruud van Nistelrooy, auf dessen Konto die Hälfte aller Tore gegangen war.

In der Vorrunde trafen die Niederländer zum Auftakt auf den kriselnden Erzrivalen Deutschland, weshalb die Führung der Völler-Elf nach einem Frings-Hammer in der 30. Minute überraschte. Erst nach dem Seitenwechsel erhöhten die Schützlinge von Dick Advocaat das Tempo, um neun Minuten vor dem Abpfiff durch van Nistelrooy zum Ausgleich zu kommen. Nach dem Remis im Klassiker wartete im nächsten Spiel die starke Vertretung Tschechiens, der man schon in der Qualifikation den Vortritt lassen musste. Im Estadio Municipal von Aveiro spielte die Elftal ihren Gegner in der Anfangsphase diesmal aber förmlich gegen die Wand und lag nach einem weiteren van-Nistelrooy-Treffer nach 19 Minuten bereits mit 2:0 vorne. Schließlich setzte es aber doch eine 2:3-Niederlage, womit die Mannschaft ihr letztes Gruppenspiel gegen Lettland gewinnen und auf gleichzeitige Schützenhilfe der schon für das Viertelfinale qualifizierten Tschechen hoffen musste. Tatsächlich besiegten diese Deutschland mit 2:1, so dass das lockere 3:0 der Elftal gegen die Letten mit zwei weiteren Torerfolgen von „Van the man" den Einzug in die Runde der letzten Acht unter Dach und Fach brachte.

Nach dem eher glücklichen Weiterkommen zeigten die Niederländer auch im Viertelfinale am 26. Juni im südlichen Außenposten Faro eine eher uninspirierte Vorstellung – der Gegner Schweden allerdings in nichts nachstand. Der Grottenkick musste daher im Elfmeterschießen entschieden werden, das die Elftal mit 5:4 gewann. Gewohnt gute Nerven hatte Ruud van Nistelrooy als erster Schütze der Niederländer bewiesen. Diese trafen in der Vorschlussrunde auf den Gastgeber, dem sie fünf Tage später nicht ganz unerwartet mit 1:2 unterlagen. Vor allem die Offensivabteilung mit Robben, Overmars und van Nistelrooy entpuppte sich als Totalausfall, so dass man für den Anschlusstreffer schon ein Eigentor des portugiesischen Verteidigers José Andrade bemühen musste. Für den in der Vorrunde noch so quirligen Ruud van Nistelrooy blieb es damit bei fünf Turniertreffern, mit denen er sich in der EM-Torschützenliste hinter dem Tschechen Milan Baros einreihen musste.

Nach sieben Treffern in der Qualifikation gehörte auch van Nistelrooy dem WM-Kader der Niederlande im Sommer 2006 an. In Deutschland war er jedoch nur beim 2:1 im zweiten Gruppenspiel gegen die Elfenbeinküste erfolgreich, während er sich vor allem beim 0:0 gegen Argentinien in Frankfurt als Totalausfall erwies. Bondscoach Marco van Basten verbannte ihn daraufhin im Achtelfinale auf die Bank, womit van Nistelrooy zumindest die erneute Pleite gegen Portugal – diesmal mit 0:1 – erspart blieb.

► EINWURF
Bereits während der WM in Deutschland war es zwischen Nationaltrainer Marco van Basten und Ruud van Nistelrooy zu Differenzen gekommen, die in der Nichtnominierung des Goalgetters für das Achtelfinalduell gegen Portugal (0:1) gipfelten. Im Herbst 2006 wurde van Nistelrooy dann abermals aus dem Kader gestrichen, weshalb er am 23. Januar 2007 seinen Abschied aus der Elftal erklärte, den er mit der Dauerfehde mit dem Bondscoach begründete. Der eigenwillige Trainer wollte viel lieber auf den jungen Klaas-Jan Huntelaar setzen, der jedoch wegen einer Verletzung für die EM-Qualifikation 2008 ausfiel. Auf Vermittlung von Nationalkeeper Edwin van der Sar söhnten sich Spieler und Trainer aber endlich aus, so dass van Nistelrooy am 22. August 2007 gegen die Schweiz (1:2) als Einwechselspieler sein Comeback gab, um später in den Qualifikationsspielen gegen Bulgarien (2:0) und Albanien (1:0) zwei wichtige Treffer zu erzielen.

Bei der EM 2008 in der Schweiz und Österreich kam der Goalgetter dreimal zum Einsatz, wo er in der Vorrunde gegen Italien (3:0) und im Viertelfinale gegen Russland (1:3) traf. Danach verkündete er den endgültigen Rückzug aus der Nationalelf, weil er sich fortan voll auf seinen Verein Real Madrid konzentrieren wollte. Vor der WM 2010 in Südafrika schien eine Rückkehr in die Elftal aber im Bereich des Möglichen, nachdem ihm der neue Bondscoach Bert van Marwijk diese in Aussicht gestellt hatte. Letztlich verzichtete van Marwijk aber auf eine Nominierung für den WM-Kader, womit der Neu-Hamburger im Spieljahr 2010/11 nur noch zu sechs Kurzeinsätzen kam, um beim 3:2-Sieg im EM-Qualifikationsspiel gegen Ungarn in der 72. Minute seinen letzten Treffer zu erzielen. In einer wechselvollen Länderspielkarriere kann „Van the man" in 70 Einsätzen damit auf 35 Tore blicken.

Saison	Europacup		Liga		Pokal	
	Sp.	T.	Sp.	T.	Sp.	T.
1993/94			2	0		
1994/95			15	3	2	3
1995/96			21	2		
1996/97			31	12		
1997/98			31	13	5	3
1998/99	7	6	34	31	5	1
1999/00	8	3	23	29	2	0
2000/01			10	2	2	3
2001/02	14	10	32	23	2	2
2002/03	11	14	34	25	3	4
2003/04	7	4	32	20	4	6
2004/05	7	8	17	6	3	2
2005/06	8	2	35	21	2	0
2006/07	7	6	37	25	3	2
2007/08	7	4	24	16	1	0
2008/09	4	3	6	4	0	0
2009/10	1	0	1	1	2	0
	7	2	11	5	0	0
2010/11			25	7	1	3
2011/12			28	4	4	1

Bernard Voorhoof
Rekordtorjäger der Roten Teufel

Man schrieb den 6. März 1906, als in der belgischen Stadt Lier mit Lierse SK ein neuer Verein das Licht der Fußballwelt erblickte. Rund drei Jahre später erwuchs den Schwarz-Gelben mit dem TSV Lyra ein Stadtrivale, der freilich immer etwas im Schatten des SK stehen sollte. 1972 – der letzte Meistertitel lag mittlerweile zwölf Jahre zurück – fusionierten die beiden Vereine, wobei der Name Lierse SK erhalten blieb, was die Machtverhältnisse innerhalb der Stadtgrenzen unterstrich. Gleich nach der Fusion konnte eine Mannschaft mit Spielern wie Jan Ceulemans oder Erwin Vandenbergh für Furore sorgen, bevor die Schwarz-Gelben in der Saison 1996/97 mit dem Gewinn der vierten Landesmeisterschaft unter Trainer Eric Gerets den letzten großen Coup landeten.

Ein echtes Urgestein

Die erfolgreichste Ära der Vereinsgeschichte reicht freilich Jahrzehnte zurück und ist eng mit dem Namen Bernard Voorhoof verbunden, der rund vier Jahre nach Gründung des LSK – am 10. Mai 1910 – in Lier geboren wurde. Bereits im Alter von 13 Jahren schloss er sich den Schwarz-Gelben an, denen er praktisch ein ganzes Fußballerleben die Treue hielt. Dabei nahm er zwischenzeitlich sogar die Fusion mit dem TSV Lyra vorweg: Beim SK war man nämlich nicht willens bzw. in der Lage dem Angreifer Trikot und Fußballschuhe bereitzustellen, weshalb der junge Bernard dem TSV beitrat. Um die Kameraden im schwarz-gelben Trikot aber nicht allzu sehr zu brüskieren, tat er dies unter dem Namen „Van Hoof", mit dem er sich bei Lyra um das Jahr 1926 eingeschrieben hatte.

Bernard Voorhoof zählt mit 281 Ligatoren zu den größten Spielern von Lierse SK, dem er 21 Jahre die Treue hielt. Seine 30 Tore in der Nationalelf machen ihn mit Paul van Himst zu Belgiens erfolgreichsten Torschützen

Das Doppelleben in der 34.000 Einwohner zählenden Stadt in der Provinz Antwerpen gehörte allerdings bald der Vergangenheit an. Nachdem Lierse SK im Frühjahr 1927 erstmals in die höchste Spielklasse aufgestiegen war, konzentrierte sich Voorhoof fortan auf die Schwarz-Gelben, für die er im Oktober 1927 sein erstes Pflichtspiel bestritt. Insgesamt absolvierte er in seiner Premieresaison 20 Partien, in denen ihm zehn Tore gelangen. Auch der Aufsteiger, der seine Heimspiele seit drei Jahren im Vanderpoortenstadion austrug, konnte zufrieden sein, da dieser mit dem ausgeglichen Punkteverhältnis von 26:26 einen beachtlichen fünften Platz belegte.

Die nächsten drei Spielzeiten dienten der Konsolidierung, da der LSK sich mit Platzierungen im unteren Tabellendrittel begnügen musste. Rang zehn in der Saison 1928/29 folgte im Jahr darauf der neunte Platz. Der früh zum Nationalspieler gereifte Bernard Voorhoof gehörte mit 20 Treffern in der Spielzeit 1929/30 erstmals zu den Toptorjägern des belgischen Oberhauses. Freilich hatte Aufstiegstrainer Paul Grumeau immer etwas Mühe, den rechten Innenstürmer in sein Konzept einzubinden. Der ausgesprochen impulsive Voorhoof war das, was man später einen Individualisten nennen sollte. Für Taktik interessierte er sich herzlich wenig, da er statt den besser positionierten Mitspieler zu suchen, viel lieber zu eigensinnigen Dribblings ansetzte. Seine egoistische Spielweise machte ihn freilich zum Rekordtorjäger von Lierse SK und darüber hinaus zu einem der erfolgreichsten Goalgetter Belgiens, wobei er viele seiner Tore per Kopf erzielte.

► EINWURF
Wenngleich Bernard Voorhoof im Laufe seiner Karriere nicht ein einziges Mal die Torschützenliste der höchsten belgischen Spielklasse anführte, ist er dennoch deren drittbester Torjäger aller Zeiten. Lediglich Rekordmann Bert de Cleyn (425 Tore) und Jef Mermans (339) waren besser als der Angreifer aus Lier, der in 473 Ligaeinsätzen insgesamt 281-mal zum Torjubel ansetzen durfte.

Zur Saison 1930/31 war Paul Grumeau auf dem Trainerstuhl von Gyula Turnauer abgelöst worden. Die Fortschritte unter dem Ungarn hielten sich in Anbetracht eines achten Platzes mit 24:26 Punkten und 57:61 Toren zunächst allerdings noch in Grenzen. Was dem Team fehlte, war die Konstanz im eigenen Stadion. Zwar konnten im Vanderpoorten mehrere Spitzenteams geschlagen werden. Dafür setzte es einige unerwartete Pleiten gegen Klubs aus dem Mittelfeld, für die exemplarisch ein 0:7-Debakel gegen Racing Mechelen stand. Die Ursachen für die schwankenden Leistungen lagen sicherlich auch darin begründet, dass der neue Coach allmählich einen Generationenwechsel einläutete, dem vor allem Médard de Preter zum Opfer fiel. Nur noch in jener Spielzeit stand der zehn Jahre ältere Sturmpartner Bernard Voorhoofs mit 18 Treffern an der Spitze der teaminternen Torjägerliste, derweil mit Voorhoof selbst (16 Tore) und Pierre Mens (14) zwei Kontrahenten in Lauerstellung lagen.

Fußballboom in Lier

Mit Bernard Delmez stand indes ein weiterer Topstürmer in den Startlöchern. Delmez, der seit 1930 in Lier aktiv war, sollte in der Saison 1931/32 der Durchbruch gelingen, als der Mittelstürmer gleich 26 Treffer erzielte und damit als erster Spieler in Schwarz-Gelb belgischer Torschützenkönig wurde. In Anbetracht von 86 Saisontreffern in lediglich 26 Spielen zeigte sich die Sturmformation mit Symaes, Voorhoof, Delmez, de Keyzer und Brugghe auch sonst in glänzender Verfassung und bildete die Basis für den ersten Meistertitel der Vereinsgeschichte. Weniger gut war es dagegen um die Defensive bestellt, was 51 Gegentore bewiesen. Da das Gesamtpaket aber stimmte, konnte Titelverteidiger Royal Antwerpen im Abschlussklassement um einen Zähler auf Distanz gehalten werden.

Anfang der dreißiger Jahre erlebte der Fußball in Lier einen Boom, was nicht nur am Titelgewinn des SK lag. Stadtrivale TSV war im selben Jahr ins Oberhaus aufgestiegen, so dass in der Saison 1932/33 erstmals zwei Klubs aus Lier erstklassig waren. Einträchtig landete man auf den Rängen fünf (LSK) und sechs (Lyra), womit allerdings auch gesagt ist, dass die Schwarz-Gelben bei 13 Punkten Rückstand auf den neuen Champions Union Saint-Gilloise mit der Titelverteidigung nichts am Hut hatten. Mit 20 Saisontoren hatte zumindest Bernard Voorhoof nicht enttäuscht.

Auch im Spieljahr 1933/34 gingen abermals 20 Tore auf das Konto des Rechtsverbinders. Während der Angriff mit 56 Toren erneut im Soll lag, haperte es in der Abwehr (57 Gegentreffer), weshalb sich der Rückstand auf den erfolgreichen Titelverteidiger Union Saint-Gilloise für den Tabellen-Vierten abermals auf deutliche 14 Zähler belief.

Der Meistersturm von Lierse SK aus der Saison 1931/32 mit Symaes, Voorhoof, Delmez, de Keyzer und Brugghe (von links). Auf das Konto des Halbrechten Bernard Voorhoof waren in 26 Einsätzen 21 Treffer gegangen.

Als Vizemeister rückten die Schwarz-Gelben in der Saison 1934/35 deutlich näher an Union Saint-Gilloise heran, wenngleich man den Titelhattrick des traditionsreichen Brüsseler Vorortklubs nicht verhindern konnte. Rechtsverbinder Bernard Voorhoof freute sich über 22 Treffer, eine Marke, welche er im weiteren Verlauf seiner Karriere nicht wieder erreichen konnte. So musste er sich schon 1935/36 mit nur noch 13 Torerfolgen begnügen, die ihn aber immer noch zum besten Goalgetter des LSK machten, der die Saison als Tabellenfünfter mit erträglichen sechs Zählern Rückstand auf den neuen Meister Daring Club Brüssel abschloss. Damit war es dem kleinen Verein unter Trainer Gyula Turnauer gelungen, sich in relativ kurzer Zeit in der Spitze der belgischen Meisterschaft zu etablieren, wenngleich die Wiederholung des Titelgewinns aus dem Jahr 1932 zunächst noch auf sich warten ließ.
Turnauer wurde im Sommer 1936 für die kommenden drei Jahre durch seinen Landsmann György Maly abgelöst, der die Mannschaft zunächst auf den vierten Platz führte. Während Voorhoof in 25 Einsätzen immerhin 16-mal eingenetzt hatte, ging seine Trefferquote in den beiden Folgejahren auf magere zehn Tore zurück, was in der Saison 1937/38 besonders negative Konsequenzen hatte. Nach sechs Jahren hatten die Schwarz-Gelben als Neunte erstmals nicht mehr in der oberen Tabellenhälfte die Ziellinie passiert, womit der fußballerische Aufschwung in Lier einen spürbaren Dämpfer erhielt, zumal auch Lokalrivale TSV Lyra als Vorletzter wieder in die Zweitklassigkeit absteigen musste. Als mannschaftsinterner Toptorjäger war Bernard Voorhoof von Jules van Orshaegen abgelöst worden, der viermal öfter ins Schwarze getroffen hatte.

Spitzenteam in schweren Zeiten

Ausgerechnet als in Europa der Zweite Weltkrieg aufzuziehen begann, sollte der Lierse SK wieder zu einen Spitzenteam im belgischen Fußball avancieren. Schon 1938/39, der letzten Saison zu Friedenszeiten, konnten die Schwarz-Gelben als Vizemeister aufhorchen lassen. Lediglich der Antwerpener Stadtteilklub AC Beerschot mit dem aus Prag zurückkehrten Torjäger Raymond Braine hatte als erfolgreicher Titelverteidiger sieben Zähler mehr auf dem Konto. Der 29 Jahre alte Bernard Voorhoof gehörte in Lier mittlerweile zum lebenden Inventar. Ein Wechsel zu einem der Topklubs in das nur zehn Kilometer entfernte Antwerpen kam für ihn nie in Frage. Auch wenn sich die Anhänger mitunter über dessen eigensinnige Spielweise ärgerten, standen sie selbst nach schwächeren Leistungen hinter ihm, da der Halbrechte immer mit Leidenschaft und vollem Einsatz bei der Sache war.
Ihm zur Seite standen zum Ende der dreißiger Jahre die „drie Charels", womit die Läuferreihe gemeint ist, die in der Besetzung Karel Kieboom, Karel Willems und Karel Klockaerts das Spiel ankurbelte. So wie im Herbst 1939, als die Schwarz-Gelben von ihren ersten neun Saisonspielen acht gewannen und nur einmal als Verlierer vom Platz gingen. Die Titelambitionen hatte die Mannschaft nicht zuletzt beim 17:1-Kantersieg über Eendracht Aalst untermauert, als Bernard Voorhoof mit acht Treffern seine Fans erneut begeisterte. Sportlich stand es also alles zum Besten. Der Ausbruch des Zweiten Weltkriegs führte jedoch zum Abbruch des Spielbetriebs, was aus Sicht von Bernard Voorhoof besonders bitter war, da er selbst an der Spitze der Torjägerliste lag, während seine Mannschaft schnurstracks in Richtung zweiten Meistertitel marschierte.

► EINWURF
Bei seinem Länderspieldebüt im April 1928 war Bernard Voorhoof erst 17 Jahre und 338 Tage alt, womit er bis heute einer der zehn jüngsten Debütanten im Dress der Roten Teufel ist. Einen Ligarekord vermochte er in der nach neun Runden kriegsbedingt abgebrochenen Spielzeit 1939/40 zumindest einzustellen. Beim 17:1-Kantersieg über Eendracht Aalst traf er im heimischen Vanderpoorten-Stadion nicht weniger als achtmal ins Tor, was außer ihm nur noch Richard van Accolyen aus Gent in der Saison 1928/29 gelungen ist.

Zur Spielzeit 1940/41 war die Liga übergangsweise in zwei Zehnerstaffeln aufgeteilt worden, deren jeweils vier besten Mannschaften in einer anschließenden K.O.-Runde einen inoffiziellen Meister ausspielten. Unter der sportlichen Leitung von Voorhoofs ehemaligem Sturmpartner Médard de Preter schaffte Lier als Staffelzweiter den Sprung in die Endrunde, wo im Viertelfinale zunächst mit Olympique Charleroi kurzer Prozess gemacht wurde. Mit 2:0 und 7:1 wurden die Wallonen klar beherrscht, wobei Voorhoof mit insgesamt vier Toren glänzte. Nach 13 Treffern in der Vorrunde sollten dies allerdings seine einzigen Endrundentore bleiben, was ihn freilich nicht besonders störte, da die Schwarz-Weißen nach einem 2:1-Erfolg beim AC Beerschot und einem 3:1 im Endspiel am 6. Juli 1941 über White Star Brüssel als neuer Champion feststanden.
Dem inoffiziellen Meistertitel 1940/41 folgte im Jahr darauf dann endlich auch ein vom Verband sanktionierter. Mit dem AC Beerschot und Royal Antwerpen hatte man beide Rivalen aus der nahen Provinzhauptstadt in Schach gehalten, was in erster Linie der starken Offensivleistung mit 92 Saisontoren zu verdanken war. Als Verbindungsstürmer waren jedoch vor allem die Vorbereiterqualitäten Bernard Voorhoofs gefragt, wenngleich er sich mit 20 Toren auch in Sachen Abschluss nicht lumpen ließ. Dennoch stand er deutlich im Schatten von Jos Danckaers, der mit 28 Treffern bester Goalgetter des neuen Meisters war.

Nach Abstieg Vereinswechsel

Bis Kriegsende konnte Lierse SK mit den Rängen drei (1942/43) und vier (1943/44) zwei weitere Spitzenplätze belegen. In der Saison 1942/43 hatten die schwarz-gelben Angreifer mit 95 Toren brilliert, was vor allem auf Jules van Craen zutraf, der mit 41 Treffern die Torjägerliste anführte. Dagegen war der alternde Bernard Voorhoof mit 18 Torerfolgen letztmals unter den zehn besten belgischen Angreifern vertreten.

In den ersten Nachkriegsjahren war in Lier an Spitzenfußball dann nicht mehr zu denken. Allein die Offensive erinnerte an bessere Zeiten, wie in der Spielzeit 1945/46, als die Anhänger der Schwarz-Gelben 75 Tore bejubeln durften. In Anbetracht von 97 Gegentoren reichte es jedoch gerade eben zum Klassenerhalt. Nach einem Zwischenhoch und einem zehnten Tabellenplatz 1946/47 – mit dem denkwürdigen Torverhältnis von 80:90 – musste die Mannschaft nach der Saison 1947/48 unter dem englischen Trainer George Berry der höchsten belgischen Liga schließlich nach 21 Jahren Adieu sagen. Auch für Vereinsurgestein Bernard Voorhoof, der seit dem Aufstieg 1927/28 alle Höhen und Tiefen mitgemacht hatte, war der Absturz in die Zweitklassigkeit mit dem lange undenkbaren Abschied aus seiner Heimatstadt verbunden.

Die Spielzeit 1948/49 sah ihn als Spielertrainer von Racing Montegnée, wobei er den Drittligisten aus der wallonischen Provinz Lüttich immerhin auf den fünften Platz führte. Auch bei seinen späteren Trainerstationen hatte er nur mäßigen Erfolg. Immerhin konnte er den FC Herentals in der Saison 1954/55 zum Meistertitel in der Drittklassigkeit führen. Gleich danach zog sich Bernard Voorhoof ins Privatleben zurück. Er verstarb am 18. Februar 1974 in seiner Geburtsstadt Lier im Alter von 63 Jahren.

► ZAHLEN UND FAKTEN

Vereine:	1927-1948	Lierse SK
	1948-1949	Racing Montegnée
Tore:	473 belgische Erstligaspiele (281 Tore)	
	56 belgische Regionalpokalspiele (69 Tore)	
	61 Länderspiele (30 Tore)	
gesamt	590 Pflichtspiele (380 Tore)	
Erfolge:	Belgischer Meister 1932, 1941, 1942	

In der Nationalmannschaft:

Bernard Voorhoof hatte erst zu Beginn der Saison 1927/28 sein Ligadebüt für Lierse SK gegeben, als er im Frühjahr 1928 von William Maxwell auch in die Nationalmannschaft berufen wurde. Noch vor Vollendung seines 18. Geburtstags war er am 15. April somit Mitglied jener belgischen Elf, die im Pariser Stade Colombes einen 3:2-Sieg über Frankreich erkämpfte. Da der Youngster auf Anhieb mit einem Torerfolg überzeugte, wurde er vom schottischen Trainer auch zum olympischen Fußballturnier vom Amsterdam mitgenommen. Nachdem Voorhoof im letzten Testspiel gegen England in Antwerpen (1:3) erneut Wettkampfluft geschnuppert hatte, kam er bei Olympia dann allerdings nicht zum Einsatz.

Vor der WM-Premiere, die zwei Jahre später in Uruguay steigen sollte, stand Nationaltrainer Hector Goetinck vor dem nicht gerade kleinen Problem, mit Raymond Braine seinen Topstürmer ersetzen zu müssen, weil dieser vom Verband als Profi gesperrt worden war. Dagegen zählte Bernard Voorhoof zum Aufgebot der Belgier, die neben Jugoslawien, Frankreich und Rumänien den alten Kontinent am Rio de la Plata vertraten. Der Lindbergh-Flug lag erst drei Jahre zurück, so dass das europäische Häuflein der Aufrechten mit dem Schiff gen Südamerika dampfte.

Die Verpflegung auf der „Conte Verde“ muss dabei so gut gewesen sein, dass Bernard Voorhoof einige Kilo zugelegt hatte, als die belgische Delegation in Montevideo vor Anker ging. Nachdem er in den beiden letzten Vorbereitungsspielen vor der Abreise gegen die Niederlande (3:1) und Frankreich (1:2) mit je einem Treffer noch topfit gewirkt hatte, wurde die WM-Premiere am 13. Juni 1930 zum Kontrastprogramm. Im Parque Central lief im wahrsten Sinne des Wortes am hüftsteifen Rechtsverbinder der Roten Teufel das Spiel komplett vorbei, während auch seine Kameraden enttäuschten, was zu einem 0:3-Debakel gegen Außenseiter USA führte. Wegen seiner schwachen Leistung wurde Voorhoof im zweiten Gruppenspiel gegen Paraguay (0:1) dann nicht mehr eingesetzt.

Die belgische Nationalmannschaft, die am 13. Juli 1930 in Montevideo ihre WM-Premiere gegen die USA mit 0:3 sang- und klanglos vergeigte. Unten als Zweiter von links Bernard Voorhoof. Der Angreifer von Lierse SK wirkte an den drei ersten Weltmeisterschaftsturnieren bis 1938 mit.

Auch vier Jahre später mussten die Roten Teufel immer noch auf Raymond Braine verzichten, da der wohl mit Abstand beste Fußballer des Landes als Profi in Prag weilte. Zu den großen Hoffnungsträgern zählte somit Bernard Voorhoof, der im Vorfeld der Weltmeisterschaft in Italien mit 18 Treffern in 31 Länderspielen zum Toptorjäger der Nationalmannschaft avanciert war. Auch in seinen drei Einsätzen im WM-Jahr 1934 hatte er sich jeweils in die Torjägerliste eingetragen. Allerdings hatte es gegen Frankreich (2:3) sowie Lieblingsgegner Niederlande (3:9 und 2:4) ausnahmslos Niederlagen gesetzt, weshalb die Schützlinge von Hector Goetinck vor ihrem Achtelfinalduell am 27. Mai im Stadio Giovanni Berta von Florenz gegen Deutschland auch die Rolle des krassen Außenseiters einnahmen.

Als die Partie vor der mageren Kulisse von gerade einmal rund 8.000 Unentwegten angepfiffen wurde, stand eigentlich nur die Höhe des deutschen Sieges zur Disposition, zumal die Nerz-Elf im vergangenen Oktober die Belgier in Duisburg mit 8:1 aus dem Stadion gefegt hatte. In Florenz zeigte sich aber, dass die Roten Teufel ihre Lehren gezogen hatten. Während die Deutschen immer einen Schritt zu spät schienen, starteten die Belgier hochkonzentriert und kamen in der Anfangsphase zu zahlreichen Chancen. Zudem stand ihnen in der toskanischen Gluthitze auch das Glück zur Seite, nachdem Kapitän Welkenhuysen die Platzwahl gewonnen hatte, so dass sie mit Windunterstützung und der Sonne im Rücken spielen konnten. Dennoch ging Deutschland nach 27 Minuten durch „Tau“ Kobierski in Führung, ehe die große Stunde des belgischen Halbrechten Bernard Voorhoof schlug. Bis zur Pause nutzte er zwei kapitale

Abwehrfehler aus, um den Außenseiter mit 2:1 in Führung zu bringen. Obwohl die Deutschen den Spieß bis zur 66. Minute umdrehten und mit 3:2 vorne lagen, blieb Belgien gefährlich. Der überragende Voorhoof hatte kurz nach der deutschen Führung die große Chance zum Ausgleich, scheiterte aber mit einem Freistoß an Kreß. Erst als dem Team in der Schlussphase die Luft ausging, zog Deutschland auf 5:2 davon, während die Fachwelt trotz des Ausscheidens vom starken Auftritt des ersten belgischen WM-Torschützen Bernard Voorhoof schwärmte.

► EINWURF
Neben den beiden Franzosen Edmond Delfour und Etienne Mattler sowie dem Rumänen Nicolae Kovacs ist Bernard Voorhoof einer von nur vier Spielern, die an den drei ersten Weltmeisterschaften zwischen 1930 und 1938 teilgenommen haben.

Dieser wurde auch im Jahr 1938 vom neuen Nationaltrainer Jack Butler in den belgischen WM-Kader berufen. Gegen Gastgeber Frankreich setzte es am 5. Juni in Paris eine 1:3-Niederlage, welche abermals das frühe Aus im Achtelfinale nach sich zog. Dabei war Voorhoof am zwischenzeitlichen Anschlusstreffer in der 22. Minute indirekt beteiligt, als er bei einem Durchbruch in den französischen Strafraum von Mattler nur durch ein Foul gestoppt werden konnte. Das Leder erreichte jedoch den freistehenden Isemborghs, der aus vollem Lauf einnetzte. Wenngleich Bernard Voorhoof hinterher erneut ein ansprechender Auftritt attestiert wurde, monierten die Kritiker dessen mitunter allzu eigensinnige Dribblings.
Nach der WM bestritt das Urgestein von Lierse SK noch sechs Länderspiele. Dem letzten Treffer beim 7:1 über die Niederlande am 17. März 1940 in Antwerpen, folgte einen Monat später in Amsterdam gegen denselben Gegner (2:4) der Ausstand. Unter dem Strich kommt Bernard Voorhoof damit in 61 A-Länderspielen auf 30 Tore, mit denen er bis heute gleichauf mit Paul van Himst (81 Länderspiele) an der Spitze der ewigen Torjägerliste der Roten Teufel liegt.

Saison	Lsp.		Liga		Pokal	
	Sp.	T.	Sp.	T.	Sp.	T.
1927/28	2	1	20	10		
1928/29	1	0	21	12		
1929/30	5	2	26	20		
1930/31	8	5	24	16		
1931/32	4	1	26	21		
1932/33	7	6	24	20		
1933/34	5	5	24	20		
1934/35	5	1	26	22		
1935/36	4	0	25	13		
1936/37	6	2	25	16		
1937/38	8	5	23	10		
1938/39	4	1	25	10		
1939/40	2	1	8	16		
1940/41			?	17		
1941/42			26	20		
1942/43			30	18		
1943/44			?	?		
1944/45			?	?		
1945/46			?	?		
1946/47			?	?		
1947/48			?	?		

Fritz Walter
Sensibler Star ohne Allüren

Bis weit in die dreißiger Jahre hinein war der 1. FC Kaiserslautern zu keiner Zeit über eine mehr als regionale Bedeutung hinausgekommen. In der Spielzeit 1938/39 kickte dieser in der zweitklassigen Bezirksliga Mittelpfalz, als in der Saisonauftaktpartie vom 11. September gegen den SV Niederauerbach jener Spieler auf den Plan treten sollte, dem der FCK seine spätere Größe verdankt: Mit 8:1 hatten die Pfälzer gewonnen und ein junger Mann namens Fritz Walter das Publikum mit vier Treffern begeistert. Der am 31. Oktober 1920 geborene spätere Weltmeister sollte in den kommenden Jahren dazu beitragen, dass der Verein sein Image als unbedeutender Provinzklub ablegte. In der Position des Mittelstürmers schlug der beste Spieler der Vereinsgeschichte ein wie eine Bombe. Dank seiner Tore wurde die Konkurrenz in schöner Regelmäßigkeit vom Betzenberg gefegt, derweil die Pfälzer auch in der Fremde eine scharfe Klinge führten. Am schlimmsten erwischte es die Vertretungen von TuSV Reichsbahn Kaiserslautern und des SC 1905 Pirmasens, die mit 2:10 und 2:11 jeweils Niederlagen in zweistelliger Höhe kassierten.
In 24 Bezirksligaspielen verzeichnete der FCK 19 Siege, vier Unentschieden und lediglich eine Niederlage. Das Torverhältnis belief sich auf 119:24, wobei Debütant Fritz Walter in Anbetracht von sensationellen 81 Saisontreffern (und damit 3,37 pro Einsatz) praktisch den Alleinunterhalter gegeben hatte. Nach dem überlegenen Gewinn der Bezirksmeisterschaft spielte die Mannschaft gegen VfR Frankenthal und die TSG Burbach um den Aufstieg in die Gauliga Südwest, der nach dem 4:0 im vorletzten Spiel gegen Burbach feststand. Erneut hatte der 18 Jahre alte Fritz Walter in den vier Aufstiegsrundenspielen als fünffacher Torschütze überzeugt.
Genau wie der Name Fritz Walter untrennbar mit dem 1. FC Kaiserslautern verbunden ist, war auch dieser mit den Roten Teufeln zeitlebens verwachsen. Schon im Alter von sieben Jahren war der Dreikäsehoch dem Verein beigetreten, bei dem er sämtliche Schüler- und Jugendmannschaften durchlief. Der Lauterer zählte noch zu jener Spielergeneration, für die Vereinstreue alles andere als eine leere Phrase war. 500.000 D-Mark Handgeld bot ihm etwa Atletico Madrid für einen Wechsel im Jahr 1951, das Fritz Walter dankend ablehnte. Ein armer Mann war der erste Ehrenspielführer der Nationalmannschaft dennoch nicht. Von den 54er-Weltmeistern war er der einzige, der seinen Ruhm nachhaltig vermarkten konnte. Bundestrainer Sepp Herberger hatte etwa Adi Dassler überredet, seinen Lieblingsschüler bei dessen Unternehmen „adidas" als Repräsentant anzustellen. Zudem arbeitete Fritz Walter als Fußballkommentar und veröffentlichte mehrere Bücher. Dennoch verlor der „Lauterer Bub" nie die Bodenhaftung. So zeigte er soziales Engagement, indem er die „Sepp-Herberger-Stiftung" vertrat, die sich um Strafgefangene kümmert. Dass Fritz Walter immer „einer von uns" blieb, wurde ihm auch von seinem Verein gedankt. Im Jahr 1985 und damit noch zu Lebzeiten wurde das Stadion auf dem Betzenberg offiziell in Fritz-Walter-Stadion umbenannt.

In der Gauliga

Es ist alles andere als selbstverständlich, dass Fritz Walter in einem Buch auftaucht, das sich den besten Stürmern der Fußballgeschichte widmet. Im seinerzeit üblichen WM-System agierte er nämlich als Verbinder oder Halbstürmer und war daher nicht in erster Linie für das Toreschießen zuständig. Vielmehr bestand seine vordringliche Aufgabe darin, Tore vorzubereiten. Dennoch ließ der Lauterer immer auch seine Torgefahr aufblitzen, was auch auf seine erste Gauligaspielzeit 1939/40 zutraf, in der er in nur zwölf Einsätzen in der Saar-Pfalz-Staffel 21 Treffer erzielte. Diese reichten den Pfälzern nach einem 4:1 im Entscheidungsspiel über Borussia Neunkirchen zum Staffelsieg, ehe man sich in den Endspielen um die Gaumeisterschaft den Offenbacher Kickers (1:1, 3:6) beugen musste.

Fritz Walter als Spieler der Lauterer Schülerelf zu Beginn der dreißiger Jahre. Als Vierter von rechts gehörte er damals noch zu den „Kleinen". Ganz rechts steht Werner Baßler, der ebenso wie Fritz Walter zu Oberligazeiten zu den wichtigsten Stützen der Pfälzer gehörte.

Auch in der Spielzeit 1940/41 zählte Fritz Walter mit 15 Toren in zwölf Spielen zu den besten Gauliga-Torschützen seines Teams. Allerdings verpassten die Pfälzer diesmal den Staffelsieg und mussten sich vier Punkte hinter dem FV Saarbrücken auf Platz zwei einreihen. Dennoch ging es für den Mann mit der Nummer 8 weiter bergauf. In der Pokalpartie gegen Eintracht Kreuznach hatte dieser beim 20:0 elf Treffer erzielt, was ihm erstmals die Berufung in die Nationalmannschaft eintrug. In der ersten Hauptrunde des Tschammer-Pokals bekam es der FCK mit Fortuna Düsseldorf zu tun. Trotz zweier Walter-Tore musste sich die Mannschaft jedoch mit einer 2:3-Niederlage aus dem Wettbewerb verabschieden.
Die legendäre Walter-Elf bekam in der Saison 1941/42 immer deutlichere Konturen, da nun auch Bruder Ottmar sowie Werner Kohlmeyer und Werner Liebrich in der Ligamannschaft der Pfälzer standen, die sich erstmals die Gaumeisterschaft sicherte. Fritz Walter war angesichts von 40 Toren in 14 Spielen nicht zu bremsen. Deren 13 gingen allein in der Partie gegen den FK Pirmasens auf sein Konto, womit er den heute noch gültigen Weltrekord in einem Ligaspiel aufgestellt hatte. Einschränkend ist jedoch zu bemerken, dass dem „Klub" bei dessen historischer 0:26-Pleite viele Spieler wegen Fronteinsatz fehlten. In der anschließenden Endrunde um die Deutsche Meisterschaft scheiterte der FCK nach einem 7:1 in der Qualifikation über den SV Waldhof Mannheim in der Erstrundenpartie am späteren Meister FC Schalke 04 mit 3:9. Fritz Walter war in beiden Begegnungen zum Einsatz gekommen und hatte dabei zweimal ins Schwarze getroffen.
Kurz nach dem Start der Gauligasaison 1942/43 wurde Fritz Walter dann zum Kriegsdienst eingezogen, so dass sein Verein künftig ohne ihn auskommen musste. Bald wurde er nach Lothringen versetzt, wo er kurze Zeit für die TSG Diedenhofen aktiv war. Während des Krieges kam er außerdem für die Soldatenelf „Rote Jäger" zum Einsatz, die zwischen August 1943 und November 1944 zahlreiche Spiele bestritt und der neben dem Lauterer mit Hermann Eppenhoff oder Pepi Stroh weitere Nationalspieler angehörten. Als der Krieg zu Ende war, geriet Walter in dann sowjetische Gefangenschaft. Zusammen mit seinem jüngeren Bruder Ludwig wurde er nach Rumänien deportiert. Bei einem Fußballspiel im Lager Marmaros Sziget zwischen einer Gefangenen-Elf und dem Wachpersonal wurde Fritz Walter von mehreren Akteuren der gegnerischen Mannschaft erkannt. Sie stellten ihn dem russischen Lagerkommandanten Major Schukow vor, der ebenfalls ein großer Fußballanhänger war. Wenig später sorgte Schukow dafür, dass die Walter-Brüder aus der Kriegsgefangenschaft entlassen wurden und am 28. Oktober 1945 nach Kaiserslautern zurückkehren konnten.

Der Weg ins erste Nachkriegsfinale

Auf dem Rückweg in die Pfalz machte Fritz Walter in Wien Station, wo ihm von Rapid ein Profivertrag angeboten wurde. Dennoch ging er in seine Heimatstadt zurück, deren Anblick ihn erschütterte. Aber nicht nur Kaiserslautern selbst lag in Schutt und Asche. Da der Betzenberg als Depot für schweres militärisches Gerät gedient hatte, war das Spielfeld unbespielbar und musste in zahlreichen Arbeitsstunden von der Mannschaft selbst wiederhergerichtet werden.
In der ersten Nachkriegssaison 1945/46 traten die Roten Teufel in der Saarpfalzliga an, die sie einen Zähler hinter dem 1. FC Saarbrücken als Vizemeister abschlossen. Mit 85 Toren stellten die Lauterer den besten Sturm, wobei auch der rechte Verbindungsstürmer Fritz Walter 20 Treffer erzielte. Während er damit immerhin den fünften Platz in der Torjägerliste belegte, wurde diese von seinem Teamgefährten und 33-maligen Saisontorschützen Werner Baßler souverän angeführt.
In der Spielzeit 1946/47 sollte es für die Lauterer dann erstmals zum Gewinn der Oberligameisterschaft reichen. In der Nordstaffel der Südwestliga war der ärgste Verfolger Wormatia Worms um sechs Zähler distanziert worden. Gleich zum Auftakt hatte Fritz Walter als vierfacher Torschütze beim 6:2 über den VfB Neunkirchen geglänzt. Der Vizemeister aus der Nibelungenstadt konnte am 26. Januar 1947 gar mit 10:0 vom Betzenberg gefegt werden, wobei Fritz Walter mit einem Hattrick den Torreigen eröffnet hatte, ehe sein Bruder Ottmar mit fünf Treffern in Folge den Schlusspunkt setzte. Gänzlich ohne Chance war Tabellenschlusslicht FSV Kürenz. Der Trierer Stadtteilklub wurde mit einer 0:20-Packung auf die Heimreise geschickt. Bis zum 10:0 hatten sich die Walter-Brüder das Toreschießen aufgeteilt: Während Ottmar bis zum 6:0 im Alleingang zuständig gewesen war, schraubte Fritz das Score von 7:0 auf 10:0. Danach wurden nur noch die Mitspieler mit Torvorlagen gefüttert, ehe die Gäste mit einem Eigentor den Schlusspunkt setzten. In den Endspielen um die Zonenmeisterschaft war Südgruppenmeister VfL Konstanz chancenlos und konnte mit 8:1 und 8:4 deutlich geschlagen werden. Insgesamt hatte Fritz Walter in den Ligaspielen 24-mal ins Schwarze getroffen, womit er vor seinem Bruder Ottmar (22 Tore) und Werner Baßler (14) Torschützenkönig wurde. Wie viele Treffer ihm in den beiden Endspielen gegen Konstanz gelungen sind, konnte indes nicht mehr ermittelt werden.
Auch in der Saison 1947/48 ging die Südwestmeisterschaft in souveräner Manier an den FCK. Es war dabei vor allem das Torverhältnis von 151:18, das beeindruckte. Wie gewohnt ließ sich auch Fritz Walter nicht lumpen, indem er nicht nur viele der 51 Treffer seines Bruders Ottmar

vorbereitete, sondern so nebenbei auch noch 31 eigene erzielen konnte. Insgesamt schlug es im Saisonverlauf gleich viermal 13: Den Anfang machte ein 13:0 bei der SG Gonsenheim, dann erwischte es die SpVgg Andernach auf eigenem Terrain mit demselben Resultat, ehe Liganeuling SuSG Völklingen – ausnahmsweise ohne Fritz – mit 13:1 in die Schranken gewiesen wurde. Mit 13:2 wurde schließlich der FSV Mainz 05 auseinandergenommen. Und noch einen fünften zweistelligen Sieg hatten Fritz Walter & Co. im Angebot, als sie die SpVgg Andernach am Betze mit 11:2 demontierten. Nach dem Staffelsieg war der Gewinn der Zonenmeisterschaft gegen Fortuna Rastatt (3:0, 6:3) ebenfalls reine Formsache.

Als Südwestmeister durften die Pfälzer dann an der ersten deutschen Nachkriegsendrunde teilnehmen, wo sie sich via TSV 1860 München und TuS Neuendorf für das Endspiel qualifizierten. Hier setzte es gegen den 1. FC Nürnberg die im Vorfeld durchaus erwartete Niederlage. Mit 1:2 fiel diese allerdings ausgesprochen knapp aus, was man dem Außenseiter aus der Pfalz nicht unbedingt zugetraut hatte. Da dieser in der vergleichsweise schwachen Südwestliga beheimatet war, glaubte man, dass der Walter-Elf die nötige Wettkampfhärte fehlen würde, was die jedoch mit ihrer einmaligen Klasse wettmachen konnte.

Dennoch zeigte sich in den beiden kommenden Spielzeiten, dass die südwestdeutsche Oberliga genau genommen eine Zwei-Klassen-Gesellschaft war. Während der FCK mit weitem Abstand über der Konkurrenz thronte, blieb dem Rest des Feldes lediglich der Kampf um die Vizemeisterschaft. Nachdem die Angriffsabteilung der Roten Teufel 1948/49 schon beeindruckende 142 Tore produziert hatte, konnte diese Zahl mit 157 im Jahr darauf noch überboten werden. Die drei ersten Plätze der Torschützenliste wurden dabei jeweils von Lauterer Spielern belegt: Während zunächst Werner Baßler dank seiner 54 Saisontreffer die Torjägerkanone vor Ottmar Walter eroberte, teilten sich Baßler und „Ottes" (je 45 Tore) im Spieljahr 1949/50 den ersten Platz. Fritz Walter, der ja eigentlich nur im Nebenberuf für das Toreschießen zuständig war, belegte mit 30 bzw. 34 Treffern jeweils den dritten Platz. Ohne die Leistung des Lauterer Spielführers schmälern zu wollen, muss man zur Ehrenrettung heutiger Angreifer jedoch anmerken, dass diese es im Ligaalltag nicht mit derart überforderten Gegnern wie FSV Kürenz, SG Gonsenheim oder ASV Oppau zu tun haben, während Fritz Walter in diesen Spielen sicherlich den einen oder anderen Treffer anbringen konnte, als die Partie schon längst entschieden war. Das bedauernswerteste Schlachtopfer der torhungrigen Lauterer Angreifer war Aufsteiger SG Mainz-Weisenau. Beim 16:1-Kantersieg war Fritz Walter sechs- und Werner Baßler siebenmal als Torschütze in Erscheinung getreten. Später sollte auch die Elf von Fortuna Freiburg in den mit 4:0 und 6:3 gewonnenen Finalspielen um den Südwesttitel einen besseren Sparringspartner abgeben. Somit war Fritz Walter erst gegen die deutschen Topteams gezwungen, sich auf seine Rolle als Vorbereiter zu konzentrieren. In den genannten zwei Spielzeiten bestritt er zwar sämtliche acht Erstrundenspiele, in denen er jedoch nur einen Treffer erzielte. Nachdem die Pfälzer in der Saison 1948/49 durch einen 2:1-Verlängerungssieg über die Offenbacher Kickers Dritte geworden waren, scheiterten sie im kommenden Jahr bereits im Viertelfinale mit 2:5 am VfB Stuttgart.

Meisterliche Walter-Elf

Unter Trainer Richard Schneider, früher selbst Teamgefährte von Fritz Walter, begann zu Beginn der fünfziger Jahre die große Ära der Walter-Elf, die auf nationaler Ebene in den beiden Meistertiteln von 1951 und 1953 gipfelte. Der gebürtige Lauterer Schneider war erst 31 Jahre alt, als er die Leitung des Trainings übernahm, nachdem er wegen einer Meniskusverletzung seine aktive Laufbahn vorzeitig beenden musste. Sepp Herberger, der große Mentor von Fritz Walter, hatte auch hier – zumindest indirekt – seine Hände im Spiel, da Richard Schneider seinen Trainerschein an der Sporthochschule Köln unter dem gestrengen Bundestrainer erworben hatte.

Wie gewohnt konnte sich der FCK auch 1949/50 ohne Schwierigkeiten den Gewinn der Oberligameisterschaft sichern. Im Vergleich zu den Vorjahren waren 95 Saisontreffer jedoch schon fast eine Enttäuschung, was allerdings einen triftigen Grund hatte: Fritz Walter war nämlich über einen längeren Zeitraum verletzungsbedingt ausgefallen, was seine Wichtigkeit für seine Mitspieler untermauerte. Ohne den genialen Vorbereiter erzielte Torschützenkönig Ottmar so „nur" 29 Treffer, während Werner Baßler mit 25 Toren fast schon zu den normalen Sterblichen gehörte. Für den „großen Fritz" hatte seine Verletzung noch eine weitere Konsequenz. Wegen dieser musste er nämlich die Teilnahme am historischen ersten Nachkriegsländerspiel absagen, das der DFB am 22. November 1950 in Stuttgart gegen die Schweiz bestritt.

Die legendäre Walter-Elf. Deutscher Meister 1951 mit (oben von links) Fritz Walter, Heinz Jergens, Ottmar Walter, Erich Folz, Ernst Liebrich, Horst Eckel, Bernhard Fuchs, Werner Liebrich, Karl Wanger, Werner Baßler. Unten: Helmut Rasch, Karl Adam, Werner Kohlmeyer.

Zum Glück war Fritz Walter aber wieder rechtzeitig so weit hergestellt, dass er an sämtlichen sieben Endrundenspielen mitwirken konnte. Die Pfälzer starteten mit einem eher enttäuschenden 2:2 gegen die SpVgg Fürth, landeten anschließend gegen den FC St. Pauli (4:2 und 2:0), den FC Schalke 04 (1:0) sowie im Rückkampf im Fürther Ronhof gegen die Kleeblätter (3:1) vier Siege in Serie und waren so bereits vor der letzten Partie, die in der Schalker Glückaufkampfbahn mit 2:3 verloren ging, für ihr zweites deutsches Endspiel qualifiziert. Dieses fand am 30. Juni 1951 im Berliner Olympiastadion statt. Gegner im mit 85.000 Zuschauern vollbesetzten weiten Rund war Preußen Münster, das mit seinem legendären „100.000-Mark-Sturm" mit Gerritzen, Preißler, Schulz, Rachuba und Lammers aufwarten konnte. Die torlose erste Hälfte war geprägt von einem offenen Schlagabtausch, wo die Münsteraner den besseren Start erwischten, die Roten Teufel danach allerdings immer stärker aufkamen. Doch in der 47. Minute bekamen sie die Qualitäten der gegnerischen Sturmreihe auf schmerzhafte Weise zu spüren, als Adi Preißler und Fiffi Gerritzen die in rot gewandeten Abwehrspieler schwindlig spielten und Gerritzen den Ball schließlich nach einer zu kurzen Faustabwehr von Karl Adam zur 1:0-Führung für die Westdeutschen über die

Linie beförderte. Die Preußen ergriffen danach vollends die Initiative und suchten mit aller Macht die vorzeitige Entscheidung. Die stark in die Defensive gedrängten Lauterer konnten sich nur durch gelegentliche Konterangriffe etwas Luft verschaffen, so wie in der 61. Minute, als Fritz Walter zu Bruder Ottmar passte, welcher den Ball zur allgemeinen Überraschung zum Ausgleich einnetzte und damit den Spielverlauf nach der Pause auf den Kopf stellte. Das hatte gesessen! Fortan spielte der FCK wie entfesselt. Und das Publikum erfreute sich an einem Fritz Walter, der das Spiel immer mehr an sich riss und auf geniale Weise Regie führte. Seine Zuspiele schienen wie an der Schnur gezogen, womit den Gegenspielern fast immer das Nachsehen blieb. Eine gute Viertelstunde vor dem Abpfiff fiel dann die Entscheidung, die abermals auf das Konto der Walter-Brüder ging. Fritz lancierte einen Eckstoß gekonnt auf Ottmar, der keine Mühe hatte, die präzise Vorlage im Kasten der Preußen zum 2:1 zu versenken. Zwar mussten die Pfälzer vier Minuten vor Schluss noch eine Großchance durch Gerritzen überstehen, doch war ihnen der verdiente Lohn letztlich nicht mehr zu nehmen. Mit Schlagzeilen wie „Kaiserslautern – lauter Kaiser“ oder „Spiel der Poesie“ adelte die Presse hinterher die erste Landesmeisterschaft des 1. FC Kaiserslautern und seines überragenden Spielmachers Fritz Walter.

Brüderlicher Zuspruch als Erfolgsgarant

In der Spielzeit 1951/52 verpasste Fritz Walter mit seinem Verein erstmals nach dem Krieg die Teilnahme an der Endrunde, nachdem es in der Oberliga lediglich zum dritten Platz gereicht hatte. Nach dieser enttäuschenden Saison war der FCK im nächsten Jahr von Beginn an um Wiedergutmachung bemüht und beherrschte seine Gegner quasi nach Belieben. Einzig die mehrwöchige Verletzungspause von Ottmar Walter bereitete etwas Sorgen. Für „Ottes“ sprang jedoch Bruder Fritz in die Bresche. Der Regisseur zeigte im fortgeschrittenen Fußballeralter von 32 Jahren einmal mehr seine Qualitäten vor dem gegnerischen Tor und wurde mit 38 Saisontreffern bester Oberligaschütze von ganz Deutschland. In der Endabrechnung hatten die Roten Teufel schließlich fünf Punkte mehr auf dem Konto als die ärgste Konkurrenz vom TuS Neuendorf und des 1. FC Saarbrücken. 50.000 Fans bildeten dann zum Auftakt der nationalen Endrunde im Ludwigshafener Südweststadion einen angemessenen Rahmen gegen Holstein Kiel, die allerdings des Öfteren der Verzweiflung nahe waren, weil Kiels Schlussmann Peper fast alle viel versprechenden Offensivaktionen der Pfälzer entschärfen konnte. Nur zweimal überwanden die Lauterer Stürmer den Kieler Zerberus, was wenigstens den fest eingeplanten Auftaktsieg sichern half. Dem 2:1 über die Norddeutschen folgten Erfolge beim 1. FC Köln (2:1), gegen die Frankfurter Eintracht (1:0 und 5:1) und im Rückspiel bei den Kieler Störchen (4:2) sowie der einzige Punktverlust gegen Köln (2:2), was die Roten Teufel souverän ins Finale gegen Titelverteidiger VfB Stuttgart vordringen ließ. Die Partie, die erneut im Olympiastadion von Berlin über die Bühne ging, begann vor 80.000 Zuschauern mit einer äußerst umstrittenen Entscheidung des Oberhausener Schiedsrichters Ternieden. Dieser pfiff schon in der ersten Minute Elfmeter für Kaiserslautern, als Innenstürmer Willi Wenzel hart an der Strafraumgrenze zu Fall gekommen war. Die aufgebrachten Schwaben, die den Ort des Geschehens ihrer Wahrnehmung nach vor der Strafraumgrenze sahen, waren jedoch wieder versöhnt, nachdem Fritz Walter den Penalty vergeben hatte. Als der Kapitän wenig später abermals aus aussichtsreicher Position versagte, lagen seine Nerven endgültig blank. Die sprichwörtliche Sensibilität des Regisseurs brachte ihn ob seines Fauxpas' vor dem gegnerischen Tor der schieren Verzweiflung nahe. Doch Ottmar kannte seinen Bruder und wusste, wie er ihn wieder aufrichten konnte. Der verwandtschaftliche Zuspruch half Fritz wieder auf die Beine und ermöglichte ihm – wie sich das für große Fußballer gehört – wie Phönix aus der Asche zurückzukommen, als er in der 35. Minute per Kopf die 1:0 Führung besorgte. Nach dem Seitenwechsel schaltete Fritz Walter einen weiteren Gang höher und führte seine Kameraden zu einem ungefährdeten 4:1-Sieg. Nach dem Spiel entlockte man Schalke-Legende Fritz Szepan die bewundernde Aussage, dass „Stuttgart verlor, weil es keinen Fritz Walter hatte“.

► EINWURF

„Wir sind Weltmeister!“ Diesen Ruf hörte man nach dem 3:2 über Ungarn am 4. Juli 1954 nicht nur in der Bundesrepublik, sondern auch in der DDR. Auch im deutschen Osten genoss die WM-Elf um Fritz Walter hohes Ansehen, weshalb es nicht verwunderte, dass am 6. Oktober 1956 rund 110.000 Zuschauer ins gerade erst erbaute Leipziger Zentralstadion strömten, um den westdeutschen Kapitän hautnah mitzuerleben. An jenem Abend trat der amtierende DDR-Meister Wismut Karl-Marx-Stadt gegen den 1. FC Kaiserslautern an, was durchaus eine Sensation darstellte, weil deutsch-deutsche Sportduelle so kurz nach dem Krieg alles andere als an der Tagesordnung waren. Sensationell war in den 90 Minuten weniger das 5:3 der Pfälzer, sondern der legendäre Hackentrick von Fritz Walter, mit dem dieser seine ganze fußballerische Klasse unter Beweis stellte: Nachdem er eine Flanke von rechts nicht mehr erreichen konnte, ließ er sich nach vorne fallen und bugsierte das Leder unter dem tosenden Beifall des Publikums aus etwa 15 Metern in den oberen Torwinkel. Hinterher gab Fritz Walter zwar zu, dass auch eine gehörige Portion Glück mit im Spiel gewesen war. Dennoch betonte er, den notwendigen Bewegungsablauf in zahlreichen Trainingseinheiten eingeübt zu haben, so dass diese einmalige Aktion, von der keine Filmaufnahmen, sondern nur ein einziges Foto existiert, alles andere als purer Zufall gewesen ist.

Der Untergang von „Walterslautern“

1954! Bis heute lässt diese Jahreszahl die Herzen der Fußballfans hierzulande höher schlagen. „Wir“ wurden zum ersten Male Weltmeister. Ein „wir“, das vor allem in Kaiserslautern einen ganz besonderen Klang hatte, stammte mit Fritz und Ottmar Walter, Horst Eckel, Werner Kohlmeyer und Werner Liebrich doch fast die halbe Weltmeistermannschaft aus der Pfalz, weshalb man dort auch besonders euphorisch auf das 3:2 über Ungarn reagierte und sogar die Stadt beim Triumphzug der frischgebackenen Weltmeister in „Walterslautern“ umbenannte. Noch kurze Zeit vor der WM in der Schweiz sah es rund um den FCK indes alles andere als rosig aus, hatte die Walter-Elf doch just eine ausgesprochen schwierige Spielzeit hinter sich gebracht. Dies lag nicht zuletzt an der Verletzungsanfälligkeit des Lauterer Regisseurs, weshalb speziell dessen Berufungen in die Nationalelf in immer stärkerem Maße in die Kritik gerieten. Doch obwohl Fritz Walter 1953/54 „nur“ 20 Treffer erzielte, reichte es für die Pfälzer einen Punkt vor dem FK Pirmasens zum abermaligen Gewinn der Südwestmeisterschaft. In den Gruppenspielen bezwangen sie anschließend Eintracht Frankfurt (1:0) und den 1. FC Köln (4:3) und zogen damit erneut ins Endspiel ein, wo mit Hannover 96 die Überraschungself der Saison wartete.

„Sie können ruhig darüber plaudern, die Stadt heißt nunmehr Walterslautern“. Die Pfalz feiert ihre Helden nach dem weltmeisterlichen Wunder von Bern.

Logischerweise galten Fritz Walter & Co. am 23. Mai 1954 im Hamburger Volksparkstadion als haushohe Favoriten und untermauerten diese Position auch durch das frühe Führungstor in der 13. Minute von Horst Eckel. Erst gegen Ende des ersten Durchgangs konnten sich die Hannoveraner aus der permanenten Umklammerung befreien und schafften in der 44. Minute durch Tkotz den unerwarteten Ausgleich. Eigentlich noch kein Beinbruch aus Sicht der Pfälzer. Doch in der Kabine befiel Fritz Walter und seine Teamgefährten das Gefühl, dass man den Platz heute als Verlierer verlassen würde. „Keiner hat es ausgesprochen, aber es lag einfach in der Luft“, so der Lauterer Spielführer im Rahmen seiner Erinnerungen an das WM-Jahr 1954. Und so kam es dann auch. Vor allem Fritz Walter selbst präsentierte sich nach der Pause völlig von der Rolle, wobei sich hinterher herausstellte, dass er an einem Abszess am Rücken litt und daher nicht voll bei Kräften war. Wenige Minuten nach dem Seitenwechsel unterlief Kohlmeyer ein Eigentor. Und so ließen sich die ansonsten so gefürchteten Roten Teufel vom Underdog das Fell über die Ohren ziehen und beklagten nach dem Schlusspfiff eine 1:5-Klatsche. Verständlich, dass das Echo in der Medienlandschaft danach gemischt ausfiel, als Sepp Herberger bei der Zusammenstellung seines WM-Kaders weiterhin auf eine Lauterer Blockbildung setzte. Heute indes wissen wir, dass es nicht zuletzt der scheinbar sturen Entscheidung des Bundestrainers, auch in schlechten Zeiten an den Verlierern von Hamburg – und speziell an seinem Kapitän und verlängertem Arm Fritz Walter – festzuhalten, zu verdanken gewesen ist, dass das „Wunder von Bern“ Wahrheit werden konnte.

Von Abseitstoren und Abschiedsspielen

Im Spieljahr 1954/55 konnte sich die Walter-Elf zum dritten Mal in Serie für ein Meisterschaftsfinale qualifizieren. Ausgerechnet Hannover war der Austragungsort des Endspiels, womit auf Seiten der Roten Teufel schon vor dem Anpfiff die negativen Erinnerungen der Vorjahrespleite wachgerufen wurden. Neben dem verletzten Ottmar Walter musste Lautern auch auf seine traditionellen roten Trikots verzichten. Da Gegner Rot-Weiss Essen ebenfalls für gewöhnlich rote Hemden trug, musste die Finalkleidung durch das Los bestimmt werden, das den Pfälzern das Nachsehen gab. Wie auch schon vor Jahresfrist erwischten die aus den besagten Gründen ausnahmsweise in blau gewandeten Lauterer den besseren Start und gingen schon in der 11. Minute durch Wenzel in Führung. Die Essener um ihren Weltmeister Helmut Rahn drehten danach jedoch auf und schossen durch Islacker und Röhrig eine verdiente 3:1-Pausenführung heraus. Würde der FCK wie schon im Vorjahr regelrecht untergehen und abermals eine herbe Klatsche beziehen? Die Frage musste nach dem Wiederanpfiff mit einem klaren Nein beantwortet werden, da die Mannschaft angetrieben von Fritz Walter nun ihrerseits eine Schippe drauflegte und durch Wenzel (56.) und einen Baßler-Strafstoß (72.) zum 3:3 ausgleichen konnte. In der 85. Minute fiel dann die Entscheidung zugunsten der Westdeutschen, als Penny Islacker eine Termath-Flanke zum 4:3 einköpfte. Für die Lauterer stand der Torschütze indes ganz deutlich im Abseits. Und so kam es auf dem Platz zu tumultartigen Szenen, da die Pfälzer Schiedsrichter Meißner vehement bedrängten und – natürlich vergeblich – zur Korrektur seiner Entscheidung zu bewegen versuchten. Der neue Titelträger kam somit aus Essen, derweil die Lauterer nach dem Schlusspfiff keine besonders gute Figur abgaben, weil sie sich aus Verärgerung sofort in die Kabine verkrümelten und den Siegern die faire Gratulation versagten. Es war allein dem Sportsgeist Fritz Walters zu verdanken, dass die Verlierer noch einmal auf den Platz zurückkehrten und dem Champion schließlich doch die Hand reichten. Gleichwohl ging danach das Ringen um die Titelvergabe am grünen Tisch weiter, nachdem der 1. FC Kaiserslautern beim DFB Protest gegen die Spielwertung eingelegt hatte. Doch während Fußball-Deutschland leidenschaftlich diskutierte, schmetterte der Verband den Protest der Pfälzer letztendlich ohne langes Hin und Her ab und stärkte so einmal mehr die Tatsachenentscheidung des Unparteiischen.

Die Kapitäne Fritz Walter (rechts) und August Gottschalk beim Wimpeltausch. Nach dem 3:4 von Penny Islacker war es jedoch vorbei mit der Harmonie, da die Pfälzer ein Abseitstor erkannt haben wollten.

Nach dem verlorenen Finale gegen Essen zeigte sich, dass sich die große Zeit der Walter-Elf – genau wie die seines wichtigsten Protagonisten – langsam, aber sicher ihrem Ende entgegenneigte. Die Klasse Fritz Walters blitzte nur noch sporadisch auf, wie etwa am 6. Oktober des Jahres 1956, als der Ehrenspielführer des DFB in Leipzig gegen den DDR-Meister Wismut Karl-Marx-Stadt das „Tor des Jahrhunderts“ (O-Ton DDR-Sportreporterlegende Wolfgang Hempel) erzielte. Nach der WM-Teilnahme in Schweden bestritt Fritz Walter 1958/59 seine letzte Oberligasaison für den FCK, in der er noch einmal zehn Treffer erzielte. Im Abschlussklassement reichte es hinter dem FK Pirmasens und Borussia Neunkirchen freilich nur noch zu Rang drei, womit die Roten Teufel erstmals seit 1953 wieder die nationale Endrunde verpasst hatten.

Somit lag der Fokus im Frühjahr 1959 ganz auf dem Abschied Fritz Walters, den dieser im Alter von 38 Jahren verkündet hatte. Ein erstes offizielles Abschiedsspiel bestritt er am 11. Mai im Olympiastadion von Berlin, als er mit dem FCK gegen eine kombinierte Mannschaft des Berliner SV 92 und Tennis Borussia antrat. In einem Zeitungsinterview begründete er dies damit, dass er sich speziell von seinen Berliner Fans verabschieden wollte, nachdem er in der Viermächtestadt zweimal Deutscher Meister geworden war. Der endgültige Abschied erfolgte schließlich am 20. Juni 1959 auf dem Betze. Eine Woche vor dem Endspiel um die Deutsche Meisterschaft zwischen Eintracht Frankfurt und den Offenbacher Kickers wurden 15.000 Zuschauer Zeugen jenes sporthistorischen Augenblicks, der mit einem 4:2-Sieg des 1. FC Kaiserslautern über Racing Paris endete.

Obwohl Fritz Walter nach seiner aktiven Laufbahn immer wieder als Nachfolger von Sepp Herberger ins Gespräch gebracht wurde – was durchaus im Sinne des „Bundes-Sepp" gewesen wäre –, scheute er sich, in die großen Spuren des „Chefs" zu treten. Eine Zeitlang versuchte er sich als Trainer des SV Alsenborn, nachdem er in der nahe Kaiserslautern gelegenen Kleinstadt gemeinsam mit Ehefrau Italia einen Bungalow bewohnte.

Als der kinderlose Ehrenspielführer der deutschen Nationalmannschaft und des 1. FC Kaiserslautern am 17. Juni 2002 für immer die Augen schloss, trug ganz Fußball-Deutschland Trauer. Sein Tod fiel Mitten in das WM-Turnier in Südkorea und Japan, was die mediale Aufmerksamkeit noch mehr erhöhte. Zwei Tage, nachdem die deutsche Mannschaft durch einen 1:0-Sieg über die USA ins WM-Halbfinale eingezogen war (zur Erinnerung an Fritz Walter war die Nationalelf mit Trauerflor angetreten), fand auf dem Betzenberg vor 8.000 Zuschauern eine bewegende Trauerfeier statt. Zum letzten Mal wurde zu Ehren Fritz Walters das Deutschlandlied intoniert. „Fritz Walter hat nicht nur als Sportler, sondern wegen seiner überragenden menschlichen Tugenden wie Fairness, Mannschaftsgeist und Bescheidenheit hohes Ansehen in aller Welt besessen", so der damalige Innenminister Otto Schily im Rahmen seiner Trauerrede. Noch heute zählt der Pfälzer zu den größten deutschen Sportidolen, womit ein großer Lebenstraum in Erfüllung gegangen ist: „Max Schmeling war immer mein Vorbild und mein Idol. Man hat mir schon vor 20 Jahren gesagt, ich würde denselben Weg gehen wie er. Es ist so gekommen. Von daher bin ich wunschlos glücklich", so Fritz Walter in einem seiner letzten Interviews.

Der „große Fritz" tritt ab. Am 20. Juni 1959 bestritt Fritz Walter auf dem Betzenberg gegen Racing Paris das letzte Spiel seiner einigartigen Karriere.

► ZAHLEN UND FAKTEN

Vereine: 1938-1959 1. FC Kaiserslautern

Tore:	24 Bezirksliga-Spiele (81 Tore)
	44 Gauliga-Spiele (86 Tore)
	4 Spiele Gauliga-Aufstiegsrunde (5 Tore)
	321 Oberliga-Spiele (277 Tore)
	47 Endrunden-Spiele DM (24 Tore)
	5 DFB-Pokal-Spiele (4 Tore)
	11 Tore DFB-Pokal-Qualifikation
	61 Länderspiele (33 Tore)
gesamt	506 Pflichtspiele (521 Tore)*
	* *nur bekannte Spiele und Tore*
Erfolge:	Deutscher Meister 1951, 1953
	Oberliga-Meister 1947, 1948, 1949, 1950, 1951, 1953, 1954, 1955, 1956, 1957
	Gauliga-Meister 1942
	Weltmeister 1954
	Oberliga-Torschützenkönig 1947, 1953

In der Nationalmannschaft:

Fritz Walter und Sepp Herberger. Das Verhältnis der beiden wichtigsten Protagonisten des Berner Fußball-Wunders ist aus heutiger Sicht kaum mehr zu verstehen. Stets vom gegenseitigen Respekt geprägt, war der Bundestrainer für den Kapitän der deutschen Weltmeister-Elf immer nur der „Chef", derweil der Lieblingsschüler nie auf die Idee gekommen wäre, seinen sportlichen Ziehvater auf joviale Weise zu Duzen. Auch Herberger wahrte immer die nötige kritische Distanz und sprach Fritz Walter mit „Sie" an, den er zudem am liebsten bei seinem Taufnamen („Friedrich") rief. Obwohl von einem kumpelhaften Verhältnis beileibe keine Rede sein konnte, verstanden sich Fritz Walter und Sepp Herberger blind. Als verlängerter Arm setzte der Kaiserslauterer auf dem Spielfeld in die Tat um, was der Bundestrainer seinem Team in den taktischen Vorbesprechungen auf den Weg gegeben hat.

► EINWURF

Fritz Walter war der Erste, der bei seinem Rücktritt im Jahr 1956 zum Ehrenspielführer der deutschen Nationalmannschaft ernannt wurde. Es folgten Uwe Seeler (1972), Franz Beckenbauer (1982) und Lothar Matthäus (2001). Allein Fritz Walter kam allerdings auch nach seiner Berufung zum Ehrenspielführer weiterhin für den DFB zum Einsatz, nachdem ihn Bundestrainer Sepp Herberger für die Weltmeisterschaft 1958 in Schweden zu einem Comeback überreden konnte.

Herberger sparte nicht mit Lob, wenn es um seinen Lieblingsschüler ging. Für ihn war Fritz Walter schlicht der beste Fußballer, den er je gesehen hat. Als genialer Stratege lenkte dieser das Spiel seiner Mannschaft, wenngleich sein Auftreten nichts von der Großspurigkeit späterer Generationen besaß. „Doch hob er nur leicht die Stimme an, wurde es um ihn herum mucksmäuschenstill", charakterisiert der 2010 verstorbene ehemalige Kicker-Herausgeber Karl-Heinz Heimann Fritz Walters natürliche Autorität bei seinen Mitspielern. Trotz seiner unbestrittenen Fähigkeiten wurde der sensible Fritz Walter immer auch von Selbstzweifeln geplagt. Negative Kritiken nahm er sich immer sehr zu Herzen. Als die Nationalelf etwa am 5. Oktober 1952 in Paris gegen Frankreich mit 1:3 unterlag, wurde der deutsche Spielführer hinterher in der Presse genüsslich zerrissen. Besonders der bissige Kommentar,

„auf Halbrechts *stand* der Wäschereibesitzer Fritz Walter", setzte dem Lauterer derart zu, dass er Sepp Herberger gleich nach dem Abpfiff seinen Rücktritt anbot. Glücklicherweise scherte sich Herberger nur wenig um die Meinungen der Kritiker und hielt an seinem Schützling fest. Rückblickend erklärte der Alt-Bundestrainer, dass er bei Fritz Walter stets mehr als Psychologe, denn als Trainer gefragt war, da er diesem, ob seiner einzigartigen Fähigkeiten ohnehin nichts mehr beibringen musste.

Achteinhalb Jahre ohne Länderspieleinsatz

Im Zeitraum von 1940 und 1958 hatte der „große Fritz" stolze 18 Jahre dem Kader der deutschen Nationalmannschaft angehört, was für sich genommen schon eine sensationelle Leistung darstellt. Die Zahl von 61 A-Länderspielen nimmt sich in Anbetracht dessen sehr bescheiden aus, was freilich vor allem daran liegt, dass der DFB kriegsbedingt zwischen 1942 und 1950 keine Länderspiele mehr austrug, während Fritz Walter nach seinem letzten Vorkriegseinsatz gar erst Mitte April 1951 zu seinem Comeback im Nationaldress kam. Ohne die Länderspielpause hätte der Pfälzer locker die Marke von 71 Einsätzen geknackt, die den Düsseldorfer Paul Janes bis 1970 als DFB-Rekordnationalspieler auswies.

► EINWURF

Lediglich vier Spieler kamen sowohl vor als auch nach der achtjährigen deutschen Länderspielpause zwischen 1942 und 1950 zum Einsatz. Neben Fritz Walter waren dies noch Herbert Burdenski vom FC Schalke 04, der Schweinfurther Anderl Kupfer sowie Bayern Münchens Jakl Streitle. Die drei Letztgenannten standen auch beim legendären 1:0 über die Schweiz am 22. November 1950 in Stuttgart auf dem Platz, derweil ausgerechnet Fritz Walter das erste deutsche Nachkriegsländerspiel verletzungsbedingt verpasste. Immer wieder wurde Bundestrainer Herberger die Bevorzugung seines Lauterer Lieblingsschülers vorgeworfen. Auch vor der Begegnung in Stuttgart unterstellten Teile der Presse, Fritz Walter solle trotz Verletzung um jeden Preis spielen, weshalb der DFB-Spielausschussvorsitzende Hans Körfer mit einem Ehrengerichtsverfahren drohte, wenn derartige Äußerungen nicht unterblieben. Eifersüchteleien waren den Protagonisten des Fußballs also zu keiner Zeit gänzlich fremd...

Karl Hohmann, der in Südwestdeutschland als „Bereichssportlehrer" tätig war, war es zu verdanken, dass sich die Vater-Sohn-Beziehung zwischen Sepp Herberger und Fritz Walter früh entwickeln konnte. Der Ex-Internationale war nach dem Aufstieg des FCK in die Gauliga auf den 18-jährigen Fritz Walter aufmerksam geworden, weshalb ihn Herberger im Dezember 1939 zu einem Spiel der süddeutschen Auswahl gegen die italienische B-Nationalelf einlud. Beim 2:1 in Frankfurt über die Südeuropäer gehörte der junge Lauterer zu den auffälligsten Akteuren, während er auch in seiner ersten Gauligasaison auf Anhieb überzeugte, so dass er am 14. Juli 1940 zu seinem Debüt in der A-Mannschaft kam. Deutschland schlug Rumänien in Frankfurt mit 9:3, wobei der Debütant aus Kaiserslautern als dreifacher Torschütze glänzte. Bis Ende 1942 kam Fritz Walter zu 24 Berufungen in die Nationalelf, in denen er 18-mal ins Schwarze traf. Rumänien entpuppte sich dabei als sein Lieblingsgegner, da er auch beim 7:0-Erfolg am 16. August 1942 im schlesischen Beuthen drei Treffer erzielen konnte. Der Lauterer war im Alter von 22 Jahren auch am 22. November 1942 mit von der Partie, als die deutsche Elf in Pressburg gegen die Slowakei ihr letztes Länderspiel für acht lange Jahre mit 5:2 für sich entschied.

Sein wohl denkwürdigstes Spiel im Nationaltrikot vor der kriegsbedingten Pause bestritt Fritz Walter am 3. Mai 1942 ausgerechnet gegen Ungarn, das freilich noch nichts mit der „Goldenen Elf" der fünfziger Jahre um Puskas, Kocsis oder Hidegkuti zu tun hatte, in Akteuren wie Angreifer Gyula Zsengeller aber gleichwohl über starke Spieler verfügte. Vor 40.000 Zuschauern in Budapest glich die erste Hälfte für die Gäste einer Hinrichtung, da die hochüberlegenen Magyaren nach Treffern von Nagymarosi, dem erwähnten Zsengeller und Tihanyi mit 3:1 führten, dem Spielverlauf gemäß aber eigentlich deutlich höher hätten führen müssen. Selbst Reichstrainer Herberger hatte sich zur Halbzeitpause mit der Niederlage abgefunden und wandte sich flehend an seine Spieler: „Versucht wenigstens, die Niederlage in einem erträglichen Rahmen zu halten." Nach der Pause erlebte das verblüffte Stadionpublikum aber eine komplett verwandelte deutsche Mannschaft, in der insbesondere Fritz Walter für ständige Verwirrung in der gegnerischen Abwehr sorgte. Nachdem Walter schon vor der Pause den vermeintlichen Ehrentreffer erzielt hatte, kurbelte er nun das deutsche Spiel unermüdlich an und sorgte nach dem Anschlusstor durch Paul Janes in der 65. Minute selbst für den Ausgleich. Jetzt hatten sich die Deutschen endgültig in einen Spielrausch gesteigert, der seinen vorläufigen Höhepunkt erreichte, als Friedo Dörfel fünf Minuten später zum 4:3 einnetzte. In der Schlussminute folgte schließlich der schönste Treffer des Tages, an dem Fritz Walter wiederum großen Anteil hatte. „Viermal haben der Fritz und ich uns den Ball direkt zugepasst", gab der linke Läufer Albert Sing später zu Protokoll, der das Leder schließlich zum 5:3-Endstand im ungarischen Kasten versenkte.

Verletzungsbedingt sollte Fritz Walter das erste deutsche Länderspiel der Nachkriegszeit im November 1950 gegen die Schweiz verpassen. Dafür war er am 15. April 1951 wieder mit von der Partie, als es in Zürich abermals gegen unseren südlichen Nachbarn ging. Beim 3:2-Sieg zählte Fritz Walter nicht nur zu den Torschützen, sondern führte die DFB-Elf erstmals auch als Spielführer auf den Platz, was in weiteren 29 Länderkämpfen der Fall sein sollte. Darauf, dass seine Berufungen in die Nationalmannschaft nicht immer unumstritten waren, wurde eingangs schon hingewiesen. Doch obwohl die Presse nach der 1:3-Pleite gegen Frankreich im Herbst 1952 die Frage aufwarf, was „der alte Mann noch in der Nationalelf zu suchen" habe, hielt Herberger an seinem Kapitän fest.

Später Karrierehöhepunkt

Die Qualifikation für die bevorstehende Weltmeisterschaft in der Schweiz verlief für die Nationalelf ebenso wie für Fritz Walter durchwachsen, endete aber mit dem erhofften Gruppensieg. Zum Auftakt erreichte die Herberger-Elf am 19. August 1953 im Osloer Ulleval-Stadion ein mühsames 1:1, was zum einen auf den glänzend aufgelegten norwegischen Keeper Hansen zurückgeführt wurde. Aber auch Fritz Walter gab kurz nach dem Gewinn des zweiten Meistertitels mit dem FCK keine gute Figur ab und wurde hinterher mal wieder scharf kritisiert. Freilich erzielte er eine Minute vor dem Seitenwechsel den wichtigen 1:1-Ausgleich, so dass Deutschland der durchaus mögliche Fehlstart erspart blieb. Wegen einer Verletzung musste er die zweite Partie gegen die Saar absagen, bevor er beim 3:0-Erfolg im Rückspiel gegen Norwegen endlich zur gewohnten Form fand und seine Kameraden in Hamburg zu einem sicheren 5:1 führte. Vor dem letzten und entscheidenden Spiel am 28. März 1954 in Saarbrücken plagte Fritz Walter eine Oberschenkelverletzung, was vor allem wieder die Diskussionen um sein fortgeschrittenes Alter nährte. Zwei Wochen zuvor hatte er sich diese zugezogen, weshalb er angeschlagen in die Partie gegen die von Helmut Schön trainierte Saar-Elf ging. Bald war der Kapitän zum Statisten degradiert, so dass er in der 31. Minute für Bruder Ottmar ausgewechselt wurde. Erst jetzt lief es für die deutsche Elf besser, die schließlich durch ihren 3:1-Sieg an der Weltmeisterschaft in der Schweiz teilnehmen durfte.

► EINWURF

Es wäre die natürliche Konsequenz gewesen. Da Fritz Walter zu seiner aktiven Zeit auf dem Spielfeld als verlängerter Arm von Bundestrainer Sepp Herberger galt, wäre eine Karriere als dessen Nachfolger nur logisch erschienen. Doch immer, wenn die Sprache darauf kam, lehnte der Lauterer dankend ab. Nur zweimal versuchte er sich als Trainer. Bald nach Karriereende heuerte er für kurze Zeit beim VfL Neustadt (bei Coburg) an, um sich drei Jahre darauf beim SV Alsenborn zu versuchen. In der rund 2.300 Einwohner zählenden Kleinstadt in der Nähe von Kaiserslautern hatte Fritz Walter einen ansehnlichen Bungalow errichtet, den er mit seiner Frau Italia und dem Hund Arion bewohnte. 1962 waren er und der Bauunternehmer Hans Ruth, dereinst Teamkamerad Fritz Walters bei den Roten Teufeln und nun Mäzen des Dorfklubs, auf dem Weg zum Europacupendspiel zwischen Benfica Lissabon und Real Madrid. Während des Spiels im Amsterdamer Olympiastadion fiel die eher scherzhaft gemeinte Bemerkung, „in so einem Stadion müsste der SV Alsenborn einmal spielen". Aus dem Jux wurde schließlich Ernst: Während Hans Ruth das nötige Kleingeld locker machte, stellte Weltmeister Fritz Walter das sportliche Know-how zur Verfügung. Ohne Gage leitete er das Training der Mannschaft, die sich trotz aller finanzieller Unterstützung als lokales Projekt entwickelte, da sämtliche Akteure wie Lenz Horr oder Jürgen Schieck aus der nahen Umgebung stammten. Den jungen Spielern – das Durchschnittsalter belief sich auf 22,3 Jahre – glänzten die Augen, wenn Fritz Walter im Training davon berichtete, wie 1954 das „Wunder von Bern" Wirklichkeit wurde. Freilich war der „große Fritz" nicht ständig zugegen. Wenn er etwa wichtige Termine als Repräsentant von „adidas" wahrnahm, wurden die Übungseinheiten in Alsenborn von Otto Render geleitet, mit dem Fritz Walter beim FCK ebenfalls zusammengekickt hatte. Nach dem sensationellen Gewinn der Regionalligameisterschaft 1967/68 stand Alsenborn in der Bundesliga-Aufstiegsrunde, was Fritz Walter („Ich glaube nicht, dass wir aufsteigen.") mit Skepsis begleitete. Tatsächlich verpasste die Mannschaft, die ihre Aufstiegsspiele mit einer Ausnahmegenehmigung des DFB im Ludwigshafener Südweststadion und nicht im angestammten Stadion namens „Kinderlehre" austrug, den Bundesligaaufstieg um nur einen Zähler. 1969 ging es mit dem Dorfklub dann bergab: Nachdem im April Trainer Otto Render bei einem Verkehrsunfall ums Leben gekommen war, zogen sich wenig später auch Hans Ruth und Fritz Walter zurück. Als der DFB dem Klub 1974 den Zweitligaaufstieg verweigerte, gehörte das Fußballmärchen von Alsenborn endgültig der Vergangenheit an.

Beim „Wunder von Bern" war Fritz Walter neben seinem Lauterer Vereinskameraden Horst Eckel der einzige deutsche Akteur, der alle sechs Endrundenspiele bestritt. Auch jenes ominöse 3:8 in der Vorrunde gegen Ungarn, als Herberger eine Reservisten-Elf gegen den hohen Turnierfavoriten auf den Rasen des Basler Sankt-Jakob-Stadions schickte. Während der Pfälzer in jungen Jahren vor allem als Torjäger glänzte, wuchs er nun mehr und mehr in die Rolle des Spielgestalters, weshalb auch das Toreschießen in der Schweiz ein wenig auf der Strecke blieb. Beim letzten Qualifikationsspiel gegen die Saar hatte Herberger mit Fritz Walter noch einmal auf der Mittelstürmerposition experimentiert. Aber nachdem dieser Versuch jäh gescheitert war, sollte in der Schweiz wieder Bruder Ottmar als zentraler Angreifer zum Einsatz gelangen. Wie die gesamte deutsche Mannschaft zeigte auch Fritz Walter im Turnierverlauf aufsteigende Tendenz. Sein einziges Tor aus dem Spiel heraus erzielte er in der zweiten Partie gegen die Türkei in der 62. Minute zum zwischenzeitlichen 5:1. Das klare 7:2 verdankte die deutsche Elf vor allem ihrem Kapitän, der mit seinen herrlichen Zuspielen und seiner großen Übersicht unbestrittener Vater des Erfolges war. Insbesondere der siebte Treffer aus der 79. Minute blieb in Erinnerung, als Fritz Walter drei Gegenspieler stehen ließ und den Ball auf den lauernden Schäfer passte, der keine Mühe hatte, einzuschieben.

Eines der besten deutschen Länderspiele aller Zeiten – und gleichzeitig eines der besten von Fritz Walter! Im WM-Semifinale fertigt die DFB-Elf Österreich am 30. Juni 1954 in Basel mit 6:1 ab und zieht ins Endspiel gegen Ungarn ein. Fritz Walter überwindet den gegnerischen Keeper Zeman gleich zweimal (57. und 65. Minute) per Elfmeter.

Dem durchaus mit einer gehörigen Portion Glück zustande gekommenen 2:0-Viertelfinalerfolg über Jugoslawien im Genfer Stade des Charmilles folgte in der Vorschlussrunde ein fulminantes 6:1 gegen Österreich, das aus Sicht Fritz Walters das vermutlich beste Länderspiel seiner Laufbahn war. In jener Begegnung vom 30. Juni 1954 leitete der Kapitän in der 31. Minute mit einer Maßflanke auf Hans Schäfer den Kantersieg ein, ehe er auch danach kaum mehr zu bremsen war. Seine Zuspiele kamen wie an der Schnur gezogen und lancierten zahlreiche gefährliche Angriffsaktionen. Auch am 2:0 in der 47. Minute war er entscheidend beteiligt, als er eine Ecke auf den Nürnberger Max Morlock zirkelte, der mit dem Kopf zur Stelle war. Der immer wieder als zu weich bezeichnete Pfälzer bewies nach dem 1:2-Anschlusstor durch Probst gleich zweimal eiserne Nerven. Nachdem er bereits in der 55. Minute einen Strafstoß zum 3:1 verwandelt hatte, war die Entscheidung

endgültig gefallen, als Fritz Walter zehn Minuten später auch seinen zweiten Elfer versenkte. Besser kann es ein Führungsspieler nicht machen!
Und doch erfuhr der Sieg von Basel noch eine Steigerung. Am 4. Juli 1954 konnte der Lauterer seine Karriere mit dem sensationellen WM-Gewinn krönen, weil an jenem verregneten Sonntagnachmittag eine über sich hinauswachsende deutsche Mannschaft den haushohen Favoriten Ungarn im Berner Wankdorfstadion mit 3:2 in die Schranken wies. Wie schon gegen Österreich erwies sich der „große Fritz“ als wahrer Kapitän, da er seine Mitspieler nach dem frühen 0:2-Rückstand unermüdlich antrieb und zur Aufholjagd blies. Direkt beteiligt war er am 2:2-Ausgleich in der 20. Minute. Es war sein Zimmergenosse Helmut Rahn, der einen Eckball Fritz Walters aus kurzer Distanz an Grosics vorbei ins ungarische Tor bugsierte. Und schließlich war es erneut der „Boss“, der sechs Minuten vor dem Abpfiff mit einem einzigen Schuss ganz Deutschland glücklich machte.

Der größte Moment im Leben des Fußballers Fritz Walter: Nach dem Finalsieg über Ungarn bekommt der Spielführer der deutschen Mannschaft von FIFA-Präsident Jules Rimet den goldenen Weltmeisterschaftspokal überreicht.

Misstöne nach der WM

Nach dem Fußballwunder in der Schweiz herrschte in Deutschland nur für kurze Zeit eitel Sonnenschein. Vor allem die ständigen Dopinggerüchte ließen einen Schatten auf den sensationellen Erfolg fallen. Wie seine Mitspieler litt auch Fritz Walter nach der WM an Gelbsucht, weshalb er lange nicht zu seiner gewohnten Form fand. Angeblich sollen verunreinigte Spritzen den Hepatitis-Virus auf die Helden von Bern übertragen haben. Im Herbst 1954 bestritt der frischgebackene Weltmeister noch vier Länderspiele, die Fritz Walter allesamt verpasste.
Im Jahr 1955 zählte der Kaiserslauterer dann wieder zum Stamm der Herberger-Elf. Ein denkwürdiges Ereignis war der Auftritt am 21. August in Moskau, als erstmals nach dem Krieg ein freundschaftlicher Länderspielvergleich mit der UdSSR anstand. Fritz Walter führte seine Kameraden wie gewohnt auf den Platz und steuerte auch einen Treffer bei. Doch weniger die 2:3-Niederlage blieb in der Erinnerung haften. Die deutschen Spieler waren in dieser Partie in ganz besonderem Maße Botschafter ihres Landes, das nach der Hitler-Zeit im Ausland immer noch beargwöhnt wurde. Immer wieder hatte Bundestrainer Herberger seine Mannschaft auf diese Rolle hingewiesen. Und so waren sich Fritz Walter & Co. darüber bewusst, dass ihr Auftreten – und das nicht nur beim Spiel in Moskau – weit über rein sportliche Belange hinausreichte.
Die Bilanz des Weltmeisters nach dem Titelgewinn war – vorsichtig gesprochen – durchwachsen. Von den 18 Länderspielen bis Ende 1956 gingen nicht weniger als zwölf verloren, während nur magere fünf Siege und ein Remis zu Buche standen. Die Folge der schwachen Resultate war, dass auch das Festhalten Herbergers an Fritz Walter immer heftiger kritisiert wurde. Wenn heute über die „gute, alte (Fußball-)zeit“ gesprochen wird, entsteht oft der Eindruck, damals herrschte pure Harmonie. Dies war jedoch mitnichten der Fall. Zu den Verlierern der engen sportlichen Liaison zwischen Sepp Herberger und Fritz Walter gehörte Alfred Pfaff, der bei der Frankfurter Eintracht eine ähnliche Führungsrolle wie der Nationalmannschaftskapitän beim FCK innehatte, für den DFB aber nur sieben Länderspiele bestritt. Darauf angesprochen meinte Pfaff: „Es war doch klar, dass der Fritz spielt. Du konntest von der Tagesform drei Klassen besser sein. Wenn der Fritz einsatzfähig war, dann war nichts zu machen. Der Fritz war halt sein Sohn.“ Im Verlauf des Jahres 1956 kam Fritz Walter in vier Länderspielen zum Einsatz, wobei er gegen die Niederlande und England seine letzten beiden Treffer erzielte. Allerdings endeten alle vier Partien mit einer deutschen Niederlage. Der Lauterer war gerade 36 Jahre alt geworden, als die DFB-Elf in Frankfurt gegen die Schweiz eine indiskutable Vorstellung ablieferte und 1:3 unterlag. Entnervt erklärte Walter danach seinen Rücktritt: „Chef, es hat keinen Zweck mehr, verzichten sie künftig auf mich.“

Comeback in Schweden

Bundestrainer Herberger hielt jedoch weiterhin große Stücke auf seinen Strategen, so dass er ihn Anfang 1958 zu einer Rückkehr in die Nationalelf bekniete. Auch Fritz Walter hatte seine aufgekommene Fußballmüdigkeit inzwischen überwunden und war durch die bevorstehende WM in Schweden neu motiviert. „Aber der Wunsch, noch einmal eine Weltmeisterschaft mitzuerleben, war riesengroß. Also trainierte ich noch mehr als sonst, hungerte noch mehr als sonst, verzichtete noch mehr als sonst.“ Stolz berichtet der mittlerweile 37-Jährige in seinen WM-Erinnerungen, wie er bei der letzten Gewichtskontrolle in der Sportschule Grünwald sein Idealgewicht von 67 Kilogramm auf die Waage brachte.
Obwohl der „alte Fritz“ nur die beiden letzten Vorbereitungsspiele gegen Spanien (2:0) sowie die CSSR (2:3) mitgemacht hatte, bewies er in Schweden von Beginn an, nichts verlernt zu haben. In der ersten Vorrundenpartie traf der Titelverteidiger auf die als Mitfavorit gehandelten Argentinier, die schon nach drei Minuten durch ihren Rechtsaußen Corbatta in Führung gingen. Nachdem der Schock überwunden war, legten die Deutschen – allen voran Fritz Walter – ihre Zurückhaltung auf und erwiesen sich auch in technischer Hinsicht mit den Südamerikanern als absolut ebenbürtig. Nach dem 1:1 durch Rahn (33.) leitete Fritz Walter drei Minuten vor der Pause per Hacke einen weiteren gefährlichen Angriff seines Teams ein, den der junge Uwe Seeler zum 2:1 vollendete. Eine Schrecksekunde erlebte Fritz Walter Mitte der zweiten Hälfte, als er vom gegnerischen Mittelläufer Rossi böse attackiert wurde und angeschlagen weiterspielen musste. Obwohl nicht bei vollen Kräften setzte er in der 81. Minute zu einem atemberaubenden Alleingang an und lancierte den Ball gekonnt auf Helmut Rahn, der flach an Carrizo vorbei

ins Tor zielte. Titelverteidiger Deutschland war vom knapp 38 Jahre alten Fritz Walter zu einem nicht unverdienten 3:1-Auftaktsieg geführt worden.

► **EINWURF**

„Na, Friedrich, was meensche jetzt? Gucke mol de Planet, wie er sticht!" So jubelte Werner Liebrich am Morgen des 4. Juli 1954 im deutschen WM-Quartier in Spiez am Thuner See, als er nach dem Aufstehen aus dem Fenster schaute. Rund drei Stunden später fielen die ersten Regentropfen vom bewölkten Himmel, was Max Morlock („Friedrich, es regnet!") hellauf begeisterte. Als die deutschen Spieler gegen drei Uhr im Mannschaftsbus saßen, begann es auf dem Weg nach Bern wie aus Kübeln zu schütten, was die Stimmung weiter steigen ließ. – Eigentlich erscheint die Wetterentwicklung am Tag eines WM-Endspiels als unwichtige Marginalie, doch da nun auch Sepp Herberger davon sprach, es sei „dem Fritz sei Wetter", müssen die meteorologischen Rahmenbedingungen unbedingt von Bedeutung gewesen sein. Tatsächlich spielte der deutsche Kapitän am liebsten auf regennassem Geläuf, was nicht nur mit seinem technischen Vermögen zu tun hatte, sondern auch mit der Tatsache, dass er sich während des Krieges mit Malaria angesteckt hatte, weshalb er am liebsten bei bedecktem Himmel antrat. Und so kann man heute mit Fug und Recht behaupten, dass es auch Petrus an jenem Sonntagnachmittag gut mit Fritz Walter und der großen Schar der deutschen Fußballfans gemeint hat!

Zum Glück war die erlittene Blessur nicht so schlimm, so dass der Ehrenspielführer im nächsten Vorrundenspiel gegen die Tschechoslowakei wieder mittun konnte. Beim 2:2 in Hälsingborg zählte er ebenso zu den auffälligsten Akteuren wie beim erneuten 2:2 gegen Nordirland, womit der Titelverteidiger auch dank Fritz Walter wieder in der Runde der letzten Acht stand. Spätestens jetzt waren alle Kritiker, die die erneute WM-Teilnahme des Lauterers in Frage gestellt hatten, verstummt. Erst recht, nachdem die deutsche Elf im Viertelfinale wie vor vier Jahren die Jugoslawen dank eines 1:0-Sieges ausgebootet und damit endgültig den Beweis angetreten hatte, dass der Erfolg von Bern kein Zufallsprodukt gewesen war.

Heja, heja!

Ganz Deutschland träumte nun wieder von WM-Titel, wenngleich man vor Halbfinalgegner Schweden natürlich großen Respekt hatte. Schließlich traf die Herberger-Elf damit auf den Gastgeber, der bei den bisherigen Auftritten von seinem Publikum auf geradezu südländische Weise unterstützt wurde. Mit dem Schlachtruf „Heja, Sverige, friskt humör! Det är det som susan gör! Heja, heja, heja!" („Guten Muts! Das allein ist entscheidend!") wurden Hamrin & Co. von den berüchtigten, mit Megafonen bewaffneten Einpeitschern auf Endspielkurs getrimmt. Erwartungsgemäß erwischte die Heimelf den besseren Auftakt, doch konnte die deutsche Mannschaft nach dem Versanden der schwedischen Anfangsoffensive ihrerseits Akzente setzen. Gerade jetzt schien es sich auszuzahlen, dass der Bundestrainer auf den erfahrenen Fritz Walter gesetzt hatte, der in der heißblütigen Atmosphäre von Göteborg kühlen Kopf behielt und immer wieder gefährliche Entlastungsangriffe einleitete. Und wirklich konnte Deutschland in der 24. Minute durch Kapitän Hans Schäfer in Führung gehen, die Skoglund zehn Minuten später allerdings egalisierte. Dennoch besaß Deutschland auch nach dem Pausentee alle Chancen auf den erneuten Finaleinzug. Bis, ja bis der Düsseldorfer Verteidiger Erich Juskowiak in der 58. Minute nach einem Revanchefoul an Hamrin vom Platz gestellt wurde und eine Viertelstunde vor Schluss auch noch der bis dahin stark spielende Fritz Walter vom linken Läufer Parling kampfunfähig getreten wurde. Gegen neun Deutsche hatten die Gastgeber nun leichtes Spiel und erreichten durch zwei späte Tore von Gren (80.) und Hamrin (89.) das Endspiel.

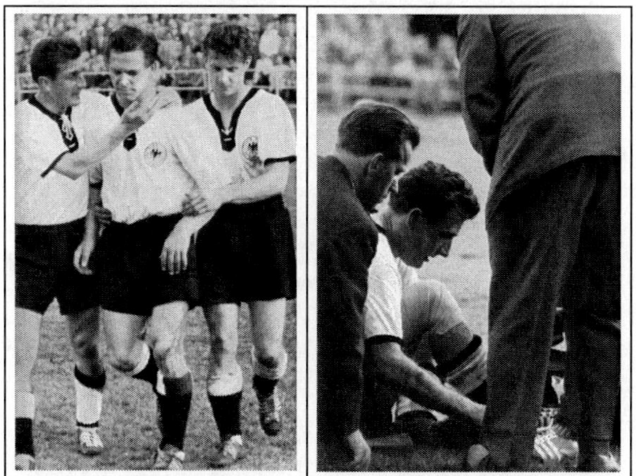

Auf dem linken Bild versuchen Ehrenspielführer Fritz Walter und Kapitän Hans Schäfer Erich Juskowiak nach seinem Platzverweis im WM-Halbfinale von 1958 gegen Gastgeber Schweden zu trösten. Eine Viertelstunde vor Schluss wird Fritz Walter von Parling böse gefoult und kann nach einer Behandlungspause am Spielfeldrand (Bild rechts) nur noch als Statist mitwirken. Das Aus des Titelverteidigers ließ sich so nicht mehr vermeiden.

Bitterer hätte das letzte von 61 Länderspielen für Fritz Walter somit kaum enden können. Zwar versuchte Sepp Herberger seinen Lieblingsschüler für die WM in Chile 1962 nochmals zu einem Comeback zu überreden, was für den Lauterer, der seine Vereinskarriere bereits drei Jahre zuvor beendet hatte, jedoch nicht infrage kam.

Saison	ER DM		Liga		Pokal	
	Sp.	T.	Sp.	T.	Sp.	T.
1938/39			24	81		
1939/40			15	29	1	2
1940/41			12	15		
1941/42	2	5	14	40	0	0
1942/43			3	2		
1945/46			14	20		
1946/47			14	24		
1947/48	3	1	24	31		
1948/49	5	0	22	30		
1949/50	3	3	26	34		
1950/51	7	1	19	6		
1951/52			27	19		
1952/53	7	4	30	38		
1953/54	3	2	29	20	1	0
1954/55	7	3	21	10	3	3
1955/56	6	1	25	16		
1956/57	2	4	21	15		
1957/58	2	0	26	5		
1958/59			23	10		

Ottmar Walter
Mehr als nur der „kleine Bruder"

Von frühester Jugend an war Ottmar Walter, der am 6. März 1924 als viertes Kind der Eheleute Ludwig und Dorothea Walter in Kaiserslautern das Licht der Welt erblickt hatte, mit dem FCK verbunden. Dies lag vor allem daran, dass sich sein älterer Bruder Fritz dereinst gegen den Stadtrivalen VfR und für die Roten Teufel entschieden hatte. Ursprünglich wollte dieser sich nämlich lieber dem Arbeiterklub vom Erbsenberg anschließen. Seine Mutter bestand jedoch auf ein Paar neue Fußballschuhe, das der VfR nicht zur Verfügung stellen konnte, während der besser situierte FCK dazu in der Lage war. Nachdem Fritz also bereits für den heute vierfachen Deutschen Meister kickte, war es für den vier Jahre jüngeren „Ottes" keine Frage, dem großen Bruder zu folgen. Als Achtjähriger schloss er sich den Pfälzern an, wobei insbesondere sein Vater Zweifel am Talent des jüngsten Sohnes äußerte. Während er von Friedrichs Qualitäten überzeugt war, hielt er Ottmar für zu steif, um eine große Karriere als Fußballer hinlegen zu können.
Schon bald aber zeigte sich Ottmar Walter stark genug, um in der ersten Elf mitzuwirken. Als 18-Jähriger kam er 1942 in der Gauliga zu seinem Debüt. Während er anfangs noch auf Linksaußen eingesetzt wurde, sollte er später vor allem als überaus torgefährlicher Mittelstürmer in Erscheinung treten, der über eine glänzende Ballbehandlung sowie einen extrem harten Schuss verfügte. Gleich seine erste Saison konnte er mit dem Gewinn der Gaumeisterschaft abschließen, wenngleich er sein Talent bei 15 Treffern lediglich anzudeuten vermochte. Bei der ersten Endrundenteilnahme der Pfälzer schaffte Ottmar dann den Durchbruch: Am 10. Mai 1942 sahen 10.000 Zuschauern auf dem Betzenberg einen fulminanten 7:1-Erfolg über den SV Waldhof Mannheim, die sich vor allem über den jüngeren Bruder des schon anerkannten Fritz verwundert die Augen rieben. Dieser hatte nämlich nicht nur in der vierten Minute den Torreigen eröffnet, sondern kurz vor der Pause auch noch einen zweiten Treffer beigesteuert, weshalb sich die Pfälzer Anhänger auf noch mehr Offensivpower freuten, über die die Mannschaft ohnehin schon verfügte. Neben dem spielstarken Fritz Walter hatten sie in Werner Baßler noch einen dritten Torschützen vom Dienst, der auch an jenem Sonntag im Mai zu den Torschützen zählte. Freilich hatte der FCK in der anschließenden Partie gegen den späteren Meister FC Schalke 04 keine echte Chance. Doch auch bei der 3:9-Niederlage konnte sich „Ottes" ein weiteres Mal als Torschütze profilieren.

Gastspieler im hohen Norden

Schon bald wurde Ottmar Walter zum Kriegsdienst eingezogen, weshalb er nicht mehr für den 1. FC Kaiserslautern antreten konnte. Es war in jener Zeit üblich, die Spieler just an dem Ort einzusetzen, an dem sie stationiert waren. Von dieser gängigen Praxis profitierte im Frühjahr 1943 der Kieler SV Holstein, der sich mit nur zwei Verlustpunkten die Gaumeisterschaft von Schleswig-Holstein gesichert hatte und damit für die anstehende Endrunde qualifiziert war. Hier präsentierte sich der Deutsche Meister von 1912 ausgesprochen stark und konnte – auch dank Ottmar Walter – immerhin den dritten Platz erobern. Dabei hatten die Störche im Viertelfinale sogar den amtierenden Meister FC Schalke 04 mit 4:1 aus dem Rennen geworfen, ehe sie in der Vorschlussrunde über dessen Nachfolger Dresdner SC (1:3) stolperten. Dank eines abschließenden 4:1-Sieges über die Vienna, bei dem „Ottes" zu den Torschützen gehörte, beendeten die Norddeutschen die Endrunde als Dritte.
In der Saison 1943/44 spielte der Pfälzer dann für den Cuxhavener SV, der sich als Aufsteiger mit nur einem Zähler Rückstand auf den Wehrmacht SV Celle Rang zwei in der neu gegründeten Gauliga Osthannover sicherte. Nicht zuletzt dank Ottmar Walter stellte sein Team mit 90 Saisontreffern in 14 Spielen den besten Angriff der Liga. Die Folgen des Krieges sollten am jüngeren der beiden Walter-Brüder wie an vielen seiner Kameraden freilich nicht spurlos vorüberziehen. Bei einem Seegefecht in der Nähe der französischen Hafenstadt Brest wurde er am rechten Knie schwer verwundet; eine Verletzung, die ihm in den kommenden Jahren arg zu schaffen machte. Gleich dreimal musste er deswegen operiert werden. Besonders nach dem WM-Gewinn brach die Verletzung immer wieder auf, so dass seine Torgefahr merklich nachließ, was 1956 zum vorzeitigen Ende seiner Länderspielkarriere führte.

Szene aus dem Meisterschaftsfinale 1948. „Ottes" (weißes Trikot) kämpft mit dem Nürnberger Mittelläufer Georg Kennemann um den Ball. Nach 90 Minuten hatte der Club in Köln-Müngersdorf mit 2:1 knapp die Nase vorn.

Mitglied der legendären „Walter-Elf"

Mit Beginn der Spielzeit 1946/47 trat Ottmar Walter dann wieder für seinen Heimatverein 1. FC Kaiserslautern in Erscheinung. Die berühmte „Walter-Elf" bekam immer deutlichere Konturen, was in jenem Jahr zum souveränen Gewinn der Oberligameisterschaft führte. Obwohl Ottmar von seiner Kriegsverletzung stark gehandicapt war, wurde er hinter Bruder Fritz mit 22 Saisontreffern zweitbester Torschütze der Oberliga Südwest.
Der große Durchbruch folgte sodann 1947/48. Nach einer ersten Knieoperation war er zumindest vorübergehend so weit wieder hergestellt, dass er im Alter von 23 Jahren zu seiner Bestform auflief. In der Nordstaffel der Südwest-Oberliga gab es für den FCK kein Halten. Die Spiele des angehenden Meisters entwickelten sich vor allem auf dem heimischen Betzenberg zu einem munteren Scheibenschießen, an dem sich Mittelstürmer Ottmar Walter als 51-facher Saisontorschütze auf entscheidende Weise beteiligte. Unter dem Strich hatten die Pfälzer, für die auch Bruder Fritz und Werner Baßler Tore am Fließband erzielten, 151 Treffer auf dem Konto. Auch in den nächsten Jahren konnte die Angriffsreihe des FCK die 100-Tore-Marke in schöner Regelmäßigkeit knacken. Zur besseren Einordnung muss man jedoch anmerken, dass die Mannschaft in der Nachkriegszeit auf Oberliganiveau hoffnungs-

los unterfordert war. Während die Walter-Elf ein Team von internationalem Format darstellte, setzte sich der überwiegende Teil der Oberligisten aus biederen Provinzkickern zusammen, die den späteren Lauterer Weltmeistern nicht viel entgegenzusetzen hatten. Je fünf Tore gelangen Ottmar Walter beispielsweise gegen Wormatia Worms (10:0) und den FSV Mainz 05 (13:2).

Im Rahmen der nationalen Endrunde traf der 1. FC Kaiserslautern dann auf gleichwertigere Teams, so dass die gezeigten Leistungen schon mehr Aussagekraft über die wahre Stärke der Mannschaft besaßen. Die Experten waren zum Start der Endrunde nicht wirklich von den Pfälzern überzeugt, weil diese – wie gesagt – im Ligaalltag nur wenig Widerstand erfahren hatten. Umso erstaunter war man, als die Walter-Elf mit zwei lockeren 5:1-Erfolgen das Finale erreichte. Auch Ottmar hatte sich dreimal in die Torschützenliste eingetragen. Im Endspiel am 8. August 1948 setzte sich freilich noch einmal Altmeister 1. FC Nürnberg durch, der mit seiner ganzen Routine die aufmüpfigen Pfälzer mit 2:1 niederrang. Nach dem Schlusspfiff war man in der Barbarossastadt aber vor allem auf Club-Läufer Kennemann sauer, der mit mehreren bösen Fouls dem verletzungsanfälligen Lauterer Mittelstürmer ein wenig den Schneid abgekauft hatte.

Im kommenden Jahr wurde Ottmar Walter in der Oberliga Südwest dann von Teamkamerad Werner Baßler als Toptorjäger abgelöst, der es gar auf drei Treffer mehr brachte, als „Ottes“ im Jahr zuvor. Aber auch dessen 32 Torerfolge konnten sich freilich immer noch sehen lassen. Fast müßig zu erwähnen, dass sich der FCK mit einer erneut beeindruckenden Torbilanz von 142:22 abermals in überlegener Manier den Staffelsieg sicherte, um durch die abschließenden Erfolge über Fortuna Freiburg (4:0, 6:3) auch den Südwesttitel zu verteidigen. Im nationalen Viertelfinale trafen die Pfälzer am 12. Juni 1949 im Bremer Weserstadion auf den FC St. Pauli, gegen den der Favorit aus dem Südwesten bereits in der 10. Minute durch Ottmar Walter in Führung ging. Die Hamburger erwiesen sich danach allerdings als unerwartet widerborstig und erzwangen durch den Ausgleichstreffer von Günter Woitas kurz vor dem Seitenwechsel ein Wiederholungsspiel, in dem die Lauterer eine Woche später im Düsseldorfer Rheinstadion ihrer Favoritenrolle gerecht wurden und mit 4:1 die Oberhand behielten. Ottmar Walter war dabei nach acht Minuten der erste Treffer für seine Farben geglückt. Im Semifinale war gegen Borussia Dortmund allerdings Endstation. Dem 0:0 im Grünwalder Stadion folgte in der Neuauflage in Köln eine deutliche 1:4-Abfuhr, bei der die Walter-Elf für einmal ihre Grenzen aufgezeigt bekam.

Ottmar (links) und Fritz Walter gehörten nach dem Krieg zu den Korsettstangen im Team des FCK. Während der ältere Fritz für die genialen Momente zuständig war, glänzte Mittelstürmer „Ottes“ vor allem vor dem gegnerischen Tor.

Ein verlockendes Angebot

Von der deutlichen Klatsche in der nationalen Endrunde zeigte sich die Walter-Elf im Jahr darauf gut erholt und sicherte sich mit drei Zählern Vorsprung auf Wormatia Worms abermals den Staffelsieg. Ebenso wie Werner Baßler erzielte Ottmar Walter stolze 45 Saisontreffer, womit die beiden Lauterer Angreifer ex aequo die Torjägerkanone holten. Erstaunlich schwer tat sich der FCK dann im Endspiel um die Südwestmeisterschaft gegen Südstaffelsieger SSV Reutlingen. Nach 90 Minuten stand es nur 1:1-unentschieden, bevor die Pfälzer in der Verlängerung aufdrehten und den SSV mit 6:1 abschossen. Ab der kommenden Spielzeit war die Oberliga Südwest übrigens nur noch eingleisig, da die Südstaffel in die Oberliga Süd eingegliedert wurde.

Obwohl der 1. FC Kaiserslautern in der „Deutschen“ schon im Viertelfinale am VfB Stuttgart (2:5) scheiterte, hatten die steten Torerfolge Ottmar Walters die ausländische Konkurrenz aufhorchen lassen. Während es für einen deutschen Oberligaspieler nicht viel zu verdienen gab, konnten ausländische Profivereine mit für damalige Verhältnisse durchaus beachtlichen Summen Werbung in eigener Sache betreiben. So wollte Stade Reims im Verlauf des Jahres 1950 den Lauterer Mittelstürmer mit einem üppigen Handgeld von 180.000 Schweizer Franken ködern, für den ein Weggang aus der Pfalz jedoch nicht in Frage kam, zumal er inzwischen mit Ehefrau Anneliese verheiratet war und Vaterfreuden entgegenblickte.

Zweimal Deutscher Meister

Dass Ottmar Walter „seinem“ FCK treu blieb, sollte er indes nicht bereuen. Schon in der nächsten Saison konnte er mit den Pfälzern zum ersten Mal den deutschen Meisterthron besteigen. Obwohl er allein schon wegen seiner unglaublichen Trefferquoten seine Anhänger regelmäßig überzeugt hatte, stand er doch immer etwas im Schatten seines Bruders Fritz. Zahlreiche Kritiker vertraten die Meinung, der Lauterer Mittelstürmer sei ohne den genialen Regisseur nur die Hälfte wert, wofür der Verlauf der Spielzeit 1950/51 tatsächlich den Beweis zu liefern schien. Da Fritz in diesem Jahr verletzungsbedingt längere Zeit pausieren musste, erzielte „Ottes“ lediglich 29 Oberligatreffer, nachdem ihm die Maßvorlagen seines Bruders fehlten. In der Endrunde war der Fritz zum Glück wieder dabei, was Ottmar anfangs jedoch nur wenig zu helfen schien. Während Fritz wie gewohnt Regie führte, enttäuschte der ansonsten so torgefährliche Mittelstürmer und blieb in den ersten drei Endrundenpartien ohne Treffer, bevor er in den restlichen drei aussetzen musste, da die alte Knieverletzung wieder aufgetreten war. Vor dem Endspiel gegen Preußen Münster zählte er somit zu den großen Verlierern im Team, ehe vor 85.000 Zuschauern im Berliner Olympiastadion doch noch seine große Stunde schlagen sollte: Kurz nach dem Seitenwechsel war der FCK durch einen Gerritzen-Treffer in Rückstand geraten. In der 61. und 74. Minute war Ottmar dann zweimal nach einem Zuspiel seines Bruders zur Stelle, so dass er zum Matchwinner beim ersten deutschen Meistertitel der Vereinsgeschichte avancierte.

Was folgte, war eine Saison, die weder für den Titelverteidiger noch seinen Mittelstürmer wunschgemäß verlief. Ottmar Walter musste sich abermals einer Operation am lädierten rechten Knie unterziehen und traf so in der Liga für seine Verhältnisse mickrige 17-mal ins Schwarze. Für den FCK reichte es in der Oberliga gerade einmal zum dritten Platz, was mit dem Verpassen der nationalen Endrunde einherging. Sämtliche Zweifler an Ottmar

Walters Fähigkeiten mussten damit einsehen, dass dessen Mitwirken für einen erfolgreichen Saisonverlauf sehr wohl von großer Bedeutung war.

Am 21. Juni 1953 sicherte sich der 1. FC Kaiserslautern mit einem 4:1-Sieg über Titelverteidiger VfB Stuttgart vor 80.000 Zuschauern im Berliner Olympiastadion den zweiten Meistertitel. Dritter von rechts stehend Ottmar Walter.

Die Verletzung machte dem Lauterer Mittelstürmer auch in der Saison 1952/53 weiterhin zu schaffen. Zudem machten sich bei Ottmar Walter, der ja stramm auf die Dreißig zuging, allmählich körperliche Verschleißerscheinungen bemerkbar. Allein schon, weil er immer öfter pausieren musste, kam er an die Trefferquoten von einst nicht mehr heran. Auch in jenem Jahr erzielte er in 25 Oberliga-einsätzen vergleichsweise bescheidene 20 Tore. Da Fritz aber in die Bresche sprang und das Fehlen des kleinen Bruders als bester Oberligaschütze mit 38 Toren kompensierte, stand der Südwesttitel bei fünf Zählern Vorsprung auf Verfolger TuS Neuendorf nie ernsthaft zur Debatte. In der deutschen Endrunde waren die Lauterer dann ebenfalls voll auf der Höhe des Geschehens und sicherten sich vor Eintracht Frankfurt, dem 1. FC Köln und Holstein Kiel den mit dem Finaleinzug verbundenen Gruppensieg. Auch der verletzungsgeplagte Ottmar Walter war rechtzeitig fit geworden und hatte in fünf Endrunden-einsätzen vier Tore erzielt. Beim 4:1-Endspielsieg über den VfB Stuttgart blieb der Mittelstürmer zwar ohne weiteren Treffer, dafür erwies er sich als glänzender Psychologe, indem er seinen als sensibel geltenden Bruder nach einem in der Anfangsphase verschossenen Elfmeter wieder aufrichtete, so dass Fritz wie gewohnt Regie führte und mit seinem Führungstreffer aus der 35. Minute den zweiten Titelgewinn der Pfälzer einleitete.

Im Grunde genommen war die Saison 1953/54 die letzte, in der Ottmar Walter seine gewohnten Qualitäten ausspielen konnte. Zum Glück stand für ihn zum Ende des Spieljahres die WM-Endrunde in der Schweiz an, die er bekanntlich mit dem sagenumwobenen „Wunder von Bern" abschließen konnte. Allein, dass der Mittelstürmer endlich wieder eine ganze Saison ohne nennenswerte Verletzungssorgen durchzuspielen vermochte, musste ihm wie ein Hauptgewinn in der Lotterie vorgekommen sein. Noch einmal kam er in der Oberliga mit 28 Treffern knapp an die 30-Tore-Marke heran, nachdem er sämtliche Ligaspiele bestritten hatte. Auch in den beiden Gruppenspielen der Endrunde trug er als Torschütze beim abschließenden 4:3 über den 1. FC Köln seinen Teil zum erneuten Finaleinzug bei. Angesichts des noch folgenden WM-Triumphes wäre für Ottmar Walter wirklich alles perfekt gewesen, hätte es nicht jene peinliche 1:5-Klatsche im Meisterschaftsfinale gegen Hannover 96 gegeben, die der FCK am 23. Mai 1954 im Hamburger Volksparkstadion kassierte (es war übrigens derselbe Tag, an dem Ungarn in Budapest die englischen Profis mit 7:1 vernichtend schlug und sich damit endgültig zum Topfavoriten auf den WM-Titel in der Schweiz machte). So aber hatte auch die wichtigste Saison in Ottmar Walters Laufbahn einen Wermutstropfen parat.

„Willst Du unserm Ottmar danken..."

In der Saison nach dem WM-Triumph von Bern lief für „Ottes" nur wenig zusammen. Vom grassierenden Hepatitis-Virus geschwächt, absolvierte er im Spieljahr 1954/55 für den FCK nur 18 Oberliga-Spiele, in denen indiskutable acht Tore auf sein Konto gingen. Schließlich verpasste er auch die Teilnahme an der Endrunde, die für die Pfälzer mit einer unglücklichen 3:4-Finalniederlage gegen Rot-Weiss Essen endete. In den kommenden Jahren zeigte sich dann, dass die Walter-Elf ihren Zenit endgültig überschritten hatte. Zwar reichte es 1956 und 1957 nochmals zum Gewinn der Oberligameisterschaft. Im Rahmen der „Deutschen" hatten die Roten Teufel aber nur noch wenig zu bestellen. Auch Ottmar Walters Leistungskurve zeigte nach unten. Zu den sporadischer werdenden Höhepunkten zählten die Gruppenspiele gegen Hannover 96 in der deutschen Endrunde 1956, wo sich die Lauterer mit zwei Siegen (5:2, 5:3) für die Finalniederlage von vor zwei Jahren revanchierten. Speziell Ottmar Walter zeigte sich gut aufgelegt und schoss in den beiden Duellen drei bzw. zwei Treffer. 1956/57 erzielte er in der Südwest-Oberliga letztmals mehr als 20 Tore, ehe er nach dem Spieljahr 1958/59 nach nur noch fünf Toren in zwölf Einsätzen seine Karriere beendete.

► EINWURF

Neben dem allseits bekannten Fritz hatte Ottmar Walter noch einen weiteren Bruder: Ludwig war das zweite von fünf Kindern, die aus der Ehe von Ludwig und Dorothea Walter hervorgegangen sind. Neben den drei Söhnen gibt es noch die Töchter Gisela und Sonja. Ludwig Walter sen. betrieb übrigens mehr als 40 Jahre das Vereinsheim des FCK, so dass es nicht überraschte, dass die Söhne später für die Roten Teufel auf Torejagd gingen. Kaum bekannt ist, dass auch Ludwig jun. das Dress des FCK überstreifte. In der Oberligaspielzeit 1948/49 bestritt er für die Pfälzer seine beiden einzigen Pflichtspiele.

Nach dem Triumph von Bern versuchte sich Ottmar Walter als Geschäftsmann, wobei ihm deutlich weniger Erfolg als zu seiner Zeit als Fußballer beschieden war. Der gelernte Autoschlosser erwarb in Kaiserslautern eine Tankstelle, die anfangs auch den erhofften Gewinn abzuwerfen schien. Eifrig rührten seine Gönner die Werbetrommel. „Willst Du unserm Ottmar danken, musst Du fleißig bei ihm tanken", lautete der Slogan. 1969 stand Ottmar Walter dennoch vor dem finanziellen Ruin. Ein Schuldenberg in Höhe von 250.000 D-Mark führte dazu, dass der 54er-Weltmeister einen Selbstmordversuch unternahm. Nur langsam kam er wieder auf die Beine. Seiner immer noch großen Popularität hatte er es zu verdanken, dass ihm die Stadt Kaiserslautern eine Stelle in der Verwaltung anbot, die ihn bis zu seinem Ruhestand 1984 ernährte.

Auch in gesundheitlicher Hinsicht musste Ottmar Walter, der kurzzeitig als Spielausschussvorsitzender bei „seinem" FCK agierte, den unermüdlichen Einsatz als Spieler teuer bezahlen. Schon 1970 wurde ihm eine Hüftgelenksprothese eingesetzt, zehn Jahre später folgte eine Verpflanzung des Halswirbels, 1986 erhielt er ein künstliches Kniegelenk. Trotz aller gesundheitlichen Probleme hing Ottmar Walter zeitlebens am 1. FC Kaiserslautern. Lange Jahre wurde er immer wieder zusammen mit seiner Frau auf der Nordtribüne des Betzenbergstadions gesichtet. Ottmar Walter verstarb am 16. Juni 2013 in einem Kaiserslauterer Altersheim im Alter von 89 Jahren.

► ZAHLEN UND FAKTEN

Vereine:	1941-1943	1. FC Kaiserslautern
	1943	Holstein Kiel
	1943-1944	Cuxhavener SV
	1946-1959	1. FC Kaiserslautern

Tore:	38 Gauliga-Spiele (35 Tore)
	275 Oberliga-Spiele (307 Tore)
	42 Endrunden-Spiele DM (32 Tore)
	4 DFB-Pokal-Spiele (1 Tor)
	3 Tore DFB-Pokal-Qualifikation
	21 Länderspiele (10 Tore)
gesamt	380 Pflichtspiele (388 Tore)*
	** nur bekannte Spiele und Tore*

Erfolge:	Deutscher Meister 1951, 1953
	Oberliga-Meister 1947, 1948, 1949, 1950, 1951, 1953, 1954, 1955, 1956, 1957
	Gauliga-Meister 1942
	Weltmeister 1954
	Oberliga-Torschützenkönig 1948, 1950, 1951

In der Nationalmannschaft:
Nachdem Deutschland am 22. November 1942 in Pressburg gegen die Slowakei mit 5:2 gewonnen hatte, mussten die Fußballanhänger hierzulande acht Jahre auf die Austragung von Fußball-Länderspielen verzichten. Doch selbst während der Zweite Weltkrieg tobte, hielt Reichstrainer Sepp Herberger Kontakt zu seinen Nationalspielern, woran sich auch nach der Kapitulation Hitler-Deutschlands nichts änderte. Obwohl noch nicht offiziell im Amt, bastelte er an einer zukünftigen Nationalelf, die zumindest für Herberger klare Konturen besaß und quasi sofort einsatzbereit war. Auch die deutsche Fußballöffentlichkeit machte sich so ihre Gedanken, wie denn eine Auswahlmannschaft des DFB aussehen könnte. 1948 veranstaltete das in Nürnberg erscheinende „Sport-Magazin" eine Leserumfrage, die dem späteren „Bundes-Sepp" den halblinken Verbindungsstürmer Fritz Walter empfahl, der schon in den letzten Vorkriegsjahren überzeugt hatte. Ansonsten sollten der Angriffsreihe der Schalker Berni Klodt, HSV-Spieler Heinz Spundflasche, Rudolf de la Vigne vom VfR Mannheim sowie der Club-Mittelstürmer Max Morlock angehören. Vom Lauterer Ottmar Walter war hingegen nicht die Rede.
Bekanntlich machte sich Herberger aber nur wenig aus der Meinung anderer. Und so setzte er in seinen „Geheimplanungen" schon längst auf den jüngeren Walter-Bruder, der daher auch am 22. November 1950 in jenem deutschen Team stand, das in Stuttgart gegen die Schweiz das erste Länderspiel der Nachkriegszeit bestritt. Im Vorfeld hatte es heftige Diskussionen über dessen Nominierung gegeben, da mancher Experte die Meinung vertrat, Ottmar sei ohne seinen Bruder Fritz, der verletzungsbedingt fehlte, nur die Hälfte wert. Der Verlauf der 90 Minuten sollte allerdings den Bundestrainer bestätigen. Beim 1:0-Erfolg der Gastgeber – der verwandelte Burdenski-Elfmeter, Sie wissen schon – war „Ottes" in einem insgesamt eher mäßigen Spiel der beste Mann auf dem Platz.
Trotz des gelungenen Debüts verlief seine Nationalmannschaftskarriere nicht immer glücklich. Zwar lief der Lauterer Mittelstürmer am 15. April 1951 auch beim zweiten Nachkriegsländerspiel in der Schweiz auf und erzielte beim 3:2-Sieg drei Minuten vor der Pause den zwischenzeitlichen 1:1-Ausgleichstreffer. Als Folge einer Knieoperation musste er danach jedoch über ein Jahr auf seine dritte Berufung warten.
Der FCK-Torschütze vom Dienst kam in der Länderelf insgesamt nur 21-mal zum Zug, derweil auch die Zahl von zehn Treffern nicht wirklich überragend klingt. Auch, dass Ottmar Walter stets im Schatten seines Bruders stand, stimmte ihn ein wenig nachdenklich. Er beklagte sich darüber, dass, wann immer die Sprache auf das „Wunder von Bern" kam, vor allem „der Friedrich" im Mittelpunkt des Interesses stand. „Wenn ich Artikel über diese großen Erfolge lese, frage ich mich manchmal: Warst du da eigentlich auch dabei?"
Mittendrin, statt nur dabei war Ottmar Walter vor allem in der Zeit zwischen Mai 1952 und der Weltmeisterschaft in der Schweiz. Bei seinem Comeback am 4. Mai 1952 feierte er in Köln einen 3:0-Erfolg gegen Irland, zu dem er in der 77. Minute den zwischenzeitlichen 2:0-Führungstreffer beisteuerte. Auch in den folgenden zwei Länderkämpfen gegen Frankreich (1:3) und die Schweiz (5:1) gehörte er zu den Torschützen. Bis zur Weltmeisterschaft bestritt „Ottes" für die Herberger-Elf zwölf Spiele, in denen er sechs Treffer erzielt hatte. In der WM-Qualifikation fehlte er lediglich beim 3:0-Heimsieg über das Saarland. Seinen einzigen Treffer erzielte er beim anschließenden 5:1-Heimerfolg über Norwegen. Eine starke Vorstellung lieferte Ottmar Walter auch im letzten Qualifikationsspiel in Saarbrücken ab, als er in der 31. Minute für seinen verletzten Bruder eingewechselt wurde. Während sich die deutsche Elf bis dahin ausgesprochen schwer getan hatte, steigerte sie sich nach seiner Einwechslung zusehends und durfte nach ihrem 3:1-Sieg schließlich zur WM fahren.

Im Gegensatz zu seinem Bruder Fritz gehörte Ottmar Walter (Vierter von rechts) jener deutschen Nationalmannschaft an, die am 22. November 1950 in Stuttgart die Schweiz im ersten Nachkriegsländerspiel mit 1:0 schlug.

Verhinderter Siegtorschütze von Bern

Dass die Walter-Elf des 1. FC Kaiserslautern mit fünf Akteuren in der Schweiz das Gros der deutschen Mannschaft stellte, war anfangs nicht unumstritten. Besonders im Kohlenpott beschwerte man sich immer wieder lauthals, dass der Bundestrainer dem Anschein nach einen großen Bogen um die Spieler von Borussia Dortmund und Schalke 04 machte, was möglicherweise auf dessen kurpfälzische Herkunft zurückzuführen war. Sepp Herberger stammte aus Mannheim, weshalb ihm die Mentalität der Akteure aus dem nahen Kaiserslautern besonders vertraut gewesen sein dürfte. Wie wir heute wissen, lag Herberger mit seiner Linie goldrichtig. Der Lauterer Einfluss war in der Schweiz unverkennbar. Vor dem Anpfiff bildeten die Spieler beim

FCK einen Kreis, um sich auf die kommenden 90 Minuten einzustimmen, ein Ritual, das auf Initiative der Walter-Brüder nun auch bei der Nationalmannschaft praktiziert wurde. In jedem Fall stimmte die „Chemie“ innerhalb des Teams, das mit einem 4:1 über die Türkei in das Turnier startete. Gegen die Elf vom Bosporus erzielte „Ottes“ nach 65 Minuten seinen ersten WM-Treffer, als er eine sehenswerte Kombination zur 3:1-Führung abschloss.

Nachdem Ottmar Walter das von Herberger verloren gegebene Spiel gegen Ungarn vom Spielfeldrand verfolgt hatte, stand er im zweiten Türkei-Spiel in Zürich (7:2) wieder in der Startaufstellung und eröffnete mit dem Treffer aus der 7. Minute den Torreigen. Im Viertelfinale gegen Jugoslawien waren weniger die Stürmer, als vielmehr die Abwehrspieler gefragt. Schon in der Anfangsphase war Deutschland durch ein Horvat-Eigentor in Führung gegangen. Anschließend entwickelte sich vor 20.000 Zuschauern im Stade des Charmilles eine wahre Abwehrschlacht, die die DFB-Elf vor allem dank des glänzend aufgelegten Toni Turek schadlos überstand, ehe Helmut Rahn in der 87. Minute für die Entscheidung sorgte.

► EINWURF

In den insgesamt 21 Länderspielen, die Ottmar Walter für Deutschland bestritt, stand er 16-mal gemeinsam mit seinem Bruder Fritz auf dem Platz. Das erste Länderspiel, welches die Walter-Brüder absolvierten, war jenes am 15. April 1954 gegen die Schweiz. Zum 3:2-Erfolg ihres Teams trugen beide je einen Treffer bei. Erst anderthalb Jahre später folgte dann das zweite Walter-Doppel. Bei der wenig berauschenden 1:3-Niederlage in Paris erzielte Ottmar den Ehrentreffer für die deutsche Elf. Bis zur WM in der Schweiz gehörten die Lauterer von nun an zum Stammpersonal Herbergers, der auch in den nächsten fünf Länderspielen auf Fritz und Ottmar setzte. Ein Novum gab es dann am 28. März 1954 gegen die Saar, als Ottmar Walter in der 31. Minute für seinen verletzten Bruder eingewechselt wurde. Laut Reglement war dies in den WM-Qualifikationsspielen bis zur 40. Minute im Falle einer Verletzung möglich. Bei der WM in der Schweiz fehlte „Ottes“ lediglich im Vorrundenspiel gegen Ungarn, während der deutsche Kapitän in allen sechs Partien zum Einsatz kam. Nach dem 3:2-Finalsieg am 4. Juli lagen sich die beiden Lauterer jubelnd in den Armen. Nach dem WM-Triumph standen die Walter-Brüder dann nur noch einmal gemeinsam für die DFB-Elf auf dem Platz: Bei der 1:3-Niederlage in Belgrad bestritt Ottmar gegen Jugoslawien zugleich seinen letzten Länderkampf.

Die überzeugendste Vorstellung lieferte der angehende Weltmeister dann – genau wie Ottmar Walter – in der Vorschlussrunde gegen Österreich ab. Der Verlauf der 90 Minuten von Basel war für die im Vorfeld favorisierten Wiener zum „narrisch“ werden. Die kampfstarken Deutschen spielten ihren Gegner regelrecht an die Wand und waren besonders bei Standards effizient. Es stand 2:1, als Hans Schäfer Mitte der zweiten Hälfte im Strafraum durch Ernst Happel zu Fall gebracht wurde und Schiedsrichter Orlandini auf Strafstoß entscheidet. Ottmar zeigte sich besorgt um seinen als sensibel geltenden Bruder, der sich an die Ausführung des Elfers machte. „Was is? Hasche Mumm?“, fragte er in Pfälzer Mundart. Fritz hatte Mumm und überwand Walter Zeman zum 3:1. Als Ottmar nur fünf Minuten später eine Ecke seines Bruders zum 4:1 einköpfte, war praktisch die Entscheidung gefallen. Die Herberger-Elf spielte mit den Kickern aus der Alpenrepublik nun Katz und Maus und stand nach dem zweiten Kopfballtreffer Ottmar Walters aus der 89. Minute als klarer 6:1-Sieger fest.

Und dann die Krönung: Im Endspiel am 4. Juli gegen Ungarn stand es 2:2-unentschieden, als sechs Minuten vor dem Abpfiff die Entscheidung nahte. Helmut Rahn nahm vor dem Strafraum einen abgewehrten Ball auf und setzte zum Dribbling an. Mittelstürmer Ottmar Walter hatte sich auf der halblinken Position freigestohlen und forderte Rahn auf, ihm den Ball zuzuspielen. Doch der für seinen Eigensinn bekannte „Boss“ legte sich das Leder auf den schwachen linken Fuß und zog ab: 3:2! Niemand nahm es dem Essener jetzt noch übel, seinen besser postierten Mitspieler übersehen zu haben. Auch Ottmar Walter nicht, der nach dem Schlusspfiff den „Boss“ zu seiner historischen Tat beglückwünschte.

Nach dem Schlusspfiff bejubeln die „Helden von Bern“ ihren großen Triumph. Ottmar Walter liegt sich mit Siegtorschützen Helmut Rahn (Nummer 12) in den Armen. Die Länderspielkarriere des jüngeren der beiden Walter-Brüder war mit dem Gewinn des WM-Titels so gut wie vorbei.

Nach dem Berner Triumph hatte sich die Länderspielkarriere Ottmar Walters schnell erledigt. Nur noch dreimal lief er im Trikot des Weltmeisters auf. Die beiden ersten Auftritte nach der WM gingen gegen Belgien und Frankreich mit 0:2 und 1:3 verloren. Letztmals stand „Ottes“ am 25. September 1955 gegen Jugoslawien in der Herberger-Elf, wobei auch jenes Spiel in Belgrad nach schwacher Vorstellung mit einer 1:3-Niederlage endete.

Saison	ER DM		Liga		Pokal	
	Sp.	T.	Sp.	T.	Sp.	T.
1941/42	2	3	?	15	0	0
1942/43	6	3	?	2		
1943/44			?	?		
1946/47			?	22		
1947/48	3	3	?	51		
1948/49	5	3	?	32		
1949/50	3	3	?	45		
1950/51	4	2	?	29		
1951/52			19	17		
1952/53	6	4	25	20		
1953/54	3	1	30	28	1	0
1954/55	0	0	18	8	3	1
1955/56	6	6	25	16		
1956/57	3	3	23	21		
1957/58	1	1	22	13		
1958/59			12	5		

Vic Watson
Syd Kings Glücksgriff für 25 Pfund

Im Jahr 1902 hatte der im Juli 1895 unter dem Namen Thames Ironworks FC gegründete Londoner Fußballverein West Ham United mit Syd King den ersten Manager seiner Geschichte engagiert. Erklärtes Ziel war die Aufnahme in die Football League, welches die Hammers zur Saison 1919/20 erreichten. Zu den herausragenden Akteuren im Team zählte Mittelstürmer Syd Puddefoot, den Syd King im Laufe des Jahres 1912 verpflichtet hatte. Dank Puddefoot konnte sich die Mannschaft schnell in der Second Division etablieren, so dass viele Fans geschockt reagierten, als im Februar 1922 der Wechsel des Mittelstürmers nach Falkirk bekannt gegeben wurde.
Als Gegenleistung für die Dienste Puddefoots hatten die Schotten allerdings 5.000 Pfund an West Ham United überwiesen, was damals eine neue Rekordablösesumme darstellte. Der Deal wurde aber vor allem erst dadurch zu einem richtig guten Geschäft, weil Syd King zwei Jahre zuvor den am 10. November 1897 geborenen Victor Watson unter Vertrag genommen hatte, der nun in die Fußstapfen Puddefoots trat. „Vic" hatte die Hammers den läppischen Betrag von 25 Pfund gekostet, derweil er es bis 1935 auf 326 Pflichtspieltore bringen sollte, die noch heute die vereinsinterne Bestmarke bedeuten.

Ein Gentleman vom Strohhut bis zur Sohle war Hammers-Manager Syd King, der mit der Verpflichtung von Victor Watson für 25 Pfund ein echtes Schnäppchen machte.

Vic Watsons Vorgänger auf der Position des Mittelstürmers war Syd Puddefoot, der bis zu seinem Wechsel nach Falkirk in 194 Spielen 107 Tore erzielen konnte.

Anfänge in der Second Division

Watson stammte aus der Kleinstadt Girton in Cambridgeshire, wo er sich bei einem Klub namens Brotherhood Engineering Works die ersten Sporen als Fußballer verdiente. Nachdem er im Ersten Weltkrieg für die British Army gekämpft hatte, nahm seine Karriere nach Kriegsende Fahrt auf. Zunächst schloss er sich für etwa ein Jahr Wellingborough Town aus der Southern League an, bevor er im Jahr 1920 von Syd King entdeckt wurde und für die erwähnten 25 Pfund an die Themse wechselte.
Da Syd Puddefoot als Mittelstürmer gesetzt war, musste der Neuzugang auf die Linksaußenposition ausweichen, wo er nach seinem Zweitligadebüt am 25. September 1920 bei Cardiff City im weiteren Saisonverlauf noch acht Spiele bestritt. Dabei waren im Oktober gegen Coventry City (1:0) und im April bei FC Port Vale (2:1) die ersten beiden Treffer auf sein Konto gegangen. Während Vic Watson also noch klar im Schatten des teaminternen Toptorjägers Puddefoot stand, setzte sich der Aufwärtstrend von West Ham United nach der Aufnahme in die Football League fort. In der Spielzeit 1920/21 gelang es, den Abstand auf die Aufstiegsplätze auf zehn Zähler zu reduzieren, ehe man sich im Jahr darauf selbst lange Zeit Hoffnungen auf den Aufstieg ins Oberhaus machen durfte. Erst auf der Zielgeraden brach die Mannschaft ein und musste sich mit nur einem Punktgewinn an den letzten vier Spieltagen mit Platz vier zufrieden geben. Obwohl Syd Puddefoot schon zu Beginn der Rückrunde zum FC Falkirk gewechselt war, blieb er bester Torjäger der Hammers, während Vic Watson mit immerhin einem Dutzend Treffern in 37 Einsätzen mittlerweile zum Stammspieler avanciert war.

Früher Karrierehöhepunkt

In der Saison 1922/23 rückte Watson dann erstmals ins Sturmzentrum. Und mit ihm als Mittelstürmer sorgten die Hammers tatsächlich für die ganz großen Schlagzeilen. Zunächst leisteten sich die Schützlinge von Syd King freilich einen kapitalen Fehlstart, da sie nur drei der ersten 14 Begegnungen gewannen und nach dem torlosen Remis gegen Leeds United am 11. November 1922 scheinbar aussichtslos auf dem 18. Platz rangierten. Auch Vic Watson lag einer Ausbeute von nur fünf Toren deutlich hinter den Erwartungen zurück. Am 18. November folgte die Wende, als Clapton Orient im heimischen Upton Park mit 1:0 geschlagen wurde, wobei dem neuen Mittelstürmer vor 20.000 Zuschauern das Tor des Tages gelungen war. Von den nächsten 31 Pflichtspielen verloren die Hammers nur noch ein einziges (am 2. Weihnachtstag bei Manchester United mit 0:2), womit sie das Feld in beeindruckender Weise von hinten aufrollten. Die starken Leistungen gingen nicht zuletzt auf Vic Watson zurück, der vor allem am 30. Dezember 1922 bei Coventry City (3:1) mit drei sowie am 31. März 1923 bei Crystal Palace (5:1) mit vier Torerfolgen überzeugte. Insgesamt traf der mannschaftsinterne Toptorschütze 22-mal ins Schwarze.
Zwar hatte die Mannschaft durch eine 0:1-Heimpleite am letzten Spieltag gegen Notts County die mögliche Zweitligameisterschaft verpasst. Doch auch der zweite Platz reichte zum Aufstieg ins nationale Oberhaus, dem der Verein die nächsten neun Jahre angehören sollte. Der größte saisonale Erfolg – und der größte in der Karriere des Victor Watson – sollte freilich im FA-Cup gelingen, wo der Aufsteiger erstmals in der Vereinsgeschichte den Einzug ins Endspiel schaffte. Dabei hatte die Mannschaft schon zum Auftakt schwer zu kämpfen, als Hull City dank eines Watson-Doppelpacks mit 3:2 niedergerungen wurde. Nachdem Vic Watson in der nächsten Runde seinem Team mit einem weiteren Treffer gegen Brighton & Hove Albion (1:1) das mit 1:0 gewonnene Wiederholungsspiel gerettet hatte, blieb er gegen Plymouth Argyle (2:0) ohne Torerfolg. Gleich drei Spiele benötigten die Hammers in der Runde der letzten Acht gegen den FC Southampton (1:1, 1:1 n.V. und 1:0), wobei Vic Watson den Hauptstadtklub in den ersten beiden Partien mit weiteren zwei Treffern auf Kurs hielt. Obwohl sich Watson in der Vorschlussrunde an der Stamford Bridge gegen Derby County für einmal nicht in die Torjägerliste einreihen konnte, gelang durch ein deutliches 5:2 der Einzug ins Finale, welches am 28. April 1923 im gerade erst fertiggestellten Wembley-Stadion über die Bühne gehen sollte.
Die legendäre Eröffnungspartie in der Gralsburg des Fußballs zwischen West Ham United und den Bolton Wanderers wollten weit über 200.000 Zuschauer verfolgen,

obwohl nur rund 127.000 Platz fanden, was zu chaotischen Zuständen führte. Da ein berittener Polizist auf einem Schimmel wenigstens für ein freies Spielfeld sorgte, ging die Partie, die die Elf aus Bolton mit 2:0 für sich entschied, als „White Horse Final" in die Annalen ein. Für Vic Watson *(Bild unten)* und seine Hammers blieb somit der Trost, den Aufstieg in die First Division geschafft zu haben.

Auf den ersten Blick schienen die Perspektiven der Hammers nicht schlecht. Der Aufsteiger verfügte über eine eingespielte Mannschaft, die unter Manager King und Trainer Charlie Paynter auf und neben dem Platz glänzend harmonierte. Jimmy Ruffel, der neben Billy Moore und Vic Watson den Innensturm bildete, geriet noch Jahre später ins Schwärmen: „Bei West Ham wurde großer Wert auf das Passspiel gelegt. Man war entweder darauf bedacht, sich freizulaufen um anspielbar zu bleiben oder den besser positionierten Nebenmann zu suchen. Viele andere Mannschaften versuchten seinerzeit dieses System umzusetzen, aber ich denke, wir waren eine der wenigen, der dies auch tatsächlich gelang. Außerdem war unsere Sturmreihe ausgezeichnet besetzt. Vic Watson, Bill Moore und ich waren immer für einen Treffer gut."

Jahre des Mittelmaßes

Dennoch sollte der 28. April 1923 für Jahrzehnte das einzige Glanzlicht der Vereinsgeschichte bleiben. Nach dem Aufstieg verzichtete Syd Kind darauf, das Team personell aufzurüsten. Die einzigen Neuverpflichtungen waren Tommy Yews (Hartlepool United) und Norman Proctor (Rotherham United), was zahlreiche Experten heftig kritisierten, weil die Hammers damit zum Start der Saison 1923/24 über keinen einzigen Akteur mit Erstligaerfahrung verfügten. Dennoch erreichte der Pokalfinalist zum Auftakt ein torloses Remis gegen die Topmannschaft des AFC Sunderland, welches man allerdings teuer bezahlen musste, da sich Vic Watson einen Zehenbruch zugezogen hatte, der ihn fast die gesamte Saison über plagte. Anfangs biss er noch auf die Zähne und bestritt bis Ende Oktober vier weitere Spiele. Nach einem 0:0 an der Stamford Bridge gegen Chelsea musste er jedoch fast ein halbes Jahr pausieren, weshalb der Liganeuling vor allem im Angriff lahmte und in 42 Spielen lediglich 40 Tore erzielen konnte. Wie sehr Mittelstürmer Watson seinen Kameraden gefehlt hatte, zeigte sich bei dessen Comeback am 12. April 1924 im Upton Park gegen Preston North End, als er sich beim 3:1-Erfolg sogleich in die Torschützenliste eintragen konnte. Der Torpremiere ließ Vic Watson im Saisonfinale noch zwei weitere Treffer folgen.

Auch in der ersten Hälfte der Spielzeit 1924/25 machte sich Watsons Verletzung nach wie vor bemerkbar, so dass er erst am 5. Spieltag bei der 1:4-Niederlage bei Newcastle United wieder einen Torerfolg bejubeln durfte. In der Rückrunde zeigte er sich dann aber von seiner Schokoladenseite und schraubte sein Trefferkonto auf 22, womit er überlegen die vereinsinterne Torschützenliste anführte. Dennoch kamen die Hammers wie schon im Vorjahr über den 13. Tabellenplatz nicht hinaus. In der Saison 1925/26 sollte es dann sogar nur zu Platz 18 reichen, obwohl Vic Watson mit 20 Toren abermals im Soll gelegen hatte. Seine stärksten Leistungen waren ihm in den Heimspielen gegen den AFC Sunderland (4:1) und Sheffield United (6:2) mit je zwei Toren gelungen.

Auch zu Beginn der Spielzeit 1926/27 schienen die Schützlinge von Syd King ihr Mauerblümchendasein in der First Division zu bestätigen, nachdem sie von den ersten zehn Begegnungen nur eine gewannen und mal wieder im Tabellenkeller feststeckten. Entsprechend dürftig fiel der Zuschauerzuspruch aus. So fanden etwa am 13. November 1926 gerade einmal 7.647 Fans den Weg in den Upton Park, die an jenem tristen Herbsttag allerdings miterleben sollten, wie sich die Mannschaft am eigenen Schopf aus dem Sumpf zog, indem sie Aston Villa mit 5:1 aus dem Stadion fegte. Am stärksten aufgelegt zeigte sich Mittelstürmer Watson, dem erstmals in der First Division ein Dreierpack gelungen war. Danach ging es weiter stetig bergauf, wobei der saisonale Höhepunkt nach einem 7:0-Kantersieg im Stadtderby gegen die Gunners – und einem weiteren Dreierpack Vic Watsons – erreicht war. Durch ein 3:1 über Tottenham Hotspur kletterte United Mitte April zwischenzeitlich gar auf den vierten Rang, fiel schließlich aber noch auf den sechsten Platz zurück, der gleichwohl das beste Abschneiden bis zum Abstieg 1932 darstellte. Auch Vic Watson hatte mit 34 Ligatreffern eine neue persönliche Bestmarke erreicht.

► EINWURF

Vic Watson hatte bereits das 33. Lebensjahr erreicht, als er sich in der Spielzeit 1929/30 mit 42 Treffern zum einzigen Mal in seiner Laufbahn die Torjägerkrone der First Division aufsetzte. Ebenfalls in fortgeschrittenem Alter war ihm im Ligaspiel gegen Leeds United eine persönliche Rekordleistung geglückt, als er am 9. Februar 1929 im Upton Park beim 8:2-Erfolg gleich sechsmal ins Schwarze getroffen hatte. Weitere dreimal waren ihm in einem Pflichtspiel für die Hammers vier Tore gelungen, derweil er stolze 13-mal einen Dreierpack schnürte.

Von ähnlichen Höhenflügen blieben die Hammers in den kommenden beiden Jahren indes weit entfernt, da es sowohl 1927/28 als auch 1928/29 lediglich zum 17. Platz reichte. Vic Watsons Leistungen stagnierten in der Spielzeit 1927/28 in Anbetracht von nur 16 Saisontreffern ebenfalls, derweil dem Sturmführer der Hammers im Jahr darauf wieder 29 Tore gelangen. Allein sechs davon hatte er am 9. Februar erzielt, als Leeds United an der Themse mit 8:2 auseinandergenommen worden war.

Torschützenkönig!

Vic Watson sollte auch in der Saison 1929/30 der große Star von West Ham United bleiben. Mit 42 Toren in 40 Ligaspielen katapultierte sich der 32-Jährige an die Spitze der Torschützenliste und seine Mannschaft auf den siebten Tabellenplatz. Darüber hinaus drangen die Londoner wie bereits im Vorjahr ins Viertelfinale des FA-Cups vor, wobei Leeds United auf dem Weg dorthin erneut von Vic Watson gedemütigt worden war. Ein knappes Jahr nach der 2:8-Packung in der Meisterschaft mussten die Whites am 25. Januar 1930 erneut im Upton Park ran. Und abermals bekamen sie den United-Mittelstürmer nicht in den Griff, der sämtliche Tore zum 4:1 der Gastgeber beisteuerte. Damit aber nicht genug: Am 22. März hatte Leeds United in der Liga noch einmal das zweifelhafte Vergnügen, West Ham United und Vic Watson gegenüberzustehen, der nun vollends zum Schreckgespenst avancierte, indem er den 3:0-Sieg über Leeds im Alleingang besiegelte.

Diese elf Spieler vertraten West Ham United am 28. April 1923 im „White Horse Final" bei der Eröffnung des Wembley-Stadions. Hinten von links: Manager Syd King, Billy Henderson, Sid Bishop, Spielführer George Kay, Torhüter Edward Hufton, Jack Young, Jack Tresadern, Trainer Charlie Paynter. Vorne von links: Dick Richards, Billy Brown, Vic Watson, Billy Moore und Jimmy Ruffel. United unterlag den Bolton Wanderers 0:2.

Nach souveränen Auftakterfolgen über Huddersfield Town (5:1) und den FC Liverpool (7:0) erklommen die Hammers in der Saison 1930/31 frühzeitig die Tabellenspitze. Auch Vic Watson hatte seine Topform aus der Vorsaison konserviert und nach zwei Treffern gegen Huddersfield und die Reds einem weiteren Viererpack erzielt. Zwar konnte er sich auch am 3. Spieltag gegen Aston Villa in die Torschützenliste eintragen. Die Partie in Birmingham ging jedoch mit 1:6 verloren, womit eine länger anhaltende Talfahrt eingeläutet war, die weiter verschärft wurde, als Watson Mitte September aufgrund einer Verletzung bis zum Jahresende pausieren musste. Während der Mittelstürmer nur 18 Ligaspiele bestritt – in denen ihm 14 Tore gelangen – beendeten die Hammers die Saison auf dem 18. Platz, nur mickrige fünf Zähler vor den Abstiegsrängen.

Obwohl Watson in der Spielzeit 1931/32 in lediglich vier Partien fehlte und somit wieder 23 Tore erzielen konnte, musste West Ham United nach neun Jahren den Abstieg aus der First Division hinnehmen. Dabei sah nach dem 2:1 am 12. März 1932 über Derby County alles nach einem ruhigen restlichen Saisonverlauf aus. In den verbleibenden zehn Runden brach die Mannschaft aber regelrecht auseinander und konnte lediglich beim 1:1 gegen Arsenal punkten, derweil die Pleiten gegen Sheffield Wednesday (1:6), den FC Everton (1:6) und den FC Blackpool (1:7) die Lage immer weiter dramatisierten, so dass die Schützlinge von Syd King nicht mehr zu retten waren. Auch der Manager selbst musste nach dem Abstieg seinen Hut nehmen, wofür freilich nicht nur das sportliche Versagen, sondern auch dessen zunehmende Alkoholprobleme verantwortlich waren.

Pokalträume und Wechsel nach Southampton

Kings Nachfolge wurde intern geregelt: Mit Charlie Paynter sollte dessen langjähriger Assistent den Posten des Managers übernehmen. Paynter blieb bis 1950 für die sportlichen Geschicke verantwortlich, ohne jedoch die Rückkehr in die First Division zu schaffen. In der Saison 1932/33 musste die Mannschaft gar bis zum Schluss um ihre Zweitligazugehörigkeit bangen, auch wenn sie sich weiterhin auf Vic Watson verlassen konnte, dem in 35 Einsätzen 24 Treffer gelangen. Einzig im FA-Cup vermochte United zu überzeugen und durfte zehn Jahre nach dem „White Horse Final" lange von einer weiteren Endspielteilnahme träumen. Bis in die Vorschlussrunde war man vorgedrungen, wo am 18. März 1933 in Wolverhampton das Duell zweier großer Stürmerlegenden anstand. Gegner FC Everton setzte in der Sturmmitte auf Dixie Dean, wobei die Liverpooler als Erstligist klar favorisiert waren. Vor fast 38.000 Zuschauern im Molineux hielten die Hammers aber beherzt dagegen und konnten nach dem Treffer von Vic Watson die Partie lange Zeit offen halten. Während Watson das Privatduell mit dem torlos gebliebenen Dixie Dean damit für sich entschieden hatte, behielten die Toffees aber schließlich doch noch mit 2:1 die Nase vorn, so dass der Traum von einem erneuten Pokalfinale ausgeträumt war.

In fortgeschrittenem Alter stand Vic Watson mit den Hammers noch einmal vor dem Sprung in ein Pokalfinale. Am 18. März 1933 trafen diese im Halbfinale auf den Everton FC, dem sie knapp mit 1:2 unterlagen. Das Foto zeigt Watson (links) vor dem Anpfiff im Plausch mit Dixie Dean.

Immerhin bedeutete nach dem Fast-Abstieg im vergangenen Jahr der siebte Platz 1933/34 einen klaren Fortschritt, obwohl der Rückstand von 14 Punkten auf Zweitligameister Grimsby Town doch sehr deutlich ausfiel. Mit 26 Treffern in 30 Ligaspielen war Vic Watson aber zumindest letztmalig teaminterner Toptorjäger geworden.

► EINWURF
Mit seinen 326 Pflichtspieltoren rangiert Vic Watson noch heute deutlich an der Spitze der vereinsinternen Torschützenliste. Geoff Hurst liegt mit 252 Torerfolgen zwischen 1959 und 1972 auf dem zweiten Platz, derweil sich den dritten Rang John Dick und Jimmy Ruffell mit je 166 Treffern teilen. Während Dick für die Hammers von 1953 bis 1963 aktiv gewesen ist, spielte Ruffell lange Jahre gemeinsam mit Vic Watson im Angriff des Hauptstadtklubs. – Eine weitere Rekordmarke Watsons geht auf die Spielzeit 1929/30 zurück, wo ihm in Liga und Pokal bis heute unübertroffene 50 Tore geglückt sind.

In Anbetracht zunehmender Verletzungsprobleme, die Vic Watson in der Saison 1934/35 nur noch 15 Ligaeinsätze (neun Tore) gestatteten, begann sich das Karriereende allmählich abzuzeichnen. Dagegen schien die Rückkehr in die First Division keine Utopie. Mitte Dezember 1934 war gegen die Bolton Wanderers auch dank eines Watson-Doppelpacks ein klarer 4:1-Erfolg gelungen, der das Team auf einen der Aufstiegsränge katapultierte. In der Endabrechnung reichte es dennoch nur zu Rang drei, da United gegenüber dem punktgleichen Bolton den schlechteren Torquotienten aufwies. Nachdem Watson gegen Manchester United (0:0) letztmals für die Hammers aufgelaufen war, verließ er die Hauptstadt nach 15 Jahren, um sich im Sommer 1935 dem FC Southampton anzuschließen.

► EINWURF
Sechs Tore waren Vic Watson am 9. Februar 1929 im Ligaspiel gegen Leeds United gelungen, ein neuer Vereinsrekord, den bis heute lediglich Geoff Hurst am 19. Oktober 1968 im Heimspiel gegen den AFC Sunderland (8:0) einstellen konnte.

Für den Wechsel an die Kanalküste war nicht zuletzt George Kay verantwortlich gewesen, der die Hammers als Kapitän ins „White Horse Final" geführt hatte und nun seit 1931 als Manager der Saints arbeitete. Übertrieben erfolgreich sollte die Stippvisite in Southampton indes nicht verlaufen: Für den Zweitligisten, der in der Endabrechnung den 17. Platz belegte, erzielte Watson die letzten 14 Tore seiner Profikarriere. Danach kehrte er nach Cambridgeshire zurück, um eine Obst- und Gemüsehandlung zu eröffnen. Nur für kurze Zeit trat er als Spielertrainer von Cambridge City in Erscheinung. Victor Watson verstarb am 3. August 1988 in seiner Heimatstadt Girton im Alter von 90 Jahren.

► ZAHLEN UND FAKTEN

Vereine: 1919-1920 Wellingborough Town
1920-1935 West Ham United
1935-1936 FC Southampton

Tore: 295 First-Division-Spiele (203 Tore)
203 Second-Division-Spiele (109 Tore)
43 FA-Cup-Spiele (28 Tore)
5 Länderspiele (4 Tore)
gesamt 546 Pflichtspiele (344 Tore)

Erfolge: Englischer Torschützenkönig 1929/30

In der Nationalmannschaft:
Als sich West Ham United im Frühjahr 1923 anschickte, in die First Division aufzusteigen, wurde dessen Mittelstürmer Vic Watson erstmals in die Nationalmannschaft berufen. Am 5. März trafen die Three Lions vor 15.000 Zuschauer im Ninian Park von Cardiff auf Wales, gegen das es nur zu einem 2:2-Unentschieden reichte, zu dem Debütant Watson kurz nach der Pause seinen ersten Treffer beigetragen hatte. Nachdem er sich auch rund sechs Wochen später gegen Schottland (2:2) im Hampden Park in die Torjägerliste eingetragen hatte, folgte eine knapp siebenjährige Länderspielpause, die Watson selbst auf die große Konkurrenz auf der Mittelstürmerposition zurückführte.

Das alterwürdige Wembley-Stadion bei seiner Eröffnung. Die immensen Zuschauermassen zeigen, wie sehr das runde Leder das Publikum schon damals in seinen Bann zog. Zwei Wochen vor dem „White Horse Final" war Vic Watson zu seinem zweiten Länderspieleinsatz gekommen.

Erst, als er sich in der Spielzeit 1929/30 die Torjägerkrone der First Division aufgesetzt hatte, wurde er trotz eines Dixie Dean, George Camsell oder Pongo Waring wieder in die Nationalelf berufen, die am 5. April 1930 Schottland auch dank zweier Watson-Treffer mit 5:2 in die Schranken wies. Es sollten die letzten einer überschaubaren Länderspiellaufbahn bleiben, da Watson bei den anschließenden Gastspielen auf dem Kontinent im Mai in Berlin gegen Deutschland (3:3) sowie auf der Wiener Hohen Warte gegen Österreich (0:0) nicht mehr einnetzten konnte.

Saison	Lsp.		Liga		Pokal	
	Sp.	T.	Sp.	T.	Sp.	T.
1920/21			9	2	0	0
1921/22			37	12	3	1
1922/23	2	2	41	22	9	5
1923/24			11	3	0	0
1924/25			41	22	6	1
1925/26			38	20	1	0
1926/27			42	34	3	3
1927/28			33	16	2	0
1928/29			34	29	5	1
1929/30	3	2	40	42	4	8
1930/31			18	14	0	0
1931/32			38	23	2	2
1932/33			35	24	6	4
1933/34			30	26	2	3
1934/35			15	9	0	0
1935/36			36	14	0	0

Ernst Wilimowski
Wer nicht liebt Wein, Weib und Gesang...

Gleich zu Beginn muss mit einem Irrtum aufgeräumt werden, der sich nahezu durch die gesamte deutsche Fachliteratur zieht: Die korrekte Schreibweise von „Ezis“ Nachnamen lautet – wie es auch auf dem Grabstein des am 30. August 1997 verstorbenen Angreifers auf dem Friedhof des Karlsruher Stadtteils Rintheim zu lesen ist – „Wilimowski“ und nicht etwa „Willimowski“. Dieser Schreibfehler dürfte darauf zurückzuführen sein, dass Ernst Wilimowski hierzulande heute weitestgehend unbekannt ist, obwohl er doch zu den torgefährlichsten Goalgettern der deutschen Fußballgeschichte zählt. Nach eigenen Aufzeichnungen hat er in seiner 26 Jahre dauernden Karriere 1.175 Tore erzielt, wenngleich diese Zahl im Rahmen unserer Recherchen nur bruchstückhaft belegt werden konnte. Zumindest 414 Treffer konnten zweifelsfrei nachgewiesen werden, womit „Ezi“ unter Berücksichtigung der sicherlich sehr viel höher liegenden Dunkelziffer zu den torreichsten einheimischen Stürmern zählt und sich selbst vor dem Namen Gerd Müller nicht verstecken muss.

Deutlich größer ist der Bekanntheitsgrad Wilimowskis hingegen in unserem Nachbarland Polen, wo er noch heute in der ewigen Bestenliste der „Ekstraklasa“ mit 115 Torerfolgen den 13. Platz belegt. Seine immense Popularität gründet vor allem auf einem einzigen Spiel, das er für die polnische Nationalelf bestritten hat. An der WM-Endrunde in Frankreich erzielte Ernst Wilimowski *(Bild)* im Achtelfinale bei der 5:6-Verlängerungsniederlage am 5. Juni 1938 in Straßburg gegen Brasilien vier Tore, womit er seinerzeit für ein Novum sorgte. Es dauerte bis 1994, ehe der Russe Oleg Salenko Wilimowskis Bestmarke auslöschte.

Geboren wurde Ernst Otto Wilimowski am 23. Juni 1916 in Kattowitz im Osten von Oberschlesien, das damals noch zum Deutschen Reich gehörte. Sein Vater war im Ersten Weltkrieg gefallen, so dass er von seiner Mutter Pauline Florentine großgezogen wurde, die später zu einem seiner größten Fans werden sollte. Sein Zuhause lag in der Kattowitzer Emmastraße, wo er als kleiner Junge dem runden Leder nachjagte, ehe er als Sechsjähriger dem 1. FC Kattowitz beitrat.

Sechster Zeh als Torgeheimnis

Der Eintritt in den oberschlesischen Traditionsverein fiel just in jene Zeit, als Ost-Oberschlesien nach dem Plebiszit vom 20. März 1921 polnisch geworden war. Für den kleinen Ernst bedeutete dies, dass er nunmehr als Ernest Wilimowski auf Torejagd gehen musste. Auch der Vereinsname 1. FC Kattowitz wurde erst in jener Zeit geläufig, da unter polnischer Herrschaft die ursprüngliche Bezeichnung Preußen 05 in Ungnade gefallen war. Als Vertreter der deutschen Minderheit hatten die Schwarz-Weißen auch in den kommenden Jahren einen ausgesprochen schweren Stand. Nachdem diese im Spieljahr 1927, der Gründungssaison der obersten polnischen Spielklasse, noch als Vizemeister geglänzt hatten, stiegen sie zwei Jahre darauf als Tabellenvorletzte aus dem Oberhaus ab.

Wenig später klopfte der talentierte „Ezi“ ans Tor zur ersten Elf an, nachdem er schon als 16-Jähriger in die Stadtauswahl berufen worden war. Zu seinem Debüt in der Kampfmannschaft des 1. FC Kattowitz kam er schließlich in der Saison 1933, wobei er seinem Heimatverein nach nur einem Jahr wegen mangelnder Erfolgsaussichten Lebewohl sagte. Anfang 1934 wechselte er für eine Ablösesumme von 1.000 Zloty zu Ruch Wielkie Hajduki, wo ihm in kürzester Zeit der Durchbruch glückte.

► **EINWURF**
In seiner Jugend erwies sich Ernst Wilimowski als sportliches Multitalent, das nicht nur im Fußball für Furore sorgte. So trat er bei Pogon Kattowitz sowohl in der Handball- als auch in der Eishockeysektion in Erscheinung, wobei er bei den Kufenflitzern sogar in der ersten Mannschaft zum Einsatz kam und es bis zur Berufung in die Auswahl von Ost-Oberschlesien brachte.

Dank seiner Spielweise avancierte „Ezi“ bei Ruch (was ins Deutsche übertragen schlicht „Bewegung“ bedeutet) bei seinen Fans schnell zum Publikumsliebling. Wilimowski war ein Instinktfußballer, der stets für eine Überraschung auf dem Spielfeld gut war. Eine Fähigkeit, die er im Übrigen bis ins hohe Fußballalter konservierte. Als er etwa in der Saison 1949/50 im nordbadischen Offenburg auf Torejagd ging, trieb er seinen Spielwitz bei einem Auswärtsspiel in Schwenningen bis auf die Spitze, als er allein auf den Torwart zulief und diesen mit einem Katz- und Mausspiel narrte. Als der Keeper geschlagen war, stellte sich der rothaarige Angreifer mit den an Prinz Charles erinnernden Segelfliegerohren demonstrativ mit dem Rücken zum Tor auf die Linie und kickte das Leder mit dem Absatz in die Maschen. Erst nachdem Wilimowski seinen Gegnern mehrere Knoten in die Beine gespielt hatte, stellte er fest, dass der Unparteiische schon längst auf Abseits entschieden hatte, was der Einmaligkeit seiner Aktion freilich keinen Abbruch tat. Dafür hatte er vielmehr wieder einmal bewiesen, dass er nie mit brachialer Gewalt, sondern immer mit Köpfchen zum Erfolg zu kommen versuchte, was ganz seinem schalkhaften Wesen entsprach. Worauf er selber das Geheimnis seiner vielen Tore zurückführe, wurde Wilimowski einmal gefragt. Dieses läge in seinem starken linken Fuß begründet. „Denn da habe ich sechs Zehen.“

Kicken für „'n Appel und 'n Ei“

Mit Ruch Wielkie Hajduki war Wilimowski zu einer der Topadressen des polnischen Fußballs gewechselt, handelte es sich bei dem seit 1945 unter der Bezeichnung Ruch Chorzow firmierenden Verein doch um keinen Geringeren als den amtierenden polnischen Fußballmeister. Dem ersten Titelgewinn der Vereinsgeschichte konnte die Mannschaft 1934 gleich einen weiteren hinzufügen, womit „Ezi“ einen glänzenden Einstand hingelegt hatte. Doch damit nicht genug: Dem Youngster waren in 21 Ligaeinsätzen stolze 33 Treffer geglückt, womit er auf Anhieb den Titel des Torschützenkönigs einheimste. Eine denkwürdige Leistung lieferte er im Heimspiel gegen Absteiger Podgorze Krakau ab, als beim 13:0-Kantersieg seines Teams gleich sieben Treffer auf sein Konto gegangen waren. Die Spiele von Ruch waren für damalige Verhältnisse durchaus ordentlich besucht, passierten im Schnitt doch rund 12.000 Zuschauer die Stadiontore. Viel zu erben gab es für Wilimowski & Co. freilich nicht. „Wir bekamen damals kein Geld für unser Spiel. Sieg- und Torprämien kannte man noch nicht. Wir erhielten lediglich einen arbeitsfreien Tag und nach dem Spiel ein Essen. Dafür herrschte eine großartige Kameradschaft, wobei beim gemütlichen Beisammensein auch deutsche Lieder gesungen wurden. Wir Oberschlesier", und als solcher fühlte sich Ernst Wilimowski trotz seiner polnischen Staatsangehörigkeit zeitlebens, „unterhielten uns auf deutsch".

Ernst Wilimowski (helles Trikot) auf Torejagd im Trikot von Ruch Wielkie Hajduki, das er von 1934 bis 1939 trug. Das Bild stammt aus dem Jahr 1937, wobei die Spieler von Ligarivalen Warta Posen das Nachsehen haben.

Bald schon gelang es „Ezi", der wegen seines Aberglaubens immer ein Medaillon trug, auch in seiner deutschen Heimat von sich reden zu machen. Im Dezember 1934 bestritt Ruch zwei Freundschaftsspiele gegen den FC Bayern München, wobei der heutige Rekordmeister am 8. des Monats in Chorzow knapp mit 2:1 die Oberhand behielt. Einen Tag vor Silvester kreuzten die beiden Teams an der Isar dann erneut die Klingen. Die Zuschauer im Grünwalder Stadion erlebten eine starke polnische Gästeelf, die mit ihrem glänzend aufgelegten Mittelstürmer Ernst Wilimowski unerwartet mit 1:0 die Oberhand behielt. Auch in den kommenden beiden Spielzeiten durfte „Ezi" mit Ruch den Gewinn des Meistertitels feiern. Eine Verletzung zwang ihn 1935 jedoch über weite Strecken zum Zusehen, so dass er nur sieben Spiele absolvierte, in denen er acht Tore erzielte. Deren 18 glückten ihm im Meisterjahr 1936, womit er ex aequo mit Mannschaftskamerad Teodor Peterek abermals die Torjägerkanone abgriff. Dem dritten Rang 1937 mit nur elf Saisontreffern in 16 Spielen folgte im nächsten Jahr der vierte nationale Meistertitel, wenngleich 19 Tore in 14 Einsätzen diesmal nicht zum Gewinn der Torjägerkanone reichten. Als die Spielzeit 1939 wegen des Kriegsausbruchs vorzeitig abgebrochen wurde, lag Ruch abermals an der Spitze des Klassements und steuerte einem weiteren Meistertitel entgegen. Und auch Ernst Wilimowski hatte nach 13 Spieltagen schon 26 Treffer auf dem Konto, so dass für den Linksfuß nach nur 86 Einsätzen in der ersten polnischen Liga summa summarum überaus beachtliche 115 Tore zu Buche standen. Geschichte schrieb der Torjäger vor allem am 21. Mai 1939 im Ligaspiel gegen Union Touring Lodz, das der Tabellenführer mit einem 12:1 für sich entschied. Die zehn von Ernst Wilimowski erzielten Tore wurden von der polnischen Presse allerdings nur am Rande erwähnt. Wegen seiner deutschen Herkunft wurde Wilimowski am Vorabend des Zweiten Weltkriegs in Polen beargwöhnt.

Für jedes Tor ein Schnitzel!

Nach dem Überfall der Wehrmacht auf Polen wurde Ost-Oberschlesien in den Gau Oberschlesien integriert und damit wieder deutsch. Der Herrschaftswechsel führte dazu, dass nun Ruch fortan einen schweren Stand hatte und unter der neuen Bezeichnung Bismarckhütter SV 99 (Bismarckhütte war ein Stadtteil von Königshütte) zunächst keine Aufnahme in die schlesische Gauliga fand. Erst 1941 sollte der Aufstieg gelingen. Anders Wilimowskis Heimatverein 1. FC Kattowitz: „Auf Grund seiner hervorragenden kämpferischen Haltung während der Polenzeit" wurde der Klub, dem sich „Ezi" nach Kriegsausbruch für kurze Zeit wieder angeschlossen hatte, im November 1940 ohne sportliche Qualifikation in die Gauliga aufgenommen, wo dieser 1940/41 den vierten Platz belegte.

Zu diesem Zeitpunkt weilte Wilimowski jedoch schon längst nicht mehr in Schlesien. Um der Einberufung in die Wehrmacht zu umgehen, war er Polizist geworden, um im Januar 1940 auf Vermittlung von Erwin Helmchen zum Polizei SV Chemnitz zu wechseln. Trotz seines neuen Traumsturms musste sich der PSV in den Spielzeiten 1940/41 und 1941/42 in der Gauliga Sachsen mit den Rängen drei und vier zufrieden geben. Natürlich stellte Wilimowski auch an der Gellertstraße seine Qualitäten unter Beweis. Allein in den ersten sieben Einsätzen erzielte er nicht weniger als sieben Tore, derweil er an der Seite des späteren Bundestrainers Helmut Schön auch in die sächsische Gauauswahl berufen wurde. Zudem stellte der Oberschlesier mit 42 bzw. 26 Ligatreffern selbst seinen Sturmpartner Helmchen in den Schatten.

Die entscheidende Szene des Tschammer-Pokal-Finales vom 15. November 1942 zwischen dem TSV 1860 München und dem FC Schalke 04: In der 79. Minute erzielt Ernst Wilimowski nach Zuspiel von Mittelstürmer Heinz Krückeberg aus kürzester Entfernung das 1:0 für die Sechz'ger (Bild oben). Im unteren Bild dreht der Torschütze jubelnd ab, derweil Schalke-Keeper Heinz Flotho am Boden liegt.

Aus der Tatsache, dass Ernst Wilimowski in jenen Jahren NSDAP-Mitglied wurde, ablesen zu wollen, dass dieser ein „strammer Nazi“ gewesen war, dürfte einigermaßen übertrieben sein. Wie viele seiner Zeitgenossen passte er sich schlicht der herrschenden Ideologie an, um weiter Fußballspielen zu können.

Nachdem „Ezi“ in Polen schon vier Meisterschaften errungen hatte, sollte ihm mit seinem neuen Verein 1860 München nun auch auf deutschem Boden ein Titelgewinn glücken. Zu den Löwen war er 1942 gestoßen, weil der Panzerschütze an die Isar versetzt worden war. Kurz nach seinem Wechsel traten die Süddeutschen vor heimischem Publikum am 30. August 1942 im Tschammer-Pokal-Achtelfinale gegen SS Straßburg an, wo ihnen mit 15:1 ein rekordverdächtiger Sieg gelang. An der Seite von Spielern wie Heinz Krückeberg, Ludwig Janda oder „Buale“ Bayerer fügte sich Neuzugang „Ezi“ glänzend in die Mannschaft ein und erzielte sieben Treffer. Auch in der Runde der letzten Acht zeigten sich die Löwen in blendender Torlaune und kamen beim FV Stadt Düdelingen mit zwei weiteren Wilimowski-Treffern zu einem deutlichen 7:0-Erfolg. Ob „Ezi“ auch beim 6:0 in der Vorschlussrunde über TuS Lipine mit abermals vier Treffern vor allem deshalb so torhungrig blieb, weil ihm der Vereinswirt der Löwen für jeden Torerfolg ein Schnitzel versprochen hatte, sei dahingestellt. In jedem Fall stand sein Team nicht zuletzt dank 13 Wilimowski-Toren im Endspiel gegen FC Schalke 04, das am 15. November 1942 im Berliner Olympiastadion über die Bühne gehen sollte.

Bis zum Anbruch der Schlussphase erlebten die 80.000 Zuschauer einen eher müden Kick, als Krückeberg sich gegen die Schalker Verteidiger durchsetzte und den freistehenden Wilimowski bediente. „Ezi“ hatte aus kürzester Distanz keine Mühe, Schalkes Schlussmann Heinz Flotho zu überwinden und seine Farben auf die Siegerstraße zu schießen. Dem 1:0 aus der 79. Minute ließ Schmidhuber zehn Minuten darauf schließlich noch einen zweiten Treffer folgen. Der Gewinn des Tschammer-Pokals bedeutete für Ernst Wilimowski den absoluten Höhepunkt als Spieler des TSV 1860, dem er allerdings nur ein knappes Jahr treu bleiben sollte. Mit seinen Toren trug er dazu bei, dass sich die Löwen 1942/43 vor dem BC Augsburg und Stadtrivale FC Bayern die Gaumeisterschaft von Südbayern sichern konnten, was mit dem Einzug in die Endrunde um die Deutsche Meisterschaft verbunden war. Als diese Anfang Mai mit dem Spiel beim VfB Stuttgart gestartet wurde, hatte Wilimowski jedoch bereits München verlassen.

Ab Herbst 1943 setzte er seine Laufbahn bis Kriegsende als Gastspieler der SG OrPo Chemnitz fort. Dem vormaligen PSV gelang in der Spielzeit 1943/44 als Sieger der Chemnitz-Staffel der Wiederaufstieg in die Gauliga, die sich in der Saison 1944/45 ebenfalls auf den Stadtbereich beschränkte, um im Dezember 1944 nach nur drei Runden vorzeitig abgebrochen zu werden. Im genannten Zeitraum ließen sich sieben Wilimowski-Treffer zweifelsfrei nachweisen. Gleichzeitig war der gebürtige Oberschlesier für die legendäre Soldatenelf „Rote Jäger“ aktiv.

EXKURS: Soldatenmannschaft „Rote Jäger“

„Der Zweck der Roten Jäger ist, trotz der Härte des Krieges dem deutschen Volk und insbesondere den Millionen Fußballanhängern möglichst viel Könner für die Zeit nach dem Kriege zu erhalten“, so Oberstleutnant Hermann Graf, der als Gründervater der Soldatenmannschaft „Rote Jäger“ gilt, die zwischen August 1943 und November 1944 die deutschen Fußballanhänger verzückte. Der Luftwaffenoffizier, der bei den „Roten Jägern“ selbst das Tor hütete, hatte für sein Team namhafte Leute wie die Nationalspieler Fritz Walter, Alfons Moog, Hermann Eppenhoff und Fritz Hanreiter gewinnen können. Und eben Ernst Wilimowski, der u.a. im Herbst 1943 das Dress der Soldatenelf überstreifte, als diese bei dessen späterem Klub Offenburger FV mit einem 7:0-Sieg brillierte und „Ezi“ nicht weniger als sechs Tore erzielte. Die Mannschaft wurde zeitweise von Reichstrainer Herberger betreut, der dem im südbadischen Engen geborenen Graf mehrere Spieler vermittelte, um diese vor dem Einsatz an die Front zu bewahren. Die Spiele der „Roten Jäger“ waren ein echter Publikumsmagnet und sorgten trotz der fortgeschrittenen Kriegshandlungen oftmals für fünfstellige Zuschauerzahlen. Die Beteiligung am offiziellen Ligabetrieb lehnte Graf indes ab, weil er „keinem Verein einen Mann wegnehmen“ wollte.

Nach dem Zweiten Weltkrieg kickte Ernst Wilimowski für zahllose Vereine. Dies dürfte auch einer der Hauptgründe dafür sein, dass sich „Ezis“ Popularität gemessen an seinen Torerfolgen in Grenzen hielt. Andere Spieler, denen er in Klasse nicht viel nachstand, profitierten davon, immer bei ein und demselben Verein zu spielen. So, wie etwa Fritz Walter, der trotz fortgeschrittenen Fußballeralters mit dem 1. FC Kaiserslautern für Furore sorgte, um 1954 beim „Wunder von Bern“ zur Ikone des deutschen Fußballs zu avancieren. Gerade Fritz Walter war es, der auf Wilimowski große Stücke hielt. So bezeichnete er ihn als das „größte Wunder im Ausnutzen von Torchancen“.

Die Pokalsieger-Elf des TSV 1860 München von 1942 mit Schiller, Krückeberg, Georg Pledl, Rockinger, Kanitz, Janda, Wilimowski, Schmeiser, Bayerer, Kais und Schmidhuber (von links nach rechts). Mit seinen insgesamt 14 Torerfolgen im laufenden Pokalwettbewerb hatte Ernst Wilimowski auch die meisten Treffer des neuen Tschammer-Pokalsiegers auf dem Konto.

Ein trinkfester Fußballoldie

Zunächst war „Ezi“ für Rapid Kassel, die SG Merseburg und die SG Chemnitz-West aktiv. Die Sachsen spielten in der damals erstklassigen Bezirksliga Chemnitz. Publikumsliebling Wilimowski erzielte in der Saison 1946/47 beachtenswerte 22 Treffer, so dass seine Elf hinter der SG Chemnitz-Nord als Zweiter die Ziellinie überquerte. Die nächsten Stationen im Herbst 1947 lauteten SG Babelsberg, TuS Arlosen und Saxonia 07 Hameln, wo er es jeweils nur wenige Wochen aushielt. Die genannten Vereine kickten im tabellarischen Niemandsland oder gegen den Abstieg, was Wilimowski allerdings nicht davon abhielt, auch weiterhin Tore am Fließband zu erzielen, deren Zahl in der Lokalpresse für die Nachwelt leider nicht überliefert ist.

Ohnehin gab es in der Nachkriegszeit wichtigere Dinge als Fußball. Auch an Prämienzahlungen in Millionenhöhe war damals nicht einmal ansatzweise zu denken. Die Gagen bestanden vielmehr aus Naturalien, die die Spieler als Gegenleistung für ihre Fußballkünste erhielten, weshalb vielsagend von „Kalorienspielen" gesprochen wurde.

Beim Offenburger FV, für den Ernst Wilimowski in der Spielzeit 1949/50 spielte, konnte er sich über große Popularität erfreuen. Fast ebenso legendär wie seine Auftritte auf dem grünen Rasen war seine enorme Trinkfestigkeit.

Etwas länger hielt es der Goalgetter wieder bei der SG Chemnitz-West aus, wo er im Laufe der Saison 1947/48 weitere 32 Bezirksligatreffer erzielte. Nach einem Kurzintermezzo beim TSV Detmold wechselte Ernst Wilimowski im Herbst 1948 zum süddeutschen Oberligisten BC Augsburg, wo er ebenfalls nur sechs Begegnungen bestritt, aber immerhin drei Treffer erzielte. Um ein Haar wäre er danach bei Racing Strasbourg im Elsass gelandet, doch wurde er von Johannes Hartnagel zum Offenburger FV gelotst, der 1949/50 mit mäßigen 27:33 Punkten den elften Rang in der Südstaffel der Oberliga Südwest belegte. Obwohl der 33 Jahre alte Wilimowski auch beim OFV mit 18 Treffern seine Leistung abrief, verhalf ihm dies nicht zu deutschlandweitem Popularitätsgewinn, da außerhalb der Ortenau kaum einer Notiz von ihm nahm. So blieb „Ezi" nur wie üblich die Rolle des lokalen Volkshelden, der in Offenburg aber immerhin sein privates Glück fand, indem er die Gastwirtstochter Klara Mehne heiratete, mit der er drei Söhne und eine Tochter hatte.

Die Spielzeit 1950/51 verbrachte Ernst Wilimowski beim FC Singen 04, der nach dem Anschluss des Südteils der französischen Besatzungszone in die Oberliga Süd aufgestiegen war. Die Elf vom Hohentwiel war ebenso wie Mitaufsteiger SSV Reutlingen chancenlos und stieg als Tabellenvorletzter mit 22:46 Punkten und 56:112 Toren postwendend wieder ab. Abermals hatte „Ezi" damit das Pech gehabt, seine immer noch beachtlichen Leistungen vor dem gegnerischen Gehäuse (16 Tore in 33 Einsätzen) in einer ansonsten hoffnungslos überforderten Mannschaft gezeigt zu haben.

Auch nach seinem Wechsel zum VfR Kaiserslautern sollte sich daran nichts Wesentliches ändern. Der kleine Bruder des Walter-Klubs 1. FCK spielte in der Oberliga Südwest eine unbedeutende Nebenrolle und belegte in den vier Spielzeiten mit Wilimowski ausnahmslos zweistellige Tabellenplätze. Vor allem in den ersten beiden Jahren war es dem rothaarigen Oberschlesier zu verdanken, dass der VfR die Klasse halten konnte. 23 Saisontreffern 1951/52 folgten in der kommenden Spielzeit 31 Tore (bei 29 Einsätzen), mit denen er in der Torschützenliste hinter Fritz Walter (38 Tore) den zweiten Platz belegte. Zum Vergleich: Fritz Walter, der in jenem Jahr mit den Roten Teufeln zum zweiten Mal Deutscher Meister wurde, stand eine echte Weltklassemannschaft zur Seite, die mit 127:31 Toren auch ungefährdet zum Oberligatitel marschiert war. Ernst Wilimowskis VfR hatte im gesamten Spieljahr dagegen insgesamt nur 55 Tore erzielt, so dass der Ligaverbleib fast im Alleingang auf das Konto des torhungrigen Oberschlesiers gegangen war.

Nach 70 Toren in 89 Oberligaspielen am Lauterer Erbsenberg heuerte der inzwischen 40-Jährige beim Kehler FV an, um von 1956 bis 1959 als Spielertrainer zu arbeiten. Die größten Erfolge waren der Gewinn des Südbadischen Pokals (1957) und 1958 der Aufstieg in die 1. Amateurliga.

► EINWURF

Der Oberschlesier Ernst Wilimowski war alles andere als ein pflegeleichter Spieler. Heute wäre er aufgrund seiner Eskapaden vermutlich als „Skandalnudel" und großes Disziplinrisiko für jede Mannschaft verschrieen. Auch Reichstrainer Sepp Herberger hatte mit „Ezi" seine liebe Mühe. Nach einer Nominierung für einen seiner acht Länderkämpfe für den DFB ermahnte er ihn eindringlich: „Vor dem Spiel keine Liebe, kein Alkohol!" Als Wilimowski 1949 zum Offenburger FV wechselte, hatte er sogar Ärger mit dem Gesetz. Weil er nach einigen Trinkgelagen in seiner Zeit beim BC Augsburg die Zeche geprellt hatte, wurde er polizeilich gesucht. Da er deswegen vom DFB gesperrt worden war, zog er einen Wechsel ins Ausland in Erwägung und wollte sich Racing Strasbourg anschließen. Allerdings wurde er auf der Kehler Rheinbrücke von Johannes Hartnagel abgefangen, der Vorsitzender des Offenburger FV war, so dass Wilimowski für den Verein ab Dezember 1949 auf Torejagd ging, nachdem der OFV seine Schulden beglichen hatte. In der Ortenau wird heute noch so manche Anekdote über das Trinkverhalten des „local hero" erzählt. Zwar soll „Ezi" beim ersten Glas Wein gleich umgefallen sein, dafür war er umso mehr dem Schnaps zugetan. Vor den Spielen soll der Rothaarige so manche Flasche geleert haben. Sein Offenburger Weggefährte Rolf Frei: „Manchmal haben wir ihn vor einem Spiel in einer Kneipe eingesammelt, dann wurde er bei Masseur Siegenführ ausgenüchtert und hat noch am gleichen Tag gespielt wie ein junger Gott." Der Journalist Thomas Kastler nannte ihn den „Garrincha von Offenburg, der trickste und trank wie ein Außerirdischer". Wie es Wilimowski in Anbetracht dieser Charakterisierung schaffte, kurze Zeit als Spielertrainer beim OFV zu arbeiten, erschließt sich zumindest aus heutiger Sicht nicht. Nicht zuletzt war es seine Ehefrau, die den Oberschlesier „bändigte". Die aus Paraguay stammende Gastwirtstochter Klara Mehne hatte er in Offenburg kennen gelernt und geheiratet. Um ihm finanziell auf die Beine zu helfen, hatten ihm Gönner eine Halbtagsstelle bei der Offenburger Stadtverwaltung sowie eine Toto-Lotto-Annahmestelle vermittelt.

Später betreute Wilimowski die unterklassigen Vereine SV Gengenbach und TuS Rammersweiler, ehe er sich mit seiner Ehefrau in Karlsruhe niederließ, wo er eine Anstellung bei den Pfaff-Werken fand. Hin und wieder war Ernst Wilimowski bei den Heimspielen des Karlsruher SC im Wildparkstadion zu Gast. Nachdem er lange an der Alzheimer-Krankheit gelitten hatte, verstarb er am 30. August 1997 im Alter von 81 Jahren im Karlsruher Stadtteil Rintheim, wo er auch beerdigt wurde.

► EINWURF

„Wilimowski war das, was später Rahn werden sollte: eine nicht zu umzubringende Stimmungskanone. Dabei auf dem Rasen völlig ohne Nerven und eiskalt." (Fritz Walter über den deutsch-polnischen Nationalspieler Ernst Wilimowski)

► **ZAHLEN UND FAKTEN**

Vereine:	1933	1. FC Kattowitz
	1934-1939	Ruch Chorzow
	1939	1. FC Kattowitz
	1940-1942	PSV Chemnitz
	1942-1943	TSV 1860 München
	1943-1945	SG OrPo (PSV) Chemnitz
	1943-1944	„Rote Jäger“
	1946	Rapid Kassel
	1946	SG Merseburg
	1946-1947	SG Chemnitz-West
	1947	SG Babelsberg
	1947	TuS Arolsen
	1947	Saxonia 07 Hameln
	1947-1948	SG Chemnitz-West
	1948	TSV Detmold
	1948	BC Augsburg
	1949-1950	Offenburger FV
	1950-1951	FC Singen 04
	1951-1955	VfR Kaiserslautern
	1956-1959	Kehler FV

Tore: 86 polnische Erstligaspiele (115 Tore)*
125 Oberliga-Spiele* (107 Tore)
84 Gauliga-Tore*
54 Tore Bezirksliga Chemnitz
7 Tschammer-Pokalspiele (16 Tore)
2 Gauauswahlspiele (4 Tore)*
30 Länderspiele (34 Tore)
gesamt 250 Pflichtspiele (414 Tore)*
** nur bekannte Spiele und Tore*

Erfolge: Polnischer Meister 1934, 1935, 1936, 1938
Tschammer-Pokal-Sieger 1942
Gauliga-Meister 1943

Polnischer Torschützenkönig 1934, 1936

In der Nationalmannschaft:
Gerade einmal 17 Jahre war Ernst Wilimowski alt, als er 1934 im Trikot der polnischen Nationalelf zu seinem Länderspieldebüt kam. Der junge Angreifer von Ruch Wielkie Hajduki durfte am 21. Mai des Jahres mit nach Kopenhagen fahren, wo Polen Gastgeber Dänemark mit 2:4 unterlag. Danach reiste die polnische Delegation weiter nach Stockholm, wo es nur zwei Tage später gegen Schweden eine weitere 2:4-Niederlage setzte, bei der „Ezi“ seinen ersten Länderspieltreffer erzielte.
Im Spätsommer 1934 sollten zwei weitere Tore folgen. So konnte sich der Oberschlesier mit dem Ehrentreffer zum 1:4 in Belgrad gegen Jugoslawien in Szene setzen. Und auch am 9. September vermochte er sich in die Torschützenliste einzutragen, als Polen gegen Deutschland in Warschau mit 2:5 unterlag.
Da sich Wilimowski im Verlauf des Jahres 1935 eine Verletzung zugezogen hatte, geriet seine vielversprechende Nationalmannschaftskarriere ins Stocken. Vor allem musste er auf die Teilnahme an den olympischen Sommerspielen 1936 in Berlin verzichten, die Polen nach einer 2:3-Niederlage gegen Norwegen im kleinen Finale als überraschender Vierter abschloss.
Erst im Vorfeld der Weltmeisterschaft 1938 kam Ernst Wilimowski im Nationaldress wieder auf Touren. Nach weiteren Torerfolgen gegen Schweden (3:1) und Dänemark (3:1) – jeweils in Warschau – wurde er auch für das WM-Qualifikationsspiel gegen Jugoslawien nominiert, zu dem die Weiß-Roten am 10. Oktober 1937 ebenfalls in der Hauptstadt antraten. Die von Jozef Kaluza betreute Mannschaft hatte den berühmten „Donaufußball“ perfektioniert und fegte die „Brasilianer des Balkans“ gleich mit 4:0 aus dem Stadion. Erwartungsgemäß hatte sich auch Ernst Wilimowski in die Torschützenliste eintragen können.

Niederlage im Spiel seines Lebens

Bei ihrem ersten WM-Einsatz wurden die Polen im Achtelfinale Brasilien zugelost, wobei sie aufgrund ihrer technisch versierten Elf keinesfalls als chancenlos galten. Die Vorbereitung auf das Turnier in Frankreich war nicht übermäßig lang. Nach dem letzten Ligaspieltag wurde der Kader zu einem fünftägigen Trainingslager zusammengezogen, um dann direkt an den Spielort nach Straßburg weiterzureisen. Die äußeren Bedingungen im Meinau-Stadion waren an jenem 5. Juni 1938 eher unwirtlich, da es vor allem in der zweiten Hälfte in Strömen regnete. Als diese vom schwedischen Schiedsrichter Eklind angepfiffen wurde, lagen die Osteuropäer mit 1:3 hinten, wobei Mittelstürmer Scherfke mit einem verwandelten Elfer für den polnischen Treffer gesorgt hatte. Den Rückstand konnte Ernst Wilimowski in der 53. Minute verkürzen, ehe er nach einer Stunde den Ausgleich erzielte, womit ihm erstmals bei einem Länderspieleinsatz zwei Tore gelungen waren. Es sollte freilich noch besser kommen: Nachdem Brasilien nach 72 Minuten durch Leonidas abermals in Führung gegangen war, spritzte Wilimowski zwei Minuten vor Schluss in eine verunglückte Rückgabe Alfosinhos, um zum 4:4 auszugleichen. In der Verlängerung zogen die Südamerikaner dann auf 6:4 davon. Mit seinem Anschlusstor zum 5:6 in der 118. Minute stellte „Ezi“ schließlich einen neuen WM-Rekord auf. Das Pendant des vierfachen Torschützen im Team der Brasilianer war im Übrigen Leoni-das da Silva, dem in jenem Spiel drei Tore gelangen und der am Ende mit acht Treffern bester WM-Torjäger werden sollte.

Mit dieser Sturmreihe trat Polen am 5. Juni 1938 zum WM-Achtelfinalspiel gegen Brasilien an. Von links: Wodarz, Ernst Wilimowski (spielte auf halblinks), Scherfke, Piontek und Piec I. Der in die-sem Spiel als Mittelstürmer eingesetzte Friedrich Scherfke (polnisch: Fryderyk Szerfke) entstammte einer deutschstämmigen Familie aus Posen, wo er für das im Jahr 1912 gegründete Warta Posen spielte und zwischen 1925 und 1939 beachtliche 131 Ligatore schoss. Mann des Tages war jedoch Ernst Wilimowski, der bei der 5:6-Niederlage gleich viermal ins Schwarze getroffen hatte.

In den nächsten Spielen war Wilimowski weiterhin der Garant für Tore, die den Polen den einen oder anderen Achtungserfolg sicherten. Jeweils zweimal war er in den Heimspielen gegen Norwegen (4:4) und Belgien (3:3) erfolgreich. Insgesamt kam Ernst Wilimowski für die polnische Nationalmannschaft 22-mal zum Einsatz und erzielte dabei 21 Tore. Mit dieser Bilanz rangiert er in der ewigen Torschützenliste unseres östlichen Nachbarlandes immer noch auf dem achten Platz. Letztmals streifte er das weiß-rote Dress am 27. August 1939 über, als Polen dank dreier Wilimowski-Tore die Ungarn mit 4:2 schlug.

Acht Länderspiele für Deutschland

Seinen emotionalsten Länderspieleinsatz hatte „Ezi“ am 18. September 1938 verzeichnet, als er mit der polnischen Nationalelf gegen die Vertretung des DFB antrat, die vor 60.000 Zuschauern in Chemnitz mit 4:1 die Oberhand behielt. Nach der Wiedereingliederung Ost-Oberschlesiens ins Deutsche Reich streifte Wilimowski dann selbst achtmal das Trikot der deutschen Nationalmannschaft über und erzielte dabei 13 Tore. Angesichts seiner unbestrittenen Klasse hätte er eigentlich auf mehr Länderspiele kommen müssen. In den Augen von Reichstrainer Herberger galt er jedoch wegen seiner Vorliebe für Alkohol und Frauen als Disziplinrisiko, was dessen Zurückhaltung ebenso erklärt wie die Tatsache, dass auf der halblinken Position, die Wilimowski unter Herberger stets bekleidete, große Konkurrenz herrschte. Es waren vor allem der Wiener Hans Binder sowie Helmut Schön, die weitere Einsätze für Deutschland verhinderten.

Erstmals durfte der Oberschlesier am 1. Juni 1941 das schwarz-weiße Trikot überstreifen *(oben im Bild)*. In Bukarest behielten die Gäste deutlich mit 4:1 die Oberhand, wobei Wilimowski nicht nur in der 3. Minute den Torreigen eröffnet hatte, sondern nach 64 Minuten auch den vierten deutschen Treffer erzielte. Im Laufe des Jahres 1941 bestritt Wilimowski noch drei Länderspiele und kam dabei auf weitere vier Tore. Seine ersten vier Länderkämpfe absolvierte „Ezi“ als Spieler des PSV Chemnitz, womit er der einzige Nationalspieler des Vereins ist. Und das in Anbetracht eines Erwin Helmchen, der trotz seiner unzähligen Tore, die er für den PSV erzielte, nie zu Länderspielehren kam.

Gleich dreimal hatte „Ezi“ am 5. Oktober 1941 in Helsinki über Finnland zugeschlagen. Genau wie er war beim 6:0-Sieg auch der Schalker Hermann Eppenhoff dreimal erfolgreich. Nachdem Ernst Wilimowski zu 1860 München gewechselt war, absolvierte er 1942 weitere vier Länderspiele, in denen ihm sieben Treffer glückten, der erste davon beim 7:0-Kantersieg in Beuthen gegen Rumänien. Am 18. Oktober netzte er beim 5:3 in der Schweiz dann gleich viermal ein, womit er seinen persönlichen Rekord aus dem denkwürdigen WM-Spiel gegen Brasilien einstellte. Und schließlich trug sich „Ezi“ auch am 1. November 1942 beim 5:1-Erfolg in Stuttgart über Kroatien in die Torschützenliste ein. Am 22. November sollte sich die deutsche Elf mit einem Spiel in der Slowakei für exakt acht Jahre von der internationalen Bühne verabschieden. Während Wilimowski beim 5:2 in Bratislava ohne Treffer blieb, avancierte August Klingler als dreifacher Torschütze zum Helden des Tages. Klingler galt damals als die große deutsche Sturmhoffnung. Der Angreifer des FV Daxlanden sollte auf den Schlachtfeldern des Zweiten Weltkriegs jedoch sein Leben verlieren.

Auf Torjagd in der Gauauswahl

Während seiner Zeit beim PSV Chemnitz bestritt Wilimowski mehrere Spiele für die sächsische Gauauswahl. Der größte Erfolg fiel in das Jahr 1941, als sich Sachsen mit einem 2:0 über Bayern den Reichsbundpokal sichern konnte. Am 7. September war es Ernst Wilimowski, der im Chemnitzer Finale vor 30.000 Zuschauern für den Endstand sorgte. Zahlreiche Beobachter behaupteten jedoch, der Rotschopf habe den Treffer aus Abseitsposition erzielt. Als Chemnitzer war „Ezi“ im eigenen Stadion übrigens ein echter Exot, da in der Sachsen-Auswahl nicht weniger als neun Akteure vom Dresdner SC gestanden hatten. Den stärksten Auftritt zeigte Wilimowski indes schon im Viertelfinale, als ihm beim 5:3 in Kattowitz gegen seine „alte Heimat“ Schlesien ein Dreierpack gelungen war.

Saison	Lsp.		Liga		Pokal	
	Sp.	T.	Sp.	T.	Sp.	T.
1933				?		
1934	5	3	21	33		
1935			7	8		
1936	1	0	15	18		
1937	4	3	16	11		
1938	8	10	14	19		
1939	4	5	13	26		
1939/40				?		
1940/41	2	3		42	1	1
1941/42	2	3		26	2	1
1942/43	4	7		9*	4	14
1943/44				2		
1944/45				5*		
1945/46				?		
1946/47				22		
1947/48				32*		
1948/49			6	3		
1949/50			?	18		
1950/51			30	16		
1951/52			30	23		
1952/53			29	31		
1953/54			24	14		
1954/55			6	2		

* Tore sind nicht mehr einzeln nachzuweisen. Daher sind die angegegebenen Trefferzahlen als Mindestwerte zu verstehen.

Telmo Zarra
Schützenkönig der Primera División

Zu den interessantesten Vereinen des europäischen Fußballs zählt sicherlich der Athletic Club Bilbao. Gerne werden die Rojiblancos (Rot-Weißen) als baskischer Nationalverein bezeichnet, da dieser seit 1919 lediglich Spieler aus dem Baskenland sowie dem benachbarten Navarra unter Vertrag nimmt und so eine besonders innige Heimatverbundenheit demonstriert. Umso erstaunlicher ist es, dass man trotz der selbstgewählten Restriktionen nach wie vor Akzente setzen kann, wenngleich seit dem nationalen Doublegewinn 1983/84 kein großer Titel mehr in die Klubvitrinen gewandert ist. Dafür hat der Athletic Club in der Saison 2011/12 sogar über die Landesgrenzen hinaus für Furore gesorgt, als er das Finale der Europa League erreicht und dabei so renommierte Gegner wie Manchester United oder FC Schalke 04 aus dem Weg geräumt hat. Erst gegen den heimischen Ligarivalen Atlético Madrid hatten die Schützlinge des Argentiniers Marcelo Bielsa keine Chance und unterlagen klar mit 0:3.
Zu den legendärsten Spielern der bewegten Vereinsgeschichte gehört der am 20. Januar 1921 im acht Kilometer von Bilbao entfernten Erandio geborene Telmo Zarraonaindia Montoya, der mit seinen 251 Ligatreffern nicht nur der Rekordtorschütze der Rot-Weißen, sondern bis heute auch jener der spanischen Primera División ist. Sein Vater Pedro war Leiter der örtlichen Bahnstation

Asua, wo Telmo Zarra *(Bild links)* zusammen mit seiner Mutter Tomasa Montoya sowie neun Geschwistern in bescheidenen Verhältnissen lebte. Der Fußballsport spielte in der Familie dabei immer eine große Rolle. Telmos ältester Bruder Tomas war zeitweise gar für FC Arenas de Guecho in der Primera División als Torwart tätig, derweil auch sein im Bürgerkrieg gefallener Bruder Domingo aktiver Fußballer war. Es kam daher fast zwangsläufig, dass Telmo bereits in jungen Jahren ebenfalls dem runden Leder hinterher jagte, zumal er dank seiner Brüder sogar über einen echten Lederball verfügte, was damals noch eine echte Rarität darstellte. Lediglich der Vater war von der Leidenschaft seines Sprösslings nicht wirklich begeistert, da er die Meinung vertrat, dass zwei Fußballer in der Familie beileibe genug seien.

Telmito, der kleine Feigling

Sämtliche Vorbehalte konnten „Telmito" freilich nicht davon abhalten, in seiner Heimatstadt Erandio für kleinere Klubs aktiv zu werden. Auch der Stadtbezirk Asua unterhielt eine Fußballmannschaft, der sich der spätere Toptorjäger anschloss. Allerdings zeigten sich Mitspieler wie Zuschauer anfangs nur wenig begeistert, weil Telmo als eher schüchterner und zurückhaltender Charakter auch auf dem Spielfeld sehr bedächtig auftrat, wie er später in einem Interview bekannte. Härteren Zweikämpfen ging er lieber aus dem Weg, weshalb er bald als „Telmito, el miedoso" (Telmito, der Feigling) verspottet wurde. Genau genommen war seine Spielweise jedoch weniger feige, sondern weitaus mehr als äußerst klug zu bezeichnen, da er mit seinem vorausschauenden Auftreten in der Lage war, ein Spiel wie kaum ein Zweiter zu lesen und daher im entscheidenden Moment zur Stelle zu sein. Als mannschaftsdienlicher Spieler war er zudem nicht nur im Sturmzentrum einsetzbar, sondern auch als Außenstürmer, der seinen Kameraden so manchen Treffer auflegte. Da dem 1,80 Meter großen Basken die Starrolle nie wirklich behagte, betrachtete er seine zahlreichen Torerfolge als die Vollendung eines gekonnt vorgetragenen Mannschaftsspiels. Das freilich sollten Gegenspieler wie Kritiker später auch noch verstehen lernen...

► EINWURF
Mit einer beeindruckenden Torausbeute stellt Telmo Zarra in Spanien noch heute sämtliche seiner hochdotierten Nachfolger in den Schatten. Als erfolgreichster Torschütze der Primera División mit 251 Treffern in 277 Einsätzen verweist er den Mexikaner Hugo Sanchez (234 Tore) und Real-Ikone Raul (228) auf die Plätze, wobei sowohl Hugo Sanchez (347 Einsätze) als auch Raul (550) deutlich mehr Spiele benötigten, um sich dem Rekordtorschützen von Athletic Bilbao an die Fersen zu heften. Zudem ist er der einzige Spieler, dem es gelungen ist, sechsmal die Torschützenliste des spanischen Oberhauses anzuführen, derweil er mit 81 Treffern in 74 Spielen auch den Torrekord in der Copa del Rey hält.

Noch in der Zeit des Spanischen Bürgerkriegs unterschrieb „Zarra" – wie Telmo Zarraonaindia in Fußballerkreisen der Einfachheit halber genannt wurde – einen ersten Profivertrag bei der Sociedad Deportivo Erandio. Diese kickte nach der Wiederaufnahme des wegen des Bürgerkriegs unterbrochenen Spielbetriebs 1939/40 in der Segunda División, wo es in einer der damals existierenden fünf Achtergruppen zum wenig ambitionierten sechsten Platz reichte. Zu den erfreulichen Aspekten einer ansonsten enttäuschend verlaufenen Saison zählten die Auftritte des erst 19-jährigen Zarra, auf dessen Konto nicht weniger als die Hälfte der 24 Ligatreffer seines Teams gegangen waren.

Schneller Durchbruch in San Mamés

Um sich mit seiner erwähnten restriktiven Personalpolitik im Konzert der Großen behaupten zu können, musste Athletic Bilbao frühzeitig ein engmaschiges Talentsichtungssystem aufbauen, mit dem erklärten Ziel, sich die besten baskischen Fußballer zu sichern. Natürlich wurden die Scouts aus Bilbao auch auf Telmo Zarra aufmerksam, nachdem dieser in einem regionalen Auswahlspiel für die Provinz Vizcaya gegen das benachbarte Guipuzcoa sieben von neun Treffern erzielt hatte.
Am 1. Spieltag der Saison 1940/41 sollte Zarra unter dem neuen Trainer Juan Urquizu zu einem denkwürdigen Debüt im Dress der Rojiblancos kommen. Es waren gerade 17 Minuten gespielt und Zarra hatte dem gegnerischen Keeper Gonzalez erstmals überwunden. Nur vier Minuten später war der Newcomer erneut zur Stelle und brachte seine Farben mit 2:0 in Führung. Erst danach fanden die „Che" ins Spiel zurück und erkämpften sich nach der Pause noch ein 2:2-Unentschieden, was die großartige Leistung Zarras jedoch nicht schmälerte. Da Bilbao aber auch an den nächsten vier Spieltagen nicht gewinnen konnte, fand sich die Mannschaft mit 3:7 Punkten im Tabellenkeller wieder, ehe im Heimspiel gegen Real Oviedo am 3. November 1940 die Wende gelang. Mit seinem zweiten Doppelpack

in der 1. und 20. Minute hatte Zarra die Basken im San Mamés zu einem 2:1-Erfolg geführt, ehe er auch beim 2:1-Auswärtssieg in Vigo eine Woche später mit dem Führungstreffer nach zwei Minuten zur Stelle war. Trotz der starken Leistungen wurde Telmo Zarra danach aus der Anfangsformation verbannt, weil der erfahrene Victor Unamuno wieder ins Team zurückkehrte, nachdem der Torschützenkönig der vergangenen Saison zunächst ausgefallen war. Nur noch einmal – beim 2:0-Sieg am 17. Spieltag in Oviedo – konnte sich Zarra in die Torschützenliste eintragen, so dass er in seiner ersten Saison in acht Ligaeinsätzen sechsmal ins Schwarze getroffen hatte. Nachdem Athletic Bilbao nur sehr schwer in Tritt gekommen war, reichte es in de Endabrechnung zwei Zähler hinter Atlético Madrid immerhin noch zur Vizemeisterschaft.
Der Durchbruch sollte Telmo Zarra dann in der Spielzeit 1941/42 gelingen, obwohl er zeitweise seinen Militärdienst ableisten musste. Während er daher nur 20 der 26 Ligaspiele bestreiten konnte, absolvierte er an seinem Einsatzort Ceuta mehrere Freundschaftsspiele. Die besten Saisonleistungen für die Rot-Weißen lieferte er im heimischen San Mamés ab, wo er nach einem Viererpack im Januar gegen Celta de Vigo (10:0) am 15. Februar auch gegen Titelverteidiger Atlético Madrid (6:0) drei Treffer beisteuerte. Da es in der Primera División lediglich zum siebten Platz reichte, war das Augenmerk früh auf den Pokalwettbewerb gerichtet, wo die Mannschaft vor allem im Viertelfinale Schwerstarbeit zu verrichten hatte, als sie Real Madrid in drei Spielen aus dem Wettbewerb kegelte. Durch den Halbfinal-Erfolg über Real Valladolid (6:1, 0:3) standen die Basken schließlich im Endspiel, das am 21. Juni gegen den FC Barcelona steigen sollte und den Zuschauern in Madrid 120 überaus packende Minuten bot, in deren Verlauf Telmo Zarra so etwas wie die Rolle des tragischen Helden zukam. Die Katalanen führten schon mit 3:1, ehe Elices in der 80. Minute und Zarra nur eine Minute später für die Rojiblancos zum 3:3 ausgleichen konnten. Auf Zarra war somit erneut Verlass gewesen, nachdem dieser schon den elften Treffer im laufenden Wettbewerb erzielt hatte, der eine Verlängerung notwendig machte, in der sich für ihn die Riesenchance zum 4:3-Siegtor bot, die er gegen Barca-Keeper Miro jedoch kläglich vergab. Schließlich kam, was kommen musste. Anders als Telmo Zarra nutzte Barcelonas Martin in der 101. Minute die sich bietende Gelegenheit und schoss die Katalanen zum Pokalsieg, derweil es für Bilbaos neue Sturmhoffnung galt, die erste große Enttäuschung seiner noch jungen Karriere zu verdauen.

Der Doublegewinn von 1943

Auch in der Saison 1942/43 konnte Zarra wegen seines Militärdienstes nur 17 Ligaspiele bestreiten, in denen er sich mit 17 Treffern allerdings den Frust für die Pokalpleite gegen Barcelona von der Seele schoss. Nachdem er an den ersten drei Runden noch hatte aussetzen müssen, kam er am 18. Oktober 1942 bei Atlético Madrid (3:2) zu seinem Saisondebüt, das in Anbetracht zweier Treffer glänzend verlief. Es folgten zwei weitere Doppelpacks gegen Espanyol Barcelona (2:1) und Real Oviedo (3:3), ehe eine mehrmonatige Torflaute einsetzte, die aber spätestens nach seinem fulminanten Auftritt am 14. Februar im San Mamés vergessen war, als dem Sturmführer beim 8:1-Scheibenschießen gegen Oviedo gleich fünf Treffer gelangen. Mit diesem Kantersieg im Rücken war der Meisterschaftsexpress von Athletic Bilbao nicht mehr aufzuhalten. Einen erneuten Sahnetag erwischte Telmo Zarra im drittletzten Saisonspiel gegen den FC Barcelona, als ihm beim 5:2 drei weitere Treffer gelangen, während die Rojiblancos nach ihrem abschließenden 2:0-Heimsieg über Real Saragossa zum fünften Mal als Spanischer Meister feststanden.

In der Saison 1942/43 sicherte sich Athletic Bilbao bereits zum dritten Mal in der Vereinsgeschichte das Double. Vor dem Pokalfinale gegen Real Madrid (1:0 n.V.) präsentiert sich die Mannschaft den Fans. Oben von links: Panizo, Ortuzar, Zarra, Iriondo, Bertol, Lezama. Unten von links: Nando, Albizua, Mieza, Arqueta. Das Tor des Tages erzielte Telmo Zarra in der 14. Minute der Verlängerung.

Damit aber nicht genug. In der Copa del Generalisimo drang die Mannschaft ebenfalls ins Endspiel vor, das am 20. Juni 1943 ausgerechnet im Estadio Chamartin und mithin der Arena von Finalgegner Real Madrid stattfand. Keine einfache Aufgabe, zumal die Königlichen als Günstling der Franco-Diktatur galten, was in der Vorschlussrunde auch der FC Barcelona zu spüren bekam, als die Katalanen in Madrid unter nie ganz geklärten Umständen mit 11:1 überrollt wurden. Diesmal sollte zum Glück alles mit rechten Dingen zugehen. Die aufopferungsvoll geführte Partie wurde in der 14. Minute der Verlängerung entschieden, als Telmo Zarra mit dem Tor des Tages sein Finaltrauma aus dem Vorjahr überwand und somit endgültig zum Liebling der Fans von Athletic Bilbao avancierte.
Obwohl Zarra wegen eines Schlüsselbeinbruchs zwischen Ende September und Mitte November 1943 mehrere Wochen pausieren musste, fand er nach seiner Rückkehr ins Team schnell zu seiner gewohnten Form zurück und brillierte zwischen dem 8. und 13. Spieltag mit zehn Torerfolgen, die den Rot-Weißen sechs aufeinander folgende Siege bescherten. Nach dem 2:1-Heimsieg über den FC Valencia, den Zarra mit zwei Treffern sichergestellt hatte, lagen diese zur Saisonhalbzeit bei vier Zählern Rückstand auf die an der Tabellenspitze liegenden „Che“ noch aussichtsreich im Rennen, ehe sie in der Rückrunde komplett aus dem Tritt gerieten und auf den zehnten Platz zurückfielen, was nicht zuletzt an der Formkrise ihres Toptorjägers lag, dem nur noch zwei weitere Saisontreffer gelangen. Für ihre schwachen Vorstellungen in der Liga konnten sich die Rot-Weißen erneut im Pokalwettbewerb rehabilitieren, der wie üblich im Anschluss an die Meisterschaft ausgetragen wurde. Auch Zarra zeigte sich wieder in bester Torlaune und erzielte in neun Einsätzen auf dem Weg ins Finale ebenso viele Treffer. Das Endspiel am 25. Juni in Barcelona gewann Athletic Bilbao gegen den FC Valencia schließlich mit 2:0, wobei sich neben Escudero auch der unvermeidliche Zarra in die Torschützenliste eingetragen hatte.

Bilbaos Traumsturm endlich komplett

Seine guten Resultate hatte der Verein vor allem jener Sturmformation zu verdanken, die im Sommer 1944 endgültig komplettiert wurde. Während neben Mittelstürmer Zarra seit den frühen Vierzigern Rechtsaußen Iriondo sowie auf dem linken Flügel Panizo und Gainza für ständige Torgefahr sorgten, stieß nun auch Rechtsverbinder Venancio zu den Rojiblancos, nachdem dieser zuvor – wie auch Telmo Zarra – für SD Erandio aktiv gewesen war. Anstelle Venancios hatte zunächst noch Altstar Victor Unamuno gestürmt, bevor dieser zeitweise durch Escudero ersetzt worden war. Da Venancio zwischen 1947 und 1949 für CF Barakaldo aktiv war, holte Bilbao José Iraragorri aus Mexiko zurück, nachdem dieser schon in den dreißiger Jahren im Baskenland gespielt hatte. So sehr Telmo Zarra von seinen Mitspielern auch profitierte. Er war stets der Kopf der wohl stärksten Sturmformation der Vereinsgeschichte, die es zusammengerechnet auf stolze 847 Tore in Liga und im Pokal brachte.

► EINWURF

Herzstück im Team von Athletic Bilbao, das für den Meistertitel 1943 sowie fünf Pokalsiege verantwortlich zeichnete, war die Sturmformation um Mittelstürmer Telmo Zarra, deren beeindruckende Torbilanz im Folgenden aufgeführt sein soll:

	Liga	*Copa*	*Ges.*
Telmo Zarra	*277*	*81*	*332*
José Panizo	*126*	*37*	*163*
Agustin Gainza	*119*	*29*	*148*
Rafael Iriondo	*84*	*31*	*115*
Venancio Perez	*68*	*21*	*89*
Gesamt	***648***	***199***	***847***

Das Foto unten zeigt (von links nach rechts) Iriondo, Venancio, Zarra, Panizo und Gainza. Zarra, Panizo und Gainza nahmen darüber hinaus an der Weltmeisterschaft 1950 in Brasilien teil, die für Spanien mit dem vierten Rang und mithin dem besten Ergebnis bis zum WM-Titelgewinn 2010 endete.

Sofort nachdem der Traumsturm komplett war, konnte Telmo Zarra seine ohnehin schon beeindruckende Trefferquote noch weiter verbessern und mit 20 Saisontoren 1944/45 erstmals in seiner Laufbahn die Torjägerkrone der Primera División erobern. Einen ersten Galaauftritt hatte er am 22. Oktober im San Mamés gegen Real Madrid, als er mit seinen beiden Treffern vor der Pause den 2:1-Erfolg über die Königlichen einleitete. Während Zarra zwei Wochen später im Heimspiel gegen Deportivo La Coruña (5:2) einen Dreierpack schnürte, mit dem Bilbao die zwischenzeitliche Tabellenführung festigte, waren seine beiden Tore bei CF Granada Mitte Dezember dafür verantwortlich, dass die Basken einen 1:2-Rückstand noch in einen 3:2-Sieg verwandelten. Da diese im weiteren Saisonverlauf jedoch ein wenig aus dem Tritt kamen, reichte es in der Endabrechnung abermals nur zu einem wenig berauschenden sechsten Platz, so dass sich der Fokus erneut auf das Pokalendspiel richtete, in das die Rot-Weißen zum vierten Mal in Folge eingezogen waren und wo sie dank eines 3:2-Erfolges über den FC Valencia den Titelhattrick vollendeten. Obwohl auch Telmo Zarra einen Treffer erzielt hatte, war diesmal dessen Sturmpartner Iriondo mit zwei Torerfolgen herausragender Spieler auf Seiten des Pokalsiegers. Besonders in der Schlussphase war der Erfolg noch einmal in Gefahr geraten, da Zarra nach einem Tritt gegen den am Boden liegenden Alavaro den ersten Feldverweis seiner Karriere kassiert hatte.

Dank weiterer Rekorde endgültig unsterblich

Nachdem Telmo Zarra im Spieljahr 1944/45 erstmals bester Torschütze der Primera División geworden war, sollte er auch in den nächsten beiden Jahren die Torjägerliste anführen. Da die Sturmreihe um Kopfballspezialist Zarra Tore wie am Fließband produzierte, konnten die Rot-Weißen wieder in den Kampf um die Meisterschaft eingreifen, doch scheiterten sie sowohl 1945/46 als auch 1946/47 denkbar knapp. Dennoch war die Offensivabteilung aus dem Baskenland in aller Munde. In der Spielzeit 1945/46 hatte diese mit 63 Toren als bester Sturm der Liga zehn Treffer mehr auf dem Konto als Meister FC Sevilla. Vor allem, wenn Mittelstürmer Zarra zur Hochform auflief, hatten die Gegner nichts zu lachen, was besonders auf CD Castellon sowie Real Murcia zutraf, deren Teams bei ihren 1:7- bzw. 1:6-Klatschen gleich jeweils vier Zarra-Treffer hatten hinnehmen mussten. Tatsächlich lagen die Rojiblancos klar auf Titelkurs, nachdem sie am 3. Februar 1946 dank des 24. Saisontreffers von Zarra gegen den FC Barcelona mit 2:1 gewonnen hatten. Es sollte allerdings dessen letzter Torerfolg bleiben, weil er verletzungsbedingt die letzten sieben Spieltage verpasste, an denen Bilbao seine Tabellenführung verspielte und schließlich auf den dritten Platz zurückfiel.

Auch im kommenden Jahr stammte die beste Angriffsformation mit 72 Treffern aus Bilbao, von denen stolze 33 auf das Konto Telmo Zarras gingen, der damit zum dritten Mal hintereinander Torschützenkönig wurde. Lediglich der Saisonstart muss als etwa holprig bezeichnet werden, nachdem Zarra am 2. Spieltag bei CD Castellon (2:2) wieder vom Platz geflogen war und eine zweiwöchige Sperre aufgebrummt bekam. Danach war der Mittelstürmer aber nicht mehr zu bremsen, was besonders auf die Zeit zwischen Anfang Dezember und Mitte Januar zutraf, als er in sieben aufeinander folgenden Spielen sage und schreibe 21 (!) Treffer erzielte. Denkwürdig Zarras fünf Torerfolge am Neujahrstag 1947, als er sich beim 6:0 über CD Castellon für den Platzverweis aus dem Hinspiel revanchierte. Nachdem er im nächsten Spiel zwei Treffer zum 6:3-Auswärtserfolg bei Real Madrid beigesteuert hatte, schenkte er am 19. Januar auch Sporting Gijon vier Tore ein. Den deutlichen 6:2-Sieg hatte Zarra mit einem Hattrick zwischen der 28. und 34. Minute eingeleitet. Da Athletic Bilbao sein vorletztes Saisonspiel im San Mamés gegen Real Murcia auch dank zwei weiterer Zarra-Tore klar mit 6:2 für sich entschieden hatte, ging die Mannschaft als Spitzenreiter mit einem Zähler Vorsprung auf Atlético Madrid und den FC Valencia in die abschließende Partie bei Abstiegskandidat Deportivo La Coruña, welche den Zuschauern im La Riazor überaus dramatische 90 Minuten bot. Aber obwohl sich Telmo Zarra zum wiederholten Male in Galaform präsentierte und (nach seinen beiden ersten Treffern aus der 9. und 21. Minute) in der 28. Minute die Rot-Weißen mit 3:2 in Führung brachte, reichte es nach dem Ausgleichstor durch Latorre aus der 70. Minute

schließlich nur zu einem 3:3, das Bilbao und Zarra wegen des verlorenen Direktvergleichs gegen den punktgleichen FC Valencia den erhofften Meistertitel kostete.
Absolut nicht nach Wunsch verlief die Saison 1947/48, wo Zarra wegen mehrerer kleinerer Blessuren lediglich 16 Spiele bestreiten konnte, in denen er neunmal ins Schwarze traf und die Rot-Weißen als Sechste den Erwartungen ebenfalls hinterherliefen. Im nächsten Jahr reichte es gar nur zu Rang sieben, obwohl Zarra in sämtlichen 26 Begegnungen zum Einsatz kam und mit 22 Toren wieder zu alter Stärke zurückfand. Gleich zum Saisonstart hatte er mit einem Dreierpack gegen Real Valladolid (7:2) geglänzt, während er am 9. Januar 1949 beim 4:0 über den FC Sevilla die Fans im heimischen San Mamés mit einem Hattrick nach der Pause erfreute. Hinzu kamen sechs Doppelpacks, darunter auch bei der 2:5-Niederlage im November beim FC Barcelona, der sich vor dem FC Valencia die Meisterschaft sicherte. Auch der Torschützenkönig kam 1948/49 aus Barcelona: Cesar Rodriguez, der noch sechsmal öfter als Telmo Zarra eingenetzt hatte.

Kopfballspezialist Telmo Zarra beim Vollzug im San Mamés. Nach dem Krieg wurde Zarras Torgefahr in ganz Europa gerühmt. Als Spanien am 17. Juni 1951 zum Länderkampf nach Stockholm gegen Schweden anreiste, priesen unzählige Plakate am Austragungsort den Mittelstürmer aus Bilbao als „besten Kopf Europas nach Churchill“. Wie so oft hielt aber auch in diesem Fall die Werbung nicht, was sie versprach, da Zarra beim torlosen Remis über 90 Minuten den Beweis seiner Kopfballstärke schuldig blieb.

Auch unter der Leitung des neuen Trainers José Iraragorri kamen die Basken 1949/50 in der Primera División nicht über einen mäßigen sechsten Platz hinaus. Während die Angriffsreihe in Anbetracht von 72 Saisontreffern – und damit einem mehr als Meister Atlético Madrid – abermals für beste Unterhaltung gesorgt hatte, ließ die Abwehr bei 66 Gegentreffern doch einiges zu wünschen übrig. Zum besten Torjäger des Landes war zum vierten Mal Telmo Zarra avanciert, der in 26 Einsätzen 24-mal ins Schwarze getroffen hatte. Dem schwachen Abschneiden in der Liga zum Trotz sollte die Mannschaft dennoch wieder zu Titelehren kommen und nach fünf Jahren Pause die Copa del Generalisimo gewinnen. Im Madrider Finale gegen Real Valladolid vom 28. Mai 1950 gelang es dem wie entfesselt aufspielenden Zarra, einen Rekord für die Ewigkeit aufzustellen. Zunächst sorgte er in der 14. Minute für die Führung der Rojiblancos, die Coque allerdings ausgleichen konnte, womit eine Verlängerung fällig wurde, in der er regelrecht explodierte und mit drei weiteren Treffern sein Team zum Pokalsieg schoss. Vier Tore in einem spanischen Pokalfinale sollten nach Telmo Zarra bis heute keinem Spieler mehr gelingen. Nur wenige Wochen später sorgte dieser bei der Weltmeisterschaft in Brasilien mit dem Siegtreffer gegen England erneut für Furore und unterstrich dabei eindrucksvoll, dass er zu jenem Zeitpunkt der herausragende Angreifer in Spanien war.

EXKURS: Copa Eva Duarte

Vor der offiziellen Einführung des Superpokals anno 1982 existierten in Spanien gleich mehrere Vorläufer, von denen die „Copa Eva Duarte“ der bedeutendste war. Nach der einmalig ausgespielten „Copa de Campeones“ im Jahr 1940 mit dem Sieg von Atlético Madrid stiftete der argentinische Botschafter 1945 die „Copa de Oro Argentina“, bei der sich Meister FC Barcelona und Pokalsieger Athletic Bilbao gegenüberstanden. Obwohl Telmo Zarra als zweifacher Torschütze glänzte, sicherte sich der FC Barcelona durch einen 5:4-Sieg die Trophäe. Nach einjähriger Pause wurde 1947 schließlich zum ersten Mal die „Copa Eva Duarte“ ausgespielt. Benannt ist sie nach Eva Duarte de Peron, der Ehefrau des argentinischen Präsidenten Juan Peron, die 1952 im Alter von 33 Jahren an Gebärmutterhalskrebs starb. Vermutlich wegen ihres frühen Todes, aber auch aufgrund ihres Engagements für die Rechte der Frau genoss Eva Peron, der Andrew Lloyd Webber mit seinem Musical „Evita“ ein musikalisches Denkmal setzte („Don't cry for me Argentina“), auch über ihre argentinische Heimat hinaus große Popularität. Die Copa Duarte wurde 1953 nach dem Tod der Namensgeberin eingestellt.

Zu den Höhepunkten der Saison 1950/51 zählte der Gewinn der prestigeträchtigen Copa Eva Duarte, wobei Pokalsieger Athletic Bilbao auf Meister Atlético Madrid traf. Im Estadio Chamartin gingen die beiden Teams am 12. Oktober 1950 mit 5:5 auseinander, so dass ein Wiederholungsspiel am 2. November an gleicher Stätte die Entscheidung bringen musste, in dem Zarra beide Treffer zum 2:0-Erfolg der Rojiblancos erzielte, nachdem er schon im ersten Vergleich einen Torerfolg gefeiert hatte.

► EINWURF

Während Telmo Zarra 1952/53 als erstem Spieler die Ehre zuteil wurde, als Torschützenkönig der Primera División die „Trofeo Pichichi“ überreicht zu bekommen, sollte er selbst der Namensgeber jenes Pokals werden, den seit dem Spieljahr 2005/06 der jeweils beste einheimische Torjäger der ersten und zweiten spanischen Liga erhält. Erster Gewinner der „Trofeo Zarra“ war David Villa, der für den FC Valencia 25-mal ins Schwarze getroffen hatte. Erster Preisträger von Athletic Bilbao war übrigens Fernando Llorente, dessen 17 Treffer in der Saison 2011/12 aber auch Valencias Roberto Soldado erreichte. Dass Bilbao seit jeher eine Hochburg des gepflegten Offensivfußballs ist, beweist die Tatsache, dass genau wie Telmo Zarra auch der legendäre Pichichi für den Athletic Club gespielt hatte, bevor dieser 1922 einer Typhuserkrankung erlag.

Zweifelsohne befand sich der Mittelstürmer in der Form seines Lebens, was auch in der Liga deutlich wurde, wo Zarra mit der neuen Bestmarke von 38 Toren in 30 Spielen zum fünften Mal die Torschützenliste anführte. Erst 1989/90 konnte der Mexikaner Hugo Sanchez den Rekord egalisieren (wenngleich er dazu fünf Einsätze mehr als Telmo Zarra benötigte), ehe Cristiano Ronaldo in der Spielzeit 2010/11 sogar 40-mal einnetzen sollte. Seine stärksten Leistungen hatte Zarra in den Heimspielen gegen UE Lleida (10:0) sowie den baskischen Rivalen Real Sociedad San Sebastián (7:1) abgeliefert, als ihm sechs bzw. fünf Tore gelangen. Dennoch hatten die Rot-Weißen als Sechste mit dem Ausgang der Meisterschaft abermals nichts am Hut.

Premierensieger der „Trofeo Pichichi“

Obwohl die Saison 1951/52 für Bilbao mit dem Gewinn der Vizemeisterschaft hinter dem FC Barcelona in die Annalen einging, hatte Telmo Zarra nur wenig Grund zum Feiern. Bis zur Partie am 25. November 1951 im San Mamés gegen Atlético Madrid war noch alles im Lot, was auch auf die 43. Minute zutraf, als Zarra mit seinem dritten Saisontreffer seine Farben mit 3:2 in Führung brachte. Zwar hieß es nach 90 Minuten sogar 7:3 für die Gastgeber, die allerdings für den Rest der Saison ohne ihren Toptorjäger auskommen mussten, da dieser sich bei einem bösen Zusammenprall mit Atlético-Schlussmann Montes eine schwere Beinverletzung zugezogen hatte.

Bei einem Zusammenprall mit dem gegnerischen Torhüter hatte sich Telmo Zarra im Heimspiel gegen Atlético Madrid am 25. November 1951 eine schwere Bein-verletzung zugezogen. Obwohl Zarra nach dem fälligen operativen Eingriff wieder vollständig gesund wurde, fiel er doch für den Rest der Saison aus. Selbst der Schiedsrichter sowie die gegnerischen Spieler waren von seiner Verletzung derart geschockt, dass sie mithalfen, Zarra vom Platz zu tragen.

Nach der Rückkehr ins Team fand Zarra sogleich wieder zu seiner altbewährten Stärke zurück und führte 1952/53 mit 24 Saisontreffern zum sechsten Mal die Torschützenliste an. Ein Novum war, dass er dafür mit der erstmals ausgelobten „Trofeo Pichichi“ ausgezeichnet wurde. Zweimal war ihm im Saisonverlauf ein Dreierpack gelungen. Zunächst im Dezember im mit 6:1 gewonnenen Heimspiel gegen CD Malaga und schließlich auch am 15. März 1953, als er im San Mamés gegen Real Valladolid (4:2) zwischen der 51. und 86. Minute einen lupenreinen Hattrick erzielte. Da es in der Liga wieder nur zum sechsten Platz gereicht hatte, lagen wie so oft alle Hoffnungen auf dem Pokalfinale, in das die Mannschaft nach einem hartumkämpften Semifinalduell mit Real Madrid (2:2, 2:1) eingezogen war. Hier allerdings setzte es gegen den FC Barcelona eine 1:2-Niederlage, wobei nicht Zarra, sondern Venancio eine Viertelstunde vor Schluss für den Anschlusstreffer der Rojiblancos gesorgt hatte.

Unter dem neuen Trainer Ferdinand Daucik büßte die lebende Legende in der kommenden Saison bald ihren Stammplatz ein. Telmo Zarra kam nur noch in fünf Begegnungen zum Einsatz, in denen ihm zwei Treffer gelangen. Auch in der Spielzeit 1954/55 absolvierte er nur noch sechs Spiele, das letzte am 3. April 1955 bei Hercules Alicante (2:3), ehe er sich für immer von den Rot-Weißen verabschiedete. Sein letztes von zwei Saisontoren war ihm am 26. September 1954 gelungen, als er Athletic Bilbao beim 2:2 gegen Celta de Vigo in der 18. Minute in Führung gebracht hatte. Somit verpasste Zarra auch das Pokalendspiel gegen den FC Sevilla, das Bilbao dank eines Treffers von Uribe mit 1:0 für sich entschied. Nachfolger auf der Position des Mittelstürmers wurde Eneko Arieta, der in 302 Ligaspielen bis 1966 insgesamt 107 Tore erzielen sollte und mit dem sich 1955/56 der Athletic Club zum sechsten Mal die Meisterschaft sicherte.

Zu diesem Zeitpunkt ging Telmo Zarra für die Sociedad Deportiva Indautxu auf Torejagd, die gerade erst aus der dritten in die zweite Liga aufgestiegen war. Der in Bilbao ansässige Verein hatte die Saison zu einer Art Ehemaligentreffen umfunktioniert, da neben Zarra auch José Panizo aus dem einstigen Traumsturm von Athletic Bilbao verpflichtet worden war, derweil Rafael Iriondo als Trainer fungierte und den Aufsteiger auf Rang acht zum Klassenerhalt führte. Da Zarra in 17 Einsätzen aber nur drei Tore gelungen waren, wurde er zur Spielzeit 1956/57 an CF Barakaldo weitergereicht, wo er nach dem Abstieg in die Drittklassigkeit und nur einem Treffer in sieben Spielen mit 36 Jahren seine Karriere beendete.

Nachdem Telmo Zarra 1952/53 mit 24 Treffern zum sechsten Mal in seiner Laufbahn die Torschützenliste der Primera División angeführt hatte, bekam er als erster Spieler überhaupt die neu gestiftete „Trofeo Pichichi“ überreicht.

Verspätetes Abschiedsspiel

Telmo Zarra blieb Bilbao zeitlebens treu und eröffnete dort gleich nach seinem Rückzug vom aktiven Fußball ein Sportartikelgeschäft. Wenngleich sein Interesse weiterhin dem runden Leder galt, fand er nun auch Zeit, um sich seiner zweiten großen Lieblingssportart Pelota zu widmen, die sich im Baskenland seit jeher großer Beliebtheit erfreut.

Trotz seiner Verdienste war ihm nach dem Rücktritt vom Athletic Club ein Abschiedsspiel verwehrt worden, obwohl dies vertraglich vereinbart gewesen war. Auf dieses Versäumnis wurde im Jahr 1997 der damalige Vereinspräsident José Maria Arrate aufmerksam, als er sich mit der Klublegende zu einem zwanglosen Gespräch in einem Restaurant getroffen hatte. Arrate setzte alle Hebel in Bewegung, damit am 17. August im San Mamés die aktuelle Mannschaft der Rojiblancos gegen ein von Nationaltrainer Javier Clemente betreutes Auswahlteam der Primera División antreten konnte. Doch nicht nur die Stars der Gegenwart hatten sich zu Ehren des besten spanischen Torschützen aller Zeiten in Bilbao eingefunden. Auch Weggefährten wie Rafael Iriondo, José Maguregui, Alfredo di Stefano oder Ladislao Kubala hatten ihr Kommen zugesagt, derweil sich Telmo Zarra besonders über das Erscheinen des englischen WM-Keepers von 1950, Bert Williams, freute, gegen den er im Maracana für die spanische Nationalelf einen der wichtigsten Treffer seiner Karriere erzielt hatte.

Am 23. Februar 2006 erlag Telmo Zarra im Alter von 85 Jahren den Folgen eines Schlaganfalls. Einen Tag vor seiner Beerdigung am 27. Februar stand beim Ligaspiel gegen den FC Villarreal im San Mamés die verstorbene Vereinslegende im Mittelpunkt. Während die Mannschaft mit Trauerflor spielte, wurde vor dem Anpfiff nach einer Schweigeminute die Klubhymne intoniert. Aber auch in den meisten anderen Stadien der Primera División hielten die Teams eine Schweigeminute im Gedenken an Telmo Zarra ab, dem zu Ehren wenig später die „Trofeo Zarra“ gestiftet wurde, die seit 2006 der beste einheimische Goalgetter überreicht bekommt.

► ZAHLEN UND FAKTEN

Vereine:	1939-1940	SD Erandio
	1940-1955	Athletic Bilbao
	1955-1956	SD Indautxu
	1956-1957	CF Barakaldo

Tore:	277 Spiele Primera División (251 Tore)
	33 Spiele Segunda División (16 Tore)
	74 Spiele Copa del Rey (81 Tore)
	3 spanische Supercupspiele (5 Tore)
	20 Länderspiele (20 Tore)
	1 Spiel Vizcaya-Auswahl (7 Tore)
gesamt	408 Pflichtspiele (380 Tore)

Erfolge: Spanischer Meister 1943
Spanischer Pokalsieger
1943, 1944, 1945, 1950, 1955
Spanischer Supercupsieger 1950

Spanischer Torschützenkönig
1945, 1946, 1947, 1950, 1951, 1953

In der Nationalmannschaft:

Mit seinen 20 Länderspieltreffern in ebenso vielen Einsätzen belegt Telmo Zarra in der ewigen Bestenliste heute immerhin noch den zehnten Rang. Zwar wird er von Toptorjäger David Villa mit bis dato 56 Torerfolgen genau wie vom zweitplatzierten Raul (44 Treffer) klar in den Schatten gestellt. Doch während Zarra im Schnitt pro Länderspiel für einen Treffer gut gewesen ist, benötigten David Villa (92) und Raul (102) entschieden mehr Einsätze, um auf ihre Trefferquote zu gelangen.

Der baskische Mittelstürmer befand sich gerade auf dem besten Weg, in der Spielzeit 1944/45 erstmals zum Torschützenkönig der Primera División zu avancieren, als ihn Nationaltrainer Jacinto Quincoces am 11. März 1945 zu seinem Länderspieldebüt gegen Portugal verhalf, das in Lissabon mit einem 2:2-Unentschieden in die Annalen einging. Auch beim nächsten iberischen Bruderkampf, der am 6. Mai desselben Jahres in La Coruña über die Bühne ging, war Zarra mit von der Partie, wobei er im La Riazor seine ersten beiden Länderspieltreffer erzielen konnte. Da der Baske auch in den kommenden zwei Spielzeiten die Torjägerliste anführte, kam er auch im einzigen Länderspiel des Jahres 1946 in Madrid gegen Irland (0:1) sowie 1947 in Portugal (1:4) und Irland (2:3) zum Einsatz, um in Dublin einen weiteren Doppelpack zu schnüren. Nach einer verletzungsbedingten Pause 1948 bestritt Zarra im kommenden Jahr vier Partien für die Furia Roja, in denen er mit drei Treffern seine Torgefahr unter Beweis stellte. Während er am 20. März seinem Team in Portugal ein 1:1 rettete, war er am 12. Juni mit zwei Torerfolgen maßgeblich am 4:1-Sieg über Irland beteiligt.

Im WM-Qualifikationsspiel am 2. April 1950 bringt Telmo Zarra Spanien gegen Portugal im Estadio Chamartin in der 11. Minute mit 1:0 in Führung. Dank eines deutlichen 5:1-Sieges ist die Furia Roja so gut wie sicher für die bevorstehende Endrunde in Brasilien qualifiziert.

Weltmeisterlicher Auftritt am Zuckerhut

Um sich für die erste Weltmeisterschaft nach dem Zweiten Weltkrieg in Brasilien zu qualifizieren, mussten die Spanier Anfang April 1950 Nachbar Portugal eliminieren, was mit einem 5:1 in Madrid sowie einem 2:2 in Lissabon auch erwartet locker gelang. Vor 85.000 Zuschauern im Estadio Chamartin hatte Telmo Zarra seine Farben bereits nach elf Minuten in Führung gebracht, ehe er nach einer knappen Stunde auch den vierten spanischen Treffer besorgte. Und auch beim 2:2 von Lissabon war es ebenfalls der Mittelstürmer von Athletic Bilbao gewesen, der nach 24 Minuten den Torreigen eröffnet hatte.

Trotz der starken Auftritte in der WM-Qualifikation und obwohl Zarra in seinen bisherigen elf Länderspielen zehn Treffer erzielt hatte, war keinesfalls klar, dass er bei der Endrunde in Südamerika auch tatsächlich zur Stammformation zählen würde. Viele Experten forderten den Ein-

satz von Cesar Rodriguez vom FC Barcelona, ehe Nationaltrainer Guillermo Eizaguirre ein Machtwort sprach und den Basken im ersten Gruppenspiel in Curitiba gegen die USA auflaufen ließ.
Neben Zarra standen mit Panizo und Mannschaftskapitän Gainza beim Anpfiff noch zwei weitere Mitglieder des Traumsturms aus Bilbao auf dem Platz, was freilich nichts daran änderte, dass sich die favorisierten Europäer gegen die US-Boys außerordentlich schwer taten und seit der 18. Minute nach einem Gegentor von Souza mit 0:1 zurücklagen. Lange roch es nach einer faustdicken Überraschung, ehe sich in den letzten zehn Minuten das Blatt doch noch wenden sollte und Spanien durch Treffer von Igoa (81.), Basora (82.) und schließlich auch Zarra (85.) zu einem schmeichelhaften 3:1-Sieg kam.

Seinen wichtigsten von insgesamt 20 Treffern im Nationaltrikot erzielte Zarra am 2. Juli 1950 in der 49. Minute des WM-Gruppenspiels gegen England. Durch den 1:0-Sieg hatte sich Spanien für die Finalrunde qualifiziert.

Vier Tage nach dem Auftakterfolg trafen die Iberer am 29. Juni auf Chile, wobei sich in der Riesenschüssel Maracana gerade einmal 19.790 Zuschauer verloren. Zwar gewann Spanien die Begegnung am Ende standesgemäß mit 2:0. Und auch Telmo Zarra hatte mit seinem Treffer aus der 35. Minute sein Soll erfüllt. Wirklich geglänzt hatten die Schützlinge von Guillermo Eizaguirre aber wieder nicht, was allerdings nichts daran änderte, dass diese von der Fachpresse bald darauf zum Topfavorit auf den Gruppensieg gekürt wurden, da der nächste Gegner England wenige Stunden später in Belo Horizonte jene denkwürdige 0:1-Pleite gegen die USA kassierte, die das Mutterland des Fußballs in eine tiefe Sinnkrise stürzte.

Zarra stößt England ins Grab

Das entscheidende Spiel um den Gruppensieg am 2. Juli in Rio de Janeiro wollten diesmal fast 74.500 Zuschauer verfolgen, die eine äußerst beherzt auftretende englische Mannschaft zu sehen bekamen, die auf regennassem Geläuf im Maracana lange das Tempo vorgab. Während die Sturmreihe mit Matthews, Mortensen und Finney die spanische Deckung permanent beschäftigte, wurde Mittelstürmer Telmo Zarra vom englischen Drittverteidiger Hughes nicht aus den Augen gelassen. Dennoch retteten die Spanier ein 0:0 in die Pause, bevor sie vier Minuten nach dem Wiederanpfiff zum entscheidenden Gegenschlag ausholten: Verteidiger Alonzo setzte mit einer präzisen Steilvorlage den lauernden Zarra in Szene, der für einmal seinen ständigen Schatten Lawrence Hughes abschüttelte und frei vor dem englischen Schlussmann Bert Williams auftauchte, dem er aus kurzer Distanz den entscheidenden Treffer des Tages in die Maschen setzte. Obwohl die Engländer anschließend mit wütenden Gegenangriffen reagierten, die in einem Lattenkracher Mortensens gipfelten, blieb es beim 1:0 für Spanien, was der „Daily Herald“ mit treffend britischem Humor kommentierte. In einer schwarzumrandeten Todesanzeige war zu lesen: „Am 2. Juli 1950 entschlief in Rio der englische Fußball, tief betrauert von einem großen Kreis betrübter Freunde und Bekannter. Wir werden seiner in Anhänglichkeit gedenken. Die sterblichen Überreste werden eingeäschert und nach Spanien überführt.“
Während man im Fußball-Mutterland damit beschäftigt war, seine Wunden zu lecken, startete die Furia Roja mit einem 2:2-Remis gegen Uruguay in die Finalrunde der besten vier Mannschaften, bei dem England-Killer Zarra erstmals ohne Torerfolg blieb. Böse unter die Räder geriet die Mannschaft gegen Gastgeber Brasilien, dem sie am 13. Juli in Rio de Janeiro mit 1:6 unterlag. Igoa hatte in der 71. Minute für den Ehrentreffer gesorgt. Nachdem auch das letzte Spiel gegen Schweden in São Paulo mit einer 1:3-Niederlage geendet hatte, mussten sich die Iberer schließlich mit dem vierten Platz begnügen. Immerhin hatten die Titelkämpfe für Telmo Zarra mit dessen viertem Endrundentreffer acht Minuten vor Schluss einen versöhnlichen Ausgang genommen. Hinter dem Brasilianer Ademir (8 Tore) sowie Miguez von Weltmeister Uruguay (5) belegte er gleichauf mit zwei weiteren Spielern in der Torschützenliste den dritten Platz.
Nach der WM-Teilnahme in Brasilien absolvierte Zarra in der ersten Jahreshälfte 1951 die letzten drei Länderspiele. Dabei erlebte er am 18. Februar gegen die Schweiz einen weiteren Höhepunkt, als ihm beim 6:3-Erfolg in Madrid gleich vier Treffer gelangen. Zwei Tore konnte er auch beim 3:3-Unentschieden am 10. Juni in Brüssel gegen Belgien (3:3) erzielen, während er in seinem letzten Länderkampf sieben Tage später gegen Schweden (0:0) ohne Torerfolg blieb, obwohl er im Austragungsort Stockholm vor dem Anpfiff dank seiner Kopfballstärke auf zahlreichen Werbeplakaten noch als „bester Kopf Europas nach Churchill“ gepriesen wurde. Wegen eines im November 1951 erlittenen Beinbruchs im Ligaspiel gegen Atlético Madrid ging Telmo Zarras Karriere in der spanischen Nationalmannschaft danach auf abrupte Weise zu Ende.

Saison	Lsp.		Liga		Pokal	
	Sp.	T.	Sp.	T.	Sp.	T.
1939/40			14	12		
1949/41			8	6	0	0
1941/42			20	15	8	11
1942/43			17	17	8	8
1943/44			21	12	10	10
1944/45	2	2	26	20	9	14
1945/46	1	0	18	24	2	0
1946/47	2	2	24	33	6	3
1947/48			16	9	0	0
1948/49	4	3	26	22	10	9
1949/50	8	7	26	24	7	13
1950/51	3	6	30	38	6	8
1951/52			5	3	0	0
1952/53			29	24	7	5
1953/54			5	2	1	0
1954/55			6	2	0	0
1955/56			14	3		
1956/57			7	1		

Zico
„Weißer Pele" ohne WM-Krone

Artur Antunes Coimbra erblickte am 3. März 1953 im Norden von Rio de Janeiro, im Stadtteil Quintino Bocaiuva, als jüngstes von sechs Geschwistern das Licht der Welt. Bei einer Körpergröße von 1,72 Meter war er von eher schmächtiger Statur. Dafür verfügte er über eine hervorragende Technik, die ihn zu einem der besten Offensivspieler seiner Zeit machte. Besonders gefürchtet war Zico als Freistoßspezialist, wobei er sich in zahlreichen Zusatzschichten mit Flamengos Konditionstrainer Francalacci alsbald auch das nötige Durchsetzungsvermögen aneignete. Von den Flamengo-Anhängern wurde der Regisseur dank seiner brillanten Spielweise sowie seiner eiskalten Vollstreckerqualitäten schnell der „Weiße Pele" gerufen, dem im Gegensatz zum richtigen Pele freilich die Karrierekrönung in der Nationalmannschaft fehlte. Dreimal nahm Zico mit der Seleção an Weltmeisterschaften teil. Zum Titelgewinn reichte es allerdings nie.

Dagegen konnte Zico mit seinem Verein Flamengo, dem er seit frühester Jugend angehörte, alle nur denkbaren Titel bejubeln: Viermal wurde er Brasilianischer Meister, sogar siebenmal Staatsmeister von Rio de Janeiro, derweil er 1981 sowohl die Copa Libertadores als auch den Weltpokal gewinnen konnte. Entsprechend liegen die Fans des beliebtesten brasilianischen Vereins ihrer „ewigen Nummer 10" bis heute zu Füßen. Den Kampfnamen Zico verdankt er im Übrigen seiner Cousine Ermelinda. Im Familienkreis wurde Artur Antunes Coimbra anfangs „Arturzinho" aber auch „Arthurzico" gerufen, ehe nur noch das Diminutiv „Zico" übrig blieb.

In der Jugend von Flamengo hatte Zico in 116 Einsätzen 81-mal ins Schwarze getroffen, als er im Jahr 1971 auch in die Erstligamannschaft berufen wurde. Im Campeonato Carioca gelang den Rubro-Negros ein 2:1-Sieg über Vasco da Gama, an dem auch Debütant Zico seinen Anteil besaß, nachdem er Fio Maravilha mit einem präzisen Zuspiel in Szene gesetzt hatte, so dass dieser zum Siegtreffer einnetzen konnte. Trotz des gelungenen Einstandes zählte Zico in den ersten drei Jahren seiner Karriere nur zu den Mitläufern. Nachdem ihm 1971 in 15 Einsätzen im Rahmen der Staatsmeisterschaft immerhin zwei Treffer gelungen waren, blieb er in der Saison darauf (die für Flamengo mit dem Titelgewinn von Rio endete) in nur vier Spielen torlos. Die Experten schrieben es vor allem Zicos schmächtiger Statur zu, dass dieser hinter den Erwartungen zurückblieb. Zico wurde schon als „Galinho de Quintino" (Hahn von Quintino) verspottet, bevor der Hänfling aus dem Norden von Rio im Spieljahr 1973 mit acht Torerfolgen in 35 Ligaspielen einen spürbaren Aufschwung erlebte.

Meister und Fußballer des Jahres

Der endgültige Durchbruch gelang Zico dann 1974, jenem Jahr in dem er erstmalig das Trikot mit der im Fußball so bedeutungsschwangeren Nummer 10 überstreifte. Mit 20 Toren in 31 Spielen führte er Flamengo zur Staatsmeisterschaft, um später sogar zu Brasiliens Fußballer des Jahres gewählt zu werden. Dass diese Auszeichnung dem 21-jährigen Youngster zugesprochen wurde, lag sicher auch daran, dass die Seleção bei der Weltmeisterschaft 1974 hinter den Erwartungen zurückgeblieben war und man am Zuckerhut nach neuen Hoffnungsträgern Ausschau hielt. Damit ist freilich nicht gemeint, dass Zico diese nicht verdient gehabt hätte. Im Gegenteil: Schon im kommenden Jahr unterstrich er seine Qualitäten, als er mit 30 Treffern erstmals zum Torschützenkönig von Rio avancierte. Dabei hatte Zico übrigens zusammen mit seinem sechs Jahre älteren Bruder Edu im Flamengo-Team gestanden, für das Eduardo Antunes Coimbra auch noch in der Spielzeit 1976 aktiv war. Ein gemeinsamer Meistertitel blieb Zico und Edu allerdings verwehrt. Denn sowohl 1975 als auch 1976 führte kein Weg vorbei am ungeliebten Rivalen Fluminense, der angeführt von Rivelino zweimal in Folge an der Spitze des Campeonato Carioca rangierte. Auch im Spieljahr 1977 – Edu hatte den Verein inzwischen wieder verlassen – musste sich Fla in der Staatsmeisterschaft geschlagen geben und diesmal Vasco da Gama den Vortritt gewähren. Dies jedoch ausgesprochen unglücklich, da das Endspiel gegen die Vascainos (mit Roberto Dinamite) erst im Elfmeterschießen verloren gegangen war. Immerhin konnte sich Zico damit trösten, mit 27 Treffern zum zweiten Mal an der Spitze der Torjägerliste gestanden zu haben, um später sogar zu Südamerikas Fußballer des Jahres gekürt zu werden.

Flamengo und die „Ära Zico"

Ab der Spielzeit 1978 stand Zico dann endgültig im Zenit seiner Karriere. Der beidfüßig starke Regisseur war zumeist nur durch Fouls zu bremsen und stieg bei den Rubro-Negros zur Legende auf, die er zunächst zu drei Staatsmeisterschaften in Folge führte. Nachdem Fla schon 1978 reüssiert hatte, gingen auch die beiden Titel des Jahres 1979 an den Rekordmeister, der in Zico auch jeweils den besten Torschützen stellte. Der einst so schmächtige „Galinho de Quintino" trat vor dem gegnerischen Tor inzwischen wie ein Raubvogel auf und ließ 19 Treffern im Jahr 1978 bei den zwei nächsten Austragungen 26 bzw. 34 Tore folgen. 1979 war es deshalb zu zwei Meisterschaften gekommen, weil der bisherige Bundesstaat Guanabara (der das eigentliche Stadtgebiet von Rio umfasste) mit dem bis dahin eigenständigen Umland zum neuen Bundesstaat Rio de Janeiro zusammengeschlossen worden war. Während die Mannschaften aus dem Umland der alten Hauptstadt bis 1978 ihren Meister im Campeonato Fluminense ermittelt hatten, kickten die Vereine aus Rio selbst in einer eigenen Liga, die Flamengo bei der letzten Austragung im Jahr 1979 vor Vasco da Gama anführte. Im anschließenden Campeonato Especial (an dem erstmals auch die Klubs aus dem Umland beteiligt waren) untermauerten Zico & Co. ihre Vormachtstellung und verwiesen Fluminense, Vasco und Botafogo auf die Plätze. Der Zieleinlauf hatte gezeigt, dass die Traditionsvereine auch in der großräumigeren Liga weiterhin klar den Ton angaben. Die Vertreter des untergegangenen Campeonato Fluminense spielten erwartungsgemäß nur die zweite Geige, so wie beispielsweise der FC Goytacaz, der nur deswegen in die Schlagzeilen geriet, weil Zico gegen die Blau-Weißen den 245. Treffer seiner Laufbahn erzielen konnte, womit er den bisherigen Rekordhalter Dida als ewigen Toptorjäger der Vereinsgeschichte hinter sich gelassen hatte.

Nach drei Staatsmeisterschaften in Serie musste sich Flamengo 1980 mit dem dritten Platz hinter Vasco und Fluminense begnügen. Umso motivierter gingen die Schützlinge von Trainer Claudio Coutinho ins Rennen um die seit 1967 ausgespielte Landesmeisterschaft, welche die Rot-Schwarzen noch nie gewonnen hatten. Durch zwei Siege über Coritiba (2:0, 4:3) drangen sie diesmal in die Endspiele vor, wo sie auf Atletico Mineiro aus Belo Horizonte trafen. Auch der Finalgegner verfügte in den Nationalspielern Reinaldo, Cerezo und Eder gleich über mehrere aktuelle Topstars des brasilianischen Fußballs, so dass die Anhänger ein heißes Duell erwartete. Vor dem ersten Spiel in Belo Horizonte hatte sich Zico allerdings eine Verletzung zugezogen, weshalb Flamengo ohne ihn anreisen musste und nach einem Gegentreffer Reinaldos zu Beginn der zweiten Hälfte mit 0:1 verlor. Erst im Rückspiel, das am 1. Juni 1980 vor 154.000 Zuschauern im Maracana über die Bühne ging, konnte Claudio Coutinho wieder auf seinen Topstar zurückgreifen, der nicht nur das frühe Führungstor durch Nunes (7.) vorbereitete, sondern kurz vor der Pause auch selbst zum 2:1 traf. Zwar reichte es nach 90 Minuten nur zu einem knappen 3:2-Erfolg, welcher Flamengo jedoch zum Titelgewinn genügte, da im Fall von Torgleichheit das bessere Abschneiden im Halbfinale den Ausschlag gab.

► **EINWURF**
„Nur drei Menschen haben mit einer einzigen Bewegung das Maracana zum Schweigen gebracht: Frank Sinatra, Papst Johannes Paul II. und ich." So äußerte sich Alcides Ghiggia, der 1950 das kleine Uruguay mit seinem Treffer zum 2:1-Endstand gegen den haushohen Favoriten Brasilien in der Kultstätte des Fußballs zum zweiten WM-Titel geschossen hat. Weit weniger geschwiegen, als vielmehr gejubelt haben die Zuschauer in der anstelle einer Pferderennbahn errichten Riesenschüssel bei den Auftritten von Flamengos Zico. Die eigentliche Heimat der Rubro-Negros ist das Estadio da Gavea. Da dieses jedoch kaum 10.000 Zuschauer fasst, trägt Fla seine Spiele zumeist im Maracana aus, weshalb auch Zico einen Großteil seiner Tore im brasilianischen Nationalstadion erzielt hat. 333 waren es, um genau zu sein, womit er in seinen 435 Spielen im Maracana so häufig getroffen hat wie kein Zweiter.

Gipfelsturm

Die Spielzeit 1981 bescherte Zico und Flamengo dann wieder den Gewinn der Staatsmeisterschaft, was freilich einen Schuss Tragik bekam, nachdem Trainer Claudio Coutinho kurz vor dem entscheidenden Spiel gegen Vasco da Gama bei einem Tauchunfall im Alter von 42 Jahren ums Leben gekommen war. Für die Mannschaft ein Grund mehr, sich in der Copa Libertadores so richtig reinzuhängen. Flamengo, das den „Pokal der Befreier" noch nie gewonnen hatte, drang unter seinem neuen Trainer Paulo Cesar Carpegiani auch tatsächlich bis in die Endspiele vor, wo mit dem chilenischen Team CD Cobreloa ein machbarer Gegner wartete. Vor 94.000 Zuschauern im Maracana starteten die Rot-Schwarzen im Hinspiel wie die Feuerwehr und lagen nach einer halben Stunde durch zwei Tore des alles überragenden Zico mit 2:0 vorne. Nach dem Seitenwechsel fingen sich die Brasilianer aber einen Gegentreffer durch Merello (65.) ein, womit das Duell vor dem Rückkampf im Estadio Nacional von Santiago de Chile wieder völlig offen war. Die Gastgeber kauften den Flamengo-Stars durch überhartes Einsteigen den Schneid ab und erzwangen ein Entscheidungsspiel, nachdem Victor Merello in der 79. Minute das Tor des Tages erzielt hatte. Am 23. November 1981 ließen die Brasilianer im Centenario-Stadion von Montevideo aber nichts anbrennen und gewannen hochverdient mit 2:0, wobei Zico mit seinen beiden Treffern aus der 18. und 79. Minute endgültig in den fußballerischen Adelsstand erhoben wurde.

Im Jahr 1981 gewann Zico mit Flamengo Rio de Janeiro die Copa Libertadores.

Damit aber nicht genug: Im Weltpokal schlug Flamengo in Tokio den FC Liverpool klar mit 3:0, was nicht nur von der Höhe des Resultats als große Sensation betrachtet wurde, waren die Reds in den acht vorangegangen Jahren doch nicht weniger als fünfmal Meister geworden und hatten darüber hinaus einmal den UEFA-Cup sowie dreimal den Europacup der Landesmeister gewonnen. Natürlich war der Erfolg der Südamerikaner nicht zuletzt auf deren Kapitän Zico zurückzuführen, der selbst zwar keinen Treffer erzielt hatte, dafür aber an allen drei Toren beteiligt war. Das Endresultat stand bereits nach 41 Minuten fest, als Liverpools Keeper Grobbelaar einen Zico-Freistoß vor die Füße von Nunes abprallen ließ, der zum 3:0 einnetzte.

Zico, der nach dem Schlusspfiff zum Spieler des Spiels und später zum zweiten Mal nach 1977 zu Südamerikas Fußballer des Jahres gekürt wurde, durfte sich auch der Wertschätzung von Liverpool-Trainer Bob Paisley sicher sein, was dieser freilich etwas verklausuliert zu Protokoll gab. „Flamengo spielt scheinbar ein anderes Spiel, das verboten werden sollte", so sehr sah er seine Reds von Zico & Co. schwindlig gespielt. Auch sonst besaß der Weltpokaltriumph der Rot-Schwarzen historischen Charakter, da diese erst als zweites brasilianisches Team nach dem FC Santos (1962 und 1963) den nominell wichtigsten Titel im Vereinsfußball gewonnen hatten.

Den einzigen Titel, den Flamengo im Spieljahr 1981 somit nicht errungen hatte, war jener in der Landesmeisterschaft, wofür sich die Mannschaft 1982 rehabilitierte. Im Finale traf diese im April (und damit kurz vor der WM in Spanien) auf Gremio Porto Alegre, wobei sie im Hinspiel im Maracana nur deshalb einer Niederlage entging, weil Zico in den Schlussminuten noch den 1:1-Ausgleich erzielte. Nach einem torlosen Remis in Porto Alegre musste die Entscheidung in einem dritten Duell fallen, wo Fla durch einen Treffer in der 10. Minute – Nunes hatte auf Vorlage von Zico getroffen – mit 1:0 reüssierte. Der „Weiße Pele" hatte sich mit 21 Treffern auch die Torjägerkanone in der Brasileirão gesichert, so dass er mit 29 Jahren vor der WM in Spanien als einer der kommenden Superstars gehandelt wurde. Wenngleich sich die Seleção in der Zwischenrunde verabschieden musste, tat dies der Wertschätzung für Zico keinen Abbruch, da dieser zum dritten Mal als Südamerikas und zum zweiten Mal als Brasiliens Fußballer des Jahres ausgezeichnet wurde.

Zico – oder lieber zurück nach Österreich

Weniger gut war es hingegen in der Copa Libertadores gelaufen, wo der Titelverteidiger in der Zwischenrunde am kommenden Sieger Peñarol Montevideo scheiterte. Die vorerst letzten Begegnungen in seiner Heimat sollte Zico im Frühjahr 1983 absolvieren. In der brasilianischen Landesmeisterschaft gelangen ihm in 25 Einsätzen 17 Tore, die Flamengo zur erfolgreichen Titelverteidigung verhalfen, nachdem der FC Santos in den Endspielen bezwungen werden konnte. Die knappe 1:2-Niederlage in Santos machten die Rot-Schwarzen durch einen klaren 3:0-Erfolg im Rückspiel wett, den Zico vor 155.000 Zuschauern im Maracana mit seinem Treffer in der 1. Minute eingeleitet hatte. Für den „Weißen Pele“ stellte der dritte Erfolg in der Brasileirão den richtigen Moment dar, um sich mit inzwischen 30 Jahren in Richtung Europa zu verabschieden, wo besonders die Vereine der italienischen Serie A mit üppigen Gagen lockten.

► EINWURF
Mit insgesamt 508 Toren in Pflicht- und Freundschaftsspielen führt Zico gegenwärtig ausgesprochen deutlich die ewige Torschützenliste bei Flamengo Rio de Janeiro an, während ihm mit Dida (244 Tore) und Henrique (214) zwei Spieler aus den fünfziger Jahren am nächsten kommen. Rekordspieler von Flamengo ist dagegen sein langjähriger Teamgefährte Junior, der zwischen 1974 und 1984 in 857 Spielen zum Einsatz gekommen ist. Schon auf dem zweiten Platz folgt Zico mit alles in allem 731 Begegnungen. Einen seiner denkwürdigsten Tage im rot-schwarzen Flamengo-Trikot erlebte der „Weiße Pele“ am 29. März 1979, als er im Maracana beim 7:1 im Ligaspiel gegen den FC Goycataz gleich sechs Tore erzielen konnte.

Sämtliche Spitzenklubs wie Juventus Turin oder der amtierende Champion AS Rom waren an der Verpflichtung Zicos interessiert, so dass es nicht wenig überraschte, als schlussendlich mit Udinese Calcio ein Underdog den Zuschlag bekam. Lange schien der Transfer an der Höhe der Ablösesumme zu scheitern, was die Anhänger des kleinen Vereins aus der im äußersten Nordosten Italiens gelegenen Region Friaul-Julisch Venetien auf den Plan rief. Diese forderten den Klubvorstand mit der Parole „Entweder Zico oder lieber zurück nach Österreich“ heraus, womit sie auf jene Zeit anspielten, als Udine noch Teil der K.u.k.-Monarchie war. Nachdem sogar Staatspräsident Sandro Pertini interveniert hatte, kam der Wechsel endlich zustande, wobei Zico im Friaul tatsächlich ein Empfang wie einst dem Kaiser von Österreich bereitet wurde.
Der Brasilianer konnte die in ihn gesetzten Erwartungen vor allem in seiner ersten Serie-A-Saison erfüllen, in der die Mannschaft von Enzo Ferrari trainiert wurde. Auch wenn die Namensgleichheit mit dem Gründer der Scuderia Ferrari rein zufällig ist, drängte sich der Vergleich mit der legendären Automarke geradezu auf. Nicht wenige vertraten die Ansicht, die Verpflichtung von Zico durch Udinese Calcio sei dem Einbau eines Ferrari-Motors in einen VW-Käfer gleichgekommen, da Zico in einer Mannschaft der (fast) Namenslosen der unangefochtene Superstar war. Neben Zico besaßen allenfalls noch dessen Landsmann Edinho (auf der Verteidigerposition) sowie Franco Causio internationales Format, der 1982 mit Italien den WM-Titel gewonnen hatte und nun mit dem „Weißen Pele“ das Mittelfeldtandem bildete. Dabei war Causio freilich der Arbeiter, derweil Zico für die Geniestreiche verantwortlich zeichnete. So wie am 6. November 1983, als der Brasilianer Udinese mit seinem Treffer zum 1:0-Sieg über Titelverteidiger AS Rom schoss, womit die Lupi zum ersten Mal überhaupt in einem Ligaspiel in Udine als Verlierer vom Platz gingen. Legendär auch sein Fallrückzieher am 8. Januar 1984 im San-Siro-Stadion gegen AC Mailand, mit dem er seinen Farben ein 3:3-Unentschieden rettete. Am Ende der Saison 1983/84 überquerte Udinese Calcio die Ziellinie als Neunter und lag dabei nur vier Zähler hinter den UEFA-Cup-Rängen, was in Anbetracht des durchschnittlich besetzten Kaders fraglos als Erfolg zu werten war. Zico, der auch in der Serie A als Spezialist spektakulärer Freistoßtore in Erscheinung trat, hatte insgesamt 19 Ligatreffer erzielt, mit denen er hinter Michel Platini (20) den zweiten Platz in der Torjägerliste belegte. Ohne eine im Freundschaftsspiel gegen Brescia Calcio erlittene Verletzung und die daran anschließende sechswöchige Zwangspause, hätte er den Franzosen vermutlich sogar klar überflügelt.
Weniger erfreulich verlief für Zico hingegen die Saison 1984/85, als er selbst in 15 Einsätzen nur noch drei Tore erzielte und Udinese Calcio auf dem zwölften Platz nur knapp dem Abstieg entging. Schnell wurde über eine Rückkehr zu seinem Heimatverein Flamengo diskutiert, die im Sommer 1985 dann auch wenig überraschend zustande kam. Bei den Tifosi im Friaul blieb der brasilianische Freistoßkünstler dennoch unvergessen. Bis heute gilt er als der beste Spieler der Vereinsgeschichte, womit es auch nicht verwundert, dass Zico im November 2009 zum Ehrenbürger von Udine ernannt wurde.

Rückkehr zu Flamengo

Am 14. Juli 1985 kam der 32-Jährige zu seinem Comeback im Flamengo-Trikot, um auf Anhieb wieder einen Treffer zum 3:0-Sieg über EC Bahia beizutragen. Nur wenig später war Zico in der Partie gegen AC Bangu von seinem Gegenspieler Marcio Nunes jedoch derart böse gefoult worden, dass seine Karriere vorzeitig beendet schien. In der Folge musste er sich drei Operationen unterziehen, wobei sein linkes Bein verkürzt bleiben sollte. Zeitweilig dachte Zico sogar darüber nach, aufzugeben und seine Laufbahn zu beenden. Da im Jahr darauf jedoch die Weltmeisterschaft in Mexiko auf dem Programm stand, schindete er sich täglich acht Stunden im Kraftraum, um im Februar 1986 wieder auf den Fußballplatz zurückzukehren.

► EINWURF
Tor ist nicht gleich Tor. Natürlich spielt es eine Rolle, ob ein Treffer lediglich den Schlusspunkt unter einen Kantersieg setzt oder etwa in letzter Minute einen 1:0-Erfolg besiegelt. Und selbstverständlich bleiben die Torschützen in einem WM-Endspiel nachhaltiger in Erinnerung als jene in einem x-beliebigen Freundschaftsspiel in der Saisonvorbereitung. Und dann gibt es natürlich noch die ganz besonderen Spiele, wie die Stadtderbys von Rio de Janeiro zwischen Flamengo und Fluminense, die Jahr für Jahr vor allem die Anhänger der jeweiligen Klubs elektrisieren. Zico nimmt in der Historie „Fla gegen Flu“ eine besonders exponierte Stellung ein, weil im Duell der beiden Erzrivalen keiner öfter getroffen hat als er. Insgesamt 19-mal hat der „Weiße Pele“ gegen Fluminense eingenetzt, was ihn in den Augen seiner Fans noch ein wenig unsterblicher macht.

Dabei sollten die Flamengo-Fans ein echtes Fußballfest geboten bekommen. Nicht nur, dass der „Weiße Pele“ ausgerechnet im brisanten Stadtderby gegen Fluminense sein Comeback gab. Erstmals streifte auch dessen Nationalmannschaftskollege Socrates das Trikot der Rubro-Negros über, so dass die Zuschauer in Scharen ins Maracana strömten, wo sie einen fulminanten 4:1-Erfolg zu sehen bekamen, bei dem Zico drei Treffer markiert hatte. Alles in allem vermochte dieser nach seiner schweren Verletzung freilich nicht mehr ganz an die Leistungen früherer Tage anzuknüpfen. In der Spielzeit 1987 sollte Zico mit dem Gewinn der Brasileirão den letzten großen Titel seiner Karriere feiern. Das Team von Trainer Carlinhos bestand inzwischen aus einer Mischung altgedienter Haudegen wie Kapitän Zico und den beiden Verteidigern Leandro und Edinho sowie einer Reihe junger

Hoffnungsträger wie Jorghino, Renato oder Bebeto, wobei Letzterer in den beiden Endspielen gegen Internacional Porto Alegre über sich hinauswuchs und sowohl beim 1:1 in der Fremde als auch beim 1:0 im Maracana für Flamengo traf.
Letztmals sollte Zico das Trikot seines Lieblingsklubs im Spieljahr 1989 überstreifen, wobei er in 19 Ligaspielen viermal ins Schwarze traf. Auch im erstmals nach 21 Jahren wieder ausgetragenen Landespokal kam er siebenmal zum Einsatz und erzielte dabei drei Tore. Flamengo drang immerhin bis ins Halbfinale vor, wo sich die Mannschaft dem späteren Pokalsieger Gremio Porto Alegre nach einem 2:2 im Maracana im Rückspiel jedoch deutlich mit 1:6 geschlagen geben musste. Im Dezember bestritt Zico gegen Fluminense sein vorläufiges Abschiedsspiel, das mit einem 5:0-Sieg in die Annalen einging. Er selbst hatte dabei das 1:0 erzielt und auch sonst wie zu Glanzzeiten brilliert und sich damit auf höchstem Niveau von der großen Fußballbühne verabschiedet.

Comeback in Fernost

Vorerst zumindest! Der seit 1975 mit Sandra Carvalho de Sa verheiratete Vater dreier Söhne (Arthur, Bruno und Thiago) schlug zunächst eine politische Karriere ein und wurde 1990 vom neu gewählten Staatspräsidenten Fernando Collor de Mello als Sport-minister ins Kabinett berufen. Zico *(Bild links)* sollte bereits Mitte des Jahres 1991 wieder auf den grünen Rasen zurück kehren: Der brasilianische Altstar heuerte beim japanischen Zweitligaverein Sumitomo Metals an, der das Ziel verfolgte, sich für die im nächsten Jahr startende J. League zu qualifizieren. Der Werksklub aus der Hafenstadt Kashima in der Präfektur Ibaraki beendete die Saison 1991/92 als Tabellenzweiter und durfte damit an der neuen Spielklasse teilnehmen, die dem Fußball im Land der aufgehenden Sonne endlich zum Aufschwung verhelfen sollte. Nachdem Zico schon in seiner Premierensaison überzeugt hatte und mit 21 Treffern zum Torschützenkönig avanciert war, erwies er sich auch im ersten J. League-Jahr als Stütze seines Teams, das sich 1993 als Staffelsieger sogar für die Endspiele qualifizierte. Erst hier musste man sich Verdy Kawasaki mit 0:2 und 1:1 geschlagen geben. Für die Kashima Antlers – so der neue Vereinsname – ging Zico auch im Spieljahr 1994 auf Torejagd, um nach insgesamt 45 Ligaeinsätzen und 35 Treffern in Japan die Fußballschuhe endgültig an den Nagel zu hängen.

Erfolgreiche Trainerkarriere

Auch als Enddreißiger hatte es Zico den Jungen noch einmal so richtig gezeigt. Im Jahr 1992 war ihm zum Beispiel in zehn aufeinander folgenden Spielen jeweils mindestens ein Torerfolg gelungen, was im Land der aufgehenden Sonne einen nie da gewesenen Rekord darstellte. In praktischer Hinsicht hatte es Zico fraglos also immer noch drauf. Dass er aber auch theoretisch sein fußballerisches Know-how vermitteln konnte, sollte er in den nächsten Jahren ebenfalls durchaus eindrucksvoll unter Beweis stellen. Zunächst gab er sein Wissen freilich eher im Verborgenen weiter, indem er im Laufe des Jahres 1995 einen Job als Berater der Kashima Antlers antrat und ab 1996 eine Fußballschule in Rio de Janeiro leitete.
Nach der Weltmeisterschaft 2002 wurde der Brasilianer als japanischer Nationaltrainer engagiert, womit er wieder auf die große Bühne zurückkehrte. Trotz mangelnder Trainererfahrung und fehlender Sprachkenntnisse besaß er in Japan immer noch einen ausgezeichneten Ruf, der nach einem wenig berauschenden Start in die WM-Qualifikation Anfang 2004 jedoch erheblich ins Wanken geriet. Zudem hatte Zico mit Disziplinlosigkeiten seiner Spieler zu kämpfen, von denen er einige nach einem öffentlich gemachten Saufgelage suspendierte. Das alles ließ die Stimmung gegen ihn umkippen. Zahlreiche Anhänger forderten vehement die Entlassung des einstigen Heilsbringers, dessen Kritiker bei der Asienmeisterschaft 2004 dann zum Schweigen gebracht wurden: Obwohl Zico mit Shunsuke Nakamura nur einen einzigen in Europa unter Vertrag stehenden Akteur nominiert hatte, gewannen die Japaner durch einen 3:1-Finalsieg über Gastgeber China ihren dritten Kontinentaltitel, den sie sich mit eher unbrasilianischem Ergebnisfußball gesichert hatten. Dennoch hatte Zico damit seinen Ruf als „Fußballgott" untermauert, so dass er Japan auch bei der WM 2006 in Deutschland betreuen durfte, für die sich seine Mannschaft souverän qualifiziert hatte. Nachdem Zico sich zunächst noch euphorisch zeigte („Es ist möglich, dass wir Weltmeister werden."), wurden die Japaner schon in der Gruppenphase entzaubert und mussten mit nur einem Punkt und 2:7 Toren die Heimreise antreten. Auch gegen Brasilien hatten die Schützlinge von Arthur Antunes Coimbra keine Chance gehabt, als sie am 22. Juni in Dortmund mit 1:4 unterlegen waren.
Danach kehrte Zico Japan den Rücken, um in den nächsten beiden Jahren erstmals als Vereinstrainer zu arbeiten. Dabei führte er Fenerbahce Istanbul 2006/07 auf Anhieb zum Meistertitel in der türkischen Süper Lig, um in der Spielzeit 2007/08 auch in der Champions League für Furore zu sorgen. Unter seiner Regie überstand Fenerbahce erstmals in der Klubgeschichte die Gruppenphase und schaffte mit einem Erfolg im Elfmeterschießen über den FC Sevilla gar den Sprung ins Viertelfinale, wo gegen den späteren Finalisten FC Chelsea (2:1, 0:2) Endstation war. Dennoch musste Zico nach zwei Jahren am Bosporus seine Zelte vorzeitig abbrechen. Eigentlich hatte der Brasilianer die Vorgaben von Vereinspräsident Aziz Yildirim erfüllt, der als oberstes Saisonziel das Überstehen der Champions-League-Vorrunde ausgegeben hatte. Da sich Fener in der Liga aber mit der Vizemeisterschaft begnügen musste, war mit Zico der übliche Verdächtige als Verantwortlicher für den „Misserfolg" schnell ausgemacht.
Danach heuerte Zico beim usbekischen Erstligisten Bunjodkor Taschkent an, dem er zum Doublegewinn verhalf. 2009 folgte ein Engagement bei ZSKA Moskau, wo sich der Brasilianer mit dem nationalen Pokal einen weiteren Titel sichern konnte. Im September wurde Zico wiederum der Stuhl vor die Tür gesetzt, was ihn jedoch nicht davon abhielt, bei Olympiakos Piräus auf einem weiteren Schleudersitz Platz zu nehmen. Auch mit den Griechen zog er in der Saison 2009/10 ins Achtelfinale der Champions League ein, um – Duplizität der Ereignisse – Anfang 2010 wegen Misserfolgs in der Liga abermals gefeuert zu werden. Nachdem Zico von August 2011 bis November 2012 als irakischer Nationaltrainer gearbeitet hatte, ist der heute 60-Jährige inzwischen im Management seines Heimatvereins Flamengo tätig.

► **ZAHLEN UND FAKTEN**

Vereine: 1971-1983 Flamengo Rio de Janeiro
1983-1985 Udinese Calcio
1985-1989 Flamengo Rio de Janeiro
1991-1994 Kashima Antlers

Tore: 249 brasilianische Erstligaspiele (135 Tore)
302 Staatsmeisterschafts-Spiele (247 Tore)
39 Serie-A-Spiele (22 Tore)
23 japanische Erstligaspiele (14 Tore)
22 japanische Zweitligaspiele (21 Tore)
7 Spiele Copa do Brasil (3 Tore)
14 Spiele Coppa Italia (8 Tore)
19 japanische Pokalspiele (10 Tore)
21 Spiele Copa Libertadortes (16 Tore)
1 Spiel Supercopa Libertadores (0 Tore)
1 Weltcupspiel (0 Tore)
72 Länderspiele (52 Tore)
gesamt 770 Pflichtspiele (528 Tore)

Erfolge: Brasilianischer Meister 1980, 1982, 1983, 1987
Staatsmeister Rio de Janeiro 1972, 1974, 1978, 1979, 1979 (especial), 1981, 1986
Sieger Copa Libertadores 1981
Weltcupsieger 1981

Brasilianischer Torschützenkönig 1980, 1982
Torschützenkönig Campeonato Carioca 1975, 1977, 1978, 1979, 1979 (especial), 1982
Weltfußballer des Jahres 1983
Südamerikas Fußballer des Jahres 1977, 1981, 1982
Brasiliens Fußballer des Jahres 1974, 1982

In der Nationalmannschaft:
„Wenn Brasilien 1982 [den WM-Titel] gewonnen hätte, hätte sich der Fußball verändert.“ Diese Ansicht vertrat der brasilianische Spielmacher Zico, nachdem die Seleção bei den Titelkämpfen in Spanien als haushoher Favorit am späteren Weltmeister Italien überraschend gescheitert war. Wie sehr hatte das als die „Fantastischen Vier“ bezeichnete Mittelfeld um Socrates, Falcão, Cerezo und Zico doch die Fachwelt mit zauberhaftem Fußball verzückt. Verlustpunktfrei war man durch die Vorrunde gekommen, hatte die Sowjets, Schottland und Neuseeland phasenweise an die Wand gespielt. Niemand sonst als die Brasilianer konnte den Titel gewinnen, nachdem diese auch zum Auftakt der Zwischenrunde Erzrivale Argentinien mit dem jungen Maradona 3:1 geschlagen hatten. Bis, ja bis die „Tragödie von Sarria“ alle Hoffnungen auf den vierten WM-Titel zunichte machte, womit der „Weiße Pele“ trotz der stärksten Mittelfeldformation aller Zeiten eben nicht in die Fußstapfen des echten Pele treten konnte und seine große Karriere ohne die erhoffte Krönung blieb.

Torraub gegen Schweden

Zu seiner ersten WM-Teilnahme war Zico bereits 1978 im Alter von 25 Jahren gekommen. Bis zu diesem Zeitpunkt hatte er 21 Länderspiele für die Seleção bestritten und 14 Treffer erzielt. Nachdem er in den ersten beiden Einsätzen gegen Uruguay und Argentinien (jeweils 2:1) im Februar 1976 erfolgreich gewesen war, bewies er auch in der Qualifikation für Argentinien Torjägerqualitäten, als ihm am 14. Juli 1977 beim 8:0 über Bolivien vier Treffer gelangen. Wie üblich zählte Brasilien auch 1978 zu den WM-Favoriten, doch hatte die Mannschaft von Claudio Coutinho während des Turniers mit erheblichen internen Querelen zu kämpfen, so dass am Ende „nur“ der dritte Platz heraussprang.
Obwohl Zico in sechs der sieben Spiele zum Einsatz kam, verlief auch für ihn die erste WM-Teilnahme alles andere als wunschgemäß. Im Auftaktspiel gegen Schweden (1:1) hatte ihm der walisische Unparteiische Thomas gar den ersten WM-Treffer geraubt: In der Nachspielzeit war den Brasilianern ein Eckball zugesprochen worden, den Zico per Kopf im schwedischen Tor unterbrachte. Mitten in die laufende Aktion hinein erfolgte jedoch der Schlusspfiff des Schiedsrichters, der sich hinterher verständlicherweise einiges anhören musste. Da es im zweiten Spiel gegen Spanien ebenfalls nur zu einem torlosen Remis reichte, wurde die Seleção vor der letzten Partie gegen Österreich kräftig durchrotiert, wobei der personellen Rochade auch Zico zum Opfer fiel. Beim knappen 1:0-Erfolg, der den Einzug in die Zwischenrunde sicherte, wurde er erst in der 84. Minute für Mendoça eingewechselt.
Über die Rolle als Einwechselspieler kam Zico auch gegen Peru nicht hinaus. Kurz nachdem er in der 70. Minute für Gil beim Stand von 2:0 das Spielfeld betrat, durfte er aber zumindest doch noch seinen ersten WM-Treffer feiern, nachdem er einen Foulelfmeter zum 3:0-Endstand verwandelte hatte. Trotzdem saß er auch beim 0:0 gegen Argentinien bis zur 68. Minute auf der Bank, um abermals für Mendoça eingewechselt zu werden. Im entscheidenden Zwischenrundenspiel gegen Polen durfte Zico dann jedoch endlich wieder von Beginn an ran, doch wurde er nach sechs Minuten von Zmuda kampfunfähig getreten, weshalb die WM für ihn beendet war. Da Brasilien Polen „nur“ mit 3:1 schlug, verpasste die Seleção die Finalteilnahme, weil Gastgeber Argentinien am späten Abend Peru mit 6:0 auseinander nahm, so dass sich der dreifache Weltmeister schließlich mit dem dritten Platz zufrieden gegen musste, nachdem Italien im kleinen Finale mit 2:1 in die Schranken gewiesen worden war.

Gut, aber nicht gut genug

Die Enttäuschung nach der WM in Argentinien wich vor den Titelkämpfen in Spanien vier Jahre später bald grenzenloser Zuversicht. Unter Tele Santana zelebrierten die Brasilianer Fußball wie zu ihren besten Zeiten, was vor allem dem erwähnten Mittelfeld zugeschrieben wurde, in dem der inzwischen 29 Jahre alte Zico als Regisseur den Ton angab. Dass auf seinen Schultern eine besondere Verantwortung lastete, bewies das Trikot mit der Nummer 10, das vor ihm Roberto Rivelino und davor niemand sonst als Pele getragen hatte.
Gewohnt locker durchlief die Seleção die Qualifikation und büßte gegen Bolivien und Venezuela keinen einzigen Zähler ein. Zico hatte seine stärkste Leistung am 22. März 1981 in Rio gegen Bolivien abgeliefert, als ihm beim 3:1-Sieg alle drei brasilianischen Treffer gelungen waren. Im Laufe des Jahres ging die Bürde des WM-Favoriten dann immer mehr auf Brasilien über, das nacheinander England (1:0), Frankreich (3:1) und die Bundesrepublik (2:1) in die Schranken verwies, wobei Zico jeweils ein Tor erzielen konnte. Der „Weiße Pele“ war auch am 23. September obenauf, als er in einem Testspiel gegen eine irische Ligaauswahl (das in der Statistik als offizielles Länderspiel gilt) das Leder gleich viermal in die Maschen gesetzt hatte. In den letzten drei Vorbereitungsspielen im Mai 1982 schlug Brasilien Portugal mit 3:1, kam gegen die Schweiz zu einem mühevollen 1:1 und schoss sich gegen Irland mit 7:0 in WM-Form, so dass in Spanien eigentlich nichts schief gehen konnte.

Trotz der gelungenen Vorbereitung, in der Zico gegen Portugal, die Schweiz und Irland je einmal getroffen hatte, fand der brasilianische Regisseur nur schwer ins Turnier. Beim 2:1-Auftaktsieg über die Sowjetunion hatten Socrates und Eder die Tore für die Seleção geschossen, derweil Zico beim 4:1 über Schottland in der 33. Minute zwar für den zwischenzeitlichen 1:1-Ausgleich verantwortlich war, ansonsten jedoch deutlich im Schatten von Cerezo stand, der in Sevilla sein Team zum Sieg geführt hatte.
Im dritten Vorrundenspiel gegen Außenseiter Neuseeland platzte aber endlich der Knoten. Mit einem Doppelschlag in der 29. und 32. Minute leitete der brasilianische Spielmacher einen 4:0-Sieg ein, der nur deswegen nicht deutlicher ausfiel, weil die Seleção den Ball mit Traumkombinationen geradezu ins gegnerische Tor tragen wollte. Auch wenn der dreifache Weltmeister in der Zwischenrunde auf Titelverteidiger Argentinien und die als typische Turniermannschaft apostrophierten Italiener traf, galt dieser weiterhin als großer Favorit, was Zico & Co. mit einem hochverdienten 3:1-Erfolg im Südamerika-Derby gegen Argentinien auch eindrucksvoll untermauerten. Am 2. Juli 1982 waren sie im Sarria-Stadion von Barcelona jederzeit Herr der Lage, derweil sich die Gauchos mit überhartem Einsteigen gegen die drohende Niederlage zur Wehr setzten. Nach zwölf Minuten hatte Eder einen Freistoß an die Latte gesetzt. Zico schaltete am schnellsten und erzielte das erste brasilianische Tor, um auch das dritte durch Junior eine Viertelstunde vor Schluss mit einem präzisen Zuspiel einzuleiten. Die arg frustrierten Argentinier traten nach Feststehen der Niederlage nach allem, was sich bewegte. In der 83. Minute erhielt Zico von Passarella einen Tritt in die Wade, so dass der Flamengo-Star vom Platz musste. Für den negativen Höhepunkt sorgte wenig später Diego Maradona, der nach einer Tätlichkeit an Batista in der 87. Minute des Feldes verwiesen wurde.

Schicksalsstunde für den Fußball

Was folgte, war die eingangs erwähnte „Tragödie von Sarria“ vom 5. Juli 1982, die das Schicksal des Fußballs im nächsten Jahrzehnt vorgeben sollte. Zweimal waren die Italiener durch Paolo Rossi in Führung gegangen, der die Seleção zunächst durch Socrates und Mitte der zweiten Hälfte durch Falcão den Ausgleich entgegenzusetzen hatten. Ein Remis hätte den Brasilianern zum Weiterkommen gereicht, doch anstatt das Resultat zu verwalten, stürmten sie weiterhin nach vorne – um schließlich in der 74. Minute in ihr Verderben zu laufen, als Rossi das dritte Tor für den späteren Weltmeister erzielte.
Brasiliens Regisseur Zico haderte nach dem Abpfiff in ganz besonderem Maße mit der Niederlage: „Die Ungerechtigkeit hat gesiegt, denn wir waren bei dieser WM die klar beste Mannschaft und hatten auch heute gegen Italien den Sieg verdient.“ Und weiter: „Unser Scheitern war schlecht für den Weltfußball, weil er sich in die falsche Richtung entwickelt hat.“ Ein Triumph des brasilianischen Offensivstils unter Tele Santana hätte mit Sicherheit andere Impulse gesetzt als der Erfolg der nüchtern kalkulierenden Italiener, der Wasser auf die Mühlen derer war, die das Spektakel dem Ergebnisdenken unterordnen. Andererseits macht es natürlich den Reiz des Fußballs aus, dass eben nicht immer der vermeintlich Bessere gewinnt. Wie sehr freuen sich Fußballfans und Berichterstatter unisono, wenn es etwa im Pokal mal wieder zu einer Sensation gekommen ist, wobei es dann hinterher keinen interessiert, wenn der Underdog sich praktisch über die gesamte Spielzeit vor dem eigenen Strafraum eingemauert hat und mit einem einzigen Geistesblitz den Favoriten zum Stolpern gebracht hat. Daher kommt es nicht von ungefähr, dass in seligen Pionierzeiten der FA-Cup schon 17 Jahre vor der Football League ins Leben gerufen worden war, mit der man in England der „Gerechtigkeit“ auf die Sprünge helfen wollte.

WM-Pleite auch in Mexiko

Derlei Überlegungen interessierten Zico nach der Pleite gegen Italien verständlicherweise wenig. Bis zur WM 1986 kam er in der Seleção nur noch sporadisch zum Einsatz, was zunächst an seinem Wechsel nach Europa lag, wo er von 1983 bis 1985 für Udinese Calcio spielte. Nach der Rückkehr zu Flamengo streifte er im Juni 1985 nach über zweijähriger Pause wieder das Nationaltrikot über und zählte gegen Chile (3:1) sowie im WM-Qualifikationsspiel gegen Paraguay (2:0) zu den Torschützen. Eine im Ligaspiel gegen AC Bangu erlittene Knieverletzung gefährdete jedoch zeitweise die Fortsetzung seiner Laufbahn, so dass er erst nach knapp einjähriger Zwangspause in die Nationalelf zurückkehren konnte. Obwohl inzwischen schon 33 Jahre alt, glänzte er beim Comeback am 30. April 1986 und steuerte in Recife gegen Jugoslawien drei Tore zum 4:2-Sieg bei. Dennoch wurde er in Mexiko von Tele Santana nur als Reservespieler eingesetzt. Nachdem Zico die mühsamen 1:0-Siege über Spanien und Algerien von der Bank aus verfolgt hatte, wurde er im letzten Gruppenspiel gegen Nordirland (3:0) Mitte der zweiten Hälfte für Socrates eingewechselt, was auch im Achtelfinale gegen Polen (4:0) der Fall war. Im Viertelfinale gegen Frankreich avancierte er jedoch zum tragischen Helden, da der ansonsten sichere Elfmeterschütze kurz nach seiner erneuten Einwechslung in der 72. Minute mit einem Strafstoß an Joel Bats scheiterte. Auch wenn er im fälligen Elfmeterschießen traf, mussten sich die Brasilianer in einem der besten WM-Spiele der Geschichte geschlagen geben, womit die Länderspielkarriere Zicos nach 72 Einsätzen und 52 Toren ein trauriges Ende gefunden hatte.

Saison	Copa Lib.		Liga		Pokal	
	Sp.	T.	Sp.	T.	Sp.	T.
1971			17	2		
1972			6	0		
1973			35	8		
1974			50	32		
1975			55	40		
1976			47	32		
1977			47	37		
1978			22	19		
1979			51	65		
1980			45	40		
1981	12	11	41	28		
1982	9	5	44	42		
1983			25	17		
1983/84			24	19	9	5
1984/85			15	3	5	3
1985			6	3		
1986			4	3		
1987			17	6		
1988			20	4		
1989			19	4	7	3
1991/92			22	21	12	7
1993			16	9	7	3
1994			7	5		

Gyula Zsengeller
„Professor“ und Vizeweltmeister

Gyula Abel Zsengeller wurde am 27. Dezember 1915 in der nur acht Kilometer südöstlich von Budapest gelegenen Kleinstadt Cegled geboren. Hier schloss er sich der Jugendabteilung des heutigen Zweitligisten VSE Cegled an, ehe es ihn 1930 in die nordungarische Stadt Salgotarjan verschlug. Nahe der slowakischen Grenze sollte ihm fünf Jahre darauf der Durchbruch gelingen. Der ortsansässige Salgotarjan TBC war 1935 in die oberste Spielklasse des Landes aufgestiegen und stand so zu Beginn der Saison 1935/36 vor einem großen sportlichen Abenteuer. Aus dem eigenen Nachwuchs hatte sich besonders der 20 Jahre alte Gyula Zsengeller aufgedrängt, der im Aufstiegsjahr in die erste Elf nachrückte. Nach Abschluss der Spielzeit machte sich beim TBC jedoch Ernüchterung breit. Unter dem Strich hatte die Mannschaft sich als nicht erstligatauglich erwiesen und stand als Tabellenvorletzter frühzeitig als Absteiger fest. Die Bilanz las sich verheerend: Lediglich vier Siege standen in der Endabrechung zu Buche, wobei auch das Torverhältnis von 39:84 Bände sprach. Genau genommen gab es nur einen einzigen positiven Aspekt: Gyula Zsengeller nämlich, der in seiner Premierensaison trotz meist überforderter Mitspieler 19 Treffer erzielt hatte.

Gyula Zsengeller ist heute mit 368 Treffern drittbester Torschütze im ungarischen Ligafußball.

Da in Ungarn schon 1926 der Profifußball eingeführt worden war, begannen die Topklubs um die neue Sturmhoffnung zu werben, wobei schließlich nicht ganz unerwartet ein Vertreter aus der Hauptstadt das Rennen machte. Gegen Vizemeister Ujpest hatte der TBC mit 0:10 die höchste Saisonklatsche verpasst bekommen. Und ausgerechnet dorthin zog es nun Gyula Zsengeller, um fortan im heutigen IV. Budapester Stadtbezirk, der ins Deutsche übersetzt „Neu-Pest“ bedeutet, für Furore zu sorgen.

Erfolgreiche Jahre bei Ujpest

Bei Ujpest erwies sich der junge Zsengeller sogleich als absolute Verstärkung. In der ersten Saison für seinen neuen Arbeitgeber bestritt er 24 Spiele und erzielte 35 Tore. Trotz der herausragenden Leistungen ihres Goalgetters landete die Mannschaft lediglich auf dem dritten Platz. Auch in der Spielzeit 1937/38 reichte es „nur“ zur Vizemeisterschaft, während sich Zsengeller mit 31 Toren erstmals den Titel des nationalen Torschützenkönigs sichern konnte.

Seine stärkste Saison im Vereinsdress spielte der Mittelstürmer dann 1938/39 und damit ausgerechnet im Jahr nach dem Gewinn der Vizeweltmeisterschaft in Frankreich. Dies ist umso bemerkenswerter, wenn man bedenkt, dass gegenwärtige Spitzenspieler nach den globalen Titelkämpfen für gewöhnlich in ein „tiefes Loch“ zu fallen pflegen. Nach den starken Leistungen in Frankreich ruhte sich Zsengeller dagegen keineswegs auf seinen Lorbeeren aus, sondern gab nun erst so richtig Gas! In der heimischen Liga war er schier nicht zu bremsen und erzielte in 26 Einsätzen sensationelle 56 Tore. Damit ballerte er Ujpest nicht nur fast im Alleingang zur Meisterschaft, sondern war mit dieser Quote gleichzeitig bester Ligatorschütze auf dem gesamten Kontinent.

Doch damit nicht genug: Im Hochsommer 1939 standen die Spiele um den prestigeträchtigsten Mitropa-Cup an, wo Ujpest via Ambrosiana-Inter Mailand (1:2, 3:1) und BSK Belgrad (2:4, 7:1) ins Finale einzog. Hier traf die von Trainerlegende Bela Guttmann betreute Elf auf den Stadtrivalen Ferencvaros. Gleich der erste Vergleich im Üllöi ut endete mit einem nie für möglich gehaltenen 4:1-Auswärtssieg, zu dem Zsengeller in der 9. und 74. Minute zwei Treffer beigesteuert hatte. Zwar blieb er beim abschließenden 2:2 im heimischen Megyeri ut ausnahmsweise ohne Treffer. Zum Titel reichte es aber dennoch, genau wie zum Gewinn der Torjägerkrone, nachdem Zsengeller im laufenden Wettbewerb in sechs Einsätzen insgesamt neun Treffer geglückt waren.

In den nächsten Jahren büßte Gyula Zsengeller dann etwas an Schlagkraft ein. Eine Verletzung zwang ihn 1939/40 zu einer längeren Pause, weshalb er lediglich elf Treffer in zwölf Spielen erzielte. Dabei zeigte sich, wie sehr der Mittelstürmer seinem Team fehlte. Hatte Ujpest im vorangegangen Meisterjahr noch stolze 107 Treffer geschossen, standen für den Ligadritten jetzt nur noch deren 60 zu Buche. Auch in der Saison 1940/41 konnte sich Ferencvaros Budapest um Zsengellers Nationalmannschaftskollege György Sarosi den Titel sichern. Beide bekleideten in ihrem Verein jeweils die Position des Mittelstürmers. Doch während Dr. Sarosi auch in der Nationalelf als Kapitän im Sturmzentrum zum Einsatz kam, rückte Gyula Zsengeller notgedrungen auf Halbrechts.

Nach zwei Vizemeisterschaften rutschte Ujpest in der Saison 1942/43 auf einen enttäuschenden siebten Platz ab. Lediglich auf Zsengeller war Verlass, der sich mit 26 Treffern in 30 Spielen – gleichauf mit Jenö Jenofi von SC Vasas Budapest – zum dritten Mal die nationale Torjägerkrone sichern konnte.

Mit drei aufeinanderfolgenden Meisterschaften nach Kriegsende zwischen 1945 und 1947 konnte einer der besten Stürmer des ungarischen Fußballs seine Karriere bei Ujpest abrunden. Dessen 36 Treffer in der Frühjahrsrunde 1945 reichten aus, um zum fünften und letzten Mal die Torschützenliste anzuführen. In der Spielzeit 1945/46 war er sogar 51-mal erfolgreich. Dennoch reichte dies nicht zum erneuten Gewinn der nationalen Torjägerkrone, da Ferenc Deak vom südungarischen Provinzklub AC Szentlörinc mit 66 Saisontoren einen noch heute gültigen Europarekord aufgestellt hatte.

> **► EINWURF**
> *Mit seinen insgesamt 368 Treffern ist Gyula Zsengeller der drittbeste ungarische Ligatorschütze aller Zeiten. Erfolgreicher waren lediglich Imre Schlosser, der für MTK und Ferencvaros 411 Tore erzielte, und Ferenc Szusza (393), der Zsengeller nach dessen Wechsel nach Italien als Sturmführer bei Ujpest ablöste. In der ewigen Bestenliste der ungarischen Nationalelf belegt der Ujpest-Mittelstürmer mit 32 Toren gleichauf mit Tibor Nyilasi Rang acht.*

Auf der Konferenz von Jalta Anfang Februar 1945 hatten die Alliierten Ungarn unter sowjetischen Einfluss gestellt. Nach der Befreiung durch die Rote Armee im April hielt der Kommunismus Einzug, was auf die Lebensverhältnisse im Land massive Auswirkungen hatte. Obwohl der Ligafußball nur einen Monat nach Kriegsende wieder zu rollen begann, war nichts mehr, wie es war. Daher verließen zahlreiche Topspieler ihre Heimat, um sich in ausländischen Ligen zu verdingen.

Auslandsprofi in Italien und Kolumbien

Für Ujpest hatte Zsengeller in der Saison 1947/48 noch sieben Spiele bestritten, bevor der inzwischen fast 32-Jährige nach zwölf Jahren im Megyeri ut bei AS Rom anheuerte. Vor der Saison hatte sein Landsmann Imre Senkey die Leitung des Trainings bei den Giallorossi übernommen, der sich nun für die Verpflichtung Zsengellers stark machte. Senkey war als Profi für MTK Budapest aktiv gewesen. Die Ablösesumme für seinen Wunschspieler belief sich auf 14 Mio. Lire. Weil Amadeo Amadei in Rom als Mittelstürmer gesetzt war, musste der ungarische Neuzugang wie auch in seiner nunmehr abrupt beendeten Nationalmannschaftskarriere zumeist als rechter Innenstürmer ran. Da er damit vor allem in die Rolle des Vorbereiters schlüpfte, ging seine Torgefahr merklich zurück. In der Saison 1947/48 gelangen ihm in der Serie A in 28 Einsätzen lediglich fünf Treffer. Den ersten konnte er eine Woche nach seinem Debüt im Roma-Trikot erzielen: Gegen Pro Patria Busto Arsizio netzte er in der 78. Minute zum 1:1-Ausgleich ein. Nach Abschluss der Saison war Zsengeller froh, als Tabellensiebzehnter gerade so dem Abstieg entronnen zu sein. Anders als Imre Senkey setzte dessen Nachfolger Luigi Brunella im kommenden Jahr nur noch selten auf den „Professor", wie Zsengeller in Italien aufgrund seiner guten Fremdsprachenkenntnisse genannt wurde. Verständlich, dass sich der Ungar nach einem neuen Arbeitgeber umsah, den er im Drittligisten AC Ancona fand. An der Adriaküste bestritt er weitere 30 Spiele und erzielte 18 Treffer, womit er nicht unwesentlich zum Aufstieg Anconitanas in die Serie B beitrug.
Alles sah danach aus, als ob die Karriere des Gyula Zsengeller damit einen versöhnlichen Ausklang gefunden hatte. Im Spätherbst des Jahres 1950 schloss er sich jedoch einer in der Hauptsache aus Exil-Ungarn gebildeten Auswahl an, die unter der Bezeichnung „Hungaria" quer durch Europa tourte. Im November trat diese dann sogar eine Reise nach Amerika an, wo es via New York in Richtung Kolumbien ging, das auf Profifußballer in jener Zeit besonders anziehend wirkte. Mit der „Dimayor" hatte sich Ende der vierziger Jahre eine Profiliga vom nationalen Verband abgespalten, die zahlreiche ausländische Spieler mit für damalige Verhältnisse fürstlichen Gagen lockte. Der Abstecher in das „El Dorado" des Fußballs zahlte sich auch für Gyula Zsengeller aus, nachdem er in der Küstenstadt Santa Marta bei Deportivo Samarios einen lukrativen Vertrag unterschrieb. In sportlicher Hinsicht war das Südamerika-Abenteuer jedoch nur wenig erfolgreich. Mit seiner Mannschaft dümpelte Zsengeller zwei Jahre im Mittelfeld der Tabelle herum, ehe er Ende 1952 nach 37 Spielen und immerhin noch einmal 23 Toren seine aktive Laufbahn beendete. Während die „Dimayor" für kommende Stars wie Alfredo di Stefano einen weiteren Karrieresprung bedeutete, konnten verdiente Spieler wie Gyula Zsengeller in Kolumbien auf ihre alten Tage ihr Talent noch einmal versilbern.

Als Trainer ein Wandervogel

In seiner Zeit in Italien begann Gyula Zsengeller erste Erfahrungen als Coach zu sammeln, als er 1950 kurzzeitig den kalabrischen Klub AS Cosenza betreute. Auch als Mitglied der „Hungaria"-Auswahl teilte er sich mit dem hauptamtlichen Übungsleiter Kosegy den Trainerjob, derweil er auch bei Deportivo Samarios als Spielertrainer agierte. Bis 1979 sollte der ungarische Ex-Internationale 17 verschiedene Trainerstationen durchlaufen, ohne dabei an die Erfolge als Spieler heranzureichen. Die größten Triumphe feierte er auf Zypern, wo er vor allem für Pezoporikos Larnaka und APOEL Nikosia arbeitete. Sein erstes, von 1953 bis 1956 dauerndes Engagement in Larnaka, konnte er mit dem Meistertitel in der Saison 1953/54 krönen. Den zweiten Titelgewinn feierte er am Ende seiner Trainerlaufbahn mit APOEL, das er 1976 durch einen 6:0-Finalsieg über Alki Larnaka zum nationalen Pokalgewinn führte. Nachdem er außerdem noch in Italien, Griechenland und Ende der Fünfziger auch kurzzeitig als zyprischer Nationaltrainer tätig gewesen war, setzte er sich nach seinem letzten Engagement bei AEP Paphos (1976 bis 1979) zur Ruhe. Gyula Zsengeller war inzwischen auf Zypern heimisch geworden, wo er auch seinen Lebensabend verbrachte. Am 29. März 1999 verstarb er in Nikosia im Alter von 83 Jahren.

► ZAHLEN UND FAKTEN

Vereine:	1935-1936	Salgotarjan BTC
	1936-1947	Ujpest Budapest
	1947-1949	AS Rom
	1949-1950	AC Ancona
	1951-1952	Deportivo Samarios
Tore:	301 ungarische Erstligaspiele (368 Tore)	
	34 Serie-A-Spiele (6 Tore)	
	30 Serie-C-Spiele (18 Tore)	
	37 Dimayor-Spiele (23 Tore)	
	17 Mitropa-Cup-Spiele (24 Tore)	
	39 Länderspiele (32 Tore)	
gesamt	458 Pflichtspiele (471 Tore)	
Erfolge:	Ungarischer Meister 1939, 1945, 1946, 1947	
	Mitropa-Cup-Sieger 1939	
	Ungarischer Torschützenkönig 1938, 1939, 1943, 1944, 1945	

In der Nationalmannschaft:
Den Höhepunkt in der Länderspielkarriere Gyula Zsengellers bildeten fraglos die Auftritte an der Weltmeisterschaft 1938 in Frankreich, wo er in vier Begegnungen sechs Tore erzielte. Dennoch gerieten seine Leistungen ein wenig in Vergessenheit, weil es im entscheidenden Moment immer noch einen Stärkeren gab. In der ungarischen Nationalmannschaft hatte Zsengeller etwa das Pech, im Schatten des zweieinhalb Jahre älteren Dr. Sarosi zu stehen, der als Kapitän die dominante Persönlichkeit bei den Magyaren war. Immerhin blieb dem „Professor" die Genugtuung, seinen teaminternen Rivalen in der WM-Torschützenliste überflügelt zu haben, doch gab es auch hier einen, der noch besser war: Der brasilianische Wunderstürmer Leonidas da Silva hatte sich als achtfacher Torschütze ausgezeichnet und galt daher für viele Experten als stärkster Spieler des Turniers. Freilich wäre die Kür zum WM-Star für den Halbrechten der Ungarn immer noch möglich gewesen. Schließlich hatte es für Leonidas mit Brasilien nur zum dritten Platz gereicht. Im Endspiel wurde Zsengeller jedoch vom großen Star der Italiener ausgestochen. Denn während Zsengeller bei der 2:4-Niederlage ohne weiteren Torerfolg blieb, avancierte Silvio Piola nicht nur dank seiner beiden Treffer zum „man of the match", womit der Ujpest-Star endgültig das Nachsehen hatte.

Schon kurz nach seinem Wechsel nach „Klein-Pest" kam Gyula Zsengeller im Alter von knapp 21 Jahren zu seinem Länderspieldebüt. Dass der ungarische Fußball damals einen sehr guten Ruf besaß, zeigte die Einladung nach London, die die Nationalmannschaft im Herbst 1936 erreichte. Einmal im Jahr pflegte das Mutterland des Fußballs gnädigst ein Team vom „Kontinent" zu empfangen, um nach eigener Vorstellung seine für selbstverständlich gehaltene Überlegenheit zu demonstrieren. Anders als 17 Jahre später war dies an jenem 2. Dezember 1936 auch tatsächlich der Fall. England fertigte die Gäste mit 6:2 ab, wobei Debütant Zsengeller ohne Torerfolg geblieben war. Deutlich besser lief es für ihn dann in seinem zweiten Einsatz. Beim Sieg in Basel über die Schweiz war er der überragende Mann auf dem Feld und steuerte gleich drei Treffer zum klaren 5:1 bei. Das Spiel zählte zum über mehrere Jahre ausgetragenen Europapokal der Nationalmannschaften, den Ungarn schlussendlich für sich entschied. Immerhin durfte sich damit auch Gyula Zsengeller ein klein wenig als Europapokalsieger fühlen.

Die WM in Frankreich

In Gyula Zsengeller und Dr. György Sarosi verfügte Ungarn über zwei Mittelstürmer von absolutem Weltklasseformat, weshalb Verbandskapitän Karoly Dietz und Trainer „Spezi" Schaffer einen der beiden von seiner im Verein gewohnten Lieblingsposition verbannen mussten. Da der bei Ferencvaros unter Vertrag stehende Dr. Sarosi in der Länderelf das Kapitänsamt ausübte, durfte dieser für Gewöhnlich im Zentrum agieren, während dessen Pendant von Ujpest Budapest zumeist auf die Halbposition rückte. Besonders im Länderspiel gegen die Tschechoslowakei zeigte sich im September 1937, dass diese Entscheidung goldrichtig war. Dr. Sarosi spielte beim 8:3 gegen den amtierenden Vizeweltmeister wie aufgezogen und erzielte gleich sieben Tore. Allein der achte Treffer war auf das Konto Gyula Zsengellers gegangen. Beim einzigen WM-Qualifikationsspiel am 25. März 1938 gegen Griechenland war sein Konkurrent allerdings für einmal nicht mit von der Partie, womit Zsengeller seine Qualitäten unter Beweis stellen konnte und mit fünf Toren die meisten Treffer zum ungefährdeten 11:1-Erfolg der Ungarn beisteuerte. Weniger wegen dieses klaren Sieges gegen einen in jeder Hinsicht überforderten Gegner, sondern weit mehr wegen der starken Angriffsformation um Zsengeller und Dr. Sarosi ging das Team von „Fußballkönig" Schaffer als Mitfavorit in das bevorstehende WM-Turnier.

Im mit 5:1 gewonnenen WM-Halbfinale gegen Schweden funktionierte das Zusammenspiel zwischen Gyula Zsengeller und György Sarosi nicht nur in dieser Szene blendend. Derweil Dr. Sarosi (rechts) lauert, setzt sich Zsengeller gegen Schwedens Mittelläufer Jacobsson durch.

Einen Tag nach dem Pariser Eröffnungsspiel zwischen Deutschland und der Schweiz trafen die technisch versierten Magyaren im Stade Municipal von Reims am 5. Juni auf den krassen Außenseiter Niederländisch Indien. Im Schatten der imposanten Kathedrale Notre-Dame erwies sich der auf dem schottischen Flachpassspiel aufbauende „Donaufußball" erwartungsgemäß als hochüberlegen und führte zu einem nie gefährdeten 6:0-Erfolg des Schaffer-Teams, in dem das Sturmduo Zsengeller-Sarosi herausragte. Nachdem Kohut in der 13. Minute das 1:0 erzielt hatte, war Toldi nach Zuspiel von Zsengeller für das 2:0 verantwortlich. Schon jetzt war der Widerstand der körperlich klar unterlegenen Asiaten gebrochen. An beiden Treffern zum 4:0-Pausenstand war Rechtsverbinder Zsengeller beteiligt. Nach 24 Minuten setzte dieser Mittelstürmer Dr. Sarosi mustergültig in Szene, ehe er in der 35. Minute per Kopf den vierten Treffer anbrachte. Im Gefühl des sicheren Sieges ließen es die Ungarn nach der Pause lange Zeit allerdings ruhiger angehen. Erst eine Viertelstunde vor Schluss erhöhte Zsengeller mit einem wuchtigen Schuss auf 5:0. Für den 6:0-Endstand war dann wieder Dr. Sarosi zuständig.

Gegen die Schweiz, die im Achtelfinale völlig überraschend die „großdeutsche" Mannschaft eliminiert hatte, wartete sieben Tage später eine deutlich schwerere Prüfung. Genau genommen durfte der 2:0-Sieg von Lille über die Eidgenossen hinterher als ausgesprochen glücklich bezeichnet werden, da beide Teams über 90 Minuten absolut gleichwertig waren. Als großer Sieger im Team der Magyaren konnte sich freilich Gyula Zsengeller fühlen, der neben Rechtsaußen Kohut stärkster Akteur auf dem Platz war. Kaum zur Geltung kam dagegen Mittelstürmer Dr. Sarosi, weil ihn der überragende Verteidiger Vernati nie aus den Augen ließ. Kurz vor der Pause sollte der starke rechte Flügel noch einmal einen gefährlichen Angriff lancieren: Nach Zuspiel von Kohut passte der in Mannschaftskreisen mit seinem Zweitnamen „Abel" gerufene Zsengeller auf den endlich einmal freistehenden Dr. Sarosi, der nicht lange fackelte und aus 17 Metern abzog. Inzwischen war Zsengeller in den gegnerischen Strafraum gelaufen und lenkte den kernigen Schuss seines Mittelstürmers vorbei am eidgenössischen Torwächter Huber in die Maschen. Obwohl Zsengeller dem Ball die entscheidende Richtungsänderung gab, wird in einigen Quellen trotzdem Dr. Sarosi als Torschütze angegeben. Kein Zweifel besteht indes daran, dass Zsengeller in der 89. Minute das 2:0 erzielte, als er einen Entlastungsangriff der Ungarn mit einem wuchtigen 20-Meter-Schuss im schweizerischen Gehäuse versenkte.

In der Vorschlussrunde wartete mit Schweden erneut eine Mannschaft, deren weites Vordringen im Turnier von den Experten nicht unbedingt einkalkuliert worden war. Allerdings profitierten die Nordländer in der ersten Runde von einem Freilos, da Österreich nach dem „Anschluss" an das Deutsche Reich seine Meldung zurückgezogen hatte. Und auch der mit 8:0 überrollte Viertelfinalgegner Kuba stellte keinen echten Prüfstein dar. Dennoch wurde Ungarn im Pariser Prinzenpark kalt erwischt: Ein Fehler in der Deckung hatte Nyberg schon in der ersten Minute das 1:0 für den Außenseiter ermöglicht! Die wütenden, vor allem von Zsengeller und Dr. Sarosi vorgetragenen Angriffe konnten die schwedischen Verteidiger zunächst parieren, bis Gyula Zsengeller in der 24. Minute eine Traumkombination zum verdienten 1:1 vollendete. Keine zwei Minuten später erhöhte Titkos auf 2:1. Bereits vor der Pause fiel eine Vorentscheidung, als Zsengeller aus nur fünf Metern den gegnerischen Schlussmann Abrahamsson zum dritten Mal überwinden konnte, womit die zweite Hälfte zu einem Schaulaufen der Magyaren wurde, die schließlich mit 5:1 die Nase vorn hatten. Wieder einmal zählte Gyula Zsengeller zu den überragenden Akteuren in der ungarischen Mannschaft, die mithin erstmals ein WM-Finale erreicht hatte.

Nach nur 37 Minuten ist das WM-Halbfinale gegen Schweden so gut wie entschieden: Gyula Zsengeller (ganz links) hat aus nur fünf Metern Torentfernung das 3:1 erzielt.

Am 19. Juni 1938 wartete als Gegner im Pariser Stade Colombes Titelverteidiger Italien, gegen den Ungarn seit 13 Jahren nicht mehr gewonnen hatte. Entsprechend geschockt waren Zsengeller & Co., als es nach nur sechs Minuten schon wieder 1:0 für Italien durch Colaussi hieß. Der Ausgleich nur zwei Minuten später wäre fast auf das Konto des ungarischen Halbrechten gegangen. Doch Zsengeller konnte ein Zuspiel von Vincze nicht erreichen, womit es Titkos vorbehalten blieb, das 1:1 zu erzielen. Bis zur Pause zogen die Azzurri auf 3:1 davon, bevor es in der 70. Minute nochmals spannend wurde, als Zsengeller auf Dr. Sarosi passte, der zum 2:3-Anschlusstreffer einköpfte. Zwölf Minuten später war die Schaffer-Elf jedoch endgültig geschlagen, nachdem Piola sein zweites Tor erzielt hatte. Damit musste sich Gyula Zsengeller wie schon in der Torschützenliste auch im WM-Ranking mit dem zweiten Platz zufrieden geben.

Einladung in die Weltelf

Zum Abschluss des WM-Jahres fand am 26. Oktober 1938 das Spiel einer Weltelf gegen England statt, da die FA, die den Titelkämpfen in Frankreich wie üblich fern geblieben war, just an jenem Tag ihren 75. Geburtstag feierte. Der von Vittorio Pozzo betreuten FIFA-Auswahl gehörten fünf Spieler der italienischen Weltmeistermannschaft an, während Vizeweltmeister Ungarn allein durch Gyula Zsengeller vertreten war. Wie wichtig man die Angelegenheit auf dem Kontinent nahm, bewies die Tatsache, dass sich die Weltelf auf den Kick in Highbury in einem Test gegen eine holländische B-Elf vorbereitete, der lediglich mit einem äußerst knappen 2:1-Sieg in die Annalen einging. Da Gyula Zsengeller nur wenig überzeugt hatte, forderten zahlreiche Experten, neben dem gesetzten italienischen Mittelstürmer Silvio Piola im Innensturm lieber auf dessen Landsleute Meazza und Ferrari zu setzen, worauf man letztlich aber verzichtete. Schließlich sollte an der Themse eine Weltauswahl und keine verstärkte italienische Nationalmannschaft auflaufen! Nach einseitigem Spielverlauf siegte England durch Tore von Hall, Lawton und Goulden locker mit 3:0, weshalb Vittorio Pozzo resigniert feststellte, „der Fußball der Welt darf sich so ein Experiment nicht noch einmal leisten.“ Besonders enttäuscht zeigte er sich vom Belgier Raymond Braine und Gyula Zsengeller, die seinen Mittelstürmer Piola eigentlich mit Flanken versorgen sollten. „Was wollen Sie machen, wenn die beiden Halbstürmer so gänzlich ausfallen, wie es gestern der Fall war. Da kann man kein Spiel aufziehen.“ Diese, für Zsengeller wenig schmeichelhafte Meinung wurde im Übrigen von vielen Experten, darunter auch FIFA-Generalsekretär Dr. Ivo Schricker, geteilt. Wegen des Zweiten Weltkrieges fand der internationale Spielbetrieb ab 1939 nur noch eingeschränkt statt. Für Gyula Zsengeller bedeutete dies, dass er sowohl 1942 als auch 1946 – im besten Fußballeralter stehend – gleich zweimal der Chance beraubt wurde, nochmals ein WM-Turnier zu bestreiten. Zu den stärksten Auftritten im Nationaltrikot zählte der 5:1-Sieg am 24. September 1939 gegen Deutschland, bei dem Zsengeller drei Tore erzielte. Sogar alle vier Treffer gingen am 6. Juni 1943 in Sofia beim 4:2 gegen Bulgarien auf sein Konto. Den 32. und letzten Länderspieltreffer erzielte „Abel“ am 14. April 1946 in Wien gegen Österreich.

In der Weltauswahl, die am 26. Oktober 1938 in London Lehrmeister England mit 0:3 unterlag, bildete Gyula Zsengeller (kniend, Zweiter von links) gemeinsam mit dem Italiener Piola und dem Belgier Braine den Innensturm.

Das Nationaltrikot sollte Gyula Zsengeller schließlich am 20. August 1947 als 31-Jähriger beim 3:0 über Albanien im Rahmen des Balkan-Pokals zum letzten Mal überstreifen, kurz bevor er seinen Wechsel nach Italien bekannt gab, der seine Länderspielkarriere abrupt beendete. Ohnehin stand gerade eine neue Generation um Ferenc Puskas im Begriff, das Kommando im ungarischen Fußball zu übernehmen. Doch auch deren Gipfelsturm sollte wie jener von Zsengeller & Co. jäh im WM-Endspiel gebremst werden...

Saison	Mitropa-C.		Liga		Lsp.	
	Sp.	T.	Sp.	T.	Sp.	T.
1935/36	6	4	24	19		
1936/37	4	8	24	35	3	3
1937/38	1	3	25	31	10	12
1938/39	6	9	26	56	5	2
1939/40	0	0	12	11	3	4
1940/41			26	28	2	0
1941/42			28	27	2	1
1942/43			30	26	2	5
1943/44			29	33	3	1
1944/45			9	12		
1945			21	36		
1945/46			35	51	4	4
1946/47			29	18	4	0
1947/48			7	4	1	0
			28	5		
1948/49			6	1		
1949/50			30	18		
1951			19	13		
1952			18	10		

Spieler	Liga		Pokal		Internat.		Lsp.		Auswahl		Gesamt	
	Sp.	T.	Sp.	T.	Sp.	T.	Sp.	T.	Sp.	T.	Sp.	T.
1. Josef Bican	359	534	30	49			34	29	64	93	562	849
Slavia Prag	31	51	28	78	16	15						
2. Pele	204	107	33	30	15	17	92	77			812	757
FC Santos	465	510			3	7						
3. Gerd Müller	507	405	62	78	74	66	62	68			786	731
Bayern München	70	96	7	14	4	4						
4. Romario	425	294	59	52	71	50	70	55			920	719
Vasco da Gama	279	252	4	0	1	1	11	15				
5. Erwin Helmchen			12	17					26	36	?	694+
PSV Chemnitz	?	641+										
6. Roberto Dinamite	325	193					49	26			772	694
Vasco da Gama	391	473			2	1	5	1				
7. Abe Lenstra	677	86					47	33			724	684
VV Heerenveen		565										
8. Ferenc Puskas	528	513	41	49	41	36	89	84			699	682
Honved Budapest												
9. Joe Bambrick	264	348	200	41			11	12	12	9	522	646
FC Linfield	35	15		221								
10. Eusebio	430	427	60	97	75	57	64	41			641	625
Benfica Lissabon	12	3										
11. Isidro Langara	287	336	19	16			12	17	42	108	444	614
Real Oviedo	84	134										
12. Glenn Ferguson	645	314	388	53	26	7	5	0	4	2	1.070	567
FC Linfield				191			2	0				
13. Uwe Seeler	240	139	31	24	29	21	72	43	11	13	676	566
Hamburger SV	280	307	9	19			4	0				
14. Fred Roberts	261	363					1	0			412+	563+
Glentoran Belfast	150+	200+										
15. Jimmy McGrory	408	408	70	77			7	6	6	6	547	550
Celtic Glasgow			56	53								
16. Ferenc Deak	232	303					20	29			400	547
AC Szentlörinc	148	215										
17. Fernando Peyroteo	197	331	43	73			20	13			350	544
Sporting Lissabon	87	122	1	2	2	2						
18. Gunnar Nordahl	463	374	17	2+	5	4	33	43	9	14	602	529+
Inter Mailand	65	79	4	6	6	7						
19. Zico	311	171	40	21	21	16	72	52			770	528
Flamengo Rio d. J.	324	268			2	0						
20. Fritz Walter			5	4			61	33			506+	521+
1. FC K'lautern	440	473	?	11								
21. Hans Krankl	473	354	56	53	56	27	69	34			699	506
Rapid Wien	45	38										
22. Alfredo di Stefano	521	377	66	51	69	45	41	29			703	505
Real Madrid					6	3						
23. Imre Schlosser	320	417	9+	11+			68	59			400+	490+
Ferencvaros Bud.					3	3						
24. Hugo Sanchez	655	393	60	32	55	30	58	29			848	490
Real Madrid	20	6										
25. Majed Abdullah	218	190	?	51	?	18	139	67			357+	488
Al-Nasr Riad							?	162				
26. Jimmy Greaves	528	366	44	35	17	12	57	44			713	480
Tottenham Hotspur	56	16	11	7								
27. Arthur Friedenreich							17	8	60	72	457+	472+
CA Paulistano	372	390					8	2				
28. Gyula Zsengeller	372	397					39	32			458	471
Ujpest Budapest	30	18			17	24						
29. Henrik Larsson	475	268	75	40	106	58	106	37			878	470
Celtic Glasgow	105	57	11	10								

Spieler	Liga		Pokal		Internat.		Lsp.		Sonstige		Gesamt	
	Sp.	T.	Sp.	T.	Sp.	T.	Sp.	T.	Sp.	T.	Sp.	T.
30. Albert de Cleyn	525	425					12	9			575	469
KV Mechelen	38	35										
31. Hughie Gallacher	468	336	48	30			20	28	2	6	626	464
Newcastle United	79	50	9	19								
32. Delio Onnis	544	352	76	48	9	6					709	461
AS Monaco	76	53	4	2								
33. Arthur Rowley	95	50	18+	26							638+	460
Leicester City	524	383					1	1				
34. György Sarosi	384	350	22	21			62	42			510	458
Ferencvaros Bud.					42	45						
35. Raul	638	265	55	24	154	75	102	44			995	445
Real Madrid	9	16	14	7	10	4	13	10				
36. Jimmy Jones	289	334	?	43	6	2	3	1	17	11	315+	444
Glenavon Lurgan			?	53								
37. William Dean	369	320	42	29			16	18			505	437
FC Everton	78	70										
38. Carlos Bianchi	542	385	26	30	3	3	14	7			603	434
Velez Sarsfield	18	9										
39. Joe Smith	410	243	43	23			5	1			669	430
Bolton Wanderers	211	163										
40. Jozsef Takacs	309	359	20+	28+			32	26			382+	426+
Ferencvaros Bud.					21	13						
41. Franz Binder	242	267	52	93			28	26			347	422
Rapid Wien	17	26			8	10						
42. Max Morlock	21	8	8	8	10	2	26	21			578+	421
1. FC Nürnberg	513+	340										
43. Ally McCoist	533	270	54	29	56	21	61	19			833	421
Glasgow Rangers	57	22	72	60								
44. Steve Bloomer	535	313	58	39			23	28			680	418
Derby County	64	38										
45. Otto Harder							15	14	38	24+	287+	416+
Hamburger SV	225+	361	9	17								
46. Ferenc Szusza	462	393			5	4	24	18			491	415
Dozsa Ujpest Bud.												
47. Ernst Wilimowski	86	115	7	16			30	34	2+	4+	250+	414+
Ruch Chorzow	125+	245+										
48. Ferenc Bene	456	313			69	40	76	36			614	413
Dozsa Ujpest Bud.							13	24				
49. Sandor Kocsis	335	295	22	19	31	23	68	75			456	412
Honved Budapest												
50. Andreas Franz							10	5	6+	9+	381+	410+
SpVgg Fürth	335	366	28	30	2	0						
51. Juan Carlos Plata	553	301	?	32	?	37	87	35			686+	409
Municipal Guatem.						3	1	1				
52. Giorgio Chinaglia	429	320	28	13	9	11	14	4			621	406
Cosmos New York	137	52			4	7						
53. Johan Cruyff	510	289	54	41	88	37	48	33			714	405
Ajax Amsterdam	10	2			4	3						
54. Alan Shearer	559	283	58	27	56	32	63	30			787	404
Newcastle United			50	32			1	0				
55. Pinga	365	368	35	26			21	9			421	403
FC Porto												
56. Wlod. Lubanski	431	237	36	40	52	31	75	48			687	400
Gornik Zabrze	89	42					4	2				
57. Evanivaldo Castro	507	337	?	15							507+	393
Pumas UNAM	?	41										
58. Victor Hugo Antelo	554	350			46	21	11	2			637	392
Blooming Sta. Cruz	26	19										

Spieler	Liga		Pokal		Internat.		Lsp.		Sonstige		Gesamt	
	Sp.	T.	Sp.	T.	Sp.	T.	Sp.	T.	Sp.	T.	Sp.	T.
59. Ottmar Walter			4	1			21	10			380+	388+
1. FC K'lautern	355	374	?	3								
60. Arsenio Erico	374	332									400	388
Independiente B. A.							26	56				
61. Hakan Sükür	540	260	81	34	94	38	112	51			832	387
Galatasaray Istanb.							5	4				
62. George Camsell	337	233	35	20			9	18	1	1	486	384
FC Middlesbrough	104	112										
63. Raymond Braine	382	338					54	26			476	383
AC Beerschot					40	19						
64. Tamagnini Nene	422	263	61	67	75	28	66	22			633	383
Benfica Lissabon			9	3								
65. Trevor Thompson	188	160	270	214	10	4			6	3	474	381
Glentoran Belfast												
66. Ruud Geels	474	319	17+	17	38	28	20	11			569+	381
Ajax Amsterdam	18	6			2	0						
67. Ruud v. Nistelrooy	380	232	41	29	88	62	70	35			660	381
Manchester United	69	17	12	6								
68. Telmo Zarra	277	251	74	81			20	20	1	7	408	380
Athletic Bilbao	33	16	3	5								
69. Manfr.Burgsmüller	447	213	45	40	12	1	3	0			676	380
Borussia Dortmund	160	117	1	1			8	8				
70. Bernard Voorhoof	473	281					61	30			590	380
Lierse SK			56	69								
71. Hughie Ferguson	422	363	11+	12+					3	3	437+	379+
FC Motherwell			1	1								
72. Silvio Piola	566	290	10	5			34	30			669	379
Lazio Rom	53	43			6	11						
73. Carlos Hermosillo	539+	304	?	18	?	15	90	35			632+	374
Cruz Azul Mexico			3	2								
74. Robert McPhail	463	305	54+	31+			17	7	6	5	595+	373+
Glasgow Rangers			55+	25+								
75. K.-H. Rummenigge	434	220	62	34	91	39	95	45			689+	371
Bayern München	?	32	1	1	6	0						
76. Osvaldo Castro	583	345	?	18			28	7			611+	370
Jalisco Guadalajara												
77. Fernando Morena	316	267	6	4	81	40	53	22			491	368
Peñarol Montevideo	32	34			3	1						
78. Paulino Alcantara			38	37			5	6	6	4	368+	367
FC Barcelona	88	96	3+	9					228	215		
79. Fernando Gomes	431	330			57	23	48	13			539	367
FC Porto					3	1						
80. Jef Mermans	382	339			4	0	56	27			442	366
RSC Anderlecht												
81. Dave Halliday	396	303	39	29					1	0	489	365
AFC Sunderland	53	33										
82. Werner Baßler			5	1							340+	364
1. FC K'lautern	335+	363										
83. Lionel Messi	246	215	38	24	79	59	82	35			504	364
FC Barcelona	32	11	9	10	7	5	11	5				
84. Jacques Fatton	440	307	20+	13+	5	3	53	29			522+	360+
Servette Genf					4	8						
85. Oscar Mas	521	264			47	21	37	10			702	360
River Plate B. A.	97	65										
86. Klaus Fischer	535	268	55	46	21	13	45	32			656	359
FC Schalke 04												
87. M. Lloyd-Williams	467	319	20+	14+	7	0					585+	352+
Bangor City	85	19	5	0			1	0				

Spieler	Liga		Pokal		Internat.		Lsp.		Sonstige		Gesamt	
	Sp.	T.	Sp.	T.	Sp.	T.	Sp.	T.	Sp.	T.	Sp.	T.
88. Karl Decker	304	281	18	32			33	27			367	351
First Vienna	12	11										
89. David McLean	435	235	41	25			1	0			619	350
Sheff. Wednesday	142	72										
90. Ulf Kirsten	504	238	65	31	75	40	100	34			754	350
Bayer Leverkusen			10	7								
91. Mario Kempes	509	285	37+	13	28	16	43	20			662	349
FC Valencia	43	15			2	0						
92. Robert Dienst	349	317	12+	11	18	7	27	12			416+	348
Rapid Wien					10	1						
93. Bebeto	341	178			12	13	75	39			637	348
Deport. La Coruña	195	105			1	0	13	13				
94. Gyula Szilagyi	390	313			8	3	12	9			435	347
Vasas Budapest					13	10	12	12				
95. Giuseppe Meazza	453	261	21	14			53	33			564	347
Inter Mailand	20	10			27	29						
96. Geza Toldi	324	275	19	17	42	29	46	25			431	346
Ferencvaros Bud.												
97. Vic Watson	295	203	43	28			5	4			546	344
West Ham United	203	109										
98. Jupp Heynckes	369	220	38	22	63	54	39	14			545	342
Borussia M'gladb.	31	29	5	3								
99. José Cardozo	399	252	7	3	25	6	83	25			607	342
Deportivo Toluca	88	51					5	5				
100. Laszlo Fazekas	509	290	3+	0+	9+	14	92	24			653+	341
Dozsa Ujpest Bud.	28	10					12	3				
101. Jared Borgetti	510	264	12	6	27	9	89	46			660	338
Santos Laguna	20	11	2	2								
102. Harry Bedford	191	125	22	18			2	1	2	5	495	325
Derby County	278	176										
103. Angel Labruna	536	297					37	17			581	324
River Plate B. A.	2	0	3	2	2	3						
104. Hans Schäfer	39	20	10	8	14	2	39	15			542	320
1. FC Köln	418	254	20	18			2	3				

Erläuterungen zur Tabelle:
Die Vereinsangabe bezieht sich auf den Verein, für den der betreffende Spieler die meisten Tore in einer eingleisigen 1. Liga erzielt hat. Die erste Zeile der Rubrik **Liga** zählt jene Spiele und Tore auf, die der jeweilige Spieler in einer höchsten eingleisigen landesweiten Spielklassen erzielt hat. Die zweite Zeile bezieht sich auf sämtliche andere Ligaspiele (d.h. 2. Liga abwärts, regional begrenzte Spielklassen, Aufstiegsrunden, Meisterschaftsendrunden etc.). In der ersten Zeile der Rubrik **Pokal** sind Spiele und Tore in den Landespokalwettbewerben aufgelistet. Die zweite Zeile betrifft alle anderen nationalen Pokalwettbewerbe (Ligapokal, Superpokal, regionale Pokalwettbewerbe etc.). Unter der Rubrik **Internat.** sind in der ersten Zeile die Spiele und Tore aller kontinentalen Pokalwettbewerbe aufgeführt. Die zweite Zeile bezieht sich auf alle übrigen internationalen Pokalwettbewerbe (Weltcup, Vereins-WM, Europäischer Supercup, Mitropa-Cup, Copa Latina etc.). In der Rubrik **Lsp.** werden in der ersten Zeile die A-Länderspiele und -tore aufgelistet, in der zweiten Zeile die übrigen Länderspieleinsätze (B-Länderspiele, Olympiaauswahl, U-23-Länderspiele, Test-Länderspiele etc.). Die Rubrik **Auswahl** bezieht sich in der ersten Zeile auf Spiele und Tore in Verbands-, Stadt-, Firmen- und Ligaauswahlmannschaften etc. Die zweite Zeile (nur bei Paulino Alcantara) bezieht sich auf die Freundschaftsspiele. Nach unten eingerückte Zahlen beziehen sich auf die Gesamtanzahl der Spiele und Tore in der jeweiligen Rubrik. Sind die Daten mit einem Pluszeichen versehen, hat der betreffende Spieler in der jeweiligen Rubrik mit Sicherheit (deutlich) mehr Spiele bestritten bzw. Tore erzielt. Stichtag für sämtliche Daten ist der 30. Juni 2013.

11 Freunde – Magazin für Fußballkultur (verschiedene Monatshefte)
Baingo, Andreas / Horn, Michael: Die Geschichte der DDR-Oberliga (2003)
Baroth, Hans Dieter: Jungens, euch gehört der Himmel (1994)
Barreaud, Marc: Dictionnaire des Footballeurs étrangers en Championnat du français professionnel (1932-1997) (1998)
Bausenwein, Christoph / Kaiser, Harald / Siegler Bernd: 1. FC Nürnberg: die Legende vom Club (1996)
Bausenwein, Christoph / Siegler, Bernd / Liedel, Herbert: Franken am Ball (2003)
BBC Sport (diverse Ausgaben)
Beckenbauer, Franz (Hg.): Fußball-WM 1982 (1982)
Beckenbauer, Franz (Hg.): Fußball-WM 1986 (1986)
Becker, Friedebert (Hg.): Fußball-Weltmeisterschaft 1958 (1958)
Becker, Wieland: Cup-Time. Die Pokalfinals der europäischen Länder 1945 bis 1990 (2009)
Bender, Thomas / Kühne-Hellmessen, Ulrich: Herrlich verrückte Nationalmannschaft (1994)
Claus, Gerhard: 100 Jahre Chemnitzer Fußball (1999)
Collet, Mike: The FA-Cup (2003)
Corriere dello Sport (Ausgabe vom 11. November 1950)
Corriere dello Sport (Ausgabe vom 26. Juni 1971)
Crainey, John: Heroes Are Forever. The Life an Times of Celtic Legend Jimmy McGrory (2005)
Cresswell, Peterjon / Evans, Simon: The Rough Guide to European Football (2000)
Curri, Martin: Friedenreich – Das vergessene Fußballgenie (2009)
Der Spiegel (diverse Ausgaben)
Di Stefano, Alfredo: Gracias Vieja (2000)
Eisenberg, Christiane (u.a.): FIFA 1904-2004. 100 Jahre Weltfußball (2004)
Festschrift „90 Jahre Chemnitzer Polizeisportverein e.V.“ (2010)
Football Database (verschiedene Biographien)
France Football (diverse Ausgaben)
Franta, Robert: III. Fußball-Weltmeisterschaft 1938 in Frankreich (1995)
Franta, Robert: IV. Fußball-Weltmeisterschaft 1950 in Brasilien (1991)
Friedrichs, Hans Joachim: XI. Fußball-Weltmeisterschaft 1978 Argentinien (1978)
Fußball-Weltatlas. Erschienen im Copress-Verlag (2001)
Gisler, Omar: Das große Buch der Fußball-Rekorde: Superlative, Kuriositäten, Sensationen (2009)
Gisler, Omar: Top Clubs. Die größten Vereine der Welt (2003)
Gööck, Roland (u.a.): VIII. Fußball-Weltmeisterschaft England 1966 (1966)
Grengel, Ralf: Das Deutsche Wembley: 60 Jahre Vereinspokal (1994)
Grüber, Walter: Fußball-Torjägerstatistik Deutschland (2011)
Grüber, Walter: 100 Jahre FC Bayern München. Die ultimative Statistik (2002)
Grüne, Hardy: Bundesliga & Co. (1997)
Grüne, Hardy: Enzyklopädie der europäischen Fußballvereine, 2. Aufl. (1995)
Grüne, Hardy: Fußball EM-Enzyklopädie 1960-2008 (2004)
Grüne, Hardy: Fußball WM-Enzyklopädie 1930-2006 (2002)
Grüne, Hardy: Vom Kronprinzen zur Bundesliga (1996)
Grüne Hardy / Knieriem, Lorenz: Spielerlexikon, Teil 1 1890-1963 (2006)
Grüne, Hardy / Melchior, Klaus: Legenden in Weiß und Blau (1999)
Grüne, Hardy / Weinrich, Matthias: Deutsche Pokalgeschichte seit 1935 (2000)
Haarke, Karl-Heinz / Kochel, Georg: Die Lebensgeschichte des Fußball-Altnationalspielers Ernst Wilimowski (1996)
Haala, Wolfgang: Der Club (1987)
Hack, Friedrich / Kirn, Richard (Hg.): VII. Fußball-Weltmeisterschaft Chile 1962 (1962)
Hammond, Mike: European Football Yearbook (Ausgaben 1992/93 – 2012/13)
Hinko, Raimund: Bayern München. Titel, Tore & Triumphe (1987)
Huber, Josef: Tagebuch des Jahrhunderts – Fußball-Österreich von 1901-2000
Huber, Karl-Heinz (Hg.): Fußball-Weltgeschichte. Von 1846 bis heute (1990)
Hugman, Barry J.: The PFA Premier & Football League Player Records 1946-2005 (2005)
Hunt, Chris: Fußball weltweit (2006)
IFFHS: Die erfolgreichsten Erstligatorschützen 1888/89-2012
IFFHS Fußball-Weltzeitschrift Nr. 34
IFFHS Libero Nr. 33, 35
Jankowski; Bernd / Pistorius, Harald / Prüss, Jens: Fußball im Norden – 100 Jahre Norddeutscher Fußball-Verband (2005)
Kaifu, R. (Hg.): Der Rekordmeister. Bayern München von A bis Z (1996)
Kicker-Almanach (diverse Jahrgänge)
Kicker-Bundesliga-Sonderhefte (diverse Jahrgänge)
Kicker-Edition: 50 Jahre „Das Wunder von Bern“ (2004)
Kicker-Edition: 100 Deutsche Meister (2012)
Kicker-Edition: 100 Jahre deutsche Länderspiele (2008)
Kicker-Sonderheft: 20 Jahre Bundesliga (1983)
Kicker-Sonderheft: 25 Jahre Bundesliga (1988)
Kicker-Sonderheft: 30 Jahre Bundesliga (1993)
Kicker-Sonderheft: 40 Jahre Bundesliga (2003)
Kicker-Sonderheft: 100 Jahre deutscher Fußball (2000)

Kicker-EM-Sonderhefte (diverse Ausgaben)
Kicker-WM-Sonderhefte (diverse Ausgaben)
Knieriem, Lorenz: Torjäger – Eine Typologie des Vollstreckers (2005)
Koban, Karl / Skocek, Johann / Weisgram, Wolfgang: 100 Jahre Rapid. Geschichte einer Legende (1999)
Kuntze, Norbert: Werder Bremen. Eine Karriere im kühlen Norden (1994)
Lerchenperg, Harald (Hg.): IX. Olympische Winterspiele Innsbruck – XVIII. Olympische Spiele Tokyo 1964 (1964)
Mast, Johan: Abe. Het levensverhaal van Nederlands eerste grote sportidol (2007)
Mayer, Claudius: Geschichte eines Traditionsvereins - TSV München von 1860 (2007)
Meyer, Andreas / Wetzner, Uwe / Stahl, Volker: Fußball-Lexikon Hamburg (2007)
Micheler, Josef: Tor für Deutschland. Die Geschichte der Fußball-Länderspiele von 1908-1914. Reprint Kasseler Sportverlag (1991)
Müllenbach, H.J.: Endspiel-Fieber. Nachdruck der Ausgabe Nürnberg 1941 (1991)
Müllenbach, H.J.: Fußball-Weltmeisterschaft Italien 1934. Reprint Kasseler Sportverlag (1990)
Müllenbach, H.J. / Becker, Friedebert: Deutsche Fußballmeister, 1. Band. Nachdruck der Ausgabe Berlin 1941 (1994)
Müllenbach, H.J. / Becker, Friedebert: Feldherrn der Fußballschlachten. Nachdruck der Ausgabe Berlin 1941 (1990)
Northern Ireland's Footballing Greats
Offenburger Tageblatt (Ausgabe vom 2. Juni 2007)
Oliver, Guy: The History of the Game in over 150 countries (1992)
Pele: Mein Leben (2006)
Peters, Fritz: Tull Harder stürmt für Deutschlands Fußballruhm (1942)
Pillwein, Reinhard: 100 Jahre FAC: die Geschichte eines Floridsdorfer Wahrzeichens (2004)
Portuguese Football Memories
Poschmann, Wolf-Dieter (Hg.): Fußball WM 2002 (2002)
Preilowski, Volker: Die Elf des Jahrhunderts und die Europameisterschaft 1972 (1996)
Rohr, Bernd / Simon, Günter: Fußball-Lexikon (1991)
Rohrbacher-List, Günter: 1. Fußballclub Kaiserslautern. Der Berg, das Land und der Ball (1995)
Rollin, Glenda / Rollin, Jack: Sky Sports Football Yearbook (diverse Ausgaben)
Rollin, Jack: Rothmans – Book of the Football Records (1998)
RSSSF (verschiedene Listen)
Rubenbauer, Gerd / Rummenigge, Karl-Heinz (Hg.): Fußball WM 94 USA (1994)
Rummenigge, Karl-Heinz (Hg.): Unser Weg ins Endspiel. Die Fußball WM'82 (1982)
Schneider, Ernst Werner: Pioniervereine des europäischen Fußballs (2005)
Schneider, Ernst Werner: Vom Challenge Cup zur Champions League (2004)
Schneider, Ernst Werner / Bartlewski, Klaus: Der weite Weg zur Europaliga (2011)
Schneider, Ernst Werner / Bartlewski, Klaus: Die Top 100 Vereine der Europäischen Union, Teil I bis V (2007-2011)
Schulze-Marmeling, Dietrich: Die Bayern – Die Geschichte des deutschen Rekordmeisters (2003)
Schulze-Marmeling, Dietrich / Steffen, Werner: Und du stehst immer wieder auf. Die Geschichte von Borussia Dortmund (1998)
Schweer, Joachim: Der Sieg von Bern – V. Fußball-Weltmeisterschaft 1954 (1994)
Schwind, Karl-Heinz: Geschichte aus einem Fußballjahrhundert (1994)
Seddon, Peter: Destroying Angel: Steve Bloomer – England's First Football Hero (2010)
Seeler, Uwe: Danke, Fußball! Mein Leben (2003)
Skrentny, Werner: Teufelsangst vorm Erbsenberg. Die Geschichte der Oberliga Südwest (1996)
Skrentny, Werner (Hg.): Verlängerung – das andere Fußballmagazin. Band 1
Skrentny, Werner / Prüss, Jens: Mit der Raute im Herzen. Die Geschichte des Hamburger SV (2008)
Spiele zur Endrunde um die Deutsche Fußballmeisterschaft 1932 (Sportantiquariat Kopp-Wittner, 2002)
Stirling, Kevin: Aberdeen. A Centenary History 1903-2003 (2002)
Szekszard, Babits: Who is Who des ungarischen Sports (1994)
Troche, José Maria: Arsenio Erico; Ein glorreicher paraguayischer Fußballspieler
Valérien, Harry: Fußball 80. Europameisterschaft, Pokale, Bundesliga (1980)
Vereins-Webseiten
Verkammen, Matty / Vermeer, Evert: Om 't Spel en de Knikkers (1994)
Walter, Fritz: 3:2 – Die Spiele zur Weltmeisterschaft. Aktualisierte Neuauflage 1992
Walter, Fritz: So war es. Fußball-Weltmeisterschaft in Schweden (1958)
Weisweiler, Hennes: IX. Fußball Weltmeisterschaft Mexico 1970 (1970)
Weisweiler, Hennes: Fußball Weltmeisterschaft 1974 (1974)
Zwicker, Stefan: Josef Bican. Ein Mittelstürmer und die Abseitsfallen der Geschichte (2006)

Fotos:
Pressedienst Horst Müller
S. 33, 81, 99, 108, 178, 206, 211, 249 (2), 264, 276, 312, 318, 351, 365, 372, 395, 439, 448, 488, 565